Theo Meyer · Nietzsche

Theo Meyer

Nietzsche

Kunstauffassung und Lebensbegriff

francke
verlag

Die Deutsche Bibliothek – CIP-Einheitsaufnahme

Meyer, Theo:
Nietzsche: Kunstauffassung und Lebensbegriff / Theo Meyer. –
Tübingen: Francke, 1991
ISBN 3-7720-1738-X

Dischingerweg 5 · D-7400 Tübingen 5

Gedruckt auf säurefreiem und alterungsbeständigem Werkdruckpapier.

Druck: Gulde, Tübingen
Verarbeitung: Koch, Tübingen
Printed in Germany

ISBN 3-7720-1738-X

Meiner Mutter

Inhaltsverzeichnis

Vorwort IX

Einleitung
(Problemexposition – Nietzsche – Deutung – Aufgabenstellung) 1

A. Voraussetzungen 41
I. Schopenhauer. Wagner. Griechentum 41
II. Leben und Historie 70
III. Das Dionysische 79

B. Lebensbegriff 109
I. Existenz und Schaffensakt 109
II. Die Grundbestimmungen des Lebens 115
III. Rezeption des Nietzscheschen Lebensbegriffs 121
IV. Zarathustra-Probleme 135
V. Erleben, Leben und Produktivität 145

C. Kunstauffassung 171
I. System und Fragment 171
II. Kunst und Philosophie 181
III. Kunst und Leben 197
1. Metaphysische, energetische und ästhetische Begründung der Kunst 197
2. Künstler, Kunst und Werk 208
3. Kultur und Geschichte 227
4. Kunst und Mythos 239
5. Experimentalexistenz 246
IV. Universelles Leben und schaffendes Subjekt 257
V. Dionysische, klassische und romantische Kunst 284
1. Die dionysische Kunst 284
2. Der Antagonismus von dionysischer und romantischer Kunst 295
3. Klassizität 312
VI. Universalkunstwerk und Einzelkunst 338
1. Das Universalkunstwerk 338
2. Die Bedeutung der Musik als Einzelkunst 347
3. Architektur, Bildhauerkunst und Malerei 363
VII. Die Dichtungsgattungen 379
1. Lyrik 379
a) Theorie 379
b) Gestaltung 402
2. Prosa 445
3. Drama 457

VIII. Schein, Dichterexistenz und Sprache 466
1. Das Problem des Scheins 466
2. Künstlerexistenz und Dichterproblematik 509
3. Das Problem der Sprache 530
IX. Verkündigung und Monolog 557

Exkurse 597

Literaturverzeichnis 733

Namenregister 782

Sachregister 793

Vorwort

Nietzsche – er ist eines der großen Ereignisse des geistigen Lebens der letzten hundert Jahre. Kein Denker von Rang, kein Dichter von Bedeutung, kein bedeutender Schriftsteller, aber auch kein großer Künstler, kein relevanter Kulturkritiker, Psychologe, Soziologe oder Theologe, der sich nicht, direkt oder indirekt, bewußt oder unbewußt, auf Nietzsche stützte, sich nicht mit ihm auseinandersetzte, der ihn nicht als Herausforderung, als Aufruf oder Provokation empfände. Wie kein anderer Dichter und Denker, wie kein anderer Philosoph und Künstler, wie kein anderer Psychologe und Kulturkritiker, kurz, wie keine andere geistige Existenz hat er auf die moderne Welt gewirkt, und zwar sowohl durch sein Werk als auch durch seine Person, durch seine den Leser bis in den Grund aufrüttelnden Schriften und durch die Passion seiner Existenz. Die Radikalität seines Fragens, seine wahrhaft an die Wurzeln der *conditio humana* gehenden Fragen, seine kompromißlose Wahrhaftigkeit, eine Wahrhaftigkeit um jeden Preis und auf jede Gefahr hin, und nicht zuletzt die von ihm gelebte Experimentalexistenz haben eine suggestive Wirkung auf die Leserschaft ausgeübt. Die fundamentale Umwertung aller Werte, d.h. die Gott-ist-tot-Philosophie, die Apotheose des Lebens, des schöpferischen Lebens, die Idee des Willens zur Macht, der Entwurf des Übermenschen, der Gedanke der ewigen Wiederkunft, hat ihre tiefen Spuren im Daseinsverständnis des modernen Menschen hinterlassen. Wie immer man zu ihm stehen mag, ob man ihn enthusiastisch bejaht, leidenschaftlich ablehnt oder sachlich analysiert – an Nietzsche kommt keiner vorbei. Um seine Person lag immer, wie bei Beethoven oder van Gogh, eine Aura des Rätselhaften und Numinosen, eine letztlich rational nie ganz aufschlüsselbare Faszination, eine Ausstrahlung, die auch im aufgeklärten Psychologismus und entmythisierenden Rationalismus der modernen Kulturverwalter nie ganz verlorenging.

Nietzsche ist nicht nur ein Unruhestifter. Er ist die Unruhe selbst. Er ist die personifizierte Unruhe. Seine Ausstrahlungskraft beruht nicht nur auf seinen großen Denkmotiven, auf den Themen und Problemen, die unmittelbar den geistigen Nerv der Epoche treffen, ja, die geistige Physiognomie der Zeit allerorts prägen und schaffen, sondern es ist auch die von seinen Schriften und seiner Person ausgehende innere, geistige Unruhe, die Radikalität, die Unbedingtheit seines Fragens, Suchens und Dekretierens, die die Leser in ihren Bann zieht. Sein Nomadismus, das Schweifende und Unstete seiner Existenz und seines Schaffens, dieses jede Beruhigung auflösende, bohrende Fragen, dieses jede feste Position hinter sich lassende, dieses ständig ins Offene hinein experimentierende Denken haben für den Leser etwas Verlockendes, Irritierendes, Gefährliches. Indem Nietzsche alle Sicherungen ausschaltet, alle etablierten Systeme, ja, das System überhaupt auflöst, provoziert er die Krise, eine europäische, eine weltweite Krise. Aber er schafft auch Freiheit, Freiheit des Lebens, des Denkens, des Schaffens. Seine Schriften sind voller Gefahr, aber von ihnen geht auch Freiheit aus. Seine Texte können den Leser in existentielle Krisen stürzen, aber sie haben für ihn auch etwas elementar Befreiendes, Aufrüttelndes und öffnen ihm neue, weite Horizonte. Es ist diese eigentümliche Symbiose aus Gefahrenbewußtsein und Freiheitsgefühl, die den spezifischen Reiz, die kritische und kreative Mobilität dieses Denkens, ausmacht. Wenn man Nietzsche zu einer Bedrohung der abendländischen Kultur erklärt, so sollte man nicht vergessen, daß er nicht für alle Fehlleistungen verantwortlich gemacht werden kann, die in seinem Namen begangen wurden. Im übrigen hat er nicht für Kulturfunktionäre, Verwaltungskommissare und Politprofis geschrieben, sondern für kreative Existenzen, die, vor allem durch die Kunst, neue Daseins- und Weltentwürfe konzipieren. Nietzsche läßt sich nicht einfach gesellschafts- und kulturpolitisch vereinnahmen, so als sei er nur der kritische Seismograph der Epoche, als sei er überhaupt nur relevant für die Kritik und Gestaltung von Gesellschaft und Kultur. Gegenüber aller gesellschaftspolitischen Funktionalisierung, nicht zuletzt gegenüber dem demagogischen Mißbrauch, der in einer unheilvollen Vergangenheit mit ihm betrieben wurde, hat er sich immer wieder behauptet, und zwar deshalb, weil seine Probleme nicht nur von historisch-aktueller, sondern auch und primär von zeitlos-existentieller Art sind. Es ist die zeitlose Idee des 'Schaffens', die Nietzsche dem historischen Relativismus entzieht. Zumindest ist aus seiner Perspektive das 'Schaffen' der konstruktive Gegenentwurf zu den Erscheinungsformen des historisch-gesellschaftlichen Seins. Im übrigen ist er nicht nur Ausdruck seiner Epoche und verhält sich nicht nur reaktiv zu ihr, sondern er will seine Gegenwart von sich aus aktiv gestalten bzw. eine neue Zukunft entwerfen. Unter diesen Auspizien wird die Idee des 'Schaffens' zur Zentralidee Nietzsches. Unter Anwendung Bennscher Begriffe könnte man zugespitzt feststellen, daß er nicht ein *Kulturträger*, sondern ein *Kunstträger* ist.

Die Auseinandersetzung mit Nietzsche vollzieht sich für den Leser, der sich wirklich auf ihn einläßt, der ihn weder im Überschwang der Gefühle liest und ihn vielleicht sogar zur Kultfigur stilisiert noch ihn in abgebrühtem Objektivismus zu einem bloßen Untersuchungssujet vergegenständlicht, sondern, unbeschadet der sachlichen Interpretation, in existentieller Betroffenheit rezipiert, immer auch im Zeichen des *tua res agitur*. Nietzsche-Rausch, Nietzsche-Feindschaft und Nietzsche-Nüchternheit sind drei symptomatische Irrwege der Nietzsche-Rezeption. Nietzsche ist kein bloßes Verehrungsobjekt, sondern die lebendige Existenz, die den disponierten Leser zum produktiven Dialog und zum eigenen Selbstsein auffordert. Nietzsche ist kein bloßes Polemiksujet, das rigorose Glaubenskämpfer oder überkluge Kritikaster einfach anathematisieren könnten. Personenkult, Bannfluch und Indifferenz sind hier gleichermaßen fehl am Platz. Nietzsche setzt freilich immer ein Beteiligtsein des Lesers voraus. Ohne inneres Engagement ist ein echtes Nietzsche-Studium nicht möglich. Nietzsche ist kein bloßer Studiengegenstand, sondern er ist immer auch ein Wagnis. Man sollte keinen unzeitgemäßen Nietzsche-Kult betreiben, aber man sollte Nietzsche auch nicht zum Objekt eines modischen Nüchternheitsparoxysmus degradieren. Er ist der leidende Mensch und das schöpferische Genie, der einsame Grenzgänger, der, tief verwurzelt im Menschlichen, doch immer wieder über den Menschen hinausstrebt, der das Menschsein aushält und durchleidet und es zugleich immer wieder zu transzendieren versucht, im Utopismus einer radikal neuen Daseinsform.

Nietzsche ist der Denker einer tiefgründigen Unruhe, die nicht nur in seinen Aussageinhalten, sondern auch in seiner Aussageweise ihren Niederschlag findet. Seine großen Denkmotive sind von eminenter Bedeutung. Aber möglicherweise ist der Denkprozeß, der Vollzug dieses Denkens, das Prozessuale dieses Denkvorgangs noch entscheidender – was bei einem Denker, der das permanente Werden, die infinite Bewegung, das unaufhörliche Schaffen auf seine Fahnen geschrieben hat, nicht verwunderlich wäre. Die geistige Mobilität als solche, das ständige In-Bewegung-Sein des Geistes, scheint noch wichtiger zu sein als die Mitteilung bestimmter Inhalte. Es ist allerdings nicht zu übersehen, daß Nietzsche auch zur dogmatischen Verhärtung seiner Fundamentalinhalte neigt. So verabsolutiert er den Willen zur Macht, den Übermenschen und die Wiederkunft, diese von der Nietzsche-Deutung immer wieder hervorgehobenen Zentralmotive, zu unumstößlichen Inhalten, zu *ex-cathedra*-Inhalten, zu Inhalten, die selbst dem Nietzscheschen Grundprinzip des alles relativierenden Perspektivismus entzogen sind. Dennoch ist Nietzsches Philosophieren nomadisches Philosophieren, ein Denken, das geprägt ist von der Lust am Experimentieren, am Spiel, an der Provokation. Die Freude am Wechsel, das Spiel mit den Argumenten, das Vergnügen an der Pointe sind für ihn ebenso charakteristisch wie die Überzeichnung, die Paradoxie, der Selbstwiderspruch. Er ist Verkünder und Artist, der Verkünder neuer, unumstößlicher Wahrheiten, und der Artist des freien, experimentierenden Spiels mit allen 'Wahrheiten'. Er ist Prediger und Spieler, der zur inneren Wandlung aufrufende Prediger und der alle Dinge ironisch relativierende Spieler. Gerade bei Nietzsche kommt es nicht nur darauf an, *was* er sagt, sondern vor allem auch darauf, *wie* er es sagt. Es ist sogar die Frage, ob nicht geistige Intensität und psychische Energie dieses Denkens in noch größerem Maße die Wirkung Nietzsches ausmachen als die Inhalte seiner Texte. Zuletzt freilich bilden Inhalt und Form, Daseinsentwurf und Sprachvibration, Weltentwurf und Existenzunruhe eine innere, untrennbare Einheit.

Die vorliegende Interpretation möchte diesen inneren Antrieb, dieses organisierende Prinzip der Existenz Nietzsches und des Nietzscheschen Denkens und Schaffens, ins Licht rücken. Es geht ihr ebensowenig um eine mythisierende Überhöhung wie um eine psychologische oder soziologische Reduktion Nietzsches, wie auch die ontologische Nietzsche-Auslegung, die die Frage nach dem Seinsgehalt seiner Texte stellt, oder die existenzphilosophische Nietzsche-Deutung, die aus der Einheit von Person und Werk zu Existenzerhellung gelangt, in dieser Untersuchung nur eine spezifische Funktion hinsichtlich der Schaffensproblematik haben können. In der bisherigen Nietzsche-Rezeption und Nietzsche-Wirkung ist die Beschäftigung mit Nietzsche auf einer doppelten Ebene erfolgt, und zwar einmal als emotionale Auseinandersetzung, d.h. als affirmative Würdigung oder als verneinende Kritik, als Enthusiasmus oder als

Polemik und zum andern als strenge wissenschaftliche Analyse, philosophische Interpretation oder biographische Rekonstruktion. Nietzsche als Gegenstand der emotionalen Identifikation oder der polemischen Verneinung und Nietzsche als Gegenstand der sachlichen, disziplinierten Forschung und Interpretation, die in ihm ein geistiges Symbol der Epoche sieht – zwischen diesen beiden Formen der Nietzsche-Rezeption liegen vielfältige Zwischenformen, Formen, in denen das existentielle Engagement und die objektivierende Analyse ineinander übergehen können. Innerhalb der 'seriösen' Nietzsche-Deutung gibt es, in einer gewissen historischen Folge, die verschiedenartigsten Deutungsrichtungen, von der Mythisierung Nietzsches über seine Vermenschlichung in der Existenzphilosophie und seine Ontologisierung durch Heidegger bis hin zur Ästhetisierung Nietzsches, zur Betonung seines Künstlertums (Thomas Mann) und seiner Artistik (Gottfried Benn) und schließlich zu seiner Psychologisierung und 'Vergesellschaftung'.

Diese Untersuchung ist der hermeneutischen Problemstellung und Methode verpflichtet, d.h. jener Methode, die sich um das Aufschließen und Verstehen der Texte, um ihre Sinnstrukturen und Bedeutungszusammenhänge bemüht, und zwar steht eine erweiterte Hermeneutik an, eine Hermeneutik, die nach einem Wort von Hans-Georg Gadamer die "ganze Sphäre der Kunst und ihre Fragestellung" einbeziehen sollte. Es sollen nicht vorfabrizierte philosophische Denkmodelle, soziologische Ideologeme oder psychologische Theoreme a priori an den Text herangetragen werden, um ihn auf seine Ergiebigkeit für bestimmte Theorien zu befragen, sondern aus den Texten selbst sollen spezifische Erkenntnisse gewonnen werden, freilich im Sinne des hermeneutischen Zirkels, jenes Verstehens, das sich auf die Sache selbst richtet und doch zugleich immer schon ein Vorverständnis von ihr hat und haben muß. Zudem wird die 'werkimmanente' Interpretation ständig durch 'werktranszendente' Aspekte ergänzt bzw. erweitert, insbesondere durch eine historische Komparatistik, die das Sujet in weite Bedeutungszusammenhänge rückt. Die Untersuchung verfolgt die Absicht, Nietzsche gewissermaßen in seiner Totalität, in der Komplexität seiner Schaffensimpulse und Schaffensrichtungen, zu erfassen. Die bis heute sehr fruchtbare Nietzsche-Forschung hat sich in der Regel jeweils auf bestimmte Partialaspekte Nietzsches konzentriert, auf den Philosophen, den Dichter, den Psychologen, den Kulturkritiker Nietzsche. Demgegenüber soll nun der Versuch unternommen werden, die verschiedenartigen Aspekte von Nietzsches Schaffen, seine philosophischen Grundideen, seine artistische Sprache, seine psychologischen Analysen, seine epochenkritischen Expertisen, als Ausdruck eines substantiell einheitlichen Grundantriebes zu deuten, nämlich der Idee des 'Schaffens', des 'Schöpferischen', des schöpferischen 'Lebens'. Da aber das Schaffen seinen höchsten Ausdruck in der Kunst findet, wird die Frage nach der Kunst zum Zentralthema der Analyse, in dem Sinne freilich, daß man zu unterscheiden hat zwischen einem engeren und einem erweiterten Kunstbegriff, d.h. zwischen 'Kunst' als dem ästhetisch-künstlerischen Gebilde und 'Kunst' als Bezeichnung für alle denkbaren Formen des Schaffens. Daher wurden denn auch die Begriffe 'Kunst' und 'Leben' in den Titel gerückt. Dementsprechend wurde auch die (höchst umfangreiche) Nietzsche-Forschung hauptsächlich unter dem Aspekt von 'Kunst' und 'Leben' rezipiert und erörtert. Das sachliche Bestreben, Nietzsche in seiner Komplexität zu erfassen, setzt methodisch eine Verquickung verschiedener Disziplinen voraus. Vor allem die Symbiose von philosophischer und literaturwissenschaftlicher Deutung soll die Einheitlichkeit und Komplexität des Sujets sinnfällig machen. Nietzsche ist nicht nur Philosoph, er ist nicht nur Kulturkritiker und Psychologe, und er ist nicht nur Artist. Er vereinigt, in einzigartiger Weise, alle diese Funktionen in sich als dem 'Schaffenden'. Soll er aber als dieser 'Schaffende', als diese in alle Geistesbereiche ausgreifende produktive Potenz, adäquat erfaßt werden, setzt dies eine 'synthetische' Interpretation voraus. Nietzsche ist zwar in bezug auf seine großen philosophischen Themen ein monokausaler Denker, der durch die ständige Wiederholung und Variation dieser Themen nicht immer der Monotonie entgeht. Aber diese Variationen sind im ganzen so spannungsvoll, innovatorisch und perspektivenreich, daß die geistige Intensität der Texte erhalten bleibt. Um sie in ihrer Motivfülle angemessen zu erfassen, bedarf es einer integrativen Methode, die der Vielfalt der von Nietzsche tangierten oder durchleuchteten Geistesdisziplinen entspricht. In diesem Sinne einer komplexen Sacherfassung durch eine synthetische Methode soll die Untersuchung ein Beitrag zum Prinzip des Schaffens bei Nietzsche sein.

Ursprünglich war geplant, in dieser Monographie auch die Wirkung Nietzsches, seine historische Wirkung auf die moderne Literatur und Philosophie, zu berücksichtigen und den rezeptions- und wirkungsgeschichtlichen Aspekten ein eigenes Kapitel zu widmen. Da dies aber den Umfang des Buches gesprengt hätte, wird die Wirkung Nietzsches in einem in Kürze erscheinenden Buch des Verfassers mit dem Titel 'Nietzsche und die Kunst' (Francke-UTB) mitbehandelt werden. Die während der Drucklegung der Monographie erschienene Forschungsliteratur konnte größtenteils nur noch im Literaturverzeichnis berücksichtigt werden. Die relevanten Publikationen werden aber in dem anstehenden UTB-Band kurz besprochen.

Hinsichtlich des Zustandekommens dieser Monographie gilt mein Dank dem Francke Verlag, insbesondere Herrn Gunter Narr, für sein Verständnis, seine ständige Gesprächsbereitschaft, seine Geduld. Weiterhin danke ich, für Gespräch und Organisation, Frau Brigitte Narr, Frau Wally Wiest, Herrn Dr. Rainer Moritz und Herrn Horst Schmid.

Einleitung

(Problemexposition – Nietzsche-Deutung – Aufgabenstellung)

"Jeder Einsiedler hat seine Höhle, nämlich in sich, und manchmal hinter der Höhle noch eine Höhle und noch eine – ich wollte sagen, es ist *schwer*, einen Einsiedler kennen zu lernen."(B 6, 492 – 30.3.84 – an Resa von Schirnhofer). Mit dieser Äußerung hat Nietzsche seine Existenz, sein Denken und sein Schaffen treffend charakterisiert. Immer wieder hat er den rätselhaften Charakter des Daseins betont. Nicht nur das Subjekt, das monologische Subjekt, sondern auch die Welt, die chaotische Welt, ist in ihrem Wesen undurchschaubar. Diese Undurchschaubarkeit wird aber nicht als Mangel, sondern als Stimulans empfunden. Die völlig erkannte und auf den Begriff gebrachte Welt würde die kreativen Impulse des Menschen lähmen. Die Welt als Rätsel hingegen erhält die permanente Mobilität des Denkens, Fragens und Suchens und läßt Raum für schöpferische Entwürfe und existentielles Experimentieren. Eine aphoristische Maxime lautet: "Tiefe Abneigung, in irgend einer Gesammt-Betrachtung der Welt ein für alle Mal auszuruhen; Zauber der entgegengesetzten Denkweise; sich den Anreiz des änigmatischen Charakters nicht nehmen lassen." (12, 142). In einem anderen Fragment heißt es: "Unendliche Ausdeutbarkeit der Welt [...] / Der Welt ihren beunruhigenden und änigmatischen Charakter *nicht abstreiten wollen!*" (12, 120). Es ist geradezu Nietzsches zentrales Anliegen, den Rätselcharakter des Lebens wiederherzustellen. Er ist bestrebt, das Leben aus allen definitiven Normen und absoluten Festlegungen herauszulösen und ihm den Charakter des Offenen, Vieldeutigen und Unendlichen zu erhalten. Nicht die eindeutige, absolute Wahrheit, sondern das vieldeutige, abgründige Rätsel ist das produktive Agens der Existenz. Ein zentrales Symbol dieses Daseinsentwurfs ist das Labyrinth. Bezeichnenderweise will Nietzsche nicht aus dem Labyrinth heraus, sondern ins Labyrinth hinein:

> Wir haben für das Labyrinth eine eigne Neugierde, wir bemühn uns darum, die Bekanntschaft des Herrn Minotaurus zu machen, von dem man Gefährliches erzählt: was liegt uns an Ihrem Weg *hinauf*, an Ihrem Strick, der *hinaus* führt? zu Glück und Tugend führt? (13, 602)

Die labyrinthische Existenz sucht nicht die Beruhigung im Moralismus von "Glück und Tugend", sondern die Begegnung mit dem "Minotaurus", der Abgründigkeit und Gefährlichkeit des Lebens. In diesem Fragment vom Oktober 1888 deutet Nietzsche seine 'Höhlen'-Existenz ausdrücklich als Versuch der Selbstbefreiung von der usuellen Moralität: "Wozu geht Unsereins denn abseits, wird Philosoph, wird Rhinozeros, wird Höhlenbär, wird Gespenst? Ist es nicht, um die Tugend und das Glück *los zu sein*?" (13, 602).[1] Nietzsche versteht sein 'Höhlen'-Dasein nicht nur als defiziente Daseinsform, sondern auch als schöpferischen Zustand. Die absolute Einsamkeit kann in labyrinthische Orientierungslosigkeit führen, aber sie kann auch zum Element schöpferischer Gestaltung werden. Die "Höhle" "kann ein Labyrinth oder auch ein Goldschacht sein", der Einsame kann "zum Höhlenbär oder Schatzgräber" werden. Dies ist die Dialektik einer "Einsiedler-Philosophie", die "eine eigene Zwielicht-Farbe, einen Geruch ebensosehr der Tiefe als des Moders" zeigt. (11, 597f.-1885). Die Abwendung von der absoluten Wahrheit und die Hinwendung zum rätselhaften Labyrinth ist ein Grundmotiv Nietzscheschen Denkens. Eine fragmentarische Notiz lautet: "Labyrinth. / Ein labyrinthischer Mensch sucht niemals die Wahrheit, sondern immer nur seine Ariadne – was er uns auch sagen möge." (10, 125). Nicht die Problemlösung, sondern das Problem selbst, nicht das Ziel, sondern der Weg ist das Entscheidende. So ist das labyrinthische Denken im Grundzug ein offenes Denken, ein fragendes, experimentierendes, freies Denken. Das Dasein offen zu halten, seinen labyrinthischen Grundzug zu wahren und sich der Vieldeutigkeit, Gefährlichkeit und Abenteuerlichkeit des Lebens zu stellen – dies ist eine elementare Voraussetzung der Welterfahrung Nietzsches. Nietzsches Denken ist labyrinthisches Denken, d.h. ein Denken, das sich überhaupt erst im Labyrinth voll entfaltet. Dies ist einerseits begründet im Rätselcharakter des Lebens selbst, jenes " 'Textes' ", der "als das Ganze unausdeutbar" ist (*Heftrich*, Nietzsche, 13), und wird andererseits verursacht durch den Impetus, zu den 'Ursprüngen' zu gelangen: "Pénétrer dans le labyrinthe, c'est vouloir revenir à l'origine du labyrinthe et c'est proprement ce qui fait de l'homme labyrinthique le créateur des origines" (*Kremer-Marietti*, Nietzsche, 11). Immer wieder bezeugt sich seine denkerische und künstlerische Potenz in der Überwindung aller eingeschliffenen Lebensmuster und in der Entfaltung neuer, offener Horizonte. Sich zu den "Philosophen" zu zählen, das bedeutet, zu den "Immoralisten und Abenteurern" zu gehören (13, 602). Nietzsche hat diese Problematik auch im Motiv des "Wanderers" zum Ausdruck gebracht:

> Wer nur einigermaassen zur Freiheit der Vernunft gekommen ist, kann sich auf Erden nicht anders fühlen, denn als Wanderer, – wenn auch nicht als Reisender *nach* einem letzten Ziele: denn dieses giebt és nicht. [...] es muss in ihm selber etwas Wanderndes sein, das seine Freude an dem Wechsel und der Vergänglichkeit habe. (2, 362f. – MA I)

Nicht ein zu erreichendes Ziel des Wanderns, sondern das Wandern selbst, der Prozeß des Suchens, macht für Nietzsche die *conditio humana* aus. Daher ist mit dem Motiv des Wanderns auch das Motiv des Aufbruchs verknüpft. Die

1 Nietzsche unterscheidet grundsätzlich zwei Formen des "Glücks", nämlich das hedonistische "Glück", den Genuß, und "Glück" im Sinne der Fortuna-Tradition einerseits und das aus dem Willen zur Macht, dem Wiederkunftsgedanken, dem Schaffen erwachsende "Glück" andererseits (dazu: *Schneider*, Glück). Das bloß eudämonistische "Glück", das "kleine Glück" (ebd., 10) verachtet Nietzsche. Das "große Glück" (ebd.) hingegen, das "dionysische Glück" (ebd., 26-78), ist für ihn die höchste Daseinsmöglichkeit.

“Wanderer und Philosophen”, “geboren aus den Geheimnissen der Frühe”, “suchen die *Philosophie des Vormittages*”(2, 363 – MA I). Aufbruch, Erwartung und Entwurf sind konstitutive Merkmale der labyrinthischen Existenz. Sie ist gekennzeichnet durch eine permanente Mobilität des Suchens, Fragens und Experimentierens. Nietzsche versteht den Menschen überhaupt nicht als feststehende Größe, sondern als Experiment: “Wir sind Experimente: wollen wir es auch sein!” (3, 274 – M). Nietzsche verkehrt die gewohnten Denkmuster und Daseinsmodelle in ihr Gegenteil, hebt alle festen Orientierungspunkte auf und verleiht den Dingen eine neue Rätselhaftigkeit. So schreibt er einmal, mit Bezug auf den *Zarathustra*: “[...] wohl aber weiß ich mitunter nicht mehr, ob ich die Sphinx bin, die fragt, oder jener berühmte Oedipus, der gefragt wird – so daß ich für den *Abgrund zwei* Chancen habe.” (B 7, 44 – 7.5.85 – an Franz Overbeck). Die Tragweite der Sentenz ist kaum zu überschätzen. Nietzsche kehrt den antiken Mythos, die Relation Ödipus-Sphinx, in sein Gegenteil um, und er metaphorisiert die mythischen Kardinalbilder zu Existenzsymbolen des modernen Menschen. Während im antiken Mythos die Sphinx Fragen beantwortet und als objektive Instanz im Besitz der Wahrheit ist, die sie in Form des Rätsels, des Orakelspruchs, an den Menschen weitergibt, wird sie in der modernen Auslegung durch Nietzsche zum fragenden Subjekt umgedeutet. Und während Ödipus in der antiken Tragödie als der Fragende auftritt, macht Nietzsche aus ihm den Befragten. Damit wird das traditionelle Verhältnis von Frage-Subjekt und Antwort-Instanz aufgelöst und der ganze Komplex von Frage und Antwort in das Subjekt selbst verlagert. Zugleich wird damit die Rätselstruktur der Existenz noch intensiviert, denn Nietzsche weiß nicht mehr, ob er eine fragende Sphinx oder ein befragter Ödipus ist. Die Existenz wird zum potenzierten Rätsel.

Die Rätselstruktur des Daseins birgt durch die in ihr liegende Möglichkeit der Entdeckung von Abgründen die Gefahr des Untergangs in sich, aber sie eröffnet auch die Möglichkeit, das Leben in einen neuen Erwartungshorizont zu stellen, neue Formen des Menschseins zu erproben und einen Bezug zum Unendlichen zu gewinnen. In der *Fröhlichen Wissenschaft* bezeichnet Nietzsche die “geborenen Räthselrather” als die “Erstlinge und Frühgeburten des kommenden Jahrhunderts”, die nach dem Abbau der traditionellen Metaphysik, “bei der Nachricht, dass der ‘alte Gott todt’ ist, wie von einer neuen Morgenröthe angestrahlt” werden:

> unser Herz strömt dabei über von Dankbarkeit, Erstaunen, Ahnung, Erwartung, – endlich erscheint uns der Horizont wieder frei, gesetzt selbst, dass er nicht hell ist, endlich dürfen unsre Schiffe wieder auslaufen, auf jede Gefahr hin auslaufen, jedes Wagniss des Erkennenden ist wieder erlaubt, das Meer, *unser* Meer liegt wieder offen da, vielleicht gab es noch niemals ein so “offnes Meer”. (3, 574 – FW, 5. Buch; vgl. 14, 272)

Das Unabgeschlossene, Offene und Unendliche ist das eigentliche Element Nietzsches. Immer wieder warnt er vor definitiven, absoluten Aussagen, vor der Festlegung des Lebens in einem System, und fordert die permanente Agilität des Denkens und Schaffens, die jede einmal erreichte Position wieder hinter sich läßt, um frei zu sein für neue Entwürfe. Er konstatiert bei sich "einen guten Willen zu unabgeschlossenen Horizonten, eine gewisse kluge Vorsicht vor Überzeugungen" (12, 144). In *Menschliches, Allzumenschliches* lautet ein bezeichnender Aphorismus: "*Feinde der Wahrheit.* – Ueberzeugungen sind gefährlichere Feinde der Wahrheit, als Lügen." (2, 317 – MA I; vgl. 6, 237 – AC u. 10, 383). Die aus Emotionen erwachsenen und zu Dogmen erstarrten "Ueberzeugungen" werden durch das offene, freie Denken aufgehoben:

> Aus den *Leidenschaften* wachsen die Meinungen; die *Trägheit des Geistes* lässt diese zu *Ueberzeugungen* erstarren. – Wer sich aber *freien*, rastlos lebendigen Geistes fühlt, kann durch beständigen Wechsel diese Erstarrung verhindern [...] (2, 362 – MA I)

Im *Antichrist* formuliert Nietzsche in lapidarer Bündigkeit:

> Menschen der Überzeugung kommen für alles Grundsätzliche von Werth und Unwerth gar nicht in Betracht. Überzeugungen sind Gefängnisse. Das sieht nicht weit genug, das sieht nicht *unter* sich: aber um über Werth und Unwerth mitreden zu dürfen, muss man fünfhundert Überzeugungen *unter* sich sehn, – *hinter* sich sehn... (6, 236 – AC)

Im Zeichen des offenen, freien Denkens diagnostiziert Nietzsche eine Ideologiescheu des modernen Bewußtseins: "Wir sind vorsichtig, wir modernen Menschen, gegen letzte Ueberzeugungen" (3, 627 – FW, 5. Buch). In der *Fröhlichen Wissenschaft* wendet sich Nietzsche gegen die wissenschaftliche Reduktion des Lebens auf eindeutige Begriffe und Formeln und plädiert für die Erhaltung der Vieldeutigkeit des Lebens:

> [...] wie? wollen wir uns wirklich dergestalt das Dasein zu einer Rechenknechts-Uebung und Stubenhockerei für Mathematiker herabwürdigen lassen? Man soll es vor Allem nicht seines *vieldeutigen* Charakters entkleiden wollen [...] (3, 625 – FW, 5. Buch)

Durch die Auflösung der festen Überzeugungen, Weltanschauungen und Systeme erlangt die Welt einen neuen Unendlichkeitscharakter: "Die Welt ist uns vielmehr noch einmal 'unendlich' geworden: insofern wir die Möglichkeit nicht abweisen können, dass sie *unendliche Interpretationen in sich schliesst.*" (ebd., 627). Der "Fragezeichen-Charakter der Dinge" ist Voraussetzung eines offenen, "epikurischen" Verhältnisses zum Dasein (ebd.). Es ist die Aufgabe der freien, schöpferischen Geister, alle scheinbaren Sicherheiten aufzulösen. Im Textstück *Wir Heimatlosen* heißt es: "Das Eis, das heute noch trägt, ist schon sehr dünn geworden: der Thauwind weht, wir selbst, wir Heimatlosen, sind Etwas, das Eis und andre allzudünne 'Realitäten' aufbricht..." (ebd., 629).

Rätselstruktur, Vieldeutigkeit und Offenheit betreffen aber nicht nur Nietzsches Grundverhalten, das Grundsätzliche der Existenz, des Denkens und des Schaffens, sondern zeigen sich auch in der Komplexität der Geistesdisziplinen und Methoden. Nietzsche zeigt viele Gesichter. Er ist nicht nur Philosoph und

Künstler, sondern auch Psychologe und Kulturkritiker. Er ist der revolutionäre Denker, der die abendländische Philosophie radikal in Frage stellt und neue Daseinsentwürfe und Weltinterpretationen vorlegt. Er ist der schaffende Künstler, der in seinen Dichtungen, insbesondere im *Zarathustra*, seine Ideen in sprachlicher Virtuosität artikuliert. Er ist der Sprachartist, dessen Dichtungen, Abhandlungen und Fragmente sich durch rhetorische Brillanz, aphoristisches Feuerwerk und ingeniöse Pointen auszeichnen. Er ist der analytische Psychologe, der mit Röntgenblick die Tiefen der menschlichen Psyche durchleuchtet und die wahren Motivationen menschlichen Handelns zutage zu fördern versucht. Er ist der schonungslose Kulturkritiker, der die künstlerische und kulturelle Insuffizienz des Zeitalters enthüllt und der Epoche ihr Syndrom erstellt. Zudem ist er, in der Frühphase seines Schaffens, Wissenschaftler, klassischer Philologe, der durch quellenkritische Untersuchungen in der Fachwelt Aufsehen erregt. Nietzsche ist sich der Vielfalt seiner Geistesaktivitäten durchaus bewußt. In einer Briefdisposition vom November 1882 notiert er: "ich war auf *Einmal* / Philolog, Schriftsteller Musiker Philosoph / Freidenker usw (vielleicht Dichter? usw.)." (B 6, 282). Es kennzeichnet Nietzsches geistige Aktivität, daß er sich nicht auf eine bestimmte geistige Disziplin beschränkt, sondern in den verschiedensten Geistesbereichen agiert. Darüber hinaus vollzieht sich eine weitgehende Aufhebung der Gattungsgrenzen. Kunst und Kritik, Philosophie und Wissenschaft, Kulturanalyse und Psychologie gehen in den Texten Nietzsches in hohem Maße ineinander über. An die Stelle der grenzscharfen Gattungstrennung tritt die produktive Gattungsmischung. Die philosophischen Texte sind durchsetzt mit künstlerischen Redefiguren, aphoristischen Sentenzen und artistischen Pointen. Die dichterischen Gebilde sind aufgeladen mit philosophischen Problemen und lassen immer die Präsenz des Denkers erkennen. Die kulturkritischen Abhandlungen sind künstlerische Essays, in denen der Schreibende seine produktiven Fähigkeiten erprobt. Mit anderen Worten: Philosophie, Kunst und Kulturkritik fließen in den Texten Nietzsches, in den Dichtungen, Abhandlungen und Fragmenten, ständig ineinander. Freilich, eine totale Aufhebung der Einzelgattungen erfolgt nicht, denn die Gattungen Dichtung, Abhandlung, Fragment bleiben als solche erhalten.

Das hängt mit der eigentümlichen Doppelbegabung Nietzsches zusammen. Er ist sowohl ein enthusiastischer Visionär als auch ein kritischer Analytiker. Er kennt das große Pathos des Aufschwungs ebenso wie die kritische Skepsis der Auflösung. Man hat die Frage aufgeworfen, wo denn der eigentliche Antrieb Nietzsches liege, im philosophischen Denken, im künstlerischen Schaffen oder im kulturkritischen Protest. Diese Frage hat schon die Zeitgenossen Nietzsches beschäftigt. Interessant ist die Bemerkung der Malwida von Meysenbug, die, im Vertrauen auf den "Genius" Nietzsches, diesen in einem Brief vom Juni 1878 auffordert, von der Analyse abzulassen:

> Sie sind nicht zur Analyse geboren wie Rée; Sie müssen künstlerisch schaffen [...] Sie können nicht wie Rée mit dem anatomischen Messer Beine und Arme hinlegen und sagen so ist der Mensch zusammengesetzt. Bei Ihnen tritt die

> Minerva in vollem Strahlenglanze ihrer jungfräulichen Göttlichkeit, als vollkommne Gestalt hervor und wohl Ihnen dass das die Eigenart Ihres Genius ist und wohl uns dass Sie, nach einem Streifzug ins Gebiet der Analyse, zu derselben zurückkehren werden. (B II 6/2, 899)[2]

In ähnlichem Sinne äußert sich Reinhart von Seydlitz, der Nietzsche am 19.6.1878 schreibt:

> Ihr Buch verdaue ich immer noch, mein Widerspruch verstummt an einigen Stellen; aber Ihr Ideal [...] – finde ich nicht; alles ist gar sehr *réeal* [...] wann endlich – schreiben Sie wieder ein Nietzschesches Buch? (B II 6/2, 900 f.)

Selbst der Mitstreiter Erwin Rohde zeigt sich irritiert. Im Brief an Nietzsche vom 16.6.1878 verleiht er seinem Erstaunen über den kritisch-analytischen Nietzsche Ausdruck:

> Meine Überraschung über dieses neueste Nietzschianum war [...] die allergrößte: so muß es sein wenn man direct aus dem caldarium in ein eiskaltes frigidarium gejagt wird! [...] Kann man denn *so* seine Seele ausziehen und eine andre dafür annehmen? Statt Nietzsche nun plötzlich Rée werden? (B II 6/2, 895 f.)

Der Verfasser von *Menschliches, Allzumenschliches* löst bei Freunden und Bekannten, die den Autor der *Geburt der Tragödie* schätzen und verehren, Irritationen aus. Sie akzeptieren den enthusiastischen, kunstbegeisterten Nietzsche, lehnen aber den kritischen, zersetzenden Nietzsche ab. In ihrer situationsbedingten, subjektiven Kritik steckt durchaus ein echtes Problem, das auch in den späteren Diskussionen um Nietzsche wiederkehrt. Es ist die Frage, wo Nietzsche seinen Schwerpunkt hat und ob er möglicherweise durch seine kritischen Analysen von seiner wahren Bestimmung, den großen Daseinsentwürfen und dem künstlerischen Schaffen, abgewichen ist. Hat Nietzsche seine Begabung als Lyriker vernachlässigt? Hätte er sich nicht noch stärker der Dichtung zuwenden sollen? Hat er zuviel Zeit und geistige Energie in die Auseinandersetzung mit der abendländischen Metaphysik investiert? Hätte er nicht überhaupt, methodisch gesehen, auf die Form der diskursiven Argumentation verzichten und sich statt dessen ganz der dichterischen Ausdrucksform zuwenden sollen? Daß diese Fragen nicht völlig unberechtigt sind, zeigt allein schon die Tatsache, daß Nietzsche selbst im retrospektiven *Versuch einer Selbstkritik* hinsichtlich der *Geburt der Tragödie* der Auffassung ist, die in dieser Schrift angewandte Me-

---

2 In der kritisch-empiristischen Phase von *Menschliches, Allzumenschliches* berührt sich die Ideenwelt Nietzsches mit der Gedankenwelt des Philosophen, Mediziners und Freundes Paul Rée. Im Winter 1876/77 arbeiten beide in Sorrent im geistigen Austausch an psychologischen Enthüllungsanalysen, Nietzsche an *Menschliches, Allzumenschliches*, Rée am *Ursprung moralischen Empfindungen*. Wie Nietzsche betreibt Rée die psychologisch-physiologische Auflösung der Moral, denn "es können die moralischen Phänomene eben so gut auf natürliche Ursachen zurückgeführt werden, wie die physischen: der moralische Mensch steht der intelligiblen Welt nicht näher, als der physische Mensch." (*Rée*, Moralische Empfindungen, VIII). Nietzsche respektiert die Analyse Rées (vgl. B 5, 127, 208, 246, 290), betont aber zugleich seine unbedingte Eigenständigkeit gegenüber Rée (vgl. B 5, 333). Später tut er die Schrift Rées als Dilettantismus ab (vgl. B 6, 339, 360; B 7, 99, 100, 102). Man kann in der Tat kritisch feststellen, daß Nietzsches Schrift in ihrer perspektivenreichen Thematik und künstlerischen Sprache weit über Rées eher flache Moralanalyse hinausreicht.

thode der diskursiven Abhandlung sei ein Fehler gewesen und er hätte im Sinne des Sujets eigentlich den dichterischen Ausdruck, d.h. eine hymnisch-dithyrambische Diktion, wählen sollen (vgl. 1, 15 – GT [VS]). Man muß allerdings sogleich hinzufügen, daß Methoden-Kritik an eigenen Schriften bei Nietzsche die Ausnahme ist und daß er in der Regel zur kritiklosen Hochschätzung, ja Apotheose seines Œuvre neigt. In *Ecce homo*, im Abschnitt *Warum ich so gute Bücher schreibe*, spricht er seinen Schriften die höchste Dignität zu. Das Verhältnis des Lesers zu diesen Schriften soll nicht durch kritische Reflexion, sondern durch emotionale Identifikation gekennzeichnet sein. Gefordert ist Verehrung:

> Es scheint mir eine der seltensten Auszeichnungen, die Jemand sich erweisen kann, wenn er ein Buch von mir in die Hand nimmt, – ich nehme selbst an, er zieht dazu die Schuhe aus, – nicht von Stiefeln zu reden... (6, 298 – EH)

Nietzsche mokiert sich in diesem Zusammenhang über einen Universitätsprofessor, der mit jovialer Geste seine Schreibmethode in Frage stellte:

> Noch in diesem Sommer, zu einer Zeit, wo ich vielleicht mit meiner schwerwiegenden, zu schwer wiegenden Litteratur den ganzen Rest von Litteratur aus dem Gleichgewicht zu bringen vermöchte, gab mir ein Professor der Berliner Universität wohlwollend zu verstehn, ich sollte mich doch einer andren Form bedienen: so Etwas lese Niemand. (6, 299 – EH)

Nietzsche betreibt nicht Selbstkritik, sondern Selbstapotheose. Insofern entzieht er sich von vornherein der Kritik. Kollisionen zwischen Selbstinterpretation und Fremdinterpretation nimmt vor allem der spätere Nietzsche nicht mehr ernsthaft zur Kenntnis.

Was allerdings die Frage der thematischen und formalen Divergenz einzelner Schriften, etwa der hymnischen Dichtung und der diskursiven Abhandlung, sowie das Problem möglicher Brüche in der Abfolge der einzelnen Schaffensperioden betrifft, so zeigt sich diesbezüglich eher eine innere Schlüssigkeit des Gesamtwerkes. Man muß prinzipiell davon ausgehen, daß bei Nietzsche eine spezifische Duplizität von Enthusiasmus und Skepsis, Pathos und Kritik, Konstruktion und Destruktion vorliegt. Schaffen und Zerstören stehen in einem unlöslichen Komplementärverhältnis. Die kritische Auflösung des Alten ist die Voraussetzung für den pathetischen Entwurf des Neuen. Daher werden die philosophischen Entwürfe und künstlerischen Aktivitäten Nietzsches stets von entsprechenden kritischen Analysen flankiert. Für Nietzsche besteht ein Funktionsverhältnis zwischen den kritischen Schriften und dem philosophisch-dichterischen Opus. Die analytischen Schriften verhalten sich zum philosophisch-dichterischen Hauptwerk wie der "Kommentar" zum "Text". Im Brief an Franz Overbeck vom 7.4.1884 schreibt Nietzsche:

> Beim Durchlesen von "Morgenröthe" und "fröhlicher Wissenschaft" fand ich übrigens, daß darin fast keine Zeile steht, die nicht als Einleitung, Vorbereitung und Commentar zu genanntem Zarathustra dienen kann. Es ist eine *Thatsache*, daß ich den Commentar *vor* dem *Text* gemacht habe – – (B 6, 496; vgl. B 7, 270 f.)

Morgenröthe und *Die fröhliche Wissenschaft* als vorweggenommene *Zarathustra*-Exegese – dies wirft ein erhellendes Licht auf Nietzsches Auffassung vom inneren Zusammenhang seiner Schriften. Der *Zarathustra* seinerseits wird nicht als definitives, in sich selber ruhendes Werk, sondern als "Vorhalle" für die innerhalb der "nächsten fünf Jahre" erfolgende "Ausarbeitung meiner 'Philosophie' " verstanden (B 6, 496). Für Nietzsche besteht ein schlüssiger, einheitlicher Zusammenhang zwischen seinen Schriften, eine konsequente Entwicklung. In einem Brief vom 7.8.1886 bringt er dies in aller Deutlichkeit zum Ausdruck: "Meine Schriften stellen eine *fortlaufende Entwicklung* dar [...]" (B 7, 225 – an E.W. Fritzsch). Die Nietzsche-Forschung hat das nicht unbedingt so gesehen. Die bekannte, zum Forschungstopos gewordene Einteilung des Nietzscheschen Schaffens in drei Hauptperioden, nämlich in eine Periode "*kultur- und geniegläubigen* Verehrens" (bis 1876), eine Periode "*positivistischer Wissenschaftsgläubigkeit* und kritischer Zersetzung" (bis 1881) und die Periode der "*neuen Philosophie*" (bis Ende 1888) (*Jaspers*, Nietzsche, 43)[3], setzt bestimmte Wendepunkte und Umbrüche im Schaffen Nietzsches voraus. Demgegenüber stellt sich allerdings die Frage, ob sich nicht Nietzsches Grundproblematik, d.h. das Problem des schöpferischen Lebens, in allen Schaffensphasen konsequent durchhält und nur unterschiedlich akzentuiert wird, indem in der ersten und dritten Phase die Kunst als die höchste Ausdrucksform des Lebens angesehen wird, während in der zweiten Phase, der Phase der Kunst-Kritik, die Wissenschaft den Vorrang erhält. Zudem ist die Frage, ob nicht auch in der kritisch-wissenschaftlichen Phase, d.h. vor allem in *Menschliches, Allzumenschliches*, bei aller offenen Kritik an der Kunst und am Künstler eine versteckte Liebe Nietzsches zur Kunst weiterhin spürbar ist. Nietzsches Entwicklung ist weder durch ungebrochene Kontinuität noch durch wendepunktartige Diskontinuität, sondern durch Wandel in der Konstanz gekennzeichnet.

Das Problem des schöpferischen Lebens ist das in allen Schaffensperioden dominierende Problem. Aber es unterliegt spezifischen Wandlungen, indem es in der Frühphase in erster Linie als vorsubjektive Elementarmacht der Natur, später hingegen stärker als geistige Kraft des produktiven Subjekts gedeutet wird. Zugleich ist das Funktionsverhältnis von Leben und Kunst ein konstantes Problem Nietzsches, wobei allerdings in der sogenannten kritisch-aufklärerischen Phase die Wissenschaft die Kunst vorübergehend in den Hintergrund drängt – ohne sie zu tilgen, denn diese Kunst- und Künstlerkritik zielt vornehmlich auf Wagner und ist nicht zuletzt Ausdruck des Nietzscheschen Emanzipationswillens. Im übrigen muß man sich immer wieder vergegenwärtigen, daß Nietzsche nicht nur ein enthusiastisch-pathetischer Utopist, sondern auch ein kritisch-aufklärerischer Kopf ist. In Nietzsche steckt nicht nur ein Stück Wagner, sondern auch ein Stück Voltaire. In den einzelnen Schriften und Schaffensperioden kann einmal der Aspekt des Schöpferischen, des philosophischen

---

3 Zur Periodisierung der Schriften Nietzsches vgl. u.a. *Andreas-Salomé*, Zum Bilde F.N.s, 110 ff.; *Zeitler*, Nietzsche, 7-10; *Ziegler*, Nietzsche, 24, 76, 114; *Vaihinger*, Nietzsche, 44, 49, 52; *Richter*, Nietzsche, 95; *Lessing*, Schopenhauer. Wagner. Nietzsche, 252; *Löwith*, Nietzsche, 25-30.

Neuentwurfs der Welt und der künstlerischen Gestaltung des neuen Daseinsentwurfs, und zum andern die kritische Auflösung des Bestehenden, der abendländischen Wertsysteme, im Vordergrund stehen. Dabei bedingen Entwurf und Kritik einander, denn nur vor dem Hintergrund der Kritik, die eine *tabula rasa*-Situation schafft, sind die großen schöpferischen Entwürfe möglich. Daher ist letztlich auch die Frage müßig, ob Nietzsche mit seinen analytischen Schriften seiner schöpferischen Bestimmung untreu wurde. Die kritischen Analysen sind Voraussetzung der schöpferischen Entwürfe. Man kann sogar noch einen Schritt weitergehen und feststellen, daß Nietzsche geradezu auf die von ihm verneinten Wertsysteme angewiesen ist, denn erst aus der vehementen Negation der tradierten Werte gewinnt er sein produktives Potential. Das oppositionelle Denken ist gewissermaßen die *conditio sine qua non* der schöpferischen Entwürfe. Das zeigt sich besonders deutlich an Nietzsches Zentralmotiv des "Übermenschen". Der "Übermensch" als utopischer Entwurf setzt die kritische Auflösung des "Menschen" voraus. Zarathustra erklärt: "*Ich lehre euch den Übermenschen.* Der Mensch ist Etwas, das überwunden werden soll." (4, 14 – Za). Die Diskrepanz zwischen Faktizität und Entwurf ermöglicht überhaupt erst die permanente Mobilität dieses Denkens. Erst im provokativen Sich-Abstoßen vom Bestehenden erlangt Nietzsche die produktive Energie zur Entfaltung des Neuen. Nietzsche lebt von der Spannung. Die Spannung ist das Element seines Denkens und Schaffens.

Die schöpferische Impulse auslösende Spannung ist im Grunde sogar wichtiger als die zu verwirklichenden neuen Inhalte. Nietzsche denkt primär in Kategorien der Bewegung, des Prozeßhaften und des Werdens. Der Prozeßcharakter des Lebens als eines ständigen Über-sich-hinaus-Wollens ist sein großes Thema. Und da er die Kunst als Funktion des Lebens versteht, ist sie für ihn in erster Linie nicht *ergon*, sondern *energeia*. Der Schaffensprozeß nimmt Nietzsches Denken in viel stärkerem Maße in Anspruch als das Schaffensprodukt. Die Dynamik des Kunstschaffens ist bedeutungsvoller als die Statik des Kunstgebildes. Dies erklärt, warum hinsichtlich der Kunstproblematik der Künstler in den ästhetischen Reflexionen Nietzsches eine viel größere Rolle spielt als das Kunstwerk. Nietzsches Kunstdenken ist in seinem Lebensbegriff begründet. Das Leben entfaltet seine schöpferischen Möglichkeiten in vielen Gestalten. Das künstlerische Schaffen ist nur *eine*, allerdings die höchste Möglichkeit des Lebens. Im Lichte dieses Lebensbegriffs ist in der Tat die Kunst bzw. der Künstler Nietzsches Grundthema. Sein philosophisches Denken, seine psychologischen Analysen und seine kulturkritischen Expertisen sind in ihrer eigentlichen Bedeutung Funktionen der künstlerischen Intention. Nun sind Philosophie, Psychologie und Kulturkritik als produktive Auseinandersetzung bei Nietzsche selbst Formen der 'Kunst'. Da jede Form von Produktivität Kunst ist, Kunst im erweiterten Sinne des Wortes, sind auch die kritischen Schriften Ausdruck eines künstlerischen Antriebes. Auch sie sind Ausdruck der Nietzscheschen Dialektik von Negation und Entwurf, wie sie im übrigen, rein formal gesehen, in ihrem virtuosen Sprachduktus und ihrer aphoristischen Geschliffenheit ihren Kunstcharakter zu erkennen geben. Kunst im engeren Sinne des Wortes sind sie dennoch nicht. Hier muß man durchaus unterscheiden zwischen den kritischen Schriften und den künstlerischen Werken Nietzsches. In dieser Hinsicht ist eine Schrift wie die *Fröhliche Wissenschaft* der kritische "Kommentar" zum künstlerischen "Text", zum *Zarathustra*.

Nietzsches Begriff des Schöpferischen ist im Prinzip eine universelle Kategorie. So spricht er von der "*Identität* im Wesen des *Eroberers, Gesetzgebers* und *Künstlers*" (11, 32). Die Übereinstimmung besteht in dem aus einem "ungeheuren Gefühl des *Widerspruchs*" erwachsenden Antrieb zur "**Umformung der Welt**" (11, 33). Der Schaffende – das kann ein großer Denker, ein großer Staatsmann, ein großer Künstler, ein Religionsstifter sein. Sie alle sind schöpferische Experimentatoren, die neue Möglichkeiten der Weltauslegung und Daseinsgestaltung erproben. Der "Philosoph" ist "Gesetzgeber", der "Versucher neuer Möglichkeiten" (11, 531). "Der Künstler ist Götter-Bildner" (11, 341). Auch in den "Religionsstiftern", von Nietzsche als "jene schauerlichen Zwitter von Krankheit und Willen zur Macht" apostrophiert (6, 259 – EH), ist dieser fundamentale Umgestaltungswille wirksam. Allen diesen Formen des Schaffenden ist die Dialektik von Widerspruch und Produktivität gemeinsam. Es stellt sich dabei allerdings die Frage nach der Rangordnung der einzelnen Schaffenstypen. Die von Nietzsche abgewerteten Religionsstifter kommen für die Spitze der Rangordnung nicht mehr in Frage. Schwieriger stellt sich das Verhältnis von Künstler und Philosoph dar. In dieser Hinsicht gibt Nietzsche unterschiedliche Auskünfte. Vielfach rückt er den produktiven Denker in den Mittelpunkt der Reflexionen über die Neugestaltung der Welt. Nicht weniger häufig nimmt der Künstler die erste Stelle in der Rangordnung der Schaffenden ein. Und manchmal nimmt der Künstler-Philosoph die Schlüsselstellung ein. In einem Fragment von 1885 heißt es:

> In der Hauptsache gebe ich den Künstlern mehr Recht als allen Philosophen bisher: sie verloren die große Spur nicht, auf der das Leben geht, sie liebten die Dinge "dieser Welt", – sie liebten ihre Sinne. (11, 587)

Der Maßstab, an dem Nietzsche die Schaffenstypen mißt, ist das "Leben". Da der Künstler aus der Anschauung schafft, der Denker hingegen der Abstraktion huldigt, steht der Künstler dem "Leben" näher, und daher gebührt ihm der Vorrang. Das schließt allerdings nicht aus, daß der Philosoph der geistig höhere Typus ist. "Der Philosoph die höhere Species, aber viel *mißrathener* bisher. Der Künstler die niedere, aber viel schöner und reicher entwickelt!" (11, 211). Dabei unterscheidet Nietzsche allerdings verschiedene Formen des Philosophen. Die Philosophen der neueren Philosophiegeschichte, sowie vor allem Platon, stellt er kritisch in Frage, da er in ihnen abstrakte System-Denker sieht, während er die Vorsokratiker als produktive Existenzen verehrt:

> Die großen Philosophen sind selten gerathen. Was sind denn diese Kant, Hegel, Schopenhauer, Spinoza! Wie arm, wie einseitig! Da versteht man, wie ein Künstler sich einbilden kann, mehr als sie zu bedeuten. Die Kenntniß der großen Griechen hat mich erzogen: an Heraclit Empedocles Parmenides Anaxagoras Democrit ist mehr zu verehren, sie sind *voller*. (11, 151)

Das 'Künstlerische', d.h. der Wille zur Umprägung bestehender Formen, ist in allen Schaffensakten der Antrieb, offen oder verdeckt. An einer Stelle bezeichnet Nietzsche die "Religiösen Gesetzgeber Staatsmänner" als "*versteckte Künstler*"; sie sind allerdings nur "*umbildende* Mächte", während es die Absicht des wahren Schaffenden ist, "am Menschen *fort*zubilden" (11, 295). Nietzsche unternimmt den Versuch einer produktiven Revision des traditionellen Rangverhältnisses von Philosophie und Kunst, von Denker und Künstler: "Ich stelle das Problem von der Rangordnung (Plato) des Künstlers neu; zugleich bilde ich den Künstler so hoch ich kann." (11, 158). Damit stellt Nietzsche, in der dezidierten Wendung gegen die Künstler-Kritik Platons, die Frage, ob nicht dem Künstler der Vorrang vor dem Philosophen zukommt, und zwar deshalb, weil das Denken des Philosophen sich auf die Erkenntnis der Wahrheit richtet, während das Schaffen des Künstlers auf die Hervorbringung eines Neuen, einer lebendigen Gestalt des Lebens, hinausläuft. Daher muß auch im Künstler immer das Leben gegenwärtig sein. Der Künstler darf nicht zum formspielerischen Ästheten erstarren, sondern muß sein Künstlertum als eine spezifische Form und Funktion seines Menschseins begreifen: "Die höheren Formen, wo der Künstler nur ein Theil des Menschen ist – z.B. Plato, Goethe, G<iordano> Bruno. Diese Formen gerathen selten." (11, 159). Hier benutzt Nietzsche den Begriff "Künstler" wiederum in der erweiterten Bedeutung, indem er gleichermaßen den Philosophen und den Dichter als "Künstler" bezeichnet. Im erweiterten Sinne ist jeder Schaffende "Künstler". Im engeren Sinne ist nur der Produzent von Kunstwerken Künstler.

Nietzsche selbst hat sich weder als bloßen Philosophen noch als bloßen Künstler, sondern eher als eine Symbiose aus Denker und Künstler empfunden. Das zeigt sich schon in ganz persönlichen Bemerkungen. So schreibt er im Brief an Heinrich Köselitz alias Peter Gast vom 25.7.1882: "Aber vielleicht haben Sie auch ein Gefühl davon, daß ich, sowohl als 'Denker' wie als 'Dichter', eine gewisse Vorahnung von L<ou> gehabt haben muß?" (B 6, 232). Ist dies noch eine intime Marginalie ohne tiefere Bedeutung, so wird im Brief an Overbeck von Anfang April 1883 das Problem von "Denker" und "Dichter" schon in einem grundsätzlicheren Sinne anvisiert:

> Zuletzt: es ist **möglich**, daß ich mit diesem Winter in eine neue Entwicklung eingetreten bin. Zarathustra ist etwas, daß kein lebendiger Mensch außer mir machen kann. Vielleicht habe ich jetzt erst meine beste Kraft entdeckt. Selbst als "Philosoph" habe ich meine wesentlichsten Gedanken (oder "Tollheiten") noch nicht ausgesprochen – ach, ich bin so schweigsam, so versteckt! Aber gar als "Dichter"! Meine Philologie habe ich *vergessen*; ich hätte was Besseres in meinen 20-ger Jahren *lernen* können! Ach, was ich unwissend bin! – (B 6, 355)

Nietzsche sieht sich demnach im Prinzip sowohl als "Philosophen" wie auch als "Dichter". Aber indem er beide Begriffe in Anführungsstriche setzt, läßt er einen ironischen Vorbehalt erkennen, denn er hat offenbar das Gefühl, daß diese traditionellen Begriffe nicht mehr ausreichen, um den Schöpfer des *Zarathustra* angemessen zu klassifizieren. Immerhin, er empfindet sich in einem originären

Sinne als Denker und Dichter. Bemerkenswert ist in diesem Zusammenhang auch, daß Nietzsche ein *poeta doctus* sein möchte, d.h. ein Dichter und Denker, der den kulturellen Wissensstand der Zeit beherrscht. Diesbezüglich erscheint ihm seine frühere philologische Tätigkeit als Mißgriff, denn die Philologie hat den Dichter-Denker nicht gefördert, sondern eher behindert. Wesentlich ist, daß Nietzsche den Philosophen und den Künstler nicht mehr als separate Größen auffaßt, sondern in der Verquickung von Denker und Künstler die wahre Entfaltungsmöglichkeit des Schaffenden sieht. In einem Entwurf von 1885/86 notiert er:

> [...] der *Künstler*-Philosoph [...] höherer Begriff der *Kunst*. Ob der Mensch sich so fern stellen kann von den anderen Menschen, um *an ihnen zu gestalten*? (Vorübungen: I) der Sich-selbst-Gestaltende, der Einsiedler 2) der *bisherige* Künstler, als der kleine Vollender, an einem Stoffe – nein! –) (12, 89)

Diese Stelle ist in mehrfacher Hinsicht aufschlußreich. Zunächst kommt im Kompositum "*Künstler*-Philosoph" markant der Gedanke der Symbiose von Denker und Künstler zum Ausdruck. Zugleich wird durch die Akzentuierung des "Künstlers" der Aspekt der schöpferischen Gestaltung hervorgehoben. Der "Philosoph" soll sich nicht auf die Erkenntnis von Wahrheit beschränken, sondern als "Künstler", d.h. als Schaffender, den Menschen und die Welt umgestalten. *Vice versa* soll der "Künstler" nicht mehr nur einen vorgegebenen "Stoff" in eine Form umsetzen, sondern als gestaltender Denker auf die Umformung des Menschen hinarbeiten. Dieses in der Konzeption des "*Künstler*-Philosophen" ausgedrückte Prinzip der Neugestaltung der Welt durch den Schaffenden ist für Nietzsche die eigentliche Bestimmung und höchste Möglichkeit der "Kunst".

Im Lichte dieser Problemstellung wird die Frage nach dem Verhältnis von Künstler und Denker in gewisser Weise irrelevant. In dem von Nietzsche geforderten Idealfall ist der Künstler ein Denker und der Denker ein Künstler. Dennoch ist die Frage nach dem Funktionsverhältnis von Kunst und Philosophie bei Nietzsche berechtigt. Zugespitzt lautet die Frage: Ist bei Nietzsche, vor allem im *Zarathustra*, die Kunst ein Vehikel zur Vermittlung einer Philosophie, oder haben die philosophischen Motive die Funktion, den Kunstprozeß zu stimulieren? Die Nietzsche-Deutung zeigt, daß die Beantwortung dieser Frage wesentlich vom Vorverständnis und der Methode des jeweiligen Interpreten abhängt. Die Nietzsche-Deutungen von Ernst Bertram, Karl Jaspers und Martin Heidegger, trotz der beträchtlich angewachsenen Nietzsche-Literatur weiterhin die originären, repräsentativen Nietzsche-Darstellungen, verdeutlichen in exemplarischer Weise die perspektivische Gebundenheit der Auslegung. Ernst Bertram verfolgt in seinem Buch *Nietzsche. Versuch einer Mythologie* (1918) das Ziel, unter Verzicht auf historisch-analytische Betrachtung der realen Befunde den Mythos Nietzsche zu vergegenwärtigen. Bertram versteht seine Darstellung als "Seelenwissenschaft und Seelenkündung", die "gerade die Entwirklichung dieser ehemaligen Wirklichkeit, ihre Überführung in eine ganz andere Art des Seins", "eine Wertsetzung, nicht eine Wirklichkeitsherstellung" anstrebt. Nicht die empirische Person, sondern die mythisierte Gestalt, die

"Legende" Nietzsche, ist das Thema Bertrams. In dieser romantischen Geschichtsauffassung erfüllt sich der wahre Sinn der Geschichte überhaupt erst in den aus ihr erwachsenden mythischen Figurationen. Die Quintessenz der Geschichte ist der Mythos: "Was als Geschichte übrigbleibt von allem Geschehen, ist immer zuletzt [...] die *Legende.* / Die Legende [...] ist die lebendigste Form geschichtlicher Überlieferung." (S. 9). Dabei wird nicht nur das Subjekt, sondern auch das Werk als "Persönlichkeit", d.h. als ein Gebilde von lebendiger individueller Eigenart aufgefaßt: "Denn auch das 'Werk' ist ja Persönlichkeit und unterliegt den Gesetzen der Legende." (S. 10). Sowohl das kreative Subjekt als auch das hervorgebrachte Werk sind verwoben in den historischen Prozeß der Mythenbildung. Die "Persönlichkeit" überlebt nur als "Mythos": "Nur als Bild, als Gestalt, nur als Mythos also lebt sie, nicht als Kenntnis und Erkenntnis eines Gewesenen." (S. 10). Die Legendenbildung erwächst einerseits aus der "mythenschaffenden Kraft, welche von einer wirklich großen Gestalt notwendig ausstrahlt" (S. 12), und ist andererseits das Ergebnis der mythologisierenden Deutung, denn was wir "zu erhellen, zu durchforschen, nachzuerleben uns mühen, ist nie das Leben, sondern immer seine Legende" (S. 9). Es liegt auf der Hand, daß dieses einfühlungsästhetische Verfahren der mythischen Identifikation wenig Raum läßt für die kritische Analyse der Befunde. Es ist allerdings nicht zu übersehen, daß die Einzelbetrachtungen des Bertramschen Buches viel sachbezogener sind, als es die mythologisierende Programmatik vermuten läßt. Die Erörterungen über das Kunstverständnis, das Griechenbild, das Süderlebnis, den Protestantismus Nietzsches sowie die Hinweise zum Problem des Schauspielertums, der Maske, der Größe haben durchaus ihre spezifische Qualität und sind auch für die spätere, 'sachlichere' Nietzsche-Forschung nicht ohne Bedeutung geblieben. Zieht man das mythologisierende Rankenwerk ab, so kommen in Bertrams Buch viele erkenntnisfördernde Aspekte zum Vorschein. Es hat durchaus seine Meriten. Die Stilisierung Nietzsches zum Seher und Propheten versperrt allerdings den angemessenen hermeneutischen Zugang zu seinem Werk. Es ist die Rede von der "prophetischen Sendung", dem "seherischen Amt" (S. 313), dem "prophetischen Ich" (S. 328), vom "seherischen Mund", von den "prophetischen Kräften" (S. 329), vom "großen prophetischen Verlangen" (S. 330) Nietzsches. Nietzsche hat solchen Mythisierungen seiner Person durch seine Selbststilisierungen zum Menschheitserneuerer Vorschub geleistet. In *Ecce homo* bezeichnet er den *Zarathustra* als das "grösste Geschenk", das die "Menschheit" je erhalten habe. Er sei das "höchste Buch, das es giebt, das eigentliche Höhenluft-Buch", und zugleich das "*tiefste*, das aus dem innersten Reichthum der Wahrheit heraus geborene", "mit einer Stimme über Jahrtausende hinweg". Aber Nietzsche fügt hinzu: "Hier redet kein 'Prophet' ", d.h. kein "Religionsstifter". (6, 259 – EH). In aller Selbstapotheose seiner Person und seines Werkes beharrt Nietzsche doch darauf, daß sein *opus maximum* Ausdruck der "Wahrheit" sei, und deshalb will er nicht mit einem "Propheten" verwechselt werden. Er hat überhaupt, mit Tolstoi, eine Abneigung gegen die "ganze Propheten- und Wunderthäter-Attitüde" (13, 158). Noch im Brief an Köselitz vom 30.10.1888 schreibt er, mit Bezug auf *Ecce homo*: "ich möchte durchaus nicht als Prophet, Unthier und Moral-Scheusal vor die Menschen hintreten." (B 8, 462). Daher möchte er auch den *Zarathustra* nicht als 'Legende', sondern als "Philosophie" verstanden wissen. Ende Juni 1883 schreibt er an Carl von Gersdorff, man solle sich durch die legendenhafte Form des *Zarathustra* nicht über die philosophische Substanz hinwegtäuschen lassen (B 6, 386). Demnach wäre für Nietzsche die mythologisierende Gestik seines Werkes nur eine Form der Vermittlung philosophischer Inhalte. In der Tat verliert die Mythologisierung Nietzsches zum Propheten den Philosophen Nietzsche aus dem Blickfeld. Es ist die Schwäche des Bertramschen Buches, daß in ihm philosophische Aspekte kaum zur Geltung kommen. Es ist allerdings zu berücksichtigen, daß Bertrams Nietzsche-Legende Ausdruck des Zeitgeistes, des seit der Jahrhundertwende bis weit in die 20er Jahre herrschenden Nietzsche-Kultus, ist. Dies erklärt, warum in Bertrams "Mythologie" philosophische, psychologische und strenge kunstästhetische Analysen fehlen. Die Kunst wird bei Bertram vornehmlich in einfühlsamen Umschreibungen von allerdings hoher ästhetischer Sensibilität dargestellt. Das Verhältnis von Kunst und Leben sowie die Relation von Kunst und Philosophie bleiben weitgehend ausgespart. Sie werden vom Mythos überdeckt.

Demgegenüber legt Karl Jaspers mit seinem bedeutenden Werk *Nietzsche. Einführung in das Verständnis seines Philosophierens* (1936) eine existenzphilosophische Nietzsche-Interpretation vor. Hier ist Nietzsche nicht mehr der Prophet, nicht mehr ein Mythos, sondern die konkrete Existenz Nietzsches und die philosophischen Grundideen des Werkes sind das Thema dieser tiefgreifenden Nietzsche-Deutung. Jaspers geht von dem Grundsatz aus, daß Nietzsche substantiell nicht durch Psychologie, Mythisierung oder Systemlehre, sondern nur durch "Existenzerhellung" erfaßt werden kann (S. 14). Voraussetzung der Existenzerhellung ist die engagierte innere Teilnahme des Interpreten, der existentielle Mitvollzug des von Nietzsche Gedachten. Nicht die bloß distanziert-objektivistische Analyse, sondern vor allem die engagierte, existentielle Deutung ist in der Lage, Nietzsche in seinem Kern zu verstehen. Jaspers bezieht sich in diesem Zusammenhang unter anderem auf Nietzsches Brief an Köselitz vom 23.6.1881, in dem er diesem für die Lektüre der *Morgenröthe* empfiehlt: "lesen Sie es als Ganzes und versuchen Sie ein Ganzes für sich daraus zu machen – nämlich einen leidenschaftlichen *Zustand*." (B 6, 95) Jaspers zieht die methodologische Konsequenz:

> Das Nietzsche-Studium wird nur sinnvoll möglich, wenn irgendwann jene Berührung mit dem Ursprung eingetreten ist; jener von Nietzsche geforderte "leidenschaftliche Zustand" ist nicht Ziel, sondern Quelle. Nun beginnt erst die vom Leser zu leistende Arbeit. (S. 15 f.)

Demnach müßte man hinsichtlich der existenzphilosophischen Nietzsche-Deutung zwei Phasen unterscheiden, die Phase der existentiellen Affinität und die Phase der sachlichen Interpretation. Die sachliche Arbeit am Text ist nur auf der Grundlage des existentiellen Engagements möglich. Eine unabdingbare Voraussetzung des existentiellen Mitvollzugs ist die Einsicht in die Einheit von

Existenz und Werk. Jaspers will den "philosophischen Gehalt" erschließen, "der untrennbar Nietzsches Leben und Denken zugleich ist". "Dagegen verfehlt die Beschäftigung mit Nietzsches Leben ihren Sinn, wenn Lebenswirklichkeit und Gedankenwelt unbezogen nebeneinander stehen." (S. 20). Das Denken Nietzsches ist nur von seinem Leben her zu verstehen, und umgekehrt ist das Verständnis der Existenz nur durch die Denkmotive erklärbar. In der existenzphilosophischen Perspektive bilden "Leben" und "Denken" eine wesensmäßige Einheit. Die Annahme der Symbiose von Existenz und Philosophieren ist Voraussetzung des adäquaten Verstehens. Da nun Nietzsche in Leben und Denken durch eine permanente Offenheit und Mobilität gekennzeichnet ist, ist es höchst problematisch, ihn in ein System zu zwängen:

> Nietzsche läßt sich nicht darstellen mit dem Ziele, daß wir am Ende um ihn Bescheid wissen. Da er nicht Bestand wird, weder als geschlossene Gestalt seines Wesens noch als philosophisches System, ist er immer nur in einzelnen Zusammenhängen seines Denkens und in einzelnen Aspekten seines Daseins zu erfassen. Ihn aufzufassen, muß mißlingen, wenn man ihn im Ganzen verfestigt. (S. 21)

Nicht das philosophische System, sondern das existentielle Philosophieren ist für Nietzsche charakteristisch. Mit der ihm eigenen Souveränität des Denkens und Verstehens kennzeichnet Jaspers Nietzsches Existenz als Dasein in Grenzsituationen und Suche nach dem Selbstsein und beleuchtet in intensiver denkerischer Durchdringung Grundmotive Nietzsches wie den Lebensbegriff, die Idee des Werdens, den Willen zur Macht, den Wiederkunftsgedanken, und zwar unter Verzicht auf die Konstruktion eines geschlossenen Zusammenhangs der Denkmotive. Was allerdings die Kunstproblematik betrifft, so taucht sie nur am Rande auf. Hier beschränkt sich Jaspers auf wenige, fragmentarische Bemerkungen.[4] Die Frage nach der Kunst ist kein zentrales Anliegen der existenzphilosophischen Daseinsinterpretation. Dennoch sind die Jasperschen Überlegungen auch für die Kunstproblematik Nietzsches nicht ohne Relevanz, denn das Buch enthält Hinweise zum "Schaffen", die das Verständnis der Voraussetzungen der Nietzscheschen Kunst-Konzeption fördern. Das "Schaffen" wird als der eigentliche Antrieb Nietzsches herausgestellt:

> *Schaffen*: Schaffen ist die höchste Forderung, das eigentliche Sein, der Grund alles wesentlichen Tuns [...] Mit dem Schaffen ist *das eigentliche Sein erreicht.* [...] Was Schaffen sei, bleibt notwendig unbestimmt. Es ist eines jener nicht zum Begriff gewordenen signa des Nietzscheschen Philosophierens wie Leben, Wille zur Macht, ewige Wiederkehr, an denen unser Denken strandet [...] Nietzsche behandelt das Schaffen immer wie selbstverständlich, macht es fast nie gradezu zum Thema. [...] Schaffen ist das schlechthin Ursprüngliche, aber es ist nicht ein Neuanfangen, als ob vorher nichts gewesen wäre. Ist nach der Vernichtung der Moral Schaffen die neue Moral, so ist gerade der Schaffende der, der *in der Vernichtung bewahrt.* (S. 150 f.)

4 Vgl. z.B. die Bemerkungen zum Zusammenhang von Kunst und Wille zur Macht S. 311 sowie diverse Hinweise zum Verhältnis Nietzsches zu Wagner, etwa S. 58 ff. u. S. 66 ff.

Jaspers betont zu Recht, daß bei Nietzsche nach dem Verlust der traditionellen Wertsysteme das "Schaffen" selbst zum Daseinsinhalt wird. Es ist allerdings die Frage, ob er nicht zu sehr auf die Unbestimmbarkeit des Schaffens abhebt und ob nicht im Kunst-Schaffen, aber auch in den Daseinsentwürfen Nietzsches das "Schaffen" doch eine bestimmtere, wenngleich inhaltlich nicht eindeutig auszumachende Richtung gewinnt. So sehr Nietzsche das Schaffen, den Schaffensprozeß, verabsolutiert, so handelt es sich doch nicht um einen ziellosen Impetus, denn im Schaffen erfolgt der Entwurf eines Werkes, sei es der philosophische Entwurf des neuen Menschen, sei es der künstlerische Entwurf des ästhetischen Scheins. In Nietzsches schöpferischer Motorik ist immer eine Zielvorstellung als regulative Idee wirksam. Erst sie ermöglicht die Konzentration und Intensität, die äußerste Anspannung des Schaffens. Anfang Dezember 1883 schreibt Nietzsche an Overbeck:

> Genua war überdieß von Anfang an für mich die Stadt Eines Menschen, des Columbus. Nun habe ich selber ein neues Land *entdeckt* – in allen guten Stunden glaube ich es. Ich muß es mir nur noch – **erobern** (B 8, 600)

Diese Briefäußerung aus der Zeit des *Zarathustra* enthüllt schlaglichtartig den inversiven Zusammenhang von Bewegung und Ziel bei Nietzsche. Erst die Entdeckung von Neuland verleiht dem Willen zur Eroberung die dynamischen Impulse. Freilich, dieses Neuland, im *Zarathustra* vor allem die Idee des "Übermenschen", läßt sich inhaltlich nicht eindeutig definieren. Allen Daseinsentwürfen Nietzsches haftet etwas Utopisch-Imaginäres an. Aber gerade die Utopie ist das Agens der Schaffensintensität. Sonst würde das Schaffen sinn- und ziellos in sich selber kreisen. Das Schaffen gewinnt bei Nietzsche seine Energie aus der Spannung zwischen Idee und Wirklichkeit. Die bipolare Spannung von Utopie und Realität ist das Element, in dem das Schaffen sich überhaupt erst in seiner höchsten Intensität entfaltet. Ihren intensivsten Ausdruck findet diese Spannung im künstlerischen Schaffen. Obschon nicht das Schaffensprodukt, das Kunstwerk, sondern der Schaffensprozeß, der Künstler, in der 'Ästhetik' Nietzsches die erste Stelle einnimmt, ist doch das herzustellende Kunstwerk als ästhetische Objektivation des schöpferischen Lebens die das Schaffen anstachelnde Idee. Da bei Jaspers die Kunst nur eine periphere Rolle spielt, bleibt dieser Funktionszusammenhang von Schaffensvorgang und Schaffensziel letztlich außerhalb seines Blickfeldes.

In Martin Heideggers Fundamentalinterpretation *Nietzsche* (1961), bestehend aus Vorlesungen der Jahre 1936 bis 1940 und Abhandlungen der Jahre 1940 bis 1946, nimmt demgegenüber die Kunst eine zentrale Stellung ein. Im Unterschied zur existenzphilosophischen Fragestellung von Jaspers, die im Leben, im Lebensvollzug Nietzsches den Quellpunkt des Nietzscheschen Denkens und der philosophischen Motive Nietzsches erblickt, geht Heidegger von der ontologischen Fragestellung aus, die die Frage nach dem Sein des Seienden stellt. Während Jaspers den Anspruch der Ontologie, Aussagen über das "Sein selbst an sich und im Ganzen" machen zu können, als philosophische Illusion ablehnt und von der "immer unwahren Ontologie" spricht, die ein "Wissen vom

Sein selbst" vortäuscht, wo nur ein "bestimmtes Wissen von etwas im Sein" möglich ist (Der philosophische Glaube, 111), ist für Heidegger gerade die Frage nach dem Sein des Seienden und dem Sein selbst die entscheidende Frage. Daher versteht er bereits die Daseinsanalytik von *Sein und Zeit* (1927) nicht als Existenzphilosophie, sondern als Voraussetzung einer Fundamentalontologie. In seinem zweibändigen Nietzsche-Opus spielt denn auch die Existenz Nietzsches, d.h. die Einheit von Leben und Denken, so gut wie keine Rolle. Heidegger fragt nach den philosophischen Hauptmotiven Nietzsches, interpretiert sie als neue Wesensbestimmungen des Seienden und deutet Nietzsches Philosophie als die letzte, unüberbietbare Konsequenz und das Ende der abendländischen Metaphysik. Ausgehend von dem Grundsatz, daß die abendländische Philosophie zwar die metaphysische Frage nach der Essenz des Seienden, nicht aber die fundamentalontologische Frage nach dem Sinn des Seins selbst gestellt habe, fügt Heidegger Nietzsche in die Tradition des metaphysischen Denkens ein:

> Nietzsches Denken geht in der langen Bahn der alten Leitfrage der Philosophie: "Was ist das Seiende?" [...] Die Grundfrage als eigentlich gründende, als die Frage nach dem Wesen des Seins, ist als solche in der Geschichte der Philosophie nicht entfaltet; auch Nietzsche bleibt in der Leitfrage. / Die Aufgabe dieser Vorlesung ist, die Grundstellung deutlich zu machen, innerhalb deren Nietzsche die Leitfrage des abendländischen Denkens entfaltet und beantwortet. (*Heidegger,* Nietzsche I, 12 u. 13)

Damit wird Nietzsche in den Rahmen der von ihm bekämpften philosophischen Tradition zurückgestellt, insofern nämlich, als er trotz der Destruktion der bisherigen Weltinterpretation doch weiterhin die Frage nach dem Wesen des Seienden stellt. Heidegger stellt die rhetorische Frage:

> Dann ist Nietzsche gar nicht so modern, wie es nach dem Lärm, der um ihn herumsteht, den Anschein hat? Dann ist Nietzsche gar nicht so umstürzlerisch, wie er selbst sich zu gebärden scheint? (ebd., 12)

Aber nach Heidegger ist Nietzsche nicht nur kein 'revolutionärer' Denker, sondern auch kein 'poetischer' Denker, wie es auch verfehlt ist, in ihm den gegen das abstrakte Denken protestierenden Philosophen des 'Lebens' zu sehen:

> Aber man erzählt sich seit langem auf den deutschen Lehrstühlen der Philosophie, Nietzsche sei kein strenger Denker, sondern ein "Dichterphilosoph". Nietzsche gehöre nicht zu den Philosophen, die nur abstrakte, vom Leben abgezogene und schattenhafte Sachen ausdenken. Wenn man ihn schon einen Philosophen nenne, dann müsse er als ein "Lebensphilosoph" verstanden werden. (ebd., 13 f.)[5]

5 Auch Karl Löwith ist der Auffassung, Nietzsche sei "kein 'Dichter-Philosoph', sondern der moderne Erneuerer einer älteren philosophischen Sprache" (*Löwith*, Nietzsche, 21).

Nietzsche ist weder ein "Dichterphilosoph", d.h. ein in poetischen Bildern und imaginären Entwürfen schwelgender Philosoph, noch ein "Lebensphilosoph", d.h. ein das abstrakte Denken zugunsten des elementaren, sinnlichen Lebens verneinender Philosoph, sondern ein "strenger Denker", d.h. ein Philosoph, der in präziser Fragestellung, Methode und Begrifflichkeit das Wesen des Seienden zu bestimmen versucht. Es ist Heideggers Anliegen, Nietzsche als metaphysischen resp. ontologischen Denker herauszustellen. Im Vortrag *Nietzsches Wort "Gott ist tot"* (1943) erklärt er, die Besinnung auf "Nietzsches Metaphysik" besage nur,

> daß wir versuchen, Nietzsche als Denker ernst zu nehmen. Denken aber heißt auch für Nietzsche: das Seiende als das Seiende vorstellen. Jedes metaphysische Denken ist Onto-logie oder es ist überhaupt nichts. (S. 194)

In den Nietzsche-Vorlesungen wird die 'Ontologie' Nietzsches in stringenter Hermeneutik entfaltet. Nietzsches "*metaphysische Grundstellung in der abendländischen Philosophie*" (Nietzsche I, 462) läßt sich durch zwei zentrale Bestimmungen definieren, erstens durch den Gedanken des Willens zur Macht und zweitens durch den Wiederkunftsgedanken:

> Nietzsche gibt im Blick auf das Seiende im Ganzen zwei Antworten: das Seiende im Ganzen ist Wille zur Macht; und: das Seiende im Ganzen ist ewige Wiederkehr des Gleichen. (ebd., 463)

Während der Wiederkunftsgedanke das Seiende "*in Hinsicht auf seine Weise zu sein*" kennzeichnet, prägt der Wille zur Macht das Seiende "*in Hinsicht auf seine Verfassung*" (ebd., 464). Der Grundcharakter des Seienden, alles Seienden, ist Wille zur Macht.

Auch die Kunst bzw. das Kunst-Schaffen ist Ausdruck des Willens zur Macht. Heidegger stützt sich vor allem auf Nietzsches "Satz von der Kunst als dem größten Stimulans des Lebens" und bezeichnet ihn als "Nietzsches *Hauptsatz über die Kunst*" (ebd., 90 f.). Er definiert Nietzsches "Bestimmung der Kunst als des Stimulans des Lebens" im Sinne der Philosophie des "Willens zur Macht":

> Die Kunst ist eine Gestalt des Willens zur Macht. Denn "Stimulans" ist das Antreibende, Aufsteigernde, Über-sich-hinaushebende, das Mehr an Macht, also Macht schlechthin, dies sagt: Wille zur Macht. (ebd., 90)

Heidegger versteht seine Interpretation der Kunst bei Nietzsche als Interpretation des Nietzscheschen "Hauptsatzes". Dieser Zentralsatz bildet die Grundlage und den Zusammenhalt der "*fünf Sätze über die Kunst*", in denen Heidegger "Nietzsches Gesamtauffassung des Wesens der Kunst" (ebd., 82) expliziert:

1. Die Kunst ist die durchsichtigste und bekannteste Gestalt des Willens zur Macht.
2. Die Kunst muß vom Künstler her begriffen werden.
3. Die Kunst ist nach dem erweiterten Begriff des Künstlers das Grundgesche-

hen alles Seienden; das Seiende ist, sofern es ist, ein Sichschaffendes, Geschaffenes.
4. Die Kunst ist die ausgezeichnete Gegenbewegung gegen den Nihilismus.
5. Die Kunst ist mehr wert als "die Wahrheit". (ebd., 90)

Damit hat Heidegger in der exegetischen Präsentation Nietzschescher Aussagen wesentliche Aspekte der Kunstproblematik ins Blickfeld gerückt, die disparaten Äußerungen Nietzsches zur Kunst in einen konzisen Zusammenhang gebracht und Maßstäbe für die Behandlung des Kunstproblems bei Nietzsche gesetzt. Man kommt freilich nicht umhin, kritische Einwände geltend zu machen. Erstens stellt sich die Frage, ob Nietzsche wirklich nur aus der Tradition der abendländischen Metaphysik zu verstehen oder ob er nicht in seinen Zukunftsentwürfen ein revolutionärer Denker und radikaler Erneuerer ist, der das Umfeld der traditionellen Metaphysik hinter sich läßt.[6] Zweitens erhebt sich die Frage, ob Heidegger Nietzsche nicht in ein ontologisches 'System' einbindet, in dem das offene Denken, der experimentierende Grundzug und der fragmentarische Charakter des Nietzscheschen Schaffens verlorenzugehen drohen. Drittens ist die Frage, ob Nietzsches Anliegen sich auf eine neue Wesensbestimmung des Seienden beschränkt oder ob er nicht darüber hinaus ein neues Seiendes schaffen will. Nietzsche will nicht nur als Denker Sachverhalte klären, sondern auch als Schaffender Sachverhalte herstellen. " 'Wahrheit' ist somit nicht etwas, das da wäre und das aufzufinden, zu entdecken wäre – sondern etwas, *das zu schaffen ist*", heißt es in einem Fragment der 80er Jahre (III, 541). Das zeigt sich exemplarisch an der Utopie des "Übermenschen". Heidegger stellt zu Recht fest: "Mit dem Namen 'Übermensch' meint Nietzsche nicht ein Wunder- und Fabelwesen, sondern den Menschen, der über den bisherigen hinauskommt." Er zitiert Nietzsche: "Der Gegensatz des *Übermenschen* ist der *letzte Mensch*: ich schuf ihn zugleich mit jenem." (Nietzsche I, 241; Zitat: GA XIV, 262). Hier aber sagt Nietzsche in aller Deutlichkeit, daß der "Übermensch" ein zu Schaffendes bzw. daß die Idee des "Übermenschen" etwas von ihm Geschaffenes ist. Nicht nur die Erkenntnis des Seienden, sondern auch und vor allem das Schaffen von Seiendem ist Nietzsches Impetus. Viertens bleibt die Frage, ob in Heideggers ontologischer Kunst-Interpretation nicht gerade das spezifisch Künstlerische auf der Strecke bleibt. Heideggers Interpretation erweckt den Anschein eines geschlossenen, in Hauptpunkten kodifizierbaren Systems des Nietzscheschen Kunstdenkens. Aber gerade in der Kunst zeigt sich der offene, experimentelle Charakter des Nietzscheschen Denkens, denn trotz bestimmter Leitmotive seines Kunstdenkens läßt Nietzsches mobiler Denkstil

6 "Das ganze Werk von Nietzsche ist durchzogen von Gedankengängen, die keineswegs in den Umkreis der überlieferten Metaphysik gehören, andererseits aber auch nicht als bloße Vorbereitung und Stufe auf dem Wege zum spekulativen Problemkreis verstanden werden können, sondern für Nietzsche selbst zu seinem Sinn von Philosophie gehören." (*Ulmer*, Nietzsche, 28). Im Hinblick auf den Willen zur Macht und den Wiederkunftsgedanken stellt sich die Frage: "Ist Nietzsche mit dieser Vision der Welt nur das Ende der Metaphysik – oder der Sturmvogel einer neuen Seinserfahrung?" (*Fink*, Nietzsche, 179). Zur kritischen Abgrenzung der neueren Nietzsche-Interpretation gegen Heideggers Deutung von Nietzsches Denken als Vollendung und Ende der abendländischen Metaphysik vgl. *Djurić*, Nietzsche, 1-7, und *Müller-Lauter*, Wille zur Macht, 1 f.

die Verfestigung in ästhetischen 'Positionen' nicht zu, sondern versteht die Kunst als Ausdruck einer enthusiastischen, spielerischen, ironischen Agilität, die die Kunst zum Vexierbild des Geistes macht. Nietzsche ist nicht nur Denker, sondern auch Künstler. Phantasie, Intuition und Inspiration sind mindestens ebenso starke Antriebe seines Schaffens wie das Denken, Deuten und Analysieren. Er dekretiert nicht nur ästhetische Grundsätze, sondern ist auch schaffender Künstler, für den die Kunst Ausdruck der Freiheit und der Entwürfe des Subjekts ist. In einem Fragment vom Herbst 1883 notiert er, es sei seine Intention:

> Die *geistige Freiheit* und *Freudigkeit* mir zu erobern, um schaffen zu können und nicht durch fremde Ideale tyrannisirt zu werden. (Im Grunde kommt wenig darauf an, *wovon* ich mich loszumachen hatte: meine Lieblings-Form der *Losmachung* aber war die künstlerische: d.h. ich entwarf ein *Bild* dessen, was mich bis dahin gefesselt hatte: so Schopenhauer, Wagner, die Griechen (Genie, der Heilige, die Metaphysik, alle bisherigen Ideale, die höchste Moralität) – zugleich ein *Tribut der Dankbarkeit*. (10, 501)

Dies signalisiert in aller Deutlichkeit die Prävalenz des Schaffens, des künstlerischen Schaffens, als Ausdruck der Selbstentfaltung des Subjekts. Gegenüber dem Schaffensprozeß, dem Prozeß der schöpferischen Emanzipation des Subjekts, sind die Sujets, die inhaltlich-thematischen Fragen, von sekundärer Bedeutung. Die Sujets sind zuletzt nur produktive Impulse für das sich selber entfaltende künstlerische Subjekt. So werden Schopenhauer, Wagner und die Griechen, die große vorbildliche Trias des jungen Nietzsche, in diesem Fragment des mittleren Nietzsche nur noch funktional gesehen, nämlich als produktive Anstöße des eigenen Schaffens. Die spätere Kritik des früher Verehrten ist nicht zuletzt begründet im Impetus zur autonomen Selbstentfaltung. Daher ist Nietzsche den Gegenständen seiner Kritik dankbar. Diese Dialektik von Kritik und Kreativität ist konstitutiv für Nietzsches Denken.

Die Entfaltung der schöpferischen Kräfte ist für Nietzsche wichtiger als die Fixation dogmatischer Thesen. Im Frühjahr 1884 notiert er, die Kunst sei "die Ideal-bildende Kraft – Sichtbarwerden der innersten Hoffnungen und Wünsche" (11, 50). Ein Fragment von 1880/81 lautet:

> Ich habe mein Ziel und meine Leidenschaft: ich will von der Kunst nichts als daß sie mir dasselbe *verklärt* zeige oder mich ergötze, ermuntere, zeitweilig abziehe. Das *erste* ist meine Art von Religion: ich sehe mein Ideal von anderen geliebt und verklärt und in die Wolken aufgetragen: ich bete *mit* ihnen! / *Nicht* soll die Kunst mich mir selber entführen, *nicht* mich vor dem Ekel retten. (9, 392)

Hier wird ein Doppeltes deutlich. Nietzsche versteht die Kunst erstens als Ausdruck der schöpferischen Subjektivität, der Emotionalität des Subjekts, und zweitens als Idealisierung der Intentionen des Subjekts, als daseinsverklärende Idealisierung, die nicht aus einem Mangel, dem Daseinsekel, sondern aus einer Fülle, der unbedingten Daseinsbejahung, erwächst. Nietzsche versteht die Kunst als Ausdruck der Emotionalität des Subjekts, und er deutet sie als Idealisierung der Intentionen des Subjekts. Die "Verklärung", die dann bei Nietzsche in wachsendem Maße zur "ästhetischen Restitution verlorener Metaphysik" wird (*Gebhard*, Totalismus, 45-67), hat ihre Wurzel in der "Leidenschaft" des Subjekts. Und es ist eben diese "Leidenschaft", diese experimentelle Offenheit des Denkens und Schaffens, die ihn vom ästhetischen 'System' fernhält. Ontologischen Dogmatismus hätte er kaum goutiert. Dazu ist sein Denken zu spontan, zu intuitiv, zu inspiratorisch angelegt. Zu sehr prägt die Lust an Wortspiel, Geistesblitz und Aphorismus, die Freude an Antithesen, Paradoxien und Oszillationen den Schreibduktus Nietzsches, als daß sich seine Anschauungen und sein Schaffen in festen Formeln rubrizieren ließen.

Das Problem der Kunst wird in der Nietzsche-Deutung häufig von anderen Problemstellungen überdeckt. Die philosophischen, psychologischen und sozialkritischen Nietzsche-Deutungen sind entweder an der Kunst gar nicht interessiert oder betrachten die Kunst als Organ außerkünstlerischer Intentionen Nietzsches. Karl Löwith setzt sich in seiner eindringlichen Nietzsche-Interpretation *Nietzsches Philosophie der ewigen Wiederkunft des Gleichen* (1935) mit der Spannung von Entwurf und Notwendigkeit, von Willen zur Macht und Wiederkunftsidee auseinander. In der Stunde des "grossen Mittags" vollzieht sich die Identität von Willen und Notwendigkeit, da nun der Wille die Notwendigkeit bejaht und der Mensch aus freier Entscheidung die ewige Wiederkunft will. Für Löwith ist der Gedanke der ewigen Wiederkunft der substantielle Kern der Philosophie Nietzsches. Es geht ihm um die "Auslegung von Nietzsches ganzer Philosophie als einer Lehre von der ewigen Wiederkehr des Gleichen" (S. 13 [Vorwort von 1955]). Es geht um "die Umkehr des Willens zum *Nichts* – des 'Nihilismus' – zum Wollen des *Seins* der ewigen Wiederkehr des Gleichen" (S. 30). Löwith unterscheidet zwischen der "anthropologischen Auslegung", die den "wollenden Menschen" ins Zentrum rückt, und der "kosmologischen Auslegung", in der der Mensch, befreit von "freiem Willen", "Zufall" und "Zeit", "ein von Natur aus geschehendes Vernichten und Wiedergebären" bejaht (S. 161 f.). Hinsichtlich der Methodik Nietzsches betont Löwith zu Recht, daß "Nietzsches leidenschaftliches Denken" "mehr ein versuchendes Experimentieren als ein erkennendes Ausführen ist" (S. 14 [1955]). Bezüglich der "System"-Frage bietet Löwith einen Kompromiß an:

> Nietzsches Philosophie ist weder ein einheitlich geschlossenes System noch eine Mannigfaltigkeit von auseinanderfallenden Aphorismen, sondern ein System in Aphorismen. (S. 15)

In ähnlichem Sinne äußert sich Jaspers:

> Sein Denken ist weder *aphoristisch* im Sinne der berühmten Aphoristiker, zu denen sich Nietzsche auch einmal und absichtlich gesellt, noch *systematisch* im Sinne der philosophischen Systeme, die als solche entworfen sind. (*Jaspers*, Nietzsche, 9)

Hinsichtlich des "Systems" müßte man unterscheiden zwischen Methode und Inhalt. Methodisch gesehen, bezüglich des Schreibprozesses und der Ausdrucksformen, liegt bei Nietzsche in der Tat so etwas vor wie ein "System in Aphorismen", denn die disparaten Aphorismen, Fragmente und Abhandlungen werden durch bestimmte Denkmotive leitmotivartig zusammengehalten. Inhaltlich gesehen, bezüglich der Struktur der Welt, denkt Nietzsche wesentlich unsystematisch, da es für ihn keine einheitliche, sinnvoll organisierte Welt mehr gibt. In diesem Sinne formuliert Löwith: "Der Kritik am System entspricht ein philosophischer Wille zur Neuentdeckung der Welt und zu offenen Horizonten des Fragens." (*Löwith*, Nietzsche, 17). Löwith hat Nietzsche nicht nur in der immanenten Analyse, sondern auch im historischen Zusammenhang des 19. Jahrhunderts behandelt. In seinem Buch *Von Hegel zu Nietzsche. Der revolutionäre Bruch im Denken des neunzehnten Jahrhunderts* (1941) untersucht er im Hinblick auf Nietzsche den Elitegedanken, die Zivilisationskritik, die Bildungskritik, die Idee des Übermenschen, die Kritik des Christentums.

Gegenüber den Nietzsche-Interpretationen von Jaspers, Heidegger und Löwith fallen die Nietzsche-Deutungen von Klages und Baeumler ab. Ludwig Klages bemüht sich in seinem Buch *Die psychologischen Errungenschaften Nietzsches* (1926) Nietzsche als "Seelenforscher" (S. 9 ff.), die Enthüllungsstrategien dieses "ersten Psychologen" (S. 65) und vor allem das 'Orgiastische' als den "Quellgrund" dieser "Lebenslehre" (S. 167 f.) herauszustellen. Klages projiziert einen 'Geist'-'Leben'-Antagonismus in das Denken Nietzsches. Er ist der Auffassung, "daß alles, was Nietzsche mit seinem 'Dionysischen' wirklich meinte, durchaus nicht aus dessen vermeinter Gegensätzlichkeit zu einem sogenannt Apollinischen, sondern aus der tiefdurchdachten Gegensätzlichkeit zu allem Geistigen (und zumal den Niederschlägen des Bewußtseins) quillt" (S. 166). Er reduziert Nietzsche auf das 'Dionysische', und zwar auf das 'Dionysische' als das Unbewußt-Triebhafte, das 'Orgiastische'.[7] Bei Klages kann man lesen: "Und alles, was er an lebenswissenschaftlichen Befunden Bestes, Tiefstes und Wahres zu bieten hatte, sind Fragmente einer *Philosophie des Orgiasmus*; und was er übrigens bietet, taugt nichts." (S. 168). Daß in dieser psychologisch-biologistischen Verflachung Nietzsches die Bedeutung der Kunst entfällt, versteht sich fast von selbst. Alfred Baeumlers fatales Nietzsche-Buch *Nietzsche. Der Philosoph und Politiker* (1931), das das im Dritten Reich herrschende Nietzsche-Bild wesentlich geprägt hat, rekurriert auf den Willen zur Macht als Zentralmotiv der Nietzscheschen Philosophie und verbindet die Metaphysik des Willens zur Macht mit dem politischen Willen zur Macht. Daß Baeumler mit dem Wiederkunftsgedanken nichts anzufangen weiß und ihn für belanglos hält[8], ist in der Politisierung des Willens zur Macht begründet, in der

7 Heidegger sieht in dieser Deutung eine fatale Verfälschung Nietzsche. Vgl. *Heidegger*, Nietzsche I, 149. Zur Auseinandersetzung mit Klages vgl. generell *Löwith*, Nietzsche-Klages. Benn bemerkt zum Buch von Klages: "Nietzschephilologie u. Deutung im guten Sinne. Aber wo er sich u. seine Person dann als Denker und Schöpfer einführt, wird es tantenhaft." (*Benn*, Briefe an Oelze, 40 [24.11.1934]). Im Nietzsche-Vortrag von 1950 nennt Benn das Buch "ein bedeutendes Werk, aber Nietzsche unter dem Gesichtspunkt der Psychologie zu betrachten, erscheint mir etwas obsolet" (*Benn*, Nietzsche, 483).

8 Für Baeumler ist der "Gedanke der ewigen Wiederkunft" unvereinbar mit dem Prinzip des "Willens zur Macht": "Es kann nur eines gelten: entweder die Lehre von der ewigen Wiederkunft oder die Lehre

die Wiederkunftsidee eine Lähmung des dynamischen Machtwillens ist[9]. Baeumler, dem es "hier nicht um den Dichter und Schriftsteller, sondern um den Philosophen und den Politiker Nietzsche" geht (S. 5), nennt Nietzsche den "ersten großen Philosophen des Realismus" (S. 16), eines "*heroischen Realismus*" (S. 15), der durch "germanisches Freiheitsbedürfnis, germanischen Kriegerstolz und Kriegertrotz" (S. 90), durch einen kämpferischen "Germanismus" (S. 17 u. 98) gekennzeichnet sei. Auf diese Weise betreibt Baeumler geradezu eine Germanisierung Nietzsches. Nietzsches Kulturidee wird zur Staatsidee umgedeutet: "Die Tendenz des jungen Griechenfreundes ist nicht, den Staat nach den Kategorien einer ästhetischen Kultur aufzufassen, sondern umgekehrt, die Kultur unter den Kategorien des Staates zu betrachten." (S. 124). Baeumler läßt sich zu der These hinreißen: "Der Schlüssel für das Verständnis aller konkreten Forderungen und Ziele Nietzsches liegt in seiner Anschauung vom *Staat*." (S. 88). Das nationalistische Pathos und die vehemente Militanz Baeumlers lassen der Kunst kaum noch eine Chance. Bezeichnend für die Argumentationsstrategie Baeumlers ist sein Kommentar zu Nietzsches Satz aus der *Götzen-Dämmerung*: "Alle grossen Zeiten der Cultur sind politische Niedergangs-Zeiten: was gross ist im Sinn der Cultur war unpolitisch, selbst *antipolitisch*." (6, 106 – GD). Nach Baeumler handelt es sich bei "dieser Hervorhebung der 'Kultur' " durch Nietzsche keineswegs um "ein *ästhetisches* Motiv", keineswegs um den "Künstler in ihm", der das Politische abwertet, sondern um den Protest "gegen den Staat", "den er als eine undeutsche, eine *römische* Institution empfindet" (S. 89 f.). So wird eine klare Aussage Nietzsches in ihr Gegenteil verfälscht. Nietzsche wird zum germanischen *homo politicus* verdreht.[10] Der Künstler Nietzsche bleibt auf der Strecke.

---

des Willens zur Macht." (S. 80). Der Wiederkunftsgedanke ist nur "ein höchst persönliches Erlebnis", das, "ernst genommen, den Zusammenhang der Philosophie des Willens zur Macht sprengen" würde (S. 80). Heidegger, für den die Ideen des Willens zur Macht und der ewigen Wiederkunft eine unlösliche Einheit bilden, findet diese Deutung höchst 'merkwürdig' (*Heidegger*, Nietzsche I, 31). Zur Kritik der Baeumlerschen These vgl. auch *Löwith*, Nietzsche, 210-214.

9 Allein "im '*Willen zur Macht*' ist das zu suchen, was Nietzsche gegen das christliche Europa und zu seiner Rettung zu sagen hat" (S. 86). Die Politisierung Nietzsches im Zeichen des Willens zur Macht führt bei Baeumler schließlich zur Identifikation Nietzsches mit dem Nationalsozialismus. Vgl. *Baeumler*, Nietzsche und der Nationalsozialismus (1934). Im Dritten Reich wird Nietzsche dann zunehmend zum militaristischen, rassistischen und antisemitischen Ideologen verfälscht. So bei *Härtle*, Nietzsche und der Nationalsozialismus (1937). Härtle, der sich auf Baeumler beruft (S. 6), versteigt sich zu der Behauptung, "*daß überhaupt nur ein bewußter Nationalsozialist Nietzsche ganz erfassen kann*" (S. 6), und betreibt dann in Kapiteln wie 'Krieg', 'Juden' und 'Rasse' eine schlimme Entstellung Nietzsches.

10 Baeumler spricht von einer "griechisch-germanischen Metaphysik Nietzsches" (S. 67) und betreibt damit die "antihistorische Gleichsetzung von griechisch und germanisch (von Nietzsche nach dem Bruch mit Wagner abgelehnt)" (*Montinari*, Baeumler-Lukács, 175). Baeumlers Nietzsche-Deutung hat das für die NS-Ideologie maßgebliche Nietzsche-Bild erstellt. Aber der Einfluß Nietzsches im Nationalsozialismus darf, ungeachtet der in der NS-Zeit enorm ansteigenden Fieberkurve der Nietzsche-Publikationen, nicht überschätzt werden. Montinari urteilt: "Es ist dagegen unmöglich, von einer wirklichen nationalsozialistischen Assimilierung von Nietzsches Denken zu reden. Nietzsche war, wie die neuere Forschung festgestellt hat, den Begründern des Nationalsozialismus so gut wie fremd." (ebd., 169). Zur nationalsozialistischen Nietzsche-Rezeption vgl. die grundlegende, informative Darstellung von *Langreder*, Die Auseinandersetzung mit Nietzsche im Dritten Reich. Vgl. neuerdings auch *Stackelberg*, Nietzsche und der Nationalsozialismus.

In seiner ideologiekritischen Abhandlung *Nietzsche als Vorläufer der faschistischen Ästhetik* (1934) vertritt Georg Lukács die Auffassung, Baeumler, "sein faschistischer Interpret", habe die fortschrittsfeindlichen, antidemokratischen Tendenzen Nietzsches in ihren "letzten Konsequenzen" formuliert (S. 319). Der rechtsideologischen Glorifizierung Nietzsches zum Philosophen der politischen Macht setzt Lukács die linksideologische Kritik Nietzsches als eines geistigen Wegbereiters des Faschismus und seiner reaktionären, repressiven Machtapparaturen entgegen. Das Kunstdenken Nietzsches kommt in dieser Perspektive kaum in Betracht. Nietzsches "Ästhetik" wird auf die Zivilisationskritik reduziert: "Die romantische Kritik der kapitalistischen Zivilisation ist das Zentrum der Philosophie und damit auch der Ästhetik Nietzsches." (S. 319). Zugleich aber läuft Nietzsches Denken infolge der Ideologie der Macht auf "Bejahung" des "Kapitalismus" hinaus (S. 325). Nietzsches Philosophie ist eine anti-progressive, anti-humane Philosophie, ein Rückfall in vormoderne, barbarische Vorstellungen: "Diese Theorie der Barbarei führt nun Nietzsche konsequent in seiner Ästhetik durch." (S. 321). Nach Lukács steht Nietzsche, wie Schopenhauer, mit dieser Auffassung "im schroffen Gegensatz zu allen Traditionen der revolutionären Periode der Bourgeoisie, zu der deutschen Ästhetik von Kant bis Hegel", die die "Aufgabe der Kunst" darin sah, "das an sich vernünftige Wesen der Welt abzubilden", "dieses Wesen von dem verwirrenden Beiwerk des bloß Empirischen zu befreien" (S. 326). Hier zeigt sich das Problematische der Lukácsschen Nietzsche-Kritik besonders deutlich. Lukács mißt Nietzsche am Maßstab der idealistischen Philosophie, die die Vernunft als Wesensgesetz der Wirklichkeit, der Welt, der Geschichte ansetzt. Da Nietzsche die Welt aber nicht mehr als logisches System, sondern als irrationalen Lebensprozeß, nicht mehr als "Ordnung", sondern als "Chaos" versteht (3, 468 – FW), kann für ihn die Funktion der Kunst nicht mehr im Freisetzen des vernünftigen Wesens der Welt, sondern allein in der Entfaltung des 'dionysischen' Lebens bestehen. Da Nietzsche die konkrete gesellschaftliche Realität nicht sieht, muß er nach der Auffassung von Lukács "aus dem von den gesellschaftlichen Grundlagen losgelösten Menschen eine *mythische Figur* machen", wie er auch das eigene Erleben ins Mythische stilisiert: "Seine ganze Philosophie ist nichts weiter als eine ins Mythische aufgebauschte Psychologie seiner eigenen Entwicklung [...]" (S. 333).[11] Diese gesellschaftskritische und psychologistische Polemik ist zu vordergründig angelegt, als daß sie Nietzsches Lebensbegriff und Kunstanschauung substantiell treffen könnte. Dies ist überhaupt die Crux der marxistischen Nietzsche-Deutung. Schon Franz Mehring, der Ahnherr der marxistischen Nietzsche-Kritik, hat Nietzsche vorgeworfen, der reaktionäre Vordenker der herrschenden Klasse zu sein: "Subjektiv ein verzweifeltes Delirium des Geistes, ist diese sogenannte Philosophie objektiv eine Verherrlichung des großen Kapitalismus, und als solche hat sie ein großes Publikum gefunden." ([Über Nietzsche], 182). Mehring bestreitet Nietzsche aber nicht nur die philosophi-

11 Zur Nietzsche-Rezeption von Georg Lukács, insbesondere auch zu den einzelnen Rezeptionsphasen mit der fortschreitend sich verschärfenden Kritik an Nietzsche, vgl. *Montinari*, Baeumler-Lukács, 189-206. Vgl. auch *Ottmann*, Anti-Lukács.

sche Kompetenz, sondern auch die künstlerischen Qualitäten. Er ist der Meinung, daß Nietzsche "weder ein abstrakter Denker noch ein schöpferischer Künstler war" (ebd., 180).[12] Insgesamt sind in der marxistischen Nietzsche-Deutung der Künstler Nietzsche und die Kunstauffassung Nietzsches ohne Echo geblieben. Dies erklärt sich aus einer sozialkritischen Fragestellung, die prinzipiell geistige Aktivitäten als Funktion historisch-gesellschaftlicher Prozesse deutet und speziell in Nietzsche den Philosophen eines extremen Irrationalismus und Individualismus erblickt, der im Klassenkampf reaktionäre Positionen vertreten habe. Dieses rasch zum Klischee erstarrte Nietzsche-Bild hat in neuerer Zeit eine gewisse kritische Revision erfahren, indem man in Nietzsche den neben Marx bedeutendsten Philosophen der Entfremdung erkannte und ihm damit einen eminenten historischen Stellenwert zugestand.[13] Insofern ist das marxistische Nietzsche-Bild differenzierter geworden – ohne freilich, trotz der Preisgabe der orthodoxen Nietzsche-Kritik eines Georg Lukács, zu einer grundsätzlich neuen Sicht Nietzsches zu gelangen.[14]

Immerhin, in der sozialkritischen Nietzsche-Analyse erscheint Nietzsche nicht mehr nur als Philosoph des Irrationalismus, sondern auch als kritischer Aufklärer. So hat man auf innere Beziehungen zwischen der "kritischen Theorie Nietzsches" und der "kritischen Theorie der Frankfurter Schule" hingewiesen, ausgehend von der Überlegung, daß in beiden Fällen der Versuch der aufklärerischen Epochenkritik und des progressiven Entwurfs neuer Daseinsformen vorliege – die bei Nietzsche eine individualistische, in der Frankfurter Schule eine gesellschaftliche Prägung hätten.[15] Jürgen Habermas hat in *Erkenntnis und Interesse* (1968) Nietzsche als positivistischen Aufklärer qualifiziert, der "einen perspektivistischen Wahrheits- und einen irrationalistischen Wirklichkeitsbegriff entfaltet" (S. 151), den "Zusammenhang von Erkenntnis und Interesse gesehen", eine "metakritische Auflösung von Erkenntnis überhaupt" vollzogen (S. 353) und die "kritischen Folgen des wissenschaftlich-technischen Fortschritts als Überwindung der Metaphysik" begriffen habe (S. 355). Demgegenüber ist festzustellen, daß dies nur den Aufklärer, nicht aber den Künstler Nietzsche betrifft. Habermas sieht hier nur den kritisch-analytischen Nietzsche, der den Abbau des Mythos durch die Wissenschaft diagnostiziert (vgl. 354).

12 Zur Nietzsche-Kritik Mehrings vgl. *Behler*, Zur frühen sozialistischen Rezeption. – Zur sozialdemokratischen Nietzsche-Rezeption um die Jahrhundertwende vgl. *Vivarelli*, Nietzsche-Bild.

13 Zum ambivalenten Nietzsche-Bild der sog. Kritischen Theorie, die in Nietzsche zwar den irrationalen Lebensphilosophen, aber auch den kritischen Aufklärer sieht, vgl. *Pütz*, Kritische Theorie, sowie *Maurer*, Kritische Theorie. – Zur Bedeutung Nietzsches für die Soziologie vgl. *Baier*, Gesellschaft. – Zur neueren marxistischen Nietzsche-Rezeption vgl. *Behler*, Osteuropa.

14 Das Haupthindernis einer genuinen Nietzsche-Rezeption durch marxistische Interpreten liegt in der Widerspiegelungstheorie. Indem Nietzsche trotz der kritischen Revision der pauschalen Verdammungsurteile à la Lukács weiterhin allein auf seine Gesellschaftsrelevanz hin befragt wird, das heißt, indem man nur von der Frage ausgeht, inwieweit sich in seinen Schriften Gesellschaftsprozesse spiegeln, bleibt seine eigentliche 'Ästhetik', die Ästhetik des schaffenden Lebens, außerhalb des Blickfeldes.

15 Vgl. *Maurer*, Kritische Theorie, 46 ff. Maurer sieht sowohl im kritischen als auch im utopischen Potential Nietzsches Affinitäten zur Kritischen Theorie, wobei Nietzsches Kritik von radikalerer, grundsätzlicherer Art sei: "Nietzsches kritische Theorie ist kritischer als die Kritische Theorie, indem sie die unsere gegenwärtige Gesellschaft bestimmende Zielvorstellung einer endgeschichtlich befriedigten Gesellschaft in Frage stellt." (S. 49).

Nietzsche hat aber auch, vor allem im *Zarathustra*, ein mythopoietisches Verfahren inszeniert, das ein Gegenentwurf zur technischen Zivilisation und zur Wissenschaft ist. Da Habermas bei dieser szientistischen Analyse das Problem der Kunst ausklammert, bleibt Nietzsches Produktion des Mythos, eines Kunst-Mythos, außerhalb seiner Fragestellung. In den Vorlesungen *Der philosophische Diskurs der Moderne* (1985) entwickelt Habermas dann allerdings hinsichtlich Nietzsches eine erweiterte, Mythos und Kunst einbeziehende Fragestellung. In der Vorlesung *Eintritt in die Postmoderne: Nietzsche als Drehscheibe* wird Nietzsche als Wendepunkt von der "Moderne" zur "Postmoderne" gedeutet. Die "Moderne", die durch Vernunft, Aufklärung und Fortschrittsdenken gekennzeichnet ist und in Hegel ihren großen philosophischen Wortführer hat, und die "Postmoderne", die durch Irrationalismus, durch die Hinwendung zum Mythos, zum Archaischen geprägt ist und durch Nietzsche eingeläutet wird, stehen sich nicht nur antithetisch gegenüber, sondern sind zugleich dialektisch ineinander verschränkt. Nietzsche "verzichtet auf eine erneute Revision des Vernunftbegriffs und *verabschiedet* die Dialektik der Aufklärung" (S. 106 f.). "Nietzsche benützt die Leiter der historischen Vernunft, um sie am Ende wegzuwerfen und im Mythos, als dem Anderen der Vernunft, Fuß zu fassen" (S. 107). Er betreibt aber nicht eine regressive, sondern eine progressive Mythisierung, denn "allein die Zukunft bildet den Horizont für die Erweckung mythischer Vergangenheiten" (S. 108). "Diese *utopische* Einstellung, die sich auf den *kommenden* Gott richtet, unterscheidet Nietzsches Unternehmen vom reaktionären Ruf 'Zurück zu den Ursprüngen'." (S. 108). In der "modernen Kunst", in ihren "subjektivsten Ausdrucksformen", in der Kunst Wagners, sieht Nietzsche nach Habermas das "Medium", "in dem sich die Moderne mit dem Archaischen berührt" (S. 108). Die Verbindung von Mythos und Modernität ist in der Tat ein Spezifikum Nietzsches. Man darf dabei allerdings nicht übersehen, daß Nietzsches Geschichtsvorstellung nicht eine lineare, sondern eine zyklische Geschichte voraussetzt. Die teleologischen Geschichtsmodelle, die die Geschichte als sinnvollen, zielgerichteten Prozeß deuten, hat er aufgegeben zugunsten einer im Grunde a-historischen Denkweise, für die die Geschichte allein Bedeutung hat als die in bestimmten Ereignissen, Individuen und Werken sich vollziehende Vergegenwärtigung des Ewigen in der Zeit. Zudem ist zu berücksichtigen, daß Nietzsche in wachsendem Maße zum kompromißlosen Kritiker der modernen Kunst als einer Kunst der Dekadenz wird und ihr die Kunst der Antike und der Renaissance als die wahre Kunst entgegenstellt.

Die Frage nach dem Stellenwert der Kunst bei Nietzsche hat auch Adorno beschäftigt. In der *Ästhetischen Theorie* (1969) schreibt er, Nietzsche habe den historischen Prozeßcharakter der Kunst erkannt:

> Deutbar ist Kunst nur an ihrem Bewegungsgesetz, nicht durch Invarianten. [...] ihr Bewegungsgesetz ist ihr eigenes Formgesetz. Sie ist nur im Verhältnis zu ihrem Anderen, ist der Prozeß damit. Axiomatisch ist für eine umorientierte Ästhetik die vom späten Nietzsche gegen die traditionelle Philosophie entwickelte Erkenntnis, daß auch das Gewordene wahr sein kann. (S. 12)

Zudem hebt Adorno Nietzsches "Erfahrung des Naturschönen" hervor,

> woran menschliche Herrschaft ihre Grenze hat und was an die Ohnmacht des allmenschlichen Getriebes erinnert. So mochte noch Nietzsche in Sils Maria sich empfinden, "zweitausend Meter über dem Meer, geschweige über den Menschen". (S. 110)

Adorno erklärt allerdings auch, Nietzsches "Ingenium, an Differenziertheit allen Zeitgenossen voraus", sei durch das "Ressentiment gegen den Fortschritt ästhetischer Materialbeherrschung" und das Übersehen des "sedimentierten geschichtlichen Zwangs in den Konventionen" "in den Bannkreis ästhetischer Reaktion verschlagen" worden (S. 303). Die Bemerkungen Adornos sind interessant, aber nicht unproblematisch. Nietzsche deutet die Kunst durchaus durch "Invarianten". Seine Sanktion des historisch "Gewordenen", z.B. der griechischen Tragödie, läuft auf eine a-historische Sichtweise hinaus, in der das Kunstwerk als Ausdruck des zeitlosen Weltwillens erscheint. Was Nietzsches angebliche ästhetische Rückständigkeit betrifft, so ist festzustellen, daß seine literarästhetische Kritik der Moderne sich auf die Formalisierung des Materials in der *l'art pour l'art*-Ästhetik sowie auf den Abbau der schöpferischen Subjektivität im naturalistischen Experimentalroman bezieht. Nietzsche war nur insofern Traditionalist, als er die Idee des 'Schöpferischen' zu bewahren versuchte. Zutreffend ist Adornos Hinweis auf die Spannung von Naturerlebnis und Zivilisationsbetrieb bei Nietzsche. Nietzsche hat allerdings angesichts der Engadin-Landschaft weniger die menschliche "Ohnmacht" als vielmehr ein aufs äußerste gesteigertes Selbstgefühl empfunden. Diese Landschaft erscheint ihm als "ewige heroische Idylle" (B 6, 100 – 8.7.81 – an Köselitz). Jedenfalls sieht Adorno den Kunstfaktor. Obschon seine spielerische Dialektik ihn von der strengen Hermeneutik entfernt, gewinnt durch ihn die "Kritische Theorie" einen Zugang zum Problem der Kunst bei Nietzsche. Im übrigen hat er in der Kritik der Widerspiegelungstheorie die Differenz zwischen "Kunst" und "Wirklichem" (Erpreßte Versöhnung, 261), die "autonome Konstitution" der Kunst (ebd., 264) und die Bedeutung der monologischen Kunst hervorgehoben. Was er diesbezüglich über Kafka, Joyce und Beckett schreibt, hätte er mit noch größerer Berechtigung von Nietzsche sagen können: "In ihren Monologen hallt die Stunde, die der Welt geschlagen hat: darum erregen sie so viel mehr, als was mitteilsam die Welt schildert." (ebd., 268 f.). Im Prinzip setzt Adornos Ästhetik den "Doppelcharakter von Kunst" als "Autonomie und fait social" voraus. (Ästhetische Theorie, 340). Entschieden kritisiert er die Unterscheidung von "autonomem und gesellschaftlichem Wesen der Kunst" (ebd., 380). Er wendet sich sowohl gegen die ideologische Funktionalisierung der Kunst als auch gegen die ahistorische Verabsolutierung der Kunst. Kunst ist Ausdruck der Dialektik des Ästhetischen und Gesellschaftlichen:

> Der Doppelcharakter der Kunst als eines von der empirischen Realität und damit dem gesellschaftlichen Wirkungszusammenhang sich Absondernden, das doch zugleich in die empirische Realität und die gesellschaftlichen Wirkungszusammenhänge hineinfällt, kommt unmitttelbar an den ästhetischen Phänomenen zutage. Diese sind beides, ästhetisch und faits sociaux. (ebd., 374 f.)

Nietzsche hätte diesen Theoremen kaum zugestimmt, da für ihn das Kunstwerk Ausdruck einer ahistorischen Konstante, des schöpferischen Lebens ist. Er setzt sich zwar mit der Geschichte auseinander, aber nur, um sich vom historisch-sozialen Komplex abzusetzen und zu einer Unmittelbarkeit des Schaffens zu gelangen, die unabhängig ist vom historischen Progreß und der geschichtlichen Faktizität. Diese ist in bezug auf die Kunst nur eine negative Kategorie. Geschichte interessiert Nietzsche primär als Kulturgeschichte der produktiven Individuen und der großen Kunstwerke. Nietzsche transzendiert die Geschichte ständig auf ein Ungeschichtliches hin. Insofern kann man sein Denken als 'mythisches' Denken bezeichnen. Im *Zarathustra* fehlt es zwar nicht an satirischer Epochenkritik, aber die neuen Daseinsentwürfe, insbesondere die Ideen des Übermenschen und der ewigen Wiederkehr, werden nicht in Metaphern der konkreten Geschichtswirklichkeit, sondern in Bildern zeitloser Naturmythik entfaltet. Die Aufhebung der Historizität im Mythos, d.h. in einem Kunst-Mythos, ist das zentrale Anliegen des *Zarathustra*-Dichters.

Nicht zu Unrecht hat die philosophische Nietzsche-Deutung den unlöslichen Zusammenhang von Kunst und Metaphysik betont. Eugen Fink hat in seinem exzellenten Buch *Nietzsches Philosophie* (1960), in dem er Nietzsches "Kunst-Metaphysik" (S. 24), "Entlarvungspsychologie" (S. 42 ff.) und die philosophischen Hauptmotive des "Willens zur Macht" (S. 74 ff.) und der "Ewigen Wiederkunft" (S. 82 ff.) einer stringenten ontologischen Analyse unterzieht, den hohen Stellenwert der Kunst im Denken Nietzsches hervorgehoben. Gemäß seiner ontologischen Fragestellung löst er aber die Kunst nicht aus dem Funktionszusammenhang der Philosophie, sondern deutet sie als Vehikel der Philosophie Nietzsches: "Die Kunst erscheint ihm als das wahre Organon der Philosophie [...]" (S. 34). Fink ist sich über die Schwierigkeit der ontologischen Interpretation der Nietzscheschen Denkmotive im klaren, wenn er im Hinblick auf die "Konzeption des Willens zur Macht" dessen "ausdrückliche ontologische Exposition" vermißt, Nietzsche den Mangel eines "seinsbegrifflichen Entwurfs" seiner Seinserfahrung vorhält und den "Willen zur Macht" und die "Ewige Wiederkunft" als Nietzsches "wesentliche *Intuitionen*" bezeichnet, für die er "keine ausgearbeiteten Begriffe auszubilden vermag" (S. 161). Dem kann man nur entgegenhalten, daß Nietzsche keine Ontologie kodifizieren wollte und daß er sich in der Tat von "Intuitionen" leiten ließ. Ihm das Fehlen ontologischer Grundlagenreflexion vorzuwerfen, ist daher problematisch. Die Ontologisierung der Denkmotive Nietzsches ignoriert *de facto* seine Philosophie des Perspektivismus, der zufolge es kein Sein an sich, sondern immer nur ein Sein für mich, d.h. nur perspektivische Entwürfe der Welt gibt. Karl Ulmer vertritt in seinem Buch *Nietzsche. Einheit und Sinn seines Werkes* (1962) die Auffassung, man dürfe sich bei der Nietzsche-Interpretation nicht mit Jaspers auf die "existentielle Bewegung des Denkens bei Nietzsche" beschränken, sondern müsse sich auf die Einheit der "Grundgedanken" und ihr "inneres Zusammenwachsen" konzentrieren (S. 10). Indem man die Probleme Nietzsches nur als "typische existentielle Bewegungen des Menschen" verstehe, übersehe man überdies, "daß die Fragen Nietzsches einer einmaligen geschichtlichen Lage des Menschen entspringen und damit auch vor die Notwendigkeit einer Entscheidung stellen" (S. 11). Es ist die Frage, ob dieser Einwand Jaspers trifft, denn dieser verweist durchaus auf das geschichtliche Bewußtsein Nietzsches: "An der Wende der Zeiten will er den Sinn dieser Wende ergründen, um durch sein Denken den Weg zu weisen." (Nietzsche, 236). Dissens besteht allerdings in der Frage, ob Nietzsches Denkmotive sich in einem System von Grundgedanken fassen lassen oder ob sie ihren spezifischen Sinn als Einzelmotive existentieller Grundsituationen erfüllen. Was die Kunst bei Nietzsche angeht, so findet sie in der Ontologie, trotz Heidegger, nur schwer einen Ort. Walter Schulz macht in seinem fundamentalen Werk *Metaphysik des Schwebens. Untersuchungen zur Geschichte der Ästhetik* (1985) auf die Möglichkeit aufmerksam, "den Bezug der Kunst zum Begriff *überhaupt* zu negieren":

> Das wird in Schopenhauers und Nietzsches Kunstdeutung sichtbar. Kunst und Künstler, so legen diese Denker dar, weisen auf eine Weltstruktur hin, die dem kausalbegrifflichen Vorstellen nicht nur fremd ist, sondern die ihm zuwiderläuft, und zwar in der Weise, daß die Kunst die Weltsicht der Vorstellung aufhebt. Daß beide Philosophen die Idee einer einheitlichen Weltdeutung angesichts der wirklichen Welt, deren Sinnlosigkeit geradezu empirisch nachweisbar ist, problematisieren, das hat aber zur Folge, daß die Kunst nun an ihr selbst "frei" wird. (S. 34)

Damit ist ein wesentlicher Aspekt des Nietzscheschen Kunstdenkens erfaßt. Nietzsche versteht die Kunst als ästhetischen Gegenentwurf zur empirischen Welt. Im Kunstschaffen eröffnet sich die Möglichkeit von Freiheit. Schulz schreibt:

> Die Befreiung gründet nicht darin, daß Kunst mit einem Absoluten verbindet, sondern Kunst ist der Akt eines entaktualisierenden ästhetischen Gegenzuges zu unserer Welt. Kunst gibt Gegenbilder zu dieser Welt, selbst dort, wo sie das Elend dieser Welt thematisiert. Schopenhauer und Nietzsche stellen die Umwandlung der Weltsicht durch die Kunst in das Zentrum und deklarieren von ihr her die Möglichkeit einer erhebenden Entlastung. Ob diese Entlastung sich in der kontemplativen Schau (Schopenhauer) oder im Rausch (Nietzsche) aktualisiert, in beiden Fällen geschieht sie ohne Anhalt an einer im Absoluten verankerten Überwelt. (S. 34)

Dies sind erhellende Einsichten. Es ist allerdings die Frage, ob Nietzsches Kunst-Entwurf nur als Gegenentwurf zu einer negativen Realität oder nicht darüber hinaus als Ausdruck eines Energieüberschusses zu verstehen ist. Nach Nietzsche ist die Entlastung von der Wirklichkeit symptomatisch für die "romantische" Kunst, während die wahre Kunst, die "dionysische Kunst", aus der Überfülle des Schöpferischen erwächst (vgl. bes. 3, 619-622 – FW, 5.Buch [Was ist Romantik?]).

Immer wieder sieht sich die Nietzsche-Interpretastion vor die Frage nach dem Verhältnis von Kunst und Philosophie bei Nietzsche gestellt. Eine ambivalente Haltung scheint in dieser Frage Mihailo Djurić in seinem von Heidegger beeinflußten und sich zugleich gegen ihn abgrenzenden Buch *Nietzsche und die*

Metaphysik (1985) einzunehmen, wenn er einerseits feststellt, daß Nietzsche "die Kunst hoch über die Philosophie erhob, daß er einen Zugang zur Philosophie aus der Perspektive der Kunst gesucht hat, daß er das Schicksal der Philosophie selbst an die Kunst band!" (S. 207), und andererseits doch weiterhin die Kunst als "Organon der Philosophie" deutet (S. 188-301) und Nietzsche sogar vorwirft, daß er "die Selbständigkeit der Kunst gegenüber der Metaphysik nicht zu bewahren und zu sichern wußte, vielmehr hat er sie dieser auf Gnade und Ungnade überlassen" (S. 239). Die Nietzschesche Verbindung der Begriffe "Kunst" und "metaphysisch" nimmt Djurić zum Anlaß, Nietzsche eine Unterordnung der Kunst unter die Metaphysik zu unterstellen: "Statt alles anderen, das er eher hätte tun können, ordnete er die Kunst der Metaphysik unter, er fand, ihr höchster Wert liege darin, daß sie 'metaphysischen Trost' biete." (S. 239). Demgegenüber ist festzustellen, daß Nietzsche den Begriff "metaphysisch" mit der "Kunst" verknüpft, um das Kunstschaffen als die einzige Möglichkeit einer über die empirische Wirklichkeit hinausreichenden Sinnerfahrung auszuweisen. Mit dem Begriff "metaphysisch" verleiht er der "Kunst" ihre spezifische Dignität als realitätstranszendierende Kraft. Der Begriff "metaphysisch" degradiert die Kunst nicht, sondern erhebt sie im Gegenteil in den höchstmöglichen Rang.

Nietzsches Kunstbegriff hat immer wieder die Frage nach dem organisierenden Prinzip des Kunstschaffens aufgeworfen, die Frage, ob man die Kunst primär von der Metaphysik, der Psychologie, der Physiologie oder auch der Soziologie her zu verstehen habe. Kunst-Metaphysik, Kunst-Psychologie, Kunst-Physiologie und Kunst-Soziologie sind die dominierenden, konkurrierenden, allerdings auch vielfältig sich überschneidenden Deutungsmodelle. Nietsche hat durch seine Selbstinterpretationen der Kunst, durch seine Hinweise auf die metaphysischen, psychologischen und physiologischen Aspekte der Kunst, die Kontroversen um das Organisationsprinzip der Kunst mitverursacht. Vor allem die Frage Metaphysik der Kunst oder Physiologie der Kunst hat die Interpreten intensiv beschäftigt. Heideggers metaphysische Nietzsche-Interpretation und Klages' biologistische Nietzsche-Deutung sind hier in exemplarischer Weise historische Antipoden. Eine grenzscharfe Trennung von Metaphysik, Psychologie und Physiologie ist im Hinblick auf den Nietzscheschen Kunstbegriff kaum möglich. Helmut Pfotenhauer hat in seiner Publikation *Die Kunst als Physiologie. Nietzsches ästhetische Theorie und literarische Produktion* (1985) an Hand einer archivalischen Bestandsaufnahme der von Nietzsche benutzten Quellen, der weitverzweigten Lektüre Nietzsches, den physiologischen Aspekt des Nietzscheschen Kunstbegriffs erneut exponiert. Aus dieser alexandrinischen Materialsammlung müßten allerdings im Hinblick auf den physiologischen Aspekt des Nietzscheschen Kunstbegriffs spezifische interpretatorische Konsequenzen gezogen werden. Bedeutung und Funktion der physiologischen Terminologie Nietzsches in dem von einer metaphysischen Fragestellung vorgezeichneten Problemfeld bleiben im Prinzip weiterhin offen.[16]

16 Exkurs 1.

Walter Kaufmann schneidet in seiner Studie *Nietzsche. Philosoph – Psychologe – Antichrist* (1950) gleichfalls das Problem der physiologischen Bedingtheit der Kunst an: "Nietzsche konzentriert sich [...] auf die ästhetische Erfahrung des Schaffenden, und er deutet offenbar an, daß es ein vitales Interesse des Menschen am Schönen gibt [...] Nietzsche hat diesen Punkt aber nicht näher erläutert." (S. 155). Kaufmann wirft die Frage auf, inwieweit der durch "ernstliche physische Störungen, durch Krankheit oder Leiden", beeinträchtigte "menschliche Organismus" ein vitales "Interesse" daran hat, "auf eine vielschichtige Weise zu reagieren, die man in der Regel 'künstlerisches Schaffen' nennt" (S. 155 f.). Kaufmann distanziert sich dann aber von der physiologischen Deutung des Nietzscheschen Kunstbegriffs: "Einige Autoren haben Nietzsches spätere Philosophie tatsächlich als 'Physiologismus' abgestempelt, aber die eben formulierte Konstruktion ist eine Karikatur seiner späteren *und* seiner früheren Philosophie." (S. 156). Im übrigen setzt sich Kaufmann eine Revision des etablierten Nietzsche-Bildes zum Ziel, indem er Nietzsche nicht mehr in der Nachfolge Schopenhauers, der Vorsokratiker und der Romantik, sondern als Denker in der Tradition von Sokrates, Platon, Luther, Rousseau, Kant und Hegel sieht sowie "seine Verpflichtung gegenüber Goethe und Heine" betont (S. XIII). Er ersetzt gewissermaßen den dionysischen Romantiker durch den produktiven Aufklärer. Der Schaffensakt des "großen Künstlers" besteht in der Auflösung eines "vorhandenen Normensystems" und im "Hervorbringen neuer Normen" (S. 291). Nach Kaufmann war Nietzsche "vor allem ein Philosoph", allerdings "auch ein Psychologe" und "auch ein Dichter" (S. XXII f.). Im Hinblick auf die Philosophie Nietzsches ist Kaufmann bestrebt, die metaphysischen Dimensionen zugunsten der anthropologischen Aspekte abzubauen:

> Nietzsches Konzeption des Willens zur Macht ist kein primär metaphysisches Prinzip, wie Heidegger behauptet. Nietzsche ist es besonders um den Menschen zu tun; Macht ist für ihn vor allem ein Zustand des Menschen. Die Projektion des Willens zur Macht aus der Sphäre des Menschen ins All ist ein sekundärer Einzelfall – eine extreme Hypothese, für die es keine Beweise gibt und die mit Nietzsches eigenen kritischen Prinzipien nicht recht zu vereinbaren ist. (S. 488)

Es fragt sich, ob hier nicht ein unzulässiger Gegensatz zwischen metaphysischer und anthropologischer Relevanz der Kunst konstruiert wird. Nietzsches Wort von der Kunst als der "metaphysischen Tätigkeit des Lebens" besagt ja nichts anderes, als daß der Mensch, d.h. der Künstler, die höchste Form des schöpferischen Lebens ist. Im Menschen, im Schaffenden, ist ein 'metaphysisches' Prinzip wirksam. Ein Gegensatz zwischen metaphysischem Lebensprinzip und anthropologischem Denken besteht bei Nietzsche nicht.

Eine Schlüsselstellung nimmt Nietzsche im Denken neuerer französischer Theoretiker ein, vor allem im Zeichen der sogenannten 'Dekonstruktion', einer "Technik", die die dem Text immanente "Bedeutung" im Text selbst auflöst, ein Verfahren, in dem "durch Operationen ganz eigentümlicher Art innerhalb des Textes selbst die eigentlichen Grundlagen unterminiert, abgebaut und 'dekonstruiert' werden" (*Behler*, Dekonstruktion, 88 f.).[17] Es ist der furiose Versuch, Nietzsches Denken aus den inhaltlichen Theoremen und dem kohärenten Komplex der philosophischen Grundmotive herauszulösen und es als offenes, nomadisches Denken zu exponieren, als ein Denken, dem es gar nicht mehr um inhaltliche Aussagen, sondern um die Mobilität des Denkens selbst geht. Entscheidend ist nicht die inhaltliche Aussage, sondern die denkerische Intensität. "Ein solcher Akt besteht nicht in einem deskriptiven oder konstativen Diskurs, er vollzieht, vollbringt und tut, was er zu tun sagt; so ist mindestens seine intentionale Struktur." (*Derrida*, Nietzsches Otobiographie, 65). Der Interpret versteht sich als produktiver Rezipient, als kreativer Leser, dessen Intention nicht die hermeneutische Rekonstruktion der Nietzscheschen Textinhalte, sondern das experimentierende Weiterdenken dieser Texte ist. Es ist allerdings die Frage, ob nicht in der faktischen Auseinandersetzung mit den Texten dieser anti-hermeneutische Impetus unversehens wieder zur hermeneutischen Textanalyse wird. So sind die Beiträge des Nietzsche-Kongresses von Royaumont (1964) trotz ihrer metakritischen Tendenzen durchaus noch hermeneutisch angelegt, indem sie in der Regel bestimmte Motive und Probleme der Texte Nietzsches analysieren und interpretieren. Michel Foucault freilich betreibt in seinem Vortrag *Nietzsche, Freud, Marx* die sprach- und ideologiekritische Enthüllung der Denksysteme dieses Dreigestirns als Formen der Interpretation von Kultur und Zivilisation:

> Le premier livre du *Capital*, des textes comme *la Naissance de la Tragédie* et *La Généalogie de la morale*, la *Traumdeutung*, nous remettent en présence de techniques interprétatives. (S. 185)

Für Foucault sind die Systeme von Freud, Nietzsche und Marx nichts als Interpretationssysteme. Sie haben jeweils ein Zeichensystem erstellt, ein System, das nicht die Welt objektiv erfaßt, sondern ein Interpretationssystem ist, in dem die Zeichen wechselseitig aufeinander verweisen. Sie haben nicht die Welt, sondern nur die Zeichensysteme verändert:

> Ils n'ont pas donné un sens nouveau à des choses qui n'avaient pas de sens. Ils ont en réalité changé la nature du signe, et modifié la façon dont le signe en général pouvait être interprété. (S. 186)

In der auf Entmythisierung und Fiktionsabbau zielenden Freud-Analyse *De l'Interprétation. Essai sur Freud* (1965) von Paul Ricœur wird Nietzsches Denken gleichfalls als metakritische Interpretation und ideologiekritische Demontage bestehender Wertssysteme gedeutet. Nietzsche habe aus der Philologie den "Begriff der *Deutung, Auslegung*" in die Philosophie eingeführt; "freilich bleibt Nietzsche Philosoph, wenn er die griechische Tragödie oder die Vorsokratiker interpretiert; doch mit ihm wird die gesamte Philosophie Interpretation." (*Ricœur*, Die Interpretation, 38). Die Welt ist immer schon eine

---

17 In seinem Aufsatz *Nietzsche jenseits der Dekonstruktion* gibt Behler einen informativen Überblick über die Tendenzen einer neuen, 'dekonstruktiven' Nietzsche-Interpretation insbesondere in Frankreich. Vgl. auch *Eifler*, Französische Nietzsche-Rezeption.

gedeutete Welt, und Philosophieren heißt Interpretieren. Die Deutung der Welt als Interpretation erwächst aus dem universellen Zweifel, aus der "Schule des Zweifels". "Drei große, scheinbar einander ausschließende Meister beherrschen sie: Marx, Nietzsche und Freud." (ebd., 46). Ricœur kritisiert die partikularen, verengenden Deutungen, die Marx auf "Ökonomismus" und "absurde Widerspiegelungstheorie", Nietzsche auf "Biologismus" und "Perspektivismus" und Freud auf "Psychiatrie" und "simplizistischen Pansexualismus" reduzieren (ebd.). Demgegenüber will Ricœur den gemeinsamen Impetus dieser drei Denker herausstellen. Der gemeinsame Nenner liegt in der Auffassung der Welt als Interpretation. Die Interpretationen divergieren zwar inhaltlich, stimmen aber im Prinzip der "Entmystifizierung" überein:

> Alle drei aber legen den Horizont frei für eine authentischere Sprache, für ein neues Reich der Wahrheit, nicht allein mittels einer "destruktiven" Kritik, sondern durch die Erfindung einer Kunst des *Interpretierens*. [...] Alle drei versuchten auf verschiedenen Wegen, ihre "bewußten" Entschlüsselungsmethoden mit der "unbewußten" Verschlüsselungsarbeit in Übereinstimmung zu bringen, die sie dem Willen zur Macht, dem gesellschaftlichen Sein, dem unbewußten Seelenleben zuschrieben. [...] Die Genealogie der Moral im Nietzscheschen Sinne, die Theorie der Ideologien im Marxschen Sinne, die Theorie der Ideale und Illusionen im Freudschen Sinne stellen im Grunde drei konvergierende Verfahren der Entmystifizierung dar. (ebd., 47 f.)[18]

Interpretation, Ideologiekritik und Zeichensystem werden zu den zentralen Kategorien der französischen Nietzsche-Deutung.

Auf dem Nietzsche-Kongreß in Cerisy-la-Salle von 1972, dessen Beiträge unter dem Titel *Nietzsche aujourd'hui?* (1973) veröffentlicht sind, ist die (programmatische) Tendenz zum immanenten Zeichensystem noch verstärkt worden. Aber handelt es sich wirklich um die "Abschiednahme von jeder inhaltlichen oder thematischen Auffassung" der Philosophie Nietzsches (*Behler*, Dekonstruktion, 90)? Zeigt sich nicht vielmehr, daß trotz der (unbestreitbaren) verstärkten Reflexion auf Nietzsches *Methode* des Schreibens die dominanten Denkmotive der traditionellen Nietzsche-Deutung (so der Wiederkunftsge-

---

18 Die Kombination Nietzsche / Freud / Marx ist die Lieblingskombination der französischen Nietzsche-Interpreten. Dabei werden allerdings nicht nur die Gemeinsamkeiten, sondern auch die spezifischen Unterschiede beachtet. "Pour Nietzsche comme pour Marx, l'histoire est une succession de luttes et une continuité d'opposition entre maîtres et esclaves. Mais, contrairement à Marx, Nietzsche prend délibérément parti pour les premiers contre les seconds." (*Pierre Chassard*, Nietzsche [1977], 143). "Toutefois, la similitude des deux critiques s'arrête à l'aspect formel de la formule. La vie, telle que la comprend Marx, n'est pas la vie telle que l'indique Nietzsche. Pour le premier il s'agit de la vie sociale correspondant au type de production industrielle. Pour le second il s'agit de la vie comme phénomène physiologique et naturel." (ebd., 130). Zugleich gilt Nietzsche als Vorläufer Freuds. Obschon Nietzsches metaphysische Fragestellung nicht mit der psychoanalytischen Freuds verwechselt werden darf, antizipiert er doch durch seine Hinwendung zum Traum wesentliche Aspekte der Psychoanalyse. "Il peut paraître incongru de mettre en rapport cette vision métaphysique avec les vues psychanalytiques. Et pourtant, ce rapport est réel et précis. Car 'l'hypothèse métaphysique' à la quelle se sent porté le jeune Nietzsche [...] procède d'une intuition psychologique [...] La psychologie se trouve ainsi projetée au-delà du psychisme individuel, et même au-delà de tout psychisme concevable. On pourrait appeler 'panpsychologisme' cette tendance qui fêtera ses triomphes dans la dernière pensée de Nietzsche." (*Édouard Gaède*, Nietzsche précurseur de Freud?, 91).

danke, der Nihilismus, das Einsamkeitsmotiv) auch diese Abhandlungen prägen. Freilich, man ist bestrebt, die hermeneutische Deutung durch metakritische Fragestellungen zu ersetzen. So versucht Bernard Pautrat in seinem Vortrag *Nietzsche médusé* mit Bezug auf Nietzsches Deutung des Wiederkunftsgedankens als "*Medusenhaupt*" (11, 360 u. 362; vgl. auch 11, 344) den Wiederkunftsgedanken mit dem Medusenmotiv zu verquicken bzw. seine zentrale Bedeutung durch das Medusenmotiv zu begründen (vgl. S. 13). Gilles Deleuze verweist in seinem Vortrag *Pensée nomade* auf "la trinité: Nietzsche, Freud, Marx" (S. 160) und hebt das nomadische Denken Nietzsches hervor: "Et Nietzsche vécut comme un de ces nomades réduits à leur ombre, allant de pension meublée en pension meublée." Nietzsche mache aus dem Gedanken, aus dem Denken ("la pensée") "une puissance nomade" (S. 174). Die französischen Nietzsche-Avantgardisten wollen nicht nur *über* das 'nomadische' Denken Nietzsches sprechen, sondern dieses Denken in ihren eigenen Essays über Nietzsche praktizieren, im Sinne des kreativen Weiterdenkens. In seinem Vortrag *La méthode dia-critique: une méthode de lecture de Zarathoustra* unterscheidet Pierre Boudot zwischen den konstanten und den variablen Begriffen Nietzsches. Man muß erkennen,

> que les notions de base elles-mêmes sont doubles: d'une part, elles ont une charge conceptuelle qui leur donne une mobilité d'interprétations et de sens, d'autre part, elles ont une rigueur méthodologique qui leur donne une stabilité structurelle. (S. 372)

Zudem sind die Notationen Nietzsches nicht durch Eindeutigkeit, sondern durch Vieldeutigkeit gekennzeichnet. Sie umspannen komplexe Bedeutungsfelder:

> Les valeurs dont parle Nietzsche ne sont en effet pas limitées au domaine moral. Elles sont aussi logiques, sémantiques, scientifiques, métaphysiques, historiques, anthropologiques, esthétiques. (S. 372).

Die Interpretation darf sich nicht nur auf die Konstanz von Denkmotiven konzentrieren, sondern sie muß die Variabilität und Komplexität der Motive berücksichtigen, in einem Verfahren, das selbst variabler und komplexer, d.h. offener und elastischer ist als die übliche Deutungspraxis. Es ist allerdings die Frage, ob dies unbedingt innovatorisch ist und ob dieses Verfahren nicht letztlich doch wieder in die hermeneutische Deutung mündet.[19] Der positive Aspekt dieser neuen Deutungsrichtung liegt in der Betonung der Sprachlichkeit der Texte, im Rückgriff auf den Text als Text, auf die immanente Dynamik des Textes. Philippe Lacoue-Labarthe vertritt in seinem Vortrag *La Dissimulation* "une lecture textuelle", eine textliche Lektüre, die den Ursprung des Textes ("la

19 Ein charakteristisches Beispiel für das Interesse französischer Autoren an einem durch Heidegger vermittelten Nietzsche bietet *Léopold Flam*, Solitude et 'étrangement' de Nietzsche dans la pensée de Heidegger. Vgl. auch *Jean Beaufret*, Heidegger et Nietzsche – le concept de valeur.

naissance de la textualité") und seine immanente Sprachbewegung vergegenwärtigt, eine Sprachbewegung, in der nicht die Einzelbegriffe und Ideen, sondern die sprachlich-syntaktischen Kombinationen das Entscheidende sind, denn "la déconstruction ne travaille pas sur des mots ou sur des concepts, mais sur une combinaison et un système, sur une syntaxe" (S. 21). Man will Freiheit schaffen für den Text, für den Text in seiner sprachkombinatorischen Eigendynamik; man will den Text als Text sprechen lassen. Der Text wird als sprachimmanenter Text begriffen, der seinen eigenen syntaktischen und metaphorischen Impulsen folgt und sich damit von der Verweisungsfunktion auf Dinge und Ideen löst. Der Signifikant emanzipiert sich vom Signifikat, die Metaphern verselbständigen sich, die interne Beziehung zwischen den Metaphern wird wichtiger als die externe Bedeutung der Metaphern. Diese läßt sich allerdings nicht eliminieren, denn die gegenüber den *signifiés* in Freiheit gesetzten *signifiants* verweisen in ihrem immanenten Spiel dennoch auf spezifische Bedeutungskomplexe. Was sich vollzieht, ist nicht die Tilgung der semantischen Relation, sondern die Loslösung der Sprache aus dem statischen System der Logik und ihre Freisetzung als dynamische Eigenmobilität.

Diese Tendenz zur totalen Metaphorisierung der Texte findet ihren exemplarischen Niederschlag in den Nietzsche-Büchern *Versions du soleil. Figures et système de Nietzsche* (1971) von Bernard Pautrat, *L'enjeu des signes. Lecture de Nietzsche* (1971) von Jean-Michel Rey und *Nietzsche et la métaphore* von Sarah Kofman (1972). Pautrat charakterisiert den Stil des *Zarathustra* als tänzerischen Stil einer freien Metaphorik, "dans sa textualité de mythe, de fiction ou de fable, et dans sa 'poésie' calculée – dans sa 'danse' " (S. 37). In den Texten Nietzsches zeigt sich "la puissance métaphorique de la langue" (S. 9), und es kommt darauf an, einzuführen "à la métaphorique et à la problématique de Nietzsche" (S. 11). Was stilistisch ansteht, ist die "écriture dionysiaque" (vgl. S. 296-327). Rey hat die Ambition, "une lecture productive de Nietzsche" vorzulegen (S. 16), in der der Text gelesen wird "dans ses articulations majeures et non pas simplement dans ses 'thèmes' les plus explicites" (S. 115). Auch bei Rey wird die Freiheit der Zeichen gegenüber dem Bezeichneten hervorgehoben. Die produktive Lektüre konzentriert sich nicht auf feste Bedeutungsinhalte der Zeichen, sondern auf die zwischen den Zeichen wirksame geistige Intensität, auf das mobile Spiel der Metaphern. Indem damit die Dominanz des *signifié* über das *signifiant* gebrochen wird, wird auch die auf der Relation *signifiant/signifié* beruhende Metaphysik abgebaut (vgl. S. 12 f.). Das 'Sein' selbst ist eine Metapher (vgl. S. 85-117 [La métaphore de l'être]). In dieser "conception du signe" vollzieht sich "la déconstruction 'métaphorique' du concept d'être" (S. 99). Kofmann betont gleichfalls, daß Nietzsche die Sprache der Metaphysik als metaphorische Sprache demaskiere und daß er durch Sprachkritik die Metaphysik abbaue. Aber Nietzsche betreibt nicht nur "cette subversion de la langue", sondern er artikuliert sich zugleich "dans une autre langue: le jeu de l'écriture, chez Nietzsche, reste subordonné à un nouvel art d'interprétation du monde, à la communication d'une perspective nouvelle." (S. 11 f.). Das freie Spiel der Metaphern ist Ausdruck der Fülle des Lebens:

> Le style métaphorique est l'indice d'une plénitude de vie comme le style 'démonstratif' l'est de sa pauvreté. User délibérément de métaphores, c'est affirmer la vie, comme privilégier les concepts c'est révéler une volonté de néant, une appartenance à l'idéal ascétique. (S. 33).

Die Crux der neueren französischen Nietzsche-Deutungen liegt in der Diskrepanz zwischen Anspruch und Durchführung. Faktisch laufen diese im Zeichen einer radikal neuen Nietzsche-Lektüre erfolgenden Interpretationen doch wieder auf eine hermeneutische Rekonstruktion der Nietzscheschen Denkmotive hinaus. Auch in diesen 'progressiven' Arbeiten geht es letztlich um die großen Themen Nietzsches: um den Willen zur Macht, um die ewige Wiederkehr, um den Übermenschen. Diese Motive werden im Grunde wie in der traditionellen Nietzsche-Interpretation gedeutet und in ein 'System' gebracht. Das, was man nach den programmatischen Ankündigungen erwartet hätte, nämlich eine Stilanalyse, die zeigen würde, wie die Denkmotive Funktionen einer assoziativen Sprachdynamik sind und wie sie eine strukturbildende, textkonstuierende Funktion haben, dies wird in diesen 'furiosen' Deutungen kaum geleistet. Es klafft ein Widerspruch zwischen Programm und Verwirklichung. Letztlich sind es doch die bekannten Denkmotive und Themenfelder, in denen sich auch diese Interpretationen bewegen. Es erfolgt allerdings auch eine Erweiterung des Themenfeldes, vor allem durch die Zuordnung Nietzsches zu Freud und Marx. Die Trias Nietzsche-Freud-Marx ist ein Topos der französischen Nietzsche-Diskussion. Nietzsche, Freud und Marx erscheinen als die großen subversiven Potenzen, die den ideologiekritischen Abbau der herrschenden Denk- und Kultursysteme vollziehen. Sie enthüllen die Verdrängungsmechanismen der etablierten Ordnungssysteme (Marx durch die Sozial-Analyse, Freud durch die Psycho-Analyse, Nietzsche durch die Welt-Analyse) und schaffen damit Freiheit für neue Daseins- und Weltentwürfe. Aber trotz dieser ideologiekritischen Strategie ist es die Nietzsche-Interpretation Heideggers, die – explizit oder implizit – die neueren französischen Nietzsche-Deutungen prägt. Man ist zwar bestrebt, sich von Heidegger abzustoßen, aber man steht in seinem Bann. Man möchte Nietzsche aus den Fängen der 'metaphysischen' Deutung Heideggers befreien, um ihn als den revolutionären Denker herauszustellen, der alle metaphysischen Problemstellungen hinter sich gelassen hat, aber man bleibt diesen Problemen durchaus verhaftet und setzt sich mit den Heideggerschen Fragestellungen auseinander. Am entschiedensten zeigt sich dies bei Jacques Derrida, der in seinen Nietzsche-Analysen dem systematischen Nietzsche Heideggers einen dekonstruktiven Nietzsche entgegensetzt, einen Nietzsche der offenen, freien Schreibweise, die die klassische Zeichentheorie desavouiert und ihren immanenten Sprachimpulsen folgt. Derrida verkündet in seiner Zeichentheorie die Befreiung des Signifikanten vom Signifikat. Die Bedeutung der Zeichen liegt nicht in außersprachlichen Dingen, sondern im immanenten System der Zeichen selbst. Dennoch verweisen auch diese Zeichen auf außersprachliche Probleme. So z.B. auf das Problem des "Übermenschen". Aber in der 'aktiven' Interpretation Derridas wird der "Übermensch" aus dem statischen System der

Heideggerschen Nietzsche-Deutung herausgelöst und als der alles hinter sich lassende neue Mensch gedeutet: "Er verbrennt seinen Text und verwischt die Spuren seiner Schritte." (*Derrida*, Fines hominis, 123).[20] Insofern eröffnen diese offenen Interpretationen trotz ihrer inversiven Bindung an das ontologische Denkmodell Heideggers neue Perspektiven der Nietzsche-Deutung. Es zeigt sich eine neue Freiheit, eine neue Elastizität, ein neuer Horizont der Nietzsche-Interpretation. Diese Freiheit läuft allerdings ständig Gefahr, in Willkür umzuschlagen und die Texte Nietzsches nur noch als Vehikel der eigenen (vielfach spekulativen) Denkexperimente zu benutzen. Diese Interpretationen sind von jenem Impetus geleitet, den schon Georges Bataille in seinem Buch *Sur Nietzsche* (1945) formulierte: "Ma vie, en compagnie de Nietzsche, est une communauté, mon livre est cette communauté." (S. 33). Die Lektüre wird zur Kommunikation. Batailles Nietzsche-Buch, geprägt von existentiellem Lesen und existentieller Identifikation mit Nietzsche, stellt Nietzsche als den revolutionären Denker des Offenen, Freien und Unbedingten heraus. "*L'aspiration extrême, inconditionnelle, de l'homme a été pour la première fois exprimée par Nietzsche* indépendamment d'un but moral et du service d'un Dieu." (S. 12). Nietzsche erscheint als Vorkämpfer der unbedingten Freiheit. "*Il est dans l'essence de l'homme un mouvement violent, voulant l'autonomie, la liberté de l'être.*" (ebd., 13). Von Bataille sind entscheidende Impulse auf die neuere französische Nietzsche-Adaption ausgegangen. Man ist bestrebt, den Diskurs Nietzsches als exorbitante Denkstrategie herauszustellen, die den radikalen Bruch mit der traditionellen Philosophie vollzieht, indem sie nicht nur die traditionellen Denkinhalte, sondern auch die traditionelle Denkmethode auflöst. So deutet Gilles Deleuze in seinem Buch *Nietzsche und die Philosophie* (Originalausgabe: *Nietzsche et la philosophie* [1962]) Nietzsches Philosophie des Willens als eine Methode der Selbstentfaltung des Schreibenden:

> Ein Begriff, ein Gefühl, ein Glaube gesetzt, wird man sie wie Symptome eines Willens behandeln, der etwas will. Was will er, *der* dies sagt, jenes denkt oder sinnlich erfährt? Es geht darum, zu zeigen, daß er es nicht sagen, denken oder fühlen könnte, hätte er nicht diesen Willen, diese Kräfte, diese Weise zu sein. (S. 86)

Diese voluntative Methode leitet nicht nur den Textautor Nietzsche, sondern auch den Interpreten des Nietzschetextes. In der Schrift *Rhizom* von Deleuze / Guattari wird der Leser aufgefordert, im Sinne des kreativen Interpretierens die für ihn selbst relevanten Stellen eines Textes zu suchen:

> Man fragt nie, was ein Buch bedeuten will, Signifikat hin, Signifikant her, man sucht in einem Buch nichts zu begreifen; man fragt, womit ein Buch funktioniert, in welchen Verbindungen es Intensitäten strömen läßt [...] (S. 7). Findet die Stellen in einem Buch, mit denen ihr etwas anfangen könnt. [...] In einem

20 Zum Problemkomplex Nietzsche / Heidegger / Derrida vgl. die instruktive Analyse von *Ernst Behler*, Derrida – Nietzsche / Nietzsche – Derrida (1988). Dazu auch *Behler*, Apokalyptische Nietzsche-Interpretationen: Heidegger und Derrida.

> Buch gibt's nichts zu verstehen, aber viel, dessen man sich bedienen kann. Nichts zu interpretieren und zu bedeuten, aber viel, womit man experimentieren kann. [...] Ja, nehmt was ihr wollt. (S. 40 f.)

Bezeichnenderweise vermutet Pautrat in den einleitenden Bemerkungen seines Vortrags *Nietzsche médusé*, daß jeder Vortragende nach seinem Gefallen reden werde ("Puisque chacun, je le suppose, parlera selon son plaisir"), und er spricht wie selbstverständlich von seiner "eigenen Lust" ("de mon propre plaisir") bei seinem Vortrag. Er erklärt ausdrücklich, daß es ihm um das gehe, was ihn speziell interessiere, und daß er seine "Begierde" an der Lektüre verwirklichen wolle: "Je parlerai donc [...] de ce qui m'intéresse, et réalise mon désir de lecture." (S. 9). Es erfolgt die Preisgabe der hermeneutischen Wahrheit an das subjektive Erleben des Textes. In letzter Konsequenz läuft dies auf einen Blankoscheck für absolut freies und damit auch willkürliches Interpretieren hinaus. Aber *in concreto* wird dieses anti-hermeneutische Programm doch wiederum zur hermeneutischen Interpretation. In *Nietzsche und die Philosophie* betreibt Deleuze, deutlich genug unter dem Einfluß Heideggers, eine scharfsinnige Interpretation der philosophischen Zentralmotive Nietzsches, unter dem leitenden Gesichtspunkt des Willens zur Macht – eine Interpretation, die zwar viele Einzelprobleme Nietzsches in ein schärferes Licht rückt, aber methodisch innerhalb des hermeneutischen Verfahrens verbleibt.

Verlassen wird dieses Verfahren allerdings von Pierre Klossowski, der in seinem Buch *Nietzsche und der Circulus vitiosus deus* (1986) (Originaltitel: *Nietzsche et le Cercle vicieux* [1969]) eine höchst luzide, freilich auch spekulative Nietzsche-Deutung vorlegt, die ihr Sujet mit psychologistischem Scharfblick durchleuchtet und einen Nietzsche präsentiert, der aus dem "Delirium" schafft und ein "Komplott" schmiedet. Es ist das "*Komplott eines isolierten Individuums*", das "*gegen die vorhandenen Lebensformen der ganzen menschlichen Gattung*" revoltiert und das sich permanent mit seinen selbstzerstörerischen (und stimulierenden) Triebimpulsen und Tiefenschichten auseinandersetzt. Klossowski konstatiert

> Die Tatsache, daß im Zentrum dieses Denkens das Delirium steht: *daß dieses Denken sich um das Delirium dreht wie um die eigene Achse. Nietzsche selber hat von Anfang an diese Neigung in sich selber befürchtet, und seine ganze Anstrengung ist darauf gerichtet, die unwiderstehliche Anziehung zu bekämpfen, die das Chaos (eigentlich "die Kluft, der gähnende Abgrund") auf ihn ausübt: ein* Hiatus, *den er seit seiner Kindheit zu schließen versucht und den er mit seiner Autobiographie überwinden will.* (S. 10 f.)

Klossowski deutet Nietzsches Existenz und sein Schaffen, seine philosophischen Ideen, im wesentlichen von dieser latenten Psycho-Spannung her. So ist der *Zarathustra* "nur eine äußere Kompensation" des Realitäts- und Identitätsverlustes, von Nietzsche errichtet "auf den Ruinen seines aktuellen Ich" (S. 305). Klossowski konstruiert einen inneren Zusammenhang zwischen Nietzsches Hauptideen und seiner Selbstzerstörung. So

> verlangte das Gesetz der Ewigen Wiederkehr aller möglichen Individuationen als ausgleichende Gerechtigkeit *des Universums* die Zerstörung gerade des Organs, das sie proklamiert hat, das heißt die Zerstörung von *Nietzsches Gehirn* [...] (S. 344)

Dies ist nun allerdings kaum eine psychologische Erklärung, sondern eher eine metaphysische Spekulation. Im Grundzug aber ist Klossowskis Deutung psychologistisch angelegt. Er zeichnet – nicht ohne beträchtliche Gedankenschärfe – das Psychogramm eines Denkers, dessen Schaffen eine unaufhörliche Auseinandersetzung mit der ihm drohenden Selbstzerstörung ist, wobei sein Impetus entweder auf Abwendung oder aber auf Förderung der Selbstzerstörung hinauslaufen kann. Nietzsche habe, verwurzelt im "Chaos", mit Hilfe der "Maske" eine "geheime Arbeit an der Auflösung seiner Person" betrieben (S. 348). In Nietzsches "Autobiographie" *Ecce homo* werde "kein beispielhaftes Ich" gepriesen, sondern ein sich in "Idiosynkrasie" auflösendes Ich beschrieben (S. 349). Nietzsche entledige sich zuletzt seiner "Person", seiner empirischen Identität, um eine "göttliche Physiognomie" beanspruchen zu können (S. 362). Klossowskis Psycho-Analysen sind von einer gewissen immanenten Stringenz, aber sie neigen im ganzen zu einer spekulativen Überinterpretation der Befunde. Sie zwängen Nietzsche zu sehr in das tiefenpsychologische Schema von Verdrängung und Selbstbefreiung. Zudem sieht Klossowski im Grunde nur den depressiven, zerrütteten Nietzsche und vergißt den freien, heiteren Nietzsche, wie er auch den Unterschied zwischen der empirischen Person und dem kreativen Subjekt einebnet. Nietzsches Schaffen wird auf einen kompensatorischen Autismus des kranken Subjekts reduziert. Der Interpret dringt in die psychischen Labyrinthe Nietzsches ein, aber man kann zweifeln, ob er den Ariadnefaden besitzt, der ihn aus diesem Labyrinth wieder hinausführt, oder ob er sich nicht in ihm verirrt. Dieses 'aktive' Interpretieren verzichtet auf die hermeneutische Deutung der Begriffe und Ideen Nietzsches und läßt sich statt dessen durch die suggestive Intensität der Texte zur weiterdenkenden Introspektion stimulieren. Bataille hatte einst formuliert: "Ich bin Nietzsche."[21] Er hatte damit seine Form des identifikatorischen Schreibens kennzeichnen wollen. Es ist ein Schreiben, das sein Sujet nicht aus objektivierender Distanz deutet, sondern es im existentiellen Mitvollzug verlebendigen möchte. Klossowski bedeutet einen neuen Höhepunkt dieser experimentierenden Interpretation, die das Sujet zum Vehikel der eigenen Weltbewältigung instrumentalisiert.

Man muß sich nun allerdings vor der schroffen Antithese Hermeneutik – Dekonstruktion hüten. Die Dekonstruktion ist, in der Regel, hermeneutischer, als sie selber weiß, und die Hermeneutik kann durchaus den offenen Raum des Nietzscheschen Denkens eröffnen. Dies zeigt sich beispielhaft in der 1988 postum unter dem Titel *Nietzsche* veröffentlichten Nietzsche-Vorlesung von Georg Picht von 1967. Pichts Interpretation, die stark von Heidegger geprägt ist und sich zugleich von ihm lösen möchte, sieht in Nietzsche nicht mehr den letzten Metaphysiker, sondern den experimentierenden Transzendentalphiloso-

---

21 Zitat nach *Klossowski*, Nietzsche, 436.

phen. Picht stellt das anti-metaphysische Denken Nietzsches heraus: "Nietzsches Abkehr von der Metaphysik bedeutet also nicht, daß er diese oder jene einzelne Lehre der überlieferten Metaphysik für falsch erklärt; er verwirft die Metaphysik als solche." (S. XVII). Nach Picht ist die Geschichte das Element und Thema des Nietzscheschen Denkens und Schaffens. Nietzsches gesamtes Denken ist allein aus der "Erfahrung seiner geschichtlichen Sendung" zu verstehen (S. XIX), und zwar in der Einheit von Reflexion und Tat, denn es ist entscheidend, "daß dieses neue Denken, das die Geschichte als 'Versuch' begreift, Geschichte nur *denken* kann, indem es sie *vollzieht*" (S. XXVI f.). Picht stellt zwei Thesen auf:

> Die These, daß die Geschichte bei Nietzsche zum einzigen Inhalt der Philosophie geworden ist, enthält in sich notwendig die zweite These, daß Nietzsches Philosophie als Transzendentalphilosophie zu verstehen ist. (S. 17)

Nietzsches Denken ist transzendentaler Subjektivismus, der in der Geschichte eine revolutionäre Umwälzung vollzieht und neue Zukunftsperspektiven eröffnet. Den wesentlichen Unterschied seiner Interpretation zu Heidegger sieht Picht darin, daß die von Nietzsche "entworfene Philosophie eine Philosophie der Zukunft sein soll" (S. 87). Man könnte Pichts Methode als Hermeneutik der offenen Interpretation bezeichnen.

Es kommt nun darauf an, die Bedeutung der Kunst im Denken und Schaffen Nietzsches einer breitbasierten, differenzierten Analyse zu unterziehen. Voraussetzungen, Perspektiven und Konsequenzen der Nietzscheschen Kunstkonzeption sollen an Hand genauer Textanalysen in ihren perspektivenreichen Zusammenhängen erörtert werden. Was die historischen und zeitgenössischen Voraussetzungen der Nietzscheschen 'Ästhetik' betrifft, so wird vor allem Bezug genommen auf Schopenhauers Metaphysik des Willens, Wagners 'Musikdrama' und Nietzsches Griechenbild. Zugleich werden Platons Ideenlehre, Hegels idealistische Ästhetik und der Kunstbegriff Kants sowie Aspekte der Stiltypologie, Fragen der Klassizität und des Manierismus, in die historisch-vergleichenden Partien einbezogen. Die Kunstauffassung Nietzsches soll in ihrer Komplexität zum Vorschein gelangen, indem die Kunst schlechthin, die Einzelkünste und die einzelnen Dichtungsformen zum Gegenstand der Untersuchung gemacht werden. Die Bedeutung von Musik, Dichtung und Sprache und die Frage nach Künstlerexistenz und Schaffensprozeß sind dabei zentrale Aspekte. Zugleich sollen Konstanz und Wandel der dominanten Denkmotive in den einzelnen Schaffensperioden berücksichtigt werden. Intensiv beleuchtet wird das gravierende Problem Nietzsche-Wagner, da Nietzsches Beurteilung von Kunst und Künstler sowie seine Bewertung der einzelnen Kunstarten wesentlich von seinem Verhältnis zu Wagner geprägt wird. Insgesamt sind das Funktionsverhältnis von Kunst und Leben, Kunst und Philosophie, Kunst und Künstler sowie Nietzsches Kunst-Typologie und der Zusammenhang von Existenz, Schaffen und Werk leitende Aspekte der Untersuchung.

A. Voraussetzungen

I. Schopenhauer. Wagner. Griechentum

Die Hauptprobleme und Grundmotive von Nietzsches Leben, Denken und Schaffen sind im Kern bereits beim jungen Nietzsche ausgeprägt. Seine geistige Disposition ist von vornherein bestimmt durch Wahrhaftigkeit, einen tiefen Ernst, eine Unbedingtheit, die sich auf wesentliche Fragen konzentriert, sowie durch ein glühendes Verlangen nach Größe, nach Erhabenheit, nach Unendlichkeit. Sowohl die für den jungen Nietzsche so charakteristische Verbindung von Kunst, Philosophie und Wissenschaft als auch das für ihn typische Verehrungsbedürfnis, wie es sich vor allem in der Begeisterung für Wagner, in der Hochschätzung Schopenhauers und in der Hinwendung zum Griechentum bekundet, sind Ausdruck dieser Geisteshaltung. Am 22.5.1869 schreibt er an Richard Wagner, daß

> sich thatsächlich die besten und erhobensten Momente meines Lebens an Ihren Namen knüpfen und ich nur noch einen Mann kenne, noch dazu Ihren großen Geistesbruder Arthur Schopenhauer, an den ich mit gleicher Verehrung, ja religione quadam denke. (B 3, 8)

Im Brief an Gersdorff vom 4.8.1869 nimmt er Wagner gegen die zeitgenössische Kritik in Schutz und fährt fort:

> *Niemand* kennt ihn und kann ihn beurtheilen, weil alle Welt auf einem andern Fundamente steht und in seiner Athmosphäre nicht heimisch ist. In ihm herrscht eine so unbedingte Idealität, eine solche tiefe und rührende Menschlichkeit, ein solcher erhabner Lebensernst, daß ich mich in seiner Nähe wie in der Nähe des Göttlichen fühle. (B 3, 36)

Mit Bezug auf Wagners Schrift *Über Staat und Religion* (1864), "dazu bestimmt seinen 'jungen Freund' den kleinen Baiernkönig über seine innere Stellung zu Staat und Religion aufzuklären", sieht Nietzsche in Wagner die künstlerische Verwirklichung der Ideen Schopenhauers:

> Nie ist in würdigerer und philosophischerer Weise zu einem König geredet worden; ich war ganz erhoben und erschüttert von dieser Idealität, die durchaus dem Geiste Schopenhauers entsprungen schien. (B 3, 36)

Die schwärmerische Verehrung Wagners findet in einer Reihe von Briefen ihren spontanen Ausdruck. Nietzsche schwärmt von "meinem Juppiter" (B 3, 42 – 15.8.69 – an Erwin Rohde), von dem "wunderbaren Wesen dieses Genius" (B 3, 39 – 4.8.69 – an Gustav Krug), hat das "Gefühl", "vor einem Auserwählten der Jahrhunderte zu stehen" (B 3, 37 – ebd.) und nennt Wagner den "*größten Genius* und *größten Menschen* dieser Zeit, durchaus incommensurabel!" (B 3, 46 – 25.8.69 – an Paul Deussen [Fragment]).[1] Bezeichnenderweise vollzieht sich Nietzsches Wagner-Erlebnis, das Erlebnis der Kunst, der Schriften und der Persönlichkeit Wagners, im Lichte der Philosophie Schopenhauers. Wagners Schrift *Über Staat und Religion* ist dem "Geiste Schopenhauers entsprungen", sie ist von "Schopenhauerischem Ernst" (B 3, 42 – 15.8.69 – an Rohde). Im Brief an Gersdorff vom 11.3.1870, in dem er unter anderem Wagners Schrift *Über das Dirigiren* (1869) "mit dem 'Philosophieprofessoren'-aufsatz Sch.'s" vergleicht (B 3, 105)[2], erscheinen Wagner und Schopenhauer als durch ihren Kampf gegen den Zeitgeist verbundene große Einzelne, Schopenhauer als theoretisierender Philosoph, Wagner als schöpferischer Künstler:

> Schopenhauer muß uns über diesen Konflikt theoretisch hinweg heben: wie es Wagner praktisch, als Künstler, thut. Zweierlei halte ich mir immer vor: der unglaubliche Ernst und die deutsche Vertiefung in der Welt- und Kunstanschauung Wagners, wie sie aus jedem Tone quillt, ist den meisten Menschen unsrer "Jetztzeit" ein Greuel, wie Schopenhauer's Askesis und Verneinung des Willens. (B 3, 105)[3]

Diese Bemerkung verdeutlicht ein Doppeltes. Sie zeigt, daß Wagner und Schopenhauer für den jungen Nietzsche eine geistige Einheit bilden. Darüber hinaus wird klar, daß sie für Nietzsche ihre spezifische Funktion hinsichtlich der eigenen Weltanschauung und Lebensbewältigung haben, denn sie sollen Konfliktlösungen ermöglichen, vor allem das Eigenrecht des produktiven Einzelnen gegenüber einer verständnislosen Gesellschaft bestätigen und sanktionieren. Immer wieder betont der junge Nietzsche die Affinität zwischen Wagner und Schopenhauer und die entscheidende Bedeutung, die sie für seinen eigenen Lebensentwurf haben. In einem Brief vom Februar 1870 an den gleichfalls von Schopenhauer nachhaltig beeinflußten Paul Deussen, den späteren Begründer der Schopenhauer-Gesellschaft und Herausgeber der Werke Schopenhauers, schreibt er:

> Freilich habe ich das unschätzbare Glück, den wahren Geistesbruder Schopenhauers, der sich zu ihm wie Schiller zu Kant verhält, als wirklichen Freund zu

1 Mit der Verherrlichung des "Genius" steht Nietzsche in der Nachfolge der Genie-Ästhetik des 18. Jahrhunderts. Auch bei ihm verweist der Begriff "Genius" nicht mehr auf eine metaphysische Instanz im Sinne der tradierten Enthusiasmustheorie und Inspirationsmythologie, sondern vor allem auf die individuelle Qualität des menschlichen Subjekts. Zum neuzeitlichen Wandel des "Genius" von der "metaphysischen Bedeutung" zur "menschlichen Anlage", zum "Genius als Personifikation der individuellen Eigenart", vgl. *Zilsel*, Geniebegriff, 296. Zur Herkunft des "Genies" aus den beiden Phänomenen "Ingenium" und "Genius" vgl. S. 211 ff. – Zum Genie-Begriff in der neuzeitlichen Literatur vgl. generell *Schmidt*, Genie-Gedanke (I, II).

2 Vgl. *Schopenhauer*, Über die Universitäts-Philosophie (SW IV, 171-242) sowie *Wagner*, Über das Dirigiren (WSD VIII, 261-337). Die Verbindung zwischen den beiden Schriften liegt für Nietzsche in der schonungslosen Kritik des bestehenden Kulturbetriebs, bei Schopenhauer in der Kritik an den etablierten Philosophieprofessoren, bei Wagner in der Kritik an den konventionellen Dirigenten.

3 Es ist bemerkenswert, daß Nietzsche um diese Zeit die von ihm später so vehement bekämpfte Willensverneinung Schopenhauers noch als ein selbstverständliches philosophisches Prinzip nicht nur akzeptiert, sondern entschieden verteidigt und als Konfliktlösung begreift.

> besitzen, einen Genius, der dasselbe furchtbar erhabene Loos empfangen hat, ein Jahrhundert früher zu kommen als er verstanden werden kann... (B 3, 98)

Nietzsches an kultische Verehrung grenzende Glorifizierung Wagners bezieht ihre theoretische Legitimation von Schopenhauers Begriff des Genies. Im Brief an Gersdorff vom 28.9.1869 heißt es: "Ich habe Dir schon geschrieben, von welchem Werthe mir dieser Genius ist: als die leibhafte Illustration, dessen, was Schopenhauer ein 'Genie' nennt." (B 3, 61).[4] Auch in diesem Brief zeigt sich die Vorbildfunktion, die die großen Individuen in der Auseinandersetzung mit ihrer Zeit für Nietzsche haben: "Kämpfen wir, und wenn es geht, nicht für Windmühlen. Denken wir an den Kampf und die Ascese wahrhaft großer Männer, an Schopenhauer Schiller Wagner!" (B 3, 59). Der junge Nietzsche ist nicht nur Wagnerianer, sondern auch Schopenhauerianer. So nennt er in jenem Brief Schopenhauer "unsern Meister" und stellt fest: "Ich stehe jetzt wirklich in einem Centrum von Schopenhauerischen Fäden, in alle Welt ausgespannt." Zugleich spricht er vom "Schopenhauerthum" Wagners, "der durchaus durchdrungen und geweiht ist von dieser Philosophie" (B 3, 60).

Der junge Nietzsche ist Wagner-Enthusiast, und zugleich ist Schopenhauer der geistige Bezugspunkt, auf den Wagner und Nietzsche sich gleichermaßen beziehen. Beide haben ihr Schopenhauer-Erlebnis. Wagner berichtet in seiner Autobiographie *Mein Leben* (1865), daß er nach dem Studium Schellings, Hegels und Feuerbachs sich auf Empfehlung Herweghs Schopenhauer zugewandt habe und daß die Lektüre von Schopenhauers Hauptwerk *Die Welt als Wille und Vorstellung* fortan für sein ganzes Denken von entscheidender Bedeutung gewesen sei (S. 521 ff.). Im Dezember 1854 schreibt er an Franz Liszt, er habe sich neben seiner Musik

> jetzt ausschließlich mit einem Menschen beschäftigt, der mir – wenn auch nur literarisch – wie ein Himmelsgeschenk in meine Einsamkeit gekommen ist. Es ist *Arthur Schopenhauer*, der größte Philosoph seit *Kant* [...] Die deutschen Professoren haben ihn – wohlweislich – 40 Jahre lang ignorirt [...] Was sind vor diesem alle Hegel's etc. für Charlatan's! Sein Hauptgedanke, die endliche Verneinung des Willens zum Leben, ist von furchtbarem Ernste, aber einzig

4 Nach Schopenhauer macht es das "Wesen des *Genies*" aus, daß "der Intellekt, des Wollens ledig, frei über den Objekten schwebt und, ohne vom Willen angetrieben zu sein, dennoch energisch tätig ist" (*Schopenhauer*, Vom Genie, WV II, 492). Das "Wesen des Genies" liegt "in der Vollkommenheit und Energie der *anschauenden* Erkenntnis" (S. 485). Das Genie hat die Fähigkeit, "aus eigener Elastizität und *zwecklos* die Welt rein objektiv aufzufassen" (S. 486). Es ist aber nicht nur die willenlose, interesselose Anschauung, die reine Freiheit des Geistes, was Nietzsche, den jungen Nietzsche, am "Genie" fesselt, sondern vor allem auch dessen Größe und Idealität. Wenn er am 4.8.1869 an Gersdorff schreibt, daß Wagner "wie kein anderer das Bild dessen, was Schopenhauer 'das Genie' nennt, mir offenbart" (B 3, 35), von der "unbedingten Idealität" und dem "erhabnen Lebensernst" Wagners schwärmt (B 3, 36), so entspricht dies der Vorstellung Schopenhauers von der Größe und Erhabenheit des Genies. Schopenhauer verweist auf die ideale "Sphäre" des "Genies", dem das "erhabene Prädikat" "*groß*" zukomme (Vom Genie, 497), und betont, daß die innere Spannung des Genies der "Mutterschoß unsterblicher Werke" sei (S. 503). Insofern ist Nietzsche berechtigt, die "Idealität" des Wagnerschen Kunstenthusiasmus als "durchaus dem Geiste Schopenhauers entsprungen" aufzufassen (B 3, 36). Unter dem Einfluß Schopenhauers und Wagners huldigt der junge Nietzsche noch einem romantisch-idealistischen Genie-Begriff.

> erlösend. Mir kam er natürlich nicht neu [...] Aber zu dieser Klarheit erweckt hat mir ihn erst dieser Philosoph. (Wagner – Liszt, II. Teil, 42)

Wagner fühlt sich in seiner romantischen Todessehnsucht durch die Philosophie Schopenhauers bestätigt und bestärkt. Durch Schopenhauer hat er "doch nun ein Quietiv gefunden" gegen alle inneren Kämpfe "meines Herzens", das sich "an die Lebenshoffnung anklammerte": "es ist die herzliche und innige Sehnsucht nach dem Tod: volle Bewußtlosigkeit, gänzliches Nichtsein, Verschwinden aller Träume – einzigste endliche Erlösung! –" (ebd.). Mit der Todessehnsucht verquickt ist die Kunstauffassung. Erst durch Schopenhauer wird Wagner, wie er in der Autobiographie schreibt, die eigene Kunstkonzeption völlig klar. Was ihn an Schopenhauer fesselt, ist die "bedeutende Auffassung der Musik", der Musik als Ausdruck des Weltwillens, sowie die "Einsicht in die Nichtigkeit der Erscheinungswelt" (ML, 522). Wagner studierte Schopenhauers Buch viermal: "Die hierdurch allmählich auf mich sich einstellende Wirkung war außerordentlich und jedenfalls für mein ganzes Leben entscheidend." (ebd.). Wagners Wotan-Konzeption, d.h. die Willens- und Weltverneinung, erfährt durch Schopenhauer ihre philosophische Bestätigung:

> Ich blickte auf mein Nibelungen-Gedicht und erkannte zu meinem Erstaunen, daß das, was mich jetzt in der Theorie so befangen machte, in meiner eigenen poetischen Konzeption mir längst vertraut geworden war. So verstand ich erst selbst meinen Wotan und ging nun erschüttert von neuem an das genauere Studium des *Schopenhauer*schen Buches. (ML, 523)

Bei aller suggestiven Wirkung Schopenhauers – die Schopenhauersche Philosophie der Willensverneinung und der Musik als Ausdruck des Weltwillens wird von Wagner nicht als Novum, sondern als theoretische Kodifikation und Bestätigung der eigenen Welt- und Kunstkonzeption verstanden.

Ende 1865 hat Nietzsche sein großes Schopenhauer-Erlebnis. In seiner autobiographischen Skizze *Rückblick auf meine zwei Leipziger Jahre* schildert er, wie er eines Tages das ihm bis dahin völlig fremde Hauptwerk Schopenhauers in einem Antiquariat entdeckt habe:

> Ich weiß nicht welcher Dämon mir zuflüsterte: "Nimm Dir dies Buch mit nach Hause" Es geschah jedenfalls wider meine sonstige Gewohnheit, Büchereinkäufe nicht zu überschleunigen. Zu Hause warf ich mich mit dem erworbenen Schatze in die Sophaecke und begann jenen energischen düsteren Genius auf mich wirken zu lassen. Hier war jede Zeile, die Entsagung, Verneinung, Resignation schrie, hier sah ich einen Spiegel, in dem ich Welt Leben und eigen Gemüth in entsetzlicher Großartigkeit erblickte. Hier sah mich das volle interesselose Sonnenauge der Kunst an [...] (HKG, W III, 298)

Der junge Schopenhauer-Enthusiast identifiziert sich spontan und uneingeschränkt mit Schopenhauers Philosophie der Willensverneinung und der Ästhetik der interesselosen Kunst-Konzeptionen, von denen Nietzsche sich später distanziert, indem er dem Prinzip der unbedingten Lebensbejahung und dem Grundsatz der interessegebundenen Kunst huldigt. Der junge Nietzsche ist fasziniert von der *Welt als Wille und Vorstellung*, betreibt nun intensive Schopenhauer-Lektüre und wünscht sich für Weihnachten 1865 Schopenhauers *Parerga und Paralipomena* sowie ein philosophisches Werk über Schopenhauer (vgl. B 2, 101 – 9.12.65 – an Mutter u. Schwester). Schopenhauer wird zum Lieblingsphilosophen Nietzsches. In einem Brief vom 15.7.1867 schreibt er: "wie könnte ich Schopenhauer vergessen, der mir hier an die Seele gewachsen ist." (B, 220 – an Hermann Mushacke). Schopenhauer, den er im Briefwechsel mit Gleichgesinnten gerne "unsern Philosophen" nennt[5] und zu dessen Philosophie er die Freunde 'bekehren' möchte[6], gewinnt für den jungen Nietzsche die Bedeutung eines praktischen Ethikers, dessen Lehren und Maximen dem Menschen in allen Gefährdungen hilfreich sind und der Einübung der *constantia* dienen. Schopenhauers Denken bietet den Trost der Philosophie auch angesichts des Todes. Im Brief an Gersdorff vom 16.1.1867, in dem er den verstorbenen Bruder des Freundes als "eine jener seltnen, edlen Römernaturen" würdigt, die "in des Lebens Wirren Stärkung und Trost sein können", verweist er auf "unsern Schopenhauer", der "das Leiden und die Trübsale als ein herrliches Geschick, als den δεύτερος πλοῦς zur Verneinung des Willens preist". Und er fährt fort:

> Wenn das vierte Buch seines Hauptwerkes jetzt auf Dich einen häßlichen, trüben, lästigen Eindruck macht, wenn es *nicht* die Kraft hat, Dich zu erheben und Dich aus dem äußeren heftigen Schmerze hindurchzuführen zu jener wehmüthigen, aber glücklichen Stimmung, die uns auch beim Anhören edler Musik ergreift, zu jener Stimmung, in der man die irdischen Hüllen von sich abfallen sieht: dann mag auch ich nichts mehr mit dieser Philosophie zu thun haben. (B 2, 195)

In seinem Antwortbrief vom 25.1.1867 schreibt Gersdorff, daß "ich ohne unseren gemeinschaftlichen Freund Schopenhauer nicht da wäre, wo ich bin, sondern jenem bejammernswerthen Zustand anheim gefallen wäre, der sich bald an den christlichen Trost anklammert, bald der dumpfen Verzweiflung verfällt" (B I 3, 184). Nietzsche antwortet im Brief vom 20.2.1867: "Zweitens aber war mir besonders Dein Bekenntniß zu unserm Philosophen lieb und werth, da es in einer Zeit ernster und schwerer Erfahrungen, entscheidender Schicksalsschläge gesprochen worden ist." (B 2, 201). Schopenhauers Philosophie ist praktische Philosophie. Sie dient der Lebensbewältigung. Sie verkündet das Ethos der *constantia*, der Ataraxie, der Unerschütterlichkeit in allen Lebenslagen. Stoische, barocke und idealistische Vorstellungen von der Selbstbewahrung des Menschen gegenüber dem 'Schicksal' werden von Schopenhauer aufgegriffen und weitergeführt.[7] In diesem Sinne gewinnt Schopenhauer für den

5 Vgl. z.B. B 2, 201 – 20.2.67 – an Gersdorff u. B 3, 155 – 7.11.70 – an Gersdorff sowie B 2, 160 – August 1866, wo von "unserm Schopenhauer" die Rede ist.

6 "Ich mache auch Propaganda für ihn und weise einzelne Menschen, wie z.B. den Vetter geradezu mit der Nase auf ihn hin." (B 2, 109 – 31.1.66 – an die Mutter). Nietzsche fühlt sich als Propagandist Schopenhauers, als dessen Proselytenmacher. Vgl. auch B 2, 311, 286, 294, 305, 309.

7 Vgl. Schopenhauers Abschnitt über die *Stoiker* (Parerga, 69-74) sowie das Kapitel *Über den praktischen Gebrauch der Vernunft und den Stoizismus* (WV II, 190-206). Dem "Übel" und den "Unfällen" des

jungen Nietzsche die Bedeutung eines philosophischen Präzeptors der praktischen Lebensbewältigung. Bezeichnenderweise spitzt Nietzsche das Problem aber noch zu, indem er das 'Schicksal' zum Probierstein des Menschen macht und ihm im Grunde nur noch die funktionale Bedeutung der Festigung des Subjekts zugesteht. Das 'Schicksal' hat zuletzt die Funktion, dem Subjekt die Bewährung zu ermöglichen, es zu stabilisieren und damit seine Selbstentfaltung zu aktivieren. Nicht das 'Schicksal', sondern das Subjekt, seine Interpretation der Schicksalsschläge, ist das Entscheidende:

> Wohl aber steht es in unsrer Gewalt, jedes Ereigniß, kleine und große Unfälle für unsre Besserung und Tüchtigung zu benutzen und gleichsam auszusaugen. Die Absichtlichkeit des Schicksals des Einzelnen ist keine Fabel, wenn wir sie also verstehen. *Wir* haben das Schicksal *absichtlich* auszunützen: denn an und für sich sind Ereignisse leere Hülsen. Auf unsre Verfassung kommt es dabei an: den Werth, den *wir* einem Ereigniß beilegen, hat es für uns. (B 2, 201)

Nietzsche zieht aus der Schopenhauerschen Philosophie die existentielle Konsequenz der Verfügungsgewalt des Subjekts über die Umstände. Er läßt damit schon früh den für sein späteres Denken so zentralen Aspekt erkennen, nämlich die Idee des autonom Schaffenden und des *amor fati*.

Ist Wagner für den jungen Nietzsche das große Kunst-Erlebnis, so ist Schopenhauer das entscheidende Philosophie-Erlebnis. In beiden Fällen geht es zunächst weniger um eine exakte, objektive ästhetische resp. philosophische Rezeption, sondern es dominiert die spontan-intuitive Wirkung und ihre Konsequenz für den eigenen Lebensentwurf. Das Erlebnis der Wagnerschen Kunst sowie der Schopenhauerschen Philosophie ist bedeutungsvoller als die analytische, kritische Auseinandersetzung. Nun verhält sich freilich der junge Nietzsche nicht völlig unkritisch gegenüber Schopenhauer. Nicht umsonst verfaßt er, wahrscheinlich im Herbst 1867, das *Fragment einer Kritik der Schopenhauerischen Philosophie*, in dem er kritische Bedenken gegen Schopenhauers Metaphysik des Willens, gegen die Brüchigkeit des Schopenhauerschen Systems und dessen widersprüchliche Logik äußert. Nicht die Logik, sondern die Intuition habe dieses System hervorgebracht: "so ist dasjenige, was er an Stelle des Kantischen x setzt, der Wille, nur mit Hülfe einer poetischen Intuition erzeugt, während die versuchten logischen Beweise weder Schopenhauer noch uns genügen können." (MusA I, 394). Nietzsche, der den "diktatorischen Ton" in

---

"Lebens" setzt Schopenhauer die Gelassenheit der "stoischen Gesinnung" entgegen (Aphorismen, 564). Schopenhauer übt allerdings auch Kritik am "Stoizismus", da er zur phlegmatischen Verhärtung des Gefühls führen kann. Er ist zwar "ein guter Panzer gegen die Leiden des Lebens", aber "er verstockt das Herz. Wie sollte doch dieses durch Leiden gebessert werden, wenn es, von einer steinernen Rinde umgeben, sie nicht empfindet?" (Paralipomena, 378). Mit der Ethik des Leidens und des Mitleidens überschreitet Schopenhauer die stoische Gleichgültigkeit. Das "Mitleid" als das "große Mysterium der Ethik" (Grundlagen der Moral, 811) ist die "Basis der Gerechtigkeit und Menschenliebe (caritas)" (Zur Ethik, 711). Bezeichnenderweise meldet bereits der junge Nietzsche Bedenken gegen die Schopenhauersche Mitleidsethik an. Im kurzen Textstück *Ueber Ethik* vom Frühjahr 1868 konzediert er zwar, "dass die Lehre Schopenhauer's (doch auch des Christenthums) von der erlösenden Kraft der Leiden wahr ist", hält aber nicht die (auf "consequente Menschenquälerei" hinauslaufende) Verminderung, sondern die Vermehrung der "Leiden" für geboten (MusA I, 405).

den Schriften Schopenhauers hervorhebt (MusA I, 396), analysiert die "Widersprüche, von denen das Schopenhauerische System durchlöchert ist" (MusA I, 395). Die Schopenhauersche Trennung von Vorstellung und Wille, von einer "im principium individuationis und den Gesetzen der Causalität befangenen Welt" einerseits und dem jenseits von Raum, Zeit und Kausalität anzusetzenden absoluten Willen, diese Unterscheidung von "Erscheinungswelt" und "Ding an sich" (MusA I, 400) erscheint Nietzsche zu dieser Zeit noch als höchst fragwürdig. Diese Kritik des Schopenhauerschen Systems beeinträchtigt allerdings nicht die Verehrung der Person Schopenhauers, denn "so steht kein Gedanke uns ferner, als mit einer solchen Kritik Schopenhauer selbst auf den Leib zu rücken" (MusA I, 393)[8]. Schon der junge Nietzsche unterscheidet, bereits in dieser frühen Phase, zwischen dem System und dem Schaffenden, zwischen der im System kodifizierten philosophischen Lehre (die unhaltbar sein kann) und der Person des großen Denkers (die unantastbar bleibt). So heißt es denn schon in diesem kritischen Fragment: "Die Irrthümer grosser Männer sind verehrungswürdig, weil sie fruchtbarer sind als die Wahrheiten der kleinen." (ebd.). Im Fragment *Der Stil in philosophischen Schriften* vom Frühjahr 1868 wird Schopenhauer als eine Mischung aus "Dichter" und "Philosoph" vorgestellt: "Im Gegensatz zu Kant ist Schopenhauer der Dichter, im Gegensatz zu Goethe ist er der Philosoph." Entscheidender als die "reine wissenschaftliche Erkenntniss" ist das "Populärmachen philosophischer Erkenntnisse", ist der "Stil" eines Denkers, und Schopenhauer "hat überhaupt einen Stil: während die meisten Philosophen ihn nicht haben". "Er ist der wahrste Philosoph: der kräftigste Brustsauger aus den Philosophen. / Für Schopenhauer ist Philosophie ein ungestümer Trieb." (MusA I, 402 f.). Worauf es bereits dem jungen Nietzsche ankommt, ist nicht ein logisches System theoretischer Erkenntnisse, sondern der spontane Ausdruck der schöpferischen Existenz in einer unverwechselbaren Sprache. In einem Brief an Deussen vom Oktober 1868 wendet sich Nietzsche mit Nachdruck gegen formaldialektische, spitzfindige Widerlegungen Schopenhauers, gegen "gewisse überverwegene Überwege und in der Philosophie nicht heimische Hayme" (B 2, 328). Diese ironischen Wortspiele beziehen sich auf Friedrich Ueberwegs *Grundriss der Geschichte der Philosophie von Thales bis auf die Gegenwart* (1863-1866) und Rudolf Hayms *Arthur Schopenhauer* (1864). In der Ueberwegschen Philosophiegeschichte wird zwar die Philosophie Schopenhauers objektiv dargestellt, aber es finden sich dort auch kritische Vorbehalte hinsichtlich der Widersprüchlichkeit, Negativität, Systemlosigkeit und Polemik der Schopenhauerschen Schriften (vgl. *Ueberweg*, Grundriss III, 242-245)[9].

8 "Nietzsche überzeugt sich von der Unbeweisbarkeit der Schopenhauerschen Metaphysik, ohne sich im übrigen in seinem Bekenntnis zu dem Philosophen irremachen zu lassen." (*Schulze*, Der junge Nietzsche, 38). Nietzsches Kritik bezieht sich auf Schopenhauers Philosophie als "intellektuelles System, logische Welterklärung, Wille zur Ergründung der absoluten Wahrheit" (*Tellenbach*, Der junge Nietzsche, 9).

9 Interessanterweise verschärft sich in der späteren Neubearbeitung im 'Überweg' die Kritik an den Schriften zur Polemik gegen die Person Schopenhauers, gegen die "maßlose Selbstbewunderung", gegen den Widerspruch von "pessimistischer Theorie" und dem "Genüssen" keineswegs abgeneigten Lebensverhalten Schopenhauers (*Ueberweg*, Grundriss [1951], 137), wie auch Schopenhauers Idealismus-Kritik als unsachliche Polemik abgetan wird: "Mit maßloser Erbitterung und ohne alles Verständ-

Bei Haym erfolgt eine ausführliche kritische, polemische Auseinandersetzung mit Schopenhauer, mit seinem System und seiner Person. Das Prinzip des "Willens" ist eine poetische Spekulation (S. 23); Schopenhauer ist der "Maschinist dieser speculativen Weltbühne" (S. 27), der mit "sich widersprechenden Erklärungen" operiert und sich in "Spiegelfechterei" verliert (S. 28); es handelt sich um ein "Gewirr von Widersprüchen", von dem nach der kritischen Analyse "kein Stein auf dem andern geblieben ist" (S. 35). Auf die System-Kritik folgt die Person-Kritik, in der vor allem Schopenhauers Polemik angeprangert wird: "Die Grobheit Schopenhauer's ist reine, positive, ungeschminkte Grobheit. Der Ton, der ihm allein passend scheint, um seine Meinung über Männer wie Fichte, Schelling, Herbart und Hegel kundzugeben, ist der, in welchem sich Matrosen und Fuhrknechte, Gassenjungen und Fischweiber ihrer gegenseitigen Zuneigung und Hochachtung versichern." (S. 89). Nietzsche, der bereits in einem Brief vom April 1866 das Haymsche Buch als ein Werk von "sehr bösartiger Natur" bezeichnet (B 2, 128 – 27.4.66 – an Mushacke)[10], wendet sich gegen die bloß logische Rezeption von Weltanschauungen und verteidigt mit Bezug auf Schopenhauer die Intuition gegen die Kritik:

> Man schreibt überhaupt nicht die Kritik einer Weltanschauung: sondern man begreift sie oder begreift sie eben nicht, ein dritter Standpunkt ist mir unergründlich. Jemand, der den Duft einer Rose nicht riecht, wird doch wahrhaftig nicht darüber kritisieren dürfen: und riecht er ihn: à la bonheur! Dann wird ihm die Lust vergehn, zu kritisieren.

Nicht allein der rationale Nachvollzug einer Philosophie, sondern auch das Sensorium für ihr geistiges Klima ist für den jungen Nietzsche wichtig. Die Bedeutung von Kunst (und Philosophie) liegt für ihn in erster Linie in der Erhebung des Subjekts über alle Bedingtheiten der empirischen Realität. Daher kommt es zur geradezu kultischen Überhöhung der großen Vorbilder. Die Philosophie Schopenhauers wird zum "Religionsersatz" (*Windrath*, Nietzsche, 58). Von stärkerer Bedeutung als die logischen Argumentationen sind die irrationalen Implikationen dieser Philosophie für Nietzsche. Er erfaßt die Schopenhauersche Philosophie wie ein "Kunstwerk" (ebd., 59), das heißt, er nimmt in ihr primär die schöpferischen Impulse einer neuen Weltsicht und Lebensgestaltung wahr.

Was den frühen Nietzsche an der Kunst Wagners und der Philosophie Schopenhauers vor allem fesselt, sind die von ihnen ausgehende Erhebung, das durch

---

nis für die Bedeutung von Fichte, Hegel u.a. ergeht er sich in groben Schimpfworten über sie." (ebd., 146).

10 "Sehr zu unsrer dh. Gersdorffs und meiner Verstimmtheit haben noch zwei Schriften beigetragen, nämlich 'Arthur Schopenhauer' von Haym und 'der Pessimismus und Schopenhauer' von Kyi. Nicht als ob sie überzeugend wären: aber sie sind, besonders die erste, sehr bösartiger Natur." Vgl. dazu Victor *Kiy*, Der Pessimismus und die Ethik Schopenhauers (1866). Nach Kiy ist der Pessimismus ein Fremdkörper im System Schopenhauers (S. 43); Schopenhauer sei im Grunde die Ergänzung Hegels (S. 3); sein Pessimismus habe persönliche Gründe, er sei aus einer lieblosen Erziehung, fehlendem Glück bei den Frauen und mangelnder Resonanz seiner Philosophie erwachsen (S. 13). Im übrigen hätte ein verheirateter Schopenhauer seinen Pessimismus gemildert (S. 63 f.) Solche Deutungen konnte Nietzsche nur verwerfen, jener Nietzsche, der später schrieb: "Ein verheiratheter Philosoph gehört *in die Komödie*" (5, 350 f. – GM).

sie vermittelte Gefühl von Größe und die in ihnen sich bezeugende Überlegenheit des großen Einzelnen über den Zeitgeist. Deshalb gehören Wagner und Schopenhauer für Nietzsche so eng zusammen, wie Zwillingsbrüder. Eigentlich wird Nietzsche erst durch Schopenhauer auf Wagner vorbereitet. Erst nach der Kenntnis der Schopenhauerschen Philosophie gewinnt der junge Nietzsche allmählich eine tiefere Beziehung zur Kunst Wagners. Schopenhauers Philosophie des Weltwillens, der Weltverneinung und Weltentsagung schafft die Voraussetzungen für das Verständnis der Elementarsymbolik der Wagnerschen Musikdramen. Dann aber übertrifft die Faszination der Wagnerschen Kunst noch den Einfluß Schopenhauers. Im Brief an Rohde vom 27.10.1868 schildert Nietzsche die Wirkung, die die "Einleitung zu Tristan und Isolde" und die "Ouvertüre zu den Meistersingern" auf ihn gehabt haben:

> Ich bringe es nicht übers Herz, mich dieser Musik gegenüber kritisch kühl zu verhalten; jede Faser, jeder Nerv zuckt an mir, und ich habe lange nicht ein solches andauerndes Gefühl der Entrücktheit gehabt als bei letztgenannter Ouvertüre. (B 2, 332)

Hier unterliegt Nietzsche selbst jener Suggestion der Wagnerschen Musik, die er später immer wieder Wagner vorwerfen wird. Nietzsches Verhältnis zu Wagner ist durch einen ausgesprochenen Gefühlsextremismus gekennzeichnet. Abgesehen von gelegentlich sachlich-affirmativen oder kritisch-distanzierten Bemerkungen zu Wagner, gibt es in den zentralen Aussagen nur den unbedingten Wagner-Enthusiasmus oder die kompromißlose Wagner-Kritik. Ein sachlich ausgewogenes Verhältnis zu Wagner ist Nietzsche fremd. Zu sehr ist seine eigene geistige Existenz mit dem Phänomen Wagner verknüpft, als daß ihm gerade hier eine objektive Betrachtungsweise möglich wäre. Der junge Nietzsche steht ganz im Banne Wagners, erblickt in Wagner den großen Protagonisten einer Revolutionierung von Kunst und Kultur und sieht seine eigene Aufgabe im Dienst an den Projekten Wagners. In einem Feldpostbrief an Gersdorff vom 12.12.1870 bezeichnet er Wagners Schrift *Beethoven* (1870) als

> ein Symbol unserer innigen Gemeinsamkeit unseres Strebens und Denkens unter *einer* Fahne, unter derselben, auf welche als auf die allein zum Ziele führende Wagner in dieser Schrift hinweist. Ich habe sie in erhobener und ehrfürchtiger Stimmung gelesen. Es sind tiefe Geheimnisse darin, schön und schrecklich, wie die Musik selbst in ihren höchsten Äußerungen sich offenbart. (B 3, 161)

Wagner vertritt in seiner Schrift die (Schopenhauersche) Auffassung, daß die "Musik selbst" "eine Idee der Welt" sei, "in welcher diese ihr Wesen unmittelbar darstellt" (WSD 9, 72), daß der "Genius" Beethovens durch die "unerhörte künstlerische *That* des Musikers" eine der "neueren Welt" bisher fehlende "neue Kunstform" geschaffen habe (WSD 9, 112) und daß er der Wegbereiter einer neuen deutschen Kultur sei, ein "Weltbeglücker", der längst vor den "Siegen deutscher Tapferkeit" "in diesem wundervollen Jahre 1870" in Paris, "an dem Ursitze der 'frechen Mode' " die "edelste Eroberung" gemacht habe, durch seine Symphonie, die "neue Religion", die "welterlösende Verkündigung der erhabensten Unschuld" (WSD 9, 125 f.). Wagner, seit dem Pariser *Tannhäuser*-Skandal von 1861 sowieso nicht gut auf den französischen Kulturbetrieb zu sprechen (vgl. WSD 7, 138-149 u. ML, 642 ff.), stellt der (entarteten) französischen Zivilisation die (schöpferische) deutsche Kultur entgegen und verkündet die Einheit von politischer und kultureller Sendung der Deutschen. Nietzsche ist Wagner auf diesen nationalistischen Pfaden nicht gefolgt. Obschon auch er um 1870/71 einen antifranzösischen Affekt zeigt und z.B. im Brief an Gersdorff vom 21.6.1871 von "unsrer *deutschen* Mission", der "französisch-jüdischen Verflachung und 'Eleganz' " und vom "ungeheuren Schaden" der "jetzt überall herrschenden romanischen 'Civilisation' " spricht, ist doch zugleich überhaupt "unser modernes Leben, ja eigentlich das ganze alte christliche Europa und sein Staat" Gegenstand seiner Kritik, wie er auch, erschüttert durch die (falsche) Nachricht von der Zerstörung des Louvre, eine Allgemeinschuld diagnostiziert: "wie wir Alle, mit aller unserer Vergangenheit, *schuld sind* an solchen zu Tage tretenden Schrecken [...]" (B 3, 203 f.). Was Wagners *Beethoven* betrifft, so ist Nietzsche vor allem gefesselt von der dort entwickelten Theorie der Musik . Er zeigt sich enthusiasmiert von diesem "wundervollen Manuscript": "Hier haben wir eine überaus tiefe Philosophie der Musik im strengen Anschluß an Schopenhauer" (B 3, 154 – Feldpostbrief an Gersdorff vom 7.11.,1870). In die chauvinistischen Töne Wagners stimmt Nietzsche nicht ein. Im Gegenteil, er registriert mit Freude die "Verbreitung des Schopenhauerischen Gedankenkreises auch in Frankreich" (B 3, 161 – Feldpostbrief an Gersdorff vom 12.12.1870). Im übrigen warnt er, im Feldpostbrief an Gersdorff vom 7.11.1870, vor den Folgen des militärischen Sieges für die Kulturentwicklung und mahnt zur Besonnenheit:

> Vor dem bevorstehenden Culturzustande habe ich die größten Besorgnisse. [...] Im Vertrauen: ich halte das jetzige Preußen für eine der Cultur höchst gefährliche Macht. [...] Es ist mitunter recht schwer, aber wir müssen Philosophen genug sein, um in dem allgemeinen Rausch besonnen zu bleiben [...] (B 3, 155 f.)

Freilich, bei Kriegsausbruch ist die Haltung Nietzsches noch zwiespältig. Dies wird aus zwei Briefen vom 19.7.1870 deutlich. Einerseits fühlt er sich zum Verteidiger der deutschen Kultur aufgerufen: "Es gilt unsrer Kultur! Und da giebt es kein Opfer, das groß genug wäre! Dieser fluchwürdige französische Tiger!" (B 3, 131 – an die Mutter). Andererseits beklagt er die drohende Barbarei: "Hier ein furchtbarer Donnerschlag: der *französisch-deutsche Krieg* ist erklärt, und unsre ganze fadenscheinige Kultur stürzt dem entsetzlichsten Dämon an die Brust." (B 3, 130 – an Rohde). Nietzsche, der später ausgesprochen frankophile Züge zeigt und in *Ecce homo* erklären wird: "ich glaube nur an französische Bildung" (6, 285 – EH; vgl. 2, 651 – WS; 5, 198 – JGB; 6, 427 – NW), hat dem chauvinistischen Zeitgeist nicht gehuldigt. Sein Anliegen ist die Entwicklung einer neuen Kultur durch eine neue, schöpferische Kunst. Und hier ist Wagner zunächst seine große Hoffnung.

Wenn somit Kunst und Philosophie, konzentriert in den Protagonisten Wagner und Schopenhauer, die die Weltanschauung und das Lebensverständnis des jungen Nietzsche tragenden Hauptfaktoren sind, so tritt als drittes wesentliches Element die Hinwendung zum Griechentum hinzu. Insbesondere die Kunstanschauung des jungen Nietzsche ist durch diese drei Hauptelemente gekennzeichnet: Schopenhauer, Wagner, Griechentum. Aus diesen drei Faktoren konstituiert sich das von Nietzsche in der *Geburt der Tragödie* entworfene Modell einer neuen Kunst. Zunächst aber stehen bei Nietzsche hinsichtlich des Griechentums philologische Interessen und Ambitionen im Vordergrund. Schon der Student Nietzsche erwirbt sich philologische Meriten, vor allem durch die exzellenten Arbeiten *Zur Geschichte der Theognideischen Spruchsammlung* (1867) und *De Laertii Diogenis fontibus* (1868), aber auch durch *Beiträge zur Kritik der griechischen Lyriker* (1868) sowie durch Studien zu Demokrit, Aristoteles, Homer. Der Lehrer Nietzsches, der angesehene Altphilologe Friedrich Ritschl, erklärt nach der Lektüre des Manuskripts der *Theognidea*, "noch nie von einem Studierenden des dritten Semesters etwas Ähnliches der strengen Methode nach, der Sicherheit der Combination nach gesehen zu haben", eine Reaktion, die in Nietzsche ein Hochgefühl weckt und ihn in der Meinung bestärkt, daß die Philologie seine wahre Profession sei: "Einige Zeit gieng ich wie im Taumel umher; es ist die Zeit, wo ich zum Philologen geboren wurde, ich empfand den Stachel des Lobes, das für mich auf dieser Laufbahn zu pflücken sei." (HKG, W III, 300 – Rückblick). Es zeichnet sich freilich schon bald, zunächst noch verdeckt, dann später, nach der Veröffentlichung der *Geburt der Tragödie*, ein immer klarer zutage tretender Dissens zwischen dem jungen Nietzsche und dem von ihm hoch verehrten Lehrer ab. Nietzsches Interessen gehen über die Philologie hinaus, während Ritschl sich streng auf die Philologie beschränkt. Nietzsche notiert: "Er besaß unbedingt eine Überschätzung seines Fachs und hatte demgemäß eine Abneigung dagegen, daß Philologen sich näher mit der Philosophie einließen." (ebd., 305). Nietzsche zeigt zunehmend Abwehrreaktionen gegen das völlige Aufgehen in der Philologie. In seinen frühen autobiographischen Notizen stellt er fest, daß die Philologie weit von der "begeisterten Liebe zum Alterthum" entfernt sei und daß er selbst vielleicht "überhaupt nicht zu den spezifischen Philologen" gehöre (HKG, W V, 251 – 1868/69), sich viel stärker zur Musik hingezogen fühle und eigentlich Musiker hätte werden wollen (ebd., 252). "Zur Musik nämlich fühlte ich schon seit meinem neunten Jahre den allerstärksten Zug" (ebd.). Er habe eigentlich die Philologie nur betrieben, um in der wissenschaftlichen Sachlichkeit ein "Gegengewicht" gegen die Emotionen zu haben (ebd., 253). Er konstatiert, daß die Philologie ihn zu sehr einenge: "aber wenn ich so zurücksehe, wie ich von der Kunst zur Philosophie, von der Philosophie zur Wissenschaft und hier wieder in ein immer engeres Bereich gerathen bin: so sieht dies fast aus, wie eine bewußte Entsagung." (ebd., 251). Es ist letztlich die Aussicht auf die akademische Laufbahn, die Nietzsche in der Philologie festhält. Obschon die kritischen Bemerkungen zur Philologie im Brief an Rohde vom 16.1.1869 eher eine saloppe Marginalie unter Freunden sind, signalisieren sie doch die Krise der Philologie bei Nietzsche:

> Wir sind doch recht die Narren des Schicksals: noch vorige Woche wollte ich Dir einmal schreiben und vorschlagen, gemeinsam Chemie zu studieren und die Philologie dorthin zu werfen, wohin sie gehört, zum Urväter-hausrath. Jetzt lockt der Teufel "Schicksal" mit einer philologischen Professur. (B 2, 359 f.)

Nietzsche übernimmt dann in Basel eine Professur für klassische Philologie, aber er beschränkt sich in seiner Lehrtätigkeit nicht auf philologische Fragen, sondern tendiert immer stärker zur Philosophie, zur griechischen Philosophie, sowie zur Kunst und Dichtung. Bereits in dem Antrittsvortrag *Homer und die klassische Philologie* vom 28.5.1869 entfaltet er einen erweiterten Begriff von "Philologie", indem er die Aufgabe der "Philologie" darin sieht, immer auch "ein Stück" "Geschichte", "Naturwissenschaft", "Aesthetik" und "Pädagogik" zu sein. Als "Geschichte" erschließt sie "Volksindividualitäten", als "Naturwissenschaft" ergründet sie den "Sprachinstinkt", als "Aesthetik" bringt sie "eine verschüttete ideale Welt" zum Vorschein und hält "der Gegenwart den Spiegel des Klassischen und Ewigmustergültigen entgegen", als "Pädagogik" dient sie der Menschenbildung (KGW II 1, 249 f.). So kommt der Philologie nach Nietzsche eine universale kulturelle Funktion zu. Daß die Philologie unter diesen Auspizien in eine enge Beziehung zur Kunst tritt, versteht sich fast von selbst. Nietzsche ist bestrebt, die Trennwand zwischen Kunst und Wissenschaft aufzuheben, und sieht im gemeinsamen Dienst am "Leben" die Einheit von Kunst und Wissenschaft:

> Die Wissenschaft hat das mit der Kunst gemein, dass ihr das Alltäglichste völlig neu und anziehend, ja wie durch die Macht einer Verzauberung als eben geboren und jetzt zum ersten Male erlebt erscheint. Das Leben ist werth gelebt zu werden, sagt die Kunst, die schönste Verführerin; das Leben ist werth, erkannt zu werden, sagt die Wissenschaft. (ebd., 251 f.)

Die Symbiose von Kunst und Wissenschaft im Zeichen des Lebens – dies ist nun ein zentrales Anliegen Nietzsches. An Hand der Homer-Frage erläutert er seinen Dichter-Begriff. Die Trennung von "*genialem Individuum*" und "*dichterischer Volksseele*" erklärt er für gegenstandslos (ebd., 260), wie er auch die Frage, ob Homer eine fiktive Persönlichkeit oder eine historische Person sei, für irrelevant hält. Es kommt ihm gar nicht auf Homer, sondern auf den schöpferischen Dichter als solchen an: "Homer als der Dichter der Ilias und Odyssee ist nicht eine historische Ueberlieferung, sondern ein *aesthetisches Urtheil*." (ebd., 263). Und: "Wir glauben an den einen grossen Dichter von Ilias und Odyssee – *doch nicht an Homer als diesen Dichter*." (ebd., 266). Nietzsches Interesse gilt dem großen Dreiklang von Kunst, Philosophie und Wissenschaft. Er möchte sich nicht beschränken auf die Philologie als Handwerk. Weder die das Sprachdokument als solches erschließende reine Philologie noch die den Text inhaltlich erklärende Sach-Philologie genügen ihm. Die Philologie soll in der Verquickung mit Kunst und Philosophie einen Kulturauftrag erfüllen. Obschon die Philologie selbst nicht zur Kunst werden kann, vermag sie doch den Geist eines Zeitalters wieder zu verlebendigen. Diesbezüglich verteidigt Nietzsche die klassische Philologie gegen die wegen ihrer wissenschaftlichen Strenge sich von ihr abwendenden "Freunde des Althertums" und ruft ihnen ins Gedächtnis, daß erst die Leistungen der Philologie die Antike erschlossen hätten:

> Die Philologie ist ja nicht die Schöpferin jener Welt, sie ist nicht die Tondichterin dieser unsterblichen Musik; aber sollte es nicht ein Verdienst sein und zwar ein grosses, auch nur Virtuose zu sein und jene Musik zum ersten Mal wieder ertönen zu lassen, sie, die so lange unentziffert und ungeschätzt im Winkel lag? Wer war denn Homer vor der muthigen Geistesthat Wolfs? [...] (ebd., 268)[11]

Da die Philologie "zwar weder eine Muse noch eine Grazie, aber eine Götterbotin ist", die "tröstend von den schönen, lichten Göttergestalten eines fernen, blauen, glücklichen Zauberlandes" berichtet (ebd.), ist sie von besonderer Dignität. Aber sie gewinnt diese Bedeutung erst in der Verbindung mit Kunst und Philosophie. In Umkehrung einer Seneca-Sentenz lautet der Grundsatz des neuen philologischen "Glaubensbekenntnisses": "philosophia facta est quæ philologia fuit." (ebd.).[12] Nietzsches Kommentar:

> Damit soll ausgesprochen sein, dass alle und jede philologische Thätigkeit umschlossen und eingehegt sein soll von einer philosophischen Weltanschauung, in der alles Einzelne und Vereinzelte als etwas Verwerfliches verdampft und nur das Ganze und Einheitliche bestehen bleibt. (ebd., 268 f.)

Es zeigt sich immer deutlicher, daß Nietzsche die Philologie nur noch gelten läßt im Hinblick auf Kunst und Philosophie bzw. die Entfaltung der Kultur. Philologie soll als schöpferische Philologie in den ganzheitlichen Geist der Kultur integriert sein. Schon hier, in dieser Frage nach dem Sinn der Wissenschaft, zeigt sich bei Nietzsche jenes Bedürfnis nach Einheit, nach Lebenseinheit und Kulturganzheit, wie es dann bald in der Idee der dionysischen Einheit des Lebens so vehement zum Durchbruch gelangt.

Für Nietzsche wird die Philologie mehr und mehr zum Vehikel für die Erschließung des Altertums in seiner wahren, lebendigen Gestalt. Er sieht sich selber als den Bahnbrecher dieser neuen Sicht auf eine verlebendigte Antike. Im Februar 1870 schreibt er an Deussen:

> auch merke ich, wie mein philosophisches moralisches und wissenschaftliches Streben *einem* Ziele zustrebt und daß ich – vielleicht der erste aller Philologen –

---

11 Vgl. Nietzsches Textstück *Zur Homerfrage* und *Über die Zeitbestimmungen Homers* von 1868 (HKG, W IV, 130-133). – Friedrich August Wolf hatte in seinen *Prolegomena ad Homerum* (1795) die These vertreten, die beiden Epen seien das Produkt einer Reihe von 'Homeriden', deren lange Zeit nur mündlich überlieferte Einzelgedichte erst später zu den epischen Einheiten zusammengefaßt worden seien. Zu Homer vgl. auch Nietzsches *Florentinischen Tractat* und das *Certamen* (KGW II 1,271-364).

12 Die Seneca-Sentenz lautet: "Itaque quae philosophia fuit facta philologia est." (Epistolae morales, 456 [108. Brief]). Senecas Votum für die Gelehrsamkeit erwächst aus der Kritik am Niedergang der Sitten, am Übermut der Deklamatoren, am Verfall der Beredsamkeit. Nietzsches Votum für die Philosophie entspringt der Kritik an einer im Positivismus erstarrenden Philologie. Im übrigen hat Nietzsche ein zwiespältiges Verhältnis zu Seneca. Der junge Nietzsche empfiehlt die Lektüre der *epistulae morales* (B 2, 201 – 20.2.67 – an Gersdorff). Im Prinzip der *constantia* weiß er sich mit Seneca verbunden. Später zeigt Nietzsche eine kritischere Einstellung zu Seneca. So hält er zwar an der "Skepsis" Senecas fest, distanziert sich aber von dessen Begriff der "Tugend" (3, 478 – FW) und nennt ihn den "Toreador der Tugend" (6, 111 – GD). Nietzsche protestiert gegen den moralistischen, lehrhaften Zug Senecas (dazu: 11, 271). Zur Seneca-Kritik vgl. B 6, 481 f. sowie die satirischen Verse in 3, 360 f. – FWP.

> zu einer Ganzheit werde. Wie wunderbar neu und verwandelt sieht mir die Geschichte aus, vornehmlich das Hellenenthum! (B 3, 98)

Im Brief an Rohde vom 28.3.1870 heißt es:

> Ich habe jetzt die besten Hoffnungen für meine Philologie: nur muß ich viele Jahre Zeit mir lassen. Ich nähere mich einer Gesammtanschauung des griechischen Alterthums, Schritt für Schritt und zaghaft-erstaunt. (B 3, 112)

Diese neue Sicht der Antike vollzieht sich im Zeichen der Philosophie, d.h. der Philosophie Schopenhauers, der Metaphysik des Weltwillens. Vorbereitet durch Schopenhauer und Wagner, tritt nun das Phänomen des 'Dionysischen' in den Vordergrund. Im Brief an Gersdorff vom 7.11.1870 heißt es bezeichnenderweise:

> In diesem Sommer habe ich einen Aufsatz geschrieben "über die dionysische Weltanschauung", der das griechische Alterthum von einer Seite betrachtet, wo wir ihm, Dank unserm Philosophen, jetzt näher kommen können. (B 3, 155)

Der Einfluß Schopenhauers auf Nietzsches Abhandlung *Die dionysische Weltanschauung* (1870) betrifft im wesentlichen die Konzeption des Willens. Unter Berufung auf Schopenhauer wendet sich Nietzsche gegen die Psychologie des "Gefühls" und stützt sich auf die Philosophie des "Willens": "Was wir 'Gefühl' nennen, das lehrt die auf Schopenhauers Bahnen wandelnde Philosophie als einen Komplex von unbewußten Vorstellungen und Willenszuständen begreifen." (1, 572 – DW). Schopenhauers *Welt als Wille und Vorstellung* liefert Nietzsche die philosophischen Voraussetzungen für die schon in den frühen Abhandlungen erkennbare Interpretation des Wesens des Lebens als Wille. Vor allem der von Schopenhauer entwickelte Zusammenhang von Universalwille und Individualwille, wonach der Einzelwille nur eine depotenzierte Form des Weltwillens ist, ist die Grundlage der Nietzscheschen Idee des universellen 'dionysischen' Lebens als des in den Individuationen wirkenden Prinzips. In Schopenhauers *Parerga und Paralipomena* konnte Nietzsche lesen, daß der "*Wille*" "das Wesen an sich des Menschen ist" und daß "jeder Mensch jener Wille zum Leben auf eine ganz individuelle und einzige Weise, gleichsam ein individualisierter Akt desselben" sei (SW IV, 272). Wenn Schopenhauer freilich zugleich "das Abwenden des Willens vom Leben als das letzte Ziel des zeitlichen Daseins" bestimmt (ebd.), so ist dies schon für den jungen Nietzsche kein weiterführender Gesichtspunkt, denn er verkündet von vornherein, im Zeichen des 'Dionysos', die unbedingte Bejahung des Lebens. In der Frage des Willens, des Weltwillens und des Einzelwillens, besteht eine fundamentale, nie aufgegebene Affinität Nietzsches zu Schopenhauer. In der Frage der Willensverneinung und Willensbejahung resp. der Lebensverneinung und Lebensbejahung besteht eine unübersehbare Distanz Nietzsches zu Schopenhauer, eine Distanz, die anfangs von Nietzsche noch verdeckt wird, aber später in seiner Schopenhauer-Kritik offen zum Ausdruck gelangt.

Wenn somit die *Dionysische Weltanschauung* von Schopenhauer mitgeprägt ist, so ist doch der Einfluß Wagners noch größer. Ist hinsichtlich der Idee des

Willens Schopenhauer der philosophische Gewährsmann, so ist die ästhetische Konzeption des Dionysischen und Apollinischen als Konstitutionsgesetz der Kunst stark von Wagners Theorie des Musikdramas beeinflußt. Zwar tauchen bei Wagner das Dionysische und das Apollinische noch nicht in ihrer komplementären Duplizität auf, aber die Phänomene des Dionysischen und Apollinischen spielen bereits in seinen früheren Schriften eine Rolle. In *Die Kunst und die Revolution* (1849) wird Apollon als Symbol des Griechentums herausgestellt:

> Der griechische Geist, wie er sich zu seiner Blüthezeit in Staat und Kunst zu erkennen gab, fand, nachdem er die rohe Naturreligion der asiatischen Heimath überwunden, und den *schönen und starken freien Menschen* auf die Spitze seines religiösen Bewußtseins gestellt hatte, seinen entsprechendsten Ausdruck in *Apollon*, dem eigentlichen Haupt- und Nationalgotte der hellenischen Stämme. (WSD 3, 9 f.)

Das "griechische Kunstwerk" wird als der "zu wirklicher, lebendiger Kunst gewordene Apollon" bezeichnet (WSD 3, 11). So dominiert beim früheren Wagner der apollinische Geist gegenüber dem orgiastischen Leben. Freilich, Wagner hat durchaus schon den Zusammenhang des Apollinischen und Dionysischen im Blickfeld, und zwar gerade im Hinblick auf die Entstehung der Tragödie. So heißt es von "Apollon":

> Und so sah ihn, den herrlichen Gott, der von Dionysos begeisterte tragische Dichter, wenn er allen Elementen der üppig aus dem schönsten menschlichen Leben, ohne Geheiß, von selbst, und aus innerer Naturnothwendigkeit aufgesproßten Künste, das kühne, bindende Wort, die erhabene dichterische Absicht zuwies, die sie alle wie in einem Brennpunkt vereinigte, um das höchste erdenkliche Kunstwerk, das *Drama*, hervorzubringen. (WSD 3, 10 f.)

Wagner verweist also in dieser Schrift bereits auf den dramatischen Zusammenhang von "Dionysos" und "Apollon", aber für ihn ist nicht das Dionysische, sondern das Apollinische das organisierende Prinzip der Tragödie. Die Tragödie ist nicht das unmittelbare Produkt des elementaren Lebens, sondern Ausdruck des enthusiastischen dichterischen Geistes. Nietzsche wird demgegenüber später die Prävalenz des Dionysischen betonen. Am Schluß der Schrift verkündet Wagner als Ziel aller Bestrebungen die Verbindung von menschlicher Solidarität und künstlerischer Schönheit, die Synthese aus Christus und Apollon:

> So würde uns denn *Jesus* gezeigt haben, daß wir Menschen alle gleich und Brüder sind; *Apollon* aber würde diesem großen Bruderbunde das Siegel der Stärke und Schönheit aufgedrückt, er würde den Menschen vom Zweifel an seinem Werthe zum Bewußtsein seiner höchsten göttlichen Macht geführt haben. So laßt uns denn den Altar der Zukunft, im Leben wie in der lebendigen Kunst, den zwei erhabensten Lehrern der Menschheit errichten: – *Jesus, der für die Menschheit litt, und Apollon, der sie zu ihrer freudenvollen Würde erhob!* (WSD 3, 41)

Der gleiche Gedanke findet sich in Wagners Fragment *Das Künstlerthum der Zukunft* (1849): "Der griechische Apollon war nur der Gott der schönen Menschen: Jesus der Gott aller Menschen; machen wir nun alle Menschen schön durch die Freiheit." (S. 274). Diese Verbindung von heidnischer Lebensverklärung und christlicher Passion und Humanität hat Nietzsche nicht mitvollzogen. Sein Problem ist das 'dionysische' Leben, und im Lichte dieser Fragestellung sieht er die Antike. Beherrschend in seinem Denken wird mehr und mehr die Idee des Schöpferischen, des schöpferischen Lebens und des schöpferischen Künstlers, und in dieser Hinsicht wiederum findet er in den Schriften Wagners ein reiches Ideenreservoir. Wenn Wagner beispielsweise in der Schrift *Das Kunstwerk der Zukunft* (1849) das Verhältnis von *Natur, Mensch und Kunst* neu zu bestimmen versucht (WSD 3, 42 ff.) und die Kunst als "unmittelbaren Lebensakt" (WSD 3, 46), als Ausdruck der lebendigen "Natur" (WSD 3, 44), als die "lebendig dargestellte Religion" (WSD 3, 63) bezeichnet, so antizipiert er damit Grundmotive des jungen Nietzsche.[13] Auch die Idealisierung der griechischen Kunst und ihre Vorbildfunktion für die zukünftige Kunst, diese für den jungen Nietzsche so bedeutungsvollen Aspekte, sind von Wagner vorweggenommen:

> Vor welcher Erscheinung stehen wir aber mit demüthigenderer Empfindung von der Unfähigkeit unserer frivolen Kultur, als vor der Kunst der *Hellenen*? [...] auf die herrliche griechische Kunst blicken wir hin, um aus ihrem innigen Verständnisse zu entnehmen, wie das Kunstwerk der Zukunft beschaffen sein müsse! (WSD 3, 62)

In ähnlicher Weise verherrlicht Nietzsche in der *Dionysischen Weltanschauung* (1870) das Griechentum, allerdings mit dem charakteristischen Unterschied, daß bei Nietzsche der Schopenhauersche "Wille" in die Kennzeichnung des schöpferischen Griechentums hineinspielt: "Niemals hat der 'Wille' sich offener ausgesprochen, als im Hellenenthum, dessen Klage selbst noch ein Preislied ist." (1, 561 – DW). Wagner beruft sich in der Kennzeichnung der griechischen Kunst noch stärker auf Apollon, bei Nietzsche tritt Dionysos in den Mittelpunkt, im Rahmen der Duplizität des Dionysischen und Apollinischen. Dies wiederum verfehlt seine Wirkung auf Wagner nicht. Bezeichnend ist die positive Aufnahme, die Nietzsches Manuskript der *Geburt des tragischen Gedankens*, eine Abschrift bzw. Neufassung der *Dionysischen Weltanschauung*, bei den Wagners findet. Am 26.12.1870 notiert Cosima ins Tagebuch:

---

13 Wagner bezieht den "Künstler" als kommunikativen Künstler allerdings auf das "Volk" und verurteilt die Einsamkeit des Künstlers: "Aber eben dieses Band, *diese Religion der Zukunft*, vermögen wir Unseligen nicht zu knüpfen, weil wir, so viele wir derer auch sein mögen, die den Drang nach dem Kunstwerke der Zukunft in sich fühlen, doch nur *Einzelne, Einsame* sind. Das Kunstwerk ist die lebendig dargestellte Religion; – Religionen aber erfindet nicht der Künstler, die entstehen nur aus dem *Volke*." (WSD 3, 63). Diesem Mythos des 'Volkes' ist Nietzsche nicht gefolgt, wie ihm auch die in Wagners Schrift *Die Kunst und die Revolution* verkündete Idee einer Revolutionierung der Gesellschaft durch die Kunst, der Gedanke, daß sich um einer neuen "menschlichen Gesellschaft" willen die künstlerische Revolution mit den "großen sozialen Revolutionen" verbinden müsse (WSD 3, 40), fremd geblieben ist. Wagner hat dann allerdings selbst von dieser gesellschaftsrevolutionären Programmatik Abstand genommen.

> Abends liest uns R. im Manuskript, das mir Pr. Nietzsche als Geburtstagsgabe dargereicht hat, sie ist betitelt "Die Entstehung des tragischen Gedankens" und ist von höchstem Wert; die Tiefe und Großartigkeit der in gedrängtester Kürze gegebenen Anschauung ist ganz merkwürdig; wir folgen seinem Gedankengang mit größtem und lebhaftestem Interesse. Besondere Freude gewährt es mir, daß R.'s Ideen auf diesem Gebiet ausgedehnt werden können. (CT I, 330)

Der Einfluß Nietzsches auf Wagner betrifft vor allem das Phänomen des Dionysischen. In der Schrift *Über die Bestimmung der Oper* (1871) spricht Wagner von dem "Kompromiß des apollinischen mit dem dionysischen Elemente" (WSD 9, 137). Später, in der Schrift *Über das Dichten und Komponiren* (1879) verweist er enthusiastisch auf den dionysischen Überschwang von Beethovens 7. Symphonie:

> Hier wird ein Dionysosfest gefeiert, wie nur nach unseren idealsten Annahmen der Grieche es je gefeiert haben kann: laßt uns bis in das Jauchzen, in den Wahnsinn der Wonne gerathen, aber stets verbleiben wir in dem Bereiche erhabener Extase [...] (WSD 10, 147)

Hier hat Nietzsche auf Wagner gewirkt. Aber Nietzsches früher Entwurf einer neuen Kunst im Zeichen des schöpferischen Lebens ist weitgehend von Wagner geprägt. Wagner hat seinen Lebensbegriff und seine Kunstanschauung entscheidend beeinflußt. Wenn Wagner im Manifest *Die Revolution* (1849) verkündet, daß die "erhabene Göttin **Revolution**" die "alte Welt" zertrümmere und eine "*neue*" schaffe (S. 243), daß sie das "ewig schaffende Leben" sei (S. 246 u. 249), und wenn es dort heißt: "*Das Leben ist sich selbst sein Gesetz.*" (S. 247), so wirkt dies wie eine Vorwegnahme von Nietzsches Idee des Lebens, unbeschadet der bei Nietzsche – später freilich auch bei Wagner – fehlenden politischen Brisanz der Revolutionsidee. Es sind Wagners künstlerische und kulturelle Ideen, die der junge Nietzsche übernimmt. Ein Vortrag wie *Das griechische Musikdrama* (1870) ist in wesentlichen Punkten Wagner-Exegese. Nicht nur die Kritik der Oper (vgl. 1, 516 ff. – GMD), sondern auch der Gedanke der Funktionalisierung der Musik im dramatischen Vorgang (vgl. bes. 1, 528 ff. – GMD) und die Idee der Einheit aller Künste (vgl. bes. 1, 529 – GMD) sind zentrale Aspekte der einschlägigen ästhetischen Schriften Wagners. Nach der ersten Begegnung mit Wagner am 8.11.1868 betreibt Nietzsche eine intensive Lektüre der Wagnerschen Schriften. Besonders Wagners Schrift *Oper und Drama* (1851) weckt sein Interesse. Im Brief vom 25.11.1868 empfiehlt er sie Rohde mit dem Hinweis, er solle sich "behaglich an den Ofen" setzen und sie lesen, sie enthalte "unzählig" "schöne Stellen" (B 2, 346; vgl. auch B 3, 105). Im Brief vom 22. und 28.2.1869 an Rohde mokiert er sich über die avantgardistische Anhängerschaft Wagners mit der Bemerkung, "daß meine Herren Brüder in Wagnero meistens doch gar zu dumm sind und ekelhaft schreiben. [...] Für das Buch 'Oper und Drama' ist keiner der Kerle reif." (B 2, 378). In der Folgezeit beschäftigen ihn Wagner-Schriften wie *Über Staat und Religion*, *Deutsche Kunst und deutsche Politik*, *Über das Dirigiren*, *Beethoven*. Wagners Musikdramen und ästhetische Schriften werden für Nietzsche zu einem *rocher de bronze*, sie erlangen für ihn die exzeptionelle Bedeutung eines esoterischen geistigen Besitzes. Im Brief an Wagner vom 10.11.1870 erweist er Wagner, mit Blick auf die Beethoven-Schrift und den *Tristan* und unter Hinweis auf den Einfluß Wagners auf seine eigene Schrift *Die dionysische Weltanschauung*, erneut die Reverenz des Jüngers gegenüber dem Meister: "Deshalb betrachte ich die wirkliche Erkenntniss Ihrer Tonphilosophie als ein kostbares *Ordens*-besitzthum, das einstweilen nur sehr Wenigen zu Gute kommt." (B 3, 157). Nietzsches Wagner-Erlebnisse haben die Vehemenz von Damaskus-Erlebnissen. Dies zeigt sich besonders deutlich im Oktober 1868. Noch in einem Brief vom 8.10.1868 ist die Haltung Nietzsches gegenüber Wagner zwar grundsätzlich wohlwollend-zustimmend, aber zugleich auch kritisch-reserviert. Er stimmt der Auffassung zu, daß Wagner der "Repräsentant eines modernen, alle Kunstinteressen in sich aufsaugenden und verdauenden Dilettantismus" sei; er betont allerdings auch, "wie bedeutend jede einzelne Kunstanlage in diesem Menschen ist, welche unverwüstliche Energie hier mit vielseitigen künstlerischen Talenten gepaart ist", und hält der Wagner-Kritik vor, ihr bleibe die Gefühlsdimension Wagners verschlossen. Dabei ist bemerkenswert, daß der junge Nietzsche an Wagner noch jene Aspekte bewundert, die er später so kompromißlos ablehnen wird, nämlich das Morbide, Degenerative, Todessüchtige. Er schreibt:

> Außerdem aber hat Wagner eine Gefühlssphaere, die O. Jahn ganz verborgen bleibt: Jahn bleibt eben ein Grenzbotenheld, ein Gesunder, dem Tannhäusersage und Lohengrinathmosphaere eine verschlossene Welt sind. Mir behagt an Wagner, was mir an Schopenhauer behagt, die ethische Luft, der faustische Duft, Kreuz, Tod und Gruft etc. (B 2, 322 – an Rohde)[14]

Diese Äußerungen stehen in diametralem Gegensatz zur späteren Wagner-Kritik Nietzsches, der in einem spruchhaften Gedicht wie *An Richard Wagner* (1884) gerade Wagners Hinwendung zum "Kreuz" beklagt: "Weh! Daß auch du am *Kreuze* niedersankst, / Auch du! Auch du – ein Überwundener!" (11, 319). Der junge Nietzsche hingegen, von Wagner berauscht, hat gegen die christlichen Motive Wagners nichts einzuwenden. Nachdem er am 27. Oktober 1868 das Tristan-Vorspiel und die Meistersinger-Ouvertüre gehört hat, ist er Wagner-Enthusiast (vgl. B 2, 332 – 27.10.68 – an Rohde), und nach der wenig später erfolgenden ersten Begegnung mit Wagner wird er vollends zum Wagner-Schwärmer. Hier zeigt sich, daß für Nietzsche intuitiv-spontane Erlebnisse von entscheidender Bedeutung sind.

Daß der von Kunst und Philosophie enthusiasmierte Philologe an der Kärrnerarbeit der strengen Philologie kaum noch Gefallen findet, ist kaum verwunderlich. Im Brief an Deussen aus der zweiten Oktoberhälfte 1868, in dem er seinen außerordentlichen Respekt vor Schopenhauer, "diesem 'Genius ersten

---

14 Der Musikhistoriker Otto Jahn hatte in der Kulturfragen konservativen Zeitschrift >Die Grenzboten< 1853 resp. 1854 Wagners *Tannhäuser* und *Lohengrin* einer scharfen Kritik unterzogen. Im *Tannhäuser* habe er nur die "Sinnlichkeit", kaum aber die "sittliche Natur" dargestellt (*Jahn*, Tannhäuser, 65). Die Handlung sei weder psychologisch motiviert noch künstlerisch bewältigt. Wagner sei ein "Repräsentant" des modernen "Dilettantismus" (ebd., 72). Er zeige ein "bis zur Fieberhaftigkeit exaltirtes Wesen" (ebd., 73). Es fehle ihm "schöpferisches Genie" (ebd., 77). Einer ähnlichen Kritik verfällt der *Lohengrin*.

Ranges' ", zum Ausdruck bringt (B 2, 328), hat er für die Philologie nur noch Mißachtung übrig: "so betrachte ich Philologie als Mißgeburt der Göttin Philosophie, erzeugt mit einem Idioten oder Cretin." (B 2, 329). Im Brief an Rohde vom 20.11.1868 beklagt er sich über "das wimmelnde Philologengezücht unserer Tage", "das ganze Maulwurfstreiben, die vollen Backentaschen und die blinden Augen, die Freude ob des erbeuteten Wurms und die Gleichgültigkeit gegen die wahren, ja aufdringlichen Probleme des Lebens", sieht in den Philologen eine Gefahr für "unsern Genius" und beruft sich auf Schopenhauer und Wagner als schöpferische Gegenkräfte gegen die niederziehende Philologie. (B 2, 344). Nietzsche macht in der Tat zwei konkrete Versuche, sich von der ihn belastenden Philologie zu lösen und sich ganz der Philosophie bzw. der Kunst zuzuwenden. Im Januar 1871 bewirbt er sich um eine vakant gewordene Professur für Philosophie an der Universität zu Basel. In seinem Bewerbungschreiben an den Ratsherrn Wilhelm Vischer-Bilfinger betont er, "daß meine eigentliche Aufgabe, der ich im Nothfalle *jeden Beruf opfern müßte*, meine *philosophische*", durch seine philologische und pädagogische Tätigkeit aufs schwerste beeinträchtigt werde (B 3, 175). Er weist darauf hin, daß schon in seinen "Schul- und Studentenjahren" die "Prävalenz der philosophischen Neigungen" außer Zweifel gewesen sei, und fährt fort:

> und auch in den philologischen Studien hat mich vorzugsweise das angezogen, was entweder für die Geschichte der Philosophie oder für die ethischen und aesthetischen Probleme mir bedeutsam erschien. (B 3, 176)

Nietzsche ist in dieser Angelegenheit voller Hoffnung. Er schlägt Rohde zu seinem Nachfolger für die philologische Professur vor und schreibt dem Freund am 8.2.1871 enthusiastisch: "Wir haben *vielleicht* Aussicht, nächstes Semester zusammen zu verleben. Du *als mein Nachfolger* und ich – *als Universitätsphilosoph!!*" (B 3, 183). Nun, es wurde nichts aus dem Projekt. Aber Nietzsche gibt nicht auf. Der Wagner-Enthusiast will sich ganz dem Werk des verehrten Meisters widmen und Professur und Beamtenexistenz zu diesem Zweck aussetzen bzw. ganz aufgeben. Schon im Brief an Cosima von Bülow vom 19.6.1870 schrieb er:

> In Sachen Baireuths habe ich mir überlegt, daß es für mich das Beste sein dürfte, wenn ich auf ein Paar Jahre meine Professoren-thätigkeit einstelle und auch mit ins Fichtelgebirge wallfahre. Das sind so Hoffnungen, denen ich mich gern hingebe. (B 3, 125)

Im Januar 1872 trägt er sich mit dem Gedanken, sich unter Aufgabe seiner Professur ganz in den Dienst des Bayreuth-Projekts zu stellen und nur noch auf Vortragsreisen Wagners großangelegtes Kulturunternehmen der Öffentlichkeit nahezubringen. Am 24.1.1872 schreibt er an Wagner: "Dass doch alles zuletzt auf Sie zurückgeht! Ich empfinde meine jetzige Existenz als einen Vorwurf und frage Sie aufrichtig an, ob Sie mich brauchen können." (B 3, 276). Nietzsche sieht nun seine wahre Berufung darin, gewissermaßen der Wanderprediger Wagners, der "künftige Hausphilosoph der Wagners" (*Ross*, Adler, 266), zu werden. Um den 11.4.1872 schreibt er an Rohde:

> Ich selbst nämlich will den nächsten Winter herumziehn im deutschen Vaterland dh. eingeladen von den Wagnervereinen der größeren Städte, um Vorträge über die Nibelungen-bühnenfestspiele zu halten – es muß eben Jeder thun, was seine Pflicht ist und, im Collisionsfalle, was seine Pflicht *mehr* ist. (B 3, 304)

Wagner hat diese Absichten Nietzsches in gewisser Weise provoziert. Im Brief an Nietzsche vom 12.2.1870 schreibt er, mit Bezug auf den Vortrag *Sokrates und die griechische Tragödie*, dessen Manuskript ihm Nietzsche nach Tribschen geschickt hatte und auf den er bereits im Brief vom 4.2.1870 positiv reagiert hatte[15], man könne eine Art Arbeitsteilung vornehmen, bei der er, Wagner, das künstlerische "Schaffen" übernehme und Nietzsche das theoretische, philologische Fundament erstelle:

> Da ist nun aber Theilung der Arbeit gut. Sie könnten mir nun viel, ja ein ganzes Halbtheil meiner Bestimmung abnehmen. Und dabei gingen Sie vielleicht ganz *Ihrer* Bestimmung nach. [...] Nun bleiben Sie Philolog, um als solcher sich von der Musik dirigiren zu lassen. [...] Nun zeigen Sie denn, zu was die Philologie da ist, und helfen Sie mir, die grosse "Renaissance" zu Stande bringen, in welcher Platon den Homer umarmt, und Homer, von Platons Ideen erfüllt, nun erst recht der allergrösste Homer wird. (B II 2, 145 f.)

Die Aufgabe des Philologen Nietzsche soll in der theoretischen Begründung der anzustrebenden Symbiose von Kunst und Philosophie bestehen. Nietzsche engagiert sich ohne Einschränkung für Wagner. Er soll der Redakteur der Bayreuther Blätter werden. Nach der Sendung der *Geburt der Tragödie* durch Nietzsche schreibt Cosima Wagner am 3.1.1872 ins Tagebuch:

> Abends lesen wir in der Nietzsche'schen Schrift, die wirklich herrlich ist, R. gedenkt der Leute, die jetzt das große Wort in Deutschland führen, und frägt sich, welches Schicksal dieses Buch nun haben wird, hofft in Bayreuth eine Revue zu gründen, deren Redakteur Pr. Nietzsche sein würde. (CT I, 476)

Die geplante Zusammenarbeit zwischen Wagner und Nietzsche unterliegt von vornherein einer Doppelbelastung, denn einerseits ist Wagner eine zu beherrschende Gestalt, als daß er Nietzsche als gleichberechtigten Partner anerkennen könnte, und andererseits ist Nietzsche trotz aller Wagner-Anhängerschaft auf die Dauer doch eine zu eigenständige Natur, als daß er sich dem Diktat Wagners unterwerfen und nur dessen Vollzugsorgan sein könnte.

---

15 Obschon Wagners Brief einen gewissen ironischen Unterton ob der "Kühnheit" der Nietzscheschen Ideen und der voraussehbaren Irritationen der Wagner-Kenner nicht verleugnet und obschon Wagner, nicht ohne leise Mahnung, Nietzsche um ein Verständnis der "göttlichen Irrthümer des Sokrates und Platon" bittet, "welche so überwältigend schöpferischer Natur waren, dass wir, obwohl uns von ihnen bekehrend, sie doch anbeten müssen", ist der Brief doch im ganzen auf einen enthusiastischen Ton gestimmt: "Ich – für meine Person – rufe Ihnen zwar zu: so ist es! Sie haben das Rechte getroffen, und den eigentlichen Punkt auf das Schärfste genau bezeichnet, so dass ich nicht anders als verwunderungsvoll Ihrer ferneren Entwickelung, zur Ueberzeugung des gemeinen dogmatischen Vorurtheils, entgegensehe." Den wahren Sinn der Nietzscheschen Schrift sieht Wagner in der Aktivierung der eigenen schöpferischen Kräfte durch die Auseinandersetzung mit der Antike: "O Freund! Wo die hymnischen Worte hernehmen, wenn wir aus *unsrer* Welt auf jene unbegreiflich harmonischen Wesen blicken! Und wie hoch dann wieder von uns selbst denken und hoffen, wenn wir tief und klar fühlen, dass wir etwas können sollen und müssen, was Jenen versagt war!" (B II 2, 137 f.).

Schon früh zeichnen sich in allem Wagner-Enthusiasmus bei Nietzsche auch innere Spannungen gegenüber dem verehrten Meister ab. Nicht selten sind Verstimmungen zwischen Wagner und Nietzsche spürbar. So zeigt sich Wagner, der keine fremden Götter neben sich dulden möchte, im August 1874 indigniert über Nietzsches Beschäftigung mit dem *Triumphlied* von Brahms.[16] Nietzsche drückt sich im Brief vom 14.6.1874 aus Basel an Rohde eher zweideutig über Brahms aus:

> In der letzten Zeit war Dein Landsmann Brahms hier, und ich habe viel von ihm gehört, vor allem sein Triumphlied, das er selbst dirigirte. Es war mir eine der schwersten aesthetischen Gewissens-Proben, mich mit Brahms auseinanderzusetzen; ich habe jetzt ein Meinungchen über diesen Mann. Doch noch sehr schüchtern. (B 4, 236)

Nietzsches intensive Auseinandersetzung mit Brahms, die ihn offenbar mit grundsätzlichen ästhetischen Problemen konfrontiert und im übrigen den zeitgenössischen Antagonismus zwischen der Wagner-Partei und der Brahms-Partei widerspiegelt[17], ist nur vorübergehender Art und stellt keine ernsthafte Gefährdung seiner Wagner-Verehrung dar. Im übrigen laufen die späteren Urteile Nietzsches über Brahms in der Regel auf eine schroffe Abwertung hinaus (vgl. B 6, 347, 532; 12, 46; 12, 285; 6, 47 – WA). Wie stark Nietzsche sich der geistigen Existenz Wagners auch noch Mitte der 70er Jahre verbunden fühlt, zeigt exemplarisch sein Brief an Wagner vom 21.5.1876:

> Es sind ziemlich genau sieben Jahre her, daß ich Ihnen in Tribschen meinen ersten Besuch machte, und ich weiß Ihnen zu Ihrem Geburtstage nicht mehr zu sagen, als daß ich auch, seit jener Zeit, im Mai jedes Jahres meinen geistigen Geburtstag feiere. Denn seitdem leben Sie in mir und wirken unaufhörlich als ein ganz neuer Tropfen Bluthes, den ich früher gewiß nicht in mir hatte. (B 5, 159 f.)

Die 1875/76 geschriebene, noch rechtzeitig vor der im August 1876 erfolgenden Eröffnung der Bayreuther Festspiele veröffentlichte Abhandlung *Richard Wagner in Bayreuth* ist ein Panegyrikus auf Wagner. Die Kunst Wagners bzw. das Bayreuther "Unternehmen" wird in den höchsten Tönen gerühmt:

> Es ist die erste Weltumsegelung im Reiche der Kunst: wobei, wie es scheint, nicht nur eine neue Kunst, sondern die Kunst selber entdeckt wurde. Alle bisherigen modernen Künste sind dadurch als einsiedlerisch-verkümmerte oder als Luxus-Künste, halb und halb entwerthet; auch die unsicheren, übel zusammen-

---

16 Cosima notiert am 6.8.1874: "Unser Freund N. bringt das Triumphlied von Brahms, R. lacht laut auf, daß Musik auf das Wort '*Gerechtigkeit*' gemacht würde." (CT II, 843). Und am 6.8.1874 heißt es mit Bezug auf das *Triumphlied*: "R. wird sehr böse" (CT II, 844). Dazu: *Gregor-Dellin*, Wagner, 676 f. Man kann in diesem Verhalten einen Omnipotenzanspruch des Meisters sehen (so *Mayer*, Wagner [rororo], 155 f.).

17 Hinsichtlich der Auseinandersetzung zwischen den beiden Lagern kann man "fast von einem musikalischen Bürgerkrieg sprechen, einem erbarmungslosen Kampf, in dem man sich für die eine oder die andere Seite entscheiden mußte" (*Thatcher*, Totengericht, 339). Nietzsche hat sich später von beiden Musikgrößen gelöst. "Genau so wie er sich von Wagner und damit von Bayreuth trennen mußte als dem Symbol gesamtdeutscher bürgerlicher Vulgarität, so mußte er auch mit Brahms Schluß machen." (ebd., 349 f.).

hängenden Erinnerungen an eine wahre Kunst, die wir Neueren von den Griechen her hatten, dürfen nun ruhen, soweit sie selbst jetzt nicht in einem neuen Verständnisse zu leuchten vermögen. (1, 433 – WB)

Diese hyperbolische Rühmung übertrifft sogar noch den Wagner-Kult der *Geburt der Tragödie*, denn nun erhält Wagner sogar den eindeutigen Vorrang selbst vor den Griechen, deren Wiederbelebung angesichts der Kunst Wagners keine unbedingte Notwendigkeit mehr ist. Es kann also keine Rede davon sein, daß sich die Wagner-Verehrung Nietzsches, die Verehrung der Kunst Wagners, in der vierten *Unzeitgemäßen Betrachtung* abgeschwächt hätte.[18] Kein Wunder, daß Cosima Wagner Anfang Juli 1876 im Tagebuch das Eintreffen der "herrlichen Schrift" Nietzsches vermerkt (CT II, 994) und Richard Wagner am 13.7.1876 an Nietzsche schreibt: "Freund! / Ihr Buch ist ungeheuer! – / Wo haben Sie nur die Erfahrung von mir her? –" (B II 6/1, 362).[19] Eben dies ist kennzeichnend für Nietzsches Abhandlung. Ihr Thema ist nicht nur der Mythos, sondern auch der Mensch Wagner. Einerseits treibt Nietzsche die Monumentalisierung Wagners auf die Spitze, andererseits charakterisiert er mit psychologischem Scharfblick Motivationen, Existenzbedingungen und Verhaltensweisen des Menschen und Künstlers Wagner. "Das Leben Wagner's, ganz aus der Nä-

18 Janz ist der Auffassung, daß die "grundsätzliche Überwindung" Wagners bei Nietzsche schon viel früher eingesetzt habe, und verweist auf die Brahms-Begeisterung von 1874 sowie auf Nietzsches Vorbehalte gegenüber der "theatralischen Musik" zugunsten der "reinen Instrumentalmusik" (B 4, 88 – November 1872) (*Janz*, Annäherung, 18 f.). Janz verweist zu Recht, unter Zitation entsprechender Nietzsche-Fragmente, auf kritische Vorbehalte Nietzsches gegenüber der Kunst Wagners bereits 1874 (vgl. *Janz*, Nietzsche I, 702ff.). Die Frage ist, ob diese Symptome ausreichen, eine innere Lösung Nietzsches von Wagner zu konstatieren. In den relevanten Fragmenten von 1874 zeigt sich im ganzen eine eher zwiespältige Einstellung Nietzsches gegenüber Wagner. Einerseits heißt es: "Die Musik ist nicht viel werth, die Poesie auch <nicht>, das Drama auch nicht, die Schauspielkunst ist oft nur Rhetorik – aber alles ist im Grossen Eins und auf einer Höhe." (7, 756). Andererseits notiert Nietzsche: "Ich habe oft unsinniger Weise bezweifelt, ob Wagner musikalische Begabung habe." (7, 759). Einerseits konstatiert er: "Gefahren der *dramatischen* Musik für die Musik. / Gefahren des musikalischen Drama's für den dramatischen Dichter. / Gefahren für den Sänger." (7, 773). Andererseits notiert er: "Wagner als Denker ist gleich so hoch als Wagner als Musiker und Dichter." (7, 757). Nietzsches Sentenzen zeigen eine eigentümliche Doppelbödigkeit. Einerseits kritisiert er Wagner, andererseits erweist er ihm die Reverenz. Freilich, der kritische Impetus dominiert, denn die Fragmente sind voll von Kritik am Schauspielertum, an der Rhetorik und am Kolossalstil Wagners (vgl. generell 7, 756-777). Dennoch zögert man, von einer prinzipiellen Loslösung Nietzsches von Wagner zu sprechen, sondern möchte in seinen Äußerungen eher einen Orientierungsversuch, eine kritische Auseinandersetzung im Sinne einer ästhetischen Selbstvergewisserung sehen. Nietzsche rückt Wagner ins Zwielicht, aber er wird noch nicht zum Renegaten, sondern 'ringt' gewissermaßen mit ihm. Daher haftet auch jenen Fragmenten, aufs Ganze gesehen, eine seltsame Zweideutigkeit an. Im Hinblick auf die Kompositionen Nietzsches trifft Janz die bemerkenswerte, wenngleich ein wenig überpointierte Feststellung: "Nietzsche war als Musiker nie 'Wagnerianer', eher Schumann-Epigone." (*Janz*, Annäherung, 14). Erhellend hinsichtlich des komplizierten Verhältnisses Nietzsches zu Wagner ist die psychologisch treffende Beobachtung: "Nietzsche seinerseits versuchte sein ideales Wagnerbild zu erhalten, indem er dem realen Wagner so wenig als möglich begegnete." (ebd., 19). Etwas von dieser inneren Spannung ist in der Tat in der Schrift *Richard Wagner in Bayreuth* spürbar, in der Nietzsche einen von ihm mit psychologischem Scharfblick charakterisierten 'realen' Wagner durch die Apotheose der Kunst zu einem 'idealen' Wagner überhöht.

19 Dieses Lob Wagners veranlaßt Nietzsche zu der Feststellung: "Das Buch hat sich *legitimirt*" (B 5, 178 – 21.7.76). Die psychologischen Partien der Schrift haben bei Wagner allerdings eine innere Abwehr ausgelöst. Hier hatte Nietzsche Imponderabilien ins Spiel gebracht, durch die Wagner sich verletzt fühlen konnte. Er empfand Nietzsches Schrift denn auch als "unerfreuliches Buch" von "eigentümlich krankhaft perverser Verbissenheit" (*Glasenapp*, Wagner VI, 90).

he und ohne Liebe gesehen, hat [...] sehr viel von der Comödie an sich, und zwar von einer merkwürdig grotesken." Es besteht eine Diskrepanz zwischen der "grotesken Würdelosigkeit ganzer Lebensstrecken" und dem Willen zum "Erhabenen" und "Ueber-Erhabenen" (1, 441 – WB). Der Psychologe Nietzsche beobachtet beim jungen Wagner

> ein Beieinander von Eigenschaften, welche eher Bedenken, als Hoffnung erregen müssen: ein Geist der Unruhe, der Reizbarkeit, eine nervöse Hast im Erfassen von hundert Dingen, ein leidenschaftliches Behagen an beinahe krankhaften hochgespannten Stimmungen, ein unvermitteltes Umschlagen aus Augenblicken seelenvollster Gemüthsstille in das Gewaltsame und Lärmende. [...] wer oberflächlich hinblickte, mochte meinen, er sei zum Dilettantisiren geboren. (1, 435 f. – WB)

Hier scheint Nietzsche sich einer zweideutigen Argumentationsstrategie zu bedienen. Einerseits führt er diese abschätzigen Aspekte an, um zu demonstrieren, wie das Genie Wagners sich schließlich gegen alle persönlichen Schwächen und Umweltbeschränkungen durchgesetzt habe. Andererseits zeichnet er auf diese Weise zweifellos kritische Züge in das Bild Wagners ein. Wagner verliert zwar für Nietzsche seine magische Anziehungskraft nicht, aber er wird nun zugleich realistischer gesehen. Er ist nicht mehr nur ein Monument, sondern auch ein Mensch. Nietzsches Abhandlung ist eine Verbindung von monumentalem Pathos und enthüllender Psychologie. Freilich, es dominiert nicht die Künstler-Psychologie, sondern die Künstler-Apothese. Nietzsche selbst ist später der Auffassung, er habe erst mit dem *Fall Wagner* (1888) das "*psychologische Problem Wagner* an's Licht" 'gestellt' (B 8, 425 – 14.9.88 – an Deussen). Das trifft nur bedingt zu, denn er hat in den Jahren zuvor Wagner immer wieder zum Gegenstand kritischer Enthüllungspsychologie gemacht. Aber in *Richard Wagner in Bayreuth* steht nicht die kritische Psychologie, sondern das affirmative Pathos im Vordergrund. Die Abhandlung ist eine programmatische Schrift im Hinblick auf die Bayreuther Festspiele. Zu diesem großen Projekt will Nietzsche einen produktiven Beitrag leisten (vgl. *Ross*, Adler, 461 ff.). Auf Bayreuth setzt er seine Hoffnungen. Aber der Idealismus wird durch die Realität dementiert. Es zeigt sich eine schockierende Kluft zwischen den hochfliegenden Ideen und der niederziehenden Wirklichkeit. Obschon Nietzsche zur Zeit der Bayreuther Festspiele gesundheitlich völlig indisponiert ist und den Proben zur *Götterdämmerung* und zur *Walküre* kaum zu folgen vermag, ist es im Grunde die Aversion gegen die in Bayreuth herrschende Betriebsamkeit, die ihn zur Flucht vor den Festspielen veranlaßt[20]. Bezeichnend sind die Briefäußerungen gegenüber der Schwester. Am 25.7.1876 schreibt er anläßlich der Proben zur *Götterdämmerung*: "Montag war ich in der Probe, es gefiel mir gar nicht und ich mußte hinaus." (B 5, 179). Immerhin, Nietzsche findet dennoch einen Zugang zur *Götterdämmerung*. Am 28.7.1876 schreibt er: "Inzwischen habe ich

20 In der Abneigung Nietzsches mischt sich das körperliche Unwohlsein mit gekränktem Stolz über die Bedeutungslosigkeit der eigenen Person bei den Festspielen und mit dem Gefühl der musikalischen Monotonie des *Rings*. Dazu: *Ross*, Adler, 466; *Janz*, Nietzsche I, 716.

die ganze Götterdämmerung gesehn und gehört, es ist gut sich daran zu gewöhnen, jetzt bin ich in *meinem* Elemente." (B 5, 179). Am 1.8.1876 schreibt er:

> Gestern habe ich die Walküre nur in einem dunkeln Raume mit anhören können; alles Sehen unmöglich! Ich sehne mich weg, es ist unsinnig wenn ich bleibe. Mir graut vor jedem dieser langen Kunst-Abende; und doch bleibe ich nicht weg. (B 5, 181)

Dies scheint einen gewissen Zwiespalt Nietzsches anzudeuten. Einerseits zermürben ihn die Proben, andererseits fühlt er sich zu ihnen hingezogen. Im ganzen aber herrscht die Abneigung vor: "Ich habe es ganz satt. / Auch zur ersten Vorstellung will ich nicht da sein. Sondern irgendwo, nur nicht hier, wo es mir nichts als Qual ist." (B 5, 181). Im Brief vom 6.8.1876 kommt die ganze Desillusion Nietzsches zum Ausdruck: "Ich muß alle Fassung zusammen nehmen, um die grenzenlose Enttäuschung dieses Sommers zu ertragen." (B 5, 182). In *Ecce homo* schreibt Nietzsche, er habe sich damals "von Zeit zu Zeit" kritische Sätze notiert, "lauter *harte* Psychologica" (6, 324 – EH). *Menschliches, Allzumenschliches*, entstanden 1876-1878, veröffentlicht 1878, deutet er in der Rückschau als das "Denkmal einer Krisis" (6, 322 – EH):

> Die Anfänge dieses Buchs gehören mitten in die Wochen der ersten Bayreuther Festspiele hinein; eine tiefe Fremdheit gegen Alles, was mich dort umgab, ist eine seiner Voraussetzungen. Wer einen Begriff davon hat, was für Visionen mir schon damals über den Weg gelaufen waren, kann errathen, wie mir zu Muthe war, als ich eines Tags in Bayreuth aufwachte. Ganz als ob ich träumte... Wo war ich doch? Ich erkannte Nichts wieder, ich erkannte kaum Wagner wieder. (6, 323 – EH)

Nietzsche, völlig irritiert von der in Bayreuth herrschenden Kunstbetriebsamkeit, erlebt auf dieser forcierten Kulturszene die Entfremdung zwischen Individuum und Gesellschaft. Bezeichnenderweise gilt seine retrospektive Kritik nicht nur Wagner, sondern vor allem auch den Wagnerianern, denen er deutschtümelnde, den kosmopolitischen Charakter der Wagnerschen Kunst verfälschende Tendenzen vorwirft:

> Man hatte Wagner ins Deutsche übersetzt! Der Wagnerianer war Herr über Wagner geworden! – Die *deutsche* Kunst! der *deutsche* Meister! das *deutsche* Bier!... Wir Andern, die wir nur zu gut wissen, zu was für raffinirten Artisten, zu welchem Cosmopolitismus des Geschmacks Wagners Kunst allein redet, waren ausser uns, Wagnern mit deutschen "Tugenden" behängt wiederzufinden. (6, 323 f. – EH)

Die Bayreuther Festspiele, ein repräsentatives Gesellschaftsereignis mit Kaisern, Königen und Hochadel an der Spitze, das pompöse Ambiente dieses "Nationalfestes", wie es der Kaiser, "sehr freundlich gestimmt", nennt (CT II, 998 – 7.8.76), dieses "Fürstentages" (*Gregor-Dellin*, Wagner, 716), das patriotische Klima, die Vermarktung Wagners, die überall herrschende Hektik, das "ganze Tun und Treiben dort" (*Kapp*, Wagner, 171) – alles ist Nietzsche wider den

Geschmack, verstärkt seine Abneigung gegen die Spiele und macht ihm schmerzlich die Diskrepanz zwischen Ideal und Wirklichkeit bewußt: "Mein Fehler war der, dass ich nach Bayreuth mit einem Ideal kam: so mußte ich denn die bitterste Enttäuschung erleben. Die Überfülle des Hässlichen Verzerrten Überwürzten stiess mich heftig zurück." (8, 522; vgl. B 5, 344). Entscheidender allerdings als diese doch letztlich äußeren Umstände der Festspiele ist für die Loslösung von Wagner Nietzsches innerer Impuls zur Eigenständigkeit. In *Ecce homo* schreibt er:

> Was sich damals bei mir entschied, war nicht etwa ein Bruch mit Wagner – ich empfand eine Gesammt-Abirrung meines Instinkts, von der der einzelne Fehlgriff, heisse er nun Wagner oder Basler Professur, bloss ein Zeichen war. Eine *Ungeduld* mit mir überfiel mich; ich sah ein, dass es die höchste Zeit war, mich auf *mich* zurückzubesinnen. (6, 324 – EH)

Und Nietzsche betont, noch entschiedener, "was diese 'Rückkehr zu *mir*' war: eine höchste Art von *Genesung* selbst!" (6, 326 – EH). In der Tat ist Nietzsches Loslösung von Wagner vor allem ein Akt der Selbstbefreiung. Nietzsche mußte sich von Wagner befreien, um er selbst sein zu können.[21] Es kommt hinzu, daß Nietzsches wesensmäßig monologische Existenz im Grunde der gesellschaftlich-repräsentativen Kunstdarbietung widerstrebte. Man kann sogar die Frage aufwerfen, ob Nietzsches Engagement für Bayreuth nicht von vornherein ein Mißverständnis war. Im Unterschied zu Wagner war er weder ein Theatermensch noch ein Gesellschaftsrepräsentant. Er war ein Dichter und Denker der absoluten Einsamkeit, und sein eigentliches Anliegen in der Kunst war die monologische Kunst. Nietzsches visionärer Idealismus (der durch die Bayreuther Vorgänge und Tendenzen desillusioniert wird), die monologische Existenz (die sich gegen die repräsentative Institutionalisierung der Kunst sperrt) und vor allem die existentielle Selbständigkeit (die durch die Übermacht Wagners bedroht ist) – diese Faktoren führen zur Distanz Nietzsches gegenüber Wagner und dem Bayreuther Unternehmen. Fortan ist das Verhältnis Nietzsche-Wagner durch eine wachsende Entfremdung, eine zunehmende Spannung und schließlich den schroffen Gegensatz gekennzeichnet. Aber wirklich losgekommen ist Nietzsche nie von Wagner. Noch im *Fall Wagner*, dieser "Kriegserklärung ohne

21 Nietzsche hat den Willen zur Eigenständigkeit schon viel früher als Motiv der Loslösung von Wagner hervorgehoben. Diese existentielle Motivation mischt sich allerdings mit einer ästhetischen Wertung und einer weltanschaulichen Begründung. So schreibt er im Brief an Mathilde Maier vom 15.7.1878, Wagners Kunst sei eine "Barockkunst der Überspannung und der verherrlichten Maßlosigkeit", die, wie die vernunftfeindliche Metaphysik, "mich endlich krank und kränker machte und mich fast meinem guten Temperamente und meiner Begabung entfremdet hätte. [...] *Jetzt* schüttele ich ab, was nicht zu *mir* gehört, Menschen, als Freunde und Feinde, Gewohnheiten Bequemlichkeiten Bücher; ich lebe in Einsamkeit auf Jahre hinaus, bis ich wieder, als Philosoph des *Lebens*, ausgereift und fertig verkehren *darf* (und dann wahrscheinlich *muß*)." (B 5, 338). In ästhetischer Hinsicht ist es die künstlerische Maßlosigkeit Wagners, durch die Nietzsche sich provoziert fühlt. In weltanschaulicher Hinsicht ist es der Entwurf einer neuen Philosophie, einer Philosophie des 'Lebens', durch die Nietzsche sich von Wagner, von der Philosophie der Lebensverneinung, zu lösen versucht. In existentieller Hinsicht ist es der Wille zum eigenen Selbstsein, zur Emanzipation von der Übermacht Wagners, was Nietzsche zur Trennung von dem einst Vergötterten veranlaßt. Nietzsche mußte sich von diesem Übervater befreien, um zu einem wirklich eigenständigen Daseinsentwurf zu gelangen.

pardon an diese ganze Bewegung", diesem "Pamphlet [...] *gegen* Wagner" (B 8, 425 f. – 14.9.88 – an Deussen), ist dieser innere Zwiespalt Nietzsches, der Wille zur Loslösung von Wagner und dem Wagnerianismus und die unlösliche Bindung an Wagner, nicht getilgt:

> Wenn ich in *dieser* Schrift Wagnern den Krieg mache – und, nebenbei, einem deutschen "Geschmack" –, wenn ich für den Bayreuther Cretinismus harte Worte habe, so möchte ich am allerwenigsten irgend welchen *andren* Musikern damit ein Fest machen. *Andre* Musiker kommen gegen Wagner nicht in Betracht. (6, 46 – WA)

Jedenfalls war Bayreuth nicht der Weg zur erhofften neuen Freiheit. Nietzsche emanzipierte sich von Bayreuth, wie er sich innerlich von seiner offiziellen Profession, der Philologie, befreite.

Die konkreten Ausbruchsversuche Nietzsches, die Versuche, sich von der professionellen Philologie durch eine Philosophie-Professur oder durch die Kunst-Mission im Dienste des Bayreuth-Unternehmens zu befreien, waren zum Scheitern verurteilt. Aber Kunst und Philosophie, die eigentlich sein Ausgangspunkt seit der Schüler-Zeit waren, haben eine produktive Revision seiner Auffassung vom Sinn der Philologie herbeigeführt. Schon Anfang 1870 schreibt er an Rohde: "Wissenschaft Kunst und Philosophie wachsen jetzt so sehr in mir zusammen, dass ich jedenfalls einmal Centauren gebären werde." (B 3, 95 – Ende Januar u. 15.2.70). Die bloße Gelehrtenexistenz genügt ihm nicht mehr. Er will Wissenschaftler, Künstler und Denker in einem sein. In wachsendem Maße beansprucht das schöpferische Individuum sein Interesse. In den Vorträgen *Ueber die Zukunft unserer Bildungsanstalten* (1872) übt er schroffe Kritik am zeitgenössischen Bildungswesen, dem er einen Mangel an schöpferischen Antrieben und eine Erstarrung in historisch-antiquarischen Kategorien vorwirft, und fordert eine schöpferische Bildung, deren Ziel die Hervorbringung des Genies ist. Der "größte und mächtigste Bundesgenosse" bei der "allgemeinen Erneuerung, Erfrischung und Läuterung des deutschen Geistes" ist die "*Natur*", d.h. das Leben selbst. Mit ihrer Hilfe soll die Überwindung der durch die "unnatürlichen Bildungsmethoden" bedingten "verhängnißvollsten Schwächen unserer Gegenwart", die beansprucht, " 'modern' und 'zeitgemäß' zu sein", gelingen (1, 645 f. – BA). Während die gegenwärtige Wissenschaft "vampyrartig ihre Geschöpfe verbraucht" (1, 670 – BA), der Gelehrte sich opportunistisch mit dem "Journalisten", dem "Diener des Augenblicks", verbündet und "jede eben gestreute Saat wahrer Bildung sofort schonungslos" von der "zermalmenden Walze dieser Pseudo-Bildung" erstickt wird, kommt es in Wahrheit auf die Regeneration "des großen Genius, des Führers für alle Zeiten, des Erlösers vom Augenblick" an (1, 671 – BA). Dem Bildungssystem seiner Zeit wirft Nietzsche ein Ausweichen vor dem Schöpferisch-Genialen vor: "Man möchte sich jener schweren Nothwendigkeit entziehn, für den Genius arbeiten zu müssen, um seine Erzeugung möglich zu machen." (1, 666 – BA). Nietzsches Schrift ist eine Kritik der aktuellen, dem Prinzip der Allgemeinbildung verpflichteten Bildungspolitik und ein Plädoyer für eine in der Hervorbringung schöpferischer Individuen kulminierende Elite-Bildung. Volkspädagogik, Bildungsidee und Sozialengagement der Zeit werden von Nietzsche als Nivellierungstendenzen abgetan. Er polemisiert gegen das "Feldgeschrei der Masse nach weitester Volksbildung" (1, 669 – BA), gegen die "jetzige Bildungsbarbarei" (1, 671 – BA), gegen das "Erdenglück" der "großen Masse": "Das nennt man jetzt die 'sociale Frage'." (1, 668 – BA) Hinter dieser 'reaktionären' Elite-Ideologie steht der Impetus, den Pragmatismus der "Barbaren des neunzehnten Jahrhunderts" (1, 650 – BA) zu überwinden. Der Regenerationsbereich der wahren, der Kunst, der Philosophie und dem Genie verpflichteten Bildungsarbeit ist die Antike. Das "Gefühl für das Klassisch-Hellenische" (1, 687 – BA) soll neu geweckt werden. Nietzsche betont den Gegensatz zwischen der unschöpferischen Gegenwart und dem schöpferischen Altertum, denn das mechanistische Bildungssystem der Gegenwart tötet die vom Altertum ausgehenden schöpferischen Impulse ab:

> Wer von euch wird zu einem wahren Gefühl für den heiligen Ernst der Kunst kommen, wenn ihr mit Methode verwöhnt werdet, selbständig zu stottern, wo man euch lehren sollte zu sprechen, selbständig zu ästhetisiren, wo man euch anleiten sollte, vor dem Kunstwerk andächtig zu sein, selbständig zu philosophiren, wo man euch zwingen sollte, auf große Denker zu *hören*: alles mit dem Resultat, daß ihr dem Alterthume ewig fern bleibt und Diener des Tages werdet. (1, 687 f. – BA)

Ernst und Pathos der vom Altertum genährten Kunst und Philosophie und die Bildungsbetriebsamkeit der Gegenwart liegen im Widerstreit. Nietzsche fordert Respekt vor den "großen Denkern" der Antike. Im Kulturprozeß sind die großen schöpferischen Potenzen für ihn von zentraler Bedeutung. In der Schrift *Die Philosophie im tragischen Zeitalter der Griechen* (1873), die die Vorplatoniker behandelt, werden von Nietzsche "die Lehren ausgewählt", "in denen das Persönliche eines Philosophen am stärksten nachklingt". Er kritisiert die philosophischen "Handbücher", die sich in der "vollständigen Aufzählung aller möglichen überlieferten Lehrsätze" erschöpfen und zum "völligen Verstummen des Persönlichen" führen:

> Dadurch werden jene Berichte so langweilig: denn an Systemen, die widerlegt sind, kann uns eben nur noch das Persönliche interessiren, denn dies ist das ewig Unwiderlegbare. Aus drei Anecdoten ist es möglich, das Bild eines Menschen zu geben; ich versuche es, aus jedem Systeme drei Anecdoten herauszuheben, und gebe das Uebrige preis. (1, 803 – PHG)

Nicht das philosophische "System", sondern der "große Mensch" (1, 802 – PHG) interessiert Nietzsche. "Die 'Systeme' fressen sich auf: *eins* aber bleibt." (7, 524). So wie die strenge Philologie den Kontakt zum künstlerischen Schaffen und philosophischen Denken verloren hat, so erstickt die systematische Philosophie die Persönlichkeit der schöpferischen Denker. Die Geschichte der Philosophie wird für Nietzsche zur Geschichte der großen Denker, denen ein elitärer Sonderstatus zukommt und deren Kommunikation allein im 'Gespräch' liegt, das sie über die Zeiten hinweg miteinander führen:

So bilden sie zusammen das, was Schopenhauer im Gegensatz zu der Gelehrtenrepublik eine Genialen-Republik genannt hat: ein Riese ruft dem anderen durch die öden Zwischenräume der Zeiten zu und ungestört durch muthwilliges lärmendes Gezwerge, welches unter ihnen wegkriecht, setzt sich das hohe Geistergespräch fort. (1, 808 – PHG; vgl. 1, 317 – HL u. 7, 562)[22]

Eine solche zeitüberdauernde Gemeinschaft geistiger Existenzen erblickt Nietzsche in den großen frühgriechischen Denkern, in "jener Genialen-Republik von Thales bis Sokrates" (1, 810 – PHG). Im Kern geht es Nietzsche um das Schöpferische, um die Schaffenden, um Ernst, Größe und Erhabenheit in der Kunst, im Denken, im Leben. Erst in diesem Problemhorizont gewinnt das Altertum für ihn Bedeutung. Er vertritt keinen normativen Klassizismus. Die Antike ist zwar ein zeitloser Maßstab, aber sie soll nicht einfach nachgeahmt werden. Sie ist der geistige, künstlerische Nährboden der schöpferischen Existenzen, die erst durch die produktive Weiterbildung der Antike in der modernen Welt das Altertum ästhetisch fruchtbar machen. In einem Fragment von 1875 heißt es:

Eine Kultur, welche der griechischen nachläuft, kann nichts erzeugen. Wohl kann der Schaffende überall her entlehnen und sich nähren. Und so werden wir auch nur als Schaffende etwas von den Griechen haben können. Worin aber wären die Philologen Schaffende! Es muss einige unreinliche Gewerbe geben, Abdecker; auch Correctoren: sollen die Philologen etwa so ein unreinliches Gewerbe vorstellen? (8, 121)

In dem Maße, in dem der Gedanke des Schöpferischen bzw. des Schaffens bei Nietzsche beherrschend wird, wächst seine Skepsis gegenüber der Wissenschaft, der Philologie. Immer wieder attackiert er die Philologie. In einem Fragment von 1875 stellt er fest, daß in der "Geschichte der Philologie" nur

---

22 Nietzsche bezieht sich auf folgende Schopenhauer-Passage: "Von der *Gelehrten-Republik* ist oft die Rede, aber nicht von der *Genialen-Republik*. In dieser geht es so zu: – ein Riese ruft dem andern zu, durch den öden Zwischenraum der Jahrhunderte, ohne daß die Zwergenwelt, welche darunter wegkriecht, etwas mehr vernähme, als Getön, und mehr verstände, als daß überhaupt etwas vorgeht: und wiederum, dies Gezwerge treibt da unten unaufhörlich Possen und macht großen Lerm [...] wovon jene Riesengeister sich nicht stören lassen, sondern ihr hohes Geistergespräch fortsetzen." (*Schopenhauer*, Nachlaß III, 188). Gottfried Benn wiederum zitiert jene Nietzsche-Passage: "ein Riese, schreibt er, ruft dem anderen durch die öden Zwischenräume der Zeiten zu und ungestört durch mutwilliges lärmendes Gezwerge, welches unter ihnen wegkriecht, setzt sich das hohe Geistergespräch fort." (*Benn*, Können Dichter die Welt ändern?, 222). Schopenhauer – Nietzsche – Benn, sie betreiben gleichermaßen den Kult des elitären Genies, das sich von der Allgemeinheit absetzt und nur noch mit seinesgleichen kommuniziert. Letztlich läuft das darauf hinaus, daß schöpferische Kommunikation nur noch als Totengespräch möglich ist. Die angeführte Zitat-Kette ist selbst ein charakteristisches Beispiel. Aber nicht nur diese gesellschaftsfeindlichen 'Metaphysiker' leben von Totengesprächen, sondern auch ein weltoffener Schriftsteller wie Heine kennt den Kult der großen Toten: "und solchermaßen, in einer mystischen Gemeinschaft, leben die großen Männer aller Zeiten, über die Jahrtausende hinweg nicken sie einander zu, und sehen sich an bedeutungsvoll, und ihre Blicke begegnen sich auf den Gräbern untergegangener Geschlechter, die sich zwischen sie gedrängt hatten, und sie verstehen sich und haben sich lieb." (*Heine*, Nordsee, 234). Nietzsche, frustriert durch den Kommunikationsverlust mit den (unschöpferischen) Zeitgenossen, sieht seine wahren Gesprächspartner in den großen Geistern der Vergangenheit (und der Zukunft). "Trost: auf das nächste Jahrtausend lege ich meine Hand. / Ich lebe wie in anderen Zeiten: meine Höhe giebt mir Verkehr mit Einsamen und Verkannten aller Zeit<en>" (10, 355). "Er lebt wie über den Zeiten: seine Höhe giebt ihm Verkehr mit den Einsamen und Verkannten aller Zeiten." (10, 468). Bezeichnenderweise sind Fontenelles *Dialogues des morts* "mir wie blutsverwandt" (B 5, 402 – 30.3.79 – an Overbeck; vgl. 2, 646 – WS).

“wenig wirklich begabte Menschen” zu entdecken seien und daß dieselben “sich ihren Verstand durch Vielwisserei zerstört” hätten. “Es ist eine traurige Geschichte, ich glaube, keine Wissenschaft ist so arm an Talenten. Es sind die Lahmen im Geiste, die in der Wortklauberei ihr Steckenpferd gefunden haben.” (8, 122).[23] In den Notizen des Fragments *Wir Philologen* (1875) wird das Verhältnis der Philologie zur Antike an der Frage gemessen, ob die Wissenschaft das Altertum nur historisch-antiquarisch rezipiert oder ob sie es schöpferisch neu verlebendigt. Das “Missverhältniss zwischen Philologen und den Alten” (8, 21) besteht in einer falschen Humanisierung der Antike, die dem Altertum “das Humane unterschieben möchte” (8, 17), in der mechanischen “*Nachahmung* des Alterthums”, in der das Altertum verfälschenden “*Flucht aus der Wirklichkeit* zu den Alten” (8, 19) und in einer fragwürdigen Übertragung der Gegenwart auf das Altertum: “man hat das *Alterthum* thatsächlich immer nur *aus der Gegenwart* verstanden – und soll nun die *Gegenwart aus dem Alterthum* verstehen?” (8, 31). Nicht die Übertragung der Gegenwart auf die Antike, die Sicht der Antike im Lichte der neuzeitlichen Humanitätsidee, sondern die Aktualisierung der Antike in der Gegenwart, das Fruchtbarmachen des antiken Lebens-, Kunst- und Kulturverständnisses, ist die wahre Aufgabe der Beschäftigung mit dem Altertum. Im übrigen setzt die adäquate Aufnahme des Altertums eine entsprechende Erlebnis- und Reflexionsstufe voraus: “Ich meine: erst *spät* beginnt es zu dämmern, was wir an den Griechen haben können: erst nachdem wir viel erlebt, viel durchdacht haben.” (8, 25). Produktiv ist die Wissenschaft nur dann, wenn sie sich als Funktion eines “Höheren”, d.h. der Kunst und der Philosophie resp. des Künstlers und des Denkers, versteht:

> **Consequenz:** der *Gelehrte* [...] *muss sich als Diener eines Höheren wissen, der nach ihm kommt. Sonst ist er ein Schaf.* / Man glaubt es sei zu Ende mit der Philologie – und ich glaube, sie hat noch nicht angefangen. / Die grössten Ereignisse, welche die Philologie getroffen haben, sind das Erscheinen Goethes Schopenhauers und Wagners [...] (8, 34)

Nietzsche stellt immer entschiedener die Sinn-Frage und damit die Frage nach dem Funktionsverhältnis von Leben, Wissenschaft und Produktivität. Er sieht in den Wissenschaftlern, speziell in den Philologen, nur noch Materialsammler der schöpferischen Individuen, die die Sinn-Frage stellen und das wahre Menschsein verkörpern:

> Nur bei drei Existenzformen bleibt der Mensch Individuum: als Philosoph, Heiliger und Künstler. Man sehe nur, womit ein wissenschaftlicher Mensch sein

23 Ähnliche Gelehrten-Schelte findet sich bereits bei *Schopenhauer*, Über Gelehrsamkeit und Gelehrte (Paralipomena, 563-576). Auch Schopenhauer kritisiert das unproduktive Vielwissen: “Bei der imposanten Gelehrsamkeit jener Vielwisser sage ich mir bisweilen: o wie wenig muß doch einer zu denken gehabt haben, damit er soviel hat lesen können!” (S. 564). Schopenhauer bemerkt, daß die “Gelehrsamkeit” des “reinen Gelehrten” aus “einer großen Menge fremder Gedanken besteht” und daß sich “auch die vollendeteste Gelehrsamkeit” zum “Genie” verhalte “wie ein Herbarium zur stets sich neu erzeugenden, ewig frischen, ewig jungen, ewig wechselnden Pflanzenwelt” (S. 565). Während der “exklusive Fachgelehrte” einem einseitigen Spezialistentum verfällt und es “Gelehrte” gibt, “die außerhalb ihres speziellen Faches wahre Ochsen sind”, konzentriert sich das “Genie” auf “das Ganze und Große, das Wesentliche und Allgemeine der Dinge” (S. 571).

> Leben todt schlägt: was hat die griechische Partikellehre mit dem Sinne des Lebens zu thun? – So sehen wir auch hier, wie zahllose Menschen eigentlich nur als Vorbereitung eines wirklichen Menschen leben: z.B. die Philologen als Vorbereitung des Philosophen, der ihre Ameisenarbeit zu nutzen versteht, um über den *Werth des Lebens* eine Aussage zu machen. (8, 32)

Die Wissenschaft soll eine Funktion des Schöpferischen sein. Ihr Sinn liegt im Bereitstellen von Material für die produktiven Geister. Auf diese schöpferischen Individuen, die die Sinnstrukturen des Daseins ins Blickfeld rücken, kommt es in erster Linie an. "Der grösste Verlust, der die Menschheit treffen kann, ist ein Nichtzustandekommen der höchsten Lebenstypen." (8, 110). Allein die schöpferischen Individuen sind die Garanten einer neuen Kultur. Es kommt darauf an, daß produktive Köpfe die Antike in neuer Weise für die Gegenwart fruchtbar machen und damit eine neue Kulturentwicklung ermöglichen. In diesem Problemhorizont bilden Schopenhauer, Wagner und Griechentum für Nietzsche das große Dreigestirn: "Ich will Schopenhauer Wagner und das ältere Griechenthum zusammenrechnen: es giebt einen Blick auf eine herrliche Cultur." (8, 103).

II. Leben und Historie

Damit stellt Nietzsche die Wissenschaft in den Dienst des schöpferischen Lebens. Er sieht sich genötigt, das Verhältnis der Wissenschaft, d.h. insbesondere der Altphilologie und Geschichtswissenschaft, zum Leben, d.h. zur schöpferischen Selbstentfaltung des Lebens, neu zu durchdenken. Die in der Schrift *Vom Nutzen und Nachtheil der Historie für das Leben* (1873/74) entwickelten Kategorien der "monumentalischen", "antiquarischen" und "kritischen" Geschichtsbetrachtung sind der Versuch einer Positionsbestimmung der Historie im Hinblick auf das Leben. Diese "Betrachtung über den Werth und den Unwerth der Historie" (1, 245 – HL) wendet sich gegen die Schwächung des Lebens durch die Historie und fordert die Stärkung des Lebens durch die Historie. Nicht die Belehrung, sondern die Belebung durch die Historie ist wichtig. Bezeichnenderweise leitet Nietzsche seine Schrift mit einer Goethe-Sentenz ein, in der Goethe im Brief an Schiller vom 19.12.1798 nach einer Kant-Lektüre seinem Unwillen über die bloße Wissensvermittlung Ausdruck verleiht: "Uebrigens ist mir Alles verhasst, was mich bloss belehrt, ohne meine Thätigkeit zu vermehren, oder unmittelbar zu beleben." (1, 245 – HL; vgl. Goethes Briefe II, 362).[24] Dies ist in

24 Auch Goethe fordert die Verlebendigung der Geschichte. So heißt es in *Wilhelm Meisters Wanderjahren*: "Das Beste, was wir von der Geschichte haben, ist der Enthusiasmus, den sie erregt." (HA VIII, 292). Und auch Goethe wehrt sich gegen die Übermacht der Geschichte. In den *Maximen und Reflexionen* steht eine Sentenz, die auch von Nietzsche stammen könnte: "Geschichte schreiben ist eine Art, sich das Vergangene vom Halse zu schaffen." (HA XII, 391). Auch Goethe personalisiert sein Verhältnis zu den geschichtlichen Gestalten: "Gehen wir in die Geschichte zurück, so finden wir überall Persönlichkeiten, mit denen wir uns vertrügen, andere, mit denen wir uns gewiß in Widerstreit befänden." (ebd., 390). Im Unterschied zu Nietzsche ist Goethes Verhältnis zur Geschichte allerdings von der (verlebendigenden) historisch-organologischen Einfühlung geprägt. Nietzsche hingegen ist nur an der aktuellen Lebendigkeit der Geschichte interessiert.

der Tat das Kernproblem der Nietzscheschen Schrift. Es geht um die Frage, inwieweit die Geschichtswissenschaften durch bloße Wissensanhäufung das Leben schwächen und inwieweit sie es durch neue Impulse steigern. Wenn sich die Geschichtswissenschaft in der quellenkritischen Rekonstruktion der Vergangenheit erschöpft und das Wissen um die Vergangenheit nicht für die Gegenwart und die Zukunft produktiv auswertet, erfolgt die Trennung von Historie und Leben. Die Historie wird zum Historismus.[25] Sie verfällt der Erstarrung im reinen Bildungswissen. Neben der dergestalt sterilen Historie gibt es aber die Möglichkeit der lebendigen Historie. Die produktive Historie verlebendigt die Vergangenheit und bezieht aus ihr neue Antriebe für die Gestaltung von Gegenwart und Zukunft. Der "verwöhnte Müssiggänger im Garten des Wissens" (1, 245 – HL) hat sich vom Sinn der Historie weit entfernt. Nietzsche stellt die grundsätzliche Forderung nach einem produktiven Funktionsverhältnis zwischen "Historie" und "Leben". Der Sinn der Historie erfüllt sich nur im Bezug auf das Leben:

> Das heisst, wir brauchen sie zum Leben und zur That, nicht zur bequemen Abkehr vom Leben und von der That [...] Nur soweit die Historie dem Leben dient, wollen wir ihr dienen: aber es giebt einen Grad, Historie zu treiben und eine Schätzung derselben, bei der das Leben verkümmert und entartet [...] (1, 245 – HL)

Die Maxime lautet: "Wenn wir nur dies gerade immer besser lernen, Historie zum Zwecke des *Lebens* zu treiben!" (1, 256 f. – HL) Als "reine Wissenschaft" ist die Historie "eine Art von Lebens-Abschluss und Abrechnung für die Menschheit"; als Funktion "einer mächtigen neuen Lebensströmung, einer werdenden Cultur zum Beispiel", ist sie "etwas Heilsames und Zukunft-Verheissendes, also nur dann, wenn sie von einer höheren Kraft beherrscht und geführt wird und nicht selber herrscht und führt" (1, 257 – HL). Nietzsche verneint also die Historie nicht, sondern es geht ihm um das 'richtige' Verhältnis von "Historie" und "Leben". Das Leben ist sogar auf die Historie angewiesen, aber ein Zuviel an Historie schädigt es:

> Dass das Leben aber den Dienst der Historie brauche, muss eben so deutlich begriffen werden als der Satz, [...] dass ein Uebermaass der Historie dem Lebendigen schade. (1, 258 – HL)

Durch die Klassifizierung der Historie nach drei Hauptformen will Nietzsche das Verhältnis von Historie und Leben genauer bestimmen:

---

25 Nietzsches Schrift ist der Versuch einer Überwindung des Historismus, d.h. der sich verselbständigenden historisch-kritischen Quellenforschung, des historischen Individualitätsprinzips und des daraus erwachsenden historischen Relativismus. An dieser Historismus-Kritik hält Nietzsche auch später fest, mit spezieller Stoßrichtung gegen das bloße Tatsachenwissen und den Objektivismus der 'Historischen Schule'. Er wendet sich gegen "eine allzuviel historisierende Gelehrtengeneration" (2, 200 – MA I) und erblickt im Historismus eine Willensschwächung: "Wer wirft diese Herren 'Objektiven' mit schwachem Willen, wie Ranke oder Renan, nicht um!" (11, 270). Ranke wird apostrophiert als der "*kluge* Leopold von Ranke" (6, 295 – EH), als "dieser klügste aller klugen 'Thatsächlichen' " (5, 387 – GM).

> In dreierlei Hinsicht gehört die Historie dem Lebendigen: sie gehört ihm als dem Thätigen und Strebenden, ihm als dem Bewahrenden und Verehrenden, ihm als dem Leidenden und der Befreiung Bedürftigen. Dieser Dreiheit von Beziehungen entspricht eine Dreiheit von Arten der Historie: sofern es erlaubt ist eine *monumentalische*, eine *antiquarische* und eine *kritische* Art der Historie zu unterscheiden. (1, 258 – HL)

Die Historie wird der Grundfrage konfrontiert, ob sie zu lebensfeindlicher Abstraktion und Erstarrung führt oder eine das Leben mitgestaltende Funktion ausübt. Alle drei Formen der Historie können sich im Prinzip positiv und negativ auswirken. Die positive Wirkung der monumentalischen Historie liegt in der Vergegenwärtigung und Verlebendigung vergangener Größe. Allein die in der "monumentalen Historie" erfolgende Betrachtung des "vergangenen Grossen" ermöglicht es, daß "das Grosse weiterlebt!" und daß sich die Betrachtenden "gestärkt" und "so beseligt fühlen, als ob das Menschenleben eine herrliche Sache sei" (1, 259 f. – HL). Die "Gefahr" der monumentalischen Historie besteht in der "freien Erdichtung", der "mythischen Fiction", die aus der Vergangenheit nur verklärte "Inseln" heraushebt, historische "Personen" als "etwas Unnatürliches und Wunderbares" darstellt und den "Begeisterten" zum "Fanatismus" verführt (1, 262 – HL). Der positive Sinn der antiquarischen Historie ist die bewahrende Verehrung des geschichtlich Gewordenen. Der "historisch-antiquarische Verehrungssinn" weckt den Sinn für die Tradition und vermittelt das Gefühl der Verwurzelung in "Heimat und Heimatsitte" (1, 266 – HL). Aber darin zeigen sich bereits die Gefahren der antiquarischen Historie, denn sie hat nur "ein höchst beschränktes Gesichtsfeld" und neigt dazu, das "Neue und Werdende" abzulehnen (1, 267 – HL). Die Entartung der antiquarischen Historie liegt in der Abwendung vom "frischen Leben der Gegenwart". Der Prototyp dieser lebensfeindlichen Historie ist der Sammler: "Dann erblickt man wohl das widrige Schauspiel einer blinden Sammelwuth, eines rastlosen Zusammenscharrens alles einmal Dagewesenen." (1, 268 – HL). Es ist die ständige Gefahr der antiquarischen Historie, den "kräftigen Entschluss zum Neuen", den "Handelnden" zu lähmen. Während die monumentalische Historie einen "Instinct" für das "Werdende" hat, "unterschätzt" die antiquarische Historie das "Werdende". "Sie versteht eben allein Leben zu *bewahren*, nicht zu zeugen." (1, 268 – HL). Der positive Sinn der kritischen Historie liegt in der Auflösung einer zur Erstarrung führenden Vergangenheit zum Zwecke der Freisetzung des Lebens. Der Mensch

> muss die Kraft haben und von Zeit zu Zeit anwenden, eine Vergangenheit zu zerbrechen und aufzulösen, um leben zu können: dies erreicht er dadurch, dass er sie vor Gericht zieht, peinlich inquirirt, und endlich verurtheilt; jede Vergangenheit aber ist werth verurtheilt zu werden – [...] (1, 269 – HL)[26]

---

26 Nietzsche beruft sich in diesem Zusammenhang auf Goethes *Faust*, auf die Verse Mephistos: " 'Denn Alles was entsteht, ist *werth*, dass es zu Grunde geht. Drum besser wär's, dass nichts entstünde.' " (1, 269 – HL; vgl. HA III, 47). Durch die Unterstreichung des Wortes "*werth*" verleiht Nietzsche der Aussage noch eine zugespitzte 'nihilistische' Note.

Gegenüber der kritischen Historie hat Nietzsche kaum Vorbehalte. Er deutet allerdings eine Gefahr auch der kritischen Historie an. Sie kann ein "für das Leben selbst gefährlicher Prozess" werden, indem die Kritiker selbst Gefährdete sind, denn "Menschen oder Zeiten, die auf diese Weise dem Leben dienen, dass sie eine Vergangenheit richten und vernichten, sind immer gefährliche und gefährdete Menschen und Zeiten" (1, 270 – HL). Dies trifft auf Nietzsche selbst zu.

In Nietzsches Schrift ist die Problematik der drei Formen der "Historie" der "monumentalischen", "antiquarischen" und "kritischen" Historie, verknüpft mit der Problematik des "Unhistorischen" und "Überhistorischen". Das "Unhistorische" ist das "Leben", denn "die Historie, sofern sie im Dienste des Lebens steht, steht im Dienste einer unhistorischen Macht" (1, 257 – HL). Zu den Bedingungen schöpferischer Selbstentfaltung des Menschen gehört es, "*unhistorisch* zu empfinden und zu handeln" (1, 323 – HL), das heißt, die Geschichte ausklammern und unmittelbar fühlen und handeln zu können. Das "Überhistorische" ist das Zeitüberdauernde, das Sein, das "Ewige", das, was gleichsam quer zur Geschichte steht. Das "Unhistorische", d.h. das Leben selbst, und das "Überhistorische", das sich vor allem in Religion und Kunst manifestiert, sind die "Gegenmittel gegen das Historische" (1, 330 – HL), gegen das Übermaß an Historie, gegen das Leiden "an der *historischen Krankheit*" (1, 329 – HL), gegen das "verzehrende historische Fieber" (1, 246 – HL). Nietzsche definiert:

> Mit dem Worte "das Unhistorische" bezeichne ich die Kunst und Kraft *vergessen* zu können und sich in einen begrenzten *Horizont* einzuschliessen; "überhistorisch" nenne ich die Mächte, die den Blick von dem Werden ablenken, hin zu dem, was dem Dasein den Charakter des Ewigen und Gleichbedeutenden giebt, zu *Kunst* und *Religion*. (1, 330 – HL)

Der Maßstab, an dem die Historie zu messen ist, ist das "Leben". Ihm gebührt der Vorrang vor dem "Erkennen", vor der "Wissenschaft" (1, 330 – HL). Angesichts der Bedrohung des Lebens durch die Erkenntnis, durch den "kalten Dämon der Erkenntniss" (1, 288 – HL), verkündet Nietzsche "eine *Gesundheitslehre des Lebens*":

> das Unhistorische und das Ueberhistorische sind die natürlichen Gegenmittel gegen die Ueberwucherung des Lebens durch das Historische, gegen die historische Krankheit. (1, 331 – HL)

Es sei nur am Rande angemerkt, daß beim späteren Nietzsche, der das zeitlose "Sein" negiert und nur noch das permanente "Werden" anerkennt, das "Überhistorische" keine Rolle mehr spielt. Für Nietzsche soll die Historie nicht nur eine Funktion des Lebens sein, sondern er verquickt die Historie auch mit der Kunst. Nicht die analytische Geschichtsschreibung, sondern die künstlerische Geschichtsdarstellung wird der Geschichte gerecht und bringt die wahren historischen Potenzen zum Vorschein. Die objektivistische "historische Gerechtigkeit" ist "eine schreckliche Tugend, weil sie immer das Lebendige untergräbt und zu Falle bringt" (1, 295 – HL) und "die pietätvolle Illusions-Stimmung, in der Alles, was leben will, allein leben kann", zerstört (1, 296 – HL). Zur wahren

Geschichtsschreibung aber gehört "ein innerer Bautrieb" (1, 296 – HL), d.h. ein künstlerischer Trieb, der die bedeutungsvollen Aspekte der Geschichte zutage fördert. Der reine Objektivismus erfaßt nicht den Sinn der Geschichte:

> In solchen Wirkungen ist der Historie die Kunst entgegengesetzt: und nur wenn die Historie es erträgt, zum Kunstwerk umgebildet, also reines Kunstgebilde zu werden, kann sie vielleicht Instincte erhalten oder sogar wecken. Eine solche Geschichtschreibung würde aber durchaus dem analytischen und unkünstlerischen Zuge unserer Zeit widersprechen, ja von ihr als Fälschung empfunden werden. (1, 296 – HL)

Unübersehbar drängt sich der künstlerische Impetus Nietzsches in den Vordergrund. Geschichtsschreibung ist eine Form von Künstlertum. Der Historiker soll zum Künstler werden, der sich nicht auf die Rekonstruktion der bloßen Fakten beschränkt, sondern die die historischen Phänomene umgebende spezifische Aura zum Ausdruck bringt. Nicht die reine historische Tatsache, sondern das Atmosphärische der historischen Ereignisse ist bedeutungsvoll:

> Alles Lebendige braucht um sich eine Atmosphäre, einen geheimnissvollen Dunstkreis; wenn man ihm diese Hülle nimmt, wenn man eine Religion, eine Kunst, ein Genie verurtheilt, als Gestirn ohne Atmosphäre zu kreisen: so soll man sich über das schnelle Verdorren, Hart- und Unfruchtbar-werden nicht mehr wundern. (1, 298– HL)

Der tiefere Grund dieser künstlerischen Betrachtungsweise der Geschichte liegt in einer Perspektive, derzufolge die großen schöpferischen Individuen, und das bedeutet bei Nietzsche die in Opposition zu ihrer Zeit stehenden Individuen, den eigentlichen Sinn der Geschichte ausmachen. Es zeigt sich ein Antagonismus zwischen Individuum und Geschichte. Es ist die Aufgabe der Historie, die Erinnerung an diese großen Gestalten wachzuhalten:

> Glücklicher Weise bewahrt sie aber auch das Gedächtniss an die grossen Kämpfer *gegen die Geschichte*, das heisst gegen die blinde Macht des Wirklichen und stellt sich dadurch selbst an den Pranger, dass sie Jene gerade als die eigentlichen historischen Naturen heraushebt, die sich um das "So ist es" wenig kümmerten, um vielmehr mit heiterem Stolze einem "So soll es sein" zu folgen. (1, 311 – HL)

Nicht ohne Grund beruft sich Nietzsche auf Plutarch, denn dessen lebendige, anekdotenreiche Biographien großer Gestalten der griechischen und römischen Geschichte üben trotz des eher geringen Quellenwertes ihren besonderen Reiz auf ihn aus und entsprechen seiner Vorstellung von monumentalischer Geschichtsschreibung:

> Und wenn ihr nach Biographien verlangt, dann nicht nach jenen mit dem Refrain "Herr So und So und seine Zeit", sondern nach solchen, auf deren Titelblatte es heissen müsste "ein Kämpfer gegen seine Zeit". Sättigt eure Seelen an

Plutarch und wagt es an euch selbst zu glauben, indem ihr an seine Helden glaubt. (1, 295 – HL)[27]

Dies ist das mit dem Namen Plutarch verbundene Pathos der großen Individuen, das sich bereits beim jungen Schiller findet. In den *Räubern* erklärt Karl Moor: "Mir ekelt vor diesem Tintengleksenden Sekulum, wenn ich in meinem Plutarch lese von grossen Menschen." (NA III, 20). Nietzsches Geschichtsbetrachtung ist eine 'heroische' Geschichtsbetrachtung, die vom Künstler-Historiker fordert, daß er sich "in die Geschichte grosser Männer hineinlebt", denn nur mit "an das Heroische gewöhnten Menschen ist jetzt die ganze lärmende Afterbildung dieser Zeit zum ewigen Schweigen zu bringen" (1, 295 – HL). Nietzsche lehnt die teleologischen Geschichtsauffassungen ab, die die Geschichte als linearen, durch Zweck und Ziel bestimmten Prozeß deuten, und verweist demgegenüber auf die in den jeweiligen Epochen auftauchenden großen Individuen als den eigentlichen 'Sinn' der Geschichte:

> Die Aufgabe der Geschichte ist es, [...] immer wieder zur Erzeugung des Grossen Anlass zu geben und Kräfte zu verleihen. Nein, das Ziel der Menschheit kann nicht am Ende liegen, sondern nur in ihren höchsten Exemplaren. (1, 317 – HL)

Nietzsches Geschichtsdenken dreht sich um die Frage der historischen Größe und des schöpferischen Individuums. Die Aufgabe des Geschichtsschreibers ist die schöpferische Aktualisierung der historisch großen Personen und Ereignisse. Voraussetzung ist die geistige Affinität zwischen dem Historiker und seinem Sujet. Es heißt:

> Also: Geschichte schreibt der Erfahrene und Ueberlegene. Wer nicht Einiges grösser und höher erlebt hat als Alle, wird auch nichts Grosses und Hohes aus der Vergangenheit zu deuten wissen. Der Spruch der Vergangenheit ist immer ein Orakelspruch: nur als Baumeister der Zukunft, als Wissende der Gegenwart werdet ihr ihn verstehen. (1, 294 – HL)

Es ist das historisch große Individuum, das durch seine Wirkung auf schöpferische Existenzen die Einheit von Vergangenheit, Gegenwart und Zukunft garantiert. Das Phänomen der historischen Größe hat Nietzsche immer fasziniert. Der frühe Nietzsche huldigt vor allem Schopenhauer und Wagner als den ihn unmittelbar betreffenden aktuellen historischen Größen. Der spätere Nietzsche stellt sich mit wachsendem Selbstbewußtsein selber in die Kontinuität der Großen der Geschichte. Bezeichnend sind Sätze aus einem Fragment vom Herbst 1881:

> In dem, was Zarathustra, Moses, Muhamed Jesus Plato Brutus Spinoza Mirabeau bewegte, lebe ich auch schon, und in manchen Dingen kommt in mir erst

27 Nietzsches Plutarch-Begeisterung beruht auf seinem Bedürfnis nach dem 'Großen', denn es "ist in Plutarch noch der Sinn für historische Größe lebendig, und die Gestalten der Vergangenheit sind ihm nicht allein Paradigmata philosophisch-moralischer Lehrsätze, sondern wirkliche Menschen, die lebten und wirkten" (*Uxkull-Gyllenband*, Plutarch, 113).

> reif an's Tageslicht, was embryonisch ein paar Jahrtausende brauchte. Wir sind die ersten Aristokraten in der Geschichte des Geistes – der historische Sinn beginnt erst jetzt. (9, 642)

Nietzsches historisches Bewußtsein wird im Zuge der späteren Selbstapotheose immer stärker vom Gefühl der eigenen Identität mit den großen Subjekten der Geistesgeschichte geprägt. In einem weiteren Fragment vom Herbst 1881 betont er gleichfalls diese tiefgreifende Verbundenheit mit den Geistesgrößen der Vergangenheit: "Wenn ich von Plato Pascal Spinoza und Goethe rede, so weiß ich, daß ihr Blut in dem meinen rollt – ich bin *stolz*, wenn ich von ihnen die Wahrheit sage [...]" (9, 585). Im Frühjahr 1884 notiert er: "– meine Vorfahren *Heraclit Empedocles Spinoza Goethe*." (11, 134). Diese Formen der historischen Identifikation sind die zugespitzte Konsequenz der monumentalischen Geschichtsbetrachtung. Die monumentalische Historie läuft bei Nietzsche auf einen ins Mythische sich steigernden Personalismus hinaus, in dem die großen Individuen den substantiellen Gehalt der Geschichte ausmachen und eine geistige Einheit bilden.

Nietzsches Idee der historischen Größe verrät den Einfluß Jacob Burckhardts. Burckhardts zuerst im Wintersemester 1868/69 und dann erneut im Winter 1870/71 gehaltene Vorlesung *Über das Studium der Geschichte* sowie sein Vortragszyklus *Über historische Größe* vom November 1870, die zusammen mit dem Vortrag *Über Glück und Unglück in der Weltgeschichte* vom 7.11.1871 1905 postum unter dem Titel *Weltgeschichtliche Betrachtungen* publiziert werden, haben den jungen Nietzsche beeindruckt, wenngleich man hinzufügen muß, daß die Ideen Burckhardts für ihn keine völlig neuen Gesichtspunkte darstellten, sondern eher die bei ihm bereits angelegten Vorstellungen von geschichtlicher Größe bestätigten. Im Brief an Gersdorff vom 7.11.1870, in dem er auf eine tags zuvor gehörte Vorlesung Burckhardts über *Historische Größe* und das Kolleg über das *Studium der Geschichte* eingeht, schreibt er: "Jacob Burckhardt hielt eine freie Rede über 'historische Größe', und zwar völlig aus unserm Denk- und Gefühlskreise heraus." (B 3, 155). Nach Burckhardt konzentriert sich die "Weltbewegung" in "einzelnen Individuen", in den "großen Männern" (WB, 151). Auch Burckhardt ist getragen vom "Enthusiasmus für alles vergangene Große". Er ist der Auffassung, daß erst von der Gegenwart aus "in einer großen Generalrevision aller berühmten Individuen" die "wahren" und die "falschen" "Größen" voneinander geschieden werden können (WB, 153). Die " 'historische Größe' " manifestiert sich in "großen Individuen", in denen sich die innovatorischen Tendenzen der "Völker, Kulturen, Religionen" konzentrieren (WB, 154). Burckhardt betont gleichfalls die Bedeutung der Vergangenheit für die Gegenwart: "Nur aus der Betrachtung der Vergangenheit gewinnen wir einen Maßstab der Geschwindigkeit und Kraft *der* Bewegung, in welcher wir selber leben." (WB, 11). Damit sind im Prinzip zentrale Aspekte der Geschichtsbetrachtung Nietzsches bei Burckhardt vorweggenommen. Insbesondere Nietzsches Idee der großen Individuen ist ein Stück Burckhardt-Exegese. Dennoch gibt es auch spezifische Unterschiede. Bei Burckhardt ist das große

Individuum noch in erster Linie Protagonist und Vollzugsorgan des Zeitgeistes. In dieser Hinsicht ist Burckhardt noch der Hegelschen *Philosophie der Geschichte* verpflichtet, die die "welthistorischen Individuen", Gestalten wie Alexander, Cäsar und Napoleon, als die "Geschäftsführer des Weltgeistes" auffaßt (S. 76). Was den Kult des welthistorischen Individuums betrifft, so führt eine direkte Linie von Hegel über Burckhardt zu Nietzsche. Bei Hegel ist das große Individuum allerdings noch eine Funktion des absoluten Geistes, des "Weltgeistes", während es bei Nietzsche zum Vollzugsorgan des dionysischen Lebens, des "Weltwillens", wird. Burckhardt nimmt in dieser Frage eher eine Zwischenstellung ein. Bei ihm sind die großen Individuen Ausdruck des Kräftespiels der Weltpotenzen, der "drei großen Potenzen" Staat, Religion und Kultur (WB, 1). Burckhardt betont vor allem die Identität von Individuum und Epoche, Nietzsche hebt vor allem die Opposition des Individuums zu seiner Epoche hervor.[28] Burckhardt und Nietzsche stimmen im Monumentalismus der großen Individuen überein, aber Burckhardts Geschichtsbetrachtung ist insgesamt stärker auf Bewahrung der Vergangenheit im Sinne der antiquarischen Geschichtsschreibung angelegt, während bei Nietzsche das kritisch-destabilisierende Moment eine größere Rolle spielt. Nietzsche erwähnt denn auch in seiner Historien-Schrift Burckhardt im Zusammenhang der antiquarischen Verehrungshaltung (vgl. 1, 266 – HL). Aber auch Burckhardt hebt die Bedeutung der großen Individuen für den geschichtlichen Innovationsprozeß hervor: "Denn die großen Männer sind zu unserem Leben notwendig, damit die weltgeschichtliche Bewegung sich periodisch und ruckweise frei mache von bloßen abgestorbenen Lebensformen und von reflektierendem Geschwätz." (WB, 180). Der Kulturhistoriker Burckhardt versteht seine Vorlesungen als Propädeutik. Er möchte historisches Grundlagenwissen vermitteln, den Sinn für die Geschichte wecken und die Aneignung der Tradition fördern. Seine Absichten sind viel bescheidener als die forcierten Ambitionen Nietzsches, für den die Auseinandersetzung mit der Geschichte zur Grundlagenreflexion des Verhältnisses von Leben und Historie wird. Bezeichnend ist die Reaktion Burckhardts auf die ihm von Nietzsche übersandte Schrift. Im Brief an Nietzsche vom 25.2.1874 äußert er zwar seine grundsätzliche Anerkennung der "gewaltig inhaltsreichen Schrift", besonders hinsichtlich der von Nietzsche kritisierten "enormen Anhäufung des sammelnden Wissens überhaupt" in der Geschichtswissenschaft, aber er zeigt zugleich, mit ironischer Eleganz, eine gewisse nüchterne Reserve gegenüber

28 Burckhardt hebt die "Wechselwirkung zwischen dem Allgemeinen und den Individuen" hervor (WB, 92) und konstatiert: "Diese großen Individuen sind die Koinzidenz des Allgemeinen und des Besonderen, des Verharrenden und der Bewegung in Einer Persönlichkeit. Sie resumieren Staaten, Religionen, Kulturen und Krisen. [...] In den *Krisen* kulminiert in den großen Individuen zusammen das Bestehende und das Neue (die Revolution). Ihr Wesen bleibt ein wahres Mysterium der Weltgeschichte" (WB, 166). Dies entspricht im Prinzip der Denkweise Nietzsches, der noch in einem Fragment von 1884 notiert: "Thatsächlich finden wir alle Künstler *unterworfen* unter große geistige Bewegungen, nicht deren Leiter: oft Vollender [...]" (11, 159). Im ganzen aber betont Nietzsche stärker den oppositionell-revolutionären und autonom-schöpferischen Charakter des großen Individuums. Nach Burckhardt "dient" das "Individuum" dem "Gesamtwillen"; "Bismarck einigt Deutschland" (WB, 175). Nach Nietzsche hingegen formt der Individualwille überhaupt erst den Gesamtwillen, denn es ist der große Einzelne, der die neuen Werte schafft: "Denn das ist die eigenthümliche Arbeit aller grossen Denker gewesen, Gesetzgeber für Maass, Münze und Gewicht der Dinge zu sein." (1, 360 – SE).

dem monumentalen Pathos Nietzsches. Sein “armer Kopf” sei nicht fähig gewesen, “über die letzten Gründe, Ziele und Wünschbarkeiten der geschichtlichen Wissenschaft auch nur von ferne so zu reflectiren wie Sie dieses vermögen”. Und er fährt fort:

> Als Lehrer und Docent aber darf ich wohl sagen: ich habe die Geschichte nie um dessentwillen gelehrt was man pathetisch unter Weltgeschichte versteht, sondern wesentlich als propädeutisches Fach: ich mußte den Leuten dasjenige Gerüste beibringen das sie für ihre weiteren Studien jeder Art nicht entbehren können wenn nicht Alles in der Luft hängen soll. (B II 4, 394 f.)

Nun, diese Äußerungen sind nicht frei von Tiefstapelei, denn in der Tat entwirft Burckhardt durchaus welthistorische Perspektiven. Aber sein Anliegen ist die Wissensvermittlung großer kulturgeschichtlicher Zusammenhänge, während Nietzsche eine radikale Kursänderung in Leben und Denken anstrebt. Während Burckhardt aus der betrachtenden Distanz des Kulturhistorikers eine Phänomenbeschreibung der geschichtlichen Grundtendenzen entfaltet, läuft Nietzsches pathetisches Engagement auf eine grundsätzliche Veränderung des Verhältnisses von Leben und Denken hinaus.

Trotz dieser Divergenzen in Intention und Methode ist der Einfluß Burckhardts auf Nietzsche kaum zu überschätzen. Nicht nur Nietzsches Renaissance-Bild, sondern auch seine kulturhistorischen Perspektiven überhaupt wie auch sein kunstgeschichtliches Wissen können den Einfluß Burckhardts nicht verleugnen. Besonders Burckhardts Idee der “historischen Größe” ist ein fester Bestandteil Nietzscheschen Denkens. Seinen unmittelbaren Niederschlag findet der Gedanke der “historischen Größe” in Nietzsches Schrift *Schopenhauer als Erzieher* (1874). Freilich, Nietzsche beschränkt sich nicht auf die Darstellung der historischen Größe, sondern fordert die Erzeugung des großen Menschen als der kulturschaffenden Potenz schlechthin. Es sind im wesentlichen vier Grundgedanken, die die Substanz der Schrift ausmachen: erstens der Antagonismus von Individuum und Epoche, zweitens das große Individuum als Ideal, drittens die Exempel- und Erziehungsfunktion des großen Menschen und viertens die Erzeugung des großen Menschen als kulturschaffende Kraft. Der Gegensatz zwischen Individuum und Gesellschaft zeigt sich in exemplarischer Weise bei den großen Künstlern und Philosophen, da deren Entwürfe die jeweilige Konvention in Frage stellen und dadurch notwendig in Kollision zum Zeitgeist geraten. Charakteristische Beispiele dieser produktiven Opposition zum Zeitgeist bieten Schopenhauer und Wagner. Von Wagner heißt es:

> Unsre Künstler leben kühner und ehrlicher; und das mächtigste Beispiel, welches wir vor uns sehn, das Richard Wagners, zeigt, wie der Genius sich nicht fürchten darf, in den feindseligsten Widerspruch mit den bestehenden Formen und Ordnungen zu treten, wenn er die höhere Ordnung und Wahrheit, die in ihm lebt, an's Licht herausheben will. (1, 351 – SE)

Die großen Denker und Künstler sind nicht nur als empirische Personen, sondern vor allem als ideale Gestalten von Bedeutung. Nietzsche spricht von "jenem idealen Menschen", den er "hinmale" und der "gleichsam als seine platonische Idee" in Schopenhauer walte (1, 376 – SE). Die Idealisierung historischer Individuen zum schöpferischen Vorbild der Menschheit ist ein Grundzug von Nietzsches Geschichtsdenken. Aber er will sich nicht mit dem Entwurf von Idealen begnügen, sondern wirft die Frage auf, "wie von diesem Ideale aus ein neuer Kreis von Pflichten zu gewinnen ist" (1, 376 – SE). So soll Schopenhauer nicht nur ein "Ideal", sondern auch "*Erzieher*" sein. (1, 375 – SE). Die Philosophie Schopenhauers soll unmittelbare Konsequenzen im Denken, Fühlen und Handeln des Lesers zeitigen: "Und so soll auch Schopenhauers Philosophie immer zuerst ausgelegt werden: individuell, vom Einzelnen allein für sich selbst [...] durch sich aber endlich für Alle." (1, 357 – SE). Der große Mensch hat eine Exempel- und Erziehungsfunktion. Er setzt Zeichen: "Ich mache mir aus einem Philosophen gerade so viel als er im Stande ist ein Beispiel zu geben." (1, 350 – SE). Für Nietzsche ist Erziehung kreative Erziehung zum Höheren, zum Idealen. Das 'Erziehen' soll ein 'Aufwärtsziehen' sein: "ist es möglich, jenes unglaublich hohe Ziel so in die Nähe zu rücken, dass es uns erzieht, während es uns aufwärts zieht?" (1, 376 – SE). Das höchste Ziel der Erziehung und Bildung ist die Hervorbringung genialer Menschen, die "Erzeugung des Genius" (1,386 – SE). Von ihm gehen die entscheidenden Impulse für die schöpferische Erneuerung der Kultur aus. Damit wird zugleich eine neue, freie Form der Kunst ermöglicht. In einem Fragment zu Schopenhauer von 1873 heißt es: "Er ist Vernichter kulturfeindlicher Kräfte, er öffnet wieder die tiefen Gründe des Daseins. Durch ihn wird die Heiterkeit der Kunst wieder möglich." (7, 619).

III. Das Dionysische

Die adäquate Manifestation des "Genius" ist der Künstler. Noch stärker als der Philosoph ist er berufen, durch schöpferische Akte dem Leben neuen Sinn zu verleihen und eine allgemeine Kulturerneuerung einzuleiten. In Richard Wagner erblickt der junge Nietzsche die Inkarnation dieses schöpferischen Künstlertums. Die genialische Frühschrift *Die Geburt der Tragödie aus dem Geiste der Musik* (1872) ist nicht zuletzt eine Ovation an das Genie Richard Wagners. Nicht ohne Grund verfaßt Nietzsche ein *Vorwort an Richard Wagner*. Und es hat seine tiefere Bedeutung, daß er in diesem Vorwort nicht nur einige grundsätzliche Bemerkungen zu seiner Kunstauffassung macht, sondern auch betont, daß er bei der Niederschrift mit Wagner "wie mit einem Gegenwärtigen verkehrte und nur etwas dieser Gegenwart Entsprechendes niederschreiben durfte" (1, 23 – GT). Nietzsche versteht sich freilich nicht als bloßes Sprachrohr Wagners, sondern bezeichnet Wagner als seinen "erhabenen Vorkämpfer" (1, 24 – GT), das heißt, er gesteht sich selber durchaus Eigenständigkeit zu, allerdings in den von Wagner vorgezeichneten Bahnen. Bereits in diesem Vorwort exponiert Nietzsche das Grundmotiv seiner Kunstauffassung: den Gedanken der Symbiose von Kunst und Leben. Er wendet sich gegen die Ästhetik der Trennung von Kunst und Leben, von "tapferem Ernst" des Lebens und "heiterem Spiel" der

Kunst, gegen die Vorstellung, seine Schrift sei "aesthetische Schwelgerei", und erklärt mit allem Nachdruck und unter Berufung auf Wagner, daß er "überzeugt" sei von der "Kunst als der höchsten Aufgabe und der eigentlich metaphysischen Thätigkeit dieses Lebens" (1, 24 – GT). In diesem Schlüsselsatz ist das Grundmotiv der Nietzscheschen Kunstauffassung ausgesprochen. Dieser Satz bleibt das konstante Zentralmotiv der Kunstanschauung Nietzsches. Im Zeichen der Auffassung der Kunst als einer Funktion des Lebens entfaltet Nietzsche die berühmte Dichotomie des Dionysischen und Apollinischen. Nietzsches Schrift ist der Versuch, die traditionelle Trennung von Kunst und Leben aufzuheben und den ästhetischen Schein der Kunst im schöpferischen Prinzip des Lebens zu verankern. Er durchbricht die klassische Separation von Leben und Schein, schöpferischem Leben und ästhetischem Schein, Lebensprozeß und Kunstautonomie. Der Grundgedanke der Schrift besteht darin, die Kunst nicht mehr nur als schönen, ästhetischen Schein über dem Leben, sondern auch als unmittelbaren Ausdruck des elementaren, dionysischen Lebens zu deuten. Daher muß eine kritische und produktive Revision der traditionellen Ästhetik des schönen Scheins erfolgen:

> Wir werden viel für die aesthetische Wissenschaft gewonnen haben, wenn wir nicht nur zur logischen Einsicht, sondern zur unmittelbaren Sicherheit der Anschauung gekommen sind, dass die Fortentwickelung der Kunst an die Duplicität des *Apollinischen* und des *Dionysischen* gebunden ist [...] (1, 25 – GT)

Im Bestreben, die Leben-Kunst-Relation resp. die Duplizität des Dionysischen und Apollinischen in einen tieferen Begründungszusammenhang zu stellen, entfaltet Nietzsche die Problematik in dreifacher Weise, nämlich in psychologischer, kosmischer und ästhetischer Hinsicht. Die Phänomene des Apollinischen und Dionysischen werden in Analogie gesetzt zu den "physiologischen Erscheinungen" des "*Traumes*" und des "*Rausches*" (1, 26 – GT). Der Traum produziert die imaginäre Bilderwelt des schönen Scheins, der Rausch ist die Entfesselung des elementaren Lebens. Die Welt des Traumes ist geprägt durch Maß, Form, Harmonie und Schönheit; in der Welt des Rausches herrscht das Elementare, Chaotische, Zersprengende. Der Traum ist schöne Begrenztheit, der Rausch ist chaotische Grenzenlosigkeit. Der Traum bewahrt das *principium individuationis*, der Rausch sprengt es auf. Nietzsche überträgt diese psychologischen bzw. physiologischen Zustände des Menschen auf die Natur, auf die Natur als universelles, kosmisches Lebensprinzip und deutet das Apollinische und Dionysische als "unmittelbare Kunstzustände der Natur" (1, 30 – GT). Die Duplizität des Dionysischen und Apollinischen ist in der Natur selbst begründet. Das "Apollinische" und sein "Gegensatz", das "Dionysische", werden "als künstlerische Mächte betrachtet, die aus der Natur selbst, *ohne Vermittelung des menschlichen Künstlers*, hervorbrechen" (1, 30 – GT). Nietzsche vertritt in seiner Frühschrift einen höchst extensiven 'Kunst'-Begriff, indem er die im Leben selbst, in der Natur, wirkenden Grundkräfte als "Kunstzustände" bezeichnet. Die Kunst im engeren Sinne, d.h. die Kunst als ästhetische Produktion des Menschen, ist nur ein Derivat der in der Natur selbst angelegten schöpferischen

Kräfte. Der spezifisch künstlerischen Tätigkeit des Menschen sind "jene *Kunsttriebe der Natur*" (1, 31 – GT) vorgeschaltet. Man müßte im Hinblick auf die *Geburt der Tragödie* unterscheiden zwischen einem universellen, vom kosmischen Prinzip der Natur ausgehenden Kunstbegriff, und einem speziellen, auf die künstlerische Tätigkeit des Menschen verweisenden Kunstbegriff. Nietzsche verknüpft beide Aspekte, indem er den "menschlichen Künstler" als Nachahmer und Vollzugsorgan der Natur, des Weltwillens, des "dionysischen Weltenkünstlers" (1, 30 – GT) deutet. Den "unmittelbaren Kunstzuständen der Natur gegenüber ist jeder Künstler 'Nachahmer' " (1, 30 – GT). Nietzsche will dem aristotelischen Mimesis-Prinzip, dem Prinzip der " 'Nachahmung der Natur' " (1, 31 – GT), eine tiefere Bedeutung geben. Nachgeahmt werden soll nicht die *natura naturata*, die von der Natur hervorgebrachte Wirklichkeit, sondern die *natura naturans*, die schöpferische Natur selbst. In diesem Sinne ist die *mimesis* die höchste Form der *poiesis*. Nietzsches 'Nachahmung', die potenzierte *natura naturans*, hat sich bezüglich der *natura naturata* von der Abbildfunktion gelöst. Sie ist ein 'Abbild' des schöpferischen Lebens selbst. Sie ist die produktive Energie selbst. Der Künstler ist aber nicht nur Nachahmer, sondern auch Vollzugsorgan der Natur. Als Nachahmender steht er der Natur nicht distanziert gegenüber, sondern identifiziert sich mit ihr: "Nur soweit der Genius im Actus der künstlerischen Zeugung mit jenem Urkünstler der Welt verschmilzt, weiss er etwas über das ewige Wesen der Kunst." (1, 47 f. – GT). Erst die Identifikation mit dem "Urkünstler", dem schöpferischen Leben selbst, "eine mystische Einheitsempfindung" (1, 30 – GT), ermöglicht die schöpferische Tätigkeit des "menschlichen Künstlers". Der Künstler ist Nachahmer und Vollzugsorgan des Weltwillens. Obschon Nietzsches Schrift in methodischer, sachlicher und begrifflicher Hinsicht kaum Geschlossenheit und Präzision aufweist und in der Tat durch einen "phantastischen und unklaren Charakter der ganzen Gedankenentwickelung" (*Spitzer*, Kunst, 71) gekennzeichnet ist, lassen sich doch bestimmte Grundmotive klar fixieren. Die Verquickung von Natur, Mensch und Kunst, wie sie in der kosmischen, psychologischen und ästhetischen Auslegung des Dionysischen und Apollinischen zum Ausdruck gelangt, signalisiert einen einheitlichen Begründungszusammenhang der Fragestellung (vgl. *Fink*, Nietzsche, bes. 7-27).[29]

Nietzsches eigentliches Anliegen ist die Symbiose der zunächst als Gegensatz vorgestellten "beiden Kunstgottheiten, Apollo und Dionysus" (1, 25 – GT). Grundsätzlich gibt es für ihn drei Formen des Künstlertums: erstens den "apollinischen Traumkünstler", zweitens den "dionysischen Rauschkünstler" und drittens den "Rausch- und Traumkünstler" (1, 30 – GT). Im Lichte dieser Dreiteilung nimmt er eine Klassifizierung der Kunstgattungen vor. Der apollinische Kunsttrieb findet seinen Ausdruck in der epischen Dichtung und in der bildenden Kunst, in der Plastik. Der dionysische Kunsttrieb äußert sich in der Musik

29 Eine sehr ausführliche, differenzierte, wenngleich in den Hauptpunkten nicht unbedingt innovatorische Darstellung der philosophischen Voraussetzungen und Implikationen der Tragödienschrift bietet das schwergewichtige Opus von *Thomas Böning*, Metaphysik, Kunst und Sprache beim frühen Nietzsche (1988).

und in der Lyrik. Der dionysisch-apollinische Kunsttrieb erlangt seine Ausdrucksform in der Tragödie, in der griechischen Tragödie und im Musikdrama Richard Wagners.[30] Für den jungen Nietzsche ist erst diese Form der Kunst die wahre Erfüllung der Kunst. Er konstruiert einen genetischen Zusammenhang zwischen dem Dionysischen und dem Apollinischen. Das Apollinische geht notwendig aus dem Dionysischen hervor, und umgekehrt weist das Apollinische auf das Dionysische zurück. Beide Phänomene bedingen einander und stehen in einer unlöslichen Wechselbeziehung. Nietzsche fühlt sich "zu der metaphysischen Annahme gedrängt",

> dass das Wahrhaft-Seiende und Ur-Eine, als das ewig Leidende und Widerspruchsvolle, zugleich die entzückende Vision, den lustvollen Schein, zu seiner steten Erlösung braucht: welchen Schein wir, völlig in ihm befangen und aus ihm bestehend, als das Wahrhaft-Nichtseiende d.h. als ein fortwährendes Werden in Zeit, Raum und Causalität, mit anderen Worten, als empirische Realität zu empfinden genöthigt sind. (1, 38 f. – GT)

Der Mensch ist auf den apollinischen Schein angewiesen, um nicht am dionysischen Leben zu zerbrechen. Umgekehrt bedarf das Apollinische des Dionysischen, damit der Mensch im schönen Schein nicht den Kontakt zum elementaren Leben verliert.

Der philosophische Gewährsmann dieser Unterscheidung von Leben und Schein ist Schopenhauer. Wiederholt zitiert ihn Nietzsche in der Tragödienschrift. Er wirkt auf Nietzsche insbesondere durch seine Metaphysik des Willens. Die Schopenhauersche Unterscheidung von metaphysischem Willen und empirischer Erscheinungswelt, von absolutem Willen als dem der Erscheinungswelt sich entziehenden Ding an sich und der Welt als Vorstellung von Raum, Zeit und Kausalität (vgl. u.a. WV I, 173 f.), findet seinen unmittelbaren Niederschlag in Nietzsches Unterscheidung von dionysischem Weltwillen und apollinischer Erscheinungswelt. Schopenhauer, der sich bei seiner Konzeption des absoluten Willens als des metaphysischen Substrats aller Dinge auf Platons Idee[31] und Kants Ding an sich[32] beruft, um die Annahme eines An-sich-Seien-

30 Freilich, auch die lyrische Kunst ist eine dionysisch-apollinische Kunst, denn die dionysische, musikalische Erregung des Lyrikes setzt sich in ein apollinisches, traumhaftes Bild um (vgl. 1, 43 f. – GT). Damit aber sind die Grenzen zwischen dem Lyriker und dem Tragödiendichter fließend, und zwar in dem Sinne, daß der lyrische Dithyrambus ein Übergang zur musikalischen Tragödie ist. Im ästhetischen 'System' der Tragödienschrift bilden Musik und Plastik die gegensätzlichen Extreme – Nietzsche spricht von dem "ungeheueren Gegensatz, der sich zwischen der plastischen Kunst als der apollinischen und der Musik als der dionysischen Kunst klaffend aufthut" (1, 103 – GT) –, während Musik und Lyrik in engstem Zusammenhang stehen, ja eine Symbiose eingehen.

31 Anhand von Platons Höhlengleichnis kennzeichnet Schopenhauer das auch für ihn maßgebliche Urbild-Abbild-Schema. "Zeit, Raum und Kausalität" sind bedeutungsloser Schein gegenüber dem substantiellen Sein, den "ewigen Ideen", den "Urbildern"; hinter den "Schattenbildern" stehen die "Urbilder" (WV I, 248). Bezeichnenderweise bezieht sich auch der junge Nietzsche auf Platon, den "göttlichen Plato" (1, 87 – GT), denn dieser war "bestrebt über die Wirklichkeit hinaus zu gehn und die jener Pseudo-Wirklichkeit zu Grunde liegende Idee darzustellen" (1, 93 – GT). Somit berufen sich sowohl Schopenhauer als auch der von ihm geprägte junge Nietzsche auf Platons Ideenlehre, freilich mit dem charakteristischen Unterschied, daß sie die 'Idee' nicht mehr als geistige, sondern als voluntative Wesenheit, als Willen, als Weltwillen auffassen.

32 "*Kants größtes Verdienst ist die Unterscheidung der Erscheinung vom Dinge an sich*" (WV I, 564). Schopenhauer synchronisiert Platons 'Idee' und Kants 'Ding an sich', denn es ist "offenbar", "daß der

den zu begründen, bietet Nietzsche das philosophische Instrumentarium zur ästhetischen Entfaltung der dionysisch-apollinischen Kunst. Es ist das Urbild-Abbild-Schema, bei Schopenhauer in das Denkmodell von Wille und Vorstellung umgewendet, was Nietzsche fasziniert. Er identifiziert denn auch den apollinischen Schein mit Schopenhauers "Schleier der Maja", wie er gleichfalls das dionysische "Zerbrechen des principii individuationis" im Ansatz in den Überlegungen Schopenhauers vorgeprägt sieht (1, 28 – GT).[33] Insofern ist Nietzsches Problematik des dionysischen Lebens und des apollinischen Scheins nichts anderes als eine ästhetische Modifikation der Schopenhauerschen Unterscheidung von Weltwillen und Erscheinungswelt.

Aber es zeigt sich zugleich der Unterschied zwischen Nietzsche und Schopenhauer. Schopenhauer fordert die Verneinung des Willens, des menschlichen Willens, damit "das erkennende Individuum zum reinen Subjekt des willenlosen Erkennens sich erhebt" (WV I, 281). Die reine "Erkenntnis", "geläutert und gesteigert durch das Leiden selbst", gelangt an den "Punkt",

> wo die Erscheinung, der Schleier der Maja, sie nicht mehr täuscht, die Form der Erscheinung, das principium individuationis, von ihr durchschaut wird, der auf diesem beruhende Egoismus ebendamit erstirbt, wodurch nunmehr die vorhin so gewaltigen *Motive* ihre Macht verlieren und statt ihrer die vollkommene Erkenntnis des Wesens der Welt, als *Quietiv* des Willens wirkend, die Resignation herbeiführt, das Aufgeben nicht bloß des Lebens, sondern des ganzen Willens zum Leben selbst. (WV I, 353 f.)

Der Schopenhauerschen Willensverneinung steht bei Nietzsche von vornherein die Willensbejahung gegenüber – ein fundamentaler Unterschied, den er allerdings erst später gegen Schopenhauer ausspielt. In der *Geburt der Tragödie* beschäftigt ihn nicht Schopenhauers Willensverneinung, d.h. die Verneinung des menschlichen Willens, sondern die Metaphysik des Willens, die Idee des Weltwillens, die Unterscheidung von Weltwillen und Erscheinungswelt. Vor allem Schopenhauers Deutung der "Musik" als "*Abbild des Willens selbst*" (WV I, 359), d.h. des Weltwillens, wirkt nachhaltig auf Nietzsche. Er zitiert im Hinblick auf die Musik eine längere Schopenhauer-Passage, in der es heißt:

> Denn die Musik ist [...] darin von allen andern Künsten verschieden, daß sie nicht Abbild der Erscheinung [...], sondern unmittelbar Abbild des Willens selbst ist und also zu allem Physischen der Welt das Metaphysische, zu aller Erscheinung das Ding an sich darstellt. (WV I, 366 – Zitation bei Nietzsche: 1, 106 – GT; vgl. 1, 104 – GT)

---

innere Sinn beider Lehren ganz derselbe ist, daß beide die sichtbare Welt für eine Erscheinung erklären, die an sich nichtig ist und nur durch das in ihr sich Ausdrückende (dem einen das Ding an sich, dem andern die Idee) Bedeutung und geborgte Realität hat" (WV I, 248). Platons 'Idee' und Kants 'Ding an sich' verwandeln sich bei Schopenhauer in den 'Willen'. Bei Nietzsche ist der Wille als 'Dionysos' das metaphysische Substrat, "Dionysos als Ding an sich" (*Fleischer*, Dionysos, 74).

33 Freilich, für Nietzsche ist das "Zerbrechen des principii individuationis" im Unterschied zu Schopenhauer nicht nur ein "ungeheures Entsetzen", sondern läuft auf das Erleben des "*Dionysischen*" hinaus (vgl. 1, 28 – GT u. WV I, 482).

Es ist zu beachten, daß Schopenhauer nicht den metaphysischen Willen, sondern den menschlichen Willen verneint.[34] Die Übereinstimmung zwischen Nietzsche und Schopenhauer besteht in der Annahme eines Weltwillens und in der Deutung der Musik als Ausdruck dieses Weltwillens. In diesem Sinne kann Nietzsche formulieren: "Wir verstehen also, nach der Lehre Schopenhauer's, die Musik als die Sprache des Willens unmittelbar [...]" (1, 107 – GT). Der Unterschied zwischen Nietzsche und Schopenhauer ist darin zu sehen, daß Schopenhauer den individuellen Willen verneint, während Nietzsche ihn unbedingt bejaht, ja zu potenzieren versucht, im Sinne der Partizipation am (dionysischen) Weltwillen. Bei Schopenhauer ist der ästhetische Zustand ein Zustand der willenlosen Kontemplation, bei Nietzsche ist er ein Zustand der willentlichen Gefühlssteigerung. Nietzsches ästhetisches Subjekt ist nicht mehr das rein erkennende Subjekt Schopenhauers, sondern ein vom dionysischen Willen geprägtes und in den apollinischen Schein sich transzendierendes Subjekt. Es kommt hinzu, daß Schopenhauer den Weltwillen noch nicht als dionysisches Prinzip faßt, während Nietzsche gerade das Dionysische als das eigentliche Wesen des Weltwillens begreift. Nietzsche wird auch später an Schopenhauers Prinzip des "Willens" festhalten. Aber er wird Schopenhauers 'christliche' Deutung des Daseins ablehnen und ihr die 'dionysische' Daseinsinterpretation entgegenstellen. In einem Fragment von 1887 stellt er rückblickend auf die Zeit um 1876 fest,

> daß mein Instinkt auf das Gegentheil hinauswollte als der Schopenhauers: auf eine Rechtfertigung des Lebens, selbst in seinem Furchtbarsten, Zweideutigsten und Lügenhaftesten: – dafür hatte ich die Formel "dionysisch" in den Händen. / (– daß ein "An-sich-der-Dinge" nothwendig gut, selig, wahr, eins sein müsse, dagegen war Schopenhauers Interpretation des An-sich's als Wille ein wesentlicher Schritt: nur verstand er nicht diesen Willen zu *vergöttlichen*: er blieb im moralisch christlichen Ideal hängen. (12, 354 f.)

Der "Dionysos" der Tragödienschrift "ist gegen Schopenhauer's Lehre von der *Resignation* als tragische Weltbetrachtung gekehrt" (12, 116 – 1885/86); "schon in der 'Geburt der Tragödie' und ihrer Lehre vom *Dionysischen* erscheint der Schopenhauerische Pessimismus als überwunden" (12, 233). "dionysisch: neuer Weg zu einem Typus des Göttlichen; mein Unterschied gegen Schopenhauer von Anfang an." (13, 196 – 1888). Schopenhauer hat den Willen entsubstanzialisiert: "das ist ein bloßes leeres Wort, was er 'Wille' nennt." (13, 301). Er hat "in der That die Verneinung des Willens zum Leben am

34 Schopenhauer unterscheidet zwischen dem "Willen des Menschen" und dem "Willen selbst"; man dürfe nicht übersehen, "daß das Individuum, die Person, nicht Wille als Ding an sich, sondern schon *Erscheinung* des Willens ist" (WV I, 174). Die Bejahung des Willens, des Individualwillens, vollzieht sich in der von der Vorstellung geprägten Erscheinungswelt. Die Verneinung des Willens, d.h. des Individualwillens, vollzieht sich, wenn der Mensch zur Erkenntnis des Weltwillens gelangt: "Das Gegenteil hievon, die *Verneinung des Willens zum Leben*, zeigt sich, wenn auf jene Erkenntnis das Wollen endet, indem sodann nicht mehr die erkannten einzelnen Erscheinungen als *Motive* des Wollens wirken, sondern die ganze durch Auffassung der *Ideen* erwachsene Erkenntnis des Wesens der Welt, die den Willen spiegelt, zum *Quietiv* des Willens wird und so der Wille frei sich selbst aufhebt." (WV I, 393).

kräftigsten gefördert" (13, 159 – 1887/88). Nietzsche geht es um das dionysisch-apollinische Kunstwerk als Einheit von elementarem Leben und schönem Schein. Es manifestiert sich für ihn vor allem in der griechischen Tragödie und im Musikdrama Richard Wagners. Nietzsches umstrittene Deutung der griechischen Tragödie geht von der Grundthese aus, daß der Ursprung der Tragödie im Dionysischen, d.h. in den dionysischen Dithyramben und Chorliedern, liege. Er ist der Auffassung, die "antike Ueberlieferung" sage "mit voller Entschiedenheit, *dass die Tragödie aus dem tragischen Chore entstanden ist* und ursprünglich nur Chor und nichts als Chor war". Der "tragische Chor" ist das "eigentliche Urdrama" (1, 52 – GT). Der "dionysische Chor" nun entlädt sich in einer "apollinischen Bilderwelt", d.h. im Dialog und damit in der Handlung. "Jene Chorpartien, mit denen die Tragödie durchflochten ist, sind also gewissermaassen der Mutterschooss des ganzen sogenannten Dialogs d.h. der gesammten Bühnenwelt, des eigentlichen Dramas." (1, 62 – GT).[35] Der Ursprung der Tragödie liegt im Chor, in der Musik, und die Struktur der Tragödie besteht in der unlöslichen Einheit von dionysischer Musik und apollinischer Bilderwelt des Bühnengeschehens. Nietzsche sieht sich bei dieser Deutung einer speziellen Schwierigkeit konfrontiert, der Frage nämlich, ob das bildhafte Bühnengeschehen die Erlösung vom Dionysischen durch den schönen Schein darstellt, wie dies gemäß der Grundkonzeption des Dionysischen und Apollinischen ja eigentlich der Fall sein müßte und beispielsweise auf Raffaels "*Transfiguration*" zutrifft, in der die untere Bildhälfte den "ewigen Urschmerz", die obere Bildhälfte hingegen die verklärende "Erlösung durch den Schein" darstellt (1, 39 – GT). Im Hinblick auf die Tragödie sieht sich Nietzsche, gemäß ihrem tragischen Grundcharakter, genötigt, das Apollinische wieder in das Dionysische zurückzubiegen. Das Bühnengeschehen ist zwar "Traumerscheinung", d.h. apollinische "Vision", aber es ist zugleich "Objectivation eines dionysischen Zustandes" und stellt als solche "nicht die apollinische Erlösung im Scheine, sondern im Gegentheil das Zerbrechen des Individuums und sein Einswerden mit dem Ursein" dar (1, 62 – GT). Das bedeutet, daß in der Tragödie das Dionysische als Ursprung und Ziel der Handlung das eigentliche Konstitutionsgesetz ist. Zugleich wird deutlich, daß die Duplizität des Dionysischen und Apollinischen

35 Interessant ist Nietzsches Rezeption von Schillers Abhandlung *Ueber den Gebrauch des Chors in der Tragödie*, der Vorrede zur *Braut von Messina*. Nietzsche: "Schiller hat völlig Recht, wenn er den Chor als den wichtigsten poetischen Faktor der Tragödie behandelt: und Aristoteles mit seiner euripideisch-flachen Verwendung des Chors darf uns nicht irre machen." (7, 274). Nietzsche macht diese Bemerkung im Kontext seiner Kennzeichnung des Chors als "dionysischer Erscheinung" (ebd.). Zugleich stimmt er der Überlegung Schillers zu, daß der Chor eine "lebendige Mauer" um die Tragödie sei, die ihr "ihren idealen Boden und ihre poetische Freiheit" bewahre (1, 54 – GT; vgl. *Schiller*, NA X, 11). Nietzsches Versuch, Schillers idealistische Konzeption des Chors in die eigene dionysische Idee des Chors einzubinden, ist problematisch, denn für Schiller ist der Chor, der neuzeitliche Chor, ein Produkt des poetischen Geistes, wie er auch eine die Handlung kalmierende Instanz darstellt: "Der neuere Dichter findet den Chor nicht mehr in der Natur, er muß ihn poetisch erschaffen und einführen" (NA X, 11). "So wie der Chor in die Sprache *Leben* bringt, so bringt er *Ruhe* in die Handlung – aber die schöne und hohe Ruhe, die der Charakter eines edeln Kunstwerkes seyn muß." (NA X, 14). Faßt Nietzsche den Chor als Ausdruck des dionysischen Lebens, so ist er für Schiller das Organ der fazitziehenden Reflexion. Es ist der Sinn des Chors, "die großen Resultate des Lebens zu ziehen, und die Lehren der Weisheit auszusprechen" (NA X, 13).

nicht einfach ein Schema ist, sondern in sich höchst differenziert und kompliziert sein kann. Die Tragödie jedenfalls unterliegt der Dominanz des Dionysischen.

Es ist klar, daß Nietzsches Tragödien-Konzeption von Wagners Theorie und Praxis des Musikdramas resp. des musikalischen Dramas beeinflußt ist. Im *Künstlerthum der Zukunft* hat Wagner bereits den Gedanken des Ursprungs der Tragödie aus der Musik klar ausgesprochen:

> Geburt aus der Musik: Äschylos. / Décadence – Euripides. / – Daß seitdem aus dem Trauerspiele etwas ward, war nur die That des einzelnen Genies – Shakespeare. Sonst als Gattung das Drama – nichts. (S. 278)

Schon bei Wagner ist die "griechische Tragödie" als "religiöses Drama" Ausdruck der ursprünglichen, mythischen Verbundenheit des Menschen mit der "Natur". "Mit steigender Aufklärung, d.h. Zersprengung des naturbehafteten Kernes sank auch das religiöse Drama, und der ganz nackte, unverhüllte Mensch ward der Gegenstand der Plastik, Bildhauerei." Mit der Auflösung der Tragödie verlor der Mensch "seinen kommunistischen Zusammenhang mit der religiös gebundenen Allgemeinheit" (S. 263). Im Grundriß schimmert hier bereits Nietzsches Idee der Tragödie durch. Dennoch sind die Unterschiede nicht zu übersehen. Wagner faßt die griechische Tragödie noch als "schöne, menschliche Religion" auf (S. 263), das heißt, daß er im Grunde noch stärker auf das apollinische Maß als auf die dionysische Maßlosigkeit abhebt. Zwar klingt auch bei ihm das Dionysische an, wenn er sich auf die Musik bezieht und sie metaphorisch als "Meer" bezeichnet. Aber er versteht sie noch nicht als Auflösung des *principium individuationis*, sondern als "Grenzscheide zwischen Tanz und Sprache, Empfindung und Gedanke":

> so steht sie verbindend und zugleich abhängig zwischen den äußersten Fähigkeiten des Menschen, der sinnlichen Empfindung und dem geistigen Denken. Das *Meer* trennt und verbindet, – so die Musik. (S. 263)

Ist hier bei Wagner die Musik noch ein sinnlich-geistiges Phänomen, so erscheint sie in Nietzsches Tragödienschrift als ein der bloßen Empfindung und dem Geist vorgeschalteter Elementarvorgang. Nach Nietzsche erfolgt in der Musik die Aufsprengung der empfindenden und reflektierenden Subjektivität. Wagner hingegen stellt Apollon in den Mittelpunkt. Zugleich hat Wagner, der frühere Wagner, die Solidarität der Menschheit, die "große *Menschheitsrevolution*" (WSD 3, 29), den "Geist der freien Menschheit über alle Schranken der Nationalitäten hinaus" (WSD 3, 30) im Blickfeld. Diese 'politischen' Implikationen aus *Die Kunst und die Revolution* sind Nietzsche im Grunde fremd geblieben. Nicht nur mit der Prävalenz des Apollinischen, sondern auch mit dem Gedanken der Menschheitskommunikation und der Idee des sogenannten Gesamtkunstwerks, des "großen griechischen Gesammtkunstwerks" (WSD 3, 29), setzt Wagner andere Akzente als Nietzsche. Nietzsches Schrift läuft zwar auch auf eine ästhetische Rechtfertigung der von Wagner angestrebten Wiedervereinigung der getrennten Kunstarten hinaus, aber Nietzsches primäres Interesse gilt der Leben-Schein-Dialektik, dem Problem des dionysischen Lebens und des apollinischen Scheins, des sich in den Schein transzendierenden Lebens. Bei aller Abhängigkeit von Wagner entwickelt Nietzsche in der Tragödienschrift durchaus eine eigene Konzeption.

Festzuhalten ist allerdings, daß er die Idee der dionysisch-apollinischen Kunst nicht nur an der griechischen Tragödie, sondern auch am musikalischen Drama Wagners exemplifiziert. Wagners *Tristan* erscheint ihm als das unüberbietbare dionysisch-apollinische Kunstwerk. Er sieht in ihm eine wunderbare Symbiose aus dionysischer Musik und apollinischer Bildlichkeit. Er wirft die Frage auf, ob man sich einen Menschen vorstellen könne,

> der den dritten Act von "Tristan und Isolde" ohne alle Beihülfe von Wort und Bild rein als ungeheuren symphonischen Satz zu percipiren im Stande wäre, ohne unter einem krampfartigen Ausspannen aller Seelenflügel zu verathmen? Ein Mensch, der wie hier das Ohr gleichsam an die Herzkammer des Weltwillens gelegt hat, [...] er sollte nicht jählings zerbrechen? (1, 135 – GT)

Zuvor hatte Nietzsche notiert: "Das Bild rettet vor dem Verschlungensein in orgiastischen Stimmungen, vgl. den Tristan." (7, 277). Auch hinsichtlich des *Tristan* ist Nietzsche vor die Frage gestellt, inwieweit die "dionysische Allgemeinheit" aufgehoben und das 'entzückte' Interesse an den "Individuen" geweckt wird (1, 137 – GT) und inwieweit "das Dionysische wieder das Uebergewicht" erlangt, denn die Tragödie "schliesst mit einem Klange, der niemals von dem Reiche der apollinischen Kunst her tönen könnte" (1, 139 – GT). Bei Nietzsche dominiert eindeutig das Dionysische. Er verkündet zwar die Duplizität des Dionysischen und Apollinischen, beharrt aber in letzter Konsequenz auf der Dominanz des Dionysischen, ja spricht sogar von der Negation des Apollinischen:

> Und damit erweist sich die apollinische Täuschung als das, was sie ist, als die während der Dauer der Tragödie anhaltende Umschleierung der eigentlichen dionysischen Wirkung: die doch so mächtig ist, am Schluss das apollinische Drama selbst in eine Sphäre zu drängen, wo es mit dionysischer Weisheit zu reden beginnt und wo es sich selbst und seine apollinische Sichtbarkeit verneint. (1, 139 – GT)

Die "Tragödie als Wortdrama" ist zwar "eine *Entlastung* von den *dionysischen Gewalten des Mythus*" (1, 277 – 1871), aber sie hebt das Dionysische nicht auf, sondern ermöglicht durch das Apollinische die Darstellung des Dionysischen. Dabei macht Nietzsche noch einen bemerkenswerten Unterschied zwischen der antiken Tragödie und dem modernen "Wortdrama": dort erfolgt die Verlebendigung des Mythos, hier wird durch das Wort ein "Heilmittel gegen den Mythus" inszeniert (ebd.). Diese Unterscheidung tritt aber dann in der Tragödienschrift zurück. So ist das Verhältnis von Dionysischem und Apollinischem bei Nietzsche recht kompliziert. Das führt in der Tragödienschrift zu gewissen Turbulenzen. Nietzsche ist sich der Schwierigkeit dieser Relation durchaus bewußt. Er löst sie weniger argumentativ als durch das ästhetische Postulat der grundsätzlichen Einheit von Dionysischem und Apollinischem:

> So wäre wirklich das schwierige Verhältniss des Apollinischen und des Dionysischen in der Tragödie durch einen Bruderbund beider Gottheiten zu symbolisiren: Dionysus redet die Sprache des Apollo, Apollo aber schliesslich die Sprache des Dionysus: womit das höchste Ziel der Tragödie und der Kunst überhaupt erreicht ist. (1, 139 f. – GT)

Man kann feststellen, daß die Konzeption des 'Dionysischen' letztlich Nietzsches eigenständiger Ansatz ist – unbeschadet diverser Einflüsse und Anstöße. Impulse gehen im übrigen nicht nur von Wagner, sondern auch von Burckhardt aus. Immerhin geht auch Burckhardt auf das dionysische Element in der Tragödie ein:

> Und sodann hat man es hier in bezug auf Stoff und Behandlung mit jener mysteriösen Entstehung der Tragödie "aus dem Geiste der Musik" zu tun. Der Protagonist bleibt ein Weiterhall des Dionysos, und der ganze Inhalt ist nur Mythos, mit Vermeidung der sich öfter herandrängenden Geschichte. (WB, 55)

Heidegger macht darauf aufmerksam, daß Nietzsche den Gegensatz "apollinisch"-"dionysisch" zwar als erster öffentlich herausgestellt habe, daß aber Burckhardt in seinen Vorlesungen über die griechische Kultur "diesem Gegensatz auf der Spur war" (Nietzsche I, 123)[36]. Das mag im Prinzip zutreffen. Dennoch ist zu beachten, daß für Burckhardt die griechische Tragödie noch nicht die unmittelbare, vehemente Manifestation des Dionysos ist. Der Protagonist der Tragödie ist ein "Weiterhall" des Dionysos. Das Dionysische wirkt in ihm weiter, aber er ist nicht identisch mit ihm. Zudem deutet Burckhardt die Tragödie als Darstellung des "Menschlichen" in "typischen" "Gestalten" (WB, 55). Burckhardts Auffassung der griechischen Tragödie ist noch geprägt vom klassisch-humanistischen Griechenbild: "Die attische Tragödie wollte das allgemein Menschliche in idealen Gestalten sprechen lassen" (WB, 56). Die Auflösung des 'Menschlichen' in vormenschlichen Elementarzuständen ist nicht die Perspektive Burckhardts. Aber Nietzsche ist durch Burckhardt zur intensiven Auseinandersetzung mit dem Griechentum generell und der griechischen Tragödie speziell entscheidend angeregt worden.[37]

Das Verhältnis von Dionysos und Apollon im Sinne des genetischen Komplementärverhältnisses ist eine spezifische Spekulation Nietzsches. Freilich, die spannungsvolle Relation beider Gottheiten ist bereits in J.J. Bachofens *Mutterrecht* (1861) thematisiert. Dort erscheinen Dionysos und Apollon als Überwin-

36 Burckhardt hat sich 1872 in seiner von Nietzsche besuchten Vorlesung über griechische Kulturgeschichte ausführlich mit dem Dionysos-Kult beschäftigt, mit dem "Dionysos, welcher leidet, stirbt und wieder auflebt" (*Burckhardt*, Griechische Kulturgeschichte II, 94). Aber Burckhardts Anliegen ist nicht die aktualisierende Verlebendigung, sondern die kulturgeschichtliche Betrachtung der griechischen Götterwelt, wie im übrigen die Spannung von Dionysos und Apollon kaum sein Thema ist. Vgl. das Kapitel 'Die Griechen und ihre Götter' (ebd., 20-206).

37 So schreibt der junge Nietzsche Mitte Februar 1872 an Rohde im Hinblick auf die Burckhardt-Vorlesung vom Sommersemester 1872, "daß ich in seinem Sommercolleg über griech. Culturgeschichte viel! zu lernen haben werde" (B 3, 294; vgl. B 3, 317; B 5, 58, 87). Noch in der *Götzen-Dämmerung* erweist Nietzsche Burckhardt als "jenem tiefsten Kenner" der griechischen Kultur die Reverenz, freilich mit der Einschränkung, daß er, Nietzsche, die wahre Bedeutung des "Dionysos" zuerst "ernst nahm" (6, 158 – GD).

der des "weiblichen Tellurismus", wobei Dionysos das stofflich-sinnliche Leben, die "phallische Stofflichkeit", Apollon das "rein geistige Prinzip" darstellt:

> Die dionysische Paternität ist die körperlich zeugende, die apollinische die höhere geistige des νοῦς, [...] Dauernde und vollkommene Besiegung des Mutterprinzips ist nur auf dieser apollinischen Höhe erreicht, die entschiedene Überwindung des Weibes eine Tat des apollinisch-metaphysischen Prinzips. (S. 599 f.)[38]

Das Verhältnis von Dionysos und Apollon ist durch den Gegensatz von orgiastischer Elementargewalt und geistiger Distanz und Höhe gekennzeichnet. Es ist nicht von der Hand zu weisen, daß Bachofen damit im Prinzip die spannungsgeladene Beziehung zwischen dem Dionysischen und Apollinischen bereits vor Nietzsche im Blickfeld hat. Aber er faßt das Problem nicht im Sinne der Dialektik von elementarem Leben und schönem Schein, sondern nur als Gegensatz von Vitalgeschehen und Geistigkeit. Bereits Baeumler stellt in seiner Schrift *Bachofen und Nietzsche* (1929) fest, daß zwar auch bei Bachofen Apollon und Dionysos einen Gegensatz bilden, daß es sich aber nicht um einen Gegensatz im Sinne Nietzsches handelt:

> Nietzsches Antithese: dionysisch-apollinisch gleich "Unmaß" und "Maß" hat jedoch mit dem Gegensatz, den die Symbole Dionysos und Apollon bei Bachofen verkörpern, nichts zu tun. Dionysos und Apollon stehen sich bei Bachofen nicht wie Unmaß und Maß, sondern wie Erde und Himmel, wie Stoffgebundenheit und Stofflosigkeit gegenüber. Der Gegensatz dionysisch-apollinisch fällt bei Bachofen mit dem von chthonisch-uranisch zusammen. (S. 29)

Es kommt hinzu, daß es sich für Nietzsche um ein existentielles Problem handelt, denn hinter seiner Deutung steht unüberhörbar das *tua res agitur*. Bachofen hingegen nimmt, wie Burckhardt, der Antike gegenüber die historisch-betrachtende Haltung des Gelehrten ein. "Bachofen *betrachtet* das Altertum; Nietzsche will es *leben*." (S. 43). Dies ist überhaupt der grundsätzliche Unterschied zwischen Nietzsche und der Mythenforschung des 19. Jahrhunderts. Während die Mythenforscher mit einem respektablen Aufwand an alexandrinischer Gelehrsamkeit einen kulturhistorischen Befund zu erstellen versuchen, im Sinne der geisteswissenschaftlich-historischen Einfühlung in die Vergangenheit[39], vollzieht sich Nietzsches Beschäftigung mit dem antiken Mythos als

---

38 Bachofen deutet die "Dionysosreligion" als die "Vereinigung aller Potenzen der Naturkraft", in der die "Unterordnung des Mannes unter den weiblich-empfangenen Stoff" erfolgt. "Darum tritt Dionysos nicht wie der in höherer Lichtreinheit waltende Apollo einsam und geschlechtslos auf, sondern stets in Verbindung mit weiblichen Wesen, in welchen er zu wirken durch seine phallische Natur angewiesen wird" (*Bachofen*, Gräbersymbolik, 82). Bachofen spricht von der "auf die Apotheose des Stoffes gerichteten dionysischen Denkweise" (ebd., 84), vom "sinnlichen Charakter der dionysischen Religion", von ihrer "erotisch-aphroditischen Richtung" (ebd., 85). Zu Bachofens Deutungen vgl. generell *Baeumler*, Chthonisch, dionysisch, apollinisch.

39 Bachofen verlangt vom "Forscher" die "Selbstentäußerung", die "Fähigkeit", "den Ideen seiner Zeit, den Anschauungen, mit welchen diese seinen Geist erfüllen, gänzlich zu entsagen und sich in den Mittelpunkt einer durchaus verschiedenen Geisteswelt zu versetzen" (Mutterrecht, 22 f.). Bachofen, der romantischen Idee der Einheit von Mythos und Geschichte verpflichtet, geht es um das einfühlende Verstehen der geschichtlichen Welt aus ihren mythischen Ursprüngen (vgl. Mutterrecht, 16). Auch der

existentiell engagierte Auseinandersetzung, im Sinne einer neuen Lebens-, Kunst- und Kulturgestaltung.

Nietzsche ist nicht der Entdecker des Begriffspaars Dionysisch-Apollinisch. Lange vor ihm hat Schelling das Verhältnis Apollinisch-Dionysisch zum Gegenstand der philosophischen Reflexion gemacht. In seinen 1854 postum veröffentlichten Vorlesungen *Philosophie der Offenbarung* bringt er seine Schaffenstheorie, wonach der künstlerische Schaffensprozeß eine Symbiose aus bewußter und unbewußter Tätigkeit darstellt[40], in Zusammenhang mit dem Begriffspaar "apollinisch"-"dionysisch". Im schöpferischen Akt wirkt "eine blinde, ihrer Natur nach schrankenlose Produktionskraft, der eine besonnene, sie beschränkende und bildende, eigentlich also negirende Kraft in demselben Subjekt entgegensteht". In der Kunst muß diese Spannung von Unbewußtem und Bewußtem, die Schelling auch als Spannung von "Inhalt" und "Form" auffaßt, in ein "harmonisches Gleichgewicht" gebracht werden:

> Ein Uebergewicht der producirenden Thätigkeit ist da, wo die Form gegen den Inhalt zu schwach erscheint, der Inhalt die Form zum Theil überwältigt. Das Gegentheil findet statt, wo die Form den Inhalt zurückdrängt, dem Werk die Fülle fehlt. Nicht in verschiedenen Augenblicken, sondern in demselben Augenblick zugleich trunken und nüchtern zu seyn, dieß ist das Geheimniß der wahren Poesie. Dadurch unterscheidet sich die apollinische Begeisterung von der bloß dionysischen. Einen unendlichen Inhalt – also einen Inhalt, der eigentlich der Form widerstrebt, jede Form zu vernichten scheint –, einen solchen unendlichen Inhalt in der vollendetsten, d.h. in der endlichsten Form darzustellen, das ist die höchste Aufgabe der Kunst. (*Schelling*, Offenbarung II, 25)[41]

---

junge Nietzsche begreift den Mythos als Ursprung der Geschichte, aber im Unterschied zu Bachofen verzichtet er in der Beschäftigung mit dem Mythos keineswegs auf die eigenen, aktuellen Perspektiven und Ideen, sondern projiziert dieselben gerade in den Mythos.

40 "*Nothwendigkeit und Freiheit verhalten sich wie Bewußtloses und Bewußtes. Kunst beruht daher auf der Identität der bewußten und der bewußtlosen Thätigkeit.*" (*Schelling*, Philosophie der Kunst, 28). "Das Kunstwerk reflektiert uns die Identität der bewußten und der bewußtlosen Tätigkeit." (*Schelling*, Idealismus, 288). Das "Genie" ist die Symbiose "jener beiden Tätigkeiten", die Verbindung der "bewußten" Tätigkeit, der Tätigkeit, die "mit Bewußtsein, Überlegung und Reflexion ausgeübt wird" und die "gelehrt und gelernt" werden kann, mit dem "Bewußtlosen", das "nicht gelernt" werden, "sondern allein durch freie Gunst der Natur angeboren sein kann, und welches dasjenige ist, was wir mit Einem Wort die *Poesie* in der Kunst nennen können" (ebd., 287). Das "Genie" ist der "*ewige Begriff des Menschen in Gott als der unmittelbaren Ursache seiner Produktionen*" (Philosophie der Kunst, 104). Der "allgemeine Grund der prästabilierten Harmonie zwischen dem Bewußten und dem Bewußtlosen" liegt im "Absoluten", in "einer dunklen unbekannten Gewalt" (Idealismus, 284). Demnach versteht Schelling das Unbewußte, d.h. das 'Bewußtlose', nicht in einem modern-psychoanalytischen, sondern in einem metaphysisch-naturphilosophischen Sinne. Die "Natur" als die "ungetrennte Einheit des Unendlichen mit dem Endlichen" ist die Manifestation des "Absoluten" (Philosophie der Kunst, 74).

41 Zu Schellings Dionysos-Interpretation vgl. bes. *Schelling*, Offenbarung I, 460-490. Demnach sind drei Erscheinungsformen des Dionysos zu unterscheiden: 1. der Dionysos-Zagreus, der Gott des Orgiasmus (der Dionysos der ersten Potenz), 2. der Dionysos-Bakchos, der Gott der Freude (der Dionysos der zweiten Potenz), 3. der Dionysos-Iakchos, der Gott der Mysterien (der Dionysos der dritten Potenz). In dieser Dreistufung vollzieht sich die Entwicklung vom wilden, ekstatischen Dionysos über den in Schmerz und Freude vergeistigten Dionysos bis zum rein geistig-seelischen Dionysos als der höchsten Form der Dionysosidee. Im Dionysos-Iakchos erfährt der Dionysos-Zagreus seine Auferstehung. Auf dieser höchsten Stufe schließen sich die drei Formen des Dionysos zur Trinität des Dionysischen als dem wahren Sein des Dionysischen zusammen.

Damit ist der für Nietzsche so bedeutungsvolle Gegensatz von dionysischer Maßlosigkeit und apollinischem Maß im Prinzip von Schelling antizipiert.[42] Dennoch besteht in mehrfacher Hinsicht ein Unterschied. Schellings Überlegung entspricht den in der Frühromantik entwickelten Theoremen des Zusammenspiels von Bewußtheit und Unbewußtem im Schaffensprozeß. Bei Nietzsche hingegen geht es bei der Duplizität Apollinisch-Dionysisch weder um die 'psychologische' Relation Bewußtheit-Unbewußtes noch um die 'ästhetische' Inhalt-Form-Frage, sondern um das 'metaphysische' Konstitutionsgesetz des Lebens. Zudem ist bei Schelling das Apollinische nicht der Gegensatz des Dionysischen, sondern die Einheit von Enthusiasmus und Geist, von "Begeisterung" und "Form". "Das 'Apollinische' ist für Schelling nicht der Gegenpol des 'Dionysischen', sondern die *Einheit* der ganzen Polarität, die *Verbindung* von 'Wahnsinn' und 'Verstand', von Ekstase und Besonnenheit." (*Jähnig*, Schelling II, 157). Schelling hebt die dionysische Ekstase in der apollinischen Form auf, Nietzsche macht sie zu dem das Kunstwerk konstituierenden Grundelemente. Bei Schelling ist Apollon die dominierende Kunstgottheit, bei Nietzsche Dionysos. Im übrigen hat Nietzsche sein Begriffspaar unabhängig von Schelling entwickelt. Er hat dessen Schriften nicht studiert und erwähnt ihn nur gelegentlich, eher *en passant*.[43] Immerhin, der junge Nietzsche merkt sich Schellings "System des trans<s>cendent. Idealismus" als Lektüre vor (HKG, W III, 394 [1867/68]).

Ähnlich verhält es sich mit Friedrich Schlegel. Auch er hat bereits lange vor Nietzsche die Phänomene des Dionysischen und Apollinischen im Blickfeld.[44] Im Aufsatz *Über das Studium der Griechischen Poesie* (1795/96) findet sich hinsichtlich der griechischen Tragödie der bemerkenswerte Hinweis:

> Im Gemüte des Sophokles war die göttliche Trunkenheit des Dionysos, die tiefe Erfindsamkeit der Athene, und die leise Besonnenheit des Apollo gleichmäßig verschmolzen. Mit Zaubermacht entrückt seine Dichtung die Geister ihren

---

42 Man hat betont, daß Schelling das "Apollinische und Dionysische" "in seiner umfassendsten Bedeutung in die Philosophie eingeführt" habe (*Kein*, Nietzsche und Schelling, Vorwort), und vermutet, "daß Nietzsche da, wo er vollkommen in den Spuren Schopenhauers zu wandeln glaubt, sich dennoch, obwohl unbewußt, auch dem Geist des Naturphilosophen nähert" (ebd., 18). Jaspers meint, daß Nietzsche der "tiefen Einsicht Schellings" bezüglich der Dialektik von "verneinen und bejahen, zersetzen und schaffen, vernichten und hervorbringen" "unbewußt" gefolgt sei (*Jaspers*, Nietzsche, 120). Behler ist der Auffassung, daß Schelling "nicht so sehr die Auffassung Nietzsches über die Integration des Apollinischen und Dionysischen vorweggenommen, sondern eher die frühromantische Theorie des künstlerischen Schaffensprozesses wieder aufgegriffen" habe (*Behler*, Schlegel und Nietzsche, 340). Man hat allerdings auch die These vertreten, Schelling dürfe nicht von der romantischen Naturphilosophie, sondern allein vom Idealismus Fichtes her verstanden werden (so *Kern*, Nietzsche, 9).

43 Bei Nietzsche finden sich keine längeren, grundsätzlichen Passagen zu Schelling, sondern nur eine Reihe polemischer Randbemerkungen, die auf Idealismus-Schelte à la Schopenhauer hinauslaufen. Schelling gehört zu den "'unbewussten' Falschmünzern", zu den "Schleiermachern" (6, 361 – EH). "Fichte, Schelling, Hegel Feuerbach Strauß – das stinkt Alles nach Theologen und Kirchenvätern." (11, 262; vgl. 11, 152). Der spekulative Idealismus Schellings wird von Nietzsche als "der große Schelling-Schwindel" apostrophiert (11, 273). Vgl. auch 3, 163 – M; 5, 25 – JGB; 6, 36 – WA; 11, 445; 11, 604 f.; 12, 130; 13, 507. Nicht nur der abstrakte Idealismus, sondern auch die Philosophie des 'Unbewußten' ist Gegenstand der Nietzscheschen Kritik. Dazu: Exkurs 2.

44 Zum Vergleich des 'Dionysischen' bei Friedrich Schlegel und Nietzsche vgl. generell *Behler*, Schlegel und Nietzsche.

> Sitzen und versetzt sie in eine höhere Welt; mit süßer Gewalt lockt er die Herzen, und reißt sie unwiderstehlich fort. (S. 298)

Bereits hier erscheinen Dionysos und Apollon als konstitutive Elemente der Tragödie, wobei durch Athene das Moment der Besonnenheit, das geistige Prinzip, noch verstärkt ist. Später spricht Nietzsche von der "apollinischen Bestimmtheit und Helligkeit" der "sophokleischen Helden", deutet allerdings das "Apollinische" als "Maske", hinter der sich das "Schreckliche der Natur" verbirgt (1, 65 – GT). Während Schlegel noch einen gleichmäßigen Anteil und harmonischen Ausgleich der die Tragödie konstituierenden Faktoren annimmt, hebt Nietzsche mit aller Entschiedenheit die Sprengkraft des Dionysischen hervor und macht es überhaupt zur eigentlichen Triebfeder der Tragödie. Hinsichtlich der Sophokleischen Tragödie konstatiert er allerdings Symptome der Auflösung des Dionysischen:

> Schon bei Sophokles zeigt sich jene Verlegenheit in Betreff des Chors – ein wichtiges Zeichen, dass schon bei ihm der dionysische Boden der Tragödie zu zerbröckeln beginnt. Er wagt es nicht mehr, dem Chor den Hauptantheil der Wirkung anzuvertrauen [...] (1, 95 – GT)

Nietzsche ist ganz auf das Dionysische fixiert, und daher wertet er die sich vom dionysischen Chor emanzipierende Handlung als Verrat an der Tragödie, denn das "Wesen der Tragödie" läßt sich "einzig als eine Manifestation und Verbildlichung dionysischer Zustände, als sichtbare Symbolisirung der Musik, als die Traumwelt eines dionysischen Rausches interpretiren" (1, 95 – GT).

Nietzsches Dionysos-Motiv bzw. die Problematik des Dionysischen hat viele historische Vorläufer.[45] Am nächsten kommt Hölderlins Dionysos-Bild der Dionysos-Idee Nietzsches. Schon der Schüler Nietzsche ist begeisterter Hölderlin-Verehrer. Im schwärmerischen *Brief an meinen Freund, in dem ich ihm meinen Lieblingsdichter zum Lesen empfehle* vom 19.10.1861 klingen mit Blick auf Hölderlin dionysische und apollinische Motive an. Der junge Nietzsche, beeindruckt von der Gemütstiefe und Kunstreinheit Hölderlins, nimmt Bezug auf den *Empedokles* und den *Hyperion*. Der Tod des Empedokles, d.h. die dionysische Wiedervereinigung des Menschen mit der Natur, übt einen tiefen Eindruck auf ihn aus:

> In dem nicht vollendeten Trauerspiel "Empedokles" entfaltet uns der Dichter seine eigne Natur. Empedokles' Tod ist ein Tod aus Götterstolz, aus Menschenverachtung, aus Erdensattheit und Pantheismus. Das ganze Werk hat mich immer beim Lesen ganz besonders erschüttert; es lebt eine göttliche Hoheit in diesem Empedokles. (HKG, W II, 4)

Demgegenüber ist der *Hyperion* eine sentimentalische Dichtung, die in Bildern der Verklärung imaginäre Sehnsüchte weckt: "Im Hyperion hingegen, ob er

45 Vgl. dazu generell *Baeumer*, Nietzsche; *ders.*, Das Dionysische; *ders.*, Topos. Baeumer betont, daß Nietzsches Begriff des Dionysischen dessen "positive romantische Bedeutung als rauschhafte Erneuerung des Lebens" "mit der negativen Funktion", dem Zerstörerischen des Dionysischen, "in einem neuen Prinzip der gleichzeitigen Lebensbejahung und Lebensvernichtung aufhob" (ebd., 36).

gleich von verklärendem Schimmer umflossen scheint, ist alles unbefriedigt und unerfüllt [...]" (ebd.).[46] Nietzsche hat hier natürlich noch nicht die Problemstellung des Dionysischen und Apollinischen im Blickfeld, aber im Ansatz ist hinsichtlich des *Empedokles* die Idee des dionysischen Lebens und hinsichtlich des *Hyperion* der Gedanke der apollinischen Verklärung erkennbar. Nietzsche wird, wie Hölderlin, von der Gestalt des Empedokles angezogen. In der Vorrede *Ueber das Pathos der Wahrheit* (1872) zählt er Empedokles zu jenen Ausnahmemenschen, die "fast religiöse Scheu" vor sich selber empfinden und von der "Einheit alles Lebendigen" überzeugt, aber zugleich vom "Gefühl der Einsamkeit" durchdrungen sind (1, 758 – CV). Eben diese Spannung von dionysischer Lebenspartizipation und monologischer Existenz ist auch für Nietzsche konstitutiv. Die dionysische Aufhebung der Subjekt-Objekt-Spaltung, wie sie sich im Tod des Empedokles bezeugt, entspricht gleichermaßen der Lebensanschauung Hölderlins und Nietzsches. Auch Nietzsche hat sich mit dem Empedokles-Stoff beschäftigt und Entwürfe zu einem Empedokles-Drama gemacht (1870 ff.) (vgl. 7, 125 f. u. 7, 233-237).[47] Der 'dionysische' Empedokles Nietzsches hat seinen Vorläufer im Empedokles Hölderlins. Noch deutlicher zeigt sich die Affinität zwischen Nietzsche und Hölderlin im beiderseitigen Auftauchen des "Dionysos" in den Texten. Man hat festgestellt, daß in der Dichtung Hölderlins Dionysos als "Gott der Dichter" (*Mommsen*, Hölderlin, 350), als "Weingott", "Eroberer" und "Gesetzgeber" (ebd., 353), als "Bringer einer neuen Weltzeit" (ebd., 369) auftritt.[48] Bei Hölderlin ist Dionysos allerdings nur ein Gott unter vielen Göttern. So werden im Gesang *Der Einzige*, in dem auch Apollon erwähnt wird, Christus, Herakles und Dionysos als brüderlich verbundene Gottheiten angesprochen (vgl. ebd., 365).[49] Hölderlins Götter sind symbolische Figurationen der Vielfalt des Lebens und öffnen erst in ihrer Vereinigung den Blick auf die Totalität des Lebens. Bei Nietzsche hingegen ist Dionysos zum alleinigen Konstitutionsgrund des Lebens verabsolutiert. Eine Symbiose von Dionysos und Christus hat Nietzsche nie vorgeschwebt.[50] Er stellt ja vielmehr die Unverein-

---

46 Exkurs 3.

47 Zur Deutung der Empedokles-Fragmente vgl. *Roos*, Labyrinth. Roos zeigt, wie Nietzsche in das Empedokles-Drama das Drama um Ariadne, Theseus und Dionysos einfügt, beschreibt den weitverzweigten Motivkomplex und geht ausführlich auf die beiden Dramen-Pläne ein.

48 Zur Bedeutung des Dionysos bei Hölderlin vgl. auch *Rosteutscher*, Dionysos, 57-81; *Baeumer*, Hölderlin; *Böschenstein*, Hölderlin.

49 Zur wechselseitigen Durchdringung dionysischer und christlicher Motive bei Hölderlin vgl. *Frank*, Der kommende Gott, 245-360. Zur Synthese von Christus und Dionysos vgl. bereits *Böckmann*, Hölderlin, 366 ff. Die Verquickung des Dionysos mit Christus ist ein Topos der Hölderlin-Forschung. In Hölderlins Gedicht *Der Einzige* "wird Christus zum engen Verwandten des Dionysos" (*Rosteutscher*, Dionysos, 80). Mit Blick auf Hölderlins *Brod und Wein* wird erneut die "Funktionsgleichheit und Vereinigung von Christus und Dionysos im Gedicht" betont (*Baeumer*, Hölderlin, 103).

50 Habermas betont zu Recht, daß Nietzsche sich von der romantischen "Gleichung zwischen Dionysos und Christus, die ja nicht nur Hölderlin vornimmt, sondern bei Novalis, Schelling, Creuzer, in der Mythenrezeption der frühen Romantik insgesamt vorgenommen wird", distanziert hat (*Habermas*, Nietzsche, 114). Es fehlt nicht an Versuchen, bei Nietzsche eine christliche Wende zu konstatieren. In der Tat, Nietzsche notiert: "'Christus am Kreuze' ist das erhabenste Symbol – immer noch." (12, 108 – 1885/86). Aber diese Sentenz ist zweideutig, denn Nietzsche bezeugt damit nicht nur seine Hochachtung gegenüber dem christlichen Symbol, sondern bringt zum Ausdruck, daß die "christlichen Werthurtheile" noch "absolut *nicht* überwunden" seien (ebd.). Daß Nietzsche später seine Wahnsinnszettel wiederholt mit "Der Gekreuzigte" unterschreibt (B 8, 572, 573, 575, 577), ist gleich-

barkeit von dionysischer Welterfahrung und christlicher Weltinterpretation heraus. In einem Fragment vom Frühjahr 1888 wird diese programmatische Antithese in schroffer Zuspitzung zum Ausdruck gebracht: "Die zwei Typen: / *Dionysos* und der *Gekreuzigte.*" (13, 265). "Dionysos gegen den 'Gekreuzigten': da habt ihr den Gegensatz." (13, 266; vgl. 6, 374 – EH). Dem "christlichen" Menschen der Verneinung wird der "tragische" Mensch der Bejahung entgegengestellt (13, 266). Der dezidierte Antagonismus von Dionysos und Christus schält sich bei Nietzsche erst im Laufe der Zeit heraus. Aber von einer Verbindung des Dionysischen mit dem Christlichen ist schon der junge Nietzsche weit entfernt. Das unterscheidet ihn fundamental von Hölderlin. Zudem fehlt bei Nietzsche die elegische Rückschau auf die Götterwelt der Antike, wie sie für Schiller (z.B. im Gedicht *Die Götter Griechenlands*) oder für Hölderlin (z.B. im Gedicht *Der Einzige*) charakteristisch ist. Die Diskrepanz zwischen götterloser Gegenwart und göttererfüllter Vergangenheit ist nicht das Thema Nietzsches. Obschon auch er, in den kulturkritischen Partien der *Geburt der Tragödie*, in gewissem Sinne die Götterlosigkeit der in Theorie und Wissenschaft erstarrenden Gegenwart beklagt, setzt er doch dieser Gegenwart im Symbol des Dionysos das dionysische Leben als reale, gegenwärtige Macht entgegen. Nietzsches Verhältnis zur Antike ist nicht durch das elegische Bewußtsein der Kluft zwischen moderner Götterlosigkeit und antikem Mythos, sondern durch den enthusiastischen Glauben an die Gegenwart des Dionysos mitten in der modernen Kultur und Zivilisation geprägt. Dionysos und Apollon sind nicht nur in der antiken Tragödie, sondern auch im Musikdrama Wagners unmittelbar gegenwärtig.

Bei Nietzsche wird das Dionysische mitten in der modernen, entmythisierten Welt noch einmal als Realität erfahren. Eben dies macht das einzigartige des Nietzscheschen Dionysos-Erlebnisses aus. Die enthusiastische Hinwendung zum Dionysischen findet sich bereits bei Heinrich Heine. In *Die Götter im Exil* (1853) und *Die Göttin Diana* (1854) inszeniert Heine eine Hommage à Dionysos, in der er der christlich-asketischen Weltanschauung das heidnisch-dionysische Lebensgefühl entgegensetzt. Durch das Christentum sind die Götter ins Exil getrieben bzw. entstellt worden: "Ich rede nämlich hier wieder von der Umwandlung in Dämonen, welche die griechisch-römischen Gottheiten erlitten haben, als das Christentum zur Oberherrschaft in der Welt gelangte." (Götter, 400). Von dieser Verbannung und Dämonisierung möchte Heine die antiken Götter wieder befreien. Als zentrale Gottheit, die die durch das christliche Mittelalter verschüttete antike Lebensfreude wieder zum Leben erweckt, erscheint Dionysos. In furioser Pantomime, in provokativen Antithesen und witzigen Pointen wird das Bacchanal, das "Fest des Dionysus" (Götter, 406), in Szene gesetzt.[51] Das Ganze ist das Szenarium einer Verdrängung. Heine betreibt

falls kaum ein Indiz für eine christliche Verinnerlichung Nietzsches. Jaspers, der in dieser Frage ein wenig zur Christianisierung Nietzsches neigt, spricht allerdings von einer "Selbstidentificierung mit dem Gegner" (*Jaspers*, Nietzsche und das Christentum, 73). Es stellt sich aber die Frage, ob Nietzsche mit jenen Unterschriften nicht die Gestalt und die Passion Christi in das Symbol der leidenden *dionysischen* Existenz verwandelt. Der 'dionysische' "Gekreuzigte" nimmt ja nicht das Leiden der Menschheit auf sich, sondern leidet am Scheitern des eigenen Existenzentwurfs.

51 Exkurs 4.

Enthüllungspsychologie, indem er die christlich-mönchische Daseinsform als bloßen Schein entlarvt, hinter dem sich in Wahrheit heidnisch-triebhafte Impulse verbergen. Als die Mönche die Kutten abwerfen, kommen Dionysos und seine Begleiter zum Vorschein:

> Als er den Gürtelstrick seiner Kutte losband, und das fromme schmutzige Gewand nebst Kreuz und Rosenkranz mit Ekel von sich warf, erblickte man in einer von Diamanten glänzenden Tunika eine wunderschöne Jünglingsgestalt vom edelsten Ebenmaß, nur daß die runden Hüften und die schmächtige Taille etwas Weibisches hatten. (Götter, 405)[52]

Dionysos ist der "göttliche Befreier", der "Heiland der Sinnenlust" (Götter, 406), der "Gott der Lebenslust" (Diana, 435). Was das Verhältnis von Dionysos und Apollon, von "Bacchus" und "Apollo", betrifft, so wird der tote Ritter bezeichnenderweise nicht durch Apollon, nicht durch das Spiel der apollinischen Leier, sondern durch Dionysos, durch den ekstatischen Tanz, die bacchantische Musik und den berauschenden Wein des Dionysos, zu neuem Leben erweckt (vgl. Diana, 435 f.). Bei Heine ergänzen sich szenische Darstellung und kommentierende Deutung. Im Hinblick auf die Möglichkeit der Regeneration des dionysischen Lebensgefühls zeigt sich eine Ambivalenz von Resignation und Enthusiasmus. Zum Ende der *Götter im Exil* heißt es: "An jeder Größe auf dieser Erde nagen die heimlichen Ratten, und die Götter selbst müssen am Ende schmählich zugrunde gehen. So will es das eiserne Gesetz des Fatums [...]" (S. 422). Der Erzähler konstatiert: "uns erschüttert der Anblick gefallener Größe [...]" (S. 423). Am Ende der *Göttin Diana* hingegen steht die Apotheose, das "Fest der Auferstehung", die "Glorie der Verklärung" (S. 436). Im Unterschied zu Nietzsche, der vom ungebrochenen Glauben an die Möglichkeit der Wiederbelebung des Dionysischen getragen ist, zeigt sich bei Heine diese Zwiespältigkeit von Erneuerungsverlangen und Endbewußtsein. Dabei fällt auf, daß das Dionysos-Motiv als existentielles Motiv bei Heine mit zunehmender Krankheit stärker in den Vordergrund rückt.[53] Es handelt sich allerdings nicht lediglich um ein persönliches, psychologisches, sondern vor allem um ein epochentypisches, historisches Problem. Es ist der von Heine immer wieder herausgestellte Gegensatz von "Spiritualismus" und "Sensualismus", von christlicher Spiritualität und heidnischer Sinnenfreudigkeit[54], der die Perspektive der beiden 'dionysi-

---

52 Exkurs 5.

53 Zur Zeit seines "bösen Siechtums" (*Heine*, Nachwort zum >Romanzero<, 180) schreibt Heine das "Tanzpoem" *Der Doktor Faust* (1847), eine (freilich ironisch gebrochene) Beschwörung des antikheidnischen Lebensgefühls, in der Gestalt der Helena, der "vor dem Venus-Tempel" tanzenden "schönsten Frau der Poesie" (S. 367). Selbst noch im *Romanzero* (1851), in dem ein moderner Hiob im Zeichen religiöser, biblisch-jüdischer Motive seiner Resignation und Todessehnsucht Ausdruck verleiht, verrät Heine die heidnischen Götter nicht, wie z.B. das Gedicht *Der Apollogott* (S. 33) bezeugt. Bemerkenswert ist, daß mit zunehmender Krankheit auch die 'dionysischen' Motive zunehmen. In den *Göttern im Exil* (1853) nimmt Bachhus einen breiteren Raum ein als Apollo; er zeigt die größere Überlebensfähigkeit; er ist unbesiegt vom Spiritualismus. Und auch in der *Göttin Diana* (1854), in der Apollo und Bacchus gemeinsam auftreten, ist Bacchus die dominierende Gestalt. Der kranke Heine, der Dichter der "Matratzengruft" (Nachwort zum >Romanzero<, 180), verkündet die Apotheose des dionysischen Lebens.

54 Heine verwirft, unter Berufung auf Goethe, den "frierend mageren Spiritualismus" und plädiert für

schen' Exponate prägt. Die *Göttin Diana* ist ein Schauplatz, "wo griechisch heidnische Götterlust mit der germanisch spiritualistischen Haustugend einen Zweikampf tanzt" (Diana, 431). Der Heinesche Antagonismus von Spiritualismus und Sensualismus kehrt bei Nietzsche wieder in der Antithese von christlichem Idealismus und antiker Sinnlichkeit. Hinsichtlich des Dionysos-Motivs ist Nietzsche durch die Tendenz zur unmittelbaren Identifikation gekennzeichnet, während Heine aus der ironischen Distanz spricht. So spielt Heine in seinen anekdotischen Legenden ironisch auf das Bildungswissen des Lesers an und apostrophiert den "sehr gebildeten und wohlunterrichteten Leser" (Götter, 406). Selbst in der Darstellung des Bacchanals fehlt es nicht an ironischen Aperçus. Einer der Bacchanten wird als "impertinenter Geselle" bezeichnet, "der ein widerwärtig lüsternes, ja unzüchtiges Gesicht hatte, mit spitzen Bocksohren begabt war, und eine lächerlich übertriebene Geschlechtlichkeit, eine höchst anstößige Hyperbel, zur Schau trug" (Götter, 404 f.). Während bei Nietzsche das große existentielle Pathos herrscht, sind in Heines Darstellung bei allem Engagement Distanz, Ironie und Travestie nicht zu übersehen. Der Zug zur Mythen-Travestie fehlt bei Nietzsche. Die bei Heine im Enthusiasmus des 'dionysischen' Lebensgefühls doch noch gewahrte ironische Distanz zum Sujet ist bei Nietzsche aufgehoben in einem Pathos der Unbedingtheit.

So steht Nietzsche zwar mit dem Begriffspaar Dionysisch-Apollinisch in einer historischen Tradition, aber erst er hat diesem Problemfeld zu neuer, aktueller Lebendigkeit verholfen. In der einschlägigen Forschungsliteratur ist wiederholt darauf hingewiesen worden, daß Nietzsche sein Wissen um die griechische Götterwelt aus bestimmten kulturhistorischen Werken bezogen habe. Hier werden vor allem erwähnt Friedrich Creuzers *Symbolik und Mythologie der alten Völker, besonders der Griechen* (1810ff.), Karl Otfried Müllers Werke *Die Dorier* (1824) und *Griechische Litteraturgeschichte* (1841), Anselm Feuerbachs Buch *Der vaticanische Apollo* (1833), Ludwig Prellers *Griechische Mythologie* (1854/55), Friedrich Gottlieb Welckers *Griechische Götterlehre* (1857-1863) und *Aeschylische Trilogie* (1824). Aus diesem Umfeld dürfte Nietzsche, wie vor ihm Wagner, wichtige Anregungen erhalten haben, sowohl in bezug auf Genesis und Struktur der griechischen Tragödie als auch hinsichtlich der Dichotomie Apollon-Dionysos. Dennoch wäre es verfehlt, hier einfach nur eine exegetische Behandlung des Motivkomplexes durch Nietzsche anzu-

---

einen vom sinnlichen Leben erfüllten "Sensualismus" (*Heine*, Romantische Schule, 403). Die Idee der "Faustsage" liegt für Heine in der aus der Rezeption der heidnischen Antike erwachsenden "Revolte der realistischen, sensualistischen Lebenslust gegen die spiritualistisch altkatholische Aszese" (*Heine*, Doktor Faust [Erläuterungen], 384). Während "die Griechen das Leben blühend und heiter darstellten", "ist nach christlichen Begriffen das jetzige Leben trüb und schattenhaft" (*Heine*, Aufzeichnungen, 614). Dieser im Zeichen des Lebens verkündete Antagonismus von Griechentum und Christentum wirkt wie eine Vorwegnahme Nietzschescher Theoreme. Nietzsches Fragestellung geht allerdings über die Spiritualismus-Sensualismus-Antithese weit hinaus. Schon in einem Fragment von 1871 möchte er die "'griechische Heiterkeit'" nicht als "'bequemen Sensualismus'" interpretiert wissen, "in welchem Sinne Heinrich Heine das Wort häufig und immer mit sehnsüchtiger Regung gebraucht hat" (7, 352). Nietzsche fragt nach der hinter der sinnlichen Freiheit und Heiterkeit verborgenen Abgründigkeit des Daseins: "Uns hat die griechische Kunst gelehrt, daß es keine wahrhaft schöne Fläche ohne eine schreckliche Tiefe giebt" (ebd.; vgl. 7, 159).

nehmen. Sicher, die Mythenforscher haben den engen Zusammenhang des Apollinischen und Dionysischen lange vor Nietzsche erkannt. So ist bei Preller zu lesen:

> Ferner ist Dionysos ein Gott der *begeisterten Gemüthsbewegung*, in welcher Hinsicht er dem Apoll so nahe steht daß einige ältere Mythologen beide Götter ganz identificiren wollten (Macrob. Sat. 1, 18). Haben sie gleich darin fehlgegriffen, so ist doch nicht zu leugnen daß beide Dienste, der Apollinische und der Bacchische, von entgegengesetzten Ausgängen zu Stimmungen und Wirkungen führten, welche sich vielfach berührten und durchkreuzten, obwohl die Dionysische Gemüthsbewegung durchweg eine gewaltsamere war als die Apollinische. (*Preller*, Mythologie I, 557 f.)[55]

Hier wird zwar auf die Affinität zwischen Apollon und Dionysos hingewiesen, aber es werden keine interpretatorischen Konsequenzen hinsichtlich einer neuen Ästhetik gezogen. Ähnlich verhält es sich mit Creuzers großangelegter Mythensymbolik. Lange vor Nietzsche hat Creuzer den Gegensatz und die Versöhnung des apollinischen und dionysischen Kultes und die Milderung der bacchischen Ekstase durch den apollinischen Lichtgott im Blickfeld (dazu: *Baeumer*, Nietzsche, 141 f.). Es heißt:

> So schroff aber der Apollodienst der Bacchusreligion sich gegenüber stellte, so lesen wir doch auch von *Versöhnung* beider (Pausan. Corinth. 23. 8.) selbst in Argolis, und die dort angegebenen Umstände leiten uns auf die anderen *Orphischen Schulen*, in denen *Apollo* mit *Bacchus versöhnt*, und die *Lyra* mit der *Flöte verbunden* erscheint. (*Creuzer*, Symbolik IV, 34 f.)

Creuzer verweist auf die "Versöhnung der Apollodiener mit denen des Bacchus" (ebd., 35), auf die Verbindung zwischen "Bacchuspriestern" und "Apollopropheten" (ebd., 36) und hebt hervor, daß im Zeichen des Silenus "die Apollinische und die Bacchische Religion mit einander befreundet sind, und unter diesem Bilde das Weissagerische *beider* Religionen vermittelt ist" (ebd., 51). Der Apollonkult wirkt mildernd auf den "rohen Orgiasmus" des "Bacchusdienstes" ein (ebd., 37). Creuzer erwähnt ein etruskisches Spiegelbild, auf dem "*Apollon* (*Aplu*) mit dem Lorbeerzweig" "als reinigender Lichtgott" "Zeuge" der Szene ist, in der "*Dionysos-Bacchus* (hier *Phuphluns* genannt)" "seine von ihm aus der Unterwelt heraufgeführte Mutter *Semele* (*Semla*)" umarmt (ebd., 222). Im Unterschied zu Creuzer betont Müller die Trennung von Apollon und Dionysos. Während Dionysos der ekstatische "Naturgott" ist, "bald leidend und zerfleischt, bald siegend und strahlend", ist Apollon "wohl in

55 Preller, der auf die "Verschmelzung der beiden Culte" verweist, hebt hervor, daß das "Element der enthusiastischen Gemüthserregung, welche sich als musische und poetische Begeisterung und als Weissagung und Reinigung offenbart", dem Dionysos und dem Apollon "gemeinsam" ist "und in dieser Hinsicht nur ein gradueller, kein principieller Unterschied zwischen ihnen stattfindet" (ebd., 213). Bezeichnenderweise ist aber nicht, wie bei Nietzsche, Dionysos, sondern Apollon die zentrale Gestalt: "Apoll ist der Lichtgott schlechthin, im Lichte geboren und im Lichte wohnend, und insofern die erhebendste, das Gemüth noch jetzt tief ergreifende Gestalt der griechischen Religion. [...] Immer ist seine Gestalt von einer heiligen Würde und Majestät wie umflossen und kaum hat die leichtfertigste Dichtung gewagt von diesem Gotte unehrerbietige Vorstellungen zu verbreiten." (ebd., 182).

keiner Rücksicht eine Naturgottheit, in welcher die schöpferische Kraft der Natur als Wesen der Gottheit dargestellt wird. [...] Noch weiter bleibt von ihm der glühende und sich selbst verzehrende Orgiasmus [...]" (*Müller*, Dorier II, 292). Von der gegen den Apollon-Kult abgegrenzten Dionysos-Verehrung heißt es:

> Obgleich diese am Helikon und Parnaß ganz in der Nähe des Pythischen Heiligthums blühte, und das Lokal beider Religionen mannigfach ineinander greift: so blieben die Culte selbst in genauer Sonderung, wenn auch wieder auf der andern Seite die Annahme von Religionskriegen durchaus unbegründet scheint. (ebd., 292 f.)[56]

Die "Apollinische Religion" "hebt den Begriff der Ordnung, Uebereinstimmung, Gesetzmäßigkeit überall hervor, und setzt in diese das Wesen und Wirken der Gottheit". Durch sie wird "besonders Besänftigung und Beruhigung der Leidenschaft bezweckt und bewirkt, um dem Gemüthe zugleich Ruhe und Stärke zu verleihn" (ebd., 369). Affinität und Distanz zwischen Apollon und Dionysos – beide Deutungsmuster findet Nietzsche in der Mythenforschung vor. Auch im Hinblick auf Genese und Struktur der griechischen Tragödie kann er sich auf Mythenforschung und Kunsthistorie stützen. Im Vortrag *Das griechische Musikdrama* von 1870 lobt er den "geistvollen" Anselm Feuerbach (1, 518 – GMD), der in der Schrift *Der vaticanische Apollo* die Verschmelzung der gegensätzlichen Prinzipien des dionysischen Enthusiasmus und der apollinischen Form in der Tragödie hervorhebt. Feuerbach verweist auf die "bacchische Begeisterung" als tragisches Bewußtsein eines "unauflöslichen Zwiespaltes" zwischen Mensch und Welt (S. 300) und auf das "plastische Kunstwerk", die "plastische Abgeschlossenheit" der Werke der bildenden Kunst (S. 297). Zugleich betont er die Vereinigung der musikalischen, dichterischen und plastischen Formen in der Tragödie:

> Der Musik selbst genügt ihre Gemeinschaft mit der Dichtkunst nicht. Sie bewegt sich zugleich in Tanz und Mimik der Plastik und Malerei entgegen. / Es ist nicht zu verwundern, wenn bei einer so tiefbegründeten Wahlverwandtschaft die einzelnen Künste endlich wirklich wieder zu einem unzertrennlichen Ganzen, als einer neuen Kunstform sich verschmelzten. [...] das dramatische Festspiel gleicht einem Wiedervereinigungsfeste der griechischen Künste. (S. 282)[57]

Es ist kaum erstaunlich, daß Nietzsche letztere Passage zustimmend, zur Begründung seiner eigenen Tragödiendeutung, zitiert (1, 518 – GMD). Freilich, bei Feuerbach steht noch die "plastische Haltung des antiken Drama" im Vordergrund (S. 283). Die Plastik erscheint als Produkt des Dramas:

---

56 Welcker schreibt zu dieser Frage: "Apollon nahm die Stelle des Ares ein und es ist merkwürdig daß am Parnaß, in Delphi insbesondre, ein gewisser Dualismus, des Apollons- und des Dionysosdienstes sich trotz des selbständigen vorherrschenden Delischen Apollon mit der Zwillingsschwester behauptet hat." (*Welcker*, Götterlehre I, 449).

57 Feuerbachs "Theorie der Affinität einzelner Künste zueinander" (*Pfotenhauer*, Physiologie, 137) hat nicht nur Nietzsche beeinflußt, sondern auch schon auf Wagner gewirkt (vgl. *Westernhagen*, Wagner, 148 ff.).

> Es wird dann nichts überraschendes für uns haben, wenn wir in der dramatischen Dichtung eine neue, und nächst der epischen, die ergiebigste Quelle der griechischen Plastik erkennen müssen, und endlich mitten unter einer Reihe von Bildwerken, welche ihren Ursprung zunächst dem Theater danken, auch den vaticanischen Apollo wieder finden. (S. 283)

Das Dionysische empfindet Feuerbach letztlich als dämonische Bedrohung. Der bacchantische Taumel wurde zum "bösen Dämon" des Menschen, "der die Freiheit seines Willens gefangen nahm, jede Schranke des gewöhnlichen Lebens niederriss, alle Gesetze der Zucht und Sitte mit Füssen trat" (S. 301). Selbst Aischylos wird ins Zwielicht gerückt:

> Nicht umsonst hiess Aeschylus mit Auszeichnung der Genosse des Dionysos. [...] In keinem Tragiker spricht sich so feierlich und entschieden die fromme Scheu gegen alles aus, was altherkömmliche Sitte geheiligt hat, gegen jede gesetzliche Schranke. Er hatte, vom Dionysischen Geiste ergriffen, am deutlichsten den Punkt erkannt, welchen der Mensch nicht überschreitet, ohne das blinde Werkzeug dämonischer Mächte zu werden. (S. 301 f.)

Während Feuerbach kritische Distanz zu den dionysischen Tendenzen der Aeschyleischen Tragödie hält und sie durch das Maß in Schranken gehalten sieht, preist Nietzsche die "Glorie der Activität", "welche den *Prometheus* des Aeschylus umleuchtet", setzt den Aeschyleischen Prometheus in unmittelbare Beziehung zum Prometheus des jungen Goethe (1, 67 f. – GT [= 1, 615 – SGT]), verweist auf das "Gemeinsame zwischen dem Prometheischen und dem Dionysischen" und deutet Prometheus als Maske des Dionysos: "Der aeschyleische Prometheus ist in diesem Betracht eine dionysische Maske [...]" (1, 71 – GT [= 1,618 – SGT]). Insgesamt zeigt sich, daß Nietzsche zwar die Motive des Dionysos und Apollon dem Fundus der kulturhistorischen Forschung entnimmt, sie aber produktiv zu Symbolen der eigenen Lebensanschauung und Kunstauffassung umprägt. Dabei beschränkt er sich nicht auf eine Ästhetisierung des vorgegebenen Motivfeldes, sondern entfaltet eine spezifische Kunstmetaphysik aus der Idee des schöpferischen Lebens.

Nicht nur von Dichtung und Kulturwissenschaft, sondern auch von der bildenden Kunst hat Nietzsche bei seiner Konzeption des Dionysischen und Apollinischen Impulse empfangen. Beeindruckt hat ihn Buonaventura Genellis Aquarell *Bacchus unter den Musen*, eine Variante des Genelli-Bildes *Dionysos wird von den Musen erzogen*, das er Pfingsten 1869 bei seinem Besuch der Wagners in Tribschen kennenlernte. Für Wagner ist Genellis Bild ein Symbol der Gedankenwelt Nietzsches und zugleich Ausdruck der tiefen geistigen Verwandtschaft zwischen Wagner und Nietzsche. Im Brief an Nietzsche vom 26.11.1871 schreibt er, mit Bezug auf die anstehende Tragödienschrift:

> Noch dieser Tage schweifte mein Blick von dem Genelli'schen Dionysos unter den Musen mit wahrem Erstaunen, wie über einen plötzlich verstandenen Orakelspruch, auf Ihre letzte Arbeit (d.h. soweit ich sie kenne!). Das ist ein merkwürdiger, ja wunderbarer Zusammenhang, ich möchte sagen meines ganzen Lebens mit sich selbst, welchen ich in Ihrem Gedanken, von jenem Bilde ab, mir dargestellt sehe. (B II 2, 464)

Die Verbindung Wagners und Nietzsches im Zeichen des Dionysos und der dionysisch-apollinischen Kunst, wie sie dann in der in Tribschen begeistert aufgenommenen *Geburt der Tragödie*[58] ihren philosophisch-ästhetischen Niederschlag findet, ist in Genellis Aquarell symbolisch präfiguriert. Für Nietzsche ist das Bild allerdings kaum von zentraler Bedeutung, eher ein atmosphärischer Eindruck. Immerhin, im Brief an Rohde vom 16.7.1872 bezieht er sich bei der Rechtfertigung der Tragödienschrift auch auf Genellis Bild: "Du weißt daß ich bei den 'Musen mit Dionysus in der Mitte' an das bei Wagner in Tribschen hängende Aquarell Genelli's gedacht habe." (B 4, 25).[59] Generell läßt sich feststellen, daß Nietzsche in der Entfaltung der Idee des Dionysischen und Apollinischen zwar die Motive als solche aus dem einschlägigen Schrifttum übernommen und auch Kunsteindrücke aufgenommen, aber im Grundsätzlichen seine Theorie doch eigenständig entwickelt hat. Er nimmt daher diese Eigenständigkeit zu Recht für sich in Anspruch. Später, in *Ecce homo*, im Abschnitt über die *Geburt der Tragödie*, bringt er dies unmißverständlich zum Ausdruck:

> Ich hatte zu meiner innersten Erfahrung das einzige Gleichniss und Seitenstück, das die Geschichte hat, *entdeckt*, – ich hatte ebendamit das wundervolle Phänomen des Dionysischen als der Erste begriffen. (6, 311 – EH)

M.L. Baeumer gelangt allerdings in seiner informativen Untersuchung zum "Dionysischen" in der Mythenforschung des 19. Jahrhunderts und zu seiner "'Entdeckung'" durch Nietzsche zu dem Ergebnis:

> Man kann wohl kaum mehr darauf beharren, daß Nietzsche das Dionysische als erster entdeckt, begriffen und ernst genommen habe. Aber man muß ihm wohl zugestehen, daß er die behauptete "Umsetzung" des Dionysischen in ein "philosophisches Pathos" so brillant und wirkungsvoll vorgenommen hat, daß sein Name für immer mit dem Phänomen des Lebensrausches verbunden sein wird. (*Baeumer*, Nietzsche, 153)

Bezüglich der stofflich-inhaltlichen 'Entdeckung' des Sujets im 19. Jahrhundert kann in der Tat von der Originalität Nietzsches nicht die Rede sein. Aber hinsichtlich der Interpretation des 'Dionysischen' beschreitet Nietzsche durchaus weiterführende Wege. Er hat nicht einfach nur ein von der Mythenforschung bereits ausgelotetes Sujet effektvoll vermittelt und aktualisiert, sondern darüber hinaus das Phänomen philosophisch, ästhetisch und existentiell neu fruchtbar gemacht. Seine Deutung des Dionysischen bzw. der Duplizität des Dionysischen und Apollinischen eröffnet drei neue Aspekte: erstens die Leben-Schein-Dialektik, zweitens die neue Wesensbestimmung der Kunst und drittens eine

58 Anfang Januar 1872 schreibt Wagner an Nietzsche: "Schöneres als Ihr Buch habe ich noch nichts gelesen! Alles ist herrlich! [...] Zu Cosima sagte ich, nach ihr kämen gleich Sie: dann lange kein Anderer, bis zu *Lenbach*, der ein ergreifend richtiges Bild von mir gemalt hat!" (B II 2, 493). Und Cosima Wagner schreibt am 18.1.1872 an Nietzsche: "O wie schön ist Ihr Buch! Wie schön und wie tief, wie tief und wie kühn! [...] Sie haben in diesem Buche Geister gebannt von denen ich glaubte dass sie einzig unsrem Meister dienstpflichtig seien" (B II 2, 510).

59 Der erste Besuch Nietzsches bei Wagner in Tribschen am Pfingstmontag 1869 vollzieht sich gewissermaßen im Zeichen des 'Dionysos', des an der Wand hängenden Genellischen Bildes. Dazu: *Westernhagen*, Wagner, 150 f.

neue Sicht des Schaffenden. Nicht das bloße Verstehen des Dionysischen, sondern seine Bedeutung für die Existenz und das Schaffen ist für Nietzsche wichtig. Es kommt ihm darauf an, daß man "das Wort 'Dionysisch' nicht nur begreift, sondern *sich* in dem Wort 'dionysisch' begreift [...]" (6, 312 – EH). Nicht eine abstrakte Philosophie, sondern das existentielle Philosophieren verlebendigt das 'Dionysische'. Diese gelebte Philosophie ist eigentlich gar nicht mehr auf die theoretische Destruktion der bisherigen Weltauslegung angewiesen. Wer das 'Dionysische' in sich selbst hat, "hat keine Widerlegung Platos oder des Christenthums oder Schopenhauers nöthig – *er riecht die Verwesung...*" (6, 312 – EH). So Nietzsche in der retrospektiven Deutung seiner Tragödienschrift, jener Frühschrift, von der er "nie mehr losgekommen" ist, in "immerwährender Bindung an das Jugendwerk" (*Heftrich*, Tragödie, 105 u. 106).

Geht man mit Nietzsche davon aus, daß das Dionysos-Motiv für ihn das Symbol eines neuen Lebensbegriffs ist, verliert auch der Philologen-Streit um die Tragödienschrift an Gewicht. Das vernichtende Pamphlet *Zukunftsphilologie!* (1872) von Ulrich von Wilamowitz-Möllendorff, der Nietzsche als obskuren Dilettanten abkanzelt[60], und Erwin Rohdes apologetische Gegenschrift *Afterphilologie* (1872), in der Wilamowitz als "Pasquillant" und "Afterphilologe" abgetan wird[61], markieren die Extrempositionen der Auseinandersetzung um die Tragödienschrift. Es ist die Frage, ob man überhaupt streng philologische Maßstäbe an die Schrift anlegen darf oder ob man sie nicht rein unter philosophisch-ästhetischem Gesichtspunkt lesen muß, unbeschadet der spekulativen Konstruktion des Ganzen. Freilich, insofern Nietzsche seine 'Ästhetik' durch eine Neuinterpretation der antiken Tragödie zu untermauern und zu verifizieren versucht, muß er sich der historischen Kritik stellen. Dennoch ist grundsätzlich festzuhalten, daß sich im Streit um die *Geburt der Tragödie* in Sache und Methode zwei extrem gegensätzliche Positionen gegenüberstehen. Benn meint, daß Wilamowitz "vom Standpunkt der Altphilologie" "sicher recht" hatte, fügt

---

60 Wilamowitz wirft Nietzsche vor, er habe sich nicht von der Wissenschaft, sondern von der Intuition leiten lassen: "herr Nietzsche tritt ja nicht als wissenschaftlicher forscher auf: auf dem wege der intuition erlangte weisheit wird teils im kanzelstil, teils in einem raisonnement dargeboten, welches dem journalisten, dem 'papiernen sclaven des tages' (115) [Zitat: 1, 130 – GT] nur zu verwandt ist." (*Wilamowitz-Möllendorf*, Zukunftsphilogie!, 6). Wilamowitz will Nietzsches Thesen mit den Mitteln der historischen Kritik als bloße Spekulationen entlarven. Dabei mischt sich der Versuch der sachlichen Richtigstellung mit schonungsloser Polemik. So wird die Kritik Nietzsches an Otto Jahn (vgl. 1, 127 – GT) als schlimme "schmähung" verurteilt: "von selbst fällt der kot, der gegen die sonne geworfen wird, auf des werfenden haupt zurück." (S. 7). Dies wiederum veranlaßt später Gottfried Benn zu der ironischen Replik: "wer war diese Sonne, Herr Jahn, fragen wir heute" (*Benn*, Nietzsche, 485).

61 Rohde, der Wilamowitz durchgängig als "Pasquillanten" bezeichnet und ihn einen "wirklichen Afterphilologen" nennt (*Rohde*, Afterphilologie, 44), versucht, Nietzsche zu rechtfertigen und Wilamowitz zu widerlegen. Er wirft aber Wilamowitz nicht nur philologische Inkompetenz, sondern auch mangelndes Kunstverständnis vor. Wilamowitz begnüge sich mit "Schmähungen" und bekunde "seine Unfähigkeit, in den Ernst solcher Kunstbetrachtung einzudringen" (S. 7). Obschon Rohdes Gegenkritik, historisch-philologisch gesehen, auf schwachen Füßen steht und er in der Tat Wilamowitz in dieser Hinsicht "nur wenig Triftiges entgegenzusetzen" vermochte (*Birus*, Nietzsche, 437), ist dennoch, ästhetisch gesehen, Rohdes Kritik nicht ohne Berechtigung. Aber war sie vielleicht nur ein Freundschaftsdienst? Der Rohde-Biograph O. Crusius ist der Auffassung, Rohdes "Eintreten für Nietzsche" sei keineswegs "ein Sacrifizio dell' intelletto" gewesen; Rohde sei vielmehr "tief ergriffen" von den "zum guten Teil längst gemeinsamen Anschauungen" gewesen und Nietzsche noch in seinen "reifsten Arbeiten" verpflichtet geblieben (*Crusius*, Rohde, 56 f.).

aber hinzu, daß es sich bei dieser Auseinandersetzung um einen grundsätzlichen Gegensatz von Kunst und Wissenschaft handele: "also schon hier trennten sich die beiden Welten: die historisch-wissenschaftliche und die Expressions- und Ausdruckswelt, deren erste Erscheinung Flammenwerfer und Grundlagendeponent Nietzsche war" (*Benn*, Nietzsche, 486). Es ist ein "Zusammenprallen von zwei Weltanschauungen, vom Philosophen und Gelehrten"(*Howald*, Nietzsche, 24); es "reden im Grunde die Vertreter zweier Welten aneinander vorüber" (ebd., 25).[62] Das zeigt sich nicht nur in philologischen Einzelfragen, sondern insbesondere auch in den grundsätzlich divergierenden Auffassungen der Antike. Das Griechenbild von Wilamowitz orientiert sich noch am Klassizismus Winckelmanns. So unterstellt er Nietzsche, Winckelmann "nie gelesen" zu haben, und fährt fort:

> wer von Winckelmann gelernt, das wesen der hellenischen kunst allein im schönen zu sehen, wird sich mit widerwillen von der 'weltsymbolik des urschmerzes des ureinen', der 'freude an der vernichtung des individuums' der 'freude an der dissonanz' abwenden. (*Wilamowitz*, Zukunftsphilologie!, 9)

Nietzsche, der durchaus dem "edelsten Bildungskampfe Goethe's, Schiller's und Winckelmann's" um das Griechentum ein großes "Lob" ausspricht, will das klassische resp. klassizistische Griechenbild einer kritischen Revision unterziehen und ist der Auffassung,

> dass in irgend welchem Hauptpunkte es auch jenen Kämpfern nicht gelungen sein möchte, in den Kern des hellenischen Wesens einzudringen und einen dauernden Liebesbund zwischen der deutschen und der griechischen Cultur herzustellen [...] (1, 129 – GT)[63]

Nietzsche wendet sich vor allem gegen einen spielerischen Klassizismus der "gänzlich wirkungslosen Schönrednerei", die "mit der 'griechischen Harmonie', der 'griechischen Schönheit', der 'griechischen Heiterkeit'" "tändelt" (1, 130 – GT). Er verfolgt mit seiner Interpretation des Griechentums eine doppelte Absicht. Er möchte durch seine 'Ästhetik' des Dionysischen das harmonische Griechenbild und den idealen Schönheitsbegriff der klassizistischen Tradition aufheben, wie er ja auch im Rekurs auf die Vorsokratiker die ursprüngliche Philosophie der Griechen wieder zum Vorschein bringen will.[64] Und er strebt

---

62 Zu den Voraussetzungen, Problemen und Wirkungen des Streites zwischen Nietzsche und Wilamowitz vgl. *Calder III*, Struggle, sowie *Mansfeld*, Struggle.

63 Der junge Nietzsche anerkennt durchaus die Bedeutung Winckelmanns für die Erschließung des Griechentums: "Das Vorbildliche an Winckelmann. So ringt sich der deutsche Geist zum Griechischen durch, cf. Goethe, p. 12." (7, 229 – 1870/71; Bezug: *Goethe*, SW, Stuttgart 1855-58, Bd. 30, S. 12 – Winckelmann [Antikes]). Der Kulturkritiker Nietzsche sieht im Bildungs- und Wissenschaftsbetrieb seiner Zeit einen "Abfall" von der durch Goethe, Schiller, Lessing und Winckelmann einst erreichten "Bildungshöhe" (1, 685 – BA). Freilich, seine Konzeption des 'Dionysischen' stellt schon in der Tragödienschrift das klassische Griechenbild in Frage. Später wendet Nietzsche sich dann vehement gegen die Griechenauffassung Winckelmanns und Goethes. Der "Begriff 'griechisch'", "den Winckelmann und Goethe sich gebildet haben", ist "unverträglich" mit der "dionysischen Kunst", die aus dem "Orgiasmus" erwächst (6, 159 – GD). Das klassische Griechenbild erscheint als "heitere Comödie" (13, 132; vgl. 13, 140).

64 Nietzsche will der frühgriechischen Daseinserfahrung und Weltdeutung wieder zum Durchbruch

die Aktualisierung des Griechentums in der eigenen Gegenwart an, wie er sie im Musikdrama Wagners zu erkennen glaubt. Nicht ein philologisches, sondern ein künstlerisches Anliegen ist die Triebfeder der Tragödienschrift. Auch Wagner hat das so empfunden, denn in seinem offenen Brief *An Friedrich Nietzsche* vom 12.6.1872, mit dem er öffentlich in den Streit um die Tragödienschrift eingreift und in dem er Kritik an der kunstfeindlichen Sterilität der zeitgenössischen Philologie übt sowie Nietzsche künstlerische Sensibilität und schöpferische Fähigkeiten testiert, schreibt er:

> Auf den ersten Blick ersahen wir hier, daß wir es mit einem Philologen zu thun hatten, der zu uns, nicht aber zu den Philologen spreche; deßwegen ging uns denn auch einmal das Herz auf, und wir faßten einen Muth, welchen wir durch die Lektüre der gewöhnlichen, so citatenreichen und so tödtlich inhaltsarmen philologischen Abhandlungen, z.B. über Homer, die Tragiker u. dgl., bereits gänzlich verloren hatten. (WSD 9, 298 f. [= B II 4, 17])

In *Ecce homo* stellt Nietzsche als die beiden Zentralaspekte der frühen Tragödienschrift die Entdeckung des dionysischen Lebens und die Kritik des sokratischen Rationalismus heraus:

> Die zwei entscheidenden *Neuerungen* des Buchs sind einmal das Verständniss des *dionysischen* Phänomens bei den Griechen: es giebt dessen erste Psychologie, es sieht in ihm die Eine Wurzel der ganzen griechischen Kunst. Das Andre ist das Verständniss des Sokratismus: Sokrates als Werkzeug der griechischen Auflösung, als typischer décadent zum ersten Male erkannt. "Vernünftigkeit" *gegen* Instinkt. Die "Vernünftigkeit" um jeden Preis als gefährliche, als lebenuntergrabende Gewalt! (6, 310 – EH)

Dieser Antagonismus ist bereits in der Tragödienschrift klar formuliert: "Dies ist der neue Gegensatz: das Dionysische und das Sokratische, und das Kunstwerk der griechischen Tragödie ging an ihm zu Grunde." (1, 83 – GT). Der "aesthetische Sokratismus" ist das "mörderische Princip: insofern aber der Kampf gegen das Dionysische der älteren Kunst gerichtet war, erkennen wir in Sokrates den Gegner des Dionysus, den neuen Orpheus, der sich gegen Dionysus erhebt" (1, 87 f. – GT). Die Apotheose des dionysischen Lebens und die

---

verhelfen. Dies zeigt sich nicht nur in der Schrift *Die Philosophie im tragischen Zeitalter der Griechen* (1873), sondern überhaupt in seinen Schriften und Fragmenten seit den frühen siebziger Jahren. Nietzsche sieht die Aufgabe der "deutschen Philosophie" "in der Entdeckung des Alterthums, in der Aufgrabung der antiken Philosophie, vor Allem der Vorsokratiker – der best-verschütteten aller griechischen Tempel!" (11, 679). Vor allem Heraklits Philosophie des Werdens ist für Nietzsche eine produktive Herausforderung. Was sich im Kunstwerk, in der griechischen Tragödie, als das 'Dionysische' offenbart, tritt im frühgriechischen Denken, bei Heraklit, als das 'Werden' zutage. Zugleich ist Nietzsche von der Einheit von Leben und Denken bei den frühgriechischen Philosophen beeindruckt. Man hat zu Recht darauf hingewiesen, daß er seinem Zarathustra "eine Reihe von Zügen geliehen" hat, "die der Persönlichkeit Heraklits eigen sind", nämlich die "Liebe zur Einsamkeit", die "ganze aristokratische Art", den "Prophetenton" und natürlich vor allem "Grundsätze der heraklitischen Lehre" (*Nestle*, Nietzsche, 568). Zum Einfluß der Vorsokratiker, insbesondere Heraklits und der Pythagoreer, auf Nietzsches *Zarathustra*, auf die Ideen des Werdens und der Wiederkunft, vgl. *Griesser*, Zarathustra, 73 ff. Djurić meldet bezüglich des Wiederkunftsgedankens Bedenken gegen Heraklit als Präzeptor Nietzsches an, verweist aber auch auf die Pythagoreer sowie auf die Stoiker (vgl. *Djurić*, Wiederkunftslehre). Vgl. auch generell *Borsche*, Vorsokratiker.

Kritik der sokratischen Kultur – dies sind die komplementären Grundmotive der Tragödienschrift. Wenn Nietzsche sich für den Neuentdecker des dionysischen Lebens hält und mit Verve seinen Originalitätsanspruch vertritt, so stellt sich erneut die Frage nach möglichen Antizipationen dieses 'dionysischen' Griechenbildes. Immerhin hat ja vor allem Heinrich von Kleist in seiner *Penthesilea* bereits Aspekte einer 'dionysischen' Antike aufgezeigt. Im Furienhaften der antiklassischen Penthesilea gelangt ein chaotisch-barbarisches Griechentum zum Durchbruch, das später auch für Nietzsche von so großer Bedeutung ist. Nietzsche hat sich im übrigen zur *Penthesilea* geäußert. 1888 spielt er in zwei Fragmenten, in denen er die "hysterisch-heroischen" Frauengestalten Wagners kurz beleuchtet, auch auf Kleists Penthesilea an. Er sieht allerdings in dem "edlen Heinrich von Kleist" einen "unvergleichlich größeren Dichter als Wagner". Aber er stellt, mit kritischem Unterton, fest, daß Kleist diesem Frauen-Typus die "Fürsprache des Genies" gegeben habe (13, 249 [= 13, 502]). Demnach deutet Nietzsche Kleists Penthesilea eher von der Psychologie der Person her und nicht im Sinne der Metaphysik des dionysischen Lebens. Die Apotheose des Lebens aber ist Nietzsches zentrales Anliegen.[65]

Dies ist bei der Bewertung der Tragödienschrift immer im Blickfeld zu behalten. Man muß das spezifische Verhältnis von Leben, Kunst und Wissenschaft berücksichtigen. Im retrospektiven *Versuch einer Selbstkritik* (1886) hat Nietzsche dieses Verhältnis klar definiert durch den bedeutungsvollen Hinweis, "jenes verwegene Buch" habe "zum ersten Male" gewagt, "*die Wissenschaft unter der Optik des Künstlers zu sehn, die Kunst aber unter der des Lebens . . . .*" (1, 14 – GT [VS]).[66] Dies ist in sachlicher und methodischer Hinsicht von Bedeutung. In sachlicher Hinsicht bedeutet dies, daß Wissenschaft nur als Funktion der Kunst und Kunst nur als Funktion des Lebens sinnvoll ist. Die Wissenschaft kann keinen Eigenwert für sich beanspruchen, sondern muß sich am Maßstab der Kunst messen lassen. Nur wenn sie einen Beitrag zur Kunst und Kultur

65 Dennoch ist Nietzsche mit Kleist durch das Phänomen des Dionysischen verbunden. In Kleists Penthesilea brechen jene urtümlich-triebhaften Impulse hervor, die Nietzsche später mit dem Begriff des 'Dionysischen' umschrieben hat. Die *Penthesilea* ist geradezu eine Orgie des Dionysischen. Penthesilea ist freilich nicht nur die von submentalen Aggressionen Getriebene, sondern auch die aus freiem Entschluß Handelnde, die um jeden Preis siegen will ("Mein Alles hab ich an den Wurf gesetzt" [9. Auftritt]). Sie ist nicht nur eine Getriebene, sondern auch eine Treibende. Sie wird von vormenschlich-barbarischen Trieben gelenkt, aber sie treibt die Dinge auch durch ihren potenzierten Willen zur letzten Konsequenz. Insofern könnte man sie als eine genuin Nietzschesche Gestalt bezeichnen. Wenn die *Penthesilea* "das innere dionysische Phänomen erklärt und bestätigt, wie Nietzsche es schildert – in der neueren Litteratur vielleicht die einzige, aber wunderbar angepaßte nachweisbare Illustration für Nietzsches tiefsinnige Darstellung der tragischen Konzeption" (*Zimpel*, Kleist der Dionysische, 195), dann ist hinzuzufügen, daß es die Einheit von Rausch und Wille ist, die Penthesilea quasi zu einer Nietzscheanerin macht.

66 Dieses Funktionsverhältnis hat im Prinzip bereits Wagner im *Kunstwerk der Zukunft* erörtert, im Abschnitt *Leben, Wissenschaft und Kunst* (WSD 3, 44-46). Die abstrakte, vom "Leben" sich lösende "Wissenschaft" betreibt ihre "Selbstvernichtung" (S. 45). Der "Künstler" hingegen vereinigt in sich das wissenschaftliche Suchen und Forschen mit der künstlerischen, sinnlichen Darstellung. Das "Kunstwerk" ist die Synthese aus "Wissenschaft" und "Leben": "Das Kunstwerk in diesem Sinne, als unmittelbarer Lebensakt, ist somit die vollständige Versöhnung der Wissenschaft mit dem Leben, der Siegeskranz, den die besiegte, durch ihre Besiegung erlöste, dem freudig von ihr erkannten Sieger huldigend darreicht." (S. 46). Dem entspricht, im Grundzug, die Konzeption Nietzsches, wenngleich bei ihm die harmonisierende Synthese zurücktritt zugunsten der agonalen Spannung.

leistet, erfüllt sie ihren eigentlichen Sinn. Verselbständigt sie sich hingegen zur lebensfeindlichen, lebenszerstörenden Analyse, verfällt sie der schärfsten Kritik. In diesem Sinne enthält die Tragödienschrift massive Wissenschaftskritik. Im Zeichen einer vehement betriebenen Re-Mythisierung des Lebens erfolgt eine prononçierte Kritik des theoretisch-wissenschaftlichen Menschen, des "im Dienste der Wissenschaft arbeitenden *theoretischen Menschen*" (1, 116 – GT), sowie des Totalitätsanspruchs der Wissenschaft, des "Anspruchs der Wissenschaft auf universale Geltung und universale Zwecke" (1, 118 – GT). Die "Wiedergeburt der Tragödie" ist erst möglich, "nachdem der Geist der Wissenschaft bis an seine Grenze geführt ist, und sein Anspruch auf universale Gültigkeit durch den Nachweis jener Grenzen vernichtet ist" (1, 111 – GT). Die Kunst wiederum darf sich nicht zum autonomen *mundus aestheticus*, zur ästhetischen Eigenwirklichkeit, verselbständigen, sondern soll eine Funktion des Lebens sein, indem sie der unmittelbare Ausdruck des schöpferischen Lebens ist und zugleich das Leben in seine höchsten Möglichkeiten steigert. Es besteht eine funktionale Rangfolge von "Leben", "Kunst" und "Wissenschaft". Weder die Wissenschaft noch die Kunst darf zum Selbstzweck werden, sondern Wissenschaft und Kunst müssen eine Funktion im Dienste des Lebens ausüben. Aus diesem Funktionsverhältnis von Leben, Kunst und Wissenschaft ergeben sich spezifische Konsequenzen für die Darstellung. In der Rückschau gelangt Nietzsche zu der skeptischen Feststellung, daß er in der Tragödienschrift nicht die dem Sujet angemessene Methode angewandt habe. Der Verfasser der Schrift war "etwas wie eine mystische und beinahe mänadische Seele", die, "fast unschlüssig darüber, ob sie sich mittheilen oder verbergen wolle, gleichsam in einer fremden Zunge stammelt" (1, 15 – GT [VS]). Nietzsche registriert eine fatale Diskrepanz zwischen Thematik und Form in der Tragödienschrift:

> Sie hätte *singen* sollen, diese "neue Seele" – und nicht reden! Wie schade, dass ich, was ich damals zu sagen hatte, es nicht als Dichter zu sagen wagte: ich hätte es vielleicht gekonnt! Oder mindestens als Philologe: – bleibt doch auch heute noch für den Philologen auf diesem Gebiete beinahe Alles zu entdecken und auszugraben! (1, 15 – GT [VS])

Die dichterische Sprache, d.h. eine hymnisch-dithyrambische Sprache, wäre dem Thema angemessener gewesen als die praktizierte wissenschaftliche Sprache, die hinter ihrem Gegenstand zurückbleibt und zu Unschärfen, Schiefheiten und Mißverständnissen führt. Das Kernthema der Tragödienschrift, das dionysische Leben, ist für Nietzsche im Grunde kein wissenschaftliches Thema, sondern ein künstlerisches Sujet. Nicht die objektive Distanz des Wissenschaftlers, sondern das subjektive Engagement des Kunstenthusiasten ist charakteristisch für den Verfasser der Tragödienschrift. Nietzsche erkennt, daß er entweder als "Dichter" oder, sofern dies nicht möglich gewesen wäre, eben doch als "Philologe" hätte sprechen sollen. Dies zeigt im übrigen, daß er später offenbar das Gefühl hat, in jener Schrift nicht unbedingt exakt philologisch gearbeitet zu haben. Aber schon der junge Nietzsche protestiert gegen einen philologischen Objektivismus, der das Substantielle des Sujets nicht erfaßt: "So verhalten sich häufig Philologen und Griechen zu einander: sie gehen sich gar nichts an – das nennt man dann wohl auch 'Objectivität'!" (1, 293 – HL). Die Schrift ist weder Dichtung noch Philologie, sondern ein *mixtum compositum* aus künstlerischem Enthusiasmus und philologischer Spekulation.[67] Sie ist das Werk eines Dichter-Philologen. Entscheidend ist Nietzsches Aussage, daß er nicht hätte "reden", sondern "singen" sollen. Dies ist der springende Punkt. Nietzsche verfaßte eine diskursive Abhandlung, wo eine hymnische Dichtung vonnöten gewesen wäre. So wenigstens sieht er es in der Retrospektive. Der große Gegenstand, das dionysische Leben, erfordert den dichterischen Ausdruck, die dithyrambische Sprache. Das Verhältnis des Schreibenden zu seinem Sujet ist nicht das Verhältnis des Wissenschaftlers zu seinem Gegenstand, sondern das eines Mystagogen zu seiner Gottheit:

> Hier redete jedenfalls [...] eine *fremde* Stimme, der Jünger eines noch "unbekannten Gottes", der sich einstweilen unter die Kapuze des Gelehrten, unter die Schwere und dialektische Unlustigkeit des Deutschen, selbst unter die schlechten Manieren des Wagnerianers versteckt hat [...] (1, 14 f. – GT [VS])

Es unterliegt keinem Zweifel, daß in der Tragödienschrift der wissenschaftliche Duktus nur das Instrument eines zutiefst vorwissenschaftlichen Anliegens ist. Der junge Nietzsche versucht, das ihn existentiell betreffende Irrationalitätsproblem des dionysischen Lebens mit dem rationalistischen Instrumentarium der historischen Wissenschaft zu bewältigen. In der *Geburt der Tragödie* äußert sich aber nicht ein strenger Wissenschaftler, sondern ein mystisch Ergriffener: "Ja, was ist dionysisch? – In diesem Buche steht eine Antwort darauf, – ein 'Wissender' redet da, der Eingeweihte und Jünger seines Gottes." (1, 15). Das Dionysos-Problem ist mit wissenschaftlichen Kategorien nicht erfaßbar. Es bedarf des existentiellen Engagements, der künstlerischen Leidenschaft und der mystischen Identifikation. Zudem versteht Nietzsche in der Rückschau seine Darstellung des Dionysos nicht mehr so sehr als apodiktische Aussage über etwas Feststehendes, sondern eher als offenes Fragen nach einem Unbekannten:

> hier war ein Geist mit fremden, noch namenlosen Bedürfnissen, ein Gedächtniss strotzend von Fragen, Erfahrungen, Verborgenheiten, welchen der Name Dionysos wie ein Fragezeichen mehr beigeschrieben war. (ebd.)

---

67 Nach Vogel ist Nietzsches Deutung des Apollinischen und Dionysischen ein "genialer Irrtum": "Mit den antiken Gottheiten Apollon und Dionysos hatten Nietzsches Ausdrücke 'apollinisch' und 'dionysisch' nichts zu tun." (*Vogel*, Titel u. S. 218). Lypp spricht von einem "unhaltbaren Gegensatz" (*Lypp*, Dionysisch-apollinisch, Titel). Schadewaldt differenziert stärker in dieser Frage. Er hat zwar auch Bedenken hinsichtlich der Nietzsche-These vom Ursprung der Tragödie aus dem Widerstreit des Dionysischen und Apollinischen, aber im Prinzip erklärt er die Genese der Tragödie in einer Nietzsche durchaus nahe kommenden Weise, indem er die Entstehung der Tragödie aus dem Dionysos-Kult (freilich auch aus dem Epos) betont (vgl. *Schadewaldt*, Attische Tragödie, 105). Ähnlich *Lesky*, Hellenen, 40. Lesky verweist allerdings zugleich auf den "merkwürdigen Widerspruch", der zwischen der "Verbindung von Dionysoskult und Tragödie" und dem "überwiegend undionysischen Charakter der Tragödienstoffe" besteht (ebd., 42). An diesem Punkt wird deutlich, daß Nietzsche die Tragödie ganz im Sinne des sich offenbarenden Dionysos uminterpretiert, während sie doch tatsächlich den unausweichlichen Konflikt zwischen dem handelnden Menschen und der schicksalhaften Notwendigkeit darstellt.

Dionysos ist nicht ein fester Besitz, sondern die Unendlichkeit des Lebens selbst. Daher haftet Nietzsches Auseinandersetzung mit dem Dionysos von vornherein ein Moment des Suchens und Fragens an. Es wird durch die wissenschaftliche Attitüde nur mühsam überdeckt. Hinter der "ernsten Maske der Philologie" (*Zweig*, Nietzsche, 249) verbirgt sich die Leidenschaft zum Unbedingten. Schon der frühe Nietzsche sprengt mit dem Dionysos-Mythos alle System-Gitter und entfaltet freie, offene Horizonte. Im Grunde ist die Tragödienschrift eine künstlerische Apotheose des Lebens im Gewand historischwissenschaftlicher Analyse. Sie ist der Ausdruck eines im Symbol des Dionysos artikulierten Unendlichkeitsverlangens. Die Kernprobleme seines Denkens und Schaffens hat Nietzsche bereits in dieser Schrift entwickelt: das schöpferische Leben und die Kunst als höchster Ausdruck des Lebens. Kaum haltbar ist die Behauptung Kaufmanns, in der *Geburt der Tragödie* habe im Grunde das Apollinische den Vorrang vor dem Dionysischen:

> In der *Geburt der Tragödie* hat Nietzsche nicht einen der beiden Aspekte auf Kosten des anderen hervorgehoben; *wenn* er aber einen der beiden Götter bevorzugt, dann Apollo. Seiner These nach waren zur Geburt der Tragödie beide nötig, und das Dionysische betont er nur deswegen, weil sich der apollinische Genius der Griechen seiner Meinung nach nicht wirklich verstehen läßt, wenn man es nicht auch berücksichtigt. (*Kaufmann*, Nietzsche, 149)

Diese These stellt die Aussagen Nietzsches zum Phänomen des Dionysischen geradezu auf den Kopf und läßt sich nur erklären aus dem Bestreben, den 'dionysischen' Nietzsche zugunsten eines aufklärerischen Nietzsche abzubauen. Neuerdings vertritt Peter Sloterdijk in seinem geistreichen Buch *Der Denker auf der Bühne. Nietzsches Materialismus* (1986) erneut die These vom Primat des Apollinischen gegenüber dem Dionysischen, und zwar gerade im Hinblick auf die *Geburt der Tragödie*. Nach Sloterdijk darf man diesbezüglich Nietzsche nicht von seinen inhaltlichen Aussagen her verstehen, sondern muß nach den dahintersteckenden Antrieben fragen, und da gehe es Nietzsche eigentlich um das apollinische Prinzip des Geistes und des Scheins:

> Tatsächlich ist Nietzsches Tragödienbuch fast immer auf seine inhaltliche Dimension festgelegt und als ein dionysisches Manifest gelesen worden. Eine dramaturgische Lektüre jedoch führt mit größter Sicherheit zum entgegengesetzten Resultat. Was Nietzsche auf die Bühne bringt, ist nämlich nicht so sehr der Triumph des Dionysischen, sondern dessen Zwang zum apollinischen Kompromiß. (S. 53)

Abgesehen von der höchst problematischen Vorstellung, Nietzsches Denken sei eine publikumswirksame Selbstinszenierung auf einer imaginären Bühne, eine Aktion *ad spectatores*, wird damit die zentrale Bedeutung des Dionysischen bei Nietzsche eliminiert. Zu behaupten, "daß bei Nietzsche in dramaturgischer Hinsicht die apollinische Welt des Scheins das letzte Wort behält", "daß in ihm das Dionysische niemals als solches an der Macht ist" (S. 53), verkehrt die wahren Intentionen Nietzsches in ihr Gegenteil.[68] Nietzsche muß solche Mißverständnisse geahnt haben, denn nicht umsonst betont er in der *Geburt der Tragödie*, und zwar ausdrücklich im Hinblick auf die dramaturgische Konzeption der Tragödie, z.B. des *Tristan*, daß am Schluß die Negation der "apollinischen Täuschung" zugunsten der "dionysischen Weisheit" erfolge (1, 139 – GT). Nietzsche spricht auch von der "Täuschung", "als ob wirklich das Dionysische, im Dienste des Apollinischen, dessen Wirkungen zu steigern vermöchte, ja als ob die Musik sogar wesentlich Darstellungskunst für einen apollinischen Inhalt sei" (1,137–GT). Unbeschadet der Dialektik des Dionysischen und Apollinischen, in der der Geist das völlige Aufgehen im Dionysischen verhindert und das Leben auf den apollinischen Schein angewiesen ist, ist doch das Dionysische der eigentliche Quellpunkt Nietzsches. Nietzsches Denken und Schaffen vollzieht sich im Zeichen des Dionysos, d.h. des schöpferischen Lebens. Zu Recht betont Jaspers, daß Nietzsche "in der Erneuerung des Dionysos" "sein von Anfang bis Ende identisches Wollen" sah (*Jaspers*, Nietzsche, 56).

Das bedeutet, daß das 'Leben', das 'dionysische' Leben, für Nietzsche zum höchsten Wert wird, d.h. zu einer absoluten Kategorie, die nicht mehr auf ihren Sinn hin befragt wird. Das hat die Kritik der Wertethiker herausgefordert. Die "Philosophie des Lebens" müsse aufgehen in einer "Philosophie der Werte" (*Rickert*, System der Philosophie, 48 f.). Auch Thomas Mann wird später den Lebensbegriff Nietzsches problematisieren und die Frage nach dem Sinn des 'Lebens' stellen:

> Das Leben über alles! Warum? Das hat er nie gesagt. Er hat nie einen Grund dafür angegeben, warum das Leben etwas unbedingt Anbetungswürdiges und höchst Erhaltenswertes ist, sondern hat nur erklärt, Leben gehe über Erkennen, denn mit dem Leben vernichte das Erkennen sich selbst. (*Thomas Mann*, Nietzsche, 35)

Man könnte in der Tat in der fehlenden Orientierung des Lebens an lebenstranszendenten Werten und Normen die Schwäche des Nietzscheschen Lebensbegriffs sehen. Man muß jedoch folgende Aspekte im Blickfeld behalten: 1) Nietzsche geht es um die Befreiung des "Lebens" von der "Moral". "Man muß die Moral vernichten, um das Leben zu befreien." (III, 887). 2) Nietzsche interpretiert die "Werte" als Funktionen des "Lebens": "das Leben selbst zwingt uns Werthe anzusetzen, das Leben selbst werthet durch uns, *wenn* wir Werthe ansetzen" (6, 86 – GD). 3) Nietzsche begreift das "Leben" nicht nur als biologische Kategorie, sondern auch als 'dionysische' Größe. Es ist nicht nur ein "Born der Lust" (4, 258 – Za), sondern auch ein unergründliches Rätsel. Es ist eine irrationale, agnostische Größe. Es ist das "Unergründliche" (4, 140 f. – Za). Nicht das pure Leben, sondern das schaffende Leben ist für Nietzsche der höchste Wert. "Auf *die ewige Lebendigkeit* aber kommt es an: was ist am 'ewigen Leben' und überhaupt am Leben gelegen!" (2, 534 – VM [Nr. 408]).

---

68 Es handelt sich allerdings um ein furios geschriebenes, höchst anregendes Buch, dessen metakritische Methode und provokative Thesen eine Herausforderung darstellen und zu produktiver Auseinandersetzung führen können.

B. Lebensbegriff

I. Existenz und Schaffensakt

"In der That, ohne die *Ziele* meiner Arbeit und die *Unerbittlichkeit* solcher Ziele lebte ich nicht mehr. In so ferne heißt mein Lebensretter: Zarathustra, mein Sohn Zarathustra! –" (B 6, 406 – an Ida Overbeck). Diese Bemerkung Nietzsches, geschrieben im Sommer 1883 in Sils-Maria, führt unmittelbar ins Zentrum seines Denkens und Schaffens. Nietzsche spricht hier den sein Leben beherrschenden Grundgedanken aus, den Kerngedanken, der seine Schriften, Notizen und Briefe von den Anfängen bis zur Endphase leitmotivisch durchzieht, nämlich die Idee der Sinnsetzung und Lebenserhaltung durch den schöpferischen Prozeß. In einer durch den 'Nihilismus', den Verlust jeder Ziel-, Sinn- und Zwecksetzung des Daseins, gekennzeichneten geistigen, existentiellen Situation bietet für Nietzsche allein das Schaffen, d.h. die schöpferische Hervorbringung, die Möglichkeit der Sinnerfahrung und Selbstbehauptung. Wenig später schreibt er: "Bevor ich den dritten und letzten Theil Zarathustra nicht fertig habe, ist das Leben für mich noch *unerlöst*." (B 6, 409 – Juli 83 – an die Schwester). Der Schaffensakt, das Hervorbringen eines Werkes, ist die einzige Möglichkeit zur Überwindung latenter innerer Spannungen. Erst wenn das Gebilde, der 'Zarathustra' fertiggestellt ist, fühlt sich der Schaffende 'erlöst'. Diese Problematik erwächst aus der Spannung von vorgegebener Realität und neuem Daseinsentwurf, von empirischer Befindlichkeit und schöpferischer Projektion, von Wirklichkeit und Ideal. Das Ideal, d.h. das Ideal als Entwurf des Schaffenden, soll um jeden Preis und auf jede Gefahr hin gegenüber der bloßen Faktizität des Wirklichen durchgesetzt werden. "Man soll *sein* Ideal *vom Menschen* **durchsetzen**, man soll mit seinem Ideale seine Mitmenschen wie sich selber zwingen und überwältigen: und also schöpferisch wirken!" (B 6, 404 – Juli 83 – an Malwida von Meysenbug). Nietzsche betont aber nicht nur die kathartische, die befreiende Wirkung des Schaffensprozesses, sondern verweist zugleich auf die im Schaffensvorgang sich äußernden inneren Zwänge und Gefahren. So drängt er z.B. auf den unverzüglichen Druck des *Zarathustra* mit der Begründung: "Ich will damit zu Ende kommen und von dieser Expansion des Gefühls erlöst sein, die solche Produktionen mit sich führen: es ist mir öfter der Gedanke gekommen, daß ich an so Etwas plötzlich sterbe." (B 6,392 – 6.7.83 – an die Schwester).[1] Gerade in der Zarathustra-Phase, in der Nietzsches geistig-seelische Disposition durch inspirative Ergriffenheit und große Entrückungserlebnisse gekennzeichnet ist, erfährt er auch die Gefährlichkeit dieser Extremsituation, eine Gefährlichkeit, die in der die ganze Person absorbierenden Gewalt

1 Ähnlich im Brief an Köselitz vom 13.7.1883: "(Dabei ist mir der Gedanke gekommen, daß ich wahrscheinlich an einer *solchen* Gefühls-Explosion und -Expansion einmal sterben werde: hol' mich der Teufel!") (B 6, 397).

der andrängenden Visionen und Entwürfe begründet ist. "Du kannst Dir von der *Vehemenz* solcher Entstehungen nicht leicht einen zu großen Begriff machen. Darin aber liegt ihre Gefahr." (ebd.). So ist das Schaffen in doppelter Hinsicht eine unbedingte Forderung. Es ist nicht nur ein Schaffen-Wollen, sondern auch ein Schaffen-Müssen. Immer wieder spielen in Nietzsches Bemerkungen und Überlegungen zum Schaffensprozeß diese beiden Aspekte ineinander: der bewußte, zielgerichtete Wille des produktiven Subjekts und der zwanghaft-inspiratorische Produktionstrieb. Besonders in Hinsicht auf die Entstehung des *Zarathustra* hat Nietzsche diese beiden Aspekte des Schaffensprozesses hervorgehoben. Mit Entschiedenheit betont er das Moment des Willens, den Willen des Schaffenden: "Die Zeit des Schweigens ist *vorbei*: mein Zarathustra [...] möge Dir verrathen, *wie* hoch mein Wille seinen Flug genommen hat." (B 6, 386 – Juni 83 – an Gersdorff). Der *Zarathustra* erscheint als höchstes Produkt des Willens, des Willens zur Macht. Zugleich wird wiederholt das Überfallartige, Explosivhafte der Entstehung des *Zarathustra* betont: "Übrigens ist der *ganze* Zarathustra eine Explosion von Kräften, die Jahrzehende lang sich aufgehäuft haben: bei solchen Explosionen kann der Urheber leicht selber mit in die Luft gehen." (B 6, 475 – 6.2.84 – an Overbeck).

Nietzsches Denken und Schaffen ist wesentlich geprägt von der Relation "Wille" – "Ziel", in dem Sinne, daß das Ziel nicht ein objektiv vorgegebenes, sondern ein vom Willen allererst gesetztes Ziel ist. Dieses Ziel, die Auflösung der bisherigen Weltinterpretation und die Entfaltung neuer Daseinsinhalte, hat für das dem Nihilismus ausgesetzte Subjekt lebenserhaltende Funktion. "Ich habe ein Ziel, welches mich nöthigt, noch zu leben und dessentwegen ich auch mit den schmerzhaftesten Dingen fertig werden *muß*: ohne diesen Zwang, der über mir steht, würde ich es leichter nehmen – nämlich längst nicht mehr leben." (B 6, 424 f. – 14.8.83 – an Overbeck). Hier versteht Nietzsche unter dem "Zwang" den Anspruch, den Epoche und Geschichte an ihn stellen, die historische Notwendigkeit der Umwertung aller Werte. Immer wieder spielt er in den Briefen der achtziger Jahre auf diese seine geschichtliche Bedeutung an, eine Selbsteinschätzung, die ihn zuletzt zu mythisierender Selbststilisierung führt. Er hält sich für einen "großen Lehrer der Menschheit", der "nach der *höchsten Krone*" greift, "welche die Menschheit zu vergeben hat" (B 6, 499 – Mai 84 – an M.v. Meysenbug)[2]. Später, im Dezember 1888, schreibt er in einem Brief an

2 Es könnte sich die Frage stellen, ob nicht, psychologisch gesehen, Nietzsches potenziertes Selbstbewußtsein Ausdruck des (unbewußten) Versuchs sei, einen latenten Selbstzweifel zu kompensieren, zu überspielen. Overbeck berichtet aus seinem "vertraulichen Verkehr" mit Nietzsche, dieser habe an seine "Genialität", "an sich selbst nicht geglaubt" (*Bernoulli*, Overbeck-Nietzsche I, 273). Es ist aber festzustellen, daß sich in den Briefen und Schriften Nietzsches nur selten Selbstzweifel finden und daß ihn spätestens seit dem *Zarathustra* ein hyperbolisches Selbstbewußtsein beherrscht. Die psychischen Krisen erwachsen weniger aus Selbstzweifeln als aus Resonanzmangel. Der Selbstzweifel gehört kaum zu den Tugenden Nietzsches. Immerhin, gelegentlich bricht doch der Selbstzweifel durch. So heißt es im Brief an Overbeck vom 22.3.1883: "Aber das Schlimmste ist: ich begreife gar nicht mehr, *wozu* ich auch nur ein halbes Jahr leben soll. [...] Ich entbehre und leide zu viel und habe einen Begriff von der Unvollkommenheit, den Fehlgriffen und den eigentlichen Unglücksfällen meiner ganzen *geistigen* Vergangenheit, der über alle Begriffe ist. [...] Das erinnert mich an meine letzte Thorheit, ich meine den 'Zarathustra' [...] ich bin neugierig, ob es *irgend einen* Werth hat [...]" (B 6, 348).

August Strindberg: “Denn ich bin stark genug dazu, die Geschichte der Menschheit in zwei Stücke zu zerbrechen.” (B 8, 509 – 8.12.88).[3] Zur gleichen Zeit stellt er in einem Brief lapidar fest: “ich bin gar kein Mensch, ich bin Dynamit.” (B 8, 537 – 17.12.88 – an Helen Zimmern). Oder er konstatiert: “Daß ich kein Mensch, sondern ein *Schicksal* bin” (B 8, 558 – etwa 29.12.88 – an Overbeck). Aufschlußreich – und verräterisch – ist Nietzsches Bemerkung vom Oktober 1888 hinsichtlich der Wirkung seiner “Gedanken” : “was die *Folgen* betrifft, so sehe ich jetzt mitunter meine *Hand* mit einigem Mißtrauen an, weil es mir scheint, daß ich das Schicksal der Menschheit ‘in der Hand’ habe.” (B 8, 461 f. – 30.10.88 – an Köselitz). Man kann solche Hypertrophien unterschiedlich qualifizieren. Man kann sie psychologisch deuten als Ausdruck von Hybris und der sich bereits abzeichnenden geistigen Verwirrung Nietzsches; man kann sie begreifen als den Versuch einer kompensatorischen Überwindung der empirischen “Hundeexistenz”, des real “unwürdigen und jämmerlichen Daseins” (B 7, 275 – Oktober 86 – Entwurf an Unbekannt), durch absolute Selbsterhöhung der eigenen Person; man kann sie aber auch philosophisch verstehen als letzte Konsequenz des seine höchsten Möglichkeiten wollenden Willens zur Macht. Wie immer es darum stehen mag – es ist nicht zu übersehen, daß selbst noch in den letzten Briefen Nietzsches, in jenen Briefen, in denen ein in den Realitätskontaktverlust mündender Autismus zum Durchbruch gelangt und sich eindeutig Wahnsinnssymptome zeigen, doch noch eine gewisse geistige Logik waltet. “Bis in die Wahnsinnszettel hinein ist der Geist gegenwärtig, durch den noch der Wahn einen Sinn erhält, so daß auch noch diese Wahnsinnszettel unentbehrlicher Bestandteil des Werks für uns sind.” (*Jaspers*, Nietzsche, 109). Evident ist in jedem Fall, daß die Relation “Wille” – “Ziel” sowie die unbedingte Rangerhöhung der eigenen Person zur schöpferischen Potenz katexochen den Grundzug von Nietzsches Denken und Schaffen ausmachen und daß die Grenzsituation der Schlußphase nur die letzte, äußerste Aufgipfelung einer latenten Problemstellung Nietzsches ist.

Von entsprechender Gigantomachie ist Nietzsches Bewertung des eigenen Werkes. Insbesondere im Hinblick auf den *Zarathustra* gelangt er zu apodiktischen, exorbitanten Urteilen, die vergeblich ihresgleichen in der Selbsteinschätzung von Autoren suchen. Wenn es um seine geschichtliche Bedeutung geht, um die Bedeutung seiner Person und seines Werkes, denkt Nietzsche, seit dem *Zarathustra*, in welthistorischen Dimensionen, in Äonen. Er ist der Meinung, “das tiefste größte Werk des ganzen J<a>hr<hundert>s hervorgebracht” zu haben (B 8, 236 – 29.1.88 – Entwurf an die Mutter). An anderer Stelle heißt es:

---

3 Den Gedanken, mit seinem Werk eine kopernikanische Wende in der Menschheitsgeschichte herbeigeführt zu haben, die die Menschheit überhaupt in zwei Hälften spalte, hat Nietzsche zum Ende hin mehrfach zum Ausdruck gebracht. Im Brief an Deussen vom 14.9.1888 ist er überzeugt, daß sein Werk “die Geschichte der Menschheit in zwei Hälften spaltet” (B 8, 426). Im Brief an Overbeck vom 18.10.1888 heißt es: “ich fürchte, ich schieße die Geschichte der Menschheit in zwei Hälften aus einander” (B 8, 453). Und im Brief an Köselitz vom 9.12.1888 schreibt er, über *Ecce homo*: “es sprengt, wörtlich, die *Geschichte* der Menschheit in zwei Stücke – höchster Superlativ von *Dynamit*...” (B 8, 513).

> Ich habe den Menschen das tiefste Buch gegeben, das sie besitzen, meinen Zarathustra: ein Buch, das dermaßen auszeichnet, daß wer sagen kann "ich habe sechs Sätze davon verstanden, das heißt erlebt" damit zu einer höheren Ordnung der Sterblichen gehört. (B 8, 359 – 18.7.88 – an Carl Fuchs; vgl. 13, 514; B 8, 377)

Der Schwester schreibt Nietzsche:

> Du hast nicht den entferntesten Begriff davon, nächstverwandt mit dem Menschen und Schicksal zu sein, in dem sich die Frage von Jahrtausenden entschieden hat, – ich habe, ganz wörtlich geredet, die Zukunft der Menschheit in der Hand. (B 8, 473 – Mitte November 88 – Entwurf an die Schwester)

Nietzsche wertet seine Schriften als "die Werke des ersten Menschen aller Jahrtausende" (B 8, 477 – 18.11.88 – an E.W. Fritzsch). Er verwahrt sich dagegen, "Litteratur" zu produzieren oder Stilübungen zu veranstalten. So übt er Kritik an einer Besprechung seiner Werke durch Carl Spitteler[4]:

> Mache ich in denn "Litteratur"? – Er scheint selbst meinen Zarathustra nur als eine höhere Art von Stilübung zu betrachten (– das tiefste und entscheidenste Ereigniß – der *Seele*, mit Erlaubniß! – zwischen zwei Jahrtausenden, dem zweiten und dem dritten –) (B 8, 247 – 10.2.88 – an Carl Spitteler)[5]

Diese Äußerungen Nietzsches sind in mehrfacher Hinsicht bedeutsam. Zunächst zeigen sie den engen Zusammenhang zwischen Person und Werk im Denken Nietzsches. Wenn Nietzsche von seinen Werken spricht, hat er immer auch die eigene schöpferische Person mit im Blickfeld, wie er umgekehrt seine Person allein durch die Werke ausweist und rechtfertigt. Person und Werk werden als Einheit gedacht. Zugleich ist die Kategorie des 'Erlebens' von zentraler Bedeutung. Das 'Verstehen' des Werkes, des *Zarathustra*, ist nicht nur ein rationales Verstehen, sondern auch und vor allem ein intuitives Erfassen des Textes. Wer den *Zarathustra* nicht 'erlebt', 'versteht' ihn nicht. In diesem Punkt entspricht Nietzsches Konzeption der zeitgenössischen Hermeneutik des 'Erlebens' bzw. des 'Erlebnisses'.[6] Dies bedeutet allerdings nicht die Preisgabe der substantiellen Inhalte des Textes an das bloß subjektive Erleben. Die Intensität

4 Vgl. *Spitteler*, Nietzsche. Spittelers Besprechung, eine eigentümliche Mischung aus Rühmung und Kritik, die in die Feststellung mündet: "Unsere Hoffnungen auf Nietzsche den Schriftsteller sind durch die 'Genealogie' bedeutend gesunken", fordert den Widerspruch Nietzsches heraus, da er sich gar nicht als "Schriftsteller" versteht: "ich habe mir dazu eine neue Gebärde von Sprache erfunden für diese in jedem Betracht neuen Dinge – und mein Zuhörer hört wieder nichts als Stil, noch dazu schlechten Stil und bedauert am Ende, seine Hoffnung auf Nietzsche als Schriftsteller sei bedeutend gesunken." (B 8, 247 – 10.2.88 – an Spitteler). Nietzsche betont also, daß er sich nicht in literarischem Schönschreiben geübt, sondern eine neue Gebärdensprache des Lebens entwickelt habe – ein Gedanke, der überhaupt sein 'literarisches' Selbstverständnis prägt.

5 Auch in *Ecce homo*, im Textstück *Warum ich so gute Bücher schreibe*, beklagt sich Nietzsche über die Kritik Spittelers: "Letzterer behandelte zum Beispiel meinen Zarathustra als 'höhere Stilübung', mit dem Wunsche, ich möchte später doch auch für den Inhalt sorgen" (6, 299 – EH).

6 Dazu: *Gadamer*, Wahrheit und Methode, 55-66. Mit Bezug auf die Lebensphilosophie Diltheys, die Phänomenologie Husserls und den Lebensbegriff Bergsons hebt Gadamer die für das "Erlebnis" konstitutiven Merkmale hervor: Unmittelbarkeit, Sinneinheit und Totalität. Wenn Gadamer feststellt, daß im "augenblicklichen Erlebnis" die "Repräsentation des Ganzen" erfolge (S. 65), so bezieht er sich in diesem Zusammenhang auch auf Nietzsche: "Nietzsche sagt: 'Bei tiefen Menschen dauern alle Erlebnisse lange'" (S. 63; Zitat nach MusA XIV, 50 [U II, 205]).

des Erlebens entfaltet sich im Umfeld genereller Probleme. Bezeichnenderweise sind Nietzsches Überlegungen zu Entstehung, Bedeutung und Wirkung des *Zarathustra* geprägt von einem Doppelaspekt. Einerseits betont er das Moment des Spontan-Eruptiven, des Intuitiv-Erlebnishaften, der überwältigenden Inspiration. Andererseits verweist er auf die allgemeine Bedeutung, den philosophischen Problemgehalt des Werkes. Einerseits rekurriert er auf das Subjektiv-Persönliche, andererseits hebt er immer wieder die epochale, geschichtliche Relevanz des Werkes hervor. Man verfehlt Nietzsche, wenn man einen der beiden Aspekte verabsolutiert. Die Ausklammerung des 'Erlebnisses' führt zu einer von ihren Wurzeln abgeschnittenen, abstrakten Systematik. Die Eliminierung der philosophischen Probleme läuft auf die Auslieferung des Werkes an die Willkür subjektiven Empfindens hinaus. Einen Hauptgrund der Verständnisschwierigkeit des *Zarathustra* sieht Nietzsche in der monologischen, letztlich nur von ihm selbst nachvollziehbaren Erlebnisstruktur des Ganzen. In einem Brief an den Freund Franz Overbeck spricht er die Hoffnung aus, daß sein neues Buch – gemeint ist *Jenseits von Gut und Böse* – auch zur Erhellung des *Zarathustra* beitragen möge:

> Vielleicht auch, daß es dazu beiträgt, ein paar erhellende Lichter auf meinen Zarathustra zu werfen: der deshalb ein *unverständliches* Buch ist, weil er auf lauter Erlebnisse zurückgeht, die ich mit Niemandem theile. Wenn ich Dir einen Begriff meines Gefühls von *Einsamkeit* geben könnte! Unter den Lebenden so wenig als unter den *Todten* habe ich Jemanden, mit dem ich mich verwandt fühlte. (B 7, 223 – 5.8.86)

In ähnlicher Weise äußert sich Nietzsche in einem Brief an Heinrich Köselitz (Peter Gast) über seinen *Zarathustra*: "Im Einzelnen ist unglaublich Vieles persönlich Erlebte und Erlittne darin, das nur mir verständlich ist, – manche Seiten kamen mir fast *blutrünstig* vor." (B 6, 443 – August 83). Im Unterschied zum traditionellen Erlebnisbegriff, zur intersubjektiv nachvollziehbaren Erlebnissituation, wie sie vor allem für die Erlebnislyrik des Sturm und Drang, des jungen Goethe so charakteristisch ist[7], ist das 'Erlebnis' Nietzsches von extrem subjektiver, monologischer Art, und der Gegenstand des Erlebens ist zuletzt nur noch der Erlebende selbst. Im *Zarathustra* heißt es in lapidarer Prägnanz: "man erlebt endlich nur noch sich selber." (4, 193 – Za). In *Ecce homo* lauten bezeichnende Sätze:

> Wofür man vom Erlebnisse her keinen Zugang hat, dafür hat man kein Ohr. Denken wir uns nun einen äussersten Fall, dass ein Buch von lauter Erlebnissen redet, die gänzlich ausserhalb der Möglichkeit einer häufigen oder auch nur seltneren Erfahrung liegen, – dass es die *erste* Sprache für eine neue Reihe von Erfahrungen ist. (6, 300 – EH)

---

7 Der späte Goethe konstatiert: "Alle meine Gedichte sind Gelegenheitsgedichte, sie sind durch die Wirklichkeit angeregt und haben darin Grund und Boden. Von Gedichten, aus der Luft gegriffen, halte ich nichts." (*Eckermann*, Gespräche, 48 f.). Nietzsche hat die 'Gelegenheiten' (vielleicht auch die 'Wirklichkeit') hinter sich gelassen, aber auch sein Dichten entspricht dem Goetheschen Grundsatz: "Poetischer Gehalt ist Gehalt des eigenen Lebens" (Noch ein Wort für junge Dichter, HA XII, 361).

In aller monologischen Verschlossenheit kann das Erlebnis dennoch zu einer allgemeineren Erfahrung werden, vorausgesetzt, daß die Rezipienten des Werkes entsprechend disponierte Geister sind. Nietzsche schreibt:

> Meine Schriften stellen eine *fortlaufende Entwicklung* dar, welche nicht nur mein persönliches Erlebniß und Schicksal sein wird: – ich bin nur der Erste, eine heraufkommende Generation wird das, was ich erlebt habe, von sich aus verstehn und eine feine Zunge für meine Bücher haben. (B 7, 225 – 7.8.86 – an E.W. Fritzsch)

Im erlebniszentrierten Werk stecken generelle Denkmotive, Motive, die das Werk über die rein monologische Selbstvergewisserung des Subjekts hinausheben und ihm philosophische Transparenz verleihen. Nietzsche stellt denn auch bezüglich des *Zarathustra* fest:

> Laß Dich durch die legendenhafte Art dieses Büchleins nicht täuschen: hinter all den schlichten und seltsamen Worten steht mein *tiefster Ernst* und meine *ganze Philosophie*. Es ist ein Anfang, mich zu erkennen zu geben – nicht mehr! – Ich weiß ganz *gut*, daß Niemand lebt, der so Etwas machen könnte, wie dieser Zarathustra ist – (B 6, 386 – Juni 83 – an Gersdorff)

Nietzsche geht noch einen Schritt weiter, indem er den *Zarathustra* als Vorbereitung auf die zu entfaltende "Philosophie" deutet: "Eine *Vorhalle* zu meiner Philosophie – für mich gebaut, *mir* Muth zu machen." (B 6, 490 – März 84 – an M.v. Meysenbug). Es soll eine über das bloße Erlebnis hinausweisende Philosophie entwickelt werden, aber diese Philosophie gründet im schöpferischen Subjekt, und sie hat die Funktion, dieses Subjekt zu stabilisieren, ihm "Muth zu machen". Es zeigt sich, daß das Verhältnis von "Erlebnis" und "Philosophie" höchst perspektivenreich ist. Das intuitive Erlebnis, die große Inspiration, und die philosophische Problematik, die generelle Bedeutung des Werkes, stehen in einem unlöslichen Wechselbezug, wie auch der monologische Charakter des Werkes und das Wirken-Wollen durch das Werk einander nicht ausschließen, sondern sich eher wechselseitig bedingen, denn das Werk ist gerade auf Grund seiner durch die Einsamkeit ausgewiesenen Integrität ein Appell an den potentiellen Leser, sich seinerseits auf sein eigenes Selbstsein zu besinnen. Bei alledem ist festzuhalten, daß das 'Erlebnis' bei Nietzsche immer schon ein 'philosophisches' Erlebnis ist. Im Erleben wird immer schon ein geistiger Gehalt, ein philosophisches Problem vergegenwärtigt, z.B. die Idee des Übermenschen oder der Gedanke der Ewigen Wiederkunft oder die Vorstellung des Großen Mittags. So sind nicht nur die 'lehrhaften', sondern auch die 'lyrischen' Partien des *Zarathustra* durch die Tendenz zum Zeichenhaft-Allegorischen gekennzeichnet. Selbst in den Dionysos-Dithyramben wird nicht eine mythische Erfahrung unmittelbar artikuliert, sondern die mythischen Motive sind hindurchgegangen durch das kritische Bewußtsein, durch die in Zeichen, Metaphern und Allegorien ihre 'philosophischen' Ideen aussprechende Subjektivität.[8]

8 In der lyrischen Sprache Nietzsches erfolgt die Aufhebung des "Symbols", "in dem wir unmittelbar eine Qualität des Seins greifen können", zugunsten der "Allegorie", die "bloßes Zeichen und Sinnbild für Gedachtes und Begriffliches" ist (*Olzien*, Nietzsche, 87).

Es ist allerdings im Blickfeld zu halten, daß Nietzsche mit einem Werk wie dem *Zarathustra* durchaus Wirklichkeitsgehalte vermitteln will und es nicht als bloße Phantasterei abgetan haben möchte: "man wird schon dahinterkommen, daß es sich bei ihm *nicht* um Phantastereien und unwirkliche Dinge handelt." (B 7,224 – 7.8.86 – an Fritzsch). Wenn Nietzsche hier, *ex negativo*, auf dem Wirklichkeitscharakter des *Zarathustra* beharrt, dann meint er selbstverständlich nicht die empirische Realität, nicht die Wirklichkeit z.B. im Sinne des zeitgenössischen Realismus oder Naturalismus, sondern Wirklichkeit als geistige Wirklichkeit, die 'Wirklichkeit' seiner revolutionären philosophischen Ideen. Von entscheidender Bedeutung für diesen ganzen Problemkomplex von Erlebnis, Idee und Wirklichkeit ist das Prinzip der Vermittlung durch die Subjektivität. Die Vermittlung der generellen Probleme, der philosophischen Problemstellungen, ist nicht mehr möglich in der Abstraktion des reinen philosophischen Denkens bzw. in der Geschlossenheit des philosophischen Systems, sondern kann allein erfolgen durch das 'erlebende', schöpferische Subjekt, ja, es stellt sich die Frage, ob nicht das Subjekt diese Probleme allererst hervorbringt. Damit ist im übrigen ein Kernproblem jeder Nietzsche-Forschung angeschnitten, die Frage, ob den großen philosophischen Ideen Nietzsches ein ontologischer, in der Weltstruktur, im Sein selbst begründeter Sinn zukommt oder ob es sich um existentielle Entwürfe der schöpferischen Subjektivität zum Zwecke der Selbsterhaltung und Lebenssteigerung handelt. Zugespitzt: Liegen Seinsaussagen vor, oder geht es nur um den Existenzvollzug? Aber möglicherweise läuft die Gegenüberstellung von 'ontologischer' und 'existentieller' Interpretation der philosophischen Fragestellungen Nietzsches auf eine zu schroffe Antithese hinaus. Beide Aspekte könnten in einem Komplementärverhältnis stehen, in dem Sinne, daß echte Seinsaussagen nur in der Vermittlung durch die produktive Subjektivität möglich sind. Dieses Problem sei vorerst nur als Frage aufgeworfen. Unabweisbar ist jedenfalls die Verwurzelung des philosophischen Denkens und dichterischen Schaffens in der Subjektivität – sei es, daß die Subjektivität Vermittlungsfunktion hat, sei es, daß sie seins- und sinnstiftende Bedeutung beansprucht.

II. Die Grundbestimmungen des Lebens

Ein erster Schritt, der zur Klärung der diffizilen Frage des ontologischen oder existentiellen Sinns der Nietzscheschen Problemstellungen führen kann, ist die Hinwendung zum Phänomen des "Lebens" resp. zu Nietzsches Begriff des "Lebens". Nietzsche hat keine exakte Definition des "Lebens" vorgelegt, offenbar nicht zuletzt deshalb, weil sich das "Leben" auf Grund seiner wesensmäßigen Unfaßbarkeit und Unendlichkeit nicht auf den rationalen Begriff bringen läßt. Aber er hat das "Leben" durch die es konstituierenden Phänomene charakterisiert, und zwar erstens durch das 'Dionysische', zweitens durch den 'Willen zur Macht', drittens durch das 'Werden', viertens durch den 'Perspektivismus' und fünftens durch den 'Schein'. Das "Leben" erscheint als das 'Dionysische', d.h. als eine dem Ichbewußtsein und dem logischen Denken vorgeschaltete irrationale, elementare Macht, als eine in der Natur begründete, kosmische Kraft. Dieses "Leben" ist in seinem Wesen geprägt durch den 'Willen zur Macht', d.h. durch den allem Seienden innewohnenden Willen zur Selbsterhaltung und Selbststeigerung sowie zum Überwältigen-Wollen des ihm begegnenden Seienden. Um den alles durchdringenden und beherrschenden Charakter des 'Willens zur Macht' herauszustellen, kommt es bei Nietzsche zu Partialdefinitionen des "Lebens" durch den "Willen zur Macht". Mehrfach definiert er "Leben" als "Willen zur Macht": "Leben selbst ist Wille zur Macht" (5, 27 – JGB). Jeder gesellschaftliche "Körper" ist der "leibhafte Wille zur Macht", "weil er *lebt*, und weil Leben eben Wille zur Macht *ist*", weil das "*Wesen* des Lebendigen" zu bestimmen ist als der "eigentliche Wille zur Macht, der eben der Wille des Lebens ist" (5, 207 f. – JGB). Und nochmals in bündiger Definition: "Leben ist Wille zur Macht." (III, 480 – vgl. III, 854 u. 896). Im Willen zur Macht ist als entscheidender Impuls das Moment des Überwältigens angelegt: "Leben selbst ist *wesentlich* Aneignung, Verletzung, Überwältigung des Fremden und Schwächeren, Unterdrückung, Härte, Aufzwängung eigner Formen, Einverleibung und mindestens, mildestens, Ausbeutung" (5, 207 – JGB). Daß eine solche Feststellung in diesem Kontext der dezidierten Rechtfertigung der Herrschaftspraxis der "Aristokratie" dient, gehört zu den politischen Fatalitäten des Willens zur Macht. Dennoch ist festzuhalten, daß Nietzsches Argumentation hier nicht primär einem politischen Motiv folgt, sondern daß es ihm um die Wesensbestimmung des Lebens geht.

Dem Leben nun ist es eigentümlich, daß es keine statische, sondern eine dynamische Größe ist, daß es sich nicht als 'Sein' verfestigen, sondern nur als 'Werden' verstehen läßt. Nietzsche konstatiert, daß "Das, was jetzt uns Menschen Leben und Erfahrung heisst – allmählich *geworden* ist, ja noch völlig im *Werden* ist und desshalb nicht als feste Grösse betrachtet werden soll" (2, 36 – MA I). Wenn damit noch die Historizität des Lebens, der geschichtliche Wandel der Lebensformen, gemeint ist, so hat Nietzsche in seinen Schriften immer wieder in einem grundsätzlicheren, essentiellen Sinne die Bedeutung des 'Werdens' als Wesenszug des Lebens überhaupt betont, im Problemhorizont der fundamentalen Antithese von Sein und Werden, mit der Konsequenz, daß das 'Sein', das Statische, Feststehende, Zeitlose, nur eine Fiktion sei und daß allein dem 'Werden', dem Prozeßhaften, Dynamischen, dem Wandel, Realität zukomme.[9] Die "Realität des Werdens" ist die "*einzige* Realität" (III, 678). Es

9 Schon Novalis hat den Gedanken des "Lebens" als eines unaufhörlichen Prozesses klar formuliert: "<Alles Leben ist ein *ununterbrochner* Strom – Leben kommt nur vom Leben und so fort. *Höhere Erklärung des Lebens.*>" (S II, 575). Auch die Idee der permanenten Selbsterneuerung des Lebens hat Novalis antizipiert: "Alles Leben ist ein überschwänglicher Erneuerungsproceß, der nur von d[er] Seite den Schein eines Vernichtungsproceßes hat. Das Praecipitat des Lebens ist ein Lebendiges – Lebenfähiges – Wie sich *Wärme* zur *Flamme* verhält – so x zum Leben." (S II, 556). Zugleich hat Novalis bereits den Scheincharakter und den Experimentalcharakter des Lebens im Blickfeld: "Wer das Leben anders als eine sich selbst vernichtende Illusion ansieht, ist noch selbst im Leben befangen. / Das Leben soll kein uns gegebener, sondern ein von uns gemachter Roman seyn." (S II, 563). "Philosophie des Lebens enthält die Wissenschaft vom unabhängigen, *selbstgemachten*, in meiner Gewalt stehenden Leben – und gehört zur Lebenskunstlehre – oder dem System der Vorschriften sich ein solches Le-

ist Nietzsches Anliegen, "dem Werden seine Unschuld zurückzugewinnen" (III, 823). Kritisch merkt er an: "Die Lehre vom *Sein*, vom Ding, von lauter festen Einheiten ist *hundertmal leichter* als die Lehre vom *Werden*, von der Entwicklung..." (III, 883). Nicht zuletzt im Hinblick auf den Kunstprozeß betont Nietzsche den Vorrang des 'Werdens' vor dem 'Sein'. "Sodann: alles Fertige, Vollkommene wird angestaunt, alles Werdende unterschätzt. [...] Die vollendete Kunst der Darstellung weist alles Denken an das Werden ab; es [das Werk des Künstlers] tyrannisirt als gegenwärtige Vollkommenheit." (2, 152 – MAI). Es stellt sich die grundsätzliche Frage, "ob das Verlangen nach Starrmachen, Verewigen, nach *Sein* die Ursache des Schaffens ist, oder aber das Verlangen nach Zerstörung, nach Wechsel, nach Neuem, nach Zukunft, nach *Werden*" (3, 621 – FW, 5. Buch)[10]. Im Hinblick auf die Kategorie des 'Werdens' und der 'Entwicklung' vermag Nietzsche – ansonsten eher, wie schon Schopenhauer, ein ironischer, bissiger Kritiker der "Hegelei" (1, 191 – DS)[11] und der Hegelschen Philosophie des Geistes[12] – sogar Hegel in positivem Licht zu sehen. Hegel habe "erst den entscheidenden Begriff 'Entwicklung' in die Wissenschaft gebracht" (3, 598 – FW, 5. Buch). Und weiter heißt es:

> Wir Deutsche sind Hegelianer, auch wenn es nie einen Hegel gegeben hätte, insofern wir (im Gegensatz zu allen Lateinern) dem Werden, der Entwicklung instinktiv einen tieferen Sinn und reicheren Werth zumessen als dem, was "ist" – wir glauben kaum an die Berechtigung des Begriffs "Sein" – [...] (3, 599 – FW, 5. Buch)[13]

Das "Leben" ist aber nicht nur eine dionysische, willensbestimmte, prozeßhafte Größe, sondern es entfaltet sich zugleich immer nur perspektivisch. Nietzsche spricht von der "Perspektiven-Optik des Lebens" (5, 26 – JGB) und stellt fest: "es bestünde gar kein Leben, wenn nicht auf dem Grunde perspektivischer Schätzungen und Scheinbarkeiten" (5, 53 – JGB). Das "*Perspektivische*" ist die "Grundbedingung alles Lebens" (5, 12 – JGB). "Es giebt *nur* ein perspektivisches Sehen, *nur* ein perspektivisches 'Erkennen'" (5, 365 – GM). Es gibt "nur ein perspektivisches Schätzen" (III, 441). Es gibt nicht das Leben an sich, als 'objektiv' verifizierbare Instanz, sondern es gibt nur 'subjektive' Entfaltungen

ben zu bereiten." (S II, 599). Hier zeigen sich überraschende Affinitäten zwischen Nietzsche und Novalis. Freilich, bei Novalis ist die "Philosophie des Lebens" noch eingebunden in den Idealismus der Identität von Geist und Natur, bei Nietzsche entfaltet sie sich vor dem Hintergrund einer sinnentleerten Welt.

10 Dabei unterscheidet Nietzsche zwischen der schöpferischen "Zerstörung", die Ausdruck des 'dionysischen' Lebens ist, und der chaotischen "Zerstörung", die um des Zerstörens willen zerstört. Dazu: 3, 621 f.

11 Weitere Seitenhiebe gegen die "Hegelei": 1, 191 – DS; 1, 423 – SE; 3, 456 – FW; B 6, 224. Die "Hegelianer" sind die "verruchtesten aller Deutschverderber" (1, 228 – DS).

12 Im Zeichen des dionysischen Weltwillens muß Nietzsche Hegels Metaphysik des absoluten Geistes verwerfen. Er polemisiert gegen die Spekulationen "innerhalb der Hegelischen Hirnschalen" (1, 308 – HL). Die Gefahr der Hegelschen Philosophie sieht er in der Rechtfertigung der realen Macht durch die absolute Idee. Seine Kritik zielt dabei insbesondere auf die von Hegel "durchsäuerten Generationen"; er warnt vor den "Priestern der Ideen-Mythologie", vor "jener Bewunderung vor der 'Macht der Geschichte'", "die praktisch alle Augenblicke in nackte Bewunderung des Erfolges umschlägt und zum Götzendienste des Thatsächlichen führt" (1, 309 – HL).

13 Vgl. dazu Benns Formulierung: "[...] Heraklit der erste Deutsche, Plato der zweite Deutsche, alles Hegelianer, auch wenn es Hegel nie gegeben hätte" (Rede auf Heinrich Mann, 411).

des Lebens bzw. des Willens zur Macht. Der Perspektivismus ist begründet im Willen. "Perspektivisches Sehen", "Wille" und "Affekte" bilden eine unlösliche Einheit (5, 365 – GM). Da der Mensch sich immer schon willentlich, affektiv, interpretatorisch zur Welt verhält und da es somit nicht ein Erkennen der Welt an sich, sondern nur ein Deuten der Welt für mich gibt, gibt es folgerichtig auch nur Perspektiven des Lebens und der Welt. Ja, schon die Unterscheidung von An-sich und Für-mich ist problematisch, da es die Welt an sich gar nicht gibt, da es überhaupt nur Interpretationen der Welt gibt. Bereits die Unterscheidung von "Ding an sich" und "Erscheinung" ist falsch (III, 540).[14] Es gibt nur Projektionen des Willens zur Macht. Nietzsche anerkennt nicht mehr eine objektive, intersubjektiv gültige "Wahrheit", sondern vertritt mit Verve die Grundthese, daß es nur subjektive, perspektivische "Wahrheiten" gebe: "Es giebt vielerlei Augen. Auch die Sphinx hat Augen: und folglich giebt es vielerlei 'Wahrheiten', und folglich giebt es keine Wahrheit." (11, 498). Perspektivismus, das besagt: Es gibt keine objektive Wirklichkeit, keinen übergeordneten Weltzusammenhang oder vorgegebenen Weltsinn; es gibt nur die jeweiligen 'subjektiven' Formen der Weltaneignung und Weltbewältigung, es gibt nur die jeweiligen Perspektiven. An die Stelle der *einen* "Wahrheit" ist der Pluralismus der "Wahrheiten" getreten.[15]

Daß das Desavouieren des traditionellen Wahrheitsbegriffs den Gegenbegriff "Schein" auf den Plan ruft, versteht sich nahezu von selbst. Sofern die "Wahrheit" sich als bloße Fiktion enthüllt, ist allein der "Schein", der perspektivische "Schein", den Lebensprozessen immanent. "Schein ist für mich das Wirkende und Lebende selber" (3, 417 – FW). "Aber damit wird Heraklit ewig Recht behalten, dass das Sein eine leere Fiktion ist. Die 'scheinbare' Welt ist die einzige: die 'wahre Welt' ist nur *hinzugelogen*..." (6, 75 – GD).[16] Es zeigt sich die Verklammerung von Werden und Schein. Gegenüber der fiktiven Dichotomie "Sein"-"Wahrheit" will Nietzsche die reale Dichotomie "Werden"-"Schein" zur Geltung bringen. "Leben", "Werden" und "Schein" bilden einen einheitlichen Zusammenhang, da das Leben seinem Wesen nach Werden ist und sich um der Selbsterhaltung willen ständig in den Schein transzendieren muß. Nietzsche notiert: "'Scheinbarkeit' ist eine zurechtgemachte und vereinfachte Welt, an der unsre *praktischen* Instinkte gearbeitet haben: sie ist für *uns* vollkommen wahr:

14 Es gibt kein An-sich, sondern nur ein Für-mich. Wirklichkeit, Welt, Wahrheit, das ist nicht ein an sich Seiendes, sondern eine Fülle perspektivischer Fiktionen, die aus dem Selbstbehauptungstrieb des Lebewesens Mensch erwachsen. "*Kritik des Begriffes 'wahre und scheinbare Welt'*. – Von diesen ist die erste eine bloße Fiktion, aus lauter fingierten Dingen gebildet. / Die 'Scheinbarkeit' gehört selbst zur Realität: sie ist eine Form ihres Seins" (III, 769). "Der 'Wille zur Wahrheit' [...] ist keine moralische Gewalt, sondern eine Form des Willens zur Macht." (III, 764). Die "*seiende* Welt", die "metaphysische Welt", das "'Ding an sich'" sind nichts als Triebprojektionen des Menschen, denn dessen "Bedürfnis als Schaffender *erdichtet* bereits die Welt" (III, 541).

15 Zu Nietzsches Wahrheitsbegriff vgl. generell *Stegmaier*, Wahrheit; *Bittner*, Wahrheit; *Simon*, Schein.

16 Zu Nietzsches Berufung auf Heraklit: "Der Täuschung hingegeben sind die Menschen in der Erkenntnis der sichtbaren Dinge ähnlich wie Homer, der doch weiser war als die Hellenen allesamt." (*Herakleitos*, Fragment 56). Schon Heraklit entlarvt die Erscheinungswelt als Täuschung. Aber im Unterschied zu Nietzsche unterscheidet er noch zwischen der falschen Welt der Erscheinungen und der im Logos sich bekundenden Wahrheit. "Heraklits Philosophie steht im Kampf gegen das Falsche, aber gibt Anweisung für das Leben im Wahren." (*Jaspers*, Metaphysiker, 29).

nämlich wir *leben*, wir können in ihr leben: *Beweis* ihrer Wahrheit für uns..." (III, 769). Ein anderes Fragment lautet: "*Wahrheit ist die Art von Irrthum*, ohne welche eine bestimmte Art von lebendigen Wesen nicht leben könnte. Der Werth für das Leben entscheidet zuletzt." (11, 506). "Wahrheit" an sich ist eine Fiktion. "Wahrheit" ist in Wahrheit eine Funktion des "Lebens". 'Wahr' ist, was das Leben steigert. "Das Kriterium der Wahrheit liegt in der Steigerung des Machtgefühls." (III, 919). 'Wahrheit' ist für Nietzsche nicht mehr eine objektive Kategorie der allgemeinverbindlichen Vernunft, sondern eine subjektive Kategorie des erlebten Lebens. Der Maßstab, an dem alle Dinge gemessen werden, ist nicht die "Wahrheit", sondern das "Leben". 'Wahr' ist, was der Lebensmöglichkeit und der Lebenssteigerung dient, und insofern die Scheinbarkeiten das Leben fördern, sind sie für das Lebewesen Mensch die eigentliche 'Wahrheit'. Im Zeichen des "Lebens" vollzieht sich eine radikale Umkehrung des traditionellen Verhältnisses von Wahrheit und Schein. Nun gebührt dem Schein der Vorrang vor der Wahrheit:

> Bei allem Werthe, der dem Wahren, dem Wahrhaftigen, dem Selbstlosen zukommen mag: es wäre möglich, dass dem Scheine, dem Willen zur Täuschung, dem Eigennutz und der Begierde ein für alles Leben höherer und grundsätzlicherer Werth zugeschrieben werden müsste. (5, 16 f. – JGB)[17]

Nietzsche geht noch einen Schritt weiter, indem er die Frage aufwirft, ob nicht auch die Wahrheit eine Form des Scheins sei, ob nicht der "Werth jener guten und verehrten Dinge" "mit jenen schlimmen, scheinbar entgegengesetzten Dingen auf verfängliche Weise verwandt, verknüpft, verhäkelt, vielleicht gar wesensgleich" sei (5, 17 – JGB). Nietzsche betreibt eine Psychologie der Enthüllung. Er demaskiert die Werte der Wahrheit als Werte der Lebenserhaltung und hebt auf diese Weise im Grunde die Differenz zwischen Wahrheit und Schein auf. Auch die 'Wahrheit' ist nur eine Funktion des 'Lebens'. Erkenntnis, Moral und Metaphysik sind Funktionen des Interesses. Das Interesse an der Selbstbehauptung im Dasein verleitet den Menschen dazu, sich die Welt durch ein System metaphysischer, moralischer und ästhetischer Werte verfügbar zu machen, ohne daß er den Fiktionscharakter dieses Wertekanons durchschauen würde. Nietzsches Enthüllungspsychologie erschöpft sich allerdings nicht in einem 'lebensphilosophischen' Pragmatismus, sondern das Problem des Scheins wird darüber hinaus für ihn zum Problem des Ästhetisch-Schöpferi-

17 Nietzsches Kritik der Wahrheit bezieht sich demnach nicht nur auf die logische Wahrheit der Vernunft und die metaphysische Wahrheit des Idealismus, sondern auch auf die innere Wahrhaftigkeit des Menschen. Nietzsches Enthüllungspsychologie verschont auch den "Wahrhaftigen" nicht. "Wahrhaftigkeit" ist nur ein "Mittel zu einer besonderen *höheren Potenz von Falschheit*" (III, 674). Nietzsche verstrickt sich allerdings in die Paradoxie, daß diese Kritik der "Wahrhaftigkeit" im Zeichen der "Redlichkeit", d.h. der Wahrhaftigkeit, erfolgt. "Nichts nämlich gilt mir heute kostbarer und seltner als Redlichkeit." (4, 360 – Za). "Redlichkeit" ist die "Tugend" der "freien Geister", "*unsre* Tugend, die allein uns übrig bleibt" (5, 162 – JGB). Die wahren "Philosophen" sind ausgezeichnet durch die "Leidenschaft der Erkenntniss und der Redlichkeit" (3, 286 – M). Diese "Redlichkeit" ist zuletzt der tiefere Antrieb von Nietzsches Demaskierung der "Wahrheit". "Redlichkeit bleibt der letzte Grund, wenn alle Wahrheit in bestimmter Gestalt zu entschwinden scheint" (*Jaspers*, Nietzsche, 202). Zu dieser "Redlichkeit" gehört freilich die Einsicht, daß das Leben immer nur Schein hervorbringt.

schen. Er beschränkt sich nicht darauf, die "Unwahrheit als Lebensbedingung" zu sanktionieren und alle "Werthschätzungen" als "physiologische Forderungen zur Erhaltung einer bestimmten Art von Leben" zu demaskieren (5, 18 u. 5, 17 – JGB), sondern er erhebt darüber hinaus den "Schein" in den höchsten Rang und verleiht ihm im Problemhorizont der Philosophie des Schöpferischen metaphysische Dignität:

> Dieser Glaube an die Wahrheit geht in uns zu seiner letzten Consequenz – ihr wißt, wie sie lautet –: daß, wenn es überhaupt etwas anzubeten giebt, es der Schein ist, der angebetet werden muß, daß die Lüge – und *nicht* die Wahrheit – göttlich ist...? (12, 243 – 1886/87)

Die kritische Psychologie verbindet sich mit dem Pathos des Schöpferischen, der physiologische Pragmatismus geht in wachsendem Maße über in eine metaphysische Ästhetik, für die der "Schein" als höchster Ausdruck des schöpferischen Lebens unbedingt sakrosankt ist, und es ist kaum verwunderlich, daß Nietzsche sich in der Charakterisierung des Scheins im Hinweis auf dessen Anbetungswürdigkeit und Göttlichkeit einer religiösen Metaphorik bedient.

Nietzsche betreibt die Apotheose des Lebens. Er begreift das 'Leben' als das schlechthin Unfaßliche, Unbegrenzte, Unendliche, in der Wesensbestimmung durch die konstitutiven Elemente des Dionysischen, des Willens zur Macht, des Werdens, des Perspektivismus und des Scheins. Erst als Funktion des 'Lebens' gewinnen 'Erlebnis' und 'Erleben' ihren positiven, produktiven Sinn. Für Nietzsche bedeutet Erleben Erleben des Lebens. Erst in ihrer Verwurzelung im 'Leben' ist die Subjektivität schöpferische Subjektivität. Man kann auch sagen: Die schöpferische Subjektivität ist bei Nietzsche lebensbezügliche Subjektivität. Heidegger kennzeichnet den "Rausch" und die "Schönheit" als die "beiden hervorstechenden Grundbestimmungen" von "Nietzsches Auffassung der Kunst" und definiert den "Rausch" als 'Aufsprengung' der "Subjektivität des Subjektes" (*Heidegger*, Nietzsche I, 144 f.). Nietzsches Idee des Dionysischen als vorsubjektiver Elementarmacht rechtfertigt diese Deutung. Freilich nur im Prinzip, denn man muß die kritische Einschränkung machen, daß Nietzsches Deutung des Verhältnisses von Subjektivität und Leben in den einzelnen Schaffensperioden spezifischen Wandlungen unterliegt. Wenn in der *Geburt der Tragödie* in der Tat die subjektauflösende Sprengkraft des Lebens, d.i. des "Dionysischen", das zentrale Denkmotiv Nietzsches ist, so zeigt sich später, vor allem in den achtziger Jahren, daß die Idee des schaffenden Subjekts beherrschend in den Vordergrund der Nietzscheschen Reflexionen tritt. Dabei ist allerdings festzuhalten, daß Nietzsche das schaffende Subjekt stets auf das Leben als die alles organisierende Kraft zurückbezieht. Ohne die Idee der universellen Schöpfungskraft des Dionysischen, des Rausches, des Lebens zu verleugnen, räumt Nietzsche doch in wachsendem Maße der speziellen schöpferischen Tätigkeit des Individuums, des großen Einzelnen, ein Eigengewicht ein. Mehr und mehr rückt der Gedanke der "*großen Menschen*", der "*großen*

Schaffenden" (12, 428 – 1887) ins Zentrum von Nietzsches Denken.[18] Mehr und mehr setzt sich bei Nietzsche die Auffassung durch, daß das Leben, der Wille zur Macht, sich im schaffenden Subjekt konkretisiere. Nicht mehr die Aufsprengung der Subjektivität im Rausch, sondern die sich im Schaffen realisierende Subjektivität bestimmt in wachsendem Maße Nietzsches Optik. Es besteht bei Nietzsche eine konstante Relation von Leben und Subjektivität, aber der Lebensbezug der Subjektivität unterliegt in den einzelnen Schaffensperioden spezifischen Modifikationen, indem der Gedanke der dionysischen Auflösung der Subjektivität im elementaren Leben in Nietzsches Entwicklung zunehmend verdrängt wird von der Idee des das Leben in sich konzentrierenden schaffenden Subjekts. Markant zeichnet sich dieser Wandel in der unterschiedlichen Konzeption des 'Dionysos' ab. In der frühen Tragödienschrift ist Dionysos als elementarer Weltwille und kosmische Naturkraft eine vorsubjektive Macht. In der Schlußphase seiner geistigen Existenz identifiziert sich Nietzsche als Person mit dem Dionysos. Dies ist eine Extremposition, eine äußerste Zuspitzung, aber sie ist vorbereitet durch langwierige Denkprozesse der achtziger Jahre. Die Selbstidentifikation Nietzsches mit dem Dionysos, die nur die letzte Konsequenz eines schon lange vorher virulenten Problems ist, ist Ausdruck der ihre höchste (und gefährlichste) Möglichkeit verwirklichenden Subjektivität. Es zeigt sich somit ein höchst komplexes, differenziertes Verhältnis von Leben und Subjektivität, von vorsubjektivem Leben und schaffendem Subjekt, im Denken Nietzsches.

III. Rezeption des Nietzscheschen Lebensbegriffs

Man hat in Nietzsche einen der großen Exponenten der sogenannten "Lebensphilosophie" resp. der "Philosophie des Lebens" gesehen, die, vorbereitet durch irrationalistische Strömungen wie Sturm und Drang und Romantik, in der zweiten Hälfte des 19. Jahrhunderts ihren Höhepunkt erreiche, in Nietzsche und Dilthey, und von Denkern wie Bergson, Simmel und Klages fortgeführt worden sei. Zweifellos besteht hier im Zeichen des Lebensbegriffs ein großer historisch-thematischer Zusammenhang, der jedoch nicht dazu verführen sollte, die spezifischen Unterschiede in einem pauschalen, undifferenzierten Begriff des

18 Nietzsches Apotheose des "großen Menschen" erfolgt im Zeichen der Idee des Schöpferischen, denn "der große Mensch" ist "*der Bogen mit der großen* Spannung" (III, 450). Zum "großen Menschen" gehört der Amoralismus. Nietzsche notiert, "daß *alle großen Menschen Verbrecher waren*, nur im großen Stile, und nicht im erbärmlichen, daß das Verbrechen zur Größe gehört" (12, 406). Nietzsche stellt damit *de facto* den politischen Machtmenschen einen Blankoscheck für ihre Taten aus. "– ein großer Mensch, der ein Recht dazu fühlt, Menschen zu opfern wie ein Feldherr Menschen opfert; nicht im Dienste einer 'Idee', sondern weil er herrschen will." (12, 41). Aufgrund seiner Aversion gegen das aufklärerisch-demokratische Gleichheitsprinzip läßt Nietzsche sich dazu hinreißen, den amoralistischen Heroenkult auf die historisch-politische Realität zu übertragen. Die Frage ist, ob er sich der möglichen politischen Konsequenzen voll bewußt oder nicht eher politisch naiv war. Das Grundmotiv Nietzsches in der Glorifikation des imperatorischen Höhenmenschentums liegt in seinem Kampf gegen die Moral. So nimmt er "das Raubthier und den Raubmenschen" Cesare Borgia gegen die "Moralisten" in Schutz (5, 117 – JGB). Hinter Nietzsches 'Ideologie' steht kaum ein politisches Konzept, sondern sein philosophischer Amoralismus.

"Lebens" einzuebnen und vor allem Nietzsches unverwechselbare Fragestellung in dieser generösen, vielfach überstrapazierten Vokabel zu verwischen. Dilthey argumentiert aus dem Problemzusammenhang von "Erlebnis", "Leben" und "Dichtung". So definiert er: "Poesie ist Darstellung und Ausdruck des Lebens. Sie drückt das Erlebnis aus, und sie stellt die äußere Wirklichkeit des Lebens dar." Es geht ihm um den "Gehalt an Leben in meinem eigenen Selbst", und er versteht den "allgemeinen Gehalt der Dichtung" als die "lebendigste Erfahrung vom Zusammenhang unserer Daseinsbezüge in dem Sinn des Lebens", wie für ihn "jede historische Gestalt der Poesie" durch das "Grundverhältnis zwischen Leben und Dichtung" geprägt ist (*Dilthey*, Goethe, 126 f.). Auch Dilthey bezieht das "Erlebnis" auf das "Leben" zurück, und das "Erlebnis" ist für ihn nur bedeutsam als Repräsentation des "Lebens" im "Erlebnis", und erst von dieser Repräsentationsfunktion her vermag das Erlebnis, durch die "dichterische Phantasie" (ebd., 130), zum poetischen "Ausdruck" zu werden. Nur sofern das momentane Erlebnis zum repräsentativen Erlebnis wird, wird es zum ästhetischen Erlebnis. Im Erleben muß das Leben, das Ganze, symbolisch gegenwärtig sein, soll sich die Relation "Erlebnis"-"Dichtung" herstellen. Die Affinität zwischen Dilthey und Nietzsche bezüglich des Lebensbegriffs liegt auf der Hand. Dennoch sind charakteristische Unterschiede zu beachten. Dilthey orientiert sich doch noch stärker am okkasionellen Erlebnis, während bei Nietzsche die konkreten Erlebnissituationen kaum eine Rolle spielen, allenfalls Anstöße der philosophischen Reflexion sind. Und was den Lebensbegriff betrifft, so läuft es bei Dilthey auf das Leben als Totalität und den Bezug des Erlebenden zum Ganzen des Lebens hinaus, das durch die dichterische Phantasie symbolisch vergegenwärtigt wird. Nietzsche hingegen versteht unter "Leben" die schaffende, 'metaphysische' Kraft, die im produktiven Menschen wirkt. Diltheys Erlebnisbegriff steht letztlich dem Goetheschen Erlebnisbegriff näher als dem Nietzscheschen Erlebnisbegriff, unbeschadet partieller Affinitäten zwischen Dilthey und Nietzsche hinsichtlich der Kategorie des "Lebens". Nach Dilthey vollzieht Nietzsche, wie Hölderlin, Schopenhauer, Byron oder Leopardi, in der Gestaltung des "Erlebnisses" die "Deutung des Lebens" (*Dilthey*, Hölderlin, 273). Daß Nietzsches Dichtungen großangelegte Daseinsdeutungen sind, steht außer Zweifel. Aber sie sind mehr als das. Sie sind darüber hinaus der entschiedene Versuch, durch die Kunst neue Konstellationen herzustellen, das heißt, nicht nur einen vorgegebenen Sinnzusammenhang der Welt aufzuhellen, sondern auch Sinnkonstellationen überhaupt erst hervorzubringen. Diesen Aspekt hat Dilthey kaum im Blick. Andererseits erkennt er klar, daß es sich bei Nietzsche, wie bei Hölderlin, um einen "musikalischen" "Stil" handelt, der geprägt ist vom Gegensatz zwischen realer Außenwelt und imaginärer Innenwelt, und daß beide bestrebt sind, diese Innenwelt in einer neuen Sprache zum Ausdruck zu bringen:

> Sie prägen neue Worte für das, was sie aussprechen wollen, aus Scheu vor abgegriffenen Redewendungen. Und doch empfinden sie, daß was am tiefsten sie bewegt, immer unausgesprochen bleibt. Der Gegenstand beider ist die innere Welt, und sie greifen nach den kühnsten Metaphern, um sie sichtbar zu machen.

> Sie leben in der großen Antithese zwischen der höheren Menschheit, die kommen soll mit ihrer Schönheit, mit ihren Helden und ihrer Stärke, und der Vulgarität um sie her, der Verkrüppelung der Gestalt der Seele in hundert Formen. So bewegt sich ihr Stil in Antithesen. [...] Aber wie Nietzsche vermag auch Hölderlin wohl einen Seelenzustand wie durch einen Blitz vorübergehend in sinnlicher Sichtbarkeit sehen zu lassen: einen Menschen vermag auch er nicht in ruhigem Tageslicht zu zeigen. Alle Gestalten seines Romans sind wie Schatten. Sie haben in dem einzelnen Moment inneres Leben. (*Dilthey*, Hölderlin, 286)[19]

Dilthey rezipiert Nietzsche, den *Zarathustra* und die Dithyramben, unter der Antithese sinnliche Wirklichkeit – seelische Innenwelt, wobei er den Einfluß Hölderlins, von Hölderlins *Hyperion*, auf Nietzsche hervorhebt. Er registriert ein Defizit an Realitätsgehalt, an sinnlich-konkreter Wirklichkeit, in Nietzsches Dichtungen.

Nietzsche selbst hat ein ausgeprägtes Bewußtsein von seiner monologischen Existenz, der die Wirklichkeit zu entgleiten droht und die ganz in die immanenten Probleme der ihn beschäftigenden großen Denkmotive verstrickt ist. So schreibt er im Oktober 1886 aus Nizza: "Was für ein schwermüthiger Herbst! Bleigewichte überall, Niemand, der mich etwas aufhellt, – und nichts um mich als meine alten Probleme, die alten rabenschwarzen Probleme!" (B 7, 270 – 26.10.86 – an Reinhart v. Seydlitz).[20] In den Briefen der späteren achtziger Jahre wirkt Nietzsche manchmal wie eine Spinne, die sich in ihre Gedankennetze einspinnt und in ihnen verstrickt. Andererseits versucht er, diese monologische Reduktion produktiv auszunutzen und seine Existenz als schöpferischen Daseinsentwurf zu verstehen. Und dies ist das *punctum saliens* seines Lebensbegriffs. Es geht Nietzsche im Prinzip nicht um die dichterische Gestaltung eines antizipierten Lebenszusammenhangs, sondern um das Höchstmaß an Lebenssteigerung im Schaffensprozeß. Das unterscheidet ihn wesentlich von Dilthey. Der Begriff "Leben" ist in diesem Problemkomplex von schillernder Doppeldeutigkeit. Er kann das 'Leben' als die vorgegebene Wirklichkeit von Natur und Geschichte bezeichnen, die vom Dichter in Ausdruck und Symbole umgesetzt

---

19 Zum Einfluß des *Hyperion* auf den *Zarathustra*, der Hyperion-Zitate aufweist, vgl. *Biser*, Reise, 108-114. Nach Biser sind Zarathustras Gedanken des dionysischen Lebens, der Koinzidenz der Gegensätze, der ewigen Wiederkunft und vor allem des großen Mittags im Grundzug bereits im *Hyperion* ausgesprochen. Hier zeigen sich ohne Zweifel thematische Affinitäten. Es ist allerdings die Frage, ob Zarathustra sich nicht durch seinen voluntativen Zug, durch die Verabsolutierung des schaffenden Subjekts, das den Übermenschen hervorbringen soll, grundlegend von der sanften, reinen Seele Hyperions unterscheidet.

20 Nietzsches "Leben" ist "jetzt sehr insel-haft geartet" (B 7, 13 – 20.2.85 – an Overbeck). "Fast sieben Jahre Einsamkeit", "ein wahres *Hundeleben*" (B 7, 116 – Dezember 1885 – an Overbeck). Er schreibt allerdings auch, eigentlich sei er "ganz und gar nicht für Einsamkeit gemacht"; da er sie aber nicht "loswerde", werde er von "Lebensüberdruß" heimgesucht (B 7, 126 – 20.12.85 – an die Schwester). Hier täuscht sich Nietzsche über seine Prädisposition, denn im Grunde war er durchaus für Einsamkeit 'gemacht'. Seine Einsamkeit ist eine konstitutionelle Einsamkeit, eine Einsamkeit, die durch die äußeren Lebensumstände nur verstärkt, nicht aber verursacht wurde. In ihrer einfühlsamen Darstellung schreibt die Schwester: "Innerlich ist und bleibt jedes Genie einsam, aber äußerlich wäre es gerade bei Nietzsche [...] nicht nötig gewesen." (*Förster-Nietzsche*, Der einsame Nietzsche, V). Es ist fraglich, ob diese Unterscheidung von innerer und äußerer Einsamkeit weiterträgt, denn die in Nietzsche angelegte Einsamkeit war auch durch die Umwelt nicht zu durchbrechen.

wird; und er kann die im Schaffenden wirkende produktive Energie meinen. In beiden Fällen wird zwar ein anonymer Lebensstrom – sei es in biologistischer, metaphysischer oder mythisierender Ausprägung – als das alles organisierende Prinzip vorausgesetzt, aber es ist doch ein Unterschied, ob in Denkprozeß und Dichtungsschaffen die Umsetzungsfunktion oder der Schaffensvollzug selbst im Mittelpunkt steht.

Nietzsches Lebensbegriff übt bald auf die Zeitgenossenschaft einen ungemein großen Einfluß aus. Seit den neunziger Jahren vermag sich kaum ein in Betracht kommender Dichter, Philosoph oder Literat der Suggestion Nietzsches zu entziehen. Meistens vollzieht sich die Auseinandersetzung mit Nietzsche als affirmative, vielfach enthusiastische Würdigung, aber es gibt auch kritische, warnende Stimmen, wie auch Bemühungen um sachliche Deutung von Werk und Person Nietzsches nicht zu übersehen sind. Gerade in der Literatur der Jahrhundertwende grassiert das Nietzsche-Fieber. Schon 1902 konstatiert Hans Vaihinger in seinem Buch *Nietzsche als Philosoph*:

> Friedrich Nietzsche ist heute ein litterarischer Machthaber ersten Ranges. Nicht bloß in Deutschland, sondern auch im Auslande werden seine Schriften mit Begierde gelesen. Eine Flut von Schriften und Gegenschriften geben Zeugnis von dieser allseitigen und intensiven Beschäftigung mit seinen Werken, seinen Gedanken. Die poetische Litteratur und die Kunst zeigen tiefe Spuren dieser Einwirkung Nietzsches. (S. 9)[21]

Rasch greift der Nietzsche-Kultus um sich. Schwärmerische Verehrung, ja mythisierende Erhöhung Nietzsches werden Signa (und Stigmata) der damaligen Nietzsche-Adaption. Bereits 1897 warnt Ferdinand Tönnies in seinem Buch *Der Nietzsche-Kultus. Eine Kritik* vor der kritiklosen Übernahme Nietzschescher Ideen, vor möglichen gefährlichen Folgen der Philosophie Nietzsches und vor der Überschätzung Nietzsches.[22] Dem kritischen Soziologen Tönnies sind "diese neue Lehre vom Übermenschen, von der aristokratischen Wertung und Umwertung", die "Herrenmoral" (S. VII), der Gedanke der "Züchtung" (S. 15) höchst suspekt, und er ruft im Umgang mit Nietzsche auf zur "Besonnenheit und Nüchternheit" (S. VIII). Nicht zuletzt mit Blick auf die sich bildenden Nietzsche-Gemeinden und Nietzsche-Epigonen spricht er sein Verdikt über Nietzsche aus:

---

21 Vaihinger, der seine Deutung als eine Kombination von Objektivität und Kritik versteht, würdigt den Stilisten und Dichter Nietzsche, den "Aphoristiker", den "Lyriker", den "Symbolisten" (S. 17-23), deutet seine Philosophie als eine Synthese aus Schopenhauer und Darwin (S. 43 ff.) und setzt sich kritisch mit den Anti-Tendenzen Nietzsches auseinander, mit den "sieben charakteristischen Haupttendenzen", der "antimoralistischen", der "antisozialistischen", der "antidemokratischen", der "antifeministischen", der "anti-intellektualistischen", der "antipessimistischen" und der "antichristlichen" Tendenz (S. 24-36 u. 56-94). Einerseits ist Nietzsche "subversiv" und kann bei den "Unvorsichtigen und Unreifen" schweren Schaden anrichten; andererseits kann er eine "Revision und Neubegründung" der herrschenden Weltanschauung bewirken (S. 104 f.).

22 Der Soziologe Tönnies sieht in Nietzsche den schwärmerischen Künstler: "Der schwärmerische, phantastisch-leidenschaftliche, überschwängliche Künstlergeist – das ist der echte Nietzsche." (*Tönnies*, Nietzsche-Kultus, 55 f.). Tönnies glaubt, einen Widerspruch zu erkennen zwischen dem Philosophen und dem Dichter Nietzsche: "Also wurde in Nietzsche der Poet wieder lebendig. Seine Natur war mächtiger als sein Urteil. Er wollte Wissenschaft fördern, Warheiten begründen, und aus seinem Munde flossen – Dithyramben." (S. 65).

> Das System ist nur ein Hexensabbat von Gedanken, Ex- und Deklamationen, von Wutausbrüchen und widerspruchsvollen Behauptungen, dazwischen viele Geistesblitze leuchtend und blendend. Ernst und wichtig mögen diese Lehren genommen werden, insofern sie geeignet sind, unbesonnenen, unkritischen Lesern die Köpfe zu verwirren und zu verdrehen – sie können in der That berauschend und betäubend wirken im schlimmsten Sinne. (S. 111)

Tönnies' Kritik hat, zumindest hinsichtlich historisch fataler Wirkungen Nietzsches, ihre partielle Berechtigung, aber sie ist insgesamt zu kurzsichtig und einseitig, wie sie überhaupt in den Fehler verfällt, den sie Nietzsche vorhält, nämlich in eine zu emphatische Polemik. Tönnies deutet vor allem Nietzsches Philosophie des "Lebens" zu einseitig biologistisch, wie auch die für Nietzsche so zentrale Problematik Leben-Kunst kaum in sein Blickfeld gelangt.

Sachbezogener ist demgegenüber Alois Riehl in seinem Buch *Friedrich Nietzsche. Der Künstler und der Denker* (1897).[23] Der Neukantianer Riehl legt eine im ganzen sachliche Analyse vor, die die Bedeutung des "Lebens", der "Kunst", des "Dionysischen" und "Apollinischen", den Begriff der "Kultur", den "Stil" sowie den Zusammenmhang von "Werk" und "Person" charakterisiert. Riehl gelangt interessanterweise zu der Feststellung, daß Nietzsches Weltanschauung in der Hauptsache unter künstlerischem Aspekt gesehen werden müsse und daß Nietzsche diesbezüglich in der Nachfolge Schopenhauers stehe. Nietzsche, "bei dem gleichfalls der Künstler den Denker überwiegt" (S. 50), hat in der *Geburt der Tragödie* eine "Metaphysik der Kunst" entfaltet, "welche die Kunst zur Metaphysik macht. Sie ist die Lehre von der beständigen Selbsterlösung der Welt durch die Kunst, – 'eine rein ästhetische Weltauslegung und Weltrechtfertigung'." (S. 55). Daß Riehl den Vorrang der Kunst vor der Philosophie bei Nietzsche betont, ist bemerkenswert, denn es stellt sich in der Tat die Frage, ob nicht die Kunst Nietzsches Zentralmotiv ist. Riehl legt Nietzsche nicht auf immanente Widersprüche eines (vorgeblichen) 'Systems' fest, sondern betont die künstlerische Intuition, den alles beherrschenden Kunstwillen Nietzsches. "Kunst und künstlerische Thätigkeit sind nie ausschliesslicher geschätzt worden, als es von Nietzsche in seinem Jugendwerke geschah." (S. 55). Man kann diese Frage weiterführen und die grundsätzliche Überlegung anstellen, ob nicht zuletzt die philosophischen Motive und Argumentationen Nietzsches in hohem Maße Strategien eines elementaren künstlerischen Willens sind. Riehl beschränkt sich freilich nicht auf affirmative Deutungen, sondern er setzt durchaus auch kritische Akzente. Auch er übt Kritik an Nietzsches Philosophie des "Willens zur Macht", der zum Selbstzweck werde, sich in eine ziellose Hypertrophie überschlage und zu einem bedenklichen Abbau der "Moral" führe. Er konstatiert: "Der radikalste Denker ist zugleich der reaktionärste." (S. 131).

---

23 Es ist ein Verdienst Riehls, daß er den Zusammenhang von "Persönlichkeit", "Künstler" und "Denker" bei Nietzsche hervorhebt. Er betont, daß man die Aussagen Nietzsches nicht zuletzt im Lichte einer sich artikulierenden Künstlernatur sehen müsse: "Uebrigens darf man den Dichter und Künstler bei Nietzsche nicht übersehen. Man muss seine Sätze immer um einige Töne tiefer stimmen [...] Man hüte sich also, Nietzsche zu wörtlich zu nehmen. Er liebt alles stark zu sagen und liebt es, das Stärkste zu sagen." (*Riehl*, Nietzsche, 29). Thomas Mann: "ich nahm nichts wörtlich bei ihm" (Lebensabriß, 229). Vgl. Nietzsche, 46.

Im Hinblick auf Nietzsches Lebensbegriff spricht Riehl von einer "einseitigen Charakteristik des Lebens, die nur die angreifenden, verletzenden, entzweienden Instinkte gelten lässt, die sympathischen, ordnenden, vereinigenden dagegen verwirft" (S. 131). Und weiter heißt es:

> Dieses eintönige Macht! mehr Macht! – Macht worüber, werden wir fragen und vor allem: Macht wozu? Nietzsche muss uns auf diese schlichte Frage ohne deutliche Antwort lassen, weil sein Macht-Wille im Grunde ein blinder Wille ist, wie jener Schopenhauer's, ohne Begriff, ohne wesentliche Einheit. (S. 132)

Riehl sieht den Sinn des Lebens im "Leben für allgemeine Zwecke" und fährt fort: "durch das Leben der Vernunft erhebt sich das Individuum zur Persönlichkeit. *Wille zur Persönlichkeit*, nicht Wille zur Macht ist Prinzip und Norm aller Moral." (S. 133). In Nietzsches "Uebermenschen" sieht Riehl eine "dichterische Spekulation" (S. 150) darwinistischer Observanz, deren Grundzüge er beschreibt und zugleich mit kritischen Marginalien versieht. Nietzsches "Darwinistische Erkenntnislehre" ist "Spekulation" und "widerspricht einfach den Thatsachen, und so ist der ganze, luftige Bau ohne Halt und Boden" (S. 137). Obschon Riehl somit im Zeichen von Vernunft, Humanität und Persönlichkeitsprinzip Kritik an Nietzsches 'biologistischem' Lebensbegriff übt, betont er andererseits, vor allem mit Blick auf Nietzsches Frühwerk, die 'metaphysische' Dignität des Lebens im Problemfeld Leben-Kunst bei Nietzsche. Das "Leben" erscheint aber auch generell als das die Schriften durchziehende Hauptmotiv. Riehl formuliert:

> Der Grundton der Philosophie Nietzsches ist schrankenlose, leidenschaftliche Liebe zum Leben; wie in die Farbe des Lebens selbst getaucht erscheinen die Gedanken und Sentenzen dieser Philosophie. / Nietzsche verherrlicht das Leben, das grosse, mächtige, aufsteigende Leben, – das Leben, nicht nur, wie es war, wie es ist, sondern vor allem, wie es werden könnte, durch *uns* werden könnte, werden soll! (S. 165)

In der dreifachen Zeiterstreckung des Lebens als Vergangenheit, Gegenwart und Zukunft wird sein Aufgaben- und Entwurfcharakter deutlich. Als Gewordenes und Gegenwärtiges ist das Leben zugleich ein Werdendes, und die Aufgabe des Menschen liegt im Entwerfen neuer Möglichkeiten des Lebens. Zu Recht verweist Riehl auf den zukunftsutopischen Aspekt des Nietzscheschen Lebensbegriffs. Hinsichtlich der historischen Zeitdimensionen ist allerdings darauf aufmerksam zu machen, daß Nietzsche eine eigentümliche Tendenz zur Verherrlichung der Vergangenheit, insbesondere in seiner Idealisierung der Griechen, und zum Glorifizieren der Zukunft, vor allem in der Idee des zukünftigen Übermenschen und einer neuen Menschheit, zeigt. Die Gegenwart hingegen wird von ihm schroff abgelehnt. Sie wird zum Gegenstand der schonungslosesten Kulturkritik. Nietzsche entwirft in seinen Schriften eine Doppelutopie, indem er bestimmte Epochen der Kulturgeschichte, hauptsächlich die Antike und die Renaissance, in verklärendem Licht sieht und zugleich im Hinblick auf die Zukunft einen vehementen Erneuerungsidealismus vertritt.

Nietzsches Lebensbegriff hat immer wieder Kritik herausgefordert, und zwar in erster Linie hinsichtlich seiner biologistischen Komponenten. So hat der Neukantianer Heinrich Rickert in seinem Buch *Die Philosophie des Lebens. Darstellung und Kritik der philosophischen Modeströmungen unserer Zeit* (1920) die Grenzen der Philosophie des "Lebens" aufzuzeigen versucht. Im Vorwort heißt es programmatisch: "Der Hauptzweck der Schrift besteht also darin, zu zeigen, daß man beim Philosophieren über das Leben mit dem Leben allein nicht auskommt." (S. III). Für Rickert ist das "Leben" zum "Modebegriff" geworden (S. 3 ff.); er wirft der "intuitiven Lebensphilosophie" "Prinzipienlosigkeit" vor (S. 34 ff.) und übt Kritik am "biologistischen Realitätsprinzip" (S. 104 ff.) sowie am "biologistischen Wertprinzip" (S. 117 ff.). In Rickerts Werttheorie, die einen transzendental-idealistischen Denkansatz voraussetzt, auf der Differenz von Wert und Wirklichkeit basiert und derzufolge das wertende Subjekt die Werte nicht schafft, sondern die zeitlos gültigen Werte aktualisiert, kann das "Leben" nicht der höchste Wert sein. Rickert apostrophiert Nietzsche als den "am meisten charakteristischen deutschen Vertreter der neuesten Lebensphilosophie, die wir jetzt aus ihren biologistischen Motiven erst ganz verstehen" (S. 96). Mit Bezug auf die "biologistischen Motive von Nietzsches Denken" schreibt Rickert: "In der Steigerung des Lebenswillens fand er als typischer Vertreter der neuesten Lebensphilosophie schließlich den Sinn des Lebens überhaupt." (S. 97). Rickerts Kritik bezieht sich nicht nur auf Nietzsche, sondern erstreckt sich auf die moderne Lebensphilosophie überhaupt, nicht zuletzt auf Bergson, der nicht nur "Intuitionist", sondern auch "Biologist" sei und der gemeinsam mit Nietzsche "in das biologistische Fahrwasser der neuesten Richtung" gerate (S. 99)[24]. Die Frage des Wert-Ethikers Rickert lautet: Wo liegt der Maßstab, an dem das Leben gemessen wird? Er wendet sich gegen die Verlagerung des Wertprinzips ins Leben selbst. Für ihn muß das Leben an einem lebenstranszendenten Prinzip gemessen werden:

> So aber ist *jede* bloße Lebendigkeit nicht deswegen erstrebenswert, weil sie Lebendigkeit im Sinne von Lebenssteigerung und Machtentfaltung ist. Diese einfache Wahrheit versetzt dem Wertprinzip des modernen Biologismus wissenschaftlich den Todesstoß. Wo wir zum Leben Stellung nehmen, kennen wir

---

24 Es ist die Frage, ob Bergsons Definition des Menschen als Verstandes- und Instinktwesen, seine Unterscheidung von Analyse und Intuition, von analytischem Verstand und visionärem Instinkt, seine Lehre von der schöpferischen Freiheit, der *évolution créatrice*, vom instinkthaft-visionären Erleben des großen Lebensstroms, des *élan vital*, tatsächlich auf einen Biologismus oder nicht vielmehr auf eine Metaphysik, eine religiös-mystische Erfahrung hinausläuft. Dieser Gedanke prägt sich bei Bergson mit Entschiedenheit allerdings erst im Spätwerk aus. In der *Introduction à la métaphysique* (1903) geht es noch um die Synthese von Intuition und Analyse. Dabei kommt allerdings der "metaphysischen Intuition" zentrale Bedeutung zu, da sie sich auf die "Dauer", die "Ewigkeit des Lebens", richtet (*Bergson*, Metaphysik, 28, 30, 31). Im Spätwerk *Les deux sources de la morale et de la religion* (1932) stehen die 'metaphysischen' Probleme im Mittelpunkt; es geht um den ganzen Komplex der Ekstase, des Dionysischen, der Mystik, wobei allerdings das Visionär-Mystische und das Physiologisch-Vitale als Einheit verstanden werden (vgl. *Bergson*, Die beiden Quellen, bes. 405-448 [Die dynamische Religion]). Freilich, das vitale Leben hat seinen Grund in einem metaphysischen Agens. Der "ungeheure Schwung" des Lebens ist die Emanation einer "göttlichen Aktivität"; das "Übermaß an Vitalität" "fließt aus einer Quelle, die die Quelle des Lebens selbst ist", eine Dimension des "Unaussprechbaren" (ebd., 422f.).

> immer noch etwas anderes, das nicht aus dem bloß aufsteigenden Leben selber kommt. (S. 137)[25]

Hier hat Rickert den neuralgischen Punkt auch des Nietzscheschen Lebensbegriffs im Visier, denn es ist die Frage, wieso eigentlich reine Lebensintensität an sich bereits ein Wert, ja der Wert schlechthin sein soll. Demgegenüber ist zu betonen, daß Nietzsche das "Leben" als neue Freiheitsmöglichkeit gegen die traditionelle Weltinterpretation und ihre Systemzwänge, ihre das Leben verstellenden Abstraktionen durchzusetzen versucht und schon unter diesem Aspekt genötigt ist, das "Leben" in den höchsten Rang zu erheben. Zudem ist fraglich, ob der Lebensbegriff Nietzsches sich in biologischen Kategorien erschöpft oder ob nicht in diesem Begriff des "Lebens" metaphysische, mystische Elemente angelegt sind. Diesbezüglich hat vor allem die Reflexion auf das Verhältnis von "Leben" und "Kunst" eine Klärung herbeizuführen. Rickert konterkariert die Lebensphilosophie mit einer leicht trivialisierten Schiller-Reminiszenz: "So bleibt es dabei: das Leben ist der Güter höchstes nicht." (S. 137 – Zitat aus Schillers *Braut von Messina*, s. Schlußverse). Rickert begründet Nietzsches Verabsolutierung des "Lebens" psychologisch. Die "Ueberschätzung des bloßen Lebens" sei "geboren aus einer Lebensnot", und er fährt fort:

> Aus ihr darf man keine philosophische Tugend machen. Das aber hat Nietzsche getan. Seine persönliche Lebensliebe hatte ihre tiefste Wurzel wohl darin, daß er selbst schwer krank war und unsäglich am Leben litt. Nur scheinbar ist das paradox. Dem Kranken mußte es als heroisch gelten, das Leben zu bejahen. So wurde für ihn die Lebendigkeit zum Gut aller Güter. Er pries den Willen zur Macht, weil er selbst so wenig Macht hatte. (S. 136 f.)

Nun ist nicht zu übersehen, daß mit der wachsenden Einsamkeit und den ihn immer stärker bedrängenden diversen Krankheiten auch Nietzsches Lebensverherrlichung zunimmt, in apodiktischen Aussagen, die sich bis zur imperatorischen Gebärde steigern können. Die Briefe vor allem der achtziger Jahre legen davon beredtes Zeugnis ab. Dennoch greift die Kompensationstheorie zu kurz. Nietzsche proklamiert schon in seinen Anfängen, besonders in der *Geburt der Tragödie*, in Zuständen relativer Gesundheit, das Prinzip des Lebens. Hier liegt ein philosophisches und ästhetisches Grundproblem vor, das zwar durch persönliche Lebensumstände von Nietzsche schärfer akzentuiert wird, das sich aber keineswegs allein oder primär aus einem persönlichen Lebensdefizit erklären läßt. Rickert beschränkt seine Analyse allerdings nicht auf Biologismus und Kompensationsthese, sondern verweist zugleich, in den Schlußpassagen seiner Überlegungen, auf die durch Elemente des Intuitiven erfolgende Horizonterweiterung der Philosophie auch durch die biologistischen Denker. Immerhin muß Rickert einschränken: "Aber besonders Nietzsche und Bergson sollten ja

25 In seinem *System der Philosophie* (1921) entwickelt der Neukantianer Rickert eine Wertethik, eine Ethik der Wahrheit, Schönheit und Sittlichkeit, und betont, daß diese Werte das Leben normieren. Das wertende Subjekt schafft die Werte nicht, sondern aktualisiert sie. Rickert wendet sich gegen die sogenannte "Lebensphilosophie", die das "Leben" selbst als den höchsten, absoluten Wert setzt. In Wahrheit müsse sich das Leben auf Werte richten, die jenseits seiner selbst liegen.

dadurch, daß wir sie Biologisten nannten, nicht in ihrer Totalität charakterisiert werden. Der Intuitionismus ist in ihnen mindestens ebenso stark." (S. 177). Damit relativiert Rickert selbst seine Biologismus-These. Wenn der Biologismus nur ein Partialaspekt von Nietzsches Philosophie ist, wird die These von der puren Lebendigkeit als dem höchsten Wert in Nietzsches Denken durchaus fragwürdig.

Diese These ist allerdings von den Nietzsche-Rezipienten häufig genug, und zwar mit Brisanz, vertreten worden. So sieht der Kulturphilosoph Theodor Lessing, in seinem Essay *Nietzsche* (1925), ausgehend von einem biologistischen Verständnis des Nietzscheschen Lebensbegriffs, in Nietzsches Verabsolutierung des "Lebens" die Preisgabe jeder Wertethik. Er polemisiert gegen die "Götzenanbetung des 'Lebens'", da sie die "Möglichkeit des Wertens überhaupt" aufhebe. (S. 54). Nicht die "Kraft", sondern der "Wert" ("'das Gute'") soll das maßgebliche Prinzip des "Lebens" sein. Nietzsche gerate "in die Zwickmühle: Hie Leben – Hie Geist". "Weder kann je Geist aus Leben werden, noch Leben aus Geist." (S. 55).[26] Eben dies ist der Punkt, an dem sich die Geister scheiden. Für Nietzsche besteht ein implikatives Verhältnis zwischen 'Geist' und 'Leben'. Er interpretiert den 'Geist' als organhaftes Instrument des 'Lebens', wie er auch in den höchsten Äußerungsformen des 'Geistes', in Philosophie und Kunst, Ausdrucksformen des 'Lebens' sieht. Nietzsches Anliegen ist die Überwindung des Dualismus von 'Leben' und 'Geist', der Abbau der das 'Leben' degradierenden Verabsolutierung des 'Geistes'. Daher instrumentalisiert er den "Geist" zur Funktion des "Leibes", des tieferen "Selbst", des "Lebens". In der Zarathustra-Rede *Von den Verächtern des Leibes* heißt es: "Das schaffende Selbst schuf sich Achten und Verachten, es schuf sich Lust und Weh. Der schaffende Leib schuf sich den Geist als eine Hand seines Willens." (4, 40 – Za). Die "kleine Vernunft", "die du 'Geist' nennst", ist ein "Werkzeug deines Leibes" (4, 39 – Za). Eine lapidare Sentenz Nietzsches lautet: "Der 'Geist' ist nur ein Mittel und *Werkzeug* im Dienst des höheren Lebens, der Erhöhung des Lebens." (III, 895). Es geht Nietzsche um die Aufhebung "jener gänzlich irrthümlichen Scheidung von 'Geist' und 'Körper'", "die, besonders seit Plato, wie ein Fluch auf der Philosophie liegt" (1, 843 – PHG), und es geht ihm um ein neues Funktionsverhältnis von "Geist" und "Leben" im Sinne der Funktionalisierung des "Geistes" zum Instrument des "Lebens". Der Begriff "Geist" kann bei Nietzsche allerdings auch eine existentielle, ästhetische oder aufklärerische

26 Unbeschadet dieser speziellen Frage ist Lessings Essay eine pointierte kritische Auseinandersetzung mit Nietzsche – die dennoch ihre Sympathie für Nietzsche nicht verleugnet. Diese Sympathie, mit entsprechenden kritischen Implikationen, zeigt sich bereits in Lessings Vortragszyklus *Schopenhauer. Wagner. Nietzsche* von 1906, einem umfangreichen Werk, das, in zügigem Stil, die sachliche Deutung mit der kritischen Beleuchtung verbindet. Lessing, der bei Nietzsche "ästhetische, intellektuale und religiöse Periode" unterscheidet (ebd., 252), setzt im Hinblick auf die erste und die letzte Periode als Ideal Nietzsches an: "Der Künstler oder *Dichter*. Der in sich ruhende, die Welt durch Abkehr überwindende *Heilige*. Und endlich der vollendet weise, nicht mehr staunende *Philosoph*. – Also: *Kunst, Religion* und *Philosophie* (im Sinn von Lebensweisheit) sind ihm letzter *Zweck* und letzte *Betätigung* des menschlichen Geschlechtes!" (ebd., 253). Zugleich setzt Lessing zeitkritische Akzente, vor allem im Nietzsche-Essay, in dem der engagierte Kulturkritiker den Mißbrauch Nietzsches durch seine fragwürdigen Epigonen geißelt. Er sah die Barbaren des 20. Jahrhunderts heraufkommen – die ihn dann umbrachten.

Bedeutung erlangen. So ist in der *Fröhlichen Wissenschaft* die Rede von den "Künstlern" als den "Wagehalsen des Geistes" (3, 352 – FW, Vorrede zur 2. Ausgabe, 1886), und wiederholt spricht Nietzsche vom "freien Geist" resp. von den "freien Geistern" (vgl. bes. 5, 41-63 – JGB)[27], unter denen er die Individuen versteht, die sich von der herkömmlichen Weltauslegung gelöst haben und die Welt neu, ohne Vorurteil, analysieren und interpretieren. Der "freie Geist" ist ein spielerisch-tänzerischer Geist, ein Geist, der ohne Rückhalt an "Glauben" und "Gewissheit" "selbst an Abgründen noch zu tanzen" vermag. "Ein solcher Geist wäre der *freie Geist* par excellence." (3, 583 – FW, 5. Buch). Obschon bei der Bedeutungsunterscheidung des Begriffs "Geist" zu berücksichtigen ist, daß es sich einmal um die Geist-Körper-Relation und zum anderen um die Existenz, das freie, aufklärerische, künstlerische Individuum, handelt, ist doch die Doppelvalenz des Begriffs unübersehbar. Im übrigen ist auch der artistische "Geist", der tänzerische "Geist", ein Organ des "Lebens". Der spielerisch-virtuose "Geist" erscheint geradezu als die höchste Möglichkeit des "Lebens". An die Stelle der Antithese "Geist"-"Leben" ist bei Nietzsche ein Komplementärverhältnis von "Geist" und "Leben" getreten.

Dennoch war und ist der (angebliche) Antagonismus von "Geist" und "Leben" ein Topos der Nietzsche-Deutung. Das zeigt sich noch, in exemplarischer Weise, bei Gottfried Benn, der trotz lebenslänglicher Nietzsche-Verehrung in dieser Frage von Nietzsche Abstand nimmt. Im Essay *Nach dem Nihilismus* (1932) deutet er Nietzsches Begriff des "Übermenschen" rein biologistisch:

> er sieht ihn *biologisch positiv*, das war Darwinismus. Wir haben inzwischen die *bionegativen* Werte studiert, Werte, die die Rasse eher schädigen und sie gefährden, die aber zur Differenzierung des Geistes gehören, die Kunst, das Geniale, die Auflösungsmotive des Religiösen, das Degenerative, kurz alles, was die Attribute des Produktiven sind. Wir setzen also heute den Geist nicht in die Gesundheit des Biologischen ein, nicht in die Aufstiegslinie des Positivismus, sehen ihn allerdings auch nicht in einer ewig schmachtenden Tragödie mit dem Leben, sondern *setzen ihn als dem Leben übergeordnet ein*, ihm konstruktiv überlegen, als formendes und formales Prinzip: Steigerung und Verdichtung – das scheint sein Gesetz zu sein. (S. 159)

In der formelhaften Antithese 'biopositiv'-'bionegativ' wird die "Leben"-"Geist"-Relation von Benn in einen neuen Sinnzusammenhang gestellt. Er versucht, den "Geist" aus seiner Instrumentalfunktion herauszulösen und als eine Potenz *sui generis* auszuweisen. Der "Geist" erscheint nun als bionegative, lebenstranszendente Kategorie. Er ist weder eine Funktion des "Lebens" (wie bei Nietzsche), noch stehen "Geist" und "Leben" in einer dialektischen Spannung (wie z.B. bei Thomas Mann), sondern Benn verabsolutiert nun den "Geist", löst ihn aus der Beziehung zum "Leben" und verkündet den "konstruktiven Geist" (S. 151). Damit scheint eine klare Grenze zwischen Nietzsche und Benn gezogen zu sein. Aber dieser Schein trügt, denn Benn bringt des weiteren

27 Vgl. dazu bes. 5, 41-63 (der freie Geist). Vgl. auch 2, 630 – WS; 2, 697 – WS; 3, 502 – FW; 4, 133 – Za; 5, 60 – JGB.

zwei Aspekte zur Geltung, die ihn, seiner Selbstinterpretation zufolge, wieder mit Nietzsche verbinden, nämlich erstens den kunstschöpferischen Prozeß als "metaphysische Tätigkeit des Lebens"[28] und zweitens das kunstästhetische Prinzip der "Artistik". Im Vortrag *Nietzsche – nach fünfzig Jahren* (1950) wird Nietzsche als Vorläufer des modernen Form-Absolutismus in Anspruch genommen:

> Der Weg vom Inhalt zum Ausdruck, das Verlöschen der Substanz zugunsten der Expression, das war elementar. [...] wir stehn vor dem Problem der Artistik, dem "Olymp des Scheins". (S. 489)

Hier erscheint Nietzsche nicht mehr als Biologist, sondern als Artist, als Protagonist der "Ausdruckswelt" (S. 489), der reinen, geistgeprägten Formen der Kunst. Einerseits Nietzsche im Zeichen der Physiologie des Lebens, andererseits Nietzsche als Vordenker der absoluten Form. Ein repräsentatives Beispiel für die Multivalenz der "Leben"-"Kunst"-Relation. Es zeigt sich die Möglichkeit, jeweils einen der beiden Faktoren dieser Korrelation zu verabsolutieren, mit dem Ergebnis, daß man Nietzsche entweder als Philosophen und Physiologen des "Lebens" oder als Artisten der absoluten "Kunst" präsentiert – nicht ohne produktives Mißverständnis des Sujets.

Die Nietzsche-Kritik stößt sich in der Regel an Nietzsches 'Biologismus', den man als Reduktion des Menschen auf seine physiologischen Funktionen begreift. Das hat Nietzsche-Interpreten veranlaßt, den Nietzscheschen Lebensbegriff aus seiner biologistischen Verengung zu lösen und auf die ihm anhaftende größere Spannweite hinzuweisen. So schreibt Georg Simmel in seinem Vortragszyklus *Schopenhauer und Nietzsche* (1907):

> Stellt man sich so den ganz allgemeinen Tendenzen der beiden Denker gegenüber, so wird sich die Sympathie des modernen Menschen für Nietzsche entscheiden. Man mag die Darwinsche Form der Entwicklungslehre ablehnen; daß aber das Leben seinem eigenen Sinne nach und in seinen innersten Energien die Möglichkeit, Bestrebung, Gewähr dafür besitzt, zu vollkommeneren Formen, zu einem Mehr seiner selbst und über jedes Jetzt hinaus zu schreiten – dies ist doch wohl der große Trost und die Unverlierbarkeit des modernen Geistes, die durch Nietzsche zum Lichte der gesamten seelischen Landschaft geworden ist. (S. 11)

Im Hinweis auf den Entwurfcharakter des Lebens, auf die im Leben angelegte Tendenz, ständig über sich selber hinaus zu wollen, alle gegebenen und erreichten Zustände auf neue Möglichkeiten hin zu transzendieren, trifft Simmel einen wesentlichen Punkt Nietzscheschen Denkens. Nietzsche erscheint als ein Denker des Potentiellen. Sein Begriff des sich ständig verwandelnden Lebens eröffnet permanent neue Daseinsentwürfe, neue Daseinsmöglichkeiten. Darin liegt für den "modernen Geist" der "große Trost". Man müßte hinsichtlich des Nietzscheschen Lebensbegriffs unterscheiden zwischen dem Akzidentellen,

---

28 Vgl. *Benn*, Heinrich Mann zum 60. Geburtstag, 132; Expressionismus, 249; Geburtstagsrede, 234; vgl. auch: Lebensweg, 54; Rede auf Heinrich Mann, 415.

dem biologistischen Beiwerk, und dem Substantiellen, dem Entwurfcharakter des Lebens. Simmel ist allerdings auch der Auffassung, daß Nietzsches Lebensbegriff stark von der "Entwicklungsidee Darwins" beeinflußt sei (S. 4) und daß bei Nietzsche das "Leben" zum Selbstzweck werde:

> Durch diesen in ihm unmittelbar gelegenen Trieb und die Gewähr der Erhöhung, Bereicherung, Wertvollendung *kann das Leben selbst zum Zweck des Lebens werden* und ist damit der Frage nach einem Endzweck enthoben, der jenseits seines rein und natürlich verlaufenden Prozesses läge. (S. 4)

Im Unterschied zu Rickert verbindet Simmel das Selbstzweckwerden des Lebens bei Nietzsche mit der Kategorie des 'Wertes' und spricht von "Wertvollendung". Freilich, die Argumentation muß sich bezüglich der Werthaltigkeit des Lebens notwendig in einem Zirkel bewegen, da der Wert bzw. der Sinn des Lebens im Leben selbst resp. in einem Mehr an Leben gesehen wird. Simmel konstatiert, daß Nietzsche "nur einen einzigen absoluten Wert kennt": "Leben" (S. 142), wobei Leben als Lebenssteigerung zu verstehen ist: "so bedeutet für Nietzsche Leben: mehr Leben" (S. 167). Die Bewegung des Lebens ist weder linear, auf ein über das Leben hinausweisendes Ziel gerichtet, noch ist sie rein zyklisch, die ständige Wiederholung des gleichen Zustandes, sondern sie ist spiralförmig angelegt, als ein ständiges Sich-höher-Schrauben des Lebens.[29]

Simmel betont zu Recht, daß bei Nietzsche ständig das "Gefühl für die Feierlichkeit des Lebens" durchbreche (S. 4). In der Tat werden Nietzsches vielfach krude, biologistische Kennzeichnungen des Lebens immer wieder überlagert vom großen Pathos des "Lebens". Nietzsche umgibt dann das "Leben" mit einer Aura des Erhabenen und Numinosen. Dichterisch am eindringlichsten ist dies im *Tanzlied* des *Zarathustra* artikuliert: "In dein Auge schaute ich jüngst, oh Leben! Und in's Unergründliche schien ich mir da zu sinken." (4, 140 – Za). Das "Leben" erscheint als rational-logisch nicht mehr definierbare Größe und wird als ein Bereich des Geheimnisvoll-Feierlichen und Unauslotbaren apostrophiert. Das *Tanzlied* ist ein "Preis des Lebens: es ist unergründlich, irrational, aber auch verlockend [...]" (*Messer*, Zarathustra, 78). Wird das "Leben" in dieser seiner wesensmäßigen Irrationalität angesprochen, reicht die analytische Sprache des logischen Denkens nicht mehr aus, und die Sprache nimmt einen hymnisch-dithyrambischen Duktus an. Dabei ist es bezeichnend, daß dieses hymnische Sprechen bei Nietzsche ein monologisches Sprechen ist, denn Zarathustras Ansprechen des "Lebens" vergegenwärtigt das Leben nicht als transsubjektive, allgemeinverbindliche Instanz, sondern es handelt sich um ein höchst internes Zwiegespräch Zarathustras mit dem "Leben". Während Hölderlin in seinen großen Naturhymnen die Lebensmächte als allgemein real erfahrbare Mächte in dichterischen Symbolen vergegenwärtigt[30], ist Nietzsches Per-

29 Dabei ist es die Intention Simmels, die Lebensphilosophie zur Kulturphilosophie auszuweiten, denn das Leben bringt aus sich selbst objektive Formen, Kulturformen, hervor, die dann allerdings mit der Zeit erstarren und in der geschichtlichen Entwicklung vom Lebensprozeß immer wieder überholt werden. Es ist daher auch nicht die objektive Form, sondern das "individuelle Gesetz", was das eigentliche Agens des Lebens ausmacht. Dazu: *Simmel*, Das individuelle Gesetz (1913).

30 "Der Geist des Lebens ist in der Natur gegenwärtig; dieser Glaube wird die Grundlage der neuen Lyrik

sonifikation des "Lebens" eine poetische Allegorie, die ganz in der Subjektivität des Sprechenden begründet ist[31]. Es ist von Bedeutung, daß Zarathustra das "Leben" letztlich nur auf Grund seiner eigenen Willensentscheidung liebt, gemäß der Philosophie des Willens zur Macht und des Perspektivismus. "Er liebt das Leben – nicht weil es in allem lobwürdig wäre, sondern weil er es liebt, lobt er es." (*Messer*, Zarathustra, 78). Im letzten ist das "Leben" eine Setzung Zarathustras. Irrationalität, Wille zur Macht, Perspektivismus, Pathos und Monolog sind die konstitutiven Elemente des "Lebens".

Das "Leben" kann bei Nietzsche Gegenstand sowohl der analytischen Enthüllungspsychologie als auch des dithyrambischen Pathos sein. Nietzsches Auseinandersetzung mit dem Phänomen "Leben" zeigt eine doppelte Intention. Sie ist, *ex negativo*, der Versuch, das "Leben" durch kritisch-analytische Destruktion der idealistischen Wertsysteme in seiner Eigendynamik freizusetzen, unter vielfach provokatorisch biologistischer Perspektive und Diktion, und sie ist, in 'positiver' Wendung, das Bestreben, das "Leben" als irrational-unergründliche Macht in einer hymnisch-dithyrambischen Sprache zu vergegenwärtigen. Man darf sich durch Nietzsches Biologismen nicht über die 'metaphysische' Wertigkeit hinwegtäuschen lassen, die das "Leben" für ihn hat. Auf keinen Fall propagiert Nietzsche das Leben als pure Lebendigkeit. Immer wird das "Leben" vorgestellt als die schöpferische Potenz, die ein Mehr an Daseinsmöglichkeiten erstrebt. Erhellend in dieser Frage ist die Jaspersche Unterscheidung von purem Leben und schöpferischem Leben: "Keineswegs will also Nietzsches transzendenzlose Freiheit zurück in das bloße Leben, sondern hinauf in das eigentlich schaffende Leben." (*Jaspers*, Nietzsche, 156). Dies trifft das Problem im Kern. Im Versuch, das unverstellte, schöpferische Leben zum Vorschein zu bringen, spitzt Nietzsche seine Interpretation des "Lebens" häufig auf den extremen Punkt zu, an dem nur noch die biologische Faktizität übrigzubleiben scheint, der aber letztlich Perspektiven auf den Menschen als potentielles, sich ständig entwerfendes Lebewesen eröffnen soll, eine Konzeption, die vor allem im Existenzentwurf des den Menschen überwindenden "Übermenschen" zum Ausdruck kommt, jenes "Übermenschen", der ja nicht das automatische Produkt der Entwicklung, sondern das Ergebnis des freien menschlichen Entwurfs sein wird.[32]

In diesem Problemzusammenhang ist von Bedeutung, daß das Leben resp. der Wille zur Macht sich in verschiedenartigen Formen entfaltet, als erkenntnis-

---

und führt über die bloß metaphorische Beziehung hinaus zum mythischen Nennen." (*Böckmann*, Hölderlin, 154).

31 Ob deshalb der *Zarathustra* "kein seelisches Leben" hat und, im Unterschied zum "ruhigen Leuchten der Hyperion-Bilder" nur ein "Feuerwerk", nur "Blendung" ist (*Bertallot*, Hölderlin-Nietzsche, 88 f.), ist höchst fraglich, denn die Sprache des *Zarathustra* ist der substantiell echte Ausdruck der monologischen Subjektivität.

32 Durch das triadische Schema "Affe"-"Mensch"-"Übermensch" (vgl. 4, 14 – Za) hebt sich Nietzsche grundlegend von der Evolutionstheorie ab. Hinsichtlich der Entwicklung vom Affen zum Menschen denkt er zwar noch in den biologischen Kategorien der Deszendenztheorie, aber durch den 'idealistischen' Entwurf des "Übermenschen" läßt er sie weit hinter sich. Kraft eigener Präpotenz soll der "Mensch" sich selber "überwinden" (4, 14 – Za). "Ein höheres Wesen, als wir selber sind, zu schaffen ist *unser* Wesen. *Über uns hinaus schaffen*!" (GA XIV, 262).

theoretischer, biologischer, gesellschaftlicher und individueller sowie ästhetischer Wille zur Macht. Mit Zustimmung registriert Heidegger die von den Herausgebern des *Willens zur Macht* vorgenommene Unterscheidung: "I. Der Wille zur Macht als Erkenntnis. II. Der Wille zur Macht in der Natur. III. Der Wille zur Macht als Gesellschaft und Individuum. IV. Der Wille zur Macht als Kunst." (*Heidegger*, Nietzsche I, 42). Heidegger meldet generell kritische Vorbehalte an gegen die physiologische, biologische und psychologische Deutung des Willens zur Macht.[33] Mit Verve erhebt er Einspruch gegen die Interpretation der Kunst als Physiologie der Kunst:

> Die Kunst der Physiologie ausliefern, das sieht so aus wie: die Kunst auf die Ebene des Funktionierens der Magensäfte herabsetzen. Wie soll dann Kunst zugleich die eigentliche und entscheidende Wertsetzung begründen und bestimmen können? Die Kunst als Gegenbewegung zum Nihilismus und die Kunst als Gegenstand der Physiologie, dies heißt: Feuer und Wasser mischen wollen. (ebd., 110 f.)

Heidegger warnt vor der Verabsolutierung einzelner physiologischer Aussagen Nietzsches über die Kunst und lehnt kompromißlos jede Form einer "biologistischen" Interpretation der Nietzscheschen Kunstauffassung ab:

> So oft und so fatal Nietzsche, nicht nur in der Sprache, sondern auch im Gedanken, in rein physiologisch-naturalistische Aussagen über die Kunst ableitet, so groß ist das Mißverständnis ihm gegenüber, wenn man diese physiologischen Gedanken für sich herausgreift und als eine "biologistische" Ästhetik ausgibt und gar noch mit Wagner vermischt oder, vollends das Ganze verkehrend, mit Klages daraus eine Philosophie des Orgiasmus macht und sich dieses als Nietzsches eigentliche Lehre und Errungenschaft zurechtfälscht. (ebd., 149)[34]

Man kann die Frage aufwerfen, ob Heidegger nicht in seinem schroffen Verdikt die biologistischen Aspekte des Nietzscheschen Lebensbegriffs zu sehr bagatellisiert und entschärft. Es fragt sich, ob es methodisch gerechtfertigt ist, bestimmte Motive eines Denkfeldes als bloßes 'Ableiten' des Autors abzutun und nur einen bestimmten anderen Motivkomplex als seine wahre Aussage gelten zu lassen. Nicht ohne eine gewisse Berechtigung hat man gegen Heideggers Entbiologisierung des Nietzscheschen Lebensbegriffs Einspruch erhoben. So erklärt W. Schulz unter Hinweisen auf die grundsätzlichen biologischen Voraussetzungen und Implikationen des Nietzscheschen Lebensbegriffs: "Nietzsche setzt die *naturwissenschaftlich-biologische Anthropologie* als Grundlage an – das abzustreiten oder abzuschwächen, wie es bedeutende Interpreten, so vor allem M. Heidegger, tun, ist verfehlt." (*Schulz*, Nietzsche, 6).

---

33 Zur Kritik der Affektenpsychologie, bei Nietzsche und in der Nietzsche-Deutung, vgl. *Heidegger*, Nietzsche I, 54 f.

34 Löwith hingegen bewertet die Klagessche Rückführung von Nietzsches "Philosophie" auf seine "Psychologie" durchaus positiv, denn "für ein Verständnis des modernen Menschen – der 'Modernität' –", sei "keine theologische oder metaphysische, sondern eine 'psychologische' Interpretation die radikale" (*Löwith*, Nietzsche-Klages, 295).

Die Schwierigkeit der Problemlösung liegt darin, daß "Leben" bei Nietzsche ein höchst vieldeutiger, perspektivenreicher Begriff ist, der psychologische, biologische und metaphysische Aspekte in sich birgt und der im jeweiligen Kontext eine spezifische Bedeutungsrichtung annehmen kann. Problematisch sind die Versuche, Grundbegriffe des Nietzscheschen Denkens, Schlüsselbegriffe wie "Leben", "Wille zur Macht", "Übermensch", inhaltlich eindeutig festzulegen und definitorisch zu rubrizieren. Damit soll nicht der Deutungswillkür das Wort geredet werden. Es kommt vielmehr darauf an, in textorientierter Interpretation die jeweilige Bedeutungsvalenz der Nietzscheschen Schlüsselbegriffe zu eruieren, den Stellenwert von Einzelaussagen im Gesamtwerk zu ermitteln und dann möglicherweise eine generelle Bedeutung des Motivs zu gewinnen. Die vorschnelle definitorische Festlegung der Nietzscheschen Grundbegriffe hat leicht die perspektivische Verengung des Nietzscheschen Denkhorizonts und der Nietzscheschen Mobilität des Denkens zur Folge. So ist beispielsweise K.-H. Volkmann-Schluck der Auffassung, der Begriff "Leben" sei bei Nietzsche "keine vage Allgemeinvorstellung, sondern ein scharf umrissenes, tragendes Begriffswort", und er definiert das "Leben" durch zwei "Grundzüge": das "Sich-anverwandeln von anderem" und das "schöpferische Über-sich-hinaus-gehen" (*Volkmann-Schluck*, Leben, 18). Es ist zutreffend, daß diese beiden Grundzüge für das "Leben" konstitutiv sind, aber es ist fraglich, ob damit eine erschöpfende, das Wesen des "Lebens" erfassende Definition gegeben ist oder ob hier nicht wiederum das "Leben" durch sich selber definiert wird. Im Hinblick etwa auf die strittige Frage nach dem biologischen, metaphysischen oder ästhetischen Gehalt des Nietzscheschen Lebensbegriffs bringt auch eine solche Definition kaum weiter. Obschon das "Leben" bei Nietzsche in der Tat keine "vage Allgemeinvorstellung" ist, läßt es sich doch kaum auf eine eindeutige, alle Bedeutungsnuancen des Begriffs erfassende Definition festlegen.

IV. Zarathustra-Probleme

Bei Nietzsche vollzieht sich eine Wandlung vom Universalwillen zum Individualwillen. In der Rückschau distanziert er sich von der Idee des kosmischen Urwillens, der das Subjekt nur als Instrument seiner Selbstdarstellung benutzt:

> Ehemals dachte ich, unser Dasein sei der künstlerische Traum eines Gottes, alle unsere Gedanken und Empfindungen im Grunde *seine* Erfindungen im Ausdichten seines Drama's – auch daß wir meinten, "*ich* dächte", "*ich* handelte" sei *sein* Gedanke. (9, 550 – 1881)

Nun desavouiert Nietzsche jenen "Künstler-Gott" (9, 550). Er glaubt nicht mehr, "ein Gott mache sich das Vergnügen, die Welt anzusehen", sondern spricht nun vom "Wesen einer Welt, welche die *Menschen* allmählich *geschaffen* haben" (9, 581). Diese Idee des autonomen Subjekts findet dann ihren Niederschlag im *Zarathustra*. Die entscheidende Wende, die sich im *Zarathustra* gegenüber der *Geburt der Tragödie* vollzogen hat, besteht im Zurücktreten des vorsubjektiven Weltwillens zugunsten des schaffenden Subjekts. Zarathustra bringt dies selbst unmißverständlich zum Ausdruck:

> Einst warf auch Zarathustra seinen Wahn jenseits des Menschen, gleich allen Hinterweltlern. Eines leidenden und zerquälten Gottes Werk schien mir da die Welt.
>
> Traum schien mir da die Welt und Dichtung eines Gottes; farbiger Rauch vor den Augen eines göttlich Unzufriednen.
>
> Gut und böse und Lust und Leid und Ich und Du – farbiger Rauch dünkte mich's vor schöpferischen Augen. Wegsehn wollte der Schöpfer von sich, – da schuf er die Welt.
>
> Trunkne Lust ist's dem Leidenden, wegzusehn von seinem Leiden und sich zu verlieren. Trunkne Lust und Selbst-sich-Verlieren dünkte mich einst die Welt.
>
> Diese Welt, die ewig unvollkommene, eines ewigen Widerspruchs Abbild und unvollkommnes Abbild – eine trunkne Lust ihrem unvollkommnen Schöpfer: – also dünkte mich einst die Welt. (4, 35 – Za) (dazu: *Benn*, Lebensweg, 68)

Hier werden, *ex negativo*, noch einmal die Grundgedanken der Tragödienschrift vergegenwärtigt: die Idee des Weltwillens, die im Weltwillen angelegte Urdissonanz, der dionysische Weltwille, der sich im apollinischen Traum den Daseinsabgrund verdeckt, die empirische Welt als schwaches Abbild des metaphysischen Weltwillens. Nun enthüllt sich selbst der Weltwille als metaphysische 'Hinterwelt': "Ach, ihr Brüder, dieser Gott, den ich schuf, war Menschen-Werk und -Wahnsinn, gleich allen Göttern!" (4, 35 – Za). Diese Absage an den metaphysischen Weltwillen, die zugleich eine Absage an Schopenhauer und Wagner ist, ist aus dem Autonomiebewußtsein des schaffenden Subjekts erwachsen:

> Was geschah, meine Brüder? Ich überwand mich, den Leidenden, ich trug meine eigne Asche zu Berge, eine hellere Flamme erfand ich mir. Und siehe! Da *wich* das Gespenst von mir! (4, 35 f. – Za)

Was der Welt Sinn verleiht, ist nicht mehr der metaphysische Weltwille, sondern "dieses schaffende, wollende, werthende Ich, welches das Maass und der Werth der Dinge ist" (4, 36 – Za). Zarathustra erklärt also nicht nur den christlichen Gott für tot, sondern bezweifelt auch den dionysischen Universalwillen, da er ganz aus der eigenen Präpotenz heraus schaffen will.[35]

Unter diesem Aspekt erfährt auch die Gestalt des persischen Zoroaster, deren sich Nietzsche bedient, um seinem Zarathustra prophetische Dignität zu verleihen, eine doppelte Umwendung. Nach der Lehre des persischen Zoroaster, wie sie in der heiligen Schrift des Awesta niedergelegt ist, ist die Welt geprägt vom Dualismus zwischen dem höchsten und einzigen Gott, Ahura Masda, dem

35 Nur partiell zutreffend ist die These, der Wandel von der *Geburt der Tragödie* zum *Zarathustra* sei der Wandel von einer "metaphysischen" zu einer "tragischen" Weltsicht, von einem "metaphysischen Problem" zu einer "Philosophie der Erde" (*De Bleeckere*, Zarathustra, 290). Schon die Tragödienschrift ist eine Philosophie der 'Erde', und der *Zarathustra* ist eine 'Metaphysik' des Lebens. Der entscheidende Wandel ist der Wandel vom Universalwillen zum Individualwillen.

Prinzip des Guten, und dem ihm feindlich gegenüber stehenden Ahriman, dem Geist des Bösen. Der Mensch ist in die Entscheidung zwischen diesen beiden Prinzipien gestellt. Zoroaster verkündet im Auftrage des höchsten Gottes die Heilslehre vom Guten.[36] Zwischen dem historischen Zarathustra und Nietzsches Zarathustra bestehen Affinitäten und Unterschiede.[37] Der entscheidende Unterschied scheint in folgendem zu liegen: Nietzsches Zarathustra verneint die Lehre von Gut und Böse als bloße Fiktion, und er tritt nicht mehr als Prophet eines Gottes, sondern als unbedingt autonomes Subjekt auf. Er betreibt die Selbstverwirklichung des Menschen jenseits von Moral und Monotheismus. Nietzsche deutet den Rückgriff auf den persischen Zoroaster als Widerlegung von dessen religiösem Moralismus durch eine radikal neue Zarathustra-Konzeption. In *Ecce homo* schreibt er:

> Man hat mich nicht gefragt, man hätte mich fragen sollen, was gerade in meinem Munde, im Munde des ersten Immoralisten, der Name *Zarathustra* bedeutet: denn was die ungeheure Einzigkeit jenes Persers in der Geschichte ausmacht, ist gerade dazu das Gegentheil. [...] Zarathustra *schuf* diesen verhängnissvollsten Irrthum, die Moral: folglich muss er auch der Erste sein, der ihn *erkennt.* [...] Zarathustra ist wahrhaftiger als sonst ein Denker. [...] Wahrheit reden und *gut mit Pfeilen schiessen*, das ist die persische Tugend. [...] Die Selbstüberwindung der Moral aus Wahrhaftigkeit, die Selbstüberwindung des Moralisten in seinen Gegensatz – in *mich* – das bedeutet in meinem Munde der Name Zarathustra. (6, 367 – EH; vgl. 14, 471 u. 14, 495)

Der wichtigste Schritt des Nietzscheschen Zarathustra über den persischen Zoroaster hinaus ist der Entwurf des "Übermenschen", die Verknüpfung des Wiederkunftsgedankens mit dem Übermenschen.[38] Deshalb ist der *Zarathustra* für Nietzsche einerseits eine "Aufgabe", die "*ungeheuer schwer*" ist (B 6, 431 – August 1883 – an die Schwester), und andererseits "ein Ereigniß *ohne Gleichen* in der Litteratur und Philosophie *und* Poesie und Moral usw. usw. Sie dürfen mir's glauben, Sie glücklicher Besitzer dieses Wunderthiers!" (B 7, 237 – 29.8. bis 1.9.86 – an den Verleger E. W. Fritzsch). Der *Zarathustra* ist für Nietzsche die große Befreiung, die große Loslösung von dem in Vernunft und System erstarrten abendländischen Denken. Nur deshalb kann er ihn als das "tiefste und hellste, südlichste, ja sogar morgenländischste Buch", "das es giebt", bezeichnen (B 7, 13 – Februar 1885 – Entwurf an Marie Köckert). Nietzsche hält den *Zarathustra* für einen einmaligen Wurf und ist "glücklich", daß "Zarathustra" "Gold-Stern" bedeute (B 6, 366 – 23.4.83 – an Köselitz).[39] Der *Zarathustra* ist

36 Vgl. dazu generell *Lommel*, Die Religion Zarathustras; *Hinz*, Zarathustra; *Lommel*, Zarathustras Gedankengebäude.

37 Vgl. dazu *Mehregan*, Zarathustra im Awesta und bei Nietzsche. – "Werdenslehre, Umwertung der Werte, Kampf und Wille sind ebenso Hauptelemente der Lehre des *HZ* wie der des NZ." (*HZ* = der historische Zarathustra; *NZ* = Nietzsches Zarathustra) (ebd., 303). Ein wesentlicher Unterschied liegt darin, "daß das Wesen der dualistischen historischen Zarathustra-Religion in der Entscheidungsfreiheit des Menschen zwischen Gut und Böse besteht, während *NZ* zum amor fati, zum 'heiligen Ja-Sagen' erzieht" (ebd., 307).

38 Exkurs 6.

39 Janz weist darauf hin, daß Nietzsche den Begriff "Gold-Stern" offenbar aus Friedrich Creuzers

"ein Buch so fern, so schön, daß man Götterblut in den Adern haben muß, um seine Vogelstimme zu hören" (13, 544). Etwas Siegfriedhaftes liegt über dem *Zarathustra* und seinem Autor. Beide sind getragen vom Willen, vom potenzierten Willen zum Überleben und zur unbedingten Lebenssteigerung. Der *Zarathustra* ist der Triumph des Willens über das 'Schicksal'. Mit dem *Zarathustra* widerlegt Nietzsche seine desolaten Lebensumstände. "Alles war ihm mißraten. Und dieser Mann schafft den Zarathustra!" Im *Zarathustra*, wie überhaupt im "Messiasbewußtsein" Nietzsches, artikuliert sich "nicht sinnloser Größenwahn", sondern der "Versuch" der "Selbstbehauptung" gegenüber dem "Schicksal" (*Weichelt*, Zarathustra, 308). Voraussetzung dieser Haltung ist ein Exorbitanzbewußtsein, in dem sich Intuition und Intellektualität in eigentümlicher Weise mischen. Nietzsche fühlt sich als ein großer Inspirierter, als ein von spontan-elementaren Erlebnissen Ergriffener, und ist doch zugleich der Denker, der diese Erlebnisse reflexiv vorbereitet. Beide Aspekte müssen als Einheit gesehen werden. Daß "der *Zarathustra*, das 'beseelte', innerhalb weniger Tage geschriebene Buch, auf unzähligen Aufzeichnungen beruht" (*Roos*, Philologische Lesung, 13), ist kein Indiz gegen Erleuchtungserlebnis und Spontaneität der Niederschrift. Die gedankliche Vorbereitung ist allerdings beträchtlich. Im August 1881 verfaßt Nietzsche einen Entwurf mit dem Titel *Die Wiederkunft des Gleichen*, in dem es heißt: "Das neue *Schwergewicht: die ewige Wiederkunft des Gleichen*." (9, 494; vgl. 6, 335 – EH). Kurze Zeit später verfaßt er einen Entwurf mit dem Titel *Mittag und Ewigkeit*, in dem bereits von Zarathustra berichtet wird:

> Zarathustra, geboren am See Urmi, verliess im dreissigsten Jahre seine Heimat, gieng in die Provinz Aria und verfasste in den zehn Jahren seiner Einsamkeit im Gebirge den Zend-Avesta. (9, 519; vgl. 3, 571 – FW u. 4, 11 – Za)

Im Herbst 1881 heißt es in einem Fragment: "Gott ist todt – wer hat ihn denn *getödtet?* [...] *Muß er nicht der allmächtigste und heiligste Dichter selber werden?*" (9, 590; vgl. 3, 480 ff. – FW; 4, 14 – Za). So wird der *Zarathustra* geistig vorbereitet, aber seine Niederschrift ist letztlich ein spontan-eruptiver Vorgang.[40]

Im *Zarathustra* wird wiederholt die Frage nach dem Wesen des "Lebens" gestellt, vor allem in jenen monologischen Zwiegesprächen, die Zarathustra mit dem rätselhaften "Leben" führt. So heißt es:

Symbolik übernommen hat, ein Werk, "aus dem ihm seinerzeit die Gestalt Zarathustras und seiner Lehre so eindrücklich entgegengetreten war" (*Janz*, Nietzsche II, 230). Bei Creuzer wird der Name Zarathustra – in nicht unproblematischer Etymologie – wie folgt gedeutet: "*Zoroaster (Zara-thustra)* von zara Gold und thustra Stern, Goldstern." (*Creuzer*, Symbolik I, 308; vgl. auch I, 184: "*Gold-Stern, Stern des Glanzes*"). Zum "Propheten *Zoroaster*" vgl. I, 185 f. Wie Nietzsches Zarathustra geht der persische Zoroaster ins Gebirge: "Endlich, nachdem er seine Bestimmung erfüllt, zieht er sich auf das Gebirge Elburz zurück, und widmet sich daselbst ganz der Betrachtung und Andacht." (I, 186). Nietzsches Zarathustra zieht sich freilich nicht am Ende seiner Laufbahn ins Gebirge zurück, sondern bei ihm ist die Einsamkeit des Gebirges die Voraussetzung seines Impetus zur großen Verkündigung (vgl. 4, 11 – Za).

40 Exkurs 7.

> Und diess Geheimniss redete das Leben selber zu mir. "Siehe, sprach es, ich bin das, *was sich immer selber überwinden muss.*
>
> [...]
>
> "Und auch du, Erkennender, bist nur ein Pfad und Fusstapfen meines Willens: wahrlich, mein Wille zur Macht wandelt auch auf den Füssen deines Willens zur Wahrheit!
>
> [...]
>
> "Nur, wo Leben ist, da ist auch Wille: aber nicht Wille zum Leben, sondern – so lehre ich's dich – Wille zur Macht!"
>
> [...]
>
> Also lehrte mich einst das Leben: und daraus löse ich euch, ihr Weisesten, noch das Räthsel eures Herzens.
>
> [...]
>
> Und wer ein Schöpfer sein muss im Guten und Bösen: wahrlich, der muss ein Vernichter erst sein und Werthe zerbrechen.
>
> Also gehört das höchste Böse zur höchsten Güte: diese aber ist die schöpferische. – (4, 148 f. – Za)

Diese Passagen, die wie eine poetische Kodifikation der Grundideen Nietzsches wirken, sind in mehrfacher Hinsicht bedeutsam. Sie zeigen, daß die Aussagen Zarathustras sich in der Doppelstruktur von Monolog und Lehre vollziehen. Zarathustra führt ein Zwiegespräch mit dem "Leben", ein Zwiegespräch, das im Grunde ein Selbstgespräch ist, und er trägt den Weisen die Deutung dieses Gesprächs belehrend vor. Lyrischer Monolog und lehrhafte Mitteilung, die konstitutiven Ausdrucksformen des *Zarathustra*, entfalten in ihrem schillernden Wechselspiel philosophische Grundmotive Nietzsches: den Entwurfcharakter des Lebens, den Willen zur Macht, den Perspektivismus und die Umwertung aller Werte. Ein zentraler Aspekt ist dabei das Verhältnis von "Leben" und "Wille zur Macht". Das Entscheidende ist für Nietzsche der "Wille". Nur sofern das "Leben" "Wille" ist bzw. nur sofern es vom "Willen" durchwirkt ist, sich willentlich selber transzendiert, sich ständig auf neue Möglichkeiten seiner selbst hin entwirft, hat es für Nietzsche Bedeutung. Insofern ist für Nietzsche das "Leben" geradezu eine Funktion des "Willens". Zugleich wird das Streben nach "Wahrheit" durch den "Erkennenden" als eine Form des Strebens nach "Macht" enthüllt. Erkenntnis ist nur ein Interpretationsmodus. Erkenntnis von "Wahrheit" ist nur eine Weise der perspektivischen Bewältigung der Welt. Auch die Unterscheidung von "Gut" und "Böse" ist perspektivistische Weltinterpretation und Weltaneignung. Nietzsches Demaskierung der Moral als Ausdruck eines verkappten Willens zur Macht, seine Entlarvung von 'Gut' und 'Böse' als Funktionen des Willens zur Macht, setzt das schöpferische Leben (und dies ist der Wille zur Macht) als neuen Maßstab aller Wertungen ein, und so ist die "höchste Güte" die "schöpferische" "Güte". In diesem Textstück des *Zarathustra* entfaltet Nietzsche in lyrischer Allegorese Grundmotive seiner 'Philosophie' und ist bestrebt, das "Leben" als "Willen zur Macht" zu definieren. Hier handelt es sich um eine philosophische Definition des "Lebens" in poetischer Form. Zarathustra, der große Monologist des "Lebens", tritt auf als philosophischer Lehrer, der die Philosophie des Willens zur Macht und die Lehre von der Umwertung aller Werte verkündet. Der *Zarathustra*, dieses so phantastisch illuminierte Buch, ist in wesentlichen Aspekten poetisierte Philosophie bzw. poetische Vermittlung einer Philosophie. Die Reden Zarathustras sind großangelegte Gleichnisse. Zarathustra erklärt selbst, daß seine Aussagen als "Gleichniss" zu verstehen sind (4, 156 – Za). Die Sprache des *Zarathustra* ist eine chiffrenhaft-allegorische Sprache, eine Sprache der auf bestimmte Bedeutungen verweisenden Zeichen, die häufig als Allegorien, als Personifikationen abstrakter Inhalte, auftreten. Dies zeigt sich am prägnantesten in den Tier-Allegorien (im "Kamel" als Allegorie der Schwere, im "Löwen" als Allegorie der Freiheit, im "Adler" als Allegorie des Stolzes, in der "Schlange" als Allegorie der Klugheit [vgl. 4, 27-31 – Za]).[41] Insofern ist der *Zarathustra* eine große Allegorie des Lebens.

Dennoch erschöpft sich der *Zarathustra* nicht in dieser Vermittlungsfunktion, sondern entfaltet in vielfach suggestiven, hinreißenden Lyrismen, in hymnisch-dithyrambischer Diktion und tiefgründigen, vieldeutig schillernden Bildern eine über die bloße Vermittlung philosophischer Probleme hinausweisende Eigendynamik der dichterischen Sprache. In grober Abgrenzung lassen sich im *Zarathustra* philosophisch-didaktische Partien und lyrisch-monologische Partien unterscheiden, eine freilich nicht grenzscharfe Unterscheidung, denn beide Aspekte mischen sich in vielfältiger Weise. Aber es gibt Textstücke, in denen die Mitteilungsfunktion der Sprache zurücktritt zugunsten der Ausdrucksfunktion der Sprache. Dies zeigt sich beispielhaft im *Nachtlied.* Obschon auch hier die Mitteilungsfunktion nicht aufgehoben ist und das Motiv der "Einsamkeit" (4, 136 ff. – Za), der schöpferischen Einsamkeit, das thematische Sujet ist, gewinnt die Sprache doch in Klang, Bildlichkeit und Rhythmus eine immanente ästhetische Suggestivität. "Nacht ist es: nun reden lauter alle springenden Brunnen. Und auch meine Seele ist ein springender Brunnen." (4, 136 – Za). Die lyrische Suggestivität des Bildes, die von ihm ausgehenden assoziativen Schwingungen und atmosphärischen Valeurs, und die in Rhythmus, Klang und Tonalität sich zeigende Sprachmagie wirken, zumindest zunächst, stärker auf den Leser als die Sachaussage, unbeschadet der metaphorischen Relation, in der das Motiv der "Nacht" als Metapher der "Seele" erscheint und in der die Nietzsches Denken beherrschende Einsamkeitsthematik zum Ausdruck gebracht ist. Die dichterische Aussageform, das Sprachmagisch-Musikalische, ist hier bedeutsamer als der philosophische Aussageinhalt, das Problem der schöpferischen Einsamkeit. Freilich, in der reinen Sangbarkeit, in reiner Musikalität, in reinen Klangassoziationen geht das *Nachtlied* nicht auf. Im Unterschied zur Sangbarkeit romantischer Lyrik, die sich bis zur Verflüchtigung aller Aussageinhalte steigern kann, bleibt in Nietzsches "Nacht"-Motiv die zeichenhafte Bedeutung erhalten. Es kommt nicht zur Auflösung aller Sinnbezüge im reinen Spiel der Bilder, Wörter und Klänge. Die Denkmotive Nietzsches sind auch in der dithyrambischen Sprache gegenwärtig. Daher kann ein so

41 Zur Tier-Allegorese im *Zarathustra* vgl. *Thatcher*, Eagle and Serpent.

hochlyrisierter Text wie das *Nachtlied* auch zum Gegenstand der philosophischen Analyse werden.[42] Im Prinzip bilden im *Zarathustra* "Sprachbedeutung und Sprachfigur", "das Was und das Wie der Aussage, die Lehre des Zarathustra und ihre sprachliche Verwirklichung" eine "nahtlose Einheit" (*Martini*, Wagnis, 21). Dennoch gewinnt in den lyrisch-dithyrambischen Texten die suggestive Klangmagie ein Übergewicht über den bloßen Aussageinhalt. Colli ist sogar der Auffassung, der *Zarathustra* entstamme dem "Bereich der archaischen Ausdrucksformen" und lasse sich "nur schwer als philosophisches Werk bezeichnen" (*Colli*, Zarathustra, 86)[43]. Im Hinblick auf die Thematik des *Zarathustra* wie z.B. das Thema der "ewigen Wiederkunft" "scheint es richtiger, anstatt von allgemeinen Ideen von musikalischen Leitthemen zu sprechen" (ebd., 89). Das würde bedeuten, daß die Denkmotive letztlich nur strukturbildende Funktion in einem Werk hätten, das musikalische Leitmotive und symphonischen Aufbau aufwiese und im ganzen der Musik näherstünde als der Philosophie. Collis Deutung ist wohl nicht zuletzt als Reaktion auf die Überstrapazierung des *Zarathustra* durch die Philosophen und die damit verbundenen Systemzwänge zu verstehen. Colli tendiert zwar zu sehr dazu, die philosophischen Probleme des *Zarathustra* zu eskamotieren, aber er öffnet den Blick für die lyrisch-musikalische Motivik und Struktur des Werkes.

Nietzsche selbst hat beide Aspekte im Blickfeld. Er schreibt: "Unter welche Rubrik gehört eigentlich dieser 'Zarathustra'? Ich glaube beinahe, unter die 'Symphonien'. Gewiß ist, daß ich damit in eine andere Welt hinübergetreten bin – der 'Freigeist' ist *erfüllt*. Oder?" (B 6, 353 – 2.4.83 – an Köselitz).[44] Damit ist die musikalische Struktur des Werkes betont, wie auch der qualitative Unterschied zu den früheren, aufklärerisch-kritischen Schriften des "Freigeistes"

42 So meint Jaspers, man müsse das *Nachtlied*, das *Grablied* und das *Tanzlied*, diese aus einer mystischen Seinserfahrung erwachsenden Lieder aus dem *Zarathustra*, "nicht nur als Dichtung", "sondern als Philosophie" nehmen, und zwar als "radikalen Widerstand gegen den Communicationswillen, gegen den Willen zu liebendem Kampf" (*Jaspers*, Nachtlied, 270). Jaspers wirft die Frage auf, ob "ein Moment in diesem Denken" sei, "das primär nicht hell, sondern ohne Liebe" sei (ebd., 271). Möglicherweise trifft Jaspers damit in der Tat einen Mangel in Nietzsches seelisch-geistiger Verfassung. Aber er setzt den Willen zur Kommunikation als intersubjektiv verbindliche Norm. Wie aber steht es um die absolute Einsamkeit als wahres Selbstsein und formschaffende Kraft? Und ist dies nicht die tiefere Ursache dafür, daß Nietzsches konstitutionelle Kommunikationsunfähigkeit sich in wachsendem Maße mit einer entschlossenen Kommunikationsverweigerung verbindet? Jedenfalls erlangt Zarathustra erst "in der Einsamkeit seine Weisheit" (*Bennholdt-Thomsen*, Zarathustra, 165).

43 Colli verweist zu Recht auf das 'Archaische', denn in der Tat zeigen sich in den Träumen, Phantasien und Rauschzuständen Zarathustras urtümliche seelische Vorgänge. Zarathustra bringt submentale, archetypische Schichten zum Vorschein. Aber man darf zugleich nicht vergessen, daß die archaisierende Sprache des *Zarathustra* eine hochartifizielle Sprache ist, eine artistische Produktion, inszeniert zum Zwecke der Erneuerung des Menschen. Die regressiven Tendenzen des *Zarathustra* sind Funktionen des utopischen Zukunftsentwurfs. Eine andere Frage ist die Frage nach Zeitlosigkeit oder Historizität des *Zarathustra*. Ist der *Zarathustra* von zeitlos-aktueller Bedeutung, oder ist er inzwischen nur noch von historischem Interesse? "Wir haben keinen Sprengstoff mehr vor uns, sondern eher ein archäologisches Fundstück." (*Koch*, Zarathustra, 245). Aber ist ein solch apodiktisches Urteil nicht eine bloß subjektive Leseerfahrung, eine spezielle Rezipiententhese? Könnte man nicht auch die Auffassung vertreten, daß Zentralfragen des *Zarathustra*, das Problem der Selbstverwirklichung, die Gottesproblematik, der Entwurfcharakter der menschlichen Existenz, Fragen von 'zeitloser' Aktualität sind, die im *Zarathustra* nur in spezifisch historischer Draperie entfaltet wurden? Der *Zarathustra* erschöpft sich nicht in bloßer Historizität. Nicht die Historisierung, sondern die Aktualisierung des *Zarathustra* steht an.

44 Zum "Symphonie"-Begriff resp. zum 'symphonischen' Verfahren Nietzsches vgl. die informativen Hinweise bei *Janz*, Nietzsche II, 211-221.

Nietzsche. Es ist der Unterschied zwischen analytischem Denken und dichterisch-musikalischer Produktivität. Der *Zarathustra* ist die 'Erfüllung' des 'Freigeistes', weil die in den kritischen Schriften, besonders in der *Fröhlichen Wissenschaft*, entfalteten Motive und Probleme nun thematisch extrem zugespitzt bzw. voll ausgereift und formal in eine dichterisch-musikalische Sprache umgesetzt sind, die ihre suggestive Wirkung entschieden erhöht. Das fragende "Oder?" könnte allerdings eine Einschränkung dieser Abgrenzung bedeuten – sofern es nicht um eine rhetorische Frage handelt. An anderer Stelle verweist Nietzsche auf den Dichtungscharakter des Werkes: "Es ist eine Dichtung und keine Aphorismen-Sammlung." (B 6, 326 – 10.2.83 – an Overbeck). Nicht der witzige, pointierte Aphorismus, der Gedankenblitz, sondern das Dichterische, eine neue ästhetische Wirklichkeit, macht den *Zarathustra* aus. Nietzsche läßt im *Zarathustra* das logisch-diskursive Denken hinter sich und entwickelt einen dichterisch-musikalischen Stil. Es ist nicht ohne tiefere Bedeutung, daß im *Zarathustra* mehrfach – so auch im *Nachtlied* – die Sentenz "Also sprach Zarathustra" durch die Wendung "Also sang Zarathustra" ersetzt wird. Daß Nietzsche in der Rückschau auf die *Geburt der Tragödie* die kritische Feststellung trifft, die falsche Methode angewandt zu haben (vgl. 1, 15 – GT [VS]), signalisiert das gewachsene Bewußtsein für die Adäquanz von Inhalt und Form sowie die Hinwendung zur dichterischen Sprache. Dem Sujet der *Geburt der Tragödie*, dem Dionysischen, d.h. dem schöpferischen Leben, wäre nicht die argumentierende Abhandlung, sondern die dithyrambische Dichtung angemessen gewesen. Spezifische Inhalte fordern eine spezifische Form. Das erkennt Nietzsche in der Retrospektive. Nicht das diskursive Sprechen über das Leben, sondern das dichterische Gestalten des Lebens ist das adäquate Formprinzip. Es ist im übrigen auffällig, daß Nietzsche sich eigentlich erst seit dem *Zarathustra* auch als Dichter versteht, während er sich vorher nur für einen Philologen, Psychologen und Philosophen hielt, unbeschadet gewisser künstlerischer Stilübungen, wie sie sich in frühen, eher epigonalen Gedichten und engagierten Kompositionsversuchen zeigen.[45] Seit dem *Zarathustra* zeigt Nietzsche ein geschärftes Bewußtsein für die Einheit von Thematik und Form. Was er rückblickend an der *Geburt der Tragödie* vermißt, die musikalisch-dithyrambische Sprache, hat er im *Zarathustra* zu verwirklichen versucht. Wie sehr Nietzsche nun auch hinsichtlich seiner Verfahrensweise im Banne der Musik steht, zeigt unter anderem seine Vertonung von Lou von Salomés Gedicht *Gebet an das Leben*, wobei seine Bemerkung, er habe dieses "Lied" "gemacht", "um die Menschen zu meiner Philosophie zu *verführen*" (B 6, 249 – 1.9.82 – an Köselitz; vgl. 11, 507), besonders aufschlußreich ist, zeigt sie doch, daß auch die Musik für Nietzsche ein Medium zur Vergegenwärtigung seiner Denkmotive ist. So schreibt er Ende August 1882 an Lou von Salomé: "In Naumburg kam wieder der Dämon der

45 Nach Janz dürfen die musikalischen Improvisationen Nietzsches nicht unterschätzt werden, da es unter ihnen trotz der künstlerischen Schwächen des Komponisten Nietzsche "nicht wenige hervorragende und recht persönliche Stücke" gebe (*Janz*, Kompositionen, 173). "Dennoch waren Nietzsche Musik und Komposition nicht nur beiläufige Beschäftigungen, sie waren ihm ein in seinem Wesen wurzelndes ernstes Anliegen." (ebd., 184). Zu den Kompositionen Nietzsches vgl. das Register bei *Janz*, Nietzsche III, 365-372.

Musik über mich – ich habe Ihr Gebet an das Leben componirt" (B 6, 247).[46] Aber der "Dämon der Musik" führt bei Nietzsche nicht zur Aufgabe des Denkens. Der *Zarathustra* löst sich nicht in reine Musik auf, sondern exponiert bestimmte Denkmotive, bestimmte Grundideen. Im Hinblick auf den im Januar 1883 entstandenen ersten Teil des *Zarathustra*, in dem das Rhetorisch-Didaktische besonders stark ausgeprägt ist, schreibt Nietzsche am 1.2.1883 an Heinrich Köselitz: "Mit diesem Buche bin ich in einen neuen 'Ring' eingetreten – von jetzt ab werde ich wohl in Deutschland unter die Verrückten gerechnet werden. Es ist eine wunderliche Art von 'Moral-Predigten'." (B 6, 321).[47] Am 16.3.1883 schreibt er an Paul Deussen, wieder mit Bezug auf den ersten Teil des *Zarathustra*: "Der Zufall will, daß man gerade jetzt ein *Manifest* von mir druckt, welches ungefähr mit derselben Beredsamkeit Ja! sagt, wo Dein Buch Nein! sagt." (B 6, 343).[48] Anfang März 1884 spricht Nietzsche sogar von dem ganzen, damals noch auf drei Teile angelegten *Zarathustra* als von "meinem 'Manifeste'" (B 6, 482 – an Ferdinand Laban). In einem Brief an Köselitz vom 2.9.1884 bezeichnet er den *Zarathustra* als sein "persönliches" "'Erbauungs- und Ermuthigungs-Buch'", dem später seine ausgearbeitete "'Philosophie'" folgen werde (B 6, 525), und im übrigen hat er ja den *Zarathustra* als "*Vorhalle* zu meiner Philosophie" aufgefaßt (B 6, 490 – März 84 – an M.v. Meysenbug). Demnach ist der *Zarathustra* doch ein 'philosophisches' Werk, ein großangelegtes, phantastisches "Manifest" der Nietzscheschen Grundideen. Zugleich ist Nietzsche der Meinung – wie sein Brief an Erwin Rohde vom 22.2.1884 eindringlich bezeugt –, mit dem *Zarathustra* "die deutsche Sprache zu ihrer Vollendung gebracht zu haben. Es war, nach *Luther* und *Goethe*, noch ein dritter Schritt zu thun –." Und weiter: "Mein Stil ist ein *Tanz*; ein Spiel der Symmetrien aller Art und ein Überspringen und Verspotten dieser Symmetrien." (B 6, 479). Im Brief an Köselitz vom 25.2.1884 heißt es: "*Musik* ist bei weitem das Beste; ich möchte jetzt mehr als je Musiker sein." (B 6, 480).

---

46 Zu Genesis und Implikationen dieser Komposition vgl. *Janz*, Nietzsche I, 538 f. sowie II, 449.

47 Der "neue 'Ring'" – dies könnte verstanden werden als Anspielung auf Wagners *Ring*, und dann wäre der *Zarathustra* der großangelegte Gegen-'Ring' zum Werk Wagners. Nicht umsonst konstatiert Nietzsche später das zeitliche Zusammentreffen der Beendigung des *Zarathustra* (d.h. des 1. Teils) mit dem Tod Wagners (vgl. 6, 335 f. – EH). Nietzsche meint aber wohl mit der 'Ring'-Metapher den neuen Gedanken der ewigen Wiederkunft, jenes Exorbitanzerlebnis vom August 1881 (vgl. 6, 335 – EH). Im *Zarathustra*, im Kapitel *Die sieben Siegel*, taucht dann der "Ring der Wiederkunft" als Leitmotiv auf (4, 287 – 291 – Za). Vgl. auch das Fragment "Ring der Ringe" vom Herbst 1883 (10, 579). Vgl. 10, 634 u. 10, 642.

48 Nietzsche meint Deussens Buch *Das System des Vedânta* (1883), in dem der Schopenhauerianer Deussen fernöstliche Mystik darstellte. Nietzsche opponiert gegen diese Philosophie des alten Weggefährten, den er allerdings einst selbst zu Schopenhauer hingeführt hatte. Nietzsche respektiert die Leistung Deussens, versteht aber seine eigene Philosophie als das genaue Gegenteil. "Deussens Vedanta-Werk ist *ausgezeichnet*. Übrigens bin ich für *diese* Philosophie beinahe das böse Princip." (B 6, 339 – 6.3.83 – an Overbeck). Im Brief an Deussen vom 16.3.1883 bezeichnet Nietzsche das Vedanta-Buch als den "klassischen Ausdruck der mir fremdesten Denkweise" (B 6, 342). Verneinung des Lebens oder Bejahung des Lebens – im Zeichen dieser Fundamentalantithese erscheint der *Zarathustra* als schöpferische Widerlegung der Vedanta-Philosophie. Demgegenüber hält Deussen in seinen Erinnerungen an Nietzsche ein Plädoyer für die Willensverneinung, da sie zur Humanität führe, während die Willensbejahung den Egoismus fördere. "Wie viele andere, so hat auch Nietzsche dieses Wesen der Verneinung verkannt [...]" (*Deussen*, Nietzsche, 105).

Zugleich ist freilich das Verlangen nach Musik Ausdruck einer Erschöpfung durch die mit der Niederschrift des *Zarathustra* verbundenen geistigen Anstrengung. Nach Abschluß des (auf drei Teile geplanten) *Zarathustra* (dazu: B 6, 482 sowie 14, 281) ruft Nietzsche aus: "Ah, was ich jetzt **Musik** nöthig hätte! [...] Ob schon je ein Mensch solchen Durst nach Musik gehabt hat?" (B 6, 490). Demnach müßte man unterscheiden zwischen dem *Zarathustra* als einem symphonisch gebauten Werk mit 'musikalischen' Leitmotiven und einer musikalisierten Sprache und der originären Musik jenseits aller Philosophie und Dichtung. Im übrigen läßt sich Nietzsches *opus maximum* weder hinsichtlich der literarischen Gattung noch bezüglich der thematischen Intention eindeutig klassifizieren. Es ist eine Mischung aus lyrischen, epischen und dramatischen Elementen. Und es ist ein *mixtum compositum* aus Philosophie, Dichtung und Mythos. Zarathustra tritt auf als Denker, Dichter und Prophet. Er mischt die Predigt mit dem Lyrismus, die Philosophie mit der Poesie, die Analyse mit dem Mythos. Er ist Realist und Utopist, Satiriker und Hymniker, Zeitkritiker und Mythenschöpfer. Nietzsche weiß selbst nicht so recht, wie der *Zarathustra* eigentlich einzuordnen ist: "Es ist eine 'Dichtung', oder ein fünftes 'Evangelium' oder irgend Etwas, für das es noch keinen Namen giebt" (B 6, 327 – 13.2.83 – an Ernst Schmeitzner). Im Grunde handelt es sich um eine moderne Variante der romantischen Synthese aus Philosophie, Poesie und Prophetie. Friedrich Schlegel hatte einst formuliert: "*Prophet* ist jeder poetische Philos[oph] und jeder philos[ophische] Poet. / Müssen nicht alle p[oetischen] Ph[ilosophe]m[e] die *Genze* [*sic!*] sein sollen, *Visionen* sein nach Dante und dem alten Testament? / Alles was der Poet berührt wird Poesie; er geht bei dieser Poetisazion natürlich von sich aus, vom Mittelpunkt." (*Schlegel*, Notizen, 52 [Zf. 330, 331, 332]). Obschon sich bei Nietzsche der romantische Universalismus, die Idee einer organischen Einheit aller Seinsbereiche, im Krisenbewußtsein der tiefen Kluft zwischen Subjekt und Welt aufgelöst hat, verkörpert er doch noch einmal den romantischen Typus der Einheit von *Dichter, Philosoph* und '*Prophet*'.

Es zeigt sich, daß die Alternative Philosophie oder Kunst im Hinblick auf den *Zarathustra* nur eine Schein-Alternative ist. In Wahrheit handelt es sich um tönende Philosophie bzw. philosophische Sprachmagie. Es ist kaum erstaunlich, daß Nietzsche in der Selbstdeutung des *Zarathustra* in seinen diversen Äußerungen unterschiedliche Akzente setzt, indem er ihn unter der Optik der Philosophie, der Sprache, der Dichtung und der Musik deutet und das Werk sowohl als lehrhaft-philosophisches wie auch als dichterisch-musikalisches Gebilde versteht. Diese scheinbar divergierenden Gesichtspunkte sind nur verschiedenartige Seiten ein und derselben Sache, nämlich des Versuchs, philosophische Grundideen mit sprachlich-suggestiven Mitteln zu vergegenwärtigen, in der Weise, daß die Sprache sich in hymnisch-dithyrambischen Gebärden nahezu verselbständigen kann und rein als Sprache den erstrebten Verwandlungseffekt erzielt. Dabei können in den Einzelteilen und Einzelabschnitten des *Zarathustra* die philosophischen Denkmotive oder die dichterische Sprachmagie jeweils im Vordergrund stehen. Die Sprache ist im Doppelsinn des Wortes 'instrumentalisiert': Sie ist Instrument der Vermittlung einer 'Philosophie', und sie ist 'instrumentalisiert' im Sinne der musikalischen Komposition. Sprache als Vehikel, als lehrhaftes Zeichensystem, und Sprache als reine Ausdrucksgebärde des Lebens – beide Aspekte stehen, im Prinzip, im *Zarathustra* in unlöslicher Wechselwirkung.[49] Dabei ist die wechselseitige Durchdringung von Pathos und Ironie zu beachten. Die Sprache des *Zarathustra* ist eine Sprache des Pathos, des potenzierten Pathos. Aber dieses Pathos wird immer wieder durchsetzt von Ironie, Parodie und Satire, insbesondere in den lehrhaften Partien, den didaktischen Redemonumenten.[50] Nietzsches Ironie ist allerdings nicht romantische Ironie, die den Widerspruch zwischen Endlichem und Unendlichem und die unendliche Perfektibilität der Dinge artikuliert, sondern rhetorisch-polemische Ironie, die, ständig in Parodie und Satire umschlagend, die Zersetzung bestehender Wertsysteme zum Ziel hat. Diese Ironie ist nicht das selbständige Element des Schöpferischen, sondern Mittel zum Zweck. Als Destruktion des Bestehenden soll sie den Raum öffnen für das Neue. So haben die zahlreichen Bibel-Parodien des *Zarathustra* die Funktion, einem neuen Daseinsentwurf jenseits der religiösen Weltinterpretation zum Durchbruch zu verhelfen. In gewisser Weise ist die Ironie damit eine Funktion des Pathos. Im übrigen ist die Ironie im reinen Lyrismus getilgt.

V. Erleben, Leben und Produktivität

Es zeigt sich jedenfalls, daß in der Auseinandersetzung mit dem Phänomen "Leben" resp. dem "Willen zur Macht" kritische Analyse, logisch-diskursive Informationssprache und schlagkräftiger Aphorismus nicht ausreichen und daß es erforderlich ist, das "Leben" in dichterischen Bildern, in poetischen Allegorien zu vergegenwärtigen. Dies ist der tiefere Grund für Nietzsches Wandlung zum 'Dichter'. Daß Nietzsche einen *Hymnus an das Leben* komponiert, das heißt, jenes dichterisch allerdings eher zweitrangige, epigonale *Gebet an das Leben* der Lou von Salomé vertont, diesen Hymnus emphatisch als "das *jasagende* Pathos par excellence" bezeichnet und dem Glauben huldigt, man werde "ihn später einmal zu meinem Gedächtniss singen" (6, 336 – EH), ist zwar ein Mißverständnis der künstlerischen Wertung, aber ein produktives Mißverständ-

49 Zur Verstärkung der sprachlichen Aussage benutzt Nietzsche im *Zarathustra*, und zwar in den narrativen Partien, immer wieder szenische, gebärdenhafte und mimische Mittel. Sie bieten ihm die Möglichkeit der Übersetzung seiner Denkmotive in sinnliche Präsenz und Evidenz, wie auch dieser dramatische Zug den agonalen, antagonistischen Impetus dieses revoltierenden Denkens sinnfällig macht. Nicht ohne Grund verfaßt Nietzsche, nach der Abfassung von *Zarathustra II*, einen Entwurf zu einem Zarathustra-Drama (vgl. 10, 495 f. – 16 [3]). Es ist aber überspitzt, wenn man konstatiert: "Nietzsche denkt in dieser Epoche fast nur noch szenisch. Jedes Urteil, jeder Einfall, jede Behauptung, Forderung, Weisung wird aus bestimmten szenischen Stellungen und Haltungen heraus gedacht." (*Pfeiffer*, Zarathustra, 62). Die szenischen Elemente sind funktional zu sehen. Sie sind dramatische Mittel zum Zweck der Veranschaulichung der Idee. Dort, wo – wie im *Nachtlied* – Gefühl und Gedanke unmittelbar zum Ausdruck gelangen, entfallen sie. Der reine Lyrismus macht sie überflüssig.

50 Zur "Ironie Nietzsches als Gestaltungsprinzip" resp. zu den sprachlichen Einzelformen der Ironie vgl. generell *Paronis*, Zarathustra. – Zu "Sprache und Stil" des *Zarathustra* vgl. zudem generell *Morawa*, Zarathustra.

nis, denn es signalisiert in markanter Weise die wachsende Notwendigkeit, das "Leben" nicht mehr nur zum Gegenstand der kritischen Reflexion zu machen, sondern es unmittelbar hymnisch anzusprechen und sich damit der dichterisch-musikalischen Ausdrucksform zuzuwenden. Nietzsche, der "Fürsprecher des Lebens" (B 6, 337 – 22.2.83 – an Overbeck)[51], fühlt sich in wachsendem Maße gedrängt, das Leben im dichterischen Pathos anzusprechen. Die Spannung zwischen der persönlich-privaten Lebenskalamität, den ihn permanent bedrängenden Krankheiten, und den denkerischen Entwürfen des schöpferischen Lebens, kann letztlich nur noch durch die dichterische Ausdrucksform bewältigt werden.

In diesem Zusammenhang wird klar, daß Begriff und Bedeutung des "Lebens" sich bei Nietzsche nicht erschöpfen im biologischen Begriff des Lebens, sondern darüber hinaus das Leben als metaphysische, mythische Größe meinen. Das "Leben" erscheint als eine letztlich unergründliche, erhabene, unendliche Dimension, die sich der rationalen Begriffssprache entzieht und nur im dichterischen Wort oder im musikalischen Klang aufleuchtet. Nietzsche ist zwar, in seinen diskursiven Abhandlungen und pointierenden Fragmenten, bestrebt, das "Leben" zu definieren, es entweder biologistisch zu deuten, als den bloßen Bios, das Lebendige, oder es als 'metaphysische' Kraft zu interpretieren, aber er beschränkt sich nicht auf diese denkerischen Bestimmungsversuche, sondern hat darüber hinaus, vor allem in einem dichterischen Werk wie dem *Zarathustra*, das "Leben" als das sich allen Bestimmungen wesensmäßig Entziehende, das schlechterdings Unergründliche und Undefinierbare im Blickfeld. In den Nachlaßfragmenten vom Sommer 1888 finden sich die aufschlußreichen Zeilen: "Das Leben selber schuf sich / sein höchstes Hinderniß: / über seinen Gedanken selber springt es nunmehr hinweg" (13, 571). Dieser "Gedanke der Gedanken" (ebd.), mit dem Nietzsche offenbar den Gedanken der ewigen Wiederkunft, d.h. eine seiner philosophischen Hauptideen meint, ist für das sich selber wollende "Leben" zum "Hinderniß" geworden. Das "Leben" läßt sich nicht durch den "Gedanken" einbinden und verfestigen, sondern transzendiert auch noch die von ihm selber hervorgebrachten Ideen. Nietzsche hat zwar seine philosophischen Grundideen in seinen Schriften und Fragmenten mit einer gewissen Konstanz und Konsequenz vertreten, aber die zitierte Stelle zeigt, daß er, mit Entschiedenheit, der kreativen Mobilität des "Lebens" den Vorrang vor den philosophischen Fixationen des Denkens einräumt. Nur solange "ein Gedanke" "noch heiß-flüssig" ist, entspricht er dem Prinzip des Lebens; in der Verfestigung zum statischen Denkmotiv wird er zur Fessel und zum Ballast des Lebens, denn "jeder Gedanke erdrückt / sich zuletzt mit 'Gesetzen' " (13, 570). Unabhängig von der schwierigen Frage, ob Nietzsche damit nur auf die Ideenwelt der von ihm bekämpften Tradition zielt oder ob er seine eigenen 'Gedanken' in

51 In einem Fragment vom Frühjahr 1888 heißt es: "– wir Alle sind heute die **Fürsprecher** ***des*** **Lebens** –" (13, 438). Auch Zarathustra nennt sich den "Fürsprecher des Lebens" (4, 271 – Za; vgl. 4, 175 – Za), ja die Wendung bezieht sich in der Regel auf Zarathustra (vgl. z.B. 10, 539, 568, 580, 623 – 1883). Aber es wird deutlich, in wie hohem Maße Zarathustra das Sprachrohr Nietzsches ist, daß Nietzsche sich weitgehend mit Zarathustra identifiziert. Insofern ist Heideggers dezidierte Unterscheidung von Nietzsche und Zarathustra nicht ganz unproblematisch (vgl. *Heidegger*, Zarathustra, 107).

diese Kritik einbezieht, geht es ihm darum, die Freiheit, Offenheit und Rätselhaftigkeit des Lebens zu erhalten. Er notiert: "Schon bei dem *Muthe* der Antwort auf das Räthsel des Lebens stürzt sich die Sphinx hinab (ego)." (9, 668; vgl. 9, 620). Nietzsche signalisiert damit zugleich, daß der Schaffende sich dem Rätsel des Lebens mutig stellt und es zu ergründen versucht. Nietzsche begreift das Leben als ein jede Verfestigung hinter sich lassendes, freies, 'dionysisches' Spiel einer letztlich unergründlichen 'metaphysischen' Kraft. Er definiert: "Die Welt – **eines Gottes Ausgelassenheit**" (10, 551). Mit einer solchen Formel aus der *Zarathustra*-Zeit rückt Nietzsche wieder näher an den dionysischen Weltwillen der Tragödienschrift heran – den er andererseits im *Zarathustra* kritisch in Frage stellt (vgl. 4, 35 – Za). Er betreibt die Apotheose des "Lebens". Er spricht von der "Verherrlichung" des "Lebens" (9, 90). Ein Fragment lautet: "die 'Vergöttlichung' gefühlt in der höchsten Fülle / in der zartesten Auswahl / in der Zerstörung und Verachtung des Lebens." (13, 65). Die "Danksagung und Bejahung des Lebens" läuft hinaus auf "eine Apologie und Vergöttlichung des Lebens" (13, 266). Es zeigt sich unübersehbar die Tendenz zu einer geradezu kultischen Idealisierung des Lebens, einer Idealisierung freilich, die das "Leben" als Ganzes, das Leben in allen seinen Erscheinungsformen, im Blickfeld hat. Auch die "Verachtung des Lebens", d.h. das Freiheitsbewußtsein gegenüber den realen Lebensprozessen, gehört zur Selbstentfaltung des Lebens im schöpferischen Subjekt. Unabhängig von der philosophischen Stringenz, mit der er das Leben als Willen zur Macht definiert, verweist Nietzsche auf die Notwendigkeit, das Leben mit einer Aura zu umgeben, seine atmosphärischen Valeurs zu erspüren. Schon der frühe Nietzsche stellt fest, mit Bezug auf die Entfaltungsmöglichkeiten von "Religion", "Kunst", "Genie" als Ausdrucksformen des Lebens: "Alles Lebendige braucht um sich eine Atmosphäre, einen geheimnissvollen Dunstkreis" (1, 298 – HL). Auch der änigmatische Charakter des sich unaufhörlich neu entfaltenden Lebens wird von Nietzsche schon früh betont, wenn er das "Leben" kennzeichnet als "jene dunkle, treibende, unersättlich sich selbst begehrende Macht" (1, 269 – HL). Es wird deutlich, daß Nietzsche sich in seiner Reflexion auf das "Leben" nicht nur von biologistischen Bestimmungen, sondern auch von philosophischen Definitionen überhaupt entfernen kann und daß er, der ja nicht nur ein präzisierender Denker, sondern auch ein hochsensibler Künstler war, dem "Leben" immer wieder eine Aura des Rätselhaften, Irrationalen, ja 'Göttlichen' zu verleihen versucht. Zarathustra erfährt das Leben als eine allem Denken vorgeschaltete Tiefendimension: "Die Welt ist tief, / Und tiefer als der Tag gedacht." (4, 286 – Za). Diese Tiefe läßt sich nicht mehr in logischer Diktion, sondern nur noch in rhapsodischer, dithyrambischer Tonlage artikulieren. "Singe! sprich nicht mehr!" (4, 291 – Za). Die Tiefe und Rätselhaftigkeit des "Lebens" wird im vieldeutigen, sinnschweren Lyrismus beschworen: "In dein Auge schaute ich jüngst, oh Leben: Gold sah ich in deinem Nacht-Auge blinken" (4, 282 – Za).

Das Problem des Lebens ist für Nietzsche nicht ein abstraktes, sondern ein existentielles Problem. Der ganze Problemkreis von Leben, Kunst und Philosophie ist für ihn nicht eine Angelegenheit abstrakten philosophischen Denkens, sondern erscheint als existentielle Forderung an das in Grenzsituationen stehende Subjekt. Die Probleme werden nicht nur reflektiert, sondern sie werden gelebt. Treffend bemerkt Köselitz im Brief an Nietzsche vom 22.8.1882, daß "Sie, wie die Antiken, Ihre Philosophie *leben*" und daß diese gelebte Philosophie die "Erziehung Anderer" bewirke und darin ihre existentielle Bestätigung finde: "Ihre Philosophie will durch Lebensläufe bewiesen werden" (B III 2, 276). Nietzsche spricht von der "Experimental-Philosophie, wie ich sie lebe" (13, 492 – 1888). Über dem ganzen Problemfeld steht als unsichtbares Motto das *tua res agitur*. Wie bei kaum einer anderen Gestalt der Philosophie- und Literaturgeschichte steht bei Nietzsche immer die eigene Existenz mit auf dem Spiel. Im Grunde betrachtet er sein Leben als eine Versuchsanordnung. Das Leben, *sein* Leben, wird ihm zur Aufgabenstellung, zur Forderung, sich schöpferisch auszuweisen. Auch und gerade dann, wenn das Leben zur unerträglichen Last zu werden droht, fühlt sich Nietzsche zu seiner produktiven Bewältigung aufgerufen. Besonders seine krankheitsbedingte Vitalschwäche provoziert in ihm den verstärkten Impuls, produktiv zu reagieren. Anfang Januar 1880 schreibt er in einem Brief:

> Meine Existenz ist eine *fürchterliche Last*: ich hätte sie längst von mir abgeworfen, wenn ich nicht die lehrreichsten Proben und Experimente auf geistig-sittlichem Gebiete gerade in diesem Zustande des Leidens und der fast absoluten Entsagung machte – diese erkenntnißdurstige Freudigkeit bringt mich auf Höhen, wo ich über alle Marter und alle Hoffnungslosigkeit siege. (B 6, 3 – an Otto Eiser)

Im produktiven Ausnutzen der Negativität des Lebens zeigt sich die Dialektik des Schmerzes. Das "Leiden" schlägt um in die "Freudigkeit". Nur der durch die Existenz des Schreibenden ausgewiesene Text ist relevant. Im Brief an seinen Verleger Ernst Schmeitzner schreibt Nietzsche Anfang September 1882:

> Was mein letztes Buch anbetrifft, so **verbürge** ich Ihnen seine *Dauerhaftigkeit* inmitten des Wechsels von Geschmacks-Strömungen. Ich schreibe *nur*, was von mir **erlebt** worden ist, und verstehe es *auszudrücken*: dergleichen Bücher bleiben immer "*übrig*." (B 6, 250)

Der *Zarathustra* ist letztlich die poetische Inkarnation Nietzsches: "und fast hinter jedem Wort steht ein persönliches Erlebniß, eine Selbst-Überwindung ersten Ranges." (B 6, 439 – 29.8.83 – an die Schwester). Daher heißt es auch in lapidarer Bündigkeit: "Man sollte doch nur von Dingen reden, worin man seine Erlebnisse hat." (B 7, 99 – 15.10.85 – an Heinrich von Stein). Nietzsche spricht auch von den "Wenigen", "die noch tief genug sind zu 'Erlebnissen'" (11, 11 – 1884).[52] Nur der durch das Erleben, d.h. das existentielle Erleben, beglaubigte

52 Nietzsche versteht allerdings unter diesen "Erlebnissen" nicht okkasionelle Erlebnisse, Gelegenheitserlebnisse im Sinne der 'Erlebnis'-Dichtung, sondern existentielle Erlebnisse, Erlebnisse, in denen die menschliche Grundsituation zum Ausdruck gelangt und die in diesem tieferen Sinne 'philosophische' Erlebnisse sind. Ein solches 'Erlebnis' ist z.B. das Erlebnis der ewigen Wiederkunft. Nicht ohne Grund setzt Nietzsche im letzten Zitat das Wort "Erlebnisse" in Anführungsstriche. Er will damit andeuten, daß es sich um Erlebnisse in einem spezifischen Sinne handelt.

Text vermag, als Ausdruck des wahren Selbst, zu überzeugen und zu überdauern. Nietzsches 'Ästhetik' ist existentielle Ausdrucksästhetik. Hinter dem Geschriebenen steht immer die Existenz des Schreibenden. In diesem Sinne heißt es im *Zarathustra*: "Von allem Geschriebenen liebe ich nur Das, was Einer mit seinem Blute schreibt." (4, 48 – Za). Die "Person" hat den Vorrang vor dem "System". Nietzsche begrüßt den "Gedanken einer Reduktion der philosophischen Systeme auf Personal-Acten ihrer Urheber" und berichtet, daß er in Basel seinen Hörern "in *diesem* Sinne Geschichte der alten Philosophie erzählt" und ihnen gesagt habe: "'dies System ist widerlegt und todt – aber die *Person* dahinter ist unwiderlegbar, die Person ist gar nicht todt zu machen' – zum Beispiel Plato." (B 6, 259 – 16.9.82 – an Lou von Salomé). Im Sinne der Philosophie des "Lebens" ist dies nur konsequent, denn das "Leben" konkretisiert sich nicht in Systemen, sondern in Menschen. Der Inhalt gedanklicher Konstruktionen und philosophischer Lehren ist der historischen Relativität ausgesetzt und kann durch neue Inhalte überholt und dementiert werden. Die Existenz des Denkers, das von ihm gelebte Leben, hingegen ist von zeitloser Dignität und stellt eine absolute Größe dar. Im Sinnspruch *Arthur Schopenhauer* (11, 303) vom Herbst 1884 hat Nietzsche diesen gravierenden Unterschied zwischen Lehre und Leben in epigrammatischer Bündigkeit formuliert:

> *Arthur Schopenhauer.*
> Was er lehrte ist abgethan,
> Was er lebte, wird bleiben stahn:
> Seht ihn nur an!
> Niemandem war er unterthan!

Im Zeichen der Idee des Lebens ist der freie Selbstentwurf des Denkers, die von ihm gelebte Wahrheit, wichtiger als die von ihm entwickelten Gedankensysteme. Nicht die abstrakte Philosophie, sondern das existentielle Philosophieren macht letztlich den zeitüberdauernden Rang eines Denkers aus. An die Stelle der von der Person abgelösten Lehre treten Entwurf und Experiment als Ausdruck der schöpferischen Existenz. Nietzsche lebt eine Experimental-Existenz. Er orientiert sich nicht an einem wie immer vorgegebenen, normativen Sinnzusammenhang des Lebens. Es kommt ihm vielmehr darauf an, im Lebensvollzug selbst Sinnerfahrungen zu machen. Dies entspricht einem Grundsatz Zarathustras: "Und ungern nur fragte ich stets nach Wegen, – das gieng mir immer wider den Geschmack! Lieber fragte und versuchte ich die Wege selber." (4, 245 – Za). Das 'Versuchen' der "Wege" – dies weist die Existenz als experimentellen Daseinsentwurf aus. Nietzsche praktiziert diese 'Philosophie' sogar noch in seinem alltäglichen Lebensverhalten, wenn er sich seine Rezepte selber mixt: "*Ich* muß mir aufhelfen, Niemand Anderes – und auch mein *Recept* muß ich **finden** und mir nichts **geben** lassen. [...] ich will mein Heilmittel selber erst *entdecken*." (B 6, 450 – November 83 – an die Schwester). Nicht nur in den geistigen Höhen großer Daseinsentwürfe, sondern auch in den Niederungen des alltäglichen Lebens beharrt Nietzsche auf unbedingter Eigenverantwortlichkeit.

Diese Existenz ist eine experimentierende, offene, fragende Existenz, die ständig alle endlichen Dimensionen überschreitet und sich auf die Unendlichkeit bezieht. Sie ist gekennzeichnet durch eine permanente Ruhelosigkeit, eine vibrierende Unruhe, die Nietzsche selbst in der Metapher der das Leben um sie her und sich selber verzehrenden "Flamme" ausdrückt (3, 367 – FWS [Ecce homo]). Nietzsches Selbstentwurf ist von derart extremer Zuspitzung, "daß er sein Leben als ein Flammendasein erfährt, gleich dem van Gogh's" (*Berlinger*, Landschaft, 9). Häufig bringt er diese seine innere Unruhe im Motiv des Wanderers, des Wanderns, des Wandererhaften zum Ausdruck. Im Juli 1883 schreibt er aus Sils-Maria: "Ein Gefühl von Welt-Fremdheit, Vorüber-Eilendem, Wanderer-haftem sitzt sehr tief in mir drin – und, die Wahrheit zu sagen, schwerlich nur in Folge der *großen* Unbehaglichkeit meines äußeren Lebens." (B 6, 393 – 9.7.83 – an Overbeck). Bemerkenswert ist die Feststellung Nietzsches, daß seine Welterfahrung nicht nur in äußeren Lebensumständen begründet, sondern wesensmäßig in ihm angelegt ist. Es ist eine konstitutionelle Unruhe, die zur Entfremdung zwischen Welt und Ich, zum ständigen Sich-Verändern-Wollen und zur realitätstranszendierenden Hinwendung zum Unendlichen führt. Ihren markanten Ausdruck findet diese Problematik im "Columbus"-Motiv. Im Brief an Rohde vom 22.2.1884 schreibt Nietzsche: "Inzwischen gehe ich meinen Gang weiter, eigentlich ist's eine Fahrt, eine Meerfahrt – und ich habe nicht umsonst Jahrelang in der Stadt des Columbus gelebt." (B 6, 479). Columbus wird für Nietzsche zur Metapher des Existierens in offenen Horizonten und des Sich-Entwerfens auf das Unendliche hin. Im Bild des auf jede Gefahr hin in die Ferne schweifenden Seefahrers sieht Nietzsche seine eigene Existenz figuriert. "Columbus" ist eine Lieblingsmetapher Nietzsches. Schon der frühe Nietzsche konstatiert, daß unter entsprechenden Konstellationen "immer wieder bei einem anderen Stande Columbus Amerika entdecken wird" (1, 261 – HL). In einem Fragment von 1885 wird die Wiederentdeckung der Antike durch den "deutschen Geist" als "Werk des *neuen* Columbus" gepriesen (11, 583). Der "neue Columbus" läßt sich nicht in eine feste, konstante Ordnung einbinden, sondern folgt einem unwiderstehlichen Drang ins Offene und Grenzenlose. Nietzsche drückt dies in Versen aus wie:

> Freundin! – sprach Columbus – traue
> Keinem Genueser mehr!
> Immer starrt er in das Blaue,
> Fernstes lockt ihn allzusehr! (10, 12 – 1882 [An ---]; vgl. 10, 108 – Auf hohem Meere)

Bedeutsamer als das Erreichen bestimmter Ziele ist bei Nietzsche die Mobilität als solche, die Bewegung des Sich-Entwerfens, eine fast ziellos wirkende Bewegung. Erreichte Ziele wären immer nur Anlaß, sie hinter sich zu lassen und neue Ziele ins Blickfeld zu nehmen. Es ist die Situation eines Wanderers, der auf den ständig mitwandernden Horizont zuwandert, einen Horizont, den er nie erreichen kann – und nicht erreichen will, da das Wandern selbst seine Existenz ausmacht. Das Suchen selbst wird zum Daseinsinhalt. Zarathustra drückt dies deutlich aus: "Wenn jene suchende Lust in mir ist, die nach Unentdecktem die Segel treibt, wenn eine Seefahrer-Lust in meiner Lust ist" (4, 290 – Za). Nietzsches Existenz, Denken und Schaffen sind in wachsendem Maße geprägt von der sich verselbständigenden *energeia*, vom Gedanken der absoluten Tatkraft und Mobilität, von der Idee des Schöpferischen um seiner selbst willen. Es ist zuletzt dieses Aufgehen im Prozeß als solchem, was Nietzsches Ideen und Ideale so eigentümlich unbestimmt, inhaltslos und vieldeutig erscheinen läßt. Nietzsche wird nicht müde, in seinen Schriften eine neue Philosophie bzw. bestimmte philosophische Grundideen zu verkünden, den Willen zur Macht, das schöpferische Leben, den Übermenschen, die ewige Wiederkunft. Vergegenwärtigt man sich die Häufigkeit, mit der diese Ideen in den Texten Nietzsches auftauchen, kann man nicht umhin, sogar eine gewisse Statik seines Denkens festzustellen, eine inhaltliche Statik, die der Monotonie nur durch die Virtuosität der Darstellung entgeht. Es zeigt sich eine spezielle Dialektik von Idee und Bewegung. Einerseits werden bestimmte Hauptideen wie z.B. die Idee des Übermenschen als schöpferisch zu verwirklichende Ideen verkündet. Andererseits bleiben diese Ideen seltsam vieldeutig und vage, ja, es ist die Frage, ob sie überhaupt auf Konkretion angelegt sind. Nicht zuletzt die vergeblichen Versuche der Nietzsche-Forschung von ihren Anfängen bis zur Gegenwart, jene philosophischen Zentralmotive Nietzsches inhaltlich exakt zu definieren, bestätigen diesen Befund. Zugespitzt könnte man fragen, ob es hier überhaupt etwas zu definieren gibt, ob nicht Nietzsches Denkstruktur von vornherein präzise Inhaltsbestimmungen seiner großen Motive von sich abweist. Da aber die Denkmotive Nietzsches mit dem Anspruch der radikalen, einzigartigen Revolutionierung der bisherigen Geschichte des Denkens auftreten, fordern sie immer wieder die Interpretation und Inhaltsdeutung heraus. Nimmt man beide Aspekte zusammen, die Zielidee und die absolute Bewegung, ergibt sich eine Spannung, die man als Dialektik der regulativen Idee bezeichnen könnte. Nietzsche, der Denker des Potentiellen, ist auf den Entwurf der großen Ideen angewiesen, um den Prozeß des Denkens und Schaffens in Gang setzen und permanent erhalten zu können. Sollten sich Nietzsches Denkmotive nicht in dieser Funktion erschöpfen, ist doch diese Funktionalität eine starke Komponente des Nietzscheschen Denkprozesses. Im Hinblick auf die einzelnen Denkmotive muß man allerdings differenzieren. So kann der "Wille zur Macht" als Definition der Struktur des Lebendigen aufgefaßt werden. Dem "Übermenschen" hingegen haftet ohne Zweifel ein Moment des Utopischen an, wenn man ihn nicht überhaupt als Utopie bezeichnen will. Für Nietzsche wäre er dann freilich eine konkrete Utopie, ein Entwurf, dessen Realisierung für die Zukunft zu erwarten ist. Es ist zu berücksichtigen, daß Nietzsche sowohl kritischer Analytiker als auch enthusiastischer Utopist ist. Man muß die spezifischen Funktionen der einzelnen Denkmotive unterscheiden. Der Gedanke des "Willens zur Macht", diese Grundbestimmung des Lebens, erfaßt prinzipiell alle Zeitdimensionen, die Vergangenheit, die Gegenwart, die Zukunft. Aber dieser Gedanke wird abgeleitet aus der Analyse eines bereits vorgegebenen Zustandes, unabhängig von der Frage, ob man ihn triebpsychologisch, ontologisch oder metaphysisch begreift. Der Gedanke des "Übermenschen" hingegen ist auf ein erst zu Schaffendes, auf ein Zukünftiges hin bezogen. Daher ist auch der "Wille zur Macht" in erster Linie Gegenstand der philosophischen Analyse, während der "Übermensch" vor allem zum Sujet enthusiastischer Aufschwungsgebärden wird, wie sie insbesondere den *Zarathustra* leitmotivisch durchziehen. Es versteht sich dabei von selbst, daß man diese Aspekte nicht grenzscharf trennen kann, da der "Übermensch" ohne den "Willen zur Macht" nicht denkbar ist, Analyse und Entwurf bei Nietzsche einander bedingen und der Zukunftsutopismus auf Realitätsanalyse basiert. Dennoch hat der Entwurf seinen Eigencharakter. Der "Übermensch" jedenfalls ist bei Nietzsche eine regulative Idee, ein den Prozeß des Denkens und Schaffens mobilisierender und steuernder Grundgedanke.[53] Daß Nietzsche den "Übermenschen" als Gegenentwurf zu dem vom Menschen selbst inszenierten 'Tod Gottes' (vgl. 3, 480 ff. – FW; 4, 14 – Za) und den "Menschen" als Übergang "zwischen Thier und Übermensch" (4, 102 – Za) versteht, verdeutlicht schon von der Problemstellung her den prozeßhaften, transitorischen Charakter der Situation. Gerade die Übergangssituation fordert und ermöglicht den Vorrang der Denkbewegung vor dem Denkinhalt. Das Prozeßhafte selbst, der Denk- und Schaffensvorgang als solcher, der Entwurf als das Sich-Entwerfen ist das Entscheidende. Nietzsche verkündet zwar apodiktisch, vielfach geradezu in *ex-cathedra*-Gebärden, die absolute Gültigkeit seiner philosophischen Hauptmotive, aber im faktischen Vollzug seines Denkens und Schreibens zeigt sich in hohem Maße die funktionale Bedeutung dieser Motive als Katalysatoren des Denkprozesses. Nur sofern jene Denkmotive die "suchende Lust" steigern, sind sie wirklich relevant. Ein Motiv wie der "Übermensch" ist nicht rein absolut, sondern in hohem Grade funktional zu sehen. Freilich, die "suchende Lust" ist ein Verlangen nach "Unentdecktem". Ein Ziel ist gesteckt. Ohne diese Zielsetzung würde das Denken und Schaffen zu einem richtungs- und sinnlosen Vorgang. Columbus will Neuland entdecken. Aber wichtiger als die zu entdeckende neue Küste ist das Unendliche, das Fahren ins Unendliche. Zarathustra, im enthusiastischen Aufbruch, in der "Seefahrer-Lust", wirkt wie ein neuer Stürmer und Dränger, wenn er ausruft: "das Grenzenlose braust um mich, weit hinaus glänzt mir Raum und Zeit, wohlan! wohlauf! altes Herz!" (4, 290 – Za).[54] Die "göttliche Lust des Schaffenden"

53 Alle Versuche, den "Übermenschen" inhaltlich festzulegen, sind gescheitert. Wahrscheinlich wußte Nietzsche selbst nicht, was der "Übermensch" eigentlich bedeutet. Offenbar ist der "Übermensch" für ihn ein Postulat des schöpferischen Lebens, eine das Denken und Schaffen permanent mobilisierende Idee. Der "Übermensch" ist wie ein Horizont, auf den der Schaffende ständig zuwandert, den er aber nie erreichen kann. Ohne diesen Horizont freilich wäre das Wandern sinnlos. Nietzsche benötigt den "Übermenschen" als ein das Schaffen ermöglichendes, aber letztlich unerreichbares Ideal. Da das Leben seinem Wesen nach ständig über sich hinaus will, würde die Verwirklichung des "Übermenschen" in letzter Konsequenz auf die Lähmung des Lebens hinauslaufen, es sei denn, der "Übermensch würde seinerseits neue Utopien entwickeln – ein Prozeß *in infinitum*. Der Begriff "Übermensch" ist zudem höchst doppeldeutig. Geht es um das Schaffen eines "höheren Wesens, als wir selber sind" (so immerhin Nietzsche in GA XIV, 262), oder um den Menschen in seiner höchsten Potentialität? Geht es um einen 'entmenschten' "Übermenschen" oder um den 'übermenschlichen' Menschen? "Das Adjektiv übermenschlich hat konkrete Bezüge, das Substantiv Übermensch ist eine verblasene Utopie" (*Günther*, Findlinge, 113). Nach C.G. Jung sperrt er das Göttliche ein (Mutterarchetypus, 117).

54 Hier glaubt man die Stimme des jungen Goethe zu vernehmen, der in der Hymne *An Schwager Kronos*

(1, 278 – HL) erfährt mehr und mehr die Unendlichkeit als das wahre Element ihrer Selbstentfaltung.

An diesem Punkt, am Raum-Zeit-Motiv, zeigt sich erneut der enge Zusammenhang von denkerischer Analyse und dichterischem Enthusiasmus bei Nietzsche. Das Raum-Zeit-Problem ist bei Nietzsche Gegenstand des philosophischen Denkens und der wissenschaftstheoretischen Analyse (dazu: *Abel*, Willen zur Macht, 231-246, 393-399). Er unterzieht die Kategorien von Raum, Zeit und Kausalität einer erkenntnistheoretischen Kritik und interpretiert sie als Fiktionen im Dienste der Lebenserhaltung. Sowohl die Ursache-Wirkung-Relation als auch das Raum-Zeit-Schema erscheinen als Mittel, mit denen der Mensch die an sich 'chaotische' Welt in ein Ordnungsgefüge einbindet, um sie für sich verfügbar zu machen. "Unsere Empfindungen von Raum und Zeit sind falsch" (2,40 – MA I). "Aber an sich gibt es nicht Raum noch Zeit." (III, 456). Nietzsches Impuls zielt auf die Tilgung des Koordinatensystems von Raum, Zeit und Kausalität, um einen Bezug zur Unendlichkeit zu erlangen. Die Aufhebung der linearen Zeit in der zyklischen Zeit, im Wiederkunftsgedanken, oder im Zeitstillstand, im "Mittag", sowie das Sich-Öffnen des Raumes ins Unendliche, auf dem "Meer", sind die Voraussetzungen einer neuen Daseinserfahrung. Erneut zeigt sich die Dialektik von Kritik und Entwurf, von analytischer Kritik und enthusiastischem Entwurf. Das erkenntnistheoretische Mißtrauensvotum gegen den begrenzenden Raum-Zeit-Schematismus schlägt um in den produktiven Antrieb zur Entgrenzung. Das aber vermag das diskursive Denken nicht mehr zu leisten. Dazu bedarf es des künstlerischen Schaffens, der ästhetischen Transposition des Problems. Hier nun bietet die dichterische Sprache, der Lyrismus, die Möglichkeit der Grenzüberschreitung. Neben dem Denker Nietzsche tritt der Lyriker Nietzsche auf den Plan. Und dieser ist ein Virtuose des großangelegten, horizonterweiternden Gedichts, des absoluten Gedichts, des Raum und Zeit tilgenden Gedichts, das reiner Ausdruck der Unendlichkeitserfahrung ist. Nietzsche artikuliert in diesen lyrischen Texten ein halkyonisches Glücksgefühl. Aus dem Motivfeld Süden, Mittag und Meer erwächst ein grenzüberschreitendes Freiheitsgefühl. Ein unverwechselbares Beispiel solch absoluter Lyrik ist das Gedicht *Nach neuen Meeren* (3, 649 – FWP), das Nietzsche 1887 in den *Liedern des Prinzen Vogelfrei*, dem Anhang zur *Fröhlichen Wissenschaft*, veröffentlicht und dessen frühere Fassungen die Titel *Columbus novus* (1882 – 10, 34), *Auf hohem Meere* (1882 – 10, 108), *An* --- (1882 – 10, 12), *Auf hoher See* [Motto] (1882 – 10, 53) und *Yorick-Columbus* (1884 – 11,328)[55] tragen. In diesem Gedicht ist Nietzsche der große Lyriker, der die Intensität der sinnlichen Anschauung mit der Problemstellung des reflektierenden Bewußtseins verbindet:

---

in ähnlichem Enthusiasmus dem Unendlichkeitserlebnis Ausdruck verleiht: "Weit hoch herrlich der Blick / Rings ins Leben hinein / Vom Gebürg zum Gebürg / Über der ewige Geist / Ewigen Lebens ahndevoll." (HA I, 48).

55 Die Verknüpfung des Columbus-Motivs mit dem Yorick-Motiv, d.h. der Yorick-Gestalt aus Sternes *Tristram Shandy*, verweist auf das spielerische Narrentum des neuen Columbus. Das Yorick-Motiv taucht wiederholt bei Nietzsche auf, so im Gedicht *Yorick als Zigeuner* (11, 327 f. – 1884), dessen Thema die nomadenhafte Heiterkeit und Freiheit des Narren gegenüber einer bedrohlichen Umwelt ist. Dazu: 11, 331 f. Zu weiteren Gedichttiteln mit Yorick vgl. 14, 710-713).

Nach neuen Meeren.

Dorthin – *will* ich; und ich traue
Mir fortan und meinem Griff.
Offen liegt das Meer, in's Blaue
Treibt mein Genueser Schiff.

Alles glänzt mir neu und neuer,
Mittag schläft auf Raum und Zeit –:
Nur *dein* Auge – ungeheuer
Blickt mich's an, Unendlichkeit!

In der geschlossenen Form von zwei vierzeiligen Strophen mit vierhebigen Trochäen und Kreuzreim entfaltet Nietzsche das Motiv der "Unendlichkeit". Das Gedicht bezieht seinen ästhetischen Reiz nicht zuletzt aus der Spannung zwischen thematischer Grenzenlosigkeit und formaler Disziplin. Auf engem Sprachraum wird ein großformatiges Bild evoziert. Aber es ist bezeichnend, daß Nietzsche sich weder auf die sinnliche Anschauung beschränkt noch ein in sich ruhendes Symbol erstellt, sondern eine Chiffre der Subjektivität, der unendlichkeitsbezogenen Subjektivität, entfaltet. Das Ich erscheint ausdrücklich als wollendes Ich. Das in Sperrdruck gesetzte " will " unterstreicht das Wollen noch besonders. Es ist ein selbstsicheres, sich selber unbedingt vertrauendes Ich, ein Subjekt, das die Bewegung ins Unendliche hin als Ausdruck seines freien Daseinsentwurfs begreift. Das Bild des ins offene Meer, in die blaue Unendlichkeit treibenden Schiffes und das Columbus-Motiv sind Metaphern der von unbedingtem Freiheitswillen und Unendlichkeitsverlangen geprägten Subjektivität. Während die 1. Strophe den Aspekt des Wollens und der Bewegung hervorhebt, herrscht in der 2. Strophe das Statische, die absolute Ruhe des sich verströmenden südlichen Mittags. Der "Mittag" als die Zeit, in der die Zeit stillsteht, hat "Raum" und "Zeit" aufgehoben, und das Ich sieht sich nur noch der "Unendlichkeit" gegenüber. Alle realen Bezugspunkte haben sich aufgelöst. Es gibt nur noch *einen* Bezug, den reinen Bezug zwischen dem Ich und der "Unendlichkeit". Die direkte Anrede der "Unendlichkeit" drückt die Unmittelbarkeit dieses Bezuges aus. Dabei schwingt im Adverb "ungeheuer" ein Ton von Bedrohlichkeit mit. Und in der Tat steht das Subjekt in einer Grenzsituation. Es ist ein Zustand nicht ohne Gefährlichkeit. Nicht das Harmonische der Idylle, sondern die Unermeßlichkeit des Erhabenen prägt die Situation. Die "Unendlichkeit" ist eine Herausforderung an das Ich. Das Unendlichkeitserlebnis hat eine Verwandlung des Weltverhältnisses zur Folge. Die Welt erscheint in völlig neuem Licht. Das Motiv des 'Neuen', und zwar des Neuen als des Unendlichen, ist denn auch bestimmend für das Gedicht. Und es zeigt sich erneut, daß nicht ein definierbares Ziel, sondern das Unendlichkeitsgefühl selbst das Entscheidende ist. Daß die im Titel signalisierte Bewegungsrichtung nicht auf eine feste, umgrenzbare Größe, sondern auf das schlechterdings Offene und Grenzenlose zielt, ist ein weiterer Ausdruck dieser Problematik.

Interessant ist der Vergleich des Gedichts mit den früheren Fassungen resp. Konzeptionen. Im Gedicht *Columbus novus* vom Sommer 1882 ist in der gleichlautenden 1. Strophe das "will" noch nicht unterstrichen. Daß Nietzsche später dieses Wort eigens akzentuiert, zeigt sein Bestreben, das Moment des Willens, des *wollenden* Subjekts hervorzuheben. Die 2. Strophe zu *Columbus novus* ist noch ganz in einem allegorisierenden Ton gehalten:

> Alles wird mir neu und neuer
> Hinter mir liegt Genua.
> Muth! Stehst du doch selbst am Steuer,
> Lieblichste Victoria!

Hier bedient sich Nietzsche noch des allegorischen Topos der "Victoria", wie überhaupt diese Strophe eher wie eine lyrische Stilübung denn als reine Ausdruckssprache wirkt. Besonders in der Allegorie der "Victoria" bekundet sich eine konventionelle Metaphernsprache, ganz im Unterschied zur 2. Strophe des Gedichts *Nach neuen Meeren*, das als Ganzes eine absolute Chiffre ist. Die Wendung "Lieblichste Victoria!" verdeutlicht überdies, daß Nietzsche hier noch dem Schönen, dem stimmungslyrischen Einklang von Mensch und Natur, den Vorrang vor dem Erhabenen, der den Menschen fordernden und bedrohenden Unendlichkeit, einräumt. Ein formspielerischer Zug ist unverkennbar. Das vierstrophige Gedicht *Yorick-Columbus* vom Herbst 1884, das, mit entsprechenden Variationen, die Strophen der Gedichte *Columbus novus* und *Nach neuen Meeren* enthält, verbindet in der Schlußstrophe das Schöne mit dem Erhabenen:

> Alles wird mir neu und neuer,
> Weit hinaus glänzt Raum und Zeit –
> Und das schönste Ungeheuer
> Lacht mir zu: die Ewigkeit

Ein Dreiklang von Schönheit, Erhabenheit und Heiterkeit geht von der "Ewigkeit" aus. Das Bedrohliche des "Ungeheuers" wird durch seine Schönheit und sein Lachen ausgeglichen. Hinter solchen Versen steht Nietzsches Liebe zur Gefahr, der Gedanke des Sich-Erprobens an großen, erhabenen, bedrohlichen Gegenständen. Im Denkspruch *Der Wandrer* lautet der Schlußvers: "Verloren bist du, glaubst du – an Gefahr." (3, 359 – FWS). In der *Fröhlichen Wissenschaft* verkündet Nietzsche die existentielle Maxime: "Denn, glaubt es mir! – das Geheimniss, um die grösste Fruchtbarkeit und den grössten Genuss vom Dasein einzuernten, heisst: *gefährlich leben*!" (3, 526 – FW). Ein nachgelassenes Fragment vom Sommer 1888 drückt dies in ähnlicher Entschiedenheit aus:

> wo Gefahr ist,
> da bin ich dabei,
> da wachse ich aus der Erde (13, 569)

Diese Hölderlin-Replik, die Hölderlins zum geflügelten Wort gewordenen Verse "Wo aber Gefahr ist, wächst / Das Rettende auch." (*Hölderlin*, Patmos, SW II, 165) adaptiert, signalisiert prägnant den neuen Stellenwert der "Gefahr" bei Nietzsche. Während bei Hölderlin die "Gefahr" durch das "Rettende" aufgehoben wird, ist für Nietzsche die "Gefahr" das Element der schöpferischen Selbstentfaltung. Gefahr und Rettung stehen bei Hölderlin in einem adversativen, bei Nietzsche in einem implikativen Bezug. Nicht das Sich-aus-Gefahr-Retten, sondern das Sich-in-Gefahr-Begeben ist kennzeichnend für Nietzsche. Bei Nietzsche ist die "Gefahr" ein Stimulans des Lebens. Die Gefahr ist der Probierstein der Existenz. Der Unterschied zwischen Nietzsche und Hölderlin wird auch an der verschiedenartigen Behandlung des Columbus-Motivs deutlich. Hölderlins hymnischer Entwurf *Kolomb* ist eine elegische Erinnerung an den historischen Columbus, der als idealisiertes, mythisiertes Vorbild des sprechenden Ich erscheint:

> Wünscht' ich der Helden einer zu seyn
> Und dürfte frei   es bekennen,
> So wär' es ein Seeheld.
>   [...]
> Und hin nach Genua will ich
> Zu erfragen Kolombos Haus
> Wo er
> In süßer Jugend gewohnet. (SW II, 242 f.)

Ist bei Hölderlin Columbus eher ein lyrisches Stimmungsrequisit, so ist er bei Nietzsche eine existentielle Chiffre. Vergleicht man des weiteren Nietzsches Columbus-Gedicht mit dem Columbus-Gedicht Schillers, so wird der Neuansatz Nietzsches vollends deutlich. Auch bei Schiller ist Columbus der mutige Seefahrer, aber ihm zeigt sich noch eine "Küste", wie er auch auf den "leitenden Gott" bezogen ist und "Genius" und "Natur" eine ideale Einheit bilden. In Schillers Distichen erfolgt die Idealisierung des Motivs. Das Columbus-Motiv wird entfaltet in der Idylle als der Einheit von Wirklichkeit und Ideal:

> *Columbus*
>
> Steure muthiger Segler! Es mag der Witz dich verhöhnen,
>   Und der Schiffer am Steur senken die lässige Hand.
> Immer, immer nach West! Dort *muß* die Küste sich zeigen,
>   Liegt sie doch deutlich und liegt schimmernd vor deinem Verstand.
> Traue dem leitenden Gott, und folge dem schweigenden Weltmeer,
>   Wär' sie noch nicht, sie stieg' jetzt aus den Fluten empor,
> Mit dem *Genius* steht die *Natur* in ewigem Bunde,
>   Was der Eine verspricht, leistet die andre gewiß. (NA I, 239)

Bei Nietzsche sind "Küste", "Gott" und Harmonie von "Genius" und "Natur" verlorengegangen, und das Subjekt sieht sich nur noch der Unendlichkeit konfrontiert. Der Expressionist Georg Heym entfaltet in seinem Gedicht *Columbus* das Motiv in einer bilderreichen, Erlösung verheißenden Vision des Aufbruchs in eine neue Welt, wobei freilich die große Entdeckung zuletzt als Bedrohung einer idyllischen Lebensform erscheint, denn bald werden die spanischen Eroberer jene friedliche Welt zerstören:

[...]
Im Nachtgewölke spiegeln große Städte,
Fern, weit, in goldnen Himmeln wolkenlos,
Und wie ein Traum versunkner Abendröte
Die goldnen Tempeldächer Mexikos.

Das Wolkenspiel versinkt im Meer. Doch ferne
Zittert ein Licht im Wasser weiß empor.
Ein kleines Feuer, zart gleich einem Sterne.
Dort schlummert noch in Frieden Salvador.
(*Heym*, Lyrik, 218)

Während der Aufbruch bei Nietzsche zur absoluten Bewegung wird, mündet er bei Heym in den Untergang, und wo bei Nietzsche das große Willenspathos herrscht, klingt bei Heym ein elegischer Ton an. Aufschlußreich sind die unterschiedlichen Konzeptionen des Columbus-Motivs bei Nietzsche. Im Gedicht *Yorick-Columbus* ist im Titel mit der Anspielung auf den Hofnarren Yorick in Shakespeares *Hamlet* und die tragikomische Gestalt des Yorick in Lawrence Sternes *Tristram Shandy* das Motiv der spielerischen Maske, der witzigen Fröhlichkeit und der freien Lebenslust ins Spiel gebracht. Zugleich rückt Columbus durch die Symbiose mit Yorick ins Zwielicht von Aufbruch, Narrentum und Tod. Nietzsche spielt allerdings mit dem Yorick-Motiv weniger auf das vanitas-Motiv im *Hamlet* als vielmehr auf das Motiv des freien, spielerischen Geistes an, wie er es bei Sterne ausgeprägt sieht. Nicht ohne Grund nennt er Sterne den "freiesten Schriftsteller aller Zeiten" (2, 424 – VM), dessen "Ironie" alles Festgefügte und Apodiktische, "alles Sentenziöse" und "das Ernsthafte" in Frage stelle: "So bringt er bei dem rechten Leser ein Gefühl von Unsicherheit darüber hervor, ob man gehe, stehe oder liege: ein Gefühl, welches dem des Schwebens am verwandtesten ist." (2, 425 – VM).[56] Dies trifft auf Nietzsche selbst und damit auch auf seinen "Columbus" zu. Im Gedicht *Nach neuen Meeren* ist das Yorick-Motiv getilgt, denn hier ist der reine Bezug zwischen dem Ich und der Unendlichkeit das Thema. Nun ist das Erhabene, das unendliche Große, in seiner reinen Erscheinung und seiner Wirkung auf das Ich das Thema des Gedichts. Weiterhin ist nicht zu übersehen, daß das Unendliche in *Yorick-Columbus* noch stärker im abstrakten Begriff, im Schlüsselwort "Ewigkeit", in *Nach neuen Meeren* hingegen entschiedener in unmittelbarer sinnlicher Anschauung, im Bild der "Unendlichkeit", vergegenwärtigt wird. Das 'Ungeheuere' der "Unendlichkeit", des Meeres, birgt elementare Bedrohung in sich. Fragmente vom Sommer 1888 lauten: "der Himmel steht in Flammen, das Meer / speit nach uns" – "das Meer fletscht die Zähne / gegen dich." (13, 551). Diese dynamisierenden Metaphern, diese Metaphern der Aggressivität, fehlen in den Columbus-Gedichten, deren Grundthematik die halkyonische Entrückung, die Aufhebung des Raum- und Zeitgefühls, das Urerlebnis von "Ewigkeit" und "Unendlichkeit" ist.

---

56 Schon der Schüler Nietzsche zeigt ein emphatisches Interesse an den "frappanten Gedanken" des *Tristram Shandy* (HKG, W I, 151). Später ist es das "schelmische Spiel" mit Tabus (8, 419), was Nietzsche am *Tristram Shandy* fesselt.

Die Unendlichkeit wird von Nietzsche nicht nur als absolutes Freiheitsgefühl, sondern auch als elementare Bedrohung erfahren. In der *Fröhlichen Wissenschaft* schreibt er:

> *Im Horizont des Unendlichen.* – Wir haben das Land verlassen und sind zu Schiff gegangen! Wir haben die Brücke hinter uns, – mehr noch, wir haben das Land hinter uns abgebrochen! Nun, Schifflein! sieh' dich vor! Neben dir liegt der Ocean, es ist wahr, er brüllt nicht immer, und mitunter liegt er da, wie Seide und Gold und Träumerei der Güte. Aber es kommen Stunden, wo du erkennen wirst, dass er unendlich ist und dass es nichts Furchtbareres giebt, als Unendlichkeit. Oh des armen Vogels, der sich frei gefühlt hat und nun an die Wände dieses Käfigs stösst! Wehe, wenn das Land-Heimweh dich befällt, als ob dort mehr *Freiheit* gewesen wäre, – und es giebt kein "Land" mehr! (3, 480 – FW)

Hier verweist Nietzsche selbst *expressis verbis* auf den Doppelaspekt der "Unendlichkeit", auf ihre existenzerweiternde, halkyonische Verwandlung des Subjekts und auf ihre das Ich zu vernichten drohende Wirkung. Hingabe an das Grenzenlose und Erdrücktwerden vom Grenzenlosen sind die Extremzustände im Erlebnis des Unendlichen. Das scheinbar paradoxe Bild des "Oceans" als "Käfig" veranschaulicht schlagartig die spannungsvolle Dialektik von "Freiheit" und "Unendlichkeit". Die Bewegung der absoluten Freiheit, veranschaulicht im Bild des in die "Unendlichkeit" fahrenden Schiffes, kann umschlagen in die absolute Unfreiheit, in das Gefühl der erdrückenden Furchtbarkeit des Unendlichen, und zum "Land-Heimweh" führen. Das Unendlichkeitsverlangen kann zur Unendlichkeitsangst werden. Im Erlebnis der Unendlichkeit kann der Mensch eine höchste Lebenssteigerung erfahren, aber dieses Erlebnis kann umschlagen in eine kreatürliche Raumangst. Dies ist im übrigen eine Grunderfahrung vor allem moderner Künstler. So spricht Max Beckmann von der "schaurigen Tiefe" des "unendlichen Raumes" (*Hess*, Dokumente, 109)[57], de Chirico erfährt die "entdeckte schreckliche Leere" des Raumes (*Haftmann*, Malerei, 206), und Benn setzt das "Wort" an gegen den "leeren Raum um Welt und Ich" (*Benn*, Ein Wort, GW III, 208). Dies alles hat Nietzsche vorweggenommen, in dem für ihn typischen Extremismus, der alle Dinge, Erfahrungen und Erlebnisse auf die Spitze treibt und einen permanenten Spannungszustand voraussetzt. Aber gerade aus dieser Spannung erwachsen die schöpferischen Impulse und Energien. Es ist nicht zuletzt die Leere, Einsamkeit und Grenzenlosigkeit der in den Raum gestellten Dinge, die Nietzsche ins Blickfeld rückt und durch deren Darstellung er auf die Moderne wirkt. So schreibt de Chirico:

> Das wahrhaft Neue, was Nietzsche entdeckt hat, ist eine fremdartige und tiefe, grenzenlos mysteriöse und einsame Poesie, die auf der Stimmung eines Herbstnachmittags beruht, wenn das Wetter klar ist und der Schatten länger als im Sommer. (*Hess*, Dokumente, 112)[58]

---

57 Zum anthropologischen Phänomen der kreatürlichen Raumangst als formbildender Kraft vgl. *Worringer*, Abstraktion, 49 ff., 175 ff.

58 Nietzsche stimuliert de Chirico: "Ich hatte begonnen, Sujets zu malen, mit denen ich das starke mysteriöse Gefühl auszudrücken versuchte, das ich in den Büchern Nietzsches entdeckt hatte: die

Nietzsche betont den unlöslichen Zusammenhang von Produktivität und Erleben, Text und Person, Werk und Existenz. Noch in einem Fragment vom Oktober 1888 notiert er:

> Wer den geringsten Begriff von mir hat, erräth, daß ich mehr erlebt habe, als irgend ein Mensch. Das Zeugniß ist sogar in meinen Büchern geschrieben: die, Zeile für Zeile, erlebte Bücher aus einem Willen zum Leben sind und damit, als *Schöpfung*, eine wirkliche Zuthat, ein Mehr jenes Lebens selber darstellen. (13, 613 f.)

Diese Textstelle wirft ein erhellendes Licht auf die Problematik des Schöpferischen im Denken Nietzsches. Sie gibt vor allem Aufschluß über Ursprung, Funktion und Bedeutung des Schreibens. Erneut betont Nietzsche den Erlebnischarakter bzw. den existentiellen Aspekt seiner Bücher. Es ist nicht unwichtig, dies nochmals mit Nachdruck festzuhalten, da die philosophische Nietzsche-Forschung, vor allem die ontologische Nietzsche-Interpretation, die die – berechtigte – Frage nach den durch Nietzsche erfolgten Welt- und Seinsbestimmungen stellt, im ganzen dazu tendiert, die subjektiv-existentiellen Voraussetzungen und Implikationen der Nietzscheschen Texte zu ignorieren. Diesem fatalen Mißverständnis ist Nietzsche selbst schon durch die häufigen Hinweise auf die Erlebnisbezogenheit seines Schaffens faktisch entgegengetreten. Dies bedeutet nun nicht, daß er die 'Wahrheit' an das 'Erleben' preisgeben, alle Seinsaussagen der subjektiven Willkür überantworten und nur den persönlich-privaten Lebenshabitus gelten lassen würde. Dies besagt vielmehr, daß alle Aussagen über Sein und Weltstruktur im existentiellen Erleben, im Existenzvollzug selbst begründet und ausgewiesen sein müssen. Nietzsche stellt ausdrücklich fest, daß er seine "Philosophie" "gelebt" habe (13, 492 – 1888). Er hat sie *er*lebt und *ge*lebt. Nur am Rande sei angemerkt, daß dabei unterschieden werden muß zwischen Persönlich-Privatem – das nur die empirische Person Nietzsche betrifft – und dem Subjektiv-Existentiellen, das Ausdruck menschlicher Grundsituationen ist. Das Privat-Persönliche ist nur insofern relevant, als in ihm solche Grundsituationen zum Ausdruck gelangen. Den Ursprung seiner Bücher sieht Nietzsche ganz eindeutig in seinem Erleben, einem Erleben, das von exzeptioneller Art, von einzigartiger Intensität ist. Die Funktion des erlebnisbezogenen Schreibens liegt in der Lebenssteigerung, in dem außerordentlichen Maß an Lebensintensität, das der Schreibprozeß erwirkt, im "Willen zum Leben". Das Schreiben der Bücher ist ein Akt der produktiven Selbstbehauptung des Schreibenden gegenüber allen Strömungen der Lebensverneinung, der nihilistischen Absage an das Leben, der Décadence und der Resignation. Das

---

Melancholie der schönen Herbstnachmittage in den italienischen Städten." (*Hess*, Dokumente, 112). Nietzsches Lehre von der Verwandlung des "Nicht-Sinns des Lebens" in "Kunst" ist für de Chirico eine Befreiung (ebd.). Es ist allerdings die Frage, ob Nietzsches Erlebnis der italienischen Städte sich in der "magischen Starre" der "Dingbilder" de Chiricos (*Haftmann*, Malerei, 207) erschöpft oder ob ihm nicht ein stärkerer Zug zur expressiven Innerlichkeit im Stile van Goghs eigentümlich ist. Freilich, der Eindruck, den Nietzsche von Turin hatte, kommt den Bildern de Chiricos nahe: "Eine ernste, fast großgesinnte Welt stiller Straßen mit Palästen des vorigen Jahrhunderts, sehr aristokratisch." (B 8, 313 – 13.5.88 – an v. Seydlitz).

Schreiben zielt keineswegs nur auf Fixierung und Interpretation von – wie immer gearteten – Befunden. Es hat vielmehr primär existentielle Funktion. Die Welt- und Existenzanalysen Nietzsches, geschweige denn seine Dichtungen, sind selbst schon eine Form der existentiellen Selbstentfaltung, des Lebensvollzugs. Die Bedeutung des Schreibens ist darüber hinaus in einem Zuwachs, einem "Mehr" an "Leben", in der "*Schöpfung*", d.h. im Hervorbringen von Neuem, vorher noch nicht Dagewesenem zu sehen. Die zitierte Textstelle enthält *in nuce* die ganze 'Ästhetik' Nietzsches. Sie verdeutlicht zwingend den Problemzusammenhang von Erleben, Leben und Produktivität. Das lebensbejahende, die äußerste Lebenssteigerung erstrebende Erleben bringt im schöpferischen Akt des Schreibens eine neue Wirklichkeit, ein neues Leben hervor, die Bücher, die Werke. Im produktiven Prozeß transzendiert das Leben sich selber, entbindet aus sich selber neue Perspektiven, Möglichkeiten, Verwirklichungen. Schreiben ist "Schöpfung", ist Hervorbringen eines Lebendigen, ist Steigerung und Erweiterung des "Lebens". Man kann von vornherein grundsätzlich feststellen, daß Nietzsche alle produktiven Prozesse unter der Optik des dergestalt schöpferischen "Lebens" sieht. Er mißt alle Geistesprodukte – ob es sich um philosophische Schriften, ästhetische Abhandlungen oder künstlerische Gebilde handelt – an der Frage, ob sie im Sinne der Lebenssteigerung und Lebenserweiterung funktionieren.

Es wäre nun freilich ein Mißverstehen Nietzsches, würde man bei ihm die Relation Erlebnis-Ausdruck als unmittelbares, spontanes Umsetzen des Erlebnisses in den Ausdruck auffassen. Zwischen Erlebnis und Werk liegt eine Distanz, eine kürzere oder längere Distanz des Reflektierens, des Experimentierens, des Entwickelns von Konzeptionen und Perspektiven. Nietzsche notiert:

> Meine Schriften reden nur von meinen eignen Erlebnissen – glücklicherweise habe ich Viel erlebt –: ich bin darin, mit Leib und Seele – wozu es verhehlen?, ego ipsissimus, und wenn es hoch kommt, ego ipsissim u m. Aber es bedurfte bei mir immer erst einiger Jahre Distanz, um jene gebieterische Lust und Kraft zu verspüren, welche jedes solches Erlebniß, jeden solchen *überlebten* Zustand darstellen heißt. Insofern sind alle meine Schriften, mit einer einzigen, allerdings sehr wesentlichen Ausnahme *zurückdatirt*. (12, 232; vgl. 14, 163)

Zwischen den "Erlebnissen" und den "Schriften" liegt die "Distanz" der schöpferischen Verarbeitung der Erlebnisse, liegen Denkprozeß, Perspektivenbildung und Kunstfaktor. Insofern ist Nietzsches Schaffen nicht ein unmittelbar-spontanes Schaffen, sondern es handelt sich um einen Reifungsprozeß, um einen manchmal langwierigen, komplizierten Prozeß der denkerischen und sprachlichen Verarbeitung bestimmter Motive. Das ist an sich kaum erstaunlich bei einem Autor, der sich denkerisch zu seinen Sujets verhält und revolutionäre Grundideen, neue Weltperspektiven verkünden will. Dazu bedarf es eines gewissen zeitlichen Abstandes zu den "Erlebnissen", denn erst aus der Distanz können sie philosophisch und ästhetisch fruchtbar gemacht werden. Das aber bedeutet, daß das 'Schöpferische' eine Kategorie *sui generis* ist. Es setzt einen eminenten Reflexionsprozeß und die ästhetische Transformation voraus. Wichtig ist dabei, daß sich dieser Vorgang nicht intellektuell manipulieren läßt. Hier ist nicht nur der Wille entscheidend, sondern es kommt auch auf die Selbstentfaltung der Sache im Reifungsprozeß an. Mit Gewalt läßt sich da wenig erreichen. Ein Zug von Naivität ist unumgänglich. Sehr klar spricht Nietzsche diesen Sachverhalt in folgendem Fragment aus:

> Nie sehen wollen, *um* zu sehen! Als Psychologe muß man leben und warten – bis von selber das *durchgesiebte* Ergebniß vieler Erlebnisse seinen Schluß gemacht hat. Man darf niemals wissen, *woher* man etwas weiß / Sonst giebt es eine schlechte Optik und Künstlichkeit. (12, 369 f.; vgl. 6, 115 – GD)

Es setzt zunächst in Erstaunen, daß ausgerechnet der bohrende Psychologe Nietzsche, der Enthüllungspsychologe, der in der messerscharfen Kritik der Moral und überhaupt aller abendländischen Wertsysteme den Willen zur Macht als deren eigentliche Antriebsfeder herausstellt, hier nun vor übermäßiger Kausalanalyse warnt. Dem ersten Anschein ist dies eine der für Nietzsche so charakteristischen Paradoxien. In Wahrheit aber sind dies nur zwei Seiten einer Medaille. Wenn es darum geht, Fiktionen zu entlarven, betreibt Nietzsche kritische Kausalanalyse, geleitet vom Bestreben, den wahren Grund der Dinge ans Licht zu bringen. Steht hingegen die produktive Vergegenwärtigung der Lebensphänomene an, betont er stärker das aus dem Reifungsprozeß der "Erlebnisse" erwachsende intuitive Erfassen. Wichtig ist vor allem, daß ein Denkergebnis das Produkt "vieler Erlebnisse" ist. Erst aus einem Komplex von Einzelerlebnissen erwachsen Perspektiven und Denkmotive. Man kann feststellen, daß die schöpferische Umsetzung des Erlebens erstens eine Distanz zum Erlebnis und zweitens eine Erlebnispluralität voraussetzt. Die Umsetzung des Erlebnisses resp. der Erlebnisse in die Darstellung wäre somit ein durch den kritisch prüfenden und intuitiv erfassenden Intellekt gefilterter Vorgang.

Es ist aber bezeichnend für die Perspektive und die Erfahrung Nietzsches, daß er bei dem Hinweis auf die Zurückdatierung seiner Schriften eine Reservatio mentalis erkennen läßt, wenn er auf "eine einzige, allerdings sehr wesentliche Ausnahme" verweist. Gemeint ist der *Zarathustra*. Im Hinblick auf den *Zarathustra*, dieses seiner Meinung nach einzigartige, absolut unerreichte Werk der Weltliteratur, betont Nietzsche enthusiastisch das Unvermittelte, Spontane, Überfallartige des Entstehungsprozesses. Das Zarathustra-Erlebnis ist für ihn ein Erleuchtungserlebnis, *das* Erleuchtungserlebnis. Den *Zarathustra* sieht er im verklärenden Licht der großen Inspiration. Bezeichnenderweise spricht er hier nicht von einem langandauernden Reifungsprozeß, sondern betont, daß die Niederschrift spontan, in erstaunlich kurzer Zeit erfolgt sei. Vom ersten Teil des *Zarathustra*, der im Januar 1883 entstand und Ende April 1883 erschien, heißt es im Brief an Karl Hillebrand vom 24.5.1883:

> Dies kleine Buch, das ich hiermit Ihrer Güte anheimgebe, ist ein ganz plötzliches Ereigniß, das Werk von zehn vollkommen hellen Tagen dieses schwermüthigsten aller Winter. Jetzt, wo ich es kennen lerne – denn bei seiner Entstehung fehlte mir dazu die Zeit, und inzwischen war ich krank – erschüttert es mich durch und durch und ich bin nach jeder Seite in Thränen. Alles, was ich gedacht,

> gelitten und gehofft habe, steht darin und in einer Weise, daß mir mein Leben jetzt wie *gerechtfertigt* erscheinen will. Und dann wieder schäme ich mich vor mir selber: denn ich habe hiermit nach den höchsten Kronen die Hand ausgestreckt, welche die Menschheit zu vergeben hat. (B 6, 380)

Inspirationserlebnis, Existenzrechtfertigung und Menschheitsrang sind für Nietzsche konstitutive Signa des *Zarathustra*. Die Rechtfertigung der Existenz allein durch das Schaffen ist eine der unumstößlichen Maximen Nietzsches. Erst im Schaffensprozeß, in der Hervorbringung des großen Werkes, legitimiert sich das Dasein. Daß das Werk dabei den höchsten Ansprüchen zu genügen hat, gehört zu den besonderen Zielsetzungen des ambitionierten Genies. Voraussetzung des großangelegten Schaffens sind exzeptionelle Erleuchtungserlebnisse. Ohne die Inspiration kommt das große Werk nicht zustande. Der inspiratorische Impetus ist für die Werkentstehung unabdingbar. Eindringlich verweist Nietzsche auf die entscheidende Rolle, die die Inspiration bei der Entstehung des *Zarathustra* spielt. In *Ecco homo* hat er bezüglich des *Zarathustra* die "Gewalt der Inspiration" als ein Gefühl absoluter Freiheit und höchster Lebenssteigerung beschrieben: "Alles geschieht im höchsten Grade unfreiwillig, aber wie in einem Sturme von Freiheits-Gefühl, von Unbedingtsein, von Macht, von Göttlichkeit..." (6, 340 – EH). Aufschlußreich ist die Stoßrichtung, die Nietzsche der "Inspiration" gibt. "Inspiration" ist für ihn nicht nur ein Überwältigtwerden, sondern auch Willensentfaltung. Einerseits vollzieht sie sich "unfreiwillig", andererseits entfaltet sie das "Freiheits-Gefühl", das Gefühl von "Macht", ja von "Göttlichkeit". Im Unterschied zur romantischen Inspirationsästhetik, die den Inspirierten als Medium einer höheren Macht oder Vollzugsorgan des Unbewußten auffaßt[59], setzt Nietzsche den Akzent auf den Schaffenden, das schöpferische Subjekt. Die aus der Inspiration erwachsende absolute Verfügungsgewalt des Subjekts über die Dinge empfindet er als einen historisch unvergleichlichen Vorgang: "Dies ist *meine* Erfahrung von Inspiration; ich zweifle nicht, dass man Jahrtausende zurückgehn muss, um Jemanden zu finden, der mir sagen darf 'es ist auch die meine'." (6, 340 – EH). Zur Zeit des *Zarathustra* erfährt Nietzsche Augenblicke der mystischen Einheit mit dem Sein, visionäre Zustände eines neuen Seinsgefühls, überwältigende Erleuchtungserlebnisse. Die lebenssteigernde, kunstschaffende "Inspiration" gewinnt für ihn metaphysische Dignität. Aber es ist im Blickfeld zu halten, daß dies für ihn nicht ein rein passiver, sondern vor allem ein aktiver Vorgang ist. Es ist die Dialektik von Überwältigtwerden und Schaffen, die seine Perspektive prägt.

Das Zarathustra-Erlebnis wird von Nietzsche erfahren als abrupte Befreiung von einem außerordentlichen Druck, und wiederum zeigt sich eine dialektische Spannung: das Umschlagen des äußersten Druckes in eine äußerste Freiheit, der tiefsten Depression in den höchsten Enthusiasmus. Am 19.2.1883 schreibt er aus Rapallo an Köselitz:

---

59 Für den Schelling-Schüler Schubert ist in der *Symbolik des Traumes* die "Natur" eine "Traumrednerin" (S. 24), eine "Offenbarung Gottes" (S. 29), und der "Mensch" ist "ein Theil und Gleichniß jenes Gottes, dessen Sprache, dessen sinnlich offenbartes Wort die Natur ist" (S. 55). Die Sprachen der "Offenbarung", des "Traumes" und der "Poesie" bilden eine ursprüngliche Einheit (vgl. S. 13 ff.).

> Die ungeheure Last, die in Folge des Wetters auf mir liegt (sogar der alte Aetna beginnt zu speien!) hat sich bei mir in Gedanken und Gefühle verwandelt, deren Druck *furchtbar* war: und aus dem plötzlichen *Loswerden* von dieser Last, in Folge von 10 absolut heitern und frischen Januartagen, die es gab, ist mein "Zarathustra" entstanden, das *losgebundenste* meiner Erzeugnisse. (B 6, 333)

Erneut hebt Nietzsche auf das Situative der *Zarathustra*-Entstehung ab, indem er auf die meteorologischen Voraussetzungen und die kurze Zeit der Niederschrift verweist. Dem abrupten Wechsel des Wetters entspricht der jähe Wechsel der Gefühle. Das ist weiter nicht erstaunlich, wenn man sich vergegenwärtigt, daß Nietzsche seit den frühen siebziger Jahren fast unablässig über die klimatischen Verhältnisse klagt, die seine Gesundheit ruinierten. Die häufigen Ortswechsel Nietzsches werden vielfach von ihm klimatisch begründet. Das Wetter gehört zu den Existenzbedingungen Nietzsches. Seine Denk- und Schreibfähigkeit hängt auch vom Wetter ab. Insofern ist es nicht verwunderlich, daß der *Zarathustra* an schönen, "frischen" Tagen entstanden ist. Das besagt natürlich nicht, daß das Werk das Zufallsprodukt einer zufälligen Wetterlage sei. Das Wetter hat eher auslösende Funktion, es schafft die äußeren Voraussetzungen für eine bestimmte geistig-seelische Disposition. Wichtig ist jedenfalls, daß die Zarathustra-Inspiration explosionsartig aus einem Überdruck entsteht. Am 17.4.1883 schreibt Nietzsche aus Genua an Köselitz:

> Ich lerne eigentlich jetzt erst Zarathustra kennen. Seine Entstehung war eine Art *Aderlaß*, ich verdanke ihm, daß ich nicht erstickt bin. Es war etwas Plötzliches, die Sache von 10 Tagen. (B 6, 361)

In dialektischem Umschlag vom äußersten Druck in die äußerste Freiheit bringt der *Zarathustra*, so Nietzsche, das wahre Wesen seines Verfassers zum Vorschein. Am 10.2.1883 schreibt er aus Rapallo an Overbeck:

> Dies Buch, von dem ich Dir schrieb, eine Sache von 10 Tagen, kommt mir jetzt wie mein Testament vor. Es enthält in der größten Schärfe ein Bild meines Wesens, wie es ist, *sobald* ich einmal meine ganze Last abgeworfen habe. Es ist eine Dichtung und keine Aphorismen-Sammlung. (B 6, 326)

Wiederum betont Nietzsche die Persongebundenheit des Werkes. Im *Zarathustra* entwirft er "ein Bild meines Wesens", das erst in der Befreiung von dem auf ihm lastenden Druck in Erscheinung tritt und das sich dann in abrupter Form produktiv entfaltet, in der Kunst, in der Dichtung. Es ist im übrigen höchst aufschlußreich, daß Nietzsche in seinen brieflichen Bemerkungen zum *Zarathustra* neben den Hinweisen auf die welthistorische Bedeutung des Werkes hauptsächlich vom Entstehungsprozeß spricht, sich hingegen nur selten zu den spezifischen Inhalten äußert. Von vorrangiger Bedeutung scheint für ihn, zunächst wenigstens, die existentielle, lebenserhaltende und lebenssteigernde Funktion des *Zarathustra* bzw. der Vorgang der Werkentstehung zu sein.

In wie starkem Maße der *Zarathustra*-Schaffenprozeß ein spontan-intuitiver Vorgang war, zeigen die wiederholten Bemerkungen Nietzsches, er habe das Werk erst nach der Herstellung 'kennengelernt'. Im Brief vom 17.4.1883 aus

Genua an Overbeck schreibt er, er habe den *Zarathustra* erst bei der Lektüre der Druckbogen geistig wirklich erkannt:

> Inzwischen kam Zarathustra, langsam, Bogen für Bogen, zum Vorschein. Ja, ich lernte ihn jetzt erst kennen! In jenen 10 Tagen seiner Entstehung hatte ich *dazu* keine Zeit. (B 6, 362)

Erst nach der Niederschrift, in der Phase der Drucklegung und dann nach Erscheinen des Werkes, konzentriert sich Nietzsche auf die Werkstruktur; erst jetzt setzt er sich offenbar mit den thematischen und formalen Zusammenhängen auseinander, hat er den Blick für das Werk als Werk. Vorher war es ein eher rauschhafter Prozeß – rauschhaft nicht im Sinne von bewußtlosem Drauflosschreiben, nicht im Sinne eines automatischen Diktats des Unbewußten, sondern rauschhaft im Sinne einer höchsten geistigen Intensität und Spontaneität. In dieser Phase hätte ein kritisch-analytisches Verhalten die "Inspiration" gestört. Bei der spontanen Niederschrift läßt die Explosivität der Inspiration "keine Zeit" für intellektuelle Distanz zum Geschriebenen. Die geradezu centaurische Vehemenz des Zarathustra-Erlebnisses, die potenzierte Psychodynamik dieses Erlebnisses, würde durch die unmittelbar flankierende rationale Kontrolle blockiert werden. Erst im zeitlichen Abstand zum dionysischen Schaffensprozeß vermag die apollinische Intellektualität den geistigen Gesamtkomplex des Werkes zu durchschauen und zu deuten. Und so unterscheidet Nietzsche zwei Phasen: die spontan-intuitive Niederschrift und die erkennend-deutende Lektüre.

Nun muß man sich allerdings vor dem Mißverständnis hüten, als sei der *Zarathustra* eine *creatio ex nihilo*, eine Schöpfung aus dem Nichts. Wenn Nietzsche in jenem Brief vom Mai 1883 davon spricht, in diesem Werk stehe alles, was er "gedacht, gelitten und gehofft" habe, so zeigt dies, daß der *Zarathustra* das zwar spontane, aber nicht unvorbereitete Produkt Nietzscheschen Schaffens ist. Der *Zarathustra* ist zwar eine Eruption, aber dieselbe ist lange vorbereitet durch latente innere Spannungen, die nach Entladung und Lösung drängten. Langjährige Denkvorgänge, Leiden und Hoffnungen seines Verfassers sind in den *Zarathustra* eingegangen, der damit eine Art dichterisch-philosophische Summe der Existenz Nietzsches ist. Was im Zarathustra eruptiv ausbricht, war untergründig schon lange virulent. Freilich, von einem eigentlichen Reifungsprozeß kann man hier nicht sprechen, denn der *Zarathustra* ist nicht einfach nur die ästhetische Umsetzung vorgegebener Denkmotive. Die Hauptideen des *Zarathustra* fallen nicht wie reife Früchte von einem Baume der Erkenntnis. Es verhält sich vielmehr so, daß im Zarathustra-Erlebnis neue Grundideen aufscheinen, Ideen, die zwar ihre spezifische Genese haben, aber in ihrem vollen Gewicht, in ihrer vollen Bedeutung und Tragweite erst im *Zarathustra* zum Durchbruch gelangen. Erst im *Zarathustra* werden die Gedanken des "Übermenschen", des "Willens zur Macht" und der "ewigen Wiederkunft" als die das Denken Nietzsches prägenden philosophischen Grundideen entfaltet – die in der Folgezeit in den Schriften und Fragmenten Nietzsches immer wieder auftauchen. Das schließt frühere fragmentarische Konzeptionen nicht aus. Dennoch ist die Spontaneität der Nietzscheschen Denkerlebnisse nicht zu unterschätzen, wie vor allem der Bericht über die Plötzlichkeit des Gedankens der ewigen Wiederkehr bei einem monumentalen "Block" eindringlich zeigt (vgl. 6, 335 – EH). Wiederum das Spontan-Intuitive, das Blitzartige, das Überfallartige, das Augenblickhafte eines Erleuchtungserlebnisses, wiederum die 'Inspiration'.

Daß ein solcher spontan aufgestiegener Grundgedanke nicht nur durch spannungsvolle Denkprozesse vorbereitet ist, die erst die innere Disposition für ein solches Erleuchtungserlebnis schaffen, sondern dann auch symbolisch zur Seinsaussage, zu einer Aussage über die Weltstruktur selbst wird, ist evident. Es liegt in der Konsequenz Nietzscheschen Denkens, existentielle Erfahrungen ontologisch zu verabsolutieren, die eigene Seinserfahrung wie selbstverständlich zur Welt- und Seinsaussage schlechthin zu erklären, ein Verfahren, das die kritische Frage aufwirft, ob er damit nicht seinem eigenen Prinzip des Perspektivismus zuwiderhandelt. Es stellt sich die Frage, ob nicht auch die philosophischen Grundideen Nietzsches Weisen der perspektivistischen Welterfassung, ob nicht auch sie Interpretationsmodi sind. Da aber Nietzsche die eigene Existenz- und Seinserfahrung in erstaunlich selbstverständlicher Weise verabsolutiert, getragen vom Bewußtsein, daß sich das Leben im Schaffenden, d.h. in ihm selbst, konkretisiert, kann er die eigene Seinsaussage nicht zur bloßen Interpretation relativieren. Für Nietzsche löst sich dieses Problem der verschiedenartigen, vielfach extrem divergierenden, ja konträren Weltinterpretationen durch das Prinzip des Willens zur Macht. Die die Lebenssteigerung fördernde Perspektive ist die 'wahre' Perspektive. "Philosophisches Erkennen begreift er als Urteilsentscheidung im Streite von Weltperspektiven, die miteinander um Anerkennung und daher auch um Macht konkurrieren." (*Kaulbach*, Gerechtigkeit, 76). Ob eine Perspektive 'richtig' oder 'falsch' ist, entscheidet das Maß an Lebenssteigerung resp. Lebensschwächung, das sich aus einer Perspektive ergibt. Da nun das Zarathustra-Erlebnis für Nietzsche ein Höchstmaß an Lebenssteigerung bedeutet, tragen für ihn die im *Zarathustra* ausgesprochenen Grundgedanken dadurch den Beweis ihrer Stimmigkeit in sich selber und können zu Seinsaussagen verabsolutiert werden. Existenzerlebnis und Seinsaussage, existentielle Erfahrung und ontologische Bestimmung, bilden im Denken Nietzsches wesensmäßig eine Einheit. Sieht der Interpret nur das 'Existentielle', verliert er die für die Geschichte des philosophischen Denkens bedeutsamen Grundideen Nietzsches aus dem Blickfeld. Sieht er nur das 'Ontologische', verliert er die Persongebundenheit des Nietzscheschen Denkens aus dem Blick. Im Prinzip ist davon auszugehen, daß Nietzsches Grundgedanken Ergebnisse existentieller Erfahrungen, Ausdruck des im Subjekt waltenden Willens zur Macht, Produkte des Schaffenden sind. Nietzsche stellt einmal fest, daß "ich glücklicher Weise ein lebendiges Wesen und kein bloßer Abstraktions-Apparat bin" (12, 197). Das betrifft auch sein Philosophieren. Es ist ein im wahrsten Sinne des Wortes 'lebendiges' Philosophieren, das seine Legitimation aus dem Lebensvollzug, aus den existentiellen Erfahrungen, bezieht und auch dort, wo es scheinbar um eine von der Person des Philosophierenden gelöste, 'objektive' Auseinandersetzung mit der abendländischen Metaphysik und Moral und eine neue Wertsetzung geht, steht doch immer die lebendige Person des Denkenden hinter den vorgetragenen Thesen und Ideen. Die philosophische Entfaltung der Idee des "Übermenschen" oder der "ewigen Wiederkunft" ist ohne die Zarathustra-Visionen und jenes "Block"-Erlebnis kaum denkbar. Es ist freilich die Frage, ob die exorbitanten Erlebnisse für die philosophischen Grundgedanken nur auslösende Funktion oder begründende Bedeutung haben. Hier wird man kaum eine grenzscharfe Trennung vornehmen können. Zu sehr spielen bei Nietzsche philosophische Grundsatzreflexion und intuitive Seinsbegegnung ineinander, als daß man einen der beiden Aspekte isolieren könnte. Unübersehbar ist auf jeden Fall, daß bei Nietzsche das 'Erlebnis' Voraussetzung des philosophischen Denkens und auch das Philosophieren ein Schaffen ist, ein Auflösen von Tradiertem und ein Schaffen von Neuem. Die existentielle Erfahrung ist die *conditio sine qua non* der philosophischen Ideen. Überdies werden die Werke des Denkers und Künstlers verstanden als Rechtfertigung der Existenz. Wenn Nietzsche im erwähnten Brief vom Mai 1883 betont, erst der *Zarathustra* rechtfertige sein Leben, so verdeutlicht dies, daß das Werk der Lebenssteigerung des Schaffenden dient.

Es erschöpft sich allerdings nicht in dieser Funktion, sondern wird von Nietzsche als ein die Menschheit im Ganzen betreffendes, welthistorisches Ereignis verstanden. In einem Fragment vom Herbst 1881 heißt es: "laß dir von einem Gedanken erzählen, der vor mir aufgegangen ist, gleich einem Gestirne und der zu dir und zu Jedermann hinunterleuchten möchte, wie es die Art des Lichtes ist." (9, 614). Dieser große Gedanke, mit dem Nietzsche offenbar den Gedanken der ewigen Wiederkunft meint, ist ein Erleuchtungserlebnis des schaffenden Subjekts, das diesen Gedanken an die Menschheit weitergibt. Das existentielle Erlebnis gewinnt allgemeine, symbolische Bedeutung. Der Schaffende erlebt in diesem Sinne die großen Ideen gleichsam stellvertretend für die Menschheit, wobei eine nicht zu übersehende Paradoxie darin zu bestehen scheint, daß diese repräsentative Funktion des Grundgedankens aus einer extrem zugespitzten Einsamkeit erwächst. Ein anderes Fragment aus der gleichen Zeit lautet: "Von dem Augenblicke an, wo dieser Gedanke da ist, verändert sich alle Farbe, und es giebt eine andere *Geschichte*." (9, 616). Es ist nicht ganz klar, ob Nietzsche an dieser Stelle unter "Geschichte" Geschichte als künstlerisches Sujet oder Geschichte als Geschichte des Menschen, als Historie, versteht. Wie dem auch sei, auch diese Stelle zeigt, daß für Nietzsche die großen Verwandlungen von den großen Gedanken des Schaffenden ausgehen. Sie sind die eigentlichen Antriebsfedern der weiterführenden Lebensprozesse und des Weltgeschehens.

Nietzsche erfährt die großen Gedanken als Mysterium. Es sind immer Augenblicke des Geheimnisses, in denen die Grundgedanken aufsteigen. Sie haben für Nietzsche etwas letztlich Unbegreifliches, Undurchschaubares an sich. Das Erlebnis dieser Grundgedanken ist am ehesten mystischen Erfahrungen vergleichbar, Erfahrungen der *unio mystica*, der Einung des menschlichen Selbst mit der göttlichen Wirklichkeit, freilich mit dem charakteristischen Unterschied, daß bei Nietzsche die Neugeburt des Menschen ganz aus ihm selbst, aus dem Schaffenden, erwächst. Nietzsche spricht dies deutlich genug aus. Er notiert: "Da ging ich in die Einsamkeit und schuf den Übermenschen." (10, 210). Und noch zugespitzter: "Unsterblich ist der Augenblick, wo ich die Wiederkunft zeugte. Um dieses Augenblicks willen *ertrage* ich die Wiederkunft." (10, 210). Und im *Zarathustra* heißt es: "Aus solchem Samen aber wird – Wahrheit gezeugt!" (4, 251 – Za). Diese Fragmente enthüllen schlaglichtartig das Verhältnis von Schaffen und Grundideen im Denken Nietzsches. Die Grundideen sind nicht etwas nur zu Entdeckendes, sondern sie sind primär etwas zu Schaffendes. "Übermensch", "Wiederkunft" und "Wahrheit" sind Phänomene, die der Schaffende überhaupt erst in die Welt setzt. Das Schaffen ist ein Erschaffen. Nur im Lichte des Schöpferischen gewinnen die großen Grundgedanken ihre Evidenz. Als *geschaffene* Gedanken sind auch die schwersten Gedanken auszuhalten. Nur als eine vom schaffenden Subjekt hervorgebrachte Grundidee ist ein so schwerer und lähmender Gedanke wie die Idee der "Wiederkunft" erträglich. Als eine nur entdeckte, nicht geschaffene Wahrheit wäre der Gedanke der "Wiederkunft" unerträglich. Es zeigt sich zudem ein dialektisches Verhältnis zwischen den Grundideen. In Marginalien zu den Lehren Zarathustras heißt es im Hinblick auf den Gedanken der "Wiederkunft": "Er sieht, daß die Lehre nicht zu ertragen ist." Und weiter: "Er erfindet die Lehre vom Übermenschen." (10, 152). Nur der "Übermensch" vermag die "Wiederkunft" zu ertragen. Für den 'Menschen' ist der Gedanke der "Wiederkunft" ein lähmender, unerträglicher Gedanke. Da nun der "Übermensch" ein Entwurf des höchsten "Willens zur Macht" ist, ergibt sich ein spezifisches Funktionsverhältnis zwischen den drei großen Denkmotiven des "Willens zur Macht", der "ewigen Wiederkunft" und des "Übermenschen". Die drei Gedanken sind unlöslich miteinander verklammert. Der vom schaffenden Subjekt, vom "Willen zur Macht", hervorgebrachte "Übermensch" ist der "Verklärer des Daseins" (11, 541), derjenige, der alle Erscheinungsformen des Lebens, und damit auch den Gedanken der "Wiederkunft", ins 'Positive' wendet.

Es ist demnach zu beachten, daß nicht nur die – vielerörterte – Haltung des *amor fati*, sondern auch – und nicht zuletzt – das Prinzip des Schaffens die schwersten Gedanken und Existenzlagen erträglich, annehmbar, ja bejahenswert macht. Freilich, der Gedanke des *amor fati*, der Liebe zum Schicksal, prägt Nietzsches Haltung in ihrem Grundzug. Hier zeigt sich bei Nietzsche ein verwandeltes, neues Verhältnis der klassischen Dialektik von Freiheit und Notwendigkeit. Es ist ein Grundgedanke Nietzsches, die Notwendigkeit in den Willen aufzunehmen. Er verändert die klassische Problemkonstellation in doppelter Weise: 1) Er ersetzt Begriff und Phänomen der 'Freiheit' durch das Prinzip des 'Willens'. 2) Er verkündet die Identität von 'Wille' und 'Notwendigkeit'. So schreibt er über "alles Nothwendige":

> man soll es nicht nur tragen, man soll es *lieben*... *Amor fati*: das ist meine innerste Natur. – Und was mein langes Siechthum angeht, verdanke ich ihm nicht unsäglich viel mehr als meiner Gesundheit? Ich verdanke ihm eine *höhere* Gesundheit, eine solche, welche stärker wird von Allem, was sie nicht um-

bringt! – *Ich verdanke ihr auch meine Philosophie...* Erst der grosse Schmerz ist der letzte Befreier des Geistes [...] (6, 436 – NW; vgl. 3, 521 – FW; 6, 363 – EH)[60]

Damit bringt Nietzsche zwei zentrale Gedanken zum Ausdruck: die produktive Ausnutzung der Krankheit, die die Krankheit als Stimulans des Lebens erscheinen läßt, sowie die Krankheit resp. die Annahme des Notwendigen als Voraussetzung der Nietzscheschen Philosophie. Auch der Gedanke der ewigen Wiederkunft des Gleichen ist abhängig vom *amor fati*:

> Meine Formel für die Grösse am Menschen ist *amor fati*: dass man Nichts anders haben will, vorwärts nicht, rückwärts nicht, in alle Ewigkeit nicht. Das Nothwendige nicht bloss ertragen, noch weniger verhehlen – aller Idealismus ist Verlogenheit vor dem Nothwendigen –, sondern es *lieben*... (6, 297– EH)[61]

Der *amor fati* als die unbedingte Bejahung des Daseins in allen seinen Erscheinungsformen, insbesondere als Bejahung der ewigen Wiederkunft, ist für Nietzsche ein "dionysisches" Phänomen, d.h. Ausdruck der höchsten Lebenssteigerung. Im *amor fati* steigert sich der "Wille", die "Experimental-Philosophie"

> bis zu einem *dionysischen Jasagen* zur Welt, wie sie ist, ohne Abzug, Ausnahme und Auswahl – sie will den ewigen Kreislauf, – dieselben Dinge, dieselbe Logik und Unlogik der Knoten. Höchster Zustand, den ein Philosoph erreichen kann: dionysisch zum Dasein stehn –: meine Formel dafür ist amor fati... (13, 492 – 1888)

Nietzsches "Philosophie" wird von ihm selbst als 'Existenz'-Philosophie begriffen. Sie erwächst aus einer bestimmten Haltung zum Dasein, aus einem bestimmten Sich-Verhalten zum Dasein. Sie ist begründet im konkreten Existenzvollzug. Sie ist abgeleitet aus dem "Willen", aus dem "dionysischen" Willen der absoluten Weltbejahung. Das 'Dionysische' ist die höchste Form des "Amor fati". Der *amor fati*-Gedanke ist ein alles Geschehen, vor allem auch alles Geschehene, umprägender Gedanke, in dem Sinne, daß die Notwendigkeit aufgehoben und zum Ausdruck des Willens umgedeutet wird. Zarathustra erklärt: "Die Vergangnen zu erlösen und alles 'Es war' umzuschaffen in ein 'So wollte ich es!' – das hiesse mir erst Erlösung!" (4, 179 – Za). Damit wird nicht nur die Notwendigkeit, sondern auch der Zufall hinfällig, denn auch was dem Menschen als Zufall widerfährt, wird bejaht und in den Willen aufgenommen. Zarathustra ist der "Erlöser des Zufalls" (ebd.). Die traditionelle Problematik von Freiheit und Notwendigkeit ist obsolet. Freiheit, Notwendigkeit

60 Nietzsche postuliert eine Zunahme an "Kraft" durch die Überwindung von Schwächen und Niederlagen: "– was uns nicht umbringt, macht uns *stärker* ..." (III, 602 f.).

61 Der Wiederkunftsgedanke ist nur die letzte Konsequenz der unbedingten Daseinsbejahung. Wenn der Mensch das Dasein in allen seinen Erscheinungsformen uneingeschränkt bejaht, muß er auch die Wiederkehr aller dieser Erscheinungsformen bejahen. Damit wird die Notwendigkeit, d.h. die ewige Wiederkehr, in den Willen aufgenommen. Notwendigkeit, Wille und Wiederkehr werden identisch. Ob es sich bei diesem Schlüsselgedanken Nietzsches um eine ontologische Aussage, eine Aussage über das Wesen des Lebens, oder um eine psychologische Konstruktion im Dienste der Selbsterhaltung im Dasein handelt, ist eine andere Frage.

und Zufall sind nur noch Funktionen des schaffenden, des umschaffenden Willens.[62]

Gegenüber dem schöpferischen "Willen" werden zuletzt sogar die "Erlebnisse" irrelevant. Nietzsche formuliert dies lapidar in einem Aphorismus: "Ich erlebe nichts mehr: ich bin auch über Erlebnisse erhaben." (10, 152). Nietzsche emanzipiert sich auch von den "Erlebnissen", um die absolute Verfügungsgewalt des "Willens" nicht zu beeinträchtigen. Die Zufälligkeit von Erlebnissen kann für ihn nicht die Basis seines Philosophierens bilden. Möglicherweise macht Nietzsche hier allerdings aus der Not eine Tugend, indem er einen autistischen Erlebnismangel ins Produktive wendet. Aber es handelt sich nicht nur um eine Kompensation. Das Selbstgefühl des Schaffenden will sich unabhängig wissen von "diesem Gewimmel von Erlebnissen", die er "übersieht, ordnet und auslacht" (11, 470). Der Stolz des Schaffenden duldet keine Beeinträchtigung durch mehr oder weniger zufällige "Erlebnisse". Es versteht sich von selbst, daß diese Kritik der "Erlebnisse" sich nicht auf jene Grunderlebnisse des "Übermenschen" und der "ewigen Wiederkunft" bezieht. Man muß bezüglich des Nietzscheschen "Erlebnis"-Begriffs unterscheiden zwischen okkasionellen Erlebnissen (die rein zufälliger Art, bloße Gelegenheitserlebnisse sind) und existentiellen Erlebnissen (die das Menschsein im Kern betreffen). Man muß mit dem "Leben" Experimente anstellen, "um über die großen Probleme aus *Erlebnissen* heraus zu urtheilen", und der "Mensch der umfänglichsten Erlebnisse" ist der "mächtigste Mensch" (11, 519). Es kommt auf die Art der "Erlebnisse" an. Wenn es sich um Grunderlebnisse handelt, um Erlebnisse, die Ausdruck eines neuen Daseinsgefühls und einer neuen Weltsicht sind, tastet Nietzsche ihre Dignität nicht an. So definiert er "Philosophen" als "Menschen, die etwas *Außerordentliches* erlebt haben" (11, 262). Die existentiellen Erlebnisse sind Voraussetzungen produktiven Denkens. Die Kommunikationsschwierigkeiten zwischen seinen Texten und den Lesern führt Nietzsche auf den exzeptionellen, schwer nachvollziehbaren Charakter seiner "Erlebnisse" zurück, vor allem darauf, daß es spezielle *innere* Erlebnisse sind. Er stellt fest, daß "es schwer ist, solche Schriften wie die meinigen zu verstehen: die inneren Erlebnisse, Werthschätzungen und Bedürfnisse sind bei mir anders." (11, 448). Lehnt Nietzsche vordergründige, äußere Erlebnissituationen ab, so beharrt er doch mit Entschiedenheit auf den außerordentlichen inneren Erlebnissen als der wesensmäßigen

62 Auch im Denken Hegels spielt der Zufall eine Rolle. Aber Hegel versteht unter dem Zufall die Besonderheit, das empirisch Besondere. Auch bei Hegel wird der Zufall in der Notwendigkeit aufgehoben. Aber diese Notwendigkeit ist die Idee. Im Zufall offenbart sich die Idee, ja, erst durch den Zufall vermag die Idee aufzuscheinen. "So ist zum Beispiel die Schönheit in Natur und Kunst als das Scheinen der Idee nur unter Voraussetzung des Zufallsbegriffes verständlich." (*Henrich*, Zufall, 140). Der Unterschied zu Nietzsche ist evident. Während bei Hegel die Integration des Zufalls in die Notwendigkeit erfolgt, im Sinne der Symbolik des Notwendigen im Zufälligen, verabsolutiert Nietzsche den Zufall zur Notwendigkeit, so daß eigentlich die Notwendigkeit entfällt. Aber Nietzsches Zufallsbegriff unterscheidet sich nicht nur vom idealistischen Zufallsbegriff, sondern auch von einem realistischen Zufallsbegriff, in dem der Zufall als das Unberechenbare, Bedrohliche und Zerstörerische auftritt, als ein Faktor, der alles zunichte macht, wie dies z.B. bei Kleist der Fall ist, besonders in der *Familie Schroffenstein*. Nietzsche interpretiert den Zufall als eine absolut positive Größe. Der vom Willen bejahte Zufall bedeutet eine unbedingte Steigerung des Lebens.

Voraussetzung des Schaffens. Das Schöpferische, das Schaffen und Umschaffen, ist der Maßstab der "Erlebnisse".

Der Gedanke des Schaffens ist der dominierende Gedanke. Die Idee des Schaffens ist das organisierende Prinzip des ganzen Problemzusammenhangs von "Erlebnis", "Wille", "Übermensch" und "ewiger Wiederkunft". Man kann die kritische Frage aufwerfen, ob dies alles vielleicht nur eine große spirituelle Konstruktion ist, die man psychologisch deuten könnte als kompensatorische Emanation eines diktatorischen Bewußtseins, das sich die Welt kraft eigener Verfügungsgewalt zurechtlegt, zurechtzwingt, ohne eine seinsmäßige, 'objektive' Entsprechung in der Welt selbst zu haben. Die Beantwortung dieser Frage ist höchst schwierig, setzt sie doch eine verbindliche metakritische Norm voraus – eine Norm, die ihrerseits wiederum auf ihre perspektivischen Voraussetzungen hin zu befragen wäre. Es ist offen, ob Nietzsche jene Kritik selbst überhaupt abweisen würde, denn gemäß seiner Philosophie des Perspektivismus gibt es ja nur 'subjektive', existentielle Entwürfe der Welt, so daß die Unterscheidung einer Welt *an sich* und einer Welt *für mich* grundsätzlich irrelevant ist. Ontologische Nietzsche-Kritik, eine Kritik, die grundsätzlich vom Grundsatz der subjektunabhängigen Erkennbarkeit und Bestimmung der Welt- und Seinsstruktur ausgeht, würde ihrerseits von Nietzsche auf ihre perspektivistischen, existentiellen Voraussetzungen hin befragt werden. Schlüssige Nietzsche-Kritik müßte demnach eine Kritik des Perspektivismus-Prinzips sein. Das würde einen intersubjektiv gültigen Wahrheitsbegriff voraussetzen. Dies sind Probleme einer philosophischen Grundlagen-Diskussion. In dem hier erörterten Problemzusammenhang kam es zunächst darauf an, Wesen und Funktion des Schaffens bei Nietzsche zu interpretieren. Nun stellt sich die Frage nach der höchsten Ausdrucksform des Schaffens, die Frage nach der Kunst.

C. Kunstauffassung

I. System und Fragment

Kaum ein anderer Dichter und Denker hat mit derart bohrender Intensität und existentieller Konsequenz das Problem der Kunst durchdacht und seine Weltinterpretation und seinen Daseinsentwurf mit der Kunst verknüpft wie Nietzsche. Kein anderer hat die Kunst in dieser Unbedingtheit zum alles beherrschenden, unumstößlichen und zugleich zwiespältigen Denkmotiv gemacht wie Nietzsche, der von seinen Anfängen bis in die Schlußphase seiner geistigen Existenz über die Kunst nachdenkt, die für die Lebensmöglichkeit des Menschen entscheidende Rolle der Kunst betont und doch zugleich in der Beurteilung der Kunst Schwankungen zeigt, die vom höchsten Enthusiasmus der Kunst bis zur kritischen Bezweiflung der Kunst reichen. Nietzsches Denken über die Kunst ist ein Denken in Extremzuständen. Es ist nicht durch die sachlich-objektive Analyse, sondern durch das existentiell-subjektive Engagement gekennzeichnet. Nicht die distanzierte Phänomenbeschreibung der Kunst in einem objektiven System der Ästhetik, sondern die engagierte Auseinandersetzung mit der Kunst, die enthusiastische, kritische und polemische Auseinandersetzung, und zwar in kurzgespannten Textstücken, vor allem in Fragmenten und Aphorismen, aber auch in Abhandlungen, ist die Form, in der sich Nietzsches Kunstdenken vollzieht. Dies ist in der Sache selbst begründet. In dem Maße, in dem die Einheit der Welt und der Sinnzusammenhang des Lebens verlorengehen, löst sich auch das ästhetische System, das geschlossene Ganze ästhetischer Prinzipien, auf, und an seine Stelle tritt ein offenes ästhetisches Denken, das okkasionelle Fragment, geprägt von funkelndem Witz, brillanten Einfällen und schlagenden Pointen. Das Fragment ist aber nicht nur Ausdruck eines defizienten Modus, des Verlustes der Welteinheit, sondern es bietet zugleich die Möglichkeit, sich an Grenzen vorzutasten, durch frappierende Kombinationen Perspektiven zu eröffnen, die dem systematischen Denken verschlossen bleiben. "Die Rede des Fragments ist Rede nur an der Grenze." (*Blanchot*, Fragmentarische Schrift, 59). Fragmentarisches Denken, speziell im Falle Nietzsche, ist 'gefährliches' Denken, Denken am Rande der Dinge, Denken, das ins bisher Unbeschrittene, Weglose führt. Während das System Geschlossenheit vermittelt, öffnet sich das Fragment zum Unendlichen hin. Schon aus diesem Grunde ist es die dominante Ausdrucksform Nietzsches. Während in der traditionellen Ästhetik die logischen Deduktionen und normativen Lehrgebäude herrschen, artikuliert und konzentriert Nietzsche seine ästhetischen Grundsätze und künstlerischen Erfahrungen in spontan-intuitiven Bruchstücken. Auch dort, wo er über Aphorismus und Fragment hinausgeht und seine Kunstanschauung in Form einer Abhandlung entwickelt, wächst sich diese nicht zum 'System' aus, sondern ist gekennzeichnet durch eine affektive, artistische Argumentationsstrategie, die von der gedanklichen Überraschung und dem Geistesblitz lebt. Im Unterschied zu großen Theoretikern der Tradition wie Kant und Hegel hat Nietzsche keine systematische Ästhetik, ja im Grunde überhaupt keine 'Ästhetik' vorgelegt. Seine Argumentationsform ist nicht die längere diskursive Abhandlung, geschweige denn das großangelegte, geschlossene System, sondern die punktuelle, zugespitzte Form des Aphorismus und des Fragments, des Spruchs und der Sentenz bzw. das kurze, pointierte Textstück. Daher sind seine Urteile notwendigerweise von verkürzender, summarischer Art. Vielfach wirken sie wie die gedanklichen Summen voraufgegangener komplizierter Denkprozesse, die als solche nicht im Text erscheinen, aber sinngemäß in ihm gegenwärtig sind. Nicht der systematische, sondern der fragmentarische Denkstil ist für Nietzsche charakteristisch. Es geht ihm nicht um das objektive, 'interesselose' Urteil, sondern seine Analysen und Urteile sind Ausdruck der existentiellen Auseinandersetzung und dienen, sowohl im Enthusiasmus als auch in der Provokation, der eigenen Standortbestimmung, einer Positionsbestimmung, die zur generellen Wesensbestimmung der Welt und der Kunst verabsolutiert wird. Nietzsches Urteile und Wertungen sind getragen von leidenschaftlichem Engagement, existentiellem Wahrheitsstreben und virtuoser Intellektualität. Die Disziplin nüchternen, objektivistischen System-Denkens lag diesem Artisten der großen Gefühle und der provokatorischen Enthüllungen fern. Dem " 'interesselosen Erkennen' " des "objektiven Menschen" (5, 135 – JGB) stand er mit entschieden kritischer Reserve, ja mit höchstem Mißtrauen gegenüber. Hegel hatte, in der *Phänomenologie des Geistes*, formuliert: "Die wahre Gestalt, in welcher die Wahrheit existiert, kann allein das wissenschaftliche System derselben sein." (S. 12). Hegel geht von dem Axiom aus, "daß das Wissen nur als Wissenschaft oder als *System* wirklich ist und dargestellt werden kann" (S. 23), "daß das Wahre nur als System wirklich ist", daß das "Wahre", das "System" und der "*Geist*" eine Einheit bilden (S. 24). Nietzsche formuliert, in der *Götzen-Dämmerung*, unmißverständlich: "Ich misstraue allen Systematikern und gehe ihnen aus dem Weg. Der Wille zum System ist ein Mangel an Rechtschaffenheit." (6, 63 – GD; vgl. 13, 189). Diese Bemerkung zeigt, daß die Preisgabe des Systems zugunsten des Fragments keineswegs eine bloß formspielerische, effektvolle Extravaganz ist. Sie erwächst vielmehr aus der intellektuellen Redlichkeit des Denkers, der angesichts des allgemeinen Wertezerfalls und der Auflösung einer einheitlichen Wirklichkeit und sinnvoll strukturierten Welt nicht mehr im 'System' zu denken vermag, da das 'System' einen nicht existierenden Sinnzusammenhang der Dinge vortäuscht. In einem Fragment vom Herbst 1887 ist dieser Gedanke, mit Bezug auf den *Zarathustra*, noch pointierter formuliert: "Ich mißtraue allen Systemen und Systematikern und gehe ihnen aus dem Weg: vielleicht entdeckt man noch hinter diesem Buche das System, dem ich *ausgewichen* bin..." (12, 450). In der Tat, seine Interpreten haben den *Zarathustra* in jenes "System" gezwängt, dem Nietzsche sich bewußt entzogen hat, freilich "nur mit Mühe", wie er an anderer Stelle notiert (13, 533). Dies zeigt, daß auch bei Nietzsche ein Systemzwang wirksam ist, ein Impuls, seine Grundgedanken in ein festes Ordnungsgefüge zu bringen. Aber er widersetzt sich dem System, da es nicht nur unwahr, sondern auch lebensfeindlich ist. Das "System" ist das Produkt eines kaschierten Machtwillens:

> Der Wille zum System: bei einem Philosophen moralisch ausgedrückt eine feinere Verdorbenheit, eine Charakter-Krankheit, unmoralisch ausgedrückt, sein Wille, sich dümmer zu stellen als man ist – Dümmer, das heißt: stärker, einfacher, gebietender, ungebildeter, commandirender, tyrannischer... (12, 450)

Das "System" blockiert, ja erstickt das Leben. Es ist zutiefst lebensfeindlich. Ein weiteres Fragment vom Herbst 1887 lautet:

> ein *Systematiker*, ein Philosoph, der seinem Geiste nicht länger mehr zugestehen will, daß er *lebt*, daß er wie ein Baum mächtig in Breite und unersättlich um sich greift, der schlechterdings keine Ruhe kennt, bis er aus ihm etwas Lebloses, etwas Hölzernes, eine viereckige Dürrheit, ein "System" herausgeschnitzt hat. – (12, 445)

Nietzsche, der "nicht bornirt genug zum System" ist (13, 206)[1], und seinem "Hohn auf die Systematiker" (13, 200) freien Lauf läßt, lehnt das "System" ab, weil es ein nicht existierendes "Ganzes", d.h. einen Sinnzusammenhang der Welt, vortäuscht. In einem Fragment vom Frühjahr 1884 heißt es:

> Es ist etwas Kindisches oder gar eine Art Betrügerei, wenn jetzt ein Denker ein Ganzes von Erkenntniß, ein System hinstellt – wir sind zu gut gewitzigt, um nicht den tiefsten Zweifel an der *Möglichkeit* eines solchen Ganzen in uns zu tragen. (11, 132)

Man schließt fälschlich von der formalen Schlüssigkeit auf die inhaltliche Wahrheit des Systems:

> Es giebt schematische Köpfe, solche, welche einen Gedankencomplex dann für *wahrer* halten, wenn er sich in vorher entworfene Schemata oder Kategorien-Tafeln einzeichnen läßt. Der Selbst-Täuschungen auf diesem Gebiete giebt es unzählige: fast alle großen "Systeme" gehören hierhin. (11, 632)

Das "System" ist eine schematisierende Vereinfachung der Welt: "Die Welt als System empfinden und das als Gipfel des menschlichen Glücks: wie verräth sich da der schematische Kopf!" (11, 16). Die Produktion des "Systems" kann verschiedene Ursachen haben: "Über den **Ursprung** *der systematischen Conceptionen*: a) aus den schematischen Köpfen b) aus dem Leiden an der Ungewißheit c) seltnerer Fall, bei solchen, die ungern schematisiren und incerti amici <sind.>" (12, 191). Die "System"-Kritik Nietzsches erwächst aus seinem "Chaos"-Begriff. Das "System" ist der illusionistische Versuch des Menschen, mit Hilfe der Logik die an sich chaotische Welt in ein Ordnungsgefüge einzubinden und sich damit die Welt verfügbar zu machen. Da der "Gesammt-

---

1 Erstaunlicherweise findet sich eine ähnliche Formulierung bereits bei Novalis: "Je bornirter ein System ist, desto mehr wird es den Weltklugen gefallen." (S II, 461 f.). Nietzsche stellt sogar ein potentielles eigenes System in Frage: "Ich bin nicht bornirt genug zu einem System – und nicht einmal zu *meinem* System..." (12, 538). Dieses ontologische Mißtrauensvotum gegenüber dem 'System' ist der wahre Grund dafür, daß Nietzsche nie ein System verfaßt hat.

Charakter der Welt" nicht "Ordnung", sondern "Chaos" ist (3, 468 – FW; vgl. III, 683), muß um der Selbstentfaltung des Lebens willen das "System" abgebaut werden. Für Nietzsche ist das "Chaos" eine positive Qualität. Er plädiert für das "Chaos und Labyrinth des Daseins" (3, 552 – FW). Das "Chaos" eröffnet dem Menschen einen unendlichen Freiheitsspielraum. Daher verwirft Nietzsche das Bestreben, das "schöne Chaos des Daseins" (3, 521 – FW)[2] durch die Idee der *providentia* in Frage zu stellen, und verneint die Vorsehung durch den "Zufall": "In der That, hier und da spielt Einer *mit* uns – der liebe Zufall: er führt uns gelegentlich die Hand, und die allerweiseste Providenz könnte keine schönere Musik erdenken, als dann dieser unserer thörichten Hand gelingt." (3, 522 – FW). Da nicht "die Ordnung, Übersichtlichkeit, das Systematische", sondern "die Unordnung, das Chaotische, Unberechenbare" dem "*wahren Sein* der Dinge" innewohnen (11, 632), muß das "System"-Denken aufgelöst und durch andere Denk- und Ausdrucksformen ersetzt werden. Für Nietzsche ist das 'System' nicht Ausdruck der 'Wahrheit', sondern Ausdruck einer Fiktion. Sowenig das System in der Sache die Wahrheit vermittelt, sowenig wird die Wahrheit methodisch durch die Wissenschaft erbracht. Die wissenschaftliche Methode, beruhend auf den Prinzipien der (von Nietzsche in Frage gestellten) Logik, führt nicht zur Wahrheitsfindung. Nicht das wissenschaftliche System, sondern das intuitive Fragment ist die adäquate Ausdrucksform. Da die Welt nur noch in fragmentarischer Form zur Verfügung steht, kann sie nur noch im Fragmentstil erfaßt werden. Die aus metaphysischem Sinnschwund, verlorener Welteinheit und Identitätsverlust erwachsende Grenzsituation läßt als Ausdrucksgeste nur noch das Bruchstück zu. Aber dies ist nicht nur ein Problem *ex negativo*, denn das Fragment bietet zugleich die Möglichkeit einer neuen Freiheit, indem der kombinatorische Witz in Bruchstück, Aphorismus und Spruch über das Ausdrucksmittel verfügt, das die festgefügten, starren Ordnungsschemata des diskursiven Denkens aufsprengt und die Welt und das Dasein wieder offen macht, ja einen neuen Unendlichkeitsbezug eröffnet. Daher greift Nietzsche das 'System' ebensosehr an, wie er das Fragment, den Aphorismus, die Sentenz lobt. Die Befreiung vom System ist eine Befreiung der Dinge zu ihrer wahren Gestalt. Ein Fragment von 1884 bringt dieses Freiheitsgefühl durch Systemüberwindung klar zum Ausdruck: "Alle philosophischen Systeme sind *überwunden*; die Griechen strahlen in größerem Glanze als je, zumal die Griechen vor Socrates." (11, 159). Selbst in *Menschliches, Allzumenschliches*, wo Nietzsche den Wissenschaftler positiv bewertet und gegen den Künstler ausspielt, spricht er, mit Bezug auf den "wissenschaftlichen Menschen", von "jenen glänzenden Lufterscheinungen, die man 'philosophische Systeme' nennt" (2, 393 – VM). Das 'System' ist eine Fiktion. Das genuine Element des

---

2 Die Wendung "schönes Chaos" findet sich bereits bei den Brüdern Schlegel. So ist die Rede von dem "schönen Chaos" als dem wahren Element der Poesie (*A.W. Schlegel*, Kunstlehre, 226). Durch die Poesie wird das "Chaos", d.h. die Ursprünglichkeit des Lebens, wieder vergegenwärtigt: "Denn das ist der Anfang aller Poesie, den Gang und die Gesetze der vernünftig denkenden Vernunft aufzuheben und uns wieder in die schöne Verwirrung der Fantasie, in das ursprüngliche Chaos der menschlichen Natur zu versetzen" (*F. Schlegel*, Mythologie, 319).

schöpferischen Denkens ist der Aphorismus. Im Unterschied zur Eindeutigkeit der logischen Mitteilung ist der aphoristische Ausdruck durch Vieldeutigkeit bzw. durch einen Chiffrencharakter gekennzeichnet. Er fordert die Exegese. In *Zur Genealogie der Moral* beklagt Nietzsche im Hinblick auf die Rezeption seiner Aphorismen das fehlende Sensorium für den Aphorismus:

> In andern Fällen macht die aphoristische Form Schwierigkeit: sie liegt darin, dass man diese Form heute *nicht schwer genug* nimmt. Ein Aphorismus, rechtschaffen geprägt und ausgegossen, ist damit, dass er abgelesen ist, noch nicht "entziffert"; vielmehr hat nun erst dessen *Auslegung* zu beginnen, zu der es einer Kunst der Auslegung bedarf. (5, 255 – GM)

Da er komplexe Lebenszusammenhänge auf engstem Sprachraum konzentriert, ist der Aphorismus, das spontane Produkt bedeutungsreicher Denkprozesse, auf die Auslegung angewiesen. Der schlagkräftige Aphorismus, die geschliffene Sentenz und der bedeutungstiefe Denkspruch treten bei Nietzsche an die Stelle des diskursiven 'System'-Denkens. Der Aphorismus wird zur bevorzugten Ausdrucksform Nietzsches. In diesem Genre hält er sich sogar für unübertroffen. In der *Götzen-Dämmerung* schreibt er:

> Der Aphorismus, die Sentenz, in denen ich als der Erste unter Deutschen Meister bin, sind die Formen der "Ewigkeit"; mein Ehrgeiz ist, in zehn Sätzen zu sagen, was jeder Andre in einem Buche sagt, – was jeder Andre in einem Buche *nicht* sagt... (6, 153 – GD)

Nietzsche, der mit dem Aphorismus in einer von Gracian über die französischen Moralisten, Lichtenberg und die Romantik bis zu Schopenhauer reichenden Tradition steht, verleiht dem Aphorismus, seinem Aphorismus, eine besondere Dignität. Das Abrupte, Sprunghafte und Blitzartige des "Aphorismus" ist dem breitangelegten, diskursiven, systematischen "Buch" überlegen. Der intuitive Aphoristiker sagt über das Dasein, das Leben, die Welt mehr aus als der systematische Denker. Nicht das systematische Buch, sondern der kurzgespannte Aphorismus, nicht die diskursive, sondern die artistische Ausdrucksform ist das Element des Schöpferischen. Der Aphorismus wird von Nietzsche in den höchsten ästhetischen Rang erhoben. Er ist die Form, die den Wechsel der Epochen überdauert, die Form, in der noch " 'Ewigkeit' " möglich ist. Nietzsche geht damit weit über Schopenhauers Aphorismus-Konzeption hinaus. In den *Aphorismen zur Lebensweisheit* definiert Schopenhauer den "Begriff der Lebensweisheit" als die "Kunst, das Leben möglichst angenehm und glücklich durchzuführen, die Anleitung zu welcher auch Eudaimonologie genannt werden könnte: sie wäre demnach die Anweisung zu einem glücklichen Dasein." (SW IV, 375). Im Unterschied zu Schopenhauer, bei dem der Aphorismus eine Anleitung zur praktischen Lebensbewältigung und zur inneren Seelenruhe ist, ist er bei Nietzsche das artifizielle Organ der Welterhellung und Daseinsbestimmung. Zudem sind die Aphorismen Schopenhauers in kleine Abhandlungen integriert bzw. wachsen sich zu Abhandlungen aus, das heißt, sie stehen in einem übergreifenden Argumentationszusammenhang.[3] Nietzsches Aphorismen hingegen sind kurze Textstücke, bestehend aus Einzelsentenzen oder einer Sentenzensequenz, und bilden eine selbständige Kunstform, eine artistische Kleinform, die weite Bedeutungen in kurze Ausdrucksgebilde einspannt. Bei Nietzsche ist der Aphorismus eine artistische Form der rhetorischen Evokation. Insofern stehen seine Aphorismen, der Einzelaphorismus, die Aphorismenreihe, das aphoristische Textstück, dem romantischen Fragment näher als dem Schopenhauerschen Aphorismus. Nietzsches Aphorismen, Sentenzen und Fragmente sind Ausdruck der potenzierten produktiven Subjektivität. Sie entsprechen einer Definition Friedrich Schlegels: "Alle Fragmente als solche gehören wohl zur *absoluten* Ind[ividual]p[oesie]." (*F. Schlegel*, Notizen, 66). Schlegel hat auch bereits das Verhältnis von Fragment und System im Blickfeld: "Jedes System *wächst* nur aus Fragmenten. –" (ebd., 67). "Auch das größte System ist doch nur Fragment. –" (ebd., 107). "Alle p[oetischen] Fragmente müssen irgendwo Theile eines Ganzen sein. –" (ebd., 97). Das Fragment ist die genuine Form des Philosophierens, die "eigentliche Form der Universalphilosophie" (Athenäums-Fragment 259). Das System kann nur aus Fragmenten hervorgehen. Schlegel betont den ästhetischen Sonderstatus des Fragments: "Ein Fragment muß gleich einem kleinen Kunstwerke von der umgebenden Welt ganz abgesondert und in sich selbst vollendet sein wie ein Igel." (Athenäums-Fragment 206). Bei Schlegel zeigt das Fragment einen Doppelcharakter. Es ist die absolute Kategorie des Dichtens und Denkens, aber es ist zugleich bezogen auf ein 'System', in der Weise, daß es dieses 'System' entweder in sich selbst enthält oder Chiffre eines übergreifenden "Ganzen" ist.[4] Schlegel sagt von sich selber: "Ich bin ein fragmentarischer Systematiker und romantischer Philosoph und systematischer Kritiker." (*F. Schlegel*, Schriften, 159) Bei Nietzsche hat sich das Fragment vom 'System' emanzipiert. Ihm geht es nicht mehr um die Entfaltung einer 'Universalphilosophie' im Fragment. Fragment, Aphorismus und Sentenz sind bei Nietzsche autonome Ausdrucksformen. Ein 'System' bilden sie nur in dem Sinne, daß spezifische Grundgedanken in den einzelnen Texten ständig wiederkehren, nicht aber im Sinne des eine Sinneinheit der Welt voraussetzenden romantischen Universalismus. Freilich, Nietzsches Aphorismen und Fragmente sind nicht lediglich punktuelle, situative Artikulationen von bloß subjektiver Relevanz, sondern sie sind von genereller Bedeutung, denn sie enthalten grundsätzliche Aussagen über Welt, Dasein und Kunst. Wie anders wäre die historisch so eminente Wirkung dieser Äußerungen zu erklären. Es zeichnet Nietzsches Denkstil aus, daß er bei aller intuitiv-aphoristischen Spontaneität in philosophischer, generalisierender Reflexion zentrale Phänomene der Epoche erfaßt. Dabei zeigt sich hinsichtlich des Denkmotivs Kunst eine spezifische Einheit von Inhalt und Form, denn die Thematisierung der Kunst erfolgt in künstleri-

3 Man hat zu Recht auf die "Vereinbarkeit von Aphoristik und Systematik" bei Schopenhauer hingewiesen. "Wenn irgendeiner, dann ist es Schopenhauer, der uns gleichsam ein *Schulbeispiel* dafür gibt, daß System und Aphorismus sehr wohl zusammengehen." (*Margolius*, System, 283).

4 Das Fragment ist die Form, in der der "Konflikt von Einzelnem und Ganzem", von "Gegebenem und Entwurf", von "Mimesis *und* Utopie" gestaltet wird (*Neumann*, Ideenparadiese, 569).

scher Diktion. Die Entfaltung des Kunstmotivs ist selbst schon ein künstlerischer Vorgang. Nietzsches kunsttheoretische Reflexionen sind selbst künstlerische Produktionen. Im Brillantfeuerwerk der Aphorismen löst sich die Trennung von Kunsttheorie und Kunstpraxis auf. In der hochartifiziellen Form des Fragments, des Aphorismus und des Kunstessays gewinnen Nietzsches Reflexionen über die Kunst eine besondere ästhetische Leuchtkraft. Der Kunstfaktor ist in ihnen wirksam. Die romantische Idee, daß die Theorie des Kunstwerks selbst ein Kunstwerk sein müsse, findet bei Nietzsche eine markante historische Bestätigung. Friedrich Schlegel forderte die Mischung von "Genialität und Kritik" (Athenäums-Fragment 116), erwartete vom "*kombinatorischen Geist*" "eine Kritik, die nicht sowohl der Kommentar einer schon vorhandnen, vollendeten, verblühten, sondern vielmehr das Organon einer noch zu vollendenden, zu bildenden, ja anzufangenden Literatur wäre", "eine Kritik, die nicht bloß erklärend und erhaltend, sondern die selbst produzierend wäre" (*F. Schlegel*, Lessing, 82), und verlangte von einer wahren "Theorie des Romans", daß sie "selbst ein Roman sein" müsse (*F. Schlegel*, Roman, 337). Diese Forderung nach einer Symbiose von ästhetischer Kritik und künstlerischer Produktion ist in den Aphorismen, Fragmenten und Abhandlungen Nietzsches zur Kunst erfüllt.

Nietzsche verleiht dem Aphorismus eine Sonderstellung. Er geht so weit, seine Abhandlungen als Aphorismus-Exegese auszugeben. So schreibt er mit Bezug auf das der dritten Abhandlung der *Genealogie der Moral* vorangestellte Zarathustra-Motto: "Ich habe in der dritten Abhandlung dieses Buchs ein Muster von dem dargeboten, was ich in einem solchen Falle 'Auslegung' nenne: – dieser Abhandlung ist ein Aphorismus vorangestellt, sie selbst ist dessen Commentar." (5, 255 f. – GM). Demnach ist der Aphorismus ein Denkanstoß, ein artistischer Denkanstoß, für die Auslegung. Alles das, was in der Abhandlung *in extenso* entwickelt wird, ist in konzentriertester Form bereits im Aphorismus enthalten. Freilich, der Aphorismus fordert seine Entzifferung. Er fordert die Interpretation heraus. Aber es ist bemerkenswert, daß Nietzsche die Abhandlung zum 'Kommentar' des Aphorismus funktionalisiert. Dies bedeutet zugleich, daß er dem künstlerischen Gebilde den Vorrang vor dem diskursiven Philosophieren einräumt. In ähnlichem Sinne erklärt er ja auch die *Morgenröthe* und die *Fröhliche Wissenschaft* zum "Commentar" des *Zarathustra* (B 6, 496). Aphorismus und Dichtung, die Kunstformen, gewinnen damit eine Vorrangstellung gegenüber der Abhandlung, dem diskursiven Diskurs – unbeschadet der vielfältigen Mischungen aphoristischer, dichterischer und diskursiver Elemente, wie sie für alle Textarten Nietzsches so charakteristich sind. Nietzsche hat allerdings auch ein Bewußtsein vom vorläufigen Charakter des Aphorismus. So schreibt er Ende August 1881 an Köselitz, sein Verleger habe ihm mitgeteilt, "daß 'meine Leser keine Aphorismen mehr von mir lesen wollten'. Nun, Sie, lieber Freund, sollen kein solcher Aphorismus-mensch sein, Ihr Ziel geht in's Höhere, Sie haben nicht nur, wie ich, den Zusammenhang und das *Bedürfniß* des Zusammenhanges *ahnen* zu lassen – *Ihre* Aufgabe ist es, in Ihrer Kunst die höheren Stilgesetze wieder offenbar zu machen, deren Beseitigung die *Schwä-*

che der neueren Künstler fast zum Princip erhoben hat: Ihre Aufgabe ist es, Ihre Kunst wieder einmal *fertig* zu zeigen!" (B 6, 122). Dieses mit der Kritik an der offenen, fragmentarischen Form des Aphorismus verbundene Votum für das klassische Stilprinzip des geschlossenen, abgerundeten Kunstwerks verleugnet nicht ein Gefühl der Insuffizienz Nietzsches gegenüber seiner aphoristischen Schreibweise. Man darf allerdings den ironischen, den selbstironischen Unterton in diesen Bemerkungen Nietzsches nicht überhören, das Understatement, hinter dem der Aphoristiker sein Selbstbewußtsein verbirgt. Bezeichnend sind Sätze aus einem Fragment vom Sommer 1885: "In Aphorismenbüchern gleich den meinigen stehen zwischen und hinter kurzen Aphorismen lauter verbotene lange Dinge und Gedanken-Ketten; und Manches darunter, das für Oedipus und seine Sphinx fragwürdig genug sein mag. Abhandlungen schreibe ich nicht: die sind für Esel und Zeitschriften-Leser. Ebensowenig Reden." (11, 579). Nun bezeichnet Nietzsche allerdings die Hauptstücke der *Genealogie der Moral* selbst als "Abhandlung" (5, 257, 291, 339). Aber er versteht darunter nicht die 'Abhandlung' im konventionellen Sinne, die logisch-diskursive Abhandlung, sondern eine intuitiv-assoziative "Abhandlung", die man eher als 'Essay', als Kunst-Essay, bezeichnen möchte. Der Aphorismus, der vom Einfall, vom Experiment, von der Kürze und Bündigkeit, vom Paradox und von der Antithese lebt, hat seine eigene ästhetische Evidenz. Er läßt sich nicht einfach in eine logische Gedankenfolge integrieren, sondern beansprucht sein Eigenrecht als artistisches Gebilde. Hinter dem Aphorismus verbergen sich Zusammenhänge, die in ihm selbst nicht mehr ausgesprochen sind. Er sagt mehr, als er sagt. Deshalb haftet ihm etwas von einem zu enthüllenden Rätsel an. Aphoristisches Denken ist offenes Denken, das verborgene Zusammenhänge ans Licht bringt, neue Zusammenhänge entdeckt und bedeutungsvolle Fragen aufwirft. Bei Nietzsche kommt ein ausgesprochen provokativer Zug hinzu. Seine Aphorismen sind aufrüttelnde Provokationen, Erregungsmittel, die das Bestehende zersetzen und neue Daseinsperspektiven eröffnen wollen. Sie enthalten ein beträchtliches kritisches Potential und sind zugleich Signale des Neuen. Dabei ist das Aphoristische für Nietzsche nicht nur ein ästhetisches, sondern auch ein existentielles Problem. Nietzsche *lebt* eine gleichsam aphoristische Existenz, eine Daseinsform in Bruchstücken und Zuspitzungen. Auch in *diesem* Sinne ist er ein "Aphorismus-mensch" (B 6, 122).[5]

Nietzsche äußert sich nicht nur in Aphorismus, Fragment und Sentenz, sondern auch in Abhandlungen, vor allem in den Schriften über die griechische Tragödie und über Richard Wagner, zur Kunst. Hinsichtlich der einzelnen Schriften Nietzsches ist grundsätzlich festzustellen, daß die Kunst in einer Reihe von Texten ganz im Mittelpunkt steht, so in der *Geburt der Tragödie* (1872) sowie in den sinnentsprechenden frühen Vorträgen resp. Abhandlungen *Das griechische Musikdrama* (1870), *Socrates und die Tragoedie* (1870), *Die dionysische Weltanschauung* (1870), *Die Geburt des tragischen Gedankens*

5 Nietzsches Existenz entspricht der aphoristischen Daseinsauffassung Kierkegaards: "wir, die wir nicht aphoristisch denken und sprechen, sondern aphoristisch leben [...] als Aphorismen, ohne Gemeinschaft mit den Menschen [...] einsame Vögel in der Stille der Nacht" (*Kierkegaard*, Entweder – Oder I, 256).

(1870), *Sokrates und die griechische Tragoedie* (1871), sodann in *Richard Wagner in Bayreuth* (1876), dem vierten Stück der *Unzeitgemäßen Betrachtungen*, und in den Streitschriften *Der Fall Wagner* (1888) und *Nietzsche contra Wagner* (1888). In anderen Schriften Nietzsches tritt das Kunstmotiv entweder in Verbindung mit anderen Zentralmotiven auf, ohne das beherrschende Motiv zu sein, oder es scheint überhaupt kaum noch eine Rolle zu spielen, verdrängt oder überlagert von anderen Problemen, ohne daß dabei allerdings ein untergründiges Weiterwirken der Kunstproblematik auszuschließen ist. Das Pamphlet *David Strauss der Bekenner und der Schriftsteller* (1873), das erste Stück der *Unzeitgemässen Betrachtungen*, ist an Kunstfragen nicht interessiert, abgesehen von der Sprach- und Stilkritik der Straußschen Schriften. In *Vom Nutzen und Nachtheil der Historie für das Leben* (1874), dem zweiten Stück der *Unzeitgemässen Betrachtungen*, ist zwar nicht die Kunst, sondern das Verhältnis von Historie und Leben das Thema, aber in der Entfaltung der Lebensproblematik ist das Problem des Schöpferischen (und damit indirekt auch die Kunst) gegenwärtig. In *Schopenhauer als Erzieher* (1874), dem dritten Stück der *Unzeitgemässen Betrachtungen*, tritt die Problematik von Kunst und Künstler wiederum stärker in den Vordergrund, in den Überlegungen zur Größe des Philosophen und des Künstlers, zum "Genius", sowie zum Antagonismus von Genie und Epoche. In *Menschliches, Allzumenschliches* (1876-1878) haben Wissenschaftsinteresse und Enthüllungspsychologie die Kunstproblematik weitgehend zurückgedrängt, aber im vierten Hauptstück, *Aus der Seele der Künstler und Schriftsteller*, geht es doch wiederum um die Kunst bzw. den Künstler, wie auch das fünfte Hauptstück, *Anzeichen höherer und niederer Cultur*, in der Entfaltung der allgemeinen Kulturprobleme auch das spezielle Problem der Kunst und der Künstlerexistenz wiederholt anschneidet. In den *Vermischten Meinungen und Sprüchen* (1879), der ersten Ergänzung zu *Menschliches, Allzumenschliches*, und in *Der Wanderer und sein Schatten* (1880), der zweiten Ergänzung zu *Menschliches, Allzumenschliches*, ist die Kunst erneut ein wichtiges Thema, wenngleich nur *ein* Thema unter anderen Themen. In der *Morgenröthe* (1881), den *Gedanken über die moralischen Vorurtheile*, ist die kritische Auflösung der Moral das beherrschende Thema, während die Kunstproblematik eher von peripherer Bedeutung ist, wenngleich sie an manchen Stellen markant thematisiert wird. In der *Fröhlichen Wissenschaft* (1882), deren Neuausgabe 1887 erscheint, ergänzt um eine Vorrede, ein fünftes Buch und die *Lieder des Prinzen Vogelfrei*, ist die Kunst erneut ein dominierendes Thema, allerdings im größeren Zusammenhang philosophischer, psychologischer und kulturkritischer Probleme. Festzuhalten ist, daß Nietzsche bereits in der *Fröhlichen Wissenschaft* im Prinzip die für die achtziger Jahre, die bis zum Ende maßgeblichen Aspekte seiner Kunstauffassung zur Sprache bringt. Abgesehen von den Streitschriften gegen Wagner, stehen in den späteren Schriften Nietzsches, in *Jenseits von Gut und Böse* (1886), *Zur Genealogie der Moral* (1887), *Götzen-Dämmerung* (1889), *Der Antichrist* (1888 fertiggestellt) und *Ecce homo* (Druckmanuskript 1888/1889), die Destruktion der christlich-platonischen Weltauslegung, die heftigen Angriffe gegen den christlichen Moralbegriff, kulturkritische Diagnosen und insbesondere der Versuch einer neuen Wesensbestimmung des Seienden im Sinne des 'Willens zur Macht' im Mittelpunkt. Die Kunst ist zwar nicht aus diesen Schriften verbannt, aber sie ist in ihnen kein Zentralthema. Das bedeutet nicht, daß sie im Denken Nietzsches ihre Bedeutung verloren hätte. Auch dort, wo er die Kunst nicht ausdrücklich erwähnt, liegt doch das Problem der Kunst, d.h. des schöpferischen Lebens, dem Kampf Nietzsches gegen die traditionelle Philosophie, Moral und Religion sowie gegen die zeitgenössische Kultur wesensmäßig zugrunde. Zudem ist zu beachten, daß in den Fragmenten der achtziger Jahre die Kunst immer wieder ein dominantes Motiv ist, ja, man kann feststellen, daß Nietzsche seine Kunstauffassung gerade in diesen Fragmenten mit besonderer Eindringlichkeit formuliert und präzisiert. Überdies ist zu berücksichtigen, daß die genannten Schriften aus der zweiten Hälfte der achtziger Jahre weniger Schriften des enthusiastischen als vielmehr des kritischen Nietzsche sind. Selbst *Jenseits von Gut und Böse*, dessen Untertitel *Vorspiel einer Philosophie der Zukunft* die Erwartung der Grundlegung einer neuen Philosophie weckt, ist doch im wesentlichen auf die Destruktion der traditionellen Wertsysteme ausgerichtet. Ebenso entfaltet Nietzsche bereits in der *Morgenröthe* kaum den Aufgang eines neuen Seinsbewußtseins, sondern er betreibt auch hier in der Hauptsache den Untergang der abendländischen Wertsysteme, den Abbau der "moralischen Vorurtheile". Nietzsches Denken vollzieht sich in der Grundspannung von schöpferischem Leben und traditionellem Wertsystem. Die Stoßrichtung seiner Argumentationen zielt entweder auf den Abbau des historischen Wertekanons oder auf die Entfaltung neuer Daseinsinhalte. So stellt er der traditionellen Metaphysik, Religion und Moral den Gedanken des Willens zur Macht, die Idee des Übermenschen und das Prinzip der ewigen Wiederkehr entgegen. Es ergibt sich eine eigentümliche, auch für das Kunstproblem relevante Dialektik von Auflösung und Entwurf. Wenn die Auseinandersetzung mit der abendländischen Metaphysik und den aus ihr erwachsenen Wertsystemen im Mittelpunkt der Überlegungen steht, kann die Kunst aus dem Blickfeld Nietzsches geraten, in einer Weise, als existiere das Kunstproblem überhaupt nicht mehr. Wenn es hingegen um den neuen Daseins- und Weltentwurf geht, rückt die Kunst ins Zentrum der Reflexionen Nietzsches, da sie der unmittelbare und höchste Ausdruck des schöpferischen Lebens bzw. des Willens zur Macht ist. Dabei sind beide Aspekte, die Auflösung des Bestehenden und der Entwurf des Neuen, unlöslich miteinander verquickt, das eine bedingt das andere. Auch in den scheinbar rein destruktiven Schriften ist doch das schöpferische Leben, und damit implizite auch die Kunst, der leitende Maßstab der Kritik. Außerdem fällt entscheidend ins Gewicht, daß Nietzsche gerade in den achtziger Jahren immer wieder die Kunst ins Zentrum seiner Reflexionen rückt oder zumindest als exorbitantes Problem in seine Überlegungen einbezieht. In der *Fröhlichen Wissenschaft*, im *Zarathustra* (1883-1885) und vor allem in den zahlreichen Fragmenten der achtziger Jahre ist die Kunst ein immer wiederkehrendes Thema, ja, dort, wo Nietzsche den neuen Daseins- und Weltentwurf zu begründen versucht, nimmt die Kunst eine ausgesprochene Sonderstellung ein, da sie als höchste Ausdrucksform des schöpferischen Lebens bzw. des Willens zur Macht erscheint.

II. Kunst und Philosophie

Nietzsches Grundgedanke ist die Idee des Schöpferischen, die Idee des Schaffens, der schaffenden Verwandlung und Neugestaltung von Existenz und Welt. Seinen höchsten Ausdruck findet das Schaffen in der Kunst resp. im kunstschöpferischen Prozeß resp. im Künstler. Da Nietzsche in der Kunst die höchste Ausdrucksform des Schaffens sieht, muß er der Kunst den unbedingten Vorrang vor allen anderen Äußerungsformen des Lebens einräumen. So gebührt der Kunst auch der Vorrang vor der Philosophie. Das Verhältnis von Kunst und Philosophie ist bei Nietzsche allerdings vieldeutig und perspektivenreich. Löwith möchte hinsichtlich der kategorialen Einordnung Nietzsche weder als stringenten Denker noch als potentiellen Dichter herausstellen:

> Ist Nietzsche aber wirklich ein großer Denker oder ein verhinderter Dichter? Gemessen an Aristoteles und Hegel ist er ein leidenschaftlicher Dilettant [...] Gemessen an Sophokles und Hölderlin sind Nietzsches Gedichte und Gleichnisreden, mit wenigen kostbaren Ausnahmen, die künstliche Einkleidung von "Gedankenerlebnissen". Nietzsche ist, im Vordergrund und der Breite nach, ein philosophischer Schriftsteller [...] (*Löwith*, Nietzsche, 12 [Vorwort von 1955])

Es ist höchst problematisch, in dieser Weise zwischen den denkerischen und dichterischen Impulsen Nietzsches zu unterscheiden und vor allem die dichterische Sprache Nietzsches nur als Vehikel von Gedanken zu deuten. Der Zusammenhang von philosophischem Denken und künstlerischer Gestaltung ist bei Nietzsche wesentlich komplizierter. Die Hauptfrage bezüglich der Relation Kunst-Philosophie ist die Frage, ob Nietzsche die Kunst als Mittel der Philosophie, als das ausgezeichnete Vehikel zur Vermittlung philosophischer Grundgedanken, als vorzügliches Instrument des Philosophierens versteht oder ob, umgekehrt, das Philosophieren, die Entfaltung großer philosophischer Grundgedanken, nur eine Form der 'künstlerischen' Produktivität ist. Es stellt sich im Hinblick auf das Verhältnis von Kunst und Philosophie die Frage nach der Zweck-Mittel-Relation. Jaspers schenkt dieser Frage keine Aufmerksamkeit, wie überhaupt in seiner ansonsten so ungemein intensiven, luziden Nietzsche-Deutung das Kunstproblem kaum eine Rolle spielt, da sein Interesse in erster Linie dem Existenzvollzug und den philosophischen Grundgedanken Nietzsches gilt. Heidegger hingegen widmet dem Problem der Kunst im Denken Nietzsches in seiner Nietzsche-Interpretation breiten Raum, in einer für die auf ihn folgenden philosophischen Nietzsche-Deutungen maßgeblichen, prägenden Weise. Was die Relation Kunst-Philosophie betrifft, so versteht er, im Grundzug, die Kunst als Organ der Philosophie, als die höchste Form der "drei Grundstellungen" Nietzsches, der "ewigen Wiederkunft", des "Willens zur Macht" und der "Umwertung aller Werte" (*Heidegger*, Nietzsche I, 24 ff.). Zugleich warnt er aber vor der vorschnellen Instrumentalisierung der Kunst zum bloßen Mittel der Philosophie, vor dem "Irrtum",

> wonach Nietzsches "Also sprach Zarathustra" seine Philosophie in poetischer Form bringen sollte, die Nietzsche aber dann, da der "Zarathustra" nicht wirkte,

zur besseren Verständlichkeit in Prosa umschreiben wollte. In Wahrheit ist das geplante Hauptwerk "Der Wille zur Macht" ebenso dichterisch, wie der "Zarathustra" denkerisch ist. (ebd., 20 f.)

In der Tat, Denken und Dichten bilden bei Nietzsche eine unlösliche Einheit. Heidegger verweist auf Nietzsches Begriff des "*Künstler*-Philosophen" (12, 89). Der "*Künstler*-Philosoph" ist der "Gegenphilosoph" zum "nihilistischen Moralphilosophen (als dessen jüngstes Beispiel Nietzsche Schopenhauer vorschwebt)"; er ist der "Philosoph aus der Gegenbewegung" (*Heidegger*, Nietzsche I, 87). "Dieser Philosoph ist Künstler, indem er am Seienden im Ganzen gestaltet, d.h. zunächst dort, worin das Seiende im Ganzen sich offenbart, am Menschen." (ebd., 88). Die Feststellung, daß der "Philosoph" ein "Künstler", d.h. ein schöpferisch Gestaltender, sein soll, trifft einen zentralen Punkt der Kunstauffassung Nietzsches. Es ist allerdings die Frage, ob Heidegger nicht seine spezifische Seinsfrage in die Problemstellung Nietzsches projiziert, indem er Nietzsches Fragestellung in den Problemhorizont der Selbstoffenbarung des Seins im Menschen rückt. Was bedeutet der Hinweis, daß der "*Künstler*-Philosoph" "am Seienden im Ganzen gestaltet"? Das bedeutet offenbar nicht, daß er ein neues Seiendes hervorbringt, daß er eine neue Welt überhaupt erst schafft, in einem Akt der absoluten *poiesis*. Der Hinweis besagt vielmehr, daß der Künstler die Aufdeckung von Seins- und Sinnzusammenhängen vollzieht, daß er eine 'Wahrheit' offenbart, gemäß dem Grundsatz des Heideggerschen Kunstdenkens, demzufolge das Kunstwerk das Zum-Vorschein-Gelangen der "Wahrheit" leistet, wie dies im Vortrag *Der Ursprung des Kunstwerkes* exemplarisch an van Goghs "Bauernschuhen" verdeutlicht wird:

> Im Werk der Kunst hat sich die Wahrheit des Seienden ins Werk gesetzt. "Setzen" sagt hier: zum Stehen bringen. Ein Seiendes, ein Paar Bauernschuhe, kommt im Werk in das Lichte seines Seins zu stehen. Das Sein des Seienden kommt in das Ständige seines Scheinens. / So wäre denn das Wesen der Kunst dieses: das Sich-ins-Werk-Setzen der Wahrheit des Seienden. (S. 25)[6]

Dieser Kunstbegriff liegt auch Heideggers Interpretation der Nietzscheschen Kunstauffassung zugrunde. Demgegenüber sind zwei kritische Einwände bzw. Fragen geltend zu machen: 1) Widerspricht der Grundsatz vom Sich-Offenbaren der "Wahrheit" im Kunstwerk nicht der Nietzscheschen Kritik und Desavouierung der "Wahrheit", dem Nietzscheschen Prinzip der Unvereinbarkeit von "Kunst" und "Wahrheit"? Freilich, die Wahrheitsbegriffe Nietzsches und Heideggers sind von unterschiedlicher Art. Nietzsche versteht unter "Wahrheit" die im logischen Urteil behauptete Übereinstimmung von Sache und Wort, von

6 Dies hat den Widerspruch Gottfried Benns, des Künstlers Benn, herausgefordert. Im Vortrag *Altern als Problem für Künstler* äußert er sich ironisch zu diesem Heidegger-Theorem und erklärt, daß die Kunst nicht ein Organ der "Wahrheit", sondern reine "Expression" sei: "[...] oder wenn ein großer Philosoph schreibt, Kunst sei 'Das Sich-ins-Werk-Setzen der Wahrheit' – welche Wahrheit ist denn das nun wieder – eine Wahrheit aus Skizzen und Entwürfen, aus Manufaktur, oder wird die Wahrheit vielleicht nur erwähnt, um die Initialen der Philosophie zu präsentieren, denn in der Kunst geht es ja nicht um Wahrheit, sondern um Expression." (S. 578).

res und *verbum*. Heidegger versteht unter "Wahrheit" die *aletheia* als "Unverborgenheit", als "Unverborgenheit des Seienden" (S. 25). Im "Werk" erfolgt "die Wiedergabe des allgemeinen Wesens der Dinge" (S. 26), "die Eröffnung des Seienden in seinem Sein: das Geschehnis der Wahrheit" (S. 27). Für Heidegger ist "Wahrheit" nicht eine logische, sondern eine ontologische Kategorie. Dennoch ist es kaum eine unzulässige Spekulation, wenn man feststellt, daß Nietzsche die Heideggersche Kunst-Definition nicht unterschrieben hätte. Für Nietzsche ist das Kunstwerk in die Dialektik von "Wahrheit" und "Schein" verstrickt. Es ist gerade nicht Ausdruck der "Wahrheit" – was immer man darunter verstehen mag –, sondern es ist lebenssteigernder "Schein". Im Kunstwerk soll nicht das Essentielle einer Sache zum Vorschein gebracht werden, sondern das Kunstwerk soll das Leben steigern. Nicht die "Wahrheit", sondern das "Leben", das Maß an Lebensintensität, ist das Kriterium, an dem das Kunstwerk gemessen wird. Indem Heidegger die Kunst wieder an die "Wahrheit" bindet, macht er Nietzsches historische Loslösung der Kunst von der "Wahrheit" wieder rückgängig. 2) Muß nicht das Kunstwerk über jede Art von Enthüllungsfunktion hinaus als ein vom schaffenden Subjekt neu Hervorgebrachtes, als ein aus dem Willen des Schaffenden entstandenes Mehr an Seiendem, als ein Zuwachs an Lebenspotential verstanden werden? Nicht das Enthüllen von etwas, sondern das Hervorbringen von etwas macht den Kunstprozeß aus, und zwar in der Weise, daß das Hervorgebrachte der Lebenssteigerung dient. Es ist auffällig, daß Nietzsche in der Kunst-Reflexion in der Hauptsache über die Werkgenese und die Werkwirkung, selten über die Werkstruktur nachdenkt, was nicht überrascht, da ja das "Leben", um das Nietzsches ganzes Sinnen und Trachten kreist, im Schaffenden und im Rezipienten des Kunstwerks unmittelbar gegenwärtig ist. Nicht das Kunstwerk an sich, sondern das 'Erlebnis' des Kunstwerks, sei es im Schaffensprozeß oder in der Aufnahme des Kunstgebildes, bestimmt Nietzsches Perspektive. Das Kunstwerk soll nicht das Wesen einer Sache enthüllen, sondern Erlebnisintensität provozieren und das Lebensgefühl steigern.

Man könnte nun allerdings die kritische Gegenfrage stellen, ob nicht Nietzsche dennoch dem Problem der "Wahrheit" verhaftet bleibt, eben durch die von ihm ständig reflektierte spannungsvolle, schillernde Dialektik von "Wahrheit" und "Schein". So ist H. Hultberg der Auffassung, Nietzsche habe in allen Schaffensperioden "einen Masstab der Wahrheit" gehabt, "demgegenüber die Kunst (und die Wissenschaft) nichtig werden, als *blosse* Illusionen erscheinen" (*Hultberg*, Nietzsche, 19). Dem ist entgegenzuhalten, daß der spätere Nietzsche dazu tendiert, sich überhaupt der Dialektik von "Wahrheit" und "Schein" zu entziehen, die Trennung von Wahrheit und Illusion aufzuheben und "Wahrheit" nicht nur als Funktion des Perspektivismus zu interpretieren, sondern sie darüber hinaus als Produkt des Schaffens zu deuten. Er vollzieht die Funktionalisierung des Wahrheitsbegriffs zum Funktionselement der Schaffensästhetik. "Wahrheit" ist nicht mehr verstanden als ein Vorgegebenes, zu Erschließendes, Aufzuhellendes, sondern als ein allererst zu Schaffendes, Hervorzubringendes:

> Der Wille zur Wahrheit ist ein Fest-*machen*, ein Wahr-, Dauerhaft-*machen*, ein Aus-dem-Auge-schaffen jenes *falschen* Charakters, eine Umdeutung desselben ins *Seiende*. "Wahrheit" ist somit nicht etwas, das da wäre und das aufzufinden, zu entdecken wäre – sondern etwas, *das zu schaffen ist* und das den Namen für einen *Prozeß abgibt*, mehr noch für einen Willen der Überwältigung, der an sich kein Ende hat: Wahrheit hineinlegen, als ein *processus in infinitum*, ein *aktives Bestimmen – nicht* ein Bewußtwerden von etwas, das an sich fest und bestimmt wäre. Es ist ein Wort für den "Willen zur Macht". (III, 541)

Im Hinblick auf "Wahrheit" erfolgt also nicht ein Prozeß der Wahrheitsfindung, sondern ein Prozeß der Wahrheitsherstellung. Nietzsche betont den aktiven, bestimmenden, unendlichen Charakter dieses Prozesses. Eine zu *entdeckende* Wahrheit wäre eine vorgegebene, statische Größe. Eine zu *schaffende* Wahrheit ist ein sich potentiell ständig veränderndes Produkt des dynamischen Willens zur Macht. Wenn aber Nietzsche dergestalt die "Wahrheit" zu einer Funktion des "Willens zur Macht" erklärt, die Kunst aber die höchste Form des Willens zur Macht ist, ergibt sich für das Verhältnis "Kunst" – "Wahrheit" die Konsequenz, daß "Wahrheit" durch die "Kunst" bzw. den kunstschöpferischen Prozeß überhaupt erst hergestellt wird. Die "Wahrheit" der Kunst besteht letztlich in der von ihr ausgehenden Lebenssteigerung. Dem möglichen Einwand, daß Nietzsche immerhin mit dem Begriff "Wahrheit" operiere, ist zu entgegnen, daß er die Kategorie "Wahrheit" entweder als Gegenbegriff zum "Schein", d.h. lediglich *ex negativo* und in rein formaldialektischer Argumentation, benutzt oder aber, in 'positiver' Bedeutung, unter "Wahrheit" ein Produkt des "Willens zur Macht" versteht, wobei der Wahrheitsbegriff nicht zuletzt um der provokatorischen Verabschiedung des traditionellen Wahrheitsbegriffs willen ins Spiel gebracht wird. Im Frühjahr 1884 notiert er:

> Die *Identität* im Wesen des *Eroberers, Gesetzgebers* und *Künstlers* – das *Sich-hinein-bilden* in den Stoff, höchste Willenskraft, ehemals sich als "Werkzeug Gottes" fühlend, so unwiderstehlich sich selber erscheinend. Höchste Form des Zeugung-Triebes und *zugleich* der mütterlichen Kräfte. **Die Umformung der Welt,** *um es in ihr aushalten zu können* – ist das Treibende: folglich als Voraussetzung ein ungeheures Gefühl des *Widerspruchs*. (11, 32 f.)

Der Vergleich des Künstlers mit dem imperatorischen Menschentypus, das gesteigerte Gefühl der eigenen Bedeutung, die biologische Metaphorik bezüglich des Schaffensprozesses, das Schaffen als produktive Opposition und vor allem die Idee der Welt-Verwandlung – dies alles sind Merkmale Nietzscheschen Denkens vor allem in den achtziger Jahren. Der Grundgedanke ist der Gedanke der "Umformung der Welt". Der Gedanke der Welt-Verwandlung beschäftigt Nietzsche viel stärker als der Gedanke einer wie immer gearteten Welt-Erhellung. Voraussetzung der Welt-Verwandlung ist das Sich-Abstoßen von der bestehenden Welt-Auslegung. Bezeichnenderweise vollzieht sich Nietzsches Denkprozeß fast durchgängig als antithetische Bewegung. Destruktion des Alten und Konstruktion des Neuen gehen Hand in Hand. Nietzsches Argumentationsstil lebt geradezu von der Spannung zwischen (provokatorischer)

Kritik und (pathetischem) Entwurf, ja, es ist sogar die Frage, ob nicht die Provokation in seinen Texten strukturbildende Funktion hat, ob nicht das Provozieren die Voraussetzung der produktiven Mobilität des Denkens und Formulierens ist. Nietzsches Denken entfaltet sich als Dialektik von Provokation und Entwurf, der "Widerspruch" ist Bedingung der Produktivität.

Nicht das philosophische Erkennen der Welt, sondern das künstlerische Umgestalten der Welt bestimmt Nietzsches Perspektive. Ein Fragment vom Herbst 1887 lautet:

> Die *Künstler* eine Zwischenart: sie setzen wenigstens ein Gleichniß von dem fest, was sein soll – sie sind produktiv, insofern sie wirklich *verändern* und umformen; nicht, wie die Erkennenden, welche Alles lassen, wie es ist. (12, 367)

Dem schöpferischen Künstler gebührt der unbedingte Vorrang vor dem erkennenden Philosophen. Nietzsche proklamiert sogar die "*Überwindung der Philosophen*, durch *Vernichtung* der Welt des Seienden" (ebd.). Sofern philosophisches Denken ein reiner Erkenntnisprozeß ist, auf das bloße Erkennen des "Seienden" hinausläuft, wird es von Nietzsche radikal desavouiert. Nur der "*Künstler*-Philosoph", d.h. der die Welt umschaffende Denker, findet Gnade vor seinen Augen. Nicht den "Philosophen", sondern den "Künstlern" ist aufgegeben, "die Werthe umzuwenden und das Werdende die scheinbare Welt als die *Einzige* zu vergöttlichen, gutzuheißen" (ebd.).[7] Allein der Künstler vermag zu vollbringen, was Nietzsches 'Philosophie' der absoluten Daseinsbejahung fordert, nämlich die ekstatische, festliche Verklärung des Daseins. In Dispositionsnotizen zu *Gai saber*, dem *Vorspiel einer Philosophie der Zukunft* (1885) notiert er: "An die Künstler. Neuer Begriff des Schaffenden; das *Dionysische*. Neue Feste. Die Verklärung." (11, 548).[8] Die Daseinsverklärung kann allein

---

7 Im Zeichen des Lebens kritisiert Nietzsche die Philosophie: "Die *Philosophien* sind *Hadesschatten* gegenüber dem griechischen Leben: sie spiegeln es wieder, aber wie auf einer Rauchwolke." (8, 100 – 1875). Der Philosoph Nietzsche möchte im Grunde ein Künstler sein: "Wir Philosophen sind für nichts dankbarer, als wenn man uns mit den Künstlern *verwechselt*." (B 8, 309 – 4.5.88 – an Georg Brandes). Dies bedeutet freilich auch, daß Nietzsche sich dennoch in seiner Kunst – es geht in diesem Zusammenhang um den *Hymnus auf das Leben* – als Denker versteht, eben als Künstler-Denker. Aber er exkulpiert auch den eigentlichen Künstler von seinen Theorien. So schreibt er mit Blick auf Wagner: "Zuletzt ist wenig an der Philosophie eines Künstlers gelegen, falls sie eben nur eine nachträgliche Philosophie ist und seiner Kunst selber keinen Schaden thut." (3, 456 – FW). Schon der junge Nietzsche betont den Primat der Kunst vor der Philosophie. Das philosophische Denken erscheint als eine verkappte Form künstlerischer Impulse: "Der künstlerische Trieb in der Verpuppung als *Philosophie*." (7, 529 – 1872/73). Die Philosophie wird nicht mehr als absolute, sondern als funktionale Größe gesehen: "Die Philosophie hat nichts Gemeinsames, sie ist bald Wissenschaft, bald Kunst." (7, 540). Für die Entwicklung einer neuen Kultur hat die Philosophie nur periphere Bedeutung: "Es ist nicht möglich, eine Volkskultur auf Philosophie zu gründen. Also kann die Philosophie im Verhältniß zu einer Kultur nie fundamentale und immer nur eine Nebenbedeutung haben." (7, 544). Die Erneuerung erfolgt nicht durch die Philosophie, sondern durch die Kunst. Die Philosophie hat nur noch eine Nebenrolle. Sie wird zur Propädeutik der Kultur. "Resultat: sie kann keine Kultur schaffen / aber sie vorbereiten / oder sie erhalten / oder sie mäßigen. / *Für uns*: der Philosoph ist deshalb das Obertribunal der Schule: Vorbereitung des Genius: denn wir haben keine Kultur. [...] Die Kultur kann immer nur von der centralisirenden Bedeutung einer Kunst oder eines Kunstwerks ausgehen. Unwillkürlich wird die Philosophie dessen Weltbetrachtung vorarbeiten." (7, 545). Diese Bemerkungen des jungen Nietzsche, die er auf die griechische Philosophie bezieht, aber zugleich verallgemeinert und aktualisiert, zeigen in aller Deutlichkeit, daß der Kunst der Vorrang vor der Philosophie eingeräumt wird.

8 Nicht der Philosoph, sondern der Künstler ist der wahrhaft schöpferische Mensch. Noch in der Wagner-

vom Künstler vollzogen werden. Der Primat der Kunst vor der Erkenntnis ist eine Grundmaxime Nietzscheschen Denkens. Das bedeutet nicht die Aufgabe des Erkennens, sondern besagt, daß das Erkennen eine Funktion des Schaffens sein muß. In diesem Falle ist der Schaffende auch ein "Erkennender". Nietzsche notiert: "Der Schöpfer (Erkennende), der Mittheiler (der Künstler), der Vereinfacher (der Liebende)." (10, 114). An dieser Stelle wird der Denker als der Schaffende apostrophiert, während der Künstler hier nur als Vermittler der Grundgedanken erscheint. In einer anderen fragmentarischen Notiz wird dem Künstler sogar die Qualität des Schaffens abgesprochen: "ein Schaffender ist, der neue Werthe schafft. Aber der Künstler nicht!" (10, 184). Nietzsches Aussagen haben nicht die Stringenz einer widerspruchsfreien Begrifflichkeit in einem geschlossenen philosophischen System. Seine Sentenzen treten zwar mit dem Anspruch apodiktischer Aussagen auf, aber man muß ihre spezifische kontextuelle Stoßrichtung beachten. Bestimmte Aussagen und Begriffe können in unterschiedlichen Kontexten unterschiedliche Bedeutungen und Färbungen annehmen. Hinsichtlich der Künstlerproblematik kommt hinzu, daß Nietzsches Einstellung zum Künstler von eigentümlicher Zwiespältigkeit ist. Höchster Künstler-Enthusiasmus und schärfste Künstler-Kritik wohnen bei ihm eng beieinander. Das hat seinen Grund darin, daß der Künstler einerseits als der große Schaffende, andererseits als der bloße Virtuose und Spieler des schönen Scheins verstanden wird. Alles hängt davon ab, ob der Künstler bloß unschöpferischer Formvirtuose oder ob er der Schöpfer neuer Daseinsinhalte ist. Freilich, auch als der Schaffende steht der Künstler im Zwielicht, da er sich notwendigerweise des Scheins, des Spiels, der Lüge bedienen muß, um überhaupt eine Aussage machen zu können. Vor dem Hintergrund dieser Problematik sind die scheinbar kontradiktorischen Aussagen Nietzsches über Wesen und Funktion des Künstlers doch wiederum von einer gewissen Folgerichtigkeit. Zur Verdeutlichung der Funktionalität von Vorgängen greift Nietzsche häufig zum Paradoxon. So notiert er über das "Erkennen": "Erkennen ist ein Begehren und Durst: Erkennen ist ein Zeugen. [...] Als ein Schaffen ist alles Erkennen ein Nicht-erkennen. Das *Durch-schauen* wäre der Tod, der Ekel, das Böse." (10, 211). Die Paradoxie Erkennen=Nicht-Erkennen löst sich in der Doppelfunktion des Erkennens. "Erkenntnis" kann sowohl eine lebenssteigernde als auch eine lebenszerstörende Wirkung ausüben. Unter Berücksichtigung des wechselnden Stellenwertes der "Erkenntnis" in den einzelnen Schaffensperioden Nietzsches kann man grundsätzlich feststellen, daß "Erkenntnis" von Nietzsche in einen hohen Rang erhoben wird, wenn sie den Abbau von Fiktionen vollzieht und eine neue, unverstellte Sicht der Dinge ermöglicht, daß sie aber abgewertet wird, wenn sie das Schaffen lähmt, und in diesem Falle geraten "Kunst" und "Erkenntnis" in einen fundamentalen Gegensatz. Schon der frühe Nietzsche formu-

---

Kritik hebt Nietzsche als Verdienst Wagners hervor, dem Künstler eine neue Dignität verschafft zu haben: "Richard Wagner hat ohne allen Zweifel den Deutschen dieses Zeitalters die umfänglichste Ahnung davon gegeben, was ein Künstler sein *könnte*: – die Ehrfurcht vor dem 'Künstler' ist plötzlich ins Große gewachsen: überall hat er neue Werthschätzungen, neue Begierden, neue Hoffnungen erweckt" (11, 554 f. – 1885).

liert: "Die Kunst ist mächtiger als die Erkenntniß, denn *sie* will das Leben, und jene erreicht als letztes Ziel nur – die Vernichtung." (1, 760 – CV).[9]

Obschon Nietzsches Denkstil somit nicht nur ein Stil der eindeutigen, apodiktischen Aussagen, sondern auch ein Stil der Andeutungen, Zweideutigkeiten und Paradoxien ist, gibt es doch die Grundgedanken, die auch die oszillierenden, paradoxen Einzelaussagen zu bestimmten Problemen in eine einheitliche Perspektive bringen. Hinsichtlich des komplizierten Funktionsverhältnisses von Kunst und Philosophie, künstlerischem Schaffen und philosophischer Erkenntnis, geht Nietzsche im Prinzip von einer wesensmäßigen Einheit beider Faktoren aus. In einem Fragment vom Herbst 1883 formuliert er unmißverständlich: "Künstler (Schaffender), Heiliger (Liebender) und Philosoph (Erkennender) in *Einer Person* zu werden: – *mein praktisches Ziel*!" (10, 501).[10] Hier ist nun wiederum der "Künstler" der "Schaffende", im Unterschied zum zitierten Fragment, in dem der "Schaffende" und der "Künstler" als Gegensätze erschienen. Was Nietzsche im Kern anstrebt, ist die Symbiose von schaffendem Künstlertum und erkennendem Philosophieren, unter Einbeziehung der Liebe zum Dasein im Ganzen, wie sie sich in der Integrität des Heiligen verkörpert. In diesem Sinne bilden Schaffen, Erkennen und Daseinsliebe eine wesensmäßige Einheit. Nietzsche entwirft damit ein Ideal seiner Existenz. Er möchte alle produktiven Daseinsformen in sich vereinigen. Es stellt sich nun allerdings die Frage nach einer möglichen Rangordnung der thematisierten drei Daseinsformen, eine Frage, die zugleich die Frage nach dem Rangverhältnis von Kunst und Philosophie ist. Der Wertungsmaßstab ist zuletzt das Schaffen, und insofern kommt dem "Künstler" ohne Zweifel der Vorrang zu, unbeschadet der Tatsache, daß bei Nietzsche der schaffende Künstler ein philosophierender Künstler ist, wie auch der erkennende Philosoph erst als künstlerischer Philosoph ein produktiver Denker ist.[11]

In der Nietzsche-Forschung herrscht die Tendenz vor, im Hinblick auf das Verhältnis von Kunst und Philosophie die Frage nach dem neuen Stellenwert der Kunst in der Philosophie Nietzsches zu stellen. Selbst bei Anerkennung der von Nietzsche vollzogenen Umkehrung des traditionellen Verhältnisses von

9 Nietzsche notiert: "Die Menschheit hat an der Erkenntniß ein schönes Mittel zum Untergang." (7, 476 – 1872/73; vgl. 7, 482). Wenn es um die Wahrhaftigkeit und die Freiheit des Geistes geht, kann Nietzsche allerdings von der "Leidenschaft der Erkenntniss" sprechen (3, 286 – M; 3, 479 – FW) und sie mit der Kunst verquicken (3, 464 – FW). Dann ist die "Erkenntniss" "ein Stück Leben selber" (3, 471 – FW). In seiner kritisch-aufklärerischen Periode kann Nietzsche sogar feststellen, "dass kein Honig süsser als der der Erkenntniss ist" (2, 237 – MA I). Nietzsche bekämpft die 'Erkenntnis', wenn sie das Leben zu schädigen droht, und er kann die Erkenntnis bejahen, wenn sie im Dienste des Lebens und des freien Denkens steht. Dabei ist allerdings zu berücksichtigen, daß die Bejahung der 'Erkenntnis' hauptsächlich in der kritisch-analytischen Periode Nietzsches erfolgt.

10 Diese Sentenz verdeutlicht ein Doppeltes: 1. Im Grunde sind die einzelnen Erscheinungsformen des Schöpferischen irrelevant gegenüber der Produktivität als solcher. 2. Die höchste Form des Schöpferischen ist die Symbiose aller Schaffensformen in einer Potenz.

11 Es ist die romantische Idee des universellen Künstlers, die hier bei Nietzsche in neuer Form zum Durchbruch gelangt. Vgl. Novalis: "<Die transscendentale Poësie ist aus Philosophie und Poësie gemischt. Im Grunde befaßt sie alle transscendentale Functionen, und enthält in der That das transscendentale überhaupt. Der transscendentale Dichter ist der transscendentale Mensch überhaupt.>" (S II, 536). Friedrich Schlegel spricht von der "völligen Vereinigung" der "Philosophie" und der "Poesie" (Athenäums-Fragment 252).

Kunst und Erkenntnis wird doch weiterhin die Auffassung vertreten, daß bei Nietzsche die Kunst eine Funktion der Philosophie sei. So analysiert W. Schulz *Funktion und Ort der Kunst in Nietzsches Philosophie* und geht damit im Prinzip doch noch von einer medialen, instrumentellen Bedeutung der Kunst für die Philosophie aus, für ein zwar verwandeltes Philosophieren, aber immerhin doch für ein Philosophieren. Demgegenüber könnte man die Frage aufwerfen, ob man nicht eher von 'Funktion und Ort der Philosophie in Nietzsches Kunstauffassung' sprechen könnte und sollte, ob man nicht das Philosophieren stärker funktional sehen müßte, während die Kunst, als der höchste Ausdruck des Schaffens, das substantielle Zentrum wäre, an dem jede menschliche Tätigkeit, auch das Philosophieren, gemessen werden müßte. Sofern das "Schaffen", das "Umschaffen" (10, 371), für Nietzsche das Entscheidende ist, die Kunst aber als die höchste Ausdrucksform des Schaffens angesehen werden muß, ist die Philosophie eine Funktion der Kunst.[12] M. Djurić subsumiert in *Nietzsche und die Metaphysik* die Problematik des Verhältnisses von Kunst und Philosophie weiterhin unter die Formel "Die Kunst als Organon der Philosophie" (*Djurić*, Nietzsche, 188-301)[13]. Er betont zwar den Vorrang der Kunst, der schöpferischen Gestaltung der Welt, vor der Philosophie, dem erkennenden Verhalten zur Welt, aber zugleich wird die Kunst als Mittel zur Entfaltung einer neuen Form des Philosophierens gedeutet. Damit wird sie im Grunde doch wieder zu einer Funktion der Erkenntnis. Es ist aber die Frage, ob sie nicht als produktiver Akt, als absolute *poiesis*, die philosophische Erkenntnis hinter sich läßt. Nun ist nicht zu bestreiten, daß Nietzsches Äußerungen zum Funktionsverhältnis von Kunst und Philosophie nicht von konstanter Eindeutigkeit sind, sondern spezifischen Akzentuierungen unterliegen. Wenn beispielsweise der *Zarathustra* als Vorbereitung auf eine neue, alles umwälzende Philosophie, die Philosophie des Willens zur Macht, bezeichnet wird (vgl. B 6, 490), könnte man in der Tat in der Kunst das Mittel, in der Philosophie hingegen den Zweck sehen, unbeschadet der wesensmäßigen Verquickung beider Aspekte im Denken und Schaffen Nietzsches. Es ist aber zu berücksichtigen, daß Nietzsche damit nicht nur auf seine zukünftige Philosophie verweisen, sondern auch die Vorläufigkeit des *Zarathustra* und den philosophischen Gehalt dieses dichterischen Werkes beto-

12 Schulz betont zwar, daß Nietzsche eine Umkehrung des traditionellen Rangverhältnisses von Kunst und Philosophie vornehme und die Kunst in den höchsten Rang erhebe, aber er ist zugleich der Auffassung, daß nun die Kunst die Funktionen der Philosophie ausübe, nämlich "Erklärung des Ganzen und Erhebung zum wahren Grunde zu sein" (*Schulz*, Nietzsche, 4). Es ist die Frage, ob damit nicht die Kunst an eine interpretative Funktion gebunden bleibt, das heißt, ob sie nicht weiterhin eine Funktion der Erkenntnis ist. Für Nietzsche *interpretiert* aber der Künstler nicht nur die Welt, sondern er *schafft* eine Welt. Nur deshalb kann Nietzsche z.B. von der "Geburt" des Übermenschen sprechen (10, 115).

13 Djurić verweist – unter Berücksichtigung der gegensätzlichen Relationen zur "Wahrheit" bei Nietzsche und Schelling – auf Schellings Überlegung, "daß die Kunst das einzige wahre und ewige Organon zugleich und Dokument der Philosophie sei" (*Schelling*, Idealismus, 297; vgl. *Djurić*, Nietzsche, 208 f.). Nietzsche kann bei dieser Position nicht stehenbleiben, sondern muß die Kunst aus dem Funktionsverhältnis zur Philosophie lösen und ihre absolute Emanzipation betreiben. Wenn Schelling die Kunst definiert als "*reale* Darstellung des Absoluten" (*Schelling*, Philosophie der Kunst, 102) und damit in der Kunst immer noch ein Vermittlungsorgan sieht, so ist für Nietzsche die Kunst überhaupt erst die Hervorbringung des 'Absoluten', ja, sie ist, als Ausdrucksgebärde des Lebens, das 'Absolute' selbst.

nen will. Freilich, er hat den *Zarathustra* dennoch nicht zum Vehikel der Philosophie instrumentalisiert – jener systematischen Philosophie des *Willens zur Macht*, die er nie geschrieben hat –, sondern er hat seinen *Zarathustra* wiederholt als das *opus maximum* der Geistesgeschichte schlechthin herausgestellt (vgl. bes. B 8, 490 u. 6, 343 – EH) und ihm damit eine absolute Sonderstellung zugesprochen. Zudem ist für Nietzsche der schöpferische Philosoph ein Künstler. Er notiert:

> In der ganzen Philosophie bis heute fehlt der Künstler... Das ist [...] ein notwendiger Fehler: denn der Künstler, der anfinge, sich zu begreifen, würde sich damit *vergreifen*, – er hat nicht zurückzusehen, er hat überhaupt nicht zu sehen, er hat zu geben. – Es ehrt einen Künstler, der Kritik unfähig zu sein – andernfalls ist er halb und halb, ist er "modern". / Unsre Religion, Moral und Philosophie sind *décadence*-Formen des Menschen. / – Die *Gegenbewegung*: die *Kunst*. (III, 717; vgl. 13, 357)

Diese fragmentarischen Notizen sind bezüglich der Kunst-Philosophie-Relation in mehrfacher Hinsicht aufschlußreich: 1) Die neue Kunst vollzieht die Überwindung der bisherigen Philosophie. 2) Die neue Philosophie muß eine künstlerische, d.h. die Welt schöpferisch umgestaltende Philosophie sein. 3) Der Künstler, der Künstler-Philosoph, soll nicht erkennen, sondern schaffen. 4) Nicht kritische Analyse, sondern produktive Naivität macht das Wesen des Künstlers aus.

Hier ist der Vorrang der Kunst vor der Philosophie nicht zu übersehen. Bemerkenswert ist nicht zuletzt die Feststellung, daß der Künstler naiv-spontan schaffen müsse. Nietzsche orientiert sich damit im Grunde noch am klassisch-romantischen Künstlerbegriff. Im Sinne der Schillerschen Dichotomie von 'naiver' und 'sentimentalischer' Dichtung plädiert er hier eindeutig für die 'naive' Kunst, für ein Kunstschaffen aus der ursprünglichen Natur heraus. Im Sinne der romantischen Unterscheidung von objektiv-schöner (klassischer) und subjektiv-interessanter (moderner) Poesie, wie sie Friedrich Schlegel vorgenommen hat[14], ist dies ein eindeutiges Votum für das organisch-ganzheitliche Formprinzip der Klassik und gegen die modern-intellektuelle Analytik und Zerrissenheit. Es ist aber sogleich hinzuzufügen, daß dies ein idealtypischer Entwurf Nietzsches ist. Nietzsches eigenes Dichten tendiert eher zum sentimentalisch-allegorischen Stiltypus. Sein Denken ist geprägt vom Widerspruch zwischen Wirklichkeit und Ideal. Im *Zarathustra* ist er nicht der *naive* Dichter, der Dichter, der Natur *ist*, sondern der *sentimentalische* Dichter, der Dichter, der Natur *sucht*.[15] Hier zeigt sich eine mögliche Diskrepanz zwischen Nietzsches Kunstideal und

14 Während die "klassische Poesie" eine Poesie des "Objektiven und Schönen" ist, ist das "Ideal" der "modernen Poesie" das "*Interessante* d.h. subjektive ästhetische Kraft" (*F. Schlegel*, Griechen und Römer [Vorrede], 214 u. 208). Die "Modernen" sind gekennzeichnet durch den "Mangel der Allgemeingültigkeit" und die auf das "Interessante" gerichtete "Herrschaft des Manirierten, Charakteristischen und Individuellen" (*ders.*, Griechische Poesie, 252). Eben diesen Bestimmungen des Subjektiv-Interessanten entspricht Nietzsche zwar nicht in seinen ästhetischen Theoremen (die in wachsendem Maße die klassische Kunst verherrlichen), wohl aber in seiner künstlerischen Praxis (die im Zeichen eines potenzierten Manierismus steht).

15 Zu dieser Dichotomie vgl. *Schiller*, Ueber naive und sentimentalische Dichtung, NA XX, 432.

Kunstpraxis. Für die Problematik von Kunst und Philosophie ist jedenfalls wichtig, daß in Nietzsches Idealvorstellung der Schaffende ein spontan-naiv Schaffender ist. Andererseits ist nicht zu übersehen, daß Nietzsche große Grundgedanken exponieren will und daher auch als Künstler Philosoph bleibt. Die Spontaneität ist nicht abtrennbar von der Reflexion. Dabei ist aber im Blickfeld zu halten, daß der produktive Philosoph nicht ein distanzierter Analytiker, sondern ein von exorbitanten Erlebnissen Inspirierter ist. Freilich, die Inspiration ist nicht Ausdruck einer im Menschen wirkenden übermenschlichen, transsubjektiven Macht, sondern sie ist im Subjekt selbst angelegt, Ausdruck der dem Ich immanenten schöpferischen Kräfte. Im Hinblick auf das Schöpferische huldigt auch Nietzsche noch der Inspiration. Aber der Inspirierte ist für ihn nicht mehr Sprachrohr einer überindividuellen Macht, sondern in der Inspiration gelangt die individuelle Eigenart des Subjekts zum Ausdruck. Auch der Philosoph lebt von der Inspiration:

> Ein Philosoph: das ist ein Mensch, der beständig ausserordentliche Dinge erlebt, sieht, hört, argwöhnt, hofft, träumt; der von seinen eignen Gedanken wie von Aussen her, wie von Oben und Unten her, als von *seiner* Art Ereignissen und Blitzschlägen getroffen wird; der selbst vielleicht ein Gewitter ist, welches mit neuen Blitzen schwanger geht [...] (5, 235 – JGB)

Die gleiche Definition hätte Nietzsche vom Künstler geben können. Es zeigt sich, daß der wahre, d.h. der produktive Philosoph für Nietzsche nur ein Spezialfall des Künstlers, d.h. des Schaffenden, ist. Nietzsche übt Kritik an der bisherigen Philosophie, die lediglich eine "Apologie der Erkenntniss" sei und von der "Logik" "tyrannisirt" werde, und identifiziert das Ziel der wahren Philosophie mit dem Ziel der Kunst. Von der Philosophie heißt es: "Letztere will, was die Kunst will, dem Leben und Handeln möglichste Tiefe und Bedeutung geben" (2, 28 – MA I). Es fällt überhaupt auf, daß Nietzsche die Begriffe "Philosophie" und "Kunst" häufig in einem Atemzug verwendet, damit ihre sinngemäße Kongruenz anzeigend. So heißt es einmal: "Jede Kunst, jede Philosophie darf als Heil- und Hülfsmittel des wachsenden oder des niedergehenden Lebens angesehen werden [...]" (6, 425 – NW). Wenn Nietzsche das "Wesen der *Philosophie*" im "schöpferischen *Setzen*", im "Bilden, Gestalten, Überwältigen, *Wollen*" sieht (III, 552), so proklamiert er damit nicht einen philosophischen Pragmatismus, sondern bestimmt die Philosophie in gleicher Weise wie die Kunst als den neue Ziele setzenden Willen zur Macht. Philosophie ist schöpferische Philosophie im Dienste der Lebenssteigerung. Damit aber ist sie im Grunde ein künstlerisches Phänomen. Die Frage sollte nicht lauten: Was leistet die Kunst für die Philosophie? Sie sollte vielmehr lauten: Was leistet die Philosophie für die Kunst? Dies ist allerdings eine zugespitzte Formulierung. Sie setzt ein vielfältig schillerndes Verhältnis zwischen Kunst und Philosophie voraus und soll lediglich den Grundzug dieses Verhältnisses andeuten.

Auf keinen Fall kann dies bedeuten, daß Nietzsches 'Philosophie' und überhaupt die Inhalte seiner Schriften irrelevant wären und allein Sprache und Stil des Künstlers Nietzsche Bedeutung hätten. J. Zeitler hat in seinem um die

Jahrhundertwende erschienenen, immer noch lesenswerten Buch *Nietzsches Ästhetik* die Auffassung vertreten, Nietzsches Aussageinhalte seien fragwürdig und er sei allein von seinem Künstlertum her zu verstehen:

> Nietzsche ist nur als Künstler zu verstehen. Als solcher wird er auch bleiben. Als Dichter, als Stilist, als Sprachschöpfer und Sprachbildner ist Nietzsche unwiderleglich. In allen anderen Punkten ist er anfechtbar, hat er oft nicht einmal Waffen, sich zu verteidigen, als Künstler aber ist er ewig gerechtfertigt. (S. 17)

Dies läuft auf die schroffe Trennung von Kunst und Philosophie hinaus. Das würde bedeuten, daß der Inhalt der Nietzscheschen Texte historisch überholt, die Sprache Nietzsches hingegen von zeitloser Aktualität wäre. Nun ist nicht zu bestreiten, daß Nietzsches Stil von zeitüberdauernder artistischer Brillanz ist und noch suggestiv auf den Leser wirken kann, selbst wenn dieser bestimmte Inhalte für obsolet hält. Dennoch ist die Trennung von Inhalt und Form problematisch. Es ist fraglich, ob man beispielsweise den *Zarathustra* oder die *Dionysos-Dithyramben* rein formal, nur unter dem Aspekt der sprachlichen Meisterschaft, lesen kann. Dies berührt eine Grundfrage der Nietzsche-Rezeption, die Frage nämlich, inwieweit die analytische Distanz ausreicht und inwieweit der existentielle Mitvollzug erforderlich ist, um solche Texte Nietzsches voll zu 'verstehen'. Die Ausklammerung der Inhalte hat zur Folge, daß man die Texte nur noch als virtuose Sprachgebilde rezipiert und sie in ihrem substantiellen Kern verfehlt. Existentieller Mitvollzug bedeutet nicht unbedingt die Identifikation des Lesers mit dem Text, sondern besagt nur, daß der Text als Einheit von Inhalt und Form rezipiert und seine Grundgedanken nachvollzogen werden müssen. In der Geschichte der Nietzsche-Rezeption findet sich immer wieder die Vorstellung, Nietzsche sei nur ein großer Künstler gewesen, ein exzellenter Stilist, während die von ihm verkündeten inhaltlichen Probleme sich historisch inzwischen erledigt hätten. Oder man hat Nietzsche den Abbau aller Inhalte unterstellt. Am markantesten hat diese These in der Gegenwart Gottfried Benn vertreten, der Nietzsches historische Bedeutung für die moderne Literatur in der "Erledigung der Wahrheit" und der "Fundamentierung des Stils" sieht (*Benn*, Nietzsche, 493)[16]. Nietzsche war ein großer Stilist, aber er war mehr als das, er war auch ein Denker von Rang. Ohne die großen philosophischen Grundgedanken, die seine ganze Existenz erschütterten, wäre auch sein Kunststil nicht möglich gewesen. Kunst und Philosophie bilden bei Nietzsche eine Symbiose, in der Weise freilich, daß letztlich doch der Kunst, als der höchsten Form des Schaffens, der Vorrang vor der Philosophie gebührt.

Ein weiteres Problem ist allerdings die Frage, ob nicht die Kunst bei Nietzsche eine *verdeckte* Form seiner Philosophie ist. Fink vertritt die Auffassung, hinter den Kunstproblemen Nietzsches verberge sich in Wahrheit seine Philosophie. Mit Blick auf die *Geburt der Tragödie* konstatiert er:

---

16 Wenn Benn bei Nietzsche die "Inhalte ohne Sinn" (*Benn*, Nietzsche, 489), d.h. die Tilgung der Inhalte überhaupt, diagnostiziert, so ist festzustellen: "Hier liegt ein produktives Mißverständnis vor. Nietzsche hat nicht die Inhalte schlechthin, sondern nur die Inhalte der traditionellen Weltinterpretation aufgegeben." (*Meyer*, Affinität und Distanz, 109).

> Nietzsches eigentümlicher Ansatz – am Beginn seines Weges – ist charakterisiert durch ein aesthetisch-psychologisches Problem. Weil Nietzsche aus tief gespürter Fremdheit gegen die Tradition des seinsbegrifflichen Denkens auf die Mittel und Methoden der klassischen Philosophie verzichtet, ja verzichten muß, versteckt sich sein Philosophieren in Aesthetik und Psychologie. Diese Verhüllung wird es lange nicht los. [...] Die "Geburt der Tragödie" zeigt ein seltsames und schwer durchschaubares methodisches Gepräge: ein philosophischer Grundgedanke verhüllt sich in psychologisierender Aesthetik – und verwandelt zugleich die Aesthetik in das Organon der Philosophie. (*Fink*, Nietzsche, 20 f.)

Nach Fink ist also die Philosophie, das philosophische Denken, das eigentlich organisierende Prinzip des Nietzscheschen Schaffens. Kunst, Ästhetik und Psychologie sind in dieser Deutung lediglich Instrumente und Ausdrucksformen, die Nietzsche, bewußt oder unbewußt, benutzt, um seine Philosophie zu entfalten. Was in der *Geburt der Tragödie* als "aesthetisches, psychologisches, philologisches Problem" erscheint, ist "im Grunde Nietzsches erster tastender Versuch, seine philosophische Konzeption der Welt auszusprechen". Nietzsches Philosophie als substantielles Zentrum und die Kunst bzw. die Kunsttheorie als Vermittlungsform dieser Philosophie – dies ist für Fink "ein Zug seiner ganzen Produktion"; da Nietzsche "seinem neuen Denken nicht die angemessene Begrifflichkeit zu geben wußte, wurde er unvermeidlich abgedrängt, mußte er z.B. philosophieren im Gewand einer Kunsttheorie" (ebd., 21). Damit wird das Kunstproblem zu einer Funktion des Philosophierens. Das Verhältnis von Kunst und Philosophie ist ein Verhältnis von Schein und Sein, von Ausdruck und Wesen, ja, Fink spricht sogar von den "Masken" Nietzsches, zu denen er auch die Kunst zählt. "Masken verdecken das Wesen. Den Masken Nietzsches leistet das Jahrhundert vielfach Gefolgschaft, – seiner Philosophie steht es noch fern." (ebd., 9).[17] Man muß demgegenüber grundsätzlich feststellen, daß der junge Nietzsche, für den Kunst, Philosophie und Philologie noch eine organi-

---

17 Die Auffassung, Nietzsches Denken sei ein Denken in Masken, ist ein Topos der Forschung. Man verweist auf Rollenspiel, Verstellung und Schauspielertum bei Nietzsche (so *Kaufmann*, Masken 112). Aber Nietzsches Äußerungen zum Schauspielertum sind fast durchgängig kritischer Art. Er hat zwar ein Bewußtsein vom Schauspielerischen in sich selber, aber im Zeichen der inneren Wahrhaftigkeit bekämpft er dieses Moment des Schauspielerischen. Kaufmann sieht in Nietzsche eine Art Hamlet: "Vielleicht ist die treffendste Veranschaulichung Hamlet, der ständig Masken aufsetzt" (ebd., 124). Nun besteht in der Tat eine gewisse Affinität Nietzsches zu Hamlet. "In diesem Sinne hat der dionysische Mensch Aehnlichkeit mit Hamlet: beide haben einmal einen wahren Blick in das Wesen der Dinge gethan, sie haben *erkannt*, und es ekelt sie zu handeln" (1, 56 f. – GT). Hamlet hat eine den "Worten und Begriffen" vorgeschaltete "tiefere Weisheit" (1, 110 – GT). Der "Cynismus Hamlets" (14, 373) ist Ausdruck der "freien frechen Geister", "und bisweilen ist die Narrheit selbst die Maske für ein unseliges allzugewisses Wissen" (5, 226 – JGB). Demnach fühlt sich Nietzsche im Wirklichkeitsekel, in der tieferen Weisheit und im maskenhaften Verschweigen der Daseinsabgründe mit Hamlet verwandt. Er nennt sich einmal einen "hamletischen Maulwurf" (B 7, 108 – 11.11.85 – an die Schwester). Kritisch äußert er sich zur "Hamlet-Melancholie" (3, 452 – FW), zur "Misanthropie" Hamlets (3, 499 – FW) und zur modischen Hamlet-"Skepsis" (5, 137 – JGB). Alles in allem ergibt sich eine zwiespältige Einstellung Nietzsches zu Hamlet. Einerseits anerkennt er in Hamlet den tiefen Menschen, der sich hinter Masken verbirgt; andererseits widerstrebt sein daseinsbejahender Voluntarismus dem melancholischen Skeptizismus Hamlets. Im ganzen liegt die grüblerische Melancholie Hamlets Nietzsche eher fern. Zudem hat Nietzsche aus dem Spiel mit der Maske keine Methode gemacht. Er spricht zwar – gelegentlich – gern von der Maske, aber sie gehört kaum zu seinem geistigen Habitus. Dazu ist seine geistige Physiognomie zu 'offen'.

sche Einheit bilden, in der *Geburt der Tragödie* von romantischem Kunstenthusiasmus getragen ist. Wenn er später bedauert, in der *Geburt der Tragödie* nicht die dem Sujet angemessene Sprache gefunden zu haben, so nicht deshalb, weil er nicht die genuine philosophische Sprache benutzt, sondern deshalb, weil er sich nicht in dithyrambischer Sprache ausgedrückt habe (vgl. 1, 15 – GT [VS]). Allein dies zeigt, daß es Nietzsche um unmittelbare künstlerische Ausdrucksgebärden, um die wesensmäßige Einheit von Aussageinhalt und Aussageform geht. Was der junge Nietzsche in der *Geburt der Tragödie* noch nicht gefunden hat, ist nicht die philosophische, sondern die künstlerische Sprache. Es ist problematisch, im Hinblick auf Nietzsche in der Kunst nur eine Methode der Philosophie zu sehen. Wenn hier überhaupt von einer Zweck-Mittel-Relation gesprochen werden darf, dann eher in dem Sinne, daß das philosophische Denken Voraussetzung des künstlerischen Schaffens als der eigentlichen Neuschaffung der Welt ist. Hinsichtlich des Verhältnisses von Philosophie und Kunst ist die Vorstellung der "Maske" durchaus irreführend. Auch A. Carlssons Formel vom *Mythos als Maske Friedrich Nietzsches* ist nicht unproblematisch, denn für Nietzsche ist beispielsweise Dionysos nicht lediglich eine bloße mythologische Metapher, sondern existentiell erfahrene Wirklichkeit, was vor allem die zuletzt erfolgende Selbstidentifikation mit dem "Dionysos" bezeugt.[18] Auch Sloterdijks These, Nietzsche, der "Denker auf der Bühne", inszeniere in raffinierten Posen das hintergründige Rollenspiel einer "apollinisch-dionysischen Doppelmaske" (*Sloterdijk*, Nietzsche, 77), sein Zarathustra, der "Heldentenor des Immoralismus", bediene sich der "Maske der dionysischen Prophetie" (ebd., 76), ist durchaus irreführend, da sie den existentiellen Ernst Nietzsches in intellektuelle Attitüden aufzulösen droht. Bei Sloterdijk besteht Nietzsche eigentlich nur aus Masken, aus einem ganzen System von Masken, aus mythologischen, philosophischen und psychologischen Maskierungen, die aus der unaufhebbaren Grundspannung von regressivem Identitätsverlangen und regulativer Intellektualität erwachsen. Daß Nietzsches Existenz und Schaffen durch die bipolare Spannung von elementarem Leben und reflektierender Bewußtheit geprägt sind, steht außer Zweifel. Aber das führt nicht zu einer Als-ob-Existenz, zu einer Rollen-Existenz, zu einer Schauspieler-Haltung, zur Pose der Selbstinszenierung. Sloterdijk sieht z.B. in der *Geburt der Tragödie* eine "literarische Bühnenaktion", "die ohne Wagners opernhafte Synästhesien auskommen muß-

18 Carlsson stellt zwar fest, daß Nietzsche "Urbilder" wie Dionysos und Zarathustra "nach *seinem* Bilde" "formte" und daß sein Dionysos "gedeckt" sei "von einem Stück echter Realität", aber sie ist zugleich der Auffassung, es handele sich dabei um eine "mythische Maske" Nietzsches (*Carlsson*, Maske, 389). Damit aber wird das Problem zu sehr psychologisiert. Nietzsche hat sich nicht hinter dem "Dionysos" als einer "Maske" seiner eigenen Existenzproblematik versteckt, sondern für ihn war Dionysos ein metaphysisches Symbol des Weltwillens. Insofern war der "Dionysos" etwas über seine eigene Existenz Hinausweisendes. Rückt bei Nietzsche das absolute Subjekt, das autonom schaffende Subjekt, in den Vordergrund (wie dies bei Zarathustra der Fall ist), tritt Dionysos in den Hintergrund. Zur Identifikation mit dem "Dionysos" kommt es bei Nietzsche erst in der Endphase seiner geistigen Existenz, in der Phase des ausbrechenden Wahnsinns. Was die Maske des antiken Dionysos betrifft, so ist festzuhalten, daß sie die "zwingendste Gegenwart anzeigte", daß sie das "stärkste Sinnbild der Gegenwärtigkeit" ist, daß sie "ganz Begegnung" ist, daß sie "durch eine Nähe, die zugleich Entrücktheit ist", "erschüttert" (*Otto*, Dionysos, 84 f.).

te" (ebd., 20). Eben dies ist fraglich, denn Nietzsche ist kein Poseur. Nicht ohne Grund polemisiert er immer wieder gegen das Schauspielertum, gegen den "Schauspieler", den "idealen Affen": "Alles wird ihm Spiel, Ton, Gebärde, Bühne, Coulisse und Publicum." (3, 231 – M). Nietzsche war kein verhinderter Wagner. Wenn überhaupt das Schauspielerhafte bei ihm eine Rolle spielt, so am wenigsten in seinen Anfängen. Die Tragödienschrift ist zu sehr von elementarem Lebenspathos und naivem Kunstenthusiasmus getragen, als daß sie auf effektvolle Selbstdarstellung *coram publico* zielte.

Mißverständnisse bezüglich des Problems des "Maske" sind allerdings durch Aussagen Nietzsches nahegelegt. Er sieht, im Sinne seiner Metaphern-Kritik, das Problem der "Maske" als das Problem von Tiefe und Bild:

> Alles, was tief ist, liebt die Maske; die allertiefsten Dinge haben sogar einen Hass auf Bild und Gleichniss. Sollte nicht erst der *Gegensatz* die rechte Verkleidung sein, in der die Scham eines Gottes einhergienge? (5, 57 – JGB)[19]

Was hier in Frage steht, ist das Grundproblem von Wesen und Ausdruck, die Dialektik von Sein und Schein, die letztliche Insuffizienz aller Ausdrucksformen gegenüber dem substantiellen Gehalt, wie sie bei Nietzsche vor allem in seiner Sprach-Kritik zum Ausdruck gelangt, derzufolge eine unüberbrückbare Kluft zwischen der Sache und dem Wort, zwischen *res* und *verbum*, besteht. Metaphern, Bilder, Symbole erreichen nie das Wesen und die Tiefe eines Phänomens. Daher hat der Schaffende eine Aversion gegen die Symbol-Sprache und bedient sich der "Maske", um die Tiefe gegen das Scheinwesen der Sprache abzuschirmen. Deshalb kann Nietzsche auch feststellen, "dass es zur feineren Menschlichkeit gehört, Ehrfurcht 'vor der Maske' zu haben und nicht an falscher Stelle Psychologie und Neugierde zu treiben" (5, 226 – JGB). Das Motiv der Maskierung ist nicht die Täuschung, sondern das Bewahren der Tiefe. Nietzsche: "es ist nicht nur Arglist hinter einer Maske, – es giebt so viel Güte in der List." (5, 58 – JGB). Auf Grund des in allen Sprach- und Lebensäußerungen angelegten Scheins ist die "Maske" eine existentielle Notwendigkeit:

> Jeder tiefe Geist braucht eine Maske: mehr noch, um jeden tiefen Geist wächst fortwährend eine Maske, Dank der beständig falschen, nämlich *flachen* Auslegung jedes Wortes, jedes Schrittes, jedes Lebens-Zeichens, das er giebt. (5, 58 – JGB)

Nietzsche will deutlich machen, daß alle Aussagen, philosophische Reflexionen ebenso wie künstlerische Formen, ja jede sprachliche Äußerung, im Grunde nur Zeichen sind, die auf eine tiefere Dimension verweisen. "Jede Philosophie

19 An dieser Stelle wird die Funktion der Maske bei Nietzsche noch deutlicher. Der Schaffende bedient sich der "Maske", weil er die "allertiefsten Dinge" nicht im "Bild", im "Gleichniss" ausdrücken kann, da Bild und Gleichnis ihrem Wesen nach Schein, trügerischer Schein sind. Um sich der Spannung von Wahrheit und Bild zu entziehen, zieht man sich eine Maske vor. Da sich der Schaffende kein Bild machen will, greift er zur Maske. Goethe vertraute noch auf das poetische Bild: "Poesie deutet auf die Geheimnisse der Natur und sucht sie durchs Bild zu lösen" (Maximen und Reflexionen, HA XII, 493). Nietzsche spricht dem poetischen Bild sein Mißtrauensvotum aus.

verbirgt auch eine Philosophie; jede Meinung ist auch ein Versteck, jedes Wort auch eine Maske." (5, 234 – JGB).

Stilistisch kann das Problem der "Maske" zur Ironie führen. Das spielerisch-artistische Spracharrangement, das virtuose, paradoxe Spiel mit Motiven, hält vorschnelle Fixationen der Probleme fern. Während eine Sprache der exakten Festlegungen die Tiefe der Probleme verstellen würde, hält die ironisch-spielerische Sprache die Dinge in der Schwebe und läßt Spielraum für Phantasie und Denkmobilität. Bertram, der nicht ohne Berechtigung in seinem Nietzsche-Buch der "Maske" ein ganzes Kapitel widmet, deutet Nietzsches "Stilideal" als ironisch-romantischen Stil des Wechselspiels von Ernst und Heiterkeit ("der Ernst muß heiter, der Scherz ernsthaft schimmern"[20]), als "Stil der ironischen Maske", als "köstlich hinterlistigen, zweideutig schillernden Romantikerstil" (*Bertram*, Nietzsche, 198). Die Verquickung von Ernst und Heiterkeit ist in der Tat ein Grundzug von Nietzsches Stil. Aber es ist problematisch, die Maske lediglich als Verbergen des Leidens aufzufassen, als "Maske eines Leidenden, der sein Leid vor allen verbergen muß, da er ja zum Leben verführen will" (ebd., 191). Obschon dieser Aspekt in das Problem von Maske und Heiterkeit hineinspielt, ist die Heiterkeit doch in erster Linie Ausdruck der Freiheit des Schaffenden gegenüber dem Leiden, Ausdruck einer Freiheit, die sich, wie in den Dionysos-Dithyramben, zur Euphorie steigern kann. Schon der junge Nietzsche betont die in der Heiterkeit zum Ausdruck gelangende schöpferische Freiheit: "Im Grunde nämlich giebt es nur Heiterkeit, wo es Sieg giebt; und dies gilt von den Werken wahrer Denker ebensowohl als von jedem Kunstwerk." (1, 349 – SE). Nietzsche spricht des weiteren von "jenen Siegreichen", "die, weil sie das Tiefste gedacht, gerade das Lebendigste lieben müssen und als Weise am Ende sich zum Schönen neigen" (ebd.)[21]. Daß Nietzsche mit dieser Überlegung in der Nachfolge klassischer Ideen des Schönen und Heiteren steht, ist klar, und es verwundert kaum, daß er sich in diesem Kontext auf Goethe beruft.[22]

Die Heiterkeit ist Voraussetzung der neuen, freien Kunst des schöpferischen Lebens. In der Vorrede zur *Fröhlichen Wissenschaft* verweist Nietzsche mit Bezug auf "eine *andre* Kunst – eine spöttische, leichte, flüchtige, göttlich unbehelligte, göttlich künstliche Kunst" auf "Das, was *dazu* zuerst noth thut, die Heiterkeit, *jede Heiterkeit*, meine Freunde! auch als Künstler" (3, 351 – FW, Vorrede zur 2. Ausgabe, 1886). Ein Fragment der achtziger Jahre lautet:

> Über das Mißverständnis der "Heiterkeit". Zeitweilige Erlösung von der langen Spannung; der Übermut, die Saturnalien eines Geistes, der sich zu langen und furchtbaren Entschlüssen weiht und vorbereitet. Der "Narr" in der Form der "Wissenschaft". (III, 483)

---

20 Novalis-Zitat. Im Kontext der "Verbindung" von "Lustspiel und Trauerspiel" schreibt Novalis: "Der Ernst muß heiter, der Scherz ernsthaft schimmern." (S III, 650).

21 Vgl. "'Wer das Tiefste gedacht, liebt das Lebendigste.' Hölderlin." (7, 711). Zitat aus Hölderlins Gedicht *Sokrates und Alcibiades* (SW I, 260).

In der "Heiterkeit" zeigt sich ein Zug von Schauspielertum, von Narrenspiel, und zwar deshalb, weil der Schaffende unter der Maske des "Narren" ein erhöhtes Maß an Freiheit hat, in der "Wissenschaft", in der Kunst. "Maske" und "Heiterkeit" sind bei Nietzsche vieldeutige Phänomene, aber man geht kaum fehl, wenn man sie in erster Linie als Steigerungsmöglichkeiten des Schöpferischen begreift. Abwegig ist auf jeden Fall die Vorstellung Bertrams, die "Lehren vom Übermenschen und von der Ewigen Wiederkunft" seien möglicherweise "große erzieherische Lügen in der Maske 'absoluter Wahrheiten' " (*Bertram*, Nietzsche, 198 f.). Während Fink die Kunst als Maske der philosophischen Grundgedanken Nietzsches versteht, sieht umgekehrt Bertram in diesen Grundgedanken eine mögliche Maskierung anderer Intentionen. Beides ist zu extrem gesehen. Bei Nietzsche ist weder die Kunst eine Maske der Philosophie, noch ist die Philosophie eine Maske erzieherischer Gestaltungsabsichten. Wenn die Kunst eine "Maske" ist, dann nicht in dem Sinne, daß sich hinter ihr die Philosophie als das Wesen verbirgt, sondern allenfalls in der Weise, daß Kunst überhaupt Schein ist, ein ästhetischer Schein, der seinen stilistischen Ausdruck in einer spielerisch-ironischen Sprachhaltung findet. Im übrigen ist festzuhalten, daß Nietzsche trotz der wiederholten Hinweise auf die "Maske" in seiner sprachlich-stilistischen Grundhaltung weniger die ironische Ambivalenz als vielmehr die apodiktische Setzung bevorzugt. Nietzsche ist ein Schriftsteller, der mit offenem Visier kämpft. Freilich, er kokettiert mit der "Maske", aber sein Stilprinzip ist nicht die *obscuritas*, sondern die *claritas*. Nicht das Verdunkeln und Verrätseln, sondern Klarheit und Luzidität sind kennzeichnend für Nietzsches Stil. Nietzsche ist kein hermetischer Autor.

Indem Nietzsche als äußerste Konsequenz seiner Philosophie und Ästhetik des Schaffens das Hervorbringen als solches verabsolutiert, alle Wahrheiten und Formen nur als hervorgebrachte anerkennt, muß er notwendigerweise nicht nur eine Umkehrung des traditionellen Verhältnisses von Philosophie und Kunst vollziehen, sondern auch die Funktionen von Philosophie und Kunst neu bestimmen. Das Verhältnis von Philosophie und Kunst bzw. von Philosophieren und Kunstschaffen wird in mehrfacher Hinsicht neu entfaltet: 1) Philosophie und Kunst gehen eine Symbiose ein. Das Philosophieren wird zum künstlerischen Philosophieren, wie das Kunstschaffen zu einem philosophierenden Kunstschaffen wird. Künstlerisches Philosophieren – das bedeutet, daß das Philosophieren sich thematisch als schöpferisches Hervorbringen der neuen Grundgedanken versteht und sich methodisch künstlerischer Mittel wie des Aphorismus, des Fragments, der Paradoxie bedient. Philosophierendes Kunstschaffen – das heißt, daß in der kunstschöpferischen Tätigkeit spezifische Denkmotive wirksam sind, die Perspektive und Richtung des Schaffens prägen und als Themen in den Texten gegenwärtig sind. 2) Im symbiotischen Verhältnis von Philosophie und Kunst kommt der Kunst der unbedingte Vorrang zu. Da

---

22 "'Was ist doch ein Lebendiges für ein herrliches köstliches Ding! wie abgemessen zu seinem Zustande, wie wahr, wie seiend!'" (1, 349 – SE; Zitat aus Goethes *Italienischer Reise* (HA XI, 93; dort heißt es: "köstliches, herrliches Ding!").

der Maßstab aller Wertungen das Schaffen ist, die Kunst aber die höchste Form des Schaffens darstellt, wird auch das philosophische Denken an der Frage gemessen, ob es künstlerisches, d.h. schaffendes Denken ist. Die Philosophie erscheint als eine Funktion der Kunst, d.h. des Schaffens. 3) Philosophie und Kunst sind produktive Phänomene. Ihre Funktion beschränkt sich nicht auf die Enthüllung von Wahrheiten, sondern kulminiert in der Hervorbringung von Wahrheiten. Dies erst ist die wahre Apotheose des Schaffens.

III. Kunst und Leben

1. Metaphysische, energetische und ästhetische Begründung der Kunst

Nietzsches absolute Rangerhöhung der Kunst, ihre unbedingte Vorrangstellung vor Philosophie, Psychologie und Gesellschaftsanalyse, setzt ein spezifisches Verhältnis von 'Kunst' und 'Leben' voraus. Die Verabsolutierung der Kunst ist eine Konsequenz der Verabsolutierung des schöpferischen Lebens. Nietzsche entfaltet diese Fragestellung im Problemhorizont von drei zentralen, unlöslich miteinander verklammerten Gedanken: erstens im Problemfeld der Kunst als der "metaphysischen Tätigkeit des Lebens", zweitens in der Konzeption der Kunst als des "großen Stimulans des Lebens" und drittens im Gedanken von der Rechtfertigung der Welt allein als "ästhetisches Phänomen". Daß die Kunst wesensmäßig im Leben begründet sei und zugleich das Leben in seine höchsten Möglichkeiten steigere und daß die Welt überhaupt nur als 'ästhetisches', d.h. als künstlerisches, schöpferisches Phänomen zu rechtfertigen sei, dies sind die Grundgedanken der Nietzscheschen 'Ästhetik'. Diese Grundgedanken zur Kunst tauchen an einigen Stellen explizite, als unmittelbare Formeln, auf und durchziehen im übrigen implizite, in sinnentsprechenden Modifikationen, leitmotivisch die Schriften und Fragmente Nietzsches. Sie bilden eine komplementäre Einheit und sind konstitutiv für Nietzsches Kunst-Denken. Schon in dem 1871 verfaßten Vorwort zur *Geburt der Tragödie* betont Nietzsche, "dass ich von der Kunst als der höchsten Aufgabe und der eigentlich metaphysischen Thätigkeit dieses Lebens [...] überzeugt bin" (1, 24 – GT). Im späteren *Versuch einer Selbstkritik*, den Nietzsche der "neuen Ausgabe" der *Geburt der Tragödie* von 1886 voranstellt, spricht er von der "Kunst" als der "eigentlich *metaphysischen* Thätigkeit des Menschen" (1, 17 – GT [VS])[23]. Die Formel hält sich also

---

23 Diese Formel benutzt Nietzsche schon vorher (im Rückblick auf die Tragödienschrift): "die *Kunst* als die 'eigentlich metaphysische Thätigkeit des Menschen'." (10, 238 – 1883). Daß in dieser Schlüsselformel das Wort "Mensch" an die Stelle des Wortes "Leben" treten kann, könnte eine stärkere Individualisierung des Problems andeuten, indem nun der Akzent auf das schaffende Subjekt gelegt wird. Es ist allerdings zweifelhaft, ob dies von Nietzsche direkt beabsichtigt ist, denn er verweist an dieser Stelle sofort auch auf das "Leben" (10, 238; vgl. auch 1, 17). Bemerkenswerter ist, daß der spätere Nietzsche den in der Tragödienschrift, im Vorwort an Richard Wagner, geäußerten Gedanken von der Kunst als der "metaphysischen Thätigkeit dieses Lebens" (1, 24) mit der Problematik des

konstant über anderthalb Jahrzehnte hin. Zum Sprachgebrauch Nietzsches ist anzumerken, daß der Begriff "metaphysisch" bei ihm von eigentümlicher Doppeldeutigkeit ist. Er wendet den Begriff sowohl hinsichtlich der traditionellen Weltauslegung als auch bezüglich der neuen Kunstauffassung an. Wenn die 'metaphysische' Weltinterpretation der traditionellen Philosophie mit ihrer Doppelwelttheorie, der Scheidung von zeitlosem Sein und zeitlichem Werden, ansteht, verfällt der Begriff 'metaphysisch' dem schroffsten Verdikt. Nietzsche versteht dann unter 'metaphysischer' Weltbetrachtung eine auf fiktionale Größen, insbesondere die Platonische Idee und den christlichen Gott, gerichtete Weltauslegung. Er polemisiert gegen die "metaphysischen Scheinbarkeiten", die "Unwahrheiten", die "Dogmen der Religion und Metaphysik" (2, 108 – MA I), gegen die "tiefsinnige Metaphysik" (3, 80 – M), gegen das "typische Vorurtheil" der "Metaphysiker aller Zeiten", den "Grund" der Welt "im Schoosse des Sein's, im Unvergänglichen, im verborgenen Gotte, im 'Ding an sich' " zu sehen (5, 16 – JGB), gegen die "metaphysische Vernebelung alles Wahren und Einfachen" (B 5, 337 f. – 15.7.78 – an Mathilde Maier). Nietzsche empfindet die Inhalte der Metaphysik als Belastung: "Mit der metaphysischen Verdrehung ging es mir zuletzt so, daß ich einen Druck um den Hals fühlte, als ob ich ersticken müßte." (B 5, 335 – Juni 78 – an Carl Fuchs). Obschon die kritischen Äußerungen Nietzsches zur Metaphysik, zur 'metaphysischen' Weltauslegung, in der Hauptsache aus seiner aufklärerisch-analytischen Periode, der Zeit von *Menschliches, Allzumenschliches*, stammen, finden sie sich doch auch immer wieder in den Schriften und Fragmenten der Folgezeit und können als ein konstantes Motiv des Nietzscheschen Denkens angesehen werden – trotz unterschiedlich starker Akzentuierung in den einzelnen Schaffensperioden. Immer wieder spricht Nietzsche vernichtende Urteile über die metaphysische Tradition aus und deutet das 'Metaphysische', die Ableitung des Seienden aus Gott oder den Ideen, als lebensverstellende Fiktion. Aber neben dieser pejorativen Bedeutung kann der Begriff "metaphysisch" auch eine positive Qualität annehmen, und zwar dann, wenn es darum geht, das schöpferische Leben zu qualifizieren. Dann benutzt Nietzsche den Begriff "metaphysisch", um die im Leben angelegte schöpferische Urkraft, die dem Leben innewohnende Tendenz, sich in seine höchsten Möglichkeiten zu transzendieren, und die aus dem Entwurfcharakter des Lebens erwachsende neue Sinn-Setzung zu kennzeichnen. Daß Nietzsche den kunstschöpferischen Prozeß als die wahre "metaphysische" Tätigkeit ansieht, zeigt eindringlich den Vorrang der Kunst vor allen anderen Lebensäußerungen an. Nietzsche vollzieht die radikale Absage an die 'Metaphysik', aber er steht insofern dennoch in der metaphysischen Tradition, als er deren substan-

---

'Artistischen' verbindet. In einem Fragment vom Frühjahr 1888 heißt es: "[...] das Glaubensbekenntniß, das Artisten-Evangelium: 'die *Kunst* als die eigentliche Aufgabe des Lebens, die Kunst als *metaphysische Thätigkeit*' ..." (13, 228). Damit räumt Nietzsche in der retrospektiven Selbstinterpretation dem Artistischen, dem formvirtuosen Schaffen, eine Bedeutung ein, die es in der Tragödienschrift noch keineswegs hatte. Die Wendung "Artisten-Evangelium" erwächst aus den ästhetischen Anschauungen des späteren, formbewußteren Nietzsche. Sie bringt aber nicht nur ein potenziertes Formbewußtsein, sondern auch die Hinwendung zum schaffenden Subjekt als autonome Größe zum Ausdruck.

tielle Inhalte durch das in die Kunst sich transzendierende schöpferische Leben ersetzt. In diesem Zusammenhang kann man die Frage nach dem Funktionsverhältnis von 'Kunst' und 'Metaphysik' stellen. Wo liegt der Schwerpunkt? Auf der 'Kunst' oder auf dem 'Metaphysischen'? Ulmer sieht hier ein oszillierendes Verhältnis: "Ebensowenig ist die Rangordnung zwischen Kunst und Metaphysik eindeutig, was auf einer Mehrdeutigkeit dessen beruht, was unter Kunst verstanden wird." (*Ulmer*, Nietzsche, 29). Es fragt sich, ob man nicht das 'Metaphysische' und die 'Kunst' als wesensmäßige Einheit sehen muß, so daß sich die Frage nach einer "Rangordnung" von selbst erledigt. Daß der "Kunst"-Begriff Nietzsches mehrdeutig ist, daß er insbesondere sowohl die universelle Schöpfungskraft der Natur als auch die spezielle Schöpfungspotenz des Künstlers meinen kann, ist ein (noch eigens zu erörterndes) Problem, das aber die ursprüngliche Einheit von "Leben" und "Kunst" in der "metaphysischen Tätigkeit" nicht berührt. Im übrigen ist anzumerken, daß Nietzsche nicht mit einem grenzscharfen, exakt definierten Begriff "metaphysisch" operiert, sondern den Begriff eher sehr summarisch, wie eine plakative Formel benutzt. Der Begriff "metaphysisch" soll auf Grund der ihm eigenen historischen Dignität die außerordentliche, alles überragende Bedeutung des schöpferischen Aktes bezeichnen.

Aber Nietzsche sieht in der Kunst nicht nur eine "Tätigkeit", sondern auch ein "Stimulans" des Lebens. Ein Fragment vom Mai-Juni 1888 drückt dies als unumstößliche Wahrheit in lapidarer Prägnanz aus:

> Die Kunst und nichts als die Kunst! Sie ist die große Ermöglicherin des Lebens, die große Verführerin zum Leben, das große Stimulans des Lebens. (13, 521)[24]

Die Kunst ist nicht nur eine Tätigkeit des Lebens, sondern auch ein vom Leben Getätigtes, das seinerseits das Leben erhält und steigert. Die Kunst wird nicht nur vom Leben hervorgebracht, sondern sie bringt ihrerseits auch Leben hervor. Nimmt man die Wendungen "metaphysische Tätigkeit" und "Stimulans" ineins, zeigt sich eine eigentümliche Rückkoppelung der Kunst an das Leben, in der Weise, daß das Leben durch sein eigenes Produkt neue Möglichkeiten der Selbsterhaltung und Steigerung gewinnt. Nietzsche reflektiert die von ihm in den höchsten Rang erhobene Kunst immer im Hinblick auf das Leben bzw. die Lebenssteigerung. Von entscheidender Bedeutung ist das Problem des Willens. Die Kunst gewinnt ihren exzellenten Stellenwert im Spannungsfeld von Willensverneinung und Willensbejahung. Die Kunst ist für Nietzsche diejenige Kraft, die der Willensverneinung entgegenwirkt und die Willensbejahung ermöglicht und steigert. Er formuliert:

24 Die Formel von der Kunst als dem "großen Stimulans des Lebens" taucht bei Nietzsche leitmotivartig auf. So mehrfach in Fragmenten vom Frühjahr 1888. Dort wird die "Kunst", mit Bezug auf die Tragödienschrift, "als das große *Stimulans* aufgefaßt, als das, was ewig zum Leben, zum ewigen Leben *drängt*..." (13, 228; vgl. 13, 229, 230, 409). Es ist nicht ohne Bedeutung, daß Nietzsche die Wendung "*des* Lebens" durch die Wendung "*zum* Leben" (Hervorhebung durch Vf.) ergänzt. In dieser Doppelung kommt zum Ausdruck, daß die Kunst sowohl der innerste Antrieb als auch die höchste Steigerung des Lebens ist. Sie ist "das große Stimulans des Lebens, ein Rausch am Leben, ein Wille zum Leben" (13, 409).

> Die Kunst als einzig überlegene Gegenkraft gegen allen Willen zur Verneinung des Lebens, als das Antichristliche, Antibuddhistische, Antinihilistische par excellence. (13, 521 [= 13, 225]

Nietzsche spitzt das Kunstproblem auf die Fundamentalspannung von "Kunst" und "Nihilismus" zu. Der "Nihilismus", "dieser unheimlichste aller Gäste", wird von Nietzsche definiert als die "radikale Ablehnung von Werth, Sinn, Wünschbarkeit" (12, 125). Der "Nihilismus" ist das "durchbohrende Gefühl des 'Nichts' " (13, 89). Er ist nicht nur das Bewußtsein eines alle Daseinsbereiche ergreifenden " 'Umsonst!' " (13, 59), sondern die "Überzeugung einer absoluten Unhaltbarkeit des Daseins, wenn es sich um die höchsten Werthe, die man anerkennt, <handelt>" (12, 571). Nietzsches Nihilismus-Analyse, die Herkunft, Symptomatik und Folgen des "Nihilismus" zu bestimmen versucht, deutet den Nihilismus als historisches Phänomen, d.h. als logische Konsequenz der metaphysischen Tradition, der christlich-platonischen Weltinterpretation. Der "*vollkommene Nihilism*" ist die "nothwendige Folge der bisherigen Ideale" (12, 476); er ist ein Produkt von Christentum, Metaphysik und Idealismus, die "zu Ende gedachte Logik unserer großen Werthe und Ideale" (13, 190). Indem das moderne Bewußtsein die metaphysischen Werte, die Platonische Idee und den christlichen Gottesbegriff, als bloße Fiktionen durchschaut, kommt es zu einer fundamentalen Krise. Der vom Christentum hochgezüchtete Wille zur Wahrheit wendet sich nun gegen das Christentum selbst, indem nun der Wahrheitstrieb 'Gott' und 'Moral' als Fiktionen enthüllt. Nun sieht sich der Mensch ins Bodenlose gestellt.

Nietzsches Nihilismus-Analyse ist eine historisch-psychologische Interpretation des Nihilismus. Der Nihilismus erscheint als folgerichtiges Ergebnis einer bestimmten geschichtlichen Weltauslegung. Die Nietzsche-Interpretation ist Nietzsche in dieser Deutung gefolgt.[25] Es ist allerdings die Frage, ob sich Nietzsches Erfahrung des Nihilismus in der historisch-psychologischen Perspektive erschöpft oder ob sie nicht darüber hinaus eine anthropologisch-existentielle Grunderfahrung Nietzsches darstellt. Dann wäre der Nihilismus nicht nur das Ergebnis bestimmter geistes-, kultur- und philosophiegeschichtlicher Fehlentwicklungen, sondern er wäre im Menschenwesen, in der Welt selbst substantiell angelegt. Die Frage lautet: Ist der Nihilismus nur das Ergebnis einer bestimmten, historisch bedingten Bewußtseinslage, oder ist er nicht, darüber hinaus, in der menschlichen Existenz, in der *conditio humana*, angelegt, wesensmäßig? Der Nietzsche-Jünger Gottfried Benn, dessen "Nihilismus"-Problematik sich im Prinzip ganz in den von Nietzsche vorgezeichneten Bahnen bewegt, scheint doch über sein großes, lebenslängliches Vorbild hinauszugehen, wenn er schreibt: "Dies Nichts, das wir hinter allen Gestalten sehen, allen Wendungen der Geschichte, den Begriffen, hinter Stein und Bein." (*Benn*, Akademie-Rede, 437). Und an anderer Stelle: "Alle großen Männer der weißen Rasse hatten seit Jahrhunderten nur die eine innere Aufgabe empfunden, ihren Nihilismus zu verdecken." (*Benn*, Kunst und Drittes Reich, 311). Benn rekurriert, wie Nietz-

25 Exkurs 8.

sche, auf die Geschichte. Aber für ihn ist der Nihilismus eine anthropologische Konstante, eine Urerfahrung des Menschen, in der menschlichen Existenz als solcher begründet, nicht nur das Produkt einer bestimmten Weltinterpretation. Nur deshalb kann er den großen Geistern der abendländischen Geschichte unterstellen, sie hätten – bewußt oder unbewußt (wie man hinzufügen kann) – nur ihre Nihilismus-Erfahrung zu kaschieren versucht. Nietzsche hat bei seiner "Nihilismus"-Analyse im Grunde immer nur auf die historischen Voraussetzungen des Nihilismus verwiesen, aber es ist die Frage, ob nicht seine Nihilismus-Erfahrung bzw. seine Erfahrung des Nichts ins Anthropologisch-Existentielle hineinreicht. Es ist dies das Problem, das sich im Hinblick auf Nietzsches Feststellung, Gott sei tot, stellt. Meint Nietzsche damit nur, daß Gott für uns tot sei, daß in einer bestimmten historischen Situation der Gottesbegriff nicht mehr haltbar sei, oder meint er, daß Gott an sich tot sei, daß die Idee Gottes an sich eine Fiktion darstelle, daß das moderne Bewußtsein nur einen die menschliche Situation prinzipiell kennzeichnenden Befund durchschaue, nämlich das Nichtvorhandensein eines metaphysischen Bezugspunktes? Man kann dieser Frage entgegenhalten, daß Nietzsches Prinzip des 'Perspektivismus', demzufolge die Unterscheidung von *An-sich* und *Für-mich* irrelevant ist, sie von selbst erledige. Dennoch hat sie ihre Berechtigung, denn die Nietzsche-Deutung hat Nietzsches Wort "Gott ist tot" (vgl. 3, 480-482 – FW [*Der tolle Mensch*] sowie 3, 573 f. – FW; 4, 14 – Za) wiederholt dadurch gewissermaßen entschärft, daß sie es lediglich als Ausdruck einer bestimmten Bewußtseinslage, der Situation der neuzeitlichen, der modernen Subjektivität, nicht aber als Ausdruck der menschlichen Grundsituation überhaupt deutet.

Wie immer es darum steht, entscheidend ist, daß Nietzsche sich nicht auf die Erfahrung und Analyse des "Nihilismus" beschränkt, sondern ihn produktiv, d.h. durch die "Kunst", zu überwinden versucht. Er spricht "als der erste vollkommene Nihilist Europas, der aber den Nihilismus selbst schon in sich zu Ende gelebt hat, – der ihn hinter sich, unter sich, außer sich hat ..." (13, 190; vgl. auch 12, 476). Nietzsche verquickt die Nihilismus-Analyse mit der Nihilismus-Überwindung. Der große Diagnostiker des Nihilismus stellt die zentrale Frage: Wie ist die Überwindung des Nihilismus möglich? Dies ist die eigentliche Kernfrage seiner Schriften, das Problem, um das sein Denken unaufhörlich kreist, die Frage, von der alles abhängt. Jaspers schreibt:

> Da Nietzsche das Nichts nicht als das Letzte gelten lassen will, tritt er jedoch auch positiv als Überwinder des Nihilismus auf: seine ganze spätere Philosophie versteht er als eine Gegenbewegung gegen den Nihilismus: in seiner "großen Politik", seiner "Weltauslegung" und seiner Lehre von der "ewigen Wiederkehr". (*Jaspers*, Nietzsche, 252 f.)[26]

26 Unter der "großen Politik" versteht Nietzsche die alles kleinliche Planen und Taktieren der Politiker hinter sich lassende Neuorganisation der Welt durch den gesetzgeberischen Willen des großen Menschen. Vgl. 5, 140 – JGB; III, 448; 6, 366 – EH; B 6, 497; 13, 637 f. Zur "grossen Politik" Nietzsches vgl. generell *Jaspers*, Nietzsche, 254-289. Vgl. auch *Ottmann*, Nietzsche, 239-292, der Nietzsche Begriff der "großen Politik" stärker als 'politische' Kategorie herausstellt.

So verhält es sich in der Tat. Es ist hinzuzufügen, daß die Überwindung des Nihilismus allein durch produktive, sinnstiftende Akte des Menschen möglich ist. Wenn die Welt an sich keinen Sinn mehr hat, kommt es darauf an, durch schöpferische Akte einen neuen Sinn zu setzen. Insofern sind die großen philosophischen Grundgedanken Nietzsches Strategeme, Kunstgriffe zum Zwecke der Bewältigung des Nihilismus. Nur als *geschaffene* Gedanken können die Grundideen die Bewältigung des Nihilismus vollziehen. Die große Antithese Nietzsches ist die Antithese von Nichts und Schaffen. Nicht zuletzt im Lichte des Nihilismus-Problems wird das Prinzip des Schaffens resp. des schöpferischen Lebens für Nietzsche zur Zentralkategorie seines Denkens. Dieses Denken ist geprägt von der Vorstellung, daß der Mensch erst im Schaffen, in der schöpferischen Tätigkeit, sein wahres Menschsein erlange und daß allererst in der Lebendigkeit des schöpferischen Prozesses so etwas wie ein Sinn des Daseins sich herstelle. Es gibt keinen vorgegebenen Sinn der Welt mehr, sondern 'Sinn' erwächst erst aus dem Schaffen. Bezeichnenderweise spricht Nietzsche einmal von der "schöpferischen Kraft, *Sinn* zu schaffen" (12, 367). Es ergibt sich dabei ein besonderes Wechselverhältnis zwischen Nihilismus und Schaffen, denn der Nihilismus wird zu einer produktiven Herausforderung, zu einem Stimulans des Schaffens. Der "Nihilism" "kann ein Symptom wachsender *Stärke* sein oder wachsender *Schwäche*" (12, 367). Während der Nihilismus der "Schwäche" auf ein Nachlassen der schöpferischen Antriebe, auf die "Enttäuschung", hinausläuft, ist im Nihilismus der "Stärke" die "Kraft zu *schaffen*, zu *wollen* so gewachsen", "daß sie diese Gesamt-Ausdeutungen und *Sinn*-Einlegungen nicht mehr braucht" (12, 367). Die Sinn-Deutungen der bisherigen Religion, Moral und Philosophie sind bedeutungslos geworden angesichts der Präpotenz des Schaffens. Es zeigt sich ein dialektisches Verhältnis zwischen Nihilismus und Schaffen. In dem Maße, in dem der Nihilismus anwächst, wächst auch, im 'starken' Individuum, der Wille zu seiner schöpferischen Überwindung. Dieses produktive Reagieren auf den Nihilismus wird Benn später die "artistische Ausnutzung des Nihilismus" nennen: "sie könnte lehren, ihn dialektisch, das heißt provokant zu sehen." (*Benn*, Nach dem Nihilismus, 159). Dem "tiefen Nihilismus der Werte" entspricht die "Transzendenz der schöpferischen Lust" (*Benn*, Rede auf Heinrich Mann, 416).

Die eigentliche, die wahre Überwindung des Nihilismus erfolgt erst durch die Kunst. Eine Grundformel Nietzsches lautet: "*Kunst als Gegenbewegung*." (13, 235).[27] Die Kunst ist die große Gegenbewegung gegen den Nihilismus. Dabei ist allerdings immer im Blickfeld zu halten, daß Nietzsche die Kunst zwar in den höchsten Rang erhebt, sie aber nicht zu einer Eigenwirklichkeit verabsolutiert, sondern auf das Leben zurückbiegt. Er wendet sich nicht nur gegen die Moralisierung der Kunst, "gegen die *moralisirende* Tendenz in der Kunst, gegen ihre Unterordnung unter die Moral" (6, 127 – GD), sondern auch gegen die Ästhetisierung, die Verselbständigung der Kunst im Sinne der L'art pour l'art-Ästhetik. Vom Künstler heißt es:

27 Die Formel taucht wiederholt als Signalformel in den Fragmenten vom Frühjahr 1888 auf. Vgl. 13, 224, 241, 293, 296, 356. Vgl. auch III, 717.

> Geht dessen unterster Instinkt auf die Kunst oder nicht vielmehr auf den Sinn der Kunst, das *Leben*? auf eine *Wünschbarkeit von Leben*? – Die Kunst ist das grosse Stimulans zum Leben: wie könnte man sie als zwecklos, als ziellos, als l'art pour l'art verstehn? (6, 127 – GD; vgl. 12, 404f.)

In Abgrenzung sowohl gegen die moralische Funktionalisierung als auch gegen die ästhetische Verabsolutierung der Kunst betont Nietzsche die Lebensbezüglichkeit der Kunst. Er entfaltet das Problem der Kunst immer im Problemhorizont der Relation Kunst – Leben. Wenn es heißt "Die Kunst und nichts als die Kunst!", so erhebt er damit die Kunst über alle anderen Seinsbereiche, scheinbar ein *l'art pour l'art*-Prinzip verkündend; aber durch die Formel "das große Stimulans des Lebens" deutet er die Kunst als eine Funktion des Lebens. Dies ist ein bei Nietzsche konstant auftauchendes, zentrales Denkmotiv. Schon in der *Geburt der Tragödie* vertritt er die Auffassung, daß allein die Kunst den Menschen vor der Sehnsucht "nach einer buddhaistischen Verneinung des Willens" bewahre: "Ihn rettet die Kunst, und durch die Kunst rettet ihn sich – das Leben." (1, 56 – GT). Durch die Kunst hält das Leben den Menschen im Dasein fest, ja sie eröffnet ihm gesteigerte Daseinsmöglichkeiten.

Nietzsche mißt alle Dinge an der Frage, ob sie das Leben steigern oder schwächen. Im Lichte dieser Problemstellung wird auch die Wissenschaft von ihm immer wieder mit der kritischen Frage konfrontiert, ob sie auf das Leben bezogen ist oder als Selbstzweck betrieben wird. Nietzsches Kritik richtet sich gegen die "Wissenschaft" als "ein unmenschliches Abstractum" (1, 344 – SE). Erst die vor dem Leben sich ausweisende Wissenschaft hat für ihn produktive Bedeutung. Dieser Konzeption ist er im Prinzip in allen Schaffensperioden treu geblieben.[28] Dabei ist zu beachten, daß nicht nur die Geschichtswissenschaften, sondern auch die Naturwissenschaften in wachsendem Maße zum Gegenstand der kritischen Reflexionen Nietzsches werden. Die Gefahr des naturwissenschaftlichen Denkens sieht er in der kausalanalytischen Weltauslegung. Im "Kausalismus" und "Mechanismus" der "*Naturwissenschaften*" liegt ein "*nihilistischer Zug*" (III, 491). Sowohl die "Historie" als auch die "jetzige Naturwissenschaft" zeitigen "nihilistische Konsequenzen" (III, 882). Der 'Nihilismus' der Wissenschaft liegt in ihrem Selbstzweckwerden. Dadurch wird sie ziel-, richtungs- und sinnlos. Wenn die Wissenschaft sich verselbständigt, laufen nur noch pure Funktionsprozesse ab. Insofern ist die Wissenschaft auf eine Sinn-Vorgabe angewiesen. Wirklich produktiv kann sie nur funktionieren in einem antizipierten Sinnzusammenhang, d.h. im Rückbezug auf das Leben. "Die Wissenschaft selber *bedarf* nunmehr einer Rechtfertigung (womit noch nicht einmal gesagt sein soll, dass es eine solche für sie giebt)." (5, 401 – GM).

---

28 "Nietzsches Verhältnis zur Wissenschaft [...] kann nicht einfach auf Wissenschaftskritik, gar Ablehnung reduziert werden." (*Abel*, Wissenschaft, 9). Aber problematisch ist die Behauptung, "daß Wissenschaft und Künste letztlich auf ein und demselben Boden stehen" (ebd.), daß es "keinen Gegensatz zwischen Wissenschaft und Kunst, zwischen Kunst und Erkenntnis" gebe (ebd., 13). Abgesehen von der sog. kritischen Periode, hat Nietzsche immer dort, wo er die Wissenschaft positiv wertet, an der hierarchischen Trias Leben – Kunst – Wissenschaft festgehalten und der Wissenschaft kaum je die Bedeutung der Kunst zugestanden.

Nietzsche unterscheidet zwischen wissenschaftlicher Analyse und schaffender Sinn-Setzung. Die Wissenschaft wird erst dann zu einem wirklich produktiven Phänomen, wenn sie die Funktion einer Sinn-Setzung ist: "sie bedarf in jedem Betrachte erst eines Werth-Ideals, einer wertheschaffenden Macht, in deren *Dienste* sie an sich selber *glauben darf*, – sie selbst ist niemals wertheschaffend." (5, 402 – GM). Nietzsches Wissenschaftskritik ist Ausdruck der fundamentalen Spannung zwischen theoretischer Weltanalyse und schöpferischer Weltumgestaltung. Seine pathetischen Philosopheme des schöpferischen Lebens sind auch Ausdruck des Willens zur Selbstbehauptung eines 'metaphysischen' Sinnbezugs in einer von der Wissenschaft, besonders von der Naturwissenschaft, mehr und mehr beherrschten Epoche. Nietzsches Ideal ist die *fröhliche* Wissenschaft, eine Wissenschaft der freien, spielerischen Aktivität des Geistes, eines Geistes, in dem sich der Ernst des wissenschaftlichen Arbeitens mit der Heiterkeit des ästhetischen Spiels verbindet. Wissenschaftsmechanismus und Wissenschaftsdeterminismus führen zur Erstarrung des Lebens, während eine künstlerisch betriebene Wissenschaft eine Funktion der Lebensmobilität ist.

Die Wissenschaft wird also zurückbezogen auf den Leben-Kunst-Komplex, der in sich wiederum durch die Lebensfunktionalität der Kunst bestimmt ist. In der Trias Leben – Kunst – Wissenschaft ist das Leben, d.h. das schöpferische Leben, das alles organisierende Prinzip. Weder soll die Wissenschaft ein bloßes Instrument zum Zwecke der Naturbeherrschung oder nur antiquarischer Historismus, noch soll die Kunst moralische Lehre oder ästhetizistisches Spiel sein. Kunst und Wissenschaft sind vielmehr Funktionen des Lebens. Dabei ergibt sich zwischen Leben und Kunst ein spezifisches Wechselverhältnis. Die "Kunst" ist sowohl "metaphysische Tätigkeit" als auch "Stimulans" des "Lebens". Nietzsche geht aber noch einen Schritt weiter, indem er das Leben nur als "ästhetisches Phänomen" gelten läßt. Im *Versuch einer Selbstkritik* stellt er in Hinsicht auf die *Geburt der Tragödie* retrospektiv fest: "im Buche selbst kehrt der anzügliche Satz mehrfach wieder, dass nur als ästhetisches Phänomen das Dasein der Welt *gerechtfertigt* ist." (1, 17 – GT [VS]). 'Ästhetische' Rechtfertigung der Welt ist ein Synonym für schöpferische Rechtfertigung der Welt. Allein durch das Schaffen erhalten Welt und Dasein ihre Legitimation. Nietzsche fährt fort:

> In der That, das ganze Buch kennt nur einen Künstler-Sinn und -Hintersinn hinter allem Geschehen, – einen "Gott", wenn man will, aber gewiss nur einen gänzlich unbedenklichen und unmoralischen Künstler-Gott, der im Bauen wie im Zerstören, im Guten wie im Schlimmen, seiner gleichen Lust und Selbstherrlichkeit inne werden will, der sich, Welten schaffend, von der *Noth* der Fülle und *Ueberfülle*, vom *Leiden* der in ihm gedrängten Gegensätze löst. (1, 17 – GT [VS])

Der metaphysische Grund, in dem alles Seiende gründet, ist nicht der transzendente Gott der christlich-moralischen Weltdeutung, sondern ein "unmoralischer Künstler-Gott", ein weltimmanentes Prinzip, das schöpferische Leben selbst.

Die Welt selbst wird interpretiert als Ausdruck eines permanenten Schöpfungsprozesses, als ständig sich wandelnde Emanation eines metaphysischen Prinzips, des "Künstler-Gottes", der seine inneren Spannungen und die Überfülle seiner schöpferischen Energie unaufhörlich in produktiven Akten entlädt. Ein über diesen Vorgang hinausreichendes Ziel strebt der "Künstler-Gott" nicht an, sondern der Sinn des schöpferischen Prozesses liegt in ihm selber. Die Welt erscheint als 'selbstherrliches' Spiel eines metaphysischen "Urkünstlers" (1, 48 – GT). Der Mensch selbst ist ein Kunstwerk der Natur. Der Künstler ist nur die Emanation und das Organ des "Urkünstlers", des schöpferischen Lebens. In der *Geburt der Tragödie* vertritt Nietzsche die Auffassung,

> dass wir für den wahren Schöpfer derselben [jener Kunstwelt] schon Bilder und künstlerische Projectionen sind und in der Bedeutung von Kunstwerken unsre höchste Würde haben – denn nur als *aesthetisches Phänomen* ist das Dasein und die Welt ewig *gerechtfertigt* [...] (1, 47– GT; vgl. 1, 152 – GT sowie 12, 116 u. U II, 218)

Es ist ein höchst extensiver 'Kunst'-Begriff, mit dem Nietzsche hier operiert. Die Welt als Ganzes wird als Kunst-Produkt verstanden, als Produkt einer kosmischen, metaphysischen Elementarkraft. 'Ästhetische' Rechtfertigung des Lebens heißt soviel wie schöpferische Rechtfertigung des Lebens. Die Rechtfertigung des Lebens allein als "ästhetisches Phänomen" besagt, daß Leben, Dasein und Welt allein als schöpferischer Vorgang Existenzberechtigung haben.[29] Der Begriff "ästhetisch" ist ein Synonym für 'schöpferisch'. So heißt es einmal vom "Artisten": "Seine Stellung ist die ästhetische Stellung zum Kunstwerk, die des Schaffenden" (2, 156 – MA I).[30]

In den Begriff "ästhetisch" spielt die Bedeutung "Schein" hinein. Im Kontext des Wortes von der Rechtfertigung der Welt allein als "ästhetisches Phänomen"

29 Die Gleichsetzung dieser "Kunstmetaphysik" mit "Antihumanismus", "Barbarei" und "kriegerischem Heroismus", die Behauptung, Nietzsche betreibe "unio mystica in der Kunst und ultima ratio in der Politik" und es handele sich bei der Tragödienschrift um einen anti-aufklärerischen "Ästhetizismus" (*Sautermeister*, Ästhetizismus, 234 f.), ist abwegig. Obschon Nietzsche in Kapitel 23 der Schrift deutschtümenlnde Töne anschlägt, ist dies doch mehr Ausdruck eines zeittypischen Kulturkonservatismus als ein Ausflug in die Realpolitik. Ob man hier überhaupt von "Politik" sprechen soll, ist mehr als zweifelhaft. Was den Begriff "Ästhetizismus" angeht, so ist er im Hinblick auf Nietzsche ein leeres Schlagwort. Wenn "Ästhetizismus" soviel bedeutet wie spielerischer Kult des Schönen, dann hat gerade Nietzsche ihn immer bekämpft.

30 Wenn Nietzsche sich durch die "**aesthetische**" "Deutung des Daseins" gegen die "moralische Deutung" Schopenhauers abgrenzt (9, 615), dann besagt "ästhetische" Daseinsdeutung soviel wie dionysisch-schöpferische Daseinsbewältigung. Die "aesthetische *Rechtfertigung des Daseins*" (10, 238) ist schöpferische Rechtfertigung. In diesem Sinne ist Nietzsches Leitsatz zu verstehen: "Nur aesthetisch giebt es eine Rechtfertigung der Welt." (12, 116). Der "*aesthetische Zustand*" ist ein Zustand der "Verklärung und Fülle" des Lebens durch das "animalische Dasein" (12, 393). In den "'aesthetischen' Zuständen" wird die "Welt voller runder, *vollkommener gesehen*" (13, 63). Der Begriff "ästhetisch" hat bei Nietzsche allerdings meistens eine pejorative Bedeutung, und zwar meint dann das "ästhetische" Verhalten das interesselose Wohlgefallen am Schönen. Ein Vorwurf, den er nicht nur immer wieder gegen Kant, sondern auch gegen Schopenhauer erhebt: "Wie bei Schopenhauer: die Begierden schweigen unter der Gewalt der aesthetischen Contemplation." (12, 264). Nietzsche übt Kritik an der Verwechslung des "contemplativen Zustands" mit dem "aesthetischen" Zustand (12, 222) und führt die "aestethischen Werthe" auf "biologische Werthe", die "aesthetischen Wohlgefühle" auf "biologische Wohlgefühle" zurück (13, 511). Er verwendet den Begriff "ästhetisch" also in einem doppelten Sinne. Der Begriff "ästhetisch" kann das kontemplative Wohlgefallen am Schönen bezeichnen, und er kann auf die schöpferische Bewältigung des Daseins verweisen.

ist im *Versuch einer Selbstkritik* auch von der Erlösung im "*Scheine*" sowie von der "Artisten-Metaphysik" die Rede (1, 17 – GT [VS]; vgl. 1, 21 – GT). "Ästhetisch" heißt auch soviel wie scheinhaft, gemäß der Nietzscheschen Grundvorstellung, daß das Leben sich wesensmäßig ständig in den Schein transzendiert. Leben und Schein müssen als Einheit gedacht werden. "Ästhetische" Rechtfertigung des Lebens ist somit immer auch Rechtfertigung des Lebens im "Schein". Der Begriff "ästhetisch" schließt Produktivität und Schein in sich ein. Daß Nietzsche in der retrospektiven Deutung der *Geburt der Tragödie* den Begriff des Artistischen resp. des 'Artisten' ins Spiel bringt, signalisiert die inzwischen gewachsene Bedeutung des schöpferischen Prozesses als eines kunstbewußten, formvirtuosen Vorgangs. Die "Artisten-Metaphysik", eine Gegen-Metaphysik zur traditionellen Metaphysik, zur christlich-moralischen Weltauslegung (vgl. 1, 17-19 – GT [VS]), ist eine Kunst-Metaphysik. Nietzsche bringt in der retrospektiven Deutung den Begriff "artistisch" in unmittelbaren Zusammenhang mit den Begriffen "*antichristlich*" und "*dionysisch*" (1, 19 – GT [VS]), alle drei Begriffe damit gewissermaßen synonym verwendend. Aber es ist nicht zu übersehen, daß mit dem Begriff "artistisch" der spezifische Kunstfaktor, das Artifizielle des ästhetischen Scheins und die formspielerische Virtuosität, besonders ausgedrückt ist. Die Tatsache, daß Nietzsche den Begriff "artistisch" aus der Rückschau in die *Geburt der Tragödie* projiziert, sollte nicht dazu verführen, bereits im Hinblick auf die frühen Schriften von der "artistischen Philosophie" Nietzsches zu sprechen[31]. Festzuhalten ist aber, daß der Gedanke der "ästhetischen" Rechtfertigung der Welt ein konstantes Denkmotiv Nietzsches ist, daß der Begriff "ästhetisch" auf das Schaffen und den Schein verweist und daß später das Artistische in diese Problematik einfließt. Dabei ist nicht zu übersehen, daß das Wort von der "ästhetischen" Rechtfertigung der Welt sich bei Nietzsche später nicht mehr so sehr auf die universelle Schöpfungskraft der Natur, sondern auf die spezielle Produktivität des Menschen, des Künstlers und der Kunst bezieht. In der *Fröhlichen Wissenschaft* heißt es im Textstück *Unsere letzte Dankbarkeit gegen die Kunst*, mit Blick auf die "Kunst" als selbstmordverhütenden "*guten* Willen zum Scheine":

> Als ästhetisches Phänomen ist uns das Dasein immer noch *erträglich*, und durch die Kunst ist uns Auge und Hand und vor Allem das gute Gewissen dazu gegeben, aus uns selber ein solches Phänomen machen zu *können*. (3, 464 – FW)

Das "ästhetische Phänomen", das ist nun das Kunstwerk. Es allein hält den Menschen im Leben fest. Darüber hinaus zeigt sich die Lebensfunktionalität der Kunst in der Verwandlung des Menschen selbst in ein "ästhetisches Phäno-

31 So setzt *Reber*, Artistische Philosophie, schon beim jungen Nietzsche eine "artistische Weltbetrachtung" voraus (S. 2), "unter dem Gesichtspunkt einer Philosophie der Subjektivität" (S. 17). Nun könnte man in metakritischer Interpretation das Denken und Schaffen Nietzsches als potenzierten Ausdruck der neuzeitlichen Subjektivität deuten. Aber selbst dann müßte man im Blickfeld halten, daß in der Tragödienschrift das schaffende Subjekt als Vollzugsorgan des vor-subjektiven Lebens verstanden wird. Die Deutung der Tragödienschrift als "Artisten-Metaphysik" ist eine retrospektive Selbstinterpretation Nietzsches. Vgl. auch 12, 115.

men", d.h. in ein 'ästhetisches', schöpferisches Subjekt. Nietzsche postuliert damit die Anwendung des Ästhetischen auf das Leben, auf den Lebenshabitus des schöpferischen Menschen.[32] Er fordert eine neue Einheit von Kunst und Leben in der produktiven Existenz selbst. Der schöpferische Mensch ist selbst ein Kunstwerk. Diese nicht mit der späteren Jugendstil-Ästhetik des "schönen Lebens" (dazu: *Fritz*, Jugendstil, 97-118) zu verwechselnde Konzeption der ästhetischen Existenz ist ein markantes Indiz für die Tendenz Nietzsches, die 'Kunst' weniger im *ergon*, im Werk, als vielmehr in der *energeia*, in der Tatkraft, zu verankern. Das wahre Kunstwerk ist das kunstschöpferische Subjekt. Nietzsche hat allerdings mit dieser speziellen Idee des "ästhetischen Phänomens" als des kunstschöpferischen Subjekts die universelle Idee der "Welt" als "ästhetisches Phänomen" und bestimmter naturhafter und historischer Formationen als 'Kunst'-Gebilde nicht aufgegeben. Ein Fragment aus der Mitte der achtziger Jahre lautet:

> Das Kunstwerk, wo es *ohne* Künstler erscheint z.B. als Leib, als Organisation (preußisches Offiziercorps, Jesuitenorden). In wiefern der Künstler nur eine Vorstufe ist. Was bedeutet das "Subjekt" –? / Die Welt als ein sich selbst gebärendes Kunstwerk – – (12, 118 f.)

Man muß bei Nietzsche grundsätzlich unterscheiden zwischen einem universellen und einem speziellen Kunst- resp. Künstler-Begriff. Grundsätzlich ist Kunst alles, was Ausdruck des Schöpferischen ist, und daher sind Leben und Welt selbst Kunstwerke. Sodann aber wird der Begriff Kunst auf die Tätigkeit des Künstlers im engeren Sinne bezogen, und dies ist die Hauptverwendung der Begriffe "Kunst" und "Künstler" bei Nietzsche. Daß Nietzsche auch historische, politische Gebilde als lebendige Organismen und Artefakte ansieht, ist nur die soziologische Konsequenz seines ästhetischen Perspektivismus. Ein Denken, das ganz in der Kategorie des Produktiven, des Elementar-Schöpferischen, denkt, nimmt historisch-soziale Phänomene nicht als rationale Formen der 'Gesellschaft', sondern als irrationale Gebilde der 'Gemeinschaft' wahr. Nietzsches Ablehnung von Demokratie, Fortschrittsdenken und Sozialismus und seine Plädoyers für die welthistorischen Individuen und großformatige Geschichtsorganismen sind in seiner 'romantischen' Kunsttheorie begründet. Auf Grund der Verabsolutierung des schöpferischen Lebens zu einer alle Seinsbereiche durchwaltenden Elementarkraft ist Nietzsches politisch-soziales Denken von eher romantisch-konservativen Ideologemen geprägt. Es kommt hinzu, daß er nicht analytisch differenzierend verfährt, sondern in großen synthetisierenden Formeln denkt, im lapidaren, apodiktischen Gestus, in der Gebärde des Unumstößlichen. Die Rechtfertigung der Welt allein als "ästhetisches Phänomen" – diese universelle Formel prägt auch das geschichtlich-politische Denken Nietzsches, sofern man von einem solchen überhaupt sprechen kann. Die Kunst als "metaphysische Tätigkeit des Lebens", die Kunst als "Stimulans des Lebens" und die Rechtfertigung des Lebens allein als "ästhetisches Phänomen" – dies sind die

32 Zu "Nietzsches Konzeptionen ästhetischer Lebensformen" vgl. *Reuber*, Nietzsche, 1-10.

drei Grundbestimmungen der Kunst im Denken Nietzsches. Es gilt nun, innerhalb dieses Problemfeldes den Kunstbegriff noch näher einzugrenzen, und zwar im Hinblick auf Probleme wie das Verhältnis von Kunst und Künstler, den Zusammenhang von universellem Leben und schaffendem Subjekt und die Antithese von dionysischer und romantischer Kunst.

2. Künstler, Kunst und Werk

Im Hinblick auf das Verhältnis von Kunst und Künstler ist zunächst erneut zu betonen, daß bei Nietzsche dem Künstler der Vorrang vor der Kunst, dem künstlerischen Schaffensakt der Vorrang vor dem Schaffensprodukt, der *energeia*, der Schaffensenergie, der Vorrang vor dem *ergon*, dem Werk, zukommt. Es versteht sich fast von selbst, daß Nietzsche, der Philosoph des schöpferischen Lebens, die Kunst in erster Linie unter der Optik des Schaffensprozesses und des Künstlers sieht. Im Grunde hat ihn, in allen Schaffensperioden, der Schaffensprozeß immer stärker interessiert als das Schaffensprodukt, das Dynamische des Schöpfungsprozesses stärker als das fertige, statische Kunstgebilde, der Künstler stärker als das Kunstwerk. In der *Morgenröthe* wird verwiesen auf die "Kraft, welche ein Genie *nicht auf Werke*, sondern *auf sich als Werk*, verwendet" (3, 319 – M). Nietzsches 'Ästhetik' ist weniger eine Werkästhetik als eine ausgesprochene Schaffensästhetik. Das bedeutet zugleich, daß auch der Kunst-Rezipient gegenüber dem Kunst-Schaffenden von sekundärer Bedeutung ist. Ein bezeichnendes Fragment lautet:

> *Schaffende und Geniessende.* – Jeder Geniessende meint, dem Baume habe es an der Frucht gelegen; aber ihm lag am Samen. – Hierin besteht der Unterschied zwischen allen Schaffenden und Geniessenden. (2, 533 – VM)

Nicht die "Frucht", das fertige Werk, sondern der "Samen", die Schaffensenergie, ist entscheidend. Mit Recht stellt Heidegger von Nietzsches Kunstauffassung fest: "Die Kunst muß vom Künstler her begriffen werden." (*Heidegger*, Nietzsche I, 84). Und er konstatiert im Hinblick auf "Nietzsches Ästhetik", "wie wenig dabei vom Kunstwerk gehandelt ist" (ebd., 138). Dem ist im Prinzip zuzustimmen. Dennoch müssen Einschränkungen gemacht werden. Die Aussagen Nietzsches zum Verhältnis Kunst – Künstler sind von einer gewissen Widersprüchlichkeit. In der *Genealogie der Moral* heißt es:

> [...] man thut gewiss am besten, einen Künstler in so weit von seinem Werke zu trennen, dass man ihn selbst nicht gleich ernst nimmt wie sein Werk. Er ist zuletzt nur die Vorausbedingung seines Werks, der Mutterschoos, der Boden, unter Umständen der Dünger und Mist, auf dem, aus dem es wächst, – und somit, in den meisten Fällen, Etwas, das man vergessen muss, wenn man sich des Werks selbst erfreuen will. Die Einsicht in die *Herkunft* eines Werks geht die Physiologen und Vivisektoren des Geistes an: nie und nimmermehr die ästhetischen Menschen, die Artisten! (5, 341 – GM)

Hier nun wird der Vorrang des "Werkes" vor dem "Künstler" betont. Der Künstler erscheint hier lediglich als eine Funktion des Werkes, ja, er kann kein primäres Interesse beanspruchen. Nicht die "Schwangerschaft", sondern das "Kind" ist das Entscheidende (ebd.). Nietzsche führt als Beispiel Wagners *Parsifal* an. Wagner sei hinsichtlich der Werkentstehung gezwungen gewesen, sich in "mittelalterliche Seelen-Contraste" zu vertiefen, "eine Art intellektueller *Perversität*" zu praktizieren (ebd.). Und dann wirft Nietzsche die Frage auf, ob nicht Wagners *Parsifal* "sein heimliches Überlegenheits-Lachen über sich selbst, der Triumph seiner errungenen letzten höchsten Künstler-Freiheit, Künstler-Jenseitigkeit" sei (5, 342 – GM). Damit wird die Beziehung Werk – Künstler ins Zwielicht gerückt. Die im Werk dargestellten "Seelen-Contraste" sind nur das täuschende, formvirtuose Spiel einer sich dahinter verbergenden "Künstler-Freiheit" – eine Deutung, die im übrigen nicht ganz abwegig erscheint, wenn man berücksichtigt, daß Wagner im Hinblick auf den Karfreitags-Zauber eine "Empfängnis-Situation" fingierte, einer "Inspirations-Mythe" huldigte, eine "Pose" zelebrierte (*Wapnewski*, Der traurige Gott, 207). Obschon der "Vorwurf, Wagner habe, als hemmungsloser Theatromane, christliche Mythen und Symbole als Bühneneffekte verschleudert", "verquer und kunstfremd" sein mag (*Dahlhaus*, Wagner, 140), so ist doch Wagners Schaffen nicht zuletzt eine großangelegte Selbstinszenierung. "Richard Wagner liebte die große Geste, die erhabene Pose, demonstrierte beharrlich die bedeutende Inszenierung seiner selbst." (*Wapnewski*, Der traurige Gott, 17). Es sei vorerst dahingestellt, ob eine solche Feststellung möglicherweise nur den psychologischen Aspekt der Werkentstehung trifft und die von Wagner im musikalischen Drama erstellte Welt-Symbolik jenseits seiner subjektiven Profilierungstendenzen und Monomanien anzusiedeln ist. Für die Frage nach dem Verhältnis von Kunstwerk und Künstler bei Nietzsche ist aufschlußreich, daß die der Werkentstehung anhaftenden Imponderabilien angesichts der fertigen Werkgestalt irrelevant werden. Ja, Nietzsche verkündet im zitierten Textstück sogar die Trennung von "Werk" und "Künstler" und läßt den Künstler nur noch als Voraussetzung des Werkes gelten. An anderer Stelle heißt es im Hinblick auf besonders bedeutsame "Handlungen und 'Werke'": "Man soll einen Künstler nie nach dem Maße seiner Werke messen." (III, 598). Das Werk ist größer als der Künstler. Nietzsche geht noch einen Schritt weiter und deutet, in *Jenseits von Gut und Böse*, den "Künstler" als eine aus dem "Werk" nachträglich konstruierte Fiktion:

> das "Werk", das des Künstlers, des Philosophen, erfindet erst Den, welcher es geschaffen hat, geschaffen haben soll; die "grossen Männer", wie sie verehrt werden, sind kleine schlechte Dichtungen hinterdrein; in der Welt der geschichtlichen Werthe *herrscht* die Falschmünzerei. (5, 224 – JGB [= 6, 434 – NW)

Die Größe des Künstlers ist das Produkt der Wirkungsgeschichte seiner Werke. Sie ist eine historische Konstruktion. Sie entspricht nicht den Tatsachen, sondern ist das Ergebnis einer Legendenbildung. Die Aura des Werkes wird auf den Künstler übertragen. Diese Identifikation von Werk und Künstler ist ein intellektueller Kurzschluß. Im Bild des Künstlers steckt immer ein Stück Mythenbildung.

Es scheint sich somit ein seltsamer Widerspruch im Verhältnis von Werk und Künstler bei Nietzsche abzuzeichnen, denn er betont einerseits den Vorrang des "Samens" vor der "Frucht" und andererseits den Vorrang des "Kindes" vor der "Schwangerschaft". Ein Denken in Paradoxien? Geht man der Sache auf den Grund, zeigt sich in der scheinbaren Widersprüchlichkeit doch ein einheitlicher Sinnzusammenhang. Zunächst muß man im Hinblick auf den "Künstler" unterscheiden zwischen empirischer Person und ästhetischem Subjekt. Die empirische Person des Künstlers ist in der Tat irrelevant gegenüber dem schöpferischen Prozeß und seinem Produkt, dem Kunstwerk. Nicht die konkrete, spezifischen Lebensumständen verhaftete, 'private' Person des Künstlers, sondern das ästhetische, kreative Subjekt, dessen Schaffenskraft im "Werk" seine höchste Aufgipfelung erreicht, ist von Bedeutung.

Zugleich steckt in den Überlegungen Nietzsches zum Verhältnis von "Werk" und "Künstler" ein Stück Enthüllungspsychologie, ein Stück Demaskierung des Künstlers, des großen Individuums, wie sie von Nietzsche seit *Menschliches, Allzumenschliches* immer wieder betrieben wird. Bei Nietzsche gehen Künstler-Pathos und Künstler-Entlarvung Hand in Hand. Der Psychologe Nietzsche hat bezüglich des Künstlers keine Illusionen. Er zeigt sich tief enttäuscht von der Ruhmsucht der Künstler und erklärt, in *Jenseits von Gut und Böse* sowie in *Nietzsche contra Wagner*, im Abschnitt *Der Psycholog nimmt das Wort*, in lapidarer Bündigkeit: "welche *Marter* sind diese grossen Künstler und überhaupt die höheren Menschen für Den, der sie einmal errathen hat!" (ebd.) Nietzsche will darauf aufmerksam machen, daß eine Kluft besteht zwischen dem konkreten Leben des Künstlers und der historischen Legendenbildung, die sich um seine Person rankt und der der Künstler durch Selbststilisierung Vorschub leistet. Nietzsche betont, daß "diese grossen Dichter zum Beispiel, diese Byron, Musset, Poe, Leopardi, Kleist, Gogol", an ihrer Realexistenz Leidende seien, die vom "Volk" zu "Idealisten" stilisiert würden und die "sich zu Sternen *verstellen*" (ebd.). Die Größe des Künstlers erscheint als das Ergebnis von Fremdstilisierung und Selbststilisierung. Man zieht Rückschlüsse vom "Werk" auf den "Künstler" und huldigt der fragwürdigen Auffassung, das Werk müsse auch in der empirischen Person des Künstlers manifest werden. Eben dies aber ist ein Fehlschluß. Es ist verfehlt, das künstlerische Werk mit der empirischen Person zu identifizieren. Mit anderen Worten: Der Vorrang des "Werkes" vor dem "Künstler" ist der Vorrang des Schöpferischen vor dem Empirischen. Nietzsche verbindet das Pathos des Kunstwerkes mit der Psychologie der Enthüllung des Künstlers, d.h. der empirischen Person des Künstlers. Bei grundsätzlicher Unterscheidung zwischen empirischem und kreativem Subjekt des Künstlers fügt sich Nietzsches Hinweis auf den Vorrang des "Werkes" vor dem "Künstler" durchaus in den für ihn prinzipiell charakteristischen Primat der Schaffensästhetik vor der Werkästhetik ein, denn Nietzsche hebt auf das Schöpferische ab, und dies will er nicht gleichgesetzt wissen mit den Kalamitäten der empirischen Person bzw. mit deren Stilisierung, Literarisierung und Mythisierung.

Wenn somit die Hervorhebung des "Werkes" keinen Widerspruch zur Schaffensästhetik bildet, so ist dennoch nicht zu übersehen, daß der spätere Nietzsche in wachsendem Maße nicht nur den Schaffensprozeß, die exorbitanten Zustände des kreativen Subjekts, sondern auch das Schaffensprodukt, das Werk selbst, zum Gegenstand seiner Reflexionen macht. "Zuletzt ist es nicht nur das Gefühl der Macht, sondern die Lust an dem Schaffen und *am Geschaffenen*: denn alle Tätigkeit kommt uns ins Bewußtsein als Bewußtsein eines 'Werks'." (III, 879). Demnach blickt Nietzsche nicht nur auf den Schaffenden, sondern auch auf das Geschaffene, nicht nur auf den Künstler, sondern auch auf das Kunstwerk. Das "Werk" ist die regulative Idee des Schaffenden. Zarathustra erklärt: "Denn von Grund aus liebt man nur sein Kind und Werk" (4, 204 – Za). "Zu meinem Werke will ich [...]" (4, 405 – Za). "Ich trachte nach meinem *Werke*!" (4, 408 – Za); vgl. 4, 295 – Za). Das "Werk" ist allerdings keine selbständige Größe, sondern Ausdruck des "Willens": "Euer Werk, euer Wille ist *euer* 'Nächster' [...]" (4, 362 – Za). Nietzsche huldigt dem "Werk"-Gedanken. Freilich, das Werk wird als Ausdruck des Schaffens aufgefaßt. Insofern verkündet Nietzsche keine reine Werkästhetik, sondern bindet das Werk an seine spezifische Ausdrucksästhetik, in der Weise freilich, daß das schaffende Subjekt erst im geschaffenen Werk seiner Bestimmung entspricht. Aber das Werk verselbständigt sich nicht zu einer Eigenwirklichkeit, sondern bleibt zurückbezogen auf den Schaffenden. Nietzsche notiert: "nicht mehr die demüthige Wendung 'es ist alles *nur* subjektiv, sondern 'es ist auch *unser* Werk!' seien wir stolz darauf!" (11, 225). Hier beharrt Nietzsche gegenüber einem relativistischen Subjektivismus auf der unbedingten Tat des Schaffenden. Über den Schaffenden ist zuwenig nachgedacht worden: "In der ganzen Philosophie bis heute fehlt der Künstler..." (13, 357). Es geht Nietzsche um das Ethos des Schaffenden. Er warnt den Künstler davor, dieses Ethos an einen fragwürdigen Werk-Ruhm preiszugeben: "Die Künstler fangen an, ihre Werke zu schätzen und zu überschätzen, wenn sie aufhören, Ehrfurcht vor sich selber zu haben. Ihr rasendes Verlangen nach Ruhm verhüllt oft ein trauriges Geheimniß." (12, 42 f.; vgl. 9, 11).

Nun spricht Nietzsche auch von seinem "Werk". Aber dann versteht er unter dem Werk das Menschheitswerk – das sich in Einzelwerken, besonders im *Zarathustra* und im geplanten *Willen zur Macht*, und überhaupt in seinem Gesamtwerk manifestiert. Es ist der Ehrgeiz Nietzsches, "Meisterwerke" zu schreiben (B 8, 282 – 31.3.88 – an die Schwester). Erst das 'Werk' rechtfertigt die Existenz: "Im Grunde wird man eine sehr anspruchsvolle Art Mensch, wenn man bei sich sein Leben durch Werke *sanktionirt*: namentlich verlernt man damit, den Menschen zu gefallen. Man ist zu *ernst*, sie spüren das: es ist ein teufelsmäßiger Ernst hinter einem Menschen, der vor seinem Werke *Respekt haben will.*." (B 8, 284 – 7.4.88 – an Köselitz). Nietzsche ist überzeugt, "das tiefste größte Werk des ganzen J<a>hr<hundert>s hervorgebracht" zu haben (B 8, 236 – 29.1.88 – an die Mutter). Dies zeigt, wie beherrschend der "Werk"-Gedanke bei Nietzsche in den Vordergrund rückt. Es geht ihm, seit dem *Zarathustra*, nicht mehr *nur* um den Prozeß des Schaffens, das Künstler-'Erlebnis', sondern auch um die 'Objektivierung' des Schaffens in einem repräsentativen, weithin sichtbaren 'Werk'. Nicht *nur* die im Schaffensprozeß sich zeigende schöpferische Energie, die *energeia*, sondern auch das Schaffensprodukt, das *ergon*, als ein *rocher de bronze* der Epoche, beschäftigt ihn in wachsendem Maße. Freilich, für Nietzsche ist das 'Werk' kein statuarisches Gebilde, das, losgelöst vom Schaffenden, ein ästhetisches Eigendasein fristete, sondern es ist Ausdruck des Schaffenden, des schöpferischen Subjekts Nietzsche. So kann Nietzsche in einem Atemzug den *Zarathustra* als das "*erste* Buch aller Jahrtausende! in dem das Schicksal der Menschheit einbegriffen ist!" bezeichnen und, mit Blick auf *Ecce homo*, die Apotheose der eigenen Person verkünden: "[...] bin ich der erste Mensch, der jetzt lebt" (B 8, 490 – 26.11.88 – an C.G. Naumann). Das 'erste' Werk ist Ausdruck des 'ersten' Menschen. Zugleich geht vom 'Werk' eine alles umwälzende Wirkung aus. Am Ende faßt Nietzsche seine Produktionen nicht mehr als "Bücher", sondern als "Schicksale" auf: "Die Werke, die von mir folgen werden – und die alle vollkommen bereit sind – sind keine Bücher mehr, sondern Schicksale." (B 8, 569 – Ende Dezember 1888 – Entwurf an Ruggero Bonghi). So ist bei Nietzsche der *werk*ästhetische Komplex unlöslich verknüpft mit dem *schaffens*ästhetischen Aspekt und dem *wirkungs*ästhetischen Gesichtspunkt.

Immer stärker rückt der Gedanke des großen Werkes in den Vordergrund der Nietzscheschen Lebensproblematik. In einem Brief aus Nizza vom 29.1.1885 heißt es:

> Überall begreife ich, daß es mit dem Bisherigen vorüber ist, und daß ich jetzt ohne alle Übereilung *definitive* Zustände zu schaffen habe, zum mindesten ausreichend für 10 Jahre, um mein Lebenswerk mit der vollkommensten Ruhe in Angriff nehmen zu können. Eine Umgebung, die zu mir *paßt*, ich meine zu meinem *Werke*! (B 7, 8 – an die Mutter)

Hier betont Nietzsche den Vorrang des "Werkes" vor der eigenen Person. Die Person steht im Dienst des Werkes. Auf das "Werk" kommt es an, ja, der Sinn seiner ganzen Existenz liegt für Nietzsche in der Schaffung des Werkes. Seit Mitte der achtziger Jahre gewinnt der "Werk"-Gedanke an Gewicht, und zwar in doppelter Hinsicht: 1) Nietzsche faßt seine Schriften nun als ein organisch zusammenhängendes Ganzes, gewissermaßen als ein 'System', als einen Funktionszusammenhang auf, in dem die bis dahin veröffentlichten Schriften als Vorbereitung auf ein großangelegtes philosophisches Hauptwerk verstanden werden. 2) Nietzsche begreift, in ungeheuer angewachsenem Selbstbewußtsein, sein "Werk" als ein welthistorisches, die Menschheitsgeschichte fundamental umgestaltendes Ereignis. Vor allem in der Schlußphase seines Schaffens erscheinen ihm in der Retrospektive seine Schriften als ein einheitlicher Sinnzusammenhang. So schreibt er im Brief an Georg Brandes vom 4.5.1888:

> Es hängt Alles zusammen, es war schon seit Jahren Alles im rechten Gange, man baut seine Philosophie wie ein Biber, man ist nothwendig und weiß es nicht: aber das Alles muß man *sehn*, wie ich's jetzt gesehen habe, um es zu glauben. (B 8, 310)

Noch entschiedener als hinsichtlich seiner zurückliegenden Schriften, die er als eine Art Biber-Bau versteht, entwickelt der spätere Nietzsche im Hinblick auf sein zukünftiges Werk den "Bau"-Gedanken. Im Brief an Overbeck vom 24.3.1887 schreibt er:

> Ach, es ist Alles so unsicher und wacklig in meinem Leben; und dabei diese abscheuliche Gesundheit! Die Nöthigung andererseits liegt auf mir mit dem Gewicht von hundert Centnern, *einen zusammenhängenden Bau von Gedanken* in den nächsten Jahren aufzubauen – und dazu brauche ich fünf sechs Bedingungen, die mir alle noch fehlen und selbst unerreichbar scheinen! (B 8, 48 f.)

Nietzsche, der geschworene Gegner des 'Systems', plant nun selbst ein System, einen "Bau", seiner philosophischen Grundgedanken, das philosophische Hauptwerk **Der Wille zur Macht**, *Versuch einer Umwerthung aller Werthe*, dessen auf vier Bücher angelegten Entwurf er im Sommer 1886 verfaßt (vgl. 14, 389 f.) und auf das er in *Zur Genealogie der Moral* (1887) nachdrücklich hinweist (5, 409 – GM). Er ist sogar der Auffassung, er sei bisher über Planungen, Entwürfe und Fragmente nicht hinausgelangt. Im Brief an Heinrich Köselitz vom 13.2.1888 heißt es fast resignierend: "Ich selber bin über Versuche und Wagnisse, über Vorspiele und Versprechungen aller Art nicht hinausgekommen" (B 8, 251). Die Idee, daß seine Schriften nicht absolut genommen werden dürften, sondern nur "Vorspiele" seien, ist von Nietzsche schon früher geäußert worden. Nicht nur die Qualifizierung des Zarathustra als "Eine *Vorhalle* zu meiner Philosophie" (Brief vom März 1884) (B 6, 490), sondern vor allem der programmatische Untertitel zu *Jenseits von Gut und Böse* (1885/86) *Vorspiel einer Philosophie der Zukunft* signalisiert das Provisorische und Transitorische der Schriften, ihren Vorbereitungscharakter. Das eigentlich in Frage stehende Phänomen ist das große, allererst zu schreibende Werk, das gongschlagartig eine Umwälzung des gesamten abendländischen Denkens erwirken soll und zu dem die bisherigen Schriften nur Vorbereitungen waren. In der zweiten Hälfte der achtziger Jahre ist Nietzsche auf die Präponderanz des geplanten philosophischen Hauptwerkes über seine bisherigen Schriften fixiert. Immer stärker steigert er sich in den Gedanken hinein, daß dieses noch zu schreibende Buch, der große Bau seiner philosophischen Grundgedanken, seine eigentliche Lebensaufgabe sei.

Seine Legitimation bezieht dieses projektierte Werk aus der Notwendigkeit einer fundamentalen Umgestaltung des Denkens, und Nietzsche ist, mit dem vor allem in den letzten Jahren seines geistigen Schaffens extrem gesteigerten Selbstbewußtsein, der Auffassung, binnen kürzester Zeit diese große Revolutionierung des Denkens zu bewirken. Im Brief an Brandes vom 20.11.1888 bezeichnet er seine Schrift *Ecce homo*, deren Grundgestalt im November 1888 fertiggestellt wurde, als "Vorspiel" einer Umwertungsphilosophie:

> Das Ganze ist das Vorspiel der *Umwerthung aller Werthe*, das Werk, *das fertig vor mir liegt*: ich schwöre Ihnen zu, daß wir in zwei Jahren die ganze Erde in Convulsionen haben werden. Ich bin ein Verhängniß. (B 8, 482)

Obschon Nietzsche mit diesem Umwertungsbuch hier nicht den geplanten *Willen zur Macht*, sondern den gleichfalls 1888 vollendeten *Antichrist* meint (vgl. 14, 463), zeigt dies doch erneut, in wie hohem Maße er nun bestrebt ist, einen funktionalen Zusammenhang zwischen seinen Schriften herzustellen. Insofern erscheinen ihm nun seine Schriften als ein großes 'System' der philosophischen

Umwertung aller Werte. Er versteht seit Mitte der achtziger Jahre seine Schriften als einen einheitlichen Entwicklungszusammenhang. So schreibt er am 1.9.1886 an den Verleger Ernst Wilhelm Fritzsch,

> daß, um die Voraussetzungen für das Verständniß des *Zarathustra* zu haben [...] *alle* meine früheren Schriften ernstlich und tief verstanden sein müssen; insgleichen die *Nothwendigkeit* der Aufeinanderfolge dieser Schriften und der in ihnen sich ausdrückenden Entwicklung. (B 7, 237)

Neben dem Gedanken des systematischen Zusammenhangs seiner Schriften beschäftigt Nietzsche intensiv die Idee ihrer exorbitanten Wirkung. Dabei betont er, in offensiver Darstellung seiner Umwälzungsgedanken, deren Gefährlichkeit, sieht aber im Bewältigen dieser Gefährlichkeit den Probierstein dieser Philosophie. Mit ironischem Seitenblick auf eine zeitgenössische Kritik, in der *Jenseits von Gut und Böse* als "Nietzsche's gefährliches Buch", als "Dynamit" bezeichnet wird[33], schreibt er am 20.9.1886 an Deussen:

> Was liegt daran! War jemals ein Mensch verwegener zu den Dingen gestellt, als ich? Man muß es *aushalten* können: das ist die Probe; was man dazu "sagt", davon "denkt", ist mir gleichgültig. Schließlich – ich will nicht für heute und morgen, sondern für Jahrtausende Recht behalten. (B 7, 252)

Das "Werk", unter dem Nietzsche nicht nur den projektierten Neu-Bau seiner philosophischen Grundgedanken, den geplanten *Willen zur Macht*, sondern auch das Ganze seiner Schriften als einheitliches Gedankensystem versteht, wird in der Spätphase Nietzsches zu einem seiner zentralen Denkmotive. Unter dem Anspruch des "Werkes", das er gleichermaßen als existentielle Belastung und als Selbstentfaltungsmöglichkeit empfindet, gewinnt der spätere Nietzsche ein ins Übermenschliche sich steigerndes Selbstgefühl. Dem hyperbolischen Selbstbewußtsein korrespondiert das Gefühl der absoluten Einsamkeit. Diese Verquickung von Einsamkeit und Selbstbewußtsein findet ihren markanten Ausdruck in einem Brief vom Februar 1888:

> Ein Thier verkriecht sich in seine Höhle, wenn es krank ist; so thut es auch la bête philosophe. Es kommt so selten noch eine freundschaftliche Stimme zu mir. Ich bin jetzt allein, absurd allein; und in meinem unerbittlichen und unterirdischen Kampfe gegen Alles, was bisher von den Menschen verehrt und geliebt worden ist (– meine Formel dafür ist "Umwerthung aller Werthe") ist unvermerkt aus mir selber etwas wie eine Höhle geworden – [...] es ist nicht unmöglich, daß ich der erste Philosoph des Zeitalters bin, ja vielleicht noch ein wenig mehr, irgend etwas Entscheidendes und Verhängnißvolles, das zwischen zwei Jahrtausenden steht. (B 8, 248 – 12.2.88 – an v. Seydlitz)

---

33 Vgl. *Widmann*, Nietzsche's gefährliches Buch (16./17.9.86). Die von Widmann auf Nietzsches Schrift (wertneutral) angewandte Metapher "Dynamit" wird fortan auch von Nietzsche gerne benutzt, entweder ironisch, mit Bezug auf Widmanns Rezension, oder pathetisch, im Hinblick auf die von der eigenen Person ausgehende epochale Sprengwirkung. So schreibt er im Brief an die Mutter vom 10.10.1887, er werde gelegentlich "als 'Dynamit' und Unmensch vorsichtig bei Seite gethan" (B 8, 165). Zugleich hat er in der Tat das Gefühl, "Dynamit" zu sein: "Es giebt Nichts, das heute steht, was nicht umfällt, ich bin mehr Dynamit als Mensch." (B 8, 492 – 26.11.88 – an Deussen). Und in *Ecce homo* heißt es lapidar: "Ich bin kein Mensch, ich bin Dynamit." (6, 365 – EH). Vgl. auch B 8, 513.

Nietzsche sieht sich nun als eine bereits in mythische Dimensionen entrückte Gestalt, deren Lebensaufgabe, die Schaffung des "Werkes", von welthistorischer Bedeutung ist. Es ist die vom "Werk" ausgehende absolute Forderung, die ihn veranlaßt, nicht nur um das "Werk", sondern auch um seine eigene Person eine gewissermaßen mythische Aura zu weben. Es unterliegt keinem Zweifel, daß dem "Philosophieren" Nietzsches "bewußte Mystifikationen, bis zur unbewußten Selbstmystifikation, nicht fremd waren", aber es ist fragwürdig, in seiner Argumentationsform eine "Irreführungen einkalkulierende Darstellungsweise, die den Leser frappieren sollte", zu sehen oder Nietzsches Denkanstrengung gar polemisch als "kaum überbietbaren Verbalismus" und "Salbaderei" abzutun (*Podach*, Notizbücher, 120). Eine solche Deutung verkennt den existentiellen Ernst Nietzsches, die Unbedingtheit seines Denkens und die Schonungslosigkeit, mit der er die eigene Person aufs Spiel setzt. Ganz fatal ist es, Nietzsche, dem "falschen Propheten", die Hybris der "Ichvergöttlichung" zu unterstellen (*O. Ernst*, Falscher Prophet, 4). Kaum förderlicher ist es, wenn man in den drei Schriften "aus Nietzsches letztem Schaffensjahr (1888)", *Götzendämmerung, Der Antichrist* und *Ecce homo*, nur die äußerste Zuspitzung aller früheren "literarischen Angriffe" Nietzsches, nur hemmungslose Polemik sieht und zu seiner Kritik des Christentums feststellt: "Nietzsche kennt keinerlei Hemmungen mehr; mit fanatischem Haß verspritzt er sein Gift gegen den Todfeind." (*Pfeil*, Nietzsche, 89 f.). Das ist nicht das eigentliche Problem Nietzsches. Seine vehemente Kritik des Christentums mit all ihren provokatorischen Zuspitzungen dient zuletzt dem Zweck, die traditionelle Weltauslegung durch die eigenen philosophischen Grundgedanken zu ersetzen. Im Selbstverständnis Nietzsches handelt es sich um produktive Kritik. Der häufig schroffe, schrille Ton Nietzsches erklärt sich dabei nicht zuletzt aus der totalen Vereinsamung, der fehlenden Kommunikationsbereitschaft der Umwelt und dem Bewußtsein der eigenen welthistorischen Bedeutung und Verantwortung.

Der spätere Nietzsche steht ganz im Banne des "Werk"-Gedankens. Es stellt sich die Frage, ob er sich damit nicht von der bloßen Schaffensästhetik, d.h. der Ästhetik des schaffenden Subjekts, löst und zu einer Ästhetik bzw. Philosophie des 'objektiven' Struktur- und Sinnzusammenhangs der Welt, zu einer vom Subjekt emanzipierten Gestaltwerdung der Probleme, zu einer Werkästhetik gelangt. Dazu ist grundsätzlich festzustellen, daß sich bei Nietzsche Subjekt und Objekt des Schaffens, d.h. des künstlerischen Schaffens und des philosophischen Denkens, wesensmäßig nicht trennen lassen. Auch dann, wenn Nietzsche die objektive Konstitution der entwickelten Probleme, das "Werk", hervorhebt, wird dasselbe doch nur durch das schaffende Subjekt vermittelt und ausgewiesen. Das "Werk" ist immer ein Geschaffenes, d.h. ein vom schöpferischen Subjekt Geschaffenes, und daher ist das Subjekt immer im "Werk" gegenwärtig. Das "Werk" löst sich nicht von seinem Schöpfer, sondern es ist Ausdruck seines Schöpfers. "Werk" und "Künstler" bilden eine unlösliche Einheit. Es ist daher kaum erstaunlich, daß Nietzsches Reflexionen sich gleichermaßen, in vielfältigen Überschneidungen, sowohl um das Werk als auch um die eigene Person drehen. Im Brief an Deussen vom 26.11.1888 konstatiert er im Hinblick auf *Ecce homo*:

> Dies Buch handelt nur von mir, – ich trete zuletzt darin mit einer welthistorischen Mission auf. [...] Darin wird zum ersten Mal Licht über meinen *Zarathustra* gemacht, das erste Buch aller Jahrtausende, die Bibel der Zukunft, der höchste Ausbruch des menschlichen Genius, in dem das Schicksal der Menschheit einbegriffen ist. (B 8, 492)

Da in der Optik Nietzsches die eigene Existenz mit dem Menschheitsschicksal verknüpft ist, *muß* sie in den Schriften ständig gegenwärtig sein. Nicht als private, empirische Person, sondern als epochale Gestalt, die eine "welthistorische Mission" ausübt, ist die Person des Schreibenden Thema der Schriften. In diesem Sinne vertritt Nietzsche eine konsequente Ausdrucksästhetik. Das Werk ist Ausdruck des "Genius", des schaffenden Subjekts in seiner höchsten Potenz. Aufschlußreich ist dabei die Unterscheidung von naiv-spontanem Schöpfungsakt (*Zarathustra*) und kommentierend-interpretierender Deutung (*Ecce homo*), die von Nietzsche bereits bei früherer Gelegenheit betonte Relation von "Text" und "Commentar" (B 6, 496 – 7.4.84 – an Overbeck), die ein spezielles Indiz für den inneren Zusammenhang der einzelnen Schriften ist. Die Einheit von Werk und Person – Nietzsche wird nicht müde, immer wieder auf sie zu verweisen. Im Brief an Köselitz vom 22.12.1888, bereits in der Endphase seiner geistigen Existenz, vergleicht er sein Verhältnis zu seinen Schriften mit dem Verhältnis der "Mutter" zum "Kinde":

> Sehr curios! Ich verstehe seit 4 Wochen meine eigenen Schriften, – mehr noch, ich schätze sie. Allen Ernstes, ich habe nie gewußt, was sie bedeuten; ich würde lügen, wenn ich sagen wollte, den Zarathustra ausgenommen, daß sie mir imponirt hätten. Es ist die Mutter mit ihrem Kinde: sie liebt es vielleicht, aber in vollkommner Stupidität darüber, was das Kind *ist*. (B 8, 545)

Abgesehen von der erneuten Betonung der schöpferischen Naivität, wird in der "Mutter"-"Kind"-Metapher wiederum die enge, unlösliche Beziehung von Person und Werk herausgestellt. Im Brief an Köselitz vom 30.12.1888, in dem sich allerdings bereits unverkennbar Symptome der geistigen Verwirrung zeigen, heißt es:

> Ich war noch beim Begräbniß des uralten Antonelli zugegen, diesen November. – Er lebte genau so lange, bis *Ecce homo*, das Buch, fertig war. – Das Buch und der *Mensch* dazu... (B 8, 566 [Entwurf])[34]

Noch in diesem schon von der Geistesverdunklung überschatteten Brief betont Nietzsche die unlösliche Einheit von "Buch" und "Mensch" und bringt damit noch einmal die Grundkonzeption seines geistigen Schaffens zum Ausdruck. Das schließt allerdings nicht aus, daß Nietzsche die Prävalenz der in seinen Schriften artikulierten Grundgedanken gegenüber der Frage nach dem eigenen

---

34 Zur Gestalt des Architekten Antonelli vgl. *Verrecchia*, Zarathustras Ende, 153 f., 223 f., 233 ff. Antonelli gehört zu den mythischen Metamorphosen Nietzsches, zu seinen 'mystischen' Transfigurationen. Er wird, im ausbrechenden Wahnsinn Nietzsches, zur Identifikationsfigur: "Antonelli war ich selbst" (B 8, 579 – 6.1.89 – Wahnsinnsbrief an Burckhardt, Nietzsches letzter Brief).

Ich unterstreichen kann. Im Brief an Carl Fuchs vom 27.12.1888 heißt es in diesem Sinne unmißverständlich:

> Alles erwogen, lieber Freund, hat es von jetzt ab keinen Sinn mehr, *über* mich zu reden und zu schreiben; ich habe die Frage, *wer ich bin*, mit der Schrift, an der wir drucken *Ecce homo* für die nächste Ewigkeit ad acta gelegt. Man soll sich fürderhin nie um mich bekümmern, sondern um die Dinge, derentwegen ich da bin. (B 8, 553)

Diese Bemerkungen sind in doppelter Hinsicht aufschlußreich. Einerseits verdeutlichen sie, daß Nietzsche offenbar bis zu *Ecce homo* in seinen Schriften immer auch die existentielle Frage nach dem eigenen Ich, die Wer-bin-ich?-Frage, gestellt hat, daß seine Texte immer auch ein Versuch der Selbstfindung waren. Andererseits zeigen sie, daß er nun, in der Phase von *Ecce homo*, einen Wendepunkt erreicht hat, indem er nun die Frage nach dem Ich ganz zurückstellt zugunsten der Sache selbst. Die Person des Schaffenden wird ihm nun irrelevant gegenüber den in den Texten zum Ausdruck zu bringenden allgemeinen Menschheitsproblemen. Freilich, einen völligen Ichverzicht im Sinne eines existentiell neutralen philosophischen Objektivismus vollzieht Nietzsche auch jetzt nicht, denn die Sache selbst kann allein durch das schaffende Subjekt, den Denker Nietzsche, zum Vorschein gebracht werden. Und so wird auch in diesen Äußerungen die eigene historische Bedeutung artikuliert, in einer Art von religiösem Sendungsbewußtsein. Aber Nietzsche sieht seine Existenz nun stärker in der funktionalen Bezogenheit auf das zu erstellende Werk. Er begreift sich nun entschiedener als Vollzugsorgan einer historischen Notwendigkeit, als Sprachrohr einer großen geschichtlichen Stunde, als Vehikel der Menschheitsumwälzung. Dabei zeigt sich bei ihm, und zwar gerade in der durch ein hyperbolisches Selbstbewußtsein gekennzeichneten Schlußphase seiner geistigen Existenz, das Bestreben zu einer entschiedeneren Entsubjektivierung seiner Problemstellungen. Im Brief an Köselitz vom 20.12.1887 schreibt er: "Ich bin arbeitsam, aber schwermüthig und noch nicht aus der vehementen Schwingung heraus, welche die letzten Jahre mit sich gebracht haben. Noch nicht 'entpersönlicht genug'." (B 8, 213). Aber eben diese 'Entpersönlichung' ist Voraussetzung der intersubjektiven Relevanz der Probleme. Daß Nietzsche diese 'Entpersönlichung' nur in begrenztem Maße möglich war, liegt auf der Hand. Zu sehr ist sein Schreiben ein experimentierendes, bohrendes, fragendes, d.h. existentiell engagiertes Schreiben, als daß er sich das Prinzip "Objektivität" hätte zu eigen machen können.[35] Man könnte Nietzsches Schreibweise eher als existentielle Schreibweise mit wachsendem intersubjektivem Anspruch bezeichnen. In dem Maße, in dem der "Werk"-Gedanke zu einem, ja *dem* Zentralmotiv Nietzscheschen Denkens wird, gewinnt der Gedanke der Zurückdrängung des bloß 'Subjektiven' zugunsten der allgemeinverbindlichen Aussage an Gewicht.

---

35 Die "*Objektivität*" gehört zu den "unkünstlerischen Zuständen" des "ausgehängten Willens" (III, 755); sie ist ein "*décadence-Symptom*", "Stubenhocken à la Kant" (III, 773). Vgl. 12, 525 f. ("*Wir 'Objektiven'*") sowie 6, 187 – AC; III, 516 f., 648.

Daß dabei im Denken Nietzsches das "Werk" nicht zu einer autonomen Realität, zu einer Wirklichkeit *sui generis*, zu einer in sich selber ruhenden Welt wird, versteht sich von selbst. Nichts lag Nietzsche ferner als eine immanente Ästhetik des reinen "Werkes". Nicht nur der Werk-Schöpfer, sondern auch die Werk-Wirkung wird von Nietzsche in der Reflexion des Werkes ständig mitbedacht. Was ihn vor allem beschäftigt, ist die seiner Meinung nach über kurz oder lang sich zeigende eminente historische, ja welthistorische Wirkung des Werkes, die von ihm ausgehende Menschheitsumgestaltung. In der Schlußphase wird dieser Gedanke geradezu zu einer fixen Idee Nietzsches. Mit kaum überbietbarem Selbstbewußtsein, das in frappierendem Gegensatz zur realen Lebenssituation des Menschen Nietzsche steht, tritt der Denker Nietzsche nun als Menschheitslehrer auf, eine Art säkularisierter Religionsstifter, der, keinen Widerspruch mehr duldend, mit hyperbolischem Pathos und in *ex cathedra*-Gebärde die durch sein Werk sich vollziehende große Menschheitsumgestaltung verkündet. Damit wird – wenngleich in übersteigerter Form – die Lebensfunktionalität des Werkes hervorgehoben. Vom Werk sollen entscheidende Impulse auf das Leben, auf die Geschichte, auf die Menschheit ausgehen. Nietzsche sieht das Werk nicht absolut, sondern funktional. Er begreift es als eine neue, radikale Form der Erziehung des Menschengeschlechts.[36] Seine Idee des "Werkes" impliziert drei komplementäre Faktoren: 1) das schaffende Subjekt, 2) das 'objektive' Werk und 3) die Wirkung auf die Menschheit. Werkentstehung, Werkstruktur und Werkwirkung bilden eine Symbiose.

Auf jeden Fall ist festzuhalten, daß beim späteren Nietzsche der über die reine Schaffensästhetik hinausreichende "Werk"-Gedanke an Bedeutung gewinnt. Nun ist allerdings zu berücksichtigen, daß Nietzsche nie ein geschlossenes, systematisches Werk vorgelegt hat. Seine Auffassung der eigenen Schriften als eines systematischen, organischen Zusammenhangs ist eine Konstruktion *a posteriori*, und von seinem geplanten systematischen Hauptwerk *Der Wille zur Macht* ist es mehr als fraglich, ob er es auch bei erhaltener geistiger Gesundheit wirklich je geschrieben hätte. Podach hat an Hand der Analyse der Notizbücher Nietzsches gezeigt, daß Nietzsche zwar immer wieder "Pläne", "Titel" und "Dispositionen" für "noch zu schreibende Bücher" entwarf, aber dazu "kaum je eine konkrete Konzeption" entwickelte (*Podach*, Notizbücher, 60). Nietzsche hatte im Hinblick auf das geplante Hauptwerk *Der Wille zur Macht* zwar eine viergliedrige Disposition, aber es gelang ihm nicht, seine Aufzeichnungen nach

36 Aber im Unterschied zu Lessings *Erziehung des Menschengeschlechts* (1780) ist für Nietzsche die Geschichte der Menschheit nicht mehr die fortschreitende Selbstentfaltung Gottes im Zeichen von Vernunft und Humanität, sondern die Menschheit ist ihm nur Experimentalstoff zum Zwecke der Hervorbringung großer Einzelner. Es geht ihm nicht um die Erziehung der Menschheit zur Humanität, sondern um die Verwandlung des Menschen zum Übermenschen. Er ist bereit, "*die Entwicklung der Menschheit* [zu] *opfern*, um einer höheren Art, als der Mensch ist, zum Dasein zu helfen" (III, 908). Goethe hatte die Menschheit noch in freundlicherem Lichte gesehen. So schreibt er in *Dichtung und Wahrheit*, "daß die Menschheit zusammen erst der wahre Mensch ist" HA IX,387). Und Herder hatte die humanitäre Funktion des Genies betont: "Die Genien des Menschengeschlechts sind des Menschengeschlechts Freunde und Retter, seine Bewahrer und Helfer." (*Herder*, Kalligone II, 205). Nietzsche verwirft Gemeinschaft und Humanität. Bei ihm steht das Genie nicht im Dienst der Menschheit, sondern die Menschheit steht im Dienst des Genies.

sachlichen Schwerpunkten schlüssig zu ordnen und einen einheitlichen Funktionszusammenhang der Fragmente und Aphorismen herzustellen (vgl. ebd., 60 ff.). Podach meint:

> Die Gedanken reimten sich nicht. Im Konflikt zwischen den Notizen und dem Plan gab er den Plan auf. Statt das Material der Konzeption anzupassen, ideengerecht zu bearbeiten und zu ergänzen, suchte er einen neuen Plan. Nietzsche blieb ein Gefangener seiner Aphorismen. (ebd., 60)

Dies ist in der Tat das *punctum saliens*. Es ist allerdings die Frage, ob man dies Nietzsche unbedingt als Methodenschwäche anrechnen soll. Nach Colli/Montinari läßt Podachs Kritik die "Einsicht in die wirkliche Bedeutung der Entwürfe, Dispositionen, Pläne und Titel" vermissen,

> welche man als durchaus provisorische, nicht auf immer verbindliche Überblicke über das vorhandene Material und Ausblicke zu weiteren Projekten zu betrachten hat, zumal sie selber meistens Fragmente sind, die eine bestimmte Aussage Ns verdeutlichen und erst innerhalb der gesamten werdenden Masse der Aufzeichnungen verständlich sind. Auch hat ein Kampf mit einem Hauptwerk nie stattgefunden [...] (14, 389)

Obschon damit Nietzsches Plan des großen Werkes ein wenig heruntergespielt ist, wird doch zu Recht das Eigenrecht des Fragments betont. Das Fragment ist nicht nur ein Funktionselement des geplanten Hauptwerks, sondern zeigt eine spezifische Eigenevidenz, denn in ihm werden die Ideen und Perspektiven auf engstem Sprachraum konzentriert. Für Nietzsches Lebensauffassung und Weltperspektive war nicht das System, sondern das Fragment die adäquate Ausdrucksform. Daß er, rein methodisch gesehen, der gedanklichen Disziplin und der exakten wissenschaftlichen Analyse fähig war, hat der Student und Professor Nietzsche in seinen philologischen Schriften zur Genüge nachgewiesen. Aber die strenge Methodik der Philologie war nicht auf jedes Sujet anwendbar, am wenigsten auf das Philosophieren Nietzsches. Ein Denken, dem sich jeder Sinnzusammenhang der Welt aufgelöst hatte, dem also die Welt nicht mehr als ein 'System' erschien, mußte notwendigerweise auch methodologisch des Systems verlustig gehen. Planung, Entwurf und Aphorismus gehören zur *conditio sine qua non* Nietzscheschen Denkens und Schreibens, und der System-Verzicht ist im Grunde für Nietzsche eine produktive Notwendigkeit. Strenggenommen ist Nietzsches Plan eines systematischen philosophischen Hauptwerks von vornherein zum Scheitern verurteilt. Er *muß* zum Scheitern verurteilt sein, weil das System ein dem assoziativen Denkstil Nietzsches fremdes Terrain ist. Das Statisch-Konstruktive des Systems und das Prozessual-Dynamische des Nietzeschen Denkens schließen einander zuletzt aus. Nietzsche übersah bei der Planung des systematischen Hauptwerks, daß sich ein assoziativer Denkstil nicht einfach zum systematischen Denken umfunktionieren ließ. Getragen vom Pathos der Menschheitserneuerung, wollte er eine Kodifikation seiner philosophischen Grundideen vorlegen, um durch eine solche systematische Erfassung und Anordnung aller seiner Denkmotive eine größere Evidenz und Wirkung zu erreichen.

Daß es beim bloßen Entwurf bleibt, ist nur konsequent, denn die Denkstruktur bzw. die Denkbewegung Nietzsches ist überhaupt durch den Entwurfcharakter gekennzeichnet. Hätte er das geplante Hauptwerk wirklich geschrieben, wäre es mit Sicherheit kein geschlossenes Denk-System, sondern lediglich eine nach bestimmten Hauptaspekten gruppierte mosaikartige Zusammenstellung einzelner Motive geworden, also im Prinzip das, was dann in der postumen Herausgabe des fiktiven *Willens zur Macht* praktiziert worden ist.[37] Die Vielfalt der nicht ausgeführten Pläne, Entwürfe und Dispositionen Nietzsches darf aber nicht bloß als defizienter Modus projektierter Werke verstanden werden, sondern ist auch als unmittelbarer Ausdruck des kreativen Vorgangs zu verstehen. Es sind die Entwürfe selbst, in denen sich der kreative Denkprozeß artikuliert, unbeschadet der vom Autor selbst projektierten Werk-Konzeption. Das Planen und Entwerfen gehört zum geistigen Habitus Nietzsches. Es ist bemerkenswert, daß er sich seit Mitte der achtziger Jahre, seit dem *Zarathustra*, mit der Konzeption eines philosophischen Hauptwerkes beschäftigt. Im Brief an Köselitz vom 2.9.1884 schreibt er: "die nächsten 6 Jahre gehören der Ausarbeitung eines Schema's an, mit welchem ich meine 'Philosophie' umrissen habe." (B 6, 525). Das würde bedeuten, daß Nietzsche sich fast ein halbes Jahrzehnt lang mit dem Entwurf des *Willens zur Macht* befaßt hätte, ohne zu einer systematischen Ausarbeitung des Projekts zu gelangen, ja, wenn man mit der Schwester Nietzsches das Projekt vom rein Thematischen her bereits um 1880 beginnen ließe, könnte man zur (hypothetischen) Formulierung Podachs gelangen: "Wenn es so wäre, würde das bedeuten, daß Nietzsche mit seinem philosophischen Hauptwerk neun Jahre lang nicht vom Fleck gekommen ist." (*Podach*, Notizbücher, 13). Abgesehen davon, daß dieser Zeitraum zu weit gefaßt ist und Nietzsche in der Tat erst seit der Zarathustra-Zeit von der Idee eines großen philosophischen Hauptwerks erfaßt ist, ist es problematisch, in der Nicht-Verwirklichung des Projekts lediglich ein Versagen Nietzsches zu erblicken. Man übersieht dabei, daß das 'System' nicht Nietzsches genuine Ausdrucksform war und daß daher dieses Projekt 'scheitern' *mußte*. Dem könnte man allerdings entgegenhalten, daß Nietzsche etwa seit 1884 hinsichtlich seines Selbstverständnisses eine Art Programm-Existenz lebt. Im Brief an die Mutter vom 2.9.1884 heißt es:

> Auch würde es mir selber wohlthun, einigermaßen mein *Programm* für die nächsten 5 Jahre *auszusprechen* das sich ziemlich *bestimmt* gestaltet hat, Dank der grossen Aufgabe, in deren Dienste ich lebe. (B 6, 526)

Hat Nietzsche dieses "Programm" verwirklicht? Schon diese Frage ist irreführend. Es kommt im Denken und in der Existenz Nietzsches weniger auf die Verwirklichung als vielmehr auf den Entwurf an. Nietzsche selbst ist sich allerdings darüber kaum im klaren, denn er entwickelt große Programme, getragen vom Vertrauen auf ihre Realisierbarkeit. Aber in dieser Frage muß man Nietzsche gleichsam gegen den Strich lesen. Die eigene Insuffizienz bzw. In-

---

37 Vgl. die detaillierten Informationen bei *Colli/Montinari*: 14, 383-400 (Nietzsches Nachlaß 1885-1888 und der "Wille zur Macht"). Vgl. auch *Montinari*, Nietzsches Nachlaß von 1885 bis 1888 oder Textkritik und Wille zur Macht.

disposition bezüglich der Ausarbeitung eines 'Systems' war ihm verborgen. Daß er einen großen Bau seiner philosophischen Grundideen errichten wollte, war ein Mißverständnis, ein produktives Mißverständnis, das Denkenergien freisetzte. Es ist zudem anzumerken, daß Nietzsche gelegentlich bezüglich jenes Hauptwerks die stringente, apodiktische Gebärde aufgibt und einen eher verhaltenen, ambivalenten Ton anschlägt. So schreibt er am 2.9.1884 aus Sils-Maria:

> In summa: ich bin mit dem Sommer zufrieden, insofern ich für 6 Jahre den Entwurf gemacht habe, den Entwurf meiner "Philosophie" oder "Religion" oder was weiß ich? Genug, es **muß** noch gelebt werden. (B 6, 528 – an Resa von Schirnhofer)

Die Tatsache, daß Nietzsche hier noch keine feste Vorstellung von der gattungsmäßigen Qualifizierung des geplanten Werkes hat, zeigt erneut die grundsätzliche Offenheit seines Denkens. Es ist letztlich irrelevant, ob es sich um eine "Philosophie" oder eine "Religion" handelt. Entscheidend ist vielmehr die aus der kreativen Mobilität des Denkens erwachsende Darstellung der neuen Ideen in einem Fundamentalwerk. Ob dieses Werk ein mehr philosophisches, mythisches oder künstlerisches Gepräge aufweist, ist dabei von zweitrangiger Bedeutung. Zugleich wird deutlich, in wie hohem Maße die gestellte Aufgabe eine lebenserhaltende Wirkung ausübt, denn vor dem Anspruch des geplanten Werkes wird das Leben geradezu zur Pflicht, "muß" es gelebt werden. Würde man sich die Freiheit herausnehmen, in der zitierten Briefstelle nicht das Wort "muß", sondern das Wort "gelebt" zu unterstreichen, würde man eine weitere Intention Nietzsches treffen, den Gedanken nämlich, daß die zu erstellende "Philosophie" keine abstrakte Philosophie, keine bloße Denkkonstruktion, sondern eine durch das Leben, die Existenz des Philosophierenden auszuweisende Philosophie ist. In formelhafter Zuspitzung könnte man formulieren: Nicht auf die abstrakte Philosophie, sondern auf das konkrete Philosophieren kommt es an. Nietzsche bringt gelegentlich sogar persönliche Lebenserfahrungen zumindest als anregende, auslösende Faktoren seiner Philosopheme ins Spiel. Im Brief an Overbeck vom 14.9.1884 beispielsweise führt er seine Mitleidskritik auch darauf zurück, "daß *ich* durch die schlimmen Erfahrungen, die ich mit dem Mitleiden gemacht habe, zu einer theoretisch sehr interessanten Veränderung in der *Werthschätzung* des Mitleidens angeregt worden bin" (B 6, 530). Dies ist ein markantes Indiz für die Abhängigkeit der (theoretischen) Philosophie von den (konkreten) Erfahrungen bei Nietzsche. Daß es im übrigen höchst problematisch ist, bei Nietzsche schon für die frühen achtziger Jahre eine feste, definitive Philosophie vorauszusetzen, die es dann nur noch in ein systematisches Hauptwerk umzusetzen galt, zeigt folgende Bemerkung aus dem gleichen Brief: "Welch sonderbares Schicksal, 40 Jahre alt werden und *alle* seine wesentlichsten Dinge, theoretische wie praktische, als Geheimnisse mit sich noch herumschleppen!" (B 6, 531). Dies schreibt Nietzsche immerhin zu einer Zeit, in der bereits die ersten drei Teile des *Zarathustra* veröffentlicht waren. In ihnen hat sich demnach nach Nietzsches Auffassung seine Philosophie bzw. sein Philosophieren noch nicht erschöpft. Er ist vielmehr der Meinung, seine zentralen Ideen noch nicht zum Ausdruck gebracht zu haben. Offenbar schwebt ihm vor, die radikal neuen, das bisherige Denken auf den Kopf stellenden Ideen erst in weiteren, zukünftigen Werken zum Ausdruck zu bringen. Ob Nietzsche allerdings nach dem *Zarathustra* noch grundlegend neue Gedanken entwickelt, das heißt, ob er später wirklich neue, bis dahin verborgene Gedanken, seine "Geheimnisse", enthüllt hat, ist mehr als fraglich. Alle seine Grundprobleme sind bereits im *Zarathustra* zur Sprache gekommen, und man geht kaum fehl, wenn man die späteren Schriften trotz der in ihnen vielfältig erfolgenden spezifischen Akzentuierungen, perspektivischen Brechungen und gezielten Zuspitzungen als *Zarathustra*-Exegese bezeichnet. Schon unter diesem Aspekt hätte der geplante *Wille zur Macht* kaum fundamental Neues erbracht. Es liegt daher, strenggenommen, nur in der Konsequenz der Nietzscheschen Denkbahn, daß er nicht zustande kam.

Dies alles verdeutlicht, daß der "Werk"-Gedanke Nietzsches seine eigenen Aporien in sich birgt. Man kann feststellen, daß der "Werk"-Gedanke bei ihm letztlich eine regulative Idee ist, während das Fragment für ihn eine ästhetische Notwendigkeit darstellt und als die ihm genuine Ausdrucksform angesehen werden muß. Zudem ist im Hinblick auf den "Werk"-Begriff zu beachten, daß Nietzsche ihn in einem mehrfachen Sinne verwendet. Der Begriff "Werk" kann das Gesamtwerk Nietzsches, den Gesamtkomplex seiner Schriften, bezeichnen; er kann sich auf das geplante philosophische Hauptwerk *Der Wille zur Macht* beziehen; und er kann das ästhetische Phänomen im engeren Sinne, das Kunst-Werk, meinen. Was die Kunst resp. das Kunstwerk betrifft, so sieht Nietzsche es prinzipiell im Horizont des generellen "Werk"-Gedankens, das heißt, die Kunst als lebensfunktionales Phänomen dient nicht nur der Lebenssteigerung des Künstlers, sondern eröffnet auch eine Menschheitsperspektive, eine Zukunftsperspektive der Menschheit. Nietzsche notiert:

> Meine Richtung der *Kunst*: nicht dort weiter dichten, wo die *Grenzen* sind! sondern die *Zukunft* des Menschen! Viele *Bilder* müssen da sein, nach denen *gelebt* werden kann! (10, 183)

Die Kunst wird zum voluntativen Ausdruck der menschlichen Zukunftserwartungen: "Bisheriges Mißverständniß der *Kunst*: sie schaute *rückwärts*. Aber sie ist die Ideal-bildende Kraft – Sichtbarwerden der innersten Hoffnungen und Wünsche" (11, 50). Nietzsche wertet die Kunst unter dem Aspekt ihrer lebensermöglichenden, werteschaffenden Wirkung. Insofern ist nicht der Begriff des "Künstlers", sondern der Begriff des "Schaffenden" für ihn der Leitbegriff. So lautet ein bezeichnendes Fragment: "ein Schaffender ist, der neue Werthe schafft. Aber der Künstler nicht!" (10, 184). Hier versteht Nietzsche unter dem "Künstler" offenbar den nur am reinen Kunstgebilde interessierten Formvirtuosen, während der "Schaffende" über die ästhetische Immanenz der Kunst hinausschafft. Man könnte Nietzsches Sentenz ergänzen und feststellen: Nur sofern der Künstler ein "Schaffender" ist, wahrt er bei Nietzsche seine Dignität. In diesem Sinne hätte man grundsätzlich zu unterscheiden zwischen dem unproduktiven Künstler, der die Kunst um ihrer selbst willen betreibt, und dem produktiven Künstler, für den die Kunst eine Funktion des Lebens ist und der mit dem Kunstwerk einen neuen Wert schafft. In der zitierten Sentenz klingt allerdings auch der Gedanke an, daß nicht der Künstler, sondern der Denker die Setzung neuer Werte leistet, und zwar deshalb, weil er durch neue Grundgedanken das Leben umzugestalten vermag, während der Künstler nur auf die ästhetische Immanenz seiner Werke fixiert ist. Entsprechend notiert Nietzsche: "Künstler wirkten dazu, daß das Leben nicht verbessert wurde. Der Künstler selber meistens das Opfer seiner Werke." (10, 183). Nietzsches Forderung an den Künstler läuft darauf hinaus, das Kunstwerk nicht absolut, sondern funktional zu sehen. Die Verabsolutierung des Kunstwerks führt zur Lebensentfremdung der Kunst und macht den Künstler zum Gefangenen seiner eigenen Produkte. Wenn "Künstler" und "Kunstwerk" nicht dem Prinzip des Schaffens, d.h. des Über-sich-hinaus-Schaffens, entsprechen, werden sie zum Gegenstand der Kritik. Nietzsche notiert: "An Stelle des Genies setzte ich den Menschen, der über sich selber *den Menschen hinausschafft* (neuer Begriff der Kunst (gegen die Kunst der Kunstwerke)" (10, 503). Nicht das "Genie", d.h. jenes Originalgenie, das seine subjektive Befindlichkeit ausdrückt, sondern der Schaffende, der einen neuen Daseins- und Weltentwurf gestaltet, ist Nietzsches Ideal. Die Kritik des traditionellen "Genie"-Begriffs, d.h. der subjektiven Ausdrucksästhetik, und die Kritik der traditionellen "Kunstwerk"-Auffassung, d.h. der Ästhetik des absoluten Kunstwerks, ergänzen sich wechselseitig. Die "Kunst der Kunstwerke" – das ist die Ästhetik des reinen, in sich selber ruhenden, absoluten Kunstwerks, wie sie ihren historisch exemplarischen Niederschlag in der klassischen Ästhetik und in der modernen *l'art pour l'art*-Ästhetik gefunden hat. Gegen diese Theorie und Praxis des absoluten Kunstwerks setzt Nietzsche die Idee des lebensfunktionalen Kunstwerks, jenes Kunstwerks, das das Leben steigern, den Menschen umgestalten und ganz neue Zukunftsperspektiven eröffnen soll. Die Präponderanz des lebensfunktionalen über das absolute Kunstwerk ist eine Grundmaxime der Nietzscheschen 'Ästhetik'. Die "Kunst der Kunstwerke" – das läuft auf die Selbstbespiegelung der Kunst hinaus. Nietzsche aber fordert die auf das Leben hin sich transzendierende Kunst. Nicht die in sich selber kreisende, sondern die über sich hinausweisende Kunst ist sein Anliegen. Im Grunde soll das Leben selbst zum Kunstwerk werden. Nicht die "Kunst der Kunstwerke", sondern die "Kunst der Feste" ist die wahre Kunst (3, 446 – FW). Der wahre Künstler produziert keinen autonomen *mundus aestheticus*, sondern verwandelt das Leben selbst in ein 'Kunstwerk', in ein Fest.

Das Verhältnis von "Kunst" und "Künstler", das dem ersten Anschein nach bei Nietzsche voll von Widersprüchen ist, indem einmal der Vorrang des Künstlers vor der Kunst und zum andern der Primat der Kunst vor dem Künstler hervorgehoben wird, ist doch wiederum widerspruchsfrei, wenn man die Einzeläußerungen Nietzsches in ihren spezifischen Voraussetzungen, im jeweiligen Kontext und im Lichte der Lebensproblematik sieht. Eine Nietzsche-Sentenz aus dem Sommer 1883 lautet: "Wenn dein Werk den Mund aufthut, sollst du selber das Maul halten." (10, 387). Dies entspricht nicht nur sinngemäß dem

Goetheschen "Bilde, Künstler! Rede nicht!" (Vorspruch zu der Gedichtgruppe *Kunst*, HA I, 325), sondern besagt darüber hinaus, daß erst im Werk selbst das Schöpferische manifest wird. Die empirische Person und der Kommentar des Künstlers werden gegenüber dem ästhetischen Phänomen selbst irrelevant. Dennoch vermag sich ohne die 'persönliche', d.h. die existentielle Erfahrung des Künstlers kein Kunstwerk zu kristallisieren. So wendet sich Nietzsche beispielsweise gegen die vom zeitgenössischen Naturalismus erhobene Forderung nach Neutralität des Künstlers gegenüber seinem Sujet. Er sieht in diesem Postulat eine ästhetische Fiktion, die aus dem Tatsachen-Bedürfnis der modernen Realisten erwächst. Von der "Forderung der Unpersönlichkeit des Künstlers", wie sie von dem faktenorientierten Realisten erhoben wird, heißt es:

> das Werk selber soll ihn nicht verrathen, sondern wie ein getreuer Spiegel irgend ein factum bis ins Kleinste wiedergeben, *feststellen*: aber dies Bedürfniß selber nach solchen facten, die Stand halten, gleichsam wie Schmetterlinge festgeheftet sind vom Sammler – ist etwas sehr Persönliches. (11, 14)

Selbst der naturalistische Objektivismus ist für den Enthüllungspsychologen Nietzsche eine verdeckte Form der Selbstaussprache des Künstlers. Das vom schaffenden Subjekt gelöste Kunstwerk, sowohl der *mundus aestheticus* der absoluten Kunst als auch das objektivistische Reproduktionskunstwerk der Naturalisten, verfehlt das Wesen des Schöpferischen. Schöpferische Kunst und schaffendes Subjekt bilden für Nietzsche eine Symbiose. Ein Fragment lautet:

> *Die große Form eines Kunstwerks* wird an's Licht treten, wenn der Künstler die große Form in *seinem Wesen* hat! An sich die große Form ist albern und verdirbt die Kunst, es heißt den Künstler zur Heuchelei verführen oder das Große und Seltene zur Conventions-münze umstempeln wollen. Ein ehrlicher Künstler, der diese gestaltende Kraft in seinem *Charakter* nicht hat, ist *ehrlich*, sie auch nicht in seinen Werken haben zu wollen: – wenn er sie überhaupt leugnet und verunglimpft, so ist dies begreiflich und mindestens zu entschuldigen: er *kann* da nicht über sich. So Wagner. (9, 520 f.)[38]

Für Nietzsche bilden formästhetische und inhaltsästhetische Kategorien eine unlösliche Einheit. Die Form ohne Inhalt entartet zum *l'art pour l'art*, und der Inhalt ohne Form ist unschöpferisch, eine Entkunstung der Kunst. Das wahre Kunstwerk, die "große Form", ist im "Wesen", im "Charakter" des Künstlers begründet. Wird die Form nicht durch den Künstler substantiell gedeckt, wird sie zur leeren Formgebärde. Die Kunst Wagners ist in diesem Sinne für Nietzsche eine Kunst der großen pathetischen Form ohne den durch die Existenz des Künstlers substantiell ausgewiesenen Inhalt. Kommt es zu dieser Diskrepanz zwischen Form und Inhalt, entsteht das Schauspielertum, d.h. das Vortäuschen substantieller Inhalte durch eine virtuose Form. Unter dem Inhalt ist dabei die

---

38 Diesen Zusammenhang von "Charakter" und Werk hat schon Goethe im Blick. So sagt er von Winckelmann, "daß alles dasjenige, was er hervorbringt, hauptsächlich deswegen merkwürdig und schätzenswert ist, weil sein Charakter sich immer dabei offenbart" (*Goethe*, Winckelmann, HA XII, 123).

"gestaltende Kraft" selbst, d.h. im Grunde wiederum eine Form-Kategorie, zu verstehen. Nur aus echtem Gestaltungsvermögen erwächst das echte Kunstwerk. Fehlt dieses Gestaltungsvermögen, wird es vorgetäuscht. Je geringer die echte Formungskraft ist, um so pompöser treten die Formen auf – die Symptomatik der *décadence*. Das wahre Kunstwerk hingegen ist ein Sediment der schöpferischen Subjektivität. Es konstituiert sich als Abdruck des schaffenden Subjekts. Dieses macht es überhaupt erst zum Kunstwerk, und zwar nicht nur als herstellendes, sondern auch als im Kunstwerk gegenwärtiges Subjekt. Das klassische Autonomie-Kunstwerk, das naturalistische Reproduktionskunstwerk und das *décadence*-Kunstwerk sind demgegenüber Formen der Inkongruenz zwischen Kunst und Künstler. Das wahre Kunstwerk hingegen bezieht seine substantielle Echtheit aus der schaffenden Subjektivität, ja, der subjektive Faktor im Kunstwerk ist selbst ein Moment seiner wahren 'Objektivität'. Tritt an die Stelle des schaffenden Subjekts der virtuose Schauspieler, kommt es zur Heroisierung des Künstlers und zur Monumentalisierung der Kunst.

Nietzsches ästhetischer Voluntarismus, der das Kunstwerk als Ausdruck der schaffenden Subjektivität und des in ihr wirkenden Willens zur Macht versteht, ist nun allerdings nicht zu verwechseln mit der subjektiven Ausdrucksästhetik des 18. Jahrhunderts, der Sturm-und-Drang-Epoche. Nietzsche definiert den ästhetischen Ausdruck nicht mehr im Sinne Herders als den unmittelbaren "*vollendeten Ausdruck einer Empfindung*" (*Herder*, Terpsichore, 171); er vertritt nicht mehr die Theorie der Eigengesetzlichkeit des Genies, der freien geistigen Produktion des Subjekts, der Selbstdarstellung des Subjekts in der Kunst[39], wie er auch die romantische Inspirationsästhetik als Mythologie zu demaskieren versucht[40]. Er zentriert das 'Erleben' im vorsubjektiven 'Leben'. Insofern ist nicht das 'Erleben', das 'Erlebnis', sondern das 'Leben', das im Subjekt wirksame schöpferische 'Leben', die für ihn maßgebliche Kategorie. Weniger prononciert: Nur wenn das 'Erleben' ein Erleben der Totalität des 'Lebens' und Ausdruck des schöpferischen 'Lebens' selbst ist, kann es Voraussetzung des wahren Schaffensaktes sein. Nicht das erlebnislyrische Subjekt, das aus okkasionellen Erlebnissituationen erwächst, sondern die existentielle Subjektivität, die im 'Leben' selbst verwurzelt ist und dessen höchste Ausdrucksform darstellt, macht den "Künstler" im Sinne Nietzsches aus.

Die *dynamis* des schaffenden Subjekts findet ihren Niederschlag in dem von ihm hervorgebrachten Kunstwerk. Dieses Kunstwerk erscheint nicht als abge-

39 Im Sturm und Drang wird das "Originalgenie" gefeiert, das "Genie", das auf Grund seiner "Erfindungskraft" vom "witzigen Kopf" geschieden ist und kraft der "Inspiration" die Fähigkeit hat, "die Natur wie gegenwärtig in der Seele abzubilden" (*Gerstenberg*, Merkwürdigkeiten, 117, 112, 113). Nietzsches "Schaffender" steht durchaus in der Nachfolge" dieses "Genies", und er würde der Unterscheidung von "Genie *haben*" und "Genie *sein*" (ebd., 108) zustimmen. Aber der "Schaffende" ist "Der, welcher des Menschen Ziel schafft und der Erde ihren Sinn giebt und ihre Zukunft: Dieser erst *schafft* es, *dass* Etwas gut und böse ist." (4, 247 – Za). Der "Schaffende" setzt nicht nur seine Innerlichkeit in Ausdruck um, wie er auch nicht nur in der poetischen Welt die Welt zum zweiten Mal erschafft, sondern er bringt überhaupt erst den Sinn der Welt hervor. Was die "Inspiration" betrifft, so ist allerdings bemerkenswert, daß Gerstenberg vom "*Betrug einer höheren Eingebung*", von "*Trug oder Illusion*", von dem durch den "überwältigenden Strom der Begeisterung" erzeugten "beständigen Blendwerk" spricht (a.a.O., 112 f.). Die Eingebung ist letztlich eine Fiktion des Enthusiasmus.

40 Nietzsche führt den "Glauben an Inspiration" auf einen Mangel an "Intellekt" zurück (vgl. 10, 74).

schlossen-statisches Gebilde, sondern als prozessuales Phänomen, das in sich sein Entstehen, Werden und Wirken darstellt. Es ist nichts 'Fertiges', sondern ein unaufhörlich 'Werdendes'. Auf Nietzsche trifft bereits zu, was Adorno bezüglich der modernen Kunst generell konstatiert:

> Die Bemühung, dauernde Meisterwerke zu schaffen, ist zerrüttet. [...] das Dauernde verging und riß die Kategorie der Dauer in seinen Strudel. [...] Dem Begriff von Dauer haftet ägyptischer, mythisch hilfloser Archaismus an; produktiven Perioden scheint der Gedanke an Dauer fern gelegen zu haben. (*Adorno*, Ästhetische Theorie, 48 f.)

Hier ist allerdings im Hinblick auf Nietzsche eine nicht unwesentliche Einschränkung zu machen. Wenn unter 'Dauer' das Kunstwerk als statisch-autonomes, zeitenthobenes Gebilde zu verstehen ist, ist sie, der Nietzscheschen Grundantithese von 'Sein' und 'Werden' entsprechend, eine obsolete Kategorie. Bedeutet 'Dauer' hingegen produktives Weiterwirken des Werkes in der Geschichte, hat sie bei Nietzsche ihre spezifische Dignität. In der *Fröhlichen Wissenschaft* übt er Kritik an der modernen Welt, weil sie den das Mittelalter noch auszeichnenden Glauben an Dauer verloren habe, "und Dauer ist auf Erden ein Werth ersten Ranges!" (3, 595 – FW, 5. Buch). Obschon Nietzsches Argumentationsstrategie in diesem Kontext von der Kritik der Moderne geleitet ist und er daher hier eine ansonsten für ihn atypische Idealisierung des Mittelalters vornimmt, fixiert er doch in der Antithese von (mittelalterlichen) "'Baumeistern'" und (modernen) "'Schauspielern'" (ebd., 596) ein für sein Denken zentrales Problem. Ausgehend vom Prinzip des Willens zur Macht als Ausdruck des von einem Bauwillen beherrschten Lebens, kann Nietzsche, in der Übertragung dieses metaphysischen Gedankens auf den gesellschaftlichen Bereich, autoritär-geschlossenen Gesellschaftsformen den Vorzug vor demokratisch-offenen Gesellschaften geben. Während er die geschlossene Gesellschaft des Mittelalters wegen ihrer "Dauerfähigkeit" (ebd., 595) idealisiert, kritisiert er "jenen Amerikaner-Glauben von heute, der immer mehr auch Europäer-Glaube werden will" (ebd., 596), ebenso kompromißlos wie das von "unsren Herrn Socialisten" verkündete "Zukunftswort 'freie Gesellschaft'" (ebd., 597). Nietzsche seinerseits verkündet den "Bau"-Gedanken:

> wer wagt es nunmehr noch, Werke zu unternehmen, zu deren Vollendung man auf Jahrtausende *rechnen* müsste? Es stirbt eben jener Grundglaube aus, auf welchen hin Einer dergestalt rechnen, versprechen, die Zukunft im Plane vorwegnehmen, seinem Plane zum Opfer bringen kann, dass nämlich der Mensch nur insofern Werth hat, Sinn hat, als er *ein Stein in einem grossen Baue* ist: wozu er zuallererst *fest* sein muss, "Stein" sein muss ... Vor Allem nicht – Schauspieler! (ebd., 596 f.)

Hinter diesen Überlegungen, die in ihrer politischen Konsequenz auf eine fatale autoritär-antidemokratische Gesellschaftsphilosophie hinauslaufen, steht die Vorstellung, daß bestimmte geschlossene Gesellschaften der Vergangenheit, d.h. der vor-aufklärerischen Epochen, der konzentrierte Ausdruck des imperatorischen Willens welthistorischer Individuen, der "grossen 'Baumeister'" (ebd., 596), seien. Nietzsche war politisch naiv. Es fehlt ihm nicht nur die Fähigkeit (und der Wille) zur sachlichen, objektiven Analyse politischer Vorgänge, sondern auch seine geschichtsphilosophischen Perspektiven sind in der Regel großformatige, summarische Vereinfachungen im Zeichen der Philosophie des Willens zur Macht. Daß Nietzsche, und zwar gleichfalls im 1887 erschienenen 5. Buch der *Fröhlichen Wissenschaft*, Evolutionstheorie, Darwinismus und den "'Kampf um's Dasein'" ablehnt und statt dessen den "Willen zur Macht, der eben der Wille des Lebens ist" (ebd., 585 f.), proklamiert, ist die Voraussetzung auch seiner kulturhistorischen und gesellschaftsphilosophischen Perspektiven.

3. Kultur und Geschichte

Schon im *Zarathustra* wird der "Wille zur Macht" als historische Kraft herausgestellt: "Eine Tafel der Güter hängt über jedem Volke. Siehe, es ist seiner Überwindungen Tafel; siehe, es ist die Stimme seines Willens zur Macht." (4, 74 – Za). In der *Geburt der Tragödie* ging es Nietzsche noch um die Erneuerung der zeitgenössischen Kultur durch die Kunst, durch das große Kunstwerk, durch das Musikdrama Richard Wagners. Später weitet sich die Perspektive ins Globale, Universalhistorische aus, und nun werden alle gesellschaftlichen, kulturellen und historischen Phänomene am "Willen zur Macht" gemessen bzw. als großformatige Ausdrucksgebilde des "Willens zur Macht" interpretiert. Damit wird die Kultur zu einer Erscheinungsform der Natur. Die Kulturgeschichte wird zum Naturprozeß. Allerdings nicht im Sinne der darwinistischen Evolutionstheorie, sondern im Sinne der sich durch große Individuen in ihre höchsten Möglichkeiten transzendierenden Natur. Schon in *Schopenhauer als Erzieher* schreibt Nietzsche:

> Es ist dies der Grundgedanke der *Kultur*, in sofern diese jedem Einzelnen von uns nur Eine Aufgabe zu stellen weiss: *die Erzeugung des Philosophen, des Künstlers und des Heiligen in uns und ausser uns zu fördern und dadurch an der Vollendung der Natur zu arbeiten.* (1, 382 – SE; vgl. 1, 380 – SE)

Das Kulturproblem impliziert bei Nietzsche zwei Hauptaspekte: 1) Die "Kultur" ist die höchste Form der "Natur". 2) Die "Kultur" wird durch die großen schöpferischen Menschen erwirkt. Erst in diesem Bezugsfeld von "Natur" und "Kultur" gewinnen die großen Individuen ihre spezifisch schöpferische Funktion.[41] Sie erlangen allerdings eine überragende Bedeutung, denn allein sie sind es, die den Prozeß der Kulturwerdung in Gang setzen können.

In diesem Problemfeld werden die charakteristischen Übereinstimmungen und Unterschiede zwischen Nietzsche und Burckhardt besonders deutlich.

41 Nietzsches "aristocratischer Radicalismus" basiert auf dem Zusammenhang von "Culturzustand", "großen Menschen" und "vollendeter Natur" (*Brandes*, Radicalismus, 60). "Kultur" entstammt für Nietzsche "der Natur selbst und ist deren Verbesserung und Vollendung" (*Brock*, Kultur, 168).

Nietzsche übernimmt von seinem großen Vorbild und Lehrer Jacob Burckhardt vor allem die Idee der großen schöpferischen Menschen, die Idee der "Verdichtung des Weltgeschichtlichen, der Konzentration der Bewegungen in den großen Individuen" (WB, 1):

> Wir finden nun folgenden geheimnisvollen Umschlag: Völker, Kulturen, Religionen, Dinge, bei welchen scheinbar nur das Gesamtleben etwas bedeuten kann, und welche nur dessen Produkte und Erscheinungsweisen sein sollten, finden plötzlich ihre Neuschöpfung oder ihren gebietenden Ausdruck in großen Individuen. / Zeit und Mensch treten in eine große, geheimnisvolle Verrechnung. (WB, 154)

Die Herausstellung der "großen Individuen" gegenüber dem "Gesamtleben" der Epochen ist eine dann auch von Nietzsche konstant vertretene Konzeption. Auch Burckhardts Deutung der "historischen Größe" als letztlich undefinierbare, irrationale Größe ("Die wirkliche Größe ist ein *Mysterium.*" [WB, 152]) findet bei Nietzsche offene Ohren. Nach Burckhardt entzieht sich das große Individuum der rationalen Erklärung und ist rein phänomenal als geschichtsgestaltender Faktor hinzunehmen und zu beschreiben:

> Nicht eine Erklärung, sondern nur eine weitere Umschreibung von Größe ergibt sich von diesem Punkte aus mit den Worten: *Einzigkeit, Unersetzlichkeit.* Der große Mann ist ein solcher, ohne welchen die Welt uns unvollständig schiene, weil bestimmte große Leistungen nur durch ihn innerhalb seiner Zeit und Umgebung möglich waren und sonst undenkbar sind [...] (WB, 153)

Dies gehört gleichfalls zum unveräußerlichen Gedankengut Nietzsches. Der Gedanke, daß das große Individuum die *conditio sine qua non* der historischen Entwicklung sei, ja, daß die Welt erst durch den großen Menschen einen Wertzuwachs erhalte, ist auch ein Nietzschescher Grundgedanke. Von Burckhardt übernimmt Nietzsche die Vorstellung der Koinzidenz von Individuum und Allgemeinem. Nach Burckhardt liegt die Bedeutung der großen Individuen in ihrer die Menschheit betreffenden Kulturfunktion:

> Einzig und unersetzlich aber ist nur der mit abnormer intellektueller oder sittlicher Kraft ausgerüstete Mensch, dessen Tun sich auf ein *Allgemeines*, d.h. ganze Völker oder ganze Kulturen, ja die ganze Menschheit Betreffendes bezieht. (WB, 153)

Auch Nietzsche betont diese Kultur- und Menschheitsfunktion des großen Menschen. Im Hinblick auf das Verhältnis zwischen dem großen Menschen und der Menschheit ist die Affinität zwischen Nietzsche und Burckhardt unübersehbar. Zugleich aber zeigen sich spezifische Unterschiede. Für Burckhardt, der in diesem Punkt Hegelianer ist, ist das große Individuum das Vollzugsorgan eines Überindividuellen. In den *Weltgeschichtlichen Betrachtungen* heißt es:

> Die Bestimmung der Größe scheint zu sein, daß sie einen Willen vollzieht, der über das Individuelle hinausgeht, und der je nach dem Ausgangspunkt als Wille Gottes, als Wille einer Nation oder Gesamtheit, als Wille eines Zeitalters bezeichnet wird. (WB, 175)

Einerseits ist Burckhardt ein scharfer Kritiker Hegels und lehnt dessen idealistische Geschichtsphilosophie ab, derzufolge die Weltgeschichte ein von der Vernunft geprägter Prozeß der Selbstbewußtwerdung des Geistes ist. Die Hegelsche Vorstellung eines Weltplanes bzw. die Erkennbarkeit eines Weltplanes hält er für abwegig:

> Wir sind aber nicht eingeweiht in die Zwecke der ewigen Weisheit und kennen sie nicht. Dieses kecke Antizipieren eines Weltplanes führt zu Irrtümern, weil es von irrigen Prämissen ausgeht. (WB, 2)[42]

In diesem agnostizistischen Geschichtsskeptizismus ist Burckhardt Schopenhauerianer, und es ist nicht verwunderlich, daß er, wie Nietzsche zu berichten weiß, in vertraulichen Gesprächen Schopenhauer "unseren Philosophen" nennt (B 3, 155 – 7.11.70 – Feldpostbrief an Gersdorff). Burckhardt erhebt "keinen Anspruch auf 'weltgeschichtliche Ideen'", will "vor allem keine Geschichtsphilosophie" vorlegen (WB, 1 f.), sondern beschränkt sich bewußt auf Kulturgeschichtsschreibung, auf eine kulturhistorische Phänomenbeschreibung, die aus der konkreten Anschauung der historischen Erscheinungsvielfalt den Blick gewinnt für das sich zeitlos Wiederholende, Typische in der Geschichte.[43] Für Burckhardt ist der Fortschritt eine Illusion[44], und die Macht hält er für böse[45]. Ein Zug von Pessimismus und Resignation durchzieht seine Geschichtsbetrachtungen. Andererseits hält er durch seine Lehre von den "drei Potenzen", Staat, Religion und Kultur, und den aus ihrem Wechselverhältnis sich ergebenden "sechs Bedingtheiten" an einem großen, systematischen Zusammenhang des Geschichtsprozesses fest. Der Hegel-Kritiker Burckhardt ist doch wiederum Hegelianer, wenn er schreibt: "Der Geist muß die Erinnerung an sein Durchleben der verschiedenen Erdenzeiten in seinen Besitz verwandeln." (WB, 6).

Es zeigt sich insgesamt eine eigentümliche Ambiguität Burckhardts gegenüber der Geschichte und ihren "Potenzen". Einerseits antizipieren seine Geschichtsbetrachtungen viele Nietzschesche Denkmotive; anderseits stehen sie,

---

42 Hegels Geschichtsphilosophie hingegen setzt ausdrücklich den "Plan der göttlichen Vorsehung" voraus (*Hegel*, Philosophie der Geschichte, 55). Die "Philosophie" der "Geschichte" basiert auf dem "*einfachen Gedanken der Vernunft, daß die Vernunft die Welt beherrsche, daß es also auch in der Weltgeschichte vernünftig zugegangen sei*" (ebd., 48 f.). Burckhardt ist in dieser Hinsicht skeptischer: "Überhaupt müssen wir uns hüten, unsere geschichtlichen Perspektiven ohne weiteres für den Ratschluß der Weltgeschichte zu halten." (WB, 192).

43 "Die Geschichtsphilosophen betrachten das *Vergangene* als Gegensatz und Vorstufe zu uns als Entwickelten; – wir betrachten das *sich Wiederholende, Konstante, Typische* als ein in uns Anklingendes und Verständliches." (WB, 3). Dies entspricht im Grundriß der Geschichtsauffassung Nietzsches, denn auch Nietzsche faßt die Geschichte nicht als linearen, sondern als zyklischen Prozeß auf.

44 " 'Gegenwart' galt eine Zeitlang wörtlich gleich Fortschritt, und es knüpfte sich daran der lächerlichste Dünkel, als ginge es einer Vollendung des Geistes oder gar der Sittlichkeit entgegen." (WB, 185). Nietzsches Fortschrittsfeindlichkeit verleugnet nicht ihre Herkunft aus Burckhardts Fortschrittsskeptizismus.

45 "Und nun ist die Macht an sich böse, gleichviel wer sie ausübe. Sie ist kein Beharren, sondern eine Gier und *eo ipso* unerfüllbar" (WB, 70). Aber Burckhardt ist ein Virtuose der Ambivalenz. Er huldigt einem "Agnostizismus, der dennoch – Metaphysik treibt" (*Martin*, Burckhardt und Nietzsche, 40). Er integriert auch die Macht in ein Sinnganzes: "Aber wer die Macht will und wer die Kultur will, – vielleicht sind beide blinde Werkzeuge eines Dritten, noch Unbekannten." (WB, 71). Auch für Nietzsche ist der Machttrieb der wahre Antrieb der geschichtlich Handelnden, aber er entzieht die Macht der moralischen Beurteilung und einem potentiellen Sinnzusammenhang.

bei allem Geschichtsskeptizismus, doch noch in der Tradition des Hegelschen Geschichtsidealismus. So relativiert Burckhardt die "Weltreligionen", Buddhismus, Christentum und Islam, zum historischen Ausdruck sozial bedingter Umwälzungen (vgl. WB, 36 ff.) und übt Kritik an der historischen Entwicklung des Christentums, mit Blick auf die mittelalterlichen Praktiken der Heidenbekehrung und Ketzerbekämpfung:

> Dieselbe Religion, deren Sieg ein Triumph des Gewissens über die Gewalt war, operiert nun auf die Gewissen mit Feuer und Schwert los. [...] Die Nemesis lag darin, daß die Kirche mehr und mehr ein Polizeiinstitut wurde, und daß die Hierarchen danach rochen. (WB, 39 f.)

Trotz dieser historischen Kritik am Christentum hält Burckhardt, ganz im Unterschied zu Nietzsche, an der metaphysischen Dignität der Religionen fest:

> Die Religionen sind der Ausdruck des ewigen und unzerstörbaren metaphysischen Bedürfnisses der Menschennatur. / Ihre Größe ist, daß sie die ganze übersinnliche Ergänzung des Menschen, alles das, was er sich nicht selber geben kann, repräsentieren. Zugleich sind sie der Reflex ganzer Völker und Kulturepochen in ein großes Anderes hinein oder: der Abdruck und Kontur, welchen diese ins Unendliche hineinziehen und bilden. (WB, 28)

Nietzsche investiert demgegenüber ein hohes Maß seiner geistigen Energie in die kritisch-psychologische Demaskierung der Religionen als Ausdruck des Willens zur Macht. Während Burckhardt in den Religionen eine über das menschliche Vermögen hinausreichende Sinndimension sieht, einen metaphysischen Bereich erblickt, einen Bereich, den der Mensch "sich nicht selber geben kann", geht Nietzsche von dem Grundgedanken aus, daß auch die Religionen Produkte des Menschen, des Willens zur Macht sind, daß der Mensch sich alles selber gibt. Auch die Burckhardtsche Unterscheidung von "Geschichte" und "Natur" löst sich bei Nietzsche in der Identifikation von Natur und Geschichte auf. Bei Burckhardt heißt es noch:

> Die Geschichte ist aber etwas anderes als die Natur, ihr Schaffen und Entstehen- und Untergehenlassen ist ein anderes. / Die Natur bietet die höchste Vollendung des Organismus der Spezies und die größte Gleichgültigkeit gegen das Individuum [...] Die Geschichte dagegen ist der Bruch mit dieser Natur vermöge des erwachenden Bewußtseins; zugleich aber bleibt noch immer genug vom Ursprünglichen übrig, um den Menschen als reißendes Tier zu zeichnen. (WB, 18)

Für Nietzsche hingegen ist die Geschichte ein Naturprozeß, eine Emanation der in der Natur wirksamen Elementarkräfte. Schon in der *Geburt der Tragödie* sind es die elementaren Kräfte der "Natur", das Dionysische und das Apollinische, die den Kultur- und Kunstphänomenen das Gepräge geben. Insofern ist die "Geschichte" für Nietzsche kein "Bruch" mit der "Natur", sondern deren adäquater Ausdruck und ihre konsequente Fortführung. Wenn Burckhardt allerdings auf die im Menschen latent verborgene animalische Natur verweist, ist dies wiederum ein Gedanke, den Nietzsche adaptieren konnte.

Im ganzen denkt der Kulturhistoriker Burckhardt viel stärker in Kategorien der großen historischen Kontinuität aller Kulturerscheinungen, während Nietzsches Geschichtsdenken primär vom Impuls der revolutionären Umwälzung der Kulturgeschichte geleitet ist. Burckhardt betrachtet die Geschichte, aus der wissenden, überlegenen Distanz des Kulturphilosophen, nicht ohne kritischen Einschlag, aber doch im Bewußtsein einer universellen kulturhistorischen Einheit alles Geschehens; Nietzsche erlebt die Geschichte, im existentiellen Engagement, in der unmittelbaren emotionalen Aktivität des Kulturrevolutionärs, der neuen Seinserfahrungen und Weltperspektiven zum Durchbruch verhelfen will. Bei Nietzsche ist die Geschichte ganz zurückbezogen auf das schaffende Subjekt. Zu Recht konstatiert Karl Reinhardt:

> Nietzsche findet in der Historie – sich selbst. [...] Das im engeren Sinne wissenschaftliche Gebiet der objektiven Unterscheidungsmerkmale [...] liegt ihm fern. Er legt sich keine historischen Kategorientafeln an, er sammelt nicht, vergleicht nicht, er stellt nicht fest: dies sind die Merkmale einer Epoche, von hier ab beginnen diese Merkmale durch andere abgelöst zu werden... Er verfährt, wie man sagt, "intuitiv". (*Reinhardt*, Nietzsche und die Geschichte, 303)

Nietzsches Verhältnis zur Geschichte ist kein objektiv-betrachtendes, sondern ein subjektiv-intuitives Verhältnis. Aber nicht nur dies unterscheidet ihn von Burckhardt. Seine Auseinandersetzung mit der Geschichte erfolgt immer im Hinblick auf die kritische Analyse der Gegenwart oder auf den utopischen Entwurf einer neuen Zukunft. Die "Gegenwart" interessiert ihn nur "als das Ende des Bisherigen, oder als der Anfang einer andersgearteten Zukunft (denn beides ist im Grunde dasselbe)" (ebd., 298). Die Geschichte ist für Nietzsche nicht Gegenstand der historisch-vergleichenden Kulturbetrachtung, sondern ein Sujet, das sich vor dem schaffenden Subjekt auszuweisen hat und das von ihm gestaltet wird. "So tritt die Geschichte vor ihn hin: vor ihn, als ihren Richter und Rechtfertiger; so treten vor ihn hin die einzelnen, die Staaten, die Jahrhunderte..." (ebd., 305). Nietzsche glaubte sich in seinem Utopismus des neuen Menschen mit Burckhardt im inneren Einverständnis. Im Brief an Burckhardt vom 22.9.1886 bezeichnet er die "*Vergrößerung* des Typus Mensch" als

> ein Problem, das wir glücklicher Weise, wie mir scheint, mit nicht gar Vielen unter den Lebenden und Todten gemein haben dürften. Es *auszusprechen* ist vielleicht das gefährlichste Wagniß, das es giebt, nicht in Hinsicht auf den, der es wagt, sondern in Hinsicht auf die, zu denen er davon redet. (B 7, 254 f.)

In seinem Antwortbrief vom 26.9.1886, in dem er sich für die Zusendung von *Jenseits von Gut und Böse* bedankt, kann Burckhardt sich freilich nicht zu dieser Geistesgemeinschaft entschließen. In einer zweideutig anmutenden Formulierung schreibt er:

> Leider überschätzen Sie nur zu sehr [...] meine Fähigkeit. Problemen wie die Ihrigen sind, bin ich nie im Stande gewesen nachzugehen oder mir auch nur die Prämissen derselben klar zu machen. Zeitlebens bin ich kein philosophischer Kopf gewesen und schon die Vergangenheit der Philosophie ist mir so viel als fremd. (B III 4, 221)

Obschon Burckhardt hier ein wenig tiefstapelt, treffen seine Bemerkungen doch Spezifisches. Für die Nihilismus-Problematik, die Idee des Übermenschen und den Zukunftsutopismus Nietzsches war Burckhardt letztlich kaum empfänglich. Diese Probleme waren ihm im Grunde wesensfremd. Schon auf den *Zarathustra* des jüngeren Kollegen und Freundes hatte er zwar mit Wohlwollen, aber kaum mit Begeisterung reagiert, schon damals, im Brief an Nietzsche vom 10.9.1883, angesichts der ungeheuren "Horizonte" und "Tiefen" Nietzsches die melancholische, vielleicht auch ironisch getönte Feststellung treffend: "Ich erfahre dabei, wie oberflächlich ich zeitlebens gewesen bin [...]" (B III 2, 396). Für Burckhardt war Nietzsche zuletzt doch etwas Befremdliches.[46] Er "war von besserer spiritualer Gesundheit und tiefer in der christlichen Überlieferung Europas verwurzelt" (*Heller*, Burckhardt und Nietzsche, 25). Sicherlich, Gestalten wie Nietzsche, Burckhardt und George stimmen darin überein, daß sie in einer von "Materialismus" geprägten Epoche "Vertreter und Verteidiger einer europäisch-kosmopolitischen Geisteskultur und die späten grossen Erben der Antike" sind (*Bollag*, Nietzsche, Burckhardt und George, 8). Aber die spezifischen Unterschiede dürfen dabei nicht übersehen werden. Der Historismus des Ranke-Schülers Burckhardt ist Nietzsche fremd (dazu: *Ziegenspeck*, Kulturbegriff, 55 f.). Ihn interessiert nicht die Individualität der geschichtlichen Erscheinungen, er fühlt sich nicht verstehend ein in die historischen Epochen, und es geht ihm auch nicht um die intuitive Erfassung des geistigen Lebens in seiner historischen Kontinuität. Die geschichtlichen Phänomene sind für ihn nur von Bedeutung als Katalysatoren der Entwicklung einer neuen Kultur und einer neuen Menschheit. Was ihn an Burckhardt am stärksten fasziniert hat, ist die Idee des großen, welthistorischen Individuums. Aber er geht einen entscheidenden Schritt über Burckhardt hinaus. Das große Individuum ist für ihn nicht nur historisches Vollzugsorgan der im Zeitgeist angelegten Tendenzen, sondern es gestaltet aus sich heraus allererst die neue Kultur und erfährt auf diese Weise als gesetzgeberisches, die eigene Zeit umprägendes und die Zukunft ganz neu gestaltendes Individuum eine außerordentliche, bis zur mythisierenden Stilisierung reichende Rangerhöhung. Bei Nietzsche steht das große Individuum immer in Opposition zur eigenen Epoche, zum Zeitgeist, aber diese oppositionelle Haltung ist verknüpft mit dem produktiven Impuls zur Neugestaltung, zur Umformung der Kultur, des Menschen, der Welt. Solche Ansprüche lagen Burckhardt fern. Nietzsche unterstellt ihm zwar, er verfolge ähnliche Intentionen, verberge sie aber, er sei "zwar nicht zu Verfälschungen, aber wohl zu Verschweigungen der Wahrheit geneigt", seine "tiefen Gedankengänge" enthielten "seltsame Brechungen und Umbiegungen, wo die Sache an das Bedenkliche streift" (B 3, 155). Aber dies ist ein produktives Mißverständnis, denn Burck-

46 "Er liebte den Autor persönlich und schätzte Vieles aus seinen früheren Schriften außerordentlich hoch, aber der spätere Nietzsche war ihm doch eine fremde, schwer verständliche Erscheinung." (*Förster-Nietzsche*, Leben Nietzsches II/2, 435). Nietzsches "ekstatisch-gewaltsame Romantik" wird für Burckhardts "klassisches Grundgefühl" bald "inakzeptabel" (*Martin*, Nietzsche und Burckhardt, 44). Zudem konnte Burckhardt "nie die eingeborene Menschlichkeit soweit vergessen und verleugnen, um darum dem Mitleid abzuschwören" (*Salin*, Burckhardt und Nietzsche, 168).

hardt empfand sich nicht als Menschheitslehrer und stand den entsprechenden Ambitionen Nietzsches eher mit kritischer Reserve gegenüber. Vollends fremd war ihm der autoritäre Gestus Nietzsches, die imperatorische Gebärde, mit der Nietzsche in wachsendem Maße die Menschheit als ein von ihm umzuprägendes 'Material' ansah. Burckhardt ist ein "überparteilicher Beobachter" der Geschichte (*R. Marx*, Burckhardt, 328). Nietzsche hingegen fühlt sich als großer Akteur der Geschichte. Burckhardts Sprache ist ein Stil der betrachtenden, abwägenden Phänomenbeschreibung. Nietzsches Sprache ist ein imperativer Stil, eine affektgeprägte Sprache der apodiktischen Aussagen. Dabei ist es gerade der Lapidarstil, die Geste des So-und-nicht-anders, was eine zwingende Wirkung auf den Leser ausübt und ihm die kurzangebundenen Aussagen Nietzsches als unumstößliche Wahrheiten suggeriert. Neben der "völligen Neuheit seiner meisten Gedanken" erwächst der "große Reiz" Nietzsches aus dem "Pathos seiner Energie" und der "blendenden Wirkung seines Stils". Es ist zu betonen, "daß er mit geradezu verblüffender Sicherheit seine Ansichten und Urtheile vorzutragen pflegt". Er wußte, "daß bei der Mehrzahl der Menschen eine einfache Behauptung viel sicherer und stärker wirkt, als ein Argument" (*O. Ritschl*, Nietzsche, 56). Suggestion nicht nur durch die Thematik, sondern auch durch den Sprachstil kennzeichnet Nietzsches Verfahren.

Das für Nietzsche eindeutige, objektiv aber zwiespältige Verhältnis zu Burckhardt zeigt sich vor allem auch in der Frage der Kunst. Der gemeinsame Nenner Nietzsches und Burckhardts liegt in der Auffassung von der primären Kulturfunktion der Kunst. Daß die Kunst der Förderung, Entwicklung und Steigerung der Kultur zu dienen hat, ist eine für Nietzsche und Burckhardt gleichermaßen verbindliche Maxime. Burckhardt verweist auf den großen geistigen Zusammenhang von Kunst, Religion und Kultur:

> Ferner lernen wir die Künstler und Dichter von jeher in feierlichen und großen Beziehungen zu Religion und Kultur kennen; das mächtigste Wollen und Empfinden der vergangenen Zeiten redet durch sie, hat sie zu seinen Dolmetschern erkoren. (WB, 158)

Der Künstler als Vollzugsorgan des Zeitgeistes sowie die Kunst als integrierender Bestandteil der Kultur einer Epoche – dieser Gedanke Burckhardts ist auch ein Grundgedanke Nietzsches, verfolgbar von der Bildungsidee des jungen Nietzsche bis zu den späteren Weltumgestaltungsideen. Auch Nietzsches Idee der Einmaligkeit und Unverwechselbarkeit des großen schaffenden Subjekts ist, im Prinzip, bei Burckhardt vorgeprägt. In den *Weltgeschichtlichen Betrachtungen* lauten bezeichnende Sätze: "Es bildet sich das Gefühl, daß *dieser* Meister absolut unersetzlich sei, daß die Welt unvollständig wäre, nicht mehr gedacht werden könnte ohne ihn." (ebd.).[47] Burckhardt geht noch einen Schritt weiter und vertritt den ästhetischen Grundsatz, daß ohne bestimmte Kunstformen be-

47 Burckhardt hat das Gefühl, daß im Unterschied zu den "bloßen *Erfindern und Entdeckern*" "jeder einzelne große Künstler, Dichter und Philosoph schlechthin unersetzlich ist, weil das Weltganze mit seiner Individualität eine Verbindung eingeht, welche nur diesmal so existierte und dennoch ihre Allgültigkeit hat" (WB, 155).

stimmte Weisen des Schönen überhaupt nicht existierten: "ja in der Architektur und Musik lernen wir das Schöne überhaupt erst durch die Kunst kennen, ohne welche wir hier nicht wüßten, daß es vorhanden wäre." (ebd.). Nach Burckhardt erlangt die Kultur in den großen Kunstwerken sogar ihre höchste Ausdrucksform. Die "Kunst" "wird sich ihrer hohen Stellung bewußt als eine Macht und Kraft *für sich*, welche nur der Anlässe und flüchtiger Berührungen aus dem Leben bedarf, dann aber von sich aus ein Höchstes verwirklicht" (WB, 59). Diese ästhetischen Anschauungen Burckhardts haben Nietzsche stark beeinflußt und seine eigene Kunstanschauung wesentlich mitgeprägt. Wie stark Burckhardt und Nietzsche sich in Fragen der Kunst und Kultur verbunden fühlten, zeigt ihre gemeinsame Niedergeschlagenheit angesichts der (falschen) Nachricht vom Brand des Louvre im Mai 1871. Nach dem anekdotischen Bericht von Nietzsches Schwester trafen sich beide, "von leidenschaftlichem Schmerz erfüllt", und waren "unfähig einander ein Wort des Trostes zu sagen" (Zitat nach *Salin*, Burckhardt und Nietzsche, 75). Nietzsches Erschütterung findet dann in Briefäußerungen ihren Ausdruck. Seine Bemühungen als "Gelehrter", "eine Periode der Cultur besser zu verstehen und besser zu erklären", erscheinen ihm angesichts "solcher Erdbeben der Cultur" als höchst fragwürdig: "wie erscheint dieser Beruf, wenn ein einziger unseliger Tag die kostbarsten Documente solcher Perioden zu Asche verbrennt! Es ist der schlimmste Tag meines Lebens." (B 3, 195 – 27.5.71 – an W. Vischer-Bilfinger). Und einen Monat später, im Brief an Gersdorff vom 21.6.1871, schreibt er:

> Als ich von dem Pariser Brande vernahm, so war ich für einige Tage völlig vernichtet und aufgelöst in Thränen und Zweifeln: die ganze wissenschaftliche und philosophisch-künstlerische Existenz erschien mir als eine Absurdität, wenn ein einzelner Tag die herrlichsten Kunstwerke, ja ganze Perioden der Kunst austilgen konnte; ich klammerte mich mit ernster Überzeugung an den metaphysischen Werth der Kunst, die der armen Menschen wegen nicht da sein kann, sondern höhere Missionen zu erfüllen hat. (B 3, 204)

Diese Erschütterung angesichts einer Kulturbarbarei, die auch Thema von Gesprächen zwischen Nietzsche und Wagner in Tribschen ist[48], zeigt schlaglichtartig die außerordentliche Bedeutung, die die Kunst bereits für den jungen Nietzsche hat. Eine Bedrohung der Kunst ist für ihn eine Bedrohung der eigenen Existenz. Zugleich wird aber auch deutlich, daß Nietzsche grundsätzlich unterscheidet zwischen der empirischen Existenz des Menschen und der metaphysischen Bedeutung der Kunst. Hier steht er noch in der Tradition der klassisch-idealistischen Ästhetik mit ihrer prinzipiellen Trennung von Erfahrungswirklichkeit und Kunstwirklichkeit und ihrer metaphysischen Deutung der Kunst.

Dies entspricht in den Grundzügen der Kunstanschauung Burckhardts, der, ganz im Sinne der klassischen Symbol-Kunst, die Auffassung vertritt, im Kunstwerk werde ein "Bild der Welt" entfaltet, "welches, frei von dem Schutte des Zufälligen, nur das Große, Bedeutungsvolle und Schöne zu einer verklärten

48 Cosima Wagner notiert: "Pr. N. sagt, daß für den Gelehrten die ganze Existenz aufhöre bei solchen Ereignissen." (CT I, 392 – 28.5.71).

Erscheinung sammelt; selbst das Tragische ist dann tröstlich." (WB, 158). "Inneres äußerlich machen, darstellen zu können, *so daß* es als ein dargestelltes Inneres, als eine Offenbarung wirkt" (ebd.) – diese Burckhardtsche Charakterisierung der Kunst entspricht dem klassischen Symbolbegriff, demzufolge das Kunstwerk die sinnbildliche Darstellung der Idee ist. Auch die Burckhardtsche Funktionsbestimmung der schöpferischen Individuen ist eine Kennzeichnung aus dem Geiste der deutschen Klassik:

> *Künstler, Dichter und Philosophen* haben zweierlei Funktion: den innern Gehalt der Zeit und Welt ideal zur Anschauung zu bringen und ihn als unvergängliche Kunde auf die Nachwelt zu überliefern. (WB, 155)

Der Symbolcharakter des Kunstwerks, das Kunstwerk als Ausdruck des Harmonisch-Schönen und die im Kunstwerk sich manifestierende Humanitätsidee – diese konstitutiven Bestimmungen der klassischen Ästhetik prägen weitgehend den Burckhardtschen Kunstbegriff. Burckhardt entwickelt allerdings keine systematische Ästhetik mehr, sondern flicht seine aus konkreter Kunstanschauung gewonnenen Einsichten und Erkenntnisse in lockerer Form in seine kultur- und kunsthistorischen Betrachtungen ein. Der junge Nietzsche bewegt sich Anfang der siebziger Jahre geistig weitgehend im Umfeld der Burckhardtschen Kultur- und Kunstanschauung, und seine lebenslängliche Verehrung Burckhardts, die auch durch manchmal distanziertes Verhalten Burckhardts kaum getrübt wurde, wurzelt in diesem frühen Bildungs- und Freundschaftserlebnis.[49] Aber es zeigt sich bereits früh, daß Nietzsche sich nicht mit der Burckhardtschen Weltbetrachtung begnügen und beruhigen kann, sondern daß es ihn weiterdrängt, zu radikaleren, kompromißloseren Perspektiven und Daseinsentwürfen, zu einer gänzlich neuen Sicht der Dinge. Schon die in der *Geburt der Tragödie* entwickelte Idee der Kunst als Ausdruck des dionysischen Weltwillens ist ein entscheidender Schritt über Burckhardts klassisch-harmonische Kunstvorstellung hinaus. Und in der Folgezeit entfernt sich Nietzsche immer mehr von Burckhardt. Vor allem treibt er die Rangerhöhung der Kunst weiter voran, im Problemfeld von Nihilismus, Leben und Kunst. Auffällig ist die Verquickung von "Kultur" und "Stil" schon beim frühen Nietzsche. Die "wahre Kultur" basiert auf der "Einheit des Stiles" (1, 165 – DS), die "Cultur eines Volkes" besteht aus der "Einheit des künstlerischen Stiles in allen Lebensäusserungen eines Volkes" (1, 274 – HL). Nietzsche weitet also den Kunstbegriff außerordentlich weit aus und versteht "Kultur" als eine Äußerungsform der Kunst, des "künstlerischen Stiles", gemäß seiner Grundvorstellung, daß alle Ausdrucksgebilde des schöpferischen Lebens 'künstlerische' Phänomene seien. "Kultur" interessiert ihn nicht als bloß vorgegebene Totalität der geistigen Lebensformen einer Gesell-

49 Noch im September 1888 schreibt Nietzsche an Burckhardt, mit Bezug auf den *Fall Wagner*: "ein einziges Wort von Ihnen würde mich glücklich machen." (B 8, 421 – 13.9.88). Obschon die kulturhistorische Einfühlung und die humanitäre Denkweise Burckhardts dem 'dionysischen' Enthusiasmus Nietzsches fernlagen und sein eigenes Anliegen nicht die Kulturgeschichtsschreibung, sondern die Aktualisierung der Kulturgeschichte für die Neugestaltung der Gegenwart und Zukunft war, bewahrte er doch Burckhardt gegenüber zeitlebens eine gefühlsmäßige Verehrungshaltung.

schaft oder Epoche, sondern allein als Ausdruck des schöpferischen Lebens, und nur aus diesem Grunde kann der Begriff "Kultur" für ihn zum Synonym von Kunst und Stil werden. Nietzsches "Kultur"-Begriff ist ein extensiver Kunst-Begriff. Der Künstler Nietzsche versteht sich im Unterschied zum Kulturhistoriker Burckhardt nicht nur als Kulturbewahrer, sondern vor allem als Kulturschöpfer, und auch dort, wo er sich an Kulturtraditionen orientiert, wie in seinem Kultus des Griechentums, steht doch die "Historie" im Dienste des "Lebens", wird die Kulturgeschichte aktualisiert, umgedeutet im Hinblick auf den eigenen Kultur-, d.h. Daseinsentwurf. Schon der junge Nietzsche fühlt sich getragen von einer Kulturmission. So schreibt er am 4.2.1872 an den Freund Carl von Gersdorff:

> Was Du auch thun magst – denke daran dass wir beide mit berufen sind, an einer Culturbewegung unter den Ersten zu kämpfen und zu arbeiten, welche vielleicht in der nächsten Generation, vielleicht noch später der grössern Masse sich mittheilt. (B 3, 286)

Sieht sich Nietzsche noch zu dieser Zeit, d.h. zur Zeit seines Wagner-Enthusiasmus und des Glaubens an die Erneuerung der deutschen Kultur durch das Wagnersche Musiktheater, als einen unter einer Mehrzahl schöpferischer Köpfe, so wird er sich später, seit dem *Zarathustra*, als alleinigen Schöpfer einer neuen Kultur, d.h. einer fundamental neuen Weltinterpretation und eines radikal neuen Lebensentwurfs, ausrufen und mit alttestamentarischer, prophetischer Gebärde seinen Omnipotenzanspruch verkünden. Zur Zeit der *Geburt der Tragödie* geht es ihm noch um die Erneuerung der zeitgenössischen Kultur, und im Verein mit Gleichgesinnten will er, durch die Mitarbeit an Wagners Kunst- und Kulturprojekten, seinen Beitrag zu einer Kulturerneuerung leisten. Später weitet sich seine Perspektive ins Globale, Universalhistorische aus, und nun entfällt die Kommunikation, und alle zeitgenössischen und historischen Phänomene werden allein am Anspruch des auf Menschheitsrevolutionierung abzielenden großen Individuums Nietzsche gemessen. Es war Nietzsches letzte Intention, die Ereignislosigkeit des Lebens und den Lastcharakter des Seins durch einen ins Gigantische gesteigerten Schöpfungsakt, die Umwälzung der Menschheit, zu überwinden.

Das aber war nicht mehr das Geschäft Burckhardts. Hier zeigt sich eher eine Kluft zwischen Burckhardt und Nietzsche, ungeachtet des kaum zu überschätzenden Einflusses, den der luzide, romanischem Geist verpflichtete Burckhardt auf Nietzsche ausgeübt hat, nicht zuletzt als "ausgezeichnetes Gegengewicht", als "rettender Engel" gegen den suggestiven Wagnerianismus, dem sich vor allem der junge Nietzsche ausgesetzt sah (*Ross*, Adler, 313). Das Ungestüme, Vorwärtsdrängende und Gefährliche im Wesen Nietzsches lag dem bedächtigeren, konservativeren Burckhardt nicht. "Vielleicht zog er sich am Ende gerade darum in sein Schneckenhaus zurück, weil er nicht selbst durch den Wirbelgeist Nietzsches aus seiner bewußt resignierenden Basler Existenz gerissen werden wollte." (ebd., 314). Der Unterschied zwischen Nietzsche und Burckhardt zeigt sich aber nicht nur im psychologischen Problem der divergierenden Charaktere und Temperamente und in den doch mehr und mehr auseinandergehenden Kunst- und Kulturkonzeptionen, sondern auch in der ästhetischen Sicht und Wertung der einzelnen Kunstgattungen und Dichtungsformen. Burckhardt, in Fragen der Kunst primär visuell-plastisch disponiert und am antik-klassischen Schönheitsbegriff Winckelmanns und Goethes orientiert, legt mit der *Baukunst der Renaissance in Italien* (1867) ein Architektur-Buch vor, beschränkt sich auf die Darstellung der Baukunst. In den ästhetischen Anschauungen Nietzsches, der in erster Linie dichterisch-musikalisch ausgerichtet ist, gewinnnt die Architektur demgegenüber nicht diese beherrschende Bedeutung. Burckhardts *Cicerone*, *Eine Anleitung zum Genuß der Kunstwerke Italiens* (1855), ist eine Art kunstvoller kulturhistorischer Reiseführer, der den Benutzer *en détail* über Architektur und Malerei informiert, ein von konkreter Anschauung der Kunstwerke und enzyklopädischem Wissen zeugendes Opus, dessen "Absicht" sich darauf beschränkt, "eine Übersicht der wichtigern Kunstwerke Italiens zu geben" und die "notwendigen Stilparallelen" aufzuzeigen (*Burckhardt*, Cicerone, XV).[50] Während Burckhardts Verhältnis zur Kunst durch die historisierende Betrachtung und objektivierende Phänomenbeschreibung, durch einfühlendes Verstehen und ein vorrangiges Interesse an Architektur und Malerei gekennzeichnet ist, ist Nietzsches Kunstverhalten durch die subjektiv-affektive Rezeption der Kunstwerke, durch spontanes, produktives Reagieren auf die Werke und ein primäres Interesse an Dichtung und Musik geprägt. Die Kunstwerke werden bei Nietzsche zu Sinnbildern, zu Chiffren der eigenen Welt-Anschauung, der ihn beschäftigenden philosophischen Grundmotive. Höchst aufschlußreich sind die Bemerkungen im Brief an Rohde vom Februar 1872, in dem er, mit Bezug auf die *Geburt der Tragödie*, auf sein Verhältnis zu Burckhardt eingeht:

> Außerdem ist es durchaus nicht nöthig, daß dies Buch rein metaphysisch und gewissermaßen "transmundan" wirke: da ist mir Jakob Burkhardt ein lebendiger Beweis: er der sich alles Philosophische und vor allem alle Kunstphilosophie, also auch meine, höchst energisch vom Leibe hält, ist von den Entdeckungen des Buches für die Erkenntniß des griechischen Wesens so fascinirt, daß er Tag und Nacht darüber nachdenkt und mir das Beispiel der fruchtbarsten historischen Benutzung an tausend Einzelheiten giebt [...] (B 3, 293 f.)

Diese Hinweise sind in doppelter Hinsicht erhellend. Einerseits erkennt Nietzsche den grundsätzlichen Unterschied zwischen den eigenen philosophischen Intentionen und Ambitionen und dem unphilosophischen Denken Burckhardts. Andererseits geht er von der (objektiv kaum haltbaren) Voraussetzung aus, mit der *Geburt der Tragödie* ein das Griechentum historisch-objektiv erfassendes Werk vorgelegt zu haben, und stützt sich auf die Autorität Burckhardts. Er

50 Nietzsche hat den *Cicerone* sehr geschätzt: "es giebt wenig Bücher, die so die Phantasie stimuliren und der künstlerischen Conception vorarbeiten." (B 4, 68 – 18.10.72 – an Gersdorff). Vgl. B 5, 345; B 6, 384, 391. Bezeichnenderweise bereitet sich Nietzsche auf eine (mißglückte) Italienreise, auf der er in Brescia die Bilder Morettos studieren möchte (dazu: B 4, 57 – 5.10.72 – an Gersdorff), mit Hilfe des *Cicerone* vor (vgl. *Förster-Nietzsche*, Leben Nietzsches, II/1, 89).

beansprucht, mit der Tragödienschrift nicht nur ein metaphysisches, sondern auch ein wissenschaftliches Buch vorgelegt zu haben, und führt Burckhardt als Kronzeugen an. Dies ist überhaupt bezeichnend für Nietzsche: Er trägt seine intuitiv-subjektiven Urteile immer mit dem Anspruch auf objektive Gültigkeit vor, bemüht um Sanktionierung der eigenen Anschauungen durch kongeniale Gewährsmänner und geleitet von der Tendenz, die Sichtweisen der Betreffenden dem eigenen Vorverständnis eines Sachverhalts anzugleichen. Diesbezüglich ist Nietzsche geradezu ein Virtuose der umdeutenden Vereinfachung.

Nietzsche hat zwischen Burckhardt und den eigenen Bestrebungen geistige Affinitäten gesehen, die faktisch nicht vorhanden waren. Deutlich wird dies vor allem auch in der unterschiedlichen Bewertung und Einordnung der Kunstgattungen sowie des Stellenwertes der Kunst im Gesamtsystem der Kultur. So grenzt Burckhardt noch spezifische Funktionen der "Philosophie", der "Poesie" und der "Künste" gegeneinander ab (dazu: WB, bes. 155-164) und steht damit noch in der Tradition der klassischen Gattungsästhetik insbesondere Hegelscher Observanz. Der "Gegenstand" der "Philosophie" ist das "Weltganze", die "Wahrheit", die "Künste" bringen "Form" und "Bildlichkeit" hervor, und die in der "hohen Mitte zwischen der Philosophie und den Künsten" stehende "Poesie" vereinigt in sich die abstrakte Wahrheit und das konkrete Bild (WB, 157). Die "Künste" und die "Poesie" sind einander so verwandt, daß Burckhardt die "Poesie" nicht nur gegen die "Künste" abgrenzt, sondern sie auch unter den Oberbegriff der "Künste" subsumieren kann und die "Künste" nach den Hauptgattungen der Poesie, Malerei und Bildhauerei, Architektur und Musik gliedert, wobei er nicht nur die Kunstgebilde, sondern vor allem auch die Künstler, die großen schöpferischen Individuen, im Blickfeld hat. Entspricht die Apotheose der schöpferischen Individuen durchaus der Perspektive Nietzsches, so bestehen in der Qualifizierung der einzelnen Kunstgattungen doch erhebliche, ja gravierende Unterschiede. Folgende Überlegung Burckhardts zur Musik ist ein durchaus auch für Nietzsche verbindlicher Gedanke:

> Ihre Wirkung ist (d.h. in den rechten Fällen) so groß und unmittelbar, daß das Dankgefühl sofort nach dem Urheber frägt und unwillkürlich dessen Größe proklamiert. Die großen Komponisten gehören zu den unbestrittensten Größen. (WB, 164)

Eben dies ist für Nietzsche so charakteristisch, daß er nämlich in der Rezeption des Kunstwerks fast immer sofort die Frage nach dem Künstler stellt und dessen Präpotenz sein eigentliches Interesse weckt. Fremd ist Nietzsche allerdings die historisierende Relativierung der Musik, wie sie Burckhardt vornimmt, wenn er von der Musik sagt:

> Zweifelhafter ist schon ihre Unvergänglichkeit. [...] Mozart und Beethoven können einer künftigen Menschheit so unverständlich werden, als uns jetzt die griechische, von den Zeitgenossen so hoch gepriesene Musik sein würde. Sie werden dann auf Kredit groß bleiben, auf die entzückten Aussagen unserer Zeit hin, etwa wie die Maler des Altertums, deren Werke verloren gegangen. (WB, 164)

4. Kunst und Mythos

Solcher Kunst-Historismus bzw. solche Künstler-Relativierung ist nicht die Sache Nietzsches. Nietzsche setzt den großen schöpferischen Künstler nicht der historischen Relativierung aus, sondern entrückt ihn in eine zeitlose, mythische Dimension. Nicht die Historizität, sondern der Mythos gibt den leitenden Blickpunkt für die Bewertung des schaffenden Subjekts ab. Auch die im Denken Nietzsches vollzogene Ablösung des 'Seins' durch das 'Werden', die für ihn typische Dynamisierung alles Statischen, führt nicht etwa zu einem historischen Relativismus des Schöpferischen, sondern hat, im Gegenteil, die mythisierende Entzeitlichung des schöpferischen Lebens zur Folge, wie sie vor allem im Wiederkunftsgedanken zum Ausdruck gelangt, der faktisch auf ein Desavouieren der Geschichte hinausläuft. Insofern besteht in der Tat eine "wechselseitige Bedingtheit von Mythos und Kultur" bei Nietzsche (*Ruprecht*, Mythos, 64). Es ist dabei allerdings zu berücksichtigen, daß der Mythos bei Nietzsche nicht ein vorgegebener, objektiver Sinnzusammenhang der Welt, sondern ein vom schöpferischen Subjekt überhaupt erst herzustellender Sinnkomplex ist. In dieser Hinsicht "stand er ihm immer gleichsam auf historischem Boden gegenüber" (ebd.), das heißt, er stand vor dem Problem, in einer mythenlosen, durch den 'Nihilismus' geprägten Epoche mittels schöpferischer Akte einen neuen Mythos zu schaffen, eine Aufgabe, die er mit dem *Zarathustra* löste. Aber schon in der *Geburt der Tragödie* geht es nicht nur um die Vergegenwärtigung der Elementarmächte des Dionysischen und Apollinischen, sondern auch um die Apotheose des Künstlers, denn erst im Werk des großen Künstlers, im Musikdrama Richard Wagners, werden die Elementarmächte gegenwärtig. Schon in dieser frühen Phase seines Denkens und Schaffens wird in der Sicht Nietzsches der auf eine Erneuerung der Kultur gerichtete Mythos erst durch die Kunst vermittelt. Die Wiederbelebung des Mythos ist allein durch die Kunst möglich. Nietzsche verweist auf die "heraklesmässige Kraft der Musik: als welche, in der Tragödie zu ihrer höchsten Erscheinung gekommen, den Mythus mit neuer tiefsinnigster Bedeutsamkeit zu interpretiren weiss" (1, 73 f. – GT). Dabei reflektiert Nietzsche durchaus das Verhältnis von Mythos und Geschichte. Er ist sich darüber im klaren, daß der Mythos im Verlauf der Geschichte zum Gegenstand der antiquarischen Historie wird:

> Denn es ist das Loos jedes Mythus, allmählich in die Enge einer angeblich historischen Wirklichkeit hineinzukriechen und von irgend einer späteren Zeit als einmaliges Factum mit historischen Ansprüchen behandelt zu werden: und die Griechen waren bereits völlig auf dem Wege, ihren ganzen mythischen Jugendtraum mit Scharfsinn und Willkür in eine historisch-pragmatische *Jugendgeschichte* umzustempeln. (1,74 – GT)

Der Mythos verliert im Geschichtsprozeß seine ursprüngliche lebendige Realität und wird zum allegorischen Gegenstand eines historisierenden, rationalistischen Intellektualismus. Die Bedeutung und Funktion der Kunst besteht nun darin, daß sie den verfallenden Mythos wiederbelebt: "Diesen absterbenden

Mythus ergriff jetzt der neugeborne Genius der dionysischen Musik [...]" (ebd.). Der eigentliche Sinn der Kunst, d.h. der griechischen Tragödie und des Musikdramas Richard Wagners, erfüllt sich erst im Spannungsfeld von Mythos und Historie. Durch die Kunst vermag der durch die Geschichte bedrohte, verfallende Mythos eine Erneuerung zu erfahren:

> Durch die Tragödie kommt der Mythus zu seinem tiefsten Inhalt, seiner ausdrucksvollsten Form; noch einmal erhebt er sich, wie ein verwundeter Held, und der ganze Ueberschuss von Kraft, sammt der weisheitsvollen Ruhe des Sterbenden, brennt in seinem Auge mit letztem, mächtigem Leuchten. (ebd.)

Hier wird deutlich, daß Nietzsche kein ungebrochenes, 'naives', sondern ein reflektiertes, 'sentimentalisches' Verhältnis zum Mythos hat und daß es der Kunst bedarf, um in einer mythenlosen Epoche mythischer Urerfahrungen teilhaftig zu werden. Daß auch Nietzsche sich nicht der Historie entziehen kann, sondern ihr, und zwar gerade im Versuch der Revitalisierung des Mythos, verhaftet ist, zeigt das euphorische Finalbewußtsein, mit dem er den absterbenden, durch die Kunst nur vorübergehend wiederbelebten, freilich durch sie auch zu seinem höchsten Ausdruck gesteigerten Mythos beschreibt. Aus Nietzsche spricht auch der Kulturspätling, der sich in einer eigentümlichen Mischung von Integrationssehnsucht, Untergangsbewußtsein und Formgefühl des verlorengegangenen mythischen Erbes vergewissern möchte, durch die dionysische Kunst der Tragödie. Das Problem liegt darin, daß es die mythische Welt als objektiv geglaubte, allgemeinverbindliche und im konkreten Lebensvollzug realisierte Wirklichkeit für die moderne Subjektivität nicht mehr geben kann und daß daher auch die großen mythischen Figurationen der Griechen für das moderne Bewußtsein nur noch symbolische Bedeutung haben können. Insofern ist Jaspers zuzustimmen, wenn er feststellt, daß Nietzsche "niemals die Tiefe der Mythen erblickt", daß er "niemals bis in die Tiefen der christlichen Theologie gedacht hat" und daß durch ihn "daher keine Mythen eigentlich vergegenwärtigt, erneuert, angeeignet" worden sind (*Jaspers*, Nietzsche, 367). Dennoch ist damit das Mythosproblem bei Nietzsche nicht voll erfaßt. Es ist folgendes im Blickfeld zu behalten: 1) Im Zeitalter des durch den Verlust aller metaphysischen Inhalte gekennzeichneten 'Nihilismus' hat sich der Mythos als objektive Realität definitiv erschöpft. 2) Eine Reaktivierung des Mythos ist nur noch durch die Kunst möglich, und zwar als ästhetische Symbolik der Elementarmächte des Lebens. 3) An die Stelle der 'objektiven' Mythen, der als real erlebten Götter, tritt der vom schaffenden Subjekt hervorgebrachte Mythos, ein Kunst-Mythos, wie er von Nietzsche exemplarisch im *Zarathustra* gestaltet worden ist.[51] Jaspers ist der Auffassung, Nietzsche habe, im klaren Bewußtsein,

---

51 Nietzsche operiert allerdings durchaus auch mit Urmythen. Ein charakteristisches Beispiel sind die im *Zarathustra* auftauchenden Figuren der Schlange und des Adlers. Aber er verwandelt diese mythischen Bilder in Allegorien der eigenen Philosophie. Darüber hinaus aber erfindet er ganz neue Mythen. Das treffendste Beispiel ist der Mythos vom "Übermenschen". "Nach Plato hat wohl nur noch Nietzsche theoretisch durchdachte elementare Mythen zu ersinnen gesucht und als philosophisches Instrument eingesetzt. Doch arbeitet Nietzsche ebenso mit der gewagten Variante auf den sanktionierten Mythos." (*Blumenberg*, Mythos, 194).

daß Mythen sich nicht schaffen lassen, nicht Mythenbildung betrieben, sondern in mythischen Symbolen philosophiert: "Statt einen Ersatzmythus suchte er *philosophierend* das Wesen." (ebd.). Demgegenüber ist zu betonen, daß Nietzsche weder eine 'naive' Mythos-Renovatio betreibt noch sich auf ein bloßes Philosophieren in mythischer Symbolik beschränkt, sondern dem schaffenden Subjekt, dem großen künstlerischen Individuum, die Schaffung eines Mythos zutraut.[52] Daß dieser Mythos kein originärer, sondern ein künstlicher Mythos ist, ist eine andere Frage. In den Jasperschen Überlegungen zu diesem Problem entfällt die Kategorie der Kunst. Aber erst durch die Kunst gewinnt der Mythos bei Nietzsche seine Virulenz. Im Medium der Kunst vermag der Mythos neue Kraft zu gewinnen. Allerdings, es ist und bleibt ein *Kunst*-Mythos, ein vom schaffenden Subjekt, vom Künstler, hervorgebrachter Mythos.[53] Diesem Kunst-Mythos haftet einerseits ein defizienter Modus an. Er ist nicht von originär-substantieller Echtheit, sondern ein künstliches, konstruiertes Gebilde. Da es sich um einen selbstgeschaffenen Mythos handelt, fehlt dem 'mythischen' Verhalten Nietzsches die 'Anbetung', die Anbetung höherer Mächte, wie sie Hölderlin noch vollziehen konnte. Insofern haftet dem Mythos Nietzsches nicht nur ein künstlicher, sondern auch ein monologischer Zug an. Zarathustra kann nur noch ein Zwiegespräch mit dem "Leben", d.h. dem in ihm selber wirkenden Leben, führen. Andererseits mythisiert Nietzsche seine Erlebnisse und Ideen, indem er sie zum zeitlos-archetypischen Existenzmodell erhebt. Dieser Mythos ist forcierter Ausdruck der alles überragenden Schöpfungskraft des Künstlers, in seiner extremen Ausprägung sogar eine *creatio ex nihilo*, und nur deshalb kommt es beim frühen Nietzsche zur enthusiastischen, ja kultischen Verehrung Richard Wagners, nur deshalb zur absoluten Rangerhöhung des schaffenden Subjekts in der Zarathustra-Gestalt, und nur deshalb tendiert der spätere Nietzsche zur kultischen Selbststilisierung.

---

52 Montinari ist allerdings der Auffassung, Übermensch und Wiederkunftsgedanke bedeuteten keine "Mythisierung", sondern müßten aus den "naturwissenschaftlichen Anschauungen" der Zeit erklärt werden (*Montinari*, Baeumler-Lukaćs, 197). Der Wiederkunftsgedanke sei "eine durchaus wissenschaftliche Vorstellung, die nichts mit einem Mythos zu tun hat" (ebd., 198). Es ist die Frage, ob Montinari damit nicht Nietzsches "Grenzgedanken" (ebd., 197) zu sehr rationalisiert. Nietzsche versucht zwar, seine großen Entwürfe wissenschaftlich zu untermauern und damit zu verifizieren, aber sein Impetus ist die Weltverwandlung durch den Schaffenden. Er überschreitet ständig die naturwissenschaftliche Welterklärung. So läßt er insbesondere mit dem Entwurf des "Übermenschen" die Evolutionstheorie hinter sich, denn der "Übermensch" entsteht nicht aus der Evolution, sondern ist ein Produkt des Schaffenden. Der Wiederkunftsgedanke ist ein "äternalistischer Gegenmythos", der "einerseits als Kosmologie, andererseits als ethischer Imperativ" gedeutet werden kann (*Magnus*, Gegenmythos, 219). Zudem kann man ihn als "dionysischen Gegenmythos" zur "Wagnerschen Mythologie" deuten (so *Biser*, Nietzsche, 108).

53 Lacoue-Labarthe ist der Auffassung, daß es sich bei dem Mythos Nietzsches um einen *rhetorischen* Mythos handelt: "Was die Rhetorik zerstört, ist in Wirklichkeit die Möglichkeit, beim Mythos Zuflucht zu nehmen. Sie entdeckt, daß jede 'Rückkehr zum Mythos' [...] tatsächlich eine Rückkehr zur *Allegorie*, zur philosophischen Verwendung und Auslegung der Mythen ist." (Der Umweg, 102). "[...] der Mythos ist nicht musikalischen Ursprungs; der Mythos ist *rhetorisch*." (ebd., S. 103). Daß der Mythos von Nietzsche gewissermaßen rhetorisch ersprochen wird, ist nicht zu bestreiten. Aber er erfährt den Dionysos nicht als bloße Allegorie, sondern als echte Realität. Freilich, diese mythische Realität kann nur noch mit den Mitteln einer suggestiven, persuadierenden Sprache vergegenwärtigt werden. Insofern haftet ihr etwas Künstliches an. Aber eben darin besteht die Leistung des großen Künstlers, daß er im Medium der Kunst den Mythos verlebendigt. Man möchte daher nicht von *rhetorischem* Mythos, sondern von *künstlerischem* Mythos sprechen.

Der entscheidende Aspekt des Mythosproblems bei Nietzsche ist die Verlagerung des Problems vom überpersönlich-objektiven Bereich des Metaphysisch-Religiösen in den subjektiv-existentiellen Bereich des schaffenden Subjekts, ungeachtet des von diesem Subjekt erhobenen intersubjektiven Anspruchs. Nicht zu Unrecht stellt E. Ruprecht fest:

> Während sich die Mythisierung bei Wagner zwangsweise aus der objektiven Natur überpersönlicher Impulse ergab, mußte Nietzsche in freiem und bewußtem Streben die mythische Bildgestalt suchen, deren er bedurfte. Dem Erleiden tritt die selbstbestimmte Tat gegenüber. (*Ruprecht*, Mythos, 64)

Obschon dieser Vergleich ein wenig überpointiert ist, trifft er doch im Prinzip den Sachverhalt. In seinem Buch *Kunst und Mythos* geht E. Grassi auch auf die Auflösung des Mythos durch das 'verinnerlichte' Subjekt ein und beschreibt den "Verlust des Mythos" wie folgt:

> Wenn aber vorher die *archè* der '*theos*', das 'Göttliche' war, heißt jetzt '*archè*' der *eigene Daimon*, ist die Befehlsmacht der *vereinzelte Daimon*. Auf diese Weise 'verinnerlicht' sich nun das Göttliche, es bekundet sich in einer persönlichen Welt und wird schließlich im Sinne des sokratischen '*daimon*' zur mahnenden Stimme. Damit löst sich zuletzt die Beziehung des Daimon zur mythischen Welt – ein Vorgang, den als erster Nietzsche beschrieben hat ('Ursprung der Tragödie'), für den mit dem Einbruch des Rationalismus die urgriechische Welt gesprengt wird. (*Grassi*, Kunst und Mythos, 106)

Der Antagonismus von mythischem Urgriechentum und rationalistischem Sokratismus, von überindividuellem Mythos und subjektivistischem Intellektualismus, erschöpft allerdings nicht das Mythosproblem in der *Geburt der Tragödie*. Ins Produktive gewendet, wird in der Moderne der "eigene Daimon" zum schöpferischen Agens, wenn auch nicht im sokratischen Intellektuellen, sondern im mythenbildenden Künstler. Im grundsätzlichen hat bereits Friedrich Schlegel diese Problematik in der *Rede über die Mythologie* (1800) antizipiert. Dort ist bereits zu lesen:

> Es fehlt, behaupte ich, unsrer Poesie an einem Mittelpunkt, wie es die Mythologie für die der Alten war, und alles Wesentliche, worin die moderne Dichtkunst der antiken nachsteht, läßt sich in die Worte zusammenfassen: Wir haben keine Mythologie. Aber setze ich hinzu, wir sind nahe daran eine zu erhalten, oder vielmehr es wird Zeit, daß wir ernsthaft dazu mitwirken sollen, eine hervorzubringen. (S. 312)[54]

Sieht man davon ab, daß Schlegel erstens noch aus dem Geiste der Philosophie des deutschen Idealismus spricht und nicht im dionysischen "Leben", sondern

54 Zu Friedrich Schlegels Idee der "Mythologie" im Vergleich zu Nietzsche vgl. generell *Behler*, 'Rede über die Mythologie'. Behler konstatiert eine "tiefgreifende Übereinstimmung zwischen Schlegel und Nietzsche" in der Bedeutung des "Mythus" für die "Kultur" (S. 185). Begründet sei diese Affinität im Lebensbegriff: "Mit Nietzsches Kult des Diesseits scheint vor allem Schlegels Sicht des Lebens in seiner unendlichen Fülle und Vielheit verwandt zu sein" (S. 206). Während jedoch Schlegels Interesse der "Erneuerung des poetischen Lebens", des "Bildungswissens", der "Religion" gelte (S. 207), attackiere Nietzsche die "klassisch-romantische Bildungswelt" (S. 208).

im setzenden "Geist" das Substantielle des Schöpferischen sieht und daß er zweitens die Funktion der zu schaffenden Mythologie nicht im Herstellen einer ganz neuen Sinnstruktur, einer Schöpfung aus dem Nichts, sondern im Aufschließen der verborgenen Sinnzusammenhänge der Welt erblickt und die "schöne Mythologie" als "hieroglyphischen Ausdruck der umgebenden Natur" definiert (S. 318), so kann man feststellen, daß er im Prinzip das Nietzschesche Problem des Verhältnisses von Kunst und Mythos vorwegnimmt. Schlegel verweist auch bereits auf die Künstlichkeit der neuen Mythologie und das Universalkunstwerk: "Die neue Mythologie muß [...] aus der tiefsten Tiefe des Geistes herausgebildet werden; es muß das künstlichste aller Kunstwerke sein, denn es soll alle andern umfassen [...]" (S. 312).[55] Die künstliche Entfaltung des Mythos im Universalkunstwerk, diese für Wagner und den frühen Nietzsche so zentrale Idee, ist bereits in den ästhetischen Reflexionen Schlegels angelegt. Bei Nietzsche sind allerdings im Hinblick auf das Problem von Mythos und Kunst die verschiedenen Schaffensphasen zu berücksichtigen. Zur Zeit der *Geburt der Tragödie* erscheint das Kunstwerk noch als Medium der Lebensmächte, als Vehikel des Urwillens. Der Künstler hat zwar bereits eine überragende Bedeutung, denn nur durch ihn ist die Vermittlung der Elementarmächte möglich, aber er wird noch verstanden als Vollzugsorgan des vorsubjektiven Lebens. Zur Zeit des *Zarathustra* haben sich die Dinge zugespitzt, denn nun erscheint der Künstler als das ganz auf sich selber zurückgeworfene schöpferische Subjekt, das allein aus seiner eigenen Präpotenz schafft. Nicht mehr das große Integrationserlebnis, das Urerlebnis der Verschmelzung von Ich und Weltwillen, sondern die absolute Einsamkeit des Ich, die monologische Reduktion des Subjekts, bestimmt nun die Existenzsituation Nietzsches. Nun ist er allein mit sich selbst. In dieser Lage ist die mythopoietische Projektion der eigenen Existenzproblematik in die Kunstfigur Zarathustra geradezu eine existentielle Notwendigkeit. Nietzsche bedarf nun des Mythos, d.h. des mythenbildenden Verfahrens, um überhaupt noch eine adäquate Form der Selbstaussprache zu gewinnen. Die mythisierende Stilisierung und Erhöhung ist ein notwendiger Prozeß. Und was ist der *Zarathustra* anderes als ein Mythos, ein Kunst-Mythos? Der *Zarathustra* ist zwar eine allegorisch-chiffrenhafte Setzung des Subjekts, aber er erhebt darüber hinaus den Anspruch, eine, ja *die* fundamentale Weltaussage schlechthin zu sein, und erlangt von diesem Anspruch her mythische Dignität. Man mißversteht die Zarathustra-Gestalt, wenn man sie lediglich als mythologische Allegorie oder nur als poetisches Symbol versteht. Sie ist eine mythische Figuration, eine mythopoietische, d.h. vom schaffenden Subjekt hervorgebrachte Figuration, die als neuer Daseins- und Weltentwurf angelegt ist. Das Kernthema des *Zarathustra*, die Ablösung "Gottes" und der "Götter" durch den "Übermenschen", fordert mit ästhetischer Notwendigkeit die rhapsodisch-dithyrambische Sprache, die sich auf ein dem Menschen Übergeordnetes bezieht, freilich nicht auf einen vorgegebenen, sondern einen zu schaffenden Sinnzusammenhang. In seinem Aufsatz *Dichten heißt Rühmen* konstatiert H. Kuhn: "Ekstatisches Lob

55 Exkurs 9.

verlangt ein metaphysisches oder religiöses Bezugssystem." (*Kuhn*, Rühmen, 246). Dies trifft auch noch auf die Zarathustra-Hymnik zu, allerdings mit der entscheidenden Umwendung, daß hier das 'religiöse' Bezugssystem vom Menschen erst zu schaffen ist, in der Hervorbringung des "Übermenschen". Sofern es nicht in rhetorischer Pose erstarrt, tendiert hymnisches Dichten immer zum 'Mythos', d.h. zur Offenbarung des Ursprünglichen. Ob es sich um den christlichen Schöpfergott Klopstocks, die "Götter" Hölderlins, den "Übermenschen" Nietzsches oder den "Engel" Rilkes handelt, immer richtet sich das dichterische Rühmen auf ein Letztes, Absolutes, ein reinstes Sein, eine 'mythische' Dimension, unabhängig davon, ob sich die Rühmung, wie in der Tradition, auf einen antizipierten metaphysisch-religiösen Sinnzusammenhang oder, wie in der Moderne, auf vom Dichter selbst geschaffene Weltsymbole richtet. Dabei sind Nietzsches resp. Zarathustras Entwurf des "Übermenschen" und Rilkes Anrufung des "Engels" gleichermaßen durch eine Art Ersprechen-Wollen des Absoluten gekennzeichnet. Sowohl die Beziehung Zarathustras zum "Übermenschen" als auch das Verhältnis Rilkes zum "Engel" ist geprägt durch eine innere Spannung, die Spannung zwischen dem bestehenden Zustand und dem erstrebten Sein. In den *Duineser Elegien* heißt es zum Ende der siebenten Elegie: "Engel, und würb ich dich auch! Du kommst nicht. / Denn mein Anruf ist immer voll Hinweg [...]" Der "Engel" als der "Unfaßliche" ist ein vom Dichter geschaffenes Symbol des unendlichen Lebens, des reinsten Seins, das vom Menschen nie voll erfahrbar ist. Die Distanz zwischen Mensch und Engel ist nie völlig aufhebbar, es bleibt eine letztlich unüberbrückbare Differenz erhalten, und die höchste Möglichkeit des Menschen besteht im rühmenden Anruf selbst. Auch Zarathustra ist ein Anrufender, ein das "Leben" Rühmender und den "Übermenschen" Entwerfender. Nietzsche ist allerdings noch getragen vom Glauben an die Verwirklichungsmöglichkeit des "Übermenschen", während Rilke in der Gestalt des "Engels" alle Dinge in einen offenen, verschwebenden Bezug rückt. Wo Nietzsche noch mit apodiktischem Pathos den "Übermenschen" als konkrete Utopie verkündet, entfaltet Rilke in der offenen, fragenden Rühmung in der Gestalt des "Engels" ein vieldeutiges Sinnbild des unfaßbaren Lebens. Aber das Gemeinsame von "Übermensch" und "Engel" liegt in ihrem mythopoietischen Charakter. Beide Figurationen sind Produkte der mythenbildenden Kreativität des schaffenden Subjekts.[56]

Wenn sich somit von der *Geburt der Tragödie* bis zum *Zarathustra* eine wachsende Vereinsamung Nietzsches beobachten läßt, die im *Zarathustra* ihren Niederschlag im mythopoietischen Verfahren des "Übermensch"-Entwurfs, in der apodiktischen Sinnstiftung durch den Menschen selbst, findet, so verstärkt sich in der Folgezeit die Vereinsamung Nietzsches eher noch, werden seine Aussagen eher noch lapidarer und apodiktischer, und zuletzt erfolgt die unüberbietbare Selbststilisierung, ja Selbstmythisierung, wie sie vor allem in den Briefen der letzten Jahre, insbesondere in der Selbstidentifikation mit dem "Dionysos", zum Ausdruck gelangt. So unterschreibt Nietzsche den Brief an Jacob

56 Exkurs 10.

Burckhardt vom 4. Januar 1889 (Poststempel) mit "Dionysos", und an Cosima Wagner schreibt er Anfang 1889: "Ariadne, ich liebe Dich. Dionysos" (III, 1350). Janz hat Bedenken, "diese Dionysos-Identifikation" "leichthin mit 'Wahnsinn' abzutun. Nietzsche setzte damit ein Symbol für ein sein Leben und Denken beherrschendes Faktum, über das uns ein klares Wissen fehlt. Es bleibt nur als mahnendes Zeichen stehen." (*Janz*, Nietzsche III, 32). Wie immer es darum stehen mag, ob es sich bei den Äußerungen Nietzsches um klinischen Wahnsinn oder um eine dem psychologischen Verstehen sich wesensmäßig entziehende Seinserfahrung handelt, in jedem Fall ist es problematisch, Nietzsches 'Wahnsinn' gegen seine Philosophie und gegen seine Dichtung auszuspielen und sie *in toto* als psychiatrisches Problem zu denunzieren. Die späte "Dionysos"-Identifikation ist in der Existenz und im Denken Nietzsches lange, etwa seit der *Zarathustra*-Phase, geistig vorbereitet, denn das Motiv des 'Dionysischen' ist über viele Jahre hin ein Schlüsselmotiv Nietzsches.[57] Es ist keine Frage, daß Nietzsche in wachsendem Maße in psychischen Grenzzuständen lebte. Zweifellos prägt sich bei ihm im Laufe der achtziger Jahre eine zum Autismus, zu extremer Selbstbezogenheit, tendierende geistig-seelische Haltung aus, eine Psychodisposition, die die Gefahr der Persönlichkeitsstörung, des Realitätskontaktverlustes und der Schizophrenie latent in sich birgt. Im Sinne der Psychiatrie liegt bei Nietzsche in der Tat so etwas vor wie "autistisch-undiszipliniertes Denken" (Bleuler)[58], aber es darf nicht übersehen werden, daß die im Denken, Fühlen und Wollen Nietzsches sich zeigende extreme Ichbezogenheit erst Ende 1888/Anfang 1889 zur Geistesstörung führt. Bis zu diesem Zeitpunkt ist Nietzsches Denken zwar extrem ichbezogen, aber durchaus luzid, von hoher geistiger Klarheit, und weder in den Schriften noch in den Briefen sind bis zu jener fatalen Jahreswende Symptome von Geisteskrankheit erkennbar.[59] Nicht vergessen werden dürfen in diesem Zusammenhang zwei Aspekte, die Nietzsches Existenz und Denken in wachsendem Maße bestimmen, nämlich seine Auffassung vom Experimentalcharakter der Existenz und die totale Kommunikationslosigkeit, der er ausgesetzt war. Am 17.6.1887 schreibt er aus Sils-Maria an Franz Overbeck:

> Nach einem solchen Anrufe, wie mein Zarathustra es war, aus der innersten Seele heraus, nicht einen Laut von Antwort zu hören, nichts , nichts, immer nur die lautlose, nunmehr vertausendfachte Einsamkeit – das hat etwas über alle Begriffe Furchtbares, daran kann der Stärkste zu Grunde gehn – ach, und ich bin nicht "der Stärkste"! Mir ist seitdem zu Muthe als sei ich tödtlich verwundet, es setzt mich in Erstaunen, daß ich noch lebe. Aber es ist kein Zweifel, ich lebe noch: wer weiß, was ich noch Alles zu erleben habe! (B 8, 93 f.)

Die Einsamkeit hat Nietzsche zuletzt geistig getötet. Die Frage ist, ob diese Einsamkeit durch Kommunikation überhaupt hätte aufgehoben werden können.

---

57 Exkurs 11.

58 Dazu generell: *Bleuler*, Das autistisch-undisziplinierte Denken. – Das "autistische" resp. "dereistische" Denken "macht den Geisteskranken im Größenwahn zum Weltenherrscher" (*Bleuler*, Psychiatrie, 40).

59 Exkurs 12.

Im Brief an Köselitz vom 6.12.1885 ist bezeichnenderweise die Rede von "jenem himmlischen Abgrund der Einsamkeit des Schaffenden", "in dem Sie gelebt haben, – in dem wir leben müssen, in dem, zuletzt, wir allein *leben* können!" (B 7, 119). Dies ist die Dialektik der Einsamkeit: Sie ist Notsituation und Schöpfungssituation ineins. Im Hinblick auf das Mythos-Problem ist jedenfalls festzustellen, daß Nietzsche aus der absoluten Einsamkeit heraus ein mythopoietisches Verfahren entfaltet, das nicht nur die persönliche Einsamkeit des Schreibenden produktiv bewältigt, sondern auch perspektivenreiche Weltsymbole setzt, mit dem dezidierten Anspruch einer Neugestaltung des Menschen und der Menschheit. Es fällt im übrigen auf, daß seit dem *Zarathustra* die Bildungsidee und die Kulturidee mehr und mehr zurücktreten zugunsten der Menschheitsidee. Es geht Nietzsche nun nicht mehr nur um eine elitäre Bildungspolitik oder eine Kulturerneuerung, sondern um die Menschheitsumgestaltung, um eine anthropologische Revolutionierung, eine kopernikanische Wende in der Menschheitsgeschichte. Und gerade in dieser Hinsicht tranzendiert er letztlich die Realgeschichte ins Mythische.

5. Experimentalexistenz

Es ist die Frage, ob sich dieser Vorgang mit psychologischen oder gar psychiatrischen Kategorien erschöpfend definieren läßt. So abwegig ein unkritischer Nietzsche-Kult ist, der selbst noch die psychischen Extremzustände Nietzsches mit einer Aura des Numinosen umgibt, so fragwürdig ist es andererseits, Nietzsches Denken und Schaffen und seine großen Entwürfe auf rein klinische Kategorien zu reduzieren. Es ist im übrigen bemerkenswert, daß in der Regel Künstler die Krankheit Nietzsches in anderem Lichte sehen als Psychologen und Psychiater. Es sei nur erinnert an das Votum Thomas Manns, der in seiner Nietzsche-Rede von 1947 grundsätzlich unterscheidet zwischen der psychologisch-psychiatrischen Analyse und den für den Künstler relevanten ästhetisch-kreativen Aspekten der Krankheit Nietzsches. Er anerkennt zwar die grundsätzliche Berechtigung der psychiatrischen Betrachtungsweise und respektiert die "progressive Paralyse" konstatierende Diagnose des Mediziners Möbius (*Thomas Mann*, Nietzsche, 23)[60], aber das "Medizinisch-Pathologische" ist für ihn nur "*eine* Seite der Wahrheit, ihre naturalistische sozusagen", und die andere Seite besteht in der mit der Krankheit verknüpften Produktivität:

> Es kommt darauf an, *wer* krank ist: ein Durchschnittsdummkopf, bei welchem die Krankheit des geistigen und kulturellen Aspektes freilich entbehrt, oder ein Nietzsche, ein Dostojewski. (ebd.)

Gottfried Benn meldet allerdings Bedenken an gegen die Verquickung von Produktivität und Krankheit bei Nietzsche und hält es für problematisch, "wenn

60 Thomas Mann konstatiert, daß Möbius "die Entwicklungsgeschichte Nietzsche's als die Geschichte einer progressiven Paralyse fachmännisch darstellt. Ich habe an der Entrüstung darüber nie teilnehmen können. Der Mann sagt, auf seine Weise, die unbestreitbare Wahrheit." (ebd.)

Thomas Mann aus dieser Krankheit so viel Kapital schlagen zu können glaubt, wie er es in seinem jüngsten Vortrag über Nietzsche und im Doktor Faustus tut", und Benn fährt fort:

> Manchmal hat man den Eindruck, diese Krankheit wird in den Vordergrund gerückt, von solchen, die es vermeiden möchten, der ganzen Erscheinung und ihren Konsequenzen voll ins Auge zu sehen. (*Benn*, Nietzsche, 487)[61]

Nun hat Benn selbst wiederholt, und zwar in Anlehnung an die Forschungen Lange-Eichbaums zum Problem von Genie und Wahnsinn[62], auf den inneren Zusammenhang von 'Bionegativität' und künstlerischer Produktivität hingewiesen[63]. Insofern überrascht es, daß er sich mit dieser Verve gegen Thomas Mann wendet. Aber es kommt ihm in seiner Argumentation darauf an, das Schöpferische bei Nietzsche freizuhalten von der klinischen Psychologisierung. Und in dieser Hinsicht hat seine Kritik dennoch ihre Schlüssigkeit. Grundsätzlich stellt sich in diesem Zusammenhang die Frage nach dem Verhältnis von analytischer Psychologie und produktivem Künstlertum. Wenn beispielsweise Lange-Eichbaum in seiner "Psychologie des produktiven Denkens" das "Genie-Problem" rationalisiert und Phänomene wie das "Genie", die "Inspiration", die "Intuition" und das "Schöpferische" als höchst vage, fiktive Kategorien qualifiziert, in der "hochbegabten, schöpferischen Persönlichkeit" keine "spezifische Geniezentrale", kein "besonderes 'geniales' Kraftzentrum", "aufindig zu machen" vermag (*Lange-Eichbaum*, Genie-Problem, 67-69), so bleibt dies letztlich eine Charakterisierung *ex negativo*, die die Frage aufwirft, ob sich "Genie" bzw. exorbitante produktive Existenz überhaupt mit psychologischen Kategorien erschöpfend und definitiv erfassen läßt. Es müßte eine über die Psychologie hinausgreifende Existenzanalytik der produktiven Potenz vorgenommen werden, aber diese steht in der Forschung immer noch aus.[64] In bezug auf Nietzsche sind jedenfalls Psychologie und Psychiatrie bisher in eher vagen Ansätzen

---

61 Benn äußert sich zugleich höchst kritisch zu den medizinischen Reduktionen Nietzsches. In Anspielung auf die Lues-Diagnose Lange-Eichbaums schreibt er: "Wenn auch heute noch schriftstellernde Ärzte den ganzen Nietzsche und sein Werk nach den Stadien der Lues einteilen: Lues I, II, III, Meta-Lues und ihn damit triumphierend abgetan glauben, wirkt das äußerst ungebildet." (ebd.). Dazu: *Lange-Eichbaum*, Nietzsche, bes. 37 f.

62 Vgl. *Lange-Eichbaum*, Genie – Irrsinn und Ruhm (1. Aufl. 1928). In dieser materialreichen Pathographie wird das "Genie" in seinem psychologischen, soziologischen und historischen Kontext beschrieben, unter dem Vorzeichen des "Bionegativen". Zugleich wird der produktiv-ästhetische Aspekt des "Bionegativen" hervorgehoben. Aus der Krankheit kann Schönheit entstehen: "Die Perle wächst aus einem bionegativen Prozeß, einer Krankheit der Muschel; am Halse der schönen Frau wird dieses Krankheitsergebnis zu einem hohen ästhetischen Wert, der noch zum Dauerwert wächst, wenn ein großer Porträtmaler ihn festhält." (S. 259).

63 Exkurs 13.

64 Eine Existentialanalytik des Produktiven ist von der Wissenschaft allein kaum zu leisten, da das Sujet den Horizont der Wissenschaft offenbar übersteigt, wie nicht zuletzt die biologischen, psychoanalytischen und soziologischen Kategorisierungen des 'Genies' bezeugen. Es bedarf in dieser Frage einer neuen philosophischen Grundlagenreflexion. Man kann dem Votum Gadamers zustimmen: "Daß an einem Kunstwerk Wahrheit erfahren wird, die uns auf keinem anderen Wege erreichbar ist, macht die philosophische Bedeutung der Kunst aus, die sich gegen jedes Räsonnement behauptet. So ist neben der Erfahrung der Philosophie die Erfahrung der Kunst die eindringlichste Mahnung an das wissenschaftliche Bewußtsein, sich seine Grenzen einzugestehen." (*Gadamer*, Wahrheit und Methode, XXVI).

steckengeblieben. Häufig genug ließen sie sich sogar zu fatalen Fehlurteilen hinreißen. Wenn z.B. Lange-Eichbaum im Hinblick auf Nietzsches Inspiration der ewigen Wiederkehr im August 1881 am See von Silvaplana "ganz unzweifelhaft" einen "Krankheitszustand", eine "schizophrenieartige Paralyse", diagnostiziert (*Lange-Eichbaum*, Nietzsche, 35 u. 33), so läßt sich dies weder aus den Schriften und Briefen noch aus dem Lebensverhalten Nietzsches zu jener Zeit verifizieren, es sei denn, man versieht jeden schöpferischen Erregungszustand und jeden revolutionären philosophischen Grundgedanken mit dem Etikett 'Krankheit'. Bei dem Gedanken der ewigen Wiederkunft handelt es sich in Wahrheit um einen vom Schaffenden hervorgebrachten Mythos des 'ewigen' Lebens. Es ist auf jeden Fall höchst problematisch, in dem für die Zeit um 1880 "*sehr* hochentwickelten Selbstbewußtsein" Nietzsches bereits die Voraussetzung des "späteren echten Größenwahns", der "schwersten motorischen Erregung und maßlosen Euphorie" von 1889 zu sehen (ebd., 33) und auf diese Weise das ganze letzte Jahrzehnt Nietzsches unter das Krankheitsverdikt zu stellen. Demgegenüber ist nochmals mit Entschiedenheit festzustellen: 1) Die Geisteskrankheit bricht bei Nietzsche erst um die Jahreswende 1888/1889 aus. 2) Selbst unter der Voraussetzung einer latenten Krankheit Nietzsches müßte die Krankheit funktional gesehen werden, als Stimulans des Produktiven. Und es ist noch hinzuzufügen, daß Nietzsches Äußerungen selbst in der Krankheit nicht der sporadischen Hellsichtigkeit entbehren. Sein Abbau der abendländischen Metaphysik, seine großen Existenzentwürfe und sein mythopoietisches Verfahren implizieren zwar spezifische psychologische Prämissen, Probleme einer permanent in Grenzsituationen lebenden Existenz, aber im Kern werfen sie philosophische Fundamentalfragen und ästhetische, künstlerische Grundprobleme auf, die bis in die Gegenwart weiterwirken. Wäre Nietzsche nur ein klinischer Fall, wie wäre dann seine enorme Ausstrahlungskraft auf Zeitgenossen und Nachwelt zu erklären? Die "Selbstvernichtung" Nietzsches (Klages) (*Klages*, Nietzsche, 208-216) ist nicht nur die Folge von Hybris und Gigantomachie, sondern auch und vor allem die Konsequenz des aus den Umwälzungsideen erwachsenden übermächtigen Anspruchs, abgesehen vom Resonanzmangel und der Kommunikationslosigkeit. Es ist das "Schauspiel einer erschütternden Selbstkreuzigung" (Thomas Mann) (*Thomas Mann*, Nietzsche, 25), das Nietzsche zuletzt bietet, sei es in bewußter Inszenierung der tragischen Größe im Untergang, sei es im Überwältigtwerden durch die ihn bedrängenden Probleme.

Das Problem der 'Krankheit' bei Nietzsche ist nicht zuletzt im Zusammenhang seiner Experimentalphilosophie und Experimentalexistenz zu sehen. In der 1886 nachträglich verfaßten Vorrede zu *Menschliches, Allzumenschliches* stehen die höchst bezeichnenden Sätze:

> Von dieser krankhaften Vereinsamung, von der Wüste solcher Versuchs-Jahre ist der Weg noch weit bis zu jener ungeheuren überströmenden Sicherheit und Gesundheit, welche der Krankheit selbst nicht entrathen mag, als eines Mittels und Angelhakens der Erkenntniss, bis zu jener *reifen* Freiheit des Geistes, welche ebensosehr Selbstbeherrschung und Zucht des Herzens ist und die Wege

zu vielen und entgegengesetzten Denkweisen erlaubt – [...] (2, 17 f. – MA I, Vorrede von 1886)

Abgesehen davon, daß mit dem Hinweis auf die "krankhafte Vereinsamung" kaum Krankheit im klinischen Sinne gemeint ist, wird deutlich, daß für Nietzsche psychische Grenzzustände notwendige Voraussetzung des schöpferischen Prozesses sind. Er begreift sein Leben als Experiment, und zu diesem Experiment gehört auch die "Krankheit", als ein "Mittel", ein Mittel zur Auslösung schöpferischer Impulse, als eine Methode, eine neue Freiheit, eine neue "Gesundheit", zu erlangen. Es ist das "Zeichen der *grossen* Gesundheit", "*auf den Versuch* hin leben und sich dem Abenteuer anbieten zu dürfen" (2, 18). Es ist fraglich, ob man die "krankhafte Vereinsamung", von der Nietzsche spricht, als "Erkrankung" bezeichnen kann (*Kaulbach*, Nietzsche, 39), denn dieser Begriff weckt die Vorstellung von klinischer Krankheit. Die aber steht in diesem Kontext nicht an. "Krankheit" ist hier eher eine Bezeichnung für ein extremes Einsamkeitsgefühl. Zudem wird die "Krankheit" als eine Funktion der wahren "Gesundheit" verstanden, da sich gerade aus dem psychischen Extremzustand produktive Antriebe entfalten und der Durchgang durch die "Krankheit" zur "*grossen* Gesundheit" führt, zu einer die normale Gesundheit weit übersteigenden geistigen "Freiheit", zu einer souveränen Geisteshaltung, die von der normalen Logik dispensiert ist, im spielerischen Verfügen über konträre Denkmethoden eine Logik des Paradoxen entwickelt und damit eine neue Form der Selbstfindung verwirklicht. Die "Krankheit", nicht die "Erkrankung", "ist für den notwendig, der sich von allem lossagt und auf dem Wege der Befreiung und Freiheit zu sich selbst kommen will" (ebd.). Erst vor dem Hintergrund der Idee der Experimentalexistenz wird das Problem der Krankheit bei Nietzsche voll verständlich. Die 'Krankheit' ist ein Funktionselement in einer Versuchsanordnung. "Die Krankheit ist ein mächtiges Stimulans. Nur muß man gesund genug für das Stimulans sein." (13, 480; vgl. 6, 22 – WA und 13, 535). "Die Einsamkeit tödtet, wenn sie nicht heilt", aber "*wenn* sie heilt", macht sie "den Menschen gesünder und selbstherrlicher." "Einsamkeit erprobt am gründlichsten, mehr als irgend eine Krankheit selber, ob Einer zum *Leben* geboren und vorbestimmt ist – oder zum Tode, wie die Allermeisten." (11, 658). Nietzsches Lebensvollzug bzw. seine Lebensidee besteht aus dem Erproben bzw. dem Erproben-Wollen radikal neuer Daseinsmöglichkeiten. In seinem Denken und Schaffen setzt er die eigene Existenz immer mit aufs Spiel. Sein Denken ist gefährliches Denken, und zwar in doppeltem Sinne, denn es ist nicht nur gefährlich für die Rezipienten, sondern auch für den Denkenden selbst. Das Leben wird nicht verstanden als ein Vorgegebenes, das nach einem wie immer gearteten Schema gelebt wird, sondern als Experimentalstoff, den es ganz neu zu formen gilt, und zwar in der Weise, daß jede verwirklichte Form wiederum durchbrochen und transzendiert wird. Das aber bedeutet, daß diese Experimentalexistenz ständig in Atem gehalten ist, ein transitorisches Leben des unaufhörlichen Sich-Erprobens lebt und damit in einer permanenten Krisensituation existiert, die Nietzsche als "krankhaft" bezeichnet. Er lebt eine im ursprünglichen Wortsinne 'essayistische' Existenz. Dieser Daseinsentwurf ist getragen von einem ungeheuren existentiellen Ernst. Was dem ersten Anschein nach wie Höhenmenschsnobismus wirkt, ist in Wahrheit ein existentielles Ringen um Selbstverwirklichung. Dieser Anspruch an sich selber wird mit Pathos vorgetragen, aber es ist ein existentielles Pathos, das seine Legitimation aus einem Unbedingtheitsanspruch bezieht. Ein bezeichnendes Fragment aus der Zarathustra-Zeit lautet: "Dein Leben ein Versuch und Denkmal deines Versuchs." (10, 183). Das bedeutet ein Doppeltes: Die eigene Existenz wird aufgefaßt als Experimentalentwurf, und diese Experimentalexistenz soll paradigmatischen Charakter haben. Sie soll exemplarische, vorbildhafte Bedeutung gewinnen, ein Zeichen setzen für die Nachwelt und damit eine historische Relevanz erlangen. Leitmotivisch durchzieht die Schriften und Fragmente Nietzsches der Gedanke vom Entwurf- und Aufgabencharakter der individuellen Existenz. Dieselbe ist nur gerechtfertigt, wenn sie ein Beitrag zur schöpferischen Weiterentfaltung des Lebens ist. Dies ist für Nietzsche ein tiefernstes Problem. Die Existenz als Experiment – dies ist Nietzsches Daseinsentwurf. In einem gleichfalls der Zarathustra-Phase entstammenden Fragment drückt er dies mit dem ihm eigentümlichen Unbedingtheitspathos aus: "*Die große Probe: bist du bereit, das Leben* zu **rechtfertigen**? *Oder das Sterben für dich*?" (10, 184).[65] Nietzsche stellt den Menschen in Grenz- und Entscheidungssituationen. Er stellt ihn vor das Entweder-Oder. Was in Frage steht, ist die Rechtfertigung des Lebens durch den die eigene Existenz aufs Spiel setzenden Daseinsentwurf. Aber es ist nicht nur die Existenzgefährdung, sondern auch die Freiheitsmöglichkeit, die mit dieser existentiellen Daseinskonzeption verknüpft ist. Die Experimentalexistenz ist eine "Abenteuer"-Existenz, d.h. eine aus den schablonierten Lebensformen ausbrechende und sich ins Offene, Ungewisse, Ungeahnte entwerfende Existenz. Deshalb sind auch alle Versuche, Nietzsche in ein System zu zwängen, so problematisch. Jeder Nietzsche-Interpret ist so etwas wie ein Löwenbändiger oder Schlangenzähmer, da er versuchen muß, die das Denken und Schaffen Nietzsches bestimmenden Grundmotive herauszustellen. Aber er muß sich davor hüten, die 'essayistische' Mobilität des Nietzscheschen Denkens (und Existierens) in das Prokrustesbett eines starren Systems zu zwingen. In seinem Nietzsche-Essay bezeichnet Stefan Zweig zu Recht Nietzsche als "verwegenen Spieler" (*Zweig*, Nietzsche, 246), verweist auf "jene maßlose Freiheit, die der Freieste gegen alles, also auch gegen sich selber fühlt", und warnt vor den "Fachmenschen", die "gerne den 'Prinzen Vogelfrei' wieder in ein System eingittern" möchten, "in eine Lehre, eine Religion, in eine Botschaft":

> Ein Definitives, ein Unwidersprochenes möchten sie dem Wehrlosen aufzwingen und den Nomadischen (nun, da er die Welt des Geistes, die unendliche, erobert) festbannen in ein Haus, das er niemals hatte und niemals ersehnte. / Aber Nietzsche ist nicht zu bannen in eine Lehre, nicht festzunageln an eine Überzeugung [...] (ebd., 244)

65 Exkurs 14.

Nun, das mag ein wenig überpointiert sein, denn immerhin verkündet Nietzsche, und zwar mit apodiktischer Gebärde, bestimmte, zentrale philosophische Grundgedanken. Bestimmte, seine Schriften wie Leitmotive durchziehende Motive lassen sich durchaus zu einem einheitlichen Gedankenzusammenhang ordnen. Aber Nietzsche ist bestrebt, die Offenheit und Freiheit des Denkens zu erhalten, nicht zuletzt durch die für ihn so charakteristischen Paradoxien. Er hat dies unmißverständlich formuliert: "Dieses Ich ist noch am besten bewiesen, dieses Ich, das sich selber widerspricht." (10, 185). Allein schon durch die Technik der Paradoxie verhindert Nietzsche ein Erstarren seiner Denkmobilität im 'System'. Auch geht er von der (anti-ontologischen) Grundüberzeugung aus, daß Aussagen über ein Sein an sich unmöglich sind: "Wahrlich die Welt ist gut verborgen vor den M<enschen>. Der Bauch des Seins wird nie zu den M<enschen> reden!" (ebd.). Experimentalexistenz, Paradoxie und Anti-Ontologismus entziehen Nietzsches Denken der starren Festlegung in einem 'System'.

Dieses Denken lebt von der Spannung zwischen Wirklichkeit und Möglichkeit, zwischen der gegebenen und der zu schaffenden Welt, zwischen Realität und Utopie. Nietzsche vibriert vor Unruhe, begnügt sich nie mit einem einmal erreichten Zustand und entwirft ständig realitätstranszendierende Möglichkeiten des Menschen und der Welt. Diese Möglichkeiten werden allerdings nicht exakt beschrieben oder definiert, bleiben eigentümlich inhaltsleer bzw. lassen sich von den Nietzsche-Rezipienten inhaltlich ganz verschiedenartig auffüllen und eröffnen der 'Phantasie' der Leser einen weiten, vielleicht zu weiten Spielraum. Schon 1899 trägt Robert Musil in sein Tagebuch die kluge Bemerkung ein: "Mir kommt er vor wie jemand der hundert neue Möglichkeiten erschlossen hat und keine ausgeführt." (*Musil*, Tagebücher, 50). Und drei Jahre später notiert er im Tagebuch:

> Das Charakteristische liegt darin, daß er sagt: dies könnte so sein und jenes so. Und darauf könnte man dies und darauf jenes bauen. / Kurz: er spricht von lauter Möglichkeiten, lauter Kombinationen, ohne eine einzige uns wirklich ausgeführt zu zeigen. / Daß man aber nur dann denn Werth einer Idee beurtheilen kann, ja überhaupt dann erst sieht, mit wem man es zu thun hat, ist klar. / Es ist nichts Lebendiges in dieser Art – das Gehirn phantasirt. (ebd., 19)

In Musils Nietzsche-Notizen mischen sich zutreffende und fragwürdige Hinweise. Abgesehen davon, daß die so dezidierte Akzentuierung des Möglichkeitsbereichs eine Projektion der spezifisch Musilschen Problematik auf das Denken Nietzsches ist, ist es im Prinzip zutreffend, daß Nietzsche die vorgegebene Wirklichkeit ständig auf neue Möglichkeiten hin zu transzendieren versucht. In zwei Punkten sind aber Einwände gegen die Musilsche Charakterisierung zu erheben. Zunächst ist klarzustellen, daß Nietzsche nicht *nur* Möglichkeiten entwirft, sondern auch Analysen der Wirklichkeit vorlegt, vor allem in seiner Enthüllungspsychologie und Kulturkritik. Nietzsche spricht nicht nur von einem vagen Möglichkeitsbereich, sondern fällt auch immer wieder apodiktische Urteile über die bestehende Welt. Er ist nicht nur ein Utopist des Möglichen, sondern auch ein Kritiker des Bestehenden. Sodann ist es höchst problematisch, das Denken Nietzsches als unlebendiges Phantasieren zu qualifizieren. Musil konstruiert einen kaum haltbaren Gegensatz zwischen Leben und Bewußtsein bei Nietzsche. Er übersieht, daß bei Nietzsche das Denken eine Funktion des Lebens ist, daß es lebenssteigernde Wirkung ausüben soll, daß Gehirn, Bewußtsein und Geist für Nietzsche organhafte Instrumente des Lebens sind. Es wäre zudem die Frage, an welchem Begriff von Lebendigkeit Musil seine Kritik an der angeblichen Bewußtseinsimmanenz der Nietzscheschen Projektionen festmacht. Freilich, Goethesche Lebensfülle hat Nietzsche nicht zu bieten. Dazu ist sein Denken und Schaffen zu sehr durch Monolog und Utopie geprägt. Das in diesem Zusammenhang anstehende Problem ist die für die Moderne so symptomatische Entfremdung von 'Geist' und 'Wirklichkeit', die Auflösung einer antizipierten Sinneinheit der Welt, die neue, produktive Daseinsentwürfe fordernde 'Nihilismus'-Situation. Der Verlust der ursprünglichen Einheit von 'Geist' und 'Natur' ist das Stigma der Moderne. Gottfried Benn konstatiert: "Es gibt nur den Einsamen und seine Bilder, seit kein Manitu mehr zum Clan erlöst." (*Benn*, Zur Problematik des Dichterischen, 82). Benn reduziert zwar das Denken Nietzsches nicht auf bloße Gehirnphantasien und verweist auf die für die moderne Subjektivität charakteristische Entzweiung von 'Geist' und 'Wirklichkeit', aber auch er sieht Nietzsche in die Bewußtseinsimmanenz verstrickt: "er erlebte in der Tat nur sein Denken" (*Benn*, Nietzsche, 491). Benn betont die Diskrepanz zwischen äußerer Realität und innerem Erlebnis bei Nietzsche: "Die Räusche, die Träume wirklich in ihm, aber, sagen wir heute, nur in ihm, denn kein Außerhalb der Räusche und der Träume." (*Benn*, Züchtung II, 298). Benn sieht in Nietzsche eine Spannung von Realität und Irrealität wirksam, wenn er feststellt, Nietzsche habe über "Bedürfnisse" geschrieben, "die wir nicht aus der Wirklichkeit befriedigen können (also aus der Unwirklichkeit befriedigen müssen)" (*Benn*, Phänotyp, 169). Im Prinzip reduzieren sowohl Musil als auch Benn Nietzsches 'Erlebnisse', seine Daseins- und Weltentwürfe, auf Bewußtseinsimmanenz und Monolog. Dennoch sehen diese beiden prominenten Nietzsche-Rezipienten in diesem ihrer Meinung nach rein monologischen Denken auch realitätsbezogene Elemente angelegt. Musil schreibt: "Nietzsche ist wie ein Park, der Benutzung des Publikums übergeben – aber es geht niemand hinein!" (*Musil*, Tagebücher, 50). Damit aber konzediert Musil die mögliche intersubjektive Verbindlichkeit und potentielle Anwendbarkeit der Nietzscheschen Ideen und desavouiert so die eigene Behauptung von der bloßen Phantasietätigkeit Nietzsches. Und was Benn betrifft, so hat er zu häufig auf die Wirkungsintentionen Nietzsches, die pädagogisch-prophetischen Zukunftsperspektiven und den 'Biologismus', den "Züchtungsoptimismus" (*Benn*, Weinhaus Wolf, 147), Nietzsches verwiesen, als daß sich Nietzsche für ihn im bloßen Monologismus erschöpft hätte. Festzuhalten ist Benns Gedanke des "Provozierten Lebens", d.h. eines durch primitive, magische Rituale oder manipulierte, künstliche Stimulantia erzeugten "Lebens" (vgl. *Benn*, Provoziertes Leben). Wenn er es als das "anthropologische Gesetz" der modernen Existenz bezeichnet, "eine antinaturalistische Natur zur Geltung zu bringen, eine Wirklichkeit aus Hirnrinde zu erschaffen, ein provoziertes Leben aus Traum und Reiz und Stoff in Ansätzen und Vollendung zu erleben" (*Benn*, Vorwort zu *Ausdruckswelt*, 404)[66], dann zeigt er damit an, daß Monologismus und "Leben" sich nicht *per se* ausschließen, sondern gerade im Einsamkeitserlebnis "Leben" erlebt werden kann, und zwar in gesteigerter Form. Die Formel "Wirklichkeit aus Hirnrinde" *qua* "provoziertes Leben" kann auch auf Nietzsche angewendet werden, freilich mit der charakteristischen Einschränkung, daß Nietzsche künstliche Stimulantia, etwa die Droge, als *décadence*-Surrogat abgelehnt hätte. Das "Leben" wird in die Immanenz des erlebenden Bewußtseins zurückgenommen. Benns Formel vom "provozierten Leben" und Nietzsches Gedanke von der Kunst als "Stimulans des Lebens" berühren sich in der Vorstellung, daß die kreative Subjektivität "Leben" hervorzubringen vermag. Dieses "Leben" ist die höchste Steigerung des Lebens. Benns "Ptolemäer" sieht im Akt der Wortmontagen die höchste Steigerung des "Lebens":

> Gesteigertes, provoziertes Leben – [...] Das war eine Fontäne von notierten Sachen, studierten Einzelheiten, und dann schleuderte ich sie hin. Das war Leben! (*Benn*, Ptolemäer, 247 [= *Benn*, Doppelleben, 141])

Dies entspricht im Grundzug der Nietzscheschen Idee von der Kunst als dem "Stimulans des Lebens". Man kann grundsätzlich feststellen, daß Nietzsches 'Subjektivismus' keine exzentrische, anomale Verhaltensweise darstellt, sondern weitgehend der Existenzsituation und Bewußtseinslage der modernen Subjektivität entspricht. Bei Nietzsche ist diese Situation allerdings auf einen äußersten, unüberbietbaren Punkt zugespitzt, und von ihm sind historische Signalwirkungen bis in die Gegenwart ausgegangen.

Nietzsche selbst hat die Einsamkeit des Schaffenden immer als Partizipation am dionysischen Leben verstanden. Aber er war letztlich ein hochreflektierter Denker, dem die 'naive' Identifikation mit der Natur unmöglich und der immer auf der 'sentimentalischen' Suche nach der Natur war. Er hat zwar die große Symbiose des 'Dionysischen' und 'Apollinischen' verkündet, aber seine eigene Existenz ist wesentlich geprägt durch die Spannung von dionysischer Identität und apollinischer Distanz. Er war ein zu 'sentimentalischer' Denker, als daß ihm die 'naive', ungebrochene Identität mit der Natur, mit den Lebensmächten, wirklich möglich gewesen wäre. Aber sein ganzes Denken und Schaffen ist darauf angelegt, diese Identität wieder herzustellen, freilich im Durchgang durch das artifizielle Bewußtsein. Schon in der *Geburt der Tragödie* ist ein triadisches Schema erkennbar. Auf die ursprüngliche, verlorengegangene Phase der dionysischen Identität ist die die Gegenwart kennzeichnende Phase des sokratischen Rationalismus, des unkünstlerischen Intellektualismus gefolgt, und auf diese Phase soll eine Phase folgen, in der sich Kunst und Intellektualität in neuer Synthese vereinigen. Nietzsche stellt die Frage:

---

66 Es geht um "*eine Wirklichkeit rein aus Gehirnrinde*" (Provoziertes Leben, 334). "*Existenz heißt Nervenexistenz*, das heißt Reizbarkeit, Zucht, enormes Tatsachenwissen, Kunst. Leiden heißt am Bewußtsein leiden, nicht an Todesfällen. Arbeiten heißt Steigerung zu geistigen Formen. Mit einem Wort: *Leben heißt provoziertes Leben.*" (ebd., 341; vgl. Drei alte Männer, 404).

> Hier nun klopfen wir, bewegten Gemüthes, an die Pforten der Gegenwart und Zukunft: wird jenes "Umschlagen" zu immer neuen Configurationen des Genius und gerade des *musiktreibenden Sokrates* führen? (1, 102 – GT)

Die "kunstmörderische Tendenz des Sokrates" (1, 112 – GT) soll umschlagen in ein künstlerisches Verhalten des Sokrates. Auf diese Weise soll der "Kampf zwischen *der theoretischen* und *der tragischen Weltbetrachtung*" in einer produktiven Versöhnung der Gegensätze aufgehoben werden, in einer "Culturform", für die Nietzsche das "Symbol *des musiktreibenden Sokrates*" setzt (1, 111 – GT). Dieser dialektische Dreischritt, mit dem der frühe Nietzsche den Antagonismus von dionysischem Identitätsverlangen und theoretischem Weltverhalten synthetisch aufzulösen versucht, prägt im Grunde auch sein späteres Denken und Schaffen. Nietzsche selbst war ein "musiktreibender Sokrates". Er war ein Denker und Dichter, in dem sich das 'Dionysische' und das 'Sentimentalische' vereinigten. Elementare Lebensunmittelbarkeit und differenzierte Geistigkeit mischten sich in ihm zu einer unverwechselbaren Symbiose. Er war ein dionysischer Sokratiker bzw. ein sokratischer 'Dionysos'. Nietzsches Verhältnis zu Sokrates bzw. zum Sokratismus ist nicht von eindeutig negativer Art, sondern es zeigt sich eine eher ambivalente Beziehung, denn Nietzsche kritisiert zwar den unkünstlerischen Sokratismus, aber in der Verbindung mit der Kunst ist Sokrates im Gegenteil sogar ein "Ideal" (*Kaufmann*, Nietzsche, 460).[67] Der "musiktreibende Sokrates" – dies ist Nietzsches 'Ideal', das Ideal des wissenden Künstlers, das im übrigen verdeutlicht, daß für Nietzsche nicht der *bewußtlose*, sondern der *geistige* Rausch das 'Dionysische' ausmacht. Zarathustra läßt sich nicht in den Rausch des Unbewußten versinken, sondern schafft aus höchster geistiger Intensität. Er entspricht dem Ideal des "musiktreibenden Sokrates." Einerseits ist er der Ekstatiker, der von sich sagt: "jetzt tanzt ein Gott durch mich." (4, 50 – Za). Andererseits sagt Nietzsche von seinem *opus maximum*: "Es giebt nichts Ernsteres von mir und auch nichts Heitereres"(B 6, 321 – 1.2.83 – an Köselitz). Es ist "bei weitem das Ernsteste und *auch* Heiterste meiner Erzeugnisse" (B 6, 327 – 13.2.83 – an E. Schmeitzner). Heiterkeit aber ist Ausdruck von Freiheit, von geistiger Freiheit. Und diese Freiheit gibt Zarathustra auch gegenüber dem Anspruch des 'Dionysischen' nicht auf, ja, das 'Dionysische' erfüllt sich für ihn erst in dieser höchsten geistigen Freiheit. Einerseits ist Zarathustra der "dionysische Unhold" (1, 22 – GT [VS]); andererseits heißt es unmißverständlich: "ein *Wissender!* / ein *Selbsterkenner!* / der *weise* Zarathustra!" (6, 391 – DD, Zwischen Raubvögeln). In Zarathustra vereinigen sich Rausch und Weisheit zu einer unlöslichen Symbiose.[68]

---

67 Zu Nietzsches Sokratesbild vgl. generell *Kaufmann*, Nietzsche, 455-478; *J. Schmidt*, Nietzsche und Sokrates; *G. Schmidt*, Nietzsche und Sokrates.

68 Bei Goethe ist der Weise derjenige, der die Extreme vermeidet und eine maßvolle Haltung einnimmt: "denn der Philosoph, der sich in die Mitte stellt, muß alles Höhere zu sich herab, alles Niedere zu sich herauf ziehen, und nur in diesem Mittelzustand verdient er den Namen des Weisen." (Wilhelm Meister, HA VIII, 156). Goethe trennt noch die Funktionen des Weisen und des Mächtigen. Im *Westöstlichen Divan* heißt es:

> Schaue dann umher nach Weisen
> Und nach Mächtigen, die befehlen;

Erst aus dieser Verbindung von Rausch und Wissen, Tanz und Denken, Ekstase und Lehren erwächst die Schaffenskraft, das mythopoietische Vermögen, Zarathustras. Um es noch einmal klar herauszustellen: Nietzsche hat, vor allem im *Zarathustra*, weder einen originären Mythos poetisch dargestellt noch eine Entmythisierung der Lebensmächte betrieben, sondern einen Kunst-Mythos, einen selbstgedichteten Mythos, entfaltet, aus der freien Verfügungsgewalt des schaffenden Subjekts über die Welt. Festzuhalten ist, "daß es für Nietzsche wesentlich zur Kunst gehört, Darstellung eines Mythos zu sein", sofern der "Mythos" "nicht nur eine Erzählung, sondern eine Kunde" ist, "die eine höhere Wahrheit enthüllt" (*Diem*, Nietzsche, 22 u. 25). Definiert man "Mythos" aber als den "Bezug des Menschen auf die Götter und zu den Göttern" als dem "Sinnbild einer höheren Art von Sein" (ebd., 25), ist im Hinblick auf Nietzsche, zumindest den Nietzsche seit der Zarathustra-Zeit, die entscheidende Einschränkung zu machen, daß bei ihm die übergeordnete Instanz der "Götter" aufgelöst wird zugunsten des vom Menschen selbst hervorzubringenden "Übermenschen". Im *Zarathustra* heißt es apodiktisch: "*Todt sind alle Götter: nun wollen wir, dass der Übermensch lebe.*" (4, 102 – Za). Und an anderer Stelle: "Des Übermenschen Schönheit kam zu mir als Schatten. Ach, meine Brüder! Was gehen mich noch – die Götter an! –" (4, 112 – Za). Es ist zu betonen, daß bei Nietzsche die Negation der "Götter" nicht nur im Schwund der traditionellen Metaphysik, sondern auch und vor allem im Willen zur absoluten Selbständigkeit begründet ist: "Hinweg von Gott und Göttern lockte mich dieser Wille; was wäre denn zu schaffen, wenn Götter – da wären!" (4, 111 – Za). Zarathustras Argumentation ist von verblüffender Evidenz: "*wenn* es Götter gäbe, wie hielte ich's aus, kein Gott zu sein! *Also* giebt es keine Götter." (4, 110 – Za). Nietzsches mythische Entwürfe sind künstliche Entwürfe, sein Mythos ist ein Kunst-Mythos, der "Übermensch" ist eine mythopoietische Konstruktion. Dieser Kunst-Mythos erscheint bei Nietzsche als die höchste Ausdrucksform des schöpferischen Lebens. Es handelt sich nicht um eine bloße "Literarisierung der Mythen" (so *Pfotenhauer*, Physiologie, 169-218), nicht nur um die literarische Umsetzung mythischer Vorbilder, sondern es geht, in einem tieferen, existentiellen Sinne, um die Hervorbringung eines neuen Mythos, des Mythos vom "Übermenschen", durch die Kunst. Nietzsche hat eine ausgesprochene Aversion gegen die Betonung der Literarizität des *Zarathustra* und verwahrt sich dagegen, mit diesem Werk "nun gar noch unter die 'Litteraten' und 'Schriftstel-

---

Jene werden unterweisen,
Diese Tat und Kräfte stählen. (HA II, 37)

Bei Nietzsche ist der Weise selbst der Mächtige. Der 'weise' Zarathustra ist ein Imperator. Bei Nietzsche bilden 'Weisheit' und 'Wille zur Macht' eine Einheit. "'*Weisheit*' als Versuch", "den 'Willen zur Macht'" zu tilgen, ist ein "lebensfeindliches" "Prinzip" (III, 862). Bei Nietzsche ist der Weise das exzentrische Genie, das jedes Maß sprengt und sich zu höchsten Höhen aufschwingt. Ist bei Goethe die Weisheit mit dem Humanum, so ist sie bei Nietzsche mit dem Machtwillen verbunden. Ist bei Goethe der Weise ein Weiser des Maßes, so wird er bei Nietzsche zu einem Weisen des Maßlosen. Zarathustras Weisheitssprüche wirken nicht beruhigend, sondern gefährlich. Zarathustras "Weisheit" ist eine explosive Weisheit: "Diesen Menschen von Heute will ich nicht *Licht* sein, nicht Licht heissen. *Die* – will ich blenden: Blitz meiner Weisheit! Stich ihnen die Augen aus!" (4, 360 – Za; vgl. 11, 375).

ler' " zu geraten (B 6, 360 – 17.4.83 – an Köselitz). Ihn "ekelt davor, daß Z<arathustra> als Unterhaltungs-Buch in die Welt tritt" und er "zu den 'Belletristen' geworfen" werde (B 6, 359 – 6.4.83 – an Köselitz). Nietzsches Anspruch reicht weit über 'Literatur' und Literatentum hinaus. Gelegentlich allerdings, in selbstskeptischen Anwandlungen, stellt er sich die Frage, ob er nicht doch nur 'Literatur' produziert habe. Im Februar 1887 stellt er in der Rückschau auf sein Œuvre mit bissiger Selbstironie fest, "in den letzten 15 Jahren eine ganze Litteratur auf die Beine gestellt" zu haben, und konstatiert, "daß ich sie als *losgelöst* von mir betrachte, – daß ich darüber lachen kann, wie ich im Grunde über alles Litteratur-Machen lache" (B 8, 29 – 23.2.87 – an Overbeck). Solche selbstkritischen Bezweiflungen des eigenen Werkes gehören zur Dialektik von Wahrheit und Lüge im Kunstdenken Nietzsches. Das eigene Werk kann zum Gegenstand der Kritik werden, und dann wird es als 'Literatur' abqualifiziert. Dies ist allerdings nicht typisch für Nietzsches Selbstwertung. In der Regel neigt er zur pathetischen Überhöhung des eigenen Werkes zum Nonplusultra des Produktiven schlechthin. Und da reicht die Kategorie 'Literatur' nicht aus. Nietzsche versteht sich nicht als 'Literatur'-Produzent. "Litteratur-Machen" ist ihm ein Greuel. 'Literatur' ist für ihn letztlich eine Dimension des Unschöpferischen. 'Literatur' kann belehren und erfreuen, aber sie vermag nicht, ein neues Bild vom Menschen zu erstellen und einen neuen Daseinsentwurf zu ermöglichen. Deshalb geht es im *Zarathustra* auch nicht um die Literarizität von Mythen, sondern um einen Nihilismus und *décadence* überwindenden mythopoietischen Entwurf einer neuen Daseinsform.[69]

Dieser Kunst-Mythos ist bei Nietzsche der höchste Ausdruck der Freiheit des Menschen. Diese Freiheit wird bis zu jenem extremen Punkt getrieben, an dem sie sich zu überschlagen droht. Diesbezüglich ist immer wieder Kritik am *Zarathustra* und am "Übermensch"-Ideal geübt worden. Demgegenüber hat man die Irreversibilität dieser Freiheitskonzeption betont. So meint W. Bröcker:

> Es ist kein Wunder, daß Stimmen laut werden, die verkünden, der Weg der Selbstbefreiung des Menschen sei ein Irrweg, es sei Zeit umzukehren, zurückzukehren in die alten Bindungen, die der Mensch verlassen hat. / Dies aber ist unmöglich, denn die Freiheit ist ihrem Wesen nach unvergeßlich. Wenn das Göttliche wiederkehren soll, so muß es für die Freiheit kommen. (*Bröcker*, Nietzsche, 177)

Die Freiheit ist demzufolge irreversibel. Es wäre verfehlt, die Tradition gegen Nietzsche auszuspielen, sondern es käme darauf an, sich die durch Nietzsche erfolgte historische Wende zu vergegenwärtigen und, im Durchgang durch Nietzsche, eine neue Einheit von "Freiheit" und "Göttlichem" zu erfahren. Für Nietzsche war diese Einheit immer das Ziel seines Denkens und Schaffens. Dabei kann diese Einheit sowohl durch den Weltwillen als auch durch den Schaffenden erwirkt werden.

---

69 Exkurs 15.

IV. Universelles Leben und schaffendes Subjekt

Zur Zeit der *Geburt der Tragödie* erstrebt Nietzsche die 'dionysische' Partizipation am Weltwillen; später, zur Zeit des *Zarathustra*, ist das 'Dionysische' ganz im eigenschöpferischen Subjekt konzentriert. Beim frühen Nietzsche ist der Künstler noch stärker das Vollzugsorgan des Dionysos. "Der dionysische Künstler ist wie ein Teil des Gottes, der die Welt als ein ästhetisches Phänomen geschaffen hat, um sich von seinen inneren Widersprüchen und Spannungen zu befreien." (*Rosteutscher*, Dionysos, 139). Später rekurriert Nietzsche ganz auf das schaffende Subjekt, und zwar in der Weise, daß dasselbe überhaupt erst das "Große" hervorbringt: "Wer das Große nicht mehr in Gott findet, findet es überhaupt nicht *vor* und muß es entweder leugnen oder – schaffen (schaffenhelfen)." (B 6, 242 – 8./24.8.82 – an Lou von Salomé). Zur Zeit des *Zarathustra* und in der Folgezeit ist das Absolute für Nietzsche nicht mehr ein Aufzufindendes, sondern ein zu Schaffendes.

Das Verhältnis von universellem Leben und schaffendem Subjekt ist ein Kernproblem Nietzsches. Es ist ein komplexes, facettenreiches Problem, das alle seine Schriften durchzieht und spezifische Akzentuierungen erkennen läßt. Dies wird bereits deutlich in der Doppelsinnigkeit des Begriffs "Wille zur Macht", denn der "Wille zur Macht" kann sowohl als universelles Lebensprinzip, als die Seinsbestimmung schlechthin, wie auch als individuelle Lebensbestimmung, als die Bestimmung des Einzelseienden, verstanden werden. W. Müller-Lauter ist der Auffassung, man dürfe den "Willen zur Macht" überhaupt nur als Bestimmung des Einzelseienden deuten. In Abgrenzung gegen die bisherige Nietzsche-Interpretation, die den "Willen zur Macht" in der Regel als das "metaphysisch Gründende" verstanden habe (*Müller-Lauter*, Wille zur Macht, 12), ist für ihn der "Wille zur Macht" eine bloße Abstraktion und existiert "Wille zur Macht" nur in der Vielzahl des Einzelseienden. Er argumentiert:

> Da *die* Welt nicht ein *organisiertes* Ganzes ist, so gibt es auch nicht *den* Willen zur Macht als das diese konstituierende ens metaphysicum. Es existieren nur Vielheiten von Willen zur Macht, *der* Wille zur Macht existiert nicht. (ebd., 32)

Es ist die Frage, ob es sich hier um ein Entweder-oder oder nicht vielmehr um ein Sowohl-als-auch handelt. Immerhin ist zu berücksichtigen, daß der frühe Nietzsche in der Adaption des Schopenhauerschen Weltwillens den Willen als metaphysischen Weltgrund kennt. Und dies wirkt durchaus auch noch in dem späteren Begriff des "Willens zur Macht" weiter. Wenn bei Nietzsche der "Wille zur Macht" definiert wird als "der unerschöpfte zeugende Lebens-Wille" (4, 147 – Za), als "Princip des Lebens" (6, 51 – WA) und als der "*eine* Wille, der allem Geschehen inhäriert" (III, 679), dann schwingt in diesen Bestimmungen durchaus die Vorstellung des "Willens zur Macht" als eines universellen, metaphysischen Prinzips mit. Besonders die Idee des "*einen* Willens" signalisiert, daß für Nietzsche der "Wille zur Macht" eine einheitliche Kraft ist. Der "Wille zur Macht" manifestiert sich nicht nur im Partikularen des Einzelseienden, sondern er ist darüber hinaus die allem Einzelseienden vorausliegende metaphysische Totalität. Nietzsche hat diesen Unterschied allerdings nicht eigens reflektiert. Der Begriff des "Willens zur Macht" verweist, wie die Begriffe des "Lebens" und des "Dionysischen", nicht nur auf das (konkrete) Einzelseiende, sondern impliziert durchaus auch ein (metaphysisch) Allgemeinseiendes. Es gibt jedenfalls keine Belege für eine nominalistische Auffassung des "Willens zur Macht", d.h. für die Anschauung, daß dieser Begriff als Bezeichnung eines Allgemeinen keine Realgeltung habe. Offenbar setzt Nietzsche bei den Begriffen "der Wille zur Macht", "das Leben" und "das Dionysische" wie selbstverständlich beides voraus: die universelle, metaphysische und die individuelle, empirische Bedeutung. Besonders deutlich wird dies am Begriff des "Dionysischen". Das "Dionysische" ist, vor allem in der *Geburt der Tragödie*, der universelle Weltwille, der metaphysische Weltgrund; zugleich kann das "Dionysische" auf das Einzelsubjekt bezogen werden, so z.B. in *Ecce homo*, wo Nietzsche von "meiner dionysischen Natur" spricht (6, 366 – EH). Das Problem des Verhältnisses von Universellem und Individuellem liegt nicht in einer ontologischen Differenz, die das Universelle nominalistisch entsubstanzialisiert, sondern in einer fortschreitenden Akzentverlagerung vom universellen Leben zum schaffenden Subjekt.

Es zeigt sich bei Nietzsche die progressive Tendenz, das Einzelsubjekt in den Mittelpunkt seiner Reflexionen zu rücken. Schon früh macht er nicht nur den universellen Kunsttrieb der Natur, sondern auch (und vor allem) den speziellen Kunsttrieb des Künstlers zum Gegenstand seiner Überlegungen. Und es ist nicht nur speziell der Künstler, sondern auch das große Individuum überhaupt, insbesondere der geschichtlich Handelnde, was ihn intensiv beschäftigt. Er hat zwar den Künstler nie vom Leben als einem universellen, metaphysischen Prinzip gelöst, aber er gelangt doch, in wachsendem Maße, zu einer stärkeren Akzentuierung der schöpferischen Tätigkeit des 'großen' Menschen, insbesondere der speziellen Tätigkeit und Existenzsituation des schaffenden Künstlers. Bei allem Bestreben, die Kunst und den Künstler im metaphysischen Prinzip des Lebens, der dem Subjekt vorgeschalteten universellen Schöpfungskraft des Weltwillens, zu verankern, konzentriert sich Nietzsche doch mehr und mehr auf das schaffende Subjekt. In diesem Zusammenhang ist hervorzuheben, daß diese Tendenz im Prinzip schon beim jungen Nietzsche zu beobachten ist. Seit seinen Anfängen drehen sich Nietzsches Gedanken um das Problem des Großen, des Erhabenen, des großen schöpferischen Menschen. Diesem Ideal können nicht nur Künstler, sondern auch Philosophen, Wissenschaftler und Heilige sowie Politiker, Feldherrn und Staatsmänner entsprechen. Von frühester Jugend bis zum Ende ist Nietzsche getragen von einem idealistischen Pathos des Aufschwungs zum Erhabenen, unabhängig davon, ob sich das Erhabene, wie in der Jugend, in "Gott" oder, wie später, im "Dionysischen", im "Leben" oder im "Künstler" selbst manifestiert. Der Schüler Nietzsche ist noch ganz geprägt von einem religiös-christlichen Weltbild. Mitte Februar 1859 schreibt der Vierzehnjährige an den Freund Wilhelm Pinder: "Mein Herz wallte über von heiligen Empfindungen; ich wurde empor gehoben zu Gott in stillem Gebet und tiefe

Ruhe kam über mein Gemüth." (B 1, 50). Der Sechzehnjährige lehnt in einem Brief an die Freunde Gustav Krug und Wilhelm Pinder die (weltliche) Oper zugunsten des (religiösen) Oratoriums ab: "An und für sich ist schon das Oratorium großartig einfacher, ja so muß es als erhebende und zwar streng religiös erhebende Musik sein. [...] Auch ist der Stoff unendlich einfacher und erhabener [...]" (B 1, 137 – 14.1.61). Will man Nietzsches späteres Pathos des "Lebens" voll verstehen, muß man diesen seinen religiösen Ausgangspunkt beachten. Nietzsches Glorifikation des "Lebens" ist nicht *nur* die Konsequenz seiner Fundamentalkritik der christlich-platonischen Weltauslegung, sondern auch (und nicht zuletzt) eine Art Säkularisierung des christlichen Gottesbegriffs. Hier waltet ein elementares Verehrungsbedürfnis. Aus dem Schwinden der christlichen Glaubensinhalte ergibt sich eine Leerstelle, die dann inhaltlich mit dem "Dionysos", dem "Leben", dem "Schaffenden" neu gefüllt wird. Die Verehrungshaltung als solche bleibt erhalten. Schon früh wird der Gedanke der Eigenverantwortlichkeit des Menschen zu einem Zentralmotiv Nietzsches. Der Siebzehnjährige schreibt, an die gleichen Adressaten, daß die "christliche Anschauungsweise" den "Weltschmerz" hervorbringe, und weiter heißt es: "Es ist nichts als ein Verzagen an eigner Kraft, ein Vorwand der Schwäche, sich mit Entschiedenheit selbst sein Loos zu schaffen." (B 1, 201 – 27.4.62). Aufschlußreich ist die Deutung der Menschwerdung Christi:

> Daß Gott Mensch geworden ist, weist nur darauf hin, daß der Mensch nicht im Unendlichen seine Seligkeit suchen soll, sondern auf der Erde seinen Himmel gründe; der Wahn einer überirdischen Welt hatte die Menschengeister in eine falsche Stellung zu der irdischen Welt gebracht: er war das Erzeugniß einer Kindheit der Völker. (ebd., 202)[70]

Feuerbachs "Aufhebung des 'theologischen Wesens' der Religion in ihr wahres, anthropologisches Wesen" (*Löwith*, Feuerbach, 527)[71] findet sich hier beim

70 Anfang der sechziger Jahre ist der junge Nietzsche, aufgewachsen im deutschen Pfarrhaus, noch geprägt vom lutherischen Glauben und protestantischer Frömmigkeit. Vgl. den Bericht des einstigen Schulfreundes Paul Deussen über die "gemeinsame Konfirmation" Ostern 1861 in Schulpforta (*Deussen*, Nietzsche, 4). Manchmal klingt beim jungen Nietzsche jener Jahre eine Art von pietistischer Frömmigkeit an, eine Gefühlsfrömmigkeit, die ihre Kraft aus dem 'Gemüt' und dem 'Herzen' bezieht (vgl. z.B. B 1, 202 – 27.4.62). Daß Nietzsche aber zugleich vom "Wahn einer überirdischen Welt" spricht (ebd.), ist bereits ein erstes Anzeichen der späteren Kritik an der Zweiweltentheorie.

71 Nietzsche äußert sich vergleichsweise selten zu Feuerbach. Einerseits anerkennt er Feuerbachs gegen die " 'abstrakte Philosophie' " gerichtete " 'gesunde und frische Sinnlichkeit' " (12, 261); andererseits sieht er in Feuerbach einen verkappten Theologen (vgl. 11, 152, 262); in 1, 445 und 8, 230 bezieht sich Nietzsche auf Feuerbachs Satz, "die Philosophie sei eine verkappte Theologie" (vgl. 14, 85, 577). Unübersehbar ist, daß die historische Linie des 'Sensualismus' von Feuerbach und Heine zu Nietzsche hinführt. Nietzsche verweist selbst auf Feuerbachs "Grundsätze *der* Philosophie der Zukunft" von 1843 (12, 261). Feuerbachs Aufhebung der Unterscheidung der "*zwei Reiche* oder *Welten* – eine *übersinnliche*, welcher das *Wesen*, und eine *sinnliche Welt*, welcher der *Schein* angehört", im "*Gebiet der Sinnlichkeit selbst*" (*Feuerbach*, Grundsätze der Philosophie der Zukunft, 330), seine Bestimmung der "neuen Philosophie", die den "*Menschen*" "zum *alleinigen, universalen* und *höchsten Gegenstand* der Philosophie" macht, die "*Anthropologie* also, mit *Einschluß der Physiologie*" ist (ebd., 343), sein Rekurs auf den "*Leib*", auf das "*sinnliche* Sein", diese "*offenherzig sinnliche* Philosophie" (ebd., 325) – diese 'sensualistische' Anthropologie hat im Denken Nietzsches ihre unverwechselbaren Spuren hinterlassen. Die geschichtsphilosophische Frage, die Feuerbach aufwirft, könnte auch Nietzsche gestellt haben: "stehen wir an der Tür einer neuen Zeit, einer neuen Periode der Menschheit, oder wandeln wir im alten Gleise fort, oder behalten wir den alten Menschen an [...]?" Und: "Nur wer den Mut hat, absolut negativ zu sein, hat die Kraft, *Neues* zu produzieren." (*Feuerbach*, Notwendigkeit einer Veränderung [1842/1843], 220 f.).

jungen Nietzsche wieder, wenngleich noch nicht in philosophisch durchreflektierter Form, sondern als spontane Kundgabe eines sich allmählich von den christlichen Glaubensinhalten lösenden und sich erst langsam zu neuen 'Positionen' vortastenden Bewußtseins. Später wird sich Nietzsche auf Feuerbachs Sensualismus beziehen und Wagner vorwerfen, Feuerbachs Gedanken der " 'gesunden Sinnlichkeit' " an den christlichen Spiritualismus verraten zu haben (vgl. 5, 342 – GM [= 6, 431 – NW]).[72] Aber schon die zitierte Briefstelle des jungen Nietzsche zeigt, wie sich hier bereits ein lebensimmanentes Daseinsverständnis abzeichnet, das auf Entmythologisierung des Christentums, den Abbau des Jenseitsgedankens und Eigenverantwortlichkeit des Menschen gerichtet ist. Diese innere Spannung findet ihren Ausdruck auch in den von romantischen Motiven, von Einsamkeit, Melancholie und Sehnsucht, geprägten Jugendgedichten Nietzsches, die anfangs noch stark von tradierten Naturlyrismen und Stimmungsrequisiten durchsetzt sind, aber schon bald den eigenen, unverwechselbaren Nietzsche-Ton und die spezifische Nietzsche-Problematik erkennen lassen. In dem vielzitierten Gedicht an den "Unbekannten Gott" (1864) (HKG, W II, 428)[73] spricht das lyrische Ich aus einer spannungsvollen Existenzsituation heraus: der Abwendung von Gott und der Hinwendung zu Gott ("Sein bin ich, ob ich in der Frevler Rotte / Auch bis zur Stunde bin gebliebe<n>"). Diese Situation ist eine Übergangssituation. In tiefernsten, seine ganze Erschütterung verratenden Versen wendet sich der junge Nietzsche noch einmal agnostizistisch an Gott, an den "unbekannten Gott", den *deus absconditus*, aber er bringt zugleich zum Ausdruck, daß er ein Sich-Lösender, ein Weiterziehender ist:

> Noch einmal eh ich weiter ziehe
> Und mein<e> Blicke vorwärts sende,
> Heb ich vereinsamt mein<e> Hände
> Zu dir empor, zu dem ich fliehe
> [...]

Bald wird "Dionysos" der Gott Nietzsches sein. Aber damit verknüpft ist das Motiv des großen Menschen, denn auch der Dionysos resp. das Dionysische kann nur erscheinen, wenn ihn das schaffende Subjekt, der Künstler, vergegenwärtigt.

Schon bald nach den frühen Vorträgen und Abhandlungen, in denen Nietzsche das dionysische Leben, das griechische Musikdrama und die Idee des Tragischen feiert, legt er einen Panegyrikus auf den großen Menschen, die großen griechischen Philosophen, d.h. die Vorsokratiker, vor, mit der Abhandlung *Die Philosophie im tragischen Zeitalter der Griechen*. Bezeichnenderweise interessiert sich Nietzsche hier weniger für die philosophischen Systeme als für die Persönlichkeiten der Denker. Er hat "an großen Menschen überhaupt

72 Der frühere Wagner war gefesselt von Feuerbachs Ideen der "rücksichtslos radikalen Befreiung des Individuums", der "Erklärung von der Nichtigkeit der Philosophie" und der Prävalenz der "Sinnenwelt" (ML, 443). Der spätere Wagner geht auf Distanz zu Feuerbach. Er befürchtet, daß der Begriff "*Sinnlichkeit*" "in der üblen Bedeutung des 'Sensualismus', oder gar der Ergebung an die Sinnenlust verstanden wird" (WSD 3, 4).

73 Exkurs 16.

seine Freude", "hat auch seine Freude an solchen Systemen, seien sie auch ganz irrthümlich", da sie es ermöglichen, "eine persönliche Stimmung", "das Bild des Philosophen zu gewinnen", und dies ist der "Punkt", in dem sie "unwiderleglich" sind (1, 801 – PHG). Nietzsches Interesse gilt der Person des großen Menschen:

> Ich erzähle die Geschichte jener Philosophen vereinfacht: ich will nur den Punkt aus jedem System herausheben, der ein Stück *Persönlichkeit* ist und zu jenem Unwiderleglichen Undiskutirbaren gehört, das die Geschichte aufzubewahren hat [...] die Aufgabe ist das an's Licht zu bringen, was wir *immer lieben* und *verehren* müssen und was uns durch keine spätere Erkenntniß geraubt werden kann: der große Mensch. (1, 801 f. – PHG)

Von den "Lehren" der Philosophen werden diejenigen "ausgewählt", "in denen das Persönliche eines Philosophen am stärksten nachklingt, während eine vollständige Aufzählung" ihrer "Lehrsätze" das "völlige Verstummen des Persönlichen" zur Folge hätte (1, 803 – PHG). Der "große Mensch" ist wichtiger als das von ihm produzierte System, denn nur in den Persönlichkeiten selbst ist das schöpferische Leben gegenwärtig. Nicht das abstrakte System, sondern die lebendige Existenz ist das, was zumindest den jungen Nietzsche primär an den vorplatonischen Philosophen interessiert. Das zeigt sich beispielhaft an seiner Heraklit-Verehrung. "Heraklit war für Nietzsche zeitloses Leitbild, Träger des gleichen Lebensgefühls, der göttliche Mensch, an dem *er* alle Dinge maß." (*Tellenbach*, Nietzsche, 53). Die großen Philosophen erscheinen als Vorbilder der eigenen Ideen von menschlicher Größe, als historische Antizipationen des eigenen, auf den großen Menschen zielenden Daseinsentwurfs. Wenn er von den großen schöpferischen Persönlichkeiten spricht, zeigen sich bei Nietzsche Leidenschaft und Überschwang, ja Schwärmerei.

Enthusiasmus, ein Enthusiasmus der lebendigen, schöpferischen Existenz, kennzeichnet Nietzsches Haltung gegenüber dem "großen Menschen", und zwar dem großen Menschen in allen seinen Erscheinungsformen. Ob es sich um die Apotheose des Künstlers (Richard Wagner), die Glorifikation des Philosophen (Schopenhauer, Heraklit), die Verehrung des Politikers (Napoleon, Bismarck), die Reverenz gegenüber dem *homo religiosus* (dem Heiligen) oder auch um den dem Wahrheitsethos verpflichteten Wissenschaftler handelt – Nietzsches Urteil ist getragen von Enthusiasmus und Pathos. Voraussetzung dieser Verehrungshaltung ist allerdings, daß diese großen Gestalten dem eigenen Daseinsentwurf entsprechen. Weichen sie davon ab, schlägt der Enthusiasmus in die Kritik um. Nietzsches Interesse an diesen Gestalten ist kein historisch-antiquarisches, sondern ein aktuell-existentielles Interesse. Die historischen Individuen bieten ihm Identifikationsmöglichkeiten. Ausgehend vom Ideal eines neuen Menschen, idealisiert er in der Regel die empirischen Personen seiner Vorbilder zu übermenschlichen, ja mythischen Größen. Zeigen sich bei diesen Idealgestalten gegenläufige Tendenzen, kann sich Nietzsche von ihnen schroff abwenden und vernichtende Urteile fällen, um seinem enttäuschten Idealismus Ausdruck zu verleihen. Nietzsches Kult des großen Mannes ist Ausdruck eines den empirischen Menschen transzendierenden Daseinsentwurfs. Da er einen universellen Begriff des Schöpferischen vertritt, beschränkt er sich nicht auf die Künstler und Philosophen, sondern bezieht alle Lebensbereiche in seine Überlegungen ein. Im Bereich des Historisch-Politischen ist es vor allem Napoleon, der immer wieder als großes Individuum herausgestellt wird. Napoleon, "diese Synthesis von *Unmensch* und *Übermensch*" (5, 288 – GM), ist für Nietzsche eine richtungweisende Gestalt. In ihm findet er "fast alle höheren Hoffnungen dieses Jahrhunderts" ausgedrückt (12, 357).[74] Über Bismarck schreibt der junge Nietzsche am 16.2.1868 an Gersdorff:

> Unmäßiges Vergnügen bereitet mir Bismark. Ich lese seine Reden als ob ich starken Wein trinke: ich halte die Zunge an, daß sie nicht zu schnell trinkt und daß ich den Genuß recht lange habe. Was Du mir von Machinationen seiner Gegner schreibst, glaube ich Dir sehr gern; denn es ist eine Nothwendigkeit, daß sich gegen solche Naturen alles Kleinliche, Engherzige, Parteiische, Bornirte aufbaumt und zum unversöhnlichen Kriege rüstet. (B 2, 258)[75]

Dies ist signifikant für Nietzsches Verhältnis zum *homo politicus*. Hier zeigt sich eine Einstellung zum politischen Geschehen bzw. zu den politisch Handelnden, den großen politischen Akteuren, die in der Grundtendenz Nietzsches Haltung auch in der Folgezeit prägt: der Kult des großen Individuums und die Ästhetisierung der Macht. Nietzsches Verhältnis zur Politik ist kein analytisches, sondern ein affektives Verhältnis. Nicht die konkrete Analyse der realen politischen Verhältnisse, sondern die gefühlsbetonte, von 'Intuition' geleitete Hinwendung zu den 'großen Männern' der Geschichte bestimmt seine Perspektive. Aber auch der Heilige kann zum Gegenstand der Verehrung werden. Im Unterschied zum späteren Nietzsche, der mit Scharfblick die wahren Motive von Religionsstiftern, Priestern, Asketen und Heiligen auf einen verborgenen Willen zur Macht zurückzuführen versucht (vgl. z.B. 2, 139 – MA I), bezieht der junge Nietzsche noch den "Heiligen" in den Kreis der großen Individuen ein: "Die Menschheit ist nicht ihretwegen da, in ihren Spitzen, den großen Heiligen und Künstlern liegt das Ziel, also weder vor noch hinter uns." (7, 161). Zu dieser Zeit, um 1870, hat Nietzsche trotz seiner neuen "dionysischen Weltanschauung" noch nicht radikal mit dem Christentum gebrochen, und so kann auch der "Heilige", als die von allen empirischen Bedingtheiten freie und dem Erhabenen zugewandte Existenz, ein großes Leitbild sein. In der kritisch-analytischen Phase von *Menschliches, Allzumenschliches* bezeugt Nietzsche sogar dem Wissenschaftler, dem Gelehrten seinen Respekt und plaziert ihn vor den Künstler, da er im Unterschied zu diesem sich durch größere Sachlichkeit und den schlichten Dienst an der Wahrheit auszeichne.

---

74 Exkurs 17.

75 Die Bismarck-Verehrung Nietzsches erreicht zwar nicht den Grad seines Napoleon-Kults, aber auch Bismarck ist für ihn das große Individuum in der Politik. Bismarck wird von ihm vor allem wegen seiner vom Machtwillen geprägten Realpolitik geschätzt. Er ist "Deutschlands grösster Staatsmann" (2, 513 – VM). Auch Bismarck wird mit Goethe verglichen. So wie Goethe sein "Heidenthum" "mit gutem Gewissen" betrieb, so Bismarck seinen "Macchiavellismus", "seine sogenannte 'Realpolitik'" (3, 597 f. – FW, 5. Buch). Wie Napoleon wird Bismarck in die Phalanx der großen Künstler und Dichter eingereiht: "Beethoven, Goethe, Bismarck, Wagner – unsere vier letzten großen Männer" (13, 404).

Nietzsche huldigt dem Kult des großen Menschen. Selbst wenn er sich von der Lehre eines großen Menschen abwendet, vermag er doch der Person weiterhin die Reverenz zu erweisen. Nachdem er sich in der Auseinandersetzung mit "meinem grossen Lehrer Schopenhauer" (5, 251 – GM) von den Lehren Schopenhauers, der Philosophie der Willensverneinung, dem Moralismus und der Lebensfeindlichkeit Schopenhauers längst endgültig gelöst hat und in entschiedener Opposition zu Schopenhauer steht[76], verehrt er doch Schopenhauer weiterhin als das große Individuum, den unerschrockenen, freien Denker. Wenn auch die Lehre Schopenhauers "abgethan" ist, so bleibt doch seine Existenz, die keinem "unterthan" war, ein Vorbild (11, 303 – Arthur Schopenhauer, 1884). Der Vorrang der Person vor dem Werk, des Lebens vor der Lehre, der Existenz vor dem System ist ein konstantes Denkmotiv Nietzsches. Wichtig ist vor allem auch der unbedingte Vorrang des großen Menschen vor der Menschheit im Denken Nietzsches. Schon beim frühen Nietzsche spitzt sich diese Problematik in ihrer kulturhistorischen Konsequenz zur Abwertung der "Menschheit" zugunsten des großen Einzelnen zu. Die Menschheit ist nicht Selbstzweck, sondern hat die Funktion, den großen Einzelnen, den "Genius", hervorzubringen, ja, dies ist der eigentliche Sinn der Menschheit. Schon der junge Nietzsche wendet sich vehement gegen einen progressiven Volksbegriff und einen antiquarischen Kulturbegriff: "Die Vergötterung des Volks zurückzuweisen: wir wandeln hier nur auf den Fußstapfen der großen Einzelnen. Kann eine solche Anhäufung von solchen Überresten, Cultur genannt, Ziel sein?" (7, 210 f.) Später, im Vorwort zum *Antichristen*, lauten programmatische Sätze, mit Bezug auf eine kleine Zahl von Lesern:

> Wohlan! Das allein sind meine Leser, meine rechten Leser, meine vorherbestimmten Leser: was liegt am *Rest*? – Der Rest ist bloss die Menschheit. – Man muss der Menschheit überlegen sein durch Kraft, durch *Höhe* der Seele, – durch Verachtung... (6, 167 f. – AC)

Diesem elitären Höhenpathos ist Nietzsche ein Leben lang treu geblieben. Die Bildungsidee des frühen Nietzsche gipfelt in der Auffassung, daß eine produktive Bildungsarbeit sich nicht auf allgemeine Volksbildung, sondern vor allem auf exzeptionelle Individuen konzentrieren müsse, denn "nicht Bildung der Masse kann unser Ziel sein: sondern Bildung der einzelnen ausgelesenen, für große und bleibende Werke ausgerüsteten Menschen", da die "Nachwelt den gesammten Bildungsstand eines Volkes nur und ganz allein nach jenen großen, einsam schreitenden Helden einer Zeit beurtheilen" wird (1, 698 – BA). Kultur, Zivilisation und Staat sind lediglich der mögliche Rahmen oder Nährboden für die Hervorbringung des genialen Menschen. Der "letzte Zweck" des "Staates" besteht in der Funktion, "eine Schutz- und Pflegeanstalt für *Einzelne*, für den Genius zu sein" (7, 168 – 1870/71). Dies ist eine Mahnung an den modernen Staat, denn im antiken Griechenland wandte sich der "Künstler" "mit seinem Kunstwerk nicht an den Einzelnen, sondern an den Staat", denn "Künstler",

76 Exkurs 18.

"Kunstwerk", "Volk" und "Staat" bildeten eine ursprüngliche, besonders in der "Tragödie" sich manifestierende Einheit (7, 168 f.). Im Grundriß fand Nietzsche diese Ideen bei Wagner vorgeprägt, denn dieser hatte bereits im *Kunstwerk der Zukunft* (1849) das "*Volk*" als die "*bedingende Kraft für das Kunstwerk*" herausgestellt (vgl. WSD 3, 50-55) und eine neue Einheit von "Natur", "Volk" und "Kunstwerk" gefordert; im "*gemeinsamen Kunstwerk der Zukunft*"

> wird auch unser großer Wohlthäter und Erlöser, der Vertreter der Nothwendigkeit in Fleisch und Blut, – *das Volk*, kein Unterschiedenes, Besonderes mehr sein; denn im Kunstwerk werden wir Eins sein, – Träger und Weiser der Nothwendigkeit, Wissende des Unbewußten, Wollende des Unwillkürlichen, Zeugen der Natur, – *glückliche Menschen.* (WSD 3, 50)

Bei allem Einfluß der Wagnerschen Totalitätsideen auf sein Denken hat Nietzsche doch das "Volk" nie verherrlicht, und daher lag ihm auch die Symbiose von Künstler und Volk völlig fern, ganz abgesehen davon, daß es ihm nicht um "glückliche", sondern um "große" Menschen ging. Im Zentrum *seines* Denkens steht der imperatorische Wille des großen Einzelnen. Er erstrebt nicht die Einheit von Künstler und Volk im Kunstwerk, sondern die "Erziehung des Volkes" zur "Einsicht in die Exemption jener Einzelnen", zur Förderung der "Entfaltung jener Genien". Nicht die Verbrüderung von Künstler und Volk, sondern die Selbstentfaltung des Genies ist Nietzsches Anliegen. "Hier sehe ich überall nur die Wirkung *eines* Willens", dessen "Ziel" "seine eigne Verherrlichung in Kunstwerken" ist (7, 169). Der "regulirte politische Trieb" 'arbeitet' "mit neuer und überraschender Kraft an der Vorbereitung der Geburt des Genius" (7, 170). Daß Nietzsche bereits um 1870, also noch vor der *Geburt der Tragödie*, die Selbstverherrlichung des schöpferischen Subjekts in der Kunst verkündet, zeigt in aller Deutlichkeit, daß diese ihn spätestens seit dem *Zarathustra* beherrschende Grundidee bereits früh bei ihm angelegt ist und als ein konstantes Motiv, ja das Zentralmotiv seines Denkens und Schaffens angesehen werden kann.

Kollektivistische Tendenzen sind Nietzsche fremd. Sein Denken bewegt sich im Prinzip in der Antithese Kollektivismus – Individualismus – sofern der Begriff 'Individualismus' auf die Theorie des schaffenden Subjekts anwendbar ist.[77] S.G. Rudensky-Brin, auf der Suche nach "Kollektivistischem" in der Philosophie Nietzsches, vertritt die Auffassung, daß bei Nietzsche ein 'ursprüngliches', in allen Schaffensperioden feststellbares "kollektivistisches Denken" vorliege. Beim "jungen" Nietzsche dominiere das im "Metaphysischen" begründete "Kollektivum", beim "mittleren" Nietzsche erscheine das "Kollektivum" als "soziologisches Kollektivum", das zum "Objekt seiner Analyse" werde, und beim "späten" Nietzsche erfolge wiederum eine Hinwendung zum "metaphysischen Gehalt" des "Kollektivums" (Rudensky-Brin, Nietzsche, 3). Dem ist entgegenzuhalten, daß Nietzsche weder das "Dionysische als metaphy-

77 "Der *Individualism* ist eine bescheidene und noch unbewußte Art des 'Willens zur Macht' " (12, 502). Im 'Individualismus' als der Auseinandersetzung des "Einzelnen" mit der "Übermacht der Gesellschaft" vertritt das Individuum alle Individuen "gegen die Gesammtheit", während der Einzelne im "Willen zur Macht" "*Person*", d.h. das sich selber wollende Subjekt, ist (12, 502 f.).

sisches Kollektiv" (ebd., 7) versteht noch sein "Erziehungsideal" durch "Kollektivistisches" (ebd., 37-42) bestimmt, sondern das Kollektiv immer nur als Voraussetzung des großen Menschen, des schaffenden Subjekts, begreift. Als "Redner eines dionysischen Sozialismus" (*Sloterdijk*, Nietzsche, 61) hat Nietzsche sich nie empfunden.[78] Ohne Zweifel gibt es bei Nietzsche Integrationssehnsüchte, beim jungen Nietzsche die Verherrlichung des von einer Gemeinschaft Ergriffener betriebenen Dionysos-Kults, beim *Zarathustra*-Nietzsche die Sehnsucht nach einer Jünger-Schar, beim späten Nietzsche den Gedanken der neu zu schaffenden Menschheit. Aber Gemeinschaft, Gesellschaft oder Menschheit werden nie zum Selbstzweck, sondern sind allenfalls der Humusboden, aus dem das Schöpferische, der Genius, der große Mensch, das schaffende Subjekt erwächst. Man kann sogar die Frage aufwerfen, ob nicht alle Ideale und Inhalte Nietzsches im Lichte des Schöpferischen gesehen werden müssen und damit eigentlich nur funktionale Bedeutung haben. In der *Fröhlichen Wissenschaft* ("*Scherz, List und Rache*") lautet ein Sinnspruch:

> *Der Fromme spricht.*
> Gott liebt uns, *weil* er uns erschuf! –
> "Der Mensch schuf Gott!" – sagt drauf ihr Feinen.
> Und soll nicht lieben, was er schuf?
> Soll's gar, *weil* er es schuf, verneinen?
> Das hinkt, das trägt des Teufels Huf. (3, 361 – FWS; vgl. 14, 236)

Im ironischen Wortspiel dieser doppelsinnigen Verse wird das Schaffen selbst als sinnstiftendes Prinzip herausgestellt. Was der Schaffende schafft, das liebt er. Wenn Nietzsche das in diesem Sinnspruch ironisch auf den Gläubigen und die christliche Gottesvorstellung anwendet, das heißt, "Gott" als bloßes Produkt des "Menschen" interpretiert, so kann dieses enthüllungspsychologische Verfahren auf ihn selber angewendet werden, denn in seinem Denken gewinnt der "Übermensch" nicht zuletzt deshalb die alles überragende Bedeutung, weil er ein Entwurf des Schaffenden ist. Zarathustra liebt den Übermenschen, weil er ihn *schuf*.

Nietzsche vertritt die Idee der absoluten Verfügungsgewalt des schaffenden Subjekts über die Welt. Bereits der frühe Nietzsche entwickelt jenen Grundgedanken, der dann später sein Denken in zunehmendem Maße bestimmen wird, daß nämlich der Mensch sich selber Ziele setzen könne und müsse. Bereits der junge Nietzsche fühlt titanische Kräfte in sich, wenn er sich zutraut, Wissenschaft, Kunst und Philosophie in einer schöpferischen Trias zu vereinigen. Zu dieser Zeit ist es noch der Dreiklang von Philologie, Kunst und Philosophie, der Nietzsches geistige Existenz bestimmt und sich in ihm zum Gefühl seiner

---

78 Nun vollzieht sich zwar für Nietzsche in den "Dionysos-Festen" der "Bund zwischen Mensch und Mensch", wie er auch vom "Evangelium der 'Weltenharmonie' " spricht, in dem sich der "Sklave" als "freier Mann" mit dem "Adligen" zu "denselben bacchischen Chören" vereinigt (1, 555 – DW; vgl. 1, 29 – GT), aber dabei geht es weniger um die soziale Kommunikation als vielmehr um die dionysische Selbstentäußerung des Individuums in der Gemeinschaft: "Im urwüchsigen Frühlingsdithyrambus des Volkes will sich der Mensch nicht als Individuum, sondern als *Gattungsmensch* aussprechen." (1, 575 – DW).

schöpferischen Präpotenz verdichtet. Obschon er sich zu dieser Zeit noch nicht so sehr als selbständiger Denker, sondern als Jünger und Verbreiter der Kunst Wagners und der Philosophie Schopenhauers versteht, meldet sich doch bereits unüberhörbar ein eminentes Selbstbewußtsein. Vor der Veröffentlichung der *Geburt der Tragödie* ist er sicher, mit dieser Schrift "ein Stückchen Unsterblichkeit" zu erwerben – an dem auch "der Herr Vignettenbildner" teilhaben wird (B 3, 244 – 18.11.71 – an Gersdorff). Nietzsche hat zu jener Zeit selbst etwas von dem entfesselten Prometheus an sich, den die Titelvignette der Erstausgabe zeigt.[79] Die *Geburt der Tragödie* erscheint ihm als der Anfang seiner eigentlichen "Thätigkeit": "Meine Schrift erscheint nächstens: mit ihr beginne ich das neue Jahr und jetzt wird man wissen, was ich will, wonach ich mit aller Kraft strebe: meine Thätigkeit beginnt." (B 3, 266 – 27.12.71 – an Mutter u. Schwester). Nietzsche steht zwar zu dieser Zeit noch in einem inneren Abhängigkeitsverhältnis zu Wagner, das man fast als geistige Hörigkeit bezeichnen könnte. Am 25.10.1872 schreibt er an Rohde mit Bezug auf Wagner: "und ihn zu befriedigen reizt mich mehr und höher als irgend eine andre Macht." (B 4, 72 f.). Aber zugleich zeigt der Wagner-Adept bereits gesteigertes Selbstbewußtsein. So schreibt er am 24.1.1872 an Mutter und Schwester:

> In Betreff meines Buches steht alles auf dem Kopf, glücklicherweise die meisten, von denen ich höre, vor Entzücken, andre vor Wuth. – Ja man muß einen Sohn und einen Bruder haben, die solche Sachen schreiben – dann lohnt sich's, dächte ich, einen Bruder und einen Sohn zu haben. Nun, ich scherze – aber wie soll ich ernst von einem solchen Ereignisse reden, das durchaus nur mit Erschütterung begriffen werden kann! (B 3, 277)

Schon mit der *Geburt der Tragödie* setzt bei Nietzsche das Bewußtsein der historischen Bedeutung seiner Schriften ein. Am 4.2.1872 schreibt er an Gersdorff, daß es nicht auf eine aktuelle, kurzfristige, sondern auf eine langfristige, historische Wirkung der Tragödienschrift ankomme: "Aber ich rechne auf einen stillen langsamen Gang – durch die Jahrhunderte, wie ich Dir mit der grössten Überzeugung ausspreche. Denn gewisse ewige Dinge sind hier zum ersten Male ausgesprochen: das muss weiterklingen." (B 3, 287). Nietzsche empfindet sich nie als Tagesschriftsteller, sondern ist getragen von dem Selbstvertrauen, für die 'Ewigkeit' zu schreiben. Er versichert, er werde "nie *viel* schreiben", aber "dieses Wenige" werde überleben: "Es lebt und wird leben." (B 3, 309 f. – April 72 – an E.W. Fritzsch). Auffällig ist die wachsende Tendenz Nietzsches, den Vorrang des Schaffens vor der Theorie zu betonen. So anerkennt er beispielsweise die Kompositionen des Freundes Gustav Krug als schöpferische Leistung, der der Vorrang vor den eigenen kunst*theoretischen* Bemühungen um "Dionysisch" und "Apollinisch" gebühre: "Wie unvergleichlich ist, gegen jedes Theoretisiren gehalten, jedes wirkliche Produziren!" (B 4, 29 – 24.7.72 – an Gustav Krug). Bemerkenswert ist weiterhin das "Wettlaufen nach immer edle-

79 Die von dem jungen Bildhauer Leopold Rau entworfene Titelvigentte, die den "von seinen Fesseln befreiten *Prometheus*" zeigt, ist ganz nach Nietzsches Geschmack: "Es ist ein kleines Meisterstück und sagt auf einfache Weise Vieles und Ernstes." (B 3, 249 f. – 27.11.71 – an E.W. Fritzsch).

ren und ferneren Zielen! Oh wir erreichen sie, und nach jedem Siege ist uns das Ziel weiter gesteckt und wir laufen muthiger vorwärts." (B 4, 72 – 25.10.72 – an Rohde). Im Ansatz zeichnet sich hier bereits die für Nietzsche dann so charakteristische Neigung ab, sich nie bei einem einmal erreichten Zustand zu beruhigen, nie einen Zustand als Endzustand anzuerkennen, sondern ihn immer wieder aufzuheben, um sich auf neue Ziele hin entwerfen zu können. Mehr und mehr identifiziert er seine Existenz mit dem Schaffen. Allein im Schaffensakt 'lebt' er: "Denn nur wenn ich etwas hervorbringe, bin ich wirklich gesund und fühle mich wohl. Alles Übrige ist schlechte Zwischenaktsmusik." (B 4, 161 – 27.9.73 – an Gersdorff). Dabei wird der junge Nietzsche allerdings durchaus auch von Selbstzweifeln heimgesucht und denkt "verzagt und melancholisch" "von mir selbst, als producirendem Wesen", da ihm noch zuviel "Unfreiheit" "anhaftet". Er leidet an seiner Tatenlosigkeit: "Ich kann ja nichts von Thaten entgegenstellen, wie es der Künstler oder der Ascet vermag." (B 4, 214 – 1.4.74 – an Gersdorff). Er empfindet sich also zu dieser Zeit noch nicht als "Künstler". Solange dies aber noch nicht der Fall ist, das heißt, solange Nietzsche sich noch nicht als den absolut Schaffenden versteht, ist er nicht frei vom selbstkritischen Zweifel. Da die "Kunst" das "Allerheiligste" ist (B 3, 295 – Februar 72 – an Rohde), er selbst aber bis dahin keine wirklichen Kunstprodukte hervorgebracht hat, ist ein Stachel in ihm. Zur Zeit seiner Wagner-Jüngerschaft ist er noch Kunst-Rezipient und noch nicht Kunst-Produzent, und eben dies provoziert, bei allem Kunstenthusiasmus, doch ein Gefühl der eigenen Insuffizienz. Ein Schwanken zwischen Selbstwertgefühl und Selbstzweifel zeigt sich häufig beim jungen Nietzsche.

Schon früh aber prägt sich die Philosophie des 'Willens' aus, und zwar nicht nur des Universalwillens, sondern auch des Einzelwillens. Höchst aufschlußreich ist in dieser Hinsicht ein Fragment von 1870/71, in dem es heißt:

> Die Pflanze ist die schöne Welt des Thieres, die gesammte Welt die des Menschen, das Genie die schöne Welt des Urwillens selbst. Die *Schöpfungen der Kunst sind das höchste Lustziel des Willens*. (7, 144 f.)

In Anlehnung an Schopenhauers System von "Wille", "Ideen" und "Vorstellungen", von dem in "Stein", "Pflanze", "Tier" und "Mensch" emanierenden "Urwillen" und den entsprechenden ästhetischen Objektivationen (dazu: *Wolff*, Schopenhauer, 25-28) vollzieht Nietzsche eine qualitative Abstufung des 'Willens'. Schon zu dieser Zeit denkt er in dem (später eingeschliffenen) Schema von Leben und Schein, Wille und Schönem, 'Dionysischem' und 'Apollinischem'. Die alles Seiende durchherrschende Relation von Wille und Schönheit manifestiert sich auf verschiedenen Seinstufen, und zwar im Verhältnis von Tier und Pflanze, Mensch und Welt, Urwille und Genie, Wille und Kunst. Es ist bemerkenswert, daß Nietzsche damit nicht nur auf den "Urwillen", das metaphysische Substrat der Welt, den Weltgrund schlechthin, rekurriert, sondern darüber hinaus den "Willen", d.h. den Einzelwillen des schaffenden Subjekts, hervorhebt. So wie der "Urwille", d.h. die schöpferische Natur selbst, als sein höchstes Produkt das "Genie", d.h. den schöpferischen Menschen, hervorbringt, so bringt das schaffende Subjekt seinerseits die "Kunst" hervor, die überhaupt das "höchste Lustziel des Willens" ist. Das "Genie" ist zwar Organ des "Urwillens", aber es doch zugleich eine Potenz *sui generis*, denn ohne das "Genie" würde die "Kunst" nicht hervorgebracht. Das triadische Schema "Urwille", "Genie", "Kunst" ist das Grundschema des Nietzscheschen Kunstdenkens. Dieses Schema hält sich im Denken Nietzsches im Prinzip konsequent durch, wobei allerdings der "Urwille" später durch den "Willen zur Macht" verdrängt wird und der Begriff des "Schaffenden" den Vorzug vor dem "Genie" erhält, Umakzentuierungen nicht nur terminologischer, sondern auch sachlicher Art, denn spätestens seit dem *Zarathustra* ist Nietzsches Denken beherrscht vom Prinzip des Wollens und Schaffens.

Es zeigt sich bei Nietzsche in wachsendem Maße die Tendenz zur Emanzipation des Einzelwillens vom Universalwillen. Angelegt ist diese Konzeption bereits beim frühen Nietzsche. Bereits in einem Fragment von 1873 heißt es:

> Wozu die Menschen da sind, wozu "der Mensch" da ist, soll uns gar nicht kümmern: aber wozu Du da bist, das frage dich: und wenn Du es nicht erfahren kannst, nun so stecke Dir selber Ziele, *hohe* und *edle Ziele* und gehe an ihnen zu Grunde! Ich weiss keinen besseren Lebenszweck als am Grossen und Unmöglichen zu Grunde zu gehen: animae magnae prodigus. (7, 651)

Dies ist bereits das ganze existentielle Pathos des eigenen, selbstverantwortlichen und sinnstiftenden Daseinsentwurfs, wie es in der Folgezeit Nietzsches Denken und Existenz prägen und immer entschiedener hervortreten wird. Zugleich verdeutlichen solche Aussagen die Ursache der Glorifikation des Schaffens: Das Schwinden 'objektiver', allgemeinverbindlicher Sinnstrukturen fordert die neue Sinnsetzung durch den Menschen selbst. Der Mensch soll nicht nach dem objektiven Sinn seiner Existenz in der Welt fragen, sondern er ist aufgerufen, durch schöpferische Akte Sinn selber zu stiften. Nietzsche wendet diesen Grundsatz auch auf die Geschichte an. So erhebt er Einspruch gegen Hegels Idee, daß in der "Geschichte" "*Vernunft*" walte, daß im "Weltprozess" ein "Zweck" sei, daß der "Staat" einen "Zweck" habe (7, 660 f. – 1873).[80] Die Zwecke der Geschichte und des Staates sind bloße Projektionen, Fiktionen und Interessen des Menschen. Nietzsche, der Hegels Philosophie der Geschichte als "Mythologie des Historischen" kritisiert (7, 661), unterscheidet zwischen dem fiktiven Zweck des Staates und der Zweck-Setzung durch das schaffende Subjekt:

> Dass mein Leben keinen Zweck hat, ist schon aus der Zufälligkeit seines Entstehens klar; dass ich einen Zweck mir setzen kann, ist etwas anderes. Aber ein Staat hat keinen Zweck: sondern nur wir geben ihm diesen oder jenen. (7, 661)

---

80 "Der *Hegelsche* 'Weltprozess' verlief sich in einen fetten preussischen Staat mit guter Polizei. Das ist alles verkappte Theologie [...] Der Mensch und der 'Weltprozess'! Der Erdfloh und der Weltgeist!" (7, 650). Vgl. Nietzsches Kritik an Eduard von Hartmanns "Gedanken eines Weltprozesses": "Überdies: *Welt*prozess!! Es handelt sich doch nur um die Lumperei der menschlichen Erdflöhe!" (7, 648 f.).

"Zweck", d.h. Sinnstruktur, ist nicht etwas objektiv Vorgegebenes, sondern ein durch das schöpferische Subjekt zu Schaffendes, und da der höchste Zweck in der Kunst liegt, haben Staat, Volk und Geschichte allenfalls den Sinn, die Rahmenbedingungen für kunstschöpferische Aktivitäten zu schaffen. Der die "Geschichte der Staaten" kennzeichnende "Atomenwirbel der Egoismen", der "Particular- und Collectiv-Egoismen", wird nur durch die "Genien" "einigermassen gerechtfertigt" (7, 661). Das "Genie", d.h. das schaffende Subjekt, ist der Sinn der an sich sinnlosen Geschichte:

> Durch das Genie kommt bei jenem Atomenwirbel doch etwas heraus und jetzt denkt man milder über das Sinnlose jenes Treibens: etwa als ob ein blinder Jäger viele hundert Male umsonst schiesst und endlich, aus Zufall, einen Vogel trifft. Endlich kommt doch was dabei heraus, sagt er sich und schiesst weiter. (7, 662)

Das "Genie" ist ein Zufallstreffer der Natur. Aber gerade durch diesen Zufall erfolgt die Sinngebung des Sinnlosen. Im Sinne der Idee des schaffenden, sinnsetzenden Subjekts vertritt Nietzsche eine konsequente "Genie"-Ästhetik. Damit verknüpft ist der Gedanke, daß es wahre Kommunikation nur zwischen den Genies geben kann und daß der Zielpunkt der Tätigkeit des Genies andere Genies sind. "Für wen baut ein Baumeister? [...] Ich glaube er baut für den nächsten grossen Baumeister." (7, 719 – 1873). Nach Schopenhauer sind es nur "die ganz vereinzelten Köpfe, in welchen die Natur zu einem deutlicheren Bewußtsein ihrer selbst" kommt. (*Schopenhauer*, Universitäts-Philosophie, 195). "Nur schon bevorzugte Köpfe können die Werke des Genies wirklich genießen" (*Schopenhauer*, Paralipomena, 541). Für Schopenhauer steht das "über seinem Jahrhundert" stehende Genie "über dem Menschengeschlechte überhaupt" und kann nur von "bedeutend über das Maß der gewöhnlichen Fähigkeiten" sich erhebenden Menschen "unmittelbar erkannt" werden (ebd., 554 f.).[81] Im übrigen ist er der Auffassung, daß jedes Jahrhundert nur *einen* Philosophen hervorbringe (vgl. ebd., 401). Nietzsches Elite-Denken entspricht im wesentlichen den Schopenhauerschen Vorstellungen. Immer stärker prägt sich auch bei Nietzsche der Gedanke aus, daß das schaffende Subjekt eine exzeptionelle, elitäre Stellung einnehme und daß wirkliche Kommunikation nur zwischen den großen Geistern möglich sei.

---

81 Im Unterschied zu Schopenhauer und Nietzsche ist Wagner, in seiner 'progressiven' Phase, getragen vom Gedanken des Gemeinschaftsgenies. Das "vereinzelte Genie" soll abgelöst werden durch ein "gemeinsames" "Genie" (*Wagner*, Das Künstlerthum der Zukunft, 262). Vgl. generell das Fragment *Das Genie der Gemeinsamkeit* (ebd., 264-269). Wagner schwärmt von der "unermeßlichen Produktivität dieses gemeinsamen Genies", das "den unerschöpflichen Reichthum, in welchem uns jetzt noch Sage und Mythos sich erkennen lassen", erzeuge (ebd., 264). Die "Gemeinsamkeit" des Genies bedeutet nicht dessen gesellschaftliche Funktionalisierung. Die schöpferische Freiheit des Genies bleibt erhalten. Das "gemeinsame Genie" ist ein "individuelles Genie". Wagner notiert als Dispositionspunkt: "Das individuelle Genie und die moderne Gemeinsamkeit." (ebd., 268). Nicht mehr der "Egoismus", sondern die 'Liebe' zur Gemeinschaft wird das künftige Genie prägen (ebd., 278). Später wird Wagner von der Idee des kommunikativen, sozialen Genies wieder Abstand nehmen. In der Einleitung zum 3. und 4. Band der >Gesammelten Schriften und Dichtungen< (1871) schreibt er, "daß sich der ideale Kern meiner Tendenz immer mehr von der Berührung mit der politischen Erregtheit des Tages zurückzog, und bald sich immer reiner als künstlerisches Ideal herausbildete" (WSD 3,6). Was hatte doch Ludwig II. ihm geschrieben: "Die niedern Sorgen des Alltagslebens will ich von Ihrem

Das schaffende Subjekt – dies wird in zunehmendem Maße Nietzsches zentrales Thema. Bereits in der frühen Schaffensperiode ist neben der Idee des schaffenden Lebens, des dionysischen Weltwillens, auch der Gedanke des schaffenden Ich, des kreativen Subjekts, von Bedeutung. Immer mehr gewinnt das schaffende Subjekt Nietzsches Interesse. Der junge Nietzsche versteht das kreative Subjekt noch als Vollzugsorgan des Weltwillens, aber er konzediert ihm durchaus schon eine beträchtliche eigenschöpferische Qualität, denn sonst wäre die Verherrlichung des Genies Richard Wagner sinnlos. Nietzsche gibt zwar den Bezug zum Weltwillen im Prinzip nie auf, aber im Laufe der Zeit vollzieht er doch eine Umakzentuierung vom metaphysischen "Weltgenius" zum konkreten "Genie". Hatte er noch in der *Geburt der Tragödie* die Kategorie der Subjektivität ausdrücklich kritisch in Frage gestellt, so wird schon bald darauf gerade das schaffende Subjekt zur eigentlichen Triebkraft des schöpferischen Prozesses. In der *Geburt der Tragödie* hatte er das " 'Ich' des Lyrikers", "seine 'Subjectivität' " als bloße Fiktion abgetan (1, 44 – GT). Nicht lange Zeit später, Anfang 1874, notiert er in einem Fragment: "Es ist sehr selten, dass einer als Künstler wirklich seine *Subjectivität herausstellt*: die meisten verstecken sie durch eine angenommene Manier und Stil." (7, 758). An dieser Stelle ist zwar nicht die Problematik von Weltwillen und Subjekt das Thema, aber in der Betonung der individuellen Ausdrucksechtheit des Künstlers zeigt sich doch unverkennbar eine Rehabilitierung der Subjektivität. Hier ist Nietzsche gar nicht so weit entfernt von der traditionellen Genie-Ästhetik und dem Künstler-Begriff des Sturm und Drangs. Der junge Goethe formulierte:

> Wenn irgendeine spekulative Bemühung den Künsten nützen soll, so muß sie den Künstler grade angehen, seinem natürlichen Feuer Luft machen, daß es um sich greife und sich tätig erweise. Denn um den Künstler allein ist's zu tun, daß der keine Seligkeit des Lebens fühlt als in seiner Kunst, daß, in sein Instrument versunken, er mit allen seinen Empfindungen und Kräften da lebt. (*Goethe*, >Die schönen Künste< von Sulzer, HA XII, 19 f.)

Dies entspricht weitgehend der Künstler-Auffassung Nietzsches, denn auch Nietzsche sieht in wachsendem Maße die höchste Erlebnismöglichkeit und Erfahrung der Intensität des Lebens im künstlerischen Schaffensakt des kreativen Subjekts. Dabei entdeckt er nun zugleich das Spielerisch-Artistische des produktiven Vorgangs. Bereits im Anti-Strauß-Pamphlet *David Strauss der Bekenner und der Schriftsteller* (1873), in dem er Straußens Stilschwächen sarkastisch geißelt, rühmt er die spielerische, artistische Kraft des "genialen Autors", die virtuosen Fähigkeiten des "Genies", das "mit verwegenen oder zierlichen Sprüngen" alle Gefahren bewältige (1, 217 – DS). In *Vom Nutzen und Nachtheil der Historie für das Leben* (1874) werden der "grosse productive Geist" (1, 277 – HL) und die "göttliche Lust des Schaffenden" (1, 278 – HL) hervorgehoben, in Abgrenzung gegen moderne Vermassungstendenzen, die er sowohl in der

---

Haupte auf *immer* verscheuchen, die ersehnte Ruhe will ich Ihnen bereiten, damit Sie im reinen Aether Ihrer wonnevollen Kunst die mächtigen Schwingen Ihres Genius ungestört entfalten können!" (Brief vom 5.5.1864 – Briefwechsel Ludwig II. – Wagner I, 11).

aufkommenden Volksbildung als auch in der Kulturbetriebsamkeit des Bildungsbürgertums mit dem "zusammengehäuften Wust des Erlernten" (1, 280 – HL) erblickt. Es ist allerdings im Blickfeld zu halten, daß Nietzsche bei aller Herausstellung des schaffenden Sujekts das universelle Prinzip des Lebens nicht verleugnet, denn das "Leben", der "Lebensprozeß" als die "ungeheure gestaltende, von Innen her formschaffende Gewalt" (12, 304)[82], ist letztlich das organisierende Prinzip jeder schöpferischen Tätigkeit. Dennoch ist nicht zu übersehen, daß das schaffende Subjekt, der große Einzelne, das auf Größe gerichtete und mit seiner Epoche sich auseinandersetzende Individuum, die Idee des metaphysischen "Lebens" häufig überlagert. Vielfach tritt an die Stelle der Relation Leben-Subjekt der Antagonismus von Individuum und Epoche. In *Schopenhauer als Erzieher* (1874) wird der Begriff "Genius" eng verbunden mit dem "herrlichen schöpferischen Menschen", der der "Fürsprecher" und "Erlöser" des "Lebens", "dieses Daseins" ist (1, 363 – SE). Schon früh steht Nietzsche in Opposition zur Zeit, in ästhetischer Opposition gegen die Nivellierungstendenzen der Epoche. Am 2.7.1870 schreibt er an Gersdorff angesichts der öffentlichen Turbulenzen, die das Werk Wagners auslöst, das " 'Besserwissen' " sei das "Product eines energischen Kampfes gegen die Zeitverflachung und einer immer ernsteren Vertiefung in die Kunstwelt der wirklich Grossen, deren Zahl gewiss nicht Legion ist" (B 3, 126). Gestalten wie Wagner und Schopenhauer, die großen Vorbilder des jungen Nietzsche, sind die schöpferischen Antipoden des unschöpferischen Zeitgeistes. Diese idealen Leitfiguren üben eine bedeutende erzieherische Funktion aus. Man kann lernen, "wie wir Alle durch Schopenhauer uns *gegen* unsre Zeit erziehen können" (1, 363 – SE). Es ist auffällig, daß in *Schopenhauer als Erzieher* der "Kampf eines solchen Grossen *gegen* seine Zeit" (1, 362 – SE)[83] Nietzsche viel stärker beschäftigt als die

82 Bezeichnenderweise wendet sich Nietzsche an dieser Stelle gegen den "Einfluß der 'äußeren Umstände' ", der bei Darwin "ins Unsinnige *überschätzt*" sei, und beharrt auf der "formschaffenden Gewalt, welche die 'äußeren Umstände' *ausnützt, ausbeutet*" (ebd.). Nicht der Kampf ums Dasein, sondern der Wille zur Macht durchherrscht die Natur und den Menschen. Nietzsche versucht, den Menschen den Mechanismen und Zwängen der Deszendenz und des Milieus zu entziehen und ihn als ein Wesen der qualitativen Mutation, der spontanen Schöpfung, herauszustellen. Zu den Schwierigkeiten, die sich für Nietzsche aus der Kritik der Evolutionstheorie insofern ergeben, als er selbst dem Entwicklungsgedanken huldigt, vgl. die Hinweise bei *Grau*, Wille zur Macht, 190 ff.

83 Dies entspricht der Sicht Schopenhauers: "Und sehn wir denn nicht, der besagten elenden Beschaffenheit des Menschengeschlechts entsprechend, zu allen Zeiten die großen Genien, sei es in der Poesie oder der Philosophie oder den Künsten, dastehn wie vereinzelte Helden, welche allein gegen den Andrang eines Heereshaufens den verzweifelten Kampf aufrechterhalten?" (*Schopenhauer*, Paralipomena, 554). Auch Wagner hebt die Spannung zwischen dem schöpferischen Individuum und der jeweiligen Epoche hervor. In der Schrift *Das Publikum in Zeit und Raum* (1878) bezweifelt er die Auffassung, "daß jedes hervorragende Individuum stets nur das Produkt seiner zeitlichen und räumlichen Umgebung, überhaupt seiner Zeit" sei, und wirft die Frage auf: "nur bleibt dabei wieder zu erklären, warum jenes Individuum, je bedeutender es war, in desto größerem Widerspruche mit seiner Zeit sich befand." (WSD 10, 91). Als Beispiele führt Wagner Jesus Christus, Giordano Bruno, Platon, Dante, Calderón, Mozart, Franz Liszt und – sich selber an, nämlich das Pariser 'Tannhäuser'-Debakel. Wagner konstatiert einen tragischen Konflikt zwischen den "großen geistigen Individuen" und "ihrer Zeit" und betont, daß "erst eine spätere [...] Nachwelt den wahren Sinn ihrer Offenbarungen erfaßt. Somit wäre also gerade das Zeitgemäße an den Werken eines großen Geistes das Bedenkliche." (WSD 10, 93). Wagner beklagt den Abbau des Genies durch die Wissenschaft. In der Schrift *Publikum und Popularität* (1878) kritisiert er, daß bei den "Saturnalien der Wissenschaft" die "edelsten Opfer abgeschlachtet und auf dem Altar der Skepsis dargebracht" würden und daß "überhaupt jede Größe,

Problematik der dionysischen Identifikation des Individuums mit dem Weltwillen. Die an Kampfbegriffen reiche Schrift hat den Gegensatz von großem Individuum und pragmatischer Epoche zum Thema. Dabei wird das Individuum nicht von Destruktionstrieb geleitet, sondern ist um der eigenen Selbstverwirklichung willen zu dieser Auseinandersetzung gezwungen, denn in der "Zeit" "bekämpft" der "Grosse" "das, was ihn hindert, gross zu sein, das bedeutet bei ihm nur: frei und ganz er selbst zu sein" (1, 362 – SE). 'Größe' bedeutet also für Nietzsche nicht Hypertrophie der Person, sondern Selbstentfaltung der Existenz, nicht Selbst*vergötterung*, sondern Selbst*verwirklichung*.

Diese Selbstverwirklichung erschöpft sich allerdings nicht im subjektiv-existentiellen Daseinsvollzug, sondern gewinnt darüber hinaus allgemeine Bedeutung für das Dasein schlechthin. In der Schopenhauer-Abhandlung erscheint der große Mensch ausdrücklich als der Festsetzer neuer Werte: "Denken wir uns das Auge des Philosophen auf dem Dasein ruhend: er will dessen Werth neu festsetzen." (1, 360 – SE). Immer dominanter wird im Denken Nietzsches die Idee der neuen Wertsetzung und Sinnstiftung des Daseins durch das große schöpferische Individuum. In *Richard Wagner in Bayreuth* (1876) erscheint der Künstler als das schöpferische Subjekt, das in gestalterischer Freiheit mit dem Stoff der Geschichte spielt: "Sobald ihn seine bildende Kraft überkommt, wird ihm die Geschichte ein beweglicher Thon in seiner Hand" (1, 443 – WB). Nietzsche verkündet zwar noch nicht die *absolute* Freiheit des Künstlers gegenüber der Geschichte, denn die "Geschichte" ist für denselben, wie der "Mythus" für den "Griechen", ein "Etwas, an dem man formt und dichtet", mit "einer gewissen scheuen Andacht"; aber er gesteht ihm zugleich das "Hoheitsrecht des Schaffenden" zu (ebd.). Der Künstler ist nicht nur der in Opposition zur eigenen Zeit stehende "kämpfende Künstler", sondern auch der "schaffende" "Künstler" (ebd.), der in poetischer Freiheit über die Geschichte verfügt. Hatte Nietzsche in der *Geburt der Tragödie* vor allem den Universalwillen hervorgehoben und den Künstler Richard Wagner als dessen Vollzugsorgan verstanden, so rückt in *Richard Wagner in Bayreuth* der Einzelwille, die Souveränität des Künstlers, in den Vordergrund.

Im Laufe der folgenden Jahre wird dann der Gedanke der schöpferischen Selbstgestaltung und des produktiven Neuentwurfs der Welt im Denken Nietzsches immer beherrschender. Ende 1880 notiert er:

> [...] *uns selber machen*, aus allen Elementen eine Form *gestalten* – ist die Aufgabe! Immer die eines Bildhauers! Eines produktiven Menschen! *Nicht*

namentlich das so sehr beschwerliche 'Genie', als verderblich, ja der ganze Begriff: *Genie* als grundirrthümlich über Bord geworfen werden" (WSD 10, 82 f.). Der "große Schopenhauer" wird als "dieser wahrhaft einzig freie deutsche Mann seiner Zeit" apostrophiert (WSD 10, 69). Wagners Kritik zielt auf Nietzsche, speziell auf dessen Genie- und Inspirationskritik in *Menschliches, Allzumenschliches* (1878). Zur Nietzsche-Kritik Wagners zu dieser Zeit vgl. CT III, 87, 88, 98, 101, 102, 124, 128, 143, 147, 163, 169. Cosima notiert: "R. hat in der Frühe anhaltend an seinem Aufsatz und mit Vergnügen gearbeitet, er sagt, er nehme Nietzsche vor, aber ohne daß irgendeiner, der nicht ganz eingeweiht sei, etwas merke." (CT III, 143 - 21.7.78). Im übrigen heißt es mit Blick auf Wagners Schrift *Oper und Drama*: "Der arme Freund Nietzsche scheint gar manches aus seiner Menschlichkeit daraus entnommen zu haben." (CT III, 163 - 18.8.78).

> durch Erkenntniß, sondern durch Übung und ein Vorbild werden wir *selber*! Die Erkenntniß hat bestenfalls den Werth eines Mittels! (9, 361)

Nietzsche betont mit Entschiedenheit den Vorrang des Schaffens vor der Erkenntnis, des Gestaltens vor dem Wissen, des Hervorbringens vor dem Erkennen. Nicht auf Selbst-*Erkenntnis* und Welt-*Erkenntnis*, sondern auf Selbst-*Gestaltung* und Welt-*Gestaltung* kommt es primär an. Soll die Erkenntnis sich produktiv auswirken, so kann sie dies nur als Instrument des Produktiven. Nicht der erkennende, sondern der "produktive" Mensch ist Nietzsches Anliegen. Nicht ohne Grund bringt er die Kunst-Metapher des Bildhauers ins Spiel, denn es geht um die Hervorbringung einer neuen Form. In der weiteren Konsequenz bedeutet dies, daß nicht der erkennende Philosoph, sondern der schöpferische Künstler dem Ideal des produktiven Menschen entspricht. Nietzsches Umkehrung des traditionellen Rangverhältnisses von Kunst und Erkenntnis, demzufolge die Kunst immer der Erkenntnis untergeordnet blieb, läuft in ihrer letzten Konsequenz auf die Verabsolutierung des Produktiven, d.h. der Hervorbringung eines Neuen, hinaus. Später führt dies bei Nietzsche zum Bewußtsein der absoluten Verfügungsgewalt des wollenden Subjekts über Welt und Schicksal. Im Brief an Deussen vom 3.1.1888 schreibt er:

> Wer einen eigenen Willen in die Dinge zu legen hat, über den werden die Dinge nicht Herr; zuletzt arrangieren sich die *Zufälle* noch nach unsern eigentlichsten Bedürfnissen. Ich erstaune oft, wie wenig die äußerste Ungunst des Schicksals über einen Willen vermag. (B 8, 221)

Im *amor fati*-Prinzip, in der Identifikation von Willen und Notwendigkeit, erreicht die Freisetzung des wollenden, schaffenden Subjekts ihre höchste Aufgipfelung. Der späte Nietzsche vergleicht sich, in einem Brief an Georg Brandes vom 23.5.1888, mit einem "Goldmacher", einem Alchimisten, der allgemein als unedel angesehene Ausgangsprodukte zu Gold veredelt, in Gold verwandelt. Hier zeigt sich erneut, daß Nietzsche in seinem Denken und Schaffen auf die Herausforderung angewiesen ist. Um produktiv zu werden, bedarf er der provokatorischen Anlässe. Der produktive Entwurf erwächst erst aus der kritischen Destruktion. Er schreibt:

> Im Grunde ist der Goldmacher die verdienstlichste Art Mensch, die es giebt: ich meine der, welcher aus Geringem, Verachtetem etwas Werthvolles und sogar Gold macht. Dieser allein *bereichert*; die andern wechseln nur um. Meine Aufgabe ist ganz kurios dies Mal: ich habe mich gefragt, was bisher von der Menschheit am besten gehaßt, gefürchtet, verachtet worden ist: – und daraus gerade habe ich mein "Gold" gemacht... (B 8, 318; vgl. 13, 501)

Die bisher unterdrückten Werte provozieren bei Nietzsche den Impuls zur Umwertung der konventionellen Wertsysteme. Nietzsches Schaffensantrieb ist geprägt durch die Dialektik von Provokation und Produktion. Erst an dem zu Negierenden entzündet sich der produktive Antrieb. Man kann sogar noch einen Schritt weitergehen und die Frage stellen, ob nicht für Nietzsche die von ihm attackierten Wertsysteme die *conditio sine qua non* des eigenen Schaffens sind.

Zugespitzt: Was wäre Nietzsche ohne die von ihm bekämpfte abendländische Metaphysik und Moral?! Was ohne die Herausforderungen der bisherigen Weltinterpretation?! Damit soll nun allerdings nicht behauptet werden, Nietzsches Schaffen sei lediglich ein Schaffen *ex negativo*. Es sind überschüssige Energien, die im Schaffenden wirksam sind und produktiv verwertet werden wollen. Nietzsche selbst versteht sein Schaffen als ein Schaffen aus dem Überfluß, nicht aus dem Mangel heraus. Aber es bedarf der Initialzündungen, und eben diese Funktion erfüllen die traditionellen Werte.

Nietzsches anthropozentrische Philosophie, die letzte Konsequenz der neuzeitlichen Subjektivität, interpretiert die Seinsqualitäten als Produkt des Menschen, des schätzenden, wertenden und schaffenden Menschen. In einem Fragment vom Herbst 1881 formuliert er:

> Meine Aufgabe: alle die Schönheit und Erhabenheit, die wir den Dingen und den Einbildungen geliehen, zurückfordern als *Eigenthum und Erzeugniß des Menschen* und als schönsten Schmuck, schönste Apologie desselben. Der Mensch als Dichter, als Denker, als Gott, als Macht, als Mitleid. (9, 582 – analog: 13, 41 – 1887/88; vgl. 9, 580; 9, 583; 9, 624; 9, 625)

Die von Kant philosophisch vollzogene Grundlegung der neuzeitlichen Subjektivität wird von Nietzsche extrem zugespitzt. Er geht noch einen entscheidenden Schritt über die Kantische Unterscheidung von Ding an sich und Erscheinung hinaus, indem er das Ding an sich bzw. die Unterscheidung von Ding an sich und Erscheinung auflöst und die Dinge als Produkte des Perspektivismus, als perspektivistische Schätzungen, interpretiert. Es gibt gar kein An-sich, sondern nur ein Für-mich der Dinge. Das Sein als Projektion des schaffenden Subjekts – dies wird zum beherrschenden Gedanken Nietzsches. In den achtziger Jahren wird die Idee des universellen dionysischen Lebens zunehmend überdeckt vom Gedanken des Einzelwillens, der als schaffendes Subjekt die Dinge allererst hervorbringt. Das schaffende Subjekt ist nicht mehr bloßes Instrument des dionysischen Universalwillens, sondern tritt als autonome, omnipotente Kraft in Erscheinung. Freilich, die Interpretation als solche, spezifische Sichtweisen und Theoreme, kann der Mensch nicht abstreifen:

> Wir kommen über die Ästhetik nicht hinaus – ehemals glaubte ich, ein Gott mache sich das Vergnügen, die Welt anzusehen: aber wir haben das Wesen einer Welt, welche die *Menschen* allmählich *geschaffen* haben: *ihre* Ästhetik. (9, 581 – 1881; vgl. 9, 550)

Auch die anthropozentrische "Ästhetik", die das Seiende auf den menschlichen Perspektivismus reduzierende Wahrnehmungslehre, ist nur eine unter möglichen 'Ästhetiken'. Auch die anthropozentrische Interpretation ist Interpretation. Aber sie ist die 'wahre' Interpretation, weil sie den Menschen auf sein Selbstsein zurückführt und damit seine produktiven Energien anstachelt. Bezeichnenderweise sieht Nietzsche nun nicht mehr in der "Natur", sondern im "Menschen" das Zentrum des Schöpferischen:

> Diese Schönheit und Erhabenheit der *Natur*, vor der jeder Mensch klein erscheint, haben wir erst in die Natur *hineingetragen* – und folglich um diesen Theil die Menschheit *beraubt*. Sie muß es büßen. (9, 583 – 1881)

Die Theorie des "Erhabenen" hat ihre eigene Geschichte. Auf ihrem Gipfel hat Kant in der *Kritik der Urteilskraft*, in der *Analytik des Erhabenen*, das "Erhabene" als das Unendliche definiert: "*Erhaben* nennen wir das, was *schlechthin groß* ist." (S. 91). Im Hinblick auf das Erhabene der "Natur" setzt Kant ein spezifisches Wechselverhältnis zwischen der Natur und dem Menschen voraus. Das Erhabene ist nicht eine objektive Qualität der Natur, sondern im Menschen begründet. Kant konstatiert, "daß die wahre Erhabenheit nur im Gemüte des Urteilenden, nicht in dem Naturobjekte, dessen Beurteilung diese Stimmung desselben veranlaßt, müsse gesucht werden" (S. 100 f.). Es ist grundsätzlich festzuhalten, "daß das Erhabene also nicht in den Dingen der Natur, sondern allein in unseren Ideen zu suchen sei" (S. 93 f.). Das "Erhabene" ist in der "Idee" als einer von der Vernunft gebildeten Vorstellung des Unbedingten verankert. "Erhaben ist also die Natur in derjenigen ihrer Erscheinungen, deren Anschauung die Idee ihrer Unendlichkeit bei sich führt." (S. 99). Das "Erhabene" der "Natur", bei dem grundsätzlich zu unterscheiden ist zwischen dem "Mathematisch-Erhabenen" (Sternenhimmel) und dem "Dynamisch-Erhabenen" (Gewitter), ist begründet in "Ideen der Vernunft" (S. 89), während das "Schöne" der "Natur" in derselben selbst angelegt ist: "Zum Schönen der Natur müssen wir einen Grund außer uns suchen, zum Erhabenen aber bloß in uns und der Denkungsart, die in die Vorstellung der ersteren Erhabenheit hineinbringt" (S. 90). Das Schöne ist in der Natur, das Erhabene in den Ideen begründet.[84] Das Erhabene ist, verein-

84 Nach Kant ist das Erhabene begründet im Vermögen der Vernunft, Unbedingtes, Ideen, vorzustellen, z.B. die Idee des Weltganzen oder die Ideen von Gott, Freiheit und Unsterblichkeit, während das Schöne bzw. der "Geschmack am Schönen" "einzig und allein ein uninteressiertes und *freies* Wohlgefallen" ist (KU, 47). In seinem Essay *Beobachtungen über das Gefühl des Schönen und Erhabenen* (1764) hatte Kant das "Erhabene" beschrieben als die "hohen Empfindungen", "von Freundschaft, von Verachtung der Welt, von Ewigkeit", und definiert: "Das Erhabene *rührt*, das Schöne *reizt*." (S. 209). "Das Erhabene muß jederzeit groß, das Schöne kann auch klein sein." (S. 210). Nach Schiller erwächst aus dem "Spieltrieb" als der Synthese aus "Stofftrieb" und "Formtrieb" die "Schönheit". Die "*Schönheit*" ist "*lebende Gestalt*", d.h. die Einheit von"*Leben*" (Gegenwart der Dinge in den "Sinnen") und "*Gestalt*" (Beziehung der Dinge auf die "Denkkräfte"). (Ästhetische Erziehung, 15. Brief, NA XX, 355). Während das Schöne die Harmonie von Bedingtem und Unbedingtem ist, ist das Erhabene durch die Diskrepanz zwischen Bedingtem und Unbedingtem gekennzeichnet. Das Erhabene erwächst aus den realitätstranszendierenden Ideen der Vernunft: "*Erhaben* nennen wir ein Objekt, bey dessen Vorstellung unsre sinnliche Natur ihre Schranken, unsre vernünftige Natur aber ihre Ueberlegenheit, ihre Freyheit von Schranken fühlt; gegen das wir also *physisch* den Kürzern ziehen, über welches wir uns aber *moralisch* d.i. durch Ideen erheben." (Vom Erhabenen, NA XX, 171). "Das Gefühl des Erhabenen besteht einerseits aus dem Gefühl unsrer *Ohnmacht* und Begrenzung, einen Gegenstand zu umfassen, anderseits aber aus dem Gefühl unsrer *Uebermacht*, welche vor keinen Grenzen erschrickt, und dasjenige sich *geistig* unterwirft, dem unsre sinnlichen Kräfte unterliegen." (Vergnügen an tragischen Gegenständen, NA XX, 137). Schiller radikalisiert die transzendentale Fragestellung Kants, indem er von vornherein die Frage nach dem Wesen des Menschen, nach der Möglichkeit des Menschseins stellt und sein Anliegen die Begründung eines ästhetischen Humanismus ist. Auch Schiller hebt hinsichtlich des Erhabenen die Selbstbehauptung vor dem Grenzenlosen hervor. Aber seine idealistische Deutung des Erhabenen, die das "Dynamisch-Erhabene" Kants (dazu: KU, 105 ff.) in das "Praktischerhabene" umwendet (Vom Erhabenen, NA XX, 172 ff.), steht im Zeichen der Frage nach dem Menschsein. – Zur Geschichte des 'Erhabenen' vgl. den Überblick bei *Viëtor*, Die Idee des Erhabenen.

facht formuliert, das Erlebnis der unermeßlichen Größe der Natur. Dabei wird die Größe der Natur zum Probierstein des menschlichen Widerstands- und Selbstbehauptungsvermögens. Kant argumentiert:

> und wir nennen diese Gegenstände gern erhaben, weil sie die Seelenstärke über ihr gewöhnliches Mittelmaß erhöhen und ein Vermögen zu widerstehen von ganz anderer Art in uns entdecken lassen, welches uns Mut macht, uns mit der scheinbaren Allgewalt der Natur messen zu können. (S. 107)

Nietzsche, der die traditionellen Theorien des Erhabenen nicht eigens reflektiert hat und auch keine eigene Theorie des Erhabenen entwickelt, sondern den Begriff eher in summarischer Notation verwendet, steht in bestimmter Hinsicht in der Nachfolge Kants. Sowohl die Rückkoppelung des Erhabenen an den Menschen als auch die Idee der inneren Stabilisierung des Menschen gegenüber der Übermacht der Natur entsprechen im Prinzip den Vorstellungen Nietzsches. Aber Nietzsche treibt die 'Subjektivierung' noch weiter voran. Er interpretiert die Erhabenheit der Natur als *bloße* Projektion des Menschen. Die Kantische Wechselwirkung von Natur und Subjekt, die das Erhabene zwar als Idee der Vernunft ausweist, aber zugleich die Unendlichkeit der Natur als Bedingung des Erhabenen voraussetzt, löst sich bei Nietzsche auf in der Subjektivität, im Gedanken der fiktionsbildenden Subjektivität, die ihre eigene Befindlichkeit auf die Außenwelt überträgt. Es ist Nietzsches Bestreben, die Fabrikation der Fiktionen zu demaskieren, die Natur-Qualitäten in den Menschen zurückzunehmen und diesen dadurch zu stärken. Dabei ist wesentlich, daß das Erhabene bei Nietzsche nicht mehr eine Idee der Vernunft, sondern ein Sujet des Willens, des Willens zur Macht, ist. Nicht die sittliche Freiheit, sondern der diktatorische Wille ist das Agens des Erhabenen. Es ist allerdings anzumerken, daß Nietzsche nicht mit einem konstanten Begriff des "Erhabenen" operiert. Man muß, wie so häufig bei Nietzsche, die kontextuelle Verwendung des Begriffs beachten. Im zitierten Fragment geht es um den Abbau von Fiktionalität zugunsten des Menschen, und in diesem Zusammenhang wird die Erhabenheit der Natur als bloßer Schein dargestellt. Nietzsches Kritik des 'Erhabenen' (und des 'Schönen') zielt auf Demaskierung eines trügerischen Scheins. So kritisiert er, im Zeichen der "unscheinbaren Wahrheiten", die "Verehrer der *Formen*", "mit ihrem Massstabe des Schönen und Erhabenen" (2, 26 – MA I). Oder er bezeichnet das "Erhabne" als den "Mantel des Hässlichen" (4, 59 – Za). Im *Zarathustra*-Kapitel *Von den Erhabenen* (4, 150 ff.) wird das gewaltsame Pathos der "Erhabenen" verspottet, und Zarathustra plädiert hier sogar für die vom "Willen", vom drängenden Willen, befreite "Schönheit", für die "Schönheit" als höchste, 'göttliche' Form der Selbstbespiegelung (dazu: *Martini*, Wagnis, 52). Bei anders gelagerter Problemstellung kann der Begriff des Erhabenen durchaus eine spezifische Dignität gewinnen. Wenn es um das wahrhaft "Große" geht, fordert Nietzsche die Hinwendung zum "Erhabenen": "*Das Festhalten des Erhabenen*!" (7, 426). In den *Zarathustra*-Notizen findet sich z.B. die Wendung: "Ihr seid mir der Stein, in dem das erhabenste aller Bildwerke schläft: es giebt keinen anderen

Stein." (10, 448; analog: 10, 356). Das potentielle "Bildwerk", d.h. der zu schaffende Übermensch, ist von unüberbietbarer Erhabenheit. Dies verdeutlicht erneut, daß Nietzsche nur das vom Menschen selbst Geschaffene anerkennt und rühmt. Als Produkt des Schaffenden gewinnt das Erhabene bei ihm neue Würde. Nicht das Erhabene der Natur, sondern das Erhabene der Kunst ist Nietzsches primäres Anliegen. Schon in der *Dionysischen Weltanschauung* erscheint das "Erhabene" als die künstlerische Bewältigung und Überwindung des "Entsetzlichen":

> Vor allem galt es jene Ekelgedanken über das Entsetzliche und das Absurde des Daseins in Vorstellungen umzuwandeln, mit denen sich leben läßt: diese sind das *Erhabene* als die künstlerische Bändigung des Entsetzlichen und das *Lächerliche* als die künstlerische Entladung vom Ekel des Absurden. (1, 567 – DW [= 1, 595 – GG]; analog: 1, 57 – GT)[85]

In der *Geburt der Tragödie* taucht diese Passage, leicht variiert, erneut auf, und zwar unter ausdrücklichem Hinweis auf die "rettende, heilkundige Zauberin, die *Kunst*", die allein diese Verwandlung zu leisten vermöge (1, 57 – GT). Freilich, dort besteht auch noch die erhabene Natur, da ja, im Problemzusammenhang der Idee des dionysischen Weltwillens, die Natur selbst der "Urkünstler" ist (1, 48 – GT). Vom "dionysischen Menschen" heißt es: "auf den unverhüllten und unverkümmert grossartigen Schriftzügen der Natur weilte sein Auge in erhabener Befriedigung" (1, 58 – GT). In dem Maße, in dem das schaffende Subjekt ins Zentrum der Reflexionen Nietzsches rückt, wird auch das 'Erhabene', bei Nietzsche ein Synonym für Größe und Unendlichkeit, zu einer Kategorie der Subjektivität. Um 1887/88 notiert er in Selbstzitation nochmals das zitierte Fragment vom Herbst 1881, in dem er die "Schönheit und Erhabenheit" der Dinge als Projektion des Menschen interpretiert (9, 582), und nochmals spricht er, in leichter Paraphrase, im Hinblick auf den Menschen den schon Jahre zuvor artikulierten Gedanken aus:

> Das war bisher seine größte Selbstlosigkeit, daß er bewunderte und anbetete und sich zu verbergen wußte, daß *er* es war, der das geschaffen hat, was er bewunderte. (13, 41)

---

85 Goethe hielt noch Abstand zum "Absurden", zum Mißtönenden und Sinnwidrigen. "Deswegen sagte man ganz richtig: 'Wer die Menschen betrügen will, muß vor allen Dingen das Absurde plausibel machen.' " (Maximen und Reflexionen, HA XII, 409). Das "Absurde" ist das "Falsche" (ebd.). Aber dann 'lächelt' er über seine "Mühe", "das Vernünftige sowohl als das Absurde palpabel zu machen. Nach und nach wird man beides erfassen und anerkennen." (ebd., 464). Aber für Goethe war das "Absurde" noch nicht das 'Nihilistische'. Es ist "eigentlich ein Nichts" (HA XI, 242 [It. Reise]). Bei Nietzsche gewinnt es diese Dimension, und Nietzsche versucht, das "Absurde" durch die Kunst zu überwinden. Freilich, auch Goethe notiert: "Das Absurde, mit Geschmack dargestellt, erregt Widerwillen und Bewunderung." (ebd., 488). Aber hier geht es um die ästhetische Bewältigung des Absurden, nicht um die Überwindung des Absurden durch einen neuen Daseinsentwurf. Bei Nietzsche steht das "Absurde" (bei ihm noch ein marginaler Begriff) im Problemfeld von Nihilismus und Kunst. Sartre und Camus kennen diese Rettung vor dem Nichts durch die Kunst nicht mehr. Sie reagieren auf das Absurde, d.h. die Sinnlosigkeit des Daseins, mit der Forderung, das Nichts auszuhalten, in einem Akt der menschlichen Freiheit. Der Sinn des Absurden liegt in diesem Freiheitsakt. Deshalb erklärt Camus: "Wir müssen uns *Sisyphos* als einen glücklichen Menschen vorstellen." (*Camus*, Sisyphos, 101).

Nietzsche, der sich selbst immer wieder in die Natur zurückzog und wie kaum ein anderer das Gebirge und das Meer liebte, deutet doch die Hinwendung des modernen Menschen zur Natur als Folge fehlender menschlicher Größe. In der *Fröhlichen Wissenschaft* lautet eine charakteristische Sentenz: "*Was uns fehlt.* – Wir lieben die *grosse* Natur und haben sie entdeckt: das kommt daher, dass in unserem Kopfe die grossen Menschen fehlen." (3, 496 – FW).[86] An anderer Stelle heißt es: "So gehen auch die Menschen in die große Natur, nicht um *sich* zu finden, sondern um sich in ihr zu verlieren und zu vergessen." (III, 419). Nicht die Natur, nicht die Größe der Natur, sondern der Mensch, die Größe, das Selbstsein des Menschen bestimmt Nietzsches Perspektive. Die Natur ist eine Schöpfung des Menschen, denn es waren die "Menschen", die "die *Natur erfanden*" (9, 625; vgl. 9, 580).

Nietzsches denkerische und künstlerische Bestrebungen zielen auf Größe ab. Der entscheidende Schritt, den er vollzieht, ist die unbedingte und ausschließliche Verlagerung der Größe auf den Menschen, d.h. auf den Schaffenden. Im Emerson-Exemplar (Herbst 1881) notiert er:

> Das neue Große nicht über sich, nicht außer sich sehen, sondern aus ihm eine neue Funktion unser selbst machen / Wir sind der Ozean, in den alle Flüsse des Großen fließen müssen. / Wie gefährlich ist es, wenn der Glaube an die Universalität unser selbst *fehlt*! Viel Art von Glauben thut *noth*. (9, 621)

In den Exzerpten aus Emersons Essays heißt es:

> Ich will die ganze Geschichte in eigner Person durchleben und alle Macht und Gewalt mir zu eigen machen, mich weder vor Königen noch irgend einer Größe beugen. (9, 666 – 1882 – Kontamination aus Emerson [vgl. *Baumgarten*, Das Vorbild Emersons, 36 f.])

Man hat zu Recht auf die Affinitäten zwischen Carlyles "Heroes", Emersons "Representative Men" und Nietzsches "Übermenschen" hingewiesen (vgl. *Wiecki,* Carlyle – Emerson – Nietzsche).[87] Der gemeinsame Nenner liegt in der Verehrung der großen Männer als der eigentlichen Antriebskräfte der Geschichte. Aber Nietzsche geht es nicht nur um die Vergegenwärtigung der historischen Größe, sondern um einen neuen Daseinsentwurf, und insofern reicht seine Konzeption weit über die usuellen Vorstellungen vom großen Mann hinaus. So versteht er auch den "Egoismus":

> Egoismus! Wenn wir uns nicht zu allererst und fortwährend um uns selber drehten, wir hielten es nicht aus, irgend einer Sonne nachzulaufen! (9, 661; vgl. 3, 359 – FWS – Sternen-Egoismus)

86 "Umgekehrt die Griechen: ihr Naturgefühl ist ein anderes, als das unsrige." (ebd.). Während in der Antike die Natur nur die Kulisse des Menschen ist, ist sie in der Neuzeit in den Mittelpunkt gerückt, und der Mensch versteht sich von der Natur her. Nietzsches Kritik zielt auf die moderne Naturschwärmerei. Er wendet sich gegen den "*weichlichen* und *feigen Begriff* '**Natur**' ", gegen den "Rousseauschen Naturbegriff", und verweist auf das "Furchtbare, Unerbittliche und Cynische" der Natur (12, 558). Dies ist die wahre " 'Rückkehr zur Natur'" (vgl. 12, 407). Vgl. 11, 66; 12, 310.

87 Zu den Emerson-Exzerpten vgl. *Baumgarten*, Das Vorbild Emersons. – Zu Emerson weiterhin: *Vivarelli*, Nietzsche und Emerson; *Gilman*, Emerson-Lektüre; immer noch informativ: *Andler*, Nietzsche I, 340-370.

Das "Insichgegründetsein und Aussichleben" (*Jaspers*, Nietzsche, 155) ist konstitutiv für Nietzsches Selbst- und Weltverständnis. Nietzsche hat aber nicht nur die existentielle Selbsterfahrung, sondern darüber hinaus die aus ihr erwachsende historische Wirkung im Blickfeld, denn die Erfahrungen der großen Ausnahmeexistenzen wirken sich prägend auf die Allgemeinheit aus:

> Im kleinen und erbärmlichen Leben klingen trotzdem die Akkorde des *großen Lebens vergangener* Menschen hindurch: jede *Werthschätzung* hat in großen Bewegungen einzelner Seelen ihre Herkunft. (9, 656)

Die existentiellen Erfahrungen der großen Einzelnen haben repräsentative Bedeutung. Sie sind die historischen Keime, aus denen langfristig neue, die Epochen bestimmende Bewußtseinslagen und Weltbilder erwachsen. Nietzsche selbst sieht sich in einer historischen Kontinuität, wenn er auf große geschichtliche Vorläufer verweist. Er huldigt konsequent dem Mythos des großen Mannes: "Ein Volk ist der Umschweif der Natur, um zu sechs, sieben grossen Männern zu kommen. – Ja: und um dann um sie herum zu kommen." (5, 95 – JGB; vgl. 10, 105)[88].

Nietzsches Apotheose des großen Menschen und der daraus für ihn selber erwachsende absolute Anspruch können kollidieren mit der empirischen Person des Schaffenden. Die persönlichen Lebensumstände, die durch Krankheiten, Isoliertsein und Alltagstrivialität bedingte Misere Nietzsches, stehen in krassem Widerspruch zu dem in den Schriften sich zeigenden Pathos des Schaffens, der Größe und der Weltumgestaltung. In gewissem Sinne führt Nietzsche selbst das "erbärmliche Leben", von dem er im zitierten Fragment spricht. Aber er versucht, es durch große Daseinsentwürfe zu kompensieren. Dennoch bedrängen ihn die Kalamitäten der Alltäglichkeit bis zu bedrohlichen Krisen, bis an den Rand der Zerstörung, der Zerstörung durch die Umwelt und der Selbstzerstörung. Die Kollision von Schaffen und Leben, von großem Daseinsentwurf und empirischer Existenz, wird für Nietzsche zu einem immer bedrängenderen Problem. Am 3.9.1878 schreibt er an Overbeck: "ich habe in fünf, sechs wesentlichen Punkten mir Freiheit und Unabhängigkeit erobert, mit großen Opfern freilich. Nun muß die Gesundheit vorwärts, dann kommt auch wieder mehr Freude." (B 5, 351).[89] Nietzsche löst die Spannung zwischen Alltagsexistenz und Daseinsentwurf 'dialektisch', indem er den Realitätsdruck als produktive Herausforderung deutet. Da er gerade im "Zustande des Leidens" die "lehrreichsten

---

88 Ganz im Sinne Nietzsches verkündet noch Gottfried Benn im Gedicht *Dennoch die Schwerter halten* (GW III, 182), unter Anspielung auf Nietzsche ("Sils-Maria Wind"), die Apotheose der "großen Männer":

> Der soziologische Nenner,
> der hinter Jahrtausenden schlief,
> heißt: ein paar große Männer
> und die litten tief.

89 Nietzsche hat den Willen zur unbedingten Unabhängigkeit: "Es ist die Sache der Wenigsten, unabhängig zu sein: – es ist ein Vorrecht der Starken." (5, 47 – JGB). "Nicht an einer Person hängen bleiben: und sei sie die geliebteste, – jede Person ist ein Gefängniss, auch ein Winkel. [...] Man muss wissen, *sich zu bewahren*: stärkste Probe der Unabhängigkeit." (5, 59 – JGB). Solche Unabhängigkeitserklärungen gehören zum geistigen Habitus Nietzsches. Nietzsches wachsender Kommunikationsverlust ist nicht zuletzt in diesem absoluten Unabhängigkeitsimpetus begründet.

Proben und Experimente" macht (B 6, 3 – Januar 1880 – an Otto Eiser), hat der Existenzdruck im Sinne der Philosophie der Experimentalexistenz zuletzt eine produktive Funktion. Dennoch handelt es sich um eine permanente, existenzgefährdende Spannung. Am 31.10.1880 schreibt Nietzsche an Overbeck:

> Ich weiß nämlich *sehr oft* nicht, wie ich meine Schwäche (an Geist und Gesundheit und andern Dingen) und Stärke (im Schauen von Aussichten und Aufgaben) mit einander ertragen könne. (B 6, 43)

Damit ist im biographischen Bereich das Problem angeschnitten, das auch die Philosophie Nietzsches, vor allem auch die Kunstauffassung, bestimmt. Es zeigt sich eine enge Verbindung zwischen Existenz und Werk. Am 18.12.1879 schreibt Nietzsche mit Blick auf *Menschliches, Allzumenschliches* mit den beiden Nachträgen *Vermischte Meinungen und Sprüche* und *Der Wanderer und sein Schatten* an seinen Verleger Ernst Schmeitzner:

> Die ganze "*Menschlichkeit*" mit den 2 Anhängen ist aus der Zeit der bittersten und anhaltendsten Schmerzen – und scheint mir doch ein Ding voller Gesundheit. Dies ist mein *Triumph*. (B 5, 471)

Was hier ansteht, ist nicht nur die Überwindung der Krankheit durch den Schaffensprozeß, sondern auch die Deutung der Krankheit als Voraussetzung des produktiven Aktes, des großangelegten Schaffens. Im schon erwähnten Brief an Brandes vom 23.5.1888 schreibt Nietzsche: "Die Geschichte meiner Frühlinge, seit 15 Jahren zum Mindesten, war nämlich eine Schauergeschichte, eine Fatalität von décadence und Schwäche." (B 8, 318). Da er sich im gleichen Brief als "Goldmacher", d.h. als großen Schaffenden, begreift, wird erneut die Wechselwirkung von Lebensschwäche und Produktivität deutlich. Nietzsche registriert an sich selber die Symptome der "décadence" und verweist zugleich auf seine schöpferische Aktivität. Wenn Nietzsche bezüglich der eigenen Person von *décadence* spricht, so hat er doch zugleich die produktive Überwindung der *décadence* im Blickfeld. In *Ecce homo* erklärt er: "Abgerechnet nämlich, dass ich ein décadent bin, bin ich auch dessen Gegensatz." (6, 266 – EH).[90] Diese Paradoxie löst sich auf, wenn man Nietzsches Idee des Schöpferischen berücksichtigt. Er argumentiert, daß seine Lebensschwächen nur Symptome seien, daß er konstitutionell gesund sei und daß die Krankheit nur seinen Willen zum Leben angestachelt habe. Es ist gerade die Krankheit, die die Gesundheit provoziert. Die Krankheit erscheint als Stimulans der schöpferischen Selbstbehauptung des Ich. Nietzsche:

> Denn man gebe Acht darauf: die Jahre meiner niedrigsten Vitalität waren es, wo ich *aufhörte*, Pessimist zu sein: der Instinkt der Selbst-Wiederherstellung *verbot* mir eine Philosophie der Armuth und Entmuthigung... (6, 267 – EH [= 13, 631])

---

90 In den Vorarbeiten zu *Ecce homo* akzentuiert Nietzsche noch entschiedener: "Abgerechnet nämlich davon, daß ich ein décadent bin, bin ich auch dessen Gegentheil im vollsten Sinne." (13, 631). Nietzsche ist überzeugt, daß die 'Gesundheit' seine Substanz ist, während die Dekadenz nur ein Akzidens darstellt. "Als summa summarum war ich gesund, als Winkel, als Specialität war ich décadent." (6, 266 – EH [= 13, 631]).

Diese Äußerungen sind in doppelter Hinsicht höchst aufschlußreich. Erstens signalisieren sie ganz eindeutig den unlöslichen Zusammenhang von Leben und Schaffen, Existenz und Werk bei Nietzsche. Er betont ausdrücklich, daß seine Philosophie, d.h. seine Philosophie der Lebensstärke, das Produkt seines Selbsterhaltungstriebs sei. Wenngleich Nietzsches philosophische Grundgedanken sich keineswegs monokausal aus seiner Lebenssituation erklären lassen, so spielt dieselbe doch zumindest in der Zuspitzung bestimmter Probleme eine entscheidende Rolle. Zweitens verdeutlichen die Hinweise das produktive Wechselverhältnis von Vitalschwäche und Schaffensimpuls bei Nietzsche. Nietzsche deshalb der *décadence*-Literatur zuzuordnen[91], ist allerdings nicht unproblematisch. Nicht ohne Grund endet das thematisierte Textstück mit der Sentenz: "Wohlan, ich bin das *Gegenstück* eines décadent: denn ich beschrieb eben *mich.*" (6, 267 – EH [= 13, 632]). Was beschrieb Nietzsche? Den Typus des 'gesunden', "wohlgerathnen Menschen" (ebd.). Seinem Selbstverständnis zufolge hat man bei Nietzsche zu unterscheiden zwischen substantieller Gesundheit und akzidenteller Krankheit:

> Ich nahm mich selbst in die Hand, ich machte mich selbst wieder gesund: die Bedingung dazu – jeder Physiologe wird das zugeben – ist, *dass man im Grunde gesund ist.* Ein typisch morbides Wesen kann nicht gesund werden, noch weniger sich selbst gesund machen; für einen typisch Gesunden kann umgekehrt Kranksein sogar ein energisches *Stimulans* zum Leben, zum Mehr-leben sein. (6, 266 – EH; vgl. 13, 631)

Dieser so ausgeprägt voluntaristische Zug im Denken und Verhalten Nietzsches ist kaum mit der *décadence*-Symptomatik vereinbar. Der Wille, der Wille zum Leben, der sogar aus der Krankheit produktive Energien gewinnt, ist die Grundlage der neuen Philosophie: "ich machte aus meinem Willen zur Gesundheit, zum *Leben*, meine Philosophie..." (6, 267 – EH). So spricht kein *décadent.* Es fehlen bei Nietzsche, in Leben und Werk, die spezifischen Merkmale bzw. Stigmata des *décadent.* Am wenigsten hatte er vom Dandy an sich. Dazu war er einfach zu deutsch-protestantisch, zu rigoros, zu apodiktisch, zu sehr dem Ethos einer Pflichterfüllung, der Erfüllung einer Pflicht gegenüber dem Leben, verpflichtet. Nietzsche war kein *décadent*, schon gar kein literarischer. Wenn literarische *décadence* auf Weltschmerz, sinnliches Raffinement, den Kult des Verderbten und Schönen, die Neigung zum Krankhaften, Nervösen, Überfeinerten, die Lust am Kulturverfall und an einer höchst verfeinerten, aber morbiden Kunstwelt mit ihren speziellen Finessen und unwägbaren atmosphärischen Valeurs hinausläuft, dann war Nietzsche eher das Gegenteil eines *décadent.* Wenn er den Begriff *décadent* auf sich selber anwendet, dann spielt er ironisch mit dem Begriff, mit der *reservatio mentalis*, daß er im Grunde das "Gegenstück" sei. Zudem ist zu berücksichtigen, daß mit der Selbstbezeichnung *décadent* nicht die *décadence* als ästhetisches Phänomen, sondern die eigene Vitalschwä-

---

91 Vgl. dazu u.a. Pfotenhauer, der detailliert auf Nietzsches Kritik der europäischen *décadence*-Literaten eingeht, aber offenbar zugleich die innere Affinität Nietzsches zur *décadence* herausstellen möchte (vgl. *Pfotenhauer*, Physiologie, 97-122). Aber Nietzsche versteht unter der ihm anhaftenden *décadence* nicht einen 'ästhetischen' Lebensstil, sondern seine 'bionegative' Körperlichkeit.

che gemeint ist. Typische *décadents* sind für Nietzsche Wagner und Baudelaire. Wagner ist "ein morsch gewordner verzweifelnder décadent" (6, 431 – NW). Seine "Musik" ist 'verkleideter' Nihilismus und Buddhismus, "er schmeichelt jeder Christlichkeit, jeder religiösen Ausdrucksform der décadence" (6, 43 – WA)[92]. Nietzsche sieht letztlich den Gegensatz zwischen der Dekadenz und dem Dionysischen weniger als innere Spannung in seiner eigenen Person angelegt als vielmehr im Antagonismus Wagner – Nietzsche ausgeprägt. Diesen Widerstreit hält er für den "Gegensatz eines décadent und einer aus der Überfülle der Kraft herausschaffenden, das heißt *dionysischen* Natur" (B 8, 517 – 10.12.88 – an Ferdinand Avenarius).[93] Bei Wagner diagnostiziert Nietzsche Erschöpfungssymptome. Zugleich konstatiert er Affinitäten zwischen Wagner und Baudelaire:

> Wer war der erste *intelligente* Anhänger Wagner's überhaupt? Charles Baudelaire, derselbe, der zuerst Delacroix verstand, jener typische décadent, in dem sich ein ganzes Geschlecht von Artisten wiedererkannt hat – er war vielleicht auch der letzte... (6, 289 – EH; vgl. 13, 601)

Daß Nietzsche Baudelaire als geistigen Gewährsmann der von ihm wiederholt höchst abschätzig beurteilten "Artisten" bezeichnet, zeigt zur Genüge seine Vorbehalte. Im Brief an Köselitz vom 26.2.1888 wird Baudelaire von ihm apostrophiert als "jener bizarre Dreiviertels-Narr", der "libertin, mystisch, 'satanisch', aber vor allem Wagnerisch" sei (B 8, 263), ein begeisterter Wagnerianer, dem man noch, als er "halb irre war und langsam zu Grunde gieng, *Wagner*sche Musik wie *Medizin*" vorspielte (B 8, 264)[94]. Obschon Baudelaire auch auf Nietzsche eine gewisse Faszination ausgeübt hat[95], verhält er sich doch

---

92 Nietzsches Polemik schließt eine gewisse Faszination nicht aus. Er hat ein feines Gespür für die Subtilitäten des *Parsifal*, für das "Raffinement im Bündniss von Schönheit und Krankheit" (ebd.). Mit dem geschärften Blick des Gegners, der sich der Ausstrahlungskraft des Befehdeten nie ganz zu entziehen vermag, erkennt er die Perfektion der Wagnerschen Kunst.

93 Nun könnte man dies als Kraftpose eines im Grunde von der *décadence* Gezeichneten abtun. Aber dann bliebe immer noch der Impetus Nietzsches zur Überwindung der *décadence* eine *differentia specialis* gegenüber den Künstlern der *décadence*. Zudem fehlen sowohl im Lebensverhalten als auch in den Schriften Nietzsches die Symptome der *décadence*. Nietzsches Zarathustra ist der Gegentypus zum Künstler der *décadence*. "Zarathustra ist kein décadent. Seine Lieder sind aus der Genesung entsprungen und zeigen den Überschuß an Leben [...]" (*Koch*, Zarathustra, 252). Obschon er ihn biologistisch mißversteht, hat Benn nicht ganz unrecht, wenn er Zarathustra als "Naturburschen" apostrophiert (*Benn*, Weinhaus Wolf, 147). Nietzsche verurteilt die *décadence* als Ästhetizismus: "die Künstler der décadence, welche im Grunde *nihilistisch* zum Leben stehn, *flüchten* in die *Schönheit der Form*..." (12, 557). Freilich es ergibt sich für Nietzsche auch ein dialektischer Zusammenhang zwischen *décadence* und Leben. Er fordert die produktive Ausnutzung der *décadence*: "Man muß dieses Zu-Grunde-gehen so leiten, daß es den Stärksten eine neue Existenzform ermöglicht." (10, 497). "NB. Grundsatz: es giebt etwas von Verfall in allem, was den modernen Menschen anzeigt: aber dicht neben der Krankheit stehen Anzeichen einer unerprobten Kraft und Mächtigkeit der Seele." (11, 496 f.).

94 Baudelaire ist für Nietzsche das poetische Äquivalent Wagners: "seine Dichtung hat etwas von dem, was man in Deutschland Gemüth oder 'unendliche Melodie' und mitunter auch 'Katzenjammer' nennt. [...] Es ist viel Wagner in Baudelaire." (11, 601).

95 Ob Nietzsche trotz aller vehementen Baudelaire-Kritik "Momente" aufweist, "die eine geheime Identifikation Nietzsches mit Baudelaire verraten" (*Pestalozzi*, Baudelaire-Rezeption, 177), ist fraglich. Nietzsche ist eher der deutsch-protestantische Gegentypus zu den lasziven Dämonien und ästhetizistischen Subtilitäten eines Charles Baudelaire. Für die "Haschisch-Welt" Baudelaires hat Nietzsche nur Ironie übrig (13, 601).

primär kritisch zu ihm. Baudelaires "Fluch auf die Wollust" (11, 61 – 1884)[96] widerstrebte Nietzsches unbedingter Bejahung der Sinnlichkeit. Die Spannung von Sinnlichkeit und Spiritualität, von Tier und Engel, die Melancholie und Langeweile, die Neigung zu Tod und Dekadenz, der Kult der gemachten, künstlichen Dinge und der Dandysmus[97] – alle diese Ingredienzien Baudelaires sind Nietzsche im Grunde wesensfremd. Vom Dandy hatte er so gut wie nichts an sich – sieht man von gewissen Eigentümlichkeiten am Ende seiner geistigen Existenz ab. *Künstliche* Paradiese waren seine Sache nicht. Gelegentlich kokettiert er ein wenig mit der *décadence*, aber im Prinzip sind seine Tendenzen gegenläufiger Art. Immer wieder betont er, daß er die nervöse Reizbarkeit und die krankheitsbedingten Krisen produktiv überwunden habe. Er habe die sein ganzes Leben durchziehende physische Anfälligkeit siegreich überwunden:

> Die Consequenzen eines solchen Lebens kamen in den letzten Jahren zum "Ausbruch" – eruptiv, in jeder Hinsicht, und beinahe zerstörend. Aber *dies* "beinahe" ist meinem ganzen Leben an die Stirn geschrieben – zuletzt bin ich bis jetzt doch noch "der Siegreiche". (B 6, 514 – 23.7.84 – an Overbeck)

Nietzsche denkt immer in den Kategorien von Stärke und Schwäche, Überlegenheit und Unterlegenheit, Sieg und Niederlage. So ist Richard Wagner nur "scheinbar der Siegreichste" (6, 431 – NW), in Wirklichkeit ein Besiegter, während Nietzsche sich selber als den "Siegreichen" empfindet. Dieses Siegen-Wollen zeigt sich nicht nur im Bewältigen der eigenen Krankheiten, sondern auch auf philosophischem, künstlerischem und ästhetischem Gebiet. Die Loslösung von Wagner und Schopenhauer ist auch Ausdruck eines Emanzipationsstrebens, des Sieger-sein-Wollens in der Konkurrenz der divergierenden Daseinsentwürfe und Weltinterpretationen, kurz: des Willens zur Macht. Wenn der junge Nietzsche den "Wettkampf" als den "edelsten hellenischen Grundgedanken" bezeichnet (1, 792 – CV; vgl. 3, 46 – M), so betrifft dies ihn selber, denn er war ein Agonist *pur sang* und hat sich sein Leben lang als eine Art Wettkämpfer verstanden. Ein Aphorismus der *Morgenröthe* lautet: "*Feld-Apotheke der Seele.* – Welches ist das stärkste Heilmittel? – Der Sieg." (3, 330 – M). Und an anderer Stelle heißt es:

> Und verbreitet sich nicht ein grauer Schimmer von *Erfolglosigkeit* dadurch über die Welt, dass man immer kämpfende Athleten, ungeheure Gebärden und nirgends einen bekränzten und siegesgemuthen Sieger sieht? (3, 326 – M)

---

96 Am fremdesten dürfte Nietzsche Baudelaires Satanismus gewesen sein. Für Baudelaire steht der Mensch in der Spannung zwischen dem Streben nach Gott und der Neigung zum Satan, zwischen idealem Streben und tierischer Lust, zwischen "Dieu" und "Satan", "spiritualité" und "animalité" (*Baudelaire*, Mon Cœur mis à nu, 1277).

97 Sartre hat in seinem brillanten, freilich höchst eigenwilligen Baudelaire-Essay diese Symptomatik des großen *poète maudit* eindrucksvoll beschrieben. Aber er rückt Baudelaire ganz ins Licht seiner eigenen Philosophie der Freiheit, verwandelt ihn unter dem Vorzeichen der 'Urwahl', des *choix originel*, in einen Vorläufer des Existenzialismus und entzieht ihn damit im Grunde der *décadence*. Die "Urwahl, die Baudelaire für sich selbst getroffen hat", besagt, "daß die freie Wahl, die der Mensch in sich selbst trifft, genau zusammenfällt mit dem, was wir Schicksal nennen" (*Sartre*, Baudelaire, 156 u. 158). Das aber ist nicht mehr Baudelaire, sondern Nietzsche. Sartre hat Baudelaire gewissermaßen in einen Nietzscheaner verwandelt.

Der "Sieg" als Selbsterhaltungs- und Selbstbestätigungsmittel – dies ist eine Nietzschesche Grundidee, eine Idee, die immer wieder seine Geistesvitalität stimulierte. Es ist allerdings kennzeichnend für die ihm anhaftende vibrierende Unruhe und die permanente Mobilität seines Denkens, daß er das Sich-Beruhigen im "Sieg" als Gefährdung des schöpferischen Lebens als eines Prozesses *in infinitum* ansieht. Was er in der ersten *Unzeitgemäßen* im Hinblick auf die fatalen kulturellen und kulturpolitischen Folgen des deutsch-französischen Krieges feststellt, betrifft in einem tieferen Sinne die Dialektik von Sieg und Niederlage schlechthin:

> [...] ein grosser Sieg ist eine grosse Gefahr. Die menschliche Natur erträgt ihn schwerer als eine Niederlage; ja es scheint selbst leichter zu sein, einen solchen Sieg zu erringen, als ihn so zu ertragen, dass daraus keine schwerere Niederlage entsteht. (1, 159 – DS)

Wird der "Sieg" zum Selbstzweck und dient nicht der Weiterentwicklung kultureller oder existentieller Perspektiven, hat er die Lähmung der geistigen Kräfte zur Folge und führt zur Erstarrung des Produktiven. Auch die Kunst unterliegt der Dialektik von 'Sieg' und 'Niederlage'. Im Zeichen der Philosophie des permanent schöpferischen, d.h. ständig über sich hinaus wollenden Lebens vollzieht sich Nietzsches Kunstdenken im Umfeld des Antagonismus von Lebensstärke und Lebensschwäche, unter entsprechender Klassifizierung und Wertung der Erscheinungsformen der Kunst. Daß Nietzsche unter diesen Auspizien die statisch-autonome Kunst als Erstarrung des schöpferischen Lebens ablehnt und für das lebensbezogene, lebensdynamische Kunstwerk plädiert, liegt in der Konsequenz seiner Philosophie des 'Lebens'. Der entscheidende Aspekt der Nietzscheschen 'Ästhetik' ist die leidenschaftliche Forderung nach einer Kunst, die weder, als engagierte, sozialkritische Kunst, die empirische Wirklichkeit abspiegelt noch, als absolute Kunst, sich in die reine Welt der ästhetischen Formen zurückzieht.

V. Dionysische, klassische und romantische Kunst

1. Die dionysische Kunst

> –: die Wirkung der Kunstwerke ist die *Erregung des kunstschaffenden Zustandes*, des Rausches... / –: das Wesentliche an der Kunst bleibt ihre Daseins-*Vollendung*, ihr Hervorbringen der Vollkommenheit und Fülle / Kunst ist wesentlich *Bejahung, Segnung, Vergöttlichung des Daseins...* / –: Was bedeutet eine *pessimistische Kunst*? . . Ist das nicht eine contradictio? – Ja. (13, 241 – 1888)

In diesem Fragment vom Frühjahr 1888 sind zentrale Aspekte der Nietzscheschen Kunstanschauung formuliert: 1) Die Kunst ist Ausdruck der Überenergie des schöpferischen Lebens, des "Rausches". Dabei ist der schöpferische Rausch kein Zustand der unbewußten Produktion, sondern das "Dionysische" manifestiert sich im "Willen", im "Geist": "das *Dionysische* in Wille, Geist, Geschmack." (13, 90). 2) Die Kunst ist absolute Daseinsbejahung. Die Daseinsverneinung ist ein Widerspruch zur Kunst, zur wahren Kunst. Im schöpferischen Prozeß ist auch die Verneinung die Funktion eines produktiven Antriebs: "die Lust am Neinsagen und Neinthun aus einer ungeheuren Kraft und Spannung des Jasagens" (13, 90). 3) Die Kunst wird primär im Lichte des produktionsästhetischen Aspekts gesehen, unter Berücksichtigung des wirkungsästhetischen Gesichtspunkts, während die werkästhetischen Fragen in den Hintergrund treten.

Nietzsche bedenkt das Wesen der Kunst vom Leben her, und zwar im Lichte des Antagonismus von Lebenssteigerung und Lebensschwächung, jenes fundamentalen Widerstreits, der sein Denken und Schaffen von den Anfängen bis in die späten Jahre bestimmt und geradezu zum eingeschliffenen Denkmuster wird. Vor allem in den achtziger Jahren tritt der Nietzsches Daseinsauffassung und Kunstanschauung prägende Grundgedanke immer beherrschender in den Vordergrund, der Gedanke nämlich, daß das Leben bzw. das Maß an Lebensstärke oder Lebensschwäche das Wertkriterium aller Erscheinungsformen des Daseins und damit auch und insbesondere der Kunst zu sein habe. Dies ist das in allen Schaffensperioden festzustellende ästhetische Credo Nietzsches, ungeachtet spezifischer Abwandlungen hinsichtlich der stärker im vor-subjektiven Leben oder im schaffenden Subjekt selbst zentrierten Kunst. Das Prinzip des dionysischen, d.h. elementaren und schöpferischen Lebens leitet das Kunstdenken Nietzsches in allen Phasen seines Schaffens und seiner Kunstreflexionen. Diesen Grundsatz vertritt er immer mit leidenschaftlichem Engagement, mit allem ihm zur Verfügung stehenden Pathos und immer wieder mit vehementer, schonungsloser Polemik. Schon in der 1870 geschriebenen Abhandlung *Die dionysische Weltanschauung* stellt Nietzsche die "dionysische Kunst", im Zeichen der Duplizität des Dionysischen und Apollinischen, als Elementarkunst des Lebens, des dem Subjekt vorgeschalteten universellen Lebens heraus. Von der "dionysischen Kunst", d.h. den "Dionysos-Festen" der Griechen, heißt es: "Das principium individuationis wird [...] durchbrochen, das Subjektive verschwindet ganz vor der hervorbrechenden Gewalt des Generell-Menschlichen, ja des Allgemein-Natürlichen." (1, 554 f. – DW).[98] Die "dionysische Kunst" bezeichnet hier noch nicht die individuelle Tätigkeit des 'Künstlers', sondern die ekstatische Identifikation des Menschen mit den Elementarkräften der Natur. Hier ist die "dionysische" Kunst noch keine monologische Kunst, sondern eine im kultischen Ritual des Festes sich manifestierende "Kunst". Im ekstatischen Fest stellt sich Kommunikation zwischen den Menschen her und fühlt der Mensch sich mit dem Lebensgrund verbunden (vgl. bes. 1, 29 f. – GT u. 1, 555 u. 1, 575 – DW). Noch der spätere Nietzsche sieht im Fehlen der Feste, der dionysischen Feste, einen fundamentalen Mangel der modernen europäischen Kultur. So wirft er dem Christentum vor, daß unter ihm "jede eigentliche Feststimmung zum Teufel geht", und definiert das "Fest" als "ein göttliches Jasagen

98 Zur festlichen Gestaltung des Dithyrambus bei den Griechen vgl. *Koller*, Musik, 86 ff.

zu sich aus animaler Fülle und Vollkommenheit – lauter Zustände, zu denen der Christ nicht ehrlich Ja sagen darf. / *Das Fest ist Heidenthum* par excellence." (12, 553).[99] Der Gegensatz von christlichem und dionysischem 'Fest' ist auch im *Zarathustra* thematisiert, und zwar im *Eselsfest*. Für Zarathustra ist das Fest, das der "alte Papst", der "kluge Zauberer" und der "Wanderer und Schatten" feiern, ein "Eselsfest", da es den "alten Gott" wieder inthronisiert (4, 390 f. – Za). Der heidnische Zarathustra hingegen, der das Festbedürfnis seiner Gesprächspartner durchschaut hat, erklärt: "mich dünkt, solchen Blumen, wie ihr seid, thun *neue Feste* noth" (4, 393 – Za).[100]

Anfang der siebziger Jahre spielt der später so dominante Gegensatz von dionysischer und christlicher Weltanschauung bei Nietzsche noch kaum eine Rolle. Zu dieser Zeit verfaßt er, getragen von einem kosmischen Einheitsgefühl, genialische Panegyriken an die dionysische Natur. Es ist dabei nicht unwesentlich, daß er bei aller Betonung der ekstatischen Unmittelbarkeit auch den Aspekt des "Spiels" hervorhebt: "Die dionysische Kunst dagegen beruht auf dem Spiel mit dem Rausche, mit der Verzückung." (1, 554 – DW). An anderer Stelle heißt es:

> Diese Welt offenbart sich in einem Spiel mit dem Rausche, nicht in einem völligen Verschlungensein durch denselben. Im Schauspieler erkennen wir den dionysischen Menschen wieder, den instinktiven Dichter Sänger Tänzer, aber als *gespielten* dionysischen Menschen. (1, 567 – DW)[101]

Der "Spiel"-Begriff meint hier noch nicht das artifizielle Spielen des geistig hochdifferenzierten 'Künstlers', des schaffenden Subjekts, mit dem Weltstoff, sondern verweist darauf, daß der Dionysos-Kult ein Spiel, eine szenische Darstellung, ein Schauspiel mit Schauspielern war. Nietzsche verwendet den Begriff "Spiel" in diesem Kontext in einem doppelten Sinne. Das "Spiel" bezieht er erstens auf die Relation "Natur" – "Mensch" und zweitens auf die Relation "dionysischer Künstler" – "Rausch". Es heißt: "Wenn nun der Rausch das

---

99 Exkurs 19.

100 Das "Eselsfest" ist allerdings von schillernder Zweideutigkeit. Einerseits ist das Eselsfest, das im Mittelalter als parodistische Messe zur Erinnerung an die Flucht nach Ägypten inszeniert wurde (dazu: *Floegel*, Das Grotesk-Komische, 205 ff.), bei Nietzsche eine blasphemische Parodie auf das christliche Abendmahl (vgl. 4, 394 – Za; dazu: Luk. 22, 19). Andererseits ist das Eselsfest ein 'dionysisches' Narrenfest; "der Esel war des Dionysos Thier", und so ist er im *Zarathustra* auch das Tier der "dionysischen Weisheit" (*Naumann*, Zarathustra-Commentar IV, 195). Zarathustra, der Meister der Zweideutigkeit, rückt das Eselsfest ins Zwielicht von Narrentum und Festfreude: "ein kleiner tapferer Unsinn, irgend ein Gottesdienst und Eselsfest, irgend ein alter fröhlicher Zarathustra-Narr, ein Brausewind, der euch die Seelen hell bläst." (4, 393 – Za). In den *Zarathustra*-Notizen heißt es: "die Weisen froh zeitweilig sich unwissend und thöricht zu fühlen (*Narren* zu werden – **Narrenfest**") (10, 549). Im Hinblick auf das "Eselsfest" hat Nietzsche Leckys *Geschichte des Ursprungs und Einflusses der Aufklärung in Europa* benutzt (vgl. den Hinweis in 14, 343). Bei Lecky fehlt allerdings das Ironisch-Zweideutige in der Behandlung des Sujets. Ihm geht es um die aufklärerische Beschreibung des Eselsfestes als antikirchliche Parodie und Satire (vgl. *Lecky*, Aufklärung, 244 f.).

101 Nietzsche verkündet nicht eine naive Identifikation mit dem dionysischen Weltwillen, sondern ist sich durchaus des mit der szenischen Darbietung des Dionysos verbundenen Spielcharakters bewußt. Der "im Actus der künstlerischen Zeugung mit jenem Urkünstler der Welt" 'verschmelzende' "Genius" ist "zugleich Subject und Object, zugleich Dichter, Schauspieler und Zuschauer" (1, 47 f. – GT).

Spiel der Natur mit dem Menschen ist, so ist das Schaffen des dionysischen Künstlers das Spiel mit dem Rausche." (1, 555 – DW). Dem Begriff "dionysischer Künstler" haftet an dieser Stelle eine gewisse Doppeldeutigkeit an, denn es ist nicht ganz klar, ob Nietzsche hier unter dem "dionysischen Künstler" den unmittelbar vorher genannten "Künstler Dionysos" oder den unmittelbar darauf genannten "Dionysosdiener" versteht. Wie es sich damit auch verhält, entscheidend ist, daß Nietzsche nicht nur das Elementar-Spiel der Natur, sondern auch das Kunst-Spiel, d.h. die szenische Darstellung des Dionysos, im Blickfeld hat. Der szenische Dionysos ist eine Symbol-Figur. Er "symbolisirt" die "Wirkungen" des Rausches (1, 554 – DW). Das kultische, szenische Geschehen ist das symbolische Abbild des Urgeschehens. Die szenisch-symbolische Darstellung setzt aber in aller Ekstase ein gewisses Maß an Distanz und Reflexion bei dem Schauspieler resp. dem "Dionysosdiener" voraus. "So muß der Dionysosdiener im Rausche sein und zugleich hinter sich als Beobachter auf der Lauer liegen. Nicht im Wechsel von Besonnenheit und Rausch, sondern im Nebeneinander zeigt sich das dionysische Künstlerthum." (1, 555 f. – DW). An dieser Stelle, an der der Begriff des "dionysischen Künstlerthums" eindeutig auf den "Dionysosdiener", d.h. den Darsteller des Dionysos und seine Begleiter, bezogen ist, wird deutlich, daß schon der frühe Nietzsche bei allem Pathos der Unmittelbarkeit den "dionysischen" Künstler unter einem Doppelaspekt sieht, denn er vereinigt in sich unlöslich das Elementarerlebnis mit dem Spiel- und Kunstbewußtsein. Nietzsche vergleicht diese Symbiose von Rausch und Bewußtheit mit jenem Traumzustand, "wenn man träumt und zugleich den Traum als Traum spürt" (1, 555 – DW). Es kommt hinzu, daß die Darsteller der Gottheiten in den kultischen Spielen nicht einfach nur ein vorgegebenes mythisches Schema reproduzieren, sondern "aus dem kultischen Spiel der Aufführung und Darstellung geborene Wesen" sind, "die sich in jedem Spiel neu schaffen in der Mimesis des griechischen Tanzes" (*Koller*, Musik, 20).[102] Der "dionysische Künstler" ist ein Berauschter, der zugleich ein Bewußtsein des Rausches hat und sich im Spiel mit der Gottheit zu identifizieren versucht. Es zeichnen sich somit drei konstitutive Elemente des "dionysischen Künstlers" ab: 1. das Rauschgefühl, 2. das Spielbewußtsein und 3. der Schaffensakt. Diese drei Elemente sind auch weiterhin grundlegende Bestandteile der Nietzscheschen Auffassung von der Kunst und dem Künstler. In jenen frühen Jahren freilich ist der "dionysische

102 Cassirer betont die Realpräsenz des 'Gottes' im Spiel: "Es ist kein bloßes Schaustück und Schauspiel, das der Tänzer, der in einem mythischen Drama mitwirkt, aufführt; sondern der Tänzer *ist* der Gott, *wird* zum Gott." Es handelt sich um ein "Grundgefühl der Identität, der realen Identifizierung": "Was in diesen Riten, wie in den meisten Mysterienkulten vorgeht – das ist keine bloß nachahmende *Darstellung* eines Vorgangs, sondern es ist der Vorgang selbst und sein unmittelbarer *Vollzug*" (*Cassirer*, Symbolische Formen II, 52). "Am Anfang des mythischen Tuns steht auch hier der *Mimus*: und dieser hat nirgends bloß 'ästhetischen', bloß darstellenden Sinn. Der Tänzer, der in der Maske des Gottes oder Dämons erscheint, ahmt in ihr nicht nur den Gott oder Dämon nach, sondern er nimmt seine Natur an, er wandelt sich in ihn und verschmilzt mit ihm." (ebd., 285). Auch für Nietzsche ist "nicht der Darstellungscharakter des Spieles das Entscheidende", nicht die "ästhetische" Darstellung im "Schauspiel", sondern entscheidend ist die "Musik": "Für die Musik fällt die Frage nach der Gegenständlichkeit des Spieles nicht mehr ins Gewicht." (*Heidemann*, Spiel, 21). Hier ist allerdings die Frage, ob nicht auch in der Musik ein Spielmoment erhalten bleibt (vgl. 1, 47 f. – GT).

Künstler" noch der "Dionysosdiener", d.h. Vollzugsorgan und Instrument der Elementarmächte. Später wird er sich zum autonomen schaffenden Subjekt emanzipieren, aber auch in diesem selbständigen kreativen Subjekt ist das 'Dionysische' weiter lebendig. Der Gedanke des jungen Nietzsche, daß der "dionysische Untergrund der Welt" das "Fundament aller Existenz" sei (1, 155 – GT), ist vom späteren Nietzsche nie dementiert worden, ja, er beherrscht Nietzsches Denken bis zum Ende, bis zur Selbstidentifikation mit dem Dionysos.

Zum vollen Verständnis des Dionysischen gehört die Einsicht, daß das Dionysische nicht nur eine Eruption, sondern auch ein Spiel ist. In der Vorstellungswelt Nietzsches ist das "Spiel" die zweckfreie, schöpferische Selbstentfaltung des Lebens, der das Wesen der Welt selbst ausmachende Vollzug. Daher ist dem "Dionysischen" das "Spiel" inhärent, es ist seinem Wesen nach "Spiel". Der "Wille", sowohl der Einzelwille als auch der Universalwille, ist gekennzeichnet durch den Spielcharakter. Die unlösliche Einheit von "Wille" und "Spiel" ist ein Axiom Nietzscheschen Denkens. Das Spiel impliziert die Totalität des Lebens, denn auch die negativen, dissonanten Aspekte des Lebens sind Ausdruck des "Spiels". In der *Geburt der Tragödie* konstatiert Nietzsche, "dass selbst das Hässliche und Disharmonische ein künstlerisches Spiel ist, welches der Wille, in der ewigen Fülle seiner Lust, mit sich selbst spielt" (1, 152 – GT). Da Nietzsche im "Spiel" das Schöpferische selbst sieht, bezeichnet er es als "künstlerisch", und da das "Spiel" im Wesen der Welt, im Wesen des Lebens selbst angelegt ist, kann er das Spiel des Weltwillens als "Urphänomen der dionysischen Kunst" deuten und von einer "Metaphysik der Kunst" sprechen (ebd.). Damit löst sich bereits der junge Nietzsche mit aller Entschiedenheit von der traditionellen Deutung des Spiels. In der Tradition der abendländischen Metaphysik und Ästhetik wird das "Spiel" hauptsächlich als "Nachahmung", "Abbild" und "Spiegelbild" verstanden, "aus dem Abstand zum eigentlichen Sein der IDEA bestimmt" (*Fink*, Spiel, 112 f. u. 115). Damit ist das Spiel im Prinzip funktionalisiert. Es übt eine Symbol- und Vermittlungsfunktion aus. Im Spiel erfolgt die sinnbildliche Vermittlung der Idee. Nietzsche ist bestrebt, das Spiel aus der Vermittlungsfunktion, der Vermittlung der Idee, zu lösen, um es als reine, zweckfreie Eigenbewegung des Lebens ins Blickfeld zu rücken. Er beruft sich auf Schillers Fundamentalsatz: "der Mensch spielt nur, wo er in voller Bedeutung des Worts Mensch ist, und *er ist nur da ganz Mensch, wo er spielt.*" (*Schiller*, Ästhetische Erziehung, NA XX, 359). Nietzsche notiert: "Der Mensch erst Mensch, wenn er spielt, sagt Schiller: die olympische Götterwelt (und das Griechenthum) sind Repräsentanten." (7, 74). In der Vorstellung vom Spiel als der wahren Selbstverwirklichung des Menschen stimmt Nietzsche mit Schiller überein. Er übersieht allerdings, daß Schiller den Griechen vorhält, "daß sie in den Olympus versetzten, was auf der Erde sollte ausgeführt werden" (ebd.). Schiller setzt das Spiel in Beziehung zur Schönheit und zur Moralität. Durch das im Element des Schönen sich entfaltende Spiel wird der Mensch veredelt. Das Spiel übt eine humanisierende, moralische Wirkung auf den Menschen aus. Nietzsche hingegen löst das "Spiel" sowohl aus der symbolischen Vermittlungsfunktion als auch aus der humanisierenden Funktion des ästhetischen

Scheins. Er läßt darüber hinaus die "spielfeindliche und spielverdeckende metaphysische Tradition" (*Fink*, Spiel, 242) hinter sich, um das "Spiel" als die reine, zweckfreie schöpferische Selbstentfaltung des Lebens, des "Dionysischen", zu interpretieren. In der Abhandlung *Die Philosophie im tragischen Zeitalter der Griechen* (1873) schreibt er, Heraklit habe beim "Spiel lärmender Kinder" "bedacht, was nie ein Mensch, bei solcher Gelegenheit bedacht hat: das Spiel des großen Weltenkindes Zeus" (1, 834 – PHG).[103] Das banale Kinder-Spiel erscheint als Abbild des metaphysischen Weltenspiels. Rein, zwecklos, selbstgenugsam wie das Spiel der Kinder ist das Leben selbst. Mit Bezug auf Heraklits Philosophie des Werdens stellt Nietzsche einen inversiven Zusammenhang zwischen Werden, Notwendigkeit und Spiel her:

> Das, was er schaute, *die Lehre vom Gesetz im Werden und vom Spiel in der Nothwendigkeit*, muß von jetzt ab ewig geschaut werden: er hat von diesem größten Schauspiel den Vorhang aufgezogen. (1, 835 – PHG)[104]

Nietzsche begreift das Sein als "Werden", sieht im "Werden" das "Gesetz" des Lebens überhaupt und deutet das "Spiel" als ein dieser "Nothwendigkeit" immanentes Phänomen. Innerhalb der dem Leben vorgezeichneten Notwendigkeit des Werdens ist das Spiel Ausdruck der Freiheit bzw. des freien, schöpferischen Spiels des Lebens mit sich selber. Man könnte dies auch eine Metaphysik des Spiels nennen. Es eröffnet sich der im Grunde ungeheuerliche, noch nicht voll ausgedachte Gedanke, daß die Welt nichts als ein "Spiel" sei, ein unaufhörliches Spiel, ein sinn-, ziel- und zweckloses Spiel, das sein Genügen an sich selber hat. Später werden bei Gottfried Benn ähnliche Vorstellungen über die Welt als Spiel auftauchen, wenn auch nicht im Sinne des dionysischen Lebens, sondern im Lichte einer universellen Melancholie. In Benns spätem Gedicht *Melancholie*, geschrieben zwei Jahre vor seinem Tode, heißt es: "der Äon träumt, der Äon ist ein Knabe, / der mit sich selbst auf einem Brette spielt" (GW III, 304).[105] Auch hier die Vorstellung, daß das Leben selbst, das Weltalter bzw. die Ewigkeit, nichts sei als ein Spiel, und auch hier der Vergleich mit dem Kinder-Spiel. Benns "Äon" – was ist er anderes als der ins Melancholische, Orphische gewendete Künstler-Gott Nietzsches?! Im übrigen findet sich der Vergleich des Äons mit dem Kind bereits bei Nietzsche, denn dieser formuliert in der Heraklit-Deutung:

> Ein Werden und Vergehen, ein Bauen und Zerstören, ohne jede moralische Zurechnung, in ewig gleicher Unschuld, hat in dieser Welt allein das Spiel des Künstlers und des Kindes. Und so, wie das Kind und der Künstler spielt, spielt

---

103 Das "Spiel lärmender Kinder" ist ein Symbol für das "Spiel des großen Weltenkindes Zeus und den ewigen Scherz einer Weltzertrümmerung und einer Weltentstehung" (1, 758 – CV). Von "Heraklit dem Dunklen" wird die "weltbildende Kraft einem Kinde verglichen", "das spielend Steine hin und her setzt und Sandhaufen aufbaut und wieder einwirft" (1, 153 – GT). Nietzsche spielt an auf Heraklits Sentenz: "Die Lebenszeit ist ein Knabe, der spielt, hin und her die Brettsteine setzt: Knabenregiment!" (*Herakleitos*, Fragment 52). Vgl. auch Fragment 70: "Kinderspiele *nannte er die menschlichen Meinungen.*"

104 Exkurs 20.

105 Exkurs 21.

> das ewig lebendige Feuer, baut auf und zerstört, in Unschuld – und dieses Spiel spielt der Aeon mit sich. (1, 830 – PHG)

Nietzsche interpretiert die Welt aus sich selber. Er ist bestrebt, alle über die Welt hinausdeutenden, transzendenten Sinnbezüge abzuweisen und die Welt als ein ewiges, immanentes Spiel der Kräfte auszuweisen. Eine lapidare fragmentarische Sentenz lautet: "Die Welt als ein sich selbst gebärendes Kunstwerk ––" (12, 119 – 1885/86). Dies ist Nietzsches weiteste und zugleich prägnanteste Bestimmung der Kunst. Hier ist der Kunstbegriff erstens ins Universelle ausgeweitet und zweitens mit der Kategorie des Schöpferischen gleichgesetzt. Die Welt selbst ist ein "Kunstwerk", das besagt: Sie ist in ihrem Wesen, in ihrer Struktur durch das Werden, das Schöpferische bestimmt. Daß Nietzsche eine solche bedeutungsvolle Definition der "Welt" als "Kunstwerk" noch Mitte der achtziger Jahre, nach dem *Zarathustra*, formuliert, zeigt, daß er auch zu dieser Zeit trotz der dominierenden Idee des schaffenden Subjekts den Gedanken des universell-schöpferischen Lebens nicht aufgegeben hat. Die Kunst, das Dionysische, das Spiel – sie bilden eine wesensmäßige Einheit. Dabei ist die Frage, ob Nietzsche hinsichtlich des universellen Kunstbegriffs noch einen Weltenspieler, die "Personalität eines Spielers" (*Fink*, Spiel, 241), voraussetzt oder ob er die Welt als "Spiel ohne Spieler" (ebd., 230 ff.) versteht. Der "dionysische Weltenkünstler" (1, 30 – GT) – das ist keine personhafte Größe, sondern ein impersonales Es, das schöpferische Leben selbst. In diesem Zusammenhang ist klarzustellen, daß Nietzsche den "Dionysos" nicht als reale Gottheit rezipiert, sondern den Namen "Dionysos" als Symbol benutzt, als Sinnbild des sich selber wollenden und ständig über sich hinaus wollenden Lebens. Im *Versuch einer Selbstkritik* schreibt er, er habe in der *Geburt der Tragödie* eine fundamental neue Weltauslegung mit einem antichristlichen, griechischen Begriff versehen:

> Als Philologe und Mensch der Worte taufte ich sie, nicht ohne einige Freiheit – denn wer wüsste den rechten Namen des Antichrist? – auf den Namen eines griechischen Gottes: ich hiess sie die *dionysische*. – (1, 19 – GT [VS])

In der Tat, das Namengeben spielt bei Nietzsche keine unwesentliche Rolle. Nietzsche ist ein Rhetor, ein Rhetor hohen Grades, der kraft seiner Verfügungsgewalt über die Sprache die Dinge in seine Perspektive zwingt und Symbole setzt, das *res-verba*-Problem, die Ding-Wort-Relation, durch gewissermaßen imperatorische Sprachsetzungen lösend. In der Namengebung "Dionysos" wird durch die Wortsetzung der Sachverhalt auf eine summarische, bedeutungsträchtige Formel gebracht, wie überhaupt Nietzsches Stil ein suggestiv-persuadierender Stil ist. Durch die Faszination der Sprache wird dem Leser die Wahrheit der vorgetragenen Thesen, Maximen und Perspektiven suggeriert. Nietzsches Verherrlichung des "Dionysos" ist nicht zuletzt eine durch die Sprache vollzogene Apotheose. "Dionysos" ist für Nietzsche ein "Wort". In der *Götzen-Dämmerung* schreibt er:

> [...] Damit es die Lust des Schaffens giebt, damit der Wille zum Leben sich ewig selbst bejaht, *muss* es auch ewig die "Qual der Gebärerin" geben... Dies

> Alles bedeutet das Wort Dionysos: ich kenne keine höhere Symbolik als diese *griechische* Symbolik, die der Dionysien. (6, 159 – GD; vgl. 11, 681; 6, 312 – EH)

Damit ist ein Problem angeschnitten, das für Nietzsches Verständnis des Dionysischen von zentraler Bedeutung ist, nämlich die Verquickung des 'Dionysischen' mit dem 'Tragischen', d.h. die Symbiose von Lebenssteigerung und Lebenskrise, von "Schaffen" und "Zerstören", von "Lust" und "Schmerz":

> Es wird ein höchster Zustand von Bejahung des Daseins concipirt, aus dem auch der höchste Schmerz nicht abgerechnet werden kann: der tragisch-dionysische Zustand. (13, 522 – 1888)[106]

"Dionysos" selbst trägt in sich die spannungsvolle Dialektik des "tragisch-dionysischen" Zustandes aus, denn er ist sowohl der zerstückelte Dionysos, der *Dionysos Zagreus*, als auch der aus der Zerstückelung neu hervorgehende Dionysos, der Wiedergeborene, der *Dionysos triumphans*. Der "leidende Dionysus", der "als Knabe von den Titanen zerstückelt" wurde, symbolisiert die Auflösung des Universalwillens in den Individualwillen, in das "Netz des Einzelwillens". Das "eigentlich dionysische *Leiden*" ist die Auflösung der ursprünglichen Einheit in den "Zustand der Individuation". Aber aus "jener Existenz als zerstückelter Gott" erwächst die "Wiedergeburt des Dionysus" (1, 72 – GT). Später wird Nietzsche den Dionysos-Mythos in radikale Opposition zum Christentum stellen:

> "der Gott am Kreuz" ist ein Fluch auf Leben, ein Fingerzeig, sich von ihm zu erlösen / der in Stücke geschnittene Dionysos ist eine *Verheißung* ins Leben: es wird ewig wieder geboren und aus der Zerstörung heimkommen (13, 267 – 1888)

Den jungen Nietzsche beschäftigt das Dionysos-Motiv noch nicht so sehr als antichristliches Motiv, sondern in erster Linie als Möglichkeit der Reintegration in den universellen Lebenszusammenhang. Dieser Mythos entsprach vollkommen den Integrationssehnsüchten des jungen Nietzsche, des Schopenhauer-Jüngers und Wagner-Enthusiasten.

In der Folgezeit spricht Nietzsche allerdings kaum noch schroffe Verdikte gegen die Individuation aus, sondern projiziert das 'Dionysische' in wachsendem Maße gerade in das schaffende Subjekt. Mehr und mehr verknüpft er das Motiv des dionysischen Lebens mit der Philosophie des Willens zur Macht, des

---

106 Der Zustand ist "tragisch", weil das Individuum dem Leiden ausgesetzt ist und schließlich untergeht. Der Zustand ist "dionysisch", weil das Leben selbst aus diesem Prozeß siegreich hervorgeht. In *Ecce homo* spricht Nietzsche von der "*tragischen Weisheit*", die er als erster durch die "Umsetzung des Dionysischen in ein philosophisches Pathos" erreicht habe (6, 312 – EH). Die "tragische Weisheit" besteht in der Einsicht in die Dialektik von untergehendem Individuum und aufgehendem Leben. Wenn der spätere Nietzsche mit dem Gedanken des "tragisch-dionysischen Zustands" an die Konzeption der frühen Tragödienschrift anknüpft, in der von der "tragischen Symbolik" der "dionysischen Kunst" (1, 108 – GT) und auch bereits von der "dionysisch-tragischen Kunst" (1, 102 – GT) die Rede ist, so ist doch nicht zu übersehen, daß nun das schaffende Subjekt stärker akzentuiert ist als das vorsubjektive Leben. In der retrospektiven Deutung der Tragödienschrift tritt der Wille, der Individualwille, stärker in den Vordergrund. Der "*tragisch-dionysische* Zustand" wird als ein "höchster Zustand der Daseins-Bejahung" bezeichnet (13, 229).

Übermenschen und der ewigen Wiederkunft. In einer dezidiert voluntaristischen Denkweise erstrebt er nun kaum noch die Entindividualisierung im Rausch, sondern hebt nun ab auf den Existenzentwurf des schaffenden Subjekts. In der Zarathustra-Phase tritt der Begriff des "Dionysos" gegenüber dem Entwurf des "Übermenschen" sogar auffällig in den Hintergrund. Zarathustra, der vielleicht größte Monologist der Geistesgeschichte, ist nicht auf rauschhaftes Einswerden mit dem Universalwillen angelegt, sondern er ist die Inkarnation des potenzierten Einzelwillens. Hinzu kommt der Wandel der Zeit-Perspektive. In der *Geburt der Tragödie* proklamiert Nietzsche die Regression ins Archaisch-Elementare, im *Zarathustra* verkündet er eine Zukunftsutopie. War der frühe "Dionysos"-Kult Nietzsches Ausdruck einer rückwärtsgewandten Haltung, die von romantischer Sehnsucht nach Wiederbelebung des mythischen Ursprungs getragen war, so ist Zarathustra, unbeschadet der Idee der ewigen Wiederkunft, der Schaffende, dessen Ideal, der "Übermensch", in der Zukunft liegt. Zarathustras Problem ist nicht die Reintegration in rauschhafte Urzustände, sondern das Erschaffen einer ganz neuen Existenzform. Diese kann nur aus dem wollenden Subjekt entstehen. Deshalb erscheint auch das "Leben" im *Zarathustra* kaum noch als übergeordnete Macht, sondern als eine im schaffenden Subjekt konzentrierte Größe. Zarathustras Zwiegespräche mit dem "Leben" sind im Grunde reine Monologe.

Nach der Zarathustra-Zeit tritt das Dionysos-Motiv bei Nietzsche wieder stärker in den Vordergrund. Freilich, das 'Dionysische' ist nun nicht mehr der Universalwille, sondern der Einzelwille. Nun konkretisiert sich das dionysische Leben im schaffenden Subjekt. In *Ecce homo* deutet Nietzsche retrospektiv den *Zarathustra* als Ausdruck der höchsten 'dionysischen' Potenz des Schaffenden:

> Dieses Werk steht durchaus für sich. Lassen wir die Dichter bei Seite: es ist vielleicht überhaupt nie Etwas aus einem gleichen Überfluss von Kraft heraus gethan worden. Mein Begriff "dionysisch" wurde hier *höchste That*; an ihr gemessen erscheint der ganze Rest von menschlichem Thun als arm und bedingt. (6, 343 – EH)

Nietzsche, ein in allem Lebenspathos disziplinierter Geist – verfällt er hier der Hybris, einer maßlosen Selbstüberschätzung, die nichts mehr neben sich gelten läßt und selbst Goethe, Shakespeare und Dante nicht als ranggleich akzeptiert?[107] Dies ist eine schwer zu beantwortende Frage, eine Frage, die zuletzt in

107 Zarathustra ist gegenüber Goethe, Shakespeare und Dante dadurch ausgezeichnet, daß er der einzige ist, "der die Wahrheit erst *schafft*, ein *weltregierender* Geist, ein Schicksal" (6, 343 – EH). Hier betreibt Nietzsche forcierte Selbstapotheose. Freilich, das Wort vom "weltregierenden Geist" stammt von Köselitz, der im Brief an Nietzsche vom 25.10.1888 schreibt: "Welche 'Aufklärungen', welche *Ekstasen des Lernens* verdanke ich Ihrem weltregierenden Geiste!" (B III 6, 337). Aber für Nietzsche ist eine solche Aussage eine unbezweifelbare Realität. Wenn er im Brief an Köselitz vom 13.11.1888 von der " 'Weise des *Weltregierenden*' " spricht (B 8, 467), so kann man dies noch als "ironische Antwort" (*Janz*, Nietzsche II, 658) auf die Huldigung Köselitzens auffassen. Man möchte hier allerdings lieber von hypertrophem Pathos mit ironischem Unterton sprechen. Janz schränkt denn auch ein, daß schon bald die Wendung "Weltregierender" – so im Brief an Strindberg vom 8.12.1888 (B 8, 509) – "mit minder ironischem Tone" verwendet werde (*Janz*, II, 658). Es fragt sich, ob hier überhaupt noch ein ironischer Ton mitschwingt. Durch die Wendung "in aller Unschuld" gibt Nietzsche freilich eine gewisse Distanz zu jener Wendung zu erkennen. Aber im Grunde hält er sich

tiert?[107] Dies ist eine schwer zu beantwortende Frage, eine Frage, die zuletzt in die Kompetenz der literarischen, psychologischen und philosophischen Wertung gehört. Feststellen aber kann man auf jeden Fall, daß Nietzsches hyperbolisches Selbstbewußtsein in dem Grundgedanken begründet ist, im Unterschied selbst zu den größten Dichtern und Denkern der Vergangenheit in Zarathustra eine Gestalt geschaffen zu haben, die zum ersten Mal einen Sinnzusammenhang der Welt nicht nur entdeckt, sondern erschafft. Zarathustra wird apostrophiert als "Einer, der die Wahrheit erst *schafft*, ein *weltregierender* Geist, ein Schicksal" (6, 343 – EH). Wenn Zarathustra somit, aus der Retrospektive, als das *Nonplusultra* des dionysischen, d.h. schöpferischen Menschen hervorgehoben wird, so darf doch nicht übersehen werden, daß er nicht mehr der "Dionysos", der Weltwille, der *Geburt der Tragödie*, sondern ein Individuum, ein Einzelwille, allerdings ein omnipotenter Einzelwille ist. Selbst in der hypertrophen Stilisierung Zarathustras zum Welten-Imperator bleibt Zarathustra an das *principium individuationis* gebunden. Er ist und bleibt ein Individuum. Zarathustra, der sich "als die *höchste Art alles Seienden*" fühlt, wird von Nietzsche dem "Dionysos" gleichgesetzt: "*Aber das ist der Begriff des Dionysos selbst.*" (6, 344 – EH). Bedeutet dies, daß Zarathustra die Reinkarnation des Gottes "Dionysos" im Sinne der *Geburt der Tragödie* ist? Nietzsche stellt eine Implikation zwischen absoluter Daseinsbejahung und dionysischer Lebenssteigerung her. Zarathustra ist der neue Dionysos, weil er das unbedingte, uneingeschränkte Ja zum Dasein in allen seinen Erscheinungsformen sagt: "'In alle Abgründe trage ich noch mein segnendes Jasagen'... *Aber das ist der Begriff des Dionysos noch einmal.*" (6, 345 – EH; vgl. 4, 209 – Za). Das 'Dionysische' ist nun eingefügt in die Umwertungsphilosophie des schaffenden Subjekts:

> Für eine *dionysische* Aufgabe gehört die Härte des Hammers, die *Lust selbst am Vernichten* in entscheidender Weise zu den Vorbedingungen. Der Imperativ "werdet hart!", die unterste Gewissheit darüber, *dass alle Schaffenden hart sind*, ist das eigentliche Abzeichen einer dionysischen Natur. (6, 349 – EH; vgl. 4, 268 – Za)

Es erfolgt die Konkretion des 'Dionysischen' im schaffenden Willen, im imperatorischen Willen, der die traditionellen Wertsysteme radikal auflöst und neue Werte setzt. Bezeichnenderweise spricht Nietzsche hier nicht vom 'Gott' "Dionysos", sondern von der "dionysischen Natur" der "Schaffenden". Im übrigen ist er der Auffassung, mit seiner späten "Dionysos"-Philosophie bruchlos an die *Geburt der Tragödie* anzuknüpfen. Am Ende der *Götzen-Dämmerung* schreibt er im Hinblick auf das "Jasagen zum Leben", zu der das Zerstören einschließenden "Lust des Werdens", er berühre damit wieder seinen Ausgangspunkt:

---

in der Tat für den "Weltregierenden". Es zeigen sich Symptome eines euphorischen Realitätsschwundes und einer damit verbundenen Obsession von der eigenen Omnipotenz. So schreibt er, offenbar ohne selbstironischen Unterton: "Die nächsten Jahre steht die Welt auf dem Kopf: nach dem der alte Gott abgedankt ist, werde *ich* von nun an die Welt regieren." (B 8, 522 – 11.12.88 – an Carl Fuchs). Dennoch sind die Briefe jener Tage, die Briefe bis zur Jahreswende 1888/89, und *Ecce homo* trotz aller egozentrischen Hypertrophien noch nicht die Elaborate eines Geisteskranken. Dazu steckt noch zuviel geistige Energie in ihnen; dazu sind sie noch zu luzid; dazu schneiden sie noch zu sehr Probleme von allgemeinem Interesse an.

> die "Geburt der Tragödie" war meine erste Umwerthung aller Werthe: damit stelle ich mich wieder auf den Boden zurück, aus dem mein Wollen, mein *Können* wächst – ich, der letzte Jünger des Philosophen Dionysos, – ich, der Lehrer der ewigen Wiederkunft... (6, 160 – GD; vgl. 5, 237 ff. – JGB)

Nietzsche betont zu Recht die mit dem Phänomen des 'Dionysischen' gegebene Kontinuität in seinem Denken und Schaffen, aber er reflektiert nicht den Wandel vom dionysischen Universalwillen zum dionysischen Einzelwillen. Aber gerade dies ist ein für das Verständnis des späteren Nietzsche wichtiger Punkt. Das "*dionysische Jasagen* zur Welt" (13, 492), das Nietzsche in den achtziger Jahren fordert, ist eine Daseinsbejahung durch das schaffende Subjekt, das mit der Philosophie des Willens zur Macht, des Übermenschen und der ewigen Wiederkunft einer neuen Weltinterpretation und einem neuen Weltverhalten zum Durchbruch verhelfen will. Diese 'dionysische' Philosophie "will den ewigen Kreislauf" und bejaht uneingeschränkt die Notwendigkeit: "dionysisch zum Dasein stehn –: meine Formel dafür ist amor fati..." (13, 492). Da dieses Daseinsverhalten vom real existierenden Menschen kaum geleistet werden kann, bedarf es des neuen Menschen, und Nietzsche spricht denn auch in diesem Kontext von der Notwendigkeit, daß man sich die "Erhöhung und Steigerung des Menschen ausdenken müßte: *höhere Wesen*" (13, 493), d.h. den Übermenschen. Insofern bilden das dionysische Lebensgefühl, die Bejahung der ewigen Wiederkunft bzw. der *amor fati* und das Ideal des Übermenschen einen einheitlichen Sinnkomplex. Der springende Punkt ist dabei das schaffende Subjekt. Es ist bezeichnend, daß der spätere Nietzsche seine "Dionysos"-Vorstellung auf die "höchsten Menschen wie Caesar, Napoleon [...], insgleichen die höheren Rassen (Italiäner), die Griechen (Odysseus)" überträgt und weiter notiert: "die Verschlagenheit gehört ins *Wesen* der Erhöhung des Menschen... Problem des Schauspielers. Mein Dionysos-Ideal..." (12, 550). Demnach wird das 'Dionysische' nicht nur auf die höheren Menschen bezogen, sondern schließt auch deren Kalkül und Schauspielertum ein. Dies signalisiert den hohen Bewußtseinsgrad, den der spätere Nietzsche dem dionysischen Menschen zugesteht. Im Grunde zwingt er in seinem Begriff des dionysischen Menschen zwei Elemente zusammen: das vorsubjektive Leben und das schaffende Subjekt. So definiert er: "Dionysisch: zeitweilige Identification mit dem Princip des Lebens (Wollust des Märtyrers einbegriffen)." (10, 334). Das deutet auf Preisgabe des *principium individuationis* im Identischwerden mit dem Leben selbst hin. Andererseits spricht der späte Nietzsche auch von "meiner dionysischen Natur" (6, 366 – EH), eine Wendung, die stärker auf das schaffende Subjekt verweist. Das Verhältnis von dionysischem Leben und schaffendem Subjekt ist ein Komplementärverhältnis, ja, man kann sogar von einer Symbiose sprechen. Dennoch ist nicht zu übersehen, daß in dieser Relation die Akzente unterschiedlich gesetzt werden können. Liegt beim frühen Nietzsche der Schwerpunkt noch auf dem universellen Lebensprinzip, so gewinnt später die Idee des schaffenden Subjekts zunehmend an Gewicht, wobei dieses Subjekt als 'dionysisches' Subjekt verstanden wird. In dem generell als "Kunstwerk" vorgestellten "Dasein" (11, 553) ist das schaffende Subjekt der Gipfel.

Nach Nietzsche ist Dionysos bzw. "jenes wundervolle Phänomen", "das den Namen des Dionysos trägt", "einzig erklärbar aus einem *Zuviel* von Kraft" (6, 158 – GD). Dies ist das *punctum saliens* der Nietzscheschen Kunstkonzeption. Die wahre Kunstproduktion ist für Nietzsche die Entladung überschüssiger Kräfte. Der Maßstab, an dem Kunstwerke gemessen werden, ist das in ihnen artikulierte Maß an Stärke, an Lebensstärke, oder an Schwäche, an Lebensschwäche. Im 5. Buch der *Fröhlichen Wissenschaft* (1887) sowie in *Nietzsche contra Wagner* (1888), im Abschnitt *Wir Antipoden*, erklärt Nietzsche apodiktisch, gewissermaßen in einer fazitziehenden *declamatio ex cathedra*:

> Aber es giebt zweierlei Leidende, einmal die an der *Überfülle* des Lebens Leidenden, welche eine dionysische Kunst wollen und ebenso eine tragische Einsicht und Aussicht auf das Leben – und sodann die an der *Verarmung* des Lebens Leidenden, die Ruhe, Stille, glattes Meer *oder* aber den Rausch, den Krampf, die Betäubung von Kunst und Philosophie verlangen. (6, 425 – NW; vgl. 3, 620 – FW, 5. Buch)

Die "dionysische Kunst", die aus der "*Überfülle* des Lebens" erwachsende Kunst ist für Nietzsche die Kunst *katexochen*. Nietzsche, der die "Kunst" immer in der Relation zum "Leben" sieht, hält seine Plädoyers für eine "dionysische" Kunst, weil diese die höchstmögliche Lebenssteigerung darstellt, und zwar sowohl im Hinblick auf den Schöpfer des Kunstwerks als auch hinsichtlich des entsprechend disponierten Rezipienten. Schon der Begriff "dionysische Kunst" signalisiert *per definitionem*, durch das Epitheton "dionysisch", daß diese Kunst weder absolute Kunst noch realistische Kunst ist, daß es in ihr weder um die Kunst als Selbstzweck noch um Darstellung der empirischen Wirklichkeit geht, sondern daß sie Ausdruck der schöpferischen Selbstentfaltung des Lebens resp. des schaffenden Subjekts ist. Auch didaktisch-moralische Intentionen liegen dieser Kunst fern, gemäß der Nietzscheschen Überzeugung, daß das "Dasein" als "Kunstwerk" "gar nicht unter der jurisdictio der Moral" ist (11, 553).

2. Der Antagonismus von dionysischer und romantischer Kunst

Vor allem aber ist es Nietzsches Anliegen, die "dionysische" Kunst gegen die "romantische" Kunst, gegen die *décadence*-Kunst, die Kunst Richard Wagners, abzugrenzen. Nietzsche gewinnt seine positiven Qualifizierungen von Phänomenen in der Regel durch das Sich-Abstoßen von negativen Befunden. Er denkt, argumentiert und klassifiziert fast durchgängig in antithetischen Kategorien. Zur Zeit der *Geburt der Tragödie* entwickelt er seine Idee einer dionysischen Kunst in der Auseinandersetzung mit dem wissenschaftlich-theoretischen Denken, dem Sokratismus. Nachdem er, nicht zuletzt infolge der Entfremdung von Wagner und des damit verbundenen Umschlags vom Kunst-Enthusiasmus in die Kunst-Enttäuschung, vorübergehend die Wissenschaft gegenüber der Kunst favorisiert hat, tendiert er, nach dem radikalen Bruch mit Wagner, in noch stärkerem Maße dazu, seinen Kunstbegriff antagonistisch zu bestimmen. Die Gegnerschaft zu Wagner und die Herausforderung durch Wagner treiben Nietzsche zu einem Extremismus des Denkens und der Formulierungen, in dem es zuletzt nicht mehr um die sachliche, objektive Klärung von Sachverhalten, sondern um eine Art Entscheidungskampf zwischen "Antipoden" zu gehen scheint. An Wagner entzündet sich Nietzsches Selbstbehauptungswille. Nietzsche versteht diese seine geistige Existenz wesentlich mitprägende Auseinandersetzung allerdings nicht nur als eine Privatfehde konkurrierender Geister, sondern vor allem als den Antagonismus zweier Welt-Anschauungen, in dem ein die ganze Epoche betreffendes Problem ausgetragen wird. Die Antipoden haben repräsentative Bedeutung, sie sind die Protagonisten polar entgegengesetzter Daseinsinterpretationen und Welthaltungen, die die ganze gegenwärtige Kultur angehen, und die aus ihrer Gegnerschaft erwachsende Entscheidungssituation ist von allgemeiner Bedeutung, denn sie wirft die Frage auf, ob die europäische Kunst den Weg der Décadence oder des Willens zur Macht gehen, ob sie eine lebensverneinende oder lebensbejahende Kunst sein wird. In der ersten Nachschrift zum Brief an Ferdinand Avenarius vom 10.12.1888 betont Nietzsche das Grundsätzliche seiner Auseinandersetzung mit Wagner:

> Der Gegensatz eines décadent und einer aus der Überfülle der Kraft herausschaffenden, das heißt *dionysischen* Natur, der das Schwerste *Spiel* ist, ist ja zwischen uns handgreiflich (ein Gegensatz, der vielleicht in fünfzig Stellen meiner Bücher ausgedrückt ist, z.B. in der "fröhl. Wissenschaft" S.312 ff). Wir sind verschieden wie arm und reich. [...] ich habe an unzähligen Stellen den biologischen Gegensatz des verarmten und, folglich, *raffinirten* und *brutalen* Kunstinstinkts zum reichen, leichten, im Spiele sich echt bejahenden dargestellt – vergeben Sie mir! sogar mit der von Ihnen gewünschten "ruhig sachlichen Entwickelung der Gründe". (B 8, 517 f.)[108]

Nietzsche, beharrend auf der Sachlichkeit seiner Aussagen, sieht in der Konfrontation mit Wagner den grundsätzlichen, unaufhebbaren Gegensatz zweier Kunstauffassungen und Kunststile. In der Antithese *dionysisch – dekadent*, der Nietzscheschen Fundamental-Antithese, prallen zwei einander schroff entgegengesetzte Lebens- und Kunstkonzeptionen aufeinander. Der dionysische Künstler schafft aus dem Überreichtum seiner Kräfte in spielerischer Freiheit stilistisch vollendete Werke als Ausdruck des schöpferischen Lebens, während

108 Nietzsche bezieht sich in den beiden Briefen an Avenarius vom 10.12.88 (B 8, 516 f., 517 f.) auf die im November 1888 in dem von Avenarius herausgegeben *Kunstwart* erschienene Besprechung von Peter Gast (= Heinrich Köselitz) zum *Fall Wagner* sowie auf den Kommentar von Avenarius zu dieser Besprechung (vgl. *Avenarius*, Wagner-Nietzsche, in: Kunstwart 1888, 52-56; darin: *Gast*, Nietzsche-Wagner). Gast hatte einen Panegyrikus auf Nietzsche verfaßt, seine eminente Bedeutung hervorgehoben ("Mit ihm hat sich eine neue Sphinx vor das Leben hingelagert."), den *Zarathustra* als "das Buch aller Bücher" bezeichnet und seine "antiromantische, antichristliche, antirevolutionäre, antidemokratische Kultur, kurz seine *Vornehmheit*" betont. Avenarius hatte Vorbehalte angemeldet. Nietzsches Schrift sei "eine sehr unerfreuliche Erscheinung", die "Gabe eines überaus espritreichen Feuilletonisten", der "eine ruhig sachliche Entwickelung der Gründe" fehle. Nietzsche, der die kritischen Marginalien von Avenarius ironisch abwehrt, schreibt: "Ich bin Ihnen aufrichtig dankbar für Ihre Kritik, mehr noch als für die ausgezeichneten Worte des Herrn Gast, – ich las sie mit Entzücken" (B 8, 516).

der dekadente Künstler seine konstitutionelle Lebensschwäche durch einen pompösen Suggestiv-Stil zu kompensieren versucht. In der Auseinandersetzung mit Wagner, diesem "Kampf um die geistige Weltherrschaft" (*Hildebrandt*, Wagner und Nietzsche, 493), stehen Person und Sache zur Disposition. Nietzsche will sich als Person, als schaffendes Subjekt, gegenüber dem übermächtigen Einfluß Wagners behaupten, aber neben dieser psychologischen Motivation seiner Gegnerschaft geht es um das philosophische Problem des Lebens, d.h. des Gegensatzes von Lebensstärke und Lebensschwäche, sowie um das ästhetische Problem des Kunst-Stils. In Nietzsches manchmal wie ein Amoklauf anmutenden Attacken gegen Wagner steckt als tieferer Antrieb der Wille zur Selbstfindung, zu einer *ex negativo* zu gewinnenden Fixation und Definition des eigenen Standortes. Nietzsche geht zwar in der Auseinandersetzung mit Wagner von dem festen Denkmuster seiner Leben-Kunst-Problematik aus, operiert mit apodiktischen Formeln und erweckt den Anschein uneingeschränkter Sicherheit des Urteils, aber in Wahrheit handelt es sich, möglicherweise dem Schreibenden gar nicht bewußt, um eine Art Selbstvergewisserungsstrategie, um ein Sich-Vortasten zu einer eigenen ästhetischen, künstlerischen Position. Gerade die Heftigkeit der Argumentation, die vor kaum einer Invektive zurückschreckt, ist ein Indiz der verborgenen Unsicherheit Nietzsches. Er baut sich seinen Gegner in gewissem Sinne selbst auf, stattet ihn mit einer Art Negativ-Katalog aus, um ihn dann an diesen wunden Punkten um so prägnanter treffen zu können. Im Stil des auf stürmische Affekte angelegten *genus vehemens* versucht Nietzsche, den Gegner abzubauen und sich selber aufzubauen. Letzte Absicht dieses dialektischen Manövers, in dem Nietzsche sich einmal mehr als Experimental-Philosoph erweist, ist die Profilierung der 'dionysischen' Kunst-Philosophie. Wenn nicht die objektive Analyse, sondern die subjektive Polemik Nietzsches Auseinandersetzung mit Wagner prägt, so ist dies in der Problematik selbst begründet, denn die Polemik ist das Instrument, das Nietzsche benötigt, um sich mit aller Deutlichkeit gegen Wagner abzugrenzen und die eigenen Perspektiven zu präzisieren. Extreme Zuspitzung und provokative Überzeichnung der Sachverhalte gehören zum *modus operandi*, denn gerade durch die Überzeichnung werden die gegensätzlichen Standpunkte besonders deutlich herausgehoben. Nietzsche ist ein großer Polemiker, ein Provokateur hohen Grades, ja, man geht kaum zu weit, wenn man feststellt, daß das Provozieren sein Lebenselement ist. Es kommt hinzu, daß er, durch psychischen Druck herausgefordert, zu exzessiven Angriffen neigt. Zu Recht kennzeichnet Janz Nietzsches "diffamierende Bemerkungen" als "unbeherrschte Entgleisungen in Zeiten starker Erregung, meist hervorgerufen durch Schwierigkeiten, deren Nietzsche nicht mehr Herr zu werden vermochte" (*Janz*, Briefe, 42). Die Provokation ist bei Nietzsche allerdings nicht nur situativ bedingt, sondern sie erwächst fast durchgängig auch aus grundsdätzlichen, 'weltanschaulichen' Antrieben. Nietzsche treibt die Polemik und die Provokation auf die Spitze, um seiner Herausforderung den stärksten Ausdruck zu verleihen, einer Herausforderung, in der für ihn geistige Entscheidungen von höchster Bedeutung auf dem Spiel stehen. Nietzsches provokatorische Sprache, virtuos inszeniert und gespickt mit allen polemischen Raffinements, richtet sich auch in der persönlichen Invektive auf ein generelles Problem. Es klingt zwar ein wenig grotesk, aber es ist im Prinzip zutreffend, wenn Nietzsche konstatiert:

> ich greife nie Personen an, – ich bediene mich der Person nur wie eines starken Vergrösserungslases, mit dem man einen allgemeinen, aber schleichenden, aber wenig greifbaren Nothstand sichtbar machen kann. [...] So griff ich Wagnern an, genauer die Falschheit, die Instinkt-Halbschlächtigkeit unsrer "Cultur", welche die Raffinirten mit den Reichen, die Späten mit den Grossen verwechselt. (6, 274 f. – EH; vgl. 14, 474)

Nietzsche deutet den Gegensatz zu Wagner als Gegensatz zwischen dionysischer Existenz und dekadentem Schauspielertum. Im übrigen sieht er im Gegensatz von Schöpferkraft und Dekadenz eine zeitlose Typologie des Künstlertums. So notiert er in einem Fragment vom Frühjahr 1888: "Die *bejahenden*, die Niedergangs-Künstler. / *Aufgangs-Künstler – Niedergangs-Künstler: ob sie nicht allen Phasen zugehören ... Ja.*" (13, 264). Freilich, trotz dieser schroffen Antithese zeigen sich innere, verdeckte Beziehungen zwischen den beiden so extrem kontrastierten Künstlertypen. Es besteht trotz aller verbalen Abgrenzung eine geheime Affinität Nietzsches zu Wagner. Bezeichnenderweise empfindet er selbst in der Phase der stärksten Gegnerschaft eine geistige Verbindung zu Wagner und erweist ihm in aller exzessiven Polemik immer noch die Reverenz. So begrüßt er es im Brief vom 14.7.1886 aus Sils-Maria an Overbeck, wenn seine eigenen Werke und die Werke Wagners gemeinsam in einem Verlag erscheinen würden:

> eine Nachbarschaft, die auch mir von Grund aus wohlthut. Denn, Alles in Allem gerechnet, war R<ichard> W<agner> der Einzige bisher, mindestens der Erste, der ein Gefühl davon gehabt hat, was es mit mir auf sich habe. (B 7, 207 f.)

Ausgerechnet von dem so verlästerten großen Antipoden fühlt sich Nietzsche in seinem Wesen und seiner Bedeutung verstanden. Noch im Sommer 1888 schreibt er mit Bezug auf Wagners Sendschreiben *An Friedrich Nietzsche* von 1872:

> Mit Richard Wagner und Frau Cosima Wagner war ich einige Jahre, die zu den werthvollsten meines Lebens gehören, in tiefem Vertrauen und innerstem Einvernehmen verbunden. Wenn ich jetzt zu den *Gegnern* der Wagner'schen Bewegung gehöre, so liegen, wie es sich von selbst versteht, dahinter keine mesquinen Motive. In den gesammelten Werken Wagner's Band IX (wenn ich mich recht erinnere) steht ein Brief an mich, der von unserm Verhältniß Zeugniß ablegt. (B 8, 340 – 21.6.88 – an Karl Knortz; vgl. WSD 9, 295-302)

Ganz losgekommen ist Nietzsche nie von Wagner. Zu tief verwurzelt war die Beziehung, als daß sie völlig hätte getilgt werden können. Noch der Wagner-Gegner Nietzsche erinnert sich dankbar jener Schrift, in der Wagner die *Geburt der Tragödie* verteidigte und die gemeinsamen kulturellen und künstlerischen Bestrebungen hervorhob. Noch der späte Nietzsche anerkennt die Geistesverwandschaft zu seinem kongenialen Widerpart, und er legt Wert darauf, daß die

Gegnerschaft nicht persönlich, sondern sachlich motiviert sei. Im Brief an Avenarius vom 10.12.1888 betont er, daß die Gegnerschaft in der Sache "meine persönlichste Pietät gegen Wagner" nicht beeinträchtige, daß er sich weiterhin "jener unvergeßlichen Zeit der Intimität zwischen uns" erinnere und ihr gerade erst ein "Denkmal" (*Nietzsche contra Wagner*) "gesetzt" habe (B 8, 517; vgl. B 8, 533).

Es ist allerdings charakteristisch für die Ichbezogenheit Nietzsches, daß seine Schriften über andere für ihn eine verdeckte Form der Selbstdarstellung sind. So wirft er Ende Dezember 1888 in einem Briefentwurf Carl Spitteler vor, mit Blick auf den *Fall Wagner*: "Sie haben nicht einmal gemerkt, daß die Schrift über W<agner> von mir handelt." (B 8, 557).[109] Zu den *Unzeitgemäßen Betrachtungen* über Wagner und Schopenhauer merkt er im Brief an Köselitz vom 9.12.1888 an:

> Beide reden nur von mir, *anticipando* ... Weder Wagner, noch Schopenhauer kamen psychologisch drin vor ... Ich habe beide Schriften erst seit 14 Tagen *verstanden*. (8, 515)

Nietzsche deutet die Abhandlungen über seine einstigen Leitfiguren *a posteriori* als Selbstdarstellungen, was insofern zutreffend ist, als er in jenen Schriften in der Tat so etwas wie Selbstvergewisserung und Selbstfindung betrieb, allerdings in einer Verehrungshaltung gegenüber Wagner und Schopenhauer, die er später zu kaschieren versucht. In der Rückschau, zu einer Zeit, in der er eigentlich niemanden neben sich mehr anerkennt, interpretiert er seinen früheren Schopenhauer- und Wagner-Kult als einen *ex negativo* erfolgenden produktiven Antrieb zur Entfaltung der eigenen Perspektiven. Er schreibt, am 21.6.1888:

> die Schrift über Schopenhauer, deren Lektüre ich besonders empfehle, zeigt, wie ein energischer und instinktiv jasagender Geist auch von einem Pessimisten die wohlthätigsten Impulse zu nehmen versteht. (B 8, 340 – an Karl Knortz)

Der einstige Wagnerianer erklärt später, in einem Brief vom 14.12.1887:

> heute scheint es mir eine Excentricität, daß ich Wagnerianer gewesen bin. Es war ein über alle Maaßen gefährliches Experiment; jetzt, wo ich weiß, daß ich *nicht* daran zu Grunde gegangen bin, weiß ich auch, welchen *Sinn* es für mich gehabt hat – es war meine stärkste Charakter-Probe. (B 8, 210 – an Carl Fuchs)

Wagner und Schopenhauer – in der Rückschau sind sie für Nietzsche nur noch Probiersteine des eigenen Denkens und Schaffens, Herausforderungen der eige-

---

109 Nietzsche bezieht sich auf die am 18.11.1888 im Berner *Bund* erschienene Besprechung von *Spitteler*, "Der Fall Wagner". Ein Musikanten-Problem von Friedr. Nietzsche. – Spitteler beschränkt sich in dieser Rezension im wesentlichen auf eine Anhäufung von Zitaten aus dem *Fall Wagner*, wobei er die Wagner-Kritik Nietzsches in einigen Thesen zusammenfaßt. Seine eigene, spärliche Stellungnahme läuft auf eine *laudatio* Nietzsches hinaus. Die Besprechung endet mit der panegyrischen Sentenz: "Das Entscheidende bleibt der Umstand, daß sechs Denker wie Nietzsche eine Nation weiter fördern würden, als Myriaden von Gelehrten und von Philosophen das während eines ganzen Jahrhunderts vermögen." Nietzsche hätte mit diesem Lob eigentlich zufrieden sein können. Statt dessen ist er ungehalten, weil die Besprechung sich in der Hauptsache um seine Wagner-Kritik und nicht um ihn selbst dreht.

nen Präpotenz, Antipoden, deren Sinn darin bestand, sie zu überwinden. Im Grunde handelte es sich bei jenen Panegyriken auf Schopenhauer und Wagner um eine (unbewußte oder verdeckte) Strategie der Selbstaussprache Nietzsches. Nietzsche, der von sich selber sagt, er sei "der unabhängigste und, vielleicht der stärkste Geist, der heute lebt" (B 8, 533 – etwa 17.12.88 – Entwurf an Jean Bourdeau)[110], schreibt am 19.2.1888 an Brandes:

> Die beiden Schriften über Schopenhauer und Richard Wagner stellen, wie mir heute scheint, mehr Selbstbekenntnisse, vor allem *Selbstgelöbnisse* über mich dar als etwa eine wirkliche Psychologie jener mir ebenso tief verwandten als antagonistischen Meister. (B 8, 260)

Dies trifft den Kern des Problems. Nietzsches Verhältnis zu Wagner und Schopenhauer ist in der Tat durch ein spannungsvolles Wechselspiel von Affinität und Antagonismus gekennzeichnet. Es ist eine eigentümliche Dialektik des Sich-Anziehens und Sich-Abstoßens, die Nietzsches Verhalten gegenüber seinen beiden großen geistigen Gewährsmännern prägt und das häufig Zweideutige, die schillernde Ambivalenz seiner Äußerungen erklärt. Bei alledem beharrt er auf der Kontinuität seines Denkens. Er verwahrt sich gegen die von Ferdinand Avenarius im *Kunstwart*, in seinem redaktionellen Kommentar zu Peter Gasts bzw. Heinrich Köselitz' Besprechung des *Fall Wagner*, geäußerte These, es bestehe ein von Nietzsche sachlich nicht begründeter Widerspruch zwischen der früheren Wagner-Verehrung und der späteren Wagner-Gegnerschaft ("Friedrich Nietzsche der Jüngere beweist es Friedrich Nietzsche dem Älteren selbst"). Im Brief an Avenarius vom 10.12.1888 repliziert Nietzsche:

> Der "jüngere" Nietzsche ist niemals über den Punkt-Wagner- mit dem "älteren" Nietzsche in Widerspruch gewesen: es bliebe wohl zu beweisen, daß jenes x von Wesen, dessen Psychologie in der *vierten* Unzeitgemäßen gegeben wird, wirklich etwas mit dem Gatten von Frau Cosima zu thun hat *oder* ... (B 8, 517)

Nietzsches Replik ist ebenso einseitig wie die Kritik von Avenarius. Bei Nietzsche liegt sowohl eine Konstanz als auch ein Wandel vor. Dies wird deutlich am Begriff des 'Dionysischen'. Das Phänomen des 'Dionysischen' ist als solches eine konstante Größe, aber es unterliegt spezifischen Abwandlungen. Wenn Nietzsche nach dem Bruch mit Wagner dessen Kunst immer wieder als den Inbegriff der 'romantischen' Kunst qualifiziert bzw. disqualifiziert, so ist festzustellen, daß er in seiner frühen Zeit die Synthese des 'Dionysischen' und 'Romantischen' vertrat, später hingegen die Antithese von 'Dionysischem' und 'Romantischem' verkündet.

Nietzsche selbst bestreitet allerdings den 'romantischen' Charakter der *Geburt der Tragödie*. Im retrospektiven *Versuch einer Selbstkritik* stellt er ironisch die rhetorische Frage:

> – Aber, mein Herr, was in aller Welt ist Romantik, wenn nicht *Ihr* Buch Romantik ist? Lässt sich der tiefe Hass gegen "Jetztzeit", "Wirklichkeit" und

110 Vgl. Nietzsches Äußerung im Brief an Malwida von Meysenbug Ende Juli 1888: "Ich bin der *unabhängigste* Geist Europa's und der *einzige* deutsche Schriftsteller – das ist Etwas!" (B 8, 378).

"moderne Ideen" weiter treiben, als es in Ihrer Artisten-Metaphysik geschehen ist? [...] Wie? ist Ihr Pessimisten-Buch nicht selbst ein Stück Antigriechenthum und Romantik, selbst etwas "ebenso Berauschendes als Benebelndes", ein Narkotikum jedenfalls, ein Stück Musik sogar, *deutscher* Musik? (1, 21 – GT [VS])

Was Nietzsche hier ironisch in Frage stellt, ist in Wahrheit eine höchst treffende Charakterisierung der *Geburt der Tragödie*. Wirklichkeitsfeindschaft, Gefühlskult, Kunstenthusiasmus, Glaube an die Erneuerung des Lebens durch eine neue Kultur, eine Kunst-Kultur – alle diese Signa insbesondere der deutschen Frühromantik tauchen in Nietzsches genialischer Frühschrift wieder auf.[111] Aber Nietzsche will von romantischen Tendenzen in seinem Denken, Fühlen und Schaffen nichts wissen. Er beruft sich darauf, schon in der *Geburt der Tragödie* im Unterschied zur christlich-harmonischen, sich in "metaphysischer Trösterei" beruhigenden Lösung der "jungen Romantiker" ein dionysisches, heroisches und tragisches Bild des Menschen entfaltet zu haben. Unter Zitation von Textstellen aus der Frühschrift betont er, daß der "tragische Mensch" durch "Selbsterziehung zum Ernst und zum Schrecken" und durch "eine neue Kunst, *die Kunst des metaphysischen Trostes*", eine "Kunst des *diesseitigen* Trostes" ausgezeichnet sei (1, 22 u. 21 – GT [VS]; vgl. 1, 119 – GT). Es ist dieser "heroische Zug ins Ungeheure" (1, 119 – GT; 1, 21 – GT [VS]), der Nietzsche an der neu zu gestaltenden Kultur fasziniert. Die 'tragische' Lösung, die in Nietzsches weltimmanentem Daseinsverständnis den Untergang des Individuums, aber in diesem Untergang den Aufgang des 'dionysischen' Lebens impliziert, ist der 'heroische' Gegenentwurf zum christlich-romantischen Weltbild. Der "metaphysische Trost" liegt nicht in der christlichen Jenseitshoffnung, sondern im Bewußtsein, daß sich gerade im Untergang der Individuen das Leben an sich ständig erneuert. Nicht der christliche Erlösungsgedanke, sondern die Idee des dionysischen Lebens prägt die *Geburt der Tragödie*. Insofern antizipiert diese Schrift in der Tat wesentliche Denkmotive des späteren Nietzsche. Andererseits ist ein romantischer Zug unverkennbar. Das zeigt sich vor allem in der Identifikation mit der romantischen Idee des 'Unbewußten'. Daß Nietzsche in der Tragödienschrift die Schlußverse des *Tristan* zitiert ("ertrinken – versinken – / unbewusst – höchste Lust!") (1, 141 – GT), ist das vielleicht markanteste Indiz für den Romantizismus der Schrift. Andererseits zitiert er auch Verse aus der *Prometheus*-Hymne des jungen Goethe und deutet sie als Selbststeigerung des Menschen "in's Titanische", als Ausdruck der Kraft des Menschen, die "Götter" zu 'zwingen', "sich mit ihm zu verbinden", als "eigentlichen Hymnus der Unfrömmigkeit", als Spannung zwischen dem "kühnen 'Einzelnen'" und der "Götterdämmerung" und Manifestation des "metaphysischen Einsseins" beider Bereiche (1, 67 f. – GT [= 1, 615 – SGT]).[112] Obschon im Motiv der "Götterdämmerung" sowie der *unio mystica* von Mensch und Göttern ein Romantizis-

111 Es ist daher nicht verwunderlich, daß Nietzsche an anderer Stelle die Tragödienschrift nicht nur als "eine Artisten-Metaphysik", sondern auch als "ein Romantiker-Bekenntniß" bezeichnet (12, 115 – 1885/86). Im *Versuch einer Selbstkritik* lehnt er es ironisch ab, ein "Romantiker-Bekenntniss" verfaßt zu haben (1, 21 – GT [VS]). Das "Wesen der Romantik" ist 'zeugender' "*Mangel*" (12, 118).

112 Exkurs 22.

mus Wagnerscher Observanz, hier im Lichte des griechischen Schicksalsgedankens, nicht zu übersehen ist, ist doch die Idee der autonomen Selbstentfaltung des Menschen, das Titanen-Motiv, ein eher unromantisches Motiv. Hier ist Nietzsche weniger Romantiker als Stürmer und Dränger. Generell kann man feststellen, daß sich in der *Geburt der Tragödie* 'romantische', 'dionysische' und 'heroische' Motive mischen.

Nietzsche selbst hat immer wieder den Antagonismus von 'romantischer' und 'dionysischer' Kunst betont. Die "dionysische" Kunst erwächst aus der "*Ueberfülle des Lebens*", während "alle Romantik in Künsten und Erkenntnissen" das Produkt der "*Verarmung des Lebens*" ist (3, 620 – FW, 5. Buch [= 6, 425 – NW]).[113] Schopenhauer und Wagner, "jene berühmtesten und ausdrücklichsten Romantiker", "welche damals von mir *missverstanden* wurden" (3, 620), sind für den späteren Nietzsche prototypische Erscheinungen romantischen Denker- und Künstlertums. Wagner und Schopenhauer werden für Nietzsche in wachsendem Maße zu den großen Antagonisten seiner eigenen Bestrebungen: "sie verneinen das Leben, sie verleumden es, damit sind sie meine Antipoden." (6, 425 [Wir Antipoden]). Die Antithese *dionysisch – romantisch* ist ein Kernmotiv Nietzscheschen Denkens. Wie ein Leitmotiv durchzieht diese Fundamentalalternative die Schriften Nietzsches.[114] Seine Fragestellung lautet:

> Ist die Kunst eine Folge des *Ungenügens am Wirklichen*? Oder ein Ausdruck der *Dankbarkeit über genossenes Glück*? Im ersten Falle *Romantik*, im zweiten Glorien-schein und Dithyrambus (kurz *Apotheosen-Kunst*) [...]" (12, 119 – 1885/86) (Zum "Ueberschuss"-Künstler vgl. 2, 453 – VM [Nr. 173])

Die "*Apotheosen-Kunst*" ist eine Kunst der Verherrlichung des Daseins, erwachsen aus der unbedingten Bejahung von Leben und Welt, aus einem Überschuß an produktiver Energie im Künstler. Der dionysische Künstler ist "*Apotheosen-Künstler*" (ebd.). Vom romantischen Künstler hingegen heißt es: "ein Romantiker ist ein Künstler, den das große Mißvergnügen an sich schöpferisch macht – der von sich und seiner Mitwelt wegblickt, zurückblickt" (12, 117). Während die dionysische Kunst eine Kunst der uneingeschränkten Lebensbejahung ist, mündet die romantische Kunst in den Nihilismus: "Die Kunst und die Vorbereitung des Nihilismus. Romantik (Wagners Nibelungen-Schluß)" (12, 127). Die von der Wagner-Forschung aufgeworfene Frage nach den divergierenden Schlüssen der *Götterdämmerung*, die Frage nach dem "utopischen" Schluß als "Antizipation künftiger Versöhnung", in dem Brünnhilde das "Para-

113 Im Hinblick auf "alle ästhetischen Werthe" kennt Nietzsche nur noch die "Hauptunterscheidung": " 'ist hier der Hunger oder der Ueberfluss schöpferisch geworden?' " (3, 621 – FW, 5. Buch), und noch schärfer: "ist hier der *Hass* gegen das Leben oder der *Überfluss* an Leben schöpferisch geworden?" (6, 426 – NW). Der kritische Impetus dieser Alternative zielt auf die Romantik: "Tiefste Unterscheidung: ob der Hunger oder der Überfluß *schöpferisch* wird? Ersterer erzeugt die *Ideale der Romantik*" (12, 122).

114 Es ist allerdings die Frage, ob nicht das 'Dionysische' erst durch das 'Romantische' zur Entfaltung kommt, ob nicht der 'dionysische' Entwurf seine Energie erst aus der Negation des 'Romantischen' bezieht. Peter Heller ist der Auffassung, Nietzsche stelle mit dem Gegensatz dionysisch – romantisch keine "bloßen Antithesen" auf, sondern vollziehe eine "dialektische Umkehr", "um romantischen Pessimismus in dionysischen umzuwerten" (*Heller*, Romantischer Pessimismus, 30 u. 35 f.).

digma einer künftigen Menschheit" ist, und die Frage nach dem "resignierten" Schluß, der "Resignation und Selbstverneinung , die alle ergreift", im "'Ende der Welt', einer Welt, die nichts als Verhängnis und Verstrickung ist" (*Dahlhaus*, Wagner, 138 f.) – die Komplexität des Nibelungen-Schlusses wird von Nietzsche noch nicht thematisiert. Der "mythologische Weltenbrand als neuer Anfang" (*Wapnewski*, Der traurige Gott, 194-197) – dies ist nicht die Perspektive Nietzsches. Er sieht im Nibelungen-Schluß nur Resignation, Pessimismus, Nihilismus. "Bei Wagner ist bezeichnend, wie er schon dem Ring des Nibelungen einen nihilistischen (ruhe- und endesüchtigen) Schluß gab." (12, 118). Nietzsche verhöhnt die "Nibelungen-Ungeheuer mit der nervösesten Musik" (12, 121 f.). In den frühen Jahren bezeichnete er allerdings den "viergethürmten Nibelungen-Riesenbau" als "Bewegung in die fernste fruchtbringendste, hoffnungsreichste Weite hinaus" (1, 895 – MD). Das "Nibelungenwerk" war ihm "etwas Unglaublich-Gigantisches und Vollendetes, und ohne Gleichen" (B 3, 305 – etwa 11.4.72 – an Rohde), das Werk eines "*Bildners* höchster Art, welcher wie Aeschylus einer kommenden Kunst den Weg zeigt" (1, 490 – WB), ein "ungeheures Gedankensystem ohne die begriffliche Form des Gedankens" (1, 485 – WB). Interessanterweise sieht der frühere Nietzsche die "Wagnerische Musik" und "Rafael's Caecilia" durch eine gemeinsame Ausdruckstendenz, "den Blick aufwärts", verbunden (1, 490 – WB), während der spätere Nietzsche Raffael, Homer und Rubens zu den antiromantischen "*Apotheosen-Künstlern*" zählt (vgl. 12, 119). In *Richard Wagner in Bayreuth* ist die Wagnersche Musik eine Musik, "in welcher es reinstes, sonnenhellstes Glück giebt" (1, 490 – WB). Mit anderen Worten: Dort ist Wagner für Nietzsche ein "Apotheosen-Künstler", ein das Dasein verklärender Künstler, wie Raffael. Später hingegen gehört Raffael, wie Homer und Rubens, für Nietzsche zu den antiromantischen "Apotheosen-Künstlern", während die Musik solche Künstler bisher nicht vorzuweisen habe: "Die Musik hat noch keinen gehabt." (12, 119). Ist für den frühen Nietzsche das 'Romantische' und das 'Dionysische' eine Einheit, die er exemplarisch im Künstlertum Richard Wagners verkörpert sieht, so dominiert in der Folgezeit der Antagonismus von 'Dionysischem' und 'Romantischem', und die Kunst Wagners wird als "unheilbare Romantik" apostrophiert (2, 14 – MA I, Vorrede von 1886). Nun stellt Nietzsche die Frage: "wie müsste eine Musik beschaffen sein, welche nicht mehr romantischen Ursprungs wäre, gleich der deutschen, – sondern *dionysischen*?" (1, 20 – GT [VS] = 12, 117). An eine solche Musik knüpft Nietzsche neue Hoffnung: "Es glaubt daran, daß eine Musik *kommen wird* . . an eine *dionysische* Musik..." (13, 227). Diese neue Musik müßte dem Goetheschen Lebensgefühl entsprechen: "in der Musik fehlt jenes volle, erlösende und bindende Element Goethe" (13, 451). "Warum fehlt Goethe in der deutschen Musik?" (13, 133; vgl. 13, 411).

Nietzsches Absage an die Romantik ist von äußerst forcierter Art. Er wird zum kompromißlosen Kritiker der Romantik. Dennoch ist sein Verhältnis zur Romantik zwiespältig. Er bekämpft die Romantik und ist doch ein geheimer Romantiker, vor allem in seinem Musikenthusiasmus. "Ist er nicht der geborene Romantiker?" (*Joël*, Nietzsche, 67). Im Hinblick auf das "musikalische Lebensgefühl" Nietzsches hat man ihn sogar als "Urromantiker" bezeichnet (*Langer*, Nietzsche, 16). Man hat die latent romantischen Tendenzen Nietzsches vor allem in seinem irrationalen Lebensbegriff, in der Hinwendung zu Traum und Rausch, in der unbedingten Rangerhöhung des Künstlers und der Kunst, in der Musikbegeisterung, aber auch in seinem unsystematischen, Aphorismus und Fragment bevorzugenden Sprachstil gesehen (vgl. *Joël*, Nietzsche, 111 f., 254; *Langer*, Nietzsche, 47; *Behler*, Frühromantische Schule, 60, 67 ff.). Man hat, zu Recht, darauf verwiesen, daß Nietzsches Romantik-Kritik sich weniger auf die Frühromantik als auf die spätere Romantik beziehe und insbesondere die Geistesverwandtschaft zwischen Nietzsche und Friedrich Schlegel hervorgehoben.[115] Man hat in diesem Zusammenhang betont, "wie eng die Schlegelsche Ironie mit dem Phänomen des Dionysischen verbunden ist", "daß Schlegel den ganzen Verlauf der griechischen Literatur und ihre drei Epochen der epischen, lyrischen und dramatischen Zeitalter nach der Konzeption des Apollinischen, Dionysischen und ihrer Vereinigung in der attischen Tragödie entwickelt hat, ohne diese Begriffe freilich selbst zu verwenden" (*Behler*, Schlegel und Nietzsche, 342). Die "Auflösung der begrenzten Ichheit" (Friedrich Schlegel), das "Wechselverhältnis von kritischer Reflexion und künstlerischer Gestaltung" bei Schlegel und Novalis, die Verbindung von "Genialität" und "Kritik", die "Poetisierung der Philosophie" (*Behler*, Reflexion 230 u. 232) – alle diese frühromantischen Ideen sind auch Ingredienzien Nietzscheschen Denkens. Dabei darf allerdings nicht vergessen werden, daß Nietzsche den "magischen Idealismus", die romantische Wesenseinheit von "Natur" und "Geist" (dazu: *Volkmann-Schluck*, Novalis) nicht mitvollzogen hat, wie auch seine "Idealismus"-Kritik die frühromantische Idee des sich verabsolutierenden Geistes einschließt[116]. Vor allem aber entfällt bei Nietzsche der metaphysisch-religiöse Horizont des romantischen Denkens. Andererseits ist Nietzsche der Romantik durch den Gedanken der absoluten *poiesis*, der Verabsolutierung des Schaffens, verbunden. Die für die "Poetik der deutschen Romantik" symptomatische "Abkehr vom Grundsatz der Naturnachahmung" (*Preisendanz*, Romantik, 54-74) und die Verabsolutierung der künstlerischen Schaffenskraft finden später bei Nietzsche ihre Fortsetzung und Zuspitzung. Wenn beispielsweise A.W. Schlegel erklärt, die Poesie sei "nicht an Gegenstände gebunden, sondern sie schafft sich die ihrigen selbst" (*A.W. Schlegel*, Kunstlehre, 225), so ist dies eine Antizipation des Nietzscheschen Poiesis-Gedankens. Bei diesen historischen Motiv-Parallelen muß man aber im Blickfeld behalten, daß Nietzsche sich kaum mit der historischen Romantik beschäftigt hat.[117] Bei ihm ist der Begriff 'romantisch'

---

115 So konstatiert schon Joël: "Nietzsche bekämpft als 'Romantik' nicht die eigentliche Frühromantik um die Jahrhundertwende, sondern die spätere [...]" (*Joël*, Nietzsche, 158 f.). Und Joël hat auch bereits die Affinität zwischen Nietzsche und Friedrich Schlegel hervorgehoben, den beiden gemeinsamen "freien universalen Geist", die gleichen "Geistesmodulationen", wobei Schlegel "ins Unendliche", Nietzsche "zum Unbedingten" strebe (ebd., 161 f.).

116 Dies geschieht allerdings kaum *expressis verbis*. Nietzsche hat sich mit dem frühromantischen Idealismus kaum auseinandergesetzt. Aber er greift den 'Idealismus', die 'Idealisten', das 'Idealisieren' so häufig an, daß auch der 'Idealismus' der Frühromantiker seinem Verdikt verfallen würde.

117 Abgesehen von den romantischen Jugendgedichten, gibt es allerdings Hinweise auf die Beschäfti-

ein Synonym für Wagner. Ohne die Auseinandersetzung mit Wagner und die Notwendigkeit, dessen Kunst zu klassifizieren, würde der Begriff des 'Romantischen' bei Nietzsche wohl kaum eine Rolle spielen. Aber ungeachtet dieser Wagner-Fixation des Begriffs besteht eine Geistesverwandtschaft zwischen Nietzsche und der deutschen Frühromantik. Die Divergenzen sind allerdings auch nicht zu übersehen. Das Verhältnis Nietzsches zur Romantik ist ein ambivalentes Verhältnis. Es ist ein Verhältnis der Affinitäten und Unterschiede.[118]

Das Romantische, das Romantische *qua* Wagner, ist einerseits Suggestion und Verführung, verleitet zur Passivität, zum Sich-Treiben-Lassen im Strom des Unbewußten, und läuft andererseits auf eine außerordentliche Gefühlsdifferenzierung und den Anreiz zu eigener Produktivität hinaus. Nietzsche polemisiert gegen Wagner, gegen das "Klapperschlangen-Glück des großen Zauberers, dem die Unschuldigsten in den Rachen laufen" (13, 501 – 1888; vgl. 6, 22 – WA), und wirft dem "Cagliostro der Modernität" vor, seine Probleme seien "lauter Hysteriker-Probleme", seine "Helden und Heldinnen" stellten eine "Kranken-Galerie" dar und seine Kunst sei gekennzeichnet durch "die drei grossen Stimulantia der Erschöpften, das *Brutale*, das *Künstliche* und das *Unschuldige* (Idiotische)" (6, 22 f.; vgl. 13, 133 u. 13, 249). Aber auch der hemmungslose Wagner-Kritiker Nietzsche kann eine innere Zwiespältigkeit in Sachen Wagner nicht verbergen. Einerseits will er dem "Cagliostro der Musik" (6, 357 – EH) den Prozeß machen. Andererseits feiert er noch in *Ecce homo* Wagner als den großen Initiator neuer Gefühlswelten und Anreger des eigenen Schöpfertums:

> Ich denke, ich kenne besser als irgend Jemand das Ungeheure, das Wagner vermag, die fünfzig Welten fremder Entzückungen, zu denen Niemand ausser ihm Flügel hatte; und so wie ich bin, stark genug, um mir auch das Fragwürdigste und Gefährlichste noch zum Vortheil zu wenden und damit stärker zu werden, nenne ich Wagner den grossen Wohlthäter meines Lebens. (6, 290 – EH)[119]

In aller Polemik gegen Wagner, die er mit fast monomanischer Intensität betreibt, bleibt doch in Nietzsche das Bewußtsein wach, Wagner entscheidende, ja *die* entscheidenden Impulse der eigenen Produktivität zu verdanken. In allem Bestreben, sich radikal von Wagner zu lösen, steht er doch weiterhin im Banne des großen Magiers der unendlichen Gefühle. Er versucht, diese ihn bedrängende Spannung dadurch zu lösen, daß er den Romantizismus Wagners als produk-

---

gung des jungen Nietzsche mit philosophischen und kritischen Schriften aus dem Umfeld der Romantik, mit den "pfilosopfischen Gedanken" des Novalis (HKG, W I, 147 f. – 1859), mit den *Kritischen Schriften* A.W. Schlegels (HKG, W II, 458), mit Schellings *System des transzendentalen Idealismus* (HKG, W III, 394 – 1867/68). Diese (nur keimhaft bezeugten) Impulse zum Studium der romantischen Philosophie und Ästhetik werden bei Nietzsche bald schwächer. Ein wirkliches Studium des romantischen Idealismus hat er nicht betrieben.

118 Exkurs 23.

119 Nicht objektive, werkästhetische, sondern subjektive, wirkungsästhetische Kategorien, weltanschauliche und psychologische Fragen prägen die Wagner-Kritik des "Nicht-Musikers" (*Dahlhaus*, Wagner, 7) Nietzsche. Wenn Nietzsche auf die Musik selbst eingeht, dann interessiert ihn in erster Linie ihre Wirkung, ihre suggestive Wirkung, kaum hingegen die Komposition resp. die Werkstruktur als solche. Auf eine objektive Analyse der Kompositionstechnik und der Symbolfelder der Wagnerschen Musikdramen hat er sich nicht eingelassen.

tive Herausforderung deutet. An dieser Herausforderung hatte sich, so der späte Nietzsche, die eigene Selbstständigkeit zu bewähren, und die Überwindung Wagners erscheint als potenzierter Ausdruck der eigenen Schaffenskraft. So wird Wagner letztlich funktional gesehen, als Stimulans der Nietzscheschen Produktivität. Darüber hinaus bestehen nicht zu eskamotierende psychologische, ästhetische und artifizielle Affinitäten zwischen Wagner und Nietzsche, und dieser verweist denn auch auf die durch die gemeinsame Leidensfähigkeit bedingte Verwandtschaft:

> Das, worin wir verwandt sind, dass wir tiefer gelitten haben, auch an einander, als Menschen dieses Jahrhunderts zu leiden vermöchten, wird unsre Namen ewig wieder zusammenbringen; und so gewiss Wagner unter Deutschen bloss ein Missverständniss ist, so gewiss bin ich's und werde es immer sein. – Zwei Jahrhunderte psychologische und artistische Diciplin *zuerst*, meine Herrn Germanen!... Aber das holt man nicht nach. – (6, 290 – EH)

Affinität und Antagonismus. Einerseits sieht Nietzsche in Wagner den Prototyp der von ihm vehement bekämpften modernen, d.h. degenerierten Kunst, den "*modernen Künstler* par excellence" (6, 23 – WA)[120], andererseits erblickt er in ihm den kongenialen Verbündeten gegen die Epoche. Umgekehrt zeigt auch Wagners Verhältnis zu Nietzsche diese eigentümliche Zwiespältigkeit. Nach der Entzweiung beklagt er sich in der Hauptsache über Charakterschwächen Nietzsches, stellt aber auch seine Originalität und Intellektualität in Frage. Nach dem Bericht von Cosima Wagner soll Wagner über den Kunst-Kritiker Nietzsche gesagt haben: "was der Mensch schlecht ist, nur um etwas zu sein" (CT IV, 780 – 14.8.81). An anderer Stelle notiert Cosima Wagner in ihr Tagebuch: "Wie schlecht die heutige Welt sei, das, sagt R., kann man daran erkennen, daß so rasch Menschen wie Nietzsche, die etwas versprechen, in ihr schlecht werden." (CT IV, 1041 – 7.11.82). Bezüglich der Kritik an Nietzsches *Fröhlicher Wissenschaft* moniert Wagner: "Das Schlimme ist, daß diejenigen, welche diese Torheiten erwidern, einem auch wie Narren vorkommen." (CT IV, 1033 – 26.10.82). Cosima schreibt, sie hätten "Nietzsche's gedacht, dessen seltsames Wesen wir darin zusammenfassen, daß er eigentlich keine Intelligenz hatte, aber zu magnetisieren war" (CT IV, 968 – 24.6.82). Wagner habe "seinen ganzen Widerwillen" gegen die *Fröhliche Wissenschaft* bekundet: "Alles sei von Schopenhauer entlehnt, was Wert habe. Und der ganze Mensch sei ihm widerwärtig." (CT IV, 1105 – 3.2.83). Es sind, *vice versa*, die gleichen Vorwürfe, die Nietzsche gegen Wagner erhebt. Andererseits handelt es sich auch bei Wagner um eine Enttäuschung, um das Bedauern, Nietzsche nicht mehr zu seinen Anhängern zählen zu können. Cosima notiert: "Dann geht er die treulosen Freundschaften durch: Nietzsche, Gersdorff, meint, es sei förmlich eine Schande für uns, daß wir sie nicht besser zu fesseln wußten." (CT IV, 1094 – 17.1.83). Nietzsche und Wagner, in Haßliebe verbunden, tragen eine geheime Rivalität aus.

---

120 In Wagner findet die moderne Kunst ihren subtilsten Ausdruck: "Durch Wagner redet die Modernität ihre *intimste* Sprache" (6, 12 – WA).

Aber hinter diesen psychologischen Problemen steckt, als eigentliche Quelle der Auseinandersetzung, ein weltanschaulich-ästhetisches Problem: die fundamentale Spannung zwischen Wagners christlich-romantischer Willensverneinung und Nietzsches antichristlich-dionysischer Willensbejahung. In Cosimas Tagebuch heißt es am 9.12.1878:

> In der Frühe kommt R. auf die Schuld des Daseins zu reden, daß, wenn Nietzsche alles unschuldig fände, so wäre das in Bezug auf das *operare* richtig, aber das Sein sei die Schuld, der Wille zum Leben, und der sündenlose Gott ist der, dem das Leben ein Opfer ist und dessen Leben dadurch zur Offenbarung wird. (CT III, 253)[121]

Hier zeichnet sich bereits der Gegensatz zwischen dem Gekreuzigten und dem Dionysos ab, eine die geistige Existenz Nietzsches später so durchdringend bestimmende Spannung. Es geht um die grundsätzliche Auseinandersetzung zwischen christlicher Erlösungsidee und heidnischem Daseinsverständnis, zwischen Todesmystik und Lebensmetaphysik. Während Wagner den christlich-schopenhauerschen Gedanken der Daseinsschuld vertritt, verkündet Nietzsche die "*Unschuld* des Werdens" (6, 97 – GD)[122]. Unbeschadet einer sich differenzierenden Wagner- und Nietzsche-Forschung behält, im Prinzip, das Diktum Verweyens seine Gültigkeit: "Der Zusammenstoß Wagners und Nietzsches bedeutet den Gegensatz zweier Welten und ruft zur Entscheidung auf." (*Verweyen*, Wagner und Nietzsche, 1). Der Stein des Anstoßes ist Wagners *Parsifal*. Für Nietzsche symbolisiert sich das wahre Wesen Wagners in Siegfried, während ihm Parsifal als Selbstverleugnung Wagners, als Verrat seiner ursprünglichen Ideen erscheint. Siegfried, in seinem "herrlichen Werden und Aufblühen", ist der "freie furchtlose Mensch", der auf sich selbst gestellte Mensch, der sogar den "Kampf wider die göttliche Ordnung" führt, "von sich aus die dem Gotte versagte That vollbringt" (1, 508 – WB), der "den 'Verträgen' (dem Herkommen, der Moral) den Krieg erklärt" (6, 20 – WA). Es ist ein sehr martialischer Siegfried, den Nietzsche im *Fall Wagner* beschreibt:

---

121 Nach Schopenhauer, der sich vor allem auf den "christlichen Mythos" der "Erbsünde" beruft, "liegt doch die Wurzel der Schuld in unserer essentia et existentia" (WV II, 773). Er lehnt die Lehre von der prästabilierten Harmonie (Leibniz) ab, wendet sich gegen die *Theodizee* und fordert, daß "wir die Welt auffassen als das Werk unserer eigenen Schuld, mithin als etwas, das besser nicht wäre" (Paralipomena, 355). In der Schrift *Religion und Kunst* (1880) verkündet Wagner die 'erhabene' religiöse "Lehre von der Sündhaftigkeit der Menschen" (WSD 10, 224), von der "Verderbniß des vorgeschichtlichen Menschen" (WSD 10, 244) und von der "Aufhebung des Willens" (WSD 10, 245) als der Voraussetzung der "Erlösung" (WSD 10, 216). In dieser ein wenig schwülstigen Schrift fließen Schopenhauersche Willenslehre, christliche Heilandsmystik und Wagnersches Kunstpathos ineinander. Die Erlösung des Menschen von seiner Schuld erfolgt durch die Heilstat Jesu Christi und durch eine im Zeichen der christlichen Heilslehre stehende Kunst. Der 'Immoralist' Nietzsche lehnt die 'Schuld' ab, sowohl die Daseinsschuld, die mit der Existenz selbst gesetzte Schuld, als auch die moralische Schuld, den Moralismus von 'Gut' und 'Böse'.

122 Es ist Nietzsches Anliegen, "den *Schuldbegriff* und *Strafbegriff* aus der Welt wieder zurückzuziehen, herauszunehmen, auszulöschen", "dem Werden seine Unschuld zurückzugewinnen", "die Unschuld alles Daseins" wiederherzustellen (III, 823 f.). Er versucht, "die vollkommne *Unschuld* des Werdens zu beweisen" (11, 553). Während Schopenhauer, Wagner und Hebbel von einer Ur-Schuld des Menschen überzeugt sind (in jeweils spezifischer Ausprägung), verkündet Nietzsche die Un-Schuld des Daseins.

> Siegfried fährt fort, wie er begonnen hat: er folgt nur dem ersten Impulse, er wirft alles Ueberlieferte, alle Ehrfurcht, alle *Furcht* über den Haufen. Was ihm missfällt, sticht er nieder. (6, 20 – WA)

Siegfried ist der Freie, der sich sein Schwert selbst geschmiedet hat, nur diesem Schwert vertraut und mit ihm Wotans Speer zerschlägt. Ihn hat Wotan im Blick, wenn er sagt: "denn selbst muß der Freie sich schaffen" (WSD 6, 41 [Die Walküre]).[123] Siegfried, der freie, auf sich selbst gestellte, in freier Tat das Leben gestaltende Held – er ist eine Gestalt ganz im Sinne Nietzsches. Siegfried und Zarathustra – beide sind Ausdruck des sich selber wollenden Lebens, des auf Freiheit gestellten Lebensentwurfs. Es besteht eine Wesensverwandtschaft zwischen beiden Figuren. Aber es gibt zwischen beiden auch charakteristische Unterschiede. Siegfried ist der tumbe Tor, Zarathustra ist der große Weise. Siegfried ist eingeordnet in einen durch Wotan inszenierten Funktionszusammenhang, Zarathustra ist der *absolut* Freie. Siegfried geht unter, weil auch er auf den die Weltherrschaft garantierenden Ring fixiert ist. Zarathustra unterliegt nicht mehr einer solchen Fixation und ist der sich unbedingt frei Entwerfende. Und schließlich endet Wagners *Ring* im Untergang der Götter, heraufbeschworen durch Wotans Willensverneinung, während Nietzsches Zarathustra, die Verkörperung der Willensbejahung, noch zuletzt im Bild der Morgensonne den Aufgang des Übermenschen ankündet. Gegen Wagners Siegfried hat Nietzsche nichts einzuwenden, wohl aber vieles gegen Wagners Untergangsmythen. Wagners Parsifal wiederum ist ihm ein Gegenstand ständiger Kritik und Polemik. Für Nietzsche, der in der "Musik des 'letzten Wagner' " eine "heimtückische Christlichkeit" am Werk sieht (13, 239; vgl. 12, 111), ist Parsifal der "typische Idiot" (13, 599). Im *Fall Wagner* wird der *Parsifal* apostrophiert als "der *Geniestreich* der Verführung"; Wagner ist "ein Verführer grossen Stils"; "es ist der schwärzeste Obskurantismus, den er in die Lichthüllen des Ideals verbirgt" (6, 42 f. – WA). In der Optik Nietzsches ist der *Parsifal* ein zutiefst lebensfeindliches Werk. Schonungslos ist Nietzsches Verdikt in *Nietzsche contra Wagner*:

> Ist der *Hass auf das Leben* bei ihm Herr geworden, wie bei Flaubert?... Denn der Parsifal ist ein Werk der Tücke, der Rachsucht, der heimlichen Giftmischerei gegen die Voraussetzungen des Lebens, ein *schlechtes* Werk. – Die Predigt der Keuschheit bleibt eine Aufreizung zur Widernatur: ich verachte Jedermann,

123 Siegfried, der von Wotan gewollte Held, wendet sich gegen den sein Ende wollenden Gott und entmachtet ihn (Siegfrieds Schwert zerschlägt Wotans Speer). Wotan will den "Helden", der sich durch seine "That" vom "Göttergesetz" löst (WSD 6, 32 – Die Walküre). Aus dieser Konstellation entwickelt sich die dramatische Spannung zwischen Göttergesetz und Heroentat. Im Brief an den wegen revolutionärer Umtriebe inhaftierten August Röckel vom 25./26.1.1854 schreibt Wagner: "Wodan schwingt sich bis zu der tragischen Höhe, seinen Untergang – zu *wollen*. Dies ist alles, was wir aus der Geschichte der Menschheit zu lernen haben: das *Notwendige zu wollen* und selbst zu vollbringen." Siegfried, der wollende Held, ist das "Schöpfungswerk dieses höchsten, selbstvernichtenden Willens". [...] wogegen Siegfried der von uns gewünschte, gewollte Mensch der Zukunft ist, der aber nicht durch uns gemacht werden kann und der sich selbst schaffen muß durch *unsre Vernichtung*" (*Wagner*, Briefe, 283 f.). Die freie Tat des freien Helden – dies entspricht der Vorstellungswelt Nietzsches. Für Nietzsche entspricht die Konstellation Siegfried-Wotan der Konstellation Nietzsche-Wagner. Zu der Aufforderung "zu einer Art Großmuths-Akt gegen den Parsifal" merkt er ironisch an: "ich sollte großmüthiger sein als Siegfried gegen den *alten Wanderer*." (B 8, 375 – 29.7.88 – an Carl Fuchs).

der den Parsifal nicht als Attentat auf die Sittlichkeit empfindet. (6, 431 – NW)[124]

In seinem Wagner-Buch, in den *Anmerkungen zum Fall Nietzsche*[125], hat C.v. Westernhagen die Auffassung vertreten, Nietzsches Pamphlete gegen Wagner seien faktisch unbegründet; Nietzsche habe zur Rechtfertigung seiner Loslösung von Wagner die raffinierte Legende erfunden, Wagner habe seine Ideale verraten, und das Ganze sei eine "Nietzsche-Legende" (*Westernhagen*, Wagner, 456-505). Nun ist unbestreitbar, daß Nietzsches Denk- und Argumentationsstil auf Opposition und Herausforderung angewiesen ist, da sich bei ihm die produktiven Impulse erst in der kritischen Auseinandersetzung entzünden. Es ist daher keine Frage, daß er sich die Objekte seiner Kritik vielfach erst zurechtbaut, zurechtstellt, um sie dann um so wirkungsvoller bekämpfen zu können. Die provokative Überzeichnung seiner Gegner gehört zur Strategie Nietzsches. Und er verfährt dabei in der Regel recht summarisch. Aber dies betrifft nicht nur Wagner, sondern auch Schopenhauer, das Christentum, den Platonismus, den deutschen Idealismus, die Romantik, d.h. alle Objekte, mit denen Nietzsche sich kritisch beschäftigt. In gewissem Sinne baut er überall 'Legenden' auf. Andererseits ist nicht zu übersehen, daß gerade Nietzsches Technik der Vereinfachung zur Schärfung des Blickes, zum Aufdecken bisher unbeachteter Zusammenhänge führt. Häufig läßt die Überzeichnung die Konturen des Gegenstandes prägnanter hervortreten. Nietzsche ist ein Überzeichner, aber ein Überzeichner mit Röntgenblick. Und so sehr er seine Objekte auch verzerren mag, so erhellt er sie doch häufig auch in ihrem Wesen. Auf jeden Fall stehen hinter der Auseinandersetzung mit Wagner substantielle Probleme. Was ansteht, ist die existentielle, epochenrelevante Frage nach Willensverneinung und Willensbejahung, 'christlicher' oder 'heidnischer' Weltinterpretation, Untergangsmetaphysik und Lebensphilosophie. Hinter dem psychologischen Problem des Wettstreits zweier Geistesgiganten steht die weltanschaulich-philosophische Problematik von christlicher und gegenchristlicher Weltauffassung. Dies zeigt sich exemplarisch im spannungsvollen Austausch des *Parsifal*-Textes und von *Menschliches, Allzumenschliches.*[126] Nach der Zusendung des *Parsifal*-Textes durch Wagner kommentiert Nietzsche sarkastisch, am 4.1.1878:

---

124 In der Inkubationsphase des Werkes hatte Nietzsche noch große Hoffnungen auf den *Parsifal* gesetzt: "Die herrliche Verheißung des Parcival mag uns in allen Dingen trösten, wo wir Trost bedürfen." (B 5, 288 – 10.10.77 – an Cosima Wagner).

125 Westernhagen greift damit den Titel des im Oktober 1888 als Gegenreaktion auf Nietzsches Schrift *Der Fall Wagner* veröffentlichten Anti-Nietzsche-Pamphlets *Der Fall Nietzsche* von Richard Pohl auf. Pohl, der den Untertitel der Nietzscheschen Schrift (*Ein Musikanten-Problem*) provokant umwandelt in *Ein psychologisches Problem*, wirft Nietzsche vor, er sei ein "pathologisches" Problem ("Der Mann ist krank – Amfortas und der reine Thor!"), sein übersteigertes Faible für *Carmen* sei ein "Symptom von Geistesschwäche", er rede wie ein "Shakespeare'scher Narr", leide an "Grössenwahnsinn" und sei im übrigen eine "unmusikalische Natur". Nietzsches Wagner-Kritik ist für Pohl eine Blasphemie: "Das ist der Grundsatz Lucifer's, als er sich gegen die Gottheit empört." Nietzsche nennt Pohl eine "alte Gans", die ihn in der "armselig persönlichsten Weise" verhöhnt habe (B 8, 487 – 25.11.88 – an C.G. Naumann; vgl. B 8, 477).

126 Exkurs 24.

Gestern kam, von Wagner gesandt, der Parsifal in mein Haus. Eindruck des ersten Lesens: mehr Liszt, als Wagner, Geist der Gegenreformation; mir, der ich zu sehr an das Griechische, menschlich Allgemeine gewöhnt bin, ist Alles zu christlich zeitlich beschränkt; lauter phantastische Psychologie; kein Fleisch und viel zu viel Blut (namentlich beim Abendmahl geht es mir zu vollblütig her), dann mag ich hysterische Frauenzimmer nicht [...] (B 5, 300 – an v. Seydlitz)

Und in *Ecce homo* schreibt Nietzsche, unter ironischer, aber humorloser Zitation der Wagnerschen Dedikation ("seinem theuren Freunde Friedrich Nietzsche, Richard Wagner, Kirchenrath"):

Diese Kreuzung der zwei Bücher – mir war's, als ob ich einen ominösen Ton dabei hörte. Klang es nicht, als ob sich *Degen* kreuzten?... Jedenfalls empfanden wir es beide so: denn wir schwiegen beide. [...] Unglaublich! Wagner war fromm geworden... (6, 327 – EH)[127]

Nietzsche empfindet die christliche Wende Wagners – wenn denn von einer solchen gesprochen werden kann[128] – durchaus als Verrat. Er will dem romantisch-christlichen Spiritualismus einen griechisch-heidnischen Sensualismus entgegensetzen. Hier zeigt sich eine Unvereinbarkeit der weltanschaulichen Standpunkte, und eben dies macht, trotz aller psychologischen Imponderabilien, die dem Nietzsche-Wagner-Verhältnis anhaften, die Quintessenz der Spannung aus. Aber wie immer bei Nietzsche, so sind auch in der Auseinandersetzung mit Wagner die philosophischen Fragen mit existentiellen Problemen verknüpft, da sich Nietzsches Denken nie *in abstracto* vollzieht, sondern immer vom konkreten Engagement geprägt ist. Am 19.2.1883 schreibt er an Köselitz:

und ich glaube sogar, daß der Tod Wagners die wesentlichste Erleichterung war, die mir jetzt geschafft werden konnte. Es war hart, sechs Jahre lang Gegner dessen sein zu müssen, den man am meisten verehrt hat, und ich bin nicht grob genug *dazu* gebaut. Zuletzt war es der altgewordne Wagner, gegen den ich mich wehren mußte; was den eigentlichen Wagner betrifft, so will ich schon noch zu einem guten Theile sein *Erbe* werden [...] (B 6, 333 f.)[129]

---

127 Wagner hatte seine herzliche Dedikation mit "Oberkirchenrath" unterschrieben (B II 6/2, 788) – man hat die "Parsifal-Widmung Wagners an Nietzsche" freilich als "Legende" bezeichnet (*Gregor-Dellin*, Wagner, 748 f. u. 754). Gekreuzt haben sich die beiden Bücher allerdings nicht, denn es liegen ja immerhin mehrere Monate zwischen der Sendung des *Parsifal* an Nietzsche (1.1.1878) und dem Erhalt von *Menschliches, Allzumenschliches* durch Wagner (24.4.1878). Aber man darf das nicht zu postalisch sehen.

128 Einerseits sieht man im *Parsifal* die letzte, christliche Konsequenz der voraufgegangenen Werke und spricht von "Rekapitulation", "Kontrafaktur" und "Antithese" (*Borchmeyer*, Wagner, 292); andererseits faßt man ihn als Bruch mit dem früheren Werk auf und spricht von der "großen Zurücknahme" (*Mayer*, Wagner, 170).

129 Der Tod Wagners ist für Nietzsche allerdings auch ein Schock: "Aber es geht immer schlechter, und jetzt, nach dem Tode Wagner's zumal, ganz schlecht. [...] W<agner>s Tod hat mir fürchterlich zugesetzt [...] Trotzdem glaube ich, daß dies Ereigniß, auf die Länge hin gesehn, eine Erleichterung für mich ist. Es war hart, sehr hart, sechs Jahre lang Jemandem Gegner sein zu müssen, den man so verehrt und geliebt hat, wie ich W<agner> geliebt habe; ja, und selbst als Gegner sich zum Schweigen verurtheilen müssen – um der Verehrung willen, die der Mann als *Ganzes* verdient." (B 6, 334 f. – 21.2.83 – an Malwida von Meysenbug). Daß Nietzsche um diese Zeit noch unterscheidet zwischen dem 'falschen' und dem "eigentlichen" Wagner, daß er sich als "*Erbe*" des wahren Wagner versteht,

Wiederum die merkwürdige und eigentlich doch schlüssige Ambivalenz in Nietzsches Verhältnis zu Wagner. Dem heidnisch-dionysischen Wagner, dem Wagner des *Tristan*, dem "eigentlichen" Wagner, fühlt er sich weiterhin verbunden, den christlichen Wagner, den *Parsifal*-Wagner, empfindet er als Bedrohung des eigenen Daseinsentwurfs. Nicht ohne Grund betont Nietzsche die Notwendigkeit, das Zwanghafte des Vorgangs. Nicht hybrider Mutwille, sondern existentielle Nötigung ist die Ursache der Loslösung von Wagner. "Wagnern den Rücken zu kehren war für mich ein Schicksal" (6, 11 – WA), schreibt er im Vorwort zum *Fall Wagner*. Das erklärt die scheinbar so pietätlose Bemerkung über Wagners Tod, in der ein latenter, verdeckter Todeswunsch im Hinblick auf den großen Antipoden zum Ausdruck gelangt. Es mischen sich hier persönliche und generelle Motive. In Erinnerung an Wagners Bemerkungen bezüglich gewisser sexueller Praktiken Nietzsches verweist Nietzsche auf die schwere, nicht zu verzeihende Kränkung, die ihm Wagner zugefügt habe, aber zugleich führt er Wagners Rückkehr zum Christentum als Grund der Entzweiung an. So schreibt er am 21.2.1883 an Malwida von Meysenbug:

> W<agner> hat mich auf eine *tödtliche* Weise beleidigt – ich will es Ihnen doch sagen! – sein langsames Zurückgehn und -Schleichen zum Christenthum und zur Kirche habe ich als einen persönlichen Schimpf für mich empfunden: meine ganze Jugend und ihre Richtung schien mir befleckt, insofern ich einem Geiste, der *dieses* Schrittes fähig war, gehuldigt hatte. (B 6, 335)

Und einen Tag später, am 22.2.1883, schreibt er an Overbeck:

> *Wagner* war bei weitem der *vollste* Mensch, den ich kennen lernte, und in *diesem* Sinne habe ich seit sechs Jahren eine große Entbehrung gelitten. **Aber** es giebt etwas zwischen uns Beiden wie eine tödtliche Beleidigung; und es hätte furchtbar kommen können, wenn er noch lägner gelebt haben würde. (B 6, 337)

Welcher Art diese "tödtliche Beleidigung" ist, geht aus dem Brief an Köselitz vom 21.4.1883 hervor, in dem Nietzsche Wagner vorwirft,

> daß er Briefe darüber gewechselt hat (sogar mit meinen Ärzten) um seine *Überzeugung* auszudrücken, meine veränderte Denkweise sei die Folge unnatürlicher Ausschweifungen, mit Hindeutungen auf Päderastie. (B 6, 365)[130]

---

daß er Wagner als "Ganzes" weiterhin verehrt – signalisiert deutlich den inneren Zwiespalt, in dem Nietzsche sich Wagner gegenüber befindet. Er lehnt den 'christlichen' Wagner kompromißlos ab. Aber den 'künstlerischen' Wagner, den Kunstenthusiasten und Kulturreformator – dem er in der *Geburt der Tragödie* so emphatisch gehuldigt und dem er noch in der Schrift *Richard Wagner in Bayreuth* seine Verehrung erwiesen hatte –, die von *diesem* Wagner ausgehenden schöpferischen Impulse will Nietzsche aufgreifen und fortsetzen. Insofern fühlt sich – um diese Zeit – der schärfste Kritiker Wagners zugleich als sein schöpferischer "*Erbe*". Später wird diese ambivalente Haltung allerdings mehr und mehr aufgegeben zugunsten der eindeutigen Verurteilung Wagners. Zuletzt, im *Fall Wagner*, in *Nietzsche contra Wagner* und in *Ecce homo*, herrscht die hemmungslose Polemik. Aber auch sie schließt eine verborgene innere Bindung an Wagner nicht aus.

130 Im Brief an Nietzsches Arzt Dr. Otto Eiser vom 23.10.1877 hatte Wagner Nietzsche "Onanie" unterstellt (*Wagner*, Briefe, 597) – nach Wapnewski eine "abenteuerliche Vermutung", mit der Wagner Nietzsches Distanz zu ihm "pathologisch" erklären wollte (*Wapnewski*, Nietzsche und Wagner, 418). Zur "tödtlichen Beleidigung" vgl. *Westernhagen*, Wagner, 490-495, sowie (abschwächend) *Janz*, Nietzsche I, 785-790, und (entschieden) *Gregor-Dellin*, Wagner, 748-754. Informativ zu diesem Problem die Dokumentation von *Janz*, Die "tödtliche Beleidigung".

In der Auseinandersetzung Nietzsches mit Wagner gehen persönliche Rechtfertigungsversuche und grundsätzliche Probleme fast ununterscheidbar ineinander über. Auffällig ist auch die Neigung Nietzsches, den Tod Wagners zu einem historischen Wendepunkt zu stilisieren, ja zu mythisieren. In *Ecce homo* schreibt er im Hinblick auf den am 13.2.1883 erfolgten Tod Wagners und die Absendung des *Zarathustra*-Manuskripts, des ersten Teils des *Zarathustra*, an den Verlag am 14.2.1883: "[...] die Schlusspartie [...] wurde genau in der heiligen Stunde fertig gemacht, in der Richard Wagner in Venedig starb" (6, 335 f. – EH). Nichts verdeutlicht stärker die Mythisierung der Spannung Nietzsche-Wagner. Das objektiv zufällige Zusammentreffen von Wagners Tod und der Fertigstellung des *Zarathustra* wird von Nietzsche als sakraler Vorgang gedeutet und zu einer welthistorischen Koinzidenz stilisiert. Er mythisiert einen Zufall zu einer Notwendigkeit. Zugleich beginnt er, sich selber nicht mehr als empirische Person, sondern als mythisches Ereignis zu begreifen. Sosehr er im Hinblick auf andere ein großer Psychologe, ein Enthüllungspsychologe, ist, sosehr ist er in bezug auf sich selber ein großer Mythomane, der die eigene Person bis zur Selbstapotheose verklärt. Auch dies ist ein charakteristisches Beispiel dafür, daß sich bei Nietzsche in der Auseinandersetzung mit Wagner psychologische, existentielle, philosophische und künstlerische Aspekte kaum grenzscharf trennen lassen, sondern sich ständig überschneiden. Es ist ein höchst komplexer Sachverhalt, der sich durch monokausale Deutungen kaum erschließen läßt. Auf keinen Fall aber darf man die grundsätzlichen Probleme aus dem Blickfeld verlieren. Das Kernproblem ist der Antagonismus von Décadence und 'Dionysos'. Unmißverständlich hat Nietzsche dies in *Ecce homo*, im Textstück über den *Fall Wagner*, zum Ausdruck gebracht:

> Um dieser Schrift gerecht zu werden, muss man am Schicksal der Musik wie an einer offnen Wunde leiden. – *Woran* ich leide, wenn ich am Schicksal der Musik leide? Daran, dass die Musik um ihren weltverklärenden, jasagenden Charakter gebracht worden ist, – dass sie décadence-Musik und nicht mehr die Flöte des Dionysos ist... (6, 357 – EH)

Um diese Antithese, den Gegensatz von dekadenter, d.h. lebensschwacher und lebensschwächender Kunst und dionysischer, d.h. lebensstarker und lebensstärkender Kunst kreist Nietzsches Kunstdenken.

3. Klassizität

Angesichts dieser Fundamentalantithese sieht sich Nietzsche vor die Notwendigkeit einer näheren stiltypischen Klassifizierung der 'dionysischen' Kunst gestellt. Und hier ist nun bemerkenswert, daß in diesem Zusammenhang der Begriff des 'Klassischen' eine neue Dignität gewinnt. Aus dem Begriff der dionysischen Kunst entwickelt sich bei Nietzsche in wachsendem Maße die Idee einer neuen Klassizität. Die Antithese 'klassisch' – 'romantisch' wird zu einem Topos seiner Kunstreflexionen. In *Der Wanderer und sein Schatten* lautet ein bezeichnendes Fragment:

> *Classisch und romantisch.* – Sowohl die classisch als auch die romantisch gesinnten Geister – wie es diese beiden Gattungen immer giebt – tragen sich mit einer Vision der Zukunft: aber die ersteren aus einer *Stärke* ihrer Zeit heraus, die letzteren aus deren *Schwäche*. (2, 652 – WS)[131]

Nietzsche begreift den Antagonismus von Klassisch und Romantisch auch als Gegensatz von Aktivität und Passivität: "Ob nicht der Gegensatz der *Aktiven* und *Reaktiven* hinter jenem Gegensatz von *Classisch* und *Romantisch* verborgen liegt?..." (12, 400). Der romantische Künstler ist von einer spezifischen Reizempfindlichkeit, er ist angewiesen auf die atmosphärischen Valeurs der Gefühle und Stimmungen, mit denen er ästhetizistisch spielt, sofern er nicht eine innere Leere ästhetisch zu kompensieren versucht. Die romantische Kunst ist das Produkt eines Defizits an Leben, eine Kunst der Kompensation, die einen Mangel an Leben auszugleichen versucht: "Die romantische Kunst ist nur ein Nothbehelf für eine manquirte 'Realität'..." (13, 494). In der romantischen Kunst wird ein substantieller Mangel durch pathetische Gebärden überdeckt: "Die falsche 'Verstärkung' / im *romantisme*: dies beständige espressivo ist kein Zeichen von Stärke, sondern von einem Mangelgefühl" (12, 469). Auch die *l'art pour l'art*-Ästheten stellen eine Spielart des romantischen Künstlers dar, da sie eine Leere durch virtuose Formspiele zu überdecken versuchen und sich im übrigen distanziert-beobachtend zum Leben verhalten: "Das sind Romantiker, denen der Glaube flöten ging: nun wollen sie wenigstens noch *zusehen*, wie alles läuft und verläuft. Sie nennen's *l'art pour l'art*, 'Objektivität' usw." (III, 882). Während der 'romantische' Künstler durch die Stigmata der Gefühlsschwärmerei, des Ästhetizismus und der Reaktivität gekennzeichnet ist, zeichnet sich der 'klassische' Künstler durch Lebensenergie, Denkschärfe und Umgestaltungskreativität aus. Nietzsche notiert:

> *Zukünftiges*. Gegen die Romantik der großen "Passion". / Zu begreifen, wie zu jedem "klassischen" Geschmack ein Quantum Kälte, Lucidität, Härte hinzugehört: Logik vor allem, Glück in der Geistigkeit, "drei Einheiten", Concentration – Haß gegen Gefühl, Gemüth, esprit, Haß gegen das Vielfache, Unsichere, Schweifende, Ahnende so gut als gegen das Kurze Spitze Hübsche Gütige / Man soll nicht mit künstlerischen Formeln spielen: man soll das Leben umschaffen, daß es sich nachher formuliren *muß*... (13, 131 f. – 1887/88)

Nun wird das romantische Gefühl, das ahnungsvolle Unendlichkeitsverlangen, preisgegeben zugunsten der klassischen Geistigkeit, der konzentrierten geistigen Formen. Nicht die verschwimmenden Umrisse des Romantischen, sondern die klaren Konturen der Latinität sind nun Nietzsches Stilideal. Nun bekämpft Nietzsche die romantische Formlosigkeit und plädiert für die klassische Formstrenge. Freilich, auch der formbewußte Geist soll kein ästhetizistisches For-

131 Exkurs 25.

menspiel betreiben, sondern das "Leben" "umschaffen". Aber es ist nicht zu übersehen, daß der 'Geist', der cartesianische Geist, gegenüber dem 'Leben', dem elementaren Leben, an Gewicht gewonnen hat.[132] Hier könnte man die Frage aufwerfen, ob Nietzsche sich damit nicht, zumindest partiell, selber dementiert, denn es sind ja gerade die großen Gefühle, das "Schweifende" und "Ahnende", was einen Grundzug seines Wesens ausmacht. Aber es ist weiterhin zu berücksichtigen, daß Nietzsches Denken sich fast durchgängig in Antithesen, in schroffen Antithesen, vollzieht und daß vor allem seine Klassifizierungsversuche auf extreme Zuspitzungen hinauslaufen, zu undifferenzierten, summarischen Formeln tendierend. Nietzsche kennt nicht das Sowohl-als-auch, sondern nur das Entweder-oder. Das verleiht seinem Denken, einem wesensmäßig oppositionellen Denken, einen Zug von Ausschließlichkeit und Gewaltsamkeit. Es ist sogar die Frage, ob Nietzsche selbst voll dem Ideal des 'dionysischen', d.h. aus der spielerischen Lebensfülle schaffenden Künstlers oder nicht vielmehr, eben durch sein oppositionelles Denken, dem von ihm kritisierten Bild des 'romantischen' Künstlers weitgehend entspricht. In der Tat entzündet sich ja Nietzsches Denken und Schaffen an defizienten Modi des Lebens. Zumindest ist eine "manquirte 'Realität' " fast immer der Anstoß seiner produktiven Mobilität. Bei der in den achtziger Jahren so dezidiert hervortretenden Antithese 'klassisch' – 'romantisch' ist allerdings zu beachten, daß Nietzsche nach der schwärmerisch-romantischen Periode (*Geburt der Tragödie*) eine analytisch-kritische Periode (*Menschliches, Allzumenschliches*) durchlief und nun, in der dionysisch-klassischen Periode, eine Symbiose aus Lebensdynamik und Geistesdisziplin anstrebt. Nun meldet sich ein disziplinierter 'Dionysos' zu Wort. Nun plädiert Nietzsche für Geistesvitalität, Denkkonzentration und Formklarheit. Nicht die deutsche Tiefe, sondern die romanische *clarté* ist nun sein Ideal. Nicht die romantisch-offene, sondern die klassisch-geschlossene Form ist nun sein Stilideal. Schon Ende der siebziger Jahre, zur Zeit der *Sprüche* und des *Wanderers*, lehnt er die romantische Formlosigkeit ab, die er, der entlaufene Wagnerianer, vor allem in der Kunst Wagners zu erkennen glaubt, und fordert eine festgefügte, klassische Kunstform, wie er sie in der plastischen Gestaltung Goethes verwirklicht sieht. Die romantisch-offene Form, das sich verströmende Unendlichkeitsverlangen, wird Gegenstand der schärfsten Kritik, während die klassisch-geschlossene Form, formale Disziplin und feste Fügung, als große, zukunftsträchtige Möglichkeit der Kunst gedeutet wird. In wachsendem Maße gibt nun Nietzsche der apollinischen Formfügung den Vorzug vor der dionysischen Formlosigkeit. Immer stärker wird seine Kunstkonzeption bestimmt vom Gegenentwurf zum Romantizismus des unendlichen Gefühls und der Tendenz zur Klassizität der artifiziellen Form. Aber diese 'klassischen' Formen haben für Nietzsche nur Sinn als Ausdruck des in ihnen wirksamen 'dionysischen' Lebens. Nicht ohne Grund ist im zitierten Fragment vom Umschaffen des Lebens die Rede. Auch das klassische Kunstwerk ist für Nietzsche nicht eine

132 Obschon Nietzsche 'Geist' und 'Leben' noch nicht trennt, sondern sie einander funktional zuordnet, scheint doch die Wendung "Glück in der Geistigkeit" etwas von dem 'Geist'-Prinzip Benns vorwegzunehmen, der den "Geist" als das "Gegenglück" bezeichnet (Einsamer nie –, GW III, 140).

Wirklichkeit *sui generis*, ein in sich selber ruhender *mundus aestheticus*, sondern Ausdruck des schöpferischen Lebens. Es ist das Produkt einer Überenergie an Lebenskraft, manifestiert eine neue Form des Lebens und wirkt neugestaltend auf das Leben ein.

Im Grunde bewegt sich nun Nietzsches Kunstdenken im Umkreis der Trias *dionysisch – romantisch – klassisch*. Der Begriff 'romantisch' wird zum Gegenbegriff, der Begriff 'klassisch' zum Komplementärbegriff des Begriffs 'dionysisch'. Im Prinzip ist dies eine *renovatio* der früheren Duplizität des Dionysischen und Apollinischen, mit dem Unterschied freilich, daß nun der Akzent nicht mehr auf dem Dionysischen, der elementaren Lebensdynamik, sondern auf dem Apollinischen, dem klassischen Maß, liegt. Ausgeschaltet wird das Dionysische nicht, aber es wird, dem neuen Stilideal Nietzsches entsprechend, in klaren, festgefügten Formen konzentriert. In seiner Hinwendung zum Apollinischen geht Nietzsche nicht so weit wie später Gottfried Benn, der nach seiner expressiv-dionysischen Phase im Laufe der Jahre sich dem formsetzenden 'Geist' zuwendet und den Wunsch äußert, "daß Dionysos endet und ruht zu Füßen des klaren delphischen Gottes" (*Benn*, Expressionismus, 252 [= Einleitung, 389]). Bei Nietzsche endet Dionysos nicht, sondern ist sein latentes Existenzmotiv, von den Anfängen bis zum Ende, bis zur Selbstidentifikation mit dem Dionysos. Aber im Zuge der Abgrenzung gegen die romantische Formauflösung ist Nietzsche bestrebt, das Dionysische in klassischen Formfügungen zu objektivieren. Das 'Klassische' ist die ästhetische Objektivation des 'Dionysischen'. Diesbezüglich besteht ein gravierender Unterschied zwischen der klassischen und der Nietzscheschen Klassizität. Am deutlichsten zeigt sich dieser Unterschied am Schönheitsbegriff. Für Nietzsche ist das Schöne nicht im Sinne der klassischen Ästhetik der reine, selbstgenügsame Schein der Kunst über dem Leben[133], sondern Ausdruck des in eine ästhetische Struktur umgesetzten schöpferischen Lebens, des Willens zur Macht. Definiert Schiller das Schöne als "*Freiheit in der Erscheinung*" (Jonas III, 245)[134], so ist es für Nietzsche ästhetisch objektivierter Wille zur Macht. Das "Gefühl des Schönen" ist eine "Vermehrung von Machtgefühl". "*Das* Schöne existirt so wenig als *das* Gute, *das* Wahre." (12, 554). Es gibt nicht das Schöne *an sich*, sondern nur das Schöne *für mich*. Das Schöne ist an die Perspektive und den Willen gebunden. Im Erlebnis der Schönheit waltet nicht 'Objektivität', sondern 'Interpretation': "Der Anblick eines 'schönen Weibes'..." (12, 555). Das Wahre, Gute und Schöne sind nicht ansichseiende Werte, sondern Funktionen des Lebens: "Form der 'Entnatürlichung': das Gute um des Guten, das Schöne um des Schönen, das Wahre um der Wahrheit willen –" (13, 208). Dies sind "drei Formen des *bösen*

133 Nach Schiller ist das Sein des Kunstwerks der "Schein", d.h. der "ästhetische Schein". Allein im Bereich des "Scheins" vermag der Mensch sein "Herrscherrecht" auszuüben, denn der "Schein" ist unabhängig von der "Wirklichkeit". Er eröffnet dem Menschen die Möglichkeit der Selbstbestimmung durch die "Einbildungskraft", die produktive Einbildungskraft. Durch die den "ästhetischen Schein" hervorbringende "Einbildungskraft" vermag sich der Mensch in Freiheit, d.h. nach Ideen zu bestimmen. So ist der "Schein" der Bereich, in dem der Mensch ganz er selbst ist. Vgl. *Schiller*, Ueber die ästhetische Erziehung, 26. Brief (NA XX, 398-404).

134 Dazu: *Düsing*, Schiller, 64 ff.

Blicks für das Wirkliche", denn "*Kunst, Erkenntniß, Moral* sind **Mittel**", zur "Steigerung des Lebens" (12, 572). Nietzsche notiert:

> "Schönheit" ist deshalb für den Künstler etwas außer aller Rangordnung, weil in der Schönheit Gegensätze gebändigt sind, das höchste Zeichen von Macht, nämlich über Entgegengesetztes; außerdem ohne Spannung – daß keine Gewalt mehr not tut, daß alles so leicht *folgt, gehorcht*, und zum Gehorsam die liebenswürdigste Miene macht – das ergötzt den Machtwillen des Künstlers. (III, 882 f.)

In Goethes *Wilhelm Meister*, in der Spruchsammlung *Aus Makariens Archiv*, taucht gleichfalls, in den Kunstaphorismen, der Begriff des 'Gehorchens' auf, aber dort wird festgestellt, daß die "Schönheit" der "Kunst" nicht so ist, "wie sie der Künstler wünschte, sondern insofern der Stoff der Kunst gehorchte" (HA VIII, 462 f.). Das Kunstwerk entspricht nicht unbedingt dem Willen des Künstlers, sondern aus dem spezifischen Verhältnis von Stoff und Form erwächst eine ästhetische Eigengesetzlichkeit des Kunstwerks. Nietzsche hingegen versteht das Kunstwerk als adäquaten Ausdruck des künstlerischen Willens, des Willens zur Macht. Goethe charakterisiert, in *Der Sammler und die Seinigen*, das "Kunstwerk" als "eine Art Individuum, das wir mit Neigung umfassen, das wir uns zueignen können" (HA XII, 84). Nietzsche sieht demgegenüber das Kunstwerk nicht als aus sich selber lebenden Organismus, sondern bezieht es auf den Ausdruckswillen des Kunstschöpfers. Zudem hängt der Unterschied mit der andersgearteten Funktion des Schönen zusammen. Goethes Symbolik des Zeitlosen fügt das "Schöne" in das "Ewige" der Trias des "Wahren, Guten, Schönen" ein (Epilog zu Schillers "Glocke", HA I, 257). Für Nietzsche hingegen ist das "Schöne" abgrundverdeckender, lebensermöglichender Schein:

> Was ist das *Schöne*? – eine Lustempfindung, die uns die eigentlichen Absichten, die der Wille in einer Erscheinung hat, verbirgt. Wodurch wird nun die Lustempfindung erregt? Objektiv: das *Schöne* ist ein Lächeln der Natur, ein Überschuß von Kraft und Lustgefühl des Daseins: man denke an die Pflanze. Es ist der Jungfrauenleib der Sphinx. Der Zweck des Schönen ist das zum Dasein Verführen. Was ist nun eigentlich jenes Lächeln, jenes Verführerische? Negativ: das Verbergen der Noth, das Wegstreichen aller Falten und der heitre Seelenblick des Dinges. (7, 143 f. – 1870/71) (vgl. 7, 143: "Schönheit" als "Lockmittel")

Diese Äußerungen von 1870/71 heben noch stark ab auf den Universalwillen, das Naturschöne und die Affektenpsychologie. Aber bereits zu dieser Zeit bezieht Nietzsche das Kunstschöne in diese Überlegungen ein: "*Die Schöpfungen der Kunst sind das höchste Lustziel des Willens.*" (7, 145). Was hier noch auf den "Urwillen selbst" (7, 144 f.) bezogen ist, wird später auf den Individualwillen gewendet. Schon der junge Nietzsche ist sich im klaren darüber, "auf welchen Schrecken auch das schönste Dasein und die befreiendste Kunst ruht" und daß "Religion", "Kunst" und "Erkennen" Mittel sind, das Leben "ertragen zu können" (B 4, 101 – 12.12.72 – an Gersdorff). Nietzsche hebt sich des weiteren vom klassischen Kunst- und Schönheitsbegriff dadurch ab, daß er nicht das

"Sein", die zeitlose Seinsweise des Kunstwerks, sondern das "Werden", das das Wesen des Lebens ausmacht, zum Kriterium "aller ästhetischen Werte" erklärt. Er trifft die

> Unterscheidung, ob das Verlangen nach Starr-werden, Ewig-werden, nach "*Sein*" die Ursache des Schaffens ist oder aber das Verlangen nach Zerstörung, nach Wechsel, nach *Werden*. (III, 492)

Er macht allerdings die Einschränkung, daß die Frage "Ist hier der Hunger oder der Überfluß schöpferisch geworden?" sinnvoller sei, da "Zerstörung, Wechsel, Werden" nicht nur Ausdruck des Schöpferischen, sondern auch des "*Hasses* der Mißratnen, Entbehrenden, Schlechtweggekommenen" sein könnten (III, 492 f.). Im Prinzip jedoch ist das Werden das Element des Schöpferischen. Daher muß auch die Schönheit im Horizont des Werdens gesehen werden. Die "Schönheit" ist Ausdruck des "Willens", allerdings des Willens zum Festen, Statischen, Beständigen. Dies wiederum fordert den Willen zur Zerstörung heraus, da das Leben in seinem permanenten Schaffensimpetus ständig über sich hinaus will: "Ich nahm den Willen zur Schönheit, zum Verharren in *gleichen* Formen, als ein zeitweiliges Erhaltungs- und Heilmittel: fundamental aber schien mir das Ewig-Schaffende als das *ewig-Zerstören-Müssende* gebunden an den Schmerz." (12, 113). Hier setzt Nietzsche erneut das Begriffspaar Apollinisch-Dionysisch ein. Das Apollinische ist begründet in einem Willen zum zeitlosen Sein, das Dionysische ist Ausdruck des unaufhörlichen Werdens: "Die Täuschung *Apollos*: die *Ewigkeit* der schönen Form; die aristokratische Gesetzgebung '*so soll es immer sein*!' / *Dionysos*: Sinnlichkeit und Grausamkeit. Die Vergänglichkeit könnte ausgelegt werden als Genuß der zeugenden und zerstörenden Kraft, als beständige Schöpfung." (12, 113). Bei Nietzsche erfolgt also nicht nur eine extreme Subjektivierung, sondern auch eine extreme Dynamisierung der 'Schönheit'.

Nietzsche denkt primär nicht vom Kunstwerk, sondern vom Kunstschöpfer her. Ihn interessiert vor allem die "*Genesis der Kunst*", und die sieht er begründet im "*Vollkommen-machen, Vollkommen-sehen*", einer Tendenz, die er psychologisch analysiert und physiologisch deutet bzw. mit physiologischen Metaphern erklärt:

> Das *Verlangen nach Kunst* und *Schönheit* ist ein indirektes Verlangen nach den Entzückungen des Geschlechtstriebes, welche er dem *cerebrum* mitteilt. Die *vollkommen gewordne Welt*, durch "Liebe". (III, 870)

Kunst als sublimierter Geschlechtstrieb – Nietzsche hat die psychoanalytischen Interpretationsmodelle der Moderne vorweggenommen.[135] Sein Kunstdenken

135 Nach Freud, für den die "Kulturentwicklung" durch "Triebsublimierung" geprägt ist (*Freud*, Unbehagen, 132), ist auch die Schönheit sublimierter Trieb: "Die 'Schönheit' und der 'Reiz' sind ursprünglich Eigenschaften des Sexualobjekts." (ebd., 114). Nietzsche hatte notiert, daß die "Verschönerung" in der "Paarungszeit der Geschlechter" am stärksten sei, daß sie "Ausdruck eines *siegreichen* Willens" sei (13, 293). Hier zeigen sich Affinitäten zwischen Freud und Nietzsche. Aber während für Freud die Kunst nur eine "milde Narkose", nur eine "flüchtige Entrückung aus den Nöten des Lebens" ist (Unbehagen, 111), ist sie für Nietzsche der Entwurf einer neuen Sinnstruktur.

erschöpft sich allerdings nicht in biologischen Kategorien, sondern ist verwurzelt im schöpferischen Leben als einer metaphysischen Dimension. Im Unterschied zur klassischen Kategorie des Vollkommenen als objektiver Gesetzlichkeit rekurriert Nietzsche auf das Vollkommen-*Machen*. Nun hat allerdings auch Goethe den Willen zum Vollkommenen als Richtschnur des Menschen bezeichnet, aber er verweist darüber hinaus auf das Vollkommene als eigengesetzliche, dem bloßen menschlichen Wollen enthobene Größe. In den *Maximen und Reflexionen* heißt es in spruchhafter Bündigkeit: "Vollkommenheit ist die Norm des Himmels, Vollkommenes wollen die Norm des Menschen." (HA XII, 531). Nietzsche anerkennt nur noch die "Norm des Menschen", d.h. den *Willen* zur Vollkommenheit. Für Goethe ist ein in Erscheinung tretendes Gesetz die Bedingung des Schönen:

> Das Gesetz, das in die Erscheinung tritt, in der größten Freiheit, nach seinen eigensten Bedingungen, bringt das objektiv Schöne hervor, welches freilich würdige Subjekte finden muß, von denen es aufgefaßt wird. (ebd., 470)

Wollte man eine grenzscharfe Unterscheidung zwischen Goethe und Nietzsche vornehmen, könnte man feststellen, daß Goethe das *objektiv* Schöne, d.h. die vom schönen Sujet selbst geforderte immanente ästhetische Gesetzlichkeit, hervorhebt, während Nietzsche vom *subjektiv* Schönen, d.h. von der vom schaffenden Subjekt gesetzten Gesetzlichkeit, ausgeht.

Es versteht sich von selbst, daß Nietzsche in seiner Konzeption einer neuen Klassizität genötigt ist, das Verhältnis von Dionysischem und Apollinischem neu zu durchdenken. Da er weiterhin im Banne des Dionysischen steht, aber durch die Hinwendung zum 'Klassischen' das Apollinische für ihn neue Bedeutung gewinnt, ist es nicht verwunderlich, daß er nun auch vom *apollinischen* Rausch spricht, um anzuzeigen, daß sich in seinem Begriff von Klassizität Rausch und Maß vereinigen. Er formuliert: "Im dionysischen Rausche ist die Geschlechtlichkeit und die Wollust: sie fehlt nicht im apollinischen." Er führt dann aus, daß der apollinische Rausch durch eine Tempoverlangsamung gekennzeichnet sei, spricht von der "*extremen Ruhe gewisser Rauschempfindungen*" und fährt fort:

> Der klassische Stil stellt wesentlich diese Ruhe, Vereinfachung, Abkürzung, Conzentration dar – das *höchste Gefühl der Macht* ist concentrirt im klassischen Typus. Schwer reagiren: ein großes Bewußtsein: kein Gefühl von Kampf: (13, 240 – 1888)

Dies ist die Symbiose von Wille zur Macht und Klassizität. Sie erwächst aus dem bei Nietzsche in aller Hervorkehrung des dynamischen Lebensprozesses doch erkennbaren Bestreben, sich an einer absoluten Kunstform, einer Kunst des klassischen Maßes und der klassischen Überlegenheit, zu orientieren, freilich unter dem Vorzeichen des Willens zur Macht, denn die angestrebte klas-

---

Zudem herrscht im psychoanalytischen Reduktionsschema von Sublimation und Kompensation ein strenger Determinismus des Seelenlebens, wohingegen bei Nietzsche der Entwurfcharakter der menschlichen Existenz hervorgehoben wird.

sisch-absolute Kunst ist für Nietzsche der höchste Ausdruck des Willens[136], wie sie auch ein Zeichen setzen und ein Maßstab sein soll. Schon Hildebrandt stellte fest: "Nach einer bindenden autoritativen klassischen Kunst strebt sein tiefster Instinkt, der der Menschheit das neue Gesetz, die Norm, die vorbildliche Gestalt schenken möchte." (*Hildebrandt*, Wagner und Nietzsche, 356). Im ganzen bewegt sich Nietzsches Kunstdenken in den achtziger Jahren in der spannungsvollen Ambivalenz von dionysischem Lebensprinzip und klassischem Formideal. Einerseits betont er unablässig den Aspekt des sich selber wollenden, ständig über sich hinaus wollenden Lebens, gemäß seiner Philosophie des Werdens. Andererseits wird in wachsendem Maße die Idee einer ästhetischen Klassizität, eines geschlossenen, unantastbaren Kunstwerks, zu einem dominierenden Denkmotiv. Zugespitzt formuliert: Die Philosophie des 'Werdens' verbindet sich mit einer Ästhetik des 'Seins'. Dem Klassizismus entgeht Nietzsche durch die Rückbindung des klassischen Stils an den Willen zur Macht. Apollinischer Rausch lautet nun die Devise. Es fällt dabei auf, daß Nietzsche bei allem gesteigerten Kunstbewußtsein und der forcierten Betonung des Kunstschönen immer wieder das Leben, das Naturschöne, ins Blickfeld rückt. So wertet er in einem Fragment von 1883 die Relation von Kunstschönem und Naturschönem nach dem Urbild-Abbild-Schema und formuliert mit Bezug auf den menschlichen "Leib":

> Was *Schönheit* betrifft, so steht seine Leistung am höchsten: und unsre *Kunstwerke* sind Schatten an der Wand gegen diese nicht nur scheinende, sondern *lebendige* Schönheit! (10, 286 f.)[137]

Hegel hatte in seiner *Ästhetik* den unbedingten Vorrang des "*Kunstschönen*" vor dem "*Naturschönen*" betont, ja das "Naturschöne" ausdrücklich aus seinen Überlegungen ausgeschlossen (*Hegel*, Ästhetik I, 13 ff.). Er begründet dies mit dem Primat des Geistes gegenüber der Natur und versteht die wahre Schönheit als die vom Geist hervorgebrachte Schönheit:

> Denn die Kunstschönheit ist die *aus dem Geiste geborene und wiedergeborene* Schönheit, und um soviel der Geist und seine Produktionen höher steht als die Natur und ihre Erscheinungen, um soviel auch ist das Kunstschöne höher als die Schönheit der Natur. (ebd., 14)

Dies kann nicht mehr die Perspektive Nietzsches sein, denn für ihn ist der "Geist" nicht mehr eine absolute Größe, sondern ein Instrument der Natur, des

136 Der "große Stil" "hat das mit der großen Leidenschaft gemein, daß er es verschmäht zu gefallen; daß er es vergißt zu überreden; daß er befiehlt; daß er *will*..." (13, 246 f.). Der Künstler soll sich nicht nach dem Zeitgeschmack richten, sondern der Epoche neue Ziele setzen.

137 Hier durchbricht Nietzsche den klassischen Symbolbegriff. Goethe sah die Erscheinung als Sinnbild, als Sinnbild des Unbegreiflichen: "Das Wahre, mit dem Göttlichen identisch, läßt sich niemals von uns direkt erkennen, wir schauen es nur im Abglanz, im Beispiel, Symbol [...]" (Witterungslehre, HA XIII, 305). Vgl. Fausts Wort: "Am farbigen Abglanz haben wir das Leben." (Faust II, HA III, 149). Das Unendliche, das Leben, das Göttliche wird nur im Sinnbild, im Widerschein gegenwärtig. Nietzsche hingegen geht es nicht um die 'scheinende', d.h. symbolische, sondern um die "lebendige", d.h. unmittelbare 'Schönheit'. Er stellt nicht nur das idealistische Urbild-Abbild-Schema, wie es in Platons Höhlengleichnis zum Ausdruck kommt, sondern auch die Sinnbildfunktion der Erscheinungen zugunsten ihrer Lebensunmittelbarkeit in Frage.

"Lebens". Bei Nietzsche ist der schöpferische Geist eine spezifische, allerdings die höchste Form des schöpferischen Lebens. Wenn er die Kunst in den höchsten Rang erhebt, dann ist er sogar in noch entschiedenerer Weise als Hegel der Anwalt des Kunstschönen. Aber er reißt keine Kluft zwischen dem Kunstschönen und dem Naturschönen auf, sondern begreift die Kunst als höchste Ausdrucksform der Natur, d.h. des schöpferischen Lebens. Dabei ergeben sich allerdings dem ersten Anschein nach Widersprüche zwischen Kunstverherrlichung und Kunstkritik, Kunstabsolutismus und Kunstrelativierung bei Nietzsche. Aber man muß den jeweiligen Kontext beachten. Wenn Nietzsche die Kunst enthusiastisch in den höchsten Rang erhebt, dann geschieht dies in Abgrenzung gegen die Vorrangstellung von Wahrheit und Erkenntnis in der traditionellen Philosophie; wenn er, wie im zitierten Fragment, Kunstkritik übt, so im Hinblick auf das schöpferische Leben, das sein absoluter Wertungsmaßstab ist. Der entscheidende Unterschied zu Hegel besteht darin, daß er das Kunstwerk nicht als Produktion des "Geistes", sondern als Schöpfung des "Lebens" bzw. des als Vollzugsorgan des Lebens fungierenden Geistes auffaßt. Deshalb bezeichnet er die "*lebendige* Schönheit" als die höchste Schönheit.

Das ästhetische Problem, das ihn manchmal in diverse Aporien zu verstricken scheint, ist das Verhältnis von klassischem Stil und Willen zur Macht, autoritativer Form und schaffendem Subjekt, *ergon* und *energeia*. Diese Spannung verhindert die Verabsolutierung des klassischen Stils im Sinne des autonomen *mundus aestheticus*. Immer wieder erfolgt der "Rückschluß vom Werk auf den Schöpfer" (12, 111). Das letztliche Wertungskriterium Nietzsches ist immer die Frage, ob das Kunstwerk ein Produkt der Lebensfülle oder des Lebensmangels ist. Die Bewertung der Kunst im Horizont der Fundamentalantithese von dionysischer und romantischer Kunst erfolgt weniger nach objektiven ästhetischen Strukturmerkmalen, sondern primär im Hinblick auf die Genesis (und die Wirkung) des Kunstwerks. Im Letzten ist das Kunstwerk nur der Probierstein des Schaffenden. Nietzsches vor allem auf den schöpferischen Vollzug gerichtetes Denken bewegt sich in den Kategorien von Widerstand und Überwindung, Herausforderung und Bewältigung, Provokation und Produktivität. Je größer der zu überwindende Widerstand ist, um so größer ist die schöpferische Leistung. Das höchste Maß an schöpferischer Kraft wäre die Umfunktionierung des 'Romantischen' ins 'Dionysische'. Mitte der achtziger Jahre hat Nietzsche dies sehr prägnant in folgendem Fragment ausgedrückt:

> Es ist zuletzt eine Frage der Kraft: diese ganze romantische Kunst könnte von einem Überreichen und willensmächtigen Künstler ganz ins Antiromantische oder – um meine Formel zu brauchen – ins *Dionysische* umgebogen werden, ebenso wie jede Art Pessimismus und Nihilismus in der Hand des Stärksten nur ein Hammer und Werkzeug mehr wird, mit dem man sich ein neues Paar Flügel zusetzt. (12, 111 – 1885/86)

Damit werden die thematischen Sujets fast zu bloßen Funktionselementen des Produktiven. Pessimismus, Romantik, Nihilismus – sie sind geradezu Konditionen des 'Dionysischen', denn gerade an diesen Widerständen vermag sich das schöpferische Leben voll zu entfalten und zu bewähren. Im Lichte der Dialektik von Nihilismus und Produktivität stellt sich erneut die Frage, ob nicht Nietzsches eigenes Denken und Künstlertum auf die defizienten Modi des Lebens angewiesen ist, ob diese nicht wesensmäßig zur Denkstrategie Nietzsches gehören, ob sie nicht die notwendigen Initialzündungen seiner Denkprozesse darstellen. Einerseits vollzieht er eine strikte Trennung zwischen romantischer und dionysischer Kunst. Andererseits stellt er ein dialektisches Verhältnis zwischen ihnen her. Offenbar entspricht Nietzsches eigenes Künstlertum *in toto* weder dem einen noch dem anderen Stiltypus, sondern stellt eher eine Mischform dar, denn er schafft nicht nur aus der Lebensfülle wie Homer, Raffael und Rubens, die dem Idealtypus des dionysisch-klassischen Künstlers entsprechen (dazu: 12, 119), sondern auch (und nicht zuletzt) aus einem Lebensmangel heraus wie die Romantiker, wie Wagner. Was er von sich abzustoßen versucht, nämlich das Romantische, das haftet ihm unlöslich an, ist ihm gleichsam eingeätzt, und was er glorifiziert, das 'Klassische', das verwirklicht er selbst nicht, sondern das ist bei ihm ein idealtypischer Entwurf. Nietzsche sieht sich jener geistigen Situation konfrontiert, die bereits Friedrich Schlegel im Aufsatz *Über das Studium der griechischen Poesie* als Antagonismus von objektiv-schöner und subjektiv-interessanter, von klassischer und romantischer, von griechischer und moderner Poesie charakterisiert hat, in ingeniöser Diagnostik der neuzeitlichen Kunst- und Stiltendenzen (dazu: *Hocke*, Manierismus, 105). In diesem Horizont müßte man Nietzsche als romantisch-subjektivistischen Künstler auf der Suche nach der klassischen 'Objektivität' bezeichnen. Im Sinne der Schillerschen Dichotomie des Naiven und Sentimentalischen wäre er der sentimentalische Künstler, für den die naive Kunst das Ideal darstellt. Nietzsches Einwände "gegen den Contrast von Sentimentalisch und Naiv" sind wohl eher ein produktives Mißverständnis der Schillerschen Typologie, denn das Argument, "dass gerade unsere Gegenwart jene frostig klare und nüchterne Atmosphaere hat, in der der Mythos nicht gedeiht, die Luft des Historischen – während die Griechen in der dämmerigen Luft des Mythischen lebten" (7, 683 – 1873), entspricht durchaus der Schillerschen Sicht von Vergangenheit und Gegenwart, wie sie im Gedicht *Die Götter Griechenlands* zum Ausdruck gelangt: "Wo jezt nur, wie unsre Weisen sagen, / seelenlos ein Feuerball sich dreht, / lenkte damals seinen goldnen Wagen / Helios in stiller Majestät." (NA I, 190). "Götterstille und Göttertrauer" (vgl. *Rehm*, Götterstille, 101-182) sind die neuzeitlichen Stigmata, hervorgerufen durch den Verlust des Mythos und die im Zeichen der Naturforschung erfolgende Versachlichung der Welt. Diese Situation verurteilt den modernen Künstler zum Sentimentalischen. Nietzsches Spannung von naiv-klassischer und romantisch-sentimentalischer Kunst bewegt sich in den von Friedrich Schlegel und Schiller vorgezeichneten Bahnen. Aber bei ihm spitzt sich die Problematik extrem zu. Er, der sentimentalische Künstler, versteht sich in seinem 'dionysischen' Schaffen als naiver Künstler. Zumindest sind die 'naiven' Künstler ihm Orientierung und Maßstab. Schon in der *Geburt der Tragödie* heißt es: "und als Denkmal seines Sieges steht Homer vor uns, der naive Künstler." (1, 38 – GT).

Nur vor dem Hintergrund der Spannung von Sentimentalischem und Naivem kann Goethe für Nietzsche zur großen Autorität werden. Abgesehen von Nietzsches Kritik am Griechenbild Goethes und Winckelmanns und Goethes Symbolik des Zeitlosen sowie diversen anderen Vorbehalten, ist Goethe für Nietzsche in der Regel ein Verehrungsgegenstand, eine Haltung, die sich nach der Loslösung von Wagner noch steigert. Goethe ist "der einzige deutsche Künstler der Schrift, der jetzt noch nicht veraltet ist" (2, 483 – VM); seine "Unterhaltungen mit Eckermann" sind das "beste deutsche Buch, das es giebt" (2, 599 – WS); Nietzsche weist darauf hin, "wie der letzte Deutsche vornehmen Geschmacks, wie Goethe das Kreuz empfand. Man sucht umsonst nach werthvolleren, nach *nothwendigeren* Gegensätzen..." (6, 52 – WA).[138] "Goethe ist der letzte Deutsche, vor dem ich Ehrfurcht habe [...]" (6, 153 – GD). Worin ist diese Goethe-Verehrung begründet? In Goethes Naturerlebnis, Individualismus und Lebensbegriff. Goethe bedeutet die "*Rückkehr zu einer Art Renaissance-Mensch*" (12, 443 f.). Am entschiedensten gelangt diese Goethe-Rezeption in der *Götzen-Dämmerung* zum Ausdruck. Goethe, "kein deutsches Ereigniss, sondern ein europäisches", hat sich durch die "Rückkehr zur Natur" und zur "Natürlichkeit der Renaissance" selber als schöpferisches Subjekt erschaffen ("er *schuf* sich") und aus tabusprengender "Stärke" (6, 151 – GD) eine neue Identität von Ich und Welt gelebt und gestaltet:

> Ein solcher *freigewordner* Geist steht mit einem freudigen und vertrauenden Fatalismus mitten im All, im *Glauben*, dass nur das Einzelne verwerflich ist, dass im Ganzen sich Alles erlöst und bejaht – *er verneint nicht mehr*... Aber ein solcher Glaube ist der höchste aller möglichen Glauben: ich habe ihn auf den Namen des *Dionysos* getauft. (6, 152 – GD)

Daß Nietzsche damit seine eigenen Züge in das Bild Goethes einzeichnet, ist offenbar. Er deutet Goethes Persönlichkeit und Schaffen aus dem Horizont der eigenen Ideen des schaffenden Subjekts und des dionysischen Lebens. Nietzsches Goethe ist ein heidnisch-dionysischer Goethe, ausgestattet mit den Insignien des Willens zur Macht, der unbedingten Daseinsbejahung und der dionysi-

---

138 Nietzsche weiß sich mit Goethe in Übereinstimmung hinsichtlich der heidnischen Einstellung zum Christentum: "auch verstehen wir uns über das 'Kreuz'" (6, 153 – GD). "Man muß das 'Kreuz' empfinden wie Goethe" (12, 565). Vgl. 6, 52 – WA. "Goethe's Heidenthum" (3, 597 – FW [5. Buch]) war für Nietzsche immer eine Bestätigung seines eigenen 'heidnischen' Lebensgefühls. Der Lebensglaube Goethes ist für ihn ein Glaube an den 'Dionysos' (vgl. 6, 151 f. – GD). Nietzsche beruft sich nicht zu Unrecht auf Goethe. So charakterisiert z.B. Goethe in *Winckelmann*, im Abschnitt *Heidnisches*, zustimmend den "heidnischen Sinn" gegenüber dem Christentum, den christlichen Kirchen (HA XII, 100 f.). Aber Goethe prostituiert sich noch nicht als Kämpfer gegen das Christentum. Er sieht auch positive Aspekte des Christentums, so die "Erhaltung der Kunst" durch die "christliche Kirche" (Kunst und Altertum, HA XII, 145). Goethes Haltung zum Christentum ist eher von souveräner Indifferenz. Nietzsche hingegen operiert mit der schroffen, summarischen Antithese "**Heidnisch-christlich**", dem Gegensatz von "Jasagen zum Natürlichen" und "Neinsagen zum Natürlichen" (12, 571 f.). Er versteht aber unter Heidentum nicht nur die Hinwendung zum natürlichen Leben, sondern auch die realitätstranszendierende Überhöhung des Menschen: "[...] wir Heiden [...] begreifen, was ein heidnischer Glaube ist: sich *höhere Wesen* als der Mensch ist, vorstellen müssen, aber diese Wesen jenseits von Gut und Böse; alles Höher-sein auch als Unmoralisch-sein abschätzen müssen. Wir glauben an den Olymp – und *nicht* an den 'Gekreuzigten'..." (13, 487).

schen Lebensidentität.[139] Aber nicht nur Goethes Lebensglaube, sondern auch sein Künstlertum beeindruckt Nietzsche. Wenn Goethe als der einzige deutsche Schriftsteller von zeitüberdauerndem Rang bezeichnet wird, so ist damit der Künstler Goethe in höchster Weise geehrt, ein Lob, das besonderes Gewicht hat, denn ansonsten verfallen fast alle Deutschen bei Nietzsche der ätzenden Kritik. Aber Nietzsche räumt Goethe nicht nur in Literatur und Dichtung, sondern in der Kunst überhaupt eine Sonderstellung ein. Nietzsches Goethe-Enthusiasmus steigert sich bis zur Behauptung, daß in der Musik eine Goethe gleichrangige Ausdrucksform bisher nicht erreicht worden sei: "Goethe der Ausnahme-Deutsche, zu dem eine ebenbürtige Musik noch nicht gefunden ist!" (3, 460 – FW). Daß Nietzsche, ansonsten ein Beethoven-Verehrer, in diesem Zusammenhang Beethoven als halbbarbarischen "Phantasten" gegenüber dem kultivierten "Künstler" Goethe abtut (ebd.), ist ein grober Mißgriff. Schon Wagner beklagte sich über die "Schlechtigkeit Nietzsche's (über Schubert und Beeth.)" (CT IV, 783 – 19.8.81). Erklärlich ist ein solches Urteil Nietzsches nur aus der für ihn charakteristischen Tendenz, seine Thesen extrem zuzuspitzen, zu überspitzen, in diesem Falle die Bedeutung Goethes mit allem Nachdruck hervorzuheben. In der Musik vermißt er den "Apotheosen-Künstler": "*Homer als Apotheosen-Künstler*; auch Rubens. Die Musik hat noch keinen gehabt." (12, 119). In Goethe bewundert Nietzsche den dionysisch-klassischen Künstlertypus. Wenn er "*Classiker*" als "*Vollender* und höchste Lichtspitzen", "welche über den Völkern stehen bleiben, wenn diese selber zu Grunde gehen" (2, 608 – WS), bezeichnet, dann ist Goethe für ihn diesbezüglich der Hauptrepräsentant im Bereich der " '*deutschen Classiker*' " (vgl. 2, 606 ff. – WS). Ohne Zweifel ist Nietzsches Goethebild ein höchst subjektives, von den eigenen Ideen gefärbtes Bild, abgesehen davon, daß er Goethe als Symbolfigur seiner Philosopheme benutzt. Schon Bertram hat bemerkt, daß das Bild Goethes bei Nietzsche von "höchst merkwürdiger Mittelbarkeit" ist (*Bertram*, Nietzsches Goethebild, 320), häufig "belebt und überdeutlich angestrahlt", häufig "fast bis zur Unsichtbarkeit verschattet" (ebd., 321), daß sich in Nietzsches Verhältnis zu Goethe eine Tendenz "fast zur Verkleidungsmanier, zum aussprechenden Sichverbergen hinter der Maske von Weimar" zeige (ebd., 326 f.). Ob Nietzsche hier wirklich ein Maskenspiel betrieben hat, ist fraglich. Aber daß er Goethe als autoritative Gestalt in seine Argumentationsstrategie einsetzte, liegt auf der Hand. Ob Goethe Nietzsche "von der pessimistischen Tyrannei Schopenhauers

139 Nietzsche ist allerdings kein blinder Goethe-Verehrer. Gelegentlich macht er durchaus kritische Bemerkungen zu Goethe. Vgl. z.B. 3, 451 – FW; 5, 46 – JGB; 10, 189. Seine Hauptkritik richtet sich gegen das humanistische Griechenbild Goethes – ein Griechenbild, in dem er das Dionysische vermißt. Nun ist Goethe nicht mehr der dionysische Künstler; ihm fehlt das Organ für die "dionysische Kunst" und ihren Ursprung, den "Orgiasmus": "*Folglich verstand Goethe die Griechen nicht.*" (6, 159 – GD). Nun, ganz so fremd, wie Nietzsche annimmt, war Goethe die 'dionysische' Seite des Griechentums nicht. Immerhin ertönt im 3. Akt von *Faust II*, im "Schattigen Hain", zuletzt der dionysische Dithyrambus: "Denn es hat sich Dionysos aus Mysterien enthüllt" (HA III, 303). Freilich, es handelt sich um ein magisches Spiel, um eine Beschwörung der mythischen Vergangenheit, die sich zuletzt ins Unwirkliche auflöst. Für Nietzsche hingegen ist das Dionyische lebendige Gegenwart. Zu Goethe äußert er sich nur selten kritisch, kaum je polemisch. So mokiert er sich über eine gewisse "Geschwätzigkeit" "in der Prosa Goethe's" (3, 451 – FW; vgl. auch 2, 647 – WS). Aber das

und Wagners befreite" (*Heller*, Nietzsche und Goethe, 61)[140], ist eine andere Frage. Diesbezüglich ist immerhin zu bedenken, daß Nietzsche eigentlich nie einem Pessimismus gehuldigt hat, es sei denn einem "dionysischen, aus der *Stärke* geborenen" "Pessimismus" (B 8, 375 – 29.7.88 – an Carl Fuchs), und daß Wagner-Enthusiasmus und Goethe-Verehrung sich bei ihm nicht ausschließen, sondern wechselseitig ergänzen können, was sich exemplarisch in der *Geburt der Tragödie* zeigt. Sicherlich aber gewinnt Goethe für Nietzsche nach der Emanzipation von Wagner und Schopenhauer an Bedeutung und wird ihm zum Sinnbild der daseinsbejahenden, dionysischen Existenz, deren Werke den Maßstab einer neuen Klassizität abgeben. Wagner und Goethe – sie werden die großen Antipoden im Weltbild Nietzsches. Aber sie verkörpern zwei Wesenszüge in Nietzsche selbst: den Willen zum ursprünglichen, 'naiven' Schöpfertum (Goethe) und die Disposition des 'sentimentalischen', manieristischen Artisten (Wagner). Nietzsches Kampf gegen Wagner und sein Bekenntnis zu Goethe sind nicht zuletzt der Versuch, sich selber von aller Künstlichkeit zu befreien und neue Ursprünglichkeit zu gewinnen.

Die höchste Form des angestrebten klassischen Stils ist der "große Stil". Es besteht eine Kohärenz von Rausch, Wille und Stil. Der "große Stil" als Stil der "Vereinfachung" ist die "Spitze der Entwicklung" des "Rauschgefühls", des "*siegreichen* Willens", der "Krafterhöhung". Bezeichnenderweise schließt der "große Stil" die "Häßlichkeit" als "*décadence eines Typus*", als "Niedergang an *organisirender* Kraft, an 'Willen' ", aus (13, 293 f.). Nietzsche ist ein entschiedener Gegner der modernen Ästhetik des Häßlichen.[141] Er kritisiert das "sonnenarme gequälte Glück an der Entdeckung des Häßlichen und Gräßlichen", wie es für die französische Romantik und Wagner symptomatisch sei (11, 590 f.). "*Schönheit*" ist Ausdruck der Stärke, des "*Siegreichen*", "das Häßliche der Ausdruck vieler Niederlagen" (12, 343). Auch der Gegensatz von schön und häßlich ist eine Fundamentalantithese Nietzsches:

> Alles Häßliche schwächt und betrübt den Menschen: es erinnert ihn an Verfall, Gefahr, Ohnmacht. [...] Das Gefühl der Macht, der Wille zur Macht – das wächst mit dem Schönen, das fällt mit dem Häßlichen. (13, 499; vgl. 6, 124 – GD)

Nietzsche überträgt diese generelle anthropologische Sicht auf die Kunst und unterscheidet grundsätzlich zwischen dem klassisch-schönen und dem modern-

---

ist die Ausnahme. Goethe war für Nietzsche ein *rocher de bronze*. "Goethe stand über den Deutschen in jeder Beziehung und steht es auch jetzt noch: er wird ihnen nie angehören." (2, 448 f. – VM).

140 Bereits in der *Geburt der Tragödie* tritt Goethe zu den Dioskuren Schopenhauer und Wagner – ohne allerdings schon deren Gewicht zu haben. In den *Unzeitgemäßen Betrachtungen* behalten Schopenhauer und Wagner noch ihre Vormachtstellung im Denken Nietzsches. Dann, in *Menschliches, Allzumenschliches*, distanziert sich Nietzsche von Wagner, respektiert aber weiterhin Schopenhauer und wendet sich stärker Goethe zu (vgl. z.B. 2, 449, 534 – VM; 2, 647 – WS). In der Folgezeit verschieben sich die Gewichte mehr und mehr zugunsten Goethes. Er verdrängt nicht nur Wagner, sondern auch Schopenhauer. Nietzsche fordert die geistige Elite auf, "gegen Richard Wagner ebenso sehr als gegen Schopenhauer <sich wenden>" und sich "Goethe, Beethoven und Bismarck" zuzuwenden (11, 273). Nietzsches Verhältnis zu Schopenhauer wandelt sich von der Verehrung zur Kritik. Sein Verhältnis zu Goethe ist keinen Schwankungen unterworfen, sondern, im Grundzug, konstant positiv.

141 Exkurs 26.

häßlichen Stil. Ein hervorstechendes Merkmal der Häßlichkeit der modernen Kunst ist der Stilpluralismus, das Stilchaos. Das "Zeitalter der Verlogenheit" ist gekennzeichnet durch die "Häßlichkeit", das "Durcheinander der Stile" (11, 31). Im *Epilog* zum *Fall Wagner* schreibt Nietzsche, ausgehend von seinem Grundgedanken, daß "jede Zeit" entweder eine Zeit des "*aufsteigenden* Lebens" oder des "niedergehenden Lebens" sei:

> Die Aesthetik ist unablöslich an diese biologischen Voraussetzungen gebunden: es giebt eine décadence-Aesthetik, es giebt eine *klassische* Aesthetik, – ein "Schönes an sich" ist ein Hirngespinst, wie der ganze Idealismus. (6, 50 – WA)[142]

In der Reflexion auf das Schöne war Kant vom Geschmacksbegriff ausgegangen und hatte die Grundthese vertreten, das Schöne sei zweckfrei und gefalle ohne alles Interesse. Hegel übernahm von Kant den Gedanken der Interesselosigkeit, der Zweckfreiheit des Schönen, aber er ging über Kant hinaus, indem er in der Philosophie der Kunst das Schöne als objektiv Schönes, als Schönes an sich deutete. Nach Hegel ist das Schöne das sinnliche Scheinen der Idee, d.h. der Wahrheit. Bei Schelling gewinnt die Schönheit demgegenüber bereits insofern an Eigengewicht, als er Schönheit und Wahrheit als gleichrangige "Urbilder" auffaßt.[143] Nietzsche löst die Schönheit von der Interesselosigkeit, der Wahrheitssymbolik und der Urbildidee und bezieht sie unmittelbar zurück auf das Leben.[144] Die Idee der Interesselosigkeit des Schönen ("es gefällt ohne Interesse") tut er als "Albernheit" ab, "die dem alten Kant zur Last zu legen ist", und erklärt: "Dagegen habe ich den Zustand beschrieben, den das Schöne hervorbringt: das Wesentlichste ist aber vom Künstler auszugehn." (11, 35). Der Idealismus-Kritiker Nietzsche vollzieht selbst eine 'idealistische' Wende, indem er das Schöne wieder auf das Subjekt zurückbezieht, freilich auf das lebenszentrierte, schaffende Subjekt:

> Der Mensch, wie sehr er auch die Welt mit Schönheiten überhäuft sieht, er hat sie immer nur mit seiner eignen "Schönheit" überhäuft: das heißt, er hält Alles für schön, was ihn an das Vollkommenheits-Gefühl erinnert, mit dem er als Mensch zwischen allen Dingen steht. (13, 498 – 1888; vgl. 6, 123 – GD)

---

142 Das 'Schöne' ist Ausdruck des Willens zur Macht: "Das 'Schöne an sich' ist bloss ein Wort, nicht einmal ein Begriff. Im Schönen setzt sich der Mensch als Maass der Vollkommenheit; in ausgesuchten Fällen betet er sich darin an." (6, 123 – GD).

143 Als "Darstellung des Unendlichen" steht die Kunst "auf der gleichen Höhe mit der Philosophie". "Wie für die Philosophie das Absolute das Urbild der Wahrheit – so für die Kunst das Urbild der *Schönheit*. Wir werden daher zeigen müssen, daß Wahrheit und Schönheit nur zwei verschiedene Betrachtungsweisen des Einen Absoluten sind." (*Schelling*, Philosophie der Kunst, 13 f.).

144 Im Prinzip geschieht dies bereits in Schellings Identitätsphilosophie, die die Einheit von Kunst und Natur voraussetzt. "Geschichte", "Kunst" und "Natur" stimmen darin überein, daß jedem, "in verschiedenen Potenzen", "die ganze Absolutheit eingeboren" ist (*Schelling*, Philosophie der Kunst, 10). Schon für Schelling ist die Kunst Ausdruck des Lebens, d.h. der Natur, des Unendlichen. Aber Schelling setzt dabei die ursprüngliche Einheit von Natur und Geist voraus. Die Natur ist ein Symbol des Geistes. Es vollzieht sich die Selbstanschauung des Geistes in der Natur. Demgegenüber sieht sich Nietzsche der Entzweiung von Welt und Subjekt ausgesetzt. Die Kunst ist bei ihm weder Ausdruck der Identität von Natur und Geist noch Darstellung der Urbilder, sondern Ausdruck des Willens zur Macht, des wollenden, monologischen Subjekts.

Es zeichnen sich hinsichtlich des Schönen resp. der Kunst drei zentrale Aspekte ab: 1) das Schöne als Ausdruck des Lebens – 2) das Schöne als Projektion des Subjekts – 3) das Schöne als Produkt der Lebenssteigerung oder der Lebensschwächung.

Aus diesen Voraussetzungen entwickelt Nietzsche seine Stiltypologie, die im wesentlichen auf die antagonistische Duplizität von 'klassischer' und 'romantischer' Kunst hinausläuft, ein Denkmodell, das bei Nietzsche eine zeitkritische Funktion ausübt, in seiner Auseinandersetzung mit der modernen Kunst. Dennoch handelt es sich um ein unhistorisches Denkmodell, denn Nietzsche reflektiert kaum den historischen Wandel der Kunstformen, sondern operiert in seinen stiltypischen Klassifikationen mit zeitlos-anthropologischen Konstanten. In der Kunst entfällt die Kategorie der Historizität: "In der Welt der *Kunstwerke* giebt es *keinen Fortschritt*, über die Jahrtausende weg." (8, 604).[145] Der historische Aspekt kommt nur im Bestreben des "klassischen Geschmacks" zur Geltung, sich auf den "reinen und mustergültigen Ausdruck" der "der Zeit eigenthümlichen Kraft und Aufgabe" zu konzentrieren (8, 589). Das Phänomen des historischen Stilwechsels, eines vielfach abrupten Stilwechsels, sieht Nietzsche allerdings: "Bei den Griechen geht es schnell vorwärts, aber eben so schnell abwärts" (2, 216 – MA I). Nietzsche verneint den historischen Progreß in der Kunst, aber er konstatiert zyklisch wiederkehrende Stilantithesen. Klassizität ist für Nietzsche eine zeitlose Norm, allerdings nicht im Sinne einer klassizistischen Nachahmung klassischer Werke, sondern im Sinne eines die eigene Produktivität prägenden und freisetzenden Musters. So soll z.B. hinsichtlich der Griechen nicht die *natura naturata*, die von ihnen hervorgebrachte Welt, sondern die *natura naturans*, das schöpferische Vermögen, zum Maßstab des eigenen Schaffens werden. Klassizität konstatiert Nietzsche bei den Griechen ebenso wie in der Renaissance und bei Goethe, und jeweils verweist er auf die die Klassizität unterminierenden Gegenströmungen der Dekadenz. Diese Stilantithesen wiederholen sich historisch, und zwar nach dem zyklischen Schema von Klassizität, Dekadenz und Regeneration. Eine der stiltypologischen Antithesen Nietzsches ist die Antithese von Renaissance und Barock. In der Skizze *Vom Barockstile* definiert er den "Barockstil" als Ausdruck der Diskrepanz zwischen Form*willen* und Form*verwirklichung*. Der "*Barockstil*" ist ein aus dem Mangel an "Dialektik und Auseinanderfaltung der Gedanken" erwachsender Stil des "*Rhetorischen* und *Dramatischen*" (2, 437 – VM). Der Stilkritiker Nietzsche fixiert den Punkt,

> wo das Gefühl mangelnder Dialektik oder des Ungenügens in Ausdruck und Erzählung, zusammen mit einem überreichen, drängenden Formentriebe, jene Gattung des Stiles zu Tage fördert, welche man *Barockstil* nennt. (2, 437 – VM)

145 Während sich in "Moral", "Erkenntniß" und "Wissenschaft" ein historischer Progreß vollzieht (8, 604), grenzt Nietzsche die Kunst ins Ahistorische aus. Er hypostasiert allerdings die Kunst nicht zu einem zeitlos-statischen Sein (im Unterschied zu Benn). Auch die Kunst, ja gerade die Kunst ist Ausdruck des Werdens, des schöpferischen Werdens. Aber dieses Werden ist kein Werden im Sinne des historischen Fortschritts, sondern im Sinne der Wiederkehr des Gleichen. Es ist keine lineare, sondern eine zyklische Bewegung.

Als Antithese zur Klassizität ist der "Barockstil" Ausdruck eines Nachlassens der wahrhaft schöpferischen Kräfte und ihrer Kompensation durch einen rhetorisch aufgeblähten Manierismus. "Der Barockstil entsteht jedesmal beim Abblühen jeder grossen Kunst, wenn die Anforderungen in der Kunst des classischen Ausdrucks allzugross geworden sind [...]" (2, 438 – VM). Der "Barockstil", den es nach Nietzsche zu allen Zeiten und in allen Künsten gegeben hat[146], übt allerdings auf ihn auch eine spezifische Faszination aus. W. Barner hat zu Recht auf den Doppelaspekt, das Zwielichtige in Nietzsches Barockbegriff aufmerksam gemacht und ist sogar der Auffassung: "die 'Bewunderung' Nietzsches gehört eingestandenermaßen dem Barockstil." (*Barner*, Barockbegriff, 578). Dies ist allerdings zu extrem gesehen, denn an jenen Nietzsche-Stellen, die Barner zur Begründung anführt, wird doch der barocke, manieristische Stil immer am klassischen Stilideal gemessen.[147] Man kann Barner zustimmen, wenn er, mit Entschiedenheit, betont, daß bei Nietzsche eine innere, geistige Affinität zum Barockstil bestehe, aber man muß zugleich im Blickfeld behalten, daß Nietzsches Stilideal der klassische Stil ist. Auch in der, offenen oder verdeckten, Liebe zum Barockstil als einem Stil der großen pathetischen Entwürfe bleibt doch die Klassizität die regulative Idee der Nietzscheschen Stilkonzeption. Nietzsche, selbst ein genialer 'barocker' Pathetiker, ist zumindest vom klassischen Stil*willen* geprägt, und daher zielen seine stiltypologischen Überlegungen auch immer wieder darauf ab, sich der Suggestion des barocken Stils zu entziehen, um frei zu werden für den klassischen Stil, für ein "strenges, ja asketisches Stilideal" (*Goth*, Rhetorik, 80)[148]. So verwahrt sich Nietzsche zwar

146 "[...] denn es hat von den griechischen Zeiten ab schon oftmals einen Barockstil gegeben, in der Poesie, Beredtsamkeit, im Prosastile, in der Sculptur eben so wohl als bekanntermaassen in der Architektur" (ebd.). Die Stilantithese Klassik-Barock betrifft auch die Musik: "Gerade jetzt, wo die *Musik* in die letzte Epoche übergeht, kann man das Phänomen des Barockstils in einer besonderen Pracht kennen lernen" (ebd.). Diese überkultivierte, pompöse Musik, die voll ist von ornamentalen Raffinements und bei der Nietzsche natürlich vor allem an Wagner denkt, ist nur der historische Ausläufer, die äußerste Konsequenz der Geschichte der Musik. Vgl. dazu das Textstück *Religiöse Herkunft der neueren Musik* (2, 179 f. – MA I). Zur "Barockkunst" Wagners vgl. 14, 170.

147 Im Textstück *Vom Barockstile* (2, 437 ff. – VM), auf das sich Barner unter anderem bezieht, wird zwar die Faszination des Barockstils hervorgehoben, aber der Schwerpunkt der Argumentation liegt auf der Kritik des Barockstils als eines vom klassischen Stilideal abweichenden Verführungsstils. Dabei zeigt sich allerdings eine gewisse innere Zwiespältigkeit Nietzsches. Es ist die gleiche Zwiespältigkeit, die sein Verhältnis zu Wagner kennzeichnet: die Spannung von Faszination und Überwindung. Man hat den Eindruck, daß Nietzsche alle rhetorischen Mittel der persuasiven Rede aufbietet, um sich selber gewissermaßen vom "Barockstil" frei-zusprechen. In dieser Kritik, die selbst ein manieristisches Kabinettstück ist, steckt auch ein Stück Selbstbefreiung. Es handelt sich allerdings nicht um ein bloß psychologisches Problem, um einen Akt der Selbstreinigung. Primär geht es um die ästhetische Frage nach den großen Stilmöglichkeiten als Ausdruck menschlicher Grundverhaltensweisen zum Dasein.

148 Goth zeigt im einzelnen den Zusammenhang von "Barockstil (= Manierismus)" mit der "Rhetorik" auf, der es ermöglicht, "das, was Nietzsche über Romantik, Modernität, décadence, insbesondere Wagner sagt, als Erscheinungsform der manieristischen Konstante zu verstehen und in rhetorische Kategorien einzuordnen" (ebd., 51). Nietzsche ist ein Kenner der Rhetorik. Schon in den Vorlesungen *Geschichte der griechischen Beredsamkeit* (1872/73 – MusA V, 1-42) und *Rhetorik* (1874 – MusA V, 285-319) beschreibt er Begriff, Stil und Figuren der Rhetorik. In der Wertung Nietzsches mischen sich positive und negative Aspekte der Rhetorik. So verweist er auf die "maassloseste Ueberhebung" der "Rhetoren und Stilisten", "alles zu können" (V, 4). Aber er betont auch den Kunstcharakter der Rhetorik und konstatiert: "Nun haben dafür die Philosophen keinen Sinn gehabt (die gar nichts von der Kunst verstehen, die um sie herum lebt und webt, auch von der Plastik nichts),

gegen die voreilige Abwertung des "Barockstils", da er "Vielen von den Besten und Ernstesten seiner Zeit wohl gethan" habe, aber er fügt sogleich hinzu, daß "sich Jeder glücklich preisen darf, dessen Empfindung durch ihn nicht für den reineren und grösseren Stil unempfänglich gemacht wird" (2, 438 f. – VM). Jedenfalls ist der "Barockstil" nicht der "große Stil". Das Signum des "Barockstils" ist das "Ungeheure", das Zeichen des "großen Stils" das "Schöne": "*Der grosse Stil.* – Der grosse Stil entsteht, wenn das Schöne den Sieg über das Ungeheure davonträgt." (2, 596 – WS).[149] Dem manieristischen "Barockstil", dieser Kunst der schwelgerischen Gefühle und pompösen Formen, die sich als "ursprüngliche Natur-Kunst" geriert (2, 438 – VM), setzt Nietzsche das klassische Prinzip des "Schönen" entgegen. Ob freilich ein Werk wie Nietzsches *Zarathustra* auf einen romantisch-barocken oder einen klassisch-schönen Stil hinausläuft, ist eine andere Frage. Ist der *Zarathustra* Ausdruck des "Ungeheuren" oder des "Schönen"? Für Nietzsche selbst ist das "*Ereigniss* Zarathustra" der "Akt einer ungeheuren Reinigung und Weihung der Menschheit" (6, 315 – EH). Nietzsche, der den *Zarathustra* als potenzierten Ausdruck des Willens zur Macht und damit als Überwindung der *décadence*, vor allem der Kunst Wagners, als große "Reinigung" auffaßt, verrät durch seinen Sprachgebrauch, das

---

und so giebt es eine überflüssig heftige Feindseligkeit." (V, 7). Schon hier spricht er vom "großen 'Stil'" der "befreienden und vollendenden Genies einer Kunst", die "die Enge und die kleinen Gattungsmerkmale, 'Manieren', von sich abstreifen" (V, 27). Den Begriff " 'Rhetorisch' ", den wir als "ein bewusstes Anwenden von Kunstmitteln" "immer mit einem leisen Tadel" verwenden, mit dem Argument, daß die antike Prosa "Widerhall der lauten *Rede*" sei, "während unsere Prosa immer mehr aus dem *Schreiben* zu erklären ist" (V, 297). Diesen Gedanken greift Nietzsche auch später wiederholt auf. So kritisiert er, daß "wir der Klangwirkungen der Rhetorik entwöhnt sind" (2, 178 – MA I). Nietzsche konstatiert, "dass die *Rhetorik eine Fortbildung der in der Sprache gelegenen Kunstmittel* ist" und daß die Rhetorik (wie die Sprache überhaupt) nicht auf Objektivität, sondern auf Erregung zielt. So heißt es vom "Wesen der Sprache": "diese bezieht sich ebensowenig wie die Rhetorik auf das Wahre, auf das *Wesen* der Dinge, sie will nicht belehren, sondern eine subjektive Erregung und Annahme auf Andere übertragen." (V, 298). In den Vorlesungen zur *Geschichte der griechischen Litteratur* (1874-1876 – MusA V, 65-284) beschäftigt sich Nietzsche eingehend mit Stilebenen und Geschichte der Kunstprosa. Immer wieder taucht der "*gleiche Gegensatz*" auf: "eine freiere enthusiastischere Richtung und daneben eine gebundenere, würdevollere, mehr hieratische", "eine dithyrambischere, kühnere Sprache und eine schlichtere, einfachere, hieratischere" (V, 241 f.). Von den Griechen und Römern lernt Nietzsche, daß Reden und Schreiben eingeübt werden müssen. Die Deutschen vergessen, "dass Reden und Schreiben Künste sind, die nicht ohne die sorgsamste Anleitung und die mühevollsten Lehrjahre erworben werden können" (1, 343 – SE).

149 Man fühlt sich erinnert an Goethes Reflexionen über das Straßburger Münster in *Dichtung und Wahrheit*. Es erscheint ihm als ein "Widerspruch", "daß ich dieses Wunderwerk als ein Ungeheures gewahrte, das mich hätte erschrecken müssen, wenn es mir nicht zugleich als ein Geregeltes faßlich und als ein Ausgearbeitetes sogar angenehm vorgekommen wäre" (HA IX, 357 f.). Erst in der Verbindung mit dem "Angenehmen" ist das "Ungeheuere" annehmbar (HA IX, 382 f.). Goethe verteidigt die "gotische Baukunst" mit dem Argument, daß in ihr "das Angenehme im Ungeheueren sich darstellt" (HA IX, 384 f.). Dies impliziert die Bändigung des 'Ungeheueren' durch das 'Schöne', denn sofern wir unter der "Schönheit" "Wahl, Ordnung, Harmonie und Bedeutung" zu verstehen haben (*Goethe*, Winckelmann, HA XII, 103), entspricht sie, wirkungsästhetisch, dem 'Angenehmen'. Hier wird der Unterschied zu Nietzsche deutlich. Goethe geht es um die Harmonie von 'Ungeheuerem' und 'Schönem', Nietzsche um den Antagonismus von 'Ungeheuerem' und 'Schönem'. Goethe harmonisiert, Nietzsche denkt agonal. Im Zeichen des *Pulchrum est paucorum hominum* (offenbar Zitatparaphrase aus *Horaz*, Satirae I 9,44: "paucorum hominum et mentis bene sanae.") stellt Nietzsche fest, daß "Schönheit" und "Ueberfülle" sich ausschließen (2, 427 f. – VM). Während die Schönheit aus echter Kreativität erwächst, ist das 'Überladene' Ausdruck einer Schwäche: "Der überladene Stil in der Kunst ist die Folge einer Verarmung der organisirenden Kraft bei verschwenderischem Vorhandensein von Mitteln und Absichten." (2, 427 – VM).

Epitheton “ungeheuer”, ungewollt den ‘barocken’ Aspekt des Werkes. Der *Zarathustra* ist tatsächlich kein Werk der klassisch-geschlossenen, sondern der romantisch-offenen Form. Er ist zutiefst geprägt von romantischem Unendlichkeitsverlangen. Aber Zarathustras Anliegen ist nicht das Sich-Verströmen ins Unendliche, das Sich-Loslassen ins Unbewußte, die willenlose Identifikation mit dem Leben, sondern die schaffende Tat, die schöpferische Umgestaltung des Lebens durch den Willen zur Macht. Der “Übermensch” ist einerseits ein großangelegter Romantizismus, Ausdruck eines realitätstranszendierenden Unendlichkeitsverlangens; andererseits ist er ein vom Willen zur Macht gesetztes Ideal, das die romantische *décadence* überwinden soll. Der *Zarathustra* verdeutlicht in exemplarischer Weise, daß Nietzsche mit einer romantisch-manieristischen Sprache, einer suggestiven, persuadierenden Rhetorik, einen die ‘Romantik’ überwindenden Existenzzustand, eine ‘klassische’ “Reinigung” des Menschen, anstrebt. Gerade der *Zarathustra* zeigt, daß sich Nietzsche stiltypologisch und problemanalytisch nicht eindeutig festlegen läßt, sondern eine eigentümliche Zwischenstellung zwischen Romantizismus und Klassizität einnimmt. Er ist der ingeniöse romantische Manierist, dessen Schaffen geleitet ist vom Ideal einer neuen Klassizität als Ausdruck des absoluten Willens zur Macht.

Nietzsches “großer Stil” ist im Grunde ein *mixtum compositum* aus klassischem Formwillen und barockem Unendlichkeitspathos. In gewissem Sinne unterläuft er seine eigene schroffe Stilantithese von Klassizität und Barock. Der Burckhardt-Schüler Heinrich Wölfflin hat in seiner kunsthistorischen Studie *Renaissance und Barock* (1888) an Hand der römischen Architektur die “Auflösung der Renaissance” durch die barocken “Symptome des Verfalls” beschrieben (Vorwort) und durch die stilpsychologische Gegenüberstellung von formstrengem Renaissance-Stil und formlosem Barock-Stil eine bedeutsame Stiltypologie entwickelt. Während der Renaissance-Stil durch Klarheit, Formstrenge und Schönheit ausgezeichnet ist, ist der Barock-Stil durch Gefühlsentladung, Monumentalität und Maßlosigkeit gekennzeichnet:

> Die Renaissance ist die Kunst des schönen ruhigen Seins. Sie bietet uns jene befreiende Schönheit, die wir als ein allgemeines Wohlgefühl und gleichmässige Steigerung unserer Lebenskraft empfinden. [...] Der Barock beabsichtigt eine andere Wirkung. Er will packen mit der Gewalt des Affects, unmittelbar, überwältigend. Was er giebt ist nicht gleichmässige Belebung, sondern Aufregung, Ekstase, Berauschung. (S. 24)

Der “Reiz des Formlosen” (S. 10), die “Tendenz zum *Formlosen*” (S. 32), die Entfaltung “grosser Massen”, der “Sinn für das Grosse und Kolossale” (S. 25), der, im Extremfall, die “Form vollständig vernichtet” (S. 32), die Hinwendung zum “Unbegrenzten”, die Auflösung des “plastischen Geschmacks” zugunsten des “malerischen Stils” (S. 20) – dies sind die Signa (und Stigmata) des barocken Monumentalstils. Wölfflins ästhetische Bewertung des Barock-Stils könnte auch von Nietzsche stammen:

Die Steigerung der Grösse ist eine allgemeine Erscheinung bei sinkender Kunst oder richtiger: die Kunst kommt zum Sinken, sobald die Wirkung in der Massenhaftigkeit, in den kolossalen Verhältnissen gesucht wird. Das Einzelne wird nicht mehr nachempfunden, die Feinheit des Formsinns geht verloren; man strebt allein nach dem Imponirenden und Ueberwältigenden. (S. 26)

Für Wölfflin sind Renaissance und Barock allerdings nicht einander völlig ausschließende Stiltypen oder gar ahistorische Stilnormen, sondern sein Interesse gilt nicht zuletzt dem aus dem Renaissance-Stil sich entwickelnden Barock-Stil als einem historischen Übergangsstil, wie er sich in exemplarischer Weise bei Michelangelo zeigt: "*Michelangelo* that den Schritt ins Grosse." (S. 32). Michelangelos "leidenschaftliches Wühlen, aufgeregtes Ringen mit dem Stoff" (S. 39) antizipiert den Barock-Stil:

Die Anfänge dieser Kunst liegen natürlich bei keinem Andern als bei *Michelangelo*, soweit man überhaupt das Weltschicksal der Kunst von Einem Menschen ausgehen lassen kann. Man nennt Michelangelo den Vater des Barock, mit Recht, nicht aber wegen der "Willkürlichkeiten", die er sich in seiner Architectur gestattete – Willkür kann nie ein Stilprincip sein –, sondern wegen seiner gewaltigen Art, die Körper zu behandeln, wegen des fürchterlichen Ernstes, der nur im Formlosen seinen Ausdruck finden konnte. Die Zeitgenossen nannten dies das "terribile". (S. 66)

Auch für Nietzsche kündigt sich der Monumentalstil "schon bei Michelangelo, dem Vater oder Grossvater der italiänischen Barockkünstler" an (2, 438 – VM)[150]. Es ist das Renaissance-Bild Burckhardts, das bei Wölfflin und Nietzsche Pate gestanden hat. Im *Cicerone* (1855) huldigt Burckhardt Michelangelo als der Inkarnation des modernen schöpferischen Künstlers:

Die Signatur der drei letzten Jahrhunderte, die *Subjektivität*, tritt hier in Gestalt eines absolut schrankenlosen Schaffens auf. [...] Es scheint, als ob Michelangelo von der die Welt postulierenden und schaffenden Kunst beinahe so systematisch gedacht habe wie einzelne Philosophien von dem weltschaffenden Ich. (S. 639)

Dies entspricht Nietzsches Vorstellung vom großen Renaissance-Künstler und vom schaffenden Subjekt überhaupt. Burckhardt sieht in Michelangelo "zwei streitende Geister" am Werk, nämlich einerseits die Tendenz, "durch rastlose anatomische Studien" "der Statue die vollkommenste Wirklichkeit verleihen", und andererseits die Neigung zur manieristischen Überzeichnung der Gestalten ins Kolossale:

Manche seiner Gestalten geben auf den ersten Eindruck nicht ein erhöhtes Menschliches, sondern ein gedämpftes Ungeheures. Bei näherer Betrachtung

150 Nietzsche sieht wie Goethe (vgl. Italienische Reise, HA XI, 145) in Michelangelo den aus der "Natur" schaffenden Künstler, aber er betont zugleich das Moment des "Lernens, Erfahrens, Einübens, Aneignens, Einverleibens" (3, 308 f. – M). Bei Nietzsche steht das Voluntative im Vordergrund. Für ihn ist Michelangelo eine schöpferische und – imperatorische "Kraft" (9, 320). So kann er ihn sowohl mit Homer (10, 236) als auch mit Dante und Napoleon (12, 224) in einem Atemzug nennen. Michelangelo ist der "Gesetzgeber von neuen Werthen" (11, 470).

sinkt aber dieses Übernatürliche oft nur zum Unwahrscheinlichen und Bizarren zusammen. (S. 631)

Auch in der *Baukunst der Renaissance in Italien* (1867) zeigen sich kritische Aspekte in Burckhardts Michelangelo-Bild. "Er befreite die Kunst mehr als gut war." (S. 39). Es ist die Rede von "Michelangelos verhängnisvollen Freiheiten", die "ein offener Hohn gegen die Formen" seien (S. 77). Diese kritischen Marginalien stellen aber die grundsätzliche Größe Michelangelos nicht in Frage. Seine überragende Bedeutung für die Kunstgeschichte zeigt sich beispielhaft im Entwurf der Kuppel der Peterskirche:

> Die welthistorische Stellung Michelangelos beruht auf den verschiedensten Tätigkeiten, sein Größtes aber ist doch wohl, daß er die Sehnsucht der ganzen Renaissance erfüllte durch den Bau dieser vollendet herrlichen Riesenkuppel mit dem lichtströmenden Zylinder. (S. 98)

Ist Michelangelo bei Burckhardt noch in erster Linie Vollender der Renaissance, so erscheint er bei Nietzsche eher als Vorläufer des Barock. Dies sind unterschiedliche Akzentuationen. Aber im Prinzip ist bei beiden Michelangelo der Künstler der großen klassischen Form mit der Tendenz zum barocken Kolossalstil – eine Perspektive, die auch Nietzsches Michelangelo-Bild im Grundzug prägt. Aufschlußreich ist Nietzsches Konzeption des "großen Stils". Während nach Wölfflin der "*grosse Stil*", die "maniera grande" (Vasari), die "Komposition aufs Grosse", Ausdruck der "Absicht auf massige Wirkung" ist (*Wölfflin*, Renaissance und Barock, 25) und damit einen genuin barocken Stiltypus darstellt, versteht Nietzsche unter dem "großen Stil" vorrangig den klassischen Stil, den Stil der reinen, gesetzmäßigen Formen, den Stil, der auf Effekte verzichtet, denn "in den Künsten schließt der große Stil das Gefällige aus" (III, 921). Freilich, den "großen Stil" können auch nicht-klassische Formen, Monumentalformen, repräsentieren wie der "grosse Stil der Baukunst" "in Asien und Ägypten" (5, 12 – JGB)[151]. Aber im Prinzip macht nicht das "Ungeheure", sondern das "Schöne" den "grossen Stil" aus (2, 596 – WS). Nicht barocke Monumentalität, sondern klassische Form ist für Nietzsche "großer Stil". Dabei ist allerdings zu unterscheiden zwischen Kunsttheorie und Kunstpraxis bei Nietzsche. Der klassische Stil ist eine regulative Idee Nietzsches, ein Stilideal, das er als kritische Norm dem Manierismus, Stilpluralismus und Kolossalstil in der Kunst entgegenhält. Sein eigener Stil, insbesondere der Stil des *Zarathustra*, weist durchaus barocke, manieristische Züge auf, mit der entschiedenen Tendenz ins Monumentale. Nietzsche ist der Manierist des großen Stils.

---

151 Nietzsche sieht den "großen Stil" überall dort verwirklicht, wo ein imperatorischer Wille am Werk war. Dem entsprechen Gigantomachie und Üppigkeit der asiatischen und ägyptischen Baukultur. Nietzsches Kunst- und Kulturinteresse beschränkt sich allerdings im großen und ganzen auf den europäischen Bereich. Er äußert sich nur selten zur außereuropäischen Baukunst. Und dann sind seine Bemerkungen zumeist kritischer Art. So wirft er dem ägyptischen Monumentalstil die Tendenz zur 'Versteinerung' vor: "Hat ein Volk also sehr viel Festes, so ist diess ein Beweis, dass es versteinern will, und ganz und gar *Monument* werden möchte: wie es von einem bestimmten Zeitpuncte an das Aegypterthum war." (2, 512 – VM).

Der Inaugurator der neuen Klassizität sieht sich dem Problem der Kunstgattungen konfrontiert. Interessanterweise erscheint, beim späteren Nietzsche, nicht die Musik, sondern die Architektur als adäquater Ausdruck des imperatorischen Willens zur Macht. In der *Götzen-Dämmerung* wird die Architektur, in Abgrenzung gegen Musik, Tanz und Lyrik, als eine Kunst jenseits des Dionysischen und Apollinischen bezeichnet. Es heißt:

> Der *Architekt* stellt weder einen dionysischen, noch einen apollinischen Zustand dar: hier ist es der grosse Willensakt, der Wille, der Berge versetzt, der Rausch des grossen Willens, der zur Kunst verlangt. (6, 118 – GD)

Diese Stelle ist in mehrfacher Hinsicht bedeutsam. Im Hinblick auf die Baukunst löst Nietzsche den Willen zur Macht vom Dionysischen, von der Elementarmacht der Natur, ab und versteht sie ganz als Ausdruck des wollenden, schaffenden Subjekts – ein markantes Indiz für die entschiedene Verlagerung des schöpferischen Lebens in das schaffende Subjekt beim späteren Nietzsche. Der "Rausch" liegt nun ganz im Schaffensakt des Subjekts. In der Architektur sieht Nietzsche eine Kunst, die, gelöst sowohl vom dionysischen Leben als auch vom apollinischen Schein, der reine, unverstellte Ausdruck des Willens zur Macht ist. Insofern entspricht die Architektur am ehesten dem Ideal des "großen Stils":

> Im Bauwerk soll sich der Stolz, der Sieg über die Schwere, der Wille zur Macht versichtbaren; Architektur ist eine Art Macht-Beredsamkeit in Formen, bald überredend, selbst schmeichelnd, bald bloss befehlend. Das höchste Gefühl von Macht und Sicherheit kommt in dem zum Ausdruck, was *grossen Stil* hat. (6, 118 f. – GD)

Somit nimmt die Architektur im Kunstdenken Nietzsches eine Sonderstellung ein. Nietzsche ist fasziniert von disziplinären Formationen. Obschon er im Prinzip zum Musikalisch-Lyrischen neigt, imponieren ihm doch die kompakten ästhetischen Tatsachen der Baukunst als imperatorische Objektivation des Willens zur Macht. Die Baukunst erscheint als wahrhaft autonomer Stil, als Ausdruck der autonomen "Macht", "die in *sich* ruht, fatalistisch, ein Gesetz unter Gesetzen: *Das* redet als grosser Stil von sich." (6, 119 – GD). Nietzsche ist allerdings in seinem Wesen zu sehr vom Musikalisch-Lyrischen geprägt, als daß er bei seinen Reflexionen über den "großen Stil" die Musik verleugnen könnte. Er schreibt:

> wovon ein Decadenz-Geschmack am entferntesten ist, das ist der *große Stil*: zu dem zum Beispiel der Palazzo Pitti gehört, aber *nicht* die neunte Symphonie. Der große Stil als die höchste Steigerung der Kunst der Melodie. (B 7, 177 – April 1886 – an Fuchs)

Burckhardt hatte im *Cicerone* im Hinblick auf den Palazzo Pitti in Florenz den "Eindruck des Erhabenen" und sich gefragt, welcher "weltverachtende Gewaltmensch" das "kolossal" wirkende Bauwerk hervorgebracht habe, das das "Gefühl" vermittele, "als hätten beim Verteilen dieser Massen übermenschliche

Wesen die Rechnung geführt" (S. 169)[152]. In ähnlicher Weise wirkt der 1458 von Luca Pitti, möglicherweise nach einem Entwurf von L.B. Alberti, begonnene und Mitte des 16. Jahrhunderts weiter ausgebaute Palazzo auf Nietzsche. Auch er erweist dieser 'Einschüchterungsarchitektur' die Reverenz. Freilich, für Nietzsche sind diese monumentalen Formen eine ästhetische Manifestation des "großen Stils", jenes Renaissance-Stils, von dem Wölfflin in den *Kunstgeschichtlichen Grundbegriffen* (1915) schreibt:

> Jene klassische Definition des Vollkommenen bei L.B. Alberti: die Form müsse derart sein, daß man kein Stückchen ändern oder wegnehmen könnte, ohne die Harmonie des Ganzen zu zerstören, sie gilt für die Renaissance so gut wie für den Barock. (S. 215)[153]

Nietzsches Rezeption beschränkt sich weder auf den Eindruck des Kolossalen noch auf das klassische Harmonieprinzip, sondern zielt im Grunde auf die ästhetische Objektivation des Willens zur Macht im Monumentalbauwerk. Zur Ästhetik des "großen Stils" gehört aber auch die Musik, allerdings nicht die romantische Musik der großen Emotionen und dramatischen Effekte, sondern die klassische Musik der reinen Formen. Beethovens Neunte Symphonie entspricht diesem Ideal ebensowenig wie Wagners Pathos der "unendlichen Melodie"[154], da sie durch die Vehemenz des Gefühlsausdrucks der reinen Musik zuwiderläuft. Hatte der frühe Nietzsche die Symphonien Beethovens enthusia-

---

152 "Man frägt sich, wer denn der weltverachtende Gewaltmensch sei, der mit solchen Mitteln versehen allem bloß Hübschen und Gefälligen so aus dem Wege gehen mochte." (ebd.). Zitation bei Nietzsche: 9, 520; vgl. 11, 44: "Man hat für 'unpersönlich' angesehen, was der Ausdruck der mächtigsten Personen war (J. Burckhardt mit *gutem* Instinkt vor dem Palazzo Pitti): '*Gewaltmensch*'". Hier wird deutlich, daß Nietzsche Kunstwerke weniger nach objektiven Kriterien als vielmehr nach dem subjektiven Eindruck beurteilt. Das intuitive Erfassen des Gebildes durch den "Instinkt" ist wesentlicher als die rationale Analyse.

153 Alberti gibt die "Definition", "daß *die Schönheit eine bestimmte gesetzmäßige Übereinstimmung aller Teile, was immer für eine Sache, sei, die darin besteht, daß man weder etwas hinzufügen noch hinwegnehmen oder gar verändern könnte, ohne sie weniger gefällig zu machen*" (*Alberti*, Baukunst, 293). Zum Schönheitsbegriff Albertis, zum Verhältnis von Schönheit, Natur und Kunstwerk, vgl. *Poeschke*, Alberti.

154 Wagner hatte in "*Zukunftsmusik*" (1860) den Musiker aufgefordert, sich dem Dichter anzuvertrauen und von ihm zurufen zu lassen: "Stürze dich zaglos in die vollen Wogen des Meeres der Musik" (WSD 7, 129). In der Gemeinschaft von Dichter und Musiker soll das Unsagbare sagbar gemacht werden: "In Wahrheit ist die Größe des Dichters am meisten danach zu ermessen, was er verschweigt, um uns das Unaussprechliche selbst schweigend uns sagen zu lassen; der Musiker ist es nun, der dieses Verschwiegene zum hellen Ertönen bringt, und die untrügliche Form seines laut erklingenden Schweigens ist die *unendliche Melodie*." (WSD 7, 130). Es ist wichtig, daß das "Orchester des modernen Symphonikers" "die Melodie selbst im nöthigen ununterbrochenen Flusse erhält und so die Motive stets mit überzeugendster Eindringlichkeit dem Gefühle mittheilt" (ebd.). Schon in *Oper und Drama* (1851) hatte Wagner das "unendliche Gebärungsvermögen der Musik" hervorgehoben, die "*Melodie*" als das "wogende Spiegelbild" bezeichnet und sie charakterisiert als die "Erlösung des unendlich bedingten dichterischen Gedankens zum tiefempfundenen Bewußtsein höchster Gefühlsfreiheit" (WSD 4, 142). Die "unendliche Melodie" ist der unmittelbare Ausdruck des unendlichen Gefühls. Nietzsche hält den Begriff "unendliche Melodie" für "sehr stark aber undeutlich", sieht in ihm die Aufforderung zur Selbstaufgabe im Rauschhaften ("man soll *schwimmen*") und wertet die offene Struktur der "'unendlichen Melodie'" als Verlust des "Maasses", als "Verfall der Rhythmik" (2, 434f. – VM; entsprechend: 6, 421 f. – NW [Wagner als Gefahr]). Vgl. dazu auch B 7, 176 f. (Brief an Carl Fuchs Mitte April 1886). An anderer Stelle gibt Nietzsche, mit ironischer Spitze gegen Wagner, dem Begriff "unendliche Melodie" die positive Bedeutung einer offenen, experimentellen Sprachform, wie er sie bei Sterne ausgeprägt findet (vgl. 2, 424 – VM).

stisch gefeiert[155], meldet der spätere, der 'klassische' Nietzsche sogar gegenüber diesem seinem Kunst-Idol kritische Vorbehalte an. In der Skizze "*Musik*" – *und der große Styl* (13, 246 ff.), in der Nietzsche wiederum "Classicität" und "Barockstil" einander gegenüberstellt und "Musik, moderne Musik" als "décadence" und "ein Stück Gegenrenaissance in der Kunst" kritisch beleuchtet (13, 247 f.), werden Beethoven und Wagner als die großen Komponisten der "Romantik" herausgestellt:

> Beethoven der erste große Romantiker, im Sinne des *französischen* Begriffs Romantik, wie Wagner der letzte große Romantiker ist ... beides instinktive Widersacher des klassischen Geschmacks, des strengen Stils, – um vom "großen" hier nicht zu reden... (13, 248 – 1888)[156]

Bei Mozart hätte Nietzsche das Ideal der reinen musikalischen Form, der reinen "Melodie", des "großen Stils" verwirklicht finden können, aber er erliegt dem Klischee des verspielten Rokoko-Mozart: "Mozart – eine zärtliche und verliebte Seele, aber ganz achtzehntes Jahrhundert, auch noch in seinem Ernste..." (13, 248).[157] Beethoven, Rossini, Mozart sind große Musiker des 18. Jahrhunderts, des "Jahrhunderts der Schwärmerei" (2, 450 – VM). Gefühlspathos, Formvirtuosität und Schwärmerei – Nietzsche vermag sich ihrer Faszination nicht zu entziehen, aber er deklariert sie als Gegensatz zu dem, was er den "großen Stil" nennt. Wagners *Tristan*-Chromatik ist ein "Zeichen der Auflösung" (B 7, 177 – April 1886 – an Fuchs), Beethovens Neunte Symphonie ist romantischer Gefühlskult, und Mozarts Melodik ist spielerische Schwärmerei. Nietzsche hat Schwierigkeiten, in der Musik den "großen Stil" auszumachen. Daher bietet er Komponisten auf, die diesem Stilideal zumindest nahekommen. So schwärmt er von der "überströmenden Animalität eines Rossini", der "starken Rasse eines Händel" (6, 49 – WA), vor allem aber immer wieder von Bizet, der im Unterschied zum "Verfall des melodischen Sinns" in der "deutschen Musik" die "Gabe der *Melodie*" habe (B 7, 176 – an Fuchs) und von dessen "Orchesterklang" in *Carmen* er sagt: "Diese Musik scheint mir vollkommen." (6, 13 – WA). Demgegenüber wertet er den "Wagnerischen Orchesterklang" ab: "Ich heisse ihn Scirocco." (ebd.). Nietzsche argumentiert in dieser Frage aber nicht aus der 'positiven' musikalischen Erfahrung des "großen Stils", sondern aus der Opposition gegen Wagner, also *ex negativo* und in entschieden provokativer Absicht. Zuletzt hat er in luzider Selbstanalytik seinen Bizet-Enthusiasmus als gezielte Provokation Wagners dekuvriert. Im Brief an Carl Fuchs vom 27.12.1888 stehen die höchst aufschlußreichen Sätze:

---

155 So äußert sich der junge Nietzsche enthusiastisch zum "dithyrambischen Welterlösungsjubel" im letzten Satz der 9. Symphonie (7, 366; vgl. 1, 29 – GT). Zum "dionysischen Inhalt" der Beethovenschen Symphonien vgl. 7, 185.

156 Beethoven ist für Nietzsche ein 'französischer' Romantiker, weil in seiner Musik das Naturgefühl, das Gefühlspathos und das Humanitätsideal Rousseaus zum Ausdruck gelangen. Vgl. 11, 121; 11, 539.

157 Der "heitere" Mozart ist ein "landläufiges Vorurteil"; das "Bild des raffaelischen Götterlieblings" mit einer auf "Grazie, Anmut, Würde" beruhenden " 'Heiterkeit' " ist ein Klischee des 19. Jahrhunderts (*Kreutzer*, Proteus Mozart, 2 u. 6).

Das, was ich über Bizet sage, dürfen Sie nicht ernst nehmen; so wie ich bin, kommt B<izet> Tausend Mal für mich nicht in Betracht. Aber als ironische *Antithese* gegen W<agner> wirkt es sehr stark; es wäre ja eine Geschmacklosigkeit ohne Gleichen gewesen, wenn ich etwa von einem Lobe Beethovens hätte ausgehen wollen. (B 8, 554)

Dies ist nun allerdings eine Deutung *a posteriori*. Sie zeigt zwar, daß der Kritiker Nietzsche mit Finessen operiert und daß seinen Urteilen etwas gezielt Provokatorisches und Überspitztes sowie ein Zug von Situationsbedingtheit anhaftet, aber sie täuscht nicht darüber hinweg, daß der Wagner-Kritik Nietzsches substantiell der Wille zu einer neuen Klassizität in der Musik, zur reinen Musikalität, zugrunde liegt. Bei den Urteilen Nietzsches hat man überhaupt zu unterscheiden zwischen dem substantiellen Kern und den akzidentellen Valeurs seiner Argumentationen. Er ist ein virtuoser Inszenator seiner Probleme, wie sein Antipode Wagner begabt mit einem sicheren Instinkt für das Theatralische und Dekorative. In der zitierten Briefstelle wertet er Wagner gegenüber Bizet auf, wertet ihn aber gegenüber Beethoven ab. Gerade im Verhältnis zu Wagner wird die Nietzschesche Ambivalenz von romantischem Manierismus und klassischem Stilwillen besonders deutlich. Einerseits huldigt er im eben zitierten Brief trotz der ironischen Wagner-Kritik noch einmal leidenschaftlich dem in aller Wagner-Feindschaft nie verleugneten *Tristan*: "Den *Tristan* umgehn Sie ja nicht: es ist das *capitale* Werk und von einer Fascination, die nicht nur in der Musik, sondern in allen Künsten ohne Gleichen ist." (B 8, 554). Der *Tristan*, das "eigentliche opus metaphysicum aller Kunst" (1, 479 – WB), hält Nietzsche bis zum Ende in seinem Bann. Wie sehr sich in Nietzsches Kunstdenken romantisches Gefühlspathos und klassische Formstrenge mischen können, verdeutlicht seine Sicht des *Tristan*. Der *Tristan* ist "ein Werk, auf dem der gebrochene Blick eines Sterbenden liegt, mit seiner unersättlichen süssesten Sehnsucht nach den Geheimnissen der Nacht und des Todes", und "dabei ein Drama von der herbsten Strenge der Form, überwältigend in seiner schlichten Grösse" (ebd.). Dies könnte, im Hinblick auf das Sehnsuchtsmotiv und die Formstrenge, auch eine Selbstcharakterisierung Nietzsches sein. Aber immer wieder reißt Nietzsche eine Kluft zwischen sich und Wagner auf. So bezeichnet er Ende Januar 1888 die "letzten 6 Jahre" Wagners, d.h. Wagners Schaffen seit der Fertigstellung des *Parsifal*-Textbuches, als "eine ungeheuerliche Entartung" (B 8, 237 – Januar 1888 – Entwurf an die Schwester).

Nietzsches Stilideal läuft in wachsendem Maße auf eine Absage an die romantische Formlosigkeit und ein Plädoyer für die klassische Formstrenge hinaus. In der Skizze *"Musik" – und der große Styl* heißt es mit Blick auf den wollenden, imperatorischen Künstler: "Über das Chaos Herr werden das man ist; sein Chaos zwingen, Form zu werden; Nothwendigkeit werden in Form: logisch, einfach, unzweideutig, Mathematik werden; *Gesetz* werden –: das ist hier die große Ambition." (13, 247).[158] Der "große Stil" ist für Nietzsche Aus-

---

158 Schon Novalis betont die absolute Bedeutung der Mathematik: "Das höchste Leben ist Mathematik. [...] Das Leben der Götter ist Mathematik. Alle göttliche Gesandten müssen Mathematiker seyn." (S

druck des Willens zur Macht. Auch im Hinblick auf die Klassizität des "großen Stils" reflektiert Nietzsche hauptsächlich die Werk-Genesis, den Umsetzungsprozeß, die Transformation der chaotischen Innerlichkeit in eine formstrenge Struktur. Stil ist für ihn Stil-Physiognomie. Insofern ist auch seine Ästhetik der Klassizität eine ausgesprochene Ausdrucksästhetik. Dabei geht er im Zeichen der neuen Klassizität nicht mehr vom "Pathos", sondern vom "Ethos" aus, das er umschreibt als "Charakter, Stil, oder wie es heißen soll" (B 7, 177)[159]. Während der Künstler im "Pathos" von der Leidenschaft mitgerissen wird, gewinnt er im "Ethos" eine innere Haltung, die sich in geistiger Disziplin auf das Werk richtet. Das spontan-intuitive Schaffen verbindet sich mit einem geistig-disziplinierten Schaffen. Als Prinzip bleibt das Schaffen der maßgebliche Aspekt der Nietzscheschen 'Ästhetik'. Die vom frühen Nietzsche im Hinblick auf das Verhältnis von "Historie" und "Leben" herausgestellte dreifache Verhaltensmöglichkeit des Menschen, die Unterscheidung von monumentalischer, antiquarischer und kritischer Historie, bleibt auch für den späteren Nietzsche verbindlich, nicht zuletzt hinsichtlich seines Kunstdenkens. In einer Marginalie von 1873 hat er die auch für das Kunstverhalten verbindliche dreifache Verhaltensmöglichkeit klar definiert:

Der Mensch will	schaffen	monumentalisch
	im Gewohnten verharren	antiquarisch
	von Noth sich befreien	kritisch.

(7, 683)

Der spätere Nietzsche wird zum vehementen Kritiker des 'Antiquarischen', der des 'Kritischen' bedarf, um sich zum 'Monumentalischen' aufschwingen zu

III, 593 f.). Die Mathematik ist Weltsymbolik. Es besteht eine unmittelbare Einheit von Mathematik, Kunst und Religion: "Ächte Mathematik ist das eigentliche Element des Magiers. / In der Musik erscheint sie förmlich, als Offenbarung – als schaffender Idealism. [...] Reine Mathematik ist Religion. / Zur Mathematik gelangt man nur durch eine Theophanie." (ebd.). Bei Nietzsche hat die Mathematik diese metaphysische Dignität nicht mehr. Für ihn gewinnt sie positive Bedeutung als Ausdruck des imperatorischen Stilwillens. Auch der reinen Logizität steht er skeptisch gegenüber. Die "angewandte Logik", die "Mathematik", ist für ihn eine "Zeichen-Convention" ohne "Werth" (6, 76 – GD). Novalis erhebt die Mathematik in den Rang eines religiösen Zeichensystems. Nietzsche sieht in ihr ein fiktionales System der formalen Logik. Aber als Stilkategorie gewinnt sie für ihn Bedeutung.

159 Nach Aristoteles unterliegt der Mensch im *pathos* einem Übermaß der Leidenschaft, während er im *ethos*, in der ethischen Tüchtigkeit, die Mitte zwischen dem Zuviel und dem Zuwenig innehält. Vgl. *Aristoteles*, Nikomachische Ethik, 91 (2. Buch). Nietzsche interessiert das Verhältnis von *pathos* und *ethos* in erster Linie im Hinblick auf das Kunstschaffen. Aufschlußreich sind diesbezüglich seine Überlegungen zu Beethoven und Wagner. "Die Musik hatte vor Wagner im Ganzen enge Gränzen; sie bezog sich auf bleibende Zustände des Menschen, auf Das, was die Griechen Ethos nennen, und hatte mit Beethoven eben erst begonnen, die Sprache des Pathos, des leidenschaftlichen Wollens, der dramatischen Vorgänge im Innern des Menschen, zu finden." (1, 491 – WB). Bei Beethoven wächst die Musik aus der "Kunst des Ethos'" heraus und wird zur "Sprache der Leidenschaft" (1, 491 f. – WB). Aber erst Wagner ist es gelungen, dem "tönenden Processe des Gefühls und der Leidenschaft" voll zum Durchbruch zu verhelfen (1, 493 – WB). Damit gibt Nietzsche hier, in *Richard Wagner in Bayreuth*, dem "Pathos", der dramatischen Darstellung der Leidenschaften, dem Vorrang vor dem "Ethos", der kalmierenden Darstellung von Stimmungen. Später, in der Phase der Klassizität, gewinnt das 'Ethos' bei Nietzsche zunehmend an Gewicht. Freilich, auch dieses Ethos der geistigen Disziplin wird vom Pathos der großen Emotionen getragen. Nietzsches 'großer Stil' ist disziplinierte Ekstase.

können. Im Grunde bewegt sich Nietzsches ganzes Denken und Schaffen im Spannungsfeld des Antiquarischen, Kritischen und Monumentalischen. Sein Anliegen ist das Monumentalische, das Große und Erhabene, das sich nur verwirklichen läßt im kritischen, oppositionellen Sich-Abstoßen von antiquarischen, sinnentleerten Inhalten und Formen der Tradition.

Er verkündet allerdings nicht den Traditionsbruch um jeden Preis. Er wendet sich nur gegen die seiner Meinung nach verbrauchten Traditionsformen wie Platonismus, Idealismus und Christentum, während er an die produktiv weiterwirkende Tradition wie Griechentum, Renaissance und Goethe anknüpft. In der Skizze *Die Revolution in der Poesie* kritisiert er die zum Maßlosen tendierende Revolutionierung der neueren Dichtung und fordert die Rückbesinnung auf die dem Maß verpflichtete schöpferische Tradition. So rechnet er es dem Schriftsteller Voltaire zum Verdienst an, "die höchste Freiheit des Geistes und eine schlechterdings unrevolutionäre Gesinnung" in sich vereinigt zu haben (2, 182 – MA I). Und obschon er, im Zeichen der Idee des "künstlerischen Maasses", die "Formlosigkeit" von Goethes *Faust* rügt (ebd.), so konstatiert er doch bei Goethe eine Entwicklung von der "Bahn der poetischen Revolution", vom "Abbruch der Tradition", zu einer neuen Bindung an die Tradition, das "tiefste Verlangen", "die Tradition der Kunst wieder zu gewinnen" (2, 184 – MA I). Nicht mehr der junge Goethe, der Stürmer und Dränger, sondern der spätere Goethe, der klassische Goethe, ist nun für Nietzsche der Maßstab. Nietzsche, die "*desorganisierenden* Prinzipien" des Zeitalters verurteilend, beklagt den allgemeinen Traditionsverlust:

> Was heute am tiefsten angegriffen ist, das ist der Instinkt und der Wille der *Tradition*: alle Institutionen, die diesem Instinkt ihre Herkunft verdanken, gehen dem modernen Geiste wider den Geschmack... Im Grunde denkt und tut man nichts, was nicht den Zweck verfolgte, diesen Sinn für Überlieferung mit den Wurzeln herauszureißen. (III, 644 f.)

Nichts wäre falscher, als in Nietzsche einen Bilderstürmer zu sehen. Er ist kein gegen die Tradition anrennender Amokläufer, sondern ein die Tradition kritisch musternder Denker. Er unterscheidet zwischen abgelebter und lebendiger Tradition. Er ist gleichermaßen Revolutionär und Traditionalist. Kulturrevolution und Kulturkonservativismus gehen bei ihm eine Symbiose ein. Der Wertungsmaßstab ist wiederum die Idee des Schöpferischen, der Wille zur Macht. Wo sich in der Tradition das Schöpferische zeigt, wird sie von Nietzsche sanktioniert. Der radikale Individualist Nietzsche kann sogar traditionelle Institutionen als Ausdruck des Willens zur Macht akzeptieren und beispielsweise im "preußischen Offiziercorps" oder im "Jesuitenorden" das "Kunstwerk" als "Organisation" sehen (12, 118 f.). Sofern sie als geschlossene, autoritäre Formationen auftreten, können auch überindividuelle, historische Organisationen von Nietzsche als ästhetische Phänomene gedeutet werden. Die Ästhetik des Willens zur Macht wird auf disziplinäre Ordnungssysteme der realhistorischen Welt übertragen. Es erfolgt eine Ästhetisierung der Macht. In ähnlicher Weise wird später

Gottfried Benn den totalen Staat ästhetisieren.[160] Bedeutsamer aber als autoritäre Organisationen sind für Nietzsche die großen Individuen. Schon der junge Nietzsche ist getragen vom "Glauben an die Zusammengehörigkeit und Continuität des Grossen aller Zeiten" (1, 260 – HL). *Das* "Grosse" lebt weiter durch *die* Großen. Es "erwachen immer wieder Einige", die sich durch das "vergangene Grosse" "gestärkt" und "beseligt fühlen" (1, 259 – HL). Von diesen Großen, diesen Ausnahmemenschen heißt es:

> Aber Eines wird leben, das Monogramm ihres eigensten Wesens, ein Werk, eine That, eine seltene Erleuchtung, eine Schöpfung: es wird leben, weil keine Nachwelt es entbehren kann. (1, 260 – HL)

Ein Doppeltes wird deutlich. Zum einen ist die schöpferische Tradition ein unentbehrliches Energiereservoir, auf das die jeweilige Gegenwart zurückgreifen muß, will sie nicht in totaler Sinnleere erstarren. Zum andern sind es vor allem die großen Individuen, die über die Epochen hinweg einen Traditionszusammenhang herstellen. Nietzsche ist der Kritiker der unschöpferischen Tradition und der Apologet der schöpferischen Tradition. So kompromißlos er die von ihm als bloßes Scheinwesen verstandenen Traditionsphänomene attackiert, so entschieden verherrlicht er die in seiner Optik schöpferischen Traditionserscheinungen. Traditionsbruch und Traditionskontinuität – Nietzsche verficht beides, mit der ihm eigenen Vehemenz. Das Wertungskriterium ist der Wille zur Macht und seine ästhetische Objektivierung.

VI. Universalkunstwerk und Einzelkunst

1. Das Universalkunstwerk

Die ästhetische Objektivation des Willens zur Macht findet ihren höchsten Ausdruck in der Klassizität des "großen Stils". Die Ausdrucksformen des "großen Stils" sind die Einzelkünste, die Musik, die Baukunst, die Dichtung. Demgegenüber vertrat der frühe Nietzsche, im Zeichen des Wagner-Enthusiasmus, die romantische Idee des Universalkunstwerks. In der *Geburt der Tragödie* dominiert die Idee der Gattungsmischung, der unlöslichen Einheit insbesondere von Musik und Drama. Das Komplementärverhältnis des Dionysischen und Apollinischen findet seinen adäquaten künstlerischen Ausdruck in der Musiktragödie als der Symbiose von Musik und Drama. Diese beiden Grundelemente des Universalkunstwerks haben spezifische Funktionen, indem die Musik den Weltwil-

---

160 So verkündet Benn im Essay *Dorische Welt* (1934) die "*Geburt der Kunst aus der Macht*" (S. 281). Die militanten Formen des totalen Staates schaffen die Voraussetzung einer heroisch-imperialen Kunst. Ähnliche Gedanken hatte Nietzsche in der Vorrede *Der griechische Staat* geäußert. Benn glorifiziert die Symbiose von "Macht" und "Kunst" (S. 289), Nietzsche schwärmt vom "*Zusammenhang zwischen Staat und Genius*" (1, 777 – CV), und beide nehmen die Sklaverei hin als Voraussetzung von Kunst und Kultur (vgl. 1, 764 – 770 CV; Dorische Welt, 269-274).

len ausdrückt, während das Drama bzw. der dramatische Vorgang der Erscheinungswelt Ausdruck verleiht. Das Musikdrama ist die ästhetische Synthesis aus Weltwillen und Erscheinungswelt. Beide Aspekte lassen sich nicht trennen. In dieser Beziehung hat Wagner durch seine höchst mißverständliche Äußerung in *Oper und Drama* (1851), daß die **"Musik" "ein Mittel des Ausdruckes"**, das **"Drama"** hingegen **"der Zweck des Ausdruckes"** sei (WSD 3, 231)[161], einige Verwirrung gestiftet. Wagners vielzitierte Bemerkung ist eine extrem zugespitzte Antithese, erwachsen aus der Kritik der Oper, in der das Drama zur Funktion der Musik erniedrigt worden sei. Im Grunde vertritt Wagner in seiner Konzeption des "musikalischen Dramas" die Idee einer untrennbaren, wesensmäßigen Einheit von 'Musik' und 'Drama'. Wagner, der für den Begriff "musikalisches Drama" häufig einfach nur den Begriff "Drama" verwendet, betont, daß der "Dichter" und der "Musiker" sich nicht gegenseitig einschränken, sondern wechselseitig ergänzen sollen, um so die höchste Form des "Dramas" hervorzubringen, denn "*gehen sie* in dem sich dargebrachten Opfer ihrer höchsten Potenz *gegenseitig in sich unter*, – so ist das Drama nach seiner höchsten Fülle geboren" (WSD 4, 207). Es geht Wagner nicht um den Vorrang einer der beiden Kunstgattungen, sondern um das "musikalische Drama" bzw. das "Drama" als universelles, d.h. Musik, Tanz, Handlung, Bild und Wort umfassendes bzw. zu einer neuen Einheit integrierendes Kunstwerk. Die Frage nach dem Vorrang einer Kunstgattung ist in dieser Verschmelzung der Künste unerheblich geworden. Da sich spezifische Gefühlsinhalte, bestimmte "Gefühls- oder Erscheinungsmotive", nur durch bestimmte "melodische Momente", die als "Hauptmotive der dramatischen Handlung" durch die Leitmotivtechnik einen "bindenden Zusammenhang" ergeben, darstellen lassen, durchdringen sich "Inhalt" und "Form" wechselseitig. Erst durch die "vollendete einheitliche Form" wird die "Kundgebung eines einheitliches Inhaltes, somit dieser Inhalt selbst in Wahrheit erst ermöglicht" (WSD 4, 202). Erst aus der Symbiose von 'Musik' und 'Drama' resp. Handlung erwächst die Einheit von 'Form' und 'Inhalt'. Musikalische Leitmotivik und szenische Aktion, Ton und Wort, Klang und Gebärde fordern sich gegenseitig, soll die Einheit des Werkes zustande kommen. Wagner will das "Verkehrte in dem nothgedrungenen Verfahren des einsamen Dichters und des einsamen Musikers" aufheben, ein Verfahren, bei dem die "Phantasie" des Dichters sich durch die Notwendigkeit des Schilderns an den "Verstand" verliert, während der "absolute Musiker" ein "unendlich weites Gefühlselement" in gedanklicher Verdichtung der "willkürlichen Phantasie" preisgibt (WSD 4, 139). In seinen im ganzen in Argumentation und Terminologie ein wenig umständlichen, aber in der Sache durchaus klaren Ausführungen geht es Wagner um eine neue Synthese der isolierten Einzelkünste als eine künstlerische Möglichkeit, bisher nicht Mitgeteiltes und nicht Mitteilbares zum Vorschein bringen zu können. Das vermag nicht die Oper, sondern nur das Musikdrama bzw. das "musikalische Drama" zu leisten. Es ist eine "monströse Erscheinung" der Oper, daß sie versucht, "*auf der Basis der absoluten Musik*

161 Exkurs 27.

das wirkliche Drama zu Stande zu bringen" (WSD 3, 233). Wagner lehnt die absolute Musik ebenso ab wie das absolute Drama und plädiert für dramatische Musik bzw. für das musikalische Drama. Bei der Begriffsbestimmung der bisher disparaten und nun zu einer Einheit verschmolzenen Faktoren Musik und Drama sieht er sich gewissen Schwierigkeiten gegenüber. In dem kleinen Aufsatz *Über die Benennung "Musikdrama"* (1872) lehnt er den Begriff "Musikdrama" zugunsten der – freilich auch nicht unproblematischen – Bezeichnung "musikalisches Drama" ab, da der Begriff "Musikdrama" die Vorstellung eines "für die Musik hergerichteten Dramas" evoziere (WSD 9, 303), während die Bezeichnung "musikalisches Drama" den Aspekt des dramatischen Vorgangs akzentuiere und im übrigen die ursprüngliche Wesenseinheit von Musik und Drama zum Ausdruck bringe. Mit Bezug auf die griechische Tragödie weist Wagner eine Rivalität zwischen Musik und Drama zurück und betont den genetischen Zusammenhang beider Phänomene:

> Hiergegen ist sie [die Musik] in Wahrheit "der Theil, der Anfangs Alles war", und ihre alte Würde als Mutterschooß auch des Drama's wieder einzunehmen, dazu fühlt sie eben jetzt sich berufen. In dieser Würde hat sie sich aber weder vor, noch hinter das Drama zu stellen: sie ist nicht sein Nebenbuhler, sondern seine Mutter. (WSD 9, 305)

In der Schrift *Das Kunstwerk der Zukunft* (1849) hält Wagner Mozart und Gluck vor, zwar die "höchste Fähigkeit der Musik aufgedeckt", aber wegen der Isolierung der Einzelkünste nicht den "Brennstoff" für das "Feuer" einer neuen Kunst bereitgestellt zu haben (WSD 3, 122). Nach Wagner kann die erforderliche Entfaltung dieser neuen Kunst allein durch die Wiedervereinigung der "drei Kunstarten", der Musik, des Dramas und der Tanzkunst, erfolgen:

> Nur aus gleichem, gemeinschaftlichem Drange aller drei Kunstarten kann aber ihre Erlösung in das wahre Kunstwerk, somit dieses Kunstwerk selbst ermöglicht werden. Erst wenn der Trotz aller drei Kunstarten auf ihre Selbständigkeit sich bricht, um in der Liebe zu den anderen aufzugehen; erst wenn jede sich selbst nur in der anderen zu lieben vermag; erst wenn sie selbst als einzelne Künste aufhören, werden sie alle fähig, das vollendete Kunstwerk zu schaffen; ja ihr Aufhören in diesem Sinne ist ganz von selbst schon dieses Kunstwerk, ihr Tod unmittelbar sein Leben. (WSD 3, 122)[162]

Begründet ist Wagners programmatische Forderung nach dem gattungsauflösenden bzw. gattungsverschmelzenden Universalkunstwerk in einer fundamentalen Integrationssehnsucht, im Willen, die neuzeitliche Zersplitterung des Lebens und der Kunst in isolierte Einzelbereiche aufzuheben und ein neues Einheitsgefühl, ein neues, ursprüngliches Verhältnis von Mensch, Natur und Kunst herzustellen. Im Aufsatz *Kunst und Klima* (1850) geht Wagner von der Überlegung aus, daß die "Natur" durch den selbsttätigen "Menschen" "auf die Geburt der Kunst eingewirkt" habe und daß die Kunst "die bewußte Wiedervereinigung mit der vom Menschen erkannten Natur ist" (WSD 3, 209). Die Wiedervereini-

162 Exkurs 28.

gung des Menschen mit der Natur durch die Kunst ist die Voraussetzung einer allgemeinen kulturellen Erneuerung des Lebens. Das "Kunstwerk der Zukunft" ist keine immanente ästhetische Angelegenheit, sondern das Universalkunstwerk soll der Erneuerung des gesamten Lebens dienen und die in der Gegenwart "herrschende Religion des Egoismus" durch "*die neue Religion*" ersetzen (WSD 3, 123). Die bereits in der deutschen Frühromantik, vor allem bei Friedrich Schlegel und Novalis, entwickelten Ideen des Universalkunstwerks, der Universalpoesie, und der Kunstreligion[163] werden von Wagner ästhetisch neu fruchtbar gemacht. Wagner ist mit den Frühromantikern durch das Universalkunstwerk, die Kunstreligion und den Musikenthusiasmus verbunden, aber es besteht im Hinblick auf die dichterischen Hauptgattungen ein spezifischer Unterschied, denn während in der Frühromantik der Roman die zentrale, ja die Gattung schlechthin ist, die Poesie als solche darstellt[164], ist bei Wagner das Drama bzw. das musikalische Drama die relevante Gattung. Die Symbiose von Musik und Drama ist im übrigen auch der entscheidende Aspekt, durch den sich Wagner von Schopenhauer abhebt. In Kunstauffassung und Kunstpraxis geht Wagner durch die Gattungsmischung über Schopenhauer hinaus.

Schopenhauer ist ein Gegner der Gattungsverschmelzung. Da für ihn die Musik die einzige Kunst ist, die das Wesen der Welt, den Weltwillen, unmittelbar ausdrückt, ist er bestrebt, sie als eigenständige Kunst vor der Funktionalisierung durch Gattungsmischung zu bewahren. Es geht ihm vor allem darum, die Eigenständigkeit der Musik gegenüber dem Wort und der Handlung, d.h. dem Lied und der Oper, zu sichern:

> So gewiß die Musik, weit entfernt, eine bloße Nachhülfe der Poesie zu sein, eine selbständige Kunst, ja die mächtigste unter allen ist und daher ihre Zwecke ganz aus eigenen Mitteln erreicht; so gewiß bedarf sie nicht der Worte des Gesanges oder der Handlung einer Oper. (WV II, 574 [Zur Metaphysik der Musik])

Die Musik darf nicht zur Funktion der Dichtung oder einer Opernhandlung werden, sondern Sprache und Handlung sind der Musik untergeordnet. Da die Musik von absolut höherer Ausdrucksfähigkeit ist als die Sprache, gewinnt sie in allen Formen des Zusammenspiels mit der Sprache wie von selbst den Vorrang:

> Die Worte sind und bleiben für die Musik eine fremde Zugabe von untergeordnetem Werte, da die Wirkung der Töne ungleich mächtiger, unfehlbarer und

---

163 Vgl. bes. F. Schlegels Idee der "progressiven Universalpoesie" (Athenäums-Fragment 116; vgl. auch A.-Frgm. 252). Schlegel fordert die Einheit von Kunst, Philosophie und Religion, die Symbiose der Kunstarten und die Mischung der Dichtungsgattungen. So fordert er die Einheit von "Poesie" und "Musik" und wendet sich gegen die Trennung der "beiden Künste" (A.-Frgm. 325). Er warnt allerdings auch vor dem Manierismus in Poesie und Musik. Man glaubt den Wagner-Kritiker Nietzsche zu vernehmen, wenn man bei Schlegel liest: "Alle Poesie, die auf einen Effekt geht, und alle Musik, die der ekzentrischen Poesie in ihren komischen oder tragischen Ausschweifungen und Übertreibungen folgen will, um zu wirken und sich zu zeigen, ist rhetorisch." (A.-Frgm. 258). Aus der Verbindung von "Poesie" und "Philosophie" ergibt sich "Religion" (Ideen, Zf. 46).

164 Für Friedrich Schlegel ist der Roman als Mischung "aus Erzählung, Gesang und andern Formen" nicht mehr eine gesonderte Dichtungsgattung, sondern das Wesen der Poesie schlechthin, und daher erklärt er, daß er "den Roman aber, insofern er eine besondre Gattung sein will, verabscheue" (Brief über den Roman, 335 f.).

> schneller ist als die der Worte: diese müssen daher, wenn sie der Musik einverleibt werden, doch nur eine völlig untergeordnete Stelle einnehmen und sich ganz nach jener fügen. Umgekehrt aber gestaltet sich das Verhältnis in Hinsicht auf die gegebene Poesie, also das Lied oder den Operntext, welchem eine Musik hinzugefügt wird. Denn alsbald zeigt an diesen die Tonkunst ihre Macht und höhere Befähigung, indem sie jetzt über die in den Worten ausgedrückte Empfindung oder die in der Oper dargestellte Handlung die tiefsten, letzten, geheimsten Aufschlüsse gibt, das eigentliche und wahre Wesen derselben ausspricht und uns die innerste Seele der Vorgänge und Begebenheiten kennen lehrt, deren bloße Hülle und Leib die Bühne darbietet. (ebd., 575)

Diese Stelle verdeutlicht exemplarisch Affinität und Unterschied in den Musikanschauungen Schopenhauers und Wagners. Daß die Musik bzw. das musikalische Motiv im Handlungsgeschehen die letztlich von der Sprache nicht mehr ausdrückbaren Gefühlskomplexe unmittelbar zum Ausdruck bringt, entspricht im Prinzip der Anschauung Wagners. Aber Wagner entwickelt durch seine Technik des Sprechgesangs ein Ausdrucksmedium, in dem Musik und Sprache eine unlösliche Symbiose eingehen und erst in dieser Verbindung letzte Tiefenschichten artikulieren. Schopenhauer hingegen ist der Auffassung, es sei sinnvoller, "daß der Text zur Musik gedichtet würde, als daß man die Musik zum Texte komponiert" (ebd.). Im Hinblick auf die Oper gelangt Schopenhauer zu einem Doppelaspekt der Musik. Einerseits hat die "Musik einer Oper", die "Partitur", eine "völlig unabhängige, gesonderte, gleichsam abstrakte Existenz für sich, welcher die Hergänge und Personen des Stücks fremd sind und die ihre eigenen, unwandelbaren Regeln befolgt; daher sie auch ohne den Text vollkommen wirksam ist." Andererseits ist sie im Hinblick auf das "Drama" die "Seele desselben", indem sie die "innere Bedeutung" des dramatischen Vorgangs zum Vorschein bringt (ebd., 576). Die Prävalenz der Musik gegenüber allen anderen Künsten ist für Schopenhauer unbezweifelbar. Er hat der Musik eine neue Bedeutung als Ausdruck des Weltwillens gegeben, aber er hält an der traditionellen Absonderung der Einzelkünste fest, die Wagner gerade überwinden will. In diesem Punkt steht Wagner sogar Hegel näher, unbeschadet der sekundären Bedeutung der Musik bei Hegel. Für Hegel ist die Musik, die "zweite romantische Kunst", der reine Ausdruck der "*subjektiven* Innerlichkeit" (*Hegel*, Ästhetik II, 260 [Die Musik])[165], die "letzte subjektive Innerlichkeit als solche; sie ist die Kunst des Gemüts, welche sich unmittelbar an das Gemüt selber wendet." (ebd., 262). Hinsichtlich der Gattungsmischung von Poesie und Musik plädiert Hegel für ein ausgewogenes Verhältnis: "Überhaupt ist innerhalb dieser Verbindung von Musik und Poesie das Übergewicht der einen Kunst nachteilig für

165 Hegel unterscheidet in seinem ästhetischen System grundsätzlich zwischen *symbolischer* Kunstform (Präponderanz der abstrakten Idee über den sinnlichen Stoff), *klassischer* Kunstform (Kongruenz von Idee und Erscheinung) und *romantischer* Kunstform (Übergewicht der subjektiven Innerlichkeit) (vgl. Ästhetik I, 82-88). Hinsichtlich der romantischen Kunst werden drei Formen unterschieden: die *Malerei*, die *Musik* und die *Poesie* (I, 88-95). Die "Musik" bildet den "Mittelpunkt" der "romantischen Künste und macht den Durchgangspunkt zwischen der abstrakten räumlichen Sinnlichkeit der Malerei und der abstrakten Geistigkeit der Poesie" (I, 93). Sie ist der Ausdruck der durch Geist, Gemüt und Empfindung bestimmten Subjektivität.

die andere." (ebd., 270).[166] Dieser Satz, für sich genommen, entspricht durchaus dem ästhetischen Credo Wagners. Aber Hegel hat noch nicht die metaphysische Dignität der Musik im Blickfeld. Im Vergleich zu seiner Musikauffassung ist Schopenhauers Musikanschauung von bahnbrechender Bedeutung, denn nun ist die Musik nicht nur Kundgabe der subjektiven Innerlichkeit, sondern der Ausdruck des Weltwillens. Hier wandeln Wagner und Nietzsche in den Bahnen Schopenhauers.

Der Unterschied zu Schopenhauer wird bei Wagner und Nietzsche besonders deutlich in der Kritik der Oper. Wagner geht dazu über, die Oper überhaupt in Frage zu stellen, da in ihr die einzelnen Kunstarten isoliert seien: "Die *Oper*, als scheinbare Vereinigung aller drei verwandten Kunstarten, ist der Sammelpunkt der eigensüchtigsten Bestrebungen dieser Schwestern geworden." (Das Kunstwerk der Zukunft, WSD 3, 119). Wagner sieht allerdings in der "Tonkunst" der Oper den "Drang zum eigentlichen Kunstwerke, dem Drama" wirksam. (ebd.). Das wahre, anzustrebende Kunstwerk ist das Drama, das "so zu nennende 'musikalische' Drama" (Über die Anwendung der Musik auf das Drama, WSD 10, 184). Erst im musikalischen Drama erhält die Musik, im Spannungsfeld des dramatischen Vorgangs, ihren wahren Stellenwert:

> Somit wird das Drama der Zukunft genau dann von selbst dastehen, wenn nicht Schauspiel, nicht Oper, nicht Pantomime mehr zu leben vermögen; wenn die Bedingungen, die sie entstehen ließen und bei ihrem unnatürlichen Leben erhielten, vollständig aufgehoben sind. (Das Kunstwerk der Zukunft, WSD 3, 122 f.)

Das "Dichterwerk als das männliche", die "Musik hingegen als das weibliche Princip" sollen eine "Vermählung" eingehen, "zum Zweck der Erzeugung des größten Gesammtkunstwerkes" (Über das Opern-Dichten und Komponiren im Besonderen, WSD 10, 167). Bezeichnend ist die Beurteilung Beethovens durch Wagner. Er konstatiert, "daß Beethoven sich so kühn in seinen Symphonien, dagegen so beängstigt in seiner (einzigen) Oper 'Fidelio' zeigt", auf Grund der "Einengung durch die vorgefundene Struktur des giltigen Opern-Schema's" (Über die Anwendung der Musik auf das Drama, WSD 10, 177). In seiner frühen Besprechung von Beethovens Neunter Symphonie hingegen vermerkt Wagner zustimmend:

> Mit diesem Beginne des letzten Satzes nimmt Beethoven's Musik einen entschieden sprechenderen Charakter an: sie verläßt den in den drei ersten Sätzen festgehaltenen Charakter der reinen Instrumentalmusik, der sich im unendlichen

166 Hegel denkt hierbei natürlich nicht an ein Gesamtkunstwerk – das seiner Gattungsdisziplin, seiner strengen Sonderung der Künste, zuwiderliefe. Es geht ihm vielmehr um ein funktionsgerechtes Verhältnis von Poesie und Musik in der jeweiligen Kunstgattung. In der Poesie soll die Musik den Text nicht überwuchern, und in der Musik soll der Dichter sich nicht vordrängen (vgl. Ästhetik II, 270 f.). Es ist 'unmusikalisch', in der Oper das "Hauptgewicht" "auf den Text zu legen. Ein italienisches Publikum z.B. schwatzt während der unbedeutenderen Szenen einer Oper, ißt, spielt Karten usf., beginnt aber irgendeine hervorstechende Arie […], so ist jeder von höchster Aufmerksamkeit. Wir Deutschen dagegen nehmen das größte Interesse an dem Schicksal und den Reden der Opernprinzen und -prinzessinnen […]" (II, 271).

und unentschiedenen Ausdrucke kundgiebt; der Fortgang der musikalischen Dichtung dringt auf Entscheidung, auf eine Entscheidung, wie sie nur in der menschlichen Sprache ausgesprochen werden kann. (Bericht über die Aufführung der neunten Symphonie von Beethoven, WSD 2, 60 f.)[167]

Insofern läuft dieser Satz "fast schon" auf eine Loslösung von der "absoluten Musik" hinaus (WSD 2, 61) und nähert sich dem, was Wagner als Einheit von Musik und Sprache vorschwebt. Wagners Anliegen ist also die Auflösung nicht nur der Oper, sondern auch der reinen Instrumentalmusik im Universalkunstwerk als der Symbiose von Musik, Handlung und Sprache.

Nietzsches Opern-Kritik in der *Geburt der Tragödie* ist Wagner-Exegese. In der Kritik der historischen sowie der gegenwärtigen Opernkultur spricht er von der "gänzlich veräusserlichten, der Andacht unfähigen Musik der Oper" (1, 120 – GT), von der Oper als einem "tändelnden Wesen", von ihrem "phantastisch läppischen Getändel" (1, 125 – GT), vom "parasitischen Opernwesen" und von den "idyllischen Verführungen" der Oper, von dem in ihr "lauernden Optimismus" (1, 126 – GT). Die Oper ist Ausdruck des "gänzlich unaesthetischen Bedürfnisses" der "optimistischen Verherrlichung des Menschen an sich" (1, 122 – GT). Sie ist die "Geburt des theoretischen Menschen, des kritischen Laien, nicht des Künstlers" (1, 123 – GT). Wenn auch Nietzsches Opernkritik wie eine bloße Wagner-Reprise wirkt, so setzt sie doch auch eigene Akzente. Entschiedener als Wagner, der die Symbiose von Musik, Handlung und Wort im "musikalischen Drama" fordert, betont Nietzsche die Präferenz der Musik:

> Was wird aus den ewigen Wahrheiten des Dionysischen und des Apollinischen, bei einer solchen Stilvermischung, wie ich sie am Wesen des stilo rappresentativo dargelegt habe? wo die Musik als Diener, das Textwort als Herr betrachtet, die Musik mit dem Körper, das Textwort mit der Seele verglichen wird. (1, 126 – GT)

Nietzsche sieht die Oper im Lichte des Gegensatzes von sokratisch-theoretischem und dionysisch-schöpferischem Weltverhalten. Die Oper ist lediglich "Sclavin der Erscheinung"; sie ist darauf abgestellt, "das Formenwesen der Erscheinung nachzuahmen". Es ist der Oper "gelungen, die Musik ihrer dionysischen Weltbestimmung zu entkleiden und ihr einen formenspielerischen, vergnüglichen Charakter aufzuprägen" (ebd.). Die Verquickung von Opernkultur und Theoriebedürfnis ist eine der großzügigen Vereinfachungen Nietzsches,

---

167 Schon der frühe Nietzsche hat das anders gesehen. Er konstatiert eine Inkongruenz zwischen der Musik Beethovens und der Dichtung Schillers. Dem "dithyrambischen Welterlösungsjubel dieser Musik" sei das "Schillersche Gedicht 'an die Freude' gänzlich incongruent", "weil wir, durch die Musik für Bild und Wort völlig depotenzirt, bereits *gar nichts von dem Gedichte Schiller's hören*" (7, 366). Hegel war übrigens auch der Auffassung, daß "Schillers Gedichte, die auch zu solchem Zweck in keiner Weise gemacht sind, sich zur musikalischen Komposition als sehr schwerfällig und unbrauchbar erweisen" (Ästhetik II, 271). Nietzsche beharrt auf der Eigenqualität der Musik. Nicht nur das Wort, sondern auch das Bild reicht nicht an die Musik heran. Die Musik ist nicht nur assoziativer Bildspender. So sind die Landschaftsbezeichnungen in Beethovens *Pastorale* "nur gleichnissartige, aus der Musik geborne Vorstellungen – und nicht etwa die nachgeahmten Gegenstände der Musik – Vorstellungen, die über den *dionysischen* Inhalt der Musik uns nach keiner Seite hin belehren können" (1, 50 – GT; vgl. 7, 185).

mit denen er komplexe Sachverhalte auf einen eindeutigen (und einseitigen) Nenner reduziert, ein seine Argumentationsstrategie überhaupt kennzeichnendes Verfahren. Während Wagner das Problem der Oper im Lichte der angestrebten Synthese aller Künste sieht, lehnt Nietzsche die Oper ab, weil sie nicht "dionysischer Weltspiegel" (ebd.), d.h. Ausdruck des metaphysischen Weltwillens, sondern lediglich eine Abspiegelung der empirischen Erscheinungswelt sei. Die unterschiedliche Akzentuierung der Problematik zeigt sich insbesondere in der divergierenden Deutung des Verhältnisses von Musik und Drama. Wagner geht aus vom Grundsatz der Gleichrangigkeit der Künste, wobei die Musik spezifische Ausdrucks- und Symbolfunktionen im dramatischen Vorgang ausübt. Nietzsche hingegen betont den unbedingten Vorrang der Musik vor dem Drama. Er unterscheidet im Hinblick auf die "musikalische Tragödie" zwischen dem apollinischen Schein des dramatischen Vorgangs, wie er sich in Charakter, Sprache und Handlung zeigt, und dem dionysischen Weltgrund, der hinter der Erscheinungswelt liegt und seinen Ausdruck in der Musik findet. Es heißt:

> Nimmt nun zwar auch die musikalische Tragödie das Wort hinzu, so kann sie doch zugleich den Untergrund und die Geburtsstätte des Wortes danebenstellen und uns das Werden des Wortes, von innen heraus, verdeutlichen. / Aber von diesem geschilderten Vorgang wäre doch eben so bestimmt zu sagen, dass er nur ein herrlicher Schein, nämlich jene vorhin erwähnte apollinische *Täuschung* sei, durch deren Wirkung wir von dem dionysischen Andrange und Uebermaasse entlastet werden sollen. Im Grunde ist ja das Verhältniss der Musik zum Drama gerade das umgekehrte: die Musik ist die eigentliche Idee der Welt, das Drama nur ein Abglanz dieser Idee, ein vereinzeltes Schattenbild derselben. (1, 138 – GT)

Nietzsche definiert das Verhältnis von Musik und Drama in der "musikalischen Tragödie" als Verhältnis von dionysischem Weltwillen und apollinischer Erscheinungswelt. Für ihn sind die beiden großen Formen der Tragödie, die griechische Tragödie und das Musik-Drama Wagners, Formen der dionysisch-apollinischen Kunst. Sie verbinden das Dionysische und das Apollinische, indem in ihnen das elementare Leben zum Durchbruch gelangt und sich zugleich in den lebenserhaltenden Schein transzendiert. Daß damit auch für Nietzsche die Aufhebung der Gattungsgrenzen zwischen den Künsten von zentraler Bedeutung ist, versteht sich von selbst, denn die "musikalische Tragödie" beruht auf der Symbiose von Musik, Handlung und Sprache. Schon in seinem frühen Vortrag *Das griechische Musikdrama* verweist Nietzsche auf die griechische "Vokalmusik", in der das "natürliche Band der Wort- und Tonsprache" gewahrt sei, und er betont das "innigste Eins-sein von Wort und Ton", das in der modernen Kunst verlorengegangen sei: "Wir, die wir unter dem Einflusse der modernen Kunstunart, der Vereinzelung der Künste aufgewachsen sind, sind kaum mehr im Stande, Text und Musik zusammen zu genießen." (1, 529 – GMD). Das Auszeichnende des "griechischen Musikdramas" ist: "alles Unfreie, alles Isolirte der einzelnen Künste ist mit ihm überwunden [...]" (1, 531 –

GMD). In *Richard Wagner in Bayreuth* hebt Nietzsche als Leistung Wagners hervor, daß er "zwischen zwei Dingen, die fremd und kalt wie in getrennten Sphären zu leben schienen, ein Verhältniss fand: zwischen *Musik und Leben* und ebenfalls zwischen *Musik und Drama*" (1, 454 – WB). Mit anderen Worten: Es erfolgt die Rückgründung der Kunst im Leben und die Wiedervereinigung der Einzelkünste. Der hohe künstlerische Fortschritt liegt in der "dreifachen Verdeutlichung" des "dramatischen Vorgangs" "durch Wort, Gebärde und Musik" (1, 488 – WB)[168]. Vom "griechischen Musikdrama" heißt es:

> Gebundenheit und doch Anmuth, Mannichfaltigkeit und doch Einheit, viele Künste in höchster Thätigkeit und doch *ein* Kunstwerk – das ist das antike Musikdrama. (1, 531 – GMD)

Nietzsche reflektiert, wie Wagner, den Funktionszusammenhang der Einzelkünste. Diesbezüglich kann er, für den die Musik die höchste Kunst ist, die Musik als Mittel zum Zweck deuten, im Sinne des die dionysische Identifikation herstellenden Ausdrucksmittels, aber auch in dieser Mittel-Zweck-Relation betont er den Vorrang, die größere, intensivere Wirkung der Musik gegenüber dem Wort:

> Die Musik ist also durchaus nur als Mittel zum Zweck verwendet worden: ihre Aufgabe war es, das Erleiden des Gottes und des Helden in stärkstes Mitleiden bei den Zuhörern umzusetzen. [...] Das Wort wirkt zunächst auf die Begriffswelt und von da aus erst auf die Empfindung [...] Die Musik dagegen trifft das Herz unmittelbar, als die wahre allgemeine Sprache, die man überall versteht. (1, 528 – GMD)[169]

---

168 Das "Wortdrama" reicht nicht aus, um die "Grundregungen im Innern der darstellenden Personen des Drama's unmittelbar auf die Seelen der Zuhörer" zu übertragen (1, 488 – WB). Dazu bedarf es des "Musikdramas". Das "Wortdrama" ist das apollinische Element des aus dem dionysischen Leben erwachsenden "Musikdramas": "Auch die griechische Tragödie als *Wortdrama* ist eine *Entlastung* von den *dionysischen Gewalten des Mythus*: der Mimus an sich als Weltbild wirkt mythisch. Nicht mehr das Wortdrama." (7, 277). Nicht der "Wortdichter", sondern der "schöpferische Musiker" gestaltet den Mythos (1, 110 – GT). Die Musik hat nicht illustrierende Funktion, sondern absolute Bedeutung. So "täuscht" in Wagners *Tristan* das apollinische Wortdrama den Zuschauer "über die Allgemeinheit des dionysischen Vorganges hinweg zu dem Wahne, dass er ein einzelnes Weltbild, z.B. Tristan und Isolde, sehe und es, *durch die Musik*, nur noch besser und innerlicher *sehen* solle" (1, 137 – GT). Wagner hat den wahren Funktionszusammenhang von Wort und Musik gestaltet (vgl. 1, 488 f. – WB). Dennoch ist unverkennbar, daß schon der Wagnerianer Nietzsche die Zweck-Mittel-Relation anders deutet als sein Idol. Versteht Wagner, zumindest in seinen frühen programmatischen Äußerungen, die Musik als Mittel und das Drama als Zweck, so ist bei Nietzsche eher umgekehrt die Musik der Zweck und das Drama das Mittel. Im Grunde haben Handlung, Wort und Bild bei ihm nur funktionale Bedeutung im Hinblick auf die als absolute Größe verstandene Musik. In seinem Wagner-Enthusiasmus macht der junge Nietzsche sich diesen Unterschied kaum klar. Aber faktisch zeigt sich hier von vornherein eine spezifische Differenz in der Beurteilung des Verhältnisses von Musik und Wort.

169 Wenn Nietzsche hier die Musik als "Mittel" bezeichnet, so im Hinblick auf das dionysische Leben, nicht im Hinblick auf die Musik-Wort-Relation. Die Musik ist das Vehikel zur Darstellung des dionysischen Weltwillens. In dieser Funktion hat sie absolute Bedeutung. Und so erklärt Nietzsche denn auch: "Die Musik *kann* nie Mittel werden [...] Die schlechteste Musik kann immer noch der besten Dichtung gegenüber den dionysischen Weltuntergrund bedeuten [...]" Die Musik darf nicht nach dem Text schielen, da "die Musik nie Mittel, im Dienste des Textes, werden kann, sondern auf jeden Fall den Text überwindet" (7, 186 f.). Obschon diese Kritik der Oper gilt und der junge Nietzsche im Musikdrama Wagners seine Idee des Dionysischen verwirklicht glaubt, reduziert er doch, im Unterschied zu Wagner, den Text zu einem bloßen Funktionselement der Musik.

Nietzsches Tragödien-Konzeption ist eine Synthese aus Schopenhauers Metaphysik der Musik und Wagners Idee des Universalkunstwerks, die ihrerseits durch Schopenhauers Philosophie des Weltwillens geprägt ist. Grenzscharf trennen lassen sich beide Aspekte kaum. Aber es fällt doch auf, daß Nietzsche in diesem Problemkomplex andere Akzente setzt als Wagner. Er ist an der Symbiose der Künste interessiert, aber sein Interesse ist weniger bzw. nicht primär ein Interesse im Sinne des Wagnerschen Gesamtkunstwerks als vielmehr ein Interesse im Sinne der Leben-Schein-Dialektik. Sein Problem ist das Verhältnis von Weltwille und Erscheinungswelt, der genetische Zusammenhang der Komplementärphänomene des Dionysischen und Apollinischen, das in den Schein sich transzendierende Leben. Die Verquickung der Künste ist für ihn in erster Linie eine Funktion der Entfaltung des Leben-Schein-Problems.

2. Die Bedeutung der Musik als Einzelkunst

Die Leben-Schein-Dialektik ist denn auch das konstante, von den Anfängen bis zum Ende verfolgbare Problem Nietzsches, während die Idee des Universalkunstwerks nach dem Bruch mit Wagner in seinem Denken kaum noch eine Rolle spielt, ja, in der weiteren Entwicklung Nietzsches treten die Einzelkünste, vor allem die absolute Musik und der musikalische Lyrismus, wieder beherrschend in den Vordergrund. Die romantische Idee der universellen Einheit der Künste weicht der Konzeption der entschiedenen Gattungstrennung, denn erst in ihrer freien Selbstentfaltung vermag eine Kunstart zu ihrer Vollendung zu gelangen. Die wirkungsästhetische Vermischung der Künste gefährdet die Substanz der Einzelkunst. Ein Fragment vom Frühjahr 1884 lautet:

> Dies Jahrhundert, wo die Künste begreifen, daß die Eine auch Wirkungen der anderen hervorbringen kann: *ruinirt vielleicht die Künste*! z.B. mit Poesie zu *malen* (Victor Hugo, Balzac, W. Scott usw.
> mit *Musik poetische* Gefühle erregen (Wagner)
> mit Malerei poetische Gefühle, ja *philosophische* Ahnungen zu erregen (Cornelius)
> mit Romanen Anatomie und Irren-Heilkunde treiben usw. (11, 48)[170]

Nietzsche gibt die Idee des gattungsauflösenden Universalkunstwerks wieder auf. Bezeichnend ist die Kritik, die er in *Menschliches, Allzumenschliches* an der Mischung der Kunstgattungen übt:

> *Die gemischten Gattungen.* – Die gemischten Gattungen in den Künsten legen Zeugniss über das Misstrauen ab, welches ihre Urheber gegen ihre eigene Kraft

170 Damit schwenkt Nietzsche hinsichtlich des Gattungsproblems auf eine traditionalistische Linie ein. Schon Lessing rügt "in der Poesie die Schilderungssucht, und in der Malerei die Allegoristerei" (Laokoon, 11). Wagner hat sich mit der Lessingschen Gattungstrennung auseinandergesetzt. Er stimmt Lessings Forderung nach "*Reinheit* der Kunstart" zu, wehrt sich aber dagegen, "auch *das Drama* in die Kategorie einer Kunst*art*" zu stellen (WSD 4, 3 – Oper und Drama). Er plädiert für die Öffnung des "Litteraturdramas, in das unsere Ästhetiker mit so puritanistischem Hochmuthe der herrlich athmenden Musik den Eintritt versperren" (ebd., 5).

empfanden; sie suchten Hülfsmächte, Anwälte, Verstecke, – so der Dichter, der die Philosophie, der Musiker, der das Drama, der Denker, der die Rhetorik zu Hülfe ruft. (2, 436 – VM)[171]

Damit hat Nietzsche eine Wende vom Universalkunstwerk zum Einzelkunstwerk vollzogen. Nun löst er die Musik wieder aus dem Funktionszusammenhang der Musiktragödie und verabsolutiert sie wiederum zur reinen Kunstform.[172] Nun wirft er den "dramatischen Sängern" vor, sie könnten nicht singen (2, 619 – WS). Er meldet kritische Vorbehalte gegen die "dramatische Musik" an:

Dramatische Musik. – Für Den, welcher nicht sieht, was auf der Bühne vorgeht, ist die dramatische Musik ein Unding; so gut der fortlaufende Commentar zu einem verloren gegangenen Texte ein Unding ist. (2, 619 – WS)[173]

Nietzsches Kritik richtet sich gegen die Abhängigkeit der "dramatischen Musik" von der visuellen Wahrnehmung des Bühnengeschehens. Im Vergleich zu seiner früheren Konzeption der Symbiose von Musik und Drama wirkt dies wie eine kopernikanische Wende in seinem Kunstdenken. Berücksichtigt man aber, daß Nietzsches eigentliches Anliegen schon zur Zeit der *Geburt der Tragödie* weniger das Universalkunstwerk als vielmehr die Leben-Schein-Dialektik war und daß seine enthusiastische Hinwendung zum Musikdrama wesentlich durch die Wagner-Verehrung bedingt war, überrascht dieser Wandel nicht einmal so sehr. Nietzsche war kein genuin 'dramatischer', sondern ein wesensmäßig 'lyrischer' Künstler, und seine frühe Begeisterung für das Musik-Drama muß primär vor dem Hintergrund seines Wagner-Kults gesehen werden. Nach der Trennung von Wagner war die Abwendung vom Universalkunstwerk fast schon ein automatischer Vorgang. Nun protestiert er mit Verve gegen alle Formen der dramatisierten Musik, ob es sich um das Wagnersche Musikdrama, den dramatischen Vorgang in der traditionellen Oper oder die Dramatisierung des Liedes handelt. Im Textstück *Vom Principe des Vortrags in der Musik* wendet er sich gegen die Tendenz, in der musikalischen Darbietung "um jeden Preis eine *dramatische* Sprache" zu entfalten. So widerspreche es dem "heiteren, sonnigen, zärtlichen, leichtsinnigen Geist Mozart's", seinem nicht "furchtbaren",

171 Hegel unterschied zwischen "begleitender Musik", der "begleitenden Vokalmusik", "die an einen Text gebunden bleibt", und der "*selbständigen* Musik", der "*Instrumental*musik" (Ästhetik II, 320 f.). Bei Hegel ist die *selbständige* Musik allerdings Ausdruck der romantischen Subjektivität, während sie bei Nietzsche Ausdruck des dionysischen Lebens ist.

172 In gewisser Weise kehrt Nietzsche zu der Musikanschauung seiner frühen Jahre zurück. In den Gedanken *Ueber Musik* aus der Jugendschrift *Aus meinem Leben* (1858) hatte der Schüler die unverwechselbare Wirkung der Musik hervorgehoben: "Die Tonkunst redet oft in Tönen eindringlicher als die Poësie in Worten zu uns und ergreift die geheimsten Falten des Herzens." (HKG, W I, 27). Von der Musik geht eine 'erhebende', 'erschütternde' Wirkung aus, wobei Nietzsche an die "Kirchenmusik" denkt, während er die "moderne Musik", "diese soge[n]annte Zukunftsmusik eines Liszt, Berlioz", wegen ihrer 'Dunkelheit' und 'Künstlichkeit' ablehnt (ebd., 26 f.).

173 Nietzsches Ideal der absoluten Musik ist nicht mehr mit der "dramatischen Musik" vereinbar: "'dramatische Musik' Unsinn! Das ist einfach schlechte Musik" (12, 522). "Die Wendung zum Drama verräth, daß ein Künstler über die *Schein*mittel noch mehr sich Herr weiß als über die ächten Mittel. Wir haben *dramatische Malerei, dramatische Lyrik* usw." (12, 523).

sondern "gütigen" "Ernst", seine Musik zu dramatisieren und zu dämonisieren. "Oder meint ihr, Mozartische Musik sei gleichbedeutend mit 'Musik des steinernen Gastes'? Und nicht nur Mozartische, sondern alle Musik?" (2, 620 – WS). Nietzsche will den *Don Giovanni* nicht 'dramatisch', sondern 'lyrisch' gespielt haben. Ihn interessieren nicht die sich dramatisch zuspitzenden Dämonien des panerotischen Opernhelden, sondern die großen Arien als lyrischer Ausdruck absoluter Musik. Für die dramatischen Gesten und Posen der modernen Musik hat Nietzsche nichts mehr übrig: "*Musik von heute.* – Diese modernste Musik, mit ihren starken Lungen und schwachen Nerven, erschrickt immer zuerst vor sich selber." (2, 621 – WS). Im Bestreben, sich vom Pathos der dramatischen Musik, sprich von Wagner, zu lösen und sich dem Lyrismus in der Musik zuzuwenden, sanktioniert Nietzsche sogar die musikalische Sentimentalität. Im Textstück *Sentimentalität in der Musik* meint er, man könne gelegentlich bei allem Respekt vor der "ernsten und reichen Musik" auch "von dem Gegenstück derselben überwunden, bezaubert und fast hinweggeschmolzen" werden (2, 621 – WS), und er erwähnt "jene allereinfachsten italiänischen Opern-Melismen, welche [...] uns mitunter wie die Seele der Musik selber anzusingen scheinen" (2, 622 – WS)[174]. Nun steht Nietzsche nicht mehr im Banne der musikalischen Dramatik, sondern favorisiert den musikalischen Lyrismus. Bezeichnend ist Nietzsches neue, positive Einstellung gegenüber der früher so kompromißlos befehdeten Oper. Nun entdeckt er nicht nur die Oper Mozarts als autonomes musikalisches Theater, d.h. als reine Musik, sondern erfreut sich auch an den sinnlichen Impressionen und musikalischen Verzierungen der italienischen Oper. Es zeigt sich ein gewandeltes Verhältnis gegenüber der Musik, ein größeres Maß an Distanz und Freiheit. Häufig wird die pathetisch-tragische Musikauffassung sogar von einem ironisch-parodistischen Musikverhältnis verdrängt. Ein Textstück lautet:

> *Als Freunde der Musik.* – Zuletzt sind und bleiben wir der Musik gut, wie wir dem Mondlicht gut bleiben. Beide wollen ja nicht die Sonne verdrängen, – sie wollen nur, so gut sie es können, unsere *Nächte* erhellen. Aber nichtwahr? scherzen und lachen dürfen wir trotzdem über sie? Ein Wenig wenigstens? Und von Zeit zu Zeit? Ueber den Mann im Monde! Ueber das Weib in der Musik! (2, 623 – WS)[175]

Dieses aus *Menschliches, Allzumenschliches*, d.h. aus der auch hinsichtlich der Kunst kritisch-analytischen Phase Nietzsches, stammende Zitat zeigt ein ambivalentes Verhältnis zur Musik, einerseits emotionale Bindung an die Musik, andererseits ironischen Abstand zur Musik. Die Kunst übt, wie das "Mond-

174 Im Bestreben, die Bedeutung der Melodie gegenüber der Ideen-Musik hervorzuheben, spielt Nietzsche sogar den von ihm ansonsten nur selten erwähnten Verdi gegen Wagner aus: "Unter guten Musikern gilt Verdi für reich, gegen W<agner> gerechnet [...]" (11, 472). Dagegen: 9, 600.

175 Wie hatte doch Wagner in *Oper und Drama* formuliert: "*Die Musik ist ein Weib.* / Die Natur des Weibes ist die *Liebe*: aber diese Liebe ist die *empfangende* und in der Empfängniß rückhaltslos *sich hingebende*." (WSD 3, 316). "Die Musik ist die Gebärerin, der Dichter der Erzeuger" (ebd.). In *Nietzsche contra Wagner* heißt es, in ironischer Anspielung auf Wagner: "denn die Musik ist ein *Weib...*" (6, 424 – NW). Vgl. das Textstück *Das Weib in der Musik* (3, 425f. – FW) sowie U I, 301.

licht", eine beruhigende Wirkung aus, aber sie ist nicht das Höchste, die "Sonne", d.h. die Wahrheit. Aufschlußreich sind die Urteile, die Nietzsche in dieser Schaffensphase über die großen Komponisten fällt. An Händel, dessen dem "Heroischen" zugewandte Musik er im Prinzip bejaht, kritisiert er die experimentierende Mühsal und Schnelligkeit des Schaffensprozesses, denn er "schrieb schnell und viel, und war froh, wenn er fertig war, – aber nicht in der Art froh, wie es Gott und andere Schöpfer am Abende ihres Werktags gewesen sind" (2, 615 – WS). Diesem Ideal des reinen Schöpfertums entspricht hingegen die Musik Bachs, die den "Hörern" den Eindruck vermittelt, "als ob wir dabei wären, *wie Gott die Welt schuf*. Das heisst: wir fühlen, dass hier etwas Grosses im Werden ist, aber noch nicht ist: unsere *grosse* moderne Musik." (ebd.).[176] Daß Bachs Musik ein großer schöpferischer Entwurf, aber noch nicht die Vollendung selbst ist, liegt in ihrer, weltanschaulich gesehen, rückwärtsgewandten Haltung:

> In Bach ist noch zu viel crude Christlichkeit, crudes Deutschthum, crude Scholastik; er steht an der Schwelle der europäischen (modernen) Musik, aber schaut sich von hier nach dem Mittelalter um. (2, 615 – WS)

Der Musik-Kritiker Nietzsche geht in der Hauptsache nicht von genuin musikästhetischen Kategorien, sondern von weltanschaulichen Kriterien aus. Sein Musikerlebnis ist kaum je ein reines Musikerlebnis, sondern ständig verquickt mit philosophischen, weltanschaulichen Prämissen und Implikationen. Seine musikkritischen Urteile sind vielfach von recht okkasioneller Art. Sie entspringen häufig situativen Stimmungen und Perspektiven. So erinnert ihn Robert Schumann, der "ewige Jüngling", gelegentlich an die "ewige 'alte Jungfer' " (2, 619 – WS)[177], während Franz Schubert, obschon ein "geringerer Artist als die andern grossen Musiker", einen "Schatz von *unverbrauchten* Erfindungen" bietet (2, 617 – WS), Felix Mendelssohn ein Traditionalist des "guten Geschmacks" ist (2, 618 – WS) und Hadyn wiederum "Genialität" aufweist, da er trotz "Moralität" im reinen Element der Musik schafft: "er macht lauter Musik, die 'keine Vergangenheit' hat." (2, 615 – WS). Aus den zahlreichen, z.T. eindeutigen, z.T. ambivalenten Aphorismen, Fragmenten und Aperçus Nietzsches über Komponisten und Kompositionen läßt sich als Grundtendenz ein Antagonismus von romantisch-rhetorischer und klassisch-heiterer Musik herausschälen. Ein charakteristisches Beispiel ist der Vergleich zwischen Beethoven und Mozart:

---

176 Vgl. Goethes Bemerkung zum "Großmeister" Bach: "Ich sprach mir's aus: als wenn die ewige Harmonie sich mit sich selbst unterhielte, wie sich's etwa in Gottes Busen, kurz vor der Weltschöpfung, möchte zugetragen haben." (Briefwechsel mit Zelter, 221 – 17.7.1827).

177 Schumanns Musik gehörte zu den starken Kunsteindrücken des jungen Nietzsche: "Drei Dinge sind meine Erholungen, aber seltne Erholungen, mein Schopenhauer, Schumannsche Musik, endlich einsame Spaziergänge." (B 2, 121 – 7.4.66 – an Gersdorff). Vgl. auch B 1, 187; B 2, 21; B 2, 15. Unter dem Einfluß Wagners löst sich Nietzsche von der musikalischen Romantik und damit auch von Schumann. Und dann neigt er mehr und mehr dazu, sich abfällig über Schumann zu äußern. So spricht er von Schumanns "gefährlichem Hang zur stillen Lyrik und Trunkenboldigkeit des Gefühls" (5, 188 – JGB).

Beethoven und Mozart. – Beethoven's Musik erscheint häufig wie eine tiefbewegte *Betrachtung* beim unerwarteten Wiederhören eines längst verloren geglaubten Stückes 'Unschuld in Tönen'; es ist Musik *über* Musik. [...] Mozart steht ganz anders zu seinen Melodien: er findet seine Inspirationen nicht beim Hören von Musik, sondern im Schauen des Lebens, des bewegtesten *südländischen* Lebens: er träumte immer von Italien, wenn er nicht dort war. (2, 615 f. – WS)[178]

Auch hier ist Nietzsche ein großer Vereinfacher, der die großen Komponisten in sein antithetisches Schema von rhetorischer und reiner Musik, mittelbarer und unmittelbarer Tonkunst, tragischer und heiterer Kunst, nordischer Schwere und südlicher Leichtigkeit zwängt. Die Musik soll nicht reflexiv-elegische Selbstbespiegelung sein, sie soll sich nicht selber thematisieren, sondern sie soll Ausdruck des Lebens, des Lebens als eines freien Spiels, sein. Nietzsches Ideal ist nun die spielerisch-tänzerische Musik, eine sich selber genügende Musik, eine Musik, die Ausdruck einer von 'nordischer' Meditation und Schwere befreiten 'südlichen' Geistigkeit und Vitalität ist. Die Musik soll von ihren tragischen Schwergewichten ebenso befreit werden wie von der suggestiven Rhetorik, damit sie sich als freies, heiteres Spiel wie das schöpferische Leben selbst zu entfalten vermag. Noch im November 1887 schreibt Nietzsche an Köselitz: "Man muß dem bornirten 'deutschen Ernst' in der Musik das *Genie der Heiterkeit* entgegenstellen." (B 8, 191 – 10.11.87). Diese Heiterkeit ist allerdings keine banale, sorg- und problemlose Heiterkeit, sondern Ausdruck der schöpferischen Überwindung alles Schweren. Nietzsches Heiterkeit ist eine tragische Heiterkeit, denn in der Heiterkeit steckt immer auch der Ernst: "Eine ernste Kunst ist Lachen" (9, 676 [Schlußreim] – 1882).

Bezüglich der Musik ist Nietzsches Hauptanliegen nach dem Bruch mit Wagner die entschiedene Trennung von Musik und Drama. Im *Fall Wagner* verwirft er die Verquickung von Musik, Handlung und Sprache. Im Bestreben, die Musik als reine, unvermischte Ausdrucksform zu erhalten, wendet er sich gegen ihre dramatische Funktionalisierung in der Bühnen-Sprache Wagners:

Wagner war *nicht* Musiker von Instinkt. Dies bewies er damit, dass er alle Gesetzlichkeit und, bestimmter geredet, allen Stil in der Musik preisgab, um aus ihr zu machen, was er nöthig hatte, eine Theater-Rhetorik, ein Mittel des Ausdrucks, der Gebärden-Verstärkung, der Suggestion, des Psychologisch-Pittoresken. (6, 30 – WA)[179]

---

178 Nietzsche zählt Beethoven nicht zum klassischen, sondern zum romantischen Stiltypus: "Es erweckt mein Mißtrauen, wenn ganz unschuldig Beethoven allerwärts als 'Classiker' bezeichnet wird: ich würde streng aufrecht erhalten, daß man in anderen Künsten unter einem Classiker einen umgekehrten Typus als der Beethovens ist, begreift." (13, 490). Auch im Hinblick auf Mozart und Beethoven liebt Nietzsche die Stilantithese: Mozart ist der naiv-klassische Künstler, der aus der Fülle des Lebens schafft, der "*klingendes* Gold" hervorbringt (2, 450 – VM [= 6,423 – NW]), Beethoven hingegen der sentimentalisch-romantische Künstler, der in seiner Musik Ideen ausdrückt. War für den frühen Nietzsche Beethovens Musik dionysische Kunst, Ausdruck des schöpferischen Weltwillens, so ist sie für den späteren Nietzsche eine romantische Kunst der reflexiven Subjektivität.

179 Wagners "dramatischer Stil" ist in Wahrheit "Stil-Auflösung", "Verzichtleistung auf Stil überhaupt". "Was liegt an aller Erweiterung der Ausdrucks-Mittel, wenn das, was da ausdrückt, die Kunst selbst für sich selbst das Gesetz verloren hat?" (13, 490). Nietzsche kritisiert die Funktionalisierung der

Nietzsche operiert mit der Fundamentalantithese von 'Rhetorik' und 'Stil'. 'Rhetorik' in der Musik bedeutet, daß die Musik ein Mittel zum Zweck ist, das Vehikel einer außermusikalischen Idee. 'Stil' in der Musik bedeutet, daß die Musik Selbstzweck ist, als Ausdruck des schöpferischen Lebens. Freilich, Nietzsche ist selbst zu sehr Rhetoriker, als daß er nicht die artistischen Raffinements der Wagnerschen Rhetorik respektieren würde:

> Wagner dürfte uns hier als Erfinder und Neuerer ersten Ranges gelten – *er hat das Sprachvermögen der Musik in's Unermessliche vermehrt* –: er ist der Victor Hugo der Musik als Sprache. Immer vorausgesetzt, dass man zuerst gelten lässt, Musik *dürfe* unter Umständen nicht Musik, sondern Sprache, sondern Werkzeug, sondern ancilla dramaturgica sein. (6, 30 – WA)

Nietzsches Kritik richtet sich gegen Versprachlichung, Dramatisierung und Ideologisierung der Musik. Er ironisiert die Wagner-Schwärmerei des "deutschen Jünglings":

> Die zwei Worte "unendlich" und "Bedeutung" genügten bereits: ihm wurde dabei auf eine unvergleichliche Weise wohl. Es ist *nicht* die Musik, mit der Wagner sich die Jünglinge erobert hat, es ist die "Idee": – es ist das Räthselreiche seiner Kunst, ihr Versteckspielen unter hundert Symbolen, ihre Polychromie des Ideals, was diese Jünglinge zu Wagner führt und lockt. (6, 36 f.)[180]

Ist dies nicht ein Selbstporträt, ein Porträt des Jünglings Nietzsche? Nietzsches Wagner-Kritik ist der Versuch einer Selbstbefreiung. Er selbst ist der Spannung von *Rhetorik* und *Stil* ausgesetzt. Kritische Entlarvung der suggestiven Rhetorik und idealtypischer Entwurf des großen Stils, diese einander bedingenden Elemente der Anti-Wagner-Kritik – sie betreffen Nietzsche selbst. Nietzsche, der Wagner vorwirft, er habe "Litteratur nöthig gehabt", sei "als Musiker" immer "Rhetor" geblieben (6, 35 – WA)[181] und "zeitlebens der Commentator der 'Idee'" gewesen (6, 36 – WA), plädiert seinerseits für eine reine, von Rhetorik, Suggestion und Symbolik freie Musik, eine halkyonische Musik:

> [...] was *wir Halkyonier* bei Wagnern vermissen – la gaya scienza; die leichten Füsse; Witz, Feuer, Anmuth; die grosse Logik; den Tanz der Sterne; die übermüthige Geistigkeit; die Lichtschauder des Südens; das *glatte* Meer – Vollkommenheit... (6, 37 – WA)[182]

Es ist das Stilideal der dionysisch-klassischen Kunst, das Nietzsche nun auch in der Musik vertritt, ein Stilideal, das von ihm allerdings fast nur in Antithese zum

---

Musik zu außermusikalischen Zwecken. Die Musik soll nicht "ancilla dramaturgica" sein (13, 490), das heißt, sie soll nicht der dramatischen Affekterregung dienen, sondern in "hoher übermüthiger Vollkommenheit" (13, 491) als reine, 'klassische' Form Ausdruck des Lebens selbst sein.

180 Für Nietzsche ist Wagner ein reiner Ideen-Musiker: "Er machte bloss die Nutzanwendung auf die Musik – er erfand sich einen Stil, der 'Unendliches bedeutet,' – er wurde der *Erbe Hegel's*... Die Musik als 'Idee' – –" (6, 36 – WA). "Musik ist ihm Mittel" (13, 491).

181 Den Gegensatz von romantisch-rhetorischer Kunst und klassisch-gestalthafter Kunst hat schon Friedrich Schlegel konstatiert: "Der romantische Dichter muß doch auch, was der classische nie darf, rhetorisch sein." (*Schlegel*, Notizen, 27 [Zf. 42]).

182 Exkurs 29.

rhetorisch-romantischen Stil bzw. zur Stilentartung Wagners exponiert wird. In seinen psychologischen Expertisen zum Wagner-Problem, in denen Nietzsche betont, daß seine Invektiven nicht fragwürdigen persönlichen Motiven entsprängen, sondern eine existentielle Notwendigkeit darstellten, spielt doch immer wieder auch das Motiv der schöpferischen Überwindung eine Rolle. Obschon die Hinwendung zur Klassizität nicht nur reaktiv, als Anti-Wagner-Reaktion, sondern auch als produktive Neuentdeckung der schon für den vorwagnerischen Nietzsche so bedeutsamen Klassik zu verstehen ist, wird diese Neuorientierung von Nietzsche doch ausdrücklich als "Sieg" empfunden (6, 11 – WA). Aber dies ist nicht nur ein persönlicher "Sieg" Nietzsches, sondern darüber hinaus eine grundsätzliche ästhetische Neuorientierung. Auch in der Musik, ja gerade in der Musik soll nicht die romantische Maßlosigkeit, sondern das klassische Maß herrschen. Wagners "unendliche Melodie" verführt dazu, "dass man in's Meer geht, allmählich den sichern Schritt auf dem Grunde verliert und sich endlich dem wogenden Elemente auf Gnade und Ungnade übergiebt: man soll *schwimmen*." (2, 434 – VM [= 6, 421 f. – NW]).[183] Im Unterschied zu dieser Auflösungstendenz der "neueren Musik" ist die "ältere Musik" durch ein im rhythmischen Maß begründetes Formbewußtsein gekennzeichnet:

> In der bisherigen älteren Musik musste man, im zierlichen oder feierlichen oder feurigen Hin und Wieder, Schneller und Langsamer, *tanzen*: wobei das hierzu nöthige Maass, das Einhalten bestimmter gleichwiegender Zeit- und Kraftgrade von der Seele des Zuhörers eine fortwährende *Besonnenheit* erzwang: auf dem Widerspiele dieses kühleren Luftzuges, welcher von der Besonnenheit herkam, und des durchwärmten Athems musikalischer Begeisterung ruhte der Zauber jener Musik. (2, 434 – VM)

Nicht der bacchantische Tanz, sondern das anmutige Menuett, nicht die Musik Wagners, sondern Haydns und Mozarts entspricht diesem Stilprinzip. Erst in der Symbiose von "Begeisterung" und "Besonnenheit" ist Vollkommenheit der Musik erreicht. Die großen Komponisten der Tradition haben das Manieristisch-Interessante, das Dekorativ-Suggestive und das Pathetisch-Emotionale in der Musik verschmäht und dem geistigen Prinzip des Maßes gehuldigt:

> In Wahrheit ist aber die Seele jener Meister selber noch eine andere gewesen, *grösser* vielleicht, aber kälter und dem Reizvoll-Lebendigen noch abhold: das Maass, die Symmetrie, die Geringachtung des Holden und Wonnigen, eine unbewusste Herbe und Morgenkühle, ein Ausweichen vor der Leidenschaft, wie als ob an ihr die Kunst zu Grunde gehen werde, – diess macht die Gesinnung und Moralität aller älteren Meister aus, welche ihre Ausdrucks-Mittel nicht zufällig, sondern nothwendig mit der gleichen Moralität wählten und durchgeisteten. (2, 431 – VM)

---

183 Nietzsche verkennt, daß das Wagnersche Musikdrama nicht nur auf rauschhafte Identifikation zielt, sondern auch eine geistige Symbolik darstellt und damit Gegenstand der denkerischen Reflexion ist. Der von Wagner insbesondere im *Ring* mit kompositorischer und dramaturgischer Präzision erstellte Kosmos prototypischer Konstellationen und archetypischer Strukturen wird von Nietzsche weitgehend ignoriert zugunsten der wirkungsästhetischen Suggestionspsychologie.

In der neueren Musik sieht Nietzsche dieses Formbewußtsein in vollendeter Weise bei Chopin ausgeprägt. Chopin wird ihm zur Inkarnation des artistischen Musikers: "Den *höchsten* Formensinn, auf der einfachsten Grundform das Complicirteste *folge*richtig entwickeln – finde ich bei **Chopin**." (8, 510).[184] Nicht der stoffliche Inhalt, sondern die formale Virtuosität der Komposition steht nun im Mittelpunkt des Nietzscheschen Interesses. "Bei der *deutschen* Musik werden **moralische** Factoren zu hoch angerechnet –" (8, 510). Der "Pole Chopin" hingegen, der "Unnachahmliche" (2, 618 – WS), fasziniert Nietzsche durch die aufgelockerte Harmonik, virtuose Differenzierungstechnik und artistische Agogik seiner lyrischen Klavierstücke. Hier zeigt sich allerdings auch, daß Nietzsches Verhältnis zur klassischen Musik nicht einfach eine antiquarische Beziehung ist, sondern daß er die klassischen Formen künstlerisch neu aktivieren möchte. Im Textstück *Freiheit in Fesseln – eine fürstliche Freiheit* schreibt er über Chopins Verhältnis zu den "melodischen und rhythmischen Herkömmlichkeiten": "Diese liess er gelten, *als geboren in der Etiquette*, aber wie der freieste und anmuthigste Geist in diesen Fesseln spielend und tanzend – und zwar *ohne* sie zu verhöhnen." (ebd.). In einer Platen-Reminiszenz apostrophiert Nietzsche Chopin als den "letzten der neueren Musiker, der die Schönheit geschaut und angebetet hat" (ebd.). Obschon die "Form" Platens ihm "viel zu streng" erscheint (11, 60) und er Chopin unmittelbar mit dem weltschmerzlichen und formbewußten, von ihm hoch geschätzten Leopardi vergleicht (vgl. 2, 618 – WS)[185], ist doch bemerkenswert, daß die Verse aus Platens Gedicht *Tristan* bei ihm nachklingen: "Wer die Schönheit angeschaut mit Augen" (*Platen*, Gedichte, 61). Chopin ist für Nietzsche nicht nur der Artist, der der "Schönheit" huldigende Formvirtuose, sondern auch der Ausdruckskünstler der exzeptionellen Stimmungen und Gefühle, dem es z.B. in seiner *Barkarole* gelingt, den höchsten Augenblick des Lebens ertönen zu lassen: "diesen seligen Moment hat Chopin, in der Barcarole, so zum Ertönen gebracht, dass selbst Götter dabei gelüsten könnte, lange Sommerabende in einem Kahne zu liegen." (2, 619 – WS).[186] In Musik, Malerei und Dichtung begeistert sich Nietzsche zu-

---

184 In ähnlicher Weise erhebt Gide Chopin in den höchsten künstlerischen Rang. Er berichtet zustimmend von einem Abt, für den "keineswegs Bach, nicht einmal Mozart", sondern Chopin die "reinste Musik" gewesen sei (*Gide*, Chopin, 6). Für Gide ist Chopin der eigentliche Antipode Wagners: "Deshalb ist wohl der, den ich Wagner entgegenstellen möchte, gar nicht Bizet, wie es Nietzsche nicht ohne Bosheit zu tun beliebte, sondern Chopin." (S. 7). Gide kritisiert das Klischee vom bloß sentimental-melancholischen Chopin und rückt den artistischen Künstler des vollkommenen Ausdrucks in den Vordergrund. Nicht das "Romantische", sondern das "Klassische" ist bei Chopin von primärer Bedeutung (S. 39). Das "Bemühen um Vollendung" verbindet Chopin mit Baudelaire (S. 12). Auch Nietzsche sucht nach einem poetischen Äquivalent Chopins: "wie sehr wünschte ich einem Dichter zu begegnen, der zu Chopin gehörte und mir wie Chopin wohlthäte!" (B 6, 494 – 7.4.84 – an Overbeck). Er hat den "Wunsch nach einem dichterischen Claude Lorrain" (2, 456 – VM).

185 Leopardis Schönheitskult und Weltschmerz haben Nietzsche gefesselt. So zitiert er Verse aus Leopardis Gedicht *Il pensiero dominante*, in dem die "Schönheit" als die einzige Möglichkeit der Linderung des "Schicksals" erscheint: "Leopardi 'nur er (der Gedanke der Schönheit) vermag zu mindern / des Schicksals Schuld, des harten'" (7, 810; zur Leopardi-Ausgabe: 14, 67; zum Weltschmerz Leopardis vgl. Nietzsches Zitationen in 1, 256 – HL; 7, 677).

186 Auch Gide ist hingerissen von Chopins *Barkarole*: "und es fehlt sogar nicht viel, daß ich die >Barkarole<, so wie es Nietzsche tat, an die Spitze seines ganzen Werkes stelle"; die *Barkarole* ist

nehmend für eine von deutscher Gedankenlast gelöste südliche Heiterkeit, eine Heiterkeit freilich, die Ausdruck der Tiefe ist, eine melancholische Heiterkeit. Das tragische Pathos wird immer wieder von einer euphorischen Heiterkeit überlagert. In *Ecce homo* heißt es: "Ich sage noch ein Wort für die ausgesuchtesten Ohren: was *ich* eigentlich von der Musik will. Dass sie heiter und tief ist, wie ein Nachmittag im Oktober." (6, 290 – EH [= 6, 420 – NW]). Mit dem weichen, wiegenden Rhythmus des gondelliedähnlichen Instrumentalstücks Chopins assoziiert Nietzsche Venedig, die venezianischen Gondellieder, die in seinem halkyonischen Venedig-Gedicht anklingen (vgl. 6, 291 – EH [= 6, 421 – NW]). In jenem Textstück, in dem er bereit ist, "gegen Chopin den Rest der Musik hinzugeben" (6, 291 – EH [= 6, 420 – NW]), ausgenommen Wagners Siegfried-Idyll, Liszt, Rossini und sein "musikalischer Amanuensis" Peter Gast (*Jacob*, Amanuensis), erscheint Venedig als ein Synonym für Musik schlechthin:

> Wenn ich ein andres Wort für Musik suche, so finde ich immer nur das Wort Venedig. Ich weiss keinen Unterschied zwischen Thränen und Musik zu machen, ich weiss das Glück, den *Süden* nicht ohne Schauder von Furchtsamkeit zu denken. (6, 291 – EH [= 6, 421 – EH])

Es ist eine abgründige Heiterkeit, eine euphorische Heiterkeit, die Nietzsches Süd-Gefühl prägt. Untergründig schwingt in Nietzsches Enthusiasmus der südlichen Heiterkeit sein tragisches Lebensgefühl mit, ja, diese Heiterkeit erhält erst vor diesem dunklen Hintergrund ihre eigentliche Leuchtkraft. Chopin wird für den Artisten, den Melancholiker und den Tragiker zum Inbegriff der Musik. Dabei ist zu berücksichtigen, daß er sich bei seiner Bewertung Chopins auf konkrete Musikerlebnisse stützen konnte, während er Mozart, vor allem Mozarts Opern und Kammermusik, kaum kannte und seine Urteile hier eher Klischees sind (vgl. *Janz*, Musik, 323). Unverkennbar ist jedenfalls Nietzsches wachsende Neigung zu einer "verklärenden, zuchtvoll-heiteren Musik" (*Gürster*, Nietzsche, 38). Ähnliches zeigt sich in Nietzsches (allerdings weniger intensivem) Verhältnis zur Malerei. So faszinieren ihn die zarten, stimmungsvollen und doch durch klare Komposition sich auszeichnenden Landschaften Claude Lorrains, die "sehnsüchtigen Landschaftsphantasien" (*Bertram*, Nietzsche, 277) dieses Meisters der atmosphärischen Valeurs. Er berichtet von einem halkyonischen Herbst, vom "Müssiggang eines Gottes am Po entlang", und fährt fort:

> Ich habe nie einen solchen Herbst erlebt, auch nie Etwas der Art auf Erden für möglich gehalten, – ein Claude Lorrain ins Unendliche gedacht, jeder Tag von gleicher unbändiger Vollkommenheit. (6, 356 – EH)[187]

"in eine außergewöhnliche Freude getaucht", "in eine Art von strahlender, anmutiger und starker Gefühlswärme, welche die Vorliebe Nietzsches erklärt… und die meine" (*Gide*, Chopin, 48 f.).

187 Wiederholt erlebt Nietzsche die südliche Landschaft mit den Augen Claude Lorrains. Dessen zarte, stimmungslyrische Landschaften mit ihrem verspielten goldenen Licht fesseln ihn ungemein, und sie werden ihm zu Expressionen des eigenen, euphorischen Landschaftserlebnisses. "Hier kommt Tag für Tag mit gleicher unbändiger Vollkommenheit und Sonnenhelle herauf: der herrliche Baumwuchs in glühendem Gelb, Himmel und der große Fluß zart blau, die Luft von höchster Reinheit – ein

Dies Gefühl der "Vollkommenheit" erwächst aber nicht nur aus der Impression der herbstlichen Landschaft, sondern vor allem auch aus dem Bewußtsein einer eigenen schöpferischen Leistung, denn bezeichnenderweise verweist Nietzsche in diesem Kontext auf den "grossen Sieg", den er in jener Zeit mit der "Beendigung der Umwerthung", der Niederschrift des "*Vorworts* zur 'Götzen-Dämmerung' " und der Druckbogen-Korrektur dieser Schrift errungen habe (ebd.). Nietzsche verhält sich kaum je bloß passiv-rezeptiv gegenüber Eindrücken, sondern sie werden ihm fast immer zu Chiffren der eigenen schöpferischen Tätigkeit. Freilich, Nietzsche ist durchaus offen für Landschaftseindrücke. Dabei wird die Landschaft allerdings häufig zur Kunst in Beziehung gesetzt. Sie wird im Lichte von Kunsterlebnissen wahrgenommen. In ähnlicher Weise ist bereits Goethes Erlebnis der italienischen Landschaft durch die Bilder Claude Lorrains geprägt. In der *Italienischen Reise* schreibt er:

> Über der Erde schwebt ein Duft des Tags über, den man nur aus Gemälden und Zeichnungen des Claude kennt, das Phänomen in der Natur aber nicht leicht so schön sieht als hier. (HA XI, 174)

Von der durch die "Harmonie von Himmel, Meer und Erde" gekennzeichneten Landschaft vor Palermo heißt es: "Wer es gesehen hat, der hat es auf sein ganzes Leben. Nun versteh' ich erst die Claude Lorrains [...]" (HA XI, 231). In Goethes Notizen zur *Landschaftlichen Malerei* erscheint die Kunst Claude Lorrains als höchster Ausdruck der sich selber verklärenden Natur: "Im Claude Lorrain erklärt sich die Natur für ewig." (HA XII, 218).[188] Die Natur mit den Augen der Kunst gesehen, die italienische Landschaft im Lichte der Kunst eines Claude Lorrain – dies ist nicht nur für Nietzsche, sondern bereits für Goethe charakteristisch. Dabei ist allerdings nicht zu übersehen, daß Goethe die Landschaft in ihrer inneren Lebendigkeit erlebt, während sie bei Nietzsche doch eigentlich nur eine Metapher der eigenen Erlebnisintensität ist. Für Goethe handelt es sich um arkadisch-ideale Landschaften als Ausdruck der Einheit von Natur und Geschichte. Für Nietzsche sind die Bilder Bestätigung und Stimulans des eigenen Welterlebens.

Nietzsches Forderung nach einer neuen Klassizität in der Musik ist nicht mit einer klassizistischen Ästhetik des reinen Formenspiels zu verwechseln. Aufschlußreich ist diesbezüglich seine ambivalente Einstellung zu Eduard Hanslick, dem autoritativen Musikwissenschaftler und schroffen Kritiker Wagners, der bereits 1854 mit seinem Traktat *Vom Musikalisch-Schönen* im Zeichen einer klassizistischen Ästhetik der reinen Form gegen die Wagnersche Gefühlsmusik protestiert hatte. Hanslick wendet sich prinzipiell gegen die in der Musik herrschende Gefühlsästhetik, gegen den "Mißgriff" der "musikalischen Aesthetik", sich nicht "mit der Ergründung dessen, was in der Musik schön ist, als vielmehr mit der Schilderung der Gefühle", die sie erweckt, zu beschäftigen (S. 1). Er konstatiert, "daß in ästhetischen Untersuchungen vorerst das schöne

---

Claude Lorrain, wie ich ihn nie geträumt hatte, zu sehn." (B 8, 460 f. – Brief aus Turin an Köselitz vom 30.10.88). Vgl. B 8, 468; B 8, 472; B 8, 506 f.; B 8, 197; 8, 610.

188 Vgl. HA XII, 222; HA XII, 21; *Eckermann*, Gespräche, 354 ff. (10.4.1829).

Object und nicht das empfindende Subject zu erforschen ist" (S. 2). Er trennt sogar das Schöne ausdrücklich von der Empfindung ab: "Das Schöne ist und bleibt schön, auch wenn es keine Gefühle erzeugt, ja wenn es weder geschaut noch betrachtet wird" (S. 4). Hanslick versucht, die klassische Ästhetik des Schönen vor modernen Zersetzungstendenzen zu bewahren. Er betont die Zwecklosigkeit des Schönen sowie den Primat der Form vor dem Inhalt:

> Das Schöne hat überhaupt keinen *Zweck*, denn es ist bloße *Form*, welche zwar nach dem *Inhalt*, mit dem sie erfüllt wird, zu den verschiedensten Zwecken verwandt werden kann, aber selbst keinen andern hat, als sich selbst. (S. 4)[189]

Vor dem kritischen Blick dieses klassizistischen Musikpapstes findet Wagner keine Gnade. Im Vorwort zur 5. Auflage seiner Schrift (1876) erhebt Hanslick Protest gegen die "ästhetischen Schwärmer" mit ihren "klingenden Opiumträumen" (S. VIII) und wendet sich gegen Wagner:

> Seither besitzen wir nun auch *Richard Wagner's* "Tristan", "Nibelungenring" und seine Lehre von der "*unendlichen Melodie*", d.h. die zum Princip erhobene Formlosigkeit, den gesungenen und gegeigten Opiumrausch, für dessen Cultus in diesem Augenblick zu Baireuth ein eigener Tempel eröffnet wird. (S. X)

Nietzsche hatte sich in einem Lektüre-Kanon auch Hanslick vorgemerkt (vgl. 7, 501 – 1872/73), und es liegt auf der Hand, daß Hanslicks Wagner-Kritik nach dem Bruch mit Wagner in seinen Schriften virulent geworden ist. Aber es ist ebenso selbstverständlich, daß Nietzsche sich vom Klassizismus Hanslicks distanziert. Zu Hanslicks Verabsolutierung der Form bemerkt er ironisch: "Hanslick: findet den Inhalt nicht und meint es gebe nur Form." (7, 273). Diese Sentenz Nietzsches ist allerdings bereits 1871 niedergeschrieben, stammt also noch aus der Zeit der Wagner-Begeisterung. Gleichfalls in einem Fragment von 1871 wirft er die Frage nach der Trennung von " 'Subjektivem' " und "*Form*" in der Musik auf und stellt fest, daß bei Hanslick die "Form" zur "*Arabeske*" tendiere (7, 310). Diesen formalistischen Standpunkt konnte Nietzsche weder damals noch später teilen. In einem Fragment von 1875, in dem er Wagners suggestives Verhältnis zum Publikum respektiert, siedelt er Hanslick im Umfeld der "Kleinen" an (8, 74; vgl. B 4, 144). Nietzsches Kunstdenken ist zu sehr auf Genesis und Wirkung des Kunstwerks gerichtet, als daß er einer Ästhetik der autonomen schönen Form huldigen könnte. So sehr er später auch eine neue Klassizität in der Musik fordert, so sehr beharrt er doch auf der in aller Gelöstheit, Heiterkeit und Strenge der schönen Form zum Ausdruck gelangenden dionysischen Welterfahrung. Nach dem Bruch mit Wagner ist Nietzsches Verhältnis zur Musik von einer eigentümlichen Doppeltendenz bestimmt. Einerseits will er die Musik aus ihrer rhetorisch-suggestiven Funktion lösen, um sie rein als Musik zur Geltung zu bringen. Andererseits vertritt er nicht eine Ästhetik der autonomen Form, sondern betrachtet die Musik weiterhin als Ausdrucks-

---

189 Zum historischen Standort der Musikästhetik Hanslicks, insbesondere zur Abgrenzung seines Formbegriffs gegen die musikalische Gefühlsästhetik vgl. *Dahlhaus*, Hanslick.

und Wirkungsphänomen, d.h. als Ausdruck des schaffenden Subjekts und in ihrer lebenssteigernden Wirkung. An Wagner kritisiert er die Funktionalisierung der Musik im Dienste der Idee: "Thatsächlich hat er sein ganzes Leben Einen Satz wiederholt: dass seine Musik nicht nur Musik bedeute! Sondern mehr! Sondern unendlich viel mehr!... '*Nicht nur* Musik' – so redet kein Musiker." (6, 35 – WA). Bei Chopin, oder auch bei Mozart, sieht Nietzsche demgegenüber die Musik rein als sie selbst verwirklicht – ohne freilich das schaffende Subjekt und die daseinsverwandelnde, die 'dionysische' Wirkung der Musik aus dem Blickfeld zu verlieren. In allem Wandel der ästhetischen Perspektiven ist *ein* Prinzip bei Nietzsche konstant, ein Prinzip, das man als sein ästhetisches Credo bezeichnen könnte, der Gedanke nämlich, daß die Musik die "Flöte des Dionysos" sei (6, 357 – EH).

Es ist kaum erstaunlich, daß hinsichtlich der Gattungsproblematik, d.h. bezüglich der Kunstarten und Dichtungsgattungen, die Musik bei Nietzsche eine einzigartige Stellung einnimmt. Die unbedingte Hinwendung zur Musik, zur reinen, absoluten Musik, führt vor allem zur Abwertung des Dramas, des Theaters. Im fünften Buch der *Fröhlichen Wissenschaft* (1887) definiert sich Nietzsche selber als 'antitheatralische', musikalische Existenz:

> Meine Schwermuth will in den Verstecken und Abgründen der *Vollkommenheit* ausruhn: dazu brauche ich Musik. Was geht mich das Drama an! Was die Krämpfe seiner sittlichen Ekstasen, an denen das "Volk" seine Genugthuung hat! Was der ganze Gebärden-Hokuspokus des Schauspielers!... Man erräth, ich bin wesentlich antitheatralisch geartet, – aber Wagner war umgekehrt wesentlich Theatermensch und Schauspieler, der begeistertste Mimomane, den es gegeben hat, auch noch als Musiker!. . (3, 617 – FW)

Es erfolgt die entschiedene Absage an die dramatische Musik zugunsten der absoluten Musik. Die Trias von Wort, Gebärde und Musik löst sich auf, und die Musik erhält den absoluten Vorrang vor dem Wort:

> Im *Verhältnis zur Musik* ist alle Mitteilung durch *Worte* von schamloser Art; das Wort verdünnt und verdummt; das Wort entpersönlicht; das Wort macht das Ungemeine gemein. (III, 610)

Die Musik ist die höchste Ausdrucksform, da sie das, was die Sprache, sofern sie nicht überhaupt die Dinge verstellt und entstellt, allenfalls in vermittelter Form ausdrücken kann, unmittelbar zum Ausdruck bringt. Nietzsches Hinwendung zur Musik ist von leidenschaftlicher Unbedingtheit. Ohne Musik würde das Leben jedes Gewicht für ihn verlieren. Ja, die Musik wird, vor allem für den späteren Nietzsche, zu einer letzten Möglichkeit, das Leben zu ertragen. Am deutlichsten hat er dies im Brief an Köselitz vom 15.1.1888 ausgesprochen. Er beklagt sich zunächst über den Realitätsschwund, den Realitätskontaktverlust, der ihn bedränge ("Ich weiß mich mit keiner Art Realität mehr zu arrangieren."), verweist auf die Notwendigkeit der Realitätsverdrängung ("Wenn ich es nicht zu Stande bringe, sie zu vergessen, bringt sie mich um.") und hebt dann die existentielle, lebenserhaltende Funktion der Musik hervor:

> *Musik* giebt mir jetzt Sensationen, wie eigentlich noch niemals. Sie macht mich von mir los, sie ernüchtert mich von mir, wie als ob ich mich ganz von Ferne her überblickte, über*fühlte*; sie verstärkt mich dabei, und jedes Mal kommt hinter einem Abend Musik (– ich habe 4 Mal Carmen gehört) ein Morgen voll resoluter Einsichten und Einfälle. Das ist sehr wunderlich. Es ist als ob ich in einem *natürlicheren* Elemente gebadet hätte. Das Leben ohne Musik ist einfach ein Irrthum, eine Strapatze, ein Exil. (B 8, 231 f.)[190]

Dieses situative Psychogramm verdeutlicht, daß Nietzsche in wachsendem Maße in Grenzzuständen lebt, in Extremzuständen, die durch die Polarität von Depression und Enthusiasmus, tiefster Niedergeschlagenheit und höchstem Freiheitsgefühl, gekennzeichnet sind. Psychologisch gesehen übt die Musik in diesem Spannungsfeld eine kompensatorische Funktion aus. Sie bietet die Möglichkeit, Kontaktverlust und Autismus durch Erlebnisintensivierung zu überwinden. Darüber hinaus wird sie zum Stimulans des Schöpferischen. Nach dem Musikerlebnis fühlt sich Nietzsche wiederum als schaffendes Subjekt. Die Musik setzt neue "Einsichten und Einfälle" frei. Nietzsche bezeugt in solchen Äußerungen, wie sehr die Kunst, und das heißt vor allem die Musik, für ihn eine unmittelbare existentielle Bedeutung hat, da sie die Bewältigung, die produktive Bewältigung, einer ganz konkreten Lebenssituation ermöglicht. Das Wort von der Kunst als dem Stimulans des Lebens erfährt hier seine konkrete Bestätigung in der realen Existenz Nietzsches. Daß Nietzsche sich so emphatisch über Bizets *Carmen* äußert, ist im Grunde belanglos. Entscheidend ist das Musik-*Erlebnis*, das durch die Musik hervorgerufene Gefühl der Lebenssteigerung, die durch sie neu gewonnene geistige Freiheit und Denkfähigkeit. Die Musik fesselt nicht um ihrer selbst willen, sondern um der Lebenssteigerung willen. Dennoch hat sie die höchste Bedeutung, denn sie allein verleiht dem Leben Inhalt. Im *Fall Wagner* schreibt Nietzsche: "Hat man bemerkt, dass die Musik den Geist *frei macht*? dem Gedanken Flügel giebt? dass man um so mehr Philosoph wird, je mehr man Musiker wird?" (6, 14 – WA). Dies zeigt im übrigen erneut, daß Nietzsches Philosophieren ein genuin *künstlerisches* Philosophieren ist, daß die Denkprozesse Lebensvollzug sind und erst Kunsterlebnisse die Intensität des Denkens ermöglichen.

Bezeichnenderweise unterliegt die Musik, die absolute Musik, nicht dem ansonsten für die Kunst, besonders für die Dichtung, unausweichlichem Diktum der 'Lüge'. Es fällt auf, daß Nietzsches Reflexionen über die Kunst als Dialektik von Wahrheit und Lüge eigentlich nicht die Musik betreffen. Daß Nietzsche die Musik aus der Ambivalenz von Wahrheit und Lüge heraushält (zwar nicht *expressis verbis*, aber *de facto*), zeigt die absolute Stellung an, die er ihr im 'System' der Künste einräumt. Dies hängt mit der 'dionysischen' Qualität der Musik zusammen. Nur die Musik kann zum reinen, unverstellten Ausdruck des

---

190 Dieser Gedanke taucht mehrfach auf: "Ohne Musik wäre das Leben ein Irrthum." (13, 488). "Wie wenig gehört zum Glück! Der Ton eines Dudelsacks... Ohne Musik wäre das Leben ein Irrthum." (13, 478). In der *Götzen-Dämmerung* rückt Nietzsche diese Sequenz allerdings durch einen ironischen Zusatz in ein eigentümliches Zwielicht: "[...] Der Deutsche denkt sich selbst Gott liedersingend." (6, 64 – GD).

dionysischen Lebens werden. In ihr allein ist die Möglichkeit angelegt, die Spannung von Wahrheit und Lüge zu überwinden. Dieses Problem ist von Nietzsche nicht eigens reflektiert worden. Aber es ist faktisch nicht ohne tiefere Bedeutung, daß Nietzsches Aussagen über das Verhältnis von Wahrheit und Lüge immer die Kunst schlechthin bzw. die Dichtung thematisieren, aber in diesem Problemfeld nicht ausdrücklich auf die Musik eingehen. Als *dionysisches* Phänomen ist die Musik der unmittelbare Ausdruck des Lebens selbst, die Inkarnation der 'Wahrheit'. Erst dadurch, daß sie den apollinischen Schein hervorbringt, gerät sie in das Spannungsfeld von Wahrheit und Schein. Aber für sich genommen ist sie frei von dieser Dialektik. Im übrigen ist nicht zu übersehen, daß die für die *Geburt der Tragödie* so charakteristische Duplizität des Dionysischen und Apollinischen beim späteren Nietzsche eher abgeschwächt erscheint und die beiden ästhetischen Grundkategorien Nietzsches in ein schillerndes, vieldeutigeres Verhältnis zueinander treten. Wenn der spätere Nietzsche von der "Flöte des Dionysos" (6, 357 – EH) spricht, hat er jedenfalls nicht die Spannung von Wahrheit und Schein im Sinn. Es ist vielmehr die der Musik selbst immanente, im Leben selbst begründete schöpferische Spannung, die hier ansteht und die ihren unmittelbaren Ausdruck in der musikalischen Dissonanz findet:

> Dieses schwer zu fassende Urphänomen der dionysischen Kunst wird aber auf directem Wege einzig verständlich und unmittelbar erfasst in der wunderbaren Bedeutung der *musikalischen Dissonanz*: wie überhaupt die Musik, neben die Welt hingestellt, allein einen Begriff davon geben kann, was unter der Rechtfertigung der Welt als eines aesthetischen Phänomens zu verstehen ist. (1, 152 – GT)

Diese aus der *Geburt der Tragödie* stammende Funktionsbestimmung der Musik bestimmt im Prinzip auch die Musikauffassung Nietzsches in den späteren Jahren. Daß die ästhetische, d.h. schöpferische Rechtfertigung der Welt letztlich allein durch die Musik möglich sei, ist ein konstanter Grundsatz des Nietzscheschen Kunstdenkens. Die Musik – sei es die dionysisch-tragische Musik Wagners, sei es die heiter-spielerische Musik Mozarts, Bizets oder Chopins – ist und bleibt für Nietzsche eine unvergleichliche Macht. In dieser Frage wirkt er fast wie eine Reinkarnation des romantischen Musikenthusiasten Joseph Berglinger aus Wackenroders und Tiecks *Phantasien über die Kunst*, der die Betrachtung anstellt:

> So gehört unstreitig die Musik, die Kunst der Töne, die Wirkung, die in uns durch sie erregt wird, zu den erstaunenswürdigsten Sachen, ja, ich möchte fast sagen, sie sei das Allerunbegreiflichste, das Wunderbar-Seltsamste, das geheimnisvollste Rätsel [...] (S. 98)[191]

191 Die Musik hat den unbedingten Vorrang vor der Malerei und der Sprache, denn im Unterschied zur naturnachahmenden Malerei (ebd., 52) und zur vermittelnden Sprache (ebd., 82) ist die Tonkunst durch Unmittelbarkeit und Selbständigkeit gekennzeichnet. "Aber immer ist es mir vorgekommen, als wenn die Musik für sich in einer abgeschlossenen Welt leben könnte, nicht aber so die Malerei" (ebd., 53). Die höchste und wahrste Form der Musik ist die Instrumentalmusik, d.h. die Symphonie,

In ähnlicher Weise ist auch für Nietzsche die Musik das große Mysterium. Bei ihm ist die Musik allerdings nicht mehr Ausdruck des Göttlichen, sondern des Weltwillens resp. des schaffenden Subjekts. Bei Nietzsche löst sich die romantische Bindung der Kunst an die Religion auf, so daß die Kunst eine ganz neue, noch über den romantischen Kunstenthusiasmus hinausreichende Einzigartigkeit erlangt. In einem noch über die Romantik hinausweisenden Sinne erscheint die Kunst bei Nietzsche als das *mysterium maximum*. Zeit seines Lebens hat er eine unbedingte, sich bis zur Leidenschaft oder zur Verehrung steigernde Liebe zur Musik. Die Unbedingtheit, mit der er in allen Gefährdungen und Krisen seines Lebens an der Musik als einem letzten existentiellen und metaphysischen Inhalt festhält, sucht ihresgleichen und ist in dieser zugespitzten Form selbst im romantischen Musikkult noch nicht zum Durchbruch gelangt, denn dort ist der Kultus der Kunst noch eine Kunst-Religion, da die Kunst als Offenbarung des Göttlichen verstanden wird, während sie bei Nietzsche die Manifestation des Lebens ist.

Daß der Musik bei Nietzsche der unbedingte Vorrang vor allen anderen Künsten zukommt, ist nahezu selbstverständlich. Er hat zwar kein System der Einzelkünste und Dichtungsgattungen entwickelt, aber seine zahlreichen Einzeläußerungen zu Fragen der Kunst ergeben eine eindeutige Hierarchisierung der Kunstarten im Sinne der unbedingten Vorrangstellung der Musik. Es ist charakteristisch für das Kunstdenken und Kunstverhalten Nietzsches, daß sein primäres Interesse der Musik und dem Musikalisch-Lyrischen gilt, während Architektur, Bildhauerkunst und Malerei eher eine sekundäre Rolle spielen, in erster Linie illustrative Funktion haben und hauptsächlich zur Veranschaulichung bestimmter ästhetischer Maximen angeführt werden. Gegenüber dem zentralen Interesse am Musikalisch-Lyrischen kommt dem Bildhaft-Plastischen eher periphere Bedeutung zu. Ausgeklammert sind Architektur, Malerei und Bildhauerkunst nicht aus Nietzsches Kunstperspektivismus, aber im Vergleich zur Musik spielen sie eine untergeordnete Rolle. Es ist allerdings überspitzt, wenn Janz meint: "Nietzsche verrät auch nie irgendwelche Affinität zu Architektur, Plastik oder Malerei." (*Janz*, Musik, 310). Nietzsche bezieht sich zu häufig auf die außermusikalischen Kunstarten, als daß man ihm in dieser Hinsicht jedes Interesse absprechen könnte. Allein schon die Hinweise auf den "großen Stil" in der Baukunst bezeugen sein Interesse an der Architektur. Zudem beschäftigt er sich immer wieder mit den großen Malern, insbesondere den Renaissance-Malern. Freilich, eine wirkliche Identifikation von Kunst und Künstler erfolgt in der Tat nur in der Musik, allenfalls noch im musikalischen Lyrismus. Nietzsche hat sich nur selten zum Gattungsproblem als solchem geäußert. Dennoch lassen seine eher spärlichen Hinweise in dieser Richtung spezifische Rückschlüsse zu. In einem Fragment von 1884 heißt es bezeichnenderweise:

---

denn in ihr entfalten sich die Töne ganz allein und zudem drücken "jene göttlichen großen Symphoniestücke" "nicht eine einzelne Empfindung", "sondern eine ganze Welt, ein ganzes Drama menschlicher Affekte" aus (ebd., 85).

– der Genuß an Formen in den bildenden Künsten: sie theilen einen Zustand des Künstlers mit (ruhig-verehrend). Der Musiker ist *von den Affekten bewegt*, ohne daß er Objekte dazu sieht – und theilt seinen Zustand mit. Viel *umfänglicher* als die Zustände des Malers. (11, 98 f.)

Demnach mißt Nietzsche die Kunstarten an den Zuständen des Künstlers. In der bildenden Kunst verhält sich der Künstler distanziert, objektbezogen, affektlos, anschauend; in der Musik hingegen ist er ganz von den Affekten geprägt, hat er kein Anschauungsobjekt mehr und drückt er allein seine emotionale Subjektivität aus; in der Malerei wiederum bringt er zwar noch ein Anschauungsobjekt zum Ausdruck, aber in der Vermittlung durch seine Subjektivität, die aber nicht die Intensität der Musiker-Affekte erreicht. Dieses Schema ist allerdings variabel, wie vor allem die erörterte Deutung der Architektur als potenzierter Wille zur Macht beweist. Es heißt allerdings auch: "eine Änderung durch die bildende Kunst zu erwarten ist albern" (8, 263 – 1875). Eine wirklich neue Entfaltungsmöglichkeit bietet dem Menschen allein die Musik: "Die Musik als die *Kunst* der *Morgenröthe*!" (9, 597 – 1881). Andererseits kann Nietzsche, vor allem in der kritischen Phase von *Menschliches, Allzumenschliches*, sogar die Musik historisch relativieren und feststellen, daß sie "*nicht* eine allgemeine, überzeitliche Sprache", sondern Ausdruck "einer ganz bestimmten einzelnen, zeitlich und örtlich gebundenen Cultur" sei (2, 450 – VM). Ist in der *Geburt der Tragödie* sowie beim späten Nietzsche die Musik eher als zeitlos-mythisches Phänomen verstanden, kommt in der kritisch-analytischen Zwischenphase von *Menschliches-Allzumenschliches* der zeitlich-historische Gesichtspunkt stärker zur Geltung. In dieser Schaffensperiode, die stark von psychologischer Entlarvungstendenz und historisierendem Endzeitbewußtsein geprägt ist, erscheint die "Musik" als "*Spätling jeder Cultur*" (ebd.). Aber Nietzsches innere Affinität zur Musik ist so groß, daß er gerade in der Musik als Ausdruck einer untergehenden Kultur ihre Vollendungsmöglichkeit sieht: "So möchte denn ein Freund empfindsamer Gleichnisse sagen, jede wahrhaft bedeutende Musik sei Schwanengesang." (ebd.). Daß in diesem Zusammenhang Beethoven erwähnt wird, und zwar nicht als Protagonist einer neuen, sondern einer endenden Musikepoche, soll die Steigerung und Verfeinerung des Kunstgefühls gerade in kulturellen Endphasen besonders einprägsam verdeutlichen. Im Fragment *Abendröthe der Kunst* hat Nietzsche diese Verquickung von Untergangsbewußtsein und höchster ästhetischer Sensibilisierung in magischen Lyrismen zum Ausdruck gebracht:

Vielleicht dass niemals früher die Kunst so tief und seelenvoll erfasst wurde, wie jetzt, wo die Magie des Todes dieselbe zu umspielen scheint. [...] Das Beste an uns ist vielleicht aus Empfindungen früherer Zeiten vererbt, zu denen wir jetzt auf unmittelbarem Wege kaum mehr kommen können; die Sonne ist schon hinuntergegangen, aber der Himmel unseres Lebens glüht und leuchtet noch von ihr her, ob wir sie schon nicht mehr sehen. (2, 186 – MA I)

In *Menschliches, Allzumenschliches* hat sich das spontan-intuitive Musikerlebnis der *Geburt der Tragödie* zu einem elegisch-sentimentalischen Verhältnis zur Musik gewandelt, während später, nach dieser kritischen Phase, der unmittelbare, 'dionysische' Kontakt zur Musik wiederhergestellt wird. Das eigentlich Interessante an den Kunstreflexionen in *Menschliches, Allzumenschliches* ist die in aller Kunst-Kritik weiter wirksame innere Beziehung Nietzsches zur Kunst, vor allem zur Musik.

3. Architektur, Bildhauerkunst und Malerei

Zu keiner anderen Kunst hat Nietzsche ein so enges Verhältnis wie zur Musik. Bezeichnenderweise entwickelt er nicht nur kein 'System' der Einzelkünste, sondern seine Hinweise zu Architektur, Malerei und Plastik sind fast durchgängig rein okkasioneller, situativer Art. Grundsätzliches sagt er zu diesen Kunstarten kaum. In der Regel führt er Beispiele aus Malerei, Architektur und Plastik zur Veranschaulichung seiner Kunstreflexionen an. Die Erwähnung dieser Kunstarten hat hauptsächlich Exempelfunktion. Kaum je setzt Nietzsche sich eingehend mit Werken der Architektur, Malerei und Bildhauerkunst auseinander. Obschon er auch im Hinblick auf die Musik keine objektiven Werkanalysen vorlegt, sondern primär nach Werkgenese und Werkwirkung fragt, zeigt er doch hier höchstes Engagement, während seine Bemerkungen zu den anderen Kunstarten in der Regel vergleichsweise distanzierter ausfallen, vielfach im Zusammenhang von Kunstkritik auftauchen und zudem weniger zahlreich sind. Ausnahmen wie Nietzsches Vorliebe für die Bilder Raffaels oder Claude Lorrains, für die antike Statuenkunst oder den Palazzo Pitti bestätigen nur diese Regel. So erscheinen die antiken Statuen – und dies betrifft Wesen und Funktion der bildenden Künste bei Nietzsche überhaupt – unter dem Aspekt des Erfreuens und des Nützens, des Gefallens und Belehrens, des *delectare et prodesse*, der Idealisierung, der typisierenden Darstellung des Wesentlichen, und des Willens zur Macht, der ästhetischen Objektivation des Schöpferischen. Eine Sentenz lautet: "Die prachtvollen Leiber der antiken Statuen erscheinen schön, weil angenehm, weil *nützlich* (immer der Gedanke an Krieg!)" (9, 326 – 1880).[192] Aber Nietzsche sieht in den Statuen mehr als nur die pragmatische Schönheit. Die antike Statuenkunst erscheint ihm als Paradigma eines für den Menschen überhaupt charakteristischen Verfahrens der Idealisierung:

> Hat die Menschheit dasselbe Verfahren, wie die griechischen Künstler, welche um einen Gott auszudrücken ihren Statuen das Allzumenschliche der Muskeln usw. nahmen? die sämmtlichen *Details* wegnahmen? Ist der große Mensch ein Mensch, dessen Details *hinweggedacht* werden, vermöge der zwingenden ver-

192 Nietzsche sieht sich angesichts der Architektur (wie der Rhetorik) der Frage gegenüber, ob der "Nutzen" oder die "Kunst" das Entscheidende ist: "Die Rhetorik eine Kunst wie die Architektur – der Nutzen ist die erste Norm (und sobald sie als Kunst *bewußt* wirkt, hebt sie die Wirkung ihres Nutzens auf oder stellt ihn in Frage. Oder umgekehrt?) Wir sollen dabei nicht an den Nutzen *denken*, aber unvermerkt dazu geführt werden, daß uns genützt werde." (9, 108). In Rhetorik und Architektur mischen sich der pragmatische und der ästhetische Aspekt. Hier sieht man sich dem *prodesse* und *delectare* in ausgeprägtester Form konfrontiert. – Zu 9, 326 vgl. *Stendhal*, Peinture (s. 14, 638).

götternden Gewalt seines *Ganzen*? [...] Ist so die Gottheit vom Menschen gebildet, daß er immer *mehr* Menschliches übersah? (9, 347 – 1880)

Damit befindet sich Nietzsche in der Nähe des von ihm kritisierten Winckelmann, der in seinen *Gedanken über die Nachahmung der griechischen Werke in der Malerei und Bildhauerkunst* auf die in den griechischen "Meisterstücken" zum Ausdruck gelangenden "idealischen Schönheiten" verweist (S. 5). Nach Winckelmann gingen die griechischen Künstler über die bloße "Beobachtung der Natur" hinaus und entwarfen die künstlerischen Körper nach ihrer Idee des Schönen: "ihr Urbild war eine bloß im Verstande entworfene geistige Natur." Nach dem gleichen Prinzip sei Raffael verfahren: "'Da die Schönheiten', schreibt er, 'unter dem Frauenzimmer so selten sind, so bediene ich mich einer gewissen Idee in meiner Einbildung.'" Winckelmann stellt fest: "Nach solchen über die gewöhnliche Form der Materie erhabenen Begriffen bildeten die Griechen Götter und Menschen." (S. 10). In der griechischen Skulptur vereinigt sich die "sinnliche Schönheit" des "Menschlichen" mit der "idealischen Schönheit" des "Göttlichen":

> Die sinnliche Schönheit gab dem Künstler die schöne Natur; die idealische Schönheit die erhabenen Züge: von jener nahm er das Menschliche, von dieser das Göttliche. (S. 11)[193]

Im Prinzip wandelt Nietzsche mit der Idealisierung der griechischen Statue auf den Spuren Winckelmanns. Freilich, bei Nietzsche ist das Schöne, und gerade die Statue, im Unterschied zu Winckelmanns klassizistischem Schönheitsbegriff Ausdruck des Willens zur Macht, wie auch Nietzsches Gedanke, daß der Künstler überhaupt erst die Gottheit hervorbringe, mit Winckelmann nichts mehr zu tun hat.

Wie kaum andere Kunstarten sieht Nietzsche Bildhauerkunst und Architektur im Zeichen des Willens zur Macht, im Lichte der imperatorischen Setzung durch das schaffende Subjekt. Das Schaffen des Bildhauers wird ihm zur Metapher des Schöpferischen schlechthin:

> Alles Schaffen ist Umschaffen – und wo schaffende Hände wirken, da ist viel Sterben und Untergehen. / Und nur das ist Sterben und in Stücke gehen: ohne Erbarmen schlägt der Bildner auf den Marmor. (10, 371 – 1883; vgl. 13, 448)[194]

---

193 Der junge Nietzsche notiert: "Winckelmann sagt, die Schönheit sei bei den Alten die Zunge an der Wage des Ausdrucks gewesen." (7, 36). Vgl. Winckelmann: "und die Schönheit war bei den alten Künstlern die Zunge an der Wage des Ausdrucks" (*Winckelmann*, Kunst des Altertums, 165). Für Winckelmann ist die "Schönheit" der "höchste Endzweck" und "der Mittelpunkt der Kunst" (ebd., 139). Der junge Nietzsche bezieht sich auf Winckelmann, aber schon früh wird auch der Abstand deutlich. Während Winckelmann von der "in Gott" ruhenden "Idee der höchsten Schönheit" ausgeht (ebd., 149 f.), leitet Nietzsche die Schönheit aus dem dionysischen Mysterium ab: "Jene stille Einfalt und edle Würde, die Winckelmann begeisterte, bleibt etwas Unerklärliches, wenn man das in der Tiefe fortwirkende metaphysische Mysterienwesen außer Acht läßt." (7, 176). Und schon früh wird die "Schönheit" auf den "Willen" bezogen: "Schönheit tritt ein, wenn die einzelnen Triebe einmal parallel laufen, aber nicht gegen einander. Dies ist ein Genuß für den Willen." (7, 157).

194 In ähnlicher Weise sieht der junge Benn, in einer Metapher, im Schaffen des Bildhauers einen Akt der exzessiven Gestaltung: "Ich schlage mit der Stirn am Marmorblock / die Form heraus" (*Benn*, Der junge Hebbel, GW III, 21).

Bei Nietzsche ist Schaffen Um-Schaffen, Hervorbringen eines ganz Neuen. Das Bild des am Marmorblock arbeitenden Künstlers ist ihm ein Sinnbild dieses elementaren Schaffensvorgangs. Interessanterweise gesteht Nietzsche trotz der von ihm immer wieder hervorgehobenen Fundamentalantithese von Sein und Werden den großen Produkten der bildenden Kunst einen gewissen Ewigkeitswert zu. So prognostiziert er einmal: "Ein Zeitalter der Architektur kommt, wo man wieder für Ewigkeiten wie die Römer baut." (9, 135). In dieser Hinsicht antizipiert Nietzsche geradezu den Statuen-Kult eines Gottfried Benn.[195] Aber der für Nietzsche entscheidende Gesichtspunkt hinsichtlich der Architektur und der Plastik ist nicht das statische Kunstgebilde, sondern der dynamische Wille zur Macht. In dieser Frage kann er sogar der Baukunst den Vorrang vor der Musik einräumen. So in einem Fragment vom Frühjahr 1888:

> Alle Künste kennen solche Ambitiöse des großen Stils: warum fehlen sie in der Musik? Noch niemals hat ein Musiker gebaut, wie jener Baumeister, der den Palazzo Pitti schuf? . . Hier liegt ein Problem. Gehört die Musik vielleicht in jene Cultur, wo das Reich aller Art Gewaltmenschen schon zu Ende gieng? Widerspräche zuletzt der Begriff großer Stil schon der Seele der Musik, – dem "Weibe" in unserer Musik?... (13, 247)

Nietzsche denkt hier in der Antithese von Aktivität und Passivität. Die Baukunst erscheint als Ausdruck der schaffenden geistigen Aktivität, während die Musik durch die emotionale Identifikation immer ein Moment des Passiven, der Hingabe enthält. Nietzsches eklatanter Romantizismus des Machtmenschen, wie er vor allem in seinem Renaissance-Bild zum Ausdruck kommt, läßt ihn autoritär-disziplinäre Kunstgebilde besonders schätzen. Dennoch hat er im Grunde keine Ästhetik des Statuarischen verkündet. Das Statuarische interessiert ihn in erster Linie als Ausdruck des schöpferischen Lebens, des Willens zur Macht. Letztlich

195 Für Benn erfüllt sich erst in den "Statuen", d.h. in den zeitlosen Formen der Kunst, der Sinn des Daseins. Die "Statuen bergen die Saat" (*Benn*, Leben – niederer Wahn, GW III, 134). Er stellt die Forderung nach "hinterlassungsfähigen Gebilden", um die man "herumgehn" könne und die "wirkliche Dinge" sein müßten (*Benn*, Rede im Kolbe-Museum, 436). Das hatte schon Rilke in seiner Ästhetik des Kunst-Dings so gesehen. So schreibt er zum "Bildwerk" Rodins: "Es war ein Ding, das für sich allein bestehen konnte, und es war gut, ihm ganz das Wesen eines Dinges zu geben, um das man herumgehen und das man von allen Seiten betrachten konnte." (*Rilke*, Rodin I, 148). Der statuarische Charakter des Gedichts wird besonders von George betont. Im *Teppich des Lebens* sind sechs Gedichte ausdrücklich als *Standbilder* bezeichnet (*George*, Werke I, 202-205). Bemerkenswert ist auch Hofmannsthals Exorbitanzerlebnis mit den "Statuen" im Akropolis-Museum. Die Statuen sind reine Ausdrucksformen des in ihnen zeitlos weiterwirkenden Lebens: "In ihrer vollkommenen Ruhe, bis zum Rande gefüllt mit Leben, schienen sie an sich herabzublicken, vor sich hinzublicken, aber sie sahen mich nicht. [...] nichts von den Bedingtheiten der Zeit konnte anklingen in der Hingenommenheit, an die ich mich verloren hatte; sie war dauerlos und das, wovon sie erfüllt war, trug sich außerhalb der Zeit zu." (*Hofmannsthal*, Augenblicke in Griechenland, 36 f.). Es sind die Statuen, die auch bei Nietzsche noch am ehesten die Vorstellung von zeitloser Dauer erwecken: "Glaubt man wirklich, daß eine Statue des Phidias vernichtet werden könne, wenn nicht einmal die Idee des Steins, aus der sie gefertigt war, zu Grunde geht?" (7, 214 [= 7, 354]). Nietzsche ist allerdings im Prinzip stärker an der in der Statue zum Ausdruck gelangenden Willenskraft als am zeitlosen Charakter der Statue interessiert. Deshalb wird Phidias auch als "'Gewaltmensch'" apostrophiert (11, 44). Er fällt unter die Kategorie "Der Künstler und der Wille zur Macht" (11, 624). Im ganzen ist Nietzsche kein Freund des Statuenkults. Er wendet sich gegen den Kult der "Statue" als stoische Abhärtung gegen das "Leiden" und protestiert gegen die monumentale Erstarrung: "*Versteinerung* als Gegenmittel gegen das Leiden, und alle hohen Namen des Göttlichen der Tugend fürderhin der Statue beilegen." (9, 653).

ist es doch die Musik, die dem schöpferischen Leben am ehesten entspricht, da sie, im unmittelbaren Kunstvollzug, dieses Leben selbst widerspiegelt. So lautet eine charakteristische Sentenz: "Die Musik als die bei weitem *lebendigste* **Kunst.**"(10, 238). Die Baukunst wird von Nietzsche nur dann in den höchsten Rang erhoben, wenn er nach künstlerischen Realisierungen des potenzierten Willens zur Macht sucht. Dabei spielen neben stilistischen auch weltanschauliche Momente in seine Wertungskriterien hinein, wie vor allem seine Ablehnung der gotischen Baukunst zeigt. So vermerkt er zustimmend, daß das "ganze 18te Jahrhundert" die "tiefste Verachtung gegen die **gothische** *Baukunst*" gehabt habe: "Der Mailänder Dom als Gegenstand des Spottes." (10, 240).[196] Daß Nietzsche in diesem Zusammenhang die Wiederentdeckung der gotischen Baukunst und die Rehabilitierung des Begriffs "Gotisch" durch den jungen Goethe (vgl. Von deutscher Baukunst, HA XII, 10) souverän ignoriert, ist die Konsequenz einer durch weltanschauliche Prämissen determinierten Wertung. Der Kritiker des Christentums hat kein ästhetisches Organ für den gotischen Sakralbau. Geht es hingegen um die antike Baukunst, verfällt er in einen schwärmerischen Ton:

> Es ist uns *beinahe* noch so zu Muthe (zum Beispiel in einem griechischen Tempel wie der von Pästum), als ob eines Morgens ein Gott spielend aus solchen ungeheuren Lasten sein Wohnhaus gebaut habe: anderemale als ob eine Seele urplötzlich in einen Stein hineingezaubert sei und nun durch ihn reden wolle. (2, 141 – MA I)[197]

Während Nietzsche zur gotischen Baukunst nur noch ein antiquarisches, kritisches Verhältnis hat, ist ihm der antike Tempel monumentalischer Ausdruck der Gegenwart des Absoluten. Obschon das einschränkende "beinahe" die retrospektive Distanz erkennen läßt, zeigt sich hier doch ein Einfühlungsvermögen, das den Tempel aus einem Gegenstand der bloßen historischen Betrachtung in ein aktuell weiterwirkendes Phänomen verwandelt, wie ja Nietzsche immer wieder die Gegenwärtigkeit der antiken, insbesondere der griechischen Kultur und Kunst gefordert hat. Nietzsches Verhältnis zur antiken Baukunst findet seine höchste Ausprägung im Bewußtsein der Gegenwart des Göttlichen im Tempel. In ähnlicher Weise wird später Heidegger, in der Abhandlung *Der Ursprung des Kunstwerkes*, jenseits der kunsthistorischen Vergegenständlichung des griechischen Tempels die Wesenseinheit von "Tempel" und "Gott" hervorheben, ausgehend von dem Grundgedanken, daß der Tempel erst durch die Anwesenheit des Gottes in seinem Wesen wirklich zur Erscheinung gelangt:

---

196 Nietzsche verweist auf "Lecky I 199". Dort ist die Rede von der "Verachtung" des 18. Jahrhunderts "gegen die gothische Baukunst" ("Der Mailänder Dom war der besondere Gegenstand des Spottes") und vom Wandel in der Bewertung des "gothischen Baustils" von "hinreissender Bewunderung" bis zu "Vernachlässigung und Missachtung" (*Lecky*, Aufklärung I, 198 f.).

197 Es ist interessant, daß Nietzsche hier, in der kritisch-analytischen Periode von *Menschliches, Allzumenschliches*, sich trotz der psychologischen Distanz ("beinahe", "als ob") der magischen Wirkung des Tempels nicht entziehen kann. Er betreibt dann allerdings die psychologische Demaskierung des Gebildes, indem er es als Fiktion, als "Illusion" und "Trugmittel", des Künstlers bezeichnet (2, 141). Es ist Suggestion: "Tempel als Götterwerk, Statue als Verzauberung einer Seele in Stein" (8, 385).

Ein Bauwerk, ein griechischer Tempel, bildet nichts ab. Er steht einfach da inmitten des zerklüfteten Felsentales. Das Bauwerk umschließt die Gestalt des Gottes und läßt sie in dieser Verbergung durch die offene Säulenhalle hinausstehen in den heiligen Bezirk. Durch den Tempel west der Gott im Tempel an. [...] es ist ein Werk, das den Gott selbst anwesen läßt und so der Gott selbst *ist*. (S. 30 ff.)

Sofern die "Wahrheit", die *aletheia*, als "Unverborgenheit" und das "Wesen der Kunst" als das "Sich-ins-Werk-Setzen der Wahrheit des Seienden" verstanden wird (S. 25), ist dies bereits bei Nietzsche vorgeprägt, freilich nur im Hinblick auf die Baukunst, da diese der Dialektik von Wahrheit und Schein entzogen ist. Es ist allerdings anzumerken, daß Nietzsche mit der Klassifizierung der Baukunst gewisse Schwierigkeiten hat, da sich die Architektur dem ästhetischen Grundschema des Dionysischen und Apollinischen entzieht. So notiert er denn auch, ein wenig ratlos: "das Apollinische, das Dionysische... Grundtypen: umfänglicher, verglichen mit unseren Sonder-Künsten / Frage: wohin die Architektur gehört" (13, 529)[198]. Dann wieder findet sich eine Notiz wie: "Die bildenden Künste und der Roman sind auf dem rechten Wege!" (9, 37). Auch hinsichtlich der Baukunst ist Nietzsches Wertungsmaßstab der Gegensatz von Klassizität und Manierismus. Die großen Baudenkmäler der Antike und der Renaissance bewertet er positiv, während er Gotik und Barock in der Baukunst in Frage stellt. So polemisiert er gegen die "verschwenderische Lust und Kraft" in den "bildenden Künsten", gegen den "deutschen Barockstil in Kirche und Pallast", der wie die moderne Musik eine Verführungskunst sei (12, 69). In der kunstkritischen Phase von *Menschliches, Allzumenschliches* erscheinen die "gothischen Münster" (allerdings auch "die divina commedia, die Bilder Rafael's, die Fresken Michelangelo's") als "eine rührende Sage", "dass es eine solche Kunst, einen solchen Künstlerglauben gegeben habe". Auf Grund des Schwindens der "metaphysischen Bedeutung der Kunstobjecte" werden sie zum Gegenstand der elegischen Retrospektive (2, 180 – MA I). Phidias hingegen, der Leiter der Bauten und Bildhauerarbeiten auf der Akropolis zu Athen, der Schöpfer der Kultbilder der Athene Parthenos im Parthenon, erfreut sich der uneingeschränkten Verehrung, der "staunenden Anbetung" (1, 90 – GT [= 1, 628 – SGT])[199],

198 Der frühe Nietzsche hatte diese Frage noch eindeutig beantwortet: "zur selben Zeit als der erste [Apollo] zum vollen gleichsam unbeweglichen Anblick der Schönheit kam, in der Zeit des Phidias, deutete der andere [Dionysos] in der Tragödie die Welträthsel und Weltschrecken und sprach in der tragischen Musik den innersten Naturgedanken, das Weben des 'Willens' in und über allen Erscheinungen aus" (1, 556 f. – DW [= 1, 584 f. – GG]). Hier wird die bildende Kunst noch eindeutig dem apollinischen Prinzip der Schönheit zugeordnet, gemäß dem "ungeheueren Gegensatz, der sich zwischen der plastischen Kunst als der apollinischen und der Musik als der dionysischen Kunst klaffend aufthut" (1, 103 – GT). Später ist für Nietzsche auch die bildende Kunst Ausdruck des 'Willens', des dionysischen Individualwillens, des imperatorischen Künstlerwillens, freilich in der Weise, daß dieser Künstlerwille apollinische Formen hervorbringt. Eindeutige Zuordnungen der bildenden Kunst im Sinne des Gegensatzes von Apollinisch und Dionysisch nimmt der spätere Nietzsche allerdings nicht mehr vor. Gelegentlich übt er auch Kritik an der bildenden Kunst. Die bildende Kunst folgt erst auf die "Zeit der höchsten Produktivität", d.h. die Periode des 'Dionysisch-Apollinischen': "Die bildende Kunst kommt viel später." (10, 336).

199 Phidias, der größte bildende Künstler im "goldenen Alter der Kunst" (*Winckelmann*, Kunst des Altertums, 312) verkörpert für Nietzsche das unbedingte Schöpfertum (vgl. 1, 869 – PHG). Vgl. auch

Nietzsches. Dabei versucht der frühe Nietzsche noch, im Banne der Duplizität des Dionysischen und Apollinischen, die Kunst eines Phidias dem "apollinischen Kunstgeist" zuzuordnen, wie er auch die "Musik des Apollo" als "Architektur in Tönen" deutet (1, 556 f. – DW [= 1, 584 f. – GG]).[200] Im Zeichen des Universalkunstwerks, der großen Einheit von Musik, Architektur und Dichtung, bindet der junge Nietzsche auch die Kunst eines Phidias noch an die Tragödie als historische Voraussetzung: "Man glaube nur nicht, daß Phidias und Plato ohne die Tragödie gewesen wären." (7, 118).[201] An anderer Stelle heißt es: "Strenge des Mythus im Einklang mit Plastik und Musik." (7, 523). Die Statuenkunst des Phidias erscheint als Sinnbild einer über "Kultur" und "Bildung", über die "Menschheit" hinausweisenden "höheren" Bestimmung der "Kunst" (7, 214). Ein besonderes Signum der Plastik ist ihre zeitüberdauernde Qualität. Nietzsche sieht sich zu der Frage veranlaßt: "Woher die Langlebigkeit der Plastik?" (7, 523). Er erblickt in der griechischen Kunst, in Architektur, Plastik und Tragödie, zeitlose Muster des Schöpferischen, aber er stellt keine normative Ästhetik auf. Die Antike soll für die eigene Gegenwart nicht im Sinne einer mechanischen Nachäffung, sondern im Sinne einer produktiven Nachahmung und Weiterbildung ästhetisch fruchtbar werden. Die klassizistische Nachahmung der Antike lehnt er ab, wie z.B. seine Kritik am "falschen 'Classicismus' " des "Canova-Stils" (9, 410), an der "falschen Antike" Canovas, die ihm zu "glasirt", zu "weich" ist (8, 593), deutlich zeigt. In Anspielung auf die Mythen von Orpheus und Amphion, die durch ihren Gesang Bäume und Steine bewegten, fragt Nietzsche: "wenn unsere neuere Musik die Steine bewegen könnte, würde sie diese zu einer antiken Architektur zusammensetzen? Ich zweifle sehr." (2, 179 – MA I). Damit greift er den Topos von der "Architektur" als der "er-

---

Goethes Bemerkungen zu Phidias in den *Wanderjahren* (vgl. HA VIII, 463). Im Prinzip folgt Nietzsche der Winckelmann-Goetheschen Sicht der klassischen Bildhauerkunst und Architektur der Griechen. Aber er hat im ganzen mehr das schöpferische Werden als das statische Sein im Sinn. Kritik übt er an der modernen Architektur, da in ihr der Stein nicht mehr *lebende* Gestalt ist: "*Der Stein ist mehr Stein als früher*. – Wir verstehen im Allgemeinen Architektur nicht mehr, wenigstens lange nicht in der Weise, wie wir Musik verstehen." (2, 178 – MA I). Nietzsches Maßstab ist die griechische Klassik. Während sich die asiatische Kunst, wie die moderne Kunst, in einem pompösen, maßlosen Stil verliert, ist man "in Pästum, Pompeji und Athen und vor der ganzen griechischen Architektur so erstaunt", "*mit wie kleinen Massen* die Griechen etwas Erhabenes auszusprechen wissen und auszusprechen *lieben*" (3, 151 – M).

200 Im Unterschied zur "dionysischen" Musik, in der die "erschütternde Gewalt des Tones" herrscht, ist die 'apollinische' Musik eine Musik der "nur angedeuteten Töne, wie sie der Kithara zu eigen sind" (1, 33 – GT [= 1, 557 u. 1, 585]). Während die auf dem Aulos, dem Blasinstrument des kultischen Dithyrambus, gespielte Musik eine dionysisch-orgiastische Musik ist, ist die auf der Kithara, dem Saiteninstrument des Apollon, gespielte Musik eine Musik des harmonischen Maßes. Bildhauerkunst und Architektur gehören für den frühen Nietzsche zur apollinischen Kunstform.

201 Nach Nietzsche ist die "einfache äschyleische Plastik", d.h. der auf dem Kothurn stehende Schauspieler bzw. die statuarische, zwei oder drei Personen umfassende Schauspielergruppe, die "Vorstufe des Phidias", "denn die bildende Kunst kommt mit langsamem Schritte hinter einer schönen Wirklichkeit drein" (7, 568). Nach Nietzsche ist der "künstlerische Stil des Aischylos" durch vier Elemente geprägt: 1. das "Plastische" (Bewegungsarmut, Maskenhaftigkeit, hieratischer Stil), 2. das "Musikalische" (es gibt nur 'gesungene' Partien), 3. das "Mythische" (Einheit von Mythos, Plastik und Musik), 4. die "Sprachkunst" (Dialekte und 'hoher' Stil) (7, 523 f.). Im Unterschied zur dramatischen Bewegtheit des neuzeitlichen Dramas herrscht in der antiken Tragödie die plastisch-statische Form: "*Das Plastische*. Aeschylus hat nicht, wie Shakespeare, ungeheure bewegte Affektbilder vor Augen, sondern plastisch-ruhende Gruppen." (7, 524).

starrten Musik" auf. Schelling hatte die "Architektur überhaupt" als "die erstarrte Musik", als "eine concrete Musik" definiert (Philosophie der Kunst, 237). Goethe bestätigt diesen Gedanken: "Ein edler Philosoph sprach von der Baukunst als einer *erstarrten Musik*", und nennt seinerseits die "Architektur" "eine *verstummte Tonkunst*" (Maximen und Reflexionen, HA XII, 474). Nietzsche wendet diesen Komplex von Musik und Architektur ganz ins Voluntativ-Dionysische. Die ideale Architektur wäre der gefrorene Dionysos, und die ideale Musik wäre der lebendige Dionysos.

Im Vergleich zu Nietzsches Musikenthusiasmus und dem Interesse an Baukunst und Bildhauerkunst nimmt sich seine Beschäftigung mit der Malerei eher bescheiden aus. Immerhin, er beruft sich bei seinen Kunstreflexionen immer wieder auch auf die Malerei, wobei er hier gleichfalls antinomisch denkt, indem er insbesondere die Renaissance-Malerei, die Malerei Raffaels, Michelangelos und Leonardo da Vincis, schätzt und verehrt, hingegen an der modernen Malerei in der Regel Kritik übt. Am häufigsten äußert er sich zu Raffael. In Raffael sieht er den Prototyp des 'naiven', daseinsbejahenden, apollinisch-plastischen Malers. In der *Geburt der Tragödie* führt er Raffaels Transfiguration, die *Verklärung Christi*, als Beispiel des dramatischen Hervorgangs des dionysischen "Urschmerzes" in den apollinischen "Schein" an (1, 39 – GT). Nietzsche identifiziert sich natürlich nicht inhaltlich mit der Transfiguration, sondern sie ist für ihn ein Gleichnis des ewigen Wechselverhältnisses des Dionysischen und Apollinischen. In der *Morgenröthe* greift er das Motiv erneut auf:

> *Transfiguration.* – Die rathlos Leidenden, die verworren Träumenden, die überirdisch Entzückten, – diess sind die *drei Grade*, in welche Raffael die Menschen eintheilt. So blicken wir nicht mehr in die Welt – und auch Raffael *dürfte* es jetzt nicht mehr: er würde eine neue Transfiguration mit Augen sehen. (3, 21 –M)

Ein moderner Raffael würde die christliche Transzendenz ausklammern und weltimmanente Bilder malen. Nietzsche sieht sich dem Problem konfrontiert, daß der "Apotheosen-Künstler" Raffael christliche Sujets wählte. Um ihn aus dem christlichen Kontext zu lösen, unterstellt er ihm die "Falschheit", den "*Anschein* der christlichen Weltauslegung zu vergöttern. Er war dankbar für das Dasein, wo es *nicht* spezifisch-christlich sich zeigte." (12, 119). Im Textstück *Ehrliches Malerthum* aus *Menschliches, Allzumenschliches* deutet Nietzsche Raffaels *Sixtinische Madonna* als Versuch, eine "Vision" "ohne 'Glauben'", die "Vision der zukünftigen Gattin" zu malen (2, 585 – WS).[202] Raffael habe "seine *gläubigen* Betrachter auf eine artige Weise überlistet" (2, 586 – WS). In der *Götzen-Dämmerung* konstatiert Nietzsche: "ein Christ, der zugleich Künstler wäre, *kommt nicht vor* [...] Raffael sagte Ja, Raffael *machte* Ja, folglich war Raffael kein Christ..." (6, 117 – GD). Indem Nietzsche seine Sicht der Dinge auf das historische Sujet überträgt, kann er sich mit ihm identifizieren: "Ich will

202 Wagner fand Nietzsches Bemerkungen zur Renaissance, zur Sixtina, deplaziert: "R. kommt herüber, betrachtet die Photographie der Sixtina, gedenkt der kindischen und boshaften Bemerkungen Nietzsche's darüber – 'was der Mensch schlecht ist, nur um etwas zu sein'." (CT IV, 780 – 14.8.81).

es machen wie Raffael und kein Marterbild mehr malen." (3, 548 – FW). Was Nietzsche an Raffael bewundert, ist das 'Harmonische' und 'Naive' seiner Kunst. Raffael ist "harmonisch" (7, 734) und entspricht, im Unterschied zu Marini, zum künstlichen, überladenen Stil des Marinismus, dem Nietzscheschen Stilideal der Klassizität, dem "naiven Stil", dem "Höchsten in der Kunst" (9, 352)[203]. Dennoch rangiert Raffael in Nietzsches Rangordnung der großen Renaissancemaler, in der Trias Leonardo da Vinci, Michelangelo, Raffael, nicht an erster, sondern an letzter Stelle: "Leonardo da Vinci steht höher als Michelangelo, Michelangelo höher als Rafael." (11, 429). Nietzsche begründet diese Wertung nicht künstlerisch-stilistisch, sondern philosophisch-weltanschaulich. Während Raffael noch in einem christlichen Motivkreis befangen gewesen sei, habe Michelangelo hinter den "christlichen Schleiern" die "Ideale einer *vornehmeren* Cultur" gesehen (11, 470). Leonardo bildet die Spitze der Pyramide, weil seine Weltsicht im Grunde das Christentum bereits überwunden habe: "L<eonardo> da Vinci hat vielleicht allein von jenen Künstlern einen wirklich überchristlichen Blick gehabt." "Es ist etwas Über-Europäisches und Verschwiegenes an ihm" (11, 471). Wie der Hohenstaufe Friedrich II. ist Leonardo da Vinci ein exzeptionelles Beispiel modernen Europäertums (vgl. 5, 121 – JGB). Wie Raffael wird Leonardo von Nietzsche entchristianisiert. Aber seltsam spärlich sind die Bemerkungen Nietzsches über ihn. Werke Leonardos erwähnt er kaum. Im Grunde greift er nur den Namen Leonardos als Symbol einer Welthaltung gelegentlich auf. Eine Auseinandersetzung mit dem künstlerischen Œuvre ist nicht festzustellen. Kaum anders verhält es sich mit Michelangelo. Auch hier vermißt man die ästhetisch-künstlerische Rezeption durch Nietzsche. Auch in ihn projiziert Nietzsche seine eigene Philosophie, die Philosophie des Willens zur Macht:

> M<ichel> Angelo aber sah und empfand das Problem des Gesetzgebers von neuen Werthen: ebenso das Problem des Siegreich-Vollendeten, der erst nöthig hatte, auch "den Helden in sich" zu überwinden; den zuhöchst gehobenen Menschen, der auch über sein Mitleiden erhaben ward und erbarmungslos das ihm Unzugehörige zerschmettert und vernichtet, – glänzend und in ungetrübter Göttlichkeit. (11, 470)[204]

Dieses Fragment von 1885 klingt eher nach einer Zarathustra-Paraphrase als nach einer objektiven Charakterisierung Michelangelos. Nietzsche verweist auf Michelangelos "Conception Gottes als 'Tyrannen der Welt' " (11, 57), auf die Verwandlung des gütigen, gerechten Gottes in einen "Gott des Schreckens und

203 In ähnlicher Weise bewundert Goethe das "einzige Talent" Raffaels, von dem er sagt, "kein neuerer Künstler habe so rein und vollkommen gedacht als er und sich so klar ausgesprochen"; er sei "wie ein Grieche" (*Goethe*, Antik und modern, HA XII, 174 f.).

204 Eine sachlichere Charakterisierung Michelangelos hebt die Bindung an die "Welt des Ideellen" hervor, verweist auf die "tiefe Spaltung" der "psychischen Grundkräfte" in den Figuren Michelangelos (die einerseits "wie die Figuren der Antike immer aus sich selbst" "leben" und andererseits immer die "Fesseln einer Gefangenschaft mit sich" "schleppen") und betont den "Ausgleich zwischen antiker Natürlichkeit und christlicher Transzendenz" in bestimmten Werken (*von Einem*, Michelangelo, 9, 17, 22). Der heroische Michelangelo hat "gewaltiges Selbstgefühl" (*Grimm*, Michelangelo, 193). Er gehört zu den "Großen", den 'großen' "Männern" der "Geschichte" (ebd., 669).

der Rache" (9, 318), auf den "zürnenden Gott" Michelangelos, der im Unterschied zu dem "zu vielerlei und nichts völlig bestimmt" wollenden Wotan Wagners "nur diesen Einen Gedanken im Kopfe" hatte, den "Zorn" (9, 406). Michelangelos Kunst ist eine Kunst der dramatischen, plastischen Vitalität, und eben dies fesselt Nietzsche, der die "Schwäche" der Modernen anprangert und die "Kraft" Michelangelos verherrlicht (9, 320). Er sieht in Michelangelos Kunst allerdings auch bereits Ansätze zur barocken Übertreibung, zu einer rhetorischen Kunst der "starken Affecte und Gebärden, des Hässlich-Erhabenen, der grossen Massen, überhaupt der Quantität an sich" (2, 438 – VM). Ungeachtet dieser kritischen Vorbehalte erscheint Michelangelos Kunst als Ausdruck eines imperatorischen Willens, als ästhetische Objektivierung des Willens zur Macht, wobei man an den kraftvollen *Moses* in der römischen Kirche S. Pietro in Vincoli, an die Kolossalstatue des *David* vor dem Palazzo Vecchio in Florenz oder an den athletischen Weltenrichter im *Jüngsten Gericht* der Sixtinischen Kapelle denken mag. Michelangelos Kunstwerke sind für Nietzsche eine schöpferische Kraftprobe. Bei Winckelman steht Michelangelo, "dieser Phidias neuerer Zeiten und der Größte nach den Griechen", in der schöpferischen Nachfolge der Antike. Er ist "auf die wahre Spur seiner großen Lehrer gekommen" (*Winckelmann*, Nachahmung, 29). Er hat seine Kunstwerke "nach dem wahren Geschmack des Altertums" gebildet (ebd., 31). Im Unterschied zu dieser an der antiken Norm orientierten Deutung, die Michelangelos Kunst als geglückte Erfüllung der antiken Muster versteht, betont Nietzsche viel stärker das Eigenschöpferische und Innovatorische Michelangelos. Goethe wird beim Anblick des *Jüngsten Gerichts* von staunender Bewunderung ergriffen: "Ich konnte nur sehen und anstaunen. Die innere Sicherheit und Männlichkeit des Meisters, seine Großheit geht über allen Ausdruck." (*Goethe*, Italienische Reise, HA XI, 140). Goethes Michelangelo-Erlebnis ist geprägt vom Gefühl des Erhabenen: "Wie will man sich aber, klein wie man ist und ans Kleine gewohnt, diesem Edlen, Ungeheuren, Gebildeten gleichstellen?" (ebd., 147). Dies steht Nietzsche schon näher als der Winckelmannsche Klassizismus, aber Goethes Kunsterlebnis ist noch getragen vom ästhetischen, kunsthistorischen Interesse an den Kunstwerken selbst, während Nietzsche sie als Ausdruck des Willens zur Macht, als großangelegte imperatorische Gebärde versteht. Goethe benutzt denn auch bei seinen Kunstvisiten in Rom "Winckelmanns Kunstgeschichte", "ein sehr brauchbares Werk", das er "sehr nützlich" findet (ebd.). Nietzsche hingegen notiert zustimmend eine Überlegung Taines, der im "Politiker" plötzlich den "*Künstler*", die "faculté maîtresse", die vorherrschende Anlage, sich entfalten sieht und Napoleon als den "posthumen Bruder des Dante und des Michel Angelo" bezeichnet, ein Bonmot ganz nach dem Geschmack Nietzsches, der lapidar anmerkt: "Nota bene - - - / Dante, Michel Angelo, Napoleon" – – (12, 223 f.). Nietzsche und Goethe stimmen allerdings wiederum darin überein, daß sie sich nicht für die christlichen Glaubensinhalte, sondern allein für die Kunstwerke der Sixtina interessieren. Goethe, der sich über die 'helle', 'heitere', 'erleuchtete' Sixtinische Kapelle erfreut zeigt (HA XI, 140), fühlt sich bei der Kerzen-Weihe in der Sixtina "sehr unbehaglich" und verläßt die Kapelle:

Denn ich dachte: das sind ja grade die Kerzen, welche seit dreihundert Jahren diese herrlichen Gemälde verdüstern, und das ist ja eben der Weihrauch, der mit heiliger Unverschämtheit die einzige Kunstsonne nicht nur umwölkt, sondern von Jahr zu Jahren mehr trübe macht und zuletzt gar in Finsternis versenkt. (*Goethe*, Italienische Reise, HA XI, 172)

Diese Sätze des großen Heiden könnte auch Nietzsche geschrieben haben. Für beide ist die Kunst der Renaissance Ausdruck einer neuen Diesseitigkeit, eines neuen Welt-, Natur- und Kunsterlebnisses, und bei beiden hat die Kunst den Vorrang vor der Religion, da sie der von allen religiösen Verdüsterungen freizuhaltende Ausdruck des schöpferischen Lebens selbst ist.

Nietzsches Verhältnis zur Malerei, ebenso zu Zeichnung und Graphik, ist gekennzeichnet durch das spontane Reagieren auf Eindrücke und die Verwandlung dieser Eindrücke in Symbole der eigenen Weltsicht. So ist Dürers Meisterstich *Ritter, Tod und Teufel* für den jungen Nietzsche das "Symbol unsres Daseins", d.h. einer heroischen "*Pflicht*"-Erfüllung inmitten einer bedrängenden "*Gegenwart*" (7, 305). Ein "trostlos Vereinsamter", der in aller Hoffnungslosigkeit "unbeirrt" seinen Weg geht, kann sich "kein besseres Symbol wählen" (1, 131 – GT)[205]. Nietzsches Sehen ist emblematisches Sehen. Er versieht die *pictura*, das Bild, mit einer *subscriptio*, seiner spezifischen Deutung. Der Dürersche Ritter wird ihm zum Sinnbild der Auseinandersetzung des großen Einzelnen mit seiner Epoche. Das vorbildliche Beispiel ist Schopenhauer: "Ein solcher Dürerscher Ritter war unser Schopenhauer: ihm fehlte jede Hoffnung, aber er wollte die Wahrheit. Es giebt nicht Seinesgleichen." (ebd.). Der junge Nietzsche hat selbst etwas von diesem "muthigen" Ritter an sich, wie Franz Overbeck bemerkt, dem an einer Nietzsche-Photographie der "trotzige und imperatorische Blick mit dem Sie drein schauen" auffällt (B II 2, 357 f. – 17.4.71). Nietzsches Verhältnis zu Kunstwerken ist kaum je ein rein rezeptives, genießerisches Verhalten, sondern fast durchgängig geprägt durch eine produktive Reaktion. Das vielleicht markanteste Beispiel ist Genellis Aquarell *Bacchus unter den Musen*, von dem sich der junge Nietzsche in seiner Konzeption des Dionysischen angeregt und bestätigt fühlt (vgl. B 4, 25 – 16.7.72 – an Rohde). Wo Nietzsche schöpferische Tendenzen am Werk sieht, vermag er sogar die ansonsten abgelehnte Gegenwartsmalerei positiv zu bewerten. So stellt er hinsichtlich der Situation der Malerei in Deutschland die rhetorische Frage: "Hat es einen ähnlichen *wegesuchenden* Maler wie *Böcklin*?" (9, 536).[206] Nietzsche ist offen-

---

205 Der Dürer-Stich hat Nietzsche sehr beeindruckt. Der Dürersche Ritter erscheint ihm wie ein Sinnbild der eigenen Existenz: "[...] dies Bild 'Ritter Tod und Teufel' steht mir nahe, ich kann kaum sagen, wie. In der Geburt der Tragödie habe ich Schopenhauer mit diesem Ritter verglichen" (B 5, 36 – März 1875 – an M.v. Meysenbug). Vgl. auch B 3, 170; B 5, 32.

206 Zu Recht hat man auf die geistige Verwandtschaft der Landschaftsbilder Böcklins und Nietzsches verwiesen, auf die Ähnlichkeit zwischen Nietzsches *Grablied* ("Dort ist die Gräberinsel, die schweigsame" – 4, 142 – Za) und Böcklins *Toteninsel* (vgl. z.B. *Fuchs*, Nietzsche und die bildende Kunst, 87). Im übrigen entspricht es der Perspektive Nietzsches, daß Böcklin im Anschluß an die verschiedenen Fassungen der *Toteninsel* (1880-1886) eine *Lebensinsel* malt (1888), "eine Apotheose des irdischen Daseins" (*Huber*, Wirklichkeit und Utopie, 182). Nietzsche hat Böcklin geschätzt. Böcklin gehört zu den Malern, die die "Farben- und Formenfreude" um die "häßliche Seite der Welt" erweitert haben (2, 177 – Ma I resp. 14, 137). Zudem war Nietzsche sicher gefesselt von der

bar beeindruckt von den mythologischen Allegorien, der malerischen Darstellung großer Gedanken, den leuchtenden, kraftvollen Farbakkorden Böcklins. Der Klassizismus der neueren Historienmalerei hingegen ist wiederholt Gegenstand der Kritik. So ist Nietzsche das "falsche Römerthum bei David" "zuwider" (11, 244)[207], da er hier nicht die lebensnahe, charakterisierende, sondern nur die pathetische, pompöse Darstellung sieht[208]. Gegenüber der modernen Malerei zeigt Nietzsche in der Grundtendenz kritische Reserve, ja Ablehnung, wenngleich er sich ihrer Faszination nicht zu entziehen vermag. Aufschlußreich sind seine Bemerkungen über Delacroix. Er sieht in ihm, den er in der Vermittlung Baudelaires rezipiert[209], einen suggestiven Artisten, einen "Fanatiker des *Ausdrucks*", den "Nächstverwandten Wagner's" (5, 202 – JGB)[210]. Wagner, Baudelaire und Delacroix – es sind bei Nietzsche drei Namen für ein Phänomen: die *décadence* (vgl. 6, 289 – EH). Auch an Delacroix möchte Nietzsche die fatalen Folgen der Vermischung der Künste sinnfällig machen, denn Delacroix ist ein "peintre-poète", wie Wagner ein "Ton-Dichter" ist, während Baudelaire als "eine Art R<ichard> W<agner> ohne Musik" apostrophiert wird (11, 476).[211] Delacroix, "übrigens auch *sehr* Musiker – eine Coriolan-Ouverture" (ebd.), und Wagner erscheinen als Prototypen der Dekadenzartisten, denen der "Ausdruck" über alles geht:

> Der *Ausdruck* expression von Beiden vorangestellt, alles Übrige geopfert. Von Litteratur abhängig Beide, höchst gebildete und selbst schreibende Menschen. Nervös-krankhaft-gequält, ohne Sonne. (ebd.)

Darstellung großer Gedanken in der allegorischen Malerei Böcklins. Man hat im *Zarathustra* den Vorläufer des Jugendstils gesehen (so *Jost*, Jugendstil, 47 f.). In der Tat antizipieren Lebenspathos, Sonnensymbolik und Ornamentik des *Zarathustra* wesentliche Aspekte des Jugendstils. Dies darf allerdings nicht darüber hinwegtäuschen, daß Nietzsche durch den existentiellen Ernst und die Radikalität seiner Fragestellung die ornamental-dekorativen Staffagen durchbricht, wie überhaupt sein Problemhorizont über den Jugendstil weit hinausreicht.

207 Vgl. die Kritik Dantons an David in Georg Büchners *Dantons Tod* (II, 3). Danton kritisiert allerdings nicht die neoklassizistische Historienmalerei Davids, sondern dessen kalten Objektivismus in der Zeichnung sterbender politischer Gegner.

208 Nietzsches Kritik der neueren Historienmalerei erwächst aus dem Bewußtsein der ästhetischen Diskrepanz zwischen dem lebendigen Leben und den dekorativen Posen in diesem epochentypischen Genre. In der allegorischen Vermittlung von Ideen und Gefühlen droht die Malerei ihre originäre Kreativität einzubüßen. So will der Nazarener Peter von Cornelius mit der Malerei "poetische Gefühle, ja *philosophische* Ahnungen" erregen (11, 48), während die "weichlichen Nixen" eines Moritz von Schwind (7, 481) in das Umfeld einer "mit alberner Kindlichkeit" betriebenen "Mährchen"-Kunst gehören (8, 213). Die Historien-, Sagen- und Märchenmotive in der Malerei unterliegen bei Nietzsche dem Verdikt des lebensentfremdeten Epigonentums. Vgl. 1, 477 – WB.

209 "Was Nietzsche über Turner, Ingres und Delacroix bemerkt, scheint vornehmlich der Lektüre Taines und Baudelaires zu entstammen" (*Stein*, Nietzsche und die bildende Kunst, 13). Zur Vermittlung Delacroix' durch Baudelaire ausführlicher *Pfotenhauer*, Physiologie, 141-145. Vgl. auch die Hinweise bei *Pestalozzi*, Baudelaire-Rezeption, 166. Zu Delacroix, Ingres und Turner vgl. u.a. 11, 50 f.

210 Benns Wort vom "Fanatismus des Ausdrucks" (Heinrich Mann zum 60. Geburtstag, 132; Rede auf Heinrich Mann, 412; Züchtung I, 216) geht unmittelbar auf Nietzsches Wendung "Fanatiker des *Ausdrucks*" zurück. Während diese Formulierung aber bei Benn einen unbedingt positiven Sinn hat, steht sie bei Nietzsche im Zwielicht von Artistik, Krankheit und Machtwille (vgl. 5, 202 ff. sowie 6, 289 – EH).

211 An anderer Stelle heißt es: "Delacroix eine Art Wagner." "Ein großer Meister für unsere Zeit aber, im Grunde la lie de Rubens." (11, 51). Nietzsche zitiert in diesem Zusammenhang Passagen aus dem Roman *Manette Salomon* (1867) der Gebrüder Goncourt (vgl. 11, 51 f.; 14, 700).

Die moderne Kunst ist eine Kunst der *décadence*. Die modernen Musiker, Maler und Dichter versuchen, ihre Lebensschwäche, ihren Mangel an wirklich produktiver Kraft, durch einen bis zur Perfektion getriebenen Ausdruckskult zu kompensieren. Wagner, Delacroix und Baudelaire sind repräsentative Beispiele dieser *décadence*-Kunst. Nietzsche kritisiert an der modernen Malerei nicht nur die Tendenz zum Dekorativen und Suggestiven, sondern auch den Theorieballast:

> *Keiner* ist einfach Maler; alle sind Archäologen, Psychologen, In-Scene-Setzer irgendwelcher Erinnerung oder Theorie. Sie gefallen sich an unsrer Erudition, an unsrer Philosophie. Sie sind, wie wir, voll und übervoll von allgemeinen Ideen. Sie lieben eine Form nicht um das, was sie ist, sondern um das, was sie *ausdrückt*. Sie sind die Söhne einer gelehrten, gequälten und reflektirten Generation – Tausend Meilen weit von den alten Meistern, welche nicht lasen, und nur dran dachten, ihren Augen ein Fest zu geben. (12, 286– 1886/87)

Hier erweist sich Nietzsche einmal mehr als Traditionalist. Sein ästhetischer Maßstab sind die großen Künstler der Tradition, d.h. die großen Renaissance-Maler, da ihre Werke als reine, sinnliche Form der unmittelbare Ausdruck des schöpferischen Lebens selbst sind. Die modernen Maler hingegen sind intellektuell gebrochene Künstler, denen nicht mehr der spontane Schaffensimpuls, sondern die experimentierende Reflexion die Hand führt. Es ist erneut die stilistische Fundamentalantithese von Klassizität und Manierismus, die Nietzsches Wertung der traditionellen und der modernen Kunst determiniert. Wenn Nietzsche sich übrigens in der Zitatpassage gegen die Ausdruckskunst wendet, so versteht er in diesem Kontext unter dem Ausdruck soviel wie Ausdruck abstrakter Ideen. Ist die Kunst hingegen Ausdruck des Lebens selbst, wird sie von ihm emphatisch bejaht.

Nietzsche bevorzugt die kraftvolle Malerei, die Malerei, die Ausdruck des Willens zur Macht ist. Daher steht er dem aufkommenden Impressionismus skeptisch gegenüber, denn die Hingabe an Eindruck und Stimmung löst den aktiven Formwillen auf. Die differenzierte Wiedergabe des optischen Eindrucks, das nuancierende Einfangen der Augenblicksstimmung, das Spiel mit Licht und Schatten, mit den Valeurs der Farben, das Verschwimmen des Dinglichen in den Impressionen – diese formauflösende Malweise ist für Nietzsche ein Symptom von Willensschwäche, von *décadence*. Er schreibt:

> Die eigentlichen Dichter und Künstler der Gegenwart lieben es, ihre Gemälde auf einen roth, grün, grau und goldig flackernden Grund aufzutragen, auf den Grund der *nervösen Sinnlichkeit*: auf diese verstehen sich ja die Kinder dieses Jahrhunderts. (2, 427 – VM)[212]

---

212 Obschon Nietzsche sich mit dem seit den siebziger Jahren aufkommenden Impressionismus kaum beschäftigt hat, sind ihm die neuen Strömungen in der Malerei nicht verborgen geblieben. Immerhin findet 1874 in Paris die erste Ausstellung der "Impressionisten" statt, wobei Monets Landschaftsbild *Impression, soleil levant* (1872) der neuen Kunstströmung den Namen gab. Nietzsche hat den Impressionismus zur Kenntnis genommen, aber seine Äußerungen in dieser Richtung bleiben eher generell und andeutend als spezifisch und präzise. Die Namen der impressionistischen Künstler nennt er nicht. Nur wenige Bemerkungen signalisieren, daß ihm die Impressionisten nicht unbekannt

Sujets und Technik dieser Malerei zeugen von Willensschwäche, denn die "grössten Gestalten" der impressionistischen Bilder haben "etwas Flimmerndes, Zitterndes, Wirbelndes an sich", "so dass man ihnen heroische Thaten eigentlich nicht zutraut" (ebd.). Das ist der springende Punkt. Nietzsches Frage lautet: Ist die Kunst Ausdruck von Willensstärke oder von Willensschwäche? Die Gegenwartskunst ist keine produktive, sondern eine reaktive Kunst, eine Kunst, die nicht eine innere Wirklichkeit schöpferisch entfaltet, sondern lediglich eine äußere Realität reproduziert. Nicht das Hervorbringen eines neuen Bildes vom Menschen, sondern das Reagieren auf sinnliche Reize ist das Signum dieser Kunst:

> Das Nachdenken und die Erfindsamkeit in Bezug auf die *elementaren Reize* (in Musik und Farben usw.) gehört zum philosophischen Charakter in unserer Zeit: ebenso wie die Naturtreue der Maler. Man geht so weit man kann und ist radikal. (9, 168 – 1880)

Nicht nur die romantische, sondern auch die impressionistische Malerei wird von Nietzsche kritisch beleuchtet. Im ganzen kritisiert er an der modernen Malerei zwei Hauptsymptome: das Übermaß an methodischer Reflexion und die Beschränkung auf den sinnlichen Reiz. Im Grundzug zeichnet sich bei Nietzsche ein Antagonismus von traditioneller und moderner Malerei ab, unbeschadet mancher Zwischentöne in der Bewertung moderner Künstler. Nietzsche mißt die Modernität an der Klassizität und gelangt von daher zu seinen Verdikten. Sein Wertungsmaßstab ist stark mitgeprägt von inhaltlich-weltanschaulichen Gesichtspunkten. Selbst große Maler der Tradition werden in ein kritisches Licht gerückt, wenn sie religiöse oder 'häßliche' Motive wählen (und damit moderne Naturalisten beeindrucken): "Die '4 Syndics' von *Rembrandt*; die Marter des Heiligen Marc von *Tintoretto* – die schönsten Bilder der Welt für die Goncourt." (13, 118 – Notizen aus >Journal des Goncourt<; vgl. 14, 756). Aber auch die großen Renaissance-Künstler werden kritisch betrachtet, wenn die Idealisierung religiöser Motive die Lebensechtheit ignoriert: "Die *physiologische Falschheit* auf den Bildern Raffaels. / Ein Weib mit normalen Sekretionen hat kein Bedürfniß nach Erlösung." (13, 267). Dieses Urteil steht allerdings in krassem Gegensatz zu einer anderen Stelle, an der Nietzsche gerade die Lebensbezogenheit der Frauendarstellung Raffaels betont, der im "absoluten Gegensatz zur Schönheit", die Leonardo da Vinci "suchte", den "klass<ischen> Typus der Jungfrau" als "Vollendung des vulgären Typus" entwickelt habe: "Eine Art ganz menschlicher Heiterkeit, eine runde Schönheit, eine fast junoni-

---

waren. So spricht er Mitte der achtziger Jahre von den "Modernsten unter den Pariser Malern und Lyrikern" (12, 118). Vorausgesetzt, daß er damit nicht Künstler wie Delacroix und Baudelaire, sondern die neuesten Pariser Kunsttendenzen meint, so bleibt doch offen, ob er dieselben überhaupt authentisch kannte oder ob er – der nie in Paris war – sie nur aus zweiter Hand, etwa aus der Lektüre des *Journal des Débats*, zur Kenntnis nahm. Obschon man feststellen kann: "Nietzsche horchte auf das alles hin" (*Janz*, Nietzsche I, 831), muß man wohl zugleich davon ausgehen, "daß Nietzsche kaum Gelegenheit gehabt hat – oder sie nicht wahrgenommen hat –, die zeitgenössische Malerei zu verfolgen. Er hat ja kaum eine Galerie besucht (eine einzige bezeugte Ausnahme: Genua, Mai 1877; s. *Janz*, Nietzsche I, 770)" (Briefliche Mitteilung von Curt Paul Janz an den Verfasser). Aber hier trifft er auf die Maler der Tradition und konstatiert: "Ich achte persönlich van Dy<c>k und Rubens höher als alle Maler der Welt." (B 5, 236 – 13.5.77 – an M. v. Meysenbug).

sche Gesundheit. Sie wird ewig populär bleiben." (13, 122 – aus >Journal des Goncourt<). Erklären lassen sich solche bei Nietzsche häufig anzutreffenden Widersprüche nur aus dem jeweiligen Kontext. An sich läuft Raffaels Malweise auf eine Idealisierung der Wirklichkeit hinaus, aber im Vergleich zu Leonardo sind seine Madonnenbilder von volkstümlicher Lebendigkeit. Unabhängig aber von situativ wechselnden Urteilen sind die großen Maler der Renaissance für Nietzsche die Autoritäten, die seine Auffassung von Wesen und Funktion der Malerei entscheidend bestimmen. In ihnen sieht er die spontan schaffenden Künstler, die das schöpferische Leben unmittelbar in Ausdruck umsetzen, während die psychologistischen modernen Künstler der Introspektion frönen und den Schaffensprozeß forcieren und manipulieren. Nietzsche wendet sich gegen den Psychologismus in der Kunst bzw. die Selbstanalyse der Künstler:

> wir mißtrauen allen Nabelbeschauern aus dem Grunde, weil uns die Selbstbeobachtung als eine *Entartungsform* des psychologischen Genies gilt, als ein Fragezeichen am Instinkt des Psychologen: so gewiß ein Maler-Auge entartet ist, hinter dem der *Wille* steht, zu sehn, um zu sehn (13, 231 – 1888)

Nicht das Sehen-Wollen, sondern das Sehen macht den wahren Maler aus. Ein zu hohes Maß an Selbstanalyse führt zur Lähmung der spontanen Schaffensantriebe. Deutlich grenzt Nietzsche die naiv-schöpferischen Künstler der Tradition gegen die intellektualisierten, analytisch gebrochenen modernen Künstler ab. Nietzsche betreibt allerdings selbst psychologische Analyse, Künstler-Psychologie, Enthüllungspsychologie, vor allem in *Menschliches, Allzumenschliches*, im Hauptstück *Aus der Seele der Künstler und Schriftsteller*. Er erweist sich hier geradezu als ingeniöser Psychologe, als Motivationsforscher, der die traditionelle Genie- und Inspirationsästhetik abbaut, um als wahren Antrieb des Künstlers den Willen zur Macht hervorzukehren. In dieser im Zeichen des wissenschaftlichen Wahrheitsbegriffs stehenden Schaffensperiode stellt er fest, daß die "psychologische Beobachtung" "nothwendig" sei (2, 61 – MA I): "der grausame Anblick des psychologischen Secirtisches und seiner Messer und Zangen kann der Menschheit nicht erspart bleiben." (2, 59 – MA I). Anti-Psychologismus und Psychologismus – wie geht das bei Nietzsche zusammen? Nun, die Enthüllungspsychologie hat den Abbau von Fiktionen zum Ziel, während der Anti-Psychologismus der Bewahrung des Schöpferischen dient. Obschon dabei die Akzente in den einzelnen Schaffensperioden unterschiedlich gesetzt werden, kann man feststellen, daß im Prinzip bei Nietzsche Analyse und Pathos, psychologische Demaskierung und pathetische Überhöhung des Künstlers, Hand in Hand gehen können. Aber selbst die Künstler-Psychologie Nietzsches ist nicht zu verwechseln mit einer Analytik des Schaffensvorgangs, mit Künstlerpsychogramm, Methodenreflexion und Stilanalyse. Obschon er in *Menschliches, Allzumenschliches* die "Inspiration" abwertet und den Schaffensvorgang als ein Arbeiten und Machen deutet[213], legt er keine Analytik des Schaffensprozesses vor. Auf jeden Fall sieht er in den hochreflektierten Arbeitsmethoden der

213 Vgl. bes. die Fragmente *Glaube an Inspiration* und *Nochmals die Inspiration* (2, 146 f. – MA I).

modernen, zeitgenössischen Künstler einen Verlust an wirklich schöpferischer Potenz. Nietzsches Künstler-Psychologie ist Künstler-Demaskierung, die den hinter allen Verstellungen und Fiktionen der romantischen Ästhetik wirksamen Willen zur Macht als untergründiges Agens des Schaffensprozesses zum Vorschein bringen möchte. Da sich aber im Willen zur Macht das schöpferische Leben selbst konkretisiert, bleibt Nietzsches Kunstanschauung doch an die klassische Ästhetik des schaffenden Subjekts gebunden. Seine kritische Künstler-Psychologie ist letztlich eine Funktion seiner produktiven Kunst-Philosophie. Es ergibt sich die Paradoxie, daß er den klassisch-romantischen Künstlerbegriff einerseits desavouiert, ihm andererseits jedoch verpflichtet bleibt. Seine Kritik der modernen Kunst zielt nicht nur auf den Romantizismus der suggestiven Gefühle, sondern auch auf den Rationalismus der experimentellen Methoden, die den wahren Schaffensprozeß in einer analytischen Maschinerie auflösen. Gerade hinsichtlich der Malerei wird dieses Denkmuster besonders deutlich. Das Votum für die traditionelle Malerei und die Kritik der modernen Malerei sind nur zwei Seiten einer Medaille: der Ästhetik des schöpferischen Lebens. In Fragen der Kunst geht es Nietzsche nicht um einen radikalen Traditionsbruch, sondern um die produktive Weiterentwicklung der Tradition. Seine Haltung ist durch eine nuancenreiche Ambivalenz zwischen Tradition und Modernität gekennzeichnet.

Diese gewisse Zweideutigkeit in Nietzsches Einstellung zur Modernität zeigt sich vor allem in seinem Verhältnis zu Wagner. Nietzsche, der schärfste Kritiker Wagners, vermag sich trotz aller weltanschaulichen Vorbehalte gegenüber dem *Parsifal* der Faszination des Vorspiels nicht zu entziehen:

> Vorspiel des P<arsifal>, größte Wohlthat, die mir seit langem erwiesen ist. Die Macht und Strenge des Gefühls, unbeschreiblich [...] kein Maler hat einen solchen dunklen, schwermüthigen Blick gemalt wie Wagner in dem letzten Theile des Vorspiels. Auch Dante nicht, auch Lionardo nicht. (12, 198 f. – 1886/87)

Dies ist in doppelter Hinsicht bemerkenswert, denn Nietzsche hält hier nicht nur ein Plädoyer für die moderne Kunst, sondern betont auch die Prävalenz der Musik gegenüber den anderen Kunstarten. Daß er das *Parsifal*-Vorspiel mit den Attributen der "Macht" und "Strenge" versieht, ist eine Projektion von Kategorien des 'großen Stils' in die Musik Wagners, eine Qualifizierung, zu der sich Nietzsche auf Grund seines Stilideals der Klassizität genötigt sieht. Aber ungeachtet dieses speziellen ästhetischen Problems tritt Nietzsche hier als Anwalt der modernen Kunst auf, und interessanterweise ist er tief beeindruckt von dem das "Christenthum so in der Tiefe" ausdrückenden "Mitgefühl" und "Mitleiden" (ebd.), eine bei Nietzsche erstaunlich anmutende Wendung. Daß er in diesem Zusammenhang Wagner sogar den Vorrang vor Leonardo da Vinci einräumt, ist der Ausdruck der höchsten Wertschätzung der modernen Kunst. Zugleich ist von Bedeutung, daß ein solches Werturteil im Hinblick auf die Musik abgegeben wird, deren absolute Stellung im 'System' der Künste damit erneut unterstrichen ist.

Die Musik ist die Richtschnur, an der Nietzsche die Einzelkünste, vor allem auch die Dichtung mißt. Es ist ein Grundzug der Nietzscheschen 'Poetik', daß er Wesen, Stil und Funktion der Dichtung an der Musik orientiert. In *Ecce homo* schreibt er, daß der "Phönix Musik" den *Zarathustra* inspiriert habe: "Man darf vielleicht den ganzen Zarathustra unter die Musik rechnen; – sicherlich war eine Wiedergeburt in der Kunst zu *hören*, eine Vorausbedingung dazu." (6, 335 – EH). Es ist allerdings nicht mehr die "Sprachmusik" im Sinne des Universalkunstwerks, der griechischen Tragödie und der Musiktragödie Wagners (7, 523), sondern eine neue musikalische Sprachkunst, die den Stil des *Zarathustra* prägt. Die dichterische Sprache selbst soll eine musikalische Sprache sein. Nietzsche erweist sich damit als genuiner Romantiker, denn die Symbiose von Sprache und Musik bzw. die Musikalisierung der dichterischen Sprache ist ein Hauptanliegen der Romantiker. Nietzsche notiert denn auch: "Von den deutschen Dichtern hat Clemens Brentano am meisten *Musik* im Leibe" (9, 600). Musik gehört zum Wesen wahrer Dichtung. Dies ist zutiefst romantische Überzeugung. Nach Friedrich Schlegel, für den "auch die Poesie" eine "geistige Musik" ist (Athenäums-Fragment 325), sind musikalische Elemente die Ingredienzien jeder Kunst: "Jede K[unst] hat mus[ikalische] Princ[ipien] und wird vollendet selbst Musik." (*F. Schlegel*, Notizen, 151).[214] In dieser Hinsicht steht Nietzsche den Romantikern näher als Goethe, dessen "Musikästhetik" "das Zusammenwirken von Musik und Poesie der *Präferenz der Dichtung* unterstellt", der "an das Wort fixiert" ist und bei dem Musik nur "ein steigerndes Akzidens" darstellt (*Neumann*, Goethe, 125 f.). Im Unterschied zu Goethe unterstellt Nietzsche die Dichtung der Prävalenz der Musik. Das verbindet ihn mit den Romantikern. Freilich, seinen Gedichten fehlt die der romantischen Lyrik eigentümliche Sangbarkeit. Sie sind in einem ursprünglichen Sinne Gedankenlyrik. Aber Nietzsche strebt die Musikalität der Sprache an, denn nur die musikalisierte Sprache vermag zum poetischen Zeichen der philosophischen Grundgedanken zu werden.

---

214 Schlegel fährt fort: "Dieß gilt sogar von der Philos[ophie] und also auch wohl von der P[oesie], vielleicht auch vom Leben. Die Liebe ist Musik – sie ist etwas höheres als K[unst]." In der Hierarchie der Künste nimmt die Musik die höchste Stelle ein. Sie ist die "höchste unter allen Künsten" (ebd.). An anderer Stelle bezeichnet Schlegel allerdings die Poesie als die "höchste und würdigste aller Künste" (Athenäums-Fragment 123). Dies ist im Prinzip kein Widerspruch, sondern zeigt im Grunde die innere Einheit von Poesie und Musik an. In diesem Fragment wird der Vorrang der Poesie allerdings vom Drama her begründet ("weil nur in ihr Dramen möglich sind").

VII. Die Dichtungsgattungen

1. Lyrik

a) Theorie

Daß eine dergestalt im Zeichen der Musik stehende Dichtungskonzeption im Hinblick auf die Dichtungsgattungen (Lyrik, Drama, Prosa) der Lyrik den unbedingten Vorrang einräumt, ist klar. Die Sonderstellung der Lyrik innerhalb der Dichtungsgattungen wird durch ihre Nähe zur Musik begründet. Der Maßstab, an dem Nietzsche die Dichtungsformen mißt, ist die Nähe oder Ferne zur Musik. Die Lyrik ist die Dichtungsgattung, die der Musik am nächsten steht. In der *Götzen-Dämmerung* heißt es: "Der Lyriker blieb am längsten mit dem Musiker geeint" (6, 118 – GD). Vor allem der junge Nietzsche hat sich, hauptsächlich in der *Geburt der Tragödie*, zum Problem der Lyrik und des Lyrikers, d.h. zur Einheit von Lyrik und Musik, geäußert. Das "wichtigste Phänomen der ganzen antiken Lyrik" ist die "überall als natürlich geltende Vereinigung, ja Identität *des Lyrikers* mit *dem Musiker* – der gegenüber unsre neuere Lyrik wie ein Götterbild ohne Kopf erscheint" (1, 43 – GT)[215]. Die Bindung der Lyrik an die Musik läuft auf ihre Verankerung im Dionysischen hinaus, wie dies in der antiken Lyrik der Fall ist. Löst sich die Lyrik von ihrem dionysischen Untergrund – wie sich dies in der modernen Lyrik zeigt – verliert sie ihren substantiellen Kern und wird zum bloß subjektiven Stimmungsausdruck oder Formenspiel. Der junge Nietzsche deutet den Lyriker im Horizont der Duplizität des Dionysischen und Apollinischen. Er erklärt den Lyriker wie folgt:

> Er ist zuerst, als dionysischer Künstler, gänzlich mit dem Ur-Einen, seinem Schmerz und Widerspruch, eins geworden und producirt das Abbild dieses Ur-Einen als Musik, wenn anders diese mit Recht eine Wiederholung der Welt und ein zweiter Abguss derselben genannt worden ist; jetzt aber wird diese Musik ihm wieder wie in einem *gleichnissartigen Traumbilde*, unter der apollinischen Traumeinwirkung sichtbar. Jener bild- und begrifflose Wiederschein des Urschmerzes in der Musik, mit seiner Erlösung im Scheine, erzeugt jetzt eine zweite Spiegelung, als einzelnes Gleichniss oder Exempel. (1, 43 f. – GT)

Der frühe Nietzsche hat sich ein ästhetisches Grundschema aufgebaut, die Trias von Weltwille, Musik und Dichtung. Der Weltwille drückt sich symbolisch in der Musik aus, die Musik wiederum bringt die Dichtung hervor, die lyrische Bilderwelt. Der Lyriker erscheint nicht als autonomes Subjekt, sondern als Vollzugsorgan des Weltwillens. Der Weltwille bedient sich des Lyrikers, um die elementaren Spannungen des dionysischen Lebens im apollinischen Schein aufzuheben. Nietzsches Anliegen ist die Entsubjektivierung des Lyrikers. Er wendet sich gegen die traditionelle Gattungspoetik, die die dichterischen Gattungen, die Grundformen der Dichtung, nach dem Subjekt-Objekt-Schema klassifiziert: die Lyrik als Ausdruck der subjektiven Innerlichkeit, das Epos als

---

215 Exkurs 30.

Darstellung des objektiven Weltzusammenhangs und das Drama als Präsentation des Subjekts im Weltkontext.[216] Der frühe Nietzsche durchbricht das traditionelle Gattungschema. Die Leben-Schein-Dialektik läßt sich nicht in die Gattungsgrenzen einzwängen, sondern drängt ständig über die Gattungsgrenzen hinaus. Das gängige Bild vom Lyriker wird einer kritischen Revision unterzogen:

> Seine Subjectivität hat der Künstler bereits in dem dionysischen Prozess aufgegeben: das Bild, das ihm jetzt seine Einheit mit dem Herzen der Welt zeigt, ist eine Traumscene, die jenen Urwiderspruch und Urschmerz, sammt der Urlust des Scheines, versinnlicht. Das "Ich" des Lyrikers tönt also aus dem Abgrunde des Seins: seine "Subjectivität" im Sinne der neueren Aesthetiker ist eine Einbildung. (1, 44 – GT)[217]

Gedichte sind nicht Ausdruck des seine individuelle Innerlichkeit artikulierenden Subjekts, sondern Ausdruck des überindividuellen Weltwillens, der den Lyriker inspiriert und ihn als Medium benutzt. Der Lyriker erscheint nicht als ein hochreflektierter Intellektueller, sondern als ein von submentalen, archetypischen Kräften Inspirierter:

> Die dionysisch-musikalische Verzauberung des Schläfers sprüht jetzt gleichsam Bilderfunken um sich, lyrische Gedichte, die in ihrer höchsten Entfaltung Tragödien und dramatische Dithyramben heissen. (1, 44 – GT)[218]

---

216 Vgl. dazu generell *Hegel*, Die Gattungsunterschiede der Poesie (Ästhetik II, 397-586).

217 Im "Lyriker" wirkt ein "ungeheuer starker dionysischer Wille, der in einem apollinischen Traum sich äußert. Es ist Dionysus, der, eingehend in die Individuation, seine Doppelstimmung ausläßt: der Lyriker spricht von sich, er meint aber nur den Dionysus. Die Subjektivität des Lyrikers ist eine Täuschung. Der schaffende Untergrund ist der dionysische Urschmerz, der sich in einem analogen Bilde äußert, so daß wir nicht zu dem Bilde, sondern zu diesem Untergrunde fortgerissen werden." (7, 221). Nietzsche beruft sich auf Schiller, der nicht von der "geordneten Causalität der Gedanken", sondern von "einer *musikalischen Stimmung*" ausgehe (1, 43 – GT; vgl. auch 7, 221). Er zitiert eine Stelle aus Schillers Brief an Goethe vom 18.3.1896: "Bey mir ist die Empfindung anfangs ohne bestimmten und klaren Gegenstand; dieser bildet sich erst später. Eine gewiße musikalische Gemüthsstimmung geht vorher, und auf diese folgt bey mir erst die poetische Idee." (*Schiller*, NA XXVIII, 201 f.; Zitation: 1, 43 – GT). Wenn Nietzsche diese Bemerkung Schillers für seine Idee des Dionysischen in Anspruch nimmt, so unterliegt er einem produktiven Mißverständnis, denn Schiller denkt hier, im Zusammenhang der dramatischen Anlage des *Wallenstein*, eher an die für die poetische Konstruktion relevante Anregung durch eine musikalische Stimmung, nicht aber an ein das Drama absorbierendes dionysisches Urerlebnis. Zudem ergibt sich für Schiller das Problem, wie Musik und Freiheit einander zuzuordnen sind, da "auch die geistreichste Musik *durch ihre Materie* noch immer in einer größeren Affinität zu den Sinnen steht, als die wahre ästhetische Freyheit dultet" (*Schiller*, Ästhetische Erziehung, 22. Brief, NA XX, 381). Im Zeichen der Idee der Freiheit ist nicht der dionysische, sondern der apollinische Aspekt der Musik für Schiller von zentraler Bedeutung: "Die Musik in ihrer höchsten Veredlung muß Gestalt werden, und mit der ruhigen Macht der Antike auf uns wirken" (ebd.).

218 Nietzsche verweist auf den "Schlaf", "wie ihn uns Euripides in den Bacchen beschreibt" (ebd.). Er spielt damit auf *Euripides*, Bakchen, V. 660-688, an (vgl. 1, 558 f. – DW; vgl. 1, 586 f. – GG [hier Zitation V. 692-713]; vgl. auch 1, 82 f. – GT = [1, 620 ff. – SGT]). Es ist bemerkenswert, daß der Euripides-Kritiker den *Bakchen* die Reverenz erweist. Das große Thema der *Bakchen*, der Kampf zwischen Dionysos und Pentheus, zwischen Leben und Sitte, hat ihn gefesselt. Er notiert: "Die Bacchen des Euripides haben nach Aussage meiner Schüler einen starken Eindruck gemacht und Lust erweckt." (7, 91 – 1870). Und: "Bacchen – Dionysos als ἀγριώνιος ὠμηστής und μειλίχιος. Protest gegen den Socratismus." (7, 157). Offenbar versteht hier Nietzsche nicht nur Dionysos, sondern die *Bakchen* als Ganzes als Protest gegen den Sokratismus. Euripides, "der mit heroischer Kraft ein langes Leben hindurch dem Dionysus widerstanden hat", hat in den *Bakchen* die "Glorification seines Gegners" inszeniert (1,82).

Dies bedeutet faktisch die Absage an die traditionelle Erlebnis-, Stimmungs- und Naturlyrik. War in der Erlebnislyrik des jungen Goethe die konkrete Erlebnissituation, das Verhältnis von Ich, Du und Natur, das Thema des lyrischen Sprechens und hatte die romantische Stimmungslyrik die seelischen Schwingungen des lyrischen Subjekts artikuliert, so ist nun das dem Subjekt vorgeschaltete Leben selbst organisierendes Prinzip und Thema des Gedichts. Daß dies zur Erweiterung der Gattung Lyrik führt und die "lyrischen Gedichte" zu "Tragödien" und "dramatischen Dithyramben" werden, ist in der dem Leben immanenten Dynamik begründet. Sofern nicht die Innerlichkeit des Subjekts, sondern die Selbstentfaltung des Lebens Gegenstand der Kunst ist, drängt das Gedicht über sich hinaus zur Tragödie als Darstellung des sich in den Schein transzendierenden elementaren Lebens. In diesem Sinne ist das Gedicht für den jungen Nietzsche eine Funktion der Tragödie. Zumindest wird die Lyrik zum Dithyrambus, d.h. zum höchstgesteigerten Ausdruck des Lebens. In diesem Sinne deutet Nietzsche auch das Volkslied um:

> Das Volkslied aber gilt uns zu allernächst als musikalischer Weltspiegel, als ursprüngliche Melodie, die sich jetzt eine parallele Traumerscheinung sucht und diese in der Dichtung ausspricht. *Die Melodie ist also das Erste und Allgemeine* [...] (1, 48 – GT)

Nietzsche, noch getragen von der Fiktion des aus dem Volk anonym erwachsenen Liedgutes[219], deutet das romantische Verhältnis von Wort und Musik im Lied um, indem er nicht mehr im Sinne der romantischen Liedtheorie von dem in Musik umzusetzenden Wort, sondern von der in die Sprache sich transzendierenden Musik ausgeht (vgl. *Mathes*, Nietzsche, 57). Nietzsche, ganz im Banne des Dionysischen und Apollinischen, zwängt auch die Gedichte und Lieder aus Arnims und Brentanos Sammlung *Des Knaben Wunderhorn* in dieses Schema. Die Sammlung enthalte "unzählige Beispiele",

> wie die fortwährend gebärende Melodie Bilderfunken um sich aussprüht: die in ihrer Buntheit, ihrem jähen Wechsel, ja ihrem tollen Sichüberstürzen eine dem epischen Scheine und seinem ruhigen Fortströmen wildfremde Kraft offenbaren. (1, 49 – GT)

Dies ist erneut eines der produktiven Mißverständnisse Nietzsches. Um die Idee der Ableitung der Poesie aus der Musik zu verifizieren, werden literarhistorische Erscheinungen in das Nietzschesche Denkmuster gepreßt. Nietzsche geht sogar so weit, den griechischen Lyriker Archilochos nicht nur als Begründer des "*Volksliedes*" herauszustellen (1, 48 – GT), sondern ihn auch als Vehikel des Weltwillens zu interpretieren. Es sei falsch, den "Lyriker als den subjectiven Dichter" zu bezeichnen, denn

219 Die Deutung der Gedichte des *Wunderhorns* als "Volkspoesie", wie sie von Arnim in dem der Erstausgabe (1806) beigefügten Aufsatz *Von Volksliedern* vorgenommen wird (vgl. Wunderhorn, 878), wird schon von Goethe in seiner Rezension (1806) als Fiktion gekennzeichnet, als Fiktion freilich, die dem Geist der "wahren Poesie" entspricht (HA XII, 282).

> In Wahrheit ist Archilochus, der leidenschaftlich entbrannte liebende und hassende Mensch nur eine Vision des Genius, der bereits nicht mehr Archilochus, sondern Weltgenius ist [...] (1, 45 – GT)[220]

Nietzsche macht Front gegen die traditionelle Lyrik-Auffassung, die das lyrische Gedicht als Ausdruck des empfindenden Subjekts versteht. Herder hatte die "*lyrische Poesie*" definiert als den "*vollendeten Ausdruck einer Empfindung*" (*Herder*, Terpsichore, 171). Seine Idee eines "lyrischen Originalstücks" setzt allerdings bereits die Synästhesie der Künste voraus, denn erst die Verquickung von Poesie, Musik, Pantomime und Tanz ermöglicht den höchsten Ausdruck, den Dithyrambus:

> Kann ich mir nicht ein lyrisches Originalstück denken, worinn sich Musik, und lebendiger Pantomimischer Ausdruck, und heroischer oder rührender Tanz, alle drei im Griechischen Sinn, verbinden, und so die ganze Poetische Seele, und alle schöne Künste, vereint lebten! Eine lyrische Monologue voll Affekt und Handlung, und Musik, und malendem Tanze – die höchste Stuffe des Ausdrucks! Wohlan! sie heiße Dithyrambe! (*Herder*, Ueber die neuere Deutsche Litteratur, 181)

Dies ist jene subjektive Ausdrucksästhetik, die bis zu Nietzsche für die Klassifizierung der Lyrik maßgeblich ist. Hegel charakterisiert in seinen *Vorlesungen über die Ästhetik*, im Abschnitt *Die Gattungsunterschiede der Poesie*, die "*Lyrik*" folgendermaßen:

> Ihr Inhalt ist das Subjektive, die innere Welt, das betrachtende, empfindende Gemüt, das, statt zu Handlungen fortzugehen, vielmehr bei sich als Innerlichkeit stehenbleibt und sich deshalb auch das Sich*aussprechen* des Subjekts zur einzigen Form und zum letzten Ziel nehmen kann. (*Hegel*, Ästhetik II, 400)

Hegel fordert: "der Sänger muß die Vorstellungen und Betrachtungen des lyrischen Kunstwerks als eine subjektive Erfüllung seiner selbst, als etwas eigen Empfundenes kundgeben." Die Lyrik ist Kundgabe der "*Innerlichkeit*" (ebd.).[221] Die Musik als Weltprinzip spielt hier keine Rolle. Wohl muß im Vortrag der Lyrik ein musikalisches Element berücksichtigt werden, "eine vielseitige Modulation der Stimme, Gesang, Begleitung von Instrumenten und dergleichen mehr" (ebd., 400 f.). Erlebnis, Gefühl und Stimmung sind in der traditionellen Lyrikauffassung die Kriterien echter Lyrik. Das lyrische Gedicht erfährt seine Beglaubigung durch die Erlebnis- und Gefühlsunmittelbarkeit des Subjekts. Das "punctuelle Zünden der Welt im Subjecte" (*Vischer*, Aesthetik III,

---

220 Dies entspricht kaum dem wirklichen Archilochos. "Archilochos hat im Kulte des Dionysos und der Demeter gesungen (77.119 D.), auch von einem Hymnos auf Herakles wissen wir. Soweit wir jedoch aus den übrigen Fragmenten urteilen können, blieb der Mythos völlig im Hintergrunde, und die Problematik göttlichen Waltens hat diesen so intensiv seinem Tage lebenden Dichter kaum beschäftigt." (*Lesky*, Griechische Literatur, 134).

221 In der Lyrik als Ausdruck des verinnerlichten Subjekts wird der Gegenstand gegenstandslos: "Indem es endlich im Lyrischen das *Subjekt* ist, das sich ausdrückt, so kann demselben hiefür zunächst der an sich geringfügigste Inhalt genügen. Dann nämlich wird das Gemüt selbst, die Subjektivität als solche, der eigentliche Gehalt, so daß es nur auf die Seele der Empfindung und nicht auf den näheren Gegenstand ankommt." (ebd., 472 f.).

1331) macht den wahren Dichter aus. Auch Schopenhauer faßt die Lyrik noch als unmittelbaren Ausdruck der inneren Zuständlichkeit des Subjekts auf. Eine Möglichkeit des Dichtens besteht darin,

> daß der Dargestellte zugleich auch der Darstellende ist: dieses geschieht in der lyrischen Poesie, im eigentlichen Liede, wo der Dichtende nur seinen eigenen Zustand lebhaft anschaut und beschreibt, wobei daher durch den Gegenstand dieser Gattung eine gewisse Subjektivität wesentlich ist [...] (WV I, 347)

Schopenhauer versteht das lyrische Subjekt allerdings als stellvertretendes, repräsentatives Ich, denn in der "lyrischen Poesie echter Dichter" findet das "Innere der ganzen Menschheit", "alles, was Millionen gewesener, seiender, künftiger Menschen in denselben, weil stets wiederkehrenden Lagen empfunden haben und empfinden werden", seinen Ausdruck (WV I, 348). Obschon der Lyrik damit eine gewisse Intersubjektivität zukommt, ist doch das lyrische Gedicht Ausdruck identischer Erlebnisse und Gefühlslagen von Subjekten. Dabei ist für Schopenhauer die "lyrische Gattung" die "leichteste" Gattung, eine Gattung, die nicht auf den "Genius" angewiesen ist, sondern durch den einigermaßen Begabten bewältigt werden kann, wenn "durch starke Anregung von außen irgendeine Begeisterung seine Geisteskräfte erhöht" (ebd.). Die "deutschen Volkslieder" des *Wunderhorns* beispielsweise drücken eine "Stimmung des Augenblickes" aus, die der Dichtende in "einer lebhaften Anschauung seines eigenen Zustandes im aufgeregten Moment" niederschreibt (ebd.). Während für Nietzsche das *Wunderhorn* Ausdruck des dionysischen Weltwillens ist, ist es bei Schopenhauer Ausdruck der lyrischen Innerlichkeit des Subjekts. Schopenhauer deutet die lyrische Poesie, das Lied, aus dem Horizont seiner Philosophie des Willens resp. der Willenlosigkeit. Im "Lied" vollzieht sich der Umschlag vom wollenden Subjekt zum rein erkennenden Subjekt:

> Es ist das Subjekt des Willens, d.h. das eigene Wollen, was das Bewußtsein des Singenden füllt, oft als ein entbundenes, befriedigtes Wollen (Freude), wohl noch öfter aber als ein gehemmtes (Trauer), immer als Affekt, Leidenschaft, bewegter Gemütszustand. Neben diesem jedoch und zugleich damit wird durch den Anblick der umgebenden Natur der Singende sich seiner bewußt als Subjekts des reinen willenlosen Erkennens [...] (WV I, 349)

Das im "Lied" sich vollziehende "Wechselspiel" von "Wollen" und "Erkennen" macht "überhaupt den lyrischen Zustand" aus:

> In diesem tritt gleichsam das reine Erkennen zu uns heran, um uns vom Wollen und seinem Drange zu erlösen: wir folgen; doch nur auf Augenblicke: immer von neuem entreißt das Wollen, die Erinnerung an unsere persönliche[n] Zwekke uns der ruhigen Beschauung; aber auch immer wieder entlockt uns dem Wollen die nächste schöne Umgebung, in welcher sich die reine willenslose Erkenntnis uns darbietet. (WV I, 349)

Daß Nietzsche in der *Geburt der Tragödie*, in der er diese Textpassage mit ihrem Kontext zitiert (1, 46 f. – GT), sich von dieser Lyrikauffassung kritisch distanziert, ist nicht verwunderlich. Schopenhauer setzt noch eine sympathetische Beziehung zwischen verinnerlichtem Subjekt und äußerer Natur voraus und erklärt das willenlose Erkennen zum Signum des "lyrischen Zustands". Es ist klar, daß eine solche Anschauung Nietzsches Einspruch herausfordern muß. Er kritisiert, "dass hier die Lyrik als eine unvollkommen erreichte, gleichsam im Sprunge und selten zum Ziele kommende Kunst charakterisirt wird, ja als eine Halbkunst" (1, 47 – GT), und setzt der Theorie der lyrischen Subjektivität die Idee des entsubjektivierten Lebens entgegen:

> Wir behaupten vielmehr, dass der ganze Gegensatz, nach dem wie nach einem Werthmesser auch noch Schopenhauer die Künste eintheilt, der des Subjectiven und des Objectiven, überhaupt in der Aesthetik ungehörig ist, da das Subject, das wollende und seine egoistischen Zwecke fördernde Individuum nur als Gegner, nicht als Ursprung der Kunst gedacht werden kann. Insofern aber das Subject Künstler ist, ist es bereits von seinem individuellen Willen erlöst und gleichsam Medium geworden, durch das hindurch das eine wahrhaft seiende Subject seine Erlösung im Scheine feiert. (1, 47 – GT)

Nietzsche, der auf der Grundlage der Schopenhauerschen Metaphysik des Willens philosophiert, lehnt Schopenhauers Gattungsästhetik, die Klassifikation der Künste und Dichtungsformen nach dem Subjekt-Objekt-Schema, ab und versucht, die Subjekt-Objekt-Spaltung durch den Rückgriff auf den alles durchherrschenden Weltwillen zu unterlaufen. Nietzsches Tragödienkonzeption und Lyrikauffassung sprengen die zeitlosen Gattungsnormen der traditionellen Poetik auf, um dem Leben selbst ästhetischen Spielraum zu schaffen. Freilich, auch bei ihm bleibt die Lyrik die "enthusiastisch aufgeregte" Dichtart (*Goethe*, Naturformen der Dichtung, HA II, 187), aber sie ist nicht mehr der ästhetische Abdruck der affektiven Subjektivität und der empirischen Erscheinungswelt, sondern sie wird bezogen auf die Musik als die Symbolik des Weltwillens. Freilich, völlig gelöst hat sich Nietzsche dennoch nicht von der Lyrikauffassung Schopenhauers, denn als apollinischer Künstler ist der Lyriker nicht mehr ein Wollender, sondern ein Betrachtender. Nietzsche interpretiert die Lyrik aus dem Funktionszusammenhang des Dionysischen und Apollinischen. In der "apollinischen Betrachtung" deutet der Lyriker die "Musik" in "Bildern", denn "sein eignes Wollen, Sehnen, Stöhnen, Jauchzen ist ihm ein Gleichniss, mit dem er die Musik sich deutet" (1, 51 – GT). Nietzsches nicht unbedingt exakte und widerspruchsfreie Deutung des Lyrikers läßt in der Grundtendenz das Bestreben erkennen, die Lyrik als apollinische Kunst mit dionysischem Untergrund bzw. als dionysische Kunst mit apollinischer Oberfläche auszuweisen. Mit der Definition des Lyrikers hat Nietzsche seine Schwierigkeiten. So notiert er:

> Das Phänomen des Lyrikers legt sich also in die zwei Arten auseinander: der Lyriker, der Bilder vor sich sieht und der Lyriker, der sich selbst als Bild sieht: d.h. der apollinische und der dionysische Lyriker (14, 49 – Vs zu GT)

Hier werden Distanz und Identifikation als Kriterien einer Klassifikation des Lyrikers angesetzt. Aber diese Dichotomie hilft nicht weiter, denn es geht um die Symbiose des Dionysischen und Apollinischen im Lyriker, um die Lyrik als "dionysisch-apollinische Kunst" (*Kein*, Nietzsche und Schelling, 77). Und in dieser Hinsicht bereitet es Nietzsche offensichtlich Mühe, zu einer schlüssigen Definition zu gelangen. Es mutet ein wenig wie eine formaldialektische Kapriole an, wenn er definiert:

> Dies ist das Phänomen des Lyrikers: als apollinischer Genius interpretirt er die Musik durch das Bild des Willens, während er selbst, völlig losgelöst von der Gier des Willens, reines ungetrübtes Sonnenauge ist. (1, 51 – GT)

Dies ist ein *mixtum compositum* aus Schopenhauerscher Lyrikanschauung und Nietzschescher Tragödienkonzeption. Es ist der Versuch, die Lyrik als apollinische, d.h. betrachtende Kunst mit der Musik als dionysischer, d.h. wollender Kunst in eine Symbiose zu zwingen. Unter diesen Voraussetzungen kann die Lyrik bei Nietzsche keine eigenständige Kunst sein. Sie ist die *ancilla musicae*. Während die Musik die Dichtung im Prinzip nicht benötigt, ist die Lyrik durch die Musik determiniert. Nietzsche erklärt denn auch unumwunden:

> Diese ganze Erörterung hält daran fest, dass die Lyrik eben so abhängig ist vom Geiste der Musik als die Musik selbst, in ihrer völligen Unumschränktheit, das Bild und den Begriff nicht *braucht*, sondern ihn nur neben sich *erträgt*. Die Dichtung des Lyrikers kann nichts aussagen, was nicht in der ungeheuersten Allgemeinheit und Allgültigkeit bereits in der Musik lag, die ihn zur Bilderrede nöthigte. (1, 51 – GT)

Die Lyrik ist Ausdruck des sich in den apollinischen Schein transzendierenden dionysischen Lebens. Eigentlich hat sie nur einen spezifischen Stellenwert im genetischen Funktionszusammenhang des Dionysischen und Apollinischen. Im Lichte dieser Problemstellung kann der Lyriker nicht mehr als autonomes Erlebnissubjekt auftreten, sondern muß als ästhetisches Medium des Weltwillens interpretiert werden. Während noch nach Schopenhauer "in der lyrischen Poesie das subjektive Element vorherrscht" (WV II, 554)[222], vollzieht Nietzsche eine vehemente Entsubjektivierung des Lyrikers und löst die lyrische Subjektivität im vorsubjektiven Prinzip des Lebens auf.

Mit der Preisgabe der Idee des Universalkunstwerks gibt Nietzsche auch die Vorstellung des medialen Lyrikers auf und gelangt in wachsendem Maße zu einer Konzeption des artistischen Lyrikers. Mehr und mehr löst er den Lyriker aus der medialen Bindung an den dionysischen Weltwillen und versteht ihn als den Artifex, den kunstfertigen, die Sprache virtuos handhabenden Dichter, der die ihm in der 'Inspiration' spontan vermittelten Impulse mit witzigem Raffinement verarbeitet. Ein Zug von kritisch-artistischer Bewußtheit prägt nun die Ly-

222 Schopenhauers Gattungspoetik bewegt sich noch innerhalb des Hegelschen Subjekt-Objekt-Schemas, freilich mit der Akzentverschiebung, daß zwar auch in der "lyrischen Poesie" das "subjektive Element" dominiert, daß aber das "objektive Element" im "Drama" zum Ausdruck gelangt, während die "epische Poesie" eine "breite Mitte" zwischen diesen beiden Elementen einnimmt (WV II, 554 f.). [Bei Hegel ist die "lyrische Poesie" Ausdruck der Subjektivität, die "epische Poesie" Ausdruck des Objektiven, des Weltstoffes, und die "dramatische Poesie" die Vermittlung von Subjekt und Welt.]

rikauffassung Nietzsches, wie auch seine eigene Lyrik in wachsendem Maße zum witzig-ironischen Gedicht, zum pointierenden Spruch, zum parodistischen Wortspiel tendiert. Zugleich aber gewinnt das hymnisch-dithyrambische Sprechen an Gewicht, so vor allem in den Liedern Zarathustras und den Dionysos-Dithyramben, in denen Nietzsche sein ganzes lyrisches Pathos entfaltet. Nietzsche, dessen Lyrik sich auf alle drei Hauptgattungen der Lyrik, auf Lied, Spruch und Hymnus[223], erstreckt, neigt in der Jugendlyrik noch stark zum stimmungslyrischen Gedicht, zum traditionellen Natur- und Stimmungsgedicht, zum romantischen Lied, geht dann stärker zu spruchhaften Lyrismen, zu hintergründiger 'Gedankenlyrik', zu Witz, Ironie und Parodie über und zeigt zugleich eine entschiedene Tendenz zum großen lyrischen Pathos, zum hymnisch-dithyrambischen Gedicht, das als tiefgründige Symbolik des Lebens inszeniert wird. Im Hinblick auf Lyrik-Theorie finden sich allerdings bei Nietzsche nach der *Geburt der Tragödie* nur noch spärliche Äußerungen. Die Lyrik wird nicht mehr zum Gegenstand diskursiver Abhandlungen, sondern die Reflexionen zur Lyrik beschränken sich in der Hauptsache auf okkasionelle Bemerkungen, zumeist zu einzelnen Lyrikern. Theoretische Positionsbestimmungen des Lyrikers fehlen nun bei Nietzsche, wie überhaupt gattungspoetologische Überlegungen grundsätzlicher Art bei ihm kaum noch eine Rolle spielen, abgesehen von der Kritik des Musikdramas und der Apologie der Einzelkünste. Das Gattungsproblem als solches wird nur noch selten thematisiert, wie auch die Frage nach Wesen und Funktion der Einzelkünste und der einzelnen Dichtungsformen nicht mehr einer systematischen Analyse unterzogen wird, sondern allenfalls Gegenstand sporadischer, punktueller Hinweise ist, deren Zusammenspiel allerdings Rückschlüsse auf Nietzsches gattungspoetologische Vorstellungen zuläßt. An einem System oder auch nur an einer systematischen Klassifikation der Künste und Dichtungsgattungen ist Nietzsche nicht mehr interessiert. Ihm geht es vielmehr in der Regel um die generelle Begründung seiner Kunstmetaphysik oder um die spezielle Rechtfertigung seiner Musik- und Dichtungsauffassung, die er häufig durch Hinweise auf einzelne Komponisten, Dichter und Schriftsteller exemplifiziert. Dabei zeichnen sich, *cum grano salis*, drei Hauptphasen hinsichtlich des künstlerischen Schaffens ab: In der frühen Phase, zur Zeit der *Geburt der Tragödie*, dominiert das mythisierende Pathos der Kunst, die intuitive Kunstmetaphysik, in der Zwischenphase von *Menschliches, Allzumenschliches* stehen die technologischen Aspekte des künstlerischen Machens im Vordergrund, und in der Folgezeit wird die metaphysische Begründung der Kunst mit dem Gesichtspunkt der artistischen Verfertigung der künstlerischen Gebilde verknüpft.[224] In *Menschliches, Allzumenschliches* hat Nietzsche den für die *Geburt der Tragödie* charakteristischen Mythos der Inspiration, des Künstlers als

---

223 Nietzsche hat die lyrischen Gattungen formal kaum revolutioniert, sondern sich im wesentlichen an den historisch vorgegebenen Gattungsmustern orientiert. Er benutzt denn auch wie selbstverständlich die traditionellen Gattungsbegriffe – unbeschadet der thematischen und sprachlichen Erneuerungen des lyrischen Sprechens in den einzelnen Gattungen.

224 Die "metaphysisch-spekulative Methode" schließt die "artistisch-technologischen Momente" nicht aus (*Schwanauer*, Nietzsche, 21).

Medium des Weltwillens, aufgegeben und wertet die Inspiration ab zugunsten des künstlerischen Machens und Arbeitens:

> *Glaube an Inspiration.* – Die Künstler haben ein Interesse daran, dass man an die plötzlichen Eingebungen, die sogenannten Inspirationen glaubt; als ob die Idee des Kunstwerks, der Dichtung, der Grundgedanke einer Philosophie, wie ein Gnadenschein vom Himmel herableuchte. [...] aber die künstlerische Improvisation steht tief im Verhältniss zum ernst und mühevoll erlesenen Kunstgedanken. Alle Grossen waren grosse Arbeiter, unermüdlich nicht nur im Erfinden, sondern auch im Verwerfen, Sichten, Umgestalten, Ordnen. (2, 146 f. – MA I [Aus der Seele der Künstler und Schriftsteller, Nr. 155])

Dies ist nun ein ästhetischer *coup d'état* gegen die traditionelle Inspirationsästhetik. Der Künstler ist nun nicht mehr das Medium des Weltwillens, sondern der eher handwerkliche Virtuose, der in disziplinierter Arbeit aus dem Material die Form bildet. Nietzsche verweist in diesem Zusammenhang auf Beethoven, der "aus den Notizbüchern [...] die herrlichsten Melodien allmählich zusammengetragen und aus vielfachen Ansätzen gewissermaassen ausgelesen hat" (2, 146). Im Zeichen seiner kritischen Enthüllungspsychologie vollzieht Nietzsche eine dezidierte Entmythisierung des künstlerischen Schaffensprozesses und rekurriert auf das Experimentieren mit den Materialien. Der "tüchtige Handwerker-Ernst" (2, 153 – MA I) kommt wieder zu Ehren. Eine ähnliche Erfahrung macht später Rilke, der nach dem inspirationslyrischen und sprachspielerischen Wurf des *Stundenbuchs* die sachliche Arbeit am Sujet für wichtiger hält als die Inspiration und nun nicht mehr Gefühle zum Ausdruck bringen, sondern Kunst-Dinge produzieren will. Mit Bezug auf die Kunst Rodins schreibt er im Brief an Lou Andreas-Salomé vom 8.8.1903:

> Und dieses Werk konnte nur von einem Arbeiter ausgehen, und der es gebaut hat, kann ruhig die Inspiration leugnen; sie kommt nicht über ihn, weil sie in ihm ist [...] Aber mir fehlt immer noch die Disziplin, das Arbeitenkönnen und Arbeitenmüssen [...] (*Rilke*, Briefe, 60 f.)

Dies ist nicht Nietzsches Desillusionierung des Schaffensprozesses, denn Rilke bewahrt auch hier noch das Pathos des Schöpferischen. Aber die Frage nach dem Machen des Kunstwerks wird auch für ihn zu einem dringlichen Problem. Nietzsche ist radikaler. Er betreibt, in seiner kritisch-analytischen Periode, den kompromißlosen Abbau der "Inspiration". Die Inspiration enthüllt sich ihm als bloße Fiktion. Im Hinblick auf den "Künstler, Redner und Philosophen" polemisiert er gegen die Annahme von "Genie", "'Wunder'" und "'Intuition'" und deutet sie als "Wirkungen des grossen Intellectes" (2, 152 – MA I). Die Analyse der wirklichen Antriebe des Künstlers und seiner Techniken führt zur Ernüchterung, "denn überall, wo man das Werden sehen kann, wird man etwas abgekühlt" (ebd.). Die "Genie"-Ästhetik erscheint als "Aberglaube vom Genie" (2, 154 – MA I). Die "Thätigkeit des Genie's" wird reduziert auf die "Thätigkeit des mechanischen Erfinders, des astronomischen oder historischen Gelehrten, des Meisters der Taktik" (2, 152 – MA I). Es erfolgt eine Rationalisierung des künstlerischen Schaffensprozesses im Zeichen eines vom wissenschaftlichen Wahrheitsbegriff geleiteten Denkens, dem Nietzsche vorübergehend huldigt.[225] Die "Menschheit" wird erst zu "haltbaren, dauerhaften Erkenntnissen" gelangen, wenn sie "allen Glauben an Inspiration und wundergleiche Mittheilung von Wahrheiten verloren hat" (2, 25 f. – MA I). Noch in *Jenseits von Gut und Böse* wendet sich Nietzsche gegen die Unredlichkeit der Philosophen, die ihre aus "Vorurtheilen" erwachsenden "'Wahrheiten'" als "'Inspiration'" ausgeben und auf diese Weise sanktionieren (5, 19 – JGB). Der "Dichter" ist nicht das "Mundstück der Götter", sondern der "allgemeinen höheren Meinungen, welche ein Volk hat" – ungeachtet seiner subjektiven Überzeugung, "dass *ein Gott* durch ihn rede, dass er im Zustande einer religiösen Erleuchtung schaffe". Er glaubt, "vox dei" zu sein, ist aber nur "vox populi" (2, 455 – VM).[226]

In dem Maße aber, in dem Nietzsche sich nach der auch die Kunst betreffenden kritisch-psychologischen Periode wieder der Kunst und dem künstlerischen Schaffensprozeß als der höchsten Ausdrucksform des schöpferischen Lebens zuwendet, erfolgt eine neue Würdigung der "Inspiration". In *Ecce homo*, im *Zarathustra*-Abschnitt beruft er sich enthusiastisch auf die "Inspiration" als die Quelle des Schaffensprozesses:

> – Hat Jemand, Ende des neunzehnten Jahrhunderts, einen deutlichen Begriff davon, was Dichter starker Zeitalter *Inspiration* nannten? Im andren Falle will ich's beschreiben. – Mit dem geringsten Rest von Aberglauben in sich würde man in der That die Vorstellung, bloss Incarnation, bloss Mundstück, bloss medium übermächtiger Gewalten zu sein, kaum abzuweisen wissen. Der Begriff Offenbarung, in dem Sinn, dass plötzlich, mit unsäglicher Sicherheit und Feinheit, Etwas *sichtbar*, hörbar wird, Etwas, das Einen im Tiefsten erschüttert und umwirft, beschreibt einfach den Thatbestand. Man hört, man sucht nicht; man nimmt, man fragt nicht, wer da giebt; wie ein Blitz leuchtet ein Gedanke auf, mit Nothwendigkeit, in der Form ohne Zögern, – ich habe nie eine Wahl gehabt. (6, 339 – EH)

Hier ist der kritische Rationalismus aufgegeben, und Nietzsche beschreibt die irrationalen Grenzzustände, die Zustände mystischer Entrückung, in denen sich der Schaffensprozeß vollzieht. Der Vorbehalt gegenüber dem "Aberglauben" vom Künstler als bloßem "Mundstück" ist zwar gewahrt, aber das in spontanen, überfallartigen Akten schaffende Subjekt empfindet seine Tätigkeit als von einer unerklärlichen Notwendigkeit geleitet. Mit der neuen Würdigung der Inspiration steht Nietzsche in der Nachfolge der romantischen Inspirationsästhe-

225 Nietzsches Interesse gilt allerdings weniger der Wissenschaft als Wissenschaft, sondern der wissenschaftlichen Methode als einem kritischen Instrument des klaren, freien Denkens. Der "Geist der Wissenschaft" soll ein 'skeptisches' Gegenmittel gegen die religiösen, philosophischen und künstlerischen Exaltationen sein (2, 204 – MA I). Daher haben die Künstler eine Abneigung gegen die Wissenschaft: "*Scharfe Luft*. – Das Beste und Gesündeste in der Wissenschaft wie im Gebirge ist die scharfe Luft, die in ihnen weht. – Die Geistig-Weichlichen (wie die Künstler) scheuen und verlästern dieser Luft halber die Wissenschaft." (2, 467 – VM).

226 In der Vorstufe zu diesem Textstück (*Das Mundstück der Götter*) betont Nietzsche stärker das bewußte Täuschen des Dichters, das "Verstecken und Maskiren" (14, 174).

tik. Es wirkt geradezu wie eine Vorwegnahme dieses Nietzscheschen Panegyrikus auf die 'Inspiration', wenn Novalis, im Textstück *Monolog*, schreibt:

> Wie, wenn ich aber reden müßte? und dieser Sprachtrieb zu sprechen das Kennzeichen der Eingebung der Sprache, der Wirksamkeit der Sprache in mir wäre? und mein Wille nur auch alles wollte, was ich müßte, so könnte dies ja am Ende ohne mein Wissen und Glauben Poesie sein und ein Geheimniß der Sprache verständlich machen? und so wär' ich ein berufener Schriftsteller, denn ein Schriftsteller ist wohl nur ein Sprachbegeisterter? (S II, 672 f.)

Hier betont schon Novalis die im kreativen Subjekt wirkenden inspiratorischen, diktatorischen Impulse, die eigentümliche Symbiose aus subjektivem Willen und übersubjektivem Antrieb im Schaffensakt. Im Unterschied zu Nietzsche geht er allerdings noch stärker von den immanenten Impulsen der Sprache selbst aus, wie er auch das schaffende Subjekt noch nicht verabsolutiert, sondern ihm eine noch stärker mediale Funktion zuweist. Auch fehlt bei Nietzsche die religiöse Grundierung der romantischen Inspiration. In den *Herzensergießungen* betont Wackenroder, mit Blick auf "Raffaels Erscheinung", daß die "größesten Meister der Kunst" ihre Werke "nur durch göttliche Eingebung erlangt haben" (S. 5 f.). Auch Nietzsche favorisiert die Eingebung, aber bei ihm ist die "Inspiration" keine religiöse Inspiration mehr, sondern sie erwächst aus dem Leben selbst, wie zudem das schaffende Subjekt einen absoluten Eigenwert erlangt. Wackenroder hingegen verurteilt "all das profane Geschwätz über Begeisterung des Künstlers" als "wahre Versündigung" und stellt fest, daß es "auf nichts anderes, als den unmittelbaren göttlichen Beistand ankomme" (S. 10). Während nach Wackenroder die "Natur" "abgebrochenen Orakelsprüchen aus dem Munde der Gottheit" "gleichet" (S. 64), kennt Nietzsches lebensimmanentes Daseinsverständnis keine naturtranszendente, religiöse Instanz mehr. Bezeichnenderweise ist für Nietzsche das Erlebnis der inspiratorischen Notwendigkeit zugleich die Erfahrung der höchsten Freiheit des schaffenden Subjekts: "Alles geschieht im höchsten Grade unfreiwillig, aber wie in einem Sturme von Freiheits-Gefühl, von Unbedingtsein, von Macht, von Göttlichkeit..." (6, 340 – EH). Nicht eine religiöse Macht, sondern der Wille zur Macht ist die den Künstler antreibende Kraft. Nietzsches Inspirationserlebnis ist die höchste Form der existentiellen Selbsterfahrung. Die "Göttlichkeit" liegt im schaffenden Subjekt selbst. Die erneute Erfahrung der Inspiration ist auch für den späteren Rilke charakteristisch. In einem Brief vom 6.1.1922 schreibt er mit Bezug auf die *Duineser Elegien*:

> ich begann in dieser, nur durch die Leidenschaften des Weltraums erregten Einsamkeit die vielleicht größeste und reinste Arbeit meines Herzens – [...], und der Strom des begnadeten Geistes war so gewaltig in mir [...] (*Rilke*, Materialien, 223 – an Gräfin Sizzo)

Die aus der großen Einsamkeit erwachsende schöpferische Inspiration ist eine Grunderfahrung sowohl Nietzsches als auch Rilkes. Bei Rilke zeigt das Inspirationserlebnis allerdings Züge religiöser Ergriffenheit, während es bei Nietzsche Ausdruck der absoluten Einsamkeit des monologischen Subjekts ist.

Nietzsches Inspirationserlebnisse betreffen vor allem die Entstehung des *Zarathustra*. Wiederholt berichtet er von Exorbitanzerlebnissen in der Zarathustra-Phase. So schreibt er, daß ihm der Grundgedanke des *Zarathustra*, "der *Ewige-Wiederkunfts-Gedanke*, diese höchste Formel der Bejahung, die überhaupt erreicht werden kann" (6, 335 – EH), im August 1881 urplötzlich, in einem Erleuchtungserlebnis gekommen sei: "Ich gieng an jenem Tage am See von Silvaplana durch die Wälder; bei einem mächtigen pyramidal aufgethürmten Block unweit Surlei machte ich Halt. Da kam mir dieser Gedanke." (ebd.). Im Gedicht *Sils-Maria* hebt Nietzsche eindringlich das Intuitive, Plötzliche, Überfallartige der Zarathustra-Idee hervor: "Da, plötzlich, Freundin! wurde Eins zu Zwei – / – Und Zarathustra gieng an mir vorbei..." (3, 649 – FWP). Nietzsche spricht auch von der "heiligen Stelle, wo der erste Blitz des Zarathustra-Gedankens mir geleuchtet hatte" (6, 341 – EH). Im Brief an Brandes vom 10.4.1888 heißt es:

> Zarathustra 1883 – 85 (jeder Theil in ungefähr zehn Tagen. Vollkommener Zustand eines "Inspirirten", Alles unterwegs, auf starken Märschen concipirt: absolute Gewißheit, als ob jeder Satz Einem zugerufen wäre. Gleichzeitig mit dem Gefühl größter körperlicher Elasticität und Fülle –) (B 8, 287)

Erneut betont Nietzsche die Spontaneität, das Visionäre und Überwältigende der Zarathustra-Erlebnisse. Daß er den "Inspirirten" in Anführungszeichen setzt, signalisiert einen leichten ironischen Vorbehalt gegenüber dem Begriff. An anderer Stelle notiert er:

> Unschuld wegen der Beherrschtheit durch das fatum ist die Sklavenauffassung. Der Stolz regt sich, wenn der Mensch für seine Verdienste als Urheber gelten will. / – aber Homers Stolz und aller Inspirirten, *nicht* selber Urheber, sondern Werkzeuge eines Gottes zu sein! (11, 197 – 1884)

Eben dies ist Nietzsches Auffassung von Inspiration: der Inspirierte ist nicht "Werkzeug", sondern "Urheber". Es handelt sich nicht um eine "Inspiration" im Sinne einer Eingebung durch höhere Mächte, wie sie in der Verbalinspiration der religiösen Offenbarung geglaubt wird, sondern um eine Als-ob-Inspiration, um ein Ergriffenwerden von den im schöpferischen Subjekt selbst aktiven Energien. Nietzsches Inspirationserlebnisse sind unlöslich mit der Erfahrung der absoluten Einsamkeit verknüpft. So bezeichnet er das *Nachtlied*, einen der lyrischen Höhepunkte des *Zarathustra*, als "jenes einsamste Lied", "das je gedichtet worden ist" (6, 341 – EH). Nietzsches Inspirationen sind monologische Inspirationen. Das ganz auf sich selber zurückgeworfene Subjekt entbindet aus sich heraus visionäre Grenzzustände, die es mit dem bedeutungsvollen Begriff "Inspiration" belegt.

Steht die Zarathustra-Phase weitgehend im Zeichen dieser so verstandenen "Inspiration", setzt sich in der Folgezeit ein ausgeprägteres artifizielles Bewußtsein durch, eine kritische und produktive Reflexion der künstlerischen Mittel und Formen. Es zeigt sich bei Nietzsche mehr und mehr eine Verquickung von dionysischem Lebensgefühl und apollinischer Sprachdisziplin, von dithyrambischem Aufschwungsenthusiasmus und strengem Formbewußtsein, von Inspiration und Artistik. Dies ist im Prinzip schon in der Zarathustra-Phase erkennbar. Ein Fragment von 1884 lautet: "Die Franzosen *tief* artistisch – das Durchdenken ihrer Cultur, die Consequenz im Durchführen des schönen *Anscheines* – spricht gar nicht gegen ihre *Tiefe* - - -" (11, 215)[227]. Nietzsche sieht nun das Stilideal des künstlerischen Schaffens in der Symbiose von existentieller Tiefe und formaler Virtuosität. Er beruft sich auf die romanische *clarté*, die nicht bloß äußere Formvirtuosität sei, sondern in artifiziellen Ausdruck umgesetzte Tiefe. Später wird Gottfried Benn formulieren:

> formen, das ist deine Fülle,
> der Rasse auferlegt,
> formen, bis die Hülle
> die ganze Tiefe trägt (*Benn*, Am Brückenwehr, GW III, 163)

Daß der schöne Schein in seiner wahren Bedeutung Ausdruck der existentiellen Tiefe ist – dieser Gedanke ist schon im Fragment Nietzsches klar ausgesprochen. Nietzsche strebt die Verbindung des Elementar-Dionysischen mit dem Diszipliniert-Artistischen an. Nietzsches Dionysos wird zum "apollinischen Dionysos" (*Bachofen*, Unsterblichkeitslehre, 111) Weder formlose Tiefe noch substanzlose Artistik, sondern substantielle Artistik bzw. artistische Tiefe ist sein ästhetisches Anliegen. Der Künstler soll seine Tiefen nicht lediglich eruptiv artikulieren, sondern artistisch formen; aber er soll nicht einfach nur artistisch, sondern "*tief* artistisch" sein. Höchst bemerkenswert ist ein Fragment vom Oktober/November 1888:

> *Faust* – das ist für den, der den Erdgeruch der deutschen Sprache aus Instinkt kennt, für den Dichter des Zarathustra, ein Genuß ohne Gleichen: er ist es *nicht* für den Artisten, der ich bin, dem mit dem Faust Stückwerk über Stückwerk in die Hand gegeben wurde [...] (13, 634 f.)

Der *Zarathustra*-Dichter verspürt eine innere Affinität zu Goethes *Faust*, auf Grund des elementar-dithyrambischen Daseinsentwurfs, der Faust und Zarathustra gleichermaßen prägt. Der "Artist" Nietzsche hingegen geht auf kritische Distanz zum *Faust*, da er in ihm die Aufhebung der elementaren Tiefe in einer artifiziellen Form vermißt. Goethes "Löwen-Novelle" hingegen entspricht durch ihre "verklärt-reine Herbstlichkeit", durch "etwas Goldenes und Versüßendes" dem Stilprinzip des Artisten: "*das* nenne ich Goethisch." (13, 634). Nicht das Faustisch-Elementare, sondern das Klassisch-Artifizielle an den Werken Goethes weckt das Interesse des "Artisten" Nietzsche. Offenbar hat Nietzsche selbst ein geschärftes Bewußtsein für die nach der eruptiven Zarathustra-Phase bei ihm einsetzende stärkere Hinwendung zur artistischen Formenschön-

227 Vgl. Gottfried Benn, der vom französischen "Geist" sagt, er sei "weniger orphisch als artistisch" (Frankreich und wir, 61; vgl. Franzosen, 328). Im Zeichen eines artistischen Formbewußtseins polemisiert Nietzsche, wie später Benn, gegen die formlose deutsche "Tiefe". Zwar sei die "Form" nur aus der "Tiefe" zu begreifen, aber die "Deutschen glauben sich tief, wenn sie sich schwer und trübsinnig fühlen" (11, 585; vgl. 5, 186 – JGB). Benn verspottet "diese undurchsichtige quälende familiäre 'Tiefe'" (Doppelleben, 164).

heit. Ähnlich äußert sich später Gottfried Benn, der unter Zitation einer Stelle aus Goethes *Maximen und Reflexionen*, gleichfalls nicht die Tiefe, sondern die Form als das Wesen der Poesie herausstellt:

> Wie viele Stunden meines Lebens habe ich vor dem Satz des Balkongotts verbracht, ihn gedreht und gewendet, hören Sie den Satz: "Auf ihrem höchsten Gipfel scheint die Poesie ganz äußerlich. Je mehr sie sich ins Innere zurückzieht, ist sie auf dem Wege zu sinken." – Was soll das heißen? Ich muß also mein Inneres verleugnen, düpieren, Farcen mit ihm treiben, dies ist die Voraussetzung für Poesie, was ist diese dann eigentlich noch? Zaubern, Seiltrick, Nichts und darüber Glasur? (*Benn*, Altern als Problem für Künstler, 577; vgl. Probleme der Lyrik, 501)[228]

Benn eliminiert den Inhalt und verabsolutiert die Form. So hatte es Goethe allerdings nicht gemeint, denn ihm ging es um die wechselseitige Durchdringung von "Innerem" und "Äußerem" (*Goethe*, Maximen und Reflexionen, HA XII, 511). Und auch Nietzsche löst nicht die Inhalte zugunsten der Form auf, sondern will die Inhalte in eine artifizielle Form umsetzen. Die Bennsche Formel "Nichts und darüber Glasur" hätte er mit Sicherheit nicht unterschrieben, denn sosehr er vor allem in den auf den *Zarathustra* folgenden Jahren das Artistische der Kunst betont, sosehr übt er Kritik an der bloß äußeren Formvirtuosität der zeitgenössischen "Artisten". Gelegentlich tendiert Nietzsche allerdings durchaus zur produktiven Formalisierung der Inhalte. So formuliert er:

> Man ist um den Preis Künstler, daß man das, was alle Nichtkünstler "Form" nennen, als *Inhalt*, als "die Sache selbst" empfindet. Damit gehört man freilich in eine *verkehrte Welt*: denn nunmehr wird einem der Inhalt zu etwas bloß Formalem, – unser Leben eingerechnet. (13, 9 f. – 1887/88; vgl. 13, 533)

Dies ist die letzte Konsequenz eines Kunstdenkens, dem es um den Schöpfungsakt als solchen geht und für das die Inhalte nur noch in ihrer strukturbildenden Funktion und als Stimulantia des Schaffensaktes von Bedeutung sind. In ihrer extremen Form folgt die Kunst als freies Spiel ihrer artistischen Eigenbewegung und instrumentalisiert die Inhalte zum Spielmaterial. Interessant ist auch der Hinweis des späten Nietzsche, daß "Clowns und Seiltänzer" die "einzigen Akteure" seien, "deren Talent unbestritten und absolut ist, wie das der Mathematiker oder mehr noch comme le saut périlleux. Denn hierbei giebt es keinen falschen Anschein von Talent: entweder fällt man oder man fällt nicht." (13, 122 f. – aus >Journal des Goncourt<). Der Künstler als Artist des Salto mortale – dies wiederum entspricht weitgehend der Bennschen Zirkusmetaphorik. In der Auseinandersetzung mit der modernen Formlosigkeit beruft sich Nietzsche, der klassische Philologe, noch Ende 1888 auf die Antike, die Formstrenge und Logizität der *lingua Latina*, die Epigrammatik Sallusts und die Oden des Horaz. Nun deutet er sogar, in souveränem Ignorieren der dithyrambischen Fluoreszenz des Werkes, den *Zarathustra* als "eine sehr ernsthafte Ambition nach *römischem* Stil". Horaz erscheint ihm als die Inkarnation des Artisten: "Bis heute

228 Das Zitat entstammt Goethes *Maximen und Reflexionen* (vgl. HA XII, 510 f.).

habe ich an keinem anderen Dichter dasselbe artistische Entzücken wiedergefunden, das mir eine Horazische Ode macht." (13, 623; vgl. 6, 154 – GD).[229] Die strenge Kunstform der Horazischen Lyrik ist für den Klassizität fordernden Nietzsche ein normatives Stilideal. Klare Formen, artistische Wortkombinatorik und stilistische Luzidität prägen nun Nietzsches ästhetische Optik. Nun steht er im Banne des Artistischen. Dennoch ist er im ganzen noch zu sehr inhaltsgebunden, zu sehr Verkünder philosophischer Grundgedanken, als daß er alle Inhaltsästhetik aufgeben und eine reine Formästhetik propagieren könnte. Er verkündet keine *l'art pour l'art*-Ästhetik, denn gerade das freie, formale Spiel mit den Inhalten ist letztlich der höchste Ausdruck des schaffenden Lebens. Der "*Olymp des Scheins*", die reine, aus sich selber leuchtende Form, bietet dem Menschen die Möglichkeit, "zu *leben*!" Und: "Diese Griechen waren oberflächlich – *aus Tiefe*..." (6, 439 – NW [= 3, 352 – FW, Vorrede von 1886]). Oberfläche, Schein und Artistentum, diese seit Mitte der achtziger Jahre immer stärker in den Vordergrund drängenden ästhetischen Kategorien, bleiben bei Nietzsche gebunden an das Leben, an die Tiefendimension des schöpferischen Lebens. Sofern Artistik auf Inhaltsverzicht hinausläuft, wird sie bei Nietzsche zum Gegenstand der Kritik. Den "Nihilism der Artisten" (13, 203) lehnt er als letztlich substanzloses Formenspiel ab.[230] Wenn das Artistische in der bloß äußeren Formvirtuosität erstarrt, sind die "Artisten" für Nietzsche höchst fragwürdige Existenzen, die er als "Geisteskranke" (13, 504), "hysterische Weiblein" (13, 298) und "Cultur-Pflanze" (13, 367) apostrophiert. Die "Artisten"-Kritik richtet sich gegen dekadente Erscheinungsformen der modernen Kunst, vor allem gegen die *l'art pour l'art*-Ästhetik und den Naturalismus, wobei Nietzsche weniger die Künstler als die Zeitströmung attackiert: "Das aber spricht gegen 'heute', und nicht gegen die 'Künstler'..." (13, 298). Unter dem Begriff des Artistischen subsumiert Nietzsche so disparate Phänomene wie die Musik Wagners und den Experimentalroman der Naturalisten. Das *tertium comparationis* ist die *décadence*, die in diesen Kunstströmungen sich manifestierende Lebensschwäche. Gegenstand der Kritik ist "der moderne Artist, Maler, Musiker, vor allem romancier, der für seine Art zu sein das sehr uneigentliche Wort 'naturalisme' handhabt... / Die Irren, die Verbrecher und die 'Naturalisten' nehmen zu

229 Nietzsche, schon früh vertraut mit den Schriften des Horaz (vgl. dazu bereits die Anmerkungen zum *Ersten Buch der Lieder von Horaz* von 1862, HKG, W II, 135-138), hat in Horaz immer einen vorbildlichen Autor der lateinischen Klarheit gesehen, dessen Sentenzen er als "Wohlthat" empfindet (8, 229). Die in der *Ars poetica* von Horaz (in lockerer Form) entwickelten Grundsätze des 'Nützens' und 'Erfreuens' resp. der Belehrung und Unterhaltung ("aut prodesse volunt aut delectare poetae / aut simul et iucunda et idonea dicere vitae" [333 f.]), die Forderung nach Wahrheitsnähe ("ficta voluptatis causa sint proxima veris" [338]), nach Kürze ("quidquid praecipies, esto brevis" [335]), nach Einfachheit und Einheitlichkeit ("denique sit quodvis, simplex dumtaxat et unum" [23]), nach Neubelebung der Wörter (vgl. 60 ff.), die Verbindung von Naturtalent und Kunstverstand ("natura fieret laudabile carmen an arte, / quaesitum est" [408 f.]), der mit "ingenium" (410) begabte *poeta doctus* und die ironische Virtuosität der Horazischen Sprache – all dies findet die Zustimmung Nietzsches. Unter Anspielung auf Horazens ironischen Vergleich exaltierter Bücher mit grotesken Mischwesen (1-10) kritisiert Nietzsche die "neuere Welt", die "zumeist nur Abnormitäten und Centauren schafft" (1, 765 – CV).

230 Andererseits entlarvt der "*Nihilism* der *Artisten*", der "*nihilistische Künstler*", die falsche Natursentimentalität und enthüllt den 'Zynismus' der Natur (12, 481 f.).

[…] der Ausschuß, der Abfall, die Auswurfstoffe gewinnen Importanz […]" (13, 367). Die naturalistische Symbiose von Kunst und Experiment, Dichtung und Naturwissenschaft erscheint Nietzsche als unproduktives Formenspiel. Vor allem aber ist es die naturalistische Ästhetik des Häßlichen, die seine antinaturalistische Polemik provoziert. Die Kunst und das Häßliche schließen einander aus. Das Häßliche ist Ausdruck von Lebensschwäche und daher der Gegensatz zur Kunst als Ausdruck der Lebensstärke:

> Das Häßliche d.h. der Widerspruch zur Kunst, das, was *ausgeschlossen* wird von der Kunst, ihr Nein – jedes Mal, wenn der Niedergang, die Verarmung an Leben, die Ohnmacht, die Auflösung, die Verwesung von Fern nur angeregt wird, reagirt der aesthetische Mensch mit seinem *Nein* / Das Häßliche wirkt *depressiv*, es ist der Ausdruck einer Depression. Es *nimmt* Kraft, es verarmt, es drückt… […] das Häßliche hinkt, das Häßliche stolpert: – Gegensatz einer göttlichen Leichtfertigkeit des Tanzenden… (13, 296 – 1888; vgl. 6, 123f. – GD)

Für Nietzsche ist das Häßliche nicht ein künstlerisches Sujet, sondern eine ästhetische Herausforderung des Schaffenden:

> Das Häßliche ist die Betrachtungsform der Dinge, unter dem Willen, einen Sinn, einen *neuen* Sinn in das sinnlos Gewordene zu legen: die angehäufte Kraft, welche den Schaffenden zwingt, das Bisherige als unhaltbar, mißrathen, verneinungswürdig, als häßlich zu fühlen? (12, 113 – 1885/86)

Dies ist ein erweiterter Begriff des Häßlichen. In dieser Optik erscheint das Häßliche nicht einfach nur als stoffliches Sujet im Sinne der naturalistischen Doktrin, sondern ist die im permanenten Prozeß des Werdens jeweils zu überwindende Welt-Anschauung. Insofern besteht ein Wechselverhältnis zwischen dem Häßlichen und dem Schaffen. Das Häßliche ist das Stimulans des Schöpferischen. Es ist die durch den Schaffenden jeweils zu überwindende Symptomatik des Verfalls. Eine aktuelle Form des Häßlichen ist der Naturalismus. Aber auch die Antipoden der Naturalisten, die *l'art pour l'art*-Ästheten, die die Schönheit auf ihre Fahnen geschrieben haben und einen *mundus aestheticus* jenseits der empirischen Realität errichten wollen, verfallen der Kritik Nietzsches. Die Kunst des "L'art pour l'art" definiert er als das "virtuose Gequak kaltgestellter Frösche, die in ihrem Sumpfe desperiren" (13, 300). Löst sich das Artistische vom Leben, ergibt sich die Fragwürdigkeit der ästhetizistischen Distanz: "Die *artistische* Welt-Betrachtung: sich vor das Leben hinsetzen." (12, 256). Auch im Artistentum, im "Gegenschlag" gegen die "psychologische Romantik", im "Versuch, sich rein artistisch zum 'Menschen' zu stellen, – auch da wird noch nicht die *umgekehrte* Werthschätzung *gewagt*!". Die "reinen Artisten" vollziehen noch nicht die Umwertung aller Werte, sondern bleiben an den europäischen Moralismus und Nihilismus gebunden (12, 130f.). Ständig übt Nietzsche Kritik an der mangelnden Schöpfungskraft des modernen Menschen. Der moderne Künstler erscheint als eine inferiore Spezies: "Wir sind *Tschandala*: und unsere Künstler und Artisten voran…" (13, 388; vgl. 13, 438 u. 532).

Der Begriff des Artistischen ist bei Nietzsche ein schillernder, doppeldeutiger Begriff. Negativ bedeutet er die bloß äußere Formvirtuosität, das letztlich substanzlose, unschöpferische Spiel mit den Formen. Positiv bedeutet er die aus der Tiefe des Lebens erwachsende schöpferische Ausdrucksbewegung. In diesem Falle kommt ihm metaphysische Dignität zu. Die ästhetizistische Artistik provoziert in Nietzsche "eine kalte Bosheit gegen das 'schöne Wort' und das 'schöne Gefühl' " (13, 623). Die schöpferische Artistik, eine Artistik "mit so viel *Substanz* auf dem Grunde als möglich" (ebd.), ist die höchste Form des künstlerischen Schaffens. Das Artistische als Ausdruck des schöpferischen Lebens wird von Nietzsche in den höchsten Rang erhoben, so daß die Leitformel von der "Kunst" als der "*metaphysischen* Thätigkeit" des "Lebens" als "Artisten-Evangelium" bezeichnet werden kann (13, 522 [= 13, 228]; 1, 24 – GT). Der Begriff "Artisten-Evangelium" ist einerseits ein provokativer Begriff, der die extreme Säkularisierung der christlichen Botschaft signalisiert, und andererseits ein pathetischer Begriff, der die Rangerhöhung der Kunst zum einzigen metaphysischen Inhalt impliziert. Ganz so neu ist diese Wendung nicht, denn immerhin hat schon Platen, in den *Sonetten aus Venedig*, als den "Glauben aller Zeiten" "Des Schönen Evangelium" hervorgehoben (*Platen*, Gedichte, 142). Bei Platen geht es freilich um den reinen Kult des Schönen, während Nietzsche die Kunst ins Leben zurückgründet. Später wird Gottfried Benn sich auf Nietzsches Wort vom "Artisten-Evangelium" berufen, um die Verabsolutierung der Form zu rechtfertigen:

> Es war Gesetz aus jenem Evangelium der Kunst, das im "Willen zur Macht" verkündet war, dem Artistenevangelium von der Kunst als der letzten europäischen Metaphysik. (*Benn*, Lebensweg, 55; vgl. Heinrich Mann zum 60. Geburtstag, 132; Rede auf Heinrich Mann, 412)

Die Begriffe 'artistisch' und 'metaphysisch' stehen bei Nietzsche in einem zweideutigen Wechselverhältnis. Wird der Begriff 'metaphysisch' im Sinne der traditionellen Metaphysik, der christlich-platonischen Weltauslegung, verstanden, ist er ein Gegenbegriff zum Begriff 'artistisch'. Dann kann Nietzsche formulieren: "Eine artistische Weltbetrachtung eine antimetaphysische – ja, aber eine artistische – [...]" (12, 160).[231] 'Antimetaphysisch' – das heißt: Auflösung der traditionellen Metaphysik; 'artistisch' – das heißt: höchste Selbstentfaltung des schöpferischen Lebens. Wird der Begriff 'metaphysisch' im Sinne des schöpferischen Lebens benutzt, ist er ein Komplementärbegriff zum Begriff

---

231 In einem konkreteren Sinne spricht Nietzsche auch von den "rechten Artisten des Lebens" (5, 49 – JGB). Das 'Artistische' kann allerdings auch die reine künstlerische Virtuosität bezeichnen. So merkt Nietzsche zu "meinem neuen Buch '*Götzen-Dämmerung*' " an: "Viel für Artisten" (B 8, 519 – 10.12.88 – an Avenarius). Und noch in seinem letzten Brief taucht die Wendung "Wir Artisten" auf (B 8, 579 – 6.1.89 – an Burckhardt). Der Artist bzw. die Artistenexistenz kann bei Nietzsche in ein seltsames Zwielicht rücken. Einerseits sind die Artisten "raffinirte Artisten" der ästhetischen Surrogate, Artisten, die "nach Wagner als nach einem *Opiat*" "verlangen" (6, 323, 325 – EH). Andererseits kann der Artist trotz des Sich-zur-Schau-Stellens von einem existentiellen Impetus geleitet sein, wie der Seiltänzer im *Zarathustra*, der bei dem akrobatischen Versuch, die Spanne vom Menschen zum Übermenschen zu überbrücken, tödlich abstürzt. Wenngleich Nietzsche im Prinzip unterscheidet zwischen dem wahren, dem dionysischen Artisten und dem schauspielernden, trügerischen Artisten, so können doch auch Schauspielertum und Echtheit sich in einem Artisten vereinigen, wie dies im Seiltänzer der Fall ist. Der Seiltänzer ist nicht einfach nur der nicht-dionysische Artist, dessen Existenz "sich überholt" hat (so *Scheier*, Nietzsches Labyrinth, 157).

'artistisch'. Dann kann Nietzsche von "Artisten-Metaphysik" sprechen (1, 13, 17, 21 – GT [VS]; vgl. 12, 123).[232]

Im Vergleich zu diesen prinzipiellen Problemen der Kunst resp. der Kunst-Leben-Relation äußert sich Nietzsche kaum grundsätzlich zu den einzelnen Dichtungsgattungen. Immerhin, es gibt okkasionelle Bemerkungen, Fragmente, Aphorismen, Aperçus, zu Lyrik, Drama und Prosa. Am spärlichsten sind die Hinweise zur Lyrik. Dabei stehen zwei Aspekte im Vordergrund: Lyrik als Artistik und Lyrik als Musik. So verehrt Nietzsche die artistische Lyrik, wie sie sich in der Antike in der klaren Latinität eines Horaz und in der modernen Literatur in der artifiziellen Sprache Heines manifestiert. Was ihn an Heine fasziniert, ist die Mischung aus Artistik, Musikalität und Provokation. In *Ecce homo* formuliert er einen Panegyrikus auf Heine:

> Den höchsten Begriff vom Lyriker hat mir *Heinrich Heine* gegeben. Ich suche umsonst in allen Reichen der Jahrtausende nach einer gleich süssen und leidenschaftlichen Musik. Er besass jene göttliche Bosheit, ohne die ich mir das Vollkommne nicht zu denken vermag [...] Man wird einmal sagen, dass Heine und ich bei weitem die ersten Artisten der deutschen Sprache gewesen sind – in einer unausrechenbaren Entfernung von Allem, was blosse Deutsche mit ihr gemacht haben. (6, 286 – EH)[233]

Heines Lyrik ist 'intellektuelle' Lyrik, wie die Lyrik Nietzsches. Ihre besondere Ausstrahlung beruht auf der eigentümlichen Mischung von Stimmungszauber und Sprachartistik, Gefühlsausdruck und Sprachwitz, Sentiment und Ironie. Diese Lyrik hat Abstand gewonnen zur Unmittelbarkeit des Erlebnis- und

---

232 Bezeichnenderweise deutet Nietzsche in der Rückschau die *Geburt der Tragödie* als eine gegen Schopenhauer gerichtete "Artisten-Metaphysik": "Diese Artisten-Metaphysik stellt sich der einseitigen Betrachtung Schopenhauer's entgegen, welcher die Kunst nicht vom Künstler aus, sondern vom Empfangenden aus allein zu würdigen versteht [...]" (12, 115). Hier kommt ein Unterschied Nietzsches zu Schopenhauer zur Sprache, den Nietzsche in der Tragödienschrift noch ignoriert hatte: Für Schopenhauer liegt der "Ursprung" des "echten Kunstwerks" in der "Elimination alles Wollens", in einem "temporären Überwiegen des Intellekts über den Willen", im "reinen, willenlosen Erkennen", in der "reinen Objektivität der Anschauung" (WV II, 473 ff.). Für Nietzsche hingegen liegt der Ursprung der Kunst im voluntativen Schaffen, zuerst im dionysischen Weltwillen, dann in der "wüthenden Wollust des Schaffenden" (12, 115). Dem eher passiv-rezeptiven Kunstbewußtsein Schopenhauers steht bei Nietzsche ein ausgesprochen aktiv-dynamisches Kunstschaffen gegenüber. Dabei ist im Blickfeld zu halten, daß der Begriff "Artisten-Metaphysik" nicht mit dem Phänomen der "Artistik" verwechselt werden darf. Es ist problematisch, "den Begriff der Artisten-Metaphysik durch den der Artistik" zu 'ersetzen' (*Driever*, Ästhetik und Artistik, 214). Hier folgt Driever, der im übrigen eine höchst prägnante Analyse des Nietzscheschen Kunstbegriffs vorgelegt hat, zu sehr den Bennschen Optionen. Definiert man mit Benn "Artistik" als den "Versuch der Kunst, innerhalb des allgemeinen Verfalls der Inhalte sich selber als Inhalt zu erleben" (Probleme der Lyrik, 500), dann kann man im Hinblick auf Nietzsche noch nicht von "Artistik" sprechen, da der Nietzschesche 'Artist' kein immanentes Formenspiel betreibt, sondern neue Inhalte verkündet. Im Begriff "Artistik" wird die dem Begriff "Artisten-Metaphysik" inhärente Lebensfunktionalität der Kunst getilgt.

233 Auch Heine benutzt gelegentlich den Begriff "artistisch". So verweist er auf die "artistischen Vorzüge" der Goetheschen "Meisterwerke" des *Götz* und des *Werther* (Romantische Schule, 373). Oder er verweist auf das "Aufdecken der artistischen Mängel und Gebrechen" von Kunstwerken (ebd., 374). Er stellt allerdings die Frage nach dem Verhältnis von Artistik und Engagement. In dieser Hinsicht sind ihm die Goetheschen "Meisterwerke", diese "schönen Statuen", das "abgerundete Kunstwerk" suspekt, und in diesem Sinne wird auch das 'Artistische' fragwürdig: "Freilich, auch Goethe besang einige große Emanzipationsgeschichten, aber er besang sie als Artist" (ebd., 395).

Stimmungsgedichts. Mittels einer Technik der parodistischen Pointen werden die im Gedicht wachgerufenen Gefühle desillusioniert. Zugleich aber ermöglicht gerade dieses witzige Spiel mit den stimmungslyrischen Motiven die Artikulation des Gefühls. Es ist dieses Wechselspiel von Gefühlston und kritischer Bewußtheit, von gezielter Gefühlsentlarvung und verstecktem Gefühlsausdruck, dieses "Versteckspiel" "um Wahrheit und Lüge" (*Böckmann*, Lyrik, 74), was den besonderen Reiz der Heineschen Lyrik ausmacht und seine Wirkung auf Nietzsche nicht verfehlt. Die artifizielle Mischung aus strömendem Gefühl und kritischer Reflexion ist auch für Nietzsches Gedichte charakteristisch, wobei diese Lyrik durch ihre schwergewichtigen, aber mit sprachlicher Leichtigkeit entfalteten philosophischen Probleme weit über das graziöse Spiel von Stimmung und Witz hinausreicht. Vor allem der Sprachartist Heine fasziniert Nietzsche. Seine Heine-Adoration zeigt, daß Lyrik für ihn in ihrer höchsten Form artistische Lyrik ist, eine Lyrik der sprachlichen Virtuosität, die ihre Strahlkraft aus dem facettenreichen Spiel von Gefühlstiefe und Ironie bezieht. Nietzsches eigene Gedichte, sowohl die spruchhafte Lyrik als auch die dithyrambischen Gedichte, sind durch das artistische Wechselspiel von Gefühl und Ironie, Enthusiasmus und Parodie, apodiktischer Aussage und schillernder Zweideutigkeit gekennzeichnet. Daß er sprachliche Artistik in der deutschen Lyrik nur bei Heine und bei sich selber verwirklicht sieht, zeigt sein kritisches Verhältnis zur deutschen Lyrik insgesamt, die er für bloß inhaltsorientierte Lyrik, für bloße Erlebnis-, Stimmungs- und Naturlyrik hält, eine Lyrik ohne den spezifischen Kunstfaktor, eine Lyrik ohne Artistik.[234] Wie sehr die Kategorie des Artistischen die Lyrikauffassung Nietzsches bestimmt, verdeutlichen seine kritischen Einwände gegen das große Vorbild Heine, wenn dessen Lyrismen zum bloßen Gefühlsklischee werden. Für Heines "Lorelei" hat er nur eine ironische Bemerkung übrig (vgl. 13, 457); das von Schumann vertonte Gedicht " 'Du bist wie eine Blume' singen alle höheren Jungfrauen" (13, 533)[235]; Heines melancholischer Vers " 'ich unglückseliger Atlas!' " wird als schwächliche Lamentation abgetan (3, 242 – M)[236]. Die bloße melancholische Innerlichkeit, die

234 Der spätere Nietzsche äußert sich allerdings nur selten zur Lyrik generell. Gelegentlich nimmt er Bezug auf einzelne Lyriker. Aber aus diesen eher okkasionellen Bemerkungen lassen sich generelle Rückschlüsse auf sein Lyrikverständnis ziehen. An den deutschen Lyrikern kritisiert er vor allem die Sentimentalität (vgl. z.B. 11, 232). Die Lyrik soll nicht Ausdruck des Sentiments, der "Liebe" (13, 300), sondern des Willens sein. So verweist er auf "jenes olympische Wesen Goethes, der Verse über seine Leiden machte, um sie loszuwerden" (12, 157).

235 Nietzsches Kritik richtet sich allerdings gegen den 'Ernst' der Schumannschen Vertonung, während er die Verse Heines dem 'lachenden' Heine zuschlägt – ein Mißverständnis, denn diese Verse sind nicht ironisch gemeint, sondern durchaus von Rührung erfüllt (vgl. *Heine*, Buch der Lieder, 131). An anderer Stelle wird allerdings Schumanns Musik als Ausdruck auch Heinescher Sentimentalität verstanden: "Schumann hat Eichendorff, Uhland, Heine, Hoffmann, Tieck in sich" (13, 133). Damit ist zugleich ein Votum gegen die romantische Lyrik im ganzen ausgesprochen. Im übrigen darf man die Eigengesetzlichkeit des Liedes gegenüber der literarischen Vorlage, dem Gedicht, nicht übersehen. Schumann hat in der Tat nie Heinesche Ironie in Töne gesetzt, unbeschadet gewisser Affinitäten in der spielerischen Virtuosität zwischen Heine und Schumann. Schönberg bemerkt einmal, daß ihm Schubert-Lieder ohne die Kenntnis der zugrunde liegenden Gedichte besser verständlich waren (vgl. *Schönberg*, Das Verhältnis zum Text, 65 f.).

236 Vgl. *Heine*, Buch der Lieder, 120. In seiner Jugend hatte sich Nietzsche für das Sentimentale in der Lyrik Heines begeistert. So nennt er Heines "Lotosblume" (Buch der Lieder, 78) "jenes liebliche

mit stimmungslyrischen Requisiten und verbrauchten Metaphern operiert, wehrt Nietzsche ab. Aber er attackiert Heine, einem literaturkritischen Klischee folgend, noch in einem weiteren Punkt, und zwar hinsichtlich der angeblichen Lügenhaftigkeit Heines.[237] Er notiert: "Wer wird an die Wahrheit der Empfindung eines Heine glauben!" (7, 657).[238] Hier zeigt sich Nietzsches Pathos der Wahrheit, das sich gegen vorgetäuschte Gefühle wendet und substantielle Echtheit des lyrischen Sprechens fordert. Unter dem Aspekt des lügnerischen, suggestiven Scheins seiner Kunst wird Heine mit Wagner in einen Topf geworfen: "Wagner und Heine: die beiden größten Betrüger, mit denen Deutschland Europa beschenkt hat." (13, 500). Andererseits protestiert Nietzsche gegen die patriotische Verketzerung Heines und geht scharf mit Avenarius' *Kunstwart* ins Gericht: "das Blatt bläst in das deutschthümelnde Horn und hat z.B. in der **schnödesten Weise** Heinrich *Heine* preisgegeben" (B 8, 362 – 20.7.88 – an Overbeck)[239]. Es zeigt sich eine merkwürdige Zwiespältigkeit Nietzsches im Verhältnis zu Heine. Einerseits ehrt er in Heine den kongenialen Sprachartisten, den er auf eine Stufe mit Goethe stellt: "Deutschland hat nur Einen Dichter hervorgebracht, außer Goethe: das ist Heinrich Heine" (11, 472). Heine hat "in der Sphäre der Kunst das Genie gestreift" (12, 361); mit ihm "ist die Potenz der europäischen Cultur wirklich überboten" (13, 532). Heine stellt neben dem romantischen Artisten Musset den Höhepunkt der neueren Lyrik dar: "der Gipfel der modernen Lyrik, von zwei Bruder-Genies erstiegen, von Heinrich Heine und Alfred de Musset" (12, 475). Nietzsche sieht in Heine überhaupt den bahnbrechenden Lyriker der Epoche. Er betont den Einfluß Heines auf die moderne französische Lyrik. Heine ("l'adorable Heine sagt man in Paris") sei den "tieferen und seelenvolleren Lyrikern Frankreichs längst in Fleisch und Blut übergegangen" (6, 427 – NW; vgl. 5, 198 – JGB). Die deutschen Lyriker sind demgegenüber hoffnungslos im Rückstand: "Was wüsste deutsches Hornvieh mit den délicatesses einer solchen Natur anzufangen!" (6, 427 – NW). Nietzsche hebt vor allem die Verwandtschaft zwischen Heine und Baudelaire hervor

---

Gedicht von Heine" (HKG, W I, 128 [1859]), eine "entzückende Poesie" (HKG, W II, 218 [1863]). Interessanterweise vergleicht er in seinen Anmerkungen zu den *Carmina* Horaz mit Heine, freilich noch weniger im Hinblick auf die strenge Kunstform der *Carmina* als vielmehr hinsichtlich des poetischen Enthusiasmus (vgl. HKG, W II, 138 [1862]).

237 "Der Topos 'Lüge' fehlt in kaum einer Stellungnahme gegen Heine" (*Kleinknecht*, Heine, XXVI). So nennt Arnold Ruge in seinem Aufsatz *Heinrich Heine, charakterisirt nach seinen Schriften* (1838) die Dichtung Heines "ihrem innersten Begriff nach eine *Poesie der Lüge*" (Zitat nach: Kleinknecht, 39). Robert Prutz spricht in seiner Vorlesung *Das Jahr achtzehnhundertunddreißig* (1847) von "jener Poesie der Lüge und der Unwahrheit, der Nichtigkeit und der Selbstverhöhnung, welche in Heine ihren unzweifelhaft klassischen Vertreter gefunden hat" (ebd., 57). In seinem antisemitischen Pamphlet *Das Judenthum in der Musik* (1850), in dem er zum "Befreiungskampfe" gegen das "jüdische Wesen" und das Judentum in der Kunst aufruft, spricht Wagner von dem "begabten dichterischen Juden" Heinrich Heine, der zwar die poetische "Lüge" aufdeckte, aber in "moderner Selbstbelügung" "nun selbst wieder sich zum Dichter log, und dafür auch seine gedichteten Lügen von unseren Komponisten in Musik gesetzt erhielt. – Er war das Gewissen des Judenthumes, wie das Judenthum das üble Gewissen unserer modernen Civilisation ist." (WSD 5, 69 u. 85).

238 Andererseits hebt Nietzsche Heines "Redlichkeit" hervor: "Es mag einer sein, was er will, Genie oder Schauspieler – nur reinlich! (H. Heine hat etwas Reines.)" (9, 326).

239 Im Briefentwurf an Avenarius kurz vor dem 20.7.1888 protestiert Nietzsche gegen das "*Preisgeben* H. Heine's" an eine 'verfluchte' "Deutschthümelei" (B 8, 359; vgl. B 8, 462 f.).

(vgl. 11, 600 f.; B 8, 264) und begrüßt den "Cultus Heinrich Heines" in Paris (11, 601). Andererseits kritisiert Nietzsche den Sprachmanieristen Heine, der den einheitlichen, konzisen Stil vermissen lasse, einen eklektischen Stilpluralismus inszeniere und literarischen Jokus betreibe. Heine

> zerstört das Gefühl für einheitliche Farbe des Stils und liebt die Hans Wurst Jacke, mit dem buntesten Farbenwechsel. Seine Einfälle, seine Bilder, seine Beobachtungen, seine Worte passen nicht zu einander, er beherrscht als Virtuose aber alle Stilarten, um sie nun durcheinander zu werfen. (7, 595; vgl. 8, 281)[240]

Dies ist ein Fragment von 1873, also eine Kritik des frühen Nietzsche, der in Heine einen "farceur" (7, 595) und in seinen Sprachspielen nur ein manieristisches Experimentieren sieht, dessen Wirkung ein "Jargon" sei, "der in jedem Worte, jeder Wendung verwerflich ist" (7, 598). Ein weiteres Fragment lautet: "Hartmann und Heine sind unbewusste Ironiker, Schalke gegen sich selbst: Kant leugnet zwar, dass jemand sich selbst belügen könne." (7, 659). Daß Heine hier mit Eduard von Hartmann, dem von Nietzsche verachteten Philosophen des Unbewußten, in einem Atemzug genannt wird, ist eine besonders provokative Abwertung Heines.

Die Ambivalenz der Heine-Rezeption Nietzsches verdeutlicht exemplarisch die Zwiespältigkeit seiner Lyrikauffassung. Nietzsches Begriff von Lyrik setzt ein substantiell echtes und artifiziell hochwertiges Gedicht voraus, eine Art existentielle Artistik, während die in Manierismus, Formalismus und Schein erstarrende Artistik von ihm schroff abgelehnt wird. Auffällig ist Nietzsches Tendenz, die reine Stimmungslyrik, das bloße Schwelgen in Gefühlen, abzulehnen und eine zwar gefühlsbestimmte, aber zugleich von gedanklicher Tiefe geprägte Lyrik zu fordern. Der von ihm hoch geschätzte Giacomo Leopardi, "der vielleicht der grösste Stilist des Jahrhunderts ist" (8, 35), den er mit Goethe[241], Pindar (vgl. 8, 128) und Chopin[242] vergleicht und dessen Verse er wiederholt zitiert (vgl. 1, 256 – HL; 7, 677; 7, 810), beeindruckt ihn nicht nur durch seinen Gefühlsschwung und Weltschmerz, sondern vor allem auch durch die Gedanklich-

---

240 Im Zeichen des klassischen Stilideals polemisiert Nietzsche gegen den manieristischen Stil Heines, denn dieser "zerstört das kaum fertige Werk unserer grossen Sprachkünstler" (8, 281). Nietzsche, der hinsichtlich der wahren Sprachkunst wohl in erster Linie an Goethe denkt, setzt sich also bereits in der auf die Tragödienschrift folgenden Schaffensphase für die klassische Formeinheit und gegen die manieristische Formauflösung ein. Heine erscheint als das manieristische Gegenstück zur abstrakten Sprachlogik Hegels: "Bei Hegel ist alles nichtswürdiges Grau, bei Heine electrisches Farbenspiel, das aber die Augen eben so fürchterlich angreift, als jenes Grau sie abstumpft. Hegel als Stilist ist ein factor, Heine ein Farceur." (8, 281; vgl. 7, 595). Bei der zwiespältigen Beurteilung Heines durch Nietzsche ist zu berücksichtigen, daß die Bewertung Heines bestimmten Wandlungen in den Entwicklungsphasen Nietzsches unterliegt. Der ganz junge Nietzsche ist Heine-Verehrer, im Zeichen der stimmungslyrischen Innerlichkeit; in den siebziger Jahren wird Heine zum Gegenstand der Kritik, im Zeichen von Wahrheitsethos und sich anbahnender Klassizität; in den achtziger Jahren, vor allem in der zweiten Hälfte, dominiert die Heine-Adoration, im Zeichen der artistischen Sprachkunst. Damit sind allerdings nur Grundtendenzen angezeigt, denn im einzelnen ergeben sich durchaus Überschneidungen.

241 Goethe und Leopardi sind "Philologen-Poeten", deren Nachfolger nur noch "Philologen-Gelehrte" sind (8, 44; vgl. 1, 503 – WB). Leopardi gehört zu den "Meistern der Prosa", die neben Goethe genannt werden können (3, 448).

242 Chopin hat, "gleich Leopardi", die "Schönheit geschaut und angebetet" (2, 618 – WS).

keit seiner Gedichte, die Reinheit und Klarheit der Form und durch seine klassische Gelehrsamkeit.[243] Bereits in einem Fragment von 1875, in dem er sich "gegen die lyrische Poesie bei den Deutschen" wendet und Mörikes Lyrik als "ganz schwach und undichterisch" abtut und seine angebliche Musikalität als "ein süßliches-weichliches Schwimm-schwimm und Kling-kling" bezeichnet, heißt es weiter:

> Gedanken nun hat er gar nicht: und ich halte nur noch Dichter aus, die unter anderm auch Gedanken haben, wie Pindar und Leopardi. Aber was kann auf die Dauer einem diese Knaben-Unbestimmtheit des Gefühls sein, wie sie im deutschen Volkslied sich ausdrückt! Da lobe ich mir selbst noch eher Horaz, ob der schon recht bestimmt ist und die Wörtchen und Gedänkchen wie Mosaik setzt. (8, 128 – 1875)[244]

Das Gedicht soll sich nicht im reinen Gefühlston verlieren, sondern immer auch ein Moment des Gedanklichen enthalten – ohne allerdings zur bloßen intellektuellen Montage von Gedankenelementen, zum "Mosaik" von "Gedänkchen" , zu werden und damit das Spontan-Intuitive des Schaffensaktes einzubüßen. Nietzsche will das Gedicht weder auf Erlebnis-, Stimmungs- und Gefühlsausdruck noch auf eine technisch-rhetorische Kunstübung reduzieren, sondern sein lyrisches Stilprinzip beruht auf der Verquickung von Gedanklichem, d.h. von philosophischen Grundgedanken, und Emotionalem, d.h. von existentieller Ergriffenheit und ekstatischem Lebensgefühl. Nietzsches Gedichte sind weder reine Stimmungslyrik noch bloße 'Gedankenlyrik', sondern eine Mischung aus 'Gefühl' und 'Gedanke', wobei in den spruchhaften Gedichten das gedankliche Element in den Vordergrund drängt, während in den dithyambischen Gedichten die ekstatische Gefühlsbewegung dominiert – ohne daß diese Gedichte zur sangbaren Lyrik würden, denn zu stark ist auch in ihnen die Reflexion, die tiefgründige Reflexion, ausgeprägt, als daß sich das Gefühl in der reinen Sangbarkeit verströmen könnte. Auch ein großangelegter, letzte Gefühlstiefen artikulierender Lyrismus wie das *Nachtlied* aus dem *Zarathustra* ist nicht eigentlich ein 'Lied'. Zum 'Lied' fehlt ihm die Sangbarkeit. Es ist vielmehr ein tiefgründiger philosophischer Lyrismus mit assoziativ weit ausschwingenden Bildern und Metaphern.

---

243 Im ganzen muß man allerdings von einem zwiespältigen Verhältnis Nietzsches zu Leopardi sprechen. Rezipiert er ihn zunächst hauptsächlich als einen großen Dichter der Einsamkeit, des Weltschmerzes und der Schönheit, so sieht er in ihm später mehr und mehr einen Dichter der *décadence*, der Lebensschwäche. Vgl. 7, 753; 7, 648; 8, 575; 8, 593; B 6, 445; 11, 571; 13, 90. Der "Pessimismus" Leopardis gehört zum "*romantischen*" "Pessimismus" der "Schwäche", der "Ermüdung", der "Rassen-décadence" (13, 229; vgl. 13, 395; 13, 429). Es ist nur konsequent, daß Nietzsche sich von Leopardi distanziert, denn der "geheime Grund der Lebensverneinung, den wir in Leopardis Grundstimmung zu erkennen glauben, trifft bei Nietzsche in keiner Weise zu" (*Otto*, Leopardi und Nietzsche, 198).

244 Nietzsche zitiert ironisch einen Tieck-Vers: " 'Doch *Gedanken* stehn zu fern', wie Tieck *singt*." (B 5, 450 – 5.10.79 – an Köselitz). Dies bezieht sich auf Tiecks Gedicht *Liebe*, in dem es heißt: "Liebe denkt in süßen Tönen, / Denn Gedanken stehn zu fern" (*Tieck*, Gedichte II, 31). Vgl. dazu auch die ironische Bemerkung Benns: " 'Liebe denkt in süßen Tönen und Gedanken stehn ihr fern', sagt Tieck, namentlich von der zweiten Hälfte wird wieder ausgiebig Gebrauch gemacht werden" (Literarische Saison, 419).

Den höchsten Rang in der deutschen Lyrik nimmt Goethe ein. Nietzsche, der freilich auch verneint, daß Goethe der "*größte* Lyriker" sei (8, 130), notiert:

> Da lese ich, daß gar *Mörike* der größte deutsche Lyriker sein soll! Ist es nicht ein Verbrechen dumm zu sein, wenn man hier also Goethe *nicht* als den größten empfindet oder empfinden will? (8, 128 – 1875)

Goethe, die bei Nietzsche nach Wagner am häufigsten genannte Gestalt, ist als Lyriker für Nietzsche in doppelter Hinsicht von Bedeutung, nämlich als revolutionärer Sturm-und-Drang-Lyriker und als Dichter der reifen lyrischen Klassizität. Nietzsche, der sich bereits in der *Geburt der Tragödie* auf den schöpferischen Titanismus des Goetheschen Prometheus, d.h. das potenzierte Selbstgefühl des Genies, beruft und Verse aus Goethes *Prometheus*-Hymne zitiert (vgl. 1, 67 – GT [= 1, 615 – SGT]), notiert noch 1887/88: " 'Wähntest du etwa, ich sollte das Leben hassen, in Wüsten fliehen, weil nicht alle Blüthenträume reiften?' – sagt der Prometheus Goethes." (13, 133). Der prometheische Hymnus als potenzierter Ausdruck des schaffenden Subjekts, für Nietzsche Ausdruck eines untilgbaren Lebensglaubens, des *amor fati*, des Willens zur Macht, hat nichts von seiner ursprünglichen Wirkung verloren. Für Nietzsche selbst wird der zum Dithyrambus sich steigernde Hymnus zur höchsten und letztmöglichen Form der existentiellen Selbstaussprache. Er zitiert häufig Verse aus Goetheschen Gedichten, etwa aus dem *West-östlichen Divan*, und es zeigt sich, daß er besonders von der Klassizität Goethes beeindruckt ist und Goethes klassische Kunstform als einen "Weg" in die "Dichtung der Zukunft" auffaßt, die "Wissen" und "Kunst" "zu neuer Einheit" zusammenschließt, in der "Geist" und "Seele" sich maßvoll miteinander verbinden und "aus dem Gegensätzlichen die Grazie des Ernstes" erwächst (2, 420 – VM).[245] Diese Bemerkungen sind aber nicht nur auf die Lyrik, sondern auf die Dichtung schlechthin bezogen. Nietzsche merkt einmal an, daß die Deutschen in Goethe "sehr mit Unrecht vornehmlich den Lyriker zu sehen gewöhnt sind" (1, 435 – WB). Im Hinblick auf die Dichtung zeigt Nietzsche kaum ein gattungspezifisches Interesse. Im Laufe der Jahre werden grundsätzliche Äußerungen zu den einzelnen Dichtungsgattungen immer spärlicher. Dennoch kann man feststellen, daß Nietzsches Lyrikverständnis vom Stilprinzip der gedanklichen Tiefe und Klarheit bestimmt ist. Im Grunde ist er der Lyrikauffassung treu geblieben, die er bereits als Schüler, im Zusammenhang eigener poetischer Versuche, entwickelte:

> Denn ein Gedicht daß vollendet seien soll, muß allerdings so einfach als möglich sein, aber dennoch muß die wahre Poësie auf jeden Worte liegen. [...] Man muß überhaupt bei den Schreiben eines Werks vorzüglich die Gedanken berücksichtigen; eine Nachlässigkeit im Styl verzeiht man eher, als eine verwirrte[n] Idee. Ein Muster hievon sind die göthischen Gedichte in ihren goldklaren, tiefen Gedanken. (Aus meinem Leben [1858], HKG, W I, 28)

245 Häufig finden sich bei Nietzsche Zitate aus Goethes Lyrik. Vgl. z.B. 1, 193 – DS; 1, 811 – PHG; 13, 506; 5, 325 – GM; 7, 371; 1, 646 – BA; 8, 86.

Obschon dieses schlichte Schema später von artistischem Raffinement überdeckt wird, bleibt doch die Idee der *clarté* ein ästhetischer Grundgedanke Nietzsches. In der Lyrik findet dies seinen Ausdruck vor allem im Spruch, insbesondere im parodistisch pointierten oder ironisch getönten Spruch bzw. Spruchgedicht. Infolge der starken gedanklichen Ausprägung weist der Nietzschesche Lyrismus einen ausgesprochen aphoristischen, spruchhaften Zug auf, wie, *vice versa*, die Aphorismen philosophische Lyrismen sind.[246] Selbst Nietzsches Dithyramben sind von Reflexionen durchsetzt. Sie sind hochemotionale lyrische Reflexionen. Nicht nur in Aphorismus, Spruch und Epigramm, sondern auch in Hymnus und Dithyrambus philosophiert Nietzsche. Nicht nur im lyrisierten Gedankensplitter, im Aphorismus, sondern auch in der ekstatischen Aufschwungsgebärde, im Dithyrambus, ist die Reflexion gegenwärtig. Nietzsches Lyrik ist philosophische Lyrik bzw. lyrische Philosophie.

b) Gestaltung

Dabei sind allerdings die verschiedenen lyrischen Gattungen und die Entwicklung der Lyrik Nietzsches zu berücksichtigen.[247] Im Prinzip tauchen bei Nietzsche liedhafte, hymnische und spruchhafte Formen auf. Der unmittelbare Gefühlsausdruck im lyrischen Lied, das hymnische Pathos, das sich häufig zum Dithyrambus steigert, die spruchhafte Sentenz, die in bündiger Form Reflexionen und Lebensweisheiten mitteilt – diese Hauptgattungen der traditionellen Lyrik finden sich auch bei Nietzsche. Liedhafte Gefühlsaussprache, hymnische Ekstatik und spruchhafte Reflexion – diese traditionellen lyrischen Ausdrucksformen werden von Nietzsche wie selbstverständlich übernommen. Ein Sprachexperimentator im Sinne der Revolutionierung der überkommenen lyrischen Formen war Nietzsche nicht. Diesbezüglich war er eher Traditionalist. Im Grunde läßt er die traditionellen lyrischen Formen unangetastet. Ihre Auflösung war allerdings auch nicht sein Anliegen. Aber er hat ihnen neue Impulse und neue Durchschlagskraft verliehen. So wird das lyrische Lied, vor allem im *Zarathustra*, zum philosophischen Gedankengedicht mit metaphysischem Tiefgang. So wird die hymnische Apostrophe, vor allem in den *Dionysos-Dithyramben*, zum monologischen Dithyrambus, zum einsamen Zwiegespräch mit dem

---

246 "Aphoristische Philosophie ist Lebensphilosophie und Elementarphilosophie. Sie ist gewissermaßen auch Philosophie des Gefühls. Richard Benz nennt den Aphoristiker einen 'Gedankenlyriker'. Aphorismen sind in der Tat philosophische Lyrik, eine Philosophie voller Gefühle." (*Margolius*, Aphorismen, 301; vgl. *Benz*, Stufen, 233).

247 Der Lyriker Nietzsche ist von der Forschung weitgehend vernachlässigt worden. Aber Nietzsche will nicht zuletzt als Lyriker ernst genommen werden. Seine großen Gedichte, Gedichte wie *Nach neuen Meeren* (3, 649), *Im Süden* (3, 641), *Die Sonne sinkt* (6, 395), *Im deutschen November* ("Dies ist der Herbst") (11, 323), *Der Freigeist* ("Die Krähen schrei'n") (11, 329), das Venedig-Gedicht "An der Brücke stand" (6, 291; 6, 421) und nicht zu vergessen das frühe Gedicht an den "Unbekannten Gott" (HKG, W II, 428), sind Höhepunkte nicht nur des Nietzscheschen Œuvre, sondern auch der deutschen Lyrik. Man darf Nietzsches Gedichte nicht lediglich als poetische Anhängsel seiner philosophischen Texte lesen, sondern muß sie in ihrer ästhetischen Eigenevidenz annehmen. Auf das entsprechende Defizit in der Nietzsche-Forschung verweist *Grundlehner*, Poetry [Introduction]). Grundlehners Buch erstellt im übrigen einen thematischen Überblick über die Gedichte Nietzsches.

'Leben'. So wird die spruchhafte Sentenz, vor allem in "*Scherz, List und Rache*", zur kritisch-ironischen Waffe in der Auseinandersetzung mit der traditionellen Weltinterpretation. Dabei ist es für Nietzsche charakteristisch, daß Lied, Hymne und Spruch bei ihm kaum je in reiner Ausprägung, sondern vorrangig als Mischformen auftreten. Die 'Lieder' Zarathustras lassen romantische Sangbarkeit vermissen, tendieren zum feierlichen, hymnischen Aufschwung und sind durchsetzt mit Nietzsches philosophischen Grundideen. Nietzsches 'Dithyramben' sind in aller Ekstatik voll von ironisch-hintergründigen Reflexionen mit häufig epigrammatischer Prägnanz. Und die Spruchlyrik Nietzsches, im Grundzug gestimmt auf Polemik, Provokation und Satire, geprägt von scharfem Witz, scharfsinnigen Aperçus und geistreichen Pointen, ist existentielle Selbstdarstellung, die die Tendenz zum Hymnischen nicht ausschließt, wie ein Gedicht wie *Ecce homo* aus "*Scherz, List und Rache*" in exemplarischer Weise zeigt. Daß Nietzsches lyrische Sprache sich nicht eindeutig in die traditionellen Gattungsmuster einfügen läßt, wird besonders im *Zarathustra* deutlich, der eine spezifische Form des Prosagedichts darstellt, in der sich liedhafte, hymnische und spruchhafte Elemente mischen.

Weiterhin ist zu berücksichtigen, daß Nietzsche eine lyrische Entwicklung durchmacht. Die Jugendgedichte, die schon in der Knabenzeit, 1854, einsetzen und bis etwa 1868 reichen, stehen noch stark im Zeichen der lyrischen Tradition. Sie sind vor allem angefüllt mit romantischen Stimmungsrequisiten. Es sind zumeist Stimmungsgedichte in der Manier der traditionellen Natur- und Stimmungslyrik. Die Naturlyrik Eichendorffs, der Weltschmerz Heines, das Pathos Hölderlins, aber auch die Erlebnislyrik des jungen Goethe haben in diesen Jugendgedichten unverwischbare Spuren hinterlassen, ja sie so stark geprägt, daß es sich im Grunde um epigonale Stilübungen handelt.[248] Zu erwähnen sind

248 Die Jugendlyrik Nietzsches besteht weitgehend aus "sentimentalen Ergießungen", in denen "sich der künstlerische Gestaltungsdrang noch fremder Masken und erborgter Gefühle bedient" (*Hermand*, Nietzsche, 135). *Bloße* imitatorische Stilübungen sind diese Juvenilia allerdings nicht, denn in einer Reihe von Gedichten klingt doch ein Ton an, der – wenngleich nur vage – auf Nietzsches originale Lyrik vorausdeutet. Der "Nachklang der konventionellen Romantik", ein "gewisser Hang zur Traurigkeit" und eine "auffallende Weichheit" prägen diese Lyrik, wobei aber eine "heimliche Beziehung zu gedanklichen Grundrichtungen" spürbar ist (*Klein*, Nietzsche, 31). Nietzsche hat später selbst das Gefühl, sich in der Jugenddichtung in weltschmerzlichen Posen erschöpft zu haben. Im Spruchgedicht *Jugendschriften*, das sich allerdings auf "*meine ersten fünf Büchlein*" bezieht (B 5, 440; vgl. 14, 236), aber auch für die frühen Gedichte gilt, heißt es: "Nur das ew'ge Ah! und Oh! / Meiner Jugend hör ich noch." (3, 361 – FWS). Schon der dichtende Schüler Nietzsche hat das Bewußtsein einer Diskrepanz zwischen seinem Enthusiasmus und seiner Gestaltungsfähigkeit:

> Und will mir auch kein Lied gelingen
> Wozu die Muse mir den Schwung verleiht
> So tragen dennoch der Begeistrung Schwingen
> Mich über diese kurze Erdenzeit.
> (...) (HKG, W I, 55 [1858])

Dieses Bewußtsein einer künstlerischen Insuffizienz verläßt den jungen Nietzsche nicht. Seine künstlerischen Versuche entspringen dem spontanen Impuls, den drängenden Gefühlen Ausdruck zu verleihen. Aber er spürt selbst das Tastende, Vage und Unausgereifte dieser Bemühungen: "Ich versucht es erst in Tönen: siehe, es gieng nicht; weiter stürmte das Herz; und der Ton blieb todt. Ich versucht es dann in Versen; nein, nicht Reime fassen's, nicht ruhige, gemessne Rythmen. Fort Papier: eine neues her, und nun kritzle schnell Feder, nun rasch Tinte!" (HKG, W II, 415 [1864]). Die fehlende formale Meisterschaft wird durch die großen Gefühle ausgeglichen.

in diesem Zusammenhang Gedichte wie *Mailied* (1857)[249], *Heimweh* (1858)[250], *Wohin?* (1858)[251], *Frühling* (1858)[252], *Rückkehr* (1859)[253], *Abschied* (1858)[254], "O süßer Waldesfrieden" (1859)[255], *Heimkehr* (1859)[256], *Dornröschen* (1860)[257], "Herbstnebel rings" (1861)[258], *Schweifen, o Schweifen!* (1862)[259], *Lieder* (1862)[260]. Diese Gedichte, angefüllt mit sprachlichen Klischees, stereotypen Bildern und floskelhaften Wendungen, sind schablonierte Gefühlspoesie. Es fehlt ihnen künstlerische Originalität und Qualität. So dichtet Nietzsche den "Wald", den "grünen Wald", im schönsten Eichendorff-Stil an:

> In dir ist Freiheit in dir ist Leben
> O wunderschöner, deutscher Wald
> Wo hehre Eichen mich umgeben
> Und lauter Jubel um mich schallt
> [...] (HKG, W I, 77 [1859])[261]

Unüberhörbar sind die Anklänge an Eichendorffs Gedicht *Abschied*:

> O Täler weit, o Höhen,
> O schöner, grüner Wald
> [...] (Werke I, 67)

In einem Gedicht wie *Mailied* versucht sich der junge Nietzsche an einem Sujet des jungen Goethe. Während aber das *Mailied*[262] des jungen Goethe der originäre Ausdruck des erlebnishaften Einklangs von Ich, Du und Natur ist, ist das *Mailied* des Schülers Nietzsche eine konventionelle Stilübung mit verbrauchten Metaphern. Während Goethe das Gefühl sprachlich unmittelbar gestaltet, erfolgt bei Nietzsche lediglich ein Sprechen über das Gefühl. Er setzt zwar, im

---

249 HKG, W I, 225 (= B 1, 48 [Brief an Wilhelm Pinder Mitte Februar 1859] sowie HKG, W I, 50 [*Maienlied*, 1859]). Den jungen Nietzsche beschäftigen kaum Fragen der lyrischen Form und Sprache der eigenen Gedichte, sondern es ist die aus Stimmungen erwachsende "Lust an poetischen Versuchen", die ihn zum Schreiben drängt: "Ich schicke dir heute das Mailied [...] Ich habe es wirklich ganz im Gefühl des nahen Frühling geschrieben. Wenn ich des Mittags etwas spazieren ging und die Sonne so mild hernieder schien, da wurde mir frühlingswohl, daß ich förmlich genöthigt wurde, diese Weise zu schreiben." (B 1, 48).

250 HKG, W I, 223 (= HKG, W I, 75 [*Abendläuten*, 1859] = W I, 139 [1859] = W I, 192 [*In der Ferne*, III, 1860] = W II, 85 [1862]).

251 HKG, W I, 410 (= HKG, W I, 193 [*In der Ferne*, IV, 1860]).

252 HKG, W I, 444. Vgl. auch *Der Frühling* (HKG, W I, 421 [1858]).

253 HKG, W I, 223 (= HKG, W II, 83 [1862] = verkürzte Fassung von *Heimkehr* [HKG, W I, 89, 1859]).

254 HKG, W I, 224. Vgl. auch die Elegie *Abschied* (HKG, W I, 230 [1860]) sowie die Gedichte *Abschied* in HKG, W I, 426 u. W II, 330.

255 HKG, W I, 77. Vgl. dazu die Variante des Motivs in HKG, W I, 108 (*Heimkehr* [1859]).

256 HKG, W I, 107. Vgl. auch das Gedicht *Heimkehr* in HKG, W I, 140 (1859) und dazu W I, 107 f. sowie W I, 92. Vgl. auch die *Heimkehr*-Lieder (HKG, W II, 262-266 [1863]).

257 HKG, W I, 227 (= HKG, W II, 86 [1862]). Vgl. auch die *Dornröschen*-Gedichte (HKG, W I, 95 u. 97).

258 HKG, W I, 258.

259 HKG, W II, 81.

260 HKG, W II, 76.

261 Das Motiv des Waldes gehört zu den lyrischen Requisiten des jungen Nietzsche. In der Regel ist der Wald eine Zone des Friedens, der Ruhe, des Schutzes. Es ist der "grüne Wald / Wo lustig Vogelsang erschallt / Wo Eichen ihre Häupter schütteln" (HKG, W I, 78 ["O süßer Waldesfrieden"]).

262 *Goethe*, HA I, 30 (*Maifest*; später *Mailied*).

Stile des jungen Goethe, Naturmetaphern, Gefühlswörter und O-Exklamationen ein, aber seine Verse bleiben eigentümlich kraftlos und klischeehaft:

Ich möchte dich umfassen
Und nicht mehr von mir lassen!
O Frühling, zieh herein!
O kann's was schönres geben
Als den Mai, als den Mai allein! (HKG, W I, 226)[263]

Es ist zu berücksichtigen, daß es sich um ein Gedicht aus der Knabenzeit handelt, das nicht mit dem Anspruch auf Kunstfertigkeit geschrieben ist, sondern an Hand der vorgegebenen lyrischen Sprache die Gefühle des Schreibenden zum Ausdruck bringt. Freilich, auch die Gedichte des 17- und 18-jährigen Nietzsche bleiben dem usuellen lyrischen Stimmungston verhaftet und lassen nur in Ansätzen einen eigenen lyrischen Ton erkennen. Neben den von Naturempfindungen, Einsamkeit und Weltschmerz geprägten Gedichten gibt es in der Jugendlyrik auch eine Reihe historisierend-balladesker Gedichte sowie einige religiös-christliche Gedichte. Alle diese Gedichte sind getragen von einem Pathos des Erhabenen, vom Glauben an das Große, von der Glorifizierung großer Individuen, großer Künstler wie Beethoven und Shakespeare, geschichtlicher Gestalten wie Napoleon und nicht zuletzt von der Ehrfurcht gegenüber Christus. Hier ist auf Gedichte zu verweisen wie *Zwei Könige* (1862)[264], *Saint Just* (1862)[265], das die Völkerschlacht von Leipzig beschwörende Napoleon-Gedicht *Über fünfzig Jahre* (1863)[266], *Beethovens Tod* (1864)[267], das Shakespeare-Gedicht "Er starb und ward begraben" (1864)[268], *Du hast gerufen: Herr, ich komme* (1862)[269], *Gethsemane und Golgatha* (1864)[270]. Daneben fehlen auch nicht die Schauerballade wie das Gedicht *Vor dem Crucifix* (1863)[271] und nationalpatriotische Lyrik wie *An Theodor Körner* (1858)[272], *Deutsche Sangeswonne* (1861)[273] und die die Völkerschlacht von Leipzig verherrlichenden Gedichte *Zum 18 Oktober 1862* (1862)[274] und *Zum 18 Oktober* (1862)[275]. Häufig drängt

263 Im Vergleich zum Goetheschen *Mailied*, in dem die Einheit von Ich, Geliebter und Natur in unmittelbarer Lebendigkeit und bildkräftiger Sprache zum Ausdruck gelangt, ist Nietzsches *Mailied* durch eine eher reflexive, die Naturstimmung gewissermaßen kommentierende Diktion gekennzeichnet. Nietzsche hält freilich am Goetheschen Jubelton fest, während z.B. in Uhlands *Mailied* das lyrische Ich in melancholischer 'Zerrissenheit' über den Mai spricht (vgl. *Uhland*, Gedichte und Dramen I, 54).

264 HKG, W II, 75 u. 76 (*Ludwig der sechszehnte – Ludwig der Fünfzehnte*). Im Vergleich zu Georg Heyms Sonett *Louis Capet* (*Heym*, Lyrik, 87) mit seiner präzisen, schockdramatischen Schilderung der Hinrichtung ist in Nietzsches Gedicht Ludwig XVI. zu einer religiösen Gestalt überhöht ("der Guillotine Thron [...] Dein frommes Blut, des Henkers Hohn"). Wo später bei Heym der radikale Abbau des Pathos erfolgt, herrscht bei Nietzsche noch die pathetische Apostrophe.

265 HKG, W II, 82.

266 HKG, W II, 276 (vgl. W II, 273).

267 HKG, W II, 322.

268 HKG, W II, 412.

269 HKG, W II, 80. Zur Frömmigkeitshaltung des Schülers Nietzsche vgl. HKG, W I, 106).

270 HKG, W II, 401 (vgl. W II, 403; W II, 400).

271 HKG, W II, 187.

272 HKG, W I, 407.

273 Nach: F.N., Gedichte (Kröner 1954), 419.

274 HKG, W II, 106.

275 HKG, W II, 112.

sich beim jungen Nietzsche neben der romantischen Naturlyrik mit ihren melancholischen oder enthusiastischen Stimmungen ein heroisches Pathos in den Vordergrund. So fordert der Schüler im Zeichen des nationalen Zeitgeistes im Gedicht "Liebesseupfzer, Seelenschmerz" (1859) den Verzicht auf die verbrauchte Stimmungslyrik zugunsten einer heroischen Hymnik. Die "deutschen Dichter" sollen nicht länger "Waldeslust und Mai" besingen, sondern mit des "Sanges Flammen" zu "Kampf und Schlachtenmuth" aufrufen (HKG, W I, 79). Das Erhabene und die Stimmung, das Große und die Gefühle, das Heroische und die Empfindung – sie prägen die Grundhaltung des jungen Nietzsche. Im Aufsatz *Ueber Stimmungen* (1864) schreibt er:

> Ist mirs doch oft, wenn ich meine eigne<n> Gedanke<n> und Gefühle belausche und stumm auf mich achte, als ob ich das Summe<n> und Brausen der wilden Partei<e>n hörte, als ob ein Rausche<n> durch die Luft ginge, wie wenn ein Gedanke oder ein Adler zur Sonne fliegt. / Kampf ist der Seele fortwährende Nahrung [...] (HKG, W II, 408)

Nietzsche preist die "Stimmungen", die pathetischen, sich zum Erhabenen aufschwingenden Stimmungen:

> Seid mir gegrüßt, liebe Stimmungen, wundersame Wechsel einer stürmische<n> Seele, mannichfach wie die Natur ist, aber großartiger als die Natur ist, da ihr ewig euch steigert, ewig aufstrebt [...] (ebd.)

Dieses emotionale Pathos wird in der Jugendlyrik allerdings nicht durch eine entsprechende künstlerische Sprache gedeckt. Im ganzen sind die von Sentimentalität und Pathos geprägten Jugendgedichte ohne besondere künstlerische Bedeutung. In Ansätzen ist freilich bereits der unverwechselbare Nietzsche-Ton spürbar. Ein frühes Gedicht wie *Ohne Heimath!* –– (1859)[276] läßt trotz konventioneller Metaphorik in der Zuspitzung des Einsamkeitsmotivs zum Motiv der Heimatlosigkeit sowie in seiner Gefühlsechtheit bereits den späteren Nietzsche erkennen:

> Flüchtge Rosse tragen
> Mich ohn' Furcht und Zagen
> Durch die weite Fern'
> Und wer mich sieht der kennt mich
> Und wer mich kennt, der nennt mich:
> Den heimathslosen Herrn.
> Heidideldi!
> Verlaß mich nie!
> Mein Glück, du heller Stern!

Nietzsche merkt zu diesem Gedicht am 11.8.1859 an: "Ich habe gestern ein kleines Gedicht gemacht, indem ich durch Gedanken an die Heimath daran dachte wies wohl einem sein möge, der keine Heimath habe." (HKG, W I, 122). Wenn Nietzsche damit das Motiv der Heimatlosigkeit als fingiertes Motiv ausgibt, so

---

276 HKG, W I, 122 (= HKG, W II, 87 [1862]; vgl. HKG, W I, 228 [1859]).

steckt doch jener spätere Vers "Weh dem, der keine Heimat hat!" (11, 329 – Der Freigeist, 1884) bereits in diesem Hinweis. Am stärksten zeigt sich ein eigener Ton der Jugendgedichte im Versgebet "Noch einmal eh ich weiter ziehe" (1864) (HKG, W II, 428), denn hier antizipiert Nietzsche bereits die für ihn später so symptomatische Problematik des einsamen, monologischen Subjekts, wobei in diesem frühen Gedicht das von Selbstbehauptung und Hingabe geprägte Ich sich noch in tiefer Ergriffenheit dem "unbekannte<n> Gotte" zuwendet.[277]

Beim jungen Nietzsche wächst allmählich das Kunstbewußtsein. Mehr und mehr versteht er die poetische Tätigkeit als geistige Tätigkeit. Schon im frühen Entwurf einer autobiographischen Skizze über bisherige literarische Tätigkeit (1862) will er

> zeigen, nicht wie man Dichter ist, geboren wird, sondern wie man Dichter wird d.h. wie aus dem fleißigen Reimschmied bei wachsender geistiger Fähigkeit auch schließlich ein wenig Dichter werden kann. (HKG, W II, 119)

Ist dies noch ein eher behutsames Sich-Vortasten zum Dichterischen, so prägt sich bald eine produktive Entschiedenheit des lyrischen Sprechens aus. Dies schließt allerdings den Rückfall in epigonale Stilübungen nicht aus, wie dies in dem zwischen Pathos und Farce schwankenden Gedicht *An die Melancholie* (1871) (7, 389)[278] und dem abstrusen Schauer-Gedicht *Nach einem nächtlichen Gewitter* (1871) (7, 391) der Fall ist. Aber im ganzen findet Nietzsche in der auf die Jugendgedichte folgenden Lyrik einen eigenen Ton. In der Lyrik der siebziger Jahre setzt sich mehr und mehr eine originäre Diktion durch, in der Naturlyrismus, Spruch und Hymnus zum künstlerischen Mittel der Selbstdarstellung des monologischen Subjekts werden. Die Naturmetaphern sind nun keine aus der Tradition erborgten Klischees mehr, sondern werden zu bedeutungsvollen Chiffren der monologischen Subjektivität. So sind z.B. die 1884 neu bearbeiteten, aber früher entstandenen Gedichte *Der Wanderer* (1884)[279], *Im deutschen November* ("Dies ist der Herbst") (1884)[280], *Am Gletscher* (1884)[281] und ein Gedicht wie *Der Freigeist* ("Die Krähen schrei'n") von 1884[282] monologische Gedichte, in denen das vereinsamte Subjekt seine Grenzsituation in einprägsamen Naturlyrismen ausspricht. Indem er sie in Chiffren der eigenen Existenzproblematik verwandelt, gelingt es Nietzsche, die traditionellen lyrischen Topoi neu zu beleben. Im Gedicht *Der Wanderer* werden romantische Motive wie das Wandern, die Nacht und das Vogellied zu Elementen eines Bildkomplexes, dessen Thema das unaufhaltsame, jede Geborgenheit hinter sich lassende Wandern ist ("Denn du sollst gehn / Und nimmer, nimmer stille stehn!"). Es geht in diesen

277 Dieses Gedicht des neunzehnjährigen Nietzsche zeigt schon den unverwechselbaren Nietzsche-Ton. Hier spricht schon der 'wahre' Nietzsche. Zu Recht hat man dieses Gedicht zur "Weltliteratur" gezählt (*Klein*, Nietzsche, 36).

278 Exkurs 31.

279 11, 322 (mit Veränderungen = 8, 302 [1876] = B 5, 177 [Brief an Rohde vom 18.7.1876]).

280 11, 323 (frühere Fassung: 8, 395 [1877]).

281 11, 325 (frühere Fassung: 8, 396 [1877]).

282 11, 329 (frühere Titel: *An die Einsiedler, Aus der Winter-Wüste, Im deutschen Spätherbst, Mitleid hin und her* [vgl. 14, 715]).

'Natur'-Gedichten weder um die lebendige Natur des jungen Goethe noch um den gefühlslyrischen Einklang von Mensch und Natur wie bei Eichendorff, sondern die Natur fungiert als Metaphernreservoir des monologischen Subjekts. In diesen 'Natur'-Gedichten wird kaum je die wirkliche Landschaft anschaulich vergegenwärtigt. Die Natur ist vielmehr bloße Metapher der Bewußtseinslage des Schreibenden. Die Natur interessiert Nietzsche nicht als lebendige Landschaft, sondern als geistiges Zeichen. Die Naturmotive sind Metaphern der Seelenlandschaft. Im Gedicht *Im deutschen November* ist der "Herbst" ein Zeichen der Einsamkeit des Subjekts. Die Landschaft, die Herbstlandschaft, wird von vornherein in ihrer Wirkung auf das Subjekt evoziert, und die herbstlichen Bilder nötigen das Ich in die elegische Reflexion über die Verlorenheit des Menschen in der Welt:

> Dies ist der Herbst: der – bricht dir noch das Herz!
> Fliege fort! fliege fort! –
> Die Sonne schleicht zum Berg
> Und steigt und steigt
> und ruht bei jedem Schritt.
> Was ward die Welt so welk!
> [...]

Nietzsches Gedicht erschöpft sich nicht in der Natursentimentalität und Weltschmerzpose der usuellen Herbstlyrik[283], sondern ist ein die Grenzsituation des einsamen Subjekts vergegenwärtigender Lyrismus. Nietzsches elegische Gedichte schwelgen nicht in der Klage, sondern zeigen immer auch den Willen zur Selbstbehauptung. Nietzsche läßt sich nicht einfach von den Stimmungen treiben, sondern sucht sie zu bewältigen. Bezeichnend ist eine Briefbemerkung Nietzsches vom Dezember 1878, in der er sich gegen den elegischen Pessimismus des von ihm verehrten Leopardi abgrenzt: "Sie wissen doch, daß *ich* kein 'Pessimist' bin, wie er und das 'Düstere', *wo* ich es finde, nur *constatire*, nicht bejammere." (B 5, 375 – 29.12.78 – an Marie Baumgartner).[284] Im Grunde bewahrt sich Nietzsche auch in seinem elegischen Herbstgedicht jene Einstellung, die er im Brief an Rohde vom 7.10.1869 zum Ausdruck bringt: "Ich sollte auch meinen, daß jemand, der den Herbst, wenige Freunde und die Einsamkeit wahrhaft liebt, sich einen großen, fruchtbar-glücklichen Lebensherbst prophezeien darf." (B 3, 62).[285] Freilich, später spitzen sich die Dinge bei Nietzsche zur exi-

283 Das zeigt sich exemplarisch an der Lenau-Rezeption Nietzsches. Einerseits weisen eine Reihe von naturlyrischen Gedichten Nietzsches eine überraschende Affinität zur melancholischen Naturlyrik Lenaus auf (zu diesen Motivparallelen vgl. *Haller*, Mandragora, 81-109; *Gibson*, Lenau-Rezeption; *Schmidt*, Humanum, 134 ff.); andererseits hebt sich Nietzsche, vor allem der spätere Nietzsche, durch den Willen, durch den die Melancholie überwindenden Willen, von der weltschmerzlichen Resignation und Verzweiflung Lenaus ab.

284 In Nietzsche ist ein starker Zug zur Überwindung des Leidens. Er teilt mit, daß er "*viel* zu leiden hat, aber auch *viel* **mehr** von Ruhe und Glück zu genießen bekommt als Sterblichen gewöhnlich eingeschenkt wird. – Ich gehe vorwärts, aufwärts" (B 5, 394 – 14.3.79 – an M.v. Meysenbug). Nietzsche wird "selbst das Leiden zum Gewinn", wie die Meysenbug in ihrem Antwortbrief schreibt (B II 6/2, 1062 – 28.3.79).

285 Nietzsche fügt dann seinem Brief einige Verse ein, die der Hölderlin-Ode *An die Parzen* nachempfunden sind: "Drum dulde, daß der / Parzen eine / Den Herbst mir spinne, / lieb und lang / Aus

stentiellen Grenzsituation zu, in der Konfrontation mit der sinnentleerten Welt. Aber die Natur bleibt Metapher des Subjekts – der "Herbst" verweist auf den "Lebensherbst" –, und das Ich verliert sich nicht in der sentimentalen Klage, sondern artikuliert sich in der existentiellen Selbstaussprache. Menschliche Grenzsituationen, Weltverlust und Einsamkeit, sind das Thema dieser 'Natur'-Lyrik. Die Naturbilder werden zu Zeichen menschlicher Seelenzustände metaphorisiert. Im Gedicht *Am Gletscher* erscheint der "Sommer" als der "Knabe mit den müden, heißen Augen", der "Sturzbach" "steht" "Sehnsüchtig da", die "Tanne" "blickt" "treuer", "Eisgebirg", "Bach" und "Tann" "lieben" den einsamen "Knaben". In der allegorisierenden Vermenschlichung der Natur werden die Naturerscheinungen zu Chiffren der menschlichen Existenz. Freilich, die Natur verflüchtigt sich bei Nietzsche nicht zum abstrakten Schemen, sondern Nietzsche erlebt im Gegenteil in wachsendem Maße die Natur fast wie eine mythische Macht. Hochgebirge und Meer sind für ihn überwältigende Naturerscheinungen. Aber sie sind es eben nur als Stimulantia des Erlebnisses, der Steigerung des Lebensgefühls. Die Natur wird nicht in ihrer lebendigen Eigenwirklichkeit, sondern als Zeichen der Befindlichkeit des Subjekts erlebt. Es ist daher nicht ganz unproblematisch, im Hinblick auf Nietzsches Verhältnis zur Landschaft von "Naturmythik" zu sprechen (*Jaspers*, Nietzsche, 368).[286] Im Unterschied zu Hölderlin, der die Natur zu einer den Menschen übersteigenden Macht mythisiert[287], verwandelt Nietzsche die Natur in eine Chiffre der Subjektivität. Nietzsche notiert: "– die Vermenschlichung der Natur – die Auslegung nach uns." (12, 17).[288] Das schließt nicht aus, daß die Natur dem Subjekt als eine sein

---

halbverkühltem Sonnen- / scheine / Und Müßiggang." (Verse von Julius Rodenberg; s. HKG, B II, 488).

286 Jaspers spricht im Hinblick auf den späteren Nietzsche von einer "Identifikation mit der Landschaft"; die frühere "Ergriffenheit durch die Natur" verwandele sich in die Einheit von "Natur" und "Schicksal des Menschen", und die "Natur" werde "wie ein Mythus" (ebd.). Auch Klein betont die Vereinigung des "vereinsamten Menschen" mit der "Natur", die "Untrennbarkeit" von "Gedanken" und "Landschaft" und meint, daß mit der "Natur" der "Urgrund der Welt" zu Nietzsche spreche (*Klein*, Nietzsche, 19, 52, 54).

287 Die Mythisierung der Natur als Vergegenwärtigung der Lebensmächte erfolgt durch das die 'Götter' anrufende rühmende Wort. Der "Mythos" wird nur in der "Sprache" lebendig (*Böckmann*, Sprache und Mythos, 17). Nicht ganz klar wird bei Böckmann allerdings, ob nun die 'Götter' Hypostasen des poetischen Bewußtseins oder vorgegebene Lebensmächte sind, das heißt, ob das Wort eine seins*erhellende* oder seins*erzeugende* Funktion hat. Werden die 'Götter' von der Sprache nur vergegenwärtigt, oder werden sie von der Sprache überhaupt erst hervorgebracht?

288 Nietzsches Verhältnis zur Natur läuft auf einen die Natur anthropomorphisierenden Perspektivismus hinaus. Nietzsche erlebt zwar die Natur, d.h. die 'erhabene' Natur, das Hochgebirge und das Meer, in ihrer realen Lebendigkeit, aber er erlebt sie zugleich (und vor allem) als geistiges Zeichen des kreativen Menschen. Wenn er von der "tiefsten Einkehr in sich und die Natur" spricht (2, 641 – WS), so deutet dies (im Sinne von Jaspers und Klein) auf die innere Verbundenheit von Mensch und Natur hin. Aber letztlich ist die Natur nur ein Spiegelbild des Menschen. Im Textstück *Doppelgängerei der Natur* heißt es: "In mancher Natur-Gegend entdecken wir uns selber wieder, mit angenehmem Grausen; es ist die schönste Doppelgängerei." (2, 699 – WS). Dies grenzt schon an ein Natur-Erlebnis à la E.T.A. Hoffmann. Nun wird bei Nietzsche die Natur nicht zur bloßen Kulisse des solipsistischen Subjekts. Aber der Mensch darf über der Natur nicht sich selber, nicht seine eigene "Natur", vergessen: "*Die vergessene Natur*. – Wir sprechen von Natur und vergessen uns dabei: wir selber sind Natur, quand même –. Folglich ist Natur etwas ganz Anderes als Das, was wir beim Nennen ihres Namens empfinden." (2, 696 – WS). Die 'Natur' ist das Produkt menschlicher Perspektiven. Das "Großartige in der Natur" ist Ausdruck nicht "*unmittelbarer Gefühle*", sondern "zahlloser uns einverleibter *Irrthümer*, – es wäre alles kalt und todt für uns, ohne diese lange Schule"

Lebensgefühl prägende Macht, als Herausforderung und Freiheitsraum, begegnen kann. So schreibt Nietzsche im Sommer 1877, also zur Entstehungszeit des tiefen 'Natur'-Gedichts *Am Gletscher* die "Nähe der Gletscher" sei der "rechte Ort, wo man überschaut das menschliche Wesen mit einer Art von Geringschätzung und Verachtung (sich selbst *sehr* einbegriffen) gemischt mit Mitleiden über die vielfältige Qual des Lebens" (B 5, 246 – Juni 1877 – an Paul Rée). In der "heroischen Idylle" (B 6, 100 – 8.7.81 – an Köselitz) des Hochgebirges, d.h. in der Zone der absoluten Einsamkeit, gewinnt das Subjekt eine neue Freiheit gegenüber den Menschen und sich selber. Deshalb "fühlt man sich so wohl in der freien Natur" (B 5, 246). Dort, wo die Natur sich ins Unendliche und Einsame verlängert, d.h. im Hochgebirge und am Meer, fühlt Nietzsche sich zutiefst mit ihr verbunden. Am 23.6.1879 schreibt er an Overbeck:

> Aber nun habe ich vom Engadin Besitz ergriffen und bin wie in **meinem** Element, ganz wundersam! Ich bin mit *dieser* Natur *verwandt*. Jetzt spüre ich die Erleichterung. Ach, wie ersehnt kommt sie! (B 5, 420)

Die Natur als der Bereich des Großen, Erhabenen, Unendlichen entspricht der Seelenverfassung und Bewußtseinslage des sich von den Menschen lösenden Subjekts. Die "heroische" Natur ist ein Stimulans des Lebens. Die "heroische Idylle" ist das Element, in dem sich das 'heroische' Pathos zu entfalten vermag. Insofern sind Hochgebirge und Meer, Nietzsches Lieblingslandschaften, Seelenlandschaften. Die Natur kann allerdings auch zum Raum der Leere, der Heimatlosigkeit, des Nichts werden, wie dies in Nietzsches "Krähen"-Gedicht der Fall ist, in dem das zur "Winter-Wanderschaft" 'verfluchte' Ich sich der Sinnlosigkeit der Welt ausgesetzt sieht und in seiner ahasverischen Ruhelosigkeit den Sinnverlust selbst noch vorantreibt – in diesem Verzweiflungsgedicht:

> Die Welt – ein Thor
> Zu tausend Wüsten stumm und kalt!
> Wer Das verlor,
> Was du verlorst, macht nirgends Halt. (11, 329 – Der Freigeist [1884][289]

Hier zeigt sich in der existentiellen Selbstaussprache die Tendenz zur spruchhaft bündigen Aussage, eine Tendenz, die überhaupt die Lyrik Nietzsches in

---

(9, 557). Die "Schönheit und Erhabenheit der *Natur* [...] haben wir erst in die Natur *hineingetragen*" (9, 583). Das moderne "Naturgefühl" erwächst aus einem Ungenügen des Menschen an sich selber: "wir suchen nach Gefühlen, die wir unter Menschen *nicht* haben." (10, 339 f.). Nietzsche interessiert sich im Grunde nicht für die Natur, sondern nur für den Menschen. Die Natur hat für ihn nur Bedeutung als anthropomorphe Symbolik des Schaffenden, des über sich hinaus schaffenden Menschen: "mit Menschlichem wollen wir die Natur durchdringen und sie von göttlicher Mummerei erlösen. Wir wollen aus ihr nehmen, was wir brauchen, um *über* den Menschen hinaus zu träumen. Etwas, das *großartiger* ist als Sturm und Gebirge und Meer soll noch entstehen – aber als Menschensohn!" (10, 430). Dies entspricht dem im *Zarathustra* geübten Verfahren, denn die dort entfaltete 'Natur' ist keine lebendige, sondern eine zeichenhafte Natur. Es erfolgt die Metaphorisierung der Natur zur Zeichensprache des schaffenden Subjekts.

289 Benn sieht in "diesen schwerwiegenden Versen" den "Verlust von jedem Glauben an Gemeinschaft, an Höherwollen und Höherkönnen des Starken, an Biologie, an Rasse, an blonde Bestie" (Pessimismus, 360). Dies dürfte eine Überinterpretation sein, denn Nietzsche verneint in diesem Gedicht nicht das Über-sich-hinaus-Wollen des Menschen, sondern artikuliert die Situation der absoluten Vereinsamung. In der auf diesen *Abschied* folgenden *Antwort* (11, 330) spricht erneut das wollende Subjekt.

wachsendem Maße prägt. Das witzige Sprichwort, der artistische Sinnspruch, der abgründige Denkspruch, diese von Reflexion durchdrungenen lyrischen Formen kommen dem 'philosophischen' Naturell Nietzsches, seinem Impetus zur kritischen Auseinandersetzung mit der herrschenden Weltanschauung, besonders entgegen. Sie bieten ihm die Möglichkeit, im artifiziellen Arrangement geschliffener Sentenzen, ironischer Wortspiele und parodistischer Pointen den Leser zu verblüffen. Das setzt ein hohes Maß an Kunstfertigkeit voraus. In der Tat gewinnt in der Lyrik Nietzsches der Kunstfaktor mehr und mehr an Bedeutung. Es läßt sich eine Entwicklung vom naiven Stimmungsgedicht über das existentielle Naturgedicht zum raffinierten Kunstprodukt beobachten. Die liedhaften Formen der Jugendlyrik sind aufgegeben. Es dominieren die hymnischen und spruchhaften Formen. Zugleich ist das Kunstbewußtsein gewachsen. Dieses künstlerische Moment zeigt sich sowohl im Spruch als auch im Dithyrambus, den von Nietzsche bevorzugten lyrischen Ausdrucksformen. Wo der Dithyrambus zum tragischen Pathos neigt, dominiert im Spruch die spielerische Ironie – Ausdrucksformen, die sich bei Nietzsche allerdings vielfältig mischen können.

Das naive, kunstlose "Lied" wird Nietzsche zum Gegenstand des Spottes. Nun plädiert er für den raffinierten, kunstvollen "Sinnspruch". Aber es ist bezeichnend für die selbstironische Freiheit gegenüber den literarischen Gattungen, daß er in beiden lyrischen Ausdrucksformen, im gedanklichen "Sinnspruch" und im musikalischen "Lied", seine Kunstfertigkeit erproben möchte. Im Frühjahr 1882 notiert Nietzsche: "'Scherz List und Rache'. Sinnsprüche." (9, 678). Und er verfaßt ein ironisches Programmgedicht:

Lieder und Sinnsprüche.

Takt als Anfang, Reim als Endung,
Und als Seele stets Musik:
Solch ein göttliches Gequiek
Nennt man Lied. Mit kürzrer Wendung,
Lied heißt: "Worte als Musik".

Sinnspruch hat ein neu Gebiet:
Er kann spotten, schwärmen, springen,
Niemals kann der Sinnspruch singen;
Sinnspruch heißt: "Sinn ohne Lied". –
Darf ich euch von Beidem bringen? (9, 679 – 1882)

Nietzsche verweist also mit Nachdruck auf die Gattungsunterschiede der lyrischen Poesie. Er trennt das virtuose Gedankengedicht vom sinnleeren Klanggedicht. Freilich, Nietzsche versteht auch das Gedankengedicht als graziös-tänzerisches Gebilde. Ohne das spielerisch-artistische Moment wird das Gedankengedicht zur plumpen Mitteilung. Ein Leitspruch von 1877 lautet:

Motto:

Tanz der Gedanken, es führt
eine der Grazien dich:
o wie weidest den Sinn du mir! –

Weh! Was seh' ich! Es fällt
Larve und Schleier der Führerin
und voran dem Reigen
schreitet die grause Nothwendigkeit. (8, 472)

Obschon in diesen aus der Zeit von *Menschliches, Allzumenschliches* stammenden Versen Nietzsches Kritik des poetischen Scheins mitschwingt, läßt er doch zugleich den "Tanz der Gedanken" als sein ästhetisches Anliegen erkennen. Der bei Nietzsche in wachsendem Maße in den Vordergrund rückende Sinnspruch soll ein "Tanz der Gedanken" sein. Wenig später ersetzt Nietzsche allerdings das Wort "Tanz" durch das Wort "Spiel" (8, 485). Damit wird das 'ekstatische' Moment ein wenig gedämpft zugunsten des 'geistigen' Moments. Dies betrifft dann nicht zuletzt die im Spruch zum Ausdruck gelangende Freude am Spiel mit den Worten. Der Spruch soll Ausdruck von Geist, Witz und Spielfreude sein.

Die Freude am spielerisch-witzigen Spruch zeigt sich bei Nietzsche insbesondere in "*Scherz, List und Rache*" (1882), jener der *Fröhlichen Wissenschaft* vorangestellten Spruchsammlung, die Nietzsche ironisch mit dem Titel des Goetheschen Singspiels versieht, das im übrigen Peter Gast 1880 vertonte.[290] Provokation, Spiel und Heiterkeit prägen Nietzsches Sprüche. Der Untertitel *Vorspiel in deutschen Reimen* ist ein ironisches Aperçu, mit dem Nietzsche zum Ausdruck bringt, daß er sich noch der 'deutschen' Dichtersprache bedient, obschon er die deutsche Schwere im freien, heiteren Spiel des Denkens hinter sich gelassen hat. Bereits die *Einladung* ist eine ironische Aufforderung an den Leser, sich auf das Wagnis des freien, heiteren Denkens einzulassen:

Wagt's mit meiner Kost, ihr Esser!
Morgen schmeckt sie euch schon besser
Und schon übermorgen gut!
[...] (3, 353 – FWS)

Mit dieser ironischen Apostrophe an den Leser gibt sich der freie Geist zu erkennen, der mit den Dingen artistisch spielt und zum heiteren Denken, zur 'fröhlichen' 'Wissenschaft' aufruft. Nietzsches Sprüche sind Ausdruck eines spielerischen Übermuts. Nietzsche hätte ihnen auch jene Verse aus Goethes *West-östlichem Divan* vorausschicken können:

Dichten ist ein Übermut,
Niemand schelte mich!
Habt getrost ein warmes Blut
Froh und frei wie ich. (HA II, 16 – Derb und tüchtig)

290 Nietzsche hat von Goethe nicht nur den Titel *Scherz, List und Rache*, sondern in seinen Sprüchen auch sprachliche, rhythmische und bildliche Elemente übernommen (vgl. *Bertram*, Nietzsche, 238 f.). So sei ein Nietzsche-Vers wie "Ja! ich weiß, woher ich stamme!" eine sprachlich-rhythmische Nachbildung von einem Goethe-Vers wie "Ja! ich rechne mir's zur Ehre, Wandle fernerhin allein!" (ebd., 239). Dem ist zuzustimmen. Aber Nietzsche füllt die von Goethe übernommene Form mit neuem Inhalt. Goethes "Singspiel", dieses "kleinlich scheinende Sujet" (*Goethe*, Zweiter Römischer Aufenthalt, HA XI, 437), ist ein spielerisches, komödiantisches Intermezzo mit viel Situationskomik, freilich auch mit mancher Spruchweisheit. Nietzsches Spruchsammlung ist eine von existentiellem Pathos getragene epochenkritische Satire auf die bisherigen Werte. Die Vertonung des

Nietzsches Heiterkeit ist freilich eine provokative, gefährliche Heiterkeit. In dieser übermütigen Heiterkeit steckt der tragische Ernst. Nietzsche betreibt nie nur ein heiter-unverbindliches Spiel, sondern in seiner mutwilligen Heiterkeit bringt er seine provokative Weltsicht zum Ausdruck, die auf Leser-Irritation und Leser-Verstörung zielt. Die Heiterkeit hat in dieser Spruchlyrik in der Tat etwas von einer Maske an sich, hinter der sich ein tiefer Ernst verbirgt. In einer Mischung aus lockeren Wortspielen und tiefgründigen Sentenzen entfaltet Nietzsche ein Potpourri seiner Denkmotive. Im witzigen Aperçu, in virtuosen Wortspielen, in parodistischen Pointen verleiht er der Form des Spruches neue Stoßkraft. Der Spruch ist hier nicht einfach nur die lyrische Summe einer allgemeinen Lebenserfahrung oder Ausdruck allgemeiner Lebensweisheit, sondern er ist eine brillante Waffe des freien Geistes. Nietzsches Sprüche sind wie gefährliche Florettstiche. Sie sind von spielerischer Eleganz, aber sie treffen tief. Im Unterschied zur weltüberlegenen Gelassenheit, allgemeingültigen Lebensweisheit und humanen Grundgesinnung der Spruchlyrik Goethes (dazu: *Preisendanz*, Goethe) zeigen die spruchhaften Gedichte Nietzsches einen stärker subjektiv-affektischen Zug. Sie haben etwas von provokativen Experimenten an sich, mit deren Hilfe ein höchst engagiertes Subjekt einer neuen Weltsicht zum Durchbruch verhelfen und dieselbe dem Leser suggerieren will. Ihr ironisch-satirischer Stil ist den Sinngedichten und Epigrammen Lessings[291] verwandter als der Spruchlyrik Goethes. Das für Lessings Spruchgedichte charakteristische Formprinzip des Witzes, in dem aus Scharfsinn und Einbildungskraft die verblüffenden Pointen erwachsen, prägt auch Nietzsches Spruchlyrik. Aber während Lessings Lieder, Sinngedichte und Epigramme aus dem Geiste aufklärerischer Humanität erwachsen, stehen Nietzsches spruchhafte Gedichte im Zeichen einer dionysischen Heiterkeit, in der sich Provokationslust und Spieltrieb verselbständigen. Das Element, in dem dieser Spieltrieb sich voll entfaltet, ist die Gefahr. Die Sprache wird zum Wagnis. Nietzsche formuliert in spruchhafter Bündigkeit:

Für Tänzer.

Glattes Eis
Ein Paradeis
Für Den, der gut zu tanzen weiss. (3, 356 – FWS; vgl. B 6, 171)

Nicht der in sich ruhende Weisheitsspruch, sondern die virtuose Improvisation entspricht dieser Weltsicht. Dabei ist das Schreiben nicht eine partikulare Tätigkeit des diskursiven Bewußtseins, sondern ein spontaner, motorischer Prozeß, an dem der 'ganze' Mensch beteiligt ist:

Mit dem Fusse schreiben.

Ich schreib nicht mit der Hand allein:
Der Fuss will stets mit Schreiber sein.

Goetheschen Singspiels durch Köselitz mißglückte, und es kam zu keiner Aufführung (vgl. B III 2, 449 – 23.9.84 – Köselitz an Nietzsche).

291 Exkurs 32.

Fest, frei und tapfer läuft er mir
Bald durch das Feld, bald durchs Papier. (3, 365 – FWS)

Der Schreibprozeß ist nicht nur ein rationaler Ablauf, bei dem der Verstand mit der "Hand" schreibt, sondern er ist zugleich ein irrationaler Vorgang, an dem auch der "Fuß", d.h. die ganze psychophysische Motorik des Schreibenden, beteiligt ist. Aus diesen Impulsen erwächst der "Geist", der spielerische, experimentierende und provokative Geist. Er ist die zentrale Kraft und das entscheidende Instrument des Schreibenden. Bezeichnenderweise wird im Sinnspruch *Vorsicht* der "Geist" vor den "Schwarmgeistern" gewarnt (3, 361 – FWS). Nur durch den "Geist", den kombinatorischen Geist, ist das witzige Spiel mit den Dingen möglich. Witziges Sprechen setzt geistige Energie voraus. Im witzigen Spruch findet der kritische Geist das satirische Mittel, die traditionellen Lebensanschauungen und Wertvorstellungen durch antithetische Pointen blitzartig in ihrer Fragwürdigkeit zu enthüllen. In den witzigen Sprüchen setzt Nietzsche seine ganze geistreiche Schlagfertigkeit ein, um die Kollision von bestehender Norm und eigener Lebensauffassung zu demonstrieren. Hintergründiger Scherz, bissiger Wortwitz und satirische Enthüllung – sie sind zugleich Ausdruck eines schöpferischen Spieltriebs. So heißt es im Gedicht *Rosen*:

Denn mein Glück – es liebt das Necken!
Denn mein Glück – es liebt die Tücken! –
Wollt ihr meine Rosen pflücken? (3, 355 – FWS)

Es gehört zu dieser Spielfreude, daß sie sich der Maske des Narrentums bedient. Bei Nietzsche wird der Weise zum Narren. Zumindest gehen Weisheit und Narrentum eine Symbiose ein. In seiner spöttischen Spruchlyrik agiert er wie ein buntgekleideter Spaßmacher, der Ernstes und Heiteres, Schweres und Leichtes, Pathos und Ironie virtuos miteinander vermischt. Dieses vorgetäuschte Narrentum ermöglicht die höchste Spielfreiheit. Ein solcher Jokulator läßt sich nicht auf eine bestimmte Ausdrucksform festlegen, sondern ist ein Chamäleon vielfältiger Stilarten. Satire und Feinsinnigkeit, Provokation und Pathos, Vertrautes und Bizarres, Weisheit und Narrentum werden in buntem Wechsel entfaltet. Aufrichtigkeit, List und Derbheit sind gleichermaßen die Signa eines kunstbewußten Stilisten, der sich als artistischer Possenreißer versteht. Es heißt:

Das Sprüchwort spricht.

Scharf und milde, grob und fein,
Vertraut und seltsam, schmutzig und rein,
Der Narren und Weisen Stelldichein:
Diess Alles bin ich, will ich sein,
Taube zugleich, Schlange und Schwein! (3, 355 – FWS)

Das Narrentum ist eine Notwendigkeit, denn in der Maske des Narren gewinnt der Weise eine neue, spielerische Freiheit gegenüber der Welt. Nietzsche schreibt in der *Fröhlichen Wissenschaft*:

> […] wir müssen den *Helden* und ebenso den *Narren* entdecken, der in unsrer Leidenschaft der Erkenntniss steckt, wir müssen unsrer Thorheit ab und zu froh werden, um unsrer Weisheit froh bleiben zu können! Und gerade weil wir im letzten Grunde schwere und ernsthafte Menschen und mehr Gewichte als Menschen sind, so thut uns Nichts so gut als die *Schelmenkappe*: wir brauchen sie vor uns selber – wir brauchen alle übermüthige, schwebende, tanzende, spottende, kindische und selige Kunst, um jener *Freiheit über den Dingen* nicht verlustig zu gehen, welche unser Ideal von uns fordert. (3, 464 f. – FW)[292]

Die mit dem Narrentum verbundene Fröhlichkeit macht das Denken beweglicher, leichter, freier. In der Maske von Ironie, Satire und Parodie gewinnen die Philosopheme neue Leuchtkraft. Der witzige Spruch verleiht den Denkmotiven neues Leben und neue Durchschlagskraft. Vor allem in der kurzen, scharfsinnigen Form des antithetischen Epigramms findet Nietzsches auf radikale Lebenserneuerung gerichtetes oppositionelles Denken seine adäquate Ausdrucksmöglichkeit. Das scharfgeschliffene Epigramm bringt die Ideen neu zum Funkeln. Durch verblüffende Pointen gewinnen die Philosopheme schlagartig an Überzeugungskraft. So suggeriert Nietzsche dem Leser im adhortativen Epigramm *Aufwärts* den Vorrang der spontanen Tat vor dem analytischen Denken:

> *Aufwärts.*
>
> "Wie komm ich am besten den Berg hinan?"
> Steig nur hinauf und denk nicht dran! (3, 356 – FWS; vgl. B 6, 171)

Das Motiv des Willens zu Macht wird auf engsten Sprachraum konzentriert:

> *Spruch des Gewaltmenschen.*
>
> Bitte nie! Lass diess Gewimmer!
> Nimm, ich bitte dich, nimm immer! (3, 356 – FWS)

In solch kurzangebundenen, provokativen Gesten setzt Nietzsche dem genormten Verhalten den eigenen Lebensentwurf entgegen. So lehnt er im antithetischen Epigramm *Der Nächste* Kommunikation zugunsten des Ideals ab:

> *Der Nächste.*
>
> Nah hab den Nächsten ich nicht gerne:
> Fort mit ihm in die Höh und Ferne!
> Wie würd' er sonst zu meinem Sterne? – (3, 359 – FWS)[293]

---

292 Zarathustra erklärt: "Meine Hand – ist eine Narrenhand: wehe allen Tischen und Wänden, und was noch Platz hat für Narren-Zierath, Narren-Schmierath!" Das Narrentum, der "Vogel-Art" eigentümlich, vertreibt den "Geist der Schwere" (4, 241 – Za). Er wird im närrischen Wortspiel *ad absurdum* geführt. Das Narrentum zeigt sich bei Nietzsche allerdings in doppelter Gestalt. Neben der Heiterkeitsgebärde gibt es die Verzweiflungsgebärde. Letztere gelangt im Denkmotiv "Nur Narr! Nur Dichter!" zum Ausdruck, in jenem Dithyrambus, in dem der Dichter sein Ringen um Wahrheit als Narretei empfindet (vgl. 4, 371-374 – Za = 6, 377-380 – DD). Dieser Dithyrambus ist kein heiteres Spiel mehr, sondern ein "Lied der Schwermuth" (4, 369 – Za). Aber – so muß man hinzufügen – Heiterkeit und Ernst mischen sich bei Nietzsche – bis zur Ununterscheidbarkeit.

293 Vgl. Zarathustras Preisgabe der "Nächstenliebe" zugunsten der "Fernsten-Liebe": "Höher als die Liebe zum Nächsten ist die Liebe zum Fernsten und Künftigen" (4, 77 – Za). Nicht der empirische, sondern der potentielle Mensch ist Zarathustras Anliegen.

Im Sinnspruch *Der Weise spricht* verkündet Nietzsche seine Philosophie des Höhenmenschentums:

Der Weise spricht.

Dem Volke fremd und nützlich doch dem Volke,
Zieh ich des Weges, Sonne bald, bald Wolke –
Und immer über diesem Volke! (3, 364 – FWS)

Im Sinnspruch *Höhere Menschen* wird dieses elitäre Pathos noch gesteigert, indem hier der wahrhaft große Mensch selbst dem "Lob" der Menschen entzogen wird:

Höhere Menschen.

Der steigt empor – ihn soll man loben!
Doch Jener kommt allzeit von Oben!
Der lebt dem Lobe selbst enthoben,
Der *ist* von Droben! (3, 366 f. – FWS; vgl. 9, 607)

In der Entfaltung der Philosopheme kann das witzige Element zurücktreten zugunsten der statuierenden Gebärde. So im Sinnspruch *Meine Härte*:

Meine Härte.

Ich muss weg über hundert Stufen,
Ich muss empor und hör euch rufen:
"Hart bist du; Sind wir denn von Stein?" –
Ich muss weg über hundert Stufen,
Und Niemand möchte Stufe sein. (3, 358 – FWS; vgl. 9, 660 u. 9, 599)

Neben solch monumentalem Pathos gibt es aber auch die witzige Lebensregel, wie z.B. im Epigramm *Gegen die Hoffahrt*:

Gegen die Hoffahrt.

Blas dich nicht auf: sonst bringet dich
Zum Platzen schon ein kleiner Stich. (3, 357 – FWS)

Im Wechsel von Pathos und Witz, Ernst und Ironie, Weisheit und Satire bringt Nietzsche in der Spruchlyrik seine Denkmotive in scharfgeschliffener Form zur Sprache. Im Sinnspruch *Wählerischer Geschmack* distanziert er sich um des eigenen Daseinsentwurfs willen ironisch vom "Paradies", die Suche nach der Wahrheit dem Besitz der Wahrheit vorziehend:

Wählerischer Geschmack.

Wenn man frei mich wählen liesse,
Wählt' ich gern ein Plätzchen mir
Mitten drin im Paradiese:
Gerner noch – vor seiner Thür! (3, 366 – FWS)

Ist hier der Spruch Ausdruck heiterer Ironie, so wird er im Epigramm *Zuspruch* zur bissigen Satire:

Zuspruch.

Auf Ruhm hast du den Sinn gericht?
Dann acht' der Lehre:
Bei Zeiten leiste frei Verzicht
Auf Ehre! (3, 363 – FWS; vgl. 9, 661)

Nietzsche benutzt den Spruch vor allem als Instrument der Kritik. Gegenstand der Kritik ist die gängige Moral-, Welt- und Kunstauffassung. So kritisiert er im satirischen Sinnspruch *Dichter-Eitelkeit* (3, 365 – FWS) die bloß äußere Formspielerei der flotten Versemacher. Im ironischen Sinnspruch *Der realistische Maler* (3, 365 – FWS) wendet er sich gegen den realistischen Grundsatz der Naturnachahmung und die formale Insuffizienz der Realisten. Im parodistischen Sinnspruch *Der Gründliche* (3, 363 – FWS) wird die Schwerfälligkeit des "Forschers" verspottet. Der Sinnspruch übt aber nicht nur eine kritische Funktion aus, sondern kann auch programmatische Bedeutung erlangen. Häufig verkündet Nietzsche seine philosophischen Lehren in spruchhafter Form. So fordert er im lehrhaften Sinnspruch *Vademecum – Vadetecum* den Leser auf, seinem eigenen Selbst zu folgen:

Vademecum – Vadetecum.

Es lockt dich meine Art und Sprach,
Du folgest mir, du gehst mir nach?
Geh nur dir selber treulich nach: –
So folgst du mir – gemach! gemach! (3, 354 – FWS)

Dies entspricht der Lehre Zarathustras: "Sondern lebendige Gefährten brauche ich, die mir folgen, weil sie sich selber folgen wollen – und dorthin, wo ich will." (4, 25 – Za).[294] Die lyrische Kleinform des Spruchs eignet sich vorzüglich zur pointierten Darstellung der philosophischen Denkmotive. So verkündet Nietzsche im Sinnspruch *Heraklitismus* (3, 362 – FWS) die Lehre vom "Kampf" als Lebenselement des Menschen. Der Spruch wird zum Philosophem. Dasselbe kann zum moralischen Postulat werden. So wird im Sinngedicht *Sternen-Moral* das "Mitleid" mit dem "Elend" der "Zeit" verneint zugunsten der auf die "fernste Welt" sich richtenden 'Reinheit': "Nur Ein Gebot gilt dir: sei rein!" (3, 367 – FWS).

Nietzsches Sprüche sind nicht nur von zeitkritischer Satire und lehrhaften Maximen geprägt, sondern können auch von existentiellem Pathos durchdrungen sein. Im schwergewichtigen Sinngedicht *Der Skeptiker spricht* ruft sich das Ich im Bewußtsein des Scheiterns das *memento mori* zu: "Halb ist dein Leben um, / Der Zeiger rückt, die Seele schaudert dir!" (3, 367 – FWS). Das Motiv des existentiellen Sinnspruchs *Der Wandrer* ist die Philosophie des alle Abgründe überwindenden Willens:

294 Hier zeigt sich die eigentümliche Dialektik im Verhältnis Zarathustras zu seinen Anhängern. Einerseits ruft er die anderen Menschen zu ihrem eigenen Selbstsein auf; andererseits sollen sie seinem Willen, dem Willen zur Umwertung aller Werte, entsprechen. Er will ihnen gewissermaßen seinen Willen aufzwingen, ihrem eigenen Willen zu folgen. Die Freiheit seiner Anhänger ist eine von Zarathustra dekretierte Freiheit.

Der Wandrer.

"Kein Pfad mehr! Abgrund rings und Todtenstille!" –
So wolltest du's! Vom Pfade wich dein Wille!
Nun, Wandrer, gilt's! Nun blicke kalt und klar!
Verloren bist du, glaubst du – an Gefahr. (3, 359 – FWS; vgl. 9, 645 u. 9, 661)

In epigrammatischer Kürze artikuliert Nietzsche das tragische Pathos der Grenzsituationen. In diesen Versen schlägt er Grundmotive seines Denkens an: das Motiv der absolut selbstverantwortlichen Existenz, das Motiv des Willens, der von der Norm abweicht, sich Gefahren ausgesetzt sieht und nun vor der Entscheidung steht, aus freiem Entschluß seinen Weg weiterzugehen. Der selbstverantwortliche Geist, die freie Willensentscheidung, das Gefährlich-Leben – Nietzsche verkündet dies immer wieder als sein Credo. Im Hinblick auf das schöpferische Ich bricht bei Nietzsche immer wieder ein ekstatisches Lebensgefühl durch. So ist das Gedicht *Ecce homo* (3, 367 – FWS) ein dithyrambisches Spruchgedicht, in dem das ekstatische Ich sich selber als schöpferische "Flamme" verabsolutiert. Aus dem christlichen, neutestamentlichen 'Ecce homo'-Motiv, wonach bekanntlich Pilatus mit dem Ausruf "Sehet, welch ein Mensch!" den gegeißelten und dornengekrönten Jesus dem Volke vorstellt (Joh. 19,5), macht Nietzsche ein dionysisches Motiv. Nietzsches 'Ecce homo' meint nicht mehr das leidende Subjekt der Passion, sondern das dionysische Subjekt der neuen Philosophie des Lebens. So enthält Nietzsches Spruchsammlung nicht nur heiter-ironische und witzig-provokative, sondern auch tragisch-pathetische Sprüche. Die konstitutiven Elemente des Nietzscheschen Spruchs sind die Verblüffung und die Exorbitanz. Was die Überraschung betrifft, so entspricht er der Feststellung in Lessings Schrift *Zerstreute Anmerkungen über das Epigramm*:

> Das Neue ist, eben weil es neu ist, dasjenige, was am meisten überrascht. Ob nun gleich dieses Überraschende nicht das einzige sein muß, wodurch das Neue gefällt, so ist es doch unstreitig, daß schon die bloße Überraschung angenehm ist. (S. 48)

Nietzsches Sprüche beschränken sich nicht auf das *delectare*, das Unterhalten durch Verblüffung, und auch nicht auf das *docere*, das Belehren durch den Witz, sondern zielen zugleich auf das *movere*, das Mitreißen und Erschüttern. Nietzsche schreibt seine Sprüche nicht nur mit "Geist", sondern auch mit "Blut". Zarathustra verkündet:

> Wer in Blut und Sprüchen schreibt, der will nicht gelesen, sondern auswendig gelernt werden. / Im Gebirge ist der nächste Weg von Gipfel zu Gipfel: aber dazu musst du lange Beine haben. Sprüche sollen Gipfel sein: und Die, zu denen gesprochen wird, Grosse und Hochwüchsige. (4, 48 – Za)

Vorformuliert ist dieser Gedanke bereits in einem Fragment von 1882:

> Im Gebirge ist der nächste Weg von Gipfel zu Gipfel: aber du mußt dazu lange Beine haben! – Sentenzen *sind* Gipfel. (10, 72)[295]

---

295 Exkurs 33.

In der Sentenz und im Spruch werden die großen Summen gezogen. Der Spruch erscheint als monumentaler Ausdruck der entscheidenden, großen Momente des Daseins. Und als Ausdruck des Großen spricht der Spruch nur zu "Grossen". Der Spruch ist ausgezeichnet durch die Momente des Existentiellen, Monumentalen und Elitären.

Der Spruch tritt allerdings im Laufe der achtziger Jahre in den Hintergrund gegenüber dem Dithyrambus. Zudem gewinnt das Stimmungsgedicht, der bedeutungsschwere Stimmungslyrismus, die 'Idylle', wieder an Bedeutung. Schon die *Idyllen aus Messina* (1882) sind keine Spruchgedichte, sondern liedhafte, stimmungslyrische und hymnische Gebilde. Es fehlen allerdings auch nicht spruchhafte und witzige Momente. Ein Gedicht wie *Prinz Vogelfrei* (3, 335 – IM), eine Vorform des Gedichts *Im Süden* (3, 641 – FWP), erteilt der diskursiven "Vernunft" eine Absage und sieht "schönere Geschäfte" in "Gesang und Scherz und Liederspiel". Eine rokokohafte Verspieltheit wird signalisiert. Aber die anakreontische Gelöstheit wird durch den spruchhaften Witz eingeschränkt: "Einsam zu denken – das ist weise. / Einsam zu singen – das ist dumm!" Auch im liedhaften Lyrismus verleugnet Nietzsche nicht das reflektierende Bewußtsein. Ein Gedicht wie *Die kleine Brigg, genannt "das Engelchen"* (3, 336 – IM; vgl. B 6, 178)[296] ist allerdings ein anmutiges, beschwingt plauderndes Gedicht, das wie leicht hingeworfen wirkt. Es sind zierlich-lockere Verse mit freilich ironischen Untertönen. Solch ein scherzhaft-galantes 'Lied' bewirkt heitere Gelöstheit. So schreibt Nietzsche denn auch im Brief an Heinrich Köselitz vom 15.3.1882, dem er dieses Rokoko-Gedicht beifügt: "Mein lieber armer Freund, hier ein Liedchen zu unsrer Erheiterung: wir haben sie Beide so nöthig." (B 6, 177). Und Mitte Mai 1882 schreibt er an den Verleger Ernst Schmeitzner: "Auch der ernstesten Zeitschrift thut hier und da etwas *Heiteres* noth. Hier sind 8 Lieder für Ihre Zeitschrift." (B 6, 193).[297] Die scherzhaft-ironische Idylle dient der Erheiterung des Geistes. Deshalb neigt Nietzsche gelegentlich zu diesem Genre. Auch ein Gedicht wie "*Pia, caritatevole, amorosissima*" (3, 341 – IM)[298] ist ein solch scherzhaft tändelndes "Liedchen", mit dem sich Nietzsche vorübergehend ein wenig von den ihn belastenden Problemen löst. Ein ironisch-verspieltes Gedicht wie *Die kleine Hexe* (3, 339 – IM), später veröffentlicht unter dem Titel *Die fromme Beppa* (3, 642 – FWP), bezeugt gleichfalls Nietzsches sporadische Tendenz zur heiteren Entspannung. In den *Idyllen* gibt es allerdings auch das desillusionierende, sarkastische "Lied". So ist das *Lied des Ziegenhirten* (3, 337 – IM), das spätere *Lied eines theokritischen Ziegenhirten* (3, 645 – FWP), ein weltschmerzliches Liebesgedicht, in dem der Stimmungszauber mit satirischer Bissigkeit demaskiert wird.

---

296 Zum Motiv: "Anfang 1882 in Genua gedichtet: auf ein junges Mädchen, das sich aus Liebesgram in's Meer gestürzt hatte und zu dessen Gedächtniss ein Schiff '*Angiolina*' benannt war." (GAK VIII, S. VII [Nachbericht]).

297 Nietzsches Hinweis bezieht sich auf die Schmeitznersche *Internationale Monatsschrift*, in der die *Idyllen aus Messina* im Mai 1882 erschienen (1. Jg., Nr. 5, S. 269-275).

298 Zum Motiv: "Anfang 1882 in Genua gedichtet; Anlass gab ein Grabstein auf dem *campo santo* in Staglieno bei Genua, auf dem ein Mädchen mit einem Lämmchen abgebildet ist." (GAK VIII, S. VII [Nachbericht]).

Die 'Idylle' kann auch zur Parodie werden. Dies ist der Fall im Gedicht *Vogel-Urtheil* (3, 342 – IM), das Nietzsche später ausweitet und unter dem Titel *Dichters Berufung* (3, 639 – FWP) veröffentlicht. Dieses Gedicht ist eine schonungslose Parodie der Dichterexistenz, d.h. des flinken Versifex. Demgegenüber ist das Gedicht *Vogel Albatross* (3, 341 – IM), von Nietzsche später um eine Strophe verkürzt und unter dem Titel *Liebeserklärung* (3, 644 – FWP) veröffentlicht, eine elegische Hymne auf die Freiheit, das frei sich entfaltende Leben. In Nietzsches 'Idyllen' können sich aber auch Abgründe auftun. Überhaupt haben seine 'Idyllen' etwas von Schein-Idylle an sich, denn hinter ihnen verbirgt sich zumeist Bedrohliches. Das zeigt sich besonders deutlich im Gedicht *Das nächtliche Geheimniss* (3, 340 – IM). In diesem Gedicht, das später den Titel *Der geheimnissvolle Nachen* (3, 643 – FWP) erhält, schlägt die Idylle um in die Anti-Idylle. Hinter der Bukolik von "Hirt und Schaf" öffnet sich ein "Abgrund ohne Schranken". Wenn in der "*Idylle*" "die Natur und das Ideal" "ein Gegenstand der Freude" sind, "indem sie als wirklich vorgestellt werden" (*Schiller*, Ueber naive und sentimentalische Dichtung, NA XX, 448 f.), dann ist Nietzsches *Nächtliches Geheimniss* geradezu eine Gegen-Idylle, denn es fördert das Abgründig-Alptraumhafte unbewußter Ängste zutage. So zeigen Nietzsches *Idyllen* viele Gesichter. Auf jeden Fall sind sie als lyrische Gebilde ernst zu nehmen. Wenn man sie als "Zeugnis einer episodischen dichterischen Anspruchslosigkeit Nietzsches" abgetan hat (*Podach*, Notizbücher, 175)[299], so ist dieses Urteil zumindest im Hinblick auf Gedichte wie *Prinz Vogelfrei* und *Das nächtliche Geheimniss* kaum haltbar, denn es sind nicht zuletzt diese Gedichte, in denen der Lyriker Nietzsche weite Perspektiven und eine bildkräftige Sprache entfaltet. Daß er später eine Reihe seiner 'Idyllen' in die *Lieder des Prinzen Vogelfrei* aufgenommen hat, bezeugt die Bedeutung, die er ihnen zumaß. Am 27.10.1886 bittet er Overbeck brieflich um "ein Exemplar der 'Idyllen aus Messina' ": "Ich brauche sie *umgehend* (wegen der Herstellung einer kleinen lyrischen Sammlung 'Lieder des Prinzen Vogelfrei') aber besitze sie nicht." (B 7, 272). Und im Brief an Köselitz vom 31.10.1886 schreibt er:

> Wissen Sie mir ein Exemplar der "Idyllen aus Messina" aufzutreiben? Ich brauche sie umgehend, weil sie mit einigen Liederchen zusammen den Schluß der "Fröhlichen Wissenschaft" abgeben sollen: nämlich in der neuen Ausgabe. (B 7, 274)

Freilich, Nietzsches Urteile über die *Idyllen* sind durchaus ambivalent. Im Brief an Köselitz vom 13.7.1882 äußert er selbstkritische Vorbehalte gegenüber diesen Gedichten:

> Kennen Sie meine Harmlosigkeiten aus Messina? Oder schwiegen Sie darüber, aus Artigkeit gegen ihren Urheber? – Nein, trotz dem, was der Vogel Specht in dem letzten Gedichtchen sagt – es steht mit meiner Dichterei nicht zum Besten. Aber was liegt daran! Man soll sich seiner Thorheiten nicht *schämen*, sonst hat unsre Weisheit wenig Werth. (B 6, 221f.)

---

299 Podach findet diese Gedichte Nietzsches "erstaunlich farblos": "Er präsentierte sich nicht als ein politisch radikaler Kulturkritiker, sondern als ein lyrisch-ironischer Idylliker." (ebd.).

Dies zeigt, in wie hohem Maße Nietzsche hinsichtlich seiner poetischen Produktion der Selbstkritik fähig ist. Die von ihm gern im Diminutivum benannten 'Idyllen' werden als undichterische Gebilde abgewertet – nicht ohne leichtes Understatement. Im Grunde hängt er durchaus an den *Idyllen*. Im Brief an Köselitz vom 16.9.1882 versteht er sie als eine Komposition aus Heiterkeit und Melancholie, den Kantilenen eines Bellini vergleichbar:

> In Messina, wo ich die Luft Bellini's athmete (Catania ist sein Geburtsort) verstand ich, daß ohne jene 3, 4 Thränen man die Heiterkeit nicht lange aushält (Meine Idyllen aus Messina sind nach diesem Recepte componirt.) (B 6, 262)

Ähnlich klingen Äußerungen aus einer Briefdisposition Ende November 1882:

> Idyl<len> aus Messina Psychol<ogisches> Problem 2 Zeiten. Ich fürchtete mich und überwand mich. Ich will mich nicht mehr verhehlen. So etwas Junges Anmuthiges Leichtsinniges Tiefes Unbeständiges – macht mich weinen. (B 6, 283)

Aus der Disposition geht nicht eindeutig hervor, ob sich diese Äußerungen auf die *Idyllen* oder Lou von Salomé beziehen. Jedenfalls fallen sie im unmittelbaren Zusammenhang mit den *Idyllen*. Zudem wird auch wiederum die Verquickung von Anmut und Rührung betont, die nach Nietzsches Auffassung die *Idyllen* kennzeichnet. Die *Idyllen* sind für Nietzsche Ausdruck einer neuen, schöpferischen Heiterkeit. Sie sind der poetische Ausdruck der "fröhlichen Wissenschaft", den Liedern der Troubadoure vergleichbar. Anfang Dezember 1882 schreibt Nietzsche an Rohde: "Was den Titel 'fröhliche Wissenschaft' betrifft, so habe ich *nur* an die gaya scienza der Troubadours gedacht – daher auch die Verschen." (B 6, 292).

Die freie Heiterkeit ist das Signum der *Idyllen aus Messina* sowie der *Lieder des Prinzen Vogelfrei* (1887). Nietzsche versteht diese "Lieder" als eine moderne Form der leichteren, spielerisch-freien Troubadour-Lyrik. In *Ecce homo* schreibt er:

> Die *Lieder des Prinzen Vogelfrei*, zum besten Theil in Sicilien gedichtet, erinnern ganz ausdrücklich an den provençalischen Begriff der "gaya scienza", an jene Einheit von *Sänger, Ritter* und *Freigeist*, mit der sich jene wunderbare Frühkultur der Provençalen gegen alle zweideutigen Culturen abhebt [...] (6, 333 f. – EH)

Nietzsche tritt also mit der Attitüde eines provenzalischen Minnesängers der *gaya sciensa*, der *jeux floraux* auf[300] – ein moderner Troubadour der leichten Formen, des heiteren Spiels, des freien Geistes. Er hat die 'Fröhlichkeit' auf seine Fahnen geschrieben. Ende März 1886 notiert er in einem Briefentwurf:

---

300 Dazu generell *Rajna*, Gaya Sciensa. – Zu den Troubadours generell *Diez*, Poesie der Troubadours; Leben und Werke der Troubadours; *Lommatzsch*, Troubadours. – Die Troubadours, die erfinderischen Kunstdichter, haben "nie, wie man behauptet hat, lustige Wissenschaft (*gai saber*)" betrieben, "ein Ausdruck, der erst in der Academie zu Toulouse aufkam. Sie erwähnen gerne, dass diese Kunst mit Geist, Verstand und Wissenschaft geübt werden müsse" (*Diez*, Poesie, 31). In der neueren Literatur taucht der 'Troubadour' auch als radikaler Outsider, als revolutionärer Nonkonformist auf. So in Lenaus *Albigensern*, wo der freie Troubadour, der "frohe Troubadour", zum "Spür- und Hetzhund" der "Kirche" wird (S. 295 [Fulco]). Für Benn schließlich ist der "Troubadour" der "Artist", der das "Erfinden von Worten" betreibt (Marginalien, 389).

> Ich habe diesen Winter auch etwas fertig gemacht, etwas Lustiges, es heißt sich
>
> *Des Prinzen Vogelfrei*
> Lieder und Gedanken
> Mitgetheilt
> v.
> F. N.
>
> Man wird es nicht für möglich halten, daß es vom gleichen Verfasser wie Z<arathustra> ist – noch weniger, daß hinter beiden Werken die gleichen Hintergedanken – – – (B 7, 167)

Diese Bemerkungen sind in doppelter Hinsicht aufschlußreich. Einerseits betont Nietzsche die heitere Gelöstheit, die die *Lieder des Prinzen Vogelfrei* von der bedeutungsschweren Philosophie des *Zarathustra* abhebt. Andererseits deutet er an, daß in beiden Werken die gleichen Grundideen zum Ausdruck gelangen. Die *Lieder des Prinzen Vogelfrei* sind durch ihren 'philosophischen' Gehalt mit dem *Zarathustra* verbunden, aber sie sind von größerer spielerischer Leichtigkeit, freierer Heiterkeit und – fragwürdigerer Ungebundenheit. So schreibt Nietzsche am 26.1.1887 an die Schwester:

> die größte Veränderung aber begiebt sich mit der fröhlichen Wissenschaft, welche zuletzt in lauter Lieder und Liederlichkeit ausläuft, unter dem Titel "Lieder des Prinzen Vogelfrei". (B 8, 15)

Auch im Brief an Köselitz vom 13.2.1887 hebt Nietzsche hervor, daß die *Lieder des Prinzen Vogelfrei* die *Fröhliche Wissenschaft* ins Närrisch-Lustige auflösen:

> Es giebt eine längere Vorrede, und, zum Schluß, hinter dem fünften Buch, eine Handvoll Lieder: so daß Alles sich schönstens in Liederlichkeit auflöst. (B 8, 23)

Wenn Nietzsche damit, *en passant*, die "Lieder" selbstironisch ein wenig abzuwerten scheint, so ist doch klar, daß für ihn gerade das 'liederliche', groteske Spiel mit den Worten im leichten 'Lied' Ausdruck einer unbeschwerten Kreativität ist. "Prinz Vogelfrei" – das ist nicht nur ein friedloser, von der Gesellschaft geächteter, sondern auch freier, spielerischer Geist, dessen Heiterkeit alles Schwere hinter sich läßt. In diesem Sinne kommt den "Liedern" durchaus große Bedeutung zu. So betont denn Nietzsche auch im Brief an den Verleger Ernst Wilhelm Fritzsch Ende Dezember 1886 ausdrücklich, mit der die *Lieder des Prinzen Vogelfrei* einbeziehenden Neufassung der *Fröhlichen Wissenschaft* sei "in der That etwas *Wesentliches* gethan, um das Verständniß meiner ganzen Litteratur (und Person) zu erleichtern" (B 7, 296).

Nietzsche selbst deutet in der Vorrede zur zweiten Ausgabe der *Fröhlichen Wissenschaft* (1886) die *Lieder des Prinzen Vogelfrei* als Parodie, als zugleich heitere und ernste Parodie auf das bisherige Dichtertum und überhaupt die bisherigen Wertvorstellungen:

> Wer es aber könnte, würde mir sicher noch mehr zu Gute halten als etwas Thorheit, Ausgelassenheit, "fröhliche Wissenschaft", – zum Beispiel die Handvoll Lieder, welche dem Buche dies Mal beigegeben sind – Lieder, in denen sich ein Dichter auf eine schwer verzeihliche Weise über alle Dichter lustig macht. – Ach, es sind nicht nur die Dichter und ihre schönen "lyrischen Gefühle", an denen dieser Wieder-Erstandene seine Bosheit auslassen muss: wer weiss, was für ein Opfer er sich sucht, was für ein Unthier von parodischem Stoff ihn in Kürze reizen wird? [...] (3, 346 – FW)

Damit betont Nietzsche das in der spielerischen Freiheit dieser "Lieder" enthaltene parodistisch-satirische Element. Wie Heine, der sich gegen das 'Lügen' "in schönen Versen" wendet (*Heine*, Buch der Lieder [Vorrede von 1837], 9), attackiert Nietzsche die "'lyrischen Gefühle'". Dennoch fehlt seinen "Liedern", sowenig wie den Versen Heines, das 'lyrische Gefühl'. Eine Reihe von Gedichten zielen nicht auf satirische Parodie, sondern sind auf einen pathetischen Lyrismus gestimmt.

Die heitere Gelöstheit schließt das tragische Pathos nicht aus. Die tiefen Probleme und Gefühle werden nicht getilgt, sondern in leichterer, heiterer Form entfaltet. Der Lyriker Nietzsche drängt nun den witzigen Spruch zugunsten des emotionalen 'Liedes' zurück. Während in "*Scherz, List und Rache*" der witzige Spruch dominiert, herrscht in den *Liedern des Prinzen Vogelfrei*, wie schon in den *Idyllen aus Messina*, der emotionale Lyrismus vor. Es fehlt allerdings auch nicht an sentenziös-spruchhaften Wendungen. In diesen "Liedern" mischen sich Hymnisches, Impressives und Spruchhaftes, Bild und Reflexion, Gefühl und Witz, Pathos und Ironie, das "'Incipit *tragoedia*'" und das "incipit *parodia*" (3, 346 – FW). Vorherrschend ist allerdings nicht der rhetorische Witz, sondern das emotionale Pathos. Immerhin, das Gedicht *An Goethe* (3, 639 – FWP) ist ein Spruchgedicht, ein ironisches, parodistisches Spruchgedicht, in dem Nietzsche der Lebensanschauung Goethes die eigene Weltsicht entgegensetzt. Das Gedicht *Dichters Berufung* (3, 639 – FWP) ist eine sarkastische Parodie auf ein in der Routine des Verseschmiedens erstarrtes Dichtertum. Das *Lied eines theokritischen Ziegenhirten* (3, 645 – FWP) ist ein melancholisch-provokatorisches Liebesgedicht. Das Gedicht *Im Süden* (3, 641 – FWP) hingegen ist ein arkadischer Lyrismus, der die Vision eines reinsten Seins beschwört – ohne freilich die philosophische Reflexion aufzugeben, denn in der Antithese von "Vernunft" und "Süden", nordischer "Wahrheit" und südlichem "Leben" schlägt Nietzsche eines seiner zentralen Denkmotive an. Im Gedicht *Der geheimnissvolle Nachen* (3, 643 – FWP) wird der submentale Bereich des Traumes, des Unbewußten und Abgründigen evoziert. Das Venedig-Gedicht "*Mein Glück!*" (3, 648 – FWP) ist Ausdruck einer spielerischen Freiheit des schöpferischen Subjekts:

> Die Tauben von San Marco seh ich wieder:
> Still ist der Platz, Vormittag ruht darauf.
> In sanfter Kühle schick' ich müssig Lieder
> Gleich Taubenschwärmen in das Blau hinauf –

Und locke sie zurück,
Noch einen Reim zu hängen in's Gefieder
– mein Glück! Mein Glück!

Nietzsche, fasziniert vom Zauber Venedigs, verwandelt die Impression der Tauben des Markusplatzes in eine Metapher der eigenen dichterischen Tätigkeit, in einem spielerischen Lyrismus, in dem das wahrgenommene Bild und die eigene Innerlichkeit eine magische Symbiose eingehen. Die "Tauben" werden zu Metaphern der "Lieder". Die fesselnde Impression wird zur kreativen Expression. Im Unterschied zu Platens Gedicht *Die Tauben von San Marco* (*Platen*, Gedichte, 289), einer kurzen Impression, in der die Tauben aus beobachtender Distanz beschrieben werden, mit historischen Andeutungen, und im Unterschied zu Platens berühmtem Zyklus der *Sonette aus Venedig*, deren stilisiertes Pathos eine gewisse Starrheit nicht verleugnet, wirkt Nietzsches Gedicht fast wie eine spielerische Improvisation, die die atmosphärischen Valeurs einfängt und von ingeniösen Einfällen lebt.[301] Auch die Freude am Sprachwitz kommt zur Geltung, wenn Nietzsche, gewissermaßen augenzwinkernd, den Campanile mit einem "accent aigu" vergleicht und diesen auf "Müh" reimt. Ausdrücklich wird dieses ästhetische Ambiente als Element der Dichterexistenz bezeichnet: "Viel Tag für Dichten, Schleichen, Einsam-Munkeln / – mein Glück! Mein Glück!"[302]

Obschon es auch in den *Liedern des Prinzen Vogelfrei* nicht an provokantem Witz fehlt, wie z.B. im Gedicht *Narr in Verzweiflung* (3, 646 – FWP), in dem Nietzsche die "Ueberweisen" verspottet, herrscht doch im ganzen eine spielerische Freiheit, eine poetische Gelöstheit wie auch ein Pathos der Unbedingtheit. So ist ein Gedicht wie *Nach neuen Meeren* (3, 649 – FWP) ein absoluter Lyrismus, der in der raum- und zeittilgenden Unendlichkeit des Meeres alle empirischen Zwänge aufhebt. Aber auch hier beschränkt sich Nietzsche nicht auf die Wiedergabe einer Impression, sondern verwandelt das Geschaute in eine Expression, eine Expression des Willens ("Dorthin – *will* ich"). Nietzsches Lyrismen werden mehr und mehr zu Expressionen visionärer Zustände und Erlebnisse. Das Gedicht *Sils-Maria* (3, 649 – FWP; vgl. 10, 107 [Portofino]) ist eine Zarathustra-Vision. Das Ich, das mit der Landschaft identisch zu werden scheint ("Ganz See, ganz Mittag, ganz Zeit ohne Ziel"), erblickt plötzlich, in überfallartiger Inspiration, seinen Doppelgänger, Zarathustra. Das Gedicht wird zur Expression eines Erleuchtungserlebnisses. Vielfach kommt es bei Nietzsche auch zum unmittelbaren hymnischen Ansprechen des Lebens. So ist das "Tanzlied" *An den Mistral* (3, 649 – FWP) eine hymnische Lobpreisung des dynami-

301 Bei Platen hingegen herrscht ein hieratischer Ton, ein stilisiertes Pathos – das allerdings aus einem echten Schönheitsverlangen erwächst. Und Platens Verabsolutierung der Kunst weist durchaus auf Nietzsche voraus: "Um Gottes eigne Glorie zu schweben / Vermag die Kunst allein [...]" (*Platen*, Gedichte, 142). Aber Platen, voller Begeisterung von den großen Kunstwerken Venedigs, trennt die Kunst vom Leben: "[...] Doch was ihr saht an blumigen Gestaden, / Vergeßt ihr hier und wünscht es kaum zu schauen." (ebd., 143).

302 In der variantenreichen Geschichte des lyrischen Venedig-Motivs, die von enthusiastischem Schönheitskult bis zu melancholischer Untergangsstimmung reicht, bildet Nietzsches Gedicht einen Höhepunkt. Vgl. die Anthologie von *Morché*, Venedig im Gedicht.

schen Lebens. In einer von Anrufen und Ausrufen, Worthäufungen und Amplifikationen, Antithesen und Anaphern gekennzeichneten hyperbolischen Bewegungsmetaphorik wird das elementare Leben vergegenwärtigt. Dabei ist auch hier die Naturerscheinung Sinnbild des Ich. Die dynamische Natur ist eine Metapher des dynamischen Subjekts ("Sind wir Zwei nicht Eines Schoosses / Erstlingsgabe [...]? [...] mit dir zu Zweien / *Braust* mein Glück dem Sturme gleich."). Ein Schlüsselmotiv des Gedichts ist der Tanz, denn der Tanz ist Ausdruck der reinen Bewegung des Lebens selbst. Im Tanz manifestiert sich die neue, zweckfreie Selbstentfaltung des Lebens, das alle es einengenden Normen zerstört. Freilich, Nietzsche überläßt sich nicht einfach der Ekstase, sondern verleugnet auch im hymnischen Aufschwung der Gefühle den Gedanken nicht. Der Geist verhindert das Heißlaufen der Gefühle. Nicht von ungefähr fließen in die ekstatischen Exklamationen und Metaphern spruchhafte Elemente ein, lapidare Sentenzen, in denen das Ich seine Denkmotive zum Ausdruck bringt. In schwungvoller, stürmischer Expression artikuliert das Subjekt seine ekstatische Hochgestimmtheit und – seine Philosophie, die Philosophie der Umwertung, des Tanzes und der Heiterkeit:

Tanze nun auf tausend Rücken,
Wellen-Rücken, Wellen-Tücken –
Heil, wer *neue* Tänze schafft!
Tanzen wir in tausend Weisen,
Frei – sei *unsre* Kunst geheissen,
Fröhlich – *unsre* Wissenschaft!

Das hymnische 'Lied' wird zum ekstatischen Wirbel, der alle Bereiche des Lebens, das Erhabene wie das Häßliche, erfaßt:

[...]
Tanzen wir gleich Troubadouren
Zwischen Heiligen und Huren,
Zwischen Gott und Welt den Tanz!

Nietzsche fühlt sich als ein neuer Troubadour des freien Geistes, der die herrschende 'Kultur' verspottet. In *Ecce homo* hebt er diesbezüglich ausdrücklich das Gedicht *An den Mistral* hervor:

das allerletzte Gedicht zumal, "*an den Mistral*", ein ausgelassenes Tanzlied, in dem, mit Verlaub! über die Moral hinweggetanzt wird, ist ein vollkommner Provençalismus. (6, 334 – EH; vgl. B 6, 558)

In Nietzsches hymnischen Gedichten bricht immer wieder ein Unendlichkeitsverlangen durch. So wird im hymnischen Gedicht *Liebeserklärung* (3, 644 – FWP) der Albatros zum elegischen Symbol der Freiheit:

Oh Vogel Albatross!
Zur Höhe treibt's mit ew'gem Triebe mich.
Ich dachte dein: da floss
Mir Thrän' um Thräne, – ja, ich liebe dich!

Der Baudelaire-Leser Nietzsche (dazu u.a. *Pfotenhauer*, Physiologie, 202-215) verleiht dem Albatros-Motiv seine spezifische Note. Während in Baudelaires Gedicht *L'Albatros* (*Baudelaire*, Les Fleurs du Mal, 9) der Albatros, das Sinnbild des Dichters ("Le Poëte est semblable au prince des nuées"), ein Gefangener ist, ist er bei Nietzsche in der Freiheit der "Höhe" – eine der Vogel-Symbolik Baudelaires allerdings auch vertraute Perspektive, so im Gedicht *Élévation* (ebd., 10), in dem die Gedanken wie Lerchen in freiem Aufschwung in die Morgenhimmel aufsteigen. Daß Nietzsche allerdings die *Liebeserklärung* in Klammern mit der Sentenz versieht: "bei der aber der Dichter in eine Grube fiel –", zeigt die Präsenz des kritischen, ironischen Bewußtseins auch im Pathos des Aufschwungs. Diese selbstironische Wendung signalisiert einmal mehr den Doppelaspekt der Dichterexistenz bei Nietzsche, das dialektische Spiel von Pathos und Ironie in der Bewertung des Dichters.

Eine dramatische Zuspitzung des lyrischen Sprechens zeigt sich in den *Dionysos-Dithyramben* (1888). Sie bestehen aus bereits zur Zarathustra-Zeit entstandenen und später für einen Sonderdruck neu bearbeiteten Gedichten sowie aus Gedichten vom Herbst 1888, dem fatalen Turiner Herbst Nietzsches.[303] Diese lyrischen 'Exaltationen' sind virtuose Fragmente eines 'dionysischen' Philosophierens. Diese lyrischen Monologe gewinnen ihre irritierende Leuchtkraft aus dem virtuosen Spiel mit Enthüllen und Verhüllen, Offenbaren und Verrätseln, Naivität und Reflexion, Pathos und Ironie, Ekstase und Kritik. Es sind dithyrambische Monologe, in denen Nietzsche aus dem artistischen Arrangement von existentiellen Lyrismen, suggestiver Rhetorik und rollenlyrischem Maskenspiel seine 'dionysische' Philosophie entfaltet. Er inszeniert ein labyrinthisches Spiel von apodiktischen Aussagen, grellen Imperativen und offenen Fragen. Schrille Töne wechseln mit elegischen Klängen, provokative Sentenzen mit tiefgründigen Lyrismen. Enthusiasmus und Schwermut gleiten ineinander. Ernst und Spiel vermischen sich. Leuchtende Bilder und tiefe Gedanken durchdringen sich wechselseitig. Im ganzen erwecken diese Dithyramben den Eindruck, daß Nietzsche hier weniger ein definitives Wissen um die letzten Dinge mitteilt als vielmehr in der offenen Form lyrischer Improvisationen den Rätselcharakter des Daseins demonstriert. Viele Partien wirken wie ein raffiniertes Versteckspiel, das durch Andeutungen, Anspielungen und Rätsel eher offene Fragen aufwirft als unumstößliche Gewißheiten enthüllt. Freilich, immer wieder setzt sich auch ein expressives Pathos der Wahrhaftigkeit durch, das in unmittelbaren Exklamationen und tiefinnerlichen Lyrismen zum unverstellten Ausdruck der Nietzscheschen Existenzproblematik wird. In diesen Dithyramben mischen sich spielerische Ironie und mystische Inspiration, doppeldeutige Rhetorik und halkyonische Stimmung, rätselhaftes Maskenspiel und expressives Wahrheitspathos. Es ist ein ständiges Wechselspiel von spontaner Intuition und ironischer Intellektualität. Einerseits erweist sich Nietzsche hier als ein höchst virtuoser Spieler, der Gefühle und Gedanken, Höhen und Tiefen, Aufschwünge und Abgründe vieldeutig oszillieren läßt – im Crescendo der Ausru-

303 Zur Textgeschichte der *Dionysos-Dithyramben* vgl. 14, 513-518.

fe, Imperative und Fragen ebenso wie in der verschwiegeneren Tonlage der euphorischen Stimmungen. Andererseits wird Nietzsche, der seine Existenz als Weltschicksal erlebt, in der mystischen Identifikation mit dem Dionysos sich selber als empirische Person fremd. Dort, wo er unmittelbar den Dionysos vergegenwärtigt, verleiht er dem Leben eine Tiefendimension, in der sich das empirische Subjekt in ein mythisches Subjekt verwandelt. Nietzsche gibt allerdings auch in der Vergegenwärtigung des Dionysos nicht den Geist auf, denn in der *Klage der Ariadne* erscheint Dionysos nicht als ein Trunkener, sondern als ein Weiser. In diesen Expressionen einer alles absorbierenden Erregung ist Nietzsche gleichermaßen Spieler, Ekstatiker und Denker.

Das zeigt sich besonders deutlich im Dionysos-Dithyrambus *Nur Narr! Nur Dichter!* (6, 377 – DD), jenem bereits 1884 entstandenen und im *Zarathustra*, im *Lied der Schwermuth* (4, 369-374 – Za), auftauchenden Dithyrambus. In der dramatischen Entfaltung der Dialektik von Wahrheit und Lüge der Dichterexistenz mischen sich kritische Ironie, bohrende Selbstironie, und tiefste Ergriffenheit, existentielle Erschütterung. In einem über mehrere längere Versgruppen sich erstreckenden Dithyrambus, dessen Einzelzeilen sowohl aus kurzgespannten Sprecheinheiten als auch aus intensivierenden Worthäufungen bestehen und der von Alliterationen, Exklamationen, rhetorischen Fragen, Antithesen, Paradoxien, von hyperbolischen Bildern, insbesondere von dynamischen Tier-Metaphern, durchsetzt ist, stellt das monologische Dichter-Subjekt sich selber provokativ in Frage und gibt zugleich ein extremes Maß an Gefühlsintensität zu erkennen. Die Sprachbewegung entfaltet sich im Wechsel von Staccato-Rhythmen, deren kurze Kola einen abgehackten, kurzangebundenen Sprechton ergeben, und von Akkumulationen und Amplifikationen, die der intensiven Erfassung des Sujets dienen. Im ständigen Changieren von Affekt und Intellekt, Emotion und Ironie, Ernst und Spiel wird die Problematik von Sein und Schein, Wahrheit und Lüge als Wesenszug der Dichterexistenz exponiert. Die unmittelbare hymnische Gebärde des Ansprechens höherer Mächte, wie sie, in jeweils spezifischer Ausprägung, von Klopstock, Goethe, Schiller, Novalis und Hölderlin her vertraut ist, ist bei Nietzsche aufgegeben zugunsten eines meditativ-monologischen Dithyrambus, in dem das Subjekt nur noch mit sich selber spricht.[304] Die Auffassung, in den Hymnen Hölderlins spreche sich der "Geist", in den Hymnen Nietzsches hingegen das "Leben" aus ("sie dienen nicht dem Geist, sondern dem Leben") (*Bertallot*, Hölderlin – Nietzsche, 100), ist höchst problematisch, denn gerade in Nietzsches Dithyramben ist der 'Geist' gegen-

304 Nietzsches hymnisch-dithyrambisches Sprechen kreist in sich selber. Es ist ein monologisches Sprechen. Es hat sich gelöst vom Lobgesang auf den christlichen Schöpfergott (Klopstock), von der erlebnislyrischen Genie- und Naturhymnik (der junge Goethe), von der idealistischen Ideenhymnik, den Hymnen an die Ideale der Menschheit (Schiller, der frühe Hölderlin), von der mystischen Identifikation von Liebe, Tod und Gott im hymnischen Lyrismus (Novalis), vom Rühmen und Danken gegenüber den 'Göttern' (Hölderlin). Nietzsches monologische Dithyramben haben nicht nur die christliche Hymnik, sondern auch den erlebnislyrischen Subjektivismus, den humanitären Idealismus, die romantische Identitätspoesie und die pantheistische Naturmythik hinter sich gelassen. Im Unterschied zu der die Ich-Aussprache mit der Du-Anrede verbindenden traditionellen Hymnik gibt es bei Nietzsche nur noch die Ich-Aussprache, und wenn er ein 'Du' anspricht, so ist es letztlich immer nur ein monologisches 'Du', d.h. eine Selbstanrede des lyrischen 'Ich'.

wärtig.[305] Die "Geist"-"Leben"-Antithese trifft das Problem nicht. Freilich, bezieht man den Begriff "Geist" nicht auf das kreative Subjekt, sondern auf das Wesen der Welt, dann allerdings huldigt Hölderlin dem "Geist", gemäß seiner Anschauung, "daß mehr als Maschinengang, daß ein Geist, ein Gott, ist in der Welt" (*Hölderlin*, Über Religion, SW IV, 278)[306]. Diesen "Geist", den "Geist" als metaphysisches Prinzip, kennt Nietzsche nicht mehr. Der 'Geist' hingegen als kreative Energie des Schaffenden und permanente Reflexion im Gedicht ist geradezu konstitutiv für Nietzsches Hymnen.

Der Anruf der 'Götter' ist abgelöst vom meditativen Selbstgespräch. Die Vergegenwärtigung des dionysischen Lebens erfolgt durch den monologischen Geist. Gerade Nietzsches Dithyramben zeigen eine spezifisch 'geistige' Note. Nicht ohne Grund bemerkt Nietzsche, "dass Dionysos ein Philosoph ist, und dass also auch Götter philosophiren" (5, 238 – JGB).[307] Der in der Maske des

---

305 Bertallot bringt den Unterschied zwischen Hölderlin und Nietzsche auf die Antithese von "Geist" und "Seele" (ebd., 99). Dies ist zumindest mißverständlich. Sofern man hier unter "Geist" nicht den 'Geist' des universellen Lebens, sondern den poetischen Geist zu verstehen hat, sind Nietzsches Dithyramben viel stärker vom 'Geist', von (kritischer, ironischer) Reflexion durchdrungen als die Gedichte Hölderlins. Hölderlins Dichtungen sind allerdings mit mehr Weltstoff, mit dem 'Geist' der Natur, gefüllt, während Nietzsches lyrische Texte subjektiver, stärker im 'seelischen' Erleben des Subjekts begründet sind. Der zentrale Unterschied liegt in der Auffassung des Verhältnisses von Subjekt und Totalität sowie von 'Altem' und 'Neuem'. Während Nietzsches perspektivistisches Denken in einen dissonantischen Monologismus, in die radikale Entzweiung von Welt und Ich mündet, huldigt Hölderlin einer letztlich harmonisierenden Identitätsphilosophie, die das Subjekt 'harmonisch' in die Totalität des Lebens integriert. Verbunden sind Hölderlin und Nietzsche durch die Idee der unaufhörlichen Selbstverwandlung des Lebens. Hölderlin vertritt, wie später Nietzsche, den Gedanken, daß im Vergehen immer auch ein Entstehen, im Untergang immer auch ein Übergang und Aufgang wirksam ist: "*Dieser Untergang oder Übergang des Vaterlandes* [...] fühlt sich in den Gliedern der bestehenden Welt so, daß in eben dem Momente und Grade, worinn sich das Bestehende auflöst, auch das Neueintretende, Jugendliche, Mögliche sich fühlt." (*Hölderlin*, Das Werden im Vergehen, SW IV, 282; vgl. S. 284). Aber im Unterschied zu Nietzsche setzt Hölderlin noch eine große Verbundenheit des Vergangenen, Gegenwärtigen und Zukünftigen voraus. Der "eigentlich neue Zustand" geht hervor aus der "Vereinigung und Vergleichung des Vergangenen Einzelnen, und des Unendlichen gegenwärtigen" (S. 284). "Aus dieser tragischen Vereinigung des Unendlichneuen und endlichalten entwikelt sich dann ein neues Individuelles" (S. 286). Für Nietzsche hingegen verhält sich das Neue dissonantisch zum Alten, wie auch das Einzelne aus der Totalität herausgefallen ist. Für Nietzsche ist die Destruktion des Alten die Voraussetzung der Konstruktion des Neuen. Und wo Hölderlin das Subjekt noch in die 'Harmonie' der 'Natur' einfügt, bleibt bei Nietzsche nur noch das einsame Subjekt übrig.

306 Die Vergegenwärtigung des Göttlichen erfolgt im mythischen Wort der Dichtung: "So wäre alle Religion ihrem Wesen nach poëtisch." Es ist die Rede von der "Vereinigung mehrerer zu einer Religion, wo jeder seinen Gott und alle einen gemeinschaftlichen in dichterischen Vorstellungen ehren, wo jeder sein höheres Leben und alle ein gemeinschaftliches höheres Leben, die Feier des Lebens mythisch feiern" (ebd., 281). Die "Feier des Lebens" – dies entspricht dem Denken Nietzsches. Aber Nietzsches Apotheose des Lebens vollzieht sich nicht mehr als Preisen religiöser Mächte und ist nicht mehr getragen vom Glauben an die kultische Gemeinschaft.

307 Seit dem *Zarathustra* ist Dionysos nicht mehr nur der prälogische Weltwille, sondern ein geistiger Gott. Er ist ein Gott der *disziplinierten* Ekstase geworden. Dionysos geht eine Symbiose mit dem Logos ein. So kann Nietzsche von der "Philosophie des Dionysos" sprechen und, mit Blick auf die traditionelle Gottesvorstellung, derzufolge Gott ein geistiges Prinzip ist, ironisch bemerken: "denn daß auch Götter philosophiren, scheint mir eine würdige und fromme Vorstellung zu sein, an der auch der Gläubigste noch seine Freude haben kann" (11, 482 – 1885). Aber es geht nicht nur um die Vergeistigung des Dionysos, sondern auch und vor allem um die Ekstatisierung des Geistes. Der Geist soll sich in tänzerischer Mobilität als offener, freier, 'fröhlicher' Geist entfalten. Nietzsche notiert:

Dionysos.
Versuch einer göttlichen Art, zu
philosophiren. (11, 483 – 1885; vgl. 11, 494)

Dionysos sprechende Dithyrambiker Nietzsche ist nicht nur ein monologischer, sondern auch ein 'intellektueller' Dithyrambiker. Dieses von Ironie und Skeptizismus durchsetzte dithyrambische Sprechen scheint fast zur Selbstzersetzung des Dithyrambus zu führen. Es ist aber im Blick zu halten, daß auch die Leidenschaft des Denkens ein Erregungszustand sein kann. Daß Nietzsche im Dithyrambus philosophiert, desavouiert denselben noch nicht als Gattung. Auch der mit Leidenschaft entfaltete Denkprozeß führt zu einer ekstatischen Grundgestimmtheit, die allerdings Voraussetzung des Dithyrambus ist. Zudem erwächst die 'Intellektualität' in diesem Dithyrambus aus einer tiefen Emotion, denn es ist das "heisse Herz", mit dem Nietzsche Zwiesprache hält. In Nietzsches Dithyrambus spricht ein Denker und ein Erschütterter. Daß nicht mehr eine Apostrophe der Götter vorliegt, sondern das eigene "Herz" angesprochen wird, ist im übrigen ein weiteres, markantes Indiz für das In-sich-selber-Kreisen dieses dithyrambischen Sprechens. Wenn somit Intellektualität und Monologismus den Nietzscheschen Dithyrambus prägen, so zeigt er doch im Vergleich zur rhapsodischen Rhetorik der Zarathustra-Reden eine Tendenz zur Verselbständigung des lyrischen Elements. Zu Recht konstatiert Bertallot: "Aphorismus und Predigt liegen zurück; was bleibt, ist Rede einer einsamen Seele mit sich selbst, und zwar über das Gewaltigste, was ihr in dieser Einsamkeit zuteil wurde: über ihre eigene Unendlichkeit." (a.a.O.)[308] Benn ist sogar der Auffassung, Nietzsches bruchstückartige Lyrik sei, wie viele Verse des jungen Goethe, wie Kleists *Penthesilea*, wie Hölderlins fragmentarische Lyrik, reine Ausdrucksdichtung:

> Dann finden wir es bei *Nietzsche*, seine und ebenso *Hölderlins* bruchstückartige Lyrik sind rein expressionistisch: Beladung des Worts, weniger Worte, mit einer ungeheuren Ansammlung schöpferischer Spannung, eigentlich mehr *ein Ergreifen von Worten aus Spannung* [...] (*Benn*, Expressionismus, 244)

Die *Dionysos-Dithyramben* sind lyrische Expressionen hochgradiger Erregungszustände. In ihnen zeigt sich eine Tendenz zur Verselbständigung der Sprache, zur autonomen Chiffrensprache, zum absoluten Lyrismus. Wichtiger als die Mitteilungsfunktion der Sprache, in der die Sprache als Vehikel der Information über bestimmte Probleme fungiert, ist die Ausdrucksfunktion der Sprache, in der sie als reine Expression von Erregungszuständen entfaltet wird.

Der geistige Dionysos bzw. der dionysische Geist – das ist Nietzsches neues Denk- und Stilprinzip. Damit erhält das Philosophieren für ihn eine ganz neue Qualität. Es wird zum kreativen Daseinsentwurf und zur schöpferischen Weltverwandlung.

308 Nun ist die Apostrophe des eigenen "Herzens" usuelle lyrische Praxis. Aber bei Nietzsche wird sie zur Gebärde der absoluten Einsamkeit. Wenn z.B. der junge Goethe im Gedicht *Neue Liebe, neues Leben* ausruft: "Herz, mein Herz, was soll das geben" (HA I, 96), dann spricht er aus der auf ein Du bezogenen spontanen Empfindung. Wenn Hölderlin sein "Herz" bzw. das "Herz" anspricht, dann wendet er das subjektive Gefühl ins Allgemeine. So beschwört er im Gedicht *Freundeswunsch* das "Herz der Erde" und setzt das eigene "Herz" zu ihr in Beziehung (SW I, 187). Auch im Gedicht *An die Natur* setzt er das eigene Gefühl ("mein Herz") in Beziehung zur Natur ("dein Herz") (SW I, 191). In der (häufig mißverstandenen) Ode *Gesang des Deutschen* lautet ein Vers: "O heilig Herz der Völker, o Vaterland!" (SW II, 3). Hölderlins Apostrophen, nie einen Rest von Distanz aufgebend, richten sich auf den das subjektive Gefühl übersteigenden allgemeinen Lebenszusammenhang. Nietzsche führt nur noch Selbstgespräche. Auch seine Zwiesprache mit dem "Leben" ist ein Selbstgespräch.

Dennoch handelt es sich noch nicht um absolute Poesie im Sinne der modernen Lyrik, in der es nur noch um die Sprache als solche geht. Nietzsche läßt der Sprache zwar einen eigenen Spielraum, aber er verabsolutiert sie nicht zur ästhetischen Eigenwirklichkeit. Allein schon der für die *Dionysos-Dithyramben* mit Ausnahme des Gedichts *Die Sonne sinkt* charakteristische argumentative, dialektische und dramatische Stil verhindert das Aufgehen der Sprache im reinen, absoluten Lyrismus. Der Lyriker Nietzsche ist ein denkender Lyriker. Auch in Zuständen höchster Erregung verleugnet er nicht den Geist, den kritisch reflektierenden und kreativ agierenden Geist.[309]

Wie stark der ironisch-doppeldeutige Redestil Nietzsches Dithyramben prägt, zeigt der gleichfalls aus dem *Zarathustra* (4, 379-385 – Za) stammende Dithyrambus *Unter Töchtern der Wüste* (6, 381-387 – DD). Hier inszeniert Nietzsche ein dialektisches Spiel um die Antithese von Reflexion und Sinnlichkeit, Vernunft und Leben. In den lockeren Versgruppen des 3. Abschnitts, dem eigentlichen Dithyrambus, wird in witzigen Wortspielen, beziehungsreichen Metaphern und bedeutungsvollen Allusionen, in Exklamationen, Imperativen und Fragen der Widerstreit von europäischer Vernunft und afrikanischer Lebensunmittelbarkeit entfaltet. Der reflektierende "Europäer", ein "moralischer Brüllaffe", sieht sich unter den "Töchtern der Wüste" der sinnlichen Unmittelbarkeit des Lebens konfrontiert. Vernunft und Moral, die Signa des Europäers, werden durch die paradiesische Unschuld des sinnlichen Lebens in Frage gestellt. Aber es ist bezeichnend für Nietzsche, daß der "Europäer unter Palmen" nicht völlig in der reinen Gegenwart des sinnlichen Lebens aufgeht, sondern die Spannung zwischen Vernunft und Leben zum Gegenstand des reflektierenden Bewußtseins macht. Einerseits ist der "Europäer" berauscht von der sinnlichen Schönheit der ihn umgirrenden Mädchen; andererseits ist er der "Zweifler", der das Denken nicht aufgeben kann und die Sinnlichkeit in ein ironisches Zwielicht rückt. Der "Europäer" bleibt der Vernunft und der Moral verhaftet ("als moralischer Löwe vor den Töchtern der Wüste brüllen!").[310] Er verkündet:

---

309 Exkurs 34.

310 Es ist nicht auszuschließen, daß Nietzsche durch Freiligrath zum Wüsten- und Löwenmotiv angeregt wurde. Seine Schwester berichtet jedenfalls, sie hätten damals, nach dem Kauf der Gedichte Freiligraths, begonnen, "in Freiligrathscher Manier zu dichten" und sich in "dieser pomphaften orientalischen Weise" zu unterhalten (*Förster-Nietzsche*, Leben Nietzsches II/2,538). Aber Freiligrath hat hier allenfalls eine Motivanregung gegeben, nicht mehr und nicht weniger. In seinen rhetorischen Wüstengedichten herrscht romantisches Freiheitspathos. So ist im Gedicht *Löwenritt* (Gedichte, 117) der Löwe der starke, freie Herrscher. Vielleicht ist Nietzsche zum Motiv des "Löwen", des "moralischen Löwen", auch durch den "Löwen" in Shakespeares *Sommernachtstraum* – der ihm vertraut war (vgl. B 1, 146) – angeregt worden. Freilich, bei Shakespeare ist der Löwe alles andere als ein moralischer Löwe. Er tritt in der lockeren, heiteren Komödie in einer Rüpelszene auf und setzt sich über alles Moralische hinweg, ganz im Unterschied zu dem mit Moralproblemen belasteten Löwen Nietzsches. Aber Nietzsche führt den moralischen Löwen als Travestie der Moral vor. So kommentiert er den Hinweis auf das "Reich Gottes" im Markus-Evangelium (Mark. 9,1) unter Bezug auf die Wendung "Gut gebrüllt, Löwe!" bei Shakespeare mit dem sarkastischen Wortspiel "*Gut, gelogen*, Löwe..." (6, 221 – AC). Die Moral, die christliche Moral, wird als Lüge denunziert. Im Dithyrambus erfolgt die parodistische Selbstaufhebung der Moral. Das Ganze ist aber für Nietzsche ein Existenzproblem. Es ist kein Possenspiel wie im *Sommernachtstraum*, wo die Spielebene von der Realebene getrennt ist. Der frühe Nietzsche schrieb: "Und wie der dionysische Schwärmer an seine Verwandlung glaubt, recht im Gegensatz zu Zettel im Sommernachtstraum, so glaubt der dramatische Dichter an die Wirklichkeit seiner Gestalten." (1, 522 – GMD).

Und da stehe ich schon,
als Europäer,
ich kann nicht anders, Gott helfe mir!
Amen!

Es ist problematisch, diese Sentenzen als eine ernstgemeinte "moralische Aufforderung zur Tugend" (*Volkmann-Schluck*, Wüste, 29) zu deuten. Man darf nicht übersehen, daß der "Europäer" sein Moralprinzip als "Tugend-Geheul" bezeichnet und es mit dieser pejorativen Wendung selbstironisch in Frage stellt. Zudem ist die Luther-Allusion, die Anspielung auf Luthers Wort "Gott helfe mir, Amen", eine ironische Anspielung, mit der sich der "Europäer" selbst parodiert. Nicht die Aufforderung zur Moral, sondern der Spott auf die Moral prägt diese Haltung. Daher ist dieser "Europäer" nicht bloß der "ironisch-zynische Gegenspieler zu Zarathustras Lehre" (*Volkmann-Schluck*, Wüste, 32), sondern eine selbstironische Travestie der Moral. In diesem Dithyrambus werden sowohl die Sinnlichkeit als auch die Moral Gegenstand eines witzig-ironischen Spiels. Daß Nietzsche diesem Dithyrambus aus dem *Zarathustra* im späteren Dionysos-Dithyrambus noch eine bedeutungsschwere Strophe mit der "Wüste" als dem alles verschlingenden "Tod" hinzufügt, verleiht dem Gedicht neues Gewicht. Nun setzt Nietzsche mit dem Tod dem sinnlichen Leben das entscheidende Kontrastmotiv entgegen. Nun macht nicht mehr das Glück, die sinnliche Unschuld der "Oasis", sondern der "Tod", der im Menschen als abgründige Forderung wirksame Tod, das Wesen der "Wüste" aus. An die Stelle der spielerischen Ironie ist das existentielle Pathos getreten.

Dieses Pathos kennzeichnet auch den Dithyrambus *Letzter Wille* (6, 388 – DD), die Versifikation des dithyrambischen Prosafragments *Vom Einen Siege* (1883) (10, 594). Hier verkündet das Subjekt in monumentalem Pathos seinen Willen, den Tod "siegend" zu bestehen. Der Tod als Probierstein des Willens – ein der Denkweise Nietzsches angemessenes Motiv. Gerade angesichts des Todes soll sich der Wille bewähren. Witz und Ironie treten auch im Dithyrambus *Zwischen Raubvögeln* (6, 389-392 – DD) in den Hintergrund zugunsten eines tragischen Pathos der Einsamkeit. In den sich drängenden kurzzeiligen Versgruppen dieser freirhythmischen Versprosa mit gestautem Rhythmus werden die anstehenden Probleme staccatoartig hervorgestoßen. In hyperbolischen Metaphern, bohrenden Fragen und exklamatorischen Pointen wird das Schlüsselmotiv, der radikale Selbstzweifel an Zarathustra, schroff entfaltet. Einmal mehr bietet Nietzsche zur Versinnbildlichung seiner Problemstellung extreme Naturmetaphern auf. Im Bild des im Hochgebirge über dem Abgrund hängenden, von einem "Raubvogel" inquisitorisch befragten Zarathustra werden dessen Grenzen aufgezeigt. Die absolute Freiheit des Raubvogels hat er nicht erreicht, so daß dieser "grausam" "höhnt":

man muss Flügel haben, wenn man den Abgrund liebt…
man muss nicht hängen bleiben,
wie du, Gehängter! –

Zarathustra, "Jüngst Jäger noch Gottes", ist nun selbst zum Gejagten geworden. Er ist nun selbst Gegenstand seiner bohrenden Zersetzung. Die Zersetzung wird zur Selbstzersetzung. Das insistierende, exzessive Fragen Zarathustras, das alle Dinge in Frage stellt, macht auch vor ihm selber nicht halt:

> Jetzt –
> von dir selber erjagt,
> deine eigene Beute,
> in dich selber eingebohrt...

Der unbedingte Wahrheitswille Zarathustras, der allen Dingen auf den Grund geht und sie demaskiert, bezieht in letzter Konsequenz auch die eigene Existenz in diesen Reflexionsprozeß ein. Die Welterkenntnis schlägt um in die Selbsterkenntnis, die Weltauflösung in die Selbstzerstörung. Zarathustra verfängt sich in der manischen Selbstreflexion, erkennt seine eigene Insuffizienz und wird sich selber in extremer Weise fragwürdig. In der schonungslosen Selbstbefragung wird aus Zarathustra, dem Seiltänzer über Abgründen, ein in seinen eigenen Netzen Gefangener, der Opfer des Abgrundes zu werden droht. Aus der Selbsterkenntnis erwächst die Selbstvernichtung:

> [...]
> in eignen Stricken gewürgt,
> *Selbstkenner!*
> *Selbsthenker!*

Das Motiv der selbstzerstörerischen Selbsterkenntnis ist das Schlüsselmotiv des Dithyrambus. Hier hat das Pathos die Ironie verdrängt. Freilich, im Hohn des Raubvogels zeigt sich ein Zug von Ironie, wie auch das Wortspiel nicht fehlt, wenn es heißt, daß aus dem "Einsiedler ohne Gott" der "Zweisiedler mit dem Teufel" geworden sei. Zarathustras in der Selbstzerstörung kulminierende Selbsterkenntnis ist zugleich eine Selbstverrätselung:

> Jetzt –
> zwischen zwei Nichtse
> eingekrümmt,
> ein Fragezeichen,
> ein müdes Räthsel –
> ein Räthsel für *Raubvögel...*[311]

Daß Zarathustra ein "müdes" Rätsel ist, deutet auf die Erschlaffung seiner Kreativität hin. Daß er ein Rätsel für "Raubvögel" ist, besagt wohl, daß er dem elementaren Leben nicht mehr gewachsen ist und daß dasselbe über ihn hinweggehen wird. Dennoch bleibt er ein Rätsel. Indem Nietzsche in der letzten Versgruppe die Metapher "Raubvögel" abrupt auf die Zarathustra-Exegeten

---

311 Ernst Meister hat dieses Motiv aufgegriffen und die 'nihilistische' Gebärde Nietzsches ins Humane gewendet:

> HIER,
> gekrümmt
> zwischen zwei Nichtsen,
> sage ich Liebe. (*Meister*, Gedichte, 109)

bezieht, auf die Interpreten, die sich Zarathustra zu ihrem Opfer gewählt haben, rücken auch die "Raubvögel" ins Zwielicht. Für die Exegeten, die das "Räthsel" Zarathustra lösen wollen, bleibt nur Ironie übrig: "sie werden dich schon 'lösen', / sie hungern schon nach deiner 'Lösung' ". Nietzsche rückt das "Räthsel" Zarathustra ins Zwielicht von tragischem Pathos und kritischer Ironie. In jedem Falle aber ist der Zarathustra dieses Dithyrambus ein in die äußerste Existenzkrise geratener Zarathustra. Selbsterhellung, Selbstzerstörung und Selbstverrätselung machen seine geistig-seelische Physiognomie aus. Es gehört zum extremistischen Denken Nietzsches, daß Zarathustra nicht nur der Selbstapotheose huldigt, sondern auch der Selbsterniedrigung fähig ist.

Dominant ist allerdings die Selbstapotheose. In einem Dithyrambus wie *Von der Armut des Reichsten* (6, 406-410 – GD [= 6, 441-445 – NW]) ist Zarathustra der "Überreiche", der gerade durch sein Übermaß an schöpferischer Energie den Kontakt zu den Menschen verliert, so daß der "Überreiche" in einer eigentümlichen "Armut" lebt. Er ist der "*Ärmste* aller Reichen". Zugleich aber erlebt er als der absolut Einsame die höchsten Zustände des Schöpferischen. Im Brief an Köselitz vom 16.12.1888 betont Nietzsche das in diesem Dithyrambus ausgedrückte Glücksgefühl:

> ein Lied (oder wie Sie's nennen wollen...) Zarathustra's, mit dem Titel *Von der Armut des Reichsten* – wissen Sie, eine kleine siebente Seligkeit und noch ein Achtel dazu... *Musik*... (B 8, 527)

In *Ecce homo* schreibt Nietzsche, daß in der Sprache Zarathustras "die Beredsamkeit Musik geworden" sei (6, 344 – EH) und daß diese Sprache selbst die schwersten Dinge in hymnische Lobpreisung verwandele: "Auch die tiefste Schwermuth eines solchen Dionysos wird noch Dithyrambus" (6, 345 – EH). Im Dithyrambus wird alles Schwere in "Musik" verwandelt. Die dithyrambische Sprache ist selbst schon, rein als Sprachgebärde, ein kathartisches Phänomen. Im Aufschwung der dithyrambischen Sprache befreit sich das Subjekt. Allein schon der dithyrambische Duktus als solcher ist eine verwandelnde Kraft. Diese 'magische' Wirkung des dithyrambischen Sprechens verleiht den inhaltlichen Aussagen überhaupt erst ihre Durchschlagskraft. Dabei übt der Dithyrambus hinsichtlich der Aussageinhalte eine kreative Funktion aus. Im dithyrambischen Sprechen wird nicht einfach nur ein vorgegebener Inhalt in Sprache umgesetzt, sondern die Inhalte werden durch die Sprache überhaupt erst wahrhaft zur Geltung gebracht, ja gewissermaßen erst geschaffen. Der Dithyrambus ist nicht nur Lobgesang, sondern er ist vor allem auch Entwurf. Es ist nur konsequent, daß Nietzsche in dem Maße, in dem er sich zum dekretierenden Denker aufschwingt, den dithyrambischen Sprachduktus bevorzugt, denn dieser bietet ihm wie keine andere literarische Gattung die Möglichkeit der neuen Wertsetzung. Zugleich kommt das dithyrambische Sprechen der Tendenz zur Selbstapotheose entgegen. So ist Zarathustra im Dithyrambus *Das Feuerzeichen* (6, 393 – DD) als der absolut Einsame, der Denker der "*siebenten* Einsamkeit", in geradezu kultischer Selbsterhöhung das große, wegweisende "Zeichen" – ein "Feuerzeichen" für Bedrängte und ein "Fragezeichen" für Suchende.

Nietzsches Dithyrambus kann zur diktatorischen Sprache werden, in der ein sich selber verabsolutierendes Subjekt neue Werte dekretiert und mit imperatorischer Gebärde das Sein selbst anspricht. Im Dithyrambus *Ruhm und Ewigkeit* (6, 402-405 – DD), in dem sich Denken und Sprache Nietzsches zu höchstem Pathos steigern, erfährt ein von seinem "Jammer" niedergedrückter Zarathustra in einem blitzartigen Erleuchtungserlebnis die *unio mystica* mit dem "Sein" selbst. Das Existenzprinzip des *amor fati* wird in den höchsten Seinsrang erhoben ("Schild der Nothwendigkeit! / Ewiger Bildwerke Tafel!"). In lapidarer, apodiktischer Setzung wird in diesem Dithyrambus die existentielle Selbstaussage zur 'ontologischen' Aussage über das Sein selbst verabsolutiert. Die Existenzaussage wird zur Seinsaussage:

Ich sehe ein Zeichen –,
aus fernsten Fernen
sinkt langsam funkelnd ein Sternbild gegen mich...[312]

Hier spricht Nietzsche nicht nur seine subjektiv-existentielle Befindlichkeit aus, sondern macht das Sein selbst zum Gegenstand der hymnischen Reflexion. Freilich, das "Sein" besteht nicht *an sich*, unabhängig vom Menschen, sondern nur *für mich*, im Daseinsentwurf des Menschen. Das Sein offenbart sich nur in der Existenz. Nur Zarathustra, der Einsamste aller Denker, erfährt die Selbstoffenbarung des "Seins":

Höchstes Gestirn des Seins!
Ewiger Bildwerke Tafel!
Du kommst zu mir? –

"Ewige Bildwerke" – in dieser statuarischen Metapher läßt Nietzsche das bloß 'subjektive' Erlebnis hinter sich und konzentriert sein Denken auf das 'objektive' Sein, die Struktur der Welt, in der Weise allerdings, daß er seinen spezifischen Perspektivismus nun vom Sein selbst her begründet. Nietzsche wird auch in der Hinwendung zum "Sein" nicht zum Ontologen. Wenn er das Wesen der

---

312 Offenbar hat dieses Bild Benn zu den Versen angeregt:
Doch sehe ich ein Zeichen:
über das Schattenland
aus Fernen, aus Reichen
eine große, schöne Hand
[...] (*Benn*, Aus Fernen, aus Reichen, GW III, 111)
Bei Benn ist allerdings Nietzsches thetischer Lapidarstil, dieser dekretierende Sprachduktus, einer melancholisch-meditativen Tonlage, einem verhaltenen, gefaßteren Ton gewichen. Nietzsches "Sternbild" könnte sich auf den griechischen Mythos beziehen, in dem Dionysos die Strahlenkrone der Ariadne zum Himmel wirft, wo sie als Sternbild leuchtet (dazu: *Kreis*, Dionysos, 75 f.). Dies wiederum würde bedeuten, daß jenes "Zeichen" ein vom Schaffenden selbst gesetztes Zeichen wäre. Es ist allerdings die Frage, ob sich das "Sternbild" wirklich auf Ariadne bezieht oder ob es nicht, in einem umfassenderen Sinne, das Sinnbild der im Schlußvers angesprochenen "*Ewigkeit*" ist. Bezieht man das "Sternbild" auf den Mythos von Dionysos und Ariadne, haftet ihm ein stärker 'subjektives' Moment an. Bezieht man es auf die "*Ewigkeit*", kommt ihm eine stärker 'objektive' Bedeutung zu. Nun könnte man dies auch als Einheit sehen: Ariadne als das am Himmel leuchtende ewige Wahrzeichen der Liebe zwischen Dionysos und Ariadne. Dann wäre unter der "stummen Schönheit" Ariadne zu verstehen. Dennoch scheint sich der Sinn des Dithyrambus nicht in diesem Motiv zu erschöpfen, sondern aus dem universellen Problemfeld von *amor fati*, "Nothwendigkeit" und "*Ewigkeit*" zu erwachsen. Die "Ewigkeit" ist das "Weib", das Zarathustra liebt (4, 291 – Za).

Welt zum Gegenstand seiner Reflexionen macht, dann geschieht dies immer aus der Perspektive des schaffenden Subjekts, wie überhaupt das Perspektivismus-Prinzip die Subjekt-Objekt-Spaltung, die Differenz von Existenz und Welt, aufhebt. Das Verhältnis von Sein und Subjekt unterliegt der Dialektik von Differenz und Identität. Einerseits ist das Sein eine transzendente, das Subjekt übersteigende Dimension ("das kein Wunsch erreicht"). Andererseits verwirklicht sich das Sein erst im Subjekt, im schaffenden Subjekt ("ewig bin ich dein Ja"). Der Mensch ist nicht nur auf das 'Sein' angewiesen, sondern das 'Sein' ist auch vom Menschen abhängig. Erst im Ja-Sagen zur ewigen Wiederkunft ist die ewige Wiederkunft überhaupt möglich. Unverkennbar durchzieht ein Zug von Seinsmystik den Dithyrambus. In hymnischer Preisung, erfüllt von der Glut einer absoluten Gewißheit, erfolgt die kompromißlose Absage an den "*Ruhm*" und die ekstatische Identifikation mit der "*Ewigkeit*":

> Schild der Nothwendigkeit!
> Höchstes Gestirn des Seins!
> – das kein Wunsch erreicht,
> das kein Nein befleckt,
> ewiges Ja des Sein's,
> ewig bin ich dein Ja:
> *denn ich liebe dich, oh Ewigkeit!* –– (vgl. 4, 291 – Za)

Nietzsche hat diesen Dithyrambus außerordentlich hoch eingeschätzt. Er sieht in ihm den höchsten Ausdruck des Schöpferischen. Höchstes Selbstgefühl und tiefste Ergriffenheit, absolutes Freiheitsbewußtsein und elementarste Erschütterung löst dieser Dithyrambus bei seinem Verfasser aus. So schreibt er Weihnachten 1888 an Overbeck:

> Den Schluß von *Ecce homo* macht ein Dithyrambus von einer ganz grenzenlosen Erfindung, – ich darf nicht daran denken, ohne zu schluchzen. (B 8, 550)

Im Brief an den Verleger C.G. Naumann vom 29.12.1888 heißt es:

> Ein Rest von Ms, lauter extrem wesentliche Sachen, darunter das Gedicht, mit dem *Ecce homo* schließen soll, ein non plus ultra von Höhe und Erfindung – ist heute *eingeschrieben* an Sie abgegangen. (B 8, 558)

Und im Briefentwurf an Köselitz vom 30.12.1888 formuliert Nietzsche:

> Ich habe gestern mein non plus ultra in die Druckerei geschickt, *Ruhm und Ewigkeit* betitelt, jenseits aller sieben Himmel gedichtet. Es macht den Schluß von *Ecce homo.* (B 8, 566; vgl. B 8, 570 u. B 8, 571)

Obschon sich in den Briefen an Overbeck und Köselitz bereits klinisch abnorme Erlebnisweisen, Wahnwahrnehmung[313] und Größenwahn[314], abzeichnen, sind

313 Nietzsche neigt nun dazu, realen Wahrnehmungsvorgängen eine abnorme, irreale Bedeutung für die eigene Person zuzumessen. So schreibt er am 29.12.1888: "Das Merkwürdigste ist hier in Turin eine vollkommne Fascination, die ich ausübe – in allen Ständen. Ich werde mit jedem Blick wie ein Fürst behandelt, – es giebt eine extreme Distinktion in der Art, wie man mir die Thür aufmacht, eine Speise vorsetzt. Jedes Gesicht verwandelt sich, wenn ich in ein großes Geschäft trete." (B 8, 561 – an Meta von Salis; vgl. B 8, 549).

314 In der Schlußphase seiner geistigen Existenz verfällt Nietzsche einem maßlos übersteigerten Selbst-

doch die zitierten Äußerungen zum eigenen Gedicht durchaus noch von geistiger Klarheit. Die Dithyramben selbst zeigen jedenfalls noch keine Wahnsinnssymptome, wenngleich in ihnen die Sprache bis zu jener gefährlichen Grenze vorangetrieben ist, an der der Realitätskontaktverlust droht. Möglicherweise sind Nietzsches letzte Dithyramben an der Wahnsinnsgrenze angesiedelt. Aber sie überschreiten diese Grenze noch nicht. Das ihnen eigentümliche hyperbolische Pathos erwächst aus der Nötigung, ein mystisches Seinserlebnis in extremen Formen des hohen Stils zu artikulieren. Nietzsche selbst begründet in *Ruhm und Ewigkeit* das große sprachliche Pathos aus der Notwendigkeit, der neuen Seinserfahrung Ausdruck verleihen zu müssen:

> Still! –
> Von grossen Dingen – ich *sehe* Grosses! –
> soll man schweigen
> oder gross reden:
> rede gross, meine entzückte Weisheit! (vgl. 13, 189; 13, 477; 13, 535)

Die visionäre Entgrenzung der empirischen Realität durch hyperbolisches Pathos ist ein Grundzug der lyrischen Sprache Nietzsches. Sie erfolgt in Form der unumgänglichen Verkündigung einer von Grund auf neuen Seinserfahrung.

Nietzsches Gedichte zeigen kaum je Ruhe und Gelassenheit, sondern sind fast durchgängig geprägt von höchster Begeisterung, tiefster Klage und kritischer Ironie. Nietzsche ist eine vor Unruhe vibrierende Existenz. Insbesondere im *Zarathustra* und in den *Dionysos-Dithyramben* erreicht diese Unruhe ihre unüberbietbare Zuspitzung. Das zwischen blasphemischer Provokation und tiefster Erschütterung schillernde Versgebet *Klage der Ariadne* (6, 398-401 – DD), ein aus dem *Zarathustra*-Kapitel der *Zauberer* (vgl. 4, 313-317 – Za) stammender, allerdings neu mit dem "Ariadne"-Titel versehener und um eine "Dionysos"-Strophe erweiterter Dithyrambus, ist eine glühende Hymne, in der ein verzweifeltes Ich den "unbekannten Gott" anspricht. Im *Zarathustra* erfolgt in diesem vom Zauberer, d.h. von einer Wagner-Travestie, vorgetragenen Gedicht noch die Auseinandersetzung mit dem christlichen Gott. In der *Klage der Ariadne* ist mit der Motivkonstellation Ariadne-Dionysos das ganze Problem gewissermaßen entchristianisiert. Es spricht nicht mehr der 'christliche' Zauberer, sondern die heidnische Ariadne, und an die Stelle des christlichen Gottes ist der heidnische Dionysos getreten. Diese rollenlyrische Korrektur ist künstlerisch prekär, denn der Klageinhalt ist der gleiche geblieben, so daß der neue Titel ein wenig konstruiert wirkt, wie auch die Anfügung der "Dionysos"-

---

bewußtsein, einer wahnhaften Überschätzung der eigenen Person, der eigenen Macht. Vgl. dazu seine politischen Proklamationen, die Ausdruck eines manischen Größenwahns sind. Dazu: B 8, 565 ff. (Briefentwurf an Köselitz vom 30.12.1888). B 8, 568 f. u. 569 (Briefentwürfe an Ruggero Bonghi Ende Dezember 1889). B 8, 570 (Brief an Jean Bourdeau, verm. 1.1.1889). So will Nietzsche dem "dynastischen Wahnsinn des Hauses Hohenzollern" ein Ende bereiten: "Damit muß man ein Ende machen – *und ich bin stark genug dazu*..." (B 8, 569). Am 4.1.1889 schreibt er an Overbeck: "Ich lasse eben alle Antisemiten erschiessen..." (B 8, 575; vgl. B 8, 572). Und im letzten Brief, im Brief an Burckhardt vom 6.1.1889, heißt es zum Schluß: "Wilhelm Bismarck und alle Antisemiten abgeschafft." (B 8, 579). Vgl. die Entwürfe an Wilhelm II. und Bismarck Anfang Dez. 1888 (B 8, 503ff.).

Strophe das Ganze als eine künstliche Konstruktion erscheinen läßt.[315] Es ging Nietzsche offenbar darum, das ganze Problem aus dem christlichen in den heidnischen Bereich zu verlagern. Nun tritt nach der Klage, sich durch den "Blitz" ankündigend, "Dionysos" auf, als neue, in "Schönheit" leuchtende Epiphanie des "unbekannten Gottes". Daß Dionysos in glanzvoller Schönheit, d.h. fast wie ein apollinischer Gott erscheint, zeigt an, daß er ein wissender Gott ist, daß sich bei Nietzsche nunmehr eine Symbiose von Dionysos und Apollon vollzogen hat. Es ist ein apollinischer Dionysos bzw. ein dionysischer Apollon, der hier auftritt. Es ist die potenzierte Vereinigung von Leben und Geist. Mit dem "Dionysos"-Motiv verquickt wird das "Labyrinth"-Motiv. Ariadne, die bekanntlich durch ihren Faden Theseus aus dem Labyrinth rettete, sich von ihm aus Kreta entführen ließ, ihn heiratete, aber von ihm auf der Insel Naxos verlassen wurde, wo dann Dionysos sie traf und zur Gemahlin nahm[316], sieht sich in Dionysos erneut dem Labyrinth konfrontiert. Dionysos spricht zu ihr den bedeutungsschweren Satz: "*Ich bin dein Labyrinth*..." Damit ist Ariadne aufgefordert, sich auf das Labyrinth einzulassen, es zu erforschen und durch Forschen und Fragen zu ihrem wahren Selbstsein zu gelangen. In *Jenseits von Gut und Böse* findet sich ein aufschlußreicher Hinweis zum Verhältnis des Dionysos zu Ariadne:

> So sagte er einmal: "unter Umständen liebe ich den Menschen – und dabei spielte er auf Ariadne an, die zugegen war –: der Mensch ist mir ein angenehmes tapferes erfinderisches Thier, das auf Erden nicht seines Gleichen hat, es findet sich in allen Labyrinthen noch zurecht. Ich bin ihm gut: ich denke oft darüber nach, wie ich ihn noch vorwärts bringe und ihn stärker, böser und tiefer mache, als er ist." (5, 239 – JGB)

Es geht um die Selbstverwandlung der Ariadne durch den Dionysos. Erst durch Dionysos gelangt Ariadne zu ihrer wahren Lebendigkeit und Tiefe. Wer sich im Labyrinth zurechtfinden will, bedarf der Klugheit. Dionysos sagt: "Sei klug, Ariadne!..." Ariadne muß so klug sein, zu erkennen, daß die Liebe mit dem Haß verschwistert ist: "Muss man sich nicht erst hassen, wenn man sich lieben soll?..." Nur wenn Ariadne solch ein "kluges Wort" in ihre "Ohren" 'steckt', findet sie den wahren Zugang zu Dionysos. Es ist ein geradezu witziger Dionysos, der zu Ariadne spricht. Die Weisheit des Dionysos besagt, daß der Mensch das Labyrinth nicht nur hassen, sondern auch lieben soll. Das Labyrinth ist nicht etwas, dem sich der Mensch entziehen könnte, ja, im Gegenteil, der Mensch

---

315 "Die Dionysos-Symbolik ist diesem Gedicht erst nachträglich, erst hinterher, beinahe ist man versucht zu sagen: künstlich aufgesetzt!" (*Reinhardt*, Ariadne, 313). Die Ersetzung Zarathustras durch Ariadne rückt die (agonale) "Liebesbeziehung" in den Vordergrund (*Kommerell*, Dionysosdithyramben, 489). Man hat auch die Identität von Nietzsche und Ariadne betont und in Ariadne die "eigene, verleugnete, mißhandelte, weichere und weiblichere Hälfte" Nietzsches gesehen (*Kerényi*, Ariadne, 410). Es ist ein schwieriges Bezugsfeld. Ist Nietzsche letztlich selbst der Dionysos, der sich Ariadne zuwendet? Oder steht er, ein neuer Theseus, im Spannungsfeld zwischen Dionysos und Ariadne? Oder ist Ariadne nur eine Maske Nietzsches, der sich nicht an den christlichen Gott, sondern an den heidnischen Dionysos wendet? Vgl. auch *Rehder*, Lyrik, 216-219 u. *Pannwitz*, Dionysos-Dithyramben, 361-364.

316 Zur mythologischen Fabel von Dionysos und Ariadne vgl. *Preller*, Mythologie I, 532-535, sowie *Welcker*, Götterlehre II, 589-597.

verstrickt sich immer mehr ins Labyrinth, d.h. in die Tiefe und Rätselhaftigkeit des Lebens. In Dionysos als der Inkarnation der Ursprünglichkeit, Rätselhaftigkeit und Abgründigkeit des Lebens tritt der Ariadne diese letzte Wahrheit entgegen. Will der Mensch sich im Labyrinth zurechtfinden, muß er das Labyrinth annehmen. Der Versuch des Menschen, das Labyrinth zu überwinden, ist zum Scheitern verurteilt, da das Leben selbst das Labyrinth ist. Dies ist nicht ein defizienter Modus, sondern eine bedeutungsvolle Qualität des Lebens. Es kommt daher nicht darauf an, aus dem Labyrinth hinauszufinden, sondern in das Labyrinth hineinzugelangen. Nur auf diese Weise kann das Leben in seiner Tiefe, Rätselhaftigkeit und Abgründigkeit erfahren werden. Nietzsches Dionysos, dieser tiefgründige Denker, verweist auf das Labyrinth als Wesenselement des Lebens. Er betont den Rätselcharakter des Daseins. Seine Aufforderung zur Erkenntnis ist zuletzt eine Aufforderung zur Einsicht in die Rätselhaftigkeit des Daseins. Im letzten betreibt er nicht Daseinserhellung, sondern Daseinsverrätselung. Dies entspricht dem Lebensbegriff Nietzsches. Nietzsche will dem Leben die offenen Horizonte erhalten und das Leben als Wagnis leben. Ohne seine Rätselhaftigkeit, Abgründigkeit und – Gefährlichkeit würde das Dasein seinen Sinn für ihn verlieren. Es würde seinen Sinn allerdings auch ohne den suchenden Menschen verlieren. Ariadne ist nicht nur von Dionysos abhängig, sondern Dionysos ist auch auf Ariadne angewiesen. In *Ecce homo* schreibt Nietzsche, mit Bezug auf das *Nachtlied* im *Zarathustra*:

> Dergleichen ist nie gedichet, nie gefühlt, nie *gelitten* worden: so leidet ein Gott, ein Dionysos. Die Antwort auf einen solchen Dithyrambus der Sonnen-Vereinsamung im Lichte wäre Ariadne... Wer weiss ausser mir, was Ariadne ist!... Von allen solchen Räthseln hatte Niemand bisher die Lösung, ich zweifle, dass je Jemand auch hier nur Räthsel sah. (6, 348 – EH)

Ariadne wäre die ideale Ergänzung des Dionysos. Im Verstandenwerden durch Ariadne würde sich die absolute Einsamkeit des Dionysos aufheben. Dies aber wird von Nietzsche nur als Möglichkeit postuliert, nicht als Realität behauptet. So bleibt letztlich ein unaufhebbares Spannungsverhältnis. Die Konstellation Dionysos – Ariadne ist ein bedeutungsträchtiges Symbol des Rätselcharakters des Daseins, der Liebe zum Labyrinth und der Spannung von Einsamkeit und Identität.[317] Diese Symbolik reicht weit über die biographische Konstellation Dionysos-Nietzsche, Ariadne-Cosima und Theseus-Wagner hinaus. Es ist eine Symbolik des Lebens selbst. Freilich, Nietzsche hat durch jene diversen Briefäußerungen, in denen er Cosima Wagner "Ariadne" nennt und sich selber als "Dionysos" bezeichnet, der biographisch-psychologischen Deutung Vorschub geleistet. Der Brief an Cosima Wagner vom 3.1.1889 enthält die Anrede: "An die Prinzeß Ariadne, meine Geliebte." (B 8, 572). Sich selber bezeichnet Nietzsche in diesem Brief als den "siegreichen Dionysos, der die Erde zu einem Festtag machen wird" (B 8, 573). Eine lapidare Briefnotiz von Anfang Januar 1889 lautet: "Ariadne, ich liebe Dich. / Dionysos" (III, 1350 – an Cosima Wagner). Im Wahnsinnsbrief an Burckhardt vom 6.1.1889 heißt es:

317 Exkurs 35.

> Morgen kommt mein Sohn Umberto mit der lieblichen Margherita, die ich aber auch nur hier in Hemdsärmeln empfange. Der *Rest* für Frau Cosima... Ariadne... Von Zeit zu Zeit wird gezaubert... (B 8, 579)

Obschon die Beziehung des Dionysos zu Ariadne von Nietzsche als persönliche Beziehung zu Cosima Wagner erlebt wird, erschöpft sie sich nicht in dieser psychologischen Intimität, sondern hat darüber hinaus philosophische Bedeutung als Symbol des Lebens selbst. Selbst in den Wahnsinnsbriefen leuchtet noch etwas von dieser philosophischen Relevanz auf. So heißt es in dem mit "Dionysos" unterzeichneten Brief an Burckhardt vom 4.1.1889, in dem der Adressat als "unser grosser grösster Lehrer" apostrophiert wird:

> denn ich, zusammen mit Ariadne, habe nur das goldne Gleichgewicht aller Dinge zu sein, wir haben in jedem Stücke Solche, die über uns sind... (B 8, 574)

Selbst in diesem eindeutig von Wahnsinnssymptomen verdunkelten Brief hat sich bei Nietzsche noch ein Bewußtsein von der durch Dionysos und Ariadne konstituierten Struktur des Lebens erhalten. Freilich, Nietzsche ist inzwischen von geistiger Umnachtung heimgesucht worden. So schreibt er, gleichfalls am 4.1.1889 und in einem gleichfalls mit "Dionysos" unterschriebenen Wahnsinnszettel an Deussen, es habe "sich unwiederruflich herausgestellt", "daß ich eigentlich die Welt geschaffen habe" (B 8, 574). In der Selbstidentifikation mit dem Dionysos erfolgen bei Nietzsche Realitätsverlust und Identitätsverlust. Die auf die Spitze getriebene Selbstmythisierung schlägt um in die Geisteskrankheit. Indem Nietzsche seine empirische Person mit der mythischen Gestalt des Dionysos identifiziert, verliert er sich als Person. Der Glaube, selbst der Dionysos zu sein, ist Wahnsinn. Die Frage ist, ob es sich dabei um die letzte Konsequenz der Nietzscheschen Weltsicht, um eine aus der Selbstüberhebung folgerichtig erwachsende "Gottwerdung" Nietzsches (*Vogel*, Apollinisch und Dionysisch, 325 f.), oder um einen abrupten Umschlag aus klarem Denken in geistige Umnachtung handelt, der die Integrität der Schriften, insbesondere der letzten Dithyramben, nicht in Frage stellt. Daß Nietzsche auf Grund seines extremistischen, die Gefahr suchenden Denkens sowie auf Grund der progressiven Vereinsamung ein Gefährdeter war, ist kaum zu bestreiten. In gewisser Weise ist die Selbstidentifikation mit dem Dionysos der zu Ende gedachte Wille zur Macht. Andererseits ist die Frage nicht ganz abzuweisen, ob sich Nietzsche im Endstadium seiner geistigen Existenz eine dem empirischen Bewußtsein unzugängliche Seinserfahrung eröffnete – die er denkerisch nicht mehr zu bewältigen vermochte. Im ganzen wird man feststellen dürfen, daß weder Psychologisierung noch Mythisierung das Problem erschöpfend lösen können. Auf jeden Fall aber kann man konstatieren, daß Nietzsches *Dionysos-Dithyramben in toto*, d.h. auch die Dithyramben von 1888, keine Symptome von geistiger Erkrankung ihres Verfassers, sondern durchaus geistige Sinnstrukturen und ästhetische Evidenz aufweisen.

Dies zeigt sich nicht zuletzt in Nietzsches vollendetstem Dithyrambus, im halkyonischen Lyrismus *Die Sonne sinkt* (6, 395 ff. – DD). Hier ist die ruhelos-stürmische Staccato-Sprache aufgegeben zugunsten einer elegisch-gestillten

Tonlage, in der die Sprache sich zum Ausdruck einer euphorischen Identität mit dem Sein selbst verselbständigt. Die imperatorische Gebärde mit ihren vielfach schrillen Tönen, die für die anderen Dithyramben in hohem Maße symptomatisch ist, hat sich hier aufgelöst in einer Sprache der reinen Innerlichkeit, der absoluten Selbstvergessenheit. Witz, Ironie und Provokation sind hier ebenso geschwunden wie das diktatorische Pathos, die dramatischen Sprachgesten und das deklamatorische Maskenspiel. Es handelt sich nicht mehr um einen rhetorischen Dithyrambus, sondern um einen euphorischen Dithyrambus, um einen Lyrismus, der eigentlich der Elegie nähersteht als dem Dithyrambus. Während in den anderen Dithyramben das voluntative Moment, der Wille zur Macht, vorherrscht, hat sich hier ein gestillter, nahezu 'idyllischer' Ton durchgesetzt. Wo sonst die dramatischen Exaltationen dominieren, herrscht nun die lyrische Innerlichkeit. An die Stelle der potenzierten Willenssteigerung, die in imperatorischer Setzung bestimmte Ziele verkündet, ist eine eigentümliche Willensreduktion getreten, eine halkyonische Gelöstheit, ein Alleinsein mit dem Sein selbst. Der Monolog ist zum absoluten Monolog geworden, zu einem Selbstgespräch, das seine Evidenz in sich selber hat. Das monologische Subjekt hat alle realen Zwecke und programmatischen Zielsetzungen hinter sich gelassen und sich in der halkyonischen Einsamkeit beruhigt ("Wunsch und Hoffen ertrank, / glatt liegt Seele und Meer."). Wenn somit der Wille zur Macht hier eher kalmiert ist, so ist doch der Wille nicht völlig ausgeschaltet, denn immerhin mahnt das Ich sich selber angesichts der Grenzsituation von Abschied und Tod zur Standhaftigkeit: "Bleib stark, mein tapfres Herz!" Die Idylle ist eine gefährliche Idylle. Es gilt, sie zu bestehen. Dies ist möglich durch jenes tragische Pathos des Untergangs, das die Grenzsituation des Endes, des Todes als den Höhepunkt, den entscheidenden "Tag" des "Lebens" empfindet:

Tag meines Lebens!
die Sonne sinkt.
[...]
Tag meines Lebens!
gen Abend gehts![318]

318 Auch der junge Goethe verwendet das Motiv der sinkenden Sonne als dionysisches Motiv. In der Hymne *An Schwager Kronos* (HA I, 47 f.) wird die stürmische Fahrt in der Postkutsche als Fahrt "Rasch in's Leben hinein!" und dann als Fahrt in den "Orkus" erlebt:

Ab dann, frischer hinab!
Sieh, die Sonne sinkt.
[...]
Trunknen vom letzten Strahl
Reiß mich, ein Feuermeer
Mir im schäumenden Aug',
Mich Geblendeten, Taumelnden
In der Hölle nächtliches Tor!
[...]

In Goethes (spontanerem) Gedicht drückt sich ein 'titanenhaftes' Selbstgefühl aus, das Selbstgefühl eines "Fürsten", dem die "Gewaltigen" im "Orkus" die Reverenz erweisen; in Nietzsches Gedicht spricht das absolut einsame Subjekt, das beziehungslos ins Unendliche entgleitet. Bei Goethe herrscht stürmisches Leben, bei Nietzsche halkyonische Stille. Goethes Gedicht steht im Zeichen des Aufbruchs, Nietzsches Gedicht im Zeichen des Untergangs. Das Motiv der sinkenden Sonne taucht auch in Wagners *Tristan* auf. Wenn Tristan zu Isolde sagt: "Die Sonne sank" (WSD 7, 37), so deutet

Das Todesproblem löst sich im euphorischen Dreiklang von "Tod", "Heiterkeit" und "Glück":

> Heiterkeit, güldene, komm!
>   du des Todes
> heimlichster süssester Vorgenuss!
> – Lief ich zu rasch meines Wegs?
> Jetzt erst, wo der Fuss müde ward,
>   holt dein Blick mich noch ein,
> holt dein *Glück* mich noch ein.

In diesem euphorischen In-sich-hinein-Horchen hat das vereinsamte Subjekt endgültig alles Schwere überwunden. In diesen Versen, in denen die Sprache die Grenze des Schweigens streift, mischen sich absolutes Freiheitsgefühl und die Schauer des Numinosen. Es ist jene Stimmung, die Nietzsche in einem Fragment zum *Zarathustra* von 1883 mit Bezug auf den "großen Mittag" als "*ahnungsvoll-heiter* und *schauerlich*" bezeichnet (10, 518). Die Symbiose von "Tod" und "Heiterkeit" findet sich bereits in einer Reihe lapidarer Sentenzen aus der *Zarathustra*-Zeit. So formuliert Nietzsche schon im Herbst 1883: "Heiterkeit als der heimliche Vorgenuß des Todes." (10, 546). Eine entsprechende Sentenz von 1884/85 lautet: "Heiter, wie Einer der seinen Tod voraus genießt." (11, 355). Im Fragment *Vom Einen Siege* vom Herbst 1883 wünscht sich Nietzsche die Symbiose von Sterben und Heiterkeit als "Sieg":

> unter Sterbenden der Heiterste [...] lachend darob, daß er sterbend siegte [...] / Oh du mein Wille, mein In-Mir, Über-mir! du meine Nothwendigkeit! Gieb, daß ich also siege – und spare mich auf zu diesem Einen Siege! (10, 594; vgl. 6,388)

Diese pathetisch-heroische Stimmung, die die höchste Gefahr, den Tod, als Stimulans des Lebens, als letzte, höchste Lebenssteigerung erlebt, wird in einem weiteren Fragment vom Herbst 1883 wie folgt zum Ausdruck gebracht:

> Kenne ich nicht, gleich dir, alle Heiterkeit – auch die Heiterkeit, die im Vorgenuß des nahen Todes ist: denn die große Bürde, die ich trug, ließ mich oft in großen Gefahren jauchzen (10, 594)

Nietzsche erlebt die im Zeichen des Todes stehende Heiterkeit als große Befreiung von allen belastenden Problemen, ja sogar von seinen großen Zielsetzungen. Ende 1883 notiert er: "Heiterkeit als der heimliche Vorgenuß des *Todes* – es enthebt uns der großen Bürde unserer Aufgabe." (10, 629). Anfang 1886 notiert er: "Die Heiterkeit als Erlösung." (12, 171). Die Heiterkeit befreit nicht nur von der Schwere der bisherigen Weltdeutungen, sondern auch von den eigenen idealen Zielsetzungen. Schon 1883 notiert Nietzsche: "*Heitere Tiefe*, wo selbst der Stern zum Flecken wird." (10, 492). Im Sommer 1888 greift er diesen Gedanken wieder auf: "diese heitere Tiefe! / Was Stern sonst hieß, / zum

---

er damit auf den Gegensatz von (trügerischem) Tag und (erlösender) Nacht hin. Erst mit dem Versinken der Sonne ist die *unio mystica* der Liebenden möglich. Das lag Nietzsche fern. Dem Wagnerschen Willen zur Nacht setzt er den Willen zur Macht entgegen. Freilich, im Dithyrambus *Die Sonne sinkt* ist der Wille zur Macht kalmiert, ja, er scheint fast getilgt zu sein.

Flecken wurde es." (13, 571). Nietzsches "Heiterkeit" ist keine oberflächliche, die Daseinsprobleme ignorierende Heiterkeit, sondern eine tiefe Heiterkeit, die alle Probleme und Ideale ausgelotet, sie dann überwunden und damit absolute Freiheit erlangt hat. Auch der Tod ist dieser "Heiterkeit" integriert. Ein anderes Fragment vom Sommer 1888 lautet: "Seines Todes ist man gewiß: / warum wollte man nicht heiter sein?" (13, 551). In Nietzsches halkyonischem Dithyrambus erscheint der Tod letztlich nur als eine höchste Form des dionysischen Lebens. Nietzsches euphorische Klage, die im Grunde schon keine Klage mehr ist, ist nicht zu verwechseln mit romantischer Todessehnsucht. Nietzsche betreibt nicht die willensverneinende Selbstpreisgabe im Rausch des Unbewußten, sondern hält bis zum Ende am Willen, am Geist fest. Freilich, im Unterschied zu einem voluntativen Dithyrambus wie *Letzter Wille* ist im elegischen Dithyrambus *Die Sonne sinkt* das Moment des Willens abgeschwächt, wenn nicht gar getilgt. In dieser Kalmenzone haben imperatorische Gebärden keinen Sinn mehr. Nun hat die Heiterkeit ihre höchste Form erreicht. Es ist eine nicht mehr nur melancholische Heiterkeit, nicht mehr nur die Heiterkeit der Maske, die die Trauer verdeckt und von der es in einem Fragment von 1885/86 heißt: "es scheint, wir sind heiter, weil wir ungeheuer traurig sind." (12, 79). Und es handelt sich auch nicht nur um jene voluntative Heiterkeit, die Nietzsche an den "Sieg" bindet. Es ist vielmehr eine euphorische Heiterkeit, eine an der Grenze des Todes erfolgende höchste Steigerung des Lebensgefühls, in der das Subjekt, jenseits von Werden und Willen zur Macht, ein reinstes Sein erfährt – die "blaue Vergessenheit". Die höchste Form der Freiheit ist das Vergessen, die Selbstvergessenheit. Sentenzen vom Sommer 1888 lauten:

> Wirf dein Schweres in die Tiefe!
> Mensch, vergiß! Mensch vergiß!
> Göttlich ist des Vergessens Kunst!
> [...] (13, 557)[319]

Nietzsche hat den *Dionysos-Dithyramben*, deren definitive Niederschrift zwischen dem 1. und 3. Januar 1889 erfolgte (vgl. 14, 514), außerordentlich hohe Bedeutung beigemessen. So verfaßt er am 1.1.1889 folgenden Widmungsentwurf an den französischen Dichter Catulle Mendès, Mitbegründer des Paranaß, Verbreiter Wagners in Frankreich[320] und Autor des Librettos *Isoline* (vgl. *Podach*, Werke des Zusammenbruchs, 372 f., sowie *Verrecchia*, Zarathustras Ende, 227 f.):

> Acht Inedita und inaudita, dem Dichter der Isoline meinem Freund und Satyr mit hoher Auszeichnung überreicht: mag er mein Geschenk der Menschheit überreichen / Nietzsche Dionysos (B 8, 570 f.)

---

319 Auch bei Kierkegaard ist das Vergessen eine hohe "Kunst": "Wenn man sich dergestalt in der Kunst des Vergessens und der Kunst des Erinnerns perfektioniert hat, so ist man imstande, mit dem ganzen Dasein Federball zu spielen. / An der Kraft zu vergessen kann man eigentlich die Elastizität eines Menschen messen." (*Kierkegaard*, Entweder – Oder I, 341).

320 Vgl. *Mendès*, Wagner [Wagner-Monographie]; *ders.*, Le roi vièrge [Schlüsselroman über Wagner und Ludwig II.]; *ders.*, Zo'har [Inzest-Roman, beeinflußt von Wagners *Tristan*]; dazu: *Koppen*, Wagnerismus, 160-164; 301-304; zum Einfluß Wagners auf die französische Literatur vgl. generell *Jäckel*, Wagner (I u. II).

Die endgültige, gleichfalls vom 1.1.1889 datierte, für das Vorwort bestimmte Widmung lautet:

> Indem ich der Menschheit eine unbegrenzte Wohlthat erweisen will, gebe ich ihr meine Dithyramben. / Ich lege sie in die Hände des Dichters der Isoline, des größten und ersten Satyr, der heute lebt – und nicht nur heute… / Dionysos (B 8, 571)[321]

Die ins Maßlose gesteigerte Verherrlichung der eigenen Dithyramben ist verbunden mit Realitätskontaktverlust und Selbstentfremdung. Eine Briefnotiz an Cosima Wagner vom 3.1.1889 lautet:

> Man erzählt mir, daß ein gewisser göttlicher Hanswurst dieser Tage mit den Dionysos-Dithyramben fertig geworden ist… (B 8, 572; vgl. 6, 365 – EH)

Diese bereits vom Wahnsinn verdunkelten Briefäußerungen dürfen nicht darüber hinwegtäuschen, daß die *Dionysos-Dithyramben* selbst noch keine Wahnsinnssymptome aufweisen. In einem Briefentwurf vom 27.11.1888 hat Nietzsche in voller geistiger Klarheit die in den *Dionysos-Dithyramben* artikulierte Grenzsituation des absolut vereinsamten Subjekts eindringlich beschrieben:

> ich komme aus hundert Abgründen, in die noch kein Blick sich gewagt, ich kenne Höhen, wohin kein Vogel sich verflog, ich habe am Eis gelebt, – ich bin verbrannt worden von hundert Schneen: es scheint mir, daß warm und kalt in meinem Munde andere Begriffe sind / 1. *Ruhm* und *Ewigkeit.* / 2. *Letzter Wille.* / 3. *Zwischen Raubvögeln* / 4. *Das Feuerzeichen* / 5. *Die Sonne sinkt.* / 6. *Von der Armut des Reichsten.* (B 8, 495)

Dies ist eine treffende, geistig klare und prägnante Charakterisierung der *Dionysos-Dithyramben.* Nietzsche spricht hier aus einer tiefsten Erschütterung heraus, aber er erfaßt die Situation in geistiger Hellsicht. Er verdeutlicht, daß die *Dionysos-Dithyramben* der potenzierte Ausdruck der absoluten Einsamkeit sind. Sie spiegeln eine Grunderfahrung des modernen entfremdeten Subjekts – freilich in extremer Zuspitzung. Insofern weisen sie über eine bloß private Hypertrophie hinaus und haben generelle, epochentypische Bedeutung.[322] Colli ist der Auffassung, daß in den *Dionysos-Dithyramben* wie in *Ecce homo*

> das Interesse für objektive Probleme des Denkens umschlägt in eine überreizte Betrachtung der eigenen Person, die zur Verkürzung, zur sichtbaren Bündelung dieser Probleme wird. Ein halb mystisches, halb pathologisches Ereignis liegt diesem letzten rückläufigen Prozeß zugrunde. (*Colli*, Dionysos-Dithyramben, 146 [= 6, 456])[323]

---

321 Diese Widmung war offenbar für das Vorwort der *Dionysos-Dithyramben* bestimmt (s. HKG, W I, XLVI [Sachlicher Vorbericht]). Am 4.1. 1889 schreibt Nietzsche an Paul Deussen: "[…] erscheint auch Freund Paul im Weltenplan vorgesehen: er soll, zusammen mit Monsieur Catulle Mendès, einer meiner großen Satyrn und Festthiere sein." (B 8, 574). Vgl. *Podach*, Werke des Zusammenbruchs, 412. Warum Nietzsche gerade Mendès die *Dionysos-Dithyramben* widmen wollte, ist unklar (dazu: ebd., 372).

322 Benn ist der Auffassung, Nietzsche habe "erst im letzten Stadium des Ecce homo und der lyrischen Bruchstücke" seinen wahren, den die Moderne vorwegnehmenden Ausdruck gefunden, nämlich die monologische "Artistik" (*Benn*, Kunst und Drittes Reich, 312).

323 Demgegenüber betont Montinari die trotz aller Krisensymptome bei Nietzsche bis zu den "sogenann-

Sicher, *Ecce homo* und die *Dionysos-Dithyramben* sind durch eine extreme Ichbezogenheit ihres Verfassers gekennzeichnet. Aber man darf nicht übersehen, daß die *Dionysos-Dithyramben* in der Kontinuität des *Zarathustra* stehen. Immerhin sind sie in der Zeit von 1883 bis 1888 entstanden. Immerhin sind einige Dithyramben nur Überarbeitungen von Gedichten aus dem *Zarathustra* oder von Fragmenten aus der *Zarathustra*-Zeit. Es war daher so abwegig nicht, daß Nietzsche zunächst diesen Dithyramben den Titel *Die Lieder Zarathustras* geben wollte.[324] Die in den *Dionysos-Dithyramben* aufgeworfenen Probleme, insbesondere die absolute Einsamkeit und das dionysische Leben, sind im Prinzip bereits im *Zarathustra* entfaltet. Nun sind allerdings die *Dionysos-Dithyramben*, vor allem die Dithyramben vom Herbst 1888, nicht bloße *Zarathustra*-Exegese, sondern spitzen, im ganzen gesehen, die Zarathustra-Probleme in extremer Weise zu. Was die Ichbezogenheit betrifft, so ist sie auch schon früher das Signum Nietzsches. Existenz und Werk sind bei ihm nicht zu trennen. Insofern ist die Unterscheidung von "objektiven Problemen" und "eigener Person" bei Nietzsche nicht unproblematisch. In den *Dionysos-Dithyramben* hat sich allerdings die Ichbezogenheit Nietzsches im Vergleich zum *Zarathustra* noch entschieden verstärkt. Nietzsche tendiert nun, in einer gefährlichen Weise, zur Selbstidentifikation mit dem Dionysos. Es ist daher schlüssig, daß er letztlich den Titel *Dionysos-Dithyramben* vorzog. In vereinfachender Zuspitzung könnte man sagen, daß er im *Zarathustra* noch einen gewissen Abstand zu seinem Protagonisten wahrt, während er in den *Dionysos-Dithyramben* zur unbedingten Identifikation mit dem 'Dionysos' neigt. Ein weiterer, wesentlicher Unterschied besteht darin, daß im *Zarathustra* Aufbruchsstimmung und Erneuerungsutopismus vorherrschen, während in den *Dionysos-Dithyramben* Untergangsbewußtsein und Todesgefühl stärker in den Vordergrund rücken. Im *Zarathustra* spricht ein Aufbrechender, in den *Dionysos-Dithyramben* ein Abschiednehmender. Es sind in der Hauptsache diese beiden Aspekte, die die *Dionysos-Dithyramben* vom *Zarathustra* abheben: die progressive Personalisierung der Probleme im Sinne der Selbstidentifikation mit dem Dionysos und die Grenzsituation des Todes als letzter Aufgipfelung des Lebens. Schließlich ist nicht zu übersehen, daß die *Dionysos-Dithyramben* der Gattung Lyrik angehören, während der *Zarathustra* eine Mischgattung aus Lyrik und Prosa ist. Er ist eine Spezialform des Prosagedichts. Er ist eine Mischung aus lyrischen, dramatischen und narrativen Elementen.Er ist ein rhapsodisches Prosagedicht mit dithyrambischen Höhepunkten. In den *Dionysos-Dithyramben* sind von dieser Gattungsmischung nur noch die dithyrambischen Gipfelpunkte übriggeblieben.

Neben Aphorismus und Gedicht ist das Prosagedicht Nietzsches charakteristische künstlerische Ausdrucksform. Das Prosagedicht als Mischung von Ly-

---

ten Wahnsinnszetteln" anhaltende "Luzidität". "Sein 'schriftstellerisches Bewußtsein' hat Nietzsche gewiß ganz zuletzt verloren." (*Montinari*, "Ecce homo", 132).

324 Nietzsche notierte: "Zarathustra. Dies sind die Lieder Zarathustras, welche er sich selber zusang, daß er seine letzte Einsamkeit ertrüge:" (11, 339 – 1884/85). Diese Sentenz kann nicht als "Epigraph" zu den *Dionysos-Dithyramben* angesetzt werden, denn sie war für *Zarathustra IV* bestimmt (dazu: 14, 326, 713 f.; vgl. 14, 463, 513). Zum Titel "Die Lieder Zarathustras" vgl. auch 13, 576 f. – 1888.

rismen und Reflexionen, von evokatorischen und narrativen Elementen, von emotionaler Ausdrucksgebärde und gedanklicher Durchdringung der Phänomene kommt dem Nietzscheschen Ausdruckswillen entgegen. In der Verbindung lyrischer, szenischer und narrativer Elemente ermöglicht es das virtuose Wechselspiel von höchster lyrischer Verinnerlichung und intensivster gedanklicher Deutung. Nicht von ungefähr fügt Nietzsche der zitierten Passage über den Aphorismus die Feststellung an: "Ich habe der Menschheit das tiefste Buch gegeben, das sie besitzt, meinen *Zarathustra* [...]" (6, 153 – GD; vgl. 13, 533). In diesem lyrischen *opus maximum* Nietzsches kommt der bedeutungsvollen Sentenz besonderes Gewicht zu. Die Form des Prosagedichts bietet Nietzsche die verstärkte Möglichkeit, den Lyrismus in die Didaktik und umgekehrt die philosophische Lehre in die poetische Bilderwelt übergehen zu lassen, ein furioses Wechselspiel von Gefühlstiefen und Gedankenblitzen, Imaginationen und Reflexionen zu entfesseln, vielfach in einem szenisch-allegorischen Rahmen, der die Sinnbildfunktion der Aussagen und Bilder intensiviert. Das Prosagedicht ist das Genre, das sich vorzüglich zur Mischung von Innerlichkeit und Intellektualität, Pathos und Polemik, Verinnerlichung und Provokation eignet, wie es auch dem Wechsel der Töne, der Modulation von Crescendo und Pianissimo weiten sprachlichen Spielraum läßt. Nicht ohne Grund betont Nietzsche die Einheit von "Prosa" und "Poesie". Im Textstück *Prosa und Poesie* aus der *Fröhlichen Wissenschaft* weist er darauf hin, "dass die grossen Meister der Prosa fast immer auch Dichter gewesen sind [...] und fürwahr, man schreibt nur *im Angesichte der Poesie* gute Prosa!" (3, 447 – FW). Zwischen Prosa und Poesie besteht eine produktive Spannung, ein Verhältnis wechselseitigen Sich-Abstoßens und Sich-Anziehens. Von der "guten Prosa" heißt es:

> Denn diese ist ein ununterbrochener artiger Krieg mit der Poesie: alle ihre Reize bestehen darin, dass beständig der Poesie ausgewichen und widersprochen wird [...] jede Trockenheit und Kühle soll die liebliche Göttin in eine liebliche Verzweifelung bringen; oft giebt es Annäherungen, Versöhnungen des Augenblickes und dann ein plötzliches Zurückspringen und Auslachen [...] (3, 447 – FW)

2. Prosa

Nietzsche trennt und verbindet "Prosa" und "Poesie". "Der Takt des guten Prosaikers besteht darin, dicht an die Poesie heranzutreten, aber niemals zu ihr überzutreten. Ohne das feinste Gefühl und Vermögen im Poetischen selber kann man diesen Takt nicht haben." (10, 23; vgl. 10, 39). Die Prosa ist insofern eine Gattung *sui generis*, als in ihr das 'intellektuelle' Moment, die argumentative, rhetorische Diktion, die kritisch-ironische Distanz dominieren – Momente, die immer wieder die 'poetischen' Empfindungen und Bilder auflösen. Will die Prosa jedoch Kunstprosa sein, muß sie auch ein 'poetisches' Element enthalten, in poetischen Bildern, in der rhythmischen Form, im Wohlklang der Sprache. Insofern ist die Prosa unpoetisch und poetisch in einem. Man müßte bei Nietzsche allerdings unterscheiden zwischen lyrischer Prosa und kritischer Prosa.

Die lyrische Prosa (der *Zarathustra*) ist durch einen hymnisch-dithyrambischen Zug geprägt – der die kritische Stoßrichtung impliziert. Die kritische Prosa (die Abhandlungen und Fragmente) ist durch einen sachlicheren, analytischen Duktus gekennzeichnet – in dem allerdings immer wieder auch Lyrismen aufleuchten. Das Verhältnis von Prosa und Poesie ist durch Affinität und Distanz gekennzeichnet. Die Kunstprosa ist auf das poetische Moment angewiesen, will sie nicht zum Parlando und Jargon absinken. Erst in der virtuosen Auseinandersetzung mit der Poesie vermag sich wahre Prosa zu entfalten. Die "Unpoetischen", die "sogenannten Prosa-Menschen", "schreiben und sprechen denn auch nur schlechte Prosa! *Der Krieg ist der Vater aller guten Dinge*, der Krieg ist auch der Vater der guten Prosa!" (3, 448 – FW) Die Kunstprosa leitet ihre Qualität aus der Verwandtschaft mit der Poesie ab – gegen die sie sich zugleich behaupten muß. Dem 19. Jahrhundert mangelt es an "Meisterschaft der Prosa", und zwar "aus Mangel an Poesie" (ebd.). Abgesehen von Goethe – den er dem 18. Jahrhundert zuordnet –, läßt Nietzsche für das 19. Jahrhundert nur Leopardi, Mérimée, Emerson und Landor gelten (ebd.), an dieser Stelle Stendhal verschweigend, "einer der schönsten Zufälle meines Lebens" (6, 285 – EH), der geistreichste Franzose der Epoche (3, 450 – FW), der bedeutende Psychologe und Freigeist[325], der elitäre Artist[326], dessen Roman *Le Rouge et le Noir*, die psychologische Analyse eines von Machtwillen und Nihilismus geprägten Emporkömmlings, eines seiner wichtigsten Leseerlebnisse ist (vgl. B 8, 27 f.).

Nietzsches Verhältnis zum Romanschaffen seiner Zeit ist durch eine Doppeltendenz gekennzeichnet. Er favorisiert den psychologischen Roman, jene Prosa, in der Ausnahmemenschen und Grenzsituationen das Thema bilden, während der sozialkritische Roman, der naturalistische Roman, der schonungslosesten Kritik unterliegt. Stendhals kritischer Pessimismus, seine psychologischen Analysen, die Ideen des elitären Menschen, des "höheren Menschen", des "homme supérieur", der amoralischen Herrenmenschen im Stile Napoleons und der Renaissanceherrscher[327] faszinieren und beeinflussen Nietzsche, der im übrigen neben Taine zu den Entdeckern Stendhals gehört.[328] Eine ähnlich inten-

325 Für Nietzsche ist Stendhal der "freigeisterische Philosoph" des klaren, reinen Denkens: " 'Pour être bon philosophe', sagt dieser letzte grosse Psycholog, 'il faut être sec, clair, sans illusion." (5, 57 – JGB [vgl. 11, 255 u. 11, 254]; Zitat nach *Mérimée*, Notes et souvenirs [s. 14, 353]).

326 Stendhal ist ein "wirklicher" "Artist" (5, 347 – GM). "Sein Schüler ist *Mérimée*, ein vornehmer zurückgezogener Artist"(11, 599).

327 Stendhals Liebe gilt dem "überdurchschnittlichen Menschen" (*Stendhal*, Briefe, 362 – 16.7.1813). Napoleon, "ce grand homme" (*Stendhal*, Mémoires sur Napoléon [= Napoléon II], 18, 26, 13), "l'homme extraordinaire" (ebd., 22) fasziniert Stendhal: "L'amour pour Napoléon est la seule passion qui me soit restée" (ebd., 17). Nietzsche zitiert aus Stendhals "Vie de Napoleon" (vgl. 11, 251 [= 12, 177 – Zum Problem der Maske]; das Zitat entstammt *Stendhal*, Napoléon II, 21 = *Stendhal*, Vie de Napoléon, Paris 1876, S. XV [Préface]). Im zitierten Brief schreibt Stendhal: "Voilà la malheureuse position de l'homme soi-disant supérieur, ou, pour mieux dire, *différent*; c'est là le vrai terme." (*Stendhal*, Correspondance inédite I, 28). "Dieser französische Begriff des 'homme supérieur' hat sich an Napoleon geschult [...]; daher auch bei *Stendhal-Beyle* der identische Begriff des 'être supérieur'. Für ihn bilden die Übermenschen nicht mehr eine Klasse; es sind ganz singuläre Existenzen, die eben aus ihrer Isolirung das Recht einer besonderen 'Herrenmoral' nehmen." (*R.M. Meyer*, Der Übermensch, 21). Dennoch besteht ein wesentlicher Unterschied zu Nietzsche. Der *homme supérieur* ist der die anderen Menschen überragende Mensch; eigentlich ist er nur der *andersgeartete* Mensch. Nietzsches "Übermensch" hingegen soll eine ganz neue anthropologische Daseinsform sein.

328 Dazu u.a. *Guibert*, Stendhal et Nietzsche; *Bourdeau*, Stendhal; *Giusso*, Stendhal.

sive Wirkung übt Dostojewski auf Nietzsche aus. Dostojewski, den er erst spät kennenlernt, beeindruckt ihn sofort außerordentlich stark. Nach der ersten Dostojewski-Lektüre konstatiert der im 44. Lebensjahr stehende Nietzsche, das Dostojewski-Erlebnis sei nur mit dem Schopenhauer-Erlebnis in seinem 21. und dem Stendhal-Erlebnis in seinem 35. Lebensjahr vergleichbar.[329] Nietzsche, der sonst kaum einen Zeitgenossen als gleichrangig anerkennt, akzeptiert Dostojewski als kongenialen Denker, Psychologen und Künstler. Dostojewski gehört "zu meinen größten Erleichterungen" (B 8, 457 – 20.10.88 – an Brandes). Vor allem der Psychologe Dostojewski erweckt Nietzsches Bewunderung. Er ist der

> einzige Psychologe [...], von dem ich Etwas zu lernen hatte: er gehört zu den schönsten Glücksfällen meines Lebens, mehr selbst noch als die Entdeckung Stendhal's. Dieser *tiefe* Mensch, der zehn Mal Recht hatte, die oberflächlichen Deutschen gering zu schätzen [...] (6, 147 – GD; vgl. B 8, 24)

In Dostojewski trifft Nietzsche nicht nur auf den tiefgründigen Psychologen und metaphysischen Denker, den "*tiefen* Menschen", sondern er deutet ihn zugleich als Philosophen des großen Individuums, des sich über die Gesellschaftsmoral hinwegsetzenden Ausnahmemenschen, wie ihn exemplarisch Napoleon verkörpere. Nietzsche unterstellt Dostojewski eine Übermensch-Philosophie. Er übersieht, daß der Erzähler Dostojewski sich nicht einfach affirmativ zu den Ausnahmeexistenzen seiner Romane und Erzählungen verhält, sondern sie bei aller kritischen Demaskierung der gesellschaftlichen Konventionen und des etablierten Moralsystems durchaus in ihrer individuellen und ideologischen Fragwürdigkeit vorführt. Nietzsche überträgt die eigene anarchische Philosophie auf das Menschenbild Dostojewskis – ein produktives Mißverständnis. Bei aller Geistesverwandtschaft hinsichtlich der tiefenpsychologischen, existentiellen Erfassung des Menschen ist Nietzsche nicht ohne Vorbehalte gegen Dostojewski. Es ist wohl dessen 'Christlichkeit', die ihn zu der Bemerkung veranlaßt: "ich bin ihm auf eine merkwürdige Weise, dankbar, wie sehr er auch immer meinen untersten Instinkten zuwider geht." (B 8, 483 – 20.11.88 – an Brandes). Bezeichnenderweise wird Tolstoi auf Grund seiner Mitleidsethik, für Nietzsche eine Ethik der Lebensschwäche, der *décadence* zugerechnet (vgl. 6, 174 – AC). Der "*Mitgefühls*-Pessimismus" Tolstois gehört zu den "Verfalls- und Erkrankungs-Phänomenen" (13, 90). "Tolstoi'sches 'Mitleid' " entspringt dem Nihilismus der "asketischen Ideale" (5, 406 – GM). Hier zeigt sich erneut, in wie hohem Maße inhaltsästhetische Kriterien die literarischen Wertungen Nietzsches festlegen. Dostojewski wird positiv beurteilt, weil er den Ausnahmemenschen thematisiert, Tolstoi wird negativ bewertet, weil er die christliche Mitleidsmoral verkündet. Als Vertreter des "russischen Pessimism" (12, 409) werden beide in ein kritisches Licht gerückt und können wegen ihrer Mitleidshaltung sogar mit Wagner verknüpft werden: "Zum '*großen Mitleid*' / Tolstoi, Dostoiewsky / Parsifal" (13, 75; vgl. 6, 174 – AC).

---

329 Exkurs 36.

Nietzsche mißt die Kunst, und damit auch die Literatur und den Roman, am Maßstab der Lebenssteigerung resp. der Lebensschwächung. Damit ist bereits von vornherein das Urteil über den naturalistischen Roman gesprochen. Nietzsche, der im Zeichen der Ästhetik des schaffenden Subjekts, des "Genies", der "grossen Männer", die "Theorie vom milieu" als "eine wahre Neurotiker-Theorie" bezeichnet (6, 145 – GD)[330], lehnt den naturalistischen Roman ab, da er pessimistisch sei und das Häßliche darstelle:

> Es giebt keine pessimistische Kunst. . Die Kunst bejaht. Hiob bejaht. / Aber Zola? Aber de Goncourt? / – die Dinge sind häßlich, die sie zeigen: aber *daß* sie dieselben zeigen, ist aus *Lust an diesem Häßlichen*... / – hilft nichts! ihr betrügt euch, wenn ihr's anders behauptet / Wie erlösend ist Dostoiewsky! (13, 241)

Mit Verve attackiert Nietzsche den sozialen Experimentalroman Zolas und plädiert für den psychologischen Existenzroman Dostojewskis. Nicht die soziale Frage, das Schicksal der Proletarier in der Klassengesellschaft, sondern die existentielle Problematik der Ausnahmemenschen Dostojewskis interessiert ihn.[331] Nietzsche lehnt den Milieurealismus Zolas kompromißlos ab und zählt Zola zu den Monumentalkünstlern: "die Überwältigung durch Masse (Wagner, Victor Hugo, Zola, Taine) und nie mit der Größe" (13, 133). Er bestreitet Zola den induktiv-objektivistischen Charakter seiner Romane und unterstellt ihm einen subjektivistisch-diktatorischen Impetus, das "Commando" durch "absichtliche *Vergröberung*" (13, 28). Für Nietzsche läuft diese szientistische Experimentalliteratur auf einen Verrat am freischöpferischen Genie hinaus.[332] Immer wieder polemisiert er gegen den Naturalismus. Sein Wirklichkeitsbegriff ist grundverschieden vom naturalistischen Wirklichkeitsbegriff, denn für ihn ist der Dichter nicht ein Abschreiber der Alltagswirklichkeit, sondern Gestalter des

---

330 In schroffer Abgrenzung gegen die zeitgenössische Milieu-Theorie vertritt Nietzsche eine unbedingte Genie-Ästhetik: "*Gegen* die Lehre vom Einfluß des milieu und der äußeren Ursachen: die innere Kraft ist unendlich *überlegen* [...] Ein Genie ist *nicht* erklärt aus solchen Entstehungs-Bedingungen" (12, 154). Nietzsches Kritik richtet sich gegen die französischen Naturalisten, gegen Zola und die Gebrüder Goncourt. Er orientiert sich an Taine, denn Taine ist zwar der Begründer des sozialwissenschaftlichen Milieu-Begriffs, aber das Milieu ist nur ein Faktor in der Trias von Rasse, Zeit und Milieu: "Trois sources différentes contribuent à produire cet état moral élémentaire, *la race, le milieu* et *le moment*." (*Taine*, Littérature Anglaise I, XXII f.; vgl. *Taine*, Renaissance-Zeit, 15 f.). Nietzsche, vertraut mit Taines *Geschichte der englischen Literatur* (s. 14, 613), löst die Tainesche Dreiheit auf, indem er 'Rasse' und 'Milieu' als Gegensätze deutet: "Gegen die Theorie vom '*milieu*'. Die Rasse unsäglich wichtiger. Das milieu ergiebt nur 'Anpassung'; innerhalb derselben spielt die ganze aufgespeicherten Kraft." (12, 306). Die für Nietzsche aber entscheidende Potenz ist Taines *faculté maîtresse*, das 'überragende Vermögen', mit dem Taine (rudimentär) am Genie-Begriff festhält. Nietzsche notiert: "(Revue des deux mondes, 15. Febr. 1887. *Taine*.) / 'Plötzlich entfaltet sich die faculté maîtresse: der *Künstler*, eingeschlossen in den Politiker, kommt heraus de sa gaine; er schafft dans l'idéal et l'impossible." (12, 223).

331 So kritisiert er Carl Bleibtreu, der "wie ein Schwein" in der Literatur wühle, wegen der "Verehrung" Zolas und der Unterschätzung Dostojewskis (B 8, 74 f. – 13.5.87 – an Overbeck). Bleibtreu, der Zola in Deutschland durchsetzte, hatte Zolas *Germinal* den Vorzug vor Dostojewskis *Raskolnikow* gegeben (dazu: *Bleibtreu*, Revolution der Litteratur, VII f.).

332 Zola forderte, "que le romancier est fait d'un observateur et d'un expérimentateur [...] il y a la connaissance de l'homme, la connaissance scientifique, dans son action individuelle et sociale [...] l'étude de l'homme naturel, soumis aux loix physico-chimiques et déterminé par les influences du milieu; il est en un mot la littérature de notre âge scientifique" (*Zola*, Le Roman Expérimental, 16, 17, 27).

schöpferischen Lebens. Selbst in der realistischen Phase von *Menschliches, Allzumenschliches*, in der er Kunst und Genie weitgehend desavouiert und die Aufgabe des zukünftigen Dichters in der Wirklichkeitsdarstellung sieht ("so wird der gute Dichter der Zukunft *nur Wirkliches* darstellen") fährt er explizierend fort: "Nur Wirklichkeit, aber lange nicht jede Wirklichkeit! – sondern eine gewählte Wirklichkeit!" (2, 426 – VM). Nietzsche wird zum geschworenen Feind des Naturalismus, weil er die Darstellung des Häßlichen als Schwächung des Schöpferischen ansieht. Im Fragment *An die Dichter der grossen Städte* heißt es:

> Den Gärten der heutigen Poesie merkt man an, dass die grossstädtischen Kloaken zu nahe dabei sind: mitten in den Blüthengeruch mischt sich etwas, das Ekel und Fäulniss verräth. [...] Müsst ihr durchaus eurer edlen Göttin eine Fratzen- und Teufelskappe aufsetzen? Woher aber diese Noth, dieses Müssen? – Eben daher, dass ihr der Kloake zu nahe wohnt. (2, 423 – VM)

Die Großstadt-Kritik, die sich in ähnlicher Weise im *Zarathustra* findet[333] und sich in der Literatur der Jahrhundertwende, etwa bei Rilke oder Dehmel, und dann vor allem im Expressionismus fortsetzt[334], ist Ausdruck der schon für Nietzsche charakteristischen Fundamentalantithese von funktionalisierter Zivilisation und ursprünglicher Natur. Daß die Naturalisten gerade die Großstadt, den Ort des Häßlichen, als literarisches Sujet wählen, fordert Nietzsches Protest heraus. Dabei setzt er dem das extrem Häßliche darstellenden Verismus der modernen Großstadtliteratur die Muse der Dichtkunst, die "edle Göttin", entgegen, seine Bindung an traditionelle Vorstellungen von Größe und Erhabenheit wahren Dichtertums bekundend. Für Nietzsche ist die naturalistische Reduktion des Menschen auf Trieb, Milieu und Vererbung unvereinbar mit dem Prinzip des schöpferischen Lebens und des schaffenden Subjekts. Den naturalistischen Roman, den sozialkritischen und szientistischen Roman, lehnt er als unschöpferische, mechanische Schreibweise ab: "die 'Wahrheit' gegen die Fälscherei und Lügnerei (Naturalismus); die 'Wissenschaftlichkeit' (das '*document humain*': auf deutsch der Kolportage-Roman und die Addition – statt der Komposition)" (III, 517)[335].

In der *Götzen-Dämmerung* wirft Nietzsche den naturalistischen Psychologen vor, sie zerstörten durch ihr gezieltes Beobachten der Dinge das ursprüngliche Erleben der Welt:

---

333 Der Gegensatz von Natur und Stadt, von ursprünglicher Natur und entarteter Stadt, ist ein Topos Nietzsches. Mit der Gebärde eines alttestamentlichen Propheten schleudert Zarathustra seinen Bannfluch gegen die "grosse Stadt": "Wehe dieser grossen Stadt! – Und ich wollte, ich sähe schon die Feuersäule, in der sie verbrannt wird!" (4, 225 – Za; vgl. Jonas 4, 11; Luk. 19, 41; 1. Mos. 19 [Vertilgung Sodoms]). Als Gegenbild zur Stadt wird die Natur aufgeboten: "Ich liebe den Wald. In den Städten ist schlecht zu leben: da giebt es zu Viele der Brünstigen." (4, 69 – Za; vgl. 4, 222, 225).

334 Bei Rilke ist die 'große Stadt' der Ort der Uneigentlichkeit, der Unwahrheit, des Zerstörerischen: "Denn, Herr, die großen Städte sind / verlorene und aufgelöste" (*Rilke*, Stunden-Buch, 345). "Die großen Städte sind nicht wahr" (ebd., 352). "Die Städte aber wollen nur das Ihre / und reißen alles mit in ihren Lauf." (ebd., 363). Georg Heym dämonisiert die 'große Stadt' zur mythischen Macht: "Vom Abend glänzt der rote Bauch dem Baal, / Die großen Städte knien um ihn her." (*Heym*, Lyrik, 192 [Der Gott der Stadt]; vgl. u.a. ebd., 212 [Schwarze Visionen]).

335 Exkurs 37.

> *Moral für Psychologen.* – Keine Colportage-Psychologie treiben! Nie beobachten, *um* zu beobachten! Das giebt eine falsche Optik, ein Schielen, etwas Erzwungenes und Übertreibendes. Erleben als Erleben-*Wollen* – das geräth nicht. [...] Ein geborner Psycholog hütet sich aus Instinkt, zu sehn, um zu sehn [...] er überlässt seinem Instinkte, seiner camera obscura das Durchsieben und Ausdrücken des "Falls", der "Natur", des "Erlebten" [...] Was wird daraus, wenn man es anders macht? Zum Beispiel nach Art der Pariser romanciers gross und klein Colportage-Psychologie treibt? *Das* lauert gleichsam der Wirklichkeit auf, *das* bringt jeden Abend eine Handvoll Curiositäten mit nach Hause... Aber man sehe nur, was zuletzt herauskommt – ein Haufen von Klecksen, ein Mosaik besten Falls, in jedem Falle etwas Zusammen-Addirtes, Unruhiges, Farbenschreiendes. (6, 115 – GD; vgl. 12, 398 f.; 12, 369 f.)[336]

Die szientistisch-neutrale Beobachtungstechnik der naturalistischen Romanciers läuft nach Nietzsche auf einen Abbau des spontan-schöpferischen Sehens hinaus. Nicht das vom Verstand gelenkte Tatsachen-Sammeln, sondern das vom "Instinkt" geleitete Erfassen der "Natur" ist für Nietzsche entscheidend. Der rationalistischen Ästhetik des Naturalismus setzt er eine irrationale Auffassung des Schöpferischen entgegen. Er polemisiert gegen die "brutale Colportage und Nebeneinanderstellung von faits und traits im Roman des naturalisme" (12, 469). Der europäische Gegenwartsroman entbehrt nach Nietzsche des schöpferischen Willens. In dieser Hinsicht kritisiert er nicht nur den sozialen Roman der Franzosen, der sich auf die Reproduktion von Tatsachen beschränkt, sondern auch den psychologischen Roman der Russen, in dem metaphysische Fragestellungen virulent sind. In der *Fröhlichen Wissenschaft* mokiert sich Nietzsche über das Sich-Verlieren

> in ästhetische Winkel-Bekenntnisse nach Art des Pariser naturalisme (der von der Natur nur den Theil hervorzieht und entblösst, welcher Ekel zugleich und Erstaunen macht – man heisst diesen Theil heute gern la verité vraie –) oder in Nihilismus nach Petersburger Muster (das heisst in den *Glauben an den Unglauben*, bis zum Martyrium dafür) [...] (3, 582 – FW, 5. Buch)

Das *punctum saliens*, an dem sich Nietzsches Kritik des modernen Romans entzündet, ist der Versuch der realistischen Erforschung der "Wahrheit":

> was bedeutet z.B. der "Wille zur Wahrheit" bei den Goncourt's? bei den *Naturalisten*? Kritik der "Objektivität" / *warum* erkennen? warum nicht lieber sich täuschen? ... (13, 446)[337]

Nietzsches Naturalismus-Kritik ist geleitet vom Impetus, sich dem Diktat der Tatsachen zu entziehen und die Freiheit des schöpferischen Künstlertums zu bewahren. So heißt es in der *Götzen-Dämmerung*:

---

336 Nietzsche, der 'Schaffende', lehnt die "beutegierigen romanciers in Paris" (12, 399) kompromißlos ab: "Diese Pariser Dichter und romanciers von heute, feine neugierige Hunde, welche mit aufgeregtem Auge 'dem Weibe' bis in seine übelriechendsten Heimlichkeiten nachgehen" (12, 229).

337 Das oberste Prinzip der naturalistischen Kunstdoktrin war das Prinzip "Wahrheit" – "Wahrheit" als künstlerische Wahrheit, d.h. als unverfälschte Darstellung bzw. Reproduktion der Wirklichkeit, und "Wahrheit" als moralische Wahrheit, als Wahrhaftigkeit im sozialkritischen Engagement. "Le romancier part à la recherche d'une vérité." (*Zola*, Le Roman Expérimental, 16). Man schreibt den Roman, "pour arriver à la connaissance complète d'une vérité" (ebd., 19).

Die Natur, künstlerisch abgeschätzt, ist kein Modell. Sie übertreibt, sie verzerrt, sie lässt Lücken. Die Natur ist der *Zufall*. Das Studium "nach der Natur" scheint mir ein schlechtes Zeichen: es verräth Unterwerfung, Schwäche, Fatalismus, – dies Im-Staube-Liegen vor petits faits ist eines *ganzen* Künstlers unwürdig. Sehen, *was ist* – das gehört einer andern Gattung von Geistern zu, den *antiartistischen*, den Thatsächlichen. Man muss wissen, *wer* man ist... (6, 115 f. – GD)

Da der Roman, insbesondere der moderne realistische Roman, sich im Abbilden der Fakten, der *natura naturata*, erschöpft, muß Nietzsche, dem es um die dionysische Kreativität, um die *natura naturans*, geht, ihn ablehnen, samt seiner experimentellen Fertigkeiten.

Nicht die szientistische Reproduktion der (häßlichen) Wirklichkeit, nicht die auf "Wahrheit" zielende romaneske Sozialreportage, sondern die artifizielle Produktion einer neuen Realität ist Nietzsches ästhetisches Anliegen. Das insbesondere von den Brüdern Goncourt und Zola vertretene Prinzip des *document humain*, der dokumentarischen Beglaubigung der dargestellten Wirklichkeit durch beobachtete Tatsachen[338], stößt auf Nietzsches Widerstand. Seine antinaturalistische Polemik vereinfacht die Befunde. Wenn er die naturalistische Schreibweise als rein mechanisch-additive Methode deutet, übersieht er unter anderem, daß die Brüder Goncourt mit ihrer "écriture artiste" eine höchst differenzierte, kompositionsbewußte Methode entwickelten.[339] Aber nicht nur Vereinfachung, sondern auch Mißdeutung kennzeichnet Nietzsches gespanntes Verhältnis zum Naturalismus. Die naturalistische Ästhetik des Häßlichen, erwachsen aus der Notwendigkeit der literarischen Bewältigung der modernen Wirklichkeiten, wird als Wille zum Häßlichen umgedeutet: "*Zola*: oder 'die Freude zu stinken.' " (6, 111 – GD). Immer wieder erfolgt bei Nietzsche die Gleichschaltung literarisch disparater Phänomene. So notiert er beispielsweise: "der Litteratur-Pessimismus Frankreichs | Flaubert. Zola. Goncourt. Baudelaire." (13, 75). Wenn er die "moderne Kunst" als eine mit "*Logik, Masse* und *Brutalität*" operierende diktatorische Kunst, eine "Kunst zu *tyrannisiren*", bezeichnet, kann er ohne weiteres Zola und Wagner gleichsetzen: "Beispiel: Zola, Wagner [...]" (12, 473). Nietzsches Kritik bezieht sich auf den realistischen Roman überhaupt, da dieser Roman die Wirklichkeit zwar minuziös abbilde, aber nicht deute: "Wir sind wohl die Mikroskopiker des Wirklichen, unsre Romane verstehen zu sehen (Balzac, Dickens), nur zu fordern und zu erklären versteht niemand." (7, 744). Die ästhetische Maxime, daß in der Kunst entweder der Überfluß oder der Mangel produktiv werde, wird von Nietzsche auch auf den Roman angewendet. Der moderne realistische Roman ist das Produkt eines Lebensmangels. Diesem Verdikt unterliegt auch der "Artist" Flaubert: "In Goethe zum Beispiel wurde der Überfluss schöpferisch, in Flaubert der Hass

338 Zola sammelt Milieuerfahrungen und legt seinen Romanen Sammlungen von Tatsachen (*documents humains*) zugrunde. So hält er sich vor der Niederschrift des sozialkritischen Romans *Germinal* zum Zwecke von Milieustudien ein halbes Jahr lang im nordfranzösischen Industriegebiet bei Lille auf.

339 "Die Brüder Goncourt eröffneten mit ihrer feinsinnigen 'écriture artiste' den Zugang auch zu den kleinsten Eindrücken, die ein Mensch von der Realität haben konnte. Sie waren die Spezialisten des Miniaturhaften, in einer 'recherche continuelle de l'expression neuve et précise. Ils peignent jusqu'aux plus fugitives tiédeurs qui courent sur la peau.' (Zola)" (*Daus*, Zola, 19).

[...]" (6, 426 – NW). Nietzsches Kritik am modernen Roman ist zudem eine grundsätzliche Kritik am ästhetischen Objektivismus. Der Roman als objektive Verarbeitung des Weltstoffes durch den episch distanzierten Erzähler läuft der Ausdrucksästhetik des schaffenden Subjekts zuwider:

> Das "*Objektiv-sein-wollen*" z.B. bei Flaubert ist ein modernes Mißverständniß. Die große Form, die von allem Einzelreiz absieht, ist der Ausdruck des *großen* Charakters, der die Welt sich zum Bilde schafft: der von allem "Einzelreiz weit absieht" – Gewalt-Mensch. (11, 57 – 1884; vgl. 11, 44)

Das Kunstwerk ist nicht Abbild der objektiven Realität, sondern Ausdruck des schaffenden Subjekts. Die naturalistische Deskription, die im übrigen durch die Annahme einer an sich seienden Wirklichkeit eine reine Fiktion darstellt, erschöpft sich im bloßen Faktenarrangement und läßt die (im schaffenden Subjekt verankerte) Tiefenperspektive vermissen. Die Elimination des Subjekts und die Beschränkung auf das Objekt ("hineinflüchten in's Objekt, sich selber 'leugnen' ") ist nur eine arbeitshypothetische Fiktion:

> Aber es giebt kein "Ding an sich" – meine Herren! Was sie erreichen, ist Wissenschaftlichkeit oder Photographie d.h. Beschreibung ohne Perspektiven, eine Art chinesischer Malerei, lauter Vordergrund und alles überfüllt. (11, 57)

Der moderne realistische Roman ist durch Stiltendenzen gekennzeichnet, die mit Nietzsches Ästhetik des schaffenden Subjekts unvereinbar sind: szientistischen Objektivismus, suggestive Rhetorik und Darstellung der Massenzivilisation und des Häßlichen.[340] Während Nietzsche den avantgardistischen Naturalismus schroff ablehnt, steht er dem poetischen Realismus durchaus positiv gegenüber. Stifters *Nachsommer* und Kellers *Leute von Seldwyla* zählt er zum "*Schatz der deutschen Prosa*" (2, 599 – WS), ja, der *Nachsommer* ist "im Grunde das einzige deutsche Buch *nach* Goethe, das für mich Zauber hat" (13, 634)[341]. Ähnlich panegyrisch fällt das Urteil über Keller aus: "Und welchen Dichter hätte Deutschland dem Schweizer Gottfried *Keller* entgegenzustellen?" (9, 536; vgl. 8, 550). Im Hinblick auf die Gattung Prosa, den Roman vor allem, erweist sich Nietzsche als ausgesprochener Traditionalist. Nicht der moderne Experimentalroman, sondern der traditionelle Bildungsroman, der Bildungsroman Goethescher Observanz, in dem ein schöpferischer Stilwille, Klassizität des Ausdrucks und bedeutungsvolle poetische Symbole bestimmend sind, fin-

---

340 Als positives Gegenbild zu den modernen "Romanschriftstellern", die für "das 'Volk' ", "die grosse Masse" schreiben, schwebt Nietzsche der "griechische K<ünsterler>" vor, der "eine sichere '*Culturperspektive*' " hatte (8, 617 f.).

341 Wiederholt setzt sich Nietzsche für den *Nachsommer* ein: "*Sehr* lieb ist mir zu hören, daß Sie den Nachsommer nicht kennen, ich verspreche Ihnen etwas Reines und Gutes." (B 5, 461 – 5.11.79 – an Köselitz; vgl. B 5, 469; B 6, 77; B 6, 87 f.; B 6, 528; B 8, 61). Was Nietzsche an Stifter anzieht, ist "die reife Heiterkeit des männlichen Alters, die Einfachheit der Antike, die Feindseligkeit gegen die Modernität in Literatur und Musik" (*Bertram*, Nietzsche-Stifter, 19). Nietzsche fand sich in einem "vielfach ihm so entgegengesetzten dichterischen Wesen" wieder (ebd., 26). In der klassischen Ruhe Stifters fand er ein die eigene Unruhe kalmierendes Gegenbild. Zugleich beeindruckt ihn bei Stifter das "Kraftvolle des Stilwillens" (*Pfotenhauer*, Physiologie, 263). Es ist die ausgewogene Kraft, die er an Stifter, wie an Keller, bewundert: "(unter Dichtern ist z.B. Stifter und G. Keller Zeichen von mehr Stärke, innerem Wohlsein, als – – –)" (12, 454).

det bei Nietzsche positive Resonanz. Im übrigen zeigt Nietzsche nur wenig Interesse an der Gattung Roman. Romanhandlungen, Zustandsbeschreibungen und Figurenkonstellationen werden kaum zum Reflexionsgegenstand.[342] Wenn Romanfiguren, wie z.B. Gestalten aus Dostojewskis *Dämonen,* sein Interesse wecken, so wirken sie auf ihn durch ihre geistig-existentielle Disposition, die von ihnen erlebten Grenzsituationen und ihre spezifische Existenz-Philosophie.[343] Insofern gewinnt neben dem symbolischen Realismus der Stifter und Keller auch der existentielle Psychologismus eines Dostojewski für ihn Bedeutung, während der naturalistische Experimentalroman Zolas und der Brüder Goncourt kompromißlos abgelehnt wird. Aber nicht nur die symbolische Prosa des deutschen Bildungsromans und die existentielle Prosa eines Dostojewski, sondern auch die artistische Prosa, die Prosa eines Sterne und eines Heine, findet bei Nietzsche positiven Widerhall. Im Fragment *Der freieste Schriftsteller* rühmt Nietzsche Lawrence Sterne als den "grossen Meister der *Zweideutigkeit*", der einen offenen Prosastil entfaltet, "bei dem die bestimmte Form fortwährend gebrochen, verschoben, in das Unbestimmte zurückübersetzt wird, so dass sie das Eine und zugleich das Andere bedeutet", den "Tiefsinn" mit der "Posse" verquickt und im verunsicherten Leser das Gefühl des "Schwebens" hervorruft. Nietzsche bewundert die alle geistige Starrheit auflösende "Ironie" und "Geschmeidigkeit" des Sterneschen Prosastils (2, 424 f. – VM). Ironie, Spiel und Artistik machen die wahre Prosa aus. Und eben diese Stilelemente vermißt Nietzsche an der deutschen Prosa. In der Skizze *Unsere Prosa* heißt es:

> Keines der jetzigen Culturvölker hat eine so schlechte Prosa wie das deutsche [...] es *giebt* keine deutsche Prosa [...] dass *der Deutsche nur die improvisirte Prosa kennt* und von einer anderen gar keinen Begriff hat [...] Aber an einer Seite Prosa wie an einer Bildsäule arbeiten? – es ist ihm, als ob man ihm Etwas aus dem Fabelland vorerzählte. (2, 595 – WS)[344]

---

342 Nietzsche kritisiert die "schreienden Farben im Roman" (12, 470), die Überhöhung der "Helden" ins "Ungeheuerliche" (9, 258), das nur am "Stoff der Erzählung", nicht an der "Kunst des Erzählers" interessierte Publikum (8, 352). Im Hinblick auf die Erzählkunst ist Nietzsche wie in kaum einer anderen literarischen Gattung Traditionalist. Hier huldigt er der Ästhetik des organisch gewachsenen Kunstwerks. Das "gute Kunstwerk der *Erzählung*" ist wie die wachsende "Pflanze" (8, 435). Vorbildlich ist die Prosa der Griechen, denn sie ist von klarer, organischer Struktur (vgl. 8, 533). Im übrigen sind die gängigen literarischen Gattungen für Nietzsche nur von peripherer Bedeutung. Zur Stilübung empfiehlt er: "Einige Novellen, einen Roman, eine Tragödie – das kann man machen, ohne mit seinen Hauptbeschäftigungen Schiffbruch zu leiden" (8, 465; vgl. 8, 450).

343 Vgl. dazu u.a. Nietzsches Exzerpte aus Dostojewskis *Dämonen*, in denen er Kiriloffs existentielle Auseinandersetzung mit der Gottesfrage anführt: "Der Mensch hat nichts gemacht als Gott erfinden, um sich nicht zu tödten. Ich, als der Erste, stoße die Fiktion Gottes zurück..." (13, 144; vgl. *Dostoïewsky*, Les Possédés II, ... [= Die Dämonen, ...]). Vgl. dazu auch die Exzerpte aus Stawrogins Brief über den Selbstmord Kiriloffs (13, 142; vgl. Les Possédés II, ... [= Die Dämonen, 807]). Diese Problematik, der Tod Gottes und die damit verbundene Grenzsituation des Menschen, ist eine genuin Nietzschesche Fragestellung. Wenn ein Roman solche Problemstellungen entwickelt, findet er bei Nietzsche ein positives Echo.

344 Nietzsche kann auch die klassische deutsche Prosa angreifen – sofern sie ein "Spiegelbild der 'alten guten Zeit'" ist, wie dies selbst bei "Goethe's Prosa, in ihrer Mischung von Steifheit und Zierlichkeit", der Fall ist (5, 46 – JGB). Den Weg des Wilhelm Meister lehnt er ab, da hier "ein großer Geist sich seiner Flügel beraubt [...], *indem er dem Höheren entsagt*" (13, 454 [= Niebuhr-Zitation aus *Hehn*, Goethe, 114]). Wilhelm Meisters Weg von der Kunst zur Gesellschaft war Nietzsches Sache nicht. Andererseits anerkennt er die künstlerische Meisterschaft des *Wilhelm Meister* und verteidigt

An anderer Stelle läßt Nietzsche ironisch einen "Ausländer" reflektieren: "Das Beste an den deutschen Romanen, welche jetzt berühmt würden, sei, dass man sie nicht zu lesen brauche: man kenne sie schon." (2, 512 – VM).[345] Nicht spannungslose Formlosigkeit, sondern elektrisierende Artistik soll das Stilprinzip der Prosa sein. Später wird Gottfried Benn in ähnlicher Weise das Stilprinzip der "absoluten Prosa" als eine aus der artistischen Montage der Wörter und Sätze erwachsende Prosa charakterisieren, mit Bezug auf den Artisten Flaubert, "den der Anblick einiger Säulen der Akropolis ahnen ließ, 'was mit der Anordnung von Sätzen, Worten, Vokalen an unvergänglicher Schönheit erreichbar wäre'" (*Benn*, Doppelleben, 132 [= Rede auf Heinrich Mann, 413 u. Dorische Welt, 294]). Die Prosa als artistisch-plastisches Gebilde – diese Forderung stellt bereits Nietzsche. Die Prosa soll sich nicht in situativer Informationssprache erschöpfen, sondern eine artifizielle Komposition sein. Nicht nur die "Poesie", sondern auch die "Prosa" ist auf ihre textformale Qualität hin zu befragen. Erst aus dem formbewußten, artistischen Arrangement der Wörter, Sätze und Motive erwächst die Prosa als Kunstprosa. Auch im Hinblick auf die Prosa wird der Kunstfaktor hervorgehoben.

Wenn Nietzsche somit im Prinzip für artistische Prosa plädiert, so gewinnt er zur Prosagattung Roman kein rechtes Verhältnis. Schon in der *Geburt der Tragödie* erteilt er dem *Roman* eine Absage. Der griechische "Roman" ist für ihn der undionysische Abkömmling der rationalistischen Philosophie:

> Wirklich hat für die ganze Nachwelt Plato das Vorbild einer neuen Kunstform gegeben, das Vorbild des *Roman's*: der als die unendlich gesteigerte aesopische Fabel zu bezeichnen ist, in der die Poesie in einer ähnlichen Rangordnung zur dialektischen Philosophie lebt, wie viele Jahrhunderte hindurch dieselbe Philosophie zur Theologie: nämlich als ancilla. Dies war die neue Stellung der Poesie, in die sie Plato unter dem Drucke des dämonischen Sokrates drängte. (1, 94 – GT)

Diese "verwegene Formel für die Entstehung des Romans" (*Crusius*, Rohde, 19), diese spekulative These, die Nietzsches Freund Erwin Rohde, der schon 1871/72 Vorlesungen über die *Geschichte des griechischen Romans* hält (vgl. ebd., 55 f.), in seinem Buch *Der griechische Roman* (1876) ignoriert[346], zeigt in aller Deutlichkeit, daß Nietzsche den Roman nicht für eine genuin dichterische Form, sondern für ein philosophisches Abfallprodukt der Poesie hält. Im Hinblick auf den Roman ist Nietzsche entschiedener Traditionalist. Schillers Votum aus *Naive und sentimentalische Dichtung*, der "Romanschreiber" sei im Verhältnis zum "Dichter" "nur sein Halbbruder" (NA XX, 462), und sein Dik-

---

ihn gegen die Kritik des Novalis: "der typische Haß der Kranken gegen die Vollkommenen – z.B. Novalis gegen Wilhelm Meister, der das Buch odiös findet." (13, 496). Zudem zeigt er ein psychologisches Interesse an den *Wahlverwandtschaften* (vgl. 13, 430).

345 Auf der Rückseite der Vorstufe fragt Nietzsche nach Diderots *Rêve de D'Alembert*: "Giebt es eine Übersetzung von *Diderot*, der Traum d'Alembert's?" (14, 180).

346 Rohdes profunde Kulturstudie beschreibt die Entstehung des griechischen Romans aus dem "Verfall des mythischen Glaubens" zugunsten des "prosaischer gewordenen Lebens" (*Rohde*, Griechischer Roman, 12). Nietzsche schreibt, er werde "*sehr viel Nutzen*" von diesem Werk haben (B 5, 161 – 23.5.76 – an Rohde; vgl. B 5, 164).

tum, die "Romanform" sei "schlechterdings nicht poetisch" (Brief an Goethe vom 20.10.1797 – NA XXIX, 149), behalten auch für Nietzsche ihre Gültigkeit. Im Grunde zeigt er kaum Interesse an der Romanform. Die deskriptive, objektive Form des Weltstoff vermittelnden Romans widerstrebt dem *furor poeticus* Nietzsches.

Es scheint die konstitutionelle Aversion des Lyrikers gegen den Roman zu sein, die aus Nietzsche spricht. Ähnliches läßt später Gottfried Benn verlauten, wenn er den Lyriker als den schöpferischen Künstler gegen den Romancier als den deskriptiven Schriftsteller abgrenzt. So konstatiert er in *Probleme der Lyrik* die Unfähigkeit des Romanciers zum dichterischen Wort:

> Wenn nämlich Romanciers Gedichte produzieren, sind das hauptsächlich Balladen, Handlungsverläufe, Anekdotisches und dergleichen. Der Romancier braucht auch für seine Gedichte Stoffe, Themen. Das Wort als solches genügt ihm nicht. Er sucht Motive. Das Wort nimmt nicht wie beim primären Lyriker die unmittelbare Bewegung seiner Existenz auf, der Romancier beschreibt mit dem Wort. (S. 497; vgl. Marginalien, 390)

Die im *Lebensweg eines Intellektualisten* getroffene Unterscheidung von *Kunstträger* und *Kulturträger*, von schöpferischer Potenz und kulturpädagogischem Akteur, überträgt Benn auch auf die literarischen Gattungen:

> Nahe stehen sich von den Kunstträgern die Romanschriftsteller mit den Kulturträgern, beiden eignet das Pflegliche und das In-die-Breite-Gehen, auch das Einträgliche, während der Lyriker ein ausgesprochener Kunstträger ist. (S. 51)

Die Lyriker Nietzsche und Benn können mit der epischen Form, speziell mit dem Roman, nicht allzuviel anfangen. So bemerkt Benn einmal sarkastisch hinsichtlich der "großen Romanciers": "immer gleich achthundert Seiten, welche Produktivität, welcher Andrang von Gesichten, man sollte ihnen Kiepen umhängen, Kabeljau 'reinschmeißen, dann könnten sie zu den Fischweibern gehn." (Saison, 120). Wie Nietzsche konstatiert Benn im übrigen die "deutsche Romaninferiorität" (Figuren, 272) und sieht die "Prosa" der "Deutschen" "durch die Entwicklungsromane, die Sucherromane, die Ehe- und Innerlichkeitsepopöen etwas niedergehalten" (Auden, 376). Nietzsche und Benn ziehen den spontan-intuitiven Ausdruck der episch-deskriptiven Form vor. Daher desavouieren sie den Roman.

Das ist nur folgerichtig, denn die Romanform setzt ein hohes Maß an epischer Distanz voraus, und das liegt den Lyrikern Nietzsche und Benn nicht. Was sie an der Prosa primär interessiert, sind *existentielle, artistische* und *autobiographische* Texte, d.h. Texte, in denen das kreative Subjekt seine Befindlichkeit artikuliert. Die Texte müssen Grundmotive der *conditio humana* entfalten, sie müssen den höchsten Kunstansprüchen genügen, und sie müssen der Selbstaussprache des Schreibenden dienen. Nicht von ungefähr sind Eckermanns *Gespräche mit Goethe* für Nietzsche das "beste deutsche Buch" (2, 599 – WS; vgl. 8, 603), und nicht umsonst läßt er daneben, außer Stifters und Kellers Prosa, nur noch die *Lebensgeschichte* Jung-Stillings und die Aphorismen Lichtenbergs gelten (2, 599). Der artistisch-aphoristische Text oder die autobiographisch-psychologische Selbstdarstellung findet Nietzsches besonderes Interesse. Seine eigene Selbstdarstellung, die exzessive Schrift *Ecce homo*, verbindet die existentielle Selbstdarstellung (die immer auch eine Darstellung der philosophischen, ästhetischen und psychologischen Grundprobleme des Nietzscheschen Denkens ist) mit einem hohen Grad an artistischer Luzidität, an treffsicherem Witz und provokanten Pointen. Die schrille, manchmal übergrelle Tonlage des Textes darf nicht darüber hinwegtäuschen, daß Nietzsche hier nicht nur ein Satyrspiel inszeniert, sondern die seit den frühen siebziger Jahren ihn beschäftigenden Fragen wie in einem Brennglas zusammenbündelt und zuspitzt, in einer Weise freilich, die das eigene Subjekt zum mythischen Subjekt, zum Menschheitsschicksal, überhöht. Als 'Autobiographie' kann man *Ecce homo* kaum bezeichnen, denn es wird keine zusammenhängende, ja eigentlich überhaupt keine Lebensgeschichte erzählt. Es handelt sich vielmehr um eine existentielle Selbstdarstellung, in der der Schreibende in der retrospektiven Selbstinterpretation seiner Werke sowie durch die Vergegenwärtigung von Exorbitanzerlebnissen wie dem Erlebnis des Wiederkunftsgedankens (vgl. 6, 335 – EH) seine geistige, schriftstellerische Existenz Revue passieren läßt, in einer zwar überhektischen, aber dennoch geistig klaren Weise.[347] Die pathetische Selbstüberhöhung der eigenen Person zum mythischen Subjekt verbindet sich mit einer ironisch-witzigen Intellektualität, wie sie sich z.B. in Überschriften wie *Warum ich so klug bin* oder *Warum ich so gute Bücher schreibe* zeigt. In solchen Überschriften steckt natürlich auch ein ungeheueres Pathos, ein immenser Anspruch, der Anspruch auf die welthistorische Bedeutung der eigenen Person: *Warum ich ein Schicksal bin*. Aber nicht nur das hyperbolische Pathos, sondern auch der ironische Witz prägt diesen pseudo-autobiographischen Text. Man darf nicht übersehen, daß in diesen großen Gebärden immer auch ein Stück Provokation steckt, auch die provokative Übertreibung, jenes "*aggressive* Pathos", das "Widerstände" "braucht", ja "*sucht*", um die "Stärke" des Schreibenden zu bezeugen (6, 274 – EH). Der Autor von *Ecce homo* will "angreifen" (6, 275 – EH), aus einem "Instinkt der Selbsterhaltung", einem "Instinkt der *Selbstvertheidigung*" (6, 291 – EH). In diesem Sinne ist die Selbstapotheose auch ein Akt der Selbstbehauptung. Dazu bedarf es der Kunst. In *Ecce homo* artikuliert sich nicht nur ein Pathetiker, sondern auch ein Artist. Nicht ohne Berechtigung spricht Nietzsche selbst von "meinem Artisten-Geschmack", der "die Namen Molière, Corneille und Racine nicht ohne Ingrimm gegen ein wüstes Genie wie Shakespeare in Schutz nimmt" (6, 285 – EH). In dieser gezielten Umkehrung der Bewertung Shakespeares und der französischen Klassizisten im Sturm und Drang zeigt sich auch in den Exaltationen von *Ecce homo*

---

347 Benns *Lebensweg eines Intellektualisten* und *Doppelleben* hingegen sind 'Autobiographien', denn hier wird ständig Bezug genommen auf persönliche, lebensgeschichtliche Fakten, wie sich überhaupt die Kohärenz einer Vita herstellt. Diese biographischen Fakten dienen allerdings der Entfaltung von Zeitkritik, Kunsttheoremen und Artistik. Die Autobiographie wird zum Kunstessay. Im Unterschied zu Nietzsche schwingt sich das monologische Subjekt dieser 'Autobiographien' nicht zur Selbstverklärung auf, sondern wahrt intellektuelle Distanz zu sich selber, in einer vergleichsweise sachlichen, kühlen Tonlage. Das große Pathos der dionysischen Identifikation war hier nicht mehr möglich.

ein klassisches Formbewußtsein. Nietzsche erteilt dem irrationalen Genie eine Absage zugunsten der klaren Latinität. Nicht ohne Grund taucht in *Ecce homo* wiederholt der Begriff des "Artisten" auf (vgl. 6, 288 f., 323). Nietzsches eigener Text ist nicht nur von naiver Unmittelbarkeit, sondern auch von artistischem Raffinement. *Ecce homo* – das ist eine Symbiose aus Pathos und Provokation, Selbstmythisierung und Intellektualität, Naivität und Artistik. Freilich, dem Ganzen ist eine schillernde Zweideutigkeit, ein Spiel zwischen Ernst und Heiterkeit, ein Changieren zwischen Gemeintem und Nicht-Gemeintem eigentümlich. Nietzsche lockt den Leser in seine Labyrinthe, und dann spielt er Katz-und-Maus mit ihm. Aber hinter allen Oszillationen steht das pathetische Subjekt. Und dieses Subjekt ist nicht das kranke Subjekt, sondern das kreative Subjekt. Man möchte nicht nur von einem "Abgesang auf das bürgerliche Subjekt" (*Pfotenhauer*, Anthropologie, 230), sondern von einer Selbstapotheose des schöpferischen Subjekts sprechen. *Ecce homo* steht im Ruf, das Werk einer krisenhaften Überspanntheit, ja einer halluzinativen Unzurechnungsfähigkeit zu sein. Solche pathologischen Elemente sind dem Text zweifellos inhärent, aber sie machen nicht die Substanz der Schrift aus. Nietzsche präsentiert sich hier noch einmal als das kreative Subjekt *katexochen*, das die eigene empirische Person in eine quasi mythische Inkarnation des Schöpferischen verwandelt.

3. Drama

Nietzsche hat kaum eine wirkliche Beziehung zum Drama. Das Drama als spezifische Dichtungsform hat ihn kaum je interessiert. Ein Interesse am Drama ist im Grunde nur beim frühen Nietzsche zu beobachten.[348] Aber dieses Interesse gilt weniger dem dramatischen Vorgang als der Inszenierung von Handlung, Figur und Dialog als vielmehr der Musiktragödie als der dialektischen Entfaltung von dionysischem Leben und apollinischem Schein. Nietzsche ist nicht an

348 Bezeichnenderweise hat Nietzsche kein Drama verfaßt bzw. ausgeführt. Er hat sich in dieser Gattung auf Pläne, Entwürfe und Bruchstücke beschränkt. Sein dichterisch und symphonisch konzipiertes Drama *Ermanarich*, ein düster-heroisches Sujet von Kampf und Untergang, bleibt in Entwürfen und Bruchstücken stecken (vgl. HKG, W II, 101-105 u. 144-154 sowie HKG, W III, 123 f.). Der Schüler Nietzsche sieht selbst ein, daß die Sache "zu viel Reflexion und zu wenig Naturkraft" enthält (HKG, W II, 101). Die Ursache des Scheiterns liegt nicht nur in der jugendlichen Unreife, sondern auch in einem Begabungs- und Interessenmangel in der Gattung Drama. Was Nietzsche am Drama interessiert, ist, wie er in der Jugendschrift *Ueber die dramatischen Dichtungen Byrons* formuliert, die "Ideenfülle" und der "Sturmgang" der "Gedanken" (HKG, W II, 14), nicht aber die dramatische Form. Auch der frühe Einakter *Prometheus* (HKG, W I, 62-69), eine dem Goetheschen "Dramatischen Fragment" *Prometheus* (HA IV, 176-187) nachempfundene Stilübung, läßt die genuin dramatische Form vermissen. Das betrifft auch den dramatischen Versuch *<Die Verschwörung des Philotas>* (HKG, W I, 156-181). Auch die später geplanten Stücke Nietzsches bleiben in Ansätzen stecken. So beschränkt sich der nach der Niederschrift von *Zarathustra II* verfaßte Entwurf zu einem Zarathustra-Drama auf eine kurze Inhaltsskizze (vgl. 10, 495 f. – 16 [3]). Ein Prometheus-Entwurf fällt nur wenig ausführlicher aus (vgl. 7, 835-837). Intensiver hat sich Nietzsche mit dem Empedokles-Stoff beschäftigt und hier einige dramatische Entwürfe konzipiert (vgl. 7, 125 f.; 7, 233-237; vgl. auch 7, 269 ff.). Aber auch hier gelangt Nietzsche nicht über die Problemexposition hinaus. Eigentlich ist das nur konsequent, denn der dramatische Vorgang, die dramatische Struktur interessiert ihn kaum. Er war eben kein Dramatiker.

Charakterproblemen und Handlungskonflikten, sondern allein an der tragischen Selbstentfaltung des Lebens interessiert. Die in der Tragödie sich abspielenden individuellen Katastrophen sind nur Funktionselemente im schöpferischen Selbstentfaltungsprozeß des Lebens. In der *Geburt der Tragödie* konstatiert er,

> dass die griechische Tragödie in ihrer ältesten Gestalt nur die Leiden des Dionysus zum Gegenstand hatte und dass der längere Zeit hindurch einzig vorhandene Bühnenheld eben Dionysus war [...] dass niemals bis auf Euripides Dionysus aufgehört hat, der tragische Held zu sein, sondern dass alle die berühmten Figuren der griechischen Bühne Prometheus, Oedipus u.s.w. nur Masken jenes ursprünglichen Helden Dionysus sind. (1, 71 – GT [= 1, 619 – SGT])[349]

In Nietzsches höchst eigenwilliger Interpretation der griechischen Tragödie wird der tragische Konflikt zwischen Mensch und Fatum eskamotiert, und an seine Stelle tritt die Idee der individuellen Existenz als bloßen Vollzugsorgans des dionysischen Weltwillens. Ödipus ist nicht der im Widerstreit von Schicksalsdetermination und Eigenverantwortlichkeit handelnde Held, sondern Vollzugsorgan, Medium und Maske des Gottes, des Dionysos, der sich in die Individualexistenzen aufsplittert, um dann, aus dem Untergang der Individuen, als *Dionysos triumphans* neu hervorzugehen. Nietzsches Dramentheorie bzw. Tragödienidee bewegt sich ganz im Horizont der schöpferischen Spannung von Weltwille und Individualwille. Die Tragödie ist "dionysische Tragödie", die die "Klüfte zwischen Mensch und Mensch" in einem "übermächtigen Einheitsgefühle" und den tragischen Vorgang im "metaphysischen Trost" aufhebt, "dass das Leben im Grunde der Dinge, trotz allem Wechsel der Erscheinungen unzerstörbar mächtig und lustvoll sei" (1, 56 – GT)[350]. Den "metaphysischen Trost" kann das Drama nur spenden, wenn der dramatische Vorgang aus der dionysischen Musik als der Symbolik des Weltwillens entfaltet wird. Der Abbau der Musik in der Tragödie zugunsten des reinen Wortdramas, wie es sich bei Euripides zeigt (vgl. 1, 76-88 – GT; 1, 533-542 – ST; 1, 604-608 u. 1, 618-627 – SGT), läuft auf den Abbau der Tragödie selbst hinaus. In ihrer wahren Gestalt sind "Tragödien" "dramatische Dithyramben" als höchster Ausdruck "lyrischer Gedichte" (1, 44 – GT). In vereinfachender Zuspitzung könnte man sagen: Das Drama ist für Nietzsche ein großangelegter Lyrismus. Die Tragödie als Dithyrambus – das ist Nietzsches Konzeption des Dramas, eine Konzeption, die seiner Auffassung nach ihre Verwirklichung allein in der alten griechischen Tragödie und im Musik-Drama Wagners gefunden hat. Das klassische deutsche Drama entspricht diesem Ideal nicht, da seine Helden nicht zur *unio mystica* mit

---

349 In der Frühschrift *Sokrates und die griechische Tragoedie* interpretiert Nietzsche im Sinne des Sophokles das Schicksal des Ödipus als tragische Dialektik von Schuld, Untergang und Erneuerung (*Oedipus auf Kolonos*; vgl. 1, 613-615 – SGT). Aber dann wirft er die Frage auf, "ob damit der Inhalt des Mythus erschöpft ist", und deutet das Zerbrechen der "Naturordnungen" als Ausdruck des dionysischen Lebens, der "dionysischen Weisheit" (1, 614 – SGT; vgl. 1, 40 u. 1, 65-67 – GT).

350 Die tragische Handlung ist Ausdruck der dionysischen Lebensprozesses: "Woher der Genuß am *Widerspruch*, im Wesen des Tragischen? / Der Widerspruch als das Wesen der Dinge spiegelt sich in der tragischen Handlung wieder. Er erzeugt aus sich eine *metaphysische Illusion*, auf die es bei der Tragödie abgesehen ist. / Der Held siegt, indem er untergeht. / Die Vernichtung des Individuums als Einblick in die *Vernichtung* der *Individuation*, höchste Lustspiegelung." (7, 219).

dem Leben gelangen, sondern sich in sentimentalischer Distanz zu ihm verhalten. Schiller und Goethe gelang es nicht, "jene verzauberte Pforte zu erbrechen, die in den hellenischen Zauberberg führt", und Nietzsche stellt fest, daß "es bei ihrem muthigsten Ringen nicht weiter gekommen ist als bis zu jenem sehnsüchtigen Blick, den die Goethische Iphigenie vom barbarischen Tauris aus nach der Heimat über das Meer hin sendet" (1, 131 – GT). Nietzsche, weit entfernt von der klassischen Humanitätsidee, konzipiert den dramatischen Vorgang nicht als tragischen Konflikt zwischen geistigen Individuen, sondern als Selbstoffenbarung des Weltwillens in der Musik – ein Ereignis, das die sentimentalische Distanz zwischen dem Menschen und der Natur in einem submentalen Identitätserlebnis aufhebt.

Nietzsche steht in Opposition zur traditionellen Wirkungspoetik. Katharsis-Theorie und Mitleidsästhetik werden von ihm radikal in Frage gestellt. Bereits Schopenhauer übt Kritik am aristotelischen Prinzip der "Erregung" von "Furcht und Mitleid" als dem "letzten Zweck des Trauerspiels". Furcht und Mitleid sind in Wahrheit "nicht Zweck, sondern nur Mittel", d.h. Mittel der "Aufforderung zur Abwendung des Willens vom Leben" als der "wahren Tendenz des Trauerspiels". Die "echt tragische Wirkung der Katastrophe" besteht in der "durch sie herbeigeführten Resignation und Geisteserhebung der Helden" (WV II, 558 f.). Aus der Erkenntnis der Insuffizienz des Lebens erwächst die Ataraxie der Resignation als wirkungsästhetische Grundhaltung. Der Sinn der Tragödie besteht in der Aufdeckung des Scheincharakters der empirischen Welt und in der Einsicht in das hinter der Erscheinungswelt liegende metaphysische Substrat, den Weltwillen, sowie in der aus dieser Erkenntnis erwachsenden Resignation und Erhebung – Resignation angesichts der Nichtigkeit des Lebens und Erhebung durch das Wissen um den tieferen, lebensverneinenden Weltwillen. Es heißt:

> Im Augenblick der tragischen Katastrophe wird uns deutlicher als jemals die Überzeugung, daß das Leben ein schwerer Traum sei, aus dem wir zu erwachen haben. [...] Was allem Tragischen, in welcher Gestalt es auch auftrete, den eigentümlichen Schwung zur Erhebung gibt, ist das Aufgehn der Erkenntnis, daß die Welt, das Leben kein wahres Genügen gewähren könne, mithin unserer Anhänglichkeit nicht wert sei: darin besteht der tragische Geist: er leitet demnach zur Resignation hin. (WV II, 556 f.)[351]

Diese Tragödienauffassung steht der "christlichen Resignation", dem auf "Aufgeben des ganzen Willens zum Leben, freudiges Verlassen der Welt im Bewußtsein ihrer Wertlosigkeit und Nichtigkeit" hinauslaufenden "christlichen Trauerspiel" näher als dem "stoischen Gleichmut", dem "Trauerspiel" der "Alten", dessen "tragische Helden" durch "standhaftes Unterwerfen unter die unausweichbaren Schläge des Schicksals" gekennzeichnet sind. Im Unterschied zu Nietzsche, für den die antike Tragödie die höchste Form des Dramas ist, ist Schopenhauer "ganz der Meinung, daß das Trauerspiel der Neueren höher steht

351 Nietzsche kommentiert diese von ihm zitierte Passage, diese "Tendenz des Trauerspiels nach Schopenhauer", mit dem Hinweis: "Oh wie anders redet Dionysos zu *mir*!" (11, 31).

als das der Alten. Shakespeare ist viel größer als Sophokles [...]" (WV II, 557 f.). Deutlich divergieren die Auffassungen Nietzsches und Schopenhauers vom Wesen des Tragischen. Nietzsche verquickt das Tragische mit dem Dionysischen, Schopenhauer mit der Resignation. Ist für Nietzsche Ödipus nichts als die Maske des Dionysos, so bleibt er bei Schopenhauer das leidende, resignierende und widerstehende Individuum (vgl. WV II, 557). Der Sinn der Tragödie erfüllt sich in Resignation und Erhebung – eine an die *constantia* der Barocktragödie und die Idee des Erhabenen resp. des Pathetischerhabenen im klassischen Drama erinnernde dramentheoretische Konzeption[352], mit dem Unterschied freilich, daß sich bei Schopenhauer die christliche Jenseitserwartung und die idealistische Idee der Freiheit in der Idee des Weltwillens auflösen.

Auch Nietzsche huldigt, im Prinzip, dem Gedanken der *constantia*, der Erhebung, des inneren Widerstands und der Freiheit des Helden gegenüber dem äußeren Leiden. Aber er muß sich, auf Grund seines dionysischen Lebensbegriffs, nicht nur gegen Aristoteles, sondern auch gegen Schopenhauer abgrenzen. Er unterstellt Aristoteles, er habe im "Mitleiden" einen "krankhaften und gefährlichen Zustand" gesehen, von dem man durch die Tragödie befreit werden solle: "er verstand die Tragödie als Purgativ." (6, 174 – AC; vgl. 13, 409 ff.) In der Auseinandersetzung mit Aristoteles vertritt Nietzsche die Auffassung, durch die Erregung von Furcht und Mitleid würde der Zuschauer nicht gestärkt, sondern geschwächt. "Sollten Mitleid und Furcht wirklich, wie Aristoteles will, durch die Tragödie entladen werden, so dass der Zuhörer kälter und ruhiger nach Hause zurückkehre?" Möglicherweise vergrößert die Tragödie Mitleid und Furcht und bewirkt, "dass man durch die Tragödie insgesammt ängstlicher und rührseliger werde. Der tragische Dichter selbst würde dann nothwendig eine düstere, furchtvolle Weltbetrachtung und eine weiche, reizbare, thränensüchtige Seele bekommen" (2, 173 – MA I). Nach Nietzsche besteht die Wirkung der Tragödie nicht in der Katharsis von *phobos* und *eleos*, der Reinigung von Furcht und Mitleid resp. Schrecken und Mitleiden[353], sondern in der aus dem Untergang des Helden und der Selbstverwirklichung des Weltwillens erwachsenden unbedingten Lebensbejahung. Der "*tragische* Dichter", dessen Haltung "dionysisch", d.h. durch das "Jasagen zum Leben selbst", zum Leben in allen seinen Erscheinungsformen, bestimmt ist, intendiert nicht die Befreiung von Schrecken und Mitleiden, sondern ihre Überwindung durch das dionysische Lebensgefühl:

> *Nicht* um von Schrecken und Mitleiden loszukommen, nicht um sich von einem gefährlichen Affekt durch eine vehemente Entladung zu reinigen – so missver-

352 In der Barocktragödie zeichnen sich als die "Tugenden des Märtyrers" *constantia* und *magnanimitas* ab (*Schings*, Consolatio Tragoediae, 20). Zu Idee des 'Pathetischerhabenen' bei Schiller vgl. *Berghahn*, "Das Pathetischerhabene".

353 Im Hinblick auf die Übersetzung von *phobos* und *eleos* lehnt Nietzsche sowohl die seit Lessing üblichen Begriffe Furcht und Mitleid als auch die historisch ursprünglichere (und neuerdings wieder aktuelle) Auffassung (Schauder, Schrecken, Entsetzen) ab. Weder die humanitär-philanthropische Bedeutung (Mitleid) noch die elementar-urtümliche Bedeutung (Schrecken) akzeptiert er. Zur Deutung von *phobos* und *eleos* vgl. bes. die unterschiedlichen Positionen von *Kommerell*, Lessing und Aristoteles [Furcht und Mitleid] und *Schadewaldt*, Furcht und Mitleid? [Schrecken].

stand es Aristoteles: sondern um, über Schrecken und Mitleiden hinaus, die ewige Lust des Werdens *selbst zu sein*, jene Lust, die auch noch die *Lust am Vernichten* in sich schliesst... (6, 312 – EH [= 6, 160 – GD])

In einem Fragment formulierte Nietzsche die Schlußwendung dieses Passus wie folgt: "[...] sondern über Schrecken und Mitleiden hinaus die ewige Lust des Schaffens und Werdens zu genießen, seinen Schrecken, sein Mitleiden *unter* sich zu haben..." (13, 629). Die "**heroischen** Geister" empfinden "das Leiden als Lust" (12, 556). "Der Held ist heiter – das mißfällt den Tragödien-Dichtern" (10, 127; vgl. 10, 394). Es geht Nietzsche primär um den Abbau des Moralismus in der Tragödie: "Wer die Tragödie *moralisch* genießt, der hat noch einige Stufen zu *steigen*." (9, 594). Im Textstück *Von der Moralität der Schaubühne*, das man geradezu als Gegenstück zu Schillers Abhandlung *Was kann eine gute stehende Schaubühne eigentlich wirken?* (NA XX, 87-100) lesen kann und das hinter Lessings Mitleidsästhetik zurückgeht, erklärt Nietzsche, daß das Theater Shakespeares nicht "moralisch" wirke, sondern die Darstellung der "Leidenschaften an sich" sei (3, 201 – M). Im übrigen wird Nietzsches Deutung der Tragödie nicht von wirkungsästhetischen Intentionen (am wenigsten von humanitären Absichten) geleitet, sondern ist von dem ausdrucksästhetischen Impetus geprägt, die tragische Handlung als Manifestation des dionysischen Lebens zu erleben. Wiederholt grenzt Nietzsche seine Idee des Tragischen gegen Aristoteles und Schopenhauer ab, gegen Katharsislehre und Resignationsästhetik. Im Fragment *Was ist tragisch* verweist er auf

das große Mißverständniß des Aristoteles, als er in zwei *deprimirenden* Affekten, im Schrecken und im Mitleiden, die tragischen Affekte zu erkennen glaubte. Hätte er Recht, so wäre die Tragödie eine lebensgefährliche Kunst: man müßte vor ihr wie vor etwas Gemeinschädlichem und Anrüchigem warnen. Die Kunst, sonst das große Stimulans des Lebens, ein Rausch am Leben, ein Wille zum Leben, würde hier, im Dienste einer Abwärtsbewegung, gleichsam als Dienerin des Pessimismus, *gesundheitsschädlich*. (Denn daß man durch Erregung dieser Affekte sich von ihnen "purgirt", wie Aristoteles zu glauben scheint, ist einfach nicht wahr) Etwas, was habituell Schrecken oder Mitleid erregt, desorganisirt, schwächt, entmuthigt: – und gesetzt, Schopenhauer behielte Recht, daß man der Tragödie die Resignation zu entnehmen habe d.h. eine sanfte Verzichtleistung auf Glück, auf Hoffnung, auf Willen zum Leben, so wäre hiermit eine Kunst concipirt, in der die Kunst sich selbst verneint. Tragödie bedeutete dann einen Auflösungs-prozeß, die Instinkte des Lebens sich im Instinkt der Kunst selbst zerstörend. [...] Tragödie wäre ein Symptom des Verfalls. (13, 409 f.)[354]

Es geht für Nietzsche also um die Frage, ob die Tragödie Ausdruck von Lebensbejahung oder Lebensverneinung, Lebensstärke oder Lebensschwäche ist.[355]

---

354 Im Hinblick auf die möglichen Deutungen der Katharsis im Sinne des *genitivus subiectivus*, des *genitivus obiectivus* oder des *genitivus seperativus* (vgl. die Tragödiendefinition bei *Aristoteles*, Poetik, Kap. 6) neigt Nietzsche zum *genitivus separativus* (Reinigung als Befreiung).

355 Ausdruck von Lebensschwäche ist insbesondere das christliche Trauerspiel. Schopenhauers Lob von

Nietzsches Begriff des 'Tragischen' beruht auf der Idee des aus dem Untergang des Individuums 'siegreich' hervorgehenden Lebens:

> Das, was wir "tragisch" nennen, ist gerade jene apollinische Verdeutlichung des Dionysischen [...] Die allgemeinste Form des *tragischen* Schicksals ist das siegreiche Unterliegen oder das im Unterliegen zum Siege Gelangen. Jedesmal unterliegt das Individuum: und trotzdem empfinden wir seine Vernichtung als einen Sieg. Für den tragischen Helden ist es nothwendig, an dem zu Grunde zu gehn, womit er siegen soll. (7, 192 – 1870/71)

Der Untergang des Individuums ist der Aufgang des Lebens – dies ist Nietzsches Idee des 'Tragischen'. Das 'Tragische' besteht aus der dialektischen Spannung von Weltwillen und Individuation, in der schöpferischen Funktionalisierung der Individuation zum Organ des Weltwillens. Da erst im Prozeß des unaufhörlichen Werdens und Vergehens das Leben seine höchsten Steigerungsmöglichkeiten erreicht, ist der Untergang der Individuen erforderlich, um die Mobilität des Lebens zu gewährleisten. Zugleich ist die erneute Individuation Voraussetzung der den Lebensprozeß in Bewegung haltenden permanenten Spannung. Nietzsche verweist auf die "höchste Werthschätzung der Individuation: welche das Ureine braucht, um sein letztes Lustziel zu erreichen [...]" (7, 192). Hier wird auch der Unterschied zwischen Nietzsche und Schopenhauer deutlich. Beide gehen zwar von der Idee des Erhabenen, des Sich-Erhebens im Untergang, aus, aber bei Schopenhauer handelt es sich um die lebens- und willensverneinende Resignation, wohingegen Nietzsche die absolute Willens- und Daseinsbejahung postuliert. Nietzsches tragischer Held ist nicht durch christlich-stoischen Widerstand gegenüber dem Leben, sondern durch dionysische Lebensbejahung geprägt. Nietzsche, der sich selber "als den ersten *tragischen Philosophen*" versteht (6, 312 – EH), grenzt seinen Begriff des "Tragischen" sowohl gegen die Griechen als auch gegen Schopenhauer ab:

> Ich habe die Erkenntniß vor so furchtbare Bilder gestellt, daß jedes "epikureische Vergnügen" dabei unmöglich ist. Nur die dionysische Lust *reicht aus* – **ich habe das Tragische erst entdeckt.** Bei den Griechen wurde es, dank ihrer moralistischen Oberflächlichkeit, mißverstanden. Auch Resignation ist *nicht* eine Lehre der Tragödie! – sondern ein Mißverständniß derselben! Sehnsucht in's Nichts ist *Verneinung* der tragischen Weisheit, ihr Gegensatz! (11, 33)

Weder stoische *constantia* noch Erhebung in der Resignation, weder das "Vergnügen an tragischen Gegenständen"[356] noch die (von Nietzsche nun den Grie-

---

Bellinis Oper *Norma* begrüßt Nietzsche. Die *Norma* ist "ein höchst vollkommenes Trauerspiel", denn "die hier erreichte Wirkung ist um so unverfänglicher und für das wahre Wesen des Trauerspiels bezeichnender, als keine Christen, noch christliche Gesinnungen darin vorkommen" (B 8, 230 – 14.1.88 – an Avenarius [= WV II, 559 f.]).

356 Nietzsche hat nur insofern ein 'Vergnügen' am tragischen Gegenstand, als dieser den dionysischen Lebensprozeß symbolisiert. Er stimmt allerdings mit Schiller darin überein, daß der tragische Vorgang ein Lustgefühl auslöst. Aber nach Schiller erwächst das "Vergnügen an tragischen Gegenständen" aus dem Erlebnis der Überwindung des Leidens durch die Freiheit. Die Leiden des Helden ergötzen uns, weil im dramatischen Vorgang die Überwindung der Schmerzen durch die Idee der Freiheit, das Sittengesetz sinnfällig gemacht wird. Erst durch das Leiden vermag sich die Freiheit zu

chen unterstellte) moralische Wirkungsabsicht entsprechen seiner Idee des "Tragischen", denn dieses erwächst für ihn allein aus dem im Untergang des Individuums sich manifestierenden dionysischen Leben. Schopenhauers Pessimismus entfremdet die Tragödie ihrem wahren Zweck: "Schopenhauer *irrt*, wenn er gewisse Werke der Kunst in den Dienst des Pessimism stellt. Die Tragödie lehrt *nicht* 'Resignation'..." (13, 241). Am ehesten berührt sich Nietzsches Idee des Tragischen noch mit Hebbels Idee des Tragischen, denn auch bei Hebbel ist das Tragische als der dem Leben inhärente Antagonismus von Weltwille und Individualwille das Konstitutionsgesetz der Tragödie, wie auch bei Hebbel die 'tragische Versöhnung' allein im Untergang des Individuums zustande kommt. Das "Tragische" "als ein, wie der Tod, mit dem Leben selbst Gesetztes und gar nicht zu Umgehendes" (*Hebbel*, Vorwort, 61), die Auflösung "alles Handelns" "dem Schicksal, d.h. dem Welt-Willen gegenüber, in ein Leiden" (ebd., 53 f.), die Besinnung "auf das Ewige und Unvergängliche im zerschmetterten Individuum" (ebd., 54) – diese Hebbelschen Axiome zeigen eine nicht zu übersehende Affinität zu Nietzsches Idee des Tragischen. Aber bei Nietzsche fehlt der Komplex der Daseinsschuld, wie ihm überhaupt das Deterministische und Resignative der Hebbelschen Weltsicht fernliegt. Er verquickt das 'Tragische' unlöslich mit dem 'Dionysischen'. "Die furchtbaren und fragwürdigen Dinge darstellen ist selbst schon ein Instinkt der Macht und Herrlichkeit am Künstler: er fürchtet sie nicht..." (13, 241). Eigentlich hat Nietzsche damit das 'Tragische' aus der Tragödie entfernt. Das Tragische wird im schöpferischen Leben, in der absoluten Daseinsbejahung aufgehoben.[357]

---

entfalten, ja, das Leiden ist Voraussetzung der Freiheit. Insofern bereitet uns das Leiden Vergnügen, kann uns die Tragödie "durch den Schmerz ergötzen" (*Schiller*, Ueber den Grund des Vergnügens an tragischen Gegenständen, NA XX, 140). "Nur dann erweißt sich die ganze Macht des Sittengesetzes, wenn es mit allen übrigen Naturkräften im Streit gezeigt wird und alle neben ihm ihre Gewalt über ein menschliches Herz verlieren. [...] Je furchtbarer die Gegner, desto glorreicher der Sieg; der Widerstand allein kann die Kraft sichtbar machen." (S. 139). Was Nietzsche mit Schiller verbindet, ist die Idee des Erhabenen, das Sich-Erheben über das Leiden, das Sich-Behaupten gegen alle Widerstände. Beide verkünden den Gedanken des im Untergang siegenden Individuums. Aber bei Schiller bewahrt sich das Individuum als Individuum, bei Nietzsche hingegen löst es sich im dionysischen Prozeß auf. Und bei Schiller ist das moralische Gesetz, bei Nietzsche hingegen das dionysische Leben das Leitprinzip. Nach Schiller entfaltet der Held im Untergang seine sittliche Feiheit, nach Nietzsche manifestiert sich in seinem Untergang das neu aufgehende dionysische Leben. Nietzsche interpretiert die Tragödie nicht mehr im Lichte des idealistischen Freiheitsbegriffs, sondern im Zeichen des dionysischen Lebensbegriffs. Nietzsche hat den "Moralismus Schiller's" abgewehrt (2, 651 – WS) und Schiller als den "Moral-Trompeter von Säckingen" apostrophiert (6, 111 – GD) – der frühe Nietzsche hat allerdings auch Schillers 'edle' "Entwürfe" gegen eine oberflächliche Schiller-Abwertung in Schutz genommen (vgl. 1, 678 – BA). Eine gewisse 'heroisch'-idealistische Affinität zwischen Nietzsche und Schiller ist jedenfalls unverkennbar, und nicht zu Unrecht spricht Cysarz in einem (allerdings deutschtümelnden) Aufsatz von den "eigenen Schillerischen Zügen" in Nietzsche (*Cysarz*, Schiller und Nietzsche, 126). Schon Gaede verweist auf den für Nietzsche und Schiller gleichermaßen charakteristischen Idealismus, die "überraschende Aehnlichkeit, ja Uebereinstimmung der wesentlichsten Züge im Bilde des Schillerschen und Nietzeschen Idealmenschen" (*Gaede*, Schiller und Nietzsche, 99). Schiller geht es allerdings um das Menschsein, nicht um ein Übermenschentum.

357 Nietzsche benutzt zwar den Begriff des 'Tragischen' – mit Blick auf den Untergang des Individuums, aber im Grunde tilgt er das 'Tragische' – durch den Gedanken, daß dieser Untergang der höchste 'Sieg' des Individuums sei. Eigentlich ist das 'Tragische' nur noch eine Funktion des 'Dionysischen'. Letztlich betreibt er die Entfernung des 'Tragischen' aus der Tragödie. Das 'Tragische', der unausweichliche Antagonismus von Einzelnem und Allgemeinem, unterliegt historischen Wandlun-

Nietzsches dramentheoretische Reflexionen laufen auf eine grundsätzliche Revision der traditionellen Dramenauffassung hinaus. Das *punctum saliens* ist die Handlung. Schon in der *Geburt der Tragödie* akzeptiert er die Handlung nur, weil er sie, im Banne des Wagnerschen Musikdramas, als dramaturgisches Ingrediens der Selbstoffenbarung des Lebens ansieht. Später, im *Fall Wagner*, stellt er die "Handlung" überhaupt kritisch in Frage:

> Es ist ein wahres Unglück für die Aesthetik gewesen, dass man das Wort Drama immer mit "Handlung" übersetzt hat. Nicht Wagner allein irrt hierin; alle Welt ist noch im Irrthum [...] Das Wort Drama ist dorischer Herkunft: und nach dorischem Sprachgebrauch bedeutet es "Ereigniss," "Geschichte," beide Worte in hieratischem Sinne. [...] (– also kein Thun, sondern ein Geschehen: δρᾶν heisst im Dorischen gar nicht "thun"). (6, 32 – WA; vgl. 8, 427)

Indem Nietzsche das griechische "dran" nicht mit 'tun', 'handeln', sondern mit 'geschehen' übersetzt, gibt er die Handlung, den aristotelischen Mythos, den Handlungszusammenhang, preis zugunsten des Geschehnisses, des Ereignisses, des sich offenbarenden Gottes, des Dionysos. Nicht Ödipus, der unwissend handelnde Mensch, sondern Dionysos, das sich selber wollende Leben, ist das Thema der Tragödie. Und im *Tristan* macht nicht die spannungsvolle Beziehung zwischen Individuen, sondern die mystische Selbstoffenbarung des Lebens bzw. des Todes das Wesen des dramatischen Vorgangs aus. In dieser Tragödienauffassung kommt der Mensch als Täter eines Tuns im Grunde gar nicht mehr in Betracht. Die Tat der Tragödie besteht in der Selbstoffenbarung des Lebens. Die ganze Tragödie ist nichts anderes als diese Selbstoffenbarung des Lebens. Daher versteht Nietzsche unter dem "dran" nicht mehr ein Tun, sondern ein Geschehen.

Das Drama als bloßes Tun des Menschen verliert Nietzsches Interesse. Außer der griechischen Tragödie und dem Musikdrama Wagners als Formen der dramatischen Selbstoffenbarung des Lebens hat er sich kaum konstruktiv mit dem Drama auseinandergesetzt, ja, man kann sogar feststellen, daß sich der spätere Nietzsche kaum noch mit dem Drama beschäftigt hat. Nur als "apollinische Versinnlichung dionysischer Erkenntnisse und Wirkungen" (1, 62 – GT) ist das Drama für Nietzsche von Bedeutung. Entfällt das dionysische Motiv, wird das Drama für ihn uninteressant. Dann zeigt er allenfalls noch Interesse an den schöpferischen Persönlichkeiten großer Dramatiker, an genialischen *dramatis personae* oder an der formalen Meisterschaft der dramatischen Komposition. So sieht er, mit gewissen Vorbehalten, in Sophokles, Shakespeare und

---

gen. In der antiken Tragödie besteht es im Widerstreit von Mensch und Fatum, von Held und Schicksal, in der Determination des menschlichen Handelns durch die Moira, das Verhängnis. Es gibt den Handelnden, aber er handelt in einem ihn festlegenden Handlungszusammenhang. Im neuzeitlichen Drama rückt der Charakter in den Vordergrund, und das 'Tragische' besteht in der Dialektik von Freiheit und Notwendigkeit. So verhält es sich, im Grundzug, bei Schiller. Bei Hebbel wandelt sich das 'Tragische' zum Dualismus von Individualwillen und Universalwillen, eine Fundamentalspannung, die nur durch den Tod des Individuums aufgelöst werden kann. Im Prinzip entspricht dies der Dramenkonzeption Nietzsches. Aber Nietzsche interpretiert diesen Vorgang, im Sinne seiner 'dionysischen' Philosophie, als sieghaften Aufgang des Lebens. Nietzsche stimmt mit Hebbel im Gedanken der Reintegration des Individualwillens in den Weltwillen überein, aber bei Nietzsche wird dieser Vorgang als 'Sieg' des Individuums gedeutet.

Goethe große Dramatiker der Weltliteratur, aber an ihren Dramen interessieren ihn vornehmlich bestimmte Figuren, Motive und Sentenzen, kaum hingegen der dramatische Vorgang als solcher. So äußert er sich z.B. über die "Melancholie des Brutus" in Shakespeares *Julius Caesar* (3, 452 – FW), den "Cynismus Hamlets" (vgl. 14, 373 [JGB]) oder den Gegensatz Tasso – Antonio, den Gegensatz von meditativer und handelnder Natur, in Goethes *Torquato Tasso* (vgl. 2, 357 f. – MA I). Nietzsches Beschäftigung mit dem Drama richtet sich hauptsächlich auf Psychologie und Existenzprobleme einzelner *dramatis personae*, kaum jedoch auf die Funktion der Einzelfiguren im dramatischen Vorgang. Im übrigen deutet er die Zusammenhänge herstellende "Arbeit des Dramatikers" als "Kunsttrieb",

> nämlich Alles aneinander denken, das Vereinzelte zum Ganzen weben: überall mit der Voraussetzung, dass eine Einheit des Planes in die Dinge gelegt werden müsse, wann sie nicht darinnen sei. So überspinnt der Mensch die Vergangenheit und bändigt sie, so äussert sich sein Kunsttrieb – nicht aber sein Wahrheits-, sein Gerechtigkeitstrieb. (1, 290 – HL; vgl. 14, 69 [Grillparzer])

Grillparzer und Schiller werden als Beispiele der dramatischen Teleologie angeführt (vgl. 1, 290 f. – HL). Auf Grund seiner antiteleologischen Weltsicht, die jede Sinn-, Zweck- und Zielgerichtetheit des Geschehens als Fiktion versteht, muß Nietzsche den dramatischen Kausalnexus ablehnen.[358] Den Sentenzen im Drama hingegen mißt er Bedeutung bei, sofern es sich um tief- und hintergründige Sentenzen, um "ganz ernsthafte Gedanken in geschliffener Form", wie bei Shakespeare, und nicht um bloß rhetorische Sentenzen, um "Theatersentenzen", wie bei Schiller, handelt, "welchen fast immer falsche oder unbedeutende Einfälle zu Grunde liegen" (2, 161 – MA I). Nietzsche ist weniger an den dramatischen Situationen als vielmehr an den von den *dramatis personae* formulierten Sentenzen, d.h. an den im Drama auftauchenden Aphorismen, interessiert. Auch im Hinblick auf das Drama zeigt Nietzsche ein wachsendes Formbewußtsein, wenn er sich gegen die Rührung wendet und für die 'ästhetische' Rezeption des Dramas plädiert:

> Von der Tragödie begehrt das Volk eigentlich nicht mehr, als recht gerührt zu werden, um sich einmal ausweinen zu können; der Artist dagegen, der die neue Tragödie sieht, hat seine Freude an den geistreichen technischen Erfindungen und Kunstgriffen, an der Handhabung und Vertheilung des Stoffes, an der neuen Wendung alter Motive, alter Gedanken. Seine Stellung ist die ästhetische Stellung zum Kunstwerk, die des Schaffenden [...] (2, 156 – MA I)

Bemerkenswert ist in diesem Zusammenhang, daß Nietzsche den "strengen Zwang" der "französischen Dramatiker", sowohl die formale Disziplin der drei Einheiten als auch Idee, Stil und Sprache der "französischen Tragödie" positiv

---

358 Nicht der kausallogische Nexus, sondern die symbolische Transparenz macht das Wesen des wahren Dramas aus. Im Drama kommt es darauf an, das Leben "zum umfassenden Symbol zu steigern und so in dem Original-Thema eine ganze Welt von Tiefsinn, Macht und Schönheit ahnen zu lassen" (1, 292 – HL).

bewertet (2, 180 f. – MA I).[359] Formal und inhaltlich gibt er der heroischen Tragödie den Vorzug vor dem bürgerlichen Trauerspiel. Wie in Lyrik und Roman, so gewinnt auch im Drama der Kunstfaktor, die artifizielle Qualität, für Nietzsche an Bedeutung. Als Produkt des kunstbewußten schaffenden Subjekts vermag das Drama Nietzsches Aufmerksamkeit zu erregen. Ansonsten ist aber bei ihm kaum ein Engagement für die Gattung Drama festzustellen. Wirkliche Bedeutung hat das Drama für ihn nur in der Verbindung mit der Musik. Das Drama ist, für sich genommen, eine "apollinische Kunst". Erst in der Symbiose mit der "dionysischen Musik" eröffnet es die Möglichkeit, "hinter ihm das Urbild zu erblicken" (1, 150 – GT). Mit anderen Worten: Im Bereich der dramatischen Gattung ist für Nietzsche nur die "musikalische Tragödie" von Bedeutung (1, 149 – GT). Zum reinen Drama, zur dramatischen Form als solcher, gewinnt er kein Verhältnis. Nietzsche, "wesentlich antitheatralisch geartet", erteilt dem Drama eine Absage: "Was geht mich das Drama an!" (3, 617 – FW, 5. Buch). Im Grunde ist Nietzsche theaterfeindlich. Wiederholt spricht er dem Theater sein *Nolimetangere* aus: "Schiller war ein Theater-Maestro: aber was geht uns das Theater an!" (12, 475). Er verabscheut die "Theatromanie" (13, 150). Und er verachtet das Publikum. Der Theaterkünstler ist vom Opportunismus gegenüber seinem Publikum geleitet, und der Theaterbesucher wird im Publikum zum Suggestionsobjekt: "In das Theater bringt Niemand die feinsten Sinne seiner Kunst mit, am wenigsten der Künstler [...] Im Theater wird man Volk, Heerde, Weib, Pharisäer, Stimmvieh, Patronatsherr, Idiot – *Wagnerianer* [...]" (6, 420 – NW).

VIII. Schein, Dichterexistenz und Sprache

1. Das Problem des Scheins

Nietzsches Kunstdenken sprengt den Rahmen der traditionellen Kunstphilosophie und Ästhetik. Die entscheidende Wende, die Nietzsche mit der im Leben gründenden Kunst vollzieht, ist die Umkehrung des traditionellen Verhältnisses von Erkenntnis und Kunst, Wahrheit und Schein, Geist und Leben. Nietzsches Revolutionierung des Kunstdenkens geht von zwei grundlegenden Voraussetzungen aus: erstens von der Deutung der Kunst als Funktion des Lebens und zweitens von der Interpretation der Kunst als Schein. Dies läuft auf eine Fundamentalkritik des ästhetischen Denkens und der Philosophie der Kunst von Platon bis Hegel hinaus. In der philosophischen Tradition wird die Kunst an der Wahrheit gemessen. Bei Nietzsche wird sie als Schein bestimmt. Freilich, es ist

---

359 Nietzsche kritisiert die in der Goethezeit erfolgende Absage an die Formstrenge der französischen Klassizisten. Man hätte nicht nur von Shakespeare, sondern auch von den Franzosen lernen können: "– und dasselbe Geschlecht hatte sich von der klassischen Schule der Franzosen auf schnöde Art losgesagt! / – als ob nicht das Wesentliche so gut hier wie dorther hätte gelernt werden können! ..." (13, 132).

dies zunächst nicht eine positive Wesensbestimmung, sondern eine Bestimmung *ex negativo*, denn der Begriff Schein fungiert als Gegenbegriff zum Begriff Wahrheit und erfüllt damit in erster Linie eine formaldialektische Funktion. Durch den Scheinbegriff soll der Wahrheitsbegriff *ad absurdum* geführt werden. Da Nietzsche nicht die Wahrheit, sondern das Leben, die Lebensintensität, als Maßstab der Kunst bzw. des Kunsterlebnisses ansetzt, ist die Frage nach Wahrheit und Schein im Grunde irrelevant geworden. Da es kein Sein *an sich*, sondern immer nur ein Sein *für mich*, das heißt, da es keine Wahrheit, sondern nur Perspektiven gibt, kann auch die Kunst nicht mehr am Maßstab einer (fiktiven) intersubjektiven 'Wahrheit' gemessen werden. Die Kunst entspringt vielmehr dem scheinbildenden Wesen des Lebens und muß daher auch vom Perspektivismus des sich ständig in den Schein transzendierenden Lebens her bewertet werden.

Nietzsche setzt dann allerdings den Schein auch als positives Phänomen an, indem er den Schein mit der Täuschung und der Lüge verquickt, die er als produktive Verhaltensweisen des Lebens im Dienste seiner Selbsterhaltung interpretiert. Der Schein erwächst nicht einfach nur automatisch aus der Struktur des Lebens, sondern ist ein bewußt, gezielt eingesetztes Mittel des Willens zur Macht. In der dialektischen Ausgrenzung der "Wahrheit" vermag Nietzsche die "Lüge" nicht nur als Mittel der Lebenserhaltung und -steigerung zu rechtfertigen, sondern sogar in den höchsten metaphysischen Rang zu erheben. Dies ist nur möglich durch die radikale Kritik an der philosophischen Tradition, die die Kunst am Maßstab der "Wahrheit" mißt. Nietzsches Kritik entzündet sich vor allem an der Idee einer absoluten "Wahrheit", wie sie von der christlich-platonischen Weltauslegung behauptet wird. In der kritischen Auflösung des Wahrheitsbegriffs der Wissenschaft, der Moral und der Metaphysik ist der fragwürdige Punkt

> jener Christen-Glaube, der auch der Glaube Plato's war, dass Gott die Wahrheit ist, dass die Wahrheit göttlich ist... Aber wie, wenn dies gerade immer mehr unglaubwürdig wird, wenn Nichts sich mehr als göttlich erweist, es sei denn der Irrthum, die Blindheit, die Lüge, – wenn Gott selbst sich als unsre längste Lüge erweist? (3, 577 – FW, 5. Buch [= 5, 401 – GM; hier: *göttlich – längste Lüge*])

Nietzsche spielt nicht einfach nur die "Lüge" gegen die "Wahrheit" aus, sondern er wendet darüber hinaus die ursprüngliche Bewertung von "Wahrheit" und "Lüge" in ihr Gegenteil um, indem er die "Lüge" in den höchsten metaphysischen Rang erhebt. Nun ist nicht mehr die "Wahrheit", sondern die "Lüge" "göttlich". Diese Umkehrung des ursprünglichen Verhältnisses von Wahrheit und Lüge findet ihren bedeutsamsten Niederschlag in der Kunstauffassung Nietzsches, indem nun die Kunst nicht mehr mit der Wahrheit, sondern mit dem Schein, der Täuschung, der Lüge in Verbindung gebracht wird. Dies ist für Nietzsche die radikale Umkehrung der seit Platon das abendländische Kunstdenken prägenden Grundsätze. Er sieht sich als den historischen Antipoden Platons und versteht seine eigene Kunsttheorie als Anti-Platonismus. Während der "Instinkt Plato's, dieses grössten Kunstfeindes, den Europa bisher hervorgebracht hat", sich gegen die "*Kunst*" wendet, "die Kunst, in der gerade die *Lüge* sich heiligt, der *Wille zur Täuschung* das gute Gewissen zur Seite hat" (5, 402 – GM), sanktioniert Nietzsche gerade diesen Willen zum Schein. Die Fundamentalantithese lautet: die Kunst als Wahrheit (Platon) und die Kunst als Schein (Nietzsche). Der Wertungsmaßstab ist das Leben. Der wahrheitsbezogene Kunstbegriff ist lebensfeindlich, die scheinbildende Kunst ist lebensfördernd. Diesen polaren Gegensatz sieht Nietzsche prototypisch in der abstrakten Philosophie (Platon) und dem lebensbezogenen Dichtertum (Homer) ausgeprägt:

> Plato *gegen* Homer: das ist der ganze, der ächte Antagonismus – dort der "Jenseitige" besten Willens, der grosse Verleumder des Lebens, hier dessen unfreiwilliger Vergöttlicher, die *goldene* Natur. (5, 402 f. – GM)[360]

Die auf die zeitlosen Ideen sich richtende philosophische Abstraktion entfremdet den Menschen dem Leben, während die die sinnliche Wirklichkeit gestaltende dichterische Bildersprache das Leben in seiner ganzen Lebendigkeit darstellt. Unversöhnlich stehen sich die 'Verleumdung' des Lebens (Platon) und die Apotheose des Lebens (Homer) gegenüber.

Nietzsches Platon-Kritik ist nicht zuletzt eine Kritik der Platonischen Kunst-Kritik. Platons Kunst-Kritik basiert auf dem Urbild-Abbild-Schema. In der Rangordnung der Seinsstufen nehmen die Urbilder, das Ursein, die Ideen die höchste Stufe ein, denn im unsinnlichen, zeitlosen Sein der Ideen ist das wahre Wesen der Dinge enthalten. Die sinnliche, zeitverhaftete Wirklichkeit ist nur ein Abbild, ein unvollkommenes Abbild, ein Schatten der Ideen. Die Kunst aber ist nur ein Abbild des Abbildes, denn der Künstler, dem Mimesis-Prinzip verpflichtet, ahmt die sinnliche Wirklichkeit nach, die ihrerseits bereits eine Nachahmung ist. In Platons *Politeia* wird diese Dreistufentheorie am Beispiel einer Bettstelle verdeutlicht. Die Idee der Bettstelle, das Wesen der Bettstelle, das allen Bettstellen wesensmäßig Zugrundeliegende, ist von Gott gesetzt, existiert allein als unsinnliches Ursein und kann von keinem Tischler dargestellt werden. Der Tischler vermag immer nur eine einzelne, sinnlich faßbare Bettstelle, nur ein Abbild des Urbildes, anzufertigen, nicht aber das zeitlose Wesen, die Wahrheit. Der Künstler, der Maler, bildet die reale Bettstelle, die vom Tischler verfertigte Bettstelle, ab und erstellt damit ein Abbild des Abbildes. Er verfertigt nur eine scheinbare Bettstelle. Es gibt drei Weisen und Hervorbringungsarten der Bettstelle: "Also der Maler, der Tischler, Gott: diese drei sind die Schöpfer der drei Arten von Bettstellen." (*Platon*, Staat, 235). Von der Kunst, der Malerei heißt es:

> Ist sie Nachahmung eines Scheinbildes oder der Wirklichkeit? – Eines Scheinbildes, sagte er. – Gar weit also von der Wirklichkeit ist die nachahmende Kunst entfernt, und das ist, wie es scheint, der Grund, daß sie alles machen kann: sie

360 Schon in der Tragödienschrift erscheint Homer als das "'Naive' in der Kunst", als der "vollkommene Sieg der apollinischen Illusion" (1, 37 – GT). Es ist die un-tragische Naivität Homers, die Nietzsche fesselt, denn "Tragik als Grundaspekt des Daseins, wie er die attische Tragödie beherrscht, wird bei Homer abgelehnt" (*Curtius*, Europäische Literatur, 193).

erfaßt von jedem Ding nur einen kleinen Teil und selbst davon nur ein Schattenbild... (ebd., 236 f.)

Die Kunst vermag nur einen Schein, einen Schatten der Wirklichkeit, der Wahrheit, wiederzugeben.Auch die Werke der Dichter sind nicht die Wahrheit, sondern nur Schein, "denn was sie schaffen, sind Scheinbilder, nicht Wirklichkeiten" (ebd., 237). Auch Homer ist nur ein "Schöpfer von Schattenbildern" (ebd., 238). Der "nachahmende Dichter" ist ein "Seitenstück zu dem Maler", denn "darin, daß er im Vergleich mit der Wahrheit Minderwertiges hervorbringt, wenn man auf die Wahrheit sieht, gleicht er ihm" (ebd., 239 f.). Platon mißt die Kunst an der Wahrheit, d.h. an den zeitlosen Urbildern der Dinge, und er verurteilt die Kunst, weil sie nicht die Urbilder, sondern nur Abbilder darstellt:

> Wollen wir also feststellen, daß von Homer an alle Dichter nur Nachahmer von Schattenbildern der Tugend und der andern Dinge, worüber sie dichten, seien, die Wahrheit aber gar nicht berühren? – Gewiß... (ebd., 238)[361]

Platon begrenzt die Kunst im Prinzip auf die Nachahmungsfunktion, gesteht ihr keine Wirklichkeit *sui generis* zu und reduziert sie auf den defizienten Modus des Abbildes gegenüber dem idealen Urbild. Im metaphysischen Licht der Idee wird die reale Kunst von Platon verworfen, denn sie ist schädlich, gefährlich, verwerflich. Platon verdeutlicht dies am tragischen Mitleid. Er übt Kritik an den Tragödiendichtern, weil sie uns in das Mitleid, das Miterleiden, versetzen, die Affekte erregen, statt an die Vernunft zu appellieren. Da im Miterleiden der Schicksale des tragischen Helden für den Zuschauer eine eigene Lust liegt, ist es das Begierdehafte, also der schlechte Seelenteil, der den Menschen zur Dichtkunst und ins Theater treibt. Die "Klagerede" und die Schmerzgebärden des "trauernden Helden" machen dem Zuschauer "Freude"; das miterleidende Beschauen ist lustvoll in sich selbst. Platon stellt fest, daß der Dichter "sich an die entsprechenden Regungen in der Seele wendet und nicht an das Beste in ihr" (*Platon*, Staat, 240). Der Tragödiendichter provoziert die Lust an tragischen Gegenständen. Platon geht von dem Gedanken aus, daß der Mensch nur dann sein wahres Menschsein erlangt, wenn er mit sich selber in Einstimmigkeit lebt. Die Einstimmigkeit ist aber nur möglich, wenn sich der Mensch der Vernunft, dem Logos, fügt und sich nicht durch die Leidenschaft, das Pathos, bestimmen läßt. Da der Dichter sich nicht an die Vernunft, sondern an die Leidenschaft wendet und damit einen verderblichen Einfluß auf den Menschen ausübt, ist es gerechtfertigt, "wenn wir ihn nicht aufnehmen in einen Staat, der eine untadelige Verfassung haben soll, weil er jene Regungen in der Seele weckt und nährt und, indem er sie stärkt, das vernünftige Denken zugrunde richtet" (ebd., 240). Der Dichter als Feind der Wahrheit, des Logos und des Staates – Platons Kunstkritik verbindet metaphysische, pädagogische und politische Aspekte. Zugelassen

361 Sofern es Platon um die absolute Wahrheit geht, verliert der empirische Mensch für ihn an Gewicht: "Überhaupt verdienen ja die Geschicke der Menschen nicht, daß man ihnen eine ernsthafte Bedeutung beilegt." (ebd., 239).

wird die Kunst nur, sofern sie ein vorbildhaftes Ethos zur Darstellung bringt. Nur in der Bindung an ein solches Ethos kann sich die Kunst auf den Menschen gedeihlich auswirken. Daher fordert Platon, "daß in den Staat nur der Teil von der Dichtkunst aufzunehmen ist, der Gesänge an die Götter und Loblieder auf treffliche Männer hervorbringt" (ebd., 241). Ansonsten hat die Kunst sich vor dem Logos zu verantworten. Die Kunst wird nicht nur am metaphysischen Prinzip der Idee, des Urbildes, sondern auch am moralischen Grundsatz der Tugend und ihrer pädagogischen Konsequenzen im Staat gemessen. Platon fordert, "daß man sich weder durch Ehre noch Geld noch durch Herrschermacht noch auch durch die Dichtkunst dazu hinreißen lassen darf, die Gerechtigkeit und die übrige Tugend zu vernachlässigen" (ebd., 242). Daß die Dichtkunst hier mit den Begierden auf eine Stufe gestellt wird, zeigt ihren niederen Stellenwert im Denken Platons an. Kunst und Logos stehen im Widerstreit zueinander. Die Preisgabe des in der Wahrheit fundierten Logos an die auf den Schein gegründete Kunst ist eine Gefahr für den Menschen. Da der Schein aus der Nachahmung erwächst, muß der Staat an der Dichtkunst "alles ausschließen, was an ihr nachahmender Art ist" (ebd., 233). Sofern bei Platon zu unterscheiden ist zwischen *hervorbringender* Kunst (vor allem die Baukunst) und *rein nachahmender* Kunst (vor allem Malerei, Bildhauerei, Dichtkunst)[362], verfallen zwar nur die nachahmenden Künste bzw. die mimetischen Elemente der Kunst dem Bann, aber da alle Künste in ihren wesentlichen Elementen auf dem Mimesisprinzip beruhen, steht in Platons Kunstkritik im Grunde die Kunst schlechthin zur Disposition. Es ist sein Anliegen, Gegenkräfte gegen die Kunst zu mobilisieren. Um der Verführung durch die den Schein produzierende Kunst zu entgehen, bedarf es der in der Wahrheit gründenden Vernunft. Die "Tragödiendichter" und die "übrigen Vertreter der nachahmenden Künste" bilden "eine Gefahr für die Gesinnung der Zuhörer", "soweit diese nicht in der wirklichen Kenntnis der Dinge ein Gegenmittel besitzen" (*Platon*, Staat, 233)[363]. Dieses Gegenmittel ist die Vernunft. So schält sich in der Kunstkritik Platons die Fundamentalantithese von Kunst und Erkenntnis, Schein und Wahrheit, Leidenschaft und Ver-

362 "Allerdings unterscheidet Platon *hervorbringende* von der *rein nachahmenden* Kunst. Zur hervorbringenden gehört z.B. die Baukunst, die für ihn deswegen gegenüber der Malerei und Bildhauerei eine höhere Stufe einnimmt; sie ist nicht Nachbildung der Schattenwelt, sondern ein Produzieren von etwas, das durch die Kunst seine Existenz in der Schattenwelt erhält." (*Grassi*, Theorie des Schönen, 106). Aber auch gegenüber der "Unsicherheit", die der "Musik" und den "meisten Wissensfächern" eigentümlich ist, ist die "Baukunst" durch "Genauigkeit" gekennzeichnet; sie stellt eine "höhere Stufe der Kunst" dar (*Platon*, Philebos, SD IV, 113). Platon unterscheidet allerdings grundsätzlich zwischen "göttlicher Kunst" und "menschlicher Kunst"; die "göttliche Kunst" schafft die "sogenannten Naturdinge" (*Platon*, Sophistes, SD VI, 123). Im Prinzip ist der menschliche Künstler – der Handwerker, der Maler, der Dichter – der Verfertiger von "Scheingebilden"; er ist "Gaukelkünstler und Nachahmer" (*Platon*, Der Staat, SD V, 393 f.).

363 Platon verwirft die "dithyrambische Dichtkunst" und die "tragische Dichtkunst", die "Tragödie", weil sie darauf ausgehen, bei den Zuschauern "Lust" und "Wohlgefallen" zu erregen, und im Kern nichts sind als schmeichelnde "Redekunst" (*Platon*, Gorgias, 40 f.). Platon verwirft aber nicht nur die Dichtkunst, einschließlich der Tragödie, sondern auch die Musik und die Malerei, denn die "durch die Ohren wie durch einen Trichter" in die "Seele" fließende "Musik" lähmt den Geist (*Platon*, Staat, 167). Das sinnliche Aufgehen in Musik und Bildern zerstört die Fähigkeit zur geistigen Erkenntnis der Idee. "Die Hörbegierigen und Schaulustigen ... lieben doch die schönen Töne und Farben und Gestalten und alles, was man daraus macht, die Natur des Schönen selbst aber ist ihr Geist unfähig zu sehen und zu lieben." (ebd., 192).

nunft heraus. Dieser Gegensatz ist zugleich der Gegensatz zwischen dem Künstler und dem Philosophen, denn während der Künstler ein Gaukler ist[364], der nur Abbilder der sinnlichen Wirklichkeit nachahmt, bloßen Schein, den Schein des Scheins, produzierend, sind die Philosophen, die "wirklichen Philosophen", diejenigen, "die die Wahrheit zu schauen begehren" (ebd., 192). Während sich das Tun der Künstler auf die vergängliche Welt des sinnlichen Scheins richtet, sind die Philosophen "die Leute", "die das, was sich immer gleich und unverändert verhält, erfassen können" (ebd., 194). Die "philosophischen Naturen" sind dadurch gekennzeichnet, "daß sie stets nach *dem* Wissen streben, das ihnen etwas von jenem Sein offenbart, das immer ist und nicht durch Werden und Vergehen erschüttert wird" (ebd., 195). Nicht das künstlerische Tun, sondern allein das philosophische Denken eröffnet den Wesensanblick der Wahrheit, der Idee, des Urseins. Platon fragt: Was leistet die Kunst zur Erkenntnis der Wahrheit? Das Ergebnis ist für die Kunst vernichtend. Es zeigt sich, daß die Kunst dem Menschen die Möglichkeit der Unterscheidung zwischen Wahrem und Scheinhaftem, Idee und Sinnlichem, Urbild und Abbild nimmt. Die Kunst verstrickt den Menschen in den Schein. Die Philosophie hingegen bringt ihn, durch das Denken, in den Bezug zur Wahrheit. Das Grundwort des Platonischen Denkens ist das Wort *idea*. Die *idea* ist das, was in Wahrheit ist, was dem bloßen sinnlichen Schein und dem Werden und Vergehen des Einzelseienden wesensmäßig entzogen ist und die Qualität der Zeitlosigkeit aufweist. Während die Kunst immer nur Einzelseiendes darstellt, Abbilder reproduziert, d.h. Einzelanblicke gewährt, vollzieht die Philosophie, das Denken, den Wesensanblick, richtet sich auf das zeitlose Wesen der Dinge. Der Bereich der Kunst ist der Bereich des sinnlich und zeitlich Seienden, der Bereich der Erkenntnis ist der Bereich des abstrakten und zeitlosen Seins, wobei die *idea* das *genos*, die Wesensabkunft des sinnlich Seienden ist, denn alles Seiende ist nur auf Grund der Teilhabe an einer Idee. Der Platon-Schüler Aristoteles hat die Verwerfung der Kunst aufgefangen und der Kunst einen neuen Ort zwischen Historie und Philosophie zugewiesen. Nach Aristoteles ist die Kunst wissender und erkennender als die bloße Erkundung des Tatsächlichen, wie sie die Historie leistet (vgl. *Aristoteles*, Poetik, Kap. 9). Aber das höchste Wissen bleibt der Kunst vorenthalten, denn dieses erreicht nur die philosophische Wesenserkenntnis.[365] Dieser reaktive Rettungsversuch der Kunst konzediert zwar der Kunst, insbe-

---

364 So zielt der Dichter in der Tragödie darauf ab, "den Zuschauern zu gefallen", durch "Schmeichelei" ihr "Wohlgefallen" zu erregen (*Platon*, Gorgias, 40). Und die Komödie ist ein "Possenreißen", das Werk eines "Spaßmachers" (*Platon*, Staat, 241). Nietzsche übersieht, daß auch bei Platon das Dionysische eine Rolle spielt. So ist für Platon der "Wahnsinn", die "manía", der "gottgesandte Wahnsinn", "herrlicher als die besonnene Verständigkeit" (*Platon*, Phaidros, SD II, 56). Der "göttliche Wahnsinn" wird unter anderem nicht nur dem "Apollon" (im Hinblick auf die "Begeisterung des Sehers"), sondern auch dem "Dionysos", d.h. dem Dionysos-Zagreus (im Hinblick auf den "Weihepriester"), zugeschrieben (ebd., 88). Nur der "Wahnsinn der Musen" macht den Dichter zum Dichter; nur der "in Wahnsinn Verzückte" ist wahrer Dichter (ebd., 56). Dieser manische Platon, ein in Vergessenheit geratener Platon, ist Nietzsche fremd.

365 Es geht um die Frage, wer der Wesenserfassung am nächsten kommt. Die Historie erfaßt den Faktenbereich, die Dichtung den Möglichkeitsbereich, die Philosophie den Wesensbereich. Die reine Tätigkeit des Geistes, die der "Weisheit" zugewandte Tätigkeit, ist die höchste Tätigkeit, denn es "bietet die Philosophie Genüsse von wunderbarer Reinheit und Beständigkeit" (*Aristoteles*, Nikomachische Ethik, 291 [10. Buch]).

sondere der Tragödie, eine neue Existenzberechtigung, indem er eine neue Wesens- und Funktionsbestimmung der Kunst leistet, aber im Rangstreit zwischen Kunst und Erkenntnis, künstlerischem Schaffen und philosophischem Denken, wahrt auch Aristoteles den Vorrang der Philosophie. Es besteht eine hierarchische Trias von Philosophie, Kunst und Historie.

Nietzsche erhebt Einspruch gegen die Verurteilung der Kunst durch Platon. Er protestiert gegen Platons "abscheuliche und pedantische Begriffsklauberei" und die "platonische Sinnen-Verleumdung" (13, 169). Platons Ideen sind nichts als verbale Fiktionen, Produkte des Willens zur Macht, mit denen der Denker die Wirklichkeit unterwirft:

> Bei Plato als bei einem Menschen der überreizbaren Sinnlichkeit und Schwärmerei ist der Zauber des Begriffs so groß gewesen, daß er unwillkürlich den Begriff als eine Idealform verehrte und vergötterte. *Dialektik-Trunkenheit,* als das Bewußtsein, mit ihr eine Herrschaft über sich auszuüben – – als Werkzeug des Machtwillens. (12, 112)[366]

Was für Platon die Wahrheit ist, die Welt der Ideen, ist für Nietzsche bloße Fiktion. Und während bei Platon das Denken, die Erkenntnis, das entscheidende Vermögen des Menschen ist (das der Wahrheitsfindung dient), verweist Nietzsche auf den Willen zur Macht als den Zentralimpuls des Menschen (der die Scheinproduktion vollzieht). Wo bei Platon die Wahrheit, der Logos, die Erkenntnis walten, sieht Nietzsche die Dialektik, den Schein, den Machtwillen am Werk. Nach Nietzsche hat Platon die sinnliche Welt, das 'Werden', an einen abstrakten Wahrheitsbegriff, an ein fiktives 'Sein', verraten. Deshalb nennt er ihn das "größte Malheur Europas" (B 8, 9 – 9.1.87 – an Overbeck). Und daher sieht er sich veranlaßt, immer wieder den Platonismus anzugreifen, mit dem Ziel, eine historische Wende im Denken herbeizuführen und Platons Unterscheidung von wahrer und scheinhafter Wirklichkeit aufzuheben. Was für Platon das wahre Sein ist, die Welt der Ideen, ist für Nietzsche bloßer Schein, und umgekehrt wird das, was für Platon bloßer Schein ist, die sinnlich-zeitliche Realität, für Nietzsche zum Sein. Aber Nietzsches Platon-Kritik beschränkt sich nicht auf die bloße Umkehrung des Urbild-Abbild-Schemas, der Sein-Schein-Relation, sondern deutet darüber hinaus Platons Ideen als Hypostasen des Willens zur Macht und versteht die Ideenlehre als schöpferischen Entwurf des 'Künstlers' Platon:

> Ein Künstler hält keine Wirklichkeit aus, er blickt weg, zurück, seine ernsthafte Meinung ist, daß was ein Ding werth ist, jener schattengleiche Rest ist, den man aus Farben, Gestalt, Klang, Gedanken gewinnt [...] Plato hat im Grunde *den Schein,* als Artist, der er war, dem Sein *vorgezogen*: also die Lüge und Erdichtung der Wahrheit, das Unwirkliche dem Vorhandenen, – er war aber so sehr vom Werthe des Scheins überzeugt, daß er ihm die Attribute "Sein", "Ursäch-

366 Dieser Machtwille ist die Kompensation eines Versagens in der Wirklichkeit, denn in Nietzsches Psychologie der Enthüllung erscheint Platons Idealismus als Realitätsflucht: "Plato ist ein Feigling vor der Realität, – *folglich* flüchtet er in's Ideal" (6, 156 – GD).

lichkeit" und "Gutheit", Wahrheit, kurz Alles Übrige beilegte, dem man Werth beilegt. (12, 253)[367]

Gemäß seiner perspektivistischen Interpretationsmethode projiziert Nietzsche auch in Platon seine eigene Problemstellung. Platon ist für ihn ein Künstler, ein Künstler-Philosoph, dem es nicht um den objektiven Bezug zur Wahrheit, sondern um die Entfaltung von Fiktionen im Dienste des Lebens geht. Nietzsche setzt nicht nur der Platonischen Philosophie des 'Seins' die eigene Philosophie des 'Werdens' entgegen, sondern er macht Platon zugleich zum Gegenstand seiner Enthüllungspsychologie, indem er ihm unterstellt, sein Denken sei im Grunde geleitet vom Bestreben, die empirische Wirklichkeit durch eine Welt des Scheins zu überwinden. Nicht der Wille zur Wahrheit, sondern der Wille zum Schein sei das Agens des Platonischen Denkens. Platon erscheint als "Artist", der mit formaldialektischer Virtuosität eine Scheinwelt der Ideen aufbaut, der er durch die Attribute der Wahrheit besondere Dignität verleiht. So ist der "grösste Kunstfeind" in Wahrheit ein Künstler, ein Virtuose des Scheins, wie Wagner ein "Cagliostro": "Plato: ein *großer Cagliostro*" (13, 293). Auch Platons Philosophie muß im Lichte des Willens zur Macht, des Perspektivismus, der Scheinproduktion gesehen werden. Insofern besteht sogar eine Geistesverwandtschaft zwischen Nietzsche und seinem großen Antipoden. Es überrascht daher kaum, daß Nietzsche das Gefühl hat, auch das "Blut" Platons in sich zu haben (9, 585). Sofern die Philosophie Platons, die Konstruktion der Ideenwelt, als eine Art Kunstwerk anzusehen ist, gehört Platon zu den großen Schaffenden, zum Typus des schaffenden Künstlers. Freilich, die Feststellung dieser Affinität ist nicht gedacht als Apologie des Platonismus. Den Platonismus bekämpft Nietzsche. Aber indem er ihn als Perspektivismus deutet, interpretiert er ihn als Kunstwerk. Aber eben dadurch relativiert er zugleich den Platonismus, entlarvt ihn als bloßen perspektivischen Schein.

In dieser Frage unterscheidet er sich fundamental von Schopenhauer, der die Platonische Ideenlehre positiv bewertet, und zwar als den Versuch, das hinter der vordergründigen Erscheinungswelt liegende wahre Wesen der Dinge zu erfassen. Platons Idee, Kants Ding an sich, Schopenhauers Wille – dies sind für Schopenhauer die drei philosophiehistorisch bedeutendsten Manifestationen der die Erscheinungswelt transzendierenden Wesensschau. "Was in der Kantischen Philosophie das *Ding an sich* genannt wird" und "was Platon die *ewigen Ideen* oder die unveränderlichen Formen (εἴδη) nannte", "ist nichts anderes als der *Wille*", der "das An-sich der Welt ausmachende Wille" (WV I, 246). Von den "verschiedenen Stufen der Objektivation des Willens", den jenseits von

367 Nietzsche übt auch Kritik an Sprache und Form der Platonischen Dialoge, am Stilsynkretismus und der "entsetzlich selbstgefälligen und kindlichen Dialektik" des "Artisten Plato" (13, 624 f.). Nietzsche muß das die Wahrheit suchende Wechselgespräch, den sokratischen Dialog, als Methode der Wahrheitserkenntnis ablehnen, da die dialektische Denkmethode allgemeine Normen voraussetzt. Die "Gegenstände der Dialektik", die "'Ideen'", sind bloße Fiktionen, und der "Dialektiker" ist die "Vogelscheuche des antiken Philosophen" (13, 288 f.). Die dialektische Methode dementiert sich von ihren Inhalten her. Nietzsche bemängelt, "daß der Gott Plato's ohne Lust und Schmerz ist", wie auch Aristoteles sich "seinen Gott als rein erkennend, ohne jegliches Gefühl von Liebe" dachte (11, 16). Nietzsche lehnt Inhalt und Methode der sokratischen Dialektik ab.

"Zeit und Raum" anzusetzenden "unerreichten Musterbildern", den "ewigen Formen der Dinge" sagt Schopenhauer, daß "diese *Stufen der Objektivation des Willens* nichts anderes als *Platons Ideen* sind" (WV I, 195). Schopenhauers Denken vollzieht sich noch im Horizont des Urbild-Abbild-Schemas. In der Unterscheidung einer an sich seienden Welt und einer bloß scheinhaften Realität ist er Platoniker. Freilich, er füllt das formale Schema von Wesen und Erscheinung inhaltlich neu auf, indem bei ihm nicht mehr der Geist, sondern der Wille das Wesen der Welt ausmacht. In der anti-idealistischen Metaphysik des Willens folgt ihm Nietzsche, nicht hingegen in der Unterscheidung von wahrer und scheinbarer Welt. Es ist gerade diese Unterscheidung, die Nietzsche – allerdings erst nach der *Geburt der Tragödie* – als Fiktion denunziert. Aus der unterschiedlichen Seinsinterpretation erwächst die verschiedenartige Funktionsbestimmung der Kunst bei Schopenhauer und Nietzsche. Für Schopenhauer ist die Kunst ein Mittel zur Wesenserkenntnis der Welt, für Nietzsche ist sie ein Mittel zur Lebenssteigerung. Schopenhauer konstatiert: "Infolge [...] meiner ganzen Ansicht von der Kunst ist ihr Zweck die Erleichterung der Erkenntnis der *Ideen* der Welt (im Platonischen Sinn, dem einzigen, den ich für das Wort *Idee* anerkenne)." (WV II, 524 f.). Schopenhauer wirft die Frage auf, "welche Erkenntnisart" das "allein eigentlich Wesentliche der Welt", den "wahren Gehalt ihrer Erscheinungen", "*die Ideen*, welche die unmittelbare und adäquate Objektivität des Dinges an sich, des Willens, sind", betrachtet, und definiert:

> Es ist die *Kunst*, das Werk des Genius. Sie wiederholt die durch reine Kontemplation aufgefaßten ewigen Ideen, das Wesentliche und Bleibende aller Erscheinungen der Welt, und je nachdem der Stoff ist, in welchem sie wiederholt, ist sie bildende Kunst, Poesie oder Musik. Ihr einziger Ursprung ist die Erkenntnis der Ideen; ihr einziges Ziel Mitteilung dieser Erkenntnis. (WV I, 265)[368]

Schopenhauer hebt also im Hinblick auf Wesen und Funktion der Kunst drei Aspekte hervor: 1. Die Kunst ist Darstellung der Idee. 2. Die Kunst ist Wiederholung eines Erkannten. 3. Die Kunst ist eine Funktion der Erkenntnis. Idee, Wiederholung, Erkenntnis – Nietzsche läßt dies hinter sich. Während für Schopenhauer die Kunst die ästhetische, d.h. reine, unverfälschte Darstellung resp. Wiederholung der Idee und überhaupt ein Vehikel der Erkenntnis ist, löst Nietzsche den kunstschöpferischen Akt von der Erkenntnisfunktion und setzt an die Stelle der Wahrheit, der Idee, das Leben, wie auch die Kunst für ihn nicht Wiederholung, sondern absolute Poiesis ist: Die Kunst setzt nicht eine antizipierte Wahrheit in Form um, sondern bringt die 'Wahrheit' allererst hervor. Nach Schopenhauer gelangt in der Kunst die von der Erkenntnis bereits erkannte Idee rein zur Anschauung, denn im Kunstwerk wird die "Idee" "rein wiederholt", "mit Auslassung aller störenden Zufälligkeiten" der "Wirklichkeit" (WV I, 278). Schopenhauer hält im Prinzip am traditionellen Rangverhältnis von

368 Schopenhauer kritisiert, wie Nietzsche, die Kunst-Kritik Platons. Platon begehe den Fehler, nicht in der Idee, sondern im Einzelding den Gegenstand der Kunst zu sehen (vgl. WV I, 300 f.). Einer "der größten und anerkannten Fehler jenes großen Mannes" ist "seine Geringschätzung und Verwerfung der Kunst" (WV I, 301).

Kunst und Erkenntnis fest, am Grundsatz, daß die Kunst eine Funktion der Erkenntnis sei, während Nietzsche dieses Rangverhältnis in sein Gegenteil umkehrt, indem er die Kunst zur höchsten, zur absoluten Ausdrucksform des Menschen erklärt.

Der Kantianer Schopenhauer bestimmt das ästhetische Verhalten als Relation zwischen dem rein erkennenden Subjekt und dem rein erkannten Objekt. Er schreibt:

> Wir haben in der ästhetischen Betrachtungsweise *zwei unzertrennliche Bestandteile* gefunden: die Erkenntnis des Objekts, nicht als einzelnen Dinges, sondern als Platonischer *Idee*, d.h. als beharrender Form dieser ganzen Gattung von Dingen; sodann das Selbstbewußtsein des Erkennenden nicht als Individuums, sondern als *reinen, willenlosen Subjekts der Erkenntnis*. (WV I, 279)

Der ästhetische Zustand ist nicht durch den Willen, sondern durch das Erkennen gekennzeichnet. Der Wille ist ein defizienter Modus des ästhetischen Verhaltens. Nur in jenen herausgehobenen Augenblicken, in denen sich der Mensch des "schnöden Willensdranges entledigt", sich der "Zuchthausarbeit des Wollens" entzieht (WV I, 280) und es ihm gelingt, sich dem "Sklavendienste des Willens zu entreißen", gelangt er in den "Zustand des reinen Erkennens" (WV I, 281). Das "Wesen des *Genius*" besteht in dieser willenlosen "Kontemplation" als der "objektiven Richtung des Geistes", im Unterschied zur "subjektiven, auf die eigene Person, d.i. den Willen gehende" Richtung. "Genialität" ist die "Fähigkeit, sich rein anschauend zu verhalten", sich dem "Dienste des Willens" zu "entziehn", "um als *rein erkennendes Subjekt*, klares Weltauge, übrigzubleiben". Das "willensreine Subjekt" wird "zum hellen Spiegel des Wesens der Welt" (WV I, 266). Nietzsche empfindet diese Äußerungen Schopenhauers als Ausdruck von "Leiden", "Glück" und "Dankbarkeit": "Welche Vehemenz der Worte! Welche Bilder der Qual und des langen Überdrusses!" Aber er bezweifelt, daß damit etwas "für die Einsicht in's Wesen des Schönen gethan" sei, denn die "willen-calmirende" Wirkung sei nur "Eine Wirkung des Schönen" und nicht einmal "nur eine regelmässige" (5, 348 – GM; vgl. Schopenhauer – Zitate ebd.). Ist bei Schopenhauer der ästhetische Zustand ein aus der Willens*verneinung* erwachsender Zustand der reinen Erkenntnis, so ist er bei Nietzsche ein aus der Willens*bejahung* erwachsender Zustand des unbedingten Schaffens. Was bei Schopenhauer das *erkennende* Subjekt ist, ist bei Nietzsche das *schaffende* Subjekt. Die Erkenntnisfunktion kann die Kunst bei Schopenhauer nur haben, weil er noch das Prinzip *Wahrheit* voraussetzt. Bei Nietzsche ist diese Erkenntnisfunktion irrelevant geworden, da bei ihm der *Schein* an die Stelle der Wahrheit getreten ist. Ist bei Schopenhauer die Kunst dem Bedeutungskomplex Willensverneinung, Erkenntnis, Wahrheit zugeordnet, steht sie bei Nietzsche im Bedeutungszusammenhang von Willensbejahung, Schaffen, Schein .

Nietzsche, der die "Mitleids-Moral", die "Müdigkeit", den "Willen *gegen* das Leben", den potentiellen "Europäer-Buddhismus" und "*Nihilismus*" Schopenhauers kritisiert (5, 252 – GM)[369], wendet sich auch in der Frage der Kunst gegen ihn. Im Zusammenhang einer Kritik der Schopenhauerschen Tragödienauffassung, die den "tragischen Zustand" als "Gesammt-Depression" deutet, anstatt die Tragödie als "ein *tonicum*" zu begreifen, verweist er auf die "schlimmen Falschmünzereien" Schopenhauers und zieht das Fazit: "er, der das Genie, die Kunst selbst, die Moral, die heidnische Religion, die Schönheit, die Erkenntniß und ungefähr Alles willkürlich-gewaltsam mißverstanden hat" (13, 410; vgl. auch 6, 125 – GD). Vehement protestiert Nietzsche gegen Schopenhauers Theorie des willenlosen Erkenntnissubjekts:

> Die unkünstlerischen Zustände: die der *Objektivität*, der Spiegelung, des ausgehängten Willens... / das skandalöse Mißverständnis *Schopenhauers*, der die Kunst als Brücke zur Verneinung des Lebens nimmt... / Die unkünstlerischen Zustände: die Verarmenden, Abziehenden, Ablassenden unter deren Blick das Leben leidet .. der Christ ... (13, 298 – 1888)

Nietzsches Kritik gilt dem ästhetischen Objektivismus der traditionellen Kunstdeutung. Er wirft Schopenhauer Abhängigkeit von Kant vor. Schopenhauer huldige dem ästhetischen Grundsatz Kants, "Unpersönlichkeit und Allgemeingültigkeit", "welche die Ehre der Erkenntniss ausmachen", seien die Bestimmungsmerkmale der Kunst (5, 346 – GM). Nietzsches Kant-Kritik ist der Versuch einer eigenen ästhetischen Positionsbestimmung. Die Stoßrichtung der Kritik gilt dem Prinzip der ästhetischen Interesselosigkeit. Nietzsche denkt in der Antithese An-sich – Für-mich, Interesselosigkeit – Interesse. Er kritisiert an der Kantischen Ästhetik zwei zentrale Punkte: 1. die Beurteilung der Kunst vom Kunst-Aufnehmenden her, 2. das Prinzip der 'Interesselosigkeit' des Schönen. Der Fehler Kants liegt darin, das "ästhetische Problem" nicht von den "Erfahrungen des Künstlers (des Schaffenden)", sondern vom "'Zuschauer'" (ebd.) aus anzuvisieren. Zugleich wird "jene berühmte Definition, die Kant vom Schönen giebt", als ein "dicker Wurm von Grundirrthum" bezeichnet:

> "Schön ist, hat Kant gesagt, was *ohne Interesse* gefällt." Ohne Interesse! Man vergleiche mit dieser Definition jene andre, die ein wirklicher "Zuschauer" und Artist gemacht hat – Stendhal, der das Schöne einmal une promesse de bonheur nennt. Hier ist jedenfalls gerade Das *abgelehnt* und ausgestrichen, was Kant allein am ästhetischen Zustande hervorhebt: le désintéressement. Wer hat Recht, Kant oder Stendhal? (5, 347 – GM)[370]

---

369 Schopenhauer ist ein "hartnäckiger Moral-Mensch, welcher endlich, um mit seiner moral<ischen> Schätzung Recht zu behalten, zum *Welt-Verneiner* wird. Endlich zum 'Mystiker'." (12, 113).

370 " 'Schön' – c'est une *promesse de bonheur*. Stendhal. Und das soll 'unegoistisch' sein! 'désintéressé'! / Was ist da schön? Gesetzt, daß St<endhal> recht hätte, wie!" (11, 54; vgl. 5, 347 – GM). Zitation: "La beauté n'est jamais, ce me semble, qu'une *promesse de bonheur*." (*Stendhal*, Rome, Naples et Florence [Paris 1854], 30). Nietzsche deutet Stendhals Hinwendung zum Schönen vom Willen her. Im Unterschied zu Schopenhauers Willensdämpfung durch das Schöne "hebt" Stendhal "eine andre Wirkung des Schönen hervor: 'das Schöne *verspricht* Glück', ihm scheint gerade die *Erregung des Willens* ('des Interesses') durch das Schöne der Thatbestand." (5, 349). Was Stendhals Vorstellung vom 'Glück' betrifft, so sind in dieser Hinsicht seine Briefe aufschlußreich. So schreibt er einmal: "Aber dem vollendeten Glück, dem ich nachlaufe, bin ich noch nicht begegnet." (*Stendhal*, Briefe, 275 [14.7.1809]). Stendhal, der sich von den Frauen unverstanden fühlt, ist ständig auf der

Kant sagt in der *Kritik der Urteilskraft* vom Schönen, "daß es ohne alles Interesse gefallen müsse" (S. 114). Und er definiert: "*Geschmack* ist das Beurteilungsvermögen eines Gegenstandes oder einer Vorstellungsart durch ein Wohlgefallen oder Mißfallen *ohne alles Interesse*. Der Gegenstand eines solchen Wohlgefallens heißt *schön*." (S. 48). Das Schöne hat bei Kant seinen festen Ort in der Trias des Logischen, Moralischen und Ästhetischen. Das Logische, das Denken, richtet sich, im Urteil, auf das Wahre. Das Moralische richtet sich, im Handeln, auf das Gute. Das Ästhetische bzw. die ästhetische Einstellung richtet sich, ohne Interesse, auf das Schöne, die reine Erscheinungsform des Seienden (dazu: *Volkmann-Schluck*, Rescendenz, 81). Nietzsche lehnt Kants Theorie des Schönen mit aller Entschiedenheit ab. Dem Kantischen Prinzip des interesselosen Anschauens stellt er den Grundsatz des interessierten Schaffens (und Anschauens) entgegen. Die Interesselosigkeit ist eine kunstphilosophische Fiktion. In Wahrheit ist das ästhetische Verhalten durch ein 'Interesse' bestimmt, und zwar das Verhalten nicht nur des Schaffenden, sondern auch des Zuschauers. Der den "Philosophen des Schönen" kaum bekannte, wahre "'Zuschauer'" wird beschrieben "als eine grosse *persönliche* Thatsache und Erfahrung, als eine Fülle eigenster starker Erlebnisse, Begierden, Überraschungen, Entzückungen auf dem Gebiete des Schönen!" (5, 346 f. – GM). Mit Verve protestiert Nietzsche gegen die Theorie der Interesselosigkeit: "Das 'Los-sein-von-Interesse und ego' ist Unsinn und ungenaue Beobachtung: es ist vielmehr das Entzücken, jetzt in *unserer* Welt zu sein, die Angst vor dem Fremden loszusein!" (11, 33).[371] Der junge Nietzsche hatte selbst noch, allerdings lange vor der *Geburt der Tragödie*, den Topos des interesselosen Wohlgefallens vertreten und über die Wirkung der 'vollkommenen' Natur auf den Menschen geschrieben: "dann sind frei wir vom Banne des immer wachenden Willens, dann sind wir reines, anschauendes, interesseloses Auge." (B 2, 120 – 7.4.66 – an Gersdorff).[372] Später, im Zeichen des 'Dionysischen' resp. des Wil-

"Jagd nach dem Glück" (Briefe, 296 [19.9.1810]). Für den Ausnahmemenschen gibt es kein objektives Glück, sondern nur das subjektive Glücksgefühl: "Diese Wahrheit gebietet uns, das Glück in unseren Gedanken und Gefühlen zu suchen. Nur dort, scheint mir, können ungewöhnliche Menschen das Glück finden." (Briefe, 306 [15.5.1811]). Zur Frage des 'Glücks' bei Stendhal vgl. generell *Bosselaers*, Stendhal. Pèlerin du bonheur (1975).

371 Nach Heidegger handelt es sich bei der – durch Schopenhauer vermittelten – Kritik Nietzsches an Kants Bestimmung des Schönen um ein grundlegendes Mißverständnis (vgl. *Heidegger*, Nietzsche I, 126-135). Kants "Verhalten zum Schönen" sei durch die "*freie Gunst*" bestimmt, die das Schöne in seinem Wesen freigebe. Es handele sich nicht um ein "Aushängen des Willens", um "Gleichgültigkeit", sondern um ein "Seinlassen des Schönen" (ebd., 129). Demgegenüber wird man betonen dürfen, daß Kant aber im Unterschied zu Nietzsche das Schöne an keine heterogenen Zwecke bindet.

372 Auch im frühen *Rückblick auf meine zwei Leipziger Jahre* (1867/68), der sich auf die Leipziger Studentenzeit vom Oktober 1865 bis zum August 1867 bezieht, betont der junge Nietzsche, mit Blick auf sein Schopenhauer-Erlebnis, die Entdeckung der *Welt als Wille und Vorstellung* Ende Okt./Anf. Nov. 1865, den Aspekt der 'Interesselosigkeit': "Hier sah mich das volle interesselose Sonnenauge der Kunst an" (HKG, W III, 298). Das Kunstwerk erscheint als die vom Willen befreite reine Erkenntnis der Welt. Noch im Herbst 1869 beantwortet Nietzsche die Frage "Was ist Kunst?" mit der Definition: "Die Welt des Willens wieder zu erzeugen, ohne daß das Produkt wieder *will*. Also es gilt Erzeugung des Willenlosen durch Willen und *instinktiv*." (7, 23). Damit unterscheidet Nietzsche allerdings, im Unterschied zu Schopenhauer, zwischen dem willenlosen Kunstwerk und dem voluntativen Schaffen. Hier zeigt sich ein Schwanken Nietzsches zwischen Willen und Willenlosigkeit. Später wird er auch das Kunstwerk als voluntatives Gebilde deuten. Für Schopenhauer hingegen ist

lens zur Macht, gibt Nietzsche diese gängige, zum allgemeinen Bildungsgut gehörende Betrachtungsweise auf zugunsten einer perspektivistischen Ästhetik, derzufolge das Schöne nicht eine Größe *an sich*, sondern *für mich*, d.h. Ausdruck des sich perspektivisch entfaltenden und permanent in den Schein transzendierenden Lebens ist. Während Kant und Schopenhauer die Kunst im Problemfeld *Erkenntnis/Wahrheit* ansiedeln, gewinnt sie bei Nietzsche ihre Funktion im Problemkomplex *Schaffen/Schein.* In dieser zentralen Frage sieht Nietzsche in Schopenhauer den Kantianer. Obschon Schopenhauer "in ganz andrem Maasse als Kant den Künsten nahestand", ist er "doch nicht aus dem Bann der Kantischen Definition herausgekommen" und deutete sich "das Wort 'ohne Interesse' " "in der allerpersönlichsten Weise, aus einer Erfahrung heraus, die bei ihm zu den regelmässigsten gehört haben muss" (5, 347 – GM). Nietzsche wirft Schopenhauer vor, er habe Kants Prinzip des interesselosen Wohlgefallens mißverstanden, da bei ihm die Anschauung des Schönen durchaus mit einem "'Interesse' " verbunden sei, nämlich mit dem Interesse der Befreiung vom Willen, "dem allerstärksten, allerpersönlichsten Interesse: dem des Torturirten, der von seiner Tortur loskommt" (5, 349 – GM). Die in der Willenstilgung sich bekundenden "asketischen Ideale" sind Ausdruck eines 'Interessierten': "er will *von einer Tortur loskommen.*" (5, 349). Damit interpretiert Nietzsche die 'Interesselosigkeit' als Ausdruck eines verdeckten 'Interesses'. Schopenhauer hatte erklärt: "das Rad des Ixion steht still" (WV I, 280). Für Nietzsche gibt es diese Stillegung nicht. Er hält sie für eine Fiktion im Dienste der Selbsterhaltung. Schopenhauer vertritt zwar den klassischen Grundsatz der Erkenntnis der Wahrheit durch die Kunst, aber er verfolgt dabei das "Interesse" der Stillegung des Willens. Nietzsche hingegen vertritt den Grundsatz: Man muß seinen Willen wollen. Während Schopenhauer sich durch das Schöne vom Willen befreien will, will Nietzsche durch das Schöne den Willen steigern.

Da es nicht mehr um die Erkenntnis der Wahrheit, sondern um die Steigerung des Lebens geht, wird im Grunde die Frage nach Wahrheit und Schein für Nietzsche irrelevant. Wenn er dennoch mit dem antithetischen Begriffspaar Wahrheit – Schein operiert, so geschieht dies aus der Notwendigkeit, die 'Wahrheiten' der Dichter und Denker als Fiktionen zu enthüllen. Dies zeigt sich prägnant in Nietzsches Gedicht *An Goethe* (3, 639 – FWP), in dem der Gedanke des "Unvergänglichen" kritisch in Frage gestellt wird. Während am Ende von *Faust II* im *Chorus mysticus* die irdisch-vergängliche Welt als ein Symbol der göttlich-ewigen Welt erscheint ("Alles Vergängliche / Ist nur ein Gleichnis"), ist für den "Prinzen Vogelfrei" das "Unvergängliche" nur eine Dichter-Fiktion:

> Das Unvergängliche
> Ist nur dein Gleichniss!
> Gott der Verfängliche
> Ist Dichter-Erschleichniss... (vgl. 4, 110 u. 4, 164 – Za u. 10, 370)

---

das "Auseinandertreten des Intellekts und des Willens" die "Bedingung des *Genies*", für das die Welt "ein Gegenstand der Kontemplation" ist, "der sein Wollen aus dem Bewußtsein verdrängt" (WV II, 499). Der "Intellekt" "emanzipiert" sich vom "Dienst des Willens", und so spricht Schopenhauer vom "Genie mit seinem entfesselten Intellekt" (WV II, 498). Dieser Ästhetik der Willenstilgung im Schaffensvorgang ist schon der junge Nietzsche nicht gefolgt.

"Gott" ist eine poetische Fiktion. Die ewigen Wahrheiten der Denker und Dichter enthüllen sich als Erdichtungen, erwachsen aus dem scheinbildenden Wesen des Lebens. Mit aller Vehemenz betreibt Nietzsche den Abbau der zeitlosen Wahrheit zugunsten des perspektivischen Scheins. Das Sein enthüllt sich als bloßer Schein, und der Schein erscheint als das wahre Sein. Damit werden die Kategorien von "Sein" und "Schein" im Grunde irrelevant. Sie gehen unterschiedslos ineinander über. In Nietzsches parodistischer Demaskierung des Goetheschen *Chorus mysticus* wird nicht nur das "Ewig-Weibliche" durch das "Ewig-Närrische" abgelöst, sondern zugleich wird der Symbolcharakter der Erscheinungswelt, die Sinnbildlichkeit der auf ein ewiges Sein verweisenden zeitlichen Erscheinung, als Fiktion entlarvt, denn im "Welt-Spiel", im sinn-, ziel- und zwecklosen Spiel des universellen Lebens mit sich selber, wird der Unterschied von "Sein" und "Schein" gegenstandslos:

> Welt-Spiel, das herrische,
> Mischt Sein und Schein: –
> Das Ewig-Närrische
> Mischt *uns* – hinein!...[373]

Nietzsche weitet das psychologische Problem des sich in den Schein entwerfenden menschlichen Subjekts zum universellen, metaphysischen Prinzip aus: die Welt selbst ist ein Spiel. Das Subjekt ist damit in doppelter Hinsicht in den Schein verstrickt: Um der Lebenserhaltung und -steigerung willen bringt es ständig den Schein hervor, und es ist zugleich nur ein Funktionselement im universellen Weltenspiel, in einem Spiel, das das Leben mit sich selbst spielt, den Gegensatz von "Sein" und "Schein" auflösend.

Da nicht die Wahrheit, sondern der Schein konstitutive Bedeutung für das Leben hat, muß die Relation Erkenntnis/Wahrheit notwendigerweise durch die Relation Schaffen/Schein abgelöst werden. Nietzsche vollzieht die entschiedene Abkehr von der klassischen Ästhetik, in dem er insbesondere das klassische Rangverhältnis von Kunst und Erkenntnis umkehrt. Bei Hegel nimmt in der hierarchischen Trias Philosophie, Religion und Kunst nicht die Kunst, sondern die Philosophie die höchste Stelle ein. In ihrem Inhalt, nämlich in der Frage nach der "Wahrheit", nach "Gott", stimmen Philosophie, Religion und Kunst überein. "Bei dieser Gleichheit des Inhalts sind die drei Reiche des absoluten Geistes nur durch die *Formen* unterschieden, in welchen sie ihr Objekt, das Absolute, zum Bewußtsein bringen." Die *Stellung der Kunst im Verhältnis zur Religion und Philosophie* (Hegel, Ästhetik I, 108-112) ist dadurch gekennzeich-

373 Gegen das "Ewig-Weibliche" als eine bloße Projektion des Mannes (vgl. 4, 164 – Za) setzt Nietzsche in der Strophe *Allen Schaffenden geweiht* das "Ewig-Männliche" (11, 297). Nietzsche, der Kritiker des reaktiven Kunstverhaltens, der "Weibs-Aesthetik" (13, 357), erklärt das Schaffen zum Privileg des Mannes. Eine ähnliche Männlichkeitsobsession findet sich später bei Benn, etwa im Gedicht *Mann* –, das eingeleitet wird durch den Vers: "Mann – du alles auf Erden" (GW III, 180). Heidegger deutet Nietzsches Gedicht *An Goethe* zu Recht aus der Einheit von "Willen zur Macht", "Welt-Spiel" und "ewiger Wiederkehr" (das "Welt-Rad", 2. Strophe). Vgl. *Heidegger*, Nietzsche II, 380 ff. Es ist aber hinzuzufügen, daß bei Nietzsche das Welt-Spiel zum *närrischen* Spiel wird. Es darf nicht mehr allein im Lichte des metaphysischen Ernstes gesehen werden, sondern erscheint als kosmische Groteske. Es ist ein Spiel, das das Gelächter, die Parodie herausfordert.

net, daß die *Kunst* die "Form der *sinnlichen Anschauung*", des sinnlichen Wissens, die Vermittlung der "Wahrheit in Weise sinnlicher Gestaltung" ist (ebd., 108), während in der *Religion* das vorstellende Bewußtsein "das Absolute aus der Gegenständlichkeit der Kunst in die Innerlichkeit des Subjekts hineinverlegt", in die durch "Herz und Gemüt" geprägte "innere Subjektivität", und in der *Philosophie* als der "reinsten Form des Wissens" das "freie *Denken*" erfolgt, das die "*Objektivität* der Kunst" mit der "*Subjektivität* der Religion" vereinigt, auf diese Weise die bloß "äußere Sinnlichkeit" und das bloß subjektive Gemüt im reinen Denken des Absoluten aufhebend (ebd., 111). Der Wertungsmaßstab für die Rangordnung von Philosophie, Religion und Kunst ist die adäquate Darstellung der Wahrheit. Hegel vertritt den Grundsatz, daß die Wahrheit um so angemessener zum Ausdruck gelangt, je mehr sie sich von ihrer nur sinnlichen Darstellung löst und ihrer rein geistigen Manifestation nähert. Die Kunst ist sinnliche Darstellung des Absoluten. Die Philosophie ist geistige Darstellung des Absoluten. Die Religion ist zwischen diesen Formen angesiedelt: Auf ihren frühen Stufen ist sie eine "Religion der Kunst", d.h. an die sinnliche Darstellung gebunden; auf ihrer höheren, ja höchsten Stufe ist sie die "Religion des Geistes", die sinnfällig macht, "daß die Manifestation der Wahrheit in sinnlicher Form dem Geiste nicht wahrhaft angemessen sei" (ebd., 112). Damit gerät die Kunst gegenüber der Religion und besonders der Philosophie ins Hintertreffen. Während die Kunst die Wahrheit nur in sinnlicher Form zum Vorschein bringt, erscheint die Wahrheit in der Philosophie in reiner Form. Hegel definiert das "*Schöne*" als "das sinnliche *Scheinen* der Idee" (ebd., 117). Er konstatiert: "das Kunstwerk steht in der *Mitte* zwischen der unmittelbaren Sinnlichkeit und dem ideellen Gedanken." (ebd., 48). Der Gegenstand der Philosophie hingegen ist eben der "ideelle Gedanke", und daher gebührt der Philosophie der Vorrang vor der Kunst, denn die tiefste, die reine Erfahrung des Absoluten erfolgt im Denken. Hegel konzediert der Kunst zwar eine "hohe Stellung", aber nicht die höchste, denn er stellt fest, "daß die Kunst dennoch weder dem Inhalte noch der Form nach die höchste und absolute Weise sei, dem Geiste seine wahrhaften Interessen zum Bewußtsein zu bringen" (ebd., 21). Auf Grund des Schwindens der religiösen Verehrungshaltung gegenüber den Kunstwerken hat die Kunst im gegenwärtigen Zeitalter ihre zentrale Bedeutung verloren:

> Die eigentümliche Art der Kunstproduktion und ihrer Werke füllt unser höchstes Bedürfnis nicht mehr aus; wir sind darüber hinaus, Werke der Kunst göttlich verehren und sie anbeten zu können [...] Der Gedanke und die Reflexion hat die schöne Kunst überflügelt. (ebd.)

Hegel konstatiert in elegischer Rückschau die immer offener zutage tretende Diskrepanz zwischen der vergangenen Größe und der gegenwärtigen Krise der Kunst:

> Die schönen Tage der griechischen Kunst wie die goldene Zeit des späteren Mittelalters sind vorüber. [...] Deshalb ist unsere Gegenwart ihrem allgemeinen Zustande nach der Kunst nicht günstig. [...] In allen diesen Beziehungen ist und bleibt die Kunst nach der Seite ihrer höchsten Bestimmung für uns ein Vergan-

> genes. Damit hat sie für uns auch die echte Wahrheit und Lebendigkeit verloren [...] Uns gilt die Kunst nicht mehr als die höchste Weise, in welcher die Wahrheit sich Existenz verschafft. (ebd. 22 u. 110)

Die von Hegel betonte Krise der Kunst ist von epochentypischer Art. So verkündet Heinrich Heine das "Ende der Kunstperiode", d.h. jener Periode, "die bei der Wiege Goethes anfing und bei seinem Sarge aufhören wird" (*Heine*, Maler, 72). Der "Mittelpunkt" der zu Ende gehenden Goethe-Zeit war die "Idee der Kunst" (*Heine*, Menzel, 445). Heine konstatiert aber nicht nur das Ende der klassischen Kunst, das "Ende der Kunstperiode", d.h. die "Endschaft der 'Goetheschen Kunstperiode' " (*Heine*, Romantische Schule, 360), das "tote Scheinwesen der alten Kunst" (*Heine*, Maler, 73), sondern wirft darüber hinaus die grundsätzliche Frage auf: "Oder hat es überhaupt mit der Kunst und mit der Welt selbst ein trübseliges Ende?" (ebd.). Aber diese Frage ist letztlich eine rhetorische Frage, denn Heine beantwortet sie mit Hinweisen auf eine Kulturverjüngung und eine "neue Kunst". Die Erneuerung der Kunst kann nur aus der Einheit von "Freiheit", "Leben" und "Kunst" erfolgen. "Ich glaube, daß Frankreich aus der Herzenstiefe seines neuen Lebens auch eine neue Kunst hervoratmen wird." (ebd.). Er glaubt an einen Neuanfang in Leben und Kunst. Seine Frage nach dem geschichtlichen Ort und der Tragfähigkeit der Kunst in der Gegenwart erfolgt im Zeichen des Gegensatzes von klassischer und moderner, autonomer und engagierter Kunst. So sind die "Goetheschen Meisterwerke" "schöne Statuen", "aber sie sind unfruchtbar: die Goetheschen Dichtungen bringen nicht die Tat hervor, wie die Schillerschen." (*Heine*, Romantische Schule, 395). Die Kunst unterliegt dem geschichtlichen Wandel, in dem die tradierten Formen überholt erscheinen und eine "neue Zeit" eine "neue Kunst" hervorbringt:

> Indessen, die neue Zeit wird auch eine neue Kunst gebären, die mit ihr selbst in begeistertem Einklang sein wird, die nicht aus der verblichenen Vergangenheit ihre Symbolik zu borgen braucht, und die sogar eine neue Technik, die von der seitherigen verschieden, hervorbringen muß. (*Heine*, Maler, 72)

Die zwischen der alten, mittlerweile zeitentfremdeten Kunst und der zukünftigen, wieder zeitbezogenen Kunst liegende gegenwärtige Kunst ist eine Kunst der autonomen Subjektivität, die von Heine als Übergangskunst sanktioniert wird:

> Bis dahin möge, mit Farben und Klängen, die selbsttrunkenste Subjektivität, die weltentzügelte Individualität, die gottfreie Persönlichkeit mit all ihrer Lebenslust sich geltend machen, was doch immer ersprießlicher ist, als das tote Scheinwesen der alten Kunst. (ebd., 72 f.)

In der Idee der Historizität der Kunst und in der Auffassung vom geschichtlichen Wandel der Kunstformen stimmt Heine mit Hegel überein, wie auch im Bewußtsein eines epochalen Endzustandes der Kunst. Aber beide stellen nicht der Kunst schlechthin den Totenschein aus, sondern glauben an die Renovatio der Kunst im Zeichen einer neuen Verbindung von Kunst und Wirklichkeit.

Dabei sind die ästhetischen Anschauungen Heines geprägt vom Gedanken der Symbiose von Engagement und Artistik[374], während Hegel die Wirklichkeit als das Vernünftige zum Zweck der künstlerischen Darstellung erklärt:

> Der Zweck der Kunst aber ist es gerade, sowohl den Inhalt als die Erscheinungsweise des Alltäglichen abzustreifen und nur das an und für sich Vernünftige zu dessen wahrhafter Außengestalt durch geistige Tätigkeit aus dem Inneren herauszuarbeiten. – Auf die bloß äußerliche Objektivität daher, der die volle Substanz des Inhaltes abgeht, hat der Künstler nicht loszugehen. (*Hegel*, Ästhetik I, 282)

Hegels Idee der Versöhnung von Kunst und Wirklichkeit im Zeichen der Vernunft stößt auf den Widerstand Nietzsches. Die "Hegelische Anbetung des Wirklichen als des Vernünftigen" lehnt er als bloße Erfolgsethik des 19. Jahrhunderts, als die "*Vergötterung des Erfolges*", ab (1, 197 – DS). Er mokiert sich über die "in älteren Köpfen noch qualmende Hegelische Philosophie", deren Intention zuletzt die Rechtfertigung des Christentums sei (1, 297 – HL). Er erhebt gegen Hegel den Vorwurf, die kritische Bewußtheit des Geistes mit der romantischen Rechtfertigung der Wirklichkeit verbunden zu haben – "eine Art von dialektischem Fatalismus, aber zu Ehren des Geistes, thatsächlich mit Unterwerfung des Philosophen *unter* die Wirklichkeit" (11, 531). Dies aber steht in eklatantem Widerspruch zu Nietzsches Prinzip des Willens, der die Welt allererst gestaltet resp. hervorbringt. Wenn Hegel die Kunst als sinnliche Manifestation der vernünftig strukturierten bzw. von der Vernunft durchherrschten Wirklichkeit auffaßt, so ist sie für Nietzsche Ausdruck des aus dem organischen Leben erwachsenden Willens zur Macht. Wenn Hegel das Kunstwerk begreift als "Totalität", als sinnbildliche Darstellung der Totalität der Welt, der "Verhältnisse, Individuen, Handlungen, Begebnisse, Empfindungen und Vorstellungsarten" (*Hegel*, Ästhetik II, 339 f.), so hat sich bei Nietzsche diese 'Totalität' aufgelöst in perspektivistische Wirklichkeitsfragmente. Wenn Hegel die Funktion der Poesie in der Versöhnung von Wirklichkeit und Vernunft sieht, so vollzieht bei Nietzsche die Kunst die Wirklichkeitsauflösung und wird zum Widerspiel der Antithese von Vernunft und Leben[375]. Erfolgt bei Hegel die "Verankerung der Kunst im absoluten Geist" (*Schulz*, Metaphysik, 20-30), so ist sie bei Nietzsche ein Produkt des schaffenden Lebens.

Unter diesen Voraussetzungen ergibt sich eine gegensätzliche Bewertung des ästhetischen Scheins bei Hegel und Nietzsche. Für Hegel ist der ästhetische

---

374 Während Goethe das gesellschaftskritische Engagement vermissen läßt und umgekehrt Ludwig Börne ein Übermaß an politischem Engagement auf Kosten der Kunst zeigt (vgl. Heines Pamphlet *Ludwig Börne*), stellt ein Heinrich Laube die Synthese aus Engagement und Kunst, aus "gewaltiger Leidenschaft" und "hohem Kunstsinn", dar. "Er ist begeistert für das Schöne eben so sehr wie für das Gute" (*Heine*, Romantische Schule, 469). Im Laufe der Jahre neigt Heine dann mehr und mehr dazu, das Eigenrecht der Kunst gegenüber der Politik zu verteidigen. So bedrückt ihn die Vorstellung, daß die zur "Herrschaft" gelangenden "Kommunisten" seine "Kunstwelt" zerstören könnten: "mit ihren rohen Fäusten zerschlagen sie alsdann alle Marmorbilder meiner geliebten Kunstwelt [...] sie hacken mir meine Lorbeerwälder um, und pflanzen darauf Kartoffeln" (*Heine*, Vorrede zu *Lutetia*, 232).

375 Nietzsche spricht der "Vernunft" sein Mißtrauensvotum aus: "das Vertrauen zur Vernunft – warum nicht Mißtrauen?" (III, 517; vgl. III, 556).

“Schein” die sinnliche Darstellung der “Wahrheit”. Unter dem Schein der Kunst versteht er das Aufleuchten der Wahrheit im Kunstwerk. Das Kunstschöne ist das sinnliche Scheinen der Idee. Hegel wehrt die Kritik an der “Unwürdigkeit des *Kunstelementes* im allgemeinen, des *Scheines* nämlich und seiner *Täuschungen*”, ab, denn der “Schein” ist nicht das “Nichtseinsollende”, sondern “der *Schein* selbst ist dem *Wesen* wesentlich, die Wahrheit wäre nicht, wenn sie nicht schiene und erschiene, wenn sie nicht *für* Eines wäre, *für* sich selbst sowohl als auch für den Geist überhaupt” (*Hegel*, Ästhetik I, 19). Hegel denkt hier die Wahrheit in der ontologischen Differenz von Wesen und Erscheinung. Um überhaupt sinnfällig werden zu können, ist das Wesen auf die Erscheinung angewiesen. In diesem Sinne formuliert Hegel: “Denn das Schöne hat sein Leben in dem *Scheine*.” (ebd., 16). Der ästhetische Schein ist nichts Substanzloses, nichts bloß Scheinhaftes, nicht bloße Täuschung, sondern er bringt das Substantielle, die Wahrheit, zum Vorschein. Das Scheinen des Kunstwerks ist ein Scheinen im Sinne von *lucere*, nicht von *videri*. Es ist ein Scheinen im Sinne des leuchtenden, nicht des täuschenden Scheins. Der ästhetische Schein läßt die Wahrheit aufleuchten. Begründet wird dieses ästhetische Prinzip durch die grundsätzliche Unterscheidung von metaphysischer Wahrheit und empirischem Schein. Täuschender Schein wäre die Kunst nur, wenn die äußere Erscheinungswelt sowie die empfindende Innerlichkeit den Charakter der Wahrheit für sich beanspruchen könnten, das heißt, wenn dem “empirischen Leben” “Wirklichkeit, Realität und Wahrheit im Gegensatz der Kunst” zukäme, “der solche Realität und Wahrheit fehle” (ebd., 20). Hegel erblickt die wahre Realität nicht in der empirischen Welt, sondern im metaphysischen Prinzip des Geistes:

> Aber gerade diese ganze Sphäre der empirischen inneren und äußeren Welt ist nicht die Welt wahrhafter Wirklichkeit, sondern vielmehr in strengerem Sinne als die Kunst ein bloßer Schein und eine härtere Täuschung zu nennen. Erst jenseits der Unmittelbarkeit des Empfindens und der äußerlichen Gegenstände ist die echte Wirklichkeit zu finden. Denn wahrhaft wirklich ist nur das Anundfürsichseiende, das Substantielle der Natur und des Geistes, das sich zwar Gegenwart und Dasein gibt, aber in diesem Dasein das Anundfürsichseiende bleibt und so erst wahrhaft wirklich ist. (ebd.)

In diesem Sinnkomplex von empirischem Schein und substantieller Wahrheit hat die Kunst die Funktion, das metaphysische Substrat, die “allgemeinen Mächte”, in sinnlicher Gestalt erscheinen zu lassen, das tiefere, substantielle Wesen der Erscheinungen zum Vorschein zu bringen:

> Den Schein und die Täuschung dieser schlechten, vergänglichen Welt nimmt die Kunst von jenem wahrhaften Gehalt der Erscheinungen fort und gibt ihnen eine höhere, geistgeborene Wirklichkeit. Weit entfernt also, bloßer Schein zu sein, ist den Erscheinungen der Kunst der gewöhnlichen Wirklichkeit gegenüber die höhere Realität und das wahrhaftigere Dasein zuzuschreiben. (ebd.)

Das Kunstschöne als die ästhetische Produktion des Geistes ist die sinnliche Manifestation der Idee, der Wahrheit und damit die Überwindung des Scheins, d.h. des Scheins der empirischen Wirklichkeit. Das Kunstwerk ist die vom Geist hervorgebrachte ästhetische Symbiose aus Geist und Sinnlichkeit, in dem Sinne, daß sich in der Erscheinung die Idee manifestiert:

> Die Kunst nun und ihre Werke, als aus dem Geiste entsprungen und erzeugt, sind selber geistiger Art, wenn auch ihre Darstellung den Schein der Sinnlichkeit in sich aufnimmt und das Sinnliche mit Geist durchdringt. (ebd., 24)

In der Bestimmung des Kunstwerks hebt Hegel zwei Aspekte hervor, die von Nietzsche kritisch in Frage gestellt, ja umgekehrt werden, nämlich erstens das Kunstwerk als freier, interesseloser Gegenstand und zweitens das Kunstwerk als Organ der Wahrheit. Das Verhältnis des Menschen zum Kunstwerk ist frei vom Interesse der "Begierde": "Er läßt es als Gegenstand frei für sich existieren und bezieht sich begierdelos darauf, als auf ein Objekt, das nur für die theoretische Seite des Geistes ist." (ebd., 46 f.). Zugleich bezieht Hegel die Kunst auf die Wahrheit, denn er stellt fest, "daß die Kunst die *Wahrheit* in Form der sinnlichen Kunstgestaltung zu enthüllen" habe (ebd., 64).

Bei Nietzsche hat die Kunst diese Funktion eingebüßt, da bei ihm die Kategorie der Wahrheit obsolet geworden ist. Das Aufregende an der Kunstauffassung Nietzsches liegt darin, daß er einerseits die bereits von Hegel (in dessen Wort vom Ende der Kunst) und Heine (in dessen Wort vom Ende der Kunstperiode) diagnostizierte Krise der Kunst weiter zuspitzt (in der Hervorhebung des Lügencharakters der Kunst) und andererseits im Rangstreit von Kunst und Erkenntnis der Kunst den unbedingten Vorrang einräumt (in der Betonung der metaphysischen Dignität der Kunst). Die historische Krise der Kunst wird von Nietzsche vor allem in seiner kritisch-aufklärerischen Periode, in der Phase von *Menschliches, Allzumenschliches*, registriert. Im Textstück *Abendröthe der Kunst* wird die Kunst als ein von der Geschichte bald überholtes Phänomen bezeichnet: "Wie man sich im Alter der Jugend erinnert und Gedächtnissfeste feiert, so steht bald die Menschheit zur Kunst im Verhältniss einer rührenden Erinnerung an die Freuden der Jugend." (2, 186 – MA I). Hier steht Nietzsche in einem extrem sentimentalischen Verhältnis zur Kunst. Die Kunst wird zum Gegenstand der elegischen Retrospektive. Im Textstück *Was von der Kunst übrig bleibt* wendet sich Nietzsche gegen die "Metaphysiker" der Kunst, für die "unsere sichtbare Welt nur Erscheinung" ist und die die "wirkliche Welt" in der "Kunst" ausgedrückt sehen, ausgehend von der Überlegung, daß das "Werk des Künstlers" ein "Bild des *ewig Beharrenden*" sei, während nach Nietzsches Auffassung "der Künstler seinem Bilde immer nur Gültigkeit für eine Zeit geben kann, weil der Mensch im Ganzen geworden und wandelbar und selbst der einzelne Mensch nichts Festes und Beharrendes ist" (2, 185 – MA I). Hier, in *Menschliches, Allzumenschliches*, betont Nietzsche nicht mehr, wie in der *Geburt der Tragödie*, die zeitlos-mythische Qualität, sondern den historischen, zeitgebundenen Charakter des Kunstwerks. In seiner kritisch-aufklärerischen Periode sieht er die Kunst nicht mehr im Lichte des Mythos, sondern im Zeichen der Historizität. Hatte er in der *Geburt der Tragödie* die Kunst als die tiefere, metaphysische Realität gegen die empirische Erscheinungswelt abgehoben, der

Schopenhauerschen Unterscheidung von substantiellem Weltwillen und trügerischer Erscheinungswirklichkeit folgend, so stellt er nun diese Trennung von zeitlosem Wesen und zeitlicher Erscheinung in Frage und historisiert resp. relativiert die Kunst. Er hält auch die klassische Überordnung der Kunst über die Natur, der "Bedeutung der Kunst" über die "Bedeutung der Natur", "weil die Kunst das Gleichförmige, die Typen und Vorbilder der Natur darstellte", für "falsch" (ebd.). Hegels Vorrang des Kunstschönen vor dem Naturschönen ist bei Nietzsche im übrigen bereits in der *Geburt der Tragödie* obsolet, da die Kunst als Produkt der Natur, d.h. des Lebens, vorgestellt wird. Insofern besteht im Denken Nietzsches eine unlösliche Symbiose von 'Kunst' und 'Natur' bzw. von 'Kunst' und 'Leben'.

Dies ist ein konstantes, in allen Schaffensperioden relevantes ästhetisches Axiom Nietzsches. Aber in den einzelnen Schaffensphasen erfolgen spezifische Modifikationen des Schein-Problems und unterschiedliche, ja divergierende und sogar konträre Wertungen der Kunst. Läßt man einmal alle Zwischentöne und Interferenzen außer acht, so kann man, *cum grano salis*, drei Hauptphasen des Kunstproblems im Denken Nietzsches unterscheiden: erstens die Mythisierung der Kunst im Zeichen des dionysischen Lebens (insbesondere die *Geburt der Tragödie*), zweitens die Kritik der Kunst im Zeichen des analytischen Denkens (vor allem *Menschliches, Allzumenschliches*) und drittens die Apotheose der Kunst im Zeichen des schaffenden Subjekts (seit dem *Zarathustra*). Zur Zeit der *Geburt der Tragödie* sieht Nietzsche das wahre Wesen der Dinge im dionysischen Leben (der Dionysos ist das *ens realissimum*), während ihm die empirische Wirklichkeit, die aus Raum, Zeit und Kausalität konstituierte empirische Realität, als bloßer Schein erscheint. Im Sinne des Schopenhauerschen Urbild-Abbild-Schemas wird die empirische Realität als ein den metaphysischen Weltwillen verdeckender Schein interpretiert. Die Bedeutung der Kunst, der Musik, liegt im Aufsprengen der scheinhaften Realität und in der Vergegenwärtigung des dionysischen Weltgrundes. Zur Zeit von *Menschliches, Allzumenschliches* hingegen erscheint gerade die Kunst als bloßer Schein, und zwar als trügerischer, lügnerischer Schein. Das Realitätsproblem hat sich umgekehrt: Nun wird die Kunst als Schein demaskiert und die empirische Wirklichkeit als Wirklichkeit anerkannt. Während in der *Geburt der Tragödie* der ästhetische Schein als apollinischer Schein schöner Schein ist und ein Komplementärphänomen zur Wahrheit des Dionysischen darstellt, erscheint er in *Menschliches, Allzumenschliches* als Täuschung, Lüge, Betrug. Der Mythos wird abgebaut, und es dominiert die Psychologie, die Enthüllungspsychologie, die, angetrieben von einem radikalen Wahrheitsethos, alle Fiktionen zu entlarven und die wahren Sachverhalte und Motivationen zum Vorschein zu bringen versucht. Nun ist es das Bestreben Nietzsches, die philosophischen, moralischen und künstlerischen Erscheinungsformen der abendländischen Kultur als bloße Fiktionen zu demaskieren, als Scheingebilde, die nicht der Wahrheit entsprechen, sondern das Produkt menschlichen Selbsterhaltungstriebes und Machtwillens sind. Alles das, was in der frühen Schaffensperiode Ausdruck des metaphysischen Weltprinzips war, wird nun in seiner allzu menschlichen Kausalität enthüllt und psychologisiert. Nietzsches Kritik entfaltet sich im existentiellen Horizont der Antithese von Denken und Intuition, Sein und Schein, Wahrheit und Lüge. Auch die künstlerische Tätigkeit wird interpretiert als künstliches Umdeuten und Verfälschen der Dinge. Nietzsche konstatiert, daß,

> wo ich nicht fand, was ich *brauchte*, es mir künstlich erzwingen, zurecht fälschen, zurecht dichten musste (– und was haben Dichter je Anderes gethan? und wozu wäre alle Kunst in der Welt da?). (2, 14 – MA I)

Die Kunst erscheint nun nicht mehr als Manifestation des Weltwillens, sondern als Schein, Täuschung, Lüge, vom Menschen inszeniert zur Selbstbehauptung im Dasein. Die Lüge als virtuose Fähigkeit im Dienst der Lebensbewältigung, die (bewußte und unbewußte) Täuschung und Selbsttäuschung zum Zweck der Lebenserleichterung, die Kunst als die höchste Möglichkeit solcher Täuschung – diese Problematik wird zu einem Grundmotiv Nietzscheschen Denkens. Es erhebt das Prinzip der Lüge zum Daseinsprinzip schlechthin. Selbst die Griechen unterliegen diesem Prinzip. Im Textstück *Mit dem Leben spielen* deutet Nietzsche die "homerische Phantasie" als Gegenmittel zum "übermässig leidenschaftlichen Gemüth" und "überscharfen Verstand des Griechen" (2, 146 – MA I). Als Gegenstand der Ratio, des nüchtern analysierenden Verstandes, ist die Welt leer und sinnlos. Durch die dichterische Phantasie, die poetische Lüge, wird sie mit einem schönen Schleier überdeckt. Um sich dem Lastcharakter des Daseins zu entziehen und innere Freiheit gegenüber dem Realitätsdruck zu gewinnen, wird das Leben als Spiel aufgefaßt. Von den Griechen heißt es:

> Spricht bei ihnen der Verstand: wie herbe und grausam erscheint dann das Leben! Sie täuschen sich nicht, aber sie umspielen absichtlich das Leben mit Lügen. Simonides rieth seinen Landsleuten, das Leben wie ein Spiel zu nehmen; der Ernst war ihnen als Schmerz allzubekannt (das Elend der Menschen ist ja das Thema, über welches die Götter so gern singen hören) und sie wussten, dass einzig durch die Kunst selbst das Elend zum Genusse werden könne. (2, 146 – MA I; vgl. 8, 72)[376]

---

376 Zu Simonides vgl. *Theon, Progymnasmata* 33 [= *Walz*, Rhetores Graeci I, 215]: "Nach dem Nutzen (der Angemessenheit): daß Simonides zum Schaden ermahnt, im Leben zu spielen und nichts einfach ernst zu nehmen." Zur Freude der Götter am Leiden der Menschen vgl. den Homerischen Apollon-Hymnus. Dort heißt es:

> Und die Unsterblichen wünschen sogleich, daß er spiele und singe.
> Alle Musen zusammen erwidern mit herrlicher Stimme,
> Preisen der Götter unsterbliche Gaben und preisen der Menschen
> Dulden und Leiden; sie haben die Gunst der unsterblichen Götter,
> Aber sie wollen nicht denken, verbringen hilflos ihr Leben,
> Können kein Kraut für den Tod, für das Alter nichts Helfendes finden.
> (*Homerische Hymnen* – An Apollon, 43, Vers 188-193)

"Sollte man glauben, daß ebendasselbe [das Leid] von den Musen im Olymp zur Ergötzung der Unsterblichen gesungen wird? So steht es im *Homerischen Apollonhymnus* (190 ff.). Die Musen singen 'von der Götter ewigen Glückseligkeit und dem Elend der Menschen, in dem sie ... blind und hilflos leben...'" (*Otto*, Theophania, 35 f.). Zur Verwandlung des "Unheils" in den "Gesang", zum "Untergang" als Voraussetzung des 'schönen Tönens' im griechischen Mythos vgl. *Burckhardt*, Griechische Kulturgeschichte II, 359. Bemerkenswert ist, daß moderne Autoren die antike Vorstellung von den am Leid der Menschen sich erfreuenden Göttern radikalisierend aufgreifen. So heißt es in Georg Büchners *Dantons Tod*: "Es giebt ein Ohr für welches das Ineinanderschreien und der Zeter, die uns betäuben, ein Strom von Harmonien sind." (IV, 5).

Nietzsche greift den klassischen Gedanken des Vergnügens an tragischen Gegenständen auf, aber er gibt ihm eine spezifische Stoßrichtung. Das Vergnügen am Tragischen erwächst aus dem Bewußtsein, daß aus allem individuellen Untergang doch das Leben selbst siegreich hervorgeht (vgl. 13, 628 f.). In der zitierten Textstelle hebt Nietzsche allerdings stärker den Aspekt der Phantasie, des Spiels und des Scheins hervor, und zwar im Problemhorizont der Lüge. Er hält den Griechen ihre Fabulierlust vor, die sie "so geplagt" habe,

> dass es ihnen im Alltagsleben schwer wurde, sich von Lug und Trug frei zu halten, wie alles Poetenvolk eine solche Lust an der Lüge hat und obendrein noch die Unschuld dabei. (2, 146 – MA I; vgl. 8, 70)

Der Poet resp. die Poesie wird in den Bereich der Lüge verwiesen. Die Dichter produzieren eine rein fiktive Welt. Dabei ist ihr Tun absichtsvoll und unschuldig zugleich, gewissermaßen von einem naiven Raffinement. Für den kritischen Denker haben sie ihre Dignität verloren.Er nennt sie abschätzig "Poetenvolk". Damit rückt Nietzsche die Kunst ins Zwielicht. Sie wird nun gemessen am Maßstab der Wahrheit, und diesem Maßstab hält sie nicht stand. Sie ermöglicht zwar das Leben, aber sie verschleiert die Wahrheit: "Die Kunst macht den Anblick des Lebens erträglich, dadurch dass sie den Flor des unreinen Denkens über dasselbe legt." (2, 144 – MA I). Die Kunst als Schein – dies ist ein konstantes Denkmotiv Nietzsches. Aber dieses Motiv unterliegt in den einzelnen Schaffensperioden bestimmten Wandlungen, wobei dem Phänomen des Scheins jeweils eine spezifische Ambiguität anhaftet. In der *Geburt der Tragödie* ist eine dreifache Bedeutungsrichtung des Begriffs "Schein" zu beachten: erstens der Schein als Schein der empirischen Realität, zweitens der Schein als schöner, verklärender Schein, als apollinischer Schein, drittens der apollinische Schein als Produkt des dionysischen Lebens, das Komplementärverhältnis von Apollinischem und Dionysischem. Hier ist der ästhetische Schein ein höchst 'positives' Phänomen, nicht nur auf Grund seiner lebenserhaltenden Funktion, sondern auch wegen des genetischen Zusammenhangs mit dem dionysischen Leben. In *Menschliches, Allzumenschliches* hingegen ist der ästhetische Schein der täuschende, lügnerische Schein, der Schein, der an der Wahrheit gemessen und verworfen wird. Nun ist der Schein mit der Lüge verquickt. Mehr und mehr beherrscht die Spannung von Wahrheit und Lüge das Denken Nietzsches. Sie wird ihn bis zuletzt nicht mehr loslassen.

In einem 'ideologiekritischen' Werk wie *Menschliches, Allzumenschliches*, in dem Ratio, Analyse und Aufklärung vorherrschen, wird der frühere Kunst-Enthusiasmus Nietzsches durch einen ausgesprochenen Kunst-Skeptizismus abgelöst. Besonders deutlich zeigt sich dies in der Bewertung des Verhältnisses von Kunst und Wissenschaft. Während in der *Geburt der Tragödie* der wissenschaftlich-theoretische Mensch gegenüber dem intuitiv-schöpferischen Künstler abgewertet wird, erhält er in *Menschliches, Allzumenschliches* den Vorrang vor dem Künstler, da er nicht, wie der Künstler, dem Schein huldigt, sondern der Wahrheit verpflichtet ist. Dabei ist der Wahrheitsbegriff des "Freigeistes" Nietzsche weniger vom Prinzip der wissenschaftlichen Objektivität als vielmehr vom Ethos der Wahrhaftigkeit geprägt. Die vom Herkommen sich emanzipierende Freiheit des Denkens wird nun von Nietzsche favorisiert: "Uebrigens gehört es nicht zum Wesen des Freigeistes, dass er richtigere Ansichten hat, sondern vielmehr, dass er sich von dem Herkömmlichen gelöst hat [...]" (2, 190 – MA I). Nicht der objektive, szientistische Sachverhalt, sondern die subjektive, kritische Mobilität des Denkens ist entscheidend. Es ist dies freilich ein Denken, das vom Prinzip der Wahrhaftigkeit geleitet ist. Erst vor dem Hintergrund dieser inneren Wahrhaftigkeit kann das Problem der Lüge für Nietzsche zum existentiellen Problem werden. Erst im Lichte der Wahrhaftigkeit gewinnt das wissenschaftliche Ethos seinen Rang. Nietzsche gesteht nun dem Wissenschaftler den Vorrang vor dem Künstler zu. Im Textstück *Warum Gelehrte edler als Künstler sind* heißt es:

> Die Wissenschaft bedarf *edlerer* Naturen als die Dichtkunst: sie müssen einfacher, weniger ehrgeizig, enthaltsamer, stiller, nicht so auf Nachruhm bedacht sein [...] die fortwährende Aufforderung zur grössten Nüchternheit schwächt ihren *Willen*, das Feuer wird nicht so stark unterhalten, wie auf dem Heerde der dichterischen Naturen [...] (2, 467 – VM)

Nüchternheit, Sachlichkeit, Objektivität zeichnen den Wissenschaftler ebenso aus wie Einfachheit und Bescheidenheit, alles Tugenden, die dem ichbezogenen, emotionalen und ruhmsüchtigen Künstler fehlen. Während das Interesse des Künstlers sich im Grunde nur auf die eigene Person richtet, ist der Wissenschaftler an der Sache selbst interessiert. Nicht das Pathos der Kunst, sondern das Ethos der Wahrheit bestimmt nun die Perspektive Nietzsches. Daß diese Redlichkeit sich nicht als objektiv-wissenschaftliche Analyse, sondern als subjektiv-polemische Kritik entfaltet, ist in der Denkweise Nietzsches, diesem engagierten Denken, begründet, das sich immer in der Auseinandersetzung, der kritischen oder affirmativen Auseinandersetzung, mit seinen Sujets vollzieht.

Bezeichnenderweise stellt sich bei Nietzsche das Wahrheitsproblem nicht als erkenntnistheoretische Alternative von Wahrheit und Falschheit, sondern als ethische (und existentielle) Alternative von Wahrheit und Lüge. Im Hinblick auf die Kunst erfährt diese Problematik ihre extreme Zuspitzung in Nietzsches Dichtungsauffassung, in der These vom Lügencharakter der Dichtung. Im Textstück *Die angebliche "wirkliche Wirklichkeit"* erhebt der Kunst-Kritiker Nietzsche gegen die Dichter den Vorwurf, eine fiktive Welt aufzubauen, diese Schein-Realität zur wahren Wirklichkeit zu erklären und schließlich sogar selbst an die Wahrheit dieser Schein-Wirklichkeit zu glauben:

> Der Dichter stellt sich so, wenn er die einzelnen Berufsarten [...] schildert, als ob er diese Dinge von Grund aus kenne und ein *Wissender* sei; ja bei der Auseinanderlegung menschlicher Handlungen und Geschicke benimmt er sich, wie als ob er beim Ausspinnen des ganzen Weltennetzes zugegen gewesen sei: in so fern ist er ein Betrüger. Und zwar betrügt er vor lauter *Nichtwissenden* – und desshalb gelingt es ihm: diese bringen ihm das Lob seines ächten und tiefen Wissens entgegen und verleiten ihn endlich zu dem Wahne, er wisse die Dinge wirklich so gut wie der einzelne Kenner und Macher, ja wie die grosse Welten-

Spinne selber. Zuletzt also wird der Betrüger ehrlich und glaubt an seine Wahrhaftigkeit. [...] und immer haben die Menschen gemeint, das werthvoller Scheinende sei das Wahrere, Wirklichere. Die Dichter, die sich dieser Macht *bewusst* sind, gehen absichtlich darauf aus, Das, was für gewöhnlich Wirklichkeit genannt wird, zu verunglimpfen und zum Unsichern, Scheinbaren, Unächten, Sünd-, Leid- und Trugvollen umzubilden [...] damit dann, nach dieser Umdunkelung, ihre Zauberei und Seelenmagie recht unbedenklich als Weg zur "wahren Wahrheit", zur "wirklichen Wirklichkeit" verstanden werde. (2, 394 – VM; vgl. 14, 165 f. – Der Dichter als Betrüger) – Zur "Spinne" vgl. Benns *Quartär* –.

Die poetische Diskrepanz zwischen Sein und Schein, der Widerspruch zwischen dem Omnipotenzanspruch des Dichters und der Fiktionalität der dichterischen Welt, die Produktion der poetischen Lüge durch magisch-rituale Attitüden, die autogene Selbstverstrickung des Dichters in den psychologischen Mechanismus von Täuschung und Selbsttäuschung, die Hypostasierung des (trügerischen) Scheins zur (wahren) Wirklichkeit – dies sind die Hauptpunkte der Nietzscheschen Dichter-Kritik. Der Dichter erscheint im wahrsten Sinne des Wortes als betrogener Betrüger. Ihren Gipfel erreichen Täuschungs- und Selbsttäuschungsmanöver des Dichters in der Selbststilisierung zum *creator omnipotens*. So ist z.B. die auktoriale Souveränität des Dramatikers, der menschliche Motivationen und Handlungen dramatisiert und einen Kausalnexus zwischen Mensch und Welt darstellt, eine Anmaßung, denn sie setzt nicht nur eine logische Weltstruktur, sondern auch die wissende Einsicht des Dichters in den Weltzusammenhang voraus. Beide Voraussetzungen aber sind nichts als Fiktionen. Der Psychologe Nietzsche interpretiert die "*Verinnerlichung* des Menschen" als Kompensation mangelnder Außenwirkung durch die "Imagination", speziell durch die künstlerische Tätigkeit, die die realen Triebe zu mythischen Mächten personifiziert, Psychologie durch Dämonologie ersetzend: "im Künstler tritt die zurückgetretene Verstellungs- und Lügenkraft auf; die Triebe werden zu Dämonen umgeschaffen, mit denen es Kampf gibt usw." (III, 418). Die scheinbildende Tätigkeit des Künstlers erstreckt sich auf alle Lebensbereiche. Ob es sich um psychologische, ästhetische oder metaphysische Probleme, aber auch um gesellschaftliche und geschichtliche Komplexe handelt – überall betreibt der Künstler die Fabrikation der Fiktionen.[377] In der kritischen Phase von *Menschliches, Allzumenschliches* wird der Schein- und Lügencharakter der Kunst von Nietzsche mit besonderem Nachdruck betont. Im Fragment *Das Jenseits in der Kunst* lauten bezeichnende Sentenzen:

Nicht ohne tiefen Schmerz gesteht man sich ein, dass die Künstler aller Zeiten in ihrem höchsten Aufschwunge gerade jene Vorstellungen zu einer himmlischen Verklärung hinaufgetragen haben, welche wir jetzt als falsch erkennen: sie sind die Verherrlicher der religiösen und philosophischen Irrthümer der Menschheit,

377 Später wird Carl Einstein die schärfste Attacke gegen die "Fabrikation der Fiktionen", gegen den subjektivistischen, artistischen und scheinhaften Charakter der modernen Kunst reiten, in der er den Versuch sieht, die Realität "durch fiktive und autistische Zeichen zu ersetzen [...] Mit der Fiktion zerreißt man die Kette des Konkreten und des Kausalen." (*Einstein*, Fabrikation, 132).

> und sie hätten diess nicht sein können ohne den Glauben an die absolute Wahrheit derselben. (2, 180 – MA I)

Die Kunst wird nicht nur am Maßstab der Wahrheit gemessen und als Schein verworfen, sondern sie wird auch, gewissermaßen ideologiekritisch, als eine Funktion des jeweiligen Kultursyndroms entlarvt. Zugleich wird sie historisch relativiert, indem die bisherige Kunstmetaphysik als obsolete Geschichte der Kunst gedeutet wird, die für eine zukünftige Geschichtsbetrachtung nur noch legendäre Bedeutung habe: "Es wird eine rührende Sage daraus werden, dass es eine solche Kunst, einen solchen Künstlerglauben gegeben habe." (ebd.). Nietzsche bezieht sich auf die bisherigen Kunstperioden, auf "jene Gattung von Kunst", die, wie die Kunst Dantes, Raffaels, Michelangelos oder der Gotik, "nicht nur eine kosmische, sondern auch eine metaphysische Bedeutung der Kunstobjecte voraussetzt" (ebd.). Die kosmisch-metaphysische Kunst – Nietzsche hatte sie selbst, in der *Geburt der Tragödie*, emphatisch gefordert. Nun enthüllt sie sich ihm als bloße Fiktion, eine Desillusion, die ihn in eine elegisch-sentimentalische Stimmung versetzt. Dem Künstler fällt der Abschied von der Kunst nicht leicht. Dabei ist allerdings zwischen genereller und historischer Kunst-Kritik zu unterscheiden. Die Krise der Kunst kann als Krise der Kunst überhaupt auftreten. So steht im Fragment *Abendröthe der Kunst* die Kunst schlechthin zur Disposition. Vom Künstler heißt es dort:

> Den Künstler wird man bald als ein herrliches Ueberbleibsel ansehen und ihm, wie einem wunderbaren Fremden, an dessen Kraft und Schönheit das Glück früherer Zeiten hieng, Ehren erweisen, wie wir sie nicht leicht Unseresgleichen gönnen. (2, 186 – MA I)

Bei aller Kritik der Kunst und des Künstlers – Nietzsche vermag sich auch in dieser kritischen Phase nicht von der Kunst zu lösen. Sicher, er betreibt die Zersetzung des Kunstbegriffs. Kunst und Künstler werden zum Gegenstand der Entlarvungspsychologie. Im Textstück *Der Wahrheitssinn des Künstlers* betont er, der Künstler habe "eine schwächere Moralität, als der Denker". Im Unterschied zur "wissenschaftlichen Hingebung an das Wahre in jeder Gestalt" neige der Künstler zum "Phantastischen, Mythischen, Unsicheren, Extremen" (2, 142 – MA I). Im Textstück *Die Kunst als Todtenbeschwörerin* hebt er die antiquarische Funktion der Kunst hervor, ihre "Aufgabe zu conserviren, auch wohl erloschene, verblichene Vorstellungen ein Wenig wieder aufzufärben" (ebd.). Im Textstück *Dichter als Erleichterer des Lebens* wirft er den Dichtern vor, sie würden durch die Verklärung der Vergangenheit von der "mühseligen Gegenwart" ablenken:

> Um diess zu können, müssen sie selbst in manchen Hinsichten rückwärts gewendete Wesen sein: so dass man sie als Brücken zu ganz fernen Zeiten und Vorstellungen, zu absterbenden oder abgestorbenen Religionen und Culturen gebrauchen kann. Sie sind eigentlich immer und nothwendig *Epigonen*. (2, 143 – MA I; vgl. 8, 85)

Dennoch kann Nietzsche nicht umhin, die von der Kunst in verstärktem Maße ausgehende Suggestion zu vermerken. Im Textstück *Beseelung der Kunst* heißt es:

> Die Kunst erhebt ihr Haupt, wo die Religionen nachlassen. Sie übernimmt eine Menge durch die Religion erzeugter Gefühle und Stimmungen, legt sie an ihr Herz und wird jetzt selber tiefer, seelenvoller, so dass sie Erhebung und Begeisterung mitzutheilen vermag, was sie vordem noch nicht konnte. (2, 144 – MA I)[378]

Die Kunst erscheint als eine Art Hohlform, die sich mit heimatlos gewordenen Gefühlen füllt. Sie wird zum Religionsersatz. Aber sie gewinnt auch eine neue Gefühlsintensität. Nietzsches Verhältnis zur Kunst ist in dieser Phase von eigentümlicher Zwiespältigkeit. Der scharfe Kritiker der Kunst kann seine geheime Liebe zur Kunst nicht verleugnen. Im Textstück *Die Kunst macht dem Denker das Herz schwer* schreibt er, mit Bezug auf Beethovens neunte Symphonie,

> dass noch im Freigeiste, wenn er sich alles Metaphysischen entschlagen hat, die höchsten Wirkungen der Kunst leicht ein Miterklingen der lange verstummten, ja zerrissenen metaphysischen Saite hervorbringen [...] (2, 145 – MA I)

Der "Freigeist" Nietzsche will allerdings dieser Sehnsucht nach der "verlorenen Geliebten, nenne man sie nun Religion oder Metaphysik", nicht nachgeben, sondern deutet die Kunstgefühle als Probierstein des Denkens: "In solchen Augenblicken wird sein intellectualer Charakter auf die Probe gestellt." (ebd.). Und im Textstück *Was von der Kunst übrig bleibt* erklärt er den Wissenschaftler zum Nachfolger des Künstlers: "Der wissenschaftliche Mensch ist die Weiterentwickelung des künstlerischen." (2, 186 – MA I).

In dem durch Abbau der metaphysischen Wahrheiten gekennzeichneten wissenschaftlich-kritischen Zeitalter ist die Kunst resp. der Künstler nur noch antiquarischer Gegenstand der historisierenden Verehrung. Die Kunst erscheint als kostbares Fossil. Somit kann Nietzsches Kunst-Kritik die Kunst *in toto* betreffen und das Ende der Kunst überhaupt diagnostizieren. Sie kann sich aber auch auf die vergangene Kunst beschränken und in der Kritik zugleich neue, zukünftige Möglichkeiten der Kunst avisieren. Im Fragment *Gewählte Wirklichkeit* wird die vergangene Dichtung als bloß phantastische Dichtung abgetan, während die zukünftige Dichtung als realistische Dichtung eine neue Möglichkeit des künstlerischen Schaffens darstellt:

> so wird der gute Dichter der Zukunft *nur Wirkliches* darstellen und von allen phantastischen, abergläubischen, halbredlichen, abgeklungenen Gegenständen, an denen frühere Dichter ihre Kraft zeigten, völlig absehen. (2, 426 – VM)

378 Im historischen Prozeß der Aufklärung verlagert sich das Gefühl aus der Religion in die Kunst: "so wirft sich das Gefühl, durch die Aufklärung aus der religiösen Sphäre hinausgedrängt, in die Kunst; in einzelnen Fällen auch auf das politische Leben, ja selbst direct auf die Wissenschaft." (ebd.). Die ästhetische Säkularisierung des religiösen Gefühls konnte Nietzsche bei Lecky nachlesen, der die seit dem 12. Jahrhundert über die Renaissance bis in die Aufklärung sich vollziehende ästhetische Allegorisierung der religiösen Kunst beschreibt. "Der Sinn für Schönheit beeinträchtigte und verschlang allmälich das Gefühl der Frömmigkeit [...] Die Religion einer Zeit ist oft die Poesie der nächsten." (*Lecky*, Aufklärung I, 203).

Nietzsche hat sogar die Zukunftsvision eines idealen Staates, in dem die auf den Schein gegründete Kunst überflüssig sei und nur noch rückständige Menschen sich der Kunst erinnern würden:

> Es könnten Kräfte, durch welche zum Beispiel die Kunst bedingt ist, geradezu aussterben; die Lust am Lügen, am Ungenauen, am Symbolischen, am Rausche, an der Ekstase könnte in Missachtung kommen. Ja, ist das Leben erst im vollkommenen Staate geordnet, so ist aus der Gegenwart gar kein Motiv zur Dichtung mehr zu entnehmen, und es würden allein die zurückgebliebenen Menschen sein, welche nach dichterischer Unwirklichkeit verlangten. (2, 196 – MA I; vgl. 8, 92)

Dies ist die Utopie einer wirklichkeitsgesättigten, kunstlosen Gesellschaft. Diese positive resp. negative Utopie einer idealen Gesellschaft basiert auf dem Gedanken, daß Kunst Kompensation sei, ein Wirklichkeitsdefizit ausgleichen müsse und daß im Falle der realen Wirklichkeitsbewältigung die auf den Schein gegründete Kunst ihre Funktion und Existenzberechtigung verliere. Diesen ästhetischen Realismus vertritt Nietzsche allerdings nur in seiner kritisch-analytischen Phase, in der mittleren Phase, in der er Genie, Intuition, Inspiration und Mythos schroff ablehnt, im Zeichen eines von aufklärerischen, wissenschaftlichen Prinzipien geleiteten Denkens. "Genie" (vgl. u.a. das Textstück *Cultus des Genius' aus Eitelkeit*, 2, 151 f. – MA I), "'Intuition'" (2, 152) und "Inspiration" (vgl. vor allem die Textstücke *Glaube an Inspiration* sowie *Nochmals die Inspiration*, 2, 146 f. – MA I) erscheinen als bloße Fiktionen.[379] An ihre Stelle tritt das Ideal des zukünftigen wirklichkeitsnahen Dichters. Im Fragment *Der Ernst des Handwerks* wird die Genialität auf das handwerkliche Machen reduziert. Nietzsche geriert sich sogar als strenger Empiriker, wenn er die Lehre von den angeborenen Sonderfähigkeiten schroff zurückweist:

> Redet nur nicht von Begabung, angeborenen Talenten! Es sind grosse Männer aller Art zu nennen, welche wenig begabt waren. Aber sie *bekamen* Grösse, wurden "Genie's" (wie man sagt) [...] sie hatten Alle jenen tüchtigen Handwerker-Ernst [...] (2, 152 f. – MA I)

Nietzsche verkündet in diesem Zusammenhang eine induktive Ästhetik. Der Dichter soll sich nicht von dem "Effecte eines blendenden Ganzen", sondern von der "Lust am Gutmachen des Kleinen, Nebensächlichen" leiten lassen, und bevor er sich an "ein grosses Ganzes" wagt, soll er sich bemühen, "die Theile vollkommen zu bilden". Nietzsche läßt es sich sogar angelegen sein, wie ein

---

379 In dieser Genie- und Inspirationsdemontage trifft sich Nietzsche mit der naturalistischen Avantgarde. So hält Arno Holz das "Wörtchen 'Genie'" für eine Eselei: "Man kennt ja die Geschichte: Wo das Genie auftritt, hat das Naturgesetz plötzlich ein Loch – bumm!" Dem Künstler wird vorgeworfen, "einen möglichst grossen Nebel um sich zu breiten", sich als Mythos zu inszenieren, "nicht mehr erklärbar aus seinem Milieu heraus und nur ein Beweihräucherungsobject für die anbetungsbedürftige Menge" (*Holz*, Die Kunst, 7 f.). "Lassen wir also alle sogenannte 'Intuition' und 'Inspiration' und wie dergleichen grossbrockiges Zeug sich sonst noch betiteln mag – natürlich immer dem lieben pp. Spiegel vis-à-vis notabene – bei Seite und den Poseuren und Zirkusreitern und halten wir uns lieber 'hausbacken' an die Tathsachen" (ebd., 6).

barocker *poeta doctus* die dichterische Tätigkeit zum erlernbaren Handwerk zu erklären. "Das Recept zum Beispiel, wie Einer ein guter Novellist werden kann, ist leicht zu geben [...] Man mache nur hundert und mehr Entwürfe zu Novellen [...]" Man soll nicht mit dem "Ganzen", sondern mit dem "Theile" anfangen (2, 153 – MA I). Der "zukünftige Meister" soll "schrittweise durch alle Bedingungen seines Handwerks" geführt werden (2, 154 – MA I). Handwerkliche Arbeit, kritische Kontrolle durch Werkentwürfe, das Machen des Kunstwerks sind nun die Signa des ästhetischen Prozesses. Die traditionelle Inspirations- und Genie-Ästhetik sowie der Mythos des Kunstwerks werden abgelehnt zugunsten einer progressiv-realistischen Kunst und einer rationalistischen Ästhetik des sachlichen Machens.

Nietzsche wird diese rationalistisch-realistische Position allerdings schon bald wieder aufgeben und erneut das künstlerische Schaffen zu einem irrational-mythischen Vorgang stilisieren, und zwar wiederum im Zeichen des Dionysos. Der Wandel der Perspektive läßt sich am Wechsel der Genie-Problematik verdeutlichen. In stichwortartiger Verkürzung könnte man sagen: Es ist der Wandel vom Genie-*haben* über das Genie-*verneinen* zum Genie-*sein*. In der ersten Schaffensperiode, zur Zeit der *Geburt der Tragödie*, dominiert der Mythos der Inspiration, die Vorstellung vom inspirierenden Gott, die Idee des Dionysos, der den Künstler als sein Sprachrohr benutzt, der Gedanke des "Genius" als des Weltwillens. Im künstlerischen Subjekt spricht das 'göttliche' Ingenium, der Urwille der Welt. Der Künstler *ist* noch nicht selbst das Genie, sondern er *hat* Genie, das heißt, er partizipiert am metaphysischen Ingenium. In der zweiten Schaffensperiode, die insbesondere durch *Menschliches, Allzumenschliches* geprägt ist, wird das Genie verneint, zur reinen Fiktion erklärt und durch den Kunsthandwerker ersetzt. In der dritten Schaffensperiode, die man mit der *Morgenröthe* beginnen lassen könnte, gewinnt der Künstler eine neue Dignität als schaffendes Subjekt. Zarathustra *ist* ein Genie. Er ist ein potenziertes Originalgenie. In ihm erreicht das moderne Genie seine unüberbietbare Zuspitzung. Unabhängig vom Bedeutungswandel in den einzelnen Schaffensperioden verbindet Nietzsches Geniebegriff grundsätzlich die Psychologie und Physiologie des Genies mit dem Mythos und der Metaphysik des Genies. Nietzsches Enthüllungspsychologie stellt fest, daß "man heute 'Genie' als eine Form der Neurose beurtheilen dürfte" (13, 298), daß man das Wort "Genie" "ohne allen mythologischen und religiösen Beigeschmack" benutzen müsse (2, 194 – MA I). Der Physiologe Nietzsche macht das "Genie" abhängig von der "Frage der Ernährung" und der "Frage nach *Ort* und *Klima*" (6, 281 – EH; vgl. 6, 284 – EH), wie er noch in *Ecce homo* schreibt. Die Physiologie des Genies wird verknüpft mit satirischen Seitenhieben gegen die herrschende Kultur:

> Eine zur schlechten Gewohnheit gewordne noch so kleine Eingeweide-Trägheit genügt vollständig, um aus einem Genie etwas Mittelmässiges, etwas "Deutsches" zu machen; das deutsche Klima allein ist ausreichend, um starke und selbst heroisch angelegte Eingeweide zu entmuthigen. (6, 282 – EH)

Das "Genie" ist abhängig von physiologischen und klimatischen Determinanten. Der junge Nietzsche glaubte an die "Metaphysik des Genius" (1, 700 – BA), huldigte einem "neuen Kultus des Genius" (B 2, 249 – 1.-3.2.68 – an Rohde) und protestierte gegen den Abbau des "Genies" durch die modernen Arbeitsmenschen: "Die Kärrner haben unter sich einen Arbeitsvertrag gemacht und das Genie als überflüssig decretirt – dadurch dass jeder Kärrner zum Genie umgestempelt wird [...]" (1, 301 – HL). Später, in der *Morgenröthe*, wird der "*Genieglaube*" als eine aus der "*Müdigkeit*" "grosser und halbgrosser Männer des Geistes" erwachsende gefährliche Selbststilisierung gedeutet, als "Glaube an eine Ausnahmestellung und an Ausnahmerechte. Der von ihm heimgesuchte Denker hält es nunmehr für erlaubt, *sich es leichter zu machen* und als Genie mehr zu decretiren, als zu beweisen [...]" (3, 310 – M). Nietzsche schlägt den Bogen vom Genie-Enthusiasmus zum Genie-Skeptizismus. Was die von ihm gerügte Selbststilisierung betrifft, so ist er ihr in den achtziger Jahren selbst verfallen, in seinen großen imperatorischen Gebärden. Der mittlere und spätere Nietzsche versieht den Geniebegriff in der Regel mit pejorativem Akzent, betreibt die psychologische, physiologische und historische Demaskierung des Genies und zerstört auf diese Weise einen Eckpfeiler der traditionellen Ästhetik. Diese Kritik wird aber auch mit genuin ästhetischen Argumenten bestritten. Im Zusammenhang der Wagner-Kritik erscheinen die modernen "'Genies'" als "*Herolde* der Gefühle, mit denen man Massen begeistert" (13, 367). Das moderne "Genie" ist das Produkt der öffentlichen Propaganda:

> ohne Marktschreierei und Heiserkeit giebt es jetzt kein Genie mehr. – Das ist nun freilich ein böses Zeitalter für den Denker: er muss lernen, zwischen zwei Lärmen noch seine Stille zu finden [...] (3, 558 – FW; vgl. 9, 584 u. 9, 625 f.)

Hier, in der *Fröhlichen Wissenschaft*, wird dem scheinhaften "Genie" der ernsthafte "Denker" entgegengestellt. Die "Genie"-Propaganda dient dem Personenkult. Die Künstler suchen sich "ein *weniger artistisches* Publikum, welches unbedingt ist in seiner Liebe (– und alsbald vor der *Person* niederkniet...) Dazu dient die Superstition unseres Jahrhunderts, der Aberglaube vom *Genie* ..." (12, 436).[380] Das moderne "Genie" ist nicht an der Kunst, sondern am Ruhm interessiert. Bei aller "Genie"-Kritik – den modernen "Genies" eignet dennoch eine eigentümliche Ambivalenz, denn sosehr das "Genie" auch aus Talmi besteht, sosehr entwickelt es auch ein ästhetisches Differenzierungsvermögen. Es ist "Charlatan" und "Virtuose" ineins (12, 436). Weiter heißt es:

380 Nietzsche wendet sich gegen den "dummen Genie-Aberglauben", den Schopenhauer "von den Romantikern gelernt hatte" (11, 13). Novalis glaubte an die "höhern Mächte in uns, die einst als Genien unsern Willen vollbringen werden" (S II, 564). Friedrich Schlegel betont die freie Tat des Genies: "Die gewöhnliche Meinung analytischer Denker ist, das *Genie* sei nothwendig, Natur und Praedestinazion, unerklärlich; – das Genie ist ein Act und eine Wirkung der Freiheit." (Notizen, 39). Das "*Genie*" ist das "absolut setzende Vermögen" (ebd., 60), die "reelle Kraft im Menschen" (ebd., 184). [Vgl. Notizen, 122, 169, 197]. Der romantische Geniebegriff geht nicht nur von inspiratorischen Mächten, sondern auch vom schaffenden Subjekt aus. Und in dieser Hinsicht steht Nietzsche ihm näher, als ihm selber klar ist. Im Grundzug korrespondieren die Schlegelschen Bestimmungen des 'Genies' dem Nietzscheschen Begriff des 'Schaffenden'. Nietzsche ging es in seiner 'Genie'-Kritik in erster Linie um den Abbau der Inspirationsästhetik, nicht um die Infragestellung der exzeptionellen Kraft des Schaffenden.

> [...] unsere spezifischen "Genies" des Jahrhunderts, groß für Beides; große Charlatanerie Victor Hugo's und R. Wagners, aber gepaart mit so viel ächtem *Virtuosenthum*, daß sie auch den Raffinirtesten im Sinne der Kunst selbst genug thäten (12, 436 – 1887)

Es gehört zu den Zweideutigkeiten Nietzsches, daß er einerseits im Hinblick auf das "Genie" Enthüllungspsychologie betreibt und andererseits die Dignität des "Genies" zu wahren versucht und sich gegen das Beschnüffeln des "Genies" wendet. So wirft er den psychologisierenden "Priestern" vor, "daß sie bei der 'Welt' nach Schmutz suchen. Voran bei den Ersten der Welt, bei den 'Genies': man erinnere sich, wie jeder Zeit in Deutschland gegen Goethe angekämpft worden ist [...]" (13, 452 f.).[381]

Nietzsche vollzieht nicht nur die Psychologisierung, sondern auch die Mythisierung des Genies. Beide Tendenzen gehen bei ihm Hand in Hand. Die Psychologisierung zielt auf den Abbau des Genies. Sie erwächst aus der subversiven Tendenz zur Aufhebung der etablierten Wertvorstellungen und ist vor allem gegen die traditionelle Genie-Ästhetik gerichtet. Die Mythisierung ist in der Philosophie des schöpferischen Lebens resp. des schaffenden Subjekts begründet. Mit dem *Zarathustra* setzt bei Nietzsche die Apotheose des weltumschaffenden Subjekts ein. Die Idee des werteschaffenden Subjekts ist eine neue Form des Genie-Kults. Dieser Genie-Kult stellt die Genie-Ästhetik des Sturm und Drang noch in den Schatten, denn es geht nicht mehr nur um die subjektive Ausdrucksästhetik, um den poetischen Ausdruck des empfindenden Subjekts, sondern um den Neuentwurf der Welt, um die Seinssetzung durch das (alle menschlichen Dimensionen überschreitende) schaffende Subjekt. Die Doppeltendenz der Nietzscheschen Genie-Auffassung, die psychologisierende Kritik des Genies und die mythisierende Überhöhung des Genies, verdeutlicht erneut den Extremismus dieses Denkens. Die Denkmotive werden jeweils bis zu einem extremen Punkt vorangetrieben. Immer stehen die Dinge auf des Messers Schneide. Immer herrscht die Extremsituation. Nietzsche ist in seinem Denken schrankenlos. Der Analytiker Nietzsche geht den Dingen mit schonungsloser, bohrender Intensität auf den Grund, enthüllt kompromißlos die 'wahren' Sachverhalte und tritt als radikaler Kulturkritiker in Aktion. Der Pathetiker Nietzsche entwirft große Visionen eines neuen Menschen, einer neuen Menschheit, einer neuen Daseinsform. Es ist nicht zuletzt das extrem Zugespitzte der Nietzscheschen Perspektiven, was ihre Faszination ausmacht. Nicht ohne Grund verweist Nietzsche selbst einmal auf "die *Magie des Extrems*, die Verführung, die alles Äußerste übt" (III, 601). Sowohl von der schrankenlosen Polemik als auch von dem hyperbolischen Pathos Nietzsches geht diese Suggestion aus. Gerade die Doppeltendenz der Genie-Deutung, die kritische Tendenz der Genie-Entlarvung und die pathetische Tendenz der Genie-Verklärung, ist ein besonders markantes Indiz eines ständig in Extremen denkenden Geistes. Dabei hängen beide Tendenzen innerlich zusammen, denn die Genie-Kritik ist als Abbau des tradi-

381 Hier stützt sich Nietzsche auf *Hehn*, Goethe (vgl. das Kapitel >Goethe und das Publikum<). Vgl. 14, 765.

tionellen Genie-Begriffs die Voraussetzung des neuen Genie-Begriffs, d.h. des schaffenden Subjekts als des *creator omnipotens*. Der kritische Analytiker räumt dem pathetischen Mythiker gewissermaßen den Weg frei. Der Abbau des "Genies" und der Mythos des Schaffenden bedingen einander. Die psychologisierende, historisierende Kritik und das stilisierende, mythisierende Pathos ergänzen sich.

Das Komplementärverhältnis von Analyse und Pathos, Kritik und Utopie, Enthüllung und Entwurf zeigt sich eindringlich in der Problematik von 'Wahrheit' und 'Lüge'. Es entwickelt sich eine hintergründige Dialektik von "Wahrheit" und "Lüge", basierend auf der Paradoxie, daß zwischen "Wahrheit" und "Lüge" nicht nur ein kontradiktorisches, sondern auch ein komplementäres Verhältnis besteht. "Wahrheit" und "Lüge" schließen sich gegenseitig aus und bedingen doch einander wechselseitig. Sie stoßen sich voneinander ab und ziehen sich doch gegenseitig an. Einerseits scheint zwischen "Wahrheit" und "Lüge" eine unüberbrückbare Kluft zu bestehen, auf Grund der Verabschiedung des Wahrheitsbegriffs und der Verabsolutierung des Scheins, der Lüge. In dem Maße, in dem die "Wahrheit" abgewertet wird, wird die "Lüge" aufgewertet. Die "Lüge" wird nicht mehr nur als defizienter Modus der "Wahrheit", sondern als eine Dimension *sui generis* verstanden. Sie ist nicht nur das Gegenteil der "Wahrheit", sondern stellt eine Eigenwirklichkeit dar. Das Irreale, Imaginäre, Scheinhafte erhält Seinscharakter. Andererseits setzt die Differenz von "Wahrheit" und "Lüge" immer noch die Orientierung am Phänomen "Wahrheit" voraus, und wenn auch nur *ex negativo*. Wer wie Nietzsche so bedingungslos um die Sanktionierung der Lüge ringt, ist in seinem Denken auf einen (wie immer gearteten) Wahrheitsbegriff fixiert. Im Denken Nietzsches spielt sich ein Prozeß der Emanzipation von der "Wahrheit" ab, aber dieser Denkprozeß, dieses leidenschaftliche Bemühen, die "Wahrheit" *ad acta* zu legen, ist ein Indiz für die tiefe, letztlich unaufhebbare Verstrickung Nietzsches in das Problem der "Wahrheit".

Die Sache verkompliziert sich durch die Mehrdeutigkeit des bei Nietzsche thematisierten Wahrheitsbegriffs. Nietzsches Kritik der "Wahrheit" bezieht sich in erster Linie auf den traditionellen Wahrheitsbegriff, in dem Wahrheit als *adaequatio rei et intellectus*, als Übereinstimmung von Sache und Denken, verstanden wird. Nietzsche wird nicht müde, diesen Wahrheitsbegriff zu attackieren. Zugleich aber gewinnt das Phänomen Wahrheit bei Nietzsche eine neue Dignität, indem er seine großen Grundideen als die neue Wahrheit verkündet. In dieser Hinsicht tritt er mit dem Wahrheitsanspruch eines Religionsstifters auf. Und schließlich kann bei ihm Wahrheit zu einer existentiellen Kategorie im Sinne von Wahrhaftigkeit werden. Dann ist die "Wahrheit" "nicht nur kalte folgenlose Erkenntniss, sondern die ordnende und strafende Richterin" (1, 286 – HL). "Nur insofern der Wahrhafte den unbedingten Willen hat, gerecht zu sein, ist an dem überall so gedankenlos glorificirten Streben nach Wahrheit etwas Grosses" (1, 287 – HL). Nietzsche betreibt die Destruktion der "Wahrheit", der "Wahrheit" als einer objektiven Größe. Ein Fragment vom Frühjahr 1880 lautet:

> Das Neue an unserer jetzigen Stellung zur Philosophie ist eine Überzeugung, die noch kein Zeitalter hatte: *daß wir die Wahrheit nicht haben.* Alle früheren Menschen "hatten die Wahrheit": selbst die Skeptiker. (9, 52)[382]

Aber die Auflösung des traditionellen Wahrheitsbegriffs und der daraus erwachsende neue Daseins- und Weltentwurf sind selbst eine "Wahrheit". Ein Fragment von 1888/89 lautet:

> Und trotzdem oder vielmehr *nicht* trotzde<m>, denn alle Propheten waren bisher Lügner – redet aus mir die Wahrheit. – aber m<eine> Wahrheit ist *furchtbar*: denn man hieß bisher die *Lüge* Wahrheit... (13, 640; vgl. 6, 365 – EH)[383]

In dieser schon monumentalen Gebärde des späten Nietzsche kommt noch einmal die ganze Dialektik des Wahrheitsproblems zum Ausdruck. Legitimiert ist der neue Wahrheitsanspruch durch die innere Wahrhaftigkeit des Schaffenden. Wahrhaftigkeit, Redlichkeit und Unbedingtheit kennzeichnen den Schaffenden.[384] Seine Kritik entspringt der Wahrhaftigkeit. Deshalb steht er in Opposition zur Allgemeinheit. In einem Fragment von 1884 notiert Nietzsche: "Man beobachte aber den *Haß der Heerde* gegen den Wahrhaftigen –" (11, 279). Ende 1880 formuliert er: "Ich bin nicht im Stande, irgend eine Größe anzuerkennen, welche nicht mit *Redlichkeit gegen sich* verbunden ist [...]" (9, 328).[385] Diese Redlichkeit betrifft nicht zuletzt den Künstler. Im Herbst 1880 notiert Nietzsche:

> Redlichkeit in der Kunst – nichts zu thun mit Realismus! Wesentlich Redlichkeit der Künstler gegen ihre Kräfte: sie wollen sich selber nicht belügen, noch berauschen – keinen Effekt auf sich machen, sondern das Erlebniß (den wirklichen Effekt) *nachahmen.* (9, 262)

Obschon diese Sätze in der mittleren, dem Wahrheitsprinzip am stärksten verpflichteten Schaffensperiode Nietzsches geschrieben sind, betreffen sie doch seine Künstler-Auffassung generell, denn die Forderung nach innerer Wahrhaftigkeit des Künstlers taucht bei Nietzsche in allen Schaffensperioden auf und gehört zu seinen ästhetischen Maximen. Wahrheit als objektiver Sachverhalt,

---

382 Am Schluß der Vorstufe heißt es: "wir sind auf dem Ozean" (14, 627). Nietzsche läßt den Skeptizismus insofern hinter sich, als er nicht nur die Erkenntnismöglichkeit der Wahrheit, sondern grundsätzlich das Sein der Wahrheit leugnet.

383 Die Demaskierung der Wahrheit als Lüge kann nur im Zeichen eines Wahrheitsanspruchs erfolgen. Es ergibt sich die Paradoxie, daß Nietzsche einerseits die Wahrheit prinzipiell leugnet und andererseits im Zeichen der Wahrheit gegen die Lüge antritt: "Ich erst habe die Wahrheit *entdeckt*, dadurch dass ich zuerst die Lüge als Lüge empfand – *roch*... Mein Genie ist in meinen Nüstern..." (6, 366 – EH; vgl. 13, 640). Nietzsche konstatiert, daß "die Wahrheit mit der Lüge von Jahrtausenden in Kampf tritt" (6, 366).

384 Nietzsche betreibt die "Selbstüberwindung der Moral aus Wahrhaftigkeit" (6, 367 – EH). Aber er kann selbst die Wahrhaftigkeit ins Zwielicht rücken, denn die "Wahrhaftigkeit" ist "kein Argument" für die "Wahrheit" (3, 72 – M). Nietzsche will sich selbst in der Wahrhaftigkeit nicht beruhigen. Er bezweifelt, daß "der Wahrhaftige mehr werth sei als der Lügner" (11, 651; vgl. auch 10, 657).

385 Die "Redlichkeit" verbietet Nietzsche die "Schauspielerei": "die Schauspielerei gegen sich flößt mir Ekel ein: entdecke ich so etwas, so gelten mir alle großen Leistungen nichts" (ebd.). Obschon die "*Redlichkeit gegen sich*" nicht "etwas so absolut Hohes und Reines" ist, ist sie doch ein "Erforderniß der Reinlichkeit" (9, 326).

Wahrheit als neuer Weltentwurf und Wahrheit als existentielle Wahrhaftigkeit – die Wahrheit bzw. Wahrhaftigkeit zeigt bei Nietzsche vielfältige perspektivische Brechungen. Daß Nietzsche den objektivistischen Wahrheitsbegriff der philosophischen Tradition uneingeschränkt ablehnt, ist im Prinzip des die intersubjektive Wahrheit ausschließenden Perspektivismus begründet. Schwieriger verhält es sich mit dem existentiellen Wahrheitsbegriff, jener unaufhebbaren Verstrickung des Schaffenden in die Grundspannung von "Wahrheit" und "Lüge". Der Schaffende will sich im Schein von der Wahrheit befreien und ist dabei dennoch von einem Pathos der Wahrheit bzw. der Wahrhaftigkeit, der Redlichkeit getragen. Deshalb kann auch die Lüge, die ästhetische Lüge, ins Zwielicht rücken. Sie kann 'vergöttlicht' werden, und sie kann zur Narretei erklärt werden. Dabei ist im Blickfeld zu halten, daß "Wahrheit" für Nietzsche keine statische Größe, nichts objektiv Festes, nichts Endgültiges, sondern nur ein existentiell Erfahrbares, im Lebensvollzug sich Herstellendes, sich ständig perspektivisch Veränderndes ist. Die "Wahrheit" ist keine feste, sondern eine mobile Größe, kein objektivierbarer Besitz, sondern ein allein im Lebensvollzug Aufscheinendes. Wenn das Problem der "Wahrheit" Nietzsche unmittelbar tangiert oder ihn sogar im Kern betrifft, dann ist es nicht die philosophische, die wissenschaftliche oder die ästhetische Wahrheit, sondern die gelebte "Wahrheit", die existentielle Wahrheit, die Wahrheit des Menschseins.

Bei aller vieldeutig schillernden Valenz des Begriffs "Wahrheit" im Denken Nietzsches ist doch festzuhalten, daß er im Prinzip Phänomen und Begriff der "Wahrheit" radikal in Frage stellt. Er kann sich allerdings der Dialektik der "Wahrheit" nicht entziehen, da die Auflösung der traditionellen "Wahrheit" als eines bloßen Scheins einen Wahrheitsanspruch voraussetzt. Dennoch wäre es verfehlt, Nietzsches Problematik der "Lüge" durch den formaldialektischen und inhaltlichen Rekurs auf die "Wahrheit" zu relativieren und zu entschärfen. Es ist vielmehr festzuhalten, daß er die "Lüge" zu einer eigenen Sinnqualität zu erheben versucht und daß die "Wahrheit", an die er dennoch gebunden bleibt, im Grunde eine Wahrheit wider Willen ist. In der forcierten Aufwertung der "Lüge" vergewissert sich Nietzsche der Möglichkeit, die durch das Schwinden der "Wahrheit" entstandene Leerstelle, diese Sinnleere, neu aufzufüllen. Nietzsche ist nicht nur ein verneinender, sondern auch ein bejahender Geist. Nicht weniger stark als der Destruktionstrieb ist das Verehrungsbedürfnis bei ihm ausgeprägt. Es geht ihm nicht nur um die Sabotage der Tradition, sondern auch um den Entwurf des Neuen. Das Problem von "Wahrheit" und "Lüge" wird erst voll verständlich im Problemhorizont der Sinn-Setzung durch den Schaffenden. Mit dem Begriff "Wahrheit" verbindet Nietzsche die Idee eines vorgegebenen Sinnzusammenhangs der Welt. Mit dem Begriff der "Lüge" verbindet er die Idee einer Sinn-Stiftung durch den Schaffenden. Da es keinen antizipierten Sinn mehr gibt, ist die "Wahrheit" sinnlos geworden. Da aber eine neue Sinn-Struktur erforderlich ist, erhält die "Lüge" eine ganz neue Wertigkeit. In der Negation der "Wahrheit" ist bereits der Antrieb zur "Lüge" enthalten. Es ist dabei von entscheidender Bedeutung, daß die "Lüge" den gleich hohen, d.h. metaphysischen Rang einnimmt, den bisher die "Wahrheit" beanspruchte. Nur wenn die

"Lüge" diese Gleichrangigkeit erreicht, kann sie die "Wahrheit" ersetzen und als "göttlich" bezeichnet werden (12, 243). Nietzsche entfacht geradezu eine Psychologie der Lüge, die die "Lüge" als einen spezifischen Modus der "Wahrheit" ausweist, denn der Wille zum Schein erwächst aus dem Wahrheitstrieb: "Als ich die Lust an der Wahrheit haben wollte, da erfand ich die Lüge und den Schein [...]" (10, 224).[386] Nietzsche erhebt den Anspruch, mit der "Lüge" eine neue "Wahrheit" zu verkünden. Die "Lüge" ist die neue "Wahrheit". Selbst der "Wahrhaftige" ist in die Lüge verstrickt: "Der Wahrhaftige endet damit zu begreifen, daß er immer lügt." (10, 48 [= 10, 74]). Das Lügen kann ein Modus der Wahrheitssuche sein: "Lüge ist nicht nur wider sein Wissen reden, sondern auch wider sein Nichtwissen reden." (10, 48; vgl. 10, 75).[387] Zarathustras zentraler Impetus ist der Wahrheitswille: "Wozu Wahrheit? – Es ist der stärkste Trieb *geworden*, der Wille zur Wahrheit! Zarathustra *kann* nicht anders!" (10, 521). Es ergibt sich die Konsequenz, daß die "Wahrheit" eine Form der "Lüge" und die "Lüge" eine Form der "Wahrheit" ist.

Ihre Dignität gewinnt die "Lüge" erst durch den Bezug zum Leben, durch die Doppelfunktion, die sie im Hinblick auf das Leben ausübt, nämlich die Funktion der Lebenserhaltung und der Lebenssteigerung. Ausgehend von der Maxime, daß die Kunst die höchste Form des Scheins, der Lüge sei, kann Nietzsche die bedeutungsschwere Sentenz niederschreiben: "*wir haben die Kunst*, damit wir nicht an der Wahrheit zu Grunde gehn." (13, 500 – 1888).[388] Diesem Satz liegt die Erkenntnis zugrunde: "Die Wahrheit ist häßlich." (ebd.). Das bedeutet, daß Nietzsche mit der Ästhetik der "Lüge" der häßlichen Wirklichkeit den schönen Schein der Kunst entgegensetzt. Mit dem Antagonismus von empirischer Realität und ästhetischem Schein steht er durchaus in der Tradition der klassischen Ästhetik. Nach Schiller ist die Kunst wesenloser Schein, das heißt, sie ist Schein in der Doppelbedeutung des Unwirklichen und des Leuchtens. In seiner Abhandlung *Ueber die ästhetische Erziehung des Menschen in einer Reihe von Briefen* betont Schiller im Hinblick auf den von der "Wirklichkeit und Wahrheit" unterschiedenen "ästhetischen Schein", daß "die Gleichgültigkeit gegen Realität und das Interesse am Schein eine wahre Erweiterung der Menschheit und ein entschiedener Schritt zur Kultur" sei, daß der Mensch im Verhältnis zum Schein nicht etwas 'empfange', sondern etwas 'tue' (NA XX, 399 [26. Brief]), daß er "den Schein als etwas Selbstständiges behandelt" (S. 400) und daß er in ihm seine "Freyheit" zur Geltung bringe: "Dieses menschliche Herrscherrecht übt er aus in der *Kunst des Scheins*" (S. 401). Nietzsches Ästhetik des Scheins bewegt sich durchaus noch in diesem Problemhorizont. Aber für Schil-

---

386 "Wahrhaftigkeit" und "Schein" sind dialektisch ineinander verschränkt: "Das Problem der *Wahrhaftigkeit*. Das Erste und Wichtigste ist nämlich der Wille zum Schein [...] das Setzen des Unwahren als wahr" (11, 244).

387 Nietzsche betreibt eine subtile Psychologie der Lüge. Er setzt beim Lügner, der um der Lebensbewältigung willen lügt, ein geschärftes Organ "für die *Wahrheit*" voraus (10, 280). Nur wer ein verfeinertes Organ für die Wahrheit hat, vermag wahrhaft zu lügen, und nur wer virtuos lügt, weiß, was Wahrheit ist. Nietzsche verkündet nicht einfach den Dualismus von Wahrheit und Lüge, sondern inszeniert die Dialektik von Wahrheit und Lüge, die Verklammerung von Wahrheit und Lüge.

388 Vgl. dazu: *Th. Meyer*, Nietzsches Kunstauffassung, 37 f.

ler stehen "Schein" und "Wahrheit" nicht in einem Gegensatz. Die Anerkennung des ästhetischen Scheins

> kann der Wahrheit niemals Eintrag thun, weil man nie Gefahr läuft, ihn derselben unterzuschieben, was doch die einzige Art ist, wie der Wahrheit geschadet werden kann; ihn verachten, heißt alle schöne Kunst überhaupt verachten, deren Wesen der Schein ist. (S. 400)

Schiller hebt die Trennung von empirischer Realität und ästhetischem Schein hervor. Frei ist der Mensch "nur in der *Welt des Scheins*, in dem wesenlosen Reich der Einbildungskraft" (S. 401). Der "Dichter" "überschreitet" "seine Grenzen", "sein Dichterrecht", wenn er "Ideal" und "Erfahrung" verbinden möchte (S. 401 f.).[389] Schiller setzt den Schein als ästhetische Eigenwirklichkeit über dem Leben an. Nietzsche hingegen nimmt den Schein ins Leben hinein, erklärt ihn zu einer Funktion des Lebens und verquickt ihn mit der Lüge. Entscheidend ist, daß bei Nietzsche der Schein zum trügerischen Schein wird. Auf Grund der Auflösung der "Wahrheit" kann sich der "Schein" nur noch als "Lüge" manifestieren. Nietzsche benutzt den Begriff "Wahrheit" allerdings nicht nur im metaphysischen Sinne (die Wahrheit als Welt der zeitlosen Ideen) oder im erkenntnistheoretischen Sinne (Wahrheit als Übereinstimmung von *res* und *verbum*), sondern auch in einem realistischen Sinne (die Wahrheit der häßlichen empirischen Wirklichkeit). Die letztere "Wahrheit" würde den Menschen zugrunde richten, könnte er sie nicht durch die "Kunst" überwinden. Insofern kommt der Kunst eine lebenserhaltende Funktion zu. Aber Nietzsche begrenzt die Bedeutung der Lüge, der Kunst, nicht auf ihre lebens*erhaltende* Funktion, sondern weitet sie zu einer lebens*steigernden* Funktion aus. Dies wird mit besonderer Eindringlichkeit in der 'Vergöttlichung' der Kunst, der Lüge, zum Ausdruck gebracht. Der Wertungsmaßstab ist das Leben. Da die häßliche Wirklichkeit, die "Wahrheit", das Leben schwächt, die ästhetische Lüge, die Kunst, hingegen das Leben nicht nur erträglich macht, sondern es sogar noch steigert, kann Nietzsche "Etwas" lehren, "das 'göttlicher' ist als die Wahrheit". Die Orientierung an der "Wahrheit" führt zum "Pessimismus", zur Verneinung des Lebens, die Orientierung an der "Kunst" zur Bejahung des Lebens, zur Daseinssteigerung. Ohne die Kunst würde Nietzsche der Lebensverneinung das Wort reden. "Nur weiß er – er hat es erlebt, er hat vielleicht nichts Anderes erlebt! – daß die Kunst *mehr werth* ist als die Wahrheit." (13, 522 [= 13, 227]).

Nietzsche trifft die Realitätsentscheidung zugunsten des Scheins, der Lüge, der Kunst. Dabei ist die Lüge Mittel und Zweck ineins. Das Fragwürdige, Anrüchige und Gefährliche der Lüge macht sie zu einem vorzüglichen Mittel des subversiven Denkens. Mit der Lüge verquickt sind Maske und Schauspielertum, die Doppelzüngigkeit des wissenden Spielers, das Wandeln auf verbote-

---

389 Was die Beschäftigung Nietzsches mit der Schrift Schillers betrifft, so erwähnt der junge Nietzsche im autobiographischen Textstück *Meine literarische Thätigkeit, sodann meine musikalische. 1862* die Lektüre: "fieng in Pforte Schillers aesthetische Erziehung usw. an" (HKG, W II, 100). Später zitiert er aus Schillers Abhandlung den Topos vom Spiel als Wesen des Menschen (vgl. 7, 74), und dann notiert er, offenbar mit Bezug auf Schiller und Lessing: "Ästhetische Erziehung des Menschengeschlechtes." (7, 255).

nen Pfaden. Auch dies macht den ästhetischen Reiz der Lüge aus. Die Lüge ist aber nicht nur Provokation, sondern sie verselbständigt sich bei Nietzsche in wachsendem Maße zu einem ästhetischen Eigenwert. Obschon die "Lüge" nicht aus ihrem eigenen Wesen, sondern nur in Abgrenzung gegen die "Wahrheit" gedacht werden kann, verselbständigt sie sich im Denken Nietzsches doch mehr und mehr zum ästhetischen "Schein". Unbeschadet der permanenten Verstrikkung in die Elementarspannung von "Wahrheit" und "Lüge" benutzt vor allem der späte Nietzsche denn auch vorzugsweise den Begriff "Schein", um das Wesen der Kunst zu kennzeichnen. Während der Begriff "Lüge" das Provokativ-Subversive des neuen ästhetischen Perspektivismus akzentuiert, deutet der Begriff "Schein" auf die ästhetische Eigenqualität des Kunstwerks hin. Es stellt sich die Frage, inwieweit der "Schein" über den Doppelsinn von *videri* und *lucere*, Täuschen und Leuchten, hinaus die reine Gegenwärtigkeit des Scheines selbst bedeuten kann. Das würde bedeuten, daß der "Schein" zum Sein selbst würde. Dann käme dem "Schein" eine dreifache Bedeutung zu: der Schein als *trügerischer* Schein, der Schein als *leuchtender* Schein und der Schein als *eigenwirklicher* Schein.[390]

Was die "Lüge" betrifft, so ist sie nicht nur ein Wesensmerkmal der Kunst, sondern des Lebens überhaupt und insbesondere des Menschen. So

> muß der Mensch schon von Natur Lügner sein, er muß mehr als alles Andre *Künstler* sein. Und er ist es auch: Metaphysik, Religion, Moral, Wissenschaft – Alles nur Ausgeburten seines Willens zur Kunst, zur Lüge, zur Flucht vor der "Wahrheit", zur *Verneinung* der "Wahrheit". (13, 520 [= 13, 193])[391]

Nietzsche benutzt hier die Begriffe "Künstler" und "Kunst" in einem universellen Sinne. Das 'künstlerische' Verhalten meint hier alle Techniken der Selbsterhaltung des Menschen im Dasein. Das 'Lügen' gehört wesensmäßig zum Menschsein. Es ist in der *conditio humana* angelegt. Es ist eine anthropologische Grundkategorie. Die Kunst im engeren, 'ästhetischen' Sinne ist nur die höchste Form der "Lüge". Für den elitären Menschen, das schaffende Subjekt,

---

390 Sofern der "*Schein*" die "wirkliche und einzige Realität der Dinge" ist (11, 654) – "die 'Scheinbarkeit' gehört selbst zur Realität: sie ist eine Form ihres Seins" (13, 271) – erlangt der Schein selbst Seinsqualität, in der Weise allerdings, daß diesem 'Sein' als konstitutive Merkmale das Fiktionale, das Perspektivische, das Gedeutetsein anhaften. " 'Wahrheit': das bezeichnet [...] nicht nothwendig einen Gegensatz zum Irrthum, sondern [...] nur eine Stellung verschiedener Irrthümer zu einander" (11, 598). Die 'Wahrheit' ist damit nicht mehr eine Substanz, sondern eine Relation. Der Wahrheitsbegriff wird zu einem Funktionsbegriff. Eben dieser Funktionalismus macht das spezifische 'Sein' des 'Scheins' aus. Da die ontische Differenz von 'Sein' und 'Schein' irrelevant wird, gewinnt der Schein den Status des Seins selbst.

391 Nietzsche deutet in der Retrospektive auch den apollinischen Schein der *Geburt der Tragödie* als lügnerischen Schein. Zum "Hintergrund dieses Buches" notiert er: "*Wir haben Lüge nöthig*, um über diese Realität, diese 'Wahrheit' zum Sieg zu kommen das heißt, um zu *leben*... Daß die Lüge nöthig ist, um zu leben, das gehört selbst noch mit zu diesem furchtbaren und fragwürdigen Charakter des Daseins..." (13, 193). Nicht nur Metaphysik, Religion, Moral und Wissenschaft sind Produkte der Lüge, sondern die "Lust an der Lüge" ist auch die "Mutter der Kunst" (12, 337). Aber die Kunst, das "größte Stimulans des Lebens", erschöpft sich nicht in der Lüge, sondern schafft neue Werte: "Aber wir würden irren, bei ihrer Kraft zu lügen stehen zu bleiben: sie thut mehr als bloß imaginiren, sie verschiebt selbst die Werthe." (13, 299). Wenn aber der Schein der Kunst einen neuen Wert darstellt, kommt ihm eine seinsmäßige Qualität zu. Insofern ist der Schein nicht nur täuschender und leuchtender, sondern auch seiender Schein.

ist sie freilich die einzige Rettungsmöglichkeit, denn es ist allein die "Kunst, als der *gute* Wille zum Scheine", die den durch die "*Redlichkeit*" gebotenen "Selbstmord" verhindert (3, 464 – FW). Die Kunst erscheint als aristokratische Form der Lebensrettung. Nietzsche geht aus von dem Grundgedanken, daß "Wahrheit" und "Lüge" eine dialektische Einheit bilden, daß sie Komplementärphänomene darstellen und im Wesen des Lebens selbst begründet sind. Alle Lebewesen sind um der Lebenserhaltung willen auf List, Verstellung, Mimikry angewiesen. Insofern gehört die Lüge zur Natur selbst. Der Grad an Lügen-Fähigkeit bestimmt geradezu den Rang eines Lebewesens. Am weitesten hat es in dieser Hinsicht der Mensch gebracht. Er ist ein Meister der Lüge. Nietzsche hebt denn auch diese beiden Aspekte der Lüge ausdrücklich hervor: erstens die ursprüngliche Einheit von "Wahrheit" und "Lüge" und zweitens die Perfektion der "Lüge" im Menschen, im "Künstler-Vermögen des Menschen": "Er selbst ist ja ein Stück Wirklichkeit, Wahrheit, Natur: wie sollte er nicht auch ein Stück *Genie der Lüge* sein! . ." (13, 520; vgl. 13, 193).

Die Lüge ist aber nicht nur das *videri*, das Täuschen, sondern auch das *lucere*, das Leuchten. Wenn im Dionysos-Dithyrambus *Nur Narr! Nur Dichter!* die illusionären Metaphern der dichterischen Sprache nicht nur als "lügnerische Wortbrücken", sondern auch als "Lügen-Regenbogen" bezeichnet werden (6, 378 – DD)[392], so zeigt dies die Ambiguität der Lüge, des Scheins an. Die dichterischen Metaphern werden nicht lediglich als bloßer Schein, als bloße Täuschung demaskiert, sondern ihr Leuchten übt auch eine besondere Faszination aus. Der Regenbogen ist trügerischer und leuchtender Schein ineins. Der trügerische Schein wird zum ästhetischen Faszinosum. Bei Schiller hingegen erscheint der Regenbogen als Sinnbild der Wahrheit. In seinem Gedicht *Die Künstler* spiegeln die "sieben Regenbogenstrahlen" den "Einen Bund der Wahrheit" (NA I, 214)[393]. Dies entspricht Schillers Idee des Schönen, der zufolge der

392 Im *Lied der Schwermuth* war noch von "bunten Regenbogen" die Rede, freilich auch von "lügnerischen Wort-Brücken" (4, 372 – Za). Die Metapher "Lügen-Regenbogen" verstärkt das Moment des Trügerischen und bezeichnet prägnant die Einheit von Täuschen und Leuchten im Schein. Auch bei Benn taucht der Regenbogen als Metapher des leuchtenden und trügerischen Scheins auf. Im Gedicht *Quartär* – stellt das monologische Subjekt die antwortlose Frage nach dem Wesen des Lebens:

> Quartäre Zyklen – Szenen,
> doch keine macht dir bewußt,
> ist nun das Letzte die Tränen
> oder ist das Letzte die Lust
> oder beides ein Regenbogen,
> der einige Farben bricht,
> gespiegelt oder gelogen –
> du weißt, du weißt es nicht. (GW III, 186)

Im Unterschied zu Nietzsche handelt es sich bei Benn allerdings nicht um den Lügencharakter der Sprache, sondern um die Undurchschaubarkeit des Lebens. Benns Verse sind Ausdruck eines resignativen Agnostizismus. In Benns frühem provokatorischem Gedicht "Wir gerieten in ein Mohnfeld" ist der "Regenbogen" allerdings eine hymnische Metapher des Todes: "Uns bist du der lockende Regenbogen / über die Gipfel der Glücke gespannt." (GW III, 22).

393 In Goethes *Faust II* ist der Regenbogen, der "bunte Bogen", der Spiegel des "menschlichen Bestrebens", das Symbol des Unendlichen, der Widerschein des Lebens selbst: "Am farbigen Abglanz haben wir das Leben." (HA III, 149). Der "Himmelsbogen" erscheint als Sinnbild des "Friedens" (HA I, 261 – Im Namen der Bürgerschaft von Karlsbad). Der "Regenbogen" ist Ausdruck des "Erhabenen", Iris ist ein "Friedensbote" (HA XIV, 11 – Geschichte der Farbenlehre). Während bei Nietzsche und Benn der Regenbogen zum Sinnbild des Trügerisch-Instabilen wird, ist er bei

Sinn der "Schönheit" im sinnlichen Aufscheinen der "Wahrheit" liegt: "was wir als Schönheit hier empfunden, / wird einst als *Wahrheit* uns entgegen gehn." (NA I, 202). Auch für Schiller ist die Kunst täuschender Schein, aber diese Täuschung ist nicht Lüge, sondern ästhetische Illusion, die die Wahrheit vergegenwärtigt. Dieser Überlegung liegt das Urbild-Abbild-Schema zugrunde. Die Kunst ist nur die illusionistische Nachbildung des Urbildes, der Wahrheit. Zugleich aber ist sie die Dimension, in der die Wahrheit allererst aufscheint. In den Briefen *Ueber die ästhetische Erziehung des Menschen* heißt es:

> Die Menschheit hat ihre Würde verloren, aber die Kunst hat sie gerettet und aufbewahrt in bedeutenden Steinen; die Wahrheit lebt in der Täuschung fort, und aus dem Nachbilde wird das Urbild wieder hergestellt werden. [...] Ehe noch die Wahrheit ihr siegendes Licht in die Tiefen der Herzen sendet, fängt die Dichtungskraft ihre Strahlen auf, und die Gipfel der Menschheit werden glänzen, wenn noch feuchte Nacht in den Thälern liegt. (NA XX, 334)

Bei Schiller steht die "Schönheit" in einem unlöslichen Bezug zur "Wahrheit". Der Mensch soll in der Schönheit die Wahrheit zum Ausdruck bringen, denn in der Schönheit ist die Wahrheit kein bloßes Abstraktum, sondern sie erscheint in unmittelbarer sinnlicher Gegenwärtigkeit:

> In der schaamhaften Stille deines Gemüths erziehe die siegende Wahrheit, stelle sie aus dir heraus in der Schönheit, daß nicht blos der Gedanke ihr huldige, sondern auch der Sinn ihre Erscheinung liebend ergreife. (ebd., 335)

Das Schöne ist ein Organ der Wahrheit, aber es ist zugleich das Element, in dem die Wahrheit erst voll zur Erscheinung gelangt. Im Gedicht *Die Künstler* formuliert Schiller: "Nur durch das Morgenthor des Schönen / drangst du in der Erkenntniß Land." (NA I, 202). Nur in der Schönheit ist die Wahrheit gegenwärtig. Der Unterschied zwischen Schiller und Nietzsche ist offenbar. Bei Schiller lebt in der Täuschung die Wahrheit fort. Bei Nietzsche setzt sich die Täuschung in Widerspruch zur Wahrheit. In dieser Frage ist Nietzsches Abstand zur klassischen Ästhetik beträchtlich. Ist die Kunst in der Klassik ein Organ der Wahrheit, wird sie bei Nietzsche zum Medium der Lüge. Goethes Vers "Der Dichtung Schleier aus der Hand der Wahrheit" (Zueignung, HA I, 152)[394] müßte bei Nietzsche sinngemäß lauten: 'Der Dichtung Schleier aus der Hand der Lüge'. Die Lüge wird zum Element des Lebens und übt eine ästhetische Faszination aus. In ähnlicher Weise betont Gottfried Benn das gerade mit dem trügerischen Schein verbundene ästhetische Faszinosum, wenn er im

---

Goethe noch das Symbol einer alle Lebensstürme überwölbenden Harmonie. Freilich, auch bei Goethe gewinnt der "Regenbogen" als poetisches Symbol seine Leuchtkraft erst vor dem Hintergrund der "Melancholie":

> Zart Gedicht, wie Regenbogen,
> Wird nur auf dunklen Grund gezogen;
> Darum behagt dem Dichtergenie
> Das Element der Melancholie. (Artemis I, 429 – Sprichwörtlich)

394 Demgegenüber erklärt Nietzsche: "Wir glauben nicht mehr daran, dass Wahrheit noch Wahrheit bleibt, wenn man ihr die *Schleier* abzieht, – wir haben genug gelebt, um dies zu glauben..." (6, 438 – NW [= 3, 352 – FW]).

Gedicht *Karyatide* das Erlebnis der "Südlichkeit" als "Glück-Lügenstunde" bezeichnet (GW III, 45). Es ist die Lüge, die das Glück vermittelt. Nur im Schein ist wahre Erlebnissteigerung möglich. Der Schein schillert bei Nietzsche in der Zweideutigkeit von Fiktion und Realität. So formuliert Nietzsche in einem Fragment von 1888 zur *Geburt der Tragödie*:

> Der Wille zum Schein, zur Illusion, zur Täuschung, zum Werden und Wechseln ist tiefer, "metaphysischer" als der Wille zur Wahrheit, zur Wirklichkeit, zum Sein [...] (13, 226; vgl. 13, 522)

Zugleich aber ist der Schein die ästhetisch komprimierte Realität. In einem anderen Fragment von 1888 heißt es:

> Die Welt scheiden in eine "wahre" und eine "scheinbare" ist eine Suggestion der décadence: – den *Schein* höher zu schätzen als die *Realität*, wie es der Künstler thut, ist kein Einwand dagegen. Denn der Schein bedeutet hier nur diese Realität noch einmal in der Auswahl, Verstärkung, Correktur... Oder giebt es pessimistische Künstler? – Ist der *tragische* Künstler *Pessimist?...* (13, 355; vgl. u.a. 13, 280 u. 6, 80 f. – GD)

Der zumindest formalen Aporie, daß dem Schein trotz der Aufhebung des Unterschieds von "wahrer" und "scheinbarer" Welt eine besondere Dignität zukommt, entzieht sich Nietzsche durch die Hypostasierung des Scheins zur eigentlichen Wirklichkeit. Es liegt nahe, daß der Schein unter diesen Voraussetzungen in wachsendem Maße einen Eigenwert erlangt. So bewundert Nietzsche, in der *Fröhlichen Wissenschaft* und in *Nietzsche contra Wagner*, an den Griechen die Fähigkeit,

> den Schein anzubeten, an Formen, an Töne, an Worte, an den ganzen *Olymp des Scheins* zu glauben! [...] Sind wir nicht eben darin – Griechen? Anbeter der Formen, der Töne, der Worte? Eben darum – *Künstler?...* (6, 439 – NW [= 3, 352 – FW, Vorrede von 1886])

Der "Olymp des Scheins" ist trügerischer, leuchtender und eigenwirklicher Schein ineins. Er ist erstens das Trügerische, die Täuschung, die Lüge. Er ist zweitens das Aufscheinen, das Leuchten, das Zum-Vorschein-Bringen. Er ist drittens die reine Formenwelt des freien Spiels.[395] Diese drei Bedeutungen des Scheins lassen sich nicht grenzscharf trennen, sondern gehen vieldeutig schillernd ineinander über. Der "Olymp des Scheins" ist apollinischer Schein. Der junge Nietzsche schwärmt vom "olympischen Zauberberg" (1, 35 – GT) und deutet die "olympische Welt" als "verklärenden Spiegel" über den Daseinsabgründen (1, 36 – GT). Er interpretiert den Antagonismus von "Dionysosdienst" und "olympischer Welt" als "Kampf zwischen Wahrheit und Schönheit" (1, 562 – DW; vgl. 1, 565 u. 567 – DW). Das Dionysische als die "Wahrheit" und das Apollinische als der "Schein" – dies ist Nietzsches ästhetische Grundkonzeption. Es ist die Konzeption von "Leben" und "Schein". Dabei ist allerdings festzustellen, daß Nietzsche in dieser Frühphase noch nicht die Dialektik von

395 Exkurs 38.

fiktiver Wahrheit und lebenserhaltender Lüge, sondern von dionysischer "Wahrheit" und apollinischem Schein reflektiert. Dies zeigt im übrigen das Oszillierende des Begriffs "Wahrheit" bei Nietzsche. "Wahrheit" – das kann eine metaphysische, eine erkenntnistheoretische, eine existentielle und eine 'dionysische' Kategorie sein. Gegen die dionysische "Wahrheit" spricht Nietzsche kein philosophisches Mißtrauensvotum aus, denn sie ist ja das Leben selbst. Der spätere Nietzsche wird den Begriff "Wahrheit" freilich kaum noch in dieser positiven, sondern in der Regel in pejorativer Bedeutung benutzen. Wenn somit beim jungen Nietzsche dionysische "Wahrheit" und apollinischer Schein noch ein Komplementärverhältnis bilden, so werden doch bereits hinsichtlich des Scheins, der "olympischen Welt", jene Ingredienzien herausgestellt, die auch später den "Olymp des Scheins" kennzeichnen. Bereits in der Abhandlung *Die dionysische Weltanschauung* charakterisiert Nietzsche den Olymp als ein Eigenreich des Schönen:

> Derselbe Trieb, der die Kunst in's Leben ruft, als die zum Weiterleben verführende Ergänzung und Vollendung des Daseins, ließ auch die olympische Welt entstehen, eine Welt der Schönheit, der Ruhe, des Genusses. (1, 560 f. – DW [vgl. 1, 589 – GG])

Die "olympische Welt", das Produkt der mythenbildenden Phantasie, ist eine Welt der reinen, in sich selber ruhenden "Schönheit", des reinen ästhetischen Scheins. Nietzsches späterer Gedanke vom "Olymp des Scheins" als einer ästhetischen Realität *sui generis* ist hier im wesentlichen vorgeprägt. Der frühe Nietzsche bleibt allerdings nicht bei der Idee des apollinischen Scheins stehen, sondern sieht in der Entwicklung des Griechentums einen "Kampf" zwischen dem "apollinischen Willen" und dem "dionysischen Willen" am Werk (1, 570 – DW [= 1, 599 – GG]), mit dem

> außerordentlichen Ziel, eine *höhere Möglichkeit des Daseins* zu schaffen und auch in dieser zu einer noch *höheren Verherrlichung* (durch die Kunst) zu kommen. Nicht mehr die Kunst des Scheines, sondern die tragische Kunst war die Form der Verherrlichung: in ihr aber ist jene Kunst des Scheines vollständig aufgesaugt. Apollo und Dionysos haben sich vereinigt. Wie in das apollinische Leben das dionysische Element eingedrungen ist, wie sich der Schein als Grenze auch hier festgesetzt hat, so ist auch die dionysisch-tragische Kunst nicht mehr "Wahrheit". (1, 571 – DW; vgl. auch 1, 599 – GG)

In der dionysisch-apollinischen Kunst mischt sich die "Wahrheit" mit dem Schein. Die reine Schein-Welt erscheint nun nur noch als ästhetischer Überbau über einem tragischen Untergrund. Sind vorher dionysische "Wahrheit" und apollinischer Schein getrennt, so mischen sich nun Wahrheit und Schein. Das ästhetische Ideal des jungen Nietzsche ist das Erhabene als die Symbiose des Dionysischen und Apollinischen. In der *Dionysischen Weltanschauung* resp. in der *Geburt des tragischen Gedankens* ist das "Erhabene", wie das "Lächerliche", "ein Schritt über die Welt des schönen Scheins hinaus", ohne jedoch mit der "Wahrheit" identisch zu sein: "sie sind eine *Umschleierung* der *Wahrheit*, die zwar durchsichtiger ist als das festgewobene Gespinnst der *Schönheit*, aber doch noch eine Umschleierung ist." (1, 595 f. – GG; vgl. 1, 567 – DW). Vom Schönen ist das Erhabene dadurch unterschieden, daß es nicht völlig im ästhetischen Schein aufgeht, denn es ist unbegrenzt und übersteigt jede Anschauung. Von der Wahrheit ist das Erhabene dadurch unterschieden, daß es nicht völlig im dionysischen Leben aufgeht, sondern die Vergegenwärtigung des Dionysischen im Spiel, das "Spiel mit dem Rausche" ist (1, 567 – DW [= 1, 596 – GG]). Das "Erhabene" ist die Synthesis aus der "Wahrheit", d.h. dem Dionysischen, und der "Schönheit", d.h. dem Apollinischen. Vom "Erhabenen" (und "Lächerlichen") heißt es: "Wir haben in ihnen also eine *Mittelwelt* zwischen Wahrheit und Schönheit, in der eine Vereinigung von Dionysus und Apollo möglich ist." (ebd.). Diese Symbiose von dionysischer Wahrheit und apollinischem Schein hat Nietzsche im Prinzip nie mehr aufgegeben, aber beim späteren Nietzsche ist dennoch eine wachsende Tendenz zur erneuten Verabsolutierung des apollinischen Scheins zu beobachten. Der "Olymp des Scheins", ein Produkt der höchsten Rühmung des Daseins, ist der ästhetische Schein der reinen Daseinsvollendung. Obschon untergründig die tragisch-dionysische Weltsicht weiterhin wirksam ist, ist doch der "Olymp des Scheins" der große Entwurf einer reinen Wesensausprägung des Schönen. Der "Olymp des Scheins" manifestiert eine unbedingte Daseinsverklärung, ein freies Reich des Schönen, ein reinstes Sein. Er ist eine Welt der reinen, schwerelosen Schönheit, die über den Dingen leuchtet. Er ist die höchste ästhetische Realisation des schöpferischen Lebens. Daß Nietzsche mit dieser Ästhetik des daseinsverklärenden Scheins in die Nähe der klassisch-idealistischen Ästhetik rückt, ist nicht zu übersehen. Freilich, man muß zugleich im Blickfeld behalten, daß der Schein für Nietzsche immer auch trügerischer Schein ist und daß er eine Emanation des Willens zur Macht ist. Die apollinische Schönheitswelt ist eine Illusionswelt, eine vom Menschen im Dienste der Lebenserhaltung fingierte Welt, wie sie auch eine Art Glasur über dem dionysischen Magma ist. Das Verhältnis von Apollinischem und Dionysischem wird bei Nietzsche in den achtziger Jahren zunehmend ein vieldeutig schillerndes Verhältnis. Häufig rückt der ästhetische Schein, das vollkommene Kunstgebilde, das Apollinische in den Mittelpunkt der Kunst-Reflexionen Nietzsches; dann wiederum interessiert ihn primär das im Kunstwerk sich artikulierende schöpferische Leben, das Dionysische. Auf Grund des oszillatorischen Verhältnisses von Dionysischem und Apollinischem kann Nietzsche Paradoxien formulieren wie folgende retrospektive Sentenzen von 1885/86 zur *Geburt der Tragödie*:

> Das Glück am Dasein ist nur möglich als Glück am *Schein* / [...] i*n der Vernichtung auch des schönsten Scheins kommt das dionysische Glück auf seinen Gipfel.* (12, 116)

Es ist dies nur eine scheinbare Paradoxie. Nietzsche bringt damit im Grunde nur die im Verhältnis von Schaffen und Schein angelegte spezifische Dialektik zum Ausdruck. Einerseits ist der ästhetische Schein der höchste Ausdruck des schöpferischen Lebens. Andererseits muß der Schaffende, um der permanenten Agilität des Lebens willen, auch diesen Schein immer wieder auflösen. In der Grundrelation Leben-Schein können die Akzente unterschiedlich gesetzt werden. Will Nietzsche das Vollenden des Daseins durch das Schaffen, das schöpferische Leben resp. das schaffende Subjekt, betonen, verweist er auf das dionysische Prinzip. Will er das Vollendetsein des Daseins hervorheben, rückt er den ästhetischen Schein, das apollinische Prinzip, in den Vordergrund. Nietzsche vollzieht aber nie die Tennung von Leben und Schein, von dionysischem Leben und apollinischem Schein, sondern setzt immer die ursprüngliche Einheit bzw. das Komplementärverhältnis beider Phänomene voraus. Das schließt nicht aus, daß der Schein mehr und mehr an Eigenbedeutung gewinnt. Immer stärker wird der Schein problematisiert. Im "Olymp des Scheins" spiegeln sich die verschiedenartigen Bedeutungen des Scheins, des trügerischen, leuchtenden und eigenwirklichen Scheins.

Nicht ohne Grund hat Gottfried Benn Nietzsches Wort vom "Olymp des Scheins" aufgegriffen und im Sinne seiner Ästhetik der "Artistik" und der "Ausdruckswelt" gedeutet. Für Benn ist der "Olymp des Scheins" eine gegen die inhaltlich-metaphysische Welt sich abhebende Welt der reinen, autonomen Formen. Der Schein erscheint, wie bei Nietzsche, als trügerischer Schein, als Schein, der die metaphysische Welt der "Götter" als Nichtigkeit enthüllt. Zugleich aber ist der "Olymp des Scheins" identisch mit der "Artistik", der "Ausdruckswelt", d.h. dem reinen Formenspiel und der autonomen Formenwelt. In *Probleme der Lyrik* heißt es, mit Bezug auf Nietzsches "Artistik" und das halkyonische Erlebnis von "Welle und Spiel":

> [...] über dem allen ließ er seine drei rätselhaften Worte schweben: "Olymp des Scheins", Olymp, wo die großen Götter gewohnt hatten, Zeus zweitausend Jahre geherrscht hatte, die Moiren das Steuer der Notwendigkeit geführt und nun –: des Scheins! (S. 500 f.; vgl. Vortrag in Knokke, 543)

Benns Reflexion des Scheins bewegt sich hier im Nietzscheschen Denkhorizont des Scheins als trügerischer Schein. Er verweist auf die Enthüllung der metaphysischen Ideenwelt als einer bloßen Scheinwelt, einer Täuschung, einer Fiktion. Aber auch Benn beschränkt sich bezüglich des Scheins nicht auf das *videri*, das Täuschen, sondern er hat auch, und zwar in erster Linie, das *lucere*, das Leuchten, im Blickfeld. In *Doppelleben* deutet er den "Olymp des Scheins" als "Schimmer" des "Seins". In eigenwilliger Etymologie des Wortes "interessant" formuliert er: "übersetzen Sie es wörtlich: inter-esse: zwischen dem Sein, nämlich zwischen seinem Dunkel und seinem Schimmer – 'Olymp des Scheins'. Nietzsche." (S. 164). Daß Benn im gleichen Kontext die provokative Sentenz niederschreibt: "Gott ist Form." (S. 165)[396], zeigt besonders klar, wie

396 Im Unterschied zu Nietzsche erfolgt bei Benn der Abbau nicht nur des christlichen Gottes, sondern auch des heidnischen Dionysos: "Die Götter tot, die Kreuz- und die Weingötter, mehr als tot: schlechtes Stilprinzip, wenn man religiös wird, erweicht der Ausdruck. Was aber gehalten und erkämpft werden muß, das ist: der Ausdruck" (Lebensweg, 42). Was allein bleibt, ist die Kunst, die absolute Kunst: "diese, wir, machten Götter und Kunst, dann nur Kunst." (Doppelleben, 159). Das hätte Nietzsche so nicht unterschrieben, denn obschon er die Kunst mit dem "Olymp des Scheins" in

sehr er den "Olymp des Scheins" als Welt der reinen Formen auffaßt. An anderer Stelle versteht er den "Olymp des Scheins" als "Absetzen des Faustischen in einem umgrenzten Werk" (Kunst und Drittes Reich, 309). Damit ist der Aspekt des statuarischen, geschlossenen Werkes hervorgehoben. Der "Olymp des Scheins" ist eine "europäische *Oberfläche*, die ferne leuchtet", er ist der 'nackte' "*Ausdruck*", "umfangsarm, nur den eigenen Schatten als Tiefe" (Phänotyp, 204). Der "Ausdruck" erscheint als formales Absolutum, in dem die Symbolfunktion abgebaut ist zugunsten der reinen Immanenz der Form. "Tiefe" stellt sich nur noch aus dem "Schatten" her, den der "Ausdruck" selber wirft. Im Nietzsche-Vortrag werden die Begriffe "Olymp des Scheins", "Artistik" und "Ausdruckswelt" synonym verwendet (Nietzsche, 489). Deutlich zeichnet sich bei Benn eine immanente Ästhetik der reinen Form ab. Zugleich betont er allerdings, daß der "Olymp des Scheins" "kein Ästhetizismus" (Probleme der Lyrik, 501), keine unverbindliche Formvirtuosität, sondern eine "Oberflächlichkeit aus Tiefe" (Rede auf Heinrich Mann, 413)[397] sei. Es vollzieht sich die spielerische Überwindung der Daseinsabgründe durch den ästhetischen Schein. Hinter der scheinbaren Unverbindlichkeit des Scheins stehen tiefe Erfahrungen. Sie gilt es durch den Schein zu bannen, zu überdecken, zu entschärfen. Aber in seiner Grundierung ist der "Schein" durch die "Tiefe" geprägt, und sei es auch nur in der Weise, daß der tiefe Mensch im scheinbar heiteren Spiel der Kunst die tragischen Probleme bewußt verbirgt – eine spezielle Form des Künstlerstolzes und der Künstlerexklusivität. Auch in Nietzsches Psychologie des Künstlers findet sich bereits dieser Gedanke. In *Jenseits von Gut und Böse* schreibt er:

> Man findet hier und da eine leidenschaftliche und übertreibende Anbetung der "reinen Formen", bei Philosophen wie bei Künstlern: möge Niemand zweifeln, dass wer dergestalt den Cultus der Oberfläche *nöthig* hat, irgend wann einmal einen unglückseligen Griff *unter* sie gethan hat. (5, 78 – JGB)

Nietzsche hebt stärker auf das Fiktionale der "Oberfläche" ab. Der Schein verdeckt die Daseinsabgründe.

Am "Olymp des Scheins" zeigen sich charakteristische Übereinstimmungen und Unterschiede zwischen Nietzsche und Benn. Wenn hinsichtlich der ästhetischen Transparenz, der suggestiven Leuchtkraft und der Überwirklichkeit des Scheins eine eindeutige Affinität vorliegt, so offenbart sich in der Frage des Form-Absolutismus eine ebenso eindeutige Divergenz. Nietzsche sieht den "Olymp des Scheins" in erster Linie unter der Optik des Lebens, des sich in den illusionistischen Schein transzendierenden schöpferischen Lebens, wie er überhaupt die lebenserhaltende und lebenssteigernde Funktion des Scheins betont. Benn hingegen löst den "Olymp des Scheins" vom Leben ab und versteht ihn als immanente ästhetische Konstruktion des formbewußten Geistes. Während Nietzsche im Problemfeld des Scheins immer auch das Problem der Lüge, den

---

den höchsten Rang erhebt, gibt er nicht den 'Dionysos' preis. Bei ihm ist das kreative Subjekt noch 'dionysisches' Subjekt.

397 Vgl. Nietzsches Sentenz: "Diese Griechen waren oberflächlich – *aus Tiefe*!" (3, 352 – FW [= 6, 439 – NW]).

Täuschungscharakter des Scheins mitbedenkt, ist bei Benn die Frage nach Wahrheit und Lüge obsolet geworden. Das hat seinen Grund vor allem darin, daß der Nietzschesche Sprachskeptizismus bei Benn durch eine neue Sprachgläubigkeit abgelöst ist. Der Sprachskeptiker Nietzsche gesteht der Sprache nur Fiktionscharakter zu. Es besteht eine unüberbrückbare Kluft zwischen Wort und Sache, *verbum* und *res*. Im Wort wird nicht ein Sein erfaßt, sondern nur ein Schein entfaltet. Der Sprachenthusiast Benn sieht die Sprache nicht mehr im Spannungsfeld von Wahrheit und Lüge, sondern als absolut produktive Potenz, die die Seinssetzung vollzieht.

2. Künstlerexistenz und Dichterproblematik

Nietzsches Denken bewegt sich in der spannungsvollen Dialektik von Wahrheit und Schein. Die Vibrationen des Scheins finden ihren unmittelbaren Niederschlag in Nietzsches Auffassung von Wesen und Funktion des Künstlers, insbesondere des Dichters, und der dichterischen Sprache. Der Künstler ist der Lügner *katexochen*. Dabei weicht allerdings die radikale Künstler-Kritik von *Menschliches, Allzumenschliches*, die im Künstler den bloßen Lügner sieht, in den achtziger Jahren mehr und mehr einer differenzierteren Sicht. In *Jenseits von Gut und Böse* verweist Nietzsche auf das Doppelgesicht des Künstlers als Lügner und Daseinsverklärer. Er produziert die höchsten Formen des Scheins. Es sind die "geborenen Künstler, welche den Genuss des Lebens nur noch in der Absicht finden, sein Bild zu *fälschen* (gleichsam in einer langwierigen Rache am Leben –)" (5, 78 – JGB). Der Zusammenhang zwischen Wirklichkeit und Schein wird psychologisch begründet: Durch die Idealisierung des Lebens wertet der Künstler das reale Leben ab. Es besteht ein Wechselverhältnis zwischen depressiver Realitätserfahrung und idealisierender Überhöhung des Lebens. Von den "Künstlern" heißt es:

> man könnte den Grad, in dem ihnen das Leben verleidet ist, daraus abnehmen, bis wie weit sie sein Bild verfälscht, verdünnt, verjenseitigt, vergöttlicht zu sehn wünschen, – man könnte die homines religiosi mit unter die Künstler rechnen, als ihren *höchsten* Rang. (5, 78 – JGB)

'Kunst' ist Produktion von Fiktionen. Der 'Künstler' höchsten Ranges ist derjenige, der eine dem Dasein Sinn verleihende Scheinwelt aufbaut – wie dies in ausgezeichneter Weise der religiöse Mensch tut. Nietzsches Kritik der scheinbildenden Tätigkeit des Künstlers setzt einen extensiven Begriff des 'Künstlers' voraus: 'Künstler' ist der Mensch schlechthin – insofern er auf den Schein als lebenserhaltendes Prinzip angewiesen ist. Aber es gibt zugleich eine Rangordnung des menschlichen 'Künstlertums': Philosophen, Religionsstifter und 'Künstler' im engeren Sinne haben das fiktionsbildende Vermögen des Menschen bis zur Perfektion gesteigert. In seiner Psychologisierung der religiösen Gefühle deutet Nietzsche das "'Leben in Gott' " als

> die feinste und letzte Ausgeburt der *Furcht* vor der Wahrheit, als Künstler-Anbetung und -Trunkenheit vor der consequentesten aller Fälschungen, als der Wille zur Umkehrung der Wahrheit, zur Unwahrheit um jeden Preis. Vielleicht, dass es bis jetzt kein stärkeres Mittel gab, den Menschen selbst zu verschönern, als eben Frömmigkeit: durch sie kann der Mensch so sehr Kunst, Oberfläche, Farbenspiel, Güte werden, dass man an seinem Anblicke nicht mehr leidet. (5, 78 – JGB)

Die "Kunst" ist unlöslich in die Dialektik von "Wahrheit" und "Unwahrheit" verstrickt. Sie setzt dem empirischen Menschen den idealisierten Menschen entgegen. Sie täuscht über die Wirklichkeit hinweg und hebt die Abgründigkeit des realen Menschen im fiktionalen Ideal auf. Einerseits ist sie Täuschung, andererseits bedeutet sie Lebensverklärung. Die Kunst zeigt ein Doppelgesicht: Sie ist Lüge und Verklärung ineins. Dies erklärt Nietzsches zwiespältiges Verhältnis zur Kunst. Einerseits disqualifiziert er sie als potenzierten Ausdruck der Lüge; andererseits verherrlicht er sie als höchsten Ausdruck des schöpferischen Lebens. Dabei kann der ästhetische Schein unbewußt und bewußt produziert werden. Im Fragment *Maasslosigkeit als Kunstmittel* ist von den "unschuldigen Listen der Seelenverführung" die Rede, "auf welche sich die Künstler verstehen müssen: denn in ihrer Welt, in der es auf Schein abgesehen ist, brauchen auch die Mittel des Scheins nicht nothwendig ächt zu sein" (2, 442 – VM). Nicht nur die Inhalte, sondern auch die Techniken des Künstlers sind häufig bloßer Schein, Mittel der Suggestion. Hier denkt Nietzsche natürlich in erster Linie an die romantisch-degenerative Kunst, insbesondere die Kunst Wagners. Nicht nur das inhaltliche Pathos, sondern auch die formalen Tricks der das klassische Maß überschreitenden monumentalen Kunstattitüden werden kritisiert.

Die fatale Situation des Künstlers zwischen Wahrheit und Lüge findet ihren markantesten Ausdruck in der Dichterexistenz. Bei Nietzsche finden sich gleichermaßen Dichter-Kritik und Dichter-Enthusiasmus. Ein Aphorismus der *Fröhlichen Wissenschaft* lautet:

> *Dichter und Lügner.* – Der Dichter sieht in dem Lügner seinen Milchbruder, dem er die Milch weggetrunken hat; so ist Jener elend geblieben und hat es nicht einmal bis zum guten Gewissen gebracht. (3, 510 – FW)

Der bloße Lügner befindet sich in einem desolaten Zustand. Erst der das Leben verschönernde Lügner, der Dichter, steigert das Lebensgefühl. Erst wenn die Lüge ästhetisch fruchtbar wird, gewinnt sie eine das Leben erhöhende Kraft. Nietzsches Auseinandersetzung mit dem Phänomen des "Dichters" zielt allerdings in der Hauptsache auf die kritische Infragestellung des Dichters und der von ihm hervorgebrachten Scheingebilde. Im Gedicht *An Goethe* ist "Gott" bloßes "Dichter-Erschleichniss" (3, 639 – FWP). Das Gedicht *Dichters Berufung* ist eine Parodie auf den poetischen Handwerker, den Versemacher, den monoton sein "Tiktak" hämmernden "Vogel Specht" (3, 639 ff. – FWP; vgl. 3, 342 – IM [Vogel-Urtheil]). Im Gedicht *Vogel-Urtheil* imitiert das lyrische Ich das "Tiktak" des Vogels und stellt sich selber die Frage, ob diese Tätigkeit mit seiner Intelligenz vereinbar sei:

> [...]
> Du ein Dichter? Du ein Dichter?
> Stehts mit deinem Kopf so schlecht? –
> "Ja, mein Herr! Sie sind ein Dichter!"
> – Also sprach der Vogel Specht. (3, 342 – IM)

In *Dichters Berufung* wird dieses Thema über sechs Strophen hin variiert, wobei in fünf Strophen die Schlußverse lauten: "– 'Ja, mein Herr, Sie sind ein Dichter' / Achselzuckt der Vogel Specht." (3, 640 f. – FWP). Der "Dichter" erschöpft sich in geistlosem Wort-Geklingel und wird zum Gegenstand der ironischen Satire. Das Spruchgedicht *Dichter-Eitelkeit* verspottet die substanzlosen Reimspiele der Verseschmiede:

> Gebt mir Leim nur: denn zum Leime
> Find' ich selber mir schon Holz!
> Sinn in vier unsinn'ge Reime
> Legen – ist kein kleiner Stolz! (3, 365 f. – FWS)[398]

Nietzsche wendet sich gegen die epigonalen Virtuosen, die mit bloß äußerer Formgewandtheit dichterische Substanz vortäuschen, aber in Wahrheit nur Sprachschutt produzieren. Ein Denkzettel zur *Fröhlichen Wissenschaft* lautet: "NB Vielleicht daß man zum Schluß auch einigen übermüthigen Liedern Gehör schenkt, in denen ein Dichter sich über Dichter lustig macht und deren schöne lyrische Gefühle." (12, 151). Der "Dichter" Nietzsche führt im Gedicht die Dichter *ad absurdum*. Im Zeichen der Dialektik von Wahrheit und Lüge entlarvt er die Sprache der Dichter als Schein-Sprache. In dieser Dichter-Kritik, in der sich die generelle Dichter-Parodie mit ironischer Selbstkritik mischt, gelangt das Mißverhältnis zwischen wortspielerischer Sentimentalität und echtem Schaffensimpuls voll zum Ausdruck. In ähnlicher Weise konstatiert bereits Heine, in der Vorrede zum *Buch der Lieder*, die Diskrepanz zwischen Wahrheit und Lüge in der Lyrik:

> Seit einiger Zeit sträubt sich etwas in mir gegen alle gebundene Rede, und wie ich höre, regt sich bey manchen Zeitgenossen eine ähnliche Abneigung. Es will mich bedünken, als sey in schönen Versen allzuviel gelogen worden, und die Wahrheit scheue sich in metrischen Gewanden zu erscheinen. (*Heine*, HKG I/1, 564)[399]

---

398 Man erinnert sich der Feststellung Lessings, daß der "vortrefflichste Versifikateur" nicht unbedingt "poetisches Genie" hat (*Lessing*, Literaturbriefe, 262 [51. Brief]).

399 Schon im Jungen Deutschland wird der Protest gegen die poetische Lüge laut. So wirft Heinrich Laube dem Romantiker Ludwig Tieck vor, "wie das meiste seines poetischen Glaubens *gemachter* Flitter, ja, wie sogar das Herz seiner Poesie eine Lüge sei" (*Laube*, Tieck, 45). Ausgerechnet Tieck, "der die Lüge in unsrer Poesie propagandiert", "maßt sich einen vornehmen Ton gegen die moderne Schriftstellerei an" (ebd., 48 f.). Ludolf Wienbarg fordert die "jungen Dichter" auf, in die "Zeit" zu greifen, sich an das "Leben" zu halten und "durch einen herzhaften Entschluß dieser heutigen deutschen Literatur den Schimmer poetischer Lügen" zu entziehen (*Wienbarg*, Wanderungen, 99). Lange vor Nietzsche betreiben die Jungdeutschen die Demaskierung der poetischen Lüge – freilich nicht im Zeichen des dionysischen Lebens, sondern im Zeichen des realen Lebens.

Die von Heine so virtuos praktizierte Desillusionierung des romantischen Stimmungstons durch Ironie, Satire und Parodie findet bei Nietzsche ihre Fortsetzung und Zuspitzung.

Nietzsches Verhältnis zur Sprache, vor allem zur dichterischen Sprache, ist von höchst zwiespältiger Art. Es reicht vom Wort-Ekel bis zum Wort-Pathos. Nietzsche hat jene Sprachkrise vorweggenommen, die später Hofmannsthal im Chandos-Brief formuliert: "Ich empfand ein unerklärliches Unbehagen, die Worte 'Geist', 'Seele' oder 'Körper' nur auszusprechen." (Ein Brief, 12). Aber Nietzsches voluntatives Denken erschöpft sich nicht in der resignativen Sprach-Negation, sondern läuft im Prinzip auf schöpferische Weltaneignung und Weltverwandlung durch die Sprache hinaus. In Zyklen wie *Idyllen aus Messina* (1882), *"Scherz, List und Rache"* (1882) und *Lieder des Prinzen Vogelfrei* (1887), aber auch in den *Dionysos-Dithyramben* finden sich gleichermaßen schroffe Dichter-Kritik und dichterisches Pathos. Im Unterschied zu den verspielten Scheindichtern, die sich einer verbrauchten Sprache bedienen und das Dichten als mechanisches Kunsthandwerk betreiben, ist der wahre Dichter der Schaffende, der mit einer neuen expressiven Sprache dem neuen Daseinsgefühl Ausdruck verleiht – ohne sich freilich der auch ihm unlöslich anhaftenden Spannung von Wahrheit und Lüge entziehen zu können. Es ist der Dichter, der Dichter Nietzsche, der in einem Gedicht wie *Im Süden* (3, 641 – FWP) die nordische Schwere, "Vernunft" und "Wahrheit", von sich abstreift und in einem imaginären, halkyonischen Süden ein neues, spielerisch-freies Lebensgefühl erlangt. Nicht ohne Grund trägt die erste Fassung des Gedichts den Titel *Prinz Vogelfrei* (3, 335 – IM), und nicht ohne Grund nimmt Nietzsche das Gedicht in die *Lieder des Prinzen Vogelfrei* auf. "Prinz Vogelfrei" – das ist eine programmatische Chiffre. Der "Prinz Vogelfrei" ist der 'freie' Geist, der sich von den Fesseln der bisherigen Weltauslegung, von allen Systemen und Vorurteilen, gelöst hat und nun die freie Selbstentfaltung des Lebens verkörpert. Im "Süden", im "Vogelnest", erreicht das Subjekt die reine Identität mit dem Leben:

> So häng' ich denn auf krummem Aste
> Und schaukle meine Müdigkeit.
> Ein Vogel lud mich her zu Gaste,
> Ein Vogelnest ist's, drin ich raste.
> Wo bin ich doch? Ach, weit! Ach, weit!

In bukolischer Topik beschwört Nietzsche die Idylle eines reinen, unschuldsvollen Daseins, einen theokritischen *locus amoenus*:

> Das weisse Meer liegt eingeschlafen,
> Und purpurn steht ein Segel drauf.
> Fels, Feigenbäume, Thurm und Hafen,
> Idylle rings, Geblök von Schafen, –
> Unschuld des Südens, nimm mich auf!

In dieser "Idylle", diesem reinen "Leben", löst sich die "Vernunft" auf: "Vernunft! Verdriessliches Geschäfte!" Das Ich schwingt sich vogelgleich auf "Zu neuem Leben, neuem Spiel..." Die "Vernunft", das "Nur Schritt für Schritt" sich vollziehende rationale Denken, wird preisgegeben zugunsten des spielerischen, freien Daseinsentwurfs, des "Lebens". Das Thema des Gedichts ist die Antithese von "Vernunft" und "Leben". Dieses Problem aber läßt sich nicht allein durch die magische Evokation der Idylle bewältigen, sondern bleibt zugleich auf die intellektuelle Auseinandersetzung mit dem Thema angewiesen. Nietzsche ist ein 'denkender' Lyriker. Auch in der stimmungslyrischen Evokation eines reinsten Seins verleugnet er nicht die Präsenz des kritischen Bewußtseins. So ist das Gedicht letztlich nicht Ausdruck eines 'naiven' Aufgehens im "Leben", sondern Ausdruck der 'sentimentalischen' Suche nach dem "Leben". Das "neue Leben" – auch der junge Goethe preist es, in der Lili-Lyrik, im Gedicht *Neue Liebe, neues Leben*, im spontanen Ausdruck des Gefühls:

> Herz, mein Herz, was soll das geben,
> Was bedränget dich so sehr?
> Welch ein fremdes neues Leben –
> Ich erkenne dich nicht mehr. (HA I, 96)

Goethes Gedicht ist ein Liebesgedicht, in dem das Ich das "neue Leben" in der emphatischen Hinwendung zum Du der Geliebten erfährt. Nietzsches Gedicht ist ein Reflexionsgedicht, in dem das monologische Subjekt das "neue Leben" in der Spannung von Denken und Leben zu vergegenwärtigen versucht. Die Steigerung des Lebensgefühls, die Intensität eines "neuen Lebens", ist für Goethe und Nietzsche in gleichem Maße kennzeichnend. Aber bei Goethe handelt es sich um 'Erlebnis'-Lyrik, um den 'naiven' Ausdruck der subjektiven Empfindung, bei Nietzsche hingegen um 'Gedanken'-Lyrik, um den 'sentimentalischen' Ausdruck der Spannung von Leben und Denken. In Nietzsches Gedicht erfolgt die Auseinandersetzung mit der "Wahrheit". Und zwar erscheint hier die Trennung von der "Wahrheit" nicht als etwas Negatives, als Ausgeschlossensein von der "Wahrheit", sondern als etwas Positives, als Voraussetzung einer neuen Daseinsmöglichkeit. Ohne Galanterie verabschiedet sich der Süd-Visionär von der nordischen "Wahrheit":

> [...]
> Im Norden – ich gesteh's mit Zaudern –
> Liebt' ich ein Weibchen, alt zum Schaudern:
> "Die Wahrheit" hiess dies alte Weib...

Es ist die Absage an die Vernunftwahrheit zugunsten der Selbstentfaltung des Lebens, die Absage an die nordische "Vernunft" zugunsten des südlichen "Lebens". Nietzsches Idylle ist "heroische Idylle" (B 6, 100 – 8.7.81 – an Köselitz)[400]. Das voluntative, schaffende Subjekt ist in ihr gegenwärtig. Die Idylle

400 Die Synthese von 'Heroischem' und 'Idyllischem', der Gedanke des pathetischen Aufschwungs in der reinen Abgeschiedenheit, ist überhaupt symptomatisch für Nietzsche. Er geht nie in der reinen Idylle auf, sondern die Idylle ist für ihn 'heroische' Idylle, eine Seelenlandschaft des Großen und Erhabenen, die eine Herausforderung ist. Der frühe Nietzsche orientiert sich allerdings noch stärker an Schillers Bestimmung der Idylle in *Naive und sentimentalische Dichtung*. Er zitiert Schillers Bestimmung der *Elegie* ("Natur" und "Ideal" werden als "unerreicht" dargestellt) und der *Idylle*

wird zum Raum der Selbstentfaltung des Schaffenden. Nur dem Schaffenden ist solche Idylle angemessen, ja, die Idylle ist der Ort der Bewährung für den Schaffenden. Eine ähnliche Funktion hat die Idylle bei Wagner. In Wagners *Siegfried*, im dritten Aufzug, wird in der Begegnung Siegfrieds mit der schlafenden Brünnhilde die Idylle wunderbar beschrieben, und Siegfried äußert staunend: "Selige Öde / auf sonniger Höh'!" (WSD 6, 164).[401] In der Idylle erscheint der Heros. Er erweckt die Schlafende, und aus der Idylle erwächst die heroische Situation der unbedingten Liebe. Bei Nietzsche wird das heroische Pathos durch die kritische Ironie gebrochen. Aber auch seine Idylle ist 'heroische' Idylle. Ein Gedicht wie *Im Süden*, das im romantischen Motiv der südlichen Ferne und in der halkyonischen Bukolik eine ursprüngliche, ungebrochene Daseinsform evoziert, Harmonie und Identität des Ich mit dem Leben suggerierend, ist dennoch letztlich Ausdruck des in der Spannung von Leben und Denken stehenden schaffenden Subjekts. Es ist nicht zu verwechseln mit Pastoralpoesie, mit Hirten- und Schäferidylle. In der *Geburt der Tragödie* kritisiert Nietzsche den "idyllischen Schäfer unserer neueren Zeit" als 'Ausgeburt' "einer auf das Ursprüngliche und Natürliche gerichteten Sehnsucht", die sich in galanten Posen erschöpfe: "wie verschämt und weichlich tändelte der moderne Mensch mit dem Schmeichelbild eines zärtlichen flötenden weichgearteten Hirten!" (1, 57f. – GT). Dem "geputzten, erlogenen Schäfer" der neueren Poesie stellt Nietzsche den "dionysischen Menschen" der Antike entgegen (1, 58 – GT). In *Menschliches, Allzumenschliches* distanziert er sich von der "ungebändigten chaotischen Seele, welche wir früher als Jünglinge unter Kunst verstanden", und wendet sich Theokrit zu, von dem, wie von Homer oder Goethe, "eine Kunst" "*ausströmt*, als *Ueberschuss* einer weisen und harmonischen Lebensführung" (2, 453 – VM). Mit der antiken Bukolik, mit Theokrit, fühlt Nietzsche sich verbunden. Das *Lied des Ziegenhirten* enthält die Dedikation "An meinen Nachbar Theokrit von Syrakusä" (3, 337 – IM)[402]. Später erhält das Gedicht die Überschrift *Lied eines theokritischen Ziegenhirten* (3, 645 – FWP). Bei diesem Gedicht handelt

("Natur" und "Ideal" werden als "wirklich" vorgestellt) (NA XX, 448 f.; Zitation: 1, 124 – GT [= 7, 327]). Nietzsche setzt allerdings einen kritischen Akzent, denn er zitiert diese Schiller-Passage im Kontext einer kritischen Überlegung zur "*idyllischen Tendenz der Oper*" (1, 124). Aber im Fragment der Schiller-Zitation folgt unmittelbar eine affirmative Stellungnahme zur Idylle, mit Blick auf Wagners Musiktragödie: "Der 'Siegfried' z.B. gehört zur Idylle, Natur und Ideal ist wirklich, darüber freut man sich." (7, 327). Wagners Kunst erscheint als "Idyll der Gegenwart". Aber Nietzsche fügt hinzu: "Dabei haben wir die höchste sentimentalische Lust: nie ist er naiv." (7, 329). Dies zeigt, daß Nietzsches Verhältnis zur Idylle von vornherein nicht durch die naive Identität, sondern durch den sentimentalischen Entwurf gekennzeichnet ist. So verweist er denn auch auf den "Schillerschen Gedanken über eine neue Idylle" (7, 329), offenbar mit Bezug auf Schillers Idee einer zukünftigen, utopischen Idylle, jene Idylle, die nicht die verlorene Natur, sondern, auf der Ebene der Natur und Kunst, das anzustrebende Ideal vergegenwärtigt, eine Idylle, die "den Menschen, der nun einmal nicht mehr nach *Arkadien* zurückkann, bis nach *Elisium* führt" (NA XX, 472). Während Nietzsche die (regressive) Hirtenidylle ablehnt, bejaht er die (utopische) Zukunftsidylle. Eine solche Zukunftsidylle ist der *Zarathustra*, den Nietzsche zu einer Zeit schreibt, wo "Alles, was mir jetzt über den Weg läuft (oder zu laufen scheint) *heroisch-idyllisch*" ist (B 6, 236 – 4.8.82 – an Köselitz).

401 Bemerkenswert ist, daß der junge Nietzsche unterscheidet zwischen der 'heiteren' Idylle Schillers und der 'tragischen' Idylle Wagners (vgl. 7, 327). Die 'tragische', die den Untergang des Individuums einschließende Idylle entspricht der Weltsicht Nietzsches.

402 Freilich, nicht nur die Bukolik, sondern auch der Realismus Theokrits hat auf Nietzsche gewirkt. Theokrit stellt nicht einfach ein harmonisches Hirtendasein dar, sondern seine Hirtengedichte zeigen

es sich allerdings um eine Travestie der bukolischen Idylle. Es erfolgt die provokative Auflösung der Idylle. Nicht das schöne Getier der Bukolik, sondern das Ungeziefer steht an:

> Da lieg' ich, krank im Gedärm, –
> Mich fressen die Wanzen.
> Und drüben noch Licht und Lärm!
> Ich hör's, sie tanzen...

Die schöne, harmonische Bilderwelt der Bukolik ist abgelöst von häßlichen, zersetzenden Bildern eines eifersüchtigen Liebhabers. Es ist ein weltschmerzliches Liebesgedicht in der Manier Heines:

> Die Liebe zehrt an mir
> Gleich sieben Uebeln, –
> Nichts mag ich essen schier.
> Lebt wohl, ihr Zwiebeln![403]

So kann die theokritische Bukolik bei Nietzsche sowohl Ausdruck einer ursprünglichen Harmonie sein als auch zur provokatorischen Metaphorik umgewendet werden. Im Prinzip verkörpert Theokrit für Nietzsche den wahren, den griechischen Dichter, der aus der Fülle des Lebens eine reine, ursprüngliche Bilderwelt geschaffen hat. Diese Liebe zu Theokrit verbindet Nietzsche mit Goethe. In der Rede *Zum Shakespeares-Tag* schreibt der junge Goethe, daß er durch Homer, Sophokles und Theokrit das Gefühl für das Griechentum gewonnen habe (HA XII, 225). Und in *Wandrers Sturmlied* beschwört er "Den bienensingenden / Honiglallenden / Freundlichwinkenden / Theokrit" (HA I, 36). In der gemeinsamen Hinwendung zu Theokrit zeigen sich bei Nietzsche und Goethe doch auch spezifische Unterschiede. Ist Goethe der 'naive' Dichter, der die antike Idylle im unmittelbaren Einklang mit der Natur erlebt, so ist Nietzsche der 'sentimentalische' Dichter, der auf der Suche nach der Natur ist und für den die antike Bukolik zur Chiffre dieses Suchens wird.

---

häufig eine realistische Tendenz, die sogar Züge der Karikatur annehmen kann. So klagt im *Ständchen für Amaryllis* ein liebeskranker Hirt:

> Scheint meine Nase dir wirklich so stumpf in der Nähe, o Mädchen,
> Und mein Bart dir so spitz? Du schaffst es noch, daß ich mich hänge.

Nachdem selbst die Beschwörung großer Liebender der Mythologie nichts fruchtet, bleiben dem Liebeskranken nur noch Resignation und Verzweiflung:

> Kopfweh hab ich. Dich kümmert es nicht. Ich singe nun nicht mehr.
> Hier, wo ich sank, will ich liegen, und Wölfe werden mich fressen.
> Das mag süß für dich sein, so süß wie Honig dem Gaumen. (*Theokrit*, Gedichte, 27 u. 31)

Das Motiv des Liebeskranken verbindet die Ziegenhirten Theokrits und Nietzsches. Aber während Theokrit das sentimentale Sujet ins Komische rückt, verzerrt Nietzsche es ins Bissige, Provokante. Bei Theokrit herrscht der karikierende Humor, bei Nietzsche die ätzende Satire. Nietzsche kennt den *locus amoenus*, aber nie geht er ganz in ihm auf.

403 Zu einer Reihe von Entsprechungen zum Gedicht Nietzsches in der Lyrik Heines vgl. *Grimm*, Heine und Nietzsche. – Die Behauptung Grimms, das Wort "theokritisch" müsse bei Nietzsche "ganz wörtlich genommen werden, als Hinweis auf einen 'Kritiker Gottes' und insbesondere der jüdisch-christlichen Gottesvorstellung" (S. 99), ist eine merkwürdige spekulative Überinterpretation. Es ist in der Tat eine "etwas kühn wirkende These" (S. 100). Man sollte dieses Gedicht nicht mit der Gott-ist-tot-Philosophie belasten.

Hinsichtlich der Idylle ist bei Nietzsche im Prinzip zu unterscheiden zwischen romantischer Idylle, die in bukolischen Bildern ein reines, harmonisches Sein suggeriert, und heroischer Idylle, in der sich der Schaffende gegenüber der Unendlichkeit und Erhabenheit der Landschaft, vor allem gegenüber dem Hochgebirge und dem Meer, zu behaupten hat. Ein Gedicht wie *Der geheimnissvolle Nachen* (3, 643 – FWP [= 3, 340 – IM, Das nächtliche Geheimniss]) beispielsweise ist eine romantische Idylle mit traumhaft verschwebenden Bildern ("Mondhell war's und mild") und bukolischen Requisiten ("Hirt und Schaf"). Dennoch vollzieht sich in diesem Traum kein Stimmungseinklang von Mensch und Natur, denn in dem möglicherweise angedeuteten Charon-Motiv ("Mann und Kahn") und dem Erlebnis der Bodenlosigkeit der Welt ("ein Abgrund ohne Schranken") erweist sich die Idylle als Schein-Idylle. In Schlaf und Traum werden die Ängste des Unbewußten virulent. In einem Jugendgedicht von 1859 überwindet das lyrische Ich, freilich nur für Augenblicke, durch die magische Kraft der Musik Vergänglichkeit und Tod: "Charons Nachen seh' ich schwanken. – / Mit der goldnen Leier Saiten / Ruf ich wieder, die versanken!" (B 1, 66 – Mai-Juni 59 – an Wilhelm Pinder). Ist dies noch eine Stilübung mit dem Charon-Nachen als mythologischem Requisit, so ist im späteren Gedicht der "Nachen" eine vieldeutige, rätselhafte Chiffre der Abgründigkeit des Daseins. Hier wird der Traum zum Alptraum. In die Idylle bricht die Dramaturgie des Unbewußten ein. Im Traum steigen rätselhafte Bilder auf, die die dem Tagesbewußtsein verborgenen Schrecknisse des Daseins signalisieren und die Frage nach der Bedeutung dieser Bilder aufwerfen: "Was geschah? so rief's, so riefen / Hundert bald: was gab es? Blut? – –" Das Tagesbewußtsein verdrängt diese Fragen: "Nichts geschah! Wir schliefen, schliefen / *Alle* – ach, so gut! so gut!" Es ist geradezu eine psychoanalytische Modellsituation, die Nietzsche in diesem Gedicht inszeniert. Es ist die poetisierte Darstellung des Mechanismus von Bewußtsein, Unbewußtem und Verdrängung. Freilich, es ist *poetisierte* resp. *poetische* Darstellung. Es handelt sich nicht einfach um die sprachliche Artikulation eines vorgegebenen Trauminhalts, sondern um ein Kunstprodukt, um einen Kunst-Traum, in dem die Traummotive ästhetisch arrangiert werden – ein die surrealistischen Traumdiktate antizipierendes Verfahren.[404] Nicht immer wird die romantische Idylle bei Nietzsche desillusioniert. Ein Gedicht wie *Der Wanderer* (1884) (11, 322; vgl. 8, 302 [1876]) ist ein naturlyrisches Stimmungsgedicht, ein romantischer Lyrismus, in dem in der Nacht der einsame Wanderer durch den magischen Klang eines Vogelliedes tief getroffen wird. Aber bezeichnenderweise kommt es nicht zum Stimmungseinklang zwischen dem Wanderer und dem Vogel. Während der Vogel mit seinem Lied ein "Weibchen" zur Zweisamkeit heranlockt, ist das Schicksal des Wanderers die Einsamkeit, das unaufhörliche, einsame Wandern, ins Offene und Ziellose. Der Vogel spricht: "Was geht's dich an? Denn du sollst gehn / Und nimmer, nimmer stille stehn!" Der Wanderer kann sich dem Stimmungston nicht hingeben, sondern ist zur Einsamkeit verurteilt. Er kann sich nicht in der romantischen

404 Exkurs 39.

Idylle beruhigen, sondern muß sie hinter sich lassen. Er steht außerhalb der magischen Identität von Mensch und Natur. Sein Stocken und Lauschen bezeugt allerdings seine Ergriffenheit. Das nächtliche Zwiegespräch zwischen dem Wanderer und dem Vogel endet elegisch, im Schmerz des Verzichts:

Der gute Vogel schwieg und sann:
"Was that mein Flötenlied ihm an?
Was steht er noch? –
Der arme, arme Wandersmann!"

Während in den Wanderliedern Eichendorffs, etwa in einem Gedicht wie *Wandernder Dichter* (Werke I, 76), Ich und Natur einen Stimmungseinklang bilden, ist bei Nietzsche dieser Einklang zutiefst gestört. Freilich, auch bei Eichendorff, so z.B. im Gedicht *Letzte Heimkehr* (ebd., 81), kann der "Wandrer" von Entfremdung, Verlassenheit und Tod heimgesucht werden, aber das Todesmotiv ist religiös geprägt, und das Ich weiß sich in einer letzten Geborgenheit. Das Gedicht endet in den Versen des "Jünglings", "Führers" und "Freundes" mit der "Fackel", d.h. des Todes: "Nun ruh zum letzten Male aus, / Wenn du erwachst, sind wir zu Haus." Nietzsches "Wanderer" kennt diese Zuflucht nicht mehr. Er ist aus der Einheit von Mensch und Natur wie auch aus jeder religiösen Geborgenheit herausgefallen. Bei Nietzsche werden die romantischen Naturlyrismen zu Chiffren der Dissonanz zwischen Subjekt und Welt. Immerhin, Nietzsches Gedichte verleugnen ihre Herkunft aus der Romantik, aus der romantischen Natur- und Stimmungslyrik nicht. Aber die romantischen Motive, Metaphern und Bilder werden zu expressiven Zeichen des monologischen Subjekts. Dieses Subjekt zeigt auch in der romantischen Idylle 'heroische' Züge. Dieses 'heroische' Element zeigt sich im *amor fati*, im letztlichen Aufnehmen der Notwendigkeit des Wanderns in den eigenen Willen.[405]

Im übrigen dominiert bei Nietzsche nicht die romantisch-bukolische, sondern die heroisch-tragische Idylle. Gedichte wie *Aus hohen Bergen* (1884) oder *Am Gletscher* (1884) sind heroische Idyllen, Idyllen der absoluten Einsamkeit. Im Gedicht *Am Gletscher* (11, 325; vgl. 8, 396 [1877]) wird in der Allegorie des am "Mittag" "in's Gebirge" aufsteigenden "Sommers" die Spannung von Kommunikationssehnsucht und eisiger Einsamkeit vergegenwärtigt. "Eisgebirg", "Bach" und "Tann" lieben den "Sommer":

"Wir lieben dich!
Ach Kind, du weißt, wir lieben, lieben dich!"

Aber der "Sommer" ist auf "Abschied" angelegt. Diese Idylle ist eine Eiszone, die durch den "Sommer" nur vorübergehend erwärmt wird. Dann herrscht wieder eisige Einsamkeit:

Da horcht es rings
Und athmet kaum:
Kein Vogel singt.

405 Exkurs 40.

Da überläuft
Es schaudernd, wie
Ein Glitzern, das Gebirg.
Da denkt es rings –
Und schweigt – –

Um Mittag war's,
Um Mittag, wenn zuerst
Der Sommer ins Gebirge steigt,
Der Knabe mit den müden heißen Augen.

Im Gedicht *Aus hohen Bergen* (5, 241 – JGB) hat sich das einsame Subjekt aus aller Kommunikation gelöst, ist sich selber fremd geworden und lebt in eisigem Niemandsland:

Ich suchte, wo der Wind am schärfsten weht?
Ich lernte wohnen,
Wo Niemand wohnt, in öden Eisbär-Zonen,
Verlernte Mensch und Gott, Fluch und Gebet?
Ward zum Gespenst, das über Gletscher geht?

Dies ist die heroische Idylle in ihrer extremen Zuspitzung. Das Subjekt ist dem Nichts ausgesetzt, aber es versinkt nicht in Resignation und Verzweiflung, sondern als schaffendes, einen neuen Daseinsentwurf entfaltendes Subjekt erwartet es die "*neuen* Freunde". Durch Zarathustra erfolgt die große Befreiung:

Dies Lied ist aus, – der Sehnsucht süsser Schrei
Erstarb im Munde:
Ein Zaubrer that's, der Freund zur rechten Stunde
[...]

Durch "Freund *Zarathustra*", den "Gast der Gäste", wird das Leben, nun im Zeichen des "Siegs", zum "Fest der Feste". Aus der Kraft, die die absolute Einsamkeit aushält, bezieht das monologische Subjekt die schöpferische Fähigkeit, die negative Idylle, die Eiszone, in eine neue Daseinsform im Sinne der Zarathustra-Philosophie zu verwandeln.

Nietzsches Dichterbegriff schillert in konträren Farben. Der Dichter rückt in wachsendem Maße in ein seltsames Zwielicht. Einerseits ist und bleibt er der Lügner, andererseits verleiht er dem Leben neuen Glanz, läßt im Dasein den Schein der Vollendung aufblitzen. Nietzsche wendet sich gegen die Verflachung des Denkens durch denkschwache Dichter: "Ich will nicht, daß aus der Weisheit ein Kranken- und Armenhaus für schlechte Dichter werde." (10, 450). Er verhöhnt das hohle Pathos der 'idealistischen' Rhetoren: "In große Worte seid ihr verliebt wie in bunte Bälge: und auf Teppichen von Lügen versteht euer Fuß sich ein Fest zu machen, ihr Weichlinge! (Idealisten)" (10, 451). Demgegenüber schafft der wahre Dichter aus der Überfülle des Lebens und verherrlicht das Dasein. Homer ist der "Vergöttlicher" des "Lebens" (5, 403 – GM). Der Doppelcharakter von Lügner und Schaffendem haftet dem Dichter unlöslich an. Die Ambiguität des Dichters ist ein Nietzsche zutiefst beschäftigendes Problem.

Unmittelbar thematisiert wird es im *Zarathustra*-Kapitel *Von den Dichtern*. Der Kerngedanke ist die Paradoxie, daß Zarathustra den Dichtern den Lügencharakter ihrer Tätigkeit vorwirft und doch zugleich selbst ein Dichter ist. Zarathustra spricht zu seinem Jünger: "Doch was sagte dir einst Zarathustra? Dass die Dichter zuviel lügen? – Aber auch Zarathustra ist ein Dichter." (4, 163 – Za).[406] Zarathustra wirft den Dichtern vor, sie würden aus einem Nichtwissen heraus die Dinge verfälschen, dem Glauben an Offenbarungen erliegen und metaphysische Überwelten erfinden. Dabei schließt sich Zarathustra selbstironisch in diese Dichter-Kritik ein, denn nicht nur die "Götter", d.h. die bisherigen metaphysischen Fiktionen, sondern auch die "Übermenschen", d.h. Nietzsches eigene Utopie vom neuen Menschen, werden kritisch angeleuchtet:

> Aber gesetzt, dass Jemand allen Ernstes sagte, die Dichter lügen zuviel: so hat er Recht, – *wir* lügen zuviel. / Wir wissen auch zu wenig und sind schlechte Lerner: so müssen wir schon lügen. / Und wer von uns Dichtern hätte nicht seinen Wein verfälscht? Manch giftiger Mischmasch geschah in unsern Kellern, manches Unbeschreibliche ward da gethan. [...] Und kommen ihnen zärtliche Regungen, so meinen die Dichter immer, die Natur selber sei in sie verliebt [...] Ach, es giebt so viel Dinge zwischen Himmel und Erden, von denen sich nur die Dichter Etwas haben träumen lassen! / Und zumal *über* dem Himmel: denn alle Götter sind Dichter-Gleichniss, Dichter-Erschleichniss! / Wahrlich, immer zieht es uns hinan – nämlich zum Reich der Wolken: auf diese setzen wir unsre bunten Bälge und heissen sie dann Götter und Übermenschen: – / Sind sie doch gerade leicht genug für diese Stühle! – alle diese Götter und Übermenschen. (4, 164 – Za)

Zarathustras Dichter-Kritik ist im Prinzip grundsätzliche, generelle Kritik am Dichter: "Ach, wie bin ich der Dichter müde! [...] Ich wurde der Dichter müde, der alten und der neuen: Oberflächliche sind sie mir Alle und seichte Meere." (4, 165 – Za). Dichtertum läuft auf Verlust der substantiellen Tiefe und Verabsolutierung des trügerischen Scheins hinaus. Diesem Dilemma kann der Dichter nicht entrinnen. Selbst Zarathustra, der Umwerter aller Werte, er, der die bisherigen Wertsysteme als Fiktionen entlarvt, ist in die Dialektik von Wahrheit und Lüge verstrickt, denn auch sein Entwurf einer neuen Daseinsform, die Idee des "Übermenschen", ist letztlich ein dichterischer Entwurf. Er gehört ins Umfeld des poetischen Scheins, der lebenssteigernden Lüge, der zukunftsgerichteten Utopie. So ist auch bei Zarathustra in aller pathetischen Erneuerungsgläubigkeit, in allem Pathos des "Übermenschen", doch zugleich ein ironisch gebrochenes Verhältnis zu diesem Zentralsymbol erkennbar. In der Selbstironie bezieht Zarathustra sogar den Entwurf des "Übermenschen" in die Dichter-Kritik ein. Schon in Goethes *Faust* wird der "Übermensch" zum Gegenstand der

406 Vgl. die Dichter-Kritik als Kritik der in die Lüge verstrickten ästhetischen Existenz bei Kierkegaard: "Vergebens widerstrebe ich. Mein Fuß gleitet. Mein Leben wird dennoch eine Dichter-Existenz. [...] meine Schilderung [...] eine Fälschung; denn während ich die Hoffnung schildere, denk ich an die Erinnerung." (*Kierkegaard*, Entweder – Oder I, 47). Kierkegaard sieht im Dichter allerdings weniger das wollende Subjekt als vielmehr die melancholische, leidende Existenz. Aber auch er versteht die Dichtung als schönen Schein über dem entsetzlichen Dasein. Der Dichter ist ein "unglücklicher Mensch", dessen "Seufzer" und "Schrei" "klingen wie eine schöne Musik" (ebd., 27).

Ironie.[407] Freilich, Goethe versteht unter dem "Übermenschen" die Selbstüberhebung des Menschen, Faustens Hybris, während Nietzsche im "Übermenschen" eine völlig neue Daseinsform des Menschen, einen Menschen jenseits des Menschen, erblickt. Daß der von Zarathustra ansonsten enthusiastisch gefeierte "Übermensch" auch Gegenstand seiner kritischen Reflexionen werden kann, ist ein Zeichen der intellektuellen Redlichkeit Zarathustras, die auch vor den eigenen Daseinsentwürfen nicht haltmacht. So erstreckt sich die Dichter-Kritik Zarathustras nicht nur auf die historischen Erscheinungsformen des Dichtertums, auf die traditionellen und modernen Dichter, sondern auf das Dichtertum überhaupt und damit auch auf das Dichten Zarathustras selbst. Zarathustra bleibt allerdings nicht bei der Dichter-Kritik stehen, sondern verkündet zugleich eine neue Dichter-*Bejahung*. Die dichterische Sprache ist eine Gleichnis-Sprache. Die Bewertung dieser Sprache hängt davon ab, ob sie als scheinbildende Sprache eine fiktive Überwelt des "Unvergänglichen" errichtet oder ob sie als wahrhaft schöpferische Sprache, als Sprache des Schaffenden, gerade die "Vergänglichkeit" bejaht und damit nicht mehr eine Sprache der Lüge, sondern der Wahrheit ist. Zarathustra verkündet:

> Alles Unvergängliche – das ist nur ein Gleichniss! Und die Dichter lügen zuviel. – / Aber von Zeit und Werden sollen die besten Gleichnisse reden: ein Lob sollen sie sein und eine Rechtfertigung aller Vergänglichkeit! / Schaffen – das ist die grosse Erlösung vom Leiden, und des Lebens Leichtwerden. Aber dass der Schaffende sei, dazu selber thut Leid noth und viel Verwandelung. (4, 110 – Za)

Nietzsche wertet die Sprache im Lichte des Antagonismus von 'Sein' und 'Werden'. Richtet sich die Sprache auf ein zeitloses Sein, ist sie lügnerische Sprache. Richtet sie sich hingegen auf das Werden, d.h. das Leben, ist sie wahrhaftige Sprache. Auf diese Weise können bei Nietzsche Verurteilung und Rühmung der dichterischen Sprache Hand in Hand gehen. Zum Schluß des Kapitels *Von den Dichtern* unterscheidet Zarathustra zwei Formen der dichterischen Existenz, und zwar den durch Schein, Eitelkeit und Publikumswirksamkeit gekennzeichneten Dichter und den durch Wahrhaftigkeit und Selbstsein geprägten Dichter. Zarathustra wirft den Dichtern ihr Schauspielertum vor und verkündet zugleich eine neue, auf innere Wahrhaftigkeit gegründete Form des Dichtertums:

> Wahrlich, ihr Geist selber ist der Pfau der Pfauen und ein Meer von Eitelkeit! / Zuschauer will der Geist des Dichters: sollten's auch Büffel sein! – / Aber dieses Geistes wurde ich müde: und ich sehe kommen, dass er seiner selber müde wird. / Verwandelt sah ich schon die Dichter und gegen sich selber den Blick gerichtet. / Büsser des Geistes sah ich kommen: die wuchsen aus ihnen. (4, 166 – Za)

---

407 In Goethes *Faust* stellt der Erdgeist Faustens Übermenschentum ironisch in Frage: "Da bin ich! – Welch erbärmlich Grauen / Faßt Übermenschen dich!" (HA III, 23; vgl. auch S. 370 f. – Urfaust). Der klassische Humanitätsgedanke widerstrebt der Idee des Übermenschentums. In den *Briefen zu Beförderung der Humanität* schreibt Herder: "Alle Ihre Fragen über den Fortgang unsres Geschlechts [...] beantwortet, wie mich dünkt, ein einziges Wort, *Humanität, Menschheit*. Wäre die Frage: ob der Mensch mehr als Mensch, ein Ueber- ein Außermensch werden könne und solle? so wäre jede Zeile zu viel, die man deßhalb schriebe." (SW XVII, 115 [2. Sammlung])

Voraussetzung des wahren Schaffens ist die Abwendung vom Schauspielertum und die Hinwendung zum Selbstsein. Erst wenn der Dichter einen Selbstverwandlungsprozeß durchmacht, gewinnt seine Tätigkeit einen neuen Sinn. Diese Verwandlung besteht in der Abwendung des Dichters vom Schauspielertum, von der Eitelkeit der Selbstdarstellung gegenüber Zuschauern, und in der Hinwendung des Dichters zu seinem wahren Selbstsein, zu einem asketischen Ethos der Selbstüberwindung. Als Schauspieler ist der Dichter dem Schein, der Lüge, der Effekthascherei verpflichtet. Als Asket des Geistes erfährt er die Wahrheit des Selbstseins. Dies ist die Doppelmöglichkeit der Dichterexistenz. Die Metanoia verwandelt den scheinhaften Dichter in den wahren Dichter. Bei alledem ist allerdings zu beachten, daß in Nietzsches Dichter-Reflexion keine eindeutigen Positionen abgesteckt werden. Zarathustra inszeniert vielmehr ein Verwirrspiel um die Dichterexistenz und hält den Begriff des Dichters in schillernder Zweideutigkeit. Nicht ohne Grund erklärt Zarathustra nach dem Hinweis auf das auch ihn selbst einschließende Lügentum des Dichters: "Glaubst du nun, dass er hier die Wahrheit redete?" (4, 163 – Za). Nicht die eindeutige, thetische Aussage, sondern das vieldeutige Vexierspiel ist kennzeichnend für die Entfaltung der Dichterproblematik. Wenn die Wahrheit, die Vernunftwahrheit, und die Gesetze der Logik ihre intersubjektive Verbindlichkeit verloren haben, entwickelt sich eine Mobilität des Denkens, die sich über jede die Dinge verfestigende Aussage hinwegsetzt und das freie, vielfach paradoxe Spiel mit den Motiven entfaltet. Ironie, Parodie und Paradox sind bevorzugte Stilmittel dieser Denkbewegung.

Dies zeigt sich besonders intensiv im *Zarathustra*-Kapitel *Der Zauberer*, in dem Nietzsche die Problematik von Wahrheit und Lüge, Ernst und Spiel, Selbstsein und Schauspielertum umkreist, mit existentiellem Engagement und rhetorischer Virtuosität. Suggestive Diktion, psychologisches Raffinement und artistisches Spiel prägen diesen Text. In einem virtuosen Rededuell treffen Zarathustra und der Zauberer aufeinander. Der "Zauberer", eine provokatorische Anspielung auf Wagner, ist eine Verkörperung der Künstlerexistenz, der Schauspielerexistenz, des wirkungsmächtigen Rhetors, der den tiefen Menschen spielt, allerdings nicht nur aus einem reinen Täuschungstrieb, sondern auch aus einem Wahrheitsverlangen heraus. Der Zauberer tritt auf als Dichter, der ein großes, tiefes Gedicht an den "unbekannten Gott" vorträgt (4, 313-317 – Za). Dieser mit bohrenden Fragen, emphatischen Ausrufen und hyperbolischen Metaphern durchsetzte Dithyrambus ist der potenzierte Affektausdruck eines zwischen provokatorischem Selbstbewußtsein und verzweifelter Integrationssehnsucht, zwischen blasphemischer Rebellion und tiefem Kommunikationsverlangen hin und her schwankenden vereinsamten Subjekts. Das Gedicht setzt ein mit der Frage: "Wer wärmt mich, wer liebt mich noch?" Aus dieser Frage entfaltet sich die extrem zugespitzte Auseinandersetzung mit dem "unbekannten Gott". Die Haltung des Ich wechselt abrupt zwischen den polaren Gegensätzen von prometheischem Selbstbehauptungswillen und unbedingter Hingabebereitschaft. Einerseits wird der "unbekannte Gott" als elementare Bedrohung des eigenen Selbstseins empfunden:

[...]
Unnennbarer! Verhüllter! Entsetzlicher!
Du Jäger hinter Wolken!
[...]
Wozu – *mich* martern,
Du schadenfroher unbekannter Gott? –
[...]
Du Folterer!
Du – Henker-Gott!
[...]
Was *willst* du, unbekannter Gott? – –

Andererseits ist dieser Gott ("Mein grosser Feind") der einzige Ansprechpartner des vereinsamten Ich ("Mein letzter einziger Genoss"). In der letzten Versgruppe wird der Dithyrambus zur verzweifelten Klage, zum Ausdruck der unbedingten Hinwendung:

[...]
– Nein! Komm zurück,
Mit allen deinen Martern!
Zum Letzten aller Einsamen
Oh komm zurück!
All meine Thränen-Bäche laufen
Zu dir den Lauf!
Und meine letzte Herzens-Flamme –
Dir glüht sie auf!
Oh komm zurück,
Mein unbekannter Gott! Mein Schmerz! Mein letztes –
Glück!

Kaum ein anderes Gedicht Nietzsches zeigt diese Unbedingtheit und Unmittelbarkeit des Gefühls. Das Crescendo der Gefühle rechtfertigt sich aus dem substantiell echten Anliegen des Subjekts. Im Kapitel *Der Zauberer* wird dieses existentielle Pathos allerdings zum Gegenstand eines Rededuells zwischen Zarathustra und dem Zauberer. Dieser die letzten Tiefen des Menschseins betreffende Dithyrambus wird im Kontext des Kapitels dadurch kritisch in Frage gestellt, daß es vor dem Vortrag des Zauberers heißt: "begann er also zu jammern" und daß nach dem Vortrag Zarathustra dem Zauberer spontan vorwirft, das Ganze sei Schauspielerei, nur vorgetäuschter Ernst, ein raffinierter Betrug. Es heißt:

> Hier aber konnte sich Zarathustra nicht länger halten, nahm seinen Stock und schlug mit allen Kräften auf den Jammernden los. "Halt ein! schrie er ihm zu, mit ingrimmigem Lachen, halt ein, du Schauspieler! Du Falschmünzer! Du Lügner aus dem Grunde! Ich erkenne dich wohl! (4, 317 – Za)

Während der Zauberer die Lüge, den Schein, das Schauspielertum verkörpert, tritt Zarathustra als der Erkennende, der Anwalt der Wahrheit und des Selbstseins auf. Die Vorwürfe, die er gegen den Zauberer erhebt, entsprechen der Wagner-Kritik Nietzsches. So heißt es im *Fall Wagner*:

Ah dieser alte Zauberer! Dieser Klingsor aller Klingsore! Wie er *uns* damit den Krieg macht! uns, den freien Geistern! Wie er jeder Feigheit der modernen Seele mit Zaubermädchen-Tönen zu Willen redet! – Es gab nie einen solchen *Todhass* auf die Erkenntniss! (6, 43 – WA)

Die Auseinandersetzung dreht sich um die Frage nach substantieller Echtheit oder vorgetäuschter Tiefe – das Kardinalproblem des Künstlertums bei Nietzsche. Angesichts der heftigen Angriffe Zarathustras erklärt der Zauberer: "Ich trieb's also nur zum Spiele!" (4, 317 – Za). Damit dementiert er sein eigenes Gedicht. Zumindest rückt er es ins Zwielicht. Am Zauberer demonstriert Nietzsche die Psychologie des Schauspielers. Der Schauspieler ist eine Doppelexistenz, eine Als-ob-Existenz. Er ist angewiesen auf den Zuschauer, das Publikum, das Lob des Publikums. Das Spielen, Illuminieren und Täuschen gehört unabdingbar zu seiner Existenz. Seine Domäne ist der Schein, ja, der Schein macht geradezu sein Sein aus. Er ist Narr, Hanswurst und Possenreißer. In den modernen Zeiten hat die Schauspielerei enorm zugenommen. Nietzsche ist der Auffassung, daß "heutzutage" "fast jeder zehnte Mensch" "Schauspieler" sei (6, 123 – GD).[408] Neben dem "Demagogen-Geist" und dem "Biber- und Ameisen-Geist des Gelehrten" prägt der "Schauspieler-Geist" die Epoche. Das "Zeitalter" will "jenen großen Schauspieler-Lärm, jenes große Bumbum, welches seinem Jahrmarkts-Geschmacke entspricht" (III, 472). Das gegenwärtige Zeitalter ist in seinem Grundzug durch ein die wesentlichen Fragen verdeckendes Scheinwesen gekennzeichnet. Je weniger an substantieller Echtheit gelebt wird, um so mehr Lärm wird um den Schein gemacht, und eben dies ist die große Stunde der Schauspieler. Mit Vehemenz polemisiert Nietzsche gegen den "Schauspieler". In der *Morgenröthe*, im Textstück *Philosophie der Schauspieler*, wendet er sich gegen die Anmaßung der Schauspieler, durch ihr die "historischen Personen" nachahmendes Spiel, das "sie gerne für ein hellseherisches Vermögen ausgeben möchten", überhaupt erst das Wesen der Sujets zu erfassen, während sie doch in Wahrheit nur die Oberfläche, die äußeren Symptome darstellen (3, 231 – M). Das Schauspielertum erfaßt nicht das Wesen, sondern

408 F.G. Jünger unterscheidet zwischen dem "echten" Schauspieler und dem "nachgemachten" Schauspieler. Der "echte" Schauspieler ist der einen Typus, den dionysischen Gott, darstellende Schauspieler mit der Maske, der Schauspieler der Tragödie und des Festes. "Er bleibt auf das Theater, die Bühne, das Fest beschränkt." Der "neue", der "nachgemachte" Schauspieler ist der Allerweltsschauspieler. "Er verläßt die Bühne, er betritt jetzt die Welt, um sie zum Theater zu machen." "[...] und dabei kommt nichts heraus." (*F.G. Jünger*, Nietzsche, 143 u. 146). Nietzsches Schauspielerbegriff ist allerdings komplizierter. Er übt zwar scharfe Kritik am herrschenden Schauspielertum, an den unechten Schauspielern, aber er weiß auch, daß auch in den echten Künstlern ein Stück Schauspielertum steckt, ein Schauspielertum aus Notwendigkeit. Er notiert: " 'Wenn Z<arathustra> die Menge bewegen will, da muß er der Schauspieler seiner selber sein'" (9, 596; vgl. 3, 513 – FW). Im Schauspielertum kann auch Echtes zum Vorschein gelangen. Auch Zarathustra, der Verkünder neuer Wahrheiten, ist ein Schauspieler. Er muß sich der Schauspielerei bedienen, da er nur auf diese Weise ein Publikum erreichen kann. Der Maßstab der Echtheit des Schauspielers ist der Wille: "Einige von ihnen wollen, aber die Meisten werden nur gewollt. Einige von ihnen sind ächt, aber die Meisten sind schlechte Schauspieler." (4, 213 – Za). Der echte Schauspieler ist der wahrhaft Wollende. Das Schauspielern kann auch unbewußt erfolgen, wie es auch widerwillig, nur aus Notwendigkeit betrieben werden kann: "Es giebt Schauspieler wider Wissen unter ihnen und Schauspieler wider Willen –, die Ächten sind immer selten, sonderlich die ächten Schauspieler." (4, 213 – Za; vgl. 10, 604).

nur die Erscheinung der Dinge, unter Vortäuschung der Wesenserfassung. Nietzsche konstatiert,

> dass der Schauspieler eben ein idealer Affe ist und so sehr Affe, dass er an das "Wesen" und das "Wesentliche" gar nicht zu glauben vermag: Alles wird ihm Spiel, Ton, Gebärde, Bühne, Coulisse und Publicum. (3, 231 – M)

Der Schauspieler ist dem Wesentlichen, dem Sein, entfremdet und ganz auf Schein und Wirkung ausgerichtet. Der Affe mit dem Spiegel in der Hand als Sinnbild der Eitelkeit – dieser alte Topos[409] kehrt sinngemäß bei Nietzsche wieder, wenn er das Bild des Affen als Metapher des Schauspielers benutzt. Im Zeitalter der Schauspieler, der eitlen Affen, kann nur eine Schein-Kultur zustande kommen. Epochen, "in denen die 'Schauspieler', *alle* Arten Schauspieler, die eigentlichen Herren sind", sind unschöpferische Zeitalter, Epochen, in denen eine Schein-Kultur herrscht, eine Kultur, die die wirklich schöpferischen Menschen, die "grossen 'Baumeister' " "entmuthigt" und eine wahrhaft schöpferische Kultur verhindert (3, 596 – FW, 5. Buch). Was die Kunst im besonderen betrifft, so warnt Nietzsche vor der "Gefährlichkeit" der Schauspieler und stellt, aus "Liebe zur Kunst", "*drei Forderungen*":

> *Dass das Theater nicht Herr über die Künste wird.*
> *Dass der Schauspieler nicht zum Verführer der Echten wird.*
> *Dass die Musik nicht zu einer Kunst zu lügen wird.* (6, 39 – WA)

Der "Schauspieler" ist der "Verführer" in höchster Potenz, der sogar die "Echten", die tiefen Menschen, suggestiv in seine Scheinwirklichkeit verstricken könnte. Das Problem der Schauspielerei ist das Problem von Sein und Schein, Echtheit und Täuschung, Eigentlichkeit und Suggestion. Bezeichnenderweise klassifiziert Nietzsche die Einzelkünste im Lichte dieser Problemstellung. Das Theater wird abgelehnt, da es auf Schauspielerei und Illusionismus abgestellt ist und das Sein durch den Schein ersetzt. Die Vorherrschaft des Theaters würde den Untergang der wahrhaft schöpferischen Kunst bedeuten. Diese aber sieht Nietzsche in der Musik ausgeprägt, in der absoluten, reinen Musik. Während Nietzsche das Theater *in toto* verurteilt, trifft er im Hinblick auf die Musik die Unterscheidung zwischen wahrer und lügnerischer Musik. Die romantische Musik, d.h. die Musik Wagners, ist eine Musik der (suggestiven) Lüge; die klassische Musik hingegen ist die wahre Musik und als solche der Dialektik von Wahrheit und Lüge entzogen. Die Dichtung wiederum ist in das Wechselspiel von Wahrheit und Lüge verstrickt.

Nietzsches "Schauspieler"-Kritik richtet sich vor allem gegen Wagner, diesen "ganz grossen Schauspieler" (6, 29 – WA), der in der "Geschichte der Musik" die "*Heraufkunft des Schauspielers in der Musik*" bedeutet, "ein capitales Ereigniss, das zu denken, das vielleicht auch zu fürchten giebt" (6, 37 – WA). Der "Zauberer" im *Zarathustra* ist eine Wagner-Allegorie. Dennoch führt Nietzsche diese Figur über Wagner hinaus, indem er sie in den existentiellen

409 Exkurs 41.

Zwiespalt von Schauspielerei und Echtheitsverlangen stellt. Freilich, Nietzsche betreibt damit auch ein Stück tiefenpsychologischer Auslotung Wagners. Zarathustra versucht, den Zauberer radikal zu entzaubern und als seinen wirklichen Antrieb den Selbstüberdruß, den Selbstekel zu entlarven. Er hält dem Zauberer vor, sein Gebaren sei nicht nur "Spiel" gewesen: "So schminktest du eben vor mir deine Lüge, als du sprachst: 'ich trieb's also *nur* zum Spiele!' Es war auch *Ernst* darin, du *bist* Etwas von einem Büsser des Geistes!" (4, 318 – Za). Es ergibt sich die Paradoxie, daß auch die Berufung auf die Lüge als Lüge entlarvt wird. Der "Ernst" im "Spiel" des Zauberers besteht im Bewußtsein der eigenen Nichtigkeit, einer Nichtigkeit, die durch pathetische Attitüden verdeckt werden soll. Zarathustra sagt: "Du erntetest den Ekel ein, als deine Eine Wahrheit. Kein Wort ist mehr an dir ächt, aber dein Mund: nämlich der Ekel, der an deinem Munde klebt." (ebd.). Dies führt unmittelbar zur tieferen Motivation der Schauspielerei. Der Schauspieler muß sein eigenes Nichts verdecken. Er kaschiert den "Ekel" vor der eigenen Nichtigkeit durch einen pompösen Wortaufwand, der Substanz vortäuschen soll. Insofern ist er der Lügner in Potenz.[410] Zugleich aber erfährt er diese Situation als seine existentielle Wahrheit. Auch er beharrt auf einer Wahrheit, seiner Wahrheit, der Wahrheit des Scheiterns: "Oh Zarathustra, Alles ist Lüge an mir; aber dass ich zerbreche – diess mein Zerbrechen ist *ächt*!" (4, 319 – Za). Der Schauspieler ist nicht einfach nur ein Lügner, sondern er sieht sich auch einer Wahrheit ausgesetzt, der Wahrheit des Scheiterns. Seine Situation ist durch ein merkwürdiges Wechselspiel von poetischer Lüge und existentieller Wahrheit gekennzeichnet. Aber er erschöpft sich nicht in der Spannung von Schauspielertum und Scheitern, sondern er erweist sich darüber hinaus als "Sucher". Er erklärt:

> Oh Zarathustra, ich suche einen Ächten, Rechten, Einfachen, Eindeutigen, einen Menschen aller Redlichkeit, ein Gefäss der Weisheit, einen Heiligen der Erkenntniss, einen grossen Menschen! / Weisst du es denn nicht, oh Zarathustra? *Ich suche Zarathustra.* (4, 319 – Za)

Dies ist ein Kunstgriff Nietzsches, mit dem er Wagner auf seine eigentliche Bestimmung zu reduzieren versucht, nämlich auf die Zarathustra-Philosophie Nietzsches. Im zuletzt lachenden Zarathustra drapiert sich Nietzsche als Sieger gegenüber Wagner. Der Antagonismus zwischen dem Zauberer und Zarathustra ist der Widerstreit zwischen Schein und Sein, Lüge und Wahrheit, Schauspielertum und Selbstsein. Das ist das große Thema des Dialogs. Es ist dabei allerdings bezeichnend, daß Nietzsche die Perspektiven Zarathustras und des Zauberers einander nicht einfach als feste, starre Positionen gegenüberstellt, sondern einen tiefgründigen Denkprozeß, ein facettenreiches Vexierspiel entfaltet, in dem alles scheinbar unumstößlich Ausgesagte durch sophistische Gegenargumente

410 In den Fragmenten zum *Zarathustra* sagt der Zauberer: "diese Dichter! sie schminken sich noch, wenn sie ihrem Arzte sich nackt zeigen!" (11, 371). Dazu lächelt Zarathustra. Dies signalisiert nicht nur seine ironische Überlegenheit, sondern auch ein geheimes Einverständnis mit dem Zauberer. Und so heißt es denn auch: "und sie lachten beide aus vollem Halse. 'Was wissen wir Dichter uns doch zu putzen und aufzustützen!" (11, 366). Zarathustra will sich von dem Zauberer lösen, aber da er selbst auch ein Dichter ist, ist er mit dem Zauberer verwandt.

wieder relativiert wird. Alles gerät im rhetorischen Spiel der Argumente und Gegenargumente in einen offenen Bezug. Zarathustras innere Vibration läßt kein Sich-Verfestigen in Denkschemata zu, sondern ist gekennzeichnet durch ein permanentes Fragen (und In-Frage-Stellen), das alle Denkmotive in Bewegung hält. So stellt er denn auch die Sinn-Suche des Zauberers ironisch in Frage, indem er ihn als Versucher bezeichnet, der ihn durch Schmeichelei zur Hybris verführen wolle. Wie Jesus wehrt er den Versucher ab. Es ist die Versuchung der großen Schauspielerei, der er sich so entzieht. "Lachend" setzt er sich über die Versuchung hinweg (4, 320 – Za). Es kommt nicht zur Harmonie zwischen Zarathustra und dem Zauberer. Zarathustra wahrt den Abstand zum Zauberer, denn er will seine substantielle Echtheit nicht in eitler Schauspielerei verlieren. Die Disputation zwischen Zarathustra und dem Zauberer bringt das Problem von Echtheit und Schein zur Sprache. Durch das Dialogisieren des Problems im fingierten Gespräch wird das Prozessuale und Multiperspektivische des Sujets unmittelbar vergegenwärtigt. In diesem Wechselgespräch, in dem zwei Eristiker hohen Grades aufeinanderstoßen, können Rhetorik, Ironie und Paradoxie voll zur Geltung kommen. Freilich, im Unterschied zur dialektischen Methode des Platonischen Dialogs, in welchem durch logische Begründungen, durch die Stringenz des Beweises, vorgegebene Wahrheiten, die Ideen, 'gefunden' werden sollen, ist das Nietzschesche Wechselgespräch ein ganz offener Dialog, ein Dialog, der nicht mehr eine absolute Wahrheit voraussetzt und zu bestimmten, eindeutigen Ergebnissen hinführt. Das mobile Denken, das mehr Fragen aufwirft als Antworten gibt, kennzeichnet diese Dialektik. Nicht der logisch argumentierende Dialog, der vom Vertrauen in die Rationalität des Urteils getragen ist, nicht die Dialektik als Weg der Erkenntnis der Wahrheit, sondern das affektive Rededuell, das seine Impulse von der Irrationalität der Perspektiven und Existenzformen erhält, die Dialektik als Weg in offene Fragen, ist charakteristisch für den Nietzscheschen Disput.

Das zeigt sich nicht zuletzt in der Ambivalenz des Schauspielertums. Bei allen Verdikten gegen die Schauspielerei hat Nietzsche doch auch ein sensibles Organ für die Hintergründigkeit der Schauspielerexistenz. So schreibt er in der *Fröhlichen Wissenschaft*:

> vergessen wir doch nicht, dass die lieben Künstler sammt und sonders ein wenig Schauspieler sind und sein müssen und ohne Schauspielerei es schwerlich auf die Länge aushielten. Bleiben wir Wagnern in dem treu, was an ihm *wahr* und ursprünglich ist, – und namentlich dadurch, dass wir, seine Jünger, uns selber in dem treu bleiben, was an uns wahr und ursprünglich ist. (3, 456 – FW)

Nietzsche geht noch einen Schritt weiter und erklärt das Schauspielertum zum Wesen des Künstlers: "Das Wesentliche am Künstler und Genie: der Schauspieler. Kein Mensch besitzt zur gleichen Zeit Ausdruck und Gefühl; Wort und Wirklichkeit. Der tiefe égoisme unter der Sprache der sensibilité." (11, 32). Auf Grund der unaufhebbaren Differenz zwischen "Gefühl" und "Ausdruck" ist jeder Künstler notwendig Schauspieler. Der Prozeß der Umsetzung des Gefühls in den Ausdruck impliziert ein Arrangieren und Fingieren, ein Fingieren von

Scheinhaftem. Der künstlerischen Tätigkeit haftet immer schon ein Moment von Schauspielerei an. Somit steckt die Schauspieler-Kritik Nietzsches in spezifischen Aporien. Im ganzen unterscheidet Nietzsche allerdings zwischen Schauspielertum aus Notwendigkeit und Schauspielertum aus Effekthascherei. Freilich, die Grenzen sind fließend. Nietzsches Wagner-Kritik ist immer auch ein Stück Selbstbefreiung, und ganz kann er die innere Affinität zu Wagner nie abstreifen. "Ich gestehe: mit einem wahren Schrecken bin ich mir wieder bewußt geworden, *wie* nahe ich eigentlich mit W<agner> *verwandt* bin." (B 6, 231 – 25.7.82 – an Köselitz). Nietzsches Begriff des Schauspielers haftet etwas Schillerndes, Doppeldeutiges an. Der Schauspieler ist raffinierter Lügner und kreativer Virtuose. Schauspielertum und Kreativität verschmelzen zu einer Symbiose. Der Dichter ist Schaffender und Schauspieler in einem. Als Schaffender ist er Schauspieler, und als Schauspieler ist er Schaffender.[411]

Der Künstler steht in der Spannung von Wahrheit und Schauspielertum. In seinem Spiel steckt immer auch Ernst, wie der Ernst sich bei ihm notwendigerweise im Spiel artikuliert. Dies macht die Doppelbödigkeit und Hintergründigkeit des Schauspielers aus. Exemplarisch zeigt sich dies bei Wagner. Und dies trifft auch auf den Zauberer im *Zarathustra* zu. Wie versteht Nietzsche diese Figur? Ist der Zauberer ein Poseur, oder ist er ein Erschütterter? Handelt es sich um ein parodistisches Ad-absurdum-Führen des Zauberers, oder verbirgt sich hier bei Nietzsche hinter der Maske der Ironie ein echtes existentielles Anliegen? Im *Zarathustra*-Kontext wird das Gedicht des Zauberers, wie überhaupt die ganze Gestalt, parodiert, ironisiert, widerlegt. Aber es ist zu beachten, daß das Gedicht des Zauberers sein eigenes Gewicht hat. Nietzsche hat das Gedicht zunächst unter dem Titel *Der Dichter – Qual des Schaffenden* als selbständiges Gedicht konzipiert (11, 310), dann taucht das ausgeführte Gedicht als Klage des Zauberers im *Zarathustra* auf, und schließlich wird es, in unwesentlich veränderter Form, unter dem Titel *Klage der Ariadne* in die *Dionysos-Dithyramben* aufgenommen (6, 398 – DD).[412] Dies aber kann nur bedeuten, daß der Klage des Zauberers ein größeres Gewicht zukommt, als dies Zarathustra wahrhaben will. Es ist ein tiefernstes, existentielles Gedicht. Im *Zarathustra*-Kontext wird es durch die Entlarvung der Rollenfunktion und des Schauspielertums des Zauberers zu einem funktionalen Gedicht und ist dort von eigentümlicher Zweideutigkeit. In den *Dionysos-Dithyramben* erscheint es als eigenständiges, absolutes Gedicht, das jenseits des Gaukelspiels von Pathos und Ironie als existentielle Selbstaussprache Nietzsches erscheint. Es ist freilich die Frage, ob nicht auch die Parodie des Zauberers im *Zarathustra* eine Form der Selbstaussprache Nietzsches ist, eine versteckte Form, eine Maskierung des Gefühls. Dann wären Ironie, Parodie und Travestie Mittel der Gefühlsmaskierung. Das Szenarium wäre dann ein Vorwand, um in der Rollenfunktion des Zauberers das direkt nicht mehr aussprechbare Gefühl, die Apostrophe des "unbekannten Gottes",

411 Die Kritik der poetischen Lüge, die sich von Heine über Nietzsche bis zum Expressionismus verfolgen läßt (dazu: *Hinck*, Gedicht, 50-58), gewinnt bei Nietzsche durch die Ambivalenz von Kreativität und Schauspielertum eine besondere, unverwechselbare Note.

412 Zu den verschiedenen Fassungen des Themas vgl. 14, 333 f.

auf indirekte Art zu ermöglichen. Entscheidender dürfte sein, daß sich im Duell der beiden Rhetoren, in der Auseinandersetzung zwischen dem Zauberer und Zarathustra, eine Grundspannung Nietzsches spiegelt: das subtile Widerspiel von existentieller Erschütterung und metaphysischem Pathos einerseits und kritischer Relativierung und ironischer Distanz andererseits. Dem Gedicht des Zauberers eignen gleichermaßen der Surrogatcharakter und das Echtheitspathos. Es ist die Dialektik von Wahrheit und Lüge, Selbstsein und Spiel, die die Künstlerauffassung Nietzsches und seine eigene Existenz kennzeichnet. Zudem ist nicht zu verkennen, daß das Verhältnis zwischen Zarathustra und dem Zauberer nicht nur durch den schroffen Gegensatz, sondern auch durch eine geheime Affinität bestimmt ist, so wie Nietzsche, der unaufhörlich, monomanisch gegen Wagner polemisiert, ihm innerlich in Haßliebe bis zum Ende verbunden bleibt.

Die für Nietzsche so konstitutive Dialektik von Wahrheit und Lüge findet ihren entschiedensten Ausdruck im Dionysos-Dithyrambus *Nur Narr! Nur Dichter!* (6, 377 – DD).[413] Das Thema des Gedichts ist die unlösliche, labyrinthische Spannung von unbedingter Wahrhaftigkeit und lebensnotwendiger Lüge. Der "Dichter", der auftritt als "der *Wahrheit* Freier", ist im Grunde nur ein "Narr", da er sich der illusionären Metaphern, der "lügnerischen Wortbrücken", bedienen muß, um sich überhaupt artikulieren zu können. Der Dichter ist die ästhetische Konkretion der Dialektik von Leben und Schein. Nietzsche vergleicht ihn mit dem Raubtier, das sich durch Täuschung der Beute bemächtigt. Die Raubtier-Metaphorik des Gedichts, der Vergleich des Dichters mit "Panther" und "Adler", verweist auf den im Dichter tätigen Willen zur Macht, der sich der Welt in raffinierter, dynamischer Weise bemächtigen möchte. Die Bewältigung, die Überwältigung der Welt durch den potenzierten Willen zur Macht:

> *das, das ist deine Seligkeit,*
> eines Panthers und Adlers Seligkeit,
> eines Dichters und Narren Seligkeit!...

Aber das Ganze basiert auf einem trügerischen Schein, denn der Dichter stößt nie zur substantiellen Wahrheit vor, und deshalb ist sein Dichtertum ein Narrentum. Das Gedicht ist Ausdruck der permanenten Spannung von höchstem Enthusiasmus und tiefster Resignation, von gesteigertem Schöpfungswillen und geschärfter Selbstskepsis, von äußerstem Selbstbewußtsein und extremer Selbstkritik. Dies hat seinen Grund darin, daß der Dichter der Spannung von Wahrheit und Lüge nicht zu entrinnen vermag. Goethes Vers "Süßes Dichten, lautre Wahrheit" (Westöstlicher Divan [Suleika], HA II, 87)[414] hat bei Nietzsche

413 Exkurs 42.

414 Bei Goethe ist das Dichten ein Akt der Reinheit, der aus dem Formlosen die Form schafft:

> Löscht' ich so der Seele Brand,
> Lied, es wird erschallen;
> Schöpft des Dichters reine Hand,
> Wasser wird sich ballen.
>
> (Lied und Gebilde [Westöstlicher Divan], HA II, 16)

seine Gültigkeit verloren, da das Dichten von der Wahrheit gelöst und der Lüge verhaftet ist.[415] Im Gedicht Nietzsches erfolgt ein ständiges Wechselspiel von Pathos und Ironie, von Selbstgewißheit und Selbstzweifel, von Lügen-Lust und Lügen-Kritik. Es ist gewissermaßen die Optik eines doppelten Bewußtseins: einerseits der dithyrambische Sprachstil und andererseits seine poetische Vivisektion. Bei Nietzsche unterliegt der Dithyrambus einem Funktionswandel. Er inszeniert den Dithyrambus als poetische Selbstanalyse, als kritische Seelenanatomie des Dichters, als eine mit bohrender Intensität betriebene Selbstbefragung. Ständig mischt sich das Pathos des Aufschwungs mit der Skepsis der Selbstanalyse. Es mischen sich höchstes Selbstgefühl und tiefste Verzweiflung. Im letzten ist der Dichter ein Scheiternder, ein an der "Wahrheit", an seinem "Wahrheits-Wahnsinne" Scheiternder. Es bleibt ihm nur die Wahrheit, daß er von der Wahrheit ausgeschlossen ist:

dass ich verbannt sei
von aller Wahrheit!
Nur Narr! *Nur* Dichter!...

Das Wahrheitsproblem ist bei Nietzsche höchst kompliziert. In dreifacher Hinsicht ist die "Wahrheit" für ihn ein Problem. Zunächst desavouiert er die "Wahrheit" zugunsten der "Lüge", da das Leben seinem Wesen nach auf den Schein, die Täuschung angelegt sei. Zugleich aber ist er unausweichlich in die Dialektik von Wahrheit und Lüge verstrickt, denn selbst noch in der Apotheose der Lüge bleibt er letztlich doch der Wahrheitssucher, der verzweifelt nach "Wahrheit" Suchende und in dieser Suche Scheiternde. Schließlich ist zu unterscheiden zwischen objektiv-allgemeinverbindlicher "Wahrheit" und subjektiv-existentieller "Wahrheit". Im Dionysos-Dithyrambus *Von der Armut des Reichsten* (6, 406 – DD [= 6, 441 – NW]) führt Zarathustra, der "Schaffende", ein Zwiegespräch mit der "Wahrheit", mit *seiner* "Wahrheit":

– Still!
Eine Wahrheit wandelt über mir
einer Wolke gleich, –
mit unsichtbaren Blitzen trifft sie mich.
Auf breiten langsamen Treppen
steigt ihr Glück zu mir:
komm, komm, geliebte Wahrheit!

– Still!
Meine Wahrheit ists!
[...]

Die dergestalt metaphorisierte und allegorisierte "Wahrheit", die Zarathustra blitzartig treffende und zugleich wie eine Geliebte auf ihn zu schreitende "Wahrheit", ist keine intersubjektive, sondern die existentielle "Wahrheit" Zarathustras, die Wahrheit nämlich, daß der Schaffende den Überreichtum sei-

415 Zentral ist die "Macht": "die Lüge als Supplement der Macht, – ein neur Begriff der 'Wahrheit' " (13, 439).

ner schöpferischen Energie einschränken muß, wenn er die Menschen erreichen und von ihnen "geliebt" sein will:

> Du musst *ärmer* werden,
> weiser Unweiser!
> willst du geliebt sein.
> Man liebt nur die Leidenden,
> man giebt Liebe nur dem Hungernden:
> *verschenke dich selber erst*, oh Zarathustra!
> – Ich bin deine Wahrheit...

Es ist die "Wahrheit" Zarathustras, daß er einerseits die absolute Schaffenskraft ist und andererseits ein elementares Kommunikationsbedürfnis hat. Freilich, auch diese "Wahrheit" ist eine zwielichtige Wahrheit. Ihr "Blick" ist "lieblich, bös, ein Mädchenblick": "Purpurn lauert ein Drache / im Abgrunde ihres Mädchenblicks." Von der "Wahrheit" geht eine zugleich verführerische und bedrohliche Wirkung aus. Indem sie ihn zu den Menschen hinlockt, droht sie ihn seiner wahren Bestimmung, seinem Schöpfungsauftrag, zu entfremden. Selbst die "Wahrheit" ist "neidisch" auf Zarathustra: "Mir selber wirft dein Licht Schatten –". Dieses facettenreiche, doppeldeutige Spiel mit der "Wahrheit" ist Ausdruck der konstitutionellen Unruhe Zarathustras. Zarathustra will und kann sich nicht auf eine "Wahrheit", selbst nicht auf *seine* "Wahrheit" festlegen lassen, sondern stellt auch diese "Wahrheit" mit hintergründiger Ironie in Frage. Einerseits sucht er sich seiner "Wahrheit" zu vergewissern, andererseits bleibt auch diese "Wahrheit" nicht von seinem Mißtrauensvotum gegen jede Form von "Wahrheit" verschont. Dieser Aporie kann er sich nicht entziehen. Die Verstrickung in die dialektische Spannung von Wahrheit und Lüge ist letztlich unaufhebbar. Im Prinzip erfolgt die Auflösung der intersubjektiven "Wahrheit" zugunsten der existentiellen "Wahrheiten". Diese "Wahrheiten", die sich nicht in der logischen Informationssprache, sondern in der ästhetischen Expressionssprache artikulieren, sind Ausdruck des im Schaffenden wirksamen dionysischen Lebens. Eine fragmentarische Notiz vom Sommer 1888 lautet:

> Wahrheiten für unsere Füße,
> Wahrheiten, nach denen sich tanzen läßt (13, 574; vgl. 12, 550)

'Wahrheit' wird nicht durch die Vernunft vermittelt, sondern manifestiert sich im Leben. Die "Wahrheiten" sind nicht der Rationalität der Vernunft anvertraut, sondern bezeugen sich im dionysischen Lebensprozeß. Sie sind Funktionen der vernunftsprengenden Kraft der dionysischen Subjektivität.

3. Das Problem der Sprache

Die Krise des Dichtens ist eine Krise der Sprache. Die Sprache ist ein tropisch-figurales System sich verselbständigender Zeichen. Nietzsches destruktive Operation zielt auf den Sinnkomplex von Logos, Wahrheit und Sprache. Indem er den Abbau des logozentrischen Fundaments der Sprache betreibt, stellt er die Sprache selbst in Frage. Die logozistische Idee der Übereinstimmung von Denken, Sprache und Sache wird Gegenstand der subversiven Kritik. Der Sprachkritiker Nietzsche, der mit seiner Kritik der traditionellen Sprachauffassung die traditionelle Weltinterpretation treffen will, wendet sich gegen jede Form von Sprachrealismus und proklamiert statt dessen einen entschiedenen Sprachfiktionalismus. Die Sprache ist kein Erkenntnismittel, kein Mittel zur Erkenntnis der Wahrheit, sondern sie ist ein bloßes Verständigungsmittel, ein Kommunikationsinstrument im Dienste der Lebenserhaltung. Mit diesem Sprachpragmatismus opponiert Nietzsche gegen die sprachphilosophische Tradition, die, unbeschadet nominalistischer Gegentendenzen, von der Antike bis ins 18. Jahrhundert im Prinzip die Idee der Einheit von Denken, Sprache und Sein vertrat. "Der Glaube an die Übereinstimmung von Metaphysik, Logik und Grammatik blieb lange Zeit unangefochten und bildete die Grundlage aller Sprachbetrachtung." (*Thurnher*, Sprache, 40). Voraussetzung dieser Sprachauffassung ist die Annahme einer intersubjektiv gültigen Wahrheit. Entfällt der Glaube an die objektive Wahrheit, ist die Sprache aus ihrer Erkenntnisfunktion entlassen. Die Realität, die Dinge, die Wahrheit erscheinen nun als Produkte der Sprache, der Grammatik, als bloße sprachliche Übereinkünfte. "Wahrheit ist somit für Nietzsche nicht Angleichung an eine objektiv existierende Realität, sondern die Konstituierung einer Realität selbst durch die Sprache, wobei die Verbindlichkeit der so konstituierten Realität einzig und allein in ihrer Funktion für die Erhaltung und Steigerung des Lebens liegt." (ebd., 50). Dies ist allerdings nur die eine Seite der Medaille. Nietzsches sprachphilosophische Reflexion erschöpft sich nicht in der Sprachkritik, in der Entlarvung der Sprache als eines bloßen Scheinwesens, das sich mittels der Grammatik der Welt bemächtigt, sondern setzt sich auch mit der Sprache als schöpferischer Kraft, als Ausdruck der Intuition und des Mythos auseinander. Die Nietzschesche Sprachkritik richtet sich in erster Linie gegen die Sprache der Vernunft, gegen die rationalistischen Sprachauffassungen, die vom Prinzip der logischen Übereinstimmung von Denken, Sprechen und Sache ausgehen. Tritt die Sprache hingegen auf als spontaner, irrationaler Ausdruck der Intuition, der Kunst und des Mythos, kann Nietzsche sie durchaus positiv bewerten – ungeachtet der fundamentalen Sprachkritik, die den grundsätzlichen Fiktionscharakter der Sprache betont. Jedenfalls wird die Sprachreflexion zu einem Zentralproblem Nietzscheschen Denkens. Nietzsche ist ein markantes Beispiel dafür, "daß eine historisch-metaphysische Epoche schließlich die Totalität ihres Problemhorizontes als Sprache bestimmen *muß*" (*Derrida*, Grammatologie, 16). Und da erweist sich in der Optik Nietzsches die Geschichte der Sprache als Geschichte einer Verirrung. "Die Geschichte der Sprache ist die einer Krankheit, eine Geschichte von Verfall und Agonie: von fortschreitendem Verlust des Atems und der Stimme, von Blässe, Anämie, Entkräftung." (*Lacoue-Labarthe*, Der Umweg, 93).

Nietzsche hat bereits in der frühen Abhandlung *Ueber Wahrheit und Lüge im aussermoralischen Sinne* (1873) die wesentlichen Aspekte seiner Sprachauffassung, insbesondere die These vom Fiktionscharakter der Sprache, entwickelt.

Der zentrale Gedanke der Abhandlung ist die These vom Metaphern- bzw. Lügencharakter der Sprache. Sofern im traditionellen "philosophischen Universalienstreit" "drei Positionen" zu unterscheiden sind, "eine platonistische bzw. realistische, eine nominalistische und eine konzeptualistische" (*Hempfer*, Gattungstheorie, 31), ist Nietzsches Sprachkonzeption eindeutig dem die Universalien leugnenden Nominalismus zuzuordnen (dazu generell *Abel*, Nominalismus).[416] Nietzsches Voluntarismus, der den Vorrang des Willens gegenüber dem Denken betont, reduziert die Sprache auf den Funktionalismus einer Zeichenwelt, der keine objektive Gegenständlichkeit entspricht, sondern die der Lebenserhaltung dient. Die sprachlichen Zeichen sind bloße Fiktionen. Sie haben kein Korrelat in der Realität. *Verbum* und *res*, Wort und Sache, stehen sich beziehungslos gegenüber. Die gegenstandsbezogene Verweisungsfunktion der Signa, der Zeichen, löst sich auf, da der Signifikant, das Bezeichnende, und das Signifikat, das Bezeichnete, durch eine unüberbrückbare Kluft voneinander getrennt sind. Der Mensch verfällt der hyperbolischen Illusion, mit der Sprache die Dinge zu erfassen:

> Wir glauben etwas von den Dingen selbst zu wissen, wenn wir von Bäumen, Farben, Schnee und Blumen reden und besitzen doch nichts als Metaphern der Dinge, die den ursprünglichen Wesenheiten ganz und gar nicht entsprechen. (1, 879 – WL)

Die Sprache ist lediglich ein Instrument im Dienste der schematisierenden Wirklichkeitsbewältigung. Der Mensch erfindet die normative "Bezeichnung der Dinge" und legt durch diese "Gesetzgebung der Sprache" die "Gesetze der Wahrheit" fest. Auf diese Weise entsteht der "Contrast von Wahrheit und Lüge: der Lügner gebraucht die gültigen Bezeichnungen, die Worte, um das Unwirkliche als wirklich erscheinen zu machen" (1, 877 – WL).[417] Die "Wahrheit" wird definiert als sprachimmanentes Zeichensystem rein fiktionaler Art:

> Was ist also Wahrheit? Ein bewegliches Heer von Metaphern, Metonymien, Anthropomorphismen kurz eine Summe von menschlichen Relationen, die, poetisch und rhetorisch gesteigert, übertragen, geschmückt wurden, und die nach langem Gebrauche einem Volke fest, canonisch und verbindlich dünken: die Wahrheiten sind Illusionen, von denen man vergessen hat, dass sie welche sind, Metaphern, die abgenutzt und sinnlich kraftlos geworden sind, Münzen, die ihr Bild verloren haben und nun als Metall, nicht mehr als Münzen in Betracht kommen. (1, 880 f. – WL)

---

416 Zur Sprachkritik Nietzsches vgl. weiterhin *Simon*, Grammatik und Wahrheit; *ders.*, Sprache und Sprachkritik; *Sonderegger*, Nietzsche und die Sprache; *Albrecht*, Nietzsche und das "Sprachliche Relativitätsprinzip"; *Ungeheuer*, Nietzsche über Sprache; *Naumann*, Nietzsches Sprache "Aus der Natur"; *Böning*, Metaphysik und Sprache beim frühen Nietzsche; *Žunjić*, Begrifflichkeit und Metapher; *Crawford*, The Beginnings of Nietzsche's Theory of Language. Crawford bietet einen informativen Überblick über die Anfänge der Sprachauffassung Nietzsches und die entsprechenden historischen Einflüsse (Hartmann, Schopenhauer, Lange, Kant, Gerber).

417 Man hat die Auffassung vertreten, daß die Metapher nicht eine "Täuschung von der Art der Lüge", sondern eine "Enttäuschung" sei, da eine "Erwartung" nicht eingelöst werde, und geschlußfolgert: "Es hängt also keine Lüge an den Metaphern." (*Weinrich*, Linguistik der Lüge, 46 f.). Dies entspricht in gewisser Weise der Sicht Nietzsches, sofern sein Begriff der metaphorischen 'Lüge' zunächst einmal den metaphorischen Irrtum meint.

Nietzsches Sprachkritik ist Metaphysikkritik und Ontologiekritik. Mittels der Demaskierung der Sprache wird die philosophische Tradition demaskiert. Metaphysik und Ontologie beschäftigen sich mit fiktiven, nur in der Sprache existierenden Objekten. Der Wahrheitsbegriff ist nichts als ein Sprachprodukt. In *Jenseits von Gut und Böse* wendet sich Nietzsche gegen das "Dogmatisiren in der Philosophie", das seine Begriffe mit den Gegenständen verwechselt und seine Begriffswelt zur Welt schlechthin erklärt. Die "erhabenen und unbedingten Philosophen-Bauwerke" erweisen sich als bloße Hypostasen (5, 11 – JGB). Es ist

> irgend ein Volks-Aberglaube aus unvordenklicher Zeit (wie der Seelen-Aberglaube, der als Subjekt- und Ich-Aberglaube auch heute noch nicht aufgehört hat, Unfug zu stiften), irgend ein Wortspiel vielleicht, eine Verführung von Seiten der Grammatik her oder eine verwegene Verallgemeinerung von sehr engen, sehr persönlichen, sehr menschlich-allzumenschlichen Thatsachen. (5, 11 f. – JGB)[418]

Der Glaube an 'Seele', 'Subjekt' und 'Ich' beruht auf Sprachillusionismus und Sprachzwang. Mittels sprachlicher Benennungen macht sich der Mensch die Welt verfügbar. Mit Hilfe der Sprache überzieht er die Welt mit einem Ordnungssystem, wie er sich auch mittels der Sprache eine 'Seele' zuspricht und sich als 'Subjekt' und 'Ich' definiert und sich auf diese Weise festigt. Kausalität, Substanz und Subjekt werden als sprachliche Fiktionen entlarvt. Nietzsche versucht, die etablierten philosophischen Grundkategorien von der Sprache her aufzurollen. So ist der Rückschluß von der Tätigkeit auf den Täter eine "grammatische Gewohnheit" (5, 31 – JGB). Die dem Menschen verfügbare Welt ist immer schon Interpretation – sprachliche Interpretation. Dabei verselbständigt sich die Sprache, das Benennungssystem, zu einem intersubjektiv verbindlichen Kanon. Der Mensch wird zum Sklaven der Sprache. Er erliegt der Suggestion der Sprachschablonen. Ursprünglich lag die Bedeutung der Sprache, wie Nietzsche in *Menschliches, Allzumenschliches* ausführt, darin, daß der Mensch in der Sprache

> eine eigene Welt neben die andere stellte, einen Ort, welchen er für so fest hielt, um von ihm aus die übrige Welt aus den Angeln zu heben und sich zum Herrn derselben zu machen. (2, 30 – MA I)

Der daraus erwachsende "Stolz" des Menschen, der sich als *animal rationale* "über das Thier erhob" (ebd.), ist nun problematisch geworden:

---

418 Zur Destruktion des "Ich" bei Nietzsche vgl. WzM, 337-343 (Nr. 481-492). Vgl. auch 11, 526; 11, 597 f.; 12,549; III, 909. Zur Auflösung der Kausalität vgl. u.a. 13, 275 f. Nietzsche spricht ein pauschales Verdikt über Subjekt, Vernunft und Wahrheit aus: "Es gibt weder 'Geist', noch Vernunft, noch Denken, noch Bewußtsein, noch Seele, noch Wille, noch Wahrheit: Alles Fiktionen, die unbrauchbar sind." (Wille zur Macht, 336 [Zf. 480]). Später wird Benn mit der gleichen Entschiedenheit das "Ich" demontieren. Das "Ich" geht "schauerlich zu Ende" (Lebensweg, 38). Descartes, dessen *cogito ergo sum* Nietzsche als Fiktion abtut (vgl. 12, 549), wird von Benn als "Intellektualverbrecher" apostrophiert (Ptolemäer, 222). Benn bezweifelt, "daß ich überhaupt etwas bin", "es geht nur etwas durch mich hindurch" (Doppelleben, 160).

> Sehr nachträglich – jetzt erst – dämmert es den Menschen auf, dass sie einen ungeheuren Irrthum in ihrem Glauben an die Sprache propagirt haben. (2, 31 – MA I)

Der "Glaube an die Sprache" entspringt dem Glauben an die "Vernunft", die "*Logik*" (ebd.)[419]. Gerät der Glaube an die Vernunft ins Wanken, gerät auch das Vertrauen auf die Sprache in eine Krise. Solange in der Philosophie die "Vernunft" herrscht, solange ist der Mensch auch an die durch die Sprache gesetzten Wertsysteme gebunden. In der *Götzen-Dämmerung*, im Abschnitt *Die "Vernunft" in der Philosophie*, heißt es unmißverständlich:

> Die "Vernunft" in der Sprache: oh was für eine alte betrügerische Weibsperson! Ich fürchte, wir werden Gott nicht los, weil wir noch an die Grammatik glauben... (6, 78 – GD)

Nietzsche protestiert gegen die Diktatur der Sprache: "Der Glaube an die Grammatik, an das sprachliche Subjekt, Objekt, an die Thätigkeits-Worte hat bisher die Metaphysiker unterjocht: diesen Glauben lehre ich abschwören." (11, 526). Die Sprachkritik ist bei Nietzsche zuletzt eine Funktion der Kritik der Metaphysik. Sie wird von ihm inszeniert im Horizont des Antagonismus von 'Sein' und 'Werden'. Die Sprache läuft auf die Verfestigung der Welt im 'Sein' hinaus und verhindert die Entfaltung des 'Werdens'. Nietzsche notiert in einem Fragment:

> Die Ausdrucksmittel der Sprache sind unbrauchbar, um das "Werden" auszudrücken: es gehört zu unserm *unablöslichen Bedürfnis der Erhaltung*, beständig eine gröbere Welt von Bleibendem, von "Dingen" usw. zu setzen. (III, 685)

Dies ist der entscheidende Punkt: Die Sprache ontologisiert die Welt. Sie legt sie auf zeitlose Bestimmungen fest. Sie zwängt das Leben in ein festes Kategorien- und Koordinatensystem. Die freie Selbstentfaltung des Lebens, des "Werdens", setzt daher den Abbau der Sprache voraus.

Nietzsches Argumentation weist spezifische Aporien auf. Es stellt sich vor allem die Frage, wie der Nietzschesche Perspektivismus, der doch die Differenz von Ding an sich und Erscheinung leugnet, mit der Unterscheidung von Sprache und Ding, von fiktionaler Sprache und wahrem Wesen der Dinge, vereinbar ist. Daß die Sprache einerseits als lebensnotwendiges Interpretament und andererseits als weltferne Fiktion verstanden wird, ist eine weitere Schwierigkeit der Nietzscheschen Sprachkritik. Die Aporien lösen sich insofern, als Nietzsches Sprachkritik im Grunde auf die Sprache der Vernunft zielt. Nietzsche verbindet die Sprach-Skepsis, die Skepsis gegenüber der die Welt rationalisierenden Sprache der Vernunft, mit einem Sprach-Enthusiasmus, dem Glauben an die schöpferische Neugestaltung der Welt durch die Sprache der Intuition. Bereits in *Ueber Wahrheit und Lüge im aussermoralischen Sinne* verbindet er die vehemente Sprach-Kritik mit der Konzeption einer neuen Sprach-Produktivität. Er

419 "wir glauben an die Vernunft: diese aber ist die Philosophie der grauen *Begriffe*, die Sprache ist auf die aller naivsten Vorurtheile hin gebaut" (12, 193).

erschöpft sich nicht in der Sprach-Demaskierung, sondern verkündet zugleich die Möglichkeit einer schöpferischen Sprache. So unterscheidet er zwischen der Sprache der "Begriffe" und der Sprache der "Intuitionen". Es heißt:

> Jenes ungeheure Gebälk und Bretterwerk der Begriffe, an das sich klammernd der bedürftige Mensch sich durch das Leben rettet, ist dem freigewordenen Intellekt nur ein Gerüst und ein Spielzeug für seine verwegensten Kunststücke: und wenn er es zerschlägt, durcheinanderwirft, ironisch wieder zusammensetzt, das Fremdeste paarend und das Nächste trennend, so offenbart er, dass er jene Nothbehelfe der Bedürftigkeit nicht braucht, und dass er jetzt nicht von Begriffen sondern von Intuitionen geleitet wird. (1, 888 – WL)

Dies liest sich wie das Programm eines modernen Sprachartisten, wie eine programmatische Antizipation der modernen Montagetechnik. Die Abbildfunktion der Sprache wird aufgegeben zugunsten ihrer Ausdrucksfunktion. Der moderne Sprachkünstler, insbesondere der Lyriker, will nicht die empirische Wirklichkeit exakt wiedergeben, sondern frei über sie verfügen. Er löst die Wirklichkeitskohärenz auf, um in artifizieller Wortkombinatorik mit den Einzelelementen der Wirklichkeit zu spielen und sie mittels seiner kreativen Sprachphantasie collageartig neu zusammenzusetzen. Nietzsche nimmt mit dieser Sprachreflexion Aspekte der Bennschen "Montagekunst" (Doppelleben, 162) vorweg, jener Sprachtechnik des freien Arrangements disparater, heterogener Einzelphänomene, von der es in *Doppelleben* heißt:

> Der Mensch muß neu zusammengesetzt werden aus Redensarten, Sprichwörtern, sinnlosen Bezügen, aus Spitzfindigkeiten, breit basiert –: *Ein Mensch in Anführungsstrichen.* Seine Darstellung wird in Schwung gehalten durch formale Tricks, Wiederholungen von Worten und Motiven – Einfälle werden eingeschlagen wie Nägel und daran Suiten aufgehängt. (S. 163 f.)

Es ist die Montagetechnik, die alles mit allem verbindet und deren Stimmigkeit nicht in ihrer empirischen Verifizierbarkeit, sondern in ihrer ästhetischen Evidenz besteht. Die Montagetechnik wird von der ästhetischen Intuition geleitet:

> Aber wenn der Mann danach ist, dann kann der erste Vers aus dem Kursbuch sein und der zweite eine Gesangbuchstrophe und der dritte ein Mikoschwitz und das Ganze ist doch ein Gedicht. (S. 164)

Obschon Nietzsche das Montageproblem noch nicht im Bennschen Sinne formalisiert und für ihn das Montieren der Wörter noch nicht zum Selbstzweck geworden ist,[420] so hat er doch mit dem Plädoyer für die poetische Freiheit des Kombinierens das Montageprinzip als solches im Blickfeld. Und obschon er nicht einen fiktiven Menschen, einen allererst durch die Wortmontage konstituierten 'Menschen', einen "Menschen in Anführungsstrichen", propagiert, ist doch bereits für ihn die poetische Lizenz des freien Spielens mit den Wörtern,

---

420 Benn erklärt die inhaltlichen Motive, die "Gedanken", für obsolet: "Im Dialektischen ist offenbar Herbst [...] Wenn Dinge sehr lange gedacht werden, fallen sie ins Nichts." (Doppelleben, 86). An die Stelle des "faden Ziel- und Gedankendenkens" tritt das "Ausdrucksdenken" (Drei alte Männer, 403). Demgegenüber ist Nietzsche noch seinen großen Gedanken verhaftet.

die Entfaltung ästhetischer Spannungen durch das Zusammenfügen des "Fremdesten" und die Trennung des "Nächsten", das Element des Schöpferischen und des kreativen Subjekts. Obschon bei Nietzsche noch kein formalistischer Inhaltsverzicht vorliegt, da er ja immer wieder Inhalte verkündet, ist doch der Schaffensprozeß als solcher im Grunde wichtiger als die mitzuteilenden Inhalte. Dort, wo sich die Reflexionen Nietzsches ganz auf das Prinzip des Schaffens konzentrieren, interessieren ihn die Inhalte nur noch als Sujets des Schaffensprozesses: "Das höchste Verhältniß bleibt das des *Schaffenden zu seinem Material*: das ist die letzte Form des Übermuths und der Übermacht." (10, 510). Die höchste Freiheit des Schaffenden liegt in der Freiheit selbst gegenüber den eigenen Inhalten. Dies rückt Nietzsche in die Nähe der modernen absoluten Kunst. Freilich, bei Benn dominiert das bewußte, formbezogene Machen des Gedichts, während bei Nietzsche das spontan-intuitive Schreiben noch stärker im Vordergrund steht. Ist Benn, der Autor des 20. Jahrhunderts, ein hochdifferenzierter 'Intellektueller', der, unter Wahrung der irrationalen Antriebe, kritisch-analytisch an seinen Texten arbeitet, so ist Nietzsche, der Autor des 19. Jahrhunderts, bei aller Reflektiertheit doch noch stärker von irrationalen Motiven, Genieglauben, großen Erleuchtungserlebnissen und inspiratorischer Ergriffenheit, geprägt. Zudem sieht Nietzsche die artistischen Wortmontagen als eine Funktion des schöpferischen Lebens an. Die montageartigen Sprach-Spiele sind für ihn der potenzierte Ausdruck des schaffenden Subjekts. Sie steigern die Lebensintensität des Schaffenden. Benn hingegen löst das fertige Gebilde vom Schaffenden ab und versteht es als autonomen *mundus aestheticus*. Während Nietzsche in erster Linie den Schaffenden im Blickfeld hat, gilt Benns Interesse primär dem Geschaffenen.[421] Diese Unterschiede sind unübersehbar. Dennoch antizipiert Nietzsche durch seine Überlegungen zur schöpferischen Wortmontage zentrale Aspekte der modernen Sprachartistik.

Es ist festzuhalten, daß er bereits in *Ueber Wahrheit und Lüge* bei aller dekonstruktiven Kritik der Sprache als Metapher, d.h. bei aller prinzipiellen Kritik der Metapher, doch zwei grundsätzliche, konträre Formen der Metapher unterscheidet. Es ist der Unterschied zwischen den "usuellen Metaphern" und den "anschaulichen Metaphern". Die "usuellen Metaphern" sind die allgemeinen, konventionellen Sprachzeichen, die die Gesellschaft um ihrer Selbsterhaltung willen zur intersubjektiv verbindlichen Wahrheit erklärt. Nietzsche spricht von der "Verpflichtung",

> die die Gesellschaft, um zu existiren, stellt, wahrhaft zu sein, d.h. die usuellen Metaphern zu brauchen, also moralisch ausgedrückt: von der Verpflichtung nach einer festen Convention zu lügen, schaarenweise in einem für alle verbindlichen Stile zu lügen. (1, 881 – WL)

421 Man darf Nietzsche freilich nicht auf *bloße* Schaffensästhetik einschränken, denn immerhin spielt der 'Werk'-Gedanke bei ihm eine bedeutsame Rolle, und immerhin ist der "Olymp des Scheins" eine ästhetische Eigenwelt. Umgekehrt richten sich Benns ästhetische Reflexionen nicht nur auf das Werk, sondern auch auf den Schaffensakt, ja, er betont, die modernen Lyriker seien "alle an dem Prozeß des Dichtens ebenso interessiert wie an dem Opus selbst" (Probleme der Lyrik, 496). Benn geht mit seinen Theoremen des statischen Kunstwerks über Nietzsche hinaus, aber er vermeidet die hieratische Statuarik Georges.

Die allgemein gebräuchliche, übliche Sprache, das System der "usuellen Metaphern", ist eine mit Wahrheitsanspruch auftretende abstrakte Norm der Gesellschaft. In der usuellen Metapher ist das anschauliche Bild zum abstrakten Begriff erstarrt. In der usuellen Begriffssprache schafft sich der Mensch ein Ordnungssystem, das ihn vor der Vehemenz der "plötzlichen Eindrücke", vor der Gefahr, "durch die Anschauungen fortgerissen zu werden", schützt:

> er verallgemeinert alle diese Eindrücke erst zu entfärbteren, kühleren Begriffen, um an sie das Fahrzeug seines Lebens und Handelns anzuknüpfen. Alles, was den Menschen gegen das Thier abhebt, hängt von dieser Fähigkeit ab, die anschaulichen Metaphern zu einem Schema zu verflüchtigen, also ein Bild in einen Begriff aufzulösen [...] (1, 881 – WL)

Nietzsches Sprachkritik basiert demnach auf der Antithese von "Bild" und "Begriff". Im "Bild" vollzieht sich das ursprüngliche, lebendige, anschauliche Erleben der Dinge. Im "Begriff" erfolgt die Verallgemeinerung und Instrumentalisierung des Bildes zum abstrakten, leeren Zeichen. Die "Herrschaft der Abstractionen" bedeutet den Verlust des unmittelbaren Erlebens der Welt, ermöglicht aber den Aufbau eines allgemein verbindlichen Ordnungssystems, "eine neue Welt von Gesetzen, Privilegien, Unterordnungen, Gränzbestimmungen". Gegenüber der "anderen anschaulichen Welt der ersten Eindrücke" erscheint diese abstrakte Ordnungswelt "als das Festere, Allgemeinere, Bekanntere, Menschlichere und daher als das Regulirende und Imperativische" (1, 881 f. – WL). Nietzsche, dem es auf das Elementarerlebnis ankommt, stellt die Welt der Abstraktionen kritisch in Frage, um wieder den Blick zu öffnen für eine ursprüngliche Welterfahrung. Dazu gehört das Erlebnis der Einmaligkeit der Dinge, wie es sich in der "Anschauungsmetapher" manifestiert. In der "Anschauungsmetapher" zeigt sich das Leben in seiner individuellen Einmaligkeit, während das Abstraktionssystem nur ein Schema des Lebens darstellt:

> Während jede Anschauungsmetapher individuell und ohne ihres Gleichen ist und deshalb allem Rubriciren immer zu entfliehen weiss, zeigt der grosse Bau der Begriffe die starre Regelmässigkeit eines römischen Columbariums und athmet in der Logik jene Strenge und Kühle aus, die der Mathematik zu eigen ist. (1, 882 – WL)[422]

Hinter dem Gegensatz von Begriff und Bild steht die Antithese von Abstraktion und Schaffen. Das Leben als das permanente Werden ist zu agil für die stati-

---

422 Den Gedanken einer individualisierenden Ausdruckssprache hat bereits Herder konzipiert, wenn er die Sprache nicht mehr als bloßes Instrument des Verstandes, sondern als sinnlichen Ausdruck des Gefühls versteht. "Wahrlich! die schönsten und edelsten Klangworte unserer Sprache sind erschaffen, wie ein Silberton, der in einer reinen Himmelsluft auf einmal ganz hervor tritt: sie wurden bei ihrer Geburt in das süße Meer des Wohllautes getaucht, und sind, wie im lebendigen Gefühl der Sache gebildet. Wohl den Schriftstellern unter uns, die da schreiben, als ob sie hören, die da dichten, als ob sie sängen." (*Herder*, Ueber die neuere Deutsche Litteratur, 40). Was Nietzsche mit Herder verbindet, ist die Kritik der abstrakten Begriffssprache, der "Wortlarven" der Transzendentalphilosophie (*Herder*, Verstand und Erfahrung, 185), sowie das Vertrauen auf die Anschauungsmetapher. Was ihn von Herder trennt, ist das ontologische Mißtrauensvotum gegenüber der Sprache schlechthin. Aber indem er der Abstraktionsmetapher die Anschauungsmetapher entgegensetzt, betreibt er so etwas wie die "réhabilitation de la métaphore" (*Kofman*, Métaphore, 30 f.).

schen Notationen der Sprache. Die sprachliche Benennung führt zur Erstarrung des Lebens in abstrakten Formeln. Nur eine dem Leben entsprechende Sprache, eine Sprache der höchsten Elastizität, der artistischen Mobilität, kann diese Fixationen überwinden. Nietzsches linguistische Analysen sind getragen von dem Protest gegen die Erstarrung des Lebens in Begriffsnetzen und vom Versuch, durch künstlerische Kreativität, durch eine neue Flexibilität und Elastizität der Sprache, zur Anschauung und damit zum ursprünglichen Erleben zurückzugelangen. Gegen die schematisierende Verallgemeinerung und abstrakte Verflüchtigung der Dinge durch das logische Denken setzt er die zum elementaren Erleben der Dinge zurückfindende schöpferische Phantasie des schaffenden Subjekts:

> Nur durch das Vergessen jener primitiven Metapherwelt, nur durch das Hart- und Starr-Werden einer ursprünglich in hitziger Flüssigkeit aus dem Urvermögen menschlicher Phantasie hervorströmenden Bildermasse, nur durch den unbesiegbaren Glauben, *diese* Sonne, *dieses* Fenster, dieser Tisch sei eine Wahrheit an sich, kurz nur dadurch, dass der Mensch sich als Subjekt und zwar als *künstlerisch schaffendes* Subjekt vergisst, lebt er mit einiger Ruhe, Sicherheit und Consequenz [...] (1, 883 – WL)

Hier wird die Bedeutung des künstlerischen Schaffens offenbar. Allein durch die Kunst, durch die "Phantasie" des "*künstlerisch schaffenden* Subjekts" ist es möglich, die Dinge in ihrer individuellen Lebendigkeit zu vergegenwärtigen, denn im Unterschied zum Wissenschaftler und zum Philosophen ist der Künstler nicht dem Begriff verpflichtet, sondern gestaltet Anschauung. Der Künstler formt nicht tote Begriffe, sondern lebendige Bilder. Er stellt den ursprünglichen Bezug zu den Dingen wieder her. An anderer Stelle notiert Nietzsche im Hinblick auf die zeitgenössische Sprache:

> Der Wort- und Wendungen-Schatz, der jetzt jedermann zu Gebote steht, ist als *verbraucht* anzusehn und zu empfinden; wirklich ist die Sprache viel reicher als man nach diesem Schatze meinen sollte; ebenso ist die verschlungene Syntax verbraucht. Man muss also künstlerisch mit der Sprache verfahren, um dem Ekel zu entfliehen. (7, 833 = GA X, 331 f. [Vom Lesen und Schreiben])

Nietzsches Sprachreflexion bewegt sich in der polaren Spannung von logischer Sprache und künstlerischer Sprache. Die logische Sprache führt zur Erstarrung der Dinge im System. Die künstlerische Sprache erweckt die Dinge zu neuem Leben. Der Gegensatz von Vernunft und Intuition wird anthropologisch begründet. Es stehen sich gegenüber der "vernünftige Mensch" und der "intuitive Mensch":

> Es giebt Zeitalter, in denen der vernünftige Mensch und der intuitive Mensch neben einander stehen, der eine in Angst vor der Intuition, der andere mit Hohn über die Abstraction; der letztere eben so unvernünftig, als der erstere unkünstlerisch ist. (1, 889 – WL)

Nietzsche exponiert in diesen Sprachreflexionen den Gegensatz von philosophisch-wissenschaftlichem Denken und intuitiv-künstlerischer Tätigkeit. Zwischen beiden Tätigkeitsbereichen besteht eine unüberbrückbare Kluft. Er stellt der "Wissenschaft" den "Mythus", die "Kunst" und den "Traum" entgegen. Während die "Wissenschaft unaufhaltsam an jenem grossen Columbarium der Begriffe, der Begräbnissstätte der Anschauung" "arbeitet" (1, 886 – WL), eröffnen "Mythus", "Kunst" und "Traum" eine Realität jenseits der empirischen Wirklichkeit, jenseits des Kategoriensystems von Raum, Zeit und Kausalität. "Jener Trieb zur Metapherbildung, jener Fundamentaltrieb des Menschen", sprengt die "Zwingburg" der starren Begriffssysteme:

> Er sucht sich ein neues Bereich seines Wirkens und ein anderes Flussbette und findet es im Mythus und überhaupt in der Kunst. Fortwährend verwirrt er die Rubriken und Zellen der Begriffe dadurch dass er neue Uebertragungen, Metaphern, Metonymien hinstellt, fortwährend zeigt er die Begierde, die vorhandene Welt des wachen Menschen so bunt unregelmässig folgenlos unzusammenhängend, reizvoll und ewig neu zu gestalten, wie es die Welt des Traumes ist. (1, 887 – WL)

Hier erweist sich Nietzsche als Romantiker, denn der Gegensatz von angelernter Informationssprache und kreativer Traumsprache gehört zu den ästhetischen Maximen der romantischen Sprachauffassung. So stellt Schubert in der *Symbolik des Traumes* fest, daß "jene Abbreviaturen- und Hieroglyphensprache" des "Traumes" "der Natur des Geistes in vieler Hinsicht angemessener erscheine, als unsre gewöhnliche Wortsprache. Jene ist unendlich viel ausdrucksvoller, umfassender, der Ausgedehntheit in die Zeit viel minder unterworfen als diese." (S. 2). "[...] das Schicksal in und außer uns [...] redet dieselbe Sprache, wie unsre Seele im Traume. Dieser gelingt es deshalb, sobald sie ihre Traumbildersprache redet, Combinationen in derselben zu machen, auf die wir im Wachen freilich nicht kämen" (S. 2 f.). Dies ist im Prinzip auch die Auffassung Nietzsches, mit dem charakteristischen Unterschied freilich, daß Nietzsche, der Gegner der Philosophie des Unbewußten, viel stärker auf die aktiven Kräfte des Geistes rekurriert. Nietzsches Gedanke der Kombination der Wörter zu neuen individuellen Gebilden ist gleichfalls in der romantischen Poetik vorgeprägt. Novalis notiert: "<Dichten ist zeugen. Alles Gedichtete muß ein lebendiges Individuum seyn.> Welche unerschöpfliche Menge von Materialien zu *neuen* individuellen Combinationen liegt nicht umher!" (Poësie, S II, 534). Ein anderes Fragment des Novalis lautet:

> Unsre Sprache ist entweder – mechanisch – atomistisch – oder dynamisch. Die ächt poëtische Sprache soll aber organisch Lebendig seyn. Wie oft fühlt man die Armuth an Worten – um mehrere Ideen mit Einem Schlage zu treffen. (Blüthenstaub, S II, 440)

Dies entspricht, im Grundzug, der Nietzscheschen Unterscheidung von logischer Informationssprache und dichterischer Ausdruckssprache. Eine überraschende Affinität zwischen Nietzsche und Novalis zeigt sich auch hinsichtlich der Idee des weltbestimmenden "Willens". Novalis notiert:

> Die Welt hat eine ursprüngliche Fähigkeit durch mich belebt zu werden – Sie ist überhaupt a priori von mir belebt – Eins mit mir. Ich habe eine ursp[rüngliche] Tendenz und Fähigkeit die Welt zu beleben – Nun kann ich aber mit nichts im Verhältniß treten – was sich nicht nach meinem Willen richtet, oder ihm gemäß ist – Mithin muß die Welt die ursp[rüngliche] Anlage haben sich nach mir zu richten – meinem Willen gemäß zu seyn. (Logologische Fragmente, S II, 554)

Hier ist bereits der "Wille", der Wille des Subjekts, als weltprägende Kraft inthronisiert. Bei Novalis bleibt das Prinzip des Willens allerdings noch in die idealistische Philosophie eingebunden. Novalis geht aus vom idealistischen Grundsatz der ursprünglichen Einheit von Geist und Natur. Die dichterische Einbildungskraft schafft nicht eine radikal neue Welt, sondern 'belebt' die Welt, das heißt, sie verwandelt durch das magische Wort die erstarrte Natur in eine lebendige geistige Natur. Während Nietzsche die absolute Emanzipation des schaffenden Subjekts und die durch den "Willen" zu erwirkende Neuschaffung der Welt proklamiert, verkündet Novalis noch die durch den "Willen" herzustellende Synthesis von Geist und Natur. Während für Nietzsche die Welt nur Material des schaffenden Subjekts ist, setzt Novalis noch die durch den Dichter zu schaffende Harmonie von Ich und Welt voraus. Er schreibt:

> Meine *geistige* Wircksamkeit – meine Realisation von Ideen – wird also keine *Decomposition*, und Umschaffung der Welt – wenigstens nicht, insofern ich *Mitglied* dieser bestimmten Welt bin – seyn können, sondern es wird nur eine *Variations Operation* seyn können – Ich werde unbeschadet der Welt und ihrer Gesetze – mittelst derselben – sie für mich ordnen, einrichten und bilden können. (ebd.)

Das romantische Wort ist ein magisches Wort. Es enthüllt den verborgenen Sinn der Welt. Bei Novalis zeigt sich dieser geheime Sinn in der Selbstanschauung des Geistes: "<Jedes Wort ist ein Wort der Beschwörung. Welcher Geist ruft – ein solcher erscheint.>" (ebd., 523).[423] Eichendorffs *Wünschelrute* verweist auf die Evokation des verborgenen Grundklangs der Natur durch das magische Wort:

> Schläft ein Lied in allen Dingen,
> Die da träumen fort und fort,
> Und die Welt hebt an zu singen,
> Triffst du nur das Zauberwort. (Werke I, 132)

Und Friedrich Schlegel spricht von den "Zauberworten der Poesie", und er vergleicht sie mit dem "heiligen Hauch, der uns in den Tönen der Musik berührt" (Brief über den Roman, 334). Dabei wird das dichterische Wort nicht als bloßer Ausdruck der subjektiven Empfindung, sondern als Chiffre der

---

423 Für Novalis ist Poesie Expression und Evokation der Innerlichkeit – der Innerlichkeit als der Einheit von Ich und Welt, Geist und Natur. "Man sucht mit der Poesie, die gleichsam nur das mechanische Instrument dazu ist, innre *Stimmungen*, und Gemählde oder *Anschauungen* hervorzubringen – vielleicht auch *geistige* Tänze etc. / Poësie = *Gemütherregungskunst*." (S III, 639). "Poësie ist *Darstellung* des *Gemüths* – der *innern Welt in ihrer Gesamtheit*." (S III, 650).

metaphysisch begründeten Totalität des Lebens aufgefaßt: "für den wahren Dichter ist alles dieses, so innig es auch seine Seele umschließen mag, nur Hindeutung auf das Höhere, Unendliche, Hieroglyphe der Einen ewigen Liebe und der heiligen Lebensfülle der bildenden Natur." (ebd.). Der Gedanke vom dichterischen Wort als 'Zauberwort' findet sich gleichfalls bei Novalis: "<Wenn der Philosoph nur alles ordnet, alles stellt, so lößte der Dichter alle Bande auf. Seine Worte sind nicht allgemeine Zeichen – Töne sind es – Zauberworte, die schöne Gruppen um sich her bewegen.>" (S II, 533 [Poësie]). Die 'magische', 'mystische' "*Sympathie* des *Zeichens* mit dem Bezeichneten" (Novalis) (Das Allgemeine Brouillon, S III, 266)[424] – bei Nietzsche funktioniert sie nicht mehr. Bei ihm brechen in der metaphorischen Relation Wort und Sache auseinander, ein Dilemma, das er durch die imperatorische Setzung der Welt mittels einer kreativen Sprache zu überwinden versucht. In der Romantik geht es um das Aufschließen des verborgenen Sinns der Welt durch das Wort, bei Nietzsche um den Entwurf einer ganz neuen Welt durch das Wort. Der romantischen Sinn-Entschlüsselung steht bei Nietzsche die Sinn-Setzung gegenüber. Diese radikale Sprachkonsequenz zeigt sich bei Nietzsche seit dem *Zarathustra*. Der frühe Nietzsche steht, bei aller Sprachkritik, doch noch der romantischen Sprachauffassung näher. Er stellt der alltäglichen Konventionssprache und der abstrakten Wissenschaftssprache die aus "Mythus", "Kunst" und "Traum" erwachsende Sprache der kreativen "Intuition" entgegen, die ein freies, schöpferisches Spiel mit den Dingen und Wörtern inszeniert, ein artistisches Arrangement des sich von den usuellen Sprachregelungen und Sprachzwängen emanzipierenden schöpferischen Subjekts. Dem Maß an radikaler Sprachskepsis hinsichtlich der Normalsprache entspricht ein ebenso unbedingter Sprachenthusiasmus bezüglich der Intuitionssprache.

Im Grundriß ist in *Wahrheit und Lüge* bereits die ganze Sprachproblematik Nietzsches zum Ausdruck gelangt. Im Prinzip hat er an der dort entwickelten Sprachauffassung festgehalten. Im Gedicht *Das Wort* (1882) unterscheidet er zwischen dem expressiven, lebensprühenden Wort und dem funktionslosen, erstarrten Wort:

> Lebend'gem Worte bin ich gut:
> Das springt heran so wohlgemuth,
> Das grüßt mit artigem Genick,
> Ist lieblich selbst im Ungeschick,
> Hat Blut in sich, kann herzhaft schnauben,
> Kriecht dann zum Ohre selbst den Tauben,
> [...]
> Ein todtes Wort – ein häßlich Ding,
> Ein klapperdürres Kling-Kling-Kling.
> Pfui allen häßlichen Gewerben,
> An denen Wort und Wörtchen sterben! (10, 36; vgl. 14, 664 f.)

424 Novalis fügt in Klammern an: "Eine der Grundideen der Kabbalistik." Zur Tradition der kabbalistischen "Buchstabenmystik", zur "Isopsephie", zu den "Buchstaben-Seelen" vgl. *Hocke*, Manierismus, 44-48. "Vor allem Novalis hat diese Überlieferungen gekannt und vielfach über 'grammatische Mystik' spekuliert." (S. 47).

Das kreative Wort, das Wort als lebendiges Wesen, und das leere Wort, das Wort als totes Material – diese grundsätzliche Unterscheidung ist bereits in *Wahrheit und Lüge* vorweggenommen. Fundamental Neues zum Sprachproblem findet sich in den späteren Schriften und Fragmenten nicht mehr. Aber das Sprachproblem, insbesondere das Problem der dichterischen Sprache, verkompliziert sich. In den späteren Jahren wird auch die Intuitionssprache, die poetische Sprache, in die Spannung von Wahrheit und Lüge einbezogen. Das für *Wahrheit und Lüge* kennzeichnende ungebrochene Vertrauen in die "Anschauungsmetapher", erwachsen aus der schwärmerischen Aufbruchstimmung der frühen siebziger Jahre, weicht später einer differenzierteren, mehrdeutigen Sicht des Phänomens. Das schließt andererseits gesteigerte Hochgefühle bezüglich des dichterischen Schaffens, der eigenen Sprachpotenz nicht aus, wie besonders die Glorifikation der "Inspiration" in *Ecce homo* (vgl. 6, 339 f. – EH) und nicht zuletzt Nietzsches Einschätzung des *Zarathustra* deutlich zeigen. In einem Brief aus Sils-Maria vom 21.6.1888 schreibt er:

> Von meinem Zarathustra glaube ich ungefähr, daß es das tiefste Werk ist, das in deutscher Sprache existirt, auch das sprachlich vollkommenste. Aber das *nachzufühlen*, dazu bedarf es ganzer Geschlechter, die erst die inneren Erlebnisse *nachholen*, auf Grund deren jenes Werk entstehen konnte. (B 8, 340 – an Karl Knortz)

Dies bezeugt nicht nur die Rückbindung der artistischen Sprache an das existentielle Erlebnis bei Nietzsche, sondern auch das potenzierte Selbstbewußtsein des *Zarathustra*-Dichters bezüglich seiner alles überragenden Sprachfähigkeit. So schreibt er denn auch, im gleichen Brief, über seine Bücher:

> Ich scheue auch, hinsichtlich der Kunst der Darstellung und der artistischen Ansprüche, keine Vergleichung. Mit der deutschen Sprache verbindet mich eine lange Liebe, eine heimliche Vertrautheit, eine tiefe Ehrfurcht! Grund genug, um fast keine Bücher mehr zu lesen, die in dieser Sprache geschrieben werden. (ebd., 341)

In *Ecce homo* kann man lesen: "Man rechne den Geist und die Güte aller grossen Seelen in Eins: alle zusammen wären nicht im Stande, Eine Rede Zarathustras hervorzubringen." (6, 343 – EH). Es kann hier nicht die Frage aufgeworfen werden, ob diese Selbstbeurteilung Nietzsches der literarischen Wertung standhält oder ob das Urteil Thomas Manns, der "gesicht- und gestaltlose Unhold und Flügelmann Zarathustra" sei "keine Schöpfung", sondern bloße "Rhetorik, erregter Wortwitz, gequälte Stimme und zweifelhafte Prophetie", "eine an der Grenze des Lächerlichen schwankende Unfigur" (*Thomas Mann*, Nietzsche, 27), berechtigt ist. Uns interessiert Nietzsches Dichtungs- und Sprachauffassung. Und da ist es entscheidend, daß er seinen *Zarathustra* für das größte dichterische und philosophische Werk überhaupt hält. Er mißt damit, trotz aller Problematik der poetischen Lüge, der dichterischen Sprache eine extrem hohe Bedeutung bei – sofern es sich um eine exorbitante Schöpfung handelt. Die dichterische Sprache ist zwar, gewissermaßen *per definitionem*, auf

Grund des ihr wesensmäßig anhaftenden Scheins, eine Sprache der 'Lüge', aber sie kann der höchste Ausdruck des schaffenden Lebens sein, in einer Weise, daß sich ihr Scheincharakter fast zu verflüchtigen scheint. Bezeichnenderweise versteht Nietzsche in *Ecce homo* den *Zarathustra* nicht als apollinischen Schein, sondern als dionysischen Akt ("Mein Begriff 'dionysisch' wurde hier *höchste That*" [6, 343 – EH]).[425] Er begreift sich dabei im Grunde gar nicht mehr als "Dichter" ("Lassen wir die Dichter bei Seite" [ebd.]). Nietzsche unterscheidet nun offenbar zwischen den lügnerischen Schein produzierenden "Dichtern" und dem aus der 'dionysischen' Überfülle des Lebens schaffenden Subjekt. In der Interpretation Nietzsches hebt sich in den Reden Zarathustras letztlich sogar die Spannung von Wahrheit und Lüge auf:

> Er widerspricht mit jedem Wort, dieser jasagendste aller Geister; in ihm sind alle Gegensätze zu einer neuen Einheit gebunden. [...] Man weiss bis dahin nicht, was Höhe, was Tiefe ist; man weiss noch weniger, was Wahrheit ist. Es ist kein Augenblick in dieser Offenbarung der Wahrheit, der schon vorweggenommen, von Einem der Grössten errathen worden wäre. Es giebt keine Weisheit, keine Seelen-Erforschung, keine Kunst zu reden vor Zarathustra [...] (6, 343 – EH)

Die dionysische Tat läßt die Spannung von Wahrheit und Lüge hinter sich. Deshalb kann Nietzsche sie auch als "Offenbarung der Wahrheit" bezeichnen. Diese "Wahrheit" hat ihre Evidenz im Schaffensakt selbst. In der dionysischen Tat vollzieht sich die *coincidentia oppositorum*, der Zusammenfall der endlichen Gegensätze in der unendlichen Einheit des Schaffens.

Damit ist der *Zarathustra* auch als Sprachkunstwerk in den höchsten Rang erhoben. Die *Zarathustra*-Sprache unterliegt, im Selbstverständnis Nietzsches, nicht mehr der kritischen Bezweiflung. Als dionysische Tat ist sie der Kritik enthoben. Im Lichte dieser Apotheose gewinnt auch die Sprache Zarathustras ihre wahrheitskonstituierende Bedeutung. So sagt Zarathustra in der Einsamkeit:

> Hier kommen alle Dinge liebkosend zu deiner Rede und schmeicheln dir: denn sie wollen auf deinem Rücken reiten. Auf jedem Gleichniss reitest du hier zu jeder Wahrheit. (4, 231 – Za; vgl. Zitation in 6, 340 – EH)

Das Gleichnis wird zum artistischen Mittel der Weltbewältigung. Es ist das rhetorische Instrument, mit dessen Hilfe das schaffende Subjekt eine freie Verfügungsgewalt über die Dinge erlangt. Im Unterschied zum in sich ruhenden Symbol sind die Gleichnisse, die Gleichnisse der Zarathustra-Sprache, elastische, fluktuierende Chiffren des schaffenden Subjekts. (vgl. *Martini*, Wagnis, 17).[426] Deutlich wird, daß "Wahrheit" nicht etwas seinsmäßig Vorgegebenes,

---

425 Nach Baeumler gab es für Zarathustra "keinen Weg zur *Tat*". "Daher mußte der vierte 'Zarathustra' mißraten, er wurde ein einziger allegorischer Krampf." (*Baeumler*, Nietzsche, 275). Hier wird man anmerken dürfen, daß Zarathustra zum Glück keine "Tat" im Sinne Baeumlers anstrebt.

426 Nietzsches Verhältnis zur Gleichnis-Sprache ist von eigentümlicher Doppeldeutigkeit. Einerseits erscheint das Gleichnis als Bruch zwischen Zeichen und Bezeichnetem. Andererseits wird es zum Ausdruck, zur Gebärde des Lebens. Die "semantische Struktur der Gleichnisrede" kann entweder

sondern allererst durch die schöpferische Sprache Herzustellendes ist. Dies impliziert, daß es nicht nur *eine* Wahrheit, sondern eine Vielheit von Wahrheiten gibt. Entscheidend ist die Hervorbringung von Wahrheit, von Wahrheiten, durch die kreative Setzung von Gleichnissen. Damit wird der Sprache, der dichterischen Sprache, ein Höchstmaß an Bedeutung zugestanden. Freilich, Zarathustra ist sich des rhetorischen Charakters dieser Sprache durchaus bewußt. Letztlich weiß er, daß diese Sprache nicht die Sache selbst ist, sondern durch ihren Zeichencharakter, ihren Verweischarakter, immer noch eine Distanz zum Aussageinhalt aufweist. So klagt er denn auch,

> dass ich nämlich in Gleichnissen rede und gleich Dichtern hinke und stammle: und wahrlich, ich schäme mich, dass ich noch Dichter sein muss! (4, 247 – Za)

Das Bewußtsein einer rhetorischen Kluft zwischen Sprache und Aussageinhalt kennzeichnet die Dichter- und Sprachauffassung Zarathustras. Dennoch gewinnt für ihn gerade dieser Scheincharakter der Sprache exorbitante Bedeutung als Möglichkeit des freien Spiels mit den Dingen und damit als höchste Selbstentfaltungsmöglichkeit des schaffenden Subjekts:

> Wie lieblich ist es, dass Worte und Töne da sind: sind nicht Worte und Töne Regenbogen und Schein-Brücken zwischen Ewig-Geschiedenem? [...] Sind nicht den Dingen Namen und Töne geschenkt, dass der Mensch sich an den Dingen erquicke? Es ist eine schöne Narrethei, das Sprechen: damit tanzt der Mensch über alle Dinge. / Wie lieblich ist alles Reden und alle Lüge der Töne! Mit Tönen tanzt unsre Liebe auf bunten Regenbögen. – (4, 272 – Za)

Erneut zeigt sich hier die Dialektik von Schein und Schaffen. Einerseits ist die Sprache, ihrem Wesen entsprechend, Schein und Lüge. Andererseits bietet sie die Möglichkeit des Tanzes, d.h. der freien, absoluten Selbstentfaltung. Ja, es ist gerade der Schein, der die größere Spiel- und Selbstentfaltungsmöglichkeit eröffnet, denn in der Welt des Scheins ist der Mensch befreit vom Zwang der Realität und kann frei über sie verfügen. Im zwecklosen Spiel des Tanzes vermag das Schöpferische sich rein zu entfalten. Dabei ist nicht zu vergessen, daß die Sprache des *Zarathustra* als dichterische Sprache nicht eine 'signitive', sondern eine 'symbolische' Semantik darstellt (dazu: *Weidlé*, Sprache, 136 ff. u. 146 ff.). Es geht nicht um die informationssprachliche Benennung von Sachverhalten, sondern um den künstlerischen Ausdruck eines Daseinsentwurfs. Sprache als Information und Sprache als Ausdruck – sie sind gerade in einem so stark vom Mitteilungsimpetus geprägten Werk wie dem *Zarathustra* zu unterscheiden. Auch die Reden Zarathustras sind expressive Zeichen des mit der Sprache und ihren Wirkungsmöglichkeiten frei spielenden kreativen Subjekts.

Im Hinblick auf die Sprachproblematik des *Zarathustra* ist zu unterscheiden zwischen Zarathustra und Nietzsche. Zarathustra, die Textfigur, steht im Spannungsfeld von Wahrheit und Schein. Nietzsche, sein Autor, entzieht sich dieser Dialektik, indem er den *Zarathustra* als höchsten dionysischen Schaffensakt

---

stärker das "Distanzbewußtsein" betonen oder stärker zur "Unmittelbarkeit" tendieren (*Gebhard*, Gleichnissprache, 61).

herausstellt. Grundsätzlich aber ist hinzuzufügen, daß beide nicht nur Pathetiker, sondern auch Ironiker sind. Zarathustra schwingt sich nicht nur immer wieder zum großen Pathos des Lebens, des Übermenschen auf, sondern er spielt auch virtuos mit Perspektiven, Meinungen und Gestalten, auf eine vielfach höchst hintergründige, paradoxe Weise. Und Nietzsche selbst versteht seine Sprache als ein Vexierspiel von Ursprünglichkeit, Ironie und Artistik. Ein spätes Fragment lautet:

> – daß ich die Sprache der Volks-Moralisten und "heiligen Männer" rede und dies unbefangen ursprünglich ebenso begeistert als lustig, aber zugleich mit einem Artisten-Genusse daran, der nicht zu fern von der Ironie ist – darüber nämlich, daß hier die raffinirteste Form des modernen Gedankens beständig in die Sprache der Naivetät zurückübersetzt wird – also mit einem heimlichen Triumphe über die besiegte Schwierigkeit und scheinbare Unmöglichkeit eines solchen Unterfangens (12, 198 – 1886/87)[427]

Dieses Fragment gewährt Einblick in die Doppeldeutigkeit des Nietzscheschen Sprachverhaltens. Die Sprache entfaltet sich auf der Doppelebene von Pathos und Ironie, Ernst und Spiel, Ursprünglichkeit und Artistik. Nietzsche, kein 'naiver', sondern ein 'sentimentalischer' Dichter, erweist sich hinsichtlich der vorgetäuschten, gespielten Naivität als ein Meister der Verstellung. Das Vortäuschen von Naivität durch raffinierteste Artistik ist für ihn gerade die höchste Leistung des intellektualisierten Sprachkünstlers. Das hochreflektierte Bewußtsein des modernen Subjekts schafft mit sprachlichen Mitteln die Suggestion des Ursprünglichen. Die Sprache Nietzsches ist nicht nur "dionysisches Sprechen", nicht nur eine "Sprache der Erregung" (dazu: *Willemsen*, Dionysisches Sprechen), sondern auch ironisches Sprechen, Sprache der Intellektualität. Es ist die besondere Mischung von (naivem) Pathos und (artistischer) Ironie, die den eigenen Reiz Nietzschescher Texte ausmacht. Das eigentliche Agens dieses Verfahrens ist aber nicht der bloße Spieltrieb des modernen Intellektuellen, der seine geistige Potenz unter Beweis stellen will. Es ist vielmehr der Versuch des sentimentalischen Dichters, auf sprachlichem, rhetorischem Wege eine naive Welterfahrung zurückzugewinnen. Nietzsche ist viel zu sehr ein von seinen Denkmotiven existentiell Ergriffener, als daß sich seine Sprache im Masken-

---

427 Im Hinblick auf die "Welt des *Worts*" träumt Nietzsche davon, "daß einmal ein verwegener Dichter-Philosoph käme, raffinirt und 'spätgeboren' bis zum Exceß, aber befähigt, die Sprache der Volks-Moralisten und heiligen Männer von Ehedem zu reden, und dies so unbefangen, so ursprünglich, so begeistert, so lustig-geradewegs, als wenn er selbst einer der 'Primitiven' wäre; dem aber, der Ohren noch hinter seinen Ohren hat, einen Genuß ohne Gleichen bietend, nämlich zu hören und zu wissen, was da eigentlich geschieht, – wie hier die gottloseste und unheiligste Form des modernen Gedankens beständig in die Gefühlssprache der Unschuld und Vorwelt zurückübersetzt wird [...]" (12, 240). Im Lichte dieses Stilprinzips einer sentimentalischen Naivität, einer vom Intellekt inszenierten Naivität, erscheint das naive Pathos Zarathustras als eine raffinierte Form der Selbstdarstellung des hochreflektierten Subjekts. Dennoch geht es ihm um eine neue Ursprünglichkeit. Da er nicht hinter das sentimentalische Bewußtsein zurückkann, aber elementar sein möchte, gewinnt er mit der intellektuellen Maske die poetische Lizenz einer neuen Naivität. Indem er sein Pathos als gestelltes Pathos deutet, rechtfertigt er es. Letztlich läuft das Ganze auf eine Symbiose von Naivität und Intellektualität hinaus. Der Begriff "Dichter-Philosoph" impliziert beide Aspekte: den 'naiven' Impetus des Schöpferischen und die 'sentimentalische' Reflexion des Artisten.

spiel der Ironie erschöpfen würde. Möglicherweise steckt im zitierten Fragment sogar ein Stück Selbstschutz bezüglich 'exhibitionistischer' Selbstdarstellung. Nietzsche könnte durch den Hinweis auf die ironischen Brechungen seiner 'naiven' Selbstaussagen Distanz zwischen sich und dem Leser errichten wollen. Er ist trotz aller Ironie ein Autor des existentiellen Pathos. Er notiert: "Große Dinge verlangen, daß man von ihnen schweigt oder groß redet: groß, das heißt cynisch und mit Unschuld." (13, 189 [= 13, 477 u. 13, 535]). Die "Unschuld", die Naivität, gehört zum echten Pathos, zum Groß-Reden. Daß dies keine ungebrochene Naivität ist, zeigt sich im Zynismus, in dem sich die Präsens des kritischen Bewußtseins zu erkennen gibt. Aber im Prinzip kommt es Nietzsche auf die "Unschuld" des Sprechens an. Die dionysische Tat des *Zarathustra*, die spontan-intuitive Niederschrift dieses *opus maximum*, ist das überzeugendste Zeugnis der Nietzscheschen 'Naivität', der "Unschuld" des Schreibens. Die Sprache des *Zarathustra* ist trotz allen rhetorischen Raffinements, trotz allen ironischen Spiels mit Antithesen, Allusionen und Paradoxien, im Grundzug geprägt von elementaren Erleuchtungserlebnissen. Man könnte den Dichter des *Zarathustra* geradezu als einen modernen, säkularisierten Mystiker bezeichnen, denn der substantielle Gehalt des Werkes ist die *unio mystica* des Schaffenden mit dem Leben.

Bei allem Sprachenthusiasmus, den Nietzsche aufzubringen vermag, vor allem im Hinblick auf seinen *Zarathustra* – die Sprachskepsis verläßt ihn dennoch nicht. Ein Fragment vom Sommer 1888 lautet:

> ich bin nur ein Worte-macher:
> was liegt an Worten!
> was liegt an mir! (13, 575)

Immer wieder sieht sich Nietzsche der Insuffizienz der Sprache gegenüber der Sache konfrontiert und empfindet den sprachlichen Ausdruck als bloßen Notbehelf gegenüber dem auszusagenden Inhalt. Im Herbst 1881 notiert er:

> ein Ungeheuer von Zeitenlänge, für das wir Spracharmen wieder kein Wort mehr bereit halten – wir müßten da sagen: eine kleine Ewigkeit von Zeit – (9, 594)

Nietzsches Sprachskepsis beruht auf dem Gedanken bzw. der Erfahrung, daß die Sprache das Wesentliche verschweigt. In der *Götzen-Dämmerung* schreibt er:

> Wir schätzen uns nicht genug mehr, wenn wir uns mittheilen. Unsre eigentlichen Erlebnisse sind ganz und gar nicht geschwätzig. Sie könnten sich selbst nicht mittheilen, wenn sie wollten. Das macht, es fehlt ihnen das Wort. Wofür wir Worte haben, darüber sind wir auch schon hinaus. (6, 128 – GD)[428]

---

428 Der Sprachzweifel spitzt sich zur Sprachverneinung zu. Nietzsche fährt an jener Stelle fort: "In allem Reden liegt ein Gran Verachtung. Die Sprache, scheint es, ist nur für Durchschnittliches, Mittleres, Mittheilsames erfunden. Mit der Sprache *vulgarisirt* sich bereits der Sprechende. – Aus einer Moral für Taubstumme und andere Philosophen." (ebd.).

Nietzsche ist von Mißtrauen gegen die Sprache und ihre Ausdrucksmöglichkeiten erfüllt. Aber immer wieder zeigt sich bei ihm auch der Doppelaspekt der Sprache, indem er die konventionelle Sprache als tote Sprache ablehnt und für sich selber eine neue expressive Lebendigkeit der Sprache reklamiert. Im Spruchgedicht "*Die fröhliche Wissenschaft*" (1882) erteilt er dem "Buch" als der Speicherung von Abgelebtem eine Absage und versteht sein eigenes Werk, den *Sanctus Januarius*, d.h. das vierte Buch der *Fröhlichen Wissenschaft*, als eine das "Buch" hinter sich lassende Sprache des Lebens:

> Dies ist kein Buch: was liegt an Büchern!
> An diesen Särgen und Leichentüchern!
> Vergangnes ist der Bücher Beute:
> Doch hierin lebt ein ewig *Heute*. (10, 35)[429]

Die kreative Sprache ist für Nietzsche eine expressive Sprache des Lebens. Sie ist der Ausdruck des Lebens. Hinsichtlich der Sprache denkt Nietzsche in Kategorien der Ausdrucksästhetik. Sofern das Subjekt als schaffendes Subjekt im Sinne des Nietzscheschen Lebensbegriffs verstanden wird, kann man sogar von subjektiver Ausdrucksästhetik sprechen. Freilich, es geht Nietzsche nicht einfach nur um die expressive Umsetzung der subjektiven Empfindungen, Gefühle und Reflexionen in Sprache, sondern um den artifiziellen Ausdruck des schöpferischen Lebens. Die *expressio* ist nicht lediglich der Abdruck des subjektiven 'Erlebnisses', sondern sie ist die Signatur des elementaren 'Lebens', des Lebensprozesses, ja, sie ist selbst ein Stück 'Leben'.

Wenn Nietzsche dergestalt eine ästhetisch-expressive Sprache des Lebens fordert, so ist er dennoch weit entfernt von der ontologischen Gleichsetzung von Sprache und Sein, wie sie dann in der modernen Dichtung immer wieder proklamiert wird. Die Sprachgläubigkeit eines Stefan George oder Gottfried Benn lag ihm durchaus noch fern. In Georges Gedicht *Das Wort* wird in spruchhafter Bündigkeit die Identität von "ding" und "wort" verkündet:

---

429 Buchweisheit und Lebensdynamik bilden einen fundamentalen Gegensatz. An anderer Stelle heißt es:

> Dies ist kein Buch: was liegt an Büchern!
> Was liegt an Särgen und Leichentüchern!
> Dies ist ein Wille, dies ist ein Versprechen,
> Dies ist ein letztes Brücken-Zerbrechen,
> Dies ist ein Meerwind, ein Ankerlichten,
> Ein Räderbrausen, ein Steuer-Richten,
> Es brüllt die Kanone, weiß dampft ihr Feuer,
> Es lacht das Meer, das Ungeheuer – (10, 14)

Noch in *Ecce homo* bezeichnet Nietzsche das Bücher-Lesen als eine zweitrangige Tätigkeit, eine Tätigkeit, die allenfalls der Erholung vom eigenen Schaffen diene: "In meinem Fall gehört alles *Lesen* zu meinen Erholungen [...] Lesen erholt mich eben von *meinem* Ernste. In tief arbeitsamen Zeiten sieht man keine Bücher bei mir: ich würde mich hüten, Jemanden in meiner Nähe reden oder gar denken zu lassen. Und das hiesse ja lesen..." (6, 284 – EH). Nietzsches Bücher-Schelte richtet sich allerdings in erster Linie gegen das Viellesen ("ein Lesezimmer macht mich krank"), während er eine "kleine Zahl" von Büchern, die "für mich *bewiesenen* Bücher", akzeptiert (ebd.). Freilich, Nietzsche versteht (und erfährt) den Verzicht auf das Buch auch als einen existentiellen Befreiungsakt im Sinne der Loslösung von jeder Fremdbestimmung: "ich war vom 'Buch' erlöst, ich las jahrelang Nichts mehr – die *grösste* Wohlthat, die ich mir je erwiesen habe!" Das nicht mehr "Hören-*Müssen* auf andre Selbste" bedeutet die Befreiung des eigenen "Selbst" (6, 326 – EH).

So lernt ich traurig den verzicht:
Kein ding sei wo das wort gebricht. (Werke I, 467)[430]

Der Dichter huldigt dem Glauben an die Realpräsenz der Dinge im Wort. Die axiomatische Verkündigung der Identität von Zeichen und Bezeichnetem erhebt das dichterische Wort in den höchsten Seinsrang. Wirklichkeit konstituiert sich nur im Wort. Nur im dichterischen Wort gewinnen die Dinge Wirklichkeit. Was ohne sprachliche Nennung, ohne Namen bleibt, das Wortlose – es ist für George nur ein Wesenloses. Heidegger kommentiert:

> Erst wo das Wort gefunden ist für das Ding, ist das Ding ein Ding. So erst *ist* es. Demnach müssen wir betonen: Kein Ding *ist*, wo das Wort, d.h. der Name fehlt. Das Wort verschafft dem Ding erst das Sein. (*Heidegger*, Das Wesen der Sprache, 164[431]; vgl. *Heidegger*, Das Wort)

Die These von der Seinssetzung durch die Sprache, der Identität von *verbum* und *res*, von Wort und Ding, wirft die grundsätzliche Frage auf, ob das dichterische Wort eine setzende oder eine entdeckende Funktion hat. Entdeckt das Wort die tieferen Sinnzusammenhänge der Dinge, oder produziert es überhaupt erst eine Sinnstruktur? Auf diese Frage geben Dichter und Interpreten keine präzise Antwort, wohl nicht zuletzt deshalb, weil die Grenzen zwischen Sinn-Entdeckung und Sinn-Stiftung fließend sind. Festzuhalten ist allerdings, daß in der modernen Dichtung das Wort in wachsendem Maße eine spezifische Initiativkraft und Eigenständigkeit zeigt, die sich von jeder Abbildfunktion löst und den *mundus aestheticus* der reinen Form konstituiert. Freilich, das Wort bleibt Bedeutungsträger, es bleibt be-deutendes Zeichen, evokatorische Chiffre. Auch Sprachabsolutismus schließt Evokation nicht aus, ja, ist sogar auf sie angewiesen, soll die Sprache nicht zum visuell-auditiven Lettrismus verkommen. Im Unterschied zur zwiespältigen Haltung Nietzsches gegenüber der Sprache zeigt sich bei George und Benn ein ungebrochenes Sprachvertrauen. Rückt Nietzsche den Dichter und die dichterische Sprache ins Zwielicht, so werden bei George und Benn Dichter und dichterisches Wort in den höchsten Rang erhoben. Sie unterliegen nicht der Spannung von Wahrheit und Lüge, sondern stellen autonome Potenzen von sinnentdeckender bzw. sinnstiftender Kraft dar. Der Nietzscheschen Sprachskepsis steht bei Benn ein Sprachenthusiasmus gegenüber. Im Gedicht *Ein Wort* hat Benn dieses für ihn so charakteristische unbedingte Vertrauen in das dichterische Wort in hymnischer Diktion zum Ausdruck gebracht:

---

430 In ähnlicher Weise definiert Hofmannsthal die "Poesie" als "die Sache selbst": "Niemals setzt die Poesie eine Sache für eine andere, denn es ist gerade die Poesie, welche fieberhaft bestrebt ist, die Sache selbst zu setzen" (*Hofmannsthal*, Gespräch über Gedichte, 99).

431 Es ist allerdings festzuhalten, daß Heidegger die Sprache nicht als Organ des Schaffenden, sondern den Dichter als Organ der Sprache auffaßt. "Mit der Sprache eine Erfahrung machen heißt dann: uns vom Anspruch der Sprache eigens angehen lassen, indem wir auf ihn eingehen, uns ihm fügen." (ebd., 159). Nicht die kreative Setzung neuer Inhalte durch den Schaffenden, sondern das Einbezogensein des Menschen in das Spiel der Sprache, das Sich-Auswirken-Lassen der Sprache im Menschen macht nach Heidegger das Wesen der dichterischen Sprache aus. Nietzsche hingegen deutet die Sprache als Ausdruck des Willens, des voluntativen Subjekts.

Ein Wort, ein Satz –: aus Chiffren steigen
erkanntes Leben, jäher Sinn,
die Sonne steht, die Sphären schweigen
und alles ballt sich zu ihm hin. (GW III, 208)

Das Wort als magische Chiffre, als welterhellende und sinnstiftende Evokation, als suggestives Sinnzentrum der Welt – in solchem Sprachkult huldigt Benn dem Logos als der Inkarnation des Seins. Die im Prolog des Johannes-Evangeliums ausgesprochene Wahrheit, daß im Anfang das Wort war und alle Dinge durch dasselbe gemacht sind, wird von Benn auf die Kunst, auf das dichterische Wort übertragen und damit säkularisiert (dazu: *Schöne*, Gottfried Benn).[432] Ist für Nietzsche das Wort unlöslich mit dem Schein verknüpft, so ist es für George und Benn das Sein. Die Schlußstrophe von Benns Gedicht *Gedicht* lautet:

So Tag und Nacht bist du am Zuge,
auch sonntags meißelst du dich ein
und klopfst das Silber in die Fuge,
dann läßt du es – es ist: das Sein. (GW III, 298)

Das Kunstgebilde ist das "Sein". Das "Sein" verwirklicht sich allein im Kunstwerk. Wenn Benn in dieser Weise vom "Sein" spricht, dann meint er allerdings weniger das *ist* im Sinne der ontologischen Differenz Heideggers, sondern der Begriff "Sein" verweist auf das Statische und Zeitüberdauernde des Kunstwerks, wie er auch das im Kunstgebilde sich manifestierende Wesenhafte der Welt, den nur im Kunstwerk aufleuchtenden Sinn der Dinge signalisiert. Hier ist der Begriff "Sein" kein präziser philosophischer Terminus, sondern eine vieldeutige evokatorische Chiffre. Mit dem Seinsbegriff der Ontologie konnte Benn kaum etwas anfangen. Seine ironischen Bemerkungen in *Altern als Problem für Künstler* sind deutlich genug:

> Ontologie – wo ist denn ein Sein, außer in meinen Bildern, und was ist das immer mit den Dingen – Dinge entstehen dadurch, daß man sie zugibt, also formuliert, malt, wenn man sie nicht zugibt, verschwinden sie ins Wesenlose. Diese Denker mit ihrem Seinsgrund, den niemand sieht, völlig gestaltlos, alles nur Beiträge, Beiträgler – sie drehen die Leitung auf, meistens kommt dann etwas Plato heraus, dann duschen sie ein bißchen herum, und dann tritt der Nächste in die Wanne. Keiner macht etwas fertig, ich muß meine Sachen fertigmachen. (S. 573)

Der Künstler Benn übt Kritik an der bildlosen Begriffssprache des philosophischen Denkens und plädiert für die kreative Gestaltung der Dinge im künstlerischen Bild. Nicht der abstrakte Seinsbegriff der Philosophie, sondern die konkrete Seinsgestalt der Kunst ist für Benn von Bedeutung. Sein zentrales Anliegen ist die vom Leben abgelöste, in sich selber ruhende, absolute Form. Im Gedicht *Leben – niederer Wahn* wird das "Leben" als inferiorer Bereich abgetan und die "Form" zum neuen Glaubensinhalt verabsolutiert:

432 Der frühere Benn freilich sieht die Urkraft nicht in einem geistigen Prinzip, sondern im elementaren, blinden Lebensvorgang. Ein provokativer Vers des Gedichts *Das späte Ich* lautet: "Im Anfang war die Flut." (GW III, 55).

Form nur ist Glaube und Tat,
die erst von Händen berührten,
doch dann den Händen entführten
Statuen bergen die Saat. (GW III, 134)

Von diesem ästhetischen Ontologismus der absoluten Kunst war Nietzsche weit entfernt. Während Benn das zeitlos-statuarische Kunstwerk, das zeitüberdauernde "Sein" des Artefaktes glorifiziert, steht bei Nietzsche das zeithaft-dynamische Kunstschaffen, das permanente "Werden", der Schaffensprozeß im Mittelpunkt der ästhetischen Reflexionen. Sicher, auch Benn hat den Schaffensprozeß im Blickfeld, denn es sind ja die "Hände", die das Werk hervorbringen; aber dann löst sich das Werk von den "Händen" und steht als absolute Größe da. Benns Interesse gilt vor allem dem "Werk". Im *Ptolemäer* erwähnt er unter den "Maximen meines Lebens" auch das Prinzip des "Glasbläsers":

> Vollende nicht deine Persönlichkeit, sondern die einzelnen deiner Werke. Blase die Welt als Glas, als Hauch aus einem Pfeifenrohr: der Schlag, mit dem du alles löst: die Vasen, die Urnen, die Lekythen – dieser Schlag ist deiner und er entscheidet. (S. 232)

Auch Benn betont die entscheidende Bedeutung des Schaffensaktes, den "Schlag" auf das Rohr – wie er ja auch in *Probleme der Lyrik* ausführlich auf den Schaffensprozeß eingeht –, aber wichtiger ist das Schaffensprodukt, sind die "Vasen", die "Urnen", die "Lekythen". In ähnlichem Sinne heißt es in *Doppelleben*:

> Darum sage ich immer wieder: "Stein, Vers, Flötenlied", nämlich abschließbare und abgeschlossene Gebilde: Kunst – diese sagt nur sich selbst, ist ohne Idee und ist vollendet. (S. 166)

Nietzsche hingegen konzentriert sich ganz auf den Schaffenden, auf die Dynamik des Schaffensprozesses und zeigt kaum Interesse an der Statik des Schaffensproduktes. Wenn er in der *Morgenröthe* auf "jene Kraft" verweist, "welche ein Genie *nicht auf Werke*, sondern *auf sich als Werk*, verwendet" (3, 319 – M), so zeigt dies in aller Deutlichkeit den Vorrang des Schaffens vor dem Geschaffenen im Denken Nietzsches. Für Nietzsche ist das Kunstwerk Ausdruck des dynamischen Lebensprozesses, für Benn stellt es eine statische Eigenwirklichkeit dar, einen in sich geschlossenen *mundus aestheticus*. "Kunst ist statisch" lautet Benns ästhetisches Hauptaxiom (Doppelleben, 156). Benns primäres Anliegen ist das *ergon*, das fertige Werk. Nietzsches zentrale Frage gilt der *energeia*, dem Schaffensvorgang, dem Schaffenden. Benn vertritt eine ausgesprochene Werkästhetik, Nietzsche eine entschiedene Produktionsästhetik. Begründet sind diese unterschiedlichen ästhetischen Positionen in der Unterschiedlichkeit des Lebensbegriffs, im Antagonismus von 'Sein' und 'Werden'. Während Benn einer *Statischen Metaphysik* huldigt (Phänotyp, 158-163), verkündet Nietzsche eine Metaphysik des Werdens. Für Nietzsche ist das Kunstwerk (im Sinne seiner Schaffensästhetik) Ausdruck des schöpferischen Subjekts und seiner neuen Weltentwürfe. Bei Benn verselbständigt es sich (im

Sinne seiner Werkästhetik) zur autonomen "Ausdruckswelt", die ihre Evidenz in sich selber hat. Die "Form- und Beziehungs-", die "*Ausdruckswelt*" (Lebensweg, 44) "steht zwischen der geschichtlichen und der nihilistischen als eine gegen beide geistig erkämpfte menschliche Oberwelt" (Marginalien, 391). Benn ist der Meinung, Nietzsche habe die "Grundlagen der Ausdruckswelt" geschaffen (Nietzsche, 484). Dazu ist anzumerken, daß die immanente Ästhetik der "Ausdruckswelt" zwar eine historische Konsequenz der Nietzscheschen Relation von Nihilismus und Kunst ist, daß aber Nietzsches Intentionen nicht auf die absolute Form, sondern auf das schöpferische Leben zielen.

Nietzsches Idee des Lebens prägt seine Sprachauffassung und seinen Sprachstil. Im Fragment *Stil* von 1882 hat er zentrale Aspekte seiner Auffassung von Wesen und Funktion der Sprache fixiert. Die Hauptmaxime lautet: "Das Erste, was noth thut, ist *Leben*: der Stil soll *leben*." (10, 22 [= 10, 38]). Der Stil soll die Sprache des Lebens sein. Im Stil soll das Leben, der Geist und Affekt des Schreibenden, unmittelbar gegenwärtig sein. Dies entspricht im Prinzip jenem Grundsatz aus Goethes *Maximen und Reflexionen*: "Nicht die Sprache an und für sich ist richtig, tüchtig, zierlich, sondern der Geist ist es, der sich darin verkörpert" (HA XII, 509). Nietzsche faßt den Stil als Ausdrucksgebärde des Lebens auf. Der Maßstab des schriftlichen Ausdrucks ist die mündliche Rede: "Man muß erst genau wissen: 'so und so würde ich dies sprechen und vortragen' – bevor man schreiben darf. Schreiben soll nur eine Nachahmung sein." Es kommt darauf an, im geschriebenen Wort die sinnlichen Qualitäten des gesprochenen Wortes wieder zu verlebendigen:

> Weil dem Schreibenden viele Mittel des Vortragenden *fehlen*, so muß er im Allgemeinen eine *sehr ausdrucksreiche* Art von Vortrag zum Vorbilde haben: das Abbild davon, das Geschriebene wird nothwendig schon viel blässer (und dir natürlicher) ausfallen. / Der Reichthum an Leben verräth sich durch Reichthum an Gebärden. Man muß Alles, Länge Kürze der Sätze, die Interpunktionen, die Wahl der Worte, die Pausen, die Reihenfolge der Argumente – als Gebärden empfinden *lernen*. (10, 22 [= 10, 38])

Die inhaltlichen Aussagen, die "Argumente", sind Funktionselemente des kreativen Ausdrucks, der "Gebärden". Nicht die inhaltliche Information, sondern die lebendige Stilspannung ist das Entscheidende. Die rhetorischen Grundelemente der *inventio, dispositio* und *elocutio* müssen in ihrem Zusammenspiel eine Gebärde des Lebens ergeben. Diese Gebärdensprache ist nicht zu verwechseln mit einer sprachmimischen Reproduktion des alltäglichen Lebens im Sinne des Naturalismus, sondern sie ist die expressive Stilphysiognomie des schöpferischen Lebens. Nicht die Wiedergabe des natürlichen Sprechtons, sondern der Stil als Ausdruck des kreativen Subjekts steht an. Dabei reicht die rationale Gedankenvermittlung nicht aus, denn erst aus der Empfindung, der Emotion, dem Affekt gewinnt der Stil seine Evidenz: "Der Stil soll beweisen, daß man an seine Gedanken *glaubt*, und sie nicht nur denkt, sondern *empfindet*." (10, 39 [= 10, 23]). Der Stil als Ausdruck der Empfindung – der Anklang an die Ausdrucksästhetik der Sturm-und-Drang-Zeit ist nicht zu überhören. Nietzsche sieht Idee und Stil als wesensmäßige Einheit an. Die Verkündigung von Ideen ist angewiesen auf die sinnliche Suggestion des Stils: "Je abstrakter die Wahrheit ist, die man lehren will, um so mehr muß man erst die *Sinne* zu ihr verführen." (ebd.).

Nietzsches Sprachstil ist der pathetische Stil, der erhabene Stil, das *genus grande*, das hohe Gegenstände behandelt, das getragen ist von starken Affekten des Schreibenden und das Affekte erregen will, das *movere*, das Erschüttern des Lesers anstrebt. Es geht Nietzsche um die Freisetzung der "Affekte", durch die "der *große Stil* wieder auftritt, als Folge der *großen Leidenschaft*" (12, 375). So Nietzsche in einem Fragment vom Herbst 1887. Der Stil wird von Nietzsche in wachsendem Maße als Ausdruck des Willens zur Macht verstanden. Der Stil ist nicht nur Ausdruck der Empfindung, sondern vor allem Ausdruck des Willens. Der Stil beschränkt sich nicht mehr auf das *docere, delectare* und *movere*, sondern wird zur imperatorischen Gebärde. Im Frühjahr 1888 notiert Nietzsche: "Der große Stil tritt auf in Folge der großen Leidenschaft. Er verschmäht es, zu gefallen, er vergißt es, zu überreden. Er befiehlt. Er *will*." (13, 479). Das *furore espressivo* als Ausdruck der "Fülle" des Lebens (12, 454) ist zugleich ein Stil der imperatorischen Setzungen. Die *captatio benevolentiae* ist diesem Stil fremd. Seine Wirkungskraft erlangt der pathetisch-imperatorische Stil erst durch das artistische Spracharrangement. Der *stilus grandis* ist ein *sermo artifex*. In den Gedanken zu der Betrachtung *Lesen und Schreiben* (1874/75) fordert Nietzsche "künstlerisch mit der Sprache" zu verfahren (GA X, 331), "auf die Sprache Blut und Kraft" zu wenden (GA X, 332 [= 7,833]), "mit der deutschen Sprache sich endlich artistisch zu befassen" (GA X, 338). Er notiert: "Erhaltung der Sprache nur an künstlerische Behandlung geknüpft." (GA X, 336 [= 7, 829]). Er fordert eine artistische Sprache, aber diese Sprache muß aus dem lebendigen Leben erwachsen. Sie ist eine Symbiose aus Artistik und Leben. Im Kapitel *Warum ich so gute Bücher schreibe* aus *Ecce homo* hat Nietzsche, unter Glorifikation seines eigenen Stils, mit Verve den Zusammenhang von Stil und Leben charakterisiert:

> Ich sage zugleich noch ein allgemeines Wort über meine *Kunst des Stils*. Einen Zustand, eine innere Spannung von Pathos durch Zeichen, eingerechnet das tempo dieser Zeichen, *mitzutheilen* – das ist der Sinn jedes Stils; und in Anbetracht, dass die Vielheit innerer Zustände bei mir ausserordentlich ist, giebt es bei mir viele Möglichkeiten des Stils – die vielfachste Kunst des Stils überhaupt, über die je ein Mensch verfügt hat. (6, 304 – EH)

Damit verweist Nietzsche nicht nur auf den Stil als Ausdruck des Lebens, auf die Umsetzung von Lebensspannung in Stilspannung, sondern auch auf die für ihn charakteristische Stil-Pluralität. Im Prinzip kann man bei Nietzsche unterscheiden zwischen pathetischem Stil und analytischem Stil. Dort, wo es um die großen Gebärden des schöpferischen Lebens geht, wird Nietzsches Sprache zur pathetisch-erhabenen Sprache. Dort, wo es um die Destruktion der traditionellen Wertsysteme geht, kann sie zur kritisch-analytischen Sprache werden. Insofern reicht Nietzsches Sprachspektrum vom imperatorischen Pathos über den innigsten Lyrismus bis zur satirischen Sentenz. Möchte der pathetische Stil durch Affekte erschüttern, so will der pragmatische Stil durch Tatsachen überzeugen. Freilich, bei Nietzsche können sich beide Sprachhaltungen vielfältig überschneiden, denn auch in der pathetischen Sprache kann die provokative Zersetzung der etablierten Wertsysteme erfolgen, wie auch die analytische Sprache durch Ironie, Parodie und Satire als artistische Sprache inszeniert wird. Zarathustras pathetische Sprachgebärden sind durchsetzt mit ironisch-parodistischen Repliken und satirischen Provokationen. Umgekehrt ist in den kritisch-provokativen Analysen Nietzsches immer auch das Pathos des neuen Daseinsentwurfs gegenwärtig. In jedem Falle zeigt Nietzsche ein geschärftes Sprachbewußtsein. So notiert er einmal: "– und wenn meine Philosophie eine Hölle ist, so will ich wenigstens den Weg zu ihr mit guten Sentenzen pflastern." (13, 488). Der Stil ist Ausdruck des Lebens. Da das Leben voll von Widersprüchen ist, ja, die Widersprüchlichkeit geradezu sein Wesen ausmacht, hat der Schreibende die poetische Lizenz zum Paradoxon: "Du widersprichst heute dem, was du gestern gelehrt hast – Aber dafür ist gestern nicht heute, sagte Zarathustra." (9, 598).[433] Das Leben als das sich ständig Verwandelnde legitimiert die Paradoxien der Aussagen. Die Sentenz selbst gewinnt durch die Paradoxie an Wirkung: "Der Glaube in der Form, der Unglaube im Inhalt – das macht den Reiz der Sentenz aus – also eine moralische Paradoxie." (10, 68). Für Nietzsche ist der Stil Ausdruck des schaffenden Subjekts. Im Grunde gibt es für ihn nur den Individualstil. Er unterscheidet zwischen dem Stil an sich (den er als idealistische Fiktion ablehnt) und dem Individualstil des Schaffenden (den er als einzige echte Stilmöglichkeit anerkennt):

> *Gut* ist jeder Stil, der einen inneren Zustand wirklich mittheilt, der sich über die Zeichen, über das tempo der Zeichen, über die *Gebärden* – alle Gesetze der Periode sind Kunst der Gebärde – nicht vergreift. Mein Instinkt ist hier unfehlbar. – Guter Stil *an sich* – eine *reine Thorheit*, blosser "Idealismus", etwa, wie das "Schöne *an sich*", wie das "Gute *an sich*", wie das "Ding *an sich*"... (6, 304 – EH)

Seinen *Zarathustra* versteht Nietzsche als die unerreichte, höchstmögliche Form des schöpferischen Individualstils. Er spricht von der "*Kunst*, die hier verschwendet worden ist":

> es hat nie Jemand mehr von neuen, von unerhörten, von wirklich erst dazu geschaffnen Kunstmitteln zu verschwenden gehabt. Dass dergleichen gerade in deutscher Sprache möglich war, blieb zu beweisen: ich selbst hätte es vorher am härtesten abgelehnt. Man weiss vor mir nicht, was man mit der deutschen

433 Da der ständige Wechsel zum Wesen des Lebens gehört, ist der Wechsel der Perspektiven geradezu eine Existenzbedingung des kreativen Subjekts. Der Selbstwiderspruch gehört zum Wesen des Schaffenden. Nietzsche notiert: "Ich nehme mir die Freiheit, mich zu *vergessen*. Warum nicht widersprechen!" (9, 598). So kann Zarathustra, der Verkünder des "Übermenschen", "alle diese Götter und Übermenschen" zur bloßen poetischen Fiktion erklären (vgl. 4, 164 – Za). Freilich, es ist die Frage, ob Zarathustra damit auch *seinen* "Übermenschen" oder nicht lediglich fiktionale Größen der Tradition meint. Auf jeden Fall aber hält er sich die Lizenz zum Selbstwiderspruch offen. Er will nicht an den Gesetzen der Logik, sondern am Leben selbst gemessen sein, am Leben, zu dessen Wesen die Paradoxie gehört.

Sprache kann, – was man überhaupt mit der Sprache kann. – Die Kunst des *grossen* Rhythmus, der *grosse Stil* der Periodik zum Ausdruck eines ungeheuren Auf und Nieder von sublimer, von übermenschlicher, Leidenschaft ist erst von mir entdeckt; mit einem Dithyrambus wie dem letzten des *dritten* Zarathustra, "die sieben Siegel" überschrieben, flog ich tausend Meilen über das hinaus, was bisher Poesie hiess. (6, 304 f. – EH)

Dieser zur Selbstapotheose gesteigerte Panegyrikus auf das eigene *opus maximum* als das größte Sprachkunstwerk überhaupt signalisiert die absolute Bedeutung des pathetisch-erhabenen Stils im Selbstverständnis Nietzsches. Da dieser Stil die Befreiung von allen empirischen Determinationen ermöglicht, kann er mit dem "Fliegen" verglichen werden: "Einfluß des Fliegens! – nicht mehr in den Ebenen! Auf den Stil selbst!" (9, 333).[434]

Die Sprache wird von Nietzsche aber nicht nur als realitätstranszendierendes Pathos aktiviert, sondern er huldigt auch, insbesondere in seinen kritischen Schriften, dem Stilideal der Formstrenge und fühlt sich den Formprinzipien der *latinitas* und *perspicuitas* verpflichtet. Der Lateiner Nietzsche, dessen große Vorbilder Sallust und Horaz sind (dazu: *Goth*, Rhetorik, 96), hat stets die Klarheit des Denkens und des Stils betont. Die strenge Latinität, die präzise Argumentation, der epigrammatische Lapidarstil – Nietzsche hat sie immer gepflegt, in den kritischen Abhandlungen und in zahllosen analytischen Fragmenten. Maxime, Aphorismus, Epigramm werden zu charakteristischen Stilformen Nietzsches. Nicht nur die rhapsodische, dithyrambische Gebärde, sondern auch die prägnante, scharfsinnige Sentenz gehört zu seinen bevorzugten Ausdrucksmitteln. Einerseits liebt er die rhapsodischen Perioden, dithyrambischen Exklamationen und wuchtigen Imperative des *genus grande*; andererseits entfaltet er einen scharfgeschliffenen Sentenzenstil mit frappierenden Pointen. In einem Fragment von 1885 schreibt er, mit kritischem Blick auf den Mangel an "Logik" und die "Unfestigkeit der Begriffe" in den "Schriften unklarer, schlecht geschulter und unphilosophischer Geister":

Den guten Autor aber zeichnet nicht nur die Kraft und Bündigkeit seiner Satz-Form aus: sondern man erräth, man riecht, falls man der Mensch feiner Nüstern ist, daß ein solcher Schriftsteller sich beständig zwingt und übt, vorerst seine Begriffe auf strenge Weise *festzustellen* und *fester* zu machen, also mit seinen Worten eindeutige Begriffe zu verbinden: und, bevor das nicht gethan ist, nicht schreiben mag! (11, 445 f.)

---

434 Das Fliegen ist die höchste Form des 'Dionysischen': "Ich fliege im Traum [...] ich erinnere mich darin nicht eines Zustandes, wo ich nicht zu fliegen vermöchte. [...] Ich verstehe die Korybanten und selbst das dionysische Wesen am besten als Versuche von ungeflügelten Thieren, sich Flügel einzubilden und sich über die Erde zu heben." (9, 655; vgl. 9, 325). Bezeichnenderweise ist für Nietzsche das Fliegen kein willenloses Schweben, sondern ein willentlicher Akt. Im *Zarathustra*-Kapitel *Vom Geist der Schwere* heißt es: "Das ist aber meine Lehre: wer einst fliegen lernen will, der muss erst stehn und gehn und laufen und klettern und tanzen lernen: – man erfliegt das Fliegen nicht!" (4, 244 – Za; vgl. 10, 608). Häufig spiegelt Nietzsches Sprachstil diesen Prozeß des Übergangs von der kritischen Reflexion zum enthusiastischen Dithyrambus. Im *Zarathustra*-Kapitel *Vom Lesen und Schreiben* folgt auf die schroffe Kritik des usuellen Lesens und Schreibens die apodiktische Verkündigung der eigenen Spruchweisheit, die dann in die absolut freie Bewegung des Dithyrambus mündet: "jetzt fliege ich [...]" (4, 50 – Za).

Nicht die *obscuritas*, die Dunkelheit der Sprache, sondern die *perspicuitas*, die Klarheit der Sprache, ist Nietzsches Stilprinzip. Gedankenpräzision, Sprachrichtigkeit und Begriffsdeutlichkeit sind Grundvoraussetzungen dieses Stils. Diese 'lateinischen' Tugenden hat Nietzsche immer als besonderen Vorzug seiner Schriften angesehen. Noch im Spätjahr 1888 erklärt er, im Hinblick auf seinen epigrammatischen Stil: "Mein Sinn für Stil, für das Epigramm als Stil erwachte fast mit Einem Schlage bei der ersten Berührung mit Sallust [...]" (13, 623).[435] Schon der junge Nietzsche hatte die "antike Großartigkeit der sprachlichen Erziehung" gerühmt (1, 683 – BA).[436] Die Forderung nach sprachlicher Zucht im Geiste der antiken Rhetorik ist ein konstantes Postulat des Stilisten Nietzsche. Ob allerdings in seinem *Zarathustra* der "*römische* Stil" zur Geltung kommt (6, 154 – GD [= 13, 623]), ist mehr als zweifelhaft. Lateinische Sprachdisziplin ist nicht das Signum dieses Werkes. Es ist andererseits problematisch, die Sprache des *Zarathustra* auf Grund der *amplificatio*, der Motivvergrößerung, und des *movere*, der Affekterregung, als "'verdorbene Rhetorik'" zu deuten (*Goth*, Rhetorik, 98). Der Hyperbel-Stil des Zarathustra schließt die gedankliche Schlüssigkeit nicht aus. Die philosophischen Grundideen Nietzsches sind im *Zarathustra* klar entfaltet und bilden einen einheitlichen Reflexionszusammenhang. Zudem weist das Werk in allem rhapsodischen Überschwang immer wieder Aussagen von epigrammatischer Prägnanz auf. Weiterhin ist die Verbindung von Pathos und Ironie nicht zu übersehen. In einem Fragment von 1885/86 spricht Nietzsche von "*Zarathustras naiv-ironischer Stellung zu allen heiligen Dingen* (naive Form der Überlegenheit: das **Spiel** mit dem *Heiligen*)" (12, 150)[437]. Affektives Pathos und spielerische Ironie gehen im *Zarathustra*

---

435 Die lateinische *brevitas* und *perspicuitas*, die prägnante Kürze und anschauliche Klarheit eines Sallust und eines Horaz, sind für Nietzsche ein stilistischer Maßstab. Er berichtet, daß er schon als Schüler den "Ehrgeiz" gehabt habe, "es meinem Vorbilde Sallust in Strenge und Gedrängtheit gleichzuthun" (13, 617; vgl. 6, 280 – EH). In seinen Sentenzen und Aphorismen zeigt Nietzsche in der Tat die sprachliche Präzision der großen lateinischen Schriftsteller. Dennoch ist die Kühle und Distanz der Latinität seine Sache nicht. Sein Argumentationsstil ist zu sehr von dem auf Umwertung aller Werte zielenden Affekt geprägt, als daß er den objektiven Gesetzen der *latinitas* voll entsprechen könnte. Seine Vorstellung, in seinem *Zarathustra* sei "eine sehr ernsthafte Ambition nach *römischem* Stil" erkennbar (6, 154 – GD [= 13, 623]), ist vollends ein Mißverständnis, denn es ist gerade die hyperbolische Dithyrambik dieses Werkes, die die strengen Sprachgrenzen der Latinität sprengt.

436 Zur Beschäftigung Nietzsches mit antiker Sprache, Literatur und Rhetorik vgl. vor allem die Vorlesungen über die *Geschichte der griechischen Beredsamkeit* (1872-1873), über die *Geschichte der griechischen Litteratur* (1874-1876) sowie über die *Rhetorik* (1874) (s. MusA V). Nietzsche betont die sprachliche Disziplin und die natürliche Sprechweise des griechischen Stils, die "*rhetorische* Schulung und Geübtheit" der "griechischen Autoren und Leser", den "antiken Schreibstil", der, als "*Abspiegelung* des *Sprech*stils", "nie in dem Maasse in der Luft schwebte wie der unsrige" und deshalb "vorbildlich" ist (Geschichte der griechischen Litteratur, MusA V, 215). Nietzsche bewundert die geistige Klarheit des vom "asiatischen Pomp" befreiten griechischen Stils (ebd., 254). Besonders die griechische Epigrammatik, das Lapidare, die Prägnanz und die Kürze des epigrammatischen Stils, findet seinen Beifall und hat für ihn Vorbildcharakter. Die klare, feste Form des Epigramms, der Sentenz, des Spruchs erscheint als Sieg der apollinischen Geistigkeit über die chaotische Materie, "als Sieg des *hellen* Geistes über die Gefahren der Dunkelheit, als apollinische That und somit recht poetisch, d.h. schöpferisch" (ebd.). Nicht die *obscuritas*, sondern die *claritas* ist Nietzsches Stilideal.

437 Zarathustra verbindet die satirische Ironie gegenüber den etablierten Werten mit dem naiven Pathos der eigenen Wertsetzung – eine Haltung, in der sich "Spott" mit "Unschuld" mischt: "NB!! Zarathustra, der auf eine heilige Weise allen heiligen Dingen Muth und Spott entgegenstellt und

eine Symbiose ein. Nietzsche ist sich darüber im klaren, daß das Pathos auf Brechungen angewiesen ist, soll es nicht in der Pose erstarren. Im Herbst 1881 notiert er bündig: "Meine Kunst, das Pathetische zu mildern und zu brechen." (9, 598). Der zentrale Sprachimpetus Nietzsches ist allerdings die imperatorische Sprachsetzung. In einem Fragment von 1885 konstatiert er, daß Platon durch "eine gewisse Gesetzgebung der *Begriffe*" das Denken und Fühlen inhaltlich neu festgelegt und sich damit aus "Zeit und Umgebung" gelöst habe, in jenem Gefühl "feinen Ekels, mit dem sich höhere, anspruchsvollere Naturen gegen die unklare Menge und ihren Begriffs-Wirrwarr empören" (11, 446)[438]. Eben dieses Verfahren der imperativischen Bestimmung der Welt durch die Sprache praktiziert Nietzsche selbst. Was Nietzsche in einem Fragment von 1886/87 hinsichtlich der abstrakten Begriffssprache kritisch feststellt, betrifft ihn selber, freilich mit dem Unterschied, daß er die normative Abstraktionssprache durch eine kreative Anschauungssprache ersetzen will: "Die Mächtigen sind es, welche die Namen der Dinge zum Gesetz gemacht haben: und unter den Mächtigen sind es die größten Abstraktions-Künstler, die die Kategorien geschaffen haben." (12, 237). Sicher, Nietzsche geht es um die kreative Ausdruckssprache. So notiert er im Frühjahr 1884: "Von der Vielheit der Sprache (durch Bilder Töne) als Mittel des *volleren* Menschen, sich mitzutheilen." (11, 97). Aber die von ihm schon in der frühen Abhandlung *Ueber Wahrheit und Lüge im aussermoralischen Sinne* kritisierte "Gesetzgebung der Sprache" (1, 877 – WL) trifft, im Prinzip, auf seine eigene Sprachhaltung zu. Nicht nur in den apodiktischen Aussagen Zarathustras, sondern auch im lapidaren Sentenzenstil vieler Fragmente zeigt sich bei Nietzsche eine Tendenz zur imperativischen Sprachsetzung, die man geradezu als Sprachdiktatur bezeichnen könnte. Stilistisch äußert sich dies beim späteren Nietzsche im Stilprinzip der *brevitas*, der kurzen, gestrafften Formulierung, die, unter Verzicht auf Rhetorik, Witz und Redeschmuck, die Aussage auf engsten Sprachraum konzentriert. In einem Fragment von 1886/87 verweist Nietzsche auf "*den Willen zum* **großen Stil** (wenige Hauptsätze, diese im strengsten Zusammenhang; kein esprit, keine Rhetorik)" (12, 303). Nietzsches Sprachverhalten kulminiert in der Zeichen-Setzung als Ausdruck des Willens zur Macht. Nietzsche, getragen vom grandiosen Selbstgefühl des Menschheitserneuerers, verschmäht den rhetorischen Redeschmuck zugunsten eines bündigen, dekretierenden Lapidarstils, der auf engstem Sprachraum unumstößliche Wahrheiten verkündet. Der "große Stil" ist nicht mehr auf den *ornatus*, die Schönheit und den Zierrat der Rede, angewiesen, denn in seiner vollendeten Form ist er eine allen rhetorischen Schmuck hinter sich lassende Sprachform der absoluten Aussage.

---

seinen Weg zum Verbotensten, Bösesten mit Unschuld geht ---" (12, 152). Nietzsche ist der ironische Parodist der Tradition und der naive Pathetiker der Erneuerung. Alle seine Schriften zeigen diesen Doppelaspekt. Sie sind durchsetzt von einem enormen kritischen Potential, voll von Ironie, Parodie und Satire. Aber in diesem destruktiven Impuls steckt immer auch der naive Impetus zur neuen Wertsetzung. Stilistisch führt dies zu einem *naiv-ironischen* Stil.

438 Es gehört zur "Psychologie der Philosophen", daß sie "bei langem Verweilen in abstractis" eine "abkühlende Wirkung" verspüren, wie sie z.B. Platon "empfand" (12, 236).

IX. Verkündigung und Monolog

Nietzsches Existenz ist gekennzeichnet durch die Doppeltendenz des Sich-Zurückziehens in die absolute Einsamkeit und des Sich-Hinwendens zu den Menschen, zu einem potentiellen Hörerkreis. Es ist ein eigentümliches Wechselspiel von Selbstvertiefung und Selbstausdehnung, Systole und Diastole, Monolog und Verkündigung. Einerseits ist Nietzsches existentielle Haltung vom entschiedenen Willen geprägt, sich gegen die empirische Realität, gegen Menschen, Gesellschaft und Geschichte, abzuschließen und sich auf ein reines Selbstsein, in die tiefste Einsamkeit zurückzuziehen. Andererseits ist der Fundamentalimpuls in ihm wirksam, verwandelnd auf die Wirklichkeit einzuwirken, mit dem Ziel einer grundsätzlichen Umschaffung des Menschen und der Welt. Zarathustra verweist in seiner Vorrede auf den inneren Zusammenhang von Einsamkeitserlebnis und Mitteilungsbedürfnis. Wie Jesus, der sich vor seinem öffentlichen Auftreten in die Wüste zurückzieht, hat sich Zarathustra ins "Gebirge", in die Einsamkeitszone, zurückgezogen, freilich nicht nur vierzig Tage, sondern zehn Jahre – ein nicht unwesentlicher Unterschied, denn diese überaus lange Einsamkeitszeit läßt ihn als den ungleich Gereifteren erscheinen (vgl. *Messer*, Zarathustra, 5). Dann aber stellt sich bei Zarathustra der Wille zur Verkündigung seiner in der absoluten Einsamkeit gewonnenen Erfahrungen und Erkenntnisse ein:

> Endlich aber verwandelte sich sein Herz, – und eines Morgens stand er mit der Morgenröthe auf, trat vor die Sonne hin und sprach zu ihr also: "Du grosses Gestirn! Was wäre dein Glück, wenn du nicht Die hättest, welchen du leuchtest! [...] Siehe! Ich bin meiner Weisheit überdrüssig, wie die Biene, die des Honigs zu viel gesammelt hat, ich bedarf der Hände, die sich ausstrecken. (4, 11 – Za)

An einem extremen Punkt schlägt die Einsamkeitserfahrung in den Mitteilungstrieb um. Der Grund liegt im substantiellen Inhalt der in der Einsamkeit entfalteten Denkmotive. Diese sind auf Umschaffung der Welt und des Menschen gerichtet. Somit besteht für Zarathustra die innere Nötigung, seine Seinserfahrung den Menschen mitzuteilen. Seine Einsamkeit ist schöpferische Einsamkeit. Aus dieser Einsamkeit heraus soll die Welt neu gestaltet werden. Das überströmende Sich-Mitteilen-Wollen ist im Grunde ein diktatorisches Umgestalten-Wollen der Welt kraft eigener Präpotenz. In den *Zarathustra*-Entwürfen heißt es: "*Es handelt sich um mehr als Schenken: um* **Schaffen**, um *Vergewaltigen!* Grundgedanke der zweiten Einsamkeit (*Beginn* vom III.) / Unsere 'Geschenke' sind gefährlich!" (10, 512). Durch dieses 'Vergewaltigen' der Welt löst sich Zarathustra aus der monologischen Reduktion. Er löst sich aus ihr auch durch das Prinzip des *amor fati*, die Aufnahme der Notwendigkeit in den Willen, diesen eminent autogenen Freiheitsakt. Im Dionysos-Dithyrambus *Von der Armut des Reichsten* heißt es: "gegen das Schicksal selbst will ich nicht stachlicht sein / – Zarathustra ist kein Igel." (6, 407 – DD [= 6, 442 – NW]). Dies erklärt auch den spezifischen Sprachstil Zarathustras, die besondere Mischung aus Lyrismus und Rhetorik, die für die Reflexionen und Reden Zarathustras so symptomatisch ist. Immer spricht Zarathustra aus dem tiefsten Grund seiner Einsamkeit, und dies bedingt den lyrischen Sprachstil; aber indem er seine Denkmotive den Menschen mitteilen will, muß er sich rhetorischer Mittel bedienen. Ja, selbst in die Lyrismen drängt sich das Gedankliche ein, so z.B. in Zarathustras hymnische Apostrophe der Sonne, in die er den Gedanken der Mitteilung einfließen läßt, den Gedanken, daß der Sinn der Sonne in ihrem Leuchten für andere liege. Wenn somit der *Zarathustra*-Stil grundsätzlich eine Symbiose aus großangelegten, tiefen Lyrismen und rhetorisch entfalteten Philosophemen darstellt und damit als eine spezifische Form von 'Gedankenlyrik' bezeichnet werden könnte[439], so ist doch zugleich zu beachten, daß es im *Zarathustra* neben der Vielzahl der auf Verkündigung ausgerichteten Textstücke, den vielen Reden, Ansprachen und Szenarien, auch rein lyrische Partien gibt, deren Thema Einsamkeit und Selbstsein sind. Im Prinzip freilich ist der *Zarathustra* lyrische Rhetorik bzw. rhetorische Lyrik. Zarathustras Existenz ist gekennzeichnet durch ein spannungsvolles Wechselspiel von Einsamkeit und Verkündigung. Immer wieder muß Zarathustra die Erfahrung machen, daß ihm die Menschen fremd bleiben , "dass du unter Menschen immer wild und fremd sein wirst" (4, 231 – Za). Deshalb erfolgt denn auch immer wieder die "Heimkehr" in die "Einsamkeit":

> Oh Einsamkeit! Du meine *Heimat* Einsamkeit! Zu lange lebte ich wild in wilder Fremde, als dass ich nicht mit Thränen du dir heimkehrte! (4, 231 – Za)[440]

Zarathustra liebt seine Einsamkeit. In gefühlsverstärkender Anapher heißt es erneut:

> Oh Einsamkeit! Du meine Heimat Einsamkeit! Wie selig und zärtlich redet deine Stimme zu mir! (4, 232 – Za)

Der eigentliche Gesprächspartner Zarathustras ist das "Leben". Die aus diesem Zwiegespräch, das in Wahrheit ein Monolog ist, erwachsenden großen Denkmotive will er den Menschen mitteilen, um sie zu ihrem eigenen Selbstsein aufzurufen – ein immer wieder scheiterndes Unterfangen. Zarathustra sieht sich auf das eigene Selbstsein zurückgeworfen. Aber er gibt die Verkündigungsgeste und das Verkündigungspathos nicht auf. Seine Existenz selbst ist eine solche Verkündigungsgeste.

Nietzsche selbst hat den Doppelaspekt von Einsamkeit und Verkündigung im Blickfeld, wenn er den *Zarathustra* einerseits als Ausdruck seiner Höhen-Einsamkeit und andererseits als Predigt bezeichnet. "Zarathustra I und II sind

---

439 Der (konventionelle) Begriff 'Gedankenlyrik' soll hier nur signalisieren, daß Nietzsches Lyrik, erwachsen aus tiefstem 'Erleben', eine starke Tendenz zur Vermittlung philosophischer Ideen zeigt und in diesem Sinne als 'Ideenlyrik', als 'philosophische' Lyrik bezeichnet werden kann. Zu dem Mitte des 19. Jahrhunderts aufkommenden Begriff "Gedankenlyrik" als Gegenbegriff zur "Gefühls- und Stimmungslyrik" vgl. generell *Todorow*, Gedankenlyrik, bes. S. 7 ff. Die Abgrenzung von Gefühlslyrik und Gedankenlyrik als Abgrenzung von "poetischer und nicht-poetischer Lyrik" (ebd., 107) ist ein historisches Vorurteil, das angesichts der 'poetischen' Qualität von Gedankenlyrik (etwa Schillers und Nietzsches) der kritischen Revision bedarf.

440 Exkurs 43.

Licht- und heiterer-Himmel-Ausgeburten, ebenso der Sanctus Januarius." (B 6, 431 – August 1883 – an die Schwester).[441] Aber es heißt auch vom *Zarathustra*: "Es ist eine wunderliche Art von 'Moral-Predigten'." (B 6, 321 – 1.2.83 – an Köselitz). Nietzsche ist ein großer Monologist, aber er ist auch ein großer Rhetor. Aus dem Übermaß des Schöpferischen vermag der Monolog des Einsamen umzuschlagen in das rhetorische Pathos der Verkündigung. Eine der Titelkonzeptionen Nietzsches lautet: "*An die höheren Menschen*. Herolds-Rufe eines Einsiedlers." (11, 220; vgl. 11, 338; 10,609).[442] Hier bilden Monolog und Mitteilung eine wesensmäßige Einheit. Auf Grund der in ihm sich explosiv konzentrierenden Denkmotive drängt der Monolog zur Mitteilung, und die Mitteilung kann nur aus der Einsamkeit erwachsen, wie sie sich denn auch nur an eine geistige Elite mit gleichen Existenzerfahrungen wendet. Nietzsche sieht sich genötigt, um der in der Einsamkeit gemachten bedeutenden Seinserfahrung willen zum Verkünder und Lehrer zu werden. Ein Fragment vom Sommer-Herbst 1884 lautet:

> Wenn ich mich jetzt nach einer langen freiwilligen Vereinsamung wieder den Menschen zuwende, und wenn ich rufe: wo seid ihr meine Freunde? so geschieht dies um großer Dinge willen. (11, 195)[443]

Nietzsche schwebt sogar die Idee eines exklusiven Bundes der elitären Einsamen vor:

---

441 Diese absolute Heiterkeit und Freiheit ist Ausdruck der schöpferischen Überwindung schwerster "*körperlicher Qualen*" und "seelischer Qualen", der "Umwandlung des Erlebnisses in *Gold* und Nutzen höchsten Ranges". "Daß ich in diesem Jahre meine *sonnenhellsten und heitersten* Dinge erdacht und geschrieben habe, viele Meilen hoch über mir und meinem Elende: das gehört eigentlich zum Erstaunlichsten und Schwerst-Erklärlichen, was ich weiß." (B 6, 427 u. 428 – 14.8.83 – an Overbeck). Diese spannungsvolle Dialektik der permanenten Selbstüberwindung durch realitätstranszendierende Kreativität wird seit dem *Zarathustra* zum Existenzmodus Nietzsches. In *Ecce homo* schreibt er: "Das Leben ist mir leicht geworden, am leichtesten, wenn es das Schwerste von mir verlangte." Bei der Schaffung der großen Werke hat man "keinen Zug von Spannung an mir wahrgenommen", "um so mehr eine überströmende Frische und Heiterkeit" (6, 296 f. – EH).

442 Exkurs 44.

443 Vgl. das Gedicht *Aus hohen Bergen*, in dem es heißt: "Der Freunde harr' ich, Tag und Nacht bereit, / Wo bleibt ihr Freunde? Kommt! 's ist Zeit! 's ist Zeit!" (5, 241 – JGB). Es ist der Hilferuf des absolut Einsamen nach "Freunden", d.h. nach "*neuen* Freunden" (5, 242 f.), nach Menschen, die des Mitvollzugs des eigenen Denkens und Schaffens fähig sind. An einem extremen Punkt wird die Einsamkeit unerträglich. Sie wird aber nicht nur unerträglich, weil das Subjekt den totalen Kommunikationsverlust erleidet, sondern sie ist auch und vor allem unerträglich, weil das Subjekt den Überreichtum seiner Erlebnisse, Gefühle und Ideen nicht mehr allein zu tragen vermag. Insofern sind die Verkündigungen Zarathustras explosive Ausdrucksgesten des von großen Visionen bedrängten monologischen Subjekts. Es sind die "plötzlichen Funken und Wunder meiner Einsamkeit" (5, 240 – JGB), die nach Mitteilung drängen – im Akt der Niederschrift freilich ihre Ursprünglichkeit verlieren ("Ach, was seid ihr doch, ihr meine geschriebenen und gemalten Gedanken!" [5, 239 – JGB]). In den Druckvorlagen heißt es: "als ich zum ersten Male euch erdachte und erlebte, ihr Funken und Blitze des Lebens! [...] Ihr meine erfundenen und erlebten *Gedanken*!" (14, 374 – JGB). Dies ist in doppelter Hinsicht aufschlußreich. Zum ersten zeigt sich, daß Nietzsches Daseinskonzeptionen Produkte der monologischen Subjektivität sind. Sie sind vom Subjekt 'erlebt', 'erdacht', 'erfunden'. Zum zweiten wird deutlich, daß die Einsamkeit als 'dionysische' Einsamkeit "Leben" hervorbringt. Erst im monologischen Subjekt gelangt das dionysische Leben zum Durchbruch. Daher erwächst auch die wahre Mitteilung erst aus dem Monolog. Andernfalls erscheint das Sich-Mitteilen als bloße Schauspielerei: "Schauspieler nenne ich sie (*die Mittheilenden*)" (10, 134). Man hat demnach zu unterscheiden zwischen der echten Mitteilung (die aus dem dionysischen Subjekt hervorgeht) und der schauspielerischen Mitteilung (die aus Geltungsdrang erfolgt).

ich will einen neuen Stand schaffen: einen Ordensbund höherer Menschen, bei denen sich bedrängte Geister und Gewissen Raths erholen können; welche gleich mir nicht nur jenseits der politischen und religiösen Glaubenslehren zu leben wissen, sondern auch die Moral überwunden haben. (11, 195)[444]

Nietzsche, der große Einsame, die vielleicht einsamste Gestalt der Geistesgeschichte, ist doch vom Impuls zur Gruppenbildung getragen, sowohl um der existentiellen Kommunikation als auch um der weltverändernden Verkündigung willen. Das weltentrückte Subjekt will das weltverändernde Subjekt sein.

Nietzsches Schriften wenden sich nicht nur an die kritische Mobilität des Denkens, sondern vor allem auch an die Gefühle, die Affekte, die Stimmungen. Sie wollen nicht nur durch kritische Analyse überzeugen, sondern insbesondere auch durch suggestive Sprache überreden. Im April-Juni 1885 notiert Nietzsche:

> Ich habe manche nicht unbedenkliche Versuche gemacht, um mir Menschen heranzulocken, denen ich von so seltsamen Dingen reden könnte: alle meine Schriften waren bisher ausgeworfene Netze: ich wünschte Menschen mit tiefen reichen und ausgelassenen Seelen mir dazu einzufangen. [...] Noch später machte ich mir eine Sprache für verwegene Mannsköpfe und Mannsherzen zurecht [...] Genug, ich erdichtete "Also sprach Zarathustra". (11, 507)[445]

Damit betont Nietzsche selbst den suggestiven, persuadierenden Charakter seiner Schriften. Den *Zarathustra* deutet er als rhetorisch-suggestive Dichtung zum Zwecke der Aktivierung gleichgesinnter Geister. Er erweist sich damit

---

444 Zu den bei Nietzsche seit den frühen siebziger Jahren virulenten Ideen einer elitären Zirkel- und Gruppenbildung vgl. *Gandillac*, Zarathustra. Anhand von Briefstellen und Zarathustra-Sentenzen zeigt der Verfasser, daß Nietzsche die Idee eines Zirkels elitärer Individuen mit einem entsprechenden Kulturauftrag vorschwebte. Er wollte allerdings kaum eine Schule bilden. "Es handelt sich mehr um eine freie Zusammenkunft höchstbegabter Individuen als um eine eigentliche Schule." (ebd., S. 118). Man kann hinzufügen, daß dies ein wesentlicher Unterschied gegenüber Stefan George ist, der einen auserwählten Kreis gleichgesinnter Dichter um sich sammelte, im Zeichen der eigenen Führerrolle und mit ausgesprochen kulturpädagogischen Intentionen. Zudem sind Nietzsches Vorstellungen eines elitären Bundes von eher utopischer als konkreter Art. Was er in den Briefen zu dieser Frage sagt, sind eher imaginäre Entwürfe als reale Projekte. Und Zarathustras Appelle an die "Mitschaffenden" sind Aufrufe zur Entfaltung des eigenen Selbstseins. Es geht ihm trotz aller imperatorischen Gebärden nicht um die Einbindung von Funktionsträgern in eine geschlossene Formation, sondern um einen ideellen Bund schöpferisch selbständiger Individuen. "Die Mitschaffenden sucht der Schaffende, Die, welche neue Werthe auf neue Tafeln schreiben. [...] Mitschaffende sucht Zarathustra, Miterntende und Mitfeiernde sucht Zarathustra: was hat er mit Heerden und Hirten und Leichnamen zu schaffen!" (4, 26 – Za; vgl. 4, 204 – Za). "Das *einzige* Glück liegt im Schaffen: ihr Alle sollt *mitschaffen* und in jeder Handlung noch *dies* Glück haben!" (10, 135).

445 Nietzsche greift die biblische Metapher des Menschen-Fischens auf. Zarathustra ist der "boshaftigste aller Menschen-Fischfänger", der sich "auf hohen Bergen Fische", die "wunderlichsten Menschen-Fische", die "schönsten Menschen-Fische", einfängt, an dessen "Glücke viele Menschen-Fische zerrn und zappeln lernen" (4, 297 f. – Za). Vgl. auch 11, 387 f. Vgl. Matth. 4, 19: "Und er sprach zu ihnen: Folget mir nach; ich will euch zu Menschenfischern machen." Zarathustra tritt auf in Jesus-Pose. Er verkündet allerdings nicht das "Reich Gottes" (Mark. 1, 15), nicht das "Himmelreich" (Matth. 4, 17 u. 5, 3), sondern ein "grosses fernes Menschen-Reich, das Zarathustra-Reich von tausend Jahren" (4, 298 – Za). Zarathustra verkündet einen säkularisierten Chiliasmus. Während im Neuen Testament der Glaube verkündet wird, daß Christus nach dem Ende der Weltzeit ein Tausendjähriges Reich des Friedens errichten werde (vgl. Offenbarung Joh. 20, 1-10), richtet sich Zarathustras eschatologische Botschaft auf ein reines Reich des Menschen, des Übermenschen. Die messianische Hoffnung gründet sich nun allein auf den Menschen selbst.

einmal mehr als Wagnerianer, und nicht ohne Grund bezieht er sich im Kontext der zitierten Passage auf Wagner und merkt ironisch an: "Später gedachte ich die deutsche Jugend zu 'verführen' " (11, 507). Bei aller ironischen Tönung des Fragments – Nietzsche formuliert hier sein ureigenstes Anliegen: die Welt- und Menschenverwandlung durch die Dichtung.[446] Daher begreift er auch die Einsamkeit, die bei ihm eine unüberbietbare Zuspitzung erreicht, nicht als Mangel, sondern wendet sie ins Produktive. Die Einsamkeit ist schöpferische Einsamkeit, die sich entweder im Monolog, im Zu-sich-selber-Sprechen, oder in der Verkündigung, im Sich-Mitteilen-Wollen, äußert. Und Zarathustra ist sowohl der Lyriker, der nur noch mit sich selber bzw. mit dem "Leben" spricht, als auch der Rhetor, der zu den Menschen spricht, um sie von Grund auf zu verwandeln. Schon der junge Nietzsche träumt im Brief an den Freund Erwin Rohde vom 15.12.1870 davon,

> daß wir eine kleine Insel erreichen werden, auf der wir uns nicht mehr Wachs in die Ohren zu stopfen brauchen. Wir sind dann unsere gegenseitigen Lehrer, unsre Bücher sind nur noch Angelhaken, um jemand wieder für unsre klösterlich-künstlerische Genossenschaft zu gewinnen. Wir leben, arbeiten, genießen für einander – vielleicht daß dies die einzige Art ist, wie wir für das *Ganze* arbeiten sollen. (B 3, 166)

Obschon Nietzsche hier noch nicht mit der imperatorischen Gebärde des großen Ausnahmemenschen auftritt, sondern an die Kommunikation zwischen Gleichberechtigten denkt, signalisiert doch die Metapher "Angelhaken" deutlich genug den Willen zur suggestiven Beeinflussung der Leser. Nietzsche sucht die Kommunikation, aber er scheitert an der Resonanzlosigkeit der Rezipienten – und an seinem die menschlichen Grenzen überschreitenden Anspruch. In den *Zarathustra*-Fragmenten vom Herbst 1883 notiert er:

> Das ist nun deine Sprache: und es nimmt mich Wunder, solltest du mit solcher Rede jemanden zu dir überreden – es sei denn Leichname und Possenreißer / Und eher glaube ich noch, daß du die Thiere zu dir überredest als die Menschen: sonderlich deine eigenen Thiere! diese häßliche Schlange da und den rauschenden Vogel! (10, 576)

Der Kommunikationswille schlägt zurück in den Monolog, denn abgesehen von Toten und Narren verstehen nur seine eigenen Tiere Zarathustra. Zarathustra gelangt zur Einsicht, daß es zuletzt nur die "Einsamkeit" selbst ist, die man von ihm 'lernen' kann:

> Alles redet, Niemand hört mich singen: Oh daß ihr Stille von mir lerntet! Und das Leiden der Einsamkeit! (10, 575; vgl. 4, 233 – Za)

---

446 Der Psychologe Nietzsche stellt Überlegungen bezüglich der Techniken der Menschenbeeinflussung an. In den ironischen Textstücken *Der Einsiedler redet* und *Der Einsiedler spricht noch einmal* (3, 612-614 – FW, 5. Buch) entwickelt er eine kleine Kasuistik der psychologischen Beeinflussung der Mitmenschen. Dort heißt es: "Die Kunst, mit Menschen umzugehn, beruht wesentlich auf der Geschicklichkeit (die eine lange Uebung voraussetzt), eine Mahlzeit anzunehmen, einzunehmen, zu deren Küche man kein Vertrauen hat." (3, 612).

Nicht die Kommunikation, sondern die Entfremdung bestimmt das Verhältnis Zarathustras zu den Menschen. Nietzsche registriert, im Brief an Overbeck vom 17.10.1885, "Entfremdung, Entfernung, vielleicht auch Erkältung", "wie die Scala der 'Frostgefühle' jetzt beinahe meine Specialität ist" (B 7, 101). Und im Brief vom 12.2.1888 schreibt er, daß "unvermerkt aus mir selber etwas wie eine Höhle geworden" ist, "etwas Verborgenes, das man nicht mehr findet, selbst wenn man ausgienge, es zu suchen" (B 8, 248 – an v. Seydlitz). Die Einsamkeit ist ein "Leiden", aber sie ist auch das Reservoir des Schaffenden. Nietzsche ist bestrebt, die Einsamkeit produktiv umzusetzen in die Verkündigung. Der Monologist Zarathustra tritt als Rhetoriker, Prophet und Religionsstifter auf – zumindest sind dies Attitüden des Kommunikationswillens. Die Apotheose des "großen Mittags" am Schluß des *Zarathustra* ist eine große Verkündigung, aber sie vollzieht sich in der absoluten Einsamkeit, wie auch die Schlußmetapher, der Vergleich Zarathustras mit der "Morgensonne", bei aller Betonung der Ausstrahlungskraft Zarathustras doch vor allem die Einsamkeit des Schaffenden zum Ausdruck bringt. Der expressive Naturlyrismus am Ende des *Zarathustra* ist ein bedeutungsträchtiges Symbol der absoluten Einsamkeit und der von ihr ausgehenden Leuchtkraft:

> Also sprach Zarathustra und verliess seine Höhle, glühend und stark, wie eine Morgensonne, die aus dunklen Bergen kommt. (4, 408 – Za; vgl. 11, 366)[447]

Der Verkündiger ist der Einsame. Und der Einsame ist der Verkündiger. Der Einsame ist der Schaffende. Nur als Einsamer ist er der Schaffende. Seine Wirkung geht letztlich weniger von seinen inhaltlichen Lehren, sondern von seiner existentiellen Haltung aus. Nicht die von Zarathustra verkündete Lehre, sondern die von ihm gelebte Einsamkeit ist das Entscheidende. Die aus ihrem Überreichtum sich schöpferisch artikulierende Einsamkeit selbst, die Einsamkeit rein phänomenal gesehen, macht die Grunderfahrung Nietzsches aus. Es ist dies eine existentielle, 'mystische' Erfahrung, die Martin Buber wie folgt beschrieben hat:

> Es gibt jedoch ein Leben, in dem der Übergang nicht von der Einsamkeit zur Predigt führt, sondern von der Einsamkeit der Frage zur Einsamkeit der Fülle, von der Einsamkeit des Abgrunds zur Einsamkeit des Meeres. Das ist das verborgene Leben. (*Buber*, Tschuang-Tse, 191 [Nachwort])[448]

Es macht das Wesen der wahren, der schöpferischen Einsamkeit aus, daß sie auf jedes Schauspielertum, auf alle wirkungsvollen Posen, bewußter oder unbewußter Art, verzichtet und ganz aus ihrem Selbstsein lebt und nur sich selber

447 Ganz im Unterschied zu der starken, suggestiven Wirkung, die die Zarathustra-Gestalt in der Literatur der Jahrhundertwende ausgeübt hat, stehen die moderneren Literaten dem Pathos des einsamen Zarathustra eher distanziert gegenüber. So weiß Robert Musil, der den artistischen Stilisten Nietzsche durchaus schätzte, mit dem einsamen Zarathustra nichts Rechtes anzufangen: "Zarathustra, der Einsame in den Bergen widerspricht irgendwie meiner Gesinnung. Wie muß man sich aber stellen, um mit einer Welt fertig zu werden, die keinen festen Punkt hat? Ich begreife sie nicht, das ist es!" (*Musil*, Tagebücher, 683 [1928-1930]). Hier mag auch die episch-ironische Distanz den Zugang zum pathetischen Lyrismus versperren.

448 Exkurs 45.

verwirklicht. In der *Fröhlichen Wissenschaft* trifft Nietzsche die fundamentale Unterscheidung zwischen der "monologischen Kunst" und der "Kunst vor Zeugen":

> *Wie man zuerst bei Kunstwerken zu unterscheiden hat.* – Alles, was gedacht, gedichtet, gemalt, componirt, selbst gebaut und gebildet wird, gehört entweder zur monologischen Kunst oder zur Kunst vor Zeugen. Unter letztere ist auch noch jene scheinbare Monolog-Kunst einzurechnen, welche den Glauben an Gott in sich schliesst, die ganze Lyrik des Gebets: denn für einen Frommen giebt es noch keine Einsamkeit, – diese Erfindung haben erst wir gemacht, wir Gottlosen. Ich kenne keinen tieferen Unterschied der gesammten Optik eines Künstlers als diesen: ob er vom Auge des Zeugen aus nach seinem werdenden Kunstwerke (nach "sich" –) hinblickt oder aber "die Welt vergessen hat": wie es das Wesentliche jeder monologischen Kunst ist, – sie ruht *auf dem Vergessen*, sie ist die Musik des Vergessens. (3, 616 – FW, 5. Buch)[449]

Die Unterscheidung von "Monolog-Kunst" und "Kunst vor Zeugen" erhellt Nietzsches Auffassung vom wahrhaft Schöpferischen. Der "Kunst vor Zeugen" haftet immer ein Moment von Schauspielerei und Selbstinszenierung des Künstlers im Hinblick auf reale oder fiktive Zuschauer an. Die "monologische Kunst" hingegen hat Welt, Geschichte und Zuschauer, das ganze *theatrum mundi*, aber auch alle metaphysischen Instanzen hinter sich gelassen und entfaltet sich als *reines* Schöpfertum. Gott als ein letzter Zeuge, ein Zeuge der Einsamkeit – er wäre immer noch eine letztlich schützende, beruhigende Instanz, bei der das Subjekt sich aussprechen könnte. Wenn selbst dieser Zeuge entfällt, wird die Einsamkeit zur absoluten Einsamkeit. Diese äußerste Einsamkeit wird vom Subjekt nicht einfach nur als ein es überfallendes Geschick erlitten, sondern das schaffende Subjekt selbst provoziert, um seiner unbedingten Selbstentfaltung willen, diese Situation. Nietzsche notiert: "Zarathustra der gottlose Einsiedler, der erste Einsame, der nicht betete." (11, 620).[450] Im Stück *Der tolle Mensch* aus der *Fröhlichen Wissenschaft* heißt es:

---

449 Exkurs 46.

450 Zarathustra lebt in seinem "eignen Lichte" (4, 136 – Za). Benn konstatiert, mit Bezug auf Nietzsches Wendung "Und auch meine Seele ist ein springender Brunnen." (4, 136 – Za): "Also in sich selber seine Springbrunnen hochwerfen, seine Echowände errichten!" (Phänotyp, 176). Alles Schöpferische ist ein "monologes koloristisches Ritual" (Phänotyp, 177). Wenn Benn mit Blick auf das *Nachtlied* in Zarathustra den Monologisten sieht, so erblickt er in ihm in der Hauptsache doch den Verkündiger – den er vom Monolog des *Ecce homo* und der späten "lyrischen Bruchstücke" unterscheidet. Nietzsches Wendung, daß seine "Seele" eigentlich hätte "*singen*" sollen (vgl. 4, 280 f. – Za; 4, 291 – Za; 1, 15 – GT [VS]), wird von Benn als monologische Artistik gedeutet: "Singen – das heißt Sätze bilden, Ausdruck finden, Artist sein, kalte einsame Arbeit machen, dich an niemanden wenden, keine Gemeinde apostrophieren, vor allen Abgründen nur die Wände auf ihr Echo prüfen, ihren Klang, ihren Laut, ihre koloraturistischen Effekte." (Kunst und Drittes Reich, 312). Nun, Nietzsche ging es nicht nur um die artistischen Effekte. Benn sieht in ihm zu sehr den *artistischen* Monologisten. Die monologische Grundsituation als solche hat er allerdings bei Nietzsche klar erkannt. Freilich, Nietzsche ist ein *existentieller* Monologist, der die Sprache als Vehikel zur Artikulation seiner Grenzzustände benutzt. Die absolute Einsamkeit kann durch das Gefühl des Ganz-auf-sich-selbst-Verwiesenseins ein potenziertes Selbstbewußtsein hervorrufen; sie kann aber auch zum depressiven Bewußtsein des Dem-Nichts-Ausgesetztsein führen. Zarathustra, "jüngst noch so stolz [...] Jüngst noch der Einsiedler ohne Gott", "Jetzt – / zwischen zwei Nichtse / eingekrümmt" (6, 392 – DD [Zwischen Raubvögeln]), sieht sich dem Bodenlosen ausgesetzt, dem Nichts *vor* und dem Nichts *nach* seiner Existenz.

> "Wohin ist Gott? rief er, ich will es euch sagen! *Wir haben ihn getödtet*, – ihr und ich! Wir Alle sind seine Mörder! [...] Gott ist todt! Gott bleibt todt! Und wir haben ihn getödtet!" (3, 480 f. – FW; vgl. dazu 14, 256 f. [Vorstufe] sowie 9, 631 f. und 9, 590; 9, 603)

Nietzsche diagnostiziert damit nicht nur einen Verlust, den Verlust der "übersinnlichen Welt", den "Nihilismus" (*Heidegger*, "Gott ist tot", 200), sondern er deutet den Vorgang als schöpferische Tat, die die Voraussetzung einer großen geschichtlichen Wende, eines radikal neuen Weltentwurfs sei:

> "Es gab nie eine grössere That, – und wer nur immer nach uns geboren wird, gehört um dieser That willen in eine höhere Geschichte, als alle Geschichte bisher war!" (3, 481 – FW)

Im Zeichen der Gott-ist-tot-Philosophie kann wahre Kunst nur noch *monologische* Kunst sein. In der "Monolog-Kunst" ist das Maskenspiel des Künstlers überflüssig geworden. Da der Schaffende ganz mit sich selber allein ist, wäre ein Versteckspiel sinnlos. Der monologische Künstler ist das Gegenteil und die Widerlegung des Schauspielers. Er verfolgt nicht mehr bestimmte Wirkungen und Ziele, sondern seine Tätigkeit ist reine Selbstvergewisserung und Selbstdarstellung. Vor allem aber erwächst diese Kunst aus der Autonomie des Subjekts. Das ganz auf sich selber zurückgeworfene Subjekt entbindet gerade aus der absoluten Einsamkeit ganz neue kreative Kräfte. Der Schaffende bringt alles aus sich selber hervor. Später wird Gottfried Benn dies zum Programm erheben: "Selbstentzündung, autarkische Monologie." (Roman des Phänotyp, 182). Obschon Benn dabei nicht an das dionysische Leben, sondern an den meditativen Geist denkt, so stimmt er doch im Prinzip des Monologischen mit Nietzsche überein. Für Nietzsche ist der Monolog die Vollendung der Kunst. Erst in der "monologischen Kunst" vollzieht sich die wahre, zwecklose Selbstentfaltung des Schöpferischen. Die Einsamkeit ist die *conditio sine qua non* der wahren, echten Kunst. Daher ist der "Weg des Schaffenden", der "Weg zu dir selber", der Weg in die "Vereinsamung" (4, 80 – Za). Und deshalb ist auch die 'dionysische' Kunst in ihrer wahren Gestalt 'monologische' Kunst. Erst wenn die Kunst sich von allen heterogenen Sinnbezügen gelöst hat, wird sie zum ursprünglichen Ausdruck des schöpferischen Lebens selbst. Im Herbst 1887 notiert Nietzsche in einem Fragment: "*Das vollkommene Buch*. – [...] Ein *idealer Monolog*." (12, 400). "Monologische" Kunst – das besagt nicht nur, daß ein isoliertes Subjekt seine Einsamkeit ausspricht, sondern bedeutet darüber hinaus, daß die Kunst nur noch aus den in ihr wirksamen reinen Schöpfungsimpulsen lebt. Das Monologische liegt nicht nur im Künstler, sondern auch im Kunstwerk selbst. Nietzsches Begriff der "monologischen Kunst" meint nicht lediglich, im psychologischen Sinne, die Introversion des entfremdeten Subjekts, sondern ist in erster Linie zu verstehen als existentielles Ethos des Schaffenden, der nur am Schaffen selbst interessiert ist. Die "monologische Kunst" hat kaum etwas gemein mit dem modischen Subjektivismus ästhetisch interessanter Einzelgänger des *fin de siècle*. Nietzsche darf nicht mit dem Künstlertypus der *décadence* verwechselt werden.[451] Bei Nietzsche handelt es sich nicht um Stimmungskult, Degenerationssymptomatik und Ästhetizismus, um die Kunst der "überfeinen Nerven" (*Hofmannsthal*, D'Annunzio I, 170), sondern um den aus der dionysischen Fülle des Lebens erwachsenden Monolog als unverstellten, ungebrochenen Ausdruck des Schöpferischen. In seinem Essay *Gabriele d'Annunzio* stellt Hugo von Hofmannsthal der Epoche die Diagnose: "Heute scheinen zwei Dinge modern zu sein: die Analyse des Lebens und die Flucht aus dem Leben." (ebd., 172). Man hat einen "gelähmten Willen", "keine Wurzeln im Leben" (ebd., 171); der "Grundzug des in der gegenwärtigen Literatur abgespiegelten Lebens" ist "jene unheimliche Willenlosigkeit" (ebd., 174). Dies wäre im Sinne Nietzsches jene Symptomatik der *décadence*, die er durch das schöpferische Leben zu überwinden trachtet, und zwar am eindringlichsten im 'dionysischen' Monolog.

Nietzsche verfällt damit nicht einem naiven Pathos des Schöpferischen, sondern in seiner Phänomenbeschreibung steckt ein Stück höchst luzider Künstlerpsychologie. Seine Analyse des rhetorisch-suggestiven Künstlers, der nur vor Zeugen agieren kann, dieser mit Scharfblick erfaßte Zusammenhang von Künstler und Beobachter, die Erkenntnis jenes Künstler-Narzißmus, der nur im Beobachtetwerden seine Kunst zu entfalten vermag – dies ist eine durchaus prägnante Charakteristik der Künstler-Psyche.[452] Daß Nietzsche selbst das Gebet in diese Künstler-Symptomatik einschließt, ist aus seiner Perspektive nur konsequent, da ja das Gebet einen Partner voraussetzt. Den aber hat Nietzsche verloren. Ihm bleibt nur noch das Selbstgespräch. Einsamkeit, Monologismus und absolute Kunst werden immer beherrschender. Immer stärker tendiert die lyrische Sprache zum Monolog. So ist Nietzsches Venedig-Gedicht ein rein monologisches Gedicht, in dem sich die "Seele" "heimlich ein Gondellied" singt: "– Hörte Jemand ihr zu?..." (6, 291 – EH [= 6, 421 – NW]). In diesem Gedicht erreicht der Lyriker Nietzsche einen reinen, gestillten Ton, in dem alles Verkün-

---

451 Wenn "Künstlichkeit und Naturfeindschaft", "Welthaß und Willensschwäche", "Ästhetizismus" und "dekadente Erotik" zu den Hauptmotiven der Décadence-Literatur gehören (so *Rasch*, Décadence, 38-133), dann ist Nietzsche trotz seiner Lebensschwäche auf Grund seines Voluntarismus als geistige Existenz ein Gegenentwurf zur *décadence*.

452 Nach Rudolf Kassner ist Narziß freilich nicht ein bloßes "Sinnbild der Eitelkeit", sondern der "letzte Sinn der Imagination zwischen Narciß und dessen Bild, zwischen Mensch und Spiegel, zwischen Ich und Selbst" ist "Rektifizierung" (*Kassner*, Narciss, 47 f.). Das Merkmal des Narzißmus, des modernen Narzißmus, ist die Einsamkeit, die kreative Einsamkeit: "Wir sind ohne Mythos, oder unser Mythos ist diese Einsamkeit als Hintergrund der Imagination." (ebd., 51). Wie stark das Narziß-Motiv den modernen Künstler prägt, zeigt sich auch bei Benn, der dem *Modernen Ich* das Motto voranstellt: "... schaut er sich selbst in stygischer Flut. / Ovid, Verwandlungen (Narziß)" (S. 7). Bei Ovid heißt es von Narcissus: "Tod schloß seine Augen, die trunken von eigener Schönheit. / Aber auch da noch sah er, hinab zu den Toten gesunken, / Sich in der stygischen Flut" (*Ovid*, Metamorphosen, 79 [Narcissus · Echo]). Die Stigmata des Narcissus, die Selbstfaszination ("Staunt sich selber an", S. 76), die Verstrickung in den Schein ("ein flüchtiges Scheinbild", S. 76, "Schaut er den trügenden Reiz mit unersättlichen Augen", S. 77), die Spannung von Identität und Scheitern ("Was ich ersehne, ist mein. Ich darbe inmitten von Fülle.", S. 78), das tiefe Leiden (keiner hat je "so viel gelitten", S. 77), das dionysische Todeserlebnis (die "stygische Flut") – diese Grunderfahrungen des Narziß sind auch für die Monologisten Nietzsche und Benn symptomatisch. Es ist die Einsamkeit, die unaufhebbare Selbstverstrickung, die sie mit dem Narcissus verbindet. Sie versuchen allerdings, die Ichbezogenheit aufzusprengen – Nietzsche durch das dionysische Leben, Benn durch das absolute Kunstwerk.

digungspathos getilgt ist und das lyrische Ich nur noch mit sich selber spricht, in einer euphorischen Impression, hinter der sich tiefste Ergriffenheit verbirgt.[453] Es ist jene Stimmung, die Nietzsche bereits im Brief an Köselitz vom 2.7.1885 zum Ausdruck bringt: "Die letzte Nacht an der Rialtobrücke brachte mir noch eine Musik, die mich zu Thränen bewegte, ein unglaubliches altmodisches Adagio, wie als ob es noch gar kein Adagio vorher gegeben hätte." (B 7, 61). Das auf einen entrückenden, euphorischen Ton gestimmte lyrische Selbstgespräch wird immer konstitutiver für die dichterische Sprache Nietzsches. Diese seit dem *Zarathustra* neben dem Verkündigungspathos immer stärker zu beobachtende Tendenz zum monologischen Sprechen ist allerdings bereits beim jungen Nietzsche deutlich erkennbar. Bereits in frühen Gedichten wie *Ohne Heimath!* -- (HKG, W I, 122 u. 228 f. sowie HKG, W II, 87) oder *Noch einmal eh ich weiter ziehe* ("Dem unbekannten Gotte") (HKG, W II, 428) ist das Einsamkeitsmotiv angeschlagen, wenngleich es sich dort noch nicht um die spätere absolute Einsamkeit handelt, denn ein Gedicht wie *Ohne Heimath* ist eine melancholische Stilübung des Schülers Nietzsche und das Gedicht an den "Unbekannten Gott" könnte noch als existentielles lyrisches Gebet bezeichnet werden. In den späteren Gedichten treten stimmungslyrische Melancholie und transzendierendes Pathos zurück zugunsten der absoluten Einsamkeitssituation. Gedichte des späteren Nietzsche wie *Am Gletscher* (11, 325), *Der Wanderer* (11, 322), *Im deutschen November* ("Dies ist der Herbst") (11, 323), *Abschied* ("Die Krähen schrei'n") (11, 329) sowie die *Dionysos-Dithyramben*, vor allem *Die Wüste wächst* (6, 382 – DD) und *Die Sonne sinkt* (6, 395 – DD), sind Ausdruck der unüberbietbaren, absoluten Einsamkeit. Sie sind im wahrsten und tiefsten Sinne des Wortes "monologische Kunst".

Nietzsches ästhetisches Credo der "monologischen Kunst" als der Kunst des Vergessens hat sich erst allmählich herauskristallisiert. Noch in der Vorrede zum zweiten Band von *Menschliches, Allzumenschliches* von 1886 deutet er das monologische Sprechen als ironische Ausdrucksgebärde eines "Leidenden und Entbehrenden":

> Damals lernte ich erst jenes einsiedlerische Reden, auf welches sich nur die Schweigendsten und Leidendsten verstehn: ich redete, ohne Zeugen oder vielmehr gleichgültig gegen Zeugen, um nicht am Schweigen zu leiden, ich sprach von lauter Dingen, die mich nichts angiengen, aber so, als ob sie mich etwas angiengen. (2, 374 – MA II)

Dann, im fünften Buch der *Fröhlichen Wissenschaft* (1887) trifft er die erörterte Unterscheidung von "monologischer Kunst" und "Kunst vor Zeugen". Wird der Monolog in der früheren Äußerung noch als eine Form der Kompensation und als eine Als-ob-Haltung verstanden, so erscheint er in der späteren Feststellung als Ausdruck des autonomen Willens und des schöpferischen Lebens. In der früheren Reflexion heißt es: "Damals lernte ich die Kunst, mich heiter, objektiv, neugierig, vor allem gesund und boshaft zu *geben*" (ebd.). Hier ist es

453 Zur Interpretation des Gedichts vgl. *Lösel*, Nietzsche's "Venice"; *Gilman*, "Braune Nacht"; *Hollinrake*, Nietzsche's 'Gondellied'; *Groddeck*, Venedig; *Grundlehner*, Venedig; *Viëtor*, "Braune Nacht"; *H. Schmid*, Venedig; *Kauffmann*, Venedig.

noch ein gespielter Monolog. Später wird aus dem fiktiven Monolog ein substantieller Monolog. Das Spiel um Sein und Schein ist aufgegeben. Auch die Einschätzung der Einsamkeit wandelt sich. In der Vorrede zum ersten Band von *Menschliches, Allzumenschliches* von 1886 heißt es:

> Die Einsamkeit umringt und umringelt ihn, immer drohender, würgender, herzzuschnürender, jene furchtbare Göttin und mater saeva cupidinum – aber wer weiß es heute, was *Einsamkeit* ist?… (2, 17 – MA I)

In *Ecce homo* bezeichnet Nietzsche die Einsamkeit, "die schauerliche Stille, die man um sich hört", als das Undurchdringliche: "Die Einsamkeit hat sieben Häute; es geht Nichts mehr hindurch." (6, 342 – EH).[454] Der Kommunikationsverlust wird von Nietzsche als unaufhebbares Schicksal erfahren. Er beklagt diese monologische Reduktion: "Jetzt erst bin ich einsam: ich verlangte nach Menschen, ich suchte nach Menschen – ich fand immer nur *mich* – und nach mir verlangt mich nicht mehr!" (10, 91). Nietzsche versteht seine Einsamkeit als existentielle Einsamkeit, eine Einsamkeit, die sich nicht mit psychologischen oder gar klinischen Kategorien erfassen läßt. Im Brief an Reinhart von Seydlitz vom 12.2.1888 klagt er:

> Man hilft sich jetzt mit den Worten: "excentrisch", "pathologisch", "psychiatrisch". Es fehlt nicht an schlechten und verleumderischen Winken in Bezug auf mich; es herrscht ein zügellos feindseliger Ton in den Zeitschriften, gelehrten und ungelehrten – aber wie kommt es, daß nie Jemand dagegen protestirt? daß nie Jemand sich beleidigt fühlt, wenn ich beschimpft werde? – Und Jahre lang kein Labsal, kein Tropfen Menschlichkeit, nicht ein Hauch von Liebe – (B 8, 248 f.)[455]

---

454 Jahre zuvor hatte Nietzsche noch die Einsamkeit durch Kommunikation zu überwinden gehofft: "Dieser einsamste der Einsamen, der Mensch, sucht nun nicht mehr einen Gott, sondern einen *Genossen*. Dies wird der *mythenbildende* Trieb der Zukunft sein. Er sucht den *Freund des Menschen*." (9, 580-1881; vgl. 9, 625). Zu jener Zeit bringt er die Einsamkeit noch mit dem Gedanken der Ausbildung der "Individualität" in Verbindung: "der höchste Grad von Individualität wird erreicht, wenn jemand in der höchsten Anarchie sein Reich gründet als Einsiedler." (9, 209-1880). In der Folgezeit wird die Einsamkeit zur "absoluten Vereinsamung" (12, 574-1887). Nietzsche konstatiert "meine absolute Vereinsamung" (13, 208-1888). Immer wieder beklagt er den totalen Kommunikationsverlust, den völligen Resonanzmangel, die absolute Antwortlosigkeit. "Ich fragte – keine Antwort lief mir ins Netz –" (13, 549-1888). "Nach einem solchen Anrufe aus der innersten Seele keinen Laut von Antwort zu hören, das ist ein *furchtbares* Erlebniß, an dem der zäheste Mensch zu Grunde gehen kann: es hat mich aus allen Banden mit lebendigen Menschen herausgehoben." (12, 225-1886/87). Nietzsche beklagt das "absurde Stillschweigen", unter dem der *Zarathustra* zehn Jahre lang "vergraben lag" (6, 363 – EH). Die "Schwierigkeiten meiner Existenz" erwachsen aus einer zersetzenden Resonanzlosigkeit: "Es ist wirklich sehr *leer* um mich geworden. Wörtlich gesagt, es giebt Niemanden, der einen Begriff von meiner Lage hätte. Das Schlimmste an ihr ist ohne Zweifel, seit 10 Jahren nicht ein Wort mehr gehört zu haben, das mich noch *erreichte* – *und* dies zu begreifen, dies als nothwendig zu begreifen! […] Die Wunde ist, keine Antwort, keinen Laut Antwort zu hören und die *Last*, die man zu theilen, die man abzugeben wünschte (– wozu schriebe man sonst?) in einer entsetzlichen Weise allein auf seinen Schultern zu haben." (B 8, 377 – Juli 88 – an Malwida von Meysenbug). Dies zeigt erneut, daß Nietzsches Einsamkeit keine 'gewöhnliche', melancholische Einsamkeit, sondern eine im Übermaß der kreativen Energie begründete Einsamkeit ist. Nietzsche leidet darunter, daß seine großen Ideen auf keine Resonanz treffen. Das Bewußtsein, einen neuen Welt- und Daseinsentwurf in sich zu tragen, ohne daß derselbe von der Umwelt angenommen, ja nur verstanden wird, führt zu einer extremen psychischen Spannung.

455 So ist für den Musikschriftsteller Richard Pohl Nietzsches *Fall Wagner* eine "pathologische" Schrift,

Dieses absolut monologische Subjekt hat nicht mehr die Möglichkeit der Hinwendung zu einer übergeordneten Instanz. Die Gebetshaltung ist ihm versagt. In der *Fröhlichen Wissenschaft* heißt es:

> *Excelsior!* – "Du wirst niemals mehr beten, niemals mehr anbeten, niemals mehr im endlosen Vertrauen ausruhen – du versagst es dir, vor einer letzten Weisheit, letzten Güte, letzten Macht stehen zu bleiben und deine Gedanken abzuschirren – du hast keinen fortwährenden Wächter und Freund für deine sieben Einsamkeiten – [...] (3, 527 – FW; vgl. dazu 14, 263 f. [Aufzeichnungen zu FW])

Um das Höchstmaß der Einsamkeit zum Ausdruck zu bringen, setzt Nietzsche als Epitheton die magische Sieben ein. Der Dionysos-Dithyrambus *Das Feuerzeichen* endet im Vers: "meine siebente *letzte* Einsamkeit! – –" (6, 394 – DD). Im Dionysos-Dithyrambus *Die Sonne sinkt* artikuliert Nietzsche die halkyonische Seinserfahrung in der Wendung: "Siebente Einsamkeit!" (6, 397 – DD).[456] In der Endphase seiner geistigen Existenz, in einem Fragment vom Dezember 1888 oder von Anfang Januar 1889, versteht sich Nietzsche als die Personifikation der Einsamkeit: "ich bin die *Einsamkeit* als Mensch... Daß mich nie ein Wort erreicht hat, das *zwang* mich, mich selber zu erreichen..." (13, 641).

Nietzsches Verhältnis zur "Einsamkeit" ist von doppeldeutiger, zwiespältiger Art. Einerseits ist die Einsamkeit, der "Frost der Einsamkeit" (4, 52 – Za)[457], eine Bedrohung. Die "ungeduldigen und feurigen Geister" sind "vom Moor der Einsamkeit überwachsen" (12, 363 f.). Andererseits ist die Einsamkeit die notwendige Voraussetzung der Lebenssteigerung. Daher kann Nietzsche sie sogar hymnisch preisen. In *Ecce homo* schreibt er:

> Aber ich habe *Einsamkeit* nöthig, will sagen, Genesung, Rückkehr zu mir, den Athem einer freien leichten spielenden Luft... Mein ganzer Zarathustra ist ein Dithyrambus auf die Einsamkeit, oder, wenn man mich verstanden hat, auf die *Reinheit*... (6, 276 – EH)

Nietzsche gibt der Einsamkeit den Vorrang vor der Kommunikation:

> Auch an der Einsamkeit *leiden* ist ein Einwand, – ich habe immer nur an der "Vielsamkeit" gelitten... In einer absurd frühen Zeit, mit sieben Jahren, wusste ich bereits, dass mich nie ein menschliches Wort erreichen würde: hat man mich je darüber betrübt gesehn? (6, 297 – EH).

Die für die Einsamkeitserfahrung Nietzsches charakteristische dialektische Einheit von Kommunikationsverlust und Schaffenssteigerung findet ihren ex-

---

das Elaborat eines 'Kranken'. "Es liegt etwas Krampfhaftes, Ungesundes, Naturwidriges in diesem Vorgange, der sehr bedenkliche Symptome zeigt." (*Pohl*, Der Fall Nietzsche, 518).Vgl. auch die rüde, chauvinistische Polemik bei *B.F.*, Nietzsche.

456 Exkurs 47.

457 Auch Benn kennt den Schüttelfrost der Einsamkeit. Das einsame Ich "klappert vor Kälte [...] – aber geben Sie nicht SOS – erstens hört Sie keiner, und zweitens wird Ihr Ende sanft sein nach so viel Fahrten." (Doppelleben, 167).

emplarischen Ausdruck in Versen des Dionysos-Dithyrambus *Von der Armut des Reichsten:*

> Zehn Jahre dahin –,
> kein Tropfen erreichte mich,
> kein feuchter Wind, kein Thau der Liebe
> – ein *regenloses* Land...
> Nun bitte ich meine Weisheit,
> nicht geizig zu werden in dieser Dürre:
> ströme selber über, träufle selber Thau
> sei selber Regen der vergilbten Wildniss! (6, 406 – DD)

Das autonome Subjekt verwandelt die lähmende Einsamkeit in schöpferische Einsamkeit. Daher kann Zarathustra in diesem Dithyrambus auch als der "Überreiche" bezeichnet werden, der auf Grund seiner potenzierten Schaffenskraft die Umwelt als wesenlos erscheinen läßt:

> Dein Glück macht rings trocken,
> macht arm an Liebe
> – ein *regenloses* Land... (6, 409 – DD)

Im dithyrambischen Monolog hat das isolierte Subjekt gegenüber der kommunikationslosen Wirklichkeit die Möglichkeit nicht nur der Selbstbehauptung, sondern auch der Selbstapotheose.

Für Zarathustra hat der Monolog eine lebenserhaltende Funktion. Ein Fragment lautet: "Zarathustra. Dies sind die Lieder Zarathustras, welche er sich selber zusang, daß er seine letzte Einsamkeit ertrüge:" (11, 339). Insofern erscheint auch noch in der Zarathustra-Zeit der Monolog als Bewältigung der schwer erträglichen Einsamkeit. Andererseits wird die Einsamkeit von Nietzsche nicht nur als defizienter Existenzmodus, sondern auch als produktive Verfassung herausgestellt. So heißt es schon in *Menschliches, Allzumenschliches* von den *Einsamen Menschen*, die "mit Lachen ihr monologisches Leben fortspinnen", man solle ihnen "ihr Alleinsein gönnen und nicht so albern sein, [...] sie desswegen zu bedauern" (2, 352 – MA I). Nietzsche verwandelt die schwermütige Einsamkeit in heitere Einsamkeit: "Ein ruhiges freudiges Alleinsein mit mir, in guten Gedanken und Lachen – wie ich auch bin –" (8, 391 – 1877). Und Zarathustra sieht die Einsamkeit nicht nur als Last, sondern auch als Mutprobe an:

> Habt ihr Muth, oh meine Brüder? Seid ihr herzhaft? *Nicht* Muth vor Zeugen, sondern Einsiedler- und Adler-Muth, dem auch kein Gott mehr zusieht? (4, 358 – Za)

Erst im Verzicht auf Gott als den Zuschauer der eigenen Einsamkeit gewinnt das Ich seine absolute Freiheit, die uneingeschränkte Verfügungsgewalt über sich selber, die unbedingte kreative Autonomie. Dazu gehört freilich das konsequente Sich-selber-aufs-Spiel-Setzen, die Risikobereitschaft um jeden Preis, die Liebe zur Gefahr. Diesen Weg hat Nietzsche bis zur letzten Konsequenz beschritten. Erst die zeugenlose Einsamkeit ist die wahre Einsamkeit. Erst in dieser Einsamkeit entfalten sich die großen Gedanken. Diese wiederum üben auf den Einsamen einen Mitteilungszwang aus. Eine lapidare Sentenz lautet: "Das Alleinsein mit einem großen Gedanken ist unerträglich." (11, 338).[458] Die monologische Evokation der großen Ideen drängt von sich aus nach der kommunikativen Information. "Alles Schaffen ist Mittheilen. / Der Erkennende der Schaffende der Liebende sind *Eins*." (10, 115). Dieser Mitteilungsdrang ist Ausdruck des Willens zur Macht. Im Grunde steckt hinter dem Mitteilungstrieb nicht ein echter Kommunikationswille, sondern der Machtwille des schaffenden Subjekts. In einem Fragment vom Frühjahr-Sommer 1883 heißt es:

> **Erobern** – ist die natürliche Consequenz einer *überschüssigen* Macht: es ist dasselbe wie das **Schaffen** und **Zeugen**, also das *Einverleiben seines eigenen Bildes* in fremden Stoff. Deshalb muß der höhere Mensch *schaffen* d.h. sein *Höhersein* Anderen aufdrücken, sei es als Lehrer, *sei es auch als* **Künstler**. Denn der Künstler will *sich* **mittheilen** und zwar *seinen* Geschmack: ein Künstler *für sich* ist ein Widerspruch. Ebenso steht es mit den *Philosophen*: sie wollen ihren Geschmack an der Welt *herrschend* machen – *deshalb lehren und* **schreiben** *sie*. Überall wo überschüssige Macht da ist, will sie erobern: dieser Trieb wird häufig *Liebe* genannt, Liebe zu dem, *an welchem* sich der erobernde Instinkt auslassen möchte. (10, 278)[459]

Letztlich ist auch das Mitteilen ein Monolog, nämlich ein Monolog des vom Willen zur Macht geprägten Subjekts. Hier zeigt sich der inversive Zusammenhang von Verkündigung und Monolog. Die Steigerung der Lebensintensität im Subjekt steigert auch den Mitteilungstrieb, den Wirkungsimpetus: "Jede Erhöhung des Lebens steigert die Mittheilungs-Kraft" (13, 297). Unbeschadet dieser grundsätzlichen Komplementarität von Monolog und Mitteilung setzt Nietzsche aber immer wieder spezifische Akzente, indem er entweder das Monologische oder die Mitteilung hervorhebt. Einerseits betont er mit Entschiedenheit den monologischen Charakter seines Schreibens: "Ich schreibe für mich selber: und welchen Sinn hätte Schreiben in diesem zerschriebenen Zeitalter?" (10, 341). "Ich achte die Leser nicht mehr: wie könnte ich für Leser schreiben?... Aber ich notire mich, für mich." (12, 450).[460] Kommunikation besteht allenfalls mit ganz wenigen, elitären Individuen der Geistesgeschichte:

---

458 In dem Maße, in dem die monologische Existenz alles umwälzende Gedanken entwickelt, wächst auch das Mitteilungsbedürfnis, der innere Zwang, diese Ideen durch Mitteilung loszuwerden. So notiert Nietzsche mit Bezug auf den Wiederkunftsgedanken: "Plan. Ich suche und rufe Menschen denen ich diesen Gedanken mittheilen darf, die nicht daran zu Grunde gehen." (11, 338). Aus dem Mitteilungsdrang erwächst ein expansiver Monologismus. Es gibt freilich auch eine Tiefe der Selbsterfahrung, die sich der Mitteilung widersetzt. "Wer Tags, Nachts und Jahrein Jahraus mit seiner Seele im vertraulichsten Zwiste und Zwiegespräche zusammengesessen hat", hat etwas in sich, "das er nicht immer mittheilen würde, selbst wenn er Geister seiner Art und ausgelassene tapfere Kameraden um sich hätte", "etwas Unmittheilsames und Widerwilliges" (11, 579 f.).

459 Der Mitteilungsimpetus erwächst nicht aus dem Willen zur wahren Kommunikation, zur gesitigseelischen Verbindung zwischen Mensch und Mensch, sondern entweder aus dem Gefühl der lähmenden Einsamkeit, aus den "Schwächen, in denen ich die Einsamkeit *absolut* nicht mehr ertrug" (B 7, 52 – 20.5.85 – an die Schwester), oder aus dem Willen zur Macht, zur Bewältigung und Überwältigung der Welt. Was Nietzsche kritisch über die 'Schüchternen' sagt, trifft auf ihn selbst zu: "Die schüchternen Menschen [...] nehmen Rache in der Einsamkeit durch ein Gefühl der Macht –" (14, 219 – Vorstufe zu 3, 230 – M [Zf. 323]).

460 Vgl. dazu das *Zarathustra*-Kapitel *Vom Lesen und Schreiben*, in dem schonungslose Kritik an der

> Dachte ich je an Leser, so immer nur an verstreute, über Jahrhunderte hin ausgesäete Einzelne: und mir geht es nicht so wie dem Sänger, dem erst ein volles Haus die Stimme geschmeidig, das Auge ausdrucksvoll, die Hand gesprächig macht. (9, 654)

Andererseits meldet sich unüberhörbar ein vehementer Mitteilungs-, Verkündigungs- und Herrschaftswille. Dieser Wirkungswille tritt auf mit der Attitüde des Religionsstifters, der aktive Jünger um sich scharen möchte: "Ich will Apostel und noch *keine* stillen Winkel und Gemeinden." (10, 483).[461] Obschon es Nietzsche nicht um eine ihm sklavisch folgende, willenlose Anhängerschaft, sondern um geistig selbständige, ihr eigenes Selbstsein verwirklichende Jünger geht, ist doch das schaffende Subjekt im Sinne Zarathustras der dahinterstehende diktatorische Wille: "Dürres Gras und Steppe seid ihr mir: aber ich will laufende Feuer aus euch machen und Verkünder mit Flammenzungen." (10, 351 [= 10, 434]).[462] Zarathustra, "wie ein Seher und Sänger, welchen der Geist anfällt" (4, 106 – Za), bietet sein ganzes Verkündigungspathos auf, um seinem fundamentalen Wirkungswillen Ausdruck zu verleihen:

> Zu lange sehnte ich mich und schaute in die Ferne. Zu lange gehörte ich der Einsamkeit: so verlernte ich das Schweigen. / Mund bin ich worden ganz und gar, und Brausen eines Bachs aus hohen Felsen: hinab will ich meine Rede stürzen in die Thäler. (4, 106 – Za; vgl. 10, 420)

Die absolute Einsamkeit schlägt um in die rhetorische Verkündigung. Zarathustra ist Monologist und Orator. Er ist der absolut Einsame, die ganz auf sich selber zurückgeworfene Existenz, und er ist der oratorische Lehrer der Menschheit, der Prophet des neuen Menschen. Sosehr das Monologische und das Oratorische sich bei Nietzsche wechselseitig bedingen und durchdringen, sosehr ist dennoch bei ihm zu unterscheiden zwischen der eigentlich "monologischen Kunst" und der forciert oratorischen Ausdrucksform. In einem Fragment vom Frühjahr 1888 deutet er die Musik Beethovens als "monologische" Musik, in Abgrenzung gegen die auf hypnotische Wirkung abzielende Musik Wagners, gegen den "größten Meister der Hypnotisirung":

> Nichts ist ihm gegensätzlicher als die monologische heimliche Göttlichkeit der Musik Beethovens, das Selbsterklingen der Einsamkeit, die Scham noch im Lautwerden... (13, 405)

---

oberflächlichen Leserschaft geübt wird: "ich hasse die lesenden Müssiggänger. / Wer den Leser kennt, der thut Nichts mehr für den Leser. Noch ein Jahrhundert Leser – und der Geist selber wird stinken." (4, 48 – Za). Nietzsche notiert: "Ich lese Zarathustra: aber wie konnte ich dergestalt meine Perlen vor die Deutschen werfen!" (12, 451). Nietzsches Verhältnis zum Leser ist von eigentümlicher Zwiespältigkeit. Einerseits will er verwandelnd auf den Leser einwirken. Andererseits verachtet er den Leser und befindet sich in permanenter Opposition zu ihm. Suggestion und Provokation bestimmen gleichermaßen sein Verhältnis zum Leser.

461 Exkurs 48.

462 Es ist klar, daß es sich hier um eine säkularisierte Form des christlichen Pfingsterlebnisses, der Ausgießung des Heiligen Geistes, handelt. Das "Brausen vom Himmel", die 'feurigen' "Zungen", das ganz neue 'Predigen' (vgl. Apostelgeschichte 2, 2-4) – das biblische Pfingstwunder wird zum Zeichen der kreativen Kraft Zarathustras metaphorisiert. Der den Menschen verwandelnde schöpferische Geist geht nicht mehr von einem transzendenten Prinzip, sondern vom schaffenden Menschen

Das "Selbsterklingen der Einsamkeit" – das ist die reine monologische Kunst, die Kunst, in der das Wirken-Wollen auf andere aufgegeben ist. In ihrer reinsten Form müßte die monologische Kunst auf den Ausdruck verzichten und im Schweigen verharren. Der Ausdruck setzt immer schon ein Moment von Selbstentblößung voraus. Daher ist die Rede von der "Scham" selbst in der reinen Monolog-Kunst Beethovens. Die Sprache wird problematisch, da sie ein Verrat am Unsagbaren ist. Nicht nur die Mitteilungssprache funktioniert nicht mehr; selbst das monologische Sprechen kann fragwürdig werden:

> Ich mag nicht mit Menschen verkehren, weil ich ihr Gesicht nicht sehen kann, und ohne das ist ihr Reden mir verdächtig oder unverständlich, oder – ich rede allein, was mir hinterdrein Scham einflößt. (9, 344)[463]

Das Verhältnis von Sprache und Schweigen ist bei Nietzsche ein Zentralproblem. "Schweigen" und "Stille" sind Nietzschesche Schlüsselwörter. Sie tauchen immer dann in den Texten auf, wenn es um letzte Tiefen geht. Eine lapidare Sentenz lautet: "Das lange Schweigen müßt ihr lernen; und Niemand soll euch in den Grund sehen." (10, 609). Eine Zarathustra-Variante lautet:

> Und wieder versank Zarathustra in ferne Gedanken und Länder und in das Schweigen, das auch dem eignen Herzen aus dem Wege geht und keine Zeugen hat. (11, 415)[464]

Zarathustra erklärt:

> Dass mir Niemand in meinen Grund und letzten Willen hinab sehe, – dazu erfand ich mir das lange lichte Schweigen. (4, 220 – Za)

Hymnisch rühmt Zarathustra die Stille:

> Oh selige Stille um mich! Oh reine Gerüche um mich! Oh wie aus tiefer Brust diese Stille reinen Athem holt! Oh wie sie horcht, diese selige Stille! (4, 233 – Za)

Erst in der Stille erlebt Zarathustra die Welt als Vollkommenheit:

> Still! Still! Ward die Welt nicht eben vollkommen? Was geschieht mir doch? (4, 342 – Za)

Immer wieder stößt man bei Nietzsche auf das Pathos des Schweigens. Es zeigt sich ein innerer Widerstand gegenüber dem Sprechen: "Der Einsiedler mit

---

selbst aus. Vgl. auch 10, 483: "Brause Wind, Brause! Nimm alles Behagen von mir!" Nietzsche stellt die Forderung nach permanenter schöpferischer Unruhe.

463 Wie Nietzsche, der vom "Raubthiere 'Mensch'" spricht (5, 276 – GM), sieht Kierkegaard im Menschen nicht ein "geselliges Tier", sondern ein "Raubtier": "Das ganze Gerede von Geselligkeit und Gemeinschaft ist deshalb teils eine herkömmliche Heuchelei, teils eine abgefeimte Hinterlist." (*Kierkegaard*, Entweder – Oder I, 334 f.). Später wird Gottfried Benn sarkastisch erklären: "Zoon politikon – ein griechischer Mißgriff, eine Balkanidee!" (Ptolemäer, 229; vgl. Berliner Brief, 282). Kierkegaard, Nietzsche, Benn – sie protestieren gleichermaßen gegen die Fiktion des kommunikativen Menschen, Kierkegaard aus enttäuschter Menschenliebe, Nietzsche im Zeichen des Höhenmenschentums, Benn auf Grund seiner radikalen Geschichtsfeindlichkeit.

464 Daß Zarathustra sich dem "eignen Herzen" entzieht, besagt, daß er sich nicht in Stimmungen und Gefühlen beruhigen, sondern sich seines tieferen Selbstseins vergewissern will. Das "eigne Herz" soll nicht zum kalmierenden Gesprächspartner werden, sondern die Einsamkeit soll in ihrer unverstellten, äußersten Schärfe erfahren werden.

verbissenen Zähnen – er hob mit Unlust die Zähne auseinander." (10, 149; vgl. 10, 206). Ein poetisches Fragment trägt den Titel *Das eherne Schweigen* – (13, 549). Der Einsame ist "ein Schweigsamer" (13, 566). Angesichts großer Ereignisse tritt die Stille ein:

> die große Stunde kommt,
> die Gefahr der Gefahren:
> meine Seele wird still... (13, 569 – 1888)

Gefährlich ist die Stille, weil der Mensch in ihr sich selbst verlieren kann. Es kommt darauf an, durch den kreativen Willen diese Gefahr zu bestehen. Nietzsche treibt die Dinge immer an jenen extremen Punkt, an dem sie besondere Gefährlichkeit zeigen, aber zugleich zu einer Bewährungsprobe für den Schaffenden werden. Die Tiefe, das Wesentliche, das Entscheidende des Daseins manifestiert sich im Schweigen, in der Stille. Daher muß auch die Sprache der Stille angenähert werden. Das Wort rückt in die Nähe des Schweigens. Im Wort ist die Stille gegenwärtig. Im *Zarathustra* heißt es:

> Da sprach es wieder wie ein Flüstern zu mir: "Die stillsten Worte sind es, welche den Sturm bringen. Gedanken, die mit Taubenfüssen kommen, lenken die Welt." (4, 189 – Za)

Die Titel-Disposition zu einem "Sentenzen-Buch" lautet: *Schweigsame Reden* (10, 53).[465] An anderer Stelle taucht der Dispositionspunkt "Sprüche eines Schweigsamen" auf (12, 83). Auch die Wendung "Sprüche und Gedanken-Striche" (12, 82) zeigt an, daß die Sprache ins Offene des Denkens und Schweigens ausschwingen soll. Letztlich ist die Sprache Ausdruck des Schweigens. Die sprachlichen Zeichen verweisen auf eine vorsprachliche Dimension, auf einen in der Sprache nie ganz zu erfassenden Bereich. Die Verquickung von Sprache und Schweigen äußert sich nicht nur im Verstummen der Sprache bzw. im Stillwerden der Sprache, sondern auch in der unmittelbarsten, lautesten sprachlichen Artikulation, im Schrei. Sogar der Schrei kann Ausdruck des Schweigens sein. Nietzsche notiert:

> Man hört auch den Schriften eines Einsiedlers etwas von dem Wiederhall der Oede, etwas von dem Flüsterton und scheuen Um-sich-blicken der Einsamkeit an: seine stärksten Worte und seine Schreie selber klingen gleichsam noch wie eine neue und gefährlichere Art des Schweigens, Verschweigens heraus. (11, 580)

"Flüsterton" und "Schrei", diese scheinbar so gegensätzlichen Artikulationsformen, sind in Wahrheit nur Reflexe ein und desselben Impetus, nämlich des Antriebs, der in der Tiefe des "Schweigens" wurzelnden Existenzerfahrung Ausdruck zu verleihen. Dabei kann die Sprache sogar das Wesentliche verschweigen. Hier zeigt sich bei Nietzsche ein sprachmystischer Zug. Es gibt ein unaussprechliches Geheimnis über alle Worte und Begriffe hinaus.[466] Da die

465 Exkurs 49.
466 Der "Mystiker", der sich durch die "Intuition", die "Einheit von Gedanke, Wort und Tat", dem Ab-

unverhüllte Wahrheit den Menschen zerstören würde, ist das Schweigen eine lebensnotwendige Verhaltensweise.[467] So wendet sich Nietzsche gegen die Idolatrie der Sprache. Zugleich aber setzt er die Sprache des Schweigens als provokativen Ausdruck der Gefährlichkeit der Seinstiefen ein. Der auf das Unaussprechliche verweisende Zeichencharakter der Sprache macht das Abgründige des Daseins bewußt. Die Sprache des Verschweigens, die Sprache als Maske, ist Schutz und Provokation in einem. Zudem kann das Schweigen Ausdruck der Vornehmheit und Größe des Schaffenden sein. "Es kann Höhe der Seele sein, wenn ein Philosoph schweigt" (6, 148 – GD [= 12, 484]).

Bei allem Pathos des Schweigens – Nietzsche ist ein Verbalist. Es ist bezeichnend, daß er die Problematik des Schweigens mit rhetorischem Aufwand, in hymnischer Rühmung oder im lapidaren Sentenzenstil entfaltet. In einem Fragment vom Sommer 1883, also zur Zarathustra-Zeit, verweist Nietzsche ausdrücklich auf seinen Sprachtrieb:

> Meine Redelust. Gegen die Schweigsamen. / Mit erhobener Brust und denen gleich, welche den Athem an sich halten: also seid ihr, ihr Erhabenen! schweigsam. (10, 437)

Obschon diese Kritik der "Schweigsamen" sich nicht gegen das Schweigen des tiefen Menschen, sondern gegen die idealistischen Posen des Schweigens richtet, betont Nietzsche, dieser geborene Rhetoriker, hier mit Nachdruck seinen Sprechtrieb, seine Sprachgewalt. Es ergibt sich die Paradoxie, daß das Pathos des Schweigens auf das Pathos der Sprache angewiesen ist. Im *Zarathustra* wird nicht zuletzt das Schweigen, die Stille durch die symbolschaffende Formungskraft der Sprache ausgedrückt. Zarathustra ist ein Sprach-Imperator. Die Sprache ist das Element des Schaffenden: "Was suchen doch alle Schaffenden? Neue Sprachen suchen sie Alle [...]" (10, 432). Die von Nietzsche angestrebte innovatorische Sprache ist keine autonome Sprache, wie sie später von George und Benn intendiert wird, sondern sie ist Vehikel des Schaffenden zur Mitteilung großer Gedanken. Sie ist expressives Zeichen des Schaffenden. Durch eine auf Verrätselung und Exegese angelegte neue Zeichen-Sprache soll das Bewußtsein für den neuen Daseinsentwurf geschärft werden:

> Der Auslegung bedarf jede That: allen Räthselrathern winkt sie. Neue Worte und Weisen gab ich den Auslegern: daß sie die Wetterzeichen des Menschen besser reden machen. (10, 433)[468]

---

soluten nähert, vermag den "unbegreiflichen unenthüllbaren Quellbrunnen" sprachlich nicht zu erfassen. "Von diesem Zustand vermag der Mystiker auch nicht einmal vergleichsweise, auch nicht einmal in der Negation zu sprechen. Jede Möglichkeit der Mitteilbarkeit versagt." (*Schreyer*, Mystik, 11, 13, 16). Etwas von dieser Insuffizienz der Sprache gegenüber dem Absoluten zeigt sich auch bei Nietzsche, nur daß es ihm nicht um "Gott", sondern um das "Leben" geht.

467 Es ist jenes Innehalten vor dem Unaussprachbaren, das auch Hölderlin zum Ausdruck bringt: "Ein Räthsel ist Reinentsprungenes. Auch / Der Gesang kaum darf es enthüllen." (*Hölderlin*, Der Rhein, SW II, 143). In säkularisierter Form wirkt der alte Topos vom Bilderverbot, wie es schon im Alten Testament Jahwe ausspricht (vgl. 2. Mose 20,4: "Du sollst dir kein Bildniß, noch irgend ein Gleichniß machen [...]"), im Bewußtsein der Künstler und Dichter bis in die Neuzeit nach.

468 Nietzsche beharrt auf der Implikation von Schaffen und Interpretation, weil das Schaffen Perspektiven eröffnet, deren Sinn sich erst der Interpretation erschließt, und weil das Interpretieren selbst eine

Nietzsches Weltverhältnis ist bestimmt durch die Relation von Sein und Auslegung, von 'Text' und 'Interpretation' (dazu: *Jaspers*, Nietzsche, 291-297). Zarathustra beschränkt sich nicht auf die dichterische Gestaltung visionärer Bilderwelten, sondern betreibt zugleich die denkerische Deutung seiner Bilder, Chiffren und Symbole. Er ist nicht nur Visionär, sondern auch Interpret:

> Ich bin ein Seher: aber unerbittlich folgt meinem Schauen das Gewissen: also bin ich auch der Deuter meiner Gesichte. (10, 433)

Weltentwurf und Selbstinterpretation bilden bei Zarathustra eine Symbiose. Die Welt ist etwas, das neu gestaltet und ausgelegt, das neu entworfen und neu interpretiert werden muß. Gegenstand der Auslegung ist nicht eine vorgegebene, zu erschließende, sondern eine zu entwerfende, durch den Willen zur Macht zu setzende Sinnstruktur der Welt. Das "Interpretieren selbst" ist "eine Form des Willens zur Macht" (III, 487). Diese voluntaristische 'Interpretation' der Welt ist auf die diktatorische Sinn-Setzung durch die Sprache angewiesen. Diese Sprachfähigkeit aber erwächst aus der Erfahrung des Schweigens. "Man lernt zu sprechen, aber man verlernt zu schwätzen, wenn man ein Jahr lang schweigt." (9, 371). Ein Fragment der *Morgenröthe* lautet: "*Eine Schule des Redners*. – Wenn man ein Jahr lang schweigt, so verlernt man das Schwätzen und lernt das Reden. Die Pythagoreer waren die besten Staatsmänner ihrer Zeit" (3, 238 – M). Nur das aus dem Schweigen, aus substantieller Tiefe erwachsende Wort ist das echte, schöpferische Wort, das weltverwandelnde Wort. Die im Schweigen sich sammelnden existentiellen Erfahrungen und großen Ideen drängen zum Ausdruck in der Sprache, denn nur in der sprachlichen Verlautbarung vermag der Wille zur Macht, dieser elementare Wirkungswille, sich zu entfalten. "Man soll nur reden, wo man nicht schweigen darf; und nur von dem reden, was man *überwunden* hat, – alles Andere ist Geschwätz, 'Litteratur', Mangel an Zucht." (2, 369 – MA II, Vorrede von 1886). Im Druckmanuskript der Vorrede heißt es: "und nur von dem reden, was man erlebt hat, – alles Andere ist

---

Art des Schaffens ist, ein produktives Aktualisieren des Textes in seinen perspektivenreichen Sinnbezügen. Es gibt für Nietzsche keine streng objektivistische Textinterpretation, da in jeder Form des Interpretierens der Wille zur Macht gegenwärtig ist. Dennoch ergibt sich für den Interpreten des Textes insofern eine besondere Situation, als er an den Text gebunden ist. Im Unterschied zum Schaffenden, für den die Welt ein frei zu gestaltender 'Text' ist, hat es der Interpret eines literarischen Textes mit einem festumrissenen Textcorpus zu tun. Hinsichtlich dieser Form der Textinterpretation plädiert Nietzsche nicht für Interpretationsperspektivismus, sondern für Texthermeneutik. Seine "radikale Neubestimmung des Interpretierens als einer rein willkürlichen Sinnprojektion im Dienste des Willens zur Macht" bezieht sich nicht auf "Probleme der Texthermeneutik"; es ist "festzuhalten, daß Nietzsche, wo immer er von Fragen der Textauslegung handelt, der Interpretationswillkür keinerlei Vorschub leistet" (*Birus*, Nietzsche als Interpret, S. 438). Nietzsches Aussagen zum Verhältnis von Text und Interpretation sind allerdings nicht von apoditkischer Eindeutigkeit. Einerseits erklärt er: "einen Text *als Text* ablesen können, ohne eine Interpretation dazwischen zu mengen, ist die späteste Form der 'inneren Erfahrung', – vielleicht eine kaum mögliche..." (GA XVI, 10). Dies ist ein Votum für die objektive Textauslegung. Andererseits heißt es: "Derselbe Text erlaubt unzählige Auslegungen: es giebt keine 'richtige' Auslegung." (GA XIII, 69). "Die Grundvoraussetzung [...], *daß es* überhaupt eine richtige d.h. *Eine* richtige Auslegung giebt, scheint mir psychologisch und erfahrungsgemäß *falsch*. [...] Kurz, der *alte Philologe* sagt, aus der ganzen philologischen Erfahrung heraus: *es giebt keine alleinseligmachende Interpretation*, weder für Dichter, noch für Musiker" (B 8, 400 – 26.8.88 – an Carl Fuchs). Vgl. dazu *Jaspers*, Nietzsche, 293. Die "Welt" ist ein "Urtext" mit "unerschöpflicher Unentdecktheit" (*Fujita*, "Sinn der Erde", 89).

Geschwätz, Litteratur, Zeitung." (14,163). Das Pathos der Sprache legitimiert sich aus dem Ethos des Schweigens, und der Wille zur Macht fordert die Umsetzung des Schweigens in Sprache. Aber nur die den großen Ideen adäquate Sprache ist gerechtfertigt. Ansonsten ist Schweigen geboten. Der Visionär spricht: "Still! – / Von grossen Dingen – ich *sehe* Grosses! – / soll man schweigen / oder gross reden: / rede gross, meine entzückte Weisheit!" (6, 404 – DD). Die aus dem Schweigen erwachsende Sprache kann sich zur Musik steigern. Dies zeigt sich in exemplarischer Weise im *Nachtlied* Zarathustras. In monologischen Lyrismen drückt Zarathustra seine Ergriffenheit vor dem Schweigen aus: "Oh Einsamkeit aller Schenkenden! Oh Schweigsamkeit aller Leuchtenden!" (4, 137 – Za). Aber aus dem monologischen Schweigen heraus drängt es Zarathustra zur Sprache, zur Mitteilung, zur Verkündigung: "Nacht ist es: nun bricht wie ein Born aus mir mein Verlangen, – nach Rede verlangt mich." (4, 138 – Za). Im *Nachtlied* wird die Sprache zur tönenden Philosophie, zum magischen Lyrismus, zur suggestiven Klangfigur. Und so heißt es denn auch am Ende des *Nachtliedes*: "Also sang Zarathustra." (ebd.). Es zeigt sich im ganzen eine spezifische Dialektik von Monolog und Verkündigung, Systole und Diastole. Einerseits hat Nietzsche die Tendenz, sich ganz in die Einsamkeit zurückzuziehen; andererseits treiben ihn die in der Einsamkeit entwickelten Ideen zur Mitteilung. So entsteht das für seinen geistigen Habitus so charakteristische Wechselspiel von Monolog und Mitteilung.

Die Einsamkeit, d.h. die absolute Einsamkeit, ist eine Herausforderung an den Schaffenden. In der Bewältigung und Überwältigung der Einsamkeit erweist sich die schöpferische Kraft des Menschen: "Wer den Abgrund sieht, aber mit Adlers-Augen, wer mit Adlers-Krallen den Abgrund *fasst*: Der hat Muth." (4, 358 – Za).[469] Der Wille, der Wille des Schaffenden, ist die entscheidende Gegenkraft gegen die Lähmung des Subjekts durch die absolute Einsamkeit. Immer wieder stoßen bei Nietzsche diese beiden Aspekte der Einsamkeit in dialektischer Verschränkung aufeinander: das Gefühl der existentiellen Bedrohung durch die Einsamkeit und das Bewußtsein der schöpferischen Überwindung der Einsamkeit. Indem der Schaffende allein seinen eigenen "Willen" als sein "Gesetz" anerkennt (vgl. 4, 81 – Za), schafft er sich die Möglichkeit der Selbstbehauptung. Freilich, die absolute Einsamkeit erzeugt eine permanente Extremspannung, die zur Verzweiflung führen kann. Zarathustra formuliert dies mit dem ihm eigenen Pathos:

> Furchtbar ist das Alleinsein mit dem Richter und Rächer des eignen Gesetzes. Also wird ein Stern hinausgeworfen in den öden Raum und in den eisigen Athem des Alleinseins. / [...] Aber einst wird dich die Einsamkeit müde machen, einst wird dein Stolz sich krümmen und dein Muth knirschen. Schreien wirst du einst "ich bin allein!" (4, 81 – Za)

469 Man hat Nietzsches Schaffen als den "immer verzweifelteren Versuch" gedeutet, den "Abgrund" "zu überwinden, ihn zu überdecken oder zu füllen". "Hinter diesem heroischen Ringen und Schaffen bleibt notwendig der Abgrund unendlich offen, 'ringelt' er sich in immer tiefere Tiefen" (*Carius*, Abgrund, 6).

Zarathustras Daseinsentwürfe sind primär Versuche der Einsamkeitsbewältigung. Die aus der Einsamkeit erwachsenden Depressionen können nur durch den schöpferischen Willen bewältigt werden. Es zeichnet sich eine Art Psycho-Duell zwischen Einsamkeit und Schaffen ab: "Es giebt Gefühle, die den Einsamen tödten wollen; gelingt es ihnen nicht, nun, so müssen sie selber sterben!" (ebd.; vgl. 10, 74 u. 14, 670). Durch das Schaffen, durch den schaffenden Willen, wird das Versinken des Subjekts in existentielle Schwermut oder klinische Melancholie verhindert. Der Einsame erfährt sein Selbstsein im Schaffen, d.h. in der schöpferischen Überwindung der bisherigen Moral und in der Selbstverwandlung zum neuen Menschen. Der Einsame soll wie Phönix sich selbst verbrennen und aus der Asche neu aufsteigen. Zarathustra verkündet:

> Einsamer, du gehst den Weg zu dir selber! Und an dir selber führt dein Weg vorbei und an deinen sieben Teufeln! / [...] Verbrennen musst du dich wollen in deiner eignen Flamme: wie wolltest du neu werden, wenn du nicht erst Asche geworden bist! / Einsamer, du gehst den Weg des Schaffenden: einen Gott willst du dir schaffen aus deinen sieben Teufeln! (4, 82 – Za; vgl. 10, 79)[470]

Die Einsamkeit ist nicht nur ein Verzweiflungszustand, sondern auch ein Schöpfungszustand. Sie führt bei Nietzsche nicht zum Melancholie-Syndrom, zu resignativer Handlungshemmung[471], sondern wird zum Stimulans des Schaffens. Nietzsche wendet die Einsamkeit ganz ins Produktive. In dem Maße, in dem die Einsamkeit wächst, wächst auch der Schaffensantrieb. Der absoluten Einsamkeit entspricht das absolute Schaffen. Freiheitsgefühl und Glückserfahrung liegen allein im Schaffen. "Nur im Schaffen giebt es Freiheit." (10, 403). "Das *einzige* Glück liegt im Schaffen: ihr Alle sollt *mitschaffen* und in jeder Handlung noch *dies* Glück haben!" (10, 135). Voraussetzung des Schaffens ist allerdings das Erleiden der Einsamkeit. Im Schaffen erhält das Leiden Dignität:

> Schaffen ist Erlösung vom Leiden. Aber Leiden ist nöthig für den Schaffenden. Leiden ist sich-Verwandeln, in jedem Geborenwerden ist ein Sterben. Man muß nicht nur das Kind, sondern auch die Gebärerin sein: als der Schaffende. (10, 213)[472]

Das Problem des Schaffenden ist das Fehlen der Resonanz. Zarathustra kann sich nur bei seinen Tieren, diesen Allegorien des einsamen Subjekts, aussprechen. In einem Entwurf von 1884/85 notiert Nietzsche:

---

470 Der antike Mythos von der Selbstverbrennung und Neuerstehung des Sonnenvogels Phönix aus der Asche, in der altchristlichen Kunst Symbol der Auferstehung Christi, wird bei Nietzsche zur Chiffre des Schaffenden. Selbstverbrennung und Selbsterneuerung – dies ist die existentielle Maxime Zarathustras. Der Schaffende soll den alten Menschen in sich tilgen, um sich in einen radikal neuen Menschen zu verwandeln.

471 Zur Problematik von Melancholie und "Handlungshemmung" vgl. *Lepenies*, Melancholie, 207-213. Nietzsche läßt sich kaum einordnen in jene von Lepenies registrierte "bürgerliche" Melancholie, in das Umfeld "bürgerlicher Eskapismus", "Weltflucht", "Gesellschaft und Einsamkeit" (ebd., 76-114), denn erstens erschöpft sich Nietzsches Problemstellung nicht in einer sozialpsychologischen Kausalität und zweitens versteht er sich, unbeschadet der ihm anhaftenden melancholischen Imponderabilien, als anti-melancholischer Denker, als Denker, der der Schwermut den Kampf ansagt.

472 Exkurs 50.

> Zarathustra: ich bin so übervoll des Glückes und habe Niemanden, dem ich abgeben, und nicht einmal den, dem ich danken könnte. So laßt mich euch, meinen Thieren, Dank darbringen. (11, 343)

Das Verhältnis von Monolog und Verkündigung läuft auf die Paradoxie hinaus, daß gerade die Kommunikationsverweigerung den Verkündigungsimpuls steigert: "Zarathustra giebt immer mehr je weniger er angenommen wird." (10, 130). Im übrigen folgt Zarathustra seinem autonomen Schaffenstrieb. Der schöpferische Akt als solcher ist wichtiger als seine konkreten Wirkungen, ja gegenüber dem Vollzug der Verkündigung ist die Frage nach ihrer Wirkung bzw. Wirkungslosigkeit sogar belanglos: "Es steht den Menschen frei, an Zarathustra zu glauben: was geht das Zarathustra an?" (10, 111; vgl. 10, 199). Nun ist allerdings offenbar, daß Nietzsches Schaffen von einem vehementen Wirkungswillen getragen ist. Wie kein anderer Denker und Künstler vor und nach ihm möchte er ja einen ganz neuen Menschen hervorbringen und überhaupt durch sein Werk die große kopernikanische Wende in der Geschichte der Menschheit bewirken. Verkündigung zielt auf Wirkung ab. Aber diese Wirkung erwächst aus der in der absoluten Einsamkeit geschaffenen Symbolik des Lebens. Zarathustra tritt nicht als Aktivist und Propagandist auf. Es ist die große monologische Gestik des Lebens, von der Zarathustras Wirkung ausgeht. Das Leben selbst ist ein Monolog. Seinen philosophischen Niederschlag findet der metaphysische Monolog des Lebens im Wiederkunftsgedanken. Allein von den im Monolog, in der absoluten Einsamkeit, gestalteten Symbolen können Verkündigung und Wirkung erwachsen. Wirkungsästhetik ist bei Nietzsche eine Funktion der Schaffensästhetik.

Entscheidend ist, daß sich erst in der Einsamkeit, in der absoluten Einsamkeit, die wahre schöpferische Disposition einstellt. Im übrigen zeichnet sich die Einsamkeit durch eine Aura des Geheimnisvollen aus. In einem Fragment von 1885 heißt es:

> Die Einsamkeit ist heute voller Geheimnisse und mehr Einsamkeit als je – – In der That, ich lernte inzwischen, daß der freie Geist Einsiedler sein muß. (11, 590)

Gottfried Benn wird später den Vers schreiben: "Wer allein ist, ist auch im Geheimnis" (*Benn*, Wer allein ist –, GW III, 135). Die Einsamkeit erscheint als irrationale, mit Perspektiven, Visionen und Assoziationen angereicherte Verfassung und damit als existentielle Voraussetzung des wahrhaft Schöpferischen. Unter diesen Auspizien verwundert es kaum, daß Nietzsche den Monolog dem Dialog vorzieht, vorziehen muß. Seine Schriften, vor allem der *Zarathustra* und die 'lyrischen' Gedichte, sind in erster Linie großangelegte Monologe. Die potentiellen Rezipienten und Gesprächspartner dienen weitgehend nur als Staffage des monologisierenden Subjekts. Auf Nietzsche trifft zu, was Schopenhauer vom "großen Geist" sagt:

> So kommt es denn oft, daß ein großer Geist seinem Monolog vor den in der Welt zu haltenden Dialogen den Vorzug gibt: läßt er sich dennoch einmal zu einem solchen herbei, so kann es kommen, daß die Leere desselben ihn doch wieder in

den Monolog zurückfallen läßt, indem er den Interlokutor vergißt oder wenigstens, unbekümmert, ob dieser ihn verstehe oder nicht, zu ihm redet wie das Kind zur Puppe. (*Schopenhauer*, Paralipomena, 97)

Für den "großen Geist" ist der Dialogpartner im Grunde nur ein fiktiver Partner, ein Stichwortgeber oder eine Resonanzfigur. Freilich, der Monolog dient nicht nur der Selbstinszenierung des Monologisten, sondern er führt auch zu ansonsten nicht möglichen existentiellen Erfahrungen. In seinem Essay *Der Wert des Monologes* hat Rilke dies treffend zum Ausdruck gebracht:

> Ebendasselbe Wort, welches im Dialog sich unbrauchbar erweist, das Letzte zu umfassen, wird, sobald es sich an niemanden mehr wenden muß, aller Wahrheit mächtig. (S. 435)[473]

Dies ist eine weitreichende Erkenntnis. Erst im "Monolog" stellt sich der Bezug des "Wortes" zur "Wahrheit" her. Dabei zeigt sich auch bei Rilke die Spannung zwischen der Sprache und dem Unsagbaren. Die letzte und tiefste Wahrheit kann die Sprache nicht mehr erfassen. Rilke schreibt:

> Aber man wird einmal aufhören müssen, >*das Wort*< zu überschätzen. Man wird einsehen lernen, daß es nur eine von den vielen Brücken ist, die das Eiland unserer Seele mit dem großen Kontinent des gemeinsamen Lebens verbinden, die breiteste vielleicht, aber keineswegs die feinste. [...] Man wird es deshalb aufgeben, von den Worten Aufschlüsse über die Seele zu erwarten, weil man es nicht liebt, bei seinem Knecht in die Schule zu gehen, um Gott zu erkennen. (S. 435 f.)

Hier wird zunächst der Unterschied zu Nietzsche deutlich. Während Rilke im dichterischen Wort eine kommunikative Kraft sieht, die eine Beziehung zwischen dem Ich und dem allgemeinen Leben herstellt, spricht Nietzsches schaffendes Subjekt in der extremen Einsamkeit nur noch mit sich selber. Aber die Problematik von Sprache, Schweigen und Einsamkeit spielt auch in den Überlegungen Rilkes eine Rolle. Er betont, daß es "Mächtigeres als Taten und Worte" gebe:

> Wir hätten sie kaum gebraucht, wenn wir Einsame geblieben wären, jeder auf einem Stern, und wir brauchen sie in der Tat nicht in den Augenblicken, da wir uns so einsam fühlen. (S. 436)

473 Demgegenüber betont Martin Buber den Vorrang des Dialogs vor dem Monolog. Er wendet sich gegen die "monologisierende Hybris" "mancher moderner Philosophen" ("was einem Dichter kaum je widerfährt") und sieht "jeden Versuch, den Monolog als vollgültiges Gespräch zu verstehen", als verfehlt an, da "ihm die ontologische Grundvoraussetzung des Gesprächs fehlt, die Andersheit". "Die menschliche Person" kann "sich selbst kein echter Partner, kann sich kein realer Frager und kein realer Antworter sein" (*Buber*, Das Wort, 10 f.). Der "Monolog" ist nur ein 'Zerbrechen' des "Dialogs" (ebd., 13). Allein in der Kommunikation des Dialogs gelangt die Wahrheit zum Vorschein. Der Dichter ist der "Sprecher einer Wahrheit" (ebd., 16). Das habe Nietzsche nicht erkannt. "Nietzsches Scherzspruch, die Dichter lögen zu viel, redet an der Tiefe dieser Wahrheit vorbei, die ins Geheimnis des bezeugenden Wie versenkt ist." (ebd., 17). Es ist die Frage, ob Buber damit nicht 'Dialog' und 'Wahrheit' zu allgemeinverbindlichen Axiomen dogmatisiert, die dem 'modernen' Perspektivismus nicht gerecht werden. Buber anerkennt in Nietzsche allerdings das aller "Klassifikation" sich entziehende Genie, den "Abgesandten des Lebens", die große schöpferische Existenz (vgl. *Buber*, Nietzsche, 13). Bei Wagner erfolgt die "Mittheilung" an die "seligen Einsamen" (WSD 4, 227 [Oper und Drama]).

Auch Rilke hebt hervor, daß "unser eigentliches Leben" den "Worten entwachsen" sei (S. 436). Der Einsame bedarf nicht der Worte, sondern verharrt im Schweigen. Freilich, Rilke unterscheidet zwischen dem kommunikativen Wort und dem monologischen Wort. Im kommentierenden Brief *Noch ein Wort über den >Wert des Monologes<* schreibt er:

> Es scheint in der Tat, als ob ich dem >Worte< arg unrecht getan hätte. Man darf nicht vergessen: ich habe nicht an jene einsamen Worte gedacht, in welche gehüllt, große Vergangenheiten unter uns leben wie Zeitgenossen. Das Wort des Verkehrs, das kleine, tägliche, bewegliche, habe ich beobachtet, das im Leben wirkt oder doch zu wirken scheint [...] (S. 439)[474]

Vom "Wort des Verkehrs" hat Rilke das Gefühl, "die Seele hätte nicht Raum in ihm", "als wären Worte solcher Art vor den Menschen wie Mauern" (S. 439). Er verweist dann allerdings auf den Offenbarungscharakter des echten Wortes. Aber zuletzt stellt er fest, daß das "Leben" sich durch die "Worte" nicht erschöpfend erfassen läßt:

> Mag sein, daß das Leben eine Weile lang in den Worten treibt wie der Fluß im Bett; wo es frei und mächtig wird, breitet es sich aus über alles; und keiner kann seine Ufer schauen. (S. 442)[475]

Das sich unaufhörlich verändernde Leben ist von einer namenlosen Tiefe. Es läßt sich durch die Sprache nicht definitiv erfassen. Rilke beharrt, wie Nietzsche, auf dieser sprachtranszendenten Seinserfahrung, auf der alle Sprache hinter sich lassenden Unendlichkeit des Lebens. Bei beiden spielt die Thematik von Sprache, Monolog und Leben eine zentrale Rolle. Bei Nietzsche spitzt sich allerdings die Einsamkeit zur absoluten Einsamkeit zu, wie auch die Sprache der Verkündigung als diktatorische Sprache des Willens zur Macht inszeniert wird – eine der Rilkeschen 'Seinsdemut' eher fremde Sprachhaltung. Nietzsche ist ein Dichter der voluntaristischen Verkündigungssprache, aber er ist auch der Dichter des 'einsamen Wortes' in reinster Form. Aus diesem Grunde ist er auch der Kritiker des allgemeinen Geredes. Im *Zarathustra* heißt es:

> Alles bei ihnen redet, Niemand weiss mehr zu verstehn. Alles fällt in's Wasser, Nichts fällt mehr in tiefe Brunnen. / Alles bei ihnen redet, Nichts geräth mehr und kommt zu Ende. Alles gackert, aber wer will noch still auf dem Neste sitzen und Eier brüten? / Alles bei ihnen redet, Alles wird zerredet. [...] Alles bei ihnen redet, Alles wird verrathen. Und was einst Geheimniss hiess und Heimlichkeit tiefer Seelen, heute gehört es den Gassen-Trompetern und andern Schmetterlingen. (4, 233 – Za; vgl. 10, 574 u. 10, 575)

---

474 Vgl. Hofmannsthals Abgrenzung der "Energie" und "Zauberkraft" der "Poesie" gegen die "stumpfe Alltagssprache" und die "schwächliche Terminologie der Wissenschaft" (*Hofmannsthal*, Gespräch über Gedichte, 99). Die Unterscheidung von künstlerischer Ausdruckssprache und pragmatischer Informationssprache ist überhaupt ein ästhetischer Topos der 'Symbolisten' der Jahrhundertwende.

475 Rilke sieht im "Leben" eine sich dem rationalen Begriff entziehende dunkle, rätselhafte Macht und spricht deshalb auch vom "namenlosen Leben" (*Rilke*, Rodin I, 178 f.). Diese "Namenlosigkeit" ist auch im Kunstwerk, in der Plastik Rodins, gegenwärtig (ebd., 166), ja, es ist die Aufgabe des Künstlers, das "Stoffliche" "immer mehr in Sachliches und Namenloses" zu verwandeln (ebd., 176).

Zarathustra ist der radikale Kritiker der Öffentlichkeit, des öffentlichen Geredes, der öffentlichen Meinung, der in Kultur, Philosophie und Politik dominierenden Sprachregelungen. Er konstatiert den Verlust der existentiellen Tiefe durch das öffentliche Wort. Im Kapitel *Von den Fliegen des Marktes* erklärt er:

> Wo die Einsamkeit aufhört, da beginnt der Markt; und wo der Markt beginnt, da beginnt auch der Lärm der grossen Schauspieler und das Geschwirr der giftigen Fliegen. (4, 65 – Za)

"Einsamkeit" und "Markt" – das ist die große Antithese. Der aus der Einsamkeit entfalteten schöpferischen Sprache des Schaffenden steht die oberflächliche, ideologische und pragmatische Sprache der öffentlichen Akteure gegenüber. Es ist der Gegensatz des einsamen, künstlerischen Menschen zu den öffentlichen, wirkungssüchtigen Menschen. Die Sprache des Einsamen und die Sprache der Öffentlichkeit sind unvereinbar. Hinter diesen Äußerungen Zarathustras steht ein Denkmodell Nietzsches, wonach das öffentliche Leben, wie es sich im Kultur- und Zivilisationsbetrieb, in der Gesellschaft, in der Politik, im Journalismus zeigt, eine Entfremdung des Menschen von seinem Selbstsein darstellt.[476]

In diesem Punkt sind ihm die an einem romantischen Kultur- und Kunstbegriff orientierten deutschen Intellektuellen, von Thomas Mann bis Gottfried Benn, weitgehend gefolgt. So meldet Thomas Mann in den *Betrachtungen eines Unpolitischen* Bedenken gegen die öffentliche Inanspruchnahme des Schriftstellers an: "Ich glaube nicht, daß es Wesen und Pflicht des Schriftstellers sei, sich 'mit Geheul' der Hauptrichtung anzuschließen, in der die Kultur sich eben fortbewegt." (S. 15). Er erhebt Einspruch gegen die gesellschaftliche Funktionalisierung der Kunst: "Und die Kunst hat Propaganda zu treiben für Reformen sozialer und politischer Natur. Weigert sie sich, so ist ihr das Urteil gesprochen." (S. 20). Er polemisiert gegen den expressionistischen Aktivismus und verteidigt Hegel, Schopenhauer und Goethe gegen den engagierten Menschheitsidealismus seiner Zeit (vgl. S. 20 ff.). Die Zeitkritik der *Betrachtungen* basiert auf dem Antagonismus von "Geist" und "Politik":

> Geist ist *nicht* Politik: man braucht, als Deutscher, nicht schlechtes neunzehntes Jahrhundert zu sein, um auf Leben und Tod für dieses "nicht" einzustehen. Der Unterschied von Geist und Politik enthält den von Kultur und Zivilisation, von Seele und Gesellschaft, von Freiheit und Stimmrecht, von Kunst und Literatur;

---

476 Nietzsches Kritik des gesellschaftlich-politischen Lebens seiner Zeit, insbesondere sein Antiliberalismus, sein Antidemokratismus, ist nicht nur in einem reaktionären Machtwillen begründet (so z.B. *Hamann/Hermand*, Gründerzeit, 120-128), sondern muß primär aus den Voraussetzungen einer Existenz verstanden werden, der es um absolute Selbstverwirklichung geht, ein Impetus, der durch das öffentliche Gerede und den allgemeinen Kulturbetrieb gefährdet erscheint. Nietzsche ist allerdings ein Zeitkritiker, der immer wieder mit fragwürdigen Pauschalurteilen operiert und dem manche fatale, gefährliche Ideologeme unterlaufen. Zu Nietzsches Verhältnis zur Öffentlichkeit vgl. generell *Braatz*, Nietzsche. In dieser sozialwissenschaftlichen Studie wird Nietzsches Auseinandersetzung mit der 'Öffentlichen Meinung', mit Kulturbetrieb und Bildungssystem, mit Journalismus und Presse, mit der Medienkultur an Hand der entsprechenden Selbstaussagen Nietzsches dargestellt, in einer allerdings eher immanenten Phänomenbeschreibung als historischen Kausalanalyse.

> und Deutschtum, das ist Kultur, Seele, Freiheit, Kunst und *nicht* Zivilisation, Gesellschaft, Stimmrecht, Literatur. (S. 23)

Dies ist nicht zuletzt ein Stück Nietzsche-Exegese. Der Gegensatz von schöpferischem Geist und pragmatischer Gesellschaft ist ein Grundthema Nietzsches.

Entschiedener noch als Thomas Mann hat Gottfried Benn, besonders im Hinblick auf die Problematik des Monologischen, Gedanken und Thesen Nietzsches aufgegriffen und fortgeführt. Er bezieht sich ausdrücklich auf Nietzsches Wort von der "Musik des Vergessens": "die monologische Kunst, sie ruht auf dem Vergessenen, sie ist die Musik des Vergessens." (Phänotyp, 169). Zugleich definiert er die "monologische Kunst" als das "absolute Gedicht", "das Gedicht ohne Glauben, das Gedicht ohne Hoffnung, das Gedicht an niemanden gerichtet, ein Gedicht aus Worten, die Sie faszinierend montieren" (Soll die Dichtung das Leben bessern?, 592; vgl. Probleme der Lyrik, 524 u. 527; Vortrag in Knokke, 546 ff.). In der Rezeption der "monologischen Kunst" Nietzsches stellt er in seinem Vortrag *Probleme der Lyrik* fest:

> Alles möchte dichten das moderne Gedicht, dessen monologischer Zug außer Zweifel ist. Die monologische Kunst, die sich abhebt von der geradezu ontologischen Leere, die über allen Unterhaltungen liegt und die die Frage nahelegt, ob die Sprache überhaupt noch einen dialogischen Charakter in einem metaphysischen Sinne hat. [...] Gespräche, Diskussionen – es ist alles nur Sesselgemurmel, nichtswürdiges Vorwölben privater Reizzustände, in der Tiefe ist ruhelos das Andere, das uns machte, das wir aber nicht sehen. Die ganze Menschheit zehrt von einigen Selbstbegegnungen, aber wer begegnet sich selbst? Nur wenige und dann allein. (S. 528 f.)

Dies ist Geist vom Geiste Nietzsches. Benn formuliert erneut die Fundamentalantithese von existentiellem Monolog und substanzlosem Dialog, wie sie bereits im *Zarathustra* in poetischer Form artikuliert ist. Auch Benn vertritt die Auffassung, daß nur in der Einsamkeit die Tiefe des Seins erfahren wird und daß allein aus der Einsamkeit schöpferische Ideen hervorgehen. Substantiell echtes Sprechen ist nur noch im Monolog möglich. In Benns Gedicht *Verzweiflung* lautet eine bezeichnende Strophe:

> Sprich zu dir selbst, dann sprichst du zu den Dingen
> und von den Dingen, die so bitter sind,
> ein anderes Gespräch wird nie gelingen,
> den Tod trägt beides, beides endet blind. (GW III, 296)

Bei aller Nähe zu Nietzsche – Benns Existenzgefühl unterscheidet sich von seinem geistigen Präzeptor doch durch den stark pessimistisch-resignativen Zug. Ist bei Nietzsche der Monolog Ausdruck der dionysischen Lebensfülle, so wird er bei Benn zum Ausdruck eines von Endgefühl und Todesnähe gezeichneten Bewußtseins. Nietzsches Begriff der "monologischen Kunst" meint noch nicht die introvertierte Meditation 'bionegativer' Artisten. Für Benn ist die "monologische Kunst" eine Kunst der "Introversion" (Auden, 367), das heißt, er sieht sie unter dem Aspekt der auf die eigene Innenwelt gerichteten geistigen

Energie und des sich ganz in seine Innerlichkeit zurückziehenden Subjekts. Für Nietzsche hingegen ist die "monologische Kunst" die 'dionysische', d.h. die aus der Überfülle des im Subjekt wirksamen Lebens geschaffene Kunst. Bei Benn ist die Einsamkeit Ausdruck des stillgelegten Lebens, bei Nietzsche Ausdruck des gesteigerten Lebens. Ist bei Benn das monologische Subjekt durch die Stigmata der Resignation, des Selbstzweifels und des 'Nihilismus' gekennzeichnet, so verabsolutiert es sich bei Nietzsche zu einer omnipotenten Größe und stilisiert sich ins Übermenschliche. In Nietzsches Einsamkeit bekundet sich ein heroisches Schicksalsbewußtsein; die Einsamkeit wird als metaphysisches Geschick erfahren; sie wird zum mythischen Symbol. Benns Einsamkeit ist die Einsamkeit des introvertierten Subjekts; sie beschränkt sich auf die psychologisch-existentielle Befindlichkeit; in ihr herrscht die meditative Trauer des konkreten Subjekts. "Nietzsche erlebte die Einsamkeit noch als mythisches Schicksal, Benn erlebte (und kultivierte) sie als melancholische Introversion." (*Meyer*, Affinität und Distanz, 116). Ist die lyrische Diktion des monologischen Ich bei Benn auf einen verhaltenen, melancholischen Ton gestimmt, der die spruchartige Aussage, die lapidare Sentenz, bevorzugt, so schwingt sich die lyrische Sprache des vereinsamten Ich bei Nietzsche immer wieder zum *genus grande*, zum hohen, dithyrambischen Stil auf, der vom Enthusiasmus des Schöpferischen und dem Bewußtsein der eigenen Präpotenz getragen ist. Wenn Benn in seinen monologischen Gedichten in skeptisch-melancholischer Art und in einem sentenzenhaften Lapidarstil die Ausweglosigkeit des isolierten Ich konstatiert, so ist in den monologischen Lyrismen Nietzsches ein Pathos des Aufschwungs, ein Enthusiasmus des Entwurfs, des Sich-Entwerfens auf neue Möglichkeiten des Menschseins, wirksam. Benns Grundstimmung ist die Melancholie. Nietzsche hingegen ist kein Melancholiker. Seine Einsamkeitslyrik ist weit entfernt von allen Formen des lyrischen Weltschmerzes, wie er sich in der Lyrik des 19. Jahrhunderts, bei vielen Lyrikern des *fin de siècle* und auch noch bei Benn findet. Nietzsches Monologismen sind im Gegenteil großangelegte Versuche, nicht nur die sinnentleerte Realität, sondern auch Melancholie und Weltschmerz zu überwinden, um einer neuen Daseinsverklärung zum Durchbruch zu verhelfen. Dies erklärt auch die Unterschiedlichkeit der 'Genie'-Auffassung Benns und Nietzsches. Für Benn ist das 'Genie' primär ein 'bionegatives' Phänomen. Unter dem Einfluß von Lange-Eichbaums Genie-Pathographie *Genie – Irrsinn und Ruhm* betont Benn die Symbiose von Genialität und Krankheit, läßt die europäischen Genies und Hochbegabungen Revue passieren und bezeichnet sie als "bionegative Olympiade" (Altern als Problem für Künstler, 570)[477]. Für Benn ist das Genie das 'kranke' Subjekt. Nietzsches Genie-Konzeption hingegen basiert auf dem Gedanken des 'dionysischen' Genies, des 'gesunden' Genies. Benns Idee der Kunst ist durch das Prinzip der "Vernei-

477 Die " 'Krankheit' ", nach Lange-Eichbaum "kein streng wissenschaftlicher Begriff", sondern ein aus dem "magischen Denken" erwachsener "archaischer Begriff" (*Lange-Eichbaum*, Genie, 217), wird für Benn, wie für Thomas Mann, zum produktiven Stimulans des Künstlers, unter Hervorhebung der "letalen bionegativen Züge" des "Geistes" (*Benn*, Ptolemäer, 216).

nung", der Verneinung des Lebens[478], gekennzeichnet, während Nietzsche die Bejahung, die Bejahung des Lebens, des Lebens in allen seinen Erscheinungsformen, verkündet. Man kann die Hypothese wagen, daß Nietzsche Benns Begriff der monologischen Kunst und des bionegativen Genies als Symptomatik der *décadence* gedeutet hätte. Er hätte Benns Kunst als romantische Kunst gedeutet, als eine Kunst, die nicht aus der "*Ueberfülle des Lebens*", sondern aus der "*Verarmung des Lebens*" erwächst (3, 620 – FW, 5. Buch). Während Benns monologisches Subjekt ein introvertiertes, die Welt abwehrendes, ganz in sich gekehrtes Ich ist, ist Nietzsches schaffendes Subjekt ein ausgesprochen expansives Ich, das sich die Weltverwandlung zum Ziel setzt. Bei Nietzsche ist auch das monologische Subjekt das 'dionysische', das aus der Überfülle des Lebens schaffende Subjekt. Im Unterschied zu Benn, zum späteren Benn, der einen meditativen Monologismus der 'buddhistischen' Weltabkehr vertritt, zielt Nietzsches oratorischer Monologismus auf Lebensverklärung und Weltverwandlung. Bezeichnend ist Benns geistige Affinität zu fernöstlichen Philosophien, zum Buddhismus[479], wie er auch die "Kunst" definiert als "Einsamkeit, Askese, Mönchstum" (Doppelleben, 149). Im Essay *Pessimismus* beruft sich Benn in einer historisch weit ausholenden Rechtfertigung des "Pessimismus" auch auf den Buddhismus und Schopenhauer (vgl. S. 357 f.)[480], also auf jene Philosophien der Verneinung, die Nietzsche ausdrücklich ablehnt. Nach Benn ist allerdings auch hinter Nietzsches unbedingter Daseinsbejahung ein latenter, abgründiger Pessimismus virulent, der zuletzt zum geistigen "Zusammenbruch" führte:

> Oder was hatte den angestrengtesten Verklärer des Daseins betroffen, den großen Nierenprüfer und Schlußabrechner, was hatte Nietzsche verloren, daß die Welt ein Tor wurde "zu tausend Wüsten stumm und kalt" [...] (Pessimismus, 360; vgl. 11, 329 – Der Freigeist)

Kein Zweifel – Nietzsches Problem ist das Problem des Nihilismus. Aber im Unterschied zu Benn ist er der große Ja-Sager zum Leben, eine Grundeinstel-

478 Für Benn ist die Menschheitsgeschichte überhaupt durch das Prinzip "Verneinung" gekennzeichnet. Nicht nur in den fernöstlichen Weisheitslehren, sondern auch im abendländischen Denken herrscht ein "*existentieller* Pessimismus" – ein Pessimismus freilich, der die Voraussetzung des Schöpferischen ist, denn erst aus der "Verneinung" erwächst die "*Ausdruckswelt*" (*Benn*, Pessimismus, 356-361). Der "Nihilismus" ist die Voraussetzung der "ästhetischen Deutung" der Welt (*Benn*, Zum Thema Geschichte 388 [= Ausdruckswelt, 404]). Nietzsches Kunst, seine Prosa, ist für Benn "Verklärung der Verneinung" (*Benn*, Züchtung II, 297). Nietzsche aber verkündet nicht die 'Verklärung', sondern die 'Überwindung' der Verneinung. Bei Nietzsche erwächst aus der Verneinung die Bejahung. Erst aus der Bejahung, der Bejahung des Daseins, erwächst die Kunst.

479 Exkurs 51.

480 Im Unterschied zu Nietzsches spezifisch europäischem Perspektivismus denkt Benn, unter dem Einfluß moderner Kulturkreislehren, in globalen Kategorien und relativiert den europäischen Kulturkreis. Spengler ist für Benn ein Schritt über Nietzsche hinaus: "Nach Nietzsche Spengler. Nicht wegen seiner Untergangsvermutung, sondern wegen seiner Aufstellung des Begriffs der Morphologie für die Kulturkreise" (Doppelleben, 154). Nietzsche "kannte noch nicht die These von der Morphologie der Kulturkreise, diese neue und zusätzliche Relativierung und Atomisierung unseres Lebensgefühls", und "ihm fehlte weitgehend das Gefühl für das Situationäre seiner eigenen Physiologie, Philosophie, seine spezifischen Idiosynkrasien, er denkt sich und seine Erkenntnisse erstaunlich absolut" (Nietzsche – nach fünfzig Jahren, 484). Nietzsche, das 'naive' Genie, denkt im Hinblick auf die Geschichte europäisch-linear; Benn, der skeptische Relativist, denkt hinsichtlich der Geschichte global-zyklisch. Freilich, Nietzsche löst die lineare Geschichte wieder im kosmischen Kreislauf auf.

lung, die sich nicht allein als verdeckende Kompensation des Pessimismus deuten läßt. Benn bewertet den weltverneinenden Buddhismus positiv. Nietzsche hingegen sieht im Buddhismus, wie im Christentum, eine Form der *décadence*, "eine Religion für *späte* Menschen, für gütige, sanfte, übergeistig gewordne Rassen, die zu leicht Schmerz empfinden", "eine Religion für den Schluss und die Müdigkeit der Civilisation" (6, 189 – AC). Er definiert den "Nihilismus" als "die europäische Form des Buddhismus, das *Nein-tun*, nachdem alles Dasein seinen 'Sinn' verloren hat" (III, 855). Benns 'buddhistische' Ptolemäer-Philosophie wirkt wie eine historische Bestätigung dieser Diagnose:

> Durch Einsamkeit, Riten und Verzicht auf das Gewohnte wird die autistische Realität die Weltausweitung löschen und in einem stummen gefaßten Tat twam asi, auch das bist du, wird sich die Vereinigung mit der verlorenen Dingwelt vollziehn. Schwarze Kutten! (Ptolemäer, 223)

Buddhistische Weltverneinung und dionysische Weltbejahung – auch dies ist eine für das Verhältnis Benn-Nietzsche relevante Konstellation. Ein entscheidender Unterschied zwischen Nietzsche und Benn liegt in der konträren Bewertung des "Pessimismus". Im Zeichen des "Lebens" verkündet Nietzsche "eine gründliche *Kur* gegen allen Pessimismus (den Krebsschaden alter Idealisten und Lügenbolde, wie bekannt –)" (2, 19 – MA I, Vorrede von 1886)[481]. Er vertritt sogar die Auffassung, daß der Pessimismus kein echtes Daseinsproblem, sondern lediglich ein Dekadenzsymptom sei:

> Man hat nicht begriffen, was doch mit Händen zu greifen: daß Pessimismus kein Problem, sondern ein *Symptom* ist, – daß der Name ersetzt werden müsse durch "*Nihilismus*", – daß die Frage, ob Nichtsein besser ist als Sein, selbst schon eine Krankheit, ein Niedergangs-Anzeichen, eine Idiosynkrasie ist. / Die nihilistische Bewegung ist nur der Ausdruck einer physiologischen *décadence*. (III, 899)

Ist für Nietzsche der Pessimismus ein Krankheitssymptom, sieht Benn in ihm das eigentlich Produktive:

> Was die weiße Rasse angeht, so weiß ich nicht, ob ihr Leben Glück ist, aber jedenfalls ihr Denken ist pessimistisch. / Der Pessimismus ist das Element ihres Schöpferischen. Wir leben allerdings in einer Epoche, in der er als entartet gilt. (Pessimismus, 356)

481 Nach eigenem Bekunden hat Nietzsche eine Entwicklung durchgemacht von einem abgründigen Pessimismus der Verneinung zu einem weltbejahenden Pessimismus. "Als Knabe war ich Pessimist, so lächerlich dies klingt: einige Zeilen Musik aus meinem zwölften, dreizehnten Lebens-Jahre sind im Grunde von Allem, was ich an rabenschwarzer Musik kenne, das Schwärzeste und Entschiedenste. Ich habe bei keinem Dichter oder Philosophen bisher Gedanken und Worte gefunden, die so sehr aus dem Abgrunde des letzten Neinsagens herauskämen, in dem ich selber zeitweilig gesessen habe" (11, 13). Aber im Unterschied zu Schopenhauer, der seinen verdeckten "Widerwillen" gegen den "P<essimismus>" nicht zum Durchbruch kommen ließ und es vorzog, "auf einer Philosophie sitzen zu bleiben, die aus seinem 26ten Lebensjahre stammte und auch *zu diesem Lebensalter gehört*" (ebd.), nimmt Nietzsche für sich eine Wandlungsfähigkeit in Anspruch, die zu einer kreativen Ausnutzung des 'Pessimismus' im Sinne einer unbedingten Weltbejahung führte. Indem Schopenhauer diesen Wandlungsprozeß nicht vollzog, hat er den Pessimismus brachliegen lassen: "Eigentlich hat Schopenhauer den Pessimismus *verdorben* –; er war zu eng für diese ganze prachtvolle *Neinsagerei*." (B 6, 487 – 22.3.84 – an Köselitz).

Der "Pessimismus" als Dekadenz und der "Pessimismus" als Produktivität – dies sind extrem gegensätzliche Wertungen bei Nietzsche und Benn. Freilich, auch bei Nietzsche kann der "Pessimismus" zum schöpferischen Antrieb werden, und zwar im Zusammenhang der Umwertung aller Werte. Nietzsches Kritik des "Pessimismus" ist eine "Kritik des bisherigen *Pessimismus*" (III, 921). Gegenüber dem traditionellen und aktuellen "Pessimismus" zeigt Nietzsche seinerseits Pessimismus:

> [...] nur in diesem Sinne sind wir Pessimisten, nämlich mit dem Willen, uns rückhaltlos diese Umwertung einzugestehen und uns nichts nach alter Weise vorzuleiern, vorzulügen. / Gerade damit finden wir das Pathos, welches uns treibt, *neue Werte* zu suchen. (III, 921)

Diese Art des Pessimismus nennt Nietzsche auch den "Pessimismus der *Stärke*". Er ist "eine intellektuelle Vorneigung für das Harte, Schauerliche, Böse, Problematische des Daseins aus Wohlsein, aus überströmender Gesundheit, aus *Fülle* des Daseins" (1, 12 – GT [VS]). Im Kontext der Philosophie der Umwertung kann "Pessimismus" eine produktive Funktion haben:

> Auch dieser *Pessimismus der Stärke* endet mit einer *Theodizee*, d.h. mit einem absoluten *Ja-sagen* zu der Welt – aber um der Gründe willen, auf die hin man zu ihr ehemals nein gesagt hat –: und dergestalt zur Konzeption dieser Welt als des tatsächlich *erreichten höchstmöglichen Ideals*. (III, 627)[482]

Nietzsche, dessen 'Theodizee' nicht auf eine Rechtfertigung Gottes, sondern auf eine Rechtfertigung des Lebens hinausläuft, entdeckt im "Pessimismus", d.h. im "Pessimismus der *Stärke*", die geistige Voraussetzung der Umwertung aller Werte und der absoluten Daseinsbejahung. Daß Nietzsche diese Form des "Pessimismus" mit dem Epitheton "dionysisch" versieht, ist nur konsequent. In der *Fröhlichen Wissenschaft* wird der *"dionysische* Pessimismus" als bald verwirklichte Zukunftsutopie herausgestellt: "Ich nenne jenen Pessimismus der Zukunft – denn er kommt! ich sehe ihn kommen! – den *dionysischen* Pessimismus.)" (3, 622 – FW, 5. Buch). Nietzsche unterscheidet zwischen dem *romantischen* und dem *dionysischen* Pessimismus. Der romantische Pessimismus ist der Pessimismus der Leidenden, die ihre Weltsicht den Dingen aufzwingen möchten:

> Letzteres ist der *romantische Pessimismus* in seiner ausdrucksvollsten Form, sei es als Schopenhauer'sche Willens-Philosophie, sei es als Wagner'sche Musik: – der romantische Pessimismus, das letzte *grosse* Ereigniss im Schicksal unsrer Cultur. (ebd.)

---

482 Der "*Pessimismus der Stärke*" ist eine umgekehrte Theodizee: "Der Mensch braucht jetzt *nicht mehr* eine 'Rechtfertigung des Übels' [...] er genießt das Übel *pur, cru*, er findet das *sinnlose Übel* als das interessanteste. Hat er früher einen Gott nötig gehabt, so entzückt ihn jetzt eine Welt-Unordnung ohne Gott, eine Welt des Zufalls, in der das Furchtbare, das Zweideutige, das Verführerische zum Wesen gehört." (III, 626). Die Welt ohne Gott, die Welt des Zufalls, eröffnet dem Menschen eine neue Freiheit, eine unendliche Weite des Erlebens, Suchens, Experimentierens. Das Übel in der Welt wird zum Probierstein des Willens. Erst in einer chaotischen Welt vermag der Wille sich wahrhaft zu bewähren.

Gegen den "*romantischen Pessimismus*", d.h. den "Pessimismus der Entbehrenden, Missglückten, Ueberwundenen", setzt Nietzsche

> einen Willen zum Tragischen und zum Pessimismus, der das Zeichen ebensosehr der Strenge als der Stärke des Intellekts (Geschmacks, Gefühls, Gewissens) ist. Man fürchtet, mit diesem Willen in der Brust, nicht das Furchtbare und Fragwürdige, das allem Dasein eignet; man sucht es selbst auf. [...] Dies war *meine* pessimistische Perspektive von Anbeginn, – eine neue Perspektive, wie mich dünkt? eine solche, die auch heute noch neu und fremd ist? (2,376 f. – MA II, Vorrede von 1886)

Der Schaffende ist geradezu auf den "Pessimismus" angewiesen, auf die Grunderfahrung der Furchtbarkeit des Lebens, denn allein in der Bejahung der Abgründigkeit des Daseins vermag sich die wahrhaft schöpferische Kraft zu bezeugen. Dies ist die Dialektik von Pessimismus und Kreativität. Im Brief an Carl Fuchs vom 29.7.1888 bezeichnet Nietzsche sich als "Erfinder einer *neuen* Art Pessimismus (eines dionysischen, aus der *Stärke* geborenen, der sich das *Vergnügen* macht, das Problem des Daseins an seinen Hörnern zu packen)" (B 8, 375). Der "*dionysische* Pessimismus" Nietzsches bedeutet die absolute Bejahung der Welt. Benns resignativer "Pessimismus" läuft auf die "Verneinung der Welt" hinaus (Pessimismus, 356).

Es handelt sich freilich um eine schöpferische "Verneinung". Im Textstück *Die Verneinung* aus dem *Roman des Phänotyp* bezeichnet Benn die "Verneinung" als "Denkfunktion von höchstem Rang", sieht in ihr das "metaphysische Wesen des Denkens" begründet und deutet die Kunst als perfekte Konsequenz der "Verneinung":

> Sie dient dem, was Kunst wird, wenn sie vollendet, und Erkenntnis, wenn sie tief ist: der Wirklichkeitsherstellung, der Produktion und Ordnung von Realität. (Phänotyp, 163)

Die produktive Bedeutung der Negation – diesen Grundsatz vertreten Benn und Nietzsche gleichermaßen. Aber der Verneinung liegen unterschiedliche Perspektiven zugrunde. Bei Nietzsche steckt im Nein immer auch das Ja. Nietzsche sagt das große Ja zum Dasein. Benn steht dem Leben in skeptischer Distanz gegenüber. Es kommt nicht von ungefähr, daß bei Nietzsche der Begriff "Leben" die zentrale Kategorie ist, während bei Benn, seit den dreißiger Jahren, der Begriff "Geist" der dominierende Begriff ist. Wenn Benn, im Essay *Nach dem Nihilismus*, den "konstruktiven Geist" und "ein Ich schöpferischer Freiheit" proklamiert (S. 151), so entspricht dies zwar im Prinzip dem schaffenden Subjekt Nietzsches, aber für Nietzsche ist der 'Geist' eine Funktion des 'Lebens', des dynamischen Lebens, während Benn den 'Geist', den meditativen Geist, zu einer autonomen Größe verabsolutiert. Zugleich versteht Benn den 'Geist' als eine meditativ-distanzierte Größe, eine Größe, die das Leben aus melancholischem Abstand betrachtet. So schreibt er am 24.11.1934 an F.W. Oelze: "*Es giebt nur den betrachtenden und leidenden Geist.* Das ist eine ungeheure Erkenntniss. Man muss sie unbeirrbar, fanatisch, aber auch gleichmütig vertreten." (Briefe an Oelze, 41). Für Nietzsches Idee des 'Geistes' als Funktion des 'Lebens' hat Benn nur noch bissige Ironie übrig: "Die neue Formel ist ja eben: *nur* Geist. Alles nur Geist! Das 'Leben'? Du lieber Gott, das ist ja schon bei Nietzsche ein Krampf." (ebd.). Während Nietzsche seine geistige Energie aus dem Glauben an die Verwirklichung der Idee im Leben bezog, ist für Benn Verwirklichung keine Kategorie mehr. Der Geist sieht sich auf sich selber zurückgeworfen. Es bleibt ihm nur noch die Ecce-homo-Gebärde:

> Es gibt keine Verwirklichung. Der Geist liegt schweigend über den Wassern. Ein Weg ist ausgegangen, ein Urtag sinkt, vielleicht barg er andere Möglichkeiten als diese Abendstunde, aber nun ist sie da – ecce homo – so endet der Mensch. (Weinhaus Wolf, 150)

Es ist bemerkenswert, wie Benn den *Zarathustra* deutet. Er nennt, in biologistischer Auffassung der Zarathustra-Philosophie, Nietzsche einen "idealistischen Antonius" und Zarathustra einen "Naturburschen" mit "Züchtungsoptimismus" und einer "flachen Utopie vom Geist und seiner Verwirklichung" (Weinhaus Wolf, 147). Sieht man einmal davon ab, daß damit die Philosophie Zarathustras einseitig auf einen biologistischen Fortschrittsutopismus reduziert wird, so erfaßt Benns Kritik doch einen grundsätzlichen Unterschied zwischen seiner eigenen Denkweise und der Perspektive Nietzsches, den Unterschied nämlich zwischen statischer Existenz und dynamischem Lebensentwurf, *Statischer Metaphysik* (vgl. Phänotyp, 158-163) und prozessualer Weltsicht, zwischen 'Sein' und 'Werden'. Während Nietzsches Metaphysik des schöpferischen Lebens noch getragen ist vom Glauben an die Verwandlungsfähigkeit des Menschen und die Umgestaltungsmöglichkeit der Welt, gibt es für Benn nur noch die Reduktion auf das statische Subjekt, das zeitentrückte Gebilde schafft. Zielt dementsprechend Nietzsche noch auf Wirkung ab, ist Benn an Wirkung nicht mehr interessiert. Während Nietzsche, in den rhetorischen Verkündigungspartien seiner Texte, durch die Kunst auf die Geschichte einwirken will, erfolgt bei Benn die radikale Trennung von Kunst und Geschichte, und Benn bezweifelt, daß Nietzsche konkret in den Geschichtsprozeß eingegriffen habe:

> Ist künstlerische Größe überhaupt historisch wirksam, greift sie in den Prozeß des Werdens ein? Griff Nietzsche ein? Mit der kleinen Gruppe der Literaten, die bei ihm Zitate sucht? Goethe? Michelangelo? [...] Ist der Künstler nicht vielleicht a priori geschichtlich unwirksam, rein seelisch phänomenal, muß man ihn nicht vielleicht allen historischen Kategorien entrücken [...]?" (Zur Problematik des Dichterischen, 72)

Will Nietzsches Zarathustra noch Jünger um sich scharen, beschränkt sich Benns Ptolemäer ganz auf das eigene Subjekt und die monologische Produktion von Kunstgebilden. Er meditiert: "Auftauchen, nur im Akt vorhanden sein und wieder versinken –: das war der ideologische Inhalt meines Instituts." (Ptolemäer, 212). Glaubte Nietzsche, der Evolutionist, noch an die Zukunft der Menschheit, so konstatiert Benn, der Geschichtspessimist, die "Zukunftslosigkeit eines ganzen Schöpfungswurfes" (ebd., 219). Freilich, in einem zentralen

Punkt stimmen Benn und Nietzsche überein, in der Vorstellung vom monologischen Grundcharakter des Lebens selbst. Die Problematik des Monologischen betrifft nicht nur das monologische Subjekt, sondern darüber hinaus auch das universelle Leben selbst. Benn spricht einmal vom "Monolog der Schöpfung" (Genieproblem, 121). Er huldigt damit, wie Nietzsche, dem Grundgedanken, daß das Leben selbst, das Leben als universelle, kosmische Größe ein in sich selber kreisendes Spiel sei. Das Monologische ist nicht nur auf das vereinsamte Subjekt, sondern auch auf das Leben selbst zu beziehen. Es ist nicht nur eine 'subjektive', sondern auch eine 'metaphysische' Kategorie.

Man muß allerdings feststellen, daß der Monolog bei Nietzsche und Benn in erster Linie das schaffende Subjekt betrifft. Bei Benn bilden "Introversion, reine Lyrik, monologische Kunst" (Auden, 367) eine ursprüngliche Einheit. Das nach innen gekehrte Subjekt setzt seine Einsamkeit schöpferisch in reine Sprachgebilde um. Nietzsche verweist auf "die Reden von den sieben Einsamkeiten, welche Zarathustra zu seinem Herzen redete, als er seine Freunde verlassen hatte und auch seine Thiere; und damals hätte er gerne sich selber verlassen." (10, 519). Dieser Zusatz könnte besagen, daß das einsame Subjekt nicht einmal mehr die eigene Subjektivität als Stützpunkt haben möchte. Erst der Wegfall dieses letzten Orientierungspunktes würde die Einsamkeit zur vollen, absoluten Einsamkeit machen. Aber dies signalisiert wohl auch die Unerträglichkeit der absoluten Einsamkeit, ihren Lastcharakter, der in Zarathustra den Impetus weckt, sich dieser ganzen Problematik zu entziehen. "Zarathustra kocht in seinem eigenen Safte." (10, 491). Es ergibt sich die Grundsituation, daß gerade aus der absoluten Einsamkeit der Wille zur Neugestaltung der Menschheit erwächst: "Seine Entschließung als *größte Entscheidung* über das Loos der Menschheit empfunden." (ebd.). Im *Zarathustra* zeigt sich ein eigentümlicher Doppelimpetus des Monologs. Der Monolog kann zum Lyrismus der ganz in sich gekehrten, absoluten Innerlichkeit werden, und er kann umschlagen in die große Verkündigungsgeste der Menschheitserneuerung. Immer wieder hat Nietzsche die monologische Grundverfassung des Schaffenden betont. In *Richard Wagner in Bayreuth*, also vor dem Bruch mit Wagner, sieht er sogar in Wagner den großen Künstler des Monologs:

> er spricht durch seine Kunst nur noch mit sich, nicht mehr mit einem Publicum oder Volke und ringt darnach, ihr die grösste Deutlichkeit und Befähigung für ein solches mächtigstes Zwiegespräch zu geben. [...] er wollte jetzt nur noch Eins: sich mit sich verständigen, über das Wesen der Welt in Vorgängen denken, in Tönen philosophiren; der Rest des *Absichtlichen* in ihm geht auf die letzten *Einsichten* aus. (1, 478 f. – WB)[483]

483 Es ist das Eigentümliche der monologischen Kunst, daß sich in ihr das "Absichtliche" ins "Unabsichtliche" verwandelt, daß sie zur naiven Kunst der reinen Unmittelbarkeit wird und daß sie gerade aus dieser Unmittelbarkeit ihre weltverwandelnde Wirkung gewinnt. So war bei Wagner "das Absichtliche in seinem Wollen so in's Unbegrenzte gehoben, daß seine Kunst und alles Unabsichtliche seines Wesens sich völlig frei und ungehemmt ergehen konnte. [...] Ein solches wahrhaft großes, wahrhaft frei gewordenes Können und Dürfen ist das herrlichste Schauspiel von der Welt" (8, 268 [1875]; vgl. 1, 484 – WB; 8, 223; 1, 465 – WB). Damit zeichnet sich bereits beim früheren Nietzsche jene Ästhetik des welterschließenden Monologs ab, die dann im *Zarathustra* voll zur Entfaltung

Ein Doppeltes ist hier von Bedeutung: 1) Die wahre Kunst besteht nicht im Wirken-Wollen auf Rezipienten, sondern in der Selbstvergewisserung des Schaffenden, im Monologischen der Kunst. 2) Die monologische Kunst ist nicht einfach nur der psychologische Ausdruck der Subjektivität des Künstlers, sondern sie ist der metaphysische Ausdruck der letzten Dinge, Symbol des "Wesens der Welt". Ihre unüberbietbare Verwirklichung hat diese Kunst in Wagners *Tristan*, dem "eigentlichen opus metaphysicum aller Kunst", gefunden (1, 479 – WB). Monolog ist die Kunst aber nicht nur im Sinne der symbolischen Darstellung des Wesens der Welt, sondern auch im Sinne des ästhetisch immanenten Spiels. Nietzsche beschreibt das Glücksgefühl, welches man bei der Musik Wagners empfinde:

> es scheinen seltene Augenblicke der Vergessenheit, welche sie gleichsam überfallen, wo sie mit sich allein redet und den Blick aufwärts richtet, wie Rafael's Caecilia, weg von den Hörern, welche Zerstreuung, Lustbarkeit oder Gelehrsamkeit von ihr fordern. (1, 490 – WB)[484]

Unter Ablehnung jeder Wirkungsästhetik, sowohl des *delectare* als auch des *docere*, vertritt Nietzsche hier eine reine Ausdrucksästhetik, eine Ästhetik der Selbstbezogenheit der Kunst als freies magisches Spiel. Hier steht er im Banne der reinen Magie der Töne. Auch dies meint Nietzsche, wenn er später von der "Musik des Vergessens" spricht. Die "Musik des Vergessens" – hat sie vielleicht sogar die Einsamkeit des Schaffenden vergessen?

Dieses magische Spiel betrifft nicht nur die Musik, sondern auch die Sprache, die lyrische Sprache des reinen Monologs. Es ist gewissermaßen ein Mit-sich-selber-Sprechen der Sprache, was in manchen monologischen Partien des *Zarathustra* und vor allem in den halkyonischen *Dionysos-Dithyramben* den Sprachduktus prägt. Nietzsches lyrische Monologe sind "Musik des Vergessens". Ist sie auch ein Vergessen der Inhalte zugunsten des reinen Wortspiels? Dies ist sicherlich nicht die Intention Nietzsches. Dennoch scheinen sich in seinen lyrischen Monologen an extremen Punkten die in der Sprache selbst angelegten Impulse zu verselbständigen. In seinem Fragment *Monolog* hat bereits Novalis auf das immanente Spiel der Sprache im Monolog hingewiesen:

> Es ist eigentlich um das Sprechen und Schreiben eine närrische Sache; das rechte Gespräch ist ein bloßes Wortspiel. Der lächerliche Irrthum ist nur zu

---

gelangt. Die monologische Subjektivität versteht sich als zentrales Organ der Wesensschau, der Erfassung des Wesens der Welt durch die Kunst. Die später vor allem in der Programmatik des Expressionismus verkündeten Theoreme von der reinen Wesenschau durch die kreative Subjektivität hat Nietzsche im Prinzip vorweggenommen.

484 Zu Raffaels monumentalem Gnadenbild *Die Heilige Cäcilia* vgl. auch 7, 363 u. 8, 235. Im genetischen Kontext des Dionysischen und Apollinischen erscheint Raffaels Bild als Ausdruck der apollinisch-plastischen Verklärung. Auch Schopenhauer nimmt Bezug auf Raffaels *Heilige Cäcilia*. Aber er deutet sie von der Willensverneinung her, wenngleich sie nicht die dauernde, sondern nur vorübergehende Erlösung vom Leben bietet. Im Unterschied zu dem "zur Resignation gelangten Heiligen" ist der "Enthusiasmus des Künstlers" noch nicht zum "Quietiv des Willens" gelangt, denn die Wesenserkenntnis der Welt "erlöst ihn nicht auf immer, sondern nur auf Augenblicke vom Leben". Er befindet sich in einer Übergangsphase. "Als Sinnbild dieses Überganges kann man die >Heilige Cäcilie< von Raffael betrachten." (WV I, 372).

> bewundern, daß die Leute meinen – sie sprächen um der Dinge willen. Gerade das Eigenthümliche der Sprache, daß sie sich blos um sich selbst bekümmert, weiß keiner. Darum ist sie ein so wunderbares und fruchtbares Geheimniß, – daß wenn einer blos spricht, um zu sprechen, er gerade die herrlichsten, originellsten Wahrheiten ausspricht. Will er aber von etwas Bestimmten sprechen, so läßt ihn die launige Sprache das lächerlichste und verkehrteste Zeug sagen. (S II, 672)

Novalis verkündet damit nicht eine Ästhetik des reinen Wortspiels ohne tiefere Bedeutung. Im Spiel der Sprache mit sich selber gelangt vielmehr der wahre Sinnzusammenhang der Welt zum Ausdruck. Das reine Sprach-Spiel ist Ausdruck der verborgenen Weltgesetze. Die Sprache ist zwar eine Welt für sich, aber gerade in ihrer Eigengesetzlichkeit spiegelt sie die Struktur der Welt wider. Die Sprache ist Symbol resp. Chiffre des Universums:

> Wenn man den Leuten nur begreiflich machen könnte, daß es mit der Sprache wie mit den mathematischen Formeln sei – Sie machen eine Welt für sich aus – Sie spielen nur mit sich selbst, drücken nichts als ihre wunderbare Natur aus, und eben darum sind sie so ausdrucksvoll – eben darum spiegelt sich in ihnen das seltsame Verhältnißspiel der Dinge. Nur durch ihre Freiheit sind sie Glieder der Natur und nur in ihren freien Bewegungen äußert sich die Weltseele und macht sie zu einem zarten Maaßstab und Grundriß der Dinge. (S II, 672)

Gerade die reine, absolute Sprache ist Ausdruck der tieferen Sinnzusammenhänge der Welt. Gerade die monologische Sprache, die Sprache, die den vordergründigen Informationswert des Sprechens hinter sich gelassen hat und nur noch mit sich selber zu sprechen scheint, erfaßt die wahren Zusammenhänge. Erst in seiner absoluten Freiheit ist das Kunstwerk die magische Chiffre des Universums. Dies ist ein Aspekt, der auch auf Nietzsches "monologische Kunst", die "Musik des Vergessens", zutrifft. Freilich, man muß zugleich den Unterschied zwischen Novalis und Nietzsche im Blickfeld behalten. Novalis vertritt eine idealistische Sprachauffassung. In seinem magischen Idealismus, der auf dem Prinzip der ursprünglichen Einheit von Geist und Natur beruht, ist das dichterische Wort ein magisches Wort, ein 'Zauberwort', das den wahren, verborgenen Sinn der Natur und der Geschichte enthüllt.[485] Insofern setzen Denken und Sprachauffassung des Novalis noch einen metaphysischen Sinnzusammenhang der Welt voraus. Nietzsche hingegen, der Philosoph der Welt- und Selbstentfremdung, der Denker des entfremdeten Subjekts, dem die Einheit von Welt und Ich auseinanderbricht, versteht das dichterische Wort zuletzt als Ausdruck der absoluten Einsamkeit. Novalis' *Hymnen an die Nacht* werden getragen von einer metaphysischen Integrationssehnsucht, im dithyrambischen Kult der Nacht, der Liebe und des Todes. Nietzsches *Dionysos-Dithyramben* sind hymnische Verzweiflungsgebärden des absolut vereinsamten Ich. Mit ihrer

485 Das romantische 'Zauberwort' stellt eine magische Identität zwischen dem Menschen und dem "Leben" her: "Wie die Philosophie durch System und Staat, die *Kräfte* des Individuums mit den Kräften der Menschheit und des Weltalls *verstärckt*, das Ganze zum Organ des Individuums, und das Individuum zum Organ des Ganzen macht – So die Poësie, in Ansehung des *Lebens*. Das Individuum lebt im Ganzen und das Ganze im Individuum. Durch Poësie entsteht die höchste Sympathie und Coactivität, die innigste *Gemeinschaft* des Endlichen und Unendlichen." (S II, 533 [Poësie]).

Todesmystik stehen die *Hymnen an die Nacht* dem Wagnerschen *Tristan* näher als dem Nietzscheschen *Zarathustra* und den *Dionysos-Dithyramben*, die eher eine gegenläufige Tendenz des hymnischen Sprechens signalisieren.

Nietzsches Hymnik ist monologische Hymnik. In der Geschichte des hymnischen Sprechens stellt sie eine extreme Zuspitzung im Sinne einer monologischen Reduktion des Hymnischen dar. In ihr tauchen zwar noch die Naturlyrismen der hymnischen Dichtungen des 18. Jahrhunderts auf, aber sie sind zu Chiffren der absoluten Einsamkeit metaphorisiert. Selbst die Verkündigung ist bei Nietzsche im Grunde eine Form des Monologs. Auch dort, wo Zarathustra, der große Monologist, als rhapsodischer Verkünder auftritt, bleibt er doch der absolut Einsame. Freilich, der hymnisch-dithyrambische Redestil kann auch im *Zarathustra* zur feierlichen Anrede werden. Aber selbst als Lehrer bleibt Zarathustra Monologist. Letztlich haben die Menschen bei ihm nur die Funktion, ihm die großen Gesten des Ansprechens, Anrufens und Aufrufens zu ermöglichen. Der Rhetor Zarathustra spricht wie in einen imaginären Zuhörerraum hinein. Die Zuhörer haben weder Gesicht noch Gewicht. Sie bleiben eigentümlich wesenlos. Sie sind Staffage. In den lehrhaften Redepartien des *Zarathustra* ist das Verhältnis von Adressant und Adressat nicht durch das Ansprechen eines realen, lebendigen Gegenüber, sondern durch ein sich als Ansprechen drapierendes Monologisieren gekennzeichnet. Die Menschen sind im *Zarathustra* bloße Hypostasen des monologischen Subjekts. Vor der Idee des "Übermenschen" verblassen die 'Menschen' zu Schemen. Das Anrufen, Preisen und Rühmen ist bei Nietzsche nur noch als monologisches Zwiegespräch des Subjekts mit dem "Leben" möglich. Ist in der Hymnik Klopstocks der christliche Schöpfergott gegenwärtig, sind die Hymnen des jungen Goethe Ausdruck des naturverbundenen Selbstgefühls, wird die Hymne bei Hölderlin zum Anruf der "Götter" als der den Menschen übersteigenden Lebensmächte der Natur[486], so sind Nietzsches hymnisch-dithyrambische Expressionen ein einziges Selbstgespräch. Drei Grundzüge schälen sich als konstitutive Elemente dieser Hymnik heraus: das Monologische, die Intellektualität und der Tanz. Die *Dionysos-Dithyramben* sind tiefgründige, abgründige Selbstgespräche des einsamen Subjekts. Selbst die *Klage der Ariadne*, in der das vereinsamte Subjekt den "unbekannten Gott" anruft, ist ein Monolog. Zuletzt wird "Dionysos", die Epiphanie des Lebens, "sichtbar" (6, 401 – DD). Auch dieser Dithyrambus ist ein Selbstgespräch, ein Zwiegespräch, das das monologische Subjekt mit dem Leben führt. Nietzsches Dithyramben sind potenzierter Affektausdruck. Aber sie sind zugleich Ausdruck einer gesteigerten Reflexion. Ein Dithyrambus wie *Nur Narr! Nur Dichter!* ist eine Mischung aus affektischem Pathos und kritischer

---

486 Man hat betont, daß mit dem Verlust der "festen Glaubensordnung" und der damit verbundenen 'Huldigung' der "Gottheit" seit dem 18. Jahrhundert in der "neuzeitlichen Lyrik" die "Hymnendichtung" keine zentrale Rolle mehr spiele und daß nur noch "hier und dort die hymnische Sprache sich behauptete" (*Böckmann*, Hymnischer Stil, 3). Dem ist im wesentlichen zuzustimmen, wenngleich man nicht übersehen darf, daß nicht nur in der Goethezeit, sondern auch in der Moderne, bei Nietzsche, in der Literatur der Jahrhundertwende, im Expressionismus und bei Rilke, die hymnische Sprachgebärde von Bedeutung ist. Die Tendenz ist allerdings rückläufiger Art, und in der Gegenwart ist die Hymnik fast verstummt.

Reflexion. In dithyrambischem Stil wird das Problem von Wahrheit und Lüge reflektiert. Hier ist das zerebrale Element besonders stark ausgeprägt. Der Dithyrambus ist die Sprache des Tanzes. Und in der Tat nimmt die Sprache in Nietzsches Dithyramben 'tänzerische' Züge an. Im artistischen Spiel mit den Motiven gewinnt sie eine neue Elastizität. Freilich, dieser 'Tanz' ist ein Tanz des Intellekts. In Nietzsches Selbstverständnis ist er allerdings der unmittelbare Ausdruck des dionysischen Lebens. Nietzsche versteht seine monologische Sprache als eine dithyrambische Sprache, deren wahres Ausdruckselement der Tanz ist. Der Tanz ist der unmittelbarste Ausdruck des sich selber wollenden Lebens. Zarathustra sagt: "Ich würde nur an einen Gott glauben, der zu tanzen verstünde." (4, 49 – Za; vgl. 13, 526).[487] "Nur im Tanze weiss ich der höchsten Dinge Gleichniss zu reden" – "sang" Zarathustra (4, 144 f. – Za). Im "Tanz- und Spottlied" überwindet Zarathustra den "Geist der Schwere" (4, 140 – Za), d.h. die logisch-diskursive Vernunft, den Schematismus von Raum, Zeit und Kausalität und die Verstrickung in die Moral. Der Schaffende hat die Fähigkeit, über alle Widerstände und über sich selbst 'hinwegzutanzen', ja, die Widerstände haben die produktive Funktion, daß der Schaffende sich in ihrer tänzerischen Überwindung seiner absoluten Freiheit vergewissert:

> Denn muss nicht dasein, *über* das getanzt, hinweggetanzt werde? Müssen nicht um der Leichten, Leichtesten willen – Maulwürfe und schwere Zwerge dasein? – – (4, 248 – Za)

Im Tanz überwindet der Schaffende die Welt. Im Tanz läßt er die Menschen hinter sich. Im Tanz erlangt er seine absolute Freiheit. Zarathustra erklärt:

> Ihr höheren Menschen, euer Schlimmstes ist: ihr lerntet alle nicht tanzen, wie man tanzen muss – über euch hinweg tanzen! Was liegt daran, dass ihr missriethet! / Wie Vieles ist noch möglich! So *lernt* doch über euch hinweg lachen! Erhebt eure Herzen, ihr guten Tänzer, hoch! höher! Und vergesst mir auch das gute Lachen nicht! (4, 367 – Za)[488]

Zarathustra verkündet die Selbstüberwindung des Menschen in der euphorischen Heiterkeit des Tanzes. "Zarathustra der Tänzer, Zarathustra der Leichte" (4, 366 – Za)[489] – dies ist eine Schlüsselformel Nietzsches. Im Tanz ist Zarathustra der von aller Schwere der Wirklichkeit, des Menschen und der Gedanken Befreite. Im Tanz gelangt das schöpferische Leben zu seiner höchsten Selbstentfaltung. Im Tanz streift Zarathustra den 'Menschen' von sich ab, und in ihm wird der dionysische 'Gott' lebendig:

---

487 Exkurs 52.

488 Exkurs 53.

489 Kandinsky unterscheidet "zwei Richtungen" des Tanzes: "1. der Tanz als Selbstzweck und 2. der Tanz als Einzelelement im Gesamtwerk – Tanz, Musik, Malerei (Kostüm und Bühne)." (*Kandinsky*, und, 103). Zu welcher Richtung gehört Zarathustra? Er agiert wie auf einer Bühne, vor einem Publikum, umgeben von Trabanten; er inszeniert ein phantastisches Welttheater, vor großangelegten, 'malerischen' Landschaften, in einer Sprache, die sich immer wieder zu suggestiver Musikalität aufschwingt; und er redet beim Tanzen, wie er überhaupt sehr viel redet. Auf diese Weise, so scheint es, vereinigen sich Sprache, Bild, Musik und Tanz zu einer Art synthetischem Monumentalwerk, in dem Zarathustra wie ein Schau-Tänzer auftritt. Aber dieser Schein trügt. In Wahrheit ist Zarathustra

> Jetzt bin ich leicht, jetzt fliege ich, jetzt sehe ich mich unter mir, jetzt tanzt ein Gott durch mich. (4, 50 – Za)[490]

Absolute Einsamkeit, dithyrambische Sprache und dionysisches Leben bilden bei Nietzsche eine Wesenseinheit. In *Ecce homo* hat er selbst auf den Zusammenhang von Monolog, Dithyrambus und Dionysos hingewiesen:

> – Welche Sprache wird ein solcher Geist reden, wenn er mit sich allein redet? Die Sprache des *Dithyrambus*. Ich bin der Erfinder des Dithyrambus. Man höre, wie Zarathustra *vor Sonnenaufgang* (III, 18) mit sich redet: ein solches smaragdenes Glück, eine solche göttliche Zärtlichkeit hatte noch keine Zunge vor mir. Auch die tiefste Schwermuth eines solchen Dionysos wird noch Dithyrambus [...] (6, 345 – EH)[491]

Je mehr bei Nietzsche die Zustände euphorischer Entrückung zunehmen, um so mehr tendiert seine Sprache zum Dithyrambus. Nietzsches lyrische Sprache wird zu einer expressiven Sprache der ekstatischen Verzückung. Unverkennbar ist im *Zarathustra* und in den *Dionysos-Dithyramben* das expressive Selbständigwerden der lyrischen Sprache. Es bahnt sich hier bereits die Ablösung der mimetischen Sprache, der Sprache als "Abbild und Ausdruck des Lebens", d.h. der "Wirklichkeit", durch eine "Schöpfung in sich", eine "absolute Sprache" an

---

ein Solo-Tänzer; die ihn umgebenden Dinge, Personen und Vorgänge leben nicht wirklich; sie sind Produkte einer imperatorischen Einbildungskraft; und so ist auch der Tanz, rein ästhetisch gesehen, hier zum 'Selbstzweck' geworden.

490 Dies bedeutet nicht, daß Zarathustra selbst zum Gott würde. Es besagt vielmehr, daß der Schaffende die höchste Potenz ist. "Zarathustra geht so weit, von sich zu bezeugen 'ich würde nur an einen Gott glauben, der zu *tanzen* verstünde'. . [s. 4, 49 – Za] / Nochmals gesagt: wie viele neue Götter sind noch möglich! – Zarathustra selbst freilich ist bloß ein alter Atheist. Man verstehe ihn recht! Zarathustra sagt zwar, er *würde* –; aber Zarathustra *wird* nicht..." (13, 526). Zarathustra glaubt nicht an Götter, sondern an den Schaffenden. Nicht ein über dem Menschen wirksames metaphysisches Prinzip, sondern der Mensch selbst als der Schaffende ist die höchste Potenz. Zarathustra "glaubt weder an alte, noch neue Götter". "Typus Gottes nach dem Typus der schöpferischen Geister, der 'großen Menschen'." (so III, 838). Nietzsche wendet sich, unter Berufung auf Goethe, gegen die "Vergeistig<ung> der Gottes-Idee" (13, 447), gegen den "Aberwitz eines Weisheits-Monstrums von Gott" (III, 602), erklärt: "im Begriff 'Gott als Geist' ist Gott als Vollkommenheit *negirt*..." (13, 504) und parodiert den metaphysischen Logos-Gedanken: "Die ernsthafteste Parodie, die ich je hörte, ist diese: 'im Anfang war der Unsinn, und der Unsinn *war*, bei Gott! und Gott (göttlich) war der Unsinn." (2, 388 – VM). Damit wird der christliche Schöpfungsgedanke ("Im Anfang war das Wort, und das Wort war bei Gott, und Gott war das Wort." [Joh. 1,1]) von Nietzsche parodistisch verkehrt. An die Stelle des Logos, der ordnenden Weltvernunft, tritt das Leben, das submentale, chaotische, spielerische Leben, das Leben, das in sich selber ziel-, zweck- und sinnlos ist. Nietzsches "Götter" sind Götter, "aus denen man selbst einen gewissen Halkyonismus und Leichtsinn nicht hinwegdenken darf... Die leichten Füße gehören vielleicht sogar zum Begriffe 'Gott'. ." (13, 526). Göttlich ist das Leben selbst, das Leben als tänzerisch freies Spiel. – Zur Kritik des christlichen Gottesbegriffs vgl. 6, 182-185 (Zf. 16-19). Zur Logos-Parodie vgl. Fuchs an Nietzsche (B II 6/2, 905f.) u. B 5,335.

491 Nietzsche, der sich hier auf das *Zarathustra*-Kapitel *Vor Sonnen-Aufgang* bezieht (4, 207-210 – Za), betont damit selbst den monologischen Charakter seines Dithyrambus, wie er auch den dionysischen Grundzug dieses Dithyrambus und seine innovatorische Qualität hervorhebt. Gemäß der Überzeugung, daß nur das Leben selbst, d.h. das im Schaffenden wirksame Leben, Gegenstand des Dithyrambus sein kann, muß Nietzsche, der Entdecker des 'Lebens', sich auch für den "Erfinder" des Dithyrambus halten. Wenn der wahre Dithyrambus die monologische Evokation des dionysischen Lebens ist, dann ist Nietzsche in der Tat der "Erfinder" des Dithyrambus. Versteht man hingegen unter Dithyrambus die gesteigerte hymnische Lobpreisung schlechthin, das feierliche Rühmen über den Menschen hinausreichender Mächte, dann ist Nietzsche 'nur' der "Erfinder" des *monologischen* Dithyrambus. Es herrscht das Selbstgespräch: "Oh Himmel über mir, du Reiner! Tiefer!" (4, 207 – Za).

(*Benn*, Rede auf Stefan George, 466f.). Nietzsche ist zwar noch kein Sprachabsolutist, aber er setzt in seinen Lyrismen nicht einfach nur vorsprachliche Motive in Sprache um, sondern aktiviert die in der Sprache selbst angelegten Ausdrucksenergien. Problematisch ist allerdings Benns Vorstellung, in dieser 'expressionistischen' Lyrik sei "eine inhaltliche Beziehung zwischen den einzelnen Versen überhaupt nicht mehr da, sondern nur noch eine ausdruckshafte" (ebd.). Das ist zu extrem gesehen. Bei aller Tendenz zur Verselbständigung der Ausdruckselemente im reinen Lyrismus – es ist doch immer die existentielle Spannung, die mit den Schlüsselmotiven seines Denkens verknüpfte Grenzsituation, also eine 'inhaltliche' Problematik, die die lyrische Sprache Nietzsches prägt. Auch das Selbstzweckwerden der Sprache, die moderne Ästhetik der autonomen Sprache, liegt ihm durchaus noch fern. Nietzsches Monologismus läuft noch nicht auf ein "Alleinsein mit der Sprache" (*Friedrich*, Moderne Lyrik, 139) hinaus, sondern die Sprache ist für ihn noch die Chiffrensprache vorsprachlicher Existenzprobleme. Die Sprache wird ihm noch nicht zum Selbstzweck, sondern sie ist Ausdruck der Grenzsituationen des Schaffenden. Nietzsches monologische Sprache ist weniger Konstruktion als Expression. Sie ist nicht autonome Konstruktion, sondern existentielle Expression. Die kreative Virtualität der Sprache wird zwar voll entfaltet, aber die Sprache bleibt Ausdruck der monologischen Subjektivität. Dabei erfolgt allerdings die Verwandlung der Sprache in Musik, in eine reine, absolute Form, denn nur auf diese Weise vermag sie die halkyonische Losgelöstheit des Subjekts auszudrücken. Daher betreibt denn auch Nietzsche in wachsendem Maße die Lyrisierung und Musikalisierung der Sprache. Nicht nur die Musik, sondern auch die Sprache soll die "Flöte des Dionysos" sein (6, 357 – EH). Die "Flöte des Dionysos" – dies besagt, daß die Kunst als verklärende Bejahung des Daseins ein reinstes Sein vergegenwärtigt. Nietzsche, der Voluntarist, nähert sich damit dem Idyll, dem unschuldsvollen Zustand einer reinen Seinserfahrung. Nicht von ungefähr hat er das Engadin, die Zarathustra-Landschaft, als "diese ewige heroische Idylle" bezeichnet (B 6, 100 – 8.7.81 – an Köselitz). Nietzsches Vorstellung der "Idylle" ist nicht zu verwechseln mit der Idylle als der naiven Identität von Mensch und Natur. Schon der junge Nietzsche lehnt die Idylle im Sinne der Schillerschen Bestimmung ab (vgl. 1, 124 ff. – GT sowie 7, 327). Die "heroische Idylle" bedeutet vielmehr, daß in einem halkyonischen Zustand dennoch der Wille aktiv ist, das Über-sich-hinaus-Wollen des Schaffenden. *Heroische* Idylle – das bedeutet, daß in dieser 'Idylle' das schaffende Subjekt selbst um den Preis des eigenen Untergangs seinem absoluten Antrieb folgt. Die heroische Idylle ist nicht ein Zustand der harmonischen Übereinstimmung von Mensch und Natur, sondern in ihr vollzieht sich der Untergang des schaffenden Subjekts. Nietzsches *Dionysos-Dithyramben* sind heroische Idyllen, denen in aller euphorischen Gelöstheit etwas Abgründiges und Unheimliches anhaftet. Nicht ein pantheistisches Naturgefühl, sondern die absolute Einsamkeit herrscht in diesen 'Idyllen'. In einem Brief an Lou von Salomé vom August 1882 schreibt Nietzsche:

Heroismus – das ist die Gesinnung eines Menschen, der ein Ziel erstrebt, gegen welches gerechnet er gar nicht mehr in Betracht kommt. Heroismus ist der gute Wille zum absoluten Selbst-Untergange.[492]

Der Gegensatz des heroischen Ideals ist das Ideal der harmonischen All-Entwicklung – ein schöner Gegensatz und ein sehr wünschenswerther! Aber nur ein Ideal für grundgute Menschen (Goethe zb.) (B 6, 243)[493]

In den Lyrismen des *Zarathustra* und in den *Dionysos-Dithyramben* mischen sich halkyonische und voluntative Elemente. Nicht ganz ohne Berechtigung hat man bemerkt: "Dionysos wird Idylliker..." (*Baeumler*, Nietzsche, 275). Man darf allerdings nicht aus dem Blick verlieren, daß Nietzsche kaum je zum 'naiven' Dichter wird, der die Natur *ist,* sondern fast immer der 'sentimentalische' Dichter bleibt, der die Natur *sucht.* Zuletzt freilich hält er sich in 'naiver' Selbstmythisierung für die Inkarnation des Dionysos.[494] Seine Sprache wird zur absoluten Sprache einer ursprünglichen Seinserfahrung. In halkyonischer Entrücktheit läßt das euphorische Subjekt die Lebensprozesse hinter sich und erreicht einen Zustand der reinen Identifikation mit dem Sein selbst. Im Dionysos-Dithyrambus *Die Sonne sinkt* (6, 395 ff. – DD) ist dieser Grenzzustand in unvergleichlicher Weise formuliert:

Rings nur Welle und Spiel.
   Was je schwer war,
sank in blaue Vergessenheit,
müssig steht nun mein Kahn.
Sturm und Fahrt – wie verlernt er das!
   Wunsch und Hoffen ertrank,
   glatt liegt Seele und Meer.[495]

---

492 Das 'Heroische' prägt die Grundhaltung Nietzsches. Das 'Heroische' ist jene Haltung, die um eines großen Zieles willen den eigenen Untergang (und den Untergang anderer) in Kauf nimmt. Die "Art von Menschen", "auf welche einzig Etwas ankommt", sind die "*Heroischen*" (3, 533 – FW). Die "heroischen Menschen" sind die "grossen *Schmerzbringer* der Menschheit" (3, 550 – FW). Der Psychologe Nietzsche kennt allerdings auch die Notwendigkeit der zeitweiligen Dämpfung des 'heroischen' Willens. Im Zusammenhang einer Kritik des "Heroismus" der "Idealisten" formuliert er: "Indes: der wirkliche Heroismus besteht darin, daß man *nicht* unter der Fahne der Aufopferung, Hingebung, Uneigennützigkeit kämpft, sondern *gar nicht kämpft...*" (III, 594). Der "Heroismus" soll nicht eine ideologische Anstrengung, nicht eine zwanghafte Bemühung um abstrakte Ideale sein, sondern sich frei aus dem Willen des Schaffenden und aus der spielerischen Bewegung des Lebens entfalten. Dies ist allerdings die ideale Form des Heroismus. Faktisch läuft der Heroismus auf eine Anstrengung, auf die Überwindung eines Widerstandes, hinaus, ja, die wahre Produktivität entsteht erst aus der Überwindung von Widerständen, von gravierenden Widerständen. Nietzsche versteht sein Schaffen als "Beweis meines Satzes, dass alles Entscheidende 'trotzdem' entsteht" (6, 337 – EH).

493 Exkurs 54.

494 Exkurs 55.

495 Spricht hier ein Gescheiterter oder ein Befreiter? Benn meint dazu: "Ist Nietzsche gescheitert? Ich meine, er hat sich aufgebaut [...] Wenn er aber gescheitert ist, können solche Leute etwas anderes auf sich zukommen sehen, etwas anderes ertragen als – scheitern? [...] Gibt es für solche Leute einen anderen Sieg als zum Schluß zu sagen: Rings nur Welle und Spiel, was je schwer ward, sank in blaue Vergessenheit? Nein, solche Leute sehen sich nicht um." (Erwiderung an Alexander Lernet-Holenia, 307 f.).

Exkurse

Exkurs 1 (zu Seite 30, Fn. 16)

Das Verhältnis von biologischer und metaphysischer Lebens- und Kunstkonzeption ist ein höchst schwieriges Problem der Nietzsche-Deutung. Ist Nietzsches 'Ästhetik' eine physiologische Ästhetik, die, im Zeichen eines vitalistischen Lebensbegriffs, Front macht gegen die idealistische Ästhetik des 'Geistes'? Oder haben bei ihm die physiologischen Termini nur instrumentelle, provokative Funktion, indem sie einer neuen 'metaphysischen' Kunstauffassung zum Durchbruch verhelfen sollen? Nach Heidegger handelt es sich um die provokative Überzeichnung des physiologischen Komplexes: "Wenn Nietzsche mit bewußter Übertreibung und ständig das Physiologische des ästhetischen Zustandes betont, dann will er gegen die innere Gegensatzlosigkeit und Armut des Klassizismus den ursprünglichen Widerstreit des Lebens und damit die Wurzel der Notwendigkeit eines Sieges herausstellen." (*Heidegger*, Nietzsche I, 150 f.). Im Grunde hat schon um die Jahrhundertwende Julius Zeitler dieses Problem klar gesehen. Vgl. dazu *Zeitler*, Nietzsches Ästhetik, bes. das Kapitel *Physiologische Ästhetik* (S. 265-282). Nach Zeitler hat Nietzsche in seiner Ästhetik "das Wort 'physiologisch' " nur als 'wissenschaftlichen' Terminus benutzt: "Es war freilich nur eine Theaterwaffe, ein Bühnenrequisit, das er von der Wissenschaft entlieh." (S. 269). "Und zuletzt – was ist denn an dieser 'physiologischen Ästhetik' physiologisch? Der Name! Um diese Theorie aufzustellen, waren überhaupt keine physiologischen Kenntnisse nötig." (S. 270). Im Unterschied zu den traditionellen Deutungen, die das 'Physiologische' im Kunstbegriff Nietzsches letztlich eskamotieren, neigt die neuere Nietzsche-Deutung stärker zu einem Ernstnehmen des physiologischen Aspektes, freilich mit der Tendenz, ihn nun überzubetonen. So ist Volker Gerhardt der Auffassung, im ästhetischen Denken Nietzsches vollziehe sich eine Entwicklung von einer metaphysischen Kunstanschauung, wie sie noch die *Geburt der Tragödie* präge, zu einer physiologischen Kunstauffassung: "An die Stelle der *ästhetischen Metaphysik* tritt die *Physiologie der Kunst*." (*Gerhardt*, Von der ästhetischen Metaphysik zur Physiologie der Kunst, 388). Stephan Grätzel verweist auf den Zusammenhang von "großer Vernunft" und "Vernunft des Leibes" (vgl. *Grätzel*, Physiologie der Kunst). Helmut Pfotenhauer ist der Meinung, bei Nietzsche liege eine "physiologische Radikalisierung des Mythos" vor, die auf eine 'Depotenzierung' der "mythischen Bildersprache" hinauslaufe: "Der Logos gerät, am Leitfaden des Leibes, an den Abgrund des Verstummens" (*Pfotenhauer*, Physiologie der Kunst als Kunst der Physiologie?, 405; vgl. auch *Pfotenhauer*, Zu Nietzsches "Physiologie der Kunst"). Nun hat Nietzsche in der Tat, in bahnbrechender Weise, den "Leib" in einen hohen Rang erhoben. Im *Zarathustra*-Kapitel *Von den Verächtern des Leibes* (4, 39-41) verkündet er den Vorrang des "Leibes" vor der "Seele" und dem "Geist", vor den "Gedanken und Gefühlen". Aber er verabsolutiert damit keineswegs den "Leib" als physiologisch-anatomisches Phänomen, sondern versteht ihn als den submentalen Bereich des Triebhaften, des Unbewußten, des Willens. Der "Leib" ist Ausdruck und Organ des "Selbst". Der "Leib" ist für Nietzsche nur von Interesse, insofern aus ihm die tieferen Impulse des Schöpferischen erwachsen. Der "Leib" interessiert ihn als der "schaffende

Leib", und der ist Ausdruck des "schaffenden Selbst". Es geht Nietzsche eigentlich gar nicht um den "Leib", sondern um das "Selbst". Der "Leib" gewinnt nur deshalb bei ihm einen so hohen Stellenwert, weil sich in ihm das "Selbst" manifestiert. Man darf Nietzsches "Leib"-Verherrlichung nicht absolut setzen, sondern muß sie funktional sehen. Sie ist einerseits Bewußtseinskritik, Kritik der idealistischen Verabsolutierung des Bewußtseins, und andererseits der Versuch, das elementare, schöpferische Leben freizusetzen. Damit soll Nietzsches "Physiologie" nicht heruntergespielt werden. Immerhin spielt der Begriff der "Physiologie der Kunst" bei Nietzsche eine nicht unerhebliche Rolle. Vgl. dazu bes. das Fragment *Zur Physiologie der Kunst* (13, 529 f.). Ein Kapitel des geplanten Hauptwerks *Der Wille zur Macht* sollte den Titel *Zur Physiologie der Kunst* führen (vgl. 6, 26 – WA sowie 13, 508 f., 516, 538). Wollte Nietzsche der traditionellen "Philosophie der Kunst" eine "Physiologie der Kunst" als 'eigenständigen' "Gegensinn" entgegensetzen (so *Pfotenhauer*, Die Kunst als Physiologie, 4)? Nietzsches entschieden biologistisches Vokabular scheint in diese Richtung zu deuten. Aber man darf nicht vergessen, daß Nietzsche nicht nur von der "Physiologie der Kunst", sondern auch und vor allem von der "Kunst" als der "metaphysischen Thätigkeit" des "Lebens" resp. des "Menschen" spricht (1, 24 – GT resp. 1, 17 – GT [VS]). Daß Nietzsche noch 1886, im *Versuch einer Selbstkritik*, die Wendung "*metaphysische* Thätigkeit" anführt, signalisiert die Konstanz der Fragestellung. Obschon Nietzsche diese Formel mit Bezug auf die frühe Tragödienschrift ins Spiel bringt, verwendet er sie nun doch in einem bestätigenden, affirmativen Kontext. An der ästhetischen Kernthese hat sich im Prinzip nichts geändert. Wenn der spätere Nietzsche auch von der "bisher so unberührten, so unaufgeschlossenen *Physiologie der Ästhetik*" spricht (5, 356 – GM), so dementiert er damit nicht den Gedanken von der "metaphysischen Thätigkeit", sondern zielt auf eine vitalistische Begründung des metaphysischen Impetus. Es geht ihm nicht um eine biologistische Ästhetik, sondern um eine Kunsttheorie des elementaren, d.h. des schöpferischen Lebens. Insofern bleibt die 'physiologische' Ästhetik Nietzsches eingebunden in eine 'metaphysische' Problemstellung. Letztlich steht nicht die Ablösung der *Philosophie* der Kunst durch eine *Physiologie* der Kunst an, sondern Nietzsche erstrebt eine neue Philosophie der Kunst auf der Grundlage vitaler Elementarvorgänge.

Exkurs 2 (zu Seite 91, Fn. 43)

Mit Schellings Philosophie des Unbewußten resp. des 'Bewußtlosen', einer Philosophie, die nicht mit dem modernen Psychologismus des Unbewußten verwechselt werden darf, sondern in der naturphilosophischen Metaphysik der ursprünglichen Identität von Geist und Natur begründet ist, hat Nietzsche sich allerdings nicht auseinandergesetzt. Nietzsches Kritik der Theorie des 'Unbewußten' richtet sich speziell gegen Eduard von Hartmanns *Philosophie des Unbewußten* (1868). Dieses Werk und sein Autor werden von Nietzsche immer wieder mit Verve attackiert. Nach Hartmann, der stark von Schelling, Schopenhauer und Hegel beeinflußt ist, ist das "Unbewußte" der nach Erlösung strebende Weltwille, der sich des Geistes als Mittel in diesem Erlösungsprozeß bedient. Hartmann geht davon aus, "dass alle unbewussten Functionen *von Einem identischen* Subjecte herrühren, welches in den vielen Individuen nur seine phänomenale Offenbarung hat, so dass alsdann 'das Unbewusste' dieses Eine absolute Subject bedeutet" (*Hartmann*, Philosophie des Unbewussten, 4). Hartmann unterscheidet drei Manifestationen des "Unbewussten", nämlich die "Erscheinung des Unbewussten in der Leiblichkeit" (Hauptabschnitt A), das "Unbewusste im menschlichen Geiste" (Hauptabschnitt B) und die "Metaphysik des Unbewussten" (Hauptabschnitt C). Mit Bezug auf Schelling bezeichnet er "das Ineinander von bewusster und unbewusster Geistesthätigkeit als unentbehrlich für jede künstlerische Leistung" (ebd., S. 35). Der künstlerische Schaffensprozeß wird im Sinne der Inspirationsästhetik gedeutet: "die Conception des Genies ist eine willenlose leidende Empfängniss" (S. 249). Es ist die "Empfängniss der Idee aus dem Unbewussten" (S. 252). Man muß begreifen, "dass alle künstlerische Production des Menschen in einem Eingreifen des Unbewussten wurzelt" (S. 255). Hartmann unterscheidet allerdings zwischen dem unbewußten Schaffen der Natur und dem durch den Willen des Künstlers ergänzten Schaffensprozeß. Während die "Idee" sich in der "Naturschönheit" "völlig unbewusst" "verwirklicht", ist in die "künstlerische Production des Menschen" der "bewusste Wille des Künstlers" "eingeschoben" (S. 259). Freilich, das eigentliche Agens des künstlerischen Schaffensprozesses ist das "Unbewusste". Nietzsche hat für Hartmann nur ironische, bissige Bemerkungen übrig. Hartmanns "berühmte Philosophie des Unbewussten", diese "Philosophie der unbewussten Ironie", in der der "Weltprozess" "aus dem so witzig erfundenen Inspirations-Borne des Unbewussten" dargestellt wird (1, 314 – HL), ist ihm nur Gegenstand des Spottes. Er hält es für fatal, diese Philosophie des 'Unbewußten' als Heilmittel gegen ein überwucherndes Bildungswissen anzusetzen, und fragt ironisch: "Denn welche Medizin wäre heilsamer gegen das Uebermaass historischer Bildung als Hartmanns Parodie aller Welthistorie?" (1, 314 – HL). Im Brief an Gersdorff vom 4.8.1869 hatte Nietzsche noch geschrieben: "Ein wichtiges Buch für Dich ist 'Hartmann's Philosophie des Unbewussten', trotz der Unredlichkeit des Verfassers." (B 3, 36). Und im Brief an Gersdorff vom 12.12.1870 konstatiert er zustimmend, daß in "Hartmann's Philos. des Unbewussten [...] die Probleme in Schopenhauerischen Sinne gestellt sind" (B 3, 162). Nietzsche bemüht sich sogar um die Anschrift Hartmanns (vgl. B 3, 316 – Brief an Gersdorff vom 1.5.1872). In der Folgezeit jedoch, insbesondere in der Historienschrift, wächst Nietzsches Kritik an Hartmann. Nun polemisiert er nur noch gegen den Philosophen des 'Unbewußten'. Er nennt ihn den "unbewussten Parodisten" (1, 316 – HL) und apostrophiert ihn ironisch: "du unverstandener Unbewusster" (1, 318 – HL). Gegenstand der Kritik ist Hartmanns Lehre vom "Unbewussten" und vom "Weltprozess" (vgl. dazu bes. den 9. Abschnitt der Historienschrift [= 1, 311-324 – HL]). Nietzsche sieht in der Philosophie des 'Unbewußten' einen zeittypischen Irrweg. Im Brief an Richard Wagner vom 24.5.1875 spricht er von der "ganz allgemeinen Krankheit 'des Hartmannianismus'" (B 5, 57). Und im Brief an Paul Rée vom 22.10.1875 bezeichnet er Hartmann als einen "Scheindenker" (B 5, 123). Hartmann wird zum Gegenstand der schonungslosesten Polemik. Für diesen im Unterschied zu den "*Übertreibern* (Dühring und Richard Wagner)" "unfreiwilligen *Verkleinerer*" Schopenhauers (11, 161 – 1884) hat er nur Hohn übrig. Wie die Vorwegnahme surrealistischer *ready mades*, wie ein dadaistisches Arrangement wirkt seine Parodie: "Es giebt auch jetzt noch viel mehr heitere Dinge auf Erden, als die Pessimisten eingestehen; z.B. E<duard> von H<artmann> selber. Die Laokoon-gruppe, von drei Clown's und ebenso vielen Regenschirmen dargestellt, erheitert mich nicht so, wie dieser Eduard mit seinen Problemen 'ringend'." (11, 232 – 1884; vgl. auch 11, 532). Nun ist Nietzsche selbst in gewisser Weise ein Philosoph resp. Psychologe des 'Unbewußten'. Er notiert: "Alles vollkommne Tun ist gerade unbewußt und nicht mehr gewollt; das Bewußtsein drückt einen unvollkommnen und oft krankhaften Personalzustand aus." (III, 746). Hier ist allerdings das

'Unbewußte' das Naiv-Ursprüngliche, etwa im Sinne der Kleistschen Marionette. Nietzsche erklärt aber auch bereits das "Bewußtsein" zum bloßen Organ des "Unbewußten". Er spricht von der "*Bescheidenheit des Bewußtseins*", definiert das "bewußte Ich" als "Werkzeug", konstatiert, "wie sehr alles Bewußte *auf der Oberfläche* bleibt", wie das zwecksetzende "Wollen" "nur eine *Zeichensprache*" für etwas "Nicht-Wollendes und Unbewußtes" ist (III, 901; vgl. 5, 31-34 – JGB [Nr. 19]). Nietzsches Kritik der Philosophie des 'Unbewußten' ist in seiner Konzeption des Schöpferischen begründet. Zunächst kann er die Philosophie des 'Unbewußten' noch positiv bewerten, da er in ihr eine Bestätigung der Schopenhauerschen Willenslehre erblickt. Dann aber, in dem Maße, in dem das geistig schaffende Subjekt für ihn an Gewicht gewinnt, tut er die Philosophie des 'Unbewußten' als regressive Fiktion ab, wie er auch die Geschichtsauffassung Hartmanns als idealistische Konstruktion verwirft. Solange die Deutung des 'Dionysischen' als eines anonymen Weltwillens, der sich des Künstlers als seines Organs bedient, Nietzsches Sicht prägt, kann er sich nicht nur Schopenhauer, sondern auch Hartmann verbunden fühlen, unbeschadet der Feststellung, daß das 'Dionysische' und das 'Unbewußte' keineswegs identisch sind. Je mehr aber das schaffende Subjekt das Denken Nietzsches bestimmt, um so weniger kann er sich mit der passiven Funktion des Künstlers in der Philosophie des 'Unbewußten' identifizieren. Aber auch das 'Dionysische' als der Weltwille, das schöpferische "Leben" selbst, ist vom Monismus der Philosophie des 'Unbewußten' grundsätzlich unterschieden. Während Hartmann die "Alleinheit des Unbewussten" verkündet (vgl. Philosophie des Unbewussten, S. 519-543), geht Nietzsche vom Prinzip des schöpferischen "Lebens" aus und proklamiert das voluntative Subjekt als dessen höchste Potenz. Daher konnte er den Panpsychismus Hartmanns nicht goutieren.

Exkurs 3 (zu Seite 93, Fn. 46)

Übrigens zeigt sich hier bereits ein Ansatz von Nietzsches späterer Kritik des philiströsen Spezialistentums, wenn es von Hölderlin heißt: "Aber er haßte in dem Deutschen den bloßen Fachmenschen, den Philister." (HKG, W II, 4). Zudem beklagt Nietzsche die mangelnde Resonanz "jenes Dichters", "den die Mehrzahl seines Volk<es> kaum den Namen nach kennt" (HKG, W II, 5). Hölderlin, der "Lieblingsdichter" des jungen Nietzsche, beeindruckt ihn vor allem durch sein reines Dichtertum. So zitiert er in der Jugendschrift *Primum Oedipodis regis carmen choricum* (1864) Verse aus Hölderlins Gedicht *Sonnenuntergang* (*Hölderlin*, SW I, 259), in denen Apollon gefeiert wird:

> Wo bist du? trunken dämmert die Seele mir
> Von aller deiner Wonne; denn eben ist's,
> Daß ich gelauscht, wie, goldner Töne
> Voll, der entzückende Sonnenjüngling
> Sein Abendlied auf himmlischer Leyer spielt;
> Es tönten rings die Wälder und Hügel nach . . . .
> (HKG, W II, 398)

So ist für den jungen Nietzsche sowohl der 'dionysische' Hölderlin, der empedokleische Ekstatiker, als auch der 'apollinische' Hölderlin, das reine Dichtertum Hölderlins, von Bedeutung – ohne daß allerdings bereits zu dieser Zeit die Duplizität des Dionysischen und Apollinischen im Blickfeld stünde. Nietzsche bleibt ein Verehrer des "herrlichen Hölderlin" (1, 172 – DS). Dieser aber ist zugleich der "arme Hölderlin" (1, 172 – DS), der am Philistertum seiner Zeit litt. Nietzsche, der das Genie in Opposition zu seiner Zeit sieht, unterscheidet zwischen den labilen, scheiternden Existenzen und den starken, widerstandsfähigen Naturen: "Unsere Hölderlin und Kleist und wer nicht sonst verdarben an dieser ihrer Ungewöhnlichkeit und hielten das Clima der sogenannten deutschen Bildung nicht aus; und nur Naturen von Erz wie Beethoven, Goethe, Schopenhauer und Wagner vermögen Stand zu halten." (1, 352 – SE). Im Brief an Wagner vom 24.5.1875 zitiert Nietzsche längere Passagen aus Hölderlins Gedicht *Gesang des Deutschen* (*Hölderlin*, SW II, 3) und bemerkt dazu: "Das sagt alles der arme Hölderlin, dem es nicht so gut wurde, wie mir und der es nur in der Ahnung trug, was wir trauen und schauen werden." (B 5, 56). Nietzsche sieht demnach in Hölderlin seinen geistigen Vorläufer, freilich einen Vorläufer der schwärmerischen Utopie, während er Wagner und sich selber als die Protagonisten einer konkreten Utopie versteht. Bei aller Geistesverwandschaft zwischen Nietzsche und Hölderlin darf man allerdings nicht übersehen, daß Hölderlin eine eher pathische, den Lebensmächten hingegebene Natur, Nietzsche hingegen eine voluntative Existenz mit anarchischem Temperament ist. Zudem ist Hölderlin der im ursprünglichen Sinne 'naive' Dichter, der noch vom Glauben getragen ist, im hymnisch rühmenden Wort die verlorenen 'Götter', d.h. die elementaren Lebensmächte, wieder vergegenwärtigen zu können, wohingegen Nietzsche, trotz des Glaubens an den 'Dionysos', der 'sentimentalische' Dichter-Denker ist, der nicht Natur *ist*, sondern sie *sucht* und dessen monologische Existenz sich weit von Hölderlins pantheistischem Lebensglauben entfernt hat. "Die einzigartige Bedeutung, die *Hölderlin* für uns hat, gründet darin, daß ihm die mythische Welt, die längst und, wie man wohl zu meinen geneigt ist, für immer untergegangene, wieder auferstanden ist." (*Bröcker*, Hölderlin, 29). An die mögliche Gegenwart, die Realpräsenz der 'Götter' hat Nietzsche nicht mehr geglaubt. Zudem fehlt ihm die Trauer über die verlorene Götterwelt, jener elegische Zug, der für Hölderlin trotz des 'naiven' Dichtens so charakteristisch ist. Aber gerade dies ermöglicht ihm die spontane Hinwendung zum 'Dionysos', d.h. zum Weltwillen selbst. In dieser Hinsicht ist 'Dionysos' bei Nietzsche unmittelbarer gegenwärtig als bei Hölderlin, und insofern ist der 'sentimentalische' Nietzsche sogar 'naiver' als der 'naive' Hölderlin. Freilich, bei Nietzsche ist 'Dionysos' nur ein Symbol, allerdings ein Symbol des in seiner Unmittelbarkeit erlebten schöpferischen Lebens. Außerdem ist für Hölderlin der Dichter ein Vermittler zwischen den 'Göttern' und den Menschen. Der Dichter, "ein Hinausgeworfener – hinaus in jenes *Zwischen*, zwischen den Göttern und den Menschen" (*Heidegger*, Hölderlin, 43), stiftet den Bezug des Menschen zu den Göttern. Nietzsche ist weit entfernt vom Glauben an eine solche Vermittlungsfunktion des Dichters, an einen mythischen Dichterauftrag, an eine religiöse Dichterberufung. Bei ihm steht, spätestens seit dem *Zarathustra*, das autonome Schaffenssubjekt im Mittelpunkt seiner Reflexionen. Dieses handelt nicht mehr in höherem Auftrag, sondern ganz aus sich selber. Die Umgestaltung der Menschheit kann nur durch das autonome Genie erfolgen. Hölderlin schrieb: "Beruf ist mirs, / Zu rühmen Höhers, darum gab die / Sprache der Gott und den Dank ins Herz mir." (Der Prinzessin Auguste von Homburg, SW I, 312). In dieser Geburtstagsode spricht Hölderlin in der sentenziösen Verallgemeinerung des konkreten Anlasses seine Auffassung von Wesen und Funktion des Dichters aus: Der Dichter ist das Organ des 'Gottes', und das dichterische Wort ist ein das 'Höhere' rühmende Wort. Bei Nietzsche hingegen wird der 'Gott' im Dichter getilgt – um der Freiheit des kreativen Subjekts willen: "Den Gott *zerreissen* im Menschen" (4,373 – Za [= 6,379 – DD]). Es kommt hinzu, daß Nietzsches Denken nicht nur vom dionysischen Lebenspathos, sondern auch vom satirischen Witz geprägt ist. Er ist gewissermaßen eine Mischung aus Hölderlin und Heine.

Exkurs 4 (zu Seite 94, Fn. 51)

Was die bacchantische Sinnenlust betrifft, so ist hier allerdings Heinse der große Vorläufer Heines. Nicht ohne Grund nennt Heine Heinse "einen jener Dämonen, die ich vielleicht jetzt repräsentire" (*Heine*, Briefe 1815-1831, 319 [Brief an J.H. Detmold vom 15.2.1828]). Und auch Nietzsches Phänomen des 'Dionysischen' ist in bestimmter Hinsicht schon bei Heinse vorgeprägt. Der Kult des sinnlichen Leben, die Verherrlichung des Rausches und die Emanzipation des Individuums von den Fesseln der konventionellen Moral – diese Nietzscheschen Ideen finden sich bereits in Heinses *Ardinghello*. – Zu Heinse und Nietzsche vgl. *W. Brecht*, Heinse und der ästhetische Immoralismus, 62-67; *Baeumer*, Das Dionysische in den Werken Wilhelm Heinses, 153-161; *ders.*, Heinse-Studien, 92-124 (Heinse und Nietzsche. Anfang und Vollendung der dionysischen Ästhetik). Brecht sieht die Übereinstimmungen zwischen Nietzsche und Heinse im 'ästhetischen Immoralismus', im aristokratischen Individualismus, in der Moral des 'Lebens' und des 'Stärkeren', im Kult der Renaissance. Von Nietzsches Auffassung der "Welt als Illusion" hätte sich Heinse allerdings "schaudernd abgewandt" (*Brecht*, 64). Umgekehrt soll der junge Nietzsche sich kritisch zu Heinses "Erotik" geäußert haben (ebd., 66). Obschon bei Heinse "irgendwelche Äußerungen über 'das Dionysische' als solches" noch fehlen und "auch der Name des Gottes Dionysos" "nicht in Heinses Werken zu finden" ist und Dionysos "nur unter dem Namen Bacchus" auftaucht (*Baeumer*, Das Dionysische, 5), besteht dennoch eine "überraschende Ähnlichkeit" zwischen Heinse und Nietzsche (ebd., 3). "Die Übereinstimmungen zwischen den Ideen Heinses und Nietzsches sind frappant." (ebd., 154). Möglicherweise war Nietzsche wie Wagner, der in seiner *Autobiographischen Skizze* (1843) mit Bezug auf den *Ardinghello* und das 'Junge Europa' die "freie, offene Sinnlichkeit" verherrlicht (WSD 1, 10), von Heinses rauschhaftem Immoralismus gefesselt. Wenngleich eine Beschäftigung Nietzsches mit Heinse nicht unmittelbar nachweisbar ist, wird man doch von Einflüssen sprechen dürfen. Vor allem der im *Zarathustra* auftauchende Topos der "glückseligen Inseln" kann seine Herkunft von Heinses Romantitel *Ardinghello und die glückseligen Inseln* kaum verleugnen (dazu: *Baeumer*, Das Dionysische, 161). Man darf aber trotz dieser Motivaffinität den grundsätzlichen Unterschied zwischen Nietzsche und Heinse nicht übersehen. Auf Nietzsches "glückseligen Inseln" gibt es keine erotischen Erlebnisse. Hier verkündet ein Dichter-Denker seine "Übermensch"-Philosophie (vgl. 4, 109-112 – ZA [Auf den glückseligen Inseln]). Wo bei Heinse die bacchantische Erotik vorherrscht, waltet bei Nietzsche die 'dionysische' Philosophie. Verglichen mit dem Erotomanen Ardinghello ist Zarathustra geradezu ein Asket. Freilich, auch im *Ardinghello* wird philosophiert. "Gott" erscheint als das "Wesen", das die "Welt nach seiner Lust aus sich erschaffen" hat (*Heinse*, Ardinghello, 307). Oder es wird die Frage aufgeworfen: "Wenn die Natur selbst lebt und wirkt [...]: wozu brauch ich einen Gott?" (ebd., 301). Diese Überlegungen erfolgen aber im Zeichen einer hedonistischen Weltsicht. Sie sollen die Auflösung der bürgerlichen Sexualmoral und die erotische Libertinage rechtfertigen – Probleme, die den im Grunde unerotischen Nietzsche kaum interessiert haben. Wohl aber besteht eine Geistesverwandtschaft zwischen dem dionysischen Amoralismus Zarathustras und dem Herrenmenschentum des Renaissancemenschen Ardinghello.

Exkurs 5 (zu Seite 95, Fn. 52)

In ähnlicher Weise entfaltet Heine im Gedicht *Disputation* aus dem *Romanzero* eine parodistische Antithese zwischen den "groben Kutten" und den "reinlichsten Gewändern", den "Weinpokalen" mit dem schäumenden "Saft der Reben" (*Heine*, SS 11, 164). Im Gedicht *Der Apollogott* (SS 11, 32-36) läßt sich die "junge Nonne" von einem schönen "Gott der Musika" betören, von einem "Apollo", der allerdings einst "Rabbi Faibisch" hieß, coupletartige Lieder à la Offenbach singt und mit "Dirnen" umherzieht – eine witzige Karikatur auf Christentum, klassisches Bildungsideal und Hellenenpose sowie, hier freilich mit Zwischentönen, auf das Judentum. Apollo ist zum armen jüdischen Komödianten geworden, der sich auf seine Weise durchs Leben schlägt. Es ist ein heimatloser Apollo, ein Apollo der elegischen Erinnerung, ein Apollo, der um seine Verlorenheit weiß, aber sich auch seine Liebe zur heidnischen Antike bewahrt hat:

> Wohl tausend Jahr aus Gräcia
> Bin ich verbannt, vertrieben –
> Doch ist mein Herz in Gräcia,
> In Gräcia geblieben.

In Heines *Reisebildern* wird an einer Stelle der Kontrast von Leben und Tod durch die Verschränkung eines bacchantischen Motivs mit einem christlichen Motiv dargestellt:

> Auf der einen Seite stand ein großes hölzernes Kruzifix, das einem jungen Weinstock als Stütze diente, so daß es fast schaurig heiter aussah, wie das Leben den Tod, die saftig grünen Reben den blutigen Leib und die gekreuzigten Arme und Beine des Heilands umrankten. (SS 3, 341 [Reise von München nach Genua])

Dieses Bild, "das man fast eine Bildformel des Gegensatzes von Hellenentum und Nazarenertum nennen kann" (*Preisendanz*, Heine, 63), wird dann noch ins Ekstatische gesteigert, denn vor der "schönen Spinnerin" hin "jagte der Bach, immer stürmischer und wilder, die Weinreben umrankten mit ängstlicher Hast das gekreuzigte Holzbild, das sich schmerzlich regte und die leidenden Augen öffnete und aus den Wunden blutete" (SS 3, 342). Die Verquickung des christlichen Kreuzes mit dem ästhetischen Lebensmotiv findet sich auch bei Goethe, freilich nicht als Kontrast, sondern als Synthese. In Goethes 'Fragment' *Die Geheimnisse*, das das alte Emblem des Rosenkreuzes aufgreift, wird in der Verschlingung von Kreuz und Rosen im Sinne einer ästhetischen Religiosität Christus mit der Natur verquickt:

> Es steht das Kreuz mit Rosen dicht umschlungen.
> Wer hat dem Kreuze Rosen zugesellt?
> Es schwillt der Kranz, um recht von allen Seiten
> Das schroffe Holz mit Weichheit zu begleiten.
> (HA II, 273)

Der junge Nietzsche verweist zustimmend auf diese Goethesche Symbolik, aber er interpretiert sie im Sinne des eigenen Lebensbegriffs: "Es sind die Künstler des *Lebens*; sie haben ihre Götter, um leben zu können, nicht um sich dem Leben zu entfremden. [...] Ein Kreuz mit Rosen umhüllt, wie Goethe in den Geheimnissen." (7, 77). Nietzsche deutet das Goethesche Symbol im Sinne der eigenen Duplizität des Dionysischen und Apollinischen: "Der Grieche kannte die Schrecken und Entsetzlichkeiten des Daseins, aber er verhüllte sie, um leben zu können: ein Kreuz unter Rosen versteckt nach dem Goetheschen Symbol." (1, 560 – DW). Aber in den Versen Goethes geht es noch um die Einheit von religiösem und ästhetischem Motiv, eine Einheit, die bei Heine auseinanderbricht und bei Nietzsche irrelevant wird. Andererseits nimmt Goethe durchaus Aspekte des Heineschen Widerstreits von christlicher Weltentsagung und heidnischer Lebensfreude vorweg. So wird in der Ballade *Die Braut von Korinth* der christliche Bereich, der am "Kreuz" verehrte "Heiland" und das Wort der "Priester", durch das heidnische Lebensgefühl, durch das erotische Motiv der "Venus" und die "alten Götter", kritisch in Frage gestellt, in Versen, deren antichristlicher Zug wohl kaum zu leugnen ist (vgl. HA I, 268-273).

Exkurs 6 (zu Seite 137, Fn. 38)

Ein Spezialproblem des *Zarathustra* ist die Relation Zarathustra – Übermensch. Nach Heidegger ist zu unterscheiden zwischen Nietzsche, Zarathustra und Übermensch: "Zarathustra ist nur der Lehrer, nicht schon der Über-mensch selbst. Und wiederum ist Nietzsche nicht Zarathustra, sondern der Fragende, der Zarathustras Wesen zu erdenken versucht." (*Heidegger*, Wer ist Nietzsches Zarathustra?, 107). Es erhebt sich die zentrale Frage, ob der Übermensch der in sein wahres Wesen gelangende Mensch oder ob er ein Phänomen jenseits des Menschen ist. Für Heidegger ist der Übermensch derjenige Mensch, der die ewige Wiederkunft zu bejahen vermag. Er ist "derjenige Mensch, der über den bisherigen Menschen hinausgeht, einzig um den bisherigen Menschen allererst in sein noch ausstehendes Wesen zu bringen und ihn darin fest zu stellen" (ebd., 106). Heidegger deutet den "Übermenschen" aber nicht nur als das eigentliche Wesen des "Menschen", sondern verknüpft den "Übermenschen" auch unlöslich mit der "ewigen Wiederkehr". Nach Heidegger bilden "Übermensch" und "ewige Wiederkehr" eine ursprüngliche Einheit. "Zarathustra lehrt als Lehrer der ewigen Wiederkehr und des Übermenschen nicht zweierlei. Was er lehrt, gehört in sich zusammen, weil eines das andere in die Entsprechung fordert." (ebd., 118). Die Nietzsche-Deutung ist Heidegger in dieser Frage weitgehend gefolgt. So schreibt Müller-Lauter (trotz Abgrenzung gegen Heidegger): "Auf diese Weise gehören Übermenschentum und Wollen der ewigen Wiederkehr als das Äußerste, in dem sich Nietzsches Philosophieren ausspricht, zusammen." (*Müller-Lauter*, Nietzsche, 143). Heidegger geht aber noch einen Schritt weiter. Er macht den "Übermenschen" zu einer Funktion der "ewigen Wiederkehr": "Zarathustra ist der Lehrer, der den Übermenschen lehrt. Aber er lehrt diese Lehre einzig deshalb, weil er der Lehrer der ewigen Wiederkehr des Gleichen ist." (a.a.O., 118). Auch in diesem Punkt ist man Heidegger gefolgt. "Zarathustra, der Lehrer der ewigen Wiederkehr hat den Übermenschen geschaffen, damit er seine Lehre überhaupt verkünden kann." (*Haase*, Übermensch, 235). Angesichts dieser Theoreme stellen sich zwei grundsätzliche Fragen: 1) Ist nicht der "Übermensch" ein allererst zu Schaffendes, im Sinne der Hervorbringung eines anthropologisch neuen Menschenwesens? 2) Hat nicht die Idee des "Übermenschen" ein substantielles Eigengewicht gegenüber dem Wiederkunftsgedanken? Es ist im Blickfeld zu halten, daß Nietzsche wiederholt den Übermenschen als etwas vom Menschen überhaupt erst zu Schaffendes bezeichnet. "Der Mensch sei ein Anlaß zu etwas, das nicht Mensch mehr ist." (GA XII, 362). "Der Gegensatz des *Übermenschen* ist der *letzte Mensch*: ich schuf ihn zugleich mit jenem." (GA XIV, 262). Nietzsche rückt dieses Problem in einen geschichtsphilosophischen Horizont. Er unterscheidet zwischen zwei 'Bewegungen'. Die "*eine* Bewegung" läuft auf die "Nivellirung der Menschheit" hinaus; die "*andere* Bewegung: meine Bewegung" hat die "Beseitigung der Gleichheit, das Schaffen Über-Mächtiger" zum Ziel. "*Jene* erzeugt den letzten Menschen. *Meine* Bewegung den Übermenschen." (10, 244 – 1883). "Ein höheres Wesen, als wir selber sind, zu schaffen ist *unser* Wesen. *Über uns hinaus schaffen!* Das ist der Trieb der Zeugung, das ist der Trieb der That und des Werks. – Wie alles Wollen einen Zweck voraussetzt, *so setzt der Mensch ein Wesen voraus*, das nicht da ist, das aber den Zweck seines Daseins abgiebt". (GA XIV, 262f. [= 10, 209 – 1882/83]). Diese Äußerungen signalisieren, daß der "Übermensch" nicht nur der Bejaher der Wiederkunft ist, sondern vor allem eine anthropologische Utopie, eine regulative Idee, eine zu schaffende Realität zu sein scheint. Konkret definiert hat Nietzsche den "Übermenschen" nie. Letztlich war der "Übermensch" ein nie zu verwirklichendes Ideal, ein utopischer Entwurf, der die permanente Mobilität des Denkens und Schaffens ermöglichte. Daß Nietzsche die Idee des "Übermenschen" mit dem Wiederkunftsgedanken verquickt hat, soll nicht bestritten werden. Aber es ist fraglich, ob die "Übermensch"-Idee nur eine Funktion des Wiederkunftsgedankens ist. Damit nimmt man der Idee des "Übermenschen" ihr spezifisches Gewicht und degradiert sie zu einem bloßen Methodenproblem. Die Idee des "Übermenschen" hat aber nicht nur funktionale, sondern auch substantielle Bedeutung. Es gibt Äußerungen Nietzsches, die sogar den Gedanken des "Übermenschen" als Voraussetzung des Wiederkunftsgedankens bzw. der Bejahung der Wiederkunft ansetzen: "Erst die Gesetzgebung. *Nach der Aussicht auf den Übermenschen* auf schauerliche Weise die Lehre der *Wiederkunft*: jetzt *erträglich*!" (GA XIV, 265). "Als ich den Übermenschen geschaffen hatte, ordnete ich um ihn den großen Schleier des Werdens und ließ die Sonne über ihm stehen im Mittage." (GA XII, 362 [= 10, 403 – 1883]). Der "Übermensch" ist keine bloße Funktion der "Wiederkunft", sondern man könnte eher die Bejahung der "Wiederkunft" als Probierstein des "Übermenschen" deuten. Es ist daher mehr als problematisch, Zarathustra korrigieren zu wollen: "Der erste Satz, den wir von seiner Lehre vernehmen, lautet daher: '*Ich lehre euch den Übermenschen.*' Er hätte beginnen sollen: Ich lehre euch die ewige Wiederkehr des Gleichen." (*Haase*, Übermensch, 235). Nietzsche wußte, was er schrieb, und wenn er zunächst auf den "Übermenschen" verweist, so hat dies seine immanente Schlüssigkeit. Unbestreitbar ist allerdings, daß der Wiederkunftsgedanke der Zentralgedanke des "Übermenschen" ist. So heißt es von Zarathustra: "Er **vergißt sich** und lehrt **aus dem** *Übermenschen* **heraus** die Wiederkehr: der Übermensch *hält sie aus* und *züchtigt damit.* / Bei der Rückkehr aus der Vision stirbt er daran" (10, 378). Dies bedeutet, daß der Wiederkunftsgedanke erst aus dem "Übermenschen" erwächst, daß er aber zugleich der (gravierende) Zentralgedanke des "Übermenschen" ist. Dieser Gedanke wird von Nietzsche als Numinosum erfahren: "Ich weiß das Wort und Zeichen des Übermenschen: aber ich zeige es nicht, ich zeige es mir selber nicht." (10, 377). Das "Zeichen" ist der Wiederkunftsgedanke: "die Lehre der Wiederkehr ist das *Zeichen*." (10, 378). "Übermensch" und "Wiederkehr" bilden eine Symbiose. Dieser von der neueren Nietzsche-Deutung so entschieden betonte Gedanke ist im übrigen im Prinzip bereits um die Jahrhundertwende fixiert worden: "Der Übermensch und die ewige Wiederkunft sind keine Gegensätze. Es sind notwendige Gedanken *eines* Menschen, *einer* Philosophie. Sie bedingen einander. Nur der vergrösserte Mensch, der Übermensch kann die ewige Wiederkunft wünschen, nur auf den Übermenschen können die Wirkungen der Lehre von der ewigen Wiederkunft hinauslaufen. Es ist ein Zusammengehörendes, ein untrennbares Ganze." (*Horneffer*,

Ewige Wiederkunft, 25; vgl. auch *Horneffer*, Übermensch, 68f.). Der "Übermensch" erschöpft sich allerdings nicht in der Bejahung der "Wiederkehr", sondern er muß auch im Lichte des Schaffens gesehen werden. Durch den Entwurf des "Übermenschen" wird Zarathustra zu einer Art Prometheus. Montinari ist zwar der Auffassung, die "Nennung 'Prometheus'" passe "nicht zu einer Gestalt Zarathustra" (*Montinari*, Zarathustra, 83), aber im Hinblick auf die Schaffung des "Übermenschen" durch Zarathustra möchte man geradezu von einem prometheischen Zarathustra sprechen. Nietzsche hat sich wiederholt auf das Prometheus-Symbol bezogen. So zitiert er nicht nur in der Tragödienschrift den Goetheschen Prometheus (vgl. 1, 67 – GT), sondern verweist auch in einer Disposition zum späteren *Zarathustra* ausdrücklich auf Prometheus (vgl. 9, 519). So wie Prometheus Menschen schafft, so schafft Zarathustra den "Übermenschen". "*größte Erhöhung des Kraft-Bewußtseins des Menschen*, als dessen, der den Übermenschen schafft" (11, 225). In diesem Fragment unterstellt Nietzsche den "Übermenschen" allerdings dem Wiederkunftsgedanken: "Um den Gedanken der Wiederkunft zu *ertragen*" (11, 224). Die "Erzeugung des Übermenschen" macht die "Lehre der Wiederkunft" "erst *erträglich*" (U II, 500).

Jedenfalls hat Nietzsche dem Begriff "Übermensch" eine radikal neue Bedeutung verliehen. Obschon der Begriff seine Tradition hat und aus dem historischen Umfeld von "Heros", "Genie", "großer Mann", großer "Kerl" und "homme supérieur" verstanden werden muß (dazu: *R.M. Meyer*, Der Übermensch [1901]; vgl. auch *Tschizewskij*, "Uebermensch", "übermenschlich" [1930]) und obschon er in der Literatur der Jahrhundertwende zum Modebegriff wird (vgl. dazu die Hinweise bei *Berg*, Der Übermensch in der modernen Literatur [1897]), hat doch der Begriff eigentlich allein bei Nietzsche eine absolut innovatorische Bedeutung: Der "Übermensch" ist eine allererst zu schaffende, ganz neue anthropologische Realität. Nietzsche selbst kritisiert in *Ecce homo* die gängigen idealistischen, heroisierenden und biologistischen Fehldeutungen des "Wortes '*Übermensch*'" (vgl. 6, 300 – EH). Letztlich ist die Idee des "Übermenschen" die äußerste Zuspitzung der Sehnsucht Nietzsches nach dem Großen und Erhabenen: "Wer das Große nicht mehr in Gott findet, findet es überhaupt nicht mehr – er muß es leugnen oder schaffen." (10, 194 – 1882/83). Der Entwurf des "Übermenschen" ist die letzte Konsequenz eines romantischen Unendlichkeitsverlangens: "Je freier und fester das Individuum ist, um so *anspruchsvoller* wird seine Liebe: endlich sehnt es sich nach dem Übermenschen weil Alles Andere seine Liebe nicht *stillt*." (10, 203 – 1882/83). Dabei ist aber im Blickfeld zu halten, daß der "Übermensch" etwas zu Schaffendes, etwas vom Menschen selbst Hervorzubringendes ist. Zarathustra erklärt: "Ich lehrte die M<enschen> den Übermenschen schaffen" (10, 142 – 1882/83). In diesem Sinne erlangt die neuzeitliche Subjektivität bei Nietzsche ihre höchste Aufgipfelung. Obschon die Kunst bei Nietzsche nicht als "ein Ausdruck eines noch so genialen, doch sinnlichen und subjektiven Erlebnisses" mißverstanden werden darf (*Watanabe*, Heidegger und Nietzsche, 157), ist sie doch die höchste Ausdrucksform der schöpferischen Subjektivität. Nietzsche läßt zwar die Erlebnisästhetik der Geniezeit hinter sich, aber in der Weise, daß er das kreative Subjekt zum autonom Schaffenden, d.h. zum Schöpfer von neuem Seiendem, verabsolutiert. In dieser Hinsicht überragt der "Schaffende" Nietzsches auch das traditionelle "Genie". Der "Schaffende" will mit dem "Übermenschen" ein ganz neues Lebewesen in die Welt setzen. In der 'Genie'-Epoche hatte Herder als konstitutive Merkmale des "Genies" hervorgehoben: "1. Genie ist *angebohren* [...]. 2. Der Genius *schaffet, erzeuget, stellt sich selbst dar* [...]." 3. Im "Augenblick des Erschaffens", und nur in dieser "*genialischen* Stunde", schlägt der "göttliche Funke" im "Genius". 4. Das "Werk" ist, "*genuin* und *genialisch*", ein

"*Abbild*" seines Schöpfers "in Vollkommenheit". 5. Da im Werk des "Genius" der "Naturgeist" wirkt, erzeugt es "*genialische* Freude"; die anderen werden "*mitgenialisch*" mit dem "Genius", "er bildet in uns seine Empfindungen, seine Gedanken" (*Herder*, Kalligone II, 203f.). Dies ist Herders Extrakt der damaligen "Genie"-Auffassung. Im Prinzip trifft diese "Genie"-Definition auch noch auf Nietzsches Begriff des 'Schaffenden' zu, freilich mit dem charakteristischen Unterschied, daß Nietzsche sich nicht mehr auf die Kunst als Ausdruck bzw. Abdruck der subjektiven Empfindung beschränkt, sondern durch den 'Übermenschen' eine ganz neue Realität schaffen möchte. Zudem verhält sich Nietzsches 'Schaffender' nicht sympathetisch zur Mitwelt, sondern ist das absolut einsame 'Genie'. Zudem ist er, im Unterschied etwa zum "Genie" Kants, universeller und irrationaler angelegt. Nach Kant ist "Genie" die "musterhafte Originalität der Naturgabe eines Subjekts im *freien* Gebrauche seiner Erkenntnisvermögen". Durch das "Genie", den "Günstling der Natur", gibt die "Natur" die Regel", durch die "ein anderes Genie" "zum Gefühl seiner eigenen Originalität aufgeweckt wird" (KU, 173). Das Kunstwerk kann nur durch das Genie hervorgebracht werden. Diesen Geniebegriff hat auch Nietzsche nicht aufgegeben, ja, seine Apotheose des Schaffenden steht durchaus in der Nachfolge der Transzendentalphilosophie und des Idealismus. Aber im Unterschied zu Kants "Einengung des Geniebegriffs auf den Künstler" (*Gadamer*, Wahrheit und Methode, 56) ist bei Nietzsche Genialität eine universelle, den großen Menschen schlechthin betreffende Qualität. Zudem hat Nietzsche das dem Kantischen Geniebegriff anhaftende rationale Moment in seinem irrationalen Lebensbegriff aufgelöst. Zur Bindung des "Genies" an das "Talent" und den "Geschmack", durch die bei Kant eine rationale Komponente in den Geniebegriff gelangt, vgl. *Schmidt*, Genie-Gedanke I, 354-380. Kant beharrt zwar auf dem "prinzipiellen Sonderstatus des Genies gegenüber allem Normal-Menschlichen" (ebd., 363), aber er sieht die "große Gefahr des Genies" "in dem bloß Individuellen seiner original-schöpferischen Leistung, die, eben weil sie original ist, in keiner kulturell-zivilisatorischen Kontinuität steht" (ebd., 359).

Exkurs 7 (zu Seite 138, Fn. 40)

Zu den gedanklichen Vorwegnahmen, Entwürfen und antizipierten Zarathustra-Motiven vgl. die Hinweise bei Colli/Montinari in 14, 279-281. Zu den fragmentarischen Vorstufen der Zarathustra-Gestalt vgl. *Montinari*, Zarathustra vor *Also* sprach Zarathustra. Der (fragmentarische) Vorstufen-Zarathustra geht nicht kontinuierlich in den endgültigen Zarathustra über. Montinari urteilt: "Ob der Zarathustra im *Also sprach Zarathustra* derselbe ist wie der vor *Also sprach Zarathustra*, muß bezweifelt werden." (ebd., 91). Nach Montinari liegt der Unterschied in den verschiedenartigen Einsamkeitserlebnissen: "Der Zarathustra vor jenen Erlebnissen genoß seine erhabene, freiwillige Einsamkeit, der Zarathustra danach wollte eine von neuem aufgezwungne Einsamkeit überschreien." (ebd.). Hier wird man die Frage aufwerfen dürfen, ob nicht Zarathustras Einsamkeit primär eine positiv erfahrene Einsamkeit im Sinne des schöpferischen Lebens ist. In ihrem *Zarathustra*-Kommentar betonen Colli/Montinari im übrigen die Konstanz der Inhalte und Formen zwischen dem Vorstufen-Zarathustra und dem endgültigen Zarathustra. Demzufolge ist Nietzsches Betonung der Spontaneität in der Niederschrift des *Zarathustra* nicht auf die Inhalte und Formen, sondern auf die Reinschrift zu beziehen (vgl. 14, 280). Dies ist vielleicht doch zu formalistisch gesehen. Wenn Nietzsche, mit Bezug auf alle vier Teile des *Zarathustra*, von "diesen Zehn-Tage-Werken" spricht (6, 341 – EH), dann betont er damit, völlig zu

Recht, das Spontan-Elementare der Niederschrift. Im Unterschied zu den im ganzen noch vergleichweise geistige Distanz zeigenden früheren Notizen und Entwürfen ist der *Zarathustra* selbst Ausdruck einer stärker spontanen, rauschhaften Welt- und Selbsterfahrung. Insofern besteht durchaus ein qualitativer Unterschied zwischen den Vorarbeiten bzw. Experimentalnotizen und dem definitiven Opus. Es scheint, daß Nietzsche selbst das Verhältnis von Entwurf und Werk angemessen charakterisiert hat, wenn er einerseits, mit Bezug auf die Musikalität des *Zarathustra*, von einem "ein paar Monate" vor dem Wiederkunftserlebnis vom August 1881 liegenden "Vorzeichen" spricht (6, 335 – EH) und vor allem "achtzehn Monate für die Schwangerschaft" ansetzt (6, 336 – EH) und andererseits durch den Hinweis auf die "Zehn-Tage-Werke" und die "Niederkunft im Februar 1883" (6, 335 – EH) die spontane 'Geburt' des *Zarathustra* hervorhebt. (Zur längeren "Schwangerschaft" und zur spontanen "Niederkunft" vgl. auch 14, 495). Dabei ist bemerkenswert, daß Nietzsche auch jenes "Vorzeichen" als "eine plötzliche und im Tiefsten entscheidende Veränderung meines Geschmacks, vor Allem in der Musik", bezeichnet (6, 335 – EH). Vor allem aber das Exorbitanzerlebnis des Wiederkunftsgedankens zeigt, daß schon lange vor der Niederschrift des *Zarathustra*, "Anfang August 1881 in Sils-Maria" (9, 494) – "Da kam mir dieser Gedanke." (6, 335 – EH) –, Spontaneität zum Durchbruch gelangen kann. Es ist Nietzsches Anliegen, Entstehung und Niederschrift des *Zarathustra* im Lichte der Spontaneität zu sehen und zu deuten. Hier mag ein Stück Selbststilisierung vorliegen. Aber diese Autorperspektive gerät kaum in Widerspruch zum faktischen Entstehungsprozeß. Es gibt zwar ein Reifen des *Zarathustra*, aber es ist ein höchst unruhiges, immer wieder von spontanen Erlebnissen unterbrochenes Reifen. Ein organischer Reifungsprozeß liegt kaum vor. Die definitiven Niederschriften sind vollends spontane Aktionen. Nietzsche spricht zwar von der "Geschichte des Zarathustra", von der bereits im August 1881 erfolgten "Grundconception des Werks" (6, 335 – EH), von der damals erfolgten "[ersten] Grund-Conception des Zarathustra" (14, 495) und zeigt damit in aller Deutlichkeit an, daß der definitive *Zarathustra* keine unvorbereitete, plötzlich wie aus dem Nichts entstandene Produktion ist. Aber es ist auch klar, daß jene "Grund-Conception" aus dem Spontanerlebnis des Wiederkunftsgedankens erwachsen ist. Zudem besteht Nietzsche auf der Niederschrift des *Zarathustra* als einer eruptiven Befreiungstat, eines alles verändernden Erleuchtungserlebnisses, eines spontanen Verwandlungsprozesses. Es kommt ihm bei seinen Reflexionen über den Entstehungsprozeß vor allem auf den Aspekt der Spontaneität an. So schreibt er über seine Zarathustra-Erlebnisse in der Bucht von Rapallo: "Auf diesen beiden Wegen fiel mir der ganze erste Zarathustra ein, vor Allem Zarathustra selber, als Typus: richtiger, er *überfiel mich* ..." (6, 337 – EH). Die Plötzlichkeit des Erlebnisses betont Nietzsche auch im Gedicht *Sils-Maria*.

> Da, plötzlich, Freundin! wurde Eins zu Zwei –
> – Und Zarathustra gieng an mir vorbei ... (3, 649 – FWP)

Nicht das intellektuelle Machen, sondern die elementare Inspiration ist das Agens. Nietzsche hat denn auch den *Zarathustra* enthusiastisch als Ausdruck einer großen "*Inspiration*" gedeutet (vgl. 6, 339f. – EH), freilich als "Inspiration" nicht im Sinne der romantischen Inspirationsästhetik, die den Künstler zum Medium überindividueller Mächte instrumentalisiert, sondern er benutzt den (mit besonderer Dignität behafteten) Begriff "Inspiration", um der elementaren Schaffenskraft des autonomen Subjekts Ausdruck zu verleihen. An die Stelle der romantischen Natur- und Identitätsphilosophie ist bei ihm eine Philosophie des präpotenten Subjekts getreten. Dies unterscheidet Nietzsche übrigens von Wagner, der, mit Blick auf die *Walküre*, am 15.6.1870 an Ludwig II. schreibt: "Der Gott, der mir mein Werk eingab" (Briefwechsel Ludwig II. – Wagner II, 311). Freilich, auch Wagner betont die eigene Präpotenz. So spricht er vom "Spruch des Weltenschicksales", "welcher befiehlt, dass ich Etwas ausführe, was ausser mir kein Einziger vermöchte" (ebd., III, 7 – Brief vom 7.10.1872). Aber es ist bezeichnend, daß Wagner Nietzsches Inspirationskritik in *Menschliches, Allzumenschliches* zurückweist: "Das Leugnen der Inspiration an den Beispielen aus den Skizzen von Beethoven seitens Nietzsche bespricht R. mit Unwillen; es wäre besser, solche Skizzen nicht herauszugeben. Als ob das Suchen nach der Form für die Inspiration diese leugnete!" (CT III, 147 – 27.7.78; vgl. 2, 146f. – MA I [Glaube an Inspiration]). Später gewinnt die "Inspiration" bei Nietzsche allerdings neue Dignität. So schreibt er vom *Zarathustra*: "Vollkommener Zustand eines 'Inspirirten' [...] absolute Gewißheit, als ob jeder Satz Einem zugerufen wäre." (B 8, 287 – 10.4.88 – an Georg Brandes). Im Selbstverständnis Nietzsches handelt es sich bei der Entstehung des *Zarathustra* trotz aller intellektuellen Prämissen im Grunde um "Inspiration", um eine übermächtige "Inspiration". Wagners kritisches Votum könnte auch auf die Genesis des *Zarathustra* angewandt werden: Unbeschadet des intellektuellen Machens, der formalen Reflexionen und rationalen Vorarbeiten, ist die "Inspiration" das irrationale Agens des Ganzen. Gerade Nietzsche kennt – wie kaum ein anderer – Zustände höchster inspirativer Ergriffenheit.

Exkurs 8 (zu Seite 200, Fn. 25)

Nietzsches Wort 'Gott ist tot' ist von der Nietzsche-Deutung als Ausdruck einer bestimmten historischen Bewußtseinslage interpretiert worden. So schreibt Jaspers: "Nietzsche sagt nicht: es gibt keinen Gott, auch nicht: ich glaube nicht an Gott, sondern: Gott ist tot. Er meint einen Befund der gegenwärtigen Wirklichkeit festzustellen, wenn er hellsichtig in das Zeitalter und das eigene Wesen blickt." (*Jaspers*, Nietzsche, 247). Heidegger sieht gleichfalls im "Nihilismus" eine "geschichtliche Bewegung": "'Gott ist tot'. Das will sagen: Der 'christliche Gott' hat seine Macht über das Seiende und über die Bestimmung des Menschen verloren. [...] Nihilismus ist die Geschichte des Seienden selbst, durch die der Tod des christlichen Gottes langsam, aber unaufhaltsam an den Tag kommt. [...] Der 'Nihilismus' ist die zur Herrschaft gekommene Wahrheit, daß alle bisherigen Ziele des Seienden hinfällig geworden sind." (*Heidegger*, Nietzsche II, 32-34; vgl. *Heidegger*, Nietzsches Wort "Gott ist tot"). Auch für Löwith handelt es sich bei dem "Nihilismus" Nietzsches um das provokative Bewußtmachen einer historischen Situation, um den "Kampf gegen das schattenhafte Weiterleben eines toten Gottes und einer überlebten Moral" (*Löwith*, Nietzsche, 44). Fink sieht, im Sinne Heideggers, im "Nihilismus" die letzte Konsequenz der "abendländischen Geschichte", "der metaphysischen Philosophie, der christlichen Religion und Moral" (*Fink*, Nietzsche, 151). Diese Nihilismus-Analysen bedeutender Nietzsche-Interpreten haben ihr spezifisches Gewicht. Es ist dennoch die Frage, ob sich der "Nihilismus" Nietzsches, wie überhaupt der Nihilismus, in einer historischen Problemstellung erschöpft oder ob er nicht vielmehr eine existentielle Grunderfahrung ist, eine im Menschen zeitlos angelegte Urerfahrung, eine Erfahrung, die nicht erst durch die Geschichte hervorgerufen wird, sondern als Ursprungserfahrung aller Geschichte vorausliegt und durch die Geschichte entweder verdeckt oder offenbar wird. Die Ursache von Nietzsches Gott-ist-tot-Philosophie liegt in der Entwicklung der abendländischen Geistesgeschichte (dazu generell *Arendt*, Der Nihilismus als Phänomen der Geistesgeschichte, sowie speziell *Heidegger*, Nietzsche II, 31-256 [Der europäische Nihilismus]), aber sie ist auch ein anthropologisch-existentieller Befund. Nun deutet Nietzsche selbst in der Tat den Tod Gottes als den Tod des christlichen Gottes: "Das grösste neuere Ereigniss, – dass 'Gott todt ist', dass der Glaube an den christlichen Gott unglaubwürdig geworden ist – beginnt bereits seine ersten Schatten über Europa zu werfen." (3, 573 – FW, 5. Buch). Insofern ist die Nietzsche-Interpretation berechtigt, den 'Tod Gottes' als Syndrom einer bestimmten geschichtlichen Lage zu deuten. Aber man darf nicht übersehen, daß der 'Tod Gottes' für Nietzsche die wesentliche Voraussetzung der schöpferischen Freiheit des Menschen ist. Er begrüßt die "Nachricht, dass der 'alte Gott todt' ist", als "neue Morgenröthe" (3, 574). Nun ist "das Meer, *unser* Meer" "wieder offen" (3, 574). Dies scheint zu signalisieren, daß der 'Tod Gottes' nicht nur ein Verlust, sondern auch ein Gewinn ist, eine existentielle Notwendigkeit für den Schaffenden. Der 'Tod Gottes' ist nicht nur ein Problem des "Nihilismus", sondern auch eine Frage der Autonomie des Menschen. Erst der 'Tod Gottes' ist "*die grosse Befreiung*, – damit erst ist die *Unschuld* des Werdens wieder hergestellt ... Der Begriff 'Gott' war bisher der grösste *Einwand* gegen das Dasein ... Wir leugnen Gott, wir leugnen die Verantwortlichkeit in Gott: *damit* erst erlösen wir die Welt." (6, 97 – GD). Der Tod Gottes und die Geburt des Übermenschen bilden bei Nietzsche eine komplementäre Einheit. Zarathustra erklärt, "dass *Gott todt* ist!", und verkündet den "*Übermenschen*" (4, 14 – Za [Vorrede]). Wenn aber der 'Tod Gottes' nicht nur Ausdruck einer Krise, einer geschichtlichen Krise, sondern auch ein Signal der Freiheit, das Signal der schöpferischen Freiheit des Menschen, ist, dann handelt es sich offenbar um eine grundsätzliche, zeitlose Frage der menschlichen Existenz. Die Nietzsche-Deutung ist bisher im wesentlichen immer davon ausgegangen, daß Gott für Nietzsche nicht *an sich*, sondern nur *für mich* tot sei. Es ist die Frage, ob man damit nicht dem Diktum Nietzsches die entscheidende Schärfe nimmt. Erst indem Gott *an sich* tot ist, gewinne ich absolute Freiheit. In diesem Sinne bezeichnet Nietzsche den "Nihilism" als "eine göttliche Denkweise" (13, 196). Oder er spricht von dem "ekstatischen Nihilismus", der dem "Leben" Bahn bricht (11, 547). Der "Nihilismus" vollzieht den dialektischen Umschlag aus der "Negation" zum "*dionysischen Jasagen*" (13, 492). "'Nihilismus' als Ideal der *höchsten Mächtigkeit* des Geistes, des überreichsten Lebens, teils zerstörerisch, teils ironisch." (III, 557). Gemeint ist freilich nicht der "*passive* Nihilismus" (= "*Niedergang* und *Rückgang der Macht des Geistes*"), sondern der "*aktive* Nihilismus" (= "Zeichen der *gesteigerten Macht des Geistes*") (III, 557). Erst aus dem "Nihilismus", dem "*aktiven* Nihilismus", erwächst das wahrhaft freie Schaffen. Nietzsche merkt ironisch an: "Den Dichterlingen und Faulthieren sei's gesagt: wer nichts zu schaffen hat, dem macht ein Nichts zu schaffen." (11, 350; vgl. 11, 379 u. 13, 574). Benn konstatiert, mit Bezug auf Nietzsches "Ecce-Homo-Schauer": "*Nihilismus ist ein Glücksgefühl*" (Rede auf Heinrich Mann, 416; vgl. Lebensweg, 54 u. Weinhaus Wolf, 135 – Vf. vermag die als Nietzsche-Zitat markierte Sentenz bei Nietzsche nicht nachzuweisen). So gewinnt der 'Tod Gottes' für Nietzsche eine positive, produktive Qualität. Schon bei Hegel taucht der Fundamentalsatz 'Gott ist tot' auf. Die "Religion der neuen Zeit" "beruht" auf dem "Gefühl: Gott selbst ist tot" (*Hegel*, Glauben und Wissen, 123). Heidegger merkt dazu an: "Hegels Wort denkt Anderes als Nietzsche in dem seinen. Gleichwohl besteht zwischen beiden ein wesentlicher Zusammenhang, der sich im Wesen aller Metaphysik verbirgt." (*Heidegger*, Nietzsches Wort "Gott ist tot", 197). Dies ist höchst aufschlußreich, aber es bleibt die Frage, worin Übereinstimmung und Unterschied zwischen Hegel und Nietzsche bestehen. Die Übereinstimmung besteht offenbar im historischen Bewußtsein vom Tod Gottes, des christlichen Gottes, des Gottes der Religion und Metaphysik. Der Unterschied besteht offenbar darin, daß für Hegel die "Gottlosigkeit" in der "höchsten Totalität" aufgehoben wird (*Hegel*, a.a.O., 124), während für Nietzsche diese Totalität nicht mehr existiert und der Nihilismus allein durch das Schaffen überwunden werden kann. Heidegger verweist auf den antiken Topos vom Tod des 'Großen Pan': "Das aus Plutarch genommene Wort Pascals: 'Le grand Pan est mort' (Pensées, 695) gehört, obzwar aus entgegengesetzten Gründen, in den selben Bereich." (*Heidegger*, a.a.O., 197f.; dazu *Hegel*, a.a.O., 123f.). Der junge Nietzsche bezieht sich wiederholt auf Plutarchs Bericht vom Sterben des 'Großen Pan' (vgl. *Plutarch*, De defectu oraculorum 17 [Moralia]). Er notiert: "Motto: 'der große Pan ist todt.' " (7, 138). "Der große Pan ist todt. Untergang der Götter." (7, 139). Vgl. auch 7, 125 sowie 1, 75 – GT [= 1, 603 – SGT]. Das Wort vom Tod des großen Pan, von Nietzsche zunächst im Zusammenhang seines Tragödienentwurfs *Empedokles* und mit Blick auf den Tod der antiken Tragödie angeführt, ist im Grundzug eine Antizipation des Wortes vom Tod Gottes. In dieser Hinsicht ist Empedokles die Präfiguration Zarathustras, denn er will die Agrigenter von den traditionellen Werten befreien und vollzieht den Umsturz des Pan und damit die Entzauberung der Welt. Nietzsche notiert: "E<mpedokles> stürzt den Pan, der ihm die Antwort verweigert. Er fühlt sich geächtet." (7, 125). Empedokles ist allerdings im Unterschied zu Zarathustra ein zuletzt Scheiternder. Mit Blick auf das erhoffte Erscheinen des alles umwälzenden "Philosophen und Gesetzgebers" notiert Nietzsche: "An Empedokles kann man nie ohne tiefe Trauer denken; er war dem Bilde jenes Reformators am ähnlichsten; daß es auch ihm mißlang und er zeitig verschwand, wer weiß nach was für schrecklichen Erfahrungen und in welcher Hoffnungslosigkeit – das war ein panhellenisches Verhängniß." (7, 537). Empedokles ist der "*misslungene Reformator*" (8, 105), Zarathustra der siegreiche Revolutionär. Anzumerken ist, daß auch Heine Bezug nimmt auf den Tod des 'großen Pan', und zwar als Symbol des Absterbens der heidnischen Götter durch die Passion Christi (vgl. *Heine*, Ludwig Börne, 45f.). Wenn somit Nietzsches 'Gott ist tot'-Philosophie in einem historischen und anthropologischen Kontext steht, so fehlt es auch nicht am Versuch, sie autobiographisch und psychologisch zu deuten. Neuerdings sucht man ihre Ursache in traumatischen Kindheitserlebnissen Nietzsches (Tod des Vaters). "Denn zum Gottesmörder wurde Nietzsche nicht erst als ein erwachsener Mann und 'aufgeklärter' Wissenschaftler und Philosoph, sondern als ein im Innersten von Gott geschlagener fünfjähriger." (*Kreis*, Dionysos, 53). Dies dürfte zumindest eine überspitzte Psychologisierung des Problems sein. Die Hauptthese des Kreisschen Buches, Nietzsches Philosophie habe ihre Ursache in Schockerlebnissen der Kindheit, reduziert Nietzsches Denken zu sehr auf einen psychoanalytischen Determinismus und übersieht den Entwurfcharakter dieses Denkens. Im übrigen ist Nietzsche in der Kindheit und frühen Jugend durchaus noch von Gottvertrauen getragen. Obschon sich bereits beim Schüler Nietzsche kritische, ja atheistische Züge zeigen, ist die Religiosität grundsätzlich noch nicht in Frage gestellt. "Kindsein heißt *auch für Nietzsche* Geborgensein in Familie und Gott." (*Montinari*, Kindheitserinnerungen, 35). Es zeigt sich dann beim 12- bis 13jährigen Nietzsche eine Tendenz zum Atheismus. Jedenfalls notiert Nietzsche in der Rückschau: "Als Atheist, habe ich nie das Tischgebet in

Pf<orta> gesprochen [...]" (8, 608). "Der Hang zur Freigeisterei war dem jungen Nietzsche sehr früh mitgegeben; sie vertrug sich nur zu gut mit seiner Religiosität" (*Montinari*, Kindheitserinnerungen, 37). Im ganzen kann man feststellen, daß sich Nietzsches 'Gott ist tot'-Grundsatz kaum monokausal deuten läßt, sondern die Konsequenz mehrerer Faktoren ist. Er erwächst aus der Krise der abendländischen Metaphysik, aus der existentiellen Grundsituation des modernen Subjekts und aus den persönlichen Erfahrungen des Menschen Nietzsche. Dabei ist Nietzsches Gedanke vom 'Tod Gottes' kein neuer Gedanke. Unbeschadet der Tatsache, daß er diesem Gedanken die äußerste Zuspitzung verleiht, ist es kein originärer Gedanke Nietzsches. Diese 'nihilistische' Idee findet sich bekanntlich bereits bei Jean Paul, in der *Rede des toten Christus vom Weltgebäude herab, daß kein Gott sei* aus dem *Siebenkäs*, wie auch Romangestalten Dostojewskis, vor allem in den *Dämonen*, den Tod Gottes feststellen (dazu generell: *Rehm*, Jean Paul – Dostojewski; zum 'Nihilismus' in Turgenjews Roman *Väter und Söhne* [1862] vgl. u.a. die Hinweise bei *Schaeder*, Der getarnte Tod, 39f.). Im übrigen ist vor allem der Einfluß des Linkshegelianismus zu erwähnen, dessen Religionskritik auf Nietzsche wirkt. Hier ist vor allem auf Ludwig Feuerbach, aber auch auf David Friedrich Strauß, Bruno Bauer sowie Heinrich Heine hinzuweisen. Was dabei die ideologiekritische Radikalität und den extremen Individualismus betrifft, so ist es Max Stirner, der Nietzsche am nächsten kommt – wenngleich dahingestellt sei, ob Nietzsche Stirner kannte (vgl. den Hinweis in 14, 402 u. *Ottmann*, Nietzsche, 307-309). Stirner verneint, wie Nietzsche, "Gott", die "Menschheit" sowie "die Freiheit, die Humanität, die Gerechtigkeit", reduziert alles auf das "Ich" ("der Ich der Einzige bin"), auf das "schöpferische Nichts, das Nichts, aus welchem Ich selbst als Schöpfer Alles schaffe", und gibt die Losung aus: "Mir geht nichts über Mich!" (*Stirner*, Der Einzige und sein Eigentum [1845], 3-5 ["Ich hab' Mein Sach' auf Nichts gestellt"]). Das alles klingt wie eine Vorwegnahme Nietzsches. Dennoch ist der Unterschied gravierend. Während bei Stirner die Reduktion auf das realempirische Subjekt erfolgt, entwirft Nietzsche den neuen Menschen, den "Übermenschen". Freilich, schon Stirner erklärt, "daß der Mensch den Gott getötet hat". Und: "An dem Eingange der neuen Zeit steht der 'Gottmensch' ". (S. 170). Aber auch dies ist für Stirner Ideologie, denn er negiert nicht nur "Gott", sondern auch den "Menschen" (S. 170). Es geht ihm nicht um die "Freiheit", sondern um die "Eigenheit" (S. 172ff.), nicht um den "Menschen", sondern um das "Ich" (S. 323). Bei Novalis ist das freischöpferische Ich zugleich Medium vorsubjektiver Kräfte. Die Natur ist einerseits eine freie Setzung des produktiven Subjekts, und sie ist andererseits das dem subjektiven Bewußtsein vorgeschaltete und es durchwirkende 'unbewußte' Leben. Daraus ergibt sich eine spezifische Identität von Bestimmen und Bestimmtwerden, von freier Tätigkeit des Ich und tätigem Prinzip der Natur, von Philosophie der Freiheit und Philosophie der Natur, eine Symbiose aus Fichte und Schelling. Immer wieder verweist Novalis auf die magische Setzung der Welt durch das produktive Ich: "<Dichten ist zeugen.>" "<Der Künstler steht auf dem Menschen, wie die Statüe auf dem Piédestal.>" "<Poësie ist die große Kunst der Construction der transscendentalen Gesundheit. Der Poët ist also der transscendentale Arzt. / Die Poësie schaltet und waltet mit Schmerz und Kitzel – mit Lust und Unlust – Irrthum und Wahrheit – Gesundheit und Kranckheit – Sie mischt alles zu ihrem großen Zweck der Zwecke – der *Erhebung des Menschen über sich selbst.*>" "Magie ist = Kunst, die Sinnenwelt willkührlich zu gebrauchen." "Der *größeste Zauberer* würde der seyn, der sich zugleich so bezaubern könnte, daß ihm seine Zaubereyen, wie fremde, selbstmächtige

Erscheinungen vorkämen – Könnte das nicht mit uns der Fall seyn." (S II, 534, 535, 546, 612). Hebt Novalis in diesen charakteristischen Fragmenten die absolute Bedeutung der produktiven Einbildungskraft hervor, so verweist er zugleich immer wieder auf das Ich als Organ und Medium eines übersubjektiven Prinzips und Geschehens: "Die Menschenwelt ist das gemeinschaftliche Organ der Götter. Poesie vereinigt sie, wie uns." (S II, 461). "Die höhern Mächte in uns, die einst als Genien unsern Willen vollbringen werden, sind jezt Musen, die uns auf dieser mühseligen Laufbahn mit süßen Erinnerungen erquicken." (S II, 564). "Ich finde meinen Körper durch sich und die Weltseele zugleich bestimmt und wirksam." (S II, 551). Anzustreben ist die Durchdringung der Individualseele mit der Universalseele: "Die individuelle Seele soll mit der Weltseele übereinstimmend werden. Herrschaft der Weltseele und Mitherrschaft der individuellen Seele." (S II, 643). "Die Welt ist auf jeden Fall Resultat einer Wechselwirkung zwischen mir und der *Gottheit*. Alles was ist und entsteht – entsteht aus einer Geisterberührung." (S II, 594). Diesen magischen Kontakt herzustellen ist der Sinn der Poesie. Sie ist als "tätige Ideenassoziation" die Verbindung von "bewußter Tätigkeit" und "unbewußtem Geschehen im Ich" (*Dick*, Novalis, 442). Dabei geht Novalis aus von der ursprünglichen Einheit von Geist und Natur. "Die Welt ist ein *Universaltropus* des Geistes – Ein symbolisches Bild desselben." (S II, 600). Nietzsche hat den 'magischen Idealismus' hinter sich gelassen. In seiner kritischen Periode hat er "allen Glauben an Inspiration und wundergleiche Mittheilung von Wahrheiten verloren" (2, 26 – MA I). Aber auch später hält er noch die "'Inspiration'" für eine 'Tölpelei' der "Mystiker jeden Rangs" (5, 19 – JGB). Und obschon er sie dann in *Ecce homo* rehabilitiert (vgl. 6, 339 – EH), versteht er sie nicht im Sinne der romantischen Identitätsphilosophie. Die Einheit von Ich und Welt ist ihm zerbrochen.

Exkurs 9 (zu Seite 243, Fn. 55)

Schlegels Begriff der "Mythologie" ist verknüpft mit dem Begriff der "Poesie". Die "neue Mythologie" als das universelle Kunstwerk ist eine Produktion der schöpferischen Einbildungskraft des Dichters. Die "neue Mythologie" ist allerdings nicht eine bloß subjektive Setzung des Dichters, sondern sie bringt, wie einst die "alte Mythologie", die verborgenen Sinnzusammenhänge der Welt zum Vorschein. Sie ist "ein neues Bette und Gefäß für den alten ewigen Urquell der Poesie". Sie enthüllt in ihrem "Chaos" durch die "Berührung der Liebe" eine "harmonische Welt". Es ist ein "Chaos", "wie es auch die alte Mythologie und Poesie war. Denn Mythologie und Poesie, beide sind eins und unzertrennlich." (*F. Schlegel*, Mythologie, 312f.). Karl Philipp Moritz hatte in seiner *Götterlehre* eine beschreibende Mythologie der Antike vorgelegt, in der die Mythen als poetische Produkte der "Phantasie" erscheinen: "Die mythologischen Dichtungen müssen als eine Sprache der Phantasie betrachtet werden. Als eine solche genommen, machen sie gleichsam eine Welt für sich aus und sind aus dem Zusammenhange der wirklichen Dinge herausgehoben." (*Moritz*, Götterlehre, 7). Der Mythos erscheint als eigenständiges ästhetisches Gebilde. Auch für Schlegel ist die "Mythologie" Ausdruck der verklärenden "Fantasie" (*Schlegel*, Mythologie, 318). Aber er beschränkt sich nicht auf eine klassizistische Beschreibung der Götterwelt, sondern erhebt die programmatische Forderung nach einer "neuen", von der produktiven Einbildungskraft, aus der "tiefsten Tiefe des Geistes" hervorzubringenden "Mythologie" (ebd., 312), die einer sinnentleeerten Welt und Gesellschaft einen neuen

Sinn vermitteln soll. Nietzsche verwendet den Begriff "Mythologie" nur selten. So spricht er bewundernd von der "Mythologie der Griechen" (3, 80 – M). Er benutzt in der Regel den Begriff "Mythus". Es geht ihm nicht um eine Götterlehre, sondern um die aus den Mythen sprechende lebendige Unmittelbarkeit, "denn der Mythus will als ein einziges Exempel einer in's Unendliche hinein starrenden Allgemeinheit und Wahrheit anschaulich empfunden werden" (1, 112 – GT). Freilich, auch für Nietzsche kann der Mythos nur durch die Kunst wieder verlebendigt werden. Aber als Kunstprodukt ist er das Leben selbst. "Dem Mythus liegt nicht ein Gedanke zu Grunde, wie die Kinder einer verkünstelten Cultur vermeinen, sondern er selber ist ein Denken" (1, 485 – WB). Damit geht Nietzsche, hier im Zeichen Wagners, nicht nur über eine klassizistische Götterlehre, sondern auch über die Idee einer poetischen Mythologie im Sinne Schlegels weit hinaus. Während Schlegel die Künstlichkeit der Mythologie betont, hebt Nietzsche die Lebendigkeit des Mythos hervor. Es geht ihm nicht nur um die poetische Hervorbringung einer mythologischen Bilderwelt als Metapher der Einheit von Geist und Natur, sondern um den Mythos als lebendige, ursprüngliche Seinserfahrung. Es ist ein "Verhältnis realer *Identität*. Das 'Bild' stellt die 'Sache' nicht dar – es *ist* die Sache" (*Cassirer*, Symbolische Formen II, 51). Nun ist Nietzsche kein 'naiver' Mythiker, sondern ein 'sentimentalischer' Intellektueller. Er weiß, daß der Mythos ein Symbol ist, das sich zwischen den Urwillen und den Menschen schiebt, um den Menschen vor der (zerstörerischen) Unmittelbarkeit des Urwillens zu bewahren. Er weiß, daß "das Gleichnissbild des Mythus uns vor dem unmittelbaren Anschauen der höchsten Weltidee [...] rettet" (1, 137 – GT). Aber das, was er im mythischen Symbol zum Ausdruck bringt, ist eben dieses ursprüngliche Leben selbst. – Zum Problem des Mythos in der Neuzeit vgl. generell *Bohrer*, Mythos und Moderne.

Exkurs 10 (zu Seite 244, Fn. 56)

Wenn Nietzsches "Übermensch" ein Produkt des kreativen Willens ist, so steht Rilkes "Engel" in einem eigentümlichen Zwielicht, denn einerseits ist er ein Symbol der höchsten menschlichen Gefühlskraft und andererseits ein Sinnbild eines den Menschen übersteigenden reinsten Seins. Er ist "ein übermenschliches Wesen und wird als das uns im Fühlen unendlich übertreffende Wesen angerufen", aber es ist zugleich "eine höchste Möglichkeit des menschlichen Herzens selber, die hier als Engel angerufen wird" (*Gadamer*, Duineser Elegien, 248). Wie Nietzsches "Übermensch", so ist auch Rilkes "Engel" eine vom Menschen selbst entworfene Möglichkeit. Und wie bei Nietzsche, so wird auch bei Rilke der höchste menschliche Selbstentwurf ins Mythische erhoben. Da die 'objektiv' vorgegebenen Mythen sich aufgelöst haben, schafft der Dichter selbst einen Mythos, in einem Verfahren der "mythopoietischen Umkehrung", das die "Welt des eigenen Herzens" in eine "mythische Welt" verwandelt (ebd., 251). Wenn somit der Engel ein Produkt der dichterischen Kreativität ist, so ist er dennoch nicht das "Ideal eines absoluten Solipsismus", "Rilkes Narzißmus in seiner denkbar höchsten Vollkommenheit" (*Mason*, Duineser Elegien, 213 u. 215). Der Engel kann zwar nur im höchsten menschlichen Fühlen vergegenwärtigt werden, aber als Symbol des Unsichtbaren, der ursprünglichen Einheit von Leben und Tod und eines reinsten, zeitlosen Seins übertrifft er den Menschen. Hier liegt auch der Unterschied zu Nietzsche. Nietzsches Übermensch geht aus der unbedingten Verfügungsgewalt des wollenden Menschen hervor. Rilkes Engel ist zwar auch ein vom kreativen

Menschen hervorgebrachtes Wesen, aber zugleich übersteigt er als ein Sinnbild des Seins selbst den Menschen. Nun übersteigt auch der "Übermensch" den "Menschen". Aber der Übermensch ist von Nietzsche als reale Möglichkeit des Menschen gedacht, während Rilkes Engel als eine letztlich nie zu realisierende Möglichkeit vorgestellt wird, wie auch der Übermensch eine Personalisierung des (potenzierten) Willens ist, während der Engel das Sein selbst versinnbildlicht. Wenn Rilke ein Narziß war, dann ein religiöser Narziß. Der Übermut Zarathustras war ihm fremd. Nicht ohne Grund bezeichnet er die *Elegien* als ein "Werk des Willens und der Gnade" (*Rilke/Gide*, Briefwechsel, 142 [Brief vom 15.5.1922]). Rilke weiß sich noch von 'Mächten' abhängig, Nietzsche verabsolutiert den Schaffenden. Beide sind lyrische Monumentalisten. Aber Rilkes große artistische Sprachgebärden sind noch getragen von der Demut gegenüber den Seinsmächten, während Nietzsches imperatorische Sprache die absolute Freiheit des Schaffenden verkündet. In den *Duineser Elegien* und den *Sonetten an Orpheus* hat Rilke das "Rühmen" als den eigentlichen Auftrag des Dichters hervorgehoben. "Rühmen, das ists! Ein zum Rühmen Bestellter" (Sonette an Orpheus. I. Teil, VII). Auch "Zwischen den Hämmern" "bleibt" die "Zunge" die "preisende" (9. Elegie). Aber die Rühmung bleibt ewig unvollendet, da sich das zu Rühmende nie voll erfassen läßt: "Beginn immer von neuem die nie zu erreichende Preisung" (1. Elegie). Die absolute Rühmung übersteigt die Möglichkeit des Menschen: "mein Atem reicht für die Rühmung nicht aus" (7. Elegie). Der Rühmende und der Engel können nie voll identisch werden: "Denn mein Anruf ist immer voll Hinweg" (7. Elegie). Aber letztlich kommt es auch weniger auf eine dem zu Rühmenden voll entsprechende Rühmung an – dies würde sogar die Gefahr der Vergegenständlichung des Absoluten in sich bergen –, sondern auf das Rühmen selbst, das Rühmen als offenes, fragendes Rühmen, ein unabschließbares, unendliches Rühmen. Nietzsches 'Rühmung' des Lebens ist demgegenüber von eher apodiktischer Art. Rilke bezieht den Schaffenden auf ein ihn Übersteigendes, Nietzsche betreibt die Apotheose des Schaffenden. Rilke rühmt das reine Sein, Nietzsche verkündet die Selbsterlösung. Was beide allerdings verbindet, ist das weltimmanente Daseinsverständnis, die unbedingte Daseinsbejahung, das Ja-Sagen zum Dasein in allen seinen Erscheinungsformen. Dies aber vollbringt die Kunst. Es klingt wie eine Nietzsche-Reprise, wenn der junge Rilke im Aufsatz *Über Kunst* (1898) die Kunst als die Möglichkeit eines neuen Daseinsentwurfs in den höchsten Rang erhebt: "Wenn ihr einmal die Welt unter den Füßen zerbricht, bleibt sie als das Schöpferische unabhängig bestehen und ist die sinnende Möglichkeit neuer Welten und Zeiten." (SW V, 427). Die Problematik des Einsamen, des Schaffenden und der Kunst, wie sie beim frühen Rilke, vor allem im *Florenzer Tagebuch* (1898), so eindringlich zum Ausdruck gelangt, verleugnet nicht ihre Herkunft von Nietzsche. Ebensowenig sind Rilkes Apotheosen des Künstlerwillens ohne den Einfluß der Nietzscheschen Willensphilosophie denkbar. So wirkt es fast wie eine Nietzsche-Reprise, wenn Rilke über die Kunstgebilde Rodins schreibt, "daß alle diese hundert Leben *ein* Leben sind, – Schwingungen *einer* Kraft und *eines* Willens" (*Rilke*, Briefe, 39 – 2.9.1902 – an Clara Rilke).

Exkurs 11 (zu Seite 245, Fn. 57)

Das 'Dionysische' ist ein konstantes Motiv im Denken und Schaffen Nietzsches. Es unterliegt aber spezifischen Modifikationen bzw. Wandlungen. Im Prinzip hat Nietzsche unter dem 'Dionysischen' immer das elementare, schöpferische Leben verstanden. In der *Geburt der Tragödie* ist das 'Dionysische' der Weltwille selbst. Negiert hat Nietzsche diese Konzeption nie. So spricht er im Hinblick auf die Tragödienschrift noch im retrospektiven *Versuch einer Selbstkritik* von dem "ungeheuren Phänomen des Dionysischen" (1, 12 – GT [VS]), in *Ecce homo* von dem "wundervollen Phänomen des Dionysischen" (6, 311 – EH). Es fällt aber auf, daß Nietzsche in den achtziger Jahren das 'Dionysische' im ganzen offenbar weniger im schöpferischen Weltwillen als vielmehr im schaffenden Individualwillen sieht. Dabei sind die Übergänge allerdings fließend. In der *Fröhlichen Wissenschaft* ist die Rede vom "dionysischen Gott und Mensch" (3, 620 – FW, 5. Buch; vgl. auch 6, 425 – NW). Das bedeutet, daß das 'Dionysische' zwar noch ein metaphysisches Phänomen ist, daß es sich aber zugleich im Menschen konkretisiert. Die Differenz zwischen dem vorsubjektiven Weltwillen und dem schaffenden Subjekt entfällt. Daher kann Nietzsche "Dionysisch" auch definieren als "zeitweilige Identification mit dem Princip des Lebens" (10, 334). In einer fragmentarischen Betrachtung zur *Geburt der Tragödie* vom Frühjahr 1888 definiert er: "Mit dem Wort 'dionysisch' ist ausgedrückt: ein Drang zur Einheit, ein Hinausgreifen über Person, Alltag, Gesellschaft, Realität, als Abgrund des Vergessens, das leidenschaftlich-schmerzliche Überschwellen in dunklere vollere schwebendere Zustände; ein verzücktes Jasagen zum Gesammt-Charakter des Lebens" (13, 224). Das Zitat zeigt in exemplarischer Weise, daß noch der späte Nietzsche an der Konzeption des 'Dionysischen' in der Tragödienschrift wie selbstverständlich festhält, daß er aber zugleich das voluntative Moment des Subjekts herausstellt, des Subjekts, das kraft eigener Entscheidung das Dasein bejaht. Das 'Dionysische' erwächst "aus einer ungeheuren Kraft und Spannung des Jasagens": "das *Dionysische* in Wille, Geist, Geschmack." (13, 90). Damit ist das 'Dionysische' in den schaffenden Willen des Subjekts zurückgestellt. Daß das 'Dionysische' nun auch im "Geist" wirkt, ja, daß der schöpferische "Geist" das 'Dionysische' selbst ist, zeigt in aller Deutlichkeit, in wie hohem Maße der spätere Nietzsche das 'Dionysische' vom Weltwillen in den Individualwillen verlagert. Nietzsche selbst hat diese Wandlung freilich nicht zum Gegenstand seiner Reflexionen gemacht. Der frühere Nietzsche lehnt allerdings in einem Fragment von 1876/77 die Annahme sowohl "einer universalen Lebenskraft" als auch "individualer Lebenskräfte" ab (8, 407). Im Hinblick auf Schopenhauers Begriff "'Wille zum Leben'", diesen "sehr glücklichen Fund", heißt es: "Auch Mainländers Reduktion dieses Begriffs auf viele individuelle 'Willen zum Leben' bringt uns nicht weiter" (8, 406f.). Zu Schopenhauers Begriff vgl. WV I, 373-558; WV II, 451-466, 727-732, 772-813. Zur Zitation vgl. *Mainländer*, Philosophie der Erlösung, 143: "Die Ideen (die *individuellen* Willen zum Leben) sind in einem beständigen Flusse des Werdens begriffen." Nietzsche möchte hier die Unterscheidung von Universalwillen und Individualwillen vermeiden, weil er in ihr eine den realen Menschen funktionalisierende Hypostase sieht, denn "bevor der Mensch ist, ist auch sein Individualwille noch nicht". Eigentlich ist es nicht der "Wille zum Leben", sondern der "Wille *im* Leben zu bleiben", der "Erhaltungstrieb", der den Menschen prägt (8, 407; vgl. 14, 599-23 [12]). Später freilich läßt Nietzsche den "Selbsterhaltungstrieb" nur noch als eine häufige Folge des "Willens zur Macht" gelten (5, 27 – JGB). Nietzsche sperrt sich gegen die Auffassung, daß die "Individuen" nur Emanationen eines "einzigen Princips", eines vorgegebenen "Willens" seien (14, 599). Individuum und Wille bilden eine wesensmäßige Einheit. Faktisch rückt Nietzsche damit bereits vom Weltwillen ab und konzentriert sich auf den Willen als Einzelwillen. Dies ist ein nicht zu übersehender Entwicklungsprozeß. Dominierte in der Tragödienschrift der Universalwille, der Weltwille, so rückt im *Zarathustra* der Individualwille, der Schaffende, beherrschend in den Vordergrund. In *Ecce homo* verkündet Nietzsche, mit Blick auf Zarathustra, das kreative Subjekt schlechthin: "*dass alle Schaffenden hart sind*, ist das eigentliche Abzeichen einer dionysischen Natur" (6, 349 – EH). Zarathustra ist nicht mehr bloßes Instrument des Weltwillens, sondern der autonome Schöpfer des Übermenschen. Wenn daher Nietzsche von der "dionysischen Natur" Zarathustras spricht, so ist für ihn offenbar das schaffende Subjekt selbst die Manifestation des 'Dionysischen'. Letztlich ist Nietzsche selbst – als der Schöpfer des *Zarathustra* – das 'dionysische' Subjekt: "Mein Begriff 'dionysisch' wurde hier *höchste That*" (6, 343 – EH). Nicht mehr der vorsubjektive Weltwille, der sich des Künstlers als seines Instruments bedient, sondern die schöpferische Tat des Subjekts selbst macht nun das 'Dionysische' aus. Voraussetzung dieses Wandels ist die Hinwendung zum 'Geist'. In *Jenseits von Gut und Böse* verweist Nietzsche auf die "Neuigkeit", "dass Dionysos ein Philosoph ist, und dass also auch Götter philosophiren" (5, 238 – JGB [= 11, 685]). In *Ecce homo* stellt er als seine Tat die "Umsetzung des Dionysischen in ein philosophisches Pathos" heraus (6, 312 – EH). Ein Entwurf zur *Umwerthung* vom Oktober 1888 präsentiert die programmatische Formel: "*Dionysos philosophos*" (13, 613). Der spätere Nietzsche verquickt das 'Dionysische' mit dem Geist. Dionysos ist nicht mehr nur der triebhafte Urwille, sondern auch der wissende Geist. In *Jenseits von Gut und Böse* spricht Nietzsche von "diesem fragwürdigen Geist und Gott" (5, 237 – JGB). Aber es erfolgt nicht nur eine Vergeistigung, sondern auch eine Personalisierung des Dionysos. In *Ecce homo* wird Zarathustra, dieser "mit sich allein" redende "Geist", als ein "Dionysos" bezeichnet (6, 345 – EH). Indem Dionysos mehr und mehr mit dem schaffenden Subjekt identifiziert wird, wird er personalisiert und vergeistigt. Freilich, er wird immerhin noch als ein "Gott" bezeichnet. Die 'metaphysische' Dimension bleibt gewahrt. Aber ist nicht schon der Dionysos der Tragödienschrift ein *weiser* Gott? Immerhin spricht Nietzsche bereits in dieser Schrift von der "dionysischen Weisheit" (1, 73 – GT; dazu: 10, 334). Aber diese Wendung bezieht sich generell auf den für das Leben so bedeutsamen Durchbruch des Dionysischen im Mythos. Zum 'Philosophen' wird Dionysos bei Nietzsche erst später. Seit dem *Zarathustra* vollzieht sich ein nicht zu übersehender Wandel in der Konzeption des 'Dionysischen'. Nicht mehr der auflösende Rausch, sondern der konzentrierte Wille bzw. nicht mehr der anonyme Weltwille, sondern der geistige Individualwille ist nun in erster Linie konstitutiv für das 'Dionysische'. Bezeichnenderweise sieht Nietzsche nun in wachsendem Maße den "Dionysos" in großen Menschen verkörpert, wobei auch deren Raffinement im Machtstreben zum 'Dionysischen' gehört: "Die höchsten Menschen wie Caesar, Napoleon [...] die Verschlagenheit gehört ins *Wesen* der Erhöhung des Menschen ... Problem des Schauspielers. Mein Dionysos-Ideal ..." (12, 550). Schließlich geht Nietzsche dazu über, sich mit diesen 'großen' Menschen und damit mit dem "Dionysos" mehr und mehr zu identifizieren: "Die *grossen* Individuen sind die ältesten: ich verstehe es nicht, aber Julius Cäsar könnte mein Vater sein – *oder* Alexander, dieser leibhaftige Dionysos ... In diesem Augenblick, wo ich dies schreibe, bringt die Post mir einen Dionysos-Kopf ..." (6, 269 – EH). Wie sehr sich bei Nietzsche zuletzt im Begriff des "Dionysos" Individualisierung, Vergeistigung und Vitalität mischen, zeigt eine Sentenz aus dem Vorwort zu *Ecce homo*: "Ich bin ein Jünger des Philosophen Dionysos, ich zöge vor, eher noch ein Satyr zu sein als ein Heiliger." (6, 258). Nietzsche begreift "Dionysos" als ein Symbol. Das "Wort Dionysos", "diese *griechische* Symbolik"

(6,159 – GD), ist "jenes geheimnißreiche Symbol der höchsten bisher auf Erden erreichten Welt-Bejahung und Daseins-Verklärung" (11, 681). Dabei ist Dionysos weder eine objektive Instanz noch ein bloß subjektives Erlebnis, sondern eine vom Menschen in kreativen Akten stets neu zu verwirklichende Größe. Bei Nietzsche kann der Mensch sich weder hymnisch an den Dionysos wie an einen über ihm stehenden Gott wenden, noch läßt sich der Dionysos in eine Metapher des eigenen Gefühls auflösen. Dionysos ist vielmehr die aus der eigenen schöpferischen Kraft des Menschen zu verwirklichende höchste Form des Lebens selbst. Zumindest ist dies die Dionysos-Konzeption, die sich bei Nietzsche seit dem *Zarathustra* durchsetzt. Das einzige Mittel nun, mit dem der Dichter-Denker den Dionysos vergegenwärtigen bzw. verlebendigen kann, ist die Sprache, das suggestive Wort. Mittels einer rhetorisch-artistischen Sprache, die mit imperatorischen Setzungen und appellierenden Gesten operiert, will Nietzsche den Dionysos bzw. das Dionysische evozieren. Es ist gleichsam ein Ersprechen-Wollen des Dionysos, was er immer wieder mit allen Mitteln der Überredungskunst und einem aus Naivität und Raffinement gemischten Pathos inszeniert. Es ist eine Sprache der "Unmittelbarkeitserfahung", der "unmittelbaren Erregung", der "mystischen Ekstase", der dichterischen "Intuition" (*Willemsen*, Dionysisches Sprechen, 111ff.). Aber eigentlich müßte man von einem 'dionysischen' *Er*sprechen des Sujets sprechen. Dionysos steht nicht einfach zur Verfügung, so als könnte man etwas schon Vorgegebenes durch die Sprache in Besitz nehmen. Er wird vielmehr überhaupt erst lebendig in der sprachlichen Evokation. Wenn man von einer "tragischen, dionysischen Sprache" spricht (*Kaulbach*, Sprachen der ewigen Wiederkunft, 49), darf man sich nicht auf die Mitteilungsfunktion der Sprache, die Mitteilung einer Lehre in einer "dionysischen, tönend-rhythmischen Sprache" (ebd., 55) beschränken, sondern muß sich zugleich die Evokationsfunktion der Sprache vergegenwärtigen. Es geht in der Sprache Zarathustras nicht nur um die Mitteilung philosophischer Ideen, sondern auch und nicht zuletzt um die Evokation des dionysischen Lebens. Festzuhalten ist, daß Nietzsche mit dem 'Dionysischen' archaische Erfahrungen des Menschen neu aktualisiert hat. Sofern im Rausch ein "simultanes Zusammenspiel" der "beiden Hirnhemisphären", der 'bewußten' und der 'unbewußten' "Hälfte" erfolgt und sich nur im Rausch die "dissoziierten Bereiche des Organismus wirklich vereinigen lassen" (*Kreis*, Dionysos, 90), hat Nietzsche aktuelle Experimente der Bewußtseinserweiterung und Existenzentgrenzung vorweggenommen. Er war dabei allerdings nicht auf künstliche Rauschzustände etwa im Sinne der modischen LSD-Experimente angewiesen (dazu: *Kreis*, ebd., 90ff.), sondern er führte den Rausch kraft geistiger Entscheidungen herbei, geleitet von einem 'philosophischen' Anliegen. Man darf Nietzsches Rauscherlebnis nicht verwechseln mit dem zügellosen, ruinösen Selbstgenuß durch Drogen, dem sich der moderne Zivilisationsmensch hingibt. Nietzsches Räusche sind zuletzt geistige Räusche. So laufen die Zarathustra-Visionen kaum je auf ein Versinken im Submentalen hinaus, sondern in ihnen ist immer ein zerebrales, formendes Element wirksam.

Exkurs 12 (zu Seite 245, Fn. 59)

Möbius diagnostiziert "progressive Paralyse" (vgl. *Möbius*, Das Pathologische, 1-3 u. 50-97). Die Symptome der Paralyse sieht Möbius bereits in der polemischen Hemmungslosigkeit Nietzsches (vgl. ebd., 55f.) sowie in den aus krankhaften "Gefühlsänderungen" (ebd., 56) erwachsenden "rauschartigen Zuständen" (ebd., 57). Nach Möbius hat Nietzsche den *Zarathustra* "in Zuständen paralytischer Erregung geschrieben" (ebd., 60). Und obschon er die Einschränkung macht, daß das "Pathologische in ihm nicht so stark" sei, "dass es inhaltlich überwöge" (ebd., 64), bezeichnet er den *Zarathustra* doch als das "Werk eines Gehirnkranken" (ebd., 60). Die "allerersten Anfänge" der "*geistigen* Erkrankung" Nietzsches setzt er "in das Ende des Jahres 1882" (ebd., 55). Die Diagnose von Möbius bleibt insgesamt weit unterhalb des dem Sujet angemessenen Niveaus. Es fehlt an der erforderlichen philosophischen Reflexion und ästhetischen Sensibilität. Möbius schreckt auch vor der plattesten Polemik nicht zurück: "Die ganze Lehre von der ewigen Wiederkehr ist das Schwachsinnigste, was Nietzsche hervorgebracht hat" (ebd., 58). Schon Köselitz und Overbeck weisen in Briefen vom 21.5.1905 resp. vom 23.5.1905 die Thesen von Möbius als Dilettantismus zurück (Abdruck der Briefe bei *Janz*, Nietzsche III, 346-351). Podach hält die "Paralyse-Diagnose" für "unbewiesen" (*Podach*, Nietzsches Zusammenbruch, 160). Er lehnt nicht nur die fragwürdigen Behauptungen von Möbius ab, sondern meldet auch Vorbehalte gegen die von Kurt Hildebrandt vertretene "Hypothese Paralyse" an (ebd.). In dessen Resümee hieß es: "Seine Geisteskrankheit ist wahrscheinlich eine progressive Paralyse gewesen." (*Hildebrandt*, Gesundheit und Krankheit, 159). Podach gelangt angesichts der ihm zur Verfügung stehenden Dokumente zu dem Ergebnis, "daß einfach kein biographisches oder ärztliches Material vorliegt, das die Preisgabe 'normalpsychologischer' Deutung seines Tuns bis in die Katastrophe hinein irgendwie rechtfertigen könnte" (*Podach*, a.a.O., 35). Podach verweist allerdings auch auf die Verwischung der Realitätsebenen beim späteren Nietzsche. Für die *Ecce homo*-Phase konstatiert er: "Zuerst schwankten die Bilder künftiger Größe zwischen echtem Wahn und spielerischem Tagtraum, später schwand, mit zunehmender Urteilsschwäche, die Kraft, zwischen Wahn und Wirklichkeit zu unterscheiden." (*Podach*, Nietzsches Werke des Zusammenbruchs, 177). Podach ist aber zugleich der Auffassung, daß die Aussagen Nietzsches zwischen Ernst und Selbstironie schillerten und die "Anstrengung des Kranken, seine Existenz zu behaupten", bezeugten (ebd., 178f.). Nach Jaspers ist zwar Nietzsches "Gesamtkonstitution" seit Mitte 1880 verwandelt, aber die "Geisteskrankheit", "mit ganz überwiegender Wahrscheinlichkeit" "eine Paralyse", bricht erst 1888 aus (*Jaspers*, Nietzsche, 100). Lange-Eichbaum hält Jaspers vor, sich an die Frage, was mit Nietzsche "in den Jahren 1880 bis 1888" war, "nicht herangewagt" zu haben, und plädiert seinerseits für den Zeitraum von 1865 bis 1880 für luetische Infektion sowie für die "grobe Paralyse von 1888 an" (*Lange-Eichbaum*, Nietzsche, 23). Zuletzt skizziert Lange-Eichbaum die "Auswirkung der geisteskranken Ideen von Nietzsche" auf den "führenden Politiker", auf Hitler (ebd., 82). Hitler, der den Schriften Nietzsches "bildungsmäßig niemals gewachsen sein konnte", "griff lediglich die Schlagworte auf, wie sie in unser aller Jugend Mode gewesen sind: 'Übermensch', 'Wille zur Macht', 'Herrenmoral' und 'Sklavenmoral'; dazu kam die Verurteilung jeglichen Mitleids und die Kampfdevise: 'Werdet hart, meine Brüder, werdet hart!' " (ebd., 83). Am umstrittensten sind die letzten Schriften Nietzsches. Hier unterscheidet Jaspers zwischen (intaktem) Mitteilungsinhalt und (hektischer) Mitteilungsform. Dabei wirken seine Äußerungen allerdings ein wenig sibyllinisch, denn einerseits spricht er von Signalen der Geisteskrankheit und andererseits betont er die geistige Integrität der Schriften: "Die Vorboten der bevorstehenden Geisteskrankheit gehen parallel den neuen Schriften. Jedoch ist keine Veränderung der geistigen Substanz, des Sinns und Gehalts des Denkens, wohl aber eine solche in der Form der Mitteilung in diesen Schriften auffällig." (*Jaspers*, Nietzsche, 105).

Generell stellt sich die Frage, inwieweit die späten Philosopheme Nietzsches überhaupt in die Kompetenz der Psychiatrie gehören. Der dem George-Kreis nahestehende Philosoph und Psychiater Kurt Hildebrandt hält im Hinblick auf "Werke des Geistes und der Kunst" die "Analyse des modernen Psychiaters" für "gefährlich":

> Wer ist denn imstande, die Leistung eines Genies zu bewerten? Sicherlich sehr wenige, wenn es denn wirklich ein Genie ist, das als solches das Unerwartete, aus den geltenden Voraussetzungen Nicht-Begreifliche vollbringt. [...] Das Genie zwingt den Verstehenden zur Verehrung, und wer von dieser Verehrung gar nichts spürt, der wird zum eigenen Vorteil sich besser Stoffen zuwenden, die sein Verständnis nicht übersteigen.
> (*Hildebrandt*, Gesundheit und Krankheit, 1f.)

Hildebrandts vornehmlich gegen Möbius gerichtete Kritik weist die Psychiatrie in ihre Schranken. Es ist sein Anliegen, die Krankheitsanalyse mit der Künstlerwürdigung zu verbinden. Dabei vertritt er mit Entschiedenheit die Auffassung, daß Nietzsches Grundgedanken und Hauptwerke keine Krankheitssymptome aufweisen, daß Nietzsche zur "Zeit der Zarathustra-Stimmung" "eine klare Besonnenheit und Selbstkritik, ein klares Gefühl für die Realität und Umwelt" zeige (ed., 130), daß die "ungeheure Steigerung in *Nietzsches* Idee und seinem Persönlichkeitsbewußtsein" nicht einfach als "Größenwahn" bezeichnet werden könne (ebd., 133) – Hildebrandt zieht den Begriff "Größenbewußtsein" vor (ebd., 138) – und daß die Krankheit erst am Schluß abrupt durchbreche, denn es sei bezeichnend, daß Nietzsches Freunde, Gast, Overbeck und Rohde, "die geistige Erkrankung als eine blitzartige Katastrophe empfunden haben" (ebd., 143). Es ist im übrigen die Frage, ob Nietzsches *Ecce homo* 'verrückter' ist als beispielsweise Strindbergs *Plädoyer eines Irren* (*Le plaidoyer d'un fou* [1887/88]), diese autopsychologische Vivisektion eines Ehe-Infernos, dieses "schreckliche Buch" (Vorwort), in dem Frauenhaß, Eifersuchtswahn und Bekenntniswut zu psychischen Exzessen führen, zu einer selbstmörderischen Introspektion. Strindberg ist nicht weniger ein 'Besessener' als Nietzsche. Freilich, seine Beichte basiert auf realen, autobiographischen Erfahrungen, auf Erfahrungen seiner Ehe mit Siri von Essen, während Nietzsches Selbstanalyse nur wenige biographische Erlebnisse mitteilt und sich im wesentlichen auf die geistige Existenz und ihre Werke konzentriert. Beide sind Ich-Besessene, und beide haben extrem ichbezogene Bekenntnisbücher verfaßt, aber Strindberg schildert eine Realsituation, ein konkretes Psychoduell zwischen Mann und Frau, während Nietzsche einen neuen Daseinsentwurf reflektiert. Bei Strindberg steht das konkrete Erlebnis im Mittelpunkt, bei Nietzsche der existentielle Weltentwurf. Bei Strindberg setzt sich der Schreibende mit einem anderen Menschen auseinander, bei Nietzsche beschäftigt er sich nur mit sich selber. Bei Strindberg herrscht die letale Introverison, die monomanische Analyse des eigenen Unbewußten, der eigenen Triebe, bei Nietzsche die expansive, weltverwandelnde Selbstanalyse. Bei Strindberg schreibt ein von Minderwertigkeitsgefühlen zerquältes Ich, bei Nietzsche ein von potenziertem Selbstbewußtsein geprägtes Subjekt. Wiederholt erörtert hat man die Frage der Sexualität Nietzsches. Hier kann man dem Urteil Hildebrandts zustimmen, der von einem Überwiegen der "geistigen Triebe" gegenüber einem schwachen "sexuellen Trieb" spricht (*Hildebrandt*, a.a.O., 30). Einschlägige Versuche, bei Nietzsche Sexualpathologisches, insbesondere Homosexualität, zu diagnostizieren, hat bereits Hildebrandt mit Entschiedenheit zurückgewiesen (vgl. bes. S. 32-35). Aber offenbar übt dieses Motiv einen eigentümlichen Reiz auf phantasievolle Psychodetektive aus. Joachim Köhlers verwegener Versuch, Zarathustras "Geheimnis" als verkappte Sexualität, d.h. als Homosexualität, zu enthüllen (vgl. *Köhler*, Zarathustras Geheimnis), ist eine dilettantische Spekulation. Weder in den Schriften und Briefen noch im Lebensverhalten Nietzsches gibt es Indizien für homoerotische resp. homosexuelle Neigungen. Nietzsches Beziehungen zu Männern sind entweder von (romantischem) Freundschaftskult oder von (geistiger) Verehrung geprägt.

Exkurs 13 (zu Seite 247, Fn. 63)

Im Essay *Das Genieproblem* definiert Benn: "Genie ist eine bestimmte Form reiner Entartung unter Auslösung von Produktivität." (S. 112). Benn, der sich in diesem Kontext u.a. auf Lange-Eichbaum beruft, ist primär an den künstlerischen Konsequenzen der bionegativen Disposition interessiert. Während der Psychiater Lange-Eichbaum in erster Linie die anthropologischen und soziologischen Aspekte der Genie-Werdung untersucht, gilt das Interesse des Künstlers Benn der ästhetischen Produktivität des Genies als einer trotz aller biologischen Determinanten autonomen kreativen Größe. Die Krankheit interessiert ihn allein als ästhetisches Phänomen. Die naturwissenschaftlichen, medizinischen Kategorien haben bei ihm letztlich die Funktion, die Glorie des "Genies" sachlich zu untermauern. Das Genie als Genie wird nicht angetastet. Freilich, das Genie wird nun im Lichte der Krankheit, des Bionegativen, der Dekadenz gesehen – ganz im Unterschied zu Nietzsche, der die Genialität gegen die Dekadenz ausspielt. Auch Thomas Mann erweist der Krankheit als dem Signum des Genies die Reverenz. So ist im *Zauberberg* auch der "Genius der Krankheit", der Zusammenhang von "Krankheit", "Geist", "Genie" und "Kunst", Gegenstand der *operationes spirituales* (*Th. Mann*, Der Zauberberg, 489ff.). Thomas Mann, der "ein wenig Philosophie der Krankheit" betreibt, fragt sich, ob möglicherweise "Krankheit Geist, oder gar [...] Geist Krankheit sei", und wirft "die Frage, die *aristokratische* Frage" auf, ob der Mensch "nicht in desto höherem Grade *Mensch* sei, je gelöster von der Natur, das heißt, je kränker er sei. Denn was wäre Krankheit, wenn nicht Abgetrenntheit von der Natur?" (*Th. Mann*, Goethe und Tolstoi, 148f.). Thomas Mann sieht auch Nietzsche im Lichte dieser Krankheitsphilosophie: "War es nicht Nietzsche, der den Menschen 'das kranke Tier' genannt hat? Und meinte er nicht damit, daß der Mensch eben nur insofern mehr sei denn Tier, als er krank sei? Im Geist also, in der Krankheit beruht die Würde des Menschen, und der Genius der Krankheit ist menschlicher als der der Gesundheit." (ebd., 149). Hier handelt es sich allerdings um ein produktives Mißverständnis. Nietzsches Wort vom Menschen als 'krankes Tier' ist pejorativ zu verstehen. Wenn er den Menschen als "ein *krankhaftes* Thier" bezeichnet, so besteht das Krankhafte in einer "ungeheuren *Lücke*" des Menschen, im fehlenden "*Willen*" zur unbedingten Daseinsbejahung. Das "*Thier* Mensch" war bisher krank, weil es an "asketischen Idealen" litt und noch nicht die Kraft zu einer neuen "*Sinn*"-Setzung fand (5, 411 – GM). Zugleich zielt Nietzsche auf den Abbau der Sonderstellung des Menschen: "Wir leiten den Menschen nicht mehr vom 'Geist', von der 'Gottheit' ab, wir haben ihn unter die Thiere zurückgestellt. [...] Er ist durchaus keine Krone der Schöpfung [...] der Mensch ist [...] das missrathenste Thier, das krankhafteste, das von seinen Instinkten am gefährlichste<n> abgeirrte – freilich [...] auch das *interessanteste*!" (6, 180 – AC). Nietzsche geht nicht mit bionegativen, sondern mit biopositiven Kategorien an den Menschen heran. Er huldigt allerdings nicht einem planen Biologismus. Seine 'Tier'-Definition des Menschen ist von einer gewissen Ambivalenz. Der Mensch ist ihm nicht nur das 'kranke', sondern auch das 'starke'

Tier, das sich zum 'geistigen' Tier differenziert hat: "Er gilt uns als das stärkste Thier, weil er das listigste ist: eine Folge davon ist seine Geistigkeit." (6, 180 – AC). Mit dem Geist verknüpft ist das Leiden, die Leidensfähigkeit, denn der Mensch ist auch das "tapferste und leidgewohnteste Thier" (5, 411 – GM). Der Hinweis auf die Sublimation des Lebewesens Mensch ist kein Votum für die Krankheit. Die Krankheit ist keine Auszeichnung, sondern eine Schwächung des Menschen. In der Symptomatik der *décadence* erscheint die Krankheit nicht als Steigerung, sondern als Schwächung der künstlerischen Produktivität. Nietzsche bekämpft die Kunst der *décadence* als eine Kunst der Krankheit. Am deutlichsten hat er dies im *Fall Wagner* formuliert: "Dem *Künstler der décadence* – da steht das Wort. [...] Ich bin ferne davon, harmlos zuzuschauen, wenn dieser décadent uns die Gesundheit verdirbt – und die Musik dazu! Ist Wagner überhaupt ein Mensch? Ist er nicht eher eine Krankheit? Er macht Alles krank, woran er rührt, – *er hat die Musik krank gemacht* –" (6, 21 – WA). "Wagner's Kunst ist krank." (6, 22 – WA). Nietzsche hat keinen Kult der Krankheit betrieben. Eine positive Bewertung der Krankheit erfolgt bei ihm nur im Zeichen der Gesundheit. Wenn der Kranke kraft der ihm eigenen ursprünglichen Gesundheit die Krankheit schöpferisch überwindet, kann die Krankheit sogar ein produktiver Impuls sein: "Die Krankheit selbst kann ein Stimulans des Lebens sein: nur muss man gesund genug für dies Stimulans sein!" (6, 22 – WA; vgl. 13, 480). Dies bedeutet nicht, daß die Kunst selbst krank ist, denn die Krankheit steht im Widerspruch zur wahren Kunst. Es besagt vielmehr, daß der 'Kranke' in der schöpferischen Bewältigung der Krankheit eine 'gesunde' Kunst hervorbringen kann. Das unterscheidet Nietzsche nicht nur von Thomas Mann und Gottfried Benn, sondern überhaupt vom modernen Krankheitskult. So notiert Musil: "Kunst ist eine Krankheitsform. Respective: es wäre möglich, Kunst als eine Krankheitsform zu behandeln" (*Musil*, Tagebücher, 17). Musil ist allerdings auch der Nietzscheaner, der in (gelegentlich kommentierten) Exzerpten aus dem *Fall Wagner* das Problem der *décadence* aufwirft: "*décadence*: Schopenhauer – der Philosoph der décadence. Der décadent in der Kunst macht alles krank, woran er rührt." (ebd., 28). Musil exzerpiert auch Nietzsches Satz von der "Krankheit" als "Stimulans" (ebd., 28 u. 30). Musil, der Meister der Ambivalenz, vermeidet auch in bezug auf die Krankheit die eindeutige, apodiktische Aussage und läßt die Dinge in der Schwebe. Nicht das Entweder-oder, sondern das Sowohl-als-auch prägt seine Perspektive. Im *Mann ohne Eigenschaften* ist das Problem von Künstlertum und Krankheit ein zentrales Thema. Aber es wird vom Erzähler in einer ironischen Ambivalenz gehalten. So sind im Kapitel *Die Irren begrüßen Clarisse* die in der Anstalt eingesperrten modernen "Künstler" einerseits Gegenstand der Erzählerironie; andererseits wirft ihre Situation die Frage nach dem Zusammenhang von Krankheit und Kunst auf. Clarisse ist irritiert: "Da stimmte etwas nicht. Es erschien ihr offenkundig falsch, so begabte Menschen einzusperren; die Ärzte verstünden ja wohl die Krankheiten, dachte sie, aber wahrscheinlich doch nicht in ihrer ganzen Tragweite die Kunst." (S. 984). Der Kult der Krankheit ist ein Signum der modernen Literatur und Dichtung. Selbst eine vergleichsweise so robuste, so 'gesunde' Natur wie Georg Heym notiert: "Daß geniale Veranlagung irgendwo und irgendwie mit Krankheit concurriert, beweist mir meine Familie. [...] Schließlich ist Genie wohl doch eine Art Degeneration. Denn warum sterben die Genialen Stämme sofort ab, nachdem sie ein Genie gezeugt haben." (*Heym*, Tagebücher, 140 [1.8.1910]).

Exkurs 14 (zu Seite 250, Fn. 65)

Die Welt als Rohstoff des Experimentierenden, das Leben als Versuch, die Existenz als Experiment – dies ist überhaupt der Kerngedanke des Nietzscheschen Philosophierens und das Schlüsselerlebnis des Nietzscheschen Daseinsvollzugs. Dies ist für Nietzsche die große Befreiung. In der *Fröhlichen Wissenschaft* formuliert er enthusiastisch:

> *In media vita.* – Nein! Das Leben hat mich nicht enttäuscht! Von Jahr zu Jahr finde ich es vielmehr wahrer, begehrenswerther und geheimnissvoller, – von jenem Tage an, wo der grosse Befreier über mich kam, jener Gedanke, dass das Leben ein Experiment des Erkennenden sein dürfe – und nicht eine Pflicht, nicht ein Verhängniss, nicht eine Betrügerei! (3, 552 – FW).

Der reale Mensch ist nur ein defizienter Modus des potentiellen Menschen. "Der wirkliche Mensch ist weit zurück hinter dem embryonischen, der aus ihm erst in drei Geschlechtern entsteht." (U II, 291). Durch das Experiment mit dem Menschen, durch das Selbstexperiment soll der Übermensch gestaltet werden: "Es ist etwas Fundamental-Fehlerhaftes im Menschen – er muß überwunden werden. Versuche!" (10, 380; vgl. 4, 14 – Za sowie 10, 655f.). Daher ist die eigentliche Existenz eine Experimentalexistenz: "Ein Experiment jedes wirkliche Leben!" (10, 518). Die Devise lautet: "Das Leben als Versuch" (10, 528). Der Mensch ist "der grosse Experimentator mit sich, der Unbefriedigte, Ungesättigte" (5, 367 – GM). Das Experiment soll nicht nur Gegenstand der Reflexion, sondern auch gelebte Existenz sein. Daher spricht Nietzsche von der "Experimental-Philosophie, wie ich sie lebe" (13, 492) – und tatsächlich lebte er um diese Zeit, im Frühjahr und Sommer 1888, eine Experimentalexistenz. Gerade der hektische Extremismus, die gedanklichen Hypertrophien und die heißgelaufenen Emotionen, wie sie für den 'letzten' Nietzsche so symptomatisch sind, signalisieren nicht nur eine Krise, sondern sind auch Ausdruck, bewußt oder unbewußt, eines konsequenten Selbstexperiments. Der Experimentator selbst ist Gegenstand des Experiments. Die Experimental-Philosophie ist Experimental-Existenz. Nietzsches kategorischer Imperativ lautet: Verwandle dein Leben in ein Experiment! Erst als Experimentalexistenz gewinnt der Mensch seine Freiheit: "Aus seinem Leben selbst ein Experiment machen – das erst ist *Freiheit* des Geistes, das wurde mir später zur Philosophie ..." (13, 618). Die theoretische Philosophie soll in praktische Philosophie, die *vita contemplativa* in die *vita activa*, das Denken in Handeln umgesetzt werden: "Wir neuen Philosophen, wir Versuchenden, denken anders – und wir wollen es nicht beim Denken bewenden lassen. Wir denken *freier* – vielleicht kommt der Tag, wo man mit Augen sieht, daß wir auch freier handeln." (11, 557f.). Die Experimentalphilosophie betrifft nicht nur den einzelnen Menschen, sondern die ganze Menschheit: "Wir dürfen mit uns selber experimentiren! Ja die Menschheit darf es mit sich!" (3, 294 – M). Nietzsche weitet seine Experimentalphilosophie zu einer Geschichtsphilosophie aus. Die Geschichte selbst erscheint ihm als ein großes Experiment: "Die Geschichte als die große *Versuchs-Anstalt*: die bewußte Weisheit *vorzubereiten*, welche zur Erd-Regierung noththut. Das Zusammen-denken des Erlebten –" (11, 173). Das "Zusammendenken des Erlebten" – dies erinnert an Hegels Idee des Geistes, der die Geschichte im 'absoluten Wissen' versammelt; und die "Erd-Regierung" könnte an kosmopolitische Ideen der Aufklärung denken lassen, an Kants Schrift *Zum ewigen Frieden* und die Idee einer Weltregierung. Aber der Philosoph des Willens zur Macht denkt eher an ein riesiges Machtkartell als Herrschaftsinstrument der großen Experimentatoren. Dementsprechend schlägt er schrille Töne an, bis zur hektischen Forderung nach dem Krieg als der großen Purgation: "Zeitalter der *Versuche.* / Ich mache die große Probe: *wer hält den Gedanken der ewigen Wiederkunft aus?* [...] Ich will *Kriege*, bei denen die Lebensmuthigen die Anderen vertreiben" (11, 85). Die "*Barbaren* des zwanzigsten Jahrhunderts" (III, 690) haben durch ihre schaurigen Vernichtungsorgien diese Philosophie widerlegt. Aber Nietzsche konnte die kriminellen Praktiken der Nationalsozialisten, die rassistische Ausrottungspraxis und die medizinischen Experimente am Menschen, nicht voraussehen. Er ist freilich in dieser Sache auch nicht exkulpiert. Im Grunde geht es ihm allerdings nicht um bestimmte inhaltliche Ziele, sondern um das Experiment als solches. Und hier ist er von seltsamer Realitätsfremdheit. Er hat nicht bedacht, daß Kriminelle seine Philosophie mißbrauchen könnten. Zarathustra erklärt allerdings: "Wollust: – doch ich will Zäune um meine Gedanken haben und auch noch um meine Worte: dass mir nicht in meine Gärten die Schweine und Schwärmer brechen!" (4, 237 – Za). Benn, der Nietzsche von der Verantwortlichkeit für die politischen Folgen seiner Philosophie exkulpiert, bezieht sich ausdrücklich auf diese Stelle (vgl. *Benn*, Nietzsche – nach fünfzig Jahren, 482f.). Man sollte Nietzsche allerdings nicht in den Stand der Unschuld versetzen. Im Hinblick auf die 'Züchtung' des neuen Menschen hat er fatale Sentenzen von sich gegeben. So tut er die schlimme Äußerung: "Jene ungeheure *Energie der Größe* zu gewinnen, um, durch Züchtung und andrerseits durch Vernichtung von Millionen Mißratener, den zukünftigen Menschen zu gestalten und *nicht zugrunde* zu gehn an dem Leid, das man *schafft* und dessengleichen noch nie da war! –" (III, 427f.). Ist dies ein Blankoscheck für Kriminalität? Ist dieser schlimme, dieser ungeheuerliche Satz die theoretische Vorwegnahme der rassistischen Ausrottungspraktiken des Nationalsozialismus? Wußte Nietzsche, der Kritiker des Antisemitismus, was er schrieb, als er diesen Satz formulierte? Eine schwer zu beantwortende Frage. Man wird wohl bei diesem (unentschuldbaren) Satz berücksichtigen müssen, daß Nietzsche immer zu extremen Formulierungen, zur provokatorischen Überzeichnung seiner Ideen neigte und sich über mögliche konkrete Konsequenzen seiner Gedanken kaum immer im klaren war. Ein Vorläufer des Nationalsozialismus ist er schon deshalb nicht gewesen, weil er sich dem "Nationalismus" und dem "Rassenhass", der "nationalen Herzenskrätze und Blutvergiftung" entschieden widersetzt hat (3, 630 – FW, 5. Buch). Zeigt er damit eine eher 'progressive' Gesinnung, so sind seine Züchtungsideen abwegig – ohne daß er einem wirklichen Vernichtungsfanatismus gehuldigt hätte. Es ging ihm um die experimentelle Hervorbringung des großen Menschen, um die "Erzeugung des *synthetischen*, des *summierenden*, des *rechtfertigenden* Menschen" (WzM, 590 [Nr. 866]). Das Experiment wird zu einer universellen Kategorie. Es erfaßt nicht nur die individuelle Existenz, sondern auch die geschichtliche Entwicklung. Nicht nur der existentielle Daseinsentwurf, sondern auch die wissenschaftliche Lebensformung sollen im Zeichen des Experiments erfolgen. Nietzsche erwartet von der "Wissenschaft" "Ziele des Handelns", "ein Jahrhunderte langes Experimentiren" (3, 379f.). Die Experimentalphilosophie und die Experimentalexistenz verbinden sich mit der Experimentalwissenschaft. Wenn diese Konzeption zum Züchtungsbiologismus wird, schlägt die Freiheit in Unfreiheit um, denn nun wird das Experiment zum Zwang, dem der konkrete Mensch geopfert wird. Das Experiment als existentielle Freiheit und das Experiment als biologistische Determination – dies sind die beiden Extremmöglichkeiten des Experiments im Denken Nietzsches. Er wollte durch das Experiment die äußersten Möglichkeiten des Menschen erproben:

"Die Grenzen des Menschen. Der Versuch zu machen, wie hoch und weit man den Menschen treiben kann" (11, 202). Wo Goethe einst die "Grenzen" der "Menschheit", d.h. des Menschseins, zog (vgl. Goethes Gedicht *Grenzen der Menschheit* [HA I, 146f.]), scheint Nietzsche sie überschreiten zu wollen. Aber bei Goethe anerkennt der Mensch seine Grenzen, weil er um die überlegene Macht des Göttlichen weiß, während bei Nietzsche der Mensch keine feste Bestimmung mehr hat und der leeren Unendlichkeit ausgesetzt ist. In dem Maße, in dem der Mensch sich selber seine Ziele setzen muß, wird das Experimentieren, das Erproben ganz neuer Möglichkeiten, zu seiner Daseinsform. Das Experiment übt auf Nietzsche eine besondere Faszination aus, weil es ein Akt der Freiheit ist. Im Experiment eröffnet sich die Möglichkeit, die festgefügten Ordnungssysteme und Normen durch neue Daseinsentwürfe zu durchbrechen. Dies ist nur möglich durch irreguläre Akte, durch 'Willkür'-Akte: "Experiment als wirklicher Charakter unseres Lebens und *jeder* Moral: etwas *Willkürliches* muß daran sein!" (10, 321). Jaspers wirft die Frage auf, ob in diesem Verständnis von "Leben und Erleben" "als ein Versuchen" "dem Leben noch der existentielle Ernst bleibe", ob nicht "nun auch das Leben selbst in jeder Gestalt zum Versuch herabgesetzt und damit des Ernstes einer Entscheidung beraubt scheint" (*Jaspers*, Nietzsche, 383f.). Auch Reinhart Maurer vertritt, mit Bezug auf Jaspers, die Auffassung, "daß man mit Nietzsche letztlich in das Bodenlose endlosen Experimentierens gerät" (*Maurer*, Das Experimentelle, 25). Daß es sich bei Nietzsches Experimentalphilosophie um ein Experimentieren *in infinitum* handelt, ist in seinem Begriff des Lebens als des ständigen Über-sich-hinaus-Wollens begründet. Dies führt in der Tat zu einer irritierenden Instabiliät aller Daseinsbezüge. Es ist aber fraglich, ob Nietzsche damit den "existentiellen Ernst" preisgibt. Eher scheint das Gegenteil der Fall zu sein. Gerade in seinen Reflexionen über das Leben als Experiment schwingt sich Nietzsche immer wieder zum tragischen Pathos des Entweder-Oder auf. Die Experimentalphilosophie ist das "Exempel seiner sich selbst verzehrenden Existenz" (*Gerhardt*, "Experimental-Philosophie", 51).

Exkurs 15 (zu Seite 256, Fn. 69)

Der *Zarathustra* ist für Nietzsche ein über die bloße 'Literatur' weit hinausreichendes Werk, und er wehrt sich dagegen, daß es mit 'Literatur' verwechselt wird. Anfang November 1883 schreibt er an die Schwester:

> Von der Schwere der Aufgabe, die auf mir liegt, hat Niemand eine Vorstellung; und wenn Jemand sich dieselbe etwa unter der Form einer litterarischen Arbeit, z.B. dem Fertigmachen meines Zarathustra denkt, so macht mir das beinahe Übelkeit und Lach- *oder* Brechreiz – so "zwider" ist mir alle Litteratur-Macherei; und der Gedanke, zuletzt gar unter die *Schriftsteller* gerechnet zu werden! gehört zu den Dingen bei denen es mich schüttelt." (B 6, 451).

Nietzsches Aversion gegen 'Literatur' ist eklatant. Mit aller Entschiedenheit hebt er den *Zarathustra* gegen bloße 'Literatur' ab: "Ich habe der Menschheit das tiefste Buch gegeben, das sie besitzt, ein Buch, gegen das gerechnet die Bücher überhaupt bloß Litteratur sind." (B 8, 377 – Juli 1888 – an M.v. Meysenbug). Auch eine Schrift wie *Ecce homo* hat für Nietzsche nichts mehr mit 'Literatur' zu tun: "Das '*Ecce homo*' [...] geht dermaßen über den Begriff 'Litteratur' hinaus, daß eigentlich selbst in der Natur das Gleichniß fehlt [...]" (B 8, 513 – 9.12.88 – an Köselitz). Der Begriff 'Literatur' reicht Nietzsche zur Kennzeichnung seiner Werke nicht aus, ja, er versteht ihn als pejorative Kategorie, die sein Schaffen eher verstellt als erhellt. Unter 'Literatur' versteht er offenbar die rhetorischen Stilübungen und intellektuellen Posen der auf aktuelle Wirkung bedachten Schriftsteller. Das Werk jedoch, das ihm vorschwebt, sprengt alle Grenzen der 'Literatur' und ist ein elementares Ereignis, ein Ereignis, das den Menschen (und die Geschichte) in den Grundfesten erschüttern und erneuern soll. An das Buch stellt Nietzsche die gleiche Forderung wie später Franz Kafka: "Wenn das Buch, das wir lesen, uns nicht mit einem Faustschlag auf den Schädel weckt, wozu lesen wir dann das Buch?" (*Kafka*, Briefe, 27 – 27.1.1904 – an Oskar Pollak). Wenn Nietzsche sein eigenes Œuvre qualifiziert, spricht er in der Regel nicht von 'Literatur', sondern von 'Kunst' resp. vom 'Werk'. Und im Grunde interessieren ihn nur solche 'literarische' Werke, die als Dichtungen, als Kunst gelten können. Gelegentlich benutzt er allerdings den Begriff 'Literatur' zur Kennzeichnung seiner Schriften, aber dann handelt es sich zumeist um kritische Vorbehalte gegenüber dem eigenen Tun, und dann setzt er den Begriff 'Literatur' gerne in Anführungszeichen. So schreibt er am 26.2.1888 an Köselitz, mit Bezug auf den *Antichrist*: "Auch dürfen Sie ja nicht glauben, daß ich wieder 'Litteratur' gemacht hätte: diese Niederschrift war *für mich*; [...] der Gedanke an 'Publicität' ist eigentlich *ausgeschlossen*." (B 8, 264). Nietzsche kann den Begriff 'Literatur' allerdings auch in einem wertneutralen Sinne benutzen. So spricht er beispielsweise im Brief an Georg Brandes vom 19.2.1888 von der "Nietzsche'schen Litteratur" (B 8, 259). In der Regel ist der Begriff 'Literatur' bei Nietzsche eine negative Kategorie, die er in die Nähe der Tagesschriftstellerei und des von ihm so vehement bekämpften Journalismus rückt. 'Literatur' und Presse erscheinen ihm als Symptome des kulturellen Niedergangs: "Man wird sich am wenigsten wohl durch die 'Litteratur' und die Presse dazu verführen lassen, vom 'Geiste' unserer Zeit groß zu denken" (11, 16). Es ist die gleiche Aversion gegen die Presse wie bei Wagner, der erklärt: "'ich verachte die Presse' ". "Daß wir ein Volk von Zeitungslesern geworden sind, hierin liegt eben unser Verderb." (WSD 10, 134f. – Wollen wir hoffen? [1879]). Hand in Hand mit der 'Literatur'-Verachtung geht die 'Literaten'-Schelte. Mit beißendem Spott wendet sich Nietzsche gegen die "Litteraten, welche mit dem Geiste Schacher treiben und von ihren Meinungen 'leben' wollen" (12, 320). Der "Litterat" ist "wesentlich Schauspieler" (3, 609 – FW, 5. Buch), er ist der "Ladendiener des Geistes und 'Träger' der Bildung", der "Litterat, der eigentlich Nichts *ist*, aber fast Alles 'repräsentirt', der den Sachkenner spielt und 'vertritt' ", so daß Nietzsche seine Leser auffordert, "dass ihr gleich mir die Litteraten und Bildungs-Schmarotzer verachtet!" (3, 615 – FW, 5. Buch). Thomas Mann Kritik des "Zivilisationsliteraten" (vgl. die *Betrachtungen eines Unpolitischen*) und Benns Unterscheidung von *Kunstträger* und *Kulturträger* (Lebensweg, 50f.) – bei Nietzsche sind sie im Prinzip vorweggenommen. Er protestiert gegen das öffentliche Geschwätz und die zeitgenössischen Vermassungstendenzen, aber dabei nimmt seine Literaten-Kritik ausgesprochen fortschrittsfeindliche Züge an. Er attackiert das Literatentum nicht nur wegen des Mangels an Kreativität, sondern auch wegen seiner gesellschaftspolitisch progressiven Tendenzen. So schleudert er seinen Bannfluch gegen die von den 'Literaten' geförderte Volksbildung und Frauenemanzipation: "Feindschaft gegen alles Litteratenhafte und Volks-Aufklärerische, insonderheit gegen alles Weibs-Verderberische, Weibs-Verbildnerische" (11, 570). Daß der Frauenfeind Nietzsche für das "Litteratur-Weib" (6, 129 – GD) nur ungalante Bemerkungen übrig hat, versteht sich von selbst. In Nietzsches Literaten-Kritik steckt auch ein Stück Anti-Demokratismus. Er schreibt, "daß mir der 'Litterat' widerlich ist, daß mir alle politischen Parteien von heute widerlich sind, daß der Sozialist von mir nicht nur mit Mitleiden behandelt wird" (12, 156). Der 'Literat' ist für Nietzsche buchstäblich ein rotes Tuch. Und so bezeichnet er sich denn, aus ästhetischen und politischen Gründen, als "homo illitteratus" (B 8, 29 – 23.2.87 – an Overbeck), damit nicht nur das Literatentum, sondern auch das Bildungsbürgertum von sich abweisend. Im übrigen spricht Nietzsche selbst, ironisch, von "meinem entsetzlichen 'Antidemocratismus'" (B 7, 58 – Juni 1885 – an Resa von Schirnhofer).

Exkurs 16 (zu Seite 260, Fn. 73)

Mit der Hinwendung zum 'Unbekannten Gott' steht der junge Nietzsche in einer langen Tradition. Der Apostel Paulus spricht in seiner 'Areopagrede' vom *Agnostos Theos*, vom 'Unbekannten Gott': "Ich bin herdurch gegangen, und habe gesehen eure Gottesdienste, und fand einen Altar, darauf war geschrieben: Dem unbekannten Gott. Nun verkündige ich euch denselben, dem ihr unwissend Gottesdienst thut." (Apostelgeschichte 17, 23). Paulus, der sich auf die Altäre für 'unbekannte Götter' in Athen bezieht, verwendet den Singular, um dem Glauben an den Einen Gott Ausdruck zu verleihen. Im Gedicht des jungen Nietzsche ist diese Glaubensgewißheit der Frage nach dem wahrhaft Unbekannten gewichen. Zu Motiv und Problematik des 'Unbekannten Gottes' vgl. *Norden*, Agnostos Theos, 56-83. Vgl. auch *Dibelius*, Paulus auf dem Areopag. "Eine Altar-Inschrift 'Einem unbekannten Gott' oder auch 'Dem unbekannten Gott' ist uns nicht überliefert. Dagegen ist literarisch und wahrscheinlich auch inschriftlich bezeugt, daß es auf der Straße von Phaleron nach Athen, in Olympia und vielleicht auch in Pergamon Altäre gegeben hat, die 'unbekannten Göttern' geweiht waren." (ebd., 16). "Die Weihung an unbekannte Götter mag veranlaßt sein durch die Sorge, einem Gott aus Unkenntnis nicht den ihm gebührenden Dienst erwiesen zu haben" (ebd., 17). Dibelius betont, "daß die Areopagrede von einem Suchen Gottes redet" ("das wirkliche und völlige Finden Gottes bleibt fraglich") (ebd., 12). Aber es geht Paulus um den *einen* Gott. Er spricht von der Inschrift, "als wenn sie singularisch lautete: einem unbekannten Gott. Das kann ebensowohl auf bewußter Umgestaltung des Plurals beruhen, wie auf bloßem Mißverständnis." (ebd., 18). "Für den Areopagredner aber ist einzig der singularische Text der Inschrift brauchbar, denn ihm gilt sie als Zeugnis für das unbewußte Ahnen des wahren Gottes bei den Athenern. Und nun kann er sofort bei der Verkündigung dieses Gottes einsetzen." (ebd., 19). In der *Fröhlichen Wissenschaft* bezieht sich Nietzsche auf jenen griechischen Kult. Er deutet ihn für sich um als Metapher der Suche nach neuen Werten: "ein Errathen von Werthen, für die die Wage noch nicht erfunden ist: ein Opferbringen auf Altären, die einem unbekannten Gotte geweiht sind" (3, 418 – FW). Das Gedicht des jungen Nietzsche vollzieht eine Wendung nach innen, in die Innerlichkeit des sich seiner selbst vergewissern wollenden einsamen Ich. Es nimmt Abschied vom "Glauben der Kindheit" und wendet sich, in pietistischer Verinnerlichung, dem "Gott in der eigenen Herzenstiefe" zu. "Es ist der Gott, aus dem im Pietismus in Wiederaufnahme mittelalterlicher Mystik auch eine innere Stimme geworden war. [...] Der Altar verliert seinen Bezug zum deus in excelsis und verweist auf etwas Göttliches im Menschen, eine Transzendenz, die im Menschen liegt und ihm doch fremd ist. [...] Das angeredete Du ist eine Macht im anredenden Ich." (*Pestalozzi*, Gedicht, 108). Bemerkenswert ist der Hinweis, daß diesem Gedicht offenbar ein protestantisches Kirchenlied als Vorlage gedient hat und daß

Nietzsche den dort vorgefundenen Motiven eine neue Bedeutungsrichtung gab (vgl. ebd., 104-109). Ob allerdings in diesem Gedicht "der christliche wieder zu einem antiken Gott wird" (ebd., 109), ist fraglich. Es scheint sich eher um ein letztes Ansprechen des sich entziehenden christlichen Gottes zu handeln. Trauert hier der junge Nietzsche nicht dem christlichen Gott nach? Und ist es wirklich die pietistische Verinnerlichung oder nicht doch eine (letzte) transzendierende Hinwendung zu einer jenseits des Subjekts liegenden Größe, die die Essenz dieses Gedichts ausmacht?

Exkurs 17 (zu Seite 262, Fn. 74)

Napoleon ist eine der meistgenannten Gestalten in den Schriften und Fragmenten Nietzsches. Häufig führt Nietzsche auch Napoleon-Zitate an. Wie für Hegel, der Alexander, Caesar und Napoleon zu den "welthistorischen Individuen", den "Geschäftsführern des Weltgeistes" zählt (*Hegel*, Philosophie der Geschichte, 76), so ist diese Trias auch für Nietzsche von welthistorischer Bedeutung, freilich unter dem Vorzeichen des "Willens zur Macht" (vgl. 13, 273). Caesar und Napoleon gehören zu den "höchsten Menschen" (12, 550). Ihnen ist sogar das 'Opfern' von Menschen gestattet (vgl. 12, 24). Napoleon ist für Nietzsche ein praktisches Beispiel seiner Experimentalphilosophie: "Napoleon, die Leidenschaft neuer Möglichkeiten der Seele... Die Raumerweiterung der Seele... / Der Versuch, Neues zu *thun*: Revolution, Napoleon..." (13, 494). Der literarische Gewährsmann des Nietzscheschen Napoleon-Kults ist Stendhal. Stendhals *Vie de Napoléon* (1876, postum), in dem Napoleon als der "grand homme" (z.B. S. 28, 330), als "esprit supérieur", "un génie supérieur" (S. 331) erscheint, hat das Napoleon-Bild Nietzsches wesentlich geprägt. Freilich, Nietzsche spitzt den Napoleon-Kult zu einem schrankenlosen Personalismus im Zeichen des Willens zur Macht zu. Während der Personenkult Stendhals doch noch in eine vergleichsweise sachliche historische Lebensbeschreibung eingebettet ist, geht es Nietzsche um Napoleon als die Inkarnation des potenzierten Willens zur Macht. Die politischen Ziele Napoleons spielen in Nietzsches Napoleon-Bild so gut wie keine Rolle. Napoleon ist der große Experimentator des Willens zur Macht. Die Inhalte dieses Experiments sind irrelevant. Entscheidend ist das Experiment als solches. Es ist deshalb auch von sekundärer Bedeutung, ob es sich bei dem Experimentator um einen Künstler, Philosophen oder Politiker handelt. Daher kann Nietzsche auch den Politiker und Machtmenschen Napoleon in einem Atemzug mit großen Dichtern, Künstlern und Philosophen nennen. So sind Napoleon und Goethe die "*beiden großen Tentativen*, die gemacht worden sind das 18te Jahrhundert zu überwinden" (13, 451; vgl. 12, 456). "Dante, Michel Angelo, Napoleon – –" (12, 224); "die 'Unmoralität' gehört zur Größe (Caesar, Friedrich der Große, Napoleon, aber auch Homer, Aristophanes, Lionardo, Goethe – man unterschlägt immer die Hauptsache, ihre 'Freiheit des Willens' –)" (12, 428). Die großen Machtmenschen und die großen Künstler werden synchronisiert. "(Napoleon – Goethes höchstes Erlebniß)" (12, 443). "Das Erstaunen Napoleon's, als er einen deutschen Dichter sah und – einen *Mann* fand! Er hatte erwartet, einen deutschen Dichter zu finden!" (11, 453; vgl. 5, 142 – JGB). Nietzsches Napoleon-Kult kennt keine Grenzen. Nun ist dies keine Extravaganz des 'reaktionären' Nietzsche. Die Napoleon-Verherrlichung ist ein Grundzug des 19. Jahrhunderts. Auch der 'progressive' Heine betreibt die Heroisierung Napoleons. Angesichts einer Napoleon-Kritik ruft er aus: "Wie darf ich, der Schüler Le Grands, den Kaiser schmähen hören? Den Kaiser! den Kaiser! den großen Kaiser!" (Ideen. Das Buch Le Grand, 273). Heine schwärmt von der "göttlichen Seele" Napoleons, der mit seinen Memoiren den "Felsen von St. Helena in einen Lehrstuhl der Geschichte" verwandelt habe, "von dessen Höhe die Zeitgenossen gerichtet und die spätesten Enkel belehrt werden" (Englische Fragmente, 545). Die Erscheinung Napoleons wird ins Imperatorisch-Übermenschliche stilisiert: "Ich sehe ihn immer noch hoch zu Roß, mit den ewigen Augen in dem marmornen Imperatorgesichte" (ebd., 593). Es erfolgt die Apotheose Napoleons: "[...] das Bild Napoleons, jeder Zoll ein Gott!" (ebd., 592). So hatte schon Hegel den zu Pferd sitzenden Napoleon zur "Weltseele" verklärt.[1] Diesen Napoleon-Kult hat auch Nietzsche kaum übertroffen; er gibt ihm allerdings eine andere Stoßrichtung. Später gewinnt Heine ein vergleichsweise sachlicheres Verhältnis zu Napoleon. Napoleon erscheint als Kämpfer nicht nur für seine "Krone", sondern auch für die "Revolution", "und es waren die Interessen der Freiheit, der Gleichheit, der Brüderschaft, der Wahrheit und der Vernunft, es war die Menschheit, welche zu Waterloo die Schlacht verloren" (Geständnisse, 502 [Waterloo-Fragment]). Heine verbindet nun die Verehrung des großen Individuums Napoleon mit den modernen humanitären und kosmopolitischen Ideen. Darin ist ihm Nietzsche nicht gefolgt. Für ihn ist Napoleon nicht der Protagonist des Fortschritts, sondern die progressiven Ideen haben nur Bedeutung, weil sie das große Individuum hervorgebracht haben: "Die Revolution ermöglichte Napoleon: das ist ihre Rechtfertigung." (12, 471). Von Bismarck und Napoleon heißt es: "ein Wohlgefühl sonder Gleichen gieng durch Europa: das Genie soll *Herr* sein" (11, 79). Den Gipfel des Napoleon-Kults erreicht Nietzsche im Vergleich Napoleons mit Zarathustra: "Bei Menschen wie Napoleon ist jedes Absehen von *sich* eine Gefahr und Einbuße: sie müssen ihr Herz verschlossen halten – ebenso der Philosoph. Zarathustra." (11,187). Nietzsche ist im übrigen empfänglich für Dichtungen, deren Thema historische Individuen sind. So bezeugt er dem (ihm freundschaftlich verbundenen) Heinrich von Stein Respekt für sein Buch *Helden und Welt* (1883). In diesen dramatischen Szenen läßt Stein große Gestalten der Geschichte von der Antike bis zur Französischen Revolution, Philosophen, Politiker, Feldherrn, auftreten, in bedeutungsvollen Dialogen mit zum Teil dramatischer Zuspitzung. Die Szenen sind Huldigungen an das Ideal des großen Menschen als Ausdruck des Zeitgeistes. Mitte November 1882 schickt Stein Nietzsche die Korrekturbogen zu (B III 2, 305 – 15.11.82), und Nietzsche bestätigt ihm, er sei ein "Dichter"; er habe die "Affekte" und den "scenischen Appparat" "wirksam und *glaubwürdig*" gestaltet, wenngleich man über die " 'Sprache' " einmal intern sprechen müsse. Er meldet dann allerdings auch eine gewisse kritische Reserve gegenüber dem (idealistischen) "Helden"-Begriff Steins an: "Was 'den Helden' betrifft: so denke ich nicht so gut von ihm wie Sie. Immerhin: er ist die annehmbarste Form des menschlichen Daseins, namentlich wenn man keine andre Wahl hat." (B 6, 287 – Brief an Heinrich von Stein Anfang Dezember 1882). Im ganzen aber beeindruckt ihn die Dichtung Steins. So schreibt er am 22.12.1884 an Overbeck: "Hast Du Stein's 'Helden und Welt' gelesen? – Bitte, thu's." (B 6, 573). Bei aller Geistesverwandtschaft – Nietzsche und Stein sind in ihren ästhetischen Anschauungen doch weit voneinander entfernt. Der Ästhetiker Stein ist noch stark der klassisch-idealistischen Kunstanschauung verbunden. In seiner Schrift *Die Entstehung der Neueren Ästhetik* (1886) gesteht er der Kunst eine versöhnende Wirkung, eine harmonisierende Aufhebung der Gegensätze

1 "Den Kaiser – diese Weltseele – sah ich durch die Stadt zum Rekognoszieren hinausreiten; – es ist in der Tat eine wunderbare Emfindung, ein solches Individuum zu sehen, das hier auf einen Punkt konzentriert, auf einem Pferde sitzend, über die Welt übergreift und sie beherrscht" (*Hegel*, Briefe I, 120 [Brief vom 13.10.1806 – an Niethammer]).

zu. – Zu den persönlichen Beziehungen vgl. *Wahnes*, Heinrich von Stein, sowie *Janz*, Nietzsche II, 325-336 u. 406-409.

Exkurs 18 (zu Seite 263, Fn. 76)

Schon in der Tragödienschrift übernimmt Nietzsche von Schopenhauer zwar die Idee des Willens, des Weltwillens, nicht aber den Gedanken der Verneinung des Willens. Hier liegt die Wurzel der späteren Entzweiung. Die seit *Menschliches, Allzumenschliches* zu beobachtende wachsende Distanz Nietzsches zu Schopenhauer, die sich mehr und mehr zur Schopenhauer-Kritik auswächst, ist im wesentlichen in drei Aspekten begründet: im Lebensbegriff, in der Moralanschauung und in der Kunstauffassung Schopenhauers. Nietzsche hält "Schopenhauer's religiös-moralische Menschen- und Weltdeutung" für einen Irrtum (2, 110 – MA I), bezeichnet die "*Mitleids-Moral* Schopenhauer's" als einen "sehr unglücklichen Versuch" (6, 138 – GD) und distanziert sich von "Schopenhauer's blindem Willen zur Moral" (2, 14 – MA I [Vorrede von 1886]). Schopenhauer steht, wie Buddha, "im Bann und Wahne der Moral" (5, 74 – JGB). Moral und Mitleid aber entspringen der Lebensfeindlichkeit: "Schopenhauer war lebensfeindlich: *deshalb* wurde ihm das Mitleid zur Tugend" (6, 174 – AC). Dies aber ist ein Zeichen von Dekadenz. Schopenhauers "'Verneinung des Willens zum Leben' – ist der *décadence-Instinkt* selbst" (6, 86 – GD). Wagner und Schopenhauer stellen den "Typus der décadence" dar (13, 429; vgl. 13, 395). In *Schopenhauer als Erzieher* hatte Nietzsche, mit Blick auf Schopenhauer, den Philosophen noch als Ausdruck der "Natur", d.h. des schöpferischen Lebens, gedeutet: "Die Natur schiesst den Philosophen wie einen Pfeil in die Menschen hinein" (1, 405 – SE); es geht um die "Wiedererzeugung Schopenhauers, das heisst des philosophischen Genius" (1, 407 – SE). Nun wird Schopenhauer, wie Wagner, der *décadence*, d.h. dem unschöpferischen Leben, zugeschlagen. Damit wird auch die Kunstauffassung Schopenhauers fragwürdig. Daß Schopenhauer die Kunst nicht als *Stimulans*, sondern als *Quietiv* des Willens deutet, daß nicht die Lebenssteigerung durch die Kunst, sondern die Erkenntnisfunktion der Kunst für ihn das Entscheidende ist, daß die Kunst für ihn in der reinen Kontemplation, in der interesselosen Anschauung der Schönheit besteht, alles dies fordert Nietzsches Widerspruch heraus. Im Textstück *Schopenhauer* aus der *Götzen-Dämmerung* hält Nietzsche Schopenhauer einen Negativ-Katalog vor:

> Er hat, der Reihe nach, die *Kunst*, den Heroismus, das Genie, die Schönheit, das grosse Mitgefühl, die Erkenntniss, den Willen zur Wahrheit, die Tragödie als Folgeerscheinungen der "Verneinung" oder der Verneinungs-Bedürftigkeit des "Willens" interpretirt – die grösste psychologische Falschmünzerei, die es, das Christenthum abgerechnet, in der Geschichte giebt. (6, 125 – GD)

Nietzsche ist nun der Meinung, nicht nur Wagner, sondern auch Schopenhauer "mit einem *vergrößernden* Auge gesehen" zu haben" (11, 534). Aber es kommt im ganzen hinsichtlich Schopenhauers nicht zu jener hemmungslosen Polemik, wie sie für die Wagner-Kritik Nietzsches so symptomatisch ist, ja, die Auseinandersetzung mit Schopenhauer bleibt zumeist vergleichsweise sachlich. Trotz einiger Ausfälle verliert Nietzsche nie ganz den Respekt vor dem einstigen Lehrmeister und späteren Antipoden. Immerhin nennt er ihn im kritischen Textstück *Schopenhauer* den "letzten Deutschen, der in Betracht kommt (– der ein *europäisches* Ereigniss gleich Goethe, gleich Hegel, gleich Heinrich Heine ist [...])" (6, 125 – GD). Im übrigen ist nicht von der Hand zu weisen, daß Schopenhauer auch noch den späteren Nietzsche beeinflußt hat (dazu: *Salaquarda*, Antichrist).

Nicht unerwähnt bleiben darf, daß auch zeitgenössische Philosophen Nietzsche beeinflußt haben. Hier ist vor allem zu erwähnen Friedrich Albert Langes *Geschichte des Materialismus und Kritik seiner Bedeutung in der Gegenwart* (1866), ein Werk, das vor allem den jungen Nietzsche stark beeindruckt hat, das aber auch für den späteren Nietzsche eine Art Orientierungshilfe in philosophen Fragen bleibt (dazu generell *Salaquarda*, Nietzsche und Lange). Es ist der Kritizismus dieses "höchst aufgeklärten Kantianers und Naturforschers", seine Deutung der "Erscheinungswelt" als "Produkt" des Subjekts, was auf Nietzsche wirkt (B 2, 159f. – August 1866 – an Gersdorff). Nietzsche hält Langes Werk für das "bedeutendste philosophische Werk" der "letzten Jahrzehnte": "Kant, Schopenhauer und dies Buch von Lange – mehr brauche ich nicht." (B 2, 184 – November 1866 – an Mushacke; vgl. auch B 2, 257f.). Aber auch von den Philosophen Teichmüller, Spir und Mainländer hat Nietzsche Impulse erhalten. Gustavs Teichmüllers *Die wirkliche und die scheinbare Welt* (1882), African Spirs *Denken und Wirklichkeit* (1873) und Philipp Mainländers *Die Philosophie der Erlösung* (1876) – auf diese Autoren und Werke beruft sich Nietzsche wiederholt, setzt sich mit ihnen auseinander und zitiert sie. Vor allem Teichmüller ist einer seiner philosophischen Gewährsmänner. Bei ihm konnte er lesen, daß die "Welt" "immer und überall perspectivisch geordnet" sei, daß die Anschauungsformen Formen des "perspectivischen Scheins" seien und daß die "Wirklichkeit" "nur durch das Denken festgestellt" werde (*Teichmüller*, S. 183). Dem Theorem des perspektivischen Scheins konnte Nietzsche zustimmen, nicht aber der Trennung von Schein und Wirklichkeit, denn: "*Schein* wie ich es verstehe, ist die wirkliche und einzige Realität der Dinge" (14, 388). Auch der erkenntnistheoretische Kritizismus Spirs, demzufolge nur die Empfindungen das Unmittelbare sind, findet bei Nietzsche Resonanz (zu Spir und zur Auseinandersetzung mit ihm vgl. *Böning*, Nietzsche, 33f. u. 363f.). Überdies stieß Nietzsche bei Spir auf die These von der "Selbstzerstörung der Metaphysik in den neueren Systemen" (*Spir*, S. 461-469 [7. Kap.]). In den "Lehren von *Schelling, Hegel* und *Schopenhauer*" zeige sich die "Ohnmacht der Metaphysik" als "Selbstaufhebung" (S. 461). Mit Mainländer konnte Nietzsche in der Auffassung übereinstimmen, daß der Gegenstand der "Aesthetik" ein "*besonderer Zustand* des menschlichen Willens" sei (*Mainländer*, S. 115), aber er konnte nicht übereinstimmen mit dessen Auffassung, daß der ästhetische Zustand ein 'interesseloser' Zustand sei (S. 126).

Exkurs 19 (zu Seite 286, Fn. 99)

Nietzsche denkt nicht nur an die antiken Dionysos-Feste, sondern an das Fest überhaupt als Ausdruck des sich selber wollenden Lebens. Das große Paradigma ist allerdings die Antike. Nach Kerényi ist die diesseitsbezogene "antike Religion", die auf einem "Realitätsgefühl", auf einem "Gefühl von der Realität der antiken Götter" beruht, zu denjenigen Religionen zu zählen, "die katexochen Festreligionen sind" (*Kerényi*, Fest, 59 u. 62). Es herrscht ein "Festivitätsgefühl" (ebd., 63). Das Fest ist nicht in der Kunst, sondern im Leben angesiedelt, nicht in der "zeitlosen Höhe der Kunst", sondern in der "Zeit selbst" "samt ihrem erfahrungsmäßigen Gehalt" (ebd., 65). Das Fest ist keine "gewöhnliche Pflichterfüllung": "Es muß etwas Göttliches hinzukommen, wodurch das sonst Unmögliche möglich wird." (ebd., 70). "Die Kunst macht nichts anderes, als [...] dem festlichen Augenblick Dauer zu verleihen: die festliche Zeit zu einem zeitlosen Fest zu erheben." (ebd., 73). Bei Nietzsche erlangt das

"Fest" eine herausragende Bedeutung, weil es der Vollzug und Höhepunkt der schöpferischen Selbstentfaltung des Menschen ist. In der Herausgehobenheit des Festes aus der Alltäglichkeit gewinnt das Dasein seine glanzvolle Erhöhung. Das Fest läßt im Dasein den Glanz der Vollendung aufblitzen. Deshalb ist die "Kunst der Feste" wichtiger als die "Kunst der Kunstwerke": "Was liegt an aller unsrer Kunst der Kunstwerke, wenn jene höhere Kunst, die Kunst der Feste, uns abhanden kommt!" (3, 446 – FW). "Ich will gegen die Kunst der Kunstwerke eine höhere Kunst lehren: die der Erfindung von *Festen*." (9, 506). Hier wird besonders deutlich, in wie hohem Maße die Kunst für Nietzsche ein Organ des Lebens ist. Es kommt auf die Lebenssteigerung an. Während die "Kunst der Kunstwerke" Gefahr läuft, ein ästhetisches Eigendasein neben dem Leben zu fristen, ist die "Kunst der Feste" die unmittelbare Manifestation des Lebens selbst. Im Fest erscheint der 'Dionysos'. Zugleich erfolgt im Fest die Überwindung der Einsamkeit:

> Einstmals muß die Kunst der Künstler ganz in das Festebedürfniß der Menschen aufgehen: der einsiedlerische und sein Werk ausstellende Künstler wird verschwunden sein: sie stehen dann in der ersten Reihe derer, welche in Bezug auf Freuden und Feste erfinderisch sind. (9, 25)

Unverkennbar spielen in diese Überlegung Wagners Ideen vom gemeinschaftlichen "Kunstwerk der Zukunft" und vom 'Gesamtkunstwerk' sowie der Bayreuther Festspielgedanke hinein. Die Utopie des kollektiven Kunstfestes scheint den einsamen Künstler in einen neuen Sinnzusammenhang zu integrieren. Dies bedeutet allerdings nicht die Selbstaufgabe des Einzelkünstlers. Vielmehr erwächst das Fest aus der Kommunikation der Einzelkünstler. Nietzsche notiert: "die Zusammenkunft der Einzelnen (Fest)" (10, 184). Dies ist aber nicht nur eine Zukunftsutopie, sondern der Traditionalist Nietzsche sieht das "Fest" bereits bei den Griechen verwirklicht: "Ehemals waren alle Kunstwerke an der grossen Feststrasse der Menschheit aufgestellt, als Erinnerungszeichen und Denkmäler hoher und seliger Momente." (3, 446 – FW). Dabei hat Nietzsche selbstverständlich den agonalen Charakter der griechischen Feste im Blickfeld, denn das "Fest" war die "Feier menschlicher Höchstleistungen" (*Grassi*, Kunst und Mythos, 22); so sind die Feste zu Olympia geprägt durch den sportlichen (und musischen) Wettstreit (dazu: *Meier*, Olympia). Inhaltlich orientiert sich der spätere Nietzsche nicht mehr an Wagners Festspielidee, sondern am griechischen Fest. Wagners Kunstwerke laufen auf "einen kleinen Rausch und Wahnsinn" hinaus (3, 446 – FW). Das "Fest" ist für Nietzsche ein Fest der Freude, der Heiterkeit und Ausgelassenheit. Besonders in der *Zarathustra*-Periode gewinnt dieser Gedanke wachsende Bedeutung. Eine Dispositionsnotiz lautet: "Feste anordnen / Fest der kosmischen Bezeichnungen / Erdefest /Freundschaftsfest / gr<oßer> Mittag" (10, 482). Bezeichnenderweise ist für Nietzsche das Fest nicht etwas Vorgegebenes, ein feststehendes Ritual, sondern etwas stets neu zu Erfindendes: "Feste, in welchen viele einzelne Erfindungen zum Gesammtzweck des Festes vereinigt sind, denn die, welche ein Fest feiern, müssen am Feste mit erfunden haben" (9, 68). "Erfindung von Festen" (10, 227) – dies ist ein wesentlicher Gedanke der Nietzscheschen Idee des "Festes". Was wäre denn auch ein Fest für Nietzsche, das er nicht selber erfunden hätte! Durch schöpferische Akte soll das Leben in ein Fest verwandelt werden. "Bad und Weihung der Erde heiße ich dies Fest" (10, 354). Es gehört zur Verwandlung des Daseins in ein Fest, daß auch der Tod in diese Metamorphose einbezogen wird: "Ich will aus der *Zeugung* und aus dem *Tode* ein Fest machen." (10, 136). "So weit soll es kommen, daß die obersten Feste des Menschen die Zeugung und der Tod sind!" (10, 202). In der Rede *Vom freien Tode* erklärt Zarathustra: "Wichtig nehmen Alle das Sterben: aber noch ist der Tod kein Fest. Noch erlernten die Menschen nicht, wie man die schönsten Feste weiht." (4, 93 – Za). Es gehört zu diesem Fest, daß es dem Willen entspringt: "Meinen Tod lobe ich euch, den freien Tod, der mir kommt, weil *ich* will." (4, 94 – Za). Nietzsche wäre jedoch nicht er selbst, würde er einfach nur einen heiteren, 'dionysischen' Tod propagieren. Letztlich versteht er den 'festlichen' Tod als einen Akt der menschlichen Freiheit gegenüber dem Unausweichlichen: "Man soll aus seinem Tode ein Fest machen, und sei es auch nur aus Bosheit gegen das Leben: gegen dieses Weib, das uns verlassen will – uns!" (10, 198; vgl. 10, 110). Stärker als das Todesmotiv ist aber das Motiv der Lebensverklärung mit dem Gedanken des "Festes" verknüpft. Im Fest manifestieren sich

> Die Zustände, in denen wir eine *Verklärung und Fülle* in die Dinge legen und an ihnen dichten, bis sie unsere eigene Fülle und Lebenslust zurückspiegeln [...] **Drei** Elemente vornehmlich: der Geschlechtstrieb, der Rausch, die Grausamkeit: alle zur ältesten **Fest***freude* des Menschen gehörend: alle insgleichen im anfänglichen "Künstler" überwiegend. (12, 393)

Hier spielt ein atavistischer Zug in die Idee des "Festes" hinein, im Motiv der "Grausamkeit". "Ohne Grausamkeit kein Fest: so lehrt es die älteste, längste Geschichte des Menschen" (5, 302 – GM). Nietzsche denkt dabei offenbar an rituelle Tötungen, an das Menschenopfer, den Brauch, den Göttern Menschen als Opfer darzubringen. Aber darüber hinaus versteht bzw. mißversteht er die Grausamkeit als Vitalität. Dies ist allerdings nicht das Zentralmotiv des "Fest"-Gedankens. Das Fest ist vor allem auch ein Fest des Intellekts. Das Denken selbst ist ein "Fest": "Das abstrakte Denken ist für Viele eine Mühsal, – für mich, an guten Tagen, ein Fest und ein Rausch." (11, 463). Heidegger betont, daß bei Nietzsche das "Wesen des Festes" "aus dem Willen zur Macht" begriffen werden müsse und daß daher "auch niemals im Christentum das Fest des Denkens" möglich sei (*Heidegger*, Nietzsche I, 14). Demgegenüber hat man von theologischer Seite erklärt, das Fest decouvriere sich "zunehmend als ein enthusiastischer und destruktiver Omnipotenzwahn. 'Feststörung' wäre demgegenüber das Programm einer radikalen Ernüchterung. 'Spielverderben' würde heißen, die Fiktion übermenschlicher Totalverfügung unbeirrt mit der nüchternen Realität des Menschen zu konfrontieren." (*Köster*, Das Fest des Denkens, 262). Hier nun ist daran zu erinnern, daß auch das christliche Mittelalter das Fest kennt, und zwar in den Narrenfesten ausgesprochen exzessive Feste. So sind die auch in den Kirchen sich abspielenden "Eselsfeste" voll von "Tollheiten und Gottlosigkeiten", von "obszönsten Ausschweifungen" (*Petzoldt*, Narrenfeste, 147). Man kann darüber streiten, ob Nietzsches "Fest"-Idee historisch diskreditiert worden ist und ob in ihr der konkrete Mensch auszufallen droht. Die der Machtentfaltung dienenden nationalsozialistischen 'Feste', die auf den Nürnberger Reichsparteitagen der NSDAP als pompöse Blutmystik inszeniert wurden (dazu: *Thamer*, Faszination und Manipulation), stellen schon eine Pervertierung des Nietzscheschen 'Fest'-Gedankens dar, da sie nicht Feste kreativer Individuen, sondern pseudoreligiöse Massenveranstaltungen waren. Vielleicht hätte Nietzsche den Führerkult goutiert (dies ist eine schwierige Frage), aber die Masseninszenierungen hätte er sicherlich abgelehnt. Ob sich Nietzsches "Fest"-Gedanke durch das Christentum dementieren läßt, ist fraglich. Immerhin konnte der konkrete Mensch auch in 'christlichen' Epochen das Opfer eines 'destruktiven' 'Wahns' werden – wie Religionskriege, Judenverfolgungen und Hexenprozesse (eines der traurigsten Kapitel der Menschheitsgeschichte) zur Genüge beweisen. Nietzsche ging es um die fundamentale Befreiung des Lebens im Fest. Er wollte das Leben als totales Fest. Eine behutsame Trennung von "Alltag" und "Fest", die das "Fest" als "Distanz" zum "Leben" erscheinen läßt (*Marquard*, Fest, 414), hätte seinem Unbedingtheitsanspruch nicht entsprochen. Das Fest war ihm nicht bloßes "Moratorium des Alltags" (ebd., 415), nicht vorübergehende Entspannung und Erbauung, sondern höchste und totale Steigerung des Lebens. Nietzsches "Fest"-Gedanke – das ist die Daseinsverwandlung durch das Fest.

Exkurs 20 (zu Seite 289, Fn. 104)

Vgl. dazu vor allem Heraklits Fragment 30: "Diese Weltordnung, dieselbige für alle *Wesen*, schuf weder einer der Götter noch der Menschen, sondern sie war immerdar und ist und wird sein ewig lebendiges Feuer, erglimmend nach Maßen und erlöschend nach Maßen." Vgl. auch Fragment 67. Zum "Feuer" als kosmischem Prinzip vgl. Fragm. 64, 66, 90. Dazu Nietzsche: 1, 828f. – PHG. Natürlich erwähnt Nietzsche Heraklits berühmtes Fragment 91: "Man kann nicht zweimal in denselben Fluß steigen [...]" Dazu Nietzsche: "[...] Heraklit's Satz: man steigt nicht zweimal in den selben Fluss. – Das ist eine Weisheit, die allmählich zwar altbacken geworden, aber trotzdem eben so kräftig und nahrhaft geblieben ist, wie sie es je war" (2, 477 – VM; vgl. 1, 823 – PHG). Nietzsche nimmt selbstverständlich auch Bezug auf Heraklits berühmtestes Fragment: "Krieg ist aller Dinge Vater, aller Dinge König. Die einen erweist er als Götter, die anderen als Menschen, die einen macht er zu Sklaven, die anderen zu Freien." (Fragment 53). In der *Fröhlichen Wissenschaft* heißt es: "*Der Krieg ist der Vater aller guten Dinge*, der Krieg ist auch der Vater der guten Prosa!" (3, 448 – FW). Daß das *Zarathustra*-Kapitel *Vom Krieg und Kriegsvolke* auch ein Stück Heraklit ist, liegt auf der Hand. Heraklits Philosophie des Werdens als der Einheit der Gegensätze ist für Nietzsche unbedingt verbindlich: "Aus dem Krieg des Entgegengesetzten entsteht alles Werden" (1, 825 – PHG). Vgl. Heraklits Fragment 10: "*Auch die Natur strebt wohl nach dem Entgegengesetzten und bringt hieraus und nicht aus dem Gleichen den Einklang hervor*". Heraklit taucht immer wieder in den Schriften und Fragmenten Nietzsches auf. In der Regel äußert er sich höchst positiv zu Heraklit, in dem er einen seiner wesentlichen Vorläufer sieht. Am eindringlichsten spricht er dies in *Ecce homo* aus. Heraklit

> in dessen Nähe überhaupt mir wärmer, mir wohler zu Muthe wird als irgendwo sonst. Die Bejahung des Vergehens *und Vernichtens*, das Entscheidende in einer dionysischen Philosophie, das Jasagen zu Gegensatz und Krieg, das *Werden*, mit radikaler Ablehnung auch selbst des Begriffs "Sein" – darin muss ich unter allen Umständen das mir Verwandteste anerkennen, was bisher gedacht worden ist. Die Lehre von der "ewigen Wiederkunft" [...] diese Lehre Zarathustra's *könnte* zuletzt auch schon von Heraklit gelehrt worden sein. (6, 312f. – EH)

Heraklit als Präfiguration Zarathustras – ein größeres Lob konnte Nietzsche nicht spenden. Aber so total identisch, wie er hier aus der Retrospektive suggeriert, fühlte sich Nietzsche trotz konstanter Hochschätzung früher dennoch nicht mit Heraklit. Immerhin bemängelte er das Fehlen gerade des 'Dionysischen' bei Heraklit, wie er auch Heraklits 'Weltgesetze' nicht akzeptierte. So notiert der junge Nietzsche: "Heraklit in seinem Hasse gegen das Dionysische Element [...] Er ist ein apollinisches Produkt und redet Orakel, deren Wesen man sich und ihm deuten muß." (7, 438). Es trifft also keineswegs zu, daß Nietzsche "nie ein abfälliges Wort" gegen Heraklit geäußert habe (so *Jaspers*, Nietzsche, 347). Der junge Nietzsche vermißt an Heraklit den rauschhaften Vitalismus. Heraklits Fragment 15 stellt in der Tat die orgiastischen Dionysosfeste kritisch in Frage: "Denn wenn es nicht Dionysos wäre, dem sie die Prozession veranstalten und das Lied singen für das Schamglied (Phallos), so wär's ein ganz schamloses Treiben. Derselbe aber ist Hades und Dionysos, dem sie da toben und ihr Lenaienfest feiern!" Der junge Nietzsche sieht in Heraklit noch nicht den dionysischen Lebensphilosophen, sondern einen apollinischen Idealisten: "Heraklit gegen das Dionysische." (7, 516). "Heraklit: apollinisches Ideal, alles Schein und Spiel." (7, 540). "apollinisch feindselig: Heraklit" (7, 541). Zugleich aber ist Heraklit für Nietzsche von vornherein der Denker des Willens: "Kunst im Dienste des Willens: Heraclit." (7, 527). Einig weiß sich bereits der junge Nietzsche mit Heraklit in der Philosophie des *Schöpferischen*, des *Werdens* und des *Spiels*. In Heraklit sieht er die Deutung der Welt als 'ästhetisches', d.h. schöpferisches Phänomen vorgeprägt: "Heraclit / die bildende Kraft des Künstlers uranfänglich." (7, 462). "Heraclit. Cosmodicee der Kunst." (7, 526). "Mit anderen Worten: es entscheidet nicht der reine *Erkenntnißtrieb*, sondern der *aesthetische*: die wenig erwiesene Philosophie des Heraklit hat einen größeren Kunstwerth als alle Sätze des Aristoteles." (7, 444). Am stärksten hat Heraklits Philosophie des Werdens Nietzsche beeinflußt. "Lauter als Anaximander rief Heraklit es aus: 'Ich sehe nichts als Werden. [...]' " (1, 823 – PHG). An Heraklits Idee des Werdens hat Nietzsche konsequent festgehalten. "Philosophie" läßt er "allein noch gelten" "als Versuch das Heraklitische Werden irgendwie zu beschreiben und in Zeichen abzukürzen" (11, 562). Mit der Idee des Werdens verquickt ist der Gedanke des Spiels. Mit Bezug auf das 'Kinder-Spiel' Heraklits, das er auf den Künstler überträgt, heißt es beim jungen Nietzsche: "der immer neu erwachende Spieltrieb ruft andre Welten ins Leben" (1, 831 – PHG). Ein Dispositionspunkt Nietzsches lautet: "Heraclit. Verklärung des Wettkampfs. Die Welt ein Spiel. Der Philosoph und die Weiber." (7, 399). Entsprechend: "Heraclit. Wettkampf. Spiel." (7, 547). Das Spiel ist aber nicht nur das individuelle Spiel des Menschen, sondern auch das kosmische Spiel des Lebens: "Das künstlerische Spiel des Kosmos. Heraclit." (7, 421). Der "Nous", nach Anaxagoras die Weltseele, hat das "Privilegium der Willkür". "Er hat keine Pflicht und also auch keinen Zweck." Sein einziger "Zweck" wäre – "Heraclit würde ergänzen – ein *Spiel*" (1, 868f. – PHG). Der spielende Mensch ist nur ein Mitspieler im kosmischen Spiel des Lebens. Im *Zarathustra* allerdings wird das Spiel stärker auf den Willen, den schaffenden Willen, auf die Daseinsbejahung bezogen: "Ja, zum Spiele des Schaffens [...] bedarf es eines heiligen Ja-sagens: *seinen* Willen will nun der Geist, *seine* Welt gewinnt sich der Weltverlorene." (4, 31 – Za). Wie ist dieses voluntative Spiel, das Spiel, das sich Ziele setzt, vereinbar mit dem absichtslosen Spiel, dem Spiel als der reinen Zwecklosigkeit? "Unschuld ist das Kind und Vergessen, ein Neubeginnen, ein Spiel, ein aus sich rollendes Rad, eine erste Bewegung, ein heiliges Ja-sagen." (4, 31 – Za). In der "Unschuld" des Spiels steckt immer auch schon der "Wille" zum Spiel. Auch das naive Spiel ist ein willentliches Spiel. Selbst dem scheinbar rein mutwilligen, sinnlosen Spiel haftet ein intentionaler, agonaler Zug an. Der Spielende projiziert "in die Lebensbetätigung einen Sinn" (*Huizinga*, Homo Ludens, 9). Das Spiel ist zweckloses Spiel und voluntatives Spiel ineins. Nietzsche notiert zu Zarathustra: "der Habende, der *will* [...] die Seele, **der Alles Spiel ist**" (10, 551). Man hat Grade der Spielintentionalität zu unterscheiden. Im Vergleich zum naiven Spiel des Kindes ist Zarathustra ein höchst bewußter, ein hochartifizieller Spieler. Aber auch in dieser Schaffensperiode betont Nietzsche weiterhin den universellen Charakter des Spiels: "Darin, daß die Welt ein göttliches Spiel sei und jenseits von Gut und Böse – habe ich die Vedantaphilos<ophie> und Heraclit zum Vorgänger." (11, 201). Der Mensch erscheint als Mitspieler im großen Weltenspiel. Aber er ist der entscheidende Mitspieler, denn in ihm allein eröffnet sich die Möglichkeit eines neuen Daseinsentwurfs. "Der Mensch zählt seitdem *mit* unter den unerwartetsten und aufregendsten Glückswürfen, die das 'grosse Kind' des Heraklit, heisse es Zeus oder Zufall, spielt" (5, 323 – GM). Der menschliche Spieler ist ein Produkt des kosmischen Spielers bzw. des kosmischen Spiels. Auch der Mensch ist nur *eine* der Möglichkeiten des Lebens. Aber er ist die ausgezeichnete Möglichkeit, denn er ist ein "grosses Versprechen" (5, 324 – GM). Insofern wird das Spiel bei Nietzsche mehr und mehr von einem 'kosmologischen' zu einem 'anthropologischen' Problem. Das Spiel wird zum Signum des schaffenden Subjekts: "Ich kenne keine andre Art, mit grossen Aufgaben zu verkehren als das *Spiel*: dies ist, als Anzeichen der Grösse, eine wesentliche Voraussetzung." (6, 297 – EH). Der Gedanke des mit der Welt spielenden Willens findet sich im übrigen schon sehr früh bei Nietzsche. Bemerkenswert ist der Hinweis, daß bereits der junge Nietzsche im Aufsatz *Fatum und Geschichte* (1862), d.h. noch vor der Kenntnis Heraklits, den Gedanken des Weltumsturzes durch den Willen vertritt (vgl. *Kreis*, Dionysos, 84). In dieser Jugendschrift heißt es:

> [...] sobald es aber möglich wäre, durch einen starken Willen die ganze Weltvergangenheit umzustürzen, sofort träten wir in die Reihe unabhängiger Götter, und Weltgeschichte hieße dann für uns nicht<s> als ein träumerisches Selbstentrücktsein; der Vorhang fällt, und der Mensch findet sich wieder, wie ein Kind mit Welten spielend, wie ein Kind, das beim Morgenglühn aufwacht und sich lachend die furchtbaren Träume von der Stirne streicht. (HKG, W II, 58f.)

Besonders ewähnenswert ist, daß Nietzsche hier bereits die Metapher des mit den Welten spielenden Kindes bringt – vor der Heraklit-Rezeption.

Exkurs 21 (zu Seite 289, Fn. 105)

Auch bei Benn taucht häufig der Gedanke auf, das Leben sei ein "Spiel" irrationaler Mächte. Es ist eine "Art von weither betriebenem Spiel", und es ist die Rede von der 'Mischung' der "Genien der eigenen Brust mit den Himmeln und den Höllen weiter Schöpferscharen" (Nach dem Nihilismus, 151f.). Auch hier die Vorstellung vom Spielcharakter des Lebens, des Schöpferischen, und auch hier der Gedanke, daß das subjektive Spiel des Künstlers letztlich Ausdruck des universellen Spiels des Lebens selbst sei. Im Unterschied zu Nietzsche handelt es sich für Benn allerdings um ein Spiel anonymer, undurchschaubarer Mächte. Skeptizismus und Agnostizismus prägen die Haltung Benns. "Wir wissen nicht im entferntesten, was gespielt wird [...] Was sich abhebt, ist immer nur das durcheinandergehende Spiel verdeckter Kräfte." (Zum Thema Geschichte, 387). Interessanterweise bezieht sich auch Benn – wohl in der Vermittlung durch Nietzsche – auf Heraklit. Er betont, daß "Heraklits berühmtes Wort, der Krieg sei der Vater aller Dinge", nicht militaristisch gemeint sei, verweist auf Heraklits Philosophie des Werdens und der Einheit des "Entgegengesetzten" und hebt Herakits Idee des "Spiels" hervor: "[...] für den die Welt nur ein Spiel des schönen unschuldigen Äon war" (ebd., 386f.). Benn, der wahrlich kein Herakliteer war und das 'Werden' zugunsten des 'Seins' verneinte, erweist hier Heraklit die Reverenz, weil ihn dessen Gedanke des Weltenspiels fesselt. In diesem Punkt setzt er die Heraklit-Rezeption Nietzsches fort. Aber im Unterschied zu Nietzsches Enthusiasmus des Aufbruchs herrscht bei Benn die Melancholie des Untergangs. Auch bei Benn taucht der Gedanke eines hinter der Erscheinungswelt agierenden "Spielers" auf. Er spricht von dem "Unendlichen, der in diesen Winterstunden zu mir sprach", von "jenem Spieler, dem Nächtigen, der diese Handvoll Erde hinstreute aus seinem Traum" (Ptolemäer, 223). Dies erinnert an Nietzsches Gedanken von der "Welt" als "Traum" eines "Gottes" (4, 35 – Za). Aber während Nietzsche sich mit dem dionysischen Weltwillen auseinandersetzt, huldigt Benn einem orphischen Untergangsspiel. Bei Nietzsche hatte das Spiel noch die Bedeutung einer Neugestaltung der Welt; bei Benn, der sich nicht mehr als Heraklide fühlt, ist es zum Endspiel geworden. In dieser Hinsicht wiederum steht Benn Heraklit sogar näher, der "Dionysos" und "Hades" gleichsetzt: "Derselbe aber ist Hades und Dionysos" (Fragment 15). Wo bei Nietzsche der Aufbruch herrscht, dominiert bei Benn das Finale. Aber wie Nietzsche, so sieht auch Benn im Spiel die ursprüngliche Verfassung der Welt. Schon Rönne meint von der "Menschheit": "Sie hatte Ordnung herstellen wollen in etwas, das hätte Spiel bleiben sollen." (Der Geburtstag, 55). Später, im *Ptolemäer*, äußert sich Benn ironisch zur "üblichen Spielerei" des "Schöpfers" (S. 215). Für den späten Benn sind 'Schöpfer' und 'Spiel' eigentlich nur noch Metaphern der Resignation. Der frühere Benn kannte noch das Pathos des 'Spiels', das "Götter-Spiel" (Schutt-GW III, 65; vgl. Epilog und lyrisches Ich, 14). Während sich bei Nietzsche das Spiel der 'Götter' im Zeichen des Willens zur Macht vollzieht, ist es im "Entformungsgefühl" Benns ein euphorischer Abgesang: "es fallen wie Rosen / Götter und Götter-Spiel" (Schutt). Im Gedicht Benns legt sich mit den fallenden Rosen ein Hauch von *fin-de-siècle*-Melancholie über die Verse, die im übrigen im Zeichen des Zerfalls ("Schutt") stehen. Das Motiv des 'Götter-Spiels' kann bei Benn aber auch ganz nahe an Nietzsche heranrücken. So heißt es im *Roman des Phänotyp*: "Jegliches Spiel ist nutzlos, aber auch der Ruhm und die Schönheit, alle Spiele der Götter sind es und je nutzloser um so göttlicher –" (S. 164; möglicherweise Anklang an *Mereschkowskij*, Napoleon, 210: "daß das Spiel die Kerzen nicht wert war"). Hier glaubt man Nietzsche-Klänge zu vernehmen, den Grundgedanken Nietzsches, daß das Leben ein Spiel sei und daß dieses Spiel seinen Sinn in sich selber habe. Nietzsche beruft sich auf Heraklits "aesthetische Grundperception vom Spiel der Welt", die nicht "zu der gemeinen Rücksicht auf Zweckmäßigkeiten der Welt" "herabgezogen" werden dürfe (1, 833 – PHG) – gemäß dem Zentralgedanken, "daß die Welt ein göttliches Spiel sei" (11, 201). So wie bei Nietzsche Leben, Kunst und Spiel als Einheit gedacht werden, so ist auch für Benn die "Kunst" ein "schicksalvolles Spiel" "ungelöster, fragmentarischer Kräfte" (Spielraum, 260). Aber bei aller Affinität zu Nietzsche – Benn erlebt das "Spiel" im Zeichen von Melancholie, Abschied und Vergänglichkeit. So heißt es im Gedicht *Tag, der den Sommer endet* (GW III, 176):

Tag, der den Sommer endet,
Herz, dem das Zeichen fiel:
die Flammen sind versendet,
die Fluten und das Spiel.

Exkurs 22 (zu Seite 301, Fn. 112)

In der Tragödienschrift hat Nietzsche im *Vorwort an Richard Wagner* den "entfesselten Prometheus auf dem Titelblatte" als Symbol des eigenen Existenzgefühls aufgefaßt und in Beziehung gesetzt zu Wagners "herrlicher Festschrift über Beethoven" (1, 23 – GT). Wagner hatte in der Schrift *Beethoven* (1870) einem prometheischen Beethoven gehuldigt, einem Beethoven, der "in einer fast wilden Unabhängigkeit" gegenüber der "Welt" lebte, mit seinem "ungeheueren, von stolzestem Muthe getragenen Selbstgefühl", diesem "ungeheueren Musiker", den der "unter jener Form gefesselte ungebändigte Dämon seiner inneren Musik zu einer Äußerung seiner Kraft" "drängte" (WSD 9, 83). Dies entsprach ganz der prometheischen Stimmung des jungen Nietzsche. Im übrigen zitiert er aus der Goetheschen *Prometheus*-Hymne die gleichen Verse wie Schopenhauer (vgl. 1,67 – GT u. 1,615 – SGT sowie WV I, 392). Bei Schopenhauer wird Goethes Prometheus allerdings im Lichte der Dialektik von Lebensbejahung und Lebensverneinung interpretiert (vgl. WV I, 392f.). Schon der Schüler Nietzsche hatte sich mit dem Prometheus-Stoff beschäftigt und 1859 ein einaktiges Drama mit dem Titel *Prometheus* verfaßt (HKG, W I, 62-69) – offenbar angeregt durch Goethes *Prometheus*-Fragment und unter Berufung auf den *Gefesselten Prometheus* des Aischylos, wie aus den *Fragezeichen und beigefügten Notizen* (HKG, W I, 69-73), einer satirischen Szene zwischen Dichter und Publikum, hervorgeht. Bei dem *Prometheus*-Fragment des erst vierzehnjährigen, altklugen Nietzsche handelt es sich, wie bei drei Gedichten über Prometheus (vgl. ebd., 69), um eine konventionelle Stilübung ohne künstlerische Bedeutung. Nietzsche selbst spricht von einem "mißglükten Schauspiel, betitelt Prometheus, angefüllt mit einer Unzahl falscher Begriffe über diesen Gegenstand", wie er auch die *Fragezeichen und Notizen* als ein "Gemisch von Unsinn und Blödsinn" bezeichnet (B 1, 59 – April/Mai 1859 – an Pinder). Aber in einem weiteren Brief an Pinder vom April/Mai 1859 schreibt er: "Prometheus ist mir jetzt ein sehr interressanter Stoff geworden" (B 1, 60), und er schlägt dem Freund einen Gedankenaustausch und Abhandlungen über den Prometheus-Stoff vor. In den *Fragezeichen und Notizen* ist im Ansatz, freilich in juveniler Sprache, bereits der promethetische Aspekt der Tragödienschrift erkennbar, im rhetorischen, ironisch-satirischen Hinweis auf die "Zeiten eines Aeschylos", die "Titanen", die Rückkehr "in die Uranfänge der Kultur" (S. 69). In der Tragödienschrift ist das Prometheus-Motiv allerdings von ganz anderer Vehemenz. Dort wird es mit dem Motiv des 'Dionysischen' verknüpft. Nun betont Nietzsche das "Gemeinsame zwischen dem Prometheischen und dem Dionysischen" (1, 71 – GT [= 1,618 – SGT]). Er vollzieht eine Umdeutung des antiken Mythos bzw. der Prometheus-Idee des Aischylos, indem er den "aeschyleischen Prometheus" als "eine dionysische Maske" interpretiert (ebd.). Bei Aischylos geht es um den Konflikt zwischen menschlicher Revolte und göttlicher Ordnung. "Der Dichter will offenbar die Existenz des Menschen als integrierenden Bestandsteil der bestehenden Weltordnung zeigen, zustande gekommen im Kampf und im Vertrag der beiden Götter Zeus und Prometheus." (*Unterberger*, Prometheus, 364). Es stehen sich gegenüber Zeus als Repräsentant der "Welt als Ordnung der Geschöpfe nach Rangstufen" und der "bürgerlichen Ordnung" und das "grenzenlose leidbereite Begehren nach Verwirklichung der Menschlichkeit des Menschen aus der Vernunft" (*Kuhn*, Prometheus, 381f.). Nietzsche wendet das ganze Problem ins 'Dionysische' um. Für ihn ist Prometheus eine Emanation des Dionysos. Dieser Aspekt der dionysischen Identifikation zeigt sich allerdings bereits in der Prometheus-Konzeption

Goethes. Während in Goethes *Prometheus*-Hymne die schöpferische Revolte herrscht, setzt sich in seinem Dramenfragment *Prometheus* am Ende das dionysische Aufgehen im Geschehen von Leben und Tod durch, im dionysischen 'Versinken' in die "Nacht" und im Wiederauferstehen (vgl. HA IV, 187). Bei Nietzsche ist das Dionysische allerdings weiter vorangetrieben und zum Prinzip erhoben. Aber er führt auch nicht ohne Grund die "verwegenen Worte" aus der Goetheschen *Prometheus*-Hymne an: "Hier sitz ich, forme Menschen / Nach meinem Bilde [...]" (1, 67 – GT [= 1, 615 – SGT]; vgl. HA I, 46 [sowie HA IV, 182f.]). Bei aller Hingabe an den entindividualisierenden Rausch hält der junge Nietzsche doch am Gedanken der individuellen Schöpferkraft fest. Seine Prometheus-Deutung läuft auf eine Synthese aus Universalwillen (Dionysos) und Individualwillen (Prometheus) hinaus. "Prometheus – der Zerreißer des Dionysos und zugleich der Vater der prometheischen Menschen." (7, 157).

Im Umfeld Nietzsches haben auch Carl Spitteler und Siegfried Lipiner das Prometheus-Motiv aufgegriffen. Außerordentlich beeindruckt ist Nietzsche von der 1876 veröffentlichten Prometheus-Dichtung Lipiners *Der entfesselte Prometheus. Eine Dichtung in fünf Gesängen*. Diese Dichtung enthält eine Reihe von Motiven, die Nietzsche fesseln mußten, vor allem die Motive der Einsamkeit, Götterlosigkeit und Revolte. Es gibt hier Verse, die in der Tat von Nietzsche stammen könnten:

> Um mich kein Baum, kein Strauch – kein Hauch des Lebens,
> Empor ragt finstres, kahles Felsgestein;
> O Stimme, sprich zu mir! Es ist vergebens;
> Rings alles stumm, ich bin allein, allein. – (S. 10)

Auch das Motiv der schöpferischen Revolte gegen die Götter entspricht der Perspektive Nietzsches:

> Den Göttern Tod! Den Herrschern Tod!
> Tod Jedem, der sie ehrt!
> Sie gaben Elend uns und Noth,
> Und Niemand hat's gewehrt!
> Da hat der *Geist* sich aufgerafft,
> Der Geist, der stürzt, der Geist, der schafft! (S. 24)

Von der prometheischen "Kraft" heißt es weiterhin:

> Und hat gelöst uralte heil'ge Bande,
> Und hat zertrümmert, was unsterblich schien? (S. 26)

Auch das Gott-ist-tot-Motiv steht an:

> Es ist kein Gott! Und üb'rall ruft es: Freiheit!
> O furchtbar Wort! Mir graut vor deinem Klang! (S. 32)

Wenn hier möglicherweise Jean Pauls *Rede des toten Christus vom Weltgebäude herab, daß kein Gott sei* aus dem *Siebenkäs* nachklingt, so wohl in der Spannung von "Ich" und "Nicht-Ich" (S. 44f.) Fichtes 'Ich'-Philosophie, freilich in vereinfachter Form. Jedenfalls spielt ein Zug von romantischem Solipsismus in die Verse hinein: "Nichts ist, als Ich. Das ist die ganze Wahrheit." (S. 44). Eine Affinität zu Nietzsche zeigt sich auch im Motiv des Werdens:

> Da seht ihr nämlich, dass die Dinge *werden*.
> Ja, Werden! Hört' ihr? Das ist das Geheimniss! (S. 49)

Nietzscheanisch wirkt die Verherrlichung des 'Schaffens':

> Ich habe *geschaffen*
> Mit mächtiger Hand –
> Mein Gedanke
> Erstand vor mir
> In lebendiger Kraft! (S. 82)

Auch Künstler-Kritik fehlt nicht:

> Ich trage nicht den Anblick dieser Puppen,
> Die ewig lügen und belogen werden;
> [...]
> Ich trage dieser Künstler Anblick nicht, – (S. 52)

Gegen diese poetischen Lügner setzt Prometheus die "schöpferische That" (S. 53). Es ist nicht auszuschließen, daß Lipiners *Prometheus* auf Nietzsches *Zarathustra* eingewirkt hat. Jedenfalls ist die Motivaffinität in einer Reihe von Punkten nicht zu übersehen. Janz meint, viele "Sentenzen scheinen in Nietzsche tiefer eingedrungen zu sein, als sie es verdienten" (*Janz*, Nietzsche II, 229). Wenn damit auf den künstlerischen Rangunterschied zwischen Lipiner und Nietzsche angespielt ist, so kann man dem nur zustimmen. Lipiners Verse erstarren häufig in hieratischen Gebärden, in verbalen Posen, lassen kaum einen originären sprachlichen Zugriff erkennen und klappern insgesamt zu sehr. Zudem ist zu berücksichtigen, daß Nietzsche bereits vor Erscheinen von Lipiners *Prometheus* in seinen Abhandlungen, Fragmenten und Gedichten viele Keime zum *Zarathustra* gelegt hat. Hier war bei Nietzsche ein Denkprozeß im Gang, auf den Lipiner wohl eher bestätigend gewirkt hat, als daß er eine Initialzündung gewesen wäre. Immerhin, Nietzsche äußert sich enthusiastisch zur "Dichtung" Lipiners:

> Ich habe eine *unbeschreibliche* Freude durch die Dichtung L<ipiner>'s gehabt, sie ist *ersten* Ranges, er selber ein *wirklicher* Dichter, seine Jugend rein wunderbar bei alledem." (B 5, 275 – 25.8.77 – an die Mutter)

Nietzsche erhebt Lipiner sogar in den "Genie"-Rang und glaubt, sein höheres "Selbst" in dessen Dichtung zu entdecken:

> Ganz neuerdings erst erlebte ich durch den "entfesselten Prometheus" einen wahren Weihetag: wenn der Dichter nicht ein veritables "Genie" ist, so weiss ich nicht mehr, was eins ist: alles ist wunderbar, und mir ist als ob ich meinem erhöhten und verhimmlischten Selbst darin begegnete. Ich beuge mich tief vor einem, der so etwas in sich erleben und herausstellen kann. (B 5, 278 – 28.8.77 – an Rohde)

Das klingt nach Damaskus-Erlebnis. Solche Erlebnisse prägen sich dem Geiste tief ein. Und dieses Leseerlebnis dürfte bei Nietzsche bis in die Zarathustra-Zeit gewirkt haben – bewußt oder unbewußt. In einem Fragment steigert sich Nietzsches Begeisterung sogar ins Ekstatische:

> Lipiner. Der schönste Erfolg, wenn es zwingt das Buch wegzulegen, Athem holen; Thränen tiefer Verzückung, trunkenes Schwimmen im Wohlk<lang> welcher die Augen schliessen macht, wie als ob man in die blaue Tiefe südlicher See taucht; wehmutsvolle Ergriffenheit, wenn wir von uns selber beschämt über uns hinweg sehen.
> (8, 392 – 1877)

Nietzsches Enthusiasmus ist nicht von Dauer. Bald distanziert er sich von Lipiner. Er hält ihn für 'dreist' (B 5, 327 – 13.5.78 – an von Seydlitz), zählt ihn zu den "feineren Obscuranten" (8, 560 – 1878) und verurteilt die "zunehmende *Lügnerei* der Pathetiker (Hr. Lipiner)" (9, 269 – 1880). Von der weiteren poetischen Produktion Lipiners hält er nichts mehr: "Die neueste Dichtung von Lipiner 'Renatus' ist greulich unsympathisch, eine Verirrung." (B 5, 381 – 18.1.79 – an Mutter u. Schwester). Angesichts dieses gewandelten Verhältnisses zu Lipiner (in das allerdings persönliche Gründe hineinspielen) ist es zumindest unsicher, ob Lipiners *Prometheus* noch in der Zarathustra-Phase für Nietzsche von entscheidender Bedeutung war. Nietzsche erkennt im Abstand die Schwächen Lipiners, das raunende Pathos, den sprachlichen Leerlauf, den poetischen Dilettantismus. Dennoch haben das Höhenpathos, der Ichkult und die Naturmetaphorik des *Prometheus* im *Zarathustra* ihre Spuren hinterlassen.

Nicht minder umstritten ist die Frage, ob Carl Spittelers Monumentalwerk *Prometheus und Epimetheus* (1880) Nietzsches *Zarathustra* beeinflußt hat. Zweifellos gibt es gewisse Parallelen in den Motiven, den Bildern, der Sprache. So glaubt man Zarathustra-Klänge zu vernehmen, wenn Prometheus verkündet: "denn meine Heimat ruhet nicht im Ort und wohnt in ferner Zukunft überm dunklen Berge." (S. 54). Auch Prometheus ist der einsame Wanderer in den Bergen: "Doch steil und senkrecht türmten sich die Felsen überall, und nirgends war ein Tor, und nirgends war ein Pfad –" (S. 73). Auch Prometheus erlebt Augenblicke höchster Daseinssteigerung: "Denn siehe, auf des Daseins höchste Stufe hast du mich gestellt, und wegen dieses Augenblickes sollen mich beneiden alle künftigen Geschlechter" (S. 332). Kaum weniger zarathustrisch klingt eine Formulierung wie: "Und eine Weile zog Prometheus an den Bergen noch umher, genießend seines reinen Glückes wehmutvollen Nachklang" (S. 333). Auch Prometheus wird von Tieren begleitet, von Löwe und Hündchen. Aber diese eher atmosphärischen Parallelen, die zudem nur an herausgehobenen Stellen spürbar sind, reichen kaum aus, um einen unmittelbaren Einfluß von Spittelers *Prometheus* auf Nietzsches *Zarathustra* zu verifizieren. Die thematischen und formalen Unterschiede sind unübersehbar. Bei Spitteler löst sich der prometheische Protest mehr und mehr auf in einer religiösen Demutshaltung. Seine Bilder bleiben zumeist blaß, und seine schwergewichtige jambische Prosa kommt ein wenig behäbig dahergeschritten. Das gravitätische Pathos des *Prometheus* erreicht weder philosophisch noch sprachlich *Zarathustra*-Niveau. Nietzsche empfiehlt später dem Verleger Hermann Credner kunstkritische Schriften Spittelers, fügt aber hinzu, mit Bezug auf Spittelers Pseudonym:

> Der genannte Herr ist bis jetzt unter dem Namen Felix Tandem litterarisch bekannt geworden (Prometheus 1882. Extramundana 1883) – Ich bemerke ausdrücklich, daß er mir nicht persönlich bekannt ist; insgleichen daß er meiner eignen Denkweise und Philosophie fremd gegenüber steht. Ich wünsche Ihnen einen originellen Kopf empfohlen zu haben, nicht einen Anhänger oder Jünger. (B 8, 262 – 25.2.88)

Zu Recht grenzt Nietzsche sein Denken gegen Spitteler ab. Es sind in der Tat kaum mehr als punktuelle Affinitäten festzustellen. Zu einem möglichen Einfluß des *Prometheus* hat Nietzsche sich nicht geäußert. Spitteler nimmt in dieser Frage eine etwas doppeldeutige Haltung ein. In der Rückschau schreibt er, "es müßte ein merkwürdiger Zufall sein, wenn Nietzsche das Buch nicht schon damals (1881 oder 1882) kennengelernt hätte", und konstatiert zugleich: "Ich für meinen Teil habe niemals eine Ähnlichkeit zwischen jenen beiden Büchern behauptet, also auch nie die Beeinflussung des einen Buches durch das andere." (*Spitteler*, Meine Beziehungen zu Nietzsche [1908], 499 u. 517). In der Nietzsche-Kritik ist die Einflußfrage umstritten. Der Komponist und Schriftsteller Felix Weingartner setzt die Kenntnis des *Prometheus* durch Nietzsche als selbstverständlich voraus und behauptet die Beeinflussung des *Zarathustra* durch den *Prometheus* (vgl. *Weingartner*, Carl Spitteler, 85), ohne allerdings einen Beweis zu erbringen (dazu: *Janz*, Nietzsche II, 226ff.). Mehr als fragwürdig ist die literarische Wertung Weingartners. Nietzsche biete nur "körperlose" "Begriffe", während Spittelers Buch von "Anschaulichkeit" 'strotze'. "Nietzsche ist scheinbarer, Spitteler *wirklicher* Dichter." (S. 86). "Nietzsche vernichtet, Spitteler *schafft*. [...] Nietzsche ist Experimentator, Spitteler *Künstler*." (S. 87). Hier wird Spitteler ein zu hoher Hut aufgesetzt. Fast erscheint Nietzsche in diesen Überlegungen als Epigone Spittelers. Demgegenüber verneint Richard Oehler kategorisch jede Beeinflussung Nietzsches durch Spitteler und betont, daß Nietzsche den *Prometheus* überhaupt erst im September 1887 erhalten habe (vgl. *Oehler*, Zarathustra und Prometheus). Neuerdings hat sich Janz mit dieser Frage auseinandergesetzt. Ob Nietzsche während der "Konzeption des Zarathustra" Spittelers "Prometheus-Dichtung" "kennenlernte", "bleibt kaum mehr schlüssig zu entscheiden, erscheint aber als nicht sehr wahrscheinlich" (*Janz*, Nietzsche II, 224). Es ist allerdings die Frage, ob nicht Nietzsches Brief an J.V. Widmann vom 15.9.1887 eine längere Kenntnis der Dichtungen Spittelers als möglich erscheinen läßt: "Was die Werke des Herrn Spitteler angeht: so darf man dergleichen feine Sachen den heutigen Deutschen eigentlich nicht zumuthen." (B 8, 156). Widmann hatte im Brief an Nietzsche vom 13.9.1887 (B III 6, 78f.) bei Nietzsche die Unkenntnis der Dichtungen Spittelers vorausgesetzt und sie ihm empfohlen. Nietzsches Antwort scheint aber auf eine gewisse Vertrautheit mit den Dichtungen Spittelers hinzudeuten, wobei allerdings der Zeitpunkt der Kenntnisnahme offenbleibt. Es kann sich sowohl um eine langfristige Kenntnis als auch um eine kurzfristige Kenntnisnahme handeln. Nicht völlig auszuschließen ist das Bestreben Nietzsches, im Hinblick auf den *Zarathustra* die eigene Originalität nicht antasten zu lassen und daher heterogene Einflüsse zu kaschieren. Aber dies ist eine bloße Vermutung. Letztlich ist diese Frage nicht von zentraler Bedeutung, denn nicht nur Lipiners *Prometheus*, sondern auch Spittelers *Prometheus und Epimetheus* fällt qualitativ, philosophisch und dichterisch, so stark gegen Nietzsches *Zarathustra* ab, daß es fast unerheblich ist, ob jene Dichtungen den *Zarathustra* beeinflußt bzw. ihm Impulse gegeben haben. In der Essenz geprägt haben sie ihn jedenfalls nicht.

Exkurs 23 (zu Seite 305, Fn. 118)

Schon Joël verweist auf Nietzsches zwiespältiges Verhältnis zur Romantik, wenn er einerseits die "Emanzipation von der Romantik" und andererseits die "Rückkehr zur Romantik" betont (*Joël*, Nietzsche, 68). Die Frage nach dem Romantizismus Nietzsches hat in der Nietzsche-Deutung unterschiedliche, ja konträre Antworten gefunden. Den einen erscheint er als ein Romantiker *pur sang*, den anderen als radikaler Antiromantiker. So verneint Kaufmann schon für den jungen Nietzsche das Romantische. Er wendet sich gegen das "Vorurteil", "daß der junge Nietzsche zutiefst Romantiker gewesen sei. Tatsächlich war er aber schon in seinen drei ersten Büchern ein Gegner der Romantik." (*Kaufmann*, Nietzsche, 144). Demgegenüber besteht für Behler eine enge Verbindung zwischen der deutschen Frühromantik und Nietzsche, wie sie sich insbesondere im dynamischen und universellen, d.h. dionysischen Lebensbegriff Friedrich Schlegels bezeuge (vgl. u.a. *Behler*, Schlegel und Nietzsche, 348f.). Das hatte bereits (der von Behler zitierte) Friedrich Gundolf so gesehen: "Man kann Schlegel den wissenschaftlichen Entdecker des 'Dionysischen' nennen, den Vorläufer Nietzsches" (*Gundolf*, Romantiker I, 29). Aber schon nach Langer sind Nietzsches "Lobpreisung des Gottes Dionysos" und die damit verbundene Philosophie des "*Werdens*" Ausdruck eines genuinen Romantismus: "Hier laufen alle Fäden, die zum Verständnis Nietzsches führen, zusammen, hier vor allem liegt der Quellpunkt der Erfassung Nietzsches als eines romantischen Charakters: *das Wandertum, die ewige Heimatlosigkeit, die Vorliebe für Wandel und Bewegung, die Lust am Werden* [...]" (*Langer*, Nietzsche, 191). Die Frage nach dem Romantizismus Nietzsches hängt nicht zuletzt davon ab, mit welchem 'Romantik'-Begriff man an dieses Problem herangeht. Versteht man unter 'Romantik' lebensferne Innerlichkeit, Spiritualität und Träumerei, ein zum Wunderbaren und Phantastischen neigendes Lebensgefühl, dann war Nietzsche in der Tat kaum ein Romantiker. Versteht man hingegen unter 'Romantik' die Emanzipation der schöpferischen Subjektivität, die realitätstranszendierende Bewegung zum Unendlichen hin und den höchsten Kunstenthusiasmus, dann war Nietzsche sogar ein Romantiker hohen Grades. Die 'Romantik' ist so facettenreich, daß sie sich nicht auf eine eindeutige Formel festlegen läßt. Geht man aber von den beiden angedeuteten Grundtendenzen der Romantik aus, dann hatte Nietzsche sowohl antiromantische als auch romantische Züge. Dabei sind die verschiedenen Schaffensperioden Nietzsches zu berücksichtigen. Der junge Nietzsche ist ganz ohne Zweifel stark von einem romantischen Lebensgefühl geprägt – das seinen stärksten Ausdruck in seinem Kunstenthusiasmus findet. Der Tragödienschrift den Romantizismus zu bestreiten, ist verfehlt. In der kritisch-aufklärerischen Periode, insbesondere in *Menschliches, Allzumenschliches*, zeigt Nietzsche dann allerdings ausgesprochen antiromantische Tendenzen. Was den *Zarathustra* betrifft, so wird man ihn pauschal weder als 'romantisch' noch als antiromantisch qualifizieren können. 'Romantisch' am *Zarathustra* sind das mythisierende Pathos, der idealistische Glaube an die Möglichkeit der Verwandlung der Welt durch den schöpferischen Geist und nicht zuletzt die großen Lyrismen – wie vor allem das *Nachtlied*. Antiromantisch am *Zarathustra* ist der vehemente Impetus zur Destruktion der abendländischen Metaphysik, Religion und Moral, wie auch der forcierte Voluntarismus der "Übermensch"-Idee eher dem romantischen Menschenbild zuwiderläuft. In der zweiten Hälfte der achtziger Jahre zeigt Nietzsche dann verstärkt antiromantische Züge, wobei diese 'Romantik'-Kritik allerdings in der Hauptsache Wagner-Kritik ist. Aber auch die extrem voluntativen, imperatorischen Gebärden des späteren Nietzsche mit ihren oft so schrillen Tönen sind völlig unromantisch. Nicht vergessen werden darf allerdings bei der Frage nach dem 'Romantischen' die Lyrik Nietzsches. Gedichte wie *Im Süden* (3, 641 – FWP), *Nach neuen Meeren* (3, 649 – FWP) und das Venedig-Gedicht "An der Brücke stand" (6, 291 – EH [= 6, 421 – NW]) sind in ihrer Südsehnsucht, ihrem Unendlichkeitsverlangen und ihrer visionären Bildlichkeit durchaus 'romantische' Gedichte. Diese Gedichte zeigen zwar den unverwechselbaren Nietzsche-Ton, wie sie auch von den spezifisch Nietzscheschen Problemen geprägt sind, aber sie stehen auch in der Tradition der romantischen Südsehnsucht. Es ist der *Lyriker* Nietzsche, der am stärksten zum 'Romantischen' neigt. Dies ist kein Widerspruch zur 'Romantik'-Kritik Nietzsches. Abgesehen von der Übernahme romantischer Topoi in der Jugendlyrik, die keine geistige Auseinandersetzung mit der Romantik bedeutete, hat sich Nietzsche kaum eingehend mit der deutschen Romantik beschäftigt. Kaum je registriert man eine intensive, differenzierte Auseinandersetzung mit den Romantikern. Nietzsche beschränkt sich vielmehr auf eher marginale Bemerkungen zu einzelnen Romantikern. Er benutzt den Begriff 'Romantik' in der Regel als summarische, plakative Formel im Kontext seiner generellen Kritik der *décadence*. In der Hauptsache richten sich seine Angriffe gegen die 'Romantik' Wagners. Romantik-Kritik ist bei Nietzsche wesentlich Wagner-Kritik. Daneben führt er häufig Seitenhiebe gegen die französische Romantik (Victor Hugo). Freilich, Nietzsche greift auch die 'Romantik' *in toto* und damit auch die deutsche Romantik an, wobei er allerdings seltener auf einzelne Romantiker zielt, sondern meistens sehr allgemein von der 'Romantik' bzw. den 'Romantikern' spricht. Bis Mitte der achtziger Jahre erwähnt er im übrigen die 'Romantik' vergleichsweise selten. Immerhin, die Kritik setzt schon vorher ein. Die Romantik erscheint als unschöpferische Ruhe: "Und wenn ihr auch breit und trächtig am Horizonte liegt: wahrlich, ihr werdet mir keine Sonne gebären! (Romantiker)" (10, 434). Gegen die romantische Melancholie wird das dionysische Lebensgefühl mobilisiert: "Romantiker (Mond). 'Wehmüthige' durch rasende Tänze zu heilen, *Scham* abwerfen und hinterher die Brücken zur Verstellung abgebrochen finden." (10, 470). Lange vor der Pejorisierung des Mondes durch Georg Heym (dazu u.a. *Heym*, Lyrik, 85, 177, 205) und lange vor Marinettis Parole "Tod dem Mondenschein!" (*Baumgarth*, Futurismus, 240 [Zweites Manifest des Futurismus]) hat Nietzsche das bewährte romantische Stimmungsrequisit desillusioniert ("Ich mag diesen blassen fetten Mond nicht [...] des Mondes feistes Antlitz" [10, 425]; vgl. 10, 434). Schopenhauer wird kritisiert, weil er "von den Romantikern" "jenen dummen Genie-Aberglauben" übernahm (11, 13). Wagner wird als "letzter Romantiker" apostrophiert (11, 496). Die "deutsche Romantik" hat die "erwachende *Männlichkeit*", die "Schätzung des Kritikers" (Lessing) "wieder rückgängig gemacht" (11, 531). In der zweiten Hälfte der achtziger Jahre werden die kritischen Äußerungen zur 'Romantik' zahlreicher und massiver. In der Romantik lehnt Nietzsche das Christentum ab: "Die alten Romantiker fallen um und liegen eines Tags, man weiß nicht wie, vor dem Kreuze ausgestreckt: Das ist auch Richard Wagner begegnet." (12, 55). Den Romantikern wird unphilosophisches Literatentum vorgeworfen: "die Romantiker (Mangel an Philosophie und Wissenschaft und Überfluß an Litteratur)" (12, 121). Der "vollkommene Künstler des romantischen Ideals", d.h. Wagner, wird abgelehnt (12, 156). Nietzsche ist "antiromantisch" (12, 160). Sein Angriff gilt allerdings weniger dem romantischen Zukunftsutopismus als vielmehr dem in der Romantik angelegten Nihilismus, wie er ihn bei Wagner zu erkennen glaubt: "wie der romantische Glaube an die Liebe und die Zukunft in das Verlangen zum Nichts sich umwandelt, 1830 in 1850" (12, 285). "Wagner *resümirt* die Romantik, die deutsche und die französische –" (13, 133). Nur selten werden einzelne Romantiker genannt, und wenn dies geschieht, dann in sehr pauschaler Form. "Schumann hat Eichendorff, Uhland, Heine, Hoffmann, Tieck in sich" (13, 133). Friedrich Schlegel erscheint als Exponent einer religiösen Restauration: "Einer, der etwas *nachempfindet*, schätzt es darauf höher, ja er will es wiederhergestellt haben z.B. das Religiöse (F. Schlegel)" (9, 44). Dies sind "Todten-Erweckungen": "Vielleicht versteht man die ganze Bewegung der Romantik am besten aus diesem Gesichtspuncte." (3, 145 – M). "die Romantiker, welche alle, wie ihr deutscher Meister Friedrich Schlegel, in Gefahr sind (mit Goethe zu reden) 'am Wiederkäuen sittlicher und religiöser Absurditäten zu ersticken' " (13, 495). Vgl. Goethes Brief an Zelter vom 20.10.1831: "so erstickte doch Friedrich Schlegel am Wiederkäuen sittlicher und religioser Absurditäten" (*Goethe*, Briefe IV, 455). Obschon Nietzsche hier nicht den progressiven Schlegel der Jahrhundertwende, der die Freiheit der schöpferischen Subjektivität verkündete, sondern den konvertierten Schlegel, der mittelalterlich-christlichen Idealen huldigte, im Visier hat, ist doch auffällig, daß er keine Worte der Anerkennung für den frühen Friedrich Schlegel findet. Er hat ihn wohl kaum studiert. Nietzsche kann die 'Romantik' sogar im Zeichen der 'Aufklärung' kritisieren: "Die Romantiker in Deutschland protestirten *nicht* gegen den Classicismus, sondern gegen Vernunft, Aufklärung, Geschmack, 18. Jahrhundert." (13, 132). "Modernität / die deutsche *romantische* Musik, ihre *Ungeistigkeit*, ihr Haß *gegen die 'Aufklärung' und 'Vernunft'* / [...] wie viel Kampf gegen *Voltaire* ist in der deutschen Musik!..." (13, 248). In seinem Kampf gegen die Romantik kann sich Nietzsche sogar zum Anwalt der Aufklärung aufwerfen, jener Aufklärung, deren kritisch-zersetzendes Potential er zwar akzeptiert, deren politisch progressive Ideen er aber ablehnt. Daß er nun (und zwar in der 'dionysischen' Spätphase) die aufklärerische "Freiheit geistigster Bewegung" (13, 248) gegen die Romantik verteidigt, zeigt das hohe Maß an Aversion gegen die Romantik. Im Grunde geht es ihm in solchen kritischen Marginalien weniger um die aufklärerische Freiheit als vielmehr um die Zersetzung der Romantik. Nietzsche ist bestrebt, das Romantische als Schein, Lüge, Schauspielerei zu entlarven: "Kritik des modernen Menschen, seine psychologische Verlogenheit – seine *romantische* Attitüde" (13, 199). Mit Bezug auf "alle Romantiker" und speziell auf Wagner protestiert Nietzsche "gegen diese Verlogenheit und Romantik des 'schönen Gefühls'" (13, 414). Bemerkenswert ist eine Dispositionsnotiz, in der Nietzsche die (lügenhafte) Romantik gegen das (pessimistische) Artistentum ausspielt:

> Insgleichen in der Kunst: Romantik und ihr *Gegenschlag* (Widerwille gegen die romantischen Ideale und Lügen) die reinen Artisten (gleichgültig gegen den Inhalt) Letzteres, moralisch, als Sinn größerer Wahrhaftigkeit, aber pessimistisch. (12, 130)

Romantik ist verdeckter Nihilismus. Wagner ist "der Romantiker und der Nihilist" (13, 416). Um Wagner dreht sich Nietzsches Romantik-Kritik. In einem Entwurf zum *Fall Wagner* lautet ein Dispositionspunkt: "Kritik der 'Romantik'" (13, 243). Nietzsche sieht die Romantik allerdings auch im größeren historischen Zusammenhang:

> Die Romantik ist *Nachschlag* des 18. Jahrhunderts; eine Art aufgethürmtes Verlangen nach dessen Schwärmerei großen Stils (– thatsächlich ein gut Stück Schauspielerei und Selbstbetrügerei: man wollte die *starke Natur*, die *große Leidenschaft* darstellen) (12, 441f.).

Diese Stelle entstammt dem Fragment *Die drei Jahrhunderte* (12, 440-443), in dem Nietzsche – in dem für ihn charakteristischen Stil der summarischen Vereinfachung komplexer historischer Zusammenhänge – das 17. Jahrhundert als 'aristokratisches', das 18. Jahrhundert als 'feminines' und das 19. Jahrhundert als 'animalisches' Jahrhundert klassifiziert. Nietzsche operiert einerseits (infolge der Wagner-Obsession) mit einem begrenzten Romantik-Begriff, andererseits (aufgrund der summarischen Perspektiven) mit einem erweiterten Romantik-Begriff. Romantik – das ist für Nietzsche vor allem Wagner, das ist aber auch die deutsche (und die französische) Romantik und überhaupt die moderne *décadence*. Nietzsche lehnt die Romantik als geschichtliche Erscheinung ab, weil sie nicht von einem Zukunftsentwurf getragen, sondern eine rückwärtsgewandte Geistesströmung sei:

> Die ganze Romantik des Ideals ist darin falsch, daß sie rückbilden für möglich hält. Thatsächlich stellen die Romantiker eine krankhafte décadence-Form vor: sie sind sehr weit voraus, sehr spät und ganz und gar unfruchtbar ... Das Verlangen nach ehedem ist selbst ein Zeugniß für eine tiefe Unlust und Zukunftslosigkeit (13, 463)

Nietzsches Kampf gegen die Romantik und gegen Wagner erwächst aus dem Impetus zur Überwindung der *décadence*. Angesichts der Inschrift "Erlösung dem Erlöser!" auf einem am Grabe Wagners niedergelegten Kranz des Münchener Wagner-Vereins stellt Nietzsche mit Genugtuung fest, daß man an ihr eine "kleine Correctur" vorgenommen habe: "Erlösung *vom* Erlöser!" (6, 41f. – WA; vgl. auch B 8, 390 [Brief an Köselitz vom 11.8.88]). Nietzsche seinerseits stellt die Frage: "wer erlöst uns von diesem Erlöser? ..." (13, 243).

Exkurs 24 (zu Seite 309, Fn. 126)

Am 1.1.1878 sendet Wagner den *Parsifal*-Text mit Widmung an Nietzsche, der aber diese Zusendung mit Schweigen beantwortet, was auf eine Kränkung Wagners hinausläuft. Am 25.4.1878 trifft *Menschliches, Allzumenschliches* in Bayreuth ein, allerdings nicht von Nietzsche geschickt, der freilich zu diesem Zeitpunkt "noch kein fertiges Exemplar seines Buches *gesehen* hat" (B 5, 325 – 6.5.78 – an den Verleger Ernst Schmeitzner). (In einem Briefentwurf Anfang 1878 an die Wagners hatte Nietzsche allerdings seine Schrift mit innigen Worten empfohlen [vgl. B 5, 298f.]). Nun hüllt Wagner sich in Schweigen. Nun herrscht zwischen Wagner und Nietzsche das Totschweigen. "Fester Entschluß, Freund Nietzsche's Buch nicht zu lesen, dessen Seltsamkeit gar pervers beim ersten Blick erscheint." (CT III, 87 – 27.4.78). "Es fällt schwer, nicht zuweilen von dem traurigen Buch von Freund N. zu sprechen, trotzdem wir beide seinen Inhalt aus einzelnem mehr ahnen als wie kennen!" (CT III, 88 – 29.4.78). Wagner will sich durch Nietzsches Schrift nicht irritieren lassen: "Das klägliche Buch von N. gibt ihm Veranlassung, mir zuzurufen: 'Wir bleiben uns treu.' " (CT III, 89 – 30.4.78). Im Brief an Overbeck vom 24.5.1878 spricht Wagner von den "psychischen Krämpfen" Nietzsches und von einer "längst befürchteten Katastrophe"; er habe "für ihn die Freundschaft bewahrt, sein Buch – nachdem ich es beim Aufschneiden durchblättert – nicht zu lesen" (Overbeckiana, 126). Natürlich liest Wagner das Buch. Er fühlt sich provoziert. Mit der Schrift *Publikum und Popularität*, die er im August und September 1878 in den *Bayreuther Blättern* veröffentlicht, holt er zum Gegenschlag aus. Ohne Nietzsche namentlich zu nennen, greift er ihn an, gereizt von dem "ihn durch seinen nichtigen Gehalt sehr anwidernden Buch von Pr. Nietzsche" (CT III, 124 – 25.6.78). Wagner, dessen Schrift im übrigen kein bloßes Anti-Nietzsche-Pamphlet ist, sondern sich grundsätzlich mit dem Verhältnis von Künstlertum und Zeitgeschmack auseinandersetzt, macht eine Reihe von Aspekten zum Gegenstand der Kritik, die Nietzsche in *Menschliches, Allzumenschliches* höchst positiv bewertet hatte: die Wissenschaftsgläubigkeit, die Inspirations- und Geniefeindlichkeit, den Aufklärungsoptimismus. Er wendet sich nicht nur gegen die "Saturnalien der Wissenschaft" (WSD 10, 82), gegen die Diffamierung des "Genies" (WSD 10, 83), gegen die "von unseren freien Geistern verachtete Inspiration des Dichters" (WSD 10,88), sondern auch gegen Voltaire: "Der große Kritiker *Voltaire*, dieser Abgott aller freien Geister [...] (WSD 10, 87f.). Die Erstausgabe von *Menschliches, Allzumensch-*

liches (Ende April 1878) trug nicht nur den Untertitel *Ein Buch für freie Geister*, sondern enthielt auch die Widmung *Dem Andenken Voltaire's geweiht zur Gedächtniss-Feier seines Todestages, des 30. Mai 1778* (vgl. auch B 5, 293 – 3.12.77 – an Ernst Schmeitzner). Diese Dedikation war ein Programm. Nietzsche begründet denn auch in einem auf das Titelblatt folgenden Hinweis den Zeitpunkt der Veröffentlichung mit der "Nähe des 30. Mai 1878", mit dem lebhaften "Wunsch", "einem der grössten Befreier des Geistes zur rechten Stunde eine persönliche Huldigung darzubringen". Wagner fühlt sich nicht nur durch das Totschweigen des *Parsifal*, sondern auch durch die Philosophie des 'freien Geistes' von Nietzsche herausgefordert. Das veranlaßte ihn zu seiner Kritik. Nietzsche sieht durch Wagners Polemik die Fronten geklärt:

> Daß W<agner> gegen mich Einwendungen *öffentlich* macht, ist mir sehr erwünscht, ich hasse alle Dunkelei und Munkelei der Gegnerschaft; anderseits wünsche ich um Alles nicht mit den Tendenzen der B<ayreuther> Bl<ätter> verwechselt zu werden. (B 5, 347 – 25.8.78 – an Ernst Schmeitzner)

Nietzsche tut Wagners Kritik als persönliches Ressentiment ab: "Gestern las ich W<agner>'s bitterböse, fast rachsüchtige Seiten gegen mich. Himmel, wie ungeschickte Polemik!" (B 5, 350 – 3.9.78 – an Schmeitzner). Nietzsche fühlt sich durch Wagner nicht entscheidend getroffen: "W<agner>'s bitterböse unglückliche Polemik gegen mich im Augustheft der Bayr<euther> Bl<ätter> habe ich nun auch gelesen: es that mir wehe, aber *nicht an der Stelle*, wo W. wollte." (B 5, 351 – 3.9.78 – an Overbeck). Diese ein wenig kryptische Bemerkung besagt wohl, daß Nietzsche sich zwar durch die persönlichen und weltanschaulichen Spannungen, nicht aber in seiner Unabhängigkeit und Schaffenskraft getroffen fühlte.

Exkurs 25 (zu Seite 313, Fn. 131)

Der Antagonismus von 'klassischer' und 'romantischer' Kunst wird bei Nietzsche vor allem in der zweiten Hälfte der achtziger Jahre zu einem zentralen Denkmotiv, zu einem, ja zu *dem* beherrschenden Topos seiner Kunst-Philosophie. In der Rückschau deutet er sogar die *Geburt der Tragödie* als eine 'klassische' Schrift – 'klassisch' nicht im Sinne des Epochenbegriffs 'Klassik', sondern im Sinne von genereller Lebensstärke. Es handele sich um die

> Conception des *Pessimismus*, eines Pessimismus der Stärke, eines *klassischen* Pessimismus: das Wort klassisch hier nicht zur historischen, sondern zur psychologischen Abgrenzung gebraucht. Der Gegensatz des klassischen Pessimismus ist der *romantische*: jener in dem sich die Schwäche, die Ermüdung, die Rassen-décadence in Begriffen und Werthungen formulirt: der Pessimismus Schopenhauers z.B. [...] (13, 229 – 1888)

Nietzsche verleugnet hier den romantischen Ursprung und Grundzug der Tragödienschrift, wie er auch von seinen damaligen Ovationen an Schopenhauer und Wagner nichts mehr wissen will. Nun ist Schopenhauers Philosophie für ihn eine Philosophie der 'romantischen' *décadence*. Freilich, schon in der Tragödienschrift hatte Nietzsche der Schopenhauerschen Willens*verneinung* nicht gehuldigt – er hatte sie ignoriert. Statt dessen hatte er die Willens*bejahung*, d.h. den dionysischen Weltwillen, verkündet und damit in der Tat jedem 'romantischen' *Pessimismus* eine Absage erteilt. Aber in der Rückschau verkennt er, daß sein Frühwerk durchaus den Geist des romantischen Kunstenthusiasmus atmet. Und keineswegs wollte er damals einer neuen Klassizität zum Durchbruch verhelfen. Im Zeichen eines klassischen Stilideals deutet er *a posteriori* die im Grunde romantische Tragödienschrift zu einer gegenromantischen, 'klassischen' Schrift um. Er versteht nun allerdings unter dem Begriff 'romantisch' nicht schöpferische Kunstbegeisterung, sondern fatale Lebensschwäche. Die Begriffe 'klassisch' und 'romantisch' werden zu Kampfbegriffen in der Auseinandersetzung um Lebensbejahung und Lebensverneinung. Zugleich werden sie zu ästhetischen Wertungsbegriffen. Romantische Formauflösung und klassische Formstrenge sind unvereinbar: "*Romantik*: die Feindschaft [...] gegen den klassischen Geschmack, den einfachen, den strengen, den großen Stil [...]" (13, 221). Nietzsche, dem (nach ihm nie mehr verstummten) Vorurteil von der Formlosigkeit Wagners verhaftet, sieht in Wagner den Protagonisten antiklassischer Gefühlskunst: "Die Sensibilität der romantisch-Wagnerischen Musik: Gegensatz, die *klassische Sensibilität* ..." (13, 132). Eine 'klassische' Musik gibt es allerdings überhaupt noch nicht: "'klassisch' – unanwendbares Wort in der Musik" (11, 548). Für den frühen Nietzsche hatten Klassik und Romantik noch keineswegs einen Gegensatz gebildet. Romantisches Naturgefühl und klassische Bildungsidee sind bei ihm durchaus noch vereint. Noch in den Vorträgen *Ueber die Zukunft unserer Bildungsanstalten* (1872), die er kurz nach der Veröffentlichung der Tragödienschrift hält, zeigt er sich dem klassischen Bildungsideal verpflichtet. Er spricht den "Bemühungen Goethe's, Schiller's, Lessing's und Winckelmann's" seine Hochschätzung aus, respektiert die "sogenannte klassische Bildung" als Ausdruck einer entschiedenen Hinwendung zur "Form" und plädiert für die Wiederbelebung des "Klassisch-Hellenischen" (1, 685ff. – BA). Auch seine Beschäftigung mit dem Briefwechsel zwischen Goethe und Schiller (dazu: *Venturelli*, Briefwechsel) zeigt die enge Beziehung des jungen Nietzsche zur deutschen Klassik. Insofern ist sein späteres Plädoyer für eine 'klassische' Kunst nur die Konsequenz schon früh angelegter Perspektiven. Aber zugleich huldigt der junge Nietzsche – in der Tragödienschrift und den in ihrem Umfeld entstandenen einschlägigen Schriften – der romantischen Unendlichkeitssehnsucht. Jedenfalls betreibt er zu jener Zeit noch keine antiromantische Polemik. Die erfolgt erst später, und zwar versteht er dann unter 'romantisch' weniger den Gefühlsenthusiasmus als vielmehr das Dekadenzsyndrom. Mit dem 'Dionysischen' hatte er eigentlich das 'Klassische' unterlaufen. Im Grunde hatte er mit dem 'dionysischen' Leben die 'klassische' Form desavouiert. Später nun, im Zeichen des auf Formstrenge zielenden imperatorischen Willens, versucht er, das 'Klassische' und das 'Dionysische' wie selbstverständlich miteinander zu verbinden. So heißt es von der "dionysischen Werthabmessung des Daseins": "die Begriffe 'heidnisch', 'klassisch', 'vornehm' neu entdeckt und hingestellt –" (13, 493). 'Klassisch' – das bedeutet nun bei Nietzsche nicht nur geistige Formstrenge, sondern auch dionysische Lebensfülle. Und so kann er in der Klassizität auch das 'Dionysische' bewahren. Das 'Klassische' erwächst aus dem Willen zur Macht. Der Wille zur Macht führt durch die Verklärung des Daseins zur Klassizität:

> Von den "aesthetischen" Zuständen ausgehn, wo die Welt voller runder, *vollkommener gesehen* wird – / das *heidnische* Ideal: darin die Selbstbejahung vorherrschend vom Buffo an / – der höchste Typus: das *klassische* Ideal – als Ausdruck eines Wohlgerathenseins *aller* Hauptinstinkte / – darin wieder der höchste Stil: *der große Stil* Ausdruck des "Willens zur Macht" selbst (der am meisten gefürchtete Instinkt *wagt sich zu bekennen*) / – *man giebt ab* – (13, 63)

Die Schwierigkeit liegt in der Verquickung des dynamischen Willens zur Macht mit dem statischen Prinzip der Klassizität. Der "klassische Stil" ist der höchste Ausdruck des Willens zur Macht, aber in ihm ist zugleich der "Kampf" kalmiert:

> Der klassische Stil stellt wesentlich diese Ruhe, Vereinfachung, Abkürzung, Concentration dar – das *höchste Gefühl der Macht* ist concentrirt im klassischen Typus. Schwer reagiren: ein großes Bewußtsein: kein Gefühl von Kampf: (13, 240)

Damit rückt der Machtwille in die Nähe des Apollinischen. Nietzsche unterscheidet denn auch in diesem Fragment zwischen dem "dionysischen Rausche" und dem "apollinischen" "Rausche". In letzterem herrschen "*Ruhe*" und "Vision" (13, 240). Die Klassizität – das ist der apollinische Rausch. Nietzsche kann aber das Dionysische und das Apollinische nicht grenzscharf trennen. Im Willen zur Macht ist immer ein dionysisches Moment wirksam, und damit auch in der Klassizität – sofern diese Ausdruck des Willens zur Macht ist. So inszeniert Nietzsche ein Vexierspiel um die Begriffe *dionysisch, apollinisch* und *klassisch*, mit dem Ziel, sie auf einen Nenner zu bringen. Einerseits hält er am 'dionysischen' Leben fest, andererseits transformiert er es in die 'klassische' Form. Insofern operiert er mit einem erweiterten Begriff des 'Klassischen'. Er erweitert das 'Klassische' um das 'Dionysische'. Er notiert,

> daß mit dem ganzen Begriff "griechisch", noch mehr dem Begriff "klassisch", den Winckelmann und Goethe gebildet hatten, uns das dionysische Element unverträglich ist: – ich fürchte, Goethe selber schloß etwas derartig<es> grundsätzlich von den Möglichkeiten der hellenischen Seele aus. Und doch spricht sich erst in den dionysischen Mysterien der ganze Untergrund des hellenischen Intinkts aus. (13, 627f.; vgl. 13, 235 u. 6, 159 – GD)

Nietzsche geht nun aus von einer Symbiose des 'Klassischen' und 'Dionysischen' – die er in Gegensatz setzt zum 'Romantischen' als dem 'Dekadenten'. So gewinnt die Antithese 'klassisch' – 'romantisch' bei ihm eine neue Bedeutung. Im weitesten Sinne behält allerdings Goethes berühmtes Diktum aus den *Maximen und Reflexionen* seine Gültigkeit: "Klassisch ist das Gesunde, romantisch das Kranke." (HA XII, 487). Wie eine Antizipation Nietzschescher Theoreme wirkt Goethes Feststellung:

> Das Klassische nenne ich das Gesunde und das Romantische das Kranke. [...] Das meiste Neuere ist nicht romantisch, weil es neu, sondern weil es schwach, kränklich und krank ist, und das Alte ist nicht klassisch, weil es alt, sondern weil es stark, frisch, froh und gesund ist. Wenn wir nach solchen Qualitäten Klassisches und Romantisches unterscheiden, so werden wir bald im reinen sein. (*Eckermann*, Gespräche, 332 – 2.4.1829)

Nach eben diesen Qualitäten hat Nietzsche, im Prinzip, Klassisches und Romantisches unterschieden. Wenn Goethe "romantisch" mit "pathologisch" gleichsetzt (ebd., 339 – 5.4.1829), so entspricht dies der Sicht Nietzsches. Und es entspricht gleichfalls dem Geiste Nietzsches, wenn Goethe konstatiert:

> Die Poeten schreiben alle, als wären sie krank und die ganze Welt ein Lazarett. [...] Das ist ein wahrer Mißbrauch der Poesie [...] Aber die jetzige Generation fürchtet sich vor aller echten Kraft, und nur bei der Schwäche ist es ihr gemütlich und poetisch zu Sinne. / Ich habe ein gutes Wort gefunden, um diese Herren zu ärgern. Ich will ihre Poesie die Lazarettpoesie nennen; dagegen die echt Tyrtäische diejenige, die nicht bloß Schlachtlieder singt, sondern auch den Menschen mit Mut ausrüstet, die Kämpfe des Lebens zu bestehen. (ebd., 268 – 24.9.1827)

Was hat Nietzsche anders gefordert als die Aktivierung einer 'tyrtäischen' Kunst gegen eine 'Lazarett'-Kunst?! Auch die Radikalität der Nietzscheschen Romantik-Kritik scheint von Goethe vorweggenommen zu sein, wenn er schreibt: "Das Romantische ist schon in seinen Abgrund verlaufen; das Gräßlichste der neuern Produktionen ist kaum noch gesunkener zu denken." (Maximen und Reflexionen, HA XII, 487). So scheint Nietzsches Antithese 'klassisch' – 'romantisch' auch ein Stück Goethe-Exegese zu sein. Aber durch die Verquickung des 'Klassischen' mit dem 'Dionysischen' setzt sich Nietzsche von Goethe ab. Seine Antithese 'dionysisch' – 'romantisch' ist auf Widerspruch gestoßen. Fritz Strich hält sie für eine Fehldeutung. Er unterscheidet zwischen "christlicher und dionysischer Romantik" und fährt fort:

> Man hat sich seit Nietzsche daran gewöhnt, dionysische Dichtung als den Gegensatz der romantischen aufzufassen, weil jene ein trunkenes Lied des Lebens, diese aber ein weltflüchtiges, jenseitiges sei. Schon die Mysterien des Dionysos in der Antike sollten vor solchem Irrtum schützen. (*Strich*, Klassik und Romantik, 10).

Strich, ausgehend von der grundsätzlichen Unterscheidung zwischen 'klassischer' "Vollendung" und 'romantischer' "Unendlichkeit", sieht in der Romantik die "Sehnsucht, sich aus geschlossener Form in die Unendlichkeit und Einheit zu erlösen". "In der deutschen Romantik sind es Hölderlin und Kleist, welche den Weg der dionysischen Erlösung gingen [...]" (ebd., 11). Man könnte in diese Konstellation auch Nietzsche einbeziehen, denn es ist ja gerade dieser Trieb zum Unendlichen, der in ihm vorherrscht, ein Trieb, der wie bei Hölderlin und Kleist äußerste Gefährdungen in sich barg. Es ist die Frage, ob Nietzsche nicht trotz aller Betonung der antiromantischen Klassizität im Grunde seines Wesens ein dionysischer Romantiker war. Er ist allerdings auch der Philosoph des 'Willens zur Macht', der dem imperatorischen Geist und damit der klassischen Formstrenge huldigt. Im übrigen faßt er die Antithese 'klassisch' – 'romantisch' nicht als Gegensatz von 'Vollendung' und 'Unendlichkeit', sondern als Antagonismus von Lebensstärke und Lebensschwäche auf.

Exkurs 26 (zu Seite 324, Fn. 141)

Das Phänomen des 'Häßlichen' in der modernen Kunst sieht Nietzsche vor allem im Naturalismus und im Wagnerianismus ausgeprägt – im Naturalismus ist es der häßliche Stoff, im Wagnerianismus der häßliche Stil. Zola und den Brüdern Goncourt wird die 'Lust am Häßlichen' vorgeworfen: "die Dinge sind häßlich, die sie zeigen: aber *daß* sie dieselben zeigen, ist aus *Lust an diesem Häßlichen...*" (13, 241). Und die modernen Musiker setzen das Häßliche als suggestives Stilmittel ein:

> Unsere Musiker haben eine grosse Entdeckung gemacht: die *interessante Häßlichkeit* ist auch in ihrer Kunst möglich! Und so werfen sie sich in diesen eröffneten Ozean des Hässlichen, wie trunken, und noch niemals war es so leicht, Musik zu machen. [...] Man hat den Contrast entdeckt: jetzt erst sind die stärksten Effecte möglich – und *wohlfeil*: Niemand fragt mehr nach guter Musik. (3, 200 –M)

Nietzsches Kritik zielt auf die Vorherrschaft der 'interessanten Häßlichkeit' in der modernen Kunst. Er zitiert Baudelaire: "Das Berauschende am schlechten Geschmack: das aristokratische Vergnügen, zu *mißfallen.*" (13, 80). Vgl. Baudelaire: "Ce qu'il y a d'enivrant dans le mauvais goût, c'est le plaisir aristocratique de déplaire." (Zitat nach: Œuvres posthumes, 85 – 1887 [Fusées]). Nietzsche kritisiert den modernen Manierismus, aber er ist auch, wie Baudelaire, von ihm fasziniert. Er distanziert sich vom "schlechten Geschmack", aber die 'aristokratische' Provokation fesselt ihn. Dem ersten Anschein nach vertritt Nietzsche in der Frage des 'Häßlichen' eine rein traditionalistische Position. Friedrich Schlegel hatte von der Mischung von "Schönem" und "Häßlichem" gesprochen, wie sie etwa für Shakespeare kennzeichnend sei, und er hatte das "Häßliche" als Symptom der modernen Kunst des "Manirierten, Charakteristischen und Individuellen" und damit des "Interessanten" gedeutet (*Schlegel*, Griechische Poesie, 250ff.). Schlegel votiert nicht für das *Interessante*, sondern für das *Schöne*:

> Das Übermaß des Individuellen führt also von selbst zum Objektiven, das Interessante ist die Vorbereitung des Schönen, und das letzte Ziel der modernen Poesie kann kein andres sein als das *höchste Schöne*, ein Maximum von objektiver ästhetischer Vollkommenheit. (ebd., 253)

F. Th. Vischer hatte das "Häßliche" als Funktion des "Schönen" aufgefaßt:

> Das Schöne läßt notwendig auch sein Gegenteil, das Häßliche, Disharmonische mit entsprechend mißfälligem Ausdruck in sein Gebiet ein, um durch Ueberwindung der Disharmonie seine Harmonie mit verschärftem Nachdruck herzustellen und eine durch Unlust vermittelte Lust zu erzeugen. (*Vischer*, Das Schöne und die Kunst, 173)

Karl Rosenkranz hatte das "Häßliche" als defizienten Modus des "Schönen" gedeutet. Es gibt ein "Wohlgefallen am Häßlichen", und zwar auf eine "gesunde Weise" und auf eine "krankhafte Weise". Bei der "gesunden Weise" ist das Häßliche "eine relative Nothwendigkeit" "in der Totalität eines Kunstwerks" und wird "durch die Gegenwirkung des Schönen aufgehoben". Um die "krankhafte Weise" handelt es sich,

> wenn ein Zeitalter physisch und moralisch verderbt ist, für die Erfassung des wahrhaften, aber einfachen Schönen der Kraft entbehrt und noch in der Kunst das Pikante der frivolen Corruption genießen will. [...] Um die abgestumpften Nerven aufzukitzeln, wird das Unerhörteste, Disparateste und Widrigste zusammengebracht. Die Zerrissenheit der Geister weidet sich an dem Häßlichen, weil es für sie gleichsam das Ideal ihrer negativen Zustände wird. (*Rosenkranz*, Aesthetik des Häßlichen, 52)

Das hätte auch Nietzsche so formulieren können. Aber er hätte nicht, wie Rosenkranz, das "wahrhaft Schöne" als ein Sein an sich vorausgesetzt, und er hätte es auch nicht mit dem "wahrhaft Guten" verquickt, und er hätte z.B. nicht, wie Rosenkranz, Heine-Schelte betrieben und Heine der Frivolität bezichtigt, "dem Witz auch das Heilige mit rücksichtsloser Rohheit zu opfern" (ebd., 267). Andere Passagen von Rosenkranz' Kritik der modernen Kunst würden durchaus der Perspektive Nietzsches entsprechen. In der Musik herrschen "sinnlich verweichlichende Melodien", dominiert die "kolossale Instrumentirung, in der Literatur eine Poesie von Koth und Blut" (ebd., 52). Rosenkranz geht, wie Vischer, von der klassischen Idee des Schönen aus und sieht im Häßlichen nur ein Funktionselement des Schönen. Das Häßliche ist nur die Negation des Schönen, die das Schöne selbst hervorbringt, um sich selber in seiner Freiheit zu entfalten, und die es in seiner Totalität wieder aufhebt. "Nicht das Häßliche als solches bewirkt dann unser Wohlgefallen, sondern das Schöne, welches den Abfall von sich, der auch zur Erscheinung kommt, überwindet." (ebd.) Das "Häßliche" ist nur der "negative Doppelgänger" des "Schönen" (ebd., 62f.). Nietzsche stimmt mit dieser idealistischen Deutung des Häßlichen insofern überein, als auch er das Häßliche in der Kunst als Abfall vom Schönen interpretiert. Aber er unterscheidet sich zugleich dadurch von der klassischen Ästhetik des Schönen, daß für ihn das Schöne nicht mehr eine objektive Wesenheit, sondern Ausdruck des Willens zur Macht ist. Der fundamentale Unterschied liegt darin, daß sich bei Nietzsche das Häßliche vom Schönen emanzipieren und eine Eigendynamik erlangen kann, und zwar als das unaufhörliche Werden, das über alles sich Verfestigende und damit auch über das Schöne hinweggeht. Das "Häßliche" ist dann die "angehäufte Kraft", die das "Bisherige" als "häßlich" entlarvt und "einen *neuen* Sinn in das sinnlos Gewordene" legt (12, 113). Der Begriff des "Häßlichen" ist demnach bei Nietzsche doppeldeutig. Das "Häßliche" als Inhalt der Kunst lehnt er ab. Das "Häßliche" als schöpferische Kraft bejaht er. Es kommt auf den jeweiligen Kontext an, in dem das "Häßliche" genannt wird, auf die jeweilige Relation, in der es zum "Schönen" steht. Wenn das "Schöne" als Ausdruck der dionysischen Daseinsbejahung erscheint, wird das "Häßliche", d.h. der häßliche Inhalt, als Verirrung abgetan. Wenn aber das "Schöne" zum statuarischen Sein erstarrt, muß es durch das "Häßliche", d.h. durch das zerstörerische (und zugleich schöpferische) Werden, überwunden werden. Insofern sind " '*schön* und *häßlich*' " nicht absolute, sondern relative Größen: "diese *Scheidungen* und *Antagonismen* verrathen Daseins- und Steigerungs-Bedingungen [...] Der *Krieg*, der damit geschaffen wird, ist das Wesentliche daran: als Mittel der *Absonderung*, die die Isolation *verstärkt*..." (12, 573). Der Nietzschesche 'Perspektivismus' relativiert die Begriffe 'schön' und 'häßlich' zu Kampfbegriffen im Dienste der Lebenssteigerung. Die moderne Ästhetik des Häßlichen jedenfalls lehnt Nietzsche ab. Es ist allerdings bemerkenswert, daß er trotz der Ablehnung des "niedrig Sinnlichen" als der Verbindung von "Hässlichem und Ekelhaftem" von einem "Bedeutenden auch in der Form der sinnlichen Hässlichkeit" spricht (2, 178 – MA I). Entspricht dies der Faszination des 'Bösen' im Sinne Baudelaires? Baudelaire spricht von "la Beauté dans le Mal"; er will "extraire la *beauté* du *Mal*" (Les Fleurs du Mal, 185f. [Préface]). Hier zeigt sich eine gewisse Affinität zwischen Baudelaire und Nietzsche. Aber Nietzsche geht es nicht um das Häßliche als ästhetisches Faszinosum, sondern um das Häßliche als Stimulans der kreativen Destruktion. Weit entfernt war er von Baudelaires "Goût du Néant" (vgl. Les Fleurs du Mal, 72), denn es ist ja gerade die 'Lust am Nichts', die er als Symptom der *décadence* bekämpft. Bei Baudelaire zeigen sich jene Symptome der Ermüdung, des Wunsches nach Ruhe und der Verneinung des Willens, die Nietzsche stets als Lebensschwäche abgetan hat:

> Je n'ai désir ni de démontrer, ni d'étonner, ni d'amuser, ni de persuader. J'ai mes nerfs, mes vapeurs. J'aspire à un repos absolu et à une nuit continue. [...] Ne rien savoir, ne rien enseigner, ne rien vouloir, ne rien sentir, dormir, et encore dormir, tel est aujourd'hui mon unique vœu. Vœu infâme et dégoûtant, mais sincère. (*Baudelaire*, Projet de Préface pour *Les Fleurs du Mal*, 189)

Diesem weltschmerzlichen Ermüdungsgefühl, diesen 'nervösen' Stimmungsvaleurs, diesen auflösenden Stimmungen, vor allem aber der Willensverneinung hat Nietzsche sich nicht überlassen. Nietzsche macht sich nicht von seinen Stimmungen abhängig, sondern bändigt sie durch den Willen.

Es sei nur am Rande angemerkt, daß Baudelaire sich durch die großen Gefühle, die religiöse Ekstase, die Vereinigung der Künste und überhaupt durch die ästhetische Differenziertheit zutiefst mit Wagner verbunden fühlt. So schreibt er in seinem Brief an Wagner vom 17.2.1860:

> [...] il me semblait que cette musique était *la mienne*, et je la reconnaissais comme tout homme reconnaît les choses qu'il est destiné à aimer. [...] J'ai retrouvé partout dans vos ouvrages la solennité des grands bruits, des grands aspects de la Nature, et la solennité des grandes passions de l'homme. On se sent tout de suite enlevé et subjugué. L'un des morceaux les plus étranges et qui m'ont apporté une sensation musicale nouvelle est celui qui est destiné à peindre une extase religieuse. (*Baudelaire*, [Lettre à Richard Wagner], 1205f.)

In ähnlich emphatischer Weise äußert sich Baudelaire im Essay *Richard Wagner et «Tannhäuser» à Paris* vom 8.4.1861 (in: Revue Européenne) zur Kunst Wagners. Er preist Wagners "*coïncidence* de plusieurs arts", diese Kunst als "le plus synthétique et le plus parfait", "la valeur par les suggestions" (S. 1211). Die Kunst Wagners ist "une grande rêverie dans une solitude absolue, mais une solitude avec *un immense horizon* et une *large lumière diffuse*" (S. 1213). "Aucun musicien n'excelle, comme Wagner, à *peindre* l'espace et la profondeur, matériels et spirituels." "cette musique ardente et despotique" verrät "les vertigineuses conceptions de l'opium" (S. 1214). Baudelaires Essay zeigt ein höchst differenziertes Einfühlungsvermögen in die Kunst Wagners – nicht zuletzt auf Grund einer spezifischen Geistesverwandtschaft, einer kongenialen Affinität. Wie sehr sich Wagner von Baudelaire verstanden fühlt, bezeugt jener Brief an Baudelaire vom 15.4.1861, in dem er sich enthusiastisch für jene Eloge bedankt, von der "grenzenlosen Genugtuung" spricht, die ihm dieser Artikel bereitet habe ("combien je suis désireux de vous dire quelle *immense satisfaction* vous m'avez préparée par votre article"), und Baudelaire "stolz" seinen "Freund" nennt (Zitation nach B 8, 263f.; *Wagner*, Briefe 1830-1883, 214; vgl. auch Wagners Äußerungen in *Mein Leben*, 620, 654). Baudelaires Panegyrikus war Balsam auf die Wunden, die der Pariser *Tannhäuser*-Skandal geschlagen hatte. Nietzsche entdeckt in den Gedichten Baudelaires "eine Art *Wagnerscher Sensibilität*, welche sonst in der Poesie keine Form gefunden hat", zitiert, ironisch und dennoch berührt, Wagners Brief und schießt im übrigen einige Giftpfeile gegen den Wagnerianer Baudelaire ab – ohne einen gewissen Respekt zu verleugnen (vgl. B 8, 263f. – 26.2.88 – an Köselitz). Immerhin ist Baudelaire für ihn nicht nur der dekadente Wagnerianer, sondern auch der kongeniale Artist und Psychologe, dem er manchen Denkspruch, manche Lebensweisheit entnimmt. So notiert er sich bedeutungsvolle Sentenzen aus Baudelaires *Fusées*, mit denen er sich identifiziert. Beispiel: "'Dieu est le seul être qui, pour régner, n'a même pas besoin d'exister.'" (13, 77; vgl. *Baudelaire*, Fusées, 1247).

Exkurs 27 (zu Seite 339, Fn. 161)

Wagner erklärt, "*der Irrthum in dem Kunstgenre der Oper bestand darin,* **daß ein Mittel des Ausdruckes (die Musik) zum Zwecke, der Zweck des Ausdruckes (das Drama) aber zum Mittel gemacht war**" (WSD 3, 231). Er hält es für "*Wahn*", "*Wahnsinn*", "Unnatürlichkeit" und "Lächerlichkeit", "**daß jenes Mittel des Ausdruckes aus sich die Absicht des Drama's bedingen wollte**" (WSD 3, 308). Dahlhaus warnt vor dem "groben Mißverständnis", dem "Irrtum", "daß unter *Drama* primär der Text zu verstehen sei und daß es genüge, das Wort-Ton-Verhältnis, die Abhängigkeit der Musik vom Text zu analysieren, um die Musik als *Mittel* des Dramas zu begreifen. Der Text ist jedoch im musikalischen Drama nichts als ein Teilmoment der Handlung, nicht deren Substanz, und als *Gesamtzweck* schwebte Wagner die *unbedingte, unmittelbare Darstellung der vollendeten menschlichen Natur* vor." (*Dahlhaus*, Wagner 10). Zudem sei zu beachten, daß Wagner später, in der Beethoven-Schrift von 1870, die Zweck-Mittel-Relation geradezu umgekehrt habe: "Roh verkürzt: Nicht die Musik drückt das Drama aus, sondern das Drama die Musik." (ebd.). In *Beethoven* schreibt Wagner: "Die Musik, welche nicht die in den Erscheinungen der Welt enthaltenen Ideen darstellt, dagegen selbst eine, und zwar eine umfassende Idee der Welt ist, schließt das Drama ganz von selbst in sich, da das Drama wiederum selbst die einzige der Musik adäquate Idee der Welt ausdrückt." (WSD 9, 105). Die "Musik" ist die "aprioristische Befähigung des Menschen zur Gestaltung des Drama's überhaupt" (WSD 9, 106). Im Zeichen von Schopenhauers Metaphysik der Musik ist für Wagner die Musik Ausdruck des Weltwillens. Die "Musik selbst ist eine Idee der Welt, in welcher diese ihr Wesen unmittelbar darstellt", indem "der im bildenden Künstler durch reines Anschauen zum Schweigen gebrachte *individuelle* Wille im Musiker als *universeller* Wille wach wird, und über alle Anschauung hinaus sich als solcher recht eigentlich als selbstbewußt erkennt" (WSD 9, 72). Dies ist dann die von Nietzsche in der *Geburt der Tragödie* vertretene Auffassung der Musik. Und diese Idee der Musik als Ausdruck des universellen Willens hat er auch später nicht preisgegeben. Wohl wendet er sich später vehement gegen die Zweck-Mittel-Relation, in der er nur noch eine "Attitüde" sieht, wobei er von dem (vereinfachenden) Schema Musik=Mittel und Drama=Zweck ausgeht: "wenn es Wagner's Theorie gewesen ist 'das Drama ist der Zweck, die Musik ist immer nur dessen Mittel', – seine *Praxis* dagegen war, von Anfang bis zu Ende, 'die Attitüde ist der Zweck, das Drama, auch die Musik ist immer nur *ihr* Mittel'. Die Musik als Mittel zur Verdeutlichung, Verstärkung, Verinnerlichung der dramatischen Gebärde und Schauspieler-Sinnenfälligkeit; und das Wagnerische Drama nur eine Gelegenheit zu vielen dramatischen Attitüden!" (3, 617 – FW, 5. Buch). "'Die Attitüde (Drama) ist das Ziel; die Musik nur ein Mittel zur Verstärkung ihres Eindrucks' – ist die Praxis Richard Wagner's" (11, 262). Nun bestreitet Nietzsche der Musik Wagners, Ausdruck des Weltwillens zu sein, und sieht im Musikdrama nur noch eine manieristische Konstruktion. Er übersieht allerdings, daß sich bei Wagner hinsichtlich der Relation von Musik und Drama eine gewisse Wandlung vollzieht. Um 1850, in *Das Kunstwerk der Zukunft* und *Oper und Drama*, wendet sich Wagner gegen die Verabsolutierung der Musik. Nicht die "absolute", d.h. die vom Gesamtkunstwerk losgerissene, sondern die funktionale, d.h. die dem Universalkunstwerk integrierte Musik ist sein dezidiertes Anliegen. Die Crux der Oper liegt im Widerspruch von "*absoluter, ganz für sich allein genügender Melodie*" und "*durchgehends wahrem dramatischem Ausdruck*". "Hier mußte nothwendig Eines geopfert werden, – die Melodie oder das Drama." (WSD 3, 293 [Oper und Drama]). Die wahre Bestimmung der Musik aber erfüllt sich im musikalischen Drama als der Einheit von szenischer Aktion, dichterischem Text und Musik. Wagner hat diese Konzeption nicht widerrufen. Aber um 1870 glaubt er, inzwischen zum Schopenhauer-Adepten geworden, längst nicht mehr, daß die Musik eine Funktion des Dramas sei. In der Abhandlung *Beethoven* (1870) rückt die Musik beherrschend in den Vordergrund. Sie ist die "Offenbarung des innersten Traumbildes vom Wesen der Welt" (WSD 9, 108) und damit auch der Konstitutionsgrund des Dramas. Vom "poetischen Gedanken", wie er z.B. in "Chorgesängen" artikuliert wird, wird nur das aufgefaßt, "was er im Musiker als Musik und zu Musik anregte. Eine Vereinigung der Musik und der Dichtkunst muß daher stets zu einer solchen Geringstellung der letzteren ausschlagen" (9, 103). Die wahre, die 'unschuldige' Musik ist die "Verkünderin des Wesens der Dinge" (WSD 9, 81). Es ist wesentlich, "daß in der Musik sich selbst die Idee der Welt offenbare" (WSD 9, 100). Bemerkenswert ist, daß in Beethovens 9. Symphonie nicht die "Gedanken" der Schillerschen "Verse" uns fesseln, sondern der "trauliche Klang des Chorgesanges" auf uns wirkt (WSD 9, 101). Orchesterklang und Chorgesang haben den Vorrang vor dem poetischen Wort. Die Musik ist der Ursprung des Dramas. So kann Wagner denn auch schon 1872, in *Über die Benennung "Musikdrama"*, feststellen, daß "ich meine Dramen gern als *ersichtlich gewordene Thaten der Musik* bezeichnet hätte" (WSD 9, 306). Im Grunde plädiert Wagner damit für die absolute Musik. – Zum Wandel der Wagnerschen Optik vgl. generell *Dimter*, Musik.

Exkurs 28 (zu Seite 340, Fn. 162)

Wagners Idee des Universalkunstwerks hat die nachfolgenden Künstlergenerationen stark beeinflußt. Dieser Einfluß zeigt sich in exemplarischer Weise in der Kunstprogrammatik des *Blauen Reiters* (1912). Dort konstatiert man beispielsweise im Hinblick auf die "mystisch-religiöse Kunst" Skrjabins eine ekstatische Vereinigung der Künste, eine noch über Wagner hinausgehende Vereinigung nicht nur von Musik und Wort, sondern auch von Malerei und Bewegungskunst. Skrjabins *Prometheus* erscheint als höchster Ausdruck dieser synthetisierenden "Schaffensekstase":

> [...] sehen wir hier nicht die Musik (Gesang, Glockenklänge), plastische Bewegungen (das Knien, das Ritual der priesterlichen Handlung), Spiel der Düfte (Weihrauch), Lichtspiel (Kerzen, die allgemeine Beleuchtung), Malerei? – Alle Künste haben sich hier vereinigt zu einem harmonischen Ganzen, zu einem Ziel – dem religiösen Aufschwung. (*Sabanejew*, Prometheus, 107 u. 110)

Die totale Synthese der Künste wird zum Programm erhoben:

> Es ist die Zeit der *Wiedervereinigung* dieser sämtlichen zerstreuten Künste gekommen. Diese Idee, die unklar schon von Wagner formuliert wurde, ist heute viel klarer von Skrjabin aufgefaßt. Alle Künste, von denen jede eine enorme Entwicklung erreicht hat, müssen, in einem Werk vereinigt, die Stimmung eines so titanischen Aufschwunges geben, daß ihm *unbedingt* eine richtige Ekstase, ein richtiges Sehen in höheren Plänen folgen muß. (ebd., 110)

Bei grundsätzlicher Integration aller Künste in das neue Universalkunstwerk postuliert Sabanejew allerdings den Primat der vom Willen geprägten Künste, der Musik, des Wortes und der Bewegungskunst:

> Die Künste, die die unmittelbar sich den Willensimpulsen unterordnende Substanz als Material haben, d.h. die fähig sind, den Willen unmittelbar zum Ausdruck zu bringen – diese Künste werden dominieren (Musik, Wort, plastische Bewegung. (ebd., 111)

Dies wiederum entspricht, im Grundzug, den Kunsttheoremen Wagners und Nietzsches, in denen ja Musik, Wort und Tanz eine zentrale Rolle spielen. Kandinsky fordert gleichfalls die Synthese der Künste, insbesondere auf der Bühne. Wort, Tanz und Bild sollen zu einer neuen kreativen Einheit verschmolzen werden – ein künstlerisches Verfahren, das er in seinem abstrakten Gesamtkunstwerk, der furiosen "Bühnenkomposition" *Der gelbe Klang* (1912), mit expressiver Dynamik praktiziert hat. Im Essay *Über Bühnenkomposition* setzt er sich eindringlich mit Wagner auseinander. Er anerkennt im Prinzip Wagners Idee des synthetischen Kunstwerks, aber er sieht die Fehler Wagners in der "parallelen Wiederholung" von Musik und Wort, die "nur äußerlich" sei, in der Unterordnung der Musik gegenüber dem Text, in der "musikalischen 'Charakteristik' der einzelnen Rollen", in "diesem hartnäckigen Auftauchen eines musikalischen Satzes bei dem Erscheinen eines Helden", in einer "derartigen konsequent programmatischen Anwendung einer und derselben Form", in der Funktionalisierung des Wortes zum "Mittel der Erzählung oder zum Ausdruck seiner Gedanken", was ein problematisches Verfahren sei, "da in der Regel die Worte vom Orchester übertönt werden". "Aber der Versuch, das unaufhörliche Singen zu unterbrechen, versetzte dem 'Einheitlichen' schon einen gewaltigen Stoß." Überdies habe Wagner ein wichtiges Element ignoriert, nämlich "die Farbe und die damit verbundene malerische Form (Dekoration)" (*Kandinsky*, Über Bühnenkomposition, 196-200). In der Schrift *Über das Geistige in der Kunst* (Niederschrift 1910) hebt Kandinsky drei Hauptfaktoren der "*Bühnenkomposition*", "welche das erste Werk der *monumentalen Kunst* sein wird", hervor: "1. musikalische Bewegung, 2. malerische Bewegung, 3. tanzkünstlerische Bewegung" (S. 125). Was die Wagner-Rezeption im *Blauen Reiter* betrifft, so äußert sich Arnold Schönberg positiv zur Kunst Wagners, unter Betonung des Primats der Musik:

> der durch die Musik empfangene Eindruck "vom Wesen der Welt" wird in ihm produktiv und regt eine Nachdichtung im Material einer andern Kunst an. Aber die Vorgänge und Gefühle, die in dieser Dichtung vorkommen, waren nicht in der Musik enthalten, sondern sind bloß das Baumaterial, dessen sich der Dichter nur darum bedient, weil der noch ans Stoffliche gebundenen Dichtkunst eine so unmittelbare, durch nichts getrübte, reine Aussprache versagt ist. (*Schönberg*, Das Verhältnis zum Text, 62)

Exkurs 29 (zu Seite 352, Fn. 182)

Nietzsche wendet sich in wachsendem Maße gegen alle Formen der 'schweren', problembelasteten Musik und fordert eine 'leichte' Musik als Ausdruck der 'göttlichen' Fülle des Lebens. So kritisiert er nicht nur Wagner, sondern weiß schließlich auch mit Beethoven nichts mehr anzufangen:

> Ich bin für diese ganze romant<ische> Musik (Beethoven eingerechnet) nicht glücklich genug, nicht gesund genug. Was ich nöthig habe, ist Musik, bei der man das Leiden vergißt; bei der das animalische Leben sich vergöttlicht fühlt und triumphirt; bei der man tanzen möchte; bei der man vielleicht, cynisch gesprochen, gut verdaut? Die Erleichterung des Lebens durch *leichte* kühne selbstgewisse ausgelassene Rhythmen, die Vergoldung des Lebens durch *goldene* zärtliche gütige Harmonien – das nehme ich mir aus der ganzen Musik heraus. Im Grunde sind mir wenige Takte genug. (12, 285)

Nietzsche sehnt sich nach den "Reichen", "welche nichts thun als verschenken – gleich Mozart, gleich Rossini: nur die überreichen Quellen springen und tanzen" (12, 43). Nietzsche geht es also um eine von allen heteronomen Zwecken vollkommen freie Musik – eine Musik freilich, die das Leben steigert. Aber diese Lebenssteigerung ergibt sich nicht aus bestimmten wirkungsästhetischen Absichten, sondern aus dem reinen Ausdruck der Musik selbst. Die wahre, die absolute Musik ist eine monologische Musik, eine Musik, die ganz aus ihren immanenten Klangverbindungen lebt. In diesem Sinne unterscheidet Nietzsche auch zwischen "unschuldiger und schuldiger

Musik", zwischen zweckbezogener und sich selber wollender Musik, zwischen programmatischer und monologischer Musik (vgl. (3, 207f. – M). Es ist die 'Unschuld des Werdens', die Nietzsche auch für die Musik postuliert. Ganz so 'unschuldig' ist diese Musik freilich auch nicht, denn sie soll ja Ausdruck der in absoluter Einsamkeit erfahrenen dionysischen Lebensfülle sein. Ob Komponisten wie Rossini, Offenbach und Bizet, die zu den neuen Favoriten Nietzsches gehören, dem Ideal einer 'unschuldigen' Musik entsprechen, ist mehr als fraglich. Wie inkonsequent Nietzsche in dieser Hinsicht ist, zeigt seine Vorliebe für Offenbach. Er lobt dessen "unsterbliche Tricks" (13, 596), seine "göttliche Leichtigkeit", die ihm "noch mehr Anrecht auf den Namen 'Genie' als Wagner" gebe – "Wagner ist schwer, centnerschwer, folglich kein Genie?" (13, 497) –, und sieht in "diesem geistreichsten und übermüthigsten Satyr" "eine rechte Erlösung von den gefühlsamen und im Grunde *entarteten* Musikern der deutschen Romantik" (12, 361). "was die elementaren Bedingungen zu einem Genie betrifft, so war O<ffenbach> genialer als Wagner..." (12, 522). "Musik – die starke Tradition. Offenbach; gegen die deutsche Musik als eine *entartende*." (13, 197). Bezeichnenderweise wird Offenbach, wie Bizet, nicht eigentlich um seiner selbst willen von Nietzsche gefeiert, sondern er wird als Antithese zu Wagner ins Spiel gebracht. Nietzsche ist gefesselt von der zündenden Rhythmik und Melodik Offenbachs, aber er schätzt auch Witz und Parodie bei diesem ingeniösen "Hanswurst" (13, 497). Diese Tendenz zum Geistreich-Witzigen stimmt nun gar nicht überein mit Nietzsches Ideal der 'unschuldigen' Musik, ganz abgesehen davon, daß Offenbachs romantisch-phantastische Oper *Hoffmanns Erzählungen* dem 'klassischen' Stilideal geradezu zuwiderläuft. Auch Bizets *Carmen*, die ihn "mehr bezaubert als irgend eine Oper" (9, 657), entspricht nicht unbedingt Nietzsches Ideal der 'unschuldigen' Musik, denn die *Carmen*-Musik besticht ja nicht nur durch die spielerische Virtuosität und Klarheit der Melodik, sondern sie ist die Sprache der Affekte, der 'problematischen' Empfindungen und Stimmungen. Aber es geht Nietzsche um ein Gegengewicht gegen Wagner. Als Köselitz Verdis Musik als "italiänische Cylinder-, Frack- und Glacéhandschuh-Musik", Wagner hingegen als "eine Art Shakespeare und Michelangelo für die Musik" bezeichnet, "fähig, die ganze Weiterentwickelung der Musik aus dem Geleise zu heben" (B III 2, 199 – Brief an Nietzsche vom 29.11.81), zeigt sich Nietzsche vom Tode Bizets angerührt ("Daß Bizet *todt* ist, gab mir einen tiefen Stich.") und lobt *Carmen*, unter Betonung seiner musikalischen Kompetenz: "ich vergreife mich mit meinem 'Geschmacke' nicht leicht so ganz und gar." Verräterisch klingt allerdings der Zusatz: "Recht krank inzwischen, doch wohl durch Carmen ---" (B 6, 145f. – 5.12.81 – an Köselitz). Vergriffen hat sich Nietzsche dann allerdings in der Beurteilung seines musikalischen Adlatus Heinrich Köselitz (Peter Gast). Dessen längst vergessene komische Oper *Der Löwe von Venedig* lobt er in den höchsten Tönen. In dieser Oper, die "zu den besten Dingen, mit denen mich bisher das Leben beschenkt hat", gehört, erblickt er die Synthese aus "südlicher Schönheit" und "nordischer Tiefe", "jene goldene Brücke der Versöhnung, welche über Mozart, Rossini und Wagner hinweg führt". Er hält diese Musik für "ganz und gar *naive* Musik – und man kann von dem Naiven in der Kunst gar nicht hoch genug denken" (B 7, 95f. – Briefentwurf an den Dirigenten Ernst Schuch, vermutlich Anfang Oktober 1885). Abgesehen von Nietzsches fataler Überschätzung der Köselitzschen Musik, ist dieser Panegyrikus aufschlußreich hinsichtlich seiner Musikanschauung. Hier denkt Nietzsche ausnahmsweise nicht antithetisch, sondern synthetisch. In der Musik von Köselitz heben sich alle Gegensätze auf. Dies entspricht dem Ideal der 'naiven', 'unschuldigen' Musik. Insofern könnte man im Hinblick auf

Nietzsches Musikanschauung unterscheiden zwischen *naiver* Musik (die das Leben *ist*) und *sentimentalischer* Musik (die das Leben *sucht*). Die 'naive' Musik – das waren, hinsichtlich der höchsten künsterischen Qualität, vor allem Mozart (die absolute Form) und Chopin (der reine Lyrismus). Die 'sentimentalische' Musik – das war Wagner (die suggestive Rhetorik).

Exkurs 30 (zu Seite 379, Fn. 215)

Aufschlußreich ist Nietzsches (innovatorische) Klassifikation der traditionellen Dichtungsgattungen in der Tragödienschrift. Im Prinzip hält er an den Gattungen der lyrischen, epischen und dramatischen Poesie fest. Aber er löst die starren Gattungsgrenzen (Lyrik = Ausdruck des empfindenden Subjekts, Epik = Darstellung des objektiven Weltstoffs, Drama = Darstellung des Subjekts in einem objektiven Handlungszusammenhang) auf, indem er die Lyrik nicht mehr als subjektive, sondern als mediale Kunst deutet und das Drama, d.h. die Tragödie, nicht mehr als tragische Kollision handelnder Individuen, sondern als dionysischen Lyrismus des Weltwillens interpretiert. Relativ unangetastet bleibt die Epik, denn sie ist auch bei Nietzsche die objektiv berichtende Kunst, die Kunst der 'plastischen' Weltdarstellung – die freilich nicht das Interesse der 'dionysischen' Existenz erweckt. Nietzsche zieht einen scharfen Trennungsstrich zwischen dem (plastischen) Epos und der (musikalischen) Lyrik: "Die Aufforderung des Epos zum *plastischen* Schaffen beweist, wie absolut verschieden die Lyrik vom Epos ist, da jene niemals das Formen von Bildern als Ziel hat." (1, 564 – DW [= 1, 592 – GG]). Daß beide Gattungen durch das "Wort" verbunden sind, spielt für Nietzsche keine Rolle, da er das Wort nur funktional sieht, als künstlerisches Mittel zum Zweck der Verbildlichung des allein in der Musik zum Ausdruck gelangenden Weltwillens:

> Das Gemeinsame zwischen beiden ist nur etwas Stoffliches, das Wort, noch allgemeiner der Begriff: wenn wir von Poesie reden, so haben wir damit keine Kategorie, die mit der bildenden Kunst und der Musik coordinirt wäre, sondern eine Conglutination von zwei in sich total verschiedenen Kunstmitteln, von denen das Eine einen Weg zur bildenden Kunst, das Andere einen Weg zur Musik bedeutet: beide aber sind nur *Wege* zum Kunstschaffen, nicht Künste selbst. (ebd.).

Damit sind die dichterischen Gattungen (die Lyrik und das Epos) zu Funktionen einer übergreifenden Kunstform (der Tragödie, d.h. der dionysisch-apollinischen Tragödie) deklariert. Sie haben kein Eigengewicht, sondern üben eine Vermittlungsfunktion aus. Sie sind Kunst*mittel*, nicht das Kunst*schaffen*. Die Lyrik wird nicht als absoluter Ausdruck, sondern als Funktion der Musik verstanden. "Die Musiker *benutzen* die Lyrik, um ihre erhabensten rein musikalischen Intentionen zum Verständniß zu bringen." (7, 228). Zugleich aber ist die Lyrik – durch ihre Bindung an die Musik – ein Ausdrucksmedium des Dionysischen. Das "Epos" und die "Lyrik" sind zwei getrennte "Wege der Poesie":

> Der erste führt zur bildenden Kunst, der andre zur Musik: die Lust an der Erscheinung beherrscht das Epos, der Wille offenbart sich in der Lyrik. Jenes löst sich von der Musik los, diese bleibt mit ihr im Bunde. (1, 577 – DW)

Die ästhetischen Klassifikationen und Wertungen des jungen Nietzsche erfolgen ganz im Zeichen der Problematik des Dionysischen und Apollinischen. Er zeigt kein primäres Interesse an der Lyrik als einer Ausdrucksform *sui generis*, sondern die Lyrik hat für ihn allein Bedeutung in der Symbiose mit der Musik, d.h. dem dionysischen Willen. In dieser Symbiose freilich kommt der Lyrik ein hoher Stellenwert zu: "Die Musik, Tanz, Lyrik ist die dionysische Symbolik, aus der die Vision geboren wird." (7, 222). Die gattungspoetologische Einordnung der Lyrik unterliegt allerdings gewissen Schwankungen, denn einerseits stellt Nietzsche, in Abgrenzung gegen das Epos, die Lyrik als rein musikalisch-bildlose Kunst heraus und andererseits betont er, mit Bezug auf die Musik, den bildhaften Charakter der Lyrik und bezeichnet die "lyrischen Gedichte" als "Bilderfunken" (1, 44 – GT). In der Lyrik verquicken sich Dionysisches und Apollinisches. Der wahre Lyriker ist ein "dionysisch-apollinischer Genius" (1, 42 – GT). Die Gedichte sind "Bilderfunken", das bedeutet, daß sie einerseits apollinischen Charakter haben ('Bilder') und andererseits dionysische Qualität aufweisen ('Funken'). Da es sich nicht um ausgeformte, selbständige Bilder, sondern um ekstatische Bildfetzen handelt, sind die lyrischen Gedichte der unmittelbare apollinische Reflex des dionysischen Willens. Im Unterschied zum Epiker Homer, dem "in sich versunkenen greisen Träumer", dem "Typus des apollinischen, naiven Künstlers", hat der Lyriker Archilochos den "leidenschaftlichen Kopf des wild durch's Dasein getriebenen kriegerischen Musendieners" (1, 42 – GT). Homer ist der "apollinische Genius", Beethoven der "dionysische Genius" (7, 220). Nietzsche verweist in diesem Fragment nicht ohne Grund auf Wagners *Beethoven* (1870), denn dort wird, in der Exegese Schopenhauers, unterschieden zwischen dem auf das "reine Anschauen" gerichteten "bildenden Künstler" (dessen "*individueller* Wille" in dieser Anschauung kalmiert wird) und dem vom "*universellen* Willen" durchdrungenen "Musiker" (WSD 9, 72). Wie schwankend, ja unsicher Nietzsche in der Bestimmung der Lyrik resp. des Lyrikers ist, zeigt sich daran, daß er einerseits von der "dionysischen Symbolik" der Lyrik spricht (7, 222) und andererseits den Lyriker als "apollinischen Genius" definiert (1, 51 – GT), wie er denn auch ausdrücklich unterscheidet zwischen dem "apollinischen" und dem "dionysischen" Lyriker (14, 49). Die Essenz seiner Reflexionen liegt in der Verquickung der Lyrik mit der Musik, d.h. dem dionysischen Weltwillen. Überhaupt wird der Lyriker an der Musik gemessen. So ist Goethe für Nietzsche ein "musikalischer Lyriker", während Schiller "vielleicht den noch stärkeren musikalischen Antrieb" hat, den er aber nicht in "seine Sprach- und Bilderwelt" umzusetzen weiß (7, 328). Nietzsches Strukturbestimmung der Lyrik geht nicht ohne Gewaltsamkeiten ab. Dies zeigt sich am deutlichsten in seiner Deutung des Archilochos als eines dionysischen Lyrikers, der sein "'Ich'" aufgegeben habe (vgl. 1, 44 – GT). Archilochos ist zwar ein Lyriker der "wilden Leidenschaftlichkeit" (*Schadewaldt*, Frühgriechische Lyrik, 106): "Eine andere Form der Leidenschaft Fr. 77: 'Ich verstehe als ein schönes Lied einen Dithyrambos des Herrn Dionysos zu beginnen, durch den Wein zusammengedonnert im Zwerchfell.' " (ebd., 107). Aber Archilochos bedeutet auch das "erste Auftreten des individuellen Wesens in der Lyrik"; er ist der Lyriker, "der sich selbst als Ich weiß und will und fühlt und auch aussagt" (ebd., 82). Wenn in seinem Gedicht das "'Ich bin', *eimí d' egṓ*" auftaucht, so ist dies eine dezidierte "Selbstaussage", eine "Selbstcharakterisierung" (ebd., 89). "Das Neuartige ist, wie hier ein Mensch sich selbst aussagt, sein Wesen, seinen Charakter, und das heißt zugleich seinen Daimon, sein Schicksal." (ebd., 92). Nietzsches Entsubjektivierung des Lyrikers Archilochos schießt über das Ziel hinaus. Zutreffend ist allerdings, daß von neuzeitlicher "'Subjectivität'" bei Archilochos keine Rede sein kann (vgl. 1, 44 – GT).

Exkurs 31 (zu Seite 407, Fn. 278)

Man hat das Gedicht *An die Melancholie* gedeutet als Ausdruck der usuellen "allegorischen Melancholie-Darstellung", mit der "typischen Haltung des Melancholikers, 'den Kopf gebeugt zum Knie' (v. 3), wie sie im Bereich der bildenden Kunst immer wieder, am bekanntesten in *Dürers* Melancholie-Stich, auftaucht" (*Völker*, Melancholie, 66). Nach Völker besteht die "Umwertung" der Melancholie in diesem Gedicht darin, "daß nicht nur die Gestalt der Melancholie, sondern auch die Tätigkeit des ihr geweihten Dichtens ins Zwielicht gerät" (ebd., 67). Es ist die Frage, ob es nicht eher um eine Bewältigung bzw. Überwindung der Melancholie durch den Schreibenden geht. Das Ich hat ja zunächst gerade das Gebeugtsein aufgegeben:

> Verarge mir es nicht, Melancholie,
> Daß ich die Feder, dich zu preisen, spitze,
> Und daß ich nicht, den Kopf gebeugt zum Knie,
> Einsiedlerisch auf einem Baumstumpf sitze.

Obschon das Ich dann wieder die typische Melancholie-Pose, das Gebeugtsein, einnimmt, verliert es sich dennoch nicht in der Melancholie, sondern ruft in der Melancholie-Haltung das "Leben" an:

> Du grimme Göttin, der ich tief gebückt,
> Den Kopf am Knie, ein schaurig Loblied ächze,
> Nur dir zum Ruhme, daß ich unverrückt
> Nach Leben, Leben, Leben lechze!

Das eigentliche Thema des Gedichts ist eine eigentümliche Dialektik von "Melancholie" und "Leben". Der Lobgesang auf die "Melancholie" verwandelt sich in den Lobgesang auf das "Leben". Die Melancholie wird gewissermaßen zum Stimulans der Hinwendung zum Leben. Durch das Schreiben wird die Melancholie gebannt, und es ist, im Schlußvers des Gedichts, das lyrische Ich, das die Freiheit des Schreibens behauptet: "Nun Göttin, Göttin laß mich – laß mich schalten!" In der "dichterischen Gestaltung" gewinnt das Ich "Eigenständigkeit"; es erfolgt die "Zähmung der Melancholie in die Verse des lyrischen Ich" (*Kruse*, Apollinisch-Dionysisch, 242). Man sollte das Gedicht allerdings nicht zu stark in die Problematik des Dionysisch-Apollinischen einbinden, wie dies bei Kruse geschieht (S. 229-243), der das "Schreiben des Gedichts" als "'Schein des Scheins'" deutet, "wie er sich in der 'Geburt der Tragödie' findet" (S. 242f.). Es geht eher darum, daß sich das Subjekt durch die Agilität des Schreibprozesses aus der Erstarrung in der Melancholie löst. Wenn es von der "bösen Gottheit", ihrem "Schreckgesicht" heißt: "Daß ich mit Reimen zierlich dich umflechte", so wird damit nicht das dionysische Leben im apollinischen Schein aufgehoben, sondern die melancholische Erstarrung durch den dynamischen Schreibprozeß aufgelöst. Zudem ist ein ironisch-parodistischer Unterton in diesem Gedicht nicht zu überhören. Ein Vers wie "Die Tinte fleußt, die spitze Feder sprüht" signalisiert scherzhafte Selbstironie des Schreibenden. Man darf diese Stilübung nicht mit zuviel Gewicht belasten. Freilich, im Grundzug hat Nietzsche in diesem Gedicht sein Verhältnis zur 'Melancholie' charakterisiert. Es stellt sich die Frage nach der Bedeutung der Melancholie bei Nietzsche. War Nietzsche ein Melancholiker? Kruse neigt in seinem Kapitel über die Melancholie bei Nietzsche (S. 205-250) zweifellos zu einer Überbetonung der Melancholie im Denken und Fühlen Nietzsches. "Da sich der

Begriff der Melancholie in den zur Interpretation anstehenden Schriften nicht findet" (S. 205), hat er denn auch Schwierigkeiten, das Melancholie-Syndrom bei Nietzsche auszumachen. Damit soll nicht behauptet werden, daß die Melancholie bei Nietzsche keine Rolle spiele. Im Gegenteil, sie ist latent vorhanden. So schreibt Nietzsche im Brief an Rohde vom 14.5.1874: "ich gerathe mitunter in eine schreckliche Klagerei und bin *immer* mir einer tiefen Melancholie meines Daseins bewußt, bei aller Heiterkeit" (B 4, 226). Bezeichnenderweise zitiert schon der Schüler Nietzsche in seinem Hölderlin-Brief vom Oktober 1861 die drei letzten Strophen aus Hölderlins Gedicht *Abendphantasie*, "in dem sich die tiefste Melancholie und Sehnsucht nach Ruhe ausspricht" (HKG, W II, 3; vgl. *Hölderlin*, SW I, 301). Neben den enthusiastischen Gefühlen sind es immer wieder melancholische Stimmungen, die das Lebensgefühl des jungen Nietzsche prägen. Nicht ohne Grund interessiert er sich für "*Dürersche* Blätte<r>": "Ich bin hinter einem her, genannt die Melancholie." (B 3, 73 – 11.11.69 – an Rohde). Aber Nietzsche gewinnt mehr und mehr ein freies Verhältnis zur Melancholie. In der *Morgenröthe* empfiehlt er ironisch dem Melancholiker die Regeneration durch Schlaf: "Das Beste aber, mein lieber Melancholiker, ist und bleibt: *viel schlafen*, eigentlich und uneigentlich! So wird man auch seinen Morgen wieder haben!" (3, 246 – M). Im Zeichen des neuen 'Morgens' verliert die Melancholie an Gewicht, ja, sie wird in der Philosophie der 'Morgenröte' überwunden. Die Gegenkraft zur Melancholie ist die Heiterkeit. In der *Fröhlichen Wissenschaft* spricht Nietzsche einmal vom "Humor des Melancholikers" als einer "mächtigen inneren Schleuderkraft" (3, 414 – FW). Freilich, eliminieren läßt sich die Melancholie nicht. Und so ist denn auch Nietzsches Heiterkeit eine 'tragische' Heiterkeit, eine Heiterkeit, die sich zwar durch den Willen von der Melancholie löst, in der aber die Melancholie untergründig virulent ist. Am eindringlichsten hat Nietzsche diese Problematik im *Zarathustra*, im *Lied der Schwermuth* (4, 369-374 – Za), zum Ausdruck gebracht. Nicht Zarathustra, sondern der "alte Zauberer" verkörpert den "Geist der Schwermuth", den "Abend-Dämmerungs-Teufel", den "Geist der Abend-Schwermuth"; er hat einen "bösen Geist", einen "schwermüthigen Teufel" in sich (4, 370f. – Za). Es ist diese Schwermut des Zauberers, in der Zarathustra eine Gefahr wittert, die er überwinden will. Aber im Grunde ist der Zauberer nur die andere Seite Zarathustras. Nicht von ungefähr wird von Nietzsche später das Lied des Zauberers (4, 371-374 – Za) als eigenständiger Dithyrambus, als der Dithyrambus *Nur Narr! Nur Dichter!*, in die *Dionysos-Dithyramben* aufgenommen (vgl. 6, 377-380 – DD). Etwas von dem Zauberer steckt in Zarathustra selbst, ja, letztlich ist der Zauberer nur der Doppelgänger Zarathustras. Entscheidend aber ist der *Wille* Zarathustras, der Wille zur *Überwindung* der Schwermut. Das Element dieses Willens ist der Enthusiasmus, die schöpferische Begeisterung, von der sich Zarathustra getragen fühlt und die die Voraussetzung der Umwertung aller Werte ist. Die Philosophie des Willens lebt nicht von der Melancholie, sondern vom Enthusiasmus. Daher ist der Impetus Zarathustras die Überwindung der Schwermut durch den Enthusiasmus. Das *Lied der Schwermuth* ist eine vieldeutig oszillierende Mischung aus melancholischen und voluntativen, resignativen und energetischen, ironischen und pathetischen Elementen. Nietzsche überläßt sich nicht einfach der Melancholie, sondern setzt sich produktiv mit ihr auseinander. Er erstarrt nicht in der Schwermut, sondern sie wird für ihn zum Stimulans sowohl der kritischen Reflexion als auch der hymnischen Lebensgebärde. Dies zeigt sich besonders deutlich im Dithyrambus, in dem sich melancholische Lyrismen und kritische Verdikte über das Narrentum des Dichters mit voluntativen, dynamischen Metaphern der schöpferischen Verwandlung eigentümlich mischen – in einem der Schwermut eher fremden Exklamationsstil. Nietzsches Impetus ist die *Überwindung* der Schwermut. Das unterscheidet ihn trotz der auch in ihm angelegten Schwermut von Kierkegaard, der die Schwermut als die tiefste Wahrheit erfährt:

> Außer meinem übrigen zahlreichen Umgangskreis habe ich noch eine intime Vertraute – meine Schwermut; mitten in meiner Freude, mitten in meiner Arbeit winkt sie mir, ruft mich beiseite, ob ich gleich leiblich anwesend bleibe. Meine Schwermut ist die treueste Geliebte, die ich je gekannt; was Wunder da, daß ich sie wiederliebe. (*Kierkegaard*, Entweder – Oder I, 29)

Nietzsche bekämpft und überwindet die Melancholie – durch den Willen. Fremd ist sie ihm allerdings nicht. So klagt er in einer (vorübergehenden) Schaffenskrise: "es fehlen mir alle 'Interessen'. Im tiefsten Grunde eine unbewegliche schwarze Melancholie." (B 6, 348 – 22.3.83 – an Overbeck). Die schwarze Galle, das Melancholie-Symptom, und das (zeitweilige) Erstarren in der Melancholie – sie sind Nietzsche also vertraut. Aber er vertritt nicht das Ideal des melancholischen Dichters, des genialen Melancholikers. Im Schaffen überwindet er die Melancholie. Freilich, wenn der Schaffensprozeß unterbrochen wird, kann sich mit der Einsamkeit die Melancholie einstellen: "Ich selber bin sehr arbeitsam; wenn ich aus meiner Arbeit zu *mir* komme, bin ich aber die *Beute der* **Melancholie** – das ist nicht zu ändern! Ich sehe und weiß, *wie groß* meine Vereinsamung ist" (B 6, 416 – Juli 83 – an die Schwester). Dies läßt aufhorchen, denn es könnte bedeuten, daß die Melancholie die Grundbefindlichkeit Nietzsches und das Schaffen nur eine Flucht aus der Melancholie wäre. Dieser Gedanke ist nicht völlig von der Hand zu weisen. Die Texte Nietzsches legen aber eher die Auffassung nahe, daß Nietzsches Melancholie keine konstitutionelle Melancholie, sondern eine okkasionelle Melancholie ist. Die Melancholie ist nicht die seine Existenz beherrschende Grundstimmung, sondern sie ist der Gegenpol des (dominanten) Enthusiasmus. Es ist die Spannung von Enthusiasmus und Melancholie, aus der sich Nietzsches Schaffen speist. Aber stärker und zahlreicher als die Depressionen der Melancholie sind die Hochgefühle des Enthusiasmus bei Nietzsche. Was die Melancholie betrifft, so kennt Nietzsche nicht nur jene existentielle Melancholie, die auf Daseinskrise hinausläuft, sondern auch jene ästhetische Melancholie, in der trauervolle Empfindungen als Lebenssteigerung genossen werden. Er ist durchaus empfänglich für die stimmungslyrischen Valeurs und subtilen Glücksempfindungen der Melancholie. So schreibt er im *Fall Wagner*, dieser schonungslosen Anti-Wagner-Schrift, es gebe "noch einen Wagner, der kleine Kostbarkeiten bei Seite legt: unsern grössten Melancholiker der Musik, voll von Blicken, Zärtlichkeiten und Trostworten, die ihm Keiner vorweggenommen hat, den Meister in Tönen eines schwermüthigen und schläfrigen Glücks..." (6, 29 – WA). Und im Brief an Köselitz vom 21.1.1887 heißt es, mit Bezug auf den *Parsifal*: "Ob je ein Maler einen so schwermüthigen Blick der Liebe gemalt hat als W<agner> mit den letzten Accenten seines Vorspiels?" (B 8, 13). Die Melancholie als höchste Gefühlsverfeinerung und ästhetisch produktive Stimmung ist keine Lähmung, sondern ein Stimulans des Lebens. Sie führt nicht zu geistiger Erstarrung, sondern zu einem erhöhten Daseinsgefühl. Diese Form von Melancholie entspricht den halkyonischen Zuständen Nietzsches und findet daher bei ihm ein positives Echo. Diese Melancholie ist ein Glücksgefühl. Aber auch diese Melancholie wird bei Nietzsche nicht zum Selbstgenuß. Er betreibt keinen Kult der Melancholie, sondern sein Anliegen ist die Überwindung der Melancholie durch einen neuen Daseinsentwurf: "ich möchte der Welt ihren herzbrechenden Charakter nehmen" (10, 117).

Exkurs 32 (zu Seite 413, Fn. 291)

Die anakreontischen 'Lieder' Lessings, diese zwar scharfsinnigen, pointierten, aber erotisch tändelnden, den Lebensgenuß verkündenden Gedichte, sind Nietzsche allerdings eher wesensfremd. Freilich, dort, wo das zierliche Lied zum witzigen Epigramm wird, zeigt es Züge, die Nietzsche fast verwandt sind. Ein liedhafter Spruch wie *Die Gewißheit* hat etwas von Maximen einer 'fröhlichen Wissenschaft' an sich:

Ob ich morgen leben werde,
Weiß ich freilich nicht:
Aber, wenn ich morgen lebe,
Daß ich morgen trinken werde,
Weiß ich ganz gewiß. (*Lessing*, Lieder, GW I, 57)

Auch ein Spruchgedicht wie *An die Kunstrichter* hat etwas von vornietzscheanischer Fröhlichkeit an sich:

Schweigt, unberauschte, finstre Richter!
Ich trinke Wein, und bin ein Dichter. (ebd., 84)

Aber Lessings 'Lieder' sind im ganzen noch zu sehr von anakreontischer Spielfreude und aufklärerischer Verstandeskultur geprägt, als daß sie eine Vorwegnahme Nietzschescher Spruchdichtung wären. Weder die anakreontische Lebensfreude, die Freude an Liebe und Wein, noch die didaktische Vermittlung allgemeiner Lebensregeln, wie sie in Lessings 'Liedern' immer wieder zur Geltung kommt, ist Nietzsches Sache. Anders verhält es sich mit Lessings 'Sinngedichten'. Hier finden sich Spruchgedichte, deren satirischer, häufig ätzender Ton durchaus auf Nietzsche vorausdeutet. Ein Sinngedicht wie *Die Sinngedichte an den Leser* könnte auch in Nietzsches *Scherz, List und Rache* stehen (wenngleich kaum mit dem Bezug auf Klopstock):

Wer wird nicht einen *Klopstock* loben?
Doch wird ihn jeder lesen? – Nein.
Wir wollen weniger erhoben,
Und fleißiger gelesen sein. (*Lessing*, Sinngedichte, GW I, 133)

Auch ein literaturkritisches Sinngedicht wie *An einen Autor* könnte seinen Platz bei Nietzsche finden:

Mit so bescheiden stolzem Wesen
Trägst du dein neustes Buch – welch ein Geschenk! – mir an.
Doch, wenn ich's nehme, grundgelehrter Mann,
Mit Gunst: muß ich es dann auch lesen? (ebd., 163)

Noch nietzscheanischer wirkt, auf Grund seiner ätzenden Gesellschaftssatire, seines antiklerikalen Affekts, ein Sinngedicht wie *Auf einen Brand zu***:

Ein Hurenhaus geriet um Mitternacht in Brand.
Schnell sprang, zum Löschen oder Retten,
Ein Dutzend Mönche von den Betten.
Wo waren die? Sie waren – – bei der Hand.
Ein Hurenhaus geriet in Brand. (ebd., 144)

Eine ähnlich antiklerikale Satire findet sich bei Nietzsche: "Auf alle Liebenden ist er eifersüchtig, der blasse fette Mönch im Monde! [...] Einem lüsternen fetten Mönche gleich, geht / Frech er Nachts auf verbotenen Wegen." (10, 425). Nietzsche hat – unbeschadet diverser Vorbehalte gegenüber Lessing – die "Wahrheitstendenz" Lessings betont (7, 224), auf seine "*kritische Zucht*" hingewiesen: "Strenger und beherzter Muth, die Sicherheit der Hand, welche das Messer führt, Lust am Neinsagen und Zergliedern." (11, 496; vgl. 11, 530), die herrschende "Undankbarkeit" "gegen Lessing und Heine" verurteilt (B 8, 360 – 20.7.88 – an Ferdiand Avenarius) und Lessings geistige Vitalität hervorgehoben: "Lessing hat die gewaltige, unruhige, ewig spielende, in schwellenden Muskeln überall sichtbare Kraft eines jugendlichen Tigers." (7, 597). Nietzsche denkt dabei allerdings an den Kritiker, nicht an den Dichter Lessing, ja, eigentlich ist es die allgemeine geistige Bedeutung Lessings, die er repektiert ("Lessing, dessen intellectuelle Bedeutsamkeit sich hoch über jede seiner Schriften, jeden seiner dichterischen Versuche erhebt" [8, 321]). Nietzsche anerkennt den scharfsinnigen Kritiker Lessing, aber er kritisiert Lessings aufklärerische Vernunftreligion. Er verneint die "metaphysische Vorstellung" einer von Gott gelenkten "Erziehung der Menschheit" – eine Vorstellung, "an welcher selbst Lessing's scharfer Geist stumpf wurde" (8, 436). Was die Spruchdichtung betrifft, so entfalten sich Lessings Sinngedichte inhaltlich im Rahmen des durch die Aufklärung vorgezeichneten Weltbildes, während Nietzsches Sprüche auf eine radikale Revolutionierung aller bisherigen Weltanschauungen hinauslaufen. In Lessings Sinngedichten werden allgemeine menschliche Wahrheiten in scharfsinniger Form neu bewußt gemacht. In Nietzsches Sinnsprüchen liegt die Aufforderung zum radikalen Bruch mit allem Bisherigen und zur Entfaltung einer neuen Daseinsform. Nach Lessing besteht das Epigramm aus "zwei Stücken", aus der "*Erwartung*" und dem "*Aufschluß*", d.h. aus der gezielten Erregung von "Neugierde" und der überraschenden Lösung dieser Spannung (*Lessing*, Epigramm, 11, 14, 15). Im Unterschied zur "zierlichen Spitzfindigkeit des barocken Sinngedichts" bringt das "witzige Epigramm" Lessings "im Sprung der Pointe aus aller logischen Ordnung eine tiefere, nur ästhetisch im Witz faßbare Logik zum Vorschein" (*Preisendanz*, Spruchform, 59). Im Unterschied zu Nietzsche – so könnte man hinzufügen – ist dieses Formprinzip des Witzes aber noch nicht das Ausdrucksmittel eines neuen Weltentwurfs. Aber schon Lessing vermeidet das Moralisieren. Er verkündet keine moralischen Maximen. Es ist die witzige Kombinatorik selbst, aus der das aufklärerische Humanum erwächst. Was Lessing zu Martial bemerkt, trifft auf ihn selbst zu: "er moralisieret mehr durch Beispiele, als durch Worte" (*Lessing*, Epigramm, 17). Freilich, dieser ästhetische Witz ist noch geprägt von der Rationalität aufklärerischen Denkens, während dann bei Herder die Empfindung das Epigramm durchdringt. An die Stelle des "witzigen Epigramms" tritt das "empfindungsvolle Epigramm" (*Preisendanz*, Spruchform, 62). Nietzsche tendiert wieder stärker zum 'witzigen' Epigramm. Der Witz wird geradezu zum Stilprinzip – ein Witz freilich, der nicht nur Ähnlichkeiten entdeckt oder neue Beziehungen zwischen Gegebenem sinnfällig macht, sondern etwas noch nicht Dagewesenes hervorbringt. Der "Witz", nach Schiller "dem poetischen Geiste fremd", so daß "alle sogenannten Werke des Witzes ganz mit Unrecht poetisch heißen" (Naive und sentimentalische Dichtung, NA XX, 436), erhält bei Nietzsche, wie schon bei Heine, neue Dignität, freilich in gewandelter Form. Während bei Heine der Witz ein Mittel der ironisch-parodistischen Kritik des Bestehenden ist, wird er bei Nietzsche darüber hinaus zum Instrument eines neuen Daseinsentwurfs.

Exkurs 33 (zu Seite 418, Fn. 295)

Nietzsche versteht seine Sprüche und Sentenzen als revolutionäre geistige Ereignisse. Sie sollen seinem neuen Daseinsentwurf Bahn brechen. Das unterscheidet ihn grundlegend sowohl von den griechisch-römischen Moralisten als auch von den neuzeitlichen Moralphilosophen, die immer wieder sein Interesse geweckt haben. Sein Verhältnis zu den großen Stilisten der Sentenz ist von zwiespältiger Art. Einerseits bedeuten ihre souveräne Gelassenheit und ihre geschliffene Sprache für ihn eine geistige Bestätigung und Stärkung. Andererseits sind sie ihm wegen ihrer usuellen Lebensregeln und affirmativen Einstellung zum realen Lebensprozeß suspekt. So verweist er auf die kalmierende, stärkende Wirkung der *Selbstbetrachtungen* des Marc Aurel: "Ich wünsche Dir reinen Himmel, heitres Gemüth und empfehle, als mein Stärkungsmittel, Dir den Marcus Antonius; man wird so ruhig dabei." (B 4, 137 – 22.3.73 – an Rohde). Eine Sentenz lautet: "Welches Erstaunen macht mir M<arc> Aurel und welches Grazian!" (9, 609). Aber dann äußert er sich kritisch zu den *Selbstgesprächen* Marc Aurels: "Marc Aurel's Bekenntnisse sind für mich ein komisches Buch." (11, 147). "Die volksthümlichen Ideale, der gute Mensch, der Selbstlose, der Heilige, der Weise, der Gerechte. Oh Mark Aurel!" (12, 298). Stein des Anstoßes sind die in den *Selbstbetrachtungen* verkündeten Prinzipien der Selbstbeherrschung, Askese und Pflichterfüllung. Nietzsche sieht in der stoischen Philosophie ein lebensfeindliches Prinzip: "Der *stoische* Typus. Oder: der vollkommene Hornochs. Die Festigkeit, die Selbstbeherrschung, das Unerschütterliche, der Frieden als Unbeugsamkeit eines langen Willens – die tiefe Ruhe [...] die Festigkeit der Grundsätze" (13, 125). Während die Stoiker das Weltganze und den Menschen im Logos, in der Vernunft, in der "Alles beherrschenden Vernunft" begründen (*Mark Aurel's* Selbstgespräche, 63 [VI, 5]), stellt Nietzsche gerade die vernünftige Weltordnung und die menschliche Vernunft in Frage. Die stoische Ethik fordert die Abtötung der Sinnlichkeit und der Affekte zugunsten der Vernunft, der Gerechtigkeit, der Menschlichkeit. "Die Vernunft und die Kunst, vernünftig zu leben, sind Kräfte, die an sich selbst und an ihren Wirkungen sich genügen lassen." (ebd., 55 [V, 14]). Nietzsche fordert demgegenüber den Abbau der Vernunft und die Freisetzung der Affekte. Der stoischen *vita contemplativa* setzt er die dionysische *vita activa* entgegen. Freilich, seine Urteile über die Stoiker unterliegen Schwankungen. So schätzt er die "Tapferkeit" des "Epiktetischen Menschen" (3, 316 – M), wobei der "Epiktetische Mustermensch" "doch das Ideal eines Sklaven" ist und "antike Humanität" verkörpert (14, 227 – Vorstufe). In *Menschliches, Allzumenschliches*, also in seiner kritisch-aufklärerischen Periode, bedauert er, "dass unsere Zeit arm ist an grossen Moralisten, dass Pascal, Epictet, Seneca, Plutarch wenig noch gelesen werden" (2, 230 – MA I). In der Vorstufe notiert er: "Unzeitgemäß: unsere Zeit leidet an Abwesenheit großer Moralisten – Montaigne Plutarch nicht gelesen – vita contemplativa überhaupt nicht geachtet." (14, 141). Angesichts eines hektischen Kultur- und Zivilisationsbetriebs plädiert Nietzsche für die *vita contemplativa.* Er beklagt, daß die "Stimme der Vernunft und Philosophie" nicht mehr vernommen werde, daß "die leibhaft wandelnde Weisheit, trage sie nun den Namen Epiktet oder Epikur", nicht mehr gesehen werde (2, 478 – VM). Das Votum für die "Moralisten" ist nicht ein Votum für eine Ethik der Humanität, sondern für eine Moral des Egoismus. So haben sich "diese grössten Wunder der antiken Sittlichkeit, zum Beispiel Epiktet", "mit allen Kräften *für* ihr ego und *gegen* die Mitempfindung mit den Anderen [...] gewehrt" (3,

122 – M). Dann aber verurteilt Nietzsche Epiktet gerade wegen seiner christlich gefärbten Ethik. Dieser "'heidnische' Philosoph" macht den "denkbar christlichsten Eindruck", betreibt die "*Fälschung* alles Thatsächlichen durch Moral", eine "erbärmliche Psychologie; der Philosoph auf den 'Landpfarrer' reduzirt" (B 8, 9 – 9.1.87 – an Overbeck). Einer ähnlichen Schwankung unterliegt Nietzsches Seneca-Wertung. Einerseits gehört Seneca zu den "grossen Moralisten" (2, 230 – MA I). Andererseits lautet ein Verdikt: "Seneca als eine Culmination der antiken moralischen Verlogenheit – ein würdevoller Spanier, wie Grazian" (11, 103). Einerseits wird Seneca im Lichte des freien, unabhängigen Denkens, andererseits im Zeichen der stoischen Tugendlehre gesehen. Nietzsches Kritik zielt auf die Philosophie als lehrhaften Moralismus: "Nichts ist mir widerlicher als die lehrhafte Anpreisung der Philosophie, wie bei Seneca oder gar Cicero. Philosophie hat wenig mit Tugend zu thun." (11, 271). Wenn für Seneca die "Geringschätzung der Wandlungen des Schicksals" Voraussetzung der "Freiheit" ist, wenn er das "höchste Gut" (das "summum bonum") im furchtlosen Standhalten gegenüber "jedem Wechsel des Schicksals" sieht, und zwar "nicht bloß in duldender Hinnahme, sondern zugleich mit willenmäßiger Bejahung" ("illa fortiter stabit et quicquid evenerit feret non patiens tantum sed etiam volens") (*Seneca*, Vom glücklichen Leben [De vita beata]), 37 u. 71), so entspricht dies durchaus dem Nietzscheschen Freiheitsbegriff. Aber Senecas Ethik der *humanitas*, der Menschlichkeit, der *virtus*, der Sittlichkeit, der *ratio*, der Vernunft, der *tranquillitas*, der Gemütsruhe, und nicht zuletzt der Abwertung der 'Sinne' zugunsten des 'Geistes' stößt auf den Widerstand Nietzsches. Er erblickt darin ein lehrhaftes Tugendsystem, eine abstrakte Ethik. In satirischen Versen wirft er Seneca eine lebensferne, betuliche Schreibweise vor:

> *Seneca et hoc genus omne.*
> Das schreibt und schreibt sein unausstehlich weises Larifari,
> Als gält es primum scribere,
> Deinde philosophari. (3, 360f. – FWS)

Solch forcierte Polemik gegen Seneca hindert Nietzsche allerdings nicht daran, "dem Sentenzenkünstler seine Aphorismen in aller Stille abzulauschen", denn trotz der "wenigen Seneca*zitate* bei Nietzsche" gibt es eine ganze Anzahl von Stellen, "an denen bewußte oder unbewußte Reminiszenzen an parallele Gedankengänge des römischen Moralisten vorliegen" (*Karl Preisendanz*, Nietzsche und Seneca, 694; Preisendanz hat in seinem kurzen Beitrag eine Reihe entsprechender Passagen zusammengestellt). Gegenüber den klassischen Sentenzensammlungen der überlegenen Weltklugheit und praktischen Lebensphilosophie zeigt Nietzsche eine schwankende Einstellung, aber es dominiert die Kritik. Dies wird z.B. deutlich in der Beurteilung Graciáns. Zunächst zollt er ihm hohen Respekt: "Gracian zeigt eine Weisheit und Klugheit in der Lebenserfahrung, damit sich jetzt nichts vergleichen lässt." (7, 744). Dies entspricht noch der Sicht Schopenhauers, der Graciáns *Orácula manual y arte de prudencia (Handorakel und Kunst der Weltklugheit)* ins Deutsche übersetzte, Graciáns allegorischen Roman *El Criticon* "unvergleichlich" nannte (WV I, 338) und von "meinem trefflichen Baltasar Gracian" sprach (Paralipomena, SW V, 544). Aber dann bestreitet Nietzsche Gracián die griechische Denkweise: "Jedes Wort von B. Grazian oder La Rochefoucauld oder Pascal hat den *ganzen griechischen Geschmack* **gegen** *sich.*" (10, 336). In einem summarischen Verdikt lehnt Nietzsche alle "Moralisten", die "großen Moral-Philosophen", sowohl die antiken als auch die neuzeitlichen Moralisten, als "Verhängniß" kategorisch ab (12, 344). Was setzt Nietzsche der Moral-Philosophie entgegen? Die Philosophie des Lebens. Im Brief an Köselitz vom 20.9.1884 schreibt er: "Über B<althasar> Grazian empfinde ich wie Sie: Europa hat nichts Feineres und Complicirteres (in der Moralisterei!) hervorgebracht. Gegen meinen 'Zarathustra' macht er immerhin den Eindruck von *Rococo* und sublimer Verschnörkelung" (B 6, 535; vgl. B III 2, 447f. – 5.9.84 – Köselitz an Nietzsche). Der antike Philosoph, der, abgesehen von Heraklit, Nietzsche am stärksten beeindruckt hat, ist Epikur. Er verweist auf die "göttliche Stille und Seligkeit" der "Götter Epikur's" (3, 142 – M) und huldigt "jenen sorglosen Unbekannten" (3, 522 – FW). Im lyrischen Textstück *Epikur* deutet er Epikurs Weltsicht und Stimmungslage im Sinne des eigenen, halkyonischen Lebensgefühls:

> – ich sehe sein Auge auf ein weites weissliches Meer blicken, über Uferfelsen hin, auf denen die Sonne liegt [...] Solch ein Glück hat nur ein fortwährend Leidender erfinden können, das Glück eines Auges, vor dem das Meer des Daseins stille geworden ist [...] (3, 411 – FW)

Nietzsche sieht aber in Epikur nicht nur seine halkyonischen Stimmungen, sondern auch seine distanzierte und voluntative Geistigkeit vorgeprägt. Er schreibt, er lebe "fast mit den Gesinnungen des ganzen ächten Epikur – sehr seelenruhig und geduldig und dem Leben doch mit Freude zusehend" (B 5, 383 – 22.1.79 – an Köselitz). Ist hier Epikur noch das Vorbild der *constantia*, so wird er später als Zeuge des Willens angerufen. Angesichts einer Epikur-Büste erklärt Nietzsche: "Willenskraft und Geistigkeit sind im höchsten Grade an dem Kopfe ausgeprägt." (B 6, 389 – 1.7.83 – an Köselitz). Im Textstück *Warum wir Epikureer scheinen* spricht Nietzsche von dem "nahezu epikurischen Erkenntniss-Hang", "welcher den Fragezeichen-Charakter der Dinge" wahrt (3, 627 – FW, 5. Buch).

Wenn die antiken Philosophen in der Hauptsache durch generelle Grundsätze (Heraklit, die Stoiker, Epikur) auf Nietzsche wirken, so sind die neuzeitlichen Moralphilosophen, insbesondere die französischen Moralisten, d.h. vor allem Montaigne und Larochefoucauld, für ihn hauptsächlich durch ihre Freiheit des Denkens, ihre Psychologie der Enthüllung und ihre experimentierende Schreibweise von Interesse. An Montaigne, an dessen *Essais*, bewundert er die Redlichkeit des Denkens, die pyrrhonische Skepsis und die Geschliffenheit der Sprache. Hinsichtlich der "Ehrlichkeit" stellt er ihn noch über Schopenhauer und fährt fort: "Dass ein solcher Mensch geschrieben hat, dadurch ist wahrlich die Lust auf dieser Erde zu leben vermehrt worden." (1, 348 – SE; vgl. 11, 28). In der Hektik der Reformationszeit bedeutet der "einzelne Montaigne" "ein In-sich-zur-Ruhe-kommen, ein friedliches Für-sich-sein und Ausathmen" (1, 444 – WB; vgl. 8, 229). An Montaigne imponiert Nietzsche nicht nur die Fähigkeit zur Beobachtung des Menschen (und zur Selbstbeobachtung), sondern auch die entschiedene Selbständigkeit des Denkens, der Wille zum eigenständigen Denken. Er verweist auf die "Freigeisterei Montaigne's" (11, 159), die "tapfere und frohmüthige Scepsis eines Montaigne" (11, 552) und die Bedeutung Montaignes für sein eigenes freies Denken (vgl. 11, 657). Er konstatiert, "daß *alle* großen französischen Menschenkenner auch noch ihren eigenen Willen und Charakter im Leibe hatten, von Montaigne, Charron, La Rochefoucauld bis auf Chamfort und Stendhal" (11, 600). Er identifiziert sich in dieser Hinsicht mit Montaigne: "dass ich Etwas von Montaigne's Muthwillen im Geiste, wer weiss? vielleicht auch im Leibe habe" (6, 285 – EH). Auch der

Stilist Montaigne wird von Nietzsche geschätzt. Den "Sentenzen Shakespeare's" liegt "sein Vorbild Montaigne" zugrunde (2, 161 – MA I). Nietzsche spricht allerdings auch von einer "Geschwätzigkeit aus Lust an immer neuen Wendungen der selben Sache" bei Montaigne" (3, 451 – FW). Einer ähnlichen Hochschätzung wie Montaigne erfreut sich La Rochefoucauld bei Nietzsche. Hier ist es in erster Linie die Psychologie der Enthüllung, die Nietzsche fesselt. La Rochefoucaulds *Réflexions ou sentences et maximes morales* boten ein reiches Rezeptionsfeld, sowohl hinsichtlich der psychologischen Demaskierung der menschlichen Handlungsmotivationen als auch bezüglich der Kunst des Aphorismus. La Rochefoucauld gehört zu den "grossen Meistern der psychologischen Sentenz" (2, 57f. – MA I). Er enthüllt die wahren "Motive des menschlichen Handelns" (8, 319; vgl. 14, 589f. – 18[21]). Er "führt die gerühmten menschlichen Tugenden auf geringe und unedle Beweggründe zurück" (8, 459). Er hat den "Verdacht, daß 'Tugend' ein schönes Wort sei bei solchen, welchen das Laster keine Lust mehr mache" (11, 104). La Rochefoucauld hatte den *Réflexions* die Maxime vorangestellt: "Nos vertus ne sont le plus souvent que des vices déguisés." (Réflexions, 7). Er hatte die Tugend als Interesse entlarvt: "Ce que nous prenons pour des vertus n'est souvent qu'un assemblage de diverses actions et de divers intérêts" (ebd.; Nr. 1). Die Verachtung des Reichtums durch die Philosophen entspringt dem Ressentiment der Nicht-Besitzenden: "Le mépris des richesses était dans les philosophes un désir caché de venger leur mérite de l'injustice de la fortune, par le mépris des mêmes biens dont elle les privait" (ebd., 27; Nr. 54). Freundschaft ist nur eine Interessengemeinschaft: "Ce que les hommes ont nommé amitié n'est qu'une société, qu'un ménagement réciproque d'intérêts, et qu'un échange de bons offices" (ebd., 38; Nr. 83). "Quelque prétexte que nous donnions à nos afflictions, ce n'est souvent que l'intérêt et la vanité qui les causent." (ebd., 90; Nr. 232). Es ist die Absicht La Rochefoucaulds, den falschen Schein der Tugend zu enthüllen ("la fausseté de tant de vertus apparantes" [ebd., 157; Nr. 504]). Dies findet Nietzsches Zustimmung. Er zitiert: "Ce que le monde nomme vertu n'est d'ordinaire qu'un fantôme formé par nos passions, à qui on donne un nom honnête pour faire impunément ce qu'on veut." (2, 59 – MA I [= Réflexions, 190, Nr. 606]). Wenn Nietzsche auch die Enthüllungspsychologie La Rochefoucaulds grundsätzlich begrüßt, so meldet er doch auch den kritischen Vorbehalt an, daß bei La Rochefoucauld immer noch eine dem Christentum verwandte moralische Wertung erfolge. "La Rochefoucauld blieb auf halbem Wege stehen: er leugnete die 'guten' Eigenschaften des Menschen – er hätte auch die 'bösen' leugnen sollen." (10, 67; vgl. 9, 295; 9, 441f.; 10, 86; 10, 125). La Rochefoucauld ist ein "enttäuschter Idealist" (10, 255). Bei ihm liegt eine "christlich verdüsterte Beurtheilung" der menschlichen "Triebfedern" vor (11, 61; vgl. 12, 319). Aber er bedeutet einen "*Fortschritt* in der psychologischen Verschärfung des Blicks" (12, 488). Nietzsche sieht in den französischen Moralisten zwar Wegbereiter, nicht aber Vollender des Amoralismus. Bei alledem besteht für ihn eine geistige Kontinuität bzw. innere Einheit zwischen den antiken Philosophen und den neuzeitlichen Denkern. So gehört das Geistespaar "Epikur und Montaigne" zu jenem Reigen großer Toter, mit denen er überhaupt noch Gespräche führt (vgl. 2, 534 – VM). Er kann allerdings auch erklären, La Rochefoucauld sei von un-griechischer Art (vgl. 10, 336). Nietzsche denkt nicht in national-, sondern in weltliterarischen Kategorien. Dabei ist der Wertungsmaßstab die Antike. Und hier sind es besonders die französischen Moralisten, in denen der Geist der Antike lebt. Im Textstück *Europäische Bücher* heißt es:

Man ist beim Lesen von Montaigne, Larochefoucauld, Labruyère, Fontenelle (namentlich der dialogues des morts) Vauvenargues, Champfort dem Alterthum näher, als bei irgend welcher Gruppe von sechs Autoren anderer Völker. Durch jene Sechs ist der *Geist der letzten Jahrhunderte* der *alten* Zeitrechnung wieder erstanden, – sie zusammen bilden ein wichtiges Glied in der grossen noch fortlaufenden Kette der Renaissance. Ihre Bücher erheben sich über den Wechsel des nationalen Geschmacks [...] sie enthalten mehr *wirkliche Gedanken*, als alle Bücher deutscher Philosophen zusammengenommen [...] (2, 646f. – WS)

Exkurs 34 (zu Seite 430, Fn. 309)

Nietzsche ist ein zerebraler Lyriker. Nie löst sich bei ihm der Gedanke im reinen Gefühl auf. Nie betreibt er 'lyrische' Selbstauflösung. Nie versinkt er im 'Unbewußten'. Immer wird das Gedicht von einem (bedeutsamen) Gedanken zusammengehalten. Nie ist der Geist getilgt. Immer ist das reflexive Bewußtsein gegenwärtig. Nietzsche war kein Lyriker, der sich von seinen Stimmungen treiben ließ, sondern er war ein 'denkender' Lyriker, der auch in psychischen Grenzsituationen, in der höchsten Gefühlssteigerung, die Reflexion nicht ausschaltete. Nicht nur der witzige Spruch, sondern auch der emotionale Dithyrambus ist bei Nietzsche Lyrik des Intellekts. Nicht Sangbarkeit, nicht liedhafter Aufschwung, sondern Reflexion, lyrisch gesteigerte Reflexion, macht den Grundzug Nietzschescher Dithyramben aus. Nietzsches Dithyrambus hat sich am weitesten vom Kultlied entfernt. Nietzsche ist, wie vor ihm Klopstock, Herder, Goethe und Hölderlin, ein Pindarverehrer. Pindar, von dem Hölderlin schrieb: "Wir bewundern, die Griechen vergötterten ihn" und dessen Hymnus er als das "*Summum* der Dichtkunst" bezeichnete (*Hölderlin*, Geschichte der schönen Künste, SW IV, 202), erweckt auch die Bewunderung Nietzsches. Insbesondere der junge Nietzsche ist von Pindar gefesselt. In Pindar sieht er den dionysischen Enthusiasmus ausgeprägt (vgl. 1, 49 – GT). Pindar und Simonides sind die "großen musikalischen Meister" (1, 790 – CV). Durch Pindar fühlt sich der junge Nietzsche in seiner Auffassung von Wesen und Funktion der Lyrik bestätigt. Pindar, dieser "wunderbare Dichter", besticht durch "diese kühnsten und dunkelsten Verschlingungen des Gedankens, diesen ungestüm sich neu gebärenden Bilderstrudel, diesen Orakelton des *Ganzen*" (7, 369). Anders als bei Goethe, der in Pindars Hymnik eine Bestätigung seiner eigenen, seiner subjektiv-genialischen Hymnen sieht, der in *Wandrers Sturmlied* "Pindarn" erwähnt (HA I, 34) und im Brief an Herder vom 10.7.1772 schreibt: "Ich wohne ietzt in Pindar" (Briefe I, 131), ist für Nietzsche die Pindarische Hymne ein von subjektiven Gefühlen freies Gebilde: "die alten Lyriker Pindar und Simonides ohne persönliche Anregung, ohne Pathologie Lyriker." (7, 273). In dieser Hinsicht kommt Nietzsche, wie Hölderlin in seinen Pindar-Übersetzungen, der Pindarischen Hymne näher als Goethe, der sie als subjektive Ausdruckssprache mißversteht. In der Tat sind die Hymnen Pindars frei von subjektivem Gefühl, von individueller Leidenschaft. Das bedeutet nicht, "daß er als Preisender vollständig verschwinden würde hinter seiner Aufgabe". "Es ist merkwürdig, wie stark er mit seiner eigenen Persönlichkeit im Gedicht mit da ist." Sein Gedicht beruht auch auf seinem "hohen Selbstgefühl" (*Schadewaldt*, Pindar, 221). Aber es ist kein Erlebnisgedicht. Pindars Hymnen sind von Musik begleitete Lob- und Preisgesänge auf Götter und Menschen, Anrufungen der Götter als der Epiphanien des Ewigen und Preislieder auf olympische Sieger, in einer Sprache, deren rühmendes Pathos sich mit dunklen Sentenzen mischt. Nietzsche fühlt sich von dieser großen pathetischen Lyrik angezogen. Ein "pindarisches oder aeschyleisches Chorlied mit seinen verwegnen Metaphern und Gedankensprüngen" (1, 530 – GMD) ist für ihn echte, d.h. 'naive' Dichtung. Im Unterschied zum "schillerschen Pathos" – nach Nietzsche bloßes rhetorisches Pathos – ist das "pindarisch-aeschyleische" Pathos "naiv", d.h. echt (7, 315). Pindar gehört zu den Gestalten, denen Nietzsche "staunende Anbetung" erweist (1, 628 – SGT). Er bewundert das naive Pathos und den hymnischen Schwung der Pindarischen Ode: "die Macht das Feuer der Schwung in der antiken Musikempfindung (durch die erste pythische Ode)" (8, 50). Das erste Preislied der *Pythicae* entspricht mit seinem erhabenen Apostrophenstil ganz dem Geschmack Nietzsches:

> Goldene Harfe Apollons und der veilchenlockigen Musen
> Gemeinsam verwaltetes Eigen, es lauscht dir der Tanz, des
> Jubels Anbeginn
> Und deinen Zeichen gehorchen die Sänger,
> Wann du erbebend bereitest der Reigen-führenden Vorspiele
> Aufbruch. (*Pindar*, Siegeslieder, 47)

Es ist das Pathos des Erhabenen, die Hinwendung zum Großen und Ewigen, was Nietzsche an Pindar fasziniert: "Das *Steigern* des *Gegenwärtigen* ins *Ungeheure und Ewige* z.B. bei Pindar." (8, 63). Nietzsches eigene Hymnik zeigt, besonders im *Zarathustra*, gleichfalls die Tendenz zum *genus grande*, zum pathetisch-erhabenen Stil, zur großartigen Sprechweise, die nach Quintilian einem Strom vergleichbar ist, "welcher Felsstücke fortwälzt [...] seine Ufer sich selbst schafft" (*Quintilianus*, Beredtsamkeit XII, Cap. 10, 1091). Der pathetischen Stilart entspricht der große Gegenstand. Auch Nietzsches hymnisches Pathos wählt sich große Gegenstände bzw. wird von denselben gefordert. Für Pindar ergibt sich der große Gegenstand aus der Hinwendung des Menschen zum Göttlichen. Nietzsche notiert: "Die tiefe Melancholie bei Pindar: nur wenn ein Strahl von oben kommt, leuchtet das Menschenleben." (8, 106). Aber eben diese Beziehung des Menschen zum Göttlichen, d.h. zu Instanzen, die dem Menschen überlegen sind, hat sich bei Nietzsche aufgelöst. Nietzsche ist zwar durch den Gedanken des um den Sieg streitenden Individuums, des "agonalen Individuums", mit Pindar verbunden (vgl. 7, 401), aber er ist dann durch den Verlust des 'Göttlichen' und die monologische Reduktion von ihm getrennt. Demgegenüber werden in Pindars Gedicht "zwei Welten" sichtbar: die Welt der "Götter", der "Olympier" und die Welt der "Sterblichen", der "Menschen" (*Schadewaldt*, Pindar, 228). Daher kennt Pindar nicht nur das "Rühmen", sondern auch das "Warnen", das Warnen vor der Hybris des Menschen (ebd., 227). Der Mensch bleibt bezogen auf eine ihm übergeordnete Sphäre. In der Hymnik Nietzsches ist ein Lobgesang auf höhere Mächte nicht mehr möglich. Der große Gegenstand dieser Hymnik ist der Mensch selbst. Auch dort, wo Nietzsche das 'Leben' hymnisch preist, ist ihm dasselbe doch nur im schöpferischen Menschen gegenwärtig. Nietzsches dithyrambische Texte wenden sich gewissermaßen nicht nach 'oben', zu den Göttern hin, sondern nach 'innen', auf die menschliche Existenz. Ein Zug von kritisch-ironischer Intellektualität, von selbstanalytischer, selbstquälerischer Reflexion durchdringt die Sprache der *Dionysos-Dithyramben*. In ihnen weicht das auf höhere Mächte sich richtende 'naive' Pathos einem auf den Menschen selbst sich zurückwendenden 'sentimentalischen' Pathos. Dennoch ist auch dieses Pathos 'naiv'. Es ist ein vom Glauben an die 'dionysische' Präpotenz des Subjekts getragenes Pathos des Unbedingten. Umgekehrt sind Pindars Oden durch ein stark gedankliches Element, durch bedeutungsvolle Sentenzen geprägt. Nietzsche schätzt an Pindar, daß er zu den Dichtern gehört, "die unter anderm auch Gedanken haben" (8, 128). In Denksprüchen Pindars sieht Nietzsche seine Philosophie der halkyonischen Einsamkeit vorweggenommen. Ein Fragment lautet:

> *Wir Hyperboreer.*
>
> Weder zu Wasser, noch zu Lande
> kannst du den Weg zu den Hyper-
> boreern finden
> Pindar.

Jenseits des Nordens, des Eises, der Härte, des Todes – *unser Leben! Unser* Glück!" (12, 200f.; vgl. 6, 169 – AC). Vgl. dazu *Pindar*, Siegeslieder, 89 (10. Pythische Ode): "Freilich mit Schiffen oder zu Fuße wandernd / Kannst zur Hyperboreer-Versammlung du nicht finden den / Wunderweg." Das Land der Hyperboreer – im griechischen Mythos ist es das ferne Land, ein Wunschland am Rande der Erde, ein utopisches Land des Friedens, des Glücks, in das sich Apollon im Winter zurückzieht. Bei Nietzsche wird es zur Metapher der als 'Glück' erfahrenen absoluten Einsamkeit:

> Sehen wir uns ins Gesicht. Wir sind Hyperboreer, – wir wissen gut genug, wie abseits wir leben. "Weder zu Lande, noch zu Wasser wirst du den Weg zu den Hyperboreern finden": das hat schon Pindar von uns gewusst. Jenseits des Nordens, des Eises, des Todes – *unser* Leben, *unser* Glück... Wir haben das Glück entdeckt, wir wissen den Weg, wir fanden den Ausgang aus ganzen Jahrtausenden des Labyrinths. Wer fand ihn *sonst*? (6, 169 – AC)

Die hyperboreische Existenz – das ist für Nietzsche die monologische Existenz des Schaffenden, die die abendländischen Denksysteme hinter sich gelassen hat, die sich frei fühlt von Verfall und Tod und deren "Glück" im Gefühl der absoluten Freiheit besteht. Vgl. dazu bes. das Textstück *Wir Hyperboreer* (13, 601f.; s. auch 13, 341 sowie 13, 477-480). Später wird der "Unendliche" zu Benn sprechen: "Hyperboreische Nächte!" (Ptolemäer, 207). Zu des "Hyperboreers Qual" vgl. *Benn*, Lebensweg, 68.

Exkurs 35 (zu Seite 438, Fn. 317)

Die Figurenkonstellation Ariadne, Dionysos, Theseus und der Minotaurus ist kein festes Bezugssystem, sondern ein fluktuierendes Kräfteparallelogramm. So kann Nietzsche der Dionysos oder Theseus, Wagner der Dionysos oder Theseus oder der Minotaurus, und Bülow kann Theseus sein. Konstant scheint nur die Gleichung Ariadne – Cosima zu sein. Zu einigen biographischen Identifikationsmustern vgl. *Vogel*, Apollinisch und Dionysisch, 325-340. Aber nicht nur als biographische, sondern auch als existentielle Symbole unterliegen die mythischen Figuren in ihrem Verhältnis zueinander bei Nietzsche perspektivischen Verschiebungen. Folgt man der Mitteilung Cosima Wagners, Nietzsche habe ihr im Januar 1889 geschrieben: "Ariadne, ich liebe Dich! Dionysos.", so ist Cosima die Ariadne, Wagner der Theseus, Nietzsche der Dionysos (so *Podach*, Notizbücher, 116). Schwieriger ist in dieser Hinsicht das um Theseus, Dionysos und Ariadne konzipierte *Satyrspiel* (12, 401f.). Wenn Dionysos zu Ariadne sagt: "Was ich an Dir liebe, wie könnte das ein Theseus lieben?", so kann man dies auf die Beziehung Wagner-Cosima-Bülow beziehen (so die biographische Deutung von *Förster-Nietzsche*, Der junge Nietzsche, 291f.). Dann hätten wir es hier mit der Konstellation Dionysos-Wagner, Ariadne-Cosima, Theseus-

Bülow zu tun. Man kann aber auch die Frage aufwerfen, ob mit Dionysos nicht Nietzsche und mit Theseus Wagner gemeint ist, denn daß mit dem in diesem Fragment als "Held" bezeichneten Theseus der eher schwächliche Bülow gemeint sein soll, ist unwahrscheinlich. Es liegt näher, daß Nietzsche hier seine unbedingte Liebe zu Cosima zum Ausdsruck bringen möchte, eine Liebe, zu der Wagner nicht fähig ist. Reinhardt meint, Wagner könne mit dem "Helden" auf keinen Fall gemeint sein, da Nietzsche niemals in Wagner den "Helden" gesehen habe (*Reinhardt*, Ariadne, 328). Aber man darf nicht übersehen, daß dieser "Held", "sich selbst bewundernd, absurd werdend"(12, 402), durchaus dem Wagner-Bild Nietzsches entspricht. Freilich, man könnte dies auch auf Nietzsche selbst beziehen. Dies wiederum wird nahegelegt durch folgendes Textstück:

> "Ariadne, sagte Dionysos, du bist ein Labyrinth: Theseus hat sich in dich verirrt, er hat keinen Faden mehr; was nützt es ihm nun, daß er nicht vom Minotauros gefressen wurde? Was ihn frißt, ist schlimmer als ein Minotauros." Du schmeichelst mir, antwortete Ariadne, aber ich bin meines Mitleidens müde, an mir sollen alle Helden zu Grunde gehen: das ist meine letzte Liebe zu Theseus: "ich richte ihn zu Grunde" (12, 402)

Förster-Nietzsche berichtet: "Bülow hatte in seiner schmerzlichen Verbitterung wörtlich zu meinem Bruder gesagt: 'Cosima hat mich ruiniert, sie wird auch Wagner zu Grunde richten.' " (*Förster-Nietzsche*, a.a.O., 292). Demzufolge könnte man Theseus mit Bülow identifizieren, und dann wäre Wagner der Minotaurus, "dieser alte Minotaurus", als den ihn Nietzsche im *Fall Wagner* diskreditiert (6, 45 – WA). Aber die existentielle Problematik dieses Theseus paßt kaum zu Bülow. Es liegt näher, in Theseus Nietzsche selbst zu sehen, den die unerfüllbare Liebe zu Cosima mehr zerstört als die von Wagner drohende Gefahr. Es dürfte zutreffen, daß "mit Theseus Nietzsche gemeint und hier sein Schicksal gewissermaßen vorausgesagt wird" (*Kerényi*, Ariadne, 405). Aber diese ganze Problematik erschöpft sich nicht im Biographischen. Die persönlichen Konflikte sind für Nietzsche nur Anstöße zur Darstellung einer menschlichen Grundsituation. Er entfaltet eine Symbolik des großen Menschen, der um großer Ziele willen zugrunde geht. Gerade in diesem Zugrundegehen erfährt der um das Absolute ringende Mensch seine höchste Lebenssteigerung. Nur deshalb kann Ariadne sagen, sie richte Theseus aus Liebe zugrunde. Nicht ohne Grund verweist Nietzsche auf die "Symbolik", die mit dem "Wort Dionysos" gesetzt sei (6, 159 – GD). Auch die Motivkonstellation Dionysos-Ariadne-Theseus ist ein Symbol, ein Symbol der spannungsvollen Dialektik des Lebens. Kein Zweifel, Nietzsche hat seine persönliche Existenzproblematik in dieser Motivkonstellation zu bewältigen versucht, in einem raffinierten Versteckspiel mit zugleich 'exhibitionistischen' Zügen. Aber er hat den Mythos nicht nur als Privatmythos benutzt, sondern als Existenzmodell schlechthin inszeniert. Zumindest mythisiert er die eigene Lebenssituation zum Symbol des Lebens selbst. Er begrüßt es, daß auch andere dies tun: "Mein Bruder hatte große Freude daran, daß Bülow seine Erlebnisse gewissermaßen ins Unpersönliche und Mythische erhob" (*Förster-Nietzsche*, a.a.O., 292). Dabei handelt es sich nicht um eine feste, sondern um eine fluktuierende Motivkonstellation. Dionysos und Ariadne stehen sich nicht wie Subjekt und Objekt gegenüber. Nietzsche löst vielmehr die Subjekt-Objekt-Spaltung auf. Dies zeigt sich besonders deutlich am Motiv des "Labyrinths". Einerseits erklärt Dionysos: "*Ich bin dein Labyrinth...*" (6, 401 – DD). Andererseits lautet ein Fragment: "'Oh Ariadne, du selbst bist das Labyrinth: man kommt nicht aus dir wieder heraus' ... / 'Dionysos, du schmeichelst mir, du bist göttlich' ..." (12, 510).

Dionysos und Ariadne sind sich gegenseitig ein Rätsel. Und sie sind zugleich, in ihrer Beziehung, dieses Rätsel selbst. Nietzsche legt es darauf an, die Beziehung zwischen Dionysos und Ariadne zu verrätseln. Nicht Eindeutigkeit, sondern Vieldeutigkeit prägt dieses Verhältnis. Nietzsche kann das Motiv auch zum Gegenstand des tiefgründigen Witzes machen. So fordert der weise Dionysos Ariadne nicht etwa zu einem rauschhaften Liebeserlebnis auf, sondern appelliert an ihre Klugheit, ihr Wissen, ihre Fragebereitschaft. Er ist der "philosophische Liebhaber", der sie an den "Ohren" zieht (6, 123f. – GD; vgl. 13, 498). Es kommt sogar zu einem grotesken Rededuell zwischen dem von seinem "Lehrtriebe" besessenen Dionysos und einer rebellierenden Ariadne, die die lehrhaften Philosopheme als Geschwätz, als "Schweinedeutsch" bezeichnet, was ihr den Vorwurf einträgt, "in ihrer philosophischen Ausbildung um zwei Jahrtausende zurück" zu sein (11, 578f.). Die Tragödie wird zum Satyrspiel, der Mythos zur Travestie. Wenn somit das Spiel um Dionysos und Ariadne und das Labyrinth durch ein vieldeutiges Schillern gekennzeichnet ist, so läßt sich doch als Grundtendenz ausmachen: 1) Der Mensch sieht sich dem dionysischen Leben als einer unbedingten Forderung konfrontiert. 2) Das dionysische Leben ist in sich vieldeutig, rätselhaft, labyrinthisch. 3) Der Mensch trägt dieses dionysische Leben als Rätsel in sich selbst. 4) Er ist unentrinnbar in dieses Labyrinth verstrickt. 5) Er muß das Labyrinth schöpferisch bewältigen.

Exkurs 36 (zu Seite 447, Fn. 329)

Das Dostojewski-Erlebnis vom Februar 1887 ist für Nietzsche von außerordentlicher Bedeutung. Dostojewski wirkt auf ihn geradezu überfallartig. Die Dostojewski-Lektüre wird für ihn zum Exorbitanzerlebnis. Im Brief an Overbeck vom 23.2.1887 schreibt er:

> Von Dostoiewsky wußte ich vor wenigen Wochen auch selbst den Namen nicht – ich ungebildeter Mensch, der keine "Journale" liest! Ein zufälliger Griff in einem Buchladen brachte mir das eben ins Französische übersetzte Werk l'esprit souterrain unter die Augen (ganz so zufällig ist es mir im 21ten Lebensjahre mit Schopenhauer und im 35ten mit Stendhal gegangen!) Der Instinkt der Verwandtschaft (oder wie soll ich's nennen?) sprach sofort, meine Freude war außerordentlich: ich muß bis zu meinem Bekanntwerden mit Stendhals Rouge et Noir zurückgehen, um einer gleichen Freude mich zu erinnern. (Es sind zwei Novellen, die erste eigentlich ein Stück Musik, *sehr* fremder, sehr *un*deutscher Musik; die zweite ein Geniestreich der Psychologie, eine Art Selbstverhöhnung des γνῶθι σαυτόν). (B 8, 27f.)

Ähnlich lauten die emphatischen Äußerungen Nietzsches im Brief an Köselitz vom 7.3.1887:

> Mit Dostoiewsky ist es mir gegangen wie früher mit Stendhal: die zufälligste Berührung, ein Buch, das man in einem Buchladen aufschlägt, Unbekanntschaft bis auf den Namen – und der plötzlich redende Instinkt, hier einem Verwandten begegnet zu sein. (B 8, 41)

Diese Äußerungen sind in mehrfacher Hinsicht aufschlußreich. Sie zeigen, daß Nietzsche ein spontaner Leser ist, daß er sich mit einem Sujet identifizieren kann und daß er Dostojewski als gleichrangigen Geist anerkennt. Dies ist um so bemerkenswerter, als er ansonsten kaum einen Zeitgenossen als ebenbürtig gelten läßt. Nietzsche erkannte sofort, daß er in Dostojewski auf eine kongeniale geistige Potenz gestoßen war. In

Dostojewski begegnete ihm ein Schriftsteller, der mit der gleichen existentiellen Unbedingtheit, mit der gleichen Radikalität des Fragens und dem gleichen psychologischen Scharfblick wie er selbst die Situation des Menschen erfaßte und durchleuchtete. Daher ist es nicht verwunderlich, daß Nietzsches Dostojewski-Lektüre eine spontanintuitive Lektüre ist. Unbeschadet der analytischen Rezeption der Psychologie Dostojewskis ist Nietzsches Verhältnis zu ihm nicht von rationaler Distanz, sondern von emotionaler Identifikation geprägt. Er bewundert an Dostojewski die "Kraft seiner psychologischen Intuition", diese "überlegene Kraft", "daß ich vor Vergnügen dabei ganz berauscht war" (B 8, 41). Nietzsche ist enthusiasmiert, "für Dostoiewsky schwärmend" (B 8, 71 – 12.5.87 – an M.v. Meysenbug). Nietzsche ist vor allem gefesselt vom 'Psychologen' Dostojewski. "Kennen Sie Dostoiewsky? Außer Stendhal hat Niemand mir so viel Vergnügen und Überraschung gemacht: ein Psychologe, mit dem 'ich mich verstehe'." (B 8, 24 – 13.2.87 – an Köselitz). Es ist die Enthüllungspsychologie, die Nietzsche an Dostojewski bewundert und die seiner eigenen Entlarvungspsychologie zu entsprechen scheint. Sie sind beide Enthüllungspsychologen, die mit bohrender Intensität der menschlichen Seele auf den Grund gehen, die, gewissermaßen mit Röntgenblick, die wahren Motive menschlichen Handelns aufspüren, die, mit geradezu monomanischer Verbissenheit, die *conditio humana*, d.h. die menschliche Grenzsituation, zu erfassen versuchen. Auf Grund dieses Identifikationserlebnisses nimmt Dostojewski unter den Zeitgenossen bei Nietzsche eine Sonderstellung ein. Dostojewski, den er erst in den beiden letzten Jahren seiner geistigen Existenz kennt, scheint geradezu eine bis dahin im Leben Nietzsches herrschende Lücke auszufüllen. Alles das, was er in den Jahren zuvor an Geistesverwandtschaft unter den Zeitgenossen vermißte, alle die gescheiterten Resonanzwünsche, das Verlangen nach Selbstbestätigung durch einen kongenialen Geist – alles dies häuft er nun auf die Gestalt Dostojewskis. Es ist ein Effekt des Sich-Wiedererkennens, des Sich-Wiederfindens in Dostojewski. Zugleich empfindet Nietzsche die Dostojewski-Lektüre als einen Akt der Katharsis, der existentiellen Befreiung. Bezeichnend sind seine Bemerkungen im Brief an Georg Brandes vom 20.10.1888:

> Daß man gerade "in Rußland wieder *aufleben*" kann, glaube ich Ihnen vollkommen; ich rechne irgend ein russisches Buch, vor allem Dostoiewsky (französisch übersetzt, um des Himmels Willen nicht deutsch!!) zu meinen größten Erleichterungen. (B 8, 457; vgl. dazu B III 6, 321 – 6.10.88 – Brandes an Nietzsche)

Nietzsche sieht sich durch Dostojewski in seiner Enthüllungspsychologie bestätigt. Das zeigt sich exemplarisch in seiner Deutung der Jesus-Auffassung Dostojewskis. Er bedauert,

> dass nicht ein Dostoiewsky in der Nähe dieses interessantesten décadent gelebt hat, ich meine Jemand, der gerade den ergreifenden Reiz einer solchen Mischung von Sublimem, Krankem und Kindlichem zu empfinden wusste. (6, 202 – AC)

Damit ist zweierlei unterstellt: Jesus war ein (krankhafter) *décadent*, d.h. ein pathologischer Fall, und Dostojewski wäre sein idealer Analytiker gewesen. Das Verhältnis Dostojewskis zum Urchristentum wird auf ein rein psychologisches, ja pathographisches Problem reduziert. Es handelt sich um eine "seltsame und kranke Welt", "eine Welt, wie aus einem russischen Romane, in der sich Auswurf der Gesellschaft, Nervenleiden und 'kindliches' Idiotenthum ein Stelldichein zu geben scheinen" (6, 201f. – AC). Nietzsche unterstellt Dostojewski sein eigenes Christusbild. Dostojewski habe Christus "*errathen*", jenen Christus, "der ein Idiot war" (13, 409). Nietzsches blasphemische Provokation entspricht nun allerdings keineswegs dem Christusbild Dostojewskis. Fürst Myschkin jedenfalls, diese rätselhafteste Figur Dostojewskis, diese Christusgestalt aus dem Roman *Der Idiot*, muß differenzierter gesehen werden. Er ist nicht nur der Epileptiker, der möglicherweise Züge von Idiotie zeigt, sondern er ist auch der wahre Mensch, ein Christus mitten in der maroden modernen Gesellschaft – eine vieldeutig schillernde, paradoxe Gestalt. Er ist Narr und Heiliger in einem. Er ist für Dostojewski nicht nur ein Gegenstand der psychologischen Analyse, sondern auch und vor allem ein Symbol der religiösen Brüderlichkeit. "Die Grundidee ist die Darstellung eines wahrhaft vollkommenen und schönen Menschen. [...] Es gibt in der Welt nur eine einzige positiv-schöne Gestalt: Christus" (*Dostojewski*, Briefe, 124f. – 1.1.1868 – an die Nichte). Interessanterweise ist für Thomas Mann Nietzsche selbst eine Art Myschkin-Gestalt, denn er habe, wie Myschkin, "sehr viel, ergreifend viel vom Heiligen" (*Thomas Mann*, Briefe 1937-1947, 580 – 26.12.1947 – an M. Brantl). Dostojewski will Christus nicht demaskieren, sondern im "tiefsten Wesen Christi und seiner Lehre" erfährt er die Wahrheit, das wahre Menschsein (*Dostojewskij*, Tagebuch IV, 371 – August 1880). Nicht ein elitäres Höhenmenschentum, sondern die Solidarität mit den 'Armen und Erniedrigten' ist für Dostojewski entscheidend.

Dennoch sind Nietzsche und Dostojewski verbunden durch ein Verfahren, das man als *existentielle* Psychologie bezeichnen könnte. Beide beschränken sich nicht auf eine bloß *analytische* Psychologie zum Zwecke eines bloßen Erkenntniszuwachses, sondern bei beiden sind die psychologischen Analysen eine Funktion der existentiellen Selbstvergewisserung. Die psychologischen Fragen sind verquickt mit existentiellen und metaphysischen Problemen. Nietzsche ist gefesselt von Dostojewskis *L'esprit souterrain*, den *Aufzeichnungen aus dem Untergrund*, denn dort stößt er auf seine eigenen Probleme: das isolierte Ich, die Ausnahmeexistenz, den Outsider, die Kritik der gesellschaftlichen und ästhetischen Normen, den Gegensatz von Vernunft und Wollen, von Verstand und Leben, von Naturgesetzlichkeit und Freiheit, die Kritik der Wissenschafts- und Fortschrittsgläubigkeit, die Demaskierung des Scheins, das Bloßlegen der im Menschen untergründig wirkenden Kräfte, den ganzen subversiven Impetus. Das *mußte* Nietzsche faszinieren. Dostojewski läßt den fiktionalen Verfasser der *Aufzeichnungen* erklären, das "größte Vergnügen" bestehe darin, "über sich selbst" zu reden (S. 266). Über sich selber reden – das ist auch Nietzsches tiefstes Anliegen. Was in Dostojewskis *Aufzeichnungen* über die Situation des Schreibenden gesagt wird, trifft im Prinzip auch auf Nietzsches *Ecce homo* zu:

> Ich jedoch schreibe nur für mich und erkläre hiermit ein für alle Mal, daß ich, wenn ich auch so schreibe, als wendete ich mich an meine Leser, das nur zum Schein tue, weil es mir so leichter fällt, zu schreiben. (Aufzeichnungen, 305)

Nietzsche notiert: "Ich schreibe für mich selber" (10, 341). "Ich achte die Leser nicht mehr: wie könnte ich für Leser schreiben? ... Aber ich notire mich, für mich." (12, 450). Das monologische Schreiben – es ist für Nietzsche wie für Dostojewski gleichermaßen kennzeichnend – ungeachtet der Tatsache, daß der Schreibende der *Aufzeichnungen* sich als höchst fragwürdige Existenz, in der Tat als *underground*-Existenz empfindet, während in *Ecce homo* der Schreibende sich zu übermenschlicher Größe stilisiert, Selbstapotheose betreibt. Beide Texte sind autopsychologische Texte mit existentieller Relevanz. Die *Aufzeichnungen* stecken voller Nietzsche-Motive. Geradezu prä-nietzscheanisch mutet Dostojewskis Kritik der "Vernunft" zugunsten des "Wollens" an (vgl. S. 291).

Am stärksten haben Dostojewskis *Dämonen* auf Nietzsche gewirkt, die er, wie alle von ihm rezipierten Schriften Dostojewskis, in französischer Übersetzung las: *Les Possédés*. Hier fand Nietzsche seine eigenen Probleme wieder: die Gottesproblematik, das Nihilismusproblem, den Amoralismus, den Willen zur Macht, die Fortschrittskritik, die Ideologiekritik, die Psychologie des Verbrechens, die Übermenschproblematik, die Idee der Erneuerung des Menschen. Vor allem die These vom Tod Gottes und die Inthronisierung des Menschen zum neuen Gott, wie sie von den revolutionären Geistern des Romans vertreten werden, mußten Nietzsche fesseln. So entspricht die von Kirillow verkündete Einteilung der "Weltgeschichte" in "zwei Abschnitte", nämlich in die Periode "vom Gorilla bis zur Vernichtung Gottes" und in die Periode der Gottwerdung des Menschen ("Ein Gott wird der Mensch sein und sich physisch verändern.") (Die Dämonen, 135), den Grundideen Nietzsches. Vgl. Les Possédés I,111f.:

> Alors commencera une nouvelle vie, un nouvel homme, une rénovation universelle... Alors on partagera l'histoire en deux périodes: depuis le gorille jusqu'à l'anéantissement de Dieu [...] L'homme sera dieu et changera physiquement.

Dies ist auch die Sicht Nietzsches. Nietzsche proklamiert allerdings nicht den Gottmenschen, sondern den Übermenschen. Der Roman beschäftigt ihn intensiv. Die langen, von ihm kommentierten Exzerpte aus den *Dämonen* bezeugen sein außerordentliches Interesse (vgl. 13, 141-153). Aus der Fülle der Exzerpte sei ein charakteristisches Beispiel angeführt. Nietzsche notiert:

> die *klassische Formel* Kiriloffs bei Dostoj<ewsky:>
> Ich bin gehalten, meinen *Unglauben* zu affirmiren; in meinen Augen giebt es keine größere Idee als die Leugnung Gottes. Was ist die Geschichte der Menschheit? Der Mensch hat nichts gemacht als Gott erfinden, um sich nicht zu tödten. Ich, als der Erste, stoße die Fiktion Gottes zurück... (13, 144)

In den *Possédés* heißt es:

> Je suis tenu de proclamer mon incrédulité, continua Kirillov en arpentant la chambre. Pour moi, il n'y a rien de plus élevé que l'idée de l'inexistence de Dieu. L'histoire de l'humanité tout entière est avec moi. L'homme n'a fait qu'inventer Dieu afin de pouvoir vivre sans se tuer. C'est en cela que consiste l'histoire du monde depuis son origine jusqu'à nos jours. Dans toute l'histoire du monde, moi seul, pour la première fois, je n'ai pas voulu inventer Dieu. Qu'on le sache une fois pour toutes. (Les Possédés, S. 565f.; vgl. Die Dämonen, 743)

Hier antizipiert eine Gestalt Dostojewskis *in nuce* Nietzsche Wort vom 'Tod Gottes'. Die 'Nihilisten' Kirillow und Stawrogin vertreten eine Philosophie des autonomen Subjekts, das alle metaphysischen Instanzen für obsolet erklärt und nur kraft eigener Omnipotenz leben will. Nietzsche ignoriert allerdings, daß sich Dostojewski nicht apodiktisch auf die Aussagen einzelner Romangestalten festlegen läßt. Im Roman experimentiert er mit den Gegensätzen, insbesondere mit dem Gegensatz von Religiosität und Atheismus, Christlichkeit und Nihilismus. Sind Nietzsches Aussagen zur Gottesfrage von apodiktischer Eindeutigkeit, ist Dostojewski der Fragende und Suchende:

> Mit der Grundidee [...] habe ich mich mein ganzes Leben lang bewußt und unbewußt gequält; es ist die Frage vom Dasein Gottes. Der Held ist bald Atheist, bald Gläubiger, bald Fanatiker und Sektierer, und dann wieder Atheist. (*Dostojewski*, Briefe, 166 – 25.3.1870)

So die Charakterisierung Stawrogins, "vielleicht der unheimlich anziehendsten Figur der Weltliteratur" (*Thomas Mann*, Dostojewski, 11). In seinen Selbstaussagen lehnt Dostojewski nicht nur den "Nihilismus" der fanatischen Ideologen ab, sondern bezeichnet sie auch als "Schurken" (Briefe, 168 – 25.3.1870). Zugleich aber hofft er, "daß der Held mir doch noch gelingen und sogar eine ganz neue und originelle Gestalt abgeben wird; ich hoffe und fürchte zugleich." (Briefe, 182 – 9.10.1870). In Stawrogin gestaltet Dostojewski einen Übermenschen, aber er identifiziert sich nicht mit ihm, sondern rückt ihn ins Zwielicht der Ambivalenz.

Ähnlich verhält es sich mit Dostojewskis Roman *Schuld und Sühne* ('Verbrechen und Strafe'). Raskolnikows Immoralismus, seine Ideologie des Ausnahmemenschen und die Begründung seiner Tat weisen ihn als einen Vorläufer des Nietzscheschen 'Übermenschen' aus. Raskolnikow begeht seine Tat um der Idee des Übermenschen willen. Er geht davon aus, daß "alle Gesetzgeber und Ordner der Menschheit", unter ihnen Napoleon, "alle ohne Ausnahme Übertreter, somit Verbrecher waren" (S. 750). Er ist der Auffassung, daß "die, die auch nur minimal befähigt sind, irgend etwas minimal Neues zu sagen, ihrer Natur nach unbedingt Übertreter, das heißt Verbrecher, sein müssen" (S. 751). Er teilt die Menschen in "zwei Klassen oder Gattungen" ein, in bloßes "Material" zur "Weitererzeugung" und in "eigentliche Menschen, das heißt in solche, die die Gabe oder das Talent haben, in ihrer Umgebung ein *neues Wort* zu sagen" (S. 751). Die "ungeheure Menschenmasse, das Material", hat nur den Sinn, aus "tausend Menschen *einen* wenigstens etwas selbständigeren Menschen zu gebären", ja, die Zahlen multiplizieren sich: "Geniale Menschen aus Millionen, die ganz großen Genies aber, die Vollender der Menschheit, vielleicht erst nach Ablauf von vielen tausend Millionen Menschen auf der Welt." (S. 755). Dies alles liest sich wie purer Nietzsche. Der Kult des großen Individuums, die Verherrlichung des Amoralismus, die Klassifikation Sklavenmoral und Herrenmoral, Herde und Elite, die Menschheit als 'Material' zur Hervorbringung von 'Genies' – dies alles sind auch Nietzsches Ideen. Raskolnikow redet wie ein Nietzscheaner, und er handelt wie ein wildgewordener Nietzscheaner. Aber Dostojewski identifiziert sich nicht mit ihm, sondern bindet ihn in den Zusammenhang von Schuld und Sühne ein und setzt ihm in der Gestalt der Prostituierten Sonja menschliche Demut und Brüderlichkeit entgegen, wobei allerdings nicht auszuschließen ist, daß die Ideen Raskolnikows eine gewisse Faszination auf ihn ausüben, der er sich durch das Sühnemotiv entzieht. Der Unterschied zwischen Nietzsche und Dostojewski wird besonders deutlich in der Bewertung des Verbrechers. Nietzsche notiert: "Die Verbrecher, mit denen D<ostoiewsky> zusammen im Zuchthaus lebte, waren sammt und sonders ungebrochene Naturen, – sind sie nicht hundert Mal mehr werth als ein 'gebrochener' Christ?" (13, 339). Und an anderer Stelle:

> NB! *Dem bösen Menschen das gute Gewissen zurückgeben* – ist das mein unwillkürliches Bemühen gewesen? / Und zwar dem bösen Menschen, insofern er der *starke Mensch* ist? (Das Urtheil *Dostoijewsky's* über die Verbrecher der Gefängnisse ist hierbei anzuführen.) (12, 283)

Dem Verbrecher das gute Gewissen zurückgeben – eben dies lehnt Dostojewski ab. Im *Tagebuch eines Schriftstellers* wendet er sich gegen eine bloße Mitleidsethik, die im Verbrecher nur den "'Unglücklichen'" sieht (vgl. Tagebuch I, 19f. u. 29ff. – 1873), wie er auch die Milieutheorie kritisiert, da sie die Freiheit und Verantwortlichkeit des Menschen aufhebe (vgl. Tagebuch I, 21-40 [Das Milieu]). Man dürfe dem Verbrecher auf keinen Fall das Schuldbewußtsein nehmen, da erst durch das Schuldgefühl eine innere Erneuerung möglich sei. Es geht um "Selbstläuterung durch Leiden" (Tagebuch I, 32). Dostojewski berichtet aus seiner Erfahrung mit den Sträflingen:

> Es gab aber wohl keinen einzigen unter ihnen, dem ein langer seelischer, läuternder und heilender Schmerz erspart geblieben wäre. Ich sah sie, wie sie einsam in ihre Gedanken versunken waren, ich sah sie in der Kirche vor der Beichte beten; ich hörte ihre vereinzelten plötzlichen Aufschreie und Worte; ich erinnere mich noch an ihre Gesichter, – man glaube mir: nicht einer hielt sich schuldlos in seiner Seele! (Tagebuch I,32)

Während Nietzsche im Verbrecher den *starken* Menschen, den Menschen ohne Schuldbewußtsein, sieht, erblickt Dostojewski in ihm den *leidenden* Menschen, den Menschen mit Schuldgefühl. In diesem Punkt verkehrt Nietzsche die Auffassung Dostojewskis geradezu in ihr Gegenteil. In gewisser Hinsicht gibt Dostojewski dem Verbrecher allerdings das 'gute' Gewissen zurück, aber nicht im Sinne des Nietzscheschen "guten Gewissens", d.h. des schuldfreien Gewissens, sondern im Sinne eines geschärften Schuldbewußtseins. Im übrigen huldigt Dostojewski nicht dem Übermenschen, sondern er liebt den Menschen. Sein Anliegen ist nicht der *Übermensch*, sondern der *Allmensch*. In der *Puschkin*-Rede (1880) heißt es, es käme darauf an, "ein Bruder aller Menschen" zu werden, "ein *Allmensch*"; es gehe um die "Macht der brüderlichen Liebe" (Rede auf Puschkin, 1595; vgl. Tagebuch IV, 366). Es ist diese Haltung, die Nietzsche bei allem Dostojewski-Enthusiasmus doch auch zu Dostojewski-Kritik veranlaßt. Nicht nur in Tolstoi, sondern auch in Dostojewski sieht er einen Exponenten der europäischen *décadence*, der Mitleidsmoral und des Pessimismus (vgl. 12, 409; 13, 75; 13, 395). Aber dies sind eher punktuelle Hinweise ohne zentrales Gewicht. Obschon auch Dostojewski unter die Formel "Die *modernen Pessimisten* als décadents" rubriziert wird (13, 395), ist dies doch eher eine Bemerkung *en passant*. Freilich, Nietzsche hat offenbar eine Abneigung gegen das Ethos der Brüderlichkeit und den seelischen Exhibitionismus Dostojewskis. Wenn er schreibt, er sei Dostojewski "dankbar, wie sehr er auch immer meinen untersten Instinkten zuwider geht" (B 8, 483 – 20.11.88 – an Georg Brandes), so scheint dies die Kritik an einer Christlichkeit zu sein, die nicht nur auf die von Nietzsche so apostrophierte "Sklavenmoral" hinausläuft (so Brandes im Brief an Nietzsche vom 16.11.88 – s. B III 6, 353), sondern auch sadomasochistische Züge enthält, eine Gefühlslage, die bei manchen Romangestalten zum Zerknirschungsparoxysmus führt. Aber dies ist für Nietzsche nicht der eigentliche Dostojewski. Nietzsche lehnt zwar die christliche Mitleidsethik Dostojewskis ab, aber im Grunde ist Dostojewski für ihn ein Überwinder der *décadence*. Nur deshalb kann er, mit kritischer Stoßrichtung gegen die naturalistische Ästhetik des 'Häßlichen', erklären: "Es giebt keine pessimistische Kunst. . Die Kunst bejaht. Hiob bejaht. [...] Wie erlösend ist Dostoiewsky!" (13, 241). Hier erscheint Dostojewski als Überwinder des 'Pessimismus', als ein Bejaher des Lebens, und zwar offenbar auf Grund der aus dem Leiden erwachsenden Stärke, der aus der Leidensfähigkeit erwachsenden inneren Kraft.

Es ist die Christlichkeit der großen Russen, die Nietzsches Widerspruch provoziert. Hinsichtlich der Mitleidsmoral ist es vor allem Tolstoi, den er kritisiert (vgl. 5, 406 – GM; 6, 174 – AC; 13, 75; 13, 90), jener Tolstoi, der im übrigen ein großer Schopenhauer-Verehrer war und besonders Schopenhauers Mitleidsethik schätzte (dazu: *Giessler*, Mitleid, 107-116). Nietzsche der große Immoralist und Tolstoi der große Moralist – sie sind Antipoden. So hat es auch die russische Intelligenz gesehen, die mit "Entsetzen" auf Nietzsches Lehre von der "schonungslosen Härte gegen Schwache und Unglückliche" reagierte (*Schestow*, Tolstoi und Nietzsche, 22f.). Tolstoi hat scharfe Kritik an Nietzsche geübt. Er verwirft jene elitäre Geisteshaltung der "Anhänger Nietzsches", die die " 'Übermenschen' " proklamierten und die "dumme Herde" verachteten (*Tolstoi*, Was ist Kunst? [1898], 102). Er kritisiert, daß die "Künstler der Neuzeit", "gestützt auf Nietzsche und Wagner", die "grobe Masse" ignorierten und nur für die "besterzogenen Menschen" schrieben (ebd., 110). Jene "falsche Einstellung zur Kunst", die die "Sittlichkeit" durch "Schönheit" ersetze und in "unserer Gesellschaft" "mit besonderer Dreistigkeit" in Erscheinung trete, sei nicht zuletzt von "ihrem Propheten Nietzsche und seinen Anhängern" verursacht worden (ebd., 197). Die "moderne Kunst" interessiere sich nicht für die "Bedürfnisse der arbeitenden Menge", sondern nur für den "Übermenschen", den "höchsten, verfeinerten Typ des Müßiggängers" (*Tolstoi*, Über das, was Kunst genannt wird [1896], 428). Das "Ideal des Übermenschen" sei Ausdruck eines kruden Machtwillens; es sei "im Grunde genommen, das alte Ideal eines Nero, Stenka Rasin, Dschingis-Chan, Robert Macaire, Napoleon und all ihrer Gesinnungsgenossen, Handlanger und Schmeichler" (Was ist Kunst, 198). Tolstoi hält die "Lehre Nietzsches" für eine Modeerscheinung, "die zwar ungereimt, undurchdacht, unklar und inhaltlich schädlich ist, aber der bestehenden Weltanschauung mehr entspricht". Er zählt sie zu den "Massensuggestionen", "die schnell wieder vergehen und der Vergessenheit anheimfallen" (*Tolstoi*, Über Shakespeare und das Drama [1903], 285). Tolstoi hat für Nietzsche und die "verfeinerten Ansprüche des neuen Menschen" nur "Verachtung" übrig: "Als höchste Errungenschaft der Philosophie gilt heute das unsittliche, lümmelhafte, aufgeblasene und zusammenhanglose Geschwätz eines Nietzsche" (*Tolstoi*, Vorwort zu von Polenz' 'Büttnerbauer', 342). Tolstoi, der in der Schrift *Was ist Kunst?* die idealistische Ästhetik des elitären Genies und der reinen Kunst kompromißlos ablehnt und leidenschaftlich eine engagierte, volksnahe Kunst fordert, sieht in Nietzsche nur einen substanzlosen Snob. Seine Urteile über Nietzsche sind von schonungsloser Schärfe, wobei er allerdings Nietzsche wohl kaum aus authentischer Lektüre, sondern nur aus zweiter Hand kannte.

Nietzsche und Tolstoi – dort der Wille zur Macht, hier der Geist der Brüderlichkeit. Einen größeren Gegensatz scheint es kaum zu geben. Um so überraschender ist es, daß Nietzsches sich aus Tolstois Schrift *Ma religion* viele Exzerpte angefertigt hat (vgl. 13, 93 – 109), die von intensiver Beschäftigung mit den Ideen Tolstois zeugen. Nietzsche lehnt zwar die Religiosität und Mitleidsmoral Tolstois ab, aber er stimmt weitgehend mit dessen Kulturkritik, der Kritik an Kultur, Gesellschaft, Staat und Kirche, überein. Es sind die kulturkritischen Partien, die Nietzsche, häufig mit leichten Umformungen, Verkürzungen oder auch Ergänzungen, sowie Unterstreichungen, rezipiert. So las er z.B. bei Tolstoi:

> Non seulement Jésus, mais tous les prophètes hébreux, Jean Baptiste, tous les vrais sages du monde parlent précisément de l'Église, de l'État, de la culture et de la civilisation de leur époque en l'appelant le mal, source de perdition pour les hommes. (*Tolstoi*, Ma religion, 46f.)

Nietzsches Transposition lautet:

> Jesus *leugnet* Kirche Staat Gesellschaft Kunst, Wissenschaft, Cultur, Civilisation / *Alle* Weisen haben so zu ihrer Zeit den Werth der Cultur und der staatlichen Organisation geleugnet. – / Plato, Buddha, (13, 96)

Ein weiteres Beispiel:

> Et j'acquis la conviction que la doctrine de l'Église, quoiqu'elle ait pris le nom de «chrétienne», ressemble singulièrement à ces ténèbres contre lesquelles luttait Jésus et contre lesquelles il recommande à ses disciples de lutter. (Ma religion, 220).

Nietzsches Transposition:

> – die *Kirche* ist exakt das, wogegen Jesus gepredigt hat – und wogegen er seine Jünger kämpfen lehrte – (13, 98)

In der Kulturkritik, in der Vehemenz der Kulturkritik, erweisen sich Nietzsche und Tolstoi als Geistesverwandte. Beide sind radikale Kritiker des herrschenden Kultursystems, und beide streben eine radikale Erneuerung des Menschen an – Tolstoi aus dem Geiste der urchristlichen Brüderlichkeit, Nietzsche aus dem Geiste des dionysischen Lebens. Höchst aufschlußreich ist, daß die Tolstoi-Lektüre Nietzsches vom ehemaligen Nietzsche-Archiv bei der Veröffentlichung des *Willens zur Macht* (1907 u. 1911) "wissentlich verschwiegen" wurde (14, 754), "obwohl ihm Ns Exzerpte aus Tolstois Schrift sehr wohl bekannt waren" (14, 441). Offenbar durfte die kultische Verehrung des Lebensphilosophen Nietzsche nicht durch die Affinität zu einem christlichen Schriftsteller getrübt werden. Daß die Leser die Tolstoi-Sentenzen ohne weiteres als Nietzsche-Passagen akzeptierten, ist ein eklatantes Indiz für den hohen Grad an Geistesverwandtschaft zwischen Nietzsche und Tolstoi in der Kulturkritik.

Es zeigt sich, daß die großen Russen eine starke Wirkung auf Nietzsche ausüben. Wenn er auch ihre Christlichkeit, d.h. ihre Mitleidsmoral, ablehnt, so spürt er doch die von ihnen ausgehende geistige Kraft. Sie geben ihm geistige Impulse – der 'Psychologe' Dostojewski und der Kulturkritiker Tolstoi. Vor allem Dostojewski ist für ihn eine alles überragende Gestalt. Dostojewski ist für ihn nicht nur eine Bestätigung der eigenen Enthüllungspsychologie, sondern seit dem Dostojewski-Erlebnis sieht er auch Rußland und die Russen mit den Augen Dostojewskis. – Zum Rußlandbild Nietzsches wird Vf. in Kürze eine ausführliche Studie veröffentlichen.

Exkurs 37 (zu Seite 449, Fn. 335)

Für Nietzsche ist der naturalistische Roman kunstlose Faktensammlung des Häßlichen. Er verurteilt die Verwissenschaftlichung des Romans: "mit Romanen Anatomie und Irren-Heilkunde treiben" (11, 48). Die gesellschaftskritischen Milieu-Studien der "französischen Romanschriftsteller" lassen den schöpferischen Impetus vermissen: "Zuletzt werden sie Paris nicht los." (11, 58). Diese Romane sind Ausdruck nicht von Genialität, sondern von Inferiorität: "Die Fülle *pöbelhafter* Instinkte unter dem jetzigen *aesthetischen* Urtheil der französischen Romanschriftsteller." (11, 62). Nicht nur die Wissenschaftlichkeit, sondern auch der Moralismus der modernen Literatur wird von Nietzsche abgelehnt: "Nichts Kläglicheres als die moralistische Litteratur im jetzigen Europa." (11, 523). Das sozialkritische Engagement der Naturalisten vermag Nietzsche nur als Symptom der *décadence* zu begreifen: "die Parteinahme für die Unterdrückten und Schlechtweggekommenen: Motto der Historiker und romanciers" (12, 411). Nietzsche attackiert aber nicht nur den sozialen, sondern auch den historischen Roman. So sieht er nicht nur in der Heldin von Flauberts realistischem Modellroman *Madame Bovary* eine versteckte Wagnersche Heroine (vgl. 6, 34 – WA), sondern lehnt auch dessen historischen Monumentalroman *Salambô* als Schwulst ab:

"In Salammbô kommt Flaubert zum Vorschein, geschwollen, deklamatorisch, melodramatisch, verliebt in die dicke Farbe" (13, 118 – Notiz aus *Goncourt*, Journal I, 288). Eine andere Sentenz lautet: "die Maskerade des *bourgeois*, z.B. als Salambô und als heiliger Antonius" (11, 428). Die umfangreichen Studien Flauberts sind eine geistige Fehlinvestition: "*Flaubert*: falsche Gelehrsamkeit. Emphase." (11, 271). Weder der realistische Objektivismus der *Madame Bovary* noch der fatalistische Dekadenzroman *Salambô* mit seinen pompösen historischen Requisiten findet Gnade vor Nietzsches Augen. "In der That geht auf Flaubert der neue Ehrgeiz der jüngsten Schule zurück, sich in wissenschaftlichen und pessimistischen Attitüden vorzuführen." (11, 600). Nicht die Wahrheit, sondern die Pose ist gefragt: "das Volk liebt weder das Wahre, noch das Einfache: es liebt den Roman und den Charlatan." (13, 118 – Notiz aus *Goncourt*, Journal I, 285). Nietzsche kritisiert am modernen realistischen Roman im wesentlichen drei Hauptpunkte: die Wissenschaftlichkeit, den Moralismus und den Pessimismus. Sein eigenes Roman-Ideal – wenn man denn von einem solchen überhaupt sprechen darf – ist der von einem dionysischen Lebensgefühl geprägte psychologische Roman: "Der Roman und die psychologische Beobachtung *aus Lust am Menschen* ist unser!" (9, 301). Nietzsche kritisiert aber nicht nur den zeitgenössischen Roman, sondern auch den Roman schlechthin, da die Romanform, wie überhaupt die Prosa, nicht Ausdruck der inneren Zuständlichkeit ist: "*Mittheilung* von Zuständen – da reicht die Prosa lange nicht aus – die Wissenschaft aber *kann* nur den wissenschaftlichen Zustand mittheilen und *soll nichts Anderes*!!" (11, 96). Dies ist das *punctum saliens*. Die objektivistische Prosa, sei es die Sprache der Wissenschaft, sei es der wissenschaftliche Roman, entspricht nicht der Ästhetik des schöpferischen Subjekts, das die Sprache als Ausdruck innerer "Zustände" entfaltet. Gegen die realistische Doktrin der objektiven Beschreibung, der Deskription sozialer Zustände, setzt Nietzsche die subjektive Ausdrucksästhetik, den Ausdruck existentieller Zustände. Gegenüber den sozialen Zuständen, der sozialen Frage zeigt er ein (fatales) Desinteresse. Er verurteilt die (angeblichen) Nivellierungstendenzen des neuen Realismus. Während es Nietzsche um das schöpferische Individuum geht, sind die Realisten an sozialen Zustandsbeschreibungen interessiert. Ihr Augenmerk richtet sich nicht auf das Exzeptionelle, sondern auf das Typische: "sie suchen das *Gleichartige* zusammen aus allen Dingen, Zuständen und Zeiten: Beispiel die Gebrüder Goncourt..." (13, 389).

Exkurs 38 (zu Seite 504, Fn. 395)

Mit dem "Olymp des Scheins" verkündet Nietzsche "eine *andre* Kunst – eine spöttische, leichte, flüchtige, göttlich unbehelligte, göttlich künstliche Kunst, welche wie eine reine Flamme in einen unbewölkten Himmel hineinlodert! Vor Allem: eine Kunst für Künstler, *nur für Künstler*!" (6, 438 – NW [= 3, 351 – FW, Vorrede von 1886; hier ist die Wendung "nur für Künstler" noch nicht unterstrichen]). Damit hebt Nietzsche die Kunst von allen heterogenen Funktionen ab und verselbständigt sie zur freien Spielwelt. Er rückt damit wieder dem klassischen Kunstideal näher. Goethe hatte in den *Römischen Elegien* den "Kapitolinischen Berg" visionär in den "Olymp" verwandelt und den "Dichter" zu "Jupiter" entrückt: "Bist du der wirkliche Gott? O dann so verstoße den Gastfreund / Nicht von deinem Olymp wieder zur Erde hinab!" (HA I, 162 – VII. Elegie). Und auch bei Goethe ist es die "Flamme", die alles Niederdrückende, die "trübenden Dämpfe", hinter sich läßt: "Neuer und mächtiger dringt leuchtende

Flamme hinauf." (HA I, 162 – VI. Elegie). Freilich, der Unterschied zu Nietzsche ist dennoch nicht zu übersehen. Während bei Goethe Jupiter noch über dem Dichter steht, ist bei Nietzsche der Schaffende selbst der Jupiter. Der "Olymp des Scheins" ist eine vom Menschen geschaffene, fiktionale Welt. Während bei Goethe Jupiter den Dichter in seine Schranken weist ("Dichter! wohin versteigest du dich?" [VII. Elegie]), ist der Schaffende bei Nietzsche eine autonome Potenz. Und während bei Goethe der Dichter in Demutsgebärde darum bittet, nur vorübergehend im Olymp geduldet und dann "leise zum Orkus hinab" geführt zu werden (VII. Elegie), ist bei Nietzsche der Künstler zu einer absoluten Größe geworden, die sich keine Beschränkung auferlegt und selbst der 'Gott' ist. Die "göttlich künstliche Kunst" – sie ist das vom Menschen selbst hervorgebrachte höchste Sein. Sie ist "göttlich", weil es nichts mehr über ihr gibt, und sie ist "künstlich", weil sie eine verfertigte, fiktionale Welt ist. Und sie ist eine Kunst "*nur für Künstler*", weil ihr Sinn allein darin liegt, schöpferische Impulse auszulösen. Wenn somit der "Olymp des Scheins" an den Schaffenden gebunden bleibt, das heißt, im Lichte der Schaffensästhetik gesehen werden muß, so kommt hier doch zugleich der Aspekt des in sich ruhenden Werkes stärker zur Geltung als ansonsten bei Nietzsche. Sofern Nietzsche in seiner Spätzeit dazu neigt, "eine neue 'Wahrheit' von 'objektiver', weil auch außer-persönlicher, ja außermenschlicher Gültigkeit" zu gestalten (*Bindschedler*, Poetische Lüge, 75), betrifft dies nicht zuletzt den "Olymp des Scheins". Von "außermenschlicher Gültigkeit" möchte man allerdings nicht sprechen, da auch der "Olymp des Scheins" eine Ausdruckswelt des Schaffenden ist. Es ist fraglich, ob Nietzsche überhaupt ontologisch dachte, ob er das Sein selbst reflektierte und eine Welt jenseits des Menschen vorstellte. Nietzsche denkt wesentlich existentiell, d.h. vom Menschen her. "[…] und der Bauch des Seins redet gar nicht zum Menschen, es sei denn als Mensch." (4, 36 – Za).

Exkurs 39 (zu Seite 516, Fn. 404)

Nietzsche hat sich allerdings vergleichsweise selten mit der Psychologie des Traumhaft-Unbewußten befaßt. Der Traum interessiert ihn primär als ästhetischer Zustand im Sinne der apollinischen Traumkunst oder als dionysisches Lebensprinzip, wie vor allem im *Nachtwandler-Lied* des *Zarathustra*: "ihr Weh käut sie zurück, im Traume, die alte tiefe Mitternacht, und mehr noch ihre Lust." (4, 401 – Za). Der Traum erscheint als Regenerationszentrum des Dionysischen. Im "Traum", in der submentalen Tiefenzone, gelangt das dem "Tag", dem logischen Bewußtsein, vorgeschaltete Elementargeschehen zum Durchbruch. Aber Nietzsche beschränkt sich nicht auf eine Psychologie des Unbewußten, sondern ihm geht es um eine Metaphysik des Lebens. Im "Traum" erfolgt die Vergegenwärtigung der "Ewigkeit":

Oh Mensch! Gieb Acht!
Was spricht die tiefe Mitternacht?
"Ich schlief, ich schlief –,
"Aus tiefem Traum bin ich erwacht: –
"Die Welt ist tief,
"Und tiefer als der Tag gedacht.
"Tief ist ihr Weh –,
"Lust – tiefer noch als Herzeleid:
"Weh spricht: Vergeh!

"Doch alle Lust will Ewigkeit –,
"– will tiefe, tiefe Ewigkeit!"
(4, 404 – Za [= 4, 285f – Za – Das andere Tanzlied 3])

In diesen Versen, die man im Todesjahr Nietzsches auf einem Gedenkstein am Silsersee anbrachte, erscheint der Traum als Weltprinzip, als die Tiefendimension, aus der das Leben den Bezug zur Ewigkeit gewinnt. Die Nacht und der Traum – es ist ein romantisches Urerlebnis, das Erlebnis der *unio mystica*, das sich hier bei Nietzsche ausspricht. Dennoch ist der Unterschied zur Romantik nicht zu übersehen. Während bei Novalis, in den *Hymnen an die Nacht*, die Todesmystik herrscht ("Welche Wollust, / Welchen Genuß, / Bietet dein Leben / Die aufwögen / Des Todes Entzückungen." [S I, 136, 138]), eine auf das Jenseits sich richtende Todesmystik ("Du kommst, Geliebte – / Die Nacht, ist da – / Entzückt ist meine Seele – / Vorüber ist der irrdische Tag / Und du bist wieder Mein." [S I, 132]), handelt es sich bei Nietzsche um eine Mystik des dionysischen Lebens und um ein rein weltimmanentes Daseinserlebnis. In der Zeit und Raum tilgenden Mitternachtsstunde erfolgt die *unio mystica* mit dem dionysischen Leben. Es ist dies eine Erfahrung, die sich in ähnlicher Weise bei Benn findet. So heißt es in *Diesterweg*: "ich trage sie im Traum, die Welt." (GW II, 71). Und im *Garten von Arles* heißt es lapidar: "das Absolute ist der Traum." (GW II, 88). Später wird Benn von der "mystischen Partizipation" sprechen, der Aufhebung der Subjekt-Objekt-Spaltung in einem dionysischen Identitätserlebnis (vgl. GW I, 80, 82, 93, 99, 332, 473. Zu dem von Lévy-Bruhl kreierten Terminus *participation mystique* und seiner Erläuterung durch C.G. Jung vgl. *Wellershoff*, Benn, 82f.). Es entspricht Nietzsches Vorstellung von der Fiktionalität des 'Ich', wenn Benn schreibt: "Wer träumt den Traum? – Das Ich ist eine späte Stimmung der Natur und sogar eine flüchtige, Innen und Außen erst spät geschieden [...]" (Zur Problematik des Dichterischen, GW I, 78). Es ist das "archaisch erweiterte, hyperämisch sich entladende Ich" (ebd., 81), das bereits Nietzsche im Blickfeld hat, wenn er das Ich in den Traum zurückgründet. Nietzsche entfaltet allerdings nicht nur eine Mystik des Traums, sondern er betreibt auch die Analyse des Traums, vor allem in der kritischen Periode von *Menschliches, Allzumenschliches*. Im Textstück *Der Traum* bezeichnet er die "Träume" als "symbolische Scenen- und Bilder-Ketten an Stelle einer erzählenden Dichter-Sprache". Der Traum erscheint als künstlerische Tätigkeit: "Wir verbrauchen im Träumen zu viel Künstlerisches – und sind desshalb am Tage oft zu arm daran." Aber dies ist die Ausnahme, denn "für gewöhnlich ist der Traum eine Pfuscher-Arbeit" (2, 639 – WS). Der Psychologe Nietzsche weiß um die im Traum zutage tretenden Urerfahrungen des Menschen, aber im ganzen betreibt er eher die Demontage des Traumes. Im Textstück *Missverständniss des Traumes* deutet er den "Traum" als Ursache der Fiktion einer "*zweiten realen Welt*": "hier ist der Ursprung aller Metaphysik. Ohne den Traum hätte man keinen Anlass zu einer Scheidung der Welt gefunden." (2, 27 – MA I). Der "Traum" wird verantwortlich gemacht für die von Nietzsche so vehement abgelehnte Zweiwelten-Theorie. Im Textstück *Traum und Cultur* wird zwar die archetypische Bedeutung des Traumes erkannt ("im Schlaf und Traum machen wir das Pensum früheren Menschenthums noch einmal durch"), aber der Traum läuft auf eine Schein-Logik hinaus (das "schlechte Schliessen, dessen wir uns im Traume schuldig machen"), "so dass wir, bei deutlicher Vergegenwärtigung eines Traumes, vor uns erschrecken, weil wir so viel Narrheit in uns bergen" (2, 32 – MA I). Im Textstück *Logik des Traumes* geht Nietzsche auf die Physiologie des Traumes ein und wendet sich gegen die Traumsymbolik, die ein Produkt der "erregten Phantasie" sei. Er kritisiert die Verfälschung der

"Traumphantasie" zur Wahrheit. Er verweist zwar erneut auf die archetypische Bedeutung des Traumes ("Im Traum übt sich dieses uralte Stück Menschenthum in uns fort [...] der Traum bringt uns in ferne Zustände der menschlichen Cultur wieder zurück"), aber die mythenbildende Phantasie der Völker erzeugt, wie die dichterische Phantasie, bloße Fiktionen: "Auch der Dichter, der Künstler *schiebt* seinen Stimmungen und Zuständen Ursachen *unter*, welche durchaus nicht die wahren sind; er erinnert insofern an älteres Menschenthum und kann uns zum Verständnisse desselben verhelfen." (2, 32 – 35). Aus dem Traum geht keine neue Wahrheit hervor, sondern der Traum ist ein Reflex des Denkens: "Wir denken nicht nur innerhalb des Traumes, sondern der Traum selber ist das Resultat eines Denkens." (8, 389). Im Textstück *In der Nacht* wird der Schlaf als Verdüsterung des Lebens gedeutet ("die Nacht überredet zum Tode") (vgl. 2, 544f. – WS). Dies sind nun gänzlich un-romantische Deutungen des Traumes. Wenn in Schuberts *Symbolik des Traumes* (1814) gerade die Traum-Assoziationen als Offenbarung tieferer Wahrheiten aufgefaßt werden, so werden sie von Nietzsche als trügerische Fiktionen abgetan. Der kritische Psychologe Nietzsche bezieht auch den Traum in seine Entlarvungspsychologie ein. In der *Geburt der Tragödie* hatte Nietzsche den Traum gepriesen. Aber dort hatte er den Traum als schönen Schein interpretiert – als notwendige Ergänzung des dionysischen Lebens. In *Menschliches, Allzumenschliches* diskreditiert er ihn als lügnerischen Schein – als lebensfeindliche Fiktion. Später, insbesondere im *Zarathustra*, gewinnt der Traum neue Dignität. Nun erlangt der Traum erneut symbolische Transparenz, freilich nicht im Sinne der psychoanalytischen Traumarbeit, sondern als metaphysisches Substrat des Lebens. Dabei handelt es sich bei Nietzsche nicht um automatische Diktate des Unbewußten, um eine *écriture automatique*, um ein passives Niederschreiben von Impulsen aus submentalen Tiefenschichten, sondern um die geistig aktive Formung des Traumes durch das kreative Subjekt. Nun haben sich freilich auch die Surrealisten nicht mit der automatischen Niederschrift von Träumen begnügt, sondern die Träume durchaus künsterlisch arrangiert und in der Wiedergabe der Träume und Halluzinationen "die *größte Freiheit*, die des Geistes" gesehen (*Breton*, Surrealismus, 12). Die *écriture automatique* war ohnehin eine arbeitshypothetische Fiktion. Aber das ist eine Spezialfrage. Im Prinzip fehlt in Nietzsches dichterischer Vergegenwärtigung des Traumes noch der psycho-analytische Impetus, wie ihm auch die assoziativen Montagen von Traummotiven noch fremd sind. Dennoch ist der *Zarathustra* eine Fundgrube für die psychoanalytische Erforschung des Menschen. Nietzsche vertritt allerdings keine *deterministische* Symbolik des Unbewußten. Wenn z.B. Freud den "bleichen Verbrecher" aus dem *Zarathustra* (vgl. 4, 45-47 [vom bleichen Verbrecher]) als den "Verbrecher aus Schuldgefühl" interpretiert (*Freud*, Charaktertypen, 253), so verkennt er, daß es dort nicht um ein "Vergehen aus dem Schuldbewußtsein" (ebd., 252), sondern um die Freiheit vom Schuldbewußtsein geht.

Exkurs 40 (zu Seite 517, Fn. 405)

Der Wanderer wird zum Sinnbild Nietzsches. So schreibt ihm Malwida von Meysenburg, wohlwollend, aber ein wenig betulich: "Es ist rührend und schön an den einsamen Wanderer zu denken, welcher unverdrossen, auf rauhem Pfade, der Höhe zustrebt, auf der man im reinen Geistesäther athmet." (B II 6/2, 1062 – 28.3.79). Nietzsche gibt dem Motiv des Wanderers eine letzte, unüberbietbare Zuspitzung. In den Wanderliedern Eichendorffs taucht auch immer wieder das Motiv des einsamen Wanderns auf, aber diese Einsamkeit wird letztlich aufgefangen in einer religiösen Geborgenheit, einem Gottvertrauen. So lautet eine Strophe der *Wandersprüche*:

Sinkt der Stern: alleine wandern
Magst du bis ans End der Welt –
Bau du nur auf keinen andern
Als auf Gott, der Treue hält. (*Eichendorff*, Werke I, 75)

Manchmal deutet sich allerdings auch schon bei Eichendorff eine Melancholie der Einsamkeit an, die eigentümlich bezugslos bleibt. So lautet einer der *Wandersprüche*:

Der Wandrer, von der Heimat weit,
Wenn rings die Gründe schweigen,
Der Schiffer in Meereseinsamkeit,
Wenn die Stern aus den Fluten steigen:

Die beiden schauern und lesen
In stiller Nacht,
Was sie nicht gedacht,
Da es noch fröhlicher Tag gewesen. (*ebd.*, 76)

Demgegenüber sind Wilhelm Müllers Wanderlieder, abgesehen von der *Winterreise*, zumeist von eher unbekümmerter Art, gehalten in einem leichten, sangbaren Volkston. Vgl. Gedichte wie *Wanderschaft* ("Das Wandern ist des Müllers Lust") und *Große Wanderschaft* oder die *Wanderlieder eines rheinischen Handwerksburschen* (*Müller*, Schriften I, 6, 79, 82-101). In der *Winterreise*, diesem tief melancholischen, bekanntlich von Schubert vertonten Zyklus, findet Müller allerdings Töne, in denen sich ein einsames, wegloses Wandern ausspricht. So heißt es im Gedicht *Der Wegweiser*:

Was vermeid' ich denn die Wege,
Wo die andren Wandrer gehn,
Suche mir versteckte Stege
Durch verschneite Felsenhöhn?

[...]

Einen Weiser seh' ich stehen
Unverrückt vor meinem Blick;
Eine Straße muß ich gehen,
Die noch Keiner ging zurück. (*Müller*, Gedichte, 119)

Dies klingt bereits nach Nietzschescher Einsamkeit. Aber Müllers Zyklus ist beherrscht von der Melancholie des unglücklich Liebenden – ein Nietzsche fremdes Motiv. Bei Nietzsche geht es nicht um individuelle Stimmungen, sondern um existentielle Grundsituationen. Auch Ludwig Uhlands Zyklus *Wanderlieder*, in dem gleichfalls ein schlichter Gefühlston herrscht, ist von melancholischen Abschiedsempfindungen und Einsamkeitsgefühlen geprägt, wenngleich zum Schluß, im Gedicht *Heimkehr*, die Einsamkeit durch die Hinwendung zur "Liebsten" wieder aufgefangen wird:

O, brich nicht, Steg! du zitterst sehr.
O, stürz' nicht, Fels! du dräuest schwer.
Welt, geh nicht unter, Himmel, fall nicht ein,
Eh' ich mag bei der Liebsten sein! (*Uhland*, Gedichte und Dramen I, 76)

Hier erstarrt der innige Lyrismus bereits zur rollenlyrischen Pose, wie überhaupt die Motivik der Einsamkeit und des Wanderns in der Lyrik des 19. Jahrhunderts vielfach zur allzu leicht von der Hand gehenden Stilübung verfällt. Bei Lenau freilich hat das Motiv des Wanderns sein existentielles Gewicht. Ein Schlüsselmotiv der elegischen Lyrik des Melancholikers Lenau ist das Motiv des von Todessehnsucht erfüllten einsamen Wanderers. Wenn in einem Gedicht wie *Nächtliche Wanderung* die durch den Tod der Braut bewirkte "Todeslust" noch aufgefangen wird (*Lenau*, Werke I, 14f.), so 'starrt' im Gedicht *Der trübe Wandrer* das am "Strand des Lebens" 'irrende' Ich "düster" ins "Todesmeer" (ebd., 26). Es wirkt fast wie eine Vorwegnahme Nietzschescher Einsamkeitserfahrungen, wenn es im Gedichtzyklus *Wanderung im Gebirge*, und zwar im Gedicht *Einsamkeit*, heißt:

Schon seh ich Hirt und Herde nimmer,
Ein Lüftchen nur ist mein Geleit;
Der steile Pfad wird steiler immer,
Es wächst die wilde Einsamkeit.

[...]

Verschwunden ist das letzte Leben,
Hier grünt kein Blatt, kein Vogel ruft,
Und selbst der Pfad scheint hier zu beben,
So zwischen Wand und Todeskluft. (ebd., 92)

In dieser Einsamkeitszone erfährt das Ich allerdings die Gegenwart Gottes, denn es folgt die Sentenz: "Komm, Gottesleugner, Gott zu fühlen". Aber damit verdeckt sich der Melancholiker nur seine metaphysische Vereinsamung, jene existentielle Einsamkeit, wie sie beispielsweise in den späteren Sonetten *Einsamkeit* zum Ausdruck gelangt:

Hast du schon je dich ganz allein gefunden,
Lieblos und ohne Gott auf einer Heide,
Die Wunden schnöden Mißgeschicks verbunden
Mit stolzer Stille, zornig dumpfem Leide?

[...]

Lieblos und ohne Gott! der Weg ist schaurig,
Der Zugwind in den Gassen kalt; und du? –
Die ganze Welt ist zum Verzweifeln traurig. (ebd., 289f.)

Hier handelt es sich um "metaphysische Vereinsamung", um "letzte und tiefste Einsamkeit vor Gott" (*Gibson*, Lenau, 156). Einsamkeit, Melancholie und Todessehnsucht prägen die Gedichte Lenaus, und diese Grundstimmung wird auch später durch die von Gibson so stark hervorgehobenen 'dionysischen' Motive (vgl. ebd., 206-219; zu dionysischen Motiven Nietzsches bei Lenau vgl. auch *Haller*, Mandragora, 83-109) kaum getilgt, sondern eher aufgehellt. Vorherrschend in der Lyrik Lenaus ist eine tiefe, konstitutionelle Schwermut. Und dies ist auch der entscheidende Unterschied zu Nietzsche. Nietzsche gibt sich nicht der Schwermut hin, sondern überwindet sie. Die Überwindung der Schwermut wird zum Probierstein des Willens zur Macht. Bei Nietzsche gewinnt das Motiv des Wanderns eine neue, produktive Qualität, in thematischer und in ästhetischer Hinsicht. Zudem erfolgt bei ihm auch im Vergleich zu großen Dichtern der Tradition, wie Goethe und Hölderlin, eine extreme Zuspitzung des Motivs. Goethes große Hymne *Wandrers Sturmlied* ist ein Dithyrambus, in dem sich glühendes Geniebewußtsein, dionysisches Lebensgefühl und pindarisierendes Pathos zu einer dynamischen Sprachfigur verdichten:

Wenn die Räder rasselten
Rad an Rad, rasch ums Ziel weg
Hoch flog
Siegdurchglühter
Jünglinge Peitschenknall

[...]

Glühte deine Seel' Gefahren, Pindar,
Mut. – Glühte –
Armes Herz –

[...] (*Goethe*, HA I, 36)

Demgegenüber ist Goethes Gedicht *Der Wandrer* eine Idylle in Dialogform, die formal durch eine festere sprachliche Fügung gekennzeichnet ist und thematisch das dionysische Genietum mit dem Maß des allgemein Menschlichen verbindet (vgl. HA I, 36-42). In Goethes Gedicht *Wandrers Nachtlied* herrscht dann nicht mehr eine ekstatische, sondern eine resignative, kalmierte Stimmung:

Der du von dem Himmel bist,
Alles Leid und Schmerzen stillest,
Den, der doppelt elend ist,
Doppelt mit Erquickung füllest,
Ach, ich bin des Treibens müde,
Was soll all der Schmerz und Lust?
Süßer Friede,
Komm, ach komm in meine Brust! (HA I, 142)

Der späte Goethe wehrt dann endgültig die vom Wandern ausgehenden Gefährdungen ab, zugunsten des Humanum, der individuellen und gemeinschaftlichen Geborgenheit. So lautet das Gedicht *Wandersegen*:

Die Wanderjahre sind nun angetreten,
Und jeder Schritt des Wandrers ist bedenklich.
Zwar pflegt er nicht zu singen und zu beten;
Doch wendet er, sobald der Pfad verfänglich,
Den ernsten Blick, wo Nebel ihn umtrüben,
Ins eigne Herz und in das Herz der Lieben.
(HA I, 374; dazu: *Schrimpf*, Wandermotiv bei Goethe, 17f.)

Nietzsche hat sich diesen Ausweg versagt. Selbst wenn er, rein zeitlich gesehen, wie Goethe in die Phase einer Alterslyrik vorgestoßen wäre, hätte dies nicht zu einer Beruhigung des Wanderns geführt. Zu tief ist die Liebe zur Gefahr in ihm angelegt. Er weicht der Gefahr nicht aus, sondern sucht sie geradezu. Das Wandern, das gefährliche Wandern, ist seine Existenzform. Das unterscheidet ihn zuletzt auch von Hölderlin, der in der Elegie *Der Wanderer* den Wanderer aus den tödlichen Sphären der Wüste und des Eises in die lebenspendende Heimat zurückkehren läßt. Im Unterschied zu Nietzsche hatte Hölderlin noch seine Götter. Selbst im Wandern in die einsamsten Zonen weiß sich das vereinsamte Ich Hölderlins doch noch auf die Götter, die Lebensmächte, bezogen. Besonders in der umgearbeiteten Fassung der Elegie *Der Wanderer* bezieht sich das Ich auf die Götter:

Und so bin ich allein. Du aber, über den Wolken,
Vater des Vaterlands! mächtiger Aether! und du
Erd' und Licht! ihr einigen drei, die walten und lieben,

Ewige Götter! mit euch brechen die Bande mir nie.
Ausgegangen von euch, mit euch auch bin ich gewandert,
Euch, ihr Freudigen, euch bring' ich erfahrner zurük.
(*Hölderlin*, SW II, 83)

Bei Nietzsche hat sich das Wandern verselbständigt. Im *Zarathustra*-Kapitel *Der Wanderer* wird das Wandern zur Symbolik der Freiheit, Größe und Einsamkeit des Schaffenden. Zarathustra, der erklärt: "Ich bin ein Wanderer", "erlebt" im "Wandern" "endlich nur noch sich selber", sein "eigen Selbst" (4, 193 – Za). Sein Wandern ist sein "Weg der Grösse", zu einer Größe, in der "Gipfel" und "Abgrund" identisch sind (4, 194 – Za), das heißt, in der der Schaffende die Welt in seine absolute Verfügung genommen hat.

Exkurs 41 (zu Seite 524, Fn. 409)

Zum Affenmotiv vgl. generell *Janson*, Apes and ape lore in the Middle Ages and the Renaissance. – Zum Affen mit dem Spiegel (apes with mirror) vgl. S. 130, 210ff., 231, 232, 261ff., 298. – Zur Affenmetapher in der Antike, im Mittelalter und in der Renaissance vgl. die informativen Hinweise bei *Curtius*, Europäische Literatur, 522f. (Der Affe als Metapher). Der Affe erscheint als Metapher des spielerischen Imitators. "Der reale Affe (*simius*) wird zur *simia*, wenn er den Menschen nachahmt [...] Ein verständnisloser Nachahmer konnte also *simia* heißen." (ebd., 522). Vgl. auch *Hocke*, Labyrinth, 75: "Er symbolisiert das '*Künstliche*' (also nicht den 'Ulk'), das *Gesuchte*, das *Sich-künstlich-Verhalten*." Im Hinblick auf die Antike gibt bereits Otto Keller entsprechende Hinweise: "In der späteren Periode des Griechen- und Römertums zählten die Affen zu den beliebtesten Luxustieren. [...] Man lehrte sie allerlei musikalische Instrumente, Flöte, Syrinx, Leier, sogar auch Brett spielen und buchstabieren." (*Keller*, Antike Tierwelt I, 4). Was den Affen als Metapher des Künstlers betrifft, so hat man verwiesen auf die "in der Renaissance – von Villani bis Shakespeare – verwendete Bezeichnung des Künstlers als 'Affen Gottes'", "eine Bezeichnung, deren Geschichte und Entwicklung Panofsky (1924, S. 89) geschildert hat. In der Antike geringschätzig gemeint, wird sie in der Renaissance zum Ruhmestitel des Künstlers (Schlosser, 1927, S. 268), um zuletzt wieder im ursprünglichen, herabsetzenden Sinne verwendet zu werden." (*Kris/Kurz*, Die Legende vom Künstler, 116 [Buchverweise: *Panofsky*, Idea; *Schlosser*, Präludien]). Bei Nietzsche taucht die Metapher vom "Affen Gottes" in extrem pejorativer Bedeutung als Bezeichnung der Absurdität der menschlichen Existenz auf:

> Hat ein Gott die Welt geschaffen, so schuf er den Menschen zum *Affen Gottes*, als fortwährenden Anlass zur Erheiterung in seinen allzulangen Ewigkeiten. Die Sphärenmusik um die Erde herum wäre dann wohl das Spottgelächter aller übrigen Geschöpfe um den Menschen herum. (2, 548 – WS)

Der Mensch als Affe – diese Metapher hatte Zukunft. So nennt Albert Ehrenstein einen Essayband mit Porträts historischer und zeitgenössischer Gestalten *Menschen und Affen*, eine seltsame Mischung aus Pathos und Satire, Polemik und Groteske, Ironie und Zynismus. In diesem kuriosen Pandämonium, in dem es von den "Ästheten" heißt, sie irrten "nackt bis auf das Präservativ, als Gralsritter von der traurigen Gestalt" umher (S. 92f.), betreibt Ehrenstein ein groteskes Spiel mit der Affen-Metapher, um das Pathos des Menschen abzubauen. Er lobt die "freien Affen", die er nicht "mit Schriftstellern, Giftstellern, verkommenen Großstadtwesen in einem Atem" nennen möchte. "Die Affen kopieren, parodieren den Menschen nur aus pädagogischen Gründen: aus unerbittlicher Güte – um ihm sein Unwesen zu verekeln." (ebd., 158). "Ich lehne die Existenz eines für diese Welt verantwortlichen Gottes als unmoralisch ab, als Lästerung eueres Gottesbegriffes – über Literaturpäpste [...] über autoritäre Affen muß ich lachen." (ebd., 159). Literarische Qualität gewinnt das Affen-Motiv in Kafkas Erzählung *Ein Bericht für eine Akademie*, einer vieldeutigen Travestie, in der der seinem Ursprung entfremdete und den Menschen nachäffende Affe den Menschen, den Gelehrten, die Wahrheit sagt und in der sich die Grenze zwischen Affentum und Menschsein verwischt. Wie häufig bei Kafka tritt auch hier das Tier als Künstler auf. Von dem vor einem Publikum sich betrinkenden Affen heißt es, daß er "nicht mehr als Verzweifelter, sondern als Künstler die Flasche hinwarf". Bezeichnenderweise sieht der Affe nicht im Normalverhalten, sondern in der Artistik seine Rettungsmöglichkeit: "Ich sagte mir: setze alle Kraft an, um ins Varieté zu kommen; das ist der Ausweg; Zoologischer Garten ist nur ein neuer Gitterkäfig; kommst du in ihn, bist du verloren." (*Kafka*, Erzählungen, 145f.). Bei Benn wird die Affen-Metapher zur zynischen Provokation. Er singt "dem Tod ein Affenlied" ("Wir gerieten in ein Mohnfeld" – GW III, 22). Es ist die Rede von "Affentranszendenzen" (Der Garten von Arles – GW II, 91), von dem ewig 'weitermahlenden' "großen Affengebiß" (– Gewisse Lebensabende – GW III, 242). Er zitiert Dostojewski: "Vom Gorilla bis zur Vernichtung Gottes" (St. Petersburg – Mitte des Jahrhunderts – GW III, 221 – vgl. *Dostojeskij*, Die Dämonen, 135: "vom Gorilla bis zur Vernichtung Gottes").

Exkurs 42 (zu Seite 528, Fn. 413)

Die Degradierung des Dichters zum Narren läuft auf die Auflösung des traditionellen Dichterbegriffs hinaus. Es ist eine Absage an das ursprungsnahe Genie und an die Dichtung als Symbol der Wahrheit. Der junge Goethe hatte in seinen Künstlergedichten die Schöpferkraft des Genies, das Schaffen aus der Natur, das Künstlertum als höchste menschliche Daseinsform herausgestellt. In *Künstlers Morgenlied*, diesem von ungebrochenem Kunstenthusiasmus getragenen Gedicht, erscheint das schöpferische Ich als eine naturnahe Kraft, die im künstlerischen Schaffensakt ihre höchste Verwirklichung findet:

> Ich hab' euch einen Tempel baut,
> Ihr hohen Musen all',
> Und hier in meinem Herzen ist
> Das Allerheiligste. (*Goethe*, HA I, 54)

Mensch, Natur und Kunst bilden eine schöpferische Einheit. Die Kunst ist die höchste Ausdrucksform des aus der schöpferischen Natur schaffenden Menschen. Sie ist der Bereich, in dem der Mensch der schöpferischen Natur und der inneren Wahrheit des Menschseins am nächsten kommt. Sie ist seine Wesensauszeichnung. "[...] die *Kunst*, o Mensch, hast du allein", sagt Schiller im Gedicht *Die Künstler* (NA I, 201). Die Kunst ist die Natur auf höherer Ebene:

> Die Auswahl einer Blumenflur
> mit weiser Wahl in einen Strauß gebunden,

so trat die erste Kunst aus der Natur;
jetzt wurden *Sträuße* schon in einen *Kranz* gewunden,
und eine zweyte höh're Kunst erstand
aus Schöpfungen der Menschenhand. (*Schiller*, NA I, 205)

Die Kunst wird zum Organ und Ausdruck der ästhetischen Harmonie des Menschen:

Der fortgeschrittne Mensch trägt auf erhobnen Schwingen
dankbar die Kunst mit sich empor,
und neue Schönheitswelten springen
aus der bereicherten Natur hervor. (NA I, 208)

Die Kunst ist der Ort der "Wahrheit". In der Kunst enthüllt der schöpferische "Geist" den wahren "Weltenplan":

So führt ihn, in verborgnem Lauf,
durch immer reinre Formen, reinre Töne,
durch immer höh're Höhn und immer schön're Schöne
der Dichtung Blumenleiter still hinauf –
zuletzt, am reifen Ziel der Zeiten,
noch eine glückliche Begeisterung,
des jüngsten Menschenalters Dichterschwung,
und – in der *Wahrheit* Arme wird er gleiten. (NA I, 212f.)

Die Dichtung bewahrt der "Menschheit Würde". Sie übt nicht nur eine humanisierende Wirkung aus, sondern hat darüber hinaus eine sinnstiftende Bedeutung im großen "Weltenplan":

Der Dichtung heilige Magie
dient einem weisen Weltenplane,
still lenke sie zum Ozeane
der großen Harmonie! (NA I, 213)

In der von heterogenen Zwecken bestimmten Epoche findet die "Wahrheit" allein im Gedicht eine Heimstätte:

Von ihrer Zeit verstoßen, flüchte
die ernste Wahrheit zum Gedichte
[...] (NA I, 213)

Der Unterschied zu Nietzsche liegt auf der Hand. Bei Nietzsche hat sich die Kunst von der "Wahrheit" emanzipiert; es gibt keinen "Weltenplan", keinen Sinnzusammenhang und kein Ziel der Geschichte mehr; an die Stelle der "Harmonie" ist die Dissonanz getreten; die Dichtung hat ihre sinnstiftende Bedeutung verloren. Hier stößt sich Nietzsche von der Tradition ab. Der Glaube an die sinnstiftende Kraft der Dichtung prägt auch die Dichtungsanschauung Hölderlins. Der (vielzitierte) Schlußvers von Hölderlins Gedicht *Andenken* lautet: "Was bleibet aber, stiften die Dichter." (SW II, 189). Zur Frage der Verquickung von "Vergangenem" und "Kommendem" in diesem Hölderlin-Vers vgl. *Heidegger*, Andenken, 79f.). Bei Hölderlin ist es allerdings die Hinwendung zu den Göttern, den Lebensmächten, aus der der Dichter seine Legitimation bezieht und in der sich der Sinn des Dichtens erfüllt. Dichten – das bedeutet für Hölderlin Vergegenwärtigung der Götter. Der 'Beruf' des Dichters besteht in der Verkündigung der Götter. So heißt es in der Ode *Dichterberuf*, mit Bezug auf den "Freudengott", den "unverhofften Genius", den "Gott":

Zu Sorg' und Dienst den Dichtenden anvertraut!
Der Höchste, der ists, dem wir geeignet sind,
Daß näher, immerneu besungen
Ihn die befreundete Brust vernehme.
(*Hölderlin*, SW II, 46f.)

Für Hölderlin ist der "Gott" eine über den Menschen hinausreichende Größe – eine Größe, die der Dichter im rühmenden Wort ansprechen kann. Für Nietzsche ist der 'Gott' die höchste Möglichkeit des Menschen selbst. Daher kann Nietzsche auch den 'Dionysos' nicht wie eine über ihm stehende Macht ansprechen. Bei Hölderlin evoziert der Dichter durch das Wort den Dionysos. In der Ode *An unsre großen Dichter* heißt es:

O wekt, ihr Dichter! wekt sie vom Schlummer auch,
Die jezt noch schlafen, gebt die Geseze, gebt
Uns Leben, siegt, Heroën! ihr nur
Habt der Eroberung Recht, wie Bacchus.
(*Hölderlin*, SW I, 261)

Die Verlebendigung des Dionysos durch den Dichter – dies vollzieht sich auch bei Nietzsche. Aber bei Nietzsche dichtet der Dichter nicht mehr im Auftrag der Gemeinschaft und nicht mehr für die Gemeinschaft, sondern nur noch für sich selber. In wachsendem Maße werden der Schaffende und Dionysos identisch. Im übrigen zersetzt Nietzsche den traditionellen Dichterbegriff. Bei ihm wird der Dichter zum Narren. "du Narr! du Dichter!" sagt Nietzsche zu sich selber (6, 379 – DD). Die Dichter betreiben ein im Grunde sinnloses Geschäft: "ihr Dichterlinge und Faulthiere, wer nichts zu schaffen hat, dem macht ein Nichts zu schaffen!" (11, 379; vgl. 11, 350; 13, 574). Später wird Benn, der frühe Benn, die Dichter-Schelte noch radikalisieren. Im provokatorischen Gedicht *Innerlich* tut er in drastischen Wendungen die Dichter, die Dichter der Innerlichkeit, als 'Pack' ab:

Das Dichterpack, der abgefeimte Pöbel,
das Schleimgeschmeiß, der Menschheitslititi,
ein Stuhlbein her, ein alter Abtrittsmöbel,
ein Schlag – der Rest ist Knochenchirurgie.
(*Benn*, GW III, 406)

Nietzsches Gedanke von der Dichtung als bloßer Metaphorik wird in der Moderne immer wieder aktualisiert. So gibt Carl Sternheim die Parole aus: "*Kampf der Metapher!*" und attackiert die etablierte, verbrauchte Dichtersprache, um neuen Ausdrucksformen Bahn zu brechen – wie er sie allein bei Benn realisiert findet (vgl. *Sternheim*, Essays, 19-25). Ansonsten sieht er bei den zeitgenössischen Avantgardisten nur leere Rhetorik, "künstlich gemachte Gewitter": "Noch immer hatten mit aller Welt sie gleiche Begriffe, die sie nur mit vollen Backen bis zum Platzen aufgeblasen hatten." (ebd., 20). Und Carl Einstein schreibt, in seiner realistischen Periode: "Die Dichter reimten in Metafern, die aus alten Symbolen abgeleitet waren. Im großen ganzen ist die Geistesgeschichte die Historie der Paraphrasen, der Ableitungen und Surrogate." (*Einstein*, Fabrikation, 224). Nietzsches Abwertung des Dichters zum Narren ist allerdings von zweideutiger Art, denn es ist die Frage, ob nicht das Narrentum eine Maske ist, die die Mitteilung neuer Wahrheiten ermöglicht. "Wer aber ist der Narr am Ende von Nietzsches bewußtem Leben? Ist es der Narr, der von aller Wahrheit ausgeschlossen ist, oder der Narr, dem seine Kappe erlaubt, neue, eigentlich verbotene

Wahrheit zu sagen? [...] Die Narrenkappe erlaubt es Nietzsche, die neue Wahrheit der Umwertung zu sagen." (*Bröcker*, Narrentum, 139). Demgegenüber stellt sich die Frage, ob das Ausgeschlossensein von der 'Wahrheit' und das Verkünden einer neuen 'Wahrheit' unbedingt einen Gegensatz bilden. Besteht nicht die neue 'Wahrheit', die alles umwertende 'Wahrheit', in der Erkenntnis, daß es keine 'Wahrheit', sondern nur den Schein gibt? Zudem ist anzumerken, daß Nietzsche diese neue 'Wahrheit' ja nicht nur in Narrenpose, sodnern auch und vor allem in ernstem Pathos vorträgt. Nietzsche hat versucht, das Problem der 'Wahrheit' durch die Apotheose der Kunst zu lösen. In der modernen Literatur hat man an dieses Kunst-Credo angeknüpft (George, Benn). Aber dieses Vertrauen auf die Kunst ist auch schwer erschüttert worden.

Das zeigt sich besonders eindringlich bei Hermann Broch. Bei ihm verliert die Kunst ihren absoluten Rang und wird wieder zurückbezogen auf die 'Wahrheit'. Das zentrale Thema im *Tod des Vergil* ist das Verhältnis von Kunst und Erkenntnis resp. von Kunst und Wahrheit. Es stellt sich, für den sterbenden Vergil, die bedrängende Frage, ob sein dichterisches Werk überhaupt sinnvoll gewesen ist. Er ist zu der Auffassung gelangt, daß die "Kunst" "nur so weit besteht – oh, besteht sie noch, darf sie noch bestehen? – so weit sie Eid und Erkenntnis enthält, so weit sie Menschenschicksal ist und Seinsbewältigung" (S. 152f.). "[...] und so wußte er auch, daß in solcher Wahrheit die Pflicht allen Künstlertums liegt, die Pflicht zur selbsterkennenden Wahrheitsfindung und Wahrheitsäußerung" (S. 153). Hatte Nietzsche Kunst und Wahrheit als fundamentalen Gegensatz verstanden, so werden sie bei Broch in einer neuen Synthese wieder vereinigt. Das von Nietzsche zugunsten der Kunst revolutionierte Rangverhältnis von Kunst und Erkenntnis wird von Broch wieder umgekehrt zugunsten der Erkenntnis. Das "Kunstwerk" wird zur "Wahrheitserkenntnis" (S. 272). Freilich, es besteht auch eine Affinität zwischen Nietzsche und Broch, denn beide lehnen die Autonomie der Kunst ab. Vergil weiß, "daß die Schönheit des Sinnbildes [...] niemals Selbstzweck werden darf, daß immer, wenn solches geschieht und die Schönheit sich als Selbstzweck vordrängt, die Kunst in ihren Wurzeln angegriffen wird" (S. 154). Nietzsche und Broch stimmen überein in der Auffassung vom Funktionscharakter der Kunst. Aber Nietzsche macht die Kunst zu einer Funktion des 'Lebens', des dionysischen Lebens, Broch hingegen macht sie zu einer Funktion der 'Wahrheit', der ethischen Wahrheit. Vergil kritisiert die "unkeusche Schönheitserzeugung ohne Wirklichkeitsschöpfung", diese "Unkunst", die "das Schöne an die Stelle der Erkentnis" setzt (S. 156). Die Dichtung hat eine ontologische, eine seinserhellende und eine moralische Funktion – falls sie überhaupt noch funktionsfähig und nicht angesichts der Ungeheuerlichkeit der Zeitereignisse obsolet geworden ist. Im Brief an Hermann Weigand vom 9.11.1947 schreibt Broch: "Aber einmal muß man mit der Prävalenz des Ethischen gegenüber dem Ästhetischen Ernst machen und schweigen lernen" (Briefe, 278f.). Das dichterische Werk selbst ist fragwürdig geworden. Und es ist nur konsequent, daß Vergil die Tilgung seiner Schriften fordert: "oh, alle seine Schriften mußten verbrannt werden, alle und auch die Äneis" (S. 193). Die Sprache selbst ist problematisch geworden. Die "Wortgebilde" werden als "Geschwätz" bezeichnet (S. 378). Der Dialog zwischen Augustus und Vergil ist ein Aneinandervorbei-Sprechen; "Rede und Gegenrede" sind "ein ebenso sinnloses wie unkeusches Geschehen; kein Wunder also, daß keiner den andern mehr verstand. Alles verlangte nach der Keuschheit des Schweigens." (S. 391). Das wahre Erkennen ist "ein Erkennen im Sprachlosen und Wortlosen" (S. 233), die wahre "Erkenntnis" "vernichtet jegliche Sprache" (S. 234). Vergil steckt in einer chandosartigen Sprachkrise – was ihn freilich nicht hindert, einen hypertrophen Verbalismus zu entfalten und mit suggestiver Rhetorik sprachtranszendente Wahrheiten zu evozieren. Er fordert das Schweigen – und ist von ungeheuerer Beredsamkeit. Es geht ihm um das dem "Irdischen" entzogene "Urbild" (S. 361), d.h. um Symbole der absoluten Wahrheit. Er will das "Ur-Erlebnis" wieder vergegenwärtigen (Brief an Egon Vietta vom 14.11.1947 – Briefe, 280). Aber er sieht sich dem Problem der Insuffizienz der Sprache gegenüber der absoluten Wahrheit konfrontiert. Aufschlußreich sind Bemerkungen Brochs zur Entstehung des *Vergil*. Er schreibt, daß er sich unter der "Hitler-Bedrohung" mit dem "Todeserlebnis" vertraut gemacht habe, daß die literarische Verarbeitung der Situation die einzige Trostmöglichkeit für ihn gewesen sei, daß aber das Buch selbst dem "Erlebnis" nicht entsprochen habe: "[...] da schwand mir dieses ganze starke Erlebnis hinweg: das Kunstwerk, wenn es ein solches wurde, hat das Erlebnis erschlagen." (Brief an Egon Vietta vom 14.9.1947 – Briefe, 271f.). Die Affinität zwischen Broch und Nietzsche liegt in der Sprachskepsis, in der Kritik des idealistischen, ästhetizistischen Kunstbegriffs, in der Rückwendung der Kunst auf eine transästhetische Dimension. Der Unterschied liegt darin, daß Nietzsches Perspektivismus jede 'Wahrheit' desavouiert, während Broch, in einer Art Platonismus, die Kunst wieder auf die 'Wahrheit' zurückbezieht. Zudem steht dem Nietzscheschen Amoralismus bei Broch ein neuer Moralismus gegenüber.

Das Problem von Kunst und Wahrheit ist auch bei Thomas Mann ein Zentralproblem. In seinem Nietzsche-Roman, im *Doktor Faustus*, wird die Frage nach dem Verhältnis von Kunst, Schein und Wahrheit zu einer Kernfrage der künstlerischen Existenz Leverkühns. Das Teufelsgespräch ist weitgehend eine literarische Paraphrase der Nietzscheschen Kunst-Leben-Problematik. So erklärt der Teufel:

> Deine Neigung, Freund, dem Objektiven, der sogenannten Wahrheit nachzufragen, das Subjektive, das reine Erlebnis als unwert zu verdächtigen, ist wahrhaft spießbürgerlich und überwindenswert. [...] Ist wirklich nicht, was wirkt, und Wahrheit nicht Erlebnis und Gefühl? Was dich erhöht, was dein Gefühl von Kraft und Macht und Herrschaft vermehrt, zum Teufel, das ist die Wahrheit, – und wäre es unterm tugendlichen Winkel gesehen zehnmal eine Lüge." (S. 243)

Es ist klar, daß hier Nietzsche Pate gestanden hat. Sein Gedanke, daß die 'Wahrheit' in der Lebenssteigerung, in der Erlebnisintensität liege, kehrt hier deutlich genug wieder. Ähnlich verhält es sich mit dem Phänomen der kreativen Krankheit. Der Teufel meint, "daß schöpferische, Genie spendende Krankheit, Krankheit, die hoch zu Roß die Hindernisse nimmt [...] tausendmal dem Leben lieber ist als die zu Fuße latschende Gesundheit" (S. 243). Dies entspricht Nietzsches Auffassung von der "Krankheit" als einem potentiellen "Stimulans des Lebens" (6, 22 – WA). Der Teufel scheint überhaupt ein Nietzscheaner zu sein. Wiederholt tauchen in seinen Argumentationen Nietzsche-Motive auf. Seine emphatische Schilderung der "Inspiration", "einer Inspiration, bei der es keine Wahl, kein Bessern und Basteln gibt, bei der alles als seliges Diktat empfangen wird" (S. 238), geht unmittelbar auf Nietzsche zurück, auf die Beschreibung der "Inspiration" in *Ecce homo*: "[...] ich habe nie eine Wahl gehabt." (6, 339 – EH; vgl. *Thomas Mann*, Nietzsche, 26). Die Bindung der "Inspiration" an den "Teufel", den "wahren Herrn des Enthusiasmus" (S. 238), freilich entspricht nicht dem Geiste Nietzsches. Diesem wäre eine Dämonisierung des Künstlers wider den Geschmack gewesen. Die Kombination von Kunst und Dämonie war ihm fremd. Aber die Hinweise des Teufels auf die lebenssteigernde Lüge, die schöpferische Krankheit und die übermächtige Inspiration sind Nietzschesche Ideen. Aber Adrian Leverkühn ist nicht nur Nietzscheaner. Obschon er als Künstler ein Gaukler im Sinne Nietzsches und damit in die Dialektik von Wahrheit und Lüge verstrickt ist, stellt er die Frage nach der Wahrheit der Kunst, die Frage, ob die Kunst noch "unserem Wahrheitssinne" entspricht, die Frage,

> ob das Werk als solches, das selbstgenügsam und harmonisch in sich geschlossene Gebilde, noch in irgendeiner legitimen Relation steht zu der völligen Unsicherheit, Problematik und Harmonielosigkeit unserer gesellschaftlichen Zustände, ob nicht aller Schein, auch der schönste, und gerade der schönste, heute zur *Lüge* geworden ist. (S. 181)

Nun lehnt auch Nietzsche den in sich geschlossenen *mundus aestheticus* ab. Aber er erhebt die Kunst als lebenssteigernden Schein in den höchsten Rang. Eben dies wird bei Leverkühn problematisch. Hier, in diesem Textstück, ist "Lüge" nicht im Sinne der ästhetischen "Lüge" Nietzsches, sondern in einem moralischen Sinne zu verstehen. Bei Nietzsche wird ja die 'Wahrheit' zugunsten der 'Lüge' verneint und damit der ästhetische Schein der Kunst gerechtfertigt. Bei Adrian Leverkühn hingegen taucht die Frage auf, ob nicht die Kunst überhaupt auf den Schein verzichten und zur Erkenntnis werden müsse:

> Das Werk! Es ist Trug. Es ist etwas, wovon der Bürger möchte, es gäbe das noch. Es ist gegen die Wahrheit und gegen den Ernst. [...] Schein und Spiel haben heute schon das Gewissen der Kunst gegen sich. Sie will aufhören, Schein und Spiel zu sein, sie will Erkenntnis werden. (S. 181)

Damit stellt Leverkühn nicht nur den schönen Schein der Klassik, sondern auch den lügnerischen Schein Nietzsches kritisch in Frage. Im Teufelsgespräch lauten programmatische Sätze bezüglich der "Kritik" von "Werk, Zeit und Schein":

> Sie erträgt Schein und Spiel nicht mehr, die Fiktion, die Selbstherrlichkeit der Form, die die Leidenschaften, das Menschenleid zensuriert, in Rollen aufteilt, in Bilder überträgt. Zulässig ist allein noch der nicht fiktive, der nicht verspielte, der unverstellte und unverklärte Ausdruck des Leides in seinem realen Augenblick. Seine Ohnmacht und Not sind so angewachsen, daß kein scheinhaftes Spiel damit mehr erlaubt ist. (S. 241)

An die Stelle des ästhetischen Scheins ist die menschliche Wahrheit getreten. Nicht die Verklärung, sondern das Leid macht nun das Wesen der Kunst aus. Leverkühns Schaffen mündet in die symphonische Kantate 'Dr. Fausti Weheklag', "dieses zermalmende Klagewerk" (S. 458), dieses "Monstre-Werk der Klage" (S. 485). Nun erhebt man sich nicht mehr durch "ein Jubellied, den 'Fidelio', die 'Neunte Symphonie' ", sondern "dieses nur wird uns aus der Seele gesungen sein: die Klage des Höllensohns, die furchtbarste Menschen- und Gottesklage, die [...] auf Erden je angestimmt worden ist" (S. 484). Leverkühn endet, wie Nietzsche, im Wahnsinn – wie ja überhaupt die Wahnsinnsszene am Ende des *Doktor Faustus* ein Nietzsche-Porträt ist. Aber sein Werk endet nicht in Dithyramben auf das dionysische Leben, sondern in der Klage um das leidende Dasein, in diesem (formstrengen) "expressiven Seelenlaut" (S. 485).

Exkurs 43 (zu Seite 558, Fn. 440)

Nietzsches Einsamkeit ist allen bis dahin gemachten Einsamkeitserfahrungen weit überlegen. Sie ist von einzigartiger Qualität und Bedeutung. Bei Nietzsche gewinnt die

Einsamkeit als existentielle und historische Erfahrung ihre unüberbietbare Zuspitzung. Bei ihm gelangt die Einsamkeit als anthropologische Urerfahrung mti voller Vehemenz zum Durchbruch. Freilich, auch diese Einsamkeitserfahrung ist erst möglich vor dem Hintergrund der historischen Entwicklung des Einsamkeitsmotivs. Sie ist die letzte und höchste Konsequenz der neuzeitlichen Einsamkeitserfahrung. Die aber ist radikal unterschieden von den klassischen Formen des Einsamkeitsmotivs, von der antiken Einsamkeitserfahrung. In der Antike dient die Einsamkeit in erster Linie der Selbstbesinnung des Menschen. Das betrifft sowohl die Lyrik als auch die Philosophie. In der Lyrik, in der Idyllik Theokrits, in der Bukolik Vergils oder im Todeserlebnis bei Horaz, überall ist das Einsamkeitsmotiv virulent. Aber die antike Einsamkeit ist noch keine absolute Einsamkeit, sondern sie dient letztlich der Selbstbesinnung und Selbsterkenntnis, sei es durch den Rückzug in die Landschaft, sei es durch den Rückzug ins eigene Innere. Die Einsamkeit soll der Regeneration des Geistes dienen und damit zugleich eine neue Beziehung zwischen dem Menschen und der Welt herstellen. In einer bukolischen Landschaft erholt sich der Mensch von den gesellschaftlichen Zwängen, gewinnt neue Kraft und gelangt zur wahren Selbst- und Welterkenntnis. Oder er vertieft sich in das eigene Innere, besinnt sich auf die wahren Tugenden des Menschen und gewinnt auf diese Weise eine innere Unerschütterlichkeit gegenüber Leben und Schicksal. Diese Haltung findet sich insbesondere in der stoischen und epikureischen Philosophie. Hier ist die Einsamkeit eine selbstgewählte Einsamkeit zum Zwecke der Selbsterneuerung. So fordert Seneca: "Ziehe Dich in Dich selbst zurück, soweit Du kannst!" ("Recede in te ipse quantum potes") (*Seneca*, Epistulae morales. Liber I. Epistula VII, S. 31/30 [Reclam]). Schon Seneca warnt davor, "wie Herdenvieh den Spuren der Vorangehenden nachzutrotten", und will "den richtigen, unseren eigenen Weg" suchen (*Seneca*, Vom glücklichen Leben, 25). Der Philosoph ist der einsame Denker, der sich von der Menge absondert: "Fliehe vor der Menge, fliehe vor wenigen, fliehe auch vor einem!" ("fuge multitudinem, fuge paucitatem, fuge etiam unum.") (Epistulae morales. Liber I. Epistula X, S. 51/50). Zarathustras Sentenz aus dem Kapitel *Von den Fliegen des Marktes* ist offenbar eine Seneca-Reminiszenz: "Fliehe, mein Freund, in deine Einsamkeit!" (4, 65 – Za). Seneca verkündet: "Meidet alles, was der Masse gefällt" ("vitate quaecumque vulgo placent") (Epistula VIII, S. 35). Seneca plädiert aber nicht für eine Einsamkeit um ihrer selbst willen, sondern die Einsamkeit soll einmal zur inneren Unerschütterlichkeit führen und zum anderen den Mitmenschen zugute kommen. "Dazu habe ich mich verborgen und meine Tür verschlossen, um möglichst vielen nützen zu können." ("In hoc me recondidi et fores clusi, ut prodesse pluribus possem.") (Epistula VIII, S. 35/34). Der einsame Denker soll sich nicht untätig in sich selber verschließen, sondern aktiv auf die Gesellschaft einwirken. Dem Rückzug aus der Masse entspricht das Engagement für die Menschen. Der "Weise" "zieht sich in sein Inneres zurück, er ist mit sich allein. [...] er genügt sich und würde dennoch nicht leben, wenn er ohne einen Menschen leben sollte." ("sapiens [...] in se reconditur, secum est. [...] se contentus est et tamen non viveret si foret sine homine victurus." (Epistula IX, S. 47/46). So ist schon für Seneca die Einsamkeit eine selbstgewählte, aktive Einsamkeit, eine kreative Einsamkeit. Aber der Stoiker Seneca kennt noch nicht die absolute Einsamkeit Nietzsches. Die Einsamkeit dient vielmehr der Einübung in die *constantia*, in die Seelenruhe, die Unerschütterlichkeit der Seele, sowie der Geselligkeit, der Gemeinschaft. Selbstfindung und Gemeinschaftsverpflichtung machen das Wesen dieser Einsamkeit aus. Die Einsamkeit ist der Nährboden der *libertas* und der *humanitas*. Die Sentenzen des einsamen Denkers sind auch als praktische Lebenshilfe mit sozialethischer Verpflichtung gedacht.

In ähnlicher Weise versteht Marc Aurel die Einsamkeit als Möglichkeit der Selbstbestimmung und der Gesellschaftsverpflichtung. Der von den Leidenschaften freie, in der Vernunft gründende Weise strebt nach Selbsterkenntnis und Selbstvervollkommnung. Dabei bedarf es nicht des Rückzugs in die Natur, aufs "Land", ans "Meeresufer", ins "Gebirge". "Steht es dir ja frei, zu jeder dir beliebigen Stunde dich auf dich selbst zurückzuziehen." (*Mark Aurel's* Selbstgespräche, 32 [IV, 3]). Eine Maxime lautet: "Ziehe dich in dich selbst zurück. Die in uns herrschende Vernunft ist ja von *der* Natur, daß sie am Rechtthun und an der hieraus stammenden Ruhe sich genügen läßt." (ebd., 86 [VII, 28]). Aber Marc Aurel sieht im Menschen zugleich ein "vernünftiges, geselliges Wesen" (ebd., 120 [IX, 16]). "Die Menschen sind für einander geboren. Also belehre oder dulde sie." (ebd., 114 [VIII, 59]). Es besteht eine "innige Verwandtschaft zwischen dem einzelnen Menschen und dem ganzen Menschengeschlecht" (ebd., 165f. [XII, 26]). Es kommt darauf an, weder zur "Einsamkeit" noch zur "großen Gesellschaft" seine Zuflucht zu nehmen, sondern die "Vernunft und seinen Genius" walten zu lassen (ebd., 27 [III, 7]). Der einsame Philosoph ist zugleich ein Erzieher des Menschengeschlechts. So besteht eine Wechselwirkung zwischen Einsamkeit und Gesellschaft. In der Einsamkeit soll nicht die Klage, sondern die Unerschütterlichkeit herrschen. Marc Aurel lehnt es ab, daß man "auf seinem einsamen Lager in der Stille unsere menschliche Gebundenheit beseufzt. Denke doch daran, daß es dem vernünftigen Wesen allein verliehen worden ist, dem, was geschieht, freiwillig zu folgen, schlechthin aber sich darein zu schicken, ist für Alle eine Nothwendigkeit." (ebd., 139 [X, 28]). Dies entspricht im Prinzip Nietzsches Idee der freiwilligen Annahme des Schicksals. Dennoch ist der Unterschied beträchtlich. Nietzsche ist weder an bloß kontemplativer Selbsterforschung noch an praktischer Lebenshilfe interessiert. Nicht die statisch-kontemplative Einsamkeit, sondern die kreativ-dionysische Einsamkeit ist Nietzsches Ideal. Daher sieht er auch in der stoischen Philosophie letztlich ein lebensfeindliches Prinzip: "Der *Stoicismus* im gefaßten Ertragen ist ein Zeichen gelähmter Kraft" (9,600). Dennoch besteht eine Affinität Nietzsches zum stoischen Alleinsein. Besonders die von den Stoikern immer wieder vorgenommene Abgrenzung des denkenden Einzelnen gegen die 'Menge' ist hier von Bedeutung. So heißt es bei Epiktet: "Mensch, wenn du einer sein willst, geh auch allein und sprich mit dir und tauche nicht in der Menge unter! Denke nach, schau um dich, geh in dich, damit du erkennst, wer du bist." (*Epiktet*, Unterredungen, S. 84). Das Alleinsein erscheint als kosmisches Prinzip: "So wie Zeus nur bei sich ist, in sich selbst ruht und nur bei sich überlegt, wie er die Welt regieren solle, und sich nur in Gedanken bewegt, die ihm gemäß sind, so sollen auch wir mit uns allein sprechen können, andere entbehren können und doch Unterhaltung haben." (ebd., S. 82). In der stoischen Philosophie ist die menschliche Vernunft ein Ableger der göttlichen Vernunft. Es entspricht der vernünftigen Weltordnung, wenn "Ruhe", "Frieden" und "Vernunft" die Ingredienzien der wahren Einsamkeit bilden (vgl. ebd.). Immer wieder stößt man in der stoisch-epikureischen Tradition auf das Ideal der in der Einsamkeit gewonnenen Freiheit der Vernunft. Epikur verkündet "das Leben in der Stille und die Zurückgezogenheit vor der Masse" (*Epikur*, Philosophie der Freude, 55). Aber auch bei Epikur bilden Einsamkeit und Gemeinschaft eine innere Einheit. So lauten Fragmente: "Lebe zurückgezogen!" "Die schönste Frucht der Gerechtigkeit ist Seelenfrieden." "Die Natur hat uns zur Gemeinschaft geschaffen." (ebd., 74). Dem antiken Denken ist die Einsamkeit als Selbstzweck noch fremd.

Auch das Mittelalter kennt noch nicht die absolute Einsamkeit. Es ist vor allem der religiöse Anachoret, der sich gegen die Welt abschließende Einsiedler, der den Habitus der Einsamkeit prägt, einer Einsamkeit, die im Zeichen der Askese steht. In der Mystik vollzieht sich in der Einsamkeit die *unio mystica* des Menschen mit Gott. Dabei ist es unwesentlich, ob der Mensch in äußerer Einsamkeit lebt. Was ansteht, ist die Einsamkeit (einekeit, abegescheidenheit) der Seele, die "einoede", die "wüeste", die "wüestenunge" der Seele. In dieser Einsamkeit erfolgt die Verbindung der Seele mit Gott. Dies ist noch nicht die 'moderne' Einsamkeit. Während Nietzsche den Willen des einsamen Subjekts verabsolutiert, vollzieht sich im mystischen Einsamkeitserlebnis das Aufgehen, die Selbstentäußerung des menschlichen Willens im Willen Gottes. So heißt es bei Meister Eckhart: "Dann ist der Wille vollkommen und recht, wenn er ohne jede Ich-Bindung ist und wo er sich seiner selbst entäußert hat und in den Willen Gottes hineingebildet und -geformt ist." (*Quint*, Meister Eckehart, 66 [Reden der Unterweisung]). Seit der Renaissance wird dann in wachsendem Maße das Einsamkeitserlebnis säkularisiert. Schon bei Petrarca zeichnet sich eine neue Einheit von Einsamkeit, Freiheit und Individualität ab. In der Abhandlung *De Vita Solitaria* preist er die Vorzüge der Einsamkeit und stellt dem "miser occupatus" den "felix solitarius" entgegen (vgl. 2. Traktat). Dies ist zu verstehen im Sinne einer gegen die Masse sich abgrenzenden Persönlichkeit, die das städtische Leben kritisiert und sich in die ländliche Idylle zurückzieht. "Einsamkeit bedeutet noch keine geistig-seelische Erfahrung, sondern ist lokalisierbar als ländlich abgeschiedene Stätte, die besonders geeignet zum Studium geistreicher und erbaulicher Werke ist." (*Möhrmann*, Der vereinsamte Mensch, 13). Dennoch ist nicht zu übersehen, daß sich bei Petrarca Elemente einer individualistischen Einsamkeitserfahrung zeigen. Nicht ohne Berechtigung spricht Schopenhauer von dem die "Einsamkeit so stark und beharrlich liebenden, sanftmütigen Petrarca" (Aphorismen, SW IV, 508) und zitiert aus dessen *Sonetti*: "Cercato ho sempre solitaria vita" ("Ein einsam Leben hab' ich stets gesucht") (ebd., 509). Bei Petrarca ist die Einsamkeit die Voraussetzung nicht nur einer ethischen Lebensgestaltung, sondern auch der kreativen Individualität. In der Folgezeit setzt sich das Individualitätsprinzip immer stärker durch. Dies zeigt sich in markanter Weise bei Montaigne, der sich in einen Turm zurückzieht, um sich ganz seinen Studien widmen zu können. In der Abhandlung *De la solitude* plädiert er für das Leben und Schaffen in der Einsamkeit. Das Selbstgespräch wird zur produktiven Ausdrucksform: "Man muß ein Hinterstübchen für sich absondern, in welchem man seinen wahren Freiheitssitz und seine Einsiedelei aufschlagen kann. Hier müssen wir vernünftigen Umgang mit uns selbst unterhalten; und zwar so abgesondert, daß darin keine andre Bekanntschaft oder Mitteilung fremder Dinge stattfinde." (S. 120). Der Weise ist ein "Mensch von Verstand", der "sich selbst besitzt" (S. 119). Die Maxime lautet: "Darauf kommt es nicht mehr an, daß die Welt von euch spreche, sondern darauf, was ihr mit euch selbst zu sprechen habt. Kehrt in euch selbst zurück!" (S. 133). "Retirez vous en vous" (De la solitude, 279). Montaignes Sentenzen, die nicht zuletzt Seneca-Exegese sind, deuten die Einsamkeit als Selbstfindung. "Einsamkeit, das heißt hier: Beisichselbersein der Seele, eine Sammlung auf sich selbst, ein Sich-Vergewissern der eigenen Neigungen und Kräfte" (*Friedrich*, Montaigne, 233). Nur in der Rückbesinnung auf das eigene Selbst gelangt der Mensch zur wahren Freiheit. In der weiteren historischen Entwicklung wird die Einsamkeit mehr und mehr zum existentiellen Problem. Sie betrifft nun die Tiefe des Gefühls und die menschliche Existenz schlechthin. So leitet Rousseau seine Schrift *Les rêveries du promeneur solitaire* mit dem Satz ein: "Me voici donc seul sur la terre, n'ayant plus de frère, de prochain, d'ami, de société que moi-même." (S. 7). "Seul" ist ein Hauptmotiv und Schlüsselwort Rousseaus, ein Gefühlsbegriff, ein pathetisches Signalwort. Die *Rêveries* sind Reflexionen des einsamen, auf sich selbst gestellten Individuums, das über sein Verhältnis zu den Menschen, zu Gott und zur Natur nachdenkt. Einsamkeit, Natur und Schaffen bilden einen Dreiklang, in dem der Mensch zu seinem wahren Selbst findet. Die Quelle der Selbstfindung ist die Einsamkeit. Rousseau verklärt die Einsamkeit. Er verkündet: "Toutes les grandes passions se forment dans la solitude." (La nouvelle Héloïse, 89). Das Einsamkeitsmotiv gewinnt historisch immer mehr an Bedeutung und Durchschlagskraft. Im Pietismus, in der Aufklärung und in der Empfindsamkeit erlangt die Einsamkeit für den Menschen tragende Bedeutung – im Pietismus durch die individuelle Verinnerlichung des Gotteserlebnisses, in der Aufklärung durch die Gesellschaftsbezogenheit der Einsamkeit, in der Empfindsamkeit durch die isolierte Innerlichkeit, eine Innerlichkeit, die sich nicht mehr auf eine metaphysische Instanz bezieht, sondern sich ganz auf sich selber zurückverwiesen sieht und die mehr und mehr durch Weltschmerz und Melancholie geprägt ist. Hinsichtlich der Aufklärung ist vor allem Johann Georg Zimmermanns Monumentalwerk *Ueber die Einsamkeit* zu erwähnen. Hier, im Zeichen der Schwärmerkritik der deutschen Aufklärung, wird die Einsamkeit als Ursache der Melancholie gedeutet und als eine Form der Misanthropie und Resignation kritisiert. Aber neben dieser schädlichen, dieser falschen Einsamkeit gibt es auch die nützliche, die wahre Einsamkeit, jene Einsamkeit, die auf die Gesellschaft bezogen ist und im Dienste des Menschen steht. Zimmermann strebt den harmonischen Ausgleich zwischen Gesellschaft und Einsamkeit an, "denn zwischen Welt und Einsamkeit liegt die wahre Weisheit in der Mitte" (dazu generell *Schings*, Melancholie und Aufklärung, 217-225; Zitat: ebd., 222).

In der Romantik befreit sich die Einsamkeit von der Moral. Sie wird zu einer Qualität *sui generis*. In der Einsamkeit vollzieht sich eine neue Selbst- und Welterfahrung. Freilich, in der Romantik zeigt die Einsamkeit ein eigentümliches Doppelgesicht. Einerseits kann die (in der Natur erfahrene) Einsamkeit zur Verinnerlichung, zu Gemütsruhe und zum Stimmungseinklang mit der Welt, führen. In der Stille des Waldes findet der Mensch zu sich selber. Von Franz Sternbald heißt es: "er sehnte sich nach der Einsamkeit, nach dem Walde, um dann von seinem Freunde entfernt seinen Schmerz ausweinen zu können" (*Tieck*, Franz Sternbalds Wanderungen, 18). Bei Eichendorff ist die "Waldeinsamkeit" der Bereich einer gesellschaftsfreien, religiösen Harmonie:

Waldeinsamkeit!
Du grünes Revier,
Wie liegt so weit
Die Welt von hier!

Über der "Waldeinsamkeit" "Die Mutter Gottes wacht, / Mit ihrem Sternenkleid" (*Eichendorff*, Werke I, 275 [Der Umkehrende] = Werke II, 475 [Dichter und ihre Gesellen]). Die Einsamkeit kann aber auch mit Wehmut und Trauer verknüpft sein. So heißt es im Gedicht *In der Fremde*:

Die Nachtigallen schlagen
Hier in der Einsamkeit,
Als wollten sie was sagen
Von der alten, schönen Zeit.
(*Eichendorff*, Werke I, 65f.)

Die Einsamkeit kann zudem die Sehnsucht nach der Ferne wecken, die Phantasie stimulieren und eine schöne Bilderfülle evozieren, wie dies im Gedicht *Sehnsucht* der Fall ist: "Es schienen so golden die Sterne, / Am Fenster ich einsam stand [...]" (*Eichendorff*, Werke I, 66). Der in der "Fremde" weilende "Einsame" findet Trost in der Erinnerung an den Wald (vgl. das Gedicht *Abschied*, Werke I, 67). Im Wald findet der vereinsamte Mensch Beruhigung (vgl. das Gedicht *Die Einsame*, Werke I, 226ff.). Die Romantik kennt aber nicht nur die harmonische, sondern auch die dissonantische Einsamkeit. Wenn bei Novalis die "wilden Qualen der Einsamkeit" noch in einer "höheren Offenbarung des Lebens" aufgehoben werden (*Novalis*, Heinrich von Ofterdingen, 163), so ist eine Gestalt wie Joseph Berglinger bereits der Typus des einsamen, zerrissenen Künstlers, jenes Künstlers, der nur noch für die Kunst lebt und dem das Leben kaum noch etwas bedeutet. Joseph Berglinger, ein Ahnherr von Thomas Manns Adrian Leverkühn, erfährt die Kunst als eine "verführerische, verbotene Frucht", deren Genuß den Künstler unwiderruflich der "tätigen, lebendigen Welt" entzieht und letztlich "selbsteigner Genuß" ist (*Wackenroder/Tieck*, Phantasien über die Kunst, 88). Berglinger, im Zwiespalt zwischen "göttlichem Streben" (ebd., 87) und "frecher Erhebung" (ebd., 88), lebt in einem Erregungszustand und wird sich selber fragwürdig: "Ich komme ewig mit mir selber nicht auf festes Land." (ebd., 90). Es zeigen sich die Symptome der Selbstentfremdung: "Was bin ich? Was soll ich, was tu ich auf der Welt? Was für ein böser Genius hat mich so von allen Menschen weit weg verschlagen, daß ich nicht weiß, wofür ich mich halten soll?" (ebd., 87). Berglinger hält sich für einen "lüsternen Einsiedler" (ebd., 88), für einen sich an schönen Dingen berauschenden Monomanen. Dieser Einsiedler vermag mit Vernunft und Gesellschaft nichts mehr anzufangen, sondern geht ganz auf in seinem Kunstenthusiasmus. "Ein Unglück ist's, daß der Mensch, der in Kunstgefühl ganz zerschmolzen ist, die Vernunft und Weltweisheit, die dem Menschen so festen Frieden geben soll, so tief verachtet und sich so gar nicht hineinfinden kann." (ebd., 91). Nicht die Vernunft, sondern das Gefühl, nicht die Gesellschaft, sondern die Kunst ist der Inhalt dieser romantischen Einsamkeit. Fortan wird hinsichtlich der Geschichte der Einsamkeit die Einsamkeit eine irreversible Symbiose mit der Kunst eingehen. Die Einsamkeit des romantischen Subjekts kann zur radikalen Selbstentfremdung führen, die sich im Extremfall zur Ich-Spaltung verschärfen kann, wie dies in E.T.A. Hoffmanns *Elixieren des Teufels* der Fall ist. Dort heißt es: "Ich konnte mich selbst nicht wiederfinden! [...] mir selbst ein unerklärlich Rätsel, bin ich entzweit mit meinem Ich!" (*Hoffmann*, Exlixiere, 63). Das Ich wird heimgesucht von der "grauenvollen Stimme eines zweiten Ichs" (ebd., 72) und sieht sich schließlich seinem Doppelgänger konfrontiert, wobei Realität und Traum ununterscheidbar ineinander übergehen. "Ich erstarrte vor Schreck, der grauenhafte Traum trat ins Leben." (ebd., 114). Identitätskrise, Ichverlust und Geisteskrankheit werden zu den Stigmata des einsamen Subjekts. Eine bis zum Solipsismus sich zuspitzende Welt- und Selbstentfremdung macht das Wesen dieser Einsamkeit aus. Die abgründige Verlassenheit des Menschen ist aber nicht nur ein psychologisches, sondern auch ein metaphysisches Problem. Die Einsamkeit kann zur Gottverlassenheit werden, wie sich dies in so eindringlicher Weise bei Jean Paul in der verzweifelten Aussage des toten Christus zeigt: "aber es ist kein Gott." (*Jean Paul*, Siebenkäs, 273). Der existentiellen Verlassenheit, dem Verlust Gottes, entspricht die kosmische Leere, das "Nichts", die "leere Unermeßlichkeit" (ebd., 274). In der Romantik droht der Idealismus immer wieder in den Nihilismus umzuschlagen. Das markanteste Beispiel einer nihilistischen Welterfahrung in der deutschen Romantik sind die *Nachtwachen* des Bonaventura. In der parodistisch-satirischen Demaskierung der bisherigne Weltsicht wird das "Nichts" (ein Schlüsselwort der *Nachtwachen*) als das wahre Wesen der Dinge hervorgekehrt. Die Einsamkeit wird zur Konfrontation mit dem Nichts: "Da sah ich mich selbst mit mir allein im Nichts, nur in der weiten Ferne verglimmte noch die letzte Erde, wie ein auslöschender Funken" (*Bonaventura*, Nachtwachen, 122 [14. Nachtwache]). Das einsame Ich kreist nur noch in sich selber, verfängt sich in sich selber, ist seiner selber überdrüssig: "Kein Gegenstand war ringsum aufzufinden, als das große schreckliche Ich, das an sich selbst zehrte, und im Verschlingen stets sich wiedergebar." (ebd.). Das Alleinsein wird zum (solipsistischen) Alptraum.

Auch Goethe kennt die Gefährdungen durch die Einsamkeit. Aber die Einsamkeit wird bei ihm kaum zur existentiellen oder gar pathologischen Grenzsituation. Immerhin, Werther meint, es sei "nichts gefährlicher als die Einsamkeit" (HA VI, 60). Werthers Einsamkeit ist eine weltschmerzliche Zerrissenheit aus Liebesqual. Von dieser Liebesqual wird auch der Harfner im *Wilhelm Meister* heimgesucht:

Wer sich der Einsamkeit ergibt,
Ach! der ist bald allein;
Ein jeder lebt, ein jeder liebt,
Und läßt ihn seiner Pein.

Ja! laßt mich meiner Qual!
Und kann ich nur einmal
Recht einsam sein,
Dann bin ich nicht allein.

[...] (HA VII, 137f.)

Die Einsamkeit wird als fundamentaler Mangel empfunden, als ein schmerzliches Verbanntsein von der Zweisamkeit der Liebe. Der einzige Gesprächspartner des unglücklich Liebenden ist die eigene "Qual". Aber Goethe rettet sich immer wieder aus der Einsamkeit. Schon Werther hat in der "Einsamkeit" durch den "Gedanken" an Lotte wieder ein Glücksgefühl (HA VI, 64). In der Hymne *Harzreise im Winter* wendet sich der sich "abseits" Verlierende, den die "Öde" "verschlingt", an den "Vater der Liebe": "Aber den Einsamen hüll' / In deine Goldwolken" (HA I, 51f.). Das Durchleben der Einsamkeit kann bei Goethe auch als Voraussetzung für neuen Kraftgewinn verstanden werden. Mephisto sagt zu Faust: "[...] Von Einsamkeiten wirst umhergetrieben. / Hast du Begriff von Öd' und Einsamkeit?" Faust entgegnet, daß ihm die "Einsamkeit" vertraut sei, daß er sie durch den Pakt mit dem "Teufel" zu überwinden hoffe und daß ihm aus der "Leere" neue "Kraft" erwachse: "Du sendest mich ins Leere, / Damit ich dort so Kunst als Kraft vermehre" (HA III, 191f.). In der Einsamkeit nehmen die kreativen Fähigkeiten zu. Goethe, der schon "frühzeitig" das "Gefühl der Einsamkeit" und die "daraus entspringende Sehnsucht" kennt (HA IX, 13 [Dichtung und Wahrheit]), schärft in der "Einsamkeit" den Sinn für die "Kunst" (ebd., 224). Die "Einsamkeit" ist dem Schreiben günstig, wie dies etwa bei der Niederschrift des *Egmont* der Fall ist (vgl. HA X, 181 [Dichtung und Wahrheit]). Goethe liebt die Einsamkeit. In der *Italienischen Reise* schreibt er, mit Blick auf Venedig: "Die Einsamkeit, nach der ich oft so sehnsuchtsvoll geseufzt, kann ich nun recht genießen" (HA XI, 64). Die Einsamkeit ist verbunden mit dem Schaffen. Sie ist das Element des Schöpferischen. So heißt es in *Faust II*:

Nur wo du klar ins holde Klare schaust,
Dir angehörst und dir allein vertraust,
Dorthin, wo Schönes, Gutes nur gefällt,
Zur Einsamkeit! – Da schaffe deine Welt! (HA III, 177)

Mit Blick auf Prometheus, "der, abgesondert von den Göttern, von seiner Werkstätte aus eine Welt bevölkerte", spürt Goethe, "daß sich etwas Bedeutendes nur produzieren lasse, wenn man sich isoliere. Meine Sachen, die so viel Beifall gefunden hatten, waren Kinder der Einsamkeit" (HA X, 48 [Dichtung und Wahrheit]). So ist die Einsamkeit bei Goethe nicht nur eine Mangelerscheinung, sondern auch ein Schaffensimpuls. Nicht nur die weltschmerzliche Einsamkeit, sondern auch die kreative Einsamkeit prägt Goethes Einsamkeitserfahrung. Aber Goethe erfährt und verkündet noch nicht die absolute Einsamkeit, sondern diese Einsamkeit ist eine auf Kommunikation gerichtete Einsamkeit. Er unterscheidet dabei zwischen Werkentstehung und Werkwirkung. In einem Künstlerlied aus den *Wanderjahren* wird betont, daß das Kunstgebilde in der Einsamkeit entstehe, daß es aber erst in der Gesellschaft wirke:

Zu erfinden, zu beschließen,
Bleibe, Künstler, oft allein;
Deines Wirkens zu genießen,
Eile freudig zum Verein!
Hier im Ganzen schau', erfahre
Deinen eignen Lebenslauf,
Und die Taten mancher Jahre
Gehn dir in dem Nachbar auf. (HA VIII, 255)

Ist hier die Gemeinschaft mit den Künstlern das Thema, so spricht Mephisto von der "allerliebst-geselligen Einsamkeit" mit "Fraun" (HA III, 307 [Faust II]). Die Relation Einsamkeit und Geselligkeit ist für Goethe ein Urphänomen. So sagt Faust von den "Müttern": "die ihr thront / Im Grenzenlosen, ewig einsam wohnt, / Und doch gesellig." (ebd., 197). Goethe begreift die Einsamkeit nicht nur als ein psychologisches, sondern auch als ein archetypisches Phänomen. Im Gebirge wird ihm gleichnishaft die Ur-Einsamkeit des Menschen bewußt: "So einsam, sage ich zu mir selber [...], so einsam, sage ich, wird es dem Menschen zumute, der nur den ältsten, ersten, tiefsten Gefühlen der Wahrheit seine Seele eröffnen will." (HA XIII, 255f. [Über den Granit]). Die Einsamkeit ist ein Lebenselement Goethes. Der späte Goethe zieht das lapidare Fazit: "Einsamkeit ist höchstes Gut." (HA I, 375 [Wilhelm Tischbeins Idyllen]).

Das ist auch die Auffassung Schopenhauers. Aber Schopenhauers Einsamkeitsphilosophie steht in der Tradition der Stoa und der Aufklärung. Dabei lehnt er allerdings jeden Bezug zur Gesellschaft ab und plädiert für das ganz auf sich selbst gestellte, einsame Subjekt. In den *Aphorismen zur Lebensweisheit*, im Kapitel *Paränesen und Maximen*, ist er ausführlich auf das Einsamkeitsproblem eingegangen (vgl. SW IV, 500-514). Der Grundgedanke dieser Lebensmaximen ist der Gedanke, daß Einsamkeit, Selbstsein und Freiheit eine Einheit bilden. "Ganz *er selbst sein* darf jeder nur, solange er allein ist: wer also nicht die Einsamkeit liebt, der liebt auch nicht die Freiheit: denn nur, wann man allein ist, ist man frei." (S. 501). Dabei setzt Schopenhauer einen grundsätzlichen Antagonismus zwischen (freiem) Individuum und (egalitärer) Gesellschaft voraus. "Einsamkeit" und "Gesellschaft" stehen sich unvereinbar gegenüber. Schopenhauer vertritt einen elitären Individualismus. Er beruft sich auf die "Rangliste der Natur" (in der die Einsamkeit den höchsten Rang einnehme), erklärt, daß die "Gleichheit der Rechte" den "großen Geistern" die "Gesellschaft" verleide (S. 501) und spricht von "jenem Plebs der Menschheit, welcher in zahlloser Menge wie Ungeziefer überall alles erfüllt und bedeckt" (S. 506). Schopenhauers Einsamkeit ist eine misanthropische Einsamkeit. Menschenverachtung und Menschenfeindschaft sind die unabdingbaren Ingredienzien dieser Einsamkeit. Bezeichnenderweise geht

Schopenhauer nicht von einer konstitutionellen, angeborenen Einsamkeit aus, sondern sieht die (mit zunehmenden Jahren wachsende) "Neigung zur Absonderung und Einsamkeit" in der vom Individuum "gemachten Erfahrung und der Reflexion über solche" begründet (S. 508). Das "aristokratische Gefühl, welches den Hang zur Absonderung und Einsamkeit nährt", erwächst letztlich aus der "Gesellschaft", d.h. aus der "Gemeinheit" (S. 510). Der Einsame hat die Erfahrung gemacht, "daß es, seltene Ausnahmen abgerechnet, in der Welt nur die Wahl gibt zwischen Einsamkeit und Gemeinheit" (S. 510). Der pejorativen Gesellschaft setzt Schopenhauer die positive Einsamkeit entgegen. Die Einsamkeit ist kein Mangel, sondern ein Gewinn. Die Einsamkeit ist etwas, das man sich erwerben muß. Da die Einsamkeit "nicht direkt und als ursprünglicher Trieb auftritt" bedarf es der "Überwindung des natürlichen Geselligkeitstriebes" (S. 511). Mit der Einsamkeit erwirbt sich der Mensch sein wahres Selbstsein. "Sonach hat, wer sich zeitig mit der Einsamkeit befreundet, ja sie lieb gewinnt, eine Goldmine erworben." (S. 507). Es wirkt wie eine Paraphrase des stoisch-epikureischen Einsamkeitsideals, wenn es heißt: "Daher ist der wahre tiefe Friede des Herzens und die vollkommene Gemütsruhe, dieses nächst der Gesundheit höchste irdische Gut, allein in der Einsamkeit zu finden und als dauernde Stimmung nur in der tiefsten Zurückgezogenheit. Ist dann das eigene Selbst groß und reich, so genießt man den glücklichsten Zustand, der auf dieser armen Erde gefunden werden mag." (S. 503) Die Einsamkeit ist das Signum des großen Menschen. "Einsamkeit ist das Los aller hervorragenden Geister" (S. 511). Und sie ist nicht nur ein Geschick, sondern auch das Lebenselement des elitären Menschen. Die "Liebe zur Einsamkeit" erhöht den Menschen, und in der Einsamkeit fühlt er sich am wohlsten: "man ist in der Einsamkeit wie der Fisch im Wasser." (S. 512). Nur in der Einsamkeit gibt es Selbstsein, Größe und Glück. Nun erschöpft sich Schopenhauers Einsamkeitskonzeption allerdings nicht in anachoretischer Weltabgeschiedenheit, sondern die "großen Geister" sind die "eigentlichen Erzieher des ganzen Menschengeschlechtes", Erzieher freilich, die nicht direkt, sondern nur indirekt auf die Menschen einwirken, nicht durch Gemeinschaft mit den Menschen, sondern durch ihre Vorbildfunktion als Ausnahmeexistenzen, vergleichbar dem "Pädagogen", der sich nicht "in das Spiel der ihn umlärmenden Kinderherde" mischt (S. 510f.). Aber die Vorbild- und Erziehungsfunktion der Einsamkeit ist bei Schopenhauer nur von sekundärer Bedeutung. In erster Linie ist die Einsamkeit der Bereich der Freiheit, des Selbstgefühls und der Sicherheit des Individuums. Für Schopenhauer ist die Hinwendung zur Einsamkeit ein die Geschichte permanent durchziehendes Phänomen, und er führt, in Zitation und Paraphrase, eine Reihe historischer Gewährmänner an, so Aristoteles, Cicero, Horaz, Petrarca, Giordano Bruno, Chamfort, La Bruyère, Voltaire, Angelus Silesius, Zimmermann und Goethe. Eine stolze Ahnenkette – die Einsamkeit erscheint als Lebenshabitus der großen geschichtlichen Individuen. Sie dienen ihm als Bestätigung der eigenen Lebensanschauung.

Nietzsches Einsamkeitsbegriff steht in der Kontinuität der Schopenhauerschen Einsamkeitskonzeption. Wie Schopenhauer sieht Nietzsche in der Einsamkeit die Möglichkeit der unbedingten Selbstfindung. Aber er geht doch in entscheidenden Punkten über Schopenhauer hinaus. Diese Punkte betreffen vor allem die Gottlosigkeit, das Dionysische und den Übermenschen. Zarathustra ist, im Unterschied zum anachoretischen "Heiligen", der Einsiedler ohne Gott (vgl. 4, 12ff. – Za). Diese Gottlosigkeit ist eine gewollte Gottlosigkeit: "Hungernd, gewaltthätig, einsam, gottlos: so will sich selber der Löwen-Wille." (4, 133 – Za). Die Gottlosigkeit des Einsamen ist die Voraussetzung der absolut freien, dionysischen Selbstentfaltung. Im Kapitel *Vom*

Wege des Schaffenden erscheint die Einsamkeit als Voraussetzung des Schaffens, und zwar des Schaffens neuer Werte durch das absolut kreative Subjekt. "Also wird ein Stern hinausgeworfen in den öden Raum und in den eisigen Athem des Alleinseins." (4, 81 – Za). Der "Einsame" ist der "Schaffende", der sich seinen "Gott" selber schafft (4, 82 – Za). Wichtig ist, daß Nietzsche in der Einsamkeit nicht einfach nur den Bereich des 'normalen' Schaffens, sondern vor allem auch des Über-sich-hinaus-Schaffens sieht. "Mit meinen Thränen gehe in deine Vereinsamung, mein Bruder. Ich liebe Den, der über sich selber hinaus schaffen will und so zu Grunde geht." (4, 83 – Za). Nietzsches Einsamkeit ist eine gefährliche Einsamkeit. Sie führt nicht zu stoischer Selbstsicherheit, sondern ist ein Leben in der Gefahr, einer bejahten Gefahr. Aber entscheidend ist die aus der Einsamkeit erwachsende absolute Kreativität. Nur aus der "Einsamkeit" vermag der "Übermensch" hervorzugehen. So wird im Kapitel *Von der schenkenden Tugend* dem Einsamen eine in der Geschichte der Einsamkeit ganz neue Funktion zugewiesen: die Hervorbringung des Übermenschen. "Ihr Einsamen von heute, ihr Ausscheidenden, ihr sollt einst ein Volk sein: aus euch, die ihr euch selber auswähltet, soll ein auserwähltes Volk erwachsen: – und aus ihm der Übermensch." (4, 100f. – Za). Zarathustra, "ein Freund des Alleingehens" (4, 97 – Za), verkündet als "ein Hinübergehender" den "Übermenschen" (4, 102 – Za). So gewinnt die Einsamkeit bei Nietzsche eine unvergleichlich neue Qualität. In der Einsamkeit soll sich der qualitative Sprung vom "Menschen" zum "Übermenschen" vollziehen. Es geht Nietzsche nicht, wie den Stoikern und Epikureern, um ein durch die Einsamkeit zu erreichendes glückseliges Leben, sondern um die Hervorbringung einer radikal neuen Seinsform durch die Einsamkeit. Zarathustra trachtet nicht nach "*Glücke*", sondern nach seinem "*Werke*" (4, 408 – Za). Im Lichte dieses Erneuerungsutopismus gewinnt die Einsamkeit bei Nietzsche ein eigentümliches Doppelgesicht. Einerseits ist sie die *absolute* Einsamkeit, jene "*azurne* Einsamkeit" (6, 343 – EH), die alle Zweckrelationen von sich abweist und nur sich selber kennt. Andererseits ist Nietzsches Einsamkeit *funktionale* Einsamkeit. Sie dient der Hervorbringung des Übermenschen. Im Denken Nietzsches bilden beide Aspekte eine wesensmäßige Symbiose. Wenn er erklärt: "Mein ganzer Zarathustra ist ein Dithyrambus auf die Einsamkeit" (6, 276 – EH), so deutet dies gleichermaßen auf die Erfahrung der absoluten Bezugslosigkeit als auch auf die Idee des neuen Menschen hin. Wenn er das *Nachtlied* als "Dithyrambus der Sonnen-Vereinsamung" bezeichnet (6, 348 – EH), so gelangt auch darin der Doppelaspekt der Einsamkeit zum Ausdruck: das reine Auf-sich-selbst-Bezogensein und die tief wirkende Ausstrahlungskraft. Nietzsches Einsamkeit ist definiert durch Selbstsein und Entwurf.

Nietzsches Idee der Symbiose von Einsamkeit und Schaffen ist zu einem Paradigma der Moderne geworden. Von der Literatur der Jahrhundertwende bis hin zu Gottfried Benn wird das Schaffen in der Einsamkeit zu einem existentiellen und ästhetischen Grundprinzip des Künstlers. Sehr eindringlich hat Rilke dies im *Florenzer Tagebuch* (1898) zum Ausdruck gebracht. Dort heißt es: "Wisset denn, daß die Kunst ist: das Mittel Einzelner, Einsamer, sich selbst zu erfüllen. [...] Wisset denn, daß der Künstler für sich schafft – einzig für sich." (S. 27). Zugleich aber ist der Künstler derjenige, der auf die Zukunft verweist: "Der Schaffende ist der weitere Mensch, der, über welchen hinaus die Zukunft liegt." (S. 29). Es ist das Nietzschesche Existenzmodell von Selbstsein und Entwurf, das diesen Reflexionen zugrunde liegt. Es ist Nietzsche, der aus Rilke spricht, wenn es heißt: "Wenn es für den Künstler eine Verheißung gibt, der er vertrauen kann, ist es: der Wille zur Einsamkeit." (S. 29). Die "Einsamkeit" ist die

"Heimat" des "Schaffenden" (S. 38) – auch dies ein Gedanke Nietzsches, denn Zarathustra redet ja die "Einsamkeit" als seine "Heimat" an (4, 232 – Za). Rilkes Vorstellung, daß es in der Kunst nur eine Kommunikation zwischen den einsam Schaffenden gebe, ist gleichfalls Geist vom Geiste Nietzsches: "Die Kunst geht von Einsamen zu Einsamen in hohem Bogen über das Volk hinweg." (S. 40). So beziehen sich Nietzsche und Rilke gleichermaßen auf den einsam Schaffenden. Aber es besteht doch ein wesentlicher Unterschied. Während bei Nietzsche der Einsame das absolut monologische Subjekt ist, das den "Übermenschen" hervorbringen soll, steht Rilkes einsamer Künstler in mystischer Kommunikation mit "Gott", d.h. dem unendlichen Leben selbst. So spricht er von der "Auferstehung Gottes" im Menschen (S. 41). "Gott" ist allerdings (wie vor allem dann im *Stunden-Buch* deutlich wird) nicht etwas Festes, Statisches, Unveränderliches, sondern etwas Veränderliches, Dynamisches, vom Menschen selbst zu Schaffendes resp. Mitzuschaffendes. "Gott ist das älteste Kunstwerk." Wären die Menschen "schöpferisch" gewesen: "dann hätten sie wirklich einen Gott gemacht!" (S. 41). So ist auch "Gott" angewiesen auf das Schaffen, auf den schaffenden Menschen, den einsam schaffenden Menschen. Aber "Gott" ist nicht der "Übermensch". Mit dem (religiösen) Begriff "Gott" verweist Rilke auf eine den Menschen übersteigende Dimension, während der "Übermensch" das reine Produkt des Menschen sein soll. Rilke wird ein großer Dichter der Einsamkeit werden, wobei der Begriff "Einsamkeit" die verschiedensten Bedeutungsvalenzen annehmen kann, von subjektiver Innerlichkeit bis zur umgreifenden Seinsaussage. Das Schaffen ist bei Rilke jedenfalls immer mit der Einsamkeit verbunden. Nicht ohne Grund ist schon das "Kunst-Ding" in den "Kreis der Einsamkeit" gebannt (*Rilke*, Rodin I, 158). In der Lyrik Rilkes wird die "Einsamkeit" geradezu zu einer Wesensbestimmung des Seins: "Und in den Nächten fällt die schwere Erde / aus allen Sternen in die Einsamkeit." (*Rilke*, Das Buch der Bilder, 400 [Herbst]).

Auch bei Benn ist das Schaffen unlöslich an die Einsamkeit gebunden. Das Pathos, ja der Kult der Einsamkeit, von Nietzsche und Rilke ins Extrem getrieben, findet bei Benn seine konsequente Fortsetzung. Bei Benn erfolgt die kompromißlose Trennung von Ich und Welt, von Innenwelt und Außenwelt, von Rausch und Wirklichkeit. Das "Dichterische" erwächst aus dem "archaisch erweiterten, hyperämisch sich entladenden Ich" (Zur Problematik des Dichterischen, 81). Es zeigt sich eine unüberbrückbare Kluft zwischen Wirklichkeit und Traum. Eine Sinnerfahrung bietet nur noch der Traum, d.h. die Einsamkeit. Es erfolgt eine Reduktion auf die imaginäre Bilderwelt des Inneren: "Es gibt nur den Einsamen und seine Bilder" (ebd., 82). Nicht mehr das reale, sondern das archetypische Erlebnis, das "Urerlebnis" (ebd., 83), ist das 'Erlebnis' des einsamen Subjekts. Die empirische Realität wird negiert zugunsten archetypischer Visionen. An die Stelle des "Individuellen" tritt die "Urschicht" (Lebensweg, 30). Von Rönne heißt es, daß er "keine Wirklichkeit ertragen konnte" und daß er, "vor das Erlebnis von der tiefen, schrankenlosen mythenalten Fremdheit zwischen dem Menschen und der Welt gestellt, unbedingt der Mythe und ihren Bildern glaubte" (ebd.). Das dionysische Urerlebnis – es ist gleichermaßen für Benn und Nietzsche symptomatisch. Aber Nietzsche glaubt noch an die Möglichkeit der Verwirklichung des Dionysischen im Leben, während Benn eine Trennwand zwischen dem Dionysischen und der Wirklichkeit aufrichtet. Zudem ist bei Benn die Einsamkeit in wachsendem Maße verbunden mit der Melancholie. In dem tiefmelancholischen Gedicht *Valse triste* ist die Rede vom "schweigenden Einsamsein" (GW III, 72). Im Gedicht *Die Dänin* machen die "Einsamkeiten" das "Notturn final" aus (GW III, 106). In beiden Gedichten ist die 'Einsamkeit' nicht nur ein individueller Zustand, sondern vor allem ein dem Leben überhaupt immanentes und die Geschichte durchziehendes Grundprinzip. Beim späten Benn bilden Einsamkeit und Melancholie eine unlösliche Symbiose. So lautet die Schlußstrophe des Gedichts *Tristesse*:

> Und dann November, Einsamkeit, Tristesse,
> Grab oder Stock, der den Gelähmten trägt –
> die Himmel segnen nicht, nur die Zypresse,
> der Trauerbaum, steht groß und unbewegt. (GW III, 338)

Es ist die "Einsamkeit aus Alter und Verlust" (Abschied, GW III, 233), die zu einem der Grundmotive Benns wird. Wenn beim frühen Benn die Einsamkeit noch mit dem Rausch verknüpft war, wie im Gedicht *Das Plakat*, wo es heißt: "die Einsamkeit, die Heimkehr in das Blut" (GW III, 39), so ist sie beim späteren Benn verbunden mit der Trauer. Aber die Einsamkeit erschöpft sich bei Benn nicht in der Resignation, sondern ist zugleich Voraussetzung des Schaffens. Im Gedicht *Einsamer nie –* setzt das einsame Subjekt dem Leben den "Geist", d.h. den formschaffenden "Geist", entgegen:

> Wo alles sich durch Glück beweist
> und tauscht den Blick und tauscht die Ringe
> im Weingeruch, im Rausch der Dinge –
> dienst du dem Gegenglück, dem Geist. (GW III, 140)

Das Alleinsein erscheint als ein positiver Zustand. Der Einsame zeigt eine größere ästhetische Sensibilität, wie ihm überhaupt tiefere Erfahrungen zuteil werden: "Wer allein ist, ist auch im Geheimnis" (Wer allein ist –, GW III, 135). So läuft die Einsamkeit bei Benn einerseits auf meditative Weltverneinung, auf eine "autistische Realität", hinaus (Ptolemäer, 223) und ist andererseits die Voraussetzung des Schaffens, der Kunst. "Was der politische Mensch gar nicht sehen kann, das ist Einsamkeit, Askese, Mönchstum – Kunst." (Doppelleben, 149). Auch Benn kann, wie Nietzsche, die "Einsamkeit" funktional sehen und sie als eine "Methode" bezeichnen, "mit deren Hilfe man die Sachen [...] besser zustande bringt, als es durch Unterhaltung, Aussprache, Extroversion und gemeinsames Spazierenlaufen geschähe" (Erwiderung an Alexander Lernet-Holenia, 310). Freilich, Benn formalisiert die Einsamkeit nicht. Die Einsamkeit ist ein Geschick. Es kommt darauf an, sie auszuhalten. "Allein –: wahrscheinlich gibt es kein Wort darüber, allein und unverbittert in die Stunden des Dunkelwerdens sehen, dem will ich die Krone des Lebens geben." (Doppelleben, 63). Eine echte Kommunikation zwischen dem Einsamen und den Mitmenschen kann es nicht geben. Wohl aber vermag von der Darstellung der Einsamkeit eine Wirkung auszugehen: "Drücke dein Ich aus, dann gibst du dein Leben weiter an das Du, dann gibst du deine Einsamkeit weiter an die Gemeinschaft und die Ferne." (Erwiderung, 313). So erweisen sich bei Benn zunächst Rausch und Traum und dann Meditation, Melancholie und Schaffen als die konstitutiven Merkmale der Einsamkeit. Benn wäre nicht der konsequente Nietzscheaner, wenn er sich nicht auch hinsichtlich der Einsamkeitsproblematik immer wieder auf Nietzsche beriefe. Er verteidigt die Einsamkeit Nietzsches. Er weist die Vorstellung, Nietzsche "sei an seiner Einsamkeit gescheitert", zurück und konstatiert: "Ja, er sprach natürlich zum Schluß nur noch mit sich selbst, mit wem sollte er denn sprechen? Die Stunde Gottes war nicht mehr da, die Uhr schlug nicht mehr, und Menschen waren auch nicht mehr da" (Erwiderung, 308). Im existentiellen Pathos der Einsamkeit weiß sich Benn bis zuletzt mit Nietzsche verbunden. Im ganz späten Gedicht *Kann keine Trauer sein* vom Januar 1956 (GW III, 5) beschwört er mit der Todessituation Nietzsches noch einmal seine absolute Einsamkeit:

[...]
in Weimar lagen die großen schwarzen Augen
Nietzsches auf einem weißen Kissen
bis zum letzten Blick –

Nietzsches Einsamkeit ist tiefer angelegt als die gängige weltschmerzliche Einsamkeit. Sie ist existentielle Einsamkeit. Sie ist nicht nur von melancholischen Stimmungen abhängig, sondern betrifft das Menschsein in seiner Grundbefindlichkeit. Freilich, die Übergänge sind fließend. Bezeichnend ist Nietzsches Byron-Rezeption. Er ist nicht nur vom Weltschmerz, sondern auch von der Tatkraft Byrons angetan. Schon der Schüler Nietzsche bewundert in seinem Aufsatz *Ueber die dramatischen Dichtungen Byrons* (1861) sowohl den "Sturmgang seiner Gedanken" als auch die "tiefste Melancholie" (HKG, W II, 14). Später respektiert Nietzsche den "Stolz" Byrons, der sich nicht einfach den Affekten hingebe, sondern sie produktiv bewältige, und er vergleicht ihn mit Napoleon (vgl. 3, 97 – M). Auch äußert er an Byron, dem "Genie Byron" (11, 425), sein "Wohlgefallen" wegen dessen Glaube an die "Vorrechte höherer Menschen" (11, 479f.). Er identifiziert sich sogar mit Byron: "Mit *Byrons* Manfred muss ich tief verwandt sein: ich fand alle diese Abgründe in mir, – mit dreizehn Jahren war ich für dies Werk reif." (6, 286 – EH). Nietzsche, der zunächst Schumanns *Manfred*-Musik, die späte *Manfred-Ouvertüre*, geschätzt hatte (vgl. Ein Sylvestertraum [1864] – HKG, W III, 79), dieselbe aber später schroff ablehnte als sentimentale Verfälschung Byrons (vgl. 5, 188 – JGB), hat 1872 selbst eine *Manfred-Meditation* verfaßt (vgl. B 4, 78f. – 29.10.72 – an Hans von Bülow) – eine Komposition, die er später ausdrücklich als "eine Gegenouvertüre" zum *Manfred* des "süsslichen Sachsen" Schumann komponiert (zur Manfred-Meditation vgl. generell *Janz*, Nietzsche I, 477-483). Nietzsche, der doch wohl die fast experimentelle Tonalität des Schumannschen *Manfred*, die musikalische Vergegenwärtigung des einsamen Wanderers in der zerklüfteten Bergwelt, unterschätzt, bekämpft einen (angeblich) sentimentalen Manierismus. Aber Nietzsche grenzt sich auch gegen Byron selbst ab. Während bei Byron – wie bei Hamlet, Schopenhauer, Voltaire und Leopardi – der "Schmerz" der Beweis des "Pessimismus" sei, eine Haltung, die er verlache, faßt er selbst die "Fähigkeit zum Schmerz" als "einen ausgezeichneten Erhalter, eine Art von Versicherung des Lebens" auf, wichtig wie die "Lust" (9, 618; vgl. 9, 588; 3, 383f. – FW; 3, 550 – FW). Es ist der "Schmerz", der "mich wieder zu mir selber zurück ruft" (11, 12). Nicht der lebenschwächende Weltschmerz, sondern der lebensteigernde Schmerz ist für Nietzsche relevant. So kann er auch bei Byron eine "*erschöpfende* Phantasie" beobachten, die alles vorwegnimmt und "im endlichen Augenblick des Geschehens und der That bereits *müde* ist" (3, 206 – M). Ja, Byron kann als Vorläufer Wagners "in Worten" angesehen werden: "die Wirkung des Ungeheuren auf M<enschen>, deren Nerven- und Willenskraft schon zu schwach dafür war" (11, 493). So erscheint Byron bei seinem Verehrer Nietzsche nicht nur als der kongeniale Geist, sondern auch als Poet der *décadence*. Damit gewinnen auch Einsamkeit und Schmerz bei Nietzsche eine über Byron hinausweisende Bedeutung. Er notiert: "Einsamkeit als Heimkehr aus der Fremde. Verlassenheit und Fremde mitten unter Menschen." (14, 316 – Die Heimkehr [Vorstufe]). "Und immer, wenn ich meiner Einsamkeit gedachte, immer war es doch, wenn ich aus der Ferne sprach 'oh gute Einsamkeit!' " (10, 577). "Von der [Gesundheit] Einsamkeit. – / Mit seligen Nüstern athme ich wieder meine Freiheit; erlöst ist endlich meine Nase vom Geruche alles Menschenwesens." (14, 316 – Die Heimkehr [1. Fassung]). Nietzsche hat den "Willen zur Einsamkeit" (12, 78), da er nur in der

Einsamkeit zu sich selber findet. Spätestens seit dem *Zarathustra* steht der Einsame in unüberbrückbarer Opposition zur Gesellschaft, zu den Menschen. Er zieht es vor, allein einsam zu sein, als unter den Menschen einsam zu sein: "In der Einsamkeit frißt sich der Einsame selbst auf, in der Vielsamkeit fressen ihn die Vielen. Nun wähle." (10, 386). Erst in der Einsamkeit bildet sich die Erlebnisfähigkeit aus:

> Die meisten Menschen sind gar keiner Erlebnisse fähig: sie lebten nicht genug in der Einsamkeit – das Ereigniß wird durch Neues gleich fortgespült. Der tiefe Schmerz ist *selten* und eine Auszeichnung. Im gewöhnlichen Leben steckt mehr *Klugheit* als im Stoicismus. – Die Abwehr des Schmerzes. (10, 313)

Das Schwelgen in der Melancholie, der Schmerz als Selbstgenuß – das war Nietzsche wesensfremd. Ihm geht es um den in der Einsamkeit erfahrenen *tiefen* Schmerz, den Schmerz, der den Menschen von Grund auf verwandelt und der dann im kreativen Akt überwunden wird. Im Unterschied zu den "Heerdenthieren und Gleichheits-Aposteln", "welche allesammt die Einsamkeit nicht ertragen *könnten*", ist die Einsamkeit für Nietzsche ein *summum bonum*: "Diese Einsamkeit ist es, welche wir *hüten*, wenn wir der religiösen Organisation der Menschheit das Wort reden" (12, 173). Die Einsamkeit gehört wesensmäßig zum schöpferischen Menschen. Nietzsche verweist auf Heraklit:

> Heraklit war stolz: und wenn es bei einem Philosophen zum Stolz kommt, so giebt es einen großen Stolz. Sein Wirken weist ihn nie auf ein "Publikum", auf den Beifall der Massen und den zujauchzenden Chorus der Zeitgenossen hin. Einsam die Straße zu ziehn gehört zum Wesen des Philosophen. (1, 833 – PHG)

Die Einsamkeit ist der Schutz der 'aristokratischen' Existenz:

> Ich habe einsam gelebt und mich tüchtig und herzhaft in den Mantel der Einsamkeit gewickelt: das gehört zu meiner Klugheit. Es ist jetzt sogar viel List nöthig, um sich selber zu erhalten, selber *oben* zu erhalten. Jeder Versuch, es *in* der Gegenwart, *mit* der Gegenwart auszuhalten, jede Annäherung an die Menschen und Ziele von heute, ist mir bisher mißrathen [...] (11, 12)

Dieser Hang zur Einsamkeit ist bei Nietzsche nicht nur durch Kommunikationsverlust bedingt, sondern vor allem wesensmäßig in ihm angelegt. Schon in der frühen autobiographischen Darstellung *Aus meinem Leben* (1858) schreibt der Schüler Nietzsche:

> Von Kindheit an suchte ich die Einsamkeit und fand mich da am wohlsten, wo ich mich ungestört mir selbst überlassen konnte. Und dies war gewöhnlich im freien Tempel der Natur, und die wahrsten Freuden fand ich hiebei. (HKG, W I, 8)

Später verwandeln sich diese naiven "Freuden" der Einsamkeit in eine schmerzliche Einsamkeit, eine Einsamkeit freilich, die die Schaffenslust steigert. Die Einsamkeit wird zur Existenzform Nietzsches, denn es ist allein die Einsamkeit, in der die Selbstfindung erfolgt. Im Spruchgedicht *Der Einsame* heißt es:

> Ich liebe es, gleich Wald- und Meeresthieren,
> Mich für ein gutes Weilchen zu verlieren,
> In holder Irrniss grüblerisch zu hocken,
> Von ferne her mich endlich heimzulocken,
> Mich selber zu mir selber – zu verführen. (3, 360 – FWS)

Der Einsame *par excellence* ist der Schaffende. Er ist der "philosophische Einsiedler", der "Künstler-Einsiedler" (12, 123). Nietzsche wertet die Zweisamkeit zugunsten der Einsamkeit ab. Er zitiert Baudelaire:

Unvertilgbarer Geschmack de la prostitution im Herzen des Menschen: daher seine horreur vor der *Einsamkeit*. – Il veut être *deux*. / Das Genie (l'homme de génie) veut être *un*, donc solitaire / La gloire, c'est rester *un*, et se prostituer d'une manière particulière. (13, 84f.)

Vgl. *Baudelaire*, Mon Cœur mis à nu, 1294: "Goût invincible de la prostitution dans le cœur de l'homme, d'où naît son horreur de la solitude. [...]

Das Genie *ist* nicht nur einsam, sondern es *will* einsam sein, weil allein die Einsamkeit die Freiheit und Ursprünglichkeit des Schaffens verbürgt. Diese Einsamkeit "war mit der Konstituierung des Originalitätsgebots vorgegeben" (*Lämmert*, Einsamkeit, 68). Nietzsches Einsamkeitsidee findet sich im Prinzip bereits bei Schopenhauer, der feststellt, "daß das Genie wesentlich einsam lebt. Es ist zu selten, als daß es leicht auf seinesgleichen treffen könnte, und zu verschieden von den übrigen, um ihr Geselle zu sein." (WV II, 503 [Vom Genie]). Und es entspricht weiterhin Nietzsches Vorstellung vom Genie, wenn Schopenhauer konstatiert, daß das Genie in seinem "Schaffen" zwar seine 'Beglückung' findet, "dasselbe dennoch keineswegs geeignet ist, ihm einen glücklichen Lebenslauf zu bereiten, vielmehr das Gegenteil. [...] Dazu kommt noch ein Mißverhältnis nach außen, indem das Genie in seinem Treiben und Leisten selbst meistens mit seiner Zeit im Widerspruch und Kampfe steht." (WV II, 503f.). Im Unterschied zu Nietzsche ist für Schopenhauer das "Vorwaltende" im Genie allerdings nicht das "Wollen", sondern das "Erkennen", die "freie Muße" der Meditation (WV II, 503). Nietzsche hat sich mit der Einsamkeit identifiziert. Eine ähnliche Identifikation mit der Einsamkeit erfolgt bei Kierkegaard: "Es gehört schon eine große Naivität dazu, zu glauben, es hülfe etwas, wenn man ruft und schreit in der Welt, so als könnte man damit sein Schicksal ändern. Man nehme es, wie es geboten wird, und enthalte sich aller Weitläuftigkeiten. [...] Jetzt rufe ich nie mehr." (*Kierkegaard*, Entweder – Oder I, 43f.). Und weiter heißt es:

> Ich habe nur einen Freund, es ist das Echo; und warum ist es mein Freund? Weil ich meine Trauer liebe, und die nimmt es mir nicht. Ich habe nur eine Vertraute, es ist die Stille der Nacht; und warum ist sie meine Vertraute? Weil sie schweigt. (ebd., 44)

Kommunikation ist fragwürdig, da "der eine Mensch dem andern Menschen gar nichts anderes sein kann als ihm im Wege sein" (ebd., 343). "Einsam bin ich, bin es je und je gewesen; verlassen, nicht von den Menschen, das würde mich nicht schmerzen, sondern von den glücklichen Genien der Freude [...]" (ebd., 52f.). Wenn somit die Einsamkeit bei Nietzsche und Kierkegaard gleichermaßen eine existentielle Grunderfahrung ist, so zeigt doch die Einsamkeit Kierkegaards einen stärker resignativen Zug als die euphorische Färbung der Einsamkeit Nietzsches. In einer auf Nietzsches Metaphorik von "Adler" und "Beute" im Dionysos-Dithyrambus *Nur Narr! Nur Dichter!* (6, 377-380 – DD) vorausdeutenden Weise heißt es bei Kierkegaard:

> Mein Leid ist meine Ritterburg, die einem Adlerhorste gleich hoch oben auf der Berge Gipfel in den Wolken liegt; keiner kann sie erstürmen. Von ihr fliege ich hinunter in die Wirklichkeit und packe meine Beute; aber ich bleibe dort unten nicht, meine Beute bringe ich heim [...] Dort lebe ich wie ein Toter. (Entweder – Oder I, 54)

Die Bilder Kierkegaards und Nietzsches gleichen sich. Bei beiden erscheint der Adler als ein Symbol des Machtwillens. Aber während Nietzsches Adler sich in einer euphorischen Hochstimmung befindet, erweist sich Kierkegaards Adler als "ein alter, ergreister Mann", der "gedankenvoll" seinen Erinnerungen nachhängt, tief eingesponnen in Melancholie (ebd.). So ist zwar die "mit dem Ausnahmesein verknüpfte furchtbare *Einsamkeit*" "beiden gemeinsam" (*Jaspers*, Vernunft und Existenz, 27), aber es sind zugleich unterschiedliche Weisen der Einsamkeit. Bei Kierkegard dominiert das Erleiden der Einsamkeit, die Melancholie der Einsamkeit, bei Nietzsche das Bewältigen der Einsamkeit, die Kreativität der Einsamkeit. Bei beiden Denkern ist allerdings die Einsamkeit die Grundbefindlichkeit der Existenz. Obschon Nietzsche und Kierkegaard "sich gegenseitig nicht gekannt" haben (*Jaspers*, Nietzsches Bedeutung in der Geschichte der Philosophie, 55) – wie hätte auch der bereits 1855 verstorbene Kierkegaard Nietzsche kennen können?! –, obschon der "Nietzsche unbekannt gebliebene Däne" (*Janz*, Nietzsche II, 266) Nietzsche nicht beeinflußt haben kann und in der Tat Nietzsche Kierkegaard in seinen Texten nicht erwähnt, ist immerhin bemerkenswert, daß er, freilich erst spät, die Absicht äußert, sich dem Studium Kierkegaards widmen zu wollen, "mich mit dem psychologischen Problem Kierkegaard zu beschäftigen" (B 8, 259 – 19.2.88 – an Georg Brandes). Es sei dahingestellt, ob es sich bei dieser Bemerkung um ein echtes Anliegen oder eher um eine Höflichkeitsgeste Nietzsches handelt. Brandes hatte ihm die Werke Kierkegaards mit Nachdruck empfohlen: "Es giebt ein nordischer Schriftsteller, dessen Werke Sie interessiren würden, wenn Sie nur übersetzt wären, *Sören Kierkegaard*; er lebte 1813-55 und ist meiner Ansicht nach einer der tiefsten Psychologen, die es überhaupt giebt." (B III 6, 143f. – 11.1.88). Man darf letztlich annehmen, daß spätestens zu diesem Zeitpunkt ein Interesse Nietzsches an Kierkegaard geweckt wurde. Verbunden sind beide durch die Einsamkeit, jene verwandelnde Kraft der Einsamkeit, von der Kafka schreibt: "Das Alleinsein hat eine Kraft über mich, die nie versagt." (*Kafka*, Tagebücher, 27 [26.12.1910]). Kafka notiert allerdings auch: "Meine Kraft reicht zu keinem Satz mehr aus." (ebd. [27.12.1910]).

Exkurs 44 (zu Seite 559, Fn. 442)

Nietzsche selbst unterscheidet zwischen der kommunikativen Leitfunktion und der monologischen Existenz des Schaffenden:

> Man soll von sich nichts wollen, was man nicht kann. Man frage sich: willst du *vorangehn*? Oder willst du *für dich gehn*? Im ersten Falle wird man, besten Falls, Hirt, das heißt Nothbedarf der Heerde. Im andern Fall muß man etwas Andres können, – von sich Für-sich-gehn-*können*, muß man Anders- und Anderswohin-gehn-*können*. In beiden Fällen muß man es können und kann man das Eine, darf man nicht das Andre wollen. (13,9)

In diesem ein wenig sperrigen Fragment trennt Nietzsche die Führerfunktion von der Selbstverwandlung. Entweder ist man der "Hirt" einer "Heerde", oder man vollzieht im reinen Für-Sich-Sein die existentielle Selbstfindung, möglicherweise im Sinne der Übermensch-Idee. Nietzsche nimmt in dieser Frage auch eine Dreigliederung vor: "Du läufst *voran*? – Thust du das als Hirt? oder als Ausnahme? Ein dritter Fall wäre der Entlaufene..." (6, 65 – GD). Dies ist die dreifache Möglichkeit des Schaffenden. Er kann Vorbild, Leitfigur und Führer einer Gruppe sein, und dann gehört er zur Gemeinschaft (der "Hirt"). Er kann aber auch innerhalb der Gemeinschaft eine Sonderexistenz führen, der Gemeinschaft zwar noch zugehörig, aber als freie Existenz sich doch von ihr emanzipierend (die "Ausnahme"). Und er kann schließlich die völlige Loslösung von der Gemeinschaft vollziehen und eine reine Eigenexistenz führen (der "Entlaufene"). Nietzsche trifft auch folgende Unterscheidung: "Willst du mitgehn? oder vorangehn? oder für dich gehn?..." (6, 65 – GD; vgl. 13, 534). Der Konformismus der Gemeinschaft, der Aristokratismus des Führertums und der Monologismus des Selbstseins – dies sind drei mögliche Existenzformen. Ohne Zweifel ist für Nietzsche die monologische Existenz die adäquate Existenzform. Aber die monologische Existenz kann Vorbildfunktion ausüben. Zarathustra ist ein großer Monologist, aber er ist auch ein Impulsgeber, und daher können auch seine Selbstgespräche immer wieder in Ansprachen umschlagen. Er will zwar nicht der Hirt einer Herde, wohl aber eine zur kreativen *imitatio* stimulierende Leitfigur eigenständigen Denkens sein. Aber im Grunde ist die Mitteilung eine Funktion des Monologs. Letztlich geht es um das Sich-Aussprechen des Einsamen. Ein Fragment lautet: "liebe ich euch? . . / So liebt der Reiter sein Pferd: / es trägt ihn zu seinem Ziele." (13, 556). Es geht Nietzsche nicht um die anderen Menschen, sondern um das eigene Selbstsein. Im Fragment *Werth* . . heißt es programmatisch: "der Mensch: *nicht* die Menschheit... / die Menschheit ist viel eher noch ein Mittel, als ein Ziel." Sie ist "bloß das Versuchsmaterial" (13, 221). Damit geht Nietzsche insofern über den reinen Monologismus hinaus, als er die Erzeugung des 'Menschen', d.h. des großen Menschen, fordert. Und nur in dieser Hinsicht haben die Verkündigungen Zarathustras eine Vorbildfunktion. Zugleich aber haben die Mitteilungen für den Monologisten selbst eine kathartische Wirkung. Was Nietzsche von der Mitteilung negativer Wahrheiten sagt, gilt im Grunde auch für die Verkündigung positiver Wahrheiten: "Gegensatz, es giebt Wahrheiten zum Erbrechen, materia peccans, welche man schlechterdings los werden will: man wird sie los, indem man sie mittheilt." (12, 58). Auch Zarathustra muß seine Wahrheit 'loswerden'. Er ist der "Becher, welcher überfliessen will" (4, 12 – Za). Er ist der Einsamste der Einsamen und zugleich der "Verkündiger" des "Übermenschen" (4, 18 – Za). Man könnte von Verkündigungsmonolog sprechen. In vereinfachender Zuspitzung könnte man sagen: Nietzsches Mitteilungen sind Monologe, und seine Monologe sind Mitteilungen. Dabei müßte man allerdings unterscheiden zwischen verkündenden Monologen, der Ansprache an ein Publikum, und publikumslosen Monologen, den eigentlichen Selbstgesprächen. Auch die letzteren sind Formen der expressiven 'Mitteilung', im Sinne der Unterscheidung von 'lebendigem' Mitteilungsstil und 'totem' Zeichenstil: "Stil, der mittheilt: und Stil, der nur Zeichen ist, 'in memoriam'. Der todte Stil eine Maskerade; bei anderen der lebendige Stil. Die Entpersönlichung." (12, 56). Was den Schaffenden betrifft, so ist er in jedem Fall, auch als Monologist, der Denker des Zukünftigen, der Vorläufer einer neuen Daseinsform und Weltdeutung. Durch dieses utopische Potential gerät er in Widerspruch zu seiner Epoche. Diese Grundsituation des Genies hat schon Schopenhauer klar zum Ausdruck gebracht:

> Das Genie hingegen trifft in seine Zeit wie ein Komet in die Planetenbahnen, deren wohlgeregelter und übersehbarer Ordnung sein völlig exzentrischer Lauf fremd ist. Demnach kann es nicht eingreifen in den vorgefundenen, regelmäßigen Bildungsgang der Zeit, sondern wirft seine Werke weit hinaus in die vorliegende Bahn (wie der sich dem Tode weihende Imperator seinen Speer unter die Feinde), auf welcher die Zeit solche erst einzuholen hat. (WV II, 504 [Vom Genie])

Dies entspricht dem Geniebegriff Nietzsches. Nietzsche potenziert allerdings das Genie zum Übermenschen. Der "Übermensch" erwächst aus dem "Genius". Schon der frühe Nietzsche spricht die "Losung seines ganzen Lebens" aus: "Rettet euren Genius! befreit ihn! Später wird 'Übermensch' heißen, was jetzt 'Genius', und was jetzt befreit werden soll, später soll es erst geschaffen werden; der Gedanke aber ist derselbe." (*R.M. Meyer*, Nietzsche, 237).

Exkurs 45 (zu Seite 562, Fn. 448)

Gerhart Hauptmann merkt dazu an: "Empfinde als Bestätigung meiner Überzeugung dafür, daß Jesus seine letzten Jahre als vollkommener Einsiedler zubrachte." (*Hauptmann*, Diarium, 43 [7.8.1919]). Die mystische Grunderfahrung, die Einung des menschlichen Selbst mit der göttlichen Wirklichkeit, gewinnt für das moderne entfremdete Subjekt wieder an Bedeutung. So schreibt Lothar Schreyer in seiner vom Geist des Expressionismus durchtränkten Abhandlung *Vom Sinn der Mystik* (1925):

> Der Sinn der Mystik beginnt in der Gegenwart wieder klar zu werden, nachdem er einige Jahrhunderte lang verdunkelt war. [...] Der Sinn der Mystik ist diese Wiedergeburt des Menschen aus sich selbst. Das Geheimnis des Lebens ist, daß es sich immer von neuem gebärt. In diesem Geheimnis zu leben, bedeutet: das ewige Leben haben. (*Schreyer*, Mystik, 7 u. 11)

Das Denken Meister Eckharts umkreist

> diesen Grund, diesen Kern des menschlichen Seins, der sich ebenso wie die stille Wüste des göttlichen Seinsgrundes jeder adaequaten Benennung und Aussage entzieht und in dem das göttliche und das menschliche Vernunftsein bei der Geburt des Wortes in der Seele zur Einheit ineinander fließen [...] (*Quint*, Meister Eckehart, 26 [Einleitung])

Auch Nietzsche vollzieht eine *unio mystica* – die *unio mystica* mit dem dionysischen Leben. Nicht von ungefähr führt er ein Schopenhauer-Zitat mit Bezug auf Meister Eckhart an: "er weiss, was auch Meister Eckhard weiss: 'das schnellste Thier, das euch trägt zur Vollkommenheit, ist Leiden'" (1, 372 – SE; Zitat nach *Schopenhauer*, Die Welt als Wille und Vorstellung. 2. Bd., S. 726 [Frauenstädt-Ausgabe]). Nietzsche ruft Meister Eckhart auch zum Kronzeugen seiner Moralkritik an: "Möchte man nicht heute in Hinsicht der Moral sagen, wie Meister Eckhardt: 'ich bitte Gott, dass er mich quitt mache Gottes!'" (3, 533 – FW; vgl. *Meister Eckhart* , Predigten und Schriften, 195). Hier deutet Nietzsche Meister Eckharts Aufhebung der Subjekt-Objekt-Spaltung als Negation Gottes um. Im übrigen hat er sich kaum mit den Mystikern beschäftigt. Auf jeden Fall lehnt er die *christliche* Mystik ab. Er notiert: "Das Christenthum hat es auf dem Gewissen, viele volle Menschen *verdorben* zu haben z.B. Pascal und früher den Meister Eckart." (11, 151). Demnach wäre ein un-christlicher Meister Eckhart nach Nietzsches Geschmack gewesen. Er bejaht die mystische Innerlichkeit als solche, die Intensität des mystischen Erlebens, die Selbstversenkung des einsamen Denkers. Aber er verneint die Inhalte der christlichen Mystik, die im Unio-Erleben erfolgende Vereinigung der Seele mit Gott, die potenzierte religiöse Verinnerlichung. Er kritisiert den 'tölpelhaften' Glauben der "Mystiker jeden Ranges" an "'Inspiration'" (5, 19 – JGB), d.h. an ein im Menschen wirkendes göttliches Prinzip. Er zählt die "Mystik" zu den "*Arten der Selbstbetäubung*" und definiert sie als "wollüstigen *Genuß* der ewigen Leere" (III, 911). Er äußert sich auch wegwerfend zur Mystik, wenn er die *Wilhelm-Meister*-Kritik des Novalis mit der Bemerkung abtut: "Das zu einer Zeit, wo er für Tieck rasete, der damals gerade einen Schüler Jakob Böhmes abzugeben schien" (13, 496). Im Unterschied zum "magischen Idealismus" eines Novalis, in dem die "mystische Unio-Erfahrung zur Bannung des Unendlichen im Endlichen drängte" (*Wentzlaff-Eggebert*, Mystik, 244), ist bei Nietzsche das 'mystische' Subjekt ein in den Riß der Welt gestelltes, absolut vereinsamtes Subjekt, das ganz aus dem eigenen Willen lebt. Der radikale Dualismus von Welt und Ich und der potenzierte Voluntarismus des Ich unterscheiden dieses Subjekt vom Subjekt der traditionellen Mystik. Man könnte weiterhin einen wesentlichen Unterschied zwischen Nietzsche und der Mystik darin sehen, daß der Mystiker sich in die absolute Verschwiegenheit zurückzieht, während Nietzsche seine 'mystischen' Erlebnisse in oratorische Attraktionen umsetzt. Es ist aber zu bedenken, daß auch bei Meister Eckhart aus der "verschwiegenen mystischen Eigenerfahrung" eine "emphatisch-charismatische Sprechweise" erwächst (*Ruh*, Meister Eckhart, 189).

Exkurs 46 (zu Seite 563, Fn. 449)

An anderer Stelle unterscheidet Nietzsche drei Formen der Kunst:

> Es giebt
>
> 1) monologische Kunst (oder im "Zwiegespräch mit Gott")
> 2) gesellschaftliche Kunst, société vorausgesetzt, eine feinere Art von Mensch.
> 3) demagogische Kunst z.B. Wagner für das deutsche "Volk", Victor Hugo (11, 235)

Die *monologische* Kunst ist ein "Zwiegespräch mit Gott", weil sie existentielle, metaphysische Fragen aufwirft, weil es in ihr um das Menschsein selbst geht. Sie ist für Nietzsche die *wahre* Kunst. Die *gesellschaftliche* Kunst, die ein entsprechendes Publikum voraussetzt und etwa von den großen französischen *hommes de lettres* praktiziert wird, goutiert er aber gleichfalls, mit Blick auf ihre artistischen Qualitäten. Die *demagogische* Kunst, d.h. die Kunst der suggestiven Verführung, wie er sie vor allem bei Wagner vorzufinden glaubt, wird von ihm verworfen. Mit solchen Klassifikationen versucht Nietzsche, sich seines eigenen ästhetischen Standorts zu vergewissern und seine eigene Position zu rechtfertigen. Die von ihm benutzten Begriffe sind Kampfbegriffe, die der kritischen Abgrenzung dienen. Diese Klassifikation ist Standortbestimmung und Provokation. Sein Anliegen ist die *monologische* Kunst. Lange vor Gottfried Benn plädiert er für die "monologische Kunst". Nur in ihr ist das Schöpferische durch keine heterogenen Zwecke getrübt und ganz mit sich selbst beschäftigt. Das auf ein Publikum ausgerichtete Theater kann diesem ästhetischen Prinzip nicht entsprechen: "– es fehlt die Einsamkeit, alles Vollkommne verträgt keine Zeugen..." (6, 420 – NW). Ganz neu ist dieser Gedanke übrigens nicht. Schon La Rochefoucauld hatte die "vollkommene Tapferkeit" im Handeln "ohne Zeugen" gesehen: "La parfaite valeur est de faire sans témoins ce qu'on serait capable de faire devant tout le monde." (*La Rochefoucauld*, Réflexions, 84; Nr. 216). Aber bei Nietzsche gewinnt der Gedanke des Schaffens ohne Zeugen eine tiefere, absolute Bedeutung. In der monologischen Kunst wird die Welt (und damit nicht zuletzt das Theater und sein Publikum) irrelevant. Da es keine monologische Kunst ist, degradiert Nietzsche das Theater. Demgegenüber kann vor allem die Musik zur monologischen Kunst werden. Aufschlußreich ist die Unterscheidung von "unschuldiger" und "schuldiger" Musik, d.h. von wirkungsgerichteter Musik und Musik um ihrer selbst willen:

> Aber ich nenne eine *unschuldige Musik* jene, welche ganz und gar nur an sich denkt, an sich glaubt, und über sich die Welt vergessen hat, – das Von-selber-Ertönen der tiefsten Einsamkeit, die über sich mit sich redet und nicht mehr weiss, dass es Hörer und Lauscher und Wirkungen und Missverständnisse und Misserfolge da draussen giebt. (3, 207f. – M)

Außer der Musik ist es nur noch die Dichtung, d.h. der Dithyrambus, der die wahre, die monologische Kunst darstellt: "Welche Sprache wird ein solcher Geist reden, wenn er mit sich allein redet? Die Sprache des *Dithyrambus*." (6, 345 – EH). Die Maximen einer monologischen, absoluten Kunst haben sich bei Nietzsche erst im Laufe der Jahre, spätestens aber seit dem *Zarathustra*, ausgeprägt. Noch Mitte der siebziger Jahre stellt er sich die Frage, "ob ich nicht mit der monologisirenden Art meiner Schriften mir das Beste entzogen habe, was ein Autor sich wünschen kann – Übertragbarkeit seiner Ansichten und Fortleben, Fort*wachsen* derselben in fremden Seelen" (B 5, 107 – 11.8.75 – an Edouard Schuré). Deutlich spürbar ist schon hier die Spannung Nietzsches zwischen Mitteilung und Monolog. Diese Spannung wird sich bei Nietzsche erhalten. Aber es ist nicht zu übersehen, daß sich bei Nietzsche in wachsendem Maße der Gedanke des monologischen Schreibens durchsetzt. Bemerkenswert ist, daß er in einem Hinweis zur Erstausgabe von 1878 *Menschliches, Allzumenschliches* als "monologisches Buch" bezeichnet (2, 10 – MA I). Dies könnte zunächst irritieren, denn immerhin handelt es sich ja hier um einen offensiven, provokatorischen Text, einen Text, der sich an ein Publikum wendet, um dessen Wertvorstellungen radikal abzubauen. Offenbar versteht Nietzsche hier unter 'monologisch' soviel wie exzeptionell, innovatorisch, revolutionär. Dieses Buch ist 'monologisch', weil in ihm ganz neue Perspektiven eröffnet werden, Durchblicke und Ausblicke, die der Umwelt, dem Leserpublikum noch gänzlich unvertraut sind. Insofern der Schreibende mit seinen neuen Wahrheiten noch allein ist, ist seine Schrift eine 'monologische' Schrift – unbeschadet der wirkungsästhetischen Intention des Textes. Demnach kann im Selbstverständnis Nietzsches auch eine kritisch-analytische Schrift eine 'monologische' Schrift sein. Überhaupt sind für Nietzsche alle seine Schriften 'monologische' Schriften. Man müßte freilich unterscheiden zwischen einem gezielt wirkungsästhetischen Monolog und einem rein ausdrucksästhetischen Monologismus. Der erweiterte, der wirkungsästhetische Monolog wendet sich nach außen und kann sich artikulieren als kritische Analyse (wie in *Menschliches, Allzumenschliches*) oder als dithyrambische Verkündigung (wie in den Ansprachen Zarathustras). Der umgrenzte, der ausdrucksästhetische Monolog wendet sich nach innen und wird zum reinen Selbstgespräch (wie in den 'Liedern' Zarathustras und in den Dionysos-Dithyramben). So unterliegt der Nietzschesche Monolog dem Wechsel von Kontraktion und Erweiterung, von Systole und Diastole. Dabei lassen sich diese Formen nicht immer grenzscharf trennen, sondern können durchaus ineinander fließen. Der *Zarathustra* besteht nicht nur aus dem rhythmischen Wechsel von oratorischem und innerlichem Monolog, sondern beide Ausdrucksformen können sich in einzelnen Textstücken verquicken. Grundsätzlich ist aber festzuhalten, daß Nietzsche im Prinzip den eigentlich 'monologischen' Monolog, das tiefe existentielle Selbstgespräch, meint, wenn er von "monologischer Kunst" spricht. Es geht ihm um die Selbst-Aussprache. So heißt es in einem Fragment von 1881:

> Werde fort und fort, der, der du bist – der Lehrer und Bildner deiner selber! Du bist kein Schriftsteller, du schreibst nur für dich! So erhältst du das Gedächtniß an deine guten Augenblicke und findest ihren Zusammenhang, die goldne Kette deines Selbst! (9, 555)

Dennoch geht es auch darum, "dich *mitzutheilen*. Ja, du willst dich mittheilen!" (ebd.). Wie geht das zusammen, das Für-sich-Schreiben und das Sich-Mitteilen-Wollen? Nun, Nietzsche will einen monologischen Zustand mitteilen. Der Mitteilungsdrang erwächst aus dem Impetus, die innere Spannung 'loszuwerden'. Die Mitteilung teilt nicht einen (objektiven) Sachverhalt, sondern einen (subjektiven) Zustand mit. Sie ist eine Ausdrucksgebärde des Subjekts. Das Schreiben ist eine Form der Selbstfindung. Der Einsame hat keinen Ansprechpartner mehr. Und wo ein Ansprechpartner gegenwärtig zu sein scheint, enthüllt er sich als Fiktion. "Das Problem der Einsamkeit mit und ohne Gott – dies Beten, Danken, Lieben *verschwendet* ins Leere" (11, 344 – 1884/85). Die Einsamkeit ohne Gott – sie erst ist die wahre Einsamkeit. Sie ist jene extreme Form der Einsamkeit, durch die sich Nietzsche auch von den einsamen Dichtern und Denkern der Vergangenheit unterscheidet:

> und ich schäme mich oft genug, so viel publice schon gesagt zu haben, was zu *keiner* Zeit, selbst zu viel werthvollern und tiefern Zeiten, vor das "Publicum" *gehört* hätte. [...] und ich halte mir das Bild Dante's und Spinoza's entgegen, welche sich besser auf das Loos der Einsamkeit verstanden haben. Freilich, ihre Denkweise war, gegen die meine gehalten, eine solche, welche die Einsamkeit *ertragen* ließ; und zuletzt gab es für alle die, welche irgendwie einen "Gott" zur Gesellschaft hatten, noch gar nicht das, was ich als "Einsamkeit" kenne. (B 7, 62f. – 2.7.85 – an Overbeck)

Aufschlußreich ist Nietzsches Spinoza-Bild. Einerseits erblickt er in Spinoza einen Geistesverwandten, einen Vorläufer, der eine "bejahende Stellung" zur Welt eingenommen (12, 214), den "*Unwerth* des Mitleidens" erkannt (5, 252 – GM), das Wertsystem von "gut und böse" in Frage gestellt (8, 133; vgl. 5, 320 – GM) und der Welt wieder ihre "Unschuld" zurückgegeben habe (5, 320 – GM). Er verweist auf Spinozas Kritik der Teleologie: "*Spinoza* oder Teleologie als Asylum ignorantiae." (9, 519; vgl. *Fischer*, Philosophie, 235-237; s. 14, 646). Fischer bezieht sich auf die in Spinozas *Ethik* erfolgende Kritik der "Zweckbegriffe", der "Erklärungsweise nach Zwecken", die "sich zuletzt allemal auf den Willen Gottes berufen". "Dieser Wille aber ist den Menschen undurchdringlich. Und so bleibt der teleologischen Denkweise keine andere Zuflucht übrig, als das '*asylum ignorantiae*'." (ebd.; s. Anhang zum I. Buch der *Ethik*). Dies entspricht der anti-teleologischen Denkweise Nietzsches. Andererseits hält er Spinoza Inkonsequenzen vor. Im *deus sive natura* erblickt er "jene Sehnsucht Spinozas", "daß irgendworin doch 'der alte Gott noch lebe' " (11, 556f.). In "Spinozas amor dei", d.h. im *amor dei intellectualis*, der 'intellektuellen Liebe zu Gott', sieht er allerdings ein Exorbitanzerlebnis des Philosophen – ohne ihm zuzustimmen (vgl. 11, 262). Die "*Verschmelzung* mit der Gottheit" kann "Gier nach höchster Ungestörtheit und Stille und Geistigkeit (Spinoza)" sein (10, 279). Vor allem aber muß sich Nietzsche, der Philosoph des Werdens, gegen Spinozas Konzeption der Welt als eines abgerundeten, in sich ruhendes Seins wenden:

> gegen den *Werth* des Ewig-Gleichbleibenden (v. *Spinozas* Naivetät, *Descartes* ebenfalls) der Werth des Kürzesten und Vergänglichsten, das verführerische Goldaufblitzen am Bauch der Schlange vita – (12, 348)

Der "Spinozismus" ist der "Versuch, sich zufrieden zu geben mit der Welt, *wie sie ist*" (12, 131). Im Unterschied zu Goethes Spinozismus, zur affirmativen Aufnahme von Spinozas Naturbegriff durch Goethe (zur Problematik von Goethes Spinoza-Rezeption vgl. *Zimmermann*, Goethe II, 164-166) läuft Nietzsches Impetus auf das permanente Transzendieren alles Bestehenden hinaus. Die gewisse Zwiespältigkeit Nietzsches gegenüber Spinoza zeigt sich auch in der Einsamkeitsproblematik. Spinoza, der, aufgrund seiner Forderungen nach religiöser Toleranz, ein Ausgestoßener war, lebte einsam – wie Nietzsche. Nietzsche, der auch seine Beziehung zu Spinoza personalisiert (Spinozas "Blut in dem meinen rollt" [9, 585; vgl. 9, 642; 11, 134]), weiß sich in der Einsamkeit solidarisch mit Spinoza. Aber Spinoza gehört zu den "Zwangs-Einsiedlern", d.h. den Einsiedlern aus Not, die schließlich "zu raffinirten Rachsüchtigen und Giftmischern" werden (5, 43 – JGB). Im Spruchgedicht *An Spinoza*, in dem der Pantheismus Spinozas (das "'Eins in Allem' "), d.h. die Auffassung, daß alle endlichen Erscheinungen Daseinsweisen der einzigen, unteilbaren, unendlichen Substanz, d.i. Gottes, sind, und Spinozas 'intellektueller' ("aus Verstand") "amor dei" als Ressentiment ("Rachebrand") dekuvriert werden, lautet der demaskierende Schlußvers: "Einsiedler, hab ich dich erkannt?" (11, 319). Demgegenüber ist Schillers Gedicht *Spinoza* noch ganz getragen von ungebrochenem Vertrauen in Spinoza. Spinoza wird mit einem in die "Wolken" ragenden "Eichbaum" verglichen, den die "Bauren" fällen, um sein "schönes Holz" zu verwenden (NA I, 65). Diese Spannung von Genie und Epigonentum sieht auch Nietzsche bei Spinoza, aber er betreibt zugleich die Demaskierung dieses Genies. Spinozas Philosophie ist die "Maskerade eines einsiedlerischen Kranken" (5, 19 – JGB). Aber Nietzsche zählt Spinoza auch zu den "Einsiedlern des Geistes und Gewissens" (11, 564). Immerhin, der einsame Nietzsche fühlt sich mit dem einsamen Spinoza verbunden: "In summa: meine Einsamkeit, die mir, wie auf ganz hohen Bergen, oft, oft Athemnoth machte und das Blut hervorströmen ließ, ist wenigstens jetzt eine Zweisamkeit." (B 6, 111 – 30.7.81 – an Overbeck).

Exkurs 47 (zu Seite 568, Fn. 456)

Bezeichnenderweise trug die zunächst als Gedicht konzipierte Klage des Zauberers aus dem *Zarathustra* in der 2. Gedichtfassung unter anderem den Titel *Aus der siebenten Einsamkeit* (vgl. 14, 333). Vgl. auch den Dispositionstitel *Aus der siebenten Einsamkeit* in 13, 509. – Speziell zur Siebenzahl, seit dem Altertum eine kultische Zahl der Weltschöpfung und Weltordnung, ist anzumerken, daß sie im griechischen Mythos zu den "heiligen, typischen und bedeutungsvollen Zahlen" gehört (*Roscher*, Die Siebenzahl, 3). So findet sich die Sieben im Kultus sowohl des Apollon (vgl. ebd., 4-19) als auch des Dionysos (vgl. ebd., 22-24), unter anderem im orphischen Dionysosmythos der "7 männlichen und 7 weiblichen *Titanen* [...], von denen die ersteren den Dionysos-Zagreus in 7 *Stücke* zerreißen" (ebd., 24). In der Offenbarung Johannis spielt die Siebenzahl eine bedeutende Rolle. Es ist die Rede von den sieben Leuchten, den sieben Sternen, den sieben Geistern Gottes, den sieben Engeln, den sieben Siegeln, dem siebenköpfigen Tier, den sieben Plagen, dem siebenten Gesicht vom neuen Jerusalem. In der Johannes-Apokalypse ist die Siebenzahl von zentraler Bedeutung (dazu: *Friesenhahn*, Wortzahlenmystik, 251). "Im Mittelpunkt des Aufbaus steht der uralte persische Dualismus, der Widerstreit Gottes mit seinem Erbfeinde, dem Bösen" (ebd.). Eben diesen Dualismus will Nietzsche aufheben. Zugleich hat er die christliche Heilsgewißheit verloren und sieht sich ganz auf sich selbst zurückgeworfen. Während die Johannes-Apokalypse im "siebenten Gesicht vom neuen Jerusalem" das alle Leiden aufhebende Reich Gottes verheißt (vgl. Offenb. Joh., 21. Kap.), zieht sich Nietzsche in die "siebente Einsamkeit" zurück. Und er sucht diese Einsamkeit, die äußerste Einsamkeit, die nicht mehr überbietbare Einsamkeit. Im Dionysos-Dithyrambus *Das Feuerzeichen* heißt es von Zarathustra:

> *Sechs* Einsamkeiten kennt er schon –,
> aber das Meer selbst war nicht genug ihm einsam,

> die Insel liess ihn steigen, auf dem Berg wurde er zur Flamme,
> nach einer *siebenten* Einsamkeit
> wirft er suchend jetzt die Angel über sein Haupt. (6 393 – DD)

In der Vorstufe notiert Nietzsche: "Nach neuen Einsamkeiten / warf [ich] er suchend, suchend, die Angel über sein Haupt / kein Meer [selbst war genug] war ihm genug einsam [...]" (14, 516). Für Nietzsche ist die Einsamkeit kein statischer Zustand. Er will selbst in der Einsamkeit nicht ausruhen, sich nicht in der Einsamkeit beruhigen. Es ist eine Unruhe in ihm, die ihn drängt, jede einmal erreichte Einsamkeit noch vertiefen und überbieten zu wollen. Die *siebente* Einsamkeit – das ist nicht einfach additiv zu verstehen, so als handele es sich nur um eine bestimmte Form von Einsamkeit aus einem Bündel verschiedener Einsamkeitserfahrungen. In Zarathustras "Reden von den sieben Einsamkeiten" (10, 519) werden allerdings sieben Einsamkeiten aufgezählt und inhaltlich gekennzeichnet:

> 1. Die Einsamkeit in Scham und Schwäche und Schweigen vor einem großen Gedanken. / Wozu Wahrheit! / 2. Die Einsamkeit, der alle alten Trostgründe abhanden gekommen sind. / 3. Die Einsamkeit mit den Versuchungen. / 4. Die Einsamkeit ohne Freunde, ja mit dem Bewußtsein, die Freunde zu opfern. / 5. Die Einsamkeit der höchsten Verantwortlichkeit. / 6. Die Einsamkeit in der Ewigkeit, *jenseits der Moral*: der Schöpferische und die Güte. Es giebt keine Lösung als ein anderes Wesen zu *schaffen*, das nicht so leidet wie wir. / Determinism: "Ich bin für alles Kommende ein *fatum*!" – ist *meine* Antwort auf Determinismus! / 7. Die Einsamkeit des Kranken. Trostlied. Müdewerden, Stillwerden. Geheiligt durch Leiden. (10, 521f.; vgl. GAK XII, 256-260 [Die sieben Einsamkeiten])

Hier handelt es sich nicht um eine *gradatio*, eine Klimax, sondern um eine *enumeratio*, eine Aufzählung. Die hier unter Nr. 7 charakterisierte Einsamkeit ist nicht zu verwechseln mit der erörterten "*siebenten* Einsamkeit". Dieses Textstück ist eine Art Inhaltskatalog der verschiedenen Einsamkeiten. Hier beleuchtet Nietzsche die Einsamkeit von verschiedenen Aspekten her. Unter der "*siebenten* Einsamkeit" hingegen versteht er die höchste, die unüberbietbare Einsamkeit. Freilich, in der Aufzählung sind die mit der Einsamkeit verbundenen zentralen Motive und Probleme genannt, wobei sich als Schlüsselgedanke der Zusammenhang von Einsamkeit und Schaffen herausschält. Die gewissermaßen numerische Definition der Einsamkeit findet sich auch im Hinblick auf *drei* Einsamkeiten: "Drei Einsamkeiten giebt es: die des Schaffenden, des Wartenden und die der Scham." (10, 376). Es geht Nietzsche darum, die verschiedenen gravierenden Aspekte der Einsamkeit ins Blickfeld zu rücken. Alle diese Aspekte bilden eine innere Einheit. Aber mit dem Begriff der *siebenten* Einsamkeit will Nietzsche nicht nur die summative Einheit aller Einsamkeiten zum Ausdruck bringen, sondern die siebente Einsamkeit ist die potenzierte Einsamkeit, die äußerste, unüberbietbare Einsamkeit. Sie ist von spezifischer Qualität. Sie faßt alle Einsamkeiten in sich zusammen und ist darüber hinaus die höchste, die absolute Einsamkeit.

Hier zeigt sich im übrigen der große historische Abstand Nietzsches zum traditionellen Dichterbegriff. In der Genieepoche war das kreative Subjekt noch mit der 'Muse' und den Menschen verbunden. Herder hatte den "lyrischen Dichter" als Organ höherer Mächte gedeutet. Von der "lyrischen Poesie" heißt es: "in ihr spricht nicht die Person des Dichters, sondern ein Gottbegeisterter, ein Priester der Muse, also aus ihm *die Muse, der Gott* selbst." (*Herder*, Terpsichore II, 173). Dies würde im Prinzip der Konzeption des Lyrikers in der Tragödienschrift entsprechen. Aber Herder fährt fort: "Warum verkleidet sich so oft und gern der lyrische Dichter? Ists nicht dazu, daß er uns zeige, er spreche nicht in seiner Person; einer höheren Macht zufolge habe er jetzt über höhere Dinge [...] zu reden" (ebd.). Obschon Herder damit die Inspiration keineswegs in Frage stellt (sie vielmehr hervorhebt), deutet er doch an, daß der Dichter die Inspiration auch als Form der Selbstdarstellung inszeniert. Die "lyrische Poesie" ist für ihn Ausdruck des zwar inspirierten, aber seine subjektive Empfindung aussprechenden Dichters. "Oder spricht der Dichter in eigener Person, öfnet er uns als solcher sein Herz und seine Seele; auch dann fodert die Muse von ihm, daß er uns einen reichen Schatz edel öfne." (ebd., 173f.). Schon der frühe Nietzsche wollte, in der Tragödienschrift, diese subjektive Empfindungssprache überwinden, um die Lyrik in den Ausdruck des Weltwillens zu verwandeln. Später kennt Nietzsche nur noch das kommunikationslose, radikal einsame Subjekt.

Exkurs 48 (zu Seite 571, Fn. 461)

Wesentlich für das Leserverhältnis Nietzsches ist, daß er seine Entwürfe nicht auf den gegenwärtigen, sondern auf den zukünftigen Leser projiziert: "ich werfe die Angel über mein Haupt, weit hinaus ins Meer der Zukunft" (10, 483). "Auf dem Baume Zukunft bauen wir unser Nest" (4, 126 – Za [= 6,277 – EH]). "Ich wandle unter Menschen als den Bruchstücken der Zukunft: jener Zukunft, die ich schaue." (4, 179 – Za). "Nach 300 Jahren zum Leuchten kommen – ist meine Ruhmsucht." (10, 191; vgl. 10, 31, Nr. 1 [85]; 10, 399, Nr. 12 [1] 193; 10, 515, Nr. 16 [49]). Immer wieder stößt man bei Nietzsche auf dieses große Pathos der "Zukunft". Die Utopie der "Zukunft" wird zum Lebenselixier. Sie wird zur Triebkraft des Lebens. Die "Zukunft" ist der große Erwartungshorizont. Lange vor Ernst Bloch verkündet Nietzsche das Prinzip Hoffnung. Durch den Zukunftsentwurf gerät der Schaffende in Widerstreit zu seiner Epoche: "Als Schaffender lebst du über dich hinweg – du hörst auf, dein Zeitgenosse zu sein." (10, 197; vgl. 10, 118, Nr. 4 [37]). Nietzsche entzieht sich der gegenwärtigen Kommunikationslosigkeit durch einen forciert futurischen Perspektivismus. Der Verzweiflung an der Gegenwart setzt er die Hoffnung auf die Zukunft entgegen. Er macht dabei nicht nur aus der Not eine Tugend. Seine Zukunftsentwürfe erwachsen nicht nur aus einem Mangel. Sie sind nicht nur Kompensation. Sie entspringen in erster Linie dem "utopischen Überschuß in diesem unserem Dasein" (*Bloch*, Geist der Utopie, 247). So können sich Einsamkeit und Monolog mit Wirkungswillen und Prophetie verbinden. Der absolut Einsame fühlt sich wie ein Religionsstifter, der Gefolgsleute, "Apostel", um sich scharen möchte, die seine Botschaft in die Welt hinaustragen. Es zeigen sich bei Nietzsche Tendenzen zu einer elitären geistigen Gemeinschaft, wie sie sich später im Kreis um Stefan George mit dem Prinzip von Führer und Gefolgschft ausbilden wird. Es ist daher fast selbstverständlich, daß man sich im George-Kreis ausdrücklich auf Nietzsche als den Bahnbrecher einer neuen, geistigen Weltgestaltung beruft:

> Und als ein verzweifelter schaute er nach einem weg aus der aus diesem chaos rück zum kosmos führe. Was er fand oder zu finden vorgab, ist mehr eine hoffnung denn ein mittel, mehr eine forderung als eine führung. Aber unvergänglich bleibt der ruhm dessen der die götter als erster wiedsergesehen hat. [...] So stand vor Nietzsche "der Dichter als Wegzeiger der Zukunft" [...]
>
> (*Wolfskehl*, Die Blätter für die Kunst, 5; es folgt Zitation aus dem Nietzsche-Textstück *Der Dichter als Wegweiser für die Zukunft* [2, 419 – VM])

Was von Hölderlin gesagt wird, er sei "der rufer des Neuen Gottes" (Blätter für die Kunst, 11. u. 12. Folge, 1919, S. 13 [Hölderlin]), trifft für den George-Kreis auch auf Nietzsche zu. Nietzsche ist freilich noch nicht der 'Führer'. Das ist erst George. Im George-Kreis kultiviert man die Ideologie des Führertums, eines zwar geistigen, aber imperatorischen Führertums:

> Die Herrschaft aber ist jene macht· welche ihr licht aus der lebendigen mitte schleudert· unbekümmert um ein anderes urteil als das ihres innersten Gottes mit dem werk das gesetz aufrichtet· [...] Der Herrscher ist also die kraft· welche die Geistige Tat vollbringt. (*Wolters*, Herrschaft und Dienst, 157f., in: Blätter für die Kunst [1909]; dazu generell das Büchlein von *Wolters*, Herrschaft und Dienst [1909])

Die Herrschaft der elitären Geister – dieser Gedanke prägt auch Nietzsches Kulturmodell. Dennoch darf man den Unterschied nicht übersehen. Die hieratisch-statuarische Pose Georges liegt Nietzsche noch fern. Er betreibt zwar, hauptsächlich in seiner Spätphase, Selbstapotheose, bewahrt sich aber dabei eine dynamische Lebendigkeit, die die hieratische Erstarrung verhindert. Zudem ist er der Einzelgänger, der an konkreter Gruppenbildung kaum interessiert ist und dessen imperatorische Gebärden eher Ausdruck des individuellen Machtwillens als eines übergreifenden Gemeinschaftsethos sind.

Exkurs 49 (zu Seite 573, Fn. 465)

Der Titel *Schweigsame Reden* signalisiert einprägsam die Symbiose aus Schweigen und Sprache, die dem wesentlichen Sprechen eigentümlich ist. Die Sentenzen sollen in einem tieferen Sinne Ausdruck des Schweigens sein. Das echte Sprechen kann offenbar nur gelingen, wenn in den Worten zugleich etwas verschwiegen wird. Es ist jene Erfahrung, die Rilke bei der Lektüre des Trakl-Gedichts *Helian* macht:

> [...] ganz ergreifend ward es mir durch seine inneren Abstände, es ist gleichsam auf seine Pausen aufgebaut, ein paar Einfriedungen um das grenzenlos Wortlose: so stehen die Zeilen da. Wie Zäune in einem flachen Land, über die hin das Eingezäunte fortwährend zu einer unbesitzbaren großen Ebene zusammenschlägt. (Erinnerung an Georg Trakl, 8 [Februar 1915 – an den Herausgeber des *Brenner*])

Auch Nietzsche läßt die Worte ins Wortlose ausschwingen, wissend, daß das wahre Selbst sich erst in der Tiefe des Schweigens findet. Nietzsche ist allerdings ein Verbalist, ein Rhetor. Sein Impetus drängt zur Rhetorisierung des Schweigens. Es drängt ihn zu imperatorischen Sprachgebärden, zum Verkündigungspathos, nicht zum Hermetismus der Sprache, zur abstrakten Verschlüsselung der Aussage. Insofern trifft auf ihn nicht zu, was Rilke über Trakl schreibt: "Trakl's Erleben geht wie in Spiegelbildern und füllt seinen ganzen Raum, der unbetretbar ist, wie der Raum im Spiegel." (ebd., 9). Freilich, Nietzsches absolute Einsamkeit ist 'unbetretbar'. Aber nicht in dem Sinne, daß sie sich sprachlich verbarrikadierte, sondern sie ist eine existentielle Grenzerfahrung, die die 'normalen' Einsamkeitserfahrungen weit übersteigt und sich damit ins Unzugänglich-Unheimliche entzieht. Aber sein Schweigen ist ein beredtes Schweigen. Was bei ihm ansteht, sind nicht nur *schweigsame* Reden, sondern auch schweigsame *Reden*. Nietzsches Schweigen ist nicht das Schweigen Mallarmés. Wenn bei Mallarmé "le poëme tu, aux blancs", "das schweigende Gedicht, aus lauter Weiß", angestrebt wird (*Mallarmé*, Crise de vers, 367; dazu: *Friedrich*, Moderne Lyrik, 117f.)

und die Sprache zu einer "Mystik des Nichts" wird (*Friedrich*, ebd., 118), so ist Nietzsches Pathos des Schweigens eher von dem Impuls durchdrungen, sich in Sprache umzusetzen. Geht es Mallarmé um die Tilgung der Sprache, so Nietzsche um die Mobilisierung der Sprache. Drängt bei Mallarmé die Sprache ins Nichts, so will bei Nietzsche das Schweigen Wort werden. Zudem ist Nietzsche kein 'dunkler', kein hermetischer Dichter. Er zieht sich nicht in unzugängliche Sprach-Labyrinthe, in Sprach-Mysterien zurück, sondern bevorzugt die Klarheit, Deutlichkeit und Verständlichkeit der Sprache. Es ist im übrigen auffällig, daß gerade wortgewaltige Dichter, Dichter wie Nietzsche, Rilke oder Benn, sich der Spannung von Sprache und Schweigen ausgesetzt sehen. So formuliert Benn, im Gedicht *Abschied*:

> nun aus der Tiefe selbst, durch nichts zu rühren,
> und die kein Wort und Zeichen je verrät,
> mußt du dein Schweigen nehmen, Abwärtsführen
> zu Nacht und Trauer und den Rosen spät. (*Benn*, GW III, 233)

Benn, der Sprachgläubige, der absolutes Vertrauen in die evokatorische Kraft des dichterischen Wortes setzt, kennt demnach auch die Sprachresignation, den Verlust des kreativen Wortes. So heißt es denn auch:

> Mein Wort, mein Himmelslicht, dereinst besessen,
> mein Wort, mein Himmelslicht, zerstört, vertan – (ebd.)

Im Zeichen dieses Krisenbewußtseins kann Benn sogar den Sinn der Kunst bezweifeln: "Man hat uns zu weite Räume eröffnet, zuviel Kreise, zu schwere Gefühle – ist vielleicht Kunstmachen überhaupt eine untiefe Reaktion, ist nicht vielleicht schweigend an der menschlichen Substanz leiden – tiefer?" (Altern als Problem für Künstler, 577). Das höchste Sprachvertrauen kann in die tiefste Sprachskepsis umschlagen. Gerade die großen Meister der Sprache sehen sich häufig vor die Grenze der Sprache geführt oder erfahren das Zerbrechen der Sprache oder sind einer metasprachlichen Tiefe konfrontiert. Dann kann die Sprache als substanzloses Metaphernspiel erscheinen. Paul Celan formuliert:

> EIN DRÖHNEN: es ist
> die Wahrheit selbst
> unter die Menschen
> getreten,
> mitten ins
> Metapherngestöber. (*Celan*, Atemwende, 85)

Dies ist im Grunde bereits der Gedanke Nietzsches, zumindest hinsichtlich der Pejorisierung der Metapher. Nietzsche hat freilich auch die 'Wahrheit' verabschiedet. Auch Nietzsche zieht sich an einem bestimmten Punkt in die substantielle Tiefe des Schweigens zurück, in ein Pathos des Schweigens, dem die Worte nicht mehr genügen. Aber er redet nicht dem absoluten Verstummen das Wort, sondern sein Schweigen ist potentielles Reden, denn im Schweigen vergegenwärtigt er sich die großen Grundideen seiner Existenz, die letztlich zur Verkündigung drängen. Es ist im übrigen bemerkenswert, daß dem Schweigen zugewandte Autoren wie Nietzsche, Rilke, Benn und Celan dem Schweigen in höchster sprachlicher Virtuosität Ausdruck verleihen. Es zeigt sich bei Nietzsche eine eigentümliche dialektische Spannung von Sprache und Schweigen. Einerseits erscheint die Sprache als bloßer Schein, andererseits ist sie notwendiges Ausdrucksmittel. Einerseits ist das Schweigen die Dimension der vorsprachlichen Tiefe, andererseits will diese Tiefe sich um der Mitteilung willen in der Sprache artikulieren. Einerseits benutzt Zarathustra die "Worte" als Täuschung, mit der er die Umwelt 'überlistet', als Maske, die es ihm ermöglicht, im "Schweigen" sein Selbstsein zu erfahren: "– dazu erfand ich mir das lange lichte Schweigen" (vgl. 4, 220 – Za). Andererseits erwächst aus der Einsamkeit des Schweigens der Impetus, die im Schweigen erfahrenen Dinge in großen Sprachgebärden mitzuteilen:

> Zu lange gehörte ich der Einsamkeit: so verlernte ich das Schweigen. / Mund bin ich worden ganz und gar und Brausen eines Bachs aus hohen Felsen: hinab will ich meine Rede stürzen in die Thäler. (10, 420)

In der absoluten Einsamkeit "springen mir alles Seins Worte und Wort-Schreine auf: alles Sein will hier Wort werden, alles Werden will hier von mir reden lernen." (4, 232 – Za). Die Sprache ist nicht nur seinsverdeckender Schein, sondern sie kann auch seinserhellende, seinsstiftende Kraft haben – sofern sie aus der Tiefe der Einsamkeit erwächst. Nietzsche kennt nicht nur das existentielle Mißtrauensvotum gegen die Sprache, sondern er kann auch von einem unbedingten Vertrauen in die Sprache getragen sein. So glaubt Zarathustra, daß er durch seine Sprache das Leben selbst verwandele, daß er durch die Sprache ganz neue Seinszusammenhänge erschließe. Aber es ist die Sprache eines Einsamen. Und erst auf Grund dieser Verwurzelung in der absoluten Einsamkeit, in der Tiefe des Schweigens, vermag die Sprache überhaupt diese evokatorische Kraft zu entfalten. Es ist im Blickfeld zu halten, daß dieses Schweigen kein willenloses, indifferentes oder gar apathisches Schweigen, sondern ein Schweigen voll von Energie und Wirkungswillen ist, ein gleichsam militantes Schweigen: "Schweigen kann man nur, wenn man Pfeil und Bogen hat: sonst schwätzt und – zankt man." (10, 117 = [10, 197]). "Man kann nur schweigen und stillsitzen, wenn man Pfeil und Bogen hat: sonst schwätzt und zankt man. Euer Friede sei ein Sieg!" (4, 59 – Za).

Exkurs 50 (zu Seite 577, Fn. 472)

Hinsichtlich des Willens zur schöpferischen Tat, der Unbedingtheit des künstlerischen Schaffens, der existentiellen Einsamkeit und der unerhörten Hektik eines selbstzerstörerischen Lebens zeigen sich erstaunliche Gemeinsamkeiten zwischen Nietzsche und van Gogh. Vor allem van Goghs Briefe des Zeitraums von den frühen achtziger Jahren bis 1890 weisen viele Motivparallelen zu den Briefen und Texten Nietzsches aus der gleichen Zeit auf. So ist auch van Gogh der Auffassung, "daß, wie verdorben eine Rasse auch sei, es stets möglich bleibt, durch Willenskraft und Prinzipien das Verhängnis zu überwinden" (Briefe I, 402). "Man muß einfach zugreifen und sagen: dies will ich tun – und dann muß man es durchsetzen." (Briefe I, 617). Es kommt nicht auf abstrakte Theoreme, sondern auf die kreative Tat an: "Das Resultat muß eine *Tat* sein, keine abstrakte Idee. Prinzipien finde ich nur dann gut und der Mühe wert, wenn sie sich zu Taten entwickeln" (Briefe I, 434). Wie in den Briefen Nietzsches stößt man in den Briefen van Goghs immer wieder auf die vehemente Betonung der Schaffenskraft: "Ich fühle in mir eine solche Kraft zu schaffen" (Briefe I, 413). Geradezu nietzscheanisch klingt die Feststellung: "Ich kann im Leben und in der Malerei recht gut ohne den lieben Gott auskommen, aber ich leidender Mensch kann nicht eine Sache, die stärker ist als ich, entbehren, die mein wirkliches Leben ist, die Macht zum Schaffen." (Briefe

II, 443). Wie bei Nietzsche ist die Kunst, das Kunstschaffen, die eigentliche Aufgabe, die wahre Bestimmung des Lebens: "Weil ich nun ein so großes, ein so weites Gefühl für die Kunst und das Leben selbst, dessen Essenz die Kunst ist, habe" (Briefe I, 374). So wie Nietzsche das Nichts überwindet, so überwindet van Gogh die "weiße Malleinewand": "Aber wie nichtssagend und eitel, wie tot das Leben sich auch zeige, der Mann mit Glauben, mit Energie, mit Wärme, und der etwas weiß läßt sich dadurch nicht zum Narren halten." (Briefe II, 130). Wie Nietzsche arbeitet van Gogh auf jede Gefahr hin, nimmt er um des Schaffens willen auch die Gefährdung seiner Existenz in Kauf: "Ich fühle eine Kraft in mir, die ich entwickeln muß, ein Feuer, das ich nicht auslöschen darf, sondern schüren muß, obgleich ich nicht weiß, zu welchem Ende es mich führen wird, und ich mich über ein düsteres nicht wundern würde." (Briefe I, 449). Wichtiger als Sieg oder Niederlage ist die schöpferische Dynamik als solche: "Du wirst sagen, daß ich nicht durchkomme – es ist mir ganz gleichgültig, *vaincre* oder *être vaincu*, auf jeden Fall ist man in Erregung und Bewegung" (Briefe II, 128). Wie bei Nietzsche ist der unbedingte Schaffenswille mit dem Gefühl tiefer Einsamkeit verbunden: "Ich schließe, man sollte leben wie ein Mönch oder Einsiedler, mit der Arbeit als einziger Leidenschaft, mit Verzicht auf Wohlbefinden." (Briefe II, 433). "Das sind ungeheure, ausgestreckte Felder unter wolkigem Himmel, und es fällt mir nicht schwer, meine ganze Traurigkeit auszudrücken, die äußerste Einsamkeit." (Briefe II, 681). van Gogh kennt zwar nicht Nietzsches *amor fati*, wohl aber eine an Nietzsche erinnernde Schicksalsergebenheit: "Man soll die Wirklichkeit und sein Schicksal schlucken, das ist alles." (Briefe II, 551). Aber nicht *amor fati* und Selbstapotheose, sondern Fatalismus und Untergangsbewußtsein prägen die Haltung van Goghs, besonders in der Endphase seines Lebens: "Ich fühle mich am Ende, so steht meine Rechnung. Ich fühle, das ist mein Schicksal; ich nehme es an, und es wird sich nicht mehr verändern." (Briefe II, 680). "Nur darf man nicht vergessen, ein zerbrochener Krug ist ein zerbrochener Krug. Und ich darf auf keinen Fall irgend wie Ansprüche stellen." (Briefe II, 641). van Gogh wirkt im ganzen schlichter und bescheidener als Nietzsche. Die großen Gesten der Selbsterhöhung sind ihm fremd. Nicht nur die großen Augenblicke, sondern auch die kleinen Dinge des Lebens beschäftigen ihn. "Hat man jedoch Verlangen nach etwas Großem, Unendlichen, nach etwas, worin man Gott sehen kann, dann braucht man es nicht weit zu suchen", man findet es im Lachen eines "kleinen Kindchens" (Briefe I, 451). van Gogh ist weit entfernt vom elitären Höhenmenschenpathos Nietzsches. Er ist der Auffassung, daß das Kunstwerk "fürs Volk gemacht wird" und daß "dieses die höchste und edelste Aufgabe für jeden Künstler" sei (Briefe I, 442). Nietzsche verkehrte nur in 'akademischen' Kreisen, sein Umfeld war das Bildungsbürgertum; van Gogh kannte das Leben der Bauern, der Proletarier, er kannte die soziale Realität, die Armut. "Ein Künstler braucht kein Pfarrer oder Kollektant zu sein, muß aber doch erst recht ein warmes Herz für die Menschen haben", "Sympathie für die Armen wecken" (Briefe I, 443). Im übrigen ist van Gogh eine Künstlerexistenz, die ganz im Schaffensprozeß aufgeht und der, im Unterschied zu Nietzsche, Theorie und Programmatik fernliegen. Er stellt zwar in seinen Briefen ständig Überlegungen zum Schaffensprozeß, zu Sujet und Technik des Malens, an, aber dies sind eher situative Bemerkungen, in denen er sich des eigenen Standorts vergewissert. An der Entwicklung ästhetischer Prinzipien war er kaum interessiert. Er betont, "nichts anderes sein zu wollen als Künstler" (Briefe II, 616). Was ihn mit Nietzsche verbindet, ist das Pathos des Schaffens, des kreativen Willens. Das "Große" "muß recht sehr *gewollt* sein". Es ist unerheblich, ob der Impuls von

"Prinzipien" oder von "Taten" ausgeht. "Aber ich halte es für etwas Positives und sehr Wichtiges, daß man seine Denk- und Willenskraft zu entwickeln sich bestrebe." (Briefe I, 434f.). Gemeinsam ist schließlich Nietzsche und van Gogh das Pathos des Künstlertums, der Existenz des Künstlers und des künstlerischen Schaffens: "Das *Leben eines Künstlers*, und was *ein Künstler ist*, das alles ist sehr merkwürdig – wie tief ist das? – unendlich tief!" (Briefe II, 71). Bis zuletzt identifiziert van Gogh seine Existenz mit dem Schaffen. Im letzten Brief, in dem zwei Tage vor seinem Tode geschriebenen Brief an den Bruder vom 27.7.1890 schreibt er: "Nun, meine Arbeit gehört Dir. Ich setze dafür mein Leben ein, und meine Vernunft ging dabei zur Hälfte drauf." (Briefe II, 685).

Exkurs 51 (zu Seite 584, Fn. 479)

Aus einem Gedicht wie *Statische Gedichte* (*Benn*, GW III, 236) "spricht östliche Weisheit, man glaubt, ähnliches schon einmal bei Lao Tse vernommen zu haben. [...] Mit dem Bekenntnis zur Entwicklungsfremdheit ist ein zunächst tief Uneuropäisches, Gegenwestliches in den Blick gerückt." (*Allemann*, Benn, 4). Es liegt auf der Hand, daß dies nicht die Perspektive Nietzsches ist, dessen voluntatives Denken gerade auf 'Entwicklung' setzt. Benns meditative Introversion, die die Weltabkehr und Seinsgelassenheit in sich schließt, ist naturgemäß 'buddhistischer' als der dionysische Voluntarismus Nietzsches, der alles Nichtstun verschmäht und auf Weltveränderung aus ist. Nietzsche verwirft jene Haltung, die Benn, mit Blick auf den Buddhismus, den Brahmanismus und Schopenhauer, als "*existentiellen* Pessimismus mit erklärter Richtung auf Keimzerstörung" definiert" (Pessimismus, 357). Dennoch bestehen auch Affinitäten zwischen Nietzsche und dem fernöstlichen Denken. So berührt sich Nietzsches *amor fati* mit dem buddhistischen Karma, der 'wirkenden Tat', dem Wirken des Menschen, dem im Menschen wirkenden Schicksal. Man hat, aus japanischer Sicht, bestimmte Gemeinsamkeiten zwischen dem *amor fati* und dem Karma aufgezeigt:

> 1. Wiederkehr und Saṃsara, beide sind in mythischer Form, d.h. leibhaftig und auf die Zeitlichkeit des Daseins hin gedacht. 2. Beide bejahen oder nehmen alles so an, wie es war und ist, der eine als Fatum und Notwendigkeit, der andere als Karma und das Leben des Sattva. 3. Für beide ist der höchste Zustand des Menschen: Spiel; für den einen Spiel im Kind-sein, für den anderen Spiel im Saṃsara-Garten. 4. In beiden ereignet sich letzten Endes eine Art absoluter Kehre. (*Ôkôchi*, Karma, 80f.)

Dies sind bemerkenswerte Hinweise. Man darf jedoch nicht übersehen, daß Nietzsches voluntatives Denken, das das Fatum nur als vom Subjekt Gewolltes gelten läßt, daß die Idee des Übermenschen als Produkt des Schaffenden und überhaupt sein allem asketischen Leiden widerstrebender Daseinsentwurf ihn letztlich doch von der buddhistischen Karma-Lehre entfernen. Man hat auch im Hinblick auf das Nihilismus-Problem Affinitäten zwischen Nietzsche und dem Buddhismus, zwischen Nietzsches "Nihilismus" und der buddhistischen "Leerheit", herausgestellt (vgl. *Arifuku*, Nihilismus und Leerheit). "Wertlosigkeit", "Vergänglichkeit", "Schein", "Leere", erscheinen als die gemeinsamen Grunderfahrungen. Zugleich wird der Unterschied hervorgehoben:

> Das Gefühl der Wertlosigkeit von Welt und Dasein entspringt bei Nietzsche einer historischen Erfahrung. Es setzt die europäische Metaphysik (und das Christentum) als seine Vorgeschichte voraus. Das Vergänglichkeitsgefühl im Buddhismus ist dagegen

geschichtsunabhängig zu sehen. Es drückt ein kosmologisches Grundprinzip der Welt und des Daseins aus; es kann zu jeder Zeit erfahren werden. (ebd., 111f.)

Hier stellt sich allerdings die Frage, ob nicht Nietzsches Tilgung des 'Nihilismus' durch die absolute Daseinsbejahung ihn radikal von der buddhistischen 'Leerheit' unterscheidet und ob nicht die Deutung des Nietzscheschen 'Nihilismus' als eines bloß historischen Phänomens zu kurz greift, ob nicht auch bei Nietzsche der Nihilismus eine existentielle Grunderfahrung ist, eine anthropologische Urerfahrung, die zwar in einer bestimmten historischen Situation zum Durchbruch gelangt, aber latent in der *conditio humana* verborgen ist. Freilich, auch Jaspers sieht das Problem im Lichte von Geschichtslosigkeit und Geschichtlichkeit:

> Der buddhistische Weise geht durch die Welt hindurch wie eine Ente, die nicht mehr naß wird. Er hat die Welt überwunden, indem er sie fallen ließ. Er hat die Erfüllung in einem Undenkbaren, Weltlosen. Die Vernunft des Abendländers aber findet ihre Erfüllung in keinem Absoluten, sondern im Geschichtlichen der Welt selber, das er in seiner Existenz übernimmt. (*Jaspers*, Die großen Philosophen, 955)

Es ist die Frage, ob nicht Nietzsches *Zarathustra* ein großangelegter Versuch der Evokation einer geschichtslos-mythischen Welt ist, ob nicht Nietzsches Impetus auf ein mythisierendes Transzendieren der geschichtlichen Realität hinausläuft. Zum 'Pessimismus', den Nietzsche wie Benn und überhaupt die *opinio communis* dem Buddhismus unterstellen, ist anzumerken, daß dies eine europäische Sicht ist. Conze ist, mit Blick auf die "freundliche Heiterkeit" der Buddhisten "nicht ganz sicher, ob diese Weltanschauung mit Recht als *radikaler Pessimismus* charakterisiert werden kann" (*Conze*, Der Buddhismus, 18). Das wirft die Frage auf, ob nicht diese buddhistische Heiterkeit als Daseinsbejahung (und nicht als 'Pessimismus') zu deuten ist. Diese buddhistische Daseinsbejahung wäre dennoch nicht zu verwechseln mit der Nietzscheschen Daseinsbejahung. Es bliebe der (gravierende) Unterschied zwischen der passivischen Gelassenheit des Buddhisten und der aktivischen Unruhe Nietzsches. – Zum Buddhismus-Problem vgl. generell *Mistry*, Nietzsche and Buddhism.

Exkurs 52 (zu Seite 593, Fn. 487)

Dies ist die Absage an den christlichen Gott, an den christlich-idealistischen Gottesbegriff, in dem Gott als Logos, als Vernunft, als Geist aufgefaßt wird; und es ist ein Votum für den heidnischen Gott, den Dionysos, für das ekstatische Leben. Der Tanz ist für Nietzsche kreativer Tanz. Er ist das organisierende Prinzip des wahren Kunstschaffens. Nietzsches Kunstideal ist eine heitere, tänzerische, rein spielerische Kunst: "wir brauchen alle übermüthige, schwebende, tanzende, spottende, kindische und selige Kunst" (3, 465 – FW). Hier zeigt sich, daß Nietzsche den Tanz als Ausdruck nicht nur des orgiastischen Lebens, sondern auch des spielerischen Geistes begreift. Die artistischen Kombinationen des spielerischen Geistes sind selbst Ausdruck des dionysischen Lebens. Der Tanz gewinnt für Nietzsche deshalb so große Bedeutung, weil sich das Leben im Tanz neue, freie, unendliche Räume schafft, weil es sich selber im Tanz völlig frei zu entfalten vermag. Was auf den Tanz als Bewegungsphänomen zutrifft, daß er "sich immer und überall im großen Unbegrenzten seinen Tanzraum", "daß er ihn sich imaginär in der Form des Tanzes schafft" (*Günther*, Der Tanz, 61), gilt für das Kunstschaffen schlechthin. In "deutschen Büchern" vermißt Nietzsche dieses tänzerische Element; die Deutsche haben nicht begriffen, dass Denken gelernt sein will, wie Tanzen gelernt sein will, *als* eine Art Tanzen... Wer kennt unter Deutschen jenen feinen Schauder aus Erfahrung noch, den die *leichten Füsse* im Geistigen in alle Muskeln überströmen! (6, 109 – GD)

Mit Blick auf Bizets *Carmen* heißt es: " 'Das Gute ist leicht, alles Göttliche läuft auf zarten Füssen': erster Satz meiner Aesthetik." (6, 13 – WA). Die tänzerische Leichtigkeit ist das Element des wahrhaft Schöpferischen: "die *leichten* Füsse das erste Attribut der Göttlichkeit" (6, 90 – GD). Daß unter diesen Voraussetzungen die abstrakte Begriffssprache der Philosophen vor Nietzsches Augen keine Gnade findet, versteht sich von selbst. Er polemisiert gegen "jenen verwachsensten Begriffs-Krüppel, den es je gegeben hat, den *grossen* Kant", und fordert einen tänzerischen Schreibstil:

[...] Tanzen-können mit den Füssen, mit den Begriffen, mit den Worten; habe ich noch zu sagen, dass man es auch mit der *Feder* können muss, – dass man *schreiben* lernen muss? – Aber an dieser Stelle würde ich deutschen Lesern vollkommen zum Räthsel werden... (6, 110 – GD)

Philosophieren soll *tänzerisches* Philosophieren sein – wie es Nietzsche z.B. im *Tanzlied* des *Zarathustra* vorführt (4, 139ff. – Za), wo er mit rhetorischen Fragen, bedeutungsvollen Exklamationen und suggestiven Bildern ein tiefgründiges Zwiegespräch mit dem "Leben" führt, sowohl ein "Tanz- und Spottlied auf den Geist der Schwere" inszenierend als auch eine abgründige Hinwendung zum "Leben" vollziehend. Dies geschieht nicht in logisch-diskursiver Begriffssprache, sondern in poetisch-suggestiver Bildersprache. Nietzsche ist der Auffassung, daß man durch einen quasi 'sinnlichen' Suggestionsstil den Leser am ehesten überzeuge: "Je abstrakter die Wahrheit ist, die du lehren willst, um so mehr mußt du auch die Sinne zu ihr verführen." (10, 193). Das einschränkende "auch" signalisiert, daß es nicht um die Abschaltung des Geistes, sondern um die 'sinnliche' Vermittlung der 'Wahrheit' geht. Voraussetzung des 'tänzerischen' Schreibens ist die Beherrschung des "*Handwerks*", der "Technik", und der "Wille zur Meisterschaft" (6, 109 – GD). Nietzsche propagiert keine *écriture automatique*, keine Theorie der alogisch-rauschhaften Niederschrift, sondern er fordert eine vom Willen geprägte geistige Disziplin, eine Form des Schreibens, in der, auf der Grundlage handwerklichen Könnens, die archaischen und zerebralen Kräfte eine Symbiose eingehen. Voraussetzung der 'tanzenden' Kunst sind Wille, Geist und Handwerk. Insofern ist die 'tanzende' Kunst eine *disziplinierte* Ekstase. Der Tanz selbst darf freilich die Anstrengung nicht mehr verraten. So heißt es vom "griechischen Künstler, Dichter und Schriftsteller": " 'In Ketten tanzen', es sich schwer machen und dann die Täuschung der Leichtigkeit darüber breiten, – das ist das Kunststück, welches sie uns zeigen wollen." (2, 612 – WS). Nietzsche hat hier offenbar auf eine (von ihm angestrichene) Passage aus einem Brief Voltaires zurückgegriffen: "[...] vous dansez en liberté et nous dansons avec nos chaînes [...]" (vgl. 14, 192f.). Im Tanz, im dionysischen Tanz, wird offenbar, "wie der das Schwerste von Schicksal, ein Verhängniss von Aufgabe tragende Geist trotzdem der leichteste und jenseitigste sein kann – Zarathustra ist ein Tänzer –" (6, 345 – EH). Im Tanz versucht Nietzsche Probleme zu bewältigen. Den problemlosen Tanz, den unbeschwerten Freudentanz – es gibt ihn nicht bei Nietzsche. Im Tanz will er den "Geist der Schwere" überwinden. Der Tanz soll Ausdruckstanz des Lebens sein. Da aber das Leben selbst ein ständiges Überwinden von Widerständen ist, ist auch der Tanz ein ständiges Überwinden von Problemen und zugleich ein Raum-Schaffen für das Leben selbst. Die Widerstandserfahrung ist Voraussetzung des Schaffensaktes, denn erst in der

Überwindung eines Widerstandes vermag sich der kreative Wille auszuweisen. Über der empirischen Realität des Schweren schafft der Wille den ästhetischen Schein der Leichtigkeit. Der klassische Gedanke des durch die produktive Einbildungskraft von allen empirischen Gesetzen befreiten ästhetischen Scheins schimmert als Denkmodell deutlich durch. Bei Nietzsche geht es dennoch nicht um die Entfaltung einer idealen Welt über der realen Welt. Die Kunst wird nicht zum Reich echter Idealität, sondern sie ist Ausdruck des sich in den Schein transzendierenden Lebens.

Exkurs 53 (zu Seite 593, Fn. 488)

Das Lachen erscheint als Ausdruck des neuen Freiheitsgefühls. Zarathustra erklärt: "Und falsch heisse uns jede Wahrheit, bei der es nicht Ein Gelächter gab!" (4, 264 – Za). Benn zitiert diese Sentenz mit dem Hinweis: "Sie müssen alles selber wieder aufheben: dann schwebt es." (Doppelleben, 165). In der Tat, im Gelächter heben sich alle Fixationen auf, alle Verfestigungen werden dementiert, alles gerät in eine unendliche Fluktuation. Damit ist die 'Wahrheit' im Grunde desavouiert. Sie wird nicht mehr ernst genommen. Das Lachen ist für Nietzsche ein Akt der Befreiung, der Befreiung von allen andrängenden Problemen, vom Leiden, von der Schwermut, von der Wahrheitssuche. So sieht er in Chamfort einen "Denker, der das Lachen als das Heilmittel gegen das Leben nöthig fand, und der sich beinahe verloren gab, an jedem Tage, wo er nicht gelacht hatte" (3, 450 – FW; zur Chamfort-Rezeption Nietzsches vgl. 14, 249f.). Dennoch kennt Nietzsche nicht das reine, unbeschwerte Lachen. In seiner Heiterkeit steckt zumeist ein tiefer Ernst: "Die Heiterkeit nämlich oder, um es in meiner Sprache zu sagen, *die fröhliche Wissenschaft* – ist ein Lohn: ein Lohn für einen langen, tapferen, arbeitsamen und unterirdischen Ernst" (5, 255 – GM). Was Nietzsche vorschwebt und was er in der *Fröhlichen Wissenschaft* zu praktizieren versucht, ist die Verquickung von "Lachen" und "Weisheit": "Vielleicht wird sich dann das Lachen mit der Weisheit verbündet haben, vielleicht giebt es dann nur noch 'fröhliche Wissenschaft'." (3, 370 – FW). Ein Doppeltes wird deutlich: Das Denken soll heiteres Denken sein, und die Heiterkeit ist, *vice versa*, eine denkerische Heiterkeit. Aufschlußreich ist eine Sentenz zu Chamfort: "Chamfort in seiner Weise, der Einen Augenblick lachen, und viele Augenblicke nachdenken macht." (9, 597). Ein wirklich fröhliches Lachen kennt Nietzsche kaum. Sein Lachen ist eigentlich immer ein bitteres Lachen, ein Lachen aus Verzweiflung und aus Verachtung. Das Lachen ist eine vernichtende Waffe: "wer am gründlichsten tödten will, der *lacht*." (4, 392 – Za). "Nicht durch Zorn, sondern durch Lachen tödtet man." (4, 49 [= 4, 392]). Als Über-sich-selber-Lachen ist das Lachen eine höchste Form der Selbstbefreiung: "Lernt über euch selber lachen, wie man lachen muss!" (4, 364 – Za). Die Maxime lautet: "Ueber sich selber lachen, wie man lachen müsste, um *aus der ganzen Wahrheit heraus* zu lachen" – dies wäre die "letzte Befreiung und Unverantwortlichkeit" (3, 370 – FW). Dieses Lachen erwächst aus der Erkenntnis der Sinnlosigkeit des Daseins. Aus der Einsicht in diese 'Wahrheit' erwächst ein Lachen, das man als groteskes Lachen bezeichnen könnte, denn es überwindet die durch "Moralen und Religionen" geprägte "Zeit der Tragödie" und bringt als "fröhliche Wissenschaft" die "Komödie des Daseins" zum Vorschein (ebd.). Im Lachen vollzieht sich die Auflösung des Tragischen im Tragikomischen, im Grotesken, im Parodistischen. Die Zeit ist vorbereitet

> zum Karneval grossen Stils, zum geistigsten Fasching-Gelächter und Übermuth, zur transscendentalen Höhe des höchsten Blödsinns und der aristophanischen Welt-Verspottung. Vielleicht, dass wir hier gerade das Reich unsrer *Erfindung* noch entdecken, jenes Reich, wo auch wir noch original sein können, etwa als Parodisten der Weltgeschichte und Hanswürste Gottes, – vielleicht dass, wenn auch Nichts von heute sonst Zukunft hat, doch gerade unser *Lachen* noch Zukunft hat! (5, 157 – JGB)

Wenn alle Sinnkomplexe sich auflösen, bleibt zuletzt als Element des Kreativen nur noch die Parodie übrig. Das witzige, frappierende Parodieren, das Schöpferische *ex negativo*, wird zur letztmöglichen Ausdrucksform des Schaffenden, zu jener Ausdrucksform, die angesichts des allgemeinen Zerfalls der Inhalte allein noch Zukunft zu haben scheint. Das 20. Jahrhundert hat diesen Befund bestätigt. So ist für Dürrenmatt angesichts einer "gesichtslosen Welt" das Tragische nur noch in Form des Komischen, d.h. in Parodie und Groteske, möglich: "Wir können das Tragische aus der Komödie heraus erzielen, hervorbringen als einen schrecklichen Moment, als einen sich öffnenden Abgrund" (*Dürrenmatt*, Theaterprobleme, 122f.). Das Tragische löst sich im Tragikomischen auf. Das Dasein wird zur Komödie. Nietzsche hat das klar gesehen, ja, bei ihm stellt sich das Problem noch radikaler, da die Kategorie des Moralischen entfällt und nur noch das Lachen übrigbleibt. Nietzsche kritisiert den "ethischen Lehrer" als den "Lehrer vom Zweck des Daseins": "Ja! er will durchaus nicht, dass wir über das Dasein *lachen*, noch auch über uns, – noch auch über ihn" (3, 371 – FW). Im Lachen bekundet sich die Zweckfreiheit des Daseins. Die "kurze Tragödie" geht über in die "ewige Komödie des Daseins" (3, 372 – FW). Die Tragödien sind singulär, die Komödie ist universell. Mit Blick auf die anstehende Ablösung der "Tragödie" des Daseins durch die "Komödie des Daseins" heißt es: "Es giebt vielleicht auch für das Lachen noch eine Zukunft!" (3, 370 – FW). Das Lachen, das Lachen als Verlachen, erscheint als letzte Möglichkeit des Kreativen. Dabei geht es Nietzsche nicht um bloße Literatur-Parodie, sondern um Welt-Parodie. Die Welt als Komödie, das Dasein als Narrenspiel, der Schaffende als Parodist – das Lachen wird zum Satyrspiel der Metaphysik. Nun erschöpft sich das Lachen allerdings nicht in der Parodie, sondern es gewinnt seine Dignität erst im Pathos. Das Lachen wird zur Gebärde des Willens zur Macht. Im Lachen erlangt Zarathustra seine volle Freiheit als der Schaffende: "Diese Krone des Lachenden, diese Rosenkranz-Krone: ich selber setzte mir diese Krone auf, ich selber sprach heilig mein Gelächter. Keinen Anderen fand ich heute stark genug dazu." (4, 366 – Za [= 11, 393]). Man hat darauf verwiesen, "daß N hier an die Selbstkrönung Napoleons dachte" (14, 341), und eine entsprechende Sentenz angeführt: "immer mußte ein Solcher sich selber die Krone aufsetzen – immer fand er die Priester zu feig" (10, 632). Daß Zarathustras "Rosenkranz-Krone" ein Gegenbild zur "Dornenkrone" Jesu ist (vgl. Matth. 27, 29), liegt nahe (dazu: *Weichelt*, Zarathustra, 182f.). Eine doppelte Stoßrichtung Zarathustras ist erkennbar: Zum einen wendet er sich mit dem (dionysischen) Bild der "Rosenkranz-Krone" gegen den christlichen Passionsgedanken, gegen die Dornenkrone, und zum andern stilisiert er sich durch die Gebärde der Selbstkrönung zum autonom Schaffenden. Ja, Zarathustra entfernt sich im Lachen vom Menschen und nähert sich dem Übermenschen an. Nachdem der Hirt der Schlange, d.h. aller bisherigen Weltdeutung, den Kopf abgebissen hat, erfährt er, als ein Lachender, eine Selbstapotheose:

> Nicht mehr Hirt, nicht mehr Mensch, – ein Verwandelter, ein Umleuchteter, welcher *lachte*! Niemals noch auf Erden lachte je ein Mensch, wie *er* lachte! / Oh meine Brüder, ich hörte ein Lachen, das keines Menschen Lachen war, – – und nun frisst ein Durst an mir, eine Sehnsucht, die nimmer stille wird. (4, 202 – Za)

Es ist dieses Lachen, dieses absolut neue Lachen, nach dem Zarathustra sich sehnt. Es ist allerdings ein hartes, grelles Lachen. Es ist nicht das freie, unbeschwerte Lachen des Humors, sondern ein von Bitternis durchtränktes, eigentlich höchst angestrengtes Lachen, ein Lachen, das der Lebenserhaltung und Lebenssteigerung dient. Die "neuen Philosophen" "haben andere Mittel nötig, das Leben zu ertragen [...] denn sie leiden anders [...] Das leidendste Tier auf Erden erfand sich – das *Lachen*." (WzM, 654f. [Nr. 988 u. 990]). Die tiefste Ursache des Lachens ist das Leiden:

> Vielleicht weiß ich am besten, warum der Mensch allein lacht: er allein leidet so tief, daß er das Lachen erfinden *mußte*. Das unglückliche und melancholische Thier ist, wie billig, das heiterste. (11, 571)

Das höchste, göttergleiche Lachen ist letztlich Ausdruck eines tiefen Leidens am Dasein: "Die tief Verwundeten haben das olympische Lachen; man hat nur, was man nötig hat." (WzM, 679 [Nr. 1040]). Daher kann Nietzsche auch, in Umkehrung des Topos "Ernst ist das Leben, heiter ist die Kunst" (*Schiller*, Prolog zu *Wallensteins Lager*, NA VIII, 6), formulieren: "Eine ernste Kunst ist Lachen" (9, 676). Freilich, nach Schiller 'spielt' zwar die "Muse" das "düstre Bild / Der Wahrheit in das heitre Reich der Kunst" 'hinüber', aber sie "zerstört" auch selbst die von ihr geschaffene "Täuschung", diesen "ihren Schein" (a.a.O.). Letzteres geschieht auch bei Nietzsche. Aber für Nietzsche ist die Kunst nicht der vom Leben abgehobene, sondern der von ihm durchwirkte schöne Schein. Die Heiterkeit (der Kunst) und der Ernst (des Lebens) bilden bei ihm keinen Doppelbereich, sondern eine Einheit. Nietzsche bringt die Heiterkeit in Zusammenhang mit dem Schein und der Maske:

> wir [...] retten uns ins Leben? in seinen Schein [...] es scheint wir sind heiter, weil wir ungeheuer traurig sind? Wir sind ernst, wir kennen den Abgrund – und *deshalb* wehren wir uns gegen alles Ernste? [...] wir wollen zur *Maske* beten, als unserer letzten Gottheit und Erlöserin. (U I, 368)

Das höchste Lachen erwächst aus dem tiefsten Leiden. Dies trifft auch auf Nietzsches Lachen zu. In den häufig so schrillen Tönen dieses Lachens verbirgt sich ein abgründiges Leiden. Dieses Leiden wird durch 'olympische' Gebärden kaschiert. Aber Nietzsches Lachen ist nicht nur ein Lachen *ex negativo*, sondern es hat darüber hinaus eine kreative Funktion, indem durch das Lachen die 'Wahrheit' enthüllt bzw. geschaffen wird. Zarathustra ist der "Wahrsager", der "Wahrlacher" (4, 366 – Za), der "Wahrsager" und der "Wahr-Schweiger" (11, 393). Nietzsche, der Wortspieler, verleiht diesen (transitiven) Begriffen eine hintergründige, kreative Bedeutung. So ist Zarathustra ein "Wahrsager" nicht nur in dem Sinne, daß er wie ein Hellseher Zukünftiges aufdeckt, sondern auch in dem Sinne, daß er den Dingen überhaupt erst den Charakter des 'Wahren' verleiht. Noch stärker gelangt dieses Moment der kreativen Setzung in der Wendung "Wahrlacher" zum Ausdruck. "Wahrlacher" bedeutet, daß das Lachen überhaupt erst die Wahrheit hervorbringt, daß Wahrheit erst durch das Lachen entsteht. 'Wahr' ist, was im Lachen, in der Heiterkeitsgebärde des Lebens, zum Vorschein gelangt. Die Wendung "Wahr-Schweiger" schließlich besagt, daß Zarathustra erst im Schweigen zur 'Wahrheit' vordringt, daß er erst durch das Schweigen 'Wahrheit' erzeugt. Sagen, Lachen und Schweigen können gleichermaßen Ausdruck der 'Wahrheit' sein bzw. 'Wahrheit' überhaupt erst hervorbringen. Zarathustras Lachen ist das "Lachen des schöpferischen Blitzes" (4, 288 – Za). Es ist ein heidnisches Lachen, ein Lachen, das sich als Befreiung von christlicher Zerknirschung versteht:

> Welches war hier auf Erden bisher die grösste Sünde? War es nicht das Wort Dessen, der sprach: "Wehe Denen, die hier lachen!" / Fand er zum Lachen auf der Erde selber keine Gründe? So suchte er nur schlecht. Ein Kind findet hier noch Gründe. / Der – liebte nicht genug: sonst hätte er auch uns geliebt, die Lachenden! Aber er hasste und höhnte uns, Heulen und Zähneklappern verhiess er uns. (4, 365 – Za)

Nietzsche notiert: "Luc. 6, 25 der Fluch auf die, welche *lachen* –" (11, 53; möglicherweise rezipiert aus *Renan*, Vie de Jésus, 179 [s. 14, 700]). Vgl. Luc. 6, 25: "Wehe euch, die ihr hier lachet; denn ihr werdet weinen und heulen." Renan deutet diese Stelle sozialkritisch: "Le pur *ébionisme*, c'est-à-dire la doctrine que les pauvres (*ébionim*) seuls seront sauvés, que le règne des pauvres va venir, fut donc la doctrine de Jésus." (S. 179). Er versteht die Äußerungen Jesu aus der Kontinuität der "exaltiertesten demokratischen Bewegung": "Ce n'était pas là, du reste, un fait nouveau. Le mouvement démocratique le plus exalté dont l'humanité ait gardé le souvenir [...], agitait depuis longtemps la race juive." (S. 180). Dies ist nicht die Perspektive Nietzsches. Nietzsche will den christlichen Ernst, das christliche Sündenbewußtsein, durch das heidnische Lachen, die freie Gebärde des Lebens, überwinden. Dem ernsten Jesus setzt er den lachenden Zarathustra entgegen. Dies unterscheidet Nietzsches Jesus-Kritik von dem historisch-kritischen Jesus-Bild Renans. Renan, der sich übrigens in der Einleitung u.a. auf das *Leben Jesu* von D.F. Strauß beruft (S. VII), beschränkt sich, als kritischer Religionswissenschaftler, auf die historische Erklärung der Gestalt Jesu aus dem geistigen Milieu und der individuellen Psyche. Dabei anerkennt er durchaus die historische Größe Jesu: "tous les siècles proclameront qu'entre les fils des hommes, il n'en est pas né de plus grand que Jésus." (Vie de Jésus, 459). Das veranlaßt Nietzsche zu der schroffen Kritik: "Aber kann man ärger fehlgreifen, als wenn man aus Christus, der ein Idiot war, ein Genie macht? Wenn man aus Christus, der den Gegensatz eines heroischen Gefühls darstellt, einen Helden herauslügt?" (13, 409). Nun, Renan betreibt im Prinzip nicht die Heroisierung, sondern die Enthüllung Jesu. Seine Enthüllungsstrategie ist derjenigen Nietzsches verwandt: "Le problème, d'ailleurs, se pose de la même manière pour tous les saints et les fondateurs religieux. Des faits, aujourd'hui morbides, tels que l'épilepsie, les visions, ont été autrefois un principe de force et de grandeur." (S. 267). In diesem Punkt ist ihm Nietzsche, der im übrigen wiederholt aus Renans *Vie de Jésus* zitiert (vgl. bes. 13, 180-187), gefolgt. Aber Nietzsche setzt darüber hinaus der demaskierten Gestalt und Lehre Jesu einen neuen Daseinsentwurf entgegen. Auch Renan hat einen *Antichrist* verfaßt. Aber dabei handelt es sich um eine historisch-kritische Darstellung der Ursprünge des Christentums, insbesondere der Christenverfolgung unter Nero. Für das frühchristliche Bewußtsein ergibt sich die Konstellation: "[...] Jésus et Néron, le Christ et l'Antéchrist, opposés, affrontés, si j'ose le dire, comme le ciel et l'enfer" (*Renan*, L'Antéchrist [1873], S. I). Demgegenüber ist Nietzsches *Antichrist* eine philosophisch-existentielle Auseinandersetzung mit dem Christentum, in der der Begriff 'Antichrist' ein positiver Kampfbegriff ist. Nietzsche selbst ist der 'Antichrist': "Ich bin der *Antiesel* par excellence [...] ich bin [...] der *Antichrist*..." (6, 302 – EH; vgl. auch 6, 226 – AC). Nietzsche geht es um die Destruktion des Christentums und den Entwurf einer neuen Daseinsform. Die historische Kritik ist bei ihm nur eine Funktion des philosophischen Neuentwurfs. Ein Symbol dieses Gegenentwurfs ist der lachende Zarathustra. Es gehört zu diesem Lachen, daß der Lachende sich selber verlachen kann, ja, gerade im Sich-selber-Verlachen zeigt sich die höchste Freiheit des Lachens. Das Motto der Ausgabe der *Fröhlichen Wissenschaft* von 1887 lautet:

Ich wohne in meinem eigenen Haus,
Hab Niemandem nie nichts nachgemacht
Und – lachte noch jeden Meister aus,
Der nicht sich selber ausgelacht.
Ueber meiner Hausthür. (3, 343 – FW)

Das Lachen als Ausdruck der höchsten Freiheit – dieser Gedanke taucht auch bei Kierkegaard auf. Auf die Frage, was sie ihm gewähren sollten, antwortet der 'Ästhetiker' den "Göttern":

> Hochverehrte Zeitgenossen, eines wähle ich, daß ich immer die Lacher auf meiner Seite haben möge. Da war auch nicht ein Gott, der ein Wort erwiderte, hingegen fingen sie alle an zu lachen. Daraus schloß ich, daß meine Bitte erfüllt sei, und fand, daß die Götter verstünden, sich mit Geschmack auszudrücken; denn es wäre ja doch unpassend gewesen, ernsthaft zu antworten: Es sei dir gewährt. (*Kierkegaard*, Entweder – Oder I, 55)

Exkurs 54 (zu Seite 596, Fn. 493)

Dies ist der entscheidende Unterschied zwischen Nietzsche und Goethe. Sosehr Nietzsche in Goethe den Bahnbrecher des individuellen Erlebnisses und den Protagonisten eines heidnischen Lebensgefühls verehrt, sosehr grenzt er sich gegen Goethes 'Pantheismus', gegen die Idee der universellen Gegenwart Gottes in der Natur, ab. In Goethes *Maximen und Reflexionen* heißt es: "Sollten wir im Blitz, Donner und Sturm nicht die Nähe einer übergewaltigen Macht, in Blütenduft und lauem Luftsäuseln nicht ein liebevoll sich annäherndes Wesen empfinden dürfen?" (HA XII, 366). Nietzsche, gemäß seiner Grunderfahrung der Dissonanz von Welt und Ich, löst das wollende, kreative Subjekt aus dem naturlyrischen Monismus Goethescher Prägung, wirft es auf sich selber zurück und macht es autonom. In dieser Hinsicht ist ihm Benn gefolgt. Im Essay *Goethe und die Naturwissenschaften* konstatiert Benn, daß für Goethe die Natur noch ein Bereich gewesen sei, "in dem sich ein Gott versöhnte", und daß der Mensch noch das Identitätserlebnis, das Erlebnis der Einheit von Welt und Ich, hatte: "Noch einmal die ungetrennte Existenz, der anschauende Glaube, die Identität von Unendlichkeit und Erde, noch einmal das antike 'Glück am Sein' " (GW I, 197). Vielleicht denkt Benn an Goethes Vers "Am Sein erhalte dich beglückt!" (Vermächtnis, HA I, 369). Im Essay *Nach dem Nihilismus* registriert Benn eine historische Entwicklung vom religiösen Naturbegriff der Goethezeit zum modernen Nihilismus. "Der Glaube oder das Gefühl, das über dem Aufgang dieser Epoche stand, hieß Gott, das über dem Ende hieß: die Natur." Bevorzugt habe Goethe "den unpersönlich universalistischen Ausdruck Natur, der sein eigentlicher Ausdruck ist, einer Natur, noch ganz irrational empfunden, lyrisch in Strophen an den Mond begrüßt, noch einmal die alte verhüllte mütterliche Natur". "Um die Zeit von Goethes Tod begann die Auflösung dieses Gefühls. Es entstand das Weltbild, dem jede Spannung zu einem Jenseits, jede Verpflichtung gegenüber einem außermenschlichen Sein fehlte." (GW I, 153). Nun kennt Goethe allerdings nicht nur die 'mütterliche', sondern auch die alles 'verschlingende' Natur: "mir untergräbt das Herz die verzehrende Kraft, die in dem All der Natur verborgen liegt [...] ich sehe nichts als ein ewig verschlingendes, ewig wiederkäuendes Ungeheuer." (Die Leiden des jungen Werther, HA VI, 53). *Diese* Werther-Passage entspricht durchaus auch der Lebens- und Naturauffassung Nietzsches und Benns. So enthüllt sich für Benn das "Ganze" als "Ein nacktes Haupt, in Blut, ein Ungeheuer, / an dessen Wimper eine Träne hing" (Das Ganze, GW III, 179). Und Nietzsche spricht von dem "Entsetzlichen und Raubthierartigen der Sphinx Natur" (1, 767 – CV). "Denn die Natur ist [...] etwas Entsetzliches." (Zitat nach: Kröner, Bd. 70, 208). Nietzsches Wendung "Das Leben ohne Güte" (12, 481) taucht übrigens in Benns Formulierung "Der Erde ohne Güte" (Anemone, GW III, 139) sinngemäß wieder auf. Goethe nimmt, im Prinzip, Gedanken Nietzsches und Benns auch vorweg, wenn er in der Kunst das Mittel der Selbstbehauptung des Menschen gegenüber einer zerstörerischen Natur erblickt:

> Was wir von Natur sehn, ist Kraft, die Kraft verschlingt; nichts gegenwärtig, alles vorübergehend, tausend Keime zertreten, jeden Augenblick tausend geboren [...] Und die *Kunst* ist gerade das Widerspiel; sie entspringt aus den Bemühungen des Individuums, sich gegen die zerstörende Kraft des Ganzen zu erhalten. (HA XII, 18 [Die schönen Künste von Sulzer])

Schließlich ist nicht zu übersehen, daß Nietzsches Idee des Lebens als eines unaufhörlichen, zyklischen Prozesses im Grundriß von Goethe vorgeprägt ist: "Die Gottheit aber ist wirksam im Lebendigen, aber nicht im Toten; sie ist im Werdenden und sich Verwandelnden, aber nicht im Gewordenen und Erstarrten." (*Eckermann*, Gespräche, 316 – 13.2.1829). Die "ewige Metamorphose des irdischen Daseins" ist eine Emanation "jener schaffenden Gottheiten" – die Goethe allerdings im weiblichen Prinzip, in den "Müttern" sieht (ebd., 385 – 10.1.1830), jenen "Müttern", die Benn ironisch als den "beliebten deutschen Aufenthalt" apostrophiert (Doppelleben, GW IV, 164; vgl. Phänotyp, GW II, 204). Im übrigen setzt Benn dem dynamischen Leben, dem Kreislauf der Natur, die statische Form, das zeitlose Kunstgebilde, entgegen. Goethe hatte, im Gedicht *Selige Sehnsucht*, formuliert:

> Und so lang du das nicht hast,
> Dieses: Stirb und werde!
> Bist du nur ein trüber Gast
> Auf der dunklen Erde. (Westöstlicher Divan, HA II, 19)

Dem widerspricht Benn im Gedicht *Wer allein ist* – in den Versen:

> Ohne Rührung sieht er, wie die Erde
> eine andere ward, als ihm begann,
> nicht mehr Stirb und nicht mehr Werde:
> formstill sieht ihn die Vollendung an. (GW III, 135)

Exkurs 55 (zu Seite 596, Fn. 494)

Voraussetzung eines solchen Umspringpunktes ist nicht nur die kausalanalytisch zu begreifende Krankheit, sondern auch die in ihrer geistigen Qualität zu verstehende Selbstanschauung Nietzsches. Die Pathographie genialer Existenzen darf sich nicht auf die Analyse "greifbarer Symptome" und "begrifflicher Kategorien" beschränken, sondern muß darüber hinaus "in philosophischer Einstellung" die "menschliche Gesamtexistenz" vergegenwärtigen (*Jaspers*, Strindberg und van Gogh, 81). So zeigt Jaspers, wie die "mythische Weltanschauung" Hölderlins, sein "tiefes Bewußtsein von der Verwandtschaft des Menschen mit der Natur, mit dem Griechentum, mit dem Göttlichen", in letzter Konsequenz zur Schizophrenie führt, wie aber auch in der "Zeit des schizophrenen Prozesses" diese "Weltanschauung" "gegenwärtiger, unmittelbarer, erfüllter, zugleich in eine allgemeinere, objektivere, unpersönliche, zeitlose Sphäre erhoben" wird. "Er erfährt eine mythische Gegenwärtigkeit, in der die sogenannte Wirklichkeit des naturalistisch eingestellten Menschen nicht getrennt ist von der Gegenwart des Absoluten, Göttlichen." (ebd., 92). Die Schizophrenie ist nicht der Ursprung des mythischen Bewußtseins, sondern ein die mythische Weltauffassung steigernder Faktor.

> Diese Entwicklung ist nun vielleicht durchaus verstehbar aus Hölderlins ursprünglichem Telos, aber ihr kommt entgegen, was durch die Schizophrenie in vielen Fällen spontan auftritt. Das verstehende Begreifen aus dem einen Geiste Hölderlins und das kausale Begreifen aus der Krankheit liegen nicht im Widerstreit, sondern ergänzen sich. In der Schizophrenie vermag der Mensch Gegebenheiten der Krankheit mit Sinn zu erfüllen und im Zusammenhang seiner geistigen Existenz zu verwerten. Die Schizophrenie an sich ist nicht etwas Geistiges [...] es kommt darauf an, was für einen Boden die Schizophrenie auflockert, welche vorher gegebenen Möglichkeiten sie zu einer unbedingten, nirgends Halt machenden Erfahrung bringt, um nach dieser einen, so bei Gesunden gar nicht möglichen Blüte alles zu zerstören. (ebd., 93)

Diese Phänomenbeschreibung trifft, ungeachtet der unterschiedlichen Krankheitssymptomatik, im Prinzip auch auf Nietzsche zu. Bei Nietzsche vollzieht sich allerdings nicht die zunehmende 'objektive' Vergegenwärtigung der 'Götter', sondern die 'subjektive' Apotheose der eigenen Existenz. Sofern es sich bei der Krankheit Nietzsches nicht um ein bloß physiologisches Phänomen, um eine Gehirnerkrankung, sondern auch um ein geistiges Problem, um Geisteskrankheit, handelt, muß die Ursache der Erkrankung durchaus auch im geistigen Habitus, im 'Größenwahn' Nietzsches gesehen werden. Voraussetzung der in die Geisteskrankheit mündenden Selbstapotheose ist nicht nur der fundamentale Kommunikationsverlust, sondern auch das potenzierte Geniebewußtsein Nietzsches. So wie Hölderlin im Hinblick auf seine 'Götter' ein 'naiver' Dichter ist, so ist Nietzsche in bezug auf die 'dionysische' Präpotenz des Schaffenden von 'naiver' Gläubigkeit. Nietzsche ist zwar auf Grund der Kluft zwischen Wirklichkeit und Ideal im Prinzip ein 'sentimentalischer' Dichter und Denker, aber im Glauben an die Möglichkeit einer radikalen Daseinsumwälzung, einer anthropologischen Erneuerung des Menschen und die alles überragende geschichtliche Bedeutung der eigenen Person zeigt er zugleich ein 'naives' Pathos. Das Psychologisch-Analytische kann bei ihm ständig umschlagen in das Pathetisch-Utopische. Insofern ist der Nietzscheschen Intellektualität eine ursprüngliche Naivität eigentümlich. So gehen in *Ecce homo*, in dieser hektischen 'Autobiographie', autopsychologische Analyse und mythisierende Selbstapotheose Hand in Hand. Verselbständigt sich die Selbstapotheose, besteht die Gefahr des Realitätskontaktverlustes. Dazu konnte es bei Nietzsche letztlich nur kommen auf Grund eines sich permanent steigernden Geniebewußtseins. Die Naivität des Geniebewußtseins ist Voraussetzung der Selbstidentifikation mit dem Dionysos. Es ist dies allerdings kein unbedingt notwendiger Prozeß, so als sei Nietzsches Wahnsinn die logische Konsequenz seines Denkens und Schaffens. Er ist nur eine in diesem Schaffen angelegte Möglichkeit. Problematisch ist die These, Nietzsches Wahnsinn sei die folgerichtige Konsequenz seiner Vernunftkritik, einer Selbstzerstörung der Vernunft (so neuerdings *Türcke*, Der tolle Mensch [programmatischer Untertitel: "Nietzsche und der Wahnsinn der Vernunft"]). Für Nietzsche ist die 'Vernunft' nur ein Instrument des Lebens, des Willens zur Macht. Es ist erstens fraglich, ob Nietzsche mit Notwendigkeit im Wahnsinn endete, und es ist zweitens festzuhalten, daß es 'irrationale' Impulse sind, die bei Nietzsche zum Realitätsschwund geführt haben. Nietzsche ist nicht an der 'Vernunft' zugrunde gegangen, sondern am Übermaß der von ihm erlebten Visionen, an der von ihm nicht mehr zu bewältigenden Übermacht seines neuen Weltentwurfs, an einer Seinserfahrung jenseits der 'Vernunft'. Seine 'Tragödie' ist auch nicht nur eine "bürgerliche Tragödie" (so generell *Althaus*, Nietzsche), sondern sie ist darüber hinaus eine 'existentielle' Tragödie. Sie ist nicht nur eine Folge der historischen Lage des Bürgertums, sondern ihr Inhalt ist letztlich die *conditio humana* selbst, d.h. die im Menschsein selbst angelegte Möglichkeit des Selbstverlustes durch Grenzüberschreitung. Freilich, das historische Umfeld und die individuelle Konstitution sind auslösende Faktoren dieser 'Tragödie'. Es besteht vor allem eine unlösliche Wechselwirkung zwischen der "Lebensgeschichte" und der "Philosophie" Nietzsches (*Althaus*, Nietzsche, 11). In seiner Nietzsche-Biographie hat Althaus dies im einzelnen aufgezeigt – allerdings in eher punktuellen Hinweisen und ohne die Akzentuierung sachlicher Schwerpunkte. Was die Lebensgeschichte als solche, und zwar nicht zuletzt die Endphase Nietzsches, betrifft, so ist die so ungemein kenntnis- und materialreiche Biographie von Janz das unerläßliche Standardwerk – das allerdings auf die Analyse des Zusammenhangs von Lebensgeschichte und Philosophie verzichtet.

Literaturverzeichnis

Benutzte Nietzsche-Ausgaben und Siglen

Friedrich Nietzsche: Sämtliche Werke. Kritische Studienausgabe in 15 Bänden. Hrsg. von Giorgio Colli und Mazzino Montinari, München, Berlin/New York 1980 – Werkzitationen erfolgen in der Regel nach dieser Ausgabe. Zitate werden mit arabischer Band- und Seitenzahl angegeben.

Siglen der Werke:

AC	Der Antichrist
BA	Über die Zukunft unserer Bildungsanstalten
CV	Fünf Vorreden zu fünf ungeschriebenen Büchern
DD	Dionysos-Dithyramben
DS	David Strauss der Bekenner und der Schriftsteller (Unzeitgemässe Betrachtungen I)
DW	Die dionysische Weltanschauung
EH	Ecce homo
FW	Die fröhliche Wissenschaft
FWS	Die fröhliche Wissenschaft. "Scherz, List und Rache"
FWP	Die fröhliche Wissenschaft. Lieder des Prinzen Vogelfrei
GD	Götzen-Dämmerung
GG	Die Geburt des tragischen Gedankens
GM	Zur Genealogie der Moral
GMD	Das griechische Musikdrama
GT	Die Geburt der Tragödie
HL	Vom Nutzen und Nachtheil der Historie für das Leben (Unzeitgemässe Betrachungen II)
IM	Idyllen aus Messina
JGB	Jenseits von Gut und Böse
M	Morgenröthe
MA	Menschliches, Allzumenschliches (I-II)
MD	Mahnruf an die Deutschen
NW	Nietzsche contra Wagner
PHG	Die Philosophie im tragischen Zeitalter der Griechen
SE	Schopenhauer als Erzieher (Unzeitgemässe Betrachtungen III)
SGT	Sokrates und die griechische Tragödie
ST	Sokrates und die Tragödie
VM	Vermischte Meinungen und Sprüche
WA	Der Fall Wagner
WB	Richard Wagner in Bayreuth (Unzeitgemäße Betrachtungen IV)
WL	Über Wahrheit und Lüge im aussermoralischen Sinne
WS	Der Wanderer und sein Schatten
Za	Also sprach Zarathustra

Die nachgelassenen Fragmente (Bd. 7-13) sowie Passagen aus dem Kommentarband (Bd. 14) und der Chronik (Bd. 15) werden mit einfacher Band- und Seitenzahl angeführt.

Friedrich Nietzsche: Werke in drei Bänden. Hrsg. von Karl Schlechta, Darmstadt 1966 – Zitate werden mit römischer Band- u. arabischer Seitenzahl angegeben.

Nietzsche: Werke. Kritische Gesamtausgabe. Hrsg. von Giorgio Colli u. Mazzino Montinari, Berlin/New York 1967ff. – Sigel: KGW.

Friedrich Nietzsche: Werke und Briefe. Historisch-kritische Gesamtausgabe. Hrsg. von Hans Joachim Mette u. Karl Schlechta, Carl Koch, Wilhelm Hoppe, München 1934 ff. (unvollständige Ausgabe, erschienen: 5 Bände Werke [1854-1869] u. 4 Bände Briefe [1850-1877]) – Werkzitate werden angegeben durch das Sigel HKG, W mit römischer Band- u. arabischer Seitenzahl. Briefsigel: B.

Friedrich Nietzsche: Gesammelte Werke. Musarionausgabe. 23 Bände. Hrsg. von Richard Oehler, Max Oehler u. Friedrich Chr. Würzbach, München 1920-1929 – Zitate werden angegeben durch das Sigel MusA mit römischer Band- u. arabischer Seitenzahl.

Nietzsche's Werke. Gesamtausgabe in 19 Bänden u. 1 Registerband (Großoktavausgabe), Leipzig 1894ff. (2. Aufl. 1901/13) – Zitate werden angegeben durch das Sigel GA mit römischer Band- u. arabischer Seitenzahl. – GAK = Großoktavausgabe, soweit von Fritz Koegel ediert (1894-1897).

Friedrich Nietzsche: Der Wille zur Macht. Versuch einer Umwertung aller Werte. Mit einem Nachwort von Alfred Baeumler, Stuttgart 1952 (copyright Leipzig 1930) – Sigel: WzM.

Friedrich Nietzsche: Die Unschuld des Werdens. Der Nachlaß. Ausgewählt u. geordnet von Alfred Baeumler. Bd. I u. II, Stuttgart 1956 – Zitate werden angegeben durch das Sigel U mit römischer Band- u. arabischer Seitenzahl.

Friedrich Nietzsche: Gedichte, in: Nietzsche, Götzendämmerung. Der Antichrist. Ecce homo. Gedichte, mit einem Nachwort von Alfred Baeumler, Stuttgart 1954, S. 411-579. (8. Aufl. unter dem Titel: Götzendämmerung. Wagner-Schriften. Der Antichrist. Ecce homo. Gedichte, mit einem Nachwort von Walter Gebhard, Stuttgart 1990).

Friedrich Nietzsche: Aus dem Gedankenkreis der Geburt der Tragödie, in: Nietzsche, Die Geburt der Tragödie. Der griechische Staat, mit einem Nachwort von Alfred Baeumler, Stuttgart 1946 (copyright 1930), S. 205-235 (zitiert als: Kröner, Bd. 70).

Friedrich Nietzsche: Sämtliche Briefe. Kritische Studienausgabe in 8 Bänden. Hrsg. von Giorgio Colli u. Mazzino Montinari, München, Berlin/New York 1986 – Zitate werden angegeben durch das Sigel B mit arabischer Band- u. Seitenzahl.

Nietzsche: Briefwechsel. Kritische Gesamtausgabe. Hrsg. von Giorgio Colli u. Mazzino Montinari, Berlin/New York 1975ff. – Zitate werden angegeben durch das Sigel B mit römischer u. arabischer Band- u. arabischer Seitenzahl.

Friedrich Nietzsche: Homer und die klassische Philologie (= KGW II 1 [Philologische Schriften 1867-1873], S. 247-269).

Literatur zu Nietzsche und allgemeine Literatur

(Die Werktitel werden im Text mit Kurztitel angeführt)

Abel, Günter: Die Dynamik des Willens zur Macht und die ewige Wiederkehr, Berlin/New York 1984 (= Monographien und Texte zur Nietzsche-Forschung, Bd. 15).

– Nominalismus und Interpretation. Die Überwindung der Metaphysik im Denken Nietzsches, in: Simon (Hrsg.), Nietzsche und die philosophsiche Tradition, Bd. II, S. 35-89.

– Wissenschaft und Kunst, in: Djurić/Simon (Hg.), Kunst und Wissenschaft bei Nietzsche, S. 9-25.

Adler, Alfred: Praxis und Theorie der Individualpsychologie. Vorträge. Zur Einführung in die Psychotherapie für Ärzte, Psychologen und Lehrer. Neu hrsg. von Wolfgang Metzger, Frankfurt a.M. 1974 (1. Aufl. 1920).

Adorno, Theodor W.: Ästhetische Theorie, Frankfurt a.M. 1970 (= Gesammelte Schriften, Bd. 7).

– Versuch über Wagner [1937/38], Frankfurt a.M. 1974 (1952).

Akiyama, Hideo: Nietzsches Idee des "großen Stils", in: Nietzsche-Studien 3, 1974, S. 105-114.

Alberti, Leon Battista: Zehn Bücher über die Baukunst. Ins Deutsche übertragen, eingeleitet und mit Anmerkungen und Zeichnungen versehen durch Max Theuer, Darmstadt 1975 (unveränderter reprografischer Nachdruck der 1. Aufl., Wien/Leipzig 1912).

Albrecht, Jörn: Friedrich Nietzsche und das "Sprachliche Relativitätsprinzip", in: Nietzsche-Studien 8, 1979, S. 225-244.

Allemann, Beda: Gottfried Benn. Das Problem der Geschichte, Pfullingen 1963.

Allison, David B. (Hrsg.): The New Nietzsche. Contemporary Styles of Interpretation, edited and introduced by David B. Allison, Cambridge/London 1986 (1985).

Andler, Charles: Nietzsche. Sa vie et sa pensée, 6 Bde., Paris 1920-1931 (^{2}1958 [3 Bde.]).

Andreas-Salomé, Lou: Friedrich Nietzsche in seinen Werken, Dresden [1924] (zuerst Wien 1894).

– Zum Bilde Friedrich Nietzsches. Eine psychologische Studie. Mit Beigabe ungedruckter Briefe, in: Freie Bühne, 1891, S. 64-68, 88-91, 109-112; 1892, S. 249-257, 485-496.

Arendt, Dieter (Hrsg.): Der Nihilismus als Phänomen der Geistesgeschichte in der wissenschaftlichen Diskussion unseres Jahrhunderts, Darmstadt 1974 (= Wege der Forschung, Bd. CCCLX).

Arifuku, Kogaku: Der aktive Nihilismus Nietzsches und der buddhistische Gedanke von śunyata (Leerheit), in: Simon (Hrsg.), Nietzsche und die philosophische Tradition, Bd. I, S. 108-121.

Aristoteles: Poetik. Übersetzung, Einleitung und Anmerkungen von Olof Gigon, Stuttgart 1961 (1972).

– Poetik. Griechisch/Deutsch. Übersetzt und herausgegeben von Manfred Fuhrmann, Stuttgart 1982 (1987).

– Die Nikomachische Ethik. Eingeleitet und übertragen von Olof Gigon, Zürich 1951.

Arnim/Brentano: Des Knaben Wunderhorn. Alte deutsche Lieder gesammelt von L. Achim von Arnim und Clemens Brentano. Vollständige Ausgabe nach dem Text der Erstausgabe von 1806/1808. Mit einem Nachwort versehen von Willi A. Koch, Neuausgabe München 1984 ([1]1957).

Avenarius, Ferdinand: (Kritik von Peter Gasts *Nietzsche – Wagner*, in: Der Kunstwart, 2. Jg., 1888, S. 52 u. 55f.).

Bachofen, Johann Jakob: Das Mutterrecht. Eine Untersuchung über die Gynaikokratie der alten Welt nach ihrer religiösen und rechtlichen Natur [1861], hrsg. von Karl Meuli, Basel 1948 (= Bachofens Gesammelte Werke, 2. u. 3. Bd.).

– Das Mutterrecht [...] Eine Auswahl herausgegeben von Hans-Jürgen Heinrichs, Frankfurt a.M. 1975.

– Versuch über die Gräbersymbolik der Alten [1859], hrsg. von Ernst Howald, Basel 1954 (= Bachofens Gesammelte Werke, 4. Bd.).

– Die Unsterblichkeitslehre der orphischen Theologie. Römische Grablampen, hrsg. von Emanuel Kienzle, Karl Meuli und Karl Schefold, Basel/Stuttgart 1958 (= Bachofens Gesammelte Werke, 7. Bd.).

Baczko, Bronislaw: Rousseau. Solitude et communauté. Traduit du polonais par Claire Brendhel-Lamhout, Paris (o.J.).

Baeumer, Max L.: Das Dionysische in den Werken Wilhelm Heinses. Studie zum dionysischen Phänomen in der deutschen Literatur, Bonn 1964.

– Heinse und Nietzsche – Anfang und Vollendung der dionysischen Ästhetik, in: Baeumer, Heinse-Studien, Stuttgart 1966, S. 92-124.

– Das moderne Phänomen des Dionysischen und seine "Entdeckung" durch Nietzsche, in: Nietzsche-Studien 6, 1977, S. 123-153.

– Das Dionysische – Entwicklung eines literarischen Klischees, in: Colloquia Germanica, 1967, S. 253-262.

– Dionysos und das Dionysische bei Hölderlin, in: Hölderlin-Jahrbuch, 18. Bd., 1973/1974, S. 97-118.

– Übergang und dialektischer Wechsel von Topos, Motiv und Stoff. Dargestellt am griechischen Dionysos, in: Elemente der Literatur. Beiträge zur Stoff-, Motiv- und Themenforschung. Elisabeth Frenzel zum 65. Geburtstag, hrsg. von A.J. Bisanz und R. Trousson, Bd. I, Stuttgart 1980, S. 25-44.

Baeumler, Alfred: Nietzsche. Der Philosoph und Politiker, Leipzig 1931 (2. Aufl., [3]1937).

– Nietzsche [1930], in: Baeumler, Studien zur deutschen Geistesgeschichte, S. 244-280 [Kürzel: Nietzsche].

– Bachofen und Nietzsche, Zürich 1929 (Wiederabdruck in: Baeumler, Studien zur deutschen Geistesgeschichte, S. 220-243).

– Nietzsche und der Nationalsozialismus [1934], in: Baeumler, Studien zur deutschen Geistesgeschichte, S. 281-294.

– Studien zur deutschen Geistesgeschichte, 3. Aufl., Berlin 1943 (1. Aufl. 1937).

– Chthonisch, dionysisch, apollinisch, in: Der Mythus von Orient und Occident. Eine Metaphysik der alten Welt. Aus den Werken von J.J. Bachofen. Mit einer Einleitung von Alfred Baeumler, herausgegeben von Manfred Schroeter, München 1956 (2. Aufl.); S. CLXXXVI-CCXCIV (= 3. Abschnitt der Einleitung 'Bachofen der Mythologe der Romantik').

Baier, Horst: Die Gesellschaft – ein langer Schatten des toten Gottes. Friedrich Nietzsche und die Entstehung der Soziologie aus dem Geist der décadence, in: Nietzsche-Studien 10/11, 1981/1982, S. 6-22 (Diskussion: S. 23-33).
– "Das Paradies unter dem Schatten der Schwerter". Die Utopie des Zarathustra jenseits des Nihilismus, in: Nietzsche-Studien 13, 1984, S. 46-68.
Bankl, Hans: Viele Wege führten in die Ewigkeit. Schicksal und Ende außergewöhnlicher Menschen, Wien 1990.
Barbera, Sandro/Campioni, Giuliano: Wissenschaft und Philosophie der Macht bei Nietzsche und Renan, in: Nietzsche-Studien 13, 1984, S. 279-315.
Barner, Wilfried: Nietzsches literarischer Barockbegriff, in: Barner (Hrsg.), Der literarische Barockbegriff, Darmstadt 1975 (= Wege der Forschung, Bd. CCCLVIII), S. 568-591.
Bataille, George: Sur Nietzsche. Volonté de chance [1945], in: Bataille, Œuvres complètes – VI La Somme athéologique, Tome II – Sur Nietzsche – Mémorandum – Annexes, Paris 1973, S. 7-205.
– Nietzsche, in: Salaquarda (Hrsg.), Nietzsche, S. 45-49 (zuerst in: Critique 32, 1949, S. 271-274).
Baudelaire, (Charles): Œuvres complètes. Texte établi et annoté par Y.-G. Le Dantec – Édition révisée, complétée et présentée par Claude Pichois, Paris 1961 (Éditions Gallimard).
– Les Fleurs du Mal (Texte de 1861), ebd., S. 1-189.
– Mon Cœur mis à nu, ebd., S. 1271-1301.
– Fusées, ebd., S. 1247-1265.
– [Lettre à Richard Wagner] [1860], ebd., S. 1205-1207.
– Richard Wagner et *Tannhäuser* à Paris [1861], ebd., S. 1208-1244.
– Œuvres posthumes et Correspondances inédites – précédées d'une étude biographique par Eugène Crépet, Paris 1887.
Baumeister, Thomas: Stationen von Nietzsches Wagnerrezeption und Wagnerkritik, in: Nietzsche-Studien 16, 1987, S. 288-309.
Baumgarten, Eduard: Das Vorbild Emersons im Werk und Leben Nietzsches (Teil I) (Sonderdruck aus Jahrbuch für Amerikastudien, Bd. I/1956), Heidelberg 1957.
Baumgarth, Christa: Geschichte des Futurismus, Hamburg 1966 (rde).
Bauschinger, Sigrid (Hrsg.): Nietzsche heute. Die Rezeption seines Werkes nach 1968, hrsg. von Sigrid Bauschinger, Susan L. Cocalis und Sara Lennox – 15. Amherster Kolloquium zur Deutschen Literatur (1986), Bern 1988.
Beaufret, Jean: Heidegger et Nietzsche – le concept de valeur, in: Cahiers de Royaumont (Nietzsche), S. 245-264 (Diskussion: S. 265-274).
Behler, Ernst: Die Kunst der Reflexion. Das frühromantische Denken im Hinblick auf Nietzsche, in: Untersuchungen zur Literatur und Geschichte. Festschrift für Benno von Wiese, hrsg. von Vincent J. Günther, Helmut Koopmann, Peter Pütz, Hans Joachim Schrimpf, Berlin 1973, S. 219-248.
– Nietzsche und die Frühromantische Schule, in: Nietzsche-Studien 7, 1978, S. 59-87 (Diskussion: S. 88-96).
– Die Auffassung des Dionysischen durch die Brüder Schlegel und Friedrich Nietzsche, in: Nietzsche-Studien 12, 1983, S. 335-354.
– Friedrich Schlegels 'Rede über die Mythologie' im Hinblick auf Nietzsche, in: Nietzsche-Studien 8, 1979, S. 182-209.
– Derrida – Nietzsche / Nietzsche – Derrida, Paderborn 1988.

– Apokalyptische Nietzsche-Interpretationen: Heidegger und Derrida, in: Bauschinger (Hrsg.), Nietzsche heute, S. 105-128.
– Nietzsche jenseits der Dekonstruktion, in: Simon (Hrsg.), Nietzsche und die philosophische Tradition, Bd. I, S. 88-107.
– Nietzsche in der marxistischen Kritik Osteuropas, in: Nietzsche-Studien 10/11, 1981/1982, S. 80-96 (Diskussion: S. 97-110).
– Zur frühen sozialistischen Rezeption Nietzsches in Deutschland, in: Nietzsche-Studien 13, 1984, S. 503-520.
– Sokrates und die griechische Tragödie. Nietzsche und die Brüder Schlegel über den Ursprung der Moderne, in: Nietzsche-Studien 18, 1989, S. 141-157.

Benn, Gottfried: Gesammelte Werke in vier Bänden, hrsg. von Dieter Wellershoff, Wiesbaden 1958-1961, I. Bd.: Essays, Reden, Vorträge, II. Bd.: Prosa und Szenen, III. Bd.: Gedichte, IV. Bd.: Autobiographische und vermischte Schriften. – Zitate erfolgen nach dieser Ausgabe. Werke der Bände I, II u. IV werden mit Schlagtitel angeführt. Hinsichtlich der vollständigen Titel wird auf die Ausgabe verwiesen.
– Briefe an F.W. Oelze 1932-1945. Vorwort von F.W. Oelze, Wiesbaden/München 1977.

Bennholdt-Thomsen, Anke: Nietzsches *Also sprach Zarathustra* als literarisches Thema, Frankfurt a.M. 1974.

Benz, Richard: Stufen und Wandlungen, Hamburg 1946.

Berg, Leo: Der Übermensch in der modernen Litteratur. Ein Kapitel zur Geistesgeschichte des 19. Jahrhunderts, Paris/Leipzig/München 1897.
– Friedrich Nietzsche (1889 und 90), in: Berg, Zwischen zwei Jahrhunderten. Gesammelte Essays, Frankfurt a.M. 1896, S. 3-33.

Berghahn, Klaus L.: "Das Pathetischerhabene". Schillers Dramentheorie, in: Grimm (Hrsg.), Deutsche Dramentheorien I, S. 214-244.

Bergson, Henri: Materie und Gedächtnis und andere Schriften, Frankfurt a.M. 1964 (Deutsch von R.v. Bendemann [Einführung in die Metaphysik], Julius Frankenberger [Materie und Gedächtnis], Eugen Lerch [Die beiden Quellen der Moral und der Religion]).
– Einführung in die Metaphysik, ebd., S. 5-42.
– Die beiden Quellen der Moral und der Religion, ebd., S. 247-489.
– L'Évolution Créatrice, Paris 1921 (zuerst 1907).

Berlinger, Rudolph u. Schrader, Wiebke (Hrsg.): Nietzsche – kontrovers, I-VI, Würzburg 1981-1987.

Berlinger, Rudolph: Nietzsches arkadische Landschaft – Engadiner Spiegelungen, in: Berlinger/Schrader (Hrsg.), Nietzsche – kontrovers I, S. 5-33.

Bernhart, Joseph: Meister Eckhart und Nietzsche. Ein Vergleich für die Gegenwart, Berlin (1935).

Bernoulli, Carl Albrecht: Franz Overbeck und Friedrich Nietzsche. Eine Freundschaft. Nach ungedruckten Dokumenten und im Zusammenhang mit der bisherigen Forschung dargestellt, 2 Bde., Jena 1908.

Bertallot, Hans-Werner: Hölderlin – Nietzsche. Untersuchungen zum hymnischen Stil in Prosa und Vers, Berlin 1933.

Bertram, Ernst: Nietzsche. Versuch einer Mythologie, Berlin 1929 (siebente, durchgehend verbesserte und ergänzte Auflage; 1. Aufl. 1918; 8. Aufl. 1965).
– Nietzsches Goethebild, in: Festschrift für Berthold Litzmann, hrsg. von Carl Enders, Berlin 1921, S. 318-361.

– Nietzsche die Briefe Adalbert Stifters lesend, in: Ariadne. Jahrbuch der Nietzsche-Gesellschaft, herausgegeben von Ernst Bertram, Hugo von Hofmannsthal, Thomas Mann, Richard Oehler, Leo Schestow, Heinrich Wölfflin, Friedrich Würzbach, München 1925, S. 7-26.
Biemel, Walter u. Herrmann, Friedrich-Wilhelm v. (Hrsg.): Kunst und Technik. Gedächtnisschrift zum 100. Geburtstag von Martin Heidegger, Frankfurt a.M. 1989.
Bindschedler, Maria: Nietzsche und die poetische Lüge, Berlin 1966.
Birus, Hendrik: Nietzsche als Interpret, in: Euphorion 78, 1984, S. 436-449.
Biser, Eugen: Die Reise und die Ruhe. Nietzsches Verhältnis zu Kleist und Hölderlin, in: Nietzsche-Studien 7, 1978, S. 97-114 (Diskussion: S. 115-129).
– Nietzsche als Mythenzerstörer und Mythenschöpfer, in: Nietzsche-Studien 14, 1985, S. 96-109.
– Die Proklamation von Gottes Tod, in: Hochland 56, 1963, S. 137-152.
Bitter, Wilhelm (Hrsg.): Einsamkeit in medizinisch-psychologischer, theologischer und soziologischer Sicht. Ein Tagungsbericht, Stuttgart 1967.
Bittner, Rüdiger: Nietzsches Begriff der Wahrheit, in: Nietzsche-Studien 16, 1987, S. 70-90.
Bizet, Georges: Carmen. Oper in vier Aufzügen. Von Henri Meilhac u. Ludovic Halévy, nach der Novelle von Prosper Mérimée, deutsche Übersetzung von Julius Hopp, Übersetzung der Dialoge von Wilhelm Zentner, vollständiges Buch, hg. u. eingel. von Wilhelm Zentner, Stuttgart 1984 (1959) (Reclam).
Blanchot, Maurice: Nietzsche und die fragmentarische Schrift, in: Hamacher (Hrsg.), Nietzsche aus Frankreich, S. 47-73.
Bleibtreu, Carl: Revolution der Litteratur. Neue verbesserte und vermehrte Auflage, Leipzig [1887; 1. Aufl. 1886]. Mit erläuternden Anmerkungen u. einem Nachwort neu herausgegeben von Johannes J. Braakenburg, Tübingen 1973.
Bleuler, Eugen: Lehrbuch der Psychiatrie, 10. Aufl., umgearbeitet von Manfred Bleuler, Berlin/Göttingen/Heidelberg 1960 (1. Aufl. 1916).
– Das autistisch-undisziplinierte Denken in der Medizin und seine Überwindung, 5. Aufl., mit einer Einleitung von M. Bleuler, Berlin/Göttingen/Heidelberg 1962 (zuerst 1921).
Bloch, Ernst: Geist der Utopie. Unveränderter Nachdruck der bearbeiteten Neuauflage der zweiten Fassung von 1923, Frankfurt a.M. 1973 (1964).
Bluhm, Heinz: Nietzsche und die Gelehrtenexistenz, in: Monatshefte für deutschen Unterricht 31, 1939, S. 65-77.
Blumenberg, Hans: Arbeit am Mythos, Frankfurt a.M. 1979 (^{2}1981).
Böckmann, Paul: Die Bedeutung Nietzsches für die Situation der modernen Literatur, in: DVjs 27, 1953, S. 77-101.
– Hölderlin und seine Götter, München 1935.
– Sprache und Mythos in Hölderlins Dichten, in: Steffen (Hrsg.), Die deutsche Romantik, S. 7-29.
– Wandlungen der Ausdruckssprache in der deutschen Lyrik des 19. Jahrhunderts, in: Actes du VIIIe Congrès de la Fédération Internationale des Langues et Littératures Modernes, Université de Liège 1961, S. 61-80 (Diskussion: S. 80-82).
– Der hymnische Stil in der deutschen Lyrik des 18. Jahrhunderts, in: Böckmann (Hrsg.), Hymnische Dichtung im Umkreis Hölderlins. Eine Anthologie. Mit Einleitung u. Erläuterungen, Tübingen 1965, S. 3-23 (Einleitung).

Böning, Thomas: Metaphysik, Kunst und Sprache beim frühen Nietzsche, Berlin/New York 1988 (= Monographien und Texte zur Nietzsche-Forschung, Bd. 20).
– "Das Buch eines Musikers ist eben nicht das Buch eines Augenmenschen" – Metaphysik und Sprache beim frühen Nietzsche, in: Nietzsche-Studien 15, 1986, S. 72-106.
Böschenstein, Bernhard: Zu Hölderlins Dionysos-Bild, in: DVjs 60, 1986, S. 273-285.
Bohley, Reiner: Nietzsches christliche Erziehung, in: Nietzsche-Studien 16, 1987, S. 164-196, sowie in: Nietzsche-Studien 18, 1989, S. 377-395.
Bohrer, Karl Heinz (Hrsg.): Mythos und Moderne. Begriff und Bild einer Rekonstruktion, Frankfurt a.M. 1983.
– Friedrich Schlegels Rede über die Mythologie, ebd., S. 52-82.
Bollag, Simon: Nietzsche, Burckhardt, George, die großen Unzeitgemäßen und Bewahrer eines antiken Lebens- und Schönheitsideals, Basel 1953.
Bollnow, Otto Friedrich: Die Lebensphilosophie, Berlin/Göttingen/Heidelberg 1958.
– Nietzsche und Leopardi, in: Zeitschrift für philosophische Forschung 26, 1972, S. 66-69.
Bonaventura: Nachtwachen. Im Anhang: Des Teufels Taschenbuch, hrsg. von Wolfgang Paulsen, Stuttgart 1964 (Reclam).
Borchmeyer, Dieter: Das Theater Richard Wagners. Idee – Dichtung – Wirkung, Stuttgart 1982.
Bornmann, Fritz: Nietzsches Epikur, in: Nietzsche-Studien 13, 1984, S. 177-188.
Borsche, Tilman: Nietzsches Erfindung der Vorsokratiker, in: Simon (Hrsg.), Nietzsche und die philosophische Tradition, Bd. I, S. 62-87.
Bosselaers, Remi: Stendhal. Pèlerin du bonheur, Lille 1975.
Boudot, Pierre: La méthode dia-critique: une méthode de lecture de Zarathoustra, in: Nietzsche aujourd'hui?, Bd. I (Intensités), S. 371-383 (Discussion: S. 384-393).
Bourdeau, Jean: Les maîtres de la pensée contemporaine: Stendhal, Taine, Nietzsche, Paris 1904, S. 108-146.
Braatz, Kurt: Friedrich Nietzsche – Eine Studie zur Theorie der Öffentlichen Meinung, Berlin/New York 1988 (= Monographien und Texte zur Nietzsche-Forschung, Bd. 18).
Bräutigam, Bernd: Verwegene Kunststücke. Nietzsches ironischer Perspektivismus als schriftstellerisches Verfahren, in: Nietzsche-Studien 6, 1977, S. 45-63.
Brandes, Georg: Aristokratischer Radicalismus. Eine Abhandlung über Friedrich Nietzsche, in: Deutsche Rundschau 63, April-Mai-Juni 1890, S. 52-98.
Brann, Hellmut Walther: Nietzsche und die Frauen, Leipzig 1931 (2. verb. u. erw. Aufl., Bonn 1978).
Brecht, Walther: Heinse und der ästhetische Immoralismus. Zur Geschichte der italienischen Renaissance in Deutschland. Nebst Mitteilungen aus Heinse's Nachlaß, Berlin 1911.
Bremer, Dieter: Platonisches, Antiplatonisches. Aspekte der Platon-Rezeption in Nietzsches Versuch einer Wiederherstellung des frühgriechischen Daseinsverständnisses, in: Nietzsche-Studien 8, 1979, S. 39-103.
Brennecke, Detlef: "Geradezu stoßen die Adler". Altnordisches bei Nietzsche, in: Nietzsche-Studien 13, 1984, S. 316-324.
Breton, André: Die Manifeste des Surrealismus. Deutsch von Ruth Henry, Hamburg 1968.
Broch, Hermann: Der Tod des Vergil, Zürich 1958 (= Gesammelte Werke, Bd. 3).

– Briefe. Von 1929 bis 1951, herausgegeben u. eingeleitet von Robert Pick, Zürich 1957.
Brock, Werner: Nietzsches Idee der Kultur, Bonn 1930.
Bröcker, Walter: Nietzsche und der europäische Nihilismus, in: Zeitschrift für philosophische Forschung, Bd. 3, 1948, S. 161-177.
– Nietzsches Narrentum, in: Nietzsche-Studien 1, 1972, S. 138-146.
– Die Auferstehung der mythischen Welt in der Dichtung Hölderlins, in: Bröcker, DAS WAS KOMMT, gesehen von Nietzsche und Hölderlin, Pfullingen 1963, S. 29-54 (Erstveröffentlichung: Studium Generale, Jg. 8, 1955, Heft 5).
Buber, Martin (Hrsg.): Reden und Gleichnisse des Tschuang-Tse. Deutsche Auswahl von Martin Buber, (Zürich) 1951.
– Ein Wort über Nietzsche und die Lebenswerte, in: Die Kunst im Leben, Dezember 1910, S. 13, Sp. 1-2.
– Das Wort, das gesprochen wird, in: [Podewils], Sprache und Wirklichkeit. Essays, München 1967, S. 7-19.
Büchner, Georg: Dantons Tod. Ein Drama, in: Büchner, Sämtliche Werke und Briefe, historisch-kritische Ausgabe, mit Kommentar, hrsg. von Werner R. Lehmann, Hamburg 1967, Bd. I.
Burckhardt, Jacob: Weltgeschichtliche Betrachtungen. Über geschichtliches Studium, Darmstadt 1962 (= Gesammelte Werke, Bd. IV) [Kürzel: WB].
– Weltgeschichtliche Betrachtungen. Mit einem Nachwort hrsg. von Rudolf Marx, Stuttgart 1946 (1935).
– Griechische Kulturgeschichte, Bd. I, II, III, IV (= Gesammelte Werke, Bd. V, VI, VII, VIII), Darmstadt 1962.
– Die Baukunst der Renaissance in Italien (= Gesammelte Werke, Bd. II), Darmstadt 1955.
– Der Cicerone. Eine Anleitung zum Genuß der Kunstwerke Italiens, Neudruck der Urausgabe, Stuttgart 1939.

Cahiers de Royaumont. VIIe colloque – 4-8 juillet 1964: Nietzsche, Paris 1967.
Calder III, William Musgrave: The Wilamowitz-Nietzsche Struggle: New Dokuments and a Reappraisal, in: Nietzsche-Studien 12, 1983, S. 214-254.
Camus, Albert: Der Mythos von Sisyphos. Ein Versuch über das Absurde. Mit einem kommentierenden Essay von Liselotte Richter, Hamburg 1959 (rde) (s. Le Mythe de Sisyphe [1943]).
Carius, Wolfgang: Das Problem von Dichter und Abgrund bei Friedrich Nietzsche, Diss. (Masch.) Freiburg 1949.
Carlsson, Anni: Der Mythos als Maske Friedrich Nietzsches, in: GRM 39, 1958, S. 388-401.
Caro, Adrian del: Symbolizing Philosophy. Ariadne and the Labyrinth, in: Nietzsche-Studien 17, 1988, S. 125-157.
Cassirer, Ernst: Philosophie der symbolischen Formen. Zweiter Teil: Das mythische Denken, 8., unveränderte Aufl., Darmstadt 1987 (1964).
Celan, Paul: Atemwende, Frankfurt a.M. 1967.
Chassard, Pierre: Nietzsche. Finalisme et Histoire, Paris 1977.
Claspar̀ede-Spir, Hélène: Friedrich Nietzsche und African Spir, in: Philosophie und Leben 6, Leipzig 1930, S. 242-250.

Clayton, John Powell: Zarathustra and the Stages of Life's Way: A Nietzschean Risposte to Kierkegaard?, in: Nietzsche-Studien 14, 1985, S. 179-200.
Colli, Giorgio: Distanz und Pathos. Einleitungen zu Nietzsches Werken. Mit einem Nachwort von Mazzino Montinari. Aus dem Italienischen von Ragni Maria Gschwend u. Reimar Klein, Frankfurt a.M. 1982 (Titel der Originalausgabe: Scritti su Nietzsche [Milano 1980]).
– Also sprach Zarathustra, ebd., S. 85-90 [= 4,411-416] u. 91-95.
– Die Dionysos-Dithyramben, ebd., S. 145-149 [= 6,454-458].
– Nach Nietzsche. Aus dem Italienischen von Reimar Klein, Frankfurt a.M. 1983 (1980) (Titel der Originalausgabe: Dopo Nietzsche [Milano 1974]).
– Die Geburt der Philosophie. Aus dem Italienischen von Reimar Klein. Mit einem Nachwort von Gianni Carchia u. Reimar Klein, Frankfurt a.M. 1981 (Titel der Originalausgabe: La Nascita della Filosofia [Milano 1975]).
Conze, Edward: Der Buddhismus. Wesen und Entwicklung, 3. Aufl., Stuttgart 1962 (1953) (Titel der englischen Originalausgabe: Buddhism, its Essence and Development, 2. Aufl., Oxford 1953).
Crawford, Claudia: The Beginnings of Nietzsche's Theory of Language, Berlin/New York 1988 (= Monographien und Texte zur Nietzsche-Forschung, Bd. 19).
Creuzer, Georg Friedrich: Symbolik und Mythologie der alten Völker, besonders der Griechen, vier Teile, Hildesheim/New York 1973 (zuerst 1810ff.).
Crusius, O.: Erwin Rohde. Ein biographischer Versuch, Tübingen/Leipzig 1902.
Curtius, Ernst Robert: Europäische Literatur und lateinisches Mittelalter, 4. Aufl., Bern/München 1963 (1948).
Cysarz, Herbert: Schiller und Nietzsche, in: Jb. d. Freien Dt. Hochstifts, 1927, S. 121-147.
– Wagner · Nietzsche · George, in: Jb. d. Freien Dt. Hochstifts, 1931, S. 94-125.

Dahlhaus, Carl: Richard Wagners Musikdramen, Velbert 1971.
– Eduard Hanslick und der musikalische Formbegriff, in: Die Musikforschung, 20. Jg., 1967, S. 145-153.
– Wagners "Bühnenfestspiel" – Revolutionsfest und Kunstreligion, in: Haug/Warning (Hg.), Das Fest, S. 592-609.
Daus, Ronald: Zola und der französische Naturalismus, Stuttgart 1967 (Slg. Metzler).
De Bleeckere, Sylvain: "Also sprach Zarathustra": Die Neugestaltung der "Geburt der Tragödie", in: Nietzsche-Studien 8, 1979, S. 270-290.
Decher, Friedhelm: Nietzsches Metaphysik in der "Geburt der Tragödie" im Verhältnis zur Philosophie Schopenhauers, in: Nietzsche-Studien 14, 1985, S. 110-125.
Deleuze, Gilles: Pensée nomade, in: Nietzsche aujourd'hui?, Bd. I (Intensités), S. 159-174 (Discussion: S. 175-190).
– Nietzsche und die Philosophie. Aus dem Französischen von Bernd Schwibs, Frankfurt a.M. 1985 (Titel der Originalausgabe: Nietzsche et la philosophie, Paris 1962).
– Nietzsche, Paris 1965.
Deleuze, Gilles / Guattari, Félix: Rhizom, Berlin 1977 (Titel der Originalausgabe: Rhizome. Introduction, Paris 1976).
Derrida, Jacques: Fines hominis [1968], in: Derrida, Randgänge der Philosophie (Die différance – Ousia und gramme – Fines homnis – Signatur Ereignis Kontext), Frankfurt a.M./Berlin/Wien 1976, S. 88-123 (= Auswahl aus: Marges de la philoso-

phie, Paris 1972 [Originalausgabe]) – auch in: Derrida, Randgänge der Philosophie, hg. von Peter Engelmann, vollständige deutsche Ausgabe, Wien 1988, S. 119-141.
– Grammatologie. Übersetzt von Hans-Jörg Rheinberger u. Hanns Zischler, Frankfurt a.M. 1983 (1974), 2. Aufl. 1988 (Titel der Originalausgabe: De la grammatologie, Paris 1967).
– Nietzsches Otobiographie oder Politik des Eigennamens. Die Lehre Nietzsches, in: Fugen. Deutsch-Französische Jahrbücher für Textanalytik 1, 1980, S. 82-98.
Deussen, Paul: Erinnerungen an Friedrich Nietzsche, Leipzig 1901.
– Die Wahrheit über Friedrich Nietzsche, in: Wiener Rundschau 4, 1900, Nr. 20, S. 353-359.
– Das System des Vedânta, Leipzig 1883.
Devereux, Georges: Träume in der griechischen Tragödie. Eine ethnopsychoanalytische Untersuchung. Übersetzt von Klaus Staudt, Frankfurt a.M. 1982 (Titel der Originalausgabe: Dreams in Greek Tragedy. An Ethno-Psycho-Analytical Study, Oxford 1976).
Dibelius, Martin: Paulus auf dem Areopag, Heidelberg 1939 (Sitzungsberichte der Heidelberger Akademie der Wissenschaften – Philosophisch-historische Klasse – Jg. 1938/39, 2. Abhandlung).
Dick, Manfred: Die Entwicklung des Gedankens der Poesie in den Fragmenten des Novalis, Bonn 1967.
Dickopp, Karl-Heinz: Zum Wandel von Nietzsches Seinsverständnis – African Spir und Gustav Teichmüller, in: Zeitschrift für philosophsiche Forschung, Bd. 24, 1970, S. 50-71.
Diderot, (Denis): Le Rêve de d'Alembert, in: Œuvres complètes, Tome XVII (Idées IV), édition critique et annotée présentée par Jean Varloot, Paris 1987, S. 23-209.
Diem, Gudrun: Das Wesen der Kunst im Denken Nietzsches, Diss. Köln 1953.
Diez, Friedrich: Die Poesie der Troubadours. Nach gedruckten u. handschriftlichen Werken derselben dargestellt, 2. vermehrte Auflage von Karl Bartsch, Hildesheim 1966 (Reprografischer Nachdruck der 2. Ausgabe Leipzig 1883).
– Leben und Werke der Troubadours. Ein Beitrag zur näheren Kenntniss des Mittelalters, 2. vermehrte Auflage von Karl Bartsch, Amsterdam 1965 (Nachdruck der Ausgabe Leipzig 1882).
Dilthey, Wilhelm: Das Erlebnis und die Dichtung. Lessing. Goethe. Novalis. Hölderlin, 14. Aufl., Göttingen 1965 (1. Aufl. 1905).
– Goethe und die dichterische Phantasie, ebd., S. 124-186.
– Friedrich Hölderlin, ebd., S. 242-317.
Dimter, Walter: Die Rolle der Musik in der Romantik, erscheint demnächst in: Karl-Heinz Habersetzer (Hrsg.), Romantik-Handbuch, Stuttgart 1991.
Dippel, Paul Gerhardt: Nietzsche und Wagner. Eine Untersuchung über die Grundlagen und Motive ihrer Trennung, Bern 1934.
Djurić, Mihailo: Nietzsche und die Metaphysik, Berlin/New York 1985 (= Monographien und Texte zur Nietzsche-Forschung, Bd. 16).
– Die antiken Quellen der Wiederkunftslehre, in: Nietzsche-Studien 8, 1979, S. 1-16.
– (Hrsg.): Nietzsches Begriff der Philosophie, Würzburg 1990 (Nietzsche in der Diskussion).
Djurić, Mihailo u. Simon, Josef (Hrsg.): Kunst und Wissenschaft bei Nietzsche, Würzburg 1986 (Nietzsche in der Diskussion).
– Zur Aktualität Nietzsches, Bd. I u. II, Würzburg 1984 (Nietzsche in der Diskussion).

Dostoïevsky, Th.: Les Possédés (Bési). Traduit du russe par Victor Dérély. Tome premier. Deuxième Édition, Paris 1886 (Zitation: Les Possédés I).

Dostoïevski: Les Possédés, suivi de la confession de Stavroguine, traduit par Jean Chuzeville, Paris 1948 (Gallimard) (Zitation: Les Possédés).

Dostojewskij, Fjodor M.: Die Dämonen, 8. Aufl., München 1987 (1. Aufl. 1977). Vollständige Ausgabe. Aus dem Russischen übertragen von Marianne Kegel. Mit einem Nachwort von Horst-Jürgen Gerigk, einer Zeittafel und Literaturhinweisen. – Titel der Originalausgabe: 'Besy' (Petersburg 1871/72).

– Rodion Raskolnikoff – Schuld und Sühne. Roman (1866), in: Dostojewski für alle. Ausgewählt u. eingeleitet von Horst Bienek. Aus dem Russischen übertragen von E.K. Rahsin, München/Zürich 1981, S. 409-1133.

– Aufzeichnungen aus dem Untergrund. Erzählung (1864), in: Dostojewski für alle, S. 257-407.

– Rede auf Puschkin (1880), in: Dostojewski für alle, S. 1569-1597.

– Tagebuch eines Schriftstellers, Bd. I-IV (1873-1881), München 1921-1923.

– Briefe. Mit Porträts, Faksimiles und Ansichten, München 1914.

– Der Idiot. Vollständige Ausgabe. Aus dem Russischen übertragen von Arthur Luther. Mit einem Nachwort von Werner Bergengruen, einer Zeittafel und Literaturhinweisen. Titel der Originalausgabe: Idiot (Petersburg 1868/69).

Dostoevskij, Fëdor Michailovič: L'Esprit souterrain. Französisch von E. Halpérine, Ch. Morice, Paris 1886.

Driever, Ralph: Ästhetik und Artistik – Untersuchungen zum Kunstbegriff Friedrich Nietzsches, Diss. Bochum 1986.

Dühring, E. (Eugen): Der Werth des Lebens. Eine philosophische Betrachtung, Breslau 1865.

– Cursus der Philosophie als streng wissenschaftlicher Weltanschauung und Lebensgestaltung, Leipzig 1875.

– Sache, Leben und Feinde. Als Hauptwerk und Schlüssel zu seinen sämmtlichen Schriften, Karlsruhe u. Leipzig 1882.

Dürrenmatt, Friedrich: Theaterprobleme, in: Dürrenmatt, Theater-Schriften und Reden, Zürich 1966, S. 92-131.

Düsing, Wolfgang: Schillers Idee des Erhabenen, Diss. Köln 1967.

Duhamel, Roland: Kerngedachten van Friedrich Nietzsche, Antwerpen/Amsterdam 1979.

Duncan, Linda: Heine and Nietzsche. *Das Dionysische*: Cultural Directive and Aesthetic Principle, in: Nietzsche-Studien 19, 1990, S. 336-345.

Eckehart (*Meister Eckehart*): Deutsche Predigten und Traktate, hrsg. u. übersetzt von Josef Quint, Diogenes Taschenbuch, 1979 (Erstausgabe dieser Neuedition: München 1963).

Meister Eckharts Predigten, hrsg. u. übersetzt von Josef Quint, II. Bd., Stuttgart 1971.

Eckermann, Johann Peter: Gespräche mit Goethe in den letzten Jahren seines Lebens. Vollständiger Text nach dem 24. Bd. der 'Gedenkausgabe der Werke, Briefe und Gespräche' Johann Wolfgang Goethes im Artemis-Verlag, 3. Aufl., Zürich 1976.

Ehrenstein, Albert: Menschen und Affen, Berlin (1926).

Eichendorff, Joseph von: Werke. Band I: Gedichte. Versepen. Dramen. Autobiographisches, München 1970.

Eifler, Günter: Zur jüngeren französischen Nietzsche-Rezeption, in: Djurić/Simon (Hrsg.), Zur Aktualität Nietzsches, Bd. II, S. 34-48.

Einem, Herbert von: Michelangelos Künstlertum. Vortrag (1964), Bonn 1966.

Einstein, Carl: Die Fabrikation der Fiktionen, hrsg. von Sibylle Penkert, eingeleitet von Helmut Heißenbüttel, mit Beiträgen von Sibylle Penkert u. Katrin Sello, Hamburg 1973.

Emerson, Ralph Waldo: Versuche (Essays). Aus dem Englischen von G. Fabricius, Hannover 1858.

Epiktet: Handbüchlein der Moral und Unterredungen, hrsg. von Heinrich Schmidt, neubearbeitet von Karin Metzler, 11. Aufl., Stuttgart 1984.

Epikur: Philosophie der Freude. Eine Auswahl aus seinen Schriften übersetzt, erläutert u. eingeleitet von Johannes Mewaldt, Stuttgart 1973.

– Von der Überwindung der Furcht. Katechismus. Lehrbriefe. Spruchsammlung. Fragmente, eingeleitet u. übertragen von Olof Gigon, München 1983 (zuerst 1949).

Ernst, Otto: Nietzsche der falsche Prophet, Leipzig 1914.

Euripides: Orestes. Iphigenie in Aulis. Die Mänaden [Die Bakchen], übersetzt von Ernst Buschor, hrsg. von Gustav Adolf Seeck, Darmstadt 1977 (= Euripides, Sämtliche Tragödien und Fragmente. Griechisch-deutsch, Bd. V).

B. F. (Pseudonym): Herr Friedrich Nietzsche und die deutsche Cultur, in: Die Grenzboten. Zeitschrift für Politik, Literatur und Kunst, 32. Jg., 2. Semester, 2. Bd. Okt. 1873, S. 104-110 – Zur Verfasser-Vermutung vgl. Krummel, Nietzsche, Bd. I, S. 20.

Feuerbach, Anselm: Der vaticanische Apollo. Eine Reihe archäologisch-ästhetischer Betrachtungen, 2. Aufl., Stuttgart/Augsburg 1855 (1. Aufl. Leipzig 1833).

Feuerbach, Ludwig: Grundsätze der Philosophie der Zukunft (1843). Kritische Ausgabe mit Einleitung und Anmerkungen von Gerhart Schmidt, Frankfurt a.M. 1967.

– Das Wesen des Christentums. Nachwort von Karl Löwith, Stuttgart 1971 (Reclam) (Der Text folgt der 3. Aufl., Leipzig 1849).

– Kleine Schriften. Nachwort von Karl Löwith, Frankfurt a.M. 1966 (Theorie 1).

– Notwendigkeit einer Veränderung, in: Löwith, Kleine Schriften, S. 220-235.

Figl, Johann: Interpretation als philosophisches Prinzip. Friedrich Nietzsches universale Theorie der Auslegung im späten Nachlaß, Berlin/New York 1982 (= Monographien und Texte zur Nietzsche-Forschung, Bd. 7).

– Hermeneutische Voraussetzungen der philologischen Kritik. Zur wissenschaftsphilosophischen Grundproblematik im Denken des jungen Nietzsche, in: Nietzsche-Studien 13, 1984, S. 111-128.

Fink, Eugen: Nietzsches Philosophie, Stuttgart 1960.

– Spiel als Weltsymbol, Stuttgart 1960.

Fischer, Kuno: Geschichte der neuern Philosophie. I. Bd.: Descartes und seine Schule – Zweiter Theil: Descartes' Schule. Geulinx. Malebranche, Baruch Spinoza, 2., völlig umgearbeitete Aufl., Heidelberg 1865.

Flam, Léopold: Solitude et "étrangement" de Nietzsche dans la pensée de Heidegger, in: Nietzsche aujourd'hui?, Bd. I (Intensités), S. 395-427 (Discussion: S. 428-436).

Fleischer, Margot: Dionysos als Ding an sich. Der Anfang von Nietzsches Philosophie in der ästhetischen Metaphysik der "Geburt der Tragödie", in: Nietzsche-Studien 17, 1988, S. 74-90.

Floegels 'Geschichte des Grotesk-Komischen', bearbeitet, erweitert und bis auf die neueste Zeit fortgeführt von Friedrich W. Ebeling, 4. Aufl., Leipzig 1887 (s. Floegel,

Karl Friedrich: Geschichte der komischen Literatur, 4 Bde., 1784-1787, fortgef. von F.W. Ebeling, 3 Bde., 1863-1869; s. Geschichte des Groteskkomischen, 1788, [5]1888).

Förster-Nietzsche, Elisabeth: Das Leben Friedrich Nietzsche's. I. Bd., Leipzig 1895 – II. Bd., 1. Abt., Leipzig 1897 – II. Bd., 2. Abt., Leipzig 1904.

– Der junge Nietzsche, Leipzig 1912.

– Der einsame Nietzsche, Leipzig 1914.

Fontenelle, Bernard de: Dialogues des morts (1683), Paris 1876.

– Nouveaux dialogues des morts. Édition critique avec une introduction et des notes par Jean Dagen, Paris 1971.

Foucault, Michel: Nietzsche, Freud, Marx, in: Cahiers de Royaumont (Nietzsche), S. 183-192 (Discussion: S. 193-200).

Frank, Manfred: Der kommende Gott. Vorlesungen über die Neue Mythologie. I. Teil, Frankfurt a.M. 1982.

– Die Dichtung als "Neue Mythologie", in: Bohrer (Hrsg.), Mythos und Moderne, S. 15-40.

– Vom "Bühnenweihefestspiel" zum "Thingspiel" – Zur Wirkungsgeschichte der 'Neuen Mythologie' bei Nietzsche, Wagner und Johst, in: Haug/Warning (Hsg.), Das Fest, S. 610-638 (Diskussion: S. 639-647).

Freiligraths Werke. I. Teil: Gedichte 1838 – zwischen den Garben, hrsg. u. mit einem Lebensbild versehen von Julius Schwering, Berlin/Leipzig/Wien/Stuttgart (o.J.).

Frenzel, Ivo: Friedrich Nietzsche in Selbstzeugnissen und Bilddokumenten, Hamburg 1982 (zuerst 1966) (rororo bildmonographien).

Freud, Sigmund: Abriß der Psychoanalyse. Das Unbehagen in der Kultur. Mit einer Rede von Thomas Mann als Nachwort, Frankfurt a.M./Hamburg 1955 ([1]1953).

– Einige Charaktertypen aus der psychoanalytischen Arbeit (1916), in: Freud, Studienausgabe, Bd. X: Bildende Kunst und Literatur, hg. von Alexander Mitscherlich, Angela Richards, James Strachey, Frankfurt a.M. 1969, S. 229-253.

Friedrich, Hugo: Die Struktur der modernen Lyrik. Von der Mitte des neunzehnten bis zur Mitte des zwanzigsten Jahrhunderts. Erweiterte Neuausgabe, Hamburg 1967 ([1]1956) (rde).

– Montaigne, 2., neu bearbeitete Auflage, Bern/München 1967 (1. Aufl. 1949).

Friesenhahn, Peter: Hellenistische Wortzahlenmystik im Neuen Testament, Leipzig/Berlin 1935 (Nachdruck Amsterdam 1970).

Fritz, Horst: Literarischer Jugendstil und Expressionismus. Zur Kunsttheorie, Dichtung und Wirkung Richard Dehmels, Stuttgart 1969.

Früchtl, Josef: Radikalität und Konsequenz in der Wahrheitstheorie. Nietzsche als Herausforderung für Adorno und Habermas, in: Nietzsche-Studien 19, 1990, S. 431-461.

Fuchs, Georg: Friedrich Nietzsche und die bildende Kunst, in: Die Kunst für Alle, hrsg. von Friedrich Pecht, 11. Jg., 1895-1896, München 1896, S. 33-38, 71-73, 85-88.

Fülleborn, Ulrich u. Engel, Manfred (Hrsg.): Rilkes 'Duineser Elegien', 2. Bd.: Forschungsgeschichte (suhrkamp taschenbuch materialien), Frankfurt a.M. 1982.

Fujita, Kazuyoshi: Der Sinn vom "Sinn der Erde" in der perspektivischen Ästhetik, in: Aesthetics 2, 1986, hrsg. von Japanese Society for Aesthetics, S. 87-99.

Gadamer, Hans-Georg: Wahrheit und Methode. Grundzüge einer philosophischen Hermeneutik, 2. Aufl., durch einen Nachtrag erweitert, Tübingen 1965 ([1]1960).

– Mythopoietische Umkehrung in Rilkes 'Duineser Elegien' (1967), in: Fülleborn/Engel (Hrsg.), Rilkes 'Duineser Elegien', S. 244-263.

Gaède, Édouard: Nietzsche précurseur de Freud?, in: Nietzsche aujourd'hui?, Bd. II (Passion), S. 87-113 (Discussion: S. 114-118).
Gaede, Udo: Schiller und Nietzsche als Verkünder der tragischen Kultur, 2., unveränderte Aufl., Berlin 1910 ([1]1908).
Gallwitz, Hans: Friedrich Nietzsche. Ein Lebensbild, Dresden/Leipzig 1898.
Gandillac, Maurice de: Muß und kann das höchstbegabte Individuum Freunde und Gönner gewinnen? Über Nietzsches Zarathustra und einige Erfahrungen und Erlebnisse des Dichters, in. Berlinger/Schrader (Hrsg.), Nietzsche–kontrovers II, S. 109-125.
Gast, Peter: Nietzsche – Wagner, in: Der Kunstwart. Rundschau über alle Gebiete des Schönen, hrsg. von Ferd. Avenarius, 2. Jg., 1888, S. 52-56.
– (Hrsg.): Friedrich Nietzsche. Briefe an Peter Gast, Leipzig 1924.
Gebhard, Walter: Nietzsches Totalismus. Philosophie der Natur zwischen Verklärung und Verhängnis, Berlin/New York 1983 (= Monographien und Texte zur Nietzsche-Forschung, Bd. 8).
– Zur Gleichnissprache Nietzsches. Probleme der Bildlichkeit und Wissenschaftlichkeit, in: Nietzsche-Studien 9, 1980, S. 61-90.
George, Stefan: Werke. Ausgabe in zwei Bänden. Zum Jubiläumsjahr 1968, 2. Aufl., Düsseldorf/München 1968 ([1]1958).
Gerhardt, Volker: Macht und Metaphysik. Nietzsches Machtbegriff im Wandel der Interpretation, in: Nietzsche-Studien 10/11, 1981/1982, S. 193-209 (Diskussion: S. 210-221) (Wiederabdruck in: Gerhardt, Pathos und Distanz, S. 72-97).
– Artisten-Metaphysik. Zu Nietzsches frühem Programm einer ästhetischen Rechtfertigung der Welt, in: Djurić/Simon (Hrsg.), Zur Aktualität Nietzsches, Bd. I, S. 81-98) (Wiederabdruck in: Gerhardt, Pathos und Distanz, S. 46-71).
– "Experimental-Philosophie". Versuch einer Rekonstruktion, in: Djurić/Simon (Hrsg.), Kunst und Wissenschaft bei Nietzsche, S. 45-61 (Wiederabdruck in: Gerhardt, Pathos und Distanz, S. 163-187).
– Von der ästhetischen Metaphysik zur Physiologie der Kunst, in: Nietzsche-Studien 13, 1984, S. 374-393.
– Nietzsche und die Philosophie, in: Djurić (Hrsg.), Nietzsches Begriff der Philosophie, S. 151-171.
– Die Perspektive des Perspektivismus, in: Nietzsche-Studien 18, 1989, S. 260-282.
– Pathos und Distanz. Studien zur Philosophie Friedrich Nietzsches, Stuttgart 1988 (Reclam).
Gerstenberg, Heinrich Wilhelm von: Briefe über Merkwürdigkeiten der Literatur [Auszüge], in: Sturm und Drang. Dichtungen und theoretische Texte, Bd. I, München 1971, S. 56-120.
Gibson, Carl: Nietzsches Lenau-Rezeption. Eine Voruntersuchung, in: Sprachkunst, 17. Jg., 1986, 2. Halbband, S. 188-205.
– Lenau. Leben – Werk – Wirkung, Heidelberg 1989.
Gide, André: Aufzeichnungen über Chopin. Übertragen von Walter Kolneder, Frankfurt a.M. 1962.
Giessler, Willy: Das Mitleid in der neueren Ethik mit besonderer Rücksicht auf Fr. Nietzsche, R. Wagner und L. Tolstoi, Halle a.S. 1903.
Gilman, Sander L.: "Braune Nacht": Friedrich Nietzsche's Venetian Poems, in: Nietzsche-Studien 1, 1972, S. 247-260.
– Nietzsches Emerson-Lektüre: Eine unbekannte Quelle, in: Nietzsche-Studien 9, 1980, S. 406-431.

– (Hrsg.): Begegnungen mit Nietzsche, hrsg. von Sander L. Gilman unter Mitwirkung von Ingeborg Reichenbach, 2., verbesserte Aufl., Bonn 1985 ([1]1981).
Giusso, Lorenzo: Leopardi, Stendhal, Nietzsche, Napoli 1933.
Glasenapp, Carl Fr.: Das Leben Richard Wagners in sechs Büchern, Bd. 6 (1877-1883), 1.-3. Aufl., Leipzig 1911.
Glaser, Horst Albert: Wagners Musik im Werk Thomas Manns, in: Richard Wagner 1883-1983. Die Rezeption im 19. und 20. Jahrhundert. Gesammelte Beiträge des Salzburger Symposions, Stuttgart 1984, S. 411-431.
Gogh, Vicent van: Briefe an seinen Bruder. Zusammengestellt von seiner Schwägerin J. van Gogh-Bonger. Ins Deutsche übertragen von Leo Klein-Diepold, Bd. I u. II, Berlin 1914.
Goethe, Johann Wolfgang von: Werke. Hamburger Ausgabe in 14 Bänden, München 1982 (Taschenbuchausgabe [= band- u. textidentisch mit der im Beck-Verlag München erschienenen Hamburger Ausgabe]) – Sigel: HA.
– Goethes Briefe. Hamburger Ausgabe. In vier Bänden, hrsg. von Karl Robert Mandelkow, Hamburg 1962-1967.
– Goethes Briefwechsel mit Zelter, hrsg. von Will Vesper, Berlin 1914 – weitere Ausgabe: Briefwechsel zwischen Goethe und Zelter in den Jahren 1799 bis 1832, mit Einleitung u. Erläuterungen hg. von Ludwig Geiger, 2. Bd.: 1819-1827, Leipzig (o.J.) (Reclam).
– Sämtliche Gedichte. I. Teil: Die Gedichte der Ausgabe letzter Hand. I. Bd. der Gedenkausgabe. Einführung u. Textüberwachung von Emil Staiger, 2. Aufl., Zürich/Stuttgart 1961 (1950) (Artemis).
– Scherz, List und Rache. Ein Singspiel, in: Die Weimarer Dramen. VI. Bd. der Gedenkausgabe. Einführung u. Textüberwachung von Kurt May, 2. Aufl., Zürich/ Stuttgart 1962 (1954) (Artemis).
Goldschmidt, Kurt Walter: Buddha und Dionysos. Ein Zeit- und Weltbekenntnis, Berlin 1926.
Goncourt, Edmont et Jules de: Journal. Mémoires de la vie littéraire. Tome premier (1851-1861) u. Tome second (1862-1865), Paris (o.J., ca. 1890) (zuerst: Paris 1887).
– Manette Salomon, Paris 1867.
Good, Paul: Nietzsche – der Herakliteer, in: Nietzsche und Italien, S. 129-153.
Goth, Joachim: Nietzsche und die Rhetorik, Tübingen 1970.
Gracian: Handorakel und Kunst der Weltklugheit. Deutsch von Arthur Schopenhauer. Mit einer Einleitung von Karl Voßler, 12. Aufl., Stuttgart 1978.
Grätzel, Stephan: Physiologie der Kunst – Eine Grundlegung der Vernunft des Leibes, in: Nietzsche-Studien 13, 1984, S. 394-398.
Graevenitz, Gerhart von: Mythos. Zur Geschichte einer Denkgewohnheit, Stuttgart 1987.
Grassi, Ernesto: Die Theorie des Schönen in der Antike, Köln 1962.
– Kunst und Mythos, Hamburg 1957 (rde).
Grau, Gerd-Günther: Ideologie und Wille zur Macht. Zeitgemäße Betrachtungen über Nietzsche, Berlin/New York 1984 (= Monographien und Texte zur Nietzsche-Forschung, Bd. 13)
Gregor-Dellin, Martin: Richard Wagner. Sein Leben. Sein Werk. Sein Jahrhundert (Vom Autor neu durchgesehene Aufl.), München 1983 (Originalausgabe: München 1980).
– Richard Wagner – die Revolution als Oper, München 1973 (Reihe Hanser).

Griesser, Luitpold: Nietzsches Zarathustra und die griechische Philosophie, in: Monatsblätter des Wissenschaftlichen Klub in Wien 34, Wien 1913, S. 28-37, 73-85.
Grimm, Herman: Leben Michelangelos. Vollständige Ausgabe, hrsg. von Ludwig Goldscheider, Wien/Leipzig (1933). Zuerst 1860/63 (2 Bde.).
Grimm, Reinhold: Heine und Nietzsche. Bemerkungen zu einem lyrischen Pastiche, in: Hosfeld, Rolf (Hrsg.), Heinrich Heine und das neunzehnte Jahrhundert: Signaturen. Neue Beiträge zur Forschung, Berlin 1986, S. 98-107.
– Antiquity as Echo and Disguise: Nietzsches "Lied eines theokritischen Ziegenhirten", Heinrich Heine, and the Crucified Dionysus, in: Nietzsche-Studien 14, 1985, S. 201-249.
– (Hrsg.): Deutsche Dramentheorien. Beiträge zu einer historischen Poetik des Dramas in Deutschland, hrsg. u. eingeleitet von R. Grimm, Bd. I u. II, Frankfurt/M. 1973.
Groddeck, Wolfram: 'Ein andres Wort für Musik': Zu Friedrich Nietzsches Venedig-Gedicht, in: Gedichte und Interpretationen. Vom Naturalismus bis zur Jahrhundertwende, hrsg. von Harald Hartung, Stuttgart 1983, S. 19-32.
– Nietzsches Gedicht "Die Sonne sinkt". Eine philologische Lektüre des sechsten 'Dionysos-Dithyrambus', in: Nietzsche-Studien 16, 1987, S. 21-46.
– "Oh Himmel über mir". Zur kosmischen Wendung in Nietzsches Poetologie, in: Nietzsche-Studien 18, 1989, S. 490-508.
Gründer, Karlfried (Hrsg.): Der Streit um Nietzsches "Geburt der Tragödie". Die Schriften von E. Rohde, R. Wagner, U. v. Wilamowitz-Möllendorff. Zusammengestellt u. eingeleitet von K. Gründer, Hildesheim 1969.
Grundlehner, Philip: The Poetry of Friedrich Nietzsche, New York/Oxford 1986.
– "Venedig" ("Venice"), in: Grundlehner, The Poetry of Friedrich Nietzsche, S. 299-304.
Günther, Dorothee: Der Tanz als Bewegungsphänomen. Wesen und Werden, Hamburg 1962 (rde).
Günther, Joachim: Findlinge, Heidelberg 1976.
Gürster, Eugen: Nietzsche und die Musik, München 1929.
Guibert, Léandre-René: Stendhal et Nietzsche en communion spirituelle, in: La revue germanique 21, 1930, S. 105-111.
Gundolf, Friedrich: Romantiker, Berlin 1930 [Bd. I].
Guzzoni, Alfredo (Hrsg.): 90 Jahre philosophische Nietzsche-Rezeption, Königstein/Ts. 1979.

Haase, Marie-Luise: Der Übermensch in "Also sprach Zarathustra" und im Zarathustra-Nachlaß 1882-1885, in: Nietzsche-Studien 13, 1984, S. 228-244.
Habermas, Jürgen: Erkenntnis und Interesse, Frankfurt a.M. 1968 (Theorie 2).
– Eintritt in die Postmoderne: Nietzsche als Drehscheibe, in: Habermas, Der philosophische Diskurs der Moderne. Zwölf Vorlesungen, Frankfurt a.M. [3]1986 ([1]1985), S. 104-129.
– Die Verschlingung von Mythos und Aufklärung. Bemerkungen zur *Dialektik der Aufklärung* – nach einer erneuten Lektüre, in: Bohrer (Hrsg.), Mythos und Moderne, S. 405-431.
Härtle, Heinrich: Nietzsche und der Nationalsozialismus, München 1937.
Haftman, Werner: Malerei im 20. Jahrhundert. Eine Entwicklungsgeschichte, München 1965 ([1]1954).
Haller, Friedrich: Mandragora. Bemühungen um Nietzsche, Frankfurt a.M./Bern 1982 (= Publikationen des 'Nietzsche-Kreises' – Hrsg. von W.L. Hohmann – Bd. 1).

Hamacher, Werner (Hrsg.): Nietzsche aus Frankreich. Essays von Maurice Blanchot, Jacques Derrida, Pierre Klossowski, Philippe Lacoue-Labarthe, Jean-Luc Nancy und Bernard Pautrat, Frankfurt a.M./Berlin 1986 (Ullstein Materialien).

Hamann, Richard / Hermand, Jost: Gründerzeit, München 1971 (= Epochen deutscher Kultur von 1870 bis zur Gegenwart, Bd. 1).

Hanslick, Eduard: Vom Musikalisch-Schönen. Ein Beitrag zur Revision der Aesthetik der Tonkunst, 5., verbesserte Auflage, Leipzig 1876.

– Vom Musikalisch-Schönen. Ein Beitrag zur Revision der Ästhetik der Tonkunst, Darmstadt 1981 (= unveränderter reprografischer Nachdruck der 1. Aufl., Leipzig 1854.

Harper, Ralph: The Seventh Solitude. Man's Isolation in Kierkegaard, Dostoevsky, and Nietzsche, Baltimore/Maryland 1965.

Hartmann, Eduard von: Philosophie des Unbewussten, 3., beträchtlich vermehrte Aufl., Berlin 1871 (8., erweiterte Auflage, Berlin 1878).

Haug, Walter u. Warning, Rainer (Hrsg.): Das Fest, München 1989 (= Poetik und Hermeneutik XIV).

Hauptmann, Gerhart: Diarium 1917 bis 1933, hrsg. von Martin Machatzke, Frankfurt a.M./Berlin/Wien 1980.

Haym, R. (Rudolf): Arthur Schopenhauer, Berlin 1864 (Besonders abgedruckt aus dem 14. Bande der Preußischen Jahrbücher).

Hebbel, Friedrich: Vorwort zur "Maria Magdalena" [1844], in: Hebbel, Sämtliche Werke in 12 Bänden, mit Einleitungen u. Anmerkungen von Emil Kuh, neu hg. von Hermann Krumm, 10. Bd. (Zur Theorie der Kunst – Charakteristiken), Leipzig (o.J.).

Heftrich, Eckhard: Nietzsches Philosophie. Identität von Welt und Nichts, Frankfurt a.M. 1962.

– Die Grenzen der psychologischen Nietzsche-Erklärung, in: Salaquarda (Hrsg.), Nietzsche, S. 169-184 (zuerst in: Revue internationale de philosophie 67, 1964, S. 74-90).

– Die Geburt der Tragödie: Eine Präfiguration von Nietzsches Philosophie, in: Nietzsche-Studien 18, 1989, S. 103-126.

– Nietzsches Goethe. Eine Annäherung, in: Nietzsche-Studien 16, 1987, S. 1-20.

Hegel, Georg Wilhelm Friedrich: Ästhetik, Bd. I u. II, Berlin/Weimar 1965 (Nach der 2. Ausgabe Heinrich Gustav Hothos [1842] redigiert und mit einem ausführlichen Register versehen von Friedrich Bassenge).

– Vorlesungen über die Philosophie der Geschichte. Mit einer Einführung von Theodor Litt. Stuttgart 1961 (Reclam) (Der Text folgt der Ausgabe von F. Brunstädt).

– Glauben und Wissen oder die Reflexionsphilosophie der Subjektivität in der Vollständigkeit ihrer Formen als Kantische, Jacobische und Fichtesche Philosophie, Hamburg 1962 (Felix Meiner) (unveränderter Abdruck aus: G. Wilh. Fr. Hegel, Erste Druckschriften, hrsg. von G. Lasson, Leipzig 1928).

– Phänomenologie des Geistes. Nach dem Text der Originalausgabe hrsg. von Johannes Hoffmeister, 6. Aufl., Hamburg 1952 (Felix Meiner).

– Briefe von und an Hegel, 4 Bände, hrsg. von Johannes Hoffmeister, Hamburg 1952-1960 (Felix Meiner).

Hehn, Victor: Gedanken über Goethe, 7., 8. u. 9. durchgesehene Aufl., Berlin 1909 (1. Aufl. Berlin 1887).

Heidegger, Martin: Nietzsche, Bd. I u. II, Pfullingen 1961.

– Holzwege, Frankfurt a.M. 1950.
– Der Ursprung des Kunstwerkes (1936), in: Heidegger, Holzwege, S. 7-68.
– Nietzsches Wort "Gott ist tot" (1943), in: Heidegger, Holzwege, S. 193-247.
– Wer ist Nietzsches Zarathustra? (1953), in: Heidegger, Vorträge und Aufsätze, Pfullingen 1954, S. 101-126.
– Unterwegs zur Sprache, Pfullingen 1959.
– Das Wesen der Sprache (1957), in: Heidegger, Unterwegs zur Sprache, S. 157-216.
– Das Wort (1958), in: Heidegger, Unterwegs zur Sprache, S. 217-238.
– Der Weg zur Sprache (1959), in: Heidegger, Unterwegs zur Sprache, S. 239-268.
– Erläuterungen zu Hölderlins Dichtung, 3. Aufl., Frankfurt a.M. 1963 (1951).
– Hölderlin und das Wesen der Dichtung (1936), in: Heidegger, Erläuterungen zu Hölderlins Dichtung, S. 31-45.
– "Andenken" (1943), in: Heidegger, Erläuterungen zu Hölderlins Dichtung, S. 75-143.
– Nietzsches metaphysische Grundstellung im abendländischen Denken. Die ewige Wiederkehr des Gleichen – Gesamtausgabe, II. Abt.: Vorlesungen 1923-1944 – Bd. 44, Frankfurt a.M. 1986 (Freiburger Vorlesung Sommersemester 1937, hrsg. von Marion Heinz).
– Nietzsche: Der europäische Nihilismus – Gesamtausgabe, II. Abt.: Vorlesungen 1923-1944 – Bd. 48, Frankfurt a.M. 1986 (Freiburger Vorlesung II. Trimester 1940, hg. von Petra Jaeger).
– Sein und Zeit. Erste Hälfte, 6. unveränderte Auflage, Tübingen 1949 (zuerst 1927).
Heidemann, Ingeborg: Der Begriff des Spieles und das ästhetische Weltbild in der Philosophie der Gegenwart, Berlin, 1968.
Heine, Heinrich: Sämtliche Schriften in 12 Bänden, hrsg. von Klaus Briegleb (Reihe Hanser Werkausgabe), München/Wien 1976.
– Die Götter im Exil, in: SS 11, S. 397-423.
– Die Göttin Diana (Nachtrag zu den Göttern im Exil), in: SS 11, S. 425-436.
– Der Doktor Faust. Ein Tanzpoem, nebst kuriosen Berichten über Teufel, Hexen und Dichtkunst, in: SS 11, S. 351-372 (S. 373-396: Erläuterungen).
– Romanzero, in: SS 11, S. 7-177 (S. 179-186: Nachwort zum 'Romanzero').
– Französische Maler, in: SS 5, S. 27-87.
– Die Romantische Schule, in: SS 5, S. 357-504.
– Ludwig Börne. Eine Denkschrift, in: SS 7, S. 7-148.
– Ideen. Das Buch Le Grand, in: SS 3, S. 245-308.
– Die Nordsee, in: SS 3, S. 167-244.
– Lutetia. Berichte über Politik, Kunst und Volksleben, in: SS 9, S. 217-548.
– Buch der Lieder, in: SS 1, S. 7-212 (S. 9-13: Vorrede).
– Aufzeichnungen, in: SS 11, S. 611-669.
– Englische Fragmente, in: SS 3, S. 531-605.
– Geständnisse, in: SS 11, S. 443-513 (S. 502-513: [Waterloo-Fragment]).
– 'Die deutsche Literatur' von Wolfgang Menzel. 2 Teile. Stuttgart, bei Gebrüder Frankh. 1828, in: SS 1, S. 444-456.
– Buch der Lieder. Historisch-kritische Gesamtausgabe der Werke, hrsg. von Manfred Windfuhr, Bd. I/I – Buch der Lieder – Text – bearbeitet von Pierre Grappin, Hamburg 1975.
– Briefe 1815-1831. Bearbeitet von Fritz H. Eisner u. Fritz Mende, Berlin/Paris 1970 (= Säkularausgabe, Bd. 20).

Heinse, Wilhelm: Ardinghello und die glückseligen Inseln. Kritische Studienausgabe, mit 32 Bildtafeln, Textvarianten, Dokumenten zur Wirkungsgeschichte, Anmerkungen und einem Nachwort hrsg. von Max L. Baeumer, Stuttgart 1985 (1975) (Reclam).

Heller, Edmund: Nietzsches Scheitern am Werk, Freiburg/München 1989.

Heller, Erich: Nietzsche. Drei Essays, Frankfurt a.M. 1964.

– Burckhardt und Nietzsche, in: Heller, Nietzsche, S. 7-23.

– Nietzsche und Goethe, in: Heller, Nietzsche, S. 35-68.

Heller, Peter: Nietzsches Kampf mit dem romantischen Pessimismus, in: Nietzsche-Studien 7, 1978, S. 27-50 (Diskussion: S. 51-58).

– Multiperspektivisches Interpretieren. Bemerkungen zum Thema "Nietzsche lesen", in: Nietzsche-Studien 13, 1984, S. 624-642.

– "Chemie der Begriffe und Empfindungen". Studie zum 1. Aphorismus von "Menschliches, Allzumenschliches I", in: Nietzsche-Studien 1, 1972, S. 210-235.

Hempfer, Klaus W.: Gattungstheorie. Information und Synthese, München 1973 (UTB).

Hennemann Barale, Ingrid: Subjektivität als Abgrund. Bemerkungen über Nietzsches Beziehung zu den frühromantischen Kunsttheorien, in: Nietzsche-Studien 18, 1989, S. 158-181.

Henrich, Dieter: Hegels Theorie über den Zufall, in: Kant-Studien – Philosophische Zeitschrift – Begründet von Hans Vaihinger, Bd. 50, 1958/1959, S. 131-148.

Heraklit (Herakleitos): Fragmente, in: Die Fragmente der Vorsokratiker. Griechisch und deutsch von Hermann Diels, 6., verbesserte Aufl., hrsg. von Walther Kranz, Bd. I, Berlin 1951, S. 139-190.

– Fragmente. Griechisch und deutsch, hrsg. u. übersetzt von Bruno Snell, Ernst Heimeran Verlag, 2., verb. Aufl. 1940 (8. Aufl. Darmstadt 1983).

Herder, Johann Gottfried: Kalligone – Vom Angenehmen und Schönen. Erster Theil. 1800 – Von Kunst und Kunstrichterei. Zweiter Theil. 1800 – Vom Erhabnen und vom Ideal. Dritter Theil. 1800 = Herders Sämmtliche Werke, hg. von Bernhard Suphan, 22. Bd., Berlin 1880.

– Terpsichore. Erster Theil. 1795 – Zweiter Theil. 1795 – Dritter Theil. 1796 = SW, 27. Bd., Berlin 1881.

– Briefe zu Beförderung der Humanität. 1. bis 10. Sammlung, 1793-1797 = SW, 17. Bd., Berlin 1881; SW, 18. Bd., Berlin 1883, S. 1-356.

– Ueber die neuere Deutsche Litteratur. Fragmente. Erste Sammlung. Zweite völlig umgearbeitete Ausgabe. 1768, in: SW, 2. Bd., Berlin 1877, S. 1-108.

– Aus "Verstand und Erfahrung". Eine Metakritik zur Kritik der reinen Vernunft (1799), in: Herder, Sprachphilosophische Schriften, aus dem Gesamtwerk ausgewählt, mit einer Einleitung, Anmerkungen u. Registern versehen von Erich Heintel, 2., erw. Aufl., Hamburg 1964 ([1]1960), S. 181-227.

Hermand, Jost (Hrsg.): Friedrich Nietzsche. Gedichte, mit einem Nachwort hrsg. von Jost Hermand, Stuttgart 1981 (Reclam).

– Das Junge Deutschland. Texte und Dokumente, hrsg. von Jost Hermand, Stuttgart 1967 (1966) (Reclam).

Hess, Walter: Dokumente zum Verständnis der modernen Malerei, Hamburg 1956 (rde).

Hessen, Johannes: Der deutsche Genius und sein Ringen um Gott, Köln 1936 ([2]1937).

Heym, Georg: Dichtungen und Schriften. Gesamtausgabe, hrsg. von Karl Ludwig

Schneider, Bd. 1: Lyrik, Hamburg/München 1964; Bd. 3: Tagebücher Träume und Briefe, 3., durchgesehene Aufl., München 1986 ([1]1960).
Hildebrandt, Kurt: Wagner und Nietzsche. Ihr Kampf gegen das neunzehnte Jahrhundert, Breslau 1924.
– Gesundheit und Krankheit in Nietzsches Leben und Werk, Berlin 1926 (= Abhandlungen aus der Neurologie, Psychiatrie, Psychologie und ihren Grenzgebieten, Heft 38).
Hillebrand, Bruno (Hrsg.): Nietzsche und die deutsche Literatur. I. Texte zur Nietzsche-Rezeption 1873-1963. II. Forschungsergebnisse, Tübingen 1978 (dt).
Hilpert, Konrad: Die Überwindung der objektiven Gültigkeit. Ein Versuch zur Rekonstruktion des Denkansatzes Nietzsches, in: Nietzsche-Studien 9, 1980, S. 91-121.
Hinck, Walter: Das Gedicht als Spiegel der Dichter. Zur Geschichte des deutschen poetologischen Gedichts, Opladen 1985.
Hinz, Walther: Zarathustra, Stuttgart 1961.
Hocke, Gustav René: Manierismus in der Literatur. Sprach-Alchimie und Esoterische Kombinationskunst. Beiträge zur Vergleichenden Europäischen Literaturgeschichte, Hamburg 1959 (rde).
– Die Welt als Labyrinth. Manier und Manie in der europäischen Kunst. Von 1520 bis 1650 und in der Gegenwart, Hamburg 1963 (1957) (rde).
Hölderlin, Friedrich: Sämtliche Werke (Große Stuttgarter Ausgabe), hrsg. von Friedrich Beißner, I. Bd.: Gedichte bis 1800, Stuttgart 1946; II. Bd.: Gedichte nach 1800, Stuttgart 1951; IV. Bd.: Der Tod des Empedokles. Aufsätze, Stuttgart 1961.
– Über Religion, in: SW IV, S. 275-281.
– Das Werden im Vergehen, in: SW IV, S. 282-287.
– Geschichte der schönen Künste unter den Griechen, in: SW IV, S. 189-206.
Hoffmann, E.T.A.: Die Elixiere des Teufels. Nachgelassene Papiere des Bruders Medardus eines Kapuziners, hrsg. von Wolfgang Nehring, Stuttgart 1975 (Reclam).
Hofmann, Heinrich Jakob: Die Lehre vom Erhabenen bei Kant und seinen Vorgängern, Diss. Halle-Wittenberg 1913.
Hofmannsthal, Hugo von: Gesammelte Werke in Einzelausgaben, hrsg. von Herbert Steiner, Frankfurt a.M. – Prosa II (1951), Prosa III (1952), Prosa IV (1966), Gedichte und lyrische Dramen (1963).
– Das Gespräch über Gedichte, in: Prosa II, S. 94-112.
– Ein Brief, in: Prosa II, S. 7-22.
– Augenblicke in Griechenland, in: Prosa III, S. 7-42 (S. 27-42: Die Statuen).
– Napoleon, in: Prosa IV, S. 56-64.
– Der Tor und der Tod, in: Gedichte und lyrische Dramen, S. 269-292.
– Der Tod des Tizian, in: Gedichte und lyrische Dramen, S. 250-268.
Hollinrake, Roger: A Note on Nietzsche's '*Gondellied*', in: Nietzsche-Studien 4, 1975, S. 139-145.
Holz, Arno: Die Kunst. Ihr Wesen und ihre Gesetze, Berlin 1891 (2. Bd.: 1892).
Homer: Ilias. Nach der Übertragung von Johann Heinrich Voss, München 1957.
– Die Odyssee. Deutsch von Wolfgang Schadewaldt. Mit einem Nachwort von Wolfgang Schadewaldt, Zürich/Stuttgart 1966 (1. Fassung 1958).
– Homerische Hymnen. Griechisch und deutsch, hrsg. von Anton Weiher, München 1951.
Hommel, Hildebrecht (Hrsg.), Wege zu Aischylos, 2 Bände, I. Bd.: Zugang. Aspekte der Forschung. Nachleben, II. Bd.: Die einzelnen Dramen, Darmstadt 1974 (= Wege der Forschung, Bd. LXXXVII u. CCCCLXV).

Horaz (Q. Horatius Flaccus): Satiren und Briefe. Lateinisch und deutsch, eingeleitet u. übersetzt von Rudolf Helm, Zürich 1962.
– Ars Poetica. Die Dichtkunst. Lateinisch und deutsch, übersetzt u. mit einem Nachwort hrsg. von Eckart Schäfer, Stuttgart 1972 (Reclam).
Horneffer, Ernst: Nietzsches Lehre von der Ewigen Wiederkunft und deren bisherige Veröffentlichung, Leipzig 1900.
– Der Übermensch, in: Horneffer, Nietzsche-Vorträge, Leipzig 1920 (zuerst: Vorträge über Nietzsche. Versuch einer Wiedergabe seiner Gedanken, Berlin 1900), S. 35-80.
Howald, Ernst: Friedrich Nietzsche und die klassische Philologie, Gotha 1920.
Huber, Eva: Wirklichkeit und Utopie, in: Arnold Böcklin 1827-1901. Ausstellung zum 150. Geburtstag veranstaltet vom Magistrat der Stadt Darmstadt, Darmstadt, Mathildenhöhe, 23.10. bis 11.12.1977, S. 156-187.
Hudek, Franz-Peter: Nietzsche im Lichte der Musik-Fachwelt. Eine rezeptionsgeschichtliche Studie, in: Nietzsche-Studien 19, 1990, S. 230-245.
Huizinga, Johan: Vom Ursprung der Kultur im Spiel, Hamburg 1966 (1956) (rde) (1. Aufl. 1938).
Hultberg, Helge: Die Kunstauffassung Nietzsches, Bergen/Oslo 1964.

Jacob, P. Walter: Nietzsches musikalischer Amanuensis. Zur Erinnerung an den Komponisten Peter Gast, in: Musica 7, 1953, S. 305-309.
Jäckel, Kurt: Richard Wagner in der französischen Literatur, 2 Bde., Breslau 1931/32.
Jähnig, Dieter: Schelling – Die Kunst in der Philosophie. I. Bd.: Schellings Begründung von Natur und Geschichte, II. Bd.: Die Wahrheitsfunktion der Kunst, Pfullingen 1966 u. 1969.
– Jacob Burckhardts Bedeutung für die Ästhetik, in: DVjs 53, 1979, S. 173-190.
Jahn, Otto: Gesammelte Aufsätze über Musik, 2., unveränderter Abdruck, Leipzig 1867.
– Tannhäuser, Oper von Richard Wagner, in: Ges. Aufsätze, S. 64-86 (aus: Die Grenzboten 1853, I, S. 327ff.).
– Lohengrin, Oper von Richard Wagner, in: Ges. Aufsätze, S. 112-164 (aus: Die Grenzboten 1854, I, S. 81ff.).
Janowski, Franca: Nietzsche e Leopardi. La seduzione del nichilismo, in: Nietzsche und Italien, S. 59-72.
Janson, H.W.: Apes and ape lore in the Middle Ages and the Renaissance, London 1952.
Janz, Curt Paul: Friedrich Nietzsche. Biographie, 3 Bde., München 1981 (dtv) (= München/Wien 1978/79).
– Die Kompositionen Friedrich Nietzsches, in: Nietzsche-Studien 1, 1972, S. 173-184.
– Nietzsches Verhältnis zur Musik seiner Zeit, in: Nietzsche-Studien 7, 1978, S. 308-326 (Diskussion: S. 327-338).
– Die "tödtliche Beleidigung". Ein Beitrag zur Wagner-Entfremdung Nietzsches, in: Nietzsche-Studien 4, 1975, S. 263-278.
– Die Briefe Friedrich Nietzsches. Textprobleme und ihre Bedeutung für Biographie und Doxographie, Zürich 1972.
– Die Annäherung an – und die Zeit mit Wagner. Eine Einführung, in: Schmidt-Löbbecke/Janz, Nietzsches Wagner-Erfahrung, S. 13-20.
Jaspers, Karl: Nietzsche. Einführung in das Verständnis seines Philosophierens, 4., unveränderte Aufl., Berlin/New York 1981 (photomechanischer Nachdruck der 4. Aufl. 1974 – 1. Aufl. 1936, ^{2}1946, ^{3}1950).

– Nietzsche und das Christentum (1938), Hameln 1946, ²1952 – Abdruck der Abhandlung bzw. des Vortrags von 1938 ohne jede Veränderung).
– Vernunft und Existenz. Fünf Vorlesungen, München 1973 (Neuausgabe) (1960; 4. Aufl. 1987).
– Der philosophische Glaube, München 1951 (1948; Vorlesungen von 1947).
– Die großen Philosophen, Bd. I, München 1957.
– Strindberg und van Gogh. Versuch einer pathographischen Analyse unter vergleichender Heranziehung von Swedenborg und Hölderlin, Leipzig 1922.
– Nietzsches Nachtlied, in: Pro Regno, pro Sanctuario. Festschrift für G. van der Leeuw, hrsg. von W.J. Kooiman u. J.M. van Veen, Nijkerk 1950, S. 267-271.
– Aus dem Ursprung denkende Metaphysiker. Anaximander, Heraklit, Parmenides, Plotin, Anselm, Spinoza, Laotse, Nagarjuna, München 1957 (aus: Die großen Philosophen, Bd. I).
– Zu Nietzsches Bedeutung in der Geschichte der Philosophie, in: Salaquarda (Hrsg.), Nietzsche, S. 50-62 (zuerst in: Neue Rundschau 61, 1950, S. 346-358).

Jean Paul: Blumen-, Frucht- und Dornenstücke oder Ehestand, Tod und Hochzeit des Armenadvokaten F. St. Siebenkäs, in: Jean Paul, Werke, 2. Bd. (Siebenkäs. Flegeljahre), hrsg. von Norbert Miller, Nachwort von Walter Höllerer, 3., neubearbeitete Aufl., München 1971).

Joël, Karl: Nietzsche und die Romantik, Jena/Leipzig 1905 (²1923).

Jost, Dominik: Literarischer Jugendstil, Stuttgart 1969 (Slg. Metzler).

Jünger, Friedrich Georg: Nietzsche, Frankfurt a.M. 1949.

Jung, C.G.: Die Archetypen und das kollektive Unbewußte, hrsg. von Lilly Jung-Merker u. Elisabeth Rüf, 7. Aufl., Olten/Freiburg i.Br. 1989 (= Gesammelte Werke IX/1).
– Über die Archetypen des kollektiven Unbewußten (1934), in: Die Archetypen und das kollektive Unbewußte, S. 11-51.
– Die psychologischen Aspekte des Mutterarchetypus (1938), in: Die Archetypen und das kollektive Unbewußte, S. 89-123.
– Zur Psychologie der Tricksterfigur, in: Die Archetypen und das kollektive Unbewußte, S. 271-290.
– Symbole und Traumdeutung (1961), in: C.G. Jung, Traum und Traumdeutung, hrsg. von Lorenz Jung, München 1990 (dtv), S. 7-87.
– Zur Psychologie und Pathologie sogenannter okkulter Phänomene (1902), in: C.G. Jung, Synchronizität, Akausalität und Okkultismus, hrsg. von Lorenz Jung, München 1990 (dtv), S. 165-249.

Jung, Werner: Das Nietzsche-Bild von Georg Lukács. Zur Metakritik einer marxistichen Nietzsche-Deutung, in: Nietzsche-Studien 19, 1990, S. 419-430.

Justi, Carl: Michelangelo. Beiträge zur Erklärung der Werke und des Menschen, Leipzig 1900.

Kafka, Franz: Briefe 1902-1924, Frankfurt a.M. 1958 (Franz Kafka, Gesammelte Werke, hrsg. von Max Brod).
– Tagebücher 1920-1923, Frankfurt a.M. 1983 (Franz Kafka, Gesammelte Werke, hrsg. von Max Brod, Taschenbuchausgabe in 7 Bänden).
– Erzählungen, Frankfurt a.M. 1983 (Taschenbuchausgabe).

Kaiser, Joachim: Leben mit Wagner, München 1990.

Kandinsky, Wassily u. Marc, Franz (Hrsg.): Der Blaue Reiter. Dokumentarische Neu-

ausgabe von Klaus Lankheit, überarbeitete Neuausgabe München/Zürich 1984 (4. Aufl. 1986) (Serie Piper).
– Essays über Kunst und Künstler, hrsg. u. kommentiert von Max Bill, 3. Aufl. Bern 1973 (1955).
– Über das Geistige in der Kunst, 9. Aufl., mit einer Einführung von Max Bill, Bern 1970 (Manuskriptabschluß 1910, Datierung der Publikation: 1912).
– und (1927), in: Kandinsky, Essays, S. 97-108.
– Über Bühnenkomposition (1912), in: Kandinsky/Marc (Hrsg.), Der Blaue Reiter, S. 189-208 (auch in: Kandinsky, Essays, S. 49-61).
– Der gelbe Klang. Eine Bühnenkomposition (1909/1910), in: Kandinsky/Marc (Hrsg.), Der Blaue Reiter, S. 209-229.
Kant, Immanuel: Kritik der Urteilskraft (1790), hrsg. von Karl Vorländer, Hamburg 1968 (Felix Meiner) (unveränderter Nachdruck 1968 der 6. Aufl. von 1924).
– Beobachtungen über das Gefühl des Schönen und Erhabenen, in: Kant's Werke, Bd. II – Vorkritische Schriften II – 1757-1777, Berlin 1905, S. 205-256.
Kapp, Julius: Richard Wagner. Eine Biographie, völlige Neuausgabe, 32. Aufl., Berlin 1929 (zuerst 1910).
Kassner, Rudolf: Narciß oder Mythos und Einbildungskraft, Leipzig 1928, S. 5-63.
Kauffmann, Kai: 'Gondeln, Lichter, Musik'. Fr. Nietzsches 'Venedig'-Gedicht und sein metaphorisches Umfeld, in: Nietzsche-Studien 17, 1988, S. 158-178.
Kaufmann, Walter: Nietzsche. Philosoph – Psychologe – Antichrist. Aus dem Amerikanischen übersetzt von Jörg Salaquarda, Darmstadt 1982 (Titel der amerikanischen Originalausgabe: Nietzsche. Philosopher, Psychologist, Antichrist – Der Übersetzung liegt die 4. Aufl. 1975 zugrunde [Princeton]) (zuerst 1950).
– Nietzsches Philosophie der Masken, in Nietzsche-Studien 10/11, 1981/1982, S. 111-132.
– Nietzsches Einstellung gegenüber Sokrates (1948/1974), in: Salaquarda (Hrsg.), Nietzsche, S. 21-44 (auch in: Kaufmann, Nietzsche, S. 455-478).
Kaulbach, Friedrich: Nietzsches Idee einer Experimentalphilosophie, Köln/Wien 1980.
– Sprachen der ewigen Wiederkunft. Die Denksituationen des Philosophen Nietzsche und ihre Sprachstile, Würzburg 1985 (Nietzsche in der Diskussion).
– Die Tugend der Gerechtigkeit und das philosophische Erkennen, in: Berlinger/Schrader (Hrsg.), Nietzsche – kontrovers I, S. 59-76.
– Das Drama in der Auseinandersetzung zwischen Kunst und Wissensmoral in Nietzsches Geburt der Tragödie, in: Djurić/Simon (Hrsg.), Kunst und Wissenschaft bei Nietzsche, S. 112-129.
– Philosophie des Perspektivismus. 1. Teil: Wahrheit und Perspektive bei Kant, Hegel und Nietzsche, Tübingen 1990.
Kein, Otto: Das Apollinische und Dionysische bei Nietzsche und Schelling, Berlin 1935.
Keller, Otto: Die antike Tierwelt. I. Bd.: Säugetiere, Hildesheim 1964.
Kerényi, Karl: Vom Wesen des Festes. Antike Religion und ethnologische Religionsforschung, in: Paideuma. Mitteilungen zur Kulturkunde, Bd. I, 1938/40 (Leipzig), S. 59-74.
– Nietzsche und Ariadne. Gedanken über die Zukunft des Humanismus, in: Neue Schweizer Rundschau 12, 1944, S. 402-412.
Kern, Hans: Friedrich Nietzsche und die romantischen Theorien des Unbewußten, in: Zeitschrift für Menschenkunde, 3. Jg., 1927, S. 1-11, 107-116, 174-181.

Kierkegaard, Sören: Entweder – Oder. Teil I u. II, unter Mitwirkung von Niels Thulstrup u. der Kopenhagener Kierkegaard-Gesellschaft hrsg. von Hermann Diem u. Walter Rest, München 1975 – ungekürzte Ausg. April 1988.

Kiy, Victor: Der Pessimismus und die Ethik Schopenhauers, Berlin 1866.

Klages, Ludwig: Die psychologischen Errungenschaften Nietzsches, 3. Aufl., Bonn 1958 (= revidierter Nachdruck der ersten [1926] bzw. der zweiten Auflage [1930]) – Vorwort: 1926.

Klein, Johannes: Die Dichtung Nietzsches, München 1936.

Kleinknecht, Karl Theodor (Hrsg.): Heine in Deutschland. Dokumente seiner Rezption 1834-1956, mit einer Einleitung hrsg. von K.T. Kleinknecht, Tübingen 1976 (Einleitung S. VII-XXXII).

Kleist, Heinrich von: Penthesilea, in: Kleist, Sämtliche Werke und Briefe, hrsg. von Helmut Sembdner, 2. Aufl., München 1961, Bd. I.

Klinger, Elmar: Nietzsche und die Theologie. Sein Wort vom Tode Gottes, in: Zeitschrift für katholische Theologie, Bd. 107, 1985, S. 310-318.

Klossowski, Pierre: Nietzsche und der Circulus vitiosus deus. Mit einem Supplement u. einem Nachwort von Gerd Bergfleth. Aus dem Französischen übersetzt von Ronald Vouillé, München 1986 (Titel der Originalausgabe: Nietzsche et le Cercle vicieux [1969], 2. Aufl. Paris 1975) (Supplement = aus: Nietzsche aujourd'hui?, Bd. I [Intensités]).

– Circulus vitiosus, in: Nietzsche aujourd'hui?, Bd. I (Intensités), S. 91-103.

Kluge, Gerhard (Hrsg.): Aufsätze zu Literatur und Kunst der Jahrhundertwende, Amsterdam 1984 (= Amsterdamer Beiträge zur Neueren Germanistik, Bd. 18).

Knodt, Reinhard: Friedrich Nietzsche. Die ewige Wiederkehr des Leidens. Selbstverwirklichung und Freiheit als Problem seiner Ästhetik und Metaphysik, Bonn 1987.

Koch, Martin: Zarathustra ist kein décadent! Überlegung zu "Also sprach Zarathustra", in: Nietzsche-Studien 13, 1984, S. 245-252.

Koeppen, Carl Friedrich: Die Religion des Buddha und ihre Entstehung, Berlin 1857.

Köhler, Joachim: Zarathustras Geheimnis. Friedrich Nietzsche und seine verschlüsselte Botschaft, Nördlingen 1989.

– Der Wille zum Schein. Nietzsches Spätphilosophie einer ästhetischen Bemächtigung, in: Philosophisches Jahrbuch, 94. Jg., 2. Halbband, S. 246-268.

Köster, Peter: Das Fest des Denkens. Ein polemisches Motto Heideggers und seine ursprüngliche Bedeutung in Nietzsches Philosophie, in: Nietzsche-Studien 4, 1975, S. 227-262.

– Die Renaissance des Tragischen, in: Nietzsche-Studien 1, 1972, S. 185-209.

Kofman, Sarah: Nietzsche et la métaphore, Paris 1983 (Deuxième édition revue et corrigé; [1]1972).

– Nietzsche et la métaphore, in: Poétique – revue de théorie et d'analyse littéraires 5, 1971, S. 77-98.

Koller, Hermann: Musik und Dichtung im alten Griechenland, Bern 1963.

Kommerell, Max: Nietzsches Dionysosdithyramben, in: Kommerell, Gedanken über Gedichte, Frankfurt a.M. 1943 ([2]1956), S. 481-491.

– Notizen zu George und Nietzsche, in: Kommerell, Essays, Notizen, poetische Fragmente, aus dem Nachlaß hrsg. von Inge Jens, Olten 1969, S. 225-250.

– Lessing und Aristoteles. Untersuchung über die Theorie der Tragödie, 2., unveränderte Aufl., Frankfurt a.M. 1957 (zuerst 1940).

Koppen, Erwin: Dekadenter Wagnerismus. Studien zur europäischen Literatur des Fin de siècle, Berlin/New York 1973.

Krause, Jürgen: "Märtyrer" und "Prophet". Studien zum Nietzsche-Kult in der bildenden Kunst der Jahrhundertwende, Berlin/New York 1984 (= Monographien und Texte zur Nietzsche-Forschung, Bd. 14).

Kreis, Rudolf: Der gekreuzigte Dionysos. Kindheit *und* Genie Friedrich Nietzsches. Zur Genese einer Philosophie der Zeitenwende, Würzburg 1986 (Nietzsche in der Diskussion).

Kremer-Marietti, Angèle: L'homme et ses labyrinthes – essai sur Friedrich Nietzsche – inédit (Paris 1972).

Kreutzer, Hans Joachim: Proteus Mozart. Die Opern Mozarts in der Auffassung des 19. Jahrhunderts, in: DVjs 60, 1986, S. 1-23.

Kris, Ernst u. Kurz, Otto: Die Legende vom Künstler. Ein geschichtlicher Versuch. Mit einem Vorwort von Ernst H. Gombrich, Frankfurt a.M. 1980.

Krummel, Richard Frank: Nietzsche und der deutsche Geist (I). Ausbreitung und Wirkung des Nietzscheschen Werkes im deutschen Sprachraum bis zum Todesjahr des Philosophen. Ein Schrifttumsverzeichnis der Jahre 1867-1900, Berlin/New York 1974 (= Monographien und Texte zur Nietzsche-Forschung, Bd. 3).

– Nietzsche und der deutsche Geist (II). Ausbreitung und Wirkung des Nietzscheschen Werkes im deutschen Sprachraum vom Todesjahr bis zum Ende des Weltkrieges. Ein Schrifttumsverzeichnis der Jahre 1901-1918, Berlin/New York 1983 (= Monographien und Texte zur Nietzsche-Forschung, Bd. 9).

Kruse, Bernhard-Arnold: Apollinisch – Dionysisch. Moderne Melancholie und Unio Mystica, Frankfurt a.M. 1987.

Kühn, Lenore: Nietzsche, der Künstler-Denker, in: Die Pforte 6, 1954/55, S. 30-47.

Kuhmann, Walter: Die Rückkehr des täuschenden Scheins der Dinge. Anmerkungen zum Verhältnis von Mythos und Philosophie bei Friedrich Nietzsche, Köln 1986.

Kuhn, Elisabeth: Nietzsches Quelle des Nihilismus-Begriffs, in: Nietzsche-Studien 13, 1984, S. 253-278.

Kuhn, Helmut: Dichten heißt Rühmen (1947), in: Kuhn, Schriften zur Ästhetik, im Auftrag des Vf.s hrsg. u. mit einem Nachwort versehen von Wolfgang Henckmann, München 1966, S. 236-264.

– Äschylus: Der gefesselte Prometheus. Gedanken über den Zusammenhang von Tragödie und Kosmologie (1940), in: Kuhn, Schriften zur Ästhetik, S. 359-388.

Kusmer, Robert L.: Language, Poetry, and Truth: A Study of Nietzsche's Views on Language in its Aesthetic and Philosophical Contexts, Diss. Evanston, Illinois 1983.

Kriegbaum, F.: Michelangelo und die Antike (Vortrag 1942), in: Münchner Jahrbuch der bildenden Kunst, 3. Folge, Bd. III/IV 1952/53, S. 10-36.

Lacoue-Labarthe, Philippe: La Dissimulation. Nietzsche, la question de l'art et la "littérature", in: Nietzsche aujourd'hui?, Bd. II (Passion), S. 9-36 (Diskussion: S. 37-58).

– Der Umweg, in: Hamacher (Hrsg.), Nietzsche aus Frankreich, S. 75-110.

– Le détour (Nietzsche et la rhétorique), in: Poétique – revue de théorie et d'analyse littéraires 5, 1971, S. 53-76 [= Der Umweg].

Ladner, Max: Nietzsche und der Buddhismus. Kritische Betrachtungen eines Buddhisten, Zürich 1933.

Lämmert, Eberhard: Nietzsches Apotheose der Einsamkeit, in: Nietzsche-Studien 16, 1987, S. 47-69.

Landmann, Michael: Geist und Leben. Varia Nietzscheana, Bonn 1951.

Lange, Friedrich Albert: Geschichte des Materialismus und Kritik seiner Bedeutung in der Gegenwart. I. Buch: Geschichte des Materialismus bis auf Kant. II. Buch: Geschichte des Materialismus seit Kant, hrsg. u. eingeleitet von Alfred Schmidt, Frankfurt a.M. 1974 (zuerst 1866).

Lange, Wolfgang: Tod ist bei den Göttern immer nur ein Vorurteil. Zum Komplex des Mythos bei Nietzsche, in: Bohrer (Hrg.), Mythos und Moderne, S. 111-137.

Lange-Eichbaum, Wilhelm: Genie – Irrsinn und Ruhm, München 1928; weitere Ausgaben: Genie, Irrsinn und Ruhm. Eine Pathographie des Genies, 4. Aufl., vollständig neu bearbeitet und um über 1500 neue Quellen vermehrt von Wolfram Kurth, München/Basel 1956; 7., völlig neu bearbeitete Aufl. von Wolfgang Ritter, 3 Bde., München/Basel 1986.

– Nietzsche. Krankheit und Wirkung, Hamburg 1948 (1947).

– Das Genie-Problem. Eine Einführung, 3., ergänzte Aufl., München/Basel 1951 (1941).

Langer, Norbert: Das Problem der Romantik bei Nietzsche, Münster i.W. 1929.

Langreder, Hans: Die Auseinandersetzung mit Nietzsche im dritten Reich. Ein Beitrag zur Wirkungsgeschichte Nietzsches, Diss. Kiel 1971.

La Rochefoucauld, (François de): Réflexions ou sentences et maximes morales. Réflexions diverses. Présentées avec leurs variantes par Dominique Secretan, Genève 1967 (vgl. Réflexions, sentences et maximes morales de La Rochefoucauld, précedé d'une notice par Sainte-Beuve, Paris o.J.).

Laube, Heinrich: Ludwig Tieck, in: Hermand (Hrsg.), Das Junge Deutschland, S. 44-50 (= Gesammelte Werke II, Leipzig 1908, S. 286-293).

Lecky, William Edward Hartpole: Geschichte des Ursprungs und Einflusses der Aufklärung in Europa. Deutsch von H. Jolowicz, 2. Aufl., Leipzig/Heidelberg 1873.

Lenau, Nikolaus: Sämtliche Werke und Briefe, in 2 Bänden, I. Bd.: Gedichte und Versepen, Frankfurt a.M. 1971 – Auf der Grundlage der historisch-kritischen Ausgabe von Eduard Castle (Insel-Verlag 1910-1923) hrsg. von Walter Dietze.

– Die Albigenser – Freie Dichtungen, in: Lenau, Faust/Helena/Savanorola/Albigenser/Don Juan, Leipzig 1911, S. 277-400.

Lenzinger, Gustav: Das Problem der Musik und des Musikalischen bei Nietzsche, mit besonderer Berücksichtigung seiner Jugendepoche, Diss. Konstanz 1951.

Leopardi, Giacomo: Gedichte, übersetzt von Robert Hamerling, Hildburghausen 1866.

– Deutsch von Paul Heyse. Erster Theil: Nerina – Gedichte, Berlin 1878.

Lepenies, Wolf: Melancholie und Gesellschaft, Frankfurt a.M. 1972 ([1]1969).

Lesky, Albin: Geschichte der griechischen Literatur, 2., neu bearbeitete und erweiterte Aufl., Bern/München 1963 (zuerst 1957/58).

– Die tragische Dichtung der Hellenen, 3., völlig neubearbeitete und erweiterte Aufl., Göttingen 1972.

Lessing, Gotthold Ephraim: Gesammelte Werke in 10 Bänden, hrsg. von Paul Rilla, 2. Aufl., Berlin/Weimar 1968.

– Die Erziehung des Menschengeschlechts, in: GW, Bd. 8, S. 590-615.

– Zerstreute Anmerkungen über das Epigramm und einige der vornehmsten Epigrammatisten, in: GW, Bd. 7, S. 5-140.

– Lieder, in: GW, Bd. 1, S. 55-113.

– Sinngedichte, in: GW, Bd. 1, S. 133-176..

– Epigrammata, in: GW, Bd. 1, S. 177-182.

– Briefe, die neueste Literatur betreffend, in: GW, Bd. 4, S. 87-437.

– Laokoon oder über die Grenzen der Malerei und Poesie, in: GW, Bd. 5, S. 7-346.
Lessing, Theodor: Schopenhauer, Wagner, Nietzsche. Einführung in moderne deutsche Philosophie, München 1906.
– Nietzsche, Berlin 1925 (Neuausgabe: Nietzsche. Mit einem Nachwort von Rita Bischof, München 1985).
Lipiner, Siegfried: Der entfesselte Prometheus. Eine Dichtung in fünf Gesängen, Leipzig 1876.
Liebster, Daniel Adalbert: Friedrich Nietzsche in seiner Stellung zur Dichtung. Ein Beitrag zum Verständnis seines Wesens, Diss. Leipzig 1920.
Lommatzsch, Erhard (Hrsg.): Leben und Lieder der provenzalischen Troubadours, in Auswahl dargeboten von E. Lommatzsch, I und II, Berlin 1957 und 1959.
Lommel, Hermann: Die Religion Zarathustras, nach dem Awesta dargestellt, Tübingen 1930.
– Zarathustras Gedankengebäude, in: Zeitschrift für deutsche Kulturphilosophie 4, Tübingen 1937, S. 62-83.
Lösel, F.A.G.: Friedrich Nietzsche's 'Venice': an interpretation, in: Hermathena CIV, 1967, S. 60-73.
Löwith, Karl: Nietzsches Philosophie der ewigen Wiederkehr des Gleichen, 3., durchgesehene Aufl., Hamburg 1978 (Felix Meiner) (1. Aufl. 1935, 2. Aufl. 1956).
– Von Hegel zu Nietzsche. Der revolutionäre Bruch im Denken des neunzehnten Jahrhunderts, Stuttgart 1969 (1950/1964) (zuerst 1939).
– Nietzsches Wiederholung der Lehre von der ewigen Wiederkehr, in: Löwith, Weltgeschichte und Heilsgeschehen. Die theologischen Voraussetzungen der Geschichtsphilosophie, 5. Aufl., Stuttgart 1967 (1953) (englischer Originaltext: Meaning in History [1949]).
– Nietzsche im Lichte der Philosophie von L. Klages, in: Reichels philosophischer Almanach, hrsg. von Erich Rothacker, 4. Bd. (= Probleme der Weltanschauungslehre), Darmstadt 1927, S. 283-348.
– Nachwort zu: Feuerbach, Das Wesen des Christentums, S. 527-534.
Ludwig II.: (Briefwechsel mit Wagner – s. Wagner).
Lukács, Georg: Nietzsche als Vorläufer der faschistischen Ästhetik (1934), in: Lukács, Probleme der Ästhetik, Neuwied/Berlin 1969 (= Werke, Bd. 10), S. 307-339.
– Von Nietzsche zu Hitler oder Der Irrationalismus und die deutsche Politik, Frankfurt a.M./Hamburg 1966 (Arbeiten aus: Lukács, Die Zerstörung der Vernunft, Neuwied/ Berlin 1962).
Lutz-Bachmann, Matthias (Hrsg.): Über Friedrich Nietzsche. Eine Einführung in seine Philosophie, Frankfurt a.M. 1985.
Lypp, Bernhard: Dionysisch – apollinisch: ein unhaltbarer Gegensatz. Nietzsches 'Physiologie' der Kunst als Version 'dionysischen' Philosophierens, in: Nietzsche-Studien 13, 1984, S. 356-373.

Mach, E. (Ernst): Beiträge zur Analyse der Empfindungen, Jena 1886 – 2., vermehrte Aufl. unter dem Titel: Die Analyse der Empfindungen und das Verhältnis des Physischen zum Psychischen, Jena 1900 (⁹1922).
Magnus, Bernd: Nietzsches äternalistischer Gegenmythos (1973), in: Salaquarda (Hrsg.), Nietzsche, S. 219-233.
Mainländer, Philipp: Die Philosophie der Erlösung, Berlin 1876 (2. Aufl. Berlin 1879).

Mallarmé, Stéphane: Crise de vers, in: Mallarmé Œuvres complètes. Texte établi et annoté par Henri Mondor et G. Jean-Aubry, Paris 1945 (Éditions Gallimard), S. 360-368.

Malorny, Heinz: Zur Philosophie Friedrich Nietzsches, Berlin 1989.

Mandel, Siegfried: Genelli and Wagner: Midwives to Nietzsche's *The Birth of Tragedy*, in: Nietzsche-Studien 19, 1990, S. 212-229).

Mann, Thomas: Das essayistische Werk. Taschenbuchausgabe in 8 Bänden, hrsg. von Hans Bürgin, Frankfurt a.M./Hamburg 1968 (Fischer Bücherei).

– Nietzsche's Philosophie im Lichte unserer Erfahrung (1947), in: Mann, Schriften und Reden zur Literatur, Kunst und Philosophie 3, Fischer Bücherei, S. 21-49.

– Vorspruch zu einer musikalischen Nietzsche-Feier (1924), in: Mann, Schriften und Reden zur Literatur, Kunst und Philosophie 1, Fischer Bücherei, S. 234-237.

– Goethe und Tolstoi. Fragmente zum Problem der Humanität (1921), in: Mann, Schriften und Reden zur Literatur, Kunst und Philosophie 1, 132-218.

– Dostojewski – mit Maßen (1946), in: Mann, Schriften und Reden zur Literatur, Kunst und Philosophie 3, S. 7-20.

– Betrachtungen eines Unpolitischen (= Mann, Politische Schriften und Reden 1, Fischer Bücherei).

– Lebensabriß (1930), in: Mann, Autobiographisches, Fischer Bücherei, S. 220-255.

– Werke. Taschenbuchausgabe in 12 Bänden, Frankfurt a.M./Hamburg 1967 (Fischer Bücherei).

– Der Zauberberg. Roman, 2 Bde. (1924). Fischer Bücherei.

– Doktor Faustus. Das Leben des deutschen Tonsetzers Adrian Leverkühn erzählt von einem Freunde (1947), Fischer Bücherei.

– Briefe 1937-1947, hrsg. von Erika Mann, S. Fischer Verlag 1963.

Mansfeld, Jaap: The Wilamowitz-Nietzsche Struggle: Another New Document and Some Further Comments, in: Nietzsche-Studien 15, 1986, S. 41-58.

Mark Aurel: Selbstgespräche (Mark Aurel's Selbstgespräche), übersetzt und erläutert von C. Cleß, Stuttgart 1866.

– Des Kaisers Marcus Aurelius Antoninus Selbstbetrachtungen, Übersetzung, Einleitung und Anmerkungen von Albert Wittstock, Stuttgart 1986 (Reclam).

Margolius, Hans: System und Aphorismus, in: Neumann (Hrg.), Der Aphorismus, S. 280-304.

Marquard, Odo: Kleine Philosophie des Festes, in: Schultz (Hrg.), Das Fest, S. 413-420.

Marti, Urs: Der Plebejer in der Revolte – Ein Beitrag zur Genealogie des "höheren Menschen", in: Nietzsche-Studien 18, 1989, S. 550-572.

Martin, Alfred von: Nietzsche und Burckhardt, München 1941.

– Burckhardt und Nietzsche philosophieren über Geschichte, Krefeld 1948.

Martini, Fritz: Friedrich Nietzsche – Also sprach Zarathustra, in: Martini, Das Wagnis der Sprache. Interpretationen deutscher Prosa von Nietzsche bis Benn, Stuttgart 1954, S. 7-55.

Marx, Rudolf: Nachwort zu 'Weltgeschichtliche Betrachtungen' von Jacob Burckhardt, Stuttgart 1946 (1935) (Kröner), S. 273-328.

Mason, Eudo C.: Rainer Maria Rilke (1964) – Die 'Duineser Elegien', in: Fülleborn/Engel (Hrsg.), Rilkes 'Duineser Elegien', S. 210-224.

Mathes, Jürg: Das Lied bei Nietzsche, in: Kluge (Hrsg.), Aufsätze zu Literatur und Kunst der Jahrhundertwende, S. 49-73.

Mattenklott, Gert: Der mythische Leib: Physiognomisches Denken bei Nietzsche, Simmel und Kassner, in: Bohrer (Hrsg.), Mythos und Moderne, S. 138-156.

Maurer, Reinhart: Nietzsche und die Kritische Theorie, in: Nietzsche-Studien 10/11, 1981/1982, S. 34-58 (Diskussion: S. 59-79).
– Das antiplatonische Experiment Nietzsches. Zum Problem einer konsequenten Ideologiekritik, in: Nietzsche-Studien 8, 1979, S. 104-126.
– Nietzsche und das Experimentelle, in: Djurić/Simon (Hrsg.), Zur Aktualität Nietzsches, Bd. I, S. 7-28.
Mayer, Hans: Richard Wagner. Mitwelt und Nachwelt, Stuttgart/Zürich 1978.
– Richard Wagner in Selbstzeugnissen und Bilddokumenten, Hamburg 1983 (zuerst 1959) (rororo bildmonographien).
Meckel, Markus: Der Weg Zarathustras als der Weg des Menschen. Zur Anthropologie Nietzsches im Kontext der Rede von Gott im "Zarathustra", in: Nietzsche-Studien 9, 1980, S. 174-208.
Mehregan, Hushang: Zarathustra im Awesta und bei Nietzsche – Eine vergleichende Gegenüberstellung, in: Nietzsche-Studien 8, 1979, S. 291-308.
Mehring, Franz: Philosophische Aufsätze, Berlin 1961 (= Mehring, Gesammelte Schriften, Bd. 13).
– [Über Nietzsche] (18.1.1899), in: Mehring, Philosophische Aufsätze, S. 173-183 (aus: Die Neue Zeit, 17. Jg., 1898/99, 1. Bd., S. 569-576).
– Nietzsche gegen den Sozialismus (20.1.1897), in: Mehring, Philosophische Aufsätze, S. 167-172 (aus: Die Neue Zeit, 15. Jg., 1896/97, 1. Bd., S. 545-549).
– Zur Philosophie und Poesie des Kapitalismus (1891), in: Mehring, Philosophische Aufsätze, S. 159-166 (aus: Mehring, Kapital und Presse, Berlin 1891, S. 119-127).
– Die Lessing-Legende, Berlin 1963 (= Mehring, Gesammelte Schriften, Bd. 9) (1891/92 unter dem Titel: Die Lessing-Legende. Eine Rettung – 1893 geschlossene Buchausgabe).
Meier, Christian: Das große Fest zu Olympia im klassischen Altertum, in: Schultz (Hrsg.), Das Fest, S. 38-49.
– Zur Funktion der Feste in Athen im 5. Jahrhundert v. Chr., in: Haug/Warning (Hrsg.), Das Fest, S. 569-591.
Meister, Ernst: Ausgewählte Gedichte 1932-1976. Nachwort von Beda Allemann, Darmstadt/Neuwied 1977.
– Sage vom Ganzen den Satz. Gedichte, Darmstadt/Neuwied 1972.
– Wandloser Raum. Gedichte, 2. Aufl., Darmstadt/Neuwied 1979.
– Prosa 1931-1979, hrsg. u. mit Erläuterungen versehen von Andreas Lohr-Jaspernei-te, mit einem Vorwort von Beda Allemann, Heidelberg 1989.
Mendès, Catulle: Isoline. Conte des Fées en 3 Actes et 10 Tableaux. Poème de Catulle Mendès. Musique de André Messager, Paris/London o.J.
Mereschkowskij, Dimitri: Napoleon. Sein Leben. Napoleon der Mensch (vollständige Ausgabe), Berlin 1928.
Mérimée, Prosper: Notes et souvenirs (Einleitung zu: Stendhal, Correspondance inédite).
Messer, August: Erläuterungen zu Nietzsches Zarathustra, Stuttgart 1922.
Mette, Alexander: Die tiefenpsychologischen Grundlagen des Tragischen, Apollinischen und Dionysischen, Berlin-Steglitz 1934.
Mette, Hans-Joachim: Friedrich Nietzsche und der "Großgesinnte" der aristotelischen Ethik, in: Antike und Abendland, Bd. 33, 1987, Heft 1, S. 90-97.
Meyer, Richard M.: Nietzsche. Sein Leben und seine Werke, München 1913.
– Der Übermensch. Eine wortgeschichtliche Skizze, in: Zeitschrift für Deutsche Wortforschung, hrsg. von Friedrich Kluge, Bd. 1, Straßburg 1901, S. 3-25.

Meyer, Theo: Nietzsches Kunstauffassung, in: Kluge (Hrsg.), Aufsätze zu Literatur und Kunst der Jahrhundertwende, S. 1-48.
– Affinität und Distanz. Gottfried Benns Verhältnis zu Nietzsche, in: Horst Albert Glaser (Hrsg.), Gottfried Benn. 1886-1956. Referate des Essener Colloquiums, Frankfurt a.M. 1989, S. 99-127.
– Nietzsche als Paradigma der Moderne [erscheint in Kürze in: Geschichte der literarischen Moderne in Europa, hrsg. von Joachim Piechotta und Ralph-Rainer Wuthenow].
– Das Problem der Einsamkeit bei Nietzsche [erscheint in Kürze in: Aesthetics, hrsg. von Japanese Society for Aesthetics, Tokio].
– Nietzsches Rußlandbild [erscheint in nächster Zeit in: West-östliche Spiegelungen, hrsg. von Lew Kopelew – Reihe A, Bd. 4 (Russen und Rußland aus deutscher Sicht, hrsg. von Mechthild Keller)].
– Nietzsche und die Kunst [UTB] [erscheint in Kürze].
Michelangelo: Die Briefe des Michelagniolo Buonarroti, übersetzt von Karl Frey, 3. Aufl., mit erweiterten Anmerkungen neu hrsg. von Hermann-Walther Frey, Berlin 1961 (1. Aufl. 1907).
Möbius, Paul Julius: Nietzsche, Leipzig 1904 (2. Aufl. 1909).
– Über das Pathologische bei Nietzsche, Wiesbaden 1902.
Möhrmann, Renate: Der vereinsamte Mensch. Studien zum Wandel des Einsamkeitsmotivs im Roman von Raabe bis Musil, Bonn 1974.
Mommsen, Momme: Dionysos in der Dichtung Hölderlins. Mit besonderer Berücksichtigung der "Friedensfeier", in: GRM, NF, Bd. 13 (Bd. 44 der Gesamtreihe), 1963, S. 345-379.
Montaigne, Michel Eyquem de: Über die Einsamkeit, in: Gesammelte Schriften Michel de Montaignes. Historisch-kritische Ausgabe, mit Einleitungen u.Anmerkungen unter Zugrundelegung der Übertragung von Johann Joachim Bode hrsg. von Otto Flake und Wilhelm Weigand, Essays, I. Buch, 27. bis 57. Kapitel, München/Berlin 1915, S. 113-134 (38. Kapitel).
– De la solitude, in: Montaigne, Essais, Tome I, Paris 1962, S. 267-279 (= Chapitre XXXIX).
Montinari, Mazzino: Nietzsche lesen, Berlin/New York 1982.
– Zarathustra vor *Also sprach Zarathustra* (1981), in: Montinari, Nietzsche lesen, S. 79-91.
– Nietzsches Kindheitserinnerungen aus den Jahren 1875 bis 1879 (1980, 1981), in: Montinari, Nietzsche lesen, S. 22-37.
– Ein neuer Abschnitt in Nietzsches "Ecce homo", in: Montinari, Nietzsche lesen, S. 120-168 (zuerst in: Nietzsche-Studien 1, 1972, S. 380-418).
– Nietzsche zwischen Alfred Baeumler und Georg Lukács, in: Montinari, Nietzsche lesen, S. 169-206 (zuerst in: Basis, Jb. f. dt. Gegenwartsliteratur, hrsg. von Reinhold Grimm und Jost Hermand, Bd. 9, 1979).
– Nietzsche-Wagner im Sommer 1878, in: Nietzsche-Studien 14, 1985, S. 13-21.
– Nietzsches Nachlaß von 1885 bis 1888 oder Textkritik und Wille zur Macht, in: Montinari, Nietzsche lesen, S. 92-119.
Morawa, Hans: Sprache und Stil von Nietzsches "Zarathustra". Ein Beitrag zur Erkenntnis seines geistig-seelischen Ausdrucksgehalts, Diss. Berlin 1958.
Morché, Pascal (Hrsg.): Venedig im Gedicht, Frankfurt a.M. 1986.
Moritz, Karl Philipp: Götterlehre oder Mythologische Dichtungen der Alten. Zusam-

mengestellt von Karl Philipp Moritz, Bremen o.J. (Leipzig 1966) (Textgestaltung nach der Ausgabe von 1795 – Nachwort von Wilhelm Haupt).
Müller, Karl Otfried: Die Dorier. Vier Bücher, 2., nach den Papieren des Verfassers berichtigte und vermehrte Ausgabe von F.W. Schneidewin, Graz 1969 (Breslau 1844; Erstpublikation: Breslau 1824).
– Geschichte der griechischen Literatur bis auf das Zeitalter Alexanders. Nach der Handschrift des Verfassers hrsg. von Eduard Müller (I. Bd.), Breslau 1841.
Müller, Max: Essays: 1. Bd.: Beiträge zur vergleichenden Religionswissenschaft, 2. Bd.: Beiträge zur vergleichenden Mythologie und Ethologie, Leipzig 1869.
Müller, Wilhelm: Gedichte, vollständige kritische Ausgabe, bearbeitet von James Taft Hatfield, Berlin 1906.
– Vermischte Schriften, hrsg. u. mit einer Biographie Müller's begleitet von Gustav Schwab, in fünf Bändchen, erstes Bändchen, Leipzig 1830.
Müller-Buck, Renate: "Oktober-Sonne bis ins Geistigste hinauf". Anfängliches zur Bedeutung von Goethes 'Novelle' und Stifters 'Nachsommer' für Nietzsches Kunstauffassung, in: Nietzsche-Studien 18, 1989, S. 537-549.
Müller-Lauter, Wolfgang: Nietzsche. Seine Philosophie der Gegensätze und die Gegensätze seiner Philosophie, Berlin/New York 1971.
– Nietzsches Lehre vom Willen zur Macht, in: Nietzsche-Studien 3, 1974, S. 1-60.
– Das Willenswesen und der Übermensch. Ein Beitrag zu Heideggers Nietzsche-Interpretationen, in: Nietzsche-Studien 10/11, 1981/1982, S. 132-177 (Diskussion: S. 178-192).
Musil, Robert: Tagebücher, hrsg. von Adolf Frisé, Hamburg 1976.
– Der Mann ohne Eigenschaften. Roman, hrsg. von Adolf Frisé, Sonderausgabe Hamburg 1970 (1952).
Mistry, Freny: Nietzsche and Buddhism. Prolegomenon to a Comparative Study, Berlin/New York 1981 (= Monographien und Texte zur Nietzsche-Forschung, Bd. 6).

Naumann, Barbara: Nietzsches Sprache "Aus der Natur". Ansätze zu einer Sprachtheorie in den frühen Schriften und ihre metaphorische Einlösung in "Also sprach Zarathustra", in: Nietzsche-Studien 14, 1985, S. 126-163.
Naumann, Gustav: Zarathustra-Commentar, 4 Teile, Leipzig 1899-1901.
– Geschlecht und Kunst. Prolegomena zu einer physiologischen Aesthetik, Leipzig 1899.
Nestle, Wilhelm: Friedrich Nietzsche und die griechische Philosophie, in: Neue Jahrbücher für das klassische Altertum, Geschichte und deutsche Literatur, Bd. 29, 15. Jg., 1912, S. 554-584.
Neumann, Gerhard: "Ideenparadiese". Untersuchungen zur Aphoristik von Lichtenberg, Novalis, Friedrich Schlegel und Goethe, München 1976.
– (Hrsg.): Der Aphorismus. Zur Geschichte, zu den Formen und Möglichkeiten einer literarischen Gattung, Darmstadt 1976 (= Wege der Forschung, Bd. CCCLVI).
Neumann, Peter Horst: Zur musikgeschichtlichen Bedeutung Goethescher Gedichte, in: Schnitzler, Günter (Hrsg.), Dichtung und Musik. Kaleidoskop ihrer Beziehungen, Stuttgart 1979, S. 122-133.
Nietzsche aujourd'hui?, Bd. I (Intensités) u. Bd. II (Passion), Paris 1973 (le colloque international de Cerisy an Juillet 1972).
Nietzsche und Italien. Ein Weg vom Logos zum Mythos? Akten des deutsch-italienischen Nietzsche-Kolloquiums, Tübingen, 27.-28.11.1987, wissenschaftliche Ko-

ordination Franca Janowski u. Ennio Bispuri, Tübingen 1990 (Stauffenburg Colloquium).
Nill, Peggy: Die Versuchung der Psyche. Selbstwerdung als schöpferisches Prinzip bei Nietzsche und C.G. Jung, in: Nietzsche-Studien 17, 1988, S. 250-279.
Nolte, Ernst: Nietzsche und der Nietzscheanismus, Frankfurt a.M./Berlin 1990.
Nolte, Josef: Nietzsches Italien. Eine Welt aus Wille und Vorstellung, in: Nietzsche und Italien, S. 85-94.
Nordau, Max: Entartung, Bd. I u. II, 3. Aufl., Berlin 1896 (Bd. II, S. 301-396: Friedrich Nietzsche).
Norden, Eduard: Agnostos Theos. Untersuchungen zur Formengeschichte religiöser Rede, Leipzig/Berlin 1913.
Novalis: Schriften. Die Werke Friedrich von Hardenbergs, hrsg. von Paul Kluckhohn u. Richard Samuel. Dritte, nach den Handschriften ergänzte, erweiterte u. verbesserte Auflage in vier Bänden u. einem Begleitband – I. Bd.: Das dichterische Werk, hrsg. von P. Kluckhohn u. R. Samuel, unter Mitarbeit von Heinz Ritter u. Gerhard Schulz, Darmstadt 1977 – II. Bd.: Das philosophische Werk I, hrsg. von R. Samuel, in Zusammenarbeit mit Hans-Joachim Mähl u. Gerhard Schulz, Darmstadt 1965 – III. Bd.: Das philosophische Werk II, hrsg. von R. Samuel, in Zusammenarbeit mit H.-J. Mähl u. G. Schulz, Darmstadt 1968 – IV. Bd.: Tagebücher, Briefwechsel, Zeitgenössische Zeugnisse, hrsg. von R. Samuel, in Zusammenarbeit mit H.-J. Mähl u. G. Schulz, Darmstadt 1975 – Sigel: S.
– Heinrich von Ofterdingen. Ein Roman, Textrevision u. Nachwort von Wolfgang Frühwald, Stuttgart 1974 (1965) (Reclam).

Oehler, Richard: Nietzsches Zarathustra und Spittelers Prometheus, in: Ariadne (s. Bertram), S. 127-130.
Ôkôchi, Ryôgi: Nietzsches Amor fati im Lichte von Karma des Buddhismus, in: Nietzsche-Studien 1, 1972, S. 36-94.
Olzien, Otto H.: Nietzsche und das Problem der dichterischen Sprache, Berlin 1941.
Ottmann, Henning: Philosophie und Politik bei Nietzsche, Berlin/New York 1987 (= Monographien und Texte zur Nietzsche-Forschung, Bd. 17).
– Anti-Lukács. Eine Kritik der Nietzsche-Kritik von Georg Lukács, in: Nietzsche-Studien 13, 1984, S. 570-586.
Otto, Walter F.: Dionysos. Mythos und Kultus, Frankfurt a.M. 1933.
– Mythos und Welt, Darmstadt 1963.
– Der junge Nietzsche. Ein Vortrag (1936), in: Otto, Mythos und Welt, S. 159-178.
– Leopardi und Nietzsche (Vortrag zu Beginn der vierziger Jahre), in: Otto, Mythos und Welt, S. 179-202.
– Theophania. Der Geist der altgriechischen Religion, Hamburg 1956 (rde).
Overbeck, Franz: Über die Christlichkeit unserer heutigen Theologie, 3., unveränderte Aufl., Darmstadt 1963 (fotomechanischer Nachdruck der 2., um eine Einleitung u. ein Nachwort vermehrten Aufl., Leipzig 1903; 1. Aufl. 1873).
Overbeckiana. Übersicht über den Franz-Overbeck-Nachlaß der Universitätsbibliothek Basel. I. Teil: Die Korrespondenz Franz Overbecks. Verzeichnisse, Regesten und Texte, hrsg. in Zusammenarbeit mit Matthäus Gabathuler von Ernst Staehelin, Basel 1962.
Ovid: Metamorphosen. Verdeutscht von Thassilo von Scheffer, Bremen o.J.

Pannwitz, Rudolf: Nietzsches Dionysos-Dithyramben, in: Antaios, hrsg. von Mircea Eliade u. Ernst Jünger, Bd. 4, 1963, S. 356-367.
– Einführung in Nietzsche, München 1920 (= Flugblätter, Nr. 8).
– Nietzsche und die Verwandlung des Menschen, Amsterdam 1943.
Panofsky, Erwin: Idea. Ein Beitrag zur Begriffsgeschichte der älteren Kunsttheorie, Leipzig 1924 (3. Aufl., Berlin 1975).
Paronis, Margot: "Also sprach Zarathustra". Die Ironie Nietzsches als Gestaltungsprinzip, Bonn 1976.
Pautrat, Bernard: Versions du soleil. Figures et système de Nietzsche, Paris 1971.
– Nietzsches médusé, in: Nietzsche aujourd'hui?, Bd. I (Intensités), S. 9-30 (Diskussion: S. 31-55).
– Nietzsche, meduisiert, in: Hamacher (Hrsg.), Nietzsche aus Frankreich, S. 111-128.
Pestalozzi, Karl: Nietzsches Gedicht "Noch einmal eh ich weiter ziehe..." auf dem Hintergrund seiner Jugendlyrik, in: Nietzsche-Studien 13, 1984, S. 101-110.
– Nietzsches Baudelaire-Rezeption, in: Nietzsche-Studien 7, 1978, S. 158-178 (Diskussion: S. 179-188).
– Nietzsche: "Aus hohen Bergen", in: Pestalozzi, Die Entstehung des lyrischen Ich. Studien zum Motiv der Erhebung in der Lyrik, Berlin 1970, S. 198-246.
Peters, H.F.: Lou Andreas Salomé. Das Leben einer außergewöhnlichen Frau, München 1983 (1962) (Titel der amerikanischen Originalausgabe: My sister, my spouse).
Petrarca – Petrarchae, Francisci: De Vita Solitaria, editio secundo, Bernae M.D.C.V.
– Il Canzoniere di Francesco Petrarca, riveduto nel testo e commentato da G.A. Scartazzini, Leipzig 1883.
Petzoldt, Leander: Narrenfeste. Fastnacht, Fasching, Karneval in der Bürgerkultur der frühen Neuzeit, in: Schultz (Hrsg.), Das Fest, S. 140-152.
Pfaff, Peter: Der verwandelte Orpheus. Zur "ästhetischen Metaphysik" Nietzsches und Rilkes, in: Bohrer (Hrsg.), Mythos und Moderne, S. 290-317.
Pfeiffer, Arthur: Die Rollen des Zarathustra, in: DVjs 18, 1940, S. 61-111.
Pfeil, Hans: Friedrich Nietzsche und die Religion, Regensburg 1949.
Pfotenhauer, Helmut: Die Kunst als Physiologie. Nietzsches ästhetische Theorie und literarische Produktion, Stuttgart 1985.
– Physiologie der Kunst als Kunst der Physiologie? Überlegungen zur literarischen und mythologischen Faktur der Texte, in: Nietzsche-Studien 13, 1984, S. 399-411.
– Zu Nietzsches "Physiologie der Kunst", in: Jb. d. dt. Schillergesellschaft 22, 1978, S. 518-551.
– Nietzsche als Leser Baudelaires, in: Gebhardt, Walter (Hrsg.), Friedrich Nietzsche. Perspektivität und Tiefe. Bayreuther Nietzsche-Kolloquium 1980, Frankfurt a.M./Bern 1982, S. 123-148.
– Literarische Anthropologie. Selbstbiographien und ihre Geschichte – am Leitfaden des Leibes, Stuttgart 1987.
Picht, Georg: Nietzsche. Mit einem Vorwort von Enno Rudolph, Stuttgart 1988 (Nietzsche-Vorlesung von 1967; S. XV-XXX: Der Philosoph als Versucher – Essay über Nietzsche – [1967]).
Pieper, Annemarie: "Ein Seil geknüpft zwischen Tier und Übermensch". Nietzsches erster "Zarathustra", Stuttgart 1990.
Pindar: Siegeslieder. Deutsche Übersetzungen. Zusammengestellt von Uvo Hölscher. Mit einem Nachwort von Bruno Snell, Frankfurt a.M./Hamburg 1962.

Platen, August von: Platens Werke, hrsg. von G.A. Wolff u. V. Schweizer, kritisch durchgesehene u. erläuterte Ausgabe, I. Bd. [Gedichte], Leipzig/Wien o.J. (1895).
Platon: Hauptwerke. Ausgewählt u. eingeleitet von Wilhelm Nestle, Stuttgart 1931 (Neuausgabe: Stuttgart 1952).
– Sämtliche Dialoge, in Verbindung mit Kurt Hildebrandt, Constantin Ritter u. Gustav Schneider hrsg. u. mit Einleitungen, Literaturübersichten, Anmerkungen versehen von Otto Apelt (Bd. I-VII), Hamburg 1988 (Felix Meiner) (Sigel: SD).
Plutarch: Plutarch's Moralia. With an English translation by Frank Cole Babbitt. In fifteen volumes – V – 351E – 438E, London MCMLVII (darin: De defectu oraculorum, S. 349-501).
Pochat, Götz: Der Symbolbegriff in der Ästhetik und Kunstwissenschaft [aus dem Schwedischen von Märta Pochat], Köln 1983.
Podach, Erich F.: Ein Blick in Notizbücher Nietzsches. Ewige Wiederkunft. Wille zur Macht. Ariadne. Eine schaffensanalytische Studie, Heidelberg 1963.
– Nietzsches Zusammenbruch. Beiträge zu einer Biographie auf Grund unveröffentlichter Dokumente, Heidelberg 1930.
– Friedrich Nietzsches Werke des Zusammenbruchs, Heidelberg 1961.
Podewils, Clemens Graf (Nachwort): Sprache und Wirklichkeit. Essays, München 1967 (dtv).
– (Vorbemerkung): Der Mensch und das Spiel in der verplanten Welt, München 1976 (dtv).
Pöggeler, Otto: Die Frage nach der Kunst. Von Hegel zu Heidegger, München 1984.
Poeschke, Joachim: Zum Begriff der "concinnitas" bei Leon Battista Alberti, in: Institution und Darstellung. Erich Hubala zum 24.3.1985, hrsg. von Frank Büttner u. Christian Lenz, München 1985, S. 45-50.
Pohl, Richard: Der Fall Nietzsche. Ein psychologisches Problem, in: Musikalisches Wochenblatt, 19. Jg., Nr. 44 vom 25.10.1888, S. 517-520.
Politycki, Matthias: Umwertung aller Werte? Deutsche Literatur im Urteil Nietzsches, Berlin/New York 1989 (= Monographien und Texte zur Nietzsche-Forschung, Bd. 21).
Preisendanz, Karl: Nietzsche und Seneca, in: Süddeutsche Monatshefte, 5. Jg., 2. Bd., 1908, Juli bis Dezember, S. 694-696.
Preisendanz, Wolfgang: Zur Poetik der deutschen Romantik I: Die Abkehr vom Grundsatz der Naturnachahmung, in: Steffen (Hrsg.), Die deutsche Romantik, S. 54-74.
– Heinrich Heine. Werkstrukturen und Epochenbezüge, München 1973 (UTB).
– Die Spruchform in der Lyrik des alten Goethe und ihre Vorgeschichte seit Opitz, Heidelberg 1952.
Preller, L. (Ludwig): Griechische Mythologie. I. Bd.: Theogonie und Goetter, II. Bd.: Die Heroen, 2. Aufl., Berlin 1860 u. 1861 (Erstausgabe: 1854/55) (Theogonie und Goetter, 5. Aufl., bearbeitet von Carl Robert, Berlin/Zürich 1964).
Prutz, Robert: Das Jahr achtzehnhundertunddreißig [Erster Teil] (1847), in: Kleinknecht (Hrsg.), Heine in Deutschland, S. 51-57.
Pütz, Peter: Friedrich Nietzsche, Stuttgart 1967 (Slg. Metzler).
– Kunst und Künstlerexistenz bei Nietzsche und Thomas Mann. Zum Problem des Ästhetischen Perspektivismus in der Moderne, 3. Aufl., Bonn 1987 (^{1}1963).
– Nietzsche im Lichte der Kritischen Theorie, in: Nietzsche-Studien 3, 1974, S. 175-191.

Quintilianus, Marcus Fabius: Zwölf Bücher. Anleitung zur Beredtsamkeit. Übersetzt von Christian Boßler u. F.F. Baur, 5. Bändchen, Stuttgart 1864.

Rajna, Pio: Tra ie penombre e le nebbie della *Gaya Sciensa* (1910), in: Miscellanea di studi critici in onore di Vincenzo Crescini, Cividale tipografia fratelli stagni, 1927 (Torino 1960), S. 183-219.

Rasch, Wolfdietrich: Die literarische Décadence um 1900, München 1986.

Raschel, Heinz: Das Nietzsche-Bild im George-Kreis. Ein Beitrag zur Geschichte der deutschen Mythologeme, Berlin/New York 1984 (= Monographien und Texte zur Nietzsche-Forschung, Bd. 12).

Reber, Hans-Dieter: Die artistische Philosophie Nietzsches in seinen frühen Schriften, Diss. Heidelberg 1955.

Rée, Paul: Der Ursprung der moralischen Empfindungen, Chemnitz 1877.

Rehder, Helmut: Leben und Geist in Nietzsches Lyrik (Zur Deutung der Dionysos-Dithyramben), in: Dichtung und Volkstum (Neue Folge des Euphorion), 37. Bd., 1936, S. 187-219.

Rehm, Walther: Götterstille und Göttertrauer (1931), in: Rehm, Götterstille und Göttertrauer. Aufsätze zur deutsch-antiken Begegnung, München 1951, S. 101-182.

– Jean Paul – Dostojewski. Eine Studie zur dichterischen Gestaltung des Unglaubens, Göttingen 1962.

– Der Dichter und die neue Einsamkeit. Aufsätze zur Literatur um 1900, hrsg. von Reinhardt Habel, Göttingen 1969.

Reinhardt, Karl: Nietzsches Klage der Ariadne, in: Reinhardt, Vermächtnis der Antike. Gesammelte Essays zur Philosophie und Geschichtsschreibung, hrsg. von Carl Becker, Göttingen 1960, S. 310-333 (Erstveröffentlichung in: Die Antike 11, 1935, S. 85-109).

– Nietzsche und die Geschichte (1928), in: Reinhardt, Vermächtnis der Antike, S. 269-309.

Renan, Ernest: Vie de Jésus, cinquième édition, Paris 1863.

– Das Leben Jesu. Aus dem Französischen von Hans Helling, Leipzig o.J. (Reclam).

– L'Antéchrist, Paris 1873.

Reuber, Rudolf: Ästhetische Lebensformen bei Nietzsche, München 1988.

Rey, Jean-Michel: L'enjeu des signes. Lecture de Nietzsche, Paris 1971.

Richter, Raoul: Friedrich Nietzsche. Sein Leben und sein Werk. Fünfzehn Vorlesungen – gehalten an der Universität zu Leipzig, Leipzig 1903 (2., umgearbeitete u. vermehrte Aufl., Leipzig 1909 [16 Vorlesungen]) (^{4}1922).

– Essays, Leipzig 1913.

Rickert, Heinrich: Die Philosophie des Lebens. Darstellung und Kritik der philosophischen Modeströmungen unserer Zeit, Tübingen 1920 (^{2}1922).

– System der Philosophie. I. Teil: Allgemeine Grundlegung der Philosophie, Tübingen 1921.

Ricœur, Paul: Die Interpretation. Ein Versuch über Freud, Frankfurt a.M. 1974 (1969) (Deutsch von Eva Moldenhauer; Titel der Originalausgabe: De l'Interprétation. Essai sur Freud, Paris 1965).

– Die lebendige Metapher. Mit einem Vorwort zur deutschen Ausgabe. Aus dem Französischen von Rainer Rochlitz, München 1986 (Titel der französischen Originalausgabe: La métaphore vive, Paris 1975; vom Verfasser für die Übersetzung bearbeitet).

Riedel, Manfred: Die "wundersame Doppelnatur" der Philosophie. Nietzsches Bestimmung der ursprünglich griechischen Denkerfahrung, in: Nietzsche-Studien 19, 1990, S. 1-19.
Riehl, Alois: Friedrich Nietzsche. Der Künstler und der Denker, 3., verbesserte u. ergänzte Aufl., Stuttgart 1901 (1. Aufl., Stuttgart 1897; ^{8}1923).
– Friedrich Nietzsche. Die Schriften und die Persönlichkeit, in: Die Wahrheit 5, 1895, S. 129-140.
– Friedrich Nietzsche als Künstler, in: Die Wahrheit 6, 1896, S. 219-224.
– Friedrich Nietzsche als Denker, in: Die Wahrheit 7, 1896, S. 1-10, 51-60, 85-92, 140-150.
– Nietzsches Lehre von dem Übermenschen, in: Die Wahrheit 8, 1897, S. 33-41.
– Nietzsches Werk, in: Die Zukunft 9, 1900, Nr. 1, S. 28-33.
– Zur Einführung in die Philosophie der Gegenwart, Leipzig 1903.
Rilke, Rainer Maria: Sämtliche Werke (Bd. I-VI), hrsg. vom Rilke-Archiv, in Verbindung mit Ruth Sieber-Rilke besorgt von Ernst Zinn, insel taschenbuch, 1. Aufl., Frankfurt a.M. 1987 (1955), I. Bd.: Gedichte. 1. Teil, II. Bd.: Gedichte. 2. Teil, III. Bd.: Jugendgedichte, IV. Bd.: Frühe Erzählungen und Dramen, V. Bd.: Worpswede. Auguste Rodin. Aufsätze, VI. Bd.: Die Aufzeichnungen des Malte Laurids Brigge. Prosa 1906 bis 1926.
– Der Wert des Monologes (1898), in: SW V, S. 434-439.
– Noch ein Wort über den 'Wert des Monologes' (1898), in: SW V, S. 439-442.
– Auguste Rodin. I. Teil (1902). II. Teil (1907), in: SW V, S. 135-246.
– Über Kunst (1898), in: SW V, S. 426-434.
– Das Stunden-Buch, in: SW I, S. 249-366.
– Das Buch der Bilder (1902 und 1906), in: SW I, S. 367-477.
– Neue Gedichte (1907), in: SW I, S. 479-554.
– Der Neuen Gedichte anderer Teil (1908), in: SW I, S. 555-642.
– Duineser Elegien, in: SW I, S. 683-726.
– Die Sonette an Orpheus, in: WS I, S. 727-773.
– <Marginalien zu Friedrich Nietzsche> (1900). <>Die Geburt der Tragödie<>, in: SW VI, S. 1163-1177.
– Das Florenzer Tagebuch (1898), 2. Aufl., Frankfurt a.M. 1984 (1942).
– Tagebücher aus der Frühzeit, hrsg. von Ruth Sieber-Rilke u. Carl Sieber, Frankfurt a.M. 1973 (1942).
– Briefe, hrsg. vom Rilke-Archiv in Weimar, in Verbindung mit Ruth Sieber-Rilke besorgt durch Karl Altheim, Wiesbaden 1950.
– Rainer Maria Rilke – André Gide: Briefwechsel 1909-1926. Eingeleitet u. mit Anmerkungen versehen von Renée Lang, Wiesbaden 1957 (Titel der Originalausgabe: R.M. Rilke – A. Gide: Correspondence 1909-1926, Paris 1952) – Deutsche Übertragung von Wolfgang A. Peters.
Ritschl, Otto: Nietzsches Welt- und Lebensanschauung in ihrer Entstehung und Entwicklung dargestellt und beurtheilt von Otto Ritschl, Freiburg i.B./Leipzig 1897.
Röttges, Heinz: Nietzsche und die Dialektik der Aufklärung. Untersuchungen zum Problem einer humanistischen Ethik, Berlin/New York 1972 (= Monographien und Texte zur Nietzsche-Forschung, Bd. 2).
Rohde, Erwin: Der griechische Roman und seine Vorläufer, Leipzig 1876.
– Psyche. Seelencult und Unsterblichkeitsglaube der Griechen, Freiburg i.B./Leipzig 1894.

– Afterphilologie. Zur Beleuchtung des von dem Dr. phil. Ulrich von Wilamowitz-Möllendorff herausgegebenen Pamphlets: "Zukunftsphilologie!" – Sendschreiben eines Philologen an Richard Wagner, Leipzig 1872.
Roos, Carl: Nietzsche und das Labyrinth, Kopenhagen 1940.
Roos, Richard: Regeln zu einer philologischen Lesung Nietzsches, in: Berlinger/Schrader (Hrsg.): Nietzsche – kontrovers VI, S. 7-42.
Roscher, W.H.: Die Sieben- und Neunzahl im Kultus und Mythus der Griechen, Leipzig 1904.
Rosenkranz, Karl: Ästhetik des Hässlichen. Mit einem Vorwort zum Neudruck von Wolfhart Henckmann, Darmstadt 1979 (unveränderter reprografischer Nachdruck der Ausgabe Königsberg 1853).
Ross, Werner: Der ängstliche Adler. Friedrich Nietzsches Leben, München 1984 (dtv) (Stuttgart 1980).
Rosteutscher, J.H.W.: Die Wiederkunft des Dionysos. Der naturmystische Irrationalismus in Deutschland, Bern 1947.
Rousseau, J.-J.: Les rêveries du promeneur solitaire, édition critique par Marcel Raymond, Genève 1948.
– La nouvelle Héloïse, Paris 1863.
Rudensky-Brin, Slata Genia: Kollektivistisches in der Philosophie Nietzsches, Basel 1948.
Ruge, Arnold: Heinrich Heine, charakterisirt nach seinen Schriften, in: Kleinknecht (Hrsg.), Heine in Deutschland, S. 28-43.
Ruh, Kurt: Meister Eckhart. Theologe. Prediger. Mystiker, München 1985.
– Das mystische Schweigen und die mystische Rede, in: Festschrift für Ingo Reiffenstein zum 60. Geburtstag, hrsg. von P.K. Stein, A. Weiss, G. Hayer, Göppingen 1988, S. 463-472.
Ruprecht, Erich: Der Mythos bei Wagner und Nietzsche. Seine Bedeutung als Lebens- und Gestaltungsproblem, Berlin 1938.

Sabanejew, L.: Prometheus von Skrjabin, in: Kandinsky/Marc (Hrsg.), Der Blaue Reiter, S. 107-124.
Safranski, Rüdiger: "Wieviel Wahrheit braucht der Mensch?" Über das Denkbare und das Lebbare, München/Wien 1990.
Salaquarda, Jörg (Hrsg.): Nietzsche, Darmstadt 1980 (= Wege der Forschung, Bd. 521).
– Der Antichrist, in: Nietzsche-Studien 2, 1973, S. 91-136 (Wiederabdruck unter dem Titel "Schopenhauers Einfluß auf Nietzsches 'Antichrist' " in: Salaquarda (Hrsg.), Schopenhauer, S. 60-72).
– Nietzsche und Lange, in: Nietzsche-Studien 7, 1978, S. 236-253 (Diskussion: S. 254-260).
– (Hrsg.): Schopenhauer, Darmstadt 1985 (= Wege der Forschung, Bd. 602).
Salber, Linde: Lou Andreas-Salomé mit Selbstzeugnissen und Bilddokumenten dargestellt, Hamburg 1990 (rororo bildmonographien).
Salin, Edgar: Jakob Burckhardt und Nietzsche, 2., erweiterte Aufl., Heidelberg 1948 (1. Aufl. 1938).
Sartre, Jean-Paul: Baudelaire. Ein Essay, Hamburg 1953 (Titel der französischen Originalausgabe: Baudelaire).
Sauerland, Karol (Hrsg.): Melancholie und Enthusiasmus. Studien zur Literatur- und Geistesgeschichte der Jahrhundertwende, Frankfurt a.M. 1988.

Sautermeister, Gert: Zur Grundlegung des Ästhetizismus bei Nietzsche. Dialektik, Metaphysik und Politik in der "Geburt der Tragödie", in: Naturalismus/Ästhetizismus, hrsg. von Christa Bürger, Peter Bürger, Jochen Schulte-Sasse, Frankfurt a.M. 1979, S. 224-243.

Schadewaldt, Wolfgang: Hellas und Hesperien. Gesammelte Schriften zur Antike und zur neueren Literatur in zwei Bänden. I. Bd.: Zur Antike, II. Bd.: Antike und Gegenwart, 2. Aufl., hrsg. von Reinhard Thurow u. Ernst Zinn, Zürich/Stuttgart 1970 (1960).

– Furcht und Mitleid? Zur Deutung des Aristotelischen Tragödiensatzes, in: Hellas und Hesperien, I. Bd., S. 194-236.

– Die Wandlung des Homer-Bildes in der Gegenwart, in: Hellas und Hesperien, I. Bd., S. 9-16.

– Die homerische Frage gestern und heute, in: Hellas und Hesperien, I. Bd., S. 16-21.

– Das Drama der Antike in heutiger Sicht, in: Hellas und Hesperien, I. Bd., S. 187-194.

– Das Wort der Dichtung. Mythos und Logos, in: Hellas und Hesperien, I. Bd., S. 750-772.

– Ursprung und frühe Entwicklung der attischen Tragödie, in: Hommel (Hrsg.), Wege zu Aischylos, Bd. I, S. 104-147.

– Die frühgriechische Lyrik. Tübinger Vorlesungen Band 3, unter Mitwirkung von Maria Schadewaldt hrsg. von Ingeborg Schudoma, Frankfurt a.M. 1989 (I Frühgriechische Lyrik – II Pindar).

Schaeder, Hildegard: Der getarnte Tod. Rußland und der Nihilismus (1946/47), in: Arendt (Hrsg.), Der Nihilismus, S. 38-49.

Schartmann, Elke: Einsamkeit bei Shakespeare und in der Renaissance-Tradition, Heidelberg 1990.

Scheier, Claus-Artur: Nietzsches Labyrinth. Das ursprüngliche Denken und die Seele, München 1985.

Schelling, Friedrich Wilhelm Joseph: Philosophie der Offenbarung, Bd. I u. II, Darmstadt 1966 (unveränderter reprografischer Nachdruck der aus dem handschriftlichen Nachlaß herausgegeenen Ausgabe von 1858).

– Philosophie der Kunst, Darmstadt 1980 (unveränderter reprografischer Nachdruck der aus dem handschriftlichen Nachlaß herausgegebenen Ausgabe von 1859).

– System des transzendentalen Idealismus. Mit einer Einleitung von Walter Schulz, Hamburg 1962 (Felix Meiner) (unveränderter Nachdruck 1962 der 1. Aufl. von 1957).

– Schriften zur Naturphilosophie 1799-1801, München 1927 (= Schellings Werke. Nach der Originalausgabe in neuer Anordnung hrsg. von Manfred Schröter, 2. Hauptband).

Schestow, Leo: Tolstoi und Nietzsche, Köln 1923.

– Dostojewski und Nietzsche. Philosophie der Tragödie, Köln 1924.

Scheuer, O.F.: Friedrich Nietzsche als Student, Bonn 1923.

Schiller, Friedrich von: Werke. Nationalausgabe. Im Auftrage des Goethe- und Schiller-Archivs, des Schiller-Nationalmuseums u. d. Deutschen Akademie hrsg. von Julius Petersen u.a., Weimar 1943ff. – Sigel: NA.

– Briefe. Kritische Gesamtausgabe, hrsg. u. mit Anmerkungen versehen von Fritz Jonas, 7 Bde., Stuttgart 1892-96.

Schings, Hans-Jürgen: Consolatio Tragoediae. Zur Theorie des barocken Trauerspiels, in: Grimm (Hrsg.), Deutsche Dramentheorien I, S. 1-44.

– Melancholie und Aufklärung. Melancholiker und ihre Kritiker in Erfahrungsseelenkunde und Literatur des 18. Jahrhunderts, Stuttgart 1977.
Schipperges, Heinrich: Am Leitfaden des Leibes. Zur Anthropologik und Therapeutik Friedrich Nietzsches, Stuttgart 1975.
Schlechta, Karl: Nietzsches Grosser Mittag, Frankfurt a.M. 1954.
– Der junge Nietzsche und Schopenhauer, in: 26. Jb. der Schopenhauer-Gesellschaft, für das Jahr 1939, Heidelberg 1939, S. 289-300.
Schlegel, August Wilhelm: Die Kunstlehre (= Kritische Schriften und Briefe II, hrsg. von Edgar Lohner), Stuttgart 1963.
Schlegel, Friedrich: Kritische Friedrich-Schlegel-Ausgabe, hrsg. von Ernst Behler unter Mitwirkung von Jean-Jacques Anstett u. Hans Eichner, München/Paderborn/ Wien/Zürich.
– Rede über die Mythologie, in: Kritische Ausgabe, Bd. II, Charakteristiken und Kritiken I (1796-1801), hrsg. u. eingel. von Hans Eichner, 1967, S. 311-322.
– Brief über den Roman, in: Kritische Ausgabe, Bd. II, S. 329-339.
– [Fragmente:] Lyceums-Fragmente. Blütenstaub. Athenäums-Fragmente. Ideen, in: Kritische Ausgabe, Bd. II, S. 147-272.
– Über das Studium der Griechischen Poesie, in: Kritische Ausgabe, Bd. I, Studien des klassischen Altertums, eingeleitet u. hrsg. von Ernst Behler, 1979, S. 217-367.
– Die Griechen und Römer. Historische und kritische Versuche über das klassische Altertum [Vorrede], in: Kritische Ausgabe, Bd. I, S. 205-216.
– Lessings Gedanken und Meinungen, in: Kritische Ausgabe, Bd. III, Charakteristiken und Kritiken II (1802-1829), hrsg. u. eingel. von Hans Eichner, 1975, S. 46-102.
– Philosophie des Lebens (Vorlesung aus dem Jahr 1827), in: Kritische Ausgabe, Bd. X, hrsg. u. eingel. von Ernst Behler, 1969, S. 1-307.
– Literarische Notizen 1797-1801 – Literary Notebooks, hrsg., eingel. u. kommentiert von Hans Eichner, dt. Erstausgabe, Frankfurt a.M./Berlin/Wien 1980 (Ullstein Materialien).
– Schriften und Fragmente. Ein Gesamtbild seines Geistes. Aus den Werken u. dem handschriftlichen Nachlaß zusammengestellt u. eingeleitet von Ernst Behler, Stuttgart 1956 (Kröner).
Schlosser, Julius: Präludien. Vorträge und Aufsätze, Berlin 1927.
Schlüpmann, Heide: Friedrich Nietzsches ästhetische Opposition. Der Zusammenhang von Sprache, Natur und Kultur in seinen Schriften 1869-1876, Stuttgart 1977.
Schmid, Holger: Über die Tragweite der Artisten-Metaphysik, in: Nietzsche-Studien 13, 1984, S. 437-442.
– "Nacht ist es". Zum philosophischen Ort von Nietzsches Venedig-Gedicht, in: Nietzsche und Italien, S. 95-101.
Schmidt, Gerhart: Nietzsche und Sokrates, in: Berlinger/Schrader (Hrsg.), Nietzsche – kontrovers IV, S. 7-33.
Schmidt, Hermann Josef: Nietzsches Sokratesbild, Meisenheim 1969 (Diss. Freiburg i.Br. 1968) (= Nietzsche und Sokrates. Philosophische Untersuchungen zu Nietzsches Sokratesbild).
Schmidt, Jochen: Die Geschichte des Genie-Gedankens 1750-1945, Bd. I: Von der Aufklärung bis zum Idealismus, Bd. II: Von der Romantik bis zum Ende des Dritten Reiches, Darmstadt 1985.
Schmidt, Rüdiger: Auf der Suche nach dem Humanum. Elemente der frühen Kulturkritik Friedrich Nietzsches, in: Nietzsche-Studien 13, 1984, S. 129-155.

– “Ein Text ohne Ende für den Denkenden”. Studien zu Nietzsche, 2., um vier Studien erweiterte Aufl., Frankfurt a.M. 1989 ([1]1982).
Schmidt-Löbbecke, Caroline u. Janz, Curt Paul: Friedrich Nietzsches Wagner-Erfahrung, Sils-Maria (Engadin) o.J.
– Nietzsche und Wagner *nach* der Zeit ihrer Freundschaft, in: Schmidt-Löbbecke/Janz, Nietzsches Wagner-Erfahrung, S. 21-99.
Schmitt, Otto: Die Sprache des jungen Nietzsche, Diss. Köln 1923 (Masch.).
Schneider, Hans: Die Stellung Friedrich Nietzsches zum Problem der griechischen Kulturerscheinungen in seiner Jugendphilosphie (bis zum Bruch mit Wagner) auf der Grundlage der romantischen Metaphysik Arthur Schopenhauers und Richard Wagners, Diss. Jena 1932.
Schneider, Ursula: Grundzüge einer Philosophie des Glücks bei Nietzsche, Berlin/New York 1983 (= Monographien und Texte zur Nietzsche-Forschung, Bd. 11).
Schönberg, Arnold: Das Verhältnis zum Text, in: Kandinsky/Marc (Hrsg.), Der Blaue Reiter, S. 60-75.
Schöne, Albrecht: Überdauernde Temporalstruktur. Gottfried Benn, in: Schöne, Säkularisation als sprachbildende Kraft. Studien zur Dichtung deutscher Pfarrersöhne, Göttingen 1958, S. 190-226; [2]1968, S. 225-267.
Schopenhauer, Arthur: Sämtliche Werke. Textkritisch bearbeitet u. hrsg. von Wolfgang Frhr. von Löhneysen (reprografischer Nachdruck der 2. Aufl., Stuttgart/Frankfurt a.M. 1968) – Bd. I: Die Welt als Wille und Vorstellung (I), Darmstadt 1982 – Bd. II: Die Welt als Wille und Vorstellung (II), Darmstadt 1980 – Bd. III: Kleinere Schriften, Darmstadt 1980 – Bd. IV: Parerga und Paralipomena. Kleine philosophische Schriften (I), Darmstadt 1980 – Bd. V: Parerga und Paralipomena. Kleine philosophische Schriften (II), Darmstadt 1976 – Sigel für ‘Die Welt als Wille und Vorstellung’: WV.
– Der handschriftliche Nachlaß in fünf Bänden, hrsg. von Arthur Hübscher, Bd. 3: Berliner Manuskripte (1818-1830), München 1985 (dtv) (unveränderter Nachdruck der von Arthur Hübscher hrsg. historisch-kritischen Edition, Frankfurt a.M. 1966-1975).
– Arthur Schopenhauer’s sämmtliche Werke, hrsg. von Julius Frauenstädt, VI Bände, Leipzig 1973/74 ([2]1877).
Schreyer, Lothar: Deutsche Mystik. Eingeleitet u. ausgewählt von Lothar Schreyer, Berlin o.J. [1925].
Schrimpf, Joachim: Gestaltung und Deutung des Wandermotivs bei Goethe, in: Wirkendes Wort, 3. Jg., 1952/53, S. 11-23.
Schubert, Dietrich: Nietzsche-Konkretionsformen in der bildenden Kunst 1890-1933. Ein Überblick, in: Nietzsche-Studien 10/11, 1981/1982, S. 278-317 (Diskussion: S. 318-327).
Schubert, Gotthilf Heinrich: Die Symbolik des Traumes. Faksimiledruck nach der Ausgabe von 1814. Mit einem Nachwort von Gerhard Sauder, Heidelberg 1968.
Schubert, Karl: System der Aesthetik Nietzsches, Diss. Wien 1920 (handschriftl.).
Schulte, Günter: Ich impfe euch mit dem Wahnsinn. Nietzsches Philosophie der verdrängten Weiblichkeit des Mannes, Köln 1989 ([1]1982).
Schultz, Uwe (Hrsg.): Das Fest. Eine Kulturgeschichte von der Antike bis zur Gegenwart, München 1968.
Schulz, Walter: Funktion und Ort der Kunst in Nietzsches Philosophie, in: Nietzsche-Studien 12, 1983, S. 1-31.

– Metaphysik des Schwebens. Untersuchungen zur Geschichte der Ästhetik, Pfullingen 1985.
Schulze, Friedrich: Der junge Nietzsche in den Jahren 1865-1869, Leipzig 1941.
Schwanauer, Franz: Die Literaturtheorie Friedrich Nietzsches, Diss. Stuttgart 1963.
Schwarz, Michael: Nietzsche und Schopenhauer, in: Archiv für Geschichte der Philosophie, 28. Bd. (Neue Folge: 21. Bd.), Berlin 1915, S. 188-198.
Schwering, Julius: Lebensbild, in: Freiligraths Werke I, S. VII-CXX.
Seillière, Ernest: Apollo oder Dionysos? Kritische Studie über Friedrich Nietzsche, autorisierte Übersetzung von Theodor Schmidt, Berlin 1906, (^{2}1911).
Seneca, Lucius Annaeus: Epistulae morales (124 Lehrbriefe) – L.D. Reynolds: L. Annaei Senecae ad Lucilium epistulae morales, 2 Bde., Oxford 1965.
– Epistulae morales ad Lucilium, Liber I – Briefe an Lucilius über Ethik, 1. Buch, lateinisch u. deutsch, übersetzt, erläutert u. mit einem Nachwort hrsg. von Franz Loretto, Stuttgart 1987 (1977) (Reclam).
– Vom glücklichen Leben – De vita beata, deutsch von Gustav Würtenberg, Düsseldorf 1946.
– Vom glückseligen Leben und andere Schriften, Übersetzung nach Ludwig Rumpel, mit Einführung u. Anmerkungen hrsg. von Peter Jaerisch, Stuttgart 1987 (1953).
– Vom glückseligen Leben. Auswahl aus seinen Schriften, hrsg. von Heinrich Schmidt, eingeleitet von Jürgen Kroymann, 14. Aufl., Stuttgart 1978.
Seuse, Heinrich: Deutsche Predigten, hrsg. von Karl Bihlmeyer, Stuttgart 1907 (Nachdruck 1961).
Shakespeare, William: Ein Sommernachtstraum – A Midsummer Night's Dream, in: Shakespeares Werke. Englisch und deutsch, 12 Bde., hrsg. von L.L. Schücking, 4. Bd., Wiesbaden o.J.
Silk, M.S. u. Stern, Joseph Peter: Nietzsche on tragedy, New York/London/Cambridge 1981.
Simmel, Georg: Schopenhauer und Nietzsche. Ein Vortragszyklus, 3., unveränderte Aufl., München/Leipzig 1923 (2. Aufl. 1920, 1. Aufl. Leipzig 1907); neu: "Schopenhauer und Nietzsche". Mit dem Essay "Tendenzen im deutschen Leben und Denken seit 1870". Nachwort von Werner Jung, Hamburg 1990.
– Das individuelle Gesetz (1913), in: Simmel, Das individuelle Gesetz. Philosophische Exkurse, hrsg. von Michael Landmann (Theorie 1), S. 174-230.
Simon, Josef: Grammatik und Wahrheit. Über das Verhältnis Nietzsches zur spekulativen Satzgrammatik der metaphysischen Tradition, in: Nietzsche-Studien 1, 1972, S. 1-26 (auch in: Salaquarda [Hrsg.], Nietzsche, S. 185-218).
– Der gewollte Schein. Zu Nietzsches Begriff der Interpretation, in: Djurić/Simon (Hrsg.), Kunst und Wissenschaft bei Nietzsche, S. 62-74.
– Sprache und Sprachkritik bei Nietzsche, in: Lutz-Bachmann (Hrsg.), Über Friedrich Nietzsche, S. 63-97.
– (Hrsg.): Nietzsche und die philosophische Tradition, Bd. I u. II, Würzburg 1985 (Nietzsche in der Diskussion).
– Die Krise des Wahrheitsbegriffs als Krise der Metaphysik. Nietzsches Alethiologie auf dem Hintergrund der Kantischen Kritik, in: Nietzsche-Studien 18, 1989, S. 242-259.
Sloterdijk, Peter: Der Denker auf der Bühne. Nietzsches Materialismus, Frankfurt a.M. 1986 (edition suhrkamp).
Söring, Jürgen: Incipit Zarathustra – Vom Abgrund der Zukunft, in: Nietzsche-Studien 8, 1979, S. 334-361.

– Nietzsches Empedokles-Plan, in: Nietzsche-Studien 19, 1990, S. 176-211.
Sommer, Josef: Dionysos. Friedrich Nietzsches Vermächtnis, Wien/Leipzig 1932.
Sonderegger, Stefan: Friedrich Nietzsche und die Sprache. Eine sprachwissenschaftliche Skizze, in: Nietzsche-Studien 2, 1973, S. 1-30.
Sonoda, Muneto: Zwischen Denken und Dichten. Zur Weltstruktur des "Zarathustra", in: Nietzsche-Studien 1, 1972, S. 234-246.
Spencer, Hanna: Heine and Nietzsche, in: Heine-Jahrbuch 1972, 11. Jg., S. 126-161.
Spengler, Oswald: Der Untergang des Abendlandes. Umrisse einer Morphologie der Weltgeschichte, München 1963 (1923).
Spinoza, (Baruch): Die Ethik. Schriften und Briefe, hrsg. von Friedrich Bülow, Stuttgart 1966.
Spir, A.: Denken und Wirklichkeit. Versuch einer Erneuerung der kritischen Philosophie, Leipzig 1873 (= 1. Bd.; 2. Bd.: Leipzig 1873; 2. Aufl. Leipzig 1877).
Spitteler, Carl: Prometheus und Epimetheus. Prometheus der Dulder, hrsg. von Wilhelm Altwegg, Zürich 1945 (= Gesammelte Werke, Bd. I).
– Meine Beziehungen zu Nietzsche, in: Spitteler, Autobiographische Schriften, hrsg. von Gottfried Bohnenblust, Zürich 1947 (= Gesammelte Werke, Bd. VI), S. 491-518.
– Friedrich Nietzsche aus seinen Werken, in: Der Bund, Bern, 1.1.1888, S. 3-7.
– "Der Fall Wagner." Ein Musikanten-Problem von Friedr. Nietzsche, in: Der Bund, Bern, 39. Jg., Nr. 309 vom 8.11.1888.
Spitzer, Hugo: Apollinische und dionysische Kunst, in: Zeitschrift für Ästhetik u. allgemeine Kunstwissenschaft I, 1906, S. 70-87, 216-248, 411-434, 542-598.
Stack, George J.: Lange and Nietzsche, Berlin/New York 1983 (= Monographien und Texte zur Nietzsche-Forschung, Bd. 10).
Stackelberg, Roderich von: Nietzsche und der Nationalsozialismus, in: prima philosophia, hrsg. von Sabine S. Gehlhaar, Bd. 2/Heft 3, 1989, S. 425-441.
Stefan, Paul: Die Feindschaft gegen Wagner. Eine geschichtliche und psychologische Untersuchung, Regensburg 1919.
Steffen, Hans (Hrsg.): Die deutsche Romantik. Poetik, Formen und Motive, Göttingen 1967.
– (Hrsg.): Nietzsche. Werk und Wirkungen, Göttingen 1974.
Stegmaier, Werner: Nietzsches Neubestimmung der Wahrheit, in: Nietzsche-Studien 14, 1985, S. 69-95.
– Ontologie und Nietzsche, in: Simon (Hrsg.), Nietzsche und die philosophische Tradition, Bd. I, S. 46-61.
Stein, Heinrich von: Helden und Welt. Dramatische Bilder. Eingeführt durch Richard Wagner, Chemnitz 1883.
– Die Entstehung der Neueren Ästhetik, Hildesheim 1964 (reprografischer Nachdruck der Ausgabe Stuttgart 1886).
Stein, Ludwig: Friedrich Nietzsche's Weltanschauung und ihre Gefahren, in: Deutsche Rundschau, Bd. 74, Januar/Februar/März 1893, S. 392-419.
Stein, Wilhelm: Nietzsche und die bildende Kunst, Berlin 1925.
Steiner, Rudolf: Friedrich Nietzsche. Ein Kämpfer gegen seine Zeit, Weimar 1895 (^{2}1926; 3. Aufl. Dornach 1963; Taschenbuchausgabe: Dornach 1977, 1983).
Stell, Hans-Dieter: Machiavelli und Nietzsche – eine strukturelle Gegenüberstellung ihrer Philosophie und Politik, Diss. München 1987.
Stendhal: Napoléon. I: Vie de Napoléon. II: Mémoires sur Napoléon, Paris MCMXXX, Nendeln/Liechtenstein 1968 (Kraus Reprint).

– Vie de Napoléon, Paris 1876.
– Rome, Naples et Florence, Paris MCMXXVII, Nendeln/Liechtenstein 1968 (Kraus Reprint).
– Chroniques italiennes (I, II), Paris MCMXXIX, Nendeln/Liechtenstein 1968 (Kraus Reprint).
– (Henry Beyle): Correspondance inédite. Précédé d'une introduction par Prosper Mérimée, première série, Paris 1855.
– Briefe, aus dem Französischen übersetzt von Fernand Nohr, Berlin 1983.
– Rot und Schwarz. Chronik des 19. Jahrhunderts, 6. Aufl., München 1986 (^{1}1976) (Titel der Originalausgabe: Le Rouge et le Noir, Paris 1830).

Sternberger, Dolf: Heinrich Heine und die Abschaffung der Sünde. Mit einem Nachtrag 1975, Suhrkamp Taschenbuch, 1. Aufl. 1976 (Hamburg/Düsseldorf 1972) (S. 284-319: Abschaffung der Sünde? – S. 420f.: Nietzsche).

Sternheim, Carl: Kampf der Metapher! (1917/18), in: Sternheim, Essays, Werkauswahl Bd. 4, hrsg. von Wilhelm Emrich u. Manfred Linke, Darmstadt/Neuwied 1973 (Slg. Luchterhand), S. 19-25.

Steverding, Bernhard: Nietzsches Verhältnis zu Naturwissenschaft und Naturphilosophie, Diss. Münster 1951.

Stirner, Max: Der Einzige und sein Eigentum. Mit einem Nachwort hrsg. von Ahlrich Meyer, Stuttgart 1972 (Reclam).

Sterne, Laurence: Leben und Meinungen von Tristram Shandy, Gentleman, aus dem Englischen übersetzt von Otto Weith, Nachwort von Erwin Wolff, Stuttgart 1972 (Reclam).

Stoeckert, Hedwig: Nietzsche und das Problem der Erziehung, Langensalza 1926.

Strecker, Karl: Nietzsche und Strindberg. Mit ihrem Briefwechsel, München 1921.

Strich, Fritz: Deutsche Klassik und Romantik oder Vollendung und Unendlichkeit. Ein Vergleich, München 1922.

Strindberg, August: Plädoyer eines Irren – Le plaidoyer d'un fou – Roman. Deutsch von Hans-Joachim Maass, Frankfurt a.M. 1979.

Stroux, Johannes: Nietzsches Professur in Basel, Jena 1925.

Taine, Hippolyte: Histoire de la Littérature Anglaise, tome premier, Paris 1863.
– Geschichte der englischen Literatur. I. Bd.: Die Anfänge und die Renaissance-Zeit, bearbeitet u. mit Anmerkungen versehen von Leopold Kutscher, Leipzig 1878.

Taraba, Wolfgang: Friedrich Nietzsche – Der geheimnisvolle Nachen, in: von Wiese, Benno (Hrsg.), Die deutsche Lyrik, 2. Bd., Düsseldorf 1956, S. 255-267.

Teichmüller, Gustav: Die wirkliche und die scheinbare Welt. Neue Grundlegung der Metaphysik, Breslau 1882.

Tellenbach, Hubert: Aufgabe und Entwicklung im Menschenbild des jungen Nietzsche, Würzburg 1938 (Diss.).

Thamer, Hans-Ulrich: Faszination und Manipulation. Die Nürnberger Reichsparteitage der NSDAP, in: Schultz (Hrsg.), Das Fest, S. 352-368.

Thatcher, David S.: Eagle and Serpent in *Zarathustra*, in: Nietzsche-Studien 6, 1977, S. 240-260.
– Nietzsches Totengericht über Brahms, in: Nietzsche-Studien 7, 1978, S. 339-356 (Diskussion: S. 357-361).
– Nietzsche und Byron, in: Nietzsche-Studien 3, 1974, S. 130-151.

Theokrit: Gedichte. Griechisch-deutsch ed. F.P. Fritz, München 1970.

Thurnher, Rainer: Sprache und Welt bei Friedrich Nietzsche, in: Nietzsche-Studien 9, 1980, S. 38-60.
Tieck, Ludwig: Gedichte. II. Teil. Faksimiledruck nach der Ausgabe von 1821-23. Mit einem Nachwort von Gerhard Kluge, Heidelberg 1967.
– Franz Sternbalds Wanderungen. Studienausgabe, hrsg. von Alfred Anger, Stuttgart, 1974 (1966) (Reclam).
– Phantasien über die Kunst (s. Wackenroder).
Titzmann, Michael: Strukturwandel der philosophischen Ästhetik 1800-1880. Der Symbolbegriff als Paradigma, München 1978.
Todorow, Almut: Gedankenlyrik. Die Entstehung eines Gattungsbegriffs im 19. Jahrhundert, Stuttgart 1980.
Tönnies, Ferdinand: Der Nietzsche-Kultus. Eine Kritik, Leipzig 1897.
– Gemeinschaft und Gesellschaft. Grundbegriffe der reinen Soziologie, Darmstadt 1972 (1. Aufl. 1887).
Tolstoi, Lew: Ästhetische Schriften. Aus dem Russischen übersetzt von Günter Dalitz. Verantwortlicher Hrsg.: Gerhard Dudek, 2. Aufl., Berlin 1984 (= Bd. 14 der Gesammelten Werke in 20 Bänden, hrsg. von Eberhard Dieckmann u. Gerhard Dudek).
– Was ist Kunst?, in: Ästhetische Schriften, S. 39-232.
– Über das, was Kunst genannt wird, in: Ästhetische Schriften, S. 411-446.
– Über Shakespeare und das Drama, in: Ästhetische Schriften, S. 233-297.
– Vorwort zu W. von Polenz' Roman "Der Büttnerbauer", in: Ästhetische Schriften, S. 336-344.
– Ma religion, par le comte Léon Tolstoï, Paris 1885.
Tolstoi, Leo N.: Krieg und Frieden. Roman. Aus dem Russischen übertragen von Michael Grusemann, bearbeitet von Werner Heilmann, Goldmann-Taschenbuch, 1979.
Trakl, Georg: Erinnerung an Georg Trakl. Zeugnisse und Briefe, 3., erweiterte Auflage, Salzburg 1966 (1959) (1. Aufl. 1926).
Tripet, Arnaud: Pétrarque ou la connaissance de soi, Genève 1967.
Tschiżewskij, Dimitrij: "Uebermensch", "übermenschlich" (Zur Geschichte dieser Worte und Begriffe), in: Festschrift für Th.G. Masaryk, Bonn 1930, Bd. I, S. 265-269.
Türcke, Christoph: Der tolle Mensch. Nietzsche und der Wahnsinn der Vernunft, Frankfurt a.M. 1989.
Turgenjeff, Iwan: Väter und Söhne. Aus dem Russischen von Wilhelm Lange. 2. Aufl., mit einem Nachwort des Verfassers, Leipzig o.J. (Reclam).
– Tagebuch eines Ueberflüssigen. Aus dem Russischen von Wilhelm Lange, Leipzig o.J. (Reclam).

Ueberweg, Friedrich: Grundriss der Geschichte der Philosophie von Thales bis auf die Gegenwart, 3 Bde., Berlin 1863-1866 (zu Schopenhauer s. Bd. 3, S. 242-245).
– Friedrich Ueberwegs Grundriss der Geschichte der Philosophie. 4. Teil: Die deutsche Philosophie des neunzehnten Jahrhunderts und der Gegenwart, von Traugott Konstantin Oesterreich, 13. Aufl., Tübingen 1951.
Uhland, Ludwig: Gedichte und Dramen, 3 Teile, Stuttgart 1883.
Ulmer, Karl: Nietzsche. Einheit und Sinn seines Werkes, Bern 1962.
Ungeheuer, Gerold: Nietzsche über Sprache und Sprechen, über Wahrheit und Traum, in: Nietzsche-Studien 12, 1983, S. 134-213.

Unterberger, Rose: Der 'Gefesselte Prometheus' des Aichylos, in: Hommel (Hrsg.), Wege zu Aischylos, Bd. II, S. 352-366.
Uxkull-Gyllenband, Woldemar Graf: Plutarch und die griechische Biographie. Studien zu plutarchischen Lebensbeschreibungen des V. Jahrhunderts, Stuttgart 1927.

Vaihinger, Hans: Nietzsche als Philosoph, Berlin 1902 (^{5}1930).
– Die Philosophie des Als Ob. System der theoretischen, praktischen und religiösen Fiktionen der Menschheit auf Grund eines idealistischen Positivismus. Mit einem Anhang über Kant und Nietzsche, hrsg. von H. Vaihinger, Berlin 1911 (^{6}1920).
Vattimo, Gianni: Heideggers Nihilismus: Nietzsche als Interpret Heideggers, in: Biemel/Herrmann (Hrsg.), Kunst und Technik, S. 141-153.
Venturelli, Aldo: Das Klassische als Vollendung des Sentimentalischen. Der junge Nietzsche als Leser des Briefwechsels zwischen Schiller und Goethe, in: Nietzsche-Studien 18, 1989, S. 182-202.
Verrecchia, Anacleto: Zarathustras Ende. Die Katastrophe Nietzsches in Turin, Wien/Köln/Graz 1986 (Titel der italienischen Originalausgabe: La catastrofe di Nietzsche a Torino, Torino 1978).
Verweyen, Johannes M.: Wagner und Nietzsche, Stuttgart 1926.
Viëtor, Karl: Die Idee des Erhabenen in der deutschen Literatur, in: Viëtor, Geist und Form. Aufsätze zur deutschen Literaturgeschichte, Bern 1952, S. 234-266.
– Die Barockformel 'braune Nacht', in: ZfdPh 63, 1938, S. 284-298.
Vietta, Silvio: Herkunft und Genealogie des Nihilismus in der deutschen Literatur vor Nietzsche, in: Nietzsche und Italien, S. 103-114.
Vischer, Friedrich Theodor: Aesthetik oder Wissenschaft des Schönen. Zum Gebrauche für Vorlesungen, 3. Theil, 2. Abschnitt: Die Künste, 5. Heft: Die Dichtkunst (Schluß des ganzen Werkes), Stuttgart 1857.
– Das Schöne und die Kunst. Zur Einführung in die Aesthetik. Vorträge. Für das deutsche Volk herausgegeben von Robert Vischer, Stuttgart 1898.
Vitens, Siegfried: Die Sprachkunst Friedrich Nietzsches in "Also sprach Zarathustra", Bremen 1951 (Habil.schrift Riga 1943).
Vivarelli, Vivetta: Nietzsche und Emerson: Über einige Pfade in Zarathustras metaphorischer Landschaft, in: Nietzsche-Studien 16, 1987, S. 227-263.
– Das Nietzsche-Bild in der Presse der deutschen Sozialdemokratie um die Jahrhundertwende, in: Nietzsche-Studien 13, 1984, S. 521-569.
– Empedokles und Zarathustra: Verschwendeter Reichtum und Wollust am Untergang, in: Nietzsche-Studien 18, 1989, S. 509-536.
Völker, Ludwig: Muse Melancholie – Therapeutikum Poesie. Studien zum Melancholie-Problem in der deutschen Lyrik von Hölty bis Benn, München 1978.
– (Hrsg.): "Komm, heilige Melancholie". Eine Anthologie deutscher Melancholie-Gedichte. Mit Ausblicken auf die europäische Melancholie-Tradition in Literatur- und Kunstgeschichte, Stuttgart 1984 (Reclam).
Vogel, Martin: Apollinisch und Dionysisch. Geschichte eines genialen Irrtums, Regensburg 1966.
Vogt, Paul: Der Blaue Reiter, Köln 1977.
Volkmann-Schluck, Karl-Heinz: Leben und Denken. Interpretationen zur Philosophie Nietzsches, Frankfurt a.M. 1968.
– Leben und Bewußtsein, in: Volkmann-Schluck, Leben und Denken, S. 9-24.
– Nietzsches Gedicht "Die Wüste wächst, weh dem, der Wüsten birgt…", Frankfurt a.M. 1958 (auch in: Leben und Denken, S. 115-150).

– Die metaphysische Rescendenz im Denken Nietzsches, in: Berlinger/Schrader (Hrsg.), Nietzsche – kontrovers I, S. 77-92.
– Novalis' magischer Idealismus, in: Steffen (Hrsg.), Die deutsche Romantik, S. 45-53.
– Die Kunst und der Mensch. Schillers Briefe über die ästhetische Erziehung des Menschen, Frankfurt a.M. 1964.
Vollmer, W. (Wilhelm): Vollständiges Wörterbuch der Mythologie aller Nationen. Eine gedrängte Zusammenstellung des Wissenswürdigsten aus der Fabel- und Götter-Lehre aller Völker der alten und neuen Welt, Stuttgart 1836.
Volz, Pia Daniela: Nietzsche im Labyrinth seiner Krankheit. Eine medizinisch-biographische Untersuchung, Würzburg 1990.

Wackenroder, Wilhelm Heinrich u. Tieck, Ludwig: Herzensergießungen eines kunstliebenden Klosterbruders. Mit einem Nachwort von Richard Benz, Stuttgart 1975 (Reclam).
– Phantasien über die Kunst, hrsg. von Wolfgang Nehring, Stuttgart 1973 (Reclam) (= Phantasien über die Kunst, für Freunde der Kunst. Herausgegeben von Ludwig Tieck, Hamburg 1799).
Wadkowsky, Michael: Tolstoi und Nietzsche über den Wert der Kultur. Ein Beitrag zur Kulturphilosophie, Diss. Jena 1910.
Wagner, Cosima: Die Tagebücher. Ediert und kommentiert von Martin Gregor-Dellin und Dietrich Mack. Bd. I: 1869-1872, Bd. II: 1873-1877, Bd. III: 1878-1880, Bd. IV: 1881-1883, 2., durchgesehene und im Anhang revidierte Aufl., München/Zürich 1982 (München 1976) (Serie Piper) – Sigel: CT.
Wagner, Richard: Gesammelte Schriften und Dichtungen. 10 Bände. Faksimiledruck der Ausgabe von 1887 (Leipzig 1887/88) – Sigel: WSD.
– Sämtliche Werke. In Zusammenarbeit mit der Bayerischen Akademie der Schönen Künste, München, hrsg. von Carl Dahlhaus, Mainz 1970ff.
– Die Revolution (1849), in: Wagner, Sämtliche Schriften und Dichtungen, 5. Aufl., 12. Bd., Leipzig o.J., S. 243-249.
– Das Künstlerthum der Zukunft (1849), in: Sämtliche Schriften u. Dichtungen, 12. Bd., S. 252-280.
– Ausgewählte Schriften. Mit einem Essay von Ernst Bloch, hrsg. von Dietrich Mack, Frankfurt a.M. 1974.
– Mein Leben. Vollständige, kommentierte Ausgabe, hrsg. von Martin Gregor-Dellin, München 1963; Taschenbuchausgabe 1/83 – Sigel: ML.
– Briefe. Ausgewählt, eingeleitet u. kommentiert von Hanjo Kesting, München/Zürich 1983.
– Briefe 1830-1883, hrsg. von Werner Otto, Berlin 1986.
– Briefwechsel zwischen Wagner und Liszt, 3., erweiterte Aufl. in volkstümlicher Gestalt, zwei Teile in einem Bande, hrsg. von Erich Kloss, Leipzig 1910.
– König Ludwig II. und Richard Wagner. Briefwechsel. Mit vielen anderen Urkunden in vier Bänden herausgegeben vom Wittelsbacher Ausgleichs-Fonds und von Winifred Wagner. Bearbeitet von Otto Strobel, Karlsruhe i.B. 1936.
Wahnes, Günther H.: Heinrich von Stein und sein Verhältnis zu Richard Wagner und Friedrich Nietzsche, Diss. Jena 1926.
Walz, Christianus: Rhetores Graeci – Vol. I, Stuttgart/Tübingen 1832.
Wapnewski, Peter: Der traurige Gott. Richard Wagner und seine Helden, München 1982 (dtv) (1978).

– Nietzsche und Wagner. Stationen einer Beziehung, in: Nietzsche-Studien 18, 1989, S. 401-423.
Watanabe, Jiro: Die Frage nach dem Wesen der Kunst bei Heidegger und Nietzsche, in: Biemel/Herrmann (Hrsg.), Kunst und Technik, S. 155-174.
Weichelt, Hans: Friedrich Nietzsche: Also sprach Zarathustra. Erklärt und gewürdigt von Hans Weichelt, Leipzig 1910.
– Nietzsche, der Philosoph des Heroismus, Leipzig 1924.
Weidlé, Wladimir: Das Kunstwerk: Sprache und Gestalt, in: [Podewils], Sprache und Wirklichkeit, S. 122-148.
Weimer, Wolfgang: Schopenhauer, Darmstadt 1982 (= Erträge der Forschung, Bd. 171).
Weingartner, Felix: Carl Spitteler. Ein künstlerisches Erlebnis, München 1913.
Weinrich, Harald: Linguistik der Lüge, Heidelberg 1966.
Welcker, F.W. (Friedrich Gottlieb): Griechische Götterlehre, 3 Bde., Göttingen 1857-1863.
– Die Aeschylische Trilogie. Prometheus und die Kabirenweihe zu Lemnos nebst Winken über die Trilogie des Aeschylus überhaupt, Darmstadt 1824.
Wellershoff, Dieter: Gottfried Benn. Phänotyp dieser Stunde. Eine Studie über den Problemgehalt seines Werkes, Frankfurt a.M./Berlin 1964 (1958).
Westernhagen, Curt von: Richard Wagner. Sein Werk Sein Wesen Seine Welt, Zürich 1956.
– Nietzsche und die deutsche Musik, in: Bayreuther Blätter 59, 1936, S. 8-18.
– Das Urbild des "Fall Wagner", in: Bayreuther Blätter 61, 1938, S. 174-183.
Widmann, Josef Victor: Nietzsche's gefährliches Buch, in: Der Bund, Bern, 16. u. 17.9.1886.
Wiecki, Ernst von: Carlyle's "Helden" und Emerson's "Repräsentanten", mit Hinweis auf Nietzsche's "Übermenschen". Kritische Untersuchungen, Königsberg i.Pr. 1903.
Wienbarg, Ludolf: (Der Griff in die Gegenwart), in: Hermand (Hrsg.), Das Junge Deutschland, S. 99-100 (= Wienberg, Wanderungen durch den Tierkreis, Hamburg 1835, S. 255-257).
Wilamowitz-Möllendorff, Ulrich von: Zukunftsphilologie! eine erwidrung auf Friedrich Nietzsches ord. professors der classischen philologie zu Basel "geburt der tragödie", Berlin 1872.
– Zukunftsphilologie! Zweites Stück. eine erwidrung auf die rettungsversuche für Fr. Nietzsches "geburt der tragödie", Berlin 1873.
Willemsen, Roger: Dionysisches Sprechen. Zur Theorie einer Sprache der Erregung bei Musil und Nietzsche, in: DVjs 60, 1986, S. 103-135.
Winckelmann, Johann Joachim: Gedanken über die Nachahmung der griechischen Werke in der Malerei und Bildhauerkunst. Sendschreiben. Erläuterung, hrsg. von Ludwig Uhlig, Stuttgart 1969 (Reclam).
– Geschichte der Kunst des Altertums, Darmstadt 1982 (Neudruck 1972) (unveränderter reprografischer Nachdruck der Ausgabe Wien 1934).
Windrath, E. (Emil): Friedrich Nietzsche's geistige Entwicklung bis zur Entstehung der "Geburt der Tragödie", Hamburg 1913.
Wölfflin, Heinrich: Renaissance und Barock. Eine Untersuchung über Wesen und Entstehung des Barockstils in Italien, 7. Aufl., Darmstadt 1968.

– Kunstgeschichtliche Grundbegriffe. Das Problem der Stilentwicklung in der neueren Kunst, 14., unveränderte Aufl., Basel/Stuttgart 1970.
Wolf, Friedrich August: Prolegomena ad Homerum (1795). Scripsit Frid. Aug. Wolfius, Hildesheim 1963 (Reprografischer Nachdruck der 3. Aufl. Halle 1884).
Wolff, Hans M.: Arthur Schopenhauer. Hundert Jahre später, Bern 1960.
Wolfskehl, Karl: Die Blätter für die Kunst und die neuste Literatur, in: Jahrbuch für die geistige Bewegung. [1. Jg.], 1910, S. 1-18.
Wolters, Friedrich: Herrschaft und Dienst, in: Blätter für die Kunst. Eine Auslese aus den Jahren 1904-1909, Berlin 1909, S. 156-159.
– Herrschaft und Dienst, 3. Aufl., Berlin 1923 (zuerst 1909).
Worringer, Wilhelm: Abstraktion und Einfühlung. Ein Beitrag zur Stilpsychologie, München 1959 (Neuausgabe) (1. Aufl. München 1908).
Wüchner, Christa: Die Kunstanschauung Heinrich Heines, Diss. Würzburg 1990.

Zeitler, Julius: Nietzsches Ästhetik, Leipzig 1900.
Ziegenspeck, Erich: Der Kulturbegriff Nietzsches, Diss. Leipzig 1938.
Ziegler, Theobald: Friedrich Nietzsche, Berlin 1900.
Zilsel, Edgar: Die Entstehung des Geniebegriffes. Ein Beitrag zur Ideengeschichte der Antike und des Frühkapitalismus, Tübingen, 1926.
Zimmermann, Johann Georg: Ueber die Einsamkeit, 4 Bände, Frankfurt/Leipzig 1785.
– Betrachtungen über die Einsamkeit, Zürich 1756.
– Von der Einsamkeit, Leipzig 1773.
Zimmermann, Rolf Christian: Das Weltbild des jungen Goethe. Studien zur hermetischen Tradition des deutschen 18. Jahrhunderts, II. Bd.: Interpretation und Dokumentation, München 1979.
Zimpel, Helene: Kleist der Dionysische, in: Nord und Süd (Breslau) 108, 1904, S. 187-214.
Zola, Emile: Le Roman Expérimental (1880). Notes et Commentaires de Maurice Le Blond. Texte de l'édition Eugène Fasquelle, Paris (Œuvres complètes, 50 vol., hrsg. von M. Le Blond, Bernouard 1927 bis 30).
Žunjić, S.: Begrifflichkeit und Metapher. Einige Bemerkungen zu Nietzsches Kritik der philosophischen Sprache, in: Nietzsche-Studien 16, 1987, S. 149-163.
Zweig, Stefan: Friedrich Nietzsche, in: Zweig, Der Kampf mit dem Dämon. Hölderlin. Kleist. Nietzsche, Frankfurt a.M. 1981 (Erstausgabe: 1925), S. 203-285.
Zons, Raimar S.: Randgänge der Poetik, Würzburg 1985.
Zumbini, Massimo Ferrari: Nietzsche in Bayreuth: Nietzsches Herausforderung, die Wagnerianer und die Gegenoffensive, in: Nietzsche-Studien 19, 1990, S. 246-291.

Namenregister

Abel, Günter 153, 203, 532
Adorno, Theodor W. 26f., 226
Aischylos (Aeschylus [Äschylus]) 86, (96), 99, 303, (368), 368, 638, (670)
Alberti, Leon Battista 333
Albrecht, Jörn 532
Alexander der Große 77, 617, 628
Alkibiades 195
Allemann, Beda 722
Althaus, Horst 732
Anaxagoras 10, 635
Anaximander 635
Andler, Charles 278
Andreas-Salomé, Lou 8, 11, 142, 257, 387, 421, 595
Angelus Silesius (Johannes Scheffler) 702
Antonelli, Alessandro 216
Archilochos 381f., 659
Arendt, Dieter 610
Arifuku, Kogaku 722
Aristophanes 628, (726)
Aristoteles 51, (81), 85, 181, 336, (459), 460f., (464), 471, 473, 635, 702
Arnim, Achim von 381
Auden, Wystan Hugh 455, 582, 589
Augustus (Gaius Octavianus) 692
Avenarius, Ferdinand 296, 299, 300, 395, 398, 462, 664

Bach, Johann Sebastian 350, 354
Bachofen, Johann Jakob 88f., 391
Baeumer, Max L. 92, 93, 97, 100, 602
Baeumler, Alfred 22f., 24, 89, 543, 596
Baier, Horst 25
Balzac, Honoré de 347, 451
Barner, Wilfried 327
Bataille, George 37, 39
Baudelaire, Charles 282f., 354, 373, 374, 375, 398, 426, 451, 650, 651, 652, 653, 707f.
Bauer, Bruno 612
Baumgarten, Eduard 278
Baumgarth, Christa 644
Baumgartner, Marie 408
Beaufret, Jean 34
Beckett, Samuel 27
Beckmann, Max 158
Beethoven, Ludwig van 57, 58, 238, 262, 323, 324, 333, 334, 335, 336, 343, 344, 350, 351, 362, 387, 405, 491, 571, 572, 601, 609, 638, 654, 655, 656, 659
Behler, Ernst 25, 32, 33, 37, 91, 242, 304, 642f.
Bellini, Vincenzo 421, 462
Benn, Gottfried 22, 68, 101f., 117, 130f., 136, 158, 182, 191, 200f., 202, 246f., 252f., 279, 282, 289, 314, 315, 326, 338, 364, 365, 373, 391, 392, 395, 396, 400, 410, 421, 429, 434, 443, 454, 455, 456, 479, 489, 502, 503f., 507-509, 533, 535, 536, 547-551, 563, 564, 568, 572, 574, 578, 581, 582-589, 594f., 596, 610, 621, 622, 624, 626, 636f., 671, 683, 689, 691, 692, 703, 704f., 712, 719, 722, 723, 725, 729, 730
Bennholdt-Thomsen, Anke 141
Benz, Richard 402
Berg, Leo 606
Berghahn, Klaus L. 460
Bergson, Henri 112, 121, 127, 128
Berlinger, Rudolph 150
Berlioz, (Louis-)Hector 348
Bernoulli, Carl Albrecht 110
Bertallot, Hans-Werner 133, 427-429
Bertram, Ernst 12-14, 195, 196, 323, 355, 412, 452
Bindschedler, Maria 682
Birus, Hendrik 101, 575
Biser, Eugen 123, 241
Bismarck, Otto von 77, 261, 262, 324, 436, 629

Bittner, Rüdiger 118
Bizet, Georges 334, 335, 354, 359, 360, 657, 724
Blanchot, Maurice 171
Bleibtreu, Carl 448
Bleuler, Eugen 245
Bloch, Ernst 717
Blumenberg, Hans 240
Böcklin, Arnold 372f.
Böckmann, Paul 93, 133, 397, 409, 592
Böhme, Jakob 711
Böning, Thomas 81, 532, 631
Börne, Ludwig 482, 611
Böschenstein, Bernhard 93
Bohrer, Karl Heinz 614
Bollag, Simon 232
Bonaventura 699f.
Bonghi, Ruggero 212, 436
Borchmeyer, Dieter 310
Borgia, Cesare 121
Borsche, Tilman 103
Bosselaers, Remi 477
Boudot, Pierre 34
Bourdeau, Jean 436
Braatz, Kurt 581
Brahms, Johannes 61
Brandes, Georg 185, 212, 213, 227, 273, 280, 390, 447, 609, 626, 674, 678, 709
Brantl, Maximilian 675
Brecht, Walther 602
Brentano, Clemens 378, 381
Breton, André 684
Broch, Hermann 692f.
Brock, Werner 227
Bröcker, Walter 256, 601, 692
Bruno, Giordano 11, 271, 702
Brutus, Marcus Iunius 75, 465
Buber, Martin 562, 579
Buddha, Gotama 630, 679
Büchner, Georg 373, 486
Bülow, Hans von 671, 672, 706
Burckhardt, Jacob 76-78, 88, 216, 227-238, 244f., 329-333, 395, 436, 438, 439, 486
Byron, George Noël Gordon, Lord 122, 210, 457, 706
Caesar, Gaius Julius 77, 294, 465, 617, 628
Cagliostro, Alessandro Graf von 305, 473
Calder III, William Musgrave 102
Calderón de la Barca, Pedro 271
Camus, Albert 277
Canova, Antonio 368
Carius, Wolfgang 576
Carlsson, Anni 193
Carlyle, Thomas 278
Cassirer, Ernst 287, 614
Celan, Paul 719
Chamfort, Nicolas Sébastien Roch 667, 669, 702, 725
Charron, Pierre 667
Chassard, Pierre 33
Chirico, Giorgio de 158f.
Chopin, Frédéric 354f., 358, 360, 399, 658
Cicero, Marcus Tullius 666, 702
Claude Lorrain 354-356, 363
Colli, Giorgio 141, 219, 220, 443, 607
Columbus, Christoph 16, 150, 152-157
Conze, Edward 723
Corneille, Pierre 456
Cornelius, Peter von 347, 373
Crawford, Claudia 532
Credner, Hermann 641
Creuzer, Georg Friedrich 93, 96, 97, 137f.
Crusius, O. 101, 454
Curtius, Ernst Robert 468, 688
Cysarz, Herbert 463

Dahlhaus, Carl 209, 303, 305, 357, 653f.
Dante Alighieri 271, 292, 330, 371, 377, 490, 628, 714
Darwin, Charles Robert 124, (131), 132, 271
Daus, Ronald 451
David, Jaques-Louis 373
De Bleeckere, Sylvain 136
Dehmel, Richard 449
Delacroix, Eugène 282, 373, 374, 375
Deleuze, Gilles 34, 37, 38
Demokrit 10, 51

Derrida, Jaques 32, 36, 37, 531
Descartes, René (314), 533, 714
Detmold, J.H. 602
Deussen, Paul 42, 47, 53, 58, 63, 66, 111, 143, 214, 215, 259, 273, 439, 443
Dibelius, Martin 627
Dick, Manfred 613
Dickens, Charles 451
Diderot, Denis 454
Diem, Gudrun 255
Diez, Friedrich 421
Dilthey, Wilhelm 112, 121, 122f.
Dimter, Walter 655
Djurić, Mihailo 19, 29f., 103, 188
Dostojewskij, Fjodor Michailowitsch 447, 448, 453, 612, 673-678, 680, 689
Driever, Ralph 396
Dschingis Chan 679
Dühring, (Karl) Eugen 599
Dürer, Albrecht 372, 660, (661)
Dürrenmatt, Friedrich 726
Düsing, Wolfgang 315
Dyck, Anthonis van 375

Eckhart (Meister Eckhart) 697, 711f.
Eckermann, Johann Peter 113, 322, 356, 455, 649, 730
Ehrenstein, Albert 688
Eichendorff, Joseph von 397, 403, 404, 408, 517, 540, 644, 698f.
Eifler, Günter 32
Einem, Herbert von 370
Einstein, Carl 489, 691
Eiser, Otto 148, 280, 311
Emerson, Ralph Waldo 278, 446
Empedokles 10, 76, 92f., 611
Epiktet 665f., 696
Epikur (462), 665, 667, 668, (695), 696
Ernst, Otto 215
Essen, Siri von 620
Euripides (85), 86, 380, 458

F., B. (Pseudonym) 568
Feuerbach, Anselm 96, 98f.
Feuerbach, Ludwig 43, 91, 259f., 612
Fichte, Johann Gottlieb 48, 91, 612, 639
Fink, Eugen 19, 28, 81, 191f., 196, 288, 289, 290, 609
Fischer, Kuno 714
Flam, Léopold 34
Flaubert, Gustave 308, 451f., 454, 680f.
Fleischer, Margot 83
Floegel, Karl Friedrich 286
Fontenelle, Bernard Le Bovier de 68, 669
Förster-Nietzsche, Elisabeth s. Nietzsche, Elisabeth
Foucault, Michel 32
Frank, Manfred 93
Freiligrath, Ferdinand 430
Freud, Sigmund 32-34, 36, 317, 684
Friedrich II. (Hohenstaufenkaiser) 370
Friedrich II., der Große 628
Friedrich, Hugo 595, 697, 718f.
Friesenhahn, Peter 715
Fritz, Horst 207
Fritzsch, Ernst Wilhelm 8, 112, 114, 115, 137, 214, 266, 422
Fuchs, Carl 112, 198, 217, 293, 299, 308, 324, 332, 333, 334, 575, 587, 594
Fuchs, Georg 372
Fujita, Kazuyoshi 575

Gadamer, Hans-Georg 112, 247, 607, 614
Gaède Édouard 33
Gaede, Udo 463
Gandillac, Maurice de 560
Gast, Peter s. Köselitz (Gast: 296, 300, 355, 412, 620, 657)
Gebhard, Walter 21, 544
Genelli, Bonaventura 99f., 372
George, Stefan 232, 365, 536, 547f., 549, 560, 574, 595, 620, 692, 717f.
Gersdorff, Carl von 14, 41, 42, 43, 45, 49, 50, 53, 54, 76, 110, 114, 229, 234, 236, 237, 262, 266, 267, 271, 306, 316, 350, 477, 599, 631
Gerhardt, Volker 597, 625
Gerber, Gustav 532
Gerstenberg, Heinrich Wilhelm von 225
Gibson, Carl 408, 686

Gide, André 354f., 615
Giessler, Willy 678
Gilman, Sander L. 278, 566
Giusso, Lorenzo 446
Glasenapp, Carl Friedrich 62
Gluck, Christoph Willibald 340
Goethe, Johann Wolfgang von 11, 31, 47, 69, 70, 72, 76, 95, 102, 113, 143, 152f., 194, 195, 196, 218, (224), 237, (252), 254f., 262, 270, 277, 292, 301, 303, 314, 316, 318, 319, 322f., 324, 326, 328, 330, 337, 350, 356, 366, 368, 369, 370, 371f., 378, 380, 381, 384, 391, 392, 396, 397, 398, 399, 401, 403, 404, 405, 408, 412f., 423, 427, 429, 440, 446, 451, (452), 453, 455, (457), 459, 465, (466), 478f., (481), 482, 495, 502f., 510, 513, 514, 515, 519f., 528, 551, 581, 588, 592, 594, 596, 601, 603, 604, (606), 621, 625, 628, 630, 638, 639, 644f., 648, 649, 650, 659, 669, 681, 682, 686, 687, 689, 700f., 702, 714, 729f.
Gogh, Vincent van 150, 159, 720-722, 730
Gogh, Theo van 722
Gogol, Nikolaj Vassilevič 210
Goncourt, Edmond Huot de und Jules Huot de 373, 375f., 392, 448, 450, 451, 453, 650, 681
Goth, Joachim 327, 554, 555
Gracian, Balthasar 175, 665, 666, 667
Grätzel, Stephan 597
Grassi, Ernesto 242, 470, 632
Grau, Gerd-Günther 271
Gregor-Dellin, Martin 61, 64, 310, 311
Griesser, Luitpold 103
Grillparzer, Franz 465
Grimm, Herman 370
Grimm, Reinhold 515
Groddeck, Wolfram 566
Grundlehner, Philip 402, 566
Guattari, Félix 37
Günther, Dorothee 723
Günther, Joachim 152
Gürster, Eugen 355
Guibert, Léandre-René 446
Gundolf, Friedrich 643
Haase, Marie-Luise 604, 605
Habermas, Jürgen 25f., 93
Händel, Georg Friedrich 334, 350
Härtle, Heinrich 23
Haftmann, Werner 158, 159
Haller, Friedrich 408, 686
Hamann, Richard 581
Hanslick, Eduard 356f.
Hartmann, Eduard von 268, 399, 532, 598-600
Hauptmann, Gerhart 711
Haydn, (Franz) Joseph 350, 353
Haym, Rudolf 47, 48
Hebbel, Friedrich 307, 364, 463, 464
Heftrich, Eckhard 2, 101
Hegel, Georg Wilhelm Friedrich 10, 22, 24, 26, 31, 40, 43, 48, 77, 91, 117, 169, 172, 181, (228), 229, (230), (238), 268, 319f., 325, 342f., 344, 348, 352, 380, 382, 385, 399, 466, 479-484, 485, 581, 598, 610f., 623, 628, 629, 630, 631
Hehn, Victor 453, 495
Heidegger, Martin 12, 16-19, 22, 23, 29, 30, 31, 34, 36, 37, 38, 39, 40, 88, 120, 134, 146, 181-183, 208, 366, 477, 479, 548, 564, 597, 601, 604, 606, 609, 610, 611, 633, 690
Heidemann, Ingeborg 287
Heine, Heinrich 31, 68, 94-96, 259, 396-399, 403, 423, 453, 481f., 484, 511f., 515, 601, 602, 603, 604, 611, 612, 628f., 630, 644, 651, 664
Heinse, Wilhelm 602
Heller, Erich 232, 324
Heller, Peter 302
Hempfer, Klaus W. 532
Henrich, Dieter 169
Heraklit (Herakleitos) 10, 76, 103, 117, 118, 261, 289, (417), 634-636, 637, 667, 707
Herbart, Johann Friedrich 48
Herder, Johann Gottfried 218, 225, 382, 520, 537, 606, 664, 669, 716f.
Hermand, Jost 403, 581
Herwegh, Georg 43
Hess, Walter 158, 159
Heym, Georg 156f., 405, 449, 622, 644

Hildebrandt, Kurt 297, 319, 619, 620
Hillebrand, Karl 161
Hinck, Walter 527
Hinz, Walther 137
Hitler, Adolf 619, 693
Hocke, Gustav René 321, 541, 688
Hölderlin, (Johann Christian) Friedrich 92-94, 122, 123, 132, 133, 155f., 181, 195, 244, 403, 408, 409, 427f., 429, 574, 592, 594, 600f., 650, 661, 669, 686, 687, 690f., 718, 730f.
Hoffmann, E(rnst) T(heodor) (Wilhelm) A(madeus) 397, 409, 644, 699
Hofmannsthal, Hugo von 365, 512, 548, 580
Hollinrake, Roger 566
Holz, Arno 492
Homer 51, 52f., 60, 103, 118, 303, 321, 323, 330, 390, 468, 469, (486), 514, 515, 518, 628, 659
Horaz (Quintus Horatius Flaccus) 328, 392f., 396, 398, 400, 554, 555, 695, 702
Horneffer, Ernst 605f.
Howald, Ernst 102
Huber, Eva 372
Hugo, Victor 347, 352, 448, 495, 644, 712
Huizinga, Johan 635
Hultberg, Helge 183
Husserl, Edmund 112

Ingres, Jean-Auguste-Dominique 373

Jacob, P. Walter 355
Jäckel, Kurt 442
Jahn, Otto 58, 101
Jähnig, Dieter 91
Janson, H.W. 688
Janz, Curt Paul 62, 63, 137f., 141, 142, 143, 245, 292, 297, 311, 355, 361, 375, 619, 629, 640, 642, 709
Jaspers, Karl 8, 12-17, 21, 22, 28f., 91, 94, 108, 111, 118, 119, 133, 141, 181, 201, 240f., 279, 409, 575, 609, 619, 625, 635, 709, 723, 730
Jean Baptiste (Johannes der Täufer) 679
Jean Paul (Johann Paul Friedrich Richter) 612, 639, 699
Jesus/Christus 55, 75, 93f., 259, 271, 307, 405, 418, 526, 557, 560, 577, 603, 611, 612, 639, 674f., 679f., 699, 711, 726,. 728
Joël, Karl 303f., 642
Jonas, Fritz 315
Jost, Dominik 373
Joyce, James 27
Jünger, Friedrich Georg 523
Jung, Carl Gustav 152, 683
Jung-Stilling, Johann Heinrich 455

Kafka, Franz 27, 626, 689, 709
Kandinsky, Wassily 593, 655f.
Kapp, Julius 64
Kant, Immanuel 10, 24, 31, 40, 42, 43, (46), 70, 82f., 205, 217, 274-276, 325, 399, 473, (475), 476-478, 532, 607, 623, 631, 724
Kassner, Rudolf 565
Kauffmann, Kai 566
Kaufmann, Walter 31, 107, 192, 254, 642
Kaulbach, Friedrich 165, 249, 618
Kein, Otto 91, 385
Keller, Gottfried 452, 453, 455
Keller, Otto 688
Kerényi, Karl 437, 631, 672
Kern, Hans 91
Kierkegaard, Sören 178, 442, 519, 572, 662, 708f., 729
Kiy, Victor 48
Klages, Ludwig 22, 30, 121, 134, 248
Klein, Johannes 403, 407, 409
Kleinknecht, Karl Theodor 398
Kleist, Heinrich von 104, 169, 210, 429, 601, 650
Klopstock, Friedrich Gottlieb 244, 427, 592, 663, 669
Klossowski, Pierre 38f.
Knortz, Karl 298, 299, 542
Koch, Martin 141, 282
Köckert, Marie 137
Köhler, Joachim 620
Körner, Theodor 405
Köselitz, Heinrich (Peter Gast) 11, 13,

14, 27, 109, 111, 113, 137, 141, 142, 143, 148, 162, 163, 177, 211, 213, 216, 217, 220, 246, 254, 256, 282, 292, 296, 299, 300, 310, 311, 351, 355, 356, 358, 400, 410, 412, 413, 419, 420, 421, 422, 433, 435, 436, 452, 513, 514, 527, 559, 566, 585, 595, 619, 620, 626, 646, 653, 657, 662, 667, 673, 674
Köster, Peter 633
Kofman, Sarah 35, 537
Koller, Hermann 285, 287
Kommerell, Max 437, 460
Koppen, Erwin 442
Kreis, Rudolf 434, 611, 618, 636
Kremer-Marietti, Angèle 2
Kreutzer, Hans Joachim 334
Kris, Ernst 688
Krug, Gustav 41, 259, 266
Kruse, Bernhard-Arnold 660
Kuhn, Helmut 243f., 638
Kurz, Otto 688

Laban, Ferdinand 143
La Bruyère, Jean de 669, 702
Lacoue-Labarthe, Philippe 34, 241, 531
Lämmert, Eberhard 708
Landor, Walter Savage 446
Lange, Friedrich Albert 532, 631
Lange-Eichbaum, Wilhelm 247f., 583, 619, 621
Langer, Norbert 304, 643
Langreder, Hans 23
Lao-tse 722
La Rochefoucauld, François de 666, 667, 668, 669, 712
Laube, Heinrich 482, 511
Lecky, William Edward Hartpole 286, 366, 491
Leibniz, Gottfried Wilhelm 307
Lenau, Nikolaus 408, 421, 686
Lenbach, Franz von 100
Leonardo da Vinci 369, 370, 375, 376, 377, 628
Leopardi, Giacomo 122, 210, 354, 399f., 408, 446, 706
Lepenies, Wolf 577
Lernet-Holenia, Alexander 596, 705
Lesky, Albin 106, 382
Lessing, Gotthold Ephraim 102, 177, 218, 347, 413, 418, 460, 461, 500, 511, 644, 648, 663f.
Lessing, Theodor 8, 129
Lévy-Bruhl, Lucien 683
Lichtenberg, Georg Christoph 175, 455
Lipiner, Siegfried 639-641, 642
Liszt, Franz 43, 44, 271, 310, 348, 355
Lösel, F.A.G. 566
Löwith, Karl 8, 17, 21f., 23, 134, 181, 259, 609
Lommatzsch, Erhard 421
Lommel, Hermann 137
Ludwig II., König von Bayern 41, 269f., 442, 609
Ludwig XV. 405
Ludwig XVI. (Louis Capet) 405
Lukács, Georg 24, 25
Luther, Martin 31, 143, 431
Lypp, Bernhard 106

Macaire, Robert 679
Magnus, Bernd 241
Maier, Mathilde 65, 198
Mainländer, Philipp 616, 631
Mallarmé, Stéphane 718f.
Mann, Heinrich 117, 131, 202, 373, 395, 454, 508, 610
Mann, Thomas 108, 125, 130, 246, 247, 248, 542, 581f., 583, 621, 622, 626, 675, 677, 693f., 699
Mansfeld, Jaap 102
Mark Aurel (Marcus Aurelius Antonius) 665, 696
Margolius, Hans 176, 402
Marinetti, Emilio Filippo Tommaso 644
Marini (oder Marino), Giambattista 370
Marquard, Odo 634
Martial (Marcus Valerius Martialis) 664
Martin, Alfred von 229, 232
Martini, Fritz 141, 276, 543
Marx, Karl (24), 25, 32, 33, 34, 36
Marx, Rudolf 233
Mason, Eudo C. 614
Mathes, Jürg 381
Maurer, Reinhart 25, 625

Mayer, Hans 61, 310
Mehregan, Hushang 137
Mehring, Franz 24f.
Meier, Christian 632
Meister, Ernst 432
Mendelssohn-Bartholdy, Felix 350
Mendès, Catulle 442, 443
Menzel, Wolfgang 481
Mereschkowskij, Dimitrij 637
Mérimée, Prosper 446
Messer, August 132, 133, 557
Meyer, Richard Moritz 446, 606, 710
Meyer, Theo 191, 499, 583
Meysenbug, Malwida von 5, 109, 110, 114, 143, 300, 310, 311, 372, 375, 408, 567, 625, 674, 684
Michelangelo Buonarroti 330f., 367, 369, 370f., 490, 588, 628, 657
Mirabeau, Honoré Gabriel de Riqueti, Graf von 75
Mistry, Freny 723
Möbius, Paul Julius 246, 618f., 620
Mörike, Eduard 400f.
Mohammed 75
Möhrmann, Renate 697
Molière (Jean-Baptiste Poquelin) 456
Mommsen, Momme 93
Monet, Claude 374
Montaigne, Michel Eyquem de 665, 667-669, 697
Montinari, Mazzino 23, 24, 219, 220, 241, 443f., 606, 607, 611f.
Morawa, Hans 145
Morché, Pascal 424
Moretto, Il (Alessandro Bonvicino) 237
Moritz, Karl Philipp 613
Moses 75, 371
Mozart, Wolfgang Amadeus 238, 271, 334, 340, 348f., 350f., 353, 354, 355, 358, 360, 656, 657, 658
Müller, Karl Otfried 96, 97f.
Müller, Wilhelm 685
Müller-Lauter, Wolfgang 19, 257, 604
Mushacke, Hermann 45, 48, 631
Musil, Robert 251f., 562, 622
Musset, Alfred de 210, 398
Napoleon Bonaparte 77, 261, 262, 294, 330, 371, 405, 446, 447, 617, 628f., 637, 677, 679, 706, 726
Naumann, Barbara 532
Naumann, Constantin Georg 212, 309, 435
Naumann, Gustav 286
Nero, Claudius Drusus Germanicus 679, 728
Nestle, Wilhelm 103
Neumann, Gerhard 176
Neumann, Peter Horst 378
Niebuhr, Barthold Georg 453
Nietzsche, Elisabeth (Schwester) 45, 63, 109, 112, 123, 137, 148, 149, 192, 211, 220, 232, 234, 237, 266, 335, 422, 430, 570, 625, 641, 662, 671f. (Förster-Nietzsche)
Nietzsche, Franziska (Mutter) 45, 50, 111, 211, 212, 214, 220, 266, 640, 641
Norden, Eduard 627
Novalis (Friedrich Leopold Freiherr von Hardenberg) 93, 116f., 173, 187, 195, 305, 335f., 341, 389, 427, 454, 494, 539-541, 590f., 612f., 683, 699, 711

Oehler, Richard 642
Oelze, F.W. 587f.
Offenbach, Jacques 603, 657
Ôkôchi, Ryôgi 722
Olzien, Otto H. 114
Ottmann, Henning 24, 201, 612
Otto, Walter F. 193, 400, 486
Overbeck, Franz 3, 7, 11, 16, 68, 110, 111, 113, 123, 142, 143, 146, 150, 163, 164, 212, 216, 221, 256, 279, 280, 283, 298, 311, 354, 372, 398, 410, 420, 435, 436, 448, 472, 559, 562, 619, 620, 627, 629, 646, 647, 662, 666, 673, 715
Overbeck, Ida 109, 245
Ovid (Publius Ovidius Naso) 565

Pannwitz, Rudolf 437
Panofsky, Erwin 688
Parmenides 10
Paronis, Margot 145

Pascal, Blaise 76, 611, 665, 666, 711
Paulus 627
Pautrat, Bernard 34, 35, 38
Pestalozzi, Karl 282, 373, 627
Petrarca (Petracco, Francesco) 697, 702
Petzoldt, Leander 633
Pfeiffer, Arthur 145
Pfeil, Hans 215
Pfotenhauer, Helmut 30, 98, 255, 281, 373, 426, 452, 457, 597f.
Phidias 365, 367f., 371
Picht, Georg 39f.
Pilatus, Pontius 418
Pindar 399, 400, 669-671, 687
Pinder, Wilhelm 258, 259, 404, 516, 638
Pitti, Luca (332), 333, (363), (365)
Platen, August Graf von 354, 395, 424
Platon 10, 11, 31, 40, 60, 75, 76, 82f., 101, 117, 129, 149, (198), 240, 271, (309), 319, (337), 368, (395), 454, 466, 467-474, (475), (526), 549, 556, 679, (693)
Plutarch 74f., 611, 665
Podach, Erich F. 215, 218f., 220, 420, 442, 443, 619, 671
Poe, Edgar Allan 210
Poeschke, Joachim 333
Pohl, Richard 309, 568
Polenz, Wilhelm von 679
Pollak, Oskar 626
Preisendanz, Karl 666
Preisendanz, Wolfgang 304, 413, 603, 664
Preller, Ludwig 96, 97, 437
Prutz, Robert 398
Puschkin, Aleksandr Sergejewitsch 678
Pütz, Peter 25

Quint, Josef 697, 711
Quintilian(us), Marcus Fabius 670

Racine, Jean Baptiste 456
Raffael (Raphael) (Raffaello Santi) 85, 303, 321, (334), 363, 364, 367, 369f., 375f., 389, 490, 590
Rajna, Pio 421
Ranke, Leopold von 71
Rasch, Wolfdietrich 565
Rasin, Stepan 679
Rau, Leopold 266
Reber, Hans-Dieter 206
Rée, Paul 5, 6, 410, 599
Rehder, Helmut 437
Reinhardt, Karl 231, 437, 672
Rehm, Walther 321, 612
Rembrandt (R. Harmensz van Rijn) 375
Renan, Ernest 71, 728
Reuber, Rudolf 207
Rey, Jean-Michel 35
Richter, Raoul 8
Rickert, Heinrich 108, 127-129, 132
Ricœur, Paul 32f.
Riehl, Alois 125f.
Rilke, Clara 615
Rilke, Rainer (René) Maria 244, 365, 387, 389, 449, 579f., 592, 614f., 703f., 718, 719
Ritschl, Friedrich Wilhelm 51
Ritschl, Otto 233
Rodenberg, Julius 409
Rodin, Auguste 365, 387, 580, 615, 704
Röckel, August 308
Rohde, Erwin 6, 41, 42, 49, 50, 51, 54, 57, 58, 59, 61, 66, 88, 100, 101, 143, 150, 237, 266, 267, 303, 372, 407, 408, 421, 454, 494, 561, 620, 640, 661, 665
Roos, Carl 93
Roos, Richard 138
Roscher, W.H. 715
Rosenkranz, Karl 651
Ross, Werner 59, 63, 236
Rossini, Gioacchino 334, 355, 656, 657
Rosteutscher, J.H.W. 93, 257
Rousseau, Jean-Jacques 31, (278), 334, 697f.
Rubens, Peter Paul 303, 321, 323, 373, 375
Rudensky-Brin, Slata Genia 264
Ruge, Arnold 398
Ruh, Kurt 712
Ruprecht, Erich 239, 242

Sabanejew, Leonid Leonidowitsch 655
Saint-Just, Louis Antoine Léon de 405
Salaquarda, Jörg 630, 631
Salin, Edgar 232, 234
Salis-Marschlins, Meta von 435
Sallust (Gaius Sallustius Crispus) 392, 554f.
Salomé, Lou von s. Andreas-Salomé, Lou
Sartre, Jean-Paul 277, 283
Sautermeister, Gert 205
Schadewaldt, Wolfgang 460, 659, 669, 670
Schaeder, Hildegard 612
Scheier, Claus-Artur 395
Schelling, Friedrich Wilhelm Joseph 43, 48, 90f., 93, 162, 188, 305, 325, 369, 385, 598, 599, 612, 631
Schestow, Leo 679
Schiller, Friedrich von 42, 43, 70, 75, 85, 94, 102, 128, 156, 189, 275, 288, 315, 316, 321, 344, 380, 420, 427, 454f., 459, 460, 461, 462f., 464, 465, 466, 499f., 502f., 513f., 558, (595), 648, 659, 664, 689f., 715, 727
Schings, Hans-Jürgen 460, 698
Schirnhofer, Resa von 1, 221, 627
Schlegel, August Wilhelm von 91, 174, 304, 305
Schlegel, Friedrich von 91f., 144, 174, 176f., 187, 189, 242f., 304, 321, 341, 352, 378, 494, 540f., 613f., 643, 644f., 651
Schleiermacher, Friedrich Daniel (91)
Schlosser, Julius von 688
Schmeitzner, Ernst 144, 148, (177), 254, 280, 419, 646, 647
Schmidt, Gerhart 254
Schmidt, Hermann Josef 254
Schmidt, Jochen 42, 607
Schmidt, Rüdiger 408
Schneider, Ursula 2
Schönberg, Arnold 397, 656
Schöne, Albrecht 549
Schopenhauer, Arthur 10, 20, 24, 29, 31, 40, 41-51, 54f., (56), 58f., 68, 69, 70, 75, 78f., 82-84, 91, 101, 117, 122, 124, 126, 129, 136, 143, 149, 175, (176), 179, 182, 205, 227, 229, (257), 261, 263, 266, 267, 269, 271f., 283, 291, 299f., 302, 306, 307, 309, 323f., 341-343, 347, 350, 372, 383-385, 396, 459-463, 473-478, (485), 532, 578f., 581, 584, 585, (586), 590, 598, 599, (600), 601, 616, 622, 630, 631, 638, 644, 647, 654, 659, 666, 667, 673, 678, 697, 701f., 706, 708, 710, 711
Schreyer, Lothar 574, 711
Schrimpf, Joachim 687
Schubert, Franz 323, 350, 397
Schubert, Gotthilf Heinrich 162, 539, 684
Schuch, Ernst 657
Schulz, Walter 29, 134, 188, 482
Schulze, Friedrich 47
Schumann, Robert 350, 397, 644, 706
Schuré, Edouard 713
Schwanauer, Franz 386
Schwind, Moritz von 373
Scott, Walter 347
Seneca, Lucius Annaeus 53, 665, 666, 695
Seydlitz, Reinhart von 6, 123, 159, 214, 310, 562, 567
Shakespeare, William 86, 292, (309), 368, 405, 430, 456, 460, 461, 464, 465, 466, 657, 668, 679, 688
Simmel, Georg 121, 131f.
Simon, Josef 118, 532
Simonides 486, 669
Sizzo, Gräfin Margot Sizzo-Noris-Crouy (Margarete) 389
Skrjabin, Aleksandr Nikolajewitsch 655
Sloterdijk, Peter 107, 193, 265
Sokrates 31, 60, 68, 103, 178, 179, 195, 254, (295), (344), (380), 454, 458, (473)
Sonderegger, Stefan 532
Sophokles 91f., 181, 458, 460, 464, 515
Spengler, Oswald 584
Spinoza, Baruch (Benedictus) 10, 75f., 714f.
Spir, Afrikan 631
Spitteler, Carl (Pseudonym: Carl Felix Tandem) 112, 299, 639, 641f.
Spitzer, Hugo 81

Stackelberg, Roderich von 23
Stegmaier, Werner 118
Stein, Heinrich von 148, 629
Stein, Wilhelm 373
Stendhal (Henri Beyle) 446, 447, 476f., 628, 667, 673, 674
Sterne, Lawrence 153, 157, 333, 453
Sternheim, Carl 691
Stifter, Adalbert 452, 453, 455
Stirner, Max (Caspar Schmidt) 612
Strich, Fritz 650
Strauss, David Friedrich 91, 179, 270, 612, 728
Strindberg 111, 292, 620, 730
Sulzer, Johann Georg 270, 730

Tönnies, Ferdinand 124f.
Taine, Hippolyte 371, 373, 446, 448
Tandem, Felix (Pseudonym für Carl Spitteler) 641
Tasso, Torquato 465
Teichmüller, Gustav 631
Tellenbach, Hubert 47, 261
Thales 47, 68
Thamer, Hans-Ulrich 633
Thatcher, David S. 61, 140
Theokrit (512), 514f., 695
Thurnher, Rainer 531
Tieck, Ludwig 360, 397, 400, 511, 644, 698, 699, 711
Tintoretto (Iacopo Robusti) 375
Todorow, Almut 558
Tolstoj, Lev Nikolajevič 13, 447, 621, 678-680
Trakl, Georg 718
Tschiżewskij, Dimitrij 606
Turgenev, Ivan Sergeevič 612
Turner, William 373

Ueberweg, Friedrich 47
Uhland, Ludwig 397, 405, 644, 685
Ulmer, Karl 19, 28f., 199
Ungeheuer, Gerold 532
Unterberger, Rose 638
Uxkull-Gyllenband, Woldemar Graf 75

Vaihinger, Hans 8, 124
Vasari, Giorgio 331
Vauvenargues, Luc de Clapiers, marquis de 669
Venturelli, Aldo 648
Verdi, Giuseppe 349, 657
Vergil (Publius Vergilius Maro) 692, 695
Verrecchia, Anacleto 216, 442
Verweyen, Johannes Maria 307
Viëtor, Karl 275, 566
Vietta, Egon 693
Villani, Giovanni 688
Vischer, Friedrich Theodor 382, 651
Vischer-Bilfinger, Wilhelm 59, 234
Vivarelli, Vivetta 25, 278
Vogel, Martin 106, 439, 671
Völker, Ludwig 660
Volkmann-Schluck, Karl-Heinz 135, 304, 431, 477
Voltaire (François-Marie Arouet) 8, 337, 646f., 702, 706, 724

Wackenroder, Wilhelm Heinrich 360, 389, 699
Wagner, Cosima (vorher Cosima von Bülow) 56f., 59, 60, 61, 62, 100, 234, 245, 272, 298, 300, 306f., 309, 438f., 443, 671f.
Wagner, Richard 8, 15, 20, 23, 26, 40, 41-44, 46, 48-51, 54-66, 69f., 75, 78, 79, 80, 82, 85-88, 94, 96, 98, 99f., 103, 104, (106), 129, 136, 143, 178, 179, 185, 186, 193, 194, 197, 209, 224, 227, 234, 236, 239, 240, (241), 242, 243, 260, 261, 262, 264, 266, 267, 269f., 271, 272, 282, 283, 291, 295-300, (301), 302f., 305-312, 314, 319, 321, 323f., 325, 327, 328, 333-335, 336, 338-355, 357-360, 369, 371, 373f., 377, 378, 393, 395, 398, 436, 438, 440f., 442, 447, 448, 451, 458, 464, (466), 473, 494f., 504, 510, 514, 521, 522f., 524f., 526-528, 561, 568, 571 (586), 589f., (592), 599, 601, 602, 609, 614, 622, 626, 630, 632, 638, 643, 644, 645, 646f., 648, (650), 653-656, 657f., 659, 662, 671f., 679, (680), 706, 712
Wahnes, Guenter H. 629

Wallenstein 380, 727
Walz, Christian(nus) 486
Wapnewski, Peter 209, 303, 311
Watanabe, Jiro 606
Weichelt, Hans 138, 726
Weidlé, Wladimir 544
Weigand, Hermann 692
Weingartner, Felix 642
Weinrich, Harald 532
Welcker, Friedrich Gottlieb 96, 98, 437
Wellershoff, Dieter 683
Wentzlaff-Eggebert, Friedrich-Wilhelm 711
Westernhagen, Curt von 98, 100, 309, 311
Widmann, Josef Victor 214, 642
Wiecki, Ernst von 278
Wienbarg, Ludolf 511
Wilamowitz-Moellendorff, Ulrich von 101f.
Wilhelm II. 436
Willemsen, Roger 545, 618
Winckelmann, Johann Joachim 102, 224, 237, 322, 328, 364, 367f., 371, 648, 649
Windrath, Emil 48
Wölfflin, Heinrich 329-331, 333
Wolf, Friedrich August 53
Wolff, Hans M. 267
Wolfskehl, Karl 717
Wolters, Friedrich 718
Worringer, Wilhelm 158

Zeitler, Julius 8, 190, 597
Zelter, Karl Friedrich 350
Zoroaster 136-138
Ziegenspeck, Erich 232
Ziegler, Theobald 8
Zilsel, Edgar 42
Zimmermann, Johann Georg 698, 702
Zimmermann, Rolf Christian 714
Zimmern, Helen 111
Zimpel, Helene 104
Zola, Émile 448, 450f., 453, 650
Žunjić, S. 532
Zweig, Stefan 107, 250

Sachregister

Schlüsselbegriffe, die aufgrund ihrer Häufigkeit nicht im einzelnen belegt werden, sind in Kursive gesetzt. Werktitel und leichte Wortänderungen sind mit Klammer versehen. Die Belege sind in der Regel vollständig. In einer Reihe von Fällen bestehen sie allerdings aus Gründen der Valenz aus einer Auswahl.

Abbild 81ff., 136, 288f., 319, 379, 452, 468f., 471f., 474, 485, 503, 548, 551, 595, 607
Abend 588, 661
Abendmahl 286
Abgründigkeit 96, 423, 438, 510, 516, 574, 587, 595
Abgrund (s.a. Daseinsabgrund) 3, 38, 246, 293, 358, 380, 417, 418, 420, 426, 431, 432, 443, 516, 530, 562, 563, 576, 597, 616, 688, 706, 726, 727
Absolute, das 29, 90, 188, 257, 325, 366, 479, 480, 508, 573, 574, 615, 672, 683, 723, 731
Absolutes 29, 244
Adler 140, 240, 406, 528, 569, 576, 708
Absurde, das 277
Absurdität 644f., 688
Aether 687
Affe 133, 194, 430, 524, 688f.
Affekt
Affektenpsychologie 134, 316
Agnostizismus 229, 502, 636
Ahriman 137
Ahura Masda 138
aletheia 183, 367
Albatros 425f.
Alleinsein 569, 570, 576, 696, 700, 703, 705, 709
Allmensch 678
Amfortas 309
amor fati 46, 137, 167f., 273, 294, 401, 434, 517, 557, 721, 722
amor dei intellectualis 714f.
Amphion 368
Anachoret 697
Anruf 244, 245, 425, 428, 592, 615, 669
Anrufender 244
Anschauung, interesselose 630
Anschauen, reines 659
Anschauung und Begriff 538f.
An-sich, das; an sich 28, 82, 84, 118, 170, 201, 274, 434, 467, 473, 474, 476, 478, 483, 553
Antichrist 728
Antike
dionysische Antike 104
antiquarisch (s.a. Historie) 66, 69, 70, 72, 77, 263, 354, 366, 490, 491
Antiquarische, das 336f.
Antisemiten 436
antisemitisch 23
Antisemitismus 624
Antonius der Große 681
Aphorismus 21f., 142, 145, 163, 169, 171-178, 196, 219, 304, 350, 396, 402, 429, 444, 445, 455, 465, 510, 554, 555, 666, 668
Aphorismusmensch 177, 178
Aphoristik 176
Aphoristiker 21, 124, 175, 178, 402
aphoristisch 1, 5, 9, 21, 46, 176, 178, 402, 456
Aphoristische, das 178
aphoristische Daseinsauffassung 178
aphoristische Existenz 178
Apollo, Apollon 55f., 79-108, (315), 317, 367f., 437, 471, 486, 505f., 600
dionysischer Apollon 437
vatikanischer Apollo 98f.
Apollinische, das
apollinisch
Apostel 571, 707, 717
Apostrophe 402, 405, 412, 429, 527

Apotheose
Apotheosen-Künstler 302, 303, 323, 369
Apotheosen-Kunst 302
Künstler-Apotheose 63, 239, 261
archaisch 141
Archaische, das 26, 141, 292
Archaismus 226
arché 242
archetypisch 141, 241, 353, 380, 683f., 701
Architektur 234, 237, 238, 327, 329, 330, 332, 361, 362, 363-378
Architektur in Tönen 368
Ardinghello 602
Ares 98
Ariadne 2, 93, 245, (427), 434, 436-439, 527, 671-673
Ariadnefaden 39
aristophanisch 726
aristotelisch 81, 459, 464
Armut 721
l'art pour l'art 203, 223, 224, 313, 393, 394
Artist(en) 5, 131, 172, 205, 206, 208, 282, 324, 350, 354, 355, 373, 391-398, 421, 446, 451, 454, 456, 457, 465, 472, 473, 476, 535, 545, 563, 582, 645, 653
Artisten-Evangelium 198, 395
Artisten-Metaphysik 206, 301, 396
Artistentum 393, 394, 645
Artistik 131, 373, 391, 393, 395, 396, 397, 399, 443, 453, 454, 456, 457, 482, 507, 508, 545, 552, 563, 689
artistisch
Artistische, das 198, 206, 270, 391-397
Askese 42, 43, 96, 584, 665, 697, 705
Asket 262, 267, 521, 602
asketisch 36, 327, 447, 478, 521
Atheismus 611, 676
Atheist 594, 611, 676
Athene Parthenos 367
Atlas 397
Aufklärer 25, 31
aufklärerisch 8, 25, 107, 121, 141, 286, 413, 484, 492
Aufklärung 26, 86, 292, 487, 491, 623, 645, 646, 664, 698, 701
Auge(n) 132, 136, 147, 154, 255, 385, 409, 440, 475, 477, 517, 565, 571, 576, 630, 640, 667, 706
Aulos 368
Ausdruck
Fanatiker des Ausdrucks 373
Fanatismus des Ausdrucks 373
Ausdrucksdenken 535
Ausdruckswelt 102, 131, (253), 507, 508, 551, 584, 682
Mittel und Zweck des Ausdrucks 653
Auslegung 574f.
Autismus, autistisch 39, 111, 245, 359, 489
Autonomie 27, 37, 80, 136, 225, 610
Autonomie der Kunst 27, 80, 225
Awesta 136f.

Baal 449
Bacchus 95, 97, 372, 602, 691
Barbaren des 19. Jahrhunderts 67
Barbaren des 20. Jahrhunderts 129, 624
Barock 327, 329-333, 367
Barockkünstler 330
Barockkunst 65, 327
Barockstil 326-330, 334, 367
Barocktragödie 460
Basel 59, 65
Bau 212, 213, 214, 221, 226, 537
Baukunst 237, 328, 331ff., 338, 361, 365ff., 369, 470
Baumeister 75, 226, 227, 269, 365, 524
Bautrieb 74
Bauwerk 332, 367, 533
Bauwille 226
Bayreuth 59-66
Bayreuther Festspiele 61, 63ff.
Begeisterung
apollinische Begeisterung 90
dionysische Begeisterung 90
Begriff (vgl. bes. 533-539)
Bejahung (s.a. Daseinsbejahung, Lebensbejahung, Ja-Sagen) 24, 52, 65, 284, 285, 294, 302, 390, 584, 587, 606, 634
Beleidigung, die tödliche 311
Berg(e) 408, 415, 559, 562, 641, 706, 708, 715, 716
Berglinger, Joseph 360
Bestie, blonde 410

Beten 714
Betrüger 398, 488, 489
Betrug, Betrügerei 173, 485, 522, 623
Bewegung 605, 656, 721, 723
Bewegungskunst 655
Bewußtsein 600, 612, 618, 669, 682
Bewußtseinskritik 598
Bibel der Zukunft 216
Biber, Biber-Bau 212
Biene 557
Bild(er) 655, 658, 659, 669, 694, 704, 708, 724
Bilderfunken 659
bildender Künstler 367, 654
bildende Kunst 81, 98, 362, 363, 365, 367, 368, 372f., 474, 658, 660
Bildhauer 272, 273, 364
Bildhauerei, Bildhauerkunst 86, 238, 361, 363-378, 470
Bildner 364, 713
Bildung 22, 50, 66f., 71, 79, 96, 102, 233, 242, 246, 263, 368, 581, 599, 603, 626, 648
Bildungsroman 452f.
Biologie 410
Biologische, das 130
Biologismus 33, 127-133, 252, 621, 624
biologisch, biologistisch
Biologist 127f., 131
biologistische Ästhetik 134, 598
bionegativ 130, 281, 583f., 621
Bionegative, das 247, 621
Bionegativität 247
biopositiv 130, 621
Bios 146
blau 53, 154, 355, 442
Blaue, das 150, 154, 423
Blitz 255, 388, 390, 437, 455, 529, 559, 727, 729
Block (Silvaplana) 390
Blut 61, 76, 149, 264, 310, 405, 412, 418, 473, 516, 541, 552, 651, 705, 714, 715, 729
brevitas 555f.
Bruchstück(e) 171, 174, 178, 443, 457, 563
Brüderlichkeit 678ff.
Brünnhilde 302, 514
Brunnen, Springbrunnen 563, 580
Buch, Bücher
das erste Buch 216
das gefährliche Buch 214
das monologische Buch 713
das tiefste Buch 112, 445, 625
das Buch aller Bücher 296
erlebte Bücher 159
Buddhismus 230, 282, 475, 584, 585, 722, 723
Buddhist(en) 723
Bühne 85, 107, 194, 342, 348, 458, 523, 524, 593, 655
Bühnen-Sprache 351
Büßer des Geistes 520, 525
Bukolik 420, 514f.
Bund 265, 559f.

Caecilia (303), (590)
Canova-Stil 368
Carmen (309), (359), (657)
Chaos 24, 38f., 80, 173f., 335, 613, 717
das schöne Chaos 174
Charon 516
Chor 85, 92, 265, 654f., 670, 707
Christ, Christentum, Christlichkeit, christlich
christlich-platonische Weltauslegung 20, 179, 259, 395
claritas 196, 555
clarté 314, 391, 402
constantia 45, 53, 460, 462, 667, 695

daimon 242, 659
Danton 373
Darwinismus 130, 227
Dasein
Daseinsabgrund 136, 192, 504, 508, 516
Daseinsbejahung 20, 168, 185, 192, 284f., 291, 293f., 322, 324, 462f., 584, 595, 615, 621, 635, 652, 723
Daseinsentwurf
Daseinsfülle 586
Daseinsschuld 307, 463
Daseinssteigerung 500, 641
Daseinsverklärer 167, 509, 584
Daseinsverklärung 185, 303, 506, 583, 648

Daseinsverneinung 285
Daseinsverrätselung 438
Daseinsverwandlung 634
Daseinsvollendung 284, 506
Dauer 127, 226, 365
David (371)
décadence, Dekadenz, dekadent
décadent, der 103, 280-282, 296, 622, 674, 678
Decomposition 540
Dekonstruktion 31ff., 35f.
delectare 363, 418, 552, 590
delectare et prodesse 363, 393
Demeter 382
Denken
Deszendenz 271
Deszendenztheorie 133
deus absconditus 260
deus sive natura 714
Dialektik
Dialog 85, 457, 473, 525f., 578f., 582, 629, 687
sokratischer Dialog 473
Diastole 557, 576, 713
Dichter (vgl. bes. 509-530)
Dichter-Denker 601, 602, 618
Dichter-Erschleichnis 478, 510, 519
Dichter-Gleichnis 519
Dichter-Philosoph 18, 545
naiver und sentimentalischer Dichter 515, 545, 596, 601, 731
Dichterlinge 610, 691
Dichterpack 691
Ding an sich 47, 82ff., 118, 198, 274, 452, 473, 534
Dinge, große 436, 559, 576
Dinge, die höchsten 593
Dinge, höhere 717
Dionysos, das Dionysische, dionysisch (vgl. bes. 79-108, 615-618)
mein Begriff 'dionysisch' 617
das Wort 'dionysisch' 616, 672
apollinischer Dionysos 391, 437
gefrorener Dionysos 369
geistiger Dionysos 90, 429
lebendiger Dionysos 369
leidender Dionysos 291
sokratischer Dionysos 254
vergeistigter Dionysos 90
Vergeistigung des Dionysos 428, 617
zerstückelter Dionysos 291
Dionysos-Bakchos 90
Dionysos-Iakchos 90
Dionysos-Zagreus 90, 291, 471, 715
dionysos triumphans 291, 458
Künstler Dionysos 287
Philosoph Dionysos 294, 617
dionysos philosophos 617
Symbol des Dionysos 94, 291, 672
Flöte des Dionysos (97), 312, 358, 360, 595
Dionysos-Fest 57, 94, 265, 631
Dionysos-Ideal 294, 617
das Dionysisch-Apollinische 367
Duplizität des Dionysischen und Apollinischen 55f., 80, 85, 87, 285, 600, 603
Komplementärverhältnis des Dionysischen und Apollinischen 338
Konstitutionsgesetz des Dionysischen und Apollinischen 55
das Dionysische als Konstitutionsgesetz der Tragödie 85
dionysischer Artist 395
dionysischer Chor 85, 92
dionysischer Einzelwille 294
dionysischer Geist 99
dionysische Identität 253f.
dionysische Identifikation 346
dionysischer Individualwille 367
dionysischer Künstler 257, 286ff., 296, 302, 314, 323, 379
dionysische Kunst 29, 102f., 208, 284-312, 320f., 323, 351f., 360, 367, 384f.
dionysisches Leben 24, 53f., 56, 77, 80, 82f., 85, 87, 93-96, 103-106, 117, 123, 242, 253, 260, 274, 285, 289, 291-294, 301, 314, 319, 322, 332, 346, 348, 360, 379, 385, 428, 442, 444, 457f., 460, 462f., 485, 487, 506f., 511, 530, 559, 564f., 593f., 618, 648f., 660, 673, 680, 682ff., 692, 694, 711, 723
dionysische Natur 258, 282, 286, 293, 294, 296
dionysische Paternität 89
dionysischer Pessimismus 302, 586

dionysisches Philosophieren 426
dionysischer Sokratiker 254
dionysischer Sozialismus 265
dionysische Weisheit 87, 108, 286
dionysischer Weltenkünstler 290
dionysischer Weltgrund 345
dionysischer Weltspiegel 345
dionysischer Weltuntergrund 346
dionysischer Weltwille 82, 84, 117, 136, 147, 235, 277, 286, 345, 659
dionysische Willensbejahung 307
dionysischer Zustand 85, 92
tragisch-dionysischer Zustand 291
dispositio 551
Dithyrambus, dithyrambisch
monologischer Dithyrambus 402, 427, 594
monologischer Dithyrambiker 429
docere 418, 552, 590
document humain 449ff.
Doppelgänger 424, 651, 661, 699
Don Giovanni (349)
Drama, dramatisch (vgl. bes. 457-466)
apollinisches Drama 87
musikalisches Drama (s.a. Musikdrama) 62, 86f., 209, 339, 340f., 343, 349, 653ff.
Wortdrama 87, 346, 458
Urdrama 85
Dynamit 111, 214
Drittes Reich 22f.

Egoismus 83, 143, 269, 278, 341, 526, 665
Eidos 473
Einbildung 364, 380
Einbildungskraft 315, 413, 500
Eingebung 225, 387, 389, 390
Einheit
Einheit der Künste 57, 346, 347
die drei Einheiten 313, 465
Einsamer
Einsamkeit, einsam (vgl. bes. 694-709)
absolute Einsamkeit 65, 141, 214, 243, 246, 389, 390, 410, 429, 438, 443f., 517f., 557, 562ff., 566, 571, 576, 578, 580, 589, 591f., 594f., 657, 671, 695, 697, 701, 703, 705, 716, 718, 720
aufgezwungene Einsamkeit 607
azurne Einsamkeit 703
dionysische Einsamkeit 559, 696
erhabene, freiwillige Einsamkeit 607
existentielle Einsamkeit 706
funktionale Einsamkeit 703
halkyonische Einsamkeit 440
Heimat Einsamkeit 558
konstitutionelle Einsamkeit 123, 702
kreative Einsamkeit 565, 567, 695, 701
lähmende Einsamkeit 569f.
letzte Einsamkeit 444, 568f.
melancholische Einsamkeit 567
misanthropische Einsamkeit 701
romantische Einsamkeit 699
schöpferische Einsamkeit 140, 557, 561f., 569
siebente Einsamkeit 433, 568, 715f.
stoische Einsamkeit 702
weltschmerzliche Einsamkeit 701, 706
zeugenlose Einsamkeit 569
Göttin Einsamkeit 567, 660
Ur-Einsamkeit 701
Einsamkeiten 704
drei Einsamkeiten 716
sieben Einsamkeiten 568, 589, 716
Einsiedelei 697
Einsiedler 1, 2, 12, 407, 432, 559, 561, 563, 567, 569, 573, 578, 697, 699, 702, 707, 711, 715, 721
Einsiedler ohne Gott 432, 563, 702
Zwangs-Einsiedler 715
Einzelkunst, Einzelkünste 40, 338-378, 386, 524
Synthese der Einzelkünste 339
Wiedervereinigung der Einzelkünste 346
System der Einzelkünste 363
der große Einzelne 42, 49, 77, 120, 218, 263, 264, 271, 279, 372
Eis 409, 413, 443, 517f., 671, 687
Ekstase 57, 91, 97, 127, 255, 287, 292, 329, 336, 358, 425f., 428, 492, 618, 652, 655, 724
disziplinierte Ekstase 336, 428, 724
Ekstatik 402f.
ekstatisch
élan vital 127

Elegie 404, 440, 513
elegisch
eleos 460
elocutio 551
Empfindsamkeit 698
Empfindung
'Empfindung' bei Herder: 225, 382, 607, 717
energeia 9, 151, 207f., 211, 320, 550
Engadin 410, 595
Engel 236, 244, 283, 614f., 715
Entfremdung 25, 65, 150, 252, 295, 443, 517, 562, 581, 591, 699
Enthüllung
(vgl. bes. *Enthüllungspsychologie*)
Enthusiasmus, enthusiastisch
Entwurf
Entwicklung 24, 117, 131ff., 214, 218, 228, 230, 233, 271, 324, 722, 731
Entwicklungsfremdheit 722
Epigramm 402, 413, 415f., 418, 554f., 663f.
Epigrammatik 392, 555
Epikureer 667, 703
epikureisches Einsamkeitsideal 702
epikureische Philosophie 695
epikureisches Vergnügen 462
epikurisches Verhältnis zum Dasein 4
Epimetheus (641)
Epos 53, 379, 455, 658f.
episch 53, 81, 99, 144, 304, 452, 455
Erde 2, 89, 136, 155, 213, 225, 259, 288, 356, 429, 437, 438, 479, 519, 554, 637, 667, 671, 687f., 700, 702, 704, 726, 728ff.
Erfreuen 363, 393
ergon 9, 207, 208, 211, 320, 550
erhaben 41, 43, 50, 55, 57, 79, 146, 259, 275ff., 307, 364, 370, 409, 533, 658
Erhabene, das 63, 132, 154, 155, 157, 258, 262, 275-277, 332, 337, 368, 371, 405, 406, 410, 425, 460, 462, 463, 502, 505, 506, 513, 606, 670
Erhabenheit 41, 43, 68, 155, 274-277, 410, 449, 516
das Pathetischerhabene 460
die Erhabenen 574
Erhebung 48, 459f., 462, 491, 612, 699
Erinnerung 62, 74, 374, 383, 442, 484, 519, 603, 613, 708
Erkennen, Erkennender, Erkenntnis (vgl. bes. 187f.)
Erlebnis, Erleben (vgl. bes. 145-170)
Erleuchtung 338, 388
Erleuchtungserlebnis 138, 161f., 165f., 390, 424, 434
Erlöser 66, 168, 264, 646
Erlöserin 727
Erlösung 44, 82, 85, 125, 156, 168, 206, 301, 307, 333, 334, 340, 344, 375, 379, 384
Erlösung im Schein 85, 125, 206, 379
Ernst
Eroberer 10, 93, 156, 184
Erobern, Eroberung 16, 49, 570
erschaffen 293, 322 (sich erschaffen), 602
Erschaffen 167, 292, 606
Erscheinung 56, 82-85, 118, 274f., 316, 318f., 342, 344, 366f., 384, 458, 460, 474, 479, 484f., 503, 524, 534, 658
Erscheinungswelt 44, 47, 82ff., 118, 339, 345, 347, 459, 473, 479, 483, 485, 631, 637
apollinische Erscheinungswelt 82, 345
Erzeugung 66, 75, 78, 79, 227, 477
Erziehung 48, 78f., 218, 264f., (499), 500, (503), 555, 664
Esel, Eselsfest 286
esprit supérieur 628
Evangelium 144, 198, 265, 395
Evangelium der Kunst 395
Evangelium des Schönen 395
Evangelium der 'Weltenharmonie' 265
Artisten-Evangelium 198, 395
évolution créatrice 127
Evolutionstheorie 133, 227, 241, 271
Evolutionist 588
Ewigkeit, das Ewige, ewig
das Ewig-Gleichbleibende 714
das Ewig-Männliche 479
das Ewig-Närrische 479
das Ewig-Weibliche 479
Existenz (vgl. bes. 109-115)
aphoristische Existenz 178
dionysische Existenz 94, 298, 324, 658

'essayistische' Existenz 249f.
Experimentalexistenz 149, 245, 246-256, 248-251, 280, 623f.
experimentierende Existenz 150, 623
labyrinthische Existenz 3
monologische Existenz 65, 93, 123, 570, 601, 671, 709f.
statische Existenz 588
Existenzphilosophie, existenzphilosophisch 14-17
Existenz-Philosophie 168, 453
Existenzialismus 283
Experiment 3, 37, 116, 148f., 169, 178, 249f., 280, 299, 394, 413, 618
Experimentalentwurf 250
Experimentalexistenz (s. Existenz)
Experimentalliteratur 448
Experimentalphilosoph 297
Experimentalphilosophie 148, 168, 248, 623ff., 628
Experimentalroman 393, 448, 452f.
Experimentalstoff 218, 249
Experimentalwissenschaft 624
Experimentator 10, 402, 623f., 628, 642
expérimentateur 448
Selbstexperiment 623
Experimentieren 1, 3, 21, 160, 387, 399, 586, 624f.
Expressionismus 429, 449, 527, 590, 592, 711
Expressionist 156
Expressions- und Ausdruckswelt 102

faculté maîtresse 371, 448
Faschismus 24
Fatalismus 322, 451, 482, 721
Fatum 95, 390, 458, 463, (636), 716, 722
Faust (72), (391), (519f.), 520, 701
Feldherr 121, 258, 629
Ferne 406, 415, 434, 514, 571, 699f., 705f.
Fernstes 150, 415
Fernsten-Liebe 415
Fest 57, 64, 66, 94, 95, 185, 223, 265, 285, 286, 374, 438, 443, 484, 518, 523, 631-634
christliches Fest 286
dionysisches Fest 285, 286
Dionysos-Fest 57, 94, 265, 285, 631, 635
Eselsfest 286, 633
Fest des Denkens 633
Fest des Intellekts 633
Narrenfest 286, 633
kollektives Kunstfest 632
neue Feste 286
Festfreude 286, 633
Festreligion 631
Festtag 438
Festtier 443
Gedächtnisfeste 484
Festspiel(e) 60, 63ff., 98
Feuer (568), 571, 634, 670, 721
Fiktion
Fidelio (343)
fin de siècle 564, 583, 637
Flamme 136, 150, 157, 418, 571, 577, 637, 681f., 716
fliegen 406, 408, 554, 594
Fliegen, das 554
Fliegen, die 581
Fluß 634
Form
absolute Form 131, 395, 508, 549, 551, 595, 658
apollinische Form 91, 98, 314, 367
autonome Form 357, 507
klassische Form 313ff., 319, 329, 331, 335, 352, 354, 399, 457, 648ff.
reine Form 131, 333, 504, 508, 548
romantische Form 314, 329
romantische Formauflösung 315, 648
statische Form 368, 730
Form und Tiefe 391
Formtrieb 275
Frage 3, 178, 426, 427, 430, 431, 502, 516, 520, 521, 523, 526
Fragen, das 1, 3, 22, 106, 107, 426, 432, 437, 526, 674
Fragezeichen 4, 106, 432, 433, 667
Fragender 3, 604, 676
Fragment (vgl. bes. 171-180)
Frankreich 32, 50, 398, 451, 481
Franzosen 391, 446, 450, 466
Freidenker 5

Freigeist 141, 142, 402, 406f., 410, 421, 446, 487f., 491, 584
Freigeisterei 612, 667
Freiheit
Freude 420, 469, 484, 632, 640, 662f., 667, 673, 707, 708, 724
Freudengott 690
Freund(e) 6, 42, 45, 53, 65, 408, 419, 429, 442f., 517, 518, 559, 567f., 589, 646, 653, 698, 703, 708, 716
Freundin 608
Freundschaft 306, 621, 668
Frühling 280, 404f.
Führer 66, 517, 633, 709, 710, 717f.
Führerin 412
führung 717
Fülle
Für-mich, das; für mich 28, 118, 170, 201, 274, 434, 467, 476, 478, 610
Furcht und Mitleid 459f.
Fürsprecher des Lebens 146, 271
Füße 724
Fuß 413f.

Gattung, Gattungen
Gaukelkünstler 470
Gaukelspiel 527
Gaukler 471, 694
Gebärde
Gebet 142f., 258, 436, 518, 563, 565, 566, 568, 611
Gebirge 278, 409f., 418, 431, 516ff., 557, 696, 701
Geburt 264, 608, 610, 711
Gedanke
geschaffene Gedanken 167, 202
große Gedanken 166, 373, 570, 574, 716
Gedankendenken 535
Gedicht
absolutes Gedicht 153, 527, 582
monologisches Gedicht 407, 583
Sinngedicht 413, 417, 663f.
Spruchgedicht 400, 402f., 413, 417, 419, 423, 663f., 707, 715
Stimmungsgedicht 397, 403, 516
Gefahr 3, 59, 62, 72f., 109f., 155f., 270, 284, 324, 333, 413, 418, 439, 441, 470, 500, 555, 569, 573, 607, 629, 644, 661, 672, 687, 703, 721, 731
Gefährlichkeit, Gefährliches 1, 2, 109, 154, 214, 236, 305, 438, 500, 524, 573f.
gefährlich leben 155
Gefährten 417
Gefolgschaft 717
Gefühl
Gegenglück 314, 705
Geheimnis 420, (423), 578ff., 591, (603), 620, 639, 705, 711
Gehirnerkrankung 731
Geist
absoluter Geist 77, 117, 479, 482
apollinischer Geist 55, 107
artistischer Geist 130, 391
dionysischer Geist 429
formbewußter Geist 313, 508
formschaffender Geist 705
formsetzender Geist 315
freier Geist 119, 130, 157, 304, 354, 412f., 421f., 425, 428, 512, 523, 578, 646f.
imperatorischer Geist 650
jasagender Geist 299, 543
konstruktiver Geist 130, 587
monologischer Geist 428
produktiver Geist 270
schöpferischer Geist 320, 571, 643
tänzerischer Geist 130
weltregierender Geist 292f.
Geist der Schwere 415, 554, 593
Geist der Schwermut 661
Geisteskrankheit 245, 248, 439, 619, 699, 731
Geister
Geistergespräch 68
Gekreuzigte, der 93, 94, 307, 322
Gelächter 479, 725f.
Gelehrter 66, 69, 89, 102, 106, 234, 262, 299, 387, 399, 488, 523, 689
Gelehrten-Republik 68
Gemeinschaft 68, 178, 207, 218, 231, 265, 269, 410, 428, 695f., 701f., 705, 709f., 717f.
Gemüt 44, 63, 92, 97, 98, 254, 259, 282, 342, 380, 382, 383, 480, 486, 503, 665

Gemüterregungskunst 540
Gemütsruhe 666, 698, 702
Genialen-Republik 68
Genie, Genius
dionysisches Genie 583
gemeinsames Genie 269
Gemeinschaftsgenie 269
soziales Genie 269
Genie-Aberglaube 387, 494, 644
Genie-Enthusiasmus 494
Genie-Entlarvung 495
Genie-Glaube 536
Genie-Skeptizismus 494
Genie-Verklärung 495
Genie-*haben* 225, 493
Genie-*sein* 225, 493
Genie-*verneinen* 493
Genie der Lüge 502
romantischer Geniebegriff 43, 494
génie supérieur 628
apollinischer Genius 107, 385
Weltgenius 382
Genosse 522
Genossen 567
Genua 16, 419
genus grande 552, 554, 583, 670
George-Kreis 717f.
Gerechtigkeit 39, 46, 61, 73, 465, 470, 665
Germanisierung 23
Germanismus 23
Gesamtkunstwerk 86, 343, 347, 632, 654, 655
Geschichte (s.a. Historie) (vgl. bes. 227-238)
Geschlechtstrieb 317f., 633
Geschmack 64ff., 149, 275, 277, 285, 313, 319, 322, 325, 326, 329, 332, 334, 337, 350, 371, 416, 456, 477 (Kant), 570, 587, 607, 608, 616, 645, 648, 650f., 657, 666, 669, 670, 693, 708, 729
Geselligkeit 695, 701f.
Gesellschaft
Gesetz 39, 57, 146, 174, 289, 308, 318, 319, 332, 335, 351, 395, 463, 521, 532, 556, 576 (Wille und Gesetz), 691, 718, 725
Gesetzgeber 10, 11, 77, 93, 184, 330, 370, 611, 677
Gesetzgebung 556, 605, 532
Gesetzgebung der Begriffe 556
Gespräch 67f., 139, 473, 526, 579, 582, 590
Gestirn 434f.
Gesundheit 73, 130, 163, 167, 213, 218, 232, 248, 249 (die *grosse* G.), 279ff., 376, 586, 612, 621f., 693, 702
Gesunder 58, 281, 731
Gewaltmensch 332f., 365, 415, 452
Gezwerge 68
Gipfel 418, 688
Gleichnis 140, 181, 185, 194, 362, 379, 384, 478, 520, 543, 544, 574, 593, 614, 626
Glück (vgl. bes. 2, 506, 522)
Glückgefühl 153, 433, 477, 590, 610, 662, 700
Glück-Lügenstunde 504
Gold 158, 351, (391), 559
golden 439
goldklar 401
Gold-Stern 137f.
Gorilla 676, 689
Gotik 367, 490
gotisch 328, 366f.
Gott
Gott ist tot (vgl. bes. 609-612)
der Gott, ein Gott
apollinischer Gott 97, 437
christlicher Gott 136, 198, 200, 244, 259, 265, 427, 436f., 507, (515), 594, 609ff., 627f., 723
dionysischer Gott 523, 593, 616
unbekannter Gott 106, 260, 402, 407, 436f., 521f., 527, 566, 592, 627-628
verborgener Gott 198
zerstückelter Gott 291
Henker-Gott 522
Künstler-Gott 135, 204f., 289
der Gott am Kreuz 291
Götter
Götterdämmerung (63f.), 301
das Göttliche 364, 625, 627, 631, 670, 724, 730f.
Gottheit 592, 613, 621, 660, 714, 727, 730

Gottmensch 612, 676
Gräcia 603
Grammatik 531, 533, 534
Grausamkeit 633
Griechen 10, 20, 23, 57, 62, 68, 69, 88, 96, 102, 103, 106, 107, 126, 174, 239, 240, 272, 278, 288, 294, 323, 325, 326, 328, 364, 368, 370, 371, 393, 453, 462, 486, 487, 504, 508, 603, 614, 632, 669
Griechentum 41, 51-70, 88, 96, 102, 103, 236, 237, 288, 337, 505, 515, 730
Urgriechentum 242
Größe
historische Größe, die 75, 76, 78, 228, 278
Größenbewußtsein 620
Größenwahn 436, 620, 731
Große, das
Großen, die 75, 271, 298, 418, 419
Groteske, das 725
Gruppe 560, 709, 718
Güte 158, (313), 510, 730
Gute, das 137, 139, 315f., 477, 482, 553, 651

Hades 635, 637
häßlich 375, 394, 448, 451, 499f., 515
Häßliche, das 65, 288, 324, 371, 394, 425, 448, 449, 451, 452, 650-652
Häßlichkeit 324, 325, 650
Halkyonier 352
halkyonisch 153, 157, 158, 355, 426, 439, 440, 442, 507, 512, 514, 662
Halkyonismus 594
Hamlet 192
Hand (Hände) 364, 391, 413, 414, 415, 434, 443, 528
Handeln 463, 464, 477, 482, 623, 624
Handlung 58, 85, 92, 339, 341-346, 351, 382, 453, 457, 458, 461, 464, 488, 489, 655
Handwerk 52, 492, 493, 512, 724
Handwerker 470, 493, 510
Handwerker-Ernst 387, 492
Hanswurst 443, 523, 657, 726
Heide 322, 372
Heidentum 262, 286, 322, (729)
Heiland 307, 603, 604
Heilige, das 555, 651
Heiliger 20, 69, 129, 187, 227, 258, 261, 262, 425, 525, 590, 617, 665, 675, 702
Heimat 55, 72, 406, 407, 459, 641, 685, 687, 704
Heimatlosigkeit 406, 410, 643
Heiterkeit, heiter (vgl. bes. 441f.)
dionysische Heiterkeit 413
euphorische Heiterkeit 355, 442, 593
freie Heiterkeit 421, 422
griechsiche Heiterkeit 96
melancholische Heiterkeit 355, 421, 442
schöpferische Heiterkeit 421
südliche Heiterkeit 355
tiefe Heiterkeit 442
tragische Heiterkeit 351, 661
voluntative Heiterkeit 442
Heiterkeit und Ernst 195
Heiterste, der 441
Helena 95
Held, Helden 75, 92, 123, 240, 263, 271, 305, 308, 346, 370, 415, 453, 458-463, 469, 629, 656, 672, 676, 677, 680, 728
Hellenen 56, 118, 603
Hellenentum 54, 56, 603
Hellenische, das 67, 648
Helios 321
Herakles 93, (239), 382
Heraklit-Exkurs 634-636
Herbst 355, 391, 402, 404, 407ff., 426, 566
Lebensherbst 408f.
Herde 466, 497, 560, 677, 679, 686, 695, 707, 709f.
Hermeneutik 18, 39, 40, 112, 575
hermeneutisch 13, 32, 34, 36, 38f.
Hermetismus 718
Heroenkult 121
heroisch
heroisch-idyllisch 514
Heroische, das 75, 350, 406, 513, 596
Heroisierung (des Künstlers) 225
Heroismus 205, 596, 630
Heros 514, 606, 691
Herr 533
Herrenmensch 446

Herrenmenschentum 602
Herrenmoral 124, 446, 619, 677
Herrschaft (und Dienst) 718
Herrscher 718
Hervorbringen, das 109, 160, 196, 273, 284, 365, 375
hervorbringen 81, 91, 122, 253, 255, 257, 267, 274, 409, 474, 481, 482
Hervorbringung 66, 79, 109, 162, 188, 197, 218, 244, 255, 273, 468, 544, 604, 614, 624, 703
Hervorgebrachte, das 183
Hervorzubringendes, ein 183, 606
Herz
Herzensflamme 522
Herzenstiefe 481, (503), 627
Himmel 89, 157, 259, 355, 356, 362, 387, 426, 434, 435, 519, 559, 571, 594, 636, 665, 681, 685, 687, 705, 721
Himmelslicht 719
Hiob 95, 448
Hirt 420, 560, 686, 709f., 726
Historie (s.a. Geschichte) 70-77, 166, 179, 203, 236, 239, 240, 336, 373, 471f.
antiquarische Historie 70, 239, 336
kritische Historie 70, 72, 73, 336
monumentalische Historie 70, 72, 76, 336
historische Krankheit 73
historisches Fieber 73
Historische Schule 71
Historismus 71, 204, 232
Überhistorische, das 73
Unhistorische, das 73
Höhenmenschenpathos 721
Höhenmenschentum 121, (250), 416, 675
Höhle 1, 2, 214, 562
Höhlenbär 1, 2
'Höhlen'-Dasein 2
'Höhlen'-Existenz 1
Höhlengleichnis 82, 319
Hoffen 440, 596
Hoffnung 20, 50, 54, 59, 63, 164, 186, 222, 262, 301, 309, 372, 461, 519, 717
Hohenzollern 436
l'homme de génie 708
grand homme 628
homme labyrinthique 2
nouvel homme 676
homme supérieur 446, 606
Homosexualität 620
Horizont(e) 2, 3, 4, 22, 26, 70, 73, 107, 150, 152, 158, 232, 438, 644
Hündchen 641
Humane, das 432
humanitas 666, 695
Humanisierung (der Antike) 69
Humanismus, ästhetischer 275
Humanität 56, 69, 126, 143, 218, 235, 334, 413, 459, 520, 612, 665
Humanum, das 255, 664
Humor 661, 727
Hunger 302, 317
Hungernder 530
Hymne 132, 152, 301, 401, 403, 420, 427, 428, 436
Hymnik 406, 427, 592
monologische Hymnik 592
Hymniker 144
Hymnische, das 403, 423
Hymnus 145, 301, 382, 386, 401, 402, 407, 486
hymnisch, hymnisch-dithyrambisch
Hyperboreer 671
Hyperion 123, 133

Ichspaltung, Ichverlust 699
idea 288, 471
Idee
Platonische Idee, Ideenlehre 40, 60, 79, 82, 198, 200, 319, 468-473, 474f.
Ideal(e)
asketische Ideale 447, 478, 621
heidnisches Ideal 648
heroisches Ideal 596
klassisches Ideal 648
romantisches Ideal 644f.
Idealismus 47, 63, 65, 90, 91, 96, 117, 119, 126, 168, 200, 242, 261, 304, 305, 309, 325, 336, 337, 427, 463, 472, 553, 591, 607, 613, 699, 711
magischer Idealismus 304, 591, 613, 711
romantischer Idealismus 305

Idealist 585, 596, 635, 668
Identifikation 596, 638, 674, 731
dionysische Identifikation 638, (731)
Identität
dionysische Identität 253, 683
Identitätsphilosophie 325, 428, 613
Idiot 59, 308, 466, 675, 728
Idiotentum 674
Idiotische, das 305
Idylle 154, 156, 410, 419, 420, 421, (423), 440, 512-518, 595, 687, 697
heroische Idylle 410, 513f., 516ff., 595
Idylliker 420, 596
Igel 176, 557
Illusion (s.a. Irrtum, Täuschung) 16, 33, 73, 116, 183, 225, 229, 366, 446, 458, 468, 503, 504, 506, 532, 602
Impression 566
Impressionismus 374
Impressionisten 374
Individualisierung 617
Individuation 39, 54, 291, 380, 458, 462
Individuum
Individualismus 25, 264, 602, 612, 701
Individualität 71, 232f., 481, 567, 697, 701
das große Individuum, die großen Individuen 43, 74-78, 210, 227f., 232, 236, 238, 241, 258, 262f., 272, 338, 405, 447, 617, 629, 677
das produktive Individuum 28
das schöpferische Individuum 66f., 70, 74f., 120, 235, 238, 271f.
die welthistorischen Individuen 77, 207, 227, 232, 628f.
ingenium 393, 493
Inhalte 396, 726
Inhalt-Form 91, 142, 191, 193, 224, 339, 354, 357, 392f., 412, 479, 536, 595, 619, 645
Insel 561, 602, 716
Inspiration 20, 42, 113f., 161-165, 190, 209, 225, 247f., 272, 351, 376, 385-391, 492ff., 599, 608, 613
Inspirierter 138, 162, 190, 380, 390, 609
Instinkt 65, 72, 74, 84, 103, 118, 126f., 280, 298, 319, 333f., 337, 351, 376, 391, 447, 450, 456, 461, 463, 467, 553, 570, 621, 630, 648f., 673, 678, 680
Intellektualität 592
Interessante, das 189, 353, 651
interessant 507, 621
inter-esse 507
Interesse 25, 31, 51, 119, 268, 325, 355, 476-478, 480, 484, 488, 668
interessegebundene Kunst 44
interessiertes Anschauen, Schaffen 477
interesselos 43, 44, 172, 205, 275, 477, 478, 484, 631
Interesselosigkeit 325, 476, 477
Interpret 575
Interpretieren, das 574f.
Interpretation 7, 118, 165, 274, 315, 473, 533, 574, 575
Introversion 564, 582, 583, 589, 620, 722
Intuition 20, 28, 46, 48, 101, 125, 127, 138, 247, 262, 387, 426, 486, 492, 531
Intuitionismus 129
Intuionist 127
intuitiv 21, 46, 58, 112, 114, 161, 166, 176, 231, 238, 333, 336, 386, 487
Intuitive, das 113, 128, 390
inventio 551
Iphigenie 459
Iris 502
Ironie, ironisch
romantische Ironie 145
Irrtum (s.a. Illusion, Täuschung) 47, 60, 359, 409, 467, 476, 489, 501, 532, 534, 612, 650, 653
Islam 230
Isolde (49), (87), 346, 440
Ixion 478

Jahrhunderte, die drei 645
Ja, das 293, 435, 587
Ja-Machen 369
Ja-Sagen 137, 143, 145, 168, 285, 286, 293, 294, 299, 312, 322, 369, 435, 460, 586, 610, 615, 616, 634, 635
Ja-Sager 584
jeux floraux 421
Jude 23, 398
Judentum 398, 603
jüdisch 50, 398

Jünger 58, 106, 265ff., 294, 519, 526, 571, 588, 617, 641
Jugendstil 207, 373
Junges Deutschland 511
Junges Europa 602
Jupiter 41, 681f.

Kabbalistik 541
Kameraden 570
Kampf ums Dasein 227, 271
Katharsis 459ff.
Kausalanalyse 161
Kausale, das 489
Kausalismus 203
Kausalnexus 465, 489
Kausalität 47, 82, 380, 485, 533
kausalanalytische Weltauslegung 203
Kentauren (Centauren) 66
Karma 722
Karneval 726
Kehre 722
Kerl, großer 606
Kind 209ff., 216, 289, 577, 579, 614, 635f., 702, 721f., 728
Kinderherde 702
Kind-sein 722
Kinder-Spiel 635
Weltenkind Zeus 289
Kindheit 611, 627, 707
Kirche 311, 322, 367, 421, 679f.
Kiriloff 453
Kithara 368
Klingsor 523
Klage 436, 694, 696, 715
Klassik 327, 353, 368, 503, 647, 648, 694
Klassiker 323, 351
klassisch
klassische Form 314, 331, 352, 354, 399, 457
klassischer Stil (s. Stil)
Klassische, das 52, 67, 312, 315, 318, 321, 354, 391, 650
Klassizismus 68, 102, 319, 357, 368, 371, 373, 597, 645
klassizistisch 102, 326, 356, 364
Klassizisten, französische 456, 466
Klassizität 40, 312-338, 353, 356, 357, 367, 370, 374, 375, 377, 393, 399, 401, 452, 647-650
Klima (340), 493
klimatisch 163, 494
Körper 344, 364, 512
körperlich 63, 89, 390
Kollektiv 265
Kollektivismus 264
Kolossale, das; kolossal 329-333
komisch 341
Komische, das 515
Kommentar 7, 177, 216, 224, 348
Kommunikation
Kommunisten 482
Komödie 48, 63, 102, 430, 471, 725, 726
Komödie des Daseins 725f.
Konstruktion 595, 612
autonome Konstruktion 595
Kontemplation, kontemplativ 29, 84, 205, 474, 475, 478, 630
konzeptualistisch 532
kosmisch 80, 81, 116, 135, 207, 286, 479, 490
Kosmologie 241
kosmologisch 21
Kosmos 635, 717
Kraft, Kräfte
Krähen 402, 407, 410, 566
krank 65, 95, 128, 161, 309, 515
Kranker 305, 454, 619, 622, 715, 716
Krankes 674
krankhaft 62, 63, 373, 460
Krankheit 10, 31, 73, 95, 128, 146, 167 (Siechtum), 168, 173, 246-249, 279-283, 373, 531, 583, 585, 612, 618-622, 693, 730f.
die 'Krankheit' als 'Stimulans' 168, 249
die historische Krankheit 73
Kreislauf 168, 294, 730
Kreuz 58, 93, 95, 291, 322, 603, 604, 644
Krieg 23, 50, 65, 66, 262, 284, 307, 363, 445, 446, 523, 624, 634, 636, 652
Kriminalität 624
Kritische Theorie 25
Kritizismus 631
Krone 705, 726

Dornenkrone 726
Rosenkranz-Krone 726
Kronos (440)
Künstler (vgl. bes. 181-256, 509-530)
apollinischer Künstler 384
dekadenter Künstler 282, 297
dionysischer Künstler 286ff., 302, 314, 323, 379
dionysisch-klassischer Künstler 321, 323
griechischer Künstler 363f., 452
impressionistischer Künstler 374
menschlicher Künstler 80f., 470
monologischer Künstler 564
naiver Künstler 321, 376
naiv-klassischer Künstler 351
pessimistischer Künstler 504
romantischer Künstler 302, 313
sentimentalischer Künstler 321
sentimentalisch-romantischer Künstler 351
tragischer Künstler 504
willensmächtiger Künstler 320
Apotheosen-Künstler 302, 303, 323, 369
Aufgangs-Künstler 298
Künstler-Apotheose 63
Künstler-Denker 185
Künstler Dionysos 287
Künstlergedichte 689
Künstlerglaube 367, 490
Künstler-Gott 135, 204f., 289
Künstler des Lebens 603
Künstler-Philosoph 10, 12, 182, 185, 189, 471, 473
Künstler-Psychologie 376f.
Niedergangs-Künstler 298
Rauschkünstler, dionysischer 81
Traumkünstler, apollinischer 81
Rausch- und Traumkünstler 81
Urkünstler 81, 205, 277, 286
Urkünstler der Welt 81
Weltenkünstler, dionysischer 81, 290
Kult, kultisch
Kultur (vgl. bes. 227-238)
Kultur und Zivilisation 581
Kulturträger 455, 626
Kunst (vgl. bes. 181-256)
antike Kunst 366
apollinische Kunst 87, 367, 368, 384, 385, 466
asiatische Kunst 368
degenerative Kunst 510
degenerierte Kunst 306
dekadente Kunst 312
demagogische Kunst 712
diktatorische Kunst 451
dionysische Kunst 29, 102, 208, 240, 284-312, 320ff., 351, 360, 367, 384f., 564, 583
dionysisch-apollinische Kunst 82f., 87, 100, 345, 385, 505
dionysisch-klassische Kunst 352
dionysisch-tragische Kunst 291, 505
engagierte Kunst 284, 481, 679
gesellschaftliche Kunst 712
göttliche Kunst 195, 470
griechische Kunst 56, 96, 103, 366, 368, 480
heitere Kunst 351
hellenische Kunst 102
heroisch-imperiale Kunst 338
interessegebundene Kunst 44
interesselose Kunst 44
klassische Kunst 189, 314, 318, 319, 321, 326, 352, 401, 481, 681
lebensbejahende Kunst 296
lebensverneinende Kunst 296
Monolog-Kunst 563, 564, 572
monologische Kunst 65, 285, 563, 564, 566, 572, 582, 583, 584, 589, 590, 591, 712, 713
naive Kunst 189, 321, 589
pessimistische Kunst 284, 448, 678
plastische Kunst 82, 367
reale Kunst 469
realistische Kunst 295, 493
religiöse Kunst 491
romantische Kunst 29, 208, 295-312, 313, 320, 321, 326, 351, 352, 510, 584
statische Kunst 365
statisch-autonome Kunst 284
tanzende Kunst 415, 724
tragische Kunst 351, 505
volksnahe Kunst 679
zukünftige Kunst 56, 481, 491

klassische Kunstform 342
romantische Kunstform 342
symbolische Kunstform 342
die Kunst als Aufgabe des Lebens 80, 198
die Kunst als Funktion des Lebens 80, 105, 223, 466
die Kunst als Gegenbewegung 134, 201, 202
die Kunst als Stimulans des Lebens 18, 156, 197, 199, 202ff., 207, 253, 281
die Kunst als metaphysische Tätigkeit des Lebens 80, 131, 197ff., 204, 207
die Kunst als metaphysische Tätigkeit des Menschen 197
Apotheosen-Kunst 302
Autonomie der Kunst 27, 80
décadence-Kunst 295, 374
Kunst-Ding 365, 387, 704
Kunstfeind 467, 473
Kunst der Feste 223, 632
Kunstgottheiten 9, 81
Kunsthandwerk 512
Kunsthandwerker 493
Kunstinstinkt 29
Kunst der Künstler 632
Kunst für Künstler 681
Kunst der Kunstwerke 632
Metaphysik der Kunst 28, 30, 99, 125, 205, 206, 288, 386, 490
Kunst-Mythos 26, 28, 240, 241, 243, 255, 256
Kunstperiode 481, 484, 490
Kunst-Philosophie 377
die Kunst als Organ der Philosophie 28f.
Physiologie der Kunst 30, 134, 597f.
Kunstreligion 341, 361
Kunstschöne, das 316, 319, 320, 483, 485
Kunstträger 455, 626
Kunsttrieb 81, 565
Kunsttriebe der Natur 81, 258
apollinischer Kunsttrieb 81
dionysischer Kunsttrieb 81
apollinisch-dionysischer Kunsttrieb 82
Kunsttrieb des Künstlers 258
Kunst, Religion und Philosophie 479f. (Hegel)
Kunst vor Zeugen 563, 566
Kunstzustände der Natur 80f.
Kunstwerk (vgl. bes. 208-227)
décadence-Kunstwerk 225
dionysisch-apollinisches Kunstwerk 85, 87
klassisches Kunstwerk 178, 225, 314
lebensdynamisches Kunstwerk 284
naturalistisches Kunstwerk 225
plastisches Kunstwerk 98
synthetisches Kunstwerk 656
willenloses Kunstwerk 477
die Welt als ein sich selbst gebärendes Kunstwerk 290
Kunstwerk der Zukunft 56, 264, 341, 632
Künste
Synthese der Künste 345, 655
Vereinigung der Künste 652, 654, 655
Vereinzelung der Künste 345
Vermischung der Künste 347, 373
Verquickung der Künste 347, 351
Verschmelzung der Künste 339
Wiedervereinigung der Künste 86, 340, 346, 655

Labyrinth 1, 2, 39, 174, 437f., 457, 671, 672, 673, 719
labyrinthisch 1, 2, 3, 426, 428
lachen 256, 397, 441, 525, 526
Lachen, das 155, 209, 351, 445, 522, 569, 593, 625, 721, 725-729
Lachende, der 726
Lachenden, die 728
Lacher, die 729
Lächerliche, das 277, 505f.
Langeweile 283
Laokoon-gruppe 599
lateinisch 393
Latinität 313, 396, 457, 554f.
Leben (vgl. bes. 115-121, 121-135, 145-170, 197-256, 257-284)
animalisches Leben 656
apollinisches Leben 505
aufsteigendes Leben 126, 127, 325
dionysisches Leben (s. dionysisch)
dionysisches Lebensgefühl 95, 96, 294,

390, 460, 644, 681, 686
dionysische Lebenssteigerung 293
dynamisches Leben 424f.
ekstatisches Leben 723
elementares Leben 55, 80, 82, 85, 89, 121, 314, 345, 425, 432
entsubjektiviertes Leben 384
ewiges Leben 108, 153, 199, 248, 711
gelebtes Leben 149
höchstes Leben 335
neues Leben 95, 160, 481, 513
niedergehendes Leben 190, 325
orgiastisches Leben 55, 723
provoziertes Leben 252f.
rätselhaftes Leben 138
schaffendes Leben 25, 57, 133, 270, 393, 482, 543
schönes Leben 207
schöpferisches Leben 8, 28, 31, 56, 70, 80f., 99, 105, 107f., 120, 133, 139, 142, 146, 151f., 160, 180, 195, 197ff., 202, 204f., 207f., 225, 235f., 239, 255, 261, 284f., 290, 296, 315, 318, 320f., 332, 351f., 366, 372, 374, 376f., 388, 393, 395, 449, 461, 463, 506ff., 510, 536, 547, 551f., 564ff., 588, 593, 598, 600, 607, 616, 630
sinnliches Leben 96, 430f.
unbewußtes Leben 612
unendliches Leben 244
unfaßbares Leben 244
universelles Leben 208, 257-284, 285, 290f., 294, 428, 479, 589
vorsubjektives Leben 121, 206, 225, 243, 285, 291, 294, 385
das sich selber wollende Leben 290, 308, 319, 464, 631
das über sich hinaus wollende Leben 284, 290, 319
Lebensbegriff, biologistischer 126
Lebensbegriff, dionysischer 643
Lebensbejahung 44, 52, 54, 92, 128, 143, 147, (296), 302, 460ff., 500, 584, 638, 648
Lebensdynamik 314f.
Lebenserhaltung 109, 119, 153, (358), 479, 499, (500), 502, 506, 509, 531f., 727
Lebensernst 41, 43
Lebensfreude 604, 663
Lebensfülle 252, 314, 320f., 541, 582, 648, 656, 657
Lebensgenuß 663
Lebensglaube 322, 323, 401
Lebenskraft 315
Lebenskraft, universale 616
Lebenskräfte, individuale 616
Lebenslust 633
Lebensmächte 132, 243, 253, 255, 409, 592, 601, 687, 690
Lebensmangel 320f., 451
Lebensphilosoph 18
Lebensphilosophie 112, (119), 127f., 132, 309, 402
Philosophie des Lebens 65, 116f. (Novalis), 121, 125, 127, 149, 418, 667
Lebensrausch 100
Lebensschwäche 280, 284, 295, 297, 374, 393, 394, 400, 447, 461, (500), 565, 648, 650, 652
Lebensschwächung 70f., 165, 203, 285, 326, 448
Lebensstärke 281, 284, 295, 297, 394, 461, 650
Lebensstärkung 70, 127
Lebenssteigerung 109, 115, 119, 123, 132, 138, 158ff., 162, 165f., 169, 183, 184, 190, 199, 203, 222f., 252, 253, 285, 291, 293, 295, 316, 326, 358, 359, 409, 441f., 448, 462, 467, 474, 478f., 499f., 513, 531, 568, 630, 632, 634, 652, 656, 662, 672, 693, 727
Lebensstrom 124, 127
Lebensverklärung 56, 510, 584, 633
Lebensverneinung 43, 54, 65, 143, 159, 400, 461f., 500, 638
Lebensweisheit 175, 402, 413, 653
Apotheose des Lebens 104, 428
Feier des Lebens 428
das Leben als Fest 633f.
Grundbestimmungen des Lebens 115-121
das Leben als dunkle Macht 147
Leben-Schein-Dialektik 87, 100, 347, 348, 380, 507
Lebenden, die 113, 231

Lebendige, das 71-74, 116, 146f., 151, 160, 195, 196, 251
Lebendigkeit 70, 96, 108, 127ff., 133, 202, 252, 356, 376, 405, 409, 437, 468, 481, 718
die ewige Lebendigkeit 108
Leere 158, 313, 410, 699, 700, 711, 714, 722
Leerheit 722f.
Legende, Legendenbildung 13, 14, 96, 209, 309, 310
Lehrer 51, 55, 78, 110, 263, 294, 371, 439, 559, 561, 570, 571, 592, 604, 630, 713, 726
Leib 129, 160, 259, 319, 342, 363, 597, 598
der schaffende Leib 129, 597f.
Leichten, die 593
Leichtigkeit 351, 422, 724f.
Leid 136, 195, 486, 489, 520, 686, 687, 694, 708
Leiden 31, 45f., 73, 83, 94, 148, 164, 173, 195, 204, 253, 279, 291, 306, 365, 397, 408, 458, 460-463, 475, 486, 520, 561f., 565, 577, 622, 656, 678, 711, 715f., 725, 727, (729)
leiden 88, 94, 97, 110, 128, 162, 253, 279, 306, 312, 408, 438, 476, 510, 716
Erleiden 242, 346, 577, 709
Leidende, das 72, 82
Leidende, der 136, 195, 210, 295, 369, 530, 566, 586, 667
Leidenschaft
die große Leidenschaft 552, 645
Leitfigur 271, 299, 709f.
Lesen 37, 310, 547, 554
Leseerlebnis 446, 640
Leser 7, 14, 32, 79, 96, 114, 125, 157, 178, 191, 215, 263, 290, 411ff., 417, 426, 453, 457, 546, 552, 555, 561, 570f., 626, 673, 675, 713, 717, 724
Leser-Verstörung 413
Lessing-Exkurs 663f.
libertas 695
Licht 89, 97, 255, 308, 352, 355, 374, 438, 503, 515, 530, 559, 563
eignes Licht 563
Lichtgott 97
Liebe 8, 51, 63, 141, 187, 269, 317, 340, 349, 361, 378, 397, 400, 415, 427, (429), 432, 437, 603, 644, 662f., 678, 687, 700, 702
Nächstenliebe 415
Fernsten-Liebe 415
Liebender 186f., 685
lieben 211, 261, 265, 408, 414, 425, 431, 435, 437, 438, 503, 513, 517, 521 (wer liebt mich noch?), 529 (geliebte Wahrheit), 530
Lied
das einsamste Lied 390
Flötenlied 517
Gondellied 355, 565, (566)
Jubellied 694
Künstlerlied 701
Nachtlied 390, 438
Lied der Schwermut 427, 502
Tanzlied 724
Vogellied 407
Wanderlied 517, 685
die 'Lieder' Zarathustras 403, 444, 569, 713
romantische Liedtheorie 381
galantes Lied 419
Linkshegelianismus 612
Literat, Literatentum 588, 626, 627, 644
Literatur 42, 104, *112*, 124, 137, 177, 191, *256*, 304, 323, (328), 352, 373, 396, *422*, 442, 448, 452, 511, 555, 565, 575, 576, 581f., 625ff., 644, 651
Literatur-Machen 256, 625
Literatur-Pessimismus 451
Logos 118, 428, 469, 470, 472, 530f., 549, 594, 597, 665, 723
Lohengrin (58)
Louvre 234
Löwe 140, 391, 430, 641, 702
lucere 483, 501, 502, 507
Lues 247
Lüge, Lügen, lügen, Lügnerei, lügnerisch
Lüge und Wahrheit (s. Wahrheit)
poetische Lüge 398, 486, 489, 511, 525, 527, 542
die Dichter lügen zuviel 519f.
Lügen-Regenbogen 502
Lügner 497, 499, 501, 509, 510, 518,

522, 525, 527, 532, 640
Lust
dionysische Lust 462
ewige Lust 461
göttliche Lust 152, 270
schöpferische Lust 202
sentimentalische Lust 514
trunkene Lust 136
Lust und Ewigkeit 683
Lust am Häßlichen 650
Lust am Menschen 681
Lust am Neinsagen 664
Lust am Nichts 652
Urlust 380
Lustspiel 195
Lyra 97
Lyrik, lyrisch (vgl. bes. 379-445)
absolute Lyrik 153
antike Lyrik 379
artistische Lyrik 396
bruchstückartige Lyrik 429, (443)
dramatische Lyrik 348
fragmentarische Lyrik 429
intellektuelle Lyrik 396
moderne Lyrik 379, 398, 430
patriotische Lyrik 405
neuere Lyrik 379
philosophische Lyrik 402
romantische Lyrik 140, 378, 397, 516f.
sangbare Lyrik 400
spruchhafte Lyrik 397
Erlebnislyrik 113, 381, 397, 403, 513
Gedankenlyrik 386, 400, 513, 558
Gefühlslyrik 558
Herbstlyrik 408
Ideenlyrik 558
Jugendlyrik 386, 403, 405, 406, 411
Naturlyrik 260, 381, 397, 403, 406, 409, 517
Stimmungslyrik 155, 381, (386), 397, 400, 403, 517
Troubadour-Lyrik 421
Lyrik als ancilla musicae 385
Lyrik als Artistik 396
Lyrik als Musik 396
lyrische Entwicklung 403ff.
lyrische Tradition 403ff.
lyrischer Zustand 383f.
traditionelle Lyrik-Auffassung 382
Lyrik-Theorie 379-402
Lyrik-Gestaltung 402-445
die "enthusiastisch aufgeregte" Dichtart (Goethe) 384
das Lyrische (Hegel) 382
Lyriker 6, 51, 82, 124, 153, 270, 375, 379, 380, 381, 384, 385, 386, 396, 397, 398, 401, 402, 420, 423, 430, 455, 513, 535, 536, 561, 565, 643, 659, 669, 716
apollinischer Lyriker 384, 659
artistischer Lyriker 385
denkender Lyriker 430, 513, 669
deutsche Lyriker 397, 398
dionysischer Lyriker 384, 659
Gedankenlyriker 402
griechsiche Lyriker 51, 381
medialer Lyriker 385
Pariser Lyriker 375
Lyrismus
absoluter Lyrismus 429f.
dionysischer Lyrismus 658
halkyonischer Lyrismus 439
liedhafter Lyrismus 419
musikalischer Lyrismus 347, 349, 361
philosophischer Lyrismus 402
reiner Lyrismus 658
spruchhafter Lyrismus 386

Machen, das 608f.
Macht
Machtmensch 365
Machtwille 373, 446, 472, 485, 570, 581, 649, 718
Mächte (vgl. bes. Lebensmächte) 73, 80, 99, 241, 427f., 483, 489, 494
Mädchen 430, 515, 530
Magie 612, 690
magnanimitas 460
Mailänder Dom 366
Maja 83
Maler 238, 247, 361, 362, 369, 370, 372, 374-377
apollinischer Maler 369
moderne Maler 374
Pariser Maler 375
Renaissance-Maler 361, 370, 374, 376
Malerei 98, 237, 238, 342, 347, 348,

354, 355, 360, 361, 362, 363-378, 452, 470, 593
allegorische Malerei 373
dramatische Malerei 348
Historienmalerei 373
impressionistische Malerei 375
moderne Malerei 369, 373-377
Renaissance-Malerei 369
romantische Malerei 375
Mangel 1, 20, 66, 274, 313, 320f., 374, 396, 451, 644, 700ff., 717
manía 471
manisch 436, 471
Manier 270, 328, 515
Manirierte, das 651
Manierismus 40, 189, (321), 327, 331, 335, 341, 367, 374, 399, (541), 651, 706
Manierist 329, 331, 399
manieristisch 324, 327, 328, 330, 331, 399
das Manieristisch-Interessante 353
Sprachmanierist 399
maniera grande 331
Mann 89, 479, 516, 535, 628, 663, 721
große Männer 43, 47, 68, 75ff., 200, 209, 262, 278f., 448, 492, 494
Männlichkeitsobsession 479
Märchen 373
Märtyrer 294
großer Mann 228, 261, 278f., 606
Marinismus 370
Martyrium 450
marxistisch 24f.
Maske 13, 39, 92, 99, 107, 157, 192-196, 323, 368, 403, 413ff., 428, 437, 442, 458, 460, 500, 523, 527, 574, 638, 691, 720, 727
Maskenspiel 323, 426, 440, 545, 564
Maskerade 681, 710, 715
Maskieren 388
Maß 80, 86, 89, 91, 99, (254), 255, 315, 318, 333, 337, 353, 368
apollinisches Maß 86, 91
klassisches Maß 315, 318, 353, 510
maßlos 435
Maßlose, das 255, 337, 443
Maßlosigkeit 65, 86, 91, 329, 353, (510)
dionysische Maßlosigkeit 86, 91
Masse 67, 263, (270), 329, 330, 332, 371, 448, 451, 452, 494, 633, 679, 695ff., 707
Mathematik 335f., 537
Mathematiker 4, 335, 392
mathematisch 591
Meditation 582, 705, (706), 708
Meduse 34
Medium 162, 380, 384f., 387ff., 458, 503, 608, 612f.
Meer 3, 27, 86, 150, 153, 154, 156, 157, 278, 295, 333, 352, 353, 356, (402), 409, 410, 419, 424, 440, 459, 512, 516, 519, 520, 547, 562, 596, 610, (643), 667, 685, 696, 707, 715, 716, 717
Melancholie 159, 192, 260, 283, 289, (407), 408, 421, 465, 503, 566, 577, 583, 637, 644, 660-662, 670, 685f., 698, 704f., 707, 709
Melancholiker 355, 583, 660-662, 686
melancholisch 267, 397, 405f., 408, 423f., 434
Melodie 332ff., 351, 381, 387, 651, 654
absolute Melodie 654
unendliche Melodie 282, 333, 353, 357
Melodik 334, 657
Menge 492, 523, 695, 696
Mensch, Menschen
der große Mensch 41, 67, 75, 78, 120, 121, 201, 227, 228, 258, 260, 261, 263ff., 272, 278, 279, 363, 416, 525, 594, 607, 617, 624, 629, 672, 702, 707, 710
epiktetischer Mensch 665
höchste Menschen 617, 628
höherer Mensch, höhere Menschen 210, 294, 446, 559, 560, 570, 593, 706
intuitiver Mensch 538
leidender Mensch 720
letzter Mensch 19, 604, 605
neuer Mensch 16, 37, 231, 261, 294, 495, 519, 571, 577, 578, 612, 624, 703
potentieller Mensch 415, 623
prometheischer Mensch 639
realer Mensch 623
schöpferischer Mensch 571, 707
spielender Mensch 635

starker Mensch 677
suchender Mensch 438
toller Mensch 563
vereinsamter Mensch 697
vernünftiger Mensch 538
zukünftiger Mensch 624
Menschheit
neue Menschheit 495
Lehrer der Menschheit 110
Menschheitserneuerer 556
Menschheitserneuerung 219, 589
Menschen-Fische 560
Menschenfischer 560
Menschengeschlecht 218, 269, 271, 500, 520, 696, 702
Menschen-Reich 560
Mephisto 72, 701
Metapher, Metaphorik (vgl. bes. 528-542)
Abstraktionsmetapher 537
Anschauungsmetapher 537, 542
anschauliche Metapher 536
usuelle Metapher 536, 537
Metapherngestöber 719
Metaphernspiel 719
Metaphysik, metaphysisch
metaphysische Tätigkeit 31, 80, 131, 197-199, 395, 598
Milieu 271, 448 (Rasse, Zeit, Milieu), 449, 451, 492, 728
Milieurealismus 448
Milieutheorie 448
Mimesis 81, 176, 287, 468, 470
Mimomane 358
Mimus 287, 346
Minerva 6
Minnesänger 421
Minotaurus 1, 671f.
Misanthropie 698
Miterleiden 469
Mitgefühl 377, 630
Mitleid 46, 221, 232, 274, (407), 417, 447, 459-461, 469, 475, 630, 677, 678ff.
Mitleiden 46, 221, 370, 377, 410, 460-461
Mittag 153, 154, 404, 424, 517, 518, 605
der große Mittag 21, 114, 123, 138, 441, 562, 632
Mitteilung (vgl. bes. 557ff.)
Mittelalter 226, 350, 480, 633, 688, 697
Mitternacht 682, 683
Moira 464
Moiren 507
Mönch 663, 721
Mönchstum 584, 705
Mond 349, (516), 644, 663, 729
Monismus 729
Monolog 133, 139, 252, 292, 382, 389, 426, 440, 557-596, 710, 713, 717
absoluter Monolog 440
ausdrucksästhetischer Monolog 713
dionysischer Monolog 565
dithyrambischer Monolog 426
innerlicher Monolog 713
lyrischer Monolog 139, 382, 426
oratorischer Monolog 713
publikumsloser Monolog 710
verkündender Monolog 710
welterschließender Monolog 589
wirkungsästheticher Monolog 713
Monolog des Lebens 578
Monolog der Schöpfung 589
Verkündigungsmonolog 710
Monologie, autarkische 564
monologisch
monologische Artistik 443, 563
monologisches Buch 713
Monologische, das 571, 582, 589, 590, 592
monologischer Dithyrambus (s. Dithyrambus)
monologisches Du 427
monologische Existenz 65, 93, 123, 570, 601, 671, 709f.
monologisches Gedicht 565
monologischer Geist 428
monologische Inspiration 390
monologischer Künstler 564
monologische Kunst (s. Kunst)
monologisches Leben 569
monologischer Lyrismus 576
lyrisch-monologische Partien 140
monologische Reduktion 123, 243, 567, 670

monologisches Schreiben 675, 713
monologisches Schweigen 576
monologische Sprache 591, 593, 595
monologisches Sprechen 132, 427, 566, 572
monologisches Subjekt 1, 325, 389, 407, 408, 427, 440, 456, 502, 513, 517, 518, 559, 568, 578, 583, 584, 589, 592, 704
monologische Subjektivität 133, 407, 559, 590, 595
monologisches Wort 580
monologisches Zwiegespräch 138
Monologisieren 592
Monologismus 252, 253, 428, 429, 565, 570, 583, 584, 595, 710, 713
ausdrucksästhetischer Monologismus 713
expansiver Monologismus 570
Monologist 139, 292, 559, 562, 563, 565, 571, 579, 592, 710
artistischer Monologist 563
existentieller Monologist 563
Monologist des Lebens 139
Monotheismus 137
Montage 253, 454, 535, 684
Montagekunst, Montagetechnik 535
monumental 63, 78, 333, 365, 416, 419, 431, 497
Monumentale, das 419
monumentalisch (s.a. Historie) 70, 72, 74, 76, 366
Monumentalische, das 336, 337
Monumentalisierung 62, 225
Monumentalität 329, 331
Monumentalwerk, synthetisches 593
Moral, Moralismus, Moralität
Moralist 121, 137, 665-668, 678
Moral-Predigt 143
Moral-Trompeter 463
Morgen 359, 366, 426, 557, 661
Morgenröte 3, 362, 557, 610, 661
Morgensonne 562
Moses (371)
mots, des 35
movere 418, 552, 555
Mund 720
Mundstück 388
Muse(n) 53, 372, 403, 449, 471, 486, 613, 670, 689, 716, 717, 727
Musik (vgl. bes. 347-363)
absolute Musik 339f., 344, 347ff., 358f., 655f., 524
apollinische Musik 368, 380
bacchantische Musik 95
begleitende Musik 348
deutsche Musik 301, 303, 354
dionysische Musik 85, 87, 240, 303, 344, 358ff., 363, 368, 380, 458, 466
dramatische Musik 62, 340, 348f., 358
ernste Musik 349
erstarrte Musik 369
geistige Musik 378
griechische Musik 238
halkyonische Musik 352
heitere Musik 355, 360
hypnotische Musik 571
heroische Musik 350
klassische Musik 333, 350, 354, 524, 648
klassisch-heitere Musik 350
konkrete Musik 369
leichte Musik 656
leidenschaftliche Musik 396
lügnerische Musik 524
moderne Musik 334, 348ff., 367
monologische Musik 571, 656f.
naive Musik 657, 658
orgiastische Musik 368
reine Musik 333, 349, 351, 357f.
rhetorische Musik 351f.
rhetorisch-suggestive Musik 357
religiöse Musik 259
romantische Musik (303), 333, 350, 524, 656
romantisch-rhetorische Musik 350
schuldige Musik 656f., 712
schwere Musik 656
selbständige Musik 348
sentimentalische Musik 658
spielerisch-tänzerische Musik 351
theatralische Musik 62
tragische Musik 360, 367
unschuldige Musik 655, 656f., 712
wahre Musik 524
Musik als Idee der Welt 49, 654, 655

Musik als Ausdruck des Willens, des Weltwillens 44, 83, 84, 654
Musik und Text 342, 345f., 653ff., 656
Musikdrama 103, 345, 346, 348, 353, 386, 458, 464, 654
Musiktragödie 338, 348, 378, 457, 514
musikalische Tragödie 82, 345, 466
Musiker
der musiktreibende Sokrates 254
Mütter 701, 730
Mutterprinzip 89
Myschkin 675
Mysterium, Mysterien 46, 77, 90, 166, 228, 323, 361, 364, 649, 650, 719
dionysisches Mysterium 364, 649, 650
Mystik 127, 143, 307, 435, 541, 592, 627, 633, 683, 697, 711f., 719
Mystiker 476, 546, 573f., 613, 711f.
mystisch 68, 81, 105f., 127f., 141, 162, 166, 216, 388, 426f., 436, 443, 464
Mythos (vgl. bes. 239-246)
mythisch
künstlicher Mythos 241
künstlerischer Mythos 241
monologischer Mythos 241
rhetorischer Mythos 241
selbstgeschaffener Mythos 241
Kunst-Mythos (s. Kunst)
äternalistischer Gegenmythos 241
dionysischer Gegenmythos 241
Mythologie 14, 225, 242f., 268, (437), 515, 613f.
Mythenschöpfer 144
Mythisierung 13, 14, 26, 210, 241, 242, 312, 409, 439, 485, 495
mythisieren 110, 124, 239, 312, 386, 409, 495, 496
mythopoietisch 26, 243, 244, 246, 248, 255, 256

Nachahmung 69, 81, 288, 326, 368, 417, 468ff., (503), 551
Nachahmer 81, 469f.
Nacht 140, 178, 335, 349, 407, (420), 441, 503, 516, 549, 559, (556), 576, 591, 639, (664), 671, 683ff., 704, 708, 719
Nachtigall 698
Närrische, das 422
naiv 121, 189f., 195, 240, 253, 286, 321, 324, 369f., 411, (454), 457, 487, 513ff., 534, 545, 614, 670
Naive, das 321f., 370, 468, 657
Naivität 161, 189, 216, 426, 457, 468, 545f., 614, 618, 708, 714, 731
Napoleon-Kult 628-629
Narr 52, 153, 195f., 286, 306, 309, 414, 415, (424), (427), (502), 523, 528, 529, 561, 675, 689, 691, (708), 721
Zarathustra-Narr 286
Narrenfest 286, 633
dionysisches Narrenfest 286
Narrenhand 415
Narrenspiel 196, 726
Narretei 498, 544
Narrheit 683
Narrentum 153, 157, 286, 414, 415, 528, 661, 691
Narziß 565, 615
Narzißmus 565, 614
Nationalsozialismus 23, 624, 633
Natur
dionysische Natur 286
erhabene Natur 277, 409
kosmische Natur 80f., 121
Naturgefühl 278
romantisches Naturgefühl 648
schöpferische Natur 60, 81, 98, 267, 689
natura naturans, natura naturata 81, 326, 451
Kunsttriebe der Natur 81
Kunstzustände der Natur 80, 81
Naturlyrik 397, 407ff., 517
Naturmythik 28, 409, 427
Naturphilosophie 91, 608f.
Naturschöne, das 27, 316, 319, 320, 485
naturalisme 393, 450
Naturalismus 115, 224, 393f., 448-452, 551, 650
Naturalist(en) 393f., 448-450
naturalistisch 134, 224, 394, 448-451, 492
Naturwissenschaft 52, 203f., 394, (729)
naturwissenschaftlich 241
Nazarenertum 605

Nein, das 394, 435, 587
Neinsagen 143, 285, 322, 585, 664
Neintun 285, 585
Nerven 565 (Kunst der Nerven), 651
Neue, das 7, 9, 11, 72, 77, 117, 145, 154, 158, 160, 166, 178, 180, 273, 365, 418, 428, 497f.
Nibelungen 44, 60, 302, 303
Nichts 21, 200ff., 264, 277, 392, 410, 462, 518, 525, 563, 610, 612, 644, 652, 699f., 719, 721
Nichtse 432, 563
Nichtsein 44
Niederkunft 608
Niederlage 721
Nihilismus (vgl. bes. 200-203)
aktiver und passiver Nihilismus 610
Nihilismus der Stärke und der Schwäche 202
Nihilist(en) 201, 645, 676
Nomadische, der 250
nomadisches Denken 32, (34)
nomadenhafte Heiterkeit 153
Nominalismus 532
nominalistisch 258, 531f.
Norden 513, 671
nordisch 351, 423, 512f.
Notwendigkeit
Notwendigkeit und Wille 168, 517, 557
Nous 89, 635
Novelle 391, 453, 493
Novellist 493
Nützen 363, 393
Nutzen 363, 454, 559

Oberfläche 384, 393, 508, 510, 523, 600
apollinische Oberfläche 384
oberflächlich 393, 447, 463, 508
Oberflächlichkeit 462, 508
Objektivismus 217, 224, 451, 452, 476, 681
Objektivität 217, 321, 328, 450, 476, 480, 482, 487, 488
obscuritas 196, 555
Ode 392, 393, 408, 429
Ödipus 3, 178, 458, 460, 464
Odyssee 52
Odysseus 294
Offenbarung 162, 235, 244, 271, 307, 336, 361, 388, 390, 519, 543, 654, 684, 699
offen, das Offene, Offenheit 1-4, 8, 15, 19, 21, 22, 32, 34, 36, 37, 39, 40, 147, 150, 154, 171, 250, 251, 426, 516, 573
Öffentlichkeit 59, 581
Olymp 288, 322, 486, 505, 507, 681f.
Olymp des Scheins 131, 393, 504-508, 536, 681-682
Olympia 627, 632
Olympier 670
olympisch 288, 297, 504, 505
Ontologe 434
Ontologie 16ff., 28f., 533, 549
ontologisch 16-19, 21, 28, 37, 115, 151, 159, 168, 170, 173, 183, 251, 434, 537
Ontologische, das 165
Ontologismus 550
Anti-Ontologismus 251
ontologisieren 534
Ontologisierung 28
Oper (57), 259, (333), 339, 341-349, 355, 514, 653f., 657
Orator 571
Oratorische, das 571
Oratorium 259
orgiastisch 55, 87, 89, 368, 723
Orgiastische, das 22
Orgiasmus 22, 90, 97, 98, 102, 134, 323
Orkus 440, 682
ornatus 556
Orpheus 103, 368
orphisch 97, 391
Orphische, das 289
Ozean 158, 278, 497, 650, 690

Palazzo Pitti 332f., 363, 365
Pan 611
Panther 528
Pantheismus 715, 729
Papst 286
Paradoxie 21, 178, 186f., 196, 210, 249, 251, 280, 397, 427, 496f., 519, 521, 525f., 553
Paralyse 246, 248, 618f.
Paris 49, 680
parodia 423

Parodie, parodistisch (vgl. bes. 726)
Parodist 726
Parsifal 307, 308, (309f.), (335)
Parteien, politische 627
Parzen 408f.
Passion 56, 313, 418, 726
Paternität 89
Pathetischerhabene, das 460
Pathographie 247, 730
Pathos, pathetisch
dichterisches Pathos 146, 512
diktatorisches Pathos 440
dithyrambisches Pathos 133
elitäres Pathos 415
existentielles Pathos 250, 268, 412, 417, 431, 522
expressives Pathos 426
heroisches Pathos 406, 410, 514
hyperbolisches Pathos 436
hypertrophes Pathos 292
idealistisches Pathos 258
Kunstpathos 307, 386
lyrisches Pathos 386
monumentales Pathos 416, 431
sprachliches Pathos 436
tragisches Pathos 355, 411, 431, 433, 440
Willenspathos 157
peintre-poète 373
Penthesilea 104
Pentheus 380
Person
Person und System 149
Person und Text 159, 224
Person und Werk 112, 124, 125, 212, 216, (224), 263
große Personen 75
historische Personen 523
Personalismus 76, 628
Personenkult 494, 628
Perspektive
Perspektivismus 28, 33, 115, 118, 120, 133, 139, 165, 170, 183, 201, 207, 274, 361, 409, 434, 435, 467, 473, 498, 501, 534, 575, 579, 584, 652, 693, 714
perspektivisch 12, 28, 117, 139, 170, 222, 473, 478, 479, 498
perspektivistisch 25, 139, 165, 428, 473, 478, 482
perspektivistisches Denken 428
perspektivisches Erkennen 117
perspektivische Fiktionen 118
perspektivisches Schätzen 117, 274
perspektivischer Schein 118
perspektivisches Sehen 117, 118
perspektivische Wahrheiten 118
perspicuitas 554, 555
Pessimismus 48, 84, 229, 303, 320, 324, 400, 408, (410), 446, 447, 461, 463, 500, 584-587, 647, 678, 681, 706, 722
dionysischer Pessimismus 302, 324, 586, 587
existentieller Pessimismus 722
klassischer Pessimismus 647
romantischer Pessimismus 302, 586, 587
russischer Pessimismus 447
Literatur-Pessimismus 451
Pessimismus der Stärke 586, 587, 647
Pessimist 280, 299, 301, 408, 504, 585, 586, 599, 678
Peterskirche 331
Pflicht 60, 79, 281, 372, 623, 631, 635, 665
Pforta 612
Phantasie 20, 122, 141, 174, 195, 237, 252, 339, (360), 486, 487, 505, 538, 613, 683f., 699, 706
Phantasieren 252
Philister, Philistertum 600
Philologe(n) 5, 51, 53, 58ff., 68ff., 101, 103, 105f., 142, 290, 392, 399, 575
Afterphilologie 101
Altphilologe 51
Dichter-Philologe 106
Philologen-Gelehrte 399
Philologen-Poeten 399
Philologie 11f., 32, 51-54, 58ff., 66-69, 70, 101, 103, 107, 192, 219, 265
Altphilologie 70
Philosoph (vgl. bes. 181-197)
Philosoph des Lebens 17, 65, 131, 208, 284
Künstler-Philosoph (s. Künstler)
Philosophie (vgl. bes. 181-197)
artistische Philosophie 206

dionysische Philosophie 294, 426, 464
Experimental-Philosophie 148
Existenzphilosophie 17
Existenz-Philosophie 453
gelebte Philosophie 101, 148, 159, 221
Philosophie des Dionysos 428
Philosophie der Kunst 598
dionysisches Philosophieren 426
existentielles Philosophieren 101, 149
künstlerische Philosophie 189
künstlerisches Philosophieren 196, 359
lebendiges Philosophieren 165
Philosophie des Lebens (s. Leben)
Lebensphilosophie (s. Leben)
Zarathustra-Philosophie 518, 525
Pfingsterlebnis 571
phobos 460
Philotas (457)
Phönix 577
Physiologie 30, 127, 131, 134, 259, (426), 493, 584, 597, 598
physiologisch 6, 30f., 120, 131, 134, 317, 375, 480, 494, 585
Physiologie der Ästhetik 598
Physiologie der Kunst 30, 134, 597f.
Physiologie des Traumes 683
physiologische Ästhetik 597f.
Physiologe(n) 131, 208, 281, 493
Physiologe des Lebens 131
Pietismus 627, 698
Pilatus 418
Pindar-Exkurs 669-671
Plastik 81, 82, 86, 98, 99, 327, 361, 363, 365, 368
plastisch 82, 98, 314, 329, 368, 369, 371, 454
Platonismus 309, 337, 472, 473, 693
Anti-Platonismus 467
platonisches Denken 471
platonischer Dialog 526
platonische Idee (Platons Ideen) 79, 198, 200, 471, 472, 475
platonische Sinnen-Verleumdung 472
platonische Weltauslegung 467
platonische Kunstkritik (Platons Kunstkritik) 468ff., 474
Platon-Kritik 468ff.
platonistisch 532
Platoniker 474
Poesie
dramatische Poesie 385, 658
epische Poesie 385, 658
griechische Poesie 321
klassische Poesie 321
lyrische Poesie 382f., 385, 411, 658, 716f.
moderne Poesie 321
objektiv-schöne (klassische) Poesie 189, 321
romantische Poesie 321
subjektiv-interessante (moderne) Poesie 189, 321
transzendentale Poesie 187
Poesie der Lüge 398
Lazarettpoesie 649
Poetenvolk 487
poète maudit 283
Poetisierung der Philosophie 304
poiesis 81, 182, 188, 304, 474
Politik 57, 205, 262, 482, 581
große Politik 201
Politiker 22, 23, 258, 261, 371, 448, 619, 628, 629
politisch 22ff., 50, 57, 86, 116, 121, 207, 262, 264, 436, 469, 482, 491
Politische, das 23
Positivismus 53, 130
positivistisch 8, 25
Possenreißen 471
Possenreißer 414, 523
Possenspiel 430
Potenzen, die drei 229
Predigt 558, 559, 562, (571)
Moral-Predigten 559
Preisen 592
Preisgesang, Preislied 669, 670
Presse 626
Priester 262, 495, 604, 716, 726
principium individuationis 47, 80, 83, 86, 285, 293, 294
Prinz Vogelfrei 250, (419-424), 422, 478, 512
prodesse et delectare 363, 393
Prometheus 99, 266, (301), 401, (457), 458, 606, (655), 638-642, 701
Prometheische, das 99, 638

Prophet 13, 103, 137, 138, 144, 215, 449, 497, 562, 571, 679
prophetisch 13, 136, 236, 252
Prophetie 144, 193, 542, 717
Prosa 182, 323, 327, 328, 379, 396, 399, (431), 444, 445-457, 634, 681
absolute Prosa 454
antike (griechische) Prosa 328, 453
artistische Prosa 453, 454
deutsche Prosa 452, 453, 455
existentielle Prosa 453
Prosagedicht 403, 444f.
Prosa-Menschen 446
Provençalen, provenzalisch 421
Provençalismus 425
providentia 174
Psychoanalyse 33
psychoanalytisch 33, 90, 317, 318, 516
Psychiater 246, 620f.
Psychiatrie 245, 247, 620
psychiatrisch 245f.
Psychologe 5, 22, 31, 63, 142, 161, 246, 312, 374, 376, 446, 447, 449, 489, 450, 561, 653, 674, 680, 684, 709
Enthüllungspsychologe 312, 674
Psychologie 5f., 9, 14, 21f., 24, 28, 30, 54, 63, 95, 103f., 119f., 133f., 179, 192, 194, 197, 210, 247, 251, 300, 310, 376, 450, 465, 472, 485, 489, 493, 499, 508, 523, 556, 666ff., 673ff., 676, 682, 684
Enthüllungspsychologie 63, 95, 119, 133, 210, 472, 485, 667f., 674
Entlarvungspsychologie 674, 684
analytische Psychologie 675
existentielle Psychologie 675
Psychologismus 376, 453
existentieller Psychologismus 453
Psychologisierung 247, 439, 495, 509
Ptolemäer-Philosophie 585
Publikum 24, 107, 252, 357, 453, 466, 494, (495), 520, 523, 524, 589, 593, 638, 707, 710, 712, 714
Pythagoreer 103, 575

Quietiv 44, 83, 84, 590, 630

race (race, milieu, moment) 448
Rapallo 608
Rasse 23, 130, 294, 334, 391, 400, 410, 448, 585, 720
Rassenhaß 624
rassistisch 23
ratio 666
Rätsel 1-4, 139, 147, 352, 360, 367, 426, 432, 433, 438, 574, 673, 699, 724
rätselhaft 1, 2, 138, 426, 507, 516
Rätselrater 3, 574
Raubtier 121, 528, 572, 730
Raubvogel 431ff., (443)
Raum, Zeit, (Kausalität) 47, 82, 152-155, 157f., 424, 474, 485, 539, 593, 683
leerer Raum 158
öder Raum 576, 703
unendlicher Raum 158
Raumangst 158
Rausch 29, 50, 80f., 92, 104, 120f., 141, 199, 252, 254f., 284, 286f., 292, 295, 304, 318, 324, 332f., 442, 461, 492
rauschhaft 92, 164, 292, 353
apollinischer Rausch 318, 319, 649
dionysischer Rausch 318, 649
bewußtloser Rausch 254
geistiger Rausch 254
dionysischer Rauschkünstler 81
Rausch- und Traumkünstler 81
Realismus 23, 115, 452, 453, 492, 497, 514, 681
ästhetischer Realismus 492
poetischer Realismus 452
symbolischer Realismus 453
Realität 84, 86, 162, 166, 203-207, 360, 482
Rechtfertigung 84, 86, 162, 166, 203-207, 360, 482
ästhetische Rechtfertigung der Welt, des Daseins 204, 205, 206
schöpferische Rechtfertigung der Welt 204, 205
Rechtfertigung der Welt als ästhetisches Phänomen 205, 207, 360
Rede 145, 262, 327, 328, (343), 429, 430, 470, 542, 551, 556
reden 106, 580, 720
groß reden 436, 546, 576

Reden, das 328, 544, 546, 566, 575
Redner 265, 387, (575)
Redelust 574
Redlichkeit 119, 172, 398, 488, 497, 498, 502, 520, 525, 667
Reformation 667
Reformator 611
Regenbogen 502, 503, 544
Lügen-Regenbogen 502
Reich Gottes 715
Reichen, die 298, 433, 656
Reichste, der 443, (529), (569)
Überreiche, der 433
Reiche, die 434
Reichtum 551, 668
Religion, religiös
antike Religion 631
apollinische Religion 98
bacchische Religion 97
christliche Religion 609
dionysische Religion 89
griechische Religion 97
heidnische Religion 476
Kunstreligion 341, 480
Religionsstifter 10, 13, 218, 262, 496, 509, 562, 571, 717
Renaissance 26, 60, 78, 126, 322, 326, 329ff., 333, 337, 361, 365, 367, 370, 372, 446, 491, 602, 669, 688, 697
Renaissance-Künstler 330, 375
Renaissance-Kunst 369
Renaissance-Maler 361, 370, 374
Renaissance-Malerei 369
Renaissance-Mensch 322, 602
Renaissance-Stil 329f., 333
Resignation 44, 83, 84, 95, 159, 229, 303, 408, 459-463, 515, 518, 528, 583, 590, 637, 698, 705, 719
res – verbum 183, 194, 290, 500, 509, 532
Revolte 638f.
Revolution 55ff., 77, 337, 628, 629
Französische Revolution 629
Revolutionär 231, 337, 611
Kulturrevolutionär 231
revolutionär 5, 17, 19, 22, 24, 36, 37, 40, 77, 115, 160
Rhetor 290, 327, 352, 518, 521, 527, 559, 561, 592, 718
Rhetorik 62, 143, 241, 326-329, 348, 351, 352, 363, 426, 429, 452, 526, 542, 555, 556
Rhetoriker 352, 562, 574
Theater-Rhetorik 351
Rialtobrücke 566
Ring (63), 143, 308
Römer 328, 365, 373, 688
Rönne 637
Rokoko 334, 419, 499
Roman 116, 123, 177, 341, 347, 367, 393, 446-455, 466, 674, 676, 680f.
griechischer 'Roman' 454
historischer Roman 680
moderner Roman 450ff.
naturalistischer Roman 446, 448f., 680f.
psychologischer Roman 446, 450, 681
realistischer Roman 451f.
sozialer Roman 450, 680
sozialkritischer Roman 446, 449, 451
szientistischer Roman 449
Bildungsroman 452
Dekadenzroman 681
Entwicklungsroman 455
Experimentalroman 393, 448, (450), 452f.
Gegenwartsroman 450
Kolportage-Roman 449
Monumentalroman 680
Romanschriftsteller, romancier 393, 448, 450, 452, 454, 455, 680f.
Romantik 29, 31, 121, 232, 300-305, 309, 313, 320, 324, 327, 329, 334, 350, 361, 394, 403, 517, 541, 642-646, 648ff., 657, 683, 698ff.
Romantiker 31, 195, 301-304, 313, 321, 334, 378, 494, 511, 539, 642-646, 650
Romantiker-Bekenntnis 301
Antiromantiker 642
dionysischer Romantiker 31, 650
Urromantiker 304
romantisch
romantische Ästhetik 305, 377
romantischer Artist 398
romantische *décadence* 329

romantische Inspirationsästhetik 162
romantische Ironie 145
romantische Kunst 29, 208, 295-312, 313, 320, 321, 325, 326, 342, 352
romantischer Pessimismus (s. Pessimismus)
Romantische, das 300, 302, 303, 305, 313, 320, 321, 354, 650
Frühromantik 91, 93, 301, 304, 305, 341, 642
Frühromantiker 304, 341
Rosen 603, 719
Rühmen (243), 244, 427, 592, 594, 615, 670
rühmen 244, 409, 601
Rühmender 244, 615
Rühmung 62, 244, 506, 520, 574, 615
Ruhe 85, 98, 154, 259, 270, 295, 318, 365, 404, 408, 436, 452, 505, 696
Ruhm 210, 211, (247), 417, (434), 435, (436), (443), 488, 494
Russen 450
Rußland 674

Sage 269, 367, 373, 490
Salambô 681
Samsara 722
San Marco 423
Satan, Satanismus 283
Sattva 722
gaya scienza 352, 421
Satyr 442f., 456, 617, 657, (671), 673, 726
Satyrspiel 456, 726
Schaffen, schaffen, schaffend
Schaffensästhetik 183, 208, 210, 215, 218, 536, 550, 578, 682
Schaffensakt (vgl. bes. 109-115)
Schaffensprodukt 9, 16, 183, 208, 211, 550
Schaffensprozeß 9, 16, 20, 40, 90, 91, 110, 123, 162, 163, 183, 184, 208, 211, 280, 350, 376, 377, 387, 388, 536, 550, 662, 721
ein zu Schaffendes 19, 152, 167, 183, 257, (265), 269, 604ff., 704
Sichschaffendes 19
Schaffender
Mitschaffende 560
Scham 644, 716
Schauspiel 72, 286, 287, 289, 343, 589, 638
Schauspieler 193, 194, 225, 226, 286, 287, 294, 358, 368, 398, 521-527, 559, 564, 581, 617, 626, 654
echter und unechter Schauspieler 523
Schauspielerei 497, 522-527, 559, 563, 645
Schauspielertum 13, 62, 192, 194, 196, 224, 294, 298, 395, 500, 520-527, 562
Schauspielertum aus Effekthascherei 527
Schauspielertum aus Notwendigkeit 527
Schein (vgl. bes. 118ff., 466-509)
ästhetischer Schein 16, 80, 196, 206, 288f., 315, 482f., 485, 487, 499ff., 505f., 508, 510, 694, 725
apollinischer Schein 82ff., 87, 107f., 332, 345, 360, 369, 379, 385, 457, 485, 487, 501, 504-507, 543, 660
eigenwirklicher Schein 501, 504, 507
empirischer Schein 483
epischer Schein 381
illusionistischer Schein 508
lebenserhaltender Schein 345, 508
lebenssteigernder Schein 183, 508
leuchtender Schein 483, 501, 502, 504, 507
lügnerischer Schein 398, 485, 487, 501, 684
lustvoller Schein 82
perspektivischer Schein 118, 479, 631
poetischer Schein 412, 519
schöner Schein 80, 82, 85, 89, 186, 391, 485, 487, 499, 505, 506, 519, 684, 727
seiender Schein 501
sinnlicher Schein 471
täuschender Schein 483, 487, 501, 503
trügerischer Schein 194, 276, 485, 489, 500-507, 519, 528
verklärender Schein 487, 506
wesenloser Schein 499
Olymp des Scheins (s. Olymp)
Schein und Sein 118ff., 427, 472, 479, 486, 501, 523

Schein der Vollendung 518
Leben-Schein-Dialektik 87, 347
Scheinbarkeit 198, 501
Scheinbild 468f.
Scheindichter 512
Scheingebilde 470, 510
Scheinsprache 511
Scheinwelt 507, 509
Scheinwesen 481, 523, 531
Scheinwirklichkeit 524
Schein des Scheins 471
Erlösung im Schein 85, 384
Scheinen 182, 325, 480, 483, 504
Schenken 557
die Schenkenden 576
Schicksal 30, 45f., 52, 60, 111f., 114, 138, 212, 216, 221, 273, 283, 292, 293, 302, 311f., 343, 354, 409, 448, (456), 458f., 462ff., 469, 516, 539, 557, 567, 583, 586, 609, 659, 666, 672, 695f., 708, 721f., 724
Schizophrenie 245, 730f.
Schlaf 380, 516, 684
Schlange 140, 240, 305, 414, 561, 714, 726
Klapperschlangen-Glück 305
Schleier 83, 370, 412, 486, 503
Schleier der Maja 83
Schmerz 45, 148, 168, 280, 291, 379, 462f., 469, 473, 486, 489, 517, 522, 585, 596, 612, 678, 687, 698, 706f.
Schmerzbringer 596
Schöne, das; schön, Schönheit
das Schöne an sich 315, 325, 553
das Schöne für mich 315
Schönheit und Wille 317, 364
Evangelium des Schönen 395
sinnliche und idealische Schönheit 364
das Kunstschöne 316, 483
das Naturschöne (s. Natur)
Schöpfer 11, 22, 136, 139, 186, 205, 215, 236, 295, 316f., 320, 350, 367, 468f., 606f., 637
Schöpfergott 427, 592
Schöpferin 53
schöpferisch
Schöpferische, das 8, 10, 56, 66, 68, 70, 81, 119ff., 145, 151, 159f., 167, 170, 175, 179, 181, 187, 190, 196, 207, 210, 224, 239, 243, 247, 262, 265, 274, 280, 288, 290, 317, 337, 359, 363f., 368, 371, 387, 394, 433, 435, 449f., 457, 536, 544f., 559, 563ff., 578, 583, 585, 597, 600, 612, 615, 617, 635f., 700, 726
Schöpferkraft 298
Schöpfertum 305, 324, 350, 367, 563
Schöpfung 159f., 164, 216, 228, 243, 246, 267, 271, 278, 316f., 320, 338, 595, 621, 690
Schöpfungsakt 236, 392
Schöpfungsauftrag 530
Schöpfungskraft 241, 258, 394
Schöpfungsprozeß 208
Schöpfungswerk 308
Schöpfungswille 528
Schöpfungswurf 588
Schrecken 50, 301, 316, 370, 460f., 516, 603, 660, 699
Schrecken und Mitleiden 460f.
Schrei 518f., 573
Schreiben, Schreibstil, Schreibweise 36, 217, 555, 570, 590, 660, 666f., 675, 700, 713f., 724
Schreibender 5, 37, 106, 148f., 159, 216, 246, 297, 405, 408, 413, 414, 455f., 551, 620, 660, 675, 713
Schriftsteller 5, 23, 68, 112, 157, 181, 255, 300, 323, 376, 386, 389, 453, 455, 554, 625, 674, 689, 709, 713, 724
Schuld (s.a. Daseinsschuld) 307, 354, 458, 677f., 684
Schwachen, die 678
Schwäche 66, 202, 259, 280, 283, 295, 313, 328, 371, 400, 451, 570, 647, 649, 716
schwächen 71, 460f., 500
Schwächung 70, 449
Schwätzen 575
schwärmen 41, 43, 334, 504
Schwärmer 58, 357, 430, 624
Schwärmerei 261, 313, 334, 352, 472, 645
schwärmerisch 41
Schwangerschaft 608
Schweigen 75, 110, 333, 441, 566, 567,

571-576, 579, 580, 646, 692, 693, 716, 718-720, 727
schweigen 436, 517, 518
Schwein 414, 448, 624 (Schweine und Schwärmer)
Schwere 140, 332, 351, 412, 414, 415, 422, 433, 441, 442, 512, 593, 724, 725
Geist der Schwere (554), 593, 724
schwermütig 123, 217, 377
Schwermut 358, 426, (427), 433, (502), 577, 594, 661f., 686, 725
Schwimmen 640
See 640
Seele 543, 565, 567, 573f., 579ff., 596f., 600, 613, 628f., 649, 674, 678, 683, 687, 694f., 697, 701, 711, 717
Seelen 560, 713
Seelen-Aberglaube 533
Seelen-Erforschung 543
Seelenruhe 175, 695f.
Seelenstärke 276
Seher 13, 471, 571, 575
Sehnsucht 44, 92, 260, 265, 291f., 331, 335, 340, (384), 462, 491, 514, 517f., 521, 606, 699f., 714, 726, (730)
romantische Sehnsucht 292
Seiltänzer 392, 395, 432
Sein
Sein an sich 467
Sein für mich 467
Sein und Schein (s. Schein)
Sein und Werden (s. Werden)
Seiende, das
das Wahrhaft-Seiende 82
das Wahrhaft-Nichtseiende 82
Selbst, das 129, 149, 166, 417, 547, 565, 597f., 640, 688, 697f., 702, 711, 713, 718
das schaffende Selbst 129, 598
Selbstapotheose 7, 13, 75, 292, 312, 433, 456f., 554, 569, 718, 721, 726, 731
Selbstbegegnung 582
Selbstentfremdung 443, 591, 699
Selbsterhaltung 115f., 118, 168, 281, 284, 456, 467, 478, 485, 501, 616
Selbstgespräch 139, 428f., 440, 565f., 592, 594, 697, 710, 713
Selbstmord 453, 502
Selbstmythisierung 244, 439, 457, 596
Selbstsein 65, 114, 141, 274, 278, 417, 520ff., 525, 528, 558, 562, 577, 581, 701ff., 710, 720
Selbstsicherheit, stoische 703
Selbstversenkung 711
Semantik, signitive u. symbolische 544
Semele 97
Sensualismus 95f., 259f., 310
sensualistisch 96, 259
Sentenz (vgl. bes. 665-669)
sentimentalisch 92, 240, 253, 321, 324, 362, 459, 484, 490, 513ff., 614
Sentimentalische, das 254, 321f.
sentimentalisch-allegorischer Stiltypus 189
Setzung (s.a. Sinnsetzung u. Sprachsetzung) 223, 243, 364, 440, 499, 541, 544, 548, 552, 555f., 575, 618, 621
seul 698
Sexualität 620
Sieben, Siebenzahl 568, 715
Sieg 49f., 195, 267, 283f., 321, 328, 332, 353, 356, (370), (431), 441f., 462ff., 468, 501, 518, 555, 596f., 670, 720f.
siegen 97, (283), 431, 441, 458, 462
Sieger, Siegreicher 104, 195, 283, 324, 525, 669
Siegfried 307f., 355, 514
Siegfriedhaftes 138
Siegfried-Idyll 355
signe 32, 35
signifiant 35
signifié 35
Signifikant 35ff., 532
Signifikat 35ff.
Silenus 97
Silsersee 683
Sils-Maria 608
Silvaplana (See von S.) 390
Singen 563, 656
singen 563, 576
Singspiel 412f.
Sinnenlust 602
Sinnenwelt 612

Sinne 10, 95, 260, 380, 472, 552, 666, 724
Sinngedicht (s. Gedicht)
Sinnleere 338, 498
sinnlich 18, 37, 86, 88f., 96, 104, 430f., 468, 470ff., 480, 482, 484, 503
Sinnliches 471, 484, 652
Sinnlichkeit 58, 96, 259f., 283, 317, 342, 374, 430, 665
gesunde Sinnlichkeit 259f., 317
Sinnlosigkeit 29, 269, 410, 725
Sinnentdeckung 548
Sinnsetzung 109, 198, 202, 204, 268f., 498, 621
Sinnspruch (s. Spruch)
sinnstiftend 115, 265, 268
Sinnstiftung 244, 268, 272, 548
Sisyphos 277
Sittengesetz 462f.
Sittlichkeit 128, 229, 309, 665f., 679
Sklavenmoral 619, 677f.
Skulptur 327, 364
dionysischer Sokratiker 254
sokratischer Dionysos 254
sokratische Rationalismus 103, 253
sokratisches Weltverhalten 344
Sokratismus, sokratisch 103f., 242, 253f., 295, 380
Solipsismus 614, 639, 699
solipsistisch 409
solitude 653, 698, 708
solitude absolue 653
Sommer 409, 441, 517, 637
Sonne 308, 404, 438, 440f., (566), (594), (596), (600), 605, 644, 703
Morgensonne 308
Sonnen-Vereinsamung 438, 703
Sozialismus 207, 265
dionysischer Sozialismus 265
Sozialist 226, 627
Soziologie 25, 30
Soziologe 124
soziologisch 207, 264, 279, (448)
Sphinx 3, 118, 147, 178, 296, 316, 730
Spiegel 475, 492, 502, 504, 565, 688, 718
Spiegelbild 288, 718
Spiegelung 379, 476
Spiel (vgl. bes. 286-290, 479, 486, 635f. [Heraklit], 636f. [Benn])
spielerisch
individuelles Spiel des Menschen 635
göttliches Spiel 637
kosmisches Spiel des Lebens 635
kultisches Spiel 287
magisches Spiel 323
närrisches Spiel 479
neues Spiel 513
rhetorisches Spiel 526
subjektives Spiel des Künstlers 636
universelles Spiel des Lebens 636
voluntatives Spiel 635
zweckloses Spiel 635
Elementar-Spiel 287
Götter-Spiel 637
Kinder-Spiel 289
Kunst-Spiel 287
Spiel mit dem Rausche 286, 506
Welle und Spiel 507, 596
Weltenspiel (Weltspiel), die Welt als Spiel 205, 289, 479, 635ff.
Spielfreiheit 414
Spielfreude 414
Spielmaterial 392
Spieltrieb 275, 413f., 635
Spielzeug 535
spielen 288, 290, 354, 412, 479, 486
Spielen 286, 523
spielerisch, das Spielerische 270
Spieler 186, 250, 290, 426f., 500, 635ff.
der kosmische Spieler 636
der menschliche Spieler 636
Weltenspieler 290
Spinozismus 714
Spiritualismus 95f., 260, 310
Spontaneität (Za) 608
Sprache (vgl. bes. 530-556)
absolute Sprache 591, 595f.
artistische Sprache 552, 618
autonome Sprache 595
deutsche Sprache 391, 396, 412, 553
diktatorische Sprache 434, 580
dionysische Sprache 618
dithyrambische Sprache (hymnisch-dithyrambische Sprache) 105, 106, 132, 133, 140, 142, 193, 243, 328, 433,

529, 593f.
imperatorische Sprache 615, 618
künstlerische Sprache 538
logische Sprache 538
mimetische Sprache 595
monologische Sprache 591, 593, 595
pathetische Sprache 552
persuadierende Sprache 241
schöpferische Sprache 544
Alltagssprache 580
Ausdruckssprache 539, 580
Informationssprache 539, 580
Sprache der Begriffe 535, 537, (556), 724
Sprache der Intuition 534f., 541f.
Sprache des Lebens 547, 551, 720
Sprache der Vernunft 531, 534
Sprachabsolutist 595
Sprachartist 5, 397f., 535
Sprachartistik 396f., 536
Sprachdiktatur 534, 556
Sprachenthusiasmus 541, 546, 548
Sprachexperimentator 402
Sprachgläubiger 719
Sprachgläubigkeit 509, 547
Sprachillusionismus 533
Sprachimperator 574
Sprachkrise 512, 530, 534, 692
Sprachkritik 35, 194, 531-534, 541
Sprachlabyrinth 719
Sprachlogik 399
Sprachmysterium 719
Sprachresignation 719
Sprachsetzung, imperatorische 290, 556
Sprachskepsis 509, 541, 546, 548, 693, 719
Sprachskeptiker 509
Sprachspiel 591
Sprachtrieb 574
Sprachverneinung 546
Sprachvertrauen 719f.
Sprachzwang 533
Sprachzweifel 546
Abbildfunktion der Sprache 535, 595
Ausdrucksfunktion der Sprache 140, 429, 535
Gesetzgebung der Sprache 532, 556
Mitteilungsfunktion der Sprache 140, 429
Sprache und Schweigen 718-720
Sprechen
charismatisches Sprechen 712
dionysisches Sprechen 545
dithyrambisches Sprechen 427, 429, 433
hymnisches Sprechen 132, 427, 592
lyrisches Sprechen 398, 407, 426
monologisches Sprechen (s. monologisch)
witziges Sprechen 414
Sprechgesang 342
Sprichwort 411, (414)
Spruch 75, 172, 174f., (314), 386, 402f., 407, 411-418, 423, 555, 573, 609, 663ff., 669
spruchhaft 58, 386, 397, 400, 402f., 411, 413f., 417ff., 423, 425
Spruchlyrik 403, 413f., 416
Denkspruch 155, 175, 653, 671
Leitspruch 411
Orakelspruch 75
Sinnspruch 149, 265, 411-417, 664
Spruchweisheit 412, 554
Weisheitsspruch 255, 413
Stärke 55, 98
Stern 352, 406, 415, 417, 441, 685, 698, 699, 704
Sternbild 434
Stil
analytischer Stil 552
asketischer Stil 327
barocker Stil, Barockstil 327-331
dithyrambischer Stil 583, 593
dramatischer Stil 351, 430
griechischer Stil 555
großer Stil 319, 324, 328-338, 352, 361, 365, 377, 552, 554, 556, 648
epigrammatischer Stil 555
erhabener Stil 552, 554, 670
häßlicher Stil 325, 650
hoher Stil 368, 436, 583
imperativer, imperatorischer Stil 233, 552
klassischer Stil 318ff., 324, 327f., 331, 351, 399, 648f., 657

Kolossalstil 62, 331
lebendiger Stil 710
manieristischer Stil 327, 399
naiv-ironischer Stil 556
Monumentalstil 329f.
pathetischer Stil 554, 670
Renaissance-Stil 329f., 333
römischer Stil 392, 555
Romantikerstil 195
rhetorisch-romantischer Stil 353
romantisch-barocker Stil 328
romantischer Stil 351
sentimentalisch-allegorischer Stil 189
suggestiv-persuadierender Stil 290
tänzerischer Stil 35
toter Stil 710
überladener Stil 328
stilo rappresentativo 344
Stille 295, 418, 436, 440, 494, 503, 561, 567, 572ff., 667, 686, 696, 698, 708, 714
Stimmung
Stimmungsgedicht 397, 403, 411, 419
Stimmungslyrik, stimmungslyrisch 155, 397-400, 406, 419, 513
Stimulans
Stimulans des Lebens 18, 156, 197, 199, 203, 253, 281, 410, 441, 461, 501, 622, 662, 693
Krankheit als Stimulans 249
Stoa 701
Stoiker 45, 103, 665, 696, 703
stoisch 45f., 365, 459, 462, 665, 695f., 702f.
stoische Philosophie 695f.
Stoizismus 45f., 696, 707
Stoff 12, 88, 89, 272, 316, 330, 342, 453, 465, 474, 570, 580, 650
Stofftrieb 275
Straßburger Münster 328
Stunde, heilige 312
Stürmer und Dränger 152, 302, 337, (401)
Sturm 410, 425, 457, 573, 596, 706, 729
Sturm und Drang 113, 121, 225, 270, 401, 456, 495, 551
Subjekt, subjektiv
absolutes Subjekt 193, 598
ästhetisches Subjekt 84, 207, 210
autonomes Subjekt 135, 137, 193, 288, 379, 385, 608, 676, 729
bürgerliches Subjekt 457
dionysisches Subjekt 294, 418, 508, 559, 584, 617
dynamisches Subjekt 425
empfindendes Subjekt 357, 382
empirisches Subjekt 210, 427
einsames Subjekt 407f., 428, 440, 518, 589, 592, 697, 699, 701, 704f., 717
entfremdetes Subjekt 443, 711
erkennendes Subjekt 84, 383, 475
erlebendes Subjekt 115
erlebnislyrisches Subjekt 225
euphorisches Subjekt 596
fragendes Subjekt 3
großes Subjekt 76, 233
krankes Subjekt 39, 457, 583
kreatives Subjekt 13, 39, 210f., 270, 288, 389, 428, 455, 457, 508, 536, 544, 551, 553, 601, 606, 617, 684, 703, 716, 729
künstlerisches Subjekt 493
leidendes Subjekt 418
lyrisches Subjekt 381, 383
menschliches Subjekt 42, 479
monologisches Subjekt (s. monologisch)
mystisches Subjekt 711
mythisches Subjekt 427, 456
pathetisches Subjekt 457
produktives Subjekt 8, 110, 612
reines Subjekt 83, 475
schaffendes Subjekt (vgl. bes. 257-284)
schöpferisches Subjekt 20, 114f., 147, 162, 207, 212, 239, 243, 257, 264, 269, 272, 322, 390, 423, 457, 541, 550, 681
das wahrhaft seiende Subjekt 384
solipsistisches Subjekt 409
sprachliches Subjekt 534
statisches Subjekt 588
vereinsamtes Subjekt 260, 407, 441, 443, 521, 589, 592, 711
verinnerlichtes Subjekt 242, 382, 384
voluntatives Subjekt 513, 548, 600
weltentrücktes Subjekt 560
weltverwandelndes Subjekt 560
wertendes Subjekt 127f.

willenloses Subjekt 475
wollendes Subjekt 155, 273, 292, 325, 332, 383f., 410, 519
Einzelsubjekt 258
Erlebnissubjekt 385
Frage-Subjekt 3
Subjekt-Aberglaube 533
Subjekt-Objekt-Schema 379, 384f.
Subjekt-Objekt-Spaltung 93, 384, 435, 672, 683, 711
Subjektivismus 40, 211, 253, 427, 564
Zünden der Welt im Subjekt 382
Subjektivität
autonome Subjektivität 481
existentielle Subjektivität 225
kreative Subjektivität 253, 590
monologische Subjektivität (s. monologisch)
produktive Subjektivität 115, 176
romantische Subjektivität 348
schaffende Subjektivität 225
schöpferische Subjektivität 20, 115, 120, 225, 606, 643, 645
selbsttrunkenste Subjektivität (Heine) 481
Substanz 14, 131, 395, 457, 482, 501, 525, 533, 715, 719
Substrat, metaphysisches 82, 83, 459, 483, 684
Suche 253, 416, 513, 515, 526, 529, 627
Suchen 1ff., 150, 515, 586, 609, 627
Suchender, Sucher 433, 525, 529, 676
Süden 153, 352, (402), 423, 512, (514)
Süd-Gefühl 355
Süderlebnis 13
südlich 351, 355, 423, 514
Südlichkeit 504
Südsehnsucht 643
Süd-Visionär 513
Surrealismus 684
Symbol
dionysische Symbolik, Dionysos-Symbolik 89, 94, 107, 290, 437, 659
klassisches Symbol 234, 235, 319
mythisches Symbol 97, 241, 614
Symbolik des Lebens 244, 386, 438, 465, 578
Weltsymbolik 102
Symphonie 49, 57, 141, 332ff., 343f., 360f., 491, 694
symphonisch 87, 141, 143, 457
Synästhesie (der Künste) 382
Synthese der Künste 655
System (vgl. bes. 171-180)
ästhetisches System 82, 342
System in Aphorismen 22
Gedankensystem 149, 214, 303
Metaphernsystem 537
System der Künste 359, 361, 363, 377
Zeichensystem 32f.
Wertsystem 32
Systematiker 172, 173, 176
fragmentarischer Systematiker 176
Systole 557, 576, 713
szientistisch 26, 448-452, 488

Tag 440, 441, 480, 549, 559, 588, 637, 682, 685
Urtag 588
Tänzer 286f., (394), (413), 593, 594, 724
Täter 464, 533
täuschen 450, 486, (522f.)
Täuschen 388, 501, 502, 507, 523
Täuschung (s.a. Illusion, Irrtum) 87, 108, 118, 119, 194, 317, 345, 380, 467, 468, 483, 485, 486, 489, 502ff., 507, 509, 510, 521, 524, 528, 529, 532, 720, 724, 727
apollinische Täuschung 87, 108, 345
Tannhäuser (50), 58, 271
Tanz 86, 95, 98, 143, 255, 287, 332, 339, 340, 352, 353, 382, 411, 412, 425, 540, 544, 592ff., 644, 655, 659, 670, 723ff.
tanzen 130, 353f., 413, 415, 425, 515, 530, 593f.
Tanzlied (132), 424, 425
Tat 40, 49, 71, 86, 89, 207, 242, 255, 267, 292, 307f., 329, 338, 375, 415, 494, 543, 546, 555, 564, 573f., 579, 605, 617, 640, 655, 706, 718, 720, 722
Tatsache(n) 71, 74, 224, 253, 450f., 477, 492, 533
Tat twam asi 585
Taube 414, 423f.
Tellurismus 89

Tempel 103, 357, 366, 367, 689, 707
griechischer Tempel 103, 357, 366, 367
Teufelsgespräch 693f.
Text
aphoristischer Text 456
artistischer Text 455f.
autobiographischer Text 455f.
existentieller Text 455
Text und Interpretation 575
Text und Kommentar 7, 177, 216, 348
Text und Musik 342, 345f., 653-656
Text und Person 159, 224
Text und Publikum 713
Theater 62, 99, 349, 358, 461, 466, 469, 523f., 712
Theaterbesucher 466
Theaterkünstler 466
Theater-Maestro 466
Theatermensch 65, 358
Theater-Rhetorik 351
Theatersentenzen 465
Theatromane 209
Theatromanie 466
Theodizee 307, 586
Theologe 91, 259
Theologie 240, 259, 268, 454
Theophanie 336
theos 242
Theseus 93, 437f., 671f.
Tiefe
Tier 140, 152, 214, 230, 267, 283, 286, 427, 437, 533, 554, 561, 572, 577f., 589, 621f., 641, 689, 711, 715, 727
das kranke Tier 621
Tiger 664
Tisch 538
Tischler 468
Titanen 291, 302, 638, 715
titanenhaft 440
Titanische, das 301
Titanismus 401
Tod
der Tod Gottes (s.a. Gott) 152, 453, 609-612
der dionysische Tod 633
der festliche Tod (der Tod als Fest) 633
der freie Tod 633
der heitere Tod 633
Todeserlebnis 693
Todesgefühl 444
Todesmystik 307, 592, 683
Todessehnsucht 44, 95, 442, 686
Todeswunsch 311
Töchter der Wüste 430
Ton, Töne
Architektur in Tönen 368
in Tönen philosophieren 589
Ton-Dichter 373
Tondichterin 53
Tonkunst 342f., 348, 351, 360, 369
Tonphilosophie 58
Tonsprache 345
Tor, das 410
Tor, der 308f.
Totalität 112, 122, 129, 264, 288, 428, 531, 541, 611, 651
Toten, die 68, 113, 231, 561, 565, 668
Totengespräch 68, 668
Toteninsel (372)
Toter 708
Tragik 468
Tragiker 99, 103, 355
Tragikomische, das 725f.
tragisch
dionysisch-tragische Kunst 291
tragisches Lebensgefühl 355
tragisches Pathos 411, 418, 423
tragische Weltbetrachtung 84
tragisch-dionysische Weltsicht 506
tragisch-dionysischer Zustand 291
Tragische, das 235, 260, 291, 458-464, 487, 725f.
tragischer Zustand 476
tragoedia 423
Tragödie
äschyleische Tragödie 99
antike Tragödie 3, 87, 94, 101, 368, 459, 463, 611
attische Tragödie 88, 304, 468
Barocktragödie 460
dionysische Tragödie 88, 458
französische Tragödie 465
griechische Tragödie 32, (60), 82, 85-88, 91, 96, 98, 103, 178, 240, 345f., 378, 458, 464
heroische Tragödie 466

musikalische Tragödie 82, 345, 466
Musiktragödie 338, 348, 378
neue Tragödie 465
Tragödie des Daseins 726
Tragödiendichter 82, 461, 469f.
tranquillitas 666
transzendent 290, 435
Transzendenz 202, 369f., 627
Transzendenz der schöpferischen Lust 202
christliche Transzendenz 369
Transzendieren 714, 723
transzendental 40, 127
Transzendentalphilosoph 39f.
Transzendentalphilosophie 40, 537, 607
Trauer 583, 601, 611, 698, 705, 708, 719, 721
Trauerbaum 705
Trauerspiel 86, 92, 195, 459, 461, 462, 466
bürgerliches Trauerspiel 466
christliches Trauerspiel 459, 461
Trauerspiel der Alten 459
Trauerspiel der Neueren 459
Traum 33, 44, 80, 85, 92, 135, 136, 141, 157, 162, 239, 252, 287, 304, 379, 380, 381, 423, (454), 683
apollinischer Traum 136, 379, 380
apollinischer Traumkünstler 81
apollinische Traumkunst 682
Traum eines Gottes 135f.
Traumrednerin 162
Travestie 96, 430f., 436, 515, 527, 673, 689
triadisches Schema (Affe-Mensch-Übermensch) 133, 253
Trieb 74, 81, 82, 104, 264, 449, 605, 616, 620, 650, 702
künstlerischer Trieb 74
politischer Trieb 264
vormenschlich-barbarischer Trieb 104
Bautrieb 74
Kunsttrieb 81f.
apollinischer Kunsttrieb 81
dionysischer Kunsttrieb 81
dionysisch-apollinischer Kunsttrieb 82
Triebsublimierung 317
Tristan (49), (58), (87), (108), (301), (335), 346, 440, (464), (590), (592)
Trost 30, 45, 301, 309, 458, 716
metaphysischer Trost 30, 301, 458
Troubadour(e) 421, 425
Troubadour-Lyrik 421
trügerisch 441, 485
Trügerische, das 502, 504
Trug 225, 366, 489
trunken 90, 136
Trunkener 440
Trunkenheit 91, 472
Tugend(en) 1, 2, 53, 64, 73, 96, 110, 119, 128, 137, 431, 469f., 488, 630, 666, 668, 695, 717
Toreador der Tugend 53
Turin 159, 426
Tyrann 370 (Gott als Tyrann der Welt)
Tun 287, 292, 464, 471, 487
menschliches Tun 292
mythisches Tun 287

Überfluß 274, 292, 302, 317, 451
Überfülle 29, 65, 204, 205, 282, 295, 296, 302, 328, 518, 543, 583, 584
überhistorisch 73
Überhistorische, das 73
Übermaß 71, 73, 345, 433
Übermaß der Historie 71, 73
Übermensch 9, 16, 19, 22, 28, 36, 114, 123f., 126, 130, 133, 135, 137, 151f., 164f., 167, 169f., 180, 188, 196, 218, 232, 240f., 243f., 255f., 262, 265, 277f., 292, 294, 308, 329, 395, 446f., 519f., 545, 553, 560, 592, 602, 604-607, 610, 612, 614, 617, 619, 623, 643, 676-679, 702ff., 709f., 726
Übermenschentum 463, 520
übermenschliche Größen 261
Überreiche, der 320
Überreichtum 296, 529, 559, 562
Überschuß 282, 302, 316, 514, 717
Über-sich-hinaus, das 135
Über-sich-hinaus-Schaffen, das 223, (410), 605, 703
Über-sich-hinaus-Wollen, das 9, 284, 317, 410, 595, 625

Überwinder 201, 678
Überwindung
Überzeugung(en) 4, 250
umschaffen 168, 185, 313f.
Umschaffen 170, 188, 314, 364f.
Umschaffung 540, 557
Umschleierung 87, 505f.
Umwälzung 40, 214
Umwerter 519
Umwertung 110, 124, 137, 139f., 181, 213f., 273, 293f., (356), 394, 417, 425, 555, 586, 661, 692
Unbedingte, das 37, 107, 275, 304, 671
Unbedingtheit 41, 96, 162, 250, 358, 361, 389, 424, 497, 522, 720
Unbegrenzte, das 589
unbewußt 33, 90, 264, 284, 301, 510, 523
Unbewußte, das 22, 90, 91, 162, 164, 254, 264, 301, 305, 329, 399, 423, 442, 516, 597, 598, 600, 620, 669, 682, 684
Philosophie des Unbewußten 91, 399, 598ff.
Unendliche, das 1, 3, 90, 120, 145, 150, 152ff., 157f., 171, 230, 259, 275, 304, 319, 325, 352, 355, 410, 440, 541, 591, 614, 643, 650, 711, 721
Unendliche, der 671
Unendlichkeit 4, 41, 107, 115, 153, 154-158, 174, 275ff., 313f., 329, 424f., 429, 516, 580, 606, 625, 643, 648, 650, 729
blaue Unendlichkeit 154
Unerschütterliche, das 665
Unerschütterlichkeit 695f.
unergründlich 132f.
Unergründliche, das 132
Ungeheuer 155, 546, 547, 729
Ungeheuere, das 157, 301, 305, 328, 330f., 371, 670, 706
Ungeheuerliche, das 453
Ungeschichtliche, das 28
unhistorisch 73
Unhistorische, das 73
unio mystica 166, 205, 301, 434, 441, 458, 546, 683, 697, 711
Universalienstreit 532
Universalismus, romantischer 144, 176
Universalkunstwerk 243, 338-347, 348, 368, 378, 385, 654f.
Universalpoesie, progressive 341
Universalwille (s. Wille)
Universum 39, 591
Unmensch 262
Unmittelbarkeit 28, 112, 286f., 457, 544, 589, 614, 618, (631)
Unruhe 63, 284, 436, 452, 530
Unschuld 50, 117, 289f., 292, 307, 390, 430f., 487, 512, 545f., 555f., 610, 624, 635, 657, 714
Unschuld des Südens 512
Unschuld des Werdens 117, 307, 610, 657
Unsinn 594
Unsterblichkeit 266, 275
Untergang 3, 157, 187, 240, 248, 301, 308f., 362, 424, 428, 440, 444, 457f., 460, 462f., 486f., 514, 524, 595f., 611, 637, 721
Untergehen 364
Unverborgenheit 183, 367
Unvergängliche, das 198, 463, 478
Unvergänglichkeit 238, 520
Urbild 82f., 193, 319, 325, 364, 466, 468-471, 503, 693
Urbild-Abbild-Schema 82f., 319, 468, 472, 474, 485, 503
Urchristentum 674
Urdissonanz 136
Urdrama 85
Ureine, das 82, 102, 379, 462
Ur-Einsamkeit 701
Urerfahrung 201, 240, 695, 723
Urerlebnis 243, 380, 683, 693, 704
Urgriechentum 242
Urkünstler 81, 205, 277, 286
Urlust 380
Ursache(n) 6, 153, 448, 472f., 684, 727
Urschicht 704
Urschmerz 85, 102, 369, 379, 380
Urschuld 307
Ursein 85, 468, 471
Ursprung, Ursprünge 2, 14, 26, 85, 89, 90, 292, 384, 396, 609f., 689
Ursprüngliche, das 15, 230, 244, 514, 545
Ursprünglichkeit 174, 324, 438, 545

Urtext 575
Urwahl (choix originel) 283
Urwiderspruch 380
Urwille (s. Wille)
Urzustände 292
Utopie 601, 605, 632, 731
Utopismus 231, 444, 588, 703

vanitas 157
Variations Operation 540
Vedanta 143, 636
Venedig 312, 355, 402, 423, 424, 565, (566), 643, 700
Venus 95, 604
Verarmenden, die 476
Verarmung 295, 302, 328, 394, 584
Verbrechen 121
Verbrecher 121, 393, 677, 684
Verbalismus 215, 693
Verbalist 574, 718
verbum (s. res)
Verehrung
Verehrungsbedürfnis 41
Vereinsamter 372
Vereinsamung 215, 244, 248f., 410, 438, 439, 564, 567, 599, 662, 686, 703
absolute Vereinsamung 410, 567
Vererbung 449
Verfall 53, 282, 324, 329, 333, 334, 394, 396, 447, 454, 461, 531, 671
verführen 505, 526
Verführen 316
Verführerische, das 316
Verführer(in) 52, 308, 524
Verführung 305, 308, 344, 367, 470, 495, 510, 533, 712
Vergängliche, das 478
Vergänglichkeit 2, 317, 516, 520, 637, 722
Vergangenes 70, 168, 428, 480f., 690
Vergehen 289, 428, 462, 634
Vergessen 442, 538, 563, 566, 582, 590f., 616, 635
Kunst des Vergessens 442, 566
Musik des Vergessens 563, 582, 590f.
Vergessenheit 442, 590, 596, 679
blaue Vergessenheit 442, 596
Vergewaltigen 557
Vergnügen 462f., 487, 650
Vergnügen an tragischen Gegenständen 462f., 487
Vergnügen, zu mißfallen 650
vergöttern 472
Vergötterung 263, 482
vergöttlichen 84, 185, 498, 509
Vergöttlicher 468, 518
Vergöttlichung 147, 284, 500
Verhängnis 623, 720, 724
verklären 20, 72, 85, 126, 161, 303, 312, 504
Verklärer (s. Daseinsverklärer)
verklärt 20, 391
Verklärung (s.a. Daseinsverklärung) 21, 56, 92, 93, 95, 185, 205, 303, 489, 490, 506, 510, 583, 584, 633, 635, 648
Verkünder, Verkündiger 523, 553, 559, 562f., 592, 655, 710
Verkündigung 49, 138, 436, 548, 552, 554, 557-596, 627, 690, 692, 710, 713, 718, 719
Verkündigungsmonolog 710
Verlachen 726, 728
Verlassenheit 699, 706
Gottverlassenheit 699
verneinen 9, 18, 84, 91, 265, 322, 461, 498
Verneinung 43f., 65, 84, 143, 200, 285, 462, 476, 500f., 583f., 587, 630, 652
vernichten 73, 90f., 101, 116, 158, 329, 370
Vernichten 21, 293, 461, 634
Vernichter 79, 139
Vernichtung 15, 102, 116, 185, 187, 308, 458, 462, 506, 624
Vernünftige, das 277, 482
Vernünftigkeit 103
Vernunft 2, 24, 26, 45, 119, 126, 129, 137, 174, 218, 229, 268, 275f., 419, 423, 430, 469ff., 482, 512f., 521, 530, 531, 533, 534, 538, 593, 597, 629, 645, 664, 665, 696, 699, 711, 723, 732
göttliche Vernunft 696, 711
große Vernunft 597
kleine Vernunft 129
menschliche Vernunft 696, 711
nordische Vernunft 513

Vernunft des Leibes 597
Weltvernunft 594
Vernunftreligion 664
Vernunftwahrheit 513, 521
Versöhnung 302, 445, 463, 482
tragische Versöhnung 463
Verständigkeit 471
Verstand 69, 91, 127, 156, 339, 364, 414, 450, 486, 537, 663, 675, 697, 715
Verstellung 192, 377, 489, 502, 545, 644
Versuch(e) 40, 148, 213, 249f., 401, 403f., 560, 623ff., 664, 723
Versuchende 623
Versucher 526
Versuchsmaterial 710
Versuchung 526, 716
Verwandelter 726
Verwandlung 166, 181, 218, 520f., 608, 632, 643, 661, (730)
Weltverwandlung 184, 241, 429, 512
Verwirklichung 588
Verzweifelter 717
Verzweiflung 45, 408, 410, 415, (424), 445, 515, 518, 529, 576f., (582), 591, 686, 717
virtus 666
Victoria 155
videri 483, 501, 502, 507
Vielsamkeit 568, 707
Vision 19, 33, 64, 82, 85, 110, 144, 156, 165, 313, 369, 382, 423, 424, (449), 492, 495, 559, 578, 605, 618, 659, 704, 732
visionär 65, 162, 390, 424, 436
Visionär, der 5, 513, 575f.
Visionäre, das 127, 390
vita 714
vita activa 623, 665
vita contemplativa 623, 665
Vitalität 89, 127, 280, 314, 351, 371
Völker 76, 228, 230, 259
Vogel 158, 178, 269, 404, 407, 415, 420, 425f., 443, 510ff., 516f., 561, 686
Volk 56, 210, 227, 235, 263ff., 269, 271, 279, 358, 381, 388, 416, 418, 452, 465f., 532, 533, 545, 589, 626, 703f., 712, 721
Volksbildung 67, 263, 271, 626
Volkslied 381, 383, 400
Volkspoesie 381
Vollendung 227, 229, 230, 253, 350, 354, 375, 505, 507, 518, 632, 650
vollkommen 334, 477, 492, 506
Vollkommene, das 117, 318, 333, 396, 712
Vollkommenen, die 454
Vollkommen-machen 317f.
Vollkommenheit 43, 117, 284, 286, 318, 325, 352, 355f., 572, 594, 607, 614, 651, 711
Vollzugsorgan 60, 77, 81, 162, 257, 288, 320, 379, 458
Vorbild 709f.
Voluntarismus 192, 225, 532, 565, 643, 711, 722
Voluntarist 595
voluntaristisch 281, 292
voluntativ 37, 82, 396, 440, 442, 477, 722
Voluntative, das 330, 369
Vorhalle der Philosophie 8
Vormittag 3, 423
Vorplatoniker 67, 261
Vorsehung 174, 229
Vorsokratiker 10, 31f., 102f., 260
Vorstellung (Wille und Vorstellung) 47, 54, 82, 83, 84, 267

Wahn 619, 633, 653
Wahnsinn 57, 91, 93, 111, 193, 216, 245, 247, 436, 438, 439, 443, 444, 471, 632, 653, 694, 731
Wahnwahrnehmung 435
Wahre, das 119, 198, 315, 316, 319, 328, 477, 489, 681, 727
Wahrhaftige, das 119
Wahrhaftige, der 119, 497, 499
Wahrhaftigkeit 41, 119, 137, 187, 426, 450, 488f., 496-499, 520, 528, 645
Wahrheit
Wahrheit und Lüge 256, 359f., 397, 427, 488, 496, 502, 509, 511f., 521, 524f., (531), 532, 542f., 548, (556), 593

absolute Wahrheit 526, 693
abstrakte Wahrheit 238, 724
dionysische Wahrheit 505f.
erkenntnistheoretische Wahrheit 505
existentielle Wahrheit 505, 525
geschaffene Wahrheit 167, 184 (die zu schaffende Wahrheit)
künstlerische Wahrheit 450
moralische Wahrheit 450
naturalistische Wahrheit 246
neue Wahrheit 499, 691f.
wissenschaftliche Wahrheit 376, 388, 498
philosophische Wahrheit 498
ästhetische Wahrheit 498
gelebte Wahrheit 149, 498
letzte Wahrheit 438
logische Wahrheit 119
metaphysische Wahrheit 119, 483, 505
wahre Wahrheit 489
Vernunftwahrheit 513, 521
Wahrheitsethos 261, 399
Wahrheitsfindung 184
Wahrheitsherstellung 184
Wahrheitspathos 426
Wahrheitssuche 499
Wahrheitssucher 529
Wahrheitstrieb 200, 465, 499
Wahrheits-Wahnsinn 529
Wahrheitswille 432, 499
Sich-ins-Werk-Setzen der Wahrheit 367
Wahrheiten 47, 118, 197, 276, 344, 388, 478, 479, 491, 523, 526, 530, 532, 544, 591, 613, 664, 691, 693, 710, 713
existentielle Wahrheiten 530
metaphysische Wahrheiten 491
neue Wahrheiten 523
perspektivische Wahrheiten 118
Wahrlacher 727
Wahrsager 727
Wahr-Schweiger 727
Wald 404, 406, 449, 600, 698f., 707
Walküre (63f.), (308), (609)
Wanderer 2, 3, 150, (155), 286, 308, (313f.), (407), (417f.), (515), 516f., (566), 641, 684-688, 706
Wandererhafte, das 150
Wandern 2, 150, 152, 407, 516f.
Wanderndes 2
Wandertum 643
Wanderlieder 517
Wandersmann 517
Wanderprediger 59
Wanderschaft (Winter-Wanderschaft) 410
Wartender 716
Weib 89, 315, 349, 365, 375, 393, 434, 450, 466, 513, 516, 534, 633, 635
das Weib in der Musik 349, 365
Weibs-Ästhetik 479
Weimar 706
Wein 659, 663
Weingeruch 705
Weinstock 603
weise 254f., 419, 514, 530
Weiser 139, 195, 254f., 308, 321, 414, (416), 427, 665, 679, 695ff., 723
Überweisen, die 424
Unweiser, weiser 530
Weisheit 85, 87, 101, 108, 141, 192, 229, 254, 255, 286, 291, 412-416, 420, 436, 437, 458, 471, 518, 525, 543, 557, 568, 569, 576, 617, 623, 634, 665, 698, 699, 722, 725
dionysische Weisheit 87, 108, 286, 437, 458, 617
Weisheitsspruch 255, 413
Spruchweisheit 412, 554
Welt
scheinbare Welt 118, 185, 474, 504, (631)
sinnliche Welt 259, 472
übersinnliche Welt 259, 564
wahre Welt 118, 474
Welt an sich 118
Welt für mich 118
Weltabkehr 584, 722
Weltall 591
Weltbejahung 168, 585, 618, (714)
Weltenplan 690
Welten-Spinne 488f.
Weltentfremdung 591
Weltentsagung 49, 604
Weltentwurf 36, 180, 223, 243, 252, 497f., 550, 564, 567, 575, 620, 664, 732

Welterlösungsjubel 334, 344
Weltgeist 77, 268, 628
Weltgenius 270, 382
Weltgeschichte 76ff., 636, 676, 726
Weltgrund 257f., 485
Welt-Rad 479
Welträtsel 367
Weltregierender 292f.
Weltschmerz 259, 281, 354, 399, 400, 403, 405, 408, 515, 583, 698, 706
Weltschrecken 367
Weltseele 591, 613, 629, 635
Weltspiegel, dionysischer 345
Weltspiegel, musikalischer 381
Welt-Verneiner 476
Weltverneinung 44, 49, 585, 705
Welt-Verspottung 726
Weltverwandlung 584
Weltwille (s. Wille)
Welt-Betrachtung, artistische 394, 395
Weltbetrachtung, antimetaphysische 395
die Welt ist tief 147, 682
Weltstoff 286, 428
Weltennetz 488
Werden 9, 15, 73, 82, 103, 115-118, 120, 137, 198, 226, 239, 289, 293, 307, 317, 319, 326, 345, 350, 365, 368, 387, 394, 428, 442, 461f., 471ff., 504, 520, 534, 537, 550, 588, 605, 616, 634-637, 639, 652, 720
Werden und Sein 116f., 289, 365, 550, 588
Philosophie des Werdens 103, 289, 643, 714
Werdende, das 72, 126, 185, 226, 730
Werk (vgl. bes. 111f., 208-227)
Werk und Entwurf 608
Werk und Erlebnis 160
Werk und Existenz 159
Werk und Person (s. Person)
Werkästhetik 208, 210, 211, 215, 550, 551
werkästhetisch 212, 285, 305
Werkentstehung 209, 218, 226, 701
"Werk"-Gedanke 215, 217f., 222
Werkgenese 363
Werkstruktur 218, 305
Werkwirkung 218, 363, 701
Menschheitswerk 211
Hauptwerk 212f., 218-221
Wert, Werte
ästhetische Werte 205, 247, 302, 317
biologische Werte 205
bionegative Werte 130
geschichtliche Werte 209
neue Werte 77, 222f., 272, 293, 330, 370, 434, 501, 627, 703
Werther 700
Wertsetzung 12, 165, 272, (293), 433, 556
Wertsystem 9, 16, 133, 145, 161, 180, 273, 293, 519, 534, 714
Wertethik 128f.
Wert-Ethiker 127
Wesen
andere Wesen schaffen 716
höhere Wesen 322, 605
übermenschliche Wesen 332f.
Wettkampf 635
Widerspiegelungstheorie 25, 33
Wiederkunft, ewige – Wiederkehr, ewige 15, 18, 21, 23, 28, 36, 39, 103, 114, 123, 138, 141, 146, 148, 151, 164f., 167-170, 180f., 196, 201, 248, 292, 294, 326, 435, 479, 604ff., 619, 634, 722
Wiederkunftsgedanke (-idee) 2, 15, 18f., 21ff., 33f., 137, 153, 166ff., 239, 241, 248, 390, 456, 570, 578, 604f., 608, 624
Wilhelm Meister 453
Wille
der Wille selbst 84
der Wille als Ding an sich 84
der Wille des Menschen 84
apollinischer Wille 505
ausgehängter Wille 476
dionysischer Wille 84, 168, 380, 505, 659
gelähmter Wille 565
imperatorischer Wille 227, 293, 331, 367, 371
individueller Wille 84, 384, 654, 659, 616
kreativer Wille 721

menschlicher Wille 83f.
metaphysischer Wille 84
schaffender Wille 169, 293
schöpferischer Wille 169
universeller Wille 654, 659
Wille und Notwendigkeit 167f.
Wille zur Einsamkeit 703, 706
Wille des Lebens 227
Wille zum Leben 54, 83f., 139, 159, 199, 280f., 290, 307, 459, 461, 616, 630
Wille gegen das Leben 475
Wille zur Macht (vgl. bes. 18-23, 133ff., 257f.)
Wille zur Moral 630
Wille zur Nacht 441
Wille zum Nichts 21, 36 (volonté de néant)
Wille zum Schein 468, 473, 499, 502, 504
Wille und Vorstellung (s. Vorstellung)
Wille zur Wahrheit 118, 139, 184, 200, 450, 473, 499, 504, 630
Wille zum Werk 211
willenlos 43, 83f., 475f.
Willenlose, das 477
Willenlosigkeit 383, 477, 565
Willensbejahung 54, 83f., 143, 199, 307ff., 462, 475, 647
Willensdämpfung 476
Willensreduktion 440
Willensschwäche 374f., 565
Willensschwächung 71
Willensstärke 375
Willenstilgung 478
Willensverneinung 42-45, 54, 83f., 143, 199, 203, 263, 307ff., 475, 590, 630, 647, 652
Einzelwille 54, 267f., 272, 274, 288, 291-294, 616
Gesamtwille 77
Individualwille 54, 77, 84, 135f., 291, 316, 367, 458, 464, 616f., 639
Universalwille 54, 135f., 267f., 272, 274, 288, 291f., 294, 316, 464, 616f., 639
Urwille 135, 243, 267, 268, 316, 493, 614, 617
Weltwille 44, 49, 54, 77, 81-84, 87, 117, 121, 136, 193, 235, 256ff., 270, 272, 277, 286, 288, 293, 338f., 341ff., 345, 347, 361, 379ff., 384f., 387, 428, 458ff., 462ff., 485f., 493, 598, 600f., 616f., 630, 654, 658f.
dionysischer Weltwille 82, 84, 117, 136, 147, 235, 270, 277, 286, 345f., 383, 385, 396, 458, 637, 647, 659
metaphysischer Weltwille 136, 257, 345
prälogischer Weltwille 428
schöpferischer Weltwille 351
universeller Weltwille 258
Wetter 163
Wiedergeburt 711
Willkür 635
Willkür-Akt 625
Winter (407), 410, 422, 637, 671
Wirklichkeit (vgl. u.a. 449-452, 472, 481ff., 499f.)
Wirklichkeit aus Hirnrinde 252f.
Wirklichkeitsherstellung 12, 587
Wirkung
Wissen 16f., 70f., 77f., 192, 245, 255, 273, 389, 401, 426, 471, 480, 488, 499f.
absolutes Wissen 623
Wissenschaft 5, 8, 25f., 41, 51ff., 53, 66, 68-71, 73, 77f., 80, 94, 101f., 104f., 106, 116f., 124, 174, 179, 183, 185, 195f., 203f., 247, 265, 271, 295, 326, 388, 412, 421ff., 425, 467, 487f., 491, 501, 539, 597, 624, 644, 646, 663, 675, 679, 681, 725
ästhetische Wissenschaft 80
fröhliche Wissenschaft 204, 412, (420), 421ff., 425, 663, 725
historische Wissenschaft 106
künstlerische Wissenschaft 204
Geschichtswissenschaft 70f.
wissenschaftlich 4, 8, 25, (34), 51ff., 69, 101, 105, 219, 241, 295, 388, 487f., 490ff.
Wissenschaftlichkeit 449, 452, 680f.
Wissenschaftler 5, 66, 69, 105f., 174, 258, 261f., 488, 491, 538
Witz, witzig

Wölfe 515
Wolke(n) 416, 522, 529, 708, 715
Wollen, wollen, Wollender
Wollust 294, 318, 396, 624, 683
Wort
Wortbrücken, lügnerische 502, 528
Wortdrama 87, 346
Worte-macher 546
Wortlose, das 718
Wortmontage 253, 536
Wort-Schreine 720
Wortspiel 21, 47, 265, 386, 411, 413, 415, 430, 432, 511, 533, 590f.
Wortspieler 727
Wort und Ton 653ff.
Wort und Musik 656
Wotan 44, 308, 371
Wüste(n) 248, 401, (407), 410, 430, 431, (566), 584, 687, 711
Wunsch 20, 222, 435, 440, 596

Yorick 153, 157

Zarathustra (vgl. bes. 135-145, 161-167, 241-245, 518-530, 607-609)
Zarathustra-Drama 457
Zarathustra-Entstehung 161-167, 607ff.
Zarathustra-Erlebnis 161, 164f., 390, 608
Zarathustra-Gedanke 390
Zarathustra-Inspiration 163
Zarathustra-Philosophie 518, 525
Zarathustra-Reich 560
Zarathustra-Vision 424
Zarathustra-Visionen 166
Zarathustra-Narr 286
Zauberberg 459, 504
Zauberer 286, 436, 518, 521-528, 612, 661, 715
Zauberwort 540f., 591
Zeichen
Zeichen und Bezeichnetes 35, 541, 543f., 548
Zeichen-Konvention 336
Zeichen-Setzung 556
Zeichensprache 410, 600
Zeichenstil 710
Zeichensystem 32f., 145, 336, 532
Zeichentheorie 36
Zeichenwelt 532
Zeit
alte, schöne Zeit 698
goldene Zeit 480
lineare Zeit 153
neue Zeit 481
zyklische Zeit 153
Zeitlichkeit 722
zeitlos
Zeitlose, das 116, 316, 322
Zeitlosigkeit 141, 471
Zeitüberdauernde, das 73
Entzeitlichkeit 239
Zentauren 66, 393
Zerbrechen 83, 85, 524
Zerfall 637, 726
Zerstören 7, 204, 289, 291, 293
Zerstörerische, das 449
Zerstörung 39, 50, 117, 147, 291, 317
chaotische Zerstörung 117
schöpferische Zerstörung 117
das ewig-Zerstören-Müssende 317
Zeuge(n) 563, 565, 566, 569, 572, 712
zeugen 72, 89, 167
Zeugen 186, 570
Zeugung 81, 184, 286, 605, 632
Zeus 289, 507, 636, 638, 696
Ziel 2, 14, 16, 20, 23, 25, 49, 53ff., 66, 75, 78, 79, 85, 109ff., 150ff., 154, 162, 177, 190, 225, 262-265, 267ff., 319, 424, 440f., 465, 472, 474, 596, 625, 658, 672, 687, 690, 707, 710
Zivilisation 22, 24, 26, 32, 50, 94, 263, 398, 449, 452, 581f., 679
Zivilisationsliterat 626
Zoon politikon 572
Zoroaster 136ff.
Züchtung 124, 252, 588, 624
Zufall 21, 168, 169, 174, 234, 269, 273, 312, 446, 451, 586, 636, 641
Zuhörer 346, 353, 470, 592
Zukunft
Zukunftsentwurf 645, 717
Zukunftserwartung 222
Zukunftslosigkeit 646
Zukunftsperspektive 40, 222f., 252

Zukunftsutopie 292
Zukunftsutopismus 152, 232, 644
Zukunft des Menschen 222
Zukunft der Menschheit 112, 222, 588
Mensch der Zukunft 308
Philosophie der Zukunft 40
Zuschauer 286, 460, 469ff., 476f., 520ff., 563, 569
Zustand, ästhetischer 84, 475f., 648
Zustand, interesseloser 631
Zweck 75, 132, 268f., 339, 341, 346, 352, 357, 364, 440, 459, 463, 465, 474, 477, 482, 500, 635, 653ff., 714, 726
zweckfrei 288f., 325, 425
Zweckfreiheit 325, 726
zwecklos 43, 289, 479
Zwecklosigkeit (268), 357, 635
Zweifel 33, 55, 267
Zweifler 430
Zweisamkeit 516, 700, 707, 715
Zweisiedler 432
Zweiweltentheorie 259, 683
Zwerge 593
Zwergenwelt 68
Zwiegespräch 132, 138, 139, 241, 402, 429, 517, 529, 570, 589, 592, 712, 724
monologisches Zwiegespräch 138, 592
Zwiegespräch mit Gott 712
Zwiegespräch mit dem Leben 132, 139, 241
Zynismus 393, 465
zyklisch 26, 132, 229, 326